ARCHIVES
PARLEMENTAIRES
DE 1787 A 1860

RECUEIL COMPLET

DES

DÉBATS LÉGISLATIFS & POLITIQUES DES CHAMBRES FRANÇAISES

IMPRIMÉ PAR ORDRE DU SÉNAT ET DE LA CHAMBRE DES DÉPUTÉS

SOUS LA DIRECTION DE

M. J. MAVIDAL

CHEF DU BUREAU DES PROCÈS-VERBAUX, DE L'EXPÉDITION DES LOIS, DES PÉTITIONS, DES IMPRESSIONS
ET DISTRIBUTIONS DE LA CHAMBRE DES DÉPUTÉS

ET DE

M. E. LAURENT

BIBLIOTHÉCAIRE ADJOINT DE LA CHAMBRE DES DÉPUTÉS

PREMIÈRE SÉRIE (1787 à 1799)

TOME SIXIÈME

ÉTATS GÉNÉRAUX. — CAHIERS DES SÉNÉCHAUSSÉES & BAILLIAGES

DEUXIÈME ÉDITION

PARIS

LIBRAIRIE ADMINISTRATIVE DE PAUL DUPONT

41, RUE J.-J.-ROUSSEAU (HÔTEL DES FERMES),

1879

AVIS.— Le Tome 7 comprend la *Table des Cahiers des États
Généraux.* Ce volume a été distribué aux membres de l'Assemblée
nationale en mai 1876.

ARCHIVES
PARLEMENTAIRES

O

INPRIMERIE ADMINISTRATIVE DE PAUL DUPONT
41, Rue J.-J.-Rousseau, Paris

ARCHIVES
PARLEMENTAIRES
DE 1787 A 1860

RECUEIL COMPLET

DES

DÉBATS LÉGISLATIFS & POLITIQUES DES CHAMBRES FRANÇAISES

IMPRIMÉ PAR ORDRE DU SÉNAT ET DE LA CHAMBRE DES DÉPUTÉS

SOUS LA DIRECTION DE

M. J. MAVIDAL

CHEF DU BUREAU DES PROCÈS-VERBAUX, DE L'EXPÉDITION DES LOIS, DES IMPRESSIONS
ET DISTRIBUTIONS DE LA CHAMBRE DES DÉPUTÉS

ET DE

M. E. LAURENT

BIBLIOTHÉCAIRE-ADJOINT DE LA CHAMBRE DES DÉPUTÉS

PREMIÈRE SÉRIE (1787 à 1799)

TOME SIXIÈME

ÉTATS GÉNÉRAUX. — CAHIERS DES SÉNÉCHAUSSÉES & BAILLIAGES

DEUXIÈME ÉDITION

PARIS
LIBRAIRIE ADMINISTRATIVE DE PAUL DUPONT
41, RUE JEAN-JACQUES-ROUSSEAU, 41

1879

BAILLIAGE DE TOUL.

CAHIER

Des très-respectueuses remontrances, plaintes et doléances du clergé du bailliage de Toul (1).

L'ordre du clergé du bailliage de Toul, pénétré de reconnaissance du bienfait signalé que le Roi veut bien accorder à ses peuples en les appelant auprès de lui pour les consulter sur les besoins de l'État, et de la déclaration touchante qu'il daigne faire : qu'environné de ses peuples, il se regarde comme un père de famille au milieu de ses enfants, s'empressera de répondre a une confiance aussi honorable, et de porter au pied du trône l'hommage de son respect et l'offre illimitée de ses biens et de ses personnes. Il ne craindra jamais de faire de trop grands sacrifices pour un prince qui sacrifie lui-même au bonheur de son peuple les dépenses qui tiennent plus particulièrement à sa personne, pour un prince qui ne connaît d'autre bonheur que celui de rendre ses sujets heureux, pour un prince qui regarde le plus grand avantage de l'État à la plus grande félicité de ses sujets comme le plus bel usage qu'il puisse faire de sa puissance.

Sa Majesté aurait été attendrie, si elle avait été témoin de l'effusion de sentiments qu'a fait naître dans tous les cœurs de ses sujets la manifestation de ses bontés paternelles. Il n'en est aucun qui ne se crût heureux de lui offrir corps et biens, et d'acheter par les plus grands sacrifices la paix et le bonheur d'un aussi bon Roi.

Mais puisque Sa Majesté appelle à son conseil la nation entière, puisqu'elle veut que la prospérité de l'État ne soit due qu'au zèle empressé de tous les ordres du royaume, le clergé ne craindra pas de mettre sous les yeux de Sa Majesté l'expression de ses vœux pour le bien général de l'État. Il profite donc de la liberté qui est donnée à tous les ordres pour s'expliquer avec franchise.

Il croit qu'avant de s'occuper de l'objet relatif à l'impôt, à l'emprunt, ou à toutes les autres demandes des ministres, il faut que la constitution soit assurée par une déclaration envoyée dans toutes les provinces, et enregistrée dans toutes les cours du royaume, qui arrête irrévocablement :

Art. 1er. Qu'aucun impôt ne sera à l'avenir établi ou prorogé, aucun emprunt ouvert, que du consentement des États généraux, et que l'impôt sera toujours limité à l'époque où devra se tenir la prochaine assemblée.

Art. 2. Que les États généraux s'assembleront régulièrement tous les cinq ans, au mois de mai, dans la ville qui sera désignée par l'assemblée précédente avant sa séparation, sans qu'ils aient besoin d'aucune convocation, sans qu'il puisse y

(1) Nous publions ce cahier d'après un manuscrit des *Archives de l'Empire.*

être apporté aucun obstacle, et sans que dans l'intervalle on puisse établir aucune commission intermédiaire.

Art. 3. Qu'aucun citoyen ne puisse jamais être arrêté par des ordres arbitraires que le temps nécessaire pour être conduit dans une prison légale, et remis aux juges que lui donne la loi.

Art. 4. Qu'aucun acte publié ne soit réputé loi, s'il n'est consenti par les États généraux avant que d'être muni du sceau de l'autorité royale, et s'il ne contient l'expression de ce consentement; que le Roi néanmoins puisse, dans l'intervalle des États, faire toutes les lois provisoires que les circonstances exigeront.

Art. 5. Qu'il soit établi dans chaque province des États particuliers dans la forme réglée par les États généraux, ou consentis par la province. Ces États particuliers seront chargés de l'assiette, de la répartition et de la levée de tous les impôts, dans la proportion qui sera fixée par les États pour chaque province, ainsi que de la régie et de l'administration de tous les objets qui concernent les provinces, et de les verser eux-mêmes directement dans le trésor royal.

Le désir du clergé est que les États généraux commencent par obtenir cette déclaration; qu'elle soit envoyée dans les provinces, et que ce ne soit qu'après l'avoir obtenue que l'on s'occupe du déficit, des moyens d'y remédier, de consolider la dette de l'État, des secours à accorder, des emprunts à ouvrir, et généralement de tout ce qui peut tendre à l'amélioration des finances de l'État.

Le clergé n'ose se flatter d'obtenir, dans ces premiers États généraux, la réforme de tous les abus, des lois civiles et criminelles, de la justice, de la police, de l'administration et des tribunaux.

Cependant il croit qu'il est indispensable que la sagesse du monarque et les lumières des États généraux s'occupent le plus promptement possible d'y apporter un remède efficace, en établissant des comités composés des hommes les plus instruits dans chacune de ces matières; — que les mémoires qu'ils seront obligés de dresser soient envoyés dans différentes provinces pour y être ensuite rendus publics, portés même au pied du trône, afin d'en obtenir l'effet le plus avantageux pour la nation. Mais comme il est des abus que l'on ne peut arrêter trop tôt, et contre lesquels il faut s'élever avec force, il paraît indispensable que les États généraux sollicitent de la justice du Roi une loi particulière qui s'oppose à celles qui paraissent favoriser l'usure.

Le clergé se contentera donc de composer son cahier de doléances, d'objets qui le touchent de plus près, et qui pèsent d'une manière plus directe sur lui ou sur le peuple avec lequel il vit, et dont il a l'honneur d'être le premier ordre.

Art. 1er. Le clergé ne se considère dans l'État que comme citoyen et enfant de la patrie; il lut paraît juste de subvenir selon ses forces et facultés aux besoins de l'État, et de concourir avec tous les autres citoyens à l'extinction de la dette nationale. Il abandonne toutes les distinctions utiles et pécuniaires, et ne se réserve que celles qui sont purement honorifiques et personnelles, se soumettant, pour la forme dans laquelle sa contribution sera levée, à celle qui sera réglée par les États généraux du royaume.

Art. 2. Il demande que les lois sur le respect dû aux églises, sur la défense d'imprimer, vendre ou colporter des livres ou autres écrits contraires à la religion, aux bonnes mœurs et à l'ordre public, soient remises en vigueur, et prononcent une peine grave contre les délinquants.

Art. 3. Il demande, pour maintenir et augmenter l'esprit ecclésiastique, l'étude des saints canons et la régularité des mœurs, les conciles provinciaux soient rétablis; que ce soit dans ces assemblées que soient réglés les articles de la discipline, et arrêtés les rituels et autres livres faits pour diriger la conduite que doivent tenir les ecclésiastiques dans toutes les fonctions de leur ministère, de sorte que tout soit marqué et vraiment prononcé par la loi, et qu'il n'y ait rien de laissé à l'arbitraire.

Art. 4. Que l'éducation, ayant une influence aussi importante sur les mœurs, et pouvant en quelque façon être regardée comme une seconde nature, soit surveillée avec tout le soin possible; qu'il soit dressé des livres élémentaires qui apprennent les principaux devoirs du citoyen, ainsi que nos catéchismes enseignent ceux de la morale et du christianisme; qu'il soit travaillé à un plan d'éducation nationale; que les curés soient maintenus dans la juridiction que leur donne l'édit de 1695 sur les maîtres et maîtresses d'école, et qu'il soit, autant que faire se pourra, établi des instituteurs différents pour les deux sexes.

Art. 5. Il demande le rétablissement de la discipline ecclésiastique, et l'exécution des saints canons sur la pluralité des bénéfices; qu'en conséquence, il soit sévèrement prohibé d'en posséder plusieurs lorsqu'un seul peut suffire à un honnête entretien, et que, pour éviter toutes les inquiétudes qu'on pourrait avoir sur ce qu'on doit entendre par un honnête entretien, il soit renvoyé au clergé de statuer clairement et définitivement ce qu'on doit regarder comme suffisant à l'entretien d'un membre du premier ordre, et de celui du second; — que la décision soit rendue publique, et qu'après qu'elle aura été manifestée, toutes les sommes qui excéderaient celle qui aurait été estimée suffisante, provenant de la pluralité des bénéfices, soient versées dans la caisse de la chambre ecclésiastique dont il sera parlé dans la suite; l'autoriser même à en percevoir les fruits, en offrant de payer à chaque titulaire le revenu fixé par le clergé.

Art. 6. Il demande le rétablissement de la Pragmatique-Sanction, la suppression de tous les concordats et indults par lesquels les souverains pontifes auraient accordé à Sa Majesté la nomination aux places ecclésiastiques. L'Église et l'État ont gémi longtemps sur l'abolition de cette loi. Tous les tribunaux ont réclamé pendant plus d'un siècle sur cette plaie faite à la discipline et aux études. Si leurs plaintes ont cessé, c'est moins parce qu'elles cessaient d'être justes que parce qu'on était convaincu de leur inutilité. Si l'élection est rendue, l'Église changera de face. La voix publique appelle aux distinctions, toujours bien plus sûrement que les intrigues des cours.

Art. 7. Il demande que les commendes dans les abbayes soient supprimées, que l'élection des prélatures soit rendue aux maisons religieuses; mais comme les menses dont jouissaient les abbés sont depuis longtemps hors de la possession de ces maisons, qu'elles soient versées dans la caisse des deniers de la chambre diocésaine.

Art. 8. Que cette chambre soit établie pour y recevoir le produit des menses des abbayes dont l'élection aura été rendue aux maisons religieuses. Ces revenus seront toujours estimés au tiers de celui total de la maison. Il y sera encore versé le produit de l'excédant des bénéfices qui passeront la somme qui aura été jugée par le clergé de France être suffisante pour l'entretien, relativement à ceux qui jouiraient de plusieurs bénéfices, soit pour le premier, soit pour le second ordre. Sur les revenus ainsi versés dans la caisse de cette chambre, il sera établi des pensions de 500 livres pour servir de retraite aux ecclésiastiques dont l'âge ou les infirmités ne leur permettraient pas de continuer leurs fonctions, ou pour tous autres usages pieux ou d'utilité publique qui seront statués par l'assemblée du diocèse.

Art. 9. Que cette chambre soit régie par des administrateurs qui seront nommés par le clergé de tout le diocèse; que les comptes en soient rendus au synode général; qu'ils soient imprimés et qu'on en remette à chaque doyen des exemplaires en nombre suffisant pour que chaque curé du diocèse puisse avoir sous les yeux l'état de cette chambre; que cette forme soit aussi pratiquée pour tous les établissements publics quelconques, l'administration des hôpitaux, le séminaire, la fondation de la retraite et tous autres, de sorte que toute régie où le public est intéressé soit toujours publique.

Art. 10. Le clergé demande que le droit que les curés sont dans l'usage de percevoir sous le titre de casuel exigible soit supprimé pour toujours comme incompatible avec la dignité de leur état et de leurs fonctions et comme un impôt onéreux au peuple, sans cependant que cette demande puisse s'étendre au casuel de leurs clercs ou maîtres d'école auxquels cette ressource est nécessaire pour leur subsistance et pour celle de leur famille, sauf aux États provinciaux de suppléer par un autre moyen à la rétribution.

Art. 11. Le clergé demande qu'on détermine un revenu annuel fixe pour les curés des villes et des campagnes. Il se confie entièrement en la bonté du Roi pour faire, par les États généraux, fixer une somme qui convienne, et qu'il l'augmente graduellement en raison de la population des paroisses, de ses besoins et de ses charges; qu'elle soit toujours réglée sur le taux du numéraire actuel et sur le prix des grains, de sorte que tous les vingt ans elle éprouve une augmentation progressive, si le numéraire ou les grains en ont éprouvé une. Quant aux moyens nécessaires pour opérer cette dotation dans la proportion susdite, le clergé invoque la bonté et la justice du Roi envers la classe du clergé la plus laborieuse et la plus pauvre. Il se repose entièrement du succès de cette demande sur les lumières et la prudence des États généraux, le tout néanmoins sans préjudice aux établissements subsistant dans la province, dont le clergé reconnaît l'utilité, et dont il est bien éloigné de demander la suppression.

Art. 12. Le clergé demande que les églises paroissiales soient déclarées libres et affranchies pour toujours de toute servitude, et les curés déchargés de toute obligation personnelle jadis imposée par les chapitres et communautés régulières sous le nom des droits des curés primitifs en ce qui ne touche que les droits purement honorifiques et personnels, n'étant pas convenable, d'un côté, que les corps auxquels ces droits appartiennent soient détournés de leurs occupations ordinaires, et de l'autre, que des pasteurs accoutumés à paraître à la tête de leur paroisse en soient exclus les jours les plus solennels, l'exercice de ces droits déplaisant au peuple qui ne le voit qu'avec murmure et chagrin, et ne servant absolument qu'à embarrasser le service divin et à humilier des pasteurs auxquels l'intérêt de l'Eglise et de l'Etat exige qu'on ne retranche rien de la considération due à leur place.

Art. 13. Le clergé demande que, pour prévenir les contestations et procès entre les curés et les chapitres tant séculiers que réguliers au sujet de la juridiction pastorale, il soit statué définitivement par une ordonnance, que tout domestique des chanoines, ou autres personnes laïques attachées au service de leurs églises par quelque fonction que ce soit, et domiciliées de fait dans l'étendue des paroisses, soient soumises à la juridiction ordinaire des curés, nonobstant tout titre ou possession à ce contraire, sans néanmoins comprendre dans le présent article les gens demeurant *intra septa* des maisons religieuses, qui continueront à être paroissiens de ces maisons, sauf tout droit à ce contraire.

Art. 14. Le clergé demande que les cures séculières dont la nomination appartient aux abbés commendataires, ne tournent pas à la disposition des maisons religieuses dans le cas où il serait statué que le droit d'élection leur serait rendu, mais qu'elles soient toutes conférées par la voie du concours ; — qu'on ne soit plus obligé de recourir à Rome après le concours, mais que l'ordinaire des lieux soit autorisé à donner des institutions; — que le concours ne dépende pas de la seule volonté de l'évêque, mais seulement de la pluralité des suffrages des examinateurs synodaux; — que monseigneur l'évêque, dans la présentation qu'il est autorisé de faire au Roi, de trois sujets pour les *prébendes ou canonicats* de cinq églises collégiales de ce diocèse, soit tenu de choisir les sujets parmi ceux qui travaillent au moins depuis dix ans aux fonctions du saint ministère.

Art. 15. Le clergé demande qu'on ne soit plus obligé dans les Trois-Evêchés d'obtenir des bulles en cour de Rome pour les collations, resignations et toute autre espèce de provisions de bénéfices ; — qu'il plaise à Sa Majesté faire instance par son ambassadeur auprès de Sa Sainteté pour que lesdites provisions soient dorénavant expédiées et accordées sur simple signature, les bulles étant extrêmement onéreuses aux ecclésiastiques.

Art. 16. Le clergé demande que ses membres ne soient plus obligés de se présenter soit au bailliage, soit au parlement pour y prêter serment de fidélité lorsqu'ils sont dans le cas de prendre possession de quelque bénéfice. Cette formalité, inconnue dans le reste du royaume, doit être abolie dans cette province, où il est humiliant pour les ecclésiastiques de prendre ces précautions sur leur fidélité, et injuste de les assujettir à des frais considérables.

Art. 17. Le clergé demande qu'il soit permis de remplacer les anciens fonds des fabriques, ceux des hôpitaux, et ceux appartenant aux gens de mainmorte, sans lettres patentes et sans qu'on soit exposé à aucune recherche de la part des administrateurs du domaine ; — que les droits d'amortissement pour les améliorations, embellissements, reconstructions et réparations qui n'auraient été faites que sur des fonds déjà amortis, soient supprimés. Il est intéressant pour le public que les fabriques et hôpitaux ne soient pas exposés à voir leurs revenus diminués, et que les bâtiments appartenant aux gens de mainmorte puissent être rendus plus commodes et plus multipliés pour faciliter le logement des citoyens et en diminuer le prix. Il paraît contraire à la décoration des villes de faire payer des droits à ceux qui veulent les embellir à leurs frais.

Art. 18. Il demande aussi que les échanges des biens ecclésiastiques soient affranchis de tous droits, ainsi que les échanges simples des biens amortis avec des biens non amortis. Ces opérations n'augmentent pas le revenu du clergé et contrarient par des frais considérables des arrangements qui conviendraient à des citoyens et qui seraient souvent utiles au public.

Art. 19. Le clergé demande que, pour encourager l'étude et le mérite, et ne pas donner l'exclusion à un si grand nombre de bons sujets de ce diocèse, il plaise à Sa Majesté, en interprétant les lettres d'anoblissement des chapitres de la cathédrale et de Bar-le-Duc, ordonner que les ecclésiastiques qui auront exercé les fonctions pastorales en qualité de curé et de vicaire pendant l'espace de quinze années, seront à ce seul titre déclarés habiles à posséder les prébendes de ces chapitres, de même que les nobles ou les gradués, parce que les chapitres nobles sont singulièrement multipliés dans cette province.

Le clergé, sensible aux maux immenses qui naissent de la fureur de plaider et qui s'étendent jusqu'aux dernières classes des citoyens, voit avec douleur que la ruine des familles est souvent occasionnée pour des objets peu considérables et qu'il aurait été facile d'apaiser dans leur naissance s'ils avaient passé sous les yeux de gens sages et amis de la paix. En conséquence, il dénonce aux Etats généraux ce fléau, un des plus funestes de ceux qui désolent les campagnes. Il attend de la sagesse des membres qui composeront cette assemblée, qu'ils ne croiront pas indignes d'eux de s'en occuper et de chercher à le prévenir. Le clergé indiquera les moyens qu'il croit capables d'y remédier, bien persuadé qu'à la source des lumières, des connaissances et du patriotisme, il en sera trouvé de plus efficaces.

Il croit qu'on pourrait donner aux municipalités des campagnes l'autorité de décider les contestations les plus légères. Ce premier jugement rendu par les chefs de communes, élus par elles et dignes de leur confiance, pourra apaiser bien des querelles dans leur naissance.

Il croit qu'on pourrait établir de distance en distance des bureaux qu'on appellerait de pacification, qui seraient de véritables justices de paix et de charité. On doit attendre de la religion et de la bienfaisance des curés, des seigneurs et des gens les plus aisés qui habitent les campagnes, qu'il ne serait pas difficile de composer ces bureaux. Il faudrait qu'on fût obligé de porter devant eux toutes les contestations qui s'élèveraient dans leur canton. Il serait très expressément défendu à tous praticiens et gens qui ne vivent que par le ministère qu'ils prêtent aux plaideurs, de s'immiscer dans aucune discussion, de quelque genre qu'elle pût être, avant d'avoir été portée au bureau. L'audience serait refusée par les juges ordinaires lorsqu'il ne leur apparaîtrait pas de cette première décision, qui serait toujours rendue gratuitement et où aucun praticien ne pourrait jamais paraître.

La nécessité de ne paraître dans les tribunaux qu'avec l'assistance de procureurs et d'avocats, ne pourrait-elle pas être abolie, et la liberté être rendue aux citoyens de se présenter eux-mêmes sans prendre de conseil qu'autant qu'ils le jugeraient à propos? Pourquoi n'espéreraient-ils pas de la patience et des lumières de leurs juges, qu'ils suppléeraient à ce qui leur manquerait en talent et en clarté? Ne conviendrait-il pas de donner aux arbitres que les parties auront choisis une plus grande autorité; qu'il fût interdit d'interjeter appel des jugements des arbitres, surtout si l'on s'était soumis indéfiniment à leur décision sans réserver expressément la faculté d'appeler?

Art. 20. Le clergé croit que la milice, dans la forme où elle est levée dans les campagnes, est un des grands malheurs qui les affligent. Il est bien éloigné de croire que la défense de la patrie ne doive pas être regardée comme un des principaux devoirs des citoyens, ou que des troupes nationales ne soient infiniment préférables à des troupes étrangères. Mais ne pourrait-on pas laisser à chaque province à fournir de la manière dont elle jugerait à propos le contingent en troupes auquel elle serait imposée? On ne verrait plus ces assemblées dans le temps du tirage de la milice, cette perte de temps et d'argent et tous les autres abus qui sont attachés à cette forme vicieuse, abus dont sont témoins et dont gémissent les ecclésiastiques répandus dans les campagnes.

Art. 21. Le clergé, témoin des abus qui naissent de la fréquentation des cabarets, croit qu'il ne doit pas être au-dessous de l'attention des États généraux de s'occuper d'un plan qui les rendît moins nuisibles. Ce n'est pas seulement de leur fréquentation pendant la célébration des offices, dont le clergé se plaint : cette irrévérence envers la religion est cependant de grande importance. La perte d'un temps précieux, le dérangement des affaires, la division dans les familles, les rixes et disputes, les désertions des soldats, et mille autres malheurs naissent dans les cabarets. Ce n'est pas assez de défendre aux cabaretiers de les ouvrir pendant le temps du service divin ; il faudrait qu'il fût très-sévèrement interdit d'y jamais recevoir ceux qui sont domiciliés dans le lieu ; il faudrait encore que MM. les procureurs généraux veillassent avec une scrupuleuse attention à l'exécution des sages ordonnances faites à ce sujet ; que les maires et gens de justice des lieux fussent chargés d'y tenir la main, et de condamner à des amendes au profit des pauvres, ceux qui contreviendraient à ces règlements.

Art. 22. Le clergé demande la suppression des jurés-priseurs comme très-onéreux aux campagnes, celle de tous les droits de traites foraines, transit, acquits et sauf-conduits tant si multipliés dans la province, qu'ils exposent à des reprises continuelles, et comme étant une source de vexations les plus criantes; la suppression des droits pour la marque des fers et des cuirs comme portant directement sur les laboureurs et les artisans des campagnes.

Art. 23. Le clergé demande d'être maintenu dans le droit qui lui a été accordé en 1765, d'avoir à l'hôtel de ville ses députés pour concourir avec les autres ordres aux délibérations et élections, le cas échéant, ainsi que pour auditionner les comptes et surveiller l'emploi des revenus auxquels il contribue comme toutes les autres classes des citoyens, en payant les octrois qui constituent la majeure partie des revenus de la ville.

Art. 24. Le clergé fait des vœux pour que le jugement porté par le Roi lui-même sur la gabelle soit promptement exécuté. Il ne suffit pas que ce fléau redoutable qui pèse d'une manière si terrible sur le pauvre peuple des villes et des campagnes, qui arrête les progrès de l'agriculture et qui la dessèche dans sa source, ait été jugé il faut que la gabelle soit anéantie et que le sel soit rendu marchand. En attendant ce bienfait que la bonté du Roi, la sagesse et les lumières d'un ministre ami du peuple et des campagnes, donnent lieu de croire peu éloigné, le clergé demande au moins que les salines soient supprimées, et qu'on ne laisse subsister que les usines à feu qui sont absolument nécessaires au pays, ces établissements trop multipliés occasionnant une énorme consommation de bois.

Art. 25. Les chapitres et les communautés, tant séculières que régulières et ecclésiastiques, croyant avoir à se plaindre de l'inégalité du nombre des députés qui leur sont accordés par le règlement du 24 janvier dernier, relativement à MM. les curés, demandent qu'il y soit pourvu à l'avenir, chaque chanoine y ayant un intérêt personnel, ainsi que chaque curé, sans que la comparution à l'assemblée générale puisse tirer à conséquence par la suite.

Telles sont les plaintes, demandes et doléances que le clergé porte au pied du trône, avec la confiance la plus entière, le plus profond respect, que la bonté et la justice du meilleur des rois inspirent à tout son peuple.

Signé Ducrot, chanoine, trésorier, président par élection ; de La Chapelle de la Roche-Ennor, chanoine, député, commissaire ; de Caffarelly, chanoine, député, commissaire ; Bastien , curé de Xeuilley, commissaire, premier député ; Roussel, curé de Francheville, commissaire ; Claudot, curé de Tranqueville, commissaire ; Liouville, curé de Villey-Saint-Étienne, commissaire, second député ; Pelet de Bonneville, grand chantre, commissaire ; de Jumilly, doyen de Saint-Gengoult, député ; Thiébaut, curé de Void et Vacon, commissaire ; Roussel, curé de Saint-Evre, chapelain, commissaire ; Maréchal, prieur de Saint-Léon, député, commissaire ; dom Derone, prieur de Saint-Evre, député, commissaire ; Girardot, curé de Saint-Jean, secrétaire de l'ordre du clergé.

CAHIER

Des respectueuses remontrances et doléances de l'ordre de la noblesse de Toul et pays toulois, adressées au Roi (1).

C'est avec l'expression de la reconnaisance, c'est avec l'enthousiasme du patriotisme que la noblesse française répond à la voix d'un monarque bienfaisant et sensible qui appelle autour de son trône ses bons et fidèles sujets de tous les ordres, et donne à l'univers le spectacle intéressant d'un père entouré de sa famille.

Fiers du titre de conseil et d'ami de notre maître, titre précieux donné aujourd'hui à tout Français par le meilleur des princes, montrons-nous dignes de sa confiance ; discutons de sang-froid nos droits respectifs, mais que la prospérité de l'État, le soulagement des peuples soit notre premier vœu, et que tout intérêt particulier cède à la voix du patriotisme.

(1) Nous publions ce cahier d'après un manuscrit des *Archives de l'Empire.*

Les lois de la franchise et de l'honneur ne permettent pas à la noblesse de dissimuler au prince qui cherche la vérité et qui ne craint pas de l'entendre, l'état malheureux de ses peuples, et surtout de celui qui habite les campagnes gémissant sous le poids des impôts dont nous assurons que le fardeau ne peut être augmenté. Son amour pour son Roi, son attachement pour la patrie, adouciraient sans doute l'état de détresse auquel il est réduit, si le prix de ses veilles et de ses sueurs tournait au profit de l'Etat et au bien de la chose publique. Mais un coup d'œil de Sa Majesté sur la masse des contributions, comparée au produit net versé au trésor royal, lui fera connaître nos malheurs et la nécessité de changer le mode onéreux et vexant de la perception actuelle.

Il est de notre devoir de recommander au prince la classe la plus indigente et la plus nombreuse de ses sujets, qui n'a pour subsister que le produit de ses bras. Nous lui recommandons un commerce languissant et chargé d'entraves, qu'un regard du maître peut vivifier. Nous osons le répéter : ce n'est point dans des surcroîts d'impôts que Sa Majesté trouvera les moyens d'éteindre une dette malheureuse ; c'est dans les plans d'économie déjà adoptés par son amour pour ses peuples, c'est en détruisant les abus, c'est en ôtant tout moyen à ces abonnements frauduleux à la faveur desquels les plus riches propriétaires parviennent à se soustraire au fardeau des impôts, qui retombent en surcharge sur la classe la plus indigente des contribuables.

Sur ces objets important à la gloire du Roi, à la splendeur du royaume, à la félicité des sujets, le cri de la France nous dit de nous en rapporter au sage ministre qui gouverne aujourd'hui les finances. Son génie, découvrant seul l'immensité de la carrière qu'il doit parcourir, l'éclairera de son flambeau et nourrira son courage. Il préférera l'estime, les bénédictions du peuple, à la faveur des grands, et répondra à l'espérance de la nation qui attend tout de ses lumières et de son intégrité sous le règne du plus juste des rois.

Déclare la noblesse de Toul et pays toulois que, ne formant de vœux que pour la prospérité de l'Etat et le soulagement des peuples, elle renonce à tous privilèges pécuniaires, et consent à partager la charge des impôts, ainsi, de la même manière et aux mêmes conditions que toute la noblesse du royaume, d'après ce qui sera statué dans l'assemblée prochaine des Etats généraux, se réservant les prérogatives inhérentes à son ordre, comme tenant essentiellement à la constitution de la monarchie, comme le prix des services rendus et le gage de ceux que la noblesse se montrera toujours jalouse de rendre à la patrie.

PREUVES DE NOBLESSE.

Mais en même temps que la noblesse désire et demande à conserver ses privilèges honorifiques, elle doit, tant pour la distinction de son ordre que pour prévenir le préjudice qu'éprouverait le tiers-état si un trop grand nombre de personnes se prévalaient indûment des titres caractéristiques de la noblesse, désirer que l'on prenne les moyens pour empêcher toute usurpation à cet égard, en obligeant les individus qui passent d'une province à l'autre, de justifier leur état par titres reconnus valables.

ADMINISTRATION.
De quelle manière il sera voté.

Art. 1er. L'ordre de la noblesse désire et demande que les Etats généraux votent par tête en matière d'impositions, et par ordre pour tout le reste.

Dette nationale consolidée.

Art. 2. Désire et demande que la dette de l'Etat soit discutée, vérifiée et ensuite consolidée par la nation.

Visite des titres des créanciers de l'Etat.

Art. 3. Désire et demande qu'il soit établi par les Etats généraux une commission pour examiner les titres de la généralité des créanciers de l'Etat, en réduire tous les intérêts à l'intérêt légal, soumis aux retenues qui auraient lieu de particulier à particulier.

Réduction des rentes perpétuelles et viagères.

Cette commission portera une attention singulière sur les contrats de rentes perpétuelles à 4 p. 0/0 de la nature de ceux sur l'hôtel de ville de Paris, de la création de 1770, pour réduire les porteurs de pareils contrats à l'intérêt de leurs mises réelles.

Sera également procédé à la révision des rentes viagères créées par les différents emprunts, proportionnant cette réduction à l'intérêt légal, et calculant pour tous les créanciers de cette espèce d'après les tables de probabilité de la vie par MM. de Buffon, Deparcieux, et autres, classant une seule fois pour toutes, à l'époque du travail de la commission, les différents âges des créanciers de l'Etat, de dix ans en dix ans, à commencer de l'instant de la naissance jusqu'à l'âge le plus avancé, afin que désormais chacun d'eux puisse avoir un intérêt proportionné au temps qui lui reste à jouir, sans que ces réductions puissent avoir un effet rétroactif. Cette demande est d'autant plus légitime que lors de chaque emprunt le prêteur a calculé les risques qu'il avait à courir d'une réduction totale ou partielle sur sa créance, et qu'il ne s'est déterminé qu'en vertu de l'appât d'un plus fort intérêt qu'on lui offrait.

Mais aujourd'hui que nous demandons que la dette nationale soit consolidée et garantie par la nation, ces créanciers se trouvant à l'abri de tout danger, il est juste que les intérêts en soient réduits au taux fixé par tout le royaume.

Terme fixe pour les subsides.

Art. 4. Désire et demande que l'impôt consenti par la nation ne puisse être prorogé, sous quelque prétexte que ce soit, ni par quelque pouvoir intermédiaire que ce puisse être, au delà du temps voulu par les Etats généraux, lesquels fixeront eux-mêmes les termes de leur retour périodique.

Répartition des impôts.

Art. 5. Désire et demande que l'impôt soit supporté indistinctement par tous les sujets des trois ordres proportionnellement aux propriétés et facultés de chaque individu, ne doutant pas que l'ordre respectable du clergé ne renonce dans cette circonstance au privilège d'offrir à l'Etat sa contribution sous la forme de don gratuit, et de répartir lui-même ses impositions. Nous ne pouvons encore nous refuser au désir de voir la dette du clergé incorporée à celle de la nation, et la caisse des économats tenue d'en payer les intérêts et de l'amortir.

Point de commission intermédiaire.

Art. 6. Désire et demande que les Etats généraux ne laissent point de commission intermédiaire pour les représenter.

Enregistrement attribué aux parlements.

Art. 7. Désire et demande qu'on attribue aux parlements l'enregistrement des impôts consentis par la nation, de même que le droit de remontrances et d'opposition contre tous impôts et édits bursaux non consentis par elle.

Caisse d'amortissement.

Art. 8. Désire et demande l'établissement d'une caisse d'amortissement destinée au remboursement des dettes exigibles onéreuses par leurs intérêts exorbitants, et autres, cette caisse sous l'inspection et sauvegarde des Etats généraux. Dans le cas d'une guerre commencée, le ministre sera autorisé à puiser dans ladite caisse pour subvenir aux préparatifs nécessaires jusqu'à l'assemblée des Etats généraux, qui, dans de semblables circonstances, aura lieu dans les trois mois qui suivront les premières hostilités.

Des ministres.

Art. 9. Désire et demande que le ministre des finances et ceux des autres départements soient sous la surveillance de la nation, et responsables de leur conduite envers elle.

Compte rendu.

Art. 10. Désire et demande que le compte qui devra être nécessairement rendu chaque année par le contrôleur général des finances, soit imprimé et rendu public.

Etat nominatif des pensionnaires imprimé.

Art. 11. Désire et demande que l'état nominatif de tous les pensionnaires de Sa Majesté soit une fois rendu public, et que chaque année le compte rendu offre l'état nominatif de toutes les personnes qui auront reçu quelques grâces pécuniaires à quelque titre que ce puisse être.

Des emprunts.

Art. 12. Désire et demande que tout emprunt proposé par le gouvernement ne puisse avoir lieu que du consentement des Etats généraux.

Droits de contrôle.

Art. 13. Désire et demande un tarif modéré et certain sur les droits de contrôle pour garantir les sujets de Sa Majesté de l'arbitraire et des interprétations du génie fiscal, source féconde de vexations ignorées du souverain.

Poste aux lettres.

Art. 14. Désire et demande un taux fixé pour les ports de lettres, la sûreté de la correspondance et qu'elle ne soit plus exposée à l'espèce d'espionnage qui existe. La foi publique doit être respectée.

La presse.

Art. 15. Désire et demande la liberté de la presse comme le moyen d'arrêter les entreprises contraires à l'intérêt de la nation et à l'éclairer, sous la réserve de la responsabilité des auteurs et imprimeurs, pour les libelles qui attaqueraient directement la religion, les mœurs, la réputation ou l'honneur des particuliers.

Perception.

Art. 16. La noblesse s'en rapporte à la sagesse du ministre actuel des finances pour simplifier les modes de perception et diminuer ce nombre infini d'agents qui, sous toutes les dominations possibles, tournent à leur profit une trop grande partie des sacrifices des sujets de Sa Majesté. C'est entrer dans les vues du souverain que de lui proposer des moyens de soulagement pour ses peuples. C'est seconder les désirs de ses sujets que de leur assurer la facilité de verser plus directement dans le trésor royal, et de déposer au pied du trône, en même temps que leurs contributions, l'hommage de leur amour et de leur reconnaissance.

Réduction des pensions, et autres suppressions.

Art. 17. Désire et demande la réduction des pensions attachées aux retraites des grandes places, la suppression des intendants de province, des bureaux de finance, cour des aides, celle des chambres des comptes, à l'exemption de celle de Paris.

LÉGISLATION.

Codes civil et criminel.

Art. 18. Désire et demande la révision des codes civil et criminel, et qu'il soit pris les moyens nécessaires pour rendre la justice moins dispendieuse et moins longue aux sujets de Sa Majesté, en favorisant les arbitrages et en créant des chambres conciliatoires.

Eaux et forêts.

Art. 19. Désire et demande que l'administration des eaux et forêts soit changée.

Lettres de cachet.

Art. 20. Désire et demande l'abolition des lettres de cachet, excepté dans le cas où de semblables lettres seraient sollicitées par des assemblées de famille, l'usage le plus respectable que puisse faire le souverain de sa puissance étant de seconder l'autorité paternelle.

Militaire.

Art. 21. Désire et demande que des ordonnances sages, fixes, analogues au génie de la nation rendent au militaire français le goût de sa profession, que tant de changements successifs, tant de vacillations dans les principes n'ont que trop affaibli. On n'a pas encore assez calculé jusqu'à quel point on pourrait adopter en France les principes d'une tactique et d'une discipline étrangères, et le danger d'humilier le soldat au milieu d'une nation qui ne se conduit que par l'honneur. La noblesse éloignée de la cour par la médiocrité de sa fortune, a lieu de se plaindre des ordonnances qui, la séparant en deux classes, donneraient lieu de croire que les grâces et les honneurs sont devenus le patrimoine de certaines familles, tandis que le talent, le mérite et les services réunis doivent dans l'état militaire rendre le gentilhomme susceptible de tous rangs et dignités.

VŒU GÉNÉRAL.

Arrondissement des provinces.

Désire et demande que les Etats généraux s'occupent de l'arrondissement des provinces, opération facile, en employant le moyen des échanges, et qui serait particulièrement avantageuse à la Lorraine et aux Evêchés. La carte du territoire de ces deux provinces offre un mélange bizarre, mélange nuisible au commerce, onéreux aux justiciables, contraire aux projets qu'une les deux provinces pourrait former pour la confection des canaux et des routes, et l'amélioration de l'agriculture.

Etats provinciaux.

Art. 23. Mais considérant les choses dans l'état où elles existent aujourd'hui, désire et demande qu'il soit accordé à la province des Trois-Evêchés des Etats provinciaux composés de districts régis dans la même forme que ceux accordés par Sa Majesté à sa province du Dauphiné; qu'un commission intermédiaire toujours subsistante soit chargée de faire mettre à exécution tout ce qui aura été arrêté par les Etats provinciaux ; que lesdits Etats soient assemblés alternativement dans les villes de Metz, Toul et Verdun, pour les mettre à même de mieux juger des bonifications dont toutes et chacune des parties de la province sont susceptibles; que le bailliage de Toul puisse avoir auxdits Etats un huitième au moins des voix représentatives de la province, vu le rang que cette ville, célèbre par son antiquité, importante par ses établissements, a toujours tenu dans la province des Trois-Evêchés, et que tout fils d'anobli ayant la noblesse acquise et transmissible, propriétaire ou domicilié, puisse être élu représentant de son ordre.

Répartition des impôts.

Art. 24. Désire et demande qu'on accorde aux Etats provinciaux la répartition et collecte des impôts, de même que la direction de toutes les entreprises tant civiles que militaires à la charge de cette province.

Encouragements.

Art. 25. Désire et demande qu'on donne aux Etats provinciaux tous les moyens de vivifier les provinces, d'animer le travail, ce trésor du pauvre.

Bonnes mœurs.

D'encourager les bonnes mœurs en récompensant les vertus civiques par des honneurs et des distinctions, recommandant aux ministres de la religion la conservation de ce dépôt sacré.

Mendicité.

De détruire la mendicité.

Greniers d'abondance.

D'entretenir des greniers d'abondance et en général de faire tout ce qui intéresse le bonheur des peuples confiés à leurs soins.

Agiotage.

Art. 26. S'en rapporte au sage ministre des finances, ministre dont les intentions pures et les talents rares sont connus, pour poursuivre et détruire cet espoir d'agiotage trop généralement répandu, malgré l'infamie dont il est noté par tous les bons citoyens, et pour empêcher qu'une partie opulente des sujets de Sa Majesté, désignés sous le nom de capitalistes, ne trouve à l'avenir, comme par le passé, les moyens de se soustraire aux impôts, dont le fardeau s'appesantit tous les jours sur la partie la plus faible des contribuables.

Domaines aliénables.

Art. 27. Désire et demande que les domaines de Sa Majesté soient déclarés aliénables, considérant leur aliénation comme un moyen d'éteindre la dette nationale, et de vivifier les provinces. Mais comme cette seconde vue serait contrariée par les grands propriétaires, qui, pour la plupart, consomment dans la capitale la plus grande partie de leurs revenus, qui devient nulle pour la circulation dans les provinces, il est à désirer que ces domaines soient vendus partiellement et divisés en lots dont les plus forts n'excéderaient pas 3,000 livres de rente, sans pouvoir jamais être donnés à titre d'échange, ni à titre de grâce.

Apanages.

Art. 28. Désire et demande la réduction des apanages pour l'avenir.

Huissiers-priseurs.

Art. 29. Désire et demande qu'on s'occupe de supprimer une multitude de charges onéreuses aux peuples, et notamment celles d'huissiers-priseurs, dont la création excite les réclamations de toutes les provinces.

Police.

Art. 30. Désire et demande qu'on avise aux moyens de prévenir et de punir les mésus champêtres, et d'améliorer la police des villes, bourgs et villages.

Point de justice par commission.

Art. 31. Désire et demande que nul citoyen ne soit jugé que par les juges établis par les lois, et jamais par une commission particulière ; que l'autorité ne puisse évoquer à son tribunal aucune cause dont seraient saisis les tribunaux légitimes et compétents pour en connaître.

VŒUX PARTICULIERS.
Municipalités.

Art. 32. Désire et demande qu'on autorise les Etats provinciaux à prendre les moyens les plus sages pour changer la forme des municipalités, et les rendre électives par les trois ordres, en remboursant ces charges ainsi que celles des finances onéreuses par les attributions qui y sont attachées.

Chapitre de Toul.

Art. 33. L'ordre de la noblesse, prenant en considération que, par l'érection du chapitre noble de la cathédrale de Toul, le tiers-état est privé de la plus grande partie des places de chanoine, supplie Sa Majesté d'ordonner que celles de gradué, les seules auxquelles peuvent prétendre les sujets qui sont dans l'impossibilité de satisfaire aux preuves de noblesse requises, demeurent à l'avenir affectées exclusivement à de nés dans le pays toulois, ou qu'il soit libre, dans les nominations, d'élire indirectement un noble ou un gradué, tant que le nombre des prébendes affectées à ces derniers ne serait pas rempli.

Reculement des barrières.

Art. 34. Désire et demande que les députés de la province des Evêchés soient entendus de nouveau sur le reculement des barrières, et dans le cas où la considération du bien public, que ne doit jamais contrarier des considérations particulières, forcerait impérieusement les Etats généraux à adopter ce projet défavorable à la province, elle sollicite en dédommagement la suppression des traites foraines *comme une condition inséparable de l'établissement de toutes les douanes aux frontières du royaume.*

Suppression de la marque des fers et des cuirs.

La suppression de la marque des cuirs et des fers comme onéreuse à l'agriculture.

Des huiles et savons.

La suppression des droits sur les huiles et savons, dont le produit dans cette province est absorbé par les frais de régie, et l'exemption de tous droits sur les vins de cette province à la sortie du royaume, vu que le moindre impôt en arrêterait le débit chez l'étranger, leur médiocre qualité ne leur permettant pas de concurrence avec ceux des provinces voisines.

Suppression des salines.

Art. 35. Désire et demande que le nouveau régime à substituer à la gabelle, impôt jugé désastreux par le cœur bienfaisant de Sa Majesté, trouve les moyens d'approvisionner les provinces d'Alsace, Franche-Comté, Lorraine et Trois-Evêchés, de sel tiré des côtes, afin de supprimer les salines de Lorraine, de Franche-Comté et des Trois-Evêchés, ce qui procurerait une économie précieuse sur les bois, denrée de première nécessité, et dont l'augmentation de prix progressive fait craindre avec raison une disette très-prochaine.

Verrerie de Vannes supprimée.

Par une vue semblable, désire et demande qu'on s'oppose au rétablissement de la verrerie de Vannes, située dans le pays toulois.

Contrats obligatoires.

Art. 36. Désire et demande pour les Trois-Evêchés l'introduction des contrats obligatoires, dont la Lorraine sait apprécier les avantages.

Juifs.

Art. 37. Cette province étant plus qu'aucune autre dans le cas de gémir tous les jours sur les maux que produit l'usure, et voyant à regret dans son sein une classe d'hommes à laquelle tout moyen honnête de subsister est interdit, désire et demande qu'il soit permis aux juifs d'exercer les arts libéraux et mécaniques comme aux autres sujets de Sa Majesté, et quant à la faculté d'acquérir, s'en rapporte aux Etats provinciaux sollicités, cet objet exigeant les plus mûres délibérations. Sa Majesté suppliée de prendre en considération l'établissement des maisons d'éducation destinées à la jeunesse de tous les ordres, et des deux sexes. Nous recommandons à sa bienfaisance l'indigente noblesse qui fait aujourd'hui des sacrifices au-dessus de ses forces.

La noblesse, jalouse de conserver au pays toulois un privilége consacré par le temps, réclame pour l'avenir le droit d'une députation entière aux Etats généraux, droit prouvé et reconnu par la lettre du Roi, du 10 février 1649, et réclamé dernièrement par la commission intermédiaire du district. Mais que ne devons-nous pas espérer sous le règne d'un prince qui nous annonce « qu'il veut atteindre par son amour, à tous les individus qui vivent sous ses lois, et qui assure à tous ses peuples un droit égal aux soins prévoyants de sa bonté ! »

Signé :

De Taffin, président.

De Malaumont.

De Léviston, commissaire aux preuves.

Le comte d'Alençon, député.

Dedon Duclaux, commissaire pour les cahiers.

De Cholet de Clairey, commissaire aux preuves.

De Comtet.

D'Hardouinaud père.

Le comte de Migot, commissaire pour les cahiers.

Paget de Sainte-Croix, commissaire pour les cahiers.

De Saint-Pierville, id.

Gautier de Rigny.

Hugonin de Launaguet.

Le Page.

De La Barolière.

Vicomte de Bausset, scrutateur.

De Guerre.

De Klopstein.

Richard de Baumefort.

De Valori, commissaire pour les cahiers et les preuves, scrutateur et député.

D'Hardouinaud fils.

Le Lymonnier de la Marche, commissaire pour les cahiers et les preuves, et scrutateur.

Poirot, membre, secrétaire de l'ordre.

CAHIER

Des remontrances, plaintes et doléances, moyens et avis de l'assemblée du tiers-état du bailliage de Toul, arrêtés en l'assemblée générale de l'ordre, le 21 mars 1789 (1).

La nécessité de resserrer, dans le plus court espace, la grande quantité d'objets intéressants que nous avons à parcourir, ne nous permet pas de donner l'essor à nos sentiments de vénération et d'amour pour la personne sacrée du Roi. Il faut nous hâter de nous rendre à ses ordres paternels. Mais la reconnaissance, que nous ne croyons pas devoir étaler avec faste dans un long préambule, cette reconnaissance est gravée dans nos cœurs en caractères ineffaçables ; car nous sommes Français, et nous ne pouvons l'oublier, même dans le moment où nous avons sous les yeux l'ensemble des abus dont nous gémissons, et le tableau de nos malheurs. Essayons de répondre à la confiance du monarque, et si nous indiquons nos maux, tâchons d'en trouver les remèdes.

1. Le remède à tous les maux publics serait la suite d'une bonne constitution nationale. Nous exposerons nos vœux à ce sujet dans un premier chapitre.

2. Nous traiterons ensuite, dans autant de chapitres, de l'administration des provinces.

3. De la réforme des abus, quant aux impôts existants.

4. Des assemblées municipales.

5. De la réforme des abus concernant l'Église.

6. De la justice civile.

7. De la justice criminelle.

8. De la justice gruriale, ou des eaux et forêts.

9. Des doléances des campagnes.

10. Du commerce.

11. Des doléances particulières de la ville et cité de Toul.

12. Des moyens généraux.

13. Enfin, des instructions et pouvoirs généraux et définitifs.

CHAPITRE PREMIER.

Des observations générales et préliminaires.

1. Avant qu'il puisse être procédé par les Etats généraux à l'examen des demandes du Roi relativement à la dette et aux impôts, il sera arrêté et réglé que les délibérations desdits Etats généraux seront formées des suffrages de la totalité

---

(1) Nous publions ce cahier d'après un imprimé de la *Bibliothèque du Sénat.*

des membres ; à l'effet de quoi l'on opinera par tête et non par ordre.

2. Les Etats généraux fixeront aussi, avant tout, de concert avec le Roi, une constitution qui assure aux Français : 1° leur liberté individuelle à l'abri de toutes lettres de cachet et de tous ordres arbitraires ; 2° la garantie de la vie, de l'honneur et des propriétés ; 3° la liberté légitime de la presse ; 4° la nécessité du retour périodique des Etats généraux ; 5° la responsabilité des ministres du Roi ; 6° la formation des Etats provinciaux ; le tout suivant les développements ci-après.

3. Il sera statué d'abord qu'aucun impôt, ou contribution, réels ou personnels, directs ou indirects, manifestes ou déguisés, qu'aucun emprunt, création d'offices, etc., ne pourront avoir lieu dans aucun canton du royaume, qu'en vertu de l'octroi libre et volontaire de la nation.

4. Il sera établi en principe et loi fondamentale : 1° que tout sujet du Roi, de quelque ordre, rang et dignité qu'il soit, ne peut se dispenser de contribuer, suivant ses biens et facultés, et dans leur proportion, aux charges publiques et contributions quelconques ; 2° que ces impôts, charges et contributions seront pécuniaires, même ceux et celles qui, mal à propos, auraient été établis en nature. Qu'il n'y aura à l'avenir, dans chaque paroisse ou communauté, que deux rôles des impositions, l'un pour la taxe sur les biens-fonds situés dans le territoire, soit que les propriétaires résident ou ne résident pas, l'autre pour la taxe sur le personnel, dans lequel rôle personnel seront réunis et fondus la taxe, la subvention et les accessoires, l'industrie, la taxe sur les capitalistes, rentiers, pensionnés, artistes, commerçants et autres ; 4° que dans les deux rôles, l'un réel, l'autre personnel, seront compris en trois chapitres, tous les biens et sujets du clergé, de la noblesse et du tiers-état.

5. On prescrira, comme un des impôts indirects les plus lourds et les plus injustes, la classe de franchise des impositions et charges publiques, insérée par abus dans les lettres de noblesse, création d'offices et chartes particulières. Il sera défendu aux tribunaux d'avoir égard à cette clause ; et loin d'attacher de l'honneur à la prétention de cette espèce de franchise, on la notera comme un crime envers la nation.

6. Aucuns impôts, charges et contributions publiques ne seront délibérées et accordées qu'après que tous les articles de la constitution nationale auront été délibérés par l'assemblée des Etats généraux, et sanctionnés par le Roi.

7. L'octroi d'aucun subside ne sera accordé que pour un temps, et jusqu'au terme fixé pour le retour des Etats généraux ; lequel terme passé, la perception desdits subsides sera un crime capital, poursuivi extraordinairement par tous juges et tribunaux, qui en demeureront chargés et responsables.

8. Il sera posé pour base de tous les départements, Etats provinciaux et administrations publiques quelconques, l'obligation de publier des comptes annuels, imprimés, et affichés par même extrait, et l'on statuera des peines contre ceux qui manqueraient ou tarderaient d'éclairer ainsi la nation sur le chef de comptabilité dont ils seraient chargés.

9. Pour répondre au patriotisme du tiers-état, et lui rendre moins dures les pénibles conditions auxquelles lui seul est sujet, il sera déclaré que tout individu du peuple est capable de toutes les places, offices et dignités militaires, judiciaires, ecclésiastiques, et autres, s'il en est digne.

10. Toutes les pensions, grâces, distinctions, faveurs et récompenses pécuniaires du gouvernement, seront soumises à une vérification sérieuse et contradictoire ; les demandes, motifs et clauses en seront publiés : et de plus, tout bienfait, toutes distinctions seront désormais personnels, et ne pourront être substitués perpétuellement aux familles, à moins que la nation assemblée ne veuille récompenser ainsi quelques vertus rares et extraordinaires.

Tels sont les articles préliminaires qui devront être convenus et arrêtés avant que les députés de la nation puissent s'occuper du déficit et des besoins du Roi.

CHAPITRE II.
De l'administration des provinces.

Nous désirons à cet égard et demandons ce qui suit :

1. Que les Etats généraux et le Roi lient également, et par les mêmes privilèges, toutes les provinces de France, qui sont des branches du même arbre, de manière à les incorporer toutes, et si intimement au tronc national, 1° que tous les sujets du Roi soient vraiment Français par le gouvernement, comme ils le sont tous par l'amour qu'ils portent à leur souverain ; 2° qu'il n'y ait point de préférences ou de prérogatives pour certaines provinces, qui ne soient étendues à toutes les autres, attendu que l'égalité est le seul fondement de l'unanimité, et l'unanimité le seul moyen de la puissance, et la seule caution des succès ; 3° enfin, que les étrangers, voisins des provinces frontières, puissent désirer et envier le gouvernement juste et paternel du royaume.

2. Pour y parvenir, il sera formé, dans chaque province, des Etats, dont les membres seront librement élus par des assemblées graduelles et élémentaires les unes des autres ; lesquels Etats seront chargés, tant de la répartition et des moyens de perception des impôts librement consentis par la nation, que de l'administration des grandes routes, de la navigation intérieure, des travaux publics et du détail de tout le bien que l'intention du Roi est de faire à ses peuples ; bien que les peuples doivent non-seulement attendre aujourd'hui des vertus personnelles de Sa Majesté, mais qu'ils ont intérêt d'assurer à leur postérité, indépendamment des décisions passagères et de la mobilité des ministres et des agents du fisc.

3. En conséquence, il sera pris les précautions nécessaires : 1° pour que les Etats provinciaux se renouvellent par les élections triennales et libres ; 2° que ces assemblées représentent vraiment toutes les classes du peuple, et que le tiers-état y soit en nombre au moins égal à celui des deux autres ordres ; 3° qu'à cet effet, chaque province soit divisée en autant d'arrondissements que les Etats provinciaux devront avoir de députés, et que chaque arrondissement nomme le sien, 4° qu'il soit recommandé que ces assemblées soient surtout extrêmement économes, et 5° que les fonds des provinces, remis à leur disposition (lesquels sont le sang et la substance de la nation), ne puissent jamais être dilapidés, ni employés arbitrairement, ni divertis de leur destination.

4. Accorder en particulier cet établissement à cette généralité, à charge et non autrement : 1° que les Etats de la province se tiendront tous les ans, aux moindres frais possible, et alternativement dans les cités épiscopales de Metz, Toul et Verdun, qui ont donné leur nom à la géné-

ralité; 2° que ces Etats n'auront jamais le droit de députer directement aux Etats généraux de France, droit qui doit être conservé à chacun des bailliages; de manière non-seulement que les Etats provinciaux reconnaissent la puissance supérieure de l'assemblée nationale, mais encore que leurs membres, graduellement et librement élus pour administrer la province, soient jaloux de mériter son suffrage, et donnent l'exemple nécessaire de venir se rendre dans les assemblées du peuple, pour obtenir la confiance successive, qui seule peut élever un simple particulier, du rang de citoyen au rang de député de ses concitoyens; de ce premier choix, à l'honneur d'être du nombre des électeurs, et du nombre des électeurs, à l'inestimable avantage d'être l'objet du choix définitif qui consacre le premier jugement du peuple, en chargeant un des objets de ce premier jugement de représenter le peuple aux Etats généraux.

5. On a déjà dit que les impôts directs doivent être réduits à deux seules classes de tributs, l'une sur les terres, l'autre par tête, et toutes deux en argent; mais quand les Etats généraux auront fixé ces deux objets, les Etats des provinces seront chargés de rendre ces deux impôts le plus égaux, le plus justes possible; de sorte: 1° que chacun, à raison de ses biens ou de son industrie, puisse se cotiser soi-même, et éclairer la cote de ses concitoyens: 2° qu'on cherche et qu'on emploie tous les moyens de diminuer la perte de temps, les dangers et les abus de la collecte et de la perception; 3° que les Etats puissent substituer les modes de recouvrement les moins onéreux aux services des compagnies, fermes et régies actuelles.

6. Quant à l'impôt sur les terres, il est important qu'aucune sorte de propriété féodale, domaniale, ecclésiastique et autre n'en puisse être exempte; mais il importe aussi que ces terres soient classées suivant leur nature, leur degré de fécondité ou d'agrément, les obstacles de leur culture, etc., et la confection de ces cadastres particuliers, qui peuvent conduire au cadastre universel du royaume, mérite tellement l'attention des Etats des provinces, qu'on ne saurait douter que ces divers Etats ne soient très-empressés de donner les premiers le modèle de la perfection en ce genre.

7. Quant à l'impôt sur les personnes, lequel se multiplie et se renouvelle, comme l'hydre, sous tant de formes différentes, il faut le simplifier et le combiner de façon: 1° que son produit entier, après les besoins de la province, se rende dans les coffres du Roi; 2° que tous les besoins publics, auxquels on a successivement appliqué la subvention, la capitation, l'industrie, la prestation représentative de la corvée, soient remplis, tant par ce tribut que par celui sur les terres, dans la proportion la plus égale entre les propriétaires fonciers, les capitalistes, les commerçants, les banquiers, les rentiers, etc.; 3° enfin, qu'en cas d'injustice ou de surcharge, dans l'un ou l'autre rôle, il y ait, pour tous les contribuables, des manières simples, non coûteuses, non périlleuses, de se faire entendre, de réclamer l'égalité des charges, et d'obtenir enfin, s'il le faut, de Sa Majesté même, une décision qui soit publique, éclatante, gratuite, et qui ne puisse être sujette à des infractions ou à des vengeances particulières.

8. Au moyen de ces deux impositions directes en argent sur les fonds et par tête, il conviendra de supprimer, abolir, anéantir tous les autres impôts directs, qui se sont accumulés avec le temps, sans avoir reçu de la nation cette sanction nécessaire qu'elle ne peut leur accorder; tels que : 1° la subvention, dont le fardeau principal et subsidiaire s'est accru sans mesure, et a été fixé, en 1780, au delà de son taux naturel; 2° la capitation , établie pour un temps par Louis XV, et qui ne pouvait pas être prorogée ; 3° l'industrie; 4° l'impôt représentatif de la corvée, lequel doit être supporté proportionnellement par les propriétaires des terres et par les autres sujets du Roi, dont la fortune n'est pas fondée sur des propriétés.

9. Il en est de même des impôts indirects, lesquels ne peuvent subsister; mais comme leur existence est un des principaux abus qui grèvent le royaume, et sur lequel Sa Majesté invoque les doléances et les plaintes de son peuple, ce sera l'objet d'un chapitre particulier. Nous aurons ici beaucoup d'autres détails d'amélioration et de prospérité des provinces à indiquer, comme la recherche des moyens de remplacer la fouille des salpêtres, etc. Mais nous devons nous borner à désirer des Etats provinciaux, chargés, sous l'autorité du Roi, des lois d'administration faites et des établissements ordonnés par l'assemblée nationale, en fait d'économie politique, d'instruction publique, de culture, d'arts, de commerce, de communications, de salubrité, de subsistance, de dépenses locales, etc.

10. C'est dans la confiance que nous obtiendrons ces Etats, que nous nous abstenons ici d'une foule de détails et de demandes particulières, consignées dans les cahiers de la ville et des communautés de la campagne; détails et demandes dont les objets sont très-importants et accusent la négligence, l'oubli et l'impuissance des administrations précédentes; détails et demandes dont nous ne pouvons à la vérité surcharger l'attention des Etats généraux, mais qui méritent d'être expressément réservés pour occuper la sollicitude et exciter le zèle d'une administration locale. En conséquence, les communautés seront averties, par leurs députés présents à cette assemblée, que celles de leurs doléances qu'on a jugé ne pouvoir entrer dans la rédaction du cahier général, comme tenant à des objets particuliers, sont et demeurent spécialement recommandées à l'attention des futurs Etats provinciaux, dont les syndics seront tenus de poursuivre tous ces objets, comme parties principales ou intervenantes, et reçus à demander ce qu'ils estimeront être de l'avantage et de l'intérêt des cités et communautés du ressort, en vertu desdits cahiers, desquels la copie leur sera remise dans le temps.

CHAPITRE III.

De la réforme des abus, quant aux impôts existants.

1. On s'est expliqué sur ceux de ces impôts qui doivent être réunis et représentés par les deux impositions en argent, territoriale et personnelle. Mais il est une foule d'autres contributions, sous lesquelles le peuple est accablé, qu'il supporte presque seul; ou qui, si elles sont supportées aussi par les deux autres ordres, répugnent tellement à la justice et à la politique, que le vœu de la saine partie de la nation s'élève pour les proscrire, telles que les loteries et les rentes viagères, ressources perfides et indignes d'un gouvernement vertueux et loyal. Il ne faut pas balancer non plus à prononcer la suppression de ceux de ces impôts indirects qui écrasent

tous les sujets du Roi, tels que la gabelle, déjà *jugée* par les notables, et réprouvée par le cœur bienfaisant de Sa Majesté. Le sel et le tabac (ces deux sources de vexations, de supplices affreux) doivent être rendus marchands dans tout le royaume; mais surtout le sel, si nécessaire à l'homme, si indispensable aux bestiaux.

2. Le tirage au sort des soldats provinciaux, connu ci-devant sous le nom de milice, est un impôt cruel, pour un objet auquel tout le monde a un égal intérêt. Tout le monde doit donc y concourir; car nulle classe de citoyens ne doit être défendue et protégée aux dépens d'une seule autre classe. Quand le service militaire sera bien constitué, et que la paye des soldats ne sera point absorbée par le luxe des grades supérieurs, qui est tel que la dépense totale des soldats de l'armée du Roi n'est que de 44 millions, et celle des officiers de 46 millions; quand cette disproportion sera réformée, on trouvera des volontaires. On n'aura pas besoin d'enlever par force des bras à l'agriculture, et de déplacer tous les ans, à grands frais, toutes les communautés, comme cela se pratique actuellement.

3. Cette province restera toujours dans un état d'infériorité et de dépopulation, si l'on ne la débarrasse des entraves qui environnent ici chaque ville et chaque village; qui rendent nos marchés déserts et nos foires nulles; qui ne permettent pas aux habitants du Toulois de sortir de chez eux sans rencontrer, à chaque pas, des gardes, des bureaux : de manière que les Lorrains, les Evêchois, les Champenois, les Barisiens, les Alsaciens, quoique tous sujets du Roi, ne peuvent se communiquer, sont réputés étrangers les uns aux autres, et doivent préférer de rester sans commerce, plutôt que de tomber dans les pièges des acquits et confiscations.

4. La marque des fers et les droits de la marque des cuirs sont aussi des impôts onéreux au commerce et à l'agriculture. La perception du droit sur les cuirs est dispendieuse; et quant au droit sur les fers, il est tel, que les outils les plus nécessaires sont hors de prix. Cet objet est bien digne d'être pris en considération par les Etats généraux. On doit en dire autant des droits sur les huiles et savons, et ceux sur les papiers, de l'établissement inutile, dangereux et coûteux des haras, etc.

5. Il y a une foule d'offices, dont le recensement serait trop long, qui ne produisent que des exactions sur le pauvre peuple. Ce sont des impôts déguisés, et qui doivent être anéantis. Il faut mettre au premier rang de ces sangsues et fléaux à détruire, les huissiers-priseurs vendeurs de meubles, qui dévorent les chétifs effets que la misère et les impôts peuvent laisser aux malheureux habitants des campagnes. Le droit sur les ventes mobilières peut être un impôt excellent sur le luxe et les successions fastueuses des riches, dans les grandes villes; mais dans cette province, dont les habitants ont à peine les meubles nécessaires, taxer cet objet, c'est lever un impôt sur l'indigence même. Cet impôt ne peut subsister.

6. Le droit de franc-fief est contraire à la constitution du pays. Notre député fera valoir à ce sujet les considérations particulières tirées de nos lois et des usages locaux de Toul. Mais il est une considération générale, qui doit faire supprimer ce droit dans tout le royaume : c'est qu'il est nuisible aux intérêts de la noblesse même, et qu'il empêche de tirer parti de ces biens-fonds. Nous ne sommes plus au temps de l'anarchie

féodale. La cause de ce droit ne subsiste plus; il faut donc l'abolir.

7. Les receveurs généraux et particuliers des finances, ceux des revenus des villes, et une multitude d'autres trésoriers et caissiers, ont des attributions considérables. Leur service peut se faire à moins de frais, par les préposés des Etats provinciaux. Grande économie pour le peuple! et en même temps gain assuré pour le trésor royal; enfin, service essentiel à rendre au public, en imposant à tous ceux qui manient ses deniers, l'obligation de les verser fidèlement et promptement dans la caisse où ils doivent parvenir, sans que ces trésoriers et caissiers puissent jamais abuser de ce moyen de crédit, pour exercer des monopoles, pour gêner le commerce et affamer la nation.

8. Un des plus grands abus en matière d'impôts, directs ou indirects, c'est l'ambiguïté, l'obscurité, la multiplicité des décisions du code fiscal; d'où dérivent les extensions criminelles qu'invente à chaque instant le génie financier, qui effrayent et ruinent le redevable, et qui sont même consacrées quelquefois par les tribunaux. Les Etats généraux ne peuvent éclairer trop tôt et trop exactement ce labyrinthe tortueux. Ainsi, dans toutes les parties des impôts et finances qui seront par eux conservées ou établies, contrôles, domaines, régies, fermes quelconques, il sera rendu des lois et formé des tarifs assez clairs, assez précis, assez notoires, pour que chacun puisse connaître le droit qu'il doit payer et la contravention qu'il peut encourir. Les amendes excessives de ces contraventions seront supprimées. On abrégera les détails de la recherche des droits omis, et l'on simplifiera les recouvrements, dont le mode est trop onéreux.

CHAPITRE IV.
Des assemblées municipales.

1. Une assemblée municipale, élective et bien composée, est un des grands ressorts du bien et de l'esprit public. Mais il faut supprimer irrévocablement, dans les villes et les campagnes, toutes places municipales en titre d'office et à finance, et tous droits de représentation publique attachés à certaines personnes, à certaines commissions, à certaines propriétés; il faut le choix, l'aveu, le mandat exprès du peuple, pour gérer ses affaires. La cité de Toul a des raisons et des moyens particuliers de rentrer dans le droit d'élection de ses officiers municipaux. Le député aura soin de faire valoir ces raisons et ces moyens, qui amélioreront et soulageront les finances de la cité.

2. Le député demandera en même temps que les assemblées municipales des campagnes soient confirmées, avec des pouvoirs plus certains et mieux définis; qu'elles soient autorisées à correspondre directement avec les Etats de la province, ou leur commission intermédiaire; que les places desdites assemblées puissent être honorables et recherchées par les sujets les plus distingués, sans leur donner aucun moyen d'opprimer leurs concitoyens.

3. Pour rendre les assemblées municipales des villes et des campagnes, l'objet de la confiance des peuples, les habitants de chaque lieu auront le droit d'assister à des séances publiques, qui seront tenues tous les trois mois, et dans lesquelles il sera donné lecture des délibérations et opérations faites dans cet intervalle, de sorte que chacun puisse suivre le cours des affaires com-

munales, et se préparer à y concourir d'une manière utile.

4. Dans tous les lieux où il n'y a pas un siége de justice subsistant, on doit attribuer aux assemblées municipales une juridiction gratuite et modique, suffisante pour faire comparaître les parties par assignation verbale du sergent des lieux, pour exercer la police, pour réprimer les délits, mésus et anticipations; pour accommoder les petits différends; pour faire respecter les plantations et autres objets confiés à la foi publique; de tout quoi il sera dressé des actes et procès-verbaux en papier libre, et sans contrôle, dont copie sera délivrée à celui qui voudra en porter l'appel au bailliage royal, ou siége présidial, suivant exigence des cas.

CHAPITRE V.
De la réforme des abus concernant l'Eglise.

1. Le tiers-état applaudit aux dispositions du règlement qui appellent aux Etats *tous ces bons et utiles pasteurs*, plus instruits que personne, par une expérience journalière, des misères et des plaintes du peuple. Mais pour mettre ces hommes si respectables à portée de remplir leur ministère et le vœu de leur cœur, il est à désirer qu'on supprime cette rétribution sordide qu'ils sont obligés de percevoir, sous le titre de *casuel*, et que la masse des revenus ecclésiastiques, mieux distribués et rendus aux curés et vicaires, les dispense de recourir à un tribut aussi odieux.

2. L'édit du mois d'avril 1695, concernant la juridiction ecclésiastique, a été rendu sur les représentations des députés du clergé du royaume, comme on le voit par le préambule. Cette loi a accordé au clergé, en général, des faveurs et priviléges, qui chargent le reste de la nation, et qui ne peuvent subsister sans le consentement des Etats généraux. Car il n'est pas juste qu'un des trois ordres de l'Etat, dans le temps où il jouissait seul de la faculté de s'assembler, ait profité de la circonstance pour se faire donner des immunités et des droits qui retombent sur les deux autres ordres. Cette loi sera donc revue par les Etats, et il y sera changé, ôté ou ajouté ce que la nation assemblée jugera à propos d'y changer, ôter et ajouter, sans égard aux confirmations suspectes et non contradictoires que le clergé a obtenues sur sa requête.

3. Nous désirons surtout qu'on rappelle les dîmes à l'esprit de leur institution, qui en fait le patrimoine de chaque église. En conséquence, les réparations et reconstructions totales des églises, paroisses, annexes et succursales, et des maisons de cure, seront à la charge des décimateurs, de sorte que les paroissiens ne puissent être tenus d'y subvenir, en tout ou en partie, qu'après l'épuisement des dîmes et des fabriques. A l'effet de quoi une partie du revenu des dîmes et fabriques sera mise tous les ans en réserve, et il sera dérogé à l'article 21 de l'édit de 1695, et à tous autres règlements modernes, contraires aux lois anciennes et à la cause originaire de la dîme, l'un des impôts les plus forts qui existent.

4. Quant aux droits seigneuriaux et de justice, appartenant aux bénéfices, dans lesquels droits l'article 49 de cet édit de 1695 maintient les ecclésiastiques, *quand même ils ne rapporteraient que des titres et preuves de possession*, il sera dit qu'un tel article est un abus, et les seigneurs ecclésiastiques seront ramenés, par le vœu national, au droit commun qui soumet les seigneurs laïcs à l'obligation de justifier, par titres valables, de l'origine et de la cause des droits seigneuriaux

exorbitants, sans que la possession puisse légitimer ces redevances, dont quelques-unes même sont peu dignes des ministres de l'Evangile qui les exigent.

CHAPITRE VI.
De la justice civile.

1. La justice est la dette principale des rois envers le peuple : elle ne saurait être rendue avec trop de soin, de célérité, d'économie ; en conséquence, Sa Majesté sera suppliée de révoquer tous *committimus*, évocations, tribunaux d'exception, *pareatis* au grand sceau, tribunaux privilégiés, et toutes commissions qui ne peuvent servir qu'à vexer les parties, en les éloignant de leurs foyers et en multipliant les frais. Toutes sortes d'affaires contentieuses, même celles consulaires et d'eaux et forêts, seront renvoyées aux officiers des bailliages et juges ordinaires en première instance, à charge de juger les matières sommaires sans papier timbré et sans frais, conformément aux lettres patentes rendues en 1769 pour la Normandie.

2. Que les provinces seront autorisées à rembourser tous les offices de procureurs; c'est le seul moyen de faire réussir les autres mesures qu'on prendra pour l'abréviation des procès, le retranchement des formalités et la taxe plus modérée des frais.

3. Le bienfait qu'annonçait aux peuples l'établissement des siéges présidiaux n'a jamais été complété, surtout dans cette province, où les présidiaux ne jugent en dernier ressort que jusqu'à 1,200 livres. Il est nécessaire d'élever leur compétence à une somme plus forte, et d'assurer tellement l'exécution de leurs jugements, que la chicane et la mauvaise foi ne parviennent plus à les éluder et à faire remettre en question ce qu'ils ont décidé.

4. L'édit de la régie des hypothèques a besoin d'être refondu sur un plan nouveau qui rende ces hypothèques plus assurées, en ordonnant que les acquéreurs seront tenus de faire afficher l'extrait de leur contrat à la porte de l'église paroissiale du lieu de la situation des biens acquis ; et que les vendeurs seront également tenus de faire insérer dans les contrats la mouvance des biens et les noms des différents possesseurs, dix ans antérieurement à la passation des mêmes contrats, à peine d'être déchus du bénéfice des lettres de ratification, et par un règlement qui prévienne en même temps la longueur dispendieuse des collocations et distributions; enfin nous désirons qu'il n'y ait plus d'incertitude sur l'hypothèque résultant des actes passés par les tabellions des seigneurs.

5. Les ordonnances sur ces lettres de répit n'ont pu empêcher des débiteurs de mauvaise foi de tromper leurs créanciers par des arrêts de surséance surpris à la religion du conseil. Ces lettres de répit ou ces arrêts de surséance ne devraient pas avoir lieu, ou ne devraient être obtenus qu'après une vérification juridique et locale de l'exposé des requêtes des débiteurs.

6. De tous les règlements à faire sur la justice civile, le plus essentiel est une ordonnance expresse pour favoriser les arbitrages et les chambres de conciliation. Dans les villes, on établira à cet effet des conseils charitables. Dans les campagnes, on autorisera les assemblées municipales, comme on l'a dit à leur article.

CHAPITRE VII.
De la justice criminelle.

1. Un cri général s'est élevé contre quelques

dispositions des lois criminelles de France, et de tristes exemples ont appuyé cette réclamation. L'humanité, la raison, la justice veulent que l'on donne aux accusés un défenseur et un délai pour rapprocher les témoins; que ce défenseur puisse voir les informations après l'interrogatoire; que ces informations soient faites, non par-devant un juge seul, mais par-devant deux juges, et les interrogatoires par-devant la compagnie entière qui doit juger.

2. La nouvelle législation criminelle ne peut-être mieux couronnée que par la destruction absolue du préjugé qui note d'infamie les parents des suppliciés.

CHAPITRE VIII.

De la justice gruriale ou des eaux et forêts.

1. Il est reconnu que l'administration actuelle des eaux et forêts est trop dispendieuse, qu'elle absorbe les produits des bois, et qu'elle entraîne d'autres maux, détaillés avec énergie dans les doléances de plusieurs campagnes, et surtout dans celles du bourg de Pagney-sur-Meuse. Il est indispensable de changer cette administration, d'adopter une régie économique et de pourvoir au repeuplement des bois, en évitant les vexations des officiers et des gardes.

2. Le détail des précautions à prendre, pour former ce nouveau régime, excéderait les bornes de ce cahier ; mais on ne saurait trop recommander au député d'insister sur ce point important, et de représenter avec la plus grande force la dissipation immodérée et la disette progressive des bois, qui menacent la province et le royaume du dernier des malheurs, s'il n'y est pourvu promptement, surtout par la suppression ou suspension de usines à feu, trop multipliées, et par la destruction des salines de Lorraine et des Évêchés.

3. Mais ce n'est pas assez de veiller à l'aménagement et à la conservation des forêts existantes, il faut regarder dans l'avenir et travailler pour la postérité ; c'est en ce genre que les assemblées municipales pourront être très-utiles, si elles sont autorisées à planter des bois dans les places vides des forêts, et dans les portions de communes qu'elles pourront mettre en réserve à cet effet.

Art. 4. Il est probable qu'on trouvera dans le pays des mines de charbon de terre ; c'est un objet de recherche dont l'utilité sera digne d'occuper les États provinciaux, et compensera bien la dépense qu'ils pourront y consacrer.

CHAPITRE IX.

Des doléances particulières des campagnes.

1. C'est ici, surtout, que l'on doit regretter que la précision du cahier et la multitude d'objets à présenter aux États généraux empêchent de développer la situation malheureuse des habitants des campagnes de ce ressort. Enclavés de toutes parts dans les provinces voisines avec moins d'avantages et de ressources que n'en ont les sujets du Roi dans ces provinces, les cultivateurs et manœuvres du pays toulois sont accablés également de l'exorbitance des droits seigneuriaux, et de l'impossibilité de payer les subsides. Un calcul (que notre député mettra sous les yeux de la nation) démontre que ces respectables et laborieux cultivateurs, après avoir payé la dîme, les redevances aux seigneurs, et l'impôt, ne tirent presque rien pour eux de cette terre que leurs sueurs arrosent et rendent

fertile pour d'autres. C'est dans cet état d'angoisses et de privations continuelles, que des milliers d'hommes utiles sont obligés de végéter péniblement; tandis que leur labeur fournit aux profusions et à la mollesse de quelques individus, lesquels sont *privilégiés* et ne payent à l'État que ce qu'ils veulent.

Quel tableau à présenter ! et que cette idée douloureuse doit engager puissamment les États généraux à seconder les vues économiques, les vues sages, les vues paternelles du monarque, pour le soulagement de cette classe précieuse de son peuple, qui nourrit et soutient l'État, qui en fait à la fois la force et la richesse, et qui pourtant languit dans la misère et le dénûment !

2. D'après ces considérations, on a lieu d'espérer que l'on ne trouvera nulle difficulté à faciliter aux cultivateurs les moyens de racheter, ou convertir en argent, ces prestations, ces droits seigneuriaux excessifs dont ils sont grevés. Le Roi peut en donner l'exemple, et sans doute il doit en donner la loi, car ces droits abusifs conservent les vestiges de la servitude, qu'il a voulu détruire. Ils nuisent à l'agriculture, ils la flétrissent, ils l'écrasent. La banalité, inconnue dans le droit à Toul, est établie, dans le fait, en plusieurs endroits, contre le texte précis de nos lois. Il y a des droits plus odieux encore. Les prairies sont dévorées par les bœufs des seigneurs. Les champs en jachère payent des cens aussi forts que les terres cultivées. Des droits régaliens, exorqués avant la réunion à la couronne, continuent à être perçus, depuis que le Roi est devenu, par le traité de Munster, le seul législateur et le seul maître de la souveraineté. Les tribunaux, qui auraient dû venir au secours des sujets du prince, ont cédé autrefois à un esprit de complaisance ou de religion, qui a consacré ces abus, et les a fait passer en chose jugée. Aujourd'hui donc, il n'y a que la réclamation et l'indignation universelle qui puissent renverser et proscrire ces attentats contre le peuple. Mais sans les proscrire, on peut les évaluer en argent, les modérer, les restreindre dans leurs limites naturelles. Le peuple ne demande rien que de juste. Mais si l'on ne veut pas lui rendre justice, du moins qu'on lui fasse grâce !

3. Les conventions des hommes, les ventes et contrats, etc., sont soumis à des droits seigneuriaux et royaux, qui empêchent et suspendent toutes les affaires. Les lods et ventes sont accablants. Il serait surtout à désirer qu'on modérât les droits des actes d'échange destinés à réunir les possessions champêtres, lesquelles sont trop divisées dans cette province ; ce qui fatigue le cultivateur, épuise les bestiaux et multiplie les procès.

4. Sans les secours et avances pécuniaires, il n'est point d'amélioration, ni même de culture. Les Lorrains, nos voisins, et les habitants de plusieurs provinces du royaume, jouissent de la faculté précieuse d'emprunter par billets stipulatifs d'intérêts, aux taux du souverain. Les Évêchois en sont privés par un préjugé, qui ruine leur agriculture, comparée à celle de ces provinces et nulle banque rurale, nul établissement public ne vient à leur aide. Il n'est pas possible de laisser subsister un préjugé si contraire aux principes de l'économie politique.

5. Il existe une bigarrure singulière dans un même bailliage, entre les poids, entre les mesures dont se sert chaque canton. Est-ce qu'il est donc impossible de parvenir sur ce point à l'uniformité ? La réduction s'opère avec facilité dans

le commerce. Elle n'aurait aucun inconvénient, et pourrait résulter, dans cette province, de la bonne formation des États provinciaux.

6. On a formé, dans les capitales, des écoles vétérinaires, et c'est un bien ; mais les hommes aussi, les hommes laborieux des campagnes méritent de n'être pas abandonnés. Pourquoi ne pas procurer dans les arrondissements des campagnes des matrones expérimentées, des chirurgiens habiles et choisis au concours, qui puissent soulager les pauvres malades, et veiller à la conservation de la classe la plus à plaindre des sujets du Roi ? Les traitements de ces chirurgiens, et les frais des remèdes seraient prélevés aisément sur tant de fondations inutiles et sur tant de bénéfices trop considérables qu'il faudrait diviser et affecter à cette bonne œuvre, ainsi qu'à l'éducation des pauvres orphelins, et en général, à l'éducation publique et nationale.

7. Nous estimons et observons que si on veut encourager l'agriculture, il faut, 1° favoriser la libre circulation des grains, tant que leur prix ne passe pas 10 livres le quintal ; 2° sans trop gêner le droit de propriété, remédier à la manie de la plantation des vignes dans les lieux qui n'y sont pas propres ; 3° détruire ou restreindre cette immense quantité de colombiers, sans titre, ou avec titre, repaires privilégiés des oiseaux, voleurs de nos grains, et ennemis de nos récoltes ; 4° ne pas placer les casernes des troupes uniquement dans les villes, mais vivifier aussi, par ce moyen, les villages éloignés qui ont des fourrages et des denrées à vendre, et qui manquent de chemins et de débouchés ; 5° enfin, revoir les lois et règlements sur les parcours, la pâture, sur les clôtures, sur tous les objets champêtres.

8. Il faudrait beaucoup d'autres précautions que l'on ne peut pas même indiquer ici. On nous objectera que ces détails sont prématurés ; qu'ils ne peuvent concerner les premiers États généraux, qui seront suffisamment occupés de la constitution nationale ; que chacun convient de la nécessité de remédier aux malheurs des campagnes ; et que lorsque les bases du bonheur et de l'esprit public seront bien posées, le bien de détail en découlera et s'opérera de lui-même, par l'excellente organisation des États provinciaux et des assemblées municipales. Il faut donc attendre encore, il faut donc différer le bien si nécessaire, si urgent. Mais du moins, qu'il nous soit permis d'en garantir l'espérance à ces peuples infortunés, qui osent à peine y compter. La parole sacrée du Roi a ranimé leur confiance. La nation s'assemble pour ratifier ces promesses. O prince bienfaisant ! O généreuse nation ! Ne trompez pas l'attente du bon cultivateur, victime depuis tant de siècles des abus, des vexations, des surcharges, des privilèges dont vous annoncez la reforme ! Et que le résultat d'une assemblée si solennelle soit tel, que le pauvre peuple en bénisse l'effet, et en célèbre la mémoire !

CHAPITRE X.
Du commerce.

1. Ce chapitre sera très-court malheureusement, parce qu'une cité et qu'un pays, enfermés de toutes parts dans les barrières de la Lorraine, ou rien ne pénètre, d'où rien ne peut sortir, sans payer des droits énormes, une telle cité, un tel pays, subordonnés à l'empire du trafic d'une ville voisine et privilégiée, ne peuvent avoir par eux-mêmes qu'un trafic impuissant et un commerce malheureux. Cependant la situation de la ville

de Toul, sur la Moselle (qu'il est facile de réunir à la Meuse, suivant un projet magnifique du maréchal de Vauban, renouvelé par M. de Caraman), cette situation serait favorable à l'industrie et au négoce ; mais tant que subsisteront les anciens tarifs, reste de la division des souverainetés, il n'y a rien à espérer.

2. Tout ce qu'on peut demander dans ce moment-ci, c'est : 1° la révocation de l'arrêt du conseil, qui assujettit la vente des bibliothèques à des formalités coûteuses et gênantes ; 2° d'accorder dix jours de grâce dans la place de Toul, en matière de lettre de change, comme en d'autres parties du royaume ; 3° de supprimer l'impôt particulier par pièce de vin qui passe dans le pays messin, impôt qui met une entrave presque insurmontable au seul commerce de Toul, et dont la Lorraine a été affranchie par arrêt.

CHAPITRE XI.
Des doléances particulières de la ville et cité de Toul.

1. Nous avons lu avec intérêt et approuvé le cahier des doléances de la ville et cité de Toul ; mais les excellentes réflexions et les détails precieux qu'il contient, trop étendus pour trouver place dans la rédaction de ce cahier, meritant d'être lus et médités dans celui-là même, nous en recommandons la lecture et l'étude à notre député ; et pour fixer son attention sur les points principaux qui ont attiré la nôtre, nous observerons que cette ville et cité est grevée de plusieurs charges, engagements et droits onéreux, 4 sous pour livre, don gratuit, octrois payés à la régie, droit de quittance, droits de coupelle et de mouchelle, logements, ameublements et fournitures de gens de guerre, contribution pour la renfermerie de Metz, cens, attribution et traitement dispendieux des officiers municipaux a finance, etc., de toutes lesquelles charges, engagements et droits, il convient de demander la suppression ou la conversion.

2. Le nombre considérable de maisons de cette ville, qui appartiennent aux gens de mainmorte, et qui occupent la moitié de son enceinte, est digne aussi de quelque attention. Il est important de faire rentrer ses maisons dans le commerce, par les moyens indiqués.

3. Les sujets du pays toulois ne sauraient se dispenser de réclamer avec rigueur contre les lettres patentes du 18 août 1776, qui, par une innovation injuste envers eux, ont affecté à des notables les prébendes du chapitre de la cathédrale de Toul. Ces lettres patentes et la réduction des prébendes, sont contraires à la fondation de cette Église, à laquelle la moitié du pays toulois autrefois la moitié du pays toulois, pour entretenir soixante chanoines, sans qu'il fût question de nobles.

4. Enfin, outre la demande générale du rétablissement de l'élection des officiers municipaux, il convient d'insister sur la nécessité d'associer, en tout temps, au corps municipal quelconque, le conseil des notables de la ville, pour l'assiette des impôts, l'adjudication des octrois, les formalités à observer au sujet des procès, des emprunts et des comptes de la cité de Toul.

Quant aux doléances des corporations, elles se trouvent à peu près renfermées implicitement dans quelques-uns des chapitres de ce cahier général. Et les points trop minutieux, qui ont paru peu dignes des regards de la nation, seront traités ensuite avec plus de convenance par les

États provinciaux, auxquels, comme on l'a dit, appartiendra le soin de répondre à tous les articles de doléances locales qui n'auront pu être soumises aux États généraux.

CHAPITRE XII.

Des moyens généraux.

1. Le Roi demande des moyens. Nous supplions Sa Majesté de considérer que le fonds le plus sûr est la diminution des dépenses. C'est une vérité dont notre bon Roi est convaincu ; mais telle est la force des abus, la prépondérance du rang et l'influence du crédit, dans l'administration ministérielle, que l'autorité du souverain, secondée par son propre caractère, n'est pas suffisante pour réprimer les usurpations de sa faveur, pour corriger les scandales du luxe, et pour fermer ce gouffre épouvantable, cet abime où chacun va s'engloutir par un effet de la malheureuse émulation qu'inspire la trop grande inégalité des fortunes ; mais la nation assemblée a le droit de se montrer inflexible envers les déprédateurs. Puisque c'est elle qui paye, elle a le droit de vérifier les mémoires et d'arrêter les dépenses. En conséquence, les États généraux, après avoir examiné et classé les dettes qui forment l'objet du déficit, introduiront l'économie la plus rigoureuse dans tous les départements, d'après leurs besoins réels, et prendront les termes possibles pour les remboursements, d'après la légitimité des dettes et la qualité des créances.

2. Les États soumettront à une révision aussi sévère, et à tous les retranchements possibles, cette multitude incroyable de gouvernements, de places, d'offices, de trésors, de recettes, de dons, de pensions, de gages, d'échanges prétendus, et d'autres faveurs directes ou indirectes, qui consomment la fortune publique, sans aucune espèce d'objet ; et il sera pris des mesures pour empêcher à l'avenir que le trésor royal ne soit en proie à cet esprit d'intrigue qui devrait déshonorer et faire exiler de la société ceux qui ont la lâcheté de s'enrichir ainsi aux dépens du peuple.

3. Il est une monnaie ideale, mais bien puissante, bien précieuse et bien chère dans un royaume comme la France, c'est le trésor de l'honneur ; trésor inepuisable, si l'on y sait puiser avec sagesse. Les États généraux rendront au peuple et à la posterité un service signalé, s'ils trouvent le moyen de refrapper, en quelque sorte, cette monnaie nationale, et de lui rendre assez de cours pour qu'elle puisse suppléer (comme cela fut autrefois, comme cela peut être encore) à ces vils et honteux salaires, toujours évalués en argent, et qui ne sauraient être la paye de l'héroïsme ni le prix de la vertu.

4. S'il faut absolument des ressources extraordinaires en argent, autres que les deux impôts sur les terres et les personnes, on pourra consentir : 1° à l'établissement d'un droit de timbre sur toutes les grâces, concessions, lettres patentes, collations et autre dons et avantages, sans que ce timbre puisse jamais s'étendre aux actes du commerce et aux affaires journalières des sujets du Roi ; 2° à une aliénation momentanée des domaines, qui pourront être affermés pour trente ans, en detail et par petites portions, de manière que l'accensement général rende au Roi, non-seulement le produit de l'administration actuelle, mais encore le bénéfice de cette administration.

CHAPITRE XIII ET DERNIER.

Des instructions et pouvoirs généraux et définitifs.

1. Nous devons parcourir les instructions et pouvoirs particuliers dont notre député sera chargé. Nous lui recommandons surtout les premiers articles, lesquels doivent être délibérés, résolus, présentés au Roi, et répondus par Sa Majesté, avant que les États généraux puissent s'occuper d'aucun autre objet. Mais sur d'autres matières prévues ou non prévues ci-dessus, comme sur l'éducation nationale, sur le partage du royaume en bailliages mieux arrondis, sur la composition des magistratures, sur l'abolition si désirable de la vénalité des charges de judicature, et sur divers autres objets de législation, que nous ne pouvons spécifier, de peur d'un trop long detail, nous nous en rapportons à ce que notre député estimera en son ame et conscience, ne doutant pas qu'il ne soit toujours dirigé par la justice, la modération , la fidélité envers le Roi, le respect des propriétés, l'amour de l'ordre et le zèle du patriotisme.

2. Notre député sera tenu : 1° de se concerter, pour le plus grand bien de la province, avec les députés des autres bailliages de Trois-Évêchés et Clermontois ; 2° de nous donner avis, chaque semaine, en la personne des trois électeurs qui auront concouru à le choisir, des propositions, opinions et délibérations principales, durant tout le temps de la tenue des États généraux. Lesdits trois électeurs en feront part aux députés des villes et des campagnes, pour en instruire leurs communautés et corporations respectives; et lesdits trois électeurs enverront au député tous les renseignements et pièces dont il aura besoin, et qu'il demandera pour appuyer nos intérêts, et faire accueillir nos demandes.

3. Nous désirons et recommandons que les États généraux ne se séparent pas sans avoir soulagé, d'une manière notable, les pauvres habitants des campagnes, et en outre, sans avoir rédigé, de la manière la plus claire et la plus précise, la déclaration des droits de la nation, et les lois de sa constitution, pour être publiées, inscrites dans les registres des tribunaux et des municipalités, enseignées dans les écoles, et lues aux prônes, chaque année, dans toutes les paroisses du royaume.

4. Enfin, les États généraux ne pourront se donner une commission intermédiaire, mais ils pourront établir des bureaux ou conseils particuliers, composés de personnes éclairées, choisies par les États seuls; lesquels bureaux ou conseils seront chargés, chacun indistinctement, de préparer les matières qui n'auront pas pu être réglées dans la première assemblée nationale, et de recueillir les notes, observations et preuves dont il devra être fait rapport à l'assemblée subséquente des États généraux, laquelle seule pourra y statuer.

Lequel cahier général des plaintes, griefs, très-humbles remontrances et demandes du tiers-état des villes et communautés de campagne du ressort du bailliage de Toul, ayant été lu, médité, discuté en l'assemblée du tiers-état desdites villes et communautés, tenue à Toul, cejourd'hui 21 mars 1789, oui préalablement le procureur du Roi, a été unanimement agréé, approuvé et arrêté définitivement, par les députés composant ladite assemblée, et signé par les commissaires rédacteurs, et le président et greffier. A Toul, en la salle du séminaire, lieu des séances de l'assemblée, cejourd'hui 21 mars 1789, midi sonné.

Maillot, président; Déboux, procureur du Roi; Barotte-Carez; Jaquet ; Quinot; Chenin ; Beauch. Limaux; Bigotte; Janrard ; Liénard; Davrainville; de Malcuit; Dierson ; Julliac; Raguet; Pattin

Peignier; François de Neuf-Château ; Chaudron, greffier-secrétaire.

CAHIER

Des doléances et remontrances, dressé dans l'assemblée du clergé du bailliage de Vic, le 28 mars 1789.

Le clergé du bailliage de Vic, assemblé dans ladite ville, en vertu des ordres du Roi, concernant les opérations préparatoires à la tenue des Etats généraux, supplie très-humblement Sa Majesté de prendre en considération les vœux, doléances et remontrances qui suivent :

Art. 1er. Il désire que dans les Etats généraux il soit opiné par tête, lorsqu'il s'agira des intérêts communs aux trois ordres, et qu'il soit opiné par ordre lorsqu'il s'agira des intérêts particuliers de l'un ou de l'autre des trois ordres.

Art. 2. Il désire pareillement que les Etats généraux se tiennent à époques périodiques, dont le retour soit fixé par l'autorité du monarque et la sagesse de l'assemblée nationale.

Art. 3. Il supplie Sa Majesté d'accorder qu'il ne soit établi ou prorogé aucun impôt sans le consentement de la nation légalement assemblée.

Art. 4. Qu'il plaise à Sa Majesté de donner des ordres pour vérifier sous les yeux de la nation les dettes du royaume, la quotité du déficit, et la situation actuelle des finances, pour soumettre à l'examen des Etats généraux et aux retranchements qu'ils jugeront nécessaires, cette multitude incroyable de gouvernements, de places, d'offices, de recettes, de dons, de pensions et d'autres faveurs qui absorbent une grande partie des contributions du peuple, et pour prévenir par de sages règlements tous les abus qui pourraient s'introduire ou se renouveler à cet égard.

Art. 5. La sagesse et la probité bien connues du ministre actuel des finances, inspirent à la nation cette confiance, qu'elle peut demander sans l'offenser, que désormais tout ministre soit personnellement responsable des malversations qu'il pourrait avoir commises ou tolérées dans son département, qu'il soit tenu de donner caution de sa personne jusqu'à l'entier apurement de ses comptes.

Art. 6. Il est intéressant et nécessaire pour le bonheur de la nation de supprimer la ferme générale, les acquits et les traites foraines, qui nuisent au commerce, ouvrent la porte à une foule de vexations, coûtent immensément aux peuples et rapportent très-peu à l'Etat, tous les autres impôts sous quelque dénomination qu'ils puissent être établis, et de concentrer tous les tributs dans un triple impôt, dont le premier soit assis sur les facultés foncières, le second sur les facultés personnelles, et le troisième sur les objets de luxe, tous trois également payables en argent.

Art. 7. C'est le vœu de toute la province qu'il lui soit accordé des Etats provinciaux organisés dans la forme que Sa Majesté a prescrite pour les Etats généraux, avec des bureaux de district, pour rendre leur administration plus facile et moins dispendieux.

Art. 8. La justice distributive exige que toute espèce de tributs soit supportée par chaque province dans une proportion égale et relative à ses facultés, pour être graduellement répartie par les

Etats provinciaux sur les districts, par les districts sur les municipalités, et par les municipalités sur les contribuables. Que la collecte et le versement dans les caisses publiques s'en fassent aux moindres frais possible.

Art. 9. L'établissement des Etats provinciaux peut avantageusement suppléer, par son administration, à celle des intendants, dont, en conséquence, on demande la suppression. On peut aussi confier à ces Etats la régie des domaines situés dans l'étendue de leurs départements, supposé qu'on ne prenne pas le parti de les aliéner.

Art. 10. Le prix excessif des bois exige que les salines réduisent le nombre de leurs poêles à celui qui avait lieu en 1750, que leur consommation ainsi que celle des autres usines à feu soit réglée de manière qu'elles ne puissent nuire à la province.

Art. 11. Le sel que l'on vend dans les bureaux de la province est de mauvaise qualité ; le prix en est excessif. Il est nécessaire de perfectionner l'une et de réduire l'autre, de savoir que, dans les provinces de Lorraine et des Trois-Evêchés, le sel de la première qualité ne coûte que 15 livres le quintal, et que le tartre de même matière propre à l'usage des bestiaux ne soit payé qu'à raison de 7 livres 10 sous le quintal. Cet impôt nécessairement injuste dans sa répartition, en ce qu'il grève le père de famille en proportion du nombre d'individus qu'il est obligé d'alimenter, devrait être supprimé s'il était possible.

Art. 12. Dans les impôts dont on a demandé la suppression, il faut singulièrement compter celui sur le tabac, et rendre cette denrée libre et marchande. Il est trop dispendieux pour l'Etat, et trop ruineux pour les sujets, pour le laisser subsister.

Art. 13. Les bureaux de contrôle concourent à l'authenticité des actes, mais les droits qu'on y perçoit sont trop forts et trop susceptibles d'extension. Il serait nécessaire de les modérer, et d'en exprimer le tarif en termes si précis, qu'il soit facilement conçu de tout le monde.

Art. 14. Les impôts sur les fers et les cuirs donnent lieu à une multitude d'exactions dont il serait trop long et trop douloureux d'exposer le détail ; leur perception en est d'ailleurs si dispendieuse, qu'elle absorbe la majeure partie de leurs produits. Ils doivent être supprimés.

Art. 15. L'usage du sort appliqué à la milice, dans la forme usitée, coûte infiniment aux campagnes, ouvre la porte à la faveur et préjudicie à l'agriculture. Il serait à souhaiter que chaque province pût satisfaire à cette prestation, en recrutant à ses frais les individus sujets à la milice.

Art. 16. Il est très-nuisible aux mœurs et très-dispendieux pour les citoyens, que les troupes en garnison ou en quartier soient logées chez les particuliers. On prie le gouvernement d'aviser aux moyens de les caserner. Le logement des troupes en passage grève singulièrement la portion la plus souffrante du peuple, à cause de la multitude de ceux que leurs priviléges en exemptent. Les ecclésiastiques donnent volontiers l'exemple de renoncer à leurs priviléges, sous la seule restriction qu'on ne logera chez eux que des officiers.

Art. 17. Le clergé, dont les fonctions doivent contribuer à la gloire de la religion et à la félicité de la classe du peuple si universellement négligée, propose que, pour l'exécution de ses vues bienfaisantes, tous les individus de son ordre, particulièrement les curés, qui sont les pères et les consolateurs-nés des pauvres, concourussent subsidiairement à leur soulagement. A cet effet, il serait établi une caisse dans laquelle les décimateurs ou propriétaires des biens ecclésiastiques verseraient les secours en proportion graduelle de leurs revenus et des besoins à soulager, se réservant, lesdits possesseurs, à vérifier dans une reddition de comptes l'emploi des fonds dont les curés seraient les dispensateurs-nés avec les élus et notables des paroisses. On ajouterait, pour faciliter cet établissement, le versement des annates portées jusqu'alors en cour de Rome, ainsi que le produit des dispenses qui serait renvoyé dans la paroisse de l'obtenteur. Bien entendu que chaque pauvre restant dans sa communauté ne pourrait dorénavant être à la charge que des habitants du même lieu, qui s'occuperaient à établir des ateliers de charité pour augmenter la masse des secours accordés.

Art. 18. La jurisprudence paraît se conformer maintenant au vœu des citoyens, qui voient à regret porter à la cour de Rome un numéraire trop utile aux provinces, pour ne pas fixer l'attention du gouvernement. Nous demandons qu'il soit statué décidément sur la qualité du titre plus ou moins dispendieux à obtenir du chef de l'Eglise, en cas de résignation de bénéfices en faveur et sous pension et de nomination par le concours.

Art. 19. Le défaut de noblesse ne devrait pas être un titre exclusif qui empêchât le mérite de parvenir au canonicat et autres dignités ecclésiastiques.

Art. 20. Il serait utile aux peuples et conforme à l'esprit de l'Eglise que l'on ne pût posséder des cures qu'après avoir exercé le ministère pendant six années.

Art. 21. On désirerait qu'il fût permis aux curés d'un même archiprêtré ou décanat, de faire corps, de s'élire un syndic, et de s'assembler, après en avoir prévenu les gens du Roi.

Art. 22. La place assignée aux curés des Trois-Evêchés dans les municipalités de leurs paroisses, est révoltante pour leur état. En Lorraine ils sont mieux traités à cet égard. On leur a accordé dans cette province la première place après les seigneurs, et le droit de présider en leur absence. On demande que les curés des Trois-Evêchés soient honorés de cette marque de considération.

Art. 23. Le clergé du bailliage de Vic renonce à toute immunité pécuniaire, dans la même forme et avec la même étendue que la noblesse, consent, en conséquence, de supporter sa quote-part des impositions, relativement à ses facultés, et dans la même proportion que les autres sujets de l'Etat.

Art. 24. Le casuel est une manière odieuse de faire payer une seconde fois les fonctions pastorales pour lesquelles les fidèles payent déjà la dîme. Les curés renoncent à le percevoir à l'avenir, sous la seule réserve que, dans le cas où on demanderait un cérémonial dispendieux, ils soient rendus indemnes.

Art. 25. Les portions congrues, tant des curés que des vicaires et administrateurs indépendants de toutes cures, sont insuffisantes pour la subsistance honnête, surtout dans cette province, où les denrées nécessaires à leur consommation sont portées à un très-haut prix. On demande que le gouvernement donne des ordres pour qu'elles soient augmentées.

Art. 26. La portion congrue des vicaires légalement établis doit être payée sur la totalité des dîmes de la paroisse, et non pas seulement sur la portion qu'en perçoit le curé. Telle est la jurisprudence constante du parlement de Paris, conforme à l'édit de 1768 concernant les portions

congrues. C'est pour dédommager les décimateurs autres que les curés de cette charge considérable, que l'édit dont il s'agit a privé les curés du droit exclusif de percevoir les novales à venir. On demande que l'usage contraire qui a lieu dans les Trois-Evêchés et la Lorraine, soit abrogé.

Art. 27. On souhaiterait que la sagesse du gouvernement secondât par une loi expresse, l'intention de l'Eglise qui voit à regret accumuler les bénéfices sur une seule et même tête.

Art. 28. Le clergé désire que les revenus des bénéfices simples, tels que les abbayes en commende, et les prieurés même réguliers, soient, à la mort de leur titulaire, versés dans une caisse générale pour servir à l'acquit des dettes de l'Etat.

Art. 29. Pour répondre aux intentions bienfaisantes du gouvernement, et au vœu des citoyens, il serait à souhaiter que les biens ecclésiastiques, qui font partie de l'aisance nationale, procurassent aux provinces où ils sont situés les ressources précieuses dont les prive nécessairement le défaut de résidence des bénéficiers.

Art. 30. La liberté indéfinie de la presse donnerait de justes alarmes au clergé. Il est absolument nécessaire de la surveiller avec vigilance, et de la contraindre à respecter la religion et les mœurs.

Art. 31. Il est nuisible à l'Etat d'assujettir aux droits d'amortissement les établissements d'utilité publique.

Art. 32. Pour le bien du commerce, et dans la vue de laisser aux usuriers moins d'occasions d'exercer leur rapacité, on sollicite pour les gens de mainmorte, la liberté de prêter aux particuliers sur le pied d'un cinquième au-dessous du taux du royaume, sans qu'ils soient tenus, pour ce, d'obtenir des lettres du prince.

Art. 33. Dans la même vue de mettre un frein à l'usure des juifs, on demande que le gouvernement étende à tout le royaume le règlement qui leur défend en Alsace de faire aucun marché si ce n'est par-devant les maires et gens de justice. Il serait encore à souhaiter que, dans les cas de prêt, ils fussent obligés de recourir au ministère d'un notaire, de compter et délivrer en sa présence les deniers prêtés.

Art. 34. On demande la suppression de l'école des ponts et chaussées; elle est trop dispendieuse. D'ailleurs, il est juste que ceux qui aspirent à être employés dans cette partie, cultivent à leurs frais les talents qui peuvent les en rendre dignes.

Art. 35. On demande pareillement la suppression des privilèges accordés aux entrepreneurs des fournitures des subsistances militaires. Ces privilèges concourent nécessairement à faire hausser le prix des grains.

Art. 36. Selon le Compte de M. Necker, les domaines et bois rapportent à Sa Majesté 38 millions 100,000 livres. D'après les connaissances que l'on a de ceux situés dans la province, on croit pouvoir assurer que ces domaines et bois entre les mains de particuliers, rapporteraient annuellement près de 80 millions. Si Sa Majesté voulait bien y consentir, on pourrait les aliéner au moins pour le cours d'un bail emphytéotique de quatre-vingt-dix-neuf ans, et éteindre par ce moyen près de deux milliards de dettes.

Art. 37. Le préjugé qui fait rejaillir l'infamie sur la famille du supplicié, est contraire à l'équité et à la raison. On désirerait que le gouvernement s'occupât des moyens de le détruire. La peine ne devrait pas être suivie de la confiscation, si souvent préjudiciable aux innocents que les liens de la nature identifient avec le coupable. On sollicite encore de la clémence de Sa Majesté la réforme des supplices trop cruels ; leur atrocité inspire au peuple qui en est spectateur un caractère de férocité ; elle expose aussi le malheureux qui les endure à perdre le fruit salutaire des secours de la religion.

Art. 38. Les honoraires des maîtrises sont trop considérables, la part des amendes qui revient aux gardes de cette juridiction est un appât d'intérêt qui les porte à des prévarications ruineuses pour le citoyen.

Art. 39. Le tribunal de la réformation est onéreux à l'État ; il n'est pas moins inutile, ses fonctions pouvant être suppléées par les maîtrises.

Art. 40. L'édit d'enclôturer est préjudiciable à la classe la plus indigente du peuple ; on en désire la suppression. On désire en même temps qu'il soit permis aux communautés de réserver et de soustraire au droit de parcours un canton de leurs baux pour y établir des prairies artificielles.

Art. 41. On demande la suppression des municipalités à finances, celle des jurés-priseurs, et celle de l'usage des lettres de cachet.

Art. 42. Les procédures civiles sont trop longues et trop dispendieuses : il est très-important d'y mettre grande réforme ; les committimus et les évocations ne devraient plus avoir lieu depuis le temps qu'on réclame contre.

Art. 43. Il n'est point de bon citoyen qui ne désapprouve la vénalité des charges de judicature : on souhaiterait de n'en voir honorer que les jurisconsultes qui auraient fait preuve préalable de lumières dans l'exercice de la plaidoirie.

Arrêté le 28 mars 1789.

Signé Étienne, abbé de Salival, et président.
Maréchal, doyen de Vic.
D. Baudot, religieux bénédictin de l'abbaye de Saint-Avold, commissaire.
Chatrian, curé du ban Saint-Clément, commissaire.
Sanguiné, curé de Gremecen , archiprêtre de Delme, commissaire.
Parisot, curé de Maizière, commissaire du clergé.
Moyean, curé de Château-Voué.
Dedeling et Solsching, commissaire du clergé, et Sautré, secrétaire.
Collationné par le greffier en chef du bailliage de Vic, soussigné.

Signé HUGONET.

EXTRAIT DU CAHIER DES DEMANDES ET DOLÉANCES DE L'ORDRE DE LA NOBLESSE DU BAILLIAGE DE VIC, DEPOSÉ AU GREFFE DUDIT BAILLIAGE.

CAHIER

Des demandes et doléances formées par la chambre de la noblesse du bailliage de Vic, pour être portées aux États généraux par son député, pour s'y conformer (1).

L'ordre de la noblesse du bailliage de Vic, assemblé en vertu des lettres de convocatio de Sa Majesté, du 7 février 1789, demande avec instance :

Art. 1er. Que les opinions, lors de la tenue des États généraux, soient prises par chambre et non individuellement, conformément à l'ancienne constitution du royaume.

Art. 2. Que tous impôts, de quelque nature

qu'ils soient, ne puissent être légalement perçus, qu'ils n'aient été consentis par la nation dans les États généraux, et que ce consentement ne puisse être donné que pour un temps limité.

Art. 3. Que le retour périodique des États généraux soit fixé à un terme court, c'est-à-dire tous les trois ans, et même plus tôt si les besoins de l'État l'exigent.

Art. 4. Que la dette nationale et le déficit soient exactement reconnus et vérifiés avant de consentir à aucun impôt.

Art. 5. Que toutes les classes de citoyens supportent également sans distinction et dans la même forme, en proportion de leur fortune et de leurs propriétés, les impositions fixées par les États généraux, excepté celles qui représenteraient des prestations personnelles.

Art. 6. Que les précautions les plus sévères soient prises pour s'assurer qu'à l'avenir la nation ne soit plus exposée à une déprédation aussi inouïe que celle qu'elle éprouve.

Art. 7. Que les ministres et tous administrateurs de la chose publique, soient comptables des fonds qui leur seront confiés, et responsables personnellement des déprédations auxquelles leur mauvaise administration aurait donné lieu.

Art. 8. Que les dépenses de chaque département soient fixées et arrêtées avec la plus grande économie par les États généraux.

Art. 9. Que le Roi soit supplié de modérer les mouvements de son cœur et de sa générosité dans les distributions des pensions et des grâces, qui s'élèvent déjà à des sommes plus fortes que celles de toutes les pensions réunies des autres souverains de l'Europe.

Art. 10. Que le traitement des gouverneurs de province soit considérablement diminué ; que les fournitures et ustensiles fournis par les villes aux commandants et officiers employés, soient supprimés ; que lesdits commandants soient chargés des réparations locatives pour prévenir les hasards comme les caprices ; que les gouverneurs des petites villes, les lieutenants du Roi des provinces, les états-majors des villes qui ne sont point des des places fortes, soient supprimés.

Art. 11. Que les charges de secrétaire du Roi, qui sont si à charge à l'État par les privilèges et la noblesse qu'elles donnent aux titulaires, soient supprimées.

Art. 12. Que toutes les maisons royales et châteaux dont l'entretien est onéreux, et qui exigent des dépenses et des salaires, soient vendus.

Art. 13. Qu'il soit établi par la nation des États provinciaux auxquels l'administration de chaque province sera confiée. Ces États doivent essentiellement être formés par élection dans chaque district et département ; ils doivent être aussi chargés de l'entretien des routes, ponts et chaussées, etc., et particulièrement des moyens de remédier à la mendicité. Par conséquent, les intendants des provinces devenant inutiles, ils doivent être supprimés.

Art. 14. Que l'établissement des haras, qui sont fort à charge à la province, sans produire aucune utilité, soit supprimé.

Art. 15. Que les officiers municipaux soient également supprimés, et qu'ils soient remplacés par des citoyens pris dans la classe de tous les ordres par la voie d'élection.

Art. 16. Que les marais qui infectent l'air dans les environs de Vic et de Marsal, qui occasionnent des maladies et souvent la mort, soient desséchés, et que la Seille, qui, dans son cours, procure les mêmes inconvénients, soit curée. Ce projet

1) Nous publions ce cahier d'après un manuscrit des (Archives de l'Empir

a déjà été formé plusieurs fois par le gouvernement, et surtout l'année dernière; les plans ont été envoyés au ministre, mais ils sont toujours restés sans exécution. Le Roi est très-humblement supplié de donner des ordres à cet égard.

Art. 17. Que les receveurs généraux et particuliers des finances soient supprimés, et que les trésoriers nommés par les États provinciaux soient chargés de verser directement les deniers au trésor royal, après avoir acquitté les dépenses ordinaires de la province.

Art. 18. Que les offices de jurés-priseurs, source de vexations et que la fiscalité la plus mal entendue a établis, soient supprimés.

Art. 19. Que la vénalité des charges de judicature ou de magistrature soit supprimée, et que, pour être admis à rendre la justice dans un tribunal souverain, il soit nécessaire d'avoir fréquenté le barreau pendant huit ans, ou d'avoir été conseiller dans un bailliage royal pendant quatre ans.

Art. 20. Que la liberté de chaque citoyen soit assurée, et qu'aucun individu ne puisse être arrêté qu'en vertu du décret du juge; qu'en conséquence, l'usage des lettres de cachet soit supprimé et que le Roi, qui gouverne les opinions comme les personnes, soit supplié de prendre tous les moyens d'abolir le préjugé injuste et barbare qui fait rejaillir sur toute une famille le déshonneur attaché au crime d'un individu.

Art. 21. Que la confiscation des biens des condamnés à mort civile ne puisse avoir lieu dans aucun cas; que cependant les frais du procès du condamné soient levés préalablement sur ses biens.

Art. 22. Qu'aucun officier au service actuel du Roi ne puisse être jugé et condamné par une commission militaire, sans que l'instruction du procès ne soit faite et rapportée par des juges pris dans les cours souveraines et nommés par sa compagnie, afin que les lois et formalités portées par les ordonnances, et qui font la sauvegarde des citoyens, soient observées.

Art. 23. Que le nombre des fourneaux des salines soit réduit à moitié; leur trop grande multiplication depuis vingt ans privera bientôt la province des bois de chauffage et de construction et y met déjà un prix effrayant.

Art. 24. Que le prix du sel, qui est de première nécessité, soit considérablement baissé, et qu'il soit donné à tous les sujets du Roi au même prix qu'il est laissé aux provinces limitrophes.

Art. 25. Que la commission établie pour la réformation des bois des salines des Trois-Évêchés soit supprimée; ce tribunal, n'étant point établi par lettres patentes dûment registrées, est illégal; composé de deux juges seulement, il connaît par attribution au dernier ressort jusqu'à concurrence de mille écus, ce qui lui donne une étendue de juridiction plus considérable que des présidiaux, ce qui est une inconséquence insupportable.

Art. 26. Que les maîtrises des eaux et forêts, si à charge aux communautés et aux particuliers, soient supprimées; qu'en conséquence, l'administration des bois communaux soit attribuée aux officiers des seigneurs, et que les bois du domaine soient administrés par les officiers des bailliages royaux.

Art. 27. Que les commissions particulières établies à Reims et à Valence pour juger ceux qui sont accusés de faire la contrebande soient supprimées, attendu que ces tribunaux de sang, toujours favorables à la ferme et soldés par elle, ne peuvent être que suspects et dangereux.

Art. 28. Que les évocations, qui enlèvent les justiciables à leurs juges naturels, et qui presque toujours sont des actes d'injustice, ne puissent avoir lieu.

Art. 29. Que le projet du reculement des barrières à l'extrême frontière soit rejeté comme très-préjudiciable aux provinces étrangères, mais que la foraine établie dans ces mêmes provinces, qui donne des entraves à la circulation et au commerce intérieur, soit supprimée.

Art. 30. Que les receveurs des consignations de la province des Trois-Évêchés soient supprimés, et que les deniers qui sont dans le cas d'être judiciairement consignés soient déposés dans la caisse du mont-de-piété, au moyen de quoi les deniers qui seraient restés oisifs tourneront au profit des pauvres sans nuire à personne.

Art. 31. Que le règlement sage fait en Alsace le 10 juillet 1784, par lequel il est ordonné que les juifs qui y sont en grand nombre ne puissent prêter à aucun particulier que par-devant notaire ou en présence de deux personnes solvables et connues, soit rendu commun à la province des Trois-Évêchés.

Art. 32. Que le prêt d'argent avec intérêts et à terme soit autorisé dans la province des Trois-Évêchés, comme il l'est dans celles de la Lorraine, d'Alsace, et le pays de Luxembourg. Ce prêt si favorable au commerce donne un avantage marqué aux provinces voisines sur le commerce des Trois-Évêchés, où il languit par la raison qu'on ne peut y faire d'emprunt qu'à titre de constitution.

Art. 33. Que la France ne soit plus tributaire de la cour de Rome en lui faisant passer continuellement pour les expéditions de bulles, de dispenses et brefs, des sommes considérables qui insensiblement appauvrissent l'État. Il est plusieurs moyens que la sagesse, d'accord avec la religion, peut suggérer pour empêcher un abus aperçu et senti depuis si longtemps.

Art. 34. Que le Roi soit supplié d'accorder des lettres patentes pour la réformation de la coutume de l'Évêché; cette coutume, qui dans la plupart de ses dispositions est aussi injuste que bizarre, diminue la valeur des propriétés. Il n'est personne qui veuille acquérir dans le ressort d'une loi municipale qui donne tant d'entraves et de gêne à la liberté des propriétaires.

Art. 35. Que le casuel des curés pour les mariages, baptêmes et sépultures, soit supprimé, et que, pour dédommager les curés, ceux seulement qui sont réduits à la portion congrue, le Roi soit supplié de leur faire une pension sur les économats en proportion de ce dont ils seront privés.

Fait et arrêté en la chambre de la noblesse du bailliage de Vic, le 26 mars 1789.

Signé à la minute : Le comte de Rennel, président; de Chabouilly, commissaire; le comte de Montluc, commissaire; le baron de Vallée, commissaire; Thiériet de Médoncelle; Mallet de la Grousière; le marquis de Beaurepaire; Devaul-d'Achi; Charles de Vaulx de Barst-Desgniot-l'ototi le chevalier de Romecourt; Maklot; Quenel; Rennel; le baron Le Grand de Chambrey; Cabanne-de la Prade; le chevalier de Culture; de Marieux Mangay; de Grammont; d'Arinur; de Hugon d'Avraincourt; Arnould de Prémont; Rœderer. Et plus bas : Fondesthène, secrétaire de l'assemblée.

Collationné par le greffier en chef du bailliage de Vic, soussigné.

Signé HUGONET.

CAHIER

Des doléances, plaintes et remontrances de l'ordre
du tiers-état du bailliage de Vic (1).

EXTRAIT DES LIASSES DU GREFFE DU BAILLIAGE
DE VIC.

CAHIER

Des remontrances, plaintes et doléances, moyens, et
avis, et réclamations, de l'assemblée du tiers-
état du bailliage de Vic, province des Trois-
Evêchés, afin de servir à former les instructions
et pouvoirs dont le Roi veut que soient munis les
députés aux Etats généraux, pour proposer,
remontrer, aviser et consentir, ainsi qu'il est
porté aux lettres de convocation.

Art. 1er. Le Roi sera très-humblement supplié
de considérer dans sa justice que la province des
Trois-Evêchés et du Clermontois n'a pas été traitée
aussi favorablement que les autres provinces dans
la convocation des Etats généraux; que le bailliage de Vic, devant concourir avec le bailliage
de Toul pour une seule députation, il ne se rencontre plus aucune proportion eu égard à la
masse des impositions, puisque le bailliage de
à celle des impositions, puisque le bailliage de
Vic, composé de près de deux cents villages et
hameaux, et auquel sont déjà annexés pour le
recouvrement des impositions les prévôtés de
Sarrebourg, Phalsbourg et les quatre villages de
Lezey, Juvelize, Donneley et Gelucourt, devrait
avoir une députation particulière aux Etats généraux, à quoi Sa Majesté sera suppliée de pourvoir
lors de la convocation subséquente des Etats généraux, en réunissant lesdites prévôtés et villages
au bailliage.

Art. 2. D'ordonner qu'à l'assemblée prochaine
des Etats généraux, et par une suite de l'égalité
accordée au tiers-état, les suffrages soient comptés
par tête et non par ordre; que ces Etats généraux
soient renouvelés à des époques fixes et rapprochées.

Art. 3. Qu'il soit établi par la nation des Etats
provinciaux auxquels l'administration de chaque
province sera confiée. Ces Etats doivent essentiellement se former par élection dans chaque
district et département; ils doivent aussi être
chargés de l'entretien des routes, ponts et chaussées, et particulièrement des moyens de remédier
à la mendicité. Les intendants des provinces devenant ainsi inutiles, doivent être supprimés.

Art. 4. Que le besoin de l'Etat vérifié lors de la
tenue prochaine des Etats généraux, il soit accordé à chacune des provinces la liberté de choisir
le mode qui lui sera le plus favorable pour la
répartition d'un impôt unique, si faire se peut,
et qu'aucune espèce d'impôts ne soit établie ni
prorogée à l'avenir qu'au sein des Etats généraux,
et par le concours mutuel de l'autorité du Roi
et du consentement de la nation.

Art. 5. Que le tableau exact et détaillé de la
situation actuelle des finances soit remis à l'assemblée des Etats généraux, pour se procurer la
connaissance approfondie du montant du déficit
et de ses véritables causes; que, pour en garantir
à l'avenir la nation, il soit publié annuellement et envoyé aux Etats provinciaux, des états
de recettes et de dépenses, auxquels sera jointe

(1) Nous publions ce cahier d'après un manuscrit
les *Archives de l'Empire.*

la liste des pensions accordées, et les motifs des
grâces; qu'à chaque tenue d'Etats généraux, il
en soit usé de même avec exhibition d'un compte
soutenu de pièces justificatives, et qu'il soit procédé à l'examen des pensions, du taux des intérêts
des créances sur l'Etat, du compte des revenus
des maisons religieuses supprimées, et à l'inspection des traités de la nation.

Art. 6. Que les dépenses des divers départements
civils et militaires soient fixées; qu'en conséquence, le nombre et traitement des officiers généraux, gouverneurs, commandants des provinces
en chef, en second et en troisième, soient supprimés.

Art. 7. Que les receveurs généraux et particuliers des finances soient supprimés, et que les
trésoriers nommés par les Etats provinciaux soient
chargés de verser directement les deniers au
trésor royal, après avoir acquitté les dépenses
ordinaires de la province.

Art. 8. Que les officiers municipaux soient également supprimés, et qu'ils soient remplacés par
des citoyens pris dans la classe de tous les ordres
par la voie d'élection.

Art. 9. Que les pensions de retraite accordées
aux ministres soient supprimées, les bons ministres étant suffisamment récompensés d'avoir servi
la patrie, les mauvais n'en méritant aucune.

Art. 10. Que la vénalité des charges de judicature soit supprimée, et qu'il ne soit plus établi
de distinction de naissance pour toutes places et
dignités, soit dans le clergé, le militaire et la
magistrature; en conséquence, que tout sujet du
tiers-état puisse concourir sans aucune préférence
pour la noblesse, sinon à mérite égal.

Art. 11. Que les fermiers généraux, leurs préposés et employés, soient supprimés, à cause de
l'abus de l'autorité fiscale qu'ils exercent uniquement pour leurs intérêts privés, et contre lesquels
il s'élève un cri général; qu'en conséquence, les
fermes et régies royales soient confiées à l'administration de la province, qui ferait tourner au
profit de l'Etat les frais de perception et les bénéfices immenses des traitants, ce qui assurerait
à la province une diminution considérable du
prix du sel et du tabac.

Art. 12. Que toutes exemptions pécuniaires en
général en faveur d'aucuns ordres soient entièrement supprimées, de manière que les trois
ordres contribuent indistinctement aux impositions dans un seul et même rôle.

Art. 13. Que la liberté de chaque citoyen soit
assurée, et qu'aucun individu ne puisse être
arrêté qu'en vertu d'un décret de juge; qu'en
conséquence, l'usage des lettres de cachet soit
supprimé, et que le Roi qui gouverne par sa volonté les opinions comme les personnes, soit supplié de prendre tous les moyens d'abolir le préjugé injuste et barbare qui fait rejaillir sur toute
une famille le déshonneur attaché au crime d'un
particulier.

Art. 14. Que la confiscation des biens des condamnés à mort civile ne puisse avoir lieu en
aucun cas, sauf seulement à lever sur les biens
des condamnés les frais du procès.

Art. 15. Que les évocations qui enlèvent les
justiciables à leurs juges naturels, et qui presque
toujours sont des actes d'injustice, ne puissent
avoir lieu. Qu'il y ait dans chaque justice un gradué autorisé à juger sans appel, jusqu'à cent
livres, et au cas d'appel au souverain.

Art. 16. Que Sa Majesté soit suppliée de nommer des commissions pour procéder à la formation d'un nouveau code civil et criminel, qui

puisse procurer des décisions plus promptes et moins coûteuses.

Art. 17. Que les maîtrises des eaux et forêts, tant à charge aux communautés qu'aux particuliers, soient supprimées ; qu'en conséquence, l'administration des bois communaux soit attribuée aux officiers des seigneurs, et que les bois des domaines soient administrés par les officiers des bailliages royaux.

Art. 18. Que le droit de franc-fief, invention fiscale abolie en 1693 et rétablie en 1741, soit irrévocablement supprimé comme contraire à la constitution de la province, et parce que dans tout le royaume il nuit à la noblesse, même en l'empêchant de tirer parti de ses propriétés.

Art. 19. Que toutes banalités, corvées personnelles et toutes autres espèces de servitude soient supprimées, ou au moins converties en argent sous une estimation fixe et modérée, après qu'elles auront été constatées par un titre non suspect, et que toutes communautés qui, depuis arrêts intervenus, auraient recouvré des titres destructifs de ce droit, soient admises à en faire usage pour établir leur exemption.

Art. 20. Que la France ne soit plus tributaire de la cour de Rome en lui faisant passer continuellement pour les expéditions de bulles, de dispenses et brefs, des sommes considérables qui insensiblement appauvrissent l'État. Il est plusieurs moyens que la sagesse, d'accord avec la religion, peut suggérer pour empêcher un abus aperçu et senti depuis si longtemps.

Art. 21. Qu'il soit avisé par un comité de négociants éclairés aux moyens de n'avoir plus dans toute la partie du royaume qu'un seul poids et une seule mesure, pour établir plus d'uniformité et moins de pièges dans le commerce.

Art. 22. Que les revenus des abbayes et prieurés en commende tournent au profit de l'État, à la décharge des provinces, au moins jusqu'après l'extinction absolue des dettes actuelles, et qu'ensuite les revenus desdites abbayes et prieurés soient attribuées à des établissements d'ateliers de charité dans les provinces pour anéantir tout prétexte de mendicité.

Art. 23. Que la loi qui déclare les domaines de la couronne inaliénables soit abrogée; que les terres, forêts, usines soient aliénées, pour le prix être employé à l'acquit des dettes de l'État. Ces domaines entre les mains du Roi rapportent au plus 2 p. 0/0, et avec le produit de leur vente on éteindra quatre fois plus de dettes, puisqu'il en est beaucoup dont l'intérêt est à 8 p. 0/0.

Art. 24. Accorder la liberté de la presse pour tous objets qui n'auraient rien de contraire à l'honnêteté, aux mœurs et à la religion.

Art. 25. Que l'établissement des haras, qui sont fort à charge à la province sans produire aucune utilité, soit supprimé.

Art. 26. Que la défense jugée nécessaire de faire des amas de grains à cause de leur cherté ne puisse jamais servir à favoriser le monopole sous prétexte de fourniture pour le Roi, mais que les munitionnaires ainsi que tous autres soient tenus expressément aux bornes de leur commission, et qu'il soit établi des magasins dans un arrondissement convenable pour subvenir aux besoins en cas de disette.

Art. 27. Faciliter et encourager le commerce des bestiaux et d'autres denrées par l'établissement de foires et marchés dans tous les lieux qui seront jugés convenables par les États provinciaux.

Art. 28. Que les travaux de l'agriculture soient assurés et encouragés par des distinctions qui puissent exciter l'émulation, comme des honneurs personnels et publics.

Art. 29. Qu'il soit permis aux communautés de traquer le grand gibier et bêtes fauves, pour éviter les ravages considérables qu'elles occasionnent habituellement aux environs des forêts des grands seigneurs, lorsqu'il sera justifié que lesdits seigneurs n'ont eu aucun égard aux plaintes des habitants, ni réparé le dommage qui aurait pu leur en résulter.

Art. 30. Que les députés aux États généraux demandent la suppression de l'édit des clôtures, et que les États provinciaux soient autorisés à faire, sur la commande des communautés, tels règlements particuliers qui seront jugés le plus convenables relativement au plus grand avantage de chaque communauté.

Art. 31. Qu'aucun seigneur haut justicier ni de fiefs, ne puisse à l'avenir prétendre aucun tiers denier des ventes des biens communaux, à moins que le droit ne soit admis par titres valables et non suspects, auquel cas encore, le droit de tiers denier ne pourra être exigé par eux qu'après le prélèvement des charges de la communauté.

Art. 32. Que les offices des jurés-priseurs, source de vexations, et que la fiscalité la plus mal entendue a établis, soient supprimés.

Art. 33. Que le tirage de la milice soit proscrit comme une sorte d'impôt cruel qui coûte beaucoup aux communautés, nuit considérablement à l'agriculture en privant les cultivateurs de leurs soutiens principaux, qui soumet à des procédés arbitraires et très-souvent injustes, humilie et rend le service effrayant, et qui pourrait être remplacé par un enrôlement volontaire.

Art. 34. Que la province des Trois-Évêchés soit débarrassée des entraves multipliées dont les traites foraines, marques des cuirs et de fers, environnent chacune de ses villes et villages. — Faire en sorte que les Trois-Évêchés puissent communiquer librement avec leurs voisins, sans être assujettis à payer aucun acquit, dans le cas cependant où le reculement des barrières ne serait pas jugé absolument nécessaire, ainsi qu'il est demandé.

Art. 35. Supprimer ou diminuer le nombre des salines dans cette province, dont la consommation illimitée absorbe le fonds des forêts, et porte à présent la valeur du bois à un prix si excessif, qu'il ne sera bientôt plus possible à la classe la plus nombreuse des habitants des villes et campagnes qui les avoisinent de s'en procurer; ordonner au moins qu'elles soient restreintes à la formation des sels uniquement nécessaires à la consommation des provinces voisines, et au seul usage des bois de Votre Majesté, dans la proportion cependant déterminée originairement, sans aucune affectation particulière des bois des communautés ecclésiastiques et laïques qui resteront dans le commerce; que toutes autres usines à feu soient aussi supprimées ou au moins considérablement diminuées.

Art. 36. Que le prix du sel, qui est de première nécessité, soit considérablement baissé, et donné à tous les sujets du Roi au même prix qu'il est laissé à la province d'Alsace; il serait mieux encore de le rendre libre et marchand. Qu'il soit en outre permis, pour la conservation et l'alimentation des bestiaux, comme pour la meilleure préparation des semences, d'user des eaux salées que produisent les sources particulières éparses dans la campagne et dans les puits des maisons des villes, qui ne peuvent être d'aucun usage pour les salines. Les habitants sont par là garantis contre les recherches et les vexations des employés des fermes.

Art. 37. Que la commission établie pour la réformation des bois des salines des Trois-Evêchés soit supprimée. Ce tribunal inconstitutionnel, qui pèse particulièrement sur les gens les moins aisés, connaît par attribution en dernier ressort jusqu'à concurrence de mille écus, ce qui lui donne une étendue de juridiction plus considérable que celle des présidiaux. Il n'est que dispendieux pour l'Etat, et présente une foule d'abus auxquels il est indispensable de remédier.

Art. 38. Que les commissions particulières établies à Reims et à Valence pour juger ceux qui sont accusés de faire la contrebande soient supprimées, attendu que ces tribunaux de sang, toujours favorables à la ferme et soldés par elle, ne peuvent être que suspects et dangereux.

Art. 39. Réduire le contrôle et tous autres droits de cette nature en un tarif simple qui offre moins un impôt qu'un acte de justice pour assurer les dates; établir en outre dans chaque haute justice un bureau, parce que dans l'état des choses les droits de voyage attribués aux officiers pour porter les actes au contrôle (comme de vingt sous par lieue et souvent à une distance de trois lieues) en doublent presque toujours le montant; ce qui présente une absurdité révoltante et une vexation caractérisée qui appauvrit les peuples pour enrichir l'Etat; il est enfin contre tous principes que les frais du port d'un tribut excèdent le tribut même.

Art. 40. Que les receveurs des consignations de la province des Trois-Evêchés soient supprimés, et que les deniers qui sont consignés soient déposés dans la caisse du mont-de-piété, au moyen de quoi les deniers qui restent oisifs tourneraient au profit des pauvres sans nuire à personne.

Art. 41. Refondre sur un nouveau plan l'édit de la règle des hypothèques, rendre ces hypothèques spéciales et les faire enregistrer, publier, afficher et connaître tant au chef-lieu du siége royal qu'à la porte des églises des paroisses, de la situation des biens, le tout si solennellement qu'il n'y ait plus aucun moyen de fraude entre les sujets du Roi.

Art. 42. Qu'il soit formé dans chaque paroisse une caisse d'assemblée pour subvenir aux besoins des communautés, affecter à cette caisse les produits des dispenses et autres droits de cette nature.

Art. 43. Que le Roi soit supplié d'accorder des lettres patentes pour la réformation de la coutume de l'Evêché; cette coutume qui, dans la plupart de ses dispositions, est aussi injuste que bizarre, diminue la valeur des propriétés. Il n'est personne qui veuille acquérir dans le ressort d'une loi municipale qui donne tant d'entraves et de gênes à la liberté des propriétaires.

Art. 44. Qu'attendu que cette province, voisine de la Lorraine, de l'Alsace et de l'Empire, qui toutes ont le droit de prêter à intérêt et à terme fixe par simples billets ou contrats obligatoires, il soit accordé aux habitants des Trois-Evêchés, par une loi particulière, cette faculté précieuse de leurs voisins pour établir un juste équilibre dans leur commerce avec eux et mettre les cultivateurs en situation de trouver les secours et les avances pour l'amélioration de la culture.

Art. 45. Que le règlement sage fait en Alsace le 10 juillet 1784, par lequel il est ordonné que les juifs ne puissent prêter à aucun particulier que par-devant notaire, ou en présence de deux personnes solvables et connues, soit rendu commun à la province des Trois-Evêchés.

Art. 46. Que le casuel des curés pour les mariages, baptêmes et sépultures soit supprimé, sauf à Sa Majesté à aviser, dans sa sagesse et sa justice, au moyen de dédommagement dû aux curés à simple portion congrue, sans cependant que le peuple en soit grevé.

Art. 47. Que la dîme, et surtout celle des fruits de vigne, qui est trop forte au douzième et se paye en nature, soit diminuée de moitié à raison des frais considérables de culture et à cause des impositions dont les fonds ont été graduellement grevés, ou en tous cas qu'il soit fait conversion en argent de la dîme en nature, soit par abonnement ou estimation.

Art. 48. Que les gros décimateurs soient chargés pour l'avenir de toutes les fournitures nécessaires à la célébration de l'office divin, des constructions, réparations et entretien des églises et presbytères, qui, jusqu'à présent, ont été injustement à la charge des habitants.

Art. 49. Que les évêques et commandants en chef seront tenus de résider dans leurs diocèses et gouvernements respectifs, pour, par la consommation de leurs revenus dans les provinces, y faciliter le reflux du numéraire.

Art. 50. Que les villages mi-partie lorrains et français soient réunis à la province que les convenances indiqueront, cet état doublant les frais d'administration et présentant beaucoup d'autres inconvénients.

Art. 51. Que les marais qui infectent l'air dans les environs de Vic et Marsal, qui occasionnent des maladies et souvent la mort, soient desséchés, et que la Seille, qui dans son cours procure les mêmes inconvénients, soit curée, ainsi que le projet en a été dressé plusieurs fois par le gouvernement, et notamment par M. le maréchal duc de Belle-Isle; l'année dernière les plans en ont été envoyés au ministère; le Roi est très-humblement supplié de donner des ordres à cet égard.

Art. 52. Qu'aussitôt après l'établissement des Etats provinciaux il soit ordonné qu'ils s'occuperont des moyens de faire cesser les abus multipliés et trop étendus, mais qui ne pèsent pas moins sur toutes les campagnes, savoir : le grand nombre des colombiers, la conservation du gros gibier, les infidélités dans les moulins, les corvées pour les bois des états-majors, les salpêtriers et quantité d'autres objets qui exigent une réforme prompte et des règlements.

Fait et arrêté par les vingt-quatre commissaires choisis par les députés du tiers-état ainsi qu'il est constaté par le procès-verbal des délibérations du 24 mars présent mois, lesquels ont signé en suppliant très-humblement Sa Majesté d'avoir égard aux remontrances, plaintes et doléances, moyens, avis et réclamations que proposent en exécution de ses ordres avec la plus grande confiance et la plus profonde vénération, les députés des villes, bourgs et communautés composant le bailliage de l'Evêché de Metz à Vic, représentés par lesdits soussignés commissaires.

A Vic, le 28 mars, 1789.

Signé à la minute : Mercier, l'avocat; Crousse; Thirion l'aîné; Pagny l'aîné; Paillard; Michel, l'aîné; Balland; Ris; Doyen; Rolland; J.-F. Couturier; F. Lapointe; F. Germain; J.-Philippe Louis; Renaut; J.-A. Dauphin; Gérard; Collé; Lefebure; Bienfait; Jordy; Joseph, Thouvenin; N. Drouet; Deschampé; Vignon; Vignon, en marge, et Hugonet.

Collationné par le greffier en chef du bailliage de Vic, soussigné.

Signé HUGONET.

CAHIER

Des remontrances, plaintes et doléances, moyens et avis du bourg de Vicheray, rédigé en l'assemblée générale, tenue le 1er mars 1789, afin de servir à former les instructions et pouvoirs dont le Roi veut que soient munis les députés aux États généraux, pour proposer, remontrer, aviser et consentir, ainsi qu'il est porté aux lettres de convocation (1).

AU ROI.

Sire,

Les habitants du bourg de Vicheray, ancien domaine des rois vos prédécesseurs, de la première race, donné à l'église de Toul par Dagobert et Charlemagne,

Encouragés par cette bonté paternelle avec laquelle Votre Majesté appelle et consulte son peuple, osent vous supplier, Sire, qu'il vous plaise écouter leurs très-humbles et très-respectueuses remontrances et doléances, en conséquence :

OBSERVATIONS PRÉALABLES.

1° Ordonner et régler que, dans les délibérations des États généraux, on opinera par tête, et non par ordre.

2° Établir en principe et loi fondamentale que tout sujet de Votre Majesté, de quelque ordre qu'il soit, ne peut se dispenser de contribuer, suivant ses facultés, aux impôts librement consentis par la nation, et que c'est abuser des honneurs et distinctions personnelles dues au clergé et à la noblesse, que de s'en faire un titre pour soustraire leurs biens au payement de la dette publique et la rejeter sur le peuple.

3° S'il était possible que ces deux premiers articles ne fussent point convenus avant tout, permettre aux députés du tiers-état de protester, entre les mains de Votre Majesté, et de se retirer sans délibérer.

EXAMEN DES BESOINS.

4° Mais ces premiers points ayant lieu, sans difficulté, comme une justice qu'on doit attendre du clergé vertueux et de la généreuse noblesse de France, faire procéder à la vérification du déficit, à la fixation de la quotité, à la recherche de ses causes, et à celle des moyens d'y pourvoir.

5° Faire examiner et classer les dettes qui composent ce déficit, suivant qu'elles seront reconnues plus ou moins légitimes, plus ou moins urgentes, plus ou moins réductibles, plus ou moins susceptibles des attermoiements que les créanciers eux-mêmes sont intéressés à accorder.

6° Quoique la nation ne soit point obligée par des engagements qu'elle n'a point contractés, recevoir d'elle l'assurance qu'il ne sera point proposé d'y manquer, parce que les Français, jaloux de répondre à la confiance du prince qui les rassemble, lui prêteront tout leur crédit et qu'ils reconnaîtront les légitimes créanciers du Roi pour les créanciers de la nation.

7° Permettre néanmoins que ce crédit ne soit prêté que par provision, pour un temps fixe et limité, avec les précautions nécessaires, non pour s'assurer de la parole sacrée de Votre Majesté, mais pour prévenir l'incertitude des événements et donner à ce crédit même la consistance que ces précautions peuvent seules lui imprimer.

MOYENS GÉNÉRAUX.

8° Considérer surtout que le fond le plus sûr est la diminution des dépenses; qu'il est indispensable d'introduire l'économie la plus rigoureuse dans tous les départements, et qu'à cet effet leurs besoins réels et leurs comptes doivent être d'abord connus et vérifiés par les États généraux.

9° Soumettre à une révision aussi sévère, et à tous les retranchements possibles cette multitude incroyable de gouvernements, de places, d'offices, de trésors, de recettes, de dons, de pensions, de gages, et d'autres faveurs, qui consomment le sang et la substance de vos peuples, sans aucune espèce d'objet, et empêcher qu'à l'avenir ce genre de déprédation indirecte ne puisse se renouveler.

RÉVISION DES IMPÔTS EXISTANTS.

10° Avant que nos députés puissent consentir à de nouveaux impôts sans examiner tous ceux qui existent, directs ou indirects, et qui se sont accumulés avec le temps, sans avoir reçu de la nation cette sanction nécessaire, qu'elle ne peut leur donner qu'en connaissance de cause,

11° Commencer par supprimer et abolir ceux de ces impôts, dont la charge ne peut qu'écraser vos sujets, tels que la gabelle, déjà jugée par les notables, et reprouvée par le cœur bienfaisant de Votre Majesté.

12° Diminuer la subvention, dont le fardeau s'est accru sans mesure; et (attendu qu'elle n'a été introduite dans ce pays que pour payer les gages des officiers des tribunaux, à quoi tout le monde a un égal intérêt) ordonner que cette subvention sera supportée par tout le monde, à l'exemple de la Lorraine, où les gages du parlement sont répartis sur les trois ordres, sans distinction.

13° Abolir et éteindre les droits de franc-fief, impôt absolument contraire à la constitution de cette province ; impôt qui, dans tout le royaume, nuit à la noblesse même, qui l'empêche de tirer partie de ses propriétés ; enfin, impôt qui sera remplacé avantageusement, comme nous le dirons plus bas.

14° Diminuer considérablement les droits sur la marque des fers, et ceux de la marque des cuirs; lesquels droits sont tellement onéreux au commerce et à l'agriculture, qu'une charrue, par exemple, un outil de fer quelconque, coûte dans les Évêchés presque le double qu'en Lorraine.

15° Changer l'administration des eaux et forêts, attendu que celle des officiers actuels est trop dispendieuse, absorbe trop le produit des bois, et nuit à leur reproduction ; tandis qu'on peut adopter une régie économique, et renvoyer le contentieux aux officiers des bailliages.

16° Supprimer une foule d'autres charges, qui ne produisent que des exactions sur votre pauvre peuple, notamment les offices d'huissiers-priseurs vendeurs de meubles, vrais fléaux des campagnes.

17° Modérer la taxe excessive des ports de lettres et paquets, dont les frais gênent le commerce et interceptent les correspondances.

18° Proscrire le tirage de la milice, sorte d'impôt cruel, qui coûte beaucoup aux communautés, qui humilie ceux qu'il atteint, qui rend le service effrayant, et qui peut être aisément remplacé, comme on le verra ci-après.

19° Proscrire également, comme un des impôts indirects, les plus lourds et les plus injustes, la clause de franchise des impositions, insérés par abus dans les lettres de noblesse, et création d'offices ; défendre aux tribunaux d'avoir égard à cette clause, et bien loin d'attacher l'honneur à cette espèce de franchise, la noter comme un crime envers la nation.

20° Débarrasser cette province des entraves multipliées dont les traites foraines environnent ici chaque ville et chaque village; et faire en sorte que Lorrains, Evêchois, Champenois, Barisiens, Alsaciens, tous également vos sujets, puissent s'entrecommuniquer, sans redouter des gardes, sans payer des acquits, sans craindre des amendes, confiscations et procès, etc.

21° Abolir les chambres ardentes, commissions que le fermier a eu le crédit d'établir, et dont le nom seul épouvante ; renvoyer les procès pour fait de contrebande aux juges des bailliages, sauf l'appel à vos cours.

22° Diminuer le nombre et modérer les traitements de ces dévorantes armées de fermiers, régisseurs, directeurs, receveurs, contrôleurs, employés, etc., dans les mains desquels vos finances font un long circuit, avant d'être rendues en votre trésor royal.

23° Entre autres établissements ruineux qui dépendent des fermes générales, détruire les salines des Evêchés et de Lorraine, qui engloutissent les forêts, et qui ne rendent pas le sel marchand et à bon prix, comme pourrait l'être partout le sel des côtes maritimes.

24° Enfin, dans toutes les parties des impôts et finances qui seront conservées ou établies par les Etats, domaines, contrôles, régies, fermes quelconques, rendre des lois et former des tarifs assez clairs et assez précis, pour que chacun puisse connaître le droit qu'il doit payer et la contravention qu'il peut encourir. Supprimer les amendes excessives ; abréger les délais de la recherche des droits omis, et simplifier les recouvrements dont le sont trop onéreux.

IMPOTS QUE L'ON PEUT ACCORDER.

25° Lorsque les Etats généraux auront ainsi restreint et épuré ces anciens canaux par lesquels s'écoule la fortune du peuple, s'il est nécessaire d'accorder des secours extraordinaires à Votre Majesté, substituer aux vingtièmes et sous pour livre, la subvention territoriale, en nature, dont aucune espèce de propriété domaniale, féodale, ecclésiastique ou autre ne pourra être exempte.

26° Etablir, en sus du contrôle et de la formule ordinaire, un droit de timbre sur toutes les grâces, concessions, lettres patentes et autres dons et avantages ; mais sans que ce timbre puisse jamais s'étendre aux actes du commerce et aux affaires journalières de vos sujets.

27° Imposer des droits très-forts sur le luxe particulier et toutes ses branches, comme sur les cartes, sur les denrées dites de luxe, sur les équipages et les chevaux de parade, et autres objets de ce genre, et engager les riches et les capitalistes à préférer les dépenses du luxe public, qui se rend utile et immortel par des constructions de canaux, de casernes, de chemins, d'églises, auxquels il a l'honneur d'attacher son nom.

28° Dans le nombre des lois somptuaires les plus utiles, en faire une contre ce genre de luxe moderne qui multiplie les feux sans nécessité dans chaque maison, et qui causera bientôt en France des famines de bois, si l'on peut parler ainsi, aussi terribles que les vraies famines, et capables de faire périr le royaume, s'il n'est promptement et rigoureusement pourvu.

29° Affecter un impôt particulier sur cette quan-

tité de laquais et domestiques de l'un et de l'autre sexe, dont les villes dépeuplent les campagnes; ce qui réduit les cultivateurs à l'impossibilité de se procurer des bras pour les aider dans leurs travaux.

30° Enfin, établir une capitation générale sur les célibataires, laquelle sera payée par tous vos sujets, qui, à un certain âge, ne seront pas mariés ; à laquelle capitation seront soumis, sans exception, tous garçons et filles, de quelque état, qualité et condition qu'ils soient.

ORDRE ET PROSPÉRITÉ GÉNÉRALE DU ROYAUME.

31° Ecouter favorablement ce que des villes plus notables et plus instruites vous feront proposer, Sire, sur l'amélioration générale de la constitution française; à quoi le résultat de votre conseil, du 27 décembre dernier, a préparé votre royaume, par les promesses bienfaisantes de Votre Majesté, de rendre la presse plus libre, de renoncer aux lettres de cachet, et d'établir partout des Etats provinciaux.

32° Poser pour base de tous les départements et administrations publiques quelconques, l'obligation de publier des comptes annuels et imprimés, qui fassent, de tous les ordres de lecteurs, autant de surveillants et de gardiens de la chose publique ; et statuer des peines contre ceux qui manqueraient ou tarderaient d'éclairer la religion nationale, sur les chefs de comptabilité dont ils seraient chargés.

33° Pour augmenter le patriotisme du tiers-état, et lui rendre moins dures les pénibles conditions auxquelles lui seul est sujet, déclarer que tout individu de votre peuple, quelle que soit sa naissance, est capable de remplir toutes les places et dignités militaires, judiciaires, ecclésiastiques et autres, s'il en est digne, et que l'avantage de la noblesse sur lui est d'obtenir la préférence, à *mérite égal*.

34° Prémunir Votre Majesté contre sa propre bienfaisance, à raison des surprises auxquelles elle est exposée; en conséquence, soumettre toutes les pensions, distinctions et grâces à une vérification sérieuse et contradictoire ; en faire publier les demandes, les motifs et les clauses, dans un article particulier de la *Gazette de France*, et déclarer que tout bienfait, toute distinction seront désormais personnels, et ne pourront être substitués perpétuellement aux familles, à moins que la nation assemblée ne veuille récompenser ainsi quelque vertu extraordinaire, comme le trait d'héroïsme français du chevalier d'Assas.

ADMINISTRATION DES PROVINCES.

35° Lier également et par les même priviléges, toutes les provinces de la France, qui sont des branches du même arbre ; les incorporer toutes et si intimement au tronc national, que tous vos sujets soient vraiment Français par le gouvernement, comme ils le sont tous par l'amour qu'ils portent à leur Roi, et qu'il n'y ait point de préférence, ou de prérogatives pour certaines provinces qui ne soient étendues à toutes les autres, attendu que l'égalité est le seul moyen de réunir les intérêts et les volontés.

36° En conséquence, former dans chaque province des Etats dont les membres seront librement élus, et qui seront chargés, tant de la répartition des impôts consentis par les Etats généraux de la nation, que de l'administration des travaux publics, et du détail de tout le bien que votre intention est de faire à vos peuples.

37° Accorder en particulier cet établissement

cette province et bailliage de Toul, et substituer cette forme à l'institution imparfaite et trop dispendieuse des assemblées provinciales et de districts qui ne représente point la province ni le district, et qui n'ont pu avoir qu'une marche faible et indécise.

38° Confirmer les assemblées municipales, en leur donnant des pouvoirs à certains et mieux définis ; les autoriser à correspondre directement avec les États de la province, ou leur commission intermédiaire, et faire en sorte que les places desdites municipalités puissent être honorables et recherchées par les sujets les plus distingués, sans leur donner aucun moyen d'opprimer leurs concitoyens.

39° Charger spécialement les États des provinces de rendre les impôts plus égaux et plus justes possibles ; de chercher et employer tous les moyens de diminuer la perte de temps, les dangers et les abus de la collecte des tailles et de la perception de toute espèce de subsides, et de substituer les modes de perception qui leur paraîtront le moins onéreux, aux services des compagnies, fermes et régies actuelles.

40° Ordonner que l'impôt représentatif de la corvée sera réparti, sous l'autorité de ces États, non plus au marc la livre des seules impositions roturières, mais en proportion de l'impôt territorial, suivant les principes consacrés par l'état mémorable du mois de février 1776, qui n'a été que suspendu, et qui est fait pour recevoir la sanction expresse des États généraux du royaume.

41° Autoriser les États de cette province à faire un emprunt, dont les fonds serviront à vivifier cette province, par l'exécution des canaux et chemins dont elle est susceptible, et par les ateliers de charité dont elle aurait si grand besoin ; en sorte qu'il y eût toujours de grands travaux et entreprises qui occupassent tous les bras et ôtassent tout prétexte de mendier.

42° Honorer et encourager la population, qui est moindre dans cette province que dans les provinces voisines, parce que les Évêchés sont surchargés de droits seigneuriaux et d'entraves de toute espèce ; accorder en conséquence aux familles nombreuses des soulagements en *moins imposé*, ou autrement.

43° Tâcher de parvenir à l'unité des poids, aunes et mesures, du moins dans chaque province, de manière à concilier tous les intérêts qui s'y opposent ; ce qu'il sera facile d'obtenir, par le concert résultant de la bonne formation des États provinciaux.

44° Procurer dans les arrondissements des campagnes, des chirurgiens habiles et choisis au concours, qui puissent soulager les pauvres malades, et veiller à la conservation de la classe la plus laborieuse de vos sujets.

RÉFORME DES ABUS.

45° Pour la réforme des abus qui concernent l'Église, l'achat des dispenses coûteuses qu'il faut faire venir de Rome, et autres du même genre, établir un comité des États généraux, ou un conseil ecclésiastique, qui statue sur tous ces cas, et empêche que l'argent de vos sujets ne sorte du royaume pour des choses qui peuvent être ordonnées par les évêques ou par ce conseil ecclésiastique.

46° Supprimer à jamais les droits que les curés perçoivent sous le titre de casuel, et pour les mettre à même d'administrer leurs cures, sans recourir à ces tributs, leur restituer les dîmes, suivant l'esprit de l'institution et les lois anciennes, qui font, des dîmes de chaque paroisse, le patrimoine de son pasteur et de ses pauvres ; ordonner en outre que les réparations et entretien des églises seront à la charge des décimateurs, comme dans le ressort de Lorraine.

47° Charger vos cours de parlement, de concert avec les évêques de leur ressort et les États provinciaux, d'examiner respectivement toutes les anciennes fondations, de distinguer celles qui sont utiles et qui peuvent être conservées ; de veiller à leur exécution rigoureuse, et de présenter à Votre Majesté, dans les États, les projets de réductions, conversions et applications nouvelles et plus intéressantes, dont ces anciennes fondations paraîtront susceptible, surtout pour élever les orphelins, dont nos pauvres campagnes sont surchargées.

48° Ordonner que lors de la vacance de tous les bénéfices, autres que les cures, dont le revenu excède mille écus, ces bénéfices seront partagés en plusieurs autres, qui pourront placer et récompenser un plus grand nombre de sujets, et être affectés à un plus grand nombre de bonnes œuvres, à l'exception des évêchés, dont les revenus seront seulement chargés de pensions, suivant qu'il sera réglé par le conseil ecclésiastique, et afin qu'on n'élude pas encore les dispositions du partage des bénéfices, en les accumulant; faire exécuter à la rigueur les lois contre la pluralité desdits bénéfices.

49° Conserver les corps ecclésiastiques, chapitres et maisons religieuses, d'après le vœu exprès de votre peuple en leur faveur, à charge qu'ils se rendront tous utiles, savoir, les chapitres et les monastères d'hommes séculiers et réguliers, par l'enseignement de la théologie et des autres sciences ; les chanoinesses et religieuses par l'éducation des jeunes personnes du sexe, et tous ceux et celles qui ne pourraient vaquer à l'éducation ou enseignement, tenus de rendre service au public par le soin des malades ou autrement, cette condition étant celle à laquelle ils peuvent intéresser la nation à leur existence.

50° Pour ne pas excepter l'ordre de Malte de cette règle, engager cet ordre respectable à se rendre utile et nécessaire au royaume, en ouvrant sur ses galères une école de navigation pour la jeune noblesse de France, à raison de tant de sujets et d'élèves par chaque commanderie, et à détacher de chacune de ces commanderies, à la mort des titulaires, de quoi former et placer dans la même école de marine, un certain nombre de frères servants pris dans le tiers-état.

JUSTICE CIVILE.

51° Appeler au conseil que Votre Majesté a établi pour la réformation de la justice, des députés des parlements et grands tribunaux des provinces, attendu qu'elles sont toutes intéressées à cet objet ; sans préjudice aux vœux que les États généraux ne manqueront pas de vous présenter, pour le retranchement des objets de juridiction, l'abréviation des procès, et la suppression des écritures et appointements.

52° Révoquer les *committimus* et autres juridictions privilégiées, qui ne peuvent servir qu'à vexer les pauvres habitants des campagnes, en les éloignant de leurs foyers, et en multipliant les frais. Renvoyer toutes sortes d'affaires contentieuses aux officiers de vos bailliages et juges ordinaires, en première instance.

53° Favoriser les arbitrages et chambres conciliatoires, par une ordonnance expresse. Donner même sur ce point une attribution modique aux assemblées municipales, ainsi que pour le fait de la police, dans tous les lieux où il n'y a pas un siége de justice subsistant.

54° Permettre à toutes parties contractantes, soit par-devant notaire, soit par écrit sous seing privé, de stipuler qu'en cas de contestations quelconques sur leurs conventions, elles seront portées devant les juges de vos bailliages royaux, ou devant des arbitres, afin d'éviter les circuits et longueurs des degrés de juridiction ; et ordonner que cette attribution volontaire de juridiction soit respectée et inviolable.

55° Pour rendre vos bailliages royaux plus utiles encore, augmenter la fixation des matières sommaires (portées au titre XVII de l'ordonnance de 1667) dans la progression de la valeur du numéraire, depuis cette ordonnance ; et faire exécuter dans tout le royaume les dispositions qui y ont été ajoutées, pour la Corse et pour la Normandie ; en sorte que ces matières soient traitées sans procureurs, sans papier timbré et sans frais.

56° Dans la vue de compléter aussi le bienfait qu'annonçait à vos peuples l'établissement des siéges présidiaux, élever à une somme plus forte que 1,200 livres l'estimation des objets dont le présidial de Toul peut prendre connaissance, et assurer invariablement l'exécution de ses jugements en dernier ressort.

57° Refondre sur un plan nouveau l'édit de la régie et des hypothèques. Rendre ces hypothèques spéciales et les faire enregistrer, publier, afficher, et connaître, tant au chef-lieu du siége royal qu'à la porte des églises des paroisses de la situation des biens : le tout si solennellement et si précisément qu'il n'y ait plus aucun moyen de fraude à cet égard, ni plus de ces décrets forcés qui ruinent vos sujets.

JUSTICE CRIMINELLE.

58° En matière criminelle, donner des défenseurs aux accusés, mais faire condamner et punir sans exception les coupables, de quelque rang qu'ils soient, attendu que la grâce sur laquelle un criminel protégé peut compter est pire que l'impunité.

59° Déterminer exactement les crimes, délits et peines ; de manière que tout le monde puisse connaître ses devoirs et le danger de les enfreindre ; adoucir celles de ces peines qui paraissent trop rudes ; mais établir aussi quelques lois plus sévères sur quelques points où le relâchement se fait craindre, comme sur l'adultère, et sur les banqueroutes frauduleuses, crimes qui troublent l'ordre social, et ne sont pas assez réprimés.

60° Couronner cette nouvelle législation criminelle par la destruction absolue du préjugé qui note d'infamie les parents des suppliciés.

ENCOURAGEMENT DE L'AGRICULTURE ET DU COMMERCE.

61° Consolider et corroborer les lois qui permettent la libre circulation des grains, comme étant une source de la prospérité de l'agriculture. Étendre cette libre circulation aux vins et eaux-de-vie.

62° Charger les États généraux de la province d'animer et récompenser les travaux de l'agriculture, les grandes plantations, les entreprises et fabriques intéressantes, non par des exemptions qui tourneraient au préjudice des autres sujets, mais par toutes les autres distinctions qui peuvent avoir de l'influence et exciter l'émulation, comme des primes, des médailles, des honneurs personnels et publics.

63° Faciliter aux cultivateurs établis dans les terres chargées, comme celle-ci, d'une foule de droits seigneuriaux exorbitants, les moyens de racheter ou convertir ces redevances féodales ; moyens dont Votre Majesté peut donner l'exemple et la loi, parce qu'il est possible de concilier ce rachat ou cette conversion avec l'intérêt des seigneurs, comme on l'a prouvé pour les banalités, lesquelles, heureusement, ne sont pas connues dans ce ressort et ne nous nuisent que d'une manière éloignée.

64° Diminuer également les frais et les formalités des actes d'échanges destinés à réunir les possessions champêtres, qui sont trop divisées dans cette province, ce qui fatigue le cultivateur, épuise les bestiaux et multiplie les procès.

65° Donner aux assemblées municipales plus d'autorité et de moyens pour prévenir les délits et mésus champêtres, pour faire observer dans les moulins les lois et règlements de police et faire respecter les plantations et autres objets confiés à la foi publique.

66° Accorder aux habitants des Évêchés la faculté précieuse qu'ont les Lorrains, leurs voisins, d'emprunter par des obligations ou billets stipulatifs d'intérêts au taux du souverain, faculté qui donne un avantage marqué à cette province sur la nôtre, dont les cultivateurs ne peuvent trouver les secours et avances, sans lesquelles il n'est point d'amélioration, ni même de culture.

67° Venir au secours des pauvres veuves domiciliées dans les campagnes, en plaçant leurs enfants dans des hospices ou ateliers de travail, où l'on en prendrait soin, pour former les garçons aux travaux et métiers utiles, et élever les filles aux soins du ménage rustique, établissement qui attaquerait la mendicité dans sa source.

68° Proscrire aux cultivateurs de donner à leurs domestiques des billets de congé dans une forme déterminée, et assurer à tous domestiques de ce genre, qui présenteraient une suite de vingt années de service irréprochable, une pension de 40 écus : prébende vraiment utile et respectable, dont les frais, ainsi que ceux de l'article précédent, seront facilement trouvés dans les provinces, sur les fondations reconnues inutiles, ou sur la division des bénéfices trop considérables.

ARTICLE GÉNÉRAL ET ESSENTIEL.

69° Composer avec les États, un conseil de l'éducation nationale, qui (en laissant aux supérieurs ecclésiastiques l'instruction sacrée qui leur appartient) surveillera, inspectera, dirigera, éclairera les universités, séminaires, collèges, et jusqu'aux plus petites écoles ; de manière que les Français, dans quelque rang qu'ils soient, puissent savoir ce qu'ils doivent à leur patrie, que tous aient des moyens de s'instruire des connaissances absolument nécessaires à leur état, et que le petit nombre qui ont reçu du ciel des talents et des dispositions supérieurs, puissent être distingués, aidés et admis aux concours que le conseil d'éducation établira pour faciliter la culture des sciences et des arts libéraux, aux seuls hommes privilégiés de la nature à cet égard.

RECONNAISSANCE DES SUJETS DU ROI.

70° Et après avoir parcouru cette carrière immense de maux à corriger, et de biens à opérer, et la multitude d'objets qui nous étaient étrangers, mais qui seront utiles ailleurs par ceux qu'ils en intéressent ou qui en sont instruits, laisser un libre cours à la reconnaissance et à l'enthousiasme dont vos peuples sont pénétrés, et que leur assemblée s'empressera de consacrer à la postérité, non-seulement par les médailles, les monuments et les statues que nous vous décernerons, mais par l'institution d'une fête nationale et perpétuelle, qui se solennisera tous les ans dans tout le royaume, au 27 avril, jour auquel Votre Majesté a pris dans son conseil la résolution de convoquer la nation; jour dont la mémoire sera rappelée ainsi d'âge en âge, par les pompes les plus augustes que la religion et l'administration civile puissent inventer, et qui ne seront encore qu'une bien faible expression des sentiments d'amour, de confiance et de respect dont vos sujets sont animés pour votre personne sacrée.

Telles sont les remontrances, plaintes et doléances, moyens et avis que proposent, en exé-cution de vos ordres, avec la plus profonde vénération.

Sire,

De Votre Majesté,

Les très-humbles, très-soumis, et très-fidèles serviteurs et sujets,

(*Ici sont les signatures des habitants.*)

Le présent cahier a été coté et paraphé en cinq feuillets, et ensuite signé par nous, Jean-Baptiste Daulnoy, curé de Vicheray et dépendances, président de l'assemblée, pour l'absence de M de Vernancourt, syndic, n'y ayant point dans le lieu d'officier public.

A Vicheray, ce 1er mars 1789.

DAULNOY, curé de Vicheray.

SÉNÉCHAUSSÉE DE TOULOUSE.

DOLÉANCES,

Remontrances et instructions du clergé de la sénéchaussée de Toulouse (1).

PREMIÈRE PARTIE.

SECTION PREMIÈRE.

Religion.

Le clergé de la sénéchaussée de Toulouse demande :

1° Que les conciles nationaux soient tenus tous les dix ans, les conciles provinciaux tous les quatre ans, et les synodes tous les dix ans dans les formes prescrites par les saints canons, et que le premier concile national soit tenu le plus tôt possible.

2° Que le vœu des curés de ladite sénéchaussée étant qu'il n'y ait qu'un seul catéchisme et un seul rituel pour tout le royaume, la chambre du clergé aux États généraux soit priée de soumettre et renvoyer ce vœu au premier concile national.

3° Qu'on renouvelle lesdites ordonnances et déclarations concernant le respect dû aux églises, le service divin, la sanctification des dimanches et fêtes, l'abstinence prescrite par l'Eglise, et qu'il soit pris des moyens pour en assurer l'exécution.

4° Qu'on s'occupe de la réformation des mœurs en prenant des moyens pour arrêter la licence qui y porte atteinte.

5° Qu'on défende sévèrement l'impression et le débit des livres qui renferment des maximes contraires à la religion, aux mœurs et au gouvernement, et qu'on renvoie à la sagesse de la chambre du clergé des Etats généraux d'indiquer des moyens propres à rendre cette prohibition efficace.

6° Qu'il soit rendu une déclaration relative à l'édit du mois de novembre 1787, concernant les non catholiques dont les dispositions soient conformes aux remontrances que le clergé de France a adressées à Sa Majesté, auxquelles le clergé de la sénéchaussée de Toulouse adhère expressément et dans tous les points.

7° Qu'en exécution des lois canoniques, tous les bénéficiers à charge d'âmes, tous les ecclésiastiques attachés par des fonctions à quelques églises, même les dignitaires des chapitres, seront tenus de résider dans le lieu de leurs bénéfices; que les ecclésiastiques commensaux soient pris désormais dans la classe des bénéficiers qui ne sont pas tenus à la résidence, et qu'à compter du 1er janvier 1790 tous les chanoines commensaux ou abusant de ce titre, soient renvoyés dans leurs églises et assujettis à la pointe sans aucun égard à leur précédent privilège.

8° Qu'en exécution des mêmes lois canoniques la pluralité des bénéfices soit de nouveau défendue.

9° Que le Roi veuille bien conserver les ordres religieux, et qu'on invite la chambre du clergé des Etats généraux à proposer à Sa Majesté les

(1) Nous publions ce cahier d'après un manuscrit des *Archives de l'Empire*.

moyens qu'elle croira le plus propres à les rendre véritablement utiles, entre lesquels l'émission des vœux à l'âge de dix-huit ans a paru l'une des plus efficaces au clergé de la sénéchaussée de Toulouse.

JURIDICTION ECCLÉSIASTIQUE.

1° Que les monitoires, qui sont les peines les plus sévères de l'Eglise et dont les juges laïcs ont souvent autorisé la demande pour des faits presque ridicules, soient réservés pour les seuls crimes atroces qui seront déterminés par la loi, et qu'on ne puisse jamais prendre l'ordinaire ou l'official à partie pour son refus à les accorder.

2° Qu'en exécution de l'article 34 de l'édit de 1695, la connaissance des causes purement spirituelles, comme l'administration des sacrements, les vœux de religion, ne soient attribués qu'aux juges d'église, avec défense à tous officiers, et même aux cours souveraines, d'en connaître dans le cas même d'appel comme d'abus, ces matières devant être portées au tribunal ecclésiastique supérieur.

COLLATION DES BÉNÉFICES.

1° Que le Roi sera supplié de donner les bénéfices consistoriaux au mérite, aux talents, et aux services rendus à l'Eglise, sans distinction de naissance et de qualité, soit dans l'ordre séculier, soit dans l'ordre régulier, et de ne pas les laisser vacants plus de six mois suivant la disposition du Concordat.

2° Que les collateurs des bénéfices-curés ne pourront être prévenus en cour de Rome qu'après le délai d'un mois.

3° Quoiqu'il soit à désirer que toutes les cures vacantes par mort ou par démission soient à la collation libre des évêques, on se borne à demander que les patrons ecclésiastiques soient tenus de les conférer aux sujets qui auront servi dans le même diocèse un temps déterminé par la loi.

CURÉS ET VICAIRES.

MM. les curés et vicaires demandent :

1° Que la portion congrue fixée par les dernières lois pour les curés et vicaires étant fort au-dessous de ce qui leur est nécessaire, elle sera augmentée et portée au taux qui sera déterminé par la sagesse et l'équité des Etats généraux, à laquelle le clergé de la sénéchaussée de Toulouse s'en rapporte, en observant néanmoins : 1° que les dîmes sont le gage nécessaire de l'acquit du service divin dans les paroisses ; 2° que la dotation qui sera assurée aux curés et aux vicaires doit l'être en fruits ou en représentation des fruits ; 3° que cette dotation sera proportionnée à l'importance et à la population des paroisses.

2° Que, pour dédommager les décimateurs, les corps et les établissements nécessaires et utiles qui seraient trop grevés par l'augmentation demandée dans l'article précédent, il y sera pourvu par la réunion canonique des bénéfices moins utiles, même des bénéfices consistoriaux.

3° Que l'option de la portion congrue sera irrévocable seulement par celui qui l'aura faite ou après trois titulaires consécutifs.

4° Qu'il sera pourvu par union de bénéfices au sort des curés, qui, étant seuls décimateurs, n'auront pas l'équivalent de la portion congrue.

5° Que les curés de l'ordre de Malte soient inamovibles, et en tout assimilés aux autres curés à portion congrue.

6° Que la portion congrue et tout bénéfice d'une valeur inférieure ne puisse plus remplir le grade.

7° Que les moyens d'ériger des annexes en cures et de supprimer celles que les évêques jugeraient inutiles, soient facilités.

8° Qu'il n'y ait plus d'autre casuel que celui qui sera offert librement et volontairement, n'entendant pas comprendre dans cette demande la suppression du tarif des extraits des actes que des raisons de prudence doivent laisser subsister tels que les ordonnances l'ont fixé.

9° MM. les curés demandent unanimement que tous les décimateurs contribuent à toutes les charges des curés des paroisses où leurs dîmes sont situées et notamment à la charge des vicaires et autres prêtres desservants, au prorata des fruits qu'ils perçoivent.

Ils demandent encore la suppression des titres et des droits des curés primitifs, et de laisser aux vrais curés qui ont tout le poids de l'exercice de leurs titres, les droits honorifiques dus au rang qu'ils tiennent dans la hiérarchie ; et en conséquence, qu'il leur soit accordé le rang et la séance après les évêques et les chapitres qui participent à la juridiction épiscopale, dans les cérémonies, dans les actes et dans les assemblées.

Les gros décimateurs, et autres ecclésiastiques du clergé de la sénéchaussée, ne croyant pas devoir déférer aux deux demandes précédentes, l'assemblée a déterminé qu'il serait remis des mémoires par les parties intéressées sur ces objets aux députés aux États généraux pour être mis sous les yeux desdits États généraux.

10° MM. lesdits curés demandent qu'il leur soit permis de faire corps dans chaque diocèse et d'agir par le ministère de leurs syndics librement élus par eux, n'entendant pas pour cela se soustraire à l'obéissance qu'ils doivent à leurs évêques.

ÉDUCATION DE LA JEUNESSE, ÉTABLISSEMENTS UTILES.

Le clergé de la sénéchaussée demande :

1° Qu'il soit créé à la demande des États généraux une commission pour faire un plan sur l'éducation publique, à laquelle commission seront appelés des membres du clergé, et qui consultera les différentes universités du royaume, et se concertera avec elle par voie de commissaire ou autrement.

2° Qu'il soit établi dans chaque ville épiscopale un petit séminaire, pour donner les moyens de faire les premières études aux jeunes gens qui pourront se destiner à l'état ecclésiastique.

3° Qu'il soit établi dans les paroisses des campagnes et dans les petites villes des maîtres et des maîtresses d'école pour enseigner les premiers éléments.

4° Que les maîtres et maîtresses d'école ne puissent exercer leurs fonctions que sous l'inspection des curés et avec l'approbation de l'évêque diocésain révocables à volonté.

5° Qu'il soit établi des Frères des Écoles chrétiennes en nombre suffisant dans les principales villes de la sénéchaussée.

6° Qu'elle éclaire, perfectionne et protège l'administration des collèges des boursiers qui existent dans la ville de Toulouse, et qu'on s'occupe des moyens de donner à ces établissements importants, conformément aux sages vues de leurs fondateurs, toute l'utilité que le public est en droit d'en attendre.

7° Qu'il soit établi des bureaux de charité dans chaque paroisse, et que le curé soit toujours le président de ce bureau.

8° Qu'il soit formé dans tous les diocèses des fonds suffisants pour pensionner les prêtres infirmes et hors d'état de continuer leurs fonctions.

9° De rendre utiles dans les paroisses les obituaires et les concoristes.

10° Que MM. les évêques soient autorisés à employer suivant leur prudence, pour les besoins des paroisses, les prébendes des églises cathédrales et collégiales, avec droit à la présence dans leurs chapitres.

INTÉRÊTS GÉNÉRAUX DU CLERGÉ.

Le clergé de la sénéchaussée de Toulouse demande :

1° La suppression ou du moins la modération des droits d'amortissement pour les fondations qui ont pour objet l'éducation et les établissements publics et utiles, ainsi que les constructions et améliorations qui seront faites sur les terrains appartenant aux gens de mainmorte.

2° De simplifier les formes pour les réparations à la charge des successions des bénéficiers, et de supplier le Roi de prendre en considération les plans qui ont été rédigés sur cet objet par les commissaires des deux dernières assemblées du clergé.

3° De diminuer les frais des unions des biens ecclésiastiques qui auront été jugés nécessaires pour dédommager les décimateurs qui, devant être conservés, auraient été trop grevés pour l'augmentation des portions congrues, ou pour doter les établissements utiles qui sont demandés, et de confirmer et de conserver les unions faites depuis cent ans.

4° De réduire les fonctions des économats dans les cas où Sa Majesté jugerait à propos de les conserver, à percevoir les fruits appartenant au Roi, en vertu de la régale réduite à ses justes bornes et d'en déterminer l'emploi à des œuvres pies, suivant les religieuses intentions de ses prédécesseurs, et notamment à faire des pensions aux nouveaux convertis.

5° De tarir la source des procès qui affligent souvent les églises, où il se trouve plusieurs corps des bénéficiers connus sous le nom de chanoines prébendés, semi-prébendés et chapelains, en parvenant par la réduction de ceux qui ont un moindre revenu à les rendre égaux en revenus et en droits et en prérogatives.

6° De prendre des mesures efficaces pour prévenir les procès toujours ruineux sur le fait des dîmes.

ADMINISTRATION TEMPORELLE DU CLERGÉ.

Le clergé de la sénéchaussée de Toulouse demande :

1° Que les chambres ecclésiastiques soient formées par un choix libre en nombre proportionnel et suffisant par chacune des quatre classes des contribuables, savoir : les chapitres, les bénéfices simples, les curés et les réguliers.

2° Que les députés de second ordre à l'assemblée générale du clergé seront élus à la pluralité des voix, dans les assemblées générales de chaque province ecclésiastique, lesquelles seront composées des membres librement choisis dans toutes et par chacune des classes des contribuables de chaque diocèse et en nombre proportionnel.

ADMINISTRATION DE LA PROVINCE.

1° Que les quatre classes des bénéficiers ci-dessus aient chacune aux assiettes des diocèses un représentant choisi par elle.

2° Que dans les États de la province, le clergé ait toujours une représentation égale à celle de la noblesse, et que le clergé du second ordre de chaque diocèse y soit représenté par un député choisi alternativement dans chacune des quatre classes des bénéficiers et par chacune d'elles, de manière que chaque classe ait un nombre égal de députés.

DEUXIÈME PARTIE.

SECTION PREMIÈRE.

Administration du royaume.

Le clergé de la sénéchaussée demande :

1° Que le Roi daigne fixer le retour périodique des États généraux d'une manière invariable et au terme de cinq années.

2° Que les prochains États généraux détermineront les formes qui seront employées à l'avenir tant pour la convocation que pour la formation et la tenue des États généraux, et que ces formes une fois déterminées seront regardées comme constitutionnelles, et ne pourront plus être changées sous aucun prétexte.

3° Qu'il sera déclaré de la manière la plus solennelle et la plus authentique que le Roi n'a pas le droit de lever aucun impôt sur ses sujets sans leur consentement, et que le Roi lui-même sera supplié de reconnaître avec la même solennité le droit des peuples à cet égard.

4° Que les impôts ne seront jamais accordés que pour un temps limité, et tout au plus jusqu'au moment qui sera fixé pour la prochaine tenue des États généraux, passé lequel temps tous les impôts cesseront d'être payés par les peuples, à moins qu'ils ne soient de nouveau consentis par la nation légalement assemblée.

5° Que l'emprunt n'étant qu'un impôt déguisé, puisqu'on ne peut opérer son remboursement que par la voie de l'impôt, le Roi ne pourra en ouvrir aucun pour les dépenses publiques sans le consentement exprès de la nation.

6° Qu'on prendra des moyens pour soumettre aux impôts les capitalistes qui doivent, à l'exception des hôpitaux et établissements de charité, partager avec les autres citoyens les charges de l'État.

7° Que l'impôt désastreux de la gabelle soit supprimé ; qu'on demandera l'élargissement des prisonniers de ladite gabelle qui ne seront point coupables d'autre crime, et que les douanes soient reculées jusqu'aux frontières.

8° Qu'il soit dressé un tarif uniforme, clair, public et précis pour tous les contrats, auquel il ne pourra être dérogé par des arrêts du conseil, afin de délivrer cette partie de l'administration des ténèbres dont les traitants l'ont enveloppée, et qui mette le citoyen à l'abri des vexations et de l'arbitraire dont il est tous les jours la victime.

9° Que les offices de notaire ne puissent être possédés que par des personnes graduées en droit sans bénéfice d'âge et de bonnes vie et mœurs ; qu'il soit fait un tarif des droits qu'ils pourront percevoir de leurs actes, et qu'il soit pris des précautions pour la conservation des registres desdits actes.

10° Que le Roi daigne s'occuper du prêt à jour et consulter sur cet objet le clergé de France.

11° Que ceux qui auront perdu leurs récoltes par grêle ou autres cas fortuits seront dispensés, proportionnellement à leur perte, de payer l'impôt de l'année où ces malheurs seront arrivés, et que les secours extraordinaires accordés dans ces circonstances seront distribués d'une manière plus égale.

SECTION II.

Législation.

Le clergé de la sénéchaussée de Toulouse demande:

Art. 1er. Que, pour rappeler la constitution ancienne et primitive, la nation, en reconnaissant que le Roi a seul le droit de faire les lois, réclamera cependant le droit qu'elle a elle-même de les consentir, et qu'à l'avenir aucune loi dont l'objet pourra intéresser le bien général du royaume, la vie, l'honneur, la liberté et les propriétés des citoyens, ne pourra être mise à exécution si elle n'a été provoquée ou consentie par la nation.

Art. 2. Les lois qui réuniront l'autorité du Roi et le consentement de la nation, seront enregistrées par les cours souveraines qui les feront exécuter, et les cours ne pourront, sous aucun prétexte, en retarder l'enregistrement ou y mettre des modifications.

Art. 3. Que les lois particulières qui n'ont pas pour objet le bien général du royaume, mais qui n'intéressent qu'une corporation ou quelques individus de la province, si elles n'ont pas été publiées dans l'assemblée de la nation et consenties par elle, seront vérifiées par le parlement de Toulouse, dont le clergé de la sénéchaussée demande la conservation avec ses droits, privilèges, étendue de ressort. Ladite cour pourra faire à Sa Majesté les représentations qu'elle jugera convenable, et même ne les enregistrer que provisoirement, en se réservant de les dénoncer à la nation pour les revêtir de son consentement, si elle y remarque des inconvénients qui ne lui permettent pas l'enregistrement pur et simple.

Art. 4. Que le Roi sera supplié de faire travailler incessamment à la rédaction des codes civil et criminel, que ce dernier proportionne les peines à la qualité des délits, sans distinction des personnes, concilie la sévérité dont on doit s'armer contre le crime avec les sentiments d'humanité dont on ne doit jamais s'écarter, même avec les criminels, et qui garantisse les juges des verreurs funestes auxquelles le code actuel a quelquefois donné lieu ; que ce code puisse être publié aux États généraux pour y être revêtu de l'approbation et du consentement de la nation.

Art. 5. Que les lettres de cachet seront supprimées, et dans le cas où le bien de la société exigerait qu'on séquestrât un sujet corrompu, qui menacerait de devenir un fléau pour ses concitoyens, on ne pourra expédier d'ordres contre lui, qu'autant qu'ils seront sollicités par une assemblée composée de huit parents, et à leur défaut de personnes notables et domiciliées, et la lettre de cachet ne pourra être signée par le Roi, que dans son conseil et de l'avis de tous les membres qui y auront assisté et qui la signeront également.

Art. 6. Pour rendre les lettres de cachet plus rares encore et moins nécessaires, on prendra des mesures pour que les crimes soient personnels et que les peines infligées par la loi ne deviennent plus une cause de déshonneur pour la famille du coupable.

Art. 7. Ledit clergé demande aussi la suppression des arrêts d'évocation, et d'attribution à d'autres juges qu'aux juges locaux dans les affaires particulières.

SECTION III.

Instruction.

1° Les députés aux États généraux ne pourront délibérer sur l'impôt, qu'après que le Roi aura sanctionné les demandes de la nation, en ce qui concerne le droit qu'elle a de n'être imposée que de son consentement, de déterminer la nature, l'emploi et la durée de l'impôt, de mettre sa liberté et la propriété de tous les citoyens à l'abri des entreprises du pouvoir arbitraire, qu'après que le déficit actuel aura été constaté et généralement après tous les points que les États généraux jugeront assez importants pour que leur décision ne puisse souffrir de délai, ni être renvoyé à la prochaine tenue des États généraux ; et les députés du clergé de la sénéchaussée de Toulouse ne pourront en aucune manière consentir aucune imposition au mépris des dispositions contenues au présent article.

2° Le clergé de la sénéchaussée de Toulouse donne pouvoir à ses députés de consentir en son nom aux États généraux à partager toutes les impositions tant royales que provinciales et locales, comme les autres sujets du Roi, et dans la proportion des biens qu'il possède, renonçant en tant que de besoin à tous priviléges qui n'ont pour objet que les exemptions pécuniaires ; ce vœu, qu'il charge ses députés de porter aux États généraux, sera cependant subordonné à l'adhésion et à la sanction de la Chambre du clergé desdits États et ne pourra avoir son exécution qu'autant qu'il aura auparavant été pris des arrangements pour que les dettes du clergé, qui sont de véritables dettes nationales, ne puissent en aucun cas occasionner une plus grande surcharge sur les bénéficiers.

3° La constitution du royaume étant que la nation soit divisée en trois ordres, le clergé, la noblesse et le tiers-état, et l'opinion par ordre étant la forme dans laquelle la nation assemblée a délibéré dans les derniers États généraux, les députés consentiront à n'opiner par tête que dans des circonstances passagères, et après que les trois ordres y auront consenti expressément.

Fait et arrêté le 31° jour du mois de mars 1789. François de Fontanges, archevêque de Toulouse, président du clergé de la sénéchaussée de Toulouse ; Castillon, curé de Saint-Sernin, secrétaire de l'assemblée du clergé de la sénéchaussée, signés.

Collationné sur l'original par nous, secrétaire soussigné. Toulouse, 18 avril 1789.

Signé Castillon, curé de Saint-Sernin, secrétaire de l'assemblée du clergé de la sénéchaussée de Toulouse.

CAHIER

De doléances de la noblesse de la sénéchaussée de Toulouse, contenant les instructions et le mandat par elle donnés à ceux de son ordre qui seront députés aux États généraux (1).

Ceux d'entre nous qui seront députés aux États généraux demanderont qu'il leur soit permis de mettre aux pieds de Sa Majesté l'hommage de

(1) Nous publions ce cahier d'après un manuscrit des *Archives de l'Empire.*

notre respectueuse reconnaissance et de notre amour.

Ils protesteront, avec le respect qui est dû à tout ce qui porte le nom du Roi, contre les lettres de convocation et le règlement du 24 janvier dernier, comme étant contraires aux formes et aux usages constitutionnels de la monarchie ; ils observeront que des changements qui touchent d'une part, à l'essence, et de l'autre, à l'antique organisation des États généraux, et de chacun des ordres qui les composent, réclament toute l'attention de l'assemblée nationale.

Ils maintiendront invariablement l'usage ancien et consacré par les ordonnances de voter par ordre, sans que les deux, posé qu'ils fussent d'accord, puissent y lier le troisième, et si ceux qui semblent annoncer la demande de voter par tête, les trois ordres réunis, parvenaient à faire prévaloir, même dans l'ordre de la noblesse, cette réclamation, nos députés, après avoir hautement protesté contre une innovation destructive du plus grand intérêt de tous les ordres et du système constitutionnel de la monarchie, déclareront, sans toutefois se retirer, que la noblesse de la sénéchaussée de Toulouse ne tiendra point pour obligatoires les délibérations ainsi prises qui pourraient être préjudiciables à son ordre, et que jamais elle n'y accédera ni par une adhésion formelle ni en se prêtant à leur exécution.

Nos députés représenteront à l'assemblée nationale que ce serait un grand malheur si les réformes et les améliorations particulières, qui ne manqueront point d'être proposées de toutes parts, et dont il est vrai que toutes les branches de l'administration paraissent susceptibles, détournaient ou affaiblissaient l'attention que réclament à un si haut degré les objets de première importance qui doivent l'occuper.

Que le zèle immodéré qui oserait entreprendre de remanier, pour ainsi dire, dans l'espace de quelques mois et de régénérer dans tous les détails un grand empire tel que la France, ne serait pas digne de la sagesse qu'on doit attendre d'une si notable assemblée.

Que lorsque les divers points qui doivent être érigés en lois constitutionnelles ou confirmés comme tels, auront été arrêtés et mis à exécution, la plupart des améliorations et des réformes désirées, si elles ne s'opèrent pas en grande partie d'elles-mêmes, pourront être ordonnées et effectuées avec facilité.

Qu'il en est quelques-unes qui ont besoin d'être préparées par de longues et profondes réflexions.

Qu'ainsi il est d'une indispensable nécessité que presque tous ces objets particuliers soient réunis à la prochaine assemblée des États généraux convoqués aux termes périodiques dont on conviendra, ou si l'on veut à une époque plus rapprochée ; que jusque-là tout ce que peut le zèle éclairé par la prudence, c'est à faire préparer les matières et les changements par plusieurs bureaux qui s'occuperont séparément de l'administration de la justice, de la guerre des finances, de l'agriculture, du commerce, etc., etc., et qui doivent être composés de personnes expérimentées, prises dans les provinces, ainsi que dans la capitale, indiquées par la voix publique, et choisis de concert par le Roi et par les représentants de la nation.

Il est expressément enjoint à nos députés de s'abstenir de toutes délibérations sur des objets bursaux, jusqu'à ce qu'il ait été pourvu, suivant sagesse des États généraux, au rétablissement la constitution française et au maintien de la sûreté individuelle et de la propriété, qui doivent reposer inviolablement sur cette base sacrée.

Pour remplir cette grande vue ils demanderont qu'il soit statué par une charte solennelle enregistrée, pendant la tenue de l'assemblée nationale, dans tous les parlements.

1° Qu'aucun citoyen ne pourra être arrêté que pour être remis dans le délai de vingt-quatre heures en une prison légale, et le plutôt possible à ses juges naturels. Que, sous quelque prétexte que ce soit, il ne pourra plus être expédié au nom du Roi des lettres de cachet ou autres ordres arbitraires attentatoires à la liberté individuelle. (Sauf aux États généraux à pourvoir de toute autre manière au repos et à l'honneur des familles.)

2° Qu'aucun impôt direct ou indirect, ni emprunt public, ne pourront avoir lieu s'ils n'ont été consentis par les États généraux et par chacun des ordres qui les composent; que la plus longue durée de quelques subsides, que ce puisse être, ne doit s'étendre que jusqu'à la prochaine tenue des États généraux; qu'en conséquence, tous impôts actuellement existants, que l'assemblée nationale ne jugera pas à propos de sanctionner et de continuer, demeureront supprimés de fait et de droit, à l'instant de sa séparation.

3° Que le retour périodique des États généraux sera fixé irrévocablement au terme de quatre ans, sans préjudice de les assembler extraordinairement lorsque les circonstances l'exigeront; que dans le cas où la convocation n'en serait pas faite aux époques ainsi déterminées, les États particuliers des provinces seront non-seulement inhibés de procéder à aucune répartition, mais encore tenus de s'opposer, par le ministère de leurs syndics devant les cours, à la levée de toute sorte d'impôts, et de leur côté les cours souveraines seront obligées par mandat spécial de poursuivre comme concussionnaires tous ceux qui entreprendraient d'en continuer la perception.

4° Qu'il ne sera jamais établi de commission intermédiaire des États généraux.

5° Que la forme de la convocation des États généraux, toutes les opérations nécessaires pour procurer l'élection et le mandat, l'organisation des États et leur discipline intérieure seront réglées pour l'avenir, en observant d'assurer aux diverses classes de chaque ordre la juste représentation qu'elles doivent avoir et de prévenir ces décisions provisoires qui donnent lieu à tant de réclamations générales et particulières; que par ces règlements il sera statué notamment que jamais les États généraux ne délibéreront sur une proposition, le jour même qu'elle aura été faite, et que le mandat des députés avec tous leurs pouvoirs cesseront à l'instant de la séparation de l'assemblée nationale.

6° Qu'aucune loi générale et permanente ou bursale ne sera établie qu'au sein des États généraux et que par le concours mutuel de l'autorité du Roi et du consentement de la nation; que les lois ainsi arrêtées et portant dans le préambule ces mots : « De l'avis et du consentement des trois États du royaume, » seront envoyées avant la séparation de l'assemblée nationale aux cours de parlement pour les faire inscrire sans modifications sur leurs registres, les adresser aux bailliages et sénéchaussées, et les faire de suite exécuter dans toute l'étendue de leurs ressorts; sans que, pour quelque raison que ce soit, elles puissent s'en dispenser; que néanmoins ces cours pourront en tout temps faire sur les dispositions de ces lois telles observations que leur zèle leur inspirera, et les adresser aux États généraux, lesquels, avec le concours de l'autorité royale, y statueront suivant ce qui sera jugé le plus avantageux pour la nation.

7° Que les lois de police et d'administration que les circonstances pourront exiger pendant l'absence des États généraux pourront être faites par le Roi seul et seront adressées aux cours, suivant l'ancienne observance, pour y être librement vérifiées et enregistrées, dans le cas néanmoins où elles ne se trouveraient pas contraires aux lois générales dont il a été parlé en l'article 6, et sous la réserve qu'elles n'auront de force que jusqu'à la tenue de l'assemblée nationale par laquelle elles devront être ratifiées pour continuer d'être obligatoires.

8° Que le dépôt des ordonnances et des lois de toute espèce ainsi confié et conservé aux cours de parlement n'a pas pour objet de leur en donner la garde, pour ainsi dire, passive, mais que ces cours demeureront chargées spécialement de veiller à leur exécution, d'en prévenir, empêcher ou punir l'infraction, de maintenir la constitution et les droits nationaux par des remontrances au Roi, des dénonciations à la nation, et par tous les moyens les plus efficaces que leur fermeté, leur sagesse et la nature des circonstances pourront leur suggérer. Que c'est dans ce sens qu'elles sont constituées dépositaires des lois, et qu'elles en seront comptables au Roi et à l'assemblée nationale.

9° Que, conformément au vœu de la nation exprimé aux États de Tours, pour que les officiers desdites cours soient vertueux et hardis à remplir le mandat et les devoirs qui leur seront donnés et imposés par les États-généraux, ils seront de nouveau déclarés inamovibles, sauf dans le cas de forfaiture jugée, et sans qu'ils puissent être privés de leurs offices, même par la suppression d'iceux, laquelle, si elle était jugée nécessaire, ne pourrait s'effectuer qu'avec le consentement des États généraux à mesure que les titulaires décéderaient ou donneraient volontairement leur démission, et au moyen du remboursement qui leur serait fait, ou à leurs familles, du prix de leurs charges conformément à leurs contrats d'acquisition.

10° Que la constitution des parlements, leur autorité, l'étendue de leurs ressorts ni le lieu de leur résidence ne pourront être changés ou autrement ordonnés que de l'aveu et consentement spécial de l'assemblée nationale.

11° Que tous ministres, commandants pour le Roi, commissaires départis et tous autres agents du pouvoir exécutif qui se seront rendus coupables d'infractions de la charte constitutive des droits nationaux et individuels, seront poursuivis par les procureurs généraux devant les cours, lorsque la nation ne sera point assemblée, et devant les États généraux pendant leur tenue sur la dénonciation de l'un des députés ou des parties lésées, pour être renvoyés à telle cour de parlement que les États généraux jugeront à propos, à l'effet d'y être jugés et punis suivant l'exigence des cas.

12° Que les infractions dont il s'agit dans l'article précédent seront irrémissibles comme le crime de lèse-majesté.

13° Qu'en matière civile comme en matière criminelle, aucun citoyen ne pourra être traduit devant d'autres juges que ceux qui lui sont donnés par les lois, et que toutes évocations illégales, droit de committimus, commissions, cassations d'arrêts, retention de cause par le conseil du Roi, n'auront plus lieu en aucun cas pour quelque corps ni pour quelque personne que ce soit.

14° Qu'il ne sera plus accordé des lettres de relief du laps de temps, ni lettres de répit, et que les lettres d'état ne pourront avoir lieu qu'en temps de guerre et seulement pour les militaires employés dans les armées du Roi.

15° Que toute liberté sera rendue à la presse, à la charge par l'imprimeur d'apposer son nom aux écrits et de répondre personnellement de ce qu'ils pourraient avoir de répréhensible, dans le cas où il ne pourrait pas nommer et convaincre l'auteur.

Telles doivent être les principales dispositions de la charte constitutionnelle que nos députés doivent réclamer avec force et sur l'obtention de laquelle nous les chargeons spécialement d'insister de tous leurs moyens.

Ils doivent demander encore avant toutes délibérations, sur des objets bursaux :

1° Que les capitulations et les traités qui unissent le Languedoc et les autres provinces à la couronne, ainsi que tous les droits et priviléges qui leur sont propres et les chartes ou reconnaissances de nos rois qui les maintiennent soient confirmés.

2° Que le droit de franc-alleu, dont le Languedoc a joui dans tous les temps, soit déclaré inviolable dans toute l'étendue de la province, et sans distinction de seigneuries ni de terres nobles ou rurales; et qu'il soit statué que les traitants qui oseront entreprendre d'y porter atteinte, seront poursuivis par le procureur général, qui ne pourra refuser son ministère aux parties lésées.

3° Que le Languedoc, en vertu de ses droits, soit rétabli dans celui d'avoir des Etats organisés de la manière qu'il croira la plus avantageuse, et composés, non comme actuellement, de commissaires du Roi, mais de véritables représentants librement élus pour chacun des trois ordres; que ces Etats soient chargés exclusivement (et toutefois sans préjudice des droits des pays ou diocèses qui ont des formes particulières d'administration) de la répartition et de l'assiette des sommes imposables sur la province, et de toutes les matières économiques, sans toutefois qu'en aucun cas, il leur soit permis de répartir sur les habitants du Languedoc aucuns impôts directs ou indirects, ni de leur donner ce consentement propre et particulier que la constitution de cette province rend nécessaire, qu'après que ces impôts auront été délibérés et consentis par l'assemblée nationale.

Qu'il soit permis aux trois ordres de cette province de s'assembler devant tels commissaires qu'il plaira au Roi de nommer, pour convenir d'un plan d'organisation de leurs Etats, et pour le proposer ensuite à Sa Majesté.

S'il pouvait arriver que les députés que nous élirons se prêtassent à voter sur des objets bursaux avant qu'il eût été délibéré par l'assemblée nationale sur tous les articles précédents de cette institution, nous les désavouons formellement comme des mandataires infidèles, incapables de nous lier, et nous les déclarons dès à présent déchus de tout pouvoir.

Après qu'il aura été statué sur tous ces points de première importance pour la nation et pour notre province, nos députés pourront s'occuper des objets bursaux qui leur seront proposés, et pour lors ils demanderont :

1° Que le tableau exact et détaillé des finances soit remis à l'assemblée nationale;

2° Qu'on la mette en état de prendre une connaissance approfondie du montant du déficit et de ses véritables causes;

3° Qu'elle puisse examiner dans tous ses détails la dette publique, pour, après l'avoir discutée et jugée, sanctionner dans leur intégrité les parties qui auront été trouvées légitimes, et les autres dans l'Etat de réduction dont elles auront paru susceptibles;

4° Que tous mémoires, états de régie, baux à ferme et engagements concernant les domaines de la couronne et leurs produits, ainsi que tous contrats d'échange, passés depuis trente ans, soient représentés, afin que les Etats généraux puissent, de concert avec Sa Majesté, faire résilier les échanges qui leur paraîtront frauduleux, ou considérablement préjudiciables à l'intérêt public; examiner et juger quel est le meilleur usage que l'on peut faire de ces domaines, à l'effet d'en augmenter leur production, et d'en prévenir le dépérissement, comme aussi la perte partielle; et enfin statuer, s'ils le jugent à propos, qu'ils seront aliénés en tout ou en partie en déterminant les mesures les plus efficaces pour assurer le payement et l'emploi le plus avantageux des deniers qui en proviendront; à laquelle aliénation nos députés pourront consentir, sous la réserve toutefois que les forêts royales ne pourront être vendues ni dénaturées, et que pour leur conservation il sera établi une police plus éclairée et plus vigilante.

Nos députés demanderont aussi qu'il soit statué pour l'avenir que les états de recette et de dépense seront publiés annuellement, ainsi que la liste des pensions, avec la note des motifs qui les auront fait accorder.

1° Que ces mêmes états, soutenus de pièces justificatives, soient mis sous les yeux des Etats généraux à chaque tenue.

2° Que la fixation motivée des dépenses de chaque département soit arrêtée invariablement jusqu'à la prochaine assemblée.

Toutes ces vues ayant été remplies, nos députés pourront consentir à l'octroi des subsides qui leur paraîtront ou seront jugés absolument nécessaires et indispensables; ils préféreront ceux qui atteindront le plus sûrement tous les individus contribuables, notamment les capitalistes et les créanciers de l'Etat, et ils observeront de ménager le plus qu'il sera possible les fonds de terre.

Ils pourront aussi consentir à une égale répartition d'impôts sur tous les biens-fonds, sans distinction de nobles et de ruraux; mais à la charge qu'il sera fait dans chaque communauté un rôle séparé pour les fonds nobles, à l'effet de conserver leurs prérogatives, et que les hommages et dénombrements soient reçus sans autres frais que ceux d'expédition.

Ils solliciteront une loi qui légitime et autorise le prêt à jour, aussi favorable à la circulation du numéraire qu'avantageux au commerce.

Enfin nos députés inviteront les Etats généraux à prendre en considération, à l'effet d'y statuer, s'il est possible, dans cette première tenue, sinon à la prochaine, sur le rapport des bureaux qui seront établis, les objets ramenés dans la section suivante et de ceux qui pourront être proposés par les députés des autres sénéchaussées qu'ils jugeront, suivant leurs lumières et leur conscience, devoir tendre au bien et à l'avantage de leurs commettants.

CLERGÉ.

Art. 1er. Que les bénéfices consistoriaux ne

3

soient plus accumulés sur une même tête.

Art. 2. La résidence des archevêques, évêques, abbés, dignitaires et autres bénéficiers, sous les peines portées par les anciennes ordonnances tant civiles que canoniques.

Art. 3. Que la dîme soit rendue plus égale et moins onéreuse.

Art. 4. Que les sujets du Roi ne puissent plus être tenus au payement des annates et autres taxes en cour de Rome.

Art. 5. Que toutes dispenses puissent être accordées par les évêques, et que le tarif de leur expédition soit évalué au plus bas prix possible.

Art. 6. Qu'il soit accordé un entretien décent et convenable aux curés et aux vicaires, parce que dans l'ordre de la religion ce sont les ministres les plus nécessaires, et que dans le cas où les dîmes ne seraient pas suffisantes, il y soit pourvu par l'union ou suppression des bénéfices simples.

Art. 7. La suppression des droits casuels ecclésiastiques, pour que toutes les fonctions curiales soient faites gratuitement.

Art. 8. Que les contructions et réparations des presbytères et des nefs des églises soient à la charge des décimateurs.

Art. 9. Que les revenus des préceptoriales soient rigoureusement employés à leur destination et ne puissent en être détournés sous aucun prétexte.

Art. 10. Que la dette du clergé, des provinces, et de tous les corps sera, dans l'assemblée des États généraux, divisée en deux branches, l'une contractée pour l'État en général, laquelle sera réunie à la dette nationale, l'autre contractée pour l'utilité propre du clergé, ou des autres corps dont ils demeureront chargés et qu'il leur sera enjoint d'éteindre par une marche progressive dans un délai convenable, en leur laissant le choix des moyens qu'ils aviseront être les meilleurs et les plus prompts.

NOBLESSE.

Art. 11. D'établir une commission à l'effet de reprendre les recherches de la noblesse depuis celle qui a eu lieu vers 1668, et que les jugements de cette commission seront remis aux États provinciaux pour y être inscrits tout au long sur un registre particulier, avec l'énonciation de leur titres, obligeant tous ceux qui acquerront la noblesse de se faire inscrire sur ce registre, dont un extrait sera déposé au greffe des sénéchaussées.

Art. 12. Que le nombre des anoblissements à prix d'argent soit considérablement diminué, sans cependant porter atteinte aux droits des villes.

MILITAIRE.

Art. 13. Que Sa Majesté sera suppliée d'établir des formes qui, en mettant un frein à l'arbitraire, fixent invariablement la compétence du tribunal des maréchaux de France, et de prendre en considération l'affaire d'un officier général poursuivi depuis si longtemps par ce tribunal, malgré la réclamation constante de la première cour du royaume.

Art. 14. Les États généraux supplieront aussi Sa Majesté de prendre en considération le sort versatile du militaire, et solliciteront un règlement qui le mette à l'abri d'être privé de ses emplois par des ordres purement arbitraires, et qu'il soit au contraire jugé suivant les ordonnances s'il le réclame.

Art. 15. De donner à son armée une constitution fixe et assurée, et une discipline qui ne contrarie plus les mœurs et l'esprit national, si essentiels à conserver et qui toujours ont été la base du courage et de la valeur des troupes françaises.

ÉDUCATION.

Art. 16. Convaincus par une malheureuse expérience de l'imperfection et des abus du régime actuel de l'éducation publique, ils supplieront Sa Majesté de donner au sein des États généraux une attention particulière à un objet qui influe aussi directement sur les mœurs que sur la prospérité de l'État.

HARAS.

Art. 17. Que toute administration des haras soit supprimée et que les particuliers jouissent à cet égard de la plus parfaite liberté.

NOTAIRES.

Art. 18. S'occuper sérieusement des funestes suites qui résultent, particulièrement pour les campagnes, de l'impéritie des notaires et de chercher le moyen d'y remédier en statuant à l'avenir que nul ne pourra être pourvu de ces offices qu'après dix ans de pratique chez un notaire et un examen sur sa capacité, ou par tel autre moyen que leur sagesse leur indiquera.

Art. 19. Que les droits qu'ils exigent lors de la passation ou expédition des actes soient fixés par un tarif clair et précis, et que les registres soient paraphés et cotés.

HYPOTHÈQUES.

Art. 20. L'examen approfondi des avantages et des inconvénients de l'édit de 1771, portant création de la charge de conservateur des hypothèques auprès des sénéchaux, notamment dans le pays de droit écrit.

CONTROLE.

Art. 21. Que les droits de contrôle soient modérés et déterminés d'une manière si précise qu'elle puisse faire disparaître l'arbitraire et les exactions dont on se plaint généralement, et que toutes les contestations qui pourraient s'élever à ce sujet et autres impôts et droits domaniaux soient jugés par les tribunaux ordinaires sans frais et sur les mémoires des parties.

GABELLES.

Art. 22. S'occuper de l'impôt désastreux des gabelles, et s'il était impossible de le supprimer en entier dès ce moment, d'aviser aux moyens de le rendre moins onéreux.

DOUANES.

Art. 23. Le reculement des douanes jusqu'aux frontières du royaume, ainsi que la suppression des droits de péage sur les chemins et les rivières, en indemnisant toutefois les propriétaires.

MONNAIES.

Art. 24. Qu'à l'avenir, dans aucun cas et sous aucun prétexte, les monnaies ne puissent être altérées ou refondues sans la sanction de l'assemblée nationale.

BILLETS DE BANQUE.

Art. 25. Qu'il ne puisse être établi aucune banque, papier-monnaie, billets, etc., qu'après l'examen le plus approfondi et au sein des États généraux.

ÉLECTION D'OFFICIERS MUNICIPAUX.

Art. 26. Que les villes et communautés du royaume, et particulièrement du Languedoc, soient rétablies dans le droit d'élire librement leurs officiers municipaux, sauf le droit des seigneurs, et dans celui de disposer des revenus des communes sous l'inspection des Etats provinciaux, à l'exclusion du commissaire départi.

POLICE DES GRAINS.

Art. 27. Que la libre exportation des grains sera permise dans tous les temps, sauf à la restreindre momentanément sur la demande des Etats provinciaux ou de leur commission intermédiaire.

Certifié conforme à l'original, à Toulouse, ce 17 avril 1789.

Signé Le comte DE PORTES, *sénéchal.*

POUVOIRS

Donnés aux députés du tiers-état de la sénéchaussée de Toulouse (1).

L'an 1789 et le quatrième jour du mois d'avril, à neuf heures du matin, par-devant nous, André de Lartigue, lieutenant général en la sénéchaussée et siège présidial de Toulouse, et dans le réfectoire du grand couvent des frères mineurs conventuels de cette ville, ont été assemblés les membres députés du tiers-état de cette sénéchaussée, ci-après signés; lesquels, ayant déjà précédemment procédé à l'élection de leurs députés aux Etats généraux, et s'étant occupés dans le moment des pouvoirs à leur donner, ont, après mûre délibération et en exécution des lettres du Roi, données à Versailles le 24 janvier dernier, du règlement y annexé, et de l'ordonnance de M. le sénéchal du 2 mars dernier, donné pouvoir à MM. :

Jean-Arnaud-Pascal Raby de Saint-Médard, demeurant à Castelsarrasin, diocèse de Montauban;

Pierre Devoisins, avocat au parlement, citoyen de Lavaur;

Jean-Jacques Monsinat, avocat au parlement, habitant dudit Toulouse;

Jean-François Campinas, docteur en médecine, habitant de Monestiés, diocèse d'Alby;

Jean-Antoine-Edouard Fox de la Borde, médecin du Roi et des hôpitaux militaires de Saint-Domingue, premier consul, maire de Gaillac, y demeurant;

André de Lartigue, lieutenant général, président de cette assemblée;

Jean-Baptiste Viguier, avocat au parlement, habitant de Toulouse, membre de la municipalité de la même ville, actuellement à Paris;

Pierre Roussillon, négociant, habitant de Toulouse, l'un des cinquante-deux députés de la même ville;

Leursdits députés élus ensemble;

M. Dominique Hebrard, avocat au parlement, habitant de Toulouse, nommé et élu suppléant audit M. Viguier, à cause de son absence, et à chacun d'eux en particulier, de se transporter en la ville de Versailles, ou autre lieu qui sera indiqué, pour la tenue de l'assemblée des Etats généraux du royaume, d'assister à ladite assemblée, d'y remettre le cahier de leurs doléances et plaintes, tel qu'il a été précédemment rédigé et arrêté, en solliciter le succès, notamment le retour périodique des Etats généraux chaque cinq ans, la réformation des Etats de la province, une constitu-

tion libre et représentative des trois ordres; que l'impôt soit réparti sur les personnes et biens des trois ordres, indistinctement et avec une égalité proportionnelle, et par un seul et même rôle, sans que les deux premiers ordres puissent être reçus dans aucun temps, et sous aucun prétexte, à faire pour leur quote-part aucun abonnement particulier et généralement sur tous objets relatifs aux droits de la nation française et à la constitution de l'Etat; voulant que ses députés ne puissent s'occuper d'aucune sorte d'impôt, qu'après qu'il aura été statué sur ces objets, et qu'ils auront fait tous leurs efforts pour l'obtenir; l'assemblée chargeant au surplus ses députés de demander qu'il ne puisse être voté que par tête, et non par ordre, et de faire également tous leurs efforts pour obtenir la sanction de Sa Majesté. Comme aussi l'assemblée donne à sesdits députés tous pouvoirs généraux et suffisants pour proposer, remontrer, aviser et consentir tout ce qui peut concerner les besoins de l'Etat, la réforme des abus, l'établissement d'un ordre fixe et durable dans toutes les parties de l'administration, la prospérité générale du royaume et le bien de tous et de chacun des sujets du Roi.

Et de leur côté lesdits députés ici présents, sauf ledit M. Viguier, ont promis de porter à l'assemblée des Etats généraux les vœux et les réclamations de la présente assemblée, d'y soutenir ses intérêts avec tout le zèle possible et de se conformer à tout ce qui est prescrit et ordonné par les lettres du Roi, règlement y annexé au susdit cahier des doléances, et à ce qui est ci-dessus prescrit; et de tout ce dessus, avons dressé notre présent procès-verbal que nous avons signé avec lesdits députés présents et autres membres de l'assemblée qui ont su ou voulu signer, et notre greffier.

Lartigue, lieutenant général; Cabos, greffier, signés à l'original du présent procès-verbal, qui a été aussi signé par les députés présents, par le suppléant et par les autres membres de l'assemblée qui ont su ou voulu signer.

Collationné :

Signé CABOS, *greffier.*

CAHIER

Des plaintes et doléances de la sénéchaussée de Toulouse, délibérées les 30, 31 mars et 1er avril 1789 (1).

Il a été délibéré : 1° de remercier très-humblement Sa Majesté d'avoir rendu à ses peuples l'exercice de tous leurs droits, la suppliant de vouloir bien recevoir avec bonté les sentiments de respect et d'amour que l'ordre du tiers-état consacre pour toujours à sa personne et à sa gloire.

2° De supplier les Etats généraux d'arrêter, conformément à la décision de Sa Majesté, que les députés du tiers-état aux assemblées nationales et provinciales seront toujours au moins en nombre égal à celui des deux autres ordres réunis.

3° Qu'il ne pourra être expédié des lettres de cachet, ni ordres arbitraires, émanés d'aucune autorité ni tribunal quelconque, que dans ces cas seulement, savoir: lorsqu'une famille les demandera, pour cause légitime, après une assemblée de parents, au nombre de huit, ou de voisins en défaut de parents tenue aux formes de droit, devant les officiers des lieux; ou lorsqu'il s'agira

---

(1) Nous publions ce document d'après un manuscrit des *Archives de l'Empire.*

(1) Nous publions ce cahier d'après un manuscrit des *Archives de l'Empire.*

d'un sujet devenu suspect au gouvernement, à la charge néanmoins, dans ce dernier cas, de remettre, dans vingt-quatre heures, le prétendu coupable entre les mains de ses juges naturels et compétents, pour être jugé suivant les lois du royaume, en lui faisant connaître son dénonciateur qui sera responsable de tous dépens, dommages et intérêts, ainsi que les délibérants dans e premier cas.

4° De nommer une commission, les États généraux tenant, qui prendra connaissance des citoyens détenus dans les forts ou prisons royales, et de la cause de leur détention.

5° D'établir la liberté indéfinie de la presse, par la suppression absolue de la censure, à la charge par l'imprimeur d'apposer son nom à tous les ouvrages qu'il imprimera, et de répondre, solidairement avec l'auteur, de tout ce que ces écrits auront de contraire à la religion, à l'ordre général, à l'honnêteté publique et à l'honneur des citoyens.

6° De reconnaître et déclarer dans la forme la plus solennelle, par un acte authentique et permanent, que la nation a seule le droit de s'imposer ; c'est-à-dire d'accorder ou de refuser l'impôt, d'en régler l'étendue, la répartition, l'emploi, la durée, même d'ouvrir des emprunts, et que toute autre manière d'imposer ou d'emprunter est illégale, inconstitutionnelle, et sera de nul effet.

7° De supprimer tout impôt distinctif, et d'établir une égalité proportionnelle dans la répartition des impôts, tant réels que personnels, sur tous les sujets sans exception, et ce, par un seul et même rôle.

De supprimer aussi le centième denier sur tous les offices, ainsi que le vingtième de l'industrie.

8° De sonder la plaie de l'État, prendre une connaissance approfondie des déprédations qui peuvent avoir été commises dans l'administration des finances et des domaines, et employer avec sagesse, justice et fermeté, les moyens les plus propres à remédier au mal, et à s'en préserver pour l'avenir.

9° De retirer les domaines engagés en remboursant les finances, ainsi que ceux qui ont été échangés depuis un siècle, en suppliant néanmoins Sa Majesté de tempérer la rigueur des principes domaniaux, et d'ordonner qu'à l'avenir les jugements qui seront rendus contradictoirement avec le domaine seront définitifs. Les États généraux sont également suppliés de déterminer l'aliénation des domaines utiles de la couronne, en donnant dans la vente la préférence aux censitaires ; mais de déclarer en même temps les justices des terres et pays dépendants des domaines inaliénables, ainsi que les forêts du Roi, qui ne pourront être dénaturées.

10° De supplier le Roi de déterminer les sommes nécessaires pour soutenir dignement la splendeur du trône, et dont le ministre des finances ne sera responsable qu'envers Sa Majesté.

11° Les États généraux sont également suppliés de fixer la dépense de chacun des départements.

12° D'assujettir le ministère des finances à rendre compte du produit des impôts et tous autres revenus à l'assemblée des États généraux, auquel compte, rendu public dans l'année, sera jointe la liste des pensions, avec l'énonciation des motifs qui les auront fait accorder.

13° De déclarer les ministres du Roi responsables envers la nation des malversations dans les finances, ainsi que des atteintes portées aux droits, tant nationaux que particuliers.

14° D'arrêter que les édits bursaux et lois quelconques, autres que celles relatives à la justice distributive, seront consentis par les États généraux et envoyés aux parlements et autres juridictions, pour les enregistrer, garder et faire exécuter, sans qu'ils puissent dans aucun cas y faire aucune modification ni changement.

15° D'admettre tous les citoyens aux emplois militaires et civils, et notamment aux charges de magistrature, nonobstant tous arrêtés à ce contraires, et de supplier le Roi de vouloir bien admettre aussi les ecclésiastiques du tiers-état aux prélatures et autres bénéfices consistoriaux.

16° De perfectionner l'éducation publique, et d'admettre aux écoles et établissements royaux, entretenus aux frais de l'État, des élèves de l'ordre du tiers-état de l'un et de l'autre sexe, au moins en nombre égal à celui de la noblesse, si mieux on n'aime supprimer ces établissements.

17° De supprimer les milices, comme nuisibles à l'agriculture et à l'industrie.

18° De supprimer toute banalité, corvée et servitude personnelle, ainsi que toutes leudes et péages, en dédommageant les seigneurs et autres propriétaires ; suppliant également les États généraux de se faire rendre compte de divers mémoires remis au bureau de commerce établi à Paris, pour rompre les entraves qui en empêchent la libre circulation, afin de statuer ce qu'il appartiendra, pour en améliorer les progrès.

19° De supprimer, dès ce moment, toute espèce de privilège exclusif, afin de donner un libre cours et au commerce et à l'industrie.

20° De soumettre à un comité national l'examen approfondi du traité de commerce avec l'Angleterre, pour être statué ce qu'il appartiendra sur son rapport.

21° De reculer les douanes aux frontières, de permettre la culture du tabac, et de rendre le sel marchand ; suppliant les États généraux de solliciter de la bonté du Roi la grâce des malheureux condamnés à servir sur ses galères, en expiation des contraventions par eux commises à cet égard.

22° D'ordonner que le logement des gens de guerre sera aux frais du gouvernement.

23° D'autoriser les intérêts sur le prêt à jour, tant par acte public que sous signature privée.

24° De déclarer que les tarifs du droit de contrôle, insinuation et centième denier, arrêtés en 1722, seront supprimés en entier, pour en substituer un autre, dont les droits réduits à une perception moins forte, établissent une répartition aussi égale que proportionnée à la nature des actes, à la fortune et aux qualités des parties contractantes, et qui diminue surtout la portion contributive du tiers-état qui, jusqu'à ce jour, a constamment supporté la plus forte charge de ce tarif exorbitant, injuste, et devenu arbitraire par les différentes interprétations qui lui ont été données, déclarant que les contestations qui pourront s'élever à cet égard seront désormais portées devant les tribunaux ordinaires.

25° D'arrêter que, conformément à la loi qui a introduit l'usage des testaments mystiques, et qui laisse à l'homme la liberté d'écrire ses volontés sur des feuilles volantes, en y faisant apposer un acte de suscription, il sera permis aux testateurs, par une suite de cette même liberté, de déposer leurs dispositions entre les mains de l'officier public qui les aura souscrites, ou de toute autre personne qu'ils jugeront à propos de choisir, et de les en retirer pour les garder eux-mêmes, sans qu'il en reste ni trace ni vestige chez le notaire qui aura apposé l'acte de suscription, et sans qu'on soit exposé par là aux recherches et à l'inquisition que le traitant veut introduire à cet égard.

26° D'autoriser les diverses villes du royaume à établir des caisses d'escompte et des monts-de-piété.

27° D'abolir dans la discipline militaire la peine des coups de plat de sabre, plus propre à avilir le soldat qu'à le ramener aux principes de délicatesse et d'honneur, qui ont toujours formé le caractère des Français, et dans lesquels il est important d'entretenir le génie de la nation; et, attendu que cet étrange traitement a occasionné beaucoup de désertions, de supplier Sa Majesté d'accorder une amnistie générale.

28° D'ordonner l'exécution rigoureuse des lois civiles et canoniques, concernant la pluralité des bénéfices, la résidence des bénéficiers et l'emploi de leurs revenus, destinés un tiers aux réparations, un tiers aux pauvres, et le tiers restant aux bénéficiers, en suppliant néanmoins les Etats généraux de vouloir bien excepter les curés de la dernière disposition de cet article, jusqu'à ce qu'on soit parvenu à une juste répartition des biens ecclésiastiques; les suppliant également de prendre en considération l'état actuel des curés congruistes et vicaires, et d'aviser aux moyens les plus convenables pour améliorer leur sort; comme aussi de prendre en considération le sort des décimables, tant en rendant la quote de la dîme uniforme, autant qu'il sera possible, eu égard au principal revenu de chaque canton, qu'en les autorisant à prélever les frais de culture et les blés nécessaires pour la semence, et en exemptant les fourrages destinés à la nourriture des bestiaux de labour.

29° D'arrêter que, lors de la vacance des bénéfices en commende, il n'y sera pas pourvu, et que les revenus en seront versés dans la caisse de la nation jusqu'à l'acquittement de ses dettes.

30° De travailler efficacement à tout ce qui peut rétablir les mœurs, qui sont l'âme des Etats bien policés; de chercher les moyens les plus prompts pour rendre utiles les religieux rentés; de donner des encouragements patriotiques aux religieux mendiants; de mettre leurs établissements sous la protection spéciale des lois et de la nation, et de fixer irrévocablement l'âge auquel les vœux doivent être faits.

31° De rectifier les lois civiles, criminelles, forestières et de chasse, et de réformer les abus qui se sont glissés dans l'administration de la justice, en suppliant les Etats généraux de fixer les degrés de juridiction à deux, et de donner telle ampliation qu'ils jugeront à propos à la juridiction des officiers municipaux.

32° Que les parlements soient déclarés être des corps permanents, tenant du Roi leur compétence et leur pouvoir comme juges, et de la nation le droit d'enregistrer les lois, de veiller au maintien de la constitution, d'en rappeler les principes oubliés ou menacés, et qu'en conséquence, il ne pourra être touché à leur existence sans le consentement de la nation.

33° Que tous officiers pourvus de charges de magistrature soient déclarés inamovibles, sauf le cas de forfaiture, préalablement et complètement jugée.

34° D'abolir toute attribution, commission particulière et évocation, hors le cas de parenté et autres déterminés par les ordonnances, à moins que toutes les parties se réunissent pour en convenir.

35° De fixer irrévocablement le retour périodique des Etats généraux, au terme de cinq années, pour prendre en considération l'état du royaume, et de régler pour toujours la forme de la convocation et composition de l'assemblée nationale; et dans le cas que le retour de cette assemblée n'aurait pas lieu après le délai fixé par la loi qui sera faite à cet égard, les Etats généraux sont aussi priés d'autoriser d'avance les Etats provinciaux à cesser la répartition des impôts, même les cours souveraines à poursuivre comme concussionnaires tous ceux qui voudraient en continuer la perception.

36° De détruire tous les impôts actuellement existants, en leur substituant : 1° un impôt sur toute sorte de fonds de terre, maisons, parcs, moulins, et généralement sur toute espèce d'immeubles, soit d'utilité, soit d'agrément; l'assemblée s'en remettant à la sagesse des Etats généraux sur la forme de la perception la plus facile, la plus simple et la moins onéreuse pour les peuples; 2° une imposition personnelle de laquelle aucun individu dans l'Etat ne pourra être affranchi, sous quelque prétexte que ce puisse être; suppliant les Etats généraux de rechercher les moyens les plus convenables pour que les capitalistes n'échappent point à cette imposition, et d'autoriser les provinces à faire la levée de ces impôts, pour les verser directement et sans frais dans la caisse nationale.

37° De supprimer le franc-fief et le casuel ecclésiastique.

38° De déclarer les rentes foncières seigneuriales, ainsi que les rentes obituaires, prescriptibles dans cent ans, et les arrérages dans cinq ans.

39° De permettre à tous les habitants du Languedoc de faire placer leurs vins dans les divers quartiers de la ville de Bordeaux, nonobstant les exceptions qu'elle a obtenues contre les dispositions de l'édit du mois d'avril 1776, portant révocation des privilèges qui tendaient à gêner le commerce des vins.

40° De défendre aux sénéchaussées d'accorder des lettres de ratification sur les ventes réclamées par les acquéreurs, qu'autant qu'il apparaîtra de la proclamation et affiche du contrat de vente aux portes des églises paroissiales des lieux où les biens vendus seront situés, pendant deux dimanches consécutifs, aux issues de la messe de paroisse, avec les formalités ordinaires.

41° De supprimer entièrement les sauf-conduits, lettres de répit et lettres d'Etat, tendantes à suspendre ou à arrêter les poursuites des créanciers.

42° D'établir dans les villes principales de chaque diocèse des tours pour recevoir les enfants trouvés, et de les élever de manière à rendre leur existence utile à l'Etat.

43° De s'opposer à l'introduction de tout papier-monnaie et à la refonte ou altération de l'or ou de l'argent monnayés.

44° De déterminer qu'à l'avenir la convocation aux Etats généraux sera faite en Languedoc par diocèse et non par sénéchaussée, et que les électeurs seront domiciliés ou contribuables pour une somme de 50 livres au moins dans la communauté qu'ils représenteront.

45° De maintenir la ville de Toulouse dans le droit immuable d'avoir le parlement dans son enceinte, avec l'intégrité de sa juridiction, et de son ressort, en exécution des clauses substantielles des contrats, sur la foi desquels la province de Languedoc et le comté de Toulouse ont été unis à la couronne, droit formellement reconnu par les

Etats tenus à Toulouse en 1303, par une foule de lettres patentes, et notamment par la grande charte, accordée par François Ier, aux Etats de la province en 1522 et par l'édit solennel de Louis XIII, de 1639.

D'établir à Alby une sénéchaussée présidiale, dont le ressort s'étende sur la totalité du diocèse, divisé dans ce moment dans trois sénéchaussées différentes ; et de rétablir dans leur ancien ressort les judicatures royales qui ont souffert des démembrements ou des usurpations.

46° Et attendu que les Etats de la province de Languedoc sont évidemment inconstitutionnels, les Etats généraux sont suppliés de protéger auprès de Sa Majesté, et de sanctionner, en tant que de besoin, la permission que tous les ordres de cette province sollicitent, de s'assembler librement et électivement, pour travailler à une nouvelle constitution, ainsi que Sa Majesté l'a accordé à la province du Dauphiné, la présente assemblée déclarant qu'elle adopte, approuve et ratifie toutes les délibérations prises à ce sujet par les différentes assemblées du tiers-état et des diocèses, qui ont été tenues dans la province, notamment celle du 27 janvier dernier, tenue à Montpellier, et tout ce qui a été fait en conséquence, soit dans la province, soit à Paris, et auprès de Sa Majesté, par les députés des trois ordres ; les autorisant même à faire tout ce qui sera nécessaire pour l'accomplissement et le succès du mandat qui leur a été donné ; comme aussi, que les députés aux Etats généraux seront chargés de supplier Sa Majesté d'ordonner, par un arrêt de son conseil, que les administrateurs de la province, ceux du diocèse, ceux des villes et communautés, seront tenus d'envoyer dans le délai de quinzaine, au commissaire départi dans la province du Languedoc, un état de leurs dettes, duquel il sera dressé un tableau général, qui sera incontinent envoyé aux ministres de Sa Majesté et aux députés de la sénéchaussée de la province aux Etats généraux.

Arrêté en assemblée générale le 3 avril 1789.

PROVINCE DE TOURAINE.

Nota. Il nous a été impossible de nous procurer le cahier de l'ordre du clergé de Touraine. Ce document ne se trouve ni aux *Archives* du département d'Indre-et-Loire, ni aux *Archives de l'Empire.* Dans ce dernier établissement il existe seulement un relevé des divers chapitres dont se composait le cahier.

CAHIER

De la noblesse des bailliages de Touraine (1).

L'an 1789, le trentième jour de mars, en vertu des lettres de convocation, en date du 24 janvier 1789, qui ordonnent aux trois ordres des bailliages de Touraine de s'assembler pour élire leurs représentants aux Etats libres et généraux du royaume, et de leur donner tous les pouvoirs et instructions qui seraient jugés nécessaires pour la restauration de l'état des bailliages de Touraine ; l'ordre de la noblesse desdits bailliages donne, par ces présentes, à ses députés auxdits Etats, qui doivent se tenir à Versailles le 27 avril 1789, les pouvoirs et instructions qui suivent :

L'ordre de la noblesse du bailliage de Tours, Considérant

Que le monarque qui gouverne la France, guidé par la justice et la bienfaisance, vient de reconnaître, de la manière la plus solennelle, les droits imprescriptibles qui appartiennent autant à chaque individu qu'à la nation en général, a arrêté :

1º Que le premier acte qui doit émaner de sa libre et entière volonté, est d'offrir au Roi l'hommage de son respect, de son amour et sa reconnaissance.

2º Que le devoir le plus sacré d'un citoyen étant de concourir au bien général avant de s'occuper de l'intérêt particulier, le premier chapitre de son cahier ne devait comprendre que les droits généraux de la nation ; droits d'où dérivent nécessairement tous ceux qui appartiennent à chaque province, à chaque bailliage, à chaque communauté, à chaque individu.

Considérant ensuite que la forme des délibérations et des séances sera la première question agitée à l'ouverture des Etats généraux, elle a pris l'arrêté suivant :

La noblesse du bailliage de Tours, convaincue qu'une des lois constitutionnelles du royaume est que la délibération par ordre soit la forme exclusivement admise dans les assemblées nationales, charge ses députés aux Etats généraux de demander que cette forme soit irrévocablement consacrée par la charte qui rétablira les Français dans tous leurs droits ; mais considérant en même temps que, dans une circonstance où il s'agit de régénérer la nation, la forme de délibérer par tête offrira la masse la plus importante d'opinions, par la réunion de tous les délibérants, la noblesse consent que, pendant cette première tenue d'Etats généraux, la forme *de délibérer par tête soit admise, pour statuer uniquement sur tous les articles qui ont rapport à la constitution*, articles qui sont tous renfermés dans le premier chapitre du cahier qu'elle charge ses députés de présenter aux Etats généraux.

(1) Nous publions ce cahier d'après un imprimé de la *Bibliothèque du Sénat*

Elle les charge pareillement de demander que la pluralité dans *les délibérations soit acquise à une voix de plus que la moitié des délibérants.*

Elle enjoint aussi très-expressément à ses députés de demander que, soit que l'on délibère en commun, soit que l'on délibère par ordre, *le président* de l'Assemblée générale, ou ceux des *trois ordres en particulier, soient élus librement et à la pluralité des suffrages.*

CHAPITRE PREMIER.

Droits qui appartiennent à la nation.

Art. 1er. 1º La liberté individuelle sera garantie à tous les Français, de manière que nul ne puisse être arrêté et détenu en prison qu'en vertu des lois ; et dans le cas où les Etats généraux jugeraient nécessaire d'en faire une pour permettre l'emprisonnement provisoire, il sera ordonné que toute personne arrêtée sera remise, dans les deux fois vingt-quatre heures, entres les mains de ses juges naturels.

2º Les lettres de cachet seront abolies à jamais ; toute personne, de quelque rang et condition qu'elle puisse être, et qui aurait signé, sollicité ou exécuté un ordre semblable, pourra être prise à partie par-devant les tribunaux, pour y être jugée et condamnée suivant la rigueur des lois.

3º Les députés aux Etats généraux seront déclarés inviolables, et dans aucun cas ne pourront être responsables de ce qu'ils auront dit ou fait pendant l'assemblée nationale, relativement à la discussion des affaires publiques.

4º La liberté de publier ses opinions faisant partie de la liberté individuelle, la liberté de la presse sera accordée indéfiniment, en exigeant que les auteurs ou imprimeurs mettent leur nom en tête de leurs ouvrages : les Etats généraux pourront modifier cette loi de la manière la plus convenable.

5º Il sera fait une loi qui prononcera que désormais la honte et l'infamie des crimes et des punitions ne seront que personnelles.

6º Le Roi pourra commuer toutes les peines prononcées en une peine moins sévère, ou faire grâce à son gré, par lettres émanées de Sa Majesté, et dûment en forme, à l'exception des crimes de lèse-majesté, de péculat et de concussion ; mais, dans aucun cas, il ne pourra empêcher la prononciation des jugements.

Art. 2. 1º Aucun subside, à l'avenir, ne *sera mis ou prorogé sans le consentement des Etats généraux du royaume* ; et en conséquence, toutes les impositions mises ou prorogées par le gouvernement, sans cette condition, ou accordées hors des Etats généraux par une ou plusieurs villes, une ou plusieurs communautés, seront illégales, nulles, et il sera défendu, sous peine de concussion, de les répartir, asseoir et lever, *sauf les sommes qu'exigeront les besoins locaux et momentanés*, sur lesquels les Etats généraux sont chargés de faire des règlements.

2° Sous aucun prétexte quelconque, le gouvernement ne pourra créer ni billets, ni papiers circulants, sans le consentement national.

3° Les États généraux établiront dans tout le royaume des États particuliers, qui seront composés d'une manière aussi uniforme que les circonstances et les intérêts de chaque province pourront le permettre.

4° Tous les impôts actuellement existants seront déclarés illégaux dans leur extension ou origine, mais prorogés dans leur perception jusqu'à ce qu'il y ait été pourvu par l'assemblée des États généraux.

5° Il sera statué que les répartition, assiette, perception et versement de subsides se feront par les États particuliers de chaque province, sous la responsabilité des États généraux.

6° Les dépenses de chaque département, y compris celles de la maison du Roi, seront fixées suivant les circonstances, et les ministres, chacun dans leur département, seront comptables aux États généraux de leur gestion, et responsables de l'emploi des fonds qui leur auront été confiés.

7° Les États généraux se feront représenter l'état exact des finances, du capital et des intérêts de la dette; ils en constateront le montant et la réalité, en se faisant fournir le titre qui appuie chaque partie de la dette; ils détermineront le déficit, en distinguant celui qui paraîtra être fixe de celui qui, par l'extinction graduelle des charges, ne serait que momentané; ils examineront les intérêts assignés aux capitaux, jugeront s'ils ne sont pas à un trop haut denier, y feront, de concert avec les créanciers, les réductions dictées par l'équité, ou, en cas de refus, leur offriront le remboursement; et après cette vérification faite, ils consolideront et les capitaux et les intérêts de la dette.

8° L'état détaillé de la situation des finances, tant en recette qu'en dépense, sera imprimé tous les ans, et publié dans toutes les provinces du royaume.

Art. 3. 1° Tout droit de propriété sera sacré et inviolable.

2° La confiscation des biens, en cas de délit et punition, ne pourra jamais être prononcée.

3° Tout citoyen qui aurait été ou qui sera revêtu d'un office civil, militaire ou ecclésiastique, n'a pu et ne pourra en être destitué et privé que par un jugement légal, qui sera prononcé par le tribunal auquel les États généraux, de concert avec le Roi, jugeront à propos de donner l'exécution de cette partie des lois.

Art. 4. Le respect le plus absolu pour toutes lettres confiées à la poste sera ordonné.

Art. 5 1° Les États généraux prendront acte de la déclaration qu'a faite Sa Majesté du droit imprescriptible appartenant à la nation d'être gouvernée par ses délibérations durables, et non par les conseils passagers des ministres; et lesdits États généraux déclareront qu'à l'avenir aucun acte public ne soit réputé loi, s'il n'est émané de la volonté des États généraux ou consenti par eux avant que d'être *revêtu du sceau de l'autorité royale.*

2° La noblesse de Touraine ayant pris en considération l'article du provisoire entre les différentes tenues des États généraux, a arrêté, après un mûr examen, de s'en rapporter à la sagesse de l'assemblée nationale, convaincue qu'elle trouvera les moyens de rédiger, sur cet objet, une loi qui, sans compromettre la dignité du monarque et de la monarchie, ne portera aucune atteinte à la liberté de la nation.

Art. 6. Les États généraux se concerteront avec le Roi pour faire des règlements sur le fait des monnaies, lesquels, une fois adoptés, ne pourront être changés que du consentement de la nation.

Art. 7. 1° Les parlements et autres tribunaux souverains, tels qu'ils seront constitués par les États généraux, continueront à maintenir le bon ordre et l'exécution des lois faites ou consenties par la nation, sans qu'ils puissent, dans aucun cas, retrancher, ajouter, modifier ou interpréter, de manière qu'ils ne soient uniquement qu'exécuteurs de la loi; ils seront responsables à la nation assemblée de l'exercice de leurs fonctions.

2° Les États généraux statueront que les évocations et commissions étant entièrement abusives, aucune cause ne sera désormais enlevée aux tribunaux établis ou avoués par la nation, sauf aux États généraux à pourvoir aux moyens de recours contre les arrêts, abus d'autorité, déni de justice ou autres, émanés des cours.

3° Les magistrats ne pourront être troublés ni enlevés à leurs fonctions de juges.

Art. 8. Le militaire ne sera employé qu'à défendre la patrie contre les attaques des ennemis extérieurs, ou à servir le pouvoir exécutif dans tout ce qui sera prescrit par les lois faites ou consenties par la nation.

Art. 9. 1° Les États généraux statueront sur leur périodicité, seul moyen propre à assurer l'exécution des délibérations nationales, et à affermir la constitution. Le Roi, comme chargé exclusivement du pouvoir exécutif, enverra les lettres de convocation, pour lesdits États être rassemblés aux époques fixées, époques qui, sous aucun prétexte, même celui de la guerre, ne pourront être différées; et dans tous les cas, ou par une circonstance qu'on ne peut prévoir, la convocation n'avait pas lieu, dès ce moment les impôts cesseront dans tout le royaume.

2° La tenue d'États généraux qui suivra cette première, ne pourra être reculée à un temps plus éloigné que deux ans, et les élections libres et volontaires seront renouvelées à chaque convocation.

Art. 10. Les États généraux demanderont que les colonies soient admises à envoyer aux assemblées nationales un nombre de députés proportionné à leur étendue et population, et que leur forme d'administration soit déterminée d'une manière stable et relative au physique de leur climat, à leur éloignement de la métropole, et à la nature de leurs productions.

Art. 11. 1° Pour que l'établissement de la constitution ne puisse être éludé ni différé, lesdits députés ne statueront *sur aucuns secours pécuniaires, à titre d'emprunt, impôt ou autrement* avant que les droits ci-dessus, droits qui appartiennent autant à chaque citoyen individuellement, qu'à la nation entière, aient été invariablement établis et consignés dans une charte qui sera jurée annuellement; 1° par le Roi; 2° par la nation, et ensuite publiée dans tout le royaume, et solennellement proclamée, de manière que chaque citoyen sache qu'il s'engage envers la nation, la nation envers le monarque, et le monarque envers la nation, comme envers chaque citoyen, de maintenir l'observation des lois et des règles qui seront établies pour le bien et par la volonté de tous.

2° Après cette proclamation, les députés useront du pouvoir que leur donne l'assemblée de consentir aux subsides qu'ils jugeront nécessaires, d'après la connaissance détaillée qu'ils prendront de l'état des finances, de la quotité du déficit, des besoins de l'État, et de chaque département, rigoureusement démontrés, et après avoir opéré les réductions dont la dépense sera susceptible.

3° L'assemblée leur donne également pouvoir, et les charge spécialement de *substituer aux impôts qui existent actuellement* des subsides qui soient répartis avec égalité entre tous les citoyens de tous les ordres en proportion de leurs fortunes foncières, mobilières, productives et immobilières, sans distinction ni exemption, sauf les privilèges personnels aux deux premiers ordres, et notamment la milice et logement des gens de guerre ; comme aussi de proposer les réductions que la justice prescrit sur tous les traitements, pensions, et autres parties prenantes au trésor public, lesquelles, après les diminutions jugées nécessaires, resteront néanmoins sujettes à l'impôt, dans la proportion qu'elles doivent supporter.

4° Ne pourront cependant lesdits subsides être accordés que jusqu'à la première assemblée des États généraux, les parlements, les autres cours, et tous juges, demeurant chargés de poursuivre et punir, comme concussionnaire, quiconque aurait la témérité de répartir, asseoir ou lever aucuns subsides non accordés par les États généraux ou dont le terme par eux fixé serait expiré, sans néanmoins déroger au dispositif de l'article 2, § 1er.

Telles sont les bases de la constitution, sur lesquelles il est enjoint expressément aux députés de la noblesse des bailliages de Touraine de faire statuer, dans l'assemblée des États généraux, préalablement à toute délibération relative aux finances.

1° Liberté individuelle.
2° Abolition des lettres de cachet.
3° Liberté de la presse.
4° Inviolabilité des députés aux États généraux.
5° Consentement libre à l'impôt.
6° États provinciaux.
7° Propriété inviolable.
8° Places et emplois inamovibles, si ce n'est par un jugement légal.
9° Respect pour les lettres confiées à la poste.
10° Concours de la nation pour la formation des lois.
11° Responsabilité des ministres.
12° Périodicité des États généraux.
13° Charte des droits jurée et proclamée dans tout le royaume.

Et néanmoins les députés de la noblesse de Touraine ne se retireront point de l'assemblée, ni n'adhéreront à aucune scission ; mais, s'efforçant d'entretenir la paix, ils demanderont seulement acte de leurs protestations.

Après avoir établi les droits de la nation, droits fondés sur la justice la plus rigoureuse, la noblesse de Touraine déclare qu'elle jure et promet solennellement l'attachement le plus inviolable à l'auguste maison de Bourbon, à la personne sacrée de Louis XVI, et à ses descendants ; qu'elle défendra jusqu'à la dernière goutte de son sang leurs droits héréditaires de mâle en mâle, à l'exclusion des filles, à la couronne de France, ainsi que la forme du gouvernement monarchique, la seule qui puisse convenir à un grand royaume.

Elle déclare ici que par gouvernement monarchique, elle entend le gouvernement où un seul qu'on nomme roi ou monarque, est chargé avec la plus grande étendue de puissance de faire exécuter les lois faites par la nation et sanctionnées par lui, ou faites par lui, et consenties par la nation. Telle est son opinion qu'elle croit conforme au droit naturel, à la justice et à la raison

si la constitution qu'elle enjoint à ses députés de demander, est généralement adoptée, la France reprendra dans le monde politique la place qu'elle doit y occuper, les citoyens seront heureux, et le monarque ayant toute l'entendue nécessaire de puissance pour faire le bien, et se trouvant dans l'heureuse impossibilité de faire le mal, deviendra le protecteur de tous ses sujets, l'objet de leur respect et de leur vénération, et le centre de réunion de toutes les parties de la monarchie.

CHAPITRE II.

Instruction et avis à donner aux députés de la noblesse des bailliages de Touraine aux États-généraux.

JUSTICE.

Art. 1er. 1° Les députés aux États généraux sont chargés de demander que le ressort trop étendu de certains parlements, et entre autres de celui de Paris, soit resserré dans de justes bornes, et que celui des bailliages et sénéchaussées soit arrondi d'une manière plus avantageuse aux justiciables.

2° Il serait à désirer qu'on pût abolir la vénalité des charges anciennement inconnue en France, que tous les membres des cours souveraines et autres tribunaux fussent choisis au concours, et sanctionnés par le Roi.

3° Que les épices attribuées aux juges fussent considérablement diminuées, en attendant qu'on pût leur donner des gages fixes, qui les mettent en état de soutenir dignement leur État.

4° Que les cours souveraines jugeassent en dernier ressort, fussent les dépositaires des lois du royaume, mais ne pussent en aucun cas coopérer à leur confection, les seuls États généraux étant chargés de ce pouvoir, de concert avec le Roi.

5° Que toutes charges inutiles, et notamment celles du grand conseil, des maîtres des requêtes, des intendants, des baillis et sénéchaux d'épée, fussent supprimées, tous procès devant être jugés par les tribunaux ordinaires, sans aucunes exceptions motivées sur les privilèges et exemptions qui demeureront éteints et supprimées.

6° Qu'on demandât la suppression des huissiers-priseurs, des maîtrises et justices des eaux et forêts, et autres tribunaux d'exceptions dont les causes seraient reportées aux tribunaux ordinaires.

7° Qu'on s'occupât des réformes et réductions à faire dans les chambres des comptes ou autres cours de justice.

8° Les code civil et criminel du royaume étant très-imparfaits, les États généraux regarderont comme un de leurs devoirs les plus importants de faire travailler à la réforme des lois civiles et criminelles, et d'examiner avec la plus grande attention la jurisprudence des substitutions.

9° Ils chercheront les moyens de rétablir l'ordre dans les justices seigneuriales, et devront ordonner que les greffes de ces justices, ainsi que ceux de tous les autres tribunaux, soient placés dans un lieu public, où les citoyens puissent aller compulser.

10° Il serait à désirer qu'on pût établir dans chaque paroisse un bureau de conciliation qui donnerait son avis sur tous les procès, avant qu'ils fussent portés en justice réglée.

POLICE.

Art. 2. 1° La police ordinaire, soit dans les villes, soit dans les campagnes, devrait être attribuée aux municipalités qui maintiendraient le bon ordre et la sûreté, sauf les délits exigeant punition corporelle ou emprisonnement, qui seraient renvoyés aux tribunaux ordinaires.

2° Les tribunaux devraient être chargés de veiller sur l'exactitude du service des maréchaussées qui marcheraient par les ordres des juges supérieurs et à la réquisition des juges inférieurs et municipalités chargées de la police.

3° Il serait à désirer qu'on supprimât la vénalité des places dans la maréchaussée, et qu'on s'occupât des réformes, changements, augmentations, etc., dont ce corps est susceptible, de manière à opérer la sûreté des citoyens, sans nuire à leur liberté.

FINANCES.

Art. 3. 1° Tous les objets relatifs à la répartition, assiette, perception et versement des impôts devront être exclusivement attribués aux États particuliers dans chaque province.

2° Les députés aux États généraux s'occuperont avec grand soin des moyens de détruire la gabelle, cet impôt que le monarque lui-même a nommé désastreux, et qui est d'autant plus onéreux pour la Touraine, que l'appât de la contrebande y est plus puissant qu'ailleurs, vu la proximité des provinces franches ou rédimées.

3° Ils s'occuperont aussi des changements à faire dans les impôts qui portent sur les consommations, de manière que les contribuables ne soient pas vexés par les commis chargés de la perception.

4° Les lois fiscales devront être si claires et si précises, que chaque citoyen puisse connaître le taux véritable de l'impôt, le cas de contravention, et les punitions y attachées.

5° Il serait à désirer que les États généraux s'occupassent de porter aux frontières du royaume les traites et péages dont le revenu appartient au fisc, ainsi que de supprimer ceux qui appartiennent aux particuliers, en réglant, de concert avec eux, l'indemnité qui leur sera accordée.

6° Qu'ils sollicitassent la confection d'une loi, qui simplifierait et fixerait la perception des droits de contrôle, et supprimerait tous les droits fiscaux sur les actes de justice.

7° Qu'ils fixassent aussi les droits des notaires, diminuassent le nombre de ces officiers publics, et ordonnassent que copie dûment en forme de la minute de tous les actes fût déposée dans un lieu public établi dans chaque arrondissement, et que les minutes fussent signées et cotées à toutes les pages, par les parties qui auraient signé l'acte.

8° Qu'ils examinassent, de concert avec le Roi, tout ce qui regarde les pensions, et avisassent aux moyens qu'elles ne fussent plus abusivement ou injustement accordées.

9° En attendant que la nouvelle forme de perception fût admise et établie, on devrait s'occuper de diminuer les inconvénients de la perception actuelle, afin que la classe des citoyens indigents profitât, le plus tôt possible, desavantages que procurent les assemblées nationales.

10° Les États généraux devront s'occuper, de concert avec le Roi, de la confection d'une loi qui ordonnerait : 1° la rentrée dans tous les domaines royaux, engagés ou non, légalement échangés, en remboursant le prix de tous les engagements et la valeur des échanges ; 2° l'aliénation et vente totale par les États provinciaux de tous ces mêmes domaines corporels, au plus haut et dernier enchérisseur, à la réserve de toutes les forêts royales, dont l'administration

serait confiée aux États provinciaux, avec responsabilité aux États généraux, qui feraient les lois et règlements sur l'aménagement de ces forêts.

En attendant la vente des domaines royaux, les États provinciaux seraient chargés de leur administration.

Ne seraient compris dans l'article ci-dessus, l'aliénation et vente des titres des grandes terres royales, telles que principautés, duchés, marquisats, comtés, vicomtés et baronnies, le Roi devant demeurer irrévocablement seigneur suzerain des domaines aliénés, de manière qu'en vendant la propriété utile et foncière, même les titres de châtellenie, de haute, moyenne et basse justice, des seigneuries de paroisses, etc., qui par leur réunion conservent les grands titres, le Roi conserverait toutes les justices royales actuellement établies, les lods et ventes, et autres droits qui appartiennent aux seigneurs suzerains.

11° Les députés aux États généraux sont chargés de demander qu'à l'avenir les apanages des enfants de France et princes de la maison royale soient accordés et déterminés par le Roi, de concert avec la nation. Il serait à désirer que les États provinciaux fussent chargés de l'administration de tous les apanages.

ARTS, MANUFACTURES ET COMMERCE.

Art. 4. 1° Les députés aux États généraux s'occuperont des moyens d'encourager les arts et les manufactures.

2° Ils prendront en considération la grande question qui s'est élevée sur la légitimité des capitaux non aliénés, ainsi que celle des jurandes, maîtrises, corporations et privilèges exclusifs ; si on juge nécessaire de détruire les derniers, on examinera cependant, avant de prononcer définitivement, s'il ne serait pas utile d'accorder aux inventeurs de machines, et à ceux qui font des découvertes importantes, un privilège exclusif de quelques années, pour mettre à même l'inventeur de retirer ses frais, et d'obtenir le bénéfice auquel son travail lui donne le droit de prétendre.

3° Le commerce en Touraine est à peu près dans le même état que les manufactures. Les députés s'en occuperont aux États généraux, qui, vraisemblablement, en renverront l'examen aux États particuliers de la province.

4° Les députés aux États généraux solliciteront une loi qui bannisse à jamais l'abus des banqueroutes frauduleuses.

5° Il serait à désirer que les franchises attachées à certains lieux privilégiés fussent entièrement abolies, ainsi que les lettres de surséance et les lettres d'État.

Art. 5. L'agriculture, en Touraine, est presque nulle ; plusieurs causes s'opposent aux améliorations : 1° la médiocrité des terres ; 2° défaut de population ; 3° impôts excessifs ; 4° défaut de communications ; on pourrait encore en assigner plusieurs autres ; mais en dernière analyse, on sera convaincu que la renaissance de l'agriculture tient à une bonne constitution.

GRANDS CHEMINS.

Art. 6. 1° La connaissance de tout ce qui regarde les grands chemins devra être exclusivement attribuée aux États provinciaux, eux seuls étant en état de bien apprécier l'utilité de ceux qu'on proposera.

2° Les ingénieurs des ponts et chaussées devront être absolument aux ordres des États de chaque province ; leur institution, utile dans son principe, est dans l'application susceptible de grands abus, qui cesseront dès que les provinces intéressées auront sur eux une inspection et une autorité directes.

3° La corvée en nature sera entièrement et irrévocablement détruite; tous les chemins se feront dorénavant à prix d'argent, et la taxe sera supportée par tous les individus, sans distinction d'ordre, de privilége et d'exemptions; toute personne fournissant caution suffisante sera admise à l'adjudication et construction d'ouvrages.

RIVIÈRES ET CANAUX.

Art. 7. 1° La confection des canaux devra être exclusivement attribuée aux États provinciaux, et dirigée par les mêmes ingénieurs des ponts et chaussées qui seront attachés aux provinces.

2° Tous les terrains, de quelque nature qu'ils soient, qu'on sera obligé de prendre aux propriétaires, pour la confection des grands chemins et canaux, seront payés aux prix courants du terrain de même valeur.

ÉDUCATION PUBLIQUE.

Art. 8. Dans le moment où la France va se régénérer, où sa constitution, jusqu'à présent flottante, va prendre une forme régulière et stable, l'éducation publique est un des objets importants dont puissent s'occuper les États généraux; ils devront insister sur ce que le droit public fasse, après la religion, la base de toutes les études.

HOPITAUX.

Art. 9. 1° On pense que la meilleure forme à donner aux hôpitaux, serait de les multiplier en petits établissements, de manière que chacun d'eux ne s'étendît pas dans un district d'environ sept à huit lieues de circonférence, et qu'on calculât par un lit par deux cents individus, qui formeraient la population du district; bien entendu que chaque malade serait seul dans un lit.

On pourrait employer à la formation de ces établissements les bénéfices simples, et quelques abbayes et couvents que l'on a l'intention de détruire.

2° Quant aux pauvres valides, il serait à désirer que les paroisses et communautés fussent, ainsi qu'en Suisse, chargés de leur nourriture et entretien, en leur faisant faire un travail modéré, qui tournerait à l'avantage de la communauté.

3° Les députés aux États généraux s'occuperont des moyens de détruire la mendicité.

BATARDS.

Art. 10. Il serait à désirer que les États généraux s'occupassent, de concert avec le Roi, de la rédaction d'une loi qui assurerait à jamais l'état et la subsistance des bâtards; la fameuse loi d'Henri II qui prononce la punition corporelle la plus sévère, dans le cas où périt sans déclaration préalable devant les juges le fruit des nœuds illégitimes, est digne des temps les plus barbares; elle établit la cruelle alternative de la punition ou du déshonneur, et force souvent les malheureuses victimes de la séduction ou des passions, à devenir criminelles dans la crainte d'être découvertes.

Les États généraux devraient détruire irrévocablement cette loi, pour lui en substituer une autre, qui, d'accord avec le bon ordre, ne blessât plus l'humanité.

NOBLESSE ET MILITAIRE.

Art. 11. 1° La noblesse des bailliages de Touraine, convaincue qu'il ne peut exister de monarchie sans noblesse, charge ses députés aux États généraux, et leur enjoint sur leur honneur de demander qu'il soit stipulé que l'ordre de la noblesse ne puisse cesser d'exister de la même manière qu'elle a toujours existé, avec la même représentation qu'il a toujours eue jusqu'à présent aux États généraux; qu'il conserve tous ses priviléges personnels et honorifiques, et notamment celui de son admission exclusive aux emplois militaires Elle les charge pareillement de demander que désormais aucune charge vénale ne donne ni les priviléges de la noblesse, ni la noblesse héréditaire, et que cette distinction ne puisse être accordée que pour de longs et utiles services rendus à l'État, et constatés par le suffrage des provinces ou des assemblées nationales; seraient exceptées de cette loi les places militaires, qui ont jusqu'à présent donné la noblesse transmissible. Les titulaires des charges et offices qui procurent la noblesse devront jouir de tous les priviléges qu'ils ont achetés de bonne foi, et les transmettre à leurs descendants.

2° Les États généraux prendront en considération s'il ne serait pas utile d'accorder une marque distinctive à toute la noblesse des deux sexes du royaume, comme un moyen de décence et d'économie.

3° Il serait à désirer que les États généraux prissent en considération, de concert avec le Roi, tout ce qui a rapport aux lois militaires, qui, dorénavant faites par le monarque, devront être consenties et sanctionnées par la nation.

4° Qu'ils examinassent quelle peut être l'utilité des troupes étrangères, s'il ne serait pas nécessaire d'en restreindre le nombre, vu la population du royaume, la dépense qu'elles occasionnent, et le peu d'intérêt qu'elles doivent prendre à la chose publique.

5° Les milices devant être considérées comme les troupes vraiment nationales, on devra s'occuper de leur donner une forme stable, qui remplisse le double objet de fournir à l'État ses meilleurs défenseurs, et de ne pas trop nuire aux campagnes, en leur enlevant des bras nécessaires.

6° Le soldat ne devra plus être asservi à une discipline avilissante, et contraire à l'esprit de la nation.

7° Il serait à désirer que les officiers montassent aux grades par l'ancienneté, sans cependant diminuer l'émulation, et que les lieutenants colonels parvinssent au grade d'officier général au même temps de service que les colonels.

8° Il serait à désirer que les gouvernements et commandements des provinces ne fussent confiés qu'à des nationaux, et que le nombre de ces grandes places fût diminué; que les titulaires de celles qui seront conservées passassent un temps fixe dans les provinces, et que les grades militaires ne fussent plus accumulés sur la même tête.

9° Les droits accordés jusqu'ici aux commandants des provinces, par les grandes patentes, devront être restreints de manière qu'ils ne puissent porter atteinte à la liberté et tranquillité des citoyens.

L'ordre de la noblesse des bailliages de Touraine charge aussi ses députés aux États généraux de solliciter que la plus parfaite égalité soit établie entre tous les corps militaires de France.

10° Il est inutile de rappeler ici aux États généraux que le royaume de France étant une puissance militaire et commerçante, il est de la plus urgente nécessité d'entretenir une marine nombreuse et florissante qui défende le commerce en temps de guerre, et le protège en temps de paix.

Ils devront s'occuper en conséquence d'assigner au Roi des fonds qui lui permettent d'entretenir une marine respectable, pour assurer à nos flottes marchandes une navigation libre dans toutes les parties du monde.

11° Tous les règlements et ordonnances sur le fait de la marine devront être sanctionnés et consentis par la nation.

CLERGÉ.

Art. 12. 1° Il serait à désirer que les Etats généraux s'occupassent des moyens d'établir dans le clergé les réformes propres à rappeler l'ordre et la régularité dans toutes les classes de la hiérarchie ecclésiastique, considérée seulement comme faisant partie du corps politique.

2° Qu'ils se concertassent avec le Roi pour la destruction du Concordat, des annates, des bulles, des dispenses, et de toutes les formalités qui font passer de l'argent de France à la cour de Rome. Cette demande a été formée plusieurs fois même par le clergé; on peut consulter les actes de ses assemblées.

Qu'ils demandassent que le produit de toutes ces formalités fût versé dans la caisse des Etats provinciaux, dont serait tenu registre séparé, pour lesdits fonds être employés à la reconstruction et réparation des presbytères, et le surplus à l'accroissement et entretien des hôpitaux.

3° Qu'ils se concertassent pareillement avec le Roi pour établir de nouvelles formes, relativement à la nomination des bénéfices.

4° Qu'ils s'occupassent avec grand soin d'améliorer le sort des curés; il serait à désirer que les portions congrues, au lieu d'être payées en argent, le fussent en denrées, qui ne diminuent jamais de quantité, tandis que l'argent perd journellement de sa valeur.

5° Qu'en fixant le sort des curés ils détruisissent à jamais toute espèce de rétribution, connue sous le nom de casuel, comme indigne de la majesté de la religion et du sacerdoce; en fixant ainsi le sort des vicaires, on leur défendrait la quête, sous quelque prétexte que ce soit.

6° Il serait à désirer qu'on s'occupât de la réforme de l'ordre monastique; qu'on diminuât le nombre des couvents, et qu'ils fussent tous soumis à l'évêque diocésain.

7° Que les ordonnances du royaume, concernant l'entretien et réparation des bénéfices, devront être exécutées; mais la surveillance pourrait en être confiée au clergé de chaque diocèse intéressé à la conservation de la propriété; en conséquence, le syndic du clergé de chaque diocèse, promoteur, ou autre ecclésiastique nommé à cet effet, serait chargé de veiller au maintien des ordonnances, et à la réparation et entretien de chaque bénéfice; il dénoncerait au ministère public ceux des bénéficiers qui négligeraient les réparations, et les procureurs du Roi les poursuivraient par les voies de droit; le clergé de chaque diocèse serait chargé de celles qui seraient à faire au décès des titulaires, sans autre recours que sur le mobilier du bénéficier décédé; et, par suite de cette loi, l'administration générale des économats serait entièrement supprimée.

8° Les baux des biens ecclésiastiques devront être faits par adjudication devant les juges des lieux, et, à ce moyen, la durée des baux ne serait plus dépendante de la vie d'un titulaire; ce qui nuit au progrès de l'agriculture, ruine les fer-

miers par les pots-de-vin qu'ils donnent, et, par l'abus des contre-lettres, privent les campagnes du montant des impositions, qui doivent être proportionnées au prix des baux.

La portion de la dette du clergé qui a été contractée pour le soulagement de l'Etat, auquel il a prêté son crédit, devra être calculée sur représentation de titres, et jointe, en capitaux et intérêts, à celle de l'Etat.

La portion au contraire de la même dette, contractée successivement par le clergé pour acquitter par voie d'emprunt les dons gratuits, ou impôts qui auraient dû être acquittés par les titulaires lors existants, devra être distraite de la première masse ci-dessus, et répartie par le clergé sur tous ses membres, tant en capitaux qu'intérêts, sans aucunes diminuitons des charges de l'Etat, qu'ils supporteront dans une portion égale à celle des autres citoyens.

La noblesse du bailliage de Châtillon, régie par la coutume de Touraine, faisant partie du bailliage et gouvernement de cette province, demande à être tirée de la province de Berri, pour être annexée et réunie à celle de Touraine.

Après avoir prescrit à ses députés toutes les bases de la constitution, après leur avoir donné des institutions sur les objets qui intéressent la totalité de la province, la noblesse des bailliages de Touraine, persuadée que tous les individus qui la composent, animés par l'esprit public, n'envisagent que le bien général, aime à croire que ceux d'entre elles qui seront nommés pour être ses représentants aux Etats généraux, s'y conduiront avec la loyauté, la franchise et les sentiments d'honneur qui ont toujours caractérisé la noblesse française; ce sera par la patience et la fermeté que les députés emploiront pour faire accepter les demandes insérées dans le cahier, qu'ils répondront à la confiance de leurs commettants, et qu'ils mériteront la connaissance et l'estime de leurs compatriotes, et de toute la province de Touraine.

PROCÈS-VERBAL.

Des séances de la noblesse du bailliage de Touraine, assemblée à Tours le 16 mars 1789, en exécution des ordres du Roi, pour la convocation des Etats généraux du royaume.

Aujourd'hui 17 mars 1789, en conséquence des ordres du Roi, portés par la lettre de Sa Majesté, donnée à Versailles le 24 janvier dernier, pour la convocation des Etats généraux du royaume en cette même ville de Versailles, le 27 avril prochain, de laquelle lettre, ainsi que du règlement y annexé, et arrêté par Sa Majesté en son conseil le même jour, lecture a été donnée à l'assemblée générale des trois ordres, dont l'ouverture a été faite hier le 16 de ce mois, par M. le lieutenant général du bailliage de Touraine, les membres de la noblesse de ce bailliage se sont réunis dans la salle de l'hôtel commun de la ville de Tours, indiquée pour le lieu de leurs séances, dans les personnes de messire François-Michel-Antoine de Rancher, marquis de la Ferrière, chevalier-commandeur de l'ordre de Saint-Lazare, président par ancienneté, et de Messieurs ci-après nommés.

M. le président, après avoir témoigné à l'assemblée la satisfaction de se trouver au milieu d'elle, a proposé, attendu l'absence de M. le grand bailli de Touraine, de procéder, conformément à l'article 41 du susdit règlement, à l'élection d'un président de l'ordre ; et les voix ayant été recueillies, comme il a été reconnu que le vœu le plus général était que ce choix fût fait par la voie du scrutin, il y a été sur-le-champ procédé ; et, vérification faite par les trois membres de l'assemblée, plus anciens d'âge, et placés à cet effet à la table, en face de M. le président, M. le duc de Luynes s'est trouvé élu à la pluralité des suffrages.

Aussitôt cette élection annoncée, M. le duc de Luynes a été invité à venir se placer à la tête de l'assemblée, et, s'y étant rendu, il lui a témoigné toute sa reconnaissance et sa sensibilité, en la priant de trouver bon que M. le marquis de La Ferrière partageât avec lui l'honneur de la présidence, et se plaçât en conséquence à son côté, ce qui a été effectué à la satisfaction générale.

M. le duc de Luynes a proposé ensuite, qu'en exécution du même article 41 du règlement de Sa Majesté, il fût procédé à l'élection d'un secrétaire pris dans l'ordre ; et ayant recueilli les voix sur la forme à suivre pour cette élection, la majorité a été pour celle du scrutin ; en conséquence, les trois membres de l'assemblée, plus anciens d'âge, se sont de nouveau placés au bureau, en face de M. le président, et après avoir vérifié les billets remis en leurs mains, il a été reconnu que la majorité des suffrages se trouvait réunie en faveur de M. Mignon, lequel s'est avancé près le bureau de M. le président, et, après avoir exprimé combien il se trouvait flatté de la marque de confiance dont l'Assemblée voulait bien l'honorer, a pris place au bureau à ce destiné, pour y remplir ses fonctions.

Il a été ensuite procédé à l'appel de tous MM. les membres de l'assemblée, pour régler, suivant leur âge, le rang dans lequel on recueillera leurs suffrages, et reconnaître les différents pouvoirs dont chacun se trouve chargé, et il a été reconnu que l'assemblée était composée de :

Messire Louis-Joseph-Charles-Amable d'Albert, duc de Luynes, pair de France, chevalier de l'ordre royal et militaire de Saint-Louis, président;

Comparant aussi comme fondé de pouvoirs de monseigneur comte d'Artois, frère du Roi, duc de Châteauroux, et autres désignés à la fin du procès-verbal;

Tous les membres de l'ordre de la noblesse du bailliage de Touraine, ainsi que leurs constituants, dont les procurations ont été vérifiées et reconnues bonnes et valables.

Les séances et places établies dans l'ordre, M. le président a proposé de délibérer, conformément à l'article 43 du règlement, pour savoir si l'ordre de la noblesse rédigera ses cahiers, et nommera ses députés séparément, ou s'il préférera d'y procéder en commun, et conjointement avec les deux ordres du clergé et du tiers-état ; sur quoi les suffrages ayant été recueillis, et l'assemblée considérant que cette réunion si désirable des trois ordres pour tous les objets principaux qui intéressent essentiellement les droits et le bonheur du souverain et de la nation, pourrait s'effectuer difficilement pour la rédaction dont il s'agit, non-seulement eu égard aux objets particuliers qui ne peuvent intéresser que chacun d'eux, mais encore à raison du beaucoup plus grand nombre de membres dont se trouvent composés les deux autres ordres, surtout celui du clergé, par comparaison avec la noblesse, qui trouvait à ce moyen trop d'avantage en concourant, en nombre égal de commissaires, à la rédaction dont il s'agit, il a été arrêté que l'ordre y procéderait séparément, pour prendre ensuite, conjointement

avec les deux autres ordres, les moyens de rapprocher, autant qu'il sera possible, les différentes demandes à proposer aux États généraux, étant bien persuadé qu'ayant tous les mêmes intentions et les mêmes vues pour l'avantage général du royaume, et le bien particulier de la province, il n'y aura aucun objet véritablement important, sur lequel il ne règne le plus grand accord entre eux, et que les instructions données à leurs députés respectifs, porteront ce même vœu d'union et de concorde patriotique, que les habitants de la Touraine ont manifesté dans tous les temps.

M. le président ayant ensuite proposé d'entendre une motion qu'un membre de l'ordre désirait soumettre à l'examen de l'assemblée, ce qui a été agréé, M. le marquis de Lusignem s'est levé, et a donné lecture de la motion, conçue en ces termes :

« L'ordre de la noblesse du bailliage de Touraine, considérant que ses membres sont hommes et citoyens avant que d'être nobles, ne peut se dédommager, d'une manière plus conforme à l'esprit de justice et de patriotisme qui l'anime, du long silence auquel l'abus du pouvoir ministériel l'avait condamné, qu'en déclarant à ses concitoyens qu'il n'entend plus jouir à l'avenir des privilèges pécuniaires que l'usage lui avait conservés. Il fait, par acclamation, le vœu solennel de supporter, dans une parfaite égalité et chacun en proportion de sa fortune, les impôts et contributions générales qui seront consentis par la nation, ne prétendant se réserver que les droits sacrés de propriété et les distinctions essentielles dans une monarchie, pour être plus à même de soutenir les droits et la liberté du peuple, le respect dû au monarque, et l'autorité des lois. »

La lecture achevée et les voix recueillies, la motion de M. le marquis de Lusignem a été adoptée dans son entier, et il a été arrêté que, par MM. le comte de Charitte, le baron d'Harambure, le marquis de Lusignem et le baron de Menou, députés nommés à cet effet, le vœu énoncé dans cette motion serait porté sur-le-champ à la Chambre du tiers.

MM. les députés rentrés, ont rapporté que MM. de la Chambre du tiers ont été infiniment sensibles à cette démarche de l'ordre de la noblesse, et que cette Chambre se propose d'y répondre avec le plus grand empressement.

L'assemblée s'étant ensuite occupée de l'examen des différents objets soumis à ses délibérations, MM. les députés de la Chambre du tiers se sont fait annoncer ; MM. le comte de Charitte, le baron d'Harambure, le marquis de Lusignem et le baron de Menou, ont été chargés d'aller les recevoir au haut de l'escalier. MM. les députés étant entrés, M. Moreau, avocat, l'un d'eux, portant la parole, ont exprimé la reconnaissance de l'ordre du tiers, pour la noble démarche et la déclaration généreuse de Messieurs de l'ordre de la noblesse, en assurant que le tiers-état n'aurait rien de plus à cœur que de prouver combien il était sensible à ce procédé, et disposé à concourir, avec la noblesse, à tout ce qui serait nécessaire pour procurer le bien général et le bonheur commun.

M. le président a répondu, en exprimant avec force et sensibilité le désir cordial et sincère qu'a l'ordre de la noblesse de maintenir l'union et la concorde qui doit plus que jamais régner entre les membres d'une même famille, dont l'unique but doit être la régénération de la chose publique, et le maintien de lois, qui vont recevoir la sanction de la nation assemblée.

MM. les députés de la Chambre du tiers retirés et reconduits dans la même forme qu'à leur arrivée, M. le président a fait part à l'assemblée d'un mémoire présenté par M. de Courbière, directeur des domaines à Tours, tendant à prouver le droit qu'il prétend avoir d'être admis dans l'ordre de la noblesse, comme descendant par les femmes d'un frère de Jeanne Darc, dite la Pucelle d'Orléans.

Lecture faite de ce mémoire, et la matière mise en délibération, l'Assemblée a fait à ce sujet l'arrêté suivant, pour être communiqué à M. de Courbière :

« L'assemblée de la noblesse du bailliage de Touraine a décidé, d'une commune voix, qu'il serait donné acte de la modeste réclamation que lui a soumise M. de Courbière ; elle regrette de n'être pas compétente pour décider son état, qu'il aurait dû faire constater avant l'assemblée formée ; elle se trouve donc réduite à faire des vœux pour que les prétentions de M. de Courbière puissent être décidées à son avantage par le commissaire du Roi pour les preuves de la noblesse, et qu'il puisse en jouir à la prochaine assemblée. »

M. le président a indiqué la prochaine séance à demain, onze heures du matin, au retour de l'assemblée générale des trois ordres.

Signé le duc de Luynes ; La Ferrière, le chevalier Du Mouchet ; Malherbe de Poillé ; Lonlay ; le marquis de Javerlhac ; Fay-Peyraud ; de La Chèze ; Celoron ; La Faluere ; Duvau ; Le Gras ; Butet ; Du Trochet ; La Faluere de Noizay ; d'Effiat ; de Wiscel de Paray ; Salmon de la Brosse ; Denis Du Chatellier ; de Sain, lieutenant des maréchaux de France ; Sain de Bois-le-Comte ; le chevalier de Salmon de la Brosse, de Fontenailles ; le baron de Champchevrier ; de Renusson d'Hauteville ; de Château-Thierry ; le comte Alexandre d'Hanache ; Scott de Coulange ; Gilbert de Passac ; le chevalier de Gauville, Tardif de Cheniers ; de Marsay ; de Ferrières ; de Fleury ; Henri de Fontenay ; le baron de Menou ; Saint-Denis ; le chevalier Mallevaud de Marigny ; Aubry ; Daën ; Le Boucher ; Des Essarts ; de Rochemore ; le chevalier de Vandœuvre ; de Quinemont ; de La Roche-Touchimbert ; Martigny de Nazelles ; le baron d'Haramburé ; le chevalier de La Pinsonnière ; Odart ; Berthe de Chailly ; Pommyer ; d'Amboise ; Colliette de l'Escanville ; le marquis de Beaumont ; de Sorbiers ; Hubert de Talley ; Gatian ; Martel-Gaillon ; Beauregard ; Benoît de La Hussaudière ; Dauphin ; de L'Epinasse l'aîné ; de Chillois ; de Sassay ; Cantineau de Comacre ; le comte de Charitte ; le comte de Saint-Cyr ; Daugustin de Bourglisson ; le comte Repentigny ; Seguin de Cabussolle ; Hubert de Loberdière ; Mareschau de Corbeil ; le baron de Laval ; Gaullier le jeune ; le chevalier d'Orsin ; de Château-Chalon ; de Pierses des Epaux ; Dunault, chevalier de Rigny ; Quirit de Coulaine ; de Berthelot de Villeneuve ; marquis de Rochecot ; le marquis de Lancosme ; Le Souffleur de Gaudru ; Roger, marquis de Chalabre ; Taboureau ; Taschereau des Pictières ; de Rougemont ; le chevalier de Saint-Hilaire ; marquis de Signy ; de La Grandière ; vicomte de Signy ; Laval d'Hazclach ; marquis de Rivière ; de La Sauvagère d'Artezé ; H. de Lusignem ; Du Puy ; Ducan ; Marolles de Cremille ; d'Amplemann, chevalier de la Cressonnière ; de Thiunne ; de Boutillon ; Preville ; de Mallevaud de Puy-Renaud ; Rocreuse ; le comte de Preaux ; le marquis de Grasleuil ; le chevalier La Corne de Chaptes ; Menou ; Chaspou, marquis de Verneuil ;

Du Plessis ; Vigier-Dessuire ; Landrière ; de La Saulais ; Lhomme de La Pinsonnière ; de Villiers et Mignon, secrétaire.

Le mercredi 18 mars 1789, neuf heures du matin, l'ordre de la noblesse du bailliage de Touraine a assisté à l'assemblée générale des trois ordres, tenue en l'église cathédrale de Saint-Gatien de Tours, pour entendre la lecture des délibérations prises par chacun desdits ordres, relativement à la rédaction de leurs cahiers à faire en commun ou séparément ; dans laquelle assemblée générale a été lue la délibération prise sur cet objet par l'ordre de la noblesse dans sa séance d'hier au soir, qui s'est trouvée conforme au vœu des deux autres ordres.

Et le même jour onze heures du matin, l'ordre étant de retour au lieu précédemment indiqué pour ses séances particulières :

M. le duc de Luynes, président, a fait part à l'assemblée de l'envoi qui lui a été fait hier au soir, après la levée de la séance, par M. l'archevêque de Tours, président de la Chambre du clergé, de l'extrait du procès-verbal de cette Chambre, dont lecture a été faite par le secrétaire, ledit extrait ainsi qu'il suit :

« Le premier usage que la Chambre du clergé a cru devoir faire de la faculté qu'elle a d'arrêter des délibérations, a été de prendre en considération la déclaration faite en son nom, le jour d'hier, en la séance publique, de la réunion des trois ordres, par M. l'archevêque de Tours, son président, sur la contribution de l'ordre de l'Eglise aux charges publiques, sur quoi il a été observé :

« Que les privilèges dont jouit actuellement le clergé étaient, dans les siècles précédents, des droits communs à tous les citoyens,

« Ces prétendus privilèges n'ont commencé à paraître des exceptions, des droits propres et exclusifs à l'ordre de l'Eglise, que lorsque les autres ordres ont cessé d'en faire usage, sans en avoir jamais été régulièrement dépouillés.

« Le premier, le plus précieux de ces privilèges, était de ne contribuer aux charges, aux besoins de l'Etat, que par les subsides volontaires, consentis librement, et par le concours des trois ordres.

« Celui du clergé est le seul qui se soit maintenu dans l'exercice de ce droit ; de là vient la faculté dont il jouit encore de s'imposer lui-même, et de ne concourir aux charges publiques, ainsi que les trois ordres des provinces ou pays d'Etats, que par une contribution dénommée *don gratuit*, c'est-à-dire *don libre et volontaire*.

« Le clergé ne peut voir qu'avec satisfaction, que les deux autres ordres, reprenant l'exercice du droit précieux de consentir librement l'impôt, il n'existera plus d'autres distinctions que celles relatives à la décence du culte et aux principes du gouvernement monarchique.

« Tous les privilèges redevenant communs, il n'y aura plus dans l'Etat, quant à la contribution aux charges publiques, d'ordre privilégié.

« Le poids des impositions étant à l'avenir supporté par tous les citoyens, dans la juste proportion de leurs propriétés, le clergé, qui a toujours considéré la qualité de citoyen comme le plus précieux de ses titres, devra désirer de voir s'établir au plus tôt cette égalité proportionnelle dans la répartition de l'impôt, si propre à cimenter, entre les différents ordres, l'union et l'harmonie, qui seules peuvent opérer le bien général.

« Déterminée par ces puissantes considérations, pénétrée du même esprit d'équité et de patriotisme qué son chef, et en adoptant la déclaration publiquement par lui faite en la séance du jour d'hier, la Chambre du clergé a arrêté qu'elle consent à supporter, avec tous ses concitoyens, dans la plus égale proportion de ses possessions, toutes les charges et impositions publiques qui auront été librement consenties par le concours des trois ordres, ne se réservant d'autres droits que ceux qui ne pourraient lui être contestés sans violer le droit sacré de la propriété, ni d'autres prérogatives que celles qui sont essentielles à la conservation de l'ordre monarchique, au maintien des lois, au service du Roi ou de la patrie, et surtout à la gloire de la religion.

« La Chambre du clergé, instruite par la déclaration publique qui en a été faite en la séance d'hier, au nom de la noblesse, que cet ordre partage ses sentiments sur cet objet d'intérêt qui leur est commun, a aussi arrêté qu'avant de porter la présente délibération sur ses registres, et avant de lui donner une dernière sanction, M. son président serait prié de la communiquer à M. le président de la Chambre de la noblesse, pour recevoir les observations et le vœu de cet ordre. »

Pour copie :

Signé † FRANCOIS, *archevêque de Tours.*

Sur quoi la Chambre de la noblesse, sous toutes réserves, et pénétrée d'avance des mêmes sentiments qu'elle a exprimés dans le vœu porté hier par ses députés à la Chambre du tiers, a arrêté de députer vers la Chambre du clergé : MM. Des Pictières, le marquis de Verneuil, le marquis de Rochecot et le comte d'Effiat, pour porter à cette Chambre et lui présenter une copie authentique de ce même vœu, en y ajoutant l'assurance du désir bien sincère de mettre toujours, dans les délibérations respectives, la plus parfaite unité de sentiments, sagement dirigés vers le bien et l'avantage commun de tous les ordres de cette province.

MM. les députés, de retour, ont rendu les expressions de reconnaissance avec lesquelles ils ont été honorablement accueillis par la Chambre du clergé, qui se proposait de témoigner plus particulièrement ses sentiments par l'organe de ses députés.

La Chambre se proposait ensuite de s'occuper de l'examen et de la discussion des objets pour lesquels elle est réunie, MM. les députés de la Chambre du clergé ont été annoncés et introduits avec la distinction usitée en pareille circonstance par six membres de l'assemblée, nommés à cet effet ; M. l'abbé d'Advisard, vicaire général et chanoine-chantre en dignité de l'église de Tours, portant la parole, ont assuré la Chambre de la vérité des sentiments dont l'ordre du clergé est pénétré pour les procédés nobles et généreux de celui de la noblesse ; que s'il n'a pas authentiquement, et par députation, fait connaître plus tôt le vœu énoncé dans l'extrait adressé à M. le président de la noblesse, par M. le président du clergé, ce retard ne peut être imputé qu'au désir de recevoir le suffrage et l'approbation de l'ordre de la noblesse, avant d'arrêter définitivement une délibération qui, en devenant commune aux deux ordres privilégiés, doit prouver à jamais leur désintéressement patriotique.

M. le président ayant exprimé les sentiments dont la Chambre de la noblesse est vivement pénétrée, en recevant l'assurance flatteuse que lui donne l'ordre du clergé, MM. les députés de cet ordre se sont retirés, et ont été reconduits, suivant l'usage, par huit membres de l'Assemblée.

M. le président a ensuite proposé de s'occuper des mesures à prendre pour la rédaction des cahiers de la Chambre de la noblesse, et de la forme qui doit être adoptée pour y procéder.

La matière mise en délibération, il a été arrêté, à la pluralité des suffrages, qu'il serait formé huit bureaux, composés de parties à peu près égales des membres composant l'assemblée, et réunis suivant la localité des divers cantons du bailliage de Touraine, auxquels ils appartiennent, pour s'occuper d'abord, dans chaque bureau, de l'objet particulièrement intéressant la constitution et de la législation publique, qui doit, avant tout, être réglé dans l'Assemblée prochaine des États généraux du royaume, et ensuite de ceux qui successivement pourront présenter l'intérêt de l'administration générale, et celle de chaque province, et des besoins locaux de celle de Touraine en particulier.

Il a été ensuite arrêté qu'aucune délibération, quoiqu'approuvée par l'assemblée, ne pourra être délivrée par copie ou par extrait, qu'après que la rédaction, qui en sera faite, aura été lue à la séance suivante.

M. le président a indiqué la prochaine séance à trois heures du soir.

Signé Le duc DE LUYNES, *président,*

MIGNON, *secrétaire.*

Le mercredi, 18 mars 1789, trois heures du soir, l'ordre de la noblesse du bailliage de Touraine, réuni dans le lieu de ses séances particulières, M. le duc de Luynes présidant, a proposé de s'occuper de la formation des huit bureaux arrêtés dans la séance de ce matin, en répartissant dans chacun d'eux les différents membres de l'assemblée, à peu près suivant la situation de leurs propriétés ou leurs domiciles, ce qui a été effectué.

Arrêté que chaque bureau fera le choix d'un président et d'un secrétaire, pour le temps que durera le travail dont il doit s'occuper, à l'exception de celui de M. le duc de Luynes, dont il demeure de droit le président, et auquel le secrétaire de l'assemblée demeure particulièrement attaché.

Pour que les bureaux puissent suivre une marche uniforme, pour le lieu et l'heure des séances, l'ordre des matières dont ils doivent s'occuper, le temps de la durée de leurs travaux, il a été convenu de faire choix, dans chacun d'eux, d'un commissaire, pour se réunir à M. le président de l'assemblée, et régler ces différents objets.

En conséquence, l'assemblée s'est sur-le-champ divisée en huit parties, suivant la répartition de ses membres, dans chacun des huit bureaux ; et réunie ensuite, il a été annoncé, qu'outre M. le duc de Luynes, président, MM. le marquis de La Ferrière, de La Chèse, le comte de Charitte, le marquis de Quinemont, le baron d'Harambure, le marquis de Lusignem, et le comte de Saint-Cyr, avaient été nommés à la pluralité des suffrages.

MM. les commissaires s'étant ensuite rassemblés auprès de M. le président, et ayant fait leur travail conjointement avec lui sur les objets dont il s'agit, le résultat en a été ainsi présenté :

« Les bureaux voudront bien s'assembler tous les jours chez MM. les présidents qu'ils auront nommés chacun de leur côté ; ils procéderont à l'élection d'un secrétaire ; ils travailleront depuis neuf heures du matin jusqu'à une heure, et l'après-midi, depuis quatre heures jusqu'à huit. Ils voudront bien accélérer, autant qu'il sera possible, la rédaction de leurs cahiers. On désire que le travail soit achevé samedi, pour pouvoir se réunir dimanche, afin de nommer des commissaires qui seront chargés de la formation du cahier général de l'ordre. On désire que chaque bureau commence son travail par les objets essentiels les plus intéressants, tels que la constitution du royaume, la responsabilité des ministres, la dette nationale, et tout ce qui se trouve lié à ces grands intérêts, pour s'occuper ensuite des détails et besoins locaux. Au surplus, on s'en rapporte à la sagesse des bureaux. »

L'assemblée ayant approuvé le règlement proposé, il a été arrêté que le travail des bureaux commencera demain matin.

M. le président a indiqué l'assemblée générale de l'ordre à dimanche, onze heures du matin.

Signé Le duc DE LUYNES, président,
MIGNON, secrétaire.

Le mardi 24 mars 1789, quatre heures du soir, l'ordre de la noblesse du bailliage de Touraine réuni au lieu ordinaire de ses assemblées, M. le duc de Luynes, président, a annoncé que la séance indiquée à dimanche dernier, onze heures du matin, n'a pu avoir lieu, le travail des différents bureaux pour le projet des cahiers n'ayant été totalement achevé que ce matin.

M. le président a proposé de faire la lecture du cahier particulier de chaque bureau, pour procéder ensuite à la nomination des commissaires qui seront chargés de les réduire en un seul, qui formera le cahier complet de l'ordre, après le rapport fait de ce travail, et la sanction de l'Assemblée.

MM. les députés du clergé ayant, dans ce moment, été annoncés, ont été introduits comme dans la séance précédente ; et étant entrés, M. l'abbé d'Advisard , vicaire général du diocèse, portant la parole, a, ont annoncé qu'ils étaient chargés de remettre à la Chambre de la noblesse, de la part de celle du clergé, copie d'une proposition, dont ils ont donné lecture, et ainsi conçue :

Avis des commissaires du clergé sur les demandes relatives des droits féodaux.

Les moulins, pressoirs et fours banaux sont si à charge aux peuples, ils intéressent si directement la subsistance, surtout quant aux moulins, qu'on sollicite de toutes parts la suppression de leur bannalité, ainsi que celle de certains droits de frêche, et autres droits seigneuriaux, ridicules, et quelque fois indécents. Cette considération, l'intérêt public, et la décence qui en font évidemment l'objet, ont disposé les commissaires du clergé à proposer à la Chambre d'insérer dans ses cahiers : Que les États généraux inviteront les seigneurs propriétaires des moulins, pressoirs et fours banaux, à renoncer volontairement, et pour l'avantage du peuple, à l'exercice d'un droit aussi onéreux, et qui donne lieu à de fréquentes vexations, ainsi qu'à ces droits indécents et ridicules, comme aussi aux frêches.

On demande encore l'abolition de plusieurs droits de la féodalité, tels que ceux de minage, péage, fautrage, chasse, etc. On demande aussi que les rentes seigneuriales foncières puissent être amorties, et le retrait féodal rédimé.

La Chambre du clergé, d'après la proposition que lui en ont faite ses commissaires, a pensé que ces droits tenant à celui de la propriété, ne pouvaient être abandonnés ; mais qu'avant d'arrêter aucune résolution sur cet objet, il était convenable de se concerter avec Messieurs de la noblesse qui y ont un plus grand intérêt que les seigneurs ecclésiastiques, puisque ceux-ci ne profitent pas personnellement du droit de la chasse,

et n'exercent point le retrait féodal, attendu l'édit du mois d'août 1749, par lequel les mainmortes sont privées de la faculté d'acquérir aucuns fonds sans en vider leurs mains dans l'année, ce qui ne peut se concilier avec la coutume de Touraine, dont une disposition rend incessible le retrait féodal. »

Bon pour copie :
Signé CHASLES, secrétaire de l'assemblée.

MM. les députés du clergé ayant laissé cette copie sur le bureau, se sont retirés, et ont été reconduits de la même manière qu'à leur arrivée.

Il a été ensuite délibéré et arrêté d'envoyer à la Chambre du clergé une députation, pour lui porter les remercîments de celle de la noblesse, en attendant qu'elle pût lui faire passer une réponse ; MM. de La Chèse, de Laval père, chevalier de La Cressonnière, et de Saffay, ont été nommés à cet effet.

M. le président ayant proposé de reprendre l'objet relatif à la lecture des cahiers, il a été procédé à cette lecture successive par ordre de bureaux, en commençant par celui du bureau de M. le président.

La lecture des cahiers achevée, M. le président a proposé de nommer les commissaires à qui la remise en sera faite, pour en former un seul ; ces commissaires, pris au nombre de deux, dans chacun des huit bureaux, et par eux choisis, ont été MM. le chevalier de Rigny, le marquis de Rochecot, le comte de Béraudière, de La Grandière, le marquis de Beaumont, le marquis de Quinemont, d'Amboise, le baron d'Harambure, le marquis de Lusignem, le comte de Saint-Cyr, Haincque, le baron de Menou, de Fontenay, de Vautibault, le comte de Trochet, et de Martigny de Nazelles. Il a été arrêté que de suite, et sans interruption, MM. les commissaires vaqueront au travail dont ils sont chargés, et qu'à cet effet le secrétaire de l'Assemblée leur remettra les différents cahiers des bureaux, avec les pièces qui y ont été jointes et annexées.

Il a été aussi délibéré et arrêté que MM. les commissaires ci-dessus nommés sont également chargés de l'examen de la proposition envoyée par la Chambre du clergé, pour en faire leur rapport à la première séance de l'assemblée, qui a été indiquée par M. le président, à demain onze heures du matin.

Signé Le duc DE LUYNES, président.
MIGNON secrétaire.

Le mercredi 25 mars 1789, onze heures du matin, l'assemblée réunie dans la salle ordinaire de ses séances, MM. les commissaires nommés dans celle d'hier, pour l'examen de la proposition faite par la Chambre du clergé, ont fait leur rapport, lequel entendu et approuvé, il a été en conséquence pris l'arrêté suivant :

La Chambre de la noblesse, délibérant sur l'arrêté que la Chambre du clergé a bien voulu lui communiquer, y a reconnu cet esprit de désintéressement et d'amour de bien public qui caractérisent un ordre dont les principes sont surtout des principes de conciliation.

La Chambre, toujours animée par le même patriotisme, a cependant considéré qu'en faisant dans sa première séance, à l'avantage du tiers-état, le sacrifice de ses exemptions pécuniaires, elle n'avait fait que suivre l'exemple donné par l'ordre de la noblesse, dans presque toutes les provinces du royaume ; qu'il ne paraissait pas que les nouveaux sacrifices que lui proposait de faire la Chambre du clergé, l'eussent encore été dans aucune Chambre de noblesse, et qu'elle regarderait comme une affectation condamnable, de prévenir, par une délibération quelconque, la détermination de l'ordre dont elle a l'honneur de faire partie, et qui n'est pas accoutumé de se laisser vaincre en générosité.

En conséquence, elle a arrêté que, par une députation, elle témoignerait à la Chambre du clergé :

D'abord sa reconnaissance et sa sensibilité ;

Ensuite tous ses regrets de se voir dans la nécessité de renvoyer à l'assemblée de son ordre aux États généraux, l'examen des points importants dont la Chambre du clergé a bien voulu lui faire part. »

M. le président ayant proposé de nommer des députés, pour porter copie certifiée de cet arrêté à la Chambre du clergé, et ayant indiqué à cet effet MM. le comte de Falluère, le marquis de Signy, le comte du Trochet, et de Martigny de Nazelles, l'assemblée a agréé ce choix, et prié MM. les députés de remplir l'objet de leur mission, aussitôt qu'ils seront informés de la réunion de la Chambre du clergé.

Un membre de l'assemblée ayant observé qu'on lui avait dit que, par ordres supérieurs, il avait été fait défenses à la Chambre du tiers de communiquer son cahier aux autres Chambres, et qu'il pouvait être important de s'assurer de la vérité de cette assertion, M. le président a proposé de délibérer sur cette motion, et l'assemblée, après l'avoir prise en considération, a arrêté que quatre membres de la Chambre de la noblesse, seraient députés à celle du tiers, pour la prier de vouloir bien éclaircir le fait dont il s'agit, en l'assurant du désir toujours constant et sincère de l'ordre de la noblesse d'entretenir l'union et la concorde respective avec celui du tiers ; MM. le comte de Charitte, Taboureau, le marquis de Lusignem, et le baron de Menou ont été nommés pour cette députation.

MM. les députés, de retour, ont dit qu'après avoir été reçus et introduits dans la Chambre du tiers, avec les formes usitées, et entendus, M. le président de cet ordre les a assurés qu'il n'avait reçu aucune lettre ni instructions relatives à la communication des cahiers, et qu'il pouvait même ajouter que, désirant aussi véritablement un établissement parfait de concorde et d'union entre les ordres, la Chambre du tiers avait donné des pouvoirs spéciaux à ses députés, de communiquer avec ceux du clergé et de la noblesse sur tout ce qui pouvait intéresser le bien général du royaume et l'avantage particulier de la province.

MM. les commissaires pour la rédaction du cahier général, ayant annoncé que leur travail pouvait être fini vendredi au soir, la prochaine séance de l'assemblée a été remise à samedi, dix heures du matin.

Signé Le duc DE LUYNES, *président.*

MIGNON, *secrétaire.*

Le samedi 28 mars 1789, dix heures du matin, les membres de l'ordre de la noblesse du bailliage de Touraine, réunis au lieu ordinaire des séances, M. le duc de Luynes, président, a prié MM. les députés chargés dans la dernière séance de porter à la Chambre du clergé la réponse arrêtée dans celle de la noblesse, à la proposition de la première, relative à l'abandon de plusieurs droits seigneuriaux et féodaux, de vouloir bien rendre compte de leur mission. M. le comte de Falluère, l'un deux, a dit que s'étant rendus à la Chambre

du clergé, et ayant porté l'arrêté dont ils avaient été chargés dans la dernière séance, M. l'archevêque de Tours, président de cette Chambre, après les avoir assurés du désir sincère qu'elle conserve d'entretenir toujours la plus parfaite union avec la Chambre de la noblesse, a ajouté qu'elle prendrait son arrêté en considération, et qu'elle lui ferait part de ce qu'elle aurait délibéré à cet égard.

M. le président ayant ensuite annoncé que MM. les commissaires, chargés dans la dernière séance de former la réunion des différents cahiers des bureaux en un seul, pour le soumettre à l'examen de l'assemblée, étaient en état de rendre compte de leur travail ; M. le baron de Menou, l'un des commissaires, a fait la lecture du projet de cahier général arrêté entre eux.

Ladite lecture ayant donné lieu à quelques observations, tendantes à des changements et additions à faire au projet de MM. les commissaires, il en a été fait une seconde lecture, avec lesdits changements et additions, laquelle a été universellement approuvée; et en conséquence, le cahier complet et général de l'ordre de la noblesse du bailliage de Touraine a été définitivement arrêté, pour être joint et annexé à la minute du présent procès-verbal, duquel cahier, il sera remis expédition en forme aux députés qui seront élus, pour le porter à l'assemblée des États généraux, et en user ainsi qu'il est énoncé dans les pouvoirs qui forment la clôture dudit cahier.

M. le président ayant observé que l'assemblée avait maintenant à s'occuper de l'élection desdits députés, et du choix préalable des trois membres de l'ordre, chargés de vérifier le scrutin, il a été arrêté d'y procéder dans la prochaine séance, laquelle a été indiquée, pour cet effet, à ce soir, trois heures.

Signé Le duc DE LUYNES, *président.*

MIGNON, *secrétaire.*

Le samedi 28 mars 1789, trois heures du soir, les membres de l'ordre de la noblesse du bailliage de Touraine, réunis au lieu ordinaire des séances, il a été d'abord procédé, dans la forme indiquée par le règlement, au choix de trois membres de l'ordre, pour remplir la fonction de scrutateur : MM. de Gaudru, le comte de Charitte, et le marquis de Verneuil, ont été désignés pour cette fonction, par la pluralité des suffrages.

MM. les scrutateurs placés, il a été procédé au premier scrutin, et préalablement les noms des membres présents, et ceux des membres constituants par procuration, ont été appelés par le secrétaire de l'assemblée. Recensement fait des dix membres présents, et des procurations en forme de leurs constituants, le nombre des voix à recueillir pour ce premier scrutin s'est trouvé monter à 263. Le vase placé au milieu de la table, en face de MM. les scrutateurs, tous MM. les membres présents de l'assemblée ayant été appelés à leur rang par le secrétaire, en spécifiant le nombre de voix appartenant à chacun, ils ont tous ostensiblement déposé leurs billets d'élection dans le vase à ce destiné. MM. les scrutateurs ont ensuite procédé à voix basse au compte, ouverture et examen desdits billets, et, leur opération achevée, ont annoncé que M. *le baron d'Harembure* (premier député) avait obtenu le nombre de suffrages prescrit par le règlement, ayant eu 134 voix, M. le baron d'Harembure a été en conséquence déclaré premier député de l'ordre de la noblesse du bailliage de Touraine, et a fait ses remercîments à l'assemblée.

4

La prochaine séance a été indiquée par M. le président, à demain neuf heures du matin.

Signé Le duc DE LUYNES, *président.*

MIGNON *secrétaire.*

Le dimanche 29 mars 1789, neuf heures du matin, l'assemblée réunie au lieu de ses séances, a comparu en personne M. le comte de Marcé, de la procuration duquel M. le marquis de Signy avait été chargé, ainsi qu'il est porté au dénombrement de MM. les députés composant l'assemblée à la première séance; au moyen de quoi M. le marquis de Signy n'a plus eu que deux voix à porter, M. le comte de Marcé reprenant personnellement la sienne.

M. le duc de Luynes, président, a proposé de procéder au scrutin, pour la nomination d'un second député de l'ordre de la noblesse du bailliage de Touraine; ce qui ayant été agréé, MM. les scrutateurs dénommés dans la séance d'hier au soir se sont placés à la table étant au milieu de la salle de l'assemblée, et l'appel de tous MM. les membres ayant été fait par le secrétaire de l'assemblée, avec énonciation du nombre de suffrages appartenant à chacun d'eux, à raison des procurations, il a été reconnu par MM. les scrutateurs que le nombre des suffrages à recueillir était de 265.

Il a été procédé au scrutin par ordre, comme dans la séance d'hier, et MM. les membres ayant ostensiblement déposé leurs billets dans le vase à ce destiné, MM. les scrutateurs ont vérifié le nombre de billets qu'ils y ont trouvé, et ce nombre montant à 265, ils ont déclaré le scrutin bon. Ayant fait en conséquence l'ouverture, examen et vérification des billets, ils ont annoncé que personne n'ayant obtenu la pluralité prescrite par le règlement, il devait être procédé à un nouveau scrutin, ce qui a été effectué dans le même ordre par l'appel successif de tous MM. les membres de l'assemblée, et le dépôt fait ostensiblement des billets d'élection dans le vase à ce destiné.

L'opération de ce nouveau scrutin achevée, et le nombre des billets ayant été pareillement trouvé être de 265, MM. les scrutateurs, après avoir fait ouverture, examen et vérification desdits billets, ont annoncé à l'assemblée que personne n'avait encore obtenu le nombre de suffrages requis, et que M. le duc de Luynes et M. le marquis de Lancosme en ayant réuni le plus, il devait être procédé à un troisième scrutin, à l'effet de balancer les suffrages entre ces messieurs, ce qui a été fait dans la même forme qu'aux précédents scrutins, et après la vérification accoutumée, MM. les scrutateurs ont annoncé que M. *le duc de Luynes* avait réuni le plus grand nombre de suffrages, et il a été déclaré à ce moyen second député élu de l'ordre de la noblesse du bailliage de Touraine.

M. le duc de Luynes (second député) ayant fait ses remerciments à l'assemblée, la prochaine séance a été indiquée à ce soir quatre heures.

Signé Le duc DE LUYNES, *président.*

MIGNON, *secrétaire.*

Le dimanche 29 mars 1789, quatre heures du soir, l'assemblée réunie au lieu ordinaire de ses séances, M. le duc de Luynes, président, lui a de nouveau témoigné l'expression de ses sentiments, en ajoutant, qu'appelé à partager l'honorable emploi de porter au milieu de la nation assemblée les vœux unanimes de l'ordre de la noblesse de cette province, pour la régénération et le maintien de la constitution française, il sent toute l'étendue des devoirs qui y sont attachés, et qu'il regarde surtout comme le plus important de tous, d'être bien pénétré des maximes sages, et des principes lumineux qui ont fait la base des délibérations de l'Assemblée ; que le retour prochain des jours fortunés qui se préparent, rendra à jamais mémorable l'époque d'une restauration universelle qui portera la gloire de l'âge présent jusque dans les siècles à venir, et que la postérité la plus reculée bénira la mémoire de Louis XVI, comme la génération présente bénit celle de Louis XII et d'Henri IV, ce prince bienfaisant ayant eu le noble courage, après avoir goûté le charme séducteur du pouvoir absolu, d'en faire le généreux sacrifice, pour ne régner que sur un peuple libre ; que la noblesse de Touraine, distinguée dans tous les temps par son amour et sa fidélité pour ses rois, montrera dans la circonstance présente qu'elle n'a point dégénéré des principes et des sentiments dont elle a hérité de ses pères, en concourant de tout son pouvoir à assurer, par de sages lois, la félicité du peuple français et la gloire du monarque, qui en est inséparable.

M. le président a proposé ensuite de procéder à la nomination du troisième député de l'ordre de la noblesse du bailliage de Touraine, dans la même forme employée pour les précédentes nominations.

MM. les scrutateurs s'étant placés à cet effet à la table étant au milieu de l'assemblée, on a procédé dans le même ordre au scrutin pour cette nomination, chacun de MM. les membres déposant successivement et ostensiblement leurs billets d'élection dans le vase à ce destiné.

MM. les scrutateurs, en ayant ensuite fait le compte, l'examen et la vérification, ont annoncé à l'assemblée que le scrutin a été trouvé bon, et que M. *le marquis de Lancosme* (troisième député) a réuni un nombre de suffrages excédant celui prescrit par le règlement pour être élu député.

D'après le rapport de MM. les scrutateurs, M. le marquis de Lancosme a été déclaré le troisième député élu pour l'ordre de la noblesse du bailliage de Touraine, et il a fait ses remerciments à l'assemblée.

M. le président a proposé ensuite de passer à la nomination du quatrième et dernier député ; il a été procédé dans la même forme qu'aux précédentes nominations, et par l'établissement du même scrutin, lequel étant achevé, MM. les scrutateurs ont fait le recensement du nombre de billets montant à 265, et ayant déclaré le scrutin bon, ont de suite passé à l'ouverture et examen des billets qui avaient été ostensiblement déposés dans le vase à ce destiné. Leur opération terminée, ils ont annoncé que personne n'ayant réuni le nombre de suffrages requis par le règlement, il convient de procéder à un nouveau scrutin, ce qui a été fait dans la même forme ci-dessus. Le second scrutin achevé, vérification faite par MM. les scrutateurs, ils ont déclaré que personne n'avait encore obtenu le nombre de suffrages requis, et que MM. d'Amboise et le baron de Menou en ayant réuni le plus grand nombre, il y avait lieu de procéder à un troisième tour de scrutin, pour décider le choix de l'assemblée entre ces deux messieurs, ce qui a été sur-le-champ effectué dans la forme prescrite, par le dépôt ostensible et successif des billets de tous MM. les membres de l'assemblée.

MM. les scrutateurs ayant achevé l'examen et vérification de ce dernier scrutin, ont annoncé que M. *le baron de Menou* (quatrième député) avait réuni la pluralité des suffrages de l'assemblée ; en conséquence, M. le baron de Menou a été déclaré le quatrième député de l'ordre de la noblesse du bailliage de Touraine, et en a témoigné sa reconnaissance à l'assemblée.

La prochaine séance a été indiquée par M. le président à demain neuf heures du matin.

Signé Le duc DE LUYNES, *président.*

MIGNON, *secrétaire.*

Le lundi 30 mars 1789, neuf heures du matin, l'assemblée réunie au lieu ordinaire de ses séances, M. le duc de Luynes, président, a proposé de s'occuper du choix d'un ou deux membres destinés à suppléer MM. les députés à l'assemblée des Etats généraux. Cet objet pris en considération, il a été arrêté qu'on procéderait, par la voie ordinaire du scrutin, au choix de deux membres de l'ordre pour remplir cette fonction.

MM. les scrutateurs ont en conséquence pris leurs places à la table étant au milieu de la salle d'assemblée, et MM. les membres présents ayant été successivement appelés au scrutin, et ayant déposé ostensiblement leurs billets dans le vase à ce destiné, il a été ensuite procédé au compte, examen et vérification desdits billets par MM. les scrutateurs, qui ont annoncé que M. *d'Amboise* (premier suppléant) avait réuni en sa faveur le nombre de suffrages nécessaire pour la nomination dont il s'agit, et tel qu'il est prescrit par le règlement.

M. d'Amboise a été, en conséquence, déclaré le premier élu pour le supplément de MM. les députés de l'ordre de la noblesse du bailliage de Touraine, et il a offert l'expression de sa reconnaissance à l'assemblée.

Il a été ensuite procédé dans la même forme à l'élection du second membre destiné à remplacer MM. les députés aux Etats généraux, et l'opération d'examen et vérification des billets achevée par MM. les scrutateurs, ils ont dit que personne n'ayant obtenu le nombre de suffrages suffisant, il fallait procéder à un nouveau scrutin, lequel achevé, ils ont rapporté qu'il n'y avait pas encore assez de suffrages réunis pour la nomination à faire, et que MM. le marquis de Lusignem et de Fontenay en avaient obtenu le plus grand nombre; pourquoi il a été arrêté de retourner à un troisième et dernier scrutin pour l'élection d'un de ces deux Messieurs; après qu'il y a été procédé, MM. les scrutateurs ont annoncé, que M. *de Fontenay* (second suppléant) avait obtenu la majorité des suffrages. Il a été en conséquence déclaré le second élu pour suppléer MM. les députés de l'ordre de la noblesse aux Etats généraux, et il a fait ses remerciments à l'assemblée.

M. le président a proposé ensuite d'autoriser MM. les députés à communiquer le cahier de l'ordre qu'ils sont chargés de porter aux Etats généraux, à MM. les députés du clergé et du tiers-état du bailliage de Touraine. L'assemblée ayant unanimement accueilli cette proposition, il a été arrêté que MM. les quatre députés de la noblesse sont et demeurent autorisés à donner cette communication à ceux des deux autres ordres de la province, quand ils le jugeront à propos et convenable, et à se concerter avec eux pour tout ce qui fera l'objet d'un intérêt commun.

M. le président a indiqué la prochaine séance à ce soir quatre heures.

Signé Le duc DE LUYNES, *président.*

MIGNON, *secrétaire.*

Le lundi 30 mars 1789, quatre heures du soir, "Assemblée réunie au lieu ordinaire de ses séances,

M. le duc de Luynes, président, et MM. le baron d'Harembure, le marquis de Lancosme, et le baron de Menou, députés nommés de l'ordre de la noblesse du bailliage de Touraine, à la prochaine assemblée des Etats généraux du royaume, ont offert de prêter tel serment que l'assemblée voudrait bien leur dicter, pour la conduite à tenir pendant la durée desdits Etats généraux ; sur quoi l'assemblée, a unanimement et par acclamation, répondu que tout ce que de braves et généreux gentilshommes pouvaient offrir de promettre et jurer en pareille circonstance, étant d'avance écrit dans le cœur de tous Messieurs les députés, cette assurance valait tous les serments.

M. le président a proposé ensuite de relire, et définitivement arrêter le cahier, dont copie en forme doit être remise à MM. les députés. Cette lecture achevée, et le cahier entièrement approuvé, il a été signé de MM. les commissaires qui en ont fait la rédaction, et ensuite de tous MM. les autres membres composant l'assemblée.

On a passé ensuite à la lecture des différentes séances qui ont précédé cette dernière, dont la rédaction a été approuvée.

MM. les députés de la Chambre du clergé se sont fait annoncer. MM. le comte de Marcé, Hubert de Loberdière, de Rougemont et de Sassay, ont été nommés pour les aller recevoir au haut de l'escalier. MM. les députés introduits en la forme accoutumée, M. l'abbé Bruneau, doyen de la Sainte-Chapelle de Champigny, l'un d'eux, portant la parole, ont dit que la Chambre du clergé ayant terminé la confection et signature de son cahier, ils étaient chargés de le présenter à la Chambre de la noblesse, pour en prendre communication; sur quoi M. le duc de Luynes, président, a répondu, au nom de l'assemblée, que, toujours sensible aux procédés honnêtes de la Chambre du clergé, celle de la noblesse croyant ne pouvoir mieux faire que de s'en rapporter aux sentiments patriotiques et religieux depuis longtemps reconnus du clergé de la Touraine, et qui avaient sûrement dicté le contenu du cahier dont la communication était offerte. M. le président l'a en conséquence remis à MM. les députés du clergé, qui se sont retirés, et ont été reconduits comme à leur arrivée.

M. le président a proposé ensuite d'envoyer pareille députation à la Chambre du clergé; ce qui ayant été agréé, MM. le comte de Marcé, Hubert de Loberdière, de Rougemont et de Sassay, ont encore été chargés de cette mission.

MM. les députés, de retour, ont dit que M. l'archevêque de Tours, président de la Chambre du clergé, en témoignant le désir qu'il aurait eu que son cahier eût été lu par celle de la noblesse, leur avait assuré que le même motif de réserve et de discrétion ne lui permettait pas de prendre communication de celui de l'ordre de la noblesse, dont les vues sages et patriotiques étaient également et parfaitement connues, et qu'à cet effet il leur remettait la copie du cahier, qu'ils avaient apportée.

M. le président a dit ensuite que M. le major commandant du régiment d'Anjou, en garnison en cette ville, ayant eu l'honneur de donner une garde à la Chambre de la noblesse, pendant tout le temps de la tenue des séances, il paraissait convenable d'aller lui offrir les remerciments de l'assemblée ; ce qui a été généralement agréé, et MM. de Passac et de Laval fils, officier dans le même régiment, ont été chargés de les lui porter.

Il a été arrêté qu'après l'expédition en forme de cahier destinée pour être remise à MM. les députés aux Etats généraux, la minute du présent procès-verbal, ainsi que celle du cahier y annexé, sera remise au greffe du bailliage principal de Touraine, dépôt public à ce destiné.

M. le président a ensuite annoncé que la clôture de l'assemblée générale des trois ordres du bailliage de Touraine étant indiquée pour mercredi prochain, neuf heures du matin en l'église cathédrale de cette ville, MM. les membres de l'ordre de la noblesse étaient invités à s'y rendre pour y assister.

M. le président a dit que l'assemblée ayant traité tous les objets dont elle avait eu à s'occuper pendant la tenue de ses séances, il lui restait à lui réitérer, en terminant cette dernière, l'expression bien vraie et bien entière de ses sentiments, qu'il la priait d'agréer avec tous ses remercîments.

M. Mignon secrétaire de l'ordre, s'est levé et a présenté ainsi les siens :

« Permettez, Messieurs, qu'au moment de quitter les fonctions dont vous avez daigné m'honorer, j'en consacre le dernier acte à l'expression de ma vive et durable reconnaissance. Oui, Messieurs, je n'oublierai jamais qu'à l'époque de la première réunion de l'ordre de la noblesse du bailliage de Touraine, cette illustre assemblée, après avoir fait choix d'un chef digne par ses titres et sa naissance, et plus encore par la loyauté et la noble franchise de ses sentiments, d'être placé à sa tête, a bien voulu, pour exprimer et rédiger ses différentes délibérations, jeter les yeux sur celui de ses membres moins digne sans doute qu'aucun autre de remplir cet honorable emploi.

« Mais, Messieurs, moins j'avais eu lieu de m'attendre à cette marque de confiance, plus le témoignage que vous m'en avez donné m'est devenu précieux ; heureux si le zèle supplément à la faiblesse des moyens, je pouvais me flatter d'avoir, à quelques égards, justifié votre choix !

« Veuillez donc agréer, Messieurs, qu'après avoir éprouvé, à la première de vos séances, le sentiment flatteur et inattendu que vous fîtes naître dans mon cœur, je le consigne aujourd'hui dans celle qui la termine ; s'il est, Messieurs, faiblement exprimé, j'en suis du moins bien véritablement pénétré. »

M. le duc de Luynes, président, a témoigné à M. Mignon, au nom de l'assemblée, sa satisfaction générale, et a bien voulu y ajouter l'expression de ses sentiments particuliers.

Le présent procès-verbal de la tenue des séances de l'assemblée de l'ordre de la noblesse du bailliage de Touraine, fait, clos et arrêté dans la salle du conseil de l'hôtel commun de la ville de Tours, le susdit jour, 30 mars 1789. Et ont tous, MM. les membres présents, signé.

Signés le duc de Luynes, le marquis de la Ferrière ; Malherbe de Poillé ; le chevalier du Mouchet ; Seguin de Cabassole ; Odart ; de Sassay ; de Boutillon ; Scott de Coulanges ; Lonlay ; Aubry ; Saint-Hilaire ; le comte de Preaux ; le marquis de Quinemont ; Gilbert ; d'Amplemann, chevalier de la Cressonnière ; Prevost, comte de Saint-Cyr ; le comte de Pierres des Epaux ; de Mallevaud de Puy-Renaud ; Dauphin ; de Thienne ; de Rochecot ; de Berthelot ; Preville ; le baron de Laval ; d'Amboise ; le marquis de Pierres d'Epigny ; Martigny de Nazelles ; Benoît de La Hussaudière ; Hainque ; Quirit, baron de Coulaine ; le chevalier de Beauregard ; Taboureau ; L'Escanville ; Baret de Rouvray ; de Chesneau ; de La Vieuville ; Veau, marquis de Rivière ; le marquis de Signy ; vicomte de Signy ; le chevalier de Cangey ; le comte de Beraudière ; le comte de Marcé ; Henri de Fontenay ; le comte de

Rochemore ; de la Sauvagère d'Artezé ; de Rougemont ; Rusé d'Effiat ; Des Essarts ; Comacre ; le chevalier de Vandœuvre ; Laval d'Hazclach ; le baron de Champchevrier ; Denis Du Châtellier ; Vigier Dessuire ; de L'Espinasse l'aîné ; Du Puy ; Mareschau de Corbeil ; Martel de Gaillon. Sain de Bois-le-Comte ; de Sorbiers ; de Menou d'Umée ; le chevalier de Mallevaud de Marigny ; Ducan ; La Rue-Ducan ; de Fontenailles ; le chevalier de Gauville ; le marquis de Grasteuil ; de Fleury ; Hubert de Loberdière ; de Château-Chaslon ; de Celoron ; le chevalier de La Corne de Chaptes ; de La Saulays ; Tardif de Cheniers ; Du Trochet ; de La Roche-Touchimbert ; La Falluère ; Coudrau ; de Marcé ; Le Boucher ; Le Souffleur de Gaudru ; Daën ; Legras ; le marquis de Lancosme ; Papion fils aîné ; Daugustin de Bourguisson ; de La Grandière ; Despictières ; Saint-Denis ; le baron d'Harembure ; le comte de Repentigny ; le chevalier d'Orsin ; Landrièvc ; L.-V. Roger, marquis de Chalabre ; La Faluère de Noizay ; le chevalier Salmon de la Brosse ; Pommyer ; de Renusson d'Hauteville ; le marquis de Javerlhac ; Rocreuse ; Du Plessis ; Berthé de Chailly ; de Passac, et Mignon, *secrétaire*.

EXTRAIT DU CAHIER DE TOURS (1).

TIERS-ÉTAT.

CÉRÉMONIAL A RÉGLER.

Délibérations.

1° Doit être demandé que le tiers-état ne sera pas avili, ni distingué.

2° Par tête et non par ordre.

3° Demander la suppression des lettres de cachet, la liberté des citoyens dans leurs personnes et biens.

4° Point d'impôt, sans le consentement de la nation.

Ces quatre articles seront demandés avant qu'il soit proposé ni accordé aucune autre chose.

5° La liberté de la presse, avec nom et signature de l'auteur, ou obligation de l'imprimeur de demeurer garant, ou déclarer celui qui l'a requis.

6° Assemblée tous les cinq ans ; et que les impôts ne dureront que cinq ans ; retour périodique ; permission de s'assembler par les députés sans permission ni convocation.

7° Représentation du double pour le tiers-état, aux États généraux.

Nota. — Cet article a été rayé à l'assemblée de la ville, et passé à l'assemblée particulière du 11 mars 1789.

8° Formation d'États par élection provinciale, qui sera chargée de la répartition des impositions et de l'entretien des chemins.

9° Municipalité d'élection pour les villes et campagnes ; suppression des charges municipales ; droit à la municipalité de répartir les impositions et octrois en chaque lieu.

10° Police et voirie attribuées aux municipalités, tant des villes que des campagnes ; et suppression des charges de police.

11° Que les comptes des impôts seront rendus annuellement par les ministres, et imprimés ; comptes revisés et rebattus généralement tous les cinq ans aux États généraux ; et en cas d'abus ou divertissement, procès aux ministres.

12° Suppression de tous privilèges, et que la répartition sera faite indistinctement sur tous les ordres.

---

(1) Nous publions ce cahier d'après un manuscrit des *Archives de l'Empire.*

Point de priviléges en fait de milice.

Point d'exemption pour le logement des gens de guerre. On pourrait ajouter, les pauvres filles et veuves.

13° Sera fait état distinctif des impôts et de leur destination. Les Etats généraux aviseront aux réductions à faire dans chaque département.

14° Révision, suppression et réduction des pensions annuelles de 1,000 francs.

15° Aucuns emprunts sans le consentement des Etats généraux, si ce n'est en cas de guerre subite et imprévue ; qu'il ne sera fait aucune refonte de monnaies, ni introduction de papier ou agiotage en France.

16° Régler et examiner les revenus et dépenses ; et pour connaître d'où procède le déficit, comparer le compte de 1781 au dernier rendu.

Autorisation aux députés de consentir un ou plusieurs impôts nécessaires pour le soutien de l'Etat provisoirement, après, cependant, que les articles ci-dessus auront été admis.

17° Rentrée dans les domaines aliénés ou échangés, sans formalités. Vente de tous les domaines à l'exception des forêts et greffes ; lesquels greffes seront affermés par les domaines pour les laisser réunis aux juridictions. Emploi des sommes provenant de la vente des domaines pour rembourser les engagistes des charges et offices. Conservation des bois.

18° Suppression des aides et gabelles, et de tous impôts actuellement existants, même des loteries ; et pour subvenir aux besoins de l'Etat, établissement de deux impôts, l'un sur les fonds, l'autre sur les personnes ; et, en cas d'insuffisance de ces deux impôts, établissement d'un autre sur l'entrée des boissons dans les villes murées et sur les objets de luxe, comme domestiques, voitures et autres.

19° Remboursement de toutes rentes seigneuriales et foncières, le cens réservé ; suppression des dîmes et terrages, et de toutes autres charges foncières, même ecclésiastiques, à la charge de pourvoir au remboursement sur le prix qui sera fixé par les Etats généraux, et de rembours aux ecclésiastiques, pour être recolloqué, jusqu'à ce qu'il soit pourvu à une augmentation pour les curés et vicaires.

20° Suppression des droits de banalité.

21° Suppression de la faculté de submerger les terres pour faire étang.

22° Suppression des droits de fautrage, préage et minage pour l'entrée aux foires et marchés.

Suppression du droit de chasse, de garenne et de fuye : modifier et restreindre les droits de chasse pour qu'il soit permis à chacun de tirer des animaux nuisibles.

Abrogation du droit féodal.

23° Les déclarations censives ne seront exigées que tous les trente ans.

Suppression des lettres de comminaire à terrier.

Obligation au seigneur d'indiquer un lieu, en son fief, pour la perception de ses droits.

24° Suppression des droits de franc-fief.

25° Reculement des barrières et droits de traité aux frontières du royaume ; ajouter que les commis aux barrières expédieront de suite, jours de fêtes comme autres.

26° Suppression des charges anoblissant, ou en tout, des privilèges de noblesse.

27° Suppression des privilèges exclusifs, notamment de la Compagnie des Indes, si ce n'est de l'avis des chambres du commerce et des manufactures.

28° Abrogation des lettres de surséance et de .. Règlement sur les faillites ; que tous banqueroutiers seront tenus de justifier leurs pertes.

Que tous faillis, qui s'absenteront, seront réputés banqueroutiers frauduleux ; défense de leur donner des sauvegardes et lieux privilégiés de sûreté.

29° Augmentation du nombre des juges consuls à cinq, et pouvoir de juger en dernier ressort à 2,000 francs, et de connaître des faillites, sauf les frauduleuses, dont les poursuites seront réservées aux juges ordinaires des lieux.

Faculté aux anciens juges d'assister avec voix délibérative, au nombre de deux ou trois.

30° Que le payement des lettres de change et billets à ordre, sera exigible au terme fixé par le billet ou lettre, sans jour de grâce.

31° Règlement général pour la fabrique de la soierie ; suppression des droits de marque et autres, et des inspecteurs des manufactures.

32° Exécution stricte du traité de commerce avec les Anglais, quant aux droits d'entrée imposés.

Plus de traités de commerce, sans le concours et l'avis des chambres de manufactures, sauf l'approbation des Etats généraux.

33° Abrogation et suppression de tous droits de maîtrise, et règlement à faire relativement aux ordonnances et statuts.

34° Lois générales à faire, une seule coutume, une même mesure.

Etablissement d'un comité de législation dans les Etats généraux.

35° Permission d'exiger l'intérêt du simple prêt à terme, et de le stipuler par les billets et obligations à 4 p. 0/0, ou au-dessous de celui des contrats de constitution à cause de l'aliénation des fonds.

36° Abrogation de l'article 197 de la coutume, et des droits d'aînesse de noble, partage égal des biens nobles entre roturiers.

37° Abrogation des articles 233 et 243, et à l'avenir faculté de se donner les acquêts en propriété entre mari et femme, et étrangers.

38° Réunion et incorporation aux siéges royaux des bureaux des finances, élections et autres, d'attribution au principal siége des bailliages ; que les officiers réunis feront leurs fonctions, et connaîtront particulièrement de leurs matières par bureaux.

Qu'il ne sera plus donné d'exemption d'études dans les universités.

Que les charges des réunis seront éteintes à leurs décès, en remboursant à la veuve ou héritiers.

39° Que les justices seigneuriales des bourgs seront supprimées et réunies à celles des petites villes ou gros bourgs où il y a marché ; que dans les justices qui subsisteront, il pourra y avoir trois juges, dont un licencié, pour juger en dernier ressort jusqu'à certaine somme dans les matières légères, et pour simple limite d'héritage, pour être exercées par les officiers respectifs en ce qui les concerne.

Ressort pour l'appel au juge royal.

40° Suppression des justices subalternes dans les villes où il y a siéges royaux.

41° Etablissement de bureau de conciliation dans les villes de municipalité.

Révocation de tous priviléges de *committimus*, etc.

42° Demander la nullité du concordat fait pour le duché de Luynes et autres qui ressortissent ; demander la connaissance des appels au bailliage et siége principal.

43° La réduction du parlement de Paris.

Une cour souveraine en chaque ville principale de généralité, formée par semestre, prise dans le parlement, et une augmentation de 4,000 francs aux présidiaux.

44° Réformation et règlement nouveau sur la forme de la procédure.

Suppression des huissiers-priseurs.

Suppression des receveurs des consignations.

45° Réformation des droits de contrôle, centième, et autres.

46° Règlement à faire pour la sûreté des actes. Règlement à faire sur la procédure criminelle et sur les lettres de grâce.

47° Point de vœux religieux avant vingt-cinq ans.

Point d'envoi d'argent hors du royaume, pour bulles et autres objets.

Abrogation des empêchements de mariage.

48° Suppression des maisons religieuses qui ne sont pas en nombre suffisant, en leur faisant des pensions, et de tous bénéfices simples, même des églises collégiales.

Supplément des dots des curés et vicaires qui ne quêteront plus; plus de casuel; fonds des maisons et bénéfices supprimés, employés à la dotation des curés et vicaires.

Établissement d'hôpitaux et maisons de charité dans les villes et bourgs, auxquels seront donnés des revenus.

Exécution de l'article attribué aux bailliages, avec concours de l'ordonnance du ministère public, et de l'avis des États provinciaux.

49° Les canonicats des cathédrales, réservés et donnés aux curés anciens, comme retraites.

50° Résidence des évêques dans leurs évêchés.

Suppression du concordat

51° Rétablissement de la Pragmatique-Sanction.

Règlement de l'éducation.

Pouvoir des pères sur leurs enfants.

Abrogation des lettres de naturalisation.

CAHIER GÉNÉRAL

Des plaintes et doléances de tous les habitants du ressort du bailliage et siège présidial de Châtillon-sur-Indre (1).

Tous les habitants de ce ressort sont également surpris que, dans la circonstance actuelle, le bailliage présidial de Châtillon-sur-Indre n'ait pas été compris au nombre des bailliages principaux et se trouve placé dans la classe des bailliages secondaires. En consultant l'histoire généalogique de la maison de France, par Scévole de Sainte-Marthe, il est prouvé que le domaine de Châtillon-sur-Indre est devenu un des domaines de la couronne sous le règne de Robert, qui avait épousé Béatrix qui en était dame. Depuis cette époque, Châtillon a été décoré d'une juridiction royale qui a même toujours eu des reliefs, ainsi qu'il est justifié par sa coutume locale insérée à la suite des deux réformations de celle de Touraine des années 1507 et 1559. Aussi la tradition de ce siège nous apprend que dans le temps des assises des grands baillis des provinces, celui de Touraine venait à Châtillon comme étant le siège le plus important de cette province après Tours, parce que le Roi y avait établi un lieutenant égal à celui de Tours; c'est ce qu'attesta M. l'avocat général Le Maître, lors de sa plaidoirie qui précéda

(1) Nous publions ce cahier d'après un manuscrit des *Archives de l'Empire.*

un arrêt de la cour en l'année 1494 qui intéressait le bailliage de Châtillon, ce qui se trouve encore justifié par les anciens cahiers des plaids et assises de ce siége, et une célèbre enquête conservée en original dans ses archives, faite en 1489, par de La Ligne. Aussi, dans ces temps reculés, Châtillon passait pour la ville capitale de la haute Touraine.

Cette ville a cessé d'être du bailliage de Touraine, lors de la création de son bailliage présidial, par édit du mois de novembre 1639. Sa situation avantageuse détermina cette création; cet édit est conçu en ces termes : « Nos sujets « éloignés comme ils sont des présidiaux dont ils « ressortissent actuellement reçoivent une nota- « ble incommodité d'être contraints d'y aller « chercher la justice, au lieu qu'elle leur peut « être plus commodément rendue sur les lieux « par l'établissement d'un bailliage et siége pré- « sidial à Châtillon-sur-Indre. » Si l'on consulte la carte de MM. les Cassinistes, on voit que Châtillon est situé entre quatre présidiaux presque à égale distance de leur chef-lieu, savoir : de 15 lieues de Tours, de 17 de Blois, de 19 de Poitiers et de 23 de Bourges ; on ne pouvait choisir une situation plus avantageuse pour faire un établissement aussi utile : il serait à désirer, pour le soulagement des sujets de Sa Majesté, que cet édit de création se fût maintenu dans sa intégrité; que les justices du marquisat de Mézières et baronnie de Preuilly, qui sont à proximité du bailliage présidial de Châtillon, n'en eussent point été distraites en faveur de celui de Tours.

Il est constant que depuis l'époque de l'édit de novembre 1639, le siége de Châtillon est devenu un bailliage présidial égal à celui de Tours; puisqu'il a son grand bailli d'épée particulier; cette charge a d'abord été possédée par la famille de Marolles, à laquelle a succédé M. d'Archambault, aujourd'hui pourvu de cet office, et qui, en cette qualité, est compris au rôle de la capitation des officiers de ce siége.

De ces observations il résulte évidemment que depuis 1614, Châtillon a acquis le droit de députation directe aux États généraux du royaume, comme bailliage principal, pour s'y faire représenter directement par ses députés; que la convocation des trois ordres de son ressort devrait être faite par son grand bailli ou son lieutenant, en cas d'absence, et non par celui de Touraine qui est sans juridiction sur ce ressort, et ce, avec d'autant plus de raison, que la totalité de ce ressort, ainsi que le marquisat de Mézières et partie de la baronnie de Preuilly, qui en ont été distraits, sont de la généralité de Berri, et y payent tous les impôts quelconques qui leur dans le ressort de ce bailliage présidial, pourquoi lesdits habitants déclarent que c'est sans approbation aucune de M. le grand bailli de Touraine ou de M. son lieutenant dont ils ne peuvent reconnaître la juridiction, qu'ils se sont assemblés et ont fait leur députation ; que ce ne peut être que par erreur, si leurs assemblées n'ont pas été provoquées directement par M. le grand bailli de ce bailliage présidial ou M. son lieutenant ; que ce n'est que pour obéir aux ordres de Sa Majesté s'ils défèrent au règlement concernant la convocation des États généraux du royaume; protestant, ainsi qu'il est porté par l'observation en suite du premier état annexé audit règlement ; que la rédaction du présent cahier général des plaintes et doléances des habitants de ce ressort et le transport des députés par eux élus pour le présenter à l'assemblée générale du bailliage de Tours, indiquée au

16 de ce mois, ne pourra nuire, ni préjudicier aux droits dudit bailliage présidial, ni à son indépendance de celui de Tours, et ce, sous les conditions et modifications qui suivent :

1° Que le bailliage présidial de Châtillon aura ses députés des trois ordres auxdits Etats généraux distincts et séparés de ceux du bailliage de Tours, par la voie du scrutin, dans la forme prescrite par l'article 47 du règlement ; 2° que la présente délibération sera dénoncée au président du clergé et de la noblesse, pour que les députés des deux ordres dudit bailliage de Châtillon aient à choisir particulièrement leurs députés en nombre égal à celui du tiers-état pour composer la députation des trois ordres dudit bailliage présidial aux Etats généraux ; 3° que lesdits députés auront auxdits Etats généraux la même voix prépondérante, rang et délibération que ceux des bailliages principaux dénommés dans l'état annexé auxdites lettres et règlements ; 4° enfin que lors d'une nouvelle convocation desdits Etats généraux, le bailliage présidial de Châtillon-sur-Indre, y sera employé comme bailliage principal et les trois ordres de son ressort directement convoqués par son grand bailli ou son lieutenant.

2° Tous lesdits habitants demandent que le clergé, la noblesse et généralement tous les autres privilégiés, à quelque titre que ce soit, renoncent expressément à toutes exemptions pécuniaires, et supportent avec une parfaite égalité, tous les impôts et subsides qu'exigent les besoins de l'Etat, conjointement avec le tiers-état, et qu'ils soient compris au même rôle.

3° Ils demandent qu'il soit établi dans chaque province des Etats semblables à ceux du Dauphiné.

4° Que les Etats généraux se tiennent périodiquement tous les cinq ans au moins, à l'époque et dans la forme qui seront arrêtés aux prochains Etats généraux.

5° Qu'aux prochains Etats généraux, et ceux à venir, les suffrages soient toujours pris par tête, et non par ordre, et le tiers-état toujours en nombre égal aux deux autres ordres réunis.

6° Qu'il y ait une réforme dans le code civil et criminel, notamment dans celui des chasses, et dans l'ordonnance des eaux et forêts, où les peines sont trop graves à raison des délits ; qu'en attendant, il soit procédé à la réforme de la coutume de Touraine en ce qu'elle accorde trop aux aînés dans les biens nobles, comme aussi que dans les justices seigneuriales subalternes, les seigneurs soient tenus d'avoir des officiers domiciliés, faute de quoi les justiciables seront libres de se pourvoir, en première instance, devant les juges royaux ; que les officiers seigneuriaux soient déclarés inamovibles, et que les maîtres de forges soient garants civilement des délits de leurs voituriers.

7° Ils demandent, avec la plus vive instance, la suppression de la gabelle, qu'ils regardent comme l'impôt le plus désastreux.

8° La suppression des droits d'aides, et ceux y réunis, comme présentant beaucoup d'arbitraire, de vexation dans le détail et d'embarras dans le commerce, en réservant néanmoins aux villes les octrois dont elles jouissent actuellement, et qui forment (actuellement) le seul revenu de la plupart, afin qu'elles puissent continuer d'acquitter leurs charges.

9° Qu'ils désirent que les poids et mesures deviennent uniformes, dans le royaume, si l'exécution en est possible.

10° Que la noblesse ne puisse plus s'acquérir à prix d'argent, et qu'elle ne soit accordée que pour des services rendus à la patrie, et vérifiés par les Etats de la province.

11° Que toutes les provinces soient assujetties aux mêmes impôts et de la même manière, les sujets d'un même empire devant jouir des mêmes privilèges et supporter les mêmes charges.

12° Que les rôles d'impositions ne puissent être arrêtés que de l'avis de la communauté intéressée à la répartition.

13° Que les municipalités soient à l'avenir électives et composées des trois ordres.

14° Que les Etats généraux prennent en considération le droit de banalité qui est très-onéreux, sujet à une infinité d'abus, et dont l'abolition entière serait à désirer.

15° Qu'il soit permis d'amener aux marchés publics des farines.

16° Qu'il soit demandé sur le revenu des ordres religieux supprimés et sur les abbayes, les fonds nécessaires pour établir et fonder dans toutes les villes et paroisses de campagne, des bureaux de charité, pour le secours des pauvres, à qui il est défendu de mendier, et dont un grand nombre périt faute de pareils établissements.

17° Qu'on prenne en considération le concordat, fait entre François Ier et Léon X, qui fait sortir de la France beaucoup de numéraire qui n'y rentre qu'en petite quantité, vu le peu de commerce avec l'Italie.

18° Qu'il soit procédé à la rédaction d'un tarif clair, précis, modéré, uniforme dans toute la France, des droits de contrôle, centième denier, et autres objets domaniaux.

19° Que le droit de franc-fief, qui forme une imposition particulière sur le tiers-état, et qui est contraire à l'agriculture, soit supprimé.

20° Que les lois et ordonnances qui excluent le tiers-état des grades militaires soient abrogées.

21° Quant aux traites foraines, Sa Majesté a reconnu combien elles apportaient d'entraves dans le commerce ; elle a manifesté son intention de les porter aux frontières du royaume. Il est à désirer qu'elle s'accomplisse.

22° Ils demandent que le délai accordé pour purger les hypothèques soit porté à six mois ; que les oppositions aux bureaux des hypothèques durant pendant dix ans, et celles aux sceaux d'officiers trois ans, et que les lettres de ratification ne puissent, en aucun cas, purger les redevances foncières.

23° Que les jurés-priseurs, établis par édit de février 1771, soient supprimés, attendu que leur établissement est préjudiciable à l'Etat et on ne peut plus onéreux au peuple.

24° Qu'il est de l'intérêt public qu'il soit procédé à l'arrondissement des sièges royaux, afin de rapprocher, autant qu'il est possible, les justiciables des juges, de leur éviter des frais de voyage considérables, et autres inconvénients.

25° Qu'il serait très-avantageux pour tous les propriétaires d'être affranchis de la solidité de toutes les rentes indistinctement, si mieux n'aimaient les créanciers desdites rentes en recevoir le remboursement au denier vingt-cinq pour celles en argent, et pour celles en denrées sur le même pied, au taux des évaluations portées par les mercuriales des greffes les plus prochains, en formant de dix années une année commune ; et pour le cas où cette réclamation résisterait au vœu des trois ordres, il paraîtrait à propos de réduire la faculté de répéter les arrérages à cinq ans ; les motifs de cette réclamation résultent des frais immenses qu'entraînent ces solidités, de la multitude des demandes récursoires qu'elles occasionnent, qui sont souvent dirigées contre le plus faible créancier et absorbent souvent les principaux de ces rentes.

26° Que les lettres de cachet soient prises en considération ; le Roi qui nous gouverne ne pourra qu'écouter avec le plus vif intérêt les remontrances qui lui seront faites à ce sujet. Il ne désire que le bonheur de son peuple ; il se persuadera aisément que la liberté individuelle de chaque citoyen est un des premiers principes du droit naturel.

27° Une suite naturelle de la liberté des citoyens est d'être jugés par leurs juges naturels, et de ne pouvoir être traduits devant des juges étrangers par des commissions, évocations ou de toute autre manière. En conséquence, ils demandent qu'il soit statué à cet égard, et qu'au moins les affaires réelles ou mixtes ne puissent être traitées que devant les juges des lieux.

28° Lesdits habitants estiment qu'il serait possible de suppléer à la suppression des tailles, capitation, aides et droits y réunis, gabelle, franc-fief, corvées, vingtième, de quelques droits de contrôle les plus onéreux, diminution et simplification des autres : 1° par l'établissement d'un impôt territorial en nature au vingtième, sous la dénomination de dîme royale, à l'instar des dîmes ordinaires, et quant aux objets sur lesquels la dîme est insolite, un vingtième en argent suivant l'estimation qui en sera faite par les commissaires de chaque province ; 2° par une capitation sur l'industrie et le commerce.

29° Qu'il serait intéressant pour le public qu'on établît un pont de communication de la grande route à Montbel, sur la rivière d'Indre.

30° Que les Etats généraux soient invités de prendre en considération les abus qui se sont introduits dans l'administration des domaines de la couronne.

Lesdits habitants, pénétrés de reconnaissance du bienfait signalé que le Roi vient de leur accorder par la convocation des Etats généraux, et la forme qu'il y a adoptée, pleins de confiance dans sa bonté et sa justice, espèrent qu'il prendra les moyens d'écarter les abus qui s'étaient introduits, et qui régnaient depuis si longtemps ; qu'il voudra bien réintégrer la nation dans les droits dont elle aurait toujours dû jouir. Ils le supplient de concerter avec les députés aux Etats généraux tous les moyens pour établir une constitution solide et durable, qui détermine d'une manière précise les droits du souverain et ceux de la nation.

Sur la réquisition desdits sieurs commissaires, nous demeurons chargés de représenter à Tours, l'expédition des présentes, ainsi que les procès-verbaux qui constatent les nominations primitives des députés qui doivent y paraître.

De tout ce que dessus nous avons dressé le présent procès-verbal qui a été clos et arrêté ledit jour, à quatre heures de relevée, et ont lesdits sieurs commissaires signé avec nous et notre greffier, ainsi signé en la minute des présentes.

Fermé fils ; Bonneau ; Franquelin ; Huard : Pocques ; Giraud ; Franchault des Minières ; Moreau des Breux, et Lusseau, secrétaire.

Collationné et certifié véritable par nous, greffier du bailliage et siège présidial de Châtillon-sur-Indre, soussigné, cejourd'hui 8 mars audit an.

Signé LUSSEAU.

CAHIER

Des doléances plaintes et remontrances des habitants de la paroisse de Saint-Mexme-les-Champs, de la ville de Chinon en Touraine (1).

Lesdits habitants, en conséquence de l'assignation donnée à Joseph Faucillon, syndic de cette paroisse, à la requête de M. le procureur, en date du 20 février de la présente année, signé Lemercier, et remise à M. Pierre Picault de la Pomardière, fabricien, faisant pour l'absence du syndic ; nous Pierre Picault, après nous être conformé et avoir exécuté tout ce qui est prescrit par les lettres du Roi, données à Versailles le 24 janvier 1789, pour la convocation et tenue des Etats généraux du royaume : 1° du règlement y joint ; 2° de l'ordonnance de M. le lieutenant général du bailliage de Chinon, rendue en conséquence d'icelui ; nous, habitants du tiers-état de ladite paroisse, nous sommes assemblés, au son de la cloche, en la manière accoutumée, et avons procédé à la nomination et élection de.....

qui ont été librement élus députés à la pluralité des voix, à la manière accoutumée ; et de suite avons aussi procédé à la rédaction de notre cahier de doléances, plaintes et remontrances dont nous les avons chargés pour le porter et présenter à l'assemblée indiquée par M. le lieutenant général du bailliage de Chinon au lundi 2 mars prochain.

Art. 1er. Demande le tiers-état de ladite paroisse qu'on prenne les moyens les plus prompts et les plus expédients pour libérer l'état de ses dettes, afin que par ce moyen on puisse alléger le fardeau des impôts qui les privent du nécessaire.

Art. 2. L'abolition de la gabelle, s'il est possible, et dans le cas où on ne le pourrait, il pense qu'en supposant huit millions de chefs de famille dans le royaume, et en obligeant ces huit millions de chefs de prendre chacun quinze livres de sel au grenier public, à raison de 8 sous la livre pour prix et sommes de 6 livres que chacun serait tenu de payer comptant, en le livrant dans les termes fixés par le Roi, cette distribution forcée donnerait au Roi un revenu certain de quarante millions ; et en laissant la liberté à tous les consommateurs du royaume de prendre audit grenier le surplus qui leur serait nécessaire, à un prix assez bas pour qu'il n'y ait pas de profit de faire le faux saunage, en se contentant seulement d'un sou par livre au profit du Roi, ce moyen procurerait encore au Roi un bénéfice considérable, et ses sujets ne seraient plus vexés par les employés. Si l'on joignait la recette de cet impôt aux autres recettes, le Roi déchargerait par là son peuple d'une quantité de receveurs dont les émoluments attachés à leur emploi sont pour lui une surcharge accablante. Il serait aussi nécessaire que cette imposition fût commune à toutes les personnes et à toutes les classes de l'Etat sans distinction.

Art. 3. Une réforme et un nouveau tarif clair, précis et modique pour les contrôles des actes notariés ; par ce moyen on éviterait mille et mille questions ruineuses, et l'on procurerait une somme considérable au Roi par la grande circulation des biens-fonds et mobiliers qu'occasionnerait cette réforme.

Art. 4. La classe des pauvres, hors d'état de gagner leur vie, étant malheureusement très-nom-

---

(1) Nous publions ce cahier d'après un manuscrit des *Archives de l'Empire*.

breuse, il est absolument nécessaire de trouver des moyens pour les soulager ; pour ce, mettre en leur faveur un droit particulier sur les cartes, chambres de société à jouer, cafés, salles de spectacle, jeu de paume, auberges, cabarets, etc., du royaume, lequel droit serait perçu par un receveur choisi par les villes.

Art. 5. Demande qu'il soit payé un droit particulier en faveur des pauvres pour chaque sentence et acte de justice de quelque tribunal que ce soit, un droit pour tous actes notariés qui sera perçu par le contrôleur des actes pour en compter.

Art. 6. Permettre indistinctement à tout le monde d'envoyer paître leurs bestiaux dans tous les marais communs, friches et grands bois appartenant au Roi, excepté dans les ventes prohibées par les ordonnances, en payant, par chaque mouton ou brebis, 1 sou ; 2 sous par chaque cochon ; et 3 sous pour tout autre bétail. Ceux qui voudraient jouir de ce droit devraient être tenus de faire leur déclaration du nombre et de l'espèce de bestiaux qu'ils voudraient avoir et payeraient ce droit chez le receveur des pauvres, et prononcer une peine contre tous ceux qui n'auraient pas fait de déclaration, ou qui en auraient fait de fausses, sans tirer à conséquence pour les échappés.

Art. 7. N'adjuger aucune vente des forêts, même royales, des bois ecclésiastiques, aucun domaine appartenant au Roi, sans un droit pour les pauvres.

Art. 8. Ne donner aucune commission dans les finances sans un droit pour les pauvres.

Art. 9. Un droit pour toutes les nominations, prises de possession de bénéfice, même à nomination royale.

Art. 10. Un droit proportionné à toutes pensions, toutes grâces, tous brevets, toutes charges, etc., en faveur des pauvres.

Art. 11. Demande aussi que tous les impôts soient égaux pour toutes les classes et répartis suivant les facultés de chacun.

Art. 12. Qu'il n'y ait qu'un rôle pour les trois classes, et que les biens du premier et du second ordre seront estimés et imposés de la manière et dans la forme que le seront les biens du tiers ; cet article est très-fortement recommandé pour le bien public et l'égalité des contribuables.

Art. 13. De fixer les rétributions des journaliers de la campagne, à raison de la cherté du blé et des saisons, savoir : à raison de 10 sous en été quand le blé ne vaudra que 20 sous, mesure de roi, 12 sous quand il vaudra de 25 à 30 sous, et de 15 sous quand il vaudra de 35 à 40 sous.

Art. 14. D'autoriser les syndics ou autres notables des paroisses, de faire trois monitions à ceux desdits journaliers, qui, étant en état de travailler, préféreraient l'oisiveté au travail, et prononcer une peine quelconque qui serait réglée par la sagesse des Etats, contre ceux qui, après lesdites trois monitions, ne voudraient pas se corriger ; cet article doit être regardé comme très-intéressant pour l'agriculture. Il doit être regardé tel par ceux qui connaissent l'esprit et la façon d'agir d'une partie de cette classe.

Art. 15. Régler dans la partie des aides, si on ne peut absolument les supprimer, un prix fixe, modéré et égal pour le vin que les trois classes feront entrer.

Art. 16. Représente que les biens-fonds étant la source de toutes les richesses, il faut une singulière attention de ne pas trop les surcharger d'impôts, et de charger, autant qu'on le pourra, les objets de luxe.

Art. 17. Expose, le tiers-état de ladite paroisse, que les hommes dans l'origine étant égaux, et devant l'être après leur mort, il est contraire au bien de la société, à celui du bien public de voir si communément chacun de ceux qui ont fait, comme ils ont pu, une petite fortune, sortir tout aussitôt de leur état, et s'arroger arbitrairement des qualités. Il demande que, pour l'illustration de la monarchie, les qualités de chevalier, baron, comte et marquis ne soient prises que par ceux auxquels le Roi les aura accordées ou les accordera. Il est humiliant pour ceux du haut tiers, qui sont depuis longtemps dans la magistrature ou dans des états honnêtes, utiles à leur patrie, de voir aujourd'hui les descendants des domestiques de leurs pères se qualifier de quelques-unes de ces qualités ; il verra avec satisfaction réduire à la noblesse personnelle tous ceux qui depuis ont obtenu la noblesse pour de l'argent, et qui depuis ce temps ont cessé d'être utiles à leur patrie ; il verra aussi avec plaisir et considération tous ceux qui, dans chaque état, auront mérité la noblesse, par leurs longs services ou pour quelques autres actions d'éclat.

Art. 18. Demande expressément que les délibérations aux Etats généraux soient constamment prises par les trois ordres réunis, et que les suffrages soient comptés par tête.

Art. 19. Il désire aussi qu'on prenne aux Etats tous les moyens possibles pour procurer à la France une heureuse constitution qui assure à jamais la stabilité des droits du monarque et ceux du peuple français, qui anéantisse pour toujours les prétentions des deux premiers ordres de l'Etat qui ne visaient à rien moins qu'à vouloir s'arroger un gouvernement aristocratique ; qui rende inviolable et sacrée la liberté personnelle de tous les sujets ; qui défende qu'aucune loi soit établie sans l'autorité du prince et le consentement de la nation ; qui empêche que les ministres, les tribunaux et aucuns sujets du Roi, violent impunément les lois qui seraient consenties.

Art. 20. Il demande qu'il ne soit fait aucun emprunt direct ou indirect, et qu'aucun subside soit perçu sans le libre consentement des Etats généraux.

Art. 21. Il représente que la ville de Chinon étant avantageusement située pour le commerce, limitrophe du Poitou, ayant en outre une rivière navigable et des prairies considérables, se trouve cependant hors d'état de profiter de tous ces avantages faute de pont pour communiquer à la route du Poitou, et de caserne pour la cavalerie ; il serait très-nécessaire pour le commerce et avantageux pour le pays qu'on procurât des fonds pour construire des ponts et bâtir des casernes ; si l'on se déterminait à construire des casernes, aucun emplacement ne serait plus convenable à cause du local avantageux par son exposition et la proximité des eaux, qu'un terrain qui se trouve vague depuis la nouvelle route, qui débouche à la ville, jusqu'au mur du vieux château, de manière que les casernes se trouveraient percées au midi et au nord, ayant ladite route au couchant, et le château au levant, auquel on pourrait communiquer facilement, pour y faire une place d'armes, un manège et y trouver dans les tours, qui sont très-saines, des magasins pour les fourrages et avoines.

Art. 22. Il demande que les députés du tiers à l'assemblée des Etats fassent sentir la nécessité pressante de détruire les abus relatifs aux tribunaux, et à l'administration de la justice.

Art. 23. Il adhère de bon cœur et regarde comme un très-grand avantage pour la nation, la suppression des juridictions, des élections, eaux et forêts, grenier à sel, trésoreries de France et auditeurs des chambres des comptes des provinces seulement.

Art. 24. Il représente qu'une grande partie des charges de secrétaire du Roi, si on les laisse subsister, pourraient être réunies aux titres des charges de conseiller au parlement, ou à ceux des lieutenants généraux des bailliages du royaume, avec la noblesse personnelle seulement, et qui ne pourrait être transmissible qu'à la troisième ou quatrième génération.

Art. 25. Demande aussi, le tiers-état, qu'on sollicite aux États généraux, en leur faveur, l'extinction du droit humiliant de franc-fief ; on procurera par ce moyen plus de mouvance dans les terres, et par conséquent, plus de revenu au Roi, en fixant un droit de contrôle, proportionné à leur valeur et à leur dignité.

Art. 26. Il demande aussi aux États généraux qu'on n'éteigne aucun ordre religieux, qu'on ne supprime aucune de leur maison, et qu'on ne touche, en aucune façon, à la propriété de leur bien qui leur appartient comme à tous les autres sujets des trois ordres ; mais il désire ardemment qu'on leur défende aucun bâtiment inutile, et qu'il fixe, pour chaque religieux, un revenu honnête et proportionné à son état ; qui ordonne qu'après les réparations nécessaires de leurs maisons, les avances annuelles, pour faire valoir leurs biens ; en un mot, le surplus de leur revenu net, dont on prendrait l'état, serait déposé dans la caisse des pauvres de la province, pour le soulagement de tous ceux de cette classe hors d'état de gagner leur vie. Il regarde que c'est la vraie destination du surplus des revenus des communautés religieuses, et en général du bien de l'Église.

Art. 27. Il demande qu'on conserve aux paroisses leur commun ; que la propriété leur en soit pour toujours assurée, et qu'on leur laisse la faculté de les faire valoir de la manière qui leur serait la plus avantageuse, sans jamais pouvoir les vendre ni les aliéner en faveur de personne ; permettre que les paroisses puissent les affermer en tout ou partie, et que le prix de leurs fermes tourne en faveur des pauvres des paroisses, dont ils dépendent, ou pour payer la portion congrue de leur vicaire, s'il n'y avait pas de fonds fixés pour ces places ; que dans ce cas, le surplus des fermes serait versé dans la caisse des pauvres, pour le soulagement de ceux de leur paroisse qui seraient hors d'état de gagner leur vie ; consent ledit tiers-état, que tous ceux qui ont actuellement des titres, soit de concessions ou contrats de vente de ces communs, puissent les retenir, et en soient regardés pour toujours propriétaires, en produisant leurs titres à une assemblée de paroisse.

Art. 28. Il désire, pour le bien public et celui du commerce, qu'il n'y ait qu'une coutume, qu'une mesure et qu'un seul poids dans le royaume.

Art. 29. Établir dans chaque province une ou plusieurs caisses d'escompte où l'on enverrait le surplus du revenu des communautés, celui des pauvres, le produit des communs, et dans laquelle on pourrait recevoir également, à 5 p. 0/0, l'argent de tous ceux qui voudraient, pour un temps fixé, en tirer l'intérêt, en attendant une occasion favorable pour le placer dans des fonds ; et dans ce cas, établir une administration de personnes intelligentes, sages, riches et prudentes.

Art. 30. Fixer invariablement ce que doit rendre de farine chaque livre de blé, pour empêcher un abus trop commun pour tous les meuniers.

Art. 31. Laisser subsister l'ordonnance pour le

tirage de la milice des villes et campagnes ; elle est très-utile pour la population, en ce qu'elle occasionne beaucoup de mariages ; dans ce cas, fixer invariablement et clairement les droits de ceux qu'on voudra en exempter.

Art. 32. Établir dans chaque ville une manufacture conséquente au produit de chaque pays, pour faire travailler hommes, femmes et enfants pauvres, qui ne seraient pas dans le cas de travailler à la terre.

Une manufacture pour filer, carder, broyer les chanvres, une casserie pour des noix ; des huileries conviendraient à la ville de Chinon, où toutes ces productions sont abondantes. Dans ce cas, mettre des Sœurs de la Charité pour veiller au travail, et établir un bureau pour son administration.

Enfin le tiers-état de la paroisse de Saint-Mexme-les-Champs ne veut pas borner le pouvoir de ses députés aux États généraux ; il déclare s'en rapporter à tout ce qu'ils estimeront en conscience pouvoir contribuer au bonheur du peuple et de la patrie.

CAHIER

Des plaintes, doléances, abus et remontrances de la paroisse de Villechauve, bailliage de Tours (1).

En conséquence des ordres de Sa Majesté, signifiés le 20 février 1789, desquels on a lieu d'espérer un bon succès :

Art. 1er. Représentation sur l'administration de la France et sur les privilégiés, qui causent la ruine de Sa Majesté et celle du tiers-état, qui a la charge de tout le fardeau, qui est de payer trop d'impôts appliqués au profit de l'administration et des privilégiés, et pas à Sa Majesté.

Les privilégiés qui ont le droit de faire valoir avec exemption, tiennent les mains liées du tiers-état, détruisent l'élève des familles en occupant les lieux à eux appartenant, et font faire rejet des impôts sur les malheureux, leur ôtant leur travail, et leur font payer ce qu'ils devraient eux-mêmes, s'ils jouissaient de l'humanité qu'ils devraient jouir équitablement. Ils devraient donc supporter les mêmes impôts. Il est constant qu'en ôtant la force du tiers-état, on ne peut améliorer les terres ; c'est affaiblir l'agriculture.

Art. 2. On estime que l'entretien et reconstruction des presbytères ne devraient pas être à la charge publique. Il n'en serait pas reconstruit si souvent mal à propos : changement de pasteurs, changement de goût qui causent des dépenses immenses qui ruinent les paroisses. Si les pasteurs étaient tenus à l'entretien de leur logement comme il devrait être, il ne se ferait pas si souvent des dépenses inutiles, comme il s'en fait, qui ne conduisent qu'à des contestations et iniquités. Il serait à propos de les mettre à portion congrue de 1,000 à 1,100 livres, et les vicaires de 400 à 500 livres ; et les obliger à tous les entretiens et reconstruction de leur logement, de marier, baptiser, et d'enterrer tous les citoyens décédés, faire le service d'enterrement, de huitaine et bout de l'an, gratuitement. Aujourd'hui, il se trouve que les tarifs sont inégaux qui ne devraient pas l'être.

Art. 3. Il serait à propos de représenter au pied du trône les sentences qui seraient prouvées être jugées par partialité, pour contenir l'équité qui appartient à tout le monde. Il pourrait se faire

---

(1) Nous publions ce cahier d'après un manuscrit des *Archives de l'Empire.*

que les juges écouteraient moins les sollicitations, s'il y avait quelques condamnations contre eux, et que les procureurs demandeurs, après avoir porté une cause deux ou trois fois devant les juges, soit par mémoire ou autrement, et qui persisteraient encore dans leurs demandes et qui perdraient leur procès, fussent obligés de perdre leur temps et leurs travaux, qui ne fussent seulement remboursés que de leurs déboursés ; ce serait maintenir le bon ordre.

Art. 4. Il serait à propos que tous les propriétaires qui jouissent de 80 ou 100 arpents de terre, en un tenant plus ou moins, eussent la liberté d'empêcher la chasse qui souvent cause des délits par des jeunes gens et autres qui passent à travers les grains, brisent les haies des clôtures, et qui causent quelquefois la destruction des volailles. Il ne faudrait pas qu'il n'y eût que les seigneurs en personne, et les propriétaires qui eussent droit de jouir des mêmes avantages.

Art. 5. Il serait à propos qu'il y eût une réforme sur les lods et ventes et les droits de relief ; et qu'il fût permis de rembourser les rentes de toute nature, à la volonté de ceux qui les doivent.

Art. 6. Il est surprenant comme on permet à des commissaires départis dans les provinces, d'affliger les laboureurs, au point d'arrêter l'exploitation des terrains, par les cavaliers de maréchaussée, qui déterrent les charrues dans les champs et dans les cours des laboureurs, emportent les coutres ; et on ne peut faire aucune exploitation de labour sans ce même outil ; ce qui réduit les laboureurs à beaucoup de peine et coups. On ne devrait pas absorber cette nation, qui est de la première nécessité.

Art. 7. Il est trop à propos de travailler pour le soutien de l'équité et du bon ordre, pour apaiser la colère de Dieu dont nous sommes frappés d'une si grande force par les vimaires que nous venons d'éprouver par la surabondance des eaux de l'automne de 1787, qui a empêché d'ensemencer les grands blés, et qui n'ont pu produire ensuite, la grêle qui en a causé l'impéritie, la dureté de l'hiver, et l'inondation de la Loire qui a causé des pertes immenses ; tout cela devrait bien contribuer à attendrir les cœurs et fléchir les âmes, de voir tant de fléaux qui attristent le peuple.

Art. 8. S'il était possible qu'il n'y eût qu'une coutume en France, ce serait bien plus avantageux que d'y en avoir plusieurs ; ce serait bien moins de coups et d'embarras pour le peuple. On ne serait plus obligé d'avoir recours à tant de contestations si différentes les unes des autres, qui ordinairement sont si onéreuses à ceux qui sont obligés d'y avoir recours ; la multiplicité des gens de justice et des juridictions entières renfermée dans une même famille devient aujourd'hui si dangereuse, qu'il est impossible de détailler tous les maux qu'elle cause.

Art. 9. Il est très-intéressant d'ôter l'impôt qui est sur le sel, et de laisser cet objet dans le commerce. Combien de malheureux qui n'en peuvent avoir, vu le prix exorbitant ! Cette misère contribue beaucoup à décomposer la santé du peuple ; et qu'on n'a rien de plus cher dans le monde pour pouvoir gagner sa vie ; par ce moyen, les citoyens ne se trouveraient plus exposés aux vexations d'une foule de commis, qui ne méritent des fermiers généraux qu'autant qu'ils se distinguent par leurs friponneries et par une guerre civile qu'ils font sans cesse à la nation, et qui ont perdu un nombre prodigieux d'habitants par des galères et des morts honteuses, en consé-

quence des sentences émanées dans leurs chambres ardentes, qui méritent la suppression la plus prompte. Il en est de même des aides. Par ces suppressions, Sa Majesté pourrait profiter des sommes énormes employées à payer les gages de ces sangsues.

Art. 10. Il est extrêmement intéressant de supprimer tous êtres inutiles qui ne sont accoutumés qu'à l'oisiveté, comme les chapitres et les moines de tous les ordres, et ne leur laisser que de quoi vivre honnêtement ; ce sont des gens qui jouissent de biens immenses, et qui consomment tous les objets par des dépenses bien opposées aux vœux des fondateurs ; il serait également nécessaire de retrancher les revenus immenses du haut clergé.

Art. 11. La paroisse de Villechauve en Touraine, bailliage de Tours, est composée de quatre-vingts feux, située en longueur et dans un mauvais climat ; la majeure partie en côte sur le nord ; et dans ladite longueur passe la grande route d'Espagne à Paris qui affaiblit encore la valeur de ladite paroisse, chargée d'un terrage de la neuvième partie des récoltes sur environ la moitié de la totalité ; ledit terrage appartenant à Messieurs du chapitre dudit Tours. Les paroisses de Saint-Gourgon et de Villeporcher sont au même droit de terrage. Ces trois petites paroisses appelées Fontenais ont pour seigneur le chapitre de Saint-Gatien de Tours. On ne dit rien des autres biens qu'ils possèdent dans lesdites paroisses. Il y a quantité de propriétaires dans lesdites trois paroisses qui se plaignent d'un très-grand nombre de terrains, qui a encore été assujetti à ce même droit de terrage, auquel il n'était pas ci-devant, par un nouveau plan et terrier fait en 1781 par Philippe Lesourd, leur féodiste et commis à terrier. On a cédé des fonds, n'osant pas avoir procès avec Messieurs, qui jouissent d'une trop grande puissance, qui emportent toujours victoire avec mauvais droit. La paroisse de Villechauve en a essuyé un triste exemple, ayant eu pour curé M. Roboteau, frère de M. Roboteau, chanoine au chapitre de Saint-Gatien, qui a fait construire le presbytère de ladite paroisse, quoiqu'il ne fût pas nécessaire. L'adjudication monte à 4,066 livres 12 sous ; tout bien-tenant était tenu suivant l'ordonnance de monseigneur l'intendant de donner des états exacts pour parvenir aux cotes d'un chacun. Ledit chapitre n'en a donné aucun ; les commissaires chargés de la mission se sont transportés à Tours pour se soumettre à l'obéissance que nous devons à nos seigneurs ; et de concert, ils avaient convenu qu'en estimant leurs revenus à la somme de 950 livres, quoique cette taxe fût infiniment inférieure à ce qu'ils devaient supposer ; ensuite le rôle de répartition a été fait et rendu exécutoire, et parvenu aux collecteurs qui ont reçu incontinent des à-compte sur ledit rôle d'impositions, et d'après le délai de l'ordonnance, et les à-compte reçus comme dit est, ces Messieurs vénérables chanoines se sont plaints, par requêtes signifiées aux commissaires qui étaient chargés de la mission pour cet effet. Malgré tous les efforts que les commissaires ont pu donner, ces Messieurs sont parvenus à rabaisser leurs revenus de 350 livres, et n'ont plus voulu le porter qu'à 600 livres au lieu de 950, afin d'en supporter moins. Monseigneur l'intendant ayant rendu son ordonnance, et renvoyé devant M. Picault, subdélégué, pour juger ces contestations, ils ont commencé par nous faire reporter le rôle, l'ont retenu, et refait un autre nouveau à leur gré, et se sont diminués de 286 livres, de sorte qu'ils n'ont payé que 216 livres, au lieu de 502 livres, qu'ils étaient imposés sur ledit rôle retenu, et ont rejeté cette somme de 286 livres sur les commissaires qui ont eu bien des peines et coups à parvenir à leur mission. La totalité de cette somme n'a pas été seulement mise sur la cote des commissaires, mais le surplus où ils ont avisé bon être ; et par vengeance il paraît donc qu'ils se sont remparés de la mission des commissaires qui étaient nommés à cet effet, comme il est dit ci-dessus. De plus, on a encore fait publier au prône que le rôle retenu était rempli d'erreurs. Cette publication n'a l'air que de calomnie par gens qui nous doivent l'exemple de tous ces faits. M. Picault, subdélégué de monseigneur l'intendant, en a rendu sentence qui condamne encore les commissaires aux dépens ; s'il avait été fait droit, Messieurs du chapitre auraient dû être condamnés à ces mêmes dépens, et à payer la somme qu'ils se sont diminuée, et aumôner la malheureuse paroisse de 300 livres. On serait encore dans le cas de prouver d'autres jugements sollicités de la part de ces Messieurs. Si la voix d'appel était ouverte, on serait encore dans le dessein de poursuivre si on savait pouvoir réussir, et devant qui s'adresser.

Art. 12. Il serait à propos qu'il n'y eût qu'un impôt unique en ce qui concerne la dîme et vingtième, taille, capitation et accessoires, qui seraient supportés par les ordres de l'Etat, sur l'estimation régulière des biens-fonds sans aucune exception, valeur et non-valeur, bois taillis, hautes futaies, jardins, parcs, parterres, gazons, prés, vignes, étangs, tufflères, carrières, marnières, ardoisières, marbrières, tout généralement quelconque ; que tout payerait au dixième du revenu, et les chemins 40 sous par chaque feu. Ce serait un impôt mieux qu'il n'est aujourd'hui.

Cet impôt unique se percevrait très-facilement dans les campagnes par les préposés qui le toucheraient par quartier, les dimanches et fêtes, issue des messes paroissiales et vêpres, et les verseraient directement au trésor royal, ce qui mettrait le cultivateur à couvert des vexations perpétuelles d'une foule de garnisons qui ne cessent d'envoyer dans les campagnes le receveur des tailles qui dévorent la substance des laboureurs et autres avec les commandements qu'ils envoient tous les mois (en Touraine) ; chaque commandement se paye 36 sous qu'ils retiennent sur chaque payement que les collecteurs font : ce qui les réduit à la mendicité. Cesdits commandements ne parviennent souvent que huit à dix jours après les dates, quoique les huissiers mettent parlant à...

Art. 13. La paroisse de Villechauve paye actuellement d'impôt la somme de 3,305 livres, qui absorbe le général des habitants, avec la reconstruction du presbytère et les terrages les fait régner dans la misère, vu l'ingratitude du climat de ladite paroisse, qui ne fait guère que contrebalancer les dépens et exploitations desdits terrains ; la paroisse étant éloignée d'environ huit lieues des rivières navigables, fait qu'il ne s'y fait aucun commerce.

Art. 14. Il vaudrait mieux payer le terrage et dixième en argent qu'en nature ; cela coûte à ceux qui les perçoivent, et encore plus à ceux qui les payent, qui éprouvent une gêne considérable à l'égard du terrage. On ne peut en enlever un épi qu'après le terrage payé.

Art. 15. Toutes les rentes affectées aux biens-fonds que les débiteurs n'auraient pas le moyen de rembourser, payeraient en raison des impôts, excepté ceux qui seraient francs de tous deniers royaux, attendu que c'est le prix des conventions ; et si ce n'était cela, les objets coûteraient plus cher.

Art. 16. Les cavaliers de maréchaussée de la ville de Château-Regnault, ayant fait leur visite et revue dans les granges et greniers de la susdite paroisse, n'ont trouvé à peine que de quoi substanter lesdits habitants jusqu'à la fin de mai prochain, et qu'il ne se trouve dans la susdite paroisse que cinq ménages, en se retenant de leur nécessaire, et le pasteur qui fait le sixième, qui puissent faire l'aumône aux pauvres.

Art. 17. Les commissaires députés à l'effet du presbytère de ladite paroisse, sont les personnes de François Moreau, André Busson et François Colombar ; ce dernier actuellement collecteur, porte-rôle de la susdite paroisse de l'année 1788, de laquelle mission il est bien affligé, attendu que, depuis la rigueur des flots, la dureté de l'hiver, il a été trois fois par la paroisse pour recevoir de l'argent des cotisés, qui tirent les larmes des yeux, ne pouvant pas payer leurs impôts. Il y a la moitié des ménages dans la susdite paroisse, qui, quand on leur demande de l'argent, font réponse qu'ils n'ont ni pain ni argent, versant des larmes, se désirant hors de ce monde.

Art. 18. On suppute qu'il serait possible d'affermer la partie des aides, et qu'il fût prononcé des condamnations contre ceux qui prévariqueraient contre l'ordonnance ; et que ces dommages et intérêts seraient au profit des fermiers pour maintenir le bon ordre.

SÉNÉCHAUSSÉE DE TRÉVOUX.

EXTRAIT DU PROCÈS-VERBAL

*De l'assemblée générale des trois ordres de la sé-
néchaussee de Dombes à Trévoux, contenant la
liste des comparants du clergé, de la noblesse et
du tiers-état* (1).

Le 23 mars 1789.

Sont comparus :

ORDRE DU CLERGÉ.

Monseigneur l'archevêque de Lyon, représenté
par monseigneur l'évêque de Sarrept, suffragant
de Lyon, son vicaire général, suivant sa procuration du 16 du présent mois, président.

CHATELLENIE DE TRÉVOUX.

Le chapitre de Trévoux, représenté par M. Jean-
Marie Chamion, chanoine, son syndic, par délibération du 11 de ce mois.

Les religieux du tiers ordre de Saint-François
de Trévoux, représentés par le P. Honoré Rap-
puis, leur gardien, par délibération du 19 de ce
mois.

Les religieuses Carmélites de Trévoux, représentées par le P. Joachim Tranchard, leur aumônier, par délibération du 15 de ce mois.

Les religieuses Ursulines de Trévoux, représentées par M. Jean-Sébastien Chauzion, chanoine,
leur aumônier, par délibération du 16 de ce
mois.

M. Pierre-Antoine Ferrand, chantre du chapitre
et curé de Trévoux.

M. Pierre Bourdin, curé de la paroisse de Rei-
zieux et de celle de Parcieux, son annexe.

M. Claude Fabre, curé de la paroisse de Thoussieux et de celle de Pouilleux, son annexe.

M. André Moste, curé de Massieux.

CHATELLENIE DE THOISSEY.

Les missionnaires de Saint-Joseph, tenant le
collège de Thoissey, auquel est uni le prieuré de
Montfavrey, représentés par M. François-Joseph
Brocard, leur supérieur audit Thoissey.

Les religieuses Ursulines de Thoissey, représentées par M. Jean-Pierre Gayot, curé de Guereins,
par procuration du 17 de ce mois.

M. François-Joseph Brocard, curé de Thoissey.

M. Aimé Lousmeau Dupont, curé de Saint-Didier de Valeins.

M. Etienne-Marie Darles curé de Moguereins.

M. François Vernette, curé de Saint-Etienne.

M. Hugues Piliot, curé de Camerans, représenté
par M. Aimé Lousmeau Dupont, curé de Saint-Didier, par procuration du 22 de ce mois.

M. Georges Carrier, curé d'Illiat.

CHATELLENIE DE CHALAMONT.

M. le comte Rully, abbé de Chassagne, représenté par M. Claude-François Comte, curé commis
de la paroisse de Sareins, par procuration du
16 de ce mois.

Les prieur et religieux de ladite abbaye de

Chassagne, représentés par M. François-Daniel
Belay, curé de Chalamont, par délibération du
16 de ce mois.

Ledit M. François Belay, curé de Chalamont et
de Saint-Martin.

M. Antoine Noël, curé de Dompierre de Chalamont, représenté par ledit M. Belay, par procuration du 14 de ce mois.

M. Joseph Chabot, curé de Rouzouel, représenté
par ledit M. Belay, par pouvoir du 16 de ce mois.

M. Hugues Jouvet, curé de la paroisse de Châtenay, représenté par M. Jean-Jacques Roux, curé
d'Antenais, par pouvoir du 15 de ce mois.

CHATELLENIE DE LENT.

M. Louis Curnillon, curé de Lent, représenté
par M. Jean Andras, chanoine de Trévoux, par
procuration du 21 de ce mois.

M. Claude-François Letous, curé de Servaz, représenté par M. André Peytel, sacristain du chapitre de Trévoux, par procuration du 21 de ce
mois.

CHATELLENIE DE MONTMERLE.

Les religieux Minimes de Montmerle, représentés par le père Benoît Boutin, l'un d'eux, par délibération du 19 de ce mois.

M. Esprit-Lambert Peysson, curé de Montmerle,
représenté par M. Louis Pourret, curé d'Amareins,
par procuration du 17 de mois.

M. Blaise Passel, curé de Lurey, représenté par
M. Jean-Baptiste Morel, curé de Messimy, par procuration du 18 de ce mois.

M. Louis Pourcet, curé de la paroisse d'Amareins.

M. Jean-Pierre Javet, curé de Guerreins.

M. Antoine Chazelles, curé de Francheleins.

M. François Paillet, curé de Valleins, représenté
par M. François Vernette, curé de Saint-Etienne,
par procuration du 12 de ce mois.

M. Louis-Marie Parret, curé de Genouilleux.

M. Pierre Aymoni, curé de Poyrieux.

M. Claude Faure, curé de Raneins, représenté
par M. Zacharie Blanc, curé de Montceau, par pouvoir du 21 de ce mois.

CHATELLENIE D'AMBERIEUX.

M. Jean-Jacques Roux, curé d'Amberieux.

M. Antoine Romans, curé de Monthiaux.

M. François Frecop, curé de Sainte-Olive, représenté par M. Jean-Jacques Roux, curé d'Amberieux.

M. Etienne Blin, curé de la paroisse de Sangneux
et de celle de Juis, son annexe.

CHATELLENIE DE VILLENEUVE.

M. Thomas Chamzier, curé de Villeneuve.

M. Eugène Paussat, curé de Mizeriens.

M. Antoine Renard, curé de Sainte-Euphémie.

M. Etienne Saunier, curé d'Ars.

M. Claude Brunard, curé d'Aiguereins.

M. Marc-Antoine Sibert, curé de Chaleins.

CHATELLENIE DE BEAUREGARD.

Les religieux Chartreux de Lyon, représentés

---

(1) Nous publions ce cahier d'après un manuscrit des
Archives de l'Empire.

par M. Henri Barge, chanoine de Trévoux, par délibération du 16 de ce mois.

M. Antoine Chalier, curé de la paroisse de Traux et de celles de Beauregard et Jassans, ses annexes, représenté par le père Francey, Augustin, vicaire desservant la paroisse de Jassans, par pouvoir du 22 de ce mois.

M. Claude-François Comte, curé, commis de la paroisse de Fareins.

M. Jean-Baptiste Morel, curé de Messimy.

CHATELLENIE DE SAINT-TRIVIER.

M. Louis Quillot, curé de la paroisse de Saint-Trivier.

M. Louis-François Bombard, curé de la paroisse de Montagneux et de celle de Chauleins, son annexe.

M. Benoît Berzy, curé de la paroisse de Percieux, représenté par M. Claude Brunard, curé d'Aiguereins, par procuration du 18 de ce mois.

M. Anatole-Marie Vuillod, curé de Saint-Christophe, représenté par M. Louis-François Bombard, curé de Montagneux et Chauleins, par procuration du 18 de ce mois.

CHATELLENIE DU CHATELARD.

M. François-Marie Dombey, curé de la paroisse de la Chapelle du Châtelard et de celle de Beaumont son annexe, représenté par Etienne-Marie Darles, curé de Moignéneins, par pouvoir du 18 de ce mois.

M. Jacques Cordier, curé de Marlieux, représenté par le même M. Darles, par pouvoir du 17 de ce mois.

M. Claude-Etienne Anguenot, curé de la paroisse de Saint-Germain, représenté par M. Antoine Chazelles, curé de Francheleins, par pouvoir du 20 de ce mois.

M. Etienne Buffin, curé de la paroisse de Saint-Georges, représenté par M. Aimé Lousmeau Dupont, curé de Saint-Didier, par procuration du 18 de ce mois.

CHATELLENIE DE BANEINS.

M. Georges-Marie Guichenon, curé de la paroisse de Dompierre de Chalaronne, représenté par M. Louis Guillot, curé de Saint-Trivier, par procuration du 21 de ce mois. Tous assignés par les exploits ci-dessus rappelés et datés, défaut faute de comparution ayant été accordé contre le curé de Cesseins, M. l'abbé de Cluny, doyen de Montbertrand, et le curé de Rané, pareillement assignés par les susdits exploits.

Se sont encore présentés sans avoir été assignés :

Les prêtres non pourvus de bénéfice, faisant leur résidence à Trévoux, représentés par M. Claude Frachet, vicaire de Trévoux, l'un d'eux, en vertu de leur délibération du 18 de ce mois.

MM. les comtes de Saint-Jean de la ville de Lyon, représentés par M. Claude-François Comte, curé, commis de Fareins, par délibération du 12 de ce mois.

M. Pierre-Claude Lapierre, prêtre prébendier de la chapelle de Saint-Pierre de Chazaud, dans l'église paroissiale de Saint-Didier de Valeins, représenté par M. Jean-Pierre Jayet, curé de Guerreins, par procuration du 21 de ce mois.

Les dames chanoinesses, comtesses du chapitre de Neuville en Bresse, représentées par le père Charles Francey, prieur des religieux Augustins de Boizon en Bresse, par procuration et délibération du 9 de ce mois.

M. Claude Gourmond, vicaire de Messimy, prébendier de la chapelle de Saint-Barthélemy dans

l'église de Messimy, représenté par M. Jean-Baptiste Morel, curé dudit lieu, par procuration du 25 de ce mois.

ORDRE DE LA NOBLESSE.

M. le comte de Montbriant, grand sénéchal de Dombes, président.

CHATELLENIE DE TRÉVOUX.

M. le marquis de Baglion-Delasalle, représenté par M. de Panette, par procuration du 16 de ce mois.

M. Jean-François Trollier de Fétan, représenté par M. Barthélemy-Marie Bonne de Pérès, par procuration du 19 de ce mois.

M. Ennemond-Augustin Hubert, seigneur de Saint-Didier.

M. Jean-Antoine de Regnauld, chevalier, seigneur de Parcieux, Massieux et Mions, représenté par M. Aimé Penet, comte de Monternot, par sa procuration du 17 de ce mois.

CHATELLENIE DE THOISSEY.

M. Laurent-Marguerite de Valleins, seigneur de Saint-Didier, Challes, Barbaret et autres lieux.

M. Jean-Baptiste Bourbon, seigneur de Deaulx et de Saint-Didier.

M. Louis-Alexandre Chollier, chevalier de Gibeins, seigneur de Chazelles, Saint-Etienne, Mezège et autres lieux.

M. Aimé-Marie Penet, comte de Monternot.

M. le comte de Montrevel, représenté par M. le chevalier de Gibonis, par procuration du 13 de ce mois.

M. Jean-Marie de Veyle, seigneur de Lioncins.

CHATELLENIE DE CHALAMONT.

M. le baron de Belvey et de Chaillouvre, représenté par M. Jean-Marie Ducret, écuyer, seigneur de Lange, par procuration du 12 de ce mois.

MM. Henri et Donat Baudrand de Pradel, seigneurs de la Roué et de Ronzuel, représentés par ledit sieur Ducret, seigneur de Lange, par procuration du 12 de ce mois.

M. Antoine-Suzanne Chappuis de Brion, écuyer, seigneur de la Franchise.

CHATELLENIE DE LENT.

M. Marie-Joseph-Claude-François de Favre, chevalier seigneur de Longry et de Colombier, représenté par M. Jean-François Penet, chevalier de Monternot, par procuration du 13 de ce mois.

M. Marie-Jean-Baptiste-Descrivieux Descouarde, chevalier, seigneur de Montmont, représenté par M. Gabet de Beauséjour, suivant sa procuration du 16 de ce mois.

CHATELLENIE DE MONTMERLE.

M. Jean-Jacques de Vidault, comte de la Barthe, représenté par le sieur Aimé-Marie Berthelon de la Vennerie, écuyer, par procuration du 7 de ce mois.

M. Guillaume-Louis de Murard, seigneur de Francheleins, représenté par M. le chevalier de Gibeins, par procuration du 17 de ce mois.

Dame Rose-Jérôme de Murard, veuve et héritière usufruitière de M. Jean-Baptiste Bonne de Pérès, dame de Genouilleux et Chavagnoux, représentée par M. Barthélemy-Marie de Bonne de Pérès, son fils, par procuration du 16 de ce mois.

CHATELLENIE D'AMBÉRIEUX.

M. le marquis de Damas d'Antigny, seigneur de Breuil, Ambérieux et Monthieux, représenté par

M. le comte de Montbriant, grand sénéchal, par procuration du 9 de ce mois.

M. Claude Tholomet, seigneur de Fontanelle.

M. le comte de Varennes, baron de Sainte-Olive, seigneur de Pleteins.

M. Louis-Nicolas Murgier de Fonbleins, seigneur de Savigneux et la Serpollière, représenté par M. Jean-Louis Guichard, son neveu, chevalier, ancien conseiller en l'ancien parlement de Dombes, par procuration du 20 de ce mois.

CHATELLENIE DE VILLENEUVE.

M. de Vincent, chevalier, seigneur de Panette, Villeneveuve, Champleins, la Breille, Château-Garnier et la Sidoine.

M. Laurent-Gabriel-Hector de Chollier, chevalier, comte de Cibeins, seigneur de Mizérieux, de Sainte-Euphémie.

M. François-Roch deQuinson, chevalier, seigneur de Boujard, représenté par M. de Tavernost, ancien avocat général au parlement de Dombes, par procuration du 14 de ce mois.

M. Louis-Marie de Garnier, marquis d'Ars, représenté par M. Marc Desrioux de Messimy, ancien procureur général au parlement de Dombes, par drocuration du 15 de ce mois.

Dame Catherine-Claudine de Chaponay, veuve de M. le marquis de Quinsonnas, dame du comté de Sèvres, d'Aiguereins, représentée par M. Michel-Antoine-Philibert de Reynaud de Serrezin, par procuration du 16 de ce mois.

CHATELLENIE DE BEAUREGARD.

M. Claude, marquis de Saron, baron de Fléchères, seigneur de Beauregard, Frans et Jassans.

Marie Murgier de Fombleins, demoiselle, propriétaire du fief de la Praze, représentée par M. Jean-Louis Guichard, son neveu, par procuration du 20 de ce mois.

M. Jacques-Antoine Des Rioux, comte de Messimy, seigneur de Mover, représenté par M. Marc Des Rioux, son fils, par procuration du 11 de ce mois.

CHATELLENIE DE SAINT-TRIVIER.

M. François-Elisabeth Bellet, baron de Saint-Trivier, seigneur de Tavernost et de Cesseins.

M. Marc-Antoine de Noyel de Berreins, seigneur de Mons, représenté par M. Jean-François Penet, chevalier de Monternost, par procuration du 21 de ce mois.

CHATELLENIE DE CHATELARD.

M. Jean-Baptiste Gaspard Cusset de Montrozard et dame Marguerite-Louise et Catherine-Françoise Cusset, ses sœurs, coseigneurs de Marlieux, Saint-Germain et la Ville, représentés par M. le chevalier de Jousselin, par procuration des 8 et 11 de ce mois.

Tous pareillement assignés par les susdits exploits, ayant été accordé défaut, faute de comparution, contre M. Desparre, seigneur de Roquet; M. le comte de Montezan et de Garnerans, madame de Foudras; dame d'Argile; M. le marquis de Varembon, coseigneur de Chatenay; les enfants héritiers de M. de Montrevel; M. le baron de Juis; M. de Ferray, seigneur de Saint-Georges; M. de Polignac, évêque de Meaux, comte de Brasseins, et madame la duchesse de Biron, dame de Ligneux, tous également assignés par les susdits exploits, sans être comparus ni personne pour eux.

Se sont encore présentés, sans avoir été assignés :

M. Charles de Jousselin, chevalier, seigneur de Roche, ancien chef de brigade au corps royal de l'artillerie.

M. Marc Des Rioux de Messimy, chevalier, ancien procureur général au parlement de Dombes.

M. Antoine Bellet, chevalier de Tavernost.

M. Jean-Louis Guichard, chevalier, ancien conseiller au parlement de Dombes.

M. Jérôme Andras, écuyer, ancien conseiller audit parlement.

M. Jean-François Janet, écuyer.

M. Nicolas-François Gemeau, écuyer.

M. Jean-Marie-Angélique Gabet de Beauséjour, écuyer.

M. Michel-Antoine-Philibert de Reynaud do Serrezin, écuyer.

M. Pierre-Laurent-Marie de Veyle, écuyer.

M. Jean-François Penet, chevalier de Monternost.

M. Aimé-Marie Berthelon de la Vennirie, écuyer.

M. Jean-Marie Ducret, écuyer, seigneur de Lange.

Dame Jeanne-Marie-Charlotte Aimard de Francheleins, épouse séparée de M. Antoine-Elisabeth Penet, comte de Chatelard, curatrice honoraire à son interdiction, représentée par M. le comte de Monternost, son beau-frère, par procuration du 14 de ce mois.

M. de Montfalconnet de Perès, chevalier.

M. Jean-Pierre Giriez, écuyer.

M. Marie-Jean-Baptiste Braquier, écuyer.

M. Gaspard-Adrien Bonet de Louvat de Champolon, seigneur de Courtelet, représenté par M. le comte de Varennes, par sa procuration du 10 de ce mois.

Dame Marguerite Girard, veuve de M. Joseph Valentin, écuyer, propriétaire par indivis avec ses enfants de la rente noble du prieuré de Saint-Trivier et Percieux, représentée par M. Jérôme Andras, suivant sa procuration du 17 de ce mois.

M. Jean-Marie-Cécile Valentin Du Plantier, écuyer, copropriétaire de la même rente et fief, représenté par M. Jean-François Janet, écuyer, par procuration du 16 de ce mois.

M. Jean-Baptiste-Victor Valentin Des Mures, co-propriétaire des mêmes rente et fief, représenté par M. Jean-Marie-Angélique Gabet de Beauséjour, par procuration du 6 de ce mois.

Et Louise-Cécile Valentin, demoiselle, également propriétaire par indivis des mêmes fief et rente, représentée par ledit M. Janet, sur sa procuration du 17 de ce mois.

ORDRE DU TIERS-ÉTAT.

M. Gemeau, lieutenant général, président.

CHATELLENIE DE TRÉVOUX.

La communauté des habitants de Trévoux, représentée par maître Mazin Jourdan, avocat, et par sieurs Bernard Vernay, François Comte et Nicolas Pistre, leurs députés, par délibération du 20 de ce mois.

La communauté des habitants de Saint-Didier, représentée par les sieurs Claude-Marie Chauvet et Jean-Claude Mandy, leurs députés, par délibération du 9 de ce mois.

La communauté des habitants des paroisses de Reirieux, Thoussieux et Pouillieux, sous un même rôle, représentée par Jean-Baptiste Béchot, Jean Gonin et Antoine Glugnet, leurs députés, par délibération du 16 de ce mois.

La communauté des habitants de Parcieux et

Massieux, représentée par sieurs Antoine Guillon et Benoît Simon, leurs députés, par délibération du 13 de ce mois.

CHATELLENIE DE THOISSEY.

La communauté des habitants de la ville de Thoissey, représentée par M. Antoine-François Billioud, conseiller, M. Louis Lorrin, M. Alexis Morel et sieur Antoine Chamerate, suivant leur délibération du 11 de ce mois, contenant leur députation.

La communauté des habitants de la paroisse de Saint-Didier de Valleins, représentée par sieur Claude-Antoine Germin, sieurs Pierre-Antoine Perraud, Pierre-Claude Perraud, Claude Berger fils, Etienne Gaty et Benoît Robellin, leurs députés, par délibération du 14 de ce mois.

La communauté des habitants de la paroisse de Moigneneins, représentée par MM. Claude Lorrin, avocat, et François Sandelion, leurs députés, par délibération du 16 de ce mois.

La communauté des habitants de la paroisse de Saint-Étienne, représentée par sieurs Claude Perraud, Sébastien Berthier et Jean-Pierre Morgon, leurs députés, par délibération du 15 de ce mois.

La communauté des habitants de Garnerans, représentée par Antoine Broyer et Pierre Mesme, leurs députés, par délibération du 14 de ce mois.

La communauté des habitants de la paroisse d'Illiat, représentée par sieurs Pierre Muzillon et Nicolas Jarravel, leur députés, par délibération du 17 de ce mois.

CHATELLENIE DE CHALAMONT.

La communauté des habitants de la ville de Chalamont, de la paroisse de Saint-Martin et de son mandement, représentée par messire Benoît Ozanam et Henri Buget, et par sieurs Pierre Chantillin et Claude Rivoire, leurs députés, par délibération du 15 de ce mois.

La communauté des habitants de Saint-Nizier-le-Désert à la part de Dombes, faisant partie dudit mandement, représentée par Jacques Rozet et Pierre Mallet, leurs députés, par la même délibération.

La communauté des habitants de la paroisse du Plantay à la part de Dombes, faisant aussi partie dudit mandement, représentée par Benoît Fomelas et le nommé Bonnamant, leurs députés, par la même délibération.

La communauté des habitants de la paroisse de Versailleux, de même à la part de Dombes, faisant encore partie du même mandement, représentée par Joseph Alamercerie et Joseph-Philibert Bonnamant, leurs députés, toujours suivant la même délibération.

La communauté des habitants de la paroisse de Dompierre de Chalamont, représentée par Thomas Pellet et Jean-Pierre Revel, leurs députés, suivant leur délibération du 13 de ce mois.

La communauté des habitants de la paroisse de Chatenay, représentée par Pierre Revel et Benoît Vincent, à la forme de leurs délibérations du 17 de ce mois, contenant aussi leur députation.

CHATELLENIE DE LENT.

La communauté des habitants de la ville et paroisse de Lent et de celle de Serraz, représentée par messire Philippe-Claude Pochon, sieurs François Jacquemin, Claude Pirodon et Pierre-Augustin Frémion, leurs députés, par délibération de 15 de ce mois.

CHATELLENIE DE MONTMERLE.

La communauté des habitants de Montmerle, représentée par sieurs Antoine Rivière, Antoine Corcomay et François Perret, leurs députés, par délibération du 14 de ce mois.

La communauté des habitants de la paroisse de Lurey, représentée par Benoît Mondezert et Claude Bretillon, leurs députés, suivant leur délibération du 17 de ce mois.

La communauté des habitants de la paroisse d'Amareins, représentée par Jean Royer et Benoît Robellet, leurs députés, par délibération du 20 de ce mois.

La communauté des habitants de la paroisse de Guerreins, représentée par maître Claude Blanc, avocat, et par Antoine Charrin, leurs députés, par délibération du 19 de ce mois.

La communauté des habitants de la paroisse de Montceau, représentée par Claude Allion et Philippe Perret, leurs députés, suivant leur délibération du 11 de ce mois.

La communauté des habitants de Francheleins, représentée par Jean Dupont et Jacques Neyron, leurs députés, par délibération du 15 de ce mois.

La communauté des habitants de la paroisse de Cesseins, représentée par sieur Benoît-Philibert Duquaire et Antoine Pav, leurs députés, par délibération du 18 de ce mois.

La communauté des habitants de la paroisse de Valleins, représentée par MM. Jean-François Gastier et Jean-Jacques Perraud, leurs députés, par délibération du 10 de ce mois.

La communauté des habitants de la paroisse de Genouilleux, représentée par maître Jean-Marie Arrireur et par Benoît Michel, leurs députés, par délibération du 16 de ce mois.

La communauté des habitants de la paroisse de Percieux, représentée par sieur Aimé Penet, leur seul député, nommé par délibération du 16 de ce mois.

La communauté des habitants de la paroisse de Chancins, représentée par Jean Chaillou et Claude Morel, leurs députés, par délibération du 13 de ce mois.

CHATELLENIE D'AMBÉRIEUX.

La communauté des habitants de la paroisse d'Ambérieux, représentée par Claude-Antoine Baude et Claude Sève, leurs députés, par délibération du 9 de ce mois.

La communauté des habitants de la paroisse de Monthieux, représentée par Pierre-Alexandre Tabarier, avocat, et par Claude Chanet, leurs députés, par délibération du 11 de ce mois.

La communauté des habitants de la paroisse de Sainte-Olive, représentée par Jean-Baptiste Bourier et Benoît Pioneins, leurs députés, par délibération du 13 de ce mois.

La communauté des habitants de la paroisse de Juis, représentée par Claude Thénon et Jean Berrier, leurs députés, nommés par délibération du 15 de ce mois.

La communauté des habitants de la paroisse de Savigneux, représentée par sieur Claude-Antoine Betrenod et Jean Guillard, leurs députés, par délibération du 15 de ce mois.

CHATELLENIE DE VILLENEUVE.

La communauté des habitants de la paroisse de Villeneuve et de celle de Champteins, représentée par Antoine Odet et Claude Pochard, leurs députés, par délibération du 18 de ce mois.

La communauté des habitants de la paroisse de

Nizerieux, représentée par Antoine Josson et Louis Boujard, leurs députés, par délibération du 12 de ce mois.

La communauté des habitants de la paroisse de Sainte-Euphémie, représentée par sieur Jean-Baptiste-Camille Pré et Claude Guérin, leurs députés, par délibération du 12 de ce mois.

La communauté des habitants de la paroisse d'Aiguereins, représentée, par Jean-Marie Odet et Benoît Moine, leurs députés, par délibération du 19 de ce mois.

La communauté des habitants de la paroisse d'Ars, représentée par maître François Meunier, avocat, et par François Cinier, leurs députés, des 12 et 22 de ce mois.

La communauté des habitants de la paroisse de Challeins, représentée par sieur Philippe Robat et Jean Chauvernat, leurs députés, par délibération du 13 de ce mois.

CHATELLENIE DE BEAUREGARD.

La communauté des habitants de la paroisse de Beauregard et de celles de Frans et Jassans, représentée par MM. Jean-Claude Pinier, avocat, et Jean-Baptiste Greppo, par délibération du 12 de ce mois.

La communauté des habitants de la paroisse de Fareins, représentée par maître Jean-François-Marie Bernard et Matthieu Bernard fils, par délibération du 12 de ce mois.

La communauté des habitants de la paroisse de Missimy, représentée par maître Claude-Benoît Moine et Claude Lamire, leurs députés, par délibération du 15 de ce mois.

CHATELLENIE DE SAINT-TRIVIER.

La communauté des habitants de la ville et paroisse de Saint-Trivier, et de celles de Montagneux-Perciaux et Saint-Christophe, formant le même mandement, représentées par sieurs Antoine Chaballier, Benoît-Marie-Mazny-Léonard Goiffon et Pierre Rognard, leurs députés, par délibération du 15 de ce mois.

CHATELLENIE DE CHATELARD.

La communauté des habitants de la paroisse de la Chapelle du Chatelard, représentée par Gaspard-Claude Morel et François Massandre, leurs députés, par délibération du 18 de ce mois.

La communauté des habitants de la paroisse de Marlieux, représentée par Gabriel Rivet et Louis Murillons, leurs députés, par délibération du 17 de ce mois.

La communauté des habitants de la paroisse de Saint-Germain, représentée par sieurs Claude-Antoine Guillin et Charles Dagallier, leurs députés, nommés par la même délibération.

La communauté des habitants de la paroisse de Saint-Georges, représentée par Georges Desbonnes et Claude Thevenin, leurs députés, par délibération du 19 de ce mois.

CHATELLENIE DE BANEINS.

La communauté des habitants de la paroisse de Baneins, à la part de Dombes, représentée par Joseph Thevenin et Claude-Aimé Bertholon, leurs députés, par délibération du 12 de ce mois.

La communauté des habitants de la paroisse de Dompierre de Chalaronne, représentée par Henri Bernard et Jean Poncet, leurs députés, par délibération du 15 de ce mois.

CHATELLENIE DE LIGNEUX.

La communauté des habitants de la paroisse de

Rancé, de celle de Saint-Jean à la part de Domoes et du hameau de Ligneux, représentées par MM. Pierre Granger et Jean-Claude Choimagne, leurs députés, par délibération du 9 de ce mois.

Se sont encore présentés, sans avoir été assignés : Sieur François Lolière, bourgeois résidant à Trévoux, propriétaire du fief des Hayets, dans le mandement de Chalamont,

Et sieur Jacques Girard, médecin, résidant à Chalamont, propriétaire du fief de Montbernon, dans le même mandement.

Toutes les procurations, pouvoirs et délibérations ci-dessus mentionnées et représentées par ceux qui en étaient porteurs, et remis entre les mains du greffier pour demeurer joints et annexés au présent procès-verbal.

CAHIER

Des plaintes et doléances du clergé de la sénéchaussée de Dombes.

Nota. Ce document n'existe pas aux *Archives de l'Empire.* Nous le demandons à Trévoux et nous l'insérerons ultérieurement si nous parvenons à nous le procurer.

——————

CAHIER

De l'ordre de la noblesse du ressort de la sénéchaussée de Dombes (1).

A la suite de tant d'époques si funestes à cette province, nous touchons donc à celle qui va la rendre heureuse! Après avoir eu à gémir sur l'acte illégal qui fit rejaillir sur nous, d'abord une partie, bientôt après la totalité des malheurs de la France, nous allons donc partager sa grandeur et sa félicité! Nous voyons enfin se relever l'antique et majestueux tribunal devant lequel nous sommes admis à faire entendre notre voix!

C'est là, c'est devant cette cour suprême que nous pouvons, que nous devons même réclamer contre les atteintes multipliées portées aux droits les plus sacrés d'un peuple. Eh quoi! la nation française ne croit pas les siens prescrits par des siècles, et vingt ans auraient suffi pour prescrire ce qui est imprescriptible, pour anéantir ce qui est éternel!

Disons donc ce que rien ne peut désormais nous empêcher de dire, et déclarons que c'est sans droits ni formes, ou plutôt que c'est par la violation de tous les droits, et au mépris de toutes les formes que cette principauté a été détruite et réunie à la France.

Disons que cette réunion ne s'est opérée que par l'abus le plus despotique du pouvoir souverain.

Que s'il fût une occasion dans laquelle un État, un peuple doivent être consultés, c'est lorsqu'il s'agit de prononcer l'anéantissement de cet État, et de donner ce peuple à un autre maître; que l'observation de ce principe sacré et immuable, fondé dans la nature, ne doit pas être mesurée sur le plus ou moins d'étendue d'un pays, parce qu'il n'en est aucun où l'homme n'ait ses droits; que néanmoins, sans nous assembler, sans nous consulter (2), on a rompu nos premiers liens, pour nous imposer un autre joug; on a violé la loi expresse par laquelle nous étions reconnus une propriété sacrée pour notre prince, qui ne pouvait remettre ses droits sur nous

—————

(1) Nous publions ce cahier d'après un manuscrit des *Archives de l'Empire.*

(2) Déclaration de madame Anne-Marie-Louise, du 1er septembre 1653, enregistrée le 4 février suivant.

qu'entre nos mains; on a dissous notre existence sans garder le moindre ménagement, et l'on a dédaigné de nous demander un consentement qui nous eût laissé du moins la consolante erreur de la conservation de notre liberté.

Disons qu'on a traité notre infortuné pays comme la plus modique métairie, et nos personnes comme des esclaves; disons enfin que nous avons été évalués, marchandés, vendus et livrés. Les pays qui se sont donnés librement ont leurs traités; les pays de conquêtes ont leurs capitulations, mais nous, pays vendu, que nous a-t-on conservé? Aucun de nos intérêts n'a été ménagé, aucun de nos privilèges n'a été stipulé, aucune de nos immunités réservée. Nous ne sommes donc plus, et le triste nom de principauté éteinte est la seule qualité qui nous soit laissée.

C'est contre cet acte, aussi informe que révoltant, que nous protestons à la face de la nation assemblée. Nous protestons contre tout ce qui en a été la suite, et surtout contre l'établissement successif des impôts, sous le poids desquels nous gémissons.

Telle est notre première doléance.

Voici notre premier vœu libre.

Jaloux du bonheur qu'un roi vertueux prépare à une nation qui mérite si bien d'être heureuse, pleins de confiance dans les intentions bienfaisantes qu'il manifeste chaque jour envers elle, flattés de l'espérance de voir réaliser dans peu tout ce que promet le rétablissement de ses États, pénétrés d'amour pour le prince bon et généreux qui devient le père de son peuple, c'est à ses pieds que nous déposons nos droits et nos cœurs, et si nous réclamons en faveur d'une liberté que rien n'a pu nous ravir, c'est pour en consacrer le premier vœu à lui assurer sur nous un empire plus digne de sa grandeur et de nos sentiments; nous ne devenons libres que pour devenir Français, et lui offrir, à ce titre, l'hommage pur de notre dévouement, de notre zèle et de notre soumission.

La noblesse de Dombes se joint donc à celle de tout le royaume pour offrir à son Roi le tribut de sa vive reconnaissance pour le bienfait signalé du retour des États généraux, et elle désire que le souvenir de l'époque à jamais mémorable à laquelle nous touchons, soit consacré par un monument solennel élevé par la nation à la gloire du prince chéri qui, le premier depuis des siècles, daigna paraître au milieu d'elle.

Tel est son premier vœu.

Voici les demandes sur lesquelles elle entend que son député insiste de tout son pouvoir.

ÉTATS GÉNÉRAUX.

Art. 1er. Qu'avant de traiter aucune autre affaire, il soit décidé par les États généraux que toute délibération ne pourra s'y prendre qu'en opinant par ordre, et que les décrets et ordonnance de 1355, sur cette matière, seront maintenus et exécutés comme loi fondamentale du royaume, tout consentement à une autre forme de délibérer lui demeurant interdit.

Art. 2. Que, comme il s'est élevé des doutes sur la manière dont les États généraux doivent être convoqués et composés, et qu'il est important de les dissiper pour l'avenir, les États généraux prononcent, par leur premier décret, sur la meilleure forme de les convoquer et de les composer, et fixent, par là, les principes invariables de leur organisation.

Art. 3. Que les États généraux arrêtent, par un décret, et supplient le Roi d'ordonner, par une loi solennelle à laquelle rien ne puisse faire déroger, que leur tenue aura lieu régulièrement et périodiquement tous les cinq ans; que néanmoins les premiers, après ceux de 1789, ne pourront être renvoyés à un terme plus long que celui de trois années.

Art. 4. Qu'il soit décidé que les États généraux ne pourront se séparer ni se dissoudre que lors qu'ils auront consommé leurs travaux; que néanmoins les provinces pourront, au bout d'un an, révoquer leurs pouvoirs et changer leurs représentants.

Art. 5. Que tous les membres des États généraux soient mis sous la sauvegarde de la nation, et qu'aucun ne puisse être enlevé, ni éloigné de l'assemblée, ni par la suite inquiété ni recherché pour raison de sa conduite aux États généraux, que par un jugement des États généraux eux-mêmes, à qui seuls il en demeurera responsable.

Art. 6. Qu'il ne puisse être établi aucune commission intermédiaire, sous quelque dénomination que ce soit, tous pouvoirs demeurant révoqués au député, pour toute autre assemblée que pour celle des États généraux.

ADMINISTRATION ET FINANCES.

Art. 7. Que nul impôt ne puisse être établi, ni levé, sous quelque forme que ce puisse être, qu'il n'ait été librement consenti par les États généraux, et pour un plus long terme d'une tenue à l'autre, c'est-à-dire de trois ans pour les premiers et de cinq ans pour les suivants, les emprunts demeurant compris dans la classe des impôts.

Art. 8. Que quiconque sera convaincu d'avoir conseillé la levée d'aucun impôt consenti, et d'y avoir contribué directement ou indirectement, et en général d'avoir violé aucune des lois constitutionnelles du royaume, en soit responsable, et puisse, en conséquence, être traduit et poursuivi, dans les formes, devant les tribunaux ordinaires.

Art. 9. Que la dette du Roi soit d'abord exécutée et fixée, et ensuite reconnue et déclarée dette nationale, et que des mesures soient prises, tant pour en acquitter les intérêts, que pour le remboursement des capitaux dont les intérêts se trouveraient portés à un taux ruineux.

Art. 10. Que tous les impôts actuellement établis, sous quelque dénomination que ce soit, soient supprimés, et ces préliminaires une fois traités et sanctionnés, et non autrement, le député consentira à l'établissement des nouveaux impôts qui seront jugés nécessaires aux besoins de l'État, toujours néanmoins en se conformant à l'article 7 ci-dessus.

Art. 11. Le député consentira encore que ces impôts soient supportés également par tous ordres et individus sans distinction, en proportion de la fortune de chacun.

Art. 12. Il demandera qu'à l'avenir tous les comptes fournis par les diverses parties de l'administration, soient rendus publics annuellement par voie de l'impression.

Art. 13. Que la liberté de la presse soit accordée en matière de politique et d'administration seulement, sous l'obligation néanmoins de déposer à la Chambre syndicale un exemplaire signé de l'auteur, et d'une caution pour lui s'il n'est pas connu.

Art. 14. Qu'aucune autorité ni aucune force ne puisse enlever au plus faible citoyen sa propriété mobilière ou immobilière, si ce n'est pour les services absolument nécessaires au bien de l'État et

Jugés tels, à la charge d'estimer en ce cas et au plus haut prix, et de payer comptant au propriétaire la chose dont il faut qu'il se prive.

Art. 15. Que la liberté individuelle de tout citoyen soit assurée ; 1° par la nécessité de remettre incessamment entre les mains de ses juges naturels tout homme arrêté par ordre du Roi ; 2° par la restriction des lettres de cachet au seul cas où elles seraient sollicitées par les familles, et aux formes suivantes : sur une requête présentée au juge royal, celui-ci ordonnera que la famille soit tenue de s'assembler en nombre suffisant, et autant que possible, égal des côtés paternel et maternel pour donner son avis ; cet avis communiqué au procureur du Roi, interviendra ordonnance qui autorisera à se pourvoir auprès du ministre, pour en obtenir la lettre de cachet, qui alors pourra être expédiée, à la charge toutefois d'être représentée aux procureurs du Roi des siéges royaux dans le ressort desquels le coupable sera arrêté et détenu.

Art. 16. Que les États particuliers soient établis dans toutes les provinces d'une manière uniforme, en adoptant, autant que faire se pourra, l'organisation des États généraux.

Art. 17. Que les frais d'administration soient diminués, et pour cela que la recette de chaque province soit versée directement au trésor royal par les préposés des États provinciaux, déduction faite de toutes les charges à payer dans la province qui y seront acquittées aux parties prenantes.

Art. 18. Que tout ministre sortant de place soit provisoirement tenu de rendre compte à celui qui le remplacera en la forme et en présence des cours qui seront désignées par les États généraux.

Art. 19. Que les traitements soient modérés et les pensions diminuées.

Art. 20. Que la rentrée du Roi dans ses domaines engagés ou échangés soit effectuée autant qu'elle sera jugée praticable, et que l'aliénation de tous lesdits domaines soit consentie et autorisée, pour être faite dans la meilleure forme que faire se pourra.

Art. 21. Que tous les droits de fisc, qui nuisent à l'industrie et au commerce, soient abolis, et ceux du contrôle réduits au taux le plus modéré.

Art. 22. Que toutes les douanes soient portées aux frontières.

Art. 23. Que les aides et gabelles soient supprimées, ou singulièrement modérées.

Art. 24. Que toutes jurandes et tous privilèges exclusifs soient supprimés avec dédommagement, sauf les encouragements dus au génie et à l'industrie.

Art. 25. Que la partie délicate et importante des monnaies ne puisse jamais éprouver de changement sans le consentement et le concours des États généraux, et que les poids et mesures soient rendus uniformes dans tout le royaume.

JUSTICE.

Art. 26. Qu'il soit pris acte par les États généraux de la déclaration des parlements, de leur incompétence pour consentir et enregistrer même provisoirement l'impôt, et néanmoins qu'ils soient maintenus dans l'enregistrement provisoire des lois ayant pour objet : administration, justice ou police, la sanction définitive desdites lois demeurant toujours réservée aux États généraux.

Art. 27. Que l'inamovibilité des offices de magistrature soit de nouveau consacrée et étendue aux grades militaires.

Art. 28. Que la justice soit rapprochée des justiciables par la diminution des ressorts trop vastes, la création de nouvelles cours souveraines, et l'attribution jusqu'à 2,000 livres accordée à tous les siéges royaux.

Art. 29. Que la vénalité des offices soit conservée comme moindre mal.

Art. 30. Que les justices seigneuriales soient maintenues.

Art. 31. Que les offices d'huissiers jurés-priseurs soient supprimés avec remboursement et dédommagement.

Art. 32. Que sous la même condition, tous offices inutiles ou surabondants pour l'administration de la justice soient supprimés.

Art. 33. Qu'aucun justiciable ne puisse jamais être distrait de son juge naturel, sous prétexte d'évocation, commission ou privilège.

Art. 34. Que les intendants soient réduits aux simples fonctions de surveillance et porteurs d'ordres du Roi, sans qu'en aucun cas, ils puissent être ordonnateurs.

Art. 35. Que la réforme des lois civiles et criminelles soit ordonnée et hâtée, et qu'en attendant que le code criminel soit termine, l'instruction soit publique, et donne, en tout temps, un conseil à l'accusé.

Art. 36. Qu'il soit avisé aux moyens de détruire le préjugé de l'infamie des peines, et pour cela qu'elles soient les mêmes pour les citoyens de tous les ordres.

Art. 37. Que les dispositions du droit écrit soient étendues, autant qu'il sera possible, à toutes les provinces, et contribuent à améliorer le sort des puînés et des légitimaires.

Art. 38. Que le prêt de l'argent à intérêt, au taux de l'ordonnance, par billet ou obligation, soit permis indifféremment à toutes personnes sans distinction.

Art. 39. Que le partage des communes soit ordonné, comme le seul moyen de les mettre en valeur, et que les lois tendent sans cesse à procurer à tous les citoyens les moyens d'acquérir quelque propriété foncière.

Art. 40. Qu'il soit formé des établissements d'éducation nationale proportionnés aux besoins de chaque canton du royaume.

Art. 41. Que les dépôts actuels de mendiants soient supprimés, et qu'il soit cherché et pris les moyens les plus propres de détruire cette plaie de l'État, en fournissant des travaux aux pauvres valides et des soulagements aux infirmes en pourvoyant à l'entretien et subsistance des enfants trouvés et des personnes aliénées.

MILITAIRE.

Art. 42. Que tout officier soit tenu de prêter serment de maintenir les lois consenties par les États généraux et de ne reconnaître aucun ordre tendant à les enfreindre.

Art. 43. Qu'il soit pris des mesures pour réduire la dépense des armées et de la guerre en général.

Demandes particulières à cette sénéchaussée.

Art. 44. Que, pour remplacer dans la province de Dombes les États dont elle a joui jusqu'en 1739, il y soit formé et établi des États provinciaux, ainsi qu'en ont le Bugey et le pays de Gex, et avec l'organisation qui sera jugée la plus convenable, sans néanmoins que la Dombes soit distraite du gouvernement de Bourgogne, et la proportion de ses contributions demeurant la même.

Art. 45. Que, pour maintenir le principe sacré

de l'inamovibilité des offices, et rapprocher la justice des justiciables, le parlement de cette province, supprimé en 1771, sans aucune forme légale, y soit rétabli et rappelé à ses fonctions, en laissant subsister une première juridiction.

Art. 46. Qu'en attendant les réformes que le bien public exige dans les gabelles, le prix du sel soit rétabli en Dombes sur le pied où il était avant sa réunion à la France.

Art. 47. Que l'affinage des matières d'argent soit rétabli dans la ville de Trévoux comme le seul commerce vers lequel soit porté le genre de ses habitants.

CLERGÉ.

Art. 48. Que le clergé soit tenu de payer sa dette, et, pour y parvenir, que la vente des biens des maisons et bénéfices supprimés ou réunis, soit ordonnée, et que la première année du revenu de tout autre bénéfice que ceux à charge d'âmes soit affectée à ce remboursement.

Art. 49. Que les taxes et droits en cour de Rome soient supprimés ou modérés.

Art. 50. Que dans chaque diocèse, le clergé séculier et régulier soit soumis à son ordinaire.

Art. 51. Qu'il soit convoqué des conciles nationaux et provinciaux, et des synodes pour le maintien de la religion et le rétablissement de la discipline ecclésiastique.

Art. 52. Que les économats soient distribués et régis dans chaque diocèse, sous la présidence de l'évêque.

Art. 53. Que les chapitres tant d'hommes que de femmes soient conservés.

Art. 54. Que les portions congrues des curés soient augmentées, et que le payement en soit évalué en denrées et fait en argent, de sorte que le scandale résultant des difficultés sans cesse renaissantes entre le pasteur et ses paroissiens soit détruit.

Art. 55. Qu'il soit assuré autrement que par rétention sur les portions congrues une retraite aux curés vieux et infirmes.

Art. 56. Que le doyenné de Montbertoux soit à sa vacance réuni au chapitre de Trévoux, suivant les conditions du mémoire annexé aux présentes.

NOBLESSE.

Art. 57. Que le port d'armes et surtout de l'épée, soit conservé et réservé à la seule noblesse et au militaire.

Art. 58. Que les droits honorifiques de cet ordre soient conservés, et qu'il soit maintenu dans la possession des places qui lui sont affectées.

Art. 59. Qu'il soit avisé aux moyens de laisser à la noblesse pauvre la ressource du commerce sans déroger.

Art. 60. Que les charges sans exercice et sans résidence cessent de conférer la noblesse.

Art 61. Que les chapitres nobles de l'un et de l'autre sexe soient conservés ou rétablis dans leurs institutions primitives, et qu'il en soit formé de nouveaux dont l'accès soit plus facile.

TIERS-ETAT.

Art. 62. Que le Roi soit supplié d'accorder la noblesse, à la seconde vie, aux offices des bailliages et sénéchaussées.

Art. 63. Que la noblesse, à la seconde vie, soit également le prix des services du militaire qui se retirera avec la croix de Saint-Louis et la commission de capitaine.

Art. 64. Enfin la noblesse de Dombes charge

particulièrement son député de faire connaître à Sa Majesté son respect profond et son attachement inviolable pour sa personne sacrée.

Elle lui laisse au reste la liberté de suivre les mouvements de son honneur et de sa conscience en tout ce qui ne sera pas contraire aux demandes qu'elle vient de former.

Signé Le comte de Vallin; le chevalier de Cibouins; de Serrezin; de la Vennerie; de Vincent de Panette; de Saint-Didier; Ducret de l'Arrolles; Chappe de Brion; Ponet; comte de Monterno; Penet, chevalier de Monterno; Bonne de Perès; le chevalier de Tavernost; de Tavernost; le comte de Messimy; le comte de Varenne; Andras; le chevalier de Jousselin; le chevalier de Pionneins; le marquis de Sarron; Janct; Girié; Gurehard; Bracquier; le comte de Montbrian, sénéchal et président; Gabet de Beauséjour, secrétaire.

DOLEANCES

Du tiers-état de la principauté de Dombes.

Les députés du tiers-état de la principauté de Dombes porteront au pied du trône l'assurance de notre amour et de notre fidélité pour notre auguste monarque, adresseront des remerciments à M. Necker, l'ami et le soutien de la France.

Ils voteront avec instance, que les suffrages ne se comptent point par ordre, mais qu'ils se recueillent par tête; car en adoptant la première méthode, ce serait vainement que le tiers-état égalerait en nombre le clergé et la noblesse réunis, puisqu'il n'aurait toujours qu'une voix contre deux, et serait, par cette inégalité d'influence, forcé de subir la loi des autres ordres.

Opineront pour que les Etats généraux statuent qu'ils seront permanents, ou qu'ils s'assembleront régulièrement tous les cinq ans, sans qu'ils aient besoin d'être convoqués; il n'y a que la surveillance continuelle des représentants de la nation qui puisse remédier aux maux de l'Etat, et l'entretenir dans une prospérité constante.

Feront ensuite les motions suivantes :

Qu'aucun impôt ne soit à l'avenir mis ou prorogé, sans le consentement des Etats généraux du royaume, et en conséquence, que toutes impositions mises ou prorogées par le gouvernement, sans cette condition, seront nulles et illégales.

Que les ministres soient responsables de leur gestion, et qu'ils puissent être, en cas de prévarication ou malversation, accusés par les Etats généraux auprès des tribunaux.

Que les dépenses de chaque département, y compris celles de la maison du Roi, soient invariablement fixées.

Que Sa Majesté soit suppliée de proportionner toutes pensions et récompenses à l'importance et à la durée des services rendus à l'Etat.

Que la liberté individuelle de tous les sujets soit respectée, et qu'aucun ne puisse être soustrait, sous quelque prétexte que ce soit, à ses juges naturels; qu'en conséquence, les lettres de cachet, les commissions, *committimus* et les évocations soient abrogées.

Que la liberté de la presse soit accordée ; mais pour obvier à la licence, tout auteur soit tenu de signer ses ouvrages.

Que dans chaque province, il soit établi des Etats particuliers dont la constitution sera telle

---

(1) Nous publions ce cahier d'après un manuscrit des *Archives de l'Empire.*

que le tiers-état y ait une influence égale à celle des deux autres réunis.

Qu'aucunes lois ne puissent être exécutées en France avant leur acceptation par les États généraux; après quoi nulle cour ne pourra s'opposer à leur enregistrement.

Qu'il ne soit statué sur aucuns secours pécuniaires, à titre d'emprunt, impôt ou autrement, avant que les droits ci-dessus aient été établis et solennellement proclamés.

Consentiront les députés, après cette proclamation, aux subsides qu'ils jugeront nécessaires, d'après la connaissance détaillée qu'ils prendront de l'état des finances, et après avoir opéré les réductions dont la dépense sera susceptible.

Opineront pour que les impôts de toute espèce soient supportés également par tous les ordres de l'État, sans aucune exemption ni privilège, et imposés par un seul et même rôle.

Que les gabelles reconnues par Sa Majesté pour un impôt désastreux soient supprimées, et que chacun puisse faire trafic de sel et de tabac.

Qu'il n'y ait qu'un droit unique et modéré pour le contrôle.

Que les douanes soient reculées aux frontières, que les péages royaux soient supprimés, et qu'il soit permis aux provinces de racheter ceux qui appartiennent à des seigneurs ou à des particuliers.

Que les loteries qui, en présentant un appât trompeur et séduisant, opèrent la ruine de plusieurs familles, soient supprimées.

Que le droit de centième denier, qui gêne la vente des immeubles, soit également supprimé, ainsi que les 4 deniers pour livre du prix provenant de la vente des meubles.

Enfin que les droits fiscaux dont la perception est dispendieuse, et qui gênent la liberté du commerce, tels, entre autres, que ceux de jaugeage, courtage, billets de tonnage sur les vins et autres de cette espèce, soient abolis.

Pour remplacer le vide que toutes ces suppressions occasionneront dans les finances de l'État, il soit établi deux impôts, l'un territorial qui sera assis sur tous les fonds du royaume, sans exception, et l'autre industriel, qui portera sur les capitalistes, marchands et artistes, le plus proportionnellement que faire se pourra, lesquels impôts seront répartis par forme d'abonnement sur chaque province qui en fera l'assiette, la perception et le versement au trésor royal.

Que la rentrée du Roi dans ses domaines engagés ou échangés soit effectuée, autant qu'elle sera jugée praticable, et que l'aliénation de tous ses domaines soit consentie et autorisée, pour être, le prix des ventes, employé au remboursement des dettes les plus onéreuses de l'État.

Que, pour anéantir les spéculations qui ne roulent que sur la surprise, il n'y ait, dans toute la France, qu'un même poids et une même mesure.

Que ceux qui ont mérité la noblesse ou qui l'ont acquise continuent d'en jouir et de la transmettre à leurs descendants, mais qu'à l'avenir, il n'y ait ni charges ni dignités qui la confèrent; qu'elle soit la récompense du courage, des talents et des vertus; ce n'est que dans un gouvernement corrompu que la fortune peut tenir lieu de mérite, et conduire aux distinctions et prééminences; la nature a fait les hommes égaux, et il n'y a que leurs qualités personnelles qui puissent les élever les uns au-dessus des autres.

La noblesse continuera d'être le second ordre de l'État, conservera toutes ses dignités, mais pourra, sans déroger, se livrer au commerce, s'a-

donner aux arts libéraux, et se permettre toutes sortes d'occupations honnêtes; rien ne doit dégrader l'homme que ses mauvaises actions ou son inutilité.

Qu'il n'y ait plus ni places, ni emplois particuliers assignés à la noblesse; ces sortes de préférences étouffent l'émulation, découragent et humilient le tiers-état et nuisent à l'intérêt public.

Qu'il soit permis à l'emphytéote de se racheter des cens et rentes foncières, sur le pied qui sera réglé et fixé par les États généraux; que, par réciprocité, il soit permis aux seigneurs de forcer le vassal au rachat, qui sera fait, au gré de ce dernier, en argent ou en contrat de rente; que le droit de franc-fief, reste de l'ancienne servitude du tiers-état, soit aboli.

Que toutes autres servitudes personnelles, telles que les corvées, guet et garde, capitainage, chassiporie, mainmortes, banalités, tailles et autres de cette nature soient abolies, attendu que les causes qui les avaient fait introduire ne subsistent plus depuis la destruction du gouvernement féodal, et qu'elles sont une charge injuste et onéreuse au peuple.

Que lorsque, dans une paroisse, il se trouvera des fonds vacants et abandonnés, ils soient attribués aux communautés qui les affermeront au profit des pauvres; et qu'il soit permis auxdites communautés de jouir de leurs communaux, soit divisément, soit indivisément, selon qu'elles le trouveront plus avantageux.

Que les seigneurs jouissant du droit d'abénévis, soient chargés de l'entretien des petits ponts et planches des rivières qui coulent dans l'étendue de leurs fiefs.

Que l'entretien des chemins vicinaux des paroisses soit à la charge de tous les possédants fonds, sans exception, en raison de leurs propriétés, de quelque manière qu'il s'opère.

Que défenses soient faites, sous des peines sévères, aux seigneurs de chasser ou faire chasser dans les fonds ensemencés et dans les vignes avant la levée des récoltes.

Sa Majesté sera suppliée de réformer une grande partie des officiers généraux, dont les appointements sont une charge pour l'État, et de ne conserver que ceux qui sont nécessaires pour le commandement des troupes.

Que les États généraux avisent aux moyens d'occuper les troupes en temps de paix, soit en licenciant une partie, ce qui serait un reflux très-utile à l'agriculture et aux arts, soit en les employant aux travaux publics, cas auquel il serait nécessaire d'augmenter leur paye.

Que le nombre des cavaliers de maréchaussée soit augmenté, celui actuel n'étant pas suffisant pour entretenir le bon ordre et la sûreté publique; qu'il leur soit accordé une plus forte paye, s'il est nécessaire, mais que, dans aucun cas, ils ne puissent rien exiger de ceux à qui ils prêtent assistance ou main forte.

Que le tirage de la milice soit aboli, parce qu'il effraye, dérange et constitue en dépenses les habitants de la campagne.

Que le tiers-état ne soit plus exclu d'aucuns grades militaires, qui seront plutôt conférés au mérite qu'à la naissance.

Qu'il soit arrêté de s'occuper sans délai d'un code national civil, qui puisse être étudié et connu par toutes les classes de citoyen; qu'il soit nommé, à cet effet, une commission dont la durée sera déterminée par les États généraux, laquelle sera composée de magistrats et de jurisconsultes éclairés, choisis et nommés par lesdits

Etats, et par eux pris dans les différentes provinces ; que ces commissaires avisent principalement aux moyens d'abréger les procédures qui sont ruineuses, et notamment celles des décrets et ventes judiciaires.

Qu'il soit aussi, et de la même manière, procédé à la confection d'un code criminel, mais qu'en attendant il soit obvié aux abus les plus criants dans cette matière ; qu'à cet effet, il n'y ait plus de distinction entre le supplice du noble et celui du roturier, et que toutes les lois avilissantes pour le tiers-état soient abolies.

Qu'il soit permis aux accusés de se choisir des conseils auxquels toutes les procédures seront communiquées.

Que le décret d'ajournement personnel n'emporte plus interdiction ; que la sellette soit supprimée, la loi ne devant punir que ceux qui sont reconnus ou fortement présumés coupables.

Que les prisons qui sont trop resserrées, trop obscures et trop malsaines, et qui ressemblent à des tombeaux, soient converties en de vastes édifices, où l'on occupera ceux qui y sont détenus au lieu de les laisser dévorer par l'ennui qui suit toujours l'oisiveté.

Que l'on emploie aussi aux travaux publics les malheureux qui servent d'inutiles galères.

Que les ordonnances concernant les banqueroutes frauduleuses soient rigoureusement exécutées.

Que la stipulation du prêt de l'argent à intérêt, au taux de l'ordonnance, par billet ou obligation, soit permise dans tout acte indéfiniment et à toutes personnes sans distinction, comme essentiellement utile dans nos mœurs actuelles, au commerce, à l'agriculture et à la société en général, enfin comme un frein salutaire à l'usure.

Que la vénalité des charges soit abolie ; que cependant tous les officiers de judicature soient inamovibles, et ne puissent être destitués que pour forfaiture jugée selon les lois du royaume ; qu'aucun sujet ne puisse y être admis sans avoir donné preuve de sa suffisante capacité, et que les juges des cours souveraines seront pris indistinctement dans tous les ordres.

Que les justices soient rapprochées des justiciables ; qu'en conséquence, les tribunaux souverains soient multipliés ; qu'il soit accordé aux inférieurs une ampliation de pouvoirs, et que les choses soient réglées de manière qu'il n'y ait qu'un degré de juridiction pour les affaires minutieuses, deux pour les objets de médiocre importance, et trois pour ceux de grande conséquence.

Que les tribunaux d'exception soient supprimés, leur compétence excitant de trop grandes et de trop fréquentes contestations ; que les justices mages ou d'appel soient également supprimées.

Que, pour éteindre la mendicité, il soit établi une loi de secours qui assure du travail à tous les pauvres valides, des moyens de soulagement aux infirmes ; qu'il soit aussi accordé, dans toutes les provinces, des fonds suffisants pour la nourriture et entretien des enfants trouvés, à la conservation desquels l'État est intéressé, et pour faire enfermer ceux dont l'esprit est aliéné.

Que toutes les amendes qui seront prononcées soient appliquées aux hôpitaux les plus prochains des lieux où les délits ou contraventions auront été commis, prélévation faite des frais.

Que la quotité de la dîme soit uniforme dans tout le royaume, et que son produit soit ramené à sa première destination, c'est-à-dire qu'elle soit appliquée au payement de la portion congrue des curés et des vicaires, l'entretien des églises et presbytères, aux besoins des fabriques et au soulagement des pauvres.

Que le clergé, pour acquitter ses dettes, soit tenu de vendre une partie des biens qu'il possède, de la manière et dans le délai qui sera fixé par les États généraux.

Que le concordat fait entre François Ier et Léon X soit révoqué.

Que la discipline de l'Église, les synodes diocésains et conciles provinciaux soient rétablis.

Que les archevêques, évêques, abbés, prieurs, gouverneurs, commandants, et toutes autres personnes tenant a l'administration, soient obligés à résidence dans leur département, à moins de légitime empêchement.

Le Roi sera très-humblement supplié de commencer la tenue des États généraux par des actes de miséricorde bien dignes de la bonté de son cœur, tels, entre autres, qu'une amnistie générale, qui ramènera en France beaucoup de bons sujets qui n'ont quitté leur patrie que par aversion pour une trop grande et trop longue servitude, ou à cause des mauvais traitements qu'ils essuient de leurs supérieurs, la grâce de tous les malheureux qui sont en galère pour désertion, pour fait de contrebande, et l'élargissement de tous les prisonniers qui ne sont détenus que pour dettes civiles.

PÉTITIONS PARTICULIÈRES A LA PRINCIPAUTÉ DE DOMBES.

Lorsqu'il sera question de fixer la portion de la masse totale des impôts que devra supporter la Dombes, ses députés observeront aux États généraux qu'elle n'est unie à la France que depuis très-peu de temps, et qu'il ne serait pas juste qu'elle contribuât aussi fortement que les autres provinces au payement des dettes qui n'ont été contractées ni par elle ni pour elle ; observeront encore que le sol de cette principauté, pour la majeure et la plus forte partie, est marécageux et ingrat ; que l'air y est malsain ; que les maladies qui en résultent sont fréquentes et multipliées, et que la population y est faible ; qu'enfin lorsque cette principauté était gouvernée par des princes particuliers, elle ne payait que 50,000 livres pour toutes impositions ; observeront enfin que la rigueur excessive de l'hiver dernier a dépeuplé les étangs dont cette contrée est couverte ; que cet accident a causé la ruine de plusieurs propriétaires, a occasionné à la province une perte presque irréparable ; ils feront cependant tous les sacrifices possibles pour opérer la libération de l'État et le maintien du royaume.

Les députés solliciteront avec ardeur le rétablissement des anciens États provinciaux de la Dombes, et la révocation de l'édit de septembre 1781, qui a réuni cette principauté à la Bresse ; et pour parvenir à ce but, ils feront valoir les moyens employés dans la requête présentée, et tous autres que leur zèle et leur capacité leur inspireront.

Les députés solliciteront encore le rétablissement de l'ancien parlement de Dombes, supprimé en 1771 ; à cet effet, ils exciperont des lois des anciens souverains de cette principauté, qui ont déclaré les offices de cette cour inamovibles, hors le cas de forfaiture, feront sentir combien il est fatigant, pour cette principauté, d'aller chercher la justice à quarante lieues, et dans une province qui n'a ni les mêmes lois, ni la même jurisprudence, ni enfin les mêmes usages qu'elle, et dans le cas où les États généraux ne jugeraient pas ce rétablissement nécessaire, les députés insisteront sur l'établissement d'un présidial en Dombes.

Le Roi sera supplié de révoquer l'édit du mois de novembre 1731, et d'ordonner que les cens seigneuriaux (s'ils ne sont pas déclarés rachetables) seront sujets à la prescription trentenaire, comme ils l'étaient auparavant en Dombes

Les députés demanderont encore l'établissement de quelques foires, tant dans la capitale que dans les villes ou paroisses qui en seront susceptibles, et aux jours qui seront fixés par les Etats provinciaux de Dombes.

Ils demanderont enfin la suppression de tous privilèges pour les haras.

Ils feront observer qu'il existe en Dombes une ancienne abbaye de Bénédictins dont les revenus ont été réunis au doyenné de Montberthoud; ils demanderont qu'au décès du titulaire, ces revenus soient accordés pour l'établissement d'un collège à Trévoux, ville capitale de la principauté, et dans le cas où ils ne pourraient l'obtenir, ils mettront sous les yeux des Etats généraux, qu'il existe dans cette même ville capitale un couvent de religieuses Ursulines prêt à s'éteindre, son entrée étant interdite aux novices; que les bâtiments et revenus de ce monastère sont destinés pour un chapitre de filles nobles, déjà très-riches, qui résident dans une province étrangère, et qu'en restituant à la ville ces mêmes biens et revenus, ce ne serait qu'une justice et une équité, puisqu'ils proviennent de la générosité des citoyens, et retourneraient à l'avantage commun, et à la destination tendant à l'instruction de la jeunesse.

Le présent cahier a été signé par les douze commissaires nommés pour la rédaction d'icelui, en l'assemblée générale du tiers-état tenu le mardi 24 mars 1789, et qui étaient : MM. Jourdan, Blanc, Merlino, Lorrin, Jacquemin, Bethenod, Buget, Guillin, Chaballier, Meunier, Morgon et Chimagne, et ensuite paraphé par nous, lieutenant général, signé Gemeau et Chimagne, greffier.

PÉTITIONS PARTICULIÈRES A QUELQUES COMMUNAUTÉS.

L'affinage qui ferait subsister un grand nombre de familles, ou pour mieux dire la majeure partie des habitants de Trévoux, a été envahi par des personnes qui en ont sollicité seules les priviléges, et ensuite transféré dans une autre province, ce qui a fait tomber ce commerce jadis florissant dans la capitale, dans un état d'anéantissement, par les entraves journalières que ces mêmes personnes privilégiés y ont apportées et y apportent chaque jour. Les députés demanderont que la liberté soit rendue à ce genre de travail, à l'offre que font les ouvriers et artistes du tirage d'or et d'argent de payer, par forme d'abonnement, des droits modérés, s'il est jugé absolument nécessaire et indispensable de les y assujettir.

La marque de l'or et de l'argent a porté une atteinte funeste au commerce d'orfévrerie qui se faisait autrefois dans cette province; et les ouvriers continuellement gênés, dérangés et fatigués pas les commis, tombent dans le découragement et le dégoût.

Si les députés ne peuvent obtenir l'abolition de ce droit, ils feront du moins leurs efforts pour obtenir la conversion d'icelui en un traitement raisonnable, par forme d'abonnement : l'Etat y gagnerait, puisque ce droit qui, en Dombes, est d'un produit très-modique, est plus qu'absorbé par les frais de perception, de commis et de régie.

Que, pour la facilité du commerce, les diligences soient rétablies sur le pied où elles étaient avant leur réunion à la ferme générale.

Paraphé par nous, lieutenant général, signé Gemeau et Chimagne, greffier.

BAILLIAGE DE TROYES.

CAHIER

Des pouvoirs et instructions des députés de l'ordre du clergé du bailliage de Troyes, assemblé dans la même ville, le 26 mars 1789 (1).

Le clergé du bailliage de Troyes, dévoué comme tout le clergé du royaume, autant à la patrie qu'à la religion, accoutumé dans tous les temps à donner l'exemple du respect, de l'attachement et de la fidélité au souverain, charge spécialement ses députés aux Etats généraux de porter au pied du trône, dans l'assemblée nationale, l'hommage des sentiments dont il est pénétré, et le tribut des vœux qu'il forme pour la conservation de la personne sacrée du Roi, la prospérité de la famille royale, l'affermissement de la branche régnante, et le maintien de la monarchie.

Empressé de concourir, avec les autres ordres, à remplir les vues paternelles de Sa Majesté dans la convocation des Etats généraux, le clergé du bailliage de Troyes attend des mêmes députés, dignes à tous égards de sa confiance, qu'ils ne négligeront aucun des articles du présent cahier, comme exprimant le vœu général du clergé du bailliage; mais en les soumettant toutefois aux lumières de la pluralité des représentants de la nation, et en posant pour maxime invariable que tous les intérêts particuliers doivent être entièrement subordonnés à l'intérêt général.

OBJETS COMMUNS AUX TROIS ORDRES.

1° La distinction des trois ordres sera maintenue dans le gouvernement français, ainsi qu'elle existe depuis le commencement de la monarchie.

2° Le vœu du clergé du bailliage de Troyes serait qu'aux Etats généraux on délibérât par tête pour l'impôt seulement, et par ordre sur tous les autres objets; mais il croit devoir s'en rapporter là-dessus à la sagesse des Etats généraux.

3° Les lois anciennes et fondamentales du royaume seront recueillies dans un code qui assure à jamais à la nation son gouvernement purement monarchique.

4° Nulle loi ne sera regardée comme constitutionnelle, qu'elle n'ait été consentie par la nation, dans ses Etats généraux, et sanctionnée par le Roi.

5° Il sera statué pour la convocation aux Etats généraux, sur une forme invariable, qui assure à tous les membres des trois ordres la représentation conforme au règlement fait pour la présente convocation, avec la liberté à tous les curés, à quelque distance qu'ils soient, d'assister aux assemblées convoquées à cet effet.

6° Le retour des Etats généraux sera périodique, et fixé au plus tard à cinq ans.

7° Dans toutes les provinces du royaume seront établis des Etats provinciaux, composés à l'instar des Etats généraux, lésquels seront seuls chargés de l'administration et de la juridiction confiées actuellement aux commissaires départis.

8° Réforme du code civil et criminel.

(1) Nous publions ce cahier d'après un imprimé de la *Bibliothèque du Sénat*.

9° Les Etats généraux prononceront sur la vénalité des charges ou offices de judicature: ils aviseront aux moyens de rapprocher les justiciables de leurs juges, de graduer les tribunaux subordonnés, et de remédier à la lenteur et aux frais des procédures.

10° Aucun citoyen ne pourra être enlevé à son juge naturel, ni distrait de son ressort; abolir en conséquence tout droit et privilége contraires.

11° Pour donner au commerce le crédit qui lui est nécessaire, attribuer exclusivement aux juridictions consulaires la connaissance des faillites et banqueroutes: supprimer les arrêts de surséance et les lieux de franchise: établir que toutes les corporations des villes seront appelées à concourir à la nomination des officiers des juridictions consulaires.

12° Restreindre les justices seigneuriales aux seuls actes nécessaires sur les lieux, tels que scellé, inventaire et police; supprimer les offices d'huissiers-priseurs et de greffiers de l'écritoire, dans les campagnes, leurs fonctions étant abusives et vexatoires; obliger tous les officiers de justice à résider sur les lieux.

13° Liberté individuelle pour tous les sujets du royaume; en conséquence, suppression des lettres de cachet, et assurance du respect dû aux lettres confiées à la poste.

Si les Etats généraux autorisent le rachat des droits concensuels et féodaux, qu'il soit libre au clergé de faire le remploi des deniers en provenant, sur des biens-fonds, et conséquemment, que la déclaration de 1749 soit révoquée ou restreinte à sa seule aliénation.

14° Avant de voter pour un impôt quelconque, vérifier et consolider la dette de la nation; constater et fixer les dépenses de l'Etat; établir un ordre invariable dans chaque département, et statuer sur toutes les demandes de la nation.

15° Adopter de préférence l'impôt dont la perception sera la plus facile et la moins onéreuse.

16° Quel que soit l'impôt adopté, il ne sera consenti que pour un temps limité; il sera généralement et proportionnellement supporté par tous les individus des trois ordres, en ayant égard aux dettes du clergé.

17° Les Etats généraux aviseront aux moyens de faire contribuer les capitalistes et les commerçants de la manière la moins arbitraire et la plus juste.

18° La répartition et le recouvrement des impôts seront confiés aux seuls Etats provinciaux, qui feront directement le versement des deniers au trésor royal, après l'acquit des objets qui sont à la charge du gouvernement dans chaque province.

19° Pour simplifier la perception et les frais de recette, il n'y aura qu'un seul et même régime de perception pour les trois ordres.

20° Le consentement de la nation, assemblée en Etats généraux, sera également nécessaire pour tout emprunt comme pour tout impôt.

21° Etablir un fonds de réserve pour l'acquit de la dette nationale, lequel ne pourra être diverti, sous aucun prétexte quelconque, pour tout autre objet.

22° Supprimer les aides et gabelles, comme des impôts désastreux pour le peuple.

23° Eteindre les charges et offices nuisibles au bien de l'administration; en comprendre le remboursement dans la masse des dettes.

24° Restreindre les droits de contrôle, et les fixer par un tarif invariable.

25° La régie des domaines réformée; l'administration des eaux et forêts confiée aux Etats provinciaux; les barrières et douanes reculées aux extrémités du royaume, pour faciliter la liberté du commerce intérieur.

26° Aviser aux moyens de modifier le traité de commerce avec l'Angleterre, s'il n'est pas jugé qu'on doive le rompre.

27° Rendre à l'agriculture les bras que lui enlèvent dans les campagnes les manufactures et les filatures.

28° Etablir des lois somptuaires sur les objets de luxe, et notamment sur le trop grand nombre de domestiques.

29° S'occuper de la régénération des mœurs et de la restauration de l'agriculture, du commerce et des arts.

30° Pourvoir aux engrais et nourris nécessaires à l'agriculture, par la conservation des pâtures communes; défendre d'en faire aucun partage entre les particuliers, et fixer la quotité à mettre en réserve pour les besoins des communautés.

31° Que les municipalités soient conservées dans les villes et les campagnes; qu'elles soient éligibles dans les trois ordres; que leur administration soit uniforme et la plus économe possible; que les curés y aient la préséance, lorsque les seigneurs n'y assisteront pas en personne.

32° Remédier aux abus de la formation de la milice et du régime des messageries.

33° Les comptes de finances, tant nationaux que provinciaux, seront tous les ans rendus publics, et les ministres seront comptables de leur gestion aux Etats généraux.

34° Conserver à la noblesse ses privilèges honorifiques.

35° Les Etats généraux fixeront une somme annuelle pour les pensions des anciens militaires et des veuves d'officiers; ils sont invités à examiner scrupuleusement toutes les pensions précédemment accordées.

36° Le mérite et les talents joints à une conduite irréprochable donneront au tiers-état le droit d'être admis aux grades militaires et aux charges de magistrature.

OBJETS RELATIFS AU CLERGÉ.

37° La religion catholique, apostolique et romaine sera la seule enseignée, professée et publiquement autorisée; le culte et l'enseignement en seront uniformes dans tout le royaume.

38° L'édit de 1787, concernant les non catholiques, sera soumis à la révision des Etats généraux.

39° Les ordonnances, règlements et arrêts pour la sanctification des dimanches et fêtes seront renouvelés et sanctionnés dans les Etats généraux.

40° Rendre au clergé les conciles nationaux et provinciaux; mettre en vigueur les synodes diocésains; supprimer les assemblées générales du clergé et les chambres des décimes.

41° Le Roi sera supplié d'avoir égard, dans la nomination aux évêchés, moins à la naissance qu'aux vertus et aux mérites, et de choisir les évêques, autant que faire se pourra, parmi les ecclésiastiques nés dans la province du siège vacant et exercés dans le ministère pastoral.

42° Les évêques seront tenus de résider dans leurs diocèses, et de les visiter conformément aux saints canons.

43° Les provisions d'archidiacre et les lettres de vicaire général ne seront données qu'à des ecclésiastiques âgés au moins de trente ans, et employés dans le diocèse aux fonctions du ministère depuis un certain nombre d'années.

44° Les tribunaux ecclésiastiques jugeront seuls de la nécessité des monitoires, qui ne seront accordés que pour les crimes d'Etat et contre les meurtriers et les incendiaires.

45° Que l'observance des saints canons soit de rigueur pour la pluralité des bénéfices jusqu'à la concurrence de 1,500 livres, et que la résidence soit également de rigueur pour tout ecclésiastique sans exception, lorsqu'il sera pourvu d'un bénéfice de la même valeur.

46° Dans toutes les villes où il y a collège de plein exercice, il y sera établi un bureau de surveillance, dont les membres seront nommés par le synode diocésain.

47° Fonder des bourses dans les séminaires et collèges des villes du premier ordre, en faveur d'enfants nés dans le diocèse, de parents peu aisés, et que ces bourses soient au concours.

48° Les maîtres d'école des campagnes seront présentés par les curés seuls, aux ordinaires des lieux, pour être approuvés; aviser aux moyens de les doter à la décharge des communautés; rendre par là les écoles gratuites.

49° Conserver les ordres religieux, en rendre les membres utiles à l'Etat, en les employant aux fonctions du ministère ou à l'éducation de la jeunesse, ou au service des hôpitaux; et pour détruire l'espèce d'avilissement attaché aux ordres mendiants, renter suffisamment ces religieux, et dans ce cas, les soumettre aux ordinaires pour le service du diocèse; révoquer la commission des réguliers.

50° Pour la tranquillité des familles, et la meilleure administration des biens dépendants des bénéfices consistoriaux, demander que le tiers-lot avec ses charges soit laissé aux réguliers.

51° Les titres originaux des biens ecclésiastiques continueront à être donnés en communication, mais sans déplacement.

52° Le clergé du bailliage de Troyes, justement alarmé ainsi que les autres ordres du même bailliage, sur le sort du chapitre de Saint-Etienne de ladite ville, forme, avec la noblesse et le tiers-état, un vœu commun pour la conservation de ce chapitre, et demande en conséquence que le Roi soit supplié aux Etats généraux de ne donner aucune suite à l'arrêt du conseil en date du 11 mars 1787, portant la suppression des saintes chapelles du royaume.

53° Le clergé une fois assujetti aux mêmes impôts que les autres sujets de Sa Majesté, il paraît juste qu'il jouisse des mêmes privilèges dans l'administration et l'exploitation de ses biens; que dès lors tout édit, déclaration, ordonnance et arrêt contraire soit révoqué, et que la déclaration de 1749 soit restreinte à la seule aliénation.

54° Restitution des dîmes aux curés, comme vrais propriétaires, ou amélioration des cures, dont la dotation ne sera pas moindre à la campagne de 1,500 livres, et dans les villes de, 2,400 livres; dans lesquelles sommes, tant à la ville qu'à la campagne, les biens des curés, soit à titre de patrimoine, soit à titre de fondation, ne seront point compris, quand même ils ne pourraient opposer qu'une ancienne jouissance aux détenteurs actuels de ces biens.

55° Il sera pourvu par la voie d'union de bénéfices à l'amélioration des cures de la campagne, qui, par la totalité des dîmes, ne jouiraient pas d'un revenu de la valeur de 1,500 livres.

Il sera pourvu par le même moyen à la dotation des cures de ville, portée au moins à 2,400 livres; sauf une augmentation progressive, à raison des circonstances locales jugées et déterminées par le synode diocésain, raison qui doit également militer pour les cures de campagne.

56° Les curés de l'ordre de Malte et des autres ordres religieux jouiront de la même dotation et de tous les privilèges des curés séculiers.

57° Les cures dotées comme ci-dessus, tout casuel exigible sera aboli.

58° Le traitement des vicaires, tant à la ville qu'à la campagne, sera fixé proportionnellement à la dotation des curés, et il sera toujours à la charge des décimateurs, qui, dans les succursales, y contribueront en proportion.

59° Tous les bénéfices-cures de collation ecclésiastique seront à la disposition de l'ordinaire des lieux; il serait surtout à désirer que les cures à la présentation ou collation laïque des non catholiques fussent également à la même disposition.

60° Suppression de tous édits, déclarations gênant la liberté et les droits ecclésiastiques, et notamment de la déclaration de 1656; en conséquence, que les curés aient droit de se syndiquer, de s'assembler en corps pour traiter leurs affaires, sans que la présente demande puisse nuire et préjudicier à celle portée ci-dessus, article 9.

61° Accorder aux possesseurs actuels de dîmes autres que les curés, une indemnité convenable, dans le cas où ils en feraient la cession.

62° Déterminer pour la procédure des unions et érections, une forme plus prompte et moins dispendieuse, d'après laquelle le décret de l'évêque serait homologué.

63° Supprimer tous privilèges et exemptions relativement aux dîmes.

64° Les économats supprimés; leur administration et celle des biens provenant des unions, confiée dans chaque diocèse à un bureau dont les fonctions seront gratuites, et les administrateurs nommés par le synode diocésain.

65° Nul ecclésiastique séculier ou régulier, et même gradué, ne sera pourvu de bénéfice-cure qu'à l'âge au moins de trente ans, et qu'après avoir exercé les fonctions du saint ministère l'espace de cinq années.

66° Tout ecclésiastique, sans en excepter les gradués, sera déclaré inhabile à posséder un bénéfice au-dessus de 1,000 livres, s'il n'est constitué dans les ordres sacrés.

67° Conserver seulement les grades d'étude, connus sous le nom de *quinquennium*, et pourvoir à une meilleure tenue des écoles où ils se prennent.

68° Affecter pour la retraite des curés diocésains, infirmes, ou ayant vingt ans d'exercice, le tiers au moins des prébendes des églises cathédrales et collégiales de chaque diocèse; assurer le même avantage, à la même condition, aux supérieurs et directeurs des séminaires.

69° Les curés réclament la préséance après l'évêque dans les assemblées religieuses et politiques.

70° Les évêques auront, comme ci-devant, le droit d'appeler au séminaire tout ecclésiastique résidant dans leurs diocèses, mais toutefois en motivant leur appel.

71° Abolir tous droits utiles et honorifiques des curés primitifs.

72° Que les charges des officiers municipaux soient supprimés; que les membres des municipalités soient nommés chaque année et progressivement, par corporation, et au scrutin, publiquement dans l'hôtel de ville.

73° Le seigneur et le curé de chaque paroisse formeront avec deux membres de la municipalité un tribunal de paix, pour obvier aux procès et concilier les parties.

74° La componende de toute dispense de mariage sera appliquée aux pauvres des paroisses des impétrants.

75° Pour parvenir à détruire la mendicité, on occupera les pauvres, dans chaque paroisse, à des travaux de charité, et chaque province pourvoira aux fonds des ateliers.

76° Aviser au moyen de former dans les hôpitaux une administration aussi simple qu'économique.

77° Dans toutes les villes de bailliage, il sera formé un bureau de miséricorde pour les besoins spirituels et temporels des prisonniers; il sera pourvu à ce que les débiteurs ne soient point confondus avec les criminels.

78° Si les États généraux croient la liberté de la presse une conséquence de la liberté individuelle, qu'il soit du moins établi des peines contre les auteurs de livres contraires à la religion et aux bonnes mœurs, ou contre tout imprimeur d'ouvrages anonymes.

79° Ordonner l'exécution rigoureuse de la déclaration de 1736, concernant les registres des paroisses, et rendre les officiers de justice chargés de son exécution responsables, comme les ecclésiastiques, de leur négligence; mettre un frein aux recherches vexatoires des officiers du bailliage de Troyes, dont se plaignent fortement les curés dudit bailliage, et contre lesquelles l'ordre entier du clergé du même bailliage se fait un devoir de réclamer.

Comme il y a des articles dans le présent cahier qui pourraient être préjudiciables au contraires aux droits, prérogatives et propriétés de quelques-uns des membres de l'assemblée, il a été unanimement convenu que toutes les signatures apposées au bas dudit cahier, ne pourront nuire à personne, et que tous les corps, communautés et bénéficiers pourraient remettre à MM. les députés aux États généraux leurs oppositions et protestations contre les articles qui peuvent leur nuire ou préjudicier.

Fait, lu, approuvé et arrêté en ladite assemblée du clergé du bailliage de Troyes, le 3 avril 1789, par les commissaires pour ce autorisés.

Gobin, curé de Crancey.

Pierre, curé de Champlot.

Raverey, curé de Chesley.

Munier, curé de Méry.

L'abbé Genais.

Missonnet, chantre de Saint-Urbain.

Seiller, prieur-curé de Lusigny.

Floriot, curé de Beuvré.

Blampoix, curé de Vandeuvre.

Corthier, vicaire de Sainte-Madeleine.

De Trois, curé de Saint-Nicolas de Troyes.

Félix, sous toutes protestations des articles qui portent grief au chapitre de l'Église de Troyes.

Langlumé, avec mêmes protestations et réserves.

Nau, grand chantre de Saint-Etienne, avec même protestation et opposition.

Manche, prieur.

Nublat, prieur de Saint-Loup, sous les protestations de droit.

Desmoulins, prieur de Neuvy-Sautour.
Coquet, curé de Sain-Julien-les-Troyes.
Dubois, curé de Sainte-Madeleine.
Deheurles, curé du Chêne, sous toutes protestations contraires aux droits des curés.
De La Tournerie, curé de Coursan.
Gilart de l'Archentel, chanoine.
Dom Brincourt, religieux de Montiéramey, sous les réserves des protestations ci-dessus.
† C.-M.-J, évêque de Troyes, déclarant que je n'ai point été d'avis d'un grand nombre des articles du présent cahier ; pourquoi je fais toutes protestations et réclamations.
M. Berthier, curé de Saint-Nizier de cette ville, l'un des commissaires, a déclaré au secrétaire ne vouloir signer le présent cahier.
Hibon de Bagny, secrétaire.

CAHIER

De l'ordre de la noblesse du bailliage de Troyes, remis à M. le marquis de Mesgrigny, premier aide-major des gardes françaises, et M. le marquis de Crillon, chevalier de l'ordre de la Toison d'or, maréchal des camps et armées du Roi, nommés députés aux États généraux en l'assemblée du 4 avril 1789 (1).

CONSTITUTION.

La noblesse du bailliage de Troyes, considérant qu'il importe au salut de la patrie qu'avant de consentir à aucune assiette ou prorogation d'impôts, les États généraux établissent formellement, par une loi sanctionnée par le Roi, les bases de la constitution, elle charge expressément ses députés de demander qu'il soit reconnu :

Art. 1er. Qu'à la nation seule appartient le pouvoir de faire les lois, et au Roi celui de les sanctionner.

Art. 2. Que la liberté individuelle étant le premier des biens, soit garantie à tous les Français, de manière que nul ne puisse être arrêté ni constitué prisonnier; qu'à l'instant de son arrestation, il lui soit délivré copie motivée de l'ordre ; et qu'après vingt-quatre heures, il soit remis à ses juges naturels, qui seront tenus, dans le plus court délai, de statuer sur sa détention.

Art. 3. Qu'aux seuls États généraux appartient le droit d'établir ou proroger les impôts et subsides, ainsi que d'ouvrir des emprunts sous quelque forme ou dénomination que ce soit.

Art. 4. Que lesdits États soient assemblés à des époques périodiques ; qu'ils détermineront eux-mêmes leur organisation, leur forme de composition, et celle de leur convocation, sous la condition expresse que si, à l'époque arrêtée par eux, ils n'étaient pas rassemblés, les impôts cesseraient à cet instant, de droit, dans tout le royaume.

Art. 5. Qu'il soit établi dans toutes les provinces du royaume des États provinciaux, dont les États généraux détermineront, dans leur sagesse, la forme, les pouvoirs et les fonctions.

Art. 6. Que telles seront les bases de la constitution, que l'ordre de la noblesse regarde comme si important de voir établir avant le consentement aux impôts, qu'elle déclare à ses députés qu'elle les désavouera s'ils votent pour aucuns établissements ou prorogations de subsides, avant la promulgation, de cette charte nationale, qui sera en-

(1) Nous publions ce cahier d'après un imprimé de la *Bibliothèque du Sénat.*

registrée dans toutes les cours souveraines et municipalités, et lue ensuite deux fois par an au prône de chaque paroisse. Elle leur enjoint en outre de protester formellement contre chaque proposition ou délibération qui serait prise avant la reconnaissance solennelle de ces droits nationaux.

ÉTATS GÉNÉRAUX.

Art. 7. La noblesse du bailliage de Troyes déclare qu'elle renonce à tout privilège pécuniaire, et qu'elle reconnaît la nécessité d'établir comme principe que les impôts doivent être supportés par les propriétés sans distinction des propriétaires, se réservant la conservation des droits inhérents à ses propriétés, distinctions, privilèges et honneurs appartenant à la noblesse, enjoignant à ses députés de protester contre le vœu qui tendrait à quelque innovation à cet égard.

Art. 8. Que quoique le vœu de la noblesse soit de délibérer par ordre aux États généraux, néanmoins, pour éviter toute espèce d'entrave, elle autorise ses députés à délibérer par tête, après avoir réuni le vœu des deux tiers de son ordre.

Art. 9. Que les États généraux fixeront eux-mêmes invariablement la forme et l'époque périodique de leur convocation ; le désir de la noblesse serait qu'elle ne pût être retardée au delà de deux ans, à compter de leur dernière séance.

Art. 10. Que leur convocation et assemblée se feront dans l'espace de six semaines ou deux mois, s'il survenait des besoins ou des circonstances extraordinaires et non prévues ; et dans ce cas les États généraux eux-mêmes auraient droit de se rassembler sans convocation, ainsi que dans celui où à l'époque fixée ils ne l'auraient pas été.

Art. 11. Que pendant la tenue de l'assemblée, et à mesure qu'une loi ou un règlement serait fait par les États généraux, et sanctionné par le Roi, ou proposé par Sa Majesté, et consenti par les États généraux, il sera procédé à son enregistrement par toutes les cours souveraines du royaume, qui le promulgueront sans aucun examen ni délai quelconques.

Art. 12. Que la personne de chacun des membres des États généraux sera déclarée inviolable, de manière qu'aucun ne puisse jamais être responsable qu'aux États généraux eux-mêmes de ce qu'il aura dit ou fait dans leurs assemblées.

Art. 13. Que les États généraux prendront en considération la demande des bailliages qui, ayant eu jusqu'en 1652 le droit reconnu, par lettres de convocation, de députer directement, en ont cependant été exclus en 1789, malgré leurs réclamations, notamment celle du bailliage royal de Chauny, qui se trouve dans ce cas.

ÉTATS PROVINCIAUX.

Art. 14. La noblesse du bailliage de Troyes demande que l'on établisse des États provinciaux dans tout le royaume, formés sur un même plan, à la réserve cependant que s'il était nécessaire d'établir des modifications dans différentes provinces, elles seraient demandées par les députés de ces mêmes provinces.

Art. 15. S'il était nécessaire de faire des règlements provisoires, relatifs à la police des villes et des campagnes, et autres, que la seule localité rendrait utiles, et qui seraient demandés par les États provinciaux et acceptés par Sa Majesté, les cours souveraines de la province seront tenues de procéder à l'enregistrement pur et simple, à la promulgation, et ne pourront en retarder l'effet sous aucun prétexte.

Art. 16. Qu'il soit établi dans toutes les provinces du royaume, des administrations provinciales de département, et municipales, composées de membres qui soient librement élus par les citoyens de ces provinces, suivant les règles et proportions qui seront établies par les États généraux, et que toutes les places municipales ou titres d'offices, et tous droits de représentations publiques, attachés à certaines personnes, à certaines commissions, ou à certaines propriétés, soient irrévocablement supprimés dans toutes les provinces du royaume ; que ces assemblées soient seules chargées, sous l'autorité du Roi, de l'exécution des lois d'administration faites, et des établissements ordonnés par l'assemblée nationale, pour les matières relatives à l'économie politique, l'agriculture, les arts, le commerce, les communications, la salubrité, la subsistance, les dépenses locales, l'amélioration et la prospérité de chaque province, sans que, dans aucun cas, lesdites administrations, même sous le nom d'États provinciaux, puissent faire pour leur province aucuns traités, conventions, stipulations, octrois et concessions quelconques.

Art. 17. Que lesdites assemblées ou États provinciaux ne puissent jamais, sous aucun prétexte, être comptables de leur conduite qu'aux États généraux.

CLERGÉ.

Art. 18. L'ordre de la noblesse du bailliage de Troyes demande que tout archevêque, évêque, curé, abbé séculier, et tous autres bénéficiers quelconques, soient tenus de résider dans leurs diocèses, paroisses ou bénéfices, suivant l'esprit et la lettre des canons et des ordonnances, et ce, sous peine de privation de telle portion de leur temporel qui sera fixée par les États généraux.

Art. 19. Que suivant les mêmes canons et ordonnances, il ne puisse être conféré à la même personne qu'un seul bénéfice, à moins que le revenu d'un évêque ne soit pas reconnu suffisant pour soutenir sa dignité ; dans ce cas la réunion des deux bénéfices ne pourra jamais excéder 60,000 livres de rente.

Art. 20. Qu'il soit réservé dans chaque diocèse, et dans chaque chapitre ou collégiale, un nombre déterminé, soit de bénéfices simples, soit de canonicats, qui seront destinés uniquement à servir de retraite, soit aux ecclésiastiques qui, pendant vingt-cinq ans, auront dignement rempli leur ministère, soit à ceux qui par leurs infirmités seraient hors d'état de continuer leurs fonctions.

Art. 21. Qu'il soit fixé pour les curés et vicaires, non suffisamment rentés, un revenu assuré qui les mette à portée de vivre d'une manière honnête et convenable à leur état, et qui permette de proscrire pour toujours l'abus honteux de ce qu'on appelle casuel.

Art. 22. La noblesse, croyant qu'il est de la plus grande importance de conserver tout l'argent du royaume, demande que les tributs envoyés à Rome, sous le nom d'annates et de dispenses, soient supprimés : que les dispenses pouvant être accordées par les primats, ou par les évêques diocésains, il en sera dressé un tarif modéré et uniforme pour tout le royaume, dont le produit sera appliqué, tant aux réparations que reconstructions d'églises, presbytères, et au soulagement des pauvres du diocèse où ces droits seront échus.

Art. 23. Que des biens ecclésiastiques de chaque province, il soit distrait des bénéfices simples, dont le revenu sera appliqué à l'entretien des collèges, écoles gratuites pour les deux sexes, hôpitaux qui existent, et dont le nombre sera multiplié suivant le besoin, ainsi qu'au soulagement des mendiants : le tout pour être administré sous l'inspection immédiate des États provinciaux.

Art. 24. La noblesse du bailliage réclame contre l'arrêt du conseil du 11 mars 1787, qui supprime les saintes chapelles, et nommément la collégiale de Saint-Étienne de Troyes, fondée par les comtes de Champagne. Elle ne peut voir dans cet acte, l'interdiction aux juges légaux d'en connaître, qu'une infraction aux lois, et qu'une violation de la propriété, qui détruirait l'existence d'un grand nombre de citoyens, sans apporter de soulagement marqué dans les finances.

La noblesse, en fixant cette réclamation, ne peut oublier que le palais dans lequel elle délibère fut celui de ses anciens souverains ; que la mémoire des bienfaits dont ils ont comblé la province et la ville de Troyes, les rend propres en quelque sorte à ces délibérations, et que ce sont eux qui la sollicitent de veiller à l'exécution de leurs dernières volontés.

NOBLESSE.

Art. 25. La noblesse du bailliage de Troyes demande que les articles de la coutume qui assurent et établissent les droits des seigneurs, soient confirmés, renouvelant toutes les protestations portées au procès-verbal de la rédaction de la coutume à cet égard.

Art. 26. Qu'aucune charge vénale ne donne désormais ni les privilèges de la noblesse, ni la noblesse héréditaire, et que cette distinction ne puisse être accordée que pour de longs et utiles services rendus à l'État par toutes les professions, et constatés par le suffrage des provinces, et aux actions d'éclat sur terre et sur mer, et sur la demande des commandants, certifiés par les témoins.

Art. 27. Que, conformément aux anciennes ordonnances, on ne puisse jouir que des appointements d'une seule place ou charge, quand bien même on en posséderait plusieurs.

Art. 28. Que les prérogatives attachées aux charges si multipliées des commensaux de la maison du Roi, soient abolies, ainsi que le droit de *committimus.*

Art. 29. Que la croix de Saint-Louis ne soit jamais que la récompense des services actifs et purement militaires, et qu'il n'y ait point de distinction de grade qui puisse favoriser l'obtention, les services seuls devant en fixer l'époque ; et que la croix du Mérite puisse être portée par un officier non catholique servant dans les régiments français ; que les officiers de l'armée soient admis à jouir du droit réclamé pour les autres citoyens, celui de ne pouvoir être privés de leur emploi sans un jugement légal.

Art. 30. Que les États généraux prennent en considération la classe des nobles sans fortune, si précieuse dans une monarchie, tant en s'occupant de la manière de les soulager relativement à l'impôt, qu'en leur procurant de préférence les moyens de placer leurs enfants.

Art. 31. Que Sa Majesté soit suppliée de ne plus accorder de survivance à l'avenir, les abus n'en étant que trop connus et contraires à toute émulation.

Art. 32. Que le code militaire soit invariablement fixé suivant l'esprit de la nation, et que les punitions qui y seraient insérées soient conformes à ce même esprit.

Art. 33. Que les États provinciaux aient le droit de présenter au Roi les sujets pour les écoles militaires et la maison de Saint-Cyr.

Art. 34. La noblesse demande que vu les abus de tout genre dont elle est sans cesse la victime, un généalogiste ne soit plus à l'avenir juge seul et sans appel des titres qui établissent la noblesse; qu'il soit formé à cet effet dans chaque province un tribunal de gens éclairés et intègres, auquel, pour toute espèce de preuves, le gentilhomme puisse avoir recours en cas de contestation.

Art. 35. Les députés représenteront encore combien il est nécessaire que les obligations respectives des commandants généraux et particuculiers des troupes soient très-clairement exprimées par une loi nationale, afin de ne les pas laisser plus longtemps dans cette alternative embarrassante et cruelle, ou de se déshonorer, en se rendant les vils instruments du pouvoir arbitraire, pour asservir leurs concitoyens, ou de perdre leur état, en désobéissant à des ministres vindicatifs qui leur donnent des ordres, dont il ne leur est pas permis de contester la légitimité.

Art. 36. Que Sa Majesté sera suppliée de vouloir bien regarder comme en activité ceux de MM. les officiers qui, relativement aux troubles de l'année dernière, ont cru leur honneur intéressé à donner leur démission.

JUSTICE ET POLICE.

Art. 37. La noblesse du bailliage de Troyes demande que les États généraux s'occupent, le plus tôt possible, de la réforme de la législation civile et criminelle; que l'instruction criminelle soit publique.

Art. 38. Que les accusés aient un conseil.

Art. 39. Que la confiscation des biens soit abolie, et que cependant les frais de procédure puissent être prélevés sur lesdits biens.

Art. 40. Que les parlements et autres tribunaux souverains, ainsi que les juges subordonnés à ces cours, continuent à maintenir le bon ordre et à faire exécuter les lois, soit en renouvelant leurs dispositions, lorsque les circonstances l'exigent, sans qu'ils puissent toutefois y rien retrancher, ajouter ou modifier, soit en infligeant les punitions qu'elles prononcent contre ceux qui les transgressent; que les magistrats ne puissent à l'avenir être troublés dans l'exercice de leurs fonctions, et qu'ils soient responsables du fait de leurs charges à la nation assemblée.

Art. 41. Que les États généraux s'occupent des moyens les plus propres à rendre la composition des tribunaux, et surtout des tribunaux supérieurs, la meilleure possible et la plus digne de la confiance de la nation.

Art. 42. Que les affaires pendantes aux différentes commissions du conseil, soient renvoyées par-devant les juges légaux qui en doivent connaître, et qu'il soit défendu, sous autre prétexte, d'en évoquer à l'avenir, et de nommer aucune espèce de commission, à moins qu'il ne soit demandée unanimement par toutes les parties.

Art. 43. Qu'ils s'occupent encore des moyens de supprimer la vénalité des charges, et de pourvoir à la diminution des frais de procédure, et à la suppression des épices.

Art. 44. Attendu que la rédaction du code civil et criminel ne demande pas moins de lumières en politique que sur les formes des procédures,

l'avis de la noblesse est que la commission qui sera chargée de cette opération ne soit pas uniquement composée de magistrats.

Art. 45. Vu l'insuffisance de la maréchaussée, on demandera d'en augmenter le nombre, soit à pied, soit à cheval.

Art. 46. Que la liberté de la presse soit accordée, à la condition néanmoins que toute personne qui fera imprimer signera son manuscrit, et se fera connaître de l'imprimeur, qui en sera personnellement responsable.

Art. 47. Que le secret de la poste soit assuré par une loi qui prononce des peines contre ceux qui en abuseraient.

Art. 48. Que, sur le fait des colombiers, on s'en tienne rigoureusement aux lois et règlements.

Art. 49. Que toutes contestations relatives aux faillites soient portées par-devant les juridictions consulaires, pour y être jugées conformément aux ordonnances, cette forme étant moins dispendieuse, plus expéditive et plus propre à conserver la propriété des créanciers; que les banqueroutiers frauduleux soient poursuivis à la rigueur.

Art. 50. Que les lettres d'état, de surséance, sauf-conduit et priviléges locaux soient abolis, comme moyens de soustraire à la poursuite des créanciers, par conséquent attentatoires à la propriété de ceux-ci.

Art. 51. Que les décrets forcés et les poursuites de contribution, et ordres de distribution des deniers soient abrogés, et qu'il soit donné une loi par laquelle, dans un délai fixé et déterminé, et sur de simples enchères, les biens du débiteur constitués en demeure de payer, soient vendus sur deux publications, et l'ordre de la distribution faite devant le doyen des notaires dans les villes, sur la simple présentation des titres de créance, et sur un simple mémoire de chaque créancier, dans les campagnes, devant le juge seul.

Art. 52. Que le greffier de l'écritoire soit restreint à la seule justice royale où il est établi, et lorsque le juge ordonne son transport pour l'assister seul, sans pouvoir prétendre suivre les experts lorsque le juge n'assiste pas au rapport, ni les accompagner dans aucune justice seigneuriale. Que les huissiers-priseurs ne puissent faire aucune vente dans les justices seigneuriales, que quand ils seront requis par les parties, et au préjudice des sergents-priseurs des seigneurs, qui sont moins dispendieux pour leurs vacations, et qui n'exigent point de frais de transport.

Art. 53. Qu'il soit fait un autre règlement sur la taxe des foi et hommage, aveu et dénombrement, les lettres patentes du 20 avril étant onéreuses aux vassaux et censitaires.

Art. 54. Que le droit de faire grâce, la plus belle, la plus touchante prérogative de la couronne, celle qui est sans doute la plus chère au cœur du Roi qui nous gouverne, lui soit conservée dans la plus grande étendue, à l'exception seulement, pour les crimes de trahison, de prévarication et de concussion, qui seront poursuivis à la requête des États généraux.

Art. 55. La noblesse pensant que la différence des opinions en matière religieuse ne doit point désunir les citoyens, quand les principes qui intéressent essentiellement l'ordre de la société sont communs, demande que les États généraux s'occupent de donner à la loi, en faveur des non catholiques, toute l'extension qu'ils jugeront convenable.

FINANCE.

Art. 56. La noblesse du bailliage de Troyes regarde comme indispensable que la première déclaration des Etats généraux soit que la nation ayant seule le droit de consentir les impôts (ceux existants aujourd'hui étant généralement d'origine ou d'extension illégale), elle les déclare tous supprimés de droit, et cependant consent à accorder l'impôt dans la même forme, et tel qu'il existe aujourd'hui, mais seulement pour la durée de cette première séance des Etats généraux, n'entendant pas qu'il puisse en exister d'autres a cette époque que ceux qu'ils auront consentis ; ce qu'ils ne pourront faire que pour un temps limité, passé lequel tous percepteurs de ces droits seront déclarés concussionnaires, et poursuivis par tous les tribunaux comme des ennemis publics ; et que le ministre qui aurait donné ce conseil perfide, en soit responsable à la nation et dénoncé aux Etats généraux.

Art. 57. Que la dette une fois constatée, vérifiée et arrêtée, soit consolidée par la nation.

Art. 58. Elle regarde comme une précaution importante d'établir que tous les mandements ou tarif d'impôts, tant anciens que nouveaux, soient intitulés : *De par le Roi, impôt consenti par les Etats généraux, jusqu'en 17...*, afin que tout Français ait sans cesse sous les yeux la nécessité de ce consentement.

Art. 59. Les Etats généraux aviseront aux moyens les moins dangereux, et décideront dans leur sagesse ceux de se procurer les fonds nécessaires pour subvenir à la dépense d'une guerre imprévue, ou à toute autre calamité publique.

Art. 60. Qu'il soit stipulé qu'il ne sortira des provinces que la partie de l'impôt qui ne pourra j as être consommée.

Art. 61. Que les dépenses de chaque département, même les grâces en dépendantes, soient fixées de manière que, sous aucun pretexte, elles ne puissent varier, et que quant à celles personnelles au Roi et à ses bâtiments, Sa Majesté soit suppliée d'en indiquer le montant, d'après ce que sa sagesse et son amour pour ses peuples lui dicteront.

Art. 62. Qu'il soit rendu publique tous les six mois, par la voie de l'impression, une liste des dons, gratifications, pensions, offices et places accordées pendant chaque semestre, et les noms des personnes qui les auront obtenues, et pareillement qu'il soit publié tous les ans un tableau ou compte général et détaillé des finances, recettes et dépenses de l'année.

Art. 63. Que les aides et les gabelles, déjà jugées par le Roi, étant les impôts les plus désastreux par les abus criants qui existent dans leur forme de recouvrement, la noblesse demande aux Etats généraux d'aviser aux moyens de les remplacer ou d'en diminuer les inconvénients et les malheurs, et qu'en attendant, l'imposition connue dans le bailliage sous le nom de *gros manquant*, vulgairement appelé *trop bu*, soit aboli sur-le-champ, ainsi que celui du devoir de gabelle.

Art. 64. Que tout droit de propriété soit inviolable ; que nul ne puisse en être privé, même à raison de l'intérêt public, qu'il n'en soit dédommagé au plus haut prix, argent comptant et sans délai.

Art. 65. Que les Etats généraux soient invités de prendre en considération les loteries, source d'une infinité de désordres, ainsi que les spéculations usuraires.

Art. 66. Que l'on mettre à exécution le projet si nécessaire à l'avantage du royaume de reculer les barrières aux frontières.

Art. 67. Que les Etats généraux représentent à Sa Majesté, que l'emploi des troupes à la confection des chemins serait très-avantageux en temps de paix, pour former au soldat une bonne constitution ; cet établissement serait d'autant plus nécessaire dans cette province, que la population n'y est pas en proportion du grand nombre de routes qui la traversent.

Art. 68. Que la manière dont se fait le tirage de la milice étant un impôt indirect, abusif et vexatoire, soit supprimé, mais remplacé dans des arrondissements qui seraient déterminés par l'obligation de fournir des sujets domiciliés et de bonne volonté.

Art. 69. Que les Etats généraux aviseront dans leur sagesse à trouver les moyens de faire contribuer les capitalistes aux charges publiques.

Art. 70. Que le tarif arbitraire du droit de contrôle soit réformé ; qu'il en soit établi un si clair, que chaque particulier sache ce qu'il aura à payer avant de passer un contrat.

Art. 71. Que le droit de franc-fief, qui empêche de vendre un grand nombre de terres, soit aboli, le gouvernement étant intéressé à faciliter les acquisitions foncières dans le royaume.

COMMERCE.

Art. 72. La noblesse du bailliage de Troyes voit avec douleur que le commerce de cette ville languit depuis plusieurs années ; elle présume que la cause pourrait en être attribuée en partie au traité de commerce fait avec l'Angleterre. Elle désirerait à cet effet que les Etats généraux chargeassent le comité d'examiner cette grande et importante question.

Art. 73. Elle désirerait qu'il fût donné des primes d'encouragement pour les nouvelles découvertes avantageuses au commerce, et que les privilèges exclusifs fussent restreints à ces mêmes inventeurs pour un temps court et limité.

Art. 74. Elle demande que les règlements sur les messageries et postes soient modifiés, et qu'on reforme principalement les vexations qui s'exercent sur les voyageurs dont les facultés ne permettent pas de se servir des voitures publiques.

Art. 75. Que les députés représentent aux Etats généraux la nécessité pressante de déterminer une ligne de démarcation entre le prêt à intérêt légitime et l'usure, et qu'ils insistent sur l'utilité dont est une pareille loi, pour procurer à la circulation toute l'activité dont elle est susceptible.

Art. 76. Que les Etats généraux soient invités à s'occuper de la question, s'il est utile ou non, à l'avantage du commerce et à la prospérité de l'Etat, de rendre uniformes les poids et mesures dans tout le royaume.

Art. 77. L'expérience a prouvé combien l'établissement des haras a mal rempli son objet ; loin de multiplier l'espèce et d'améliorer la race des chevaux, le nombre des élèves est évidemment diminué, et il s'en faut de beaucoup que la beauté en ait été une compensation. La noblesse, instruite que depuis longtemps les fonds tirés sur la province n'y ont point été versés, demande que les règlements qui assujettissent les laboureurs, sous peine d'amende, à conduire leurs juments aux étalons des haras, soient supprimés, et qu'on laisse la plus grande liberté à ceux qui sont le plus intéressés à multiplier et embellir l'espèce.

AGRICULTURE ET BIEN PUBLIC.

Art. 78. La noblesse demande que les baux de longue durée, étant un des plus sûrs moyens d'obtenir l'amélioration des terres, il soit permis à tout particulier, excepté aux gens de mainmorte, d'en faire de dix-huit et vingt-sept ans, sans payer de plus forts droits au fisc.

Art. 79. Que l'instabilité des baux de gens de mainmorte, étant un des obstacles aux progrès de l'agriculture, tout nouveau titulaire soit obligé de laisser jouir les fermiers, la durée de leurs baux, à moins qu'il n'y ait lésion du tiers.

Art. 80. Que la conservation des hommes étant un des points les plus essentiels d'une sage administration, il soit avisé aux moyens d'établir dans les campagnes des chirurgiens et sages-femmes, qui ne puissent exercer que sur des certificats de la faculté de médecine, et nommés au concours, et qu'il soit défendu à tout empirique de distribuer des drogues nuisibles à la santé.

DEMANDES PARTICULIÈRES AU BAILLIAGE.

Art. 81. La noblesse du bailliage, considérant que toute proportion étant rompue entre les contributions de la Champagne et les productions de cette province, puisqu'elle paye au Roi un million de plus que son produit n'est, ainsi que la partie de la généralité de Paris comprise dans ce bailliage, pas plus heureusement traitée, les États généraux voudront bien prendre en considération la surcharge qu'elle éprouve depuis longtemps, et la faire jouir de la modération qu'elle a droit d'espérer.

Art. 82. Les députés feront usage, lorsque l'objet des aides sera traité, du mémoire sur cet objet lu à la Chambre par M. Noel de Buchères, qui en détaille tous les inconvénients.

Art. 83. Que la Champagne étant trop étendue pour être régie par un seul État provincial, il en soit établi deux, dont un à Troyes, capitale de la province, et qui, en cette qualité, a droit à cette préférence.

Art. 84. Le vœu de la noblesse du bailliage de Troyes serait que les États généraux, après avoir demandé et obtenu les articles essentiels à la constitution de l'État, à la liberté des citoyens, à la levée, à la durée des impôts, etc., chargeassent, en se séparant, les députés de soumettre à la discussion des États provinciaux les questions importantes relatives à la réformation des lois, au meilleur mode des impositions, etc., afin qu'à la première convocation, les nouveaux députés rapportant les divers sentiments que leurs concitoyens les auraient chargés de remettre aux États généraux, cette assemblée nationale pût se flatter de prendre avec plus de réflexions et de lumières des délibérations décisives sur la formation du code national.

Fait et arrêté au palais royal, en la chambre de la noblesse, à Troyes, le 4 avril 1789.

Signé Le chevalier Angenoust; de Chavigny; le baron de Baussancourt, capitaine de chasseurs; Boullogne de Nogent; de Noël de Courgerennes; Maison-Rouge; de Dreuil; Giret de Flotteville; de Cuming; le duc de Liancourt; baron de Saint-Brisson; Dubourg; Giret de Valville; La Chapelle-Saint-Parre; le chevalier Henri de Bassancourt; le chevalier Damoiseau de la Blonde; de Rémond du Mesnil; Rousseau, marquis de Chamoy; de L'Enfernat; de Reims; le marquis de Reaulx; Thomassin, lieutenant au régiment de Bourgogne; le baron de Vendenesse; Damoiseau; Guyard des Forges; Camusat de Rilly; P. Aval Duplessis; Ri-

chemont; Morel de Viliers; de Valcourt; de Noël de Buchères; de Veillard du Franc; Girardot de la Salle; de Barbuat-Duplessis; de Boucher le jeune; de Vaux; de Boucher; le chevalier de Zeddes; Mauroy de Montchevreuil; de Pont-Praslin; Mouchot de la Motte; Le Blan de Vitry; de Salson; le comte de Fontaine-Moreau; Camusat de Riancey père; de Broé; Thomassin de Balignicourt père; Jacques Henry Camusat de Riancey; de Bruny; Quinot; de La Chapelle; Angenoust; Poterat; J.-N. Berthelin; de Chauffour; Berthelin; Saint-Maure de Droup, chevalier d'Aulnay; Paillot de Montabert; Piot de Courcelles; de Berrey de Vaudes; Piot de Courcelles fils; le chevalier de Corlieu; de Vigier de la Vergne; de Feu; Thierry; Berthelin de Viélaines; Thomassin fils; Berthelin-Sutaine; d'Aulnay; Mengin de Salabert; de Compas.

Commissaires.

De Saint-Georges; Quatrefoux de la Motte; le marquis de Crillon; le comte de Nogent; le marquis de Mesgrigny; le duc d'Aumont; le marquis de Guerchy; de Loynes; le comte de Mesgrigny-Villebertain, grand bailli; Corps, secrétaire; Camusat de Riancey, secrétaire.

DE PAR LE ROI.

ORDONNANCE DE M. LE GRAND BAILLI DE TROYES,

Qui fait défense d'attenter à la personne d'aucuns des électeurs du bailliage, non-seulement pendant la durée des assemblées, mais encore deux jours après la clôture d'icelles.

Du 28 mars 1789.

A tous ceux qui ces présentes lettres verront, Pierre-François de Mesgrigny, comte de Mesgrigny, de Puiseau en partie, et autres lieux, commissaire nommé par Sa Majesté pour la répartition de la capitation de la noblesse du bailliage de ladite ville de Troyes, président également nommé par Sa Majesté de l'assemblée d'élection de Bar-sur-Aube; salut. Savoir faisons que sur la dénonciation faite à l'assemblée des trois ordres du bailliage de Troyes, par M. le duc d'Aumont, pair de France, membre de ladite assemblée, expositive que Nicolas de Vertu-Verdun, marchand, demeurant à Mont-Suzain, électeur en la présente assemblée pour sa communauté, a été arrêté cejourd'hui pour dettes, par Jean-François Chaperon, huissier en cette ville;

Nous, après avoir pris l'avis des trois ordres, M. le bailli a dit, et il est ordonné, ouï le procureur du Roi en ses conclusions, que ledit de Vertu-Verdun sera relaxé par tous huissiers ou geôliers, à quoi faire contraints par toutes voies dues et raisonnables, même par corps; qu'il est également fait défenses à tous huissiers d'attenter à la personne dudit Vertu-Verdun, ni d'aucuns des membres composant ladite assemblée, non-seulement pendant la durée d'icelle, mais encore deux jours après sa clôture; que la présente ordonnance sera exécutée provisoirement, sur la notification qui en sera faite par l'huissier de service, accompagné de notre greffier, porteur de la minute, et qu'elle sera imprimée et affichée partout où besoin sera.

Si mandons au premier huissier audiencier de ce siège, ou autre, sur ce requis, de mettre les présentes à exécution; et de ce faire lui donnons pouvoir et commission.

Fait et donné en la grand'salle d'audience du palais royal de Troyes, par nous, Louis-Nicolas

Paillot, chevalier, seigneur de Fraslines et autres lieux, conseiller du Roi, lieutenant général, enquêteur et commissaire examinateur au bailliage et siége présidial de Troyes, le samedi 28 mars 1789, heure de huit du soir.

Collationné : COUTURIÉ.

CAHIER

Du tiers-état du bailliage de Troyes, et des bailliages secondaires (1).

ARTICLES GÉNÉRAUX.

Art. 1er. Qu'il ne soit établi ou prorogé aucuns impôts ni fait aucuns emprunts, s'ils n'ont été consentis par les États généraux, lesquels en fixeront la quotité, les conditions, la durée et la forme de la perception ; et que leur produit ne puisse être employé à d'autres usages qu'à ceux pour lesquels ils auront été destinés.

Art. 2. Que lors de la tenue des États généraux, les députés du tiers-état soient en nombre égal à celui des deux autres ordres réunis ; qu'il n'y ait plus de distinction entre les trois ordres, lorsqu'ils se présenteront à Sa Majesté ; que les délibérations soient prises par les trois ordres réunis, et les suffrages comptés par tête ; qu'il soit fait une loi qui assure le retour périodique des États généraux aux époques fixées dans la prochaine assemblée ; détermine le nombre des députés qui les composeront, et la forme de leur élection ; et que les baillis et sénéchaux soient autorisés à assembler, à cet effet, les députés de leurs bailliages, sans qu'il soit besoin de lettres de convocation.

Art. 3. Qu'il soit établi, en la province de Champagne, des États provinciaux, formés et organisés à l'instar de l'assemblée des États généraux ; que les parties de ladite province qui ont été attachées à la généralité de Paris et à celle de Bourgogne, soient réunies auxdits États de Champagne ; et que le siége desdits États soit fixé en la ville de Troyes, capitale de ladite province.

Les bailliages de Saint-Florentin, Ervi, Nogent, Ponts et villages en dépendant, le demandent à être réunis auxdits États provinciaux, qu'autant que le siége en sera fixé à Troyes.

Art. 4. Que lesdits États provinciaux ne puissent consentir l'établissement ni la prorogation d'aucuns impôts, ni faire ou consentir aucuns emprunts, mais seulement répartir les impôts qui auront été consentis par les États généraux.

Art. 5. Que toute personne arrêtée en vertu de quelque ordre que ce soit soit remise, dans les vingt-quatre heures, avec copie de l'ordre en vertu duquel elle aura été arrêtée, entre les mains de ses juges naturels, pour y être statué suivant l'exigence des cas.

Art. 6. Que s'il arrive cependant que, pour des causes graves, une famille veuille séquestrer de la société, pendant quelque temps, un de ses membres, alors les plus proches parents, au nombre de quatorze au moins, s'assembleront devant le juge royal du ressort, à l'effet d'exposer leurs plaintes ; et si, après en avoir délibéré, les trois quarts se trouvent d'avis de la détention du sujet, que le juge ordonne qu'il soit enfermé pour un espace de temps proportionné aux circonstances.

Art. 7. Que les États généraux recherchent les causes et les auteurs des troubles qui ont suivi les édits de 1788.

Art. 8. Que les États généraux ne se séparent qu'après qu'il aura été statué sur les différents objets de législation et de police publique, qui auront été proposés.

Art. 9. Qu'il ne soit consenti par les États généraux aucun impôt ni même emprunt, sans qu'au préalable les droits de la nation n'aient été reconnus.

Art. 10. Que les dettes contractées au nom du Roi, ne puissent être sanctionnées et regardées comme dettes nationales, qu'après qu'elles auraient été vérifiées par les États généraux, tant en principaux qu'intérêts.

Art. 11. Qu'il ne soit établi aucun papier-monnaie, et que les dettes de l'État ne puissent être acquittées, soit en remboursement de principaux, soit en payement d'arrérages, qu'en argent comptant.

Art. 12. Que tous acquits, patentes, bons d'État et ordonnances de comptant soient réduits et déterminés à une somme fixe par chacun an.

Art. 13. Que les dépenses de tous les genres soient invariablement fixées, et que les ministres de chaque département soient responsables de leur administration à la nation assemblée.

Art. 14. Qu'il ne soit fait aucune loi qui n'ait été proposée ou consentie par les États généraux ; et que lors de la présentation qui en sera faite aux cours, elles ne puissent, dans aucun cas, y faire aucune modification, extension ni restriction, mais qu'elles soient tenues d'en maintenir le contenu, de les exécuter strictement, et de ne concourir à l'exécution d'aucune décision qui s'en écarterait.

IMPOT.

Art. 15. Que tout privilége et exemption pécuniaire distinctive soient abolis ; et qu'en conséquence tous impôts, qui auront été consentis par les États généraux, soient supportés également par tous les ordres de citoyens ; et que tous contribuables soient cotés sur les mêmes rôles, proportionnellement à leurs propriétés , facultés, commerce et industrie.

Art. 16. Que la taille, capitation taillable, accessoires de la taille, vingtièmes réels, industrie et imposition représentative de la corvée, soient supprimés, et qu'il y soit substitué un impôt territorial, payable en argent, sur tous les fonds sans distinction, et une capitation sur les bourgeois, marchands, artisans et manouvriers.

Art. 17. Que, pour parvenir à une juste répartition de l'impôt territorial, il soit formé, sur chaque paroisse, un cadastre, de la quantité de terres, prés, bois et autres propriétés situées dans l'étendue de ladite paroisse, et fait une évaluation desdites propriétés.

Art. 18. Que lesdits cadastres et procès-verbaux d'évaluation des fonds soient comparés les uns aux autres dans les arrondissements dont les paroisses feront partie, soient ensuite rapportés à l'assemblée des États de la province, pour faire la comparaison entre eux, et ordonner, s'ils le jugent à propos, de nouvelles vérifications ; enfin, que les cadastres et évaluations des provinces soient envoyés à l'assemblée des États généraux, à l'effet d'être comparés à ceux desdites autres provinces.

Art. 19. Que l'impôt des aides soit entièrement supprimé et remplacé par une taxe particulière sur lesdites vignes, eu égard à leur valeur et produit.

Art. 20. Que l'impôt des gabelles soit supprimé dans tout le royaume et remplacé par un droit

---

(1) Nous publions ce cahier d'après un imprimé de la *Bibliothèque du Corps législatif.*

qui se percevra à l'extraction des salines et marais salants, à l'effet de quoi, le sel sera dorénavant un objet de commerce libre.

Art. 21. Que toutes visites et marque de cuirs soient supprimées ; que le produit qui résulte du droit de marque, déduction faite des frais, soit converti en une somme abonnée avec les tanneurs, etc.

Art. 22. Que les droits sur les papiers et cartons, poudres et amidons, soient supprimés et remplacés par un impôt sur chaque cuve en activité; que les droits sur les cartes soient pareillement supprimés et remplacés par un droit sur le papier sitigzamé.

Art. 23. Que la vente exclusive du tabac soit supprimée ; que la culture, façon et vente en soient permises dans tout le royaume, sauf, pour atteindre au remplacement du produit de cet impôt, à imposer les terres qui seraient employées à cette culture, de la même manière que celles qui sont plantées en vignes.

Art. 24. Que les droits sur les savons soient supprimés et convertis en un abonnement avec les chefs des manufactures.

Art. 25. Que les droits sur les huiles qui ont été rachetés par la province, soient et demeurent supprimés.

Art. 26. Que les droits d'inspecteurs de boucheries soient également supprimés et remplacés par un abonnement avec les bouchers.

Art. 27. Que tous droits connus sous la dénomination de droits réservés, octrois royaux, même ceux qui se perçoivent au compte du Roi, sous le nom d'octrois municipaux, soient entièrement supprimés.

Art. 28. Que les barrières et douanes de l'intérieur du royaume soient supprimées et réduites aux seules barrières établies sur les frontières ; que les droits une fois acquittés à l'entrée du royaume, les marchandises puissent circuler librement, sans être assujetties à aucuns droits ni visites d'employés ; et qu'il soit fait un nouveau tarif pour les droits d'entrée et sortie du royaume.

Art. 29. Que le droit de franc-fief soit entièrement supprimé.

Art. 30. Que les droits domaniaux et de contrôle, dont l'incertitude rend la perception arbitraire, soient fixés par un nouveau tarif clair et précis ; et que une fois présenté et le droit perçu, il ne soit plus sujet à aucune recherche ultérieure.

Art. 31. Qu'il soit surtout pris en considération par les États généraux, les abus qui se commettent journellement pour la perception des droits de contrôle et domaniaux, singulièrement en percevant les droits sur les sommes totales des inventaires, sans déduction du passif ;

En fixant arbitrairement dans les contrats de mariage l'apport de l'un des deux conjoints, qui ne se trouve pas déterminé, et en prenant, au choix des contrôleurs, soit à raison de la qualité, soit à raison de l'apport de l'autre conjoint par doublement ; en percevant plusieurs droits pour raison d'un même acte passé entre les mêmes parties, et renfermant différentes conventions ; en prenant les droits de centième denier et contrôle, tant sur le prix porté au contrat de vente, que sur l'estimation des charges dont lesdits biens sont grevés.

Art. 32. Qu'il ne soit versé dans le trésor royal que des sommes arrêtées par les États généraux, pour l'entretien de la maison du Roi, de celle des princes et des bâtiments du Roi, et la somme à laquelle les acquits, patentes ou ordonnances de comptant auront été déterminés ; que le surplus des revenus et du produit des impôts soit versé dans une caisse nationale qui sera établie à Paris et dont les fonds seront employés aux dépenses des différents départements et à l'acquit desdits, dettes.

Art. 33. Qu'il soit établi dans la capitale de chaque province une caisse particulière, où sera versé le produit des impositions de la province ; et que, sur les fonds de ladite caisse, soient acquittées les dépenses de ladite province et les rentes ou pensions dues aux habitants dont les quittances seront reçues pour comptant par le receveur de la caisse nationale.

Art. 34. Que le caissier national soit tenu d'adresser, dans le courant d'octobre de chaque année, aux États de chaque province, le bordereau général de tous les rentiers et pensionnaires qu'elle renferme.

Art. 35. Que le produit général des impôts et revenus, le montant des charges et dépenses ordinaires et extraordinaires, soient tous les ans rendus publics par la voie de l'impression, à la même époque, avec distinction de ce qui est relatif à chaque département et à chaque province.

Art. 36. Qu'il soit arrêté par les États généraux que le Roi rentrera dans ses domaines engagés.

Art. 37. Qu'il soit faite une vérification des échanges de domaines faits depuis l'avénement de Louis XV au trône.

RELIGION ET ÉTAT ECCLÉSIASTIQUE.

Art. 38. Qu'il ne soit autorisé et toléré dans le royaume aucun culte public de religion que celui de la religion catholique, apostolique et romaine, sans préjudice néanmoins des effets civils de la société, accordés par l'édit de novembre 1787, à ceux qui ne professent pas ladite religion.

Art. 39. Qu'il soit fait un règlement pour déterminer la forme des mariages mixtes entre personnes qui ne professent pas la même religion.

Art. 40. Que la déclaration du Roi, du 26 mars 1782, sur les quatre articles de l'assemblée du clergé, soit confirmée et regardée comme loi de l'État.

Art. 41. Que les portions congrues des curés de campagne soient portées à la somme qui sera fixée dans les États généraux à la charge des gros décimateurs, si mieux n'aiment lesdits décimateurs abandonner aux curés la totalité des dîmes ; et en cas d'insuffisance, qu'il y soit pourvu sur les revenus des bénéfices simples dont le titre sera éteint ; et que lesdits curés soient tenus de toutes les réparations grosses et menues et entretien de leur presbytère, et obligés d'exercer gratuitement toutes les fonctions de leur ministère.

Art. 42. Qu'il soit aussi assigné aux curés des villes un revenu suffisant sur les objets qu'on croira devoir y affecter, au moyen de quoi le casuel sera pareillement supprimé dans la ville.

Art. 43. Que les successeurs aux bénéfices, à quelque titre que ce soit, soient tenus de l'entretien des baux de leurs prédécesseurs, et que, pour obvier aux abus, lesdits baux ne puissent être faits que pour neuf années, et renouvelés que dix-huit mois avant leur expiration ; le tout à l'enchère et devant les juges des lieux où seront situés les héritages.

Art. 44. Que moitié au moins des canonicats des églises cathédrales et collégiales soit affectée à des anciens curés qui auraient rempli pendant vingt ans des cures dans les diocèses dans lesquels lesdits chapitres sont situés.

Art. 45. Que les cures et moitié au moins des dignités et canonicats desdites églises cathédrales et collégiales ne puissent à l'avenir être possédées que par des sujets natifs des diocèses dans lesquels lesdites églises sont situées.

Art. 46. Que l'émission des vœux de profession religieuse pour les deux sexes ne puisse avoir lieu avant l'âge de vingt-cinq ans accomplis.

Art. 47. Que nul ecclésiastique ne puisse être pourvu de plus d'un bénéfice excédant 1,200 livres, et qu'il soit tenu de résider.

Art. 48. Que désormais les résignations de bénéfices, cures et autres soient faites devant les ordinaires, au lieu d'être faites en cour de Rome.

Art. 49. Que les droits d'annates ou autres qui se perçoivent par la cour de Rome, pour les bulles des bénéfices consistoriaux, et pour les dispenses et résignations, cessent d'être perçus au profit de ladite cour, et que le produit desdits droits, dont il sera fait une nouvelle fixation d'après le revenu actuel des bénéfices, sera versé dans une caisse établie dans chaque diocèse, et dont les fonds seront affectés aux réparations et reconstructions des églises paroissiales, et reconstruction des presbytères, pour ce qui en est aujourd'hui supporté par des habitants.

Art. 50. Qu'à l'avenir toutes les dispenses soient accordées par les ordinaires.

Art. 51. Que la dîme soit perçue dans la même paroisse d'une manière uniforme, et que les dîmes de charnage et de verdage soient supprimées.

Art. 52. Qu'il soit pourvu au remboursement des dettes du clergé, et que pour l'opérer il soit, d'après leur vérification faite par les États généraux, mis en réserve une certaine quantité de bénéfices simples, dont les revenus seront affectés à cet objet.

Art. 53. Qu'il soit pourvu, par les États généraux, aux moyens de rendre les établissements religieux plus utiles à la religion et à l'État.

Art. 54. Que le chapitre de l'église collégiale de Saint-Etienne de Troyes, menacé d'être détruit par suite d'un arrêt du conseil, du 11 mars 1787, soit conservé comme étant un monument précieux de la piété des anciens comtes de Champagne, et utile par la ressource que les pauvres trouvent journellement dans la charité de ce chapitre.

ADMINISTRATION DE LA JUSTICE.

Art. 55. Que les offices de judicature royaux et seigneuriaux soient inamovibles, et qu'il en soit fait une loi fondamentale et constitutionnelle de l'État.

Art. 56. Qu'aucune cour, ou tribunal, ne puisse être suspendue de ses fonctions, ni les cesser, pour quelque cause que ce soit.

Art. 57. Qu'il sera fait une révision des ordonnances civiles, criminelles, des eaux et forêts et du commerce, pour y faire les changements qui seront reconnus convenables.

Art. 58. Que les jugements de compétence, en matière civile au présidial, n'aient plus lieu, à moins que la compétence ne soit contestée.

Art. 59. Qu'il soit pourvu, par les États généraux, à la diminution des degrés de juridiction, par les moyens qui seront jugés les plus convenables.

Art. 60. Que les causes, à l'avenir, seront réputées sommaires, jusqu'à la somme de 1,000 livres dans les parlements, 500 livres dans les bailliages royaux, et 200 livres dans les autres justices.

Art. 61. Que les offices des jurés-priseurs vendeurs de meubles soient supprimés, et qu'il soit pourvu au remboursement des titulaires.

Art. 62. Que lorsqu'un particulier sera cité en justice, pour un fait de police ou autre délit, à la requête du procureur du Roi, en telle juridiction que ce soit, il ne puisse être assujetti qu'à l'amende à laquelle il aura été condamné, sans être tenu des droits de présentation, contrôle ou autres.

Art. 63. Qu'il soit fait un nouveau règlement pour fixer les frais de justice, ainsi que les droits et vacations des juges et autres officiers, tant dans les cours souveraines, que juridictions royales et autres; et ce, uniformément dans tout le royaume.

Art. 64. Que les droits de greffe, du sceau, des jugements et des ordonnances des juges, et de contrôle des dépens, soient modérés, et également réglés par un tarif précis.

Art. 65. Que les experts jurés, en titre d'office, et greffiers de l'écriture, soient supprimés, et remboursés du prix de leurs offices; et que toute partie puisse choisir elle-même qui bon lui semblera pour experts, lesquels pourront écrire et signer leur rapport.

Art. 66. Le vœu du tiers-état est qu'il soit attribué à tous les juges des gages suffisants, sans qu'ils soient tenus d'en payer aucune finance, au moyen desquels tous les procès seraient dorénavant jugés gratuitement et sans frais.

Art. 67. Que le délai pour former opposition aux lettres de ratification des contrats de vente ou autres actes translatifs de propriété des immeubles, soit prorogé d'un mois; et que lesdites lettres ne puissent être scellées que trois mois après la date de l'exposition des contrats aux greffes des bailliages.

Art. 68. Que la procédure, pour parvenir à la distribution des deniers provenant du prix des ventes, soit simplifiée.

Art. 69. Que les droits des *committimus* soient supprimés, à l'exception de ceux accordés aux officiers de la maison du Roi, qui ne pourront néanmoins en jouir, qu'autant qu'ils seront en activité de service.

Art. 70. Qu'il ne puisse être fait aucune évocation au conseil, hors les cas prévus par l'ordonnance; que celle de 1738 soit rigoureusement observée; et qu'il ne soit rien jugé au conseil, que les formes prescrites par ladite ordonnance n'aient été remplies.

Art. 71. Qu'à la réserve des juridictions consulaires, tous les tribunaux d'exception et d'attribution, ensemble les grands maîtres des eaux et forêts, et autres officiers des maîtrises, la juridiction actuelle des intendants, soient supprimés; et que tous les justiciables ne soient, à l'avenir, astreints à plaider ailleurs que par-devant leurs juges ordinaires et naturels, sauf à pourvoir au remboursement des offices supprimés, de la manière qui sera jugée convenable.

Art. 72. Que tout exercice de police, dans les villes et leurs faubourgs, ne soit rempli que par un seul et même siége de juridiction; et que dans les villes où il y aura juridiction royale, la police lui appartienne, sans préjudice néanmoins aux autres droits des justices seigneuriales.

Art. 73. Que les facultés de droit soient réformées, et l'étude du droit rétablie dans toute sa vigueur; et qu'à l'avenir, il ne soit accordé aucune dispense d'étude, ni pour en abréger le temps.

Art. 74. Qu'il ne soit accordé aucune dispense d'âge, pour exercer des charges de magistrature, et que nul ne puisse être admis à en remplir les fonctions, dans les justices royales, s'il n'a fait trois ans de palais, en qualité d'avocat, et dans les justices seigneuriales, s'il n'a travaillé pendant le même temps chez un procureur.

Art. 75. Qu'il soit fait de nouveaux arrondissements des bailliages et autres siéges de juridiction, sans que les arrondissements des bailliages puissent déroger aux coutumes, lesquelles seront maintenues, par rapport, tant aux personnes qu'aux propriétés.

Art. 76. Que le centième denier des offices soit supprimé, et que le droit de marc d'or soit modéré sur le même pied avant la dernière augmentation et les derniers tarifs.

Art. 77. Que le privilége des commissaires et notaires du châtelet de Paris, appelé droit de justice, n'ait plus lieu à l'avenir.

Art. 78. Qu'il soit établi quelque formalité qui assure la date des actes passés par les notaires au châtelet de Paris, attendu leur exemption du droit de contrôle.

Art. 79. Que les huissiers et sergents royaux soient réduits au nombre nécessaire; qu'ils soient tenus de résider dans le lieu de la juridiction à laquelle ils sont attachés; que les archers, gardes de la connétablie ou autres privilégiés répondent aux juges dont ils exécuteront les sentences, pour les contraventions qu'ils commettraient, et taxes de leurs actes.

Art. 80. Qu'il ne soit rendu par les juges supérieurs aucuns arrêts ou jugements sur requête non communiquée, portant défense provisoire d'exécuter les sentences ou ordonnances des premiers juges, à moins que lesdites requêtes n'aient été rapportées et examinées à la Chambre, et qu'il en ait été délibéré comme des autres affaires.

Art. 81. Que les causes contradictoires soient plaidées par les avocats des parties, aux audiences, tant des grand'chambres des parlements que des tournelles criminelles, sans qu'à l'avenir il puisse être rendu d'arrêts dans lesdites causes, sur le plaidoyer et les conclusions seules des avocats généraux.

Art. 82. Que les alignements des maisons, dans les villes et faubourgs, soient donnés à l'avenir par les officiers de police des lieux, conjointement avec les maires et échevins.

Art. 83. Que les seigneurs n'établissent pour notaires dans les campagnes, que des personnes qui aient travaillé au moins pendant trois ans chez des notaires ou procureurs de villes, ressortissant nûment aux cours, et que lesdits notaires soient tenus de déposer, à la fin de chaque année, au greffe de la juridiction du chef-lieu, un double du répertoire de tous les actes qu'ils auront passés dans l'année.

Art. 84. Qu'en cas de mort desdits notaires seigneuriaux, les minutes de leurs actes soient déposées par leurs héritiers à la chambre syndicale des notaires du chef-lieu, et en cas de défaut de chambre syndicale, en l'étude du doyen des notaires.

Art. 85. Qu'il soit établi, dans toutes les justices royales, des dépôts pour assurer la conservation des minutes des greffes et des titres des biens des communautés du ressort.

Art. 86. Que les retraits lignagers soient admis dans la forme des actions ordinaires, et que les formalités prescrites par les coutumes soient abrogées.

Art. 87. Que nul arrêt [de surséance ne puisse être accordé, sans qu'au préalable, la requête n'ait été communiquée aux créanciers assemblés, et la demande consentie par les deux tiers en somme desdits créanciers.

Art. 88. Qu'il soit fait un code pénal; que les peines soient proportionnées aux délits; que la procédure contre les accusés soit faite au moins par deux juges, et qu'il soit accordé aux accusés un conseil, après toutefois qu'ils auront subi le premier interrogatoire.

Art. 89. Que la confiscation des biens des personnes condamnées à des peines capitales, ou emportant mort civile, n'ait plus lieu; que les enfants des nobles, condamnés à ces peines, ne soient plus privés de la noblesse; que les biens des condamnés, nobles ou roturiers, passent à leurs enfants ou héritiers; que le condamné, ayant satisfait à justice, soit admis à la sépulture ordinaire; que sur les registres il ne soit fait aucune mention du genre de mort, et que les descendants des condamnés ne puissent, sous ce prétexte, être éloignés d'aucune place, charge ou emploi.

Art. 90. Que la formation des brigades de maréchaussée soit changée; que le nombre en soit augmenté, leur département rapproché; et que, pour éviter une augmentation de dépense trop considérable, partie des brigades qui seront destinées à faire le service soit à pied.

POLICE.

Art. 91. Que les règlements concernant les empiriques et autres distribuant des drogues ou remèdes dans les provinces, soient maintenus et exécutés.

Art. 92. Que les facultés de médecine soient réformées, et les études rétablies.

Art. 93. Que personne ne puisse être reçu chirurgien, sans avoir fait les cours, et subi en présence d'un médecin et de tous les membres du corps, qui seront appelés, les examens prescrits par les règlements; que les chirurgiens reçus pour la campagne soient sujets aux mêmes cours et examens; que les examens soient publics, et qu'il soit pourvu à la fixation des droits de réception, perçus par les communautés, tant pour les chirurgiens des villes que pour ceux des campagnes.

Art. 94. Que les cours établis pour l'instruction des femmes qui se destinent à exercer l'art des accouchements, soient continués, et même augmentés; et que nulle femme ne puisse exercer, sans avoir suivi lesdits cours, et être munie des certificats et actes de réception nécessaires.

Art. 95. Qu'il soit fait un règlement pour empêcher la mendicité; que tous les mendiants valides soient tenus de se retirer dans leurs paroisses; que s'ils en sortent de nouveau pour mendier, ils soient enfermés pendant six mois dans une maison de correction; et dans le cas d'une récidive, qu'ils soient punis suivant la rigueur des ordonnances; et à l'égard des pauvres invalides, qu'il soit pourvu par les paroisses à leur subsistance.

Art. 96. Que l'exportation des grains à l'étranger ne puisse être permise, à l'avenir, que sur les avis des États provinciaux; que, dans les temps de disette, les grains ne soient vendus que dans les marchés publics; et qu'il soit fait, dans les villes où il en sera besoin, des greniers d'approvisionnement dont les grains seront renouvelés au moins tous les deux ans.

Art. 97. Que le prix des moutures, qui, dans les campagnes, se paye ordinairement en grain, soit désormais payé en argent, et fixé à raison du poids, et non de la mesure.

Art. 98. Qu'il soit libre à toute personne de prendre ou de ne pas prendre les voitures publiques pour voyager, et qu'on ne soit plus assujetti à demander aucune permission pour se servir de voitures particulières.

Art. 99. Que les Etats généraux prennent des mesures pour remédier aux abus qui se commettent dans les bureaux des postes aux lettres.

Art. 100. Que les Etats généraux soient priés de prendre en considération les inconvénients qui résultent de l'établissement des loteries.

Art. 101. Qu'ils soient pareillement priés de prendre en considération s'il serait à propos d'établir une uniformité dans les poids et mesures.

Art. 102. Que la taxe du pain et de la viande soit faite par l'officier de police, conjointement avec deux officiers des bailliages et deux des officiers municipaux.

Art. 103. Que le titre des matières d'or et d'argent façonnées soit dans tout le royaume le même qu'à Paris, sans qu'il puisse être admis aucune différence.

Art. 104. Que la liberté de la presse soit accordée, avec les réserves et modifications que les Etats généraux jugeront à propos d'admettre.

Art. 105. Qu'il y ait une chambre syndicale établie dans les principales villes.

Art. 106. Que, quoique le vœu général des corporations de la ville de Troyes soit de demander l'exécution de l'édit de 1777, et de solliciter les statuts qui ont été promis aux communautés, l'opinion la plus générale du tiers-état du bailliage, réuni, est que toutes les jurandes soient supprimées; que toutes les professions soient libres, singulièrement dans les petites villes, à charge néanmoins par ceux qui voudront les exercer, d'en faire leur déclaration au greffe de la police.

NOBLESSE ET DROITS SEIGNEURIAUX.

Art. 107. Que la noblesse transmissible ne puisse être accordée que dans des cas très-importants, et que celle qui s'acquerra par les charges ou emplois, ne soit que personnelle.

Art. 108. Que le tiers-état soit dorénavant admis, concurremment avec la noblesse, à remplir les hautes places, dans le clergé, le militaire et la magistrature.

Art. 109. Que les cens et autres droits seigneuriaux soient sujets à prescription, à défaut du titre nouvel, et reconnaissance depuis trente ans, contre les particuliers, et quarante ans, contre le clergé, à moins que les Etats généraux n'estiment, dans leur sagesse, qu'il convient d'établir une prescription uniforme de trente ans pour toutes sortes d'actions, tant vis-à-vis de l'Eglise, qu'autres.

Art. 110. Qu'aucuns droits seigneuriaux ne soient exigibles, sans justification du titre primordial ou autres recognitifs, dont le nombre et la qualité seront déterminés par les Etats généraux.

Art. 111. Que tous les droits seigneuriaux et féodaux puissent être rachetés et remboursés, au denier qui sera fixé.

Art. 112. Que les communautés d'habitants puissent racheter pareillement les droits de minage, fournage, hallage, corvée, péage, banalité, taille abonnée, directe, mainmortable réelle et personnelle, et autres droits semblables, sur le pied qui sera déterminé par lesdits Etats; et que ceux qui se prétendront propriétaires de ces droits, soient tenus d'en rapporter les titres constitutifs.

Art. 113. Que jusqu'à l'extinction et au rachat ci-dessus demandé, les salaires des commissaires à terrier, qui ont été considérablement augmentés par les lettres patentes du 20 août 1786, soient réduits à l'ancienne fixation.

Art. 114. Que les possesseurs d'héritages ne puissent, dans aucun cas, être troublés par les seigneurs dans leurs possessions, à moins que ces derniers ne prétendent être eux-mêmes propriétaires, et qu'ils n'en justifient.

Art. 115. Que les terriers qui seront faits par les seigneurs, lorsque les héritages de leurs vassaux seront allodiaux, soient aux frais dudit seigneur.

Art. 116. Que les droits de retrait féodal et censuel, n'aient plus lieu à l'avenir.

Art. 117. Que les Etats généraux soient priés de prendre en considération les contestations qui s'élèvent sur les droits seigneuriaux, et qui sont portées par appel dans les cours souveraines, soient jugées par des magistrats propriétaires de fiefs, et auxquels ces contestations ne peuvent être indifférentes.

AGRICULTURE.

Art. 118. Que la déclaration du Roi, du..... 1766, concernant le défrichement des terres incultes, soit abrogée, comme préjudiciable à la nourriture et à la multiplication des bestiaux.

Art. 119. Qu'il soit sursis à l'exécution des arrêts du parlement, concernant les défenses de mettre les moutons dans les prés, jusqu'à ce que les Etats provinciaux aient statué, sur le compte qui leur sera rendu par les municipalités, des avantages ou inconvénients qui peuvent en résulter, relativement aux localités.

Art. 120. Que les ordonnances concernant les pigeons soient maintenant dans toute leur vigueur.

Art. 121. Que l'établissement des étalons royaux soit supprimé, attendu qu'il ne remplit pas l'objet de son institution, et qu'il a, au contraire, entraîné la dépopulation de l'espèce, d'où s'en est suivi un surhaussement prodigieux dans la valeur des chevaux.

Art. 122. Qu'il soit fait défenses aux seigneurs de chasser ou faire chasser dans les enclos tenant aux maisons des habitants.

Art. 123. Que les formalités prescrites par l'arrêt du parlement, pour parvenir à obtenir des indemnités des dégâts occasionnés par une trop grande quantité de gibier, soient simplifiées; et qu'en conséquence les seigneurs soient tenus, sur la sommation des municipalités, de faire chasser, et dans le cas où lesdits seigneurs s'y refuseraient, ou qu'il resterait encore une trop grande quantité de gibier, d'après la sommation qui y aurait été faite par les communautés ou particuliers, qu'ils soient autorisés à se pourvoir devant le juge royal, à l'effet de constater les dégâts, et faire adjuger des dommages et intérêts proportionnés aux pertes qu'auront éprouvées les habitants.

Art. 124. Qu'il ne subsiste d'autres garennes que celles pour lesquelles les seigneurs sont fondés en titres et, dans les lieux où ils sont propriétaires autour desdites garennes, de la quantité de terrain prescrit par les règlements.

Art. 125. Que les procès-verbaux pour faits de chasse ne fassent foi en justice que lorsqu'ils seront faits et signés par deux gardes de chasse, ou un garde-chasse et deux témoins.

Art. 126. Qu'il soit permis à tous propriétaires de prés, de tirer de l'eau des rivières et ruisseaux pour l'irrigation de leurs prés; de manière, toutefois, que les usines et héritages voisins n'en souffrent pas.

Art. 127. Que les communautés des villes, bourgs et villages soient conservées dans les propriétés de leurs biens communaux, suivant leur jouissance actuelle, et autorisées à rentrer dans ceux qui leur auront appartenu, lorsque les propriétaires actuels ne pourront pas justifier que la propriété leur a été transmise par lesdites villes et communautés.

Art. 128. Que l'agriculture et la multiplication des bestiaux soient encouragée, autant qu'il sera possible, par des récompenses.

Art. 129. Qu'il soit défendu aux marchands de bois qui flottent sur les rivières et ruisseaux situés dans l'étendue du bailliage de Troyes, de laisser flotter leur bois depuis le 15 mai jusqu'à la fin de la fauchaison, et depuis le 15 mars jusqu'au 20 octobre, dans la Seine, au-dessus de la ville de Troyes, conformément aux arrêts de règlements intervenus en 1724, 1733 et 1756 ; et qu'il soit fait un nouveau tarif pour les occupations de chaumage.

Art. 130. Que toutes écluses, grilles, vannages et autres constructions faites sur les rivières, et portant préjudice au libre cours des eaux, et pouvant occasionner des débordements, soient détruites.

Art. 131. Que les biens indivis entre plusieurs communautés, soient partagés entre elles, pour que chacune jouisse divisément de la part qui lui appartiendra.

COMMERCE ET MANUFACTURES.

Art. 132. Qu'il soit pris des mesures afin que l'exécution des sentences n'éprouve plus aucune difficulté dans toute l'étendue du royaume, sans visa ni *pareatis*.

Art. 133. Que les cas où un particulier sera réputé en faillite, soient déterminés par une loi positive; et que le débiteur puisse rester dans sa maison pendant deux mois, sans être arrêté, pour donner à ses créanciers les éclaircissements dont ils auront besoin.

Art. 134. Que la faillite ouverte, le failli ne puisse faire aucun recouvrement par lui-même, sinon du consentement de ses créanciers, à peine d'être réputé banqueroutier frauduleux.

Art. 135. Que la loi contre les banqueroutiers frauduleux soit remise en vigueur, à la diligence du procureur du Roi, sur la simple dénonciation des créanciers, et que la moindre peine infligée au coupable soit d'être déclaré incapable de faire aucun commerce.

Art. 136. Que tout homme en faillite soit tenu de déposer son bilan au greffe de la juridiction consulaire de son domicile, et non ailleurs, et de faire homologuer son traité en ladite juridiction.

Art. 137. Que tout billet à ordre soit exempt de contrôle.

Art. 138. Que les jours de grâce, pour le payement des billets et lettres de change, de quelque manière que la valeur en soit stipulée, soient réglés d'une manière uniforme dans tout le royaume.

Art. 139. Que les porteurs de billets et lettres de change à vue soient tenus de faire les diligences pour le payement, dans le délai des six mois pour celles payables dans l'intérieur du royaume, et dans le délai proportionné pour celles payables dans l'étranger, à peine, pour les porteurs, d'être déchus de leur action en garantie.

Art. 140. Que les porteurs de billets et lettres de change, après en avoir fait le protêt, faute de payement à l'échéance, soient autorisés à recevoir telle somme que le débiteur pourrait offrir à compte, pendant le délai qui est accordé par l'ordonnance pour garder lesdits effets, avant d'en faire le renvoi, et sans que cela puisse nuire à son recours en garantie.

Art. 141. Qu'il soit permis à tous négociants, en cas de contestation, de faire retirer des ports francs, réputés étrangers, et sans payer aucun droit, les marchandises qu'ils y ont envoyées, de les faire rentrer dans le royaume, en justifiant qu'elles sont de fabrique nationale.

Art. 142. Que les États généraux soient priés de prendre en considération, s'il ne serait pas nécessaire de révoquer l'arrêt du conseil du mois d'août 1784, portant permission aux colonies de s'approvisionner par l'entremise des étrangers.

Art. 143. Que tout privilége exclusif de commerce soit révoqué, notamment celui de la compagnie des Indes ; et que désormais il n'en soit accordé aucun, sous tel prétexte que ce soit.

Art. 144. Qu'aucun traité de commerce ne puisse être conclu ni arrêté à l'avenir, qu'après avoir consulté les villes de commerce et de fabriques ; et que les États généraux soient priés de prendre en considération les effets qui résultent du traité avec l'Angleterre.

Art. 145. Que tous les endroits privilégiés soient fermés aux banqueroutiers.

Art. 146. Que les inspecteurs des manufactures soient supprimés, et leurs fonctions exercées gratuitement par un marchand et fabricant.

Art. 147. Que les bureaux établis dans les villes de commerce et de manufactures, pour la perception des droits de marque par des préposés, soient supprimés, et que les visites soient faites par des marchands et fabricants.

Art. 148. Que les règlements des manufactures, sur les largeurs et portées des marchandises, soient remis en vigueur.

Art. 149. Que les États généraux soient priés de déterminer les conditions auxquelles le colportage pourra avoir lieu, et qu'il soit interdit à tous particuliers qui n'auraient aucun domicile connu, et qui ne seraient cotés sur aucun rôle d'imposition.

Art. 150. Que les États généraux soient pareillement priés d'examiner s'il ne serait pas avantageux de permettre à l'avenir les arbres des bois vendus, pendant les mois de mai et juin, pour le service des tanneries.

Art. 151. Que les frais d'amirauté pour les procès-verbaux dressés pour raison de marchandises avariées, soient diminués; ces frais excédant souvent le prix des marchandises.

Art. 152. Qu'à l'avenir il puisse être stipulé des intérêts dans les billets ou obligations, pour prêt d'argent remboursable à terme, et non aliéné, à charge que lesdits intérêts ne puissent excéder le taux de l'ordonnance.

Art. 153. Que comme il a été reconnu que dans certains cantons l'établissement des filatures et manufactures, a causé de grands préjudices à l'agriculture, que dans d'autres, ils ont été d'une ressource infinie pour la subsistance des habitants, il soit laissé à la prudence des États provinciaux de faire subsister ou interdire lesdites filatures et manufactures, dans les endroits où ils jugeront à propos ou préjudiciables.

Art. 154. Qu'il sera pourvu à simplifier la procédure, et à diminuer les frais dans les faillites et les banqueroutes.

Art. 155. Que les États généraux soient priés d'examiner s'il ne serait pas convenable d'augmenter la somme jusqu'à laquelle les juridictions consulaires jugeront en dernier ressort, eu égard à la valeur actuelle du marc d'argent, comparée à celle qu'il avait lors de sa création.

Art. 156. Que l'appel des sentences consulaires soit jugé sommairement et sans frais, dans les cours où lesdites juridictions ressortissent.

Art. 157. Que tout particulier qui aura souscrit ou endossé des billets à ordre, soit justiciable, et puisse être poursuivi en la juridiction consulaire, encore qu'il soit commerçant ou homme d'affaires.

MILITAIRE.

Art. 158. Que la levée des soldats provinciaux par la voie du sort soit supprimée ; qu'il y soit substitué des engagements volontaires aux frais des provinces, qui seront tenues de fournir le nombre d'hommes qui aura été fixé, et de leur donner l'équipement ordinaire, dont la dépense, ainsi que tous les autres objets relatifs à ladite milice, sera imposée sur les habitants et propriétaires des biens de la province, de tous les ordres sans distinction, chacun en proportion de ses facultés, de même que les autres impôts; que les soldats provinciaux ne puissent, en aucun cas, être incorporés dans d'autres corps militaires ; que chacun d'eux ne puisse être retenu après six années de service, et qu'ils soient libres de se marier, sans être obligés d'en obtenir la permission.

Art. 159. Que les appointements des gouverneurs soient diminués, et que le nombre des officiers généraux soit réduit à ce qui est nécessaire au service.

Art. 160. Que les états-majors de l'intérieur, et de toutes les places de troisième ligne, même celles de seconde ligne qui ne sont pas fortifiées, soient supprimés.

Art. 161. Que personne ne puisse cumuler deux emplois militaires.

Art. 162. Qu'il ne soit envoyé aucune troupe en garnison, ou en quartier dans une ville, sans qu'au préalable il n'ait été formé un établissement où elle soit casernée, et ne puisse être logée chez les habitants ; et que les frais de casernement et de tout ce qui s'ensuit, soient payés et fournis par les trois ordres.

Art. 163. Que lorsque les troupes changeront de garnison ou de quartier, elles seront envoyées à des distances peu éloignées ; et que lors de leur passage il sera pourvu à leur logement par les officiers municipaux, de la manière la moins onéreuse aux villes ou villages où elles passeront.

Art. 164. Que les causes des pensions, actuellement subsistantes, soient vérifiées, et leur légitimité soumise à l'examen des États généraux.

Art. 165. Que les troupes en temps de paix soient employées à l'entretien et au rétablissement des grandes routes, moyennant une rétribution qui leur serait accordée en sus de leur paye sur les contributions des provinces, et que les peines infligées aux soldats soient prises en considération par les États généraux, qui aviseront ce qui leur paraîtra de plus convenable et de plus analogue au caractère de la nation.

Art. 166. Que les places de lieutenants-colonels et majors soient rendues aux anciens officiers des régiments.

Art. 167. Que les étapes et convois militaires soient supprimés ; qu'il soit accordé aux troupes un supplément de paye pendant leur route; et qu'il soit pourvu par les officiers et syndics municipaux, au soin de trouver les voitures nécessaires, qui seront payées par les troupes.

BIEN PUBLIC.

Art. 168. Que dans les hôpitaux, il soit établi, autant qu'il sera possible, des salles particulières pour les femmes en couche.

Art. 169. Qu'il soit établi dans chaque province une maison où seront reçues et traitées les personnes dont l'esprit est aliéné, et qu'il serait dangereux de laisser dans la société.

Art. 170. Qu'il soit pourvu d'une manière fixe au payement de la dépense qu'entraîne le soin des enfants trouvés jusqu'à l'âge de dix ans, et avisé aux moyens de leur procurer des apprentissages dans les villes, ou de les rendre utiles à l'agriculture dans les campagnes.

Art. 171. Qu'il soit établi des collèges dans toutes les villes principales du royaume, où il n'y en a pas, et où il sera jugé nécessaire par les États généraux ; et qu'on s'occupe d'un nouveau plan d'éducation.

MUNICIPALITÉS.

Art. 172. Que tous les officiers municipaux ne puissent être en titre, mais qu'ils soient électifs.

Art. 173. Qu'il soit ordonné qu'après les comptes rendus aux chambres des comptes des deniers communs et d'octroi, les quittances et pièces produites à l'appui desdits comptes, soient remises aux maires et échevins, sauf auxdites chambres à faire écrire en marge de chaque pièce qu'elle a servi dans le compte de telle année, pour qu'on ne puisse pas les produire dans un autre.

Art. 174. Que les maires et échevins puissent faire régir les octrois au profit des villes, ou les affermer par adjudication, suivant ce qui leur paraîtra le plus avantageux ; et dans le cas où ils seraient affermés, l'adjudication en sera faite à l'hôtel de ville par les maires et échevins, sur enchère, et les adjudications seront exemptes de tout droit de contrôle et autre, de même que quand elles sont faites devant les intendants.

Art. 175. Que tout présent de ville, soit en vin d'honneur, soit en argent ou autrement, gratifications aux secrétaires des gouverneurs, ministres et intendants, soient supprimés ; et qu'il soit fait défense aux villes d'en faire aucun à l'avenir.

Art. 176. Que les villes ne puissent plus être assujetties à payer en argent, pendant toute l'année, des logements à des commissaires des guerres qui n'y résident pas, sauf à leur fournir, par lesdites villes, des logements convenables, lorsqu'ils y viendront exercer leurs fonctions.

DEMANDES PARTICULIÈRES.

Ville de Troyes.

Art. 177. Le collège de Troyes est très-important, attendu qu'il est le seul dans l'arrondissement et dans le diocèse ; ce collège tombant en ruine, sans moyens pour fournir au rétablissement, le tiers-état de ladite ville demande qu'il lui soit fait un bénéfice, pendant un temps limité suffisant pour parvenir à sa reconstruction, ou une somme annuelle sur les économats.

Art. 178. Les droits connus sous la dénomination d'octrois municipaux, n'ayant été établis que pour tenir lieu de la finance des offices municipaux, créés en 1733, ne doivent porter que sur les villes qui n'ont point racheté ces offices ; la ville de Troyes ayant levé et payé la finance des siens, n'a pu être assujettie à ces droits que par erreur ; elle demande à être dispensée du payement desdits droits, prorogés par lettres patentes du 19 mars 1787.

Art. 179. La ville demande à être déchargée de

la somme de 1,100 livres qu'on l'a forcée de payer annuellement au maître de poste de ladite ville, sauf audit maître de poste de se pourvoir auprès de la régie des postes, pour l'augmentation de ses gages, ou indemnités qu'il peut être convenable de lui accorder.

Art. 180. La ville de Troyes demande que les maires et échevins de ladite ville soient à l'avenir élus dans une assemblée générale de ladite ville, en laquelle assistera un député de chacun des corps et communautés.

ISLE-AUMONT ET COMMUNAUTÉS EN DÉPENDANTES.

Art. 181. La communauté d'Isle-Aumont, et communautés en dépendantes, demandent que l'affaire qu'elles ont au conseil d'État du Roi, concernant leurs bois communaux, soit renvoyée au parlement pour y être jugée, et que le receveur des domaines et bois de la généralité de Champagne, soit tenu de leur rendre compte, et vider ses mains des deniers provenant des coupes extraordinaires, et réserves desdits bois.

RUMILLY, SAINT-PARRES, VAUDES, ETC.

Art. 182. Les communautés de Rumilly, Saint-Parres, Vaudes et autres, demandent à être rétablies dans la propriété des bois d'usage, dont elles ont été privées par arrêt du conseil.

CHAOURCE, LANTAGE ET PRASLIN

Et les communautés composant le Chaourhois.

Art. 183. Les communautés de Chaource, Lantage et Praslin, demandent à être mises au département de Troyes, et ce, pour les impositions, attendu leur distance de Bar-sur-Aube, d'où ils relèvent.

ARCYS-SUR-AUBE.

Art. 184. La communauté d'Arcys-sur Aube, demande que la rivière d'Aube soit débarrassée de tous les obstacles qui gênent la navigation; le principal est le passage de la Vanne d'Anglure, qu'il serait intéressant de rétablir, ou à laquelle il faudrait ouvrir un nouveau canal.

BARBUISE, PÉRIGNI-LA-ROSE ET VILLENEUVE-AU-CHATELOT.

Art. 185. Les communautés de Barbuise, Périgni-la-Rose et Villeneuve-au-Chatelot, voisines les unes des autres, étant éloignées d'une demi-lieue seulement de la rivière de Seine, leurs prairies se trouvent souvent inondées, et leurs bestiaux dépourvus de pâturages; elles demandent, en conséquence, qu'il soit fait en leur faveur une exception à la loi prohibitive des parcours, et qu'on les autorise à en user réciproquement sur leurs prairies et pâtures respectives.

PONT-SUR-SEINE.

Art. 186. La ville de Pont-sur-Seine demande qu'il y soit construit un pont de communination, sur la rivière de Seine; une pareille entreprise, mise à fin, devant fournir une ouverture très-importante à la Champagne, à la Brie, à la Bourgogne et au Soissonnais, pour l'apport des denrées et l'approvisionnement de la capitale.

PONT-SUR-SEINE, NOGENT-SUR-SEINE, ETC.

Art. 187. La même ville, celle de Nogent, et plusieurs autres paroisses assises sur les bords de la rivière de Seine, et dont la principale et presque unique ressource consiste dans le commerce des foins, demandent qu'il soit mis, dans les environs de la capitale, des bornes à la facilité avec laquelle on multiplie journellement les prairies artificielles qui altèrent notoirement cette branche de commerce, d'autant plus digne de considération, que le terrain employé à la culture des sainfoins, luzernes, etc., étant pour l'ordinaire d'une nature excellente, il s'ensuit un larcin manifeste fait à l'agriculture.

ROMILLY-SUR-SEINE, PARS, ETC.

Art. 188. Les paroisses de Pars et Romilly-sur-Seine demandent qu'on prenne en considération leur malheureuse position, qui, pendant plus de huit mois de l'année, les fait croupir dans la fange, ainsi que l'impossibilité où elles sont de faire cesser ce grand inconvénient, n'ayant pas de revenus communaux suffisants pour faire les travaux nécessaires à l'écoulement des eaux, ce qui fait un tort considérable à la salubrité de l'air, à l'agriculture et à la conservation même de leurs habitants.

ROMILLY-SUR-SEINE.

Art. 189. Romilly-sur-Seine demande, en particulier, aux États généraux, qu'il leur plaise prendre en considération, soutenir et protéger la filature de coton et fabrique de bonneterie qui y est établie, cette branche de commerce étant essentielle pour mettre les habitants de cet endroit, extraordinairement peuplé, et où il se trouve fort peu de terre labourable, à portée d'élever leur famille.

BARBUISE, SAINT-JEAN DE BONNEVAL ET ISLE-AUMONT.

Art. 190. La communauté de Barbuise demande que, dans les paroisses étendues et importantes, soit par le nombre des hameaux et écarts qui en dépendent (telles que Barbuise, qui rapporte au moins 7,000 livres par an), il soit pourvu, par MM. les évêques, à ce qu'il y ait constamment et sans interruption deux messes dites et célébrées chacun jour de dimanche et fête, afin qu'aucun des fidèles, dont une partie se trouve nécessitée de garder les habitations pendant les offices, ne soit privé de la messe.

CELLES ET SULLY-LE-CATEL,

Au comté de Bar-sur-Seine, et paroisses dépendantes, pour l'administration des finances, des États de Bourgogne, quoique situées dans l'étendue du bailliage de Troyes,

Demandent que l'administration desdits États de Bourgogne soit réformée, conformément à la demande qui en a été faite par toutes les autres communautés du bailliage de Bar-sur-Seine.

Isle-sous-Montréal, et communautés en dépendantes, demandent qu'en cas de suppression de la maîtrise des eaux et forêts, l'administration de leurs bois soit régie par les officiers royaux de leur ressort, conformément à des arrêts du conseil, qui en interdisent la connaissance aux officiers des seigneurs.

Que ces communautés soient réunies à la province de Bourgogne, dont elles faisaient autrefois partie, suivant les lettres de Philippe de Valois, de 1338.

Le présent cahier fait et arrêté à l'assemblée du tiers-état du bailliage de Troyes, tenue en la grande salle d'audience du palais royal de ladite ville, le 6 avril 1789.

ORDRE DU TIERS-ÉTAT.

Electeurs des villes et bourgs du bailliage

TROYES.

MM.	MM.
H iez.	Rapault.
Fromageot.	Gonthier.
Guérard.	Lemaire.

Bailliages secondaires.

MÉRY-SUR-SEINE.

MM.	MM.
Guerapin.	Collet.
Bertrand.	Besin.
Croalat.	Bourquin.

NOGENT-SUR-SEINE.

MM.	MM.
Hayaux.	Vernier.
Lemercier.	Laurent.

RUMILLY-LES-VAUDES.

M.
Parent.

VIREY-SOUS-BAR.

M.
Vanderback.

*Députés des autres villes, bourgs et communautés
dudit bailliage de Troyes.*

MM.	MM.
Delarue.	Demeuves.
Thiennot.	Favreau.
Bar.	Rigault.
Gillon.	Martin.
Cheurlin.	Tevenin.
Bourguignat.	Bernard.
Thibezard.	Noble.
Ruote.	Potié.
Courtat.	Jeannet.
Drouet.	Jeannet Delanoue.
Vernier.	Viault.
Gobin.	Darley.
Hérard.	Bourgoin.
Bersin.	Lhoste.
Chailley.	Gratepain.
Rollin.	Fournier.
Cherets.	Cottin.
Soudet.	Julliot.
Morin.	Delamotte.
Mezanges.	Boucheron.
Madelin.	Dumanchin.
Houzelot.	Galland.
Fournier.	Ysambert.
Millard.	Martin.
Rebours.	Premiat.
Mauperrin.	Baudoin.
Maizières.	Menecier.
Marlot.	Chanteclair.
Baudin.	Portalès.
Capperon.	Bonnemain.
Bourgeois.	Champenois.
Francfort.	Gelimer.
Letors.	Bonnemain.
Regnault l'aîné.	Gérard.
Truelle.	Mailliard.
David.	Maget.
Regnault le jeune.	Léger.
Poupier.	Champenois.
Jolly.	Legrand.
Missonnet.	Moffle.
Marcilly.	Germain.

MM.	MM.
Parmentier.	Branche.
Boulland.	Clemandot.
Belin.	Vivien.
Philippe.	Gauthier.
Desclozets.	Poullet.
Jeannet-Jeannet.	Gallot.
Guillaume.	Payn.
Simon.	Ruinet.
Bezin.	Pied.
Deverlu-Verdin.	François.
Couturier.	Panis.
Châtelain.	Finot.
Corrard.	Damoiseau.
Lemoine.	Loyer.
Gervais.	Poupot.
Javelle.	Briden.
Chaussin.	Rousselot.
Millard.	Gautherin.
Gatellier.	Iliez.
Lasneret.	Payn.
Laurant.	Maillot.
Sabart.	Truchy.
Jolly.	Truchy.
Paynot.	Truchy.
Coffinet.	Gallandin.
Regnault.	Bailly.
Payn.	Robin.
Regnault de Beaucaron.	Mullet.
Tissier.	Gillet.
Hamet.	Louis.
Vernier.	Delaistre.
Champignol.	Martin.
Collet.	Dangin.
Dubois.	Millard.
Bidault.	Gat.
Legrand.	Chauvelot.
Labbé.	Lutel.
Baillot.	Vertuot.

PAILLOT, *lieutenant général.*
JAILLANT DES CLAINETS, *procureur du roi.*
LECONTE, *greffier en chef.*

CAHIER

Des remontrances, plaintes et doléances de la communauté des fabricants d'étoffes de soie, laine, fil et coton de la ville de Troyes (1).

AVERTISSEMENT.

Les demandes insérées au présent cahier ont été pour la plupart rejetées, lors de la rédaction du cahier général rédigé par les marchands de la ville, accoutumés depuis longtemps à sacrifier les intérêts de la fabrique aux leurs.

L'agriculture est la première source de la richesse de l'État et le commerce en est la seconde.

Le gouvernement ne peut donc trop encourager l'agriculture et le commerce; mais il est de sa sagesse de ne pas se méprendre dans le choix des moyens à employer pour produire ce double encouragement; il est de sa sagesse de rejeter tout système qui tendrait à l'agrandissement du commerce des étoffes, au détriment de l'agriculture, parce que la branche de commerce la plus précieuse pour la nation est celle des productions du sol, et que celle des étoffes n'est que la seconde.

Avec quel empressement donc le gouvernement doit se porter à proscrire un système d'abord adopté, dans l'espoir de rendre cette seconde bran-

(1) Nous publions ce cahier d'après un manuscrit des *Archives de l'Empire.*

che plus florissante, lorsque le flambeau de l'expérience à la main, il verra que ce système est contraire, non-seulement à l'agriculture, première branche du commerce national, mais encore à la seconde branche même qu'il voulait encourager.

Or, la plus funeste expérience prouve aujourd'hui que la liberté indéfinie du commerce des étoffes, depuis peu adoptée en France, est contraire à la première et à la seconde branche du commerce national (1).

Depuis l'adoption de ce nouveau régime, les cités se dépeuplent et les campagnes s'appauvrissent; l'agriculture est négligée, et les fabriques des villes sont abandonnées.

Que l'on interroge les propriétaires et les cultivateurs des environs de la ville de Troyes; tous, d'une voix unanime, répondront que l'établissement des fabriques dans la campagne prive la terre d'une multitude de travailleurs dont les sueurs la féconderaient; que depuis cet établissement les frais d'exploitation sont plus que doublés, et que souvent même de riches moissons ont été perdues, faute de bras pour les recueillir; enfin ils articuleront qu'avant 1777, on comptait soixante-trois laboureurs à Plancy près Troyes, et qu'en 1788, on n'y comptait plus que trois laboureurs et soixante-trois fabricants; en sorte qu'une grande partie du territoire était restée inculte, notamment une pièce de 80 arpents appartenant aux hôpitaux de Troyes.

(Ce fait a été attesté par un magistrat, dans l'assemblée générale de la ville de Troyes, tenue à l'évêché le 4 novembre 1788.)

Que l'on jette ensuite un coup d'œil sur la fabrique de Troyes: on verra que, loin de pouvoir soutenir la concurrence des fabriques anglaises, elle ne peut même soutenir celle des fabriques qui s'élèvent de toutes parts dans la campagne, et qu'ainsi elle se précipite à grands pas vers sa ruine.

En effet, les fabricants de la campagne ne payent ni maîtrises ni charges de communauté; ils ne payent ni entrées ni charges de ville, ils ont la main-d'œuvre à meilleur compte; ils se logent et nourrissent à bien meilleur marché: ils peuvent donc établir les étoffes à plus bas prix, et pour s'en convaincre la vente, ils y sont nécessités.

La déclaration du Roi du 1er mai 1782 voulait parer à cet inconvénient, en défendant à ces fabricants du dehors de colporter leurs étoffes dans la ville, et leur enjoignant de les déposer directement au bureau de la communauté des fabricants, pour y être vendues et cotées entre les maîtres de cette communauté; mais cette déclaration est restée sans effet jusqu'au mois de novembre 1788, et aujourd'hui les fabricants sont en procès, pour raison de son exécution, avec les marchands de la ville. Ces derniers soutiennent les fabriques de la campagne; ils votent hautement leur conservation, mais ce vœu d'un intérêt absolument personnel, qui est lui-même une preuve incontestable de l'avantage de ces fabriques sur celles de la ville, peut-il être exaucé lorsqu'on saura qu'avant l'établissement des fabriques dans la campagne, la fabrique de Troyes comptait plus de trois mille métiers battants, qui occupaient plus de trente mille âmes, et qu'aujourd'hui elle n'en

compte pas mille cinq cents; lorsque enfin on saura que ce désœuvrement, cette chute de la fabrique de Troyes, a causé les plus cruelles alarmes, et forcé la ville à chercher son salut dans la milice bourgeoise qu'elle tenait encore sous les armes au mois de février 1789.

Mais pour relever la fabrique de Troyes de l'échec terrible qu'elle vient d'éprouver, non-seulement la liberté indéfinie du commerce, et les fabriques de la campagne doivent être absolument proscrites, mais il est encore indispensable de remédier aux principaux abus qui s'y sont introduits pendant l'espèce d'anarchie à laquelle les fabriques ont été livrées, et aux imperfections que l'expérience a fait reconnaître dans le nouveau régime.

Premier abus.

L'opposition des marchands de la ville à l'exécution de l'article 6 des lettres patentes du 28 juin 1780, qui autorise le fabricant à auner lui-même ses étoffes, et à en marquer l'aunage sur chaque pièce, et par suite l'infraction de la part de ces mêmes marchands à l'article 18 des mêmes lettres patentes, qui défend d'auner les toiles autrement que bois à bois et sans pouce ni évent; cette prévarication ayant déjà attiré l'attention du gouvernement mérite bien aujourd'hui toute son animadversion (1).

Deuxième abus.

Le recours de garantie que le marchand prétend exercer contre le fabricant longtemps après la livraison de l'étoffe, quoique, lors de l'achat, il l'ait visitée de pli à pli, agréée et payée comme bonne, loyale et marchande, ce recours donne lieu à une infinité de vexations; en effet, si le marchand, dans l'espoir d'un plus grand bénéfice, juge à propos de changer la destination de l'étoffe écrue, en mettant au blanc ce qu'il n'a acheté d'abord que pour la teinture, et que le succès ne réponde pas à son espérance, il s'en prend à la fabrique, et prétend s'en venger sur le fabricant, comme garant et responsable de son étoffe, qui souvent même n'est plus reconnaissable.

De même si elle éprouve des avaries chez le blanchisseur, et par le fait de ce dernier ou de ses ouvriers, le marchand qui a intérêt de ménager le blanchisseur, attaque et recherche le fabricant, sous le même prétexte qu'il en est garant de sa marchandise, quoique souvent depuis plus de six mois, un an même, elle soit hors de son atelier.

Enfin (ce qui paraîtra peut-être incroyable quoique trop vrai) si, pendant l'intervalle de l'achat à la vente, les toiles viennent à baisser de prix, le marchand inquiète encore le fabricant dont les lui faire reprendre, sous le prétexte imaginaire qu'elles sont défectueuses, et qu'il reste toujours garant et responsable de ses marchandises, quoique dans le vrai elles soient bonnes, loyales et marchandes, puisque toujours l'agresseur finit par se désister de sa prétention, au moyen d'une modique remise dont le fabricant aime mieux faire le sacrifice que de courir les risques d'un procès dans lequel il craint trop de succomber, le marchand se trouvant juge et partie.

---

(1) En vain s'autoriserait-on de l'exemple de l'Angleterre; tout le monde sait que son territoire est trop borné pour entrer en comparaison avec le vaste domaine de la France, qui assure à la nation française la branche du commerce la plus précieuse, celle des comestibles, et qu'ainsi le régime de commerce de cette île ne peut convenir à la France.

(1) « Celui qui a deux poids et deux mesures sera en « abomination devant Dieu et devant les hommes » dit Salomon. Or, exiger lorsqu'on achète, trois ou quatre pouces de plus par aune, et quand on vend ne mesurer que bois à bois, c'est bien avoir deux mesures.

Troisième abus.

L'exclusion des fabricants des charges consulaires, quoique leur communauté soit composée de plus de cinq cents maîtres, et que souvent ils aient des différends avec les marchands, ce qui rend ces derniers juges en leur propre cause.

Quatrième abus.

Les accaparements et monopoles qui se commettent journellement dans le commerce des matières premières formant la base de la fabrique.

Cinquième abus.

La manutention de la marque distinctive des fabriques confiée à d'autres qu'à des fabricants mêmes, ce qui donne lieu à l'apposition de cette marque sur des étoffes foraines et étrangères, et porte par conséquent un préjudice irréparable à la bonne renommée des fabriques dont on dérobe l'empreinte.

Sixième abus.

L'inexécution des règlements qui défendent d'attirer et soulever les ouvriers, en augmentant secrètement leur salaire, ce qui facilite les mauvais desseins de l'envie et de la jalousie, vices malheureusement trop communs.

Septième abus.

La franchise de certains biens privilégiés pour l'exercice des arts et métiers, et notamment du Pont-Hubert, village situé à un quart de lieue de la ville de Troyes, ce qui porte à la fabrique de la ville le même préjudice que les fabriques de campagne.

Huitième abus.

La désunion des anciennes et nouvelles communautés, ce qui occasionne entre elles des dissensions journalières ; la suppression de l'inspection et la liberté des dimensions et combinaisons arbitraires, ce qui discrédite la fabrique en trompant le consommateur.

Neuvième abus.

Enfin l'abrogation de la prérogative des veuves et fils de maîtres, qui, avant l'édit d'avril 1777, se faisaient recevoir dont la communauté sans payer de maîtrise, ce qui met presque toujours les veuves dans l'impossibilité d'élever leur famille, et les fils de maîtres dans l'impuissance de s'avancer malgré leurs talents.

Assurément, il est aisé de voir que tous ces abus, toutes ces imperfections du régime actuel, facilitent les fraudes, découragent l'industrie des bonnes fabriques, et forment, par conséquent, un obstacle invincible à leur restauration et à leur prospérité.

C'est pourquoi ladite communauté, après avoir voté expressément pour la proscription de la liberté indéfinie du commerce, la prohibition des étoffes étrangères, et la suppression des fabriques de la campagne, vote encore, afin de remédier efficacement aux divers abus ci-devant détaillés :

1° Pour l'uniformité de l'aunage dans toutes les fabriques, et la promulgation d'une loi pénale contre les marchands et fabricants qui négligeront de se conformer aux articles 6 et 9 des lettres patentes du 28 juin 1780 ;

2° Pour la proscription du recours de garantie, que le marchand de la ville prétend exercer contre le fabricant, après la livraison de l'étoffe, vue et visitée de pli à pli lors de l'achat ;

3° Pour qu'il soit tiré de la communauté des fabricants, par chacune année, un des deux consuls, et alternativement un juge-consul ;

4° Pour que les soies, laine, fil et coton ne soient plus considérés comme denrées, et que les fabricants et marchands aient seuls le droit d'acheter et vendre ces matières premières, tant en nature qu'en filature ;

5° Pour que la manutention de la marque distinctive de la fabrique soit attribuée aux fabricants exclusivement, qui l'exerceront sans aucune rétribution ;

6° Pour que le salaire des ouvriers ne puisse être augmenté ni diminué que dans une assemblée générale de la communauté, avec amende contre ceux qui ne se conformeront pas au taux fixé par l'assemblée ;

7° Pour la suppression de tous lieux de privilège et de franchise pour l'exercice des arts et métiers, tant dans les villes qu'au dehors, notamment le Pont-Hubert ;

8° Pour la réunion des anciennes et nouvelles communautés, la proscription des dimensions et combinaisons arbitraires dans la confection des étoffes, et le rétablissement de l'ancien régime de la fabrique ;

9° Pour le rétablissement de la prérogative des veuves et fils de maîtres tels qu'ils en jouissaient avant l'édit d'avril 1777 ;

10° Pour l'exécution de la déclaration du Roi du 1er mai 1782, concernant le colportage et l'établissement d'un bureau pour la communauté des fabricants ;

11° Le doublement de la finance de la maîtrise, pour l'avenir ;

12° Et enfin pour la promulgation d'une loi pénale contre les marchands et fabricants qui contreviendront à l'article 23 de l'édit d'avril 1777, qui défend la location des maîtrises.

En outre ladite communauté se joint encore à ses concitoyens pour demander :

1° Que les suffrages en assemblée prochaine des États généraux soient recueillis par tête et non par ordre ;

2° Que le tiers-état soit admis dans toutes les charges, places et emplois sans exception ;

3° Qu'aucun individu, de quelque ordre qu'il soit, ne puisse posséder plusieurs desdites charges, places ou emplois ;

4° Que tous les impôts actuels, sans exception, soient supprimés et remplacés par d'autres qui soient également et proportionnellement supportés par tous les membres des trois ordres sans exception, et dont l'abonnement ni le rachat ne puissent avoir lieu, sous quelque prétexte que ce puisse être ;

5° Que la quotité de l'impôt soit proportionnée aux besoins de l'État, et déterminée dans l'assemblée des États généraux, du consentement unanime des trois ordres, et qu'elle ne puisse être augmentée à l'avenir que dans la même assemblée et du même consentement ;

6° Que la province de Champagne soit formée en pays d'États, sur le modèle des États généraux, et que le siège desdits États soit établi dans la capitale de la province ;

7° Que les lettres de cachet soient supprimées et que la presse soit libre.

8° Que le clergé soit exclu de toute gestion et administration publique et temporelle et astreint à la résidence.

9° Que la cumulation des bénéfices soit de nouveau prohibée.

10° Que les droits de cour de Rome soient supprimés.

11° Que la portion congrue des curés soit doublée et le casuel supprimé; qu'à cet effet les bénéfices excédant 3,000 livres y soient réduits.

12° Que les droits seigneuriaux, redevances, dîmes, cens, rentes, lods et ventes et péages soient supprimés.

13° Que le code criminel, le code civil et les abus dans l'administration de la justice soient réformés.

14° Que la juridiction consulaire ait seule, par attribution privative, la connaissance de tout ce qui peut concerner le commerce.

15° Que les retraites et pensions soient modérées et proportionnées aux services

16° Que le nombre des commis ou employés aux bureaux ministériels soit réduit, et que les appointements de ceux qui seront conservés soient proportionnés au travail.

17° Qu'enfin l'exportation des grains ne soit permise que du consentement des États provinciaux, et que les blés ne puissent se vendre ailleurs qu'aux marchés des villes.

Le présent cahier a été lu et adopté dans l'assemblée générale de ladite communauté, tenue au couvent des RR. PP. Cordeliers, cejourd'hui 10 mars 1789, par les ci-après nommés :

Nicolas Lutel; Jacques Aubry; Honoré Naillot; Edme Haillot; Jean Villain; André Jolly; Claude Girardon; Edme Charpuisot; Jean-Baptiste Herluison; Joseph Garnier; Jacques Borgne; Simon Lutel; Jacques Laratte; René Herluison; Pierre Harlon; Jean-Baptiste Tillier; Jacques Vidot; Jean-Baptiste Patris; Claude Lévêque; Jacques Valton; Edme Viot; Jean Dret; Antoine Thiédot; Claude Petit; Edme Laratte; Pierre Dret; Sébastien Leclère; François Jolly; Edme Dubois; Nicolas Vidot; Jean-Jacques Briet; Joseph Herluison; Claude Huot; Claude Desbordes; Jean-Baptiste Paris l'aîné; Jean Mathieu fils; Jean-Baptiste Mathieu; Pierre Jolly; Nicolas Bodier; Edme-Sébastien Couta; Augustin Grandpierre; Nicolas Gouriot; Joseph Borgne; Jean-Baptiste Creux; Pierre Thomassin; Pierre-Joseph Jacquemard; Antoine Gublin; Nicolas Massey fils; Sébastien Couta; Jean Arcis fils; Claude Aventin Dret; Nicolas Roïer l'aîné; Joseph Jacquemard; Jean-Charles Huot; Claude; Nicolas-François Dorey; Jean-Baptiste Pierdon; Jean-Louis Dumanche; Claude Grandpierre fils; Nicolas Merillot; Nicolas Gradot; Nicolas Jorrand; Mathieu Demy; Nicolas-François Lédenté; Raphaël Mayeur; Nicolas-Joseph Leguyer; Jean Lorin; Pierre Chandelier; Jean-Baptiste Masson; Charles Legras; Jean-Louis Brun; François Gouriot; Edme Bruley; Pierre Guillaume; Edme Nérat; Jean Marinot; Nicolas Roblon; Jean-Baptiste Roblot; Augustin Jolly; Pierre Massey; Claude Jolly; Jean Claude Huot; Bidault; Jean-Claude Carton; Pierre Feuillat; Charles Feugey; Louis Jorrand; Simon Denis; Claude Roglet; Pierre Aubry; Nicolas Gendret; Augustin Pillard; Nicolas Gautrot; Nicolas Boulat; François Adam; Jean-Gabriel Guot; Joachim Legras; Jean-Baptiste Jolly; Nicolas Bertault; Nizier Jolly; Edme Charpuisot; Antoine Chrétien; Nicolas Laratte; Pierre-Alexis Lesourd; Jean Marcilly; Jean-François Maire; Jacques Legras; Charles-François Ganne; Pierre-Edme Girardon; Jean-Baptiste Legras; Edme Roblot; Antoine Daubonne; Louis Charles Collot; Nicolas Luttel, Jacques Jacquin; Pierre Prince; Nicolas Jolly; Edme-Eustache Nizier Michelin; Edme Banqueville; Jean-Baptiste Ravinet; Jacques Charpuisot; Edme-Jérôme Pierdon; Nicolas Jolly; Jean-Baptiste Doré; Jean-Baptiste Jolly l'aîné; Augustin Sybille; Pierre Banqueville;

Joachim Herbé; Jean Massey; Claude Pontier; Jean-François Herbé; Nicolas Nosley; Claude Pontier; Louis-Joseph Caen; François Maître; Nicolas Charpuisot; Jacques Brot; Jean-Louis Daché; François Begat; Jean Lutet; Claude Lequeux; Gabriel Dret; Didier Adam; Edme-Hubert Dauxerre, Charles Gendret; Nicolas Manchin; Pierre-Jacques Huot; Jean-Edme Viot; Nicolas Leclerc; Edme Roglet, Louis Sire-Hérard; Jean-Baptiste Jacquin; Jean Maire; Louis Goutin; Nicolas-Lazare Bertet, Louis Reot; Jean-Baptiste Bridoux; François-Victor Vieville; Louis Loncle; Pierre-Joseph Forest; Jean Leduc, Nicolas Guyot; Jean Martin; Pierre Briet; Jean Martinot; Augustin Legras; Simon-Phil. Grandin; Jean-Alex. Plateau; Noël-Désiré Basneau; Jean-Antoine Aubry Edme-Augustin Lefèvre; Gabriel Grapinet; Sébastien Chevalet; Nicolas Mauchin l'aîné; Alexandre Lévêque; Hilaire Mayeur; Georges Blanvillain; Jean-Charles Denis, Jean-Baptiste Dorey; Edme Jacquin; Jean Adam; Nicolas Dret; Nicolas Bodier; Charles Jolly; Nicolas Hurlot; Nicolas Gublin; Augustin Roblot; Jean Aubry; Pierre Herluison; Antoine Quehen; Louis-Théodore Meunier; Jean-Huot Lorin; Antoine-Joseph Cochy; Louis-Antoine Gombault; Jean-Baptiste Foret; Julien Petit; Jérôme Charbonnet; Jean-Baptiste Bertrand; Pierre Jourdat; Claude Forest; Jean-Louis Diot; Pierre Ménage; Nicolas Sageot; Etienne Martin; Jean Durand; François; Jean-Baptiste Marquot; Edme Guéry; Jean Charpuisot; Edme Brun; François Coquard; Nicolas Durand; Nicolas Bottot; François Berthault; Nicolas Vecho; Charles Bertrand; Nicolas Banqueville; Jean-Baptiste Gomot; Nicolas Lépine; Jean-Louis Troquet; Antoine Quehen; Claude Jolly, Jean-Claude Bruniot; Nicolas Leclerc; Nicolas Harlot; Jean Hérard; Nicolas Roblin; Jean Gillin; Edme Thiédot; François Jacquemard; Jean Borgne; Marc-Antoine Dufour; Remy Martin; Edme Viey; Louis Halley; Lazare Bellet; Martin Quellé; Jean-Charles Babillotte; Edme-Benoit Castillon; François Ballon; Louis-Nicolas Parâtre; Pierre Pissier, Pierre Guyot; Pierre-Jean Martin; Edme-François Hémot; François-Charles-Joseph Dret; Jean-Baptiste Champagne; Antoine Lorin; Claude Sibille; Pierre Dehorgue; Jean Berblot; Pierre Duhal; Edme Nosley; Jean Roslin; Jacques Noble; Georges Viard; Thomas Viard; Jacques Husson; Nicolas-Louis; Nicolas Huot; Jean Tholois; Joachim Lépine; François Aubry; Claude Aubry; Nicolas Adam; Jean Brun; Claude Gublin; Claude Roblou; Clément Bourbon; Nicolas Vaugey; Gabriel Huot, Pierre Caffey; Jacques Vey; François Jacquin; Edme Noel; Simon Cudel; Antoine Hideux; Louis Sargeot; Pierre Courtin; Moussaint Réveillé; François Boquet; Jean Bodier; Jean-Baptiste Hennequin; Claude Parâtre; Louis Gombault; Edme Marre; Nicolas Roglet; Marc Feuillet; Jean-Baptiste Billard fils; Jean Herluison; Louis-Joseph-Dehorgue; Louis-Joseph Mayeur; Edme-Eustache Rillot; Jean-Toussaint Maire; Pierre Grandpierre l'aîné; Etienne Quehen; Edme Legoisier; Claude-Vincent Mismach; Nicolas-Jacques Rat; Joseph Patureau; Etienne Gouffier; Aug.-Amable Langlois; Nicolas-Charles Gustin; L.-Chrysostóme Robert; Jean-Louis Collot; Antoine Lasne; A. Valentin-Joseph Briquet; Edme-Mathieu Valson; Martin Tessier; Hubert-Joseph Hurtret; Pierre Martin; B. Jacq. Rémi Dret; Claude Manchin; Jacques Borgue Forest; Pierre Herbey; Edme-Sébastien Coutat; Louis Jacquemard; Barth.-Franc. Girardon; Jean-Joseph Meresse; Louis Lenoir; François Jolly; François Bernard; Edme Choiselat; Nicolas Huot;

Théodore Baudemant; Alexandre-Joseph Jacque-mard; Jacques-Joseph Denisot; Edme Martret; Urbain Pion; Pierre Ganne; François Leclerc; Benoît Charpuisot; Jean-Louis Ganne; Louis Lédenté; Augustin Brun; Jean-Baptiste Lequeux; Pierre Persin; Antoine Laporte; Jean-Baptiste Dordin; Alexandre Lemaire; Jean-Benoît Hugot; Jacques Farrot; Jean Fleuristenne; Edme-Simon Gonnet; Jean Herbert; Jean-Charles Turpin; Pierre-Joseph Moreau; Symphorien Jeanson; Pierre Tenon; Edme-Louis-Michel Piat; Edme-Nicolas Laratte; Jacques Jacquemard; Jean-Baptiste Dret; Joseph Borgue; Claude Petit; Roch Nadel Girardon; Pierre-Nicolas Merilliot; Jean Thalois; Alexis Valleir; Louis-François Jolly; Joseph Jolly; Jean Berthelot; Eustache Soyer; Hubert Noël; Etienne Gérard; Paul Charbonnet; Alexis Bonhomme; Gabriel Michelot; Jean-Evan-géliste Villain; Louis Bonhomme; Mathieu-Lan-dry Hennequin; Jean-François Lamy; Charles Grand-Pierre; Pierre Mégard; Marcel-Rémi Cour-tault; Henri Tellier; Claude-Victor Lemaire; Jean Gatelier; Jean-Baptiste Guillot; Antoine Lecoq; Jean-Louis Frotin; Charles-Antoine Vatrenne; Pierre-Antoine Fayolat; François Coquet; Augus-tin Verry; Jean-François Dufour; Louis-Joseph Menu; Etienne Chamard; Jean-Louis Louis; Jean-Rémi Hérard; Nicolas-Pierre Petit; Claude Gombault; Jean Borgue; Antoine Petit; François Lédenté; Edme Duchat; Claude Deheurles; Nicolas-Edme Deheurles; Pierre-Jacques Deheurles; Au-gustin-Victor Noël, Louis Bayeux; Jean Lorrin; Antoine Guerin; Nicolas Jautru; Pierre-François Palfroy; Nicolas Bourlier; Pierre Raviot; Jean Prince; Jean Pion; Jean Lépine; Pierre Baulaine; Nicolas Gublin; Jean-Baptiste Feugey; Nicolas Nourry; Michel Nourry; Pierre Petit; Pierre Vail-liet; Jean-Baptiste Doit; Jean Pierre Gustin; Jac-ques Cuisin; Claude Brunot; Arnoult Fabry; Pierre Bateux; Charles Bordier; Yves Massey; Paul Li-net; Pierre Gendret; Edme Cuisin; Marie-Anne Massey; Jean-Baptiste Roblot; Edme Coquet; Jean-Charles Petit; Edme Borgue; Claude Remy; Ni-colas Laratte; Léon Herbert; Louis Huot; Edme Doué; Claude Cherin; Pierre Guyot; Antoine Chu-rider; Jean Baptiste-Pantaléon Troquet; Edme Lorin; Antoine Populus; Jean-Baptiste-Sylvestre Dret; Leger Leblanc; Nicolas Levêque; Jean-Bap-tiste Flamant; François Richey; Nicolas-Louis Berger; Claude Niqvert; Joseph-Nicolas Thoyer; François Detrey; Pierre Berthier; Jean-Mathieu Prin; François-Nicolas Fessart; Pierre-Toussaint Landereau; Joseph-Ferdinand Leduc; Pierre Jac-ques Vey; Jean-Marie Huot; Séba-tien Laplanche; Nicolas Nérat; Claude-Vincent Prestat; Jacques Godier; Edme Tallemand; Pierre-Louis Bourgeois; Pierre-Antoine Nerot; Edme Latour; Jean-Baptiste Chambonnet; Nicolas Gatouillat; Simon Charles; Claude Molins; Jacques-Toussaint Billiard; Benoit Aury; Edme-Luc Josset; Jean-Louis Godard; Edme-Nicolas Cretey; Lyé Arnon; Jean-Claude Dret; Paul-François Flogny; Edme Gublin; Nico-las Dumuy; Denis Derville; Claude Billiard; Louis Ferrand; Jean-Baptiste Fayolat; Nicolas Jeuguy; Jean Gorce; Pierre Pontier; Claude Tranquelet; Michel Derry; François Vidal; Claude Edme Guer-rin; Pierre Deheurles; Nicolas Harlot; Jean-Bap-tiste-Pierre Lécorché; Claude-Pierre Maréchal; Jacques Laratte; Ambroise Lecomte; François Gancey; François Ifideux; Pierre Paulin; Joachim Thierry; Jean-Joseph Renard; Jean-Baptiste Le-clerc; Louis Degoisier; Eustache Hugé; Joseph Crétiennot; Pierre Dupuis; Joseph Butat; Quen-tin Riquet; Jean-Jacques Lequeux; Nicolas Bour-geois; Pierre Dufour, Pierre-Nicolas Dereims, Denis Simon; Jean-Baptiste Creney; Rémi-Nicolas Ramonet; Jacquet Laverdet; François-Michel Lan-gle; Jean-Denis Velut; Joseph Jolly; Gabriel-Jo-seph Delhaye; Charles Huot.]VEUVES : Pierre Mas-sey; Gendret, fille Lédente; Nicolas Noël; Marc Huot; Jean Baulaine; Claude Petit; Thomas Du-pont; Jean Roblot; Pierre Jacquin; Frobert Pa-tris; Petit; Jean-Lutet; Louis Carrey; Pierre Mon-gin; Jean-Baptiste Billiard; Mongin; Jean Roblot; Duchat; Jean Marcilly; Jérôme Meunier; Gabriel Petit; Sébastien Gallois; Pierre Godin; Hubert Rioflet; Constantin Durand; Joseph Lorin; Pierre Brun; Charles Huot; Claude Hérard; femme Cosse; Jacques Martin; Nicolas Finot; Edme Rilliot; Pierre Augustin.

Lesquels ont nommé pour députés aux assem-blées préliminaires du bailliage de Troyes, pour la convocation des Etats généraux, et porter le cahier des remontrances, plaintes et doléances de la communauté, MM. Nicolas Vécho, chargé de porter la parole; Pierre Ganne, syndic; Augustin Roblot; Pierre Debeurles-Doré; Jacques Borgue; Jacques Vey; Jean Maire-Millon; Pierre Dufour.

Tous les ci-devant nommés espèrent que nos-seigneurs des Etats généraux voudront bien pren-dre en considération leurs justes réclamations, comme tendantes tant au bien de la fabrique de Troyes en particulier qu'au rétablissement du bon ordre et au bien de toutes les fabriques du royaume.

CAHIER

Des remontrances et doléances de la communauté des fabricants bonnetiers, chapeliers, pelletiers-fourreurs de la ville et faubourgs de Troyes (1).

Protestations et objections.

Les fabricants bonnetiers, chapeliers, pelletiers, représentant, en leur genre, le commerce de cette ville, ont appris, avec surprise, que MM. les com-missaires nommés par l'assemblée générale des députés du bailliage de Troyes pour la rédaction du cahier des doléances, avaient inséré que le tiers-état dudit bailliage demandait l'extinction des corporations et la liberté indéfinie d'exercer tous commerces et professions.

Cependant ladite corporation a demandé et de-mande à rester en communauté et être exercée comme avant l'édit d'avril 1777, et qu'il plaise à Sa Majesté de lui accorder des statuts et règle-ments.

Ce n'est donc que le tiers-état des campagnes qui a été d'un avis contraire, et qui a pu porter MM. les commissaires à réclamer une liberté aussi nuisible aux progrès des sciences et des arts qu'à l'agriculture qui est déjà très-négligée. Il serait facile de faire connaître les abus qui se commettraient, tant parce que l'agriculture serait négligée que par le renversement que cela cau-serait dans les villes.

En effet, que l'on jette un coup d'œil sur la fabrique de cette ville : on apercevra que depuis que les fabriques des campagnes sont en vigueur, que la ville se dépeuple, et que ces mêmes fabri-cants s'appauvrissent, tant ceux de la ville que de la campagne; que l'agriculture est négligée; nous en avons même rendu compte au conseil l'hiver dernier, en lui faisant connaître que de six cents métiers qui travaillaient, il y a deux ans,

(1) Nous publions ce cahier d'après un manuscrit des *Archives de l'Empire.*

il n'y en avait plus que trois cent trente quatre au mois de décembre dernier, ce qui prouve que non-seulement nous ne sommes point en état de soutenir ni la concurrence avec la fabrique d'Angleterre, ni même celle de la campagne, bien moins par conséquent contre la liberté indéfinie de la demande du commerce et de la fabrique. Lesdits fabricants croient devoir réclamer sur la soustraction du cahier général, par MM. les commissaires, de presque tous les articles qui suivent :

Art. 1er. Nous demandons la suppression entière des aides et gabelles dans toute l'étendue du royaume, comme étant une tyrannie odieuse pour le peuple, et qui l'expose journellement à de nouvelles vexations.

Art. 2. Que toutes les douanes qui sont dans l'intérieur du royaume soient supprimées, attendu que celles des frontières suffisent, afin que la libre circulation des marchandises ne soit point gênée, rapport aux inconvénients qui en résultent.

Art. 3. Qu'il ne soit jamais fait aucun traité de commerce avec l'étranger sans l'aveu et le concours des fabricants de toutes les villes où il y a juridiction consulaire, pour le bien et l'avantage de l'Etat.

Art. 4. Que la suppression soit entière et générale de toutes les intendances du royaume, comme étant une charge trop onéreuse à l'Etat, et comme vexant le peuple.

Art. 5. Que toutes les routes soient entretenues aux dépens de tous les habitants du royaume, sans exception, et que la dépense soit répartie suivant la richesse et la fortune d'un chacun, et que les impôts qui seront levés, pour cet effet, soient déposés au bureau de l'échevinage des villes.

Art. 6. Que tous les comptes des maires et échevins de toutes les villes du royaume soient rendus par-devant des députés, tous les ans renouvelés et élus à la forme des Etats généraux, et que ces mêmes députés soient présents à la répartition des impositions, à moins que l'on ne nous mette en pays d'Etats, et que lesdits Etats de la province soient composés comme dans le présent article.

Art. 7. Que tous particuliers soient libres de se faire voiturer par telle voie qu'ils jugeront à propos, sans être contraints de prendre des permissions, rapport aux inconvénients qui en résultent tant à cause des procès que l'on leur intente qu'à cause du retard de leurs affaires.

Art. 8. Que le port des paquets monstrueux, ainsi que de toutes les lettres venant sous le cachet ou contre-seing des seigneurs, ou autres ayant ce titre, soit payé à leurs adresses, comme étant une chose très-préjudiciable à l'Etat et au peuple.

Art. 9. Que toutes les rentes et censives portant lods et ventes que les seigneurs exigent, avec une rigueur inexprimable, soient entièrement supprimées comme étant au détriment de tous les peuples, en remboursant le principal, si le cas y échoit, suivant ce qui en sera délibéré à l'assemblée générale.

Art. 10. Que les dénonciations faites par les parlements contre les ministres précédents, comme traîtres au Roi et à la nation, aient lieu dans toutes les forces des lois.

Art. 11. Que toutes les charges des juridictions ne soient plus à l'avenir à prix d'argent, ni sujettes à aucunes impositions sous telles dénominations qu'elles puissent être, mais qu'elles soient accordées au mérite connu.

Art. 12. Que le code civil soit réformé, surtout pour ce qui regarde la multiplicité des écritures, qui retardent les jugements, désolent, ruinent et détruisent tous ceux qui ont le malheur d'être obligés d'avoir recours à cette voie pour soutenir et défendre leurs intérêts et leur légitime.

Art. 13. Que le code criminel soit aussi réformé, en sorte que les accusés aient la liberté de se défendre, soit par eux-mêmes, soit par le ministère d'un procureur ou avocat.

Art. 14. Que la connaissance des faillites soit traduite devant les juridictions consulaires de leur ressort, comme étant de leur compétence, et pour éviter tous les grands frais, par-devant les autres juridictions, et que le défaillant soit puni suivant les circonstances de sa faillite.

Art. 15. Que, pour le bien du commerce, il soit créé des tribunaux supérieurs où se porteront, par appel, les sentences consulaires, pour y être jugées en dernier ressort, et que lesdits tribunaux soient composés de personnes versées, par expérience, dans les affaires de commerce, et qui jugeront comme les juridictions consulaires, c'est-à-dire sommairement et sans frais, et qu'il soit tiré de ladite communauté des suppôts, par chacun an, un des consuls.

Art. 16. Qu'il soit défendu à tous marchands ou négociants, de telles espèces qu'ils puissent être, d'apposer sur leurs marchandises aucunes marques de fabrique empruntées, tel qu'ils le font journellement, en s'arrogeant la qualité de fabricant dans toutes leurs lettres de commerce et correspondance, et que le vrai fabricant soit maintenu et conservé seul dans le droit d'apposer lesdites marques, ainsi que de s'annoncer tel dans toutes les correspondances.

Art. 17. Que tous les fabricants des campagnes soient entièrement supprimés comme étant préjudiciables à l'agriculture et aux ouvrages des campagnes, qui ne se font pas dans leurs saisons, rapport à la disette des ouvriers occupés à différentes fabriques, à l'exception des endroits qui portent le nom de bourg, et qu'ils soient soumis à l'inspection des gardes-jurés des chefs-lieux pour y réprimer les abus et y réformer les mauvaises fabrications qui y règnent actuellement, n'étant jamais inspectés que par des inspecteurs des provinces, sans expérience, n'en faisant pas même les fonctions; que tous fabricants et marchands aient seuls le droit d'acheter et de revendre ces matières premières, tant en nature qu'en filature, comme étant attaché à leur état.

Art. 18. Que tous les prétendus endroits privilégiés, situés dans les faubourgs et banlieues des villes où il y a jurande, qui sont remplis de gens exerçant tant bien que mal différents arts et métiers, n'étant sujets à aucune inspection quelconque, soient supprimés.

Art. 19. Que les veuves et les fils de maîtres des communautés existantes jouissent des mêmes droits et privilèges, dont ils jouissaient avant l'édit de 1777; ce qui paraît bien naturel, et que la finance soit doublée pour les réceptions à l'avenir.

Art. 20. Que tous bénéficiers soient résidents dans les lieux où sont situés leurs bénéfices, sans qu'il leur soit permis de s'en éloigner sans cause très-légitime, suivant les canons de l'Eglise qui le défendent, de même que d'en posséder plus d'un seul.

Art. 21. Que les portions congrues des curés soient augmentées suffisamment pour que le casuel soit entièrement supprimé.

Art. 22. Que les ecclésiastiques, de quelques dignités qu'ils puissent être pourvus, ne soient point admis à aucunes fonctions du ministère public, n'étant point de leur ressort ni compétence, et comme étant contraire aux devoirs de leur état.

Art. 23. Qe l'exportation des grains ne soit jamais permise que du consentement des États provinciaux, et qu'il soit permis aux boulangers des campagnes d'apporter librement du pain pour être vendu dans les marchés de toutes les villes quelconques.

Art. 24. Que personne ne soit exempt du logement des gens de guerre, soit passagers, soit en garnison, que les officiers municipaux qui seront en exercice.

Art. 25. Que la liberté de la presse soit absolue, afin de pouvoir épurer nos mœurs plus librement.

Art. 26. Qu'il soit fait une réforme dans la coupe des bois à haute futaie, rapport à la disette pour la bâtisse, et qu'elle soit fixée au terme de cinquante années, comme anciennement, et que les bois d'usage seront remis aux habitants des villages où les seigneurs s'en sont emparés toujours injustement.

Art. 27. Nous laissons à la prudence et à la sagesse de nosseigneurs nos représentants la liberté d'augmenter ou agréer les impositions qu'ils aviseront bonnes être pour tenir lieu et place du produit des abus qui se sont commis jusqu'à ce moment, en prenant les moyens les plus sûrs et les plus simples pour faire parvenir au trésor royal tous les fonds desdites impositions.

Le présent cahier de doléances a été lu et adopté dans l'assemblée générale de ladite communauté tenue au couvent des RR. PP. Cordeliers, cejourd'hui 10 mars 1789, à l'heure de neuf heures du matin, en la personne de Louis-François Guillaume, leur syndic, et ont tous signé avec nous : MM. Nicolas Lière ; Lardin ; Antoine Brisset ; Antoine Aumont ; Brunet ; Guenin ; Carret ; Aveline ; Dalmagne ; Genty ; Barbier ; Plége ; Moguet ; Janson ; Flamet ; Servais Lange ; Perlin ; Cuisin ; Blanche ; Geat ; Lasnier ; Dauphin ; Valton ; Masse ; Mouton ; André Dauphin ; Claude Gauthier ; Charinet ; Lagesse ; Sébastien Blanche ; Alexandre ; François Barbier Corpé ; Lanchin ; Brelet ; Constant ; Jacques Huot ; Ruelle ; Châtelin ; Delaprairie ; Frappier ; Fournier ; Vodey ; Grenot ; Autran ; Frappier ; Briet ; Guignon ; Ossut ; Descares ; Maitre ; Huot ; Labitte ; Gauthier ; Edme Gauthier ; Millet ; Lanchin ; Bailli ; Lasneret ; Hermé ; Lasneret ; Petit ; Prevôt ; Pellé ; Biétrix ; Courtin ; Broué ; Langrogne ; Baltet ; Thevenot ; Lavocat ; Bouquigny ; Neurier ; Mechin ; Pecard ; Cousin ; Petit ; Flogny ; Mauclaire ; Bernaudat ; Chevalier ; Lelvé ; Augé ; Gillier ; Valleton ; Cloquemain ; Vallois ; Poulet ; Rivierre ; Gauthier ; Marguerite ; Doué ; Massey ; Legrand ; Petit ; Prin ; Poirouge ; Massey ; Regnault ; Liegault ; Renard ; Mocqueris ; Julien ; Prin ; Longuestre ; Bazin ; Langrogne ; Gosse ; Vigneron ; Vasselard ; Martin ; Thevenot ; Claude Guillaume ; Arson ; Coquet ; Guillaume, syndic ; Prin, adjoint.

Lesquels ont nommé pour députés aux assemblées préliminaires du bailliage de Troyes, pour porter le cahier de doléances de ladite communauté, MM. Guillaume et Jeanson.

———

CAHIER

Des plaintes et doléances présenté au Roi dans l'assemblée des États généraux tenue à Versailles le 27 avril 1789, par les syndics habitants de plusieurs villages de la province de Champagne (1).

Les syndics habitants de plusieurs villages de la province de Champagne supplient très-humblement Sa Majesté d'affranchir l'agriculture d'un droit personnel de bourgeoisie appelé *congé*, imposé sur les chevaux ou autres bêtes servant au labourage ; qu'il soit permis à tous cultivateurs d'employer le nombre de chevaux ou autres bêtes pour donner une bonne et profonde culture à leurs terres, en payant les droits fonciers à leursdits seigneurs, suivant les titres avant les guerres civiles ; que le congé, sous telle dénomination qu'il existe, soit aboli. Le Roi a fait rendre aux mers leurs libertés premières ; qu'il plaise à Sa Majesté la rendre de même à la terre, au labourage ; ce sont les vœux des soussignés, afin qu'ils puissent payer l'impôt territorial royal.

Fait. Dans plusieurs villages régis par la coutume de Vitry, Reims, Châlons, Bar-le-Duc, on a substitué à l'ancien esclavage, suivant le procès-verbal de la coutume de Châlons en Champagne, en 1557, pages 29 et 30, ordonnance de Blois en 1576, articles 283 et 284, les droits de ban, les servitudes de mortemain, de poursuite, formariage et banalités de four et de moulin, qui ont presque tous été abolis lors de la réformation de la coutume de Paris. En Champagne, plusieurs seigneurs, en subrogation desdites servitudes dans le temps des guerres civiles, ou pour donner refuge à leurs bourgeois avec leurs chevaux et autres bestiaux dans leurs châteaux et forteresses, y ont substitué un droit appelé congé, tirage, jouisson ou assise, suivant la force du ménage de leursdits bourgeois, les services qu'ils en pouvaient tirer en guerre ou en paix, savoir : une certaine quantité de grains par village, d'autres ont demandé quatre quartels de froment pesant environ 150 livres, 12 deniers par chaque cheval tirant à la charrue, les bœufs moitié, dans d'autres plus, dans d'autres moins ; les uns en reconnaissaient les clercs exempts, les veuves ne payaient que moitié dudit droit de grosse bourgeoisie ; dans le commencement les autres reconnaissaient les limoniers exempts, les autres l'imposaient suivant leur éloignement du trône et la pauvreté de leurs bourgeois dans un pays de peu de rapport, sans aucune réserve ni modération.

Les bourgeois du Roi étaient exempts ; dans un même village les uns payaient plus, les autres moins, moitié en froment, moitié en avoine, suivant leur abonnement ou leur commandise ; les seigneurs, pour obvier à la désertion de leurs bourgeois et les empêcher de se faire bourgeois du Roi, mitigeaient lesdites servitudes qu'ils ont ensuite augmentées pour les grains, le quartel dans les guerres intestines. A présent nous sommes tous bourgeois du Roi, il n'y a plus de serfs en France ; les nobles n'ont plus d'armées à entretenir, et ils ont les biens du Roi ; ils jouissent de la pêche, de la chasse en vertu d'une possession extorquée dans les temps nébuleux des guerres civiles ; plusieurs seigneurs ont surpris des arrêts de faveur sans titres, exigeant ledit congé avec la plus grande exaction, sans diminution pour

———

(1) Nous publions ce cahier d'après un manuscrit des *Archives de l'Empire.*

grêles, inondations, ravages du gibier ou stérilités quelconques, même des corvées, desdits bourgeois avec leurs chevaux et charrues dans les temps les plus précieux; qu'ils sont sujets du Roi comme nous, que nous avons toujours été surchargés, les armées ne pouvant vivre sans l'agriculture ni la navigation subsister. On va démontrer que les biens des seigneurs, comme ceux du tiers-état, viennent des bienfaits de nos rois pour les avoir aidés à subjuguer les Gaules et les Romains et affermir les rois de France contre les petits tyrans qui s'étaient révoltés contre eux, et remédier à une sorte de piraterie que les seigneurs exerçaient les uns sur les autres, même sur les bourgeois dans les temps de calamités, où la France gémissait sur les rois prisonniers ou sous des régences désastreuses.

Louis le Gros ne possédait que le duché de France en 1108: c'était là son domaine; ses vassaux possédaient le reste en bénéfices, et se conduisaient en tyrans dans leurs seigneuries, se révoltaient contre leur roi. Le roi d'Angleterre, duc de Normandie, appuyait leurs révoltes; le roi de France, à l'aide du tiers-état, lève une armée formidable, établit des communes, affranchit les serfs, diminue la grande autorité des justices seigneuriales et celle des seigneurs ses vassaux, secondé de ses fidèles juges; les seigneurs, comblés de ses bienfaits, de peur qu'il ne leur reprît ses fiefs, balançaient sa puissance par celle du duc de Normandie et celle du comte de Champagne; mais ayant envoyé des commissaires, pour éclairer leur conduite et celle de leurs sujets, Thibaut, comte de Champagne, s'étant révolté contre Louis VII, son fils, il lève une armée formidable, le battit et brûla la ville de Vitry en Perthois, en 1143, qui appartenait à Thibaut, où il mit tout à feu et à sang. Louis IX rendit des priviléges à ses sujets, pour adoucir leur joug. Louis le Hutin fit une ordonnance qui enjoignait à tous les seigneurs d'affranchir leurs serfs, en substituant quelques servitudes personnelles; les autres se maintinrent dans leurs allodialités dont nos rois les avaient favorisés en récompense de leurs secours; ils en jouissent encore paisiblement, en plusieurs lieux, malgré les entreprises des seigneurs. Mouru-sur-Aisne, la Neuville-au-Pont et autres lieux en Champagne, les autres n'ont pu résister à la force; de là plusieurs arrêts en faveur des seigneurs sur une possession extorquée dans les guerres civiles, lors de leur refuge dans leurs maisons fortes en 1589. Saint-Paul, capitaine de fortune, en vertu d'une commission du duc de Mayenne, ravageait la Champagne, même les environs de Sainte-Menehould; voilà leurs prétendus titres! Les uns ont exigé de leurs bourgeois étagés mille droits qu'ils ont inventés: congé, droits de mainmorte, poursuite, formariage, banalités, droit de jambage, d'enforage sur les vins, consistant dans des villages en douze pintes de vin, mesure de Paris, et dans d'autres sept pintes aussi de vin dite mesure par chaque tonneau, et pareille quantité sur les eaux-de-vie et autres boissons que les cabaretiers vendent dans l'endroit, et autres droits odieux. Tous les biens de la noblesse viennent des bienfaits de nos rois; nous tenons aussi nos biens de la même source pour les avoir aidés à conquérir notre royaume sur les Romains, et à le conserver sur les grands du royaume.

La province de Champagne a racheté les droits de lods et ventes suivant une quittance du 30 janvier 1700, signée Grurin, régisseur, enregistrée au bureau des finances de Châlons le 14 juin 1730; nous en demandons très-humblement l'entérinement; il faut les payer, ou soutenir des procès.

Nous demandons aussi à rentrer dans nos biens communaux que nos seigneurs ont usurpés depuis quarante ans, ou des échanges équivalents.

Le congé n'est pas un droit foncier, mais un droit personnel de bourgeoisie, insolite, variable, injuste, un droit qui ruine l'agriculture, destructeur des haras, de la population dans les villages y assujettis.

Le congé n'est pas un droit réel; un droit réel est assis sur l'héritage; le prix de la concession, en telles mains qu'il passe, est inhérent à l'héritage attaché aux propriétaires, à la glèbe, n'est sujet ni à croît, ni à décroît, ni à variation. C'est le propriétaire qui le doit, qui y est imposé, au lieu que le congé est sujet à croît et à décroît, il est attaché au nombre des chevaux; celui qui en a plus paye plus, c'est le fermier qui y est imposé à raison de la force de son ménage dont les chevaux ou bœufs servent de mesure sans avoir aucun égard à la quantité de terres qu'il cultive, ni même aux grains qu'il recueille; le propriétaire n'y est pas imposé quand même il demeurerait sur les lieux; et le seigneur, en cas d'insolvabilité du fermier, n'a aucun recours sur le maître, ainsi qu'il a été jugé contre le seigneur de Cernay en Dormois, en faveur des administrateurs de l'Hôtel-Dieu de Reims; les forains qui labourent sur les terroirs où le droit de servitude bourgeoise est en usage s'en sont fait décharger; arrêt de Rapscourt du 20 mars 1772, autre de 1768, contre le sieur Dubant, seigneur de Vienne-la-Ville: on y assujettit les autres contre les titres même de la seigneurie.

Un laboureur a sa ferme située sur plusieurs terroirs où ce droit n'est pas perçu; il en laboure seulement quatre ou cinq journels sur le terroir de son domicile où ce droit est en usage; on ne lui fait aucune diminution dudit congé, ni du nombre de ses chevaux; on l'impose dans le lieu de son domicile pour tous les chevaux ou bœufs qu'il attelle à sa charrue, preuve que c'est un droit de grosse bourgeoisie.

Un droit variable, quand il diminuerait en exploitation des terres, on l'impose suivant le nombre de ses chevaux; on n'a aucun égard aux fermes dont il a quitté le labour; dans certaines seigneuries les clercs laboureurs non mariés, en sont exempts, dans d'autres les clercs mariés; les bœufs ne payent que moitié, de même les veuves; dans d'autres les nobles qui y sont laboureurs en sont exempts; dans d'autres on les y impose.

On accorde aux laboureurs le droit de rechange; s'ils attellent six chevaux blancs la matinée, six chevaux noirs la vesprée, ils ne payent que six chevaux; dans certaines seigneuries le limonier est exempt, dans d'autres ils ne payent que moitié froment, moitié avoine par bête trayante, dans d'autres ils payent tout en froment à raison de chaque bête trayante.

Suivant les anciens aveux, il n'est dû que par tête, c'est-à-dire par bourgeois quatre quartels de froment, on le lève par chaque cheval à présent. Ils ont ajouté ou autres bêtes trayantes à la charrue, tout est augmenté depuis quarante ans, preuve que ledit congé est un droit personnel de grosse bourgeoisie; c'est que dans presque tous les terroirs où l'on exige ce droit, il y a un cens universel, en grain ou argent, en poules, nommé géline, en rentes appelées rentes des selves sur les héritages: un droit réel exclut tout autre droit.

Un droit insolite; il n'existe que dans quelques

terroirs régis par les coutumes de Vitry, Bar-le-Duc, Châlons, où les servitudes de mortemain, formariage, droit de refuge dans les châteaux, droits de poursuite ont été subrogés à l'ancien esclavage; si dans quelques lieux il tient lieu de champart, de cens, de lods et ventes, on demande humblement que pour la liberté de l'agriculture, il soit permis de l'acheter suivant qu'il est estimé dans les anciens aveux fondés en bons titres pour la concession de la terre.

LE CONGÉ, DROIT INJUSTE.

1re *Injustice.* — Si une ferme est située sur dix terroirs où les seigneurs perçoivent ce droit, des fermiers avides ou leurs hommes d'affaires qui ne cherchent, pour se faire valoir, qu'augmenter les droits de leurs maîtres, font imposer, par leurs officiers de justice qui sont aux gages desdits seigneurs, le laboureur, pour la même année sur chaque terroir suivant le nombre de ses chevaux, et à la corvée seigneuriale; s'il laboure avec dix chevaux, il sera imposé à 40 quartels de froment dans chaque terroir, ce qui fait 400 quartels, plus qu'il n'a eu ladite année; il faut qu'il paye ou qu'il supporte un procès ruineux avec un seigneur puissant et en faveur qui lui suscite, pour se venger, mille procès.

2e *Injustice.* — Un fermier entre dans une ferme à la Saint-Georges 1789; à la Saint-Denis de la même année, lorsqu'il achète du froment pour vivre et semer, on l'impose audit congé, suivant le nombre de chevaux ou bœufs qu'il a attelés à la charrue, avant qu'il ait récolté, quoique, suivant les aveux, il ne soit dû qu'à Pâques; s'il n'a pas pour payer, on lui vend ses chevaux : ce que le Roi défend pour la perception de ses propres deniers.

3e *Injustice.* — Si un laboureur ne cultive que le marsage, qu'il ne recueille sur sa ferme aucun grain de froment, on l'impose audit congé, suivant le nombre de ses chevaux, à 4 quartels froment chaque cheval, on lui fait commandement, en vertu de la contrainte imposée par le juge du seigneur, on l'exécute aussitôt l'échéance.

4e *Injustice.* — Un fermier quitte une ferme de 50 arpents, la fait valoir un arpent ou deux; s'il attelle dix chevaux on l'impose à 40 quartels de froment, plus que sa terre ne lui a rapporté; tout le monde sait que le nombre de chevaux dépend de la force de la terre et non de la quantité des terres.

5e *Injustice.* — S'il essuie le ravage des lapins, des haras, canards, oies sauvages, dégâts de sangliers, de chasseurs, grêle, mortalité des chevaux, brebis, inondations, gelée, stérilité, on ne lui fait aucune diminution.

6e *Injustice.* — S'il rachète des chevaux, pour remplacer ceux qui sont morts, on l'impose audit congé, non-seulement pour les vivants, mais encore pour les morts.

7e *Injustice.* — Sans augmenter en labourage, s'il achète un cheval, qu'il l'attelle à la charrue une fois, on l'impose audit congé; dans cette imposition anciennement on prenait l'avis des échevins, à présent ils n'ont aucuns contradicteurs pour faire ledit cueilleret ou rôle des bêtes tirantes, ils les augmentent suivant leurs caprices, et augmentent chaque année les droits seigneuriaux.

8e *Injustice.* — Le congé est une servitude qui détruit les espérances des haras. Si un laboureur sujet audit congé a un poulain à la prairie, qu'il l'attelle pour le dompter, ou pour donner du repos à une cavale pleine ou qui vient de pouliner, on l'impose aussitôt, ce qui détruit les espérances d'avoir un beau et bon poulain.

9e *Injustice.* — Un père, un parent ne peut venir aider son fils à labourer avec ses chevaux, bœufs et charrue, qu'il ne s'expose à être imposé audit droit odieux du congé, de même l'héritier; il faut qu'il paye plus qu'il ne récolte ; il laisse ses terres incultes, on ne trouve pas de cultivateurs, ils sont rares où ledit congé existe.

10e *Injustice.* — Certaines années on ne recueille que du froment bruiné, plein de rougette, nôèle, dernelle; les fermiers qui, suivant les aveux, doivent le percevoir à la grange sans être criblé, le refusent s'il n'est beau et net; s'il y a quelques grains de seigle dans le pays où les empouilles de froment sont mêlées avec celles de seigle, sur le même terroir, ils obligent de le cribler de nouveau.

11e *Injustice.* — Dans les terroirs montagneux, gréveux, où le grain dominant est le seigle, où il y a les trois quarts des méchantes terres empouillées en seigle, lentilles, il faut payer au seigneur pour ledit droit exorbitant de congé 4 quartels de froment chaque bête tirante; si le laboureur n'en recueille pas, il faut qu'il en achète pour payer ledit droit de congé.

LE CONGÉ, RUINE DE L'AGRICULTURE.

Dans les villages où les seigneurs perçoivent ce droit odieux, les laboureurs n'attèlent qu'une partie des bêtes nécessaires à une profonde culture; de là il arrive que par l'excès du travail leurs chevaux meurent, et qu'ils ne recueillent que peu, ou laissent une partie de leurs terres incultes; les plus fortes pour lesquelles il faudrait augmenter le nombre de leurs chevaux, ce qui les ruinerait pour payer ledit congé exorbitant.

UN DROIT DESTRUCTEUR DE LA POPULATION.

Dans lesdits villages où ce droit exorbitant est en usage, les enfants des laboureurs voyant la misère de leurs pères, quittent le village ou craignent de s'y marier, multiplier les misérables, ou apprennent des métiers.

CORVÉE SEIGNEURIALE.

On oblige encore les laboureurs à faire trois jours de corvée seigneuriale avec leurs chevaux et charrues, dans les temps les plus précieux des labours et semences.

Dans notre royaume, il n'y a plus d'esclaves, nous sommes tous nés libres; les États ne sont florissants que dans les royaumes où l'agriculture fleurit. Le congé est une entrave au labourage. Nous ne nous regardons véritablement libres que du jour que Votre Auguste Majesté aura prononcé l'abolition dudit congé, et prierons Dieu qu'il prolonge vos jours précieux pour notre bonheur; on verra revivre le siècle d'or sous notre nouveau Sully.

Signé Jean-Baptiste Chapiteau, ancien syndic de Virgenis; Jean-Nicolas Thierry, syndic de Minancourt; Jean-Charles Mierriet, syndic de Fontané en Dormois; Ponce Marquet, ancien syndic de Rourroy; Anceaux, syndic de Senne ; Jean Lorin, échevin de Senne-sur-Aisne; Aubrier, syndic de Massigi; Simon Corneille, syndic de Lançon; Jean-Etienne, syndic de Ville-sur-Tombe ; Gaudel, syndic de Terme; Drion, syndic d'Autry

VILLE DE VALENCIENNES.

CAHIER

Des plaintes, doléances et remontrances des magistrat et conseil particulier de la ville de Valenciennes (1).

Les magistrat et conseil particulier de la ville de Valenciennes, pour satisfaire aux ordres de Sa Majesté et répondre à ses vues bienfaisantes, se sont occupés de différents objets relatifs au bien public, au régime de la ville et à son administration.

Ils les ont divisés en deux parties : la première contenant les objets généraux et communs au royaume;

La seconde, les objets propres à cette ville.

PREMIÈRE PARTIE.

OBJETS GÉNÉRAUX.

SECTION PREMIÈRE.

Administration.

Art. 1er. Remercier Sa Majesté d'avoir convoqué les Etats généraux, et maintenir la ville dans son privilége d'y envoyer des députés directs pour l'y représenter;

Art. 2. Demander le retour périodique des Etats généraux dans le terme qui sera fixé par eux.

Art. 3. Que les voix y seront comptées par tête et non par ordre.

Art. 4. Qu'avant de délibérer sur aucune proposition, Sa Majesté daigne les faire connaître aux villes par la voie de leurs députés ou par telle autre voie qu'elle jugera convenable.

Art. 5. Qu'il soit statué sur chacune des doléances des villes.

Art. 6. Qu'il ne soit établi aucune imposition ni fait aucun emprunt sans le consentement préalable des Etats généraux.

Art. 7. Que toutes les impositions seront à temps et qu'il ne sera fait aucun emprunt sans en assurer en même temps le capital et les intérêts.

Art. 8. Que la répartition des impositions tant générales que particulières à chaque ville, bourg et village, sera rendue publique, ainsi que les comptes de l'administration générale de celle particulière.

Art. 9. Qu'il ne sera établi aucune commission intermédiaire pour être en activité, après la tenue des Etats généraux.

Art. 10. Supprimer les commendes et en appliquer le produit aux objets analogues à la destination des biens ecclésiastiques.

Art. 11. Résidence des bénéficiers, et les bénéfices conférés aux seuls ecclésiastiques du diocèse.

Art. 12. Un plan uniforme et simple d'éducation, et de la confier aux communautés religieuses.

Art. 13. Permettre aux mainmortes de donner leur argent à cours de rente aux particuliers et d'échanger leurs biens, les donner en emphytéose et en arrentement sans autorisation des cours

souveraines, et qu'elles puissent bâtir sans être assujetties aux lettres d'octrois ni au droit d'amortissement.

Art. 14. Liberté abolie de la navigation sur les rivières.

Art. 15. L'entretien et curement des rivières navigables à la charge de tout le royaume, à l'exemple de ce qui se pratique pour les canaux de Bourgogne, de Picardie, de la Lys, de la rivière d'Ax.

Art. 16. Liberté des routes, et en conséquence suppression des priviléges exclusifs.

Art. 17. Suppression de tous droits de traverse, vinages, pontenages, péages et autres de semblable nature, levés au profit de Sa Majesté ou donnés par elle en engagère.

Art. 18. Suppression des visites domiciliaires, sous prétexte ou par présomption de fraude.

Art. 19. Liberté individuelle de chaque citoyen; en conséquence, suppression des lettres de cachet.

Art. 20. Que les villes ou provinces forment des approvisionnements de blés dans le temps d'abondance pour fournir les marchés dans les moments de disette.

Art. 21. Supplier Sa Majesté de faire remettre les blés d'approvisionnement que la province avait en magasin, et que Sa Majesté a employés à son service, nommément à la ville de Valenciennes 8,000 sacs qui lui appartenaient.

Art. 22. Suppression des annates.

SECTION II.

Finances.

Art. 1er. Abolition de tous priviléges exclusifs.

Art. 2. Que les administrations qui seront établies et celles municipales verseront directement leurs contributions dans le trésor royal.

Art. 3. Qu'il n'y ait plus aucun exempt ni privilégié ; que les ecclésiastiques nobles soient tenus de payer les impositions et tous autres droits pour leurs personnes et biens comme le tiers-état. Qu'à cet effet il ne soit plus fait de rôle particulier, mais un rôle pour tous.

Art. 4. Que les villes affranchissent les campagnes des droits que le domaine perçoit à la sortie des villes sur les objets de consommation.

Art. 5. Diminuer ou ôter les droits sur le charbon de terre des Pays-Bas autrichiens, ressource indispensable pour le royaume, attendu l'insuffisance de ses mines et la disette de ses bois, ce qui ne fera pas rester l'argent chez l'étranger, la plus grande partie des mines de charbon des pays autrichiens étant exploitées par des sociétés de Français.

Art. 6. Réduction des pensions, suppression de celles de faveur; fixation des fonds destinés à leur payement et qu'elles ne soient plus accumulées sur une tête.

Art. 7. Suppression des droits des 8 sols pour livre qui se perçoivent sur les greffes des villes.

Suppression des droits sur les huiles, savons, cuirs, cartes à jouer, papier, carton, amidon, poudre à poudrer, qui se perçoivent au profit du Roi, droits fort onéreux à ses sujets et peu profitables aux finances de Sa Majesté, par les profits

(1) Nous publions ce cahier d'après un manuscrit des *Archives de l'Empire.*

intermédiaires que font ceux qui sont chargés du recouvrement.

Suppression de tous droits réservés, et en cas de nouvelles suppressions d'offices, les droits y attribués devront être supprimés avec eux, sans pouvoir les réserver sous quelque prétexte que ce soit, même de servir au remboursement desdits offices.

SECTION III.
Justice.

Art. 1er. Abolition de tous *committimus* et de toutes espèces d'évocations, les cassations d'arrêt restreintes aux seuls cas de contraventions aux ordonnances, et pour le fond des affaires seulement.

Art. 2. Proportionner la peine des banqueroutiers aux circonstances de la faillite, les poursuivre à la requête du ministère public, abolir les sauf-conduits, lettres de répit et surséances.

Art. 3. Fixer, de l'avis des États généraux, le pouvoir des parlements et autres cours souveraines du royaume sur la vérification et l'enregistrement des lois.

SECONDE PARTIE.
OBJETS PROPRES A LA VILLE DE VALENCIENNES.

SECTION PREMIERE.
Administration.

Art. 1er. Conservation des usages, franchises, privilèges, libertés et immunités de la ville, conformément à sa capitulation : rétablissement en entier de sa constitution; réforme des atteintes y portées depuis le règlement de 1615, nommément par l'arrêt du conseil du 14 mars 1789, en ce qui peut y être contraire sous les modifications qui seront trouvées convenables pour remédier aux abus; sur tous lesquels objets on pourra donner un mémoire particulier.

Art. 2. Persister dans les réclamations faites contre l'établissement des États de Hainaut et protester de nouveau contre ces États, comme inconstitutionnels, onéreux à la ville et à ses habitants.

Demander la révocation de l'union de la ville auxdits États comme destructive de sa constitution, blessant les droits des citoyens et étant une surcharge inutile, par les frais de l'administration desdits États.

Art. 3. En cas que Sa Majesté ou les États généraux trouveraient nécessaire pour le plus grand avantage du royaume, d'y établir des administrations uniformes, soit par province ou arrondissement, il lui plaise accorder des administrations provinciales, constitutionnées et organisées à l'instar des États généraux, et dont les membres nécessaires et qui ne seront qu'à temps, rempliront leurs fonctions sans appointement; qu'en conséquence, les nouveaux États du Hainaut actuellement existants, étant inconstitutionnels, soient regardés comme non avenus ainsi que les choix, nominations et appointements par eux accordés.

Art 4. Communication de l'Escaut, pour la navigation, avec la Sensée et autres rivières de l'intérieur du royaume et passage de la navigation dans la ville.

Art. 5. Suppression des droits qui gênent la navigation et révocation des arrêts du conseil, surpris par les bateliers de Condé, au préjudice de la navigation de la ville de Valenciennes.

SECTION II.
Finances.

Art. 1er. Supplier Sa Majesté de décharger toutes les villes frontières, et nommément celle de Valenciennes, des frais de garnison, de fortification, de logement, d'entretien des casernes de l'état-major et des autres militaires y employés ; cette dépense coûtant à la ville plus de la moitié de ses revenus : demander que ces frais, qui ont pour objet la sûreté du royaume, soient répartis sur tout le royaume, à l'exemple de ce qui se pratique pour la marine.

Art. 2. Réintégration de la ville dans son octroi sur les cartes à jouer.

Art. 3. Proscrire ou modérer les droits d'octroi qui sont onéreux aux habitants, surtout au peuple, ou nuisible au commerce, réunir et simplifier ceux qu'il serait indispensable de conserver.

Art. 4. Suppression de toute exception sur les droits d'octrois et autres et de tous privilèges pécuniaires.

Art. 5. Suppression des sous pour livre.

Art. 6. Que les fonds destinés au payement des rentes assennes et des fortifications, soient remis aux villes qui en sont responsables, comme cela se faisait ci-devant.

Art. 7. Diminution des droits sur les toilettes en y assujettissant ceux qui viennent du dehors.

Art. 8. Qu'il ne soit créé pour cette ville aucun office, aucun brevet de maîtrise, ou autres, conformément à la charte de Charles, duc de Bourgogne, du 27 mars 1472 et à l'arrêt du conseil du 21 juin 1701.

Art. 9. Pourvoir à l'indemnité des propriétaires des terrains pris pour la navigation en principaux et intérêts.

Art. 10. Qu'à Valenciennes les demandes et subsides qui sont accordées au Roi, ne pourront y être levés que par impositions sur les personnes.

Art. 11. Que les droits sur le vin se payent à l'entrée de la ville et non à la consommation.

SECTION III.
Justice.

Art. 1er. Qu'il soit déclaré que toutes les matières réelles et de succession dépendent du chef-lieu de Valenciennes, conformément à la coutume, soit qu'on agisse par action réelle ou personnelle.

Art. 2. Confirmer le droit appartenant à la commune d'être jugée par ses pairs au moins au nombre de sept, suivant la charte du ressort, sans qu'en matière civile il puisse être appelé des jugements, lorsque le principal n'excédera pas 500 livres.

Art. 3. Que dans le nombre des prévôts jurés et échevins qui composent le magistrat de Valenciennes, il y ait toujours sept gradués en droit ayant exercé ou exerçant la profession d'avocat, ou les fonctions de juge.

Art. 4. Demander la conservation du parlement de Flandre, et qu'il soit toujours composé de gens du pays, conformément à l'article 49 de la capitulation de Lille, à l'édit de création du conseil souverain de Tournai et aux traités de paix.

Ainsi fait et arrêté en l'assemblée des commissaires nommés par résolution de Messieurs du magistrat et conseil particulier du 6 de ce mois, pour rédiger le présent cahier de doléances.

A Valenciennes, le 9 avril 1789.

Signé Bouzé ; Crendal fils ; Bertin ; Despinoy ; A. Denize ; Doffegnies ; Watterreau l'aîné ; de Buvav ; G. Serret. et Goube.

Lu et approuvé au conseil particulier de ce jour, 9 avril 1789.

Signé WAROQUET.

CAHIER.

Des remontrances plaintes et doléances des habitants de la commune de Valenciennes (1).

Liste des commissaires qui ont été nommés pour la rédaction de ce cahier dans l'assemblée générale de la commune de Valenciennes du 7 avril 1789.

MM. Moreau père, avocat.
Delangle, curé et doyen de Saint-Jacques.
Perdrix l'aîné, avocat.
Pourtalès, négociant.
Nicodème,   id.
Barrier,   id.
Borniche,   id.
Perdrix cadet, avocat.
Prouveur de Pont, conseiller pensionnaire de la ville de Valenciennes.
Castillon père, négociant.
Grenet, avocat.
Jamart, directeur général des domaines du Roi.
Le comte d'Espiennes.
Le Hardi, chevalier, seigneur de la Loge.
Hallemant, curé de Saint-Nicolas.
Morel, négociant.
Mustellier, doyen des chapitres de Saint-Géry.

Discours de MM. les commissaires.

« Messieurs,

« Les commissaires que vous avez honorés de votre confiance, pour rédiger le cahier des plaintes, remontrances et doléances de la commune de cette ville, vont mettre sous vos yeux le résultat de leur travail.

« Pénétrés de l'importance de leur mission, et jaloux de justifier l'honneur de votre choix, ils n'ont rien négligé pour exprimer vos vœux, avec tout le zèle que vous attendiez d'eux. En se livrant à ce travail, Messieurs, ils se sont infiniment élevés au-dessus de toutes considérations personnelles; ils n'ont vu que vos désirs, vos droits, vos intérêts, et les ont soutenus avec la chaleur et la fermeté qui convenaient à l'importance de l'objet.

« Ils présument trop bien de leurs concitoyens pour craindre que ceux dont les intérêts particuliers se trouveraient choqués par quelques-unes des demandes contenus dans ce cahier, puissent leur supposer d'autres vues que le bien général.

« S'il se trouvait pourtant quelques personnes qui méconnussent à ce point le devoir du citoyen et l'amour de la patrie, la peine que vos commissaires en ressentiraient se trouverait bientôt effacée par le glorieux avantage d'avoir mérité l'assentiment public et l'approbation générale, récompense à laquelle on ne peut rien comparer. »

CAHIER.

Les habitants de la commune de Valenciennes supplient très-humblement Sa Majesté d'agréer les assurances respectueuses de leur amour, de leur vive fidélité et de la reconnaissance que

leur inspirent les bontés de leur souverain, qui, en convoquant la nation, leur permet d'envoyer dans son assemblée deux députés pour porter au pied du trône les vœux et plaintes de la commune.

Elle ne peut en cette circonstance donner une preuve plus sensible de son attachement à la patrie, qu'en formant le vœu de voir toujours régner sur la monarchie l'auguste maison de Bourbon et que les vues paternelles d'un roi bon et bienfaisant se trouvent encore longtemps secondées par les efforts et les lumières d'un ministre dont les talents supérieurs et l'austère probité ont captivé l'estime et la confiance des Français, ainsi que l'admiration de l'Europe entière.

Valenciennes étant un comté distinct et séparé de celui de Hainaut, les trois ordres se trouvent confondus dans son administration : les habitants de cette commune, pour exposer leurs plaintes et doléances, ont cru devoir adopter un ordre et une division qui leur ont paru sympathiser mieux avec le régime qui jusqu'à ce moment a gouverné cette ville.

Ce cahier sera donc divisé en deux.
La première partie sera divisée en huit sections.
La première section traitera des Etats généraux.
La seconde des Etats provinciaux.
La troisième, de l'administration.
La quatrième, du clergé.
La cinquième, de la justice.
La sixième, de la police.
La septième, des finances.
La huitième, du commerce en général.
La seconde partie recevra trois subdivisions.
L'une, relative à l'administration de la ville de Valenciennes.
La seconde, à la gestion de ses finances.
La troisième comprendra les objets qui intéressent son commerce particulier.

PREMIÈRE PARTIE.

SECTION PREMIÈRE.

Des Etats généraux.

(Les articles compris dans cette section ont été séparés en trois classes différentes.)

On a rangé dans la première les demandes concernant l'assemblée nationale et son organisation.
Dans la seconde, les dispositions provisoires.
Et dans la troisième, les notions tendant à établir des lois qui seront réputées fondamentales et autres dispositions permanentes.

1° *De l'assemblée nationale et de sa formation.*

Art. 1er. MM. les députés présenteront leurs cahiers dans la même forme que les deux premiers ordres, et veilleront avec attention et fermeté à ce que l'ordre du tiers reçoive de la part des autres ordres les égards qu'il a droit d'en attendre.

Art. 2. Ils soutiendront sans pouvoir s'en écarter que les voix doivent être comptées par tête et non par ordre.

Art. 3. Ils demanderont qu'aucun membre des Etats ne puisse être inquiété ni recherché, pour ce qu'il aura dit ou soutenu dans les Etats généraux.

Art. 4. Que les Etats généraux organisent leur constitution de manière que le choix soient libres et que le tiers se trouve toujours en nombre égal à celui des deux autres ordres.

Art. 5. Qu'ils ne puissent établir aucune commis

(1) Nous publions ce cahier d'après un manuscrit des *Archives de l'Empire.*

sion intermédiaire pour être en activité après leur tenue.

Art. 6. Que le retour périodique des Etats généraux soit fixé.

2° Dispositions provisoires.

Art. 7. Quelque grands et importants que soient les objets qui vont fixer l'attention des Etats généraux, ils ne doivent point négliger les besoins du moment, ni surtout les dispositions qui seraient jugées nécessaires pour repousser les attaques des ennemis de l'Etat, toujours attentifs à profiter de nos embarras et des occasions d'accroître leur puissance ; il sera donc demandé que les Etats généraux déterminent provisoirement un emprunt ou un impôt qui sera levé en cas d'une guerre inattendue et inévitable, lequel impôt cessera avec la guerre ou lorsque les Etats généraux y auront pourvu autrement, bien entendu qu'il sera justifié à l'assemblée de la nation de l'emploi des deniers et de leur exacte application.

Art. 8. Qu'il n'y ait d'impôt légal que celui consenti dans l'assemblée de la nation, et que tous les impôts soien tà terme, lequel terme n'excédera jamais l'époque de la tenue suivante des Etats généraux.

Art. 9. Que les doléances locales et qui ne comportent pas en elles un intérêt général, soient renvoyées aux administrations particulières.

3° Des lois qui seront réputées fondamentales et autres dispositions permanentes.

Art. 10. Les députés demanderont que les Etats généraux statuent sur le cas d'une régence et qu'ils décident à qui elle doit appartenir.

Art. 11. Que les lois ne puissent être faites ni sanctionnées que dans l'assemblée générale de la nation.

Art. 12. Que la dette publique soit constatée et consolidée.

Art. 13. Que les transactions et conventions générales du commerce national qui se feront avec les puissances étrangères soient communiquées aux Etats généraux lors de leur assemblée et pendant leurs vacances aux chambres du commerce pour donner leur avis.

SECTION II.

Etats provinciaux.

Art. 1er. Que les Etats provinciaux seront organisés de la même façon que les Etats généraux et toujours dans la même proportion relative au nombre des représentants des trois ordres.

Art. 2. Que les règlements généraux relatifs à la police seront faits par les administrations des provinces.

SECTION III.

De l'administration.

Cette section a paru devoir être présentée sous quatre subdivisions qui sont :

1° De l'administration en général ;
2° De la puissance royale et des droits de la nation ;
3° Des impôts, améliorations, réformes, économies ;
4° De l'administration intérieure des provinces.

1° De l'administration en général.

Art. 1er. MM. les députés insisteront pour que MM. les ministres soient comptables de leurs actions et de leur gestion envers les Etats généraux.

Cette forme ne peut qu'ajouter à la gloire d'un administrateur dont la conduite intègre et éclairée doit mériter l'approbation publique.

Art. 2. Ils demanderont et insisteront fortement sur la suppression des intendants de province, en attribuant aux juges ordinaires les parties contentieuses dont ils connaissent, et aux commandants pour le Roi leurs fonctions relatives au militaire.

Art. 3. Pour le rétablissement des communes dans le droit naturel de gérer leurs affaires sans aucune entrave.

Art. 4. Pour que l'on ne permette plus à l'avenir l'exportation des grains à l'étranger, qu'après avoir pourvu suffisamment à la subsistance des peuples, auquel effet les administrateurs de province s'occuperont d'établir des magasins.

Ils veilleront aussi à ce que les matières de première nécessité ne s'exportent des provinces qu'autant qu'il y aura abondance.

Art. 5. Pour le reculement des barrières à l'extrême frontière du royaume.

Art. 6. Pour que la maréchaussée soit augmentée à cause de la sûreté publique.

Art. 7. Abrogation des lieux de franchise privilégiés dans toute l'étendue du royaume ; ces retraites, qui ne servent souvent qu'à mettre un débiteur de mauvaise foi à l'abri des poursuites d'un créancier légitime, ne doivent plus être tolérées.

Art. 8. Que les frais de garnison, tels que logements, chauffage et autres émoluments, soient à la charge de tout le royaume, conséquence de l'impôt général et légal.

Il en doit être de même de l'entretien des citadelles et fortifications.

2° De la puissance royale et des droits de la nation.

Art. 9. Les députés demanderont la liberté individuelle de chaque sujet et la suppression entière et absolue des lettres de cachet.

Art. 10. Que le secret de la poste soit inviolablement gardé, et qu'il soit défendu de retenir ou d'ouvrir les lettres qui y seront mises.

Art. 11. Que tout citoyen puisse voyager par tout le royaume, en sortir, y entrer librement sans être obligé de prendre aucun passe-port.

Art. 12. Que ceux qui jugent à propos de se servir de voitures de louage ne soient plus forcés de prendre des permis dans les bureaux des messageries royales.

Art. 13. Tout droit de propriété sera respecté ; nul ne pourra en être privé, même à raison de l'utilité publique, qu'il n'en soit dédommagé au plus haut prix et sans délai.

Art. 14. Demander la suppression de la régie des biens des religionnaires fugitifs, et que lesdits biens soient restitués aux familles protestantes, auxquelles ils appartiennent, sauf dans le cas où les ayants droit n'habiteraient pas dans le royaume, à les obliger de mettre lesdits biens hors de leurs mains, dans l'année de leur rentrée en possession.

Art. 15. Que les places, charges et bénéfices qui n'ont point été fondés spécialement pour la noblesse, soient conférés indistinctement aux nobles et aux roturiers, et qu'il y en ait toujours la moitié de conférés au tiers-état.

3° Des impôts, améliorations, réformes et économies.

Art. 16. Que les Etats généraux recherchent le moyen de mettre une taxe sur le luxe ; elle aura le double avantage de mettre un frein à cette passion déraisonnable, ou de la faire tourner au moins au soulagement de l'État en la rendant productive.

Art. 17. Suppression des grands gouvernements, et que Sa Majesté soit suppliée d'employer moins d'officiers en temps de paix.

Art. 18. Que Sa Majesté sera encore suppliée de supprimer les capitaineries et réserves de chasse, dans toute l'étendue du royaume.

Art. 19. Les députés demanderont la suppression des loteries.

Art. 20. Celle du mont-de-piété, et la vente de leurs fonds pour en employer le produit à l'acquit de la dette nationale, en prenant cependant les précautions nécessaires pour suppléer à ces établissements d'une manière moins onéreuse pour les infortunés qui sont dans le cas d'y avoir recours.

Art. 21. Insister fortement sur la révision, par les États généraux, des échanges et aliénations de domaine faits depuis le règne de Louis XIV, notamment de celle qui a eu pour objet l'échange du comté de Sancerre, dans laquelle se trouve comprise la forêt de Valenciennes, divisée en trois cantons appelés le Bois-le-Prince, le bois de Fresnes et celui des Rouges-Carrières.

Demander que cette carrière soit remise provisoirement entre les mains du Roi, attendu la lésion considérable que Sa Majesté a éprouvée dans ce marché, lequel, au surplus, n'est point encore consommé, au moyen de l'opposition formée à l'enregistrement de lettres patentes, par M. le procureur général de la chambre des comptes.

Art. 22. Réforme dans les états-majors des places et villes du royaume.

De l'administration intérieure des provinces.

Art. 23. Publication par la voie des affiches faite annuellement dans chaque province, de la demande à elles respectivement faite, des impôts; ces mêmes affiches feront connaître la répartition que les administrations desdites provinces en auront faite sur leurs villes, bourgs et villages.

Art. 24. Les communautés seront autorisées à racheter sur un taux commun, établi d'après le produit des dix dernières années, les droits de traverse, vinages, pontenages, péages et tout autre de semblable nature, ainsi que tous les droits seigneuriaux personnels dus sans relation directe au fond.

Art. 25. On ne pourra faire aucun dérodements sans le consentement des administrations des provinces.

Art. 26. Demander au Roi la paisson dans les bois et taillis défensables.

Art. 27. Que le droit de triage, accordé aux seigneurs dans les communes, soit restreint, la portion du tiers paraissant trop forte eu égard à la population actuelle des campagnes.

Art. 28. Que la largeur des chemins qui pourront être plantés soit fixée ainsi que la distance que l'on doit laisser d'un arbre à un autre.

Art. 29. Que toutes les fermes soient réduites à trois charrues, excepté pour le propriétaire.

Art. 30. Que les biens possédés ci-devant par des abbayes situées dans les pays bas autrichiens, et supprimés par l'Empereur, soient réunis au domaine de la couronne, et aliénés, pour employer leur produit à l'acquittement des dettes de l'État; demander surtout que l'administration particulière soit autorisée à se faire rendre compte par qui il appartiendra de la gestion et recette desdits biens, et de l'emploi des deniers qui en sont provenus jusqu'à ce jour.

Art. 31. Que les administrations des lieux où il existe des corporations soient autorisées à les réunir ou à les diviser selon leur plus grand avantage.

Art. 32. Qu'il ne soit plus créé d'offices dans les corporations, et qu'elles soient autorisées à racheter ces offices sur le pied de leurs finances, lorsqu'ils deviendront vacants.

Art. 33. Que les corporations soient obligées de faire des fonds d'amortissement pour la liquidation de leurs dettes.

Art. 34. Demander la liberté du commerce et suppression du retrait de marchand à marchand, à quelque titre qu'il puisse être exigé.

Art. 35. Qu'il soit avisé au moyen de perfectionner l'éducation.

Art. 36. Que les études de droit soient rectifiées et qu'il soit observé la plus grande rigueur dans les examens.

Art. 37. Que toutes les maisons de force ou prisons soient surveillées par les juges des lieux.

SECTION IV.

Du clergé.

Cette section a reçu deux subdivisions :

La première traite des matières ecclésiastiques.

La seconde, des bénéfices.

1° *Matières ecclésiastiques.*

Art. 1er. Permettre aux gens de mainmorte d'acquérir des rentes sur particuliers et de bâtir sur leurs fonds sans payer de droits d'amortissement; leur permettre aussi d'aliéner sans prendre des lettres d'octroi.

Art. 2. Suppression des annates.

Art. 3. Que les commendes dans les provinces soient abolies et que les maisons religieuses ne soient plus chargées d'autres pensions que de celles qui seront nécessaires et contourneront aux œuvres pies.

Art. 4. Que les portions congrues des curés et vicaires et les maisons pastorales et vicariales soient à la charge des décimateurs.

Art. 5. Que les réparations et réédifications des églises, chœurs et sacristies soient à la charge des dîmes et biens des collateurs et décimateurs, les fabriques préalablement épuisées.

Art. 6. Concours pour les bénéfices à charge d'âmes dans tout le royaume, et que les bénéfices ne soient accordés qu'aux prêtres des diocèses dans lesquels les titres des bénéfices existent.

Art. 7. Qu'il soit établi un concours entre les gradués exclusivement pour les bénéfices à charge d'âme, vacants dans les mois de grade.

Art. 8. Que l'université de Douai jouisse du privilège de nommer ses gradués, comme les autres universités du royaume.

2° *Des bénéficiers.*

Art. 9. Que les archevêques, évêques et généralement tous les bénéficiers soient tenus de résider dans leur diocèse et bénéfice, conformément au concile de Trente.

Art. 10. Qu'il ne soit permis à aucun ecclésiastique de posséder plusieurs bénéfices, et que chaque bénéficier soit obligé de déclarer dans un mois le choix qu'il en aura fait.

Art 11. Que le nombre des bénéfices dans chaque diocèse, les noms et résidence des titulaires, les dates des collations soient affichés aux archevéchés et évêchés, et lesdits bénéfices impétrables dans le cas où le titulaire en posséderait deux.

Art. 12. Que les curés ne puissent desservir à

la fois deux paroisses ou églises succursales, le binage étant contraire à la décence et à la dignité qui convient aux fonctions ecclésiastiques.

SECTION V.

De la justice.

Cette section contient quatre subdivisions :
La première relative aux lois.
La seconde, aux tribunaux et juges.
La troisième, à la procédure civile.
La quatrième, aux crimes et délits.

1° Des lois.

Art. 1er. Que les lois civiles et criminelles soient rectifiées.

Art. 2. Que toutes les lois fiscales soient supprimées et qu'on y substitue un code si clair et si précis, qu'il ne puisse être éludé.

Art 3. Qu'aucune lettre ministérielle ne puisse jamais suffire pour déroger aux ordonnances ou les interpréter.

Art. 4. Que les lois relatives aux revendications et droit de suite dans le commerce soient uniformes par tout le royaume.

Art. 5. Que les lois et règlements quelconques qui décerneront des peines, les précisent, et que les juges ne puissent s'en écarter.

Art. 6. Que les articles des lois, coutumes ou autres qui peuvent s'éluder par d'autres lois et articles, soient abrogés.

Art. 7. Que la représentation ait lieu partout en ligne directe à l'infini et en ligne collatérale jusqu'aux cousins issus de germain inclusivement.

Art. 8. Que les lois qui accordent quelque *préciput* aux enfants d'un même mariage, soient abrogées pour les successions des roturiers.

Art. 9 Que l'âge pour jouir et aliéner et tester soit fixé pour tout le royaume.

Art. 10. Que les personnes à marier ou veuves sans enfants puissent disposer de leurs biens immeubles par testament.

Art. 11. Qu'il soit accordé un droit de légitime sur les biens de toute espèce à tout enfant et que la hauteur en soit déterminée.

2° Des tribunaux et des juges.

Art. 12. Qu'il n'y ait plus à l'avenir et dans tous les cas que deux degrés de juridiction et que les cours souveraines ne puissent connaître d'aucune cause en première instance.

Art. 13. Que tous les juges de première instance connaissent de toutes matières réelles, personnelles et mixtes, et que l'usage des révisions ou propositions d'erreur, soit aboli.

Art. 14. Que, lorsque les forces de l'État le permettront, il soit pourvu au remboursement des offices de judicature, et que ce remboursement se fasse graduellement lors de la vacance des offices et sur pied des évaluations faites en 1771.

Art 15. Que, pour les tribunaux royaux de première instance, les avocats exerçant leur profession dans ces tribunaux, choisissent parmi eux trois sujets qui seront présentés à Sa Majesté, pour choisir l'un d'eux.

Art. 16. Qu'à cet effet, il soit fixé la quantité de places qui seront dans les tribunaux d'appel, à la présentation de chaque tribunal inférieur, et que cela soit aussi déterminé d'après la population et l'étendue des lieux soumis à la juridiction de ces sièges inférieurs.

Art. 17. Que cependant, et en attendant la suppression de la vénalité des offices de judica-

ture, il ne soit plus accordé aucune dispense d'âge ou d'incompatibilité pour les exercer, et que personne ne puisse plus remplir deux offices incompatibles.

Art. 18. Qu'on ne puisse être pourvu d'office de juge avant l'âge de vingt-sept ans accomplis, et qu'après avoir prouvé qu'on a exercé pendant cinq ans consécutifs la profession d'avocat.

Art. 19. Que les seigneurs ne puissent nommer pour juges que des gradués du ressort ayant exercé cinq ans la profession d'avocat.

Art. 20. Que les juges des seigneurs puissent instruire et juger les causes civiles dans les lieux de leur résidence, pourvu qu'ils demeurent dans la ville la plus prochaine des seigneuries.

Art. 21. Qu'il soit établi un procureur du Roi dans toutes les juridictions consulaires à l'instar de la conservation de Lyon.

Art. 22. Que la connaissance des faillites et banqueroutes soit donnée irrévocablement aux juridictions consulaires.

Art. 23. Que les juridictions consulaires aient la connaissance des billets à ordre entre toutes personnes.

Art. 24. Qu'à la réserve des juges et consuls des marchands, les tribunaux d'exception soient supprimés avec réunion de leurs juridictions contentieuses aux tribunaux ordinaires, et de leurs administrations à celles des provinces ; que cependant les offices supprimés soient remboursés sur pied de l'évaluation de 1771.

3° De la procédure civile.

Art. 25. Que les juges royaux de première instance puissent juger en dernier ressort, jusqu'à 300 livres de France en capital et 15 livres de rente, et toutes les matières d'injures.

Art. 26. Que les appels ne puissent être reçus qu'en donnant caution suffisante, tant pour le principal que pour les dépens; que cependant les pauvres soient dispensés de ce cautionnement moyennant un avis des jurisconsultes préposés dans chaque ville par l'ordre des avocats y résidant, pour consulter sur les demandes et procédures desdits pauvres et pour les défendre.

Art. 27. Que toutes les causes au-dessous de 200 livres tournois soient jugées sommairement à l'audience, sans être tenu de se servir du ministère d'avocats ou procureurs, et sans épices, soit pour la partie publique, soit pour les juges.

Art. 28. Qu'il n'y ait de préférence entre les jugements que celle de la priorité de date.

Art. 29. Qu'il soit fait un tarif uniforme pour les frais de procédure.

Art. 30. Que les seuls juges présents soient payés à raison du temps qu'ils emploieront, et jamais à l'importance du sujet.

Art. 31. Que toutes attributions, évocations, *committimus* ou arrêts de défense, soient abrogés.

4° Des crimes et délits.

Art. 32. Qu'il soit pris de nouvelles précautions contre les faillites et banqueroutes, et qu'il soit veillé à ce que les peines, mieux proportionnées, qui seront prononcées à cet égard ne soient point illusoires.

Art. 33. Que les affaires des insolvables soient examinées sans frais par les parties publiques, qui devront poursuivre la punition des banqueroutiers.

Art. 34. Que quand il apparaîtra des fraudes ou des dépenses exorbitantes et peu proportionnées à l'état des personnes, les débiteurs seront déclarés ne pouvoir plus faire le commerce directement et notés d'infamie.

Art. 35. Qu'après le jugement qui ordonnera le récolement et la confrontation, les procédures criminelles seront communiquées aux accusés, et qu'il leur sera donné un conseil, à leur choix, aux dépens provisoires du propriétaire de la juridiction.

Art. 36. Que l'usage de la sellette soit aboli.

Art. 37. Que les prévôts des maréchaux de France ne puissent plus qu'informer et décréter, et qu'ils soient tenus de renvoyer ensuite l'accusé, avec les pièces de procédures, aux juges royaux.

Art. 38. Que les peines soient proportionnées au délit.

Art. 39. Que les peines corporelles soient uniformes, sans distinction de rang ni de condition.

Art. 40. Que les bannissements soient convertis en réclusion dans des maisons où le travail des condamnés puisse contourner aux besoins de l'Etat.

Art. 41. Que la torture n'ait plus lieu dans aucun cas.

SECTION VI.

De la police.

Art. 1er. Que les juges veilleront à ce qu'il ne soit perçu aucun impôt que ceux consentis par la nation aux Etats généraux.

Art. 2. Que tous ceux qui voudront faire le commerce de grains seront tenus de se faire enregistrer au greffe des juridictions royales de leur résidence, en indiquant les lieux de leurs magasins, sous peine de confiscation, au profit des pauvres, des grains qui se trouveraient déposés ailleurs.

Art. 3. Qu'il ne sera plus accordé de lettres de répit ni arrêts de surséance qu'aux débiteurs en état de donner caution à l'apaisement des créanciers.

Art. 4. Que l'exécution des lois pour la chasse, sera exactement surveillée, et qu'il sera pris les précautions nécessaires pour empêcher la trop grande abondance de gibier; que les lois relatives aux colombiers et volets à pigeons seront exécutées.

Art. 5. Que toute visite domiciliaire sous prétexte de présomption de fraude, sera supprimée.

Art. 6. Que les portes des villes de guerre resteront toujours ouvertes en temps de paix.

Art. 7. Que les armes des sentinelles ne seront pas chargées en temps de paix pour éviter les accidents.

Art. 8. Que la liberté de la presse sera accordée sous les modifications qui seront arrêtées par les Etats généraux.

SECTION VII.

Des finances.

Art. 1er. Que les impositions soient simplifiées et rendues uniformes par tout le royaume.

Art. 2. Qu'elles soient divisées également et par proportion géométrique.

Art. 3 Que toute exemption pécuniaire d'impôts ou d'octrois, à quel titre et pour quelque cause que ce soit, demeure supprimée.

Art. 4. Que les octrois des villes soient supprimés.

Art. 5. Que le montant des impositions soit versé directement dans la caisse royale.

Art. 6. Suppression des receveurs généraux des finances et fermiers généraux et des employés intermédiaires.

Art. 7. Que le compte des finances de l'Etat sera chaque année rendu public par la voie de l'impression, et qu'il en sera de même pour ceux des Etats provinciaux.

Art. 8. Qu'aucun emprunt ne puisse être fait qu'en assurant les moyens de le rembourser et le terme de remboursement.

Art. 9. Que tout impôt personnel soit assis et acquitté au lieu du domicile.

Art. 10. Que les dépenses de construction et entretien des canaux soient supportés par tout le royaume.

Art. 11. Que le droit de traverse, vinage, pontenage, péages et tous les autres de semblable nature, levés au profit de Sa Majesté, soient supprimés.

SECTION VIII.

Du commerce.

Art. 1er. Que les poids et mesures du commerce soient uniformes par tout le royaume.

Art. 2. Que le bureau des députés du commerce ne pourra présenter aucune délibération au conseil royal, sans avoir préalablement l'avis des chambres de commerce que la question intéresse.

Art. 3. Que tous priviléges exclusifs seront supprimés, à moins qu'ils ne soient le prix d'une découverte confiée sous le secret au gouvernement.

Art. 4. Que les échéances des lettres de change et billets à ordre seront uniformes, et qu'on ne jouira d'aucun jour de grâce.

Art. 5. Qu'il soit accordé la liberté indéfinie de faire revenir sans droits les marchandises nationales expédiées en pays étrangers.

Art. 6. Que toutes matières premières puissent entrer librement et sans droits dans le royaume.

Art. 7. Que tout droit perçu sur les marchandises de fabrique nationale soit restitué lors de l'exportation à l'étranger.

SECONDE PARTIE.

SECTION PREMIÈRE.

Administration de la ville de Valenciennes.

Art. 1er. Que la commune rentre dans le droit d'administrer seule et librement ses affaires.

Art. 2. Diviser la ville en vingt-cinq quartiers, dont les habitants bourgeois payant les impositions, mariés ou âgés de vingt-cinq ans, choisiront dans leur quartier respectif huit représentants, soit ecclésiastiques, nobles ou roturiers, lesquels représentants formeront seuls le grand conseil d'administration et notamment les prévôts, jurés, échevins, à charge de choisir sept gradués en droit, et que la nomination sera approuvée par Sa Majesté.

Que lesdits prévôts, jurés et échevins soient renouvelés par tiers chaque année, de manière qu'au troisième renouvellement le prévôt soit aussi changé.

Art. 3. Personne ne pourra être du grand conseil en vertu de ses charges et offices.

Art. 4. Que tous les ans cinq quartiers renouvellent alternativement leurs représentants, de sorte qu'en cinq ans tout le grand conseil sera renouvelé.

Art. 5. Qu'il soit cependant libre à chaque quartier de continuer ses représentants ou quelques-uns d'eux.

Art. 6. Que les prévôts, jurés, échevins, juges des administrations, ne puissent être du grand conseil, ni d'aucun corps d'administration, tant qu'ils seront dudit Etat.

Art. 7. Le grand conseil sera présidé par le corps du magistrat.

Art. 8. Qu'il n'y aura d'autres fonctions que de maintenir la police sans aucune voix ni influence dans l'assemblée, sauf qu'au cas de partage d'opinion, ledit corps aura une voix pour départager.

Art. 9. Que le grand conseil puisse seul délibérer des affaires majeures telles qu'emprunts, constructions dont la dépense excéderait 3,000 livres, démolition de monuments publics, aliénations et de toutes dépenses excédant ladite somm*

Art. 10. Il nommera les commissaires aux travaux, logements, agents, receveurs et autres dont les charges n'ont pas été créées en titre d'office et fixera leurs gages et émoluments.

Art. 11. Le grand conseil choisira parmi ses membres trente personnes qui composeront le conseil particulier et géreront toutes les affaires non réservées au grand conseil.

Art. 12. Le conseil particulier choisira quinze personnes qui procéderont sans frais à la répartition des impositions.

Art. 13. Que le grand conseil s'assemble tous les ans pour renouveler le conseil particulier et choisisse par la voie du scrutin neuf représentants tirés de son corps, à l'effet d'ouïr les comptes de la ville, les clore et arrêter, le tout gratuitement.

Art. 14. Les représentants ne pourront être pris parmi ceux qui étaient du conseil particulier ou chargés de commission pendant l'année dont le compte sera rendu.

Art. 15. Que le trésorier formera tous les mois un bordereau de recette et dépense, sous le contrôle de deux commissaires du conseil particulier, lequel bordereau sera remis au greffe du grand conseil, libre à tous les membres d'en prendre communication, ainsi que des comptes.

Art. 16. Que le magistrat convoquera les assemblées du grand conseil et conseil particulier.

Art. 17. Qu'il sera tenu d'assembler le grand conseil quand il en sera requis par le conseil particulier, et d'assembler le conseil particulier quand il en sera requis par six membres de ce dernier corps.

Art. 18. L'officier du bureau du magistrat qui sera choisi par le grand conseil pour tenir la correspondance, pourra aussi requérir la convocation du conseil particulier.

Art. 19. Que si, contre le vœu et le droit de la commune de Valenciennes, sa constitution ne pouvait être ainsi régénérée, elle vote son union aux États du Hainaut et leur organisation conforme à celle des autres États du royaume.

Art. 20. Qu'en conséquence les États du Hainaut tels qu'ils existent actuellement étant inconstitutionnels, soient regardés comme non avenus, ainsi que les charges, nominations et fixations de gages et émoluments par eux faits.

Intérêts communs généraux.

Art. 21. Que les biens du collège que les Jésuites desservaient en cette ville et l'administration desdits biens, soient remis à la commune, suivant le traité fait avec eux lors de leur admission en date des 17 avril et 19 octobre 1592.

Art. 22. Que ces revenus soient employés à l'enseignement, même des arts libéraux.

Art. 23. La liberté de la navigation sur l'Escaut et suppression des corps des bateliers.

Art. 24. Passage de la navigation dans la ville de Valenciennes.

Art. 25. Que les rivières et canaux qui passent dans la ville ne soient plus curés aux frais des riverains, mais à ceux de la commune.

Gestion des finances de la ville.

Art. 1er. Qu'on accorde la suppression des droits imposés sur les charbons de terre venant de l'étranger.

Art. 2. La suppression de l'impôt de 2 liards au pot de bière.

Art. 3. Que les comptes de cette imposition, ainsi que ceux de celle de 25 sous tournois, mis sur partie des prairies des environs de cette ville pour le canal dit du Jarre, soient rendus tous les ans à l'administration de la province, et ceux qui peuvent en avoir été rendus présentés à ladite administration pour y être revisés.

Art. 4. Que les offices et droits de jurés brasseurs soient supprimés.

Art. 5. Que s'il doit exister des octrois, que ceux perçus sur les vins et bières soient les mêmes dans toute la province.

Art. 6. Que le droit exclusif de fournir des eaux-de-vie soit supprimé et qu'il soit libre à un chacun d'en faire venir.

Art. 7. Qu'on supprime les charges et offices des mesureurs de grains, de bois, de charbon, de francs-poissonniers, de porte-sacs et autres semblables.

Art. 8. Que dans tous les cas, les grains et autres denrées, entrent et sortent de la ville librement et sans frais.

Commerce particulier de la ville.

Art. 1er. Qu'on réunisse à la juridiction consulaire de Valenciennes le Cambrésis, Mortagne, Saint-Amand et dépendances, avec augmentation d'attributions.

Art. 2. Qu'il soit accordé aux négociants de Valenciennes de concourir à la nomination du député du commerce de la province, cette ville supportant une partie du payement de ce député.

Art. 3. Qu'il soit déclaré que les fabricants de toile, batiste et linon, ne pourront les faire que de la largeur et longueur qui sera réglée.

Art. 4. Qu'on accorde aux juges-consuls la nomination des courtiers de toilettes.

Les députés seront chargés en outre de réclamer particulièrement contre les arrêts des 17 août 1686 et 14 mars 1789, relatifs à l'administration des biens de la ville, rendus au conseil d'État sans avoir ouï parties compétentes; de représenter que ce dernier arrêt blesse toutes les règles et droits de propriété, détruit absolument le reste d'administration laissée à la commune en son grand conseil, et rend les intendants de la province ou commissaires départis seuls maîtres et administrateurs des biens et affaires de ladite commune; et attendu que, suivant le règlement du 28 mars 1615, le grand conseil doit être convoqué tous les trois mois, que ce terme est plus qu'écoulé depuis la dernière assemblée et qu'il est urgent de s'occuper des affaires confiées à son administration, Messieurs du magistrat sont priés par la commune d'assembler incessamment le grand conseil, et M. le prévôt Le Comte, spécialement chargé de veiller à l'exécution du règlement de 1615, est aussi prié d'y tenir la main, et dans le cas où, malgré la réquisition de cet officier, le grand conseil ne serait pas convoqué, les députés aux États généraux emporteront leurs plaintes à la nation assemblée, et demanderont la prompte convocation du grand conseil de cette ville.

Ils seront encore chargés de requérir de l'assemblée des États généraux de n'admettre aucun autre cahier de doléances pour ladite ville, que le présent, et de rejeter sans lecture les cahiers qui pourraient être faits et envoyés à l'insu de la commune, ce qui pourrait présenter des contrastes et détruire le vœu de la majorité.

Fait par nous, soussignés, commissaires dénommés par la commune dans son assemblée du 7 de ce mois, à Valenciennes, ce 12 d'avril 1789.

Signé Moreau ; Lehardy de la Loge ; le comte d'Épiennes ; Prouveur de Pont ; Delangle, curé et doyen de Saint-Jacques ; Castillon ; Perdrix ; Pourtalès, A.-Grenet ; E. Barrier ; Borniche ; Jamart ; Joseph Morel ; J.-T. Perdrix le cadet ; Nicodème ; Mustellier, doyen du chapitre de Saint-Géry et J.-J. Lallemand, curé de Saint-Nicolas.

Prévôt, jurés et échevins certifient que le présent cahier a été lu, approuvé et arrêté par l'assemblée de la commune de la ville de Valenciennes, du 13 avril 1789, dont acte.

Signé Pujol ; Crendal fils ; Legros ; Lelong de Meaulx ; Moreau de Bellainge ; Proveur ; Bouchelet de Planty ; Lussigny ; G. Serret ; Renvorse, et Denize.

Nota. Les rédacteurs n'ont pas cru devoir insérer dans ce cahier les demandes et plaintes qui n'avaient pour but que les intérêts particuliers ; mais les députés à qui tous les cahiers seront remis en copie sous inventaire, auront soin de faire valoir ces demandes autant qu'elles pourront entrer dans les discussions dont on s'occupera aux États généraux.

MÉMOIRE

Ou cahier particulier de la communauté de Donnain.

L'assemblée nationale, que Sa Majesté bienfaisante vient d'accorder à nos vœux, autorise Pierre-Joseph Le Roy, fermier, cultivateur du village de Donnain près Valenciennes, de mettre sous ses yeux les objets importants à sa commune ; il a l'honneur de représenter très-humblement qu'il ne trouve pas les terres moins bien cultivées, les grains moins bons (*en voulant tirer partie de tout*), que dans les environs de Lille en Flandre.

Plusieurs petits censiers font avec peu d'occupation un grand profit de leurs terres ; les grosses fermes ne peuvent en faire autant.

On se plaint dans les villages où il y a de grosses fermes qu'il se trouve trop de monde pour les occuper ; il prouvera le contraire, d'autant mieux qu'en remettant toutes les fermes à raison de 150 mencaudées chacune, au lieu de 1,050, qu'elles occupent maintenant, et qu'étant divisées à sept particuliers, elles donneront une double production de bestiaux, feront vivre le double d'ouvriers et produiront en même temps en grains et denrées de toute espèce un tiers de plus ; et comme on a grand besoin de bestiaux en France, où il se trouve trente chevaux dans une seule ferme, il y en aura soixante lorsqu'elles seront divisées en sept particuliers, observant cependant qu'il est de toute nécessité de remettre des terres occupées par lesdits fermiers aux particuliers, pour leur facilité et la production de toutes espèces de bestiaux.

Il se trouvera certainement des difficultés dans les paroisses sur ce qu'un particulier voudra avoir 10 mencaudées, tandis qu'il ne lui en sera dû que 5.

L'autre petit fermier prétendra aussi être augmenté, et il est possible qu'il le soit ; mais pour éviter toutes difficultés entre eux, il serait à propos d'avoir un inspecteur qui s'informerait de la paroisse, et dirigerait les terres aux fermiers et particuliers ; au cas que les nouveaux fermiers manqueraient de maison, le propriétaire permettra qu'ils bâtissent sur les terres, et dans le cas où le fermier quitterait la ferme, le propriétaire le dédommagerait à sa sortie, par estimation juridique.

Art. 1er. Qu'il soit permis à ceux qui n'ont point de prairies, de faire des vergers pour y promener leurs bestiaux.

Art. 2. Tous les fermiers devront s'assembler pour labourer les terres des particuliers qui n'ont point de chevaux, en payant le prix qu'on devra fixer, et la terre taxée suivant les cordages.

Art. 3. L'inspecteur veillera sur les terres des particuliers, de même qu'à celles des censiers, pour voir si elles sont en bonne laboure, pour ne pas les laisser incultes comme on les voit aux particuliers, attendu qu'ils ne vont labourer celles de ces derniers qu'après avoir labouré les leurs, ou par des temps contraires, afin d'empêcher la production dont ils devraient jouir, ce qui fait que la dépouille d'une mencaudée ne leur produit qu'un louis au lieu de deux, et la terre se trouve gâtée de 10 écus.

Art. 4. Que cet inspecteur soit préposé par Sa Majesté pour autant de villages qu'elle le voudra ; l'inspecteur serait chargé d'écouter les plaintes des fermiers et particuliers, apaiserait leurs querelles et ferait ensuite la visite des campagnes, granges et greniers ; il en résulterait que, d'après le rapport des inspecteurs de tout le royaume, on connaîtrait sa richesse en grains, fourrages, etc., et qu'on ne pourrait plus tromper le souverain, par des disettes inventées pour la facilité des monopoleurs.

Art. 5. On pourrait partager les prairies selon les communautés, et mettre pour le bien de la commune des écluses aux rivières joignant certaines prairies, pour les inonder au besoin, attendu qu'une prairie inondée produit plus de foin que deux.

Art. 6. Que pour les villages et campagnes susceptibles d'inondations comme terres, maisons et granges, on devra faire des enclos de terre pour contenir les eaux, afin qu'elles n'y séjournent pas, et mettre des écluses dans les canaux pour donner de l'eau à volonté.

Art. 7. Qu'aucune prairie ne soit occupée par des étrangers, excepté celle qui leur appartiendrait.

Art. 8. Que, pour la facilité de la subsistance des bestiaux, il soit permis aux particuliers de les mener dans les bois après cinq ans de taille, à continuer jusqu'à ce qu'ils soient retaillés.

Art. 9. La terre étant l'unique objet qui produit la nourriture de l'homme, payera au Roi tout ce qui lui est dû par chaque communauté ; pour lors il ne sera plus nécessaire d'entretenir des employés qui deviendront cultivateurs, et les anciens militaires seraient payés à raison de 20 sous par jour, pour veiller aux entrées et sorties des choses contraires aux intérêts de Sa Majesté.

Art. 10. Qu'en cas qu'il y ait trop de blé en France, pour ne pas le laisser gâter, Sa Majesté pourrait en faire l'acquisition et le faire vendre, sans qu'aucun marchand du royaume puisse en procurer à l'étranger.

Art. 11. Que c'est un grand abus que de passer des baux aux fermiers et particuliers, puisqu'on ne peut savoir à quel prix seront les denrées ; on doit faire la taxe tous les ans pour le rendage d'icelles, et que dans la supposition où le seigneur vendrait ses terres à un homme de campagne, le cultivateur jouira pendant quatre ans après l'avertissement de la vente, afin de pouvoir se procurer d'autres terres dans ses occupations.

Art. 12. Que le cultivateur payant bien, on ne pourra lui enlever ses biens ; que tous seigneurs qui jouissent des droits depuis que nos prédécesseurs étaient dans l'esclavage, tant de mainmortes que foins, quint, requint, rentes seigneuriales, corvées et tout autre droit imaginé soient supprimés.

Art. 13. Que tous ecclésiastiques qui jouissent des biens de communautés et anticipations sur les biens communaux, quoique titres passés par les mayeurs et échevins qui ont été tenus de le faire par leur occupation, attendu qu'ils dépendaient du seigneur, soient supprimés.

Art. 14. Le Roi nous permet de retrancher les biens donnés aux ecclésiastiques moyennant la généalogie ; nous le supplions de nous céder les mêmes droits sur les siens et seigneuries que le roi Dagobert a donnés aux ecclésiastiques.

Art. 15. Tous seigneurs ecclésiastiques qui jouissent des biens des particuliers, de communauté et de village ne peuvent en être privés, à cause des procès qu'on serait forcé de leur intenter, et qu'un cultivateur ou fermier serait ruiné avant la décision.

Art. 16. Que tous archevêques et évêques, chanoines, abbés et communautés qui seront attaqués par des particuliers ou par des biens de commune, auront à produire leurs titres aux États de la province pour en sortir par une comparution, afin qu'il en soit fait droit.

Art. 17. Quant à la dîme je ne dis pas qu'elle soit due ; cependant nous devons payer comme rendange en argent ou en grains battus, à proportion du rendange du propriétaire ; pour jouir de ces droits, les décimateurs devraient être soumis à bâtir des églises et les entretenir ; quant à la tour et aux cloches, les frais seront au compte de la communauté.

Art. 18. Qu'en outre, si Sa Majesté venait à faire la guerre, les villages lui fourniraient des chevaux propres à l'artillerie pour le soutien de son royaume ; un exprès pourra choisir un cheval ou deux par chaque communauté, suivant son besoin ; on les lui fournira tout harnachés, et la communauté en tiendra compte à celui chez qui on les aura choisis.

Art. 19. Quant aux charrois, les fermiers n'iront pas plus loin que d'une ville à l'autre, autant qu'il sera possible, et déchargeront leurs voitures pour les faire recharger sur d'autres qui seront destinées pour les conduire de la même manière, afin que les effets de Sa Majesté soient conduits de proche en proche au lieu de leur destination.

Art. 20. Il est aussi nécessaire d'avoir des chevaux entiers de deux espèces appartenant à Sa Majesté, l'une pour monter et l'autre pour labourer, afin de ne plus être obligé par la suite d'avoir recours à l'étranger.

SÉNÉCHAUSSÉE DE VANNES.

Nota. Le clergé et la noblesse de Bretagne refusèrent de députer aux États généraux.
(Voyez l'article Saint-Brieuc.)

CAHIER

*Des plaintes, doléances et demandes du tiers-état
de la sénéchaussée de Vannes en Bretagne* (1).

Un bon roi n'est véritablement heureux que du
bonheur de ses peuples.

Louis XVI, pénétré de cette vérité, s'environne
de la nation, la rassemble pour la consulter elle-
même sur ce qui convient le plus à sa félicité, et
s'assure à jamais le cœur de ses sujets.

Remercions-le d'avoir brisé les fers de la nation; qu'on lui décerne le nom du PÈRE DU
PEUPLE!

Qu'une médaille éternise notre reconnaissance
et sa gloire!

Que les noms de ses ministres et *du vertueux
Necker*, qui ont préparé et accéléré l'assemblée
nationale, passent à jamais à la postérité!

Après avoir exprimé par acclamation ces vœux
unanimes, l'assemblée nationale demande au Roi
et aux Etats généraux ce qui suit :

Art. 1er. Par une délibération expresse, la succession au trône français, de mâle en mâle,
sera reconnue et confirmée, et le serment solennel de maintenir Louis XVI dans tous ses droits
sera renouvelé.

Art. 2. Le pouvoir législatif résidera dans le Roi
et la nation; le pouvoir exécutif n'appartiendra
qu'au monarque à qui la nation l'a confié.

Art. 3. Déterminer par une loi précise la constitution des Etats généraux; que le tiers-état
qui compose essentiellement la nation y ait toujours au moins un nombre de députés égal à celui
des deux ordres privilégiés réunis; que le clergé
du second ordre y soit aussi en nombre au moins
égal au clergé du premier ordre.

Art. 4. Sur toutes matières et dans tous les cas,
il sera voté par tête et non par ordre, sans distinction de chambres.

Art. 5 Le président de l'assemblée, ainsi que
ceux de chaque ordre, s'il en est besoin, seront
toujours électifs : en cas de partage d'opinions,
les présidents ne pourront avoir la voix prépondérante, et il sera avisé par les Etats généraux
aux moyens de départager les vœux.

Art. 6. Les Etats généraux seront périodiquement assemblés tous les cinq ans au moins; et
dans les cas de régence, ils le seront au plus tard
dans six semaines.

Art. 7. Aucun emprunt ne sera fait, aucun impôt ne pourra être levé dans le royaume, qu'après
avoir été consenti par les Etats généraux : ils ne
pourront l'accorder que pour un temps limité,
lequel n'excédera jamais celui d'une tenue à
l'autre, en sorte que la prochaine tenue n'ayant
pas lieu au temps fixé par l'assemblée actuelle,
tout impôt cesserait.

Art. 8. Les Etats généraux s'occuperont d'abord,
de concert avec le Roi, à assurer par de nouvelles lois, ou par la réforme des anciennes, la
liberté, la sûreté, la tranquillité et la propriété
des personnes et des biens.

Art. 9. En conséquence, l'usage des lettres closes et détentions arbitraires sera entièrement
aboli, ou du moins borné à un petit nombre de
circonstances qui seront prévues et déterminées.

Art. 10. Après avoir assuré la liberté des personnes, il sera de même pourvu à la liberté des
opinions; celle de la presse sera accordée sous
les restrictions nécessaires pour empêcher la circulation des écrits scandaleux et des libelles

Art. 11. Anéantir pour jamais, par une loi solennelle, toutes les exclusions humiliantes prononcées contre le tiers-état; ordonner que tous
les emplois civils et militaires, et bénéfices ecclésiastiques, seront conférés indifféremment au
roturier comme au noble.

Art. 12. Supprimer l'anoblissement par finance;
ne l'accorder qu'au mérite, à la vertu et aux services rendus à la patrie.

Art. 13. Un plan d'éducation nationale, particulièrement dirigé vers les mœurs, la religion et
l'amour de la patrie.

Art. 14. Responsabilité et comptabilité des ministres au tribunal de la nation; publicité annuelle des comptes et de l'état des finances, par
la voie de l'impression.

Art. 15. Rétablissement de la Pragmatique-Sanction.

Art. 16. Une loi expresse contre la pluralité des
bénéfices; défense de les accumuler toutes les fois
que le bénéficier aura plus de 3,000 livres de revenus ecclésiastiques.

Art. 17. Résidence des évêques, abbés, chanoines et de tous bénéficiers.

Art. 18. Doublement de la portion congrue des
recteurs-curés. Un traitement raisonnable aux
prêtres desservants et aux ecclésiastiques infirmes.

Art. 19. La moitié des canonicats des églises
cathédrales affectée à d'anciens recteurs-curés
des diocèses.

Art. 20. Examiner s'il n'est pas d'équité de faire
rentrer à chaque paroisse les dîmes qui en ont
été détachées, et de faire tourner au profit des
collèges et des hôpitaux, des droits tels que les
annates et autres qui ne profitent qu'à des corps
déjà fort riches.

Art. 21. Charger les recteurs-curés de prêcher
eux-mêmes, ou de le faire faire à leurs frais, et
sans tolérer à cette occasion aucune espèce de
quête.

Art. 22. Faculté de franchir aux gens de mainmorte les rentes foncières, au denier qui sera fixé
par l'assemblée nationale dans la forme ordinaire.

Art. 23. Les parlements et autres cours souveraines ne pourront enregistrer aucune loi bursale

---

(1) Nous publions ce cahier d'après un imprimé de la
Bibliothèque du Corps législatif.

ou autres, qu'elles n'aient été consenties par la nation.

Art. 24. Réforme du code civil ; abréviation des procédures ; diminution des frais ; courts délais pour instruire et juger ; tous dépens liquidés par le jugement, sauf le remboursement des officiers qui ont acquis le droit de taxe.

Art. 25. Suppression des juridictions d'attribution (les consulats exceptés) et leur réunion aux siéges royaux.

Art. 26. Suppression des commissions, des évocations et des lettres de *committimus* en toute matière civile et criminelle.

Art. 27. Abolition de la vénalité des offices.

Art. 28. Les juges seront electifs dans telle forme qu'il plaira au Roi et aux Etats généraux, parce qu'aucun ne pourra être juge dans les siéges royaux de première instance, qu'après avoir exercé pendant quatre ans la profession d'avocat ; dans les siéges d'appel, qu'après avoir fait pendant six ans l'exercice de la même profession, et dans le parlement, qu'après avoir exercé cette profession, ou celle de juge dans les autres tribunaux, pendant dix ans.

Art. 29. Inamovibilité des juges ainsi élus.

Art. 30. Les universités et ecoles de droit réformées et réglées de manière que les degrés ne soient à l'avenir que le prix de l'assiduité, de l'étude et du mérite.

Art. 31. En séparant la justice du fief, sans nuire aux droits utiles et honorifiques, pourvoir aux moyens de supprimer les juridictions seigneuriales, en dédommageant les seigneurs, et remboursant les juges et officiers qui auraient financé.

Art. 32. Réunir ces juridictions supprimées aux siéges royaux existants, ou à ceux qu'il serait jugé nécessaire de former.

Art. 33. Suppression des offices des chambres des comptes et généraux des finances, en remboursant les titulaires : leurs fonctions contentieuses réunies au parlement, parce que les receveurs et trésoriers des fonds publics n'en rendront compte qu'aux Etats directement.

Art. 34. Toute affaire réduite à deux degrés de juridiction, sans jamais pouvoir être jugée en dernier ressort dans le premier tribunal.

Art. 35. Pour rapprocher la justice des justiciables, un nombre suffisant de tribunaux d'appel dans chaque province, et les quatre présidiaux en Bretagne jugeront en dernier ressort jusqu'à 6,000 livres.

Art. 36. Dans tous les parlements et les tribunaux d'appel, la moitié des charges et offices sera occupée par des roturiers : aucune charge ne donnera la noblesse transmissible.

Art. 37. En matières féodales, les parties pourront récuser le juge possédant fief.

Art. 38. La justice rendue gratuitement dans tout le royaume, le Roi et les États généraux assurant aux juges des gages et honoraires suffisants.

Art. 39. Résidence des juges et assiduité à leurs fonctions.

Art. 40. Dans les villes et faubourgs, la police exclusivement attribuée aux officiers municipaux, remboursant les titulaires pourvus de pareils offices.

Art. 41. Suppression des saisies réelles toujours ruineuses, jamais profitables ; y substituer une vente, dans la même forme que celle établie par la coutume de Bretagne pour la vente des biens-fonds en bénéfice d'inventaire, le mobilier toutefois préalablement discuté.

Art. 42. Etablissement dans chaque paroisse de campagne d'un tribunal de prud'hommes, juges de paix, toujours présidé par le recteur-curé, et composé de quatre notables élus ou continués chaque année.

Art. 43. Le tribunal jugera sans frais et sans appel, jusqu'à 24 livres, en toutes matières d'injures verbales, dommages de bêtes, gages et salaires de domestiques et autres matières légères : il ne jugera que par provision au-dessus de 24 livres.

Art. 44. Incompatibilité des offices de procureur et notaire dans les juridictions royales, et même des offices de procureur aux sénéchaussées royales, avec un mandement de notaire seigneurial.

Art. 45. Avant d'être reçu notaire, l'aspirant constatera d'un temps suffisant d'étude et de cléricature, et sera examiné par les juges royaux de son ressort.

Art. 46. Dans les villes et gros bourgs où il y a bureau de contrôle, les notaires seront assujettis à porter jour par jour et de suite, sur un registre chiffré et millésimé, leurs minutes d'actes.

Art. 47. A la mort des notaires royaux et seigneuriaux, leurs minutes seront déposées dans un lieu sûr, dont la communauté des notaires du ressort sera chargée de se pourvoir.

Art. 48. Toutes sentences et arrêts rendus sur écrits et produits seront portés sur un registre particulier et séparément des jugements d'audience.

Art. 49. Réformer le code pénal.

Art. 50. Pour même délit, même peine, sans distinction de rang ni de personnes.

Art. 51. Plus juste proportion entre les délits et les peines ; abolition de la question préalable.

Art. 52. La peine de mort sera rarement prononcée et ne pourra l'être qu'à l'unanimité.

Art. 53. Suppression des serments ou plutôt des *parjures*, qu'on exige des accusés.

Art. 54. Un conseil gratuit nommé aux accusés après le premier interrogatoire : chaque acte de la procédure communiqué à ce conseil, qui correspondra toujours librement avec les accusés, et fera valoir en leur faveur en leur papier libre, leurs moyens justificatifs en tout état de cause.

Art. 55. Tous juges tenus de motiver les condamnations : les jugements d'absolution rendus publics par la voie de l'impression aux frais du domaine : point de déshonneur attaché aux familles des condamnés ; aucune confiscation de biens.

Art. 56. En matière criminelle, l'audition secrète des témoins paraît malheureusement nécessaire.

Art. 57. La perfection et la surveillance continuelle de la police des prisons ; les rendre saines et sûres ; supprimer les cachots et la sellette.

Art. 58. Abolition des chambres ardentes et de la tyrannie de la fiscalité.

Art. 59. Dénonciateurs civilement responsables des dommages et intérêts de l'accusé absous, et celui-ci dédommagé par le fisc, lorsqu'il aura été poursuivi à requête du ministère public.

Art. 60. Lois sévères contre les duels et contre la barbare indulgence avec laquelle on les tolère.

Art. 61. Plus de mendiants et de vagabonds ; des secours aux infirmes ; du travail aux valides ; adoption par l'État des enfants des pauvres et des bâtards abandonnés.

Art. 62. Doubler la maréchaussée, moitié à pied, moitié à cheval.

Art. 63. Examen scrupuleux de la dette sur les pièces originales ; consolidation de la dette légitime ; établissement d'une caisse pour son amortissement ; proscription absolue de tout agiotage des fonds publics.

Art. 64. Réduction et imputation sur le capital des intérêts excessifs de tous emprunts perpétuels ou viagers,

Art. 65. L'aliénabilité des domaines de la couronne et leur vente à l'enchère. La rentrée des domaines donnés ou engagés, leur revente également à l'enchère, pour le prix du tout être employé à l'acquit de capitaux à la charge de la nation.

Art. 66. Examen et vérification des échanges, acquisitions et aliénations faits au nom du Roi, à compter de l'époque qui sera fixée par les États généraux, pour être aussitôt avisé aux moyens de procurer à l'État le résiliement des contrats onéreux, ou un juste supplément de prix.

Art. 67. La réunion pour un temps limité, et vacance advenant, de revenus des abbayes et prieurés à la nomination du Roi, pour être appliqués au payement de la dette consolidée.

Art. 68. Réduction des dons et pensions excessifs ; réjection de ceux non mérités ; entière suppression des places inutiles civiles et militaires.

Art. 69. Publicité de la liste de toutes les places, de l'état de toutes les pensions, avec énonciation des motifs qui les ont fait accorder.

Art. 70. Simplifier les frais de régie qui absorbent une grande partie de la contribution des peuples ; autoriser chaque province à verser le montant de ses impositions, à une époque fixe, directement au trésor royal.

Art. 71. Les impôts strictement proportionnés aux besoins annuels et aux ressources de l'État. Les dépenses de chaque département réglées.

Art. 72. Les impôts seront votés et consentis sur le taux nécessaire en temps de paix. Les États généraux pourvoiront aux cas urgents et imprévus, et seront assemblés pour subvenir aux dépenses que la guerre pourrait nécessiter.

Art. 73. La nation ayant ainsi pourvu à toutes les dépenses de l'État, suppliera le Roi d'abolir les enrôlements forcés de milices de terre et de gardes-côtes, et d'employer les troupes en temps de paix aux travaux publics.

Art. 74. Répartition égale et proportionnée aux facultés des contribuables, de tous impôts et subsides quelconques dans un seul et même rôle, sans distinction d'ordres, de personnes ni de biens ; et aucun impôt ne sera consenti qu'à cette condition expresse.

Art. 75. Exemption de tout impôt pour le simple journalier ne possédant aucun bien.

Art. 76. Suppression du don gratuit et de tous autres impôts particuliers au clergé, qui sera dans chaque province imposé avec les autres contribuables.

Art. 77. Examiner s'il n'est pas juste que le clergé acquitte et rembourse seul en principaux et intérêts les différentes dettes qu'il a successivement contractées, tandis que le haut clergé surtout avait des revenus plus que suffisants pour se libérer envers l'État.

Art. 78. Suppression des maîtrises et jurandes, qui étouffent l'émulation et enchaînent les talents, réservant aux corporations leurs polices et surveillance, sous la protection des juges des lieux.

Art. 79. Les maîtrises des chirurgiens, apothicaires et orfèvres exceptées de la précédente suppression.

Art. 80. Le prêt à intérêt permis au taux de la loi, sans aliénation du capital.

Art. 81. Attribution aux juridictions consulaires des faillites et banqueroutes, ainsi que des contracts d'assurance et des règlements d'avaries.

Art. 82. Ampliation du dernier ressort des consulats.

Art. 83. Prohibition de tous arrêts de surséance, sans l'avis préalable des consuls ; défenses d'en accorder plus d'un.

Art. 84. Renouveler les lois les plus sévères contre les banqueroutiers.

Art. 85. Tarif particulier des frais de procédure aux consulats.

Art. 86. Interdiction de tout privilège exclusif pour quelque branche de commerce que ce soit, notamment celui de la Compagnie des Indes, le gouvernement récompensant les découvertes utiles et encourageant de plus en plus les manufactures.

Art. 87. Les États généraux suppliés de solliciter l'interdiction aux étrangers de commercer dans nos colonies.

Art. 88. Abolition du traité de commerce entre la France et l'Angleterre. Défense aux bâtiments étrangers de faire le cabotage des ports dans l'étendue du royaume, surtout en temps de paix.

Art. 89. Liberté de toutes exportations dans l'intérieur du royaume ; prohibition de tout monopole sur les grains ; suppression des droits de péage ; reculement des barrières aux frontières du royaume.

Art. 90. Établissement des greniers publics pour prévenir la disette et cherté des grains, sous l'administration des municipalités.

Art. 91. Impressions et affiches dans tout bureau, d'un tarif général et uniforme de tous droits d'entrée et de sortie du royaume ; les chambres de commerce consultées à cet égard.

Art. 92. Nouvelles formes à établir pour la décharge des acquits-à-caution.

Art. 93. Permission à tous habitants des îles et lieux voisins des rivières d'exporter et importer sans droits ni formalités quelconques leurs denrées et provisions aux marchés des villes voisines.

Art. 94. Réforme des abus qui, au préjudice du commerce, se sont introduits dans tous les bureaux des fermes, où l'on ne peut être expédié qu'à prix d'argent.

Art. 95. Renouveler les défenses à tous courtiers et interprètes, receveurs et employés des fermes du Roi, de faire aucun commerce.

Art. 96. Règlement de tous droits de courtiers et d'interprètes, et défenses à ceux-ci de monopoler et de retarder les expéditions du commerce.

Art 97. Règlement qui établisse la réciprocité des droits dans tous les ports, entre toutes les nations, afin de maintenir la balance du commerce.

Art. 98. Augmentation de la paye des matelots au service du Roi : rétablissement des mois de famille en faveur des femmes et enfants de marins.

Art. 99. Suppression de la franchise de Lorient.

Art. 100. En temps de guerre, faire toujours convoyer les flottes du commerce, et de préférence par des officiers de la marine marchande.

Art. 101. Entretenir sur les côtes des corvettes et frégates armées, pour en éloigner les corsaires ennemis.

Art. 102. Renouveler les défenses de l'exportation des chiffons à l'étranger ; les amendes modérées et laissées à l'arbitrage des juges.

Art. 103. Suppression d'impôts sur les toiles, les papiers, les cuirs et autres objets de première nécessité.

Art. 104. Etablissement d'Etats provinciaux dans tout le royaume, sur le plan des Etats généraux de 1789.

Art. 105. Conservation des droits, franchises, libertés et capitulations de toutes les provinces ; les autoriser toutes à répartir elles-mêmes librement leur quote-part des subsides sur tous les contribuables.

Art. 106. Aucune loi particulière n'aura d'exécution, aucun impôt ne pourra être établi dans cette province de Bretagne, sans avoir été vérifié et consenti par les gens des trois Etats.

Art. 107. Convocation périodique de nos Etats au moins tous les deux ans.

Art. 108. Egalité des représentants du tiers-état à ceux des deux ordres privilégiés réunis.

Art. 109. Admission dans l'ordre de l'Eglise des recteurs-curés, en nombre égal au clergé de premier ordre.

Art. 110. Même égalité entre les représentants des trois ordres : tant dans les commissions de travail aux Etats, que dans les commissions intermédiaires.

Art. 111. Tous les députés du tiers-état et du clergé du second ordre librement élus par leurs pairs, sans qu'aucun noble ni anobli puisse être ni électeur ni éligible ; les habitants des villes et campagnes concourant dans leurs districts à l'élection des députés du tiers-état.

Art. 112. Le président du tiers-état toujours lu par son ordre.

Art. 113. Votement par tête et non par ordre, dans tous les cas et sur toutes matières.

Art. 114. Répartition égale des vingtièmes sur tous les biens nobles ecclésiastiques et roturiers, par un seul et même rôle.

Art. 115. Nulle distinction des terres nobles et roturières, quant à l'impôt.

Art. 116. Conversion des fouages ordinaires et extraordinaires et nouveaux acquêts dont on a injustement surchargé les biens roturiers, en un impôt annuel sur toutes les espèces de biens réels, et supportables par les propriétaires des trois ordres, comme les vingtièmes.

Art. 117. Abolition du droit de franc-fief.

Art. 118. La capitation, les corvées de grand chemin, les étapes, fourrages, casernements, logements de gens de guerre, transports de leurs bagages, et autres charges personnelles de même nature, seront supportées en commun par les trois ordres, sans distinction, proportionnellement aux facultés des contribuables, et par un seul et même rôle.

Art. 119. Imposer à la capitation les valets, porteurs et domestiques de tout sexe, dans les villes et campagnes, suivant la méthode de M. de Silhouet, de manière que le second soit imposé le double du premier, le troisième le double du second, et ainsi de suite ; ceux attachés à l'agriculture, au commerce et aux manufactures néanmoins exceptés de ce doublement.

Art. 120. Rappeler les contrôles et insinuations à leur première institution.

Art. 121. Publicité et affiches dans tous les bureaux de contrôle, d'un tarif uniforme et invariable pour tout le royaume.

Art. 122. Attribution aux juges royaux ordinaires, à l'exclusion des intendants, des constatations relatives aux droits bursaux, et les préposés à la régie de ces droits personnellement soumis aux dépens de leurs mauvaises contestations.

Art. 123. Défenses aux contrôleurs et à tous autres préposés à la recette des deniers du fisc,

d'exercer les fonctions de notaire et procureur, et tous autres offices de judicature.

Art. 124. Supplier le Roi et les Etats généraux de statuer définitivement sur les objets ci-dessus, et sur toutes les réclamations faites par l'ordre du tiers assemblé à Rennes aux mois de décembre janvier et février derniers.

Art. 125. Etablissement de chancelleries près les présidiaux, pour la plus prompte obtention des lettres de restitution, dispenses d'âges, et autres de même nature.

Art. 126. Suppression des bureaux de consignation ou modération des droits à 3 deniers pour livre, en indemnisant les consignataires.

Art. 127. Suppression du droit de bourse commune perçu en Bretagne sur la vacation des huissiers ; il absorbe un septième du prix de leur travail et ne les dispense pas de contribuer aux autres subsides.

Art. 128. Supplier le Roi et les Etats généraux de venir au secours des villes et municipalités, de les décharger du payement des octrois dus aux offices municipaux, du logement des gouverneurs, commissaires des guerres et chirurgiens-majors ; de l'entretien des réparations de l'auditoire et des prisons.

Art. 129. De supprimer les 10 sous pour livre sur les octrois des villes, de les autoriser a faire elles-mêmes l'adjudication de ses octrois, sans le concours d'un général des finances, dont les droits et vacations sont énormes.

Art. 130. D'autoriser les municipalités à plaider tant en demandant que défendant, sur l'avis de trois anciens avocats, sans la permission du commissaire départi, et de faire faire, d'après l'avis de l'ingénieur, tous leurs travaux sans être tenues de les mettre en adjudication.

Art. 131. Réformation de la noblesse ; réformation de la coutume par des commissaires bretons, dont la moitié sera prise dans le tiers-état.

Art. 132. Perception uniforme des dîmes sur un taux modéré.

Art. 133. Suppression de tous droits de contrôle pour tous actes de commerce sous seings privés.

Art. 134. *L'abus de la féodalité, les vexations qui en découlent sont le plus grand fléau des peuples ; permettons-nous d'y appliquer les principaux remèdes.*

Faculté aux vassaux de franchir les rentes, les grands et petits rachats, soit en argent, soit en fonds de terre, à l'option des débiteurs.

Art. 135. Prescription par cinq ans des arrérages de rentes féodales, censives ou foncières.

Art. 136. Suppression de toutes espèces de corvées et aides coutumières : elles sont odieuses, contraires à la liberté naturelle, destructives de l'agriculture ; elles n'ont, pour la plupart, d'autre fondement qu'une extension injuste, confirmée par arrêt du 22 août 1741.

Art. 137. Supplier Sa Majesté et les Etats généraux de donner une décision provisoire et prompte à ce sujet.

Art. 138. Destruction des garennes et colombiers.

Art. 139. Suppression du droit de cession de retrait féodal et censuel.

Art. 140. Suppression des banalités de pressoir, four et moulin, en indemnisant les propriétaires.

Art. 141. Dissolution de la solidité des rentes féodales et faculté du remboursement partiel.

Art. 142. Suppression de la cueillette des rôles, avec défenses aux procureurs fiscaux de former aucune action en payement de rente et reddition d'aveu, sans avoir fait bannir au prône de la messe paroissiale, trois mois auparavant.

Art. 143. Plus de facilité pour les exponses, ou déguerpissements, en sorte qu'ils soient réputés faits, par la seule dénonciation du redevable, sauf au propriétaire à former, s'il y a lieu, son action de dommages et intérêts, relativement à l'état des biens.

Art. 144. Modification du code des chasses, et permission à tout propriétaire et cultivateur de tirer dans son champ sur tous gibiers et animaux destructeurs.

Art. 145. Réformation des usements ruraux et locaux de cette province, notamment de celui de Broucrec, sous lequel nous gémissons, et dont les inconvénients vont être rendus sensibles.

Le fonds des terres à domaine congéable appartient aux seigneurs, les édifices au vassal ou colon qui les a payés fort cher; il est cependant traité plus durement qu'un simple fermier.

Le colon est à bien dire emprisonné dans sa chaumière; il n'en peut changer les dimensions ni la forme, sans en acheter chèrement la permission qui lui est le plus souvent refusée; il est de droit naturel qu'il puisse se loger commodément, et couvrir à son choix sa maison d'ardoises ou de chaume.

Les arbres fruitiers appartiennent au colon : depuis quelques années on a réussi le dépouiller des châtaigniers; la justice exige qu'on les lui rende.

Les seigneurs s'approprient tous les autres bois; le colon découragé en abandonne la culture, de là la disette des bois dans la plus grande partie de cette province; le moyen de les régénérer serait d'y intéresser le colon, en l'appelant au partage de leur valeur.

La défense d'enclore de nouvelles terres l'empêche de défricher : les frais de défrichement ne lui seraient même pas remboursés; au contraire, le seigneur en prendrait occasion d'augmenter ses redevances, ou de le faire expulser par un voisin ambitieux.

Avant 1580, la superficie d'un journal de terre fut estimée 6 livres, et deux siècles après on s'attache servilement à la même appréciation; il en résulte que le colon qui n'attend à sa sortie aucune récompense de ses travaux, les abandonne ou les néglige, et la culture dépérit : l'intérêt public exige que l'agriculture n'éprouve jamais de pareilles entraves : pour la ranimer, il serait de toute justice d'ordonner, qu'en cas de congément, la superficie des terres en rapport, sous labour, prairies et landes, soit prisée et estimée suivant sa vraie valeur.

La faculté qu'ont les seigneurs de congédier tous les neuf ans le colon, leur donne les moyens d'augmenter et d'étendre les rentes et le prix du renouvellement des baux.

Ils ne cessent d'en abuser depuis vingt ans.

Il est plus que temps de faire cesser pour le colon la cruelle alternative de se ruiner, ou de s'expatrier; on retarderait au moins cet événement malheureux en prolongeant sa jouissance jusqu'à dix-huit ans.

Outre les rentes toujours excessives, le colon est encore assujetti à des corvées arbitraires; il est de l'humanité de lui permettre de s'en racheter par une redevance annuelle.

Art. 146. Supplier le Roi et les États généraux de s'occuper particulièrement de l'encouragement de l'agriculture, de la multiplication des bestiaux, source première des engrais, et de l'aménagement des bois, presque entièrement négligé en Bretagne.

Art. 147. Les frais de la tenue des États généraux supportés proportionnellement par les trois ordres du royaume.

Art. 148. Pour inspirer de plus en plus à la nation une juste confiance dans la bonté et la promesse du souverain, il est à désirer que les membres des États généraux ne se séparent qu'après que toutes les lois et les réformes qui y seront arrêtées auront leur dernière sanction par la signature du souverain, et l'enregistrement solennel dans l'assemblée nationale.

Telles sont les pétitions et doléances que le tiers-état de la sénéchaussée de Vannes adresse au monarque bienfaisant qui promet de les entendre, et à une assemblée de citoyens dépositaire du bonheur de la nation.

Fait et arrêté en l'assemblée du tiers-état de la sénéchaussée de Vannes, en présence de M. le sénéchal, auquel nous avons remis une minute du présent cahier de doléances, par lui chiffrée et paraphée, *ne varietur*, pour être jointe à son procès-verbal, l'autre minute devant être remise aux douze électeurs qui seront nommés (1).

A Vannes, ce 9 avril 1789, sous les seings des membres soussignants, les autres ayant déclaré ne le savoir faire, de ce interpellés.

Signé Le Menez de Kerdelleau; Caradec de la Chasse; Brulon; Dusers; Bachelot; Lasmer; Le Clainche; Goujeon; Gillet; Foucault; Lauzer de Lomor; Bourgerel; Lucas père; Le Malliau de Kerharnos; Le Franc; Debray; Gillot de Kerhardene; Bourgerel; Lucas fils; Doré; Caris; Le Goff; Jean-François Guillemot; Plunian; Le Floch; Jacques Le Chesne; P. Eveno; Vincent Le Gouesse; Mervieu; Pierre Le Gallé; Tremaut; Mallorles; Le Brun; Laisné; Blain; Le Gourain; Le Bodo; Lavinaud; Noël; Conan; Briend; Even; Guennen; Le Broc; Caudard; Le Floch; Le Cointhe; Le Gac; Le Derff; Pavec; Le Bouquin; Guyen; Eveno; Le Goff; Boceno; Loyer; Jean Le Mohec; Beret; Kérault; Bleno; Guyot; Le Vaillant; Damilo; Pierre Le Vaillant; Maché; Menard; Jean Le Maguer; R. Méro; Jean Maheas; Le Turioner; Cario; Jullien; Guillas; Julien Michel; Pierre Morice; Moreau de Kermingló; Perono; Claude David; François Noé; Guillaume Nourry; Poussin; Le Besque; Pierre Paul; Louis Plantard; Richard; Aignaut; Richar; Menryo; Ruaud; Rollin de la Farge; Jean Ryo; Ruaud; Thebaud; G. Thomur; Thesé; F. Merian; Gilles Thomas; Jean Le Drévo; Le Gros.

Tous les membres de l'assemblée ont unanimement promis de se désister de leurs priviléges, et de contribuer dès ce jour à toutes les charges publiques.

DISCOURS DE CLOTURE

Prononcé par M. Le Gros, sénéchal , et imprimé à la prière de l'assemblée.

Messieurs, vous avez rédigé le cahier de vos

(1) NOMS DES ÉLECTEURS.

Lucas de Bourgerel, député *d'Elven.*
Dusers, député *de Vannes.*
Leclainche, député *de Rochefort.*
Le Pavec, laboureur, député *de Theix.*
De la Chasse, député *de Vannes.*
Le Menez de Kardelleau, député *de Vannes.*
Le Maillaud de Kerharnos, député *de Grand-Champ.*
Moreau de Kermingel, député *de Questembergo.*
Gillot, député *de Rochefort.*
Caradec, député *de Vannes.*
Poussin, député *de Vannes.*
Bachelot, député *de Saint-Avé.*

doléances, vous avez procédé à la nomination de vos électeurs, objets de votre réunion en ce lieu. Chargé de rendre compte de cette assemblée au Roi et à ses ministres, qu'il est agréable pour nous d'annoncer que l'harmonie et l'union y ont constamment régné, qu'animés tous du plus vif amour pour notre auguste souverain, vous lui adressez vos doléances avec cette respectueuse confiance qu'un bon et tendre père inspire à ses enfants !

« Quelles flatteuses espérances ne devons-nous pas, Messieurs, concevoir ! Nos droits étaient méconnus , les impôts étaient arbitraires , un vide immense dans les finances avait détruit le crédit public, l'avenir était effrayant. Louis XVI, que vous avez proclamé le Père du peuple, vous assemble autour de lui et vous demande conseil et amitié ; mots sublimes ! Généreux Français, l'amitié est gravée dans vos cœurs , interrogez-les, ils vous dicteront toujours de bons conseils.

« Allez reprendre, Messieurs, vos fonctions et vos travaux, ô vous, à qui les plus pénibles, mais les plus utiles, sont échus en partage ; reprenez un nouveau courage, inspirez-le aux compagnons de vos travaux et de vos peines ; votre sort est connu, la nation y prend le plus vif intérêt et cherchera les moyens de l'adoucir.

« La prérogative de notre office que nous chérirons le plus, sera désormais, Messieurs, celle de vous assembler, de vous communiquer les intentions bienfaisantes de Sa Majesté, d'être témoin de votre zèle et de votre empressement à les remplir, de compatir à vos peines, de partager vos espérances, de nous réjouir de nos succès. Puissions-nous souvent, Messieurs, resserrer ainsi les liens qui unissent le juge à ses justiciables ! »

CAHIER.

Des plaintes, doléances et remontrances tant générales que particulières à faire aux États généraux pour les corporations, corps, communautés et autres habitants, tant des villes que des campagnes du ressort et territoire de la sénéchaussée d'Auray, fait et rédigé en leur assemblée, tenue par M. le sénéchal en l'auditoire de ladite sénéchaussée les 15, 16 et 17 avril 1789, par lequel ils demandent, exposent et remontrent (1) :

Art. 1er. Que les États généraux soient assemblés ordinairement au plus tard, tous les cinq ans, et extraordinairement au commencement de chaque nouveau règne ; que dès l'ouverture de la prochaine assemblée tous les ordres déclareront se départir et renoncer à tous les privilèges et exemptions pécuniaires et consentir à une répartition égale de tous les impôts.

Art. 2. Que les impôts ne pourront être consentis que pour l'intervalle d'une assemblée à l'autre, et que la perception en cessera de droit à l'époque à laquelle devra se tenir l'assemblée subséquente, soit qu'elle se tienne ou non, sans que ces impôts puissent être étendus ou augmentés par des droits additionnels ou autrement.

Art. 3. Que dans les assemblées de la nation soit en États généraux, soit en États particuliers et provinciaux et dans toutes les commissions et députations nommées par ces différentes assemblées, les représentants de l'ordre du tiers soient toujours en nombre égal à ceux des ordres du clergé et de la noblesse réunis, et que les suffrages

(1) Nous publions ce cahier d'après un manuscrit des Archives de l'Empire.

soient toujours comptés par tête et non par ordre.

Art. 4. Les deux premiers ordres, par leur réunion n'en formant plus qu'un divisé en deux classes, demandent à être contrebalancés par un contre-poids égal, qui est naturellement celui du tiers-état ; mais pour rendre ce contre-poids égal, le tiers-état doit être divisé en deux classes, celle de la haute bourgeoisie et celle des corporations ou autres habitants des villes, et surtout ceux des campagnes, cette classe si utile, si nombreuse, qui, jusqu'ici, n'a eu aucun représentant et doit cependant avoir au moins un nombre égal à celui des autres classes du tiers-état dans toutes les assemblées nationales, commissions et députations.

Art. 5. Il doit en être de même dans la composition des corps municipaux et des corps politiques des paroisses tant des villes que des campagnes presque toujours composés de la plus haute bourgeoisie, qui s'empare seule de l'administration et de la répartition des impôts et en exclut la classe des artisans et des laboureurs qui seuls supportent presque tout le poids des impôts et se trouvent encore chargés du logement des troupes, de la fourniture des casernes, le transport des bagages des malades et des éclopés et celui de mendiants et gens sans aveu que l'on envoie au dépôt.

Il sera donc demandé que les corps municipaux des villes et les corps politiques des paroisses, tant des villes que des campagnes, soient à l'avenir composés d'un nombre au moins égal d'artisans, de bourgeois et de laboureurs, qui seront élus et choisis respectivement dans chaque classe, et par elle, dont un tiers sera changé et remplacé chaque année ; qu'à la confection des rôles de répartition des impositions, ainsi que pour le logement des troupes, la fourniture aux casernes, etc., etc., il y aura toujours un commissaire par quartier ou frairie, pris dans chaque classe ; que les maires ou syndics électifs seront changés et remplacés tous les deux ans, sans pouvoir être continués au delà de ce terme, sous aucun prétexte ; que la nomination des députés tant aux États généraux qu'à ceux de la province sera faite par tous les habitants tant des villes que des campagnes de chaque ressort convoqués et assemblés dans la forme prescrite pour l'élection des députés aux prochains États généraux.

Art. 6. Que dans toutes les assemblées du tiers-état leurs représentants ne puissent être nobles ni anoblis, ecclésiastiques, officiers ou agents des seigneurs, et que, dans toutes ces assemblées, nul ne puisse les présider que par élection.

Art. 7. Puisque l'impôt est nécessaire, il doit être simple ; il sera donc demandé une suppression de la multiplicité des droits et surtout des droits additionnels qui se perçoivent sur ceux qui se lèvent tant au nom de Sa Majesté qu'au profit des provinces, des villes et des particuliers, afin de simplifier la perception de ces droits et que chacun puisse aisément savoir ce qu'il doit payer et se pourvoir contre l'indue perception si aisée à pratiquer et à pallier et si difficile à découvrir quand les droits sont multipliés et compliqués.

Que l'impôt soit d'abord porté sur les terres par un droit unique, sur l'aisance mobilière, le commerce, les agioteurs, les capitalistes, dont la fortune est dans leur portefeuille, enfin sur les objets de luxe ruineux et bravant l'indigence, tels que voitures, domestiques , chiens, chevaux, etc., etc.

Art. 8. Que toutes les impositions quelconques

seront réparties également et proportionnellement entre tous les ordres et les individus qui les composent, par un seul et même rôle, sans distinction d'ordre; que tous priviléges et exemptions pécuniaires soient absolument éteints et abolis, notamment ceux sur les eaux-de-vie et boissons, ainsi que des francs-fiefs.

Art. 9. Que les mérites et les services essentiels rendus à l'État puissent seuls à l'avenir procurer la noblesse, laquelle sera toujours personnelle et non transmissible et sera compatible avec le négoce, les charges et les emplois de judicature et de finance et la profession des arts libéraux, la noblesse ne devant être considérée que comme un motif d'émulation et d'encouragement.

Art. 10. La dette nationale étant connue dans toutes les parties, recourir à son origine, ses causes et ses progrès, fermer les sources qui l'ont produite, pourvoir à la liquidation graduelle, dans l'impuissance où peut être l'État de l'affranchir dans un court espace, assurer les moyens d'en prévenir une semblable.

Art. 11. Nécessité de fixer les dépenses annuelles dans toutes les parties de l'administration; fonds adjoints en dehors pour les extraordinaires, économie portée dans tous les cas, invariabilité de dépense, qu'avec le consentement de la nation assemblée, comptes rendus et publics chaque année.

Art. 12. Revenus arrêtés en conséquence des dépenses perçues dans la forme la plus commode, avec les moindres frais possibles, sans l'intervention d'une nuée de commis soudoyés.

Art. 13. Administration et perception municipales, de manière à procurer la suppression des intendances, le versement du produit des impôts le plus directement qu'il se pourra dans la caisse nationale, sauf le revirement pour les provinces qui font les traites sur le trésor royal pour l'entretien des ports, de la marine, la paye des troupes, etc., etc.

Art. 14. Que les ministres de l'État soient obligés de rendre compte de leur gestion et de répondre de leurs fautes, de même que les généraux d'armée, soit dans la marine, soit dans les troupes de terre, et qu'en cas de délit les uns et les autres soient punis selon la rigueur des lois.

Art. 15. Que notre liberté et nos propriétés soient aussi sacrées que celles de tous les autres citoyens de quelque classe et condition qu'ils soient; abolition des lettres de cachet, tout débiteur ne puisse être détenu, pourvu qu'il fournisse caution de sa personne; que la propriété ne puisse être enlevée, même pour objet d'utilité publique, sans aucune indemnité juste et même favorable à celui qu'on en dépouille.

Art. 16. Que toutes lois qui nous excluent de parvenir à tous emplois ecclésiastiques, civils et militaires soient supprimées; que des études sérieuses et préliminaires devancent l'occupation des places et qu'elles soient mises au concours.

Art. 17. Que les maisons religieuses des deux sexes qui sont inutiles à l'État soient totalement supprimées, et que leurs biens et revenus soient employés à soutenir et à augmenter les hôpitaux ou autres établissements de charité déjà formés ou a en former de nouveaux, dans les lieux où il n'y en a point d'établis pour les pauvres orphelins, les fous, les vieillards, les infirmes, l'instruction de la jeunesse, des séminaires pour les prêtres, des colléges pour les arts libéraux et la marine et des ateliers pour les arts et métiers, dans lesquels les enfants de tous les états et toutes les conditions seront indistinctement

admis, et à établir des prix pour exciter l'émulation et l'encouragement; que la mendicité soit totalement abolie; que les cavaliers de maréchaussée soient obligés de faire de fréquentes visites dans les paroisses, et que les religieux mendiants, toujours à charge aux peuples, soient suffisamment pensionnés.

Art. 18. Que les dîmes ecclésiastiques soient fixées à un taux raisonnable et uniforme, et qu'elles appartiennent aux paroisses dans lesquelles elles se lèvent, pour être administrées et employées par les corps politiques, tant à pensionner les recteurs, curés, vicaires et autres prêtres nécessaires pour le service de la paroisse et à l'entretien et réparation des églises et presbytères, qui, à ce moyen, demeureront à la charge des généraux des paroisses, et le surplus employé au soulagement des pauvres de la paroisse qui, à ce moyen, n'en pourront sortir, et à l'établissement, pour l'instruction de la jeunesse et de gens instruits, tant dans l'art de la chirurgie et des accouchements que dans l'art vétérinaire, et qu'au défaut de dîmes suffisantes pour subvenir à tous ces besoins, que des prieurés simples, des abbayes en commende ou d'autres bénéfices soient réunis aux paroisses à proportion de leur étendue et de leur population.

Art. 19. Que les évêques, recteurs et curés et autres ecclésiastiques, tenant des bénéfices à charge d'âmes, soient obligés de résider dans leurs évêchés et lieux de la situation de leurs bénéfices.

Art. 20. Que les baux des biens ecclésiastiques soient maintenus et aient lieu nonobstant le changement des titulaires; que les annates, droits de visite, de dispenses et autres qui se payent au clergé de France, soient totalement supprimés, et que leur produit soit employé à l'extinction des dettes du clergé, et que les prétentions du clergé d'au delà des monts ne soient pas reconnues.

Art. 21. Qu'il soit fait un nouveau code civil et un criminel; que l'une et l'autre procédures soient simplifiées et les délais abrégés; que l'accusé ne soit plus privé du secours d'un défenseur et de tous les moyens qu'il pourrait employer pour sa justification; que les peines soient proportionnées aux crimes; que la mort seule venge la mort et que les autres criminels tournent au profit de la société, en les employant aux travaux publics.

Art. 22. Que tous les tribunaux de justice soient désormais composés mi-partie entre les ordres.

Art. 23. La suppression des justices seigneuriales et des juridictions d'attribution, surtout des consulats, dont l'éloignement force souvent le commerçant d'abandonner son commerce et l'artisan son atelier pour aller demander ce qu'ils pourraient obtenir sans se déplacer et à moindres frais; le retour de la connaissance des matières attribuées à ces tribunaux d'exception, aux juridictions ordinaires à qui elles appartenaient originairement et auxquelles on les a ôtées, ce qui arrêtera les conflits des juridictions qui naissent de la diversité des tribunaux et contribuera à la suppression d'une partie des charges et des exemptions onéreuses aux peuples; que tous les juges indistinctement puissent connaître des matières consulaires entre leurs justiciables et les jugent comme elles le sont dans les consulats, en appelant deux négociants pour les conseiller; que la connaissance des autres matières d'attribution soit donnée aux juges royaux ordinaires et le pouvoir de juger en dernier ressort et sans appel toutes les matières sommaires et autres, dans lesquelles ils peuvent juger par provision suivant le titre XVII de l'ordonnance de 1667, à la charge de se faire assister par deux autres juges, avocats ou praticiens, soit à l'audience ou à la chambre du conseil pour les jugements en dernier ressort, et de faire décider préalablement par le même nombre de juges, si la matière est susceptible d'être jugée en dernier ressort ; que, pour éviter la ruine des pauvres mineurs, les paroisses soient autorisées à choisir deux prud'hommes qui prêteraient serment devant le juge ordinaire du lieu ; qu'un seul de ces deux prud'hommes puisse faire les inventaires après le décès des père et mère des mineurs en présence de trois des nominateurs de la tutelle, et que ceux-ci puissent faire seuls, sans l'assistance d'aucun de ces deux prud'hommes, les ventes ; que désormais la majorité ait lieu à vingt ans et l'émancipation à douze ans pour les filles et à quatorze pour les garçons.

Art. 24. Que l'administration de la justice soit désormais gratuite et la vénalité des charges abolie ; que si les besoins de l'État ne permettent pas de supprimer cette vénalité, les charges de judicature, ainsi que tous autres offices sujets au droit de centième denier, et surtout les maîtrises de perruquiers soient déchargés de ce droit, ou les professeurs admis a le racheter irrévocablement, par un supplément de finance, pour éviter la perte et l'embarras dans lesquels la négligence à l'acquitter met souvent les héritiers du titulaire et ses créanciers.

Art. 25. Si l'armée est la gardienne de l'État, c'est contre l'étranger ; elle ne doit pas être à charge au royaume ; son état demeurera fixé en temps de paix, sa solde réglée et suffisante, son vêtement invariable ; ce n'est point l'extérieur du soldat qui détruit l'ennemi, c'est sa rigueur et le fer que son courage emploie ; ce ne sont pas des changements de piétons en cavaliers, de dragons en fantassins qui épouvantent nos adversaires, c'est la masse de nos forces, leur ensemble, leur discipline.

Congés régulièrement accordés à leur terme, délivrés dans les lieux où ils expirent, sans obliger jusqu'à des soldats réformables visiblement, à faire deux cents lieues à grands frais pour montrer à un commissaire des membres impotents et un corps paralysé ; suppression des inspecteurs et des commissaires, leurs fonctions attribuées aux gouverneurs et commandants des provinces et des places.

Que les habitants des campagnes soient exemptés du tirage des milices tant pour le service de terre, que pour les canonniers gardes-côtes, qui leur enlèvent des enfants utiles et souvent nécessaires.

Marine.

Art. 26. Que la marine marchande soit soutenue et protégée et convoyée en temps de guerre, et les côtes mises à l'abri des insultes de l'ennemi par des navires en station.

Que les gages, appointements et parts de prises dus aux marins, leur soient exactement et fidèlement payés aussitôt la fin de la campagne.

Quand le voyage sera d'un an ou plus, il soit payé aux familles des marins trois mois de leurs gages ou appointements par an, comme il se pratiquait par la Compagnie des Indes.

Que MM. les intendants de la marine, quand ils délivreront, pour les divers départements des commissaires, les produits des campagnes des marins, soient tenus d'en donner connaissance dans toutes

les paroisses intéressées, dès l'instant qu'ils sortiront de leurs bureaux en dénommant le vaisseau, le capitaine, l'année, le sujet, la somme et l'objet, afin que chaque marin sache le temps où ces sommes parviendront à son département.

Art. 27. Que chaque marin soit levé à tour de rôle et que ceux de la même solde ne soient pas toujours levés dans la même paroisse, ou canton, mais à tour de rôle de départements, et qu'il soit établi des syndics dans tous les ports et havres où il n'y en a point.

Art. 28. Que tous marins âgés de cinquante ans, ou qui auraient été blessés au service, pourront prétendre à la demi-solde, et que l'ordonnance de 1686 soit exactement exécutée en ce qui concerne les gratifications fixées pour les veuves et enfants des marins morts au service de Sa Majesté.

Art. 29. La suppression du droit de relâche de Brieux et de tous autres de cette nature, qui portent des entraves a la liberté de la navigation et occasionnent tant de naufrages, par la crainte de payer ce droit ; faut-il encore, après avoir échappé aux dangers les plus évidents de la mer, payer l'entrée de sa porte ou périr ? Que les navires et toutes les embarcations ne soient jaugés qu'aussitôt leur construction.

Art. 30. Que les chefs et les commis des bureaux relatifs à la navigation et au commerce de mer, ainsi que les courtiers, soient strictement tenus d'expédier les capitaines dans les mêmes temps et ordre que ceux-ci leur auront déposé les papiers, afin qu'on ne voie plus les derniers arrivés expédiés les premiers, pour raison de quelques gratifications secrètes ; que lesdits bureaux de mer soient tenus de donner exactement sur les expéditions des capitaines, des reçus exacts et motivés de toutes les sommes qu'ils recevront, sans en omettre aucune partie.

Art. 31. Que les émoluments des courtiers soient proportionnés à la valeur du montant des frets à tant pour cent, et qu'ils n'aient plus la liberté d'opter entre le prix du fret d'un tonneau, quand ce prix leur plaît et une taxe arbitraire, quand ce prix ne leur convient pas.

Art. 32. Qu'il n'y ait que les pêcheurs et les négociants propriétaires de bateaux faisant la pêche de sardines, qui puissent acheter les rogues venant du Nord, attendu la disette de cette marchandise ; que le privilége exclusif attribué aux négociants du port Louis et environs, soit supprimé, comme donnant lieu à des monopoles manifestes et à des accaparements dont les malheureux pêcheurs sont les seules victimes ; que les droits sur la rogue des marreaux soient supprimés, ce sera un moyen d'encouragement pour les pêcheurs de ce poisson, une diminution sur le prix de celles de stockfich et un objet de consommation et de circulation dans le royaume et opérerait en même temps une diminution sur le prix des rogues étrangères.

Que la pêche de toutes sortes de poissons, huîtres et autres coquillages soit libre et permise le long des côtes et dans toutes les rivières de la province.

Que les congés de pêche serviront tant pour la pêche que pour le trafic du poisson et des coquillages pendant toute l'année comme au passé.

Que les droits de visite soient abolis sur les bateaux de pêche ; que les pêcheurs ne soient plus obligés de prendre des courtiers dans les différents ports qu'ils fréquentent ni de donner des cents et demi-cents de leurs poissons à différents bureaux et à différents particuliers dans les ports où ils vont les vendre ; que les droits pour les harengs, soit en pile, soit en barrique, soient réduits à ceux qui se payent pour les sardines ; que ces droits soient les mêmes tant hors de la province qu'au dedans, et en général des moyens pour fixer l'exécution des articles de l'ordonnance de la marine qui concerne la pêche, et arrêter les infractions journalières qui dépoissonnent ces côtes par les prises du fretin.

Art. 33. Que le commerce soit dégagé de toutes les entraves qui gênent son cours ; abolition des priviléges et compagnies exclusives; qu'aucun traité avec l'étranger ne puisse avoir lieu, si les commerçants régnicoles n'ont été appelés et consultés, et que la nation assemblée ait seule le droit de le ratifier, pour en faciliter l'étendue dans le sein du royaume; que les barrières intérieures et oppressives soient transportées aux frontières; que la culture du tabac soit libre et permise, et que le commerce de cette espèce de marchandise devenue d'un usage journalier et de première nécessité, ne soit plus exclusif ni un objet de contrebande qui enlève tant de bras à l'agriculture et aux familles, et que les peines que cette espèce de contrebande fait encourir, ne peuvent arrêter, quelque disproportionnées qu'elles soient avec le délit.

Que l'impôt et la marque sur les cuirs tannés soient supprimés comme gênant cette manufacture, grevant et onéreux pour le commerce et la circulation de cette marchandise de première nécessité, et occasionnant des abus et des injustices sans nombre, lesquelles suppressions procureront en outre une diminution très-économique des employés et commis dans ces différentes régies.

Art. 34. Que les jurandes et maîtrises qui enchaînent l'industrie et les talents soient supprimés.

Art. 35. Que tant pour la facilité du commerce et de la navigation, que pour la facilité du transport des troupes et de l'artillerie dans l'intérieur et d'une côte à l'autre et de leur embarquement, soit pour les colonies, soit pour les îles qui bordent les côtes et servent de barrière au royaume, telle que Belle-Ile, il soit percé de nouvelles routes de communication entre toutes les villes et gros bourg qui n'en ont pas, tel que d'Auray à Baud, Lommé et Quiberon ; qu'il soit établi des officiers et fait un fonds dans tous les ports et rivières navigables, pour les curer, entretenir et réparer au besoin.

Art. 36. Qu'il soit fait des lois sévères contre les banqueroutiers, et donner des moyens efficaces pour en assurer l'exécution.

Art. 37. L'abolition des lettres de répit, sauf à ceux qui auront de justes raisons et le consentement de leurs créanciers, à la concurrence des deux tiers de leur dette, à se pourvoir devant leurs juges ordinaires, ou au parlement, pour obtenir des défenses et arrêts de surséance.

Art. 38. Qu'il soit fait un code de sortie pour les foires et marchés; que les foires soient fixées à une, par chaque mois, dans chaque lieu et à jour fixe, et les marchés à un ou deux par semaine aux jours les plus commodes ; qu'il soit défendu de faire aucun accaparement de grains, et d'en acheter hors des marchés, d'en vendre, acheter ou arrher avant la récolte, et que tous droits de coutumes soient supprimés.

Que l'édit du mois de juillet 1764, concernant l'exportation des grains, soit remis en vigueur, et que le transport pour l'intérieur du royaume puisse être arrêté par les juges de police des lieux, dès que le froment sera à 9 livres, et le seigle à 5 le boisseau, mesure de Paris, à moins que les négociants et les commerçants qui voudront faire transporter des grains, s'obligent par une soumission expresse, faite devant les juges des lieux, à fournir à ce taux la quantité de grains nécessaires pour la subsistance du canton jusqu'à la récolte.

Art. 39. Que, pour parer à la disette des grains occasionnée par les mauvaises récoltes qui deviennent fréquentes, il soit établi des magasins de grains, dans chaque ville, de la quantité nécessaire pour la consommation d'une année à l'autre, pour être livrée aux habitants les plus nécessiteux au prix courant du marché, sans pouvoir être vendu ni transporté ailleurs.

Art. 40. La suppression totale de la corvée en nature tant féodale que seigneuriale, ainsi que de toutes espèces de banalités à fours, moulins, pressoirs, etc., etc., et spécialement de l'assujettissement des gens de campagne, à la confection et à l'entretien des grandes routes, soit faits où à faire, qui enlèvent les bras à l'agriculture, dans le temps le plus précieux, et occasionnent des vexations arbitraires, en suppléant par un impôt qui sera supporté par tous les ordres indistinctement.

Art. 41. La conversion des rentes seigneuriales et autres droits seigneuriaux utiles en rentes rachetables à un taux qui sera fixé, soit par l'assemblée des États généraux, soit par des commissions nommées par elle pour faire les appréciations locales, et que toutes les rentes de nature quelconques, soit féodales, soit dues à l'Église, à raison de fondation pieuse, ou pour toute autre cause, puissent être affranchies ou amorties à la volonté des redevables.

Art. 42. La suppression absolue de tous autres droits seigneuriaux qui, sans utilité pour les seigneurs et ridicule en soi ou onéreux pour les vassaux, nous retracent journellement les siècles de fureur et d'aveuglement où l'homme dur et ambitieux s'avilit soi-même en dégradant son semblable, par une contrainte à des lois ineptes ou barbares, et particulièrement l'extinction du droit de fuie et garennes dont les habitants dévorent, chaque année, une immense quantité de grains et enlèvent la subsistance du pauvre, en partageant les semailles et la récolte du cultivateur ; l'abolition du droit de chasse et la permission à toute personne de détruire les animaux destructeurs des productions de ses terres.

Art. 43. Que l'usement de Broncrec soit supprimé et que la propriété des bois appartienne aux superficiers, cet usement étant contraire au progrès de l'agriculture et de la culture des bois qui deviennent extrêmement rares dans ce canton, en ce qu'il attribue aux seigneurs fonciers la faculté de couper tous les bois comme leur appartenant, ce qui empêche le colon d'en planter; que le seigneur ne puisse exiger de description ou lettres récognitoires qu'à ses frais.

Art. 44. Que les pâtis et issues naturelles des bourgs, villages et hameaux ne puissent être afféagés, et que les généraux de paroisses où il y a des terrains vagues soient préférés en cas d'afféagement d'iceux, et autorisés à retirer ceux qui l'auraient déjà été et non mis en valeur, remboursant toutefois les frais de clôture et autres raisonnables faits par l'afféagiste ; et que les généraux de paroisses ne demandassent point ces afféagements, que les priviléges en soient donnés aux riverains des différents villages.

Art. 45. Qu'il soit établi des casernes suffisamment garnies de lits, pour un bataillon au moins, dans chacune des villes frontières ou maritimes, aux frais desdites villes, pour loger la troupe qu'elles pourront avoir en garnison et celles qui passeront, quand il n'y en aura pas à demeure, pour décharger l'habitant de la fourniture aux casernes, de l'espèce de contribution à laquelle il est sujet quand il loge des passants, auxquels il fournit bois, épices et légumes, quoiqu'il n'y soit pas tenu et que sa province paye pour cela.

Quiberon.

Art. 46. Que les habitants de la presqu'île de Quiberon voient renouveler en leur faveur ces grâces paternelles, qui ont rendu la liberté et la vraie propriété de leurs biens au mortaillable de Bourgogne, pour le convertissement du droit excessif de la tierce-gerbe que les fermiers de S. A. S. Mgr le duc de Penthièvre prélèvent sur leurs grains, en un droit qui les met dans le cas de se nourrir des productions de leurs terres.

Ce droit odieux de tierce-gerbe, digne d'être oublié dans l'Etat d'un Roi si bienfaisant, et peut-être inconnu en France, sur un sol aussi aride que celui de la presqu'île de Quiberon, par sa qualité pierreuse brûlée par le soleil, n'y ayant rien pour l'abriter, et par les écumes et vapeurs de la mer qui ne leur laissent de la production de leurs terres que de quoi les nourrir pendant quatre mois de l'année et souvent moins; les terres ne sont travaillées que par les femmes, les maris et les enfants étant obligés d'aller en mer pour se procurer le pain nécessaire pour les huit mois restants, et dont un grand nombre, détruits dans toutes les guerres, laissent une infinité de veuves et d'orphelins dans l'état le plus misérable.

Qu'il daigne examiner s'il est une classe plus malheureuse, éloignée de six lieues de toutes ressources, ne pouvant qu'à grands frais retirer du continent tout ce qui est nécessaire à la vie, et même le bois de chauffage dont elle est absolument privée, le terrain n'étant pas susceptible d'en produire; qu'il soit construit une digue de modique dépense pour le service du Roi et la correspondance de Belle-Ile.

Belle-Ile-en-Mer.

Art. 47. Cette île, étant séparée du continent, peut mériter une attention particulière du gouvernement; en conséquence, les habitants demandent qu'ils puissent envoyer un député aux Etats particuliers de la province; que les corvées, que les chaloupes de pêche ont été obligées de faire jusqu'à présent, soient entièrement supprimées par les torts et dommages qui en résultent; le convertissement en argent des redevances en grains au domaine du Roi, et cela sur le pied de l'apprécis des dix dernières années: le remboursement des sommes indûment perçues pour droit d'ensaisinement; qu'il y ait toujours une garnison permanente de deux bataillons et un corps de caserne pour les y loger.

Qu'il soit permis aux pêcheurs de faire sécher leurs filets sur les glacis, seul endroit propre à cet effet, sans qu'il leur soit fait aucun empêchement; le rétablissement de la chaussée du port de Sauzon, seule ressource des bâtiments d'une certaine grandeur.

L'indemnité ou remboursement des parties de terrain pris pour l'établissement des batteries et retranchements et dont les propriétaires payent encore les redevances, quoiqu'ils s'en trouvent privés.

Additions.

Art. 48. Que les veuves soient privées de leurs douaires, quand elles passeront en secondes noces.

Art. 49. Que les édifices une fois détachés du fonds, à quelque titre que ce soit, soient exempts du droit de centième denier, attendu qu'ils sont meubles ou tout au plus des immeubles fictifs, sous quelques respects.

Art. 50. Que les baux au-dessus de neuf ans soient exemptés de lods et ventes, centième denier et autres droits de mutation, comme étant favorables aux progrès de l'agriculture.

Fait et arrêté ce 17 avril 1789, sous les seings de MM. le sénéchal et le procureur du Roi d'Auray, et de tous les membres composant l'assemblée, tenue devant nousdit sieur le sénéchal. La minute dûment signée au nombre de soixante-quinze.

Je, soussigné, greffier en chef de la sénéchaussée et siège royal d'Auray, certifie la présente expédition conforme à la minute. A Auray, ce 24 avril 1789.

Signé TASSEC.

CAHIER

Des doléances, charges et demandes du commerce de Vannes, remis à MM. les députés de la sénéchaussée de la même ville aux Etats généraux (1).

Art. 1er. Demander en faveur du commerce, une des parties les plus essentielles de l'Etat, une plus juste représentation de ses membres dans les affaires publiques et politiques.

Art. 2. Demander la restitution du greffe du consulat de Vannes, conformément a son édit de création de 1710, et sur le pied de l'article 18 de l'édit de 1563 pour l'érection du consulat de Paris.

Art. 3. Attribution aux juridictions consulaires des faillites et banqueroutes, ainsi que des contrats d'assurance et des règlements d'avaries.

Art. 4. Ampliation du dernier ressort des consulats.

Art. 5. Prohibition de tous arrêts de surséance, sans l'avis préalable des consuls. Défense d'en accorder plus d'un.

Art. 6. Renouveler les lois les plus sévères contre les banqueroutiers.

Art. 7. Tarif particulier des frais de procédure au consulat.

Art. 8. Suppression de tous droits de contrôle pour tous actes de commerce sous seing privé.

Art. 9. Le prêt à intérêt permis aux taux de la loi, sans aliénation du capital.

Art. 10. Interdiction de tout privilège exclusif pour quelque branche de commerce que ce soit, notamment celui de la Compagnie des Indes; le gouvernement récompensant les découvertes utiles et encourageant de plus en plus les manufactures.

Art. 11. Interdiction du commerce de vinaterie dans tout le royaume, et surtout en Bretagne à toutes compagnies de fermiers et de traitants. Plus de trois mille familles vivaient honorablement en cette province à l'appui de ce commerce, et sont actuellement sans ressources.

Art. 12. Assujettir tous les marchands colporteurs et juifs à se fixer un domicile, où ils prouveront qu'ils concourent aux impositions publiques, aux charges et conditions qu'ils ne pourront séjourner plus de trois jours francs dans chaque ville, par trois mois. Il n'est que trop prouvé que cette espèce de marchand emporte

(1) Nous publions ce cahier d'après un manuscrit des *Archives de l'Empire.*

tout l'argent comptant et ne laisse à ceux des villes que des crédits onéreux. C'est le seul moyen d'éviter les vols domestiques et les larcins des enfants de famille.

Art. 13. Assujettir tous les marchands forains qui inondent les ports de Bretagne, à faire emmagasiner leurs vins, vingt-quatre heures après leur déclaration.

Art. 14. Solliciter le rapport de l'arrêt du conseil de 1743, enregistré au parlement de Bretagne en 1772, portant défenses à tous habitants de la ville de Vannes, non capités à 3 livres, de loger des boissons.

Art. 15. Suppression des droits qui ne se perçoivent qu'à Vannes et dans quelques villes de la province, sur l'entrée des résines de Bayonne et d'Arcachon, et de ceux permis sur les sels expédiés des ports de l'évêché de Vannes, tant à Bayonne qu'à Bordeaux; le tarif de ces droits est inconnu.

Art. 16. Renouveler les ordonnances et règlements concernant les plantations et le maintien de la loi qui défend à toutes personnes d'abattre des bois avant de faire constater leur maturité, et ordonner que les vagues qui ne sont pas propres à la culture des grains soient semés en bois par les propriétaires, ou afféagés en conséquence.

Art. 17. Égalité des poids et mesures dans tout le royaume.

Art. 18. Suppression de tous les sous pour livre sur tous les droits de consulats, amirautés et autres.

Art. 19. Demander que tous les ports de Bretagne jouissent du privilège d'entrepôt, et que sa durée soit au moins d'une année.

Art. 20. Les États généraux suppliés de solliciter l'interdiction aux étrangers de commercer dans nos colonies.

Art. 21. Abolition du traité de commerce entre la France et l'Angleterre. Défenses aux bâtiments étrangers de faire le cabotage de ports en ports dans l'étendue du royaume.

Art. 22. Liberté de toutes exportations dans l'intérieur du royaume; prohibition de tout monopole sur les grains; suppression des droits de péage; le reculement des barrières aux frontières du royaume.

Art. 23. Impression et affiches dans tous bureaux d'un tarif général et uniforme de tous droits d'entrée et de sortie du royaume; les chambres de commerce consultées à cet égard.

Art. 24. Nouvelle forme à établir pour la décharge des acquits-à-caution, lorsqu'ils se trouvent adirés.

Art. 25. Permission à tous habitants des îles et lieux voisins des rivières d'exporter et importer, sans droits ni formalités quelconques, leurs denrées et provisions aux marchés des villes voisines.

Art. 26. Réforme des abus qui, au préjudice du commerce, se sont introduits dans tous les bureaux des fermes, où l'on ne peut être expédié qu'à prix d'argent.

Art. 27. Règlement qui fixe aux courtiers interprètes étrangers, le prix de leur salaire pour la traduction des pièces étrangères en langue française.

Art. 28. Renouveler à tous courtiers interprètes, receveurs et employés des fermes du Roi, la défense de faire aucun commerce.

Art. 29. Règlements de tous droits de courtiers et interprètes, et défense à ceux-ci de monopoler et de retarder les expéditions du commerce.

Art. 30. Règlement qui établisse la réciprocité des droits dans tous les ports entre toutes les nations, afin de maintenir la balance du commerce.

Art. 31. Que tous bâtiments français ne payent qu'une seule relâche dans chaque province.

Art. 32. Diminution et nouveau tarif des droits d'amirauté.

Art. 33. Suppression du droit de brieux qui ne se perçoit sur tous les bâtiments que dans la province de Bretagne.

Art. 34. Suppression des places d'engagés dans les bâtiments marchands qui vont dans les colonies.

Art. 35. Suppression de la franchise de Lorient.

Art. 36. En temps de guerre, faire toujours convoyer les flottes du commerce, et de préférence par les officiers de la marine marchande.

Art. 37. Entretenir sur les côtes des corvettes et frégates armées pour en éloigner les corsaires ennemis.

Art. 38. Renouveler les défenses de l'exportation des chiffes à l'étranger. Les amendes modérées et laissées à l'arbitrage des juges.

Art. 39. Suppression d'impôts sur les toiles, les papiers, les cuirs et autres objets de première nécessité.

Art. 40. Augmentation de la paye des matelots au service du Roi; rétablissement des mois de famille en faveur des femmes et enfants des marins.

Art. 41. Réformation du code des prises, à la confection duquel seront appelées les chambres du commerce maritime avec les officiers des amirautés.

Art. 42. Une nouvelle loi qui assure aux marins, à leurs veuves ou orphelins leurs parts de prise, qui fixe un délai de trois mois au plus pour leur liquidation et répartition, et qui ordonne la publicité par la voie de l'impression, pour que tous les prétendants éloignés en aient connaissance.

Art. 43. Que tous capteurs et capitaines de prise soient personnellement responsables, sous les peines les plus sévères, de toutes spoliations faites à bord des prises, et qu'ils soient justiciables des juges ordinaires; en conséquence, suppression du conseil royal des prises, de tous intendants, inspecteurs, commissaires départis, tant pour l'exécution des ordonnances relatives au commerce, qu'aux prises.

Art. 44. Que le montant des parts de prises non réclamé et qui doit être déposé ès-mains des trésoriers de la marine, soit également connu par la voie de l'impression, pour être ensuite appliqué à une augmentation de pension aux invalides, aux veuves et enfants de marins.

Art. 45. Que la vente des prises conduites en pays étrangers ne soit faite qu'en présence de l'état-major et d'un nombre suffisant de différentes classes de l'équipage; que copie de ladite vente soit donnée à chacun d'eux, pour être déposée à leur arrivée en France, aux greffes des amirautés.

Fait et arrêté aux assemblées du commerce de Vannes, les 2, 15 et 18 avril 1789.

Signé Pichon ; Serres; Lepetit; Brulon; Bodin ; Piard de Quellenec ; Galles ; Soymié ; Danet aîné; Tiret ; Le Maigneu fils; Danet cadet; Pavec ; Larvol; Latour ; Nicolas ; Jéhauno ; Housset aîné ; Farget; Kerriche; Guyot ; Tillement ; de Lille; Huchet; Loubare ; Seveno ; Autier ; Bonnet ; Bled; Girardin ; Lesens ; Burel ; François Noé; Jean Laîné ; Pitel ; Le Maigneu père, doyen.

Pour chiffrature : LEGROS.

BAILLIAGE DE VENDOME.

CAHIER

Des doléances du clergé du bailliage du Vendômois (1).

La religion est le plus ferme appui du trône et le lien le plus indissoluble de la société; c'est elle qui apprend aux rois à gouverner et aux sujets à obéir. C'est d'elle que découle l'heureuse harmonie qui doit régner entre le souverain et son peuple. Ministres de cette auguste religion, nous avons cru ne pouvoir donner au Roi et à la nation une preuve plus sensible de l'intérêt que nous prenons au bien public et un témoignage assuré de notre reconnaissance qu'en chargeant spécialement notre député de proposer les moyens les plus propres à faire respecter cette religion qui fait le bonheur, la tranquillité du corps politique.

Un principe constitutionnel en France, est qu'on n'y professe qu'une seule et même religion, la catholique, apostolique et romaine, principe dont les souverains ont si souvent reconnu la vérité et la nécessité en prescrivant par une foule d'édits son culte extérieur exclusif nient à tout autre. Ils ont toujours reconnu que c'est par elle que les ministres impriment dans tous les cœurs, l'amour, le respect et l'obéissance la plus soumise qu'un fidèle sujet doit aux volontés de son prince.

Nous supplions donc Sa Majesté et les Etats généraux avec les plus vives instances :

Art. 1er. 1° Que, conformément à son édit de novembre 1787, le culte romain soit le seul reconnu et exercé dans tout le royaume.

2° Notre vœu le plus ardent étant de rendre à l'Eglise son ancienne splendeur, nous demandons que, conformément au concile de Trente, les évêques convoqueront tous les ans, et que les ecclésiastiques seront tenus de s'y rendre.

3° Qu'à l'avenir les assemblées ordinaires du clergé seront converties dans des conciles nationaux ou provinciaux selon les besoins de la religion, et qu'un nombre compétent de curés y seront admis.

4° Que les lois de police concernant la sanctification des fêtes et dimanches seront remises en vigueur.

5° Que les peines les plus sévères seront prononcées contre les auteurs de libelles, qui attaqueraient les bonnes mœurs, la religion, la personne sacrée du Roi et les principes du gouvernement.

Art. 2. Le cultivateur gémit depuis longtemps sous le fardeau de la plus affreuse misère, c'est une suite malheureuse des impôts qui l'accablent; pour adoucir ses maux et contribuer à son bonheur, nous renonçons de la manière la plus solennelle à toutes les exemptions et privilèges pécuniaires dont nous avons joui jusqu'à ce moment comme membres du clergé, et nous consentons à être imposés en proportion de nos biens, comme les autres citoyens, et à prendre une part légitime des contributions qui seront consenties par les Etats généraux; en conséquence de cette renoncia-

tion, nous supplions Sa Majesté et les Etats généraux d'ordonner :

1° Que la dette de l'Etat deviendra dette nationale, ou qu'il sera pris par les Etats généraux les mesures qu'ils jugeront nécessaires pour acquitter cette dette, sans que les bénéficiers payant comme le reste des sujets soient encore obligés d'acquitter cette somme immense.

2° Que les bureaux de décimes qui font gémir tout le monde sous le poids d'impositions seront à jamais abolis, et que notre vœu le plus ardent étant d'être imposé comme les citoyens par les Etats provinciaux, il nous sera permis d'envoyer auxdits Etats provinciaux des députés librement élus.

3° Dans le cas où le clergé serait autorisé à s'imposer lui-même, les députés des bureaux diocésains seront nommés à la pluralité des voix dans les synodes qui se tiendront tous les ans; ces députés seront choisis dans l'ordre des curés comme dans celui des autres bénéficiers sans distinction, de façon qu'il y ait un nombre de curés suffisant pour contrebalancer les intérêts des gros bénéficiers, et qu'en outre ces bureaux se conformeraient en tout aux édits et déclarations que le Roi et les Etats généraux voudront bien rendre.

4° Que la répartition de l'impôt, de quelque nature qu'il soit, ne sera plus arbitraire; sans cette condition nous serions toujours exposés à être surtaxés par la mauvaise humeur de quelques paroissiens auxquels notre ministère nous aurait forcés de faire des remontrances.

Art. 3. La misère du peuple a été portée à son comble par l'augmentation progressive des impôts ; c'est pour remédier à ce malheur que nous supplions Sa Majesté et les Etats généraux d'ordonner :

1° Que les impositions seront supportées par les trois ordres de l'Etat sans distinction, immédiatement après la tenue des Etats généraux.

2° Que la répartition des impôts se fera par les Etats provinciaux dont nous demandons l'établissement.

3° Que chaque communauté portera elle-même sa cotisation au bureau destiné pour cela par les Etats provinciaux, et que ce bureau reversera directement au trésor royal.

4° Qu'à ce moyen les receveurs généraux et particuliers des finances demeureront supprimés.

5° Que les Etats provinciaux veilleront à anéantir pour jamais les abus et les vexations en tous genres exercés soit par les collecteurs soit par les garnisons.

6° Que les aides et gabelles seront supprimées, et en cas que cette réforme si nécessaire ne puisse avoir lieu, Sa Majesté et les Etats généraux sont suppliés de prendre de sages précautions pour empêcher que la qualité du sel ne soit altérée et qu'on le distribue au poids et non à la mesure, et qu'en cas qu'on ne le rende pas marchand, le prix en soit diminué.

Art. 4. La justice doit assurer le bonheur des citoyens en veillant à leurs intérêts et à leurs propriétés; il s'est glissé dans son administration des abus en tous genres, et la chicane oppose aujourd'hui des barrières presque insurmon-

---

(1) Nous publions ce cahier d'après un manuscrit des *Archives de l'Empire.*

tables ; nous conjurons donc Sa Majesté et les États généraux de s'occuper d'une réforme aussi nécessaire dans cette partie d'administration et de statuer :

1° Qu'on fasse une réforme dans le code civil et criminel et que les frais de justice, de quelque nature qu'ils soient, soient invariables et qu'ils ne soient jamais augmentés à volonté.

2° Que tout procès soit jugé dans l'espace de temps qu'il plaira ordonner, conformément à sa nature.

3° Que tous les juges royaux jugeront en dernier ressort jusqu'à une somme plus considérable.

4° Que les justices seigneuriales seront supprimées et qu'à leur place il sera établi des siéges royaux partout où besoin sera.

5° Que dans différents arrondissements de chaque province, il sera établi des juges de paix, et des juridictions consulaires jugeront sommairement *gratis* tous les procès au-dessous de 100 livres.

6° Que la récompense du mérite des sujets proposés au Roi sera choisie par les États généraux.

7° Que les huissiers-priseurs, qui depuis leur établissement sont le fleau des peuples, soient à jamais supprimés, que les frais de tutelle qui dévorent la subsistance de la veuve et de l'orphelin soient simplifiés et que les droits de contrôle et insinuation soient rappelés à leur ancienne origine.

8° Que tout tribunal d'exception sera supprimé et que les fonctions attribuées aux eaux et forêts pour les bois ecclésiastiques soient confiées aux États provinciaux.

9° Qu'il n'y ait qu'un même code, qu'une même loi au moins dans chaque province.

Art. 5. Comme il est indispensable pour la sûreté de tous les individus qui forment la nation que leurs droits soient établis sur une base inébranlable, le clergé du bailliage de Vendôme ose supplier Sa Majesté de se souvenir des différents articles du résultat de son conseil du 27 septembre 1788 ; en conséquence, il charge spécialement son député de solliciter que les États généraux statuent dans la forme authentique :

1° Qu'aucun impôt ne sera à l'avenir assis ou prorogé sans le consentement des États généraux.

2° Que lesdits États s'assembleront régulièrement aux époques qu'il leur plaira fixer, sans autre convocation et sans qu'il puisse y être mis obstacle.

3° Que les ministres seront responsables de leur gestion aux États généraux, qui pourront les faire juger sur le fait de l'exercice de leurs fonctions, par les tribunaux compétents.

4° Que les dépenses de chaque département, y compris celles de la maison du Roi, seront invariablement fixées et que les ministres de chacun d'eux seront responsables à la nation assemblée de l'emploi.

5° Qu'ils prendront les moyens les plus sûrs, pour qu'en aucun cas, aucun citoyen ne puisse être détenu par un ordre ministériel au delà du temps indispensablement nécessaire pour qu'il soit remis dans une prison légale entre les mains des juges que lui donne la loi.

6° Qu'à l'avenir aucun acte public ne soit réputé loi, s'il n'a été consenti par les États généraux avant que d'être revêtu du sceau de l'autorité royale.

7° Qu'aucun citoyen ne puisse être enlevé à ses juges naturels.

8° Que les magistrats ne pourront à l'avenir être troublés dans l'exercice de leurs fonctions.

9° Qu'ils seront responsables du fait de leurs charges à la nation assemblée, et pour que l'établissement de la constitution ne puisse être éludé ni différé, le député ne statuera sur aucun secours pécuniaire à titre d'emprunt, d'impôt ou autrement, avant que les droits ci-dessus, droits qui appartiennent autant à chaque citoyen qu'à la nation entière, aient été invariablement établis et solennellement proclamés.

Et après cette proclamation solennelle et non autrement, le député du bailliage de Vendôme, pour le clergé, usera du pouvoir que l'assemblée dudit clergé lui donne, de consentir aux subsides qu'il jugera nécessaires d'après la connaissance détaillée qu'il prendra de l'état et des besoins de l'État rigoureusement démontrés et après avoir opéré la réduction dont la dépense sera susceptible.

Art. 6. Le clergé du bailliage de Vendôme charge en outre son député de solliciter vivement auprès de Sa Majesté et des États généraux :

1° Que la portion congrue des curés soit portée à une somme annuelle qui puisse les sortir de la détresse humiliante où ils sont réduits depuis si longtemps ; est-il possible qu'ils puissent avec 700 livres satisfaire les premiers besoins de la vie, eux qui sont les pères des pauvres, les soutiens de la veuve et de l'orphelin, et le refuge de tous les infortunés de leur paroisse ?

2° En cas que les dîmes ne puissent représenter l'augmentation si justement réclamée, le surplus sera pris sur tous les biens ecclésiastiques.

3° Que le casuel, cet odieux impôt si contraire à l'humanité, si déshonorant pour les ministres de la religion, soit aboli pour jamais. Que les curés soient obligés de conférer sans rétribution les sacrements, de faire toutes les sépultures gratis et de dire une messe pour chaque défunt. Sa Majesté et les États généraux sont néanmoins suppliés de remplacer ces rétributions dans les paroisses surtout sans celles les curés ne pourraient subsister, comme dans les villes où le casuel est presque leur seule ressource.

4° D'augmenter la pension des vicaires et d'abolir les quêtes humiliantes de ces pasteurs secondaires, qui sont forcés de réclamer chez le pauvre cultivateur une honteuse subsistance.

5° De trouver des moyens sûrs et prompts, soit par des suppressions ou réunions de bénéfices quelconques : 1° pour établir dans les paroisses des bureaux de charité, en bannir ainsi l'indigence et la mendicité ; 2° pour fonder des hôpitaux d'arrondissement où les pauvres auraient droit de se réfugier ; 3° pour établir dans toutes les paroisses des sages-femmes, des maîtres et maîtresses d'école ; 4° pour procurer aux jeunes ecclésiastiques pauvres des places gratuites dans les séminaires et aux jeunes gens dans les colleges de plein exercice ; 5° pour doter les églises pauvres dont l'entretien est si coûteux pour les peuples ; 6° pour faire construire des presbytères aux curés qui n'en ont pas.

6° Qu'il sera conservé un certain nombre de prébendes dans les cathédrales et dans tous les chapitres pour servir de retraite aux anciens curés, et dans le cas où ces prébendes ne seraient pas suffisantes pour cet objet, il sera accordé des pensions à ceux que l'âge ou les infirmités empêchent de continuer leurs fonctions, et les pensions seront prises sur les biens ecclésiastiques.

7° Que les gros décimateurs soient tenus de faire desservir à leurs frais la paroisse d'un curé qui, pendant une maladie longue et ruineuse ne pourrait s'acquitter de ses fonctions pastorales.

8° Que les droits honorifiques que les curés primitifs se sont appropriés soient abolis; que ceux-ci ne puissent plus à l'avenir s'emparer des enclos des cures comme cela s'est déjà pratiqué.

9° Que les Etats généraux sont suppliés de déterminer le rang que les curés doivent avoir dans l'ordre hiérarchique et les cérémonies publiques.

10° Qu'à l'avenir les évêques ne puissent arbitrairement faire passer trois mois dans leur séminaire aux ecclésiastiques travaillant dans le ministère, sans un jugement légal.

11° Que tous les gros décimateurs concourent, à proportion de leur dîme, au payement de la portion congrue des vicaires ainsi qu'il sera fixé.

12° Que tous les religieux mendiants soient rentés.

13° Qu'on s'occupe de la réforme des abus de la féodalité.

14° Que les legs pieux ne soient sujets à aucun droit d'amortissement.

15° Suppression de l'arrêt qui assujettit les mainmortes à prévenir le gouvernement des nouvelles reconstructions.

16° Qu'on suspendra l'article de l'édit qui défend aux gens de mainmorte de bâtir et rebâtir sans un arrêt du conseil.

17° En cas que les rentes foncières de mainmorte soient remboursées indistinctement, il en sera fait une recollation selon la loi, mais sans être assujetti à aucune indemnité.

18° Que Sa Majesté est suppliée de se renfermer dans les termes les plus exprès de l'édit de Louis XI du 21 septembre 1468 et des ordonnances registrées dans les cours souveraines sous les règnes suivants : en 1556 du mois d'août, 1573, 1586, 20 août 1589, 24 mars 1594, 22 février 1618, à l'effet qu'aucun citoyen revêtu d'un office civil et militaire ne puisse en être privé que par un jugement préalable, et qu'il soit fait droit sur les réclamations des infortunés qui ont réclamé, réclament ou qui réclameront à l'avenir contre les destitutions illégales.

CAHIER

Des pouvoirs et instructions du député de l'ordre de la noblesse du bailliage de Vendômois, remis à M. le comte DE SARRAZIN, élu député aux prochains Etats généraux par l'ordre de la noblesse du bailliage du Vendômois, du 24 mars 1789 (1).

PROCÈS-VERBAL.

L'an 1789, le vingt-quatrième jour du mois de mars, en vertu des lettres du Roi portant convocation des Etats généraux du royaume au vingt-septième jour du mois d'avril de la présente année en la ville de Versailles, en date du 24 janvier dernier;

En présence de nous, Donatien-Marie-Joseph de Vimeur de Rochambeau, chevalier de l'ordre royal et militaire de Saint-Louis, colonel commandant le régiment royal d'Auvergne, membre de l'association libre et militaire de Cincinnatus, bailli d'épée du pays vendômois :

Sont comparus les nobles dudit bailliage, lesquels ont élu pour comparaître et assister aux Etats généraux qui seront assemblés, comme dit est, en la ville de Versailles le 27 avril prochain,

(1) Nous publions ce cahier d'après un imprimé de la *Bibliothèque du Sénat.*

messire Gilbert de Sarrazin, seigneur de Broum-Plessey, chevalier de l'ordre royal et militaire de Saint-Louis.

Auquel dit élu lesdits nobles donnent les instructions et pouvoirs qui suivent :

Pénétrés de reconnaissance pour le Roi, qui daigne manifester l'intention de réintégrer la nation française dans tous ses droits, et après avoir pris lecture, tant du résultat du conseil de Sa Majesté du 27 du mois de décembre 1788, que du rapport du directeur général des finances, les nobles du bailliage de Vendôme ont arrêté d'une voix unanime de charger leur député de déclarer aux Etats généraux que la volonté de la noblesse dudit bailliage est qu'ils statuent dans la forme la plus authentique sur les sept articles suivants :

Art. 1er. La liberté individuelle des Français sera assurée par l'abolition de toutes les lettres closes, lettres d'exil et autres espèces d'ordre arbitraire. Aucun citoyen ne pourra, sous aucun prétexte, être enlevé à ses juges naturels. L'abolition de toutes commissions particulières ; celle des évocations au conseil des autres actes illégaux devant être enfin accordée à la nation qui l'a toujours sollicitée.

Art. 2. Il ne sera fait aucun emprunt, ni levé aucun impôt sans le consentement de la nation légalement convoquée en Etats généraux.

Art. 3. Aucun acte public ne sera réputé loi, s'il n'a été consenti ou demandé par les Etats généraux.

Art. 4. Lesdits Etats généraux seront rendus périodiques à des époques convenables qu'ils fixeront eux-mêmes, en observant : 1° que le vœu de la noblesse de ce bailliage est que la prochaine convocation desdits Etats ne soit pas renvoyée à plus de deux ans, à dater du jour de l'ouverture de ceux qui commenceront en la ville de Versailles le 27 avril 1789; 2° que faute par le Roi de les convoquer, la nation s'assemble à l'expiration de l'époque déterminée; et 3° que tout impôt, aide ou subside ne puisse être perçu plus de trois mois au delà de ce terme.

Art. 5. Les dépenses de chaque département, même celles de la maison du Roi, seront fixées, et il sera procédé à la réduction des traitements, pensions, gages ou appointements avec un tel ordre, que la réforme des abus en cette partie, ainsi qu'en toutes les autres, soit entière et puisse être durable.

Art. 6. Les ministres seront responsables de leur gestion aux Etats généraux, qui pourront les faire juger par des tribunaux compétents.

Art. 7. Il sera établi des Etats provinciaux dans tout le royaume. Les membres de ces Etats seront élus librement ; ils auront le droit d'abonner les impôts de leur province dans la proportion qui sera reconnue lui appartenir dans la totalité des subsides consentis par la nation assemblée. Les Etats provinciaux feront l'assiette et le recouvrement des impôts, et les verseront directement dans le trésor de la nation. Ces sept articles étant la base invariable de la constitution, seront consentis et sanctionnés préalablement à toutes délibérations sur les impôts, soit qu'il s'agisse de les proroger, soit qu'il s'agisse de les augmenter. A défaut de quoi les nobles dudit bailliage veulent que tous les pouvoirs de leur député cessent, qu'il proteste et se retire.

Demandes secondaires.

On laisse à la sagesse du député à décider si on doit voter par ordre ou par tête.

Le député est chargé de prendre une connaissance exacte des recettes et dépenses, d'où résultera celle du déficit. Il demandera l'aliénation des domaines actuellement en la main du Roi, ainsi que la suppression des apanages. La vente de cette partie des domaines servirait pour assurer aux princes des revenus convenables à leur naissance, tels qu'ils seront stipulés par la nation.

Il consentira à un subside sur toutes les propriétés immobilières, et ce subside sera levé sur toutes lesdites propriétés indistinctement, quelle que soit la qualité des propriétaires, les nobles de ce bailliage s'en rapportant à la sagesse des États généraux pour les égards qu'on doit à la noblesse qui cultive elle-même ses champs. Au moyen du subside ci-dessus proposé, on s'occupera de la suppression ou, au moins, de la modération des droits d'aides et des gabelles.

Il demandera qu'il soit fait une retenue sur toutes les ventes, par proportion à l'impôt qui sera mis sur les fonds. Qu'on cherche tous les moyens de faire contribuer les capitalistes. Qu'on laisse des impôts sur le commerce et l'industrie ; mais qu'ils soient modérés, et que l'on taxe avec sagesse, mais graduellement, les objets de luxe. Que les lois civiles et criminelles soient réformées. Que les magistrats ne puissent être troublés dans leurs fonctions. Qu'ils soient responsables du fait de leurs charges à la nation assemblée ; que, dépositaires et conservateurs des lois, ils ne puissent ni les changer ni les modifier. Que le droit de *committimus* soit aboli ; que ceux du contrôle des actes soient clairs et précis.

Qu'il soit délibéré sur la liberté de la presse.

Que les États généraux et provinciaux soient convoqués à l'avenir par élections et non par bailliages.

Que la maréchaussée soit doublée, la paye de ce corps augmentée, et ses fonctions clairement énoncées et rigoureusement circonscrites.

Sa Majesté sera suppliée de se renfermer dans les termes de l'édit de Louis XI, du 21 novembre 1468, des ordonnances registrées dans les cours souveraines sous les règnes suivants : année 1556, du mois d'août 1573, 1586, 20 août 1587, 24 mars 1591, 22 février 1618, à l'effet qu'aucun citoyen, revêtu d'un office civil ou militaire, n'en puisse être privé que par jugement préalable, et qu'il soit fait droit sur les réclamations des infortunés qui ont réclamé, réclament et réclameront à l'avenir contre les destitutions illégales et despotiques.

Que tous les hommes de guerre, indistinctement, puissent prétendre aux plus hauts grades militaires par leurs vertus et leurs talents.

Le devoir du député est de conserver à son ordre les droits honorifiques et les prééminences dont la noblesse française a joui ou a dû jouir jusqu'à ce jour, et à cet effet il sollicitera l'établissement d'un tribunal héraldique pour veiller à la conservation des titres et distinctions de l'ordre noble, prévenir les usurpations et parer aux abus qu'entraîne la vénalité de certaines charges à l'exercice desquelles la noblesse est attachée.

Le député demandera que les directeurs ou autres employés au service de la poste aux lettres ne puissent, sous aucuns prétextes, être autorisés à violer le dépôt qui leur est confié.

Les nobles du bailliage de Vendôme, uniquement attachés à chercher les moyens d'assurer la gloire du Roi et le bonheur de la nation entière, ne s'occuperont pas de leur propre intérêt, et se borneront à solliciter et obtenir une constitution militaire convenable à un peuple libre et généreux.

Donnons pouvoirs à notre député, ainsi qu'il est ci-devant stipulé, de ne consentir à des subsides également répartis entre les trois ordres qu'après que Sa Majesté aura reconnu solennellement les sept articles qui doivent faire incontestablement la base de la constitution française, l'autorisant sur tout le reste à proposer, remontrer, aviser et consentir tout ce qui peut concerner les besoins de l'État, la réforme des abus, l'établissement d'un ordre fixe et durable dans toutes les parties de l'administration, la prospérité générale du royaume, et le bien de tous et chacun des sujets de Sa Majesté, sans qu'il puisse jamais s'écarter des sept premiers articles portés en tête des présentes instructions.

Lesquels instructions et pouvoirs ont été lus, approuvés et arrêtés en l'assemblée de l'ordre de la noblesse du bailliage de Vendomois, afin d'être présentés à l'assemblée générale des États du royaume, indiquée par Sa Majesté, en ladite ville de Versailles, par messire Gilbert de Sarrazin, chevalier de l'ordre royal et militaire de Saint-Louis, seigneur de Broum-Plessey, auquel lesdits nobles ont donné et donnent pouvoir et puissance de faire suivant qu'il a été arrêté entre eux. En témoin de quoi lesquelles instructions et le présent acte ont été signés par tous les nobles comparants, expédiés et délivrés par duplicata. A Vendôme, les jour et an que dessus.

Signés Du Chatellier, commissaire ; Perinac, brigadier des armées du Roi ; Montmarin, commissaire ; Louis-A.-M. de Musset, commissaire ; Rochambeau, président ; Sarrazin, secrétaire de la commission.

Giraudeau de la Noue ; de Paris ; Batuelle de Mery ; de Vaux ; Perignac, brigadier des armées du Roi ; de Bruniers ; Du Remeon ; Chabot ; de Mousai ; de Tremault ; Fontenay ; Billoart de Kervasegant ; d'Audiffied de Roseudat ; Jousselin de Fretay ; Charles-Alexandre de Salmon : Du Chatellier ; Gallery de Limbleville ; le chevalier de Tremault ; de Bellatour ; Bouvoust ; Catherinet de Villemarest ; le chevalier de Bouvoust ; de Salmon de Courtemblay ; Ginestous ; Taillevie du Jupaux ; Bideren ; de Turaville ; Jabre Desbelles ; Mirleau ; d'Illier ; de Tremault, lieutenant général ; Rochambeau ; Le Tourtier de Bellande ; Le Jay de Bellefonds ; Montaigu ; Tremault de la Blotinière ; de Jouffroy ; de Labersière ; Marescot ; Dubouchet ; le vicomte de Montigni de Boullainvilliers ; Jousselin de Brunier fils ; de Montmarin ; de Vantourneux ; de Besnardon ; le chevalier de Marescot ; Louis-A.-M. de Musset ; Bulleté de Chery ; Musset de Signac ; de Brossard ; Musset de Pattay.

Arrêté et paraphé *ne varietur*, au desir de notre procès-verbal de ce jour, 24 mars 1789. *Signé* Tremault, lieutenant général ; Rochambeau, bailli d'épée du pays vendômois.

(De Marizy a signé par la force de serment de sa charge, protestant de son non-consentement à la demande de l'aliénation du domaine de la couronne, contraire à une loi constitutionnelle du royaume, avouée et renouvelée par la nation toutes les fois qu'elle s'est assemblée. Déclare particulièrement la demande personnelle tendante à la rentrée dans ses domaines aliénés, proteste en outre contre le remploi du prix de ce domaine en contrats de rente, dont l'intérêt et le capital éprouveraient sensiblement une diminution proportionnelle au changement dans la valeur du numéraire.)

De Marizy, *grand maître des eaux et forêts.*

CAHIER GÉNÉRAL

Des plaintes, doléances et remontrances du Ven-
dômois, rédigé par les commissaires soussignés,
nommés dans l'assemblée générale du tiers-état
par procès-verbal du 17 mars, présent mois,
pour être remis aux deux députés qui seront
nommés pour les représenter aux États géné-
raux (1).

Art. 1er. Lesdites villes, paroisses et communautés demandent que Sa Majesté assure la constitution de l'État, déclare, consacre et reconnaisse
dans les États généraux :

Que le pouvoir législatif appartient à la nation
assemblée en États généraux légalement convoqués et librement élus;

Que sa volonté générale étant la loi, le pouvoir
législatif en entier, soit en matière d'impôt, soit
en toute autre matière, appartient à la nation.

Art. 2. Que les droits de la nation soient irrévocablement établis et reconnus avant qu'il soit
accordé ou prorogé aucun subside de quelque
nature qu'il soit; qu'à l'avenir il n'en soit imposé
ni prorogé aucun sans le consentement exprès
des États généraux.

Art. 3. Que la périodicité des États généraux
soit établie et fixée à une époque certaine, et que
les emprunts ci-devant faits y soient examinés et
discutés pour n'avoir lieu qu'autant qu'ils seront
confirmés par eux.

Art. 4. Que les assemblées provinciales soient
converties en États provinciaux, qui seront constitués de manière que chaque paroisse puisse y
avoir une influence proportionnée à sa population, et que le tiers-état y ait un nombre égal de
députés à celui des deux autres ordres réunis, et
que les États généraux soient à l'avenir composés d'une députation de chaque État provincial.

Art. 5. Que le droit de représentation et de
promulgation pour la levée des subsides soit
attribué aux États provinciaux qui seront chargés
de répartir les impositions ; que l'assiette et la
perception en sera faite par les assemblées municipales, et que le versement s'en fasse directement dans le trésor de la nation par la voie des
messageries.

Art. 6. Que les États généraux assurent la
liberté individuelle des citoyens de manière qu'il
ne puisse être porté atteinte à la liberté particu
lière de chacun d'eux, qu'avec les formes et pour
les causes prononcées par les lois, sans que les
juges puissent modifier ni interpréter lesdites
lois, ni les causes être évoquées pour aucun motif, en déclarant les juges responsables envers la
nation de l'exercice de leur pouvoir.

Art. 7. Que les dépenses de chaque département
soient fixées, que les ministres soient à l'avenir
responsables de leur administration et tenus de
rendre compte tous les ans, aux commissaires
qui seront nommés par les États généraux, dont
moitié sera prise dans les deux premiers ordres,
et l'autre moitié dans celui du tiers-état, et en
cas de prévarication, que leur procès soit fait par
les parlements à l'exclusion de tous autres juges,
sur la dénonciation desdits commissaires ou des
États provinciaux.

Art. 8. Qu'il n'y ait plus à l'avenir d'impôts distinctifs des ordres, et que tous ceux de cette nature

(1) Nous publions ce cahier d'après un manuscrit des
Archives de l'Empire.

soient supprimés et remplacés par des subsides
qui seront également répartis sur tous les citoyens sans aucune exception et à raison de la
propriété de chaque commerce et industrie étrangère à l'agriculture.

Art. 9. Qu'il soit conservé au clergé et à la noblesse toutes les distinctions qui les honorent,
sans avilir le tiers-état.

Art. 10. Que la levée de la milice soit supprimée
comme opposée à la liberté des citoyens et contraire à l'agriculture.

Art. 11. Que les droits de la gabelle et des aides
soient supprimés.

Art. 12. Que toutes les douanes soient reculées
aux frontières du royaume.

Art. 13. Que tous les offices de jurés-priseurs
soient supprimés.

Art. 14. Que les banalités des moulins, fours et
pressoirs et tous autres droits seigneuriaux qui
laissent l'empreinte de l'ancienne servitude,
soient supprimés.

Art. 15. Que tous les cens, les rentes seigneuriales, tant en argent qu'en nature, toutes rentes
foncières inamortissables, de quelques titres
qu'elles procèdent et à quelquespersonnes qu'elles
appartiennent, soient remboursables au denier qui
sera fixé par les États généraux, et que le droit
de retrait féodal soit supprimé.

Art. 16. Qu'il en soit de même pour toutes espèces de dîmes inféodées, tous droits de champarts, terrage, moulte ou minaute, quintage, avou-
nage, lods et ventes, rachats, reliefs, quints et
requints et autres qui seront justifiés par titres
suffisants ou par les coutumes. Qu'à fur et à mesure desdits remboursements, les sujets soient
dispensés de rendre par aveu et déclaration, et
dans le cas où les seigneurs, pour la conservation
de leurs fiefs, voudraient y contraindre ces derniers, qu'ils ne le puissent faire qu'à leurs frais
et dépens.

Art. 17. Que toutes les justices seigneuriales,
tant laïques qu'ecclésiastiques et les sièges royaux
subalternes, soient supprimés ainsi que les notaires
et huissiers desdites justices seigneuriales.

Art. 18. Que toutes les municipalités des villes
en titre d'office, soient supprimées et qu'il en
soit établi d'électives à l'instar de celles des
paroisses.

Art. 19. Que, suivant le cahier des paroisses du
Vendômois, à l'exception des villes principales et
secondaires, qui ont été d'un avis différent, toutes les municipalités aient la connaissance de
toutes les contestations qui s'élèvent entre les
particuliers de leurs communautés pour les
affaires sommaires pour causes d'injures, querelles, dommages de bestiaux, lesquelles seront
jugées sans frais, sauf l'appel, et que lesdites municipalités aient le droit de police.

Art. 20. Que, conformément au cahier de Saint-
Calais, il soit formé, de six lieues en six lieues,
autant que faire se pourra par paroisses entières
et non par fiefs, le siège d'une juridiction royale,
au nombre des trois juges au moins, dont les fonctions seront inamovibles, excepté le cas de forfaiture, lesquels jugeront en dernier ressort jusqu'à la somme de 200 livres, et que les affaires
au-dessus soient portées par appel au plus
prochain présidial, pour y être jugées en dernier
ressort jusqu'à 4,000 livres, et que celles dont
l'objet excéderait 4,000 livres soient portées
à des parlements ou à des cours souveraines
placés à quarante lieues les uns des autres, de
manière qu'il n'y ait jamais que deux degrés de
juridiction; que le territoire de chaque juridic-

tion et les droits de chaque officier soient invariablement fixés pour prévenir les contestations qui naissent assez souvent entre eux à cette occasion.

Art. 21. Que le plus grand ordre soit établi dans l'administration de la justice ; que la procédure soit simplifiée ; que tous honoraires, vacations et salaires soient invariablement fixés par un tarif dont l'exécution serait confiée aux juges, et qu'il ne soit admis aucune grosse dans les expéditions de tous actes et procédures.

Qu'aucune sentence ni arrêt ne soient prononcés sans être motivés.

Art. 22. Qu'il n'y ait plus de tribunaux d'exception, d'attribution, d'évocation, de cassation ni de cours supérieures aux parlements.

Art. 23. Que la vénalité de toutes les charges de judicature, que les places, à la mort de chaque titulaire, soient données au mérite sur la présentation qui sera faite au Roi par les municipalités des villes où les sièges sont situés.

Art. 24. Qu'il soit nommé des commissaires pour réduire toutes les coutumes du royaume dans une seule, avec des modifications relativement à la manière de succéder, qui ne change l'ordre des choses que pour les générations futures. Que les partages de tous les biens nobles et roturiers, soient faits avec égalité entre roturiers ; qu'il n'y ait qu'une seule mesure et un seul poids dans tout le royaume; que toutes les lois, les ordonnances, les déclarations et règlements soient refondus dans un seul code, qui serait la matière des études des universités, dont la durée ne pourra être moins de deux ans pour les majeurs, et de trois ans pour les mineurs de vingt-cinq ans.

Art. 25. Que les peines portées par les anciennes ordonnances contre les faillites et banqueroutes, soient renouvelées et qu'il soit établi des règles invariables et une sévérité nécessaire pour anéantir et éloigner les désordres et les fraudes qui s'y sont accumulés, et qui sont le plus grand fléau du commerce.

Qu'il n'y ait plus de lieux privilégiés pour empêcher l'exécution des décrets de prise de corps.

Art. 26. Que les oppositions au bureau des hypothèques, vaudéront pendant dix ans, sans être obligé de les renouveler pendant cet espace de temps.

Art. 27. Que les droits de contrôle soient modérés ; qu'il soit établi une uniformité dans leur perception qui sera réglée par un tarif plus facile à saisir par les redevables, et qui les délivre de l'inquisition des préposés.

Art. 28. Que tous les droits de contrôle sur tous les actes des juges soient supprimés.

Art. 29. Que les droits de franc-fief, de centième denier, des successions collatérales, démissions et donations soient également supprimés.

Art. 30. Que les droits de centième denier sur les offices soient également supprimés sans recherche pour le passé.

Art. 31. Que tous les droits de péage, billette, godelage, plaçage, barrage et entrées des villes et autres de cette espèce, sur toutes les productions des campagnes soient supprimés.

Art. 32. Que les ordonnances qui obligent les laboureurs d'emporter tous les coutres de leurs charrues soient supprimées, attendu les abus et les vexations qui en ont été la suite.

Que cette suppression est d'autant indispensable que l'obligation d'enlever les coutres n'est point une loi générale, mais établie seulement dans quelques généralités et particulièrement dans la nôtre.

Art. 33. Que les intendants de provinces, et tous les agents de l'administration qui leur sont subordonnés soient supprimés, et que leurs fonctions soient attribuées aux États provinciaux.

Art. 34. Que les droits sur les fers, cuirs, papiers et cartons, huiles, savons, toiles et étoffes soient supprimés.

Art. 35. Que les vingtièmes sur les biens soient supprimés, en ce qu'ils ne sont répartis que sur les ordres de la noblesse et du tiers-état.

Art. 36. Que la taille, la capitation taillable, le second brevet de la taille et la prestation en argent représentative de la corvée, soient supprimés, et que, pour en tenir lieu, ainsi que des impôts ci-dessus dont on demande la suppression, il soit créé un ou plusieurs impôts qui seront répartis par une juste proportion sur tous les citoyens des trois ordres sans aucune distinction, et eu égard à leurs biens et facultés et industrie mercantile étrangère a l'agriculture.

Art. 37. Que lesdits impôts soient assis et déterminés, de manière à faire refluer les habitants inutiles des villes dans les campagnes, et que dans cette vue les châteaux, maisons de plaisance, parcs enclos, cours, jardins, avenues et issues, ne soient assujettis que sur le pied des meilleures terres de la paroisse et à raison du terrain qu'ils occupent sans avoir égard aux bâtiments.

Art. 38. Que sur la somme qui sera répartie sur chaque paroisse pour la prestation en argent représentative de la corvée, il en soit distrait le tiers pour la réparation des chemins de chaque communauté, et qu'il ne soit percé ni entrepris de nouvelles routes que celles commencées ne soient achevées.

Art. 39. Qu'aucun contribuable ne pourra, sous aucun prétexte, réunir en une seule taxe et en sa paroisse, les impositions qu'il pourrait devoir pour les héritages qu'il posséderait dans plusieurs paroisses.

Art. 40. Que la liberté du commerce soit accordée ; que les privilèges exclusifs soient abolis, les maîtrises supprimées et que le traité de commerce avec l'Angleterre soit modifié.

Art. 41. Que les domaines de la couronne puissent être aliénés ; que les aliénations antérieures de cent années soient confirmées, et que les échanges soient examinés ou discutés.

Art. 42. Que la liberté de la presse soit accordée ainsi et de la manière que les États généraux la fixeront.

Art. 43. Qu'il soit établi de quatre lieues en quatre lieues, autant que faire se pourra, des brigades de maréchaussée tant à pied qu'à cheval pour la sûreté publique, et servir d'escorte aux deniers de l'État; que ladite maréchaussée exécute les décrets et ordonnances des juges.

Art. 44. Que les peines infamantes ne puissent empêcher les enfants des condamnés d'entrer dans les ordres sacrés et les charges publiques.

Art. 45. Que les pensions accordées par le Roi soient discutées, que celles données à l'importunité sans mérite soient supprimées, que celles des riches soient réparties à ceux qui n'ont pas d'autres ressources.

Art. 46. Que les octrois qui se perçoivent sur les ventes des vins en détail dans les villes soient supprimés comme onéreux aux habitants des campagnes. Que cependant s'ils sont conservés, il soit accordé aux villes de Vendôme et de Mondoubleau la liberté d'en disposer en entier comme de leurs autres deniers patrimoniaux, sans avoir recours à aucune autorité.

Art. 47. Qu'il soit accordé aux cultivateurs le

droit d'avoir des armes pour la défense de leurs troupeaux contre les animaux sauvages et destructeurs.

Art. 48. Qu'il soit ordonné de renfermer les pigeons pendant les mois de mars et octobre, pour garantir les semences dont ils font un si grand dégât.

Art. 49. Que l'affirmation des gardes-chasses soit supprimée, en ce qu'ils sont presque toujours suspects et sans aveu, et que leurs procès-verbaux ne soient admis qu'autant qu'ils seront certifiés par deux témoins irréprochables, et jugés tels par les municipalités.

Art. 50. Qu'il soit établi des greniers publics dans les villes qui seront jugées convenables ; à cet effet, pour prévenir la cherté des grains, que chaque particulier puisse, dans des temps de disette, y en acheter à un prix raisonnable, et qu'on se serve des bâtiments des communautés qui pourront être supprimées.

Art. 51. Que toutes les loteries royales et autres soient supprimées.

Art. 52. Qu'il soit accordé une indemnité juste et raisonnable, indistinctement pour tous les terrains qui seront pris pour la confection des routes.

Art. 53. Qu'il soit établi une chancellerie dans le royaume pour délivrer les bulles et dispenses ecclésiastiques.

Art. 54. Que les dîmes ecclésiastiques soient supprimées et que, pour en tenir lieu, il soit payé aux curés une rétribution annuelle depuis 1,000 livres jusqu'à 2,000 et même au-dessus, à raison de la population des paroisses, et 600 livres à chaque vicaire, et que les domaines attachés aux cures, excepté leur presbytère et jardin, soient vendus pour acquitter les dettes de l'État, le montant des fondations préalablement acquitté ; qu'il n'y ait plus d'honoraires pour l'administration des sacrements, sépultures, publication de bans, etc., et que, dans le cas où la suppression desdites dîmes n'aurait pas lieu, elles rentrent dans la main des curés.

Art. 55. Que toutes les maisons conventuelles des deux sexes et de tous les ordres, excepté celles des mendiants, soient dorénavant composées de vingt sujets, évitant qu'il y ait plus d'une maison du même ordre dans chaque ville et qu'ils ne puissent augmenter leur nombre actuel.

Que toutes lesdites maisons soient sujettes à la juridiction des évêques.

Art. 56. Que l'âge pour les vœux de religion soit fixé à trente ans pour les hommes, à vingt-cinq pour les filles.

Art. 57. Que les revenus de chaque communauté d'hommes, composée comme ci-dessus, soient fixés à une somme de 20,000 livres, non compris leur logement et jardin, dont les réparations seront à leur charge.

Art. 58. Qu'il soit permis à chaque religieux actuellement engagé par des vœux de se séculariser, et qu'il soit accordé à chacun de ces derniers une pension viagère de 1,200 livres, et que, dans le cas où la suppression totale des ordres ci-dessus serait jugée plus avantageuse par les États généraux, il soit accordé à chaque individu une pension viagère de 1,500 livres.

Art. 59. Que les revenus de chaque communauté de filles; aussi composée du nombre vingt, soient fixés à une somme de 1,200 livres, non compris leur logement, jardin et enclos, et à la charge des réparations.

Art. 60. Que toutes les abbayes, prieurés en commende et bénéfices simples, soient supprimés à mesure de leur vacance, et que les biens en dépendant soient vendus au profit de l'État, ainsi que tous les biens des bénéfices claustraux desdites communautés, et que tous les revenus desdits biens jusqu'à leur vendition, soient régis au profit de l'État par les États provinciaux.

Art. 61. Que dorénavant les chanoines soient pris et nommés dans le nombre des curés de préférence aux autres ecclésiastiques.

Art. 62. Que les archevêques et évêques soient obligés de résider dans leur diocèse et que leur revenu soit fixé, savoir celui des archevêques à 30,000 livres, celui des évêques des diocèses d'une grande étendue à 25,000 livres et les autres à proportion.

Art. 63. Qu'immédiatement après ladite fixation tous les biens des archevêchés et évêchés, à l'exception de leurs palais épiscopaux, jardins et dépendances, soient également vendus au profit de l'État et régis par les États provinciaux jusqu'à leur vendition.

Art. 64. Qu'une partie des fonds provenant desdites venditions soit employée ou à agrandir les hôpitaux, les hospices de charité, ou à en établir de nouveaux, ou à former des collèges.

Art. 65. Que les arrêts du conseil, l'un de 1576 et l'autre de 1699, qui ordonnent la navigation de la rivière du Loir dans tout son cours, soient mis à exécution.

DEMANDES LOCALES.

Art. 66. Qu'il soit défendu à tous flotteurs de flotter aucun bois sur la rivière de Braye, depuis le 15 juin jusqu'au 1er août, attendu que ce flottage cause des inondations qui ravagent toutes les prairies qui la bordent et en mettent une grande partie hors d'état d'être fauchée.

Art. 67. Qu'il soit accordé aux habitants de la paroisse de Naveil près Vendôme que la réfection et entretien du pont construit sur la rivière du Loir qui divise leur paroisse, soit à l'avenir à la charge de l'État.

Art. 68. Qu'il soit ouvert un embranchement de routes de Saint-Calais à Vendôme et de Vendôme à Beaugency.

Art. 69. Qu'il soit établi à Vendôme un présidial avec son ancien ressort et celui de toutes les justices voisines y enclavées et sous les modifications de l'article 20 du présent cahier.

Art. 70. Qu'il soit établi dans la même ville et à Montoire, aux frais du gouvernement, des casernes pour un régiment de cavalerie.

Art. 71. Qu'il soit rétabli dans celle de Vendôme une imprimerie.

Art. 72. Qu'il soit accordé à M. le comte de Moreton-Chabrillant un tribunal légal pour le juger suivant les formes ordinaires et lui conserver sa place et son honneur ou lui faire perdre en même temps son honneur et la vie.

Art. 73. Qu'il soit accordé aux paroisses qui composent plusieurs communautés et qui donnent lieu à autant de rôles d'impositions séparés qu'il y a de communautés, de n'en plus composer à l'avenir qu'une seule, et qu'il n'y ait plus qu'un seul rôle.

Art. 74. Que les propriétaires de la rivière de Braye soient tenus d'y faire couper les herbes dans les premiers jours de juin, afin de prévenir les inondations.

Ensuite est écrit : Fait et arrêté par nous, commissaires soussignés, assemblés en la grande salle de l'hôtel de ville de Vendôme, qui nous a

BAILLIAGE DE VERDUN.

Des plaintes et remontrances de l'ordre du clergé du bailliage de Verdun, arrêté le 27 mars 1789, en l'assemblée générale dudit ordre, tenue au palais épiscopal. Monseigneur l'évêque, comte de Verdun, prince du Saint-Empire, président.

EXTRAIT.

Des liasses du greffe du bailliage royal de Verdun (1).

L'ordre du clergé du bailliage de Verdun, quoique privilégié, ne séparera pas ses intérêts de ceux des ordres de la noblesse et du tiers-état. Ses vœux ont pour objet essentiel le bien général auquel il se fera toujours gloire de subordonner les intérêts qui peuvent lui être particuliers. La première délibération qu'il a prise a prévenu les désirs du tiers-état, en offrant une contribution volontaire aux besoins de l'État dans la même proportion que celle de cet ordre, au soulagement duquel il a toujours désiré de concourir. Ce sacrifice a été l'expression de son amour pour le souverain, et de ses sentiments pour le tiers-état, que la nature, le patriotisme et la religion lui rendent cher.

C'est dans ces dispositions si convenables au ministère dont il est honoré, qu'après avoir proposé à Sa Majesté ses vues sur la religion, qui est le lien commun des trois ordres, il présentera les plaintes et remontrances qu'il a estimé convenables de faire sur l'administration générale du royaume, et sur l'administration particulière de la province.

CHAPITRE PREMIER.

Religion et clergé.

Art. 1er. Sa Majesté est suppliée de continuer à protéger, défendre, maintenir et faire respecter la religion sainte du royaume. Son intérêt, le bonheur de ses peuples l'en sollicitent, ainsi que sa propre gloire ; et c'est dans la plus intime persuasion de l'attachement de Sa Majesté à un devoir aussi essentiel, que l'ordre du clergé la supplie de renouveler et faire observer les lois sur la sanctification des dimanches et fêtes, trop généralement violées, celles concernant les blasphémateurs, le respect dû aux temples, et le maintien des bonnes mœurs, seules capables de former des citoyens utiles à l'État.

Art. 2. Le soin des pauvres est le plus digne des bontés paternelles de Sa Majesté, et celui dont elle s'occupe avec une sollicitude si touchante.

L'ordre du clergé désire que, dans chaque ville, bourg et village, il soit établi un bureau de charité pour le soulagement de la classe indigente ; qu'il soit fait des fonds, soit par des contributions volontaires, soit par un impôt proportionnel aux facultés des citoyens ; que le produit de la contribution volontaire ou de l'impôt, soit déposé entre les mains d'un notable choisi par la paroisse ; que la distribution de ce produit soit faite

d'après un tableau arrêté par le curé de la paroisse, les officiers municipaux, et les notables auxquels, sous la présidence du curé, cette administration soit confiée ; qu'en conséquence d'un établissement si louable et si utile, il soit interdit à tout nécessiteux de solliciter des secours autres que ceux qui leur seraient fournis par ces bureaux.

Art. 3. Le bonheur de la société dépend de la première éducation des individus qui la composent ; rien de plus digne des États généraux que l'établissement d'une bonne éducation publique.

L'ordre du clergé demande qu'elle soit confiée à des ecclésiastiques dans les ordres séculiers ou réguliers, sous l'inspection immédiate des évêques.

Art. 4. La loi donnée en faveur des non catholiques, n'ayant pas prononcé sur l'exercice du droit de patronage qu'ils peuvent prétendre à raison de leurs seigneuries,

Le clergé demande qu'il soit rendu une délibération par laquelle, dans le cas où le droit de patronage serait entre les mains d'un non catholique, à raison de son fief, ce droit soit dévolu à l'ordinaire, jusqu'à ce que le patronage puisse être exercé par un catholique.

Les seigneurs non catholiques se dessaisiront, sans peine, d'un droit qu'ils ne peuvent exercer d'une manière avantageuse à la religion dominante qu'ils ne professent pas, et qui, d'ailleurs, peut être contrarié par l'examen et le visa des ordinaires, sans lesquels un présenté, même par un catholique, ne peut être renvoyé en possession du bénéfice dont il est pourvu.

Art. 5. Le clergé demande que, conformément aux saints canons, pour le bien de la religion et pour celui de l'État, les bénéficiers soient astreints à la résidence.

Art. 6. Qu'en conséquence, le nombre des chanoines privilégiés soit restreint à la maison du Roi, conformément aux anciennes ordonnances.

Art. 7. Que la pluralité des bénéfices soit sévèrement interdite, et nonobstant tout indult contraire de la cour de Rome.

Art. 8. Que l'émission des vœux de la religion soit permise à dix-huit ans. Deux considérations militent en faveur de cette demande :

1° L'incertitude dans laquelle flotte un jeune homme, en attendant l'âge de vingt et un ans, le désœuvrement auquel il est livré, et les risques qu'il court d'altérer ses mœurs ;

2° L'utilité dont seraient les jeunes gens profès à dix-huit ans pour l'enseignement de la jeunesse, si les États généraux adoptent le projet désiré de confier les collèges aux ecclésiastiques, séculiers ou réguliers.

Art. 9. Que les conciles provinciaux, si utiles autrefois à l'église de France, si propres à maintenir l'intégrité de la foi, et la vigueur de la discipline, soient rétablis et convoqués de trois ans en trois ans, conformément à l'édit de 1579.

Art. 10. Que le clergé, attendu l'amortissement qu'il a payé, soit déclaré exempt du droit de nouvel acquêt.

Art. 11. Que le rang des curés, dans les cérémonies publiques, soit déterminé par un règlement uniforme pour tout le royaume.

Art. 12. Que les portions congrues soient fixées à 1,200 livres pour les curés, et à 600 livres pour les vicaires, attendu qu'il est juste de mettre entre les mains des pasteurs des moyens de soulager les pauvres confiés à leurs soins.

Les décimateurs demandent que l'augmentation de la portion congrue ne soit pas assise sur les dîmes, déjà surchargées d'obligations.

Art. 13. Qu'il soit pourvu à l'accroissement desdites portions congrues par la suppression, et réunion à cet effet, d'une ou deux menses abbatiales, ou par tous autres moyens abandonnés à la sagesse de Sa Majesté et des États généraux.

Art. 14. Que les curés de l'ordre de Malte jouissent de l'accroissement de la portion congrue ; qu'ils soient inamovibles et soumis à l'ordinaire, ainsi que les autres réguliers dont l'inamovibilité est également à désirer ; que les exceptions accordées audit ordre de Malte, par les lois de 1768 et 1786, soient révoquées et annulées.

Art. 15. Que le revenu des fabriques soit employé uniquement à la décoration des églises, et soumis à l'administration exclusive de l'ordinaire.

Art. 16. Que les remboursements des fonds appartenant aux fabriques, puissent être, de l'aveu de l'ordinaire, placés sur des particuliers aisés de la paroisse, pour accroître et favoriser l'agriculture.

Art. 17. Que les maîtres d'école soient à la nomination exclusive des évêques, sur la présentation des curés.

Art. 18. Qu'il soit établi, dans chaque diocèse, une école publique où les maîtres seront formés à l'instruction de la jeunesse de la campagne.

Art. 19. Que les règlements de police, pour les jours de fêtes et de dimanches, soient renouvelés, et que les curés puissent employer la maréchaussée pour maintenir l'exécution de ces règlements.

Art. 20. Qu'il soit combiné, dans les trois ordres, une loi qui pose de nouvelles bases pour la perception des dîmes.

Le clergé serait dédommagé du sacrifice que pourrait exiger de lui cette opération, par la satisfaction d'éviter quantité de procès, et de maintenir la paix si précieuse à son ministère.

Art. 21. Qu'il soit pourvu, par une pension de 800 livres, à la subsistance des curés que le grand âge ou des infirmités rendent incapables d'exercer le ministère.

Art. 22. Que les ecclésiastiques du second ordre, nobles ou roturiers, ne soient plus exclus des dignités. Aucunes lois ne les en éloignent ; mais, dans le fait, ils en obtiennent peu, quoique le mérite et la vertu soient de tous les états.

Art. 23. Que, dans tous les diocèses, il soit établi une chambre ecclésiastique pour la répartition de l'impôt auquel l'ordre ecclésiastique se soumet volontairement, ainsi qu'il est porté par sa délibération sur cet objet; que cette chambre soit présidée par l'évêque diocésain, et composée d'égal nombre de députés de toutes les classes de bénéficiers, librement choisis par chacune d'elles.

Art. 24. Que les monitoires ne soient accordés que pour les crimes les plus graves, conformément aux ordonnances anciennes et nouvelles ; que la nécessité d'user de ce moyen extraordinaire ne soit jugée que par les tribunaux souverains, ou qu'il soit permis aux officiaux de refuser les monitoires aux tribunaux inférieurs, sans pouvoir être pris à partie.

Art. 25. Que les économats soient supprimés ; que les bénéfices consistoriaux soient soumis à la même règle que ceux qui, jusqu'à présent, n'ont point été soumis aux économats. A cet effet, que le scellé ordinaire soit apposé sur les effets de la succession du titulaire du bénéfice consistorial, pour assurer à ce bénéfice le gage des réparations.

Cette formalité est moins à redouter que les frais immenses du séquestre de l'économe général.

Art. 26. Que Sa Majesté veuille bien ne plus priver les bénéfices des titulaires, en les retenant aux économats ou ailleurs. Ce dépôt fait jusqu'à présent contraire aux vrais principes, et cause au clergé de justes alarmes.

Art. 27. Qu'il ne soit plus accordé de lettres patentes pour autoriser les mutations, baux emphytéotiques, baux à cens, échanges, ventes de biens, sans le consentement des évêques ; qu'il soit, sur cet objet important à la conservation des biens de l'Église, fait une loi qui soumette les arrangements si préjudiciables aux intérêts du clergé, à un examen sévère; et que cette loi interdise surtout la voie des homologations simples aux cours souveraines.

Art. 28. Que l'arrêt du conseil du 5 septembre 1785, qui oblige les ecclésiastiques à passer à l'enchère, et en présence des subdélégués de l'intendant, les premiers baux des nouvelles constructions ou reconstructions, soit révoqué. Ces entraves nuisent à la propriété, et offrent aux domaines des moyens vexatoires que la sagesse des lois doit prévenir.

Art. 29. Que la déclaration de 1724, concernant les maîtres et maîtresses d'école, soit remise en vigueur.

Art. 30. Que les privilèges honorifiques et personnels du clergé soient conservés.

Art. 31. Qu'attendu que les prébendes canoniales sont de véritables titres de bénéfices, l'article du règlement du 24 janvier, qui n'accorde aux chapitres qu'un député aux élections pour les États généraux, soit révoqué, et que tous bénéficiers en titre jouissent, à l'avenir, du droit de voter auxdites élections.

Art. 32. Que la prestation de serment, à laquelle les ecclésiastiques des Trois-Évêchés sont assujettis, lorsqu'ils sont nommés à quelque bénéfice, soit supprimée comme injurieuse à la fidélité dont lesdits ecclésiastiques font profession envers Sa Majesté, ainsi que les autres ecclésiastiques du royaume.

Art. 33. Que, pour exciter l'émulation dans la classe indigente des citoyens, et procurer à l'Église les bons sujets que renferme cette classe, il soit avisé aux moyens de fonder des places gratuites dans les séminaires et dans les collèges.

Art. 34. Que le droit de déport, dont jouissent les archidiacres, soit supprimé, et qu'il soit pourvu à la dotation de ces titres et dignités.

(Mgr l'évêque de Verdun, MM. les archidiacres et les chapitres s'opposent à cette demande formée par les curés.)

Art. 35. Que les établissements consacrés à la religion, et notamment tous les ordres religieux, soient conservés. La religion, la justice et la saine politique même appuient cette demande.

Art. 36. Qu'il y ait des prêtres dans tous les endroits où il y a église; et qu'au cas que cette demande ne soit pas accordée, il soit statué une augmentation.

Art. 37. Qu'à raison de l'offre faite par le clergé de contribuer aux besoins de l'État en proportion de ses revenus, comme le tiers-état, le clergé jouisse de la liberté de louer et faire valoir ses biens, comme la noblesse et le tiers-état.

Art. 38. Que les religieux, après la mort de leur abbé commendataire, soient chargés de l'administration des biens de la commende.

Art. 39. Que l'estimation du lot de l'abbé commendataire soit faite en grain, et le payement d'icelui en argent, selon les mercuriales de chaque année.

Art. 40. Qu'en l'absence des seigneurs, les curés soient les présidents des assemblées municipales de leurs paroisses. On doit cette distinction à leur état, et le bien du service la sollicite en leur faveur.

Art. 41. Que les doyens ruraux soient élus par les curés de chaque décanat, à la pluralité des suffrages, sous la présidence de l'ordinaire, ou d'un commissaire par lui délégué.

(Mgr l'évêque de Verdun s'oppose formellement à cette demande, comme attaquant ses droits.)

Art. 42. Qu'à l'avenir il ne soit plus mis de pensions sur les prébendes et autres bénéfices à résidence.

CHAPITRE II.

Administration générale du royaume.

Art. 1er. Que les Etats généraux soient, à l'avenir, convoqués et assemblés à époques fixes, qui seront déterminées par eux-mêmes.

Art. 2. Qu'aucun impôt ne soit établi que du consentement des Etats généraux.

Art. 3. Que les Etats généraux ne puissent consentir aucun impôt, que pour un temps limité, et proportionnellement aux besoins de l'Etat.

Art. 4. Que les Etats-généraux puissent seuls faire ou consentir un emprunt quelconque.

Art. 5. Que les Etats généraux constatent exactement :

1° La dette nationale.

2° Toutes les dépenses annuelles de l'Etat.

3° Le produit des impôts quelconques, actuellement existants.

Art. 6. Que les Etats généraux acceptent et garantissent la dette nationale qui sera reconnue, et pourvoient à la manière de l'acquitter sur le produit de l'impôt.

Art. 7. Qu'il soit avisé, par les Etats généraux, aux moyens d'établir un impôt unique et pécuniaire.

Art. 8. Qu'il ne soit procédé, par les Etats généraux. à la fixation de la quotité de l'impôt unique, qu'après avoir arrêté les retranchements et les économies qu'on peut faire dans toutes les parties de l'administration.

Art. 9. Que les Etats généraux ne consentent aucun impôt, que les griefs de la nation ne soient redressés.

Art. 10. Que les échanges faits depuis 1740 soient examinés par les Etats; que ceux où il y a lésion, soient annulés, et qu'il n'appartienne qu'aux Etats généraux d'en faire à l'avenir.

Art. 11. Que Sa Majesté veuille bien déterminer elle-même la somme annuelle qu'elle jugera nécessaire pour la dépense de sa maison, de celle de la reine, et de celle de la famille royale.

Art. 12. Que, sur l'état présenté aux Etats généraux des appointements des gouverneurs et commandants de province, des lieutenants de roi et majors de place, ces appointements soient réduits dans une juste proportion des services.

Art. 13. Que les pensions soient diminuées, et que la liste de celles qu'on accordera à l'avenir soit annuellement imprimée, avec mention des causes pour lesquelles on les accordera.

Art. 14. Que le compte de l'administration des finances soit rendu public, tous les ans, par voie de l'impression.

Art. 15. Que la propriété de tous citoyens soit déclarée sacrée et inviolable, en sorte qu'aucun établissement, soit civil, soit ecclésiastique, qui a une existence légale dans le royaume, ne puisse être détruit sans le consentement des Etats généraux.

Art. 16. Que la liberté individuelle des citoyens soit assurée par la suppression des lettres de cachet.

Art. 17. Qu'il soit établi des lois favorables à l'agriculture et au commerce.

Art. 18. Qu'il soit défendu à tout particulier, les seigneurs exceptés, d'avoir troupeaux à part.

Art. 19. Que, pour rapprocher la justice des justiciables, il soit établi un tribunal souverain dans chaque province.

Art. 20. Qu'il soit mis un frein à la liberté de la presse, infiniment dangereuse dans une monarchie, surtout en matière de gouvernement et de religion.

CHAPITRE III.

Administration de la justice.

Art. 1er. Que la vénalité des charges de judicature et les épices soient abolis.

Art. 2. Que l'enregistrement de l'impôt n'ait lieu dans aucun tribunal, du moment qu'il sera consenti par les Etats généraux.

Art. 3. Qu'il soit formé un nouveau code de législation, soit civil, soit criminel.

Art. 4. Que, pour diminuer les frais de la justice, les formes en soient simplifiées.

Art. 5. Que la religion du serment ne soit plus exposée ; et que, par conséquent, le serment ne soit plus exigé des accusés.

Art. 6. Qu'il soit donné un conseiller aux accusés, et des dédommagements aux détenus injustement.

Art. 7. Que la confiscation des biens des condamnés au préjudice des héritiers innocents, soit abolie.

Art. 8. Qu'il soit avisé aux moyens d'obvier aux suites désolantes qu'entraîne l'opinion, injuste et cruelle, qui flétrit les familles des suppliciés.

Art. 9. Que toutes les prisons d'Etat soient supprimées, et les autres rendues saines et habitables.

CHAPITRE IV.

Administration particulière de la province.

Art. 1er. Que la province des Trois-Evêchés et du Clermontois soit érigée en Etats provinciaux, sous la dénomination d'Etats d'Austrasie.

Art. 2. Que les Etats provinciaux ne soient composés que de membres élus librement par leurs ordres, et dans la même proportion entre les ordres que celles établies pour les Etats généraux.

Art. 3. Qu'il y ait un receveur de l'impôt dans chaque chef-lieu de département, et un receveur général près les Etats provinciaux, lequel versera directement au trésor royal.

Art. 4. Que les Etats provinciaux soient tenus de rendre publics, tous les ans, les états de recette et de dépense, par la voie de l'impression.

Art. 5. Qu'en cas de non-aliénation des domaines, l'administration en soit confiée aux Etats provinciaux.

9

Art. 6. Qu'il soit établi, dans chaque arrondissement de la province, un chirurgien stipendié, pour soulager la classe la plus indigente des citoyens.

Art. 7. Qu'il soit établi pareillement, dans chaque département, une sage-femme qui ait fait un cours public d'accouchement, et puisse instruire et former toutes les sages-femmes du département.

Art. 8. Qu'il soit également établi un chirurgien vétérinaire dans chaque département.

Art. 9. Que, pour ranimer l'agriculture dans la province, l'édit de 1768, qui autorise le partage des communes et la clôture des prés, soit retiré.

Art. 10. Que, pour la même fin, il soit pourvu à la formation de chemins vicinaux, et à l'entretien de ceux qui existent.

Art. 11. Que le tarif des droits de contrôle soit modéré, simplifié, rendu intelligible, imprimé, publié et déposé dans tous les greffes des municipalités.

Art. 12. Que les barrières ne soient jamais reculées aux frontières du royaume.

CHAPITRE V.

Suppressions demandées.

Art. 1er. Des aides et gabelles.
Art. 2. De la ferme générale.
Art. 3. Des receveurs des finances.
Art. 4. De tous privilèges exclusifs, et notamment de ceux des messageries.
Art. 5. Des jurés-priseurs, odieux au peuple, parce qu'ils lui sont onéreux.
Art. 6. Des haras, établissement pernicieux à l'agriculture.
Art. 7. De partie des usines à feu, qui portent le bois à un prix excessif.
Art. 8. Des droits de transit et autres, qui gênent la liberté du commerce.
Art. 9. Des eaux et forêts; en donner l'administration aux Etats provinciaux, et le contentieux aux bailliages.
Art. 10. Des loteries, comme faisant des dupes, et entraînant la ruine de beaucoup de familles.
Art. 11. Des recherches des commis du contrôle, au delà de trois ans.
Art. 12. Des charges qui donnent la noblesse; elle doit être accordée gratuitement au seul mérite.
Art. 13. Du bureau des finances; en attribuer les fonctions aux Etats provinciaux.
Art. 14. Des privilèges des employés de la ferme, si on les conserve.
Art. 15. Des logements, ustensiles, etc., aux gouverneurs, commandants et autres officiers non résidents.

Demande particulière.

Que les barrières ne soient jamais reculées aux frontières du royaume.

Fait et rédigé par nous, commissaires soussignés, au palais épiscopal de Verdun, sur les cahiers de plaintes, doléances et remontrances, qui nous ont été remis par les différents corps et membres composant l'assemblée générale de l'ordre du clergé, le 27 mars 1789.

Ainsi signés : P. Jobart, abbé de Châtillon ; D. Conscience, abbé de Saint-Airy ; de Bassinet ; d'Obersec ; Martin ; Coster le jeune ; Baudot, curé de Saint-Pierre ; Langelé ; Herbillon, curé de Saint-Médard ; Dupont, curé de Naiseray ; N. Leroi, curé de Marville ; Jacquot, aumônier de la cathédrale; François, chapelain de la Transfiguration,

en la cathédrale, et curé de Rouvroy-sur-Othin, et Maugin, secrétaire.

Le présent cahier de plaintes et remontrances, consistant en six feuilles, a été arrêté définitivement en l'assemblée générale du clergé, cejourd'hui 28 mars 1789 ; arrêté, en outre, que l'original en sera déposé aux archives du clergé pour y avoir recours, le cas échéant ; et que copies conformes en seront expédiées, par le secrétaire de l'assemblée, aux commissaires du Roi, et au député du clergé qui sera élu. Signé par monseigneur le président, et contre-signé par le secrétaire.

Collationné par nous, conseiller du Roi, greffier en chef du bailliage royal de Verdun, sur la minute d'icelui, déposée au greffe dudit siége. Signé : Collard.

Nous, Christophe-Polycarpe Georgia, conseiller du Roi, lieutenant général au bailliage royal et siège présidial de Verdun, certifions à tous qu'il appartiendra que messire Collard, qui a signé l'expédition du cahier ci-dessus, est conseiller du Roi, greffier en chef audit bailliage, et que foi doit être ajoutée à sa signature, tant en jugement que dehors. Donné à Verdun, en notre hôtel, le 6 avril 1789.

VŒU DE LA NOBLESSE DU BAILLIAGE DE VERDUN (1)

Etats généraux.

Art. 1er. Que le retour périodique, à époque déterminée, pour les Etats généraux, soit fixé par eux, sauf les tenues extraordinaires que pourraient exiger un changement de règne, ou une régence, ou des besoins urgents.

Art. 2. Que l'opinion par ordre soit établie, à moins que le député ne soit obligé d'acquiescer à l'opinion par tête, d'après le vœu des Etats, pris dans chacun des ordres.

Liberté.

Art. 3. Que la liberté individuelle des citoyens, d'où résulte l'abolition des lettres de cachet, soit établie.

Art. 4. Que le droit de n'être traduit que devant ses juges naturels soit fixé par une loi.

Art. 5. Que la liberté des propriétés soit respectée, avec les réserves dues aux objets du bien public, sauf les indemnités préalables, à dire d'experts, non nommés d'office.

Art. 6. Que le dépôt des postes aux lettres soit déclaré inviolable.

Art. 7. Que la liberté de la presse soit admise, sauf les modifications jugées nécessaires par les Etats généraux.

Impôt.

Art. 8. Qu'aucun impôt ni emprunt ne puissent être établis, prorogés ou changés de nature, sans le consentement des Etats généraux, auxquels seuls appartiendra le droit d'en déterminer la mesure, d'en fixer le terme, et d'en surveiller l'emploi ; et que ceux qui frapperont sur le luxe soient préférés.

Art. 9. Que les impôts qui affecteront le produit de la terre soient exactement proportionnés au produit net; qu'ils en excluent toute idée d'arbitraire et d'exemption ; que, dans le choix, on préfère ceux dont la perception est exposée à moins de non-valeur, plus facile et moins dispendieuse.

Que les contrats suivent la même proportion ; qu'il soit demandé un règlement qui fixe les intérêts respectifs du propriétaire et de son fermier, pour les baux antérieurs à l'impôt et ceux des débiteurs et des créanciers.

Art. 10. Quant aux impôts qui frappent sur le commerce, les émoluments d'office, et autres produits industriels, comme ils ne présentent aucune base fixe, demander qu'ils soient imposés de manière à maintenir la loi d'égalité entre le propriétaire foncier et les propriétaires de richesses mobilières.

Art. 11. Qu'il n'y ait, pour aucune espèce d'impôt, aucun abonnement général ou particulier.

Art. 12. Que l'égalité de contribution soit établie entre tous les ordres, sans distinction de privilèges pécuniaires, qui pourraient être réclamés pour les domaines, apanages, biens du clergé, et pour ceux de l'ordre de Malte ; en sorte que l'imposition, la répartition, la surveillance et le versement soient communs aux trois ordres.

Art. 13. Que les créanciers de rentes perpétuelles ou viagères sur l'Etat, soient soumis à des retenues proportionnelles à l'impôt ; sauf celles qui ont essuyé des réductions équivalentes; et que les intérêts perpétuels de ces créances soient réduits au taux courant.

Art. 14. Que, pour subvenir aux calamités imprévues, il soit imposé une somme par les Etats généraux, surveillée et répartie par les Etats provinciaux; laquelle sera représentative des fonds libres de la capitation, et des fonds variables de la taille, qui y sont actuellement attachés.

Art. 15. Que les contrats obligatoires et authentiques, portant intérêt quoique remboursables à époque convenue, soient autorisés par les Etats généraux, sauf la fixation de l'intérêt à déterminer par eux.

Art. 16. Que la dette publique ne sera sanctionnée qu'après en avoir reconnu l'origine, la nature et l'étendue.

Art. 17. Que la fixation des fonds destinés à chaque département, la publicité annuelle des comptes de finance, et, par suite, la responsabilité des ministres, soit établie par les Etats généraux.

Art. 18. Que la discussion des objets ci-devant énoncés précède toute autre délibération, même la concession de l'impôt.

Etats provinciaux.

Art. 19. Que les Etats provinciaux soient établis sur un plan uniforme, relativement à la population de chaque province, et que ceux des Trois-Evêchés et du Clermontois prennent le nom d'Etats d'Austrasie.

Art. 20. Que tout ce qui a rapport au contentieux, à la répartition, aux recouvrements et versement des deniers publics, soit administré par les Etats provinciaux; d'où résultera la suppression des attributions des intendants, des receveurs et des compagnies de finances, avec remboursement.

Art. 21. Que les travaux publics, l'ordonnance de leur payement, l'autorité dans l'exécution sur les ingénieurs des ponts et chaussées, et la fixation de leurs émoluments, soient réservés aux Etats provinciaux.

Barrières.

Art. 22. Que les barrières soient reculées aux frontières extrêmes, avec l'établissement d'un tarif unique fixé sur des bases politiques et non bursales, consenti par les Etats généraux

Art. 23. Que tous les bureaux intérieurs de douanes, traites, péages et droit de transit, soient supprimés, à charge d'évaluation et remboursement des péages patrimoniaux.

Art. 24. Que la suppression de la gabelle soit prononcée, et qu'après avoir payé aux salines le prix du sel fixé par les Etats généraux, il puisse être marchand, sous la surveillance des Etats provinciaux.

Art. 25. Que la suppression des aides soit demandée.

Art. 26. Que la liberté du commerce et de l'industrie ne puisse plus être gênée par les privilèges exclusifs, y compris celui des messageries, et par les jurandes dont on demandera la suppression.

Art. 27. Que l'établissement de l'uniformité, dans tout le royaume, des poids, mesures et jauges soit sollicité.

Art. 28. Que la suppression des loteries soit demandée.

Art. 29. Que celle des haras provinciaux soit sollicitée.

Art. 30. Qu'après l'examen des revenus et des dépenses des villes, les Etats provinciaux soient autorisés à faire supprimer les octrois, ou à les faire réduire.

Art. 31. Qu'il soit accordé un tarif clair et modéré des contrôles et insinuations, avec proscription de toutes recherches au bout de trois ans.

Art. 32. Que les juges des traites et foraines soient supprimés, sauf les remboursements, et que les chambres établies par autorité du conseil pour le jugement des contrebandiers, le soient de droit.

Art. 33. Que la suppression des jurés-priseurs, vendeurs de meubles, soit accordée au vœu général, avec remboursement.

Domaine.

Art. 34. Que l'examen des domaines soit demandé, pour faire, avec les engagistes, de nouvelles conditions, si les actuelles sont préjudiciables aux intérêts du Roi.

Art. 35. Qu'il soit procédé à la révision des échanges et concessions desdits domaines.

Eaux et forêts.

Art. 36. Que la suppression des maîtrises des eaux et forêts soit demandée; que la gruerie soit rendue aux justices locales, sous l'inspection des Etats provinciaux.

Art. 37. Que les droits d'amortissement soient abolis.

Art. 38. Qu'il soit demandé de porter à six mois les délais établis par l'édit concernant le tableau des hypothèques.

Jurisprudence.

Art. 39. Que les députés soient autorisés à accueillir le nouveau code civil et criminel annoncé.

Art. 40. Que les lettres de surséance ne puissent être accordées que par les juges locaux, et après la connaissance d'une nécessité absolue.

Art. 41. Que l'on abolisse la finance des charges de judicature, à mesure de vacance par mort, avec remboursement aux héritiers; que le droit d'élection soit réservé à chaque siège, qui ne pourra présenter au Roi que des sujets âgés de trente ans, ayant exercé pendant cinq ans la profession d'avocat, et que les émoluments soient fixés par un tarif général.

Art. 42. Que la suppression des offices inutiles à l'administration de la justice soit demandée.

Art. 43. Qu'il soit accordé aux présidiaux une augmentation d'attribution.

Art. 44. Qu'il soit demandé un règlement qui fixe à six mois la durée des décrets forcés, qui en diminue les frais, et supprime les directions.

Art. 45. Que les amendes prononcées pour quelque délit que ce soit, les épices et dommages et intérêts, ne puissent être surchargés d'aucun droit fiscal.

Art. 46. Que l'abolition des droits de *committimus* et d'évocation soit demandée.

Noblesse.

Art. 47. Que les droits, privilèges et prérogatives personnels soient conservés à la noblesse.

Art. 48. Que la noblesse que donnent les offices des cours souveraines, ne puisse être transmissible qu'à la quatrième génération, par assimilation aux règlements faits pour la noblesse militaire.

Art. 49. Qu'il sera indispensable de demander la suppression éventuelle des offices des chancelleries et bureaux des finances qui donnent la noblesse, sauf le remboursement, et sans effet rétroactif ; que la noblesse ne puisse plus s'obtenir que par ceux qui auront rendu des services importants au Roi ou à la patrie, ou qui auront fait fleurir le commerce.

Art. 50. Qu'il soit accordé aux États provinciaux le droit de vérifier les titres de noblesse, en classer les membres, et s'opposer aux usurpations.

Militaire.

Art. 51. Qu'il soit fait des réductions dans les gouvernements, commandements, états-majors des places, à mesure de vacance par mort, et qu'il ne soit point accordé de survivance.

Art. 52. Que les traitements et les émoluments payés par les provinces ou villes aux gouverneurs ou officiers des états-majors des places, et à tous autres officiers non résidents, perçevant logement en argent, soient abolis au renouvellement des titulaires.

Art. 53. Que les forces militaires de terre et de mer soient proportionnées aux besoins de l'État.

Art. 54. Que l'on rédige les ordonnances militaires d'après les principes de l'esprit national.

Art. 55. Que les États généraux veuillent bien pourvoir à l'instruction de la jeune noblesse, lorsqu'elle débute dans la carrière militaire, et à l'éducation morale des soldats.

Art. 56. Que l'on demande la révision de toutes les pensions militaires et autres, et des réductions dans celles qui en seront susceptibles.

Art. 57. Que les États généraux déterminent un règlement pour la formation des milices, et que l'exécution et la surveillance soient confiées aux États provinciaux.

Art. 58. Que toutes forces militaires ne puissent être employées que pour la sûreté et la défense de l'État, et non pour l'oppression des citoyens, excepté pour cause de troubles publics.

Clergé.

Art. 59. Qu'en conséquence de l'ordonnance d'Orléans, les annates, et même les dispenses en cour de Rome, soient supprimées.

Art. 60. Que la suppression, par extinction, des ordres mendiants, soit demandée.

Art. 61. Qu'aucuns religieux ne puissent être soumis à l'avenir à un général étranger, mais à l'évêque diocésain et à ses supérieurs majeurs régnicoles.

Art. 62. Que le casuel non fixe, que perçoivent les curés, soit supprimé.

Art. 63. Que l'on demande l'érection des annexes et succursales en cures, et qu'on fasse autoriser les États provinciaux, conjointement avec les évêques, à former ces établissements, à mesure qu'ils en trouveront les moyens.

Art. 64. Que tous les bénéficiers soient obligés de résider dans le lieu de leurs bénéfices, sauf les dispenses légitimes.

Art. 65. Que la proscription de la pluralité des bénéfices soit demandée.

Art. 66. Qu'il soit pourvu, par les États généraux, au supplément des revenus des fabriques, qui ne suffisent point à leurs charges, par la réunion des bénéfices simples de collation ecclésiastique.

Art. 67. Que l'on demande la réduction éventuelle des revenus des abbayes en commende, qui passeront 12,000 livres de rentes, net, et que le surplus soit employé en pensions ecclésiastiques, dotations de cures et établissements de caisses de charité, sous l'inspection de l'ordinaire et des États provinciaux.

Collège.

Art. 68. Que l'éducation publique des deux sexes soit confiée aux religieux et religieuses rentés, ou à leur charge, sous la surveillance commune des États provinciaux et de l'ordinaire.

Agriculture.

Art. 69. Que les États généraux prennent sous leur protection et encouragement l'agriculture, par l'exécution de l'édit de 1769, concernant les clôtures, comme moyen puissant d'amélioration.

Art. 70. Que les échanges des fonds particuliers, et ceux des gens de mainmorte, même avec des particuliers, soient facilités, avec la réserve des précautions à fixer, et par la suppression ou modération du droit du fisc.

Travaux publics.

Art. 71. Que les États généraux soient sollicités d'aviser aux moyens d'établir des ateliers publics suffisants, toujours ouverts aux pauvres qui seront en état de travailler, et qui seront salariés proportionnellement aux prix des denrées de première nécessité, sous la direction des États provinciaux.

Tels sont les vœux de la noblesse verdunoise, dictés par son désintéressement, son respect pour la propriété, et son attachement au bien public.

Signé par nous, président, commissaires-rédacteurs, membres de l'assemblée, et secrétaire.

Signé Le comte DE WIGNACOURT, *président.*

Commissaires-rédacteurs.

De La Lance ; de La Court de Pintheville ; d'Anobly ; Drouat de Villay ; Bermond d'Espondeilhan ; de La Pêche.

Membres de la noblesse.

D'Alnoncourt ; Grenet de Florimond ; chevalier de Villavicensie ; Montendre ; chevalier de Puy Gueffier ; le chevalier de Huvé ; comte Dessolfy ; La Lance de Fromeréville ; de Roton ; Fournel de Rouvaux ; le chevalier de La Lance de Villers ; de Goullon ; Puy Gueffier ; d'Attel de Winsberg ; de Jandin ; le chevalier de Manheulle ; L.-J. Henry ; Rouyer ; Aubermesnil ; le président Henry ; Garaudé, président ; de Carrey d'Asnières ; de Condé ; de Manheulle ; de Rouyn ; Hemard le jeune ; Cognon ; Garaudé de Colvigny ; Hémard l'aîné ; Desgodins de Souhemme ; Pierre de Puy Gueffier ; de Carrière ; Hémard ; chevalier de Grimoard ; le chevalier de Corday Desgodins; Lassus; Dugaz ; Sabardin de Watronville; Hallot ; Tardif du Désert ; Le Bachellé ; de Bounay de Nonancourt : Boutteville, secrétaire.

CAHIER

De l'ordre du tiers-état du bailliage de Verdun.

Nota. Ce cahier ne se trouve pas aux *Archives de l'Empire*. Nous le demandons à Verdun, et nous l'insérerons ultérieurement si nous parvenons à nous le procurer.

BAILLIAGE DE VERMANDOIS.

CAHIER

Des doléances et remontrances du clergé du bailliage de Vermandois, pour les Etats généraux qui doivent se tenir à Versailles le 27 avril 1789 (1).

CLERGÉ DE LAON, CHEF-LIEU DU BAILLIAGE DE VERMANDOIS.

Le clergé du bailliage de Vermandois, assemblé à Laon, en exécution des ordres du Roi, contenus dans la lettre de convocation des Etats généraux, datée de Versailles, le 24 janvier 1789, et dans le règlement y annexé, demande :

1° Que le Roi soit très-humblement remercié d'avoir accordé aux vœux et aux besoins de la nation la convocation des Etats généraux.

2° Que tous les principes qui jusqu'ici ont servi de fondement à la constitution française, soient maintenus et conservés ; que, par conséquent, il ne soit introduit aucune innovation qui tende à détruire ou altérer l'essence d'un gouvernement monarchique tel que le nôtre, et que l'on ne propose d'autres changements que ceux qui seraient nécessaires pour empêcher les abus, assurer de plus en plus la propriété et la liberté individuelle, et faire que ses impôts n'excèdent ni les besoins de l'Etat, ni les facultés des contribuables.

3° Qu'il soit reconnu comme un des principes constitutifs de la monarchie, qu'il existe en France trois ordres distincts, égaux en pouvoir et indépendants l'un de l'autre : le clergé, la noblesse et le tiers-état.

4° Que puisqu'après un si long intervalle, le Roi a bien voulu accorder à la nation des Etats généraux, comme un remède aux maux présents, Sa Majesté soit suppliée d'en accorder aussi le retour périodique à des époques déterminées par lesdits Etats.

5° Que dans les Etats généraux, non-seulement chacun des trois ordres, mais encore les différentes classes de ces ordres, aient une représentation suffisante et non disproportionnée ; conséquemment, qu'à l'avenir les chapitres séculiers et les communautés régulières n'aient plus à se plaindre de se voir traités, à cet égard, d'une manière moins favorable que les titulaires des simples chapelles.

6° Que Sa Majesté daigne accorder à la nation des Etats provinciaux, ou du moins conserver les assemblées provinciales, et les organiser de manière à y assurer à tous les ordres une représentation légale et suffisante.

7° Que dans les Etats généraux qui vont se tenir, la dette contractée par le gouvernement soit vérifiée, reconnue, et déclarée dette nationale ; qu'elle soit répartie sur les différentes provinces, dans une proportion relative à la population, à la richesse foncière, et aux ressources de chacune d'elles, et que chaque province forme les fonds et fixe l'époque de sa liquidation.

8° Qu'à l'avenir il ne soit établi aucun impôt que du consentement de la nation, représentée par les Etats généraux, et s'il arrivait que quelque circonstance imprévue demandât des secours prompts et extraordinaires, qu'il y soit pourvu par la voie d'un emprunt, dont la nécessité, la quotité et l'emploi seront soumis à l'examen des Etats généraux les plus prochains.

9° Que la partie la plus pauvre du peuple soit soulagée, et qu'en conséquence les impôts les plus onéreux et destructifs de l'industrie, du commerce et de l'agriculture, tels que la gabelle, les aides, et quelques autres impôts indirects, soient supprimés, sauf à y suppléer par d'autres moins préjudiciables et moins onéreux ; que les impôts, autant que faire se pourra, tombent sur les objets de luxe et de fantaisie ; que le contrôle soit conservé pour la sûreté des actes publics, mais réglé et modifié ; que les douanes et barrières soient portées à l'extrémité du royaume ; qu'on s'assure, chaque année, de l'emploi des subsides consentis pour la confection des grands chemins, sur le rapport des municipalités intéressées.

10° Que l'impôt que doit supporter chaque province, une fois fixé, les Etats provinciaux soient chargés de sa répartition, de sa perception et du versement direct de son produit au trésor royal ; et que, dans chaque lieu, la répartition soit faite par un certain nombre de commissaires choisis par les contribuables ; que les rôles soient publiés, et que les cotes puissent être confrontées par tous ceux qui croiront y avoir intérêt.

11° Que l'on trouve un moyen d'assujettir à l'impôt les propriétés fictives aussi bien que les propriétés foncières.

12° Que l'impôt soit levé sur tout, sans exception ni exemption aucune.

13° Que les fonds destinés à chaque département soient fixés par les Etats généraux ; que les ministres soient responsables des fonds destinés à leurs départements respectifs ; qu'ils en soient aussi comptables, et que leurs comptes soient publiés tous les ans.

14° Que les dons, pensions et gratifications de chaque département soient diminués ou modérés autant que le demandent les besoins actuels de l'Etat, et que le demandera toujours une sage administration.

15° Que les grâces ecclésiastiques, civiles et militaires, qui sont en la main du Roi, soient partagées entre les différentes provinces, et qu'il soit pris de justes mesures pour désormais ne les accorder qu'au mérite, et que tout citoyen, de quelque ordre qu'il soit, puisse, par sa bonne conduite, ses talents et ses services, concevoir l'espérance de les obtenir.

16° Que l'on supprime les droits de franc-fief et les restes de servitude, comme banalités, corvées seigneuriales et autres, sauf à indemniser ceux qui jouissent de ces droits en vertu de titres et de possessions bonnes et légitimes.

17° Que, conformément au droit naturel, qui est la base du droit civil et public, toutes les propriétés demeurent sacrées et inviolables ; et dans le cas où l'intérêt public exigerait le sacrifice de

(1) Nous publions ce cahier d'après un imprimé de la *Bibliothèque du Sénat.*

quelques propriétés particulières, que les propriétaires soient indemnisés au plus haut.

18° Que l'usage des lettres de cachet soit aboli, et qu'il soit rigoureusement défendu à tout dépositaire de l'autorité royale d'attenter arbitrairement à la liberté des citoyens; que le cours de la justice ne soit plus interrompu par des commissions particulières, ou des évocations au conseil.

19° Que les États généraux ramènent à de justes mesures et à des règles fixes l'enregistrement des lois et les remontrances à faire, lorsqu'elles devront avoir lieu.

20° Qu'il soit incessamment procédé à la réforme des codes civil et criminel. Que l'on s'attache surtout à simplifier les formes, lesquelles établies d'abord pour la conservation des droits et propriétés, sont aujourd'hui entre les mains des officiers subalternes une source de vexations et de déprédations.

21° Que la vénalité des charges soit abolie, et que les tribunaux soient composés de membres pris dans les trois ordres.

22° Que l'on augmente le nombre des juges dans les présidiaux, et que leur compétence soit étendue.

23° Que les juges, notaires et tous autres officiers de justice seigneuriale soient tenus de produire des attestations de travail et d'exercice, pendant deux ans, dans des études de siéges royaux ou de tribunaux supérieurs, avant de pouvoir exercer leurs fonctions.

24° Que les preuves d'étude, pour parvenir aux charges de magistrature, ne soient plus illusoires comme elles le sont devenues, et que les universités soient réformées en ce point; comme aussi en celui qui accorde la faveur des grades plutôt à l'assistance qu'aux études et à la capacité.

25° Qu'il soit ordonné que, dans les campagnes, les particuliers ne pourront intenter un procès sans s'être préalablement retirés par-devant la municipalité du lieu, pour exposer le sujet de la contestation; que la police dans les campagnes soit confiée à ladite municipalité, sauf l'appel au lieutenant de police ou procureur fiscal du lieu; qu'il soit donné un tarif uniforme des honoraires des gens du justice, et que la place de juge royal soit mise au concours dans la classe des avocats de la province.

26° Qu'il soit enjoint aux écoles de chirurgie de se rendre plus difficiles à accorder des lettres de chirurgien; que l'on veille aussi à ce que nulle femme ne s'ingère de faire les fonctions d'accoucheuse, sans avoir au préalable acquis les connaissances nécessaires.

27° Qu'il soit pris des mesures dans chaque province pour assurer la quantité de grains nécessaire à la consommation, et qu'il soit établi des greniers publics.

28° Que le règlement sur le fait de chasse soit observé, et les capitaineries supprimées.

29° Qu'il soit pourvu à la liberté sur les routes; que les droits exorbitants de permis, exigés par les messageries, soient modifiés.

30° Que les jurandes, maîtrises, et les offices de jurés-crieurs, soient supprimés.

31° Que les abus multipliés, dans le régime des domaines et des eaux et forêts, soient réformés.

32° Qu'il soit avisé aux moyens d'extirper la mendicité par des établissements d'ateliers publics, bureaux de charité, ou autres semblables.

33° Et comme la religion est le plus ferme appui des lois, et le plus sûr garant de la prospérité d'un État, les membres du clergé du Vermandois se croient obligés, non-seulement

comme ecclésiastiques, mais comme citoyens, de demander au gouvernement qu'il s'occupe des moyens d'assurer à la religion catholique, apostolique et romaine, le respect qui lui est dû, et qui ne peut s'affaiblir sans que les principes de mœurs et de la subordination sociale ne dépérisse à proportion.

34° En conséquence, qu'il y ait dans ce royaume unité de culte extérieur et public, et que pour assurer à la religion catholique la prééminence dont elle doit jouir, comme religion de l'État, le Roi soit prié de déférer aux remontrances sages et modérées qui lui ont été faites par la dernière assemblée du clergé, au sujet de l'édit concernant les non catholiques.

35° Que les non catholiques ne puisse nommer aux bénéfices dont ils sont patrons; que ces bénéfices soient et demeurent à la nomination de l'évêque diocésain, jusqu'à ce que les droits de patronage puissent être exercés par un catholique.

36° Qu'en conservant à la presse une liberté raisonnable, telle qu'elle suffisait aux hommes de génie qui ont immortalisé le dernier siècle, on prenne des mesures sérieuses pour réprimer cette licence excessive qui ne respecte plus rien, répand jusque dans la classe du peuple et dans les campagnes une multitude d'écrits impies, licencieux, séditieux, et non moins contraires à l'autorité légitime qu'à la religion.

37° Que les règlements de police générale, concernant le culte public, et notamment l'observation des dimanches et fêtes, soient maintenus et renouvelés.

38° Que le clergé, qui est le premier ordre de l'État, soit maintenu dans ses prérogatives, honneurs et priviléges, dont il n'entend point jouir à la charge ou au détriment des autres ordres, ne demandant aucune exemption ou immunité à l'égard des impôts, et se félicitant de voir le reste de la nation rentrer dans le droit de s'imposer elle-même, droit que le clergé semble n'avoir conservé jusqu'ici que pour le faire partager à toutes les classes des citoyens.

39° Qu'il soit permis au clergé de jouir, comme par le passé, de la liberté de se réunir à certaines époques, pour traiter de ses affaires et des intérêts de la religion; et que toutes les classes d'ecclésiastiques, notamment les réguliers et les curés, puissent avoir des représentants dans ces assemblées, tant provinciales que générales.

40° Que les emprunts du clergé, lesquels n'ont été faits que pour subvenir aux besoins du gouvernement, soient joints à la dette nationale, et qu'il soit procédé à leur liquidation, et au payement des rentes constituées sur leurs capitaux, par les mêmes moyens qui seront employés pour celle-ci.

41° Qu'étant soumis à l'impôt de la même manière que les autres ordres, le clergé cesse d'être assujetti aux droits d'amortissement et de nouvel acquêt, et que le Roi soit supplié de retirer, ou au moins de modifier l'arrêt du conseil d'État du 7 septembre 1785, concernant les formalités pour la construction et reconstruction des gens de mainmorte; formalités qui sont une source de vexations de la part des fermiers du domaine, et qui ne servent qu'à gêner ou empêcher des améliorations non moins avantageuses à l'État qu'aux propriétaires mêmes.

42° Que l'aliénation des biens du clergé, de quelque manière qu'elle s'opère, soit proscrite, ou que, si de justes causes donnent lieu à quelque échange, on ne puisse solliciter les lettres patentes à ce nécessaires, sans l'autorisation de l'évêque, et que néanmoins, lorsque les objets des échanges, n'excéderont pas la valeur de 1,000 ou 1,500 livres de principal, l'aliénation puisse être consentie par l'évêque, sous les formalités ordinaires, et sans qu'il soit besoin d'obtenir des lettres patentes.

43° Que la régie des économats soit supprimée, et que les réparations des bénéfices soient soumises à l'inspection des bureaux diocésains, selon certaines règles qu'il plaira à la sagesse du Roi de prescrire.

44° Qu'aux désirs de l'assemblée du clergé de 1785, la prévention du pape, pour la nomination des bénéfices, ne puisse avoir lieu qu'un mois après la vacance des bénéfices.

45° Qu'il soit assuré à tout curé ou vicaire une subsistance suffisante, proportionnée à son travail, et convenable à son état, laquelle, pour ne plus varier, soit fixée en denrées; et si les dîmes ne suffisent pas, et s'il y a quelque inconvénient à grever les décimateurs plus qu'ils ne le sont, que les sommes nécessaires pour assurer la dotation des curés et vicaires soient prises sur les revenus des bénéfices de tout le diocèse (autres néanmoins que les cures et canonicats de la valeur de 150 livres, et au-dessous), par une contribution répartie proportionnellement sur un chacun, au moins jusqu'à ce qu'on y ait pourvu par la réunion de quelques bénéfices simples; et lorsque, de cette manière ou d'une autre quelconque, on aura pourvu à la subsistance honnête des curés et vicaires, les curés et vicaires demandent que le casuel soit supprimé, comme onéreux au peuple et peu convenable à la dignité du ministère ecclésiastique.

46° Que, pour parvenir à assurer aux curés et vicaires une portion congrue suffisante, les évêques soient autorisés à éteindre ou unir ceux des bénéfices qu'ils jugeront les moins utiles; que le Roi soit supplié de rendre une déclaration qui simplifie les formes de ces suppressions et unions, et de permettre qu'elles s'étendent même aux bénéfices qui sont à la nomination de Sa Majesté, dans le cas où cette ressource sera jugée nécessaire.

47° Que, pour prévenir les procès, il soit déclaré que les unions faites en faveur des églises ou des établissements de charité, et autres d'utilité publique, lorsqu'elles sont centenaires, ne puissent jamais être attaquées sous prétexte du besoin de quelques formalités.

48° Que les curés de l'ordre de Malte jouissent d'une portion congrue semblable à celle des autres curés; qu'ils cessent d'être amovibles; et qu'il soit pris à ce sujet des mesures avec les régimes de l'ordre.

49° Que les collateurs des bénéfices en charge d'âmes ne puissent les confier qu'aux prêtres des diocèses, qui auront exercé le ministère pendant trois années, et que les étrangers ne puissent être nommés, à moins qu'ils n'aient été comme naturalisés pendant quatre ans d'exercice dans le diocèse où sera situé le bénéfice vacant.

50° Que tout curé qui aura vingt-cinq ans d'exercice dans le saint ministère puisse requérir, concurremment avec les anciens gradués, même les septenaires, les canonicats des églises cathédrales ou collégiales, qui vaqueront dans les mois affectés aux gradués; et dans le cas d'égalité de titres, que le choix soit laissé au collateur.

51° Que le Roi sera instamment supplié de convoquer, à des périodes fixes, les conciles nationaux et provinciaux, pour y régler ce qui concerne le culte divin et la discipline ecclésiastique, et réformer les abus que le malheur des temps et la suspension de ces assemblées si utiles peuvent y avoir introduits.

52° Que les évêques soient invités à chercher les moyens de multiplier dans leurs séminaires les bourses et pensions gratuites en faveur des jeunes gens dénués de fortune, qui annonceront des talents et une vocation marquée pour l'état ecclésiastique; qu'ils soient pareillement invités et autorisés à établir, dans leur ville épiscopale, de petits séminaires où les jeunes gens seraient appliqués aux études qui doivent précéder les études ecclésiastiques proprement dites.

53° Que les dispenses, de quelque nature qu'elles soient, s'accordent gratuitement, ou que du moins elles soient tarifées pour tous les diocèses uniformément, et avec la plus grande modération.

54° Que les officiaux ne puissent être contraints par les juges d'accorder des monitoires, et qu'ils n'en accordent que dans le cas de meurtre, d'incendie et de crime d'État.

55° Que l'éducation publique, singulièrement déchue depuis quelques années, et dont les vices vont journellement en augmentant, soit prise en considération, et que l'on travaille sérieusement à la réformer; que, pour y parvenir, elle soit confiée à un corps enseignant, dont les membres soient amovibles pour cause de négligence, d'inconduite ou d'incapacité, dont le régime serait sous l'autorité des évêques, dont l'émulation serait excitée par l'honneur et les récompenses.

56° Que les droits de commensabilité, et tous autres titres en vertu desquels les chanoines se prétendent dispensés de la résidence ou de l'assistance au chœur, soient renfermés dans de justes bornes, et que la déclaration de Louis XIV soit exécutée selon sa forme et teneur.

57° Que dans chaque paroisse il soit établi des écoles pour les deux sexes; que ces écoles et tous les établissements d'éducation soient sous la juridiction des évêques; que celles des villes soient sous l'inspection des écolâtres, et celle des campagnes sous l'inspection des curés, dont l'approbation sera nécessaire pour le choix des maîtres et maîtresses d'école.

58° Que les maisons religieuses, sous la protection des supérieurs ecclésiastiques, se rendent utiles, soit pour le ministère, l'enseignement, la prédication, la distribution des aumônes ou le soin des malades; que les religieux y vivent d'une manière édifiante, régulière, et conforme à l'esprit de leur ordre; que, pour rappeler la discipline dans les maisons où elle pourrait s'être relâchée, il soit pris des mesures qui rendent aux supérieurs une autorité suffisante et raisonnable; que surtout il soit pourvu, en faisant revivre d'anciens et sages règlements, à restreindre, dans des bornes convenables, les appels comme d'abus, devenus trop communs, sans néanmoins ôter le recours contre les vexations.

59° Que les maisons religieuses, tant à la campagne qu'à la ville, soient conservées telles qu'elle sont, à la charge par les religieux qui les habitent d'y mener, comme il est dit ci-dessus, une vie régulière. Indépendamment du droit sacré de la propriété, ces maisons sont utiles dans l'ordre de la religion et de la politique; les ordres qui ont des établissements dans le bailliage de Vermandois acquièrent un nouveau droit à l'intérêt, par l'offre qu'ils font de se dévouer à l'éducation de la jeunesse, si on juge à propos de les employer; comme aussi de desservir, dans

les lieux où ils sont décimateurs, les cures mal dotées, et où il serait difficile d'assigner une subsistance honnête à un prêtre séculier.

60° Qu'il soit établi dans les maisons religieuses une conventualité proportionnée à leurs revenus; et que, pour prévenir les difficultés qui naissent fréquemment entre les communautés et les abbés commendataires, on avise aux moyens de concilier les intérêts de ces abbés, ceux de leurs successions et de leur famille avec la tranquillité des religieux et la sûreté de leurs possessions.

61° Qu'il soit pourvu au soin des religieux mendiants, de manière cependant qu'ils continuent à exercer leurs fonctions auxiliaires.

Ce sont là les vœux, doléances, remontrances et délibérations que le clergé du bailliage de Vermandois charge les députés qu'il va choisir de porter à l'assemblée des États généraux, espérant de la sagesse, de la justice et de la bonté du Roi, qu'il sera pris par le gouvernement toutes les mesures nécessaires et possibles pour assurer à la religion catholique, apostolique et romaine, le respect qui lui est dû, pour rétablir et conserver la pureté de la discipline ecclésiastique, pour garder et maintenir l'ordre du clergé dans les prérogatives de rang et d'honneur dont il a toujours joui, et qui sont devenues une des parties de la constitution; pour opérer l'acquit de la dette nationale sans grever le peuple déjà surchargé d'impôts; pour rétablir et assurer à jamais l'ordre et l'économie dans l'administration des finances; enfin, pour remédier à tous les maux, et réparer tous les griefs que diverses causes, et surtout la longue interruption des États généraux, ont introduits dans le royaume. Et afin que les vœux et doléances de chacun puissent parvenir au pied du trône, il sera loisible à tous et chacun des membres du clergé de Vermandois, de fournir son cahier en mémoire, contenant ses demandes particulières, pour être joint et annexé au présent cahier général, et porté par les députés à l'assemblée des États généraux.

Fait et arrêté dans l'assemblée du clergé du bailliage de Vermandois : en foi de quoi les commissaires nommés par ladite assemblée, pour la rédaction du cahier, ont signé. A Laon, le 21 mars 1789.

—

CAHIER

Des pouvoirs, plaintes, remontrances et doléances militaires de l'ordre de la noblesse du bailliage de Vermandois (1), *remis à* M. DES FOSSÉS, M. MAQUEREL DE QUÉMY *et à* M. *le comte* DE MIREMONT, *élus députés aux États généraux, les 22 et 23 mars 1789, et l'extrait du procès-verbal de l'assemblée dudit ordre de la noblesse.*

EXTRAIT

Du procès-verbal d'assemblée de l'ordre de la noblesse du bailliage de Vermandois, tenue en l'auditoire du palais royal à Laon, et présidée par M. *le comte* DE BARBANÇON.

Du 16 mars 1789.

Les trois ordres, après avoir entendu la messe du Saint-Esprit, à laquelle ils avaient été invités en l'église cathédrale de Laon, et reçu la bénédiction de Mgr l'évêque, se sont assemblés dans la nef de ladite église, où M. le lieutenant général du bailliage, pour l'absence de M. le grand bailli

du Vermandois, a présidé ; lecture y a été faite de la lettre du Roi et du règlement y annexé, concernant la convocation des États généraux ; il a ensuite été ordonné que les trois ordres se sépareraient, et que chacun desdits ordres se rendrait dans le lieu qui lui serait assigné, pour procéder à la vérification des titres, qualités et pouvoirs, à la rédaction des cahiers de doléances, et à l'élection des députés de chaque ordre ; et cependant, qu'au préalable il serait élu un président dans celui de la noblesse, à laquelle élection présiderait le plus ancien des gentilshommes présents à ladite assemblée.

En conséquence, Messieurs de l'ordre de la noblesse du bailliage de Vermandois, composé de celui de Laon et des bailliages secondaires de Marle, la Fère, Chauny, Coucy, Guise et Noyon, se sont assemblés en l'auditoire du palais royal de ladite ville, où, d'une voix unanime, a été élu provisoirement M. le marquis de Flavigny, vicomte de Monampteuil, l'un dudit ordre plus ancien d'âge, pour présider, lequel ayant pris séance, et Messieurs, suivant l'ordre des bailliages, il a été procédé à la nomination d'un secrétaire. M. le chevalier de Novion a été prié d'en faire les fonctions, et a fait l'appel des membres de l'assemblée.

Cette première séance levée à une heure après-midi, a été continuée au même jour, quatre heures de relevée.

A cinq heures, députation dudit ordre à l'assemblée du clergé et à celle du tiers-état.

Ont été députés au clergé :

MM. le comte DE BARBANÇON, le comte DE LAURAGUAIS ; DE BEDOUVILLE, et le président DE VAUXMENIL.

Au tiers-état :

MM. le comte DE LA TOUR DU PIN-CHAMBLY, le comte DE FLAVIGNY, DE CHARMES, DE CHAFFOIS, et DU ROYER.

Les deux députations ont été chargées de complimenter les deux ordres, et de leur intimer le vœu et l'intention de la noblesse, de partager avec eux toutes les charges pécuniaires de l'État, et d'entrer dans toutes les vues qui pourraient tendre à la prospérité publique et au bonheur de la nation.

De retour à l'assemblée de la noblesse, la députation au clergé a rendu compte de sa mission, et des démonstrations d'honnêteté qu'elle avait éprouvées, ainsi que du désir que le clergé lui avait témoigné, de concourir également au bonheur général.

La députation au tiers-état a pareillement rendu compte à l'assemblée qu'elle avait été reçue par acclamation, et par un cri général d'applaudissement; qu'ensuite, et après le plus profond silence, M. le comte de la Tour-du-Pin-Chambly, portant la parole a dit :

« Messieurs, nous sommes députés, ces messieurs et moi, par l'ordre de la noblesse, pour vous faire part de ses sentiments à votre égard; nous venons vous ouvrir nos cœurs. Nous passons même sur les règles, pour vous témoigner notre empressement, quelques cahiers d'appel qui nous manquent, nous ayant mis dans l'impossibilité de nous former ; mais le vœu de l'ordre a été unanime pour vous envoyer plusieurs de ses membres, qui exprimeront tout ce qu'il sent dans ce moment : nous y avons été d'autant plus excités, que nous étions instruits qu'on avait cherché à vous indisposer contre l'ordre entier : nous venons, Messieurs,

—

(1) Nous publions ce cahier d'après un imprimé de la *Bibliothèque du Sénat.*

« vous rassurer. Nous connaissons, et sommes
« intimement convaincus de l'utilité générale et
« particulière dont vous êtes à la patrie. Nous
« voulons avec vous, Messieurs, supporter les
« charges : nous voulons une égale répartition de
« l'impôt. Nous sommes, comme vous, sujets du
« même Roi ; comme vous, nous appartenons à
« l'Etat. Sans vous, Messieurs, point d'armée,
« point de marine, point d'agriculture, point de
« commerce. Comment la noblesse pourrait-elle
« méconnaître tout ce qu'on vous doit ! Non, Mes-
« sieurs, nous ne sommes ni dans le cas ni dans
« l'intention de séparer nos intérêts des vôtres ;
« nous vous le répétons avec plaisir et sincérité.
« Soyez bien persuadés que, dans la démarche
« que nous faisons, ce ne sont point des protec-
« teurs que nous venons vous offrir, mais des
« amis. »

Que, ce discours prononcé, la voix de la reconnaissance s'est fait entendre dans toutes les parties de la salle, par une proclamation authentique
de : *Vive la noblesse !*

Que M. Le Carlier, maire de Laon, prit aussitôt
la parole et répondit en ces termes :

« Messieurs, vous venez nous annoncer une
« résolution qui répand l'allégresse et la joie dans
« toute cette assemblée ; à l'impression qu'elle
« produit sur nos cœurs, vous devez juger du
« prix que nous attachons à vos sentiments pour
« nous : nous attendions de votre loyauté, de cette
« loyauté qui caractérise les chevaliers français,
« tous les sacrifices que vous avez généralement
« consentis. Accablés, depuis longtemps, sous le
« poids de l'impôt, pourrions-nous y suffire, si
« vous ne le partagiez avec nous? Mais l'égalité
« de contribution aux charges de l'Etat, que vous
« venez, Messieurs, subir au milieu de nous, est,
« en ce moment, ce qui nous touche le moins.
« Ce qui nous flatte infiniment, c'est votre em-
« pressement à prévenir nos vœux ; c'est la sen-
« sibilité avec laquelle vous exprimez le vôtre :
« vous nous regardez comme vos frères, comme
« vos amis ; ainsi, l'harmonie va jeter les pre-
« miers fondements du bonheur public. Réunis à
« vous, Messieurs, rien ne vous sera difficile, et
« nous pouvons à présent répondre de la prospé-
« rité de l'Etat, dont vous fûtes, dans tous les
« temps, les généreux défenseurs ».

Seize députés du tiers-état ont été introduits
dans l'assemblée ; on a dit qu'au nom de leur
ordre, ils venaient offrir à celui de la noblesse
l'hommage solennel de la plus vive et la plus sensible reconnaissance ; et M. Le Carlier, à leur tête,
a dit avec l'expression la plus touchante :

« Messieurs, vous nous êtes apparus comme
« des anges de bonheur. Le front ceint de lau-
« riers, la concorde à votre suite, vous êtes venus
« nous offrir une palme d'olivier. Vous avez
« comblé nos espérances. Vos vœux sont les
« nôtres ; nos besoins, nos intérêts nous devien-
« nent communs. Vous avez parlé... et déjà la
« confiance est établie ; c'est le prélude du bon-
« heur ; c'est l'aurore du plus beau jour. Nous
« n'en sommes points urpris, Messieurs, c'est
« les sentiments qui font, à vos yeux, le prix de
« la noblesse Vous connaissez la gloire, et vous
« la faites consister à être justes.

« L'entendez-vous, Messieurs, il applaudit à
« votregénérosité ; il partage vos sentiments ; il est
« au milieu de nous ; le génie d'un prince magna-
« nime, cher à la nation, cher à notre ordre, et
« particulièrement à cette ville, qui s'honore de
« l'avoir pour protecteur, et qui ne saurait trop
« subir sa bienfaisance,

« Quelle consolante perspective se présente à
« nos regards attendris ! Le clergé, comme vous,
« Messieurs, sera juste et généreux, et le plus heu-
« reux accord va régner entre les ordres. C'est vous,
« Messieurs, qui l'aurez préparé : jouissez de votre
« ouvrage. Voyez la constitution de la monarchie
« reposer sur des bases solides ; voyez la liberté
« respectée, la propriété inviolable, l'agriculture
« honorée, et le commerce sans entraves ! Car
« voilà ce que nous devons attendre d'une régéné-
« ration fondée sur l'harmonie. Nous prenons au-
« près de vous, Messieurs, l'engagement solennel
« d'y concourir, et nous verrons avec plaisir, au
« milieu d'un nouvel ordre de choses, qu'on vous
« conserve l'illustration qui est due aux services
« distingués, à la naissance, et surtout à la réu-
« nion des plus brillantes qualités et des plus tou-
« chantes vertus. »

Ce discours a été suivi de beaucoup d'applau-
dissements, et lesdits députés ont été conduits
jusqu'à la porte d'entrée de la cour du palais par
quatre personnes de l'assemblée.

Quatre députés du clergé ont aussi été introduits dans l'auditoire, et M. le général de Prémontré à leur tête, après avoir complimenté l'assemblée, a réitéré pour son ordre le vœu de concourir
au bonheur de la nation et à la prospérité de
l'Etat : nouveaux témoignages de reconnaissance
par la noblesse auxdits sieurs députés qui se sont
retirés et ont été reconduits jusqu'à la porte d'entrée de la cour du palais par quatre personnes
de l'assemblée.

La séance a été levée à sept heures du soir, et
la continuation remise au lendemain, neuf heures
du matin.

Du 17 mars.

La séance a commencé par l'appel des gentilshommes présents, et l'assemblée s'est trouvée
composée de quatre-vingt-trois.

Ensuite M. le marquis de Flavigny, président, a
prié l'assemblée de le faire remplacer, vu son
âge et ses infirmités, et d'une voix unanime a été
proclamé président, M. le comte de Barbançon,
qui a pris séance et fait à l'ordre ses remercîments.

Nomination des commissaires pour la vérification des pouvoirs, etc.

Pour les bailliages de Laon et Marle :

MM. le comte DE LA TOUR DU PIN ; DE SARS ; le
comte DE MIREMONT ; le comte DE NAZELLES ; DE SI-
GNIER ; le comte D'ASPREMONT et BRANCHE DE FLA-
VIGNY.

Pour celui de la Fère :

MM. le comte DE FLAVIGNY, le vicomte DE FLA-
VIGNY et RILLART D'EPOURDON.

Pour celui de Chauny :

MM. MAQUEREL de Quesmy, DU ROYER et DAL-
MAS.

Pour celui de Coucy .

MM. DES FOSSÉS, DES LANDES et FAY de Quincy.

Pour le bailliage de Guise :

MM. le marquis D'HERVILLY, BALLET de la Chenardière, DE BAUDREUIL, DES FORGES des Essarts
et LAMIRAULT de Noircourt.

Pour celui de Noyon :

MM. LE FERON de Ville, DE JOUENNE d'Esgrigny
et le chevalier d'OLLEZY.

Ensuite il a été délibéré que l'assemblée ferait faire des remercîments à M. le lieutenant général du bailliage et à M. le lieutenant criminel, de ce qu'ils lui avaient laissé la disposition des chambres du bailliage, et MM. le comte de Nazelles, le comte de Miremont, le comte des Vieux et Branche de Flavigny ont été priés de s'en charger.

La séance levée à midi, et continuée au lendemain, après la vérification des pouvoirs, etc., à laquelle MM. les commissaires doivent employer le reste de la journée.

Visite de l'ordre de la noblesse à M. le comte de Barbançon; M. le marquis d'Hervilly à la tête, comme plus ancien d'âge.

Du 18 mars.

La séance a commencé par la mise sur le bureau des procès-verbaux de vérification faite par MM. les commissaires.

Lecture a ensuite été faite d'une instruction pour les fondés de procuration de Mgr le duc d'Orléans à l'assemblée des bailliages, relative aux États généraux.

M. le comte de Lauraguais, l'un des membres de l'assemblée, a déclaré se joindre à l'instruction de Mgr le duc d'Orléans, a protesté contre ce que le règlement pouvait avoir d'impératif, a demandé que le pouvoir indiquant un cahier à consulter, ce cahier fût remis sur le bureau; que l'un et l'autre fussent communiqués aux deux ordres, et que lorsque les cahiers seraient rédigés, ils fussent communiqués à l'assemblée en cas de discussion.

Nomination de commissaires pour la rédaction du cahier des doléances.

Ont été choisis commissaires en cette partie :

MM. le comte DE LA TOUR DU PIN, DE SARS, DE SIGNIER, le comte DE FLAVIGNY, DU ROYER, DES FOSSÉS, le marquis D'HERVILLY, HENNETTE et LE FERON de Ville.

La séance, levée à une heure, a été continuée au même jour quatre heures de relevée.

Du même jour, quatre heures de relevée.

Lecture a été faite : 1° d'un mémoire concernant l'administration générale, par M. le comte de Flavigny. Ce mémoire a été applaudi par toute l'assemblée;

2° D'un autre mémoire par M. le comte de Lauraguais, également applaudi;

3° D'un autre mémoire de M. le comte de La Tour du Pin, qui a aussi mérité les suffrages de l'assemblée, et mesdits sieurs ont été priés de remettre lesdits mémoires à MM. les commissaires-rédacteurs, pour s'en aider au besoin, et servir d'instruction à MM. les députés.

La séance a été levée, et la continuation remise au 20, quatre heures de relevée, les commissaires devant employer la journée du 19 à la rédaction du cahier des doléances.

Du 20 mars.

La chambre assemblée ayant eu communication d'un mémoire imprimé que M. le comte de Lauraguais avait lu à l'ordre de la noblesse, et s'étant aperçue que l'imprimeur a mis, en apostille, qu'il avait été ordonné par la chambre que ledit mémoire serait joint au cahier, M. le comte de Lauraguais a déclaré que l'imprimeur avait fait une erreur dans l'énoncé; que son intention n'avait jamais été d'en faire un mémoire adjoint au cahier, attendu que les articles qui le composent ne peuvent être dictés que par l'ordre seul unanimement; mais qu'il avait entendu exprimer que ses notes avaient été reçues avec les pièces d'instructions,

comme celles des autres membres de l'assemblée, pour être remises aux députés avec leurs instructions générales.

Lecture de propositions faites à la chambre; la première a été jugée devoir être insérée dans le procès-verbal, à la pluralité des voix, ainsi qu'il suit. L'article 16 du règlement dit *qu'il suffit d'avoir la noblesse acquise et transmissible* : ne pourrait-on pas, à ce sujet, délibérer que tous étrangers habitants ce village, ou ceux qui viendront dans la suite l'habiter, et qui seront inconnus, soient tenus, avant de se rendre à l'assemblée, d'apporter non-seulement titres suffisants pour y paraître, mais une généalogie dressée et certifiée par deux notaires de la ville où se tiendra l'assemblée de convocation, laquelle sera légalisée de M. le lieutenant général du bailliage, qui certifiera que les titres appartiennent au même individu; le tout pour éviter des désagréments aux commissaires qui, par la suite, seraient nommés pour semblables vérifications. Demander que cet article soit inséré dans le registre du bailliage, afin qu'il en soit question pour M. le lieutenant général, lors de la première convocation.

L'article 4 desdites propositions, concernant la communication des cahiers aux députés des deux autres ordres, a été, à la pluralité des voix, de s'en rapporter à ce qu'inspirerait la confiance réciproque.

Lecture du cahier et observations par M. des Fossés.

Objections faites, devant être rédigées le lendemain.

Appel général de tous les gentilshommes présents à la chambre, et celui de leurs commettants, afin de statuer sur le nombre des billets pour le scrutin.

Signatures de tous MM. les commissaires sur les procès-verbaux de vérification.

Motion pour une doléance sur la constitution militaire, approuvée unanimement.

La séance a été levée, et la continuation remise au 21, quatre heures de relevée.

Du 21 mars.

La séance a commencé par la lecture d'une doléance sur la constitution militaire, par M. le comte de La Tour du Pin.

Lecture du cahier des doléances, avec les additions et corrections.

Lecture d'observations faites par M. Dalmas, applaudies par la chambre, et remises à MM. les commissaires-rédacteurs, pour être jointes aux instructions particulières.

Scrutin pour nommer MM. les scrutateurs. Ont été choisis comme plus anciens d'âge, MM. Hédouville, de Muyssart des Obeaux, et Le Vaillant.

MM. le comte de Flavigny ayant réuni douze voix, Lamirault de Noircourt dix voix, et de Sars six voix, ont été élus scrutateurs. La séance a été levée, et continuation remise au 22, quatre heures de relevée.

Du 22 mars.

La séance a commencé par la lecture du cahier des doléances, instructions et autres mémoires.

Motion faite par M. le comte de Lauraguais, (imprimée), rejetée à la pluralité de 79 voix contre 3;

Scrutin pour la nomination du premier député. M. DES FOSSES ayant réuni au troisième scrutin 135 voix, a été élu, et a fait ses remercîments à l'assemblée.

La séance a été levée à neuf heures et demie,

et continuation remise au 23, huit heures du matin.

Du 23 mars.

La séance a commencé par une motion faite pour que le procès-verbal de l'assemblée de la noblesse et son cahier de doléances soient imprimés aux frais de l'ordre ; MM. les commissaires-rédacteurs et secrétaire chargés de veiller à l'exactitude de l'impression et d'en faire la distribution énoncée en la motion, laquelle a été unanimement approuvée.

Scrutins pour la nomination du second député. M. MAQUEREL, de Quesmy, ayant réuni au troisième scrutin 103 voix, a été élu, et a fait ses remerciments à l'assemblée.

Scrutins pour la nomination du troisième député M. le comte DE MIREMONT ayant réuni au troisième scrutin 89 voix, a été élu, et a fait ses remerciments à l'assemblée.

La séance a été levée à une heure, et continuation remise à quatre heures de relevée.

Motion faite pour le soulagement des incendiés du village de la Selve. Délibéré que la quête serait faite après les scrutins.

M. le chevalier DE NOVION, premier suppléant, a réuni 130 voix ; M. DU ROYER, second suppléant, 45 voix ; et M. DE LAMIRAULT DE NOIRCOURT, troisième suppléant, 59 voix : lesquels ont fait leurs remerciments à l'assemblée.

La quête pour les incendiés a rendu 233 livres 2 sous ; laquelle somme a été remise à M. de Sars, procureur-syndic de l'assemblée d'élection.

Suit la teneur du cahier de doléances.

DOLÉANCES.

Messieurs les commissaires de l'ordre de la noblesse du bailliage de Vermandois, assemblés en l'auditoire du palais royal de Laon, pour rédiger le cahier de doléances, plaintes et remontrances de leur ordre, en exécution de la lettre du Roi, pour la convocation des États généraux, en date du 24 janvier dernier, du règlement y annexé, de l'ordonnance de M. le lieutenant général du bailliage de Laon, pour l'absence de M. le grand bailli du Vermandois, en date du 16 février dernier, ont délibéré ce qui suit :

1. Qu'avant de délibérer, les États généraux assemblés, il soit arrêté qu'il ne sera accordé aucun nouveau subside, pas même par la voie de l'emprunt, et qu'aucun des impôts subsistants ne pourra être étendu ni prorogé sans l'exprès consentement de la nation assemblée, ses pouvoirs reconnus, et sa liberté assurée.

2. Sera reconnu, avant tout, qu'elle est seule maîtresse de ses pouvoirs, que ce serait contre ses droits imprescriptibles, qu'aucun corps, tel qu'il pût être, pourrait prétendre la représenter, et être le dépositaire de ses volontés.

3. Qu'il ne peut avoir, malgré les exemples du passé, que des représentants librement élus et assemblés en États généraux, qui puissent vraiment être ses organes, pour consentir, refuser, accorder ou modifier ce qui pourrait lui être demandé.

4. Qu'aucun régime de constitution ne puisse être proposé, avant que les députés se soient acquittés du devoir sacré de demander au Roi la réforme des abus de la justice, tant au civil qu'au criminel, et que le premier de tous les actes soit celui qui consacrera la liberté individuelle du citoyen, et notamment celle de chacun des députés qui, seuls, représentent la nation entière.

5. Qu'aucun citoyen ne sera, à l'avenir, arrêté par aucun ordre ministériel, au delà du temps nécessaire, pour être remis entre les mains de juges que la loi nouvelle lui donnera, et qui, privativement à tous autres, devront connaître de sa détention.

6. Qu'aucune lettre de cachet ne sera accordée à la demande des familles, sans le concours d'un comité secret, présidé par trois nobles de la province, non parents, auxquels seuls appartiendra le prononcé sur la durée et le terme de la détention.

7. Que les États généraux, à dater du jour de leur tenue, et de leur irrévocable constitution, fixeront l'époque de leur retour périodique, qui sera toujours anticipé, dans la circonstance d'une minorité et d'une régence, sans qu'il puisse y être apporté le moindre obstacle.

8. Qu'avant la dissolution des États généraux, il sera créé pour eux une commission intermédiaire, pour suivre et surveiller l'établissement d'un ordre fixe et invariable, qui comprendra en général la réforme des lois, le redressement des abus dans toutes les parties de l'administration civile, politique et militaire, sous la condition expresse d'une régénération annuelle par les membres des États provinciaux.

9. Que les administrations provinciales, vu leur constitution irrégulière et vicieuse, seront remplacées par les États provinciaux, dont les États généraux seuls, établiront la formation, de manière à assurer l'harmonie la plus parfaite entre l'administration de la province, et la législation générale.

10. Que le régime indispensablement nécessaire à l'administration particulière des États des provinces, ne puisse jamais, en aucune manière, porter atteinte au gouvernement monarchique, qui sera toujours celui auquel la nation sera inviolablement attachée.

11. Que les dépenses de chaque département seront invariablement arrêtées par les États généraux ; que ceux qui en seront chargés, soit dans la capitale, soit dans les provinces, seront responsables des sommes y destinées ; que toujours ils seront en état d'en compter à la nation, comme étant sa propre chose, sans que, pour fait de malversation, divertissement de deniers, ils puissent prétendre d'autres juges que la nation, dans la personne des États assemblés.

12. Qu'il soit demandé la réintégration des priviléges des villes du royaume, touchant la libre élection de ses officiers municipaux, et l'entière disposition du revenu des communes ; et que la composition du corps municipal sera pareille à celles des États provinciaux, à l'exclusion des officiers des seigneurs desdites villes.

13. La liberté de la presse, sous les conditions utiles que les États généraux jugeront nécessaire d'y imposer.

14. Qu'aucune charge ou emploi ne puisse donner la noblesse, à moins qu'un sujet du tiers n'ait mérité que les États de sa province demandent pour lui cet honneur ; mais que toute action d'éclat à la guerre soit récompensée par des titres de noblesse transmissible même pour un soldat.

15. Que la somme destinée aux pensions soit fixée, et Sa Majesté suppliée de vouloir bien faire publier annuellement la liste de celles qu'elle aura accordées ; ses bontés et sa justice ne pouvant paraître avec trop d'éclat.

16. Qu'aucun des différents ordres ne pourra réclamer une forme d'administration particulière; que tous seront soumis à la répartition égale de

la subvention territoriale, si les États la jugent nécessaire, sans pouvoir, sous aucun prétexte de régime particulier, se soustraire à la contribution générale et aux formes de la répartition et perception, sous la réclamation expresse de l'ordre de la noblesse, qui arrête qu'elle se refuserait au payement de toute espèce de subsides existants ou à venir, si aucun des deux autres ordres ne consentait la manière de les percevoir sur l'universalité des propriétés.

17. Sera demandé l'établissement d'une caisse nationale, qui pourra créer une quantité de papier-monnaie, proportionnée aux remboursements à faire et aux ventes des fonds domaniaux ; que la nation sera garant dudit papier, qui cependant ne pourra être soldé en espèces qu'à Paris ; que ce papier de crédit national sera éteint annuellement par parties fixées, suivant le pouvoir du trésor de la nation, et les billets brûlés devant la commission intermédiaire.

18. Ce sera aux députés de chaque ordre à balancer les avantages de voter par ordre ou par tête ; cependant il serait à désirer de voter par tête pour l'intérêt général de la nation ; mais par ordre pour l'intérêt personnel de chaque ordre.

(La sagesse des États généraux prononcera sur cet article.)

19. Que les articles constitutionnels contenus au présent cahier, obtiendront force de loi, et seront sanctionnés du sceau de l'autorité royale, déclarés irrévocables, promulgués par tout le royaume, avant que les États généraux puissent s'occuper d'une subvention, et la consentir.

Donnons tous pouvoirs généraux et spéciaux aux députés de notre ordre, de proposer, aviser, remontrer et consentir tout ce qui pourra leur être proposé, conformément à ce qui est porté aux lettres de convocation et à l'article 45 du règlement, tellement que les articles du cahier de nos remontrances, puissent avoir force autant que de raison ; seront au surplus les députés chargés de demander qu'il soit fait un règlement qui constate les distinctions et prérogatives de l'ordre de la noblesse.

Fait et arrêté le 21 mars 1789, et ont MM. les commissaires signé, ensemble M. le président, qui a déclaré ne signer, qu'autant qu'on n'induirait de sa signature aucune contrariété avec le cahier du bailliage de Villers-Cotterets qu'il a signe en qualité de bailli d'épée, et M. le secrétaire. Ainsi *signé* Le Feron, de Ville ; le marquis d'Hervilly ; Du Royer ; le comte de Flavigny ; le comte de La Tour du Pin-Chambly ; Hennet de Bernoville ; de Sars ; Des Fossés ; de Signier ; le comte de Barbançon, *président*, et le chevalier de Novion, *secrétaire*.

Demande particulière de la noblesse du bailliage de Vermandois.

Qu'au cas qu'il plût au gouvernement d'établir des États provinciaux, la noblesse, assemblée présentement à Laon, demande que cette ville en soit le chef-lieu, comme capitale du bailliage de Vermandois, et comme premier apanage des rois de la première race.

JUSTICE.

1. Un nouveau code de lois civiles et criminelles ; que les peines soient proportionnées aux délits ; les formes et les longueurs abrégées.

2. Il serait à désirer qu'il n'y eût dans chaque province qu'une seule et même coutume ; qu'il y eût une cour souveraine, et qu'on y formât des cartes bailliagères qui rapprochassent les justiciables, circonscrivissent les ressorts, en ne divisant plus les territoires.

3. Suppression des évocations et du droit de *committimus*.

4. Réunion de toutes les justices d'attribution à la justice royale, et ordonner, pour le soulagement des campagnes, que les justices seigneuriales puissent juger définitivement jusqu'à 100 livres.

5. Que la justice soit entièrement rapprochée des justiciables ; que les formes des procédures soient simplifiées, surtout quant au civil ; que le pouvoir des présidiaux et bailliages royaux soit augmenté, et qu'il soit établi pour règle qu'on ne puisse désormais remplir une charge de magistrature, dans les justices royales, *qu'on n'ait exercé pendant deux ans la profession d'avocat, et aucune charge dans les tribunaux supérieurs, qu'on n'ait été pendant cinq ans conseiller dans un des bailliages ou présidiaux du ressort.*

6. Qu'il ne puisse être instruit aucun procès criminel entre quelque citoyen que ce soit, *que le juge ne soit assisté dans tous les actes de la procédure d'un citoyen de l'ordre de celui qui sera accusé*, et que tous les citoyens jouissent à cet égard du même droit et privilège que le clergé, conformément à l'ancien usage de la nation.

7. Ne seront plus accordés d'arrêts sur requête, qu'autant qu'ils auront été communiqués aux parties qu'ils intéressent, et que lesdites parties auraient laissé écouler le délai de neuf mois (étant dans le royaume) et un terme proportionné, s'ils sont absents, sans y répondre, ni lettres de surséances dans aucun cas, à moins que les créances ne soient jugées usuraires.

8. La suppression de la vénalité des charges de judicature ; que les magistrats *seront gagés, amovibles*, chargés du maintien des lois, sans y rien changer ; qu'ils ne pourront être troublés dans leurs fonctions, mais qu'ils répondront aux États, sur leur vie et fortune, du fait de leurs charges.

9. Il serait à désirer qu'il fût établi dans les villes un conseil gratuit pour les pauvres, et que les contestations des campagnes, pour fait de dégâts, d'anticipation sur les récoltes, ou difficultés des moissonneurs, semeurs ou gens de labour, soient jugées sommairement dans les vingt-quatre heures, et sans frais, par des cultivateurs qui en dresseront procès-verbal, pour valoir en cas d'appel.

10. Il paraît nécessaire d'établir une loi rigoureuse pour arrêter les fréquentes faillites.

11. La suppression des huissiers-priseurs.

12. Aucune sentence ni arrêt ne pourra être délivré et expédié aux parties intéressées, qu'il n'ait été lu devant la Chambre assemblée *pour s'assurer si sa rédaction est conforme au prononcé du juge* ; que toutes les susdites sentences et arrêts régleront et taxeront les frais, et que toutes les assignations fixeront les jours et heures des audiences.

13. La révision dans l'assemblée nationale de toutes les lois rendues sur quelques matières que ce soit, depuis la tenue des États de 1614, pour les unes être consenties ou modifiées et les autres abrogées, attendu que les simples enregistrements des cours souveraines n'ont pu suppléer au consentement de la nation, et conséquemment leur imposer le caractère de la loi.

CLERGÉ.

1. Sera tenu, le clergé, de payer ses dettes, en prenant des mesures qu'il avisera, en distin-

guant ce qu'il a emprunté pour payer ses dons gratuits et ses décimes, et ce qu'il a emprunté pour les besoins du gouvernement; la nation prononcera sur la nature de ces deux emprunts.

2. Sera assujetti à toutes les impositions quelconques, et dans la même forme que l'offre *l'ordre de la noblesse pour elle-même.*

3. La résidence des prélats et bénéficiers dans leur chef-lieu; et sera supprimée la pluralité des bénéfices, *lorsqu'un d'eux excédera* 2,000 *écus.*

4. Sera supprimé le casuel des curés, et seraient augmentées graduellement les portions congrues, en raison du nombre des feux de leurs paroisses, et leur revenu sera fixé en grains.

5. Qu'il soit permis de traiter du rachat des dîmes ecclésiastiques.

6. Les possesseurs de bénéfices venant à décéder, que leurs successions soient tenues de suivre les baux jusqu'à leur expiration, et qu'il en soit ainsi pour tous les grevés à la substitution.

7. Serait défendu de prononcer des vœux avant l'âge de vingt-cinq ans accomplis.

8. Que toutes les fêtes soient remises au dimanche.

9. Seraient supprimées les annates, bulles et dispenses en cour de Rome, qui diminuent le numéraire national et qu'il *soit fait un règlement civil* à cet effet.

10. Qu'il soit créé des chapitres des deux sexes qui soient affectés distinctement à la noblesse et au tiers-état, et qu'il soit établi des maisons de charité dans les campagnes, pour subvenir au secours des infirmes et orphelins.

11. Que les revenus des ecclésiastiques pourvoient aux réparations des églises et presbytères, et que les propriétaires de fonds soient affranchis de toutes contributions y relatives, et être autorisés à se rédimer des rentes et surcens dont leurs fonds se trouvent grevés.

12. Supprimer les économats, juridiction vexatoire pour les familles des bénéficiers, en donner l'attribution aux justices royales, dans le ressort desquelles seront situés les bénéfices, et accorder aux États provinciaux la régie et l'emploi des revenus pendant la vacance.

FINANCES.

1. Sera pris connaissance exacte de l'état actif et passif des finances, ainsi que de celui des pensions, des échanges, ou aliénations des domaines de la couronne, et des motifs qui les ont déterminés, et sera observé que la pluralité des grâces ou places est incompatible sur la même tête.

2. Sa Majesté sera suppliée de fixer sa dépense et celle de la famille royale.

3. Que la refonte des petites monnaies altérées ou oblitérées par le temps et l'usage, puissent être exactement, par leur valeur, l'objet représentatif de l'échange, et qu'on les rende d'un emploi plus commode, en subdivisant la livre en parties aliquotes.

4. Que les dépenses de chaque département seront arrêtées par les États; que les ministres qui en seront chargés soient responsables des sommes y destinées, et que toujours ils soient en état d'en compter à la nation qui en aura fait les fonds, sans que, pour fait de malversation, ils puissent prétendre d'autres juges que les États assemblés.

5. De la réunion de tous les impôts établis sur les propriétés, tels que le vingtième, la taille, l'accessoire de la taille, la capitation, etc.

6. Que la subvention territoriale, si elle est jugée nécessaire, soit payée sans distinction par

le clergé, la noblesse et le tiers-état, sur toutes les propriétés, de quelque nature qu'elles soient, dont la répartition serait faite par les États provinciaux, et sous eux par les municipalités.

7. Que sur toutes les rentes généralement quelconques, hypothécaires ou autres, il devra être fait une retenue par les débiteurs, proportionnée à ce que l'impôt fera à la propriété, et que, pour éviter l'usure, il soit permis de stipuler l'intérêt dans les billets à terme, pour que l'argent soit marchandise.

8. Que pour faire contribuer les capitalistes et habitants des villes, modérer la consommation de bois, et rendre à la culture des bras utiles, il soit mis un impôt sur les chevaux, les cheminées, les fenêtres, et une imposition graduée sur tous les domestiques et gens de maison, dans les villes seulement.

9. Employer tous les moyens possibles de réformer les abus tyranniques dans les aides et la gabelle, si l'on ne peut abolir ces impôts; rendre le sel et le tabac marchands. Les États provinciaux seront chargés de l'approvisionnement du sel; suppression du droit sur les fers et sur les cuirs, et la culture du tabac libre.

10. Sera fait un nouveau tarif pour les droits de contrôle et d'insinuation.

11. Serait permis de se jouer de son fief jusqu'à démission de foi, et permis le rachat des surcens envers les gens de mainmorte, suivant le taux qui sera fixé par les États de la province, et soit aboli le droit de franc-fief.

12. Seraient supprimés tous péages, toute banalité, en dédommageant les propriétaires d'après l'examen des titres, le rachat fait par la province, *au plus haut prix et payable en dix ans.*

13. Réduction des intérêts usuraires de la dette nationale.

14. Liberté du commerce des grains de province, mais liberté pour l'exportation, suivant les circonstances de cherté ou rareté; que les fixations du septier de Paris à 30 livres pour la province, à 34 livres dans les frontières ou ports maritimes ouverts à l'exportation, servira de thermomètre au gouvernement pour la suspendre ou la permettre.

15. Qu'il soit établi, soit au compte, soit sous la protection des États provinciaux, au moins dans chaque bailliage, un magasin de blé de la meilleure qualité, inspecté, visité et vérifié par des membres des États; de manière qu'un juste équilibre soit maintenu entre le vendeur et l'acheteur; ou pour mieux, que l'ordonnance relative aux maisons religieuses, à l'égard des provisions de blé, soit maintenue avec la plus grande fermeté, sous l'inspection des commissaires nommés par les États.

16. Soient reculées les barrières et les douanes aux *extrêmes frontières* du royaume, et serait libre la circulation des marchandises dans l'intérieur.

17. L'inféodation ou aliénation à perpétuité des domaines de la couronne, pour en être, le prix, avec le concours des États généraux, employé à la libération des dettes de l'État.

18. Que les receveurs et préposés soient déclarés coupables de crime capital, s'ils continuent la perception des impôts et contribution passé le jour indiqué pour l'assemblée suivante des États généraux, avant que lesdits États en aient autrement ordonné.

19. Que la subvention nationale étant adoptée, tous fermiers seront tenus de tenir compte à leurs propriétaires de l'universalité des impôts dont ils

étaient chargés en vertu des derniers baux, et qu'alors le propriétaire chargé de l'imposition nouvelle sera tenu de n'en demander raison que sur les rôles, et conformément à la cote de sa axe.

20. Sont instamment priés, les États généraux, de porter leur attention sur l'aliénation des domaines, faite avant 1701 ; de sorte que les acquéreurs légitimes et non usuraires ne puissent être évincés, et de faire une grande distinction entre celles-là et celles que la faveur a accordée depuis cette époque, et surtout vérifier les échanges et concessions au détriment de la nation.

POLICE ET AGRICULTURE.

1. Faciliter les moyens de propager les animaux servant à l'agriculture ; accorder des primes à ceux des cultivateurs qui se distingueraient dans tous ces genres, et engager les seigneurs à diviser leurs grandes propriétés.

2. Anéantir toutes les entraves que le cultivateur éprouve dans l'importation de ses productions ; les marchés libres, permission de l'importation et de la réexportation, si les grains n'y sont pas vendus, et suppression de tous les droits de marchés, onéreux au commerce.

3. Liberté indéfinie dans toute l'étendue du royaume de faire des échanges avec les gens de mainmorte, telle qu'elle a été accordée à la Bourgogne par l'édit du mois d'août 1770.

4. Suppression des charges et maîtrises de bouchers et boulangers dans les villes, et admission de tous ceux de la campagne au concours les jours de marché.

5. De mettre autant qu'il est possible les communes en valeur, sauf les droits des seigneurs.

6. Le député de la noblesse se prêtera toujours à tout ce qui pourra favoriser le commerce et l'agriculture : il sollicitera l'uniformité de la justice consulaire, création de ses chambres dans les villes d'une population de dix mille âmes ; il sollicitera pareillement la suppression des jurandes et des maîtrises, sauf ce qui regarde la sûreté publique, tels qu'apothicaires, chirurgiens, orfévres, etc.

7. Que le cours de l'eau sur toutes rivières et ruisseaux, suivant l'édit du mois d'août 1669, soit libre et dégagé de tout embarras et retenue.

8. Que les travaux de communication tant par terre que par eau, seront en temps de paix l'ouvrage de l'infanterie pour la main-d'œuvre seulement, et à prix d'argent pendant la guerre, et que, pour le transport des matériaux, l'adjudication en sera faite au rabais, pour le prix en être payé par les États provinciaux ; et quant au prix et salaires des ouvriers, ils seront reçus au rabais et à l'entreprise pour les objets qui leur seront demandés.

9. Que le droit de chasse soit réservé comme une propriété appartenante au seigneur seul dans ses fiefs, suivant les règlements, et le port d'armes défendu à toute rigueur, vu les abus et les dangers tant civils que politiques ; mais qu'à la moindre plainte adressée par les laboureurs aux États provinciaux sur les ravages occasionnés par le gibier, et l'indiscrétion des chasseurs, il soit aussitôt nommé par ces mêmes États des commissaires choisis en nombre égal de gentilshommes et de laboureurs, qui vérifieraient les dégâts, détermineraient non-seulement les dédommagements à accorder, mais même ordonneraient alors la destruction de la trop grande abondance de gibier, et leur jugement serait exécuté sans appel ; et que par la même raison, ils seront les

maîtres de prononcer en faveur du bureau de charité une amende contre celui qui aurait porté sa plainte sans une raison évidente.

10. Que la police des mendiants et vagabonds soit abandonnée aux États provinciaux pour y pourvoir.

11. Qu'il soit fait un vœu pour l'adoucissement du sort des nègres, qui s'accorde avec la politique et l'humanité.

DOLÉANCES MILITAIRES.

1. Sera suppliée, Sa Majesté, de jeter les yeux sur son militaire, accablé sous le despotisme, très-souvent aussi *dur qu'affligeant*, des officiers supérieurs, et notamment des *inspecteurs*.

2. D'assurer une constitution invariable, et qu'il n'y ait pas autant d'ordonnances que de ministres.

3. Demande que les inspecteurs obéissent eux-mêmes aux ordonnances, ne *tourmentent* plus les *troupes*, en *imaginant* des explications presque toujours aussi *ridicules* que *nuisibles*.

4. Que tous les militaires du royaume puissent se constituer un conseil de guerre, choisi par eux-mêmes, pour recevoir leurs plaintes, et les porter directement aux pieds de Sa Majesté, sans dépendre absolument du ministre.

5. Que tout officier, de quelque grade qu'il soit, ait la liberté de s'adresser à ce conseil de guerre, sans aucune intervention ; que ce conseil soit composé par le concours unanime des voix de tout le corps militaire, et que, pour parvenir à sa formation, tous les officiers du royaume, et dans chaque régiment, ceux au-dessus du centre, puissent donner leur voix, et choisir, même parmi les officiers généraux, ceux qu'ils croiront dignes de leur confiance... Qu'il soit procédé de même pour les remplacements ; que cette nomination soit sanctionnée par tous les régiments, et communiquée à tout le militaire français (1).

6. Que la durée des manœuvres et leurs saisons soient fixées.

7. Que les récompenses pécuniaires, au lieu d'être accumulées sur quelques têtes, soient tellement divisées, qu'elles assurent une existence honnête, dans la vieillesse, à ceux qui ont sacrifié leur santé, leur vie et leur fortune au service de l'État.

8. Que les pensions de retraite soient payées en appointements, par le trésorier de la province ; et pour qu'elles soient *sacrées en tout temps*, qu'elles soient reconnues par les États de la même province, et exemptes de toute imposition quelconque.

9. Que la liste des pensions militaires et autres soient imprimées et publiées tous les ans, et les réclamations écoutées.

10. Que les veuves des militaires jouissent de la moitié de la pension de retraite de leur mari ; et que celles des officiers tués à la guerre, conservent au total, conjointement avec leurs enfants, les mêmes appointements qu'avaient alors les officiers.

11. Que la fortune, un grand nom (effet du hasard) et la faveur ne puissent jamais exclure le mérite des honneurs, grades et dignités.

12. Que la croix de Saint-Louis (à la honte de quelques ministres), prostituée jusqu'à des inspecteurs de police, ne soit que la récompense de

---

(1) Ce conseil pourrait être composé de trois maréchaux de camp, trois colonels, trois lieutenants-colonels, trois majors et douze capitaines.

la valeur, d'une belle action, et de vingt-quatre ans de service dans le grade d'officier.

13. Que les officiers généraux ne puissent avoir qu'un seul emploi, et que les troupes ne soient plus éblouies par la quantité qui les environne, quantité aussi nuisible au bien du service, qu'onéreuse aux intérêts pécuniaires de la nation.

14. Que les coups de plat de sabre, qui éloignent les fils de fermiers et autres de s'engager, ne soient plus que la punition des voleurs et infâmes sujets des compagnies, et qu'ils ne puissent être ordonnés qu'après un conseil de guerre tenu chez le commandant du corps.

15. Que tout officier général convaincu d'un mauvais propos qui aurait pu mettre un officier dans le cas de perdre son grade, soit condamné à la même peine que celui-ci aurait pu subir, si la subordination ne l'avait pas *retenu*; et que l'ordonnance déjà rendue à cet égard soit scrupuleusement exécutée.

16. Qu'à moins de blessures, qu'aucune retraite ne soit accordée qu'après trente-quatre ans de service.

17. Qu'un concordat général soit établi dans tous les régiments, ce qui évitera des pensions de retraite à Sa Majesté, et donnera un débouché aux jeunes gens qui ne peuvent avoir d'emploi.

18. Qu'on accorde des congés aux compagnies, de sorte que le tiers soit toujours absent, et que sa paye, mise en trois masses, serve à augmenter celle des présents, à former une caisse de guerre pour entrer en campagne, et une autre pour servir de retraite aux vieux soldats, et donner des gratifications pour retenir au corps les bons sujets. Qu'il y ait une ordonnance qui réglât que sur six officiers, il n'y en aurait jamais que trois aux compagnies.

19. Que tout officier coupable soit jugé par ses pairs.

20. Que le premier capitaine et le premier lieutenant, sous la sanction du corps, aient une autorité de police sur tous les officiers, pour dénoncer les actions malhonnêtes, et maintenir dans le public la considération que se doit attirer un régiment, dont les officiers donnent l'exemple de la politesse, de la modération et de l'ordre, *dans tous ses points*.

21. Que dans les régiments de grenadiers royaux et troupes provinciales, il soit accordé des retraites à tous les officiers hors d'état d'entrer en campagne, et qu'il leur soit substitué sur-le-champ autant de jeunes gens qui végètent en province, faute de débouchés.

22. Que les officiers de fortune des régiments de ligne, qui ont la commission de capitaine, aient des compagnies dans les troupes provinciales, et y conservent leurs appointements actuels.

23. Qu'enfin la constitution militaire actuelle, qui paraît contraire au génie de la nation, par le mécontentement et le découragement général qui s'exhalent parmi tous les individus, depuis l'officier jusqu'au soldat, soit renouvelée et établie sur des bases aussi justes qu'invariables.

24. Que l'inspection des prisons et salles de discipline, pour la propreté et salubrité, appartienne seule aux régiments, qui s'en occuperaient sûrement avec la plus grande exactitude et humanité.

Ce fait, et les opérations prescrites par le règlement se trouvant consommées, la séance a été close et arrêtée, et mesdits sieurs, composant l'assemblée, tant pour eux que pour leurs commettants, signé ensemble, M. le président et M. le secrétaire, les jour et an susdits.

Signé Le comte de Barbançon, *président*; comte

de Lauraguais; comte de Flavigny; de Jouenne d'Esgrigny; chevalier de Ronmefort; chevalier de Bouffle; chevalier de Beaumont; comte des Vieux; vicomte de Flavigny; Le Sellier de Vauxméuil; de La Fontaine, chevalier d'Ollezy; Le Sellier de Chezelles; Des Landes; Hennet de Bernoville; de La Fons; Dalmas; Le Sellier de Blécourt; baron de Proisy d'Eppe; comte d'Aspremont; Du Cauzé, comte de Nazelles; de Vassault de Parfondru; de Fay de Quincy; vicomte de Lancy; Fay de Puisieux; Le Vaillant; vicomte de Laval; Bayard; vicomte de Fariaux père; vicomte de Fariaux fils; marquis de Bertoult d'Hautecloque; chevalier de Belleville; Baudreuil; Le Feron de Ville; Maquerel de Quémy; Lamirault; Foucault; Parat; Breheret de Montalard; Dennet; Le Carlier de Veslud; Le Carlier Vesles; Ballet de La Chenardière; Pujol, vicomte de Crécy-au-Mont; de Muyssart des Obeaux; Berthe du Jonquoy; de Hennezel d'Omoy; Martin d'Eziles; Berthe de Pommery; chevalier de Breuilly; Branche de Flavigny; d'Hangest; comte de Madrid; Offarelle; de Colnet; comte de Miremont; Des Forges des Essarts; Rillart d'Epourdon; de Hédouville; de Hédouville; chevalier de Hédouville; chevalier de l'Épinay de Lierval; Des Forges de Beaumé; Balmane de Montigny; Beffroy de la Grève; de Blignicourt; baron de Saignes; marquis d'Hervilly; Flavigny de Chambry; le chevalier des Fossés; Des Marais de Beaurain; vicomte des Fossés; Du Royer; Belly de Bussy; Dorigny de La Neuville; baron de Saxes; Randon de Latilly; de Sars; marquis de Flavigny; comte de la Tour du Pin-Chambly; Signier; de Chaffois (sous la réserve du contenu en ma protestation contre les délibérations par tête; passée devant notaire); Maquerel de Pleineselve, et le chevalier de Novion, *secrétaire*.

Pour expédition : Le chevalier DE NOVION.

CAHIER GÉNÉRAL

Des doléances , plaintes et remontrances du tiers-état du bailliage principal de Laon, et des bailliages secondaires de la Fère, Marle, Chauny, Coucy, Guise et Noyon (1).

Les députés du tiers-état du bailliage de Vermandois, assemblés en une salle de l'abbaye de Saint-Jean de la ville de Laon, pour rédiger leur cahier de doléances, plaintes et remontrances, en exécution de la lettre du Roi, pour la convocation des États généraux, en date du 24 janvier dernier, du règlement y annexé, et de l'ordonnance de M. le bailli de Vermandois, et M. son lieutenant général, en date du 16 février dernier, ont délibéré :

1. Que leurs représentants aux États généraux auront charge de voter pour que, dans la première séance des États, il soit adressé au Roi, au nom de leur ordre, un hommage solennel de reconnaissance pour les vues de bienfaisance et de justice dont Sa Majesté s'est constamment occupée depuis son avènement au trône, et spécialement pour la protection marquée qu'elle a daigné accorder au tiers-état, en lui assignant une représentation aussi nombreuse que celle des deux ordres privilégiés, et d'offrir à Sa Majesté l'expression respectueuse de leur amour et de leur fidélité envers sa personne sacrée.

2. Qu'il sera adressé des remercîments publics à M. Necker, ministre d'État et directeur général

(1) Nous publions ce cahier d'après un imprimé de la *Bibliothèque du Sénat*.

des finances, pour le zèle et le courage avec lesquels il s'est dévoué à être utile à la nation.

3. Que leurs représentants insisteront pour que, dans l'assemblée des États généraux, il soit délibéré par tête, et non par ordre, avec faculté néanmoins de consentir à voter par ordre, si les circonstances ou l'intérêt public paraissent l'exiger : ce dont ils chargent l'honneur et la conscience desdits représentants.

4. Que le retour périodique des États généraux sera invariablement déterminé ; qu'ils pourront s'assembler sans qu'il soit besoin de lettres de convocation, à l'époque qui aura été fixée par les États eux-mêmes, à moins que, pour des cas imprévus, il ne soit jugé nécessaire de les convoquer plus tôt : que l'époque de leur réunion ne pourra être reculée au delà de cinq ans ; que les États pourront déterminer l'ordre à établir pour leur composition et organisation.

5. Qu'il sera demandé que chaque bailliage qui aura une population assez nombreuse, puisse députer directement.

6. Que les représentants auront charge expresse de ne consentir l'établissement d'aucune commission intermédiaire qui puisse représenter les États généraux dans l'intervalle de leurs séances.

7. Qu'il sera établi, dans chaque province, des États particuliers, ou d'après les divisions actuellement existantes, ou d'après de nouvelles divisions qui pourraient être jugées plus avantageuses ; que lesdits États seront constitués de manière que la représentation soit aussi égale, aussi libre qu'il sera possible ; et, qu'au surplus, les États généraux pourront en déterminer la composition.

8. Que, paraissant nécessaire de recueillir tous les principes relatifs à la constitution de la monarchie, il sera reconnu comme loi constitutionnelle et fondamentale que la succession au trône appartient à l'auguste maison de Bourbon, actuellement régnante, de mâle en mâle, suivant l'ordre de primogéniture, à l'exclusion des filles et de leurs descendants, en observant que cette loi est gravée dans le cœur de tous les Français en caractère d'amour, et que, si les députés du bailliage de Vermandois proposent de la reconnaître, ce n'est que pour transmettre à leurs neveux les sentiments qui porteraient aujourd'hui la nation à l'établir si elle n'existait point.

9. Qu'il sera reconnu, comme loi fondamentale, qu'arrivant le décès du Roi, dans le cas où l'héritier présomptif de la couronne serait mineur, le droit de conférer la régence appartiendra exclusivement aux États généraux, qui seront convoqués par la notoriété du décès du Roi, et qui seront tenus de s'assembler dans le plus bref délai possible ; qu'au surplus, les États généraux aviseront aux moyens de pourvoir à l'administration, jusqu'à ce que la régence ait été conférée.

10. Qu'il sera reconnu, comme loi constitutionnelle et fondamentale, que le Roi seul peut donner la sanction aux lois; mais que les lois doivent être consenties par les États généraux.

11. Que les États généraux détermineront les formes à adopter pour la publication des lois.

Que le pouvoir exécutif résidera entièrement dans la personne du Roi.

12. Qu'il soit à désirer qu'il fût réglé, aux États généraux, dans quel cas qu'il fût réglé, aux États généraux, dans quel cas qu'il fût réglé, aux États généraux, dans quel cas qu'il servir contre quelques parties de l'État.

13. Qu'il sera établi, comme loi constitutionnelle et fondamentale, que la nation seule, par l'organe des États généraux, a le droit d'accorder et de consentir les subsides et les emprunts, même la modification des impôts.

14. Que les subsides ne pourront être consentis que lorsque les États généraux auront délibéré et pris des arrêtés sur toutes les matières qui doivent faire l'objet des lois constitutionnelles du royaume ; et que dans le cas où l'on proposerait de délibérer définitivement sur la concession des subsides, avant que tout ce qui concerne la constitution ait été fixé, leurs représentants seront tenus de se retirer et ne pourront prendre aucune part à la délibération : que, cependant, si les besoins de l'État exigeaient la concession provisoire d'aucuns subsides, ils pourraient les consentir, mais pour un an seulement : et que, dans le cas où un emprunt serait jugé préférable aux besoins d'une année seulement, ils pourront le consentir aux conditions les moins onéreuses ; ce dont on charge leur honneur et leur conscience.

15. Que les États généraux pourront déterminer la nature, la forme ou la quotité de l'impôt ; mais qu'avant de s'occuper de ces objets, ils prendront les moyens de constater et liquider la dette nationale : et que dans cette liquidation, la dette du clergé ne sera comprise que pour les prêts qu'il a faits au gouvernement et non pour les emprunts qu'il a ouverts pour payer ses subsides, sauf à prendre les moyens nécessaires pour consolider la dette qui lui est particulière et en assurer l'extinction.

16. Que les États généraux s'occuperont des moyens de réduire la dépense et surtout les pensions.

17. Que l'impôt ne pourra être consenti que pour six ans ; qu'il ne sera accordé que dans la proportion nécessaire à la splendeur du trône et à la sûreté de la nation ; et qu'il diminuera graduellement en raison de l'extinction de la dette ou de la réduction des dépenses.

18. Que toutes les contestations relatives à l'impôt seront portées devant les tribunaux qui sont ou seront établis pour en connaître, exclusivement à toutes commissions arbitraires.

19. Qu'à commencer du 1er janvier 1790, tous les impôts qui existent aujourd'hui, ou ceux qui seraient nouvellement établis, seront supportés, sans distinction, par tous les individus et provinces du royaume, en proportion des facultés ; et que les trois ordres seront assujettis au même mode de perception, et compris dans les mêmes rôles ; et que, dans le cas où il serait pris aux États généraux une résolution contraire, leurs représentants seront tenus de se retirer.

20. Qu'avec tout le désir de montrer des égards pour cette partie de la noblesse qui cultive elle-même ses champs, et qui souvent, après avoir supporté les fatigues de la guerre, honore, par ses occupations, les travaux de l'agriculture, le danger des conséquences doit faire craindre que la faveur que l'on pourrait accorder à ces anciens défenseurs de l'État, ne fût un moyen d'établir des exceptions dans la répartition de l'impôt, et qu'il paraîtrait plus conforme à l'esprit d'égalité d'accorder aux gentilshommes qui sont dans le cas de l'exception indiquée par le rapport du ministre des finances, du 27 décembre dernier, des grâces proportionnées à leurs services.

21. Qu'il sera formé un vœu pour la suppression de tous les impôts dont la base est arbitraire, la répartition vicieuse, et la perception onéreuse au peuple, tel que la taille et ses accessoires, sous telle dénomination que ce puisse être, la capitation, la contribution aux chemins, les aides et les gabelles ; et ensuite pour la conversion de ces impôts, et autres semblables, en une prestation également répartie entre les trois ordres

proportionnellement à leurs revenus fonciers, pécuniaires et industriels ; et que l'impôt foncier sera réparti sur tous les contribuables, dans le lieu de la situation des biens.

22. Qu'il sera formé un vœu pour le reculement des barrières aux frontières, et pour la suppression des droits de centième denier sur les offices, et du droit de contrôle.

23. Que dans le cas où les besoins de l'Etat exigeraient la continuation des droits de contrôle, et autres de même nature, il sera alors déterminé un tarif clair et précis, de manière à éviter toute perception arbitraire.

24. Que la milice sera supprimée, et convertie, comme les autres impôts, en une prestation pécuniaire qui sera supportée par les trois ordres, mais que cette prestation sera fixée avec beaucoup de modération, attendu que l'état de l'armée est, actuellement, assez considérable pour n'avoir besoin d'être augmentée que dans des circonstances urgentes : sauf aux Etats généraux à prendre des mesures convenables, pour que, dans le cas où la sûreté de l'Etat exigerait qu'on eût recours à la voie du sort, il soit pourvu à procurer des compensations à la classe qui y serait assujettie.

25. Que la suppression de tous privilèges, étant la suite nécessaire de l'égale répartition de l'impôt, il sera formé un vœu pour que toutes les charges publiques soient également supportées entre les trois ordres ; sauf à convertir en une prestation pécuniaire celles qui en seraient susceptibles, telles que la collecte et le logement militaire.

26. Que le droit de franc-fief soit supprimé ; et que, dans les familles du tiers-état, les fiefs soient partagés avec égalité, sans prérogative d'aînesse ou de masculinité.

27. Que les Etats généraux aviseront aux moyens de prévenir les déprédations et les abus d'autorité des ministres.

28 Que, chaque année, les comptes des différents départements seront rendus publics.

29. Que l'impôt représentatif de la corvée soit destiné, sans distraction, à la confection et entretien de toutes les routes royales, sans distinction des traverses des villes ou des campagnes.

30. Que nul citoyen ne pourra être arrêté et constitué prisonnier qu'en vertu d'une ordonnance du juge compétent, ou en cas de rumeur publique et flagrant délit ; que, cependant, si les Etats généraux jugeaient qu'en certaines circonstances les lettres de cachet fussent d'une nécessité indispensable, ils détermineront le cas où elles pourraient être autorisées ; et qu'ils prendraient tous les moyens pour empêcher qu'on ne puisse en abuser, et spécialement en admettant que quiconque serait arrêté en vertu d'une lettre de cachet, serait remis, dans le plus bref délai, sous l'autorité du juge compétent.

31. Que nul citoyen ne pourra être privé de sa propriété, même sous des motifs d'intérêt public, sans en être indemnisé au plus haut prix et sans délai.

32. Que la liberté de la presse sera autorisée, en prenant les précautions nécessaires pour empêcher qu'elle ne dégénère en licence.

33. Que les Etats généraux donneront une attention particulière à ce que les lois civiles et les lois criminelles subissent les changements que sollicitent depuis longtemps la raison et l'humanité.

34. Qu'il soit demandé, entre autres choses, que l'on rapproche la justice des justiciables ; que l'on supprime les évocations et *committimus*, les jugements par commission en toutes matières, les charges onéreuses des greffiers de l'écritoire, de jurés-priseurs, de jurés-crieurs ; que l'on réduise et diminue le nombre des offices de notaires, huissiers et autres ; qu'enfin, pour parvenir avec plus de facilité aux réformes à faire dans la législation civile et criminelle, et dans les différentes parties de l'administration, il sera établi, par les Etats généraux, une commission qui correspondra, dans chaque province, avec des commissions locales, chargées de recevoir toutes les vues, les projets ou demandes qu'on pourra leur adresser, et d'en faire passer le résultat à la commission générale.

35. Que les moyens de perfectionner l'éducation publique seront recherchés avec empressement.

36. Que les propriétés du clergé seront, autant qu'il sera possible, appliquées à leur destination primitive, et qu'en conséquence le sort des respectables pasteurs sera amélioré ; et qu'il sera pourvu à ce que les ordres mendiants ne soient plus à la charge du peuple.

37. Que, lorsque les curés seront convenablement dotés, le casuel sera supprimé.

38. Qu'il sera établi des curés dans les annexes, et des vicaires dans les paroisses qui excèdent cinq cents communiants.

39. Qu'il sera avisé aux moyens de rendre les maisons religieuses aussi utiles qu'elles peuvent l'être.

40. Que les Etats généraux s'occuperont des moyens de constater la nature de la dîme, des droits féodaux, et spécialement des banalités, corvées personnelles, droits de péage, de hallage, stelage et autres droits sur les grains ; et, en attendant qu'on se soit occupé de ces objets, qu'il soit provisoirement avisé à la conversion de ces droits en une prestation, soit en grains, soit en argent ; et que le droit de suite, en matière de dîme, soit supprimé.

41. Que les Etats généraux s'occuperont des moyens d'assurer la liberté et la prospérité du commerce, et de prévenir les banqueroutes ; et qu'à cet effet il sera demandé qu'il n'y ait plus de lieux privilégiés, tels que le temple et autres endroits.

42. Qu'il sera formé un vœu pour la suppression des jurandes, des maîtrises, et de tous privilèges exclusifs.

43. Qu'il sera accordé des primes d'encouragement pour l'agriculture, les manufactures, les plantations et les pères de famille.

44. Que les baux des bénéficiers et ceux de l'ordre de Malte seront entretenus par leurs successeurs aux bénéfices et aux commanderies, et qu'ils ne pourront être plus courts que neuf ans.

45. Qu'il ne sera imposé aucunes charges locales, sans le consentement des habitants payant au moins les deux tiers des impositions.

46. Qu'il sera établi des magasins de blé dans chaque province.

47. Que l'ordonnance de 1781, qui exclut du service militaire, comme officier, tout individu non noble, et qui exclut du grade de capitaine en pied tout officier de fortune, sera révoquée.

48. Que le tiers-état ne sera exclu d'aucune place et office, grâces ou distinctions, et spécialement qu'il sera admis dans les cours souveraines.

49. Qu'il soit à désirer que les personnes qui ont des bénéfices, emplois ou places dans les provinces, fussent tenues d'y résider, pour y

jouir des attributions qui s'y trouvent attachées.

50. Qu'on s'occupera sérieusement des moyens de prévenir, par des règlements simples et faciles dans leur exécution, les abus de droit de chasse, et de garantir les récoltes de l'incursion du gibier : qu'à cet égard, il sera instamment demandé que le cultivateur puisse récolter son champ dans le temps et de la manière qu'il le jugera à propos, et que les brevets de conservation de chasse seront supprimés.

51. Qu'il sera formé un vœu pour qu'on prenne les moyens les plus efficaces pour détruire la mendicité.

52. Que toutes dispenses de mariage seront expédiées par l'ordinaire, et qu'il ne sera rien payé à cet égard, même à titre d'aumône.

53. Qu'il sera formé un vœu pour que le prêt à intérêt à terme soit autorisé.

54. Qu'il sera formé un vœu pour qu'on révoque le principe de l'inaliénabilité du domaine de la couronne; qu'en conséquence, on confirme les aliénations déjà faites, et qu'on autorise celles qu'il sera jugé nécessaire de faire ultérieurement : cette opération ne pouvant être qu'infiniment avantageuse, en ce que les biens seront évidemment plus fructueux à l'État dans les mains de quiconque les acquerra, que dans celles du souverain.

55. Que, pour donner aux différentes communautés des bailliages secondaires, l'assurance que toutes les réclamations particulières qu'elles ont formées, et qui ne sont point comprises au présent cahier seront soumises à l'examen des États généraux, les cahiers desdits bailliages secondaires seront joints en expédition au cahier général du bailliage de Vermandois, pour servir de mémoire aux députés qui seront chargés d'y donner une attention particulière.

56. Qu'il sera pris des moyens pour assurer la conservation des bois, et en améliorer l'aménagement.

57. Qu'il sera fait un règlement pour déterminer les points d'eau, de manière que les propriétés riveraines n'en soient point endommagées.

58. Que, sur les autres objets à traiter et à discuter dans l'assemblée des États, ils s'en rapportent à la justice, aux lumières et à la loyauté de leurs représentants, auxquels ils donnent tous pouvoirs requis et nécessaires en tout ce qui ne sera pas contraire aux articles du présent cahier, même pouvoirs généraux et suffisants pour proposer, remontrer, aviser et consentir.

59. Qu'il sera formé un vœu pour la liberté des nègres.

Fait et arrêté, à Laon, le 19 mars 1789. Ainsi signé en la minute des présentes :

Bailliage de Laon :

Le Carlier; l'Éleu de la Ville-aux-Bois; Oger; Benjamin de Visme; Barranger; Malricq; Laurent; Vassault; Dussonnois; l'Hoste; Petit Jean; Pinon; Balourdet de Roquigny; Polliart; Suin; Beffroy; Paffe; Pioche; Montois; Blondela; Mennesson; Thorin; Dedrincourt; Legros; Desprez; Begny; Hernault; Defrance; Hincelin; Peigné; Rousseau, Lemaire; Loisel; Guyot; Caland; Martin; Soyer; Govin; Mathieu; Sandron; Lefèvre; Oudard; Durand; Macqua; Bertrand; Brazier; Ancelot; Lecat; d'Hennequin; Wimi; Boutroy; Barbier; Regnard; Salendre; Jumancourt; Pagnier; Dupeuty; Perin; Debrie fils, prud'homme; Lesur; Robinet; Tanneur; Drumigny; Aubin; Guilbaut; Lehaut; Marville; Masché; Remy; Meunier; Ancelot; Gojart, Prud'homme; Monseignat; Cleron; Licent; No-

deste; Legras; Cellier; Duvermont; Michel; Destrés; Wateau; Martin; Grimpret, Lacroix; Martin; Bourgeois; Pourier; Cury; Rouillier; Lecler; Hennequin; Lacaille; Hotte; Topin; Carlier; Varlet; Lecocq; Fromage; Lacroix; Bourgeois; Fouquet; Fouant; Brizet; Hénault; Bernier; Cointre; Lebègue; Deliancourt; Hecart; Marache; Moulin; Delamalmaison; Bruxelles; Suin; Lefèvre; Courtin; Hallart; Leclerc; Pestiaux; Pinta; Boulanger; Guyot; Carlier; Dognon; Mennesson; Taillard; Renard; Gobreau; Cuvillier; Hubert; Lesbateur; Liance; Roucourt; Boursigaux; Deswatines.

Bailliage de Marle :

Leroi; Maillard.

Bailliage de la Fère :

Dupuis; Leblond; Ancelot; Mignot; Botté; Pioche; Boulanger; Loisel.

Bailliage de Coucy :

Carlier, Detheis; Tronson; Rossignol; Bailly; Tribalet; Oyon; Lefèvre; Binet; Garette père; Gellé; Flobert; Lebrasseur; Lemoine; Guichard; Garette fils; Collet; Ferté; Roussel; Lefèvre père; Lefèvre; Macquaire; Dufour; Herbin.

Bailliage de Chauny :

Flamand; Roger; Lemaire; Quiche; Debacq; Tourneur; Cholet; Leclerc; Vinchon; Roland; Gruet; Larcanger; Fagnet; Larcanger; Debout; Lemoine; Broutroy; Buitel; Thevenard; Cordelle; Rousselle; Walmé; Verlon; Suin; Grein; Fouquet; Vinchon; Bacquet; Tabarit; Lefèvre; Grejoix; Leborgne; Flahaux.

Bailliage de Guise :

De Vieville des Essarts; de Vieville, maire; Saulce; Violette; Grimblot; Châtelain; Marcadier; Bauchart; Ducrot; Violette de Bretagne; Leproux; Lefèvre; Floquet; Perdrix; Lagace; Huct; Violette; Demartigny; Le Radde; Pottier; Berrenger; Boulongne; Pouillon; Desmoulins; Fontaine de Monguiot; Hennet; Philippot; Lefèvre; Blot; Carrière; Duchâteau; Lejeune, Julien; J.-L. Testart; E. Testart; Soyer; Wateau; Dubois; Foucampré; Debrun; Carlier; Lallouette; Leduc; Jourdain; Denezart; Boche; Grouselle; Dupré; Dormais; Vieville; Parengot; Mauricourt; Bonbart; Magnier; Demzart; Hallier; Bourgeois; Juglart; Pécheux; Polliart; Poulain; Barbier; Godard; Boutroy; Baron; Fresson; Poulain; Trubert; Lebœuf; Hocquidam; Meurest; Hecquart; Boutroy; Cavenne; A. Hecquart.

Bailliage de Noyon :

Margerin; Ducastel; Guibert; Gely; Wateblé; Denglehenne; Marin; Langlois; Guenin; Baudequin; de Saint-Quentin; Driencourt; Magnier; Dortue de Pont-l'Évêque; Fourné de Catigny; Lepot de Catigny; Lefèvre; Varlemont; Gossé; Duvivier; Labarre; Lepot de Bezincourt; Goron; Maillet; Carou; Cavenelle; Poitevin; Lescuyer; Leblanc; Fagard; Remy; Bibeau; Egret; Barbier de Grisole, tous députés; Fouant, procureur du Roi; Caignart du Rotoy, lieutenant général du bailliage de Laon, président du tiers-état du bailliage de Vermandois, et Dumoutier, greffier.

DÉPUTÉS AUX ÉTATS GÉNÉRAUX.

1. M. LE CARLIER, maire de la ville de Laon et secrétaire du Roi.

2. M. DE VIEVILLE DES ESSARTS, subdélégué à Guise.

3. M. DE VISME, avocat à Laon, procureur-syndic de l'assemblée intermédiaire de l'élection de Laon.

4. M. BAILLY, laboureur à Crécy-au-Mont, bailliage de Coucy.

5. M. L'ELUU, de la Ville-aux-Bois, lieutenant en l'élection de Laon, et subdélégue de la même ville.

6. Et M. LECLERC, laboureur et propriétaire de Lannoy, paroisse de Réchiie, bailliage de Chauny.

Collationné conforme à la minute :

DUMOUTIER, *greffier.*

CAHIER

Des plaintes et doléances du bailliage de la ville de la Fère, 10 mars 1789.

CHAPITRE PREMIER.

Art. 1er Les paroisses étant dans le ressort du bailliage de la Fère, demandent qu'à l'avenir il y ait un plus grand nombre de députés aux États généraux pour le bailliage de Vermandois.

Art. 2. Demandent que les États généraux soient périodiques, et soient tenus au moins tous les dix ans, et que les voix s'y comptent par tête, et non par ordre, et que, dans les présents États, il soit question de la forme à observer à l'avenir pour l'enregistrement des lois nouvelles.

Art. 3. Demandent que toutes les provinces, et notamment celles dont elles font partie, soient mise en pays d'États, et dans la même forme que dans le Dauphiné; que les États soient tenus dans la ville qui se trouvera être au centre de la province; que toutes les villes, bourgs et paroisses, soient divisées en districts de paroisses; que, dans ce district, il soit choisi un député à la pluralité des voix, indistinctement dans les villes ou dans les campagnes; que lesdits États soient assemblés tous les ans pour la répartition des impôts, et autres affaires; qu'il soit établi une commission intermédiaire desdits États, composée au moins de six membres, de deux conseillers-rapporteurs et d'un secrétaire; de manière qu'il y ait toujours moitié du tiers-état; et enfin, qu'à l'avenir, les municipalités correspondent directement avec lesdits États, ou leur commission intermédiaire.

Art. 4. Remontrent très-humblement, lesdites paroisses, qu'il ne doit être voté pour aucuns subsides, qu'au préalable la dette nationale ne soit constatée, qu'il ne soit fait un tableau de la dépense de l'État, ce qui amène nécessairement la comptabilité des ministres; et cependant ne sera point comprise dans ce tableau la dépense secrète, ni celle de la maison du Roi.

Art. 5. Demandent, lesdites paroisses, que les engagements ci-devant contractés par le gouvernement, soient garantis par la nation aux créanciers de l'État, et qu'à l'avenir, il ne soit établi aucun impôt, ni fait aucun emprunt sans le consentement des États généraux.

Art. 6. Demandent la suppression de tous les impôts, sous quelque dénomination qu'ils soient connus, tels que les gabelles, les aides, traites, droits d'octroi, taille, capitation, vingtièmes; qu'il soit avisé, par les États généraux, aux moyens de les remplacer par des impositions perceptibles sur toutes les propriétés, indistinctement, tant du clergé, de la noblesse, que du tiers-état, comme aussi sur les commerçants et capitalistes.

Art. 7. Demandent que la répartition desdites impositions soit faite par les municipalités et adjoints, comme la présente année, et, pour les campagnes, eu égard à la nature du sol, que la perception en soit faite, comme par le passé; que les deniers en provenant soient versés directement dans la caisse des États provinciaux, et de là au trésor royal; et qu'enfin, pour la sûreté desdits deniers, les collecteurs puissent se faire assister gratuitement par la maréchaussée.

Art. 8. Demandent qu'au moyen de la suppression de tous droits perçus au profit des provinces et villes particulières, les États provinciaux soient autorisés à percevoir une imposition accessoire, dans laquelle serait comprise la corvée : cette imposition serait représentative de tous les droits d'octroi locaux, se percevrait sur toute la province, indistinctement, sur le clergé, la noblesse et le tiers-état.

Art. 9. Demandent que l'administration des finances, tous les ans, rende public, par la voie de l'impression, le tableau de la répartition, qui sera faite dans les provinces, des sommes qui seront demandées par Sa Majesté.

Art. 10. Demandent que les États provinciaux, tous les ans, rendent pareillement public, aussi par la voie de l'impression, le tableau de la répartition qu'ils auront faite dans les villes, bourgs et paroisses de leur province, de la somme à laquelle aura été fixée leur contribution dans celles demandées par Sa Majesté; et que, tous les ans, lesdits États rendent un compte public de l'emploi qu'ils auront fait de l'imposition accessoire.

Art. 11. Demandent que, dans tous les cas, dans celui où Sa Majesté ne croirait pas convenable d'accorder toutes les suppressions demandées, elle accorde au moins la suppression des droits de contrôle, de centième denier, tant sur les acquisitions, que sur les successions collatérales, les droits d'insinuations, de donations, les droits de petit scel, attendu que la perception de ces droits est purement arbitraire; que le peuple est à la merci d'une foule de commis, la plupart peu instruits; qu'ils sont juges dans leur propre cause, que l'on ne contracte qu'en tremblant pour ne point passer dans leurs mains; et enfin, que ces droits gênent absolument les parties.

Art. 12. Que, pour assurer la date des actes, les notaires et huissiers soient tenus de faire viser les actes et exploits, les notaires dans la quinzaine et les huissiers dans trois jours, au greffe de leurs juridictions; qu'en conséquence, le greffier serait tenu de faire mention sur un registre du visa des actes et exploits, à la suite les uns des autres; pourquoi lui serait alloué 10 sous par acte et 2 sous par exploit; et serait son registre, ainsi que les répertoires des notaires, vérifiés tous les six mois par le juge du lieu, et arrêté le tout, sans frais.

Art. 13. Demandent que les barrières soient reculées sur les frontières, et que les droits qui y seront perçus à l'entrée et à la sortie, y soient fixés; la suppression des 4 deniers pour livre perçus sur le prix des ventes mobilières, en ce que ces droits attaquent la propriété; la suppression des 2 deniers pour livre, qui se perçoivent sur les contrats exposés au tableau des hypothèques, ainsi que des 3 livres perçues sur les oppositions; la modération des droits de consignation, saisie réelle, et autres de cette nature; la suppression des droits de ponts, péage, affouage, de banalité, de corvée, de stellage attendu que tous ces droits ont été établis

---

(1) Nous publions ce cahier d'après un manuscrit des *Archives de l'Empire.*

dans des siècles d'ignorance, et qu'ils gênent le commerce et la liberté des particuliers sans être de la moindre utilité pour l'État, en remboursant les propriétaires au plus haut prix et sans délai.

Art. 14. Demandent qu'il n'y ait plus de priviléges au détriment d'un tiers; en conséquence, que, dans les villes, les ecclésiastiques et les nobles soient assujettis au logement des gens de guerre et autres charges publiques.

Art. 15. Demandent la suppression des droits de franc-fief, et qu'il n'y ait plus de droit d'alnesse pour les roturiers.

Art. 16. Demandent qu'il ne soit plus payé, ni par les provinces, ni par les villes, aucuns logements en argent aux officiers, commissaires des guerres, et autres, surtout lorsqu'ils sont logés aux casernes et dans les bâtiments appartenant à Sa Majesté.

Art. 17. Demandent la suppression de l'administration des économats; qu'elle soit confiée aux États provinciaux; et que les deniers provenant de la caisse soient réunis au trésor royal.

Art. 18. Demandent que tous les bâtiments publics soient à la charge des provinces.

Art. 19. Demandent la suppression des annates; que les évêques soient autorisés à donner les dispenses de parenté, quel que soit le degré; et que, pour cet objet, il ne soit plus perçu de rétribution à titre d'aumône ou autrement.

Art. 20. Demandent que le cultivateur soit libre de cultiver, ensemencer et récolter, ainsi que bon lui semblera; que l'on conserve, à ce canton, la vaine pâture dans les prés, après la récolte des foins; prohiber absolument la clôture des prés pour y faire des regains, attendu que la vaine pâture dans les prés est un usage suivi de temps immémorial; que le système contraire n'a pu être imaginé que par des esprits étroits et resserrés; qu'il en résulterait une diminution de plus de moitié dans les bestiaux; que l'agriculture languirait par la diminution des engrais; que la location des terres ne serait plus la même; enfin, que les terres perdraient de leur valeur de près de moitié.

Art. 21. Demandent que les baux des bénéficiers soient au moins de neuf ans, et ne soient plus résolus par la vacance du titulaire.

Art. 22. Demandent qu'il soit permis de prêter à terme, et que les sommes prêtées portent intérêt.

Art. 23. Demandent que le quart des bois de mainmorte, mis en réserve, soit remis en coupe réglée de vingt-cinq ans.

Art. 24. Demandent que le montant des pensions sur le gouvernement soit fixé et rendu public, ainsi que le nom des personnes qui en jouissent et à quel titre.

CHAPITRE II.

Art. 1er. Demandent que, dans tous les cas, il n'y ait que deux degrés de juridiction royale. En conséquence, que le bailliage de la Fère, étant un bailliage royal, ressortisse nûment, savoir : pour les causes, tant personnelles que d'estimation, jusqu'à 3,000 livres, au présidial, et pour les causes au-dessus au parlement; lequel connaîtra, en outre, des régales, questions d'État; demandent la suppression du droit de *committimus* et autres de ce genre, comme contraires à la liberté.

Art. 2. Demandent qu'il soit fait un arrondissement à chaque bailliage, de manière que les justiciables ne soient point éloignés, autant que faire se pourra, de plus de trois lieues du chef-lieu du bailliage d'où ils ressortiront; qu'au moyen d'un arrondis-

sement plus étendu, il y ait au moins trois juges; lesquels jugeront souverainement jusqu'à la somme de 300 livres, tant dans les causes personnelles que d'estimation.

Art. 3. Demandent un nouveau code civil qui simplifie la procédure, la rende moins coûteuse et abrége la durée des procès; la suppression de la vénalité des offices, des épices attribués aux juges, en leur donnant des honoraires convenables; qu'il soit fait un réglement pour fixer les droits des notaires, procureurs et huissiers, et que le nombre de ces derniers officiers soit réduit.

Art. 4. Demandent la suppression du droit de centième denier sur les offices, attendu que les cours supérieures ne le payent pas.

Art. 5. Demandent un nouveau code criminel, qu'il soit permis aux accusés de se défendre et de prendre un conseil. En conséquence, rendre publique l'instruction des procès criminels.

Art. 6. Demandent que, dans le cas où il y aurait encore des lettres de cachet, les personnes arrêtées en vertu desdites lettres soient interrogées dans les vingt-quatre heures, et remises à leurs juges naturels.

Art. 7. Demandent qu'il soit pourvu aux moyens de prévenir les banqueroutes; qu'il soit infligé des peines rigoureuses aux banqueroutiers frauduleux, attendu le préjudice notable qui en résulte pour le commerce.

CHAPITRE III.

Art. 1er. Demandent qu'il soit pourvu, par les États provinciaux, à la reconstruction des ponts et à l'entretien des chaussées, chemins vicinaux; que la grande route de la Fère à Chauny soit faite, afin que la poste puisse arriver à la Fère et en partir tous les jours, et qu'il soit libre de se servir de voiture sans être obligé de prendre de permis.

Art. 2. Demandent qu'il n'y ait plus qu'une seule espèce de poids et mesures.

Art. 3. Demandent qu'autant que faire se pourra, il soit établi des magasins de blé et de seigle, qui puissent fournir les halles au besoin, à un taux modéré, pour empêcher tout monopole et les accaparements; lesquels magasins seraient confiés aux soins des municipalités.

Art. 4. Demandent qu'il ne soit plus tiré au sort pour la milice, mais que les provinces fournissent celles que le gouvernement demandera, aux frais de tous les habitants, tant ecclésiastiques, nobles, que roturiers.

Art. 5. Demandent que les États généraux pourvoient à ce qu'il n'y ait plus de régie d'étapes, ni de convois militaires; à ce que les municipalités, avec les deniers du gouvernement, fournissent les voitures à la suite des corps, et les provinces les chevaux de selle, ainsi que les bois et lumières; et enfin, à ce que le transport direct des gros bagages soit fait au compte des régiments.

Art. 6. Demandent que les points d'eau, qui occasionnent, dans ce canton, de fréquentes inondations, soient baissés; et qu'il n'y ait plus sur les rivières d'Oise et de Serre, et sur le canal, de retenue d'eau, écluses ni ventilleries.

Art. 7. Demandent la suppression de la régie des fourrages.

Art. 8. Demandent que tous les droits et règlements des capitaineries des chasses soient abolis sans néanmoins porter atteinte à la propriété du droit de chasse attaché aux fiefs.

Fait et arrêté à la Fère, en l'auditoire dudit bailliage, le 9 mars 1789, en présence de nous, Gabriel-Joseph-Collas de Vallois, conseiller du

Roi, lieutenant général audit bailliage de la Fère, et de M. le procureur du Roi audit siége, en l'assemblée de tous les députés, tant de cette ville que des villages du ressort dudit bailliage, la minute signée :

Bourgeois ; Marin ; Boulanger ; Bureau ; Loizel ; Wattier ; Boulogne ; Courjean ; Daussy ; Vieville ; Fouilloy ; Doffemont ; Buire ; Oger ; Dupuis : Ancelot ; Pioche ; Bottée : Bocquel ; Leblond ; Mignot ; Briquet ; Gambart ; Oger ; Dupuis ; Berlemont fils ; Thévenard ; Dauthuille ; Lefèvre ; Clément ; Brulé ; Jouval ; Collas de Vallois, et Le Sèble.

Et plus bas, est écrit : Paraphé *ne varietur*, par nous, Gabriel-Joseph-Collas de Vallois, conseiller du Roi, lieutenant général au bailliage de la Fère, au désir de notre procès-verbal de députation de ce jourd'hui, 10 mars 1789. *Signé* Collas de Vallois.

Délivré et certifié véritable par moi, greffier dudit bailliage, soussigné.

Signé LE SÈBLE.

SÉNÉCHAUSSÉE DE VILLEFRANCHE-DE-ROUERGUE.

LISTE

Des comparants des trois ordres de la sénéchaussée de Villefranche de Rouergue (1).

Du 16 mars 1789.

CLERGÉ.

Le seigneur évêque de Vabres.

Les sieurs :

Abbé de Villaret, vicaire général du diocèse de Rodez, prieur de Labessenoix.

L'abbé de Combettes, vicaire général du diocèse de Vabres, prieur commendataire de Sainte-Catherine de Benéla, procureur fondé du seigneur évêque de Rodez, par acte du 4 du courant, devant Lala, notaire ; de Jean-Jacques Gabriel Levezou de Vezins, abbé-prieur de Saint-Léon, demeurant à Versailles, par acte du 2 du courant, devant Leroi et Bara, notaires à Versailles, dûment légalisé ; et de François-Régis de Roch de Saint-Amans, vicaire général du diocèse de Vabres, prieur des prieurés simples de Saint-Hilarin de Peyrelade, et de Notre-Dame de Cabanès, par acte du même jour, devant les mêmes notaires, dûment légalisé.

Varroquier, chanoine du chapitre de Saint-Affrique, député par ledit chapitre, suivant l'acte capitulaire du 10 du courant, et procureur fondé d'Antoine Marty, curé de Salelles, par acte dudit jour, devant Reynès, notaire, et de Jean-François Fossemale, curé-doyen du Pont de Camarès, par acte du 11 dudit, devant Cailet, notaire.

Pierre Barthe, chanoine, vicaire général de Vabres, député du chapitre dudit Vabres, suivant l'acte capitulaire du 8 du courant, et procureur fondé de Jean-Pierre Dutan, prieur-curé de Murassou, par acte dudit, devant Carceux, notaire, et de Pierre Durand, curé de Bedos, par acte dudit, devant maître Flottard, notaire.

Antoine-Xavier Neirac-Balzac, archidiacre et vicaire général du diocèse de Vabres, prieur de Saint-Michel, député du chapitre dudit Vabres, suivant l'acte capitulaire dudit jour, procureur fondé d'André de Sambry de Linas, prêtre-prieur de Plaisance et curé de Saint-Georges, par acte du 8 dudit, devant Aussel, notaire.

Pierre-Michel Lerat-Larenal, chanoine du chapitre de Saint-Affrique, député par ledit chapitre, suivant l'acte capitulaire du 10 du courant, et procureur fondé de Joseph Galtié, curé de Saint-Jean d'Alcas, par acte du 11 dudit, par-devant Crebana, notaire, et de Pierre Platet, prieur, curé de Saint-Pierre Descats, par acte dudit jour 11, devant Mas, notaire.

Jean-Louis Fegeagol, chanoine du chapitre de Conques, député dudit chapitre, suivant l'acte capitulaire du 6 du courant, et procureur fondé de Laurent Coignat, prieur de Bournazel, par acte du 11 dudit, devant Flaugergues, notaire ; du sieur abbé de Conques, par acte du 12 dudit, devant Costet, notaire, et de Geraud Miramon,

prieur de Balzac, par acte du 9 du courant, devant Benazet, notaire.

Gabriel Trepsac, chanoine dudit Conques, député du chapitre dudit Conques, suivant l'acte capitulaire du 6 du courant, et procureur fondé des dames religieuses de Notre-Dame de Saint-Affrique, par acte du 9 dudit, devant Galtier, notaire.

Charles Sirven, prêtre, chanoine du chapitre collégial de cette ville, procureur fondé de Charles Léonard de Melfort, abbé commendataire de l'abbaye de Locdieu, par acte du 14 du courant, devant Costes, notaire ; de Jacques Miquel, curé de Castelnau de Pegueyroles, par acte de 9 dudit, devant Cancé, notaire, et de Maurice-François-Ignace de Boyer, prêtre, prieur, seigneur de Creissac, par acte du 6 du courant, devant Peyre, notaire à Carcassonne, dûment légalisé.

Antoine Scudier, curé de Varens, procureur fondé de Pierre-Nicolas Psalmon, seigneur doyen dudit Varens, suivant l'acte passé à Paris, le 28 février dernier, par les notaires y signés.

Antoine Reynier, vicaire général de Rodez, prieur de Vabres, procureur fondé de Jean Sandral, curé de Saint-Martin de Turipy, par acte du 9 du courant, devant Carcenac, notaire.

Antoine Carcenac, prieur de Saint-Léonce, chanoine du chapitre de Belmont, député du chapitre, suivant l'acte capitulaire du 10 du courant, et procureur fondé de Joseph-Marie Nicoulas, curé dudit Belmont, par acte dudit jour, devant Carcenac, notaire ; et de Louis de Boziat, seigneur de la terre Besplas, prieur de la Roques et Montegut, par acte du 11 dudit, devant ledit Carcenac.

Joseph-Paul Dubreuil, chanoine du chapitre dudit Varens, député dudit chapitre, suivant l'acte capitulaire du 10 dudit.

Antoine Blanc, prieur-curé de Martiel, procureur fondé de Jean Danglars, décimateur des paroisses de Salvagnac et Sainte-Claire, annexe de Cajare, par acte du 11 dudit, devant Andrieu, notaire.

Scudier, curé de Saint-Martial-la-Grèze.

Jean-François Ricous, prêtre-chanoine du chapitre de cette ville, procureur fondé de Pierre Boyer, curé de Salzac, par acte du 8 du courant, devant Thibault, notaire, et encore député dudit chapitre, suivant l'acte capitulaire du 10 dudit.

Antoine Boyer, curé de Saint-Laurent de Levezou, procureur fondé de Pierre Albouy, curé d'Escoudournac, par acte du 14 dudit, devant Dejean, notaire, et de Jean-Louis Courveiller, prieur, curé d'Innous, par acte du 11 dudit, devant Flottard, notaire.

Palis, chanoine du chapitre de cette ville, député par ledit chapitre, par acte capitulaire du 10 dudit, et procureur fondé de l'abbé de Cambon, prieur de Notre-Dame de Mauhaval, par acte du 6 dudit, devant Camparat, notaire à Toulouse.

Delalaux, curé de Capdenac, procureur fondé des dames religieuses de Vic près Capdenac, par acte du 13 du courant.

Joseph-Pierre Vergnes, prêtre prébendé du chapitre de cette ville, procureur fondé de Michel-Ignace Agret, prieur-curé de Meljac, par acte dudit jour,

(1) Nous publions cette liste d'après un manuscrit des *Archives de l'Empire.*

devant Delrieu, notaire, et d'Anselme Duvignier de Grun, prieur de Parisot, par acte du 14, devant Cortet, notaire.

Marty, curé de Mauron.

Pierre-Anselme Sol, curé de Carrandier, procureur fondé d'Antoine Lagrifous, curé de Saint-Grégoire de Tortusson, par acte du 13 du courant, devant Dezès, notaire.

Nicolas Pigourier, curé de Moyrazès, procureur fondé de Jean-Antoine Tournamille, curé de Melvieu, par acte du 10 du courant, devant Dejean, notaire.

Marmiesse et David, prêtres, députés par la communauté des prêtres obituaires de cette ville, par acte du 10 du courant, et ledit David, procuré fondé d'Antoine-Xavie r Canron, curé d'Estalane, par acte dudit jour, devant Lafond, notaire.

Martin Fleury Carrière, sacristain du chapitre de Belmont, député dudit chapitre, suivant l'acte capitulaire du 10 dudit, et procureur fondé de Pierre Hermet, prieur de Blan, par acte dudit jour, devant Caylet, notaire ; et de Jean-Jacques Carcenau, prieur-curé de Mamès, par acte dudit jour, devant ledit Caylet.

Louis Gayrard, curé de Morlhou.

Guillaume Plégat, curé de Livignac-le-Haut, procureur fondé d'Antoine Joffre, curé d'Almon, par acte du 14 dudit, devant Boscus, notaire.

Paul Balp, curé du Clapier.

Ledit Guillaume Plégat, procureur fondé d'Alexis Tourgouillet, curé d'Escoungt, par acte du 9 dudit, devant Jadat, notaire.

Joseph Castel-Darmajous, curé de Saint-Maurice de Sorgues, procureur fondé de Jean-Pierre Ricard, prieur, curé de Laval, par acte du 12 dudit, devant Galtier, notaire, et de Jean Raymond Galtier, curé de Montagnol.

François Baidou, prêtre prébendé du chapitre de cette ville, député par la dame abbesse du monastère Sainte-Claire de cette ville, et par la communauté, suivant l'acte capitulaire du 11 du courant ; et procureur fondé de Louis-Victor Cadillac, curé de la Bastide-Pradinet, par acte dudit jour, devant Carel, notaire ; et de Joseph-Henri-Félix-Etienne Carrière de Fraissinous, curé de Saint-Pierre d'Issez, par acte du 9 dudit, devant ledit Carel.

Louis Guy, curé de Raissac, procureur fondé de Louis Cœurveillé, curé de la cité de Vabres, par acte du 11 dudit, devant Flotard, notaire, et de Jean-Jacques André, curé de Montlaur, par acte dudit jour, devant le même notaire.

Marc de Balza de Firmy et Jean-François Couffin, chanoines du chapitre de Saint-Christophe, députés dudit chapitre, suivant l'acte capitulaire du 9 dudit mois ; et encore ledit Couffin, procureur fondé de Joseph Creyssel, curé de Fayet, par acte du 9 dudit, devant Mas, notaire.

Jean-Blaize Boissonnade, prieur-curé de Limayrac, procureur fondé d'Etienne Guibert, curé de Tournemire, par acte du 9 dudit, devant Orbassa, notaire, et de Pierre Bernard, curé de Rebourgueil, par acte du 12 dudit, devant Geisset, notaire.

Joseph Recoulat, curé de Bruejouls, procureur fondé de Joseph Frontin, curé de Saint-Martin de Vican, par acte du 9 dudit, devant ledit Fadat.

Bernard Bernard, curé de Saint-Félix de Sorgues, procureur fondé de François Affre, curé de Saint-Paul de Fonds, par acte du 10 dudit, devant Coulet, notaire, et de Pierre Vialettes, curé de Latour, par acte du 12 dudit, devant ledit Coulet.

Jean Blanc, prêtre hebdomadier du chapitre de cette ville, procureur fondé de Roch de Gairin, prêtre, prieur d'Alzonne, habitant à Vérac, par acte du 12 dudit, devant Favant, notaire.

Flaugergues, prieur-curé de Loupiac, procureur fondé de Victor Vigroux, curé de Laroque au marquisat de Brusques, par acte du 9 dudit, devant ledit Mas, et de Drulhe, curé de Tauriac, au diocèse de Vabres, par acte du 11 dudit, devant le même notaire.

Antoine Périer, curé de Saint-Christophe, procureur fondé de Victor de Balza, prêtre, prieur de Lunac, par acte du 5 du courant, devant Roch, notaire.

Guillaume Bach, curé de Roussenac.

Issangou, curé de Bouffiac.

Pierre Bauguil, curé de Galgau, procureur fondé de Jean-François Blanc, prieur-curé de Liancourt, par acte du 11 du courant, devant Durand, notaire, et de Jean-Pierre Solanet, prieur-curé de Saint-Marcellin, par acte dudit jour, devant le même notaire.

Jean-Amans Carcenac, curé de Teillet.

Jean-Baptiste Viala, curé de Boussac, procureur fondé d'André Puech, curé de Saint-Victor, par acte du 8 dudit, devant Comités, notaire, et de Pierre Geniez, prieur-curé de Fenayrols, par acte du jour d'hier, devant Briane, notaire.

Joseph-Amans Gaubert, vicaire de Gramond, procureur fondé de messire Gaubert, prieur-curé dudit Gramond, par acte du 14 dudit, devant Bertrand, notaire.

Pons Féral, prieur-curé du Rey, procureur fondé d'Antoine Lavergne, curé de Magrinhagues, par acte du 12 de ce mois, devant Vazilières, notaire, et de Pierre Dousset, curé de Camboulan, par acte du 13 dudit, devant Ser, notaire.

Jean-Baptiste Rolland, curé de Saint-Marcel, près Conques, procureur fondé de Jean-Michel Saleuques, prieur-curé de Saint-Sulpice-Pomiès, par acte du 12 dudit, devant Fournier, notaire, et de Jean-Baptiste Maury, prieur-curé de Notre Dame d'Byrès par acte dudit jour, devant ledit notaire.

Antoine Salques, ci-devant curé de Lincou, procureur fondé de messire Lavigne, curé de Theroudels, par acte du 9 dudit, devant Lambel, notaire, et des dames religieuses de Sainte-Ursule d'Entraigues, par acte du 12 dudit, devant Bouet, notaire.

Augustin Noël, prieur-curé de Saint-Michel, près Albin, procureur fondé de Jean Rous, prieur-curé de Vialarols, par acte du jour d'hier, devant Bonnet, notaire.

Joseph-Etienne Delbon, curé de Carcenac-Peyralès, procureur fondé de Jean-François-Victor Anne-Joseph de Pomayrol, chapelain de Saint Martial de Gramont, par acte du 3 mars courant, passé à Paris par les notaires y signés.

Pierre Delhom, curé de Cransac.

Molenat, curé des Albres, procureur fondé d'Alexis Valibouze, curé de l'hôpital Guibert, par acte du 11 du courant, devant Cambou, notaire.

Antoine Cranzac, curé de Laroumiguière, procureur fondé d'Antoine Thomas, curé de la ville de Saint-Rome de Tarn, par acte du 9 dudit, devant Thonuet, notaire ; et de Jean-Louis Taisset, prieur-curé de Notre-Dame de Bors, par acte du 11 dudit, devant Arnal, notaire.

Clément Duvert, chanoine régulier du chapitre de Saint-Antonin, député dudit chapitre, suivant l'acte capitulaire du 9 dudit, et procureur fondé de messire François-Honoré-Jean-François de Coucy, prévôt, prieur-mage dudit chapitre, par acte du 4 dudit, devant Pérard et Frougnat, notaires, et de Georges La Sausse, chanoine régulier, prieur-curé dudit Saint-Antonin, par acte du 14 du courant, retenu par Bromet, notaire.

Laurent, prieur-curé d'Albin, procureur fondé de Jean Albouy, curé de Labessenoix, par acte du 14 dudit, devant Couffin, notaire.

Jean-Baptiste Boyer, prêtre-chanoine du chapitre de Saint-Christophe, chapelain de Blaye, procureur fondé de Charles de Glandières, prieur de Capdenac, par acte du 10 dudit, devant Costès, notaire.

Simon Rouch, prêtre-prieur de Salles, procureur fondé de Jean-Chrisostôme Garrigou, prieur-curé d'Escaudolières, par acte du 13 mars, devant Franquet, notaire.

Saint-Amans, prieur-curé de Mouton et Flauzins.

Guillaume Austuey, curé de Flauhac, procureur fondé de Pierre Andrieu, curé de Saint-Pathern, par acte du 9 dudit, devant Austuey, notaire, et d'Antoine Fourgon, prieur-curé de Saint-Santin, devant le notaire y signé.

Victor Devals, prévôt, député du chapitre de Saint-Sernin, suivant l'acte capitulaire du 7 du courant, et encore député par les prêtres du bas chœur dudit chapitre, suivant autre acte séparé du 11 dudit.

Martin Cassau, curé de Douzoulet.

Joseph Serle, syndic de la communauté des prêtres obituaires d'Albin, député de ladite communauté, par acte du 12 du courant.

Antoine Besombes, prieur-curé de Quins, procureur fondé de Pierre Privat, curé de Solan, par acte du 9 dudit, devant Briane, notaire.

Louis Trapet, prieur-curé de Prix.

Laurent Dupuy, curé de Lunel.

Charles Dounadière, curé de Puechmignon.

Jean-François-Regis Guï, prieur-curé de Lieucamp.

Martin Marty, prieur-curé de Saint-Igert.

Jean-Joseph Noyer, curé de Balzac.

Joseph Calmes, chapelain de l'église de Saint-Just, procureur fondé de François de Beauregard, curé dudit Saint-Just, par acte du 14 du courant, devant Calmes de Labessières, notaire, et de François Souiry, prieur-curé de Saint-Jean de Castelpers, par acte dudit jour, devant le même notaire.

Etienne Moncet, curé de Bournazel, procureur fondé de Joseph Dubreuil-Cabrol, prieur-curé de la Capelle-Forcel, par acte du 5 du courant, devant Richard, notaire.

Pierre Prunet, curé de Gaurels, procureur fondé de Pierre Cassagne, curé de Rivière, par acte du 7 dudit, devant Julien, notaire.

Antoine Mouly, prieur-curé de Lalo.

Cadars, curé de Toulières.

Jean-Gervais Palis et Joseph Gineste, prêtres, chanoines du chapitre de cette ville, procureurs fondés du chapitre du Mur de Barrès, par acte du 11 du courant, devant Lambel, notaire; et encore ledit Gineste, procureur fondé de Baissière, curé de Saint-Ecrice de la Rafinie, par acte devant Lacombe, notaire.

Bernard Marc, curé de Nanvialle, procureur fondé de Joseph Marc, curé d'Arjac et de Saint-Julien, son annexe, par acte du 12 du courant, et de Joseph Anglade, prieur-curé de Combres, par acte du 7 du courant, devant Guiot, notaire.

Jean-Louis Benoît, curé de Proines.

Jean-Pierre Jourdiau, curé de la Magdelaine, près Villefranche en Rouergue.

Guillaume Loupias, curé de la Rouquette.

Antoine Albrespic, vicaire, régent des Pesquies.

Veilhard, prieur-curé de Monteilo et de la Rouquette, son annexe, procureur fondé de Barlhac, prieur-curé du Cazoul.

Jean-François Cassagues, curé de Bors de Bar.

Joseph Gineste, curé de Toulonjac, député des prébendés du chapitre de Vabres, suivant l'acte du 8 du courant, et procureur fondé d'Augustin Casimir, chapelain de la chapelle de Refregier, et en cette qualité, possesseur de fiefs, suivant l'acte du 11 dudit, devant Aubac, notaire.

Andurand, curé de Vailhourlhet, syndic des obituaires dudit lieu.

Joseph Garrigues, prêtre hebdomadier au chapitre de cette ville, procureur fondé de Prène-Bouldouires, curé de Florentin, par acte du 12 dudit, devant Grégoire, notaire.

Jean-Baptiste Galtier, conseiller honoraire, curé de Lugau, procureur fondé de François Pelou, vicaire perpétuel de Rulhe, par acte du 9 dudit, devant Espinasse, notaire.

Guillaume Carrière, curé de Saint-Izaire, procureur fondé de Jean-Baptiste Cluzel, curé de Monclar, suivant l'acte du 10 du courant, devant Dejean, notaire, et d'Etienne Fabry, curé d'Armairols, par acte du 11 dudit, devant Alvergne, notaire.

Dom La Brunie, prieur de la chartreuse de cette ville, député de la communauté, suivant l'acte capitulaire du 11 du courant.

Guillaume Agret, prêtre de la Doctrine chrétienne, professeur de théologie au collège de cette ville, possédant biens-fonds, député dudit collège, suivant l'acte capitulaire du jour d'hier, et procureur fondé de Barthélemy-Charles Calvairac, prêtre-prieur de Notre-Dame du Cayla, par acte du 9 du courant, devant Tros, notaire, et de messire Mas, prieur-curé de Compreignac, par acte dudit jour, devant Thibault, notaire.

Neyraguet, curé de Cabanes.

Guillaume Massol, prêtre hebdomadier du chapitre de cette ville, député des prébendés dudit chapitre, par acte capitulaire du 10 dudit, et de ceux du chapitre de Saint-Antonin, par acte capitulaire du 12 dudit.

Laraussie, curé de Saint-Cyprien.

François-Dominique Boyer, prêtre, député des prébendés obituaires de Sauveterre, par acte capitulaire du 9 dudit.

Bertrand Aigue-Perse, prieur-curé de Boisse, procureur fondé de Louis Caussé, prieur-curé de Laroque-Bouilhac, par acte du 9 dudit, devant Molenat, notaire.

Labrousse, prieur du Bleyssol.

Tabardel, curé de Saint-Félix de Rignac.

Gaslie, curé de Requista.

Neuville, curé de Saint-André, procureur fondé de François Lavabre, curé de Montégut, par acte du 11 dudit, devant Crebassa, notaire.

Jean-François Lemosy, prêtre mensal de l'église de Najac, député des mensaux de ladite église, par acte du 13 dudit.

Charles Lamie de Lacoste, prieur-curé de Sept-Fours, procureur fondé de Jacques Cantaloube, prieur de Notre-Dame du château de Conques, par acte du 10 dudit, devant Flaugergues, notaire et député des obituaires dudit Conques, par acte capitulaire du 11 dudit.

Janson de Perable, sacristain, curé de l'église paroissiale de cette ville, procureur fondé d'Antoine de Frezals, curé du lieu de Balaguier; de François Constans, sacristain, curé de la ville de Saint-Sernin; de Joseph-Marie Tiers, curé de

Saint-Juery, par acte du 10 de ce mois, devant Geizet, notaire.

Firmy, prieur de la Madeleine.

Moisseur, prieur de Claugnac.

Pierre Mignonac, curé de Naucelle, procureur fondé de Simon Fabre, curé de Tauriac, par acte du 13 dudit, devant Valette, notaire.

Frayssé, prieur, curé de Cenac.

Joseph Manuel, curé d'Espeyrac, procureur fondé de Jean-Baptiste Dur, curé de Roussy, par acte du 11 dudit, devant Campredon, notaire.

Simon Delagnès, prieur-curé de Noaillac, procureur fondé d'Hilaire Ladoux, curé de Grand-vabre, par acte du 14 dudit, devant Flaugergues, notaire, et de Jean-Louis Delagnès, curé de Firmy, par autre acte du 12 dudit, devant Couffin, notaire.

Latreille, curé de Salvagnac-Saint-Loup.

Cayla, curé de Marin.

Victor Saurel, vicaire en cette ville, député des prêtres épars de cette ville de Villefranche, par acte du 13 dudit.

Marsa, curé de Prévenquières, procureur fondé d'Antoine Delpech, prieur-curé de Valou, par acte du 10 dudit, devant Baissat, notaire.

Bach, curé de Brandonnet.

Antoine Pelzas, prêtre, syndic et député par les religieuses du monastère de la Visitation de cette ville, par acte capitulaire du 10 dudit.

Jean-Baptiste Issangou, prêtre, vicaire en cette ville, procureur fondé de Jean-Pierre d'Espeyrac, prieur du prieuré simple séculier de Castres, par acte du 9 dudit, devant Labarthe, notaire ; de Jean-Pierre Descrouzets d'Hauterives, prieur-curé séculier de Laussant, par acte du 8 dudit, devant le même notaire, et de Jean-Henri Grimaldi d'Antibes, des princes de Monaco, prêtre-chanoine du chapitre de Rodez, prieur du prieuré simple séculier de Saint-Cirice de la Rafinie, par acte du 10 dudit, devant Cortès, notaire.

Jean-Baptiste Segui, curé de Senergues, procureur fondé de François de Segui, prieur-curé de Ginolhau, par acte du 11 dudit, devant Campdon, notaire.

Antoine Linières, prieur-curé de Sauvenza, procureur fondé de Jean-Pierre Argeliès, prieur, curé de Bourg, par acte du 9 dudit, devant Julien, notaire, et de Pierre Julia, curé de Ginal, par acte du 12 dudit, devant Besse, notaire.

Dom Charles-Augustin Lebel, prieur de l'abbaye de Ladieu, député de sa maison, suivant l'acte capitulaire du 12 dudit.

François Ricard, chanoine du chapitre collégial de cette ville, député par les dames religieuses de Sainte-Ursule de cette ville, par acte capitulaire du 14 dudit.

Jean-Jacques Loubatières, curé de Saint-Julien d'Empares, procureur fondé de Jean-Pierre Turbé, curé de Livignac-le-Bas, par acte du 7 dudit, devant Debons, notaire, et d'Antoine Manourve, curé de Vic près Capdevac, par acte du 9 dudit, devant Clauzels, notaire.

Louis-Antoine Carles, curé de la Fouillade, procureur fondé de Jean-Pierre Courrèges, prieur-curé de la Guespie, par acte du 14 dudit, devant Loubers, notaire, et de Bernard Bauguil, chapelain de Saint-Martin de Najac, par acte du 13 dudit, devant Gogirau, notaire.

Amans Boyer, prieur-curé de Saint-Julien de Piganiol, procureur fondé de Jérôme-Augustin de Nattes de Ville-Contal, prieur de Saint-Marcel, par acte du 10 dudit, devant Benazech, notaire.

Antoine Moly, curé de Lierrac, procureur fondé d'Antoine Gaudon, curé de Tézac, par acte du 14 dudit, devant Loupias, notaire.

Guillaume-Toussaint Pons, curé de Montignac, procureur fondé d'Antoine de Séguy, écuyer, curé de Bromme, par acte du 12 dudit, devant Levasseur, notaire.

Malrieu, curé d'Arcagnac.

Malrieu, curé de Froissac.

Boisse, prieur-curé de Frons.

Boriez, curé de Venzac.

Maurice Daugnac, prêtre-chapelain du Caillot, habitant au château de la Salle, procureur fondé des bénéficiers du bas chœur du chapitre collégial du Mur-de-Barrès, par acte du 11 dudit, devant Lambel, notaire, et de Jean Albouze, curé de Négressure, par acte du 9 dudit, devant Pachins, notaire.

Dom Jean-François Molive, prieur de l'abbaye de Beaulieu, ordre de Cîteaux, député de sa maison, par acte capitulaire du 9 dudit, devant Besse, notaire, et procureur fondé de Jean-Pierre Bertrand, curé de Cénomès, par acte dudit jour, devant Mas, notaire, et de Jean-François Carel, curé de Gissac, par acte du 8 dudit, devant Carel, notaire.

Jean-Baptiste Niel, curé de Sainte-Croix, procureur fondé de Jacques Lespinas, curé de la Capelle-Balaguier, et de Saint-Jordi, son annexe, par acte du 12 dudit, devant Darre, notaire.

Joseph Lacam, prieur, curé de Pons, procureur fondé de François-Georges Palaugier, prieur-curé d'Entragues, par acte du 12 dudit, devant Grégoire, notaire.

Boutat, curé de Fontaynous.

Pierre-Clément Colombiès, vicaire de la paroisse de Floirac, procureur fondé de Jean-Joseph Palis, curé dudit Floirac, par acte du 10 dudit, devant Vialars, notaire.

Garrigues, prieur-curé de Calcomier.

Clausels, curé de la Bastide-l'Évêque.

Antoine Cariteau, curé de Monsalès, procureur fondé de Gaspard Thomas, curé d'Ols, par acte du 10 dudit, devant Darre, notaire, et de Jean Casseau, curé de Rignodes, par acte du 12 dudit, devant le même notaire.

Cambournac, prieur-curé de Villevayre, procureur fondé de Pierre Cambournac, prieur-curé de Saint-Jacques, par acte du 9 dudit, devant Besse, notaire.

Étienne Mazue, prêtre de la Doctrine chrétienne au collège de cette ville, procureur fondé d'Antoine Malaval, curé de Castelnus, par acte du 9 dudit, devant Caucé, notaire ; de François Taillefer, doyen, prieur-curé de Laroque Sainte-Marguerite, par acte du 10 dudit, devant Thibault, notaire, et de Gabriel-Nicolas Cros, curé de Bournac et Cambou, par acte dudit jour, devant Cros, notaire.

Garrigues, curé de Verfeil, procureur fondé de Barthélemy Clapier, prieur-curé de Selques, par acte du 12 dudit, devant Besse, notaire, et d'Antoine Regis, chanoine de Conques, et en cette qualité, prieur de Monedières, par acte du 14 dudit, devant Bernazech, notaire.

Jacques At de Lacombe, curé de Lescure, procureur fondé d'Alexis Delprech, curé de Murols, par acte du 13 dudit, devant Delpech, notaire.

Boyer, curé d'Espinassol.

Alauze, curé de Colombier.

Caville, curé de Villeneuve.

Carrière, prieur-curé de Saint-Rémy.

Dejuons, prieur-curé de Rienpeyroux.

Caulhat, curé de Saint-Grat.

Bruyères, curé de Cadour.

Dardet, curé et prieur de Toulongergues.

Félix Calviac, prieur-curé de Naussac, procureur fondé de Guillaume Vialard, curé de Saint-

Loup, par acte du 14 dudit, devant Séguy, notaire.

Pierre Marmiesse, prêtre, chanoine au chapitre
de cette ville, en qualité de procureur fondé de
Jean-François-Casimir Brondel de Roquelongue,
curé de Rozier et Peyrelau, par acte du 9 dudit,
devant ledit Thibault; et de Philippe-Alexandrin-
Benoit d'Auriac, prieur-curé de Roquetaillade,
par acte dudit, devant le même notaire.

Antoine Pigagnol, curé de Bez, procureur fondé
d'Augustin Flottes, curé de Peyrusse, par acte
du 4 dudit, devant Gleyroze, notaire.

Vergnet, curé de Parisot.

Marc-Dominique Masson, curé de Saint-Félix de
Lunel, procureur fondé d'Antoine Juery, curé
d'Albignac, par acte du 9 dudit, devant Lambel,
notaire.

Alexandre, prêtre, prieur de Pradinas, procureur fondé d'Antoine Couffinhol, curé d'Albagnac
et Villelongue, par acte du 14 dudit, devant Merlin, notaire.

Andurand, prieur d'Elbes.

Boutat, curé de Fontaynons, prieur-curé de
Martin Blos, prieur-curé de Labastide Capdenac,
suivant l'acte de cejourd'hui, devant Marty, notaire.

Mazars, curé de Mayrau.

Dom Joseph Salet, syndic, député de la maison
de Silvanèz, ordre de Cîteaux, suivant l'acte capitulaire du 11 dudit, et procureur fondé de dom
Mathieu Bellot, prieur de la Bessière, prieur conventuel de ladite maison, et curé dudit Silvanèz,
par acte dudit jour, devant Mas, notaire, et encore,
procureur fondé de dame Félix de Pardailhan-
Gondrin, abbesse de l'abbaye de Noneuque, par
acte du 10 dudit, devant Carel, notaire.

Albinet, curé de Savignac.

Foulquier, curé de Cabanes.

Pierre Col, curé de Cormes, procureur fondé de
Jean Barascud, curé de Saint-Rome de Berlières,
par acte du 9 dudit, devant Fabry, notaire, et de
Jean-François Martin, curé de Canals, par acte
dudit jour, devant le même notaire.

Alazard, curé de Rignac, procureur fondé de
Jean Soubrier, curé de la Croix, par acte du 10 dudit, devant Baissot, notaire, et de Jean Eche,
curé de Bars, par acte dudit jour, devant le même
notaire.

Jean-Pierre Lemosi, prêtre de Najac, procureur
fondé de François Foulquier, curé de Cambayrac,
par acte du jour d'hier, devant Durand, notaire.

Etienne Lavergne, prêtre, député du séminaire
de cette ville, prieur de Saugane, par acte du
jour d'hier.

Plus ledit Antoine Pebras, prêtre, directeur des
religieuses de la Visitation de cette ville, en qualité de procureur fondé de Louis-Alexandre Liau-
zun, prieur-curé d'Estrabols, par acte du 11 du
courant, devant Andrieu, notaire.

Joseph Verguettes, curé de Saint-Salvadou, procureur fondé de Joseph-Marc Rouanet, prieur-
curé de Mélaguet, par acte du 10 du courant,
devant Roustan, notaire.

Guieysse, curé de Marmou.

Roquefueil, curé de Lagarde Ledergues.

Victor Saurel, vicaire de cette ville, procureur
fondé de Joseph Salde, curé de Vayrau-lès-Saint-
Jean de Balmes, et de Joseph-Philibert-Bourgui-
gnon de Saint-Martin, prieur de Canals, par acte
passé à Paris, le 2 du courant, devant les notaires y signés.

Joseph-Amable Calvet, curé de Delplas, procureur
fondé de Pierre Ser, curé du lieu de Notre-Dame de
Betirac; d'André-Félix Descambaux, curé de Saint-

Crépin, près Saint-Sernin, et de François Marc,
curé de Roquedezierre, par acte du 9 dudit, devant
Glozès, notaire; plus, de Jean-Joseph de Lavit,
curé de Saint-Maurice; Barthélémy Calvet, curé
de Saint-Pierre de Betirac; Jean Aussel, curé de
Combres de Vabres, Jean-Jacques Canac, curé de
Saint-Amans de Lizertet; Pierre Costes, prêtre,
prieur d'Anglas, et de Louis Berlas, curé de Saint-
Léonce, par acte dudit jour, devant le même notaire.

Jérôme-Marie Palis, vicaire de Sauvensa, procureur fondé de Jean-Pierre Jordan, curé de Peyrat,
par acte du 10 du mois courant, devant Lambel
notaire, et Bernard Bertrand, curé du Mur-de-
Barrès, par acte du 11 dudit, devant le même
notaire.

Jean-Fage Galtier, curé de Balaguier.

Pierre-Célestin de La Carrigue, curé de Najac.

Antoine Garric, curé de Saint-Roch de Livignac.

Pierre Molly, curé de Claugnac.

François Pouzet, curé d'Auzits, procureur fondé
d'Antoine Belvel, prieur, curé de Testat, par acte
du 10 dudit, devant Frauquet, notaire.

Etienne Loubierre, curé d'Abbas.

Guillaume Cahuac, curé d'Anglars, procureur
fondé de Barnabé Seguy, curé de Compolibet, par
acte du 9 dudit, devant Monzols, notaire.

Jean-Pierre Malrieu, prieur-curé de Loubous.

François Flottes, curé de Montbazens, procureur fondé de Simon Chabert, prieur-curé de
Vaureilles, par acte du 14 dudit, devant Goubert,
notaire.

Jean Bosc, curé de Drulhe, procureur fondé
d'Amant Bouaure, curé de Prugues et Faragout,
par acte du 12 dudit, devant Caylet, notaire, et
de Marin Juery, curé de Brommat, par acte du
9 dudit, devant Lambel, notaire.

Jean-Pierre Souery, curé de Castanet-Peyralès,
procureur fondé de Pierre Dalmayrac, prieur-
curé de Castelnau-Peyralès, par acte du 12 dudit,
devant Souery, notaire.

Jean-Antoine Gary, curé de Falguères, procureur fondé d'Alexis Segurat, curé de Lentin,
par acte du 13 dudit, devant Delrieu, notaire,
et de Jean-Baptiste Geniès, curé de Ledergues,
par acte du même jour, devant le même notaire.

Jean-Antoine Gocural, curé de Privezac, procureur fondé des dames religieuses de Sainte-Claire,
de la ville du Mur-de-Barrès, par acte du 6 dudit, devant Lambel, notaire, et de Jean-Pierre
Ancessy, curé de Segonzac, par acte du 9 dudit,
devant Flotard, notaire.

Joseph Recoulat, curé de Bouillac.

Raymond Murat, prêtre de cette ville, procureur
fondé de Jean-Jacques de Nozier de Laval, curé
de Poustomy, par acte du 9 dudit, devant Millau,
notaire.

Antoine Grès, curé de Cuzac.

Etienne Aussel, curé de Lopeire, procureur
fondé d'Antoine Aleugrin, curé d'Olonzac, par
acte du 9 dudit, devant Crebassa, notaire, et
d'Antoine Roquefeuil, curé de Saint-Etienne, par
acte dudit jour, devant le même notaire.

Louis Joly, curé de Launejoul, procureur fondé
de Jean-Baptiste Bourdau, commandeur de Najac,
demeurant à Rochelhouart, par acte du 6 dudit,
devant Rousseau et Beaudouin, notaires, et d'Antoine Carmaran, prieur de Cussac, par acte du
9 dudit, devant Lambel, notaire.

Guillaume Trémolières, curé d'Asprières, procureur fondé de Pierre-Jean Talon, prieur-curé
de Sounac, par acte du 14 dudit, devant Mouli-
nou, notaire, et de Jean Combes, curé de Vernet-le-

Supérieur, par acte du 11 dudit, devant Escudié, notaire.

Antoine Bonal, curé de Vaillauzy, procureur fondé d'Antoine-Charles Blanc, curé de Thiergues, par acte du 9 dudit, devant Crebassa, notaire, et d'Antoine Salvau, curé de Saint-Privat, par acte dudit jour, devant le même notaire.

Louis Carayon, curé de Saint-Jean Dubruel, procureur fondé de Jean Pailhès, curé de Sauclières, par acte du 9 dudit, devant Vidal, notaire, et de Jean Thomas, curé de Fondements, par acte du 12 dudit, devant Fabry, notaire.

Antoine Lebrou, curé de Saint-Lebus, procureur fondé de Gervais Dulieu, curé de Saint-Bauzely de Levezou, par acte 12 dudit, devant Chaliès, notaire, et de Cavalié, prieur-curé de Saint-Segons de Boyne, par acte du 8 dudit, devant Julien, notaire.

Jean-Baptiste Bel, archiprêtre, curé-doyen de Coupiac, procureur fondé de Pierre Arbieu, curé de Saint-Michel de Castor; Joseph Castelbou, curé de Farret; Jean Bel, curé de Saint-Cirice; Joseph Espinasse, curé de Saint-Igert de Vabres, et Jean-Pierre Durand, curé de Favayrolles, par acte du 12 dudit, devant Bel, notaire.

Pierre Raissac, curé de Plaisance, procureur fondé de Jean-François Barthe, curé de Maitrin; Louis Gavalda, prieur-curé de Saint-Christophe; Louis Durand, curé de Brase, et François-Thomas Roquelongue, curé de Labastide Teulat, par acte dudit jour, devant le même notaire.

Jean-Joseph Fabregal, vicaire de la paroisse de Castanet des Carts, procureur fondé de Pierre Rauzel, curé de la Salvetat des Carts, par acte du 13 dudit, devant Noailles, notaire, et de François Bertrand, curé dudit Castanet, par acte du 11 dudit, devant Pueberty, notaire.

Pierre Palis, curé de Maleville.

Barthélemy Viguier, curé d'Artigues.

Pierre Malvezy, seul préhendé d'Asprières.

Antoine Guiraud, curé de Saint-Affrique, procureur fondé de Thomas Thomas, curé de Vendeloves, par acte du 9 dudit, devant Crebassa, notaire, et d'Honoré Malvezin, curé de Saint-Jean d'Alcapies, par acte du 9 dudit, devant Crebassa, notaire.

Dom Pierre Labrunie de la Gilardie, prieur de la chartreuse de cette ville, en qualité de procureur fondé de François-André de Pas de Beaulieu, abbé commendataire de l'abbaye royale Notre-Dame de Cassau, ordre des chanoines réguliers de Sainte-Geneviève, en cette qualité seigneur de Perveirac et de l'Hospitalet, demeurant ordinairement à Pézenas, suivant l'acte du 10 du courant, retenu par Annequin, notaire dudit Pézenas, et de François Marty, prieur-curé de Briols, par acte du 12 dudit, devant Caylet, notaire.

Dom Poujol, procureur de la chartreuse de cette ville, procureur fondé de Jean-Jacques Bel, curé de Verières, suivant l'acte du 12 de ce mois, devant Caylet, notaire.

Pierre Moly, curé de Claugnac, procureur fondé de Julien, curé de Tayrac, par acte du jour d'hier, devant Panissal, notaire, et de dame Gabrielle-Elisabeth de Colorn de Saint-Thomas, prieure du prieuré de Coste-Jean, ordre de Cîteaux, près de Saint-Antonin, par acte du 9 dudit, devant Ayroles, notaire.

Plus, ledit Neyrac, archidiacre de Vabres, en qualité de procureur fondé de Jean-Jacques Valette, curé de Saint-Sever de Monestier, par acte du 8 dudit, devant Amillau, notaire.

Plus, ledit Dejeaous, curé de Rieuperoux, en qualité de procureur fondé d'Antoine Aldebert,

curé de Blauzac, suivant l'acte du jour d'hier, devant Panissat, notaire.

Antoine Lacombe, prêtre, habitant de cette ville, député par les prêtres obituaires de cette dite ville, par acte du 14 dudit.

Antoine Caville, curé de Villeneuve, député des prêtres mensuels et obituaires dudit Villeneuve, par acte du jour d'hier.

Tous les susnommés comparants, ou pour eux, ou en qualité de procureurs fondés, ou de députés.

Et nul autre de l'ordre du clergé n'ayant comparu, nous avons pris les noms, qualités et demeures de chacun de ceux qui composent l'ordre de la noblesse, et les noms, qualités et demeures de ceux qui les ont fondés de procurations, et les dates d'icelles; lesquels sont pour la noblesse:

NOBLESSE.

Messieurs:

Noble Jean de Corneillan, seigneur, vicomte de Corneillan et autres places, habitant de Villefranche en Rouergue, tant pour lui que pour messire Claude de Buisson, ancien sénéchal et gouverneur de Rouergue, marquis de Bournazel, Mirabel, Belcastel, seigneur baron de Durenque, habitant en son château de Bournazel en Rouergue; en qualité de son procureur fondé par acte du 8 mars courant reçu par Hérail, notaire; faisant encore pour noble Jean-François-Alexandre baron de Puymontbrun, lieutenant colonel, commandant du bataillon de garnison de Rouergue, chevalier de l'ordre royal et militaire de Saint-Louis, et chevalier honoraire de Malte, habitant à Montauban, en qualité de son procureur fondé, suivant l'acte du 5 de ce mois, reçu par Franceries, notaire.

Noble François-Hilaire de Castanet d'Armagnac, ancien mousquetaire de la première compagnie du Roi, habitant en son château de Cambayrac en Rouergue, faisant, tant pour lui que pour et au nom de messire Louis-Joseph-Eugène de Boyer de Castanet, chevalier, seigneur marquis de Tauriac, ancien capitaine d'une compagnie au régiment des cuirassiers du Roi, chevalier de l'ordre royal et militaire de Saint-Louis, vicomte de Montclar, seigneur de Belmontel et de Salvetat-Majeure, lieutenant du Roi de la province de Rouergue, habitant en son château de Saint-Urcisse en Languedoc, en qualité de son procureur fondé, par acte du 4 mars courant, reçu par Franceries, notaire.

Messire de Robert de Naussac, chevalier de l'ordre royal et militaire de Saint-Louis, habitant en son château de Cassamez, faisant tant pour lui qu'en sa qualité de procureur fondé de noble demoiselle Louise de Loupiac, habitante en son château de Loupiac, suivant l'acte du 13 mars courant, reçu par Descrozailles, notaire; et encore en qualité de procureur fondé de demoiselle Marie-Marguerite de Robert de Naussac, audit château de Cananus, suivant autre acte du 12 de ce mois, reçu par Segué, notaire.

Messire Louis-François-Dominique de Crazy Marcillac, chevalier, seigneur, baron de Savignac, Amparc, Lieucamp, habitant en son château de Savignac, tant pour lui qu'en qualité de procureur fondé de messire Claude-Marie, comte de Lastic de Saint-Jal, seigneur du Cujoul et autres lieux, habitant de la ville de Saint-Antonin, suivant l'acte du 19 février, reçu par Sinabré, notaire.

Messire Jean de Buisson, comte de Bournazel, tant pour lui que pour messire Jean Gaspard de Cassanhet, de Beaufort, de Miramon et autres lieux, seigneur propriétaire du Fel, demeurant à Paris, en qualité de son procureur fondé, suivant l'acte du 3 mars courant, reçu par Dorfaut, notaire, et son confrère; et encore pour messire François Marquet de Beaulieu, seigneur du Pont-de-Camarès et autres places, ce dernier procédant tant comme héritier usufruitier de défunte dame Marie-Louise Dorothée Defraisse, dame de Camarès, son épouse, que comme père et légitime administrateur de la personne et des biens de messire François-Marie-Étienne de Berlier son fils, habitant de la ville de Toulouse, en qualité de son fondé de procuration, par acte dudit jour 3 mars, reçu par Sans, notaire.

Noble Jean-Pierre-Charles de Combettes, procureur général, syndic de la province de Haute-Guienne, habitant de Villefranche, tant pour lui qu'en qualité de procureur fondé de messire François de Levezou de Luzençon, chevalier, seigneur de Vezins, brigadier des armées du Roi, chevalier de l'ordre royal et militaire de Saint-Louis, commissaire de la noblesse, seigneur de Larroque, Sainte-Marguerite, Compreignac, Castelmut et autres places, habitant de la ville de Milhau, suivant l'acte du 10 mars courant, reçu par Thibault, notaire; et encore en qualité de procureur fondé de messire Jean-Guillaume-Philippe Duverdier de Mandilhac, écuyer, seigneur de Valon, Mandilhac et autres lieux, habitant du Mur-de-Barrès, suivant l'acte reçu par Massabiau, notaire, ledit jour, 10 mars.

Noble Antoine-Alexis de Levezou de Luzençon, chevalier, vicomte de Vezins, tant pour lui qu'en qualité de procureur fondé de messire Jean-Pierre, marquis de Monstenejouls, seigneur dudit lieu et de Liancous, Saint-Georges, les Couronnes-de-Tarn et autres lieux, habitant en son château de Monstenejouls, suivant l'acte du 7 mars courant, reçu par Thibault, notaire; et encore procureur fondé de messire Jérôme de Gaches de Venzac, seigneur de Venzac, officier au régiment de la Fère-infanterie, habitant du Mur-de-Barrès, suivant l'acte reçu par Massabiau, notaire, le 10 dudit.

Noble Joseph de Guilleminet, chevalier de Saint-Louis, habitant de Villefranche, tant pour lui que comme procureur fondé de dame d'Albin de Valzergues, seigneur dudit lieu, veuve de messire Du Truel, habitante en son château de Valzergues, suivant l'acte du 8 mars courant, reçu par Espinasse, notaire; et encore comme procureur fondé de dame Louis de Marsa, veuve héritière de messire Joseph-Charles de Monlanseur, baron de Vabres et Flauzin, seigneur de Lunac, Lescure et Tirac, chevalier de l'ordre de Saint-Louis, capitaine au régiment de cavalerie de Moncalm, lieutenant de MM. les maréchaux de France, habitant de Montauban, suivant l'acte du 26 février dernier, reçu par Martin, notaire.

Messire Jean-François de Molinery, chevalier, baron de Murols, seigneur d'Albignac et autres places, habitant du Mur-de-Barrès, tant pour lui que comme procureur fondé de messire Jérôme de Belmont, chevalier, seigneur de Malcor, baron de Roussi, Condat et autres lieux, conseiller au parlement de Toulouse, habitant dudit Mur-de-Barrès, suivant l'acte reçu par Massabiau, notaire, le 10 mars courant; et encore comme procureur fondé de dame Philibert de Belmont de Malcor, veuve de messire de Montels, de Signalac, aussi habitante dudit Mur-de-Barrès, suivant autre acte de procuration du 11 dudit mois, reçu par le même notaire.

Noble Victor de Pomairel-Toulonzac, seigneur de Ginal et Farrou, habitant dudit Villefranche, tant pour lui qu'en qualité de procureur fondé de dame Élisabeth-Gabrielle-Marie de Naucose, veuve et héritière de messire Antoine-Jean-Louis, comte de Peyronne Saint-Chamaran, seigneur de Marcenat et autres places, suivant l'acte du 6 mars courant, reçu par Martin, notaire; et encore comme procureur fondé de noble Marie-Anne de Turenne, veuve de messire de Cahuzac du Verdier, chevalier de l'ordre royal et militaire de Saint-Louis, habitante de cette ville, suivant autre procuration du 14 de ce mois, reçu par Roubière, notaire.

Noble Antoine de Durand Cutus, coseigneur direct et hommagé du Roi de la ville de Saint-Affrique, tant en son nom qu'en qualité de procureur fondé de messire Louis-Pierre de Durand de Boune, marquis de Senegas, mestre de camp et chevalier de l'ordre royal et militaire de Saint-Louis, seigneur de Plaisance, Verdun et autres places, habitant à Monteils, suivant l'acte du 12 de ce mois, reçu par Cavalier, notaire.

Noble Jean-Louis de Corcorail, officier d'infanterie, procureur fondé de messire François-Jean-Albert de Corcorail, chevalier, seigneur de Magranet, ancien chevau-léger de la garde du Roi, capitaine de cavalerie, chevalier de l'ordre royal et militaire de Saint-Louis, habitant de la ville de Saint-Affrique, son frère, suivant l'acte du 11 courant, reçu par Boyer, notaire.

Messire Pierre-Jean de Durand de la Capelle, chevalier de l'ordre royal et militaire de Saint-Louis, tant pour lui qu'en qualité de procureur fondé de messire Antoine de Roquefeuil, seigneur, vicomte d'Issaguettes, paroisse de Saint-Hippolyte, habitant en son château du lieu de Bars, suivant l'acte du 9 de ce mois, reçu par Lambel, notaire, et encore comme procureur fondé de dame Claude René de Nogaret, marquise de Pons, seigneuresse de Labastide-Teulat, habitante en son château de Labastide, suivant autre procuration du 11 dudit mois, reçu par Papalihou, notaire.

Noble Jean-Jacques-Antoine-Louis de Roquefeuil, chevalier, seigneur de Milhars, habitant de Ledergues, tant pour lui que comme procureur fondé de messire François de Villespassens de Faure de Saint-Maurice, seigneur de Saint-Amans, et baron de Faure, de Saint-Maurice, seigneur de Montpaon et autres places, résidant en son château de Saint-Chameaux, suivant l'acte du 6 de ce mois, reçu par Clos, notaire.

Messire Pierre-Casimir de Castanet-Armagnac, officier au régiment de Vivarais-infanterie, habitant au château de Cambayrac, procureur fondé de messire François-Hilaire, marquis de Bérail, Saint-Sernin de Pozalets, Maissane, Solages, Armagnac, baron de Mazeroles, capitaine de cavalerie, chevalier de l'ordre royal et militaire de Saint-Louis, demeurant à Rabastens, suivant l'acte du 9 du courant, reçu par Dalbière, notaire.

Noble Jean-Louis Sabatier de la Gardelle, habitant en son château de Frejaroque, paroisse de Foissac, tant pour lui qu'en qualité de procureur fondé de noble Jean-Joseph Sabatier de Montville, habitant en son château de Laroque, paroisse de Saint-Loup, suivant l'acte du 12 mars courant, reçu par Cassan, notaire.

Messire Jean-Melchior, comte Dulac, chevalier, seigneur de Montvert, ancien mousquetaire du Roi, habitant de cette ville, tant pour lui que comme procureur fondé de noble Joseph-Sylvestre-Marie-Jean-Honoré de Puel de Parlan, ancien page de la petite écurie du Roi, vicomte de Trébas et Dayère, seigneur de Parlan, Lapradelle, Ajac, Lepoujet, Lavaissière, Sillet, Grade, Crespin, Tourin, baron de Castelmary, seigneur direct dans les communautés de Compeyre, Curvale et autres places, habitant en son château de Trébas, suivant l'acte du 14 de ce mois, reçu par Costes, notaire ; et encore comme procureur fondé de messire Augustin-Alexandre de Faramone, ancien capitaine d'infanterie, chevalier de Saint-Louis, seigneur du Fraissé et de Lamotte, habitant ordinairement de Jaqueviel, suivant autre procuration du 3 dudit mois, reçu par Dejean, notaire.

Messire Jean-Baptiste-Claude de Martules de Malvin, chevalier de Malte, habitant au château de Pachins, procureur fondé de noble Charles-Marie d'Imbert, chevalier, comte du Bosc, baron de Miremont, Centrès, Tayac, Roquefère et Roquezières, capitaine de dragons et lieutenant de MM. les maréchaux de France, au Rodez, habitant en son château de Camjac, paroisse de Camjac, suivant l'acte du 12 du courant, reçu par Costes, notaire ; et encore comme procureur fondé de messire Gabriel-Amans-Charles de Saunhac, baron d'Ampiac, cohéritier, de feu noble Michel-Louis-Jean de Saunhac, comte de Villelongue, lieutenant de MM. les maréchaux de France, son père, habitant au château de Villelongue, suivant autre acte de procuration dudit jour, reçu par Valette, notaire.

Messire Jean-Jacques de Saunhac d'Ampiac, baron dudit lieu, comte de Villelongue, chevalier, seigneur de Cabanès, Castanet, Lepas, Cassagnes, Couteaux et autres places, tant pour lui qu'en qualité de procureur fondé de messire Louis-Philippe-Henri de Saunhac, chevalier, sous-lieutenant au régiment royal de cavalerie, cohéritier de messire Michel-Louis-Jean de Saunhac, comte de Villelongue, lieutenant de MM. les maréchaux de France, son père, habitant au château de Villelongue, suivant l'acte du 12 mars courant, reçu par Valette, notaire ; et encore procureur fondé de dame Marguerite de Portail de Saunhac, baronne et seigneuresse d'Ampiac et autres places, veuve de messire Louis-Jean de Saunhac, comte de Villelongue, lieutenant de MM. les maréchaux de France, habitante au château de Villelongue, succédant pour le tiers aux biens délaissés par feu messire Jean-Antoine-Jacques-Louis de Saunhac, comte de Villelongue, seigneur de Castanet, Lepas, Cassagnes, Couteaux et autres places, lieutenant de MM. les maréchaux de France, son fils, suivant l'acte du 12 mars courant, reçu par Valette, notaire.

Messire Jean-Joseph-Emmanuel de Campmas, chevalier, vicomte d'Elbes, baron de Saint-Rémi et de Puilogarde, président, trésorier de France de la généralité de Montauban, habitant de cette ville, tant pour lui que comme procureur fondé de dame Marie de Ramondy, épouse de messire François-Xavier-Amable de Castellan de Caumont, chevalier, conseiller honoraire au parlement de Toulouse, seigneur de Caumont et autres places, habitant de Toulouse, et à présent de Najac, suivant l'acte du 11 mars courant reçu par Julia, notaire.

Messire François de Choson de Lacombe, chevalier, conseiller du Roi en ses conseils, président honoraire de la cour des aides de Montauban, habitant de cette ville, tant en son nom que comme procureur fondé de messire Dominique-Joseph de Brunet de Castelpers de Panat, chevalier, marquis de Panat, vicomte de Cadaes et de Peyrebrune, baron de Bournac, habitant à Toulouse, suivant l'acte du 5 de ce mois, reçu par Roc, notaire ; et encore comme procureur fondé de messire Pierre-Alexandre Dossier, chevalier, seigneur de Tarrus, Cabrespines, Laval et autres places, habitant en son château d'Avèzes, paroisse de Teillet, suivant acte de procuration du 12 du courant, retenu par Bos, notaire.

Messire Pierre-Charles-Antoine de Neyrac, seigneur de Najac, habitant de la ville de Vabres, tant pour lui que pour noble dame Françoise-Catherine de Neyrac, veuve héritière fiduciaire et usufruitière de messire Marc-Antoine de Frezals, possédant dans cette sénéchaussée les fiefs de Lacazes, avec manoir, et autres liefs de Terrigues, et à Pourtomy, habitante de Saint-Sernin, suivant l'acte reçu par Flottard, notaire, le 6 mars courant ; et encore comme procureur fondé de messire Alexis-Luc-Guillaume d'Izard de Méjanet, seigneur de Coupiac, Castor et autres lieux, gouverneur pour le Roi de la ville de Saint-Sernin, où il réside, suivant autre acte de procuration du 8 de ce mois, reçu par Millau, notaire.

Messire Jacques-Pierre-Alexandre de Dalbis de Gissac, seigneur de Krandrun et de la Krajac en Bretagne, habitant au château de Saint-Victor, en qualité de procureur fondé de noble Bertrand-Anne Dalbis, seigneur de Gissac et autres places, habitant en son château de Gissac, suivant l'acte du 10 de ce mois, reçu par Cavel, notaire.

Messire Delfau, baron de Belfort, capitaine commandant au régiment d'Angoumois, chevalier de l'ordre royal et militaire de Saint-Louis, seigneur de Bouillac et autres places, résidant audit Bouillac, tant pour lui que comme procureur fondé de dame Marie-Paule de Turenne, comtesse d'Arjac, veuve de messire François d'Arjac, chevalier de l'ordre royal et militaire de Saint-Louis, seigneuresse de la Gresse et Guillac, habitante en son château de Montmurat, suivant l'acte du 10 de ce mois, reçu par Lagane, notaire ; et encore comme procureur fondé de messire Jean-Joseph-Casimir de Montvalat, chevalier, seigneur comte d'Entraignes, Neuve-Eglise, Paulhac et autres places, habitant en son château de Croizets, suivant autre procuration du 11 du courant, retenue par Boutet, notaire.

Messire Jean-Baptiste-Barthélemy de Varoquier, écuyer de main du Roi, procureur fondé de messire Bernardin de Montheil, écuyer, seigneur de Ladignac et autres lieux, habitant du Mur-de-Barrès, suivant l'acte du 10 de ce mois, reçu par maître Massabiau, notaire ; et encore procureur fondé de messire Jacques-François-Louis de Guérard de Montarnal, seigneur de Senergues, habitant en son château audit lieu, suivant l'acte reçu par Campredon, notaire, le 13 de ce mois.

Messire Jean-Étienne de Rouget, habitant en son château, paroisse de Crey, tant pour lui comme procureur fondé de messire Jean-Jacques de La Valette-Cornusson, habitant au lieu de Canals, suivant l'acte du 10 du courant, reçu par Aussel, notaire ; et encore en qualité de procureur fondé de noble Pierre-Jean de Rouget, son neveu, seigneur de Salvagnac, suivant l'acte du 11 dudit mois, reçu par Miquel, notaire.

Messire Jean-Jacques de Roquefeuille, seigneur de Cadras, habitant du lieu de Ledergues, tant pour lui que comme procureur fondé de messire Jean-Charles de Roquefeuille, chevalier, seigneur de Ceras, dans la province de Falières, habitant audit Ledergues, suivant l'acte du 12 de ce mois, reçu par Lacombe, notaire.

Messire Antoine de Durand-Calus, habitant de la ville de Saint-Affrique, tant pour lui que comme procureur fondé de noble Henri de Vignolles, écuyer, seigneur direct du fief de Lavaur, et de partie de celui de Besse, situés dans la terre du marquisat de Roquefeuil, habitant à Saint-Jean-Dubriel, suivant l'acte reçu par Vidal, notaire, le 12 de ce mois.

Noble Marc-Antoine-François de Galy, chevalier, capitaine dans le régiment Dauphin-dragons, procureur fondé de messire Amable-Gabriel-Louis-François de Maures de Malartic, comte de Montricours, seigneur de Saint-Geniès, seigneur engagiste de Saint-Antonin, seigneur direct des fiefs de la Vaissière, Gravenoure, et des fiefs de Vivens, et autres situés dans Saint-Antonin, conseiller du Roi en tous ses conseils, et premier président du conseil souverain de Roussillon, suivant l'acte du 14 du courant, reçu par Panort, notaire.

Noble Philippe-Louis-Gaspard, marquis de Tauriac, chevalier honoraire de l'ordre de Saint-Jean de Jérusalem, seigneur de Bressac et autres lieux, tant pour lui que pour noble Antoine-Louis de Tauriac, chevalier, sous-lieutenant au régiment du Roi-cavalerie, seigneur, baron de Rives et le Truel, et encore seigneur de Roumiguières et Corty, habitant de Milhan, suivant l'acte du 10 de ce mois, reçu par Thibault, notaire; et encore faisant pour messire Jean-Antoine-François-Gabriel Dupin de Saint-André, seigneur de Paulhac et de Delpech, chevalier, procureur syndic dans l'ordre de la noblesse de l'assemblée du département de Rivière-Verdun, demeurant ordinairement à Grenade, suivant autre acte de procuration du 8 du courant, reçu par Arzac, notaire.

Messire de Creato de Fencyrols, chevalier, seigneur de Fencyrols et autres places, tant pour lui que pour noble Huguet de Creato, seigneur de la Beynerde, en qualité de son procureur fondé, par acte du 13 mars courant, reçu par Soury, notaire.

Noble Paul-François-Joseph, marquis de Corneillou fils aîné, habitant de cette ville, procureur fondé de messire Jean-Jacques Balsa de Firmy, conseiller de grand'chambre au parlement de Toulouse, seigneur de Firmy, coseigneur d'Auzits et d'Albin, suivant l'acte du 5 mars courant, reçu par Roc, notaire; et encore procureur fondé de messire Pierre, comte de Pardailhan, chevalier, seigneur de Villeneuve, Peyrone et Albin, et de Gage-Sègne et Camboulas, maréchal de camp, chevalier de l'ordre royal et militaire de Saint-Louis, demeurant à Paris, suivant autre procuration du 21 février dernier, reçu par Girard et Petit, notaires.

Messire Alexandre-Grégoire d'Izarn, comte de Fraissinet, chevalier, seigneur de la Guepie, Saint-Jean et autres places, tant pour lui que pour noble Etienne de Nattes, chevalier de l'ordre royal et militaire de Saint-Louis, ancien capitaine de cavalerie, seigneur de Villecontal, Segonzac, Campuac, Gradels et autres places, habitant de Rodez, suivant l'acte du 14 du courant, par Miquel, notaire.

Messire Jean-Paul-Joseph-François, marquis de Montcalm-Gozon, chevalier de l'ordre royal et militaire de Saint-Louis, seigneur et baron de Saint-Victor, Gozon, Melac, Saint-Veran et autres lieux, tant pour lui que pour messire Bertrand de Grel de la Volpilière, chevalier, seigneur de Campihières et Triennac, habitant en son château de Missilhac, paroisse de Raulhac, suivant l'acte de procuration du 11 mars courant, reçu par Massabiau, notaire.

Noble Etienne Darribat, chevalier de Saint-Louis, habitant de cette ville, faisant tant pour lui que pour messire Arnaud-Louis de Baucalis, seigneur, baron de Preines, habitant en son château de Preines, suivant l'acte de procuration reçu par Sans, notaire, le 7 mars courant; encore comme procureur fondé de noble demoiselle Anne Euphénice de Rouzet de la Garde, seigneuresse de Sauvenza et Lasmazières, habitante en son château de Sauvenza, suivant autre acte du 9 dudit mois, reçu par Roubère, notaire.

Messire Michel-Felix d'Izarn, seigneur de Cornus, chevalier, tant pour lui que pour messire Jean-François de Peyrot de Vaillauzy, conseiller au parlement de Toulouse, baron de Brousse, seigneur de Vaillauzy, la Gagnac, coseigneur du mandement de Peyrelade, demeurant à Toulouse, suivant l'acte de procuration du 2 de ce mois, reçu par Pugens, notaire; et encore en qualité de procureur fondé de dame Anne Dargoin, épouse de messire André-Charles Delairs, chevalier, citoyen de Bedarrieux, seigneuresse de la baronnie de Montégut, suivant autre acte du 6 dudit mois, reçu par Alrieu, notaire; et en outre procureur fondé de dame Catherine Darribat, veuve de messire de Mouillet, conseiller au parlement de Toulouse, suivant l'acte du 11 dudit mois.

Messire Marc-Antoine-François de Gualy, chevalier, capitaine de dragons, tant pour lui que comme procureur fondé de noble Joseph-Louis de Joly Cabanons, capitaine des vaisseaux du Roi, chevalier de l'ordre royal et militaire de Saint-Louis et du Cincinnatus, habitant à Saint-Rome-de-Tarn, suivant l'acte du 11 du courant, reçu par Thomas, notaire.

Messire Joseph-Henri de Combette de la Fajolles, seigneur, baron de Soubet, Poujols, etc., habitant de la ville de Milhan, tant pour lui, que comme procureur fondé de messire François-Emmanuel de Crussol, duc d'Uzès, premier pair de France, prince de Soyon, comte de Soyon et de Crussol, marquis de Monsalès, Montespan et Gondrière, baron de Florensac, Vias, Annurgues, Bellegarde, Remoulins, Saint-Geniez, Assier, seigneur de Bonnelles, Ballion, les Boudes, gouverneur et lieutenant général des armées du Roi, chevalier de ses ordres, demeurant à Paris, suivant l'acte reçu par Arnaud et son confrère, notaires, le 22 décembre dernier; et encore comme procureur fondé de messire Augustin-Jacques de Gâches, de Gaufeyt, chevalier, seigneur de Carcanagues, habitant du Mur-de-Barrès, suivant autre acte du 10 mars courant, reçu par Massabiau, notaire.

Noble Jean-Louis Dufau, habitant de Villefranche, procureur fondé de messire Maximilien-Nicolas-Michel Defelzins de Gironde, seigneur de Gironde, sous le titre de châtellenie, capitaine au régiment Royal-dragons, habitant en son château de Gironde, paroisse d'Agrès, suivant l'acte du 13 de ce mois, reçu par Delort, notaire.

Noble Jean-Baptiste-Charles-Anne-Joseph de Pomadrol, chevalier de Gramond, capitaine au régiment de dragons de monseigneur le prince de Condé, habitant à Villefranche, tant pour lui que comme procureur fondé de messire Jacques-Louis, baron de Carbon-Molenier, seigneur de Saint-Juery de Courtès, le Buisson, et coseigneur de Saint-Sernin, habitant de la ville de Milhan, suivant l'acte reçu par Thibault, notaire, le 11 de ce mois, et encore comme procureur fondé de messire Louis-Marie de Faramond de la Fajolle, écuyer, habitant en son château de Poleton, seigneur de la terre de Soubiran, paroisse de Cabanes, suivant autre acte reçu par Castagné, notaire, le 8 dudit mois.

Messire Augustin de Saunhac, chevalier, seigneur de Talespues, Aiguevines et autres places, faisant tant pour lui que pour messire Louis-Joseph-Charles-Philippe d'Izarn de Fraissinet, chevalier, comte de Valady, baron de Servières, Golignac les Verguettes, seigneur de Gradels, coseigneur de Moyrazet et autres places, demeurant ordinairement en son château de Verguettes, paroisse de Golignac, suivant l'acte de procuration du 3 mars courant, reçu par Bouet, notaire ; et encore, procureur fondé de messire François-René d'Adhemar-Panat, aumônier de Madame, abbé de l'abbaye royale séculière de Sainte-Foy de Conques, seigneur de Carcenac-Peyralès, habitant de Rodez, suivant autre acte du 12 dudit mois, reçu par Costes, notaire.

Messire Alexandre de Sambucy, seigneur, baron de Miers, châtelain de Compeyre, seigneur de Montclar, Salettes et autres places, habitant de Milhau, tant pour lui qu'en qualité de procureur fondé de messire Jean-Pierre de Bouzet, chevalier de l'ordre royal et militaire de Saint-Louis, ancien capitaine d'infanterie, seigneur haut justicier du lieu de la Cazotte, habitant dudit Milhau, suivant l'acte reçu par Lafond, notaire, le 10 mars courant, ensemble en qualité de procureur fondé de messire Auguste-Marc-Antoine de Sambucy, écuyer, seigneur, baron de Sorgues, habitant de Milhau, suivant autre acte du 14 dudit mois, reçu par Galibert, notaire.

Noble Antoine de Maffre, sieur Duclusel, chevalier de Saint-Louis, habitant au château de Rodez, près de Verfeil, tant pour lui que comme procureur fondé de noble demoiselle Marie Jeanne de Gran-Saigne de Loupiac d'Auterives, seigneuresse, propriétaire de la terre et seigneurie, avec justice, de Briadels, dans la communauté de Saint-Georges de Luzençon, habitant de la ville de Milhau, suivant l'acte du 10 de ce mois, reçu par Lafon, notaire ; et encore comme procureur fondé de noble Jean Hilarion de Viguier, seigneur du Bruel, ancien gouverneur des pages de la grande écurie du Roi, chevalier de l'ordre royal et militaire de Saint-Louis, habitant de Rodez, suivant autre acte du 5 du courant, reçu par Costes, notaire.

Noble Marc-Antoine, chevalier Balsa, chevalier de l'ordre royal et militaire de Saint-Louis, tant pour lui que comme procureur fondé de messire Victor de Balsa, conseiller-clerc au parlement de Toulouse, habitant de ladite ville, seigneur de la Garrigue, suivant l'acte du 5 mars courant, reçu par Roc, notaire ; et encore, en qualité de procureur fondé de messire Jean-Pierre de Dieune de Chaumeils, habitant en son château de Villeherols, paroisse de Bars, suivant autre acte reçu par Lambel, notaire, le 9 dudit mois.

Messire Louis-Gabriel-Ambroise de Bonald, chevalier, vicomte de Larode, seigneur de Larode, seigneur de Latour, Montagnol, le Mouna, Laval, et autres lieux, tant pour lui que comme procureur fondé de messire Louis-Marie-Gilbert de Montcalm-Gozon, comte de Montcalm, maréchal des camps et armées du Roi, marquis de Saint-Véran, seigneur de Tournemire, habitant ordinairement à Montpellier, suivant l'acte du 3 de ce mois, reçu par Mouna, notaire, et encore en qualité de procureur fondé de messire Etienne-Hippolyte-Julien de Pegueirolles et autres places, président honoraire au parlement de Toulouse, habitant à Milhau ; suivant autre acte du 6 dudit mois, reçu par Lafon, notaire.

Messire Jacques-François-Noël de Dourdon, chevalier, seigneur de Bex et Douzalbax, capitaine au régiment d'infanterie de Forez, habitant du Mur-de-Barrès, tant pour lui que pour messire Bernardin-Jean de Dourdon, chevalier, seigneur de Pierrefiche, Guernergue, Mudazous, Lasbordes et autres lieux, habitant dudit Mur-de-Barrès, suivant l'acte de procuration du 11 mars courant, reçu par Massabiau, notaire ; et encore en qua-

lité de procureur fondé de messire Jean-André de Mialet de Fargues, chevalier honoraire de l'ordre de Malte, ancien capitaine dans le régiment de Bourbonnais, seigneur de Fargues et autres places, habitant en son château de Fargues, paroisse de Vitrac, suivant autre acte du 9 dudit mois de mars, reçu par le notaire y signé.

Messire Jean-Baptiste de Gros, seigneur de Perrondil, habitant en son château de Perrondil, tant pour lui qu'en qualité de procureur fondé de messire Alphonse de Gros, seigneur de Perrondil, Lez et Saint-Cambrazy, son père, habitant audit château, suivant l'acte reçu par Dezet, notaire, le 13 mars courant ; et encore, comme procureur fondé de messire Antoine Durre, marquis Durre, chevalier, seigneur de la Capelle Montauriol, Puch, Artruc, Lamothe, Livers, Roul et leurs dépendances, seigneur direct dans la paroisse de Revels, demeurant ordinairement à la ville de Milhau, suivant autre acte du 8 du même mois, reçu par Pugens, notaire.

Messire Jean-Pierre de Cassan, écuyer, seigneur direct de la communauté de Verrières, tant pour lui qu'en qualité de procureur fondé de dame Elisabeth de Sernaudy, veuve et héritière usufruitière de messire Jacques de Falguières, écuyer, seigneur de Rebourguil, demeurant en la ville de Milhau, suivant l'acte du 10 mars courant, reçu par Lafon, notaire ; et encore comme procureur fondé de noble Guillaume de Brunel, écuyer, sieur du Bruel, en la communauté de Castelnau, paroisse d'Estalane, suivant autre acte du 9 dudit mois, reçu par Cancé, notaire ; procureur fondé encore de dame Marie-Catherine Lahondes de Laborie, veuve et héritière usufruitière de messire Georges Rosier, seigneur de Vabres, communauté de Peyrelade, conseiller du Roi, président au bureau de l'élection de Milhau, habitante dudit Milhau, suivant autre acte de procuration du 10 du même mois, reçu par Lafon, notaire.

Messires de Saint-Simon, habitant en son château de Cambourlan, faisant pour messire de Saint-Simon, son père.

de Collonges, seigneur de Cenac, habitant de cette ville.

le vicomte d'Albagnac.

de Carafinie de Laplanque.

de Granier, seigneur des Cuzat et autres lieux, habitant de cette ville.

de Ginibrouse, marquis de Ginibrouse.

Dauphin de Colonges, habitant dudit Villefranche.

de Collonges, président au bureau de l'élection de cette ville, y habitant.

Dufau, avocat en parlement, habitant de cette ville.

de Brase.

de Brase, frère du susdit.

Durieu de la Couttie.

Durieu de Sainte-Croix.

de Fleyres, habitant de Villeneuve.

de Seguy d'Espeirac.

de Monlauzier.

de Ségout de Lestang.

de Ségout de Labrousse, frère du susdit.

Dufau, baron de Larroque, habitant de cette ville.

de Robert de Fraissinet.

Jean Durrieu de Villevayre.

autre Jean Durrieu de Villevayre.

Mathieu Durrieu de Colombiès.

de Trédolat de Selves, seigneur de Selves, habitant en son château de Selves, paroisse de la Vinzelle.

Messire de Castanet-Armagnac père, habitant en son château de Cambayrac.

Jean-Baptiste de Varroquier, chevalier, seigneur engagiste direct de la ville de Saint-Affrique, gouverneur de ladite ville, y habitant, chevalier de Saint-Louis.

Et plus personne de l'ordre de la noblesse n'ayant comparu, nous avons pris les noms et qualités de chacun de ceux qui composent le tiers-état, et des communautés qui les ont députés, ensemble les dates des délibérations qui les députent; lesquels sont, pour le tiers-état:

TIERS-ÉTAT.

Les sieurs:

Reyniès de Rozières, maire et conseiller en la sénéchaussée et présidial; Galtié, aîné, avocat; Andurand, aîné, avocat; Cardonnel, procureur du Roi; Lobinhes, aîné, négociant, et Daugnac, négociant, députés de Villefranche, par délibération du 8 mars.

Lacombe, maire; Perret, lieutenant de maire; Bole, juge; Pomiès; Saby, et Berry, députés de Saint-Antonin, par délibération du 12 mars.

Malrieu, docteur en médecine; Flotard, avocat; Boutavy, et Alvergne, députés de la ville de Vabres, par délibération du 8 mars.

Reynes, juge de la ville et parages de Saint-Affrique; Calmes, maire; Grand de Pillaude, négociant, et Peyres, avocat, députés audit Saint-Affrique, par délibération du 10 mars.

Constans de la Bourgade, juge; Caylet, avocat; Mozan de Mazarin, négociant, et Lasserre, négociant, députés du Pont de Camarès, par délibération du 8 mars.

Carcenac, maire; Bousquet, médecin, présent.

Lacasin, juge.

Bellanger, bourgeois, } Absents,

Et Millau, bourgeois, }

députés de Belmont, par délibération du 8 mars.

Constans; Saint-Estève, et Cormary, avocats, députés de Saint-Sernin, par délibération du 10 mars, qui réduit le nombre des députés à deux.

Fadat, maire; Liancourt et de Laval, avocats, et Bouty, chirurgien, députés de Nant, par délibération du 8 mars.

Merlin, juge; Boyer, procureur du Roi; Delpuech, maire, et Flottes, premier consul, députés de Sauveterre, par délibération du 8 mars.

Lambel; Fualdès; Laquerille, avocats, et Redouly de Labesarie, juge, députés du Mur-de-Barrès, par délibération du 8 mars.

Carrié, avocat; Salesses; Prevequières, et Bombal, députés d'Entraigues, par délibération du 8 mars.

Du Bruel, juge; Auzouy, médecin; Morandi, avocat, et Langé, absent, députés de Rignac, par délibération du 10 mars.

Flaugergues, avocat, premier consul; Nolorgues, avocat; Flaugergues, notaire, et Bors, députés de Conques, par délibération du 8 mars.

Brassat de Saint-Parthem, maire; Richard; Labruyère, médecin; Perrin de Viviès, avocat, députés d'Albin, par délibération du 8 mars.

Bouzinhac, juge; Miquel, avocat et conseiller à l'élection; Salesses; Teurier, avocats, députés de Rieupeyroux, par délibération du 8 mars.

Dejean, sieur Dufau; Cassan, avocat; Albinet, premier consul, et Thomas; avocat, absent, députés de Saint-Rome-de-Tarn, par délibération du 8 mars.

Constans, viguier; Bousquet; Reynet, bour-

geois, et Alengrin, députés de Brusque, par délibération du 8 mars.

Gleyrose; Delmoly; Joulie, et Laroque, députés de Peyrusse, par délibération du 13 mars.

Delmas, négociant, et Lafon, laboureur, députés de Laxos, par délibération du 10 mars.

Dezès, avocat; Viven, bourgeois, députés de Puechrondil, par délibération du 13 mars.

Testas, viguier; Gailhard, lieutenant principal; Laroque, procureur du Roi; Bach aîné, bourgeois, députés de Najac, par délibération du 9 mars.

Testas, viguier de Najac; Dezès, avocat; Ardourel, premier consul; Parra, bourgeois, députés de Varen, par délibération du 12 mars.

Caussanel; Dejean; députés de Naussac, par délibération du 15 mars.

Joannis, avocat; Maury, bourgeois; Vaissière, députés de Saint-Léons, par délibération du 11 mars.

Bouscayrol; Tarbonnel, députés de Labessenoix, par délibération du 11 mars.

Alric, avocat; Bourdonelle, députés de Prevenquières, par délibération du 10 mars.

Constans de la Millade, avocat, député de la communauté du Cayla, par délibération du 9 mars.

Constans de la Bourgade, juge, et Bonnet, laboureur; députés de la communauté de Monteil en Vabrais, par délibération du 11 mars.

Crayon; Bousquet, bourgeois, députés de la communauté de Lentin, par délibération du 8 mars.

Devèze, avocat; Lobinhes, conseiller; Costes, avocat; Phalip, avocat; Rouziès, députés de la communauté de Saint-Rémy, par délibération du 10 mars.

Miquel; Charlet; Molinier; Delbreil, avocats, députés de la communauté de Villeneuve, par délibération du 11 mars.

Devèze, avocat; Bories, députés de la communauté de Malleville, par délibération du 10 dudit.

Lobinhes, conseiller; Albenque, secrétaire, députés de la communauté de Saint-Igert, par délibération du 1er mars.

Coudère; de Bals, députés de la communauté de la Bastide-l'Évêque, par délibération du 9 mars.

Fualdès; Couffin, avocats, députés de la communauté de Firmy, par délibération du 8 mars.

Bo de Laussignac, docteur en médecine; Dejoie, députés de la communauté de Brommat, par délibération du 8 mars.

Combelasse, et Souery, députés de la communauté de la Bastide-Teulat, par délibération du 11 mars.

Jammé, avocat; Drulhe, fils, bourgeois, députés de la vallée de Roquecezière, par délibération du 10 mars.

Gaugiran, juge; Etienne Lobiahes, députés de la communauté de Morlhon, par délibération du 8 mars.

Versepuech; Terral, députés de la communauté de Pons, par délibération du 8 mars.

Cardonnel, lieutenant principal; Carles, bourgeois, députés de la communauté de la Rouquettes, par délibération du 1er mars.

Cardonnel, lieutenant principal; Noailles, avocat, députés de la Bastide-Nantal, par délibértaion du 1er mars.

Carcenac, juge; Pierre Nicouleau, bourgeois, députés de la communauté de Provencoux, par délibération du 8 mars.

Saurel, notaire; François Nouvialle, députés

de la communauté de Lescure, par délibération du 10 mars.

Torquebiou, marchand ; Torquebiou, boulanger, députés de la communauté de Tournemire, par délibération du 10 mars.

Jean Frechet ; Coulon, députés de la communauté des Albret, par délibération du 8 mars.

Béanclo, médecin ; Béanclo, avocat, députés de la communauté de Ledergues, par délibération du 8 mars.

De la Bourgade ; Jugla ; Carel, avocats, députés de la communauté de Saint-Félix de Sorgues, par délibération du 10 mars.

Médard ; Poutier ; Espinasse, députés de la communauté de Laguepie, par délibération du 10 mars.

Carcenac, avocat ; Paucol, députés de la communauté de Peaux, par délibération du 10 mars.

Galtié et Dertruels, députés de la communauté du Terson, de Cransac, par délibération du 8 mars.

Enjalric, consul ; Rouquairols, bourgeois, députés de la communauté de Saint-Baulise, de l'Hirondelle, par délibération du 11 mars.

Boursinhac, juge, député de la communauté de Lasvals, par délibération du 12 mars.

Jaladieu ; Cannac, députés de la communauté de Milhat, par délibération du 8 mars.

Lambel, avocat du Mur-de-Barrès, député de la communauté de Nigresserre, par délibération du 9 mars.

Jean Causse ; Valdou, députés de la communauté de Maynial, par délibération du 8 mars.

Perrin ; Boyer, députés de la communauté d'Auzits, par délibération du 8 mars.

Cambe, feudiste ; Cambe, députés de la communauté de Feneyrols, par délibération du 8 mars.

Mazars, consul, député de la communauté de Meljac, par délibération du 8 mars.

Amouroux, avocat ; Alozard, bourgeois, députés de la communauté de Liégau, par délibération du 11 mars.

Boursinhac ; Teulié, députés de la communauté de Roufflac, par délibération du 11 mars.

Galtié ; Raynal, députés de Saint-Geniez de Bertrand, par délibération du 8 mars.

Bosues, avocat ; Biargues, bourgeois, députés de la communauté d'Espeyrac, par délibération du 8 mars.

Delabourgade ; Fraissinet, députés de la communauté de Saint-Juery, par délibération du 13 mars.

Carrière, avocat et juge ; Forestiés, bourgeois, députés de la communauté de Saint-Izaire, par délibération du 8 mars.

Bonnevialc ; Galtié, bourgeois, députés de la communauté de Touels, par délibération du 10 mars.

Galtié, juge ; Cadars, bourgeois, députés de la communauté de Peyrebrune, par délibération du 9 mars.

Bouisson-Viguier ; Bounal, députés de la communauté de Parisot, par délibération du 8 mars.

Pougent, juge ; Aymé, avocat ; Laurens ; Guinal, députés de la communauté de Requista, par délibération du 8 mars.

Blanc ; Hébrard ; Besson, absents, députés de la communauté d'Alzonne, par délibération du 8 mars.

Demartres, avocat, député de la Bastide, près le Mur-de-Barrès, par délibération du 11 mars.

Verdier ; Roux, député du Cuzoul, par délibération du 11 mars.

Couderc, conseiller ; Couffin, députés de Privesac, par délibération du 8 mars.

Loiseleur de Longchamps, présent ; Anduze, absent, députés de Durenque, par délibération du 11 mars.

Delelaux ; Cayla, bourgeois, députés de Cazac, par délibération du 11 mars.

Masbou ; Morlhon, consuls, députés de Mesmer, par délibération du 10 mars.

Delort ; Ginouilhac, députés de Saint-Santin, par délibération du 8 mars.

Reynès ; Bregriboul, députés de Silvanès, par délibération du 8 mars.

Bourles ; Pons, députés de la communauté de Castelnau-de-Peygueroles, par délibération du 10 mars.

Artous, député de Combret, par délibération du 8 du présent mois.

Salvau ; Veruhet, députés de Cornus, par délibération du 10 mars.

Dintilhac, licencié ; Canuris, feudiste, députés de la communauté de Monteils et Floyac, par délibération du 8 mars.

Dintilhac, licencié ; Delmur, députés de la communauté de Courbières, par délibération du 10 mars.

Pelou ; Laurens, députés de la communauté de Nauvialle, par délibération du 11 mars.

Manheric ; Malpel, députés de la Roque-Bouillac, par délibération du 8 mars.

Molenat, député de la communauté de Boisse, par délibération du 11 mars.

Delport ; Garrigues, députés de la communauté de Bouillac, par délibération du 8 mars.

Coulet ; Refregier, députés de la communauté de Verzols, par délibération du 9 mars.

Boutonnet ; Gayral, députés de la communauté de Mazerolles, par délibération du 11 mars.

Cadrès, avocat ; Alet, laboureur, députés de la communauté de Teulières, par délibération du 10 mars.

Delpuech, bourgeois ; Antoine de Gicou, avocat, députés de Taussac, par délibération du 12 mars.

Fraissinet, avocat ; Vialars, députés de Cabanès, par délibération du 8 mars.

Balaguier, présent ; Boyer Larcoule, aussi présent, députés de Lavergne-Tayrac, par délibération du 13 mars.

Sert-Severac ; Jean Bousquet, de Velanet, députés de Roquecezière, par délibération du 10 mars.

Carrié, avocat ; Grandroques ; Taillan, députés de Roussy, par délibération du 9 mars.

Cabanel, avocat ; Defoubaya ; Gasc, députés de Combret, par délibération du 8 mars.

Barthe, juge, député de la communauté de Roumiguières, par délibération du 8 mars.

Barayré père ; Cadilhac fils, députés de Paulhac, par délibération du 8 mars.

Andurand, avocat ; Jonquères, députés de Las Mazières, par délibération du 8 mars.

Coudère ; Bousquet, députés de Goutreus, par délibération du 9 mars.

Lacombe ; Laporte, députés de Gramond, par délibération du 9 mars.

Counes ; Arnal, députés de Saint-Victor, par délibération du 8 mars.

Louis Ser ; Dusser, députés du Mas du Causse, par délibération du 10 mars.

Boscus, notaire ; Joulia, députés de la communauté de Puechdagnac, par délibération du 8 mars.

Galtié, député de Saint-Etienne de Naucoulet, par délibération du 11 mars.

Vignes-Belard, député de la communauté de Grommé, par délibération du 8 mars.

Douziech ; Galtié, laboureurs, députés de Firmxelaux, par délibération du 8 mars.

Pierre Tinel, de Trépaloup ; Bousquet, absent. Trépaloup, présent, députés de Terson, ou de Trépaloup-de-Vialarels, par délibération du 12 mars.

Molinier, juge ; Delcamp, feudiste, députés de la communauté de Monsalès, par délibération du 8 mars.

Savignac ; Phalip, députés de la communauté de Saint-Grat, par délibération du 8 du courant.

Coulet, notaire, député de Saint-Caprazy, par délibération du 8 du courant.

Eche, député de Causseviel, par délibération du 12 mars.

Valette, présent ; Alary, absent, députés de Tauriac, par délibération du 13 dudit.

Valette, notaire, présent ; Alary, absent, députés de Saint-Martial de Contenson, par délibération du 13 mars.

Valette, notaire, présent ; Lacam, absent, députés de Cabrespine, par délibération du 13 mars.

Lala, marchand ; Montarnal, députés de Saint-Sulpice-Pomiès, par délibération du 12 mars.

Forgue ; Foulquier, députés de Larque-Sainte-Marguerite, par délibération du 8 mars.

Blanc ; Hebral, députés de la communauté de Belpech, par délibération du 8 mars.

Aldebert ; Verguettes, députés de Compreignac, par délibération du 10 mars.

Souquet, député de la communauté de Valou, par délibération du 8 mars.

Delbert, bourgeois, député de Valcaylès, par délibération du 8 mars.

Cambon, député de la communauté de l'Hospitalet-Guibert, par délibération du 8 mars.

Carrière, present ; Fournier, absent, députés de la communauté de Rebourguil, par délibération du 8 mars.

Carcenac, juge ; Carrière, avocat ; députés de la communauté de Montlaur, par délibération du 8 mars.

Granier, député de la communauté du Mas-Delhon, par délibération du 9 dudit.

Lecgan ; Boussaguet, députés de Falguières, par délibération du 11 mars.

Combrès ; Tinel, députés de la communauté de Flagnac, par délibération du 8 dudit.

Granier ; Loupiac, notaires, députés de Lunac, par délibération du 8 mars.

Bourgnounesque ; Aussibal, députés de Saint-Christophe, par délibération du 11 dudit.

Guilhac ; Théron, députés de Thournac, par délibération du 8 dudit.

Braudouen ; Alvergue, maréchaux, députés de Parage de Nouenque, par délibération du 10 mars.

Vazilhères, avocat ; Leygue, notaire, députés de Salles-Courbatiès, par délibération du 8 dudit.

Marmiesse ; Villieu, notaires, députés de la communauté d'Elbes, par délibération du 9 mars.

Catuguier ; Douzat, députés de la communauté de Saint-Parthem, par délibération du 12 mars.

Marre ; Calmettes, députés de Pachins, par délibération du 11 mars.

Maury ; Caluguier, députés de la communauté de la Vinzelle, par délibération du 11 du courant.

Boudes ; Trémouilles, députés de la communauté d'Abbas, par délibération du 9 mars.

Firmin ; Malversy ; Ginouillac, députés de la communauté d'Agres, par délibération du 9 mars.

Delort ; Firmin ; Malvesy, députés de la commu-

nauté de Saint-Julien-de-Piganiol, par délibération du 9 mars.

Durand ; Bousquet, députés de la communauté de Montégut, par délibération du 11 mars.

Aymé, avocat ; Carcenac, seigneur du Soulié, députés de la communauté de Linon et du Soulié, par délibération du 8 mars.

Bousquet, notaire, député de la communauté d'Arjac, par délibération du 12 mars.

Loyrette, ménager, député de la communauté de Vendeloves, par délibération du 12 mars.

Besse ; Bruel, députés de Testel, par délibération du 10 mars.

Franque et Serveye, députés de la communauté de Glassac, par délibération du 10 mars.

Combes ; Cœurveillé, députés de la communauté de Bedos et Peyralbe, par délibération du 8 mars.

Cros, premier consul ; Cœurveillé, bourgeois de Vabres, députés de la communauté d'Innous, par délibération du 8 mars.

Bejaou, laboureur, député de la communauté de Lez, par délibération du 10 dudit.

Rouch ; député de la communauté d'Espeillach, par délibération du 11 mars.

Rouch, Bousquet, députés de Vaurcilles, par délibération du 8 mars.

Lajunies ; Fontanel, députés de Salvagnac-Saint-Loup, par délibération du 10 mars.

Lajunies ; Cassau, avocats, députés de Foissac, par délibération du 8 mars.

Flaugergues ; Biargues, députés de la communauté de Praïnes, par délibération du 11 mars.

Pierre Delhom, député de Signalac, par délibération du 8 dudit.

Constant, avocat ; Jammé, députés de la communauté de Favayrolles, par délibération du 11 mars.

Bosc ; Teulier de Rignac, députés de la communauté de Vaysse, par délibération du 11 mars.

Coudere ; Foissac, députés de la communauté de Drulhe, par délibération du 10 mars.

Pradines, avocat ; Marmiesso, laboureur, députés de la communauté de Toulongeac, par délibération du 8 dudit.

Campredon ; Martin, députés de la communauté de Senergues, par délibération du 8 dudit.

Lala, député de la communauté de Montornal, par délibération du 13 mars.

Campredon ; Vigroux, députés de la communauté de Saint-Marcel, par délibération du 11 mars.

Medal ; Bauguil, notaires, députés de la communauté de Saint-André, par délibération du 9 mars.

Vaissier ; Alaux, députés de la communauté de Saint-Igne, par délibération du 8 mars.

Marc ; Gombert, députés de la communauté de Saint-Sever et Soulié, par délibération du 8 mars.

Gui ; Tier, avocat, députés de la communauté de Balaguier, par délibération du 8 mars.

Fontanges de Lacam, avocat ; Viala, députés de la Croix-Barrès, par délibération du 8 mars.

Pierre Calvayrac, avocat ; Barthélemy Calvayrac, aussi avocat ; Durand ; Augustin Barthe, absent, députés de la communauté de Murasson, par délibération du 8 mars.

Rousiés ; Cadilhac, députés de la communauté de Bleyssol, par délibération du jour d'hier.

Caylet ; Bernard, députés de Briols, par délibération du 8 mars.

Coste, député de la Capelle Farcel, par délibération du 8 mars.

Coulet, notaire, député de la communauté de

Saint-Jean d'Alcapies, par délibération du 11 mars.

Fabré ; Andrieu, député de Verrières, par délibération du 9 dudit.

Baissat, notaire, député de la communauté de Bars, par délibération du 8 mars.

Coudere; Guiraudie, députés de la communauté de Roussennac, par délibération du 14 mars.

Carcanagues; Aujole, députés de la communauté d'Albignac, par délibération du 11 dudit.

Vedel; Albouze, députés de la communauté d'Espinassole, par délibération du 9 dudit.

Delpuech ; Hugues Caussé; Briegidon ; Cerede ; Clauzels, députés de la communauté de Capdenac et dépendances, par délibération du 11 mars.

Laurassie, avocat, Laurassie, médecin, députés de la communauté de Claugnac, par délibération du 12 mars.

Donzac, avocat; Raynal, députés de la communauté de Grandvabre de Lavinzelle, par délibération du 11 mars.

Ginertous ; Aurel ; députés de la communauté de Baret-Bor, par délibération du 10 mars.

Curan, député de la communauté de Saint-Cyprien, par délibération du 8 mars.

Carme; Camboulines, députés de la communauté de Cathièr's, par délibération du 8 mars.

La Peyronie ; Tauriac, députés de la communauté de Loupiac, par délibération du jour d'hier.

Suedier, notaire, Pachins, bourgeois, députés d'Asprières, par délibération du 8 mars.

Dumoulin ; Laserre, députés de la communauté de Sauvensa, par délibération du 8 mars.

Mauhaval, avocat ; Costes, députés de Landejoul, par délibération du 8 mars.

Marquis, bourgeois, député de la communauté de Roquetaillade, par délibération du 9 mars.

Fourgous; Guibert, députés de la communauté de Prix, par délibération du 8 mars.

Poignac; La Garrigue, députés de Lieucamp, par délibération du jour d'hier.

Fontès, avocat ; Jons, paysan, députés de la communauté de Venzac, par délibération du 12 mars.

Gasquet; Campagnac, députés de la communauté de Flouzins, par délibération du 11 mars.

Colard, avocat; Poux, négociant, députés de la communauté de Verfeil, par délibération du 8 mars.

Marhou; Guilhem, députés de Castanet-de-Carts, par délibération du 1er mars.

Fraissinet, avocat ; Bories, laboureur, députés de la communauté de Martiel, par délibération du 8 mars.

Guibert ; Gaudon, députés de la communauté de Tizac, par délibération du 8 mars.

Douzac ; Reclus, députés de la communauté de Pajax, par délibération du 8 mars.

La Raussie ; Aussibal, députés de la communauté de Bès, par délibération du 8 mars.

Blanc ; Combres; Blazy, députés de la communauté de Livignac, par délibération du 11 mars.

Leyques ; Roques, députés de la communauté de Cassamès, par délibération du 11 mars.

Jean Jean; Flotard, avocat, députés de Rayssac, par délibération du 8 mars.

Mazarin, présent ; Galzin, absent, députés de Rayssac, par délibération du 8 mars,

Molinier, avocat; Ardourel ; Tounis, députés de la communauté d'Arnac, par délibération du 11 mars.

Bricard, député de Las Mansiès, où il est le seul habitant.

Delavergne, notaire ; Cavagnac, bourgeois, députés de Montbazens, par délibération du 12 mars.

Lacout; Seguy, députés d'Anglars, par délibération du 10 mars.

Gaugiran ; Theron, députés de Cabanes, par délibération du 9 mars.

Loubière, laboureur ; Plenecassagne, députés de Bruéjouls, par délibération du 9 mars.

Puech; Prunières, députés par la communauté de Verdun, en vertu de la délibération du 10 mars.

Bel ; Puech, avocats; Bel ; Nicolas, bourgeois; députés de Coupiac, par délibération du 8 mars.

Bel, juge; Delmas, bourgeois, députés de Monclar, par délibération du 8 mars.

Bel ; juge ; Derivis, avocat, députés de Plaisance, par délibération du 8 mars.

Barnié; Andrieu, député de Samonta, par délibération du 10 mars.

Bessoles, bourgeois, député de Connac, par délibération du 9 mars.

Olivier ; Teulières, députés de Marin, par délibération du 8 mars.

Cournède; Vialettes, députés de Saint-Clair-de-Margues, par délibération du 14 mars.

Dumas; Cousin, députés de la communauté de Liancourt, par délibération du 10 mars.

Foulquier, avocat ; Bosc,' paysan, députés de la Capelle-Delveru, par délibération du 8 mars.

Foulquier; Franquet, députés d'Escandolières, par délibération du 11 mars.

Castel d'Armajous, juge; Père de Fabrigues, avocat, députés de Montpaon, par délibération du 10 mars.

Mathieu; Tayat, députés de Castelpers, par délibération du 12 mars.

Calmes; de La Bessière ; Raphanel, députés de la Bastide-Parage, par délibération du 12 mars.

Plenecassagne ; Cantaloube, députés de Firmy et Tersou, par délibération du 11 du présent mois.

Cournede ; Bousquet, députés de Labadie, par délibération du 12 mars.

Andinac ; Cavalier, députés de Labadie, par délibération du 10 mars.

Mazars, député du Pareage de Bounecombe, par délibération du 13 mars.

Baudinet; Rouvellet, députés de la communauté de Moustuejouls, par délibération du 11 mars.

Plombat ; Fontenelle ; Durand, députés de Peyralade, par délibération du 9 mars.

Labinhes ; Ribal, députés du Four-de-Sauvensa, par délibération du 8 mars.

Mathieu ; Desmazet, députés de Calomiès, par délibération du 11 mars.

Dubruel ; Gasquet; Pradinet, députés du Bosc-de-Cadoule, par délibération du 8 mars.

Agrinier ; Delmas, députés de Peyrelau, par délibération du 8 mars.

Héran, député de Surge, par délibération du 10 mars.

Ginestau et Dubruel, députés de la Selle-Licosse, par délibération du 14 dudit.

Marcou ; Dezes, députés de Carrandier, par délibération du 8 mars.

Fraissinet, député de la Bastide-de-Fonds, par délibération du 11 mars.

Alibert ; Galtié, députés de Sainte-Croix, par délibération du 8 mars.

Viguier ; Besson, députés de Frons, par délibération du 8 dudit.

Girou ; Laporte, députés de Saint-Michel, par délibération du 11 mars.

Cabrol, député de la Salvetat-Peyrales, par délibération du 8 mars.

De Tayroc, député de la Salvetat-Peyrales, par délibération du 8 mars.

Ferrure ; Eche, députés de Montignac, par délibération du 8 mars.

Bach, présent ; Basse, absent, députés de la Salvetat-des-Carts, par délibération du 14 de mars.

Malbose ; Vidac, députés de Villevaire, par délibération du 11 mars.

Vialadieu ; Malaterre, députés de la Capelle-Bleys, par délibération du 13 mars.

Mader, notaire ; Carnac, députés de Vabré, par délibération du 8 mars.

Solages fils ; Dintillac, députés de Marmon, par délibération du 8 mars.

Molinier fils ; Fabré, bourgeois, députés de la Plane, par délibération du 13 mars.

Joulie, député de la Clau, par délibération du 9 mars.

Artis ; Sarlit, députés de Saint-Michel-de-Laudesques, par délibération du 10 mars.

Teulié, laboureur, député de Las Fabries, membre de Rinhac, par délibération du 12 mars.

Boissière ; Rulhe, députés de Cenac, par délibération du 12 mars.

Sarlit ; Gattie, députés de Bournac, par délibération du 10 mars.

Malaval, avocat ; Vigroux, députés de Brousse, par délibération du 8 mars.

Monteam ; Alvergne, députés de la Garde, près Ledergues, par délibération du 8 mars.

Falgairac ; Boutonnet, députés de la Garde, près Saint-Just, par délibération du 12 mars.

Rabe ; Dalquier, députés de Viviès, par délibération du 8 mars.

Thomas Hugonem ; Tiers, députés de Calmès et le Viala, par délibération du 10 du courant.

Bouscayrol ; Bonnefons, députés de Balsac, par délibération du 9 mars.

Clément ; Prallong, députés de Marsials, par délibération du 9 mars.

Darre, notaire ; Saint-Affré, députés de la Capelle-Balaguier, par délibération du 8 mars.

Debons ; Olivier, laboureurs, députés de Murroule, par délibération du 8 mars.

Millau ; Bernard, députés de Ponstomy, par délibération du 11 mars.

Cazelles ; Albouy, députés de Saint-Martial-la-Grèze, par délibération du 14 mars.

Vialadieu ; Imbert ; Couflinhal ; Pascal, Donziech ; Souiry, députés de Castelnau-Peyralès, par délibération du 12 mars.

Dettor ; Cazor, présents ; Géealon, absent, députés de Belcastel, par délibération du 11 mars.

Cambié, député de Saint-Igfest, par délibération du 8 mars.

Poujade, avocat ; Fabré, négociant, députés de Saint-Bauzely-Delevezou, par délibération du 12 mars.

Litre ; Granier, députés de Villelongue, par délibération du 8 mars.

Alary ; Molinier, députés de Jalengues, par délibération du 8 mars.

Viquier ; Cayla, députés de Saint-Félix-de-la-Gorounie, par délibération du 13 mars.

Laurens ; Blanc, députés de Saint-Verau, par délibération du 8 mars.

Rolland ; Vinel, députés de Ginoulhac, par délibération du 8 mars.

Alauzet ; Estivals, députés de Carcenac-Peyralès, par délibération du 13 mars.

Carel ; Coutet, notaires, députés de la Bastide-Pradines, par délibération du 11 mars.

Bratières ; Mirabel, députés de Vernet-Soutera, par délibération du 10 mars.

Maritau, présent ; Alary, absent, députés de Namelle, par délibération du 8 mars.

Besse ; Cadillac, députés de Ginal, par délibération du jour d'hier.

Seguy ; Raymond, députés de Selgues, par délibération du 8 mars.

Bex ; Austruy, députés de Galgau et Valzergues, par délibération du 8 mars.

Gros ; Donzou, députés de Cargoule, par délibération du 8 mars.

Issanjou ; Monly, députés de Boussac, par délibération du 12 mars.

Castel-Darmajoux, avocat, député de Laval, par délibération du 12 mars.

Bourdoncle, Teulié, députés de Compolibat, par délibération du 8 mars.

Bergon ; Plantade, députés de Dols, par délibération du 8 mars.

Andrieu ; Cabantous, députés de Russepeyre, par délibération du 9 mars.

Mouli ; Albenque, députés du Pouget, par délibération du 11 mars.

Meric ; Puechberty, députés de Fontaynous, par délibération du 8 mars.

Marty, notaire ; Marty, praticien, députés de la Bastide-Capdenac, par délibération du jour d'hier.

Pie, Fabré, députés d'Orlhonnac, par délibération du 8 mars.

Cabrès, président, présidial honoraire, député de Savignac, par délibération du 11 mars.

Pié, avocat ; Dintillac, députés, par délibération du 8 mars.

Barthelemy Carayon, député de Montfranc, par délibération du 10 mars.

Fontanilles ; Durand, députés de Martin, par délibération du 11 mars.

Issalis ; Tournemire, députés de Mirabel, par délibération du 12 mars.

Deleris ; Alaux, députés d'Arcagnac, par délibération du jour d'hier.

Alet ; Bouscayrol, députés de Cadour, par délibération du 12 mars.

Antoine Durand, député de Feneyrols, par délibération du 12 mars.

Ser, avocat ; Fizés, députés d'Ambayrac, par délibération du 11 mars.

Malrieu ; Lombregot, députés de Bournazel, par délibération du 14 mars.

Bousquet, marchand ; Daurelle, consul, députés de Mounès et Préjeville, par délibération du 10 mars.

Bousquet, médecin ; Rouquette, négociant, députés des Plus, par délibération du 8 mars.

Coudere ; Espinasse, députés de la Pradelle, par délibération du 12 mars.

Durand, député de Laroque-Marguagnes et Latour, par délibération du 10 mars.

Ser, avocat ; Vernet, députés de Blaguier, par délibération du 9 mars.

Doumergue ; Devic, députés de Farret, par délibération du 12 mars.

Molinier, avocat ; Combes, bourgeois, députés de Crespin, par délibération du 8 mars.

Mazars ; de Bellefond ; Solignac, députés de Limayrac, par délibération du 12 mars.

Delpech ; Carrié, députés de Murols, par délibération du 8 mars.

Manche ; Lacam, députés de Saint-Hippolyte, par délibération du 8 mars.

Delmas ; Devic, députés de Camboulan, par délibération du 8 mars.

Soubeyre ; Lagarde, députés de Peyrat, par délibération du 8 mars.

Guiraldem ; Reynes, députés de la Cazote, par délibération du 10 mars.

Veyre ; Couvignon, députés de Florentin-la-Capelle par délibération du 11 mars.

Olier, député de Canals et Sorgue, par délibération du 11 mars.

Toulouse, député de Gozou, par délibération du 11 mars.

Bonzac, avocat ; Centres, députés d'Almon, par délibération du 8 mars.

Coussens, laboureur, député de Cassac, par délibération du 10 mars.

Romeguier ; Balp, députés du Clapier, par délibération du 11 mars.

Charrie ; Mallet, députés de Vaillourbes, par délibération du jour d'hier.

Dellieux, avocat ; Lagarrigue, députés de Saint-Félix de Lunel, par délibération du 12 mars.

Courrèges ; Ardourel, députés de la Fouillade, par délibération du 8 mars.

Miliavy ; Refregier ; Baldou ; Tarruson, députés de Compeyres, par délibération du 8 mars.

Delecaux, bourgeois ; Destruels, laboureur, députés de Nouillac, par délibération du 13 mars.

Douzac, avocat ; Delecaux, bourgeois, députés de Grand-Vabres de Conques, par délibération du 13 mars.

Finelous ; Labatude ; Calvignac, députés de Puech-Mignon, par délibération du 13 mars.

Muratel, député de Bianzac, par délibération du 9 mars.

Durrieu, consul ; Doumergue, députés de Laussac, par délibération du 11 mars.

Et ne s'en étant point présenté d'autres, sur la réquisition dudit sieur procureur du Roi, nous avons concédé acte aux comparants de leur comparution, et donné défaut contre les assignés non comparants ; et pour l'utilité d'icelui, avons ordonné qu'il sera, par nous, procédé comme s'ils étaient présents ; auquel effet, vu l'heure tarde, avons terminé cette séance, et renvoyé la continuation de notre procès-verbal à demain huit heures du matin, dans la présente église ; et avons signé avec ledit sieur procureur du Roi, et notre greffier : Cardonnal, procureur du Roi, Dubruel, juge-mage, lieutenant général, et Lambert, greffier, signés.

CAHIER

Des plaintes et doléances de l'ordre du clergé de la sénéchaussée de Villefranche de Rouergue.

Nota. Ce document ne se trouve pas aux *Archives de l'Empire.* Nous le demandons à Villefranche et nous l'insérerons ultérieurement si nous parvenons à le découvrir.

CAHIER

De l'ordre de la noblesse de la sénéchaussée de Villefranche (1).

L'ordre de la noblesse de la sénéchaussée de Villefranche, toujours prêt à verser son sang pour la défense de la patrie, inviolablement attaché à tout ce qui est juste, voit arriver, avec la plus douce satisfaction et la plus vive reconnaissance, le moment où la nation assemblée va discuter les plus grands intérêts. Tous les abus vont disparaî-

(1) Nous publions ce cahier d'après un manuscrit des *Archives de l'Empire.*

tre ; des lois stables vont raffermir pour toujours la constitution ; chaque ordre s'empressera de seconder les efforts du monarque bienfaisant et du ministre vertueux, pour opérer la félicité publique.

CONSTITUTION.

Art. 1er. La principale base de la constitution est que la loi ne puisse être que l'énonciation de la volonté générale des citoyens, exprimée par leurs représentants, sanctionnée par le prince, revêtu de toute la puissance exécutrice. C'est d'après ces principes que l'ordre de la noblesse de la sénéchaussée de Villefranche va rédiger ses instructions.

Art. 2. Les députés ne pourront, dans aucun cas, voter que par ordre, et jamais par tête, sous quelque prétexte que ce soit.

Art. 3. Les députés demanderont que la constitution de l'État soit fixée d'après les lois fondamentales de la monarchie ; le retour périodique des États généraux, chaque cinq ans. Et, comme il ne faut pas espérer que, dans cette première assemblée nationale, il soit possible de poser toutes les bases fondamentales qui doivent assurer le bonheur et la gloire de la nation, les députés demanderont qu'il soit fait une nouvelle convocation dans deux ans.

Art. 4. Aucun impôt ne devant être établi que d'après le consentement de la nation, ils ne peuvent avoir exécution que pour le temps fixé par elle ; en conséquence, la noblesse demande que les impôts ne puissent être levés que jusqu'à la prochaine assemblée, et qu'il soit ordonné de poursuivre comme concussionnaires ceux qui oseraient en continuer la perception.

Art. 5. Que les ministres de l'exécution des lois, dans chaque département qui leur est confié, soient tenus de rendre compte de leur gestion et de leur conduite aux États généraux, et de demeurer responsables envers la nation.

Art. 6. Ce sont des points préliminaires, sur lesquels nous enjoignons à nos représentants de faire statuer dans l'assemblée des États généraux, préalablement à toute autre délibération, surtout avant de voter sur l'impôt, déclarant que si nos représentants, sans avoir égard aux clauses du présent mandat, prenaient sur eux de concourir à l'octroi des subsides, nous les désavouons formellement, et les déclarons, dès à présent, déchus de leurs pouvoirs.

Art. 7. Que les membres des États généraux soient reconnus et déclarés personnes inviolables ; et que, dans aucun cas, ils ne puissent répondre de ce qu'ils auront fait, proposé ou dit dans l'assemblée des États généraux, si ce n'est à la nation elle-même, devant être regardés comme des personnes sacrées, qui n'ont à rendre compte qu'à leurs commettants, et qui, par leur caractère, sont sous la sauvegarde de la nation.

Art. 8. Que la liberté individuelle de tous soit inviolable, et que nul Français ne puisse être privé, en tout ou en partie, de la sienne, par lettres de cachet, ordres supérieurs ni autrement, que par ordonnance d'un juge compétent, à moins dans le seul cas, et qui doit être infiniment rare, où il s'agirait de sauver l'honneur d'une famille honnête ; et même dans ce cas, Sa Majesté sera suppliée de n'accorder la lettre de cachet que sur la demande et à la sollicitation de dix parents les plus proches ; que Sa Majesté sera également suppliée de vouloir bien les rendre responsables de leur délation ; et que si, dans quelque circonstance, quelque citoyen était arrêté par ordre du Roi, il serait remis entre les mains de son juge, et interrogé, suivant les ordonnances, dans les vingt-quatre heures, élargi avec ou sans caution, s'il n'est pas violemment soupçonné d'un crime punissable de peines corporelles.

Art. 9. Que toutes les lettres et écrits de confiance soient déclarés sacrés et inviolables.

Art. 10. Que la vie, l'honneur des hommes soient placés sous la sauvegarde de la loi, tellement que les attentats des méchants ou les excès des dépositaires de l'autorité, qui se rendraient coupables de voies de fait ou de calomnies graves, ne puissent demeurer impunis.

CLERGÉ.

Art. 11. Nos députés demanderont l'exécution des canons concernant la résidence et la visite des évêques dans leur diocèse.

Art. 12. Ils solliciteront une loi relativement aux dîmes et prémices, qui prévienne autant qu'il se pourra les procès qui peuvent naître à raison de l'usage et de la quotité.

Art. 13. L'abolition de toute espèce de casuel; et il sera pourvu au dédommagement des curés par les Etats généraux.

Art. 14. Les évêques, ne pouvant accorder des dispenses de parenté à raison de mariage que jusqu'à un certain degré, les députés demanderont une extension de pouvoir en leur faveur, pour prévenir les embarras et les dépenses qu'occasionnent les dispenses qu'on est forcé d'obtenir de la cour de Rome.

Art. 15. Les députés proposeront à l'assemblée nationale de prendre en considération les annates, qui donnent lieu à des dépenses considérables, et font sortir du royaume une grande quantité de numéraire.

Art. 16. L'arrondissement des paroisses et l'érection d'autres, afin que le service ne soit pas difficile.

JUSTICE.

Art. 17. Les formes trop longues et trop dispendieuses concernant l'administration de la justice, méritant l'attention particulière de la nation, les députés demanderont la refonte du code civil et criminel, et une composition de tribunaux telle que la justice puisse être administrée promptement et gratuitement à tous.

Art. 18. Il doit s'ensuivre nécessairement la suppression de tous les offices inutiles et surabondants, tels que tous les tribunaux d'exception en remboursant les prix des offices, et en donnant l'attribution aux justices ordinaires.

Art. 19. Tout ce qui concerne la vénalité des offices, le remboursement de la finance des titulaires, sera pris en considération par les Etats généraux.

Art. 20. La suppression de toutes épices pour les juges dans tous les tribunaux, et attribution de gages proportionnés à l'importance de leur fonctions, payables par chaque province aux officiers qui seront chargés de rendre la justice.

Art. 21. L'arrondissement des parlements des bailliages et des sénéchaussées, et la création de nouvelles cours dans les ressorts qui paraîtront trop étendus.

Art. 22. Le privilège pour les premiers juges de prononcer en dernier ressort jusqu'à la somme de 50 livres, dans les actions personnelles seulement.

Art. 23. Que, dans toutes les municipalités royales, les officiers municipaux soient autorisés à juger, en dernier ressort, jusqu'à la somme de 12 livres, dans les matières dont la compétence leur est attribuée.

Art. 24. Que l'usage des commissions extraordinaires et des évocations soit entièrement aboli, à moins qu'elles ne soient demandées par toutes les parties intéressées dans l'affaire à juger.

Art. 25. La révocation de l'édit concernant les hypothèques.

Art. 26. Que nul ne puisse être pourvu d'office de notaire, s'il n'est gradué, et s'il ne justifie d'une postulation de six ans, en qualité de clerc dans une étude, et qu'il ne puisse être reçu qu'après avoir été examiné et trouvé capable par le tribunal auquel ses provisions sont adressées.

Art. 27. Que les tarifs des droits de contrôle, insinuation, centième denier, sous pour livre, etc., soient supprimés. Mais étant nécessaire de prendre des précautions pour assurer la foi des actes, qu'il soit créé des offices, dont l'unique emploi soit d'imprimer à tous actes un sceau authentique, moyennant une modique rétribution, uniforme pour tous les actes, sans distinction ; que la connaissance des contraventions soit attribuée, à cet égard, aux juges ordinaires des lieux ; qu'à compter du jour de l'obtention de la nouvelle loi, il n'y ait lieu à aucune recherche pour tous actes passés antérieurement ; et qu'à l'avenir tous les actes soient passés sur papier, et non sur parchemin, pour prévenir toute altération.

FINANCES.

Art. 28. Avant de prendre aucune délibération sur les subsides, les députés demanderont :

1° Le tableau exact et détaillé de la situation des finances;

2° La connaissance approfondie du déficit et de sa véritable cause.

Art. 29. Aucun impôt ou contribution personnels, réels, ou sur les consommations, directs ou indirects, manifestes ou déguisés, sous quelque prétexte que ce puisse être, ne pourront être établis, levés ou perçus dans aucun lieu du royaume, qu'en vertu de l'octroi libre et volontaire de la nation assemblée.

Art. 30. Aucun emprunt manifeste ou déguisé, aucun papier circulant, ne pourront être établis et créés que par la volonté des Etats généraux.

Art. 31. La dette publique ne sera déclarée nationale, qu'après avoir été sanctionnée par la nation assemblée.

Art. 32. Qu'il ne soit accordé aucun impôt ni contribution que jusqu'à concurrence de ce qui sera jugé nécessaire pour l'acquittement de la dette publique, ou d'autres besoins constatés par la nation.

Art. 33. Que tous offices, charges, commissions, places, appointements, gages, rétributions et pensions inutiles ou excessives soient supprimés ou modérés.

Art. 34. Que la levée et perception des impôts se fassent aux moindres frais et avec le moins de rigueur qu'il sera possible.

Art. 35. Que les comptes des recettes et des dépenses, appuyés des pièces justificatives, soient rendus publics chaque année, et qu'il y soit joint un état des pensions avec l'énonciation des motifs qui les auront fait accorder.

Art. 36. Les députés demanderont la répartition proportionnelle de l'impôt entre les différentes provinces du royaume, et représenteront la surcharge énorme de la haute Guienne, en mettant sous les yeux du Roi et de l'assemblée nationale les preuves justificatives de cette surcharge, d'où l résultera que, dans cette province, le taux commun de la taille est le cinquième du produit, distraction faite seulement des frais de culture, ce qui a été reconnu par un arrêt de conseil du 19 janvier 1786 ; et ils observeront que les deux tiers de l'entier produit sont absorbés par les impôts directs ou indirects.

Art. 37. La noblesse s'est empressée de prononcer, par acclamation, qu'elle est décidée d'accorder des secours pécuniaires relatifs aux besoins actuels de l'État, en conservant tous les droits sacrés de la propriété, et les distinctions dont elle a toujours joui.

Art. 38. Les députés demanderont l'abolition du franc-fief, comme étant indûment perçu et d'ailleurs très-préjudiciable au commerce.

Art. 39. La suppression de tous droits de marque, d'entrée ou de sortie, qui gênent le commerce dans l'intérieur du royaume.

Art. 40. L'abolition du droit de commun de paix, comme avilissant et rappelant trop le souvenir de l'ancienne servitude ; celle des droits de coupe, de bassine, droits de péage, et autres de cette nature.

Art. 41. Les députés solliciteront une loi qui légitime, au taux de l'ordonnance, l'intérêt du prêt à jour, et la réduction de l'intérêt de l'argent à 4 p. 0/0 sans effet rétroactif.

Art. 42. Chaque citoyen, devant contribuer aux besoins de l'État, en raison de ses facultés, il est de toute justice que les États généraux prennent en considération les capitalistes.

Art. 43. Tout ce qui est relatif à l'aliénation, ventes et échanges du domaine du Roi, sera pris en considération par les députés aux États généraux.

Art. 44. La gabelle a été jugée ; elle a été regardée comme un impôt désastreux. Toutes les provinces qui y sont assujetties gémissent, depuis son établissement, des vexations qui en sont la suite. Il y a lieu de croire que la réclamation sera universelle, et que la nation assemblée recherchera les moyens de délivrer le peuple de ce fléau. Mais, quoi qu'il arrive à cet égard, les députés doivent faire valoir, avec la plus grande énergie, les privilèges particuliers du pays de Rouergue, en observant que ce pays faisant partie de la province de Guienne, il doit jouir, comme elle, de toutes les franchises, puisqu'il contribue à toutes ses charges ; et comme elles consistent au droit de se servir du sel du Poitou, au lieu du sel du Languedoc, il est incontestable que le pays de Rouergue doit être réintégré dans une franchise dont il est privé depuis longtemps, et qui lui a causé tant de maux et de dépenses.

Art. 45. Les députés réclameront contre la composition de l'assemblée nationale relativement à l'ordre de la noblesse; et ils demanderont que chaque députation soit composée de six individus, un pris dans l'ordre du clergé, deux dans celui de la noblesse, et trois dans celui du tiers-état. Cette balance paraît de toute justice, vu l'intérêt de l'ordre de la noblesse comparé à celui du clergé, et ne préjudicie en rien à celui du tiers-état.

POLICE GÉNÉRALE ET BIEN PUBLIC.

Art. 46. Qu'il soit accordé à la province de la haute Guienne, ainsi qu'aux autres provinces du royaume, des États provinciaux, sous la forme et le régime qui seront jugés les plus avantageux par la nation assemblée, et que la répartition, assiette et levée des impôts ne se fassent que par les États provinciaux, ainsi légalement établis.

Art. 47. Que les communautés soient réintégrées dans le droit d'élire librement leurs officiers municipaux, qui auront, à l'avenir, avec les États provinciaux ou les commissions intermédiaires, les mêmes rapports qui existent actuellement entre eux et le commissaire départi, en remboursant néanmoins la finance des charges à ceux qui en sont pourvus.

Art. 48. Les charges qui confèrent la noblesse sont si multipliées dans le royaume, que la nation doit s'empresser d'en faire réduire le nombre. D'ailleurs, une distinction aussi honorable ne doit être que la récompense du mérite, ou des services rendus à l'État; les députés demanderont, en conséquence, que le nombre des charges qui confèrent la noblesse soit diminué par l'extinction des charges qui viendront à vaquer.

Art. 49. La milice, en la forme qu'elle est levée, porte la désolation dans les campagnes, et devient infiniment nuisible à l'agriculture. Les députés demanderont la suppression de la forme actuelle, et supplieront Sa Majesté d'ordonner qu'elle sera remplacée, en chargeant chaque communauté de fournir un nombre de soldats, auquel elle sera taxée par les États provinciaux.

Art. 50. La suppression de tout privilège exclusif, comme nuisible aux arts, au commerce, à l'agriculture, et tout à fait contraire aux droits de la propriété ; sauf aux États provinciaux à pourvoir aux encouragements et récompenses.

Art. 51. La mendicité est un fléau reconnu ; elle entretient l'oisiveté, produit les vices, et devient infiniment à charge à l'État. La nation assemblée doit rechercher tous les moyens pour la bannir. Le premier pas à faire serait l'établissement de bureaux de charité dans chaque paroisse, bien composés et bien administrés. Pour pourvoir à leur première dotation, les députés demanderont que les aumônes, redevances, etc., des paroisses qui ont été réunies aux différents hôpitaux, soient rendues aux paroisses.

Art. 52. Le gouvernement s'occupe des moyens de rendre l'entière liberté à la presse. Mais, comme cette liberté doit être assujettie à des règles, et qu'on doit lui prescrire des bornes qui soient la sauvegarde de l'honneur des citoyens, nos députés demanderont que les auteurs et imprimeurs déposent chez un notaire le manuscrit de l'ouvrage qu'ils voudront rendre public, et qu'ils soient tenus d'y apposer leur signature, à peine d'être poursuivis suivant les rigueurs des lois.

Art. 53. Que tous les travaux et les établissements nécessaires pour la facilité des communications par terre et par eau, pour l'accroissement de l'industrie, de l'agriculture, des arts et du commerce, et pour la prospérité de la France et de toutes les provinces, soient faits et exécutés avec économie et sans épargne, et que les personnes préposées et commises à leur exécution, soient choisies par les États provinciaux, et qu'elles leur soient subordonnées.

Art. 54. Qu'aucune dépense dans les provinces, et aucune destination de fonds ne puissent être faites sans le consentement des États provinciaux.

Art. 55. Que les comptes des collecteurs des paroisses et communautés soient communiqués à quatre commissaires, au choix des communautés, qui ne soient comptables ni reliquataires ; qu'ils soient revisés et impugnés article par article, par lesdits commissaires, et envoyés, avec toutes les pièces justificatives, aux États provinciaux, pour être clôturés sans aucuns frais.

Art. 56. La réformation nécessaire dans les

universités; une plus grande surveillance sur les études, et la création, dans chaque université, d'une chaire de droit public.

Art. 57. L'uniformité de poids, mesures et aunages dans tout le royaume, sera prise en considération, et les députés représenteront le désir de la province de le voir établir.

Art. 58. Il n'y a, dans la province, aucune ressource pour l'éducation des demoiselles de condition pauvres, et il existe, dans beaucoup d'autres, des chapitres de chanoinesses qui sont du plus grand secours et de la plus grande utilité. Les députés demanderont, pour cette province, un établissement dans ce genre; et que, pour sa dotation, le Roi soit supplié d'y pourvoir au moyen des biens ecclésiastiques.

MILITAIRE.

Art. 59. Les députés demanderont la refonte entière du code militaire, et qu'il en soit préparé un nouveau qui devienne stable et permanent; que les officiers de tous grades soient admis au conseil de la guerre et de la marine; que les lieutenances colonelles soient rendues à l'ancienneté; que tout régiment de toute arme soit admis à la garde de la personne du Roi; que les priviléges attachés à certains corps militaires soient abolis; que la punition avilissante des coups de plat de sabre soit convertie en d'autres punitions qui maintiennent la discipline, et plus analogues à l'esprit de la nation, et que les écoles militaires pour l'éducation de la noblesse pauvre soient multipliées et placées dans les différents cantons du royaume.

Art. 60. La défense de l'État exige que la marine de France soit maintenue dans un état de force; nos députés feront prendre cet objet en très-grande considération aux États généraux.

Art. 61. Les députés demanderont une augmentation de maréchaussée, par une création de brigades à pied, pour veiller à la sûreté publique.

Tels sont les vœux que la noblesse charge ses députés de porter à l'assemblée nationale, en leur recommandant de concourir à régler tout ce que le temps permettra de statuer sur la restauration des mœurs, le maintien de la religion, le respect dû au culte.

Clôture le 25 mars, 1789.

Signé Corneillan, président; le comte de Cruzy de Marcillac, vice-président; le comte de Bournazel; Montcalm de Goyon; d'Albignac; d'Izarn de Fraissinet; Dulac; de Vezins; Lacombe; de Gualy; d'Armagnac de Castanet; Dourdon de Pierrefiche; de Corneillan; de Granier; de Gros de Perrodil; de Tauriac; de Combettes de la Fajolle; Combettes des Lendes, tous commissaires, ce dernier rédacteur.

CAHIER

Des articles à proposer par les députés du tiers-état de la sénéchaussée de Rouergue aux États généraux de France, convoqués à Versailles le 27 avril 1789 (1).

Le tiers-état de la sénéchaussée de Rouergue, assemblé à Villefranche par ordre du Roi, pour rédiger le cahier des remontrances, plaintes et doléances de ladite sénéchaussée, et nommer des députés aux États généraux, convoqués à Versailles pour le 27 avril 1789, offre au Roi l'hommage respectueux de sa soumission à sa volonté, de son amour pour sa personne sacrée, et de sa vive reconnaissance de l'acte de bienfaisance et de justice que Sa Majesté vient d'exercer envers ses peuples, en rendant à la France ses États généraux, en réintégrant la nation dans ses droits imprescriptibles; et désirant de coopérer, autant qu'il est en lui, à l'heureuse révolution qui se prépare, il va rédiger le présent cahier contenant le vœu de l'assemblée du tiers-état de ladite sénéchaussée, que les députés sont chargés de porter à l'assemblée nationale, avec tous pouvoirs nécessaires pour proposer, remontrer, aviser et consentir tout ce qui peut concerner les besoins de l'État, la réforme des abus, l'établissement d'un ordre fixe et durable dans toutes les parties de l'administration, et la prospérité générale du royaume.

CONSTITUTION.

Art. 1er. Les députés ne sont autorisés à consentir aucun impôt, ni traiter aucuns autres objets:

1° Que la constitution ne soit fixée par des lois immuables, qui conservent l'autorité du prince et les droits de la nation;

2° Que le retour périodique des États généraux ne soit arrêté.

Art. 2. Dans toutes les délibérations des États généraux, les députés des trois ordres voteront en commun, en croisant les voix, qui seront comptées par tête et non par ordre; et s'il était délibéré que les ordres voteraient séparément, et que les trois suffrages ne fussent pas unanimes, les trois ordres se réuniraient, et leurs opinions seraient recueillies par tête.

Art. 3. Dans aucun cas, le tiers-état ne pourra être représenté aux États généraux que par des membres de son ordre.

CLERGÉ.

Art. 4. Les députés du tiers-état sont chargés de demander l'exécution des canons concernant la résidence et la visite des évêques dans leur diocèse.

Art. 5. Suppression de tous les bénéfices en commende, et leurs revenus employés, dans chaque province, à des objets d'utilité publique.

Art. 6. Suppression des bénéfices non sujets à résidence, et réunion des prieurés simples aux cures.

Art. 7. De demander une loi sur le fait des dîmes et prémices, qui tarisse, autant qu'il se pourra, les procès qui s'élèvent à cet égard, en suppliant Sa Majesté et les États généraux de prendre en considération qu'il est de toute justice de fixer une moindre quote en représentation des frais de semence et de culture.

Art. 8. L'abolition de toute espèce de casuel, et l'augmentation des portions congrues jusqu'à 1,200 livres pour les curés, et 600 livres pour les vicaires des petites villes, bourgs et paroisses peuplées de 1,500 habitants ou au-dessous; et de 2,000 livres pour les curés, et 800 livres pour les vicaires des villes et paroisses plus considérables.

Art. 9. L'établissement, dans chaque diocèse, d'une caisse ecclésiastique, dont les fonds soient employés à fournir des pensions aux ecclésiastiques infirmes ou d'un âge trop avancé.

Art. 10. La suppression des maisons religieuses où la conventualité n'est pas observée, et les revenus applicables aux établissements énoncés dans l'article précédent et autres œuvres pieuses,

---

(1) Nous publions ce cahier d'après un manuscrit des *Archives de l'Empire.*

Art. 11. Que les dispenses des mariages ne puissent être demandées à Rome, que sur le refus de l'évêque diocésain et du métropolitain.

Art. 12. Que les cures vacantes soient toutes mises au concours, sans préjudice du droit des patrons laïques, en n'admettant que les seuls gradués à concourir pour celles qui vaqueront dans les mois de grade; et que les juges du concours, sans la présidence de l'évêque, soient librement choisis, pour un temps limité, par tous les bénéficiers du diocèse.

Art. 13. Que les réparations des églises et presbytères soient à la charge des décimateurs.

Art. 14. L'arrondissement des paroisses, et l'érection d'autres dans celles trop étendues et d'un service difficile.

JUSTICE.

Art. 15. De supplier Sa Majesté d'accorder, à des jours déterminés, son audience publique et paternelle, pour recevoir les requêtes et écouter les plaintes de ses sujets.

Art. 16. Que, pour rapprocher les juges des justiciables, il soit établi un tribunal souverain dans chacune des provinces qui seront régies par des États provinciaux particuliers.

Art. 17. L'abolition de la vénalité des offices, à la charge, par chaque province, de rembourser la finance, les cas de vacance avenant par mort ou démission des titulaires.

Art. 18. La suppression de toutes épices, pour les juges, dans tous les tribunaux; et attribution des gages proportionnés à l'importance de leurs fonctions, payables par chaque province aux officiers royaux, et par les seigneurs à leurs juges, tenus à une assiduité rigoureuse, les absents devant en être privés au profit des présents.

Art. 19. La suppression de tous les tribunaux d'exception, sauf des juridictions consulaires; réunion des fonctions des tribunaux supprimés aux juridictions ordinaires, et remboursement effectif de la finance par chaque province.

Art. 20. Que les tribunaux souverains, qu'il plaira au Roi de créer, soient composés de sujets présentés à Sa Majesté par l'assemblée générale des États provinciaux, et choisis parmi les juges ou les avocats de la province qui auront l'exercice ou une postulation honorable de quinze années; et qu'à l'égard des présidiaux l'exercice ou la postulation soit bornée à huit ans; que la même forme soit observée, avenant vacance des offices.

Art. 21. Que, dans toutes les municipalités royales, les officiers municipaux soient autorisés à juger en dernier ressort, jusqu'à la somme de 12 livres dans les matières dont la compétence leur est attribuée.

Art. 22. L'abolition de toute distraction du ressort, et de tout privilège de juridiction, sauf pour la régale et les pairies.

Art. 23. La simplification de la procédure civile; aviser aux moyens de la rendre plus prompte et moins dispendieuse, pour qu'il n'y ait jamais que deux degrés de juridiction, et notamment que les jugements de compétence, prescrits par la déclaration d'août 1777, soient poursuivis et rendus sans aucuns frais; qu'il ne puisse être rien porté, à raison de ce, sous aucun prétexte.

Art. 24. Presser la réformation du code criminel, si désirée depuis longtemps.

Art. 25. Que nul ne puisse être pourvu d'office de notaire, s'il n'est gradué, et ne justifie d'une postulation de six ans au moins, en qualité de clerc dans une étude; et qu'il ne soit reçu qu'après

avoir été examiné et trouvé capable par le tribunal auquel ses provisions seront adressées.

FINANCES.

Art. 26. Le tiers-état, pénétré de cette vérité incontestable que la nation seule peut consentir l'impôt; que tous ceux établis depuis la dernière tenue des États généraux, l'ont été illégalement; que le consentement de la nation n'a pu être suppléé par l'enregistrement dans les cours qui n'ont jamais reçu d'elle aucun pouvoir, charge ses députés de prendre connaissance de la situation des finances, du produit des divers impôts, de leur emploi, de la dette nationale; il les autorise à consentir, d'après cette connaissance de la situation des finances, la partie des impôts qui leur paraîtra devoir être conservée, et même d'en consentir de nouveaux, en représentation de ceux qui seront supprimés, de manière que la somme totale des impositions du tiers-état de cette province, soit diminuée à raison de sa surcharge reconnue; impôts qui ne pourront être perçus que jusqu'à l'époque fixée pour la prochaine tenue des États généraux, et qui cesseront de plein droit à cette époque.

Art. 27. Les députés demanderont expressément qu'il soit enjoint à tous les tribunaux de poursuivre, avec toute la rigueur des lois, comme exacteurs, ceux qui s'ingénieraient en aucune manière, dans la perception d'un impôt qui n'aurait pas été consenti par l'assemblée de la nation.

Art. 28. Que l'emploi du produit des différents impôts soit déterminé par les États généraux, sans pouvoir être interverti.

Art. 29. La comptabilité des ministres envers les États généraux, et leurs comptes rendus publics.

Art. 30. Suppression de tous privilèges pécuniaires, soit personnels, soit réels.

Art. 31. Abolition de tout impôt et de tout rôle distinctif, et notamment du droit de franc-fief.

Art. 32. Suppression de tous droits de marque, d'entrée, de sortie et autres qui gênent la liberté du commerce dans l'intérieur du royaume.

Art. 33. Révocation de l'édit concernant les hypothèques.

Art. 34. Suppression du tarif du contrôle, insinuation des actes et droits réservés des greffes, en conservant néanmoins un droit unique, modéré et uniforme.

Art. 35. Réduction de la formule à un taux modéré, et dispense du parchemin pour tous extraits, comme plus susceptible d'altération.

Art. 36. Suppression entière de la gabelle.

Art. 37. De simplifier la perception de l'impôt, en autorisant les États provinciaux à choisir et employer les voies les plus simples et les plus économiques, soit pour la perception elle-même, soit pour le versement dans le trésor royal.

Art. 38. De supplier Sa Majesté de rentrer dans ses domaines, aliénés ou engagés à titre d'échange ou autrement; et de renvoyer l'adjudication des ventes qui en seront faites à titre incommutable, suivant les formalités, au plus offrant et dernier enchérisseur, devant les États provinciaux des lieux où lesdits domaines se trouveront situés, pour le prix en être employé au payement des dettes de l'État.

Art. 39. De fixer une somme destinée aux pensions et gratifications; laquelle une fois épuisée, il ne puisse plus être accordé que des survivances.

Art. 40. L'égalité de répartition des impôts entre les différentes provinces du royaume; représenter la surcharge énorme de la haute Guienne, et mettre sous les yeux du Roi et de l'assemblée nationale, les preuves qui justifient cette surcharge, et desquelles il résulte que le taux commun de la taille est le cinquième du produit, et que les deux tiers de l'entier produit des fonds de cette province sont absorbés par les impositions directes, sans y comprendre les impositions indirectes.

POLICE GÉNÉRALE ET BIEN PUBLIC.

Art. 41. Etablissement d'Etats provinciaux dans chaque généralité du royaume, dont l'organisation sera fixée par les Etats généraux de la manière la plus convenable aux localités.

Art. 42. Rétablissement de l'élection libre pour les charges municipales. Révocation et suppression des provisions en titre, accordées jusqu'ici avec remboursement de la finance.

Art. 43. Que les comptes des collecteurs des communautés soient communiqués à quatre commissaires au choix des communautés, qui ne soient comptables ni reliquataires; qu'ils soient revisés et impugnés, article par article, par lesdits commissaires, et envoyés avec toutes les pièces à la commission intermédiaire des Etats provinciaux, pour être clôturés sans aucuns frais.

Art. 44. Réformations dans les universités; surveillance sur les études, et création, dans chaque université, d'une chaire de droit public.

Art. 45. De demander une loi qui légitime l'intérêt du prêt à jour, au taux porté par les ordonnances.

Art. 46. Qu'il soit accordé des encouragements à l'agriculture, première source des richesses de l'Etat, et principalement aux nouvelles plantations des bois, objet très-important.

Art. 47. Abolition de toute espèce de droits, connus sous le nom de commun de paix.

Art. 48. Abolition de tout privilége concernant le logement des gens de guerre.

Art. 49. Suppression de la milice en la forme qu'elle est pratiquée, à la charge, par les Etats provinciaux, de faire enrôler, aux frais de la province, le nombre de soldats auquel elle sera taxée.

Art. 50. Suppression des maîtrises, et liberté pour l'exercice de tous arts et métiers.

Art. 51. Révocation des lois qui ont exclu le tiers-état des emplois militaires, des emplois de la marine, et de la maison du Roi; cassation de tous arrêtés et délibérations des cours qui excluent le tiers des charges de magistrature.

Art. 52. Représenter le désir de la province sur l'uniformité des poids, mesures et aunages, dans tout le royaume.

Art. 53. Exécution de l'article 129 de l'ordonnance de 1629, qui rend prescriptible, par le laps de cinq ans, tous arrérages de toute espèce de rentes foncières, loyers, et fermages.

Art. 54. Liberté individuelle des citoyens; suppression des lettres de cachet, sauf les cas précis qui pourront être exceptés par les Etats généraux.

Art. 55. Liberté de la presse.

Art. 56. Demander que les hôpitaux particuliers, et les fondations et distributions d'aumônes des paroisses et communautés, soient réintégrés dans tous les biens réunis aux hôpitaux généraux.

Art. 57. De bannir à jamais toute différence dans les attitudes des députés qui se présenteront devant Sa Majesté, chacun des trois ordres, composés d'hommes libres, de Français, de sujets de Louis XVI, ne devant être autrement distingué que par l'expression de son zèle et de sa fidélité.

Ce sont les vœux que le patriotisme le plus pur a dictés au tiers-état de la sénéchaussée de Rouergue pour le bonheur de la France.

Puissent tous les sujets de Louis XVI sentir l'importance du bienfait dont ils vont jouir!

Un prince accompli, plus sage que Titus, Trajan, et Louis XII, veut briser les fers d'une nation qu'il aime, et dont il est adoré, en élevant, sur une base immuable, des monuments de sa liberté.

Un ministre vertueux et éclairé, que l'estime publique conduit à l'immortalité, que le vœu général a reporté sur les marches du trône, pour le bien qu'il y avait fait, seconde, en ce moment, les désirs du monarque; la raison et la justice président à la régénération du royaume; que d'heureux présages pour le succès!

SÉNÉCHAUSÉE DE VILLENEUVE–DE–BERG.

Nota. Les cahiers du Clergé et du Tiers état ne se trouvent pas aux *Archives de l'Empire.* Nous les faisons re chercher dans l'ancien Vivarais et nous les insérerons ultérieurement si nous parvenons à les découvrir.

LISTE

Des comparants des trois ordres de la sénéchaussée de Villeneuve-de-Berg ou bas Vivarais (1).

Du samedi 28 mars 1789, à neuf heures du matin, MM. les commissaires du clergé qui ont procédé à la vérification des titres et pouvoirs des membres de leur ordre, ayant remis sur le bureau la liste des personnes qui le composent, le secrétaire en a fait lecture, et dans cette liste sont inscrits :

Monseigneur Charles de La Pont de Savines, évêque et comte de Viviers, prince des Douzères et Châteauneuf-du-Rhône, seigneur de la ville du Bourg-Saint-Andéol et autres places, président.

MM. Deydier et Debesses, députés du chapitre de Viviers.

MM. Bonnaud, curé de Saint-Germain ; le même procureur fondé de M. Bonnaud du Cellier.

Le même pour M. Sabeg, curé de Saint-Julien.

Baud, prieur-curé d'Allissas ; le même pour M. Abrias, prieur-curé de Saint-Julien en Saint-Alban.

Rieu, prieur-curé de Saint-Pierrivelle ; le même pour M. Dupré, prieur-curé de Saint-Étienne de Serres ; Labrot, curé de Pabras ; le même pour M. Armandes, prieur-curé de Saint-Cirgues.

Blanc, prieur-curé de Vals ; le même pour M. Enjolas, prieur-curé de d'Aspieze ; le même, pour M. Beaufils, curé d'Entraigues.

Hebrard, curé de Juvinas ; le même pour M. Avon, curé d'Aizac.

Balmèle, curé de Ruons ; le même pour M. Perrier, curé d'Aurables.

Pascal Duclaux, prieur-curé de Saint-Pierre d'Aps ; le même pour M. Rivière de Largue, curé de Bane.

Bonnardel, prieur-curé de Serautres ; le même pour M. Guilhou, curé de Saint-Jean-le-Centenier.

Chambon, curé de Saint-Laurent de Viviers ; de Roudilles, pour M. Berard, curé de Roche ; le même pour M. Marrul, curé de Ivannas ; Chabaud, curé de Saint-Preyt ; le même pour M. Patou, curé de Maniols.

Miallou, curé de Malbos ; le même pour M. Miallou, curé de Saint-Michel-le-Rame ; Daralle, pour M. de Tardieu, curé de Vinezac ; Pavin, curé de Challiers ; le même pour M. Lafont, curé de Prunet, le même pour M. Denant, curé de l'Argentières.

Dom Du Mazel, prieur de Saint-Julien-de-Chateuil en Boutières.

Beaufils, curé de Saint-Laurent-sous-Coiron.

Rascias, prieur-curé de Royas ; le même pour M. Levêque, curé de la Voulte.

Colomb, prieur-curé d'Orniéssels ; le même pour M. de Leune, prieur-curé de Lins ; le même pour M. Causon, curé de Praules.

(1) Nous publions ce document d'après un manuscrit des *Archives de l'Empire.*

Rane, curé de la Blachères ; le même pour M. Guérin, curé de Sallilles ; Clusel, pour M. Chalmeton, prieur de Praules ; Feuillades, pour M. Viviars, curé de Genestelle ; Delilaux, curé de Vallon ; le même pour M. Neyraud, curé de Vagnas ; le même pour M. Debrons, prieur-curé de Saint-Martin d'Arc ; Vaschardes, curé de Sain-Jean de Pontchaiesse ; le même pour M. Levêque, curé de Malane ; Chouvet, curé de Chomerac ; le même pour M. Marchat, curé de Rochelauxe ; le même pour M. Helly, curé de Saint-Vincent de Barrès ; Pascal, prieur-curé de Colombier ; le même pour M. Moulins, curé de Tueys ; le même pour M. Gara, curé de Cros de Géorand ; Meynier, prieur-curé de Gropières ; le même pour M. Boissel, prieur-curé de Sampron ; le même pour M. Chaussy, prieur-curé de Comps-Blanc de Molines, curé du Cheylard ; le même pour M. Reboul, curé d'Accons, le même pour M. Genest, curé de Marziac ; Abrial pour M. Carme, curé de Gard ; Jaumes, curé de Larnas ; le même pour M. Jaumes, prieur-curé de Bessas ; Pagès, prieur-curé de Ribet ; le même pour M. Milhon, curé de Cruas : Debesses, pour M. l'archevêque de Vienne, prieur de Thueys ; le prieur de Burzet ; Dullau, pour M. Tessier, prieur de Villeneuve de Berg ; Saladin, curé de Privas ; le même pour M. Blachères, prieur-curé de Pourchères ; Priussard, curé de Gap ; le même pour M. Vacher, prieur-curé d'Issamolin ; de Surville, prieur de Pont ; Champanhel, prieur-curé de Saint-Clerge-Laserre ; de Leuze, curé de Saint-André-les-Champs ; le même pour M. de Guilhou, prieur-curé de Saint-Simphorien ; Barre, pour M. Liabeuf, secondaire perpétuel d'Aubenas ; le même pour M. Barrial, prieur-curé de Saint-Étienne de Ludarès ; Espin, pour M. Arnoult, prieur de Vessaux ; Deleut, pour M. Laladel, curé de Reil et de Melas ; Bouchon, curé de Prades ; le même pour M. Bardin, prieur-curé de Concoulles ; Roux, curé de Pressinet ; le même pour M. Cholvy, prieur-curé de Saint-Étienne de Boulogne ; de Sagès, curé d'Ailton ; le même pour M. Gardel, prieur-curé de la Veyrane ; Viviou, curé de Saint-Pont ; le même pour M. Baradoux, curé d'Aubignas ; de Roqueplanne, prieur-curé de Sablières ; le même pour M. Delaforest, prieur-curé d'Allions ; Gaucheraud, pour M. Bougiraud, prieur-curé de Borne ; Deleut, curé de Rochemaure ; le même pour M. Blachère, curé de Meisse ; Champanhel, prieur-curé de Saint-Pierre-Laroche ; le même pour M. Bermondès, curé de Saint-Martin-l'Inférieur ; le même pour M. Roux, curé de Saint-Martin-Supérieur ; Testard, curé de Ronpon ; le même pour M. Blachères, prieur-curé de Plaviac ; le même pour M. Imbert, curé de Creissac ; Bouchon, curé de Prades ; le même pour M. Blachère, curé commun de Chazeaux ; Palion, curé de Saint-Genest-la-Champ ; le même pour M. Lofont, curé de Meyras ; Janssonin pour M. Sourdin, curé de Mermer ; le même pour M. Hilaire, curé d'Uzéc ; Balazin, curé de Saint-Jean de Viviers ; Meigron, prieur-curé de

Saint-Alban; le même pour M. Allègre, prieur-curé de la Bastide-de-Virac; Jossouin, curé de Saint-Privat; le même pour M. Planche, curé de Turier ; Avias, curé de Jaujac; le même pour M. Valotte, prieur-curé de Saint-Laurent des Bains; Blanc, curé de Sanilhac; le même pour M. Deschanels, prieur-curé de Crouzy; Toulouse, curé de Saugères ; le même pour M. Combier, curé de Pouzin ; Turc, curé de Vessaux ; le même pour M. Tournayre, prieur-curé de Boulogne ; Turc, pour M. Agrel, prieur-curé de Lachamp-Rafait; Vernet, curé de Saint-Sernin; le même pour M. de la Motte, curé d'Aubenas ; de Rochelauve, curé de Saint-Genest de Beauzon ; le même pour M. Nogier, curé de Balazin ; Blachère, prieur-curé de Saint-Pierre-le-Vieux ; Blachère, curé de Saint-Étienne de Pont-Bellon ; Richard, pour M. Clauzier, curé de Vogné ; Philpot, curé de Lussas ; André, prieur-curé de Beaumont ; le même pour M. Sevenier, prieur-curé de Valgorge ; Blanc, prieur-curé de Montsègue ; le même pour M. Ville, prieur-curé de la Figère ; Blachère, prieur-curé de Saint-Michel du Bourg-Saint-Andéol; le même pour M. Chaussy, prieur de Coulignac; Jalade, curé de Goudon, secrétaire du clergé; le même pour M. le curé de Veyras; le même pour M. le prieur-curé de Mézilliac ; Doumain, curé de Villeneuve de Berg; Boillin, prieur-curé de Saint-Deidier; Jollonin, pour M. Roger, curé de Saint-Jullien ; Roux, curé de Pressinet; d'Argoux, prieur-curé d'Arbres ; Aymes, prieur-curé de la Baume ; Bonnet, curé de Thines; Roux, pour M. Amblard, curé de Saint-Genest en Coiron; Toulouze, curé de Baix ; Roux, curé de Saint-Maurice-Tertin ; Chambon , curé de la Ville-Dieu; Bernard de Saint-Arcons, pour M. Lagardette, prieur-curé de Saint-Sauveur ; le même pour M. l'abbé de Cruas; Richard, prieur-curé d'Ayon; Vermale, curé de Lager ; Bathail, curé de Saint-Montant; Maisonneuve , curé de Joyeuse; Marion, curé de Saint-Andéol de Berg; Bruyeron, curé de Saint-André de Mytrois ; Cluzel, prieur de la Chapelle-Graillouse; Meynier, curé de Salvignère ; Marconnès, curé de Donnac ; Blachère, prieur-curé de Peizac; Chalvet, prieur-curé de Melamy ; Bruchet, curé de la Souche; Durand, curé de Mayères; Peyronnet, curé de Saint-Andéol de Fourchades; Vincent, curé de la Grosne ; Bernard Duclaux, pour M. de Laurac, prieur de Roches; Roche, prieur-curé de Laurac; de Brès, curé de Gras; Meyreney, curé de Roche-Colomb; Roche, curé de Burzet; Boillin, pour M. le curé de la Chapelle ; Du Rocher, curé de Rozières et Vernon ; Dubois, curé de Saint-Remezy ; Louyrion, curé de Saint-Thomé ; Roux, prieur-curé de Coux; Rousy, prieur-curé de Saint-Bauzile ; Roux, prieur-curé de Saint-Custol ; le même pour M. Vosse , prieur-curé de Saint-Barthélemy-le-Meil ; de Fagès , curé de Saint-Martin d'Aps; Fouillès, curé de Berzemes; de Lissac, curé de Saint-Maurice d'Hibie; Meygron, pour M. le prieur d'Ucel; Saboul, curé d'Ucel; Faure, curé de Mirabel ; Saladin, prieur de Saint-Marcel-Bernis ; Balazin, pour M. le prieur de Saint-Andéol de Fourchade; Malosse, prieur-curé de Niègles ; Seguin, curé de Montpezat ; de Caderousse, prieur-curé de Saint-Just ; Malosse, pour M. le curé de Saint-Polycarpe du Bourg-Saint-Andéol ; Meirmeys, pour M. le curé de Salavas; Roche, pour M. Bellon, prieur-curé de Saigue; Raulas, pour M. Destrey, prieur-curé de Saint-Vincent de Durefort ; Vincent, curé de Pradon ; le même pour M. Bolze, curé de Chauzon; Gouton, chapelain à Saint-Pont; Debrest, chapelain à Villeneuve de Berg; de Tavernat, chapelain à Saint-Martin-le-Supérieur ;

Barre , chapelain à Saint-Andéol ; Espin, recteur des chapelles de l'Aubenières, etc. ; dom Fournier, sacristain de Ruons; Deydier, pour M. Moinier, chapelain à Aubenas; Bathail, pour M. Desolmes, chapelain à Berthelauve, Richard, pour M. Richard, recteur de la chapelle de Notre-Dame de Bon-Secours; André, pour M. Esperton, chapelain au Gros de Jovraud; Roche, pour M. Chabaud, chapelain à Laurac; Bruchet, pour M. Lissignol, chapelain à Aubenas; Vernet, pour M. de Rouville, chapelain à Aubenas; Esprit, pour M. d'Artempdes, chapelain à Aubenas; Duttaut, pour M. Darlis, chapelain de Colombier ; de Sages , pour M. Maurin, chapelain à Roqua ; Gaucheraud, chapelain à Saint-Jean-Centenier.

MM. Duttaut, député des habitants de Villeneuve-de-Berg.

Jessoniens , député des habitués à Saint-Privat.

MM. Le député des moines de l'abbaye de Chambons.

Le député des frères Prêcheurs d'Aubenas.

Le député des Grands-Augustins de la Voulte.

De Rochemeure, procureur fondé des Chartreux de Bonnefoy.

Le député des Cordeliers d'Aubenas.

MM. Champanhet, député des dames de Sainte-Ursule du Bourg-Saint-Andéol.

Balazin, député de Saint-Benoît d'Aubenas.

D'Aubignac, député des dames religieuses de Pradelles.

De Roqueplanne , député de celles de l'Argentières.

Ollivier, député de celles de Viviers.

D'Aubignac , député de celles de la Visitation du bourg d'Andéol.

Signé Barruel , président ; Heyraud, secrétaire.

MM. Les commissaires de la noblesse ayant aussi procédé à la vérification des titres et pouvoirs des membres de leur ordre, ils en ont dressé le tableau, duquel nous avons fait faire lecture par le secrétaire de l'assemblée, et dans lequel sont inscrits :

MM. Louis-François, comte de Balzam, chevalier, seigneur de Chomerac et plusieurs places, chevalier de Saint-Louis, président.

Louis-Charles de Merle, chevalier, baron de la Gone, comte de Vallon.

Louis-Hyacinthe de Mailhau, chevalier, comte dudit lieu, capitaine commandant des grenadiers du régiment de Champagne, chevalier de Saint-Louis.

Jacques-Joseph de Guyhon de Geyx de Pampelonne, baron dudit lieu, capitaine commandant du corps royal d'artillerie, chevalier de Saint-Louis.

Henri-Jean-François de Marchat , chevalier , baron de Jeaunas, seigneur du Rochet et Truebols, coseigneur de Saint-Pierreville.

Louis-Joseph de Lagarde, baron de la Garde, seigneur des Pouyols, capitaine d'infanterie, chevalier de Saint-Louis.

Jean-Agathange de Digoine, chevalier, seigneur de Bel de Chantel, ancien capitaine d'infanterie au régiment de Penthièvre, chevalier de Saint-Louis.

Paul-Jean-Baptiste-Charles Sabatier, seigneur de la Chadenèdes, syndic du pays de Nivarais.

Simon-Pierre de Tavernols, lieutenant au corps royal d'Artillerie.

Louis-Joseph de Jullien, vicomte de Virezac, chevalier, seigneur du Pin de la Valette, ancien officier d'infanterie, chevalier de Saint-Lazare.

· Emmanuel-Henri-Louis-Alexandre de Launay, chevalier, comte d'Entraigues, seigneur de Jaujac, l'Artouche et plusieurs autres places, l'un des secrétaires de la noblesse.

Jean-Antoine Deblon, chevalier, comte de Blon, lieutenant-colonel d'infanterie, chevalier de Saint-Louis.

Louis-François de Marquet, ancien capitaine de cavalerie, chevalier de Saint-Louis, procureur fondé.

Louis Duffault, chevalier de Saint-Montant, capitaine au corps royal du génie.

Jean-André Malmazet de Saint-Andéol, garde du corps du Roi.

Gabriel Vimenty de Moussegny, seigneur de Séantes.

Joseph-François de Valeton, ancien major d'infanterie, chevalier de Saint-Louis.

Jean-Baptiste de la Pimpré de Granoux, écuyer, seigneur de Granoux et de Saint-Laget.

Louis de Gouste de Vissac ; François-Antoine de Lautsanet, ancien major d'infanterie, chevalier de Saint-Louis.

Louis-Xavier de Banne, écuyer, capitaine-commandant au régiment de Royal-vaisseaux.

Jacques-Joseph Guyon, chevalier de Pampelonne, capitaine à la suite de l'infanterie.

Cerde-François-Melchior de Vogué, chevalier, comte de Vogué, marquis d'Aubenas, Montlode et plusieurs autres places, maréchal des camps et armées du Roi, gouverneur de Montmédy.

François Ruelle, écuyer ; Joseph-Charles-François de Fauzet de Labrias, seigneur de Cros, coseigneur de Genestelle.

Charles-Simon-Claude Bernard, écuyer, seigneur de Saint-Arcons.

Joseph-Rene Bernard de Saint-Lazaire, écuyer, lieutenant au régiment de Barrois.

Jacques de Menoirol de Beaulieu, chevalier, seigneur de Saint-Thomé, maréchal des camps et armées du Roi.

François-Guillaume-Barthélemy Laforest, seigneur de Chassagnes.

Louis - François - Eustache - Achille de Saint-Etienne de Borne de Saint-Sernin, chevalier, capitaine au régiment de Normandie ; Antoine Blanc de Molines, seigneur de la Blache.

Christophe de la Motte de Chalendas, écuyer, seigneur de Saint-Laurent.

Marie-Jean-Antoine-Augustin de la Selve du Pin, écuyer, lieutenant au régiment de Lyonnais ; Alexandre Ladreyt de la Charrière, écuyer.

Joseph Richard, seigneur de Baumefort et de Saint-Alban, chevalier de Saint-Louis, garde du corps du Roi ; Henri-Jean, comte de Champigny d'Essencourt, capitaine d'infanterie, chevalier de Saint-Louis.

Jacques de Chantel du Besset, écuyer ; Jean-Louis Dalamel de Bournet.

Joseph-Louis Rabaniol de la Boissière, avocat général au parlement du Dauphiné.

Jean-Baptiste de Chanaleilles, baron de la Sommés ; Marie-Henri Maillonnier de Châteauvieux ; Jacques-François de la Valette Chabriol, procureur fondé.   ·lı

Jean-François de Mereuze, écuyer, seigneur de Rochelanne ; Antoine - Augustin - François - Régis d'Arlempdes de Mirabel, marquis dudit lieu Labannes et autres places ; Louis-Melchior de Sarcis, écuyer ; Charles-René du Bénéfice, chevalier, baron du Cheylas, seigneur de Freyssinet, Saint-Bauzille en Barrés et autres places ; Antoine-Simon de Piolène, écuyer, capitaine d'infanterie, chevalier de Saint-Louis ; Jean-Antoine d'Hilaire

de Toulon dé Saint-Jailles, chevalier, comte de Joviac, maréchal des camps et armées du Roi ; Alexandre-François d'Hilaire de Joviac, chevalier; Jacques d'Hilaire de Joviac, chevalier, vicomte dudit lieu ; Dominique-Bathazar d'Hilaire-Joviac , écuyer ; Jean-Baptiste d'Hilaire-Joviac, écuyer ; Louis-Annet-Marie de Tremotel, seigneur de la Cheyssière.

Philibert-Hilaire-Gabriel de Saint-Priest de Châteauneuf, garde du corps du Roi.

Antoine de Barruel, écuyer, seigneur de la Roche-Chery, Chaix, coseigneur de Saint-Pont, secrétaire du Roi honoraire ; Louis de Barras de la Peyne, écuyer.

Jean-Philippe Tardy de la Brochy, écuyer ; Jean-Antoine-Victor Vergége du Mazel.

Laurent-Gilbert Delpuech de Charmonte; François-Esprit de Pagès de la Champ ; Antoine-François Benoît, chevalier, comte de Colonne, ancien capitaine de dragons, chevalier de Saint-Louis ; Jean-Bernardy ; Jean-Louis-André-Clément de Pagès, chevalier de la Vernède ; Antoine-Jacques-Louis Rochier ; Joseph-François d'Almeras de Brest, seigneur dudit lieu, coseigneur de Peyrac ; Joseph-Louis de Merle, chevalier des Barrons de Lagone , seigneur de Larmas , et autres lieux, capitaine d'infanterie, chevalier de Saint-Louis.

Et d'après la vérification que nous avons faite nous-mêmes des lettres et pouvoirs des membres du tiers-état, il s'est trouvé composé de :

La ville de Villeneuve-de-Berg.

MM. Charles-François Genton, maître particulier des eaux et forêts ; Jean-Louis de Lière, procureur du Roi en la sénéchaussée ; Michel-Henri-Abrial d'Issas, conseiller en la sénéchaussée ; Pierre-François Lejeune, procureur du Roi de l'hôtel de ville.

La ville de Viviers.

MM. Paul-Hilaire Cluzel, premier consul, maire ; Jean-François Serguier, second consul ; Simon Pinchemier, maître en pharmacie, Jacques-Charles-Dominique Faure de Valmont, écuyer, seigneur de la Boilonade.

La ville du Bourg-Saint-Andéol et Cousignac.

MM. Noé Joseph Madier de Montvau, premier consul, maire ; Jacques-Louis de Blidentés Rouchon, conseiller en la sénéchaussée ; Etienne Madier de Saint-Montant, docteur en médecine ; Augustin Pontal, négociant en gros ; Mathieu Giraud, négociant en gros ; Pierre Chanet, notaire.

La ville d'Aubenas (1).

Jean-Pierre Dumas, juge ; Joseph-Benoît Dalmas, avocat au parlement ; Jean-Paul de Lichères, avocat au parlement ; Charles-Dominique Roussel, aussi avocat.

La ville de l'Argentières.

Jacques-Alexandre Rouvières du Colombier, bourgeois ; Louis-Michel Plane, avocat au parlement ; Louis-Annet Gasque de Combe, médecin ; Louis-Hyacinthe Pavin, médecin.

La ville de la Voulte.

Jean-Baptiste Roche-Pontneuve , avocat ; Antoine Grégoire, premier consul ; Jean-Jacques

(1) Mermet, Saint-Etienne de Fontbelone et Saint-Pierre-le-Vieux, ne formant qu'un même mandement

Tast, chevalier de Saint-Louis, juge; Sabatier, bourgeois.

La ville de Montperat.

Jean-Pierre Beraud, maire et premier consul; Jean-François Tessier la Motte, avocat en parlement; Antoine Laplanche de la Valette, bourgeois; Jacques-Constantin Levastre, avocat.

La ville de Pouzin.

Louis Manon, juge; Antoine Niet, maire; Louis-René Biousse, juge de paix; Louis Danioux, négociant.

La ville de Privas.

Charles-André Rassonnier Deseros, premier consul, maire; Jacques-Etienne Regard, négociant; Girard, baron de Montfoy, bourgeois; Jacques Michel, avocat en parlement.

La ville de Rochemaure.

Jacques-Laurent Senoulhet, second consul; Claude-François Privat, avocat en parlement; Jacques Saulouzet, avocat; Jacques-Antoine Du Verdier, procureur fondé.

La ville du Cheylard.

Jean-Louis Sanial du Fay, premier consul, maire; Paul Vernhes, bourgeois; Louis Lafont, second consul; Louis de Chabannes, bourgeois.

Aps. — François Freschon, secrétaire, greffier; François de Paule Pichot de Lespinasse, avocat.

Alissas. — René Bautheac, ménager; Julien-François Benoît, négociant.

Ayou. — Jean Monnier, premier consul; Jacques Gamanel, absent.

Arcens. — Jean-Claude Soulier, notaire; Pierre Pigot, ménager.

Arric. — Jean-André Saleon, avocat en parlement; Jean-Baptiste Davenas, bourgeois.

Aubignas. — Jean Lafont, ménager, Claude-Vincent La Chave, ménager.

Ailhon et Lentilhères. — François Chabert, consul; Jean-Louis Dumas, négociant.

Antraigues. — André Mazon, avocat en parlement; Claude Gleizac, avocat; Joseph Garmond, notaire; Jean-Louis Vignes, notaire.

Asperroc. — Antoine Vidal, premier consul; Antoine Meyssonier, féodiste.

Aurnolle et la Baume. — Chabaud, notaire; Perbots, consul.

Saint-Andéol-de-Berg. — Jean-Joseph Aymard, juge; Antoine Soubeyrand, premier consul.

Saint-Andéol-de-Pourchade. — Jacques-Antoine Ferraud, juge; Joseph Mathou, bourgeois.

Saint-Andre-la-Champ. — Jean Fouchères, ménager; André Pedet-Antie, ménager.

Alban-sous-Sampron. — Jean Chalvet, consul; Jacques Marron, avocat.

Saint-Andéol de Bourlènes. — Jean-Pierre Lacrotte, ménager; Jean Deloly, ménager; Jean Lacrotte, ménager.

Baix. — Charles Vincent, avocat en parlement; Louis-René Biousse, juge.

Berrème. — Jean-Baptiste-Louis Vacher, conseiller en la sénéchaussée; Jean-Pierre Marmas de Chaix, ménager.

Beaumont. — Joseph Rogier, premier consul; ean Vachaldes, ménager.

Brahic. — Joseph Froment, ménager; Joseph Clapier, ménager.

Banne. — Louis Baille, premier consul; Jean-Antoine Nadal, second consul; Jean Anzolans, troisième consul; Jean Teillet, ménager.

Balazuc. — Jean Bouchet, avocat et notaire; Antoine Tardevin, bourgeois.

Bidon. — François Salel, ménager; Philippe Taillaud, ménager.

Bessas. — Antoine Dusel, premier consul; Joseph Chyres, ménager.

Burzet. — Jean Moulin, avocat; Jean-Pierre Arnaud, avocat; Jean-Baptiste-Paul Moulin, avocat; Jean-Paul-François Gamond, notaire; Pierre Andras, ménager; Paul de Borne; Pierre Boursès, consul; Ambroise Vezoulles, absent.

Saint-Bauzille. — Jacques-François-Xavier Teulle, négociant; Joseph Guilhou, ménager.

Saint-Barthélcmy-le-Mel. — Jean-Pierre-Joseph Bouhillac, consul; Jean-Pierre Dupré, greffier consulaire.

Saint-Michel de Boulogne. — Pierre Tantelle Preusac du Cros, avocat en parlement; Jacques Mamin, avocat.

Boulogne de Saint-Etienne. — Jean-Antoine Pinchard, notaire.

La Bastide-le-Virac. — Jean Pradier, féodiste; Louis-Thomas Thomas, consul.

Bressac. — Jean Montusclat, consul; François Choinet, ménager.

La Boulle. — Jean-Antoine Coste, ménager; François Pétaud, ménager.

Concoure et Montlor. — Claude Engelras; Jean-Baptiste Chaudet, ménager; Etienne Guérin, absent; Pierre Engelras, absent.

Chapelle-la-Grailleure. — Jean-Baptiste Agreil, bourgeois; Jean Roudil, ménager.

Saint-Cirgues en Montagnes-les-Epreviers. — Jean-Louis Levaste, consul; Antoine Teyllier, ménager.

Comps et Grospières. — Jean-François Bastide, conseiller en la sénéchaussée; Marc Boissin, bourgeois.

Creissac. — Jean-Pierre Bouchet, consul; Jean-Jacques Rast, chevalier de Saint-Louis.

Coux-Lublhac. — Pierre-Simon Defrance, avocat en parlement; Jean-Pierre Moze-Baltif de Boulogne; Clair Durand, négociant.

Chadenac. — Louis-René Faure-Pontanier, avocat en parlement; Gabriel Arzalier, second consul.

Chassies. — Louis Brun, expert.

Courry. — André Rivières, consul.

Chauzon. — Joseph Marcel, consul; Jacques Bouchet, négociant.

Creisselles. — Antoine Durand, ménager.

Chareaux. — Paul Pinède, consul; Jean-Pierre Charrières, ménager.

Chaumerac. — Joseph-Louis Grel de la Molière, juge; Jacques Grel, premier consul; Henri Predouin du Bénéfice; Charles-Etienne Bouviers, négociant.

Saint-Pierre-de-Colombier. — Jean-Claude-Armand de Praneuf, bourgeois; François Bonnard, ménager.

Cruas — Jean-François-Régis Verger, bourgeois; Honoré Bouvieu des Plans, bourgeois.

Le Cros. — Pierre Chiffe de Doulay, ménager.

Saint-Cierge-la-Serre. — Jean Teyssonnier, juge; Etienne-Esprit Gratiaut; François de Salées-Lapize; Combe Rozier.

Saint-Cirgues de Bauyac. — Pierre-Jean-Dominique Vigniers fils, avocat; Jacques-Philippe-Bernard Fabre, avocat.

Saint-Cristol. — Claude-Joseph Ducros, avocat; Alexandre Pabeau, bourgeois.

Dornas. — Ignace Courtial, consul; Jean-François Cotta, bourgeois.

D'Arbres. — Antoine Lemouthel, ménager; Jean Gouys, ménager.

Donnax. — Pierre Bolze, ménager.

Saint-Vincent-de-Durfort. — Jean-Jacques-Zacharie Salées-Lapize, avocat; Jacques Rames laboureur.

Saint-Deydier. — Joseph-Louis Cornusele, avocat en parlement; Jean-Louis Boyer, négociant.

Saint-Etienne-de-Serres. — Marc Giraud, ménager; Louis Meyssonnier, ménager.

Faugeres. — Jean Tourel, greffier consulaire; Jean Paladel, ménager.

Freyssinet. — Barthélemy-Louis Dubois, négociant; Paul Cros, premier consul.

Flaviac. — Jean-Pierre Blanc, négociant; Simon Blanc, laboureur.

Fabras. — Etienne Jouve Villard, bourgeois; Jean-Louis Duplan, ménager.

Mus-des-Fonds. — Noé Roudil, négociant.

Sainte-Marguerite-la-Fougères. — François-Joseph Balmette, avocat; Jean-Etienne Bouchon, bourgeois.

Gondo-let. — Michel Saurel, greffier consulaire, absent; Jean-Louis Vialle, ménager, absent.

Gourdon. — Jean-Pierre Guérin, notaire; Jean-Pierre Monier, greffier consulaire.

Gux. — Vincent Dufour, féodiste; Jacques Roussin, ménager.

Gras et Saint-Vincent. — Louis Desserres, ménager; Jean-Antoine Perrier, ménager.

Le Gard. — Jean Raoux, ménager; Pierre Raoux, ménager, absent.

Glairas. — Pierre Salomon, juge des Boutières; Jacques-Maailles-Desplos premier consul; Jacques, René Vernhes des Boubnols, bourgeois; Jacques-d'Hautteville de Sulis, bourgeois, absent; Jacques de Larbres, bourgeois, absent; Jean Mercier du Moulin, absent.

Genestelle. — François Gleizal, bourgeois; François Chastellières, féodiste; Claude Sage, féodiste; François Galand, ménager.

Saint-Genest et Montbrun. — François-Alexandre Bernard, avocat en parlement; Henri Chambon, ménager.

Saint-Genest-la-Champ. — Honoré Ferrand la Combe, avocat; Jacques Chazatel, premier consul.

Saint Germain. — Etienne Helly, bourgeois; Jean-Louis Raoux, ménager.

Saint-Genest de Bauron. — Jean-François Chamtel, greffier consulaire; Jean-Etienne Chamtel, ménager.

Must des Hubas. — Jacques-Antoine-Vincent Du Champ, bourgeois; Nicolas Rieu, ménager.

Jauyac. — Pierre Dubois Maurin, doyen des conseillers de la sénéchaussée; Jean-Pierre Vignier, avocat en parlement; Aimé Monteil, avocat en parlement; Jean-Baptiste Cholvy, bourgeois.

Juvinas. — Joseph Ponchet, premier consul; André Dufaut, ménager; Claude Goutier, ménager.

Joannas. — Baptiste Domas, greffier consulaire; Jean-Baptiste de Broas, négociant.

Issamoulin. — Claude-Armand Coste, négociant; Jean-Louis Descourt, bourgeois.

Saint-Jean-Centenier. — Etienne Guilhou, négociant; Jean-Baptiste Bonnet, bourgeois.

Saint-Julien-sous-Saint-Alban. — Jean-Charles Margues, ménager; Paul Payau, bourgeois.

Saint-Just d'Ardèche. — Antoine Roubaud, premier consul; Jean Robert, bourgeois.

Saint-Julien de Serres. — Jean-Antoine Galimaud, bourgeois; Jean-Baptiste Gravier, bourgeois.

Issarles. — Claude Alix, consul.

Lussas et Saint-Laurent. — Alexis-Xavier Laurent; Louis Vacher Rigaud, avocat, Pierre Puzolas, avocat.

Lagorce. — Henri Fontbonne, greffier consulaire; Paul Edin Boisson, ménager; Jacques Tourre, bourgeois, absent.

Lablachère. — Louis Gervaux, premier consul; Jean Bessel, second consul; Jean-Antoine Ribière, avocat; François Bonnauze, ménager.

La Chapelle-sous-Aubenas, — Jacques Doize, consul; Pierre Chambon, greffier consulaire.

Laurac. — Antoine Prévôt, bourgeois; Joseph-Louis Meynier, bourgeois.

La Champ-Rafael. — Jean-Pierre Bonhomme, premier consul; Pierre Baconnier, ménager.

Loubaresse. — Jean-Pierre Goly, ménager.

Larnas. — Antoine Dupré, ménager; Reizenc Chenivesse, ménager.

Saint-Lager. — Jean-Charles Charron, consul; Jean-Pierre Caimpertève.

Saint-Laurent des Bains. — Hyacinthe Bardin, bourgeois; Pierre Gilles, ménager.

Saint Etienne de Landarès — Joseph-Louis Palhon-Laribes, avocat; Jean Merle, ménager, absent.

Mairès. — Etienne Prévôt, premier consul; Jean-Louis Brunot; Rousset, avocat; Pons Deligun, bourgeois; Antoine Pantu, bourgeois.

Monselgues. — Jean Almeras, ménager; Claude Maliés, ménager, absent.

Meyras. — Joseph-Benoît-Dominique Desportes, bourgeois; Joseph Avias, avocat; Louis-Eustache Dautsegmes, avocat; Jean-François Lanette, bourgeois.

Marcol. — Pierre Lafont Gerlaud, avocat; Jacques-Salomon Colombier, avocat; Henri Challon, consul.

Malarse. — Jean Reymond, premier consul; Joseph Roche, ménager.

Mirabel. — Jean-François Regis, avocat; Simon-François-Régis Reymond, féodiste.

Meisse. — André-Alexandre Courty, consul; Jean-François Jullien, négociant.

Merillac. — François-Bernard Lafont, négociant; Jean Ville, premier consul.

Monréal. — Louis Blachère de Ramcourbier; Pierre Balazuc, consul.

Malbose. — Louis Pagès, bourgeois; Mathieu Chartanier, ménager.

Saint-Martin-le-Supérieur. — Jean-Baptiste Chabaud, notaire; Jacques Tourel, consul.

Saint-Montant. — Mathieu Laurent, bourgeois; Etienne Lacomb, consul; Antoine Guilhou, bourgeois.

Saint-Martin-l'Inférieur. — Claude-Louis Roux, ménager; Julien Guilhou, ménager.

Saint-Michel de Rance. — Joseph-Alexandre-Toussaint de Coulagnet; Joseph-Louis-Alexandre Dufour, ménager.

Saint-Melany. — Jean Leynaud, ménager; Jean Bonet, ménager.

Saint-Maurice, Terlin et Lanas. — Barthélemy Meynier, notaire; Etienne Moinier, notaire.

Saint-Marcel de Bernis. — Pierre-Joseph Boissin, juge; Joseph Maulary, lieutenant et juge; Jean-Louis-Vincent Veyrem, notaire; Henri-Dominique Chaumasson, bourgeois.

Saint-Martin d'Arc. — Jean Tourre, ménager; noble Louis Habruan Charmasson, premier consul.

Saint-Maurice d'Hibie. — Ambroise Delauzun, premier consul; Pierre Ozil, ménager.

Maran-bas-Mandement. — Jean Ceste, ménager; Jean-Baptiste Jourdan, ménager.

Nieigles. — Louis Vacher, bourgeois; Alexis Ribal Clot, ménager.

Pradou. — Joseph Bouchet, négociant ; Antoine Chabachut, ménager.

Puirac. — Jean Charand, avocat ; François-Clément Garilhe, avocat.

Praules. — Louis Terron, ménager ; Louis Sagnes, ménager ; André Estieulle, ménager ; Louis Jallat, notaire.

Prades. — Jean-Pierre-Labrot Brouille, bourgeois ; François Dussons, bourgeois.

Prunet. — Chance Dubois, ménager ; André Saboul, ménager.

Pourchères. — Pierre-Paul-Joseph Bac, avocat ; Pierre Coing, ménager.

Plauzolles. — Jean-Christophe Dussanges, seigneur dudit lieu ; Guillaume Joussouin, ménager.

Saint-Pierreville. — Jean-Louis Lacombes Chabal, avocat et notaire ; François-Ignace Reymondon, avocat ; Jean-Pierre-Garen Lacombe, bourgeois.

Le Plan près Saint-Laurent-des-Bains. — Hyacinthe Bardin, greffier consulaire.

Saint-Privat. — Jean-Hilaire Marmarot, avocat ; Pierre Marmarot, consul.

Saint-Pierre Laroche. — Jacques Guilhou, ménager.

Saint-Priest. — Jean-Etienne Faure, avocat ; Jacques Gouguard, ménager.

Saint-Jean de Pourcharesse. — Jean Bombal, ménager ; Pierre Rome, ménager.

Saint-Pons. — Jacques Reboul, bourgeois ; Jean Antoine Mayozer, bourgeois.

Ruons. — Jean-Baptiste Tame-Dechaussy, bourgeois ; Jacques Chamoutin, greffier consulaire.

Roche-Colombe et *Sauve-Plantade.* — François Gay, ménager ; Etienne Leyrès, ménager.

Ribes. — Pierre de Gargne, juge ; Jacques Payau, négociant.

Rochessauve. — Pierre Meallares, ménager ; Louis Battreac, ménager.

Roches. — Henry Dehaudy, chirurgien ; Pierre Debroas, ménager.

Rozieres-bas-Baubiac. — Pierre Gasque, juge ; Jean Coste, notaire.

Rompon. — Isaac-Elisée-Marquet de Paumier, avocat ; Nicolas-Antoine Blanchon, avocat.

Royas. — Jean Menet, avocat ; Jean-Antoine Gully, absent.

Leroux près Montpezat. — Jean Vallier, consul ; Jean-Pierre Codène, ménager.

Rocher-Bribenols. — Mathieu Monsenet, ménager ; Jean Dours, ménager.

Saint-Remèze. — Jean-Antoine Charmasson, greffier consulaire.

Saint-Sauveur-de-Montagut. — Jean-Pierre Roy, bourgeois ; René Fougerol, bourgeois.

Saint-Symphorien. — Pierre Besse, consul ; Paul Scruschlat, ménager.

Saint-Sernin. — Jean-André Esprit, avocat ; Jacques-Etienne Radal, ménager.

Sanilhac. — Henri Duclome, bourgeois ; Jean-Pierre Bastide, ménager.

Saremeyeane. — Louis Tourrel, laboureur.

Sablières. — Jean Sallel, ménager ; François Bourge, ménager ; Antoine Prat, consul.

Sallelles. — François-Clément Charaix, bourgeois ; Joseph Boissin, ménager.

Sampzon. — Antoine-Pellier de Sampzon ; Antoine Saroulhet, ménager.

Salavas. — N'a envoyé aucun député.

Sceantres. — Etienne Meallares, bourgeois ; Antoine Laville, bourgeois.

Saignes. — Claude Pailès, ménager ; Louis Chamyre, absent.

La Souche. — Jean-Louis Rieu-Lacombes, bourgeois ; Alexis Clolvy, féodiste ; André Etienne, ménager.

Tauret. — Jean Suchet, consul.

Thines. — Jean-Antoine Comte, consul ; Pierre Boyer, ménager.

Thueys et *Serrecourt.* — Paul Durand, juge ; Marie-Régis Roux, consul.

Teil et *Melas.* — Pierre-Romuald Mallis Cuchet, bourgeois ; Claude-Hector Grinolle, bourgeois ; Jean-Louis Vernet, ménager.

Le Travers près Saint-Laurent des Bains. — Pierre Barbout, ménager.

Saint-Thomé. — Louis Imbert, consul ; Jacques Delauzun, négociant.

Tournon et Lias. — Charles-Roger Deliviers, bourgeois ; Paul-Claude Guimabert, juge de Privas.

Lavaldaurelle. — Jean Talagran, second consul ; Louis Blanc, greffier consulaire ; absent.

Saint-Vincent de Barrès. — Joseph-Hyacinthe Faure, ménager ; Noé-François Descourt, ménager.

Ucel. — Louis-Joseph Duclaux, avocat ; François Vacher, consul.

La Villedieu. — Etienne Heyraud, expert ; Claude Constant, ménager.

Vesseaux. — Jean-Baptiste Dumas, avocat ; Louis Vacher, bourgeois ; L. Regnier, second consul.

Vogué. — Louis Dupuy, premier consul ; François Gauvet, second consul.

Veyras. — Alexandre Ladreyt, bourgeois ; Jean Duffaut, consul.

Vinezac. — Etienne Blacheu, négociant ; Claude Pinède, négociant.

Vallon. — François Puaux, chirurgien ; Jean-Jacques Corbier, négociant ; Louis Valadier-Lacombe, avocat, absent ; André Groge, premier consul, absent.

Valgorge. — Joseph Jouve, consul ; Jean Seveyrac, ménager ; Louis Jaquet, aubergiste.

Vallos (annexe de Valgorge). — Etienne Courtines, consul.

Vals. — Christophe Champanhet fils, avocat ; Jacques Champanhet fils, avocat ; Louis-Casimir Durand, bourgeois ; Louis Blachères-Desplans, avocat ;

Uzer. — Jean Perbost, consul ; Nicolas Chabert, ménager.

Vernon. — Jean Delacroix, bourgeois ; François Malmazet, ménager.

Valvignères. — Etienne Briand, premier consul ; Pierre Comte, ménager.

Vagnas. — Pierre Pellier, premier consul ; Jean-Joseph Malignon, bourgeois.

Laveyrune et Regloton. — André Gilles, consul.

Saint-Jullien-la-Champ. — N'a envoyé aucun député.

MM. Saboul, seigneur de Beaufort, maire et premier consul ; Sevenier, lieutenant de maire, second consul, et Laporte, troisième consul, ont assisté à l'assemblée générale des trois ordres sans voix, attendu qu'elle se tient dans leur ville.

CAHIER

Des pouvoirs et instructions de l'ordre de la noblesse du bas Vivarais, à ses députés aux Etats généraux, remis à MM. le comte DE VOGUÉ et le comte D'ANTRAIGUES (1).

L'ordre de la noblesse, persistant dans les prin-

---

(1) Nous publions ce cahier d'après un imprimé de la *Bibliothèque du Corps législatif.*

cipes de fidélité et de dévouement qui l'attachent à la monarchie et à la famille régnante, attendant, dans la plus respectueuse confiance, justice de la nation, charge expressément ses députés de remercier le Roi :

1° D'avoir assemblé les Etats généraux de son royaume, et d'avoir conservé au Vivarais le droit infiniment précieux de choisir et nommer ses députés dans ses assemblées sénéchales.

2° D'avoir établi les droits incontestables de la nation dans le résultat de son conseil du 27 décembre dernier ;

3° D'avoir solennellement promis, dans ses lettres de convocation, de maintenir et faire exécuter ce qui aura été concerté entre lui et lesdits Etats généraux.

L'ordre de la noblesse, voulant donner à ses députés des pouvoirs et instructions, avant de les honorer de sa confiance, elle a divisé son cahier en deux parties.

La première contient le mandat spécial ; il renferme les conditions auxquelles est attaché le pouvoir que l'ordre confie à ses députés. Ce mandat est de rigueur ; il n'est permis en aucun cas aux députés de s'en écarter ; et sur les objets où e vœu de l'ordre de la noblesse est prononcé, il est défendu à ses députés d'en adopter un autre, les commettants ne les envoyant pas aux Etats généraux pour y donner leur opinion, mais pour y annoncer la leur, la soutenir, ne la jamais abandonner, et faire, si elle n'était pas adoptée, tout ce qui leur sera prescrit en cette occurrence.

La seconde a pour objet de les guider dans la carrière qu'ils ont à parcourir, en leur annonçant quelle est l'opinion de leurs commettants.

Sur ces objets, il leur est non-seulement permis, mais il leur est ordonné de s'éclairer par les discussions qui auront lieu dans les Etats généraux; et si le bien de l'Etat exigeait des changements ou des modifications aux articles contenus dans cette partie du cahier d'instructions, les députés suivront, après le plus mûr examen, le parti que leurs lumières et leur conscience leur feront préférer.

Honorés de la plus sainte des fonctions, chargés du depôt sacré de la confiance de leur ordre, les députés n'oublieront jamais qu'en eux seuls est placé l'espoir de leurs commettants ; qu'ils leur reste à justifier leur choix par leur fermeté, leur patriotisme et leur sagesse ; qu'ils doivent se sacrifier au service public, et mériter la plus glorieuse comme la plus douce des récompenses, en obtenant l'estime générale et la bienveillance de leur ordre.

POUVOIRS.

Art. 1er. Il est nécessaire d'assurer pour jamais, à chaque ordre de l'Etat, ses propriétés respectives avant de délibérer sur la consolidation de la dette publique, et de voter des subsides. Les députés demanderont aux Etats généraux le maintien inviolable de toute espèce de propriétés, et qu'il soit déclaré qu'on ne pourra attenter à aucunes, que lorsqu'il en aura été délibéré par les Etats généraux, en dédommageant les propriétaires d'après les règles fixes et invariables qui seront établies par les Etats généraux.

Art. 2. L'ordre de la noblesse autorise ses députés à suivre les dispositions du résultat du conseil du 27 décembre 1788, sur la manière de tenir la première délibération par ordre, et au cas qu'il s'élève des difficultés sur la perpétuité de cette manière de délibérer, les députés sont autorisés à se prêter à tous les moyens concilia-

toires propres à rétablir l'union et la concorde entre tous les ordres, et à se soumettre à ce qui sera décidé à cet égard par les Etats généraux.

Les députés proposeront, dès la première séance, à l'ordre de la noblesse, de déclarer formellement que leur ordre entend supporter, en parfaite égalité avec le tiers-état, tous les impôts pécuniaires, afin de convaincre les communes, que ce n'est point par le désir de se soustraire aux charges publiques que l'ordre de la noblesse désire conserver l'ancienne manière de délibérer aux Etats généraux.

Art. 3. Nul impôt ne peut être légalement établi, sans avoir été délibéré et consenti par les Etats généraux, légalement assemblés et régulièrement convoqués. S'il en était établi, ou prorogé, au delà du terme fixé par les Etats généraux, les ministres seront, par ce fait seul, déclarés coupables du crime de concussion : les percepteurs de pareils impôts seront déclarés concussionnaires, et, comme tels, accusés par tout officier public, pour être immédiatement livrés aux mains de la justice, afin que leur procès soit instruit sans délai.

Art. 4. Aucun emprunt, aucune aliénation du revenu public ne seront valables que lorsqu'il en aura été délibéré dans les Etats généraux ; et que ledit emprunt, ladite aliénation, y auront été autorisés par une délibération expresse.

Art. 5. Aucune loi ne sera réputée constitutive et fondamentale, que lorsqu'elle aura été délibérée dans les Etats généraux, et proclamée par le Roi, d'après le consentement et sur la demande desdits Etats. Ces lois portant dans leur préambule ces mots : *De l'avis et consentement des gens des trois Etats du royaume;* elles seront envoyées, pendant la tenue des Etats généraux, à tous les parlements, pour y être inscrites sur les registres, sans qu'il soit permis de les modifier. Les cours seront néanmoins admises à faire des remontrances au Roi et à la nation ; elles seront tenues de les présenter avant la clôture de l'assemblée. Quant aux lois d'administration et de police, promulguées en l'absence des Etats généraux, elles seront soumises au libre enregistrement et à la vérification des cours, qui, cependant, ne pourront jamais les enregistrer que provisoirement, et jusqu'à la prochaine tenue des Etats généraux.

Art. 6. Aucun citoyen ne pourra être privé de sa liberté individuelle, par lettre de cachet, exil ou autrement, pour quelque cause que ce puisse être : le ministre qui aurait osé signer un pareil ordre ou commandement, tout homme qui aurait aidé à l'exécuter, tous gouverneurs de villes, châteaux ou places, qui y auraient obéi, seront coupables d'attentat envers la nation, et par le fait dégradés de noblesse, déchus de leurs rang et titres dans l'ordre de la noblesse : chaque particulier pourra dénoncer un pareil crime, en poursuivre les auteurs devant les tribunaux, et leur procès sera instruit et poursuivi jusqu'à condamnation.

Art. 7. Aucun citoyen ne pourra être traduit par-devant d'autre juge que ses juges naturels et ordinaires, tant au civil qu'au criminel, par aucun arrêt d'évocation, d'attribution ou autres. Tout droit de *committimus* sera supprimé; les tribunaux d'exception seront anéantis, notamment ceux des eaux et forêts; la juridiction prévôtale ; celle des commissaires départis. Les commissions du conseil établies à Valence, Saumur et Reims, leur juridiction sera rendue aux tribunaux ordinaires ; et quant aux parties d'administration, elles seront confiées aux Etats provinciaux. Les cours des aides seront réintégrées dans la jouissance de tous les droits qui leur furent confiés par les États généraux de 1355 et 1356, de telle manière que les citoyens ne reconnaissent plus qu'elles seules pour juges suprêmes en matière d'impôts. La juridiction du conseil sera très-rigoureusement restreinte. Ce tribunal ne pourra casser les arrêts des cours souveraines, que lorsqu'ils auront été rendus contre les formes prescrites par les lois, sans qu'en aucun cas, il puisse prononcer sur le fond.

Art. 8. Il sera défendu par une loi positive, d'ériger aucun tribunal, d'augmenter ou diminuer son ressort, sans avoir préalablement obtenu le consentement des États provinciaux.

Art. 9. Si les États généraux ordonnent d'appliquer à l'acquit de la dette publique le produit de la vente et l'aliénation irrévocable de tous les domaines, les députés n'y consentiront qu'après avoir requis préalablement les États généraux de faire procéder à une juste estimation desdits domaines, tant de ceux qui sont aliénés, que de ceux qui sont encore sous la main du Roi, afin que le produit de la vente desdits domaines étant connu, le Roi ne puisse prétendre sur la nation à aucun autre dédommagement, à titre de l'aliénation de ses domaines, qu'à celui qui sera constaté devoir lui être dû, à raison desdites ventes et aliénations.

Art. 10. Le Roi, aidé d'un conseil de guerre, disposera ainsi qu'il le voudra des troupes pour la défense extérieure; il sera néanmoins supplié de faire connaître ses intentions d'une manière précise à cet égard. Les États généraux décideront d'après les règles fixes et invariables, de quelle manière doit être employée la force militaire pour le maintien des lois et de la sûreté publique. La liberté nationale étant surtout menacée par l'abus que les ministres peuvent faire des troupes étrangères à la solde de la nation, il sera expressément décidé que lesdites troupes ne pourront être employées qu'à la garde des frontières du royaume, mais toujours de préférence dans les places où elles se trouveront avec des régiments nationaux; et qu'avant d'être admises à notre service, lesdites troupes prêteront serment de ne jamais agir que contre les ennemis de l'État, et en aucune occurrence, même pour fait d'émeute ou de révolte, de ne jamais porter les armes contre les citoyens.

Art. 11. Quelle que soit la manière dont il sera délibéré aux États généraux, il est du plus grand danger que cette suprême assemblée puisse se prolonger indéfiniment, et ce danger s'accroît encore, si chaque ordre délibérant à part, le veto mutuel leur est conservé : en conséquence, il sera déclaré par une loi expresse, que les pouvoirs de tous les députés expirent nécessairement après le terme d'une année, à dater du jour de l'ouverture des États ; si, après l'année révolue, l'assemblée n'avait pas terminé ses opérations, dès lors, les députés étant sans pouvoir, les bailliages et sénéchaussées pourront se rassembler pour élire de nouveaux députés.

Art. 12. Par une suite des mêmes principes, il sera décidé que les députés des provinces aux États provinciaux seront tenus de terminer leurs séances à une époque fixe, passé laquelle l'assemblée sera dissoute de droit, les députés étant sans pouvoirs.

Art. 13. Si toutes les provinces du royaume, sans aucune exception, renoncent à tous leurs privilèges, les députés sont autorisés à se soumettre, au nom de leurs commettants, à toutes les lois portées dans l'assemblée nationale; mais s'il

s'en trouvait qui réclamassent de leurs privilèges, l'ordre de la noblesse entend conserver ceux du pays de Vivarais et de la province de Languedoc dans toute leur intégrité.

Art. 14. Il est expressément défendu aux députés de consentir, sous quelque prétexte que ce soit, à la création d'une commission intermédiaire émanée des États généraux. Les commettants veulent et entendent qu'il soit délibéré sur l'établissement d'une pareille commission. Les députés protestent aussi contre une innovation aussi inconstitutionnelle ; qu'ils déclarent que l'ordre de la noblesse ne se croira jamais soumis à aucun des actes d'administration et autres qui pourront en émaner, et ladite protestation faite, il est enjoint aux députés de se retirer aussitôt de l'assemblée; ils sont néanmoins autorisés à reprendre le cours des délibérations, sans qu'il puisse être induit de leur présence qu'ils consentent à l'établissement d'une commission intermédiaire; leur ordonnant de renouveler leurs protestations en tant que de besoin toutes les fois qu'il s'agira de ladite commission.

Art. 15. La liberté de la presse sera accordée, pourvu toutefois que les écrits portent le nom de l'auteur et de l'imprimeur, afin de poursuivre judiciairement l'un et l'autre, si lesdits écrits étaient contraires à la religion, aux mœurs, ou donnaient lieu à des plaintes personnelles pour fait d'outrages ou de calomnie.

Art. 16. Le culte public tendant sans cesse à reproduire par des moyens sensibles les idées religieuses qui sont nécessaires à la tranquillité et au bonheur des hommes réunis en société, les ordonnances qui enjoignent le respect dû au culte et à ses ministres seront remises sous les yeux des représentants de la nation, pour en ordonner de plus fort l'exécution; l'augmentation des curés et de succursales.

Art. 17. Tout ministre quelconque, qu'il soit en place ou qu'il n'y soit plus lors de la tenue des États généraux, sera responsable de toute sa conduite publique auxdits États généraux; il pourra être accusé par les provinces et les particuliers; et après l'avoir entendu, si la plainte paraît fondée, il sera prononcé sur la manière dont il doit être poursuivi et par-devant quels tribunaux.

Art. 18. Après avoir pourvu aux moyens d'assurer les premières bases d'une constitution générale, les députés déclareront expressément aux États généraux que l'ordre de la noblesse ayant précédemment statué que les États généraux du Languedoc sont inconstitutionnels, nullement représentatifs d'aucun des ordres, nullement fondés de leurs procurations, incapables d'exercer aucun acte d'administration, requièrent qu'ils soient anéantis en leur totalité, ainsi que les États du pays de Vivarais, qui sont infectés des mêmes vices; que ces deux administrations soient remplacées ; la première par des députés librement élus dans chaque diocèse et dans chaque ordre, par chacun desdits ordres; la seconde par les membres des trois ordres librement élus, ainsi que les premiers. Veulent et entendent lesdits commettants, que toutes les places, tant dans l'administration municipale que diocésaine, soient toujours électives et révocables à la volonté desdits États, et notamment celle des présidents, qui, toujours choisis dans les deux premiers ordres, seront amovibles à la volonté des États; il est expressément enjoint à nos députés de ne se prêter à aucun projet d'arrangement, à aucune sorte de conciliation avec les États actuels de

Languedoc, de ne point communiquer directement ou indirectement avec les présidents desdits Etats, avec aucun des membres qui les composent, à moins qu'ils n'aient donné leur renonciation expresse à tous leurs prétendus droits, et que cette renonciation ait été enregistrée dans le greffe de la sénéchaussée de leurs diocèses.

Les Etats généraux n'ayant aucun droit de nous donner une constitution municipale, nos députés ne prendront que *ad referendum* toute proposition, tout projet qui pourrait être proposé à ce sujet aux Etats généraux. La constitution municipale diocésaine de la province ne pouvant être légalement établie que dans une assemblée des trois ordres de la province, pour l'assemblée municipale, et dans une assemblée des trois ordres des diocèses, convoquée dans chaque sénéchaussée, pour l'assemblée diocésaine.

Tous ces objets importants, préalablement terminés, les députés, après avoir déclaré inconstitutionnels tous les impôts quelconques perçus jusqu'à ce jour, les uns comme établis sans le consentement de la nation, les autres comme prorogés arbitrairement au delà de la durée que les Etats généraux leur avaient fixée, reçoivent pouvoir de leurs commettants, mais non autrement, de consolider la dette publique, d'établir de nouveaux subsides, également supportés par tous les citoyens, à raison de leurs facultés et propriétés, et de les porter jusqu'au taux nécessaire pour établir le niveau entre la dépense et la recette, et pas au delà ; mais ils attachent aux pouvoirs qu'ils leur donnent de consentir à des impôts comme condition expresse ; premièrement de déterminer la quotité fixe de chaque impôt en particulier ; secondement, ils en fixeront irrévocablement le terme, et ne leur donneront d'autre durée que l'intervalle de l'assemblée des Etats généraux qui les aura accordés jusqu'à la tenue prochaine d'une autre assemblée, dont l'époque et le jour seront nécessairement indiqués dans l'acte même qui octroira le subside.

Art. 19. Si jamais, contre toute attente, les communes, égarées par des instigations, formaient des demandes attentatoires à la propriété ; si, peu satisfaites de la déclaration des deux premiers ordres, qui se soumettent à supporter en parfaite égalité tous les impôts pécuniaires, elles proposaient des décrets injustes qui eussent pour but la violation des propriétés, tels que le rachat forcé des censives, la conversion des prestations en grains en prestations pécuniaires, il est enjoint en ce cas aux députés de déclarer qu'ils ne peuvent assister à aucunes délibérations à ce sujet ; que les Etats généraux, conservateurs suprêmes des propriétés, ne peuvent permettre qu'on délibère s'il sera permis de les dilapider, et qu'ils ajoutent à cette déclaration une protestation spéciale contre tout ce qui sera délibéré à cet égard. Cela fait, les députés se retireront et annonceront que la volonté de leurs commettants, en se soumettant à supporter en parfaite égalité tous les impôts, n'ayant été autre que de rendre justice au peuple dans l'espoir qu'il respecterait lesdits droits de propriété, et cette attente ayant été énoncée comme condition nécessaire à la renonciation de tous privilèges pécuniaires, l'ordre de la noblesse réclame dès ce moment tous ses privilèges, n'entend et ne veut se dépouiller d'aucuns jusqu'à ce que les communes aient sanctionné que les propriétés sont inviolables et hors de toute atteinte.

Art. 20. Dorénavant, le sénéchal, ou celui qui présidera en son absence, y auront voix délibéra-

tive dans l'assemblée des trois ordres, que lorsqu'ils posséderont des propriétés autres que leurs charges dans le ressort de la sénéchaussée ; et en ce cas même ils ne pourront prononcer aucun jugement qu'étant assistés de quatre membres de l'ordre, élus au scrutin, et en aucun cas le président ou le sénéchal n'aura le droit de dissoudre l'assemblée.

INSTRUCTION.

Art. 21. La libre élection de tous les officiers municipaux sera entièrement remise aux villes et communautés du royaume, ainsi que l'entière disposition du revenu des communes, sans qu'il soit permis en aucun cas aux commissaires départis, ni a aucun ministre, de se mêler directement ou indirectement de ladite administration, sauf néanmoins le consentement à l'établissement des subventions accordées par les Etats provinciaux, et la comptabilité devant lesdits Etats.

Art. 22. Les députés feront ce qui dépendra d'eux pour qu'il soit trouvé des moyens d'atteindre le revenu des capitalistes et le bénéfice du commerce, pour les soumettre à l'impôt dans la même proportion que les revenus territoriaux.

Art. 23. S'occuper des moyens à prendre pour diminuer les droits imposés sur la justice distributive ; exiger qu'il soit donné un nouveau tarif des droits de contrôle, clair et précis, qui sera soumis à l'enregistrement et à la vérification des cours, auquel il ne sera jamais rien innové sans le consentement des Etats généraux.

Art. 24. Les députés s'occuperont de la suppression de tous droits de péages, transit et autres, imposés au profit des particuliers, des provinces ou du domaine du Roi, qui, étant onéreux au commerce, gênent son activité, à la charge de rembourser les propriétaires desdits droits, quand ils auront préalablement prouvé qu'ils étaient fondés en titre pour les percevoir.

Art. 25. Les prêts à jour seront susceptibles de rapporter au prêteur l'intérêt légal jusqu'au remboursement.

Art. 26. Faire rendre une loi par laquelle il sera statué que les droits de cens seront soumis à la prescription centenaire ; que les arrérages ne pourront être réclamés que de cinq ans, bien entendu, néanmoins, qu'il sera accordé dix ans à tous les propriétaires de pareils droits pour se mettre en règle.

Art. 27. Les députés demanderont que les grâces de l'Etat ne soient jamais accumulées sur les mêmes têtes ; que la liste de toutes les pensions soit imprimée tous les ans, et que dans ledit état soit spécifié, à quel titre elles ont été accordées ; qu'il y soit fait mention de toutes les grâces antérieures qu'auront obtenues ceux à qui on accordera de nouveaux bienfaits ; toutes lesdites pensions seront acquittées dans les provinces, ou ceux qui les auront obtenues en requerront le payement.

Art. 28. Si les Etats généraux jugent nécessaire de supprimer quelques tribunaux, il sera aussitôt pourvu au remboursement des finances de ceux qui les composent : ils jouiront des privilèges attachés auxdites charges.

Art. 29. Qu'il paraît inconstitutionnel à l'ordre de la noblesse que certains chapitres nobles, sans avoir égard aux lois primitives de leur fondation, aient osé, sans pouvoir, augmenter la quantité des preuves nécessaires pour y être admis : en conséquence, les députés réclament qu'il soit enjoint par les Etats généraux, à tous les chapitres nobles, de s'en tenir aux titres primitifs de leur constitution, sans jamais les altérer.

Art. 30. Qu'il sera établi un meilleur code de comptabilité ; de telle manière que la dette nationale étant répartie sur chaque province, les impôts desdites provinces, et les recettes des fermiers généraux et des régisseurs, seront versés dans la caisse d'un seul receveur provincial, qui sera chargé d'acquitter tous les intérêts dus par ladite province, et généralement toutes les dépenses civiles et militaires, et s'il y a un excédent de recette, le receveur provincial sera tenu de verser dans les caisses du receveur des provinces voisines pour l'acquit des mêmes dépenses.

Art. 31. Que la chambre des comptes de Paris ne soit plus la seule du royaume où soient rendus les comptes des finances et des dépenses du trésor royal ; maisque chaque année chacune des chambres des comptes du royaume soit tenue d'envoyer à Paris deux de ses membres, qui porteront le compte des recettes et dépenses de leur ressort et qui seront obligés de vérifier avec les commissaires de la chambre des comptes de Paris l'état du trésor royal, et la totalité des recettes et dépenses du royaume, sans qu'il leur soit permis d'allouer aucune ordonnance de comptant.

Art. 32. Suppression de tous les bureaux de recette sur le bord du Rhône pour les traites de la douane de Valence, le denier Saint-André, les péages du Roi, etc., etc. Et en attendant, faculté aux habitants de Languedoc de se servir du Rhône en franchise pour le commerce intérieur.

Art. 33. Le Languedoc en général, et le Vivarais en particulier , soulagés du droit de 12 sous au lieu de 10 sous par livre, qu'ils payent sur le prix du sel.

Art. 34. Les députés prendront la connaissance la plus exacte du montant du *déficit*, et avant de consolider la dette publique, ils proposeront aux États généraux la réduction de tous les intérêts des emprunts publics au denier vingt, et le consentement de cette réduction sera nécessaire pour que les députés accordent aux créanciers du Roi la garantie nationale ; ils demanderont que les intérêts de tous les créanciers de l'État soient assujettis à tous les impôts dans la même proportion que ceux qui seront répartis sur les terres, excepté toutefois les intérêts qui auront été réduits à un taux moindre que le 5 p. 0/0 de leur capital.

Art. 35. Tout emprunt viager sera réduit à 10 p. 0/0, et les députés demanderont aux États généraux que les rentes viagères soient assujetties à un impôt proportionnel qui leur fasse subir une partie des charges publiques.

Art. 36. L'état de notaire exigeant, de la part des citoyens, la plus grande confiance, devient par cela même aussi important qu'honorable ; la dégradation où est tombé cet état est une des sources des malheurs publics ; celle des procès qui dévorent les campagnes, et leur indigence est la cause de la perte de leurs registres et de l'incurie qu'ils ont de les conserver ; il est essentiel au bonheur des peuples que cet emploi soit honoré ; et la noblesse demande qu'il soit même permis à ses membres de l'exercer sans dérogeance, après avoir, dans tous les cas, soumis les notaires à l'examen le plus sévère, et en avoir diminué le nombre, surtout dans les campagnes : les États provinciaux seront chargés de répartir les offices de notaire ainsi qu'ils le jugeront convenable et d'établir, soit pour leur admission aux offices, soit par la manière dont ils l'exerceront, et les moyens à prendre pour veiller à la conservation de leurs registres, les lois qui leur paraîtront les plus convenables.

Art. 37. La nouvelle constitution que les États généraux doivent donner aux provinces, exige de la part de l'ordre de la noblesse une recherche sévère des faux nobles ; elle désire en conséquence que les États généraux établissent des règles fixes et invariables sur la manière de faire les preuves de noblesse, et qu'il soit prononcé des amendes contre les faux nobles, quand les preuves de leur usurpation seront légalement constatées.

Art. 38. L'ordre de la noblesse ayant perdu une foule d'emplois qui lui étaient particulièrement attribués, et l'honneur d'être noble étant un malheur de plus pour un noble indigent, l'ordre demande que la loi de Bretagne soit généralement adoptée.

Art. 39. Bien que les États généraux soient composés de tous les ordres de citoyens, il est cependant aussi juste que constitutionnel qu'aucun ordre n'y soit opprimé par l'influence des autres ordres, et que, dans chaque ordre, surtout, il ne s'y trouve en trop grand nombre une classe de députés opposée aux intérêts d'une partie de l'ordre. Dans le clergé, les curés ont un intérêt directement opposé à celui des évêques et autres bénéficiers ; en conséquence, il est constitutionnel que, dans l'ordre du clergé, il y soit appelé plus d'évêques et de bénéficiers et moins de curés ; comme il est de toute justice que dorénavant l'ordre de la noblesse soit représenté par une quantité de députés supérieure à ceux du clergé, les membres de cet ordre n'étant qu'usufruitiers, et ceux de la noblesse étant propriétaires.

Art. 40. Les motifs qui, en des temps reculés, autorisèrent l'établissement des corps monastiques, ne subsistant plus, et ces corps, en s'éloignant eux-mêmes de l'esprit de leur institut, ayant rendu également nuisibles à l'État leur existence et leur opulence, il sera demandé qu'il soit défendu aux corps religieux de recevoir des novices ; il sera offert à chaque monastère d'en séculariser les sujets, en leur accordant des pensions. Les religieux, pour annoncer, à cet égard, leur volonté, délibéreront par tête ; leurs biens seront employés à des objets de charité ; mais en aucun cas les revenus ne pourront sortir des provinces où ils seront situés, et ne pourront être affectés à aucun évêché ni commanderie.

Art. 41. Tous les citoyens, nobles ou roturiers, seront admis aux charges de magistrature, nonobstant tout arrêté contraire des cours souveraines ; les charges de magistrature seront données au concours entre les prétendants, le fils de maître préféré à mérite égal.

Art. 42. Réduction des offices, suppression des anoblissements par les charges de secrétaire du Roi, jurats, syndics et échevins.

Art. 43. La conservation du ressort du parlement de Toulouse en son entier, l'attribution présidiale accordée à toutes les sénéchaussées du ressort, particulièrement à celle de *Villeneuve de Berg*, avec pouvoir de juger en dernier ressort jusqu'à la concurrence de 3,000 livres en principal : le Vivarais ne sera tenu de payer aucune indemnité aux officiers du sénéchal de Nîmes, pour l'érection de ses deux sénéchaussées.

Art. 44. Les baillis, sénéchaux ou officiers, seront tenus de résider à leurs siéges, de faire, dans leur ressort, les visites prescrites par la loi : la réforme des lois civiles et notamment sur le fait des testaments, substitutions, donations, et celle qui a pour objet la poursuite du crime de faux, seront vivement sollicitées.

Art. 45. Le compte des finances tel qu'il aura

été présenté aux États généraux, avec les pièces justificatives qui le certifieront, seront rendus publics par la voie de l'impression.

Art. 46. Les délibérations des États généraux, et celles de chaque ordre, si l'on délibère par ordre, seront publiées chaque jour par la voix de l'impression.

Art. 47. Les députés proposeront aux États généraux qu'il soit ordonné que, lorsqu'une motion aura été suffisamment discutée, on ne prendra les opinions que le lendemain de la délibération, et toute adhésion par acclamation sera sévèrement proscrite.

Art. 48. Chercher un moyen pour que les citoyens qui auront des procès avec les officiers des cours souveraines, puissent, s'ils redoutent l'influence de leurs adversaires, les traduire pardevant d'autres tribunaux que celui dont ils sont membres.

Art. 49. Les juges seront obligés d'opiner à haute et intelligible voix, en matière civile, les portes ouvertes, en présence du peuple et des parties, soit que l'on juge la cause par écrit, soit qu'on la porte à l'audience.

Art. 50. Il sera érigé auprès de chaque cour souveraine des bureaux de pacification; les parties pourront s'y présenter avant de poursuivre un jugement d'appel.

Art. 51. Les administrations provinciales établiront une ou plusieurs commissions, pour examiner les procès des communautés, et les concilier, avant qu'elles faent commencé les premières poursuites.

Art. 52. Les députés requerront qu'il soit incessamment procédé à la réforme de la procédure criminelle et à l'adoucissement des lois pénales, et qu'en attendant on supprime la sellette, la question, et qu'il soit accordé des dédommagements effectifs aux innocents relaxés.

Art. 53. Suppression des lettres de surséance, des privilèges exclusifs, et, autant que les circonstances pourront le permettre, l'abolition des loteries.

Art. 54. Il sera établi dans toute l'étendue du royaume un même poids et une même mesure.

Art. 55. Les biens communaux étant un objet d'inquiétude pour toutes les communautés, une source intarissable de procès, demander qu'il soit porté une loi générale qui autorise à les aliéner ou à les partager.

Art. 56. Le seul moyen de détruire les ordres arbitraires, étant de soumettre tous les citoyens aux mêmes lois pénales, il sera avisé, par les États généraux, un moyen de détruire le préjugé qui rend commune à une famille l'infamie infligée à un de ses membres.

Art. 57. Dorénavant, le plus ancien capitaine deviendra, de droit, lieutenant-colonel de son régiment.

Art. 58. Obtenir que les protestants servent dans l'armée, et ceux qui y ont servi le temps prescrit, seront décorés de la croix du Mérite militaire, après le temps du service exigé pour l'obtention de la croix de Saint-Louis, et que leurs enfants soient admis à l'École militaire.

Art. 59. Arrêter qu'à l'avenir tout citoyen revêtu d'un emploi militaire ne pourra en être privé que par jugement, et il sera formé, par les États généraux, un conseil de guerre, chargé de statuer sur les destitutions à venir, et surtout sur celles qui auront pu être prononcées depuis la dernière ordonnance. Les députés seront spécialement chargés de requérir le jugement de M. de Moreton,

et celui de Joseph-Simon Dubreuil-Hélion, capitaine au régiment d'Orléans-infanterie, nos compatriotes, qui ont réclamé l'appui de l'ordre de la noblesse.

Art. 60. L'on s'occupera à anéantir la vénalité des offices militaires, à donner une meilleure constitution aux milices, à réduire le nombre des officiers généraux employés; tous les gouvernements des provinces seront supprimés, ainsi que les états-majors en troisième ligne, et les officiers jugés inutiles dans le reste de l'état-major; il sera donné aux inspecteurs des appointements fixes, au lieu des logements qui leur sont accordés; toute survivance sera supprimée; enfin, les députés seront généralement chargés de concourir, avec tous les autres députés du royaume, à tout ce qu'ils croiront utile au militaire.

Art. 61. Lorsque les nobles auront des procès entre eux ou avec le seigneur du lieu qu'ils habiteront, ils pourront décliner la justice seigneuriale, porter leur cause devant les juges royaux, et ne reconnaître qu'eux seuls pour juges en matière criminelle.

Art. 62. Les députés seront expressément chargés de réclamer, comme faisant partie du ressort de la sénéchaussée de Villeneuve, les communautés de Pradelles, Concouron et Monstor, Saint-Arcous et Barges, Arlempdes, Saint-Clément-sous-Pradelles, Saint-Etienne du Vigan, la Chapelle, Graillouzes, Issarles, Masan, Lafare en Montagne, le Craux de Guerraud, Saint-Cirques, le Cellier de Luc, Saint-Alban en Montagne; lesdites communautés étant toutes contribuables dans la sénéchaussée de Villeneuve-de-Berg, ne doivent jamais en être distraites.

Art. 63. La violation du dépôt des lettres confiées à la poste, étant l'abus de confiance le plus lâche et le plus odieux, les députés requerront expressément qu'il soit établi un nouveau régime à ce sujet, qui assure désormais la fidélité des postes.

Tels sont les pouvoirs et instructions que l'ordre de la noblesse confie à ses députés. Assujettis à ne jamais s'écarter des pouvoirs, il les exhorte à méditer les instructions, à se pénétrer des principes qui les ont dictées, pour qu'ils deviennent les règles de leur conduite. Sans doute, il serait heureux pour eux que leur ordre pût les guider et déterminer leur opinion sur tous les objets, avant d'aller remplir leur honorable mission. Ils ont un vœu à former, l'ordre de la noblesse se hâte de l'exaucer; ils désireront sans doute que l'ordre qui les députe se réunisse pour les recevoir, pour examiner, juger leur conduite et les honorer du témoignage de son estime, s'ils ont suivi les ordres de leurs commettants, pour les déclarer indignes à jamais de leur confiance, s'ils avaient trahi la sainteté de leur ministère; en conséquence, il est ordonné aux députés de se rendre à Villeneuve-de-Berg, quarante jours après la clôture des États. L'ordre de la noblesse sera convoqué dès cet instant pour cette époque, à l'effet d'y entendre le compte qu'ils rendront de leur conduite et prononcer son opinion à cet égard.

Fait et arrêté à Villeneuve-de-Berg, dans la chambre de la noblesse, en présence de tous Messieurs de l'ordre.

Signé Balasuc; La Boissière; Vogué; Vinczac; le chevalier de Mallian; Marcha de Saint-Pierville; de Granoux; Digoine; Beaulieu; de Blou; Jovyac; de Gayot; Pampelonne; Travernol de Barrés, secrétaire; Launay d'Antraigues, secrétaire de l'ordre.

BAILLIAGE DE VILLERS-COTTERETS.

PROCÈS-VERBAL

De l'assemblée générale des trois ordres du bailliage de Villers-Cotterets (1).

L'an 1789, le 13 mars, à huit heures du matin, en la salle de l'auditoire ordinaire du bailliage de Villers-Cotterets, par-devant nous, Augustin-Jean-Louis-Antoine Duprat, comte de Barbançon, comte souverain de la Valteline, colonel du régiment d'Orléans-cavalerie, baron de Viteaux et de Clessy, châtelain de Formery, vicomte de Puisieux, gouverneur de la province de Valois et des villes et châteaux de Coucy, Noyon et Villers-Cotterets, capitaine des chasses des capitaineries royales de Villers-Cotterets et de Coucy, Folembray et Saint-Aubin, seigneur de Manereux, Faverolles, Ancienville, Fresnes, Saint-Mametz, Precy, Cadal, Sépeaux, Saint-Romain, Cauny, Varesne, Pontoise, Couarcy, Morlencourt, Babœuf, Appilly, Mondecourt, Coquerelle, la Bretonnière, Quinzaine Saint-Jean-Baptiste de Noyon, y joints Essaules, Toux, Valelles, Rochefort, Vaudenise, Chassy, Vigny, Bragny, Saint-Vincent, Villefay, les Gueynons et dépendances, conseiller du Roi et de S. A. S. Mgr le duc d'Orléans, bailli d'épée, garde-scel héréditaire au bailliage de Villers-Cotterets, chef-lieu du duché de Valois, assisté de M. Charles-Louis Lemaire, conseiller du Roi et de sadite Altesse Sérénissime, lieutenant général civil, criminel et de police, commissaire enquêteur et examinateur en toutes matières, audit bailliage;

De M. Louis-François-Marie Onnebert Guilliot, conseiller du Roi et de sadite Altesse Sérénissime, et leur avocat et procureur audit siège,

Et de M. Antoine-Henri Dequen, greffier ordinaire au même siège,

Sont comparus les gens composant les trois états audit bailliage de Villers-Cotterets, savoir :

POUR LE CLERGÉ.

Messieurs :

Louis-Alexandre-Polycarpe-Eustache de Sosseval, abbé de l'abbaye royale de Villers-Cotterets, ordre de Prémontré;

Pierre-Joseph-Emmanuel Gilbert de Latour, prieur de ladite abbaye, exerçant les fonctions curiales de la paroisse de Saint-Nicolas dudit lieu.

Gabriel de Villedon, vicaire général de Noyon, prieur titulaire du prieuré de la Madeleine, sis à la Ferté-Milon, comparant par M. Charles Walet, prêtre, curé de la paroisse de Saint-Nicolas dudit lieu, au nom et comme fondé de sa procuration, passée devant Sauvel, notaire à Noyon, le 4 de ce mois.

Les dames abbesse, prieure et religieuses de l'abbaye royale de Saint-Rémy, Saint-Georges-lès-Villers-Cotterets, comparantes par M. Valley, prieur de Longpont, au nom et comme fondé de leur procuration, suivant l'acte capitulaire du 2 mars, présent mois.

Les dames prieure et religieuses de Longprez,

comparantes par P. Jacques Fiquet, prêtre, religieux de l'ordre de Fontevrault, prieur dudit Longprez, au nom et comme fondé de procuration desdites dames, passée devant Grégoire, notaire à Villers-Cotterets, le 10 mars, présent mois.

Les dames prieure et religieuses de Colinance, comparantes par M. Louis-François Leloutre, prêtre principal du collège de Villers-Cotterets, au nom et comme fondé de leur procuration, passée devant Cretet, notaire à la Ferté-Milon, le 10 de ce mois.

Les prieur et religieux de la chartreuse du Bourg-Fontaine, comparants par dom Antoine Latarre, procureur de ladite maison, au nom et comme fondé de procuration de dom Louis Cheron, prieur de ladite maison, qui avait été fondé de pouvoir de sa communauté avec faculté de se faire substituer, par acte et délibération du 4 de ce mois; ladite procuration passée devant Aubert, notaire à Villers-Cotterets, le 11 du même mois.

Les prieur et religieux de Saint-Arnoult-de-Crépy en Valois, à cause de leurs terres et seigneurie de Vaumoise et autres domaines, comparants par dom Jean-Baptiste Chabrier, docteur de Sorbonne, prieur claustral dudit couvent, et visiteur de l'ordre de Cluny, au nom comme fondé de procuration de sa communauté, suivant l'acte de délibération du 7 de ce mois.

Dom Jean-Baptiste-Marie Corial, prêtre, religieux profès de l'étroite observance de l'ordre de Cluny, prieur titulaire dudit couvent de Saint Arnoult, et en cette qualité, seigneur de la terre et seigneurie de Chésy en Ouxois, comparants par ledit dom Chabrier, prieur claustral de ladite maison, comme fondé de sa procuration, passée devant Beaumé, notaire à Châlon-sur-Saône, le 23 février dernier.

Les prieur et religieux de Saint-Valsery, à cause de leur fief de Lessart, de leur patronage de Dampleux, et autres domaines, comparant par M. Jean-Baptiste-Laurent Clément, chanoine de ladite abbaye, au nom et comme fondé de pouvoir de sa communauté, suivant l'acte capitulaire du 9 du présent mois.

Dom Bernard-Antoine Lamy, prieur titulaire de Saint-Lazare de la Ferté-Milon,

Les général, prieur et religieux de Cerfroid, ordre des Trinitaires, comparants par M. Jacquot, prieur de ladite maison, au nom et comme fondé de pouvoir de sa communauté, suivant l'acte capitulaire du 9 de ce mois.

Les prieur et religieux de l'abbaye de Longpont, comparants par M. Valley, prieur de ladite abbaye, au nom et comme fondé de procuration de sa communauté, suivant l'acte capitulaire du 8 de ce mois.

Hyacinthe-Nicolas Picart de Moncourt, prêtre, curé de la paroisse de Saint-Martin de Venette près Compiègne, et prieur titulaire du prieuré de Neufontaine, sis en la paroisse de Cuise-Lamotte, comparant par M. Pierre-Charles Chérier de Villelabbé, ancien Célestin de la maison de Saint-Pierre à Chartres, au nom et comme fondé de sa procuration passée devant Grégoire et son confrère, notaires à Villers Cotterets, le 4 de ce mois.

François de Montholon, doyen de la cathédrale de Metz, abbé commendataire de l'abbaye royale de Valsery, à cause de son fief de Charcy, à la Ferté-Milon, et autres domaines, comparant par messire Augustin Soyer, prieur-curé d'Oigny, au nom et comme fondé de sa procuration, passée devant Bernard, notaire à Metz, le 2 de ce mois.

Jean-Louis Robert, prêtre, curé de la paroisse de Chantilly, et, en cette qualité, prieur titulaire du prieuré de Saint-Sulpice de Pierrefond, comparant par messire François-Joseph Maillet, chanoine régulier de l'ordre de Prémontré de l'abbaye de Villers-Cotterets, au nom et comme fondé de sa procuration, passée devant Patin, notaire à Chantilly, le 5 de ce mois.

Les dames abbesse et religieuses de Saint-Michel de la Ferté-Milon, comparantes par ledit dom Latarre, procureur de la chartreuse de Bourg-Fontaine, au nom et comme fondé de leur procuration, passée devant Cretel, notaire à la Ferté-Milon, le 10 de ce mois.

Monseigneur Joseph Green de Saint-Marsaux, évêque de Pergame, premier aumônier de Madame Adélaïde de France, abbé commendataire de l'abbaye royale de Longpont, en cette qualité seigneur du Plessis-aux-Bois, et autres domaines dans l'étendue de ce bailliage, comparant par ledit dom Valley, prieur de Longpont, au nom et comme fondé de sa procuration, passée devant Leroi et son confrère, notaires à Versailles, le 7 mars, présent mois.

Les abbé, prieur et chanoines réguliers de l'ordre de Saint-Augustin, congrégation de France, à cause de leur seigneurie de Molov et autres domaines dans ce bailliage, comparants par messire Jean-Claude Leblanc de Beaulieu, grand chantre de ladite abbaye, au nom et comme fondé de la procuration de ladite maison, passée devant Etienne, notaire au châtelet de Paris, le 5 de ce mois.

Les dames prieure et religieuses de la congrégation de Soissons, à cause de leur fief situé à Noue, comparantes par messire Etienne-Nicolas Gouillard, prêtre, curé de la paroisse de Pisseleux, au nom et comme fondé de leur procuration, passée devant Rigaud et son confrère, notaires à Soissons, le 9 de ce mois.

Nicolas-Louis Thiverny, chanoine régulier de Notre-Dame-des-Vignes de Soissons, prieur titulaire de Saint-Vulgis de la Ferté-Milon, comparant par ledit sieur Delatour, prieur de l'abbaye de Villers-Cotterets, au nom et comme fondé de sa procuration passée devant Paté, notaire à Soissons, le 10 de ce mois.

Etienne-Nicolas Gouillard, prêtre, curé de la paroisse de Pisseleux.

Claude Duliége, prêtre, curé de la paroisse de Coyales.

Antoine Namtheuil, prêtre, curé de la paroisse d'Haramont.

Etienne Doffagne, prêtre, curé de la paroisse de Vaumoix.

Félicité Croyer, prêtre, prieur de la paroisse de Dampleux.

Pierre-Joseph Phœnix de la Comtée, prêtre, prieur de la paroisse de Vivières.

Jean-François-Alexandre Héloin, prêtre, curé de la paroisse de Bouneuil.

Jérôme Terrier, prêtre, prieur-curé de Notre-Dame de la ville de la Ferté-Milon.

Charles-Valet, prêtre, curé de la paroisse Saint-Nicolas-de-la-Chaussée de ladite ville.

Jean-Nicolas Machuet, prêtre, prieur de Troisne.

Jacques-Charles Leroi de Bois-Royer, prêtre, curé de Marizy Sainte-Geneviève.

Jean-Baptiste-Etienne Devazel, prêtre, curé de Marolles

Jean-Baptiste-Jacques-Antoine Reguin, prêtre, curé de la paroisse de Marueil.

Pierre Thiébaut, prêtre, curé de la paroisse de Futaine.

Louis-Mathieu Fontaine de Grandmaison, prêtre, curé de la paroisse de Thury en Valois.

François de La Baussière, prêtre, curé de la paroisse de Chesy en Orxois.

Marie-Henri Dubois de Meyré, prêtre, curé des paroisses de Corcy et Fleury.

René Gallard, prêtre, prieur de la paroisse d'Ancienville.

Charles-Antoine Chevalier, prêtre, curé de la paroisse de Taillefontaine.

De Bigault, prêtre, curé de Pierrefond.

François Pinçon, prêtre, curé de la paroisse de Cuise-Lamotte.

Jean-Gabriel Monget, prêtre, curé de la paroisse de Faverolles.

Michel Berthault, prieur, curé de Montgobert.

Louis-François Lemaire, prieur, curé de la paroisse de Silly-la-Potterie.

Antoine Bonvallet, prieur, curé de la paroisse de Saint-Jean-aux-Bois.

Nicolas Delarue, prêtre, curé de la paroisse de Grotoy, comparant par ledit sieur Chevalier, curé de Taillefontaine, au nom et comme fondé de sa procuration, passée devant Sivé, notaire à Hautefontaine, le 10 mars, présent mois.

François de Chaize-Martin, prêtre, curé de la paroisse de Douy-la-Ramée, comparant par ledit sieur de Fontaine de Grandemaison, curé de Thury, au nom et comme fondé de procuration, passée devant Tassu, notaire à Marsilly, le 2 mars, présent mois.

François-Benigne Loncle, prêtre, curé de la paroisse de Retheuil, comparant par ledit sieur Pinçon, curé de Cuise, au nom et comme fondé de sa procuration, passée devant Desjardins, notaire à Pierrefond, le 12 de ce mois.

François Quequet, prêtre, curé d'Hautefontaine, comparant par ledit sieur Heloin, curé de Bouneuil, au nom et comme fondé de sa procuration, passée devant ledit Sivé, notaire, le 10 de ce mois.

Louis-François Desesan, prêtre, curé de Noroy, comparant par messire René Gallard, prieur d'Ancienville, au nom et comme fondé de sa procuration, passée devant ledit Montalant, notaire, le 28 février dernier.

Robert Paris, curé de la paroisse de Coniticourt, comparant par ledit sieur curé d'Ancienville, au nom et comme fondé de sa procuration, passée devant ledit Montalant, notaire, le 6 de ce mois.

Jacques-Sébastien Lavoisier, prêtre, curé de la Villeneuve-sous-Thury, comparant par ledit sieur curé de Thury, au nom et comme fondé de sa procuration, passée devant Nolleval, notaire à Crépy, le 4 de ce mois.

Nicolas Flamant, prêtre, curé de la paroisse de Coulomb, comparant par ledit sieur Terrier, prieur, curé de Notre-Dame de la Ferté-Milon, au nom et comme fondé de sa procuration, passée devant Brigault, notaire à Gaudelus, le 9 de ce mois.

Jean Gravier, prêtre, curé de Jaulsy, comparant par ledit sieur curé de Marolles, au nom et comme fondé de sa procuration, passée devant ledit Sivé, le 7 de ce mois.

Pierre-François Viétau-Rémy, prêtre, curé de Chouy, comparant ledit sieur prieur de Troisne au nom et comme fondé de sa procuration, passée devant Thévenin, notaire à Neuilly Saint-Front, le 9 du présent mois.

Antoine Lefebvre, prêtre, curé de la paroisse de Montigny-Langrin, comparant par ledit sieur Delacombe, prieur de Villières, au nom et comme fondé de sa procuration, passée devant ledit Sivé, le 11 de ce mois.

Jacques-François Subtil, prieur, curé de Brumel, comparant par ledit sieur prieur de Cerfroid, au nom et comme fondé de sa procuration, passée devant Legrand, notaire à Brumel, le 10 de ce mois.

Nicolas-Félix Lœuillet, prêtre, curé de la paroisse de Couloisy, comparant par le sieur Louis Boulye, curé d'Attichy, au nom et comme fondé de sa procuration, passée devant Choen, notaire à Attichy, le 10 de ce mois.

Louis-Joseph Dorival, prêtre, curé de la paroisse de Courtieux, comparant par ledit sieur Boulye, curé d'Attichy, au nom et comme fondé de sa procuration, passée devant ledit Sivé, notaire, le 9 du présent mois.

Ledit sieur Boulye, curé d'Attichy.

François-Nicolas François, prêtre, curé de la paroisse de Montrou, comparant par ledit sieur Duhège, curé de Cayoles, au nom et comme fondé de sa procuration, passée devant Tranchant, notaire à Neuilly Saint-Front, le 7 du présent mois.

Nicolas Simphal, prêtre, curé de la paroisse de Marisy, Saint-Marc, et de Pacy en Valois, comparant par ledit sieur Valet, curé de Saint-Nicolas de la Ferté-Milon, au nom et comme fondé de sa procuration, passée devant Montalant, notaire à Neuilly Saint-Front, le 8 mars, présent mois.

POUR L'ORDRE DE LA NOBLESSE.

S. A. S. Mgr le duc d'Orléans, premier prince du sang, duc de Valois, et en cette qualité seigneur de Villers-Cotterets, chef-lieu de ce duché, représenté par M. Louis-François-Alexandre-Calixte Duhal, ancien major au régiment de Chartres, bailli d'épée en survivance de Crépy en Valois, en vertu de la procuration à lui donnée par Son Altesse Sérénissime, passée devant Brichard et son confrère, notaires à Paris, le 6 du présent mois.

Messieurs :

Pierre-Antoine de Foucault, tant en son nom personnel que comme ayant la garde noble de M. Emmanuel-Louis de Foucault, son fils, lieutenant au corps royal d'artillerie, seigneur de Bressiou, à Noue.

François-Joachim, marquis de Mazancourt, capitaine au régiment des gardes françaises, seigneur de Cayoles.

Dame Jeanne-Éléonore Desfossés, veuve de M. Jean-René de Jouanne, comte d'Esgrigny, dame Desfossés et Haramont, comparante par ledit seigneur de Mazancourt, au nom et comme fondé de sa procuration, passée devant Grégoire, notaire à Villers-Cotterets, le 10 du présent mois.

Gabriel-Auguste, comte de Mazancourt, maréchal des camps et armées du Roi, commandant de l'ordre royal et militaire de Saint-Louis, à cause de ses seigneuries de Vivières et Longavenues.

Jean-Baptiste-Charles Goujon de Thuisy, chevalier de l'ordre de Saint-Jean de Jérusalem, marquis de Thuisy, à cause de sa baronnie de Pacy, comparant par messire Louis-Christophe Héricart, chevalier, conseiller du Roi, maître ordinaire en sa chambre des comptes, au nom et comme fondé de sa procuration, passée devant Arnoult

et son confrère, notaires au châtelet de Paris, le 4 de ce mois.

Jacques-Gabriel-Louis Leclerc, marquis de Juigné, lieutenant général des armées du Roi, seigneur du Plessis-sur-Autheuil, Billemont, la Villeneuve-sous-Thury et autres lieux, comparant par M. Héricart, vicomte de Thury, au nom et comme fondé de sa procuration, passée devant Monny, notaire au châtelet de Paris, le 2 mars présent mois.

François-Emmanuel de Capendu, comte de Boursoune, ancien colonel en second du régiment de Poitou, à cause de partie de sa terre de Boursoune, dépendant de ce bailliage.

Louis-Christophe Héricart, chevalier, conseiller du Roi, maître ordinaire en sa chambre des comptes, seigneur de la vicomté de Thury, Lafosse-aux-Prés, Saint-Martin-le-Pauvre en Valois, et autres lieux.

Jean-François Drouyn de Vaudreuil, vicomte de Lhuis, ancien mestre de camp, lieutenant inspecteur du régiment Colonel-général-cavalerie, ancien commandant des équitations établies à Saumur, chevalier de l'ordre royal et militaire de Saint-Louis, brigadier des armées du Roi, à cause de sa seigneurie d'Arcry, comparant par ledit sieur Héricart, au nom et comme fondé de sa procuration, passée devant Girard et son confrère, notaires au châtelet de Paris, le 7 du présent mois.

Louis-François Héricart, vicomte de Thury, ancien major du régiment d'Orléans-dragons, chevalier de l'ordre royal et militaire de Saint-Louis, à cause de la seigneurie de Rétheuil.

Dame Lucie-Catherine Cary de Falkaud, veuve de messire Charles-Édouard comte de Rothe, lieutenant général des armées du Roi, inspecteur de son infanterie, dame des terres et seigneuries de Hautefontaine, Montigny, Langrin, Courtieux, le Châtelet, Jaulsy, Crotoy en partie, Morfontaine, Martincourt, Lebas et autres lieux, comparante par ledit seigneur comte de Mazancourt, son fondé de procuration, passée devant Sivé, notaire à Hautefontaine, le 3 mars, présent mois.

Charles Delanery, chevalier, seigneur de Rimberlieu et du fief de Poulendon, situé en la paroisse de Ressou-le-Long, chevalier de l'ordre royal et militaire de Saint-Louis, lieutenant de Roi au gouvernement des ville et château de Compiègne, y demeurant, comparant par M. Edme-François d'Estrées, chevalier, brigadier des armées du Roi, chevalier de l'ordre royal et militaire de Saint-Louis, ancien gentilhomme de feu S. A. S. Mgr le duc d'Orléans, au nom et comme fondé de sa procuration, passée devant Constant et son confrère, notaires à Compiègne, le 7 de ce mois.

Emmanuel-Henri de Bernetz, chevalier, seigneur de Martimont-le-Haut, la Tour de Courtieux et le petit Couloisy, comparant par M. Pierre-Antoine de Foucault, son gendre, au nom et comme fondé de sa procuration, passée devant Harlet, notaire royal au bailliage de Sesanne, à la résidence du Broyes, en présence de témoins, le 6 de ce mois.

Mgr Jean-Bretagne-Charles-Godefroy, duc de la Trémouille et de Thouars, pair de France, marquis d'Attichy, président-né des États de Bretagne, maréchal des camps et armées du Roi, chevalier de l'ordre royal et militaire de Saint-Louis, comparant par ledit seigneur comte de Mazancourt, au nom et comme fondé de sa procuration, passée devant Delacour et son confrère, notaires à Paris, le 3 de ce mois.

Claude-Christophe Lormier de Chamilly, premier valet de chambre du Roi, seigneur de Naroy et des fiefs en dépendant, comparant par M. Henri-Emmanuel Loulay, baron de Villepail, au nom et comme fondé de sa procuration, passée devant Bel, notaire au châtelet de Paris, le 5 de ce mois.

Dame Henriette-Elisabeth Desprez, veuve d'Antoine-Pierre Desplaces, écuyer, et messieurs ses enfants, à cause de leur terre de Montgobert, comparants par M. Guillaume Marin du Rouil de Boismassot, chevalier, ancien gentilhomme de la vénerie de feu S. A. S. Mgr le duc d'Orléans, au nom et comme fondé de leur procuration, passée devant Sauvage, notaire à Paris, le 10 de ce mois.

Antoine de Mercy, chevalier, seigneur par indivis de Bonneuil, tant en nom que comme fondé de procuration de M. Etienne-Jacques-François Du Boullet, chevalier, aussi seigneur par indivis dudit Bonneuil, passée devant Vatin, notaire à Senlis, le 7 de ce mois.

Augustin-Jean-Louis-Antoine Duprat, comte de Barbançon, à cause de ses terres et seigneuries de Maucreux, Faverolles, Ancienville et autres domaines dans le ressort de ce bailliage.

Mgr Louis-Marie-Céleste d'Aumont, duc de Pretne, gentilhomme de la chambre du Roi en survivance, seigneur et propriétaire du fief de Saint-Pierre, situé à Mortfontaine, comparant par ledit seigneur marquis de Mazancourt, au nom et comme fondé de sa procuration, passée devant Duchêne, notaire au châtelet de Paris, le 9 de ce mois.

Pierre-Philippe-Bénoît de Bouvrot, chevalier, capitaine au régiment des chasseurs d'Alsace, seigneur de Berogne et autres fiefs en dépendant.

Dame Marie-Adélaïde Doblet, veuve de messire Guillaume-Antoine-Alexandre Defrance, vivant, officier d'infanterie, dame de la terre et seigneurie de Taillefontaine, comparante par ledit sieur Bouvrot, au nom et comme fondé de sa procuration, passée devant Sivé, notaire à Hautefontaine, le 10 mars, présent mois.

François-Claude-Nicolas Defresnes, chevalier, écuyer de main du Roi, capitaine de dragons, à cause de sa terre et seigneurie de Cuise, comparant par ledit sieur Héricart, vicomte de Thury, au nom et comme fondé de sa procuration, passée devant Lemaire, notaire à Saint-Dizier, le 7 de ce mois.

Claude-Eugène Préaudeau de Chemilly, écuyer, ancien trésorier général des maréchaussées de France, à cause de ses terres et seigneuries de Bournonville, Marolles, Mareuil et autres lieux.

Comte de Montbolon, colonel d'infanterie, demeurant à la Ferté-Milon.

Louis-François-Alexandre Calixte Duhal, ancien major du régiment de Chartres, bailli d'épée en survivance de Crépy en Valois, demeurant à Villers-Cotterets.

Guillaume Marin du Rouil de Boismassot, chevalier, ancien gentilhomme de la vénerie de feu S. A. S. Mgr le duc d'Orléans.

Edme-François d'Estrées, chevalier, brigadier des armées du Roi et ancien gentilhomme de feu sadite Altesse Sérénissime, et comte de Melun, à cause de sa terre de Brumet.

POUR LE TIERS-ÉTAT.

Les sieurs députés de la ville de la Ferté-Milon, et des paroisses et des communautés de ce bailliage, pour la paroisse de Villers-Cotterets, composée de sept cents feux, ou environ.

Les sieurs :

Claude-Maurice Leclerc, greffier de la maîtrise des eaux et forêts de Villers-Cotterets.

Joseph Michel, lieutenant particulier au bailliage.

Jean-Louis-Toussaint Guilliot de Ploisy, ancien gendarme de la garde, et conseiller rapporteur du point d'honneur audit bailliage.

Jean-Marie-Antoine Edard, procureur du Roi en la maîtrise des eaux et forêts de Retz à Villers-Cotterets.

Henri Marsaux, commissaire aux saisies réelles, et receveur des consignations audit bailliage.

Nicolas Lalitte, laboureur.

Nicolas-Charles-Antoine Parisy, marchand de draps.

Pour la ville de la Ferté-Milon. — Jérôme-Denis Decrouy, prévôt de la prévôté et châtellenie royale de ladite ville; Lami, procureur du Roi de ladite prévôté; Aubry Dubochet, maire de ladite ville; Hautefeuille, ancien laboureur, demeurant en ladite ville.

Pour la paroisse de Pisseleux. — Mausecout; Picot; laboureurs.

Paroisse d'Haramont. — Lalouette, laboureur; Pottier, syndic.

Paroisse de Vauciennes et dépendances. — Rouelle; Tussart, laboureurs.

Paroisse de Vaumoise et dépendances. — Pugnaut, laboureur; Coutart, charron.

Paroisse de Dampleux. — Roussy, syndic; Desprez, aubergiste.

Paroisse de Vivières et dépendances. — Bourgeois, syndic; Bourniche, tous deux laboureurs à Vivières, et Lépine.

Paroisse de Bonneuil et dépendances. — Turlin, laboureur; Blesson, maréchal.

Paroisse de Saint-Quentin-les-Louvry. — Descrouy, juge; Lormier, syndic.

Paroisse de Troisne. — Lemoine, laboureur; Minouflet, garde d'étang.

Paroisse de Marisy Sainte-Geneviève. — Decrouy, juge; Gaillard, laboureur.

Paroisse de Pacy en Valois. — Decrouy, juge; Bernier, laboureur.

Paroisse de Chouy et dépendances. — Hutin; Berthelot.

Paroisse de Noroy. — Mocquet; Couprant, laboureurs.

Paroisse de Marolles. — Bocquet; David.

Paroisse de Mareuil. — Dubarle; Viet, laboureurs.

Paroisse de Futaine. — Lavoisier, laboureur; Clairet, paveur.

Paroisse de Villeneuve-sous-Thury. — Hamonier, charron; Vigreux, maréchal.

Paroisse de Thury en Valois. — Longuet; Veron, laboureurs.

Paroisse de Coulombs. — Aubry; Martin; Villecoq, menuisier.

Paroisse de Douy-la-Ramée. — Benoist; Crosnier, laboureurs.

Paroisse de Chesy en Orxois. — Charretier; Hutin, laboureurs.

Paroisse de Brumel. — Dufresne; Mesnars.

Paroisse de Marisy Saint-Marc. — Gaillard; Baillot, tous deux laboureurs et meuniers.

Paroisse de Montrou. — Gibert; Potier, laboureurs.

Paroisse de Cointicourt. — Mamette, laboureur; Desjardins, meunier.

Paroisse de Corcy. — Leroy, laboureur; Gacogne, meunier.

Paroisse de Fleury. — Despagne, meunier; Leboau, voiturier.

Paroisse d'Ancieneville. — Dusellier, entrepreneur de bâtiments ; Guenet, manouvrier.

Paroisse de Saint-Etienne. — Sivé ; Gaté, laboureurs.

Paroisse de Retheuil. — Duroyon ; Fagniet, laboureurs.

Paroisse de Mortfontaine et dépendances. — Giroux ; Desmoulins, laboureurs.

Paroisse de Taillefontaine. — Leclerc, laboureur ; Mocquet, gardé-port.

Paroisse de Crotoy et Martimont. — Lelong ; Vatebled, laboureurs.

Paroisse de Couloisy. — Fillion, laboureur.

Paroisse de Jaulsy. — Reculé, maître de poste ; Creté, laboureur.

Paroisse de Pierrefond et dépendances. — Desmoulins ; Mocquet ; Leclerc ; Israël, laboureurs.

Paroisse de Hautefontaine. — Dauré, laboureur ; Sivé, notaire.

Paroisse de Courtieux. — Goquelin ; Veron, laboureurs.

Paroisse de Montigny-Langrin. — Cauchemet ; Baillet, laboureurs.

Paroisse de Cuise-Lamotte et dépendances. — Corbie, syndic ; Milan, ancien meunier ; Campion, laboureur.

Paroisse d'Attichy. — Guibert, notaire ; Boulongue, bourgeois ; Thurié, charron.

Paroisse de Faverolles et Manereux. — Dauré, laboureur ; Milon, syndic.

Paroisse de Montgobert. — Bergeron, laboureur ; Houable, marchand.

Paroisse de Silly-la-Potterie. — Lefèvre, chaufournier ; Grimbert, cabaretier.

Paroisse de Longpont. — Bergeron, laboureur ; Bounier, cabaretier.

Paroisse de Saint-Jean-aux-Bois. — Leroy, meunier ; Deschamps, scieur de long.

Paroisse de Cayolles. — David, bourgeois, et Beugnaux, maçon.

Tous assemblés pour obéir à la lettre du Roi, à nous adressée le 24 janvier dernier, en vertu de notre ordonnance du 11 février suivant, et en conséquence de la notification des lettres du Roi, et règlement de Sa Majesté, et des assignations données, à la requête de M. le procureur du Roi, à tous les ecclésiastiques et communautés ecclésiastiques, aux officiers municipaux de ladite ville de la Ferté-Milon, et autres paroisses du ressort de ce bailliage, ainsi que des proclamations annoncées aux prônes, affiches et cris publics faits dans toute l'étendue de ce bailliage, conformément aux intentions du Roi, et dans les formes et délais prescrits par Sa Majesté ; ce dont il nous a été justifié à l'instant. Auxquels comparants, nous avons donné acte de leurs comparutions, et défaut contre les non comparants qui sont :

DU CLERGÉ :

Les dames abbesse, prieure et religieuses de Royal-Lieu, à cause de leur fief situé à Vaumoise.

Les sieurs prévôt, doyen et chanoines du chapitre de Saint-Gervais de Soissons, à cause de leur seigneurie de Chelles et du fief de Saint-Vulgis.

Les dames abbesse, prieure et religieuses de Notre-Dame de Soissons, à cause de leurs fiefs situés dans les paroisses de Corcy et Chouy.

Les doyen, chanoines et chapitre de Vincennes, à cause de leur domaine de la Loge-Tristan.

L'abbé commendataire de Saint-Crespin en chef de Soissons, à cause de son domaine de Louvial.

Les dames abbesse, prieure et religieuses de l'abbaye royale de Chelles, à cause de leur terre et seigneurie de Colombs.

M. le chevalier de Campion, commandeur de Malte, à cause de sa commanderie de Brumel.

L'abbé de Bernis, prévôt de Marisy Saint-Marc, à cause de sadite prévôté et terres en dépendantes.

Les abbé, prieur et chanoines réguliers de Saint-Léger de Soissons, congrégation de France, à cause de leur fief de Roylet.

Le directeur des économats de Soissons, à cause de la régie des biens des Célestins de Saint-Pierre en Chaste.

Le sieur Gabriel, à cause de son prieuré du Châtelet.

Le sieur Poiret, tant à cause de sa chapelle de Retheuil, que pour sa cure de Saint-Etienne.

Le sieur curé de Vauciennes.

Le sieur Ferté, desservant de Saint-Quentin lès-Louvry.

Le sieur Lemaire, curé de Mortfontaine.

Le sieur Delfosse, desservant de Longpont,

Et le sieur Poncelet, curé de Berogne.

DE LA NOBLESSE :

Le sieur Leferon, à cause de son fief, du Grand-Autreval, situé à Pierrefond,

Et M. le marquis du Coudrai, à cause de sa terre et seigneurie de Doux-la-Ramée.

ET DU TIERS-ÉTAT :

La communauté de la paroisse de Chelles.

Tous lesquels sieurs et dames susnommés, ayant néanmoins été assignés à la requête de M. le procureur du Roi, à l'effet de comparaître en la présente assemblée, par exploits d'Hubert, Perrot et Daumont, huissiers, des 2, 3, 4, 5, 6 et 7 de ce mois.

CAHIER

De doléances de l'ordre du clergé du bailliage de Villers-Cotterets (1).

Art. 1er. L'indépendance réciproque des trois ordres de l'État étant la base de la liberté publique, aucun des trois ordres ne peut être obligé par les deux autres dans les assemblées nationales, soit des bailliages, soit des États généraux ; en conséquence, nous déclarons que, dans aucun cas, et sous quelque prétexte que ce puisse être, les trois ordres ne pourront délibérer en commun, ni opiner par tête, si ce n'est du consentement des trois ordres, après qu'il en aura été délibéré préalablement et séparément dans chacun desdits trois ordres. Déclarons même que, dans le cas où, en vertu du consentement donné préalablement et séparément, les trois ordres délibéreraient ensemble, chacun d'eux ait le droit de rompre l'assemblée commune, et de se retirer dans sa chambre, lorsque le quart des membres de l'un des trois ordres le demandera.

Art. 2. L'égalité de l'imposition entre tous les sujets du Roi, sans acception de la naissance, des dignités et des places et immunités, est désirée, consentie et convenue unanimement par les trois ordres de ce bailliage. Mais, en donnant cet exemple de justice et de désintéressement, l'ordre du clergé et de la noblesse se réservent expressément les honneurs, droits et prééminences qui leur appartiennent d'après la constitution de la

(1) Nous publions ce cahier d'après un manuscrit de *Archives de l'Empire.*

monarchie et les lois de l'Etat, et qui sont dans leurs mains une propriété aussi inattaquable que toutes les autres propriétés des sujets du Roi L'ordre du tiers-état, de son côté, en reconnaissant, à cet égard, la justice des réclamations du clergé et de la noblesse, se borne à demander la suppression totale des priviléges pécuniaires, et l'égalité la plus absolue dans la répartition des impôts.

Art. 3. Les députés qui seront par nous ci-après nommés, solliciteront les Etats généraux de prendre toutes les mesures nécessaires pour obtenir du Roi :

1° Que les bénéfices ne puissent pas s'accumuler sur une seule tête, et qu'ils ne soient désormais donnés que de la manière la plus utile pour la religion et pour l'Etat.

2° Que la vénalité de la noblesse soit abolie, c'est-à-dire qu'aucune charge ni office ne puissent plus donner à l'avenir la noblesse ; mais que la noblesse ne soit désormais accordée que pour des services signalés, rendus à l'Etat, dans tous les genres ; et qu'il soit accordé, tous les ans, un anoblissement dans chaque province, sur la réclamation publique et la demande des Etats provinciaux.

3° Qu'il soit accordé des encouragements de toute espèce aux jurisconsultes, aux commerçants, aux agriculteurs, aux artistes, et des distinctions publiques à tous les citoyens qui s'en rendront dignes par de grandes vertus, de grands talents et de grands services.

4° Augmentation des portions congrues ; qu'elles soient honnêtes et décentes.

5° Que les impositions à établir soient supportées par les ecclésiastiques comme par les autres citoyens, perçues et imposées par les mêmes préposés, soit par le Roi, soit par les Etats provinciaux.

6° Pourvoir à la subsistance des pauvres dans leurs paroisses, sans les laisser sortir.

7° Qu'il soit établi une règle sûre et invariable pour les impôts, afin que chacun sache, par lui-même, ce qu'il doit.

8° Diminuer, simplifier les perceptions très-onéreuses des impôts.

9° Qu'il soit composé, par le clergé, un catéchisme national ; et que chaque évêque ne puisse le changer à son gré.

10° Que dans les paroisses, composées de plus de trois cents communiants, et de quelques hameaux, il y soit établi un vicaire.

11° Qu'il soit fait une pension annuelle aux curés vieillards et infirmes, pour les soutenir le reste de leurs jours.

12° Qu'il soit envoyé dans les villes des matrones brevetées pour former des sages-femmes pour le service des paroisses de campagne.

13° Qu'il soit fondé, dans toutes les paroisses, un maître d'école, suffisamment doté, et un bâtiment pour les écoles, et que l'instruction de la jeunesse soit gratuite.

14° Qu'il soit envoyé, dans toutes les paroisses situées sur le bord des rivières, une boîte fumigatoire pour les noyés, et une boîte de médicaments gratuits pour les pauvres.

15° Que les curés président les assemblées municipales dans les paroisses, en l'absence des seigneurs.

16° Que le droit de déport soit supprimé.

17° Qu'il soit tenu un concile national et des synodes diocésains.

18° Suppression du Concordat, et rétablissement de la Pragmatique-Sanction.

19° La suppression des serments à la réception d'un sujet, dans quelque état que ce soit : la parole d'honneur d'un homme devant suffire s'il est honnête, et le serment n'y ajoutant qu'un crime, s'il ne l'est pas.

20° Conservation des corps réguliers, les maintenir dans leur institut, sans toucher à leurs propriétés.

21° Qu'il soit établi des magasins de blé locaux, pour, en tous temps, pourvoir à la subsistance du pauvre peuple.

22° Que les agioteurs, les accapareurs de blés, soient recherchés et sévèrement punis.

23° Observer les canons du concile de Trente, au sujet de la pluralité des bénéfices.

24° Renouveler les ordonnances de police par rapport à l'observation des dimanches et fêtes.

25° Qu'il soit établi un commissaire de police dans chaque paroisse de campagne.

26° Diminution du prix du sel, et qu'il soit de meilleure qualité.

27° Empêcher l'impression et la circulation des livres contraires à la religion, aux mœurs et à l'Etat.

28° Que les vicaires qui auront desservi, pendant dix ans, une paroisse, jouissent des droits des gradués, et ne puissent être évincés par les gradués de date au-dessous de dix ans.

29° Que les curés qui auront desservi pendant vingt ans, jouissent des droits de sexagénaire.

30° Que les baux de tous les bénéficiers ne soient point résiliés à la mort du titulaire ; que la justice visite, tous les deux ans au plus tard, les bâtiments ecclésiastiques, pour en constater l'état.

31° Réforme nécessaire de la justice dans le code criminel et dans les magistrats prévaricateurs.

32° L'assemblée se réserve expressément ses propriétés, droits et privilèges, non relatifs aux charges à supporter comme citoyens.

33° Que le clergé se trouvant dans la même position que les autres citoyens, supplie le Roi de confondre les dettes du clergé avec celles de l'Etat.

Fait et arrêté unanimement en l'assemblée du clergé du bailliage de Villers-Cotterets, le 13 mars 1789. Signé à la minute des présentes :

De Saisseval, abbé de Villers-Cotterets ; Duboys de Myret, curé de Corcy ; Héloin, curé de Bouneuil ; de Bigault, curé de Pierrefonds ; Le Loutre ; F. Valey, prieur de Longpont ; Le Blanc de Beaulieu, grand chantre de Sainte-Geneviève ; Nanteuil, curé d'Haramont ; de Bausière, curé de Chesy ; F. Clément, Lami, prieur de Saint-Lazare ; Roguin, curé de Mareuil ; Fontaine de Grandmaison, curé de Thury ; Chevalieur, curé de Taillefontaine ; Berthault, chanoine régulier, prieur de Montgobert ; Croyer, prieur-curé de Dampleux ; F. Lemaire, prieur-curé de Silly ; Bouvalot, prieur de Saint-Jean ; de la Combe, prieur-curé de Vivières ; Leroy de Boroger, prieur-curé de Marisy-Sainte-Geneviève ; Wallet, curé de la Chaussée de la Ferté-Milon ; Jacquot, prieur de Cerfroid ; Machet, curé de Troisne ; Gallard, prieur d'Ancienville ; F.-A. Lattard ; Boully, curé d'Altichy ; Gouillard, curé de Pisseleux ; Cl. Duliège, cure de Cayolles ; Doffagne, curé de Vaumoise ; De Latour, prieur de Villers-Cotterets ; F. Soyez, prieur-curé d'Oigny ; Terrier ; Pinson, curé de Cuise-Lamotte, et Thiebault, curé de Futaine, secrétaire de l'assemblée.

CAHIER

Des doléances de l'ordre de la noblesse du bailliage de Villers-Cotterets (1).

La nation, réintégrée dans ses droits, s'élance vers la reconnaissance. Si le Français aime à se livrer à ce sentiment, c'est surtout lorsqu'il se confond dans son cœur avec l'amour pour son roi, avec le dévouement pour sa patrie. Il prodigue ses biens, il sacrifie sa vie pour la prospérité de l'État ; et lorsqu'au prix de son sang, il soutient la cause de l'honneur, lorsque son ennemi appelle la victoire, le Français la fixe et la confirme par le cri naturel de son cœur, par une exclamation de vive le Roi ! Ce vœu est son triomphe, et le succès ne lui est cher que pour en faire hommage au chef de la nation.

Si le patriotisme pouvait s'affaiblir un moment dans le cœur des Français, c'est dans celui de la noblesse qu'on viendrait en rallumer le flambeau.

Elle est accoutumée dès l'aurore de la monarchie à partager les périls avec le tiers-état, à le guider dans les combats, à épargner et ménager un sang qui lui est confié, d'autant plus précieux qu'il est prodigué sans regret.

Les mêmes principes l'animent aujourd'hui ; et dans la stipulation des intérêts réunis de la nation, elle veut apporter la même économie pour ménager les intérêts de cet ordre ; et si la jalousie pouvait entrer dans des cœurs nobles, le second ordre envierait au clergé la suprématie du rang pour être le premier à annoncer le sacrifice de ses privilèges pécuniaires, le vœu de la répartition universelle des impositions sans distinction d'ordre ni de rang.

Dépouillée donc de tout intérêt personnel qui aveugle souvent le plus sage, la noblesse ne veut envisager que le bonheur de la nation, et n'a d'autre but que d'y concourir en déclarant :

Que l'indépendance réciproque des trois ordres de l'État, étant la base de la liberté publique, aucun des trois ordres ne peut être obligé par les deux autres dans les assemblées nationales, soit des bailliages, soit des États généraux ; en conséquence, dans aucun cas, et sous quelque prétexte que ce puisse être, les trois ordres ne pourront délibérer en commun, ni opiner par tête, si ce n'est du consentement unanime des trois ordres; après qu'il en aura été délibéré préalablement et séparément, les trois ordres délibéreraient ensemble, chacun d'eux aurait le droit de rompre l'assemblée commune et de se retirer dans sa chambre, lorsque le quart de l'un des trois ordres le demandera.

L'égalité de l'imposition entre tous les sujets du Roi, sans exception de la naissance, des dignités et des places et immunités, est désirée, consentie et convenue unanimement par lesdits trois ordres de ce bailliage. Mais, en donnant cet exemple de justice et de désintéressement, l'ordre du clergé et de la noblesse se réservent expressément les honneurs de droits et prééminences qui leur appartiennent d'après la constitution de la monarchie et les lois de l'État, et qui sont, dans leurs mains, une propriété aussi inattaquable que toutes les autres propriétés des sujets du Roi ; l'ordre du tiers, de son côté, en reconnaissant à cet égard la justice des réclamations du clergé et de la noblesse, se borne à demander la suppres-

sion totale des privilèges pécuniaires, et l'égalité la plus absolue dans la répartition des impôts.

Les députés qui seront par nous ci-après nommés solliciteront les États généraux de prendre toutes les mesures nécessaires pour obtenir du Roi :

1° Que les bénéfices ne puissent pas s'accumuler sur une même tête, et qu'ils ne soient désormais donnés que de la manière la plus utile à la religion et à l'État.

2° Que la vénalité de la noblesse soit abolie, c'est-à-dire qu'aucune charge ni office ne puisse plus donner à l'avenir la noblesse ; mais que la noblesse ne soit désormais accordée que pour des services signalés, rendus à l'État, dans tous les genres ; et qu'il soit accordé, tous les ans, un anoblissement dans chaque province, sur la réclamation publique et la demande des États provinciaux.

3° Qu'il soit accordé des encouragements de toute espèce aux jurisconsultes, aux commerçants, aux agriculteurs, aux artistes, et des distinctions publiques à tous les citoyens qui s'en seront rendus dignes par de grandes vertus, de grands talents et de grands services.

Demandant en outre :

1° Que les États généraux fixeront leur retour à trois ans.

2° Qu'aucun impôt ou subside ne pourra être consenti que par les trois ordres.

3° Qu'aucun impôt ou subside ne pourra être accordé, qu'aucun emprunt ne pourra avoir lieu qu'après avoir été consenti par les trois ordres.

4° Que cet impôt ou subside ne pourra être consenti que pour trois ans, époque fixée pour le retour périodique des États généraux.

5° Que les nobles, renonçant à tous leur privilèges pécuniaires, ils consentent à supporter tous les subsides ou impôts proportionnellement à leurs fortunes.

6° Qu'il y ait une peine prononcée contre tout citoyen qui aura fait la déclaration de ses biens de mauvaise foi.

7° Que si un commis ou receveur percevait ou tentait de percevoir quelques impôts, passé le temps de leur concession de trois années, il soit poursuivi et puni comme concussionnaire.

8° Que les États généraux, avant de se séparer, nomment une commission intermédiaire, dont la durée expire au retour des États généraux, et dont les pouvoirs soient très-restreints.

9° Qu'ils soit nommé deux inspecteurs du trésor royal, pris dans le sein des députés aux États généraux, l'un pour la caisse des amortissements et le payement des rentes perpétuelles et viagères, et l'autre pour les dépenses particulières à chaque département.

10° Que lesdits inspecteurs se conforment, pour tous les payements, à ce qui aura été arrêté par les États généraux.

11° Que lesdits inspecteurs rendent compte, tous les trois mois, à la commission intermédiaire, et que le compte certifié véritable par elle, devienne public tous les ans.

12° Que l'examen des comptes des trois ans soit fait par les États généraux à leur rentrée, et qu'ils ne puissent consentir aucun impôt qu'après la clôture et réception desdits comptes.

13° Que s'il arrive une guerre ou d'autres événements imprévus qui nécessitent un emprunt très-prompt, la commission intermédiaire pourra le constituer, mais que la somme en sera fixée provisoirement par les États généraux avant de se séparer ; et que, dans ce cas, l'édit d'emprunt

(1) Nous publions ce cahier d'après un manuscrit des *Archives de l'Empire*.

sera enregistré dans toutes les cours, et qu'il portera que les États généraux seront convoqués au plus tard avant trois mois.

14° Les vicissitudes humaines obligent de prévoir des événements dont tous les sujets gémissent; mais s'il arrivait une minorité ou régence, que les États généraux seront convoqués sur-le-champ.

15° Que des États provinciaux remplaceront, dans tout le royaume, à époques fixes et annuelles, les assemblées provinciales établies par l'édit de 1787, dont les campagnes commencent à ressentir un bon effet. Les États seraient, pour la première fois, composés de députés des assemblées actuelles d'élections; ces assemblées se tiendraient quinze jours avant les États provinciaux, afin que les membres choisis, instruits des forces et besoins de leurs ressorts, pussent porter leurs cahiers aux États provinciaux : ce qui rendrait le vœu des délibérations d'une exécution plus prompte. Ces députés d'élections reporteraient le résultat du travail des États provinciaux à leur commission intermédiaire, pour y faire exécuter tout ce qui aurait été arrêté, et la régénération de ces assemblées ou États provinciaux se ferait par tiers, d'année en année, par les trois ordres.

16° Que les domaines du Roi, trop négligés pour la plupart, pourront être aliénés, mais jamais échangés ; les échanges étant souvent frauduleux ; que le produit de ces ventes, pour le bien de l'État, sera versé dans la caisse des amortissements, mais que les forêts, ressources essentielles de l'État, ne seront pas comprises dans les aliénations; qu'elles seront, au contraire, réservées et commises à la régie et discipline des États provinciaux, pour être, par la suite, employées à former les apanages des princes; lesquels apanages ne peuvent être formés que par les États généraux qui, constitutionnellement, en ont le droit.

A l'égard des objets engagés jusqu'à ce jour, il est à désirer, pour la tranquillité publique, qu'ils soient confirmés.

17° Qu'aucun citoyen ne pourra être exilé, enfermé ni molesté dans sa personne et dans ses biens, que par un jugement légal.

18° Que s'il arrive qu'un citoyen encoure la disgrâce du Roi, manque à sa patrie, ou commette quelque délit contraire à la société, il sera remis, dans trois jours, entre les mains de la justice réglée, et qu'à l'égard de la liberté individuelle, réclamée généralement, la loi en sera rédigée avec toute la sagesse et la circonspection que sauront y mettre les États généraux.

19° Que cette liberté individuelle entraîne nécessairement la liberté de la presse ; mais qu'elle ne doit être permise qu'avec des modifications qu'exige le bonheur public, la conservation des mœurs, la religion et le bien général.

20° Qu'aucune loi générale et permanente quelconque ne sera établie à l'avenir que par le concours mutuel de l'autorité du Roi, et du consentement général de la nation, représentée par les États généraux.

21° Qu'au Roi seul appartiendra la distribution des grâces et pensions; que la masse en sera fixée ; que l'état motivé en sera rendu public tous les ans : ce qui donnera la certitude qu'elles ne seront accordées qu'au mérite : les effets de la bonté et de la justice de Sa Majesté ne pouvant être trop connus de ses sujets.

22° Que Sa Majesté sera suppliée de ne plus cumuler les bénéfices et grâces militaires sur une même tête, et d'ordonner que les pourvus de bénéfices qui sont libres et sans service nécessité, fassent une résidence d'au moins six mois.

23° Qu'après un mûr examen de la dette du clergé, les États généraux aviseront aux moyens de l'éteindre.

24° Que, pour le bien de l'agriculture, les baux des bénéficiers usufruitiers et grevés de substitutions, auront leur durée nonobstant les mutations qui arrivent dans ces jouissances usufruitières.

24° bis. Que les formalités à observer par les cultivateurs, pour les mettre à l'abri du dégât du gibier, et pour solliciter les indemnités, étant d'une exécution difficile et coûteuse, il sera demandé une loi qui, assurant les moissons, soit combinée avec sagesse.

25° Que les futaies, ayant toujours été exemptes de toutes contributions, cette exemption, accordée par une sage prévoyance pour ménager à l'État les bois de construction, sera maintenue, et que, pour engager à multiplier les bois, ceux qui seront affranchis de toute contribution pendant trente années, et les gens de mainmorte, seront engagés à en planter de nouveaux.

26° Que les célibataires, habitants des villes, âgés de plus de trente ans, seront désormais imposés à une taxe proportionnelle à leurs facultés, additionnelle à leurs contributions, comme citoyens.

27° Que les faillites et banqueroutes ont causé un désordre bien fréquent depuis quelques années; qu'elles semblent s'être multipliées par l'impunité, par les lettres de surséance, et par les commissions auxquelles la connaissance de ces faillites a été attribuée, considérations particulières qui, trop souvent, ont mis les criminels à l'abri de l'opprobre dont ils devraient être couverts; qu'il est essentiel que de tels délits envers l'État ou envers la société soient réprimés par les juges qui en ont la connaissance légale.

28° Que la répartition de l'impôt qui pourra être consenti, sera faite de manière que les campagnes ne les supportent pas en entier, et que les habitants des villes et capitalistes y contribuent.

29° Que la nation a été effrayée du déficit énorme annoncé à l'assemblée des notables; qu'elle ne peut en comprendre les causes ; qu'elle ne peut les attribuer qu'à trop de facilité, de négligence, d'ignorance ou de prodigalité des ministres passagers; que, de ces ministres, plusieurs paraissent s'être rendus criminels, et avoir mérité l'indignation de tous les Français qui auraient peut-être des droits à demander qu'ils fussent punis ; mais que l'animosité et la haine répugnent aux Français; qu'ils aiment mieux fermer les yeux sur les désordres passés et sur la dilapidation si criminelle des finances, en reconnaissant dès ce moment la dette nationale ; et que, pour éviter par la suite de pareils désordres, il est de nécessité absolue que chaque ministre soit responsable de son administration.

39° Que, puisqu'il est évident qu'il faut consentir un impôt, ce consentement existe dans le cœur de tous les Français, Mais les États généraux doivent, au préalable, étudier l'état actuel des finances, le produit des subsides déjà établis, pénétrer dans le dédale obscur du déficit, en sonder les profondeurs. Ce n'est que d'après ces connaissances que les représentants peuvent accorder un impôt proportionné aux besoins réels et constatés de l'État.

Fait et arrêté par nous, grand bailli d'épée du

bailliage de Villers-Cotterets, et nobles possédant fiefs, domiciliés dans son ressort.

Signé à la minute des présentes :

Barbançon ; de Bois-Massot ; d'Estrées ; le marquis de Thuily ; Villepail ; le comte de Montholon ; le marquis de Mazancourt ; le vicomte de Melun ; Foucault ; Bouverot ; Duhal ; le comte de Mazancourt ; le comte de Boursoune ; Preaudeau ; de Chemilly ; de Mercy ; Héricart de Thury, et Louis-F. Héricart de Thury, secrétaire.

CAHIER GÉNÉRAL

Des plaintes, doléances et demandes de l'assemblée générale du tiers-état du bailliage de Villers-Cotterets, avec les pouvoirs et instructions donnés par ladite assemblée à ses députés aux États généraux (1).

Art. 1er. L'indépendance et l'égalité réciproque des trois ordres de l'État, étant la base de la liberté publique, aucun des trois ordres ne peut être obligé pour les deux autres dans les assemblées nationales, soit des bailliages, soit des États généraux ; en conséquence, nous déclarons que, dans aucun cas, et sous quelque prétexte que ce puisse être, les trois ordres ne pourront délibérer en commun, ni opiner par tête, si ce n'est du consentement unanime des trois ordres ; déclarons même que, dans le cas où, en vertu du consentement donné préalablement et séparément, les trois ordres délibéreraient ensemble, chacun d'eux a le droit de rompre l'assemblée commencée, et de se retirer dans sa chambre, lorsqu'un seul des membres de l'un des trois le demandera.

Art. 2. L'égalité de l'imposition entre tous les sujets du Roi, sans acception de la naissance, des dignités et des places, à raison des facultés de chacun, sera demandée comme une condition essentielle sans laquelle nos députés ne pourront consentir la continuation d'aucun impôt. Mais, en demandant cette justice, nous n'entendons point contester au clergé et à la noblesse leurs droits, honneurs, prérogatives et prééminences honorifiques, et tout ce qui n'est pas exemptions pécuniaires, contre lesquelles nous réclamons, et dont nous demandons absolument la suppression.

Art. 3. Les députés qui seront par nous nommés solliciteront les États généraux de prendre toutes les mesures nécessaires pour obtenir du Roi :

1º Que les bénéfices ne puissent s'accumuler sur la même tête ; qu'ils ne soient désormais donnés que de la manière la plus utile pour la religion et pour l'État, et que les riches bénéficiers soient tenus de résider dans leurs bénéfices.

2º Que la vénalité de la noblesse soit abolie, c'est-à-dire qu'aucune charge ni office ne puisse plus à l'avenir donner la noblesse ; mais que la noblesse ne soit désormais accordée que par lettre du souverain que pour des services signalés rendus à l'État dans tous les genres ; et qu'il soit accordé, tous les ans, un anoblissement dans chaque province, sur l'acclamation publique et la demande des États provinciaux.

3º Qu'il soit accordé des encouragements de toute espèce aux jurisconsultes, aux commerçants, aux agriculteurs, aux artistes, et des distinctions publiques à tous citoyens qui s'en ren-

dront dignes par de grandes vertus, de grands talents et de grands services.

4º L'admission des roturiers dans les grades d'officiers.

Art. 4. Pour assurer la liberté personnelle, il sera fait défense à qui que ce soit, autre que ceux qui, par état, prêtent main-forte à justice, d'arrêter aucun citoyen, de force, en vertu de quelque ordre que ce soit, sans en être responsable en justice ; en conséquence, aucun citoyen ne pourra être exilé, enfermé, ni molesté en sa personne ni en ses biens, que par un jugement légal ; s'il arrive qu'un citoyen encoure la disgrâce de Sa Majesté, manque à sa patrie ou à quelqu'un de ses concitoyens, et qu'il se trouve, pour ce, détenu, il sera remis, dans les trois jours, entre les mains de la justice réglée. A l'égard de la liberté individuelle, nous demandons que la loi qui l'assurera soit modifiée et accordée avec la sagesse et la circonspection que sauront y apporter les États généraux.

Art. 5. La liberté de publier des opinions faisant partie de la liberté individuelle, puisque l'homme ne peut être libre quand sa pensée est esclave, la liberté indéfinie de la presse sera établie par suppression absolue de la censure, à la charge par l'imprimeur d'apposer son nom à tous les ouvrages, et de répondre personnellement, lui ou l'auteur, de tout ce que les écrits pourraient contenir de contraire à la religion dominante, à l'ordre général, à l'honnêteté publique et à l'honneur des citoyens.

Art. 6. Le respect le plus absolu pour toute lettre confiée à la poste sera pareillement ordonné ; et on prendra les moyens les plus sûrs d'empêcher qu'il y soit porté atteinte.

Art. 7. Il sera reconnu, dans la forme la plus solennelle, par un acte authentique et permanent, que la nation seule, assemblée en États généraux, du consentement exprès de chacun des trois ordres, a droit de s'imposer, c'est-à-dire d'accorder ou de refuser les subsides, d'en régler l'étendue, l'emploi, l'assiette, la répartition et la durée, d'ouvrir des emprunts, etc. ; et que toute autre manière d'imposer ou d'emprunter est illégale, inconstitutionnelle, et de nul effet.

Art. 8. Les États généraux ne pourront consentir les impôts que pour un temps limité et jusqu'à la prochaine tenue des États, en sorte que cette prochaine tenue, venant à ne pas avoir lieu, tout impôt cesse de droit ; dans ce cas, autoriser les États particuliers à s'opposer à la levée desdits impôts, et même les cours souveraines à poursuivre comme concussionnaires tous ceux qui voudraient en continuer la perception.

Art. 9. Le retour périodique des États généraux sera fixé à un terme court ; et dans le cas d'un changement de règne ou de celui d'une régence, ils seront assemblés extraordinairement dans un délai de six semaines ou deux mois ; et on ne négligera aucun moyen propre à assurer l'exécution de la loi sera réglé à cet égard.

Art. 10. Les ministres seront comptables aux États généraux de l'emploi des fonds qui leur seront confiés, et responsables auxdits États de leur conduite en tout ce qui sera relatif aux lois du royaume.

Art. 11. La dette de l'État sera consolidée.

Art. 12. L'impôt ne sera consenti qu'après avoir reconnu l'étendue de la dette nationale, et après avoir vérifié et réglé les dépenses de l'État.

Art. 13. L'impôt consenti sera généralement et également réparti sur tous les citoyens sans ex-

---

(1) Nous publions ce cahier d'après un manuscrit des *Archives de l'Empire.*

ception; et tout citoyen, qui sera convaincu d'avoir fait une fausse déclaration de ses biens, sera condamné à payer, pendant deux ans, le double de l'imposition qu'il aurait dû supporter.

Art. 14. Il sera statué que, non-seulement aucune loi générale et permanente ne soit établie à l'avenir qu'au sein des États généraux, et par le concours mutuel de l'autorité du Roi et du consentement unanime de la nation; que ces lois, portant dans le préambule ces mots: *De l'avis et du consentement des gens des trois États du royaume*, etc., seront, pendant la tenue même de l'assemblée nationale, envoyées au parlement de Paris, les princes et pairs y séant, et aux parlements des provinces, pour y être inscrites sur les registres.

Art. 15. Il sera arrêté que les lois, autres que les lois générales ou permanentes, ou bursales, c'est-à-dire les simples lois d'administration et de police, seront, pendant l'absence des États généraux, provisoirement adressées à l'enregistrement libre, et à la vérification des cours, comme il a toujours été pratiqué, mais qu'elles n'auront de force que jusqu'à la tenue de l'assemblée nationale, où elles auront besoin de ratification pour continuer à être obligatoires.

Art. 16. La confirmation des capitulations et des traités qui unissent les provinces à la couronne, sera demandée ainsi que le maintien de toutes propriétés particulières, dont le droit sera inviolable; et il sera arrêté que nul ne pourra en être privé, qu'il n'en soit dédommagé au plus haut prix et sans délai.

Art. 17. On s'occupera de la réforme de la législation civile et criminelle pour simplifier les formes de la procédure, en abréger le délai, et faire un tarif général des droits, épices, et autres frais; faire un arrondissement raisonnable de justices royales, et donner aux bailliages le droit de juger en dernier ressort jusqu'à une somme plus considérable que celle qui est actuellement déterminée.

Art. 18. Nous demandons la suppression des droits de péages, hallages, minages et des banalités, celle des grandes gabelles, leur conversion en un prix modéré du sel; et la fixation claire, précise et modérée des droits domaniaux et de contrôle; enfin, la suppression des droits d'aides, et leur remplacement par un droit simple et d'une facile perception.

Art. 19. On demandera la réintégration des privilèges des villes du royaume en ce qui concerne la libre élection des officiers municipaux, et l'entière disposition des revenus des communes, lesquelles ne seront plus soumises à l'inspection des commissaires départis, ni à celle du ministère.

Art. 20. Le rétablissement ou la formation des États particuliers organisés sur le modèle des États généraux, avec entre autres différences cependant que les premiers se tiendront tous les ans, qu'ils auront seuls une commission intermédiaire toujours subsistante pendant le temps qu'ils ne seront pas assemblés, ainsi que des procureurs généraux-syndics, chargés de veiller spécialement aux intérêts de leurs concitoyens, et de mettre opposition, par-devant les cours, à l'enregistrement des lois locales et momentanées, promulguées dans les intervalles de la convocation de l'assemblée nationale, lorsqu'elles pourront contenir des clauses contraires aux privilèges de leurs provinces, et sous la condition expresse que les États provinciaux ne pourront, sous aucun prétexte, consentir qu'il soit perçu aucun impôt,

subsides, ni octrois, à quelque titre que ce soit, qui n'auraient pas été préalablement accordés par les États généraux.

Art. 21. On demandera l'établissement des meilleurs moyens d'assurer l'exécution des lois du royaume, en sorte qu'aucune ne puisse être enfreinte sans que quelqu'un en soit responsable.

Art. 22. On demande l'abolition de toutes commissions particulières, évocations au conseil, *committimus*; la suppression des bureaux des finances, et des tribunaux d'exception.

Art. 23. Il est adjoint aux députés de ce bailliage d'insister, autant qu'il sera possible, pour qu'il soit statué, dans l'assemblée des États, sur tous les articles ci-dessus, préalablement à toute autre délibération, et surtout avant de voter pour l'impôt.

Art. 24. Après l'obtention de tous lesdits articles, ou, au moins, après que nos députés auront fait leur possible pour l'obtenir et y faire statuer, il sera permis aux députés de délibérer sur les subsides, et alors on exigera :

1° Le tableau exact et détaillé de la situation des finances.

2° La connaissance approfondie du montant du déficit et de ses véritables causes.

3° La publication annuelle des états de recette et de dépense, auxquels sera jointe la liste des pensions, avec l'énonciation des motifs qui les auront fait accorder.

4° La reddition publique des comptes par pièces justificatives, à chaque tenue des États.

5° La fixation motivée des dépenses des divers départements.

6° L'extinction de tous les impôts distinctifs, et l'égalité de la répartition.

7° Le reculement des douanes jusqu'aux frontières du royaume.

8° Le refus à l'avenir et la suppression actuelle de tous privilèges exclusifs qui seraient destructeurs du commerce, de l'industrie et de l'agriculture.

9° La suppression des capitaineries de chasses.

10° La suppression des recettes générales et des caisses particulières, pour faire passer directement au trésor royal, par la voie des États provinciaux, le produit des impôts.

11° La révision, dans l'assemblée nationale, de toutes les lois rendues sur quelque matière que ce soit, depuis la tenue des États de 1614, pour, les unes, être consenties ou modifiées, et les autres abrogées, attendu que les simples enregistrements des cours souveraines n'ont pu suppléer au consentement de la nation, et conséquemment leur imprimer le caractère de la loi.

Art. 25. Ces objets, une fois réglés, les députés pourront, au nom de l'assemblée générale de ce bailliage, consentir à l'octroi des seuls subsides qu'on jugera absolument nécessaires aux besoins réels et indispensables de l'État; et pour le remplacement des impôts actuels, qui seront abolis en totalité, on préférera les taxes peu nombreuses, d'une perception simple, facile, et toujours limitée au terme de la convocation de l'assemblée nationale.

Art. 26. Il est expressément recommandé aux députés de demander la réforme dans l'administration des biens de l'Église, et la dotation de tous les curés du royaume, d'une manière à les mettre en état d'accorder les secours dont leurs paroisses auront besoin; la conservation des maisons religieuses rentées qui sont utiles; et dans le cas de la nécessité de leur suppression, leur conversion en établissements utiles sur les lieux, tels que colléges, séminaires, maisons de charité, et autres ; enfin, une loi qui assure l'exécution des baux faits par les gens de mainmorte, même après leur décès ou démission, et dans tous les cas possibles, ainsi que ceux faits par les personnes et propriétaires grevés de substitutions.

Art. 27. On demande que l'on détermine une seconde tenue des mêmes États généraux, sans nouvelle élection, qui aura lieu avant le retour de la première époque de l'assemblée périodique ; à laquelle tenue seront renvoyées toutes les autres propositions de réforme, dont les diverses parties de l'administration seront évidemment susceptibles, et qui ne pourraient que détourner l'attention des députés des objets plus importants qui leur sont recommandés. Mais pour mettre la deuxième assemblée à portée d'adopter les plans les plus sages, Sa Majesté sera instamment suppliée de former, dans l'intervalle des deux tenues, divers comités de magistrature, guerre, marine, finance, agriculture, commerce, arts, etc., composés des hommes les plus intègres, les plus éclairés, que lui désignera la voix publique, et qui appelleront encore le concours de toutes les lumières de la nation.

Art. 28. Retirer aux seigneurs censitaires, gens de mainmorte, la faculté de céder le retrait dudit droit censuel.

Art. 29. Obliger chaque paroisse à nourrir ses pauvres ; et obtenir une loi qui détermine, d'une manière raisonnable et favorable à l'agriculture et à la population, le nombre de charrues que chaque fermier pourra exploiter.

Art. 30. Tous les cahiers des différentes paroisses seront remis aux députes du bailliage pour leur servir de mémoire et d'instruction à l'assemblée des États généraux, pour, après ladite assemblée, lesdits cahiers être, par lesdits sieurs députés, remis au greffe de ce bailliage et y rester déposés ; le tout, afin que les supplications, les doléances et les demandes des laboureurs, des pauvres habitants des campagnes, des citoyens qui sont opprimés depuis si longtemps, puissent être connus dans toute leur étendue, et ne soient pas exposés à être restreintes et morcelées, en les réduisant à un seul cahier.

Art. 31. Nous donnons à nos députés les pouvoirs généraux et suffisants pour proposer, remontrer, aviser et consentir, ainsi qu'il est porté aux lettres de convocation, et à l'article 45 du règlement du 24 janvier dernier ; et à l'égard des pouvoirs particuliers, nous en donnons, dès à présent, de tels semblables que ceux qui seront donnés aux députés du clergé et de la noblesse par leurs ordres respectifs.

Signé, en la minute du présent :

Lemaire ; Guilhot ; Dequen ; Edart ; Michel ; Pottier ; Gibert ; Marsaux ; Guilhot de Ploisy ; Dauré ; Parisis ; Tassart ; Picot ; Latitte; Aubry ; Sivé ; Martin ; Villecocq ; Dufresne ; Turlin ; Desmoulins ; Corbie ; Giroust ; Gaillard ; Massiette ; Chartier ; Campion ; Hutin ; Méry ; C. Ménard ; Mocquet ; Bergeron ; Leclerc ; Besson ; Bergeron ; Couprant ; Benoist ; Guibert ; Hutin ; Claré ; Bounier ; Sivé ; Crosnier ; Manscourt ; Desjardeins ; Bouroiche ; Gatté ; Milhau ; Minouflet ; Pottier ; C. Copendart ; Guesnet ; Beugneaux ; Reculez; Creté ; Leclerc ; Lebeaux ; Fagnet ; Leroi ; Oualle ; C. Bartelot ; Despres ; Despeagne ; Deschamps ; Goquelin ; Leroi ; Gacougne, Du Royou ; Veron ; A. Thurier ; Filliou ; Cauchemé ; Bailliet ; Desmoulins ; Lecler ; Melaye ; Israël ; Aubri Dubochet ; Fillion ; Lelong ; Vuatebled ; Ducellier ; Roussy ; Viet ; Bayot ; Hamonier ; Lefèvre ; Veron ; Pugnant , Bernier ; Lamy ; Dubarle ; Hautefeuille ; Lavoisier ; Gaillard ; Dauré ; Longuet ; Boquet ; Vigreux ; David ; Grimbert ; Bourgeois ; Ruelle , et Coutard.

Collationné et certifié véritable par moi, greffier en chef du bailliage de Villers-Cotterets, soussigné.

Signé DEQUEU.

BAILLIAGE DE VITRY-LE-FRANÇOIS.

LISTE

Des comparants des trois ordres du bailliage de Vitry-le-François (1).

ORDRE DU CLERGÉ.

Messieurs :

Nicolas Jannin, curé de Bettancourt-la-Longue, tant en son nom que comme fondé de pouvoir de messire Henri Gruyer, curé de Braban-le-Roi, et de messire François Breton, curé d'Alliancelle; Nicolas-Hilaire Lambert, curé d'Argillers, tant en son nom que comme fondé de pouvoir de messire Carré, curé d'Haulliguemont, et de messire Antoine Servais, curé de Saint-Rémy en Bouchemont.

François Noël, curé de Rassuel, tant en son nom que comme fondé de pouvoir de messire Claude Margaine, curé de Rassu, et de messire de Mirvaux, curé de Vaveray-le-Franc.

François Lablanche, curé de Bignicourt-sur-Sauly, tant en son nom que comme fondé de pouvoir de messire Gaspard Bardonnet, prieur titulaire du Sermaize, et de messire Nicolas Foissier, prêtre, curé du Châtelet et Allincourt.

Jean Durict, prêtre, fondé de pouvoir de messire Claude Chenu, curé de Baconne, et de messire Henri-Catherine Lefèvre, prieur du prieuré de Vaulelet.

Messire Nicolas Brisson, curé de Blacy, tant en son nom que comme fondé de pouvoir de messire Nicolas Titon, curé de Clamauge, et de messire Pierre Vaucouleurs, curé de Chintry.

Joseph-Nicolas Jacquier, curé de Blaise-sous-Argillers, tant en son nom que comme fondé de pouvoir de messire Esprit Brunet, curé de Tagnou, et de messire Jean-Baptiste Poirat, curé de Saint-Genest.

Louis Legros, curé de Chamouillé, tant en son nom que comme fondé de pouvoir de messire Etienne Frament, curé de Saint-Jean-sur-Tourne, et de messire Toussaint Colombé, curé de Bienvittela.

Charles Danin, prêtre, fondé de pouvoir de messire Pierre-Joseph Herbinet, curé de Champ-Aubert, de messire Franquenet, curé de Ponthion, et des prieur et religieux de l'abbaye de Chaumont, suivant la délibération capitulaire qu'il nous a présentée.

Jean Rougelet, curé de Changy, tant en son nom que comme fondé de pouvoir de messire Gabriel Charpentier, curé de Senny, et de messire Etienne Vallard, curé de Montreuve et Cheppes.

Les prieur et religieux de l'abbaye royale de Chemincourt, comparant par dom Henel, prieur de ladite abbaye, tant en son nom que comme fondé de pouvoir de messire Jean-Valérien Jobar, curé de Beaudouvillers.

Messire Jacques-Joseph de Salguières, curé de Cheminon, tant en son nom que comme fondé de pouvoir de messire Claude Logel, curé d'Etrepy, et de messire Jean-Claude Bontemps, curé de Maurupt.

Henri-Joseph-Antoine Jénaux, curé de Courdemange, tant en son nom que comme fondé de pouvoir de messire Guillaume Flat, curé de Chernois, et de messire Claude Baillette, curé d'Annevaux.

Jean-Pierre Leclerc, curé de Couvrol, tant en son nom que comme fondé de pouvoir de messire Jean-Baptiste Champion, curé de Valency, et de messire Claude-François-Etienne-Emmanuel Frontin, curé de Chaudefontaine.

Pierre-Nicolas Besançon, curé de Drouilly, tant en son nom que comme fondé de pouvoir des sieurs vicaires de la paroisse de Thiebault de Château-Portieu, et de messire Joseph Chatel, curé de Nuissement-au-Bois.

Daniel Martin, curé de Dampierre-le-Château, tant en son nom que comme fondé de pouvoir de messire Jean-Baptiste l'Abbé, curé de Voilmont et Rapsecourt, et de messire Louis-Jean-Baptiste Loutrau, curé d'Herpon.

Messire Antoine de Chieu, curé d'Ecrieuse, tant en son nom que comme fondé de pouvoir de messire Henri Plique, curé de Jussecourt, et de messire François-Joseph Jacquin, curé de Thieblemont.

Louis-Joseph Simon, prêtre, fondé de pouvoir de messire Jean-Baptiste Lapierre, curé de Domremy.

François-Louis Cappy-Doisy, prieur-curé de Frignicourt, tant en son nom que comme fondé de pouvoir des abbesses et religieuses de Saint-Pierre de Reims et des prieur et chanoines réguliers de Saint-Martin d'Epernay.

Les prieur et religieux de l'abbaye de Haute-Fontaine, comparants par dom Charles Daguin, prieur de ladite abbaye.

Clément-Joseph Lapierre, curé d'Hauteville, tant en son nom que comme fondé de pouvoir de messire Louis-Antoine Franquenet, curé d'Arcomte, et de messire Jean Pageot, curé de Landricourt.

Nicolas-Joseph Jampierre, curé d'Helmaurap, tant en son nom que comme fondé de pouvoir de messire Nicolas-Pierre Pierron, curé de Villers-le-Secq, et de messire François Valton, curé de Viail.

Louis Nestier, curé d'Henruelle, tant en son nom que comme fondé de pouvoir des dames prieure et religieuses des Ursulines d'Epernay, et des prieur et religieux de l'abbaye royale de Saint-Denis de Rheims.

Le Crin de Kerbolo, abbé commendataire de l'abbaye de Huiron, tant en son nom que comme fondé de pouvoir de messire Jean Poignard, curé de Morel, et de messire Ponce-Philippe Senet, curé de Tourcelles-Chaumont.

Les prieur et religieux de l'abbaye de Huiron, comparants par dom Charles Jacqueson, procureur de ladite abbaye, et encore comme fondé de pouvoir de dom André de Bègue, curé de Moirmont, et de messire de Villeneuve-Dausoins, abbé commendataire de Moirmont.

Dom Jean-Baptiste Simon, curé de Huiron, tant en son nom que comme fondé de pouvoir de MM. les prieur et religieux de Moirmont, et des prieur et religieux du prieuré de Saint-Thiebaut.

(1) Nous publions ce cahier d'après un manuscrit des *Archives de l'Empire*.

Louis Regnier, chanoine, grand chantre de l'église royale et collégiale de Notre-Dame de Vitry-le-François, fondé de pouvoir de messire Louis Deroziers, curé des petites et grandes Côtes, et de messire Louis-Philippe de Saint-Albin, seigneur de Rénancourt.

Charles-Nicolas Cosson, curé des Rivières, tant en son nom que comme fondé de pouvoir de messire Louis Rinard, curé d'Elise et de Docourt, et encore de messire Rémy-Jacques Dieu, curé de Dampierre-sur-Auve et de Dommartin-les-Planchettes.

Les prieur et religieux de Saint-Pierre-au-Mont de Châlons, comparant par dom Nicolas Marion, leur procureur, et comme fondé de pouvoir de dom Jean-Baptiste Humbert, prieur-curé de Sainte-Geneviève et des dames abbesse, prieure et religieuses de l'abbaye d'Argensolle.

Jacques-Antoine Collot, curé de Loisy-sur-Marne, tant en son nom que comme fondé de pouvoir de messire Simon Bouchet, curé de la paroisse d'Almogne, et de messire Louis-Henri Cochu, curé de Sommetourbe.

Alexandre Mortau, curé de Maisons, tant en son nom que comme fondé de pouvoir de messire Petit-Jean, curé de la paroisse du Tremblois, et de messire Hermart, curé de Coolle.

Jean-Baptiste Blanchard, curé de Marolle, tant en son nom que comme fondé de pouvoir de messire Chaineau, curé de Déville, et de messire Jean-Baptiste-Nicolas Aubry, curé d'Adecy.

Jean-Baptiste Delaunay, curé de Martignicourt.

Alexandre Domyné-Deslandes, abbé de Montcels, tant en son nom que comme fondé de pouvoir de messire François Roussel, curé de Mareuil en Brie, et de messire Pierre-Louis Guillon de Saine-Val, abbé commendataire de Sept-Fontaines.

Jean-François Montrollez, curé de Montcels, tant en son nom que comme fondé de pouvoir de messire Desnoyers, curé de Beval, et de messire Louis Burette, curé de Charimont.

Jean-Louis de Louvemont, curé de Mincourt, tant en son nom que comme fondé de pouvoir de messire Dupont, curé de Soguy en l'Angle, et de messire Nicolas-Alexis Copinaud, prieur commendataire de Guincourt.

Les prieur et religieux de l'abbaye de Moutiers, comparant par dom Pierre Vaillant, prieur de ladite abbaye,

Joseph Delaunay, curé de Mellancourt, tant en son nom que comme fondé de pouvoir de messire Audouart, curé de Scrupt, et de messire Formey, curé de Blesme.

Jean-Baptiste-Nicolas Fruissart, curé de Morroy, tant en son nom que comme fondé de pouvoir de messire François-Georges Pellerin, curé de Largicourt, et de messire Jean-Joseph-Hyacinthe de Seguireau, curé d'Arrigny.

Pierre-François Henriette, curé de Perthes, tant en son nom que comme fondé de pouvoir de messire François Pasquier, curé de Vaullers, et de messire Oudin, curé de Ranvecy.

François-Antoine Draix, curé de Plichancourt, tant en son nom que comme fondé de pouvoir de messire Legrand, curé de Germaille, et de messire Jean-Baptiste Fouquet, curé de Virgny et de Ville-sur-Tourbe.

Claude Robin, prêtre, fondé de pouvoir de messire Joseph-Claude-Charles de Mettancourt-Vaubecourt, abbé commendataire de l'abbaye de Saint-Pierre-au-Mont de Châlons, et de messire Antoine-Pierre de La Condamine de Lescure, abbé commendataire de Saint-Martin d'Epernay.

Messire François-Parfait Baret, curé de Possesse, tant en son nom que comme fondé de pouvoir de messire Nicolas-Laurain, curé de Coutant-les-Maupas, et de messire Joseph Bardes, curé de Vernancourt.

Sébastien Depuidéville, curé de Pringy, tant en son nom que comme fondé de pouvoir de messire Augustin-Sulpice Diette, curé d'Hauteville, Ange et Champia.

Jean-Joseph Gras, curé de Reims-la-Brûlée, tant en son nom que comme fondé de pouvoir de messire Jean-Baptiste Ladinart, curé d'Abacourt, et de messire Jacques Gillet, curé de Chevery et Inécourt.

Jean-Claude-Nicolas Henriet, curé de Saint-Lunnier en Champagne, tant en son nom que comme fondé de pouvoir de messire Jean-Baptiste Girardin, curé d'Autry et Lanson, et de messire Jean-Baptiste-Charles Pasquet, curé de Belleville.

François-Joseph, curé de Saint-Marc-sur-le-Mont, tant en son nom que comme fondé de pouvoir de messire Jean Bontemps, curé de Noirlieu; de messire Thomas Jaubert, curé de Sommières; de messire Nicolas-Martin Machet, curé d'Epense; de messire François Fénart, curé de Chatellier; de messire François Hauchter, curé du Vieux-Dampierre; de messire Louis-Antoine André, curé de Givry-Baillet; et de messire Jean-Pierre François, curé de la Neuville-au-Bois.

François Guillemin, curé de Saint-Quentin-les-Marais, tant en son nom que comme fondé de pouvoir de messire Thomas Colson, curé de Selle, et de messire Nicolas Renard, curé de Pertulax et Mény.

Alexandre-Bonaventure Desprez, curé de Sermaize, tant en son nom que comme fondé de pouvoir de messire Bouche-Seiche, curé du Buisson, et de messire Cormy, curé de Pargny-sur-Sauls.

Claude-Michel Neveux, curé de Soulanges, tant en son nom que comme fondé de pouvoir de messire Pierre-Louis-Toussaint Galiace, curé de Sainte-Marie-sous-Bourg, et de messire Apollinaire-Antoine Guillemart, curé de Bressy.

Les prieur et religieux de l'abbaye de Trois-Fontaines, comparants par dom Joseph-André Jadetot, prieur de ladite abbaye, tant en son nom que comme fondé de pouvoir de dom Michel Pammel, curé de Trois-Fontaines-l'Abbaye, et de révérendissime Louis-Zacharie Rocourt, abbé de Clairveaux, en cette qualité propriétaire de la seigneurie de Voisins, paroisse de Breuil et bailliage de Fismes.

Les vénérables doyen, chanoines et chapitre de l'église collégiale dudit Vitry, comparants par messire Louis-Marie de Branges, et Jacques-François de Paul de Salligny, chanoine, député dudit chapitre.

Et encore ledit messire de Branges, comme fondé de pouvoir de messire Hubert Sauce, curé de Vilmonty près Monjon, et ledit messire de Salligny, aussi comme fondé de pouvoir des doyen, chapitre et chanoines de l'église métropolitaine de Reims.

Frère Charles de Picot de Dampierre, chevalier de l'ordre de Saint-Jean de Jérusalem, commandeur de la Neuville-au-Temple et Maucourt, comparant par ledit messire François de Paul de Salligny, son fondé de pouvoir.

Les vénérables doyen, chanoines et chapitre de l'église cathédrale de Châlons, comparants par messire Augustin Becquey, l'un d'eux, leur fondé de pouvoir.

Robert-Joseph-Christophe Lelevain, curé de Vitry.

La communauté des religieux Minimes de Vitry-le-François, comparants par dom Jean-Baptiste de Gouy, ex-provincial, député de ladite communauté, tant en son nom que comme fondé de pouvoir des Minimes d'Epernay, et de messire Louis-Martin Maillefert, curé de Vanciennes.

Nicolas Lambert, prêtre, vicaire de la paroisse de cette ville, député des sieurs vicaires de la même paroisse, tant en son nom que comme fondé de pouvoir de messire Louis Désistres, curé de Saint-Urain, et de messire Edmond Berton, curé d'Haitalier.

Les dames abbesse, prieure et religieuses de l'abbaye de Saint-Jacques, comparantes par messire Nicolas Gillin, directeur de ladite abbaye et fondé de leur pouvoir, tant audit nom que comme fondé de pouvoir de Jean-Nicolas Amond, chanoine prémontré, curé d'Avy, bailliage de Sainte-Menehould.

Les dames supérieure et religieuses de la congrégation de Vitry-le-François, comparantes par messire Louis de Couvenances, prêtre, leur fondé de pouvoir.

Les religieux Trinitaires de Vitry en Perthois, comparants par Antoine Bonnire, l'un d'eux.

François Jacquot, curé de Vitry en Perthois, tant en son nom que comme fondé de pouvoir de messire Potin, curé de Saint-Etienne, de messire Sulpice Chambon, curé de Champigneul, et de messire Jean Damas Sellier, prieur de Cornay.

Jean-Clément, curé de la paroisse de Notre-Dame de Saint-Dizier, tant en son nom que comme fondé de pouvoir des dames Ursulines de ladite ville, et de messire Jean Pillerel, curé de Moelieu ; Paul Regnodin, curé de Vauclerc, tant en son nom que comme fondé de pouvoir de messire Antoine Lequain, curé de Coucy en Rethelois, et de messire Pierre-François Sourdat, curé de Saint-Eulieu de de Villers-Enlicu.

Henri-Nicolas Colmar, curé de la paroisse de Saint-Martin de Gigny de Saint-Dizier, tant en son nom que comme fondé de pouvoir de messire François Dambauville, curé de Brauvillers ; de messire Jean-Baptiste Rottet, curé de Bettancourt-la-Ferée et Chancenet ; de messire Jean-Louis Matice, curé de Bercuré ; de messire Nicolas Godet, curé d'Estome ; de Jean-Baptiste Godet, curé de la Besace.

Pierre-Claude-Louis, chapelain de la chapelle Saint-Joseph, de la prison de Saint-Dizier, tant en son nom que comme fondé de pouvoir de messire Louis Rousseau, curé de la paroisse de Chalandes, et messire Nicolas Colignon, curé des grandes et petites Evelles.

Paul Langlois, curé de Plivot, tant en son nom que comme fondé de pouvoir de messire Nicolas-Remy Durtelle, curé de Chouilly, et de messire Jean Coutier, curé de Cramaut ; dom Adrien-Clément, religieux bénédictin de l'abbaye de Huiron, tant en son nom que comme fondé de pouvoir du prieur de Saint-Claude de Thiermont et du chapelain de Sainte-Catherine de Chevrière, paroisse de Novy.

Adrien Vallet, curé de Martin et du Chevallot, comparant par messire Jacques-Louis-Bernard Leblanc, chanoine de l'église royale et collégiale dudit Vitry, son fondé de procuration, et encore comme fondé de pouvoir de messire Louis Léger, curé d'Hoiry, et de messire Jean-Baptiste-Henri-Rémy Lecourt, curé de Mardeuil.

François Tétraud, prêtre, fondé de pouvoir de messire le curé de la paroisse de Hau, et encore comme fondé de pouvoir du curé de Mafrécourt.

Jean Vaucher, curé de Mard, tant en son nom que comme fondé de procuration de messire Nicolas Bizelle, curé de Fossé ; de messire Lafosse, curé de Bourg-Huart ; de messire Query, curé de Tailly ; de messire Christophe, curé de Cermory ; de messire Hotau, curé de Bouvillers.

Larigot, curé de Vanaut-le-Châtel, par messire Vaucher, curé de Ruart, son fondé de pouvoir ; Dauphinot, curé de Maslège, tant en son nom que comme fondé de pouvoir de messire Claude Genest, curé de Minaucourt ; de messire Baronnet, curé de Cernay en Dormois ; Druart, curé de la Grange-au-Bois, tant en son nom que comme fondé de pouvoir de messire Druart, curé de Baulmy ; de messire Pierre Godart, curé de Villers en Argonne ; Grillot-Deprez de Lille, abbé régulier de l'abbaye royale de Coupers, prieur de Notre-Dame des Roziers, tant en son nom que comme fondé de pouvoir de messire le curé de Vaux-le-Mourois ; de messire le curé de Boncouville ; de messire le curé de Mouchintindet ; de messire Lablanche, chanoine collégial de Saint-Symphorien.

Engard, prieur-curé de Grand-Pré et de Besseux, son annexe.

Les prieur et chanoines réguliers de Saint-Médard de Grand-Pré, comparants par messire Nicolas Bouda, chanoine régulier dudit prieuré, leur fondé de pouvoir, tant audit nom que comme fondé d'autres pouvoirs du sieur prieur-curé de Saint-Piermont de Ténegore et de Sivry.

Millet, prêtre, député du clergé du Sainte-Menehould, et encore comme fondé de pouvoir de messire Baudier, curé de Florent, et de messire Desprez, curé de Verrières.

Pierre-Louis Gromaire, curé de la ville de Mézières, tant en son nom que comme fondé de pouvoir de messire Etienne-Joseph Durivaux, curé d'Amouzy et Houdizé, et de messire Nicolas Comisse, curé de Wareq et d'Etion, son annexe.

Nicolas Jervais, curé de Terme, tant en son nom que comme fondé de pouvoir de messire Nicolas, curé du Châtel, et de messire Mabille, curé de Cheyzières.

Buirette, curé-doyen de la ville de Sainte-Menehould, tant en son nom que comme fondé de pouvoir des dames religieuses de la congrégation de Sainte-Menehould, et de messire Daribert, vicaire général d'Uzès, prieur commendataire de Braux-Saint-Rémy.

Dom Claude Noël, prieur de l'abbaye de Relvat, comparant pour les sieurs prieur et religieux de ladite abbaye, et encore comme fondé de pouvoirs du sieur prieur de Saumantes, et du sieur prieur-curé de Sarcy et Bottemoul.

Les prieur et religieux de l'abbaye de Chatrice, comparants par le sieur prieur de ladite maison.

Loyerne, prieur-curé dudit lieu de Chatrice.

Deguayenne, chapelain de la chapelle de Saint-André de l'hôpital, à Sainte-Menehould, tant en son nom que comme fondé de pouvoir de messire Docquart, chapelain de la chapelle de la Présentation de ladite ville, et du sieur curé de l'Effincourt.

Decouvenance, prêtre, comme fondé de pouvoir du sieur curé de Guignicourt et de Villers-sur-le-Mont, du sieur curé de Gendaut et Barbaise.

Delaunay, curé de Matignicourt, tant en son nom que comme fondé de pouvoir du sieur curé de Braux-Sainte-Cohière, et du sieur curé d'Aumont et Mélancourt.

Legras, curé de Saint-Souplesse, tant en son nom que comme fondé de pouvoir de messire le curé de Sainte-Marie-Apy, de M. le curé du bourg de Sommepy.

Le prieur titulaire de Norvy-les-Moines en personne, et encore comme député de ladite maison, suivant l'acte capitulaire qu'il nous a représenté, et comme fondé de pouvoir du sieur curé de Piermont ; du sieur curé de Parguy et Doux; du sieur curé de Faux; du sieur curé de Sance-aux-Bois, et du sieur prieur de Prix, bailliage de Sainte-Menehould.

Illustrissime et révérendissime Mgr de Talleyrand-Périgord, archevêque de Reims, comparant par messire Dandigné-Dumeneuf, abbé commentataire de l'abbaye royale de Noyer, vicaire général du diocèse de Châlons, son fondé de pouvoir; ledit abbé Dandigné en son nom, comme titulaire de la chapelle de Sainte-Barbe de Sainte-Menehould.

Moret et Froment, chanoines du chapitre du Saint-Pierre de Mézières, fondés de pouvoir des sieurs doyen et chanoines dudit chapitre, et encore comme fondés de pouvoir des religieuses Annonciades célestes de ladite ville, ledit sieur Moret comme fondé de pouvoir du sieur curé de Prix et Belval.

Ledit messire Froment, comme fondé de pouvoir de messire Destremagues, curé de Montcornu et Cloion; du sieur curé de Mazures et Secheval ; du sieur curé de Marcel, Sury et Clavy, annexés.

Rougelet, curé de Bergnicourt, tant en son nom que comme fondé de pouvoir du sieur curé de Seuil et du sieur curé de Romance.

Bandessou, curé de Rocroy, du bourg fidèle du Gay d'Houssi et de la Taillette, ses annexes, tant en son nom que comme fondé de pouvoir du sieur curé de Bernilly-les-Postes et Serviat, annexe ; du sieur curé de Bogny et Rimoge, annexe.

Dumont, curé de Villers-devant-Lethous, tant en son nom que comme fondé de pouvoir du sieur curé de Thoud ; du sieur curé de Villers-Varoucourt.

Beuret, curé de Bar-les-Bazaucy et Haricourt, tant en son nom que comme fondé de pouvoir de messire Cordier, curé de Baillouville.

Jean Divay, curé de Mont-Saint-Martin et de Suguy, tant en son nom que comme fondé de pouvoir de messire Hussard, curé de Vouzières ; de messire Gayard, curé de Machaux et de Mont-Saint-Rémy.

Ghené, curé de Touzelle-Chaumont, comparant par messire Olivier Le Crin de Kerbolo, abbé de l'abbaye de Huiron, son fondé de pouvoir, et encore comme fondé de pouvoir de messire Poignard, curé de Morel.

Ledit messire Lilevain, curé de Vitry, comme fondé de procuration de messire Desmarest, curé de Delizé et Beaurepaire, et de messire Richer, curé de Liard et Lafiée, son annexe.

Claude Thierry, prêtre, comme fondé de procuration de messire Jaxeson, curé de Passavant, et de messire Lagrelette, curé d'Argée.

Les sieur prieur et religieux de l'abbaye de Sept-Fontaines, comparants par dom Rogier, prieur, député de ladite abbaye, et encore comme fondé de pouvoir des sieurs prieur et pères du Calvaire; de messire Jacquemart, curé de Thissé; de messire Cochard , curé de Sept-Fontaines et Fagnou.

Messire de Viterne, prêtre, au nom et comme fondé de pouvoir de messire de Lastre d'Aubigny, prieur de Saint-Christophe de Montfélix ; de messire Flerson, curé de la Neuville-au-Pont, et de messire Le Champenois, curé de Quatre-Champs.

Messire Boucher, curé d'Aussonne, tant en son nom que comme fondé de pouvoir de messire

Blanchard, curé d'Ambly et Montlameur, et de messire Rasquin, curé de la Neuville et Tournafait.

Corde, prêtre, chapelain de Saint-Jean l'Évangéliste de Sainte-Menehould, tant en son nom que comme fondé de pouvoir de messire Hacoudrette, curé de Château-Dortieu.

Ledit messire Becquey, au nom et comme fondé de pouvoir de messire Grimout, curé de Norvion et Joffréville, et de messire Fleury, titulaire de la chapelle de Saint-Jean-Baptiste de Sainte-Menehould.

Legroing-Laronnagère, vicaire général à Châlons, au nom et comme fondé de pouvoir de messire de Malide, évêque de Montpellier, abbé de Belval, et des dames régentes de Vitry-le-François.

Les prieur et religieux de l'abbaye de Beaulieu en Argonne, comparants par dom Debrié, religieux de l'abbaye de Huiron, leur député, et encore comme fondé de pouvoir du sieur abbé de la Charmois, seigneur du Jard.

Daté, curé de la paroisse de Rethel-Mazarin, tant en son nom que comme fondé de pouvoir de messire Cohgnon, curé de Perthes-les-Réthels ; de messire Prévot, curé d'Eclié; de messire Denis, curé de Montreuil, Puiseux son annexe ; de messire Lepoire, curé d'Ardois.

Les pères Minimes de la ville de Rethel, comparants pour dom Harlier, Minime, leur député et fondé de pouvoir ; de messire Merlin, curé de Mesmont; de messire Hoste, curé de Grandchamp.

Dom Dupuis, supérieur des Minimes de Vitry, comme fondé de pouvoir de messire Noël, prieur-curé de la Neuville-les-Woisigny, et de messire Jacquet, curé de Flévible.

Auguste-Claude-Bernard LeSailly, prêtre du diocèse de Soissons, tant en son nom que comme fondé de pouvoir de messire Jacques Blondiou, curé de Montfélix, et des dames abbesse et religieuses de l'abbaye royale d'Avenay.

Claude Lanton, curé de la paroisse de Piery, diocèse de Soissons, tant en son nom que comme fondé de pouvoir de messire André Hugot, curé de Maucy, et de messire Louis-Antoine Jacques, curé de la paroisse de Vinay, même diocèse, bailliage d'Epernay.

Jacques-Antoine Brouillet, curé d'Avise, tant en son nom que comme fondé de pouvoir de messire Nicolas La Fouasse, curé de Flaviguy, et de messire François Ménard, chapelain des chapelles de Sainte-Claude et de Saint-Christophe, à Sainte-Livière.

Antoine Bonnier, ministre des Trinitaires à Vitry en Perthois, comme fondé de pouvoir de messire Jean-Baptiste Changy, curé de Noirval, et de messire Jean Cliquot, curé de Chestre et de Falaise, son annexe.

Messire Pierre Chéneau, curé de la paroisse d'Ay, tant en son nom que comme fondé de pouvoir de messire Jean-Nicolas Lefèvre, curé d'Arpigny, et de messire Brice Legros, curé de Matigny, diocèse de Reims.

François Desmarest, curé de Rémory, tant en son nom que comme fondé de pouvoir de messire Jean-Baptiste Harivot, curé de Warpy, et de messire Paul-Gérard Laviare, curé de Briquency.

François-Nicolas Gagau, curé de Marseuil-sur-Ay, tant en son nom que comme fondé de pouvoir de messire Jean-Alexis Lefranc, curé de Bisseul, et de messire Jean-Louis Harlin, curé de Zistres.

Dom Henri L'Elu, Minime à Vitry, au nom et comme fondé de pouvoir de messire Nicolas

Poulain, curé des Landres et de Georges, et de messire Rémy-Joseph Aublin, curé de Brégis, diocèse de Soissons.

Dom Joseph Gourmet, prieur de Saint-Nicolas de Chaintry, bailliage d'Épernay, tant en son nom que comme fondé de pouvoir des religieux de l'abbaye de Saint-Denis en France, et des prieurs et religieux de Saint-Pierre au Mont-de-Châlons, seigneur de Pierry, même bailliage.

François Fissier, prêtre, chapelain de la chapelle Notre-Dame à Arnay, tant en son nom que comme fondé de pouvoir des sieurs chanoines du chapitre d'Avenay, suivant la procuration du chapitre assemblé capitulairement qu'il nous a représentée, et encore comme fondé de pouvoir de messire Sébastien Massy, curé de Ludes.

Simon Leprest, chanoine, curé d'Avenay, tant en son nom que comme fondé de pouvoir de messire Jean-Louis-François Jaunet, curé de Cuis, et de messire Jean Mariton du Bost, chanoine de l'église métropolitaine de Reims, et chapelain de la chapelle de Saint-Nicolas de Fimes.

Pierre-Louis Chevalier, chanoine de l'abbaye royale d'Avenay et chapelain de la chapelle Saint-Roch, par ledit messire Corda, son fondé de pouvoir.

Augustin Sallerou, vicaire de Bignicourt-sur-Marne, fondé de pouvoir de messire Jacques Cochu, curé des paroisses de la Croix-au-Bois et Langouin, et de messire Jean-Baptiste Warcollier, curé de Saint-Juvin.

Jacques Morlot, prêtre, chanoine à Vitry, au nom et comme fondé de pouvoir de messire Claude de Jenlis, curé d'Isle-sur-Marne; de messire Andrien Thiéret, curé de Montmélian; de messire Joseph Bourbon, chanoine régulier de l'ordre de Prémontré, curé de la Romague.

Jean Rogelot, curé de Bergnicourt, comme fondé de pouvoir de messire Ponce Didier de Saint-Gly, curé de Saint-Loup en Champagne; de messire Charles Noiret, curé de Montmarin et Givry en Champagne, et de messire Thomas de Baine, prieur-curé de Menflise et de Ménil-les-Epinois, son annexe.

Guillaume Dauphinot, curé de Massige, comme fondé de pouvoir de messire Etienne Mercier, curé de Melzicourt, et son annexe; de messire Pierre Tourry, curé de Bouvroy et de Ripou, son annexe, et de messire Barthélemy Vallet-Duchesne, curé de Fonteinès et Grateuil.

Jean-Nicolas Beuret, curé de Bar-les-Buzancis, au nom et comme fondé de pouvoir de messire Joachim Guillemin, prêtre desservant la paroisse d'Huicréville et Villers, son annexe; de messire Nicolas Robert, curé de Ramouville et d'Audevanne.

Jean Divay, curé de Martin, fondé de pouvoir de messire Pierre Faille, curé de Savigny, et de messire d'Helvincourt, curé de Lisy.

Etienne Corau, curé de la paroisse de Saint-Martin de Lanoux à Saint-Dizier, tant en son nom que comme fondé de pouvoir de messire Claude Legros, d'Hoiricourt, et de messire Louis Chevallot, curé de Raillecourt.

Claude Maréchal, curé de Gijaucourt, de la Chapelle-sur-Auve, et chapelain de la chapelle de Saint-Louis-les-Planches, tant en son nom que comme fondé de pouvoir de messire Claude-Charles Chaguiet, curé de Braux-Saint-Rémy, et de messire Pierre de La Valle, curé d'Auve et de Saint-Amand-sur-Auve.

Guillaume Dupac de Bellegarde, prévôt de l'Eglise, comte de Lion, prieur commendataire du prieuré Dulmoy, par messire de Couvenant, curé

de Minecourt, suivant sa procuration du 13 de ce mois.

NOBLESSE.

Dans l'ordre de la noblesse sont comparus Messieurs : Très - haut et très - puissant prince Mgr Charles-Philippe, fils de France, frère du Roi, comte d'Artois, par messire Hyacinthe de Moy, marquis de Moy, en vertu des lettres données sous le sceau de la chancellerie de mondit seigneur, à Versailles, le 3 de ce mois.

Très-hautes, très-puissantes et très-excellentes princesses mesdames Marie-Adélaïde, Victoire-Louise et Marie-Thérèse de France, tantes du Roi, duchesses de Louvois, par messire Nicolas de Cheiza, comte de Servignaset, en vertu de la procuration de mesdites dames, passée au château de Versailles, le 1er de ce mois.

Très-haut, très-puissant et très-excellent prince Mgr Louis-Joseph de Bourbon, prince de Condé, prince du sang, seigneur de Mumiguy et autres lieux, gouverneur et lieutenant général pour le Roi en ses provinces de Bourgogne et Bresse, colonel général de l'infanterie étrangère, par messire Edouard de Cuisotte, chevalier, seigneur, lieutenant du Roi de la province de Champagne, président de l'assemblée de l'élection de Sainte-Menehould, suivant la procuration de mondit seigneur, faite et passée à Paris, au palais de Bourbon, le 3 mars présent mois.

André-Hercule-Marie-Louis de Rosset, duc de Fleury, pair de France, premier gentilhomme de la chambre du Roi, seigneur de Mareuil, demeurant ordinairement à Paris.

Mgr Godefroy-Charles-Henri de la Tour d'Auvergne, seigneur d'Epernay, lesdits seigneurs duc de Fleury et duc de Bouillon, par messire Augustin-Gabriel de Franquelot, comte de Coigny, maréchal des camps et armées du Roi, suivant leurs procurations des 18 et 19 février dernier.

Messire Armand-Désiré Duplessis de Richelieu, duc d'Aiguillon; messire Hippolyte-César de Guines de Moreton de Chabrillant; messire Pierre-Nicolas-Fortuné de Guines de Moreton de Chabrillant, propriétaire du marquisat de Mont-Cornet et de la seigneurie d'Arcis; Jean-Pierre-Jacques de Villougue, seigneur de Coutreuve et Chappe, pour moitié d'Hareux, d'Houdisy et en partie de Condé, Givry et Loisy.

Messire Louis Dauphin, comte de Jaubert, seigneur pour moitié d'Hareux et d'Houdisy, lesdits seigneurs d'Aiguillon, de Chabrillant, de Villougue et Jaubert, par messire Antoine-Pierre de Lapisse, chevalier, seigneur de la Villargue et en partie d'Hassy, suivant les procurations des 9 mars présents mois et 18 février dernier, et ledit seigneur de Lapisse, en son nom.

Messire Charles-Sébastien Touchain de la Latièze, chevalier de l'ordre royal de Saint-Louis, seigneur de Viard, tant en son nom que comme fondé de pouvoir de madame la marquise de Wignacourt, dame de Chanfort, Chaval et autres lieux, et de messire Joachim-Claude de Braumont, chevalier, seigneur de Clary et autres lieux, suivant leurs procurations des 7 et 9 mars présent mois.

Messire Hyacinthe, comte de Moy, chevalier, seigneur de Brière et Sainte-Marie, tant en son nom que comme fondé de pouvoir de messire Charles-Louis-Marie-Jules-Auguste-Alexandre, comte de Moy, seigneur de Montvauxelle, suivant sa procuration passée à Reims, le 4 mars présent mois, et encore comme fondé de pouvoir de messire Joseph-Louis Rolland, vicomte de Suguy, suivant sa procuration passée à Reims, le 7 de ce mois.

Messire Louis-Charles-Hippolyte, vicomte de Salse, seigneur d'Apremont et autres lieux, en son nom et comme fondé de pouvoir de messire Louis-Hippolyte d'Hernecourt, baron de Montreuil, seigneur de la Neuville-au-Bois et autres lieux, et de Louis-Marie Salse, seigneur d'Apremont et autres lieux, suivant leur procuration passée le 9 mars présent mois.

Messire Jean-Baptiste Le Dieu d'Euville, seigneur d'Euville, entre Artenay et Duchesne, en partie, et autres lieux, en son nom et comme fondé de pouvoir de messire François de La Personne, seigneur de Dubuisson, et de dame Geneviève-Cécile Moreau, veuve de messire Thomas de La Personne, dame de Verdpignon, paroisse de Vautelay, suivant les procurations des 9 et 10 de ce mois.

Messire Benoît père, Charles de Masinot, vicomte de Hamel, seigneur de Saint-Rémy et autres lieux, tant en son nom que comme fondé de pouvoir de dame Marie-Henriette-Augustine-Renée d'Alpezou, marquise de la Trousse, comtesse d'Harville, dame baronne d'Argillers, et de dame Marie-Marguerite de Bourbon, comtesse de Puget et de Villers-le-Sec et autres lieux, suivant leurs procurations passées devant notaire les 4 et 7 de ce mois.

Messire Robert de Jamel, chevalier, seigneur comte de Voreal, seigneur de Belval, Charmontois, le Roi, le Châtellier et autres lieux.

Messire Charles-Louis d'Arguysy, chevalier, seigneur de Grand-Champ.

Messire Jacques de Villers, chevalier d'Herbilly, comparant, lesdits seigneurs, par messire Robert de Jamel, suivant les procurations des 7 et 10 mars.

Messire Pierre-Paul Legoix, chevalier, seigneur en partie d'Arguy, basse Champagne, en son nom et comme fondé de pouvoir de messire Charles-Jérôme Le Picard, chevalier, seigneur de Flavigny, et de messire Gilles-Jean-François-Denis de Cappy d'Aty, seigneur d'Aty, suivant leurs procurations des 9 et 11 mars présent mois.

Messire Pierre-Gilles Hannequin de Villermont, seigneur de Cuis, Champoulin, la Tour et Cramaut, en son nom et comme fondé de pouvoir de messire Claude de Besse, chevalier, seigneur de Mafrécourt, et dame des Cannevelles, dames de Hilly et Blossières, suivant leur procuration des 11 et 12 présent mois.

Messire Charles-Henri Bourbon, chevalier, seigneur d'Arrigny et Chavange, en son nom et comme fondé de pouvoir de dame Charlotte-Félicité-Guillaume de Saint-Ehlieu, veuve de messire Etienne, comte de Hamel, dame de Saint-Rémy d'Isson et autres lieux, et de messire Pierre-Jean-Baptiste-Henri Bourbon, seigneur, en partie, d'Arrigny et Chavange, suivant leurs procurations des 6 et 13 présent mois.

Messire Auguste-Jean-Baptiste-Jacobé de Triguy, ancien officier d'infanterie, tant en son nom que comme fondé de pouvoir de messire Jean-Baptiste-Felix l'Espagnol, chevalier, seigneur de Bezannes, Vaux et Champagne, Artey et autres lieux, grand bailli d'épée au bailliage de Vermandois, siège royal et présidial de Reims, suivant sa procuration du 9 de ce mois; de messire Antoine-Jean-Baptiste-Félix L'Espagnol, chevalier, seigneur, en partie, de Court-Villette et autres lieux, demeurant à Reims, suivant la procuration du 10 de ce mois; de dame Marie-Perrette Favart, veuve de messire Jean-Baptiste Coquebert, dame de Richebourg et, en partie, de Thesy,

demeurant à Reims, suivant sa procuration du 9 de ce mois, et de messire Christophe-Nicolas Coquebert de Crouy, seigneur de Romain-la-Malle, Courmelle et autres lieux, ancien capitaine au régiment de Villeuse, chevalier de l'ordre royal et militaire de Saint-Louis, demeurant à Reims, suivant sa procuration passée devant notaire le 9 de ce mois.

Messire Pierre-Louis, comte de Sailly, seigneur de Vincy, Moussy-les-Couardins et autres lieux, chevalier de l'ordre royal et militaire de Saint-Louis, ancien capitaine au régiment Royal-dragons, en son nom et comme fondé de pouvoir de dame Marie-Louise d'Estourmel, dame pour moitié de Bruguy, Vandaucourt, Courcourt et autres lieux, fondée de pouvoir de messire Charles-Nicolas-Joseph, comte de la Vaulx, seigneur de Pompierre et autres lieux, son mari, suivant sa procuration du 2 mars présent mois; et de dame Victoire-Césarine d'Estourmel, dame pour moitié de Bruguy, Vandaucourt, Courcourt et autres lieux, épouse de messire Charles-Louis-Nicolas, comte de Clermont-Tonnerre, autorisée de mondit seigneur, son mari, par procuration passée à Amiens, agréée et approuvée par messire Charles-Louis-Philippe de Salperwiek, curateur à l'interdiction de son mari, suivant la procuration du 2 mars présent mois.

Charles Vaveray de Menouville, chevalier, seigneur de Couvrot, en son nom et comme fondé de pouvoir de messire Jean-Baptiste-Louis de Robert, chevalier, seigneur du Châtelet et autres lieux, à Rimogue, suivant sa procuration du 5 de ce mois, et de messire Charles-Henri-François Le Sellier de Vauménil, chevalier, coseigneur de la vicomté de Villette, de la seigneurie de Sechelles et autres lieux, suivant sa procuration du 9 de ce mois.

Messire François-Louis-Marie Marchand de Christou, chevalier, seigneur de Nuiseusent-au-Bois, tant en son nom que comme fondé de pouvoir de messire Amé-Victor d'Arety, écuyer, seigneur d'Ardeuil, suivant sa procuration du 3 de ce mois, et de messire Joseph Le Petit, chevalier, seigneur de Beauviller, suivant sa procuration du 6 de ce mois.

Messire Jacques-Louis-Henri d'Averton, chevalier, capitaine commandant au régiment de colonel général d'infanterie, fondé de pouvoir de messire Louis-Marie-Antoine d'Averton, chevalier, ancien major de cavalerie, chevalier de l'ordre royal et militaire de Saint-Louis, seigneur de Cranaut et autres lieux, suivant sa procuration du 13 mars présent mois; et de dame Marie-Thérèse Cousinat, veuve de messire Baudoin Torreau, écuyer, conseiller, secrétaire du Roi, seigneur de Voraims, Vougy et autres lieux, suivant sa procuration du 13 de ce mois.

Messire Jean-René Blandiné de Marassé, écuyer, chevalier de l'ordre royal et militaire de Saint-Louis, brigadier des armées du Roi, mestre de camp d'infanterie, procureur syndic de la noblesse à l'assemblée de département d'Epernay, demeurant à Mareuil, tant en son nom que comme fondé de pouvoir de messire Jean-Armand-Henri-Alexandre, marquis de Gontaud, baron de Loguy, seigneur de Germaines et autres lieux, suivant sa procuration du 25 février dernier; et de messire Charles-Alexis Brulard, marquis de Sillery, seigneur du Grand et Petit Sillery, Eu-des-Fontaines et autres lieux, suivant sa procuration du 8 de ce mois

Messire Jean-Claude de Fleurigny, chevalier de l'ordre royal et militaire de Saint-Louis, ancien capitaine au régiment de Bretagne-infanterie, demeurant à Saint-Dizier, tant en son nom que comme fondé de pouvoir de messire Haliot; Jean-Marie Mandat, chevalier, seigneur de Vermaucourt et autres lieux, ancien capitaine au régiment des Gardes-Françaises, suivant sa procuration du 6 de ce mois; et de messire Nicolas-Claude de Thomassin, chevalier, seigneur d'Hahgnicourt et autres lieux, suivant sa procuration du 9 de ce mois.

Messire Louis-François Marchand de Christou, chevalier, seigneur de Dommartin-la-Planchette et autres lieux, officier au régiment de Flandres, tant en son nom que comme fondé de pouvoir de messire Philippe-Auguste-Marie de Portier, chevalier, seigneur de Dommartin-la-Planchette, chevalier de l'ordre royal et militaire de Saint-Louis, demeurant à Châlons, suivant sa procuration du 13 de ce mois; et de messire Claude-Pierre d'Eay-Baugier, chevalier, ancien mousquetaire du Roi, seigneur de Mayenne et autres lieux, demeurant à Châlons du 10 de ce mois.

Messire Jean-Louis-Jacques-Marie Dufresne, chevalier, capitaine au corps royal d'artillerie, chevalier de l'ordre royal et militaire de Saint-Louis, tant en son nom que comme fondé de pouvoir de dame Marie comtesse Delphine Duvalk de Dampierre, veuve de messire Antoine-Philippe-Alexandre de Serette, chevalier, seigneur de Brienne du haut degré, Sallous et autres lieux, chevalier de l'ordre royal et militaire de Saint-Louis, ancien capitaine au régiment d'Orléans-cavalerie, demeurant au château de Brienne, tant en son nom que comme tutrice honoraire de demoiselle Marie-Henriette Chaussin de Serette, et de dame Anne-Louise-Charlotte de Serette, ses deux enfants mineurs, suivant sa procuration du 2 de ce mois; et de dame Isabelle-Louise-Madeleine de Serette, dame en partie du grand hameau de Romain, demeurant à Reims, suivant sa procuration du 7 de ce mois.

Messire Jean-Baptiste-Louis-Gaston de Fredy des Vaverays, chevalier, ancien capitaine de dragons, lieutenant de nosseigneurs les maréchaux de France, au département de Vitry-le-François, chevalier de l'ordre royal et militaire de Saint-Louis, seigneur de Ponthiors, y demeurant, en son nom et comme fondé de pouvoir de dame Henriette-Charlotte Almodie, marquise de Livron, comtesse de Saint-Blaise, dame usufruitière des terres de Changy, Mertaut outre pont, dame baronne de Demange Auzeau, y demeurant, suivant sa procuration du 7 de ce mois; et de messire André-Claude-Charles de Vignacourt, comte de Morimont, seigneur d'Espont, Hespine et autres lieux, demeurant en son château de Saint-Vracy, suivant sa procuration du 12 de ce mois.

Messire Louis-Suzanne Le Dieu Damizeux, chevalier, seigneur de Frignicourt et autres lieux, demeurant au château du Canal, en son nom et comme fondé de pouvoir de dame Marie-Barbe de Lile, douairière; de feu messire chevalier Antoine Le Petit, chevalier, seigneur de Vaux-la-Grande, suivant sa procuration du 4 de ce mois; et de messire Louis-Antoine, baron de Péchard, chevalier, seigneur de Saint-Vrain, la Feuillée et autres lieux, demeurant à Bar, suivant sa procuration du 1er de ce mois.

Messire Esprit-Louis Deu de Marson, chevalier, seigneur en partie d'Arrigny et Chevange, ancien mousquetaire de la première compagnie, tant en son nom que comme fondé de pouvoir de messire Louis-Joseph Deu, écuyer, seigneur de Perthes, Harlu, le Menil, demeurant à Amiens,

suivant sa procuration du 10 de ce mois, et de messire Pierre-Jean de Finse, chevalier, seigneur de Bussy, les Séchaux et Grateuil, demeurant à Bussy, suivant sa procuration du 3 de ce mois.

Messire Claude-Ferdinand Boimay de Vonancourt, chevalier, demeurant à Sainte-Menehould, non propriétaire de fief en cette province, tant en son nom que comme fondé de pouvoir de messire Adrien-Joseph-Charles-Antoine. vicomte de Lourdenoy, seigneur de Poix, y demeurant, suivant sa procuration du 14 de ce mois, et de messire Jean-Baptiste de Bigaud, chevalier, seigneur de Préfontaines et Granhau en partie, demeurant à Varennes, suivant sa procuration du 11 de ce mois.

Messire Jean-Baptiste Bomay, chevalier de Baumis, demeurant audit lieu, tant en son nom que comme fondé de pouvoir de dame Marie-Françoise-Claire Faillé, veuve de messire Jacques-Guy Aldou du haut de Crèvecœur, chevalier, seigneur de Mayerne et de Guirou, suivant sa procuration du 8 de ce mois, et de dame Anne-Françoise de Moy de Jons, veuve de messire Louis d'Arolle, dame de Térilly et autres lieux, suivant sa procuration du 6 de ce mois.

Messire Jacques Haudon de Possesse, capitaine de dragons, tant en son nom que comme fondé de pouvoir de messire Jean-Baptiste-François de La Michaudière, chevalier, comte d'Hauteville et autres lieux, suivant sa procuration du 27 février dernier, et de messire Jean-François-Flori mond d'Aveines, chevalier, seigneur d'Hermonville et du grand hameau de Romain et autres lieux, suivant sa procuration du 28 février dernier; messire Jean-Baptiste de Vignolles, chevalier, seigneur en partie de Selles, y demeurant.

Messire André, chevalier de Chieza, capitaine au régiment du Roi-infanterie, en son nom et comme fondé de pouvoir de madame la comtesse de Paillot, en son nom et comme tutrice de messire Amédée-Jean-Charles de Paillot, comte de Paillot; demoiselles Madeleine et Louise-Alexandrine-Pierre Paillot, propriétaires en commun de la terre et propriété d'Isle, suivant sa procuration du 2 de ce mois, et de messire Charles-Antoine-Gabriel-François de Monbayer, suivant sa procuration du 2 de ce mois.

Messire François-Claude de Chicza, en son nom et comme fondé de pouvoir de messire Charles-Jean-Pierre Collard de Villi de Bouttoncourt, lieutenant de nosseigneurs les maréchaux de France au département de Sedan, chevalier, seigneur de Charmois-les-Rivières et autres lieux, suivant sa procuration du 7 de ce mois; et de messire Claude-Marie-Louis Loisson de Guinaumont, chevalier, seigneur de Bayarue, suivant sa procuration du 2 de ce mois, et de messire François-Joseph-Marie, marquis de Darnet, baron de Grand-Pré, chevalier, seigneur de Varnecourt et autres lieux, lieutenant général des armées du Roi, chevalier de l'ordre royal et militaire de Saint-Louis, demeurant à Charleville, suivant sa procuration du 10 de ce mois.

Messire Jean-Baptiste-Louis de Touzé, chevalier de Longuemaz, ancien officier de cavalerie, en son nom et comme fondé de pouvoir de dame Marie-Jeanne Taillet, veuve de messire César-Nicolas-Alexandre de Fougères, chevalier, seigneur vicomte de Courlocudon, seigneur de Baslieux et autres lieux, suivant sa procuration du 7 de ce mois.

Messire Louis-Antoine de Laroche, chevalier, seigneur d'Oisy, seigneur de Farémont, y demeurant, tant en son non que comme fondé de pouvoir de dame Marguerite-Françoise Gittotel, veuve de feu messire Pierre-Joseph de La Roche, chevalier, seigneur d'Oisy, seigneur d'Haussignemont et de Favresse, suivant sa procuration du 14 de ce mois, et de messire Claude Coutenot de la Neuville.

Messire Louis-Philippe Potin, comte de Vouillens, seigneur de Saint-Martin d'Allois et autres lieux, capitaine de cavalerie, lieutenant commandant pour le Roi du haut et bas Maine, demeurant en son hôtel à Paris, rue des Bons-Enfants, en son nom et comme fondé de pouvoir de messire Eléonore-Pierre de Courtay, chevalier, seigneur de la Barre, Vaux en Champagne et autres lieux, demeurant à son château de la Barre, suivant sa procuration du 2 de ce mois; messire Claude Haudon, écuyer, seigneur des Vaverays, Possesse, et Maison-Vigny et autres lieux.

Messire Claude-Charles-Louis-Marie, chevalier de Befroy, coseigneur de la Grève, d'Ardoucelles, Remilly, Bossencourt et autres lieux, par messire Jean-Baptiste de Saint-Vincent, suivant sa procuration du 6 de ce mois.

Messire Antoine-Louis de Befroy de la Grève, ancien officier du régiment d'Orléans-infanterie, comparant par ledit sieur de Vincent, suivant sa procuration du 6 de ce mois.

Messire Jacques-Ignace de Cambray, écuyer, seigneur de Lades, Boury et Toul-sur-Marne, en partie, vicomte de Perry, demeurant à Reims, par messire Florimond-Louis-Jean-Baptiste Parchappe, sieur de Broussy, écuyer, officier au régiment de Bretagne, demeurant à Epernay, suivant sa procuration du 13 de ce mois.

Dame Anne-Marie-Thérèse Fremat, veuve de messire Antoine-Nicolas de Haucourt, chevalier, seigneur d'Hardelu et en partie de Bruyères et Cheret, demeurant à Reims, comparant par mondit sieur Parchappe, suivant sa procuration du 4 de ce mois.

Messire Antoine-Philippe, comte de Lardenois, chevalier, baron de Thermes, colonel du régiment provincial d'artillerie de Strasbourg, chevalier de l'ordre royal et militaire de Saint-Louis, demeurant en son château de Thermes, tant en son nom que comme fondé de pouvoir de messire Louis-Mathieu-Godefroid de Lardenois, chevalier, baron de Bolandres, seigneur de Hauteville et autres lieux, demeurant à Thermes, suivant sa procuration du 7 de ce mois; de messire Armand-François Hannequin, comte d'Equevilly, maréchal des camps et armées du Roi, capitaine général des tentes et pavillons du Roi pour l'équipage du sanglier, seigneur du marquisat de Ville-sur-Tourbe, demeurant à Paris, suivant sa procuration du 5 de ce mois; de messire Augustin-Louis Hannequin, marquis d'Equevilly et de Chesnay, comte de Grandpré, seigneur de Funechons, Morainvillers et autres lieux, chevalier des ordres du Roi, lieutenant général de ses armées et des provinces et frontières de Champagne, capitaine général de la vénerie, des toiles de chasse, tentes et pavillons du Roi, équipages du sanglier, demeurant à Paris, suivant sa procuration du 10 de ce mois; de messire Jean-Baptiste-Charles de Goujon de Thuisy, comte de Saint-Souplet et baron de Pacy en Vallois, seigneur de Doutrieu, Saint-Martin et autres lieux, lieutenant au régiment des Gardes-Françaises et lieutenant-colonel d'infanterie, demeurant à Paris, suivant sa procuration du 7 de ce mois; de messire Alexandre-Nicolas-Charles-Marie-Eléonore, marquis de Mariolle, major en second du régiment de Penthièvre-dragons, seigneur de Beauclair,

Beaufort, Ronard, Taillis, Halle, Sommery, Etrepigny, Saint-Martin, Sugarre et autres lieux, suivant sa procuration du 4 de ce mois; de dame Louise-Elisabeth-Charlotte de Lardenoy d'Eville, veuve de feu messire André de Pouilly, vivant baron de Cora et chevalier seigneur dudit lieu, demeurant à Cornet, comme tutrice et gardienne noble de ses enfants mineurs et de son mari, suivant sa procuration du 8 de ce mois; de dame Marguerite-Charlotte de Villelongue, veuve de feu messire Nicolas-Louis-Edmond de Fermont, vivant chevalier, seigneur de Saint-Morel, ancien lieutenant-colonel des grenadiers royaux de Lorraine, dame dudit Saint-Morel, y demeurant, comme tutrice et gardienne noble de demoiselle Jeanne-Marie de Fermont, sa fille, suivant sa procuration du 7 de ce mois; de messire César-Hector de Maillard, chevalier, baron de Landreville, seigneur de Landreville, Civry, Sommeranne, Haudevanne, Hannesse et autres lieux, demeurant en son château de Landres, suivant sa procuration du 3 de ce mois; de messire Pierre-Jean-Jacques de Sommeron, chevalier, conseiller du Roi en ses conseils, maître des requêtes ordinaires de son hôtel, demeurant à Paris, suivant sa procuration du 6 de ce mois; de messire Antoine Paschat Sahier, écuyer, seigneur de Berlise et en partie de Thesy et Dinancourt, et comme tuteur de ses enfants mineurs, demeurant à Château-Portieu, suivant sa procuration du 3 de ce mois; de dame Charlotte-Antoinette de Pouilly, veuve de messire Adrien-Joseph de Zweiffel, ancien capitaine au régiment de Penthièvre-infanterie, chevalier de l'ordre royal et militaire de Saint-Louis, demeurant au château de Gruyère, suivant sa procuration du 7 de ce mois; de messire Charles-Robert d'Epouzort, chevalier, seigneur de Vaux-les-Mourons, y demeurant, suivant sa procuration du 6 de ce mois; de messire Alexandre-Louis Ponfort, chevalier, seigneur en partie de Vaux-les-Mourons, ancien lieutenant au régiment provincial d'artillerie de la Fère, demeurant à Vaux, suivant la procuration du 6 de ce mois; de dame Marie-Antoinette de Ponfort, dame de Vaux-les-Mourons, y demeurant, veuve de feu messire Charles-Robert de Cugnon de Servicourt, chevalier, seigneur de Tourteron et Vaux; de dame Marie-Thomasse Cay, veuve de messire Jean-Claude de Cugnon, chevalier, seigneur d'Alincourt, Brausecourt, Saint-Imoges et autres lieux, demeurant à Reims, suivant sa procuration du 5 de ce mois; de messire Jacques-Mathieu d'Augearre, chevalier, conseiller d'État, secrétaire des commandements de la Reine, seigneur du marquisat de Bazaucy, de la baronnie de Baricourt, seigneur de Rouart, Thémorgues, Rimonville, Livry et autres lieux, demeurant à Paris, suivant sa procuration du 12 de ce mois; de messire Jean-Louis de Saint-Vincent, chevalier, seigneur de Brecy, capitaine-commandant au régiment d'Auvergne-infanterie, demeurant à Brecy, suivant sa procuration du 7 de ce mois; et de messire Eustache de Dale, chevalier de l'ordre royal et militaire de Saint-Louis, seigneur de Primat, demeurant à Primat, suivant sa procuration du 10 de ce mois.

Messire Marie-Louis-Joseph Béguin de Sanceuil, seigneur de Selles et autres lieux, demeurant audit Selles, tant en son nom que comme fondé de pouvoir de messire Guillaume Mansnet-Gralier, écuyer, seigneur d'Epoy, Besme, Monféry en partie, chevalier de l'ordre royal et militaire de Saint-Louis, demeurant à Epoy, suivant sa procuration du 10 de ce mois.

Messire Etienne-Edgard Du Wals, comte de

Dampierre-à-Hau, tant en son nom que comme fondé de pouvoir de messire Charles-Antoine-Henri de Wals de Dampierre, prêtre, vicaire général du diocèse de Paris, chanoine de l'église de Paris, seigneur de la terre, seigneurie et comté de Dampierre-le-Château, demeurant à Paris, au palais épiscopal, suivant sa procuration du 6 de ce mois; de dame Marie-Louise-Angélique de Barbier de Blois, veuve de messire Jean-Baptiste Jean de Pont-Praslin, dame de Dampierre-sur-Auve et autres lieux, demeurant à Sainte-Menehould, suivant la procuration du 11 de ce mois; de messire Claude-Antoine-Marie de Barbier de Brayes, chevalier, seigneur d'Autryé, Condé, Guham, Boncouville, Séchaux, Massiges et autres lieux, demeurant en son château d'Autryé, suivant sa procuration du 9 de ce mois; et de messire Jean-François L'Évêque, chevalier, seigneur de Vouzières, chevalier de l'ordre royal et militaire de Saint-Louis, demeurant à Reims, suivant sa procuration du 10 de ce mois.

Dame Edmée-Marie-Louise Doulat de Toulmont, épouse de messire le vicomte de Puger, seigneur de Vasligny et autres lieux, comparante par messire Jean-Baptiste-Louis de Saint-Vincent, suivant sa procuration du 11 de ce mois.

Messire Louis-Alexandre-Thérèse d'Artaise, chevalier, seigneur de Saulscuil et autres lieux, comparant par messire de La Neuville, suivant sa procuration du 13 de ce mois.

Messire Joachim-Vallery-Thérèse-Louis Rouhault, marquis de Rouhault, grand d'Espagne de la première classe, seigneur de Fayel-les-Bois, Rucourt, Chevrières, Houdraucourt en partie, Chaumont en portion, Saint-Germémont, Adom, Givron, Dommely et autres lieux, ancien capitaine au régiment Royal-Piémont-cavalerie, demeurant à Paris, par messire Claude-Joseph-Antoine Duruyt, écuyer, sieur de Baleine, capitaine invalide, demeurant à Saint-Dizier, suivant sa procuration du 10 de ce mois.

Dame Henriette de Thomassin, dame et baronne d'Ansevoux, épouse de messire Antoine-François, comte d'Heunezel, ancien capitaine au régiment d'Enrichemont, chevalier de Saint-Louis, seigneur de Veroux et autres lieux, pour ledit Duruyt, suivant sa procuration du 8 de ce mois.

Dame Marie-Marguerite de Vignacourt, dame de Thieblemont, veuve de messire Charles-Jean-Henri Jestas, marquis de l'Esperoux, maréchal des camps et armées du Roi, chevalier, seigneur de Douyeux et autres lieux, demeurant au château Douyeux, par messire le comte de Vignacourt, suivant sa procuration du 10 de mois.

Très-illustre Pierre monseigneur Honoré-Charles-Maurice-Anne Grimaldi, prince héréditaire de Monaco, duc de Valentinois, par le Roi, seigneur des terres composant le duché de Mazarin et la principauté de Château-Porticu, comparant par messire Esprit-Louis Deu, chevalier, ancien mousquetaire de la première compagnie, son fondé de pouvoir, suivant sa procuration du 12 de ce mois.

Messire Pierre-Nicolas-Gilbert de Solerat, écuyer, seigneur de Flerau, chevalier, maître d'hôtel de Monsieur, frère du Roi, commandant du palais du Luxembourg, chevalier de Saint-Louis, par ledit sieur Esprit-Louis Deu, suivant sa procuration du 14 de ce mois.

Messire Jacques Barbier Larcher, lieutenant au premier corps royal du génie, seigneur de Soraconne, This en partie et des Airelles, par messire François-Gaston de Dedouville, chevalier, seigneur de Minacour, suivant sa procuration du 7 de ce mois.

Messire Henri-Louis de Robert, chevalier, seigneur en partie du Châtelet du Limoges, lieutenant du Roi de la ville de Rocroy, y demeurant, chevalier de Saint-Louis, par ledit sieur de Douville, suivant sa procuration du 7 de ce mois.

Messire Auguste-Marie-Raymond, prince d'Arembert et du Saint-Empire romain, comte de la Marche, grand d'Espagne de la première classe, chevalier, grand-croix de l'ordre palatin de Saint-Hubert, seigneur de Geoffréville, de Novion et autres lieux, par messire Jean-René Blandines de Marassé, son fondé de pouvoir, suivant sa procuration du 9 de ce mois.

Messire Philippe-Eugène, baron d'Auger, maréchal des camps, chef d'escadron des gardes du corps du Roi, seigneur de Fourges-Barheencourt, par messire Claude-René Coutenot, lieutenant de nosseigneurs les maréchaux de France.

Messire Louis-Ferdinand-Joseph, baron de Coudenhoud, chevalier, seigneur d'Haincreville-Chimosy, chevalier de l'ordre royal et militaire de Saint-Louis, par mondit sieur de Marassé, suivant sa procuration du 6 de ce mois.

Messire Charles-Louis Bauger de Bignipont, chevalier, seigneur de Fontaines en Dormois, par messire Charles Marchant de Criston de Nuisement, son fondé de pouvoir, suivant sa procuration du 20 février dernier.

Messire François de Lapersonne, seigneur de Buisson et en partie de Vauteloy, par messire Jean-Baptiste Le Dieu de Ville, écuyer, ancien lieutenant de cavalerie, son fondé de pouvoir, suivant la procuration du 9 de ce mois, et de dame Geneviève-Cécile Moreau, veuve de messire Thomas de Lapersonne, vivant écuyer, ancien lieutenant de cavalerie; et dame du Verdpignon, par ledit sieur Le Dieu de Ville, son fondé de pouvoir, suivant sa procuration du 6 de ce mois.

Messire Louis-Antoine, baron de Peschard de Gironcourt, chevalier, seigneur de Meizey-sur-Meuse, Sénonville, Saint-Urain et la Feuillée, par messire Le Dieu Danizeux, chevalier, seigneur de Frignicourt, suivant sa procuration du 2 de ce mois; et de dame Marie-Barbe de Lile, veuve de feu messire Charles-Antoine Lepetit, chevalier, seigneur de Vaux-la-Petite et Vaux-la-Grande en partie, suivant sa procuration du 4 de ce mois.

Messire Joseph-Augustin Aubry d'Arancey, écuyer, seigneur de Reims, en son nom et comme fondé de pouvoir de messire François-Paul d'Herville, écuyer, commissaire ordonnateur des guerres, seigneur de Saint-Marsas-sur-le-Mont, et de messire Louis Lapare, prêtre, chanoine de Mézières, seigneur de Nauteuil-sur-Auve, suivant sa procuration du 5 de ce mois.

Messire Nicolas de Chieza, comte de Servignaser, seigneur de la Petite-Ville et Vanaux-le-Châlet, en son nom et comme fondé de pouvoir de messire François de Chieza, comte d'Estropoo, seigneur de Saint-Genest; et de messire Louis Deu de Vieux-Dampierre, seigneur de Malny en Dormois, suivant les procurations des 11 et 12 de ce mois.

Messire Luc-Georges-Guillaume de Baulcey, écuyer, seigneur de Marc Clerge et la Grange-aux-Bois, en son nom et comme fondé de pouvoir de messire Pierre de La Bauluas, écuyer, seigneur du Bois, paroisse de Grand-Hau; et de messire Paul-Valentin-Gabriel de Béfroy, seigneur de Marc, Lagrande, Petite-Besogne et Bourpaire, suivant les procurations des 6 et 8 du présent mois.

Messire Antoine de Viveux, écuyer, chevalier de l'ordre royal et militaire de Saint-Louis, en son nom et comme fondé de pouvoir de messire Marie Dancolet, chevalier, seigneur de Day; et de dame Ango-Françoise de Crisotte de Saint-Fergeux, veuve de messire Philippe-Joseph, marquis de Montaigu et d'Entraigues, dame de Saint-Ferveux, suivant les procurations des 4 et 7 de ce mois.

Messire Jacques Coutenot d'Arpevat, écuyer, tant en son nom que comme fondé de pouvoir de messire Jean-Louis Coutenot, écuyer, seigneur de Moroy et du fief du Bois, Jacquot de Lagrange, suivant sa procuration du 10 de ce mois.

Messire Louis-Joseph de Wignacourt, comte de Wignacourt et de Morimont, en son nom et comme fondé de pouvoir de messire Philippe-François-Edmond de Bouteville, chevalier, seigneur de Malancourt, Haucourt et Cumières, et de messire Étienne de Wignacourt, chevalier, seigneur de Blouise et Saint-Lumier, suivant les procurations des 3 et 12 de ce mois.

Messire Joseph d'Hédouville, chevalier, comme fondé de pouvoir de dame Marie-Madeleine Maslot, veuve de messire Antoine-Camille-Alphonse de Bermonde, chevalier, seigneur de Concourt; de messire Jean-Baptiste Futayne, écuyer, seigneur, en partie, de la terre de Givron; et de messire Dessaus, seigneur de Mont-Laurent, suivant les procurations passées devant notaire les 1er, 8 et 13 du présent mois.

Messire Jean-Gaston d'Hédouville, chevalier, seigneur de Minecourt, en son nom et comme fondé de pouvoir de messire Jacques-Barbe Larcher, écuyer, seigneur de Sormonne, This et, en partie, des Aívelles; et de messire Louis-Henri de Robert, chevalier, seigneur, en partie, du Châtelet et de Rimogue, suivant les procurations du 7 de ce mois.

Messire Charles Marchant de Criston, chevalier, ancien capitaine au corps royal d'artillerie, chevalier de l'ordre royal et militaire de Saint-Louis, en son nom et comme fondé de pouvoir de messire Jean de Maubeuge, chevalier, seigneur d'Herbigny, Pollcourt et autres lieux, et de messire Jean-Baptiste-Nicolas-François de Robert, chevalier, seigneur, en partie, de Thaisy et Maisoncelle, suivant les procurations des 10 et 13 du présent mois.

Messire Nicolas Moyeu de Lescamoussier, seigneur d'Authe, Autruche et autres lieux, tant en son nom que comme fondé de pouvoir de messire Albert-Louis de La Cour, chevalier, seigneur, en partie, de Belleville et Chatillon; et de messire Simon-François Dessaulx, chevalier, seigneur de Noirval, Ballay et autres lieux, suivant les procurations des 6 et 9 de ce mois.

Messire Jean-Baptiste de Corvizart de Varigny, écuyer, seigneur du fief de Bau-du-Sarazin, situé à Fonteine, en son nom et comme fondé de pouvoir de messire Jacques-Maximilien de Robert du Châtelet, chevalier de Saint-Louis, seigneur haut justicier du Tremblay et, en partie, du Châtelet; et de messire François-Narcisse Baudouin, Tirant de Barg, écuyer, seigneur de Morains, Flavigny, Burg-les-Zistres, suivant leurs procurations des 5 et 13 du présent mois.

Messire Louis Guérin de la Marche, chevalier, seigneur de Renaulmont, en son nom et comme fondé de pouvoir de messire Louis de Sailly, lieutenant-colonel d'infanterie, chevalier, seigneur de Zandigny; et de messire Jean-Baptiste Coulon de la Grange-aux-Bois, écuyer, seigneur de la Grange-aux-Bois, Charmois-la-Ranelle, sui-

vant les procurations des 9 et 10 du présent mois.

Messire François-Étienne Barbier, écuyer, seigneur de Felcourt, en son nom et comme fondé de pouvoir de messire Jean-Abraham-André Poupart, écuyer, baron, seigneur de Neuflise, et de messire Marie-Louis Lagoille, chevalier de Courtagnon près le Maurain-Lahauville et autres lieux, suivant les procurations des 6 et 12 de ce mois.

Messire Louis-Gabriel d'Hédouville, chevalier honoraire de l'ordre de Malte, officier d'infanterie, en son nom et comme fondé de pouvoir de messire Jean-Louis Duhau de Jeanday, chevalier, seigneur dudit lieu de Jeanday; et de messire Antoine-Marie de Beffroy-Dubreuil, chevalier, seigneur de Dubreuil, Lemotz, Bouvroy et autres lieux, suivant les procurations des 4 et 11 de ce mois.

Messire François-Gilles Jacobé, seigneur de Rembecourt, en son nom et comme fondé de pouvoir de messire Louis-Nicolas de Grustude, seigneur de l'Effincourt et Bussy en partie; de messire Samson-Marie Le Sellier de Blecourt, chevalier, seigneur en partie de Saint-Gilles; de messire Marc-Jacob-Sébastien-Anastase L'Évêque de Chamdeaux, chevalier, seigneur de Coucy, Beines et autres lieux; de messire Marie-André-Anastase L'Évêque de Champeaux, chevalier seigneur de la Cour et autres lieux; et de messire André Canelle de Warigny, seigneur de Coucy en Rethelois et autres lieux, suivant les procurations de 2, 5, 6 et 10 de ce mois.

Messire Jean-Nicolas-Joseph, baron de Maubeuze, chevalier, capitaine de cavalerie, garde du corps du Roi, chevalier de l'ordre royal et militaire de Saint-Louis, seigneur de la Neuville-les-Warigny, en son nom et comme fondé de pouvoir de messire Germain-Hyacinthe de Romance, chevalier, marquis de Mezmont; de messire Jean-Baptiste Canelle de la Lobbe, chevalier, seigneur de la Lobbe, y demeurant; de messire Alexandre-Honoré de Baucourt, seigneur de Sery, Armiscourt, Sorbon et autres lieux; de messire Pierre de Maubeuze, chevalier, seigneur d'Herbigny; de messire Pierre-Nicolas Cautel d'Hauteville, écuyer, seigneur d'Hauteville et de Begin; et de messire Jean-Baptiste, vicomte de Boisgelin de Kergomer, Hervraut et autres lieux; et de messire Alexandre-Jean Rouillé de Fontaine, chevalier, seigneur de Goyencourt, Fraincourt, Woissigny et autres lieux, suivant les procurations des 2, 6, 9 et 10 de ce mois.

Messire Louis-Gabriel, vicomte de Haugest, capitaine à la suite de la cavalerie, chevalier de l'ordre royal et militaire de Saint-Louis, seigneur de Fontigny, paroisse de Ramigny, en son nom et comme fondé de pouvoir de messire Claude de Verrières, seigneur d'Hervy; de messire Claude-Antoine de Verrières, chevalier, seigneur d'Harvy et autres lieux; de messire Charles de Sailly, écuyer, seigneur de Champlin; et de dame Henriette-Josèphe d'Arrac d'Haudresy, veuve de messire Louis Beslaire, seigneur du fief de la Cour-Desprez, paroisse de Rumigny, suivant les procurations des 4, 9 et 10 de ce mois.

Messire Guillaume de Montandre, chevalier, seigneur de Morrois, en son nom et comme fondé de pouvoir de messire Godefroy-Joseph, baron de Romance, chevalier, marquis de Romance, lieutenant au régiment des Gardes-Françaises, suivant les procurations.

Messire Antoine Poliguin des Clauzets, en son nom et comme fondé de pouvoir de messire Louis-François Hocart, chevalier, seigneur de Landricourt et autres lieux; et de messire Philippe-

Christophe Hocart, chevalier, seigneur haut justicier de Landricourt, Vers-la-Gravène et autres lieux, suivant les procurations des 3 et 4 de ce mois.

Messire Frédéric de Joisbert, capitaine de cavalerie au régiment d'Orléans, en son nom et comme fondé de pouvoir de demoiselle Madeleine-Louise de Joisbert, demeurant en cette ville, dame en partie de Loisy-sur-Marne; de messire Henri-Claude Divory, chevalier, seigneur en partie de Saint-Morel et Corbon; et de dame Anne-Charlotte-Henriette de Roussy de Maure, veuve de messire Jules-Ange, vicomte de Busancy de Pavant, chevalier, seigneur de la Croix-au-Bois, Longrue, Livry, Botteville, Germont, Noirval, Quatre-Champs, Beaurepaire et autres lieux, dame de Soubonne, tant en son nom que pour messire Charles-Louis-Marie, vicomte de Pavin son fils, suivant les procurations des 7, 8 et 14 de ce mois.

Messire André de La Solest, seigneur de Bellejaulx, paroisse de Chatroux.

Messire Alexandre-Louis, vicomte du Hau, seigneur d'Aumely, capitaine au régiment de Général-dragons, en son nom et comme fondé de pouvoir de messire Louis-François Carlet, marquis de la Rozière, maréchal des camps et armées du Roi, propriétaire du marquisat dudit la Rozière, du franc-alleu noble du ban Saint-Martin; et de messire Claude-Marie de Saint-Quentin de Mammont, chevalier, seigneur haut justicier de Cierge-la-Grange-au-Bois, suivant les procurations des 3 et 10 présent mois.

Messire Nicolas-Bernard, baron de Hau, chevalier, seigneur en partie de Poix, capitaine d'infanterie, en son nom et comme fondé de pouvoir de messire Jean-Jacques Lécuyer de Montigny, seigneur, propriétaire des terres et seigneuries de Montigny et autres lieux; et de messire François-Denis-Nicolas de Cappy, écuyer d'Oisy, suivant les procurations des 6 et 12 de ce mois.

Messire Pierre-Gabriel-Xavier d'Arras, vicomte d'Andrecy, capitaine au régiment de Condé-infanterie, seigneur d'Andrecy et autres lieux, en son nom et comme fondé de pouvoir de messire Nicolas-Charles de Villelongue, chevalier, seigneur de Mont-Saint-Rémy, Ginaut-sur-le-Bar et en partie de Vouzières et autres lieux; de dame Marie-Charlotte de Paillard du Grand-Vissé, veuve de messire François-Gabriel-Théodore, comte d'Emery et autres lieux, suivant les procurations des 4 et 9 de ce mois.

Messire Charles-Joseph, marquis de Lécuyer, chevalier, seigneur d'Agnicourt, ancien lieutenant au régiment du Roi-infanterie, capitaine de dragons, lieutenant des maréchaux de France au département de Charleville, y demeurant, seigneur en partie de Montigny et autres lieux, en son nom et comme fondé de pouvoir de messire Pierre-Louis de Suise, chevalier, seigneur de Saint-Piermont et autres lieux; de dame Edmée-Marie-Louise Boulin de Boulamont, épouse de messire Alexandre-Auguste, vicomte de Pièges, chevalier, seigneur de Varligny, suivant les procurations des 10 et 11 de ce mois.

Messire Jean-Baptiste Dergart, chevalier, seigneur du Buisson-sur-Saulx, lieutenant des maréchaux de France, en son nom et comme fondé de pouvoir de messire Jules-François Capelet, écuyer, seigneur d'Étrepy, suivant sa procuration du 27 février dernier.

Messire Jean-Baptiste Parchappe d'Esrène, écuyer, en son nom et comme fondé de pouvoir de messire Balthazar-Constance d'Augé-Grillemont, chevalier, seigneur de Boursault, Chouilly

et autres lieux, fils mineur de messire Henri-François-Constance d'Augé d'Orsay, seigneur de Grillemont; et de messire François-Frédéric-Cécile Marmande de Tourville, chevalier, seigneur en partie du grand hameau de Romain, y demeurant, suivant les procurations des 28 février dernier et 5 mars présent mois.

Messire Claude-René de Coutenot, écuyer, ancien capitaine de dragons, lieutenant des maréchaux de France au bailliage de Saint-Dizier, en son nom et comme fondé de pouvoir de messire Claude Coutenot, écuyer, seigneur en partie de Luxemont, suivant sa procuration du 16 de ce mois; de madame Marie-Josèphe de Maubeuze, veuve de messire Pierre de Maubeuze, chevalier, seigneur d'Herbigny; et messire Pierre-Nicolas Saint-Hubert de Maubeuze, chevalier, seigneur d'Herbigny, comparant par ledit sieur de La Folest, suivant les procurations du 7 de ce mois.

Messire Alexandre-Philippe Jean-Baptiste Parchappe, sieur du Fresne, écuyer, inspecteur des haras de Champagne, en son nom et comme fondé de pouvoir de messire Charles-Nicolas de Haudouin de Milly, chevalier, seigneur en partie du fief de Chambrecy; et de messire Adam-Claude d'Origny d'Arguy, chevalier, seigneur de Braux, Sainte-Cohière et autres lieux, suivant les procurations des 5 et 11 mars présent mois.

Messire Claude-Joseph-Antoine Durupt, écuyer, seigneur de Baleine, ancien garde du corps, chevalier de l'ordre royal et militaire de Saint-Louis, capitaine invalide, en son nom et comme fondé de pouvoir de messire François-Charles, comte de Coincy, seigneur des Quatre-Champs, Noirval et la Ménil; de messire Philippe-François-Louis de Raincourt, vicomte de Roblier, baron de Saint-Loup, seigneur de Blacy, suivant sa procuration du 6 de ce mois.

Messire Joseph de Saint-Vincent, chevalier, seigneur de Blacy et autres lieux, en son nom.

Messire Jean-Charles Mauclair, écuyer, demeurant à Sainte-Menehould, en son nom et comme fondé de pouvoir de messire Jean-Abraham-André Poupart, écuyer, seigneur, baron de Neuflise, suivant sa procuration du 6 de ce mois; de messire Auguste-Louis-Marie Dupin, chevalier, seigneur de Dommartin et Vaux; et de messire Philippe-Etienne-Marie Dupin de la Gérissière, ancien officier de dragons, demeurant à Sainte-Menehould, suivant leur procuration du 14 de ce mois.

Messire Florimond-Louis-Jean-Baptiste Parchappe, sieur de Broussy, écuyer, lieutenant au régiment de Bretagne, demeurant à Épernay.

Messire Laurent Grostète de Plichancourt, écuyer, conseiller honoraire au parlement de Metz, seigneur du fief de Collette-de-Somvièvre, vulgairement dit Lamotte, en son nom et comme fondé de pouvoir de messire Jean-Joseph Desmarets, écuyer, seigneur d'Euvilleines-les-Forges, demeurant à Valenciennes, suivant sa procuration du 7 de ce mois; et dame Louise-Françoise-Perrette, comtesse de Champagne, dame de Vaudenie et Erval, demeurant à Reims, suivant sa procuration du 4 de ce mois.

Messire Jean-Anne-Alexis de Monjotte, chevalier, vicomte de Sainte-Emphraise et de la Forte-Maison, seigneur en partie d'Alguicourt, capitaine d'infanterie, en son nom et comme fondé de pouvoir de messire Charles-Gabriel de Chartogne, chevalier, seigneur de Bertoncourt-la-Folie, vicomte de Pernau; de messire Charles-Gabriel de Chartogne, chevalier, seigneur de Bertoncourt-la-Folie, vicomte de Pernau; de messire Charles-André Duhamel, chevalier, vicomte du Breuil, demeurant au château de Vendeuil, suivant les procurations des 3 et 11 de ce mois ; de messire Charles Lachaut de Robert, baron du Châtelet, chevalier, seigneur du Châtelet, Rimogue et autres lieux, suivant la procuration du 5 de ce mois ; et de messire Pierre-Nicolas-Louis Du Hau, chevalier, seigneur de Mezerin et en partie de Harzillement, suivant la procuration du 11 de ce mois.

Messire Jean-Baptiste de Ballidart, chevalier, seigneur de la Cour, du fief des Grandes-Côtes, et des Petites-Côtes, tant en son nom que comme fondé de pouvoir de messire Jean-Simon L'Evêque, chevalier, seigneur d'Arrigny, Arcis et autres lieux ; de messire Renaud-Joseph Reguin de Savigny, Mesnil, Aunesle et autres lieux ; de messire Claude-Charles Comminer de Margilly, chevalier, seigneur de Facy, Languy et autres lieux ; de dame Louise-Charlotte-Aimée de Serpe-Discordal, veuve de messire Jean-Baptiste-Jacques de Beaufort de Salmon, seigneur de Frampart ; et de messire Charles-Henri-Mathieu Tiergon, conseiller, secrétaire du Roi près le conseil supérieur d'Artois, seigneur de Germaissimont, suivant les procurations des 4 et 8 de ce mois.

Messire Alphonse-Louis-Bernard d'Uret, chevalier, comte de Moinville, seigneur de Neuville et Mongoud, colonel du régiment des grenadiers royaux de la Bretagne, lieutenant général pour Sa Majesté des villes et évêchés de Verdun, chevalier de l'ordre royal et militaire de Saint-Louis ; et de dame Charlotte-Ferdinand, veuve de messire Marie-Louis-Charles de Vassinhac, vicomte de Dincourt, comte de Loupris et Brandeville, mestre de camp de cavalerie, major du corps de la gendarmerie, gentilhomme d'honneur de Monseigneur comte d'Artois, tutrice honoraire de Charles-Léon-Théodore, Françoise-Henriette-Marie-Louise et Charles-Ferdinand-Théodore de Vassinhac, ses trois enfants mineurs ; et dudit feu seigneur J. Dumécourt, son mari, comparant, lesdits seigneurs et ladite dame, par messire Maurice-Louis, marquis de Thomassin, chevalier, seigneur comte de Bieuville, suivant les procurations des 5 et 6 de ce mois.

Messire Marc-Antoine de Chamissot, chevalier, seigneur du Vieux-Dampierre, ancien capitaine d'infanterie au régiment de Champagne, en son nom et comme fondé de pouvoir de dame Angélique d'Ambly, dame de Sommevières, suivant sa procuration du 3 de ce mois ; de messire Marie-Vincent-Louis de Maillard, comte de Laugres, chef d'escadron de chasseurs, seigneur d'Audevannes, suivant sa procuration du 3 de ce mois ; de messire Louis Hermand de Chamissot, vicomte de Clivaux, seigneur des Planches, suivant la procuration du 9 de ce mois ; de messire Louis, comte de Chamissot de Boncourt, Eute et Orne, présent ce jour et étant obligé de s'absenter ; messire Nicolas-Edouard de Cuisotte, chevalier, seigneur comte de Gigaucourt, lieutenant du Roi de la province de Champagne, président de l'assemblée de l'élection de Sainte-Menehould, en son nom et comme fondé de pouvoir de messire Claude-Jean-Antoine d'Ambly, marquis d'Ambly, seigneur de Richecourt, maréchal des camps et armées du Roi, chevalier de l'ordre royal et militaire de Saint-Louis ; d'Eugène-Charles-Antoine d'Ambly, seigneur de la baronnie des Grandes et Petites Evelles ; de messire Auguste-Jean-Baptiste Le Rebours, conseiller du Roi en ses conseils, président au parlement de Paris, seigneur de Saint-Marc-sur-le-Mont ; de messire Jean-Baptiste-Charles de Goujon, marquis de Thuisy comte de Saint-

Souplet, seigneur de Prône ; de messire Louis-Jérôme de Goujon, chevalier profès de l'ordre de Saint-Jean de Jérusalem, seigneur usufruitier du marquisat de Thuisy ; de messire Charles-François de Goujon de Thuisy, chevalier non profès de l'ordre de Saint-Jean de Jérusalem, prieur commendataire, seigneur de Charlanges ; de messire Nicolas-Joseph de Sailly, chevalier, seigneur de Florend ; de messire César-Alexandre-Annibal Frémis, marquis de Sy ; de messire Ange-Joseph Rémy Deslions, baron Deslions, seigneur d'Arcis ; et de messire Jacques de Caumont seigneur de Bury, suivant les procurations des 1er, 5, 6, 8 et 11 de ce mois.

Messire Jérome-Antoine, baron de Joisbert, chevalier, seigneur de Villers-sur-Marne et autres lieux, en son nom et comme fondé de pouvoir de dame Scholastique de Maillard d'Ablancourt, chevalier, seigneur d'Ablancourt ; de messire Claude Delaunay, seigneur et patron de Moulins ; de dame Marie-Ursule-Dieudonnée D'Ivory, veuve de messire Marie-Innocent de Maillard, seigneur, baron d'Hanesse ; de messire François de Salce Aublin, seigneur de Goolle, la Chapelle et autres lieux, chevalier de l'ordre royal et militaire de Saint-Louis ; de messire Louis-Marie-Thomas, chevalier, marquis de Pauge, seigneur de Pringy, suivant les procurations des 28 février dernier et 5, 6 et 9 de ce mois.

Messire Alexandre-Annibal Fremin, chevalier, seigneur de Sy, baron de Flouin et des Grandes-Armoises, demeurant en son château de Sy, comparant par messire Louis-Maurice, marquis de Thomassin, chevalier, seigneur, comte de Bieuville, son fondé de pouvoir, suivant la procuration du 9 de ce mois.

Toutes lesquelles procurations des procureurs fondés, tant de l'ordre du clergé que de celui de la noblesse, ayant été trouvées suffisantes, ont été jointes au présent procès-verbal pour rester au greffe de notre bailliage.

TIERS-ETAT.

Sont comparus les députés réduits au quart de notre bailliage principal, ainsi qu'ils sont dénommés au procès-verbal de l'assemblée préliminaire du 12 de ce mois, à l'exception du sieur Ruinet, lequel procès-verbal nous a été présenté par ledit messire de Saint-Génis,

Savoir :

MM. Jacobé ; de Soulanges ; de Pringy ; de Salligny ; de Matignicourt, avocat ; Gillet, avocat et maire de cette ville ; de Saint-Génis, lieutenant particulier de notre bailliage ; Guichard, avocat ; Vincent d'Arzillers ; Plaïet, de Saint-Marc-sur-le-Mont ; Martin, de Noirlieu ; Cagnou, de Perthes ; de La Croix ; de Coutant ; de Brauges, avocat ; Cagot, maître de poste à Longchamps ; Mensier l'aîné, de Maurap ; Gayat, de Blacy, avocat ; Nocat, d Etrepy ; Pajot, de Landricourt ; Bidaut, de Merlaut ; Bonjouet, de Somrécourt ; Gillet P., à Vitry ; Hatot, avocat à Vitry ; Didon, de Saremont ; Pérard, de Villers-le-Sec ; Jannequin, de Dommartin-sur-Yerre ; Noiset, de Guincourt ; Gras, d'Isle-sur-Marne ; Mangin, secrétaire à Vitry ; de Lalain, avocat ; de Tercy le jeune, avocat ; Varlet, de Passavant ; Perinet, de Tourinzet ; Duchesne, de Plichancourt ; Magisson, de Rarecourt ; Sallerou, de Courdemanges ; Bernard, de Sermaize ; Nicaise, de Possesse ; Munier le jeune, de Maurap ; Dorisy, avocat à Vitry ; Garinet, de Vanaux-les-Dames ; Ruinet, de Sermaize, absent ; de Senlis ; de Neuville-sous-Arzillers ; Martin d'Ecrieuse ; Soucat, avocat ; Salleron, de Châtroux ; Delaunay l'aîné, de Vauclrce ;

L'Ecuyer, de Charmont; Salmont, de Bassuet; Chuguet, d'Alliancelles; Nocat le jeune, de Vavray-le-Petit; Fresson, de Bignicourt-sur-Saulx; L'Ecosse, de Doucetz; Sauvage, de Sermaize; Palleron, de Mauroy; Lacroix, de Huiron; Ostome, de Matignicourt; Comte, de Charmantois-le-Roi; Robin, de Ponthion; Datizet, de Charmantois-le-Roi; Berton, de Saint-Remy-en-Bouzemont; Sarazin, de Châtroux; Sauce, de Rarecourt; Mangin, de Larzicourt; Varin, de Sainte-Marc; Regnault, de Lajot; Gras, de Montignicourt; Paquier, de Marolle; Jamfierre, de Hautulier; Morel, du Buisson; Delaunay, de Vauclair; Sébille, de Navray-le-Grand; Dissaut, de Passavant; Vincent, de Tournay; Olivier, de Thieblemont; Vallet, de Plichancourt.

Sont aussi comparus, MM. les députés du bailliage secondaire ainsi qu'il suit.

De *Sainte-Menehould*, ainsi qu'ils sont énoncés au procès-verbal de l'assemblée dudit siège, du 10 mars présent mois et jour suivant, à l'exception des sieurs Populus, Labbé et Tilly, lequel procès-verbal restera joint à la minute des présentes,
Savoir :

MM. Lescure, lieutenant audit siège; Mouton; Collin, de Vrisy; Drouet, marchand; Chapitaux; Vincent Beaulieu; Varin, de Valmy; Populus; Tilly; Bastier; Haraud, de Courtemond; Huraut, de Berzieux; François Person, de Sivry; Delacroix, d'Eutes; Thierry, de Sommebionne; Gallichet; Chaudron; Godard; Etienne; Francart; Joaret; Renaud; Villequin, Labbé; Bermier; Driou; Poulain; Golzart; Joaret; Morin; Maimart; Devancé; Robert; Chenet; Ponsardin; Guyon; Corvisy; Hanard; Bermier; Drapier; Longis; Gentin; Deflandres; Enry; Husson; Guillaume; Cageur; Benoist; Bodet; Robert; Laurient; Reumart; Bearnois; Leroy, Satabin; Bournet; Bausseron; Billaudel; Bataille; Durand; Simon; Dubelay; Varin; Haussard; Notret; Nollet; Labbé, de Montfauxet; Paul Chapron; Lemaire; Boucher; Boblique; Rousseau; Feserot; Haingurtot; Pillet; Carré; Guillemin; Mérieux; Paunier; Gillet-Giot; Luze; Troion; Legrand; Langlois; Limoges; Piette; Poutain; Petit; Daudigny; Collardeaux; Clanteaux; Leroux; Soyal; Guillaume; Saint-Géry; Maquart; Huart; Pierrot; Lemarié; Denis; Laurent; Hulin; Lagneau; Potet; Cochard; Michel; Decrancey; Souef; Watellier; Gillotin; Ferré; Blondel; Desglandes; Quartier; Drouet, avocat; Phelippot; Haingurlot; Dumaux; Burau; Paté; Jobar; Payer; Hannequin; Lejeune; Bajot; Cocus; Serrés; de Fleury; Coquet; Warnay; Longuet; Petit; Moreau; Renote; Prud'homme; L'Ecuyer; Duvignau; Nouon; Potier; Saint-Géry, de Wareq; Taton; Pierron; Fesnot; Pannetier, d'Andrecy; Baury; Leroux; Martin; Rousseau; Henry; Chesnot; Rousseau, de Wareq; Fesnot, de This; Jouval; Jaquet; Billaudel; Doré; Rouvert, de Villé; Nicaise; Roger; Clerc, de Saint-Moret; Deviné; Gilbert; Duchesnes; Boquet; Fekand; Godin; Lesage; Doury; Lebas; Valart; Miquet; Gaugan; Copin; Tillier; Bonnevie, et Blain.

De *Fismes*, suivant qu'ils sont énoncés au procès-verbal dudit bailliage du 10 mars présent mois, qui sera annexé à la minute des présentes, les personnes qui suivent :

MM. de La Ruelle du Port, maire royal et lieutenant général ; Charles-François Frijoux, seigneur de Vauvarennes ; Pierre Lapy, laboureur à Luternay; Pierre-Simon Vallerau, laboureur à Breuil ; Jean Adam, laboureur à Muscourt et Beauregard ; Henri Thinot, de la paroisse de Presle-la-Commune ; Jean-Baptiste Pasquier, laboureur, de Vautelet.

D'Epernay, suivant qu'ils sont énoncés et dénommés au procès-verbal de l'assemblée dudit bailliage du 10 mars présent mois, qui sera annexé à la minute des présentes, les personnes de :

MM. Morel, conseiller, procureur du Roi en ladite ville ; Jacques Cazotte, ancien commissaire général de la marine, de la paroisse de Pierry; François-Joseph Blanc, négociant à Epernay; Eloi Hugé, maître de la poste, au chevaux de ladite ville ; Charles-Joseph Potin, maire d'Avenay ; Jean-François Robinet, négociant à Ay ; Antoine Auvernier, avocat de la paroisse de Saint-Martin d'Ablois ; Ambroise-Ignace Gigaux de Grandpré, lieutenant général à Epernay, absent; Jacques-Philippe Cestulat, arpenteur à Ay ; François Benon, laboureur à Plissot ; Jean-Baptiste Piéton, négociant à Saint-Martin d'Ablois; Nicolas-Joseph Lelouvier, entrepreneur des ouvrages du Roi ; Joseph Duval, notaire à Avenay ; Pierre-Louis Degarmé, notaire à Avise; Jean-Baptiste Cottier, notaire à Ay ; Jacques-François Bigot, officier chez le Roi, à Ay ; Jean-Pierre-Louis Lochet Duchesnay, à Epernay ; Claude-François Chagrot, bailli de Mesdames de France, à Louvois; Claude-Mathieu Chausson, laboureur à Avise ; Jean-Baptiste Thomas, bourgeois de Piney; Jean-Baptiste Legras, laboureur à Chauilly ; Jean-René de Ville, avocat à Tauxières; Nicolas-Christophe Robert, bourgeois à Mareuil ; Etienne Bobat, laboureur à Oisy ; Pierre Brunet, laboureur à Louvois; Jacques Touillard, bourgeois à Avenay.

De *Saint-Dizier*, suivant qu'ils sont énoncés et dénommés au procès-verbal de l'assemblée dudit bailliage du 10 mars présent mois, qui demeurera aussi annexé à la minute des présentes, les personnes de :

MM. Charles Ferrand, lieutenant particulier ; Laurent-Nicolas-Claude Hototel, avocat du Roi; Charlemagne-Pierre Duchemin, avocat; Jean-Baptiste Briolat, avocat; Pierre-Mathieu de Lioncourt, avocat; Jean-Baptiste Boulau, docteur en médecine ; Pierre-Paul-André Le Maire, notaire royal ; Pierre-Claude Robert, marchand de bois; Charles Moulin, maître de la forge basse de Chamouillé; François Varnier, de Chancenay; François Dubois, de Beaudouvillers; Jean-Vincent de Bettancourt-la-Sérée; Pierre Gallot, de Villers en-Lieu; Joseph Cuny, de Marcy; Pierre Girardin, de Valcourt.

CAHIER

Des très-humbles et très-respectueuses remontrances, plaintes et doléances du clergé du bailliage principal de Vitry-le-Français et des secondaires y réunis, savoir : de Sainte-Menehould, de Saint-Dizier, Fismes et Epernay, assemblés le 16 du présent mois, en vertu de l'ordonnance de M. le comte DE BIEUVILLE grand bailli d'épée, et présidée par M. DOMYNÉ-DESLANDES, abbé de Moncetz, arrêtées pour être portées aux Etats généraux convoqués à Versailles le 27 avril suivant (1).

Le clergé desdits bailliages, vivement pénétré de tous les sentiments que lui inspirent la religion, l'amour du Roi et de la patrie, bénira à jamais la divine Providence d'avoir amené l'heureux et mémorable événement qui va opérer la régénération des mœurs, assurer la prospérité de l'État et rendre à la religion son ancienne splendeur.

_____

(1) Nous publions ce cahier d'après un manuscrit des *Archives de l'Empire*.

Le premier objet que le clergé a pris en considération a été que Sa Majesté serait très-humblement suppliée de maintenir et de faire respecter l'antique loi de nos pères, d'ordonner que la religion catholique, apostolique et romaine continuera d'être la seule religion dominante dans le royaume, et que l'exercice public de toute autre soit sévèrement proscrit et défendu.

Portant ensuite ses vues sur différentes parties du gouvernement dans lesquelles le Roi et la nation desirent qu'il soit établi un ordre constant, invariable, le clergé demande :

ADMINISTRATION GÉNÉRALE.

Art. 1er. La confirmation de l'ancienne constitution essentiellement monarchique et reposant sur la distinction des trois ordres, le maintien de la loi constitutionnelle qui assure à chacun la propriété et la liberté personnelle.

Un règlement qui fixe l'usage de toutes lettres closes et les empêche de servir à l'injustice et à l'oppression.

La reconnaissance solennelle des droits imprescriptibles et inaliénables que les Etats généraux ont seuls essentiellement le pouvoir de voter et de consentir l'impôt.

Art. 2. L'adhésion des trois ordres pour valider l'impôt, et les vœux pris par ordre et non par tête.

Art. 3. Que ladite constitution soit préalablement et invariablement arrêtée avant de procéder à aucune délibération sur l'impôt.

Art. 4. Que le retour périodique des Etats généraux soit fixé au plus tard à cinq ans en temps de paix, et en temps de guerre, toujours l'année qui aura suivi la publication de la paix.

Art. 5. Que les Etats généraux soient constamment représentés par les Etats provinciaux et jamais par commission intermédiaire.

Art. 6. Que toutes lois relatives à l'administration générale ou à l'impôt soient consenties par les Etats généraux avant d'être envoyées aux cours de magistrature qui seraient tenues de les enregistrer sans opposition.

Provinces et impôts.

Art. 7. Que toutes les provinces soient érigées en pays d'Etats dans une organisation semblable à celle des Etats généraux, lesquels Etats seront spécialement chargés de la répartition et du recouvrement de l'impôt, ainsi que des intérêts particuliers de chaque province.

Art. 8. Que le montant de la dette publique soit constaté avant de la reconnaître pour dette nationale.

Art. 9. Que les dépenses ordinaires des différents départements de l'administration générale soient fixées.

Art. 10. Qu'entre les différents moyens de pourvoir aux charges de l'Etat, on préfère l'amélioration des domaines, ou même leur vente par l'aliénation légale à des particuliers, et jamais à des compagnies.

La révision des anciennes pensions et un règlement pour les nouvelles.

La suppression de toutes les charges avec appointements ou honoraires, sans service personnel et résidence.

L'établissement d'une banque royale, et enfin l'impôt commun aux trois ordres, sans distinction de province à province et sans égard aux privilèges de quelques-unes.

Art. 11. Que les comptes soient rendus publics annuellement et visés par les Etats généraux.

Art. 12. La suppression de tous les impôts actuellement existants.

Art. 13. L'établissement d'un impôt territorial sur toutes les propriétés foncières, sans distinction d'ordre, payable en argent dans chaque paroisse, lequel impôt ne pourra toutefois avoir lieu qu'après un délai suffisant, pour prévenir toutes difficultés au sujet des biens amodiés.

Art. 14. Qu'on supprimera les aides et les gabelles.

Art. 15. Que l'impôt dit capitation sera restreint aux seuls capitalistes, commerçants et artistes, en leur faisant supporter une taxe proportionnée à l'impôt établi sur les propriétés foncières dont seront exempts les manouvriers des villes et des campagnes.

Art. 16. Que, pour éviter les frais occasionnés par les mouvements de caisse, toutes les dépenses particulières aux provinces et même la partie des dépenses générales dont les objets seraient compris dans l'étendue des districts provinciaux, seront acquittées par les fonds provenant des impositions locales, de manière que les Etats provinciaux ne verseront à la caisse générale que les reliquats de leur recette justifiée par l'acquit des dépenses.

Art. 17. Que tous les impôts qui seraient jugés nécessaires sur les consommations soient appliqués principalement sur les objets de luxe et très-modérés sur ceux de nécessité.

Que tous les impôts votés par les Etats généraux ne le seront que pour l'intervalle entre leurs différentes tenues, y compris l'année où la convocation subséquente devra avoir lieu, de manière que si les Etats généraux s'ajournent à trois ans, les impôts seront consentis pour quatre; s'ils s'ajournent à cinq ans, ils le seront pour six.

Révocation de l'édit de 1760.

Art. 18. Que les règlements et tarifs relatifs au contrôle et à l'insinuation ecclésiastique et laïque soient modérés et tellement énoncés qu'ils préviennent tout arbitraire et toute incertitude ; que les baux de gens de mainmorte aient lieu sous seing privé ; que les papiers timbrés soient de meilleure qualité.

Art. 19. Que les conditions des actes soient expliquées d'une manière plus étendue sur les registres de contrôles.

Art. 20. L'impôt territorial étant généralement perçu sans distinction d'ordre, on se croit autorisé à demander la suppression de tous les droits de franc-fief, de centième denier et d'amortissement, surtout pour amélioration et reconstruction.

Art. 21. Que les Etats généraux établissent la plus sage organisation entre les caisses provinciales, en sorte que chaque province ne soit tenue de faire passer à la caisse générale, ou trésor royal, que le résidu des fonds, après l'acquit des charges locales et particulières par la voie la plus courte et la moins dispendieuse.

Judicature.

Art. 22. La multitude des abus qui règnent dans la magistrature pourrait exiger que l'on donne un nouveau code civil et criminel qui rende les procès moins longs et moins coûteux.

Qu'il soit enjoint aux rapporteurs de faire leurs rapports en public et en présence des parties sans secrétaire.

Que les juges soient obligés de motiver leurs jugements.

Que l'infamie résultant des peines n'empêche pas les parents des coupables de parvenir aux charges, et que le Roi soit supplié de renoncer à la confiscation des biens qui se prononce à son profit.

Art. 23. Qu'on supprime les maitrises des eaux et forêts et généralement tout ce qu'on appelle tribunaux d'exception, en attribuant soit aux États provinciaux, soit aux tribunaux de justice ordinaire, la connaissance des matières qui les concernent.

Qu'on s'occupe des moyens d'indemniser ou de rembourser, suivant les règles de l'équité, les offices supprimés, afin de préparer l'extinction totale de la vénalité des charges.

Art. 24. Qu'on supprime absolument les charges d'huissier-priseur, qu'on réduise le nombre des autres huissiers ou sergents.

Art. 25. Qu'on oblige les notaires à inscrire leur minute sur un registre paraphé légalement, qu'on leur donne un nouveau tarif qui fixe invariablement leurs honoraires, et qu'on réduise leur nombre, surtout dans les campagnes.

Art. 26. Qu'on diminue aussi le nombre des procureurs, et qu'on réunisse, s'il est possible et convenable, leurs fonctions à celles des avocats.

Art. 27. Que chaque province jouisse de l'avantage d'avoir dans son sein une cour souveraine avec les mêmes prérogatives que les parlements, et des bailliages arrondis par localité pour la commodité des justiciables.

Art. 28. Que les magistrats soient nommés sur présentation des corps, par forme de commission à vie, parmi les magistrats des tribunaux inférieurs pour les cours supérieures, et parmi les avocats pour les tribunaux inférieurs, après un suffisant exercice de leur profession, leurs gages et honoraires payés par les provinces, et que les secrétaires avoués soient supprimés.

Art. 29. Qu'on avise aux moyens de parvenir à établir dans chaque province une seule coutume, un même poids, une même mesure.

Art. 30. Que les privilèges de committimus, les évocations et commissions soient supprimés.

Art. 31. Que l'on réforme les abus dans les justices seigneuriales, et qu'il soit donné au juge un conseil qui l'assiste en ses fonctions.

Art. 32. L'établissement des juges de paix préviendrait bien des procès entre particuliers.

Art. 33. Que l'on tienne sévèrement la main à la publication et à l'exécution des tous les règlements et ordonnances de police, et principalement de celles qui regardent le culte extérieur de la religion, la sanctification des dimanches et fêtes, et la fréquentation des cabarets.

Commerce.

Art. 34. Le commerce contribuant essentiellement à la richesse et à la prospérité de l'État, il serait très-avantageux de s'occuper des moyens d'encourager ceux qui s'attachent à cette partie si intéressante.

Art. 35. Que les États généraux discutent soigneusement les avantages et les désavantages des traités de commerce avec les nations étrangères.

Art. 36. Que les barrières soient portées aux frontières du royaume avec un tarif clair et modéré des droits à percevoir, tant pour exportation que pour importation.

Art. 37. Que tous les privilèges exclusifs en faveur des compagnies et des particuliers soient supprimés.

Art. 38. Que la connaissance des faillites soit attribuée aux juges consuls, et qu'il soit permis aux négociants de citer leurs débiteurs sans exception au même tribunal.

Art. 39. Que dans aucun cas les tribunaux ne puissent accorder de lettres de répit qui favorisent si fréquemment les fraudes et la mauvaise foi, et qu'il n'y ait plus d'asile pour les banqueroutiers frauduleux.

Bien public.

Art. 40. Pour entrer dans les vues bienfaisantes de Sa Majesté et concourir avec elle au bien et à l'avantage des particuliers, on demande :

Qu'on établisse dans les villes, bourgs et villages une forme d'administration pour toutes les municipalités, qui seront composées de membres éligibles à la pluralité des voix de tous les ordres, sous la dépendance de tous les États provinciaux auxquels, et sans frais, elles rendront compte de leur revenu et dépenses.

Qu'aucune ville ne puisse obtenir ni conserver le privilège de franchise ou d'abonnement, mais qu'elles soient toutes assujetties à supporter les charges de la province et du royaume dans une proportion d'égalité.

Même proportion relative pour l'impôt entre les villes et les campagnes.

Art. 41. Que les États provinciaux soient chargés de pourvoir à l'entretien et à la confection des grandes routes par l'essai des barrières, et en cas d'insuffisance, par l'impôt qui sera supporté également par tous les ordres au marc la livre de l'impôt principal et des autres impôts.

Les États provinciaux également chargés d'aviser aux moyens de rendre en tous temps praticables les chemins vicinaux, ainsi que ceux qui aboutissent aux grandes routes.

Art. 42. Que les États généraux examinent si l'on pourrait, sans blesser le titre de propriété, autoriser les gens de campagne à racheter les corvées seigneuriales et les servitudes personnelles fondées sur des titres au moyen d'une prestation en argent, et supprimer celles qui ne sont appuyées sur aucun titre. Qu'ils prennent également en considération les plaintes des cultivateurs par rapport à la quantité de gibier qui dévore leurs héritages.

Art. 43. Qu'on rende générale l'abolition du parcours pour les bestiaux.

Art. 44. Qu'on supprime les haras, et qu'on laisse aux États provinciaux le droit d'y suppléer par des moyens moins coûteux.

Art. 45. Qu'on change l'obligation personnelle de tirer à la milice en une prestation d'argent, et qu'on prévienne par de sages règlements les désordres que les recruteurs occasionnent dans les campagnes et même dans les villes.

Art. 46. Que l'on obvie aux accidents funestes que l'impéritie des chirurgiens occasionne si souvent dans les campagnes, par des examens plus rigoureux de leur science et de leurs capacités et par une visite exacte et annuelle de leurs drogues.

Proscrire des villes et des campagnes tous les charlatans et les opérateurs.

Établir une caisse de charité dans chaque paroisse pour les pauvres infirmes ; autoriser les municipalités à retenir leurs pauvres et à les empêcher de mendier.

Art. 47. Que la classe précieuse des cultivateurs soit encouragée par des récompenses et même honorée par des distinctions.

Art. 48. Que les États provinciaux soient chargés de préparer des magasins de blé pour subvenir à la disette.

Art. 49. Qu'on examine sérieusement les causes de la diminution et de la cherté des bois, pour qu'il y soit incessamment obvié, soit par une nouvelle administration dans cette partie, soit par de nouvelles plantations, soit par la diminution des usines surabondantes et par toute autre voie que le gouvernement protégerait.

Art. 50. Que la liberté de la presse soit restreinte dans de justes bornes, l'expérience ayant suffisamment démontré qu'une liberté indéfinie est trop contraire aux bonnes mœurs, à la religion et à la tranquillité de l'Etat.

Art. 51. Que l'on supprime les loteries, toujours funestes aux peuples par l'appât séducteur d'une faible chance dont l'avantage n'est pas à comparer avec tous les malheurs qu'il occasionne.

Art. 52. Que le prêt à intérêts et tous les genres d'usure qui semblent faire des progrès en proportion du luxe et de la décadence des mœurs, soit réprimé par l'exécution plus sévère et plus exacte des lois ecclésiastiques et civiles qui les défendent.

Noblesse.

Art. 53. Pour conserver au second ordre l'état et assurer à la noblesse française l'estime et les distinctions qui lui sont dus, il serait à propos d'ordonner qu'il sera dressé dans chaque province un nobiliaire exact qui contiendra la liste des nobles de son district pour être présentée et reconnue aux Etats généraux.

Que la noblesse qui dérive de certaines charges soit personnelle et non transmissible, sans préjudice toutefois de la noblesse transmissible, accordée gratuitement par le Roi et avouée de la nation pour services notables rendus à la société ou à l'Etat.

En conséquence des précautions prises pour la conservation de la noblesse, on présume qu'elle ne désapprouvera pas qu'il soit déclaré aux Etats généraux que dorénavant les dignités ecclésiastiques, militaires et de magistrature, seront accordées au vrai mérite, sans distinction de naissance.

Clergé.

Art. 54. Le clergé, jaloux de montrer dans tous les temps son zèle pour le bien de l'Etat et de convaincre la nation qu'il n'a jamais regardé ses formes et son don gratuit que comme un monument de la liberté constitutionnelle propre aux trois ordres, croit devoir renoncer à toutes exemptions pécuniaires, dans le moment où tous les citoyens vont rentrer dans le droit de consentir l'impôt.

Art. 55. En conséquence de cette renonciation qui assujettit le clergé à l'acquit des dettes et charges de la nation en proportion de ses propriétés et en considération de ce que la dette du clergé n'a été contractée que pour subvenir par des moyens plus prompts et plus puissants aux besoins de l'Etat, il demande aux Etats généraux que sa dette soit reconnue faire partie de la dette nationale.

Que les privilèges non pécuniaires et qui caractérisent la distinction de l'ordre, soient conservés, et par une suite des lois fondamentales du royaume, que la propriété individuelle et l'inaliénabilité des biens ecclésiastiques soient avouées et confirmées.

Art. 56. Le clergé, désirant mettre dans son gouvernement temporel un ordre relatif aux nouvelles circonstances, représente aux Etats généraux les charges particulières qui lui restent et les moyens d'y subvenir.

Ses charges particulières consistent essentiellement dans l'acquittement de la dette propre à

chaque diocèse, l'augmentation nécessaire des portions congrues, une subsistance honnête aux curés vétérans et infirmes (laquelle consisterait en une pension de 800 livres) et un supplément de dotation de quelques pauvres fabriques.

Les moyens de subvenir auxdites charges seraient de mettre au séquestre successivement un certain nombre de bénéfices simples qui n'exigent pas résidence, comme abbayes en commende prieurés, etc., pendant un temps proportionné aux besoins, et subsidiairement la réunion des bénéfices qui en sont susceptibles, et encore par le produit des biens des ordres déjà supprimés depuis 1614, dont il sera fait à cet effet une reconnaissance.

Art. 57. Que les portions congrues soient portées à la somme de 1,200 livres net et exemptes de toutes charges et impositions dans la campagne; qu'elles soient augmentées dans quelques paroisses à raison de la population, doubles dans les villes aussi susceptibles d'augmentation en raison de la population, et les pensions des vicaires à celle de 6 ou 800 livres, suivant les circonstances ou les lieux, avec logement honnête et convenable à l'état ecclésiastique.

On laisse à la sagesse du gouvernement arrêter si ceux qui auront opté la portion congrue pourront lier leurs successeurs.

Que chaque église ait son curé; que dans le cas où il ne serait pas fait de nouvelles lois pour les annexes, les curés qui en seront chargés aient un supplément de portion congrue.

Art. 58. Pour obvier à l'inconvénient de la mobilité de la valeur des espèces numéraires, lesdites pensions seraient fondées sur une quantité de grains qui sera déterminée par l'appréciation actuelle faite sur le prix moyen des dix dernières années.

Au moyen de ladite augmentation et pour dépouiller les fonctions du ministre de l'apparence d'un vil intérêt, tout casuel exigible sera supprimé, à l'exception de la délivrance des actes.

Art. 59. On demande que l'ordre de Malte paye la portion congrue sur le taux ci-dessus fixé, et qu'il ne puisse astreindre les titulaires de ces cures à promettre de voter dans son ordre.

Art. 60. Que les curés, chanoines prébendés, jouissent de la valeur de la portion congrue, sans être obligés à la présence, et que dans les collégiales où les prébendes ne sont pas au taux de portion congrue, les chanoines puissent la demander par suppression de quelques prébendes, ou forcer les décimateurs fonciers de la compléter.

Art. 61. Que tout curé décimateur partiel ne soit tenu aux réparations et constructions des chœurs et autels de son église qu'à raison de la partie de ses revenus excédant la valeur de la portion congrue.

Art. 62. Qu'il soit fait un règlement général pour les dîmes de récolte verte et charnage, et que les novales soient rendues aux curés qui n'auront point opté la nouvelle portion congrue, et qu'une possession immémoriale de percevoir la dîme suffise sans titres pour y être maintenu.

Art. 63. Supprimer les économats et établir dans chaque diocèse une commission qui sera formée par les synodes pour l'administration et la distribution des revenus des bénéfices mis en séquestre.

Art. 64. Qu'on avise aux moyens les plus propres de destituer les maîtres d'école sur la plainte des curés, après information.

Art. 65. Que l'on fasse observer ponctuellement les lois de l'Eglise contre la pluralité des bénéfices, et celles qui prescrivent la résidence des évêques et des autres pasteurs; qu'on impose aux bénéficiers riches l'obligation de faire leur résidence ordinaire dans le lieu principal de leurs bénéfices, et en cas de non-résidence, qu'ils laissent le dixième de leur revenu pour subvenir aux besoins des pauvres, qui toucheront des bureaux de charité des paroisses les secours qui leur sont destinés.

Art. 66. Qu'aucun bénéfice à charge d'âmes ne soit sujet aux grades, à moins que le gradué n'ait exercé le saint ministère pendant quatre ans.

Et aussi que les priviléges des professeurs des universités n'aient lieu qu'après douze ou quinze ans d'exercice.

Art. 67. Qu'il soit réservé dans toutes les églises cathédrales et collégiales, moitié des prébendes pour les anciens curés.

Art. 68. Que les droits des curés primitifs pour la célébration du service divin dans la paroisse, soient bornés au seul jour patronal, et que dans les églises communes aux chapitres et paroisses, l'heure des offices soit réglée par l'ordinaire, afin que rien ne puisse nuire au service spirituel ni à l'instruction des paroissiens.

Qu'il soit fait un règlement uniforme sur les droits honorifiques des seigneurs dans les églises.

Il serait à désirer qu'il n'y eût dans l'Eglise de France qu'un seul catéchisme , qu'un seul rituel, un seul bréviaire et un seul missel, sans distinction de diocèses ni même des corps réguliers.

Art. 69. Demander qu'on rende, du consentement des prochains Etats et leur séance tenant, une ordonnance générale qui interprète, explique et modifie la déclaration rendue pour accorder un état civil aux non catholiques et prévienne les conséquences qu'on en pourrait tirer au mépris des lois du royaume et de la religion.

Art. 70. Les assemblées ordinaires du clergé de France n'ayant plus d'objet temporel par la suppression du don gratuit, le maintien de la religion et l'uniformité de la discipline exigent que le clergé de France soit réintégré dans l'ancien usage de tenir des synodes diocésains annuels qui seront les éléments des conciles provinciaux, et ceux-ci des conciles nationaux.

Art. 71. L'organisation desdites assemblées sera telle que les conciles diocésains soient composés de députés pris dans les ordres du clergé séculiers et réguliers et choisis par lesdits ordres dans une proportion convenable en raison de leur nombre et avec les prérogatives accordées par les canons.

Les conciles provinciaux seraient composés des évêques de la province et des députés du second ordre en nombre suffisant choisis par les conciles diocésains.

Enfin les conciles nationaux seraient composés des députés des deux ordres en même proportion, élus dans les conciles provinciaux.

Art. 72. Prendre envers les Etats généraux le plus formel engagement de remédier efficacement dans le plus prochain concile national qui aura lieu immédiatement après la tenue des Etats généraux, à tous les abus essentiels et autres dont le clergé se plaint depuis si longtemps et que les circonstances l'ont empêché de détruire, de manière que si le clergé ne parvenait pas à les supprimer, les Etats généraux, dans leur prochaine tenue, y remédiraient de leur propre autorité.

Art. 73. Dans le cas où l'administration actuelle des chambres syndicales subsisterait, elles seront composées de l'évêque diocésain, des députés des différents corps ecclésiastiques séculiers et réguliers et des curés par proportion à leur nombre, choisis par eux-mêmes, et le tout sans honoraire.

Le choix des doyens et promoteurs ruraux sera fait par les curés, et l'on aura égard aux vœux des curés pour le choix des vicaires, qu'ils seront en droit de demander lorsque la cure sera composée de plus de quatre cents communiants.

Les visa et toutes lettres d'ordres seront délivrés sans frais.

Art. 74. Il serait à désirer que toutes les cures fussent à la nomination de l'ordinaire avec conseil d'un certain nombre de curés choisis dans les synodes; mais le droit des différents collateurs fait souhaiter que lesdits collateurs soient au moins astreints à présenter trois sujets parmi lesquels il serait fait choix dans la forme ci-dessus.

Art. 75. Il est absolument nécessaire que les Etats généraux établissent dans toutes les petites villes des hôpitaux, où il y ait un certain nombre de lits destinés aux malades pauvres du lieu et des environs.

Art. 76. Il est constant que la religion, les mœurs, les études éprouvent un dépérissement notable depuis nombre d'années; il serait à propos de ranimer l'émulation générale et la vigilance des maîtres.

On devrait d'abord s'occuper de réformer les abus qui se sont glissés dans les universités et s'assurer d'un nombre suffisant de maîtres dans les villes particulières avec une subsistance convenable.

Etablir dans chaque province des récompenses assurées pour les maîtres qui se seraient distingués.

A défaut de dotation suffisante pour les établissements et pour l'entretien des colléges jugé nécessaire, on pourrait proposer à différents corps réguliers rentés de se charger de l'instruction et éducation de la jeunesse; c'est un moyen de les rendre plus sensiblement utiles à la société et qui dispenserait de voter la suppression de celles de leurs maisons qui n'ont pas la conventualité.

Art. 77. Le retour périodique des conciles nationaux en assurant le rétablissement de l'ordre dans toutes les parties du clergé séculier et régulier rend parfaitement inutile la commission établie pour la réforme des réguliers dont on désire la révocation.

Enfin le clergé du bailliage de Vitry-le-François et des quatre bailliages y réunis, en terminant ses cahiers, charge expressément ses députés de demander qu'il leur soit permis d'assurer Sa Majesté du profond respect et de la sincère reconnaissance dont il a le cœur pénétré pour les marques de tendresse et d'affection qu'elle vient de donner à tous les sujets de son royaume et pour la bonté particulière avec laquelle elle a écouté dans sa justice les vœux et réclamations de nos cinq bailliages, en leur accordant une représentation double aux Etats généraux, et pour assurer Sa Majesté que le vrai désir que nous avons de correspondre à ses vues paternelles pour le bien de l'Etat, ne s'affaiblira jamais; ils lui renouvelleront authentiquement et en notre nom le serment de fidélité le plus inviolable.

Signés F. Rogier, prieur de Sept-Fontaines; Cappy ; Doiry ; Bacu; Joseph, curé de Saint-Marc; Clément, curé de Saint-Dizier; Delouvemont, curé de Minecourt; Falguières, curé de Cheminon; Lanton, curé de Piery; Ausare, prieur de Grand-

Pré; Dumont, curé de Villiers-devant-le-Thours; Angord, curé de Saint-Souplet; Jadelot, prieur de Trois-Fontaines; Langlois, curé de Plivot; Becquey, chanoine de Châlons; Gangaud, curé de Marceuil; de Brauges, chanoine de Vitry; l'abbé Daudigné; Buirette, curé de Sainte-Menehould; dom Louis Lénet Divoiry, premier titulaire de Novi, près Rethel; Domyné Deslandres, abbé de Monceilz, président; et Leprest, curé d'Avenay, secrétaire.

La minute du présent cahier, contenant dix feuilles, a été cotée et paraphée par moi, abbé régulier de l'abbaye de Monceilz, ordre de Prémontré, président de l'assemblée du clergé du bailliage principal et secondaire réunis au bailliage de Vitry, ce 24 mars 1789. *Signé* Domyné Deslandres.

Collationné et certifié véritable et conforme à la minute par moi, greffier en chef soussigné : FÉLIX.

CAHIER

Des plaintes et doléances de l'ordre de la noblesse du bailliage de Vitry-le-François.

Nota. Ce cahier manque aux *Archives de l'Empire.* Nous le demandons à Vitry-le-François et nous l'insérerons ultérieurement si nous parvenons à le découvrir.

CAHIER GÉNÉRAL

Contenant les très-humbles et très-respectueuses remontrances, plaintes et doléances du tiers-état du bailliage de Vitry-le-François, Sainte-Menehould, Saint-Dizier, Epernay et Fisme, assemblés à Vitry-le-François bailliage, principal, en exécution de la lettre du Roi du 24 janvier 1789, du règlement y annexé et de l'ordonnance de M. LEGRAND, bailli d'épée dudit Vitry, du 17 février suivant (1).

Les députés du tiers-état desdits bailliages réunis seront chargés, avant tout, d'exprimer à Sa Majesté l'amour respectueux et le dévouement sans bornes de ses fidèles communes des bailliages, ainsi que la reconnaissance dont elles sont pénétrées pour la grâce qu'elle vient d'accorder en les appelant au pied du trône et en les mettant à même de faire connaître à son cœur paternel les abus multipliés sous lesquels elles gémissent et les remèdes qu'elles croient devoir y être apportés.

ADMINISTRATION GÉNÉRALE.

Art. 1er. Sa Majesté sera très-humblement suppliée par les députés de leur permettre de réclamer aux Etats généraux, pour le tiers-état, l'égalité des suffrages avec les deux autres ordres réunis; et en conséquence, lorsque la question d'opiner sera proposée, lesdits députés demanderont que les Etats votent ensemble sans les diviser, et que les voix soient comptées par tête et non par ordre, en observant qu'un membre du clergé ouvre d'abord son avis, un de la noblesse ensuite, et enfin deux du tiers-état; que dans le cas où il serait nécessaire de former des bureaux particuliers, ils soient composés de députés du tiers-état, en nombre égal à celui des deux premiers ordres réunis, et qu'il ne soit pris aucune délibération définitive que les propositions des différents bureaux n'aient été rapportées à l'assemblée générale et

(1) Nous publions ce cahier d'après un manuscrit des *Archives de l'Empire.*

qu'elles ne puissent être considérées comme arrêtées définitivement qu'à la pluralité des voix recueillies par tête, et qu'en aucun cas le tiers-état ne puisse être représenté que par des membres pris dans son ordre.

Art. 2. Pour fixer invariablement la constitution de la monarchie, les députés reconnaîtront aux Etats généraux l'indépendance absolue du Roi de toute puissance étrangère, soit ecclésiastique, soit laïque.

Ils reconnaîtront pareillement que le trône appartient au Roi comme aîné mâle succédant aux rois de la race, et qu'il doit appartenir également sans aucun partage à ses successeurs mâles soit en ligne directe, soit en collatérale, à l'exception des femelles, dans tous les cas l'ordre de primogéniture gardé.

Que dans aucun cas et sous aucun prétexte les sujets du Roi ne peuvent être dispensés par aucune puissance spirituelle et temporelle de leur serment de fidélité.

Art. 3. Comme l'intérêt du royaume et la nécessité de donner à la monarchie française une constitution permanente exigent que la tenue des Etats généraux soit périodique, Sa Majesté sera très-humblement suppliée d'ordonner que lesdits Etats seront à l'avenir convoqués tous les cinq ans (ainsi que cela fut demandé par les Etats de Tours) et qu'à la dernière séance de chaque tenue, lesdits Etats seront ajournés pour ladite époque.

Art. 4. Que pendant l'intervalle qui s'écoulera entre chaque tenue des Etats, ils soient remplacés par une commission intermédiaire composée en la même proportion que les Etats généraux, et au moyen de laquelle aucun tribunal de magistrature ne puisse jamais être revêtu du pouvoir desdits Etats.

Sur cet article, le bailliage de Vitry a pensé que ladite commission ne devait pas être permanente, mais seulement convenable dans le cas de nécessité et formée à l'avance des membres nommés par les Etats provinciaux dont il sera ci-après parlé.

Sur ce même article, le bailliage d'Epernay, qui vote pour la permanence de cette commission, demande que partie de ses membres soit annuellement renouvelée par le choix des Etats provinciaux.

Art. 5. Que les fonctions de cette commission intermédiaire, si elle est déterminée permanente, consisteront à surveiller la répartition des impôts consentis par la nation et à suivre les autres opérations dont elle pourra être chargée par les Etats généraux.

Art. 6. Qu'il sera proposé auxdits Etats généraux d'arrêter qu'en aucun cas il ne pourra être établi aucun impôt d'une durée illimitée sans le consentement desdits Etats, qui, à chaque convocation, pourront délibérer sur l'abrogation, prorogation ou modification des impôts, suivant les besoins du royaume.

Art. 7. Qu'il sera également proposé d'arrêter qu'en aucun cas il ne pourra être fait aucun emprunt qui ne soit le résultat du vœu des Etats généraux, et qu'en assignant en même temps pour hypothèques au porteur une portion libre des revenus de l'Etat et en pourvoyant aux moyens d'en amortir le principal, si l'emprunt n'est pas viager.

Art. 8. Que Sa Majesté sera également suppliée, lors des prochains Etats généraux, d'accorder à la province de Champagne l'établissement d'Etats provinciaux en la même forme que ceux du Dauphiné, par arrondissements égaux, et de per mettre aux États généraux de voter pour l'établissement desdits États provinciaux, au sein de leur prochaine assemblée.

Sur cet article le bailliage de Vitry observe qu'il lui paraîtrait convenable qu'il y eût en chacun des départements qui diviseront la province, des assemblées qui pussent, ainsi que la commission intermédiaire choisie pour ces assemblées, correspondre avec les États provinciaux ou leur commission intermédiaire, faire la répartion des impôts entre les paroisses, porter les plaintes de chaque municipalité et même des particuliers auxdits États provinciaux et renvoyer aux intéressés les arrêtés et décisions desdits États, et qu'au surplus ces assemblées fussent composées des trois ordres en la même proportion que les États provinciaux et divisées par districts qui en choisiraient les membres parmi les domiciliés ou ayant fonds dans ces districts, pour être, ces assemblées, renouvelées aux époques et dans les formes qui seraient déterminées par lesdits États provinciaux.

Art. 9. Que l'étonnante bigarrure de la composition des bailliages et les justes motifs de réclamation qu'ont la plupart des citoyens contre leur défaut de représentation aux États généraux déterminent à supplier Sa Majesté d'ordonner qu'à l'avenir la convocation des États généraux se fasse par États provinciaux et par arrondissements égaux, soit en population, soit en impositions.

Art. 10. Que le droit d'élection des officiers municipaux soit rendu aux villes de Vitry et Saint-Dizier comme aux autres villes de la province, et il est consenti par ladite ville de Vitry que les officiers municipaux qui la gouvernent actuellement soient conservés jusqu'à leur remboursement effectif; qu'il soit donné aux hôtels de ville une constitution analogue à celle des assemblées provinciales actuellement existantes, et qu'il soit à cet effet provoqué, tant pour l'élection des officiers municipaux que pour les emprunts et les impositions extraordinaires, des assemblées de la commune dans la forme prescrite par les édits de 1764 et 1765.

Art. 11. Que toute l'administration et régie des biens communaux et le régime des municipalités des villes, bourgs et villages soient uniquement confiées aux États provinciaux; que le contentieux en soit attribué aux juges ordinaires des lieux, et que le peuple soit enfin soulagé des vexations et oppressions qui le rendent si fréquemment victime de l'arbitraire; qu'enfin les municipalités soient autorisées à procéder à l'adjudication de leurs usages communaux par-devant les juges des lieux sans frais.

Art. 12. Sa Majesté ayant, d'après le vœu des États généraux, comme nous le demandons, déterminé la constitution de la nation, les députés pourront aux États généraux reconnaître les dettes de l'État actuellement existantes comme dettes nationales, supplieront Sa Majesté de leur permettre d'en constater et fixer la masse, et aviseront ensuite aux moyens de les rembourser, d'en assurer les capitaux ainsi que l'acquit des rentes qui ne pourra en aucun cas être suspendu ni retardé.

Art. 13. Le tiers-état des cinq bailliages réunis supplie Sa Majesté, lors des États généraux, de considérer que le nombre des brigades de maréchaussée est insuffisant pour la sûreté publique, surtout dans les pays couverts de bois, et en conséquence de l'augmenter; de leur prescrire l'obéissance envers les juges ordinaires, et qu'à cet effet le régime de la maréchaussée soit changé.

Art. 14. Sa Majesté sera également suppliée de vouloir bien ordonner que la milice par la voie du sort soit abolie, et que chaque communauté sera tenue de fournir, en raison de sa population, le nombre d'hommes qui sera demandé par le gouvernement, à la charge que la dépense en sera supportée par les fonds libres de la province.

Sur ce vœu le bailliage de Vitry a proposé la modification suivante :

Que le tirage de la milice soit remplacé par une contribution annuelle de 3 livres par tête, sous le nom de rachat de milice, par tous les garçons ou veufs sans enfants valides et sans égard à la taille, depuis l'âge de dix-huit ans accomplis jusqu'à quarante, dont le produit sera employé à l'entretien et au recrutement des troupes provinciales, sans exception pour les valets, domestiques et livrées du clergé, de la noblesse et des privilégiés, de sorte qu'il n'y ait que les enfants des nobles et les garçons du tiers-état étant au service du Roi qui soient affranchis ou dispensés de ladite contribution.

Art. 15. Que toutes communications sur les rivières jugées par les États provinciaux nécessaires à la circulation intérieure des denrées, tous chemins, ponts, digues et ouvrages nécessaires au public et à cette circulation cessent d'être charges locales dans tous les cas et soient formés et entretenus au moyen des fonds de la province.

Art. 16. Que les chemins vicinaux et de traverse soient déterminés et la largeur fixée par l'ordonnance, et que les municipalités soient autorisées, après une simple sommation, à faire couper les haies et élargir les voies publiques.

Art. 17. Que la police des corvées bourgeoises pour la réparation des rues et avenues, qui a toujours appartenu aux officiers de justice des lieux, leur soit conservée avec exclusion pour tous autres officiers de police, de judicature et des finances; que cependant, en cas de négligence de la plupart des juges des lieux, sur la dénonciation des syndics et habitants des paroisses, sur la réquisition du ministère public des bailliages royaux, les procureurs fiscaux et juges des lieux soient contraints d'ordonner et de faire procéder à leur confection; que pour la contribution à ce genre de travail qui, dans tous les cas, sera proportionné au besoin de la paroisse, il ne puisse être prétendu privilége par qui que ce soit.

Art. 18. Que les communautés d'habitants soient autorisées à rentrer dans leurs biens usurpés depuis quarante ans en justifiant de leurs titres.

Art. 19. Que lesdites communautés soient autorisées à aliéner ou à louer au profit de leurs communes et de l'avis de la pluralité des habitants, les biens communaux qui ne seraient pas d'une assez grande étendue pour servir à la pâture des bestiaux, à la charge d'emplois pour l'utilité des paroisses.

IMPOTS.

La nation, d'après les lois constitutionnelles de l'État, pouvant regarder comme illégaux la plupart des impôts actuellement subsistants, Sa Majesté, lors des États généraux, sera très-humblement suppliée de supprimer lesdits impôts pour les remplacer de suite, du consentement des États généraux, par les trois moyens qui vont être proposés.

Art. 1er. Sa Majesté voudra bien permettre aux États généraux avant de voter aucun impôt :

1° De vérifier les charges de l'État;

2° D'aviser aux réformes et modifications dont elles paraîtront susceptibles;

3° De faire la division des départements et d'en régler les dépenses;

4° De s'occuper de l'examen comparatif des ressources de chaque province pour établir entre elles un marc la livre.

Art. 2. Elle voudra bien consentir que la nation ait le droit à l'avenir de s'imposer elle-même; que le remplacement des impôts se fasse toujours en argent, jamais en nature, sur les trois ordres indistinctement, au prorata de leur fortune et sans distinction d'aucuns privilèges pécuniaires, et sera ladite imposition payable, quant aux fonds, aux lieux de leur situation, et quant aux facultés, industrie, commerce, émoluments d'offices, places, états, emplois, aux lieux du domicile, sauf aux États à délibérer sur le taux de la retenue que pourront faire à leurs créanciers les débiteurs de rentes.

Que cet impôt soit étendu aux rentes et pensions assises sur le trésor royal, sur les revenus publics, sur le clergé et autres assignats quelconques, et en conséquence autoriser les payeurs à faire la retenue dudit impôt, du montant de laquelle ils compteront au trésor royale.

Le bailliage de Vitry a observé qu'il pourrait y avoir division dans l'impôt en conservant celui des vingtièmes, qui, n'ayant été établi qu'à temps, pourrait être supprimé aussitôt que l'état des finances le permettra.

Le bailliage de Saint-Dizier a formé le vœu d'une imposition territoriale, perçue indistinctement sur toutes les propriétés des trois ordres et sans avoir recours pour la perception aux agents du fisc.

Art. 3. Que l'impôt soit limité toujours d'une tenue à l'autre, sans pouvoir être jamais prorogé ni étendu sans le concours desdits États généraux, sous aucun prétexte et dans quelques cas que ce soit, parce que Sa Majesté peut toujours réunir ses sujets près de sa personne lorsqu'elle le jugera à propos.

Vœux de Vitry et Sainte-Menehould.

Art. 4. Que, pour parvenir à une répartition plus équitable sur les fonds et empêcher qu'aucune propriété ne puisse y échapper, il soit fait un cadastre dans chaque paroisse de toutes les propriétés foncières du territoire, avec évaluation relative et proportionnelle des héritages des diverses contrées par-devant des commissaires assistés des municipalités, en observant d'y appeler comme légitimes contradicteurs le syndic et un officier municipal de chacune des paroisses limitrophes et notamment d'après les principes adoptés par la haute Guyenne, sans néanmoins que cette nouvelle évaluation puisse servir de base pour l'imposition actuelle qu'elle n'ait été faite et parachevée pour toute la province.

Art. 5. Les États généraux, après avoir accordé leur consentement sur l'établissement d'un impôt quelconque, arrêteront le contingent que chaque province devra fournir, en raison de la population, de l'abondance et de la qualité des productions, du commerce et autres sources de richesse; en conséquence, ils voudront bien prendre en considération les inégalités qui subsistent dans la répartition des impôts, entre les différentes généralités, et qui grèvent singulièrement la Champagne; et Sa Majesté sera suppliée d'ordonner au ministre des finances de procurer aux États tous les renseignements qui leur paraîtront nécessaires pour

établir et perfectionner leurs connaissances en cette partie.

Sa Majesté sera suppliée d'ordonner que tous impôts consentis par les États généraux et répartis par eux sur les différentes généralités seront perçus nonobstant tous refus, oppositions de provinces et généralités, pays d'États et cours de justice, sauf leurs représentations au Roi et aux États généraux, et sans qu'en matière d'impôts il puisse être prétendu ni accordé aucun privilège à qui que ce soit, ecclésiastiques, nobles, magistrats, juges, commensaux, traitants, financiers ou autres.

Art. 6. Sera Sa Majesté pareillement suppliée d'abonner la province pour tous les impôts et de lui accorder la liberté d'en faire la répartition de la manière la plus avantageuse, la moins onéreuse aux contribuables par les États provinciaux.

Art. 7. D'ordonner que dans la nouvelle répartition à faire par les États provinciaux, on charge d'abord les objets de luxe et de consommation des villes franches.

Que tous privilèges des villes franches et abonnées soient supprimés, et que leurs contributions seront les mêmes que celles des autres villes et lieux taillables, sans aucune distinction.

Les députés de la paroisse de Rarecourt, bailliage de Vitry, ont réclamé leurs privilèges qu'ils appuient sur une redevance envers l'empire, et se sont réservés d'étayer leurs droits par un mémoire particulier; pourquoi, dans le procès-verbal dudit bailliage il leur a été donné acte de leurs réclamations, et ayant depuis fourni ledit mémoire, il a été signé des commissaires pour être joint audit cahier.

Art. 8. Sa Majesté sera suppliée d'ordonner la suppression de l'imposition industrielle des manouvriers, attendu que le produit net est la seule matière imposable et que le travail, surtout d'un manouvrier, ne peut être considéré sous ce point de vue.

Le bailliage de Vitry observe que les manouvriers, comme sujets du Roi, doivent contribuer aux charges de l'État, pourvu que leurs contributions soient fixées dans chaque province au salaire qu'ils peuvent retirer d'une, deux ou trois journées de travail; que le vigneron qui est imposé pour l'exploitation de sa vigne, ne doit pas être imposé au rôle d'industrie, sinon en proportion du temps qui lui reste après celui employé à son exploitation, et qu'en ce qui concerne les maisons, elles ne doivent pas être considérées comme objet d'exploitation pour ce qui comprend le logement nécessaire et relatif à l'état et à la profession de chaque particulier.

Vœu particulier de Sainte-Menehould.

Art. 9. D'accorder l'établissement d'une caisse nationale pour acquitter toutes les dépenses annuelles de l'État, sous l'inspection et la responsabilité d'une commission nommée par les États généraux, constituée par eux et composée de six députés de chaque province, savoir : un du clergé, deux de la noblesse et trois du tiers-état.

Art. 10. D'accorder également l'établissement d'une caisse d'amortissement des dettes de l'État dont le remboursement sera fixé par les États généraux à époque déterminée, non compris les intérêts successifs des capitaux éteints, qui seront également employés sous l'administration de la commission des États.

Art. 11. D'ordonner que chaque année la commission des États généraux sera tenue de rendre compte à la matière des recettes et dépenses de l'État, lequel compte sera rendu public par la voie de l'impression.

La publicité de ce compte est reconnue nécessaire par les cinq bailliages.

Art. 12. Que sur les impôts que les États provinciaux seront autorisés à lever sur la province, il soit fait une masse suffisante pour réparer tous les accidents des eaux, de la grêle ou du feu, de manière que les non-valeurs qui résultent des décharges accordées aux malheureux ne puissent en aucun cas retomber en rejet sur les communautés.

Art. 13. L'agriculture étant le nerf de l'État et la partie la plus contribuante, Sa Majesté sera suppliée d'ordonner que sur la masse des impôts, il soit réservé des fonds pour différents objets d'encouragements et d'amélioration plus nécessaires que tant de monuments fastueux, qui, sans utilité publique, ne flattent que la vanité de celui qui en a été l'ordonnateur.

Art. 14. Que, pour simplifier la recette des impositions, Sa Majesté sera suppliée d'autoriser les différentes provinces, formées en États provinciaux aussitôt qu'il aura été possible de réaliser le remboursement des receveurs généraux et particuliers des finances créés dans les pays d'élection et provinces conquises, à faire choix d'un trésorier général de la province avec appointements fixes et déterminés, dans la caisse duquel les municipalités chargées de la perception de l'impôt, verseront les contributions respectives, lequel trésorier général recevrait pareillement le produit de toutes les perceptions de droits dans la province, et ferait le versement directement au trésor royal, du produit net des impositions.

Art. 15. Sa Majesté sera également suppliée d'ordonner le reculement des barrières à l'extrême frontière, afin que tout ce qui est Français ne soit plus étranger à ses concitoyens, conformément aux vœux sur cet objet déjà exprimés lors de la tenue des États généraux en 1614.

Art. 16. D'ordonner la suppression des aides et le remplacement de leur produit par les moyens les moins onéreux, et surtout libérés des entraves de la finance; d'ordonner également la suppression de tous les droits qui sont compris dans cette régie comme destructeurs du commerce national.

Le bailliage de Vitry demande que, dans le cas où il ne serait pas possible de supprimer dès à présent les droits d'aides et de la régie, le Roi soit supplié de simplifier ces différents impôts sur les vins, eaux-de-vie et boissons, tant à l'inventaire et à l'entrée des villes qu'à la vente et à la traite de province à autre; de rendre la perception de ces droits tellement simple que sa dénomination ne soit plus un talent pour le percepteur et une chose effrayante pour le contribuable; d'ordonner que les droits qui subsisteront soient perçus sur tous les ordres de l'État sans exception, et que dès à présent le gros manquant qui ne produit presque rien soit supprimé ainsi que les exercices vexatoires chez les gens du commun, qui ne tendent qu'à établir une perception de droit sur la présomption d'une fraude souvent non existante.

Dans le cas encore où cette suppression ne pourrait quant à présent être obtenue, le bailliage de Vitry demande provisoirement que les contrôles et marques des matières d'or et d'argent, qui exposent les commerçants en cette partie à des recherches et inquiétudes continuelles sans assurer le titre, soit perçu aux frais de la régie.

Le bailliage d'Épernay réclame avec instance la suppression des droits qui sont perçus par la régie générale, et particulièrement ceux d'aides qui, par leur multiplicité et leur complication, grèvent de la surcharge la plus onéreuse les propriétés de ce bailliage, à cause du commerce des vins auquel elle apporte les entraves les plus préjudiciables, la multiplicité et complication desdits droits provoquant d'ailleurs les fraudes, entraînant la condamnation aux peines les plus sévères.

Art. 17. Lorsque les États généraux s'occuperont de la nouvelle répartition des impôts qui seront jugés nécessaires, Sa Majesté sera suppliée que le sel soit rendu marchand sans aucune entrave et au poids, et que si la gabelle ne peut pas être entièrement supprimée, l'impôt se perçoive aux salines et soit fixé par les États généraux sans aucune possibilité d'extension, de manière que le sel vendu dans la province revienne au plus à 6 sous la livre.

Et sur cette motion le bailliage de Rethe fait volontiers à Sa Majesté le sacrifice de son privilège, espérant qu'elle considérera comme un acte d'équité de les rédimer du droit de teston envers son seigneur, en observant néanmoins que dans le cas où le sel deviendrait vente libre et volontaire, il lui serait accordé une indemnité pour la privation du privilège du sel blanc, à raison de 30 livres, dans lequel les habitants du Rethelois ont été maintenus par l'article 18 du titre XVI de l'ordonnance de 1680.

La ville de Rocroy fait la même réclamation envers des lettres patentes de 1780.

Art. 18. Sa Majesté sera également suppliée d'ordonner la vente du tabac en corde et en carotte, de manière que le peuple puisse s'approvisionner de chacune de ces espèces, attendu que la vente en poudre par les fermiers et leurs employés est un moyen de plus pour exciter la contrebande et la favoriser; en conséquence, le débit de toute espèce de tabac en poudre sera interdit aux fermiers.

Art. 19. Le tiers-état des cinq bailliages réunis forme le vœu général pour la suppression de l'octroi municipal qui se perçoit au profit du Roi, attendu que l'objet pour lequel il a été établi est rempli depuis longtemps.

Art. 20. Les bailliages de Vitry et Saint-Dizier supplient spécialement les États généraux de solliciter auprès de Sa Majesté l'abolition du droit de rouage concédé à la ville de Châlons tant sur les voitures que sur les bateaux et trains de bois qui descendent sur la rivière de Marne, et ce, pour l'entretien du pavé de ladite ville qui, au moyen d'une charge locale, devient une charge générale et principalement du haut pays de Marne.

Art. 21. Le bailliage de Vitry observe que si les différentes suppressions de droits demandées par le tiers-état exigent un remplacement, il conviendrait de préférer pour cela un droit de timbre sur les brevets, commissions, grâces, emplois dignités ecclésiastiques ou laïques et autres provisions et actes émanés de la grande chancellerie, et sur les grades militaires, les réceptions dans les ordres de chevalerie, degrés dans les universités, pensions, gratifications, offices de finances, commissions de finances ou d'employés de toute espèce, écoles des mines, chambre du commerce et sur les brevets, commissions, permissions et autres actes concernant les amirautés. Et quant à ce qui concerne la formule existante, qu'elle soit établie par tout le royaume, et que le produit résultant de l'assujettissement des provinces où elle n'a pas eu lieu jusqu'à ce jour vienne en diminution de l'exorbitation de ce droit, à l'effet de rétablir ainsi l'égalité et la proportion des contributions dans les différentes provinces qui composent le corps de l'État et lui conserver le même produit.

Art. 22. Sa Majesté sera suppliée d'ordonner la réformation depuis longtemps projetée et reconnue nécessaire des tarifs des droits de contrôle et d'insinuation, que la loi nouvelle soit claire, précise et ne puisse exposer le peuple aux vexations trop communes des agents du fisc, avec clause expresse que la perception une fois faite opérera la libération entière du débiteur sans aucun retour ultérieur contre lui en aucun cas, et que les contestations qui pourront s'élever sur le nouveau tarif soient portées devant les juges ordinaires, et dans le cas où ce travail ne pourrait être fait dans un bref délai, qu'il soit au moins pourvu à la réforme provisoire des principaux abus.

Et le bailliage de Vitry ayant appuyé cette motion d'un mémoire fourni par la communauté des notaires de ladite ville, qui indique ces principaux abus et contient des vues utiles et intéressantes sur cette partie, il a été arrêté que ce mémoire sera annexé aux présentes en faisant partie, à l'effet de quoi il a été signé par M. le lieutenant général et commissaire-rédacteur du présent cahier.

Art. 23. D'ordonner pareillement que les contrôleurs ne pourront réunir les fonctions de notaires ni les notaires les fonctions d'huissiers, et que les agents du domaine ne pourront faire des recherches chez les particuliers.

Art. 24. Les exemptions locales du droit de contrôle des actes des notaires et même dans la ville de Paris donnant lieu à des abus relativement à la date des hypothèques, Sa Majesté est suppliée de supprimer ces exemptions, sauf à n'exiger qu'un registrement de forme sur un registre public, si elle pense devoir maintenir les franchises fondées sur rachat ou concession de faveur.

Art. 25. La communauté de Sermaise, dépendante du bailliage de Vitry, a observé que quoiqu'elle soit aussi grevée que les autres communautés de la province par les impositions ordinaires ; elle est de plus chargée sans aucun motif particulier du payement des droits d'inspecteurs aux boucheries et du rachat des offices municipaux ; pour quoi elle supplie Sa Majesté de jeter un regard favorable sur la position malheureuse où elle se trouve.

La communauté de Villeroi, dépendant du même bailliage, a également observé qu'elle forme pour le payement des impositions une dépendance du pays messin et de la recette particulière de Toul, tandis que, pour l'administration de la justice, elle ressortit au bailliage de Vitry dont elle est éloignée de 18 lieues ; pour quoi elle supplie Sa Majesté de la réunir au bailliage de Toul dont elle est beaucoup plus voisine.

Art. 26. Sa Majesté sera très-humblement suppliée d'accorder l'abolition du droit de franc-fief et tous les autres qui ne pèsent que sur une classe, ne devant plus y avoir de distinction entre les trois ordres relativement aux impôts.

Art. 27. D'ordonner que la corvée soit supportée également par les trois ordres.

Les bailliages d'Épernay et Fîmes proposent de mettre cette contribution à la charge, de ceux qui tirent des routes le plus d'utilité, par l'établissement des barrières sur les chemins.

Le bailliage de Vitry supplie Sa Majesté de prendre en considération le projet présenté en Champagne pour opérer les reconstructions et réparations des routes par le moyen d'un droit de roulage qui serait perçu à des barrières sur les voitures de poste, diligences, messageries, voiture de maître et de roulage autres que celles de grains et farines, pour le charroi des récoltes en grains et comestibles pour l'approvisionnement des villes et villages du même canton.

RÉFORME DES ABUS.

Art. 1er. Sa Majesté sera très-humblement suppliée d'ordonner, lors des États généraux, la suppression des haras et gardes-étalons. Leurs franchises et immunités contrarient le système de suppression absolue de tout privilège : l'inutilité des étalons publics n'est plus un problème.

Vœu particulier du bailliage de Vitry.

Art. 2. D'ordonner la suppression des pépinières entretenues aux frais des provinces : c'est une source d'abus et d'infidélités de la plupart des pépiniéristes, qui occasionnent une grande dépense sans utilité.

Art. 3. D'examiner de nouveau et de réformer l'ordonnance qui réserve les grades militaires à la seule noblesse ; de considérer que ce règlement est en contradiction avec l'édit donné à Fontainebleau en novembre 1750, portant création d'une noblesse militaire et avec les motifs qui l'ont dicté à son auguste aïeul. Les talents et le courage ne sont pas précisément annexés à la noblesse ; un grand nombre de membres du tiers-état a servi et sert encore la patrie avec autant de zèle, de courage et de succès que les gentilshommes ; l'ordonnance contre laquelle le tiers-état des cinq bailliages réclame ne peut avoir d'autres effets que de priver la monarchie de serviteurs utiles ; elle fait sentir trop vivement au troisième ordre qu'il est placé au dernier rang.

Art. 4. Il paraît important à une nation libre, franche et sensible à l'honneur, de voir supprimer dans le code militaire toutes les punitions humiliantes infligées depuis quelque temps dans le cas où il ne s'agit que de discipline.

Art. 5. Les États généraux demanderont la liberté de la presse comme un moyen d'éclairer l'administration, d'instruire les sujets du Roi de toutes les ressources de l'État et d'attaquer les abus en les développant, à la charge par les auteurs, soit qu'ils se fassent connaître, soit qu'ils désirent rester inconnus, de signer les manuscrits de leurs ouvrages, et par les libraires et imprimeurs de mettre leur nom en tête de l'ouvrage, et demeurer, ainsi que les autres, responsables dans le cas où ils contiendraient des libelles ou des principes contraires à la religion, aux bonnes mœurs, à l'autorité souveraine du Roi, à l'indépendance de la couronne et à l'indissolubilité du serment de fidélité des sujets.

Art. 6. D'accorder la liberté individuelle de tous les citoyens, en ordonnant la suppression des lettres de cachet et la destruction des prisons d'État, ou au moins remédier, sur l'avis des États généraux, au danger desdites lettres de cachet, en considérant d'un côté l'avantage qui en résulte en différents cas, d'un autre, l'abus qu'on en a fait, et que l'on pourrait en faire encore ; d'y pourvoir soit par l'établissement d'un comité chargé de cette partie, soit autrement.

Art. 7. D'ordonner que personne ne soit admis à exercer l'art de la chirurgie qu'il ne soit domicilié, qu'il n'ait fait les cours nécessaires dont il rapportera certificats, et qu'il n'ait été reçu qu'après examens sérieux, lesquels examens et réceptions seront faits sans frais; de ne plus à l'avenir accorder de privilèges à aucuns charlatans ou empiriques pour parcourir les provinces et y distribuer leurs remèdes destructeurs; de révoquer enfin tous brevets accordés jusqu'à ce jour.

Art. 8. D'autoriser avec les États généraux la vente des domaines engagés ou non pour la liquidation de la dette publique, ou du moins à les louer à bail emphytéotique, de manière que le peuple puisse en profiter et les améliorer comme sa propriété. Le bailliage de Vitry observe que, sous la dénomination des domaines, on ne pourra comprendre les atterrissements des rivières de Champagne, dans la révolution d'un demi-siècle; l'État se trouverait réunir au domaine la plupart des héritages qui y sont situés de part et d'autre des rivières; en conséquence, Sa Majesté est suppliée de ne plus permettre à l'avenir aucune concession d'îles, îlots et atterrissements, comme contraires au droit de propriété. Et pareillement, sans que les usages des communautés et pâturages des communautés d'habitants dont les monuments anciens prouvent qu'ils en avaient la propriété, puissent non plus être réputés faire partie du domaine, nonobstant les taxes sur eux imposées à différentes époques, la distraction de partie; les ventes et reventes faites de l'autorité du conseil du Roi, les cens que les communautés payent au domaine en raison de leurs usages, dans tous lesquels les communautés seront maintenues, quand même ils seraient situés dans l'enclave des seigneuries domaniales.

Art. 9. Que comme les loteries sont un jeu en chances inégales et cependant d'un attrait trop puissant, surtout pour les classes indigentes, Sa Majesté sera suppliée d'en ordonner la suppression.

Art. 10. D'ordonner la suppression des privilèges exclusifs des maîtres de poste aux chevaux, sauf à leur accorder pour le service gratuit dont ils pourraient être chargés envers le gouvernement, une indemnité suffisante.

JUSTICE.

Art. 1er. La justice souveraine étant inaccessible aux pauvres, l'étendue immense du parlement de Paris n'offrant aux gens aisés qu'une justice tardive et ruineuse, Sa Majesté sera très-humblement suppliée, lors des États généraux, d'accorder à la province de Champagne une cour souveraine sous la dénomination de parlement, qui connaîtra en dernier ressort de toutes les affaires civiles, criminelles, police et finances, tant ordinaires qu'extraordinaires.

Art. 2. Que les magistrats attachés à cette cour soient pourvus par Sa Majesté sur la présentation des États provinciaux, et ce par commissions à vie et sans finances. Qu'il soit pourvu par lesdits États aux honoraires desdits magistrats, qui ne pourront recevoir aucuns émoluments ou épices pour aucunes de leurs fonctions, sans par cette cour pouvoir connaître en première instance ni par évocation sur appel des saisies réelles, directions de créanciers, distributions mobilières, distribution du prix des immeubles par ordre d'hypothèques.

Art. 3. Qu'à l'égard des offices des juges royaux inférieurs, Sa Majesté sera suppliée d'en supprimer la vénalité lorsque l'état des finances permettra d'en effectuer le remboursement.

Art. 4. De réaliser la promesse qu'elle a bien voulu faire de réformer les études dans les universités, et d'ordonner qu'aucun magistrat ne sera reçu dans le parlement de la province qu'il n'ait atteint l'âge trente ans, qu'il n'ait exercé la profession d'avocat pendant un temps déterminé ou n'ait été revêtu d'un office de judicature dans les siéges royaux inférieurs.

Art. 5. D'ordonner pour lesdits siéges inférieurs qu'aucun magistrat n'y sera admis qu'il n'ait atteint l'âge de vingt-sept ans, et n'ait observé la profession d'avocat au moins trois ans et que sur l'avis et consentement des juges eux-mêmes et des officiers municipaux du lieu de leur établissement, et que les jugements rendus par lesdites cours supérieures et les tribunaux inférieurs seront toujours motivés.

Art. 6. Sa Majesté sera suppliée de prendre en considération l'inégalité et le vice des différents arrondissements pour les juridictions, et ordonner en conséquence une division méthodique et géographique de la généralité pour déterminer le ressort desdites juridictions.

Sur cet article le bailliage de Sainte-Menehould propose de former des présidialités composées de deux cents paroisses, nonobstant la diversité des coutumes, et de diviser ces présidialités en prévôtés composées de vingt à trente paroisses.

Vitry, qui jouit seul de la présidialité, observe que Sa Majesté doit être suppliée d'ordonner la suppression des jugements de compétence en matière présidiale lorsqu'elle sera respectivement consentie ou non contestée sur la demande portée devant les juges présidiaux; comme aussi d'établir une commission du conseil pour la conservation de la juridiction présidiale et d'ordonner que la compétence de ces siéges sera décidée par voie d'administration.

Vitry demande pareillement que les appels des duchés-pairies soient portés aux présidiaux pour les cas qui n'excéderont pas leur compétence.

Les bailliages de Saint-Dizier et Fîmes proposent la suppression de toute présidialité, attendu le vœu formé pour l'établissement d'une cour souveraine en Champagne. Ces deux bailliages votent également pour l'augmentation d'attribution de chaque bailliage pour juger sans appel les causes purement personnelles, en nombre de juges et jusqu'à la somme qui sera déterminée par les États généraux.

Les autres bailliages observent que les avantages qui résultent du pouvoir accordé aux bailliages royaux de juger souverainement et sans frais les causes de 40 livres et au-dessous, font désirer que ce pouvoir soit porté à la somme de 100 livres sans autres frais, procédures, droits de greffe ou du Roi, que ceux qui sont actuellement perçus.

Art. 7. Que le code civil et criminel soit réformé, ainsi que le code pénal pour tous les sujets du Roi, à l'effet de faire cesser les préjugés qui entachent les ordres et les familles de la punition du coupable.

Que, pour parvenir à la réformation de code si désirée, Sa Majesté sera suppliée d'autoriser dans chaque bailliage une commission de juges et d'avocats pour présenter à la commission du conseil à ce sujet les plans de réformation relatifs aux abus de la procédure dans les siéges inférieurs qui ne sont connus dans les districts que par ceux qui y pratiquent.

Art. 8. Que les offices de jurés-priseurs et ceux des greffiers des experts soient supprimés, parce qu'ils donnent ouverture à des vexations contre les sujets du Roi et présentent peu d'intérêt pour l'État.

Art. 9. Que les notaires et les huissiers soient

réduits à un nombre fixe dans chaque bailliage, de manière que les arrondissements qui leur seront donnés ne puissent gêner la confiance et le besoin du peuple. Que, pour opérer cette réduction, les dernières charges livrées soient les premières supprimées, et en laissant néanmoins jouir les titulaires leur vie durant, et qu'à leur décès, le remboursement soit fait par les notaires ou huissiers conservés.

Art. 10. Qu'il y ait un dépôt public des expéditions des actes de notaires dans les greffes de chaque bailliage, sans néanmoins que les greffiers puissent en délivrer des expéditions, sinon dans le cas de la perte des minutes, dûment constatée.

Vœu de Sainte-Menehould.

Art. 11. Qu'il soit procédé à la réformation de la coutume de Vitry par des commissaires des trois ordres choisis par leurs pairs et composés dans la même forme que les Etats généraux.

Sur cet article les bailliages d'Epernay, Fîmes et Saint-Dizier proposent qu'il n'y ait qu'une seule coutume dans la province, dans laquelle les dispositions les plus sages et les plus susceptibles d'être rendues uniformes pour les habitants d'une même contrée seront recueillies d'après le choix qui en sera fait dans les diverses coutumes actuellement existantes dans cette province.

Art. 12. Les lois étant trop inconnues des habitants de campagne, cette ignorance les expose à devenir coupables; ainsi il paraîtrait convenable que tous les ans à des époques fixes les lois relatives au nouveau régime national fussent publiées au prône des paroisses.

Vœu d'Epernay (seul).

Art. 13. Que les procès ne puissent plus à l'avenir être discutés que par mémoire respectif et sur papier libre, sans ministère de procureur.

Art. 14. Qu'il sera demandé un tarif uniforme pour régler les frais de justice tant dans les sièges royaux que dans les justices seigneuriales, afin de laisser le moins possible l'arbitrage des juges, des avocats, des procureurs, greffiers, huissiers et sergents, et qu'il ne puisse être perçu aucun droit que ceux qui seront attribués par le règlement.

Art. 15. Le roi Charles IX et Henri III, augustes prédécesseurs de Sa Majesté, avaient, sur la demande des Etats tenus à Orléans et à Blois, ordonné la réduction des offices dans les parlements et la suppression des tribunaux extraordinaires; mais les lois données sur les doléances de ces Etats sont restées sans exécution par les circonstances qui ont empêché ces suppressions d'être effectuées.

Aujourd'hui le tiers-état du bailliage de Vitry, en réitérant le vœu des Etats d'Orléans et Blois, supplie Sa Majesté de retrancher une partie des offices de judicature et finance, soit dans les cours et près d'icelles, soit enfin dans tous les autres sièges et tribunaux, que les besoins de l'Etat plutôt que l'utilité de leurs fonctions ont fait multiplier; que les privilèges attribués à ces offices doivent pareillement être supprimés; d'ordonner qu'il soit pourvu aux indemnités équitables de tous les officiers supprimés, en sorte que si d'un côté le bien de l'Etat a exigé l'extinction de leurs offices, d'un autre ils ne puissent se plaindre d'avoir été seuls victimes de la réforme des abus; qu'en conséquence du vœu porté en cet article, les bureaux des finances soient supprimés, leurs fonctions d'administration dévolues aux Etats de

la province et leurs fonctions pour le contentieux et la mouvance du Roi aux bailliages royaux, chacun pour leur ressort, sauf l'appel au parlement de la province.

Que les sièges d'élection soient pareillement supprimés et leurs fonctions relatives aux impositions dévolues au bureau intermédiaire de département, et leurs fonctions au contentieux dévolues aux juges royaux ordinaires.

Que les grands maîtres et sièges des Tables de marbre, sièges des eaux et forêts, soient pareillement supprimés, et que le parlement de la province connaisse au souverain de tous les contentieux des Tables de marbre et les bailliages royaux des contentieux de la maîtrise, sans préjudice aux grades des seigneurs qui ressortiront au parlement; qu'il y ait seulement un officier des eaux et forêts près chacun bailliage pour les visites et opérations dans les forêts, qui recevra les commissions du conseil à ce sujet et aura la conservation du marteau du Roi.

Le bailliage de Saint-Dizier propose sur cet article que Sa Majesté soit suppliée d'ordonner la réunion des officiers des maîtrises aux juges ordinaires royaux, avec rang et séance avec les officiers des bailliages, et la présidence lors du jugement du contentieux des eaux et forêts, réservant auxdits officiers des maîtrises les opérations forestières, l'aménagement des bois et la garde du marteau du Roi.

Que dans un délai qui sera fixé, tout pourvu actuel d'office de secrétaire du Roi sera tenu, pour transmettre à sa postérité la noblesse attachée à son office, de souffrir la perte de la moitié de sa finance, et que dans le cas où il préférerait de conserver sa finance entière, il ne jouira alors que de la noblesse personnelle et non transmissible.

Art. 16. Que Sa Majesté sera suppliée d'abroger tous privilèges de *committimus*, lettres de garde gardienne, attributions de juridiction au scel du châtelet ou autres sièges et tribunaux au moyen desquels on évoque la connaissance des affaires litigieuses et essentiellement des saisies réelles, ordres, distributions de deniers, etc., qui, pour l'intérêt public, doivent être du ressort exclusif des tribunaux de première instance; que cependant il pourra être accordé lettre de surséance aux officiers de Sa Majesté pendant le temps de leur service près de sa personne, sans entendre comprendre au présent article le droit de princes et pairs, en ce qui concerne leurs affaires pures personnelles, les droits de leur apanage et de leurs pairies, de n'être jugé tant au civil qu'au criminel que par la cour des pairs.

Art. 17. Que Sa Majesté sera suppliée d'ordonner que le délai pour le sceau des lettres de ratification sur les ventes d'immeubles, fixé par l'édit de 1771 à deux mois, sera prorogé à quatre; qu'au moins dans le cas où il serait estimé que cette prorogation ne devrait pas être accordée, il soit ordonné : 1° que dans tous les tribunaux les grandes vacances ne seront pas comptées dans le temps de l'affiche; 2° que pour la plus grande publicité, la vente sera affichée, à l'auditoire du bailliage royal de la situation des biens, dont l'exploit de publication et affiche sera paraphé par le juge ou ancien praticien et sera visé dans les lettres de ratification.

Art. 18. D'ordonner par une loi précise qui fixera la jurisprudence, que tout acquéreur qui voudra purger les hypothèques sera tenu de payer le prix de son acquisition aux créanciers opposants, sans pouvoir profiter des termes qu'il aurait stipulés dans son contrat avec le vendeur, et même de rembourser les capitaux des rentes constituées à leur profit, sans que cet acquéreur puisse prétendre avoir le délai de payer et la faculté de rembourser que son vendeur avait, nonobstant clauses des subrogations aux droits du vendeur.

Art. 19. D'abroger les comptes à l'hôtel du juge ou des commissaires, au greffier et aux procureurs et sans utilité, le juge ou commissaire étant obligé de renvoyer les parties à l'audience sur leurs prétentions respectives et d'ordonner sur les comptes que les procureurs donneront leurs moyens par écrit, pour être le jugement rendu suivant la nature de l'affaire, soit à l'audience, soit sur délibérés ou appointements.

Art. 20. De simplifier les procédures pour parvenir à la restitution des délits champêtres, les visites en ces sortes d'affaires étant extrêmement coûteuses dans les sièges royaux et emportant souvent plus de 80 livres de frais où le dégât n'a pas la valeur de 3 livres; en conséquence, d'ordonner qu'il y aura dans chaque communauté deux prud'hommes choisis ou continués annuellement par les municipalités, et un troisième pour remplacer en cas de partage, d'absence, maladie ou parenté de l'un et l'autre des deux premiers, qui soient avertis par les gardes messiers dans les vingt-quatre heures des rapports par eux faits au greffe, et qui soient tenus dans un autre délai de constater le dégât, en faire l'estimation et le rapport au greffe, sur lequel l'auteur du dégât pourra payer entre les mains du greffier le montant de l'estimation des prud'hommes, celui de leur procès-verbal, celui des gardes messiers et les droits du greffier, tous lesquels droits seraient modérément taxés, soit par le règlement qui autorisera cette procédure, soit par les municipalités dans l'acte de nomination desdits prud'hommes, et le montant de l'estimation du dégât serait remis par le greffier au propriétaire de l'héritage, sans préjudice à l'action du ministère public dans le cas de dégât à garde faite ou de nuit et sauf l'action de recours contre ceux qui auraient fait des dégâts antérieurs.

Art. 21. D'ordonner le rétablissement des assises dans les bailliages royaux auxquels tous juges en ressortissant seront tenus de comparaître ainsi que les procureurs fiscaux, greffiers, praticiens, notaires, huissiers et sergents pour répondre aux plaintes et dénonciations qui seraient faites d'abus dans l'exercice de leurs fonctions, et en être réprimés avec amendes et interdictions s'il y a lieu; lors desquelles assises les juges et officiers municipaux adresseront au procureur du Roi leur attestation fidèle de la conduite des vie et mœurs, réputation et renommée des praticiens, huissiers et sergents de leur résidence, sans qu'ils puissent jamais donner lieu à prise à partie, et dans le cas où un praticien, huissier ou sergent se trouverait mal noté trois années de suite, il serait interdit sans retour.

Art. 22. D'accorder un meilleur établissement pour les gardes messiers pour la conservation des biens de campagne et pour la sûreté publique.

COMMERCE.

Art. 1er. Sa Majesté sera très-humblement suppliée, lors des États généraux, d'accorder l'établissement de juridictions consulaires dans toutes les villes où le commerce l'exigera, sans que les juges ordinaires des lieux dans lesquels lesdites juridictions auront été établies puissent connaître des matières qui leur sont attribuées.

Art. 2. D'ordonner que les marchands roulants

et colporteurs seront tenus de prendre un seul brevet et de choisir un domicile dans lequel ils acquitteront l'impôt en la même proportion que les autres sujets du Roi, à raison de leur bénéfice arbitré.

Art. 3. Le bailliage de Sainte-Menehould a voté la peine de mort contre les banqueroutiers frauduleux.

Art. 4. Le bailliage de Saint-Dizier demande la suppression des corps de métiers et jurandes et des privilèges exclusifs accordés à quelques corporations et pareillement à quelques particuliers pour faits relatifs au commerce, métiers ou professions; il demande en outre l'abrogation des lettres de cession et des arrêts de surséance.

Les bailliages de Vitry et Sainte-Menehould, au contraire, demandent la conservation des corporations et jurandes, et qu'il plaise au Roi conserver aux veuves des maîtres reçus en exécution de l'édit de 1777, les privilèges de maîtrise sans nouvelles lettres ni finance; ils ajoutent que comme les corporations sont peu riches et peu nombreuses dans les villes de province, il serait à désirer que l'on diminuât les dépenses annuelles de nomination des syndics et adjoints et que les redditions de compte n'aient lieu que tous les trois ans.

Art. 5. Le bailliage de Sainte-Menehould demande que les non catholiques faisant le commerce soient admis à exercer les charges de leurs corporations, comme tous autres sujets du Roi.

Art. 6. Les États généraux représenteront à Sa Majesté que le prêt à intérêt sans aliénation du principal, s'étant introduit depuis longtemps en diverses villes de commerce, comme l'usage en est passé en plusieurs provinces et qu'il n'est pas formellement autorisé, certains tribunaux le réprouvent. En conséquence, il serait à désirer qu'il y eût sur cela uniformité dans tout le royaume; que le taux de l'intérêt du prêt sans aliénation du principal et celui de l'escompte fussent fixés par une loi positive qui pût guider les juges et tranquilliser les consciences.

Art. 7. Les mêmes États généraux seront invités de prendre en considération le vœu de l'uniformité des poids et mesures par tout le royaume, dans une proportion facile pour les subdivisions; les effets salutaires que le commerce doit retirer de cette coopération, depuis si longtemps si désirée, sont le vœu des bailliages réunis, excepté Vitry, qui y trouve des inconvénients à cause de la diversité des mesures servant à la prestation des droits seigneuriaux.

Art. 8. Pour éviter la disette des grains, les villes principales de la province doivent être autorisées à former des greniers publics dans une année d'abondance.

Cet article n'est le vœu que des bailliages de Fimes et Epernay, et il est rejeté par ceux de Vitry, Sainte-Menehould et Saint-Dizier.

Art. 9. Le bailliage de Fimes seul, et pour des considérations locales, estime que pour donner au peuple plus de moyen de travail, augmenter l'activité de l'agriculture en y employant plus de bras, et mettre les laboureurs dans le cas d'élever une plus grand quantité de bestiaux, il doit être défendu aux laboureurs d'exploiter au delà de trois charrues, et au delà de deux lorsqu'ils n'exploiteront que de petits marchés.

Art. 10. Le bailliage de Saint-Dizer, pour le plus grand avantage de l'agriculture, demande l'abrogation de la contrainte par corps qui a lieu dans les baux de fermage.

Régime des bois.

Art. 1er. Sa Majesté, lors des Etats généraux, sera suppliée d'ordonner une nouvelle vérification des bois et usines pour que les intérêts des maîtres de forges ne ruinent pas le peuple par le prix excessif auquel la consommation de ses usines pourrait porter cet objet de première nécessité.

Vitry et Saint-Dizier ajoutent qu'il serait du bien public d'ordonner la réduction des fourneaux de forge, nouveaux feux allumés depuis la réformation de 1733, qui, loin d'en faire éteindre aucuns, semble en avoir multiplié le nombre.

Saint-Dizier forme un second vœu analogue au premier pour l'exécution de l'arrêt du 10 mars 1733, par lequel il est ordonné qu'il sera fait, lors des ventes et adjudications des bois, des réserves, quant à la quantité de cordes de bois de chauffage nécessaire à la consommation et l'approvisionnement des villes de Saint-Dizier, Vitry et Châlons et de leurs environs, avec défense à tous adjudicataires de convertir en bois de charbon les parties réservées pour le chauffage, à peine de 3,000 livres d'amende.

Art. 2. Comme depuis longtemps on se plaint de la rareté des bois, le bailliage de Vitry demande que l'ordonnance des eaux et forêts, au titre: *Des bois des particuliers*, article 1er, qui les autorise à fixer le règlement de leurs bois à dix ans, soit réformé, et qu'il le soit à l'âge du taillis, douze de la précédente exploitation, six modernes et deux chênes anciens, ce qui produira beaucoup plus de chauffage et de charpente, sauf si la nature des bois ne permettait pas une aussi longue révolution, à obtenir des juges qui en doivent connaître, la permission de couper plus tôt, ce qui sera accordé sur rapport d'experts et sans aucuns frais que ceux de la visite d'experts.

Et cependant, pour ne point priver les propriétaires de leurs revenus pendant les premières années, ils seront autorisés après le nouvel aménagement à exploiter la première coupe, quoiqu'elle n'ait atteint que l'âge de dix ans, et ainsi de suite et de tire à aire, annuellement, jusqu'à la révolution de ce nouveau règlement.

Art. 3. Le tiers-état des cinq bailliages demande aussi que les articles 4 du titre XVII et 2 du titre XVIII de la même ordonnance, qui prescrivent que les adjudications se feront à l'extinction des feux, soient abrogés à raison des abus qui en résultent et à cause de la trop grande autorité que peut avoir le juge ou autre commissaire qui procède à l'adjudication, la faire tomber à qui lui plaît; qu'en conséquence, il soit ordonné que toute adjudication de réparations d'ouvrages publics ou à la charge des communautés sera faite au rabais.

Qu'il soit avisé à une autre manière d'administrer les bois communaux et indépendants de toutes juridictions contentieuses, en le confiant aux Etats de la province, par correspondance avec les ministres du Roi en cette partie, et sauvant par là les gros frais des officiers de maîtrise, qui consomment la majeure partie du prix de ces bois; que la police de ces mêmes bois demeure aux grueries des seigneurs ou autres juges ordinaires locaux; qu'il soit établi une forme plus simple de procéder aux visites, martelage et récolements par un seul officier des eaux et forêts établi près ces bailliages, en présence du syndic et d'un adjoint des communautés, lequel officier sera rétribué par jour effectif de son travail.

Art. 4. Que les futaies et réserves soient accor- dées aux communautés sur l'avis des Etats provinciaux, ou de leurs commissions intermédiaires, par arrêt du conseil, dont l'adresse sera faite à l'officier qui sera établi près les bailliages et pardevant qui il sera procédé aux adjudications desdites futaies et réserves, ainsi qu'à celles des ouvrages publics pour lesquels ces coupes auront été accordées, desquels ouvrages les devis ainsi que la réception seront faits par les ingénieurs ou sous-ingénieurs de la province, sans frais, attendu qu'ils sont appointés par la province même, si mieux n'aiment les communautés, par un architecte du canton, et il ne pourra être procédé aux adjudications que six semaines après le dépôt desdits devis fait au greffe.

Art. 5. Que Sa Majesté, lors des Etats généraux, sera suppliée de rendre commun au pays de bois en Champagne, le règlement par elle fait pour le ressort de la maîtrise de Sedan par son arrêt du 25 janvier 1781, qui réduit les amendes pour simples délits de bestiaux échappés dans les bois, à 30 sous et pareille somme de restitution pour chaque bœuf ou vache trouvé en délit.

DROITS FÉODAUX ET SEIGNEURIAUX.

Vœu de Sainte-Menehould.

Art. 1er. Sa Majesté sera suppliée, lors des Etats généraux, de permettre que tout propriétaire puisse démembrer son fief à volonté et suivant ses besoins, à l'exception des terres titrées, le droit naturel voulant que l'homme dispose de sa propriété d'après les motifs de convenance personnelle.

Art. 2. D'ordonner la suppression des banalités, corvées seigneuriales et de tous les droits qui gênent la liberté ou qui n'ont d'autres principes que dans les anciens vestiges de la barbarie et l'esclavage.

Art. 3. De donner une loi qui autorise chaque citoyen à se rédimer d'un cens, d'une charge perpétuelle quelconque, comme contraire au droit naturel, et que le remboursement en soit fixé sur le pied du denier trente de la valeur desdits objets, lors du remboursement, qui sera fixé à la volonté du débiteur.

Le bailliage de Vitry propose le rachat des redevances personnelles au denier vingt-cinq, et n'a pas cru devoir former demande en rachat des redevances réelles.

Le bailliage de Fimes, pour les intérêts particuliers de la ville, fait toutes réserves de droit contre les rachats ci-dessus, attendu que ces droits lui sont patrimoniaux.

Art. 4. D'ordonner la suppression des droits de stellage, minage et hallage, et généralement de tous ceux qui grèvent la vente des denrées de première nécessité, pour être lesdits droits remboursés par chacune des villes et paroisses qui y sont assujetties, et ce au denier trente.

Sur cet article, la ville de Fimes fait ses réserves de droits, attendu que ces objets forment la plus grande partie de son revenu patrimonial accordé par la charte de 1226.

Art. 5. De donner une loi pour l'abolition du retrait censuel, et que les seigneurs soient tenus de produire et faire reconnaître les titres en vertu desquels ils jouissent des différents droits de leurs terres.

Art. 6. D'autoriser tous particuliers à mettre rouir leurs chanvres dans les rivières, ruisseaux ou rutoires pratiqués exprès pour cet objet, mais à la condition expresse que le cours d'eau ne pourra être intercepté, et à la charge du curement de la rivière et de l'enlèvement des matières servant à faire rouir le chanvre.

Art. 7. D'accorder la liberté d'arroser les prairies par tous les moyens, même des bâtardeaux, nonobstant l'opposition des meuniers ou propriétaires des cours d'eau, mais sous la condition d'un dédommagement s'il y a lieu, ou relativement au chômage des usines, lequel sera fixé par la loi.

Art. 8. D'accorder une loi sévère qui ne puisse être éludée contre les chasseurs qui dévastent les empouilles, méprisent le pauvre jusque dans sa propriété, et qui autorisera les communautés à agir en nom collectif contre lesdits chasseurs, à l'effet de faire prononcer contre eux les dommages et intérêts et l'amende aux termes de l'ordonnance.

Art. 9. D'accorder aussi la révocation de l'arrêt de règlement du parlement de Paris du 15 mai 1779, dont les formalités impossibles à remplir rendent nuls tous les efforts du cultivateur pour échapper aux dégâts occasionnés par les lapins, et d'autoriser les laboureurs à faire constater les dommages par une seule visite quelque temps avant les moissons.

Art. 10. Sa Majesté sera suppliée d'ordonner que les droits de péage, soit royaux, soit seigneuriaux, seront examinés, et à cet effet de donner à la commission subsistante à cet égard l'activité qu'elle doit avoir; que tous les droits de péage qui ne seraient pas fondés en titres suffisants seront abolis sur-le-champ; que ceux qui auraient eu pour objet de concession une charge quelconque d'utilité publique imposée aux concessionnaires, et qui aura cessé d'être remplie, soient également supprimés sur-le-champ, et dans le cas où les péages subsistants auront été prouvés par titres, qu'il sera pourvu par les Etats provinciaux a leur remboursement, n'entendant comprendre au présent article les droits de bacs dont les propriétaires remplissent les charges de la concession; que la commission intermédiaire des Etats provinciaux sera chargée de veiller à l'exécution du présent article.

DE LA RELIGION ET DU CLERGÉ.

Art. 1er. Sa Majesté sera suppliée de considérer avec les Etats généraux que le clergé faisant corps avec la nation, n'en doit plus être séparé par des assemblées particulières, ses octrois de dons gratuits et ses décimes, mais que dans chaque province il doit supporter la subvention commune et doit être assujetti à tous les droits de perception comme les autres sujets du Roi.

Art. 2. Les Etats généraux voudront bien solliciter auprès de Sa Majesté une loi portant suppression des annates, et par laquelle les sujets du Roi ne seront plus obligés de s'adresser à Rome pour les provisions de bénéfices et les dispenses, et Sa Majesté réservera exclusivement ce privilège pour être exercé par un conseil composé de prélats, à la charge par les ecclésiastiques ou autres nécessités d'obtenir des provisions ou dispenses, de payer les droits dus suivant l'ancien régime, pour le produit être employé aux besoins de l'Etat.

Art. 3. Demander l'abrogation des dispositions de l'édit de 1695 au sujet des églises et presbytères; en conséquence, que les décimateurs et gros bénéficiers soient seuls tenus de l'entretien et réparations et constructions des églises et presbytères.

Art. 4. Que les évêques et gros bénéficiers soient obligés de résider dans le chef-lieu de leur bénéfice, afin qu'en y consommant leurs revenus, ils contribuent à entretenir le numéraire dans leur province.

Art. 5. Que l'édit concernant les réguliers soit observé; qu'en conséquence, toutes maisons religieuses où il n'y aura point neuf sujets nés Français ou naturalisés, soient supprimées, et leurs biens mis en économat, sous l'administration des Etats généraux, pour l'acquit des dettes du clergé qui seraient reconnues être charges de l'Etat ou pour la dotation des curés et de bureaux de charité dans les campagnes.

Art. 6. Supplier Sa Majesté d'obtenir un bref de sécularisation pour tous les religieux rentés qui désireront quitter leur maison, en leur assignant sur les revenus de leur communauté une pension convenable, et en appliquant au surplus (prix de la vente qui serait faite des maisons vacantes et des biens en dépendant, à l'acquit des dettes du clergé, le fonds nécessaire pour l'acquit des fondations préalablement prélevé.

Art. 7. D'augmenter les portions congrues relativement à la population des paroisses, et ordonner qu'à l'avenir les droits casuels soient supprimés.

Art. 8. D'ordonner qu'il n'y ait plus d'annexes, et que chaque paroisse ait son curé.

Art. 9. Le bailliage de Vitry a sur cet objet un vœu particulier.

Il demande, pour procurer aux villes et campagnes de bons et utiles pasteurs, nécessaires avec les évêques au maintien de la religion et des mœurs, une répartition plus équitable des revenus ecclésiastiques, qui soit telle que le revenu des curés les mette en état de pourvoir au soulagement des malades de leurs paroisses et de souffrir le retranchement des honoraires attachés à plusieurs fonctions; que les dîmes ecclésiastiques soient restituées par tous les corps séculiers et réguliers, et tous bénéficiers qui les possèdent, pour former la dotation des curés et remplir leurs charges, et qu'à cet effet les dîmes ecclésiastiques de chaque diocèse soient mises en régie et administration commune près de l'évêque, dont le compte sera présenté aux Etats provinciaux; que la dotation des curés soit assignée sur le produit total des dîmes dans chaque diocèse et fixée à raison de la population des paroisses pour les campagnes et dans une autre proportion qui sera arbitrée pour les villes, les anciens fonds et domaines des curés leur restant en imputation de leur dotation, et en diminution d'autant sur la contribution des dîmes.

Que l'universalité des dîmes ainsi régie soit en outre chargée des réparations et entretiens des églises entières et presbytères sans nulle contribution de la part des propriétaires habitants (sauf les réparations usufruitières à la charge des curés pour les presbytères), et en outre du payement des vicaires qui seront établis dans toutes paroisses de deux cents feux et au-dessus, et où il ne serait fondé d'ailleurs. Qu'il soit pourvu à l'indemnité des évêques, abbés, prieurs, corps séculiers et réguliers qui perdront leurs dîmes, soit par union de bénéfices, soit par réduction du nombre des membres qui composent ces corps, soit par union et corporation de membres ensemble, étant inutile que les chapitres soient aussi nombreux dans leurs membres, et qu'il y en ait plus d'un dans une ville.

Art. 10. Les Etats généraux seront priés de réclamer contre l'abus de concentrer dans la haute noblesse toutes les places honorables et dignités ecclésiastiques, parce que si la naissance doit obtenir des préférences à mérite égal, le tiers des cinq bailliages regarde comme une grande immoralité de compter le mérite pour rien et d'accorder tout à la faveur et à la naissance.

Art. 11. D'observer que la réformation des mœurs étant un des objets les plus essentiels d'un bon gouvernement, l'éducation du peuple paraît mériter la plus grande attention, et qu'il doit être proposé, entre autres moyens, de veiller à une instruction plus soignée des maîtres d'école et d'établir des prix pour les élèves et les instituteurs.

Art. 12. Que, pour parvenir à supprimer la mendicité, il serait à propos de fonder des fonds de charité dans les campagnes où il n'y en a point, et dans celles où ils sont insuffisants, au moyen desquels les gens infirmes et hors d'état de gagner leur vie seraient retenus et nourris dans chaque paroisse, lesquels fonds seraient pris sur les fonds des maisons religieuses supprimées, avant d'en faire l'application à l'acquit des dettes du clergé, et au surplus les États voudront bien provoquer l'exécution des lois contre les mendiants, vagabonds dangereux à la société.

Art. 13. Sa Majesté sera suppliée, pour procurer au peuple une augmentation de salaire et d'aisance, en multipliant les jours de travail et provoquer la suppression et le renvoi aux dimanches de toutes les fêtes autres que celles de Noël, de la Circoncision, de l'Épiphanie, de la Purification, de l'Incarnation, de l'Ascension, du Saint-Sacrement, de l'Assomption et de la Nativité de la Vierge, de la Toussaint et de la fête patronale, qui néanmoins sera dans chaque diocèse célébrée le même jour dans toutes les paroisses, pour prévenir tous les désordres qui résultent du concours du peuple à chaque fête de village.

Art. 14. De donner une loi qui déterminera enfin l'espèce de fruits sujets à la dîme, pour anéantir les procès que fait naître journellement ce défaut de détermination, et de régler qu'il n'y ait que les vins et les gros grains qui puissent être assujettis, et qui abrogera en conséquence toutes dîmes vertes, de charnage, de suite ou rapport de fer.

Art. 15. Le bailliage de Sainte-Menehould forme un vœu particulier qui serait d'ordonner qu'elle soit convertie en argent, qu'elle soit imposée au marc la livre des propriétaires décimables sur le pied des trois derniers baux qui ont pu en être faits, ou à dire d'experts à défaut de baux.

Art. 16. Sa Majesté sera suppliée d'ordonner une loi tendant efficacement à prévenir l'abus énorme des pots-de-vin lors des baux des biens ecclésiastiques, d'abroger le principe jusqu'à présent reconnu que le bénéficier nouveau pourvu ne doit pas être obligé d'entretenir le bail de son prédécesseur, afin qu'il ne soit point apporté d'obstacles à l'amélioration des biens ecclésiastiques ; d'ordonner en conséquence que les baux seront entretenus et exécutés pour les années pour lesquelles ils auront été faits, et que, pour empêcher tout abus de la part des bénéficiers, il ne pourra être fait aucuns baux des biens ecclésiastiques que sur adjudication à l'enchère, soit en justice, soit par-devant notaire, en présence du ministère public et après publication.

Art. 17. À l'égard des dettes du clergé, le bailliage de Vitry demande que cet ordre entrant dans la classe commune, ses dettes deviennent celles de l'État, et que néanmoins ces dettes provenant du capital de ses impositions, que le clergé n'a point acquitté en prélevant ses emprunts dont il n'a acquitté que les intérêts par ses décimes, il soit pourvu à leur remboursement : 1° par l'alié-

nation ou rachat des rentes foncières qui sont dues au clergé sur les biens de campagne ; 2° par l'aliénation des justices seigneuriales, droits de chasse et honorifiques qui lui appartiennent, à l'exception des droits et justices qui dépendent des pairies ecclésiastiques et évêchés ; 3° par la mise en économat pendant douze années des abbayes, prieurés et chapelles de nominations royales, même de patronage ecclésiastique ; 4° par l'exécution de l'édit des réguliers, la suppression des maisons régulières où ne se trouve pas le nombre de religieux requis pour la conventualité, et par l'aliénation des biens dépendant de ces maisons, sauf l'acquit des fondations ; 5° en défendant à ceux des religieux mendiants et communautés de filles qui seront jugées inutiles au maintien de la religion et des mœurs de recevoir des novices, et appliquant, à mesure que leurs maisons deviendront vacantes, le produit de la vente de leurs maisons et biens à l'acquit de ces dettes ; 6° en réduisant le grand nombre de maisons religieuses par la sécularisation dont il a été parlé ci-dessus, et la vente des maisons où il n'y aura plus, par ce moyen, de conventualité et celle des biens en dépendant.

Le bailliage de Sainte-Menehould à l'égard des dettes du clergé, demande qu'elles ne puissent être considérées que comme dettes particulières de leurs bénéfices, à moins que le corps ne justifie aux États généraux que les emprunts qu'ils ont contractés pour subvenir aux besoins de l'État excédaient la proportion dans laquelle leurs biens auraient dû être imposés, et cet excédant seul pourrait être considéré comme dette de la nation ; mais que le clergé acquittant aujourd'hui les impôts dans les mêmes proportions que tous les sujets du Roi, doit rester seul chargé de liquider ses engagements, comme chaque individu doit acquitter la dette qui grève sa propriété.

Fait et rédigé sur les cinq cahiers des bailliages réunis, par nous, commissaires soussignés, nommés d'office à cet effet par M. le bailli de Vitry, en exécution de son ordonnance du 28 du présent mois, sous toutes réserves et sans aucune approbation préjudicielle, à Vitry, le 30 mars 1789.

Signé Luzure; de Branges; Hatot; Hatotel; Lochet; Duchainet; Férand; Mouton; Barbier, lieutenant général, président, et Félix, greffier.

La minute du présent cahier, contenant vingt-sept feuilles, a été cotée et paraphée par moi, Pierre-François Barbier, commissaire du Roi, lieutenant, greffier au bailliage et siége présidial de Vitry-le-François, avec le mémoire de la communauté de Rarécourt et celui de la communauté des notaires de Vitry, après avoir été signé par les commissaires nommés à cet effet, ainsi que de moi, lieutenant général, et du greffier, à Vitry, le 30 mars 1789.

Signé BARBIER.

MÉMOIRE

Pour les habitants de Rarévourt, bailliage de Vitry, le-François, à joindre au cahier de doléances dudit bailliage.

De temps immémorial la communauté de Rarécourt jouit des privilèges et franchises qui lui ont été conservés de règne en règne par la France, la maison d'Autriche et les ducs de Lorraine.

Ils supplient très-humblement Sa Majesté de les maintenir dans ces privilèges et de leur conserver la protection que les rois, ses augustes prédécesseurs, ont bien voulu leur accorder.

Les priviléges des habitants de Rarécourt leur ont été confirmés par lettres de sauvegarde du 25 avril 1552, à la charge par eux de payer au Roi par chaque chef de ménage 2 sous 6 deniers; ils acquittent ce droit à l'engagiste de Sa Majesté au comté de Passavant.

Charles-Quint leur a également octroyé des lettres de sauvegarde en 1523 et elles portent qu'elles sont données par continuation de celles de ses prédécesseurs, et nommément de Charles IV, roi de Bohème et duc de Luxembourg; elles assujettissent également les habitants à payer 2 sous 6 deniers par chaque chef de ménage et de les porter annuellement comme ils le font toujours à la recette des domaines de Sa Majesté Impériale à Luxembourg.

Enfin les ducs de Lorraine, et notamment René d'Anjou, le 22 juin 1433, et Charles, duc de Lorraine, le 10 avril 1643, leur ont accordé pareille sauvegarde moyennant une pareille redevance de 2 sous 6 deniers par chef de ménage; et ces lettres défendent expressément d'exiger d'eux aucune autre contribution et imposition. Ils acquittent encore aujourd'hui cette redevance au domaine de M. le prince de Condé, représentant les ducs de Lorraine dans le Clermontois.

La protection réunie des trois puissances a toujours eu l'effet de maintenir les priviléges de Rarécourt, et jamais ils n'ont été asservis à aucune des trois que jusqu'à concurrence de la redevance à eux due.

La réunion des Trois-Evéchés et celle des duchés de Lorraine et de Bar a placé Rarécourt entre ces deux provinces et celle de la Champagne, et il a cessé d'être un des points des frontières du royaume; mais cet agrandissement n'a rien changé dans la constitution de ce village; différentes fois les traitants ont cherché à etendre sur eux les droits du fisc, mais ils ont toujours échoué. Il suffit de rappeler ici le dernier arrêt du conseil qu'ils ont obtenu le 1er juin 1728; également en cette partie, il décharge les habitants de Rarécourt de toute imposition et les maintient dans la jouissance de leurs priviléges.

Les habitants de Rarécourt espèrent que Sa Majesté le roi de France voudra bien les maintenir dans l'état où ils sont; fidèles à leurs engagements, ils acquitteront toujours avec certitude et fidélité l'engagement qu'ils ont contracté de servir la redevance de 2 sous 6 deniers par ménage qu'ils payent annuellement.

MM. les députés aux Etats généraux sont priés et spécialement chargés d'appuyer auprès des Etats généraux les réserves que les habitants de Rarécourt ont fait insérer au cahier des doléances du bailliage de Vitry-le-François et de les supplier ainsi que Sa Majesté de la prendre en considération.

Signé Magisson et Sauce, députés de la paroisse de Rarécourt.

Paraphé par les commissaires soussignés, au désir de l'ordonnance de M. le lieutenant général au bailliage de Vitry de cejourd'hui 20 mars 1789, sous les réserves portées en icelles.

Signé Lezure; Salligny de Matignicourt; Hatotel; Dorizy; Férand; Goumaud; Biarnois; Morel; Barbey; J. Blanc; de Crancé; de Balham; Barbier, lieutenant général, président, et Félix, greffier.

La minute du présent mémoire est cotée et paraphée en toutes ses pages par M. le lieutenant général au bailliage de Vitry, pour être joint au cahier de ladite ville.

Paraphé de nouveau, le 30 mars 1789, pour être joint au cahier général de Vitry, Sainte-Menehoud, Fimes, Epernay et Saint-Dizier.

Signé BARBIER.

Paraphé de nouveau par les commissaires soussignés, au désir de l'ordonnance de M. le bailli de Vitry, du 28 mars 1789.

Signé Férand; de Branges; Hatotel; Lochet; Duchalnet-Lezure; Hatot; Mouton; Barbier, lieutenant général, président, et Félix, greffier.

MÉMOIRE

Contenant les plaintes et doléances de la compagnie des notaires royaux de Vitry-le-François.

Il est généralement reconnu que les tarifs des droits de contrôle et d'insinuation du 29 septembre 1722, comparés aux explications, distinctions et exceptions données depuis leur établissement jusqu'à présent, forment le code le plus imparfait, le plus contradictoire, le plus vicieux qu'il soit possible d'imaginer; c'est un chaos profond dans lequel se perdent également les contributions et les employés à la perception; il ne reste à ceux-ci que la ressource de l'arbitraire, e tle public n'en est journellement la victime.

Depuis longtemps nous nous sommes flattés d'une réforme salutaire à cette partie; ce grand travail était achevé au mois de janvier 1781, M. Necker nous en a donné l'assurance dans son compte rendu au Roi à cette époque, et puisque dès cet instant ce généreux ami de la nation a senti le besoin de cette réforme, nous devons croire que nous le verrons s'effectuer aussitôt que les circonstances le permettront; mais jusqu'à cet heureux événement, qui peut être retardé longtemps encore parce que le gouvernement paraît donner toute son attention à des objets d'une plus haute importance, il est des abus au bien public qui se renouvellent tous les jours et dont il serait possible d'obtenir provisoirement la réformation, en attendant le nouveau code qui nous est promis. Nous allons parcourir les plus frappants de ces abus.

Contrats de mariage.

Cet acte, le plus solennel des contrats civils, le plus intéressant des liens de la société, méritait plus que tout autre d'être affranchi de toute gène; aussi les lois générales, les coutumes locales se sont toutes accordées à lui donner la plus grande faveur; toutes stipulations sont permises par contrat de mariage, la loi n'en excepte que celles qu'elle ne peut permettre en aucun cas, celles qui seraient contraires aux mœurs ou au bien public.

Cependant, par un contraste bien malheureux, ce même acte si essentiel, favorisé de la manière la plus spéciale par les lois, la jurisprudence de tous les tribunaux, se trouve tellement asservi par les lois du fisc, qu'il n'est pas une seule stipulation qui ne soit le prétexte d'un tribut particulier.

Si on déroge à la coutume en modifiant la stipulation de communauté, on paye un droit d'insinuation.

Si on établit un préciput en faveur de la femme, et qu'on lui donne le droit de reprendre ce préciput en renonçant à la communauté, il est dû un second droit d'insinuation.

Si le mari stipule en faveur de sa femme une donation d'une somme modique pour l'achat de ses habits nuptiaux, autre droit d'insinuation.

Si, au lieu du douaire coutumier, on convient

d'un douaire préfix, souvent moindre que le coutumier, et que ce douaire préfix accordé à la femme la jouissance d'une portion d'immeubles quelconque, ne fut-ce qu'un logement dans la maison du mari, tel qu'il est accordé par la coutume, on perçoit un autre droit d'insinuation.

S'il y a donation entre les futurs, autre droit d'insinuation.

S'il leur est fait quelque donation particulière par un collatéral ou par un ami, c'est encore un droit d'insinuation.

On ne finirait point si on voulait donner ici un détail de toutes les clauses qui donnent lieu à ce droit d'insinuation, droit d'autant plus onéreux qu'il se cumule sur chaque contrat de mariage, en sorte qu'il arrive très-fréquemment de percevoir cinq à six droits d'insinuation sur chaque acte.

Que l'on ne s'imagine point que la rigueur de ces droits donne à l'administration un produit aussi considérable qu'elle semble le permettre; cette rigueur produit un effet absolument contraire, lorsque les parties se présentent chez le notaire pour y faire rédiger leurs conventions; le premier soin de l'officier est de les instruire du montant des droits dont elles vont être chargées; on leur en fait un détail qui les effraye, et la plupart du temps elles suppriment de leurs conventions celles qui entraînent un droit onéreux.

Il arrive de ceci, d'un côté, que les parties n'ont point rempli leurs intentions, de l'autre, que l'administration ne perçoit point des droits qui se multiplient à l'infini.

Il serait donc du bien public que les contrats de mariage fussent libérés de toute entrave qui gêne de toutes parts la rédaction; qu'à la place de tous ces droits multipliés assis sur chaque stipulation particulière, il y eût un seul droit proportionné à la qualité et plus encore à la fortune des contractants; la modération du droit le mettant à la portée de chaque classe de citoyens, l'administration gagnerait par la multiplicité des actes ce qu'elle perdrait par la force des droits.

Partage des successions et licitations entre cohéritiers.

Les actes de cette classe sont encore de la première importance; il n'est pas un citoyen qui ne désire de les faire par-devant notaire; il aurait l'avantage de renouveler à chaque mutation ses titres de propriété, d'en assurer la conservation par l'existence de la minute dans un dépôt public, contre tous les accidents domestiques qui les font disparaître dans chaque maison; après quelques générations, on ne serait jamais embarrassé de trouver la preuve de la possession des biens, on éviterait tous ces procès inextricables qui naissent à l'ouverture de chaque succession collatérale pour parvenir à reconnaître les biens de chaque ligne. On éviterait pareillement toutes ces difficultés qui s'élèvent journellement sur les domaines en retrait lignager par l'embarras où on est de justifier de la possession de chaque héritage; mais malgré tous ces avantages il est de fait que dans les provinces tous ces actes se font sous seing privé, et pourquoi? attendu l'énormité des droits de contrôle et centième denier.

D'abord le droit de contrôle se perçoit sur toute la masse mobilière et immobilière de la succession; en vain oppose-t-on aux employés des domaines qu'il serait juste de diminuer sur cette masse les charges et dettes dont la succession est tenue, suivant cet axiome de droit : *Bona non computantur nisi deducto ære alieno*. Ce qui est vrai en

droit paraît cesser de l'être en matière de finance; au principe le plus certain on vous oppose une décision du conseil ou une lettre des administrateurs, et il n'y a rien à répliquer.

D'un autre côté, si le partage contient une soulte, on perçoit le droit de centième denier sur cette soulte. En vain oppose-t-on encore à cette perception les principes les plus certains de la jurisprudence; en vain dit-on que le partage est un acte déclaratif et non point attributif de propriété; que l'héritier, par l'effet du partage, se trouve avoir une portion d'immeubles plus considérable que ses cohéritiers, n'acquiert rien d'eux, mais est censé avoir été, dès l'instant de la succession ouverte, saisi de tout ce qui lui échait par le partage, et que comme le centième denier n'est dû qu'à chaque mutation d'immeubles, le droit n'est point dû en cas de soulte, parce qu'il n'y a point de mutation. Ces principes, qui sont d'un usage trivial au palais, sont inconnus dans les bureaux; on y juge contre l'évidence qu'il y a mutation jusqu'à concurrence de la soulte, et on perçoit le droit de centième denier sur cette soulte.

Il en est de même des licitations lorsque l'un des cohéritiers réunit la totalité d'un immeuble à titre de licitation; il n'acquiert rien de ses cohéritiers, l'acte le déclare seul propriétaire du total et la loi le répute saisi de la totalité dès l'instant du décès de l'auteur commun. Ce principe est si certain que les parts indivises de ses coopérations lui passent sans aucune charge ni hypothèque du chef des colicitants, et que son titre ne donne ouverture à aucuns droits seigneuriaux, et cependant toutes les décisions s'accordent à imposer le droit de centième denier sur les licitations jusqu'à concurrence de la valeur des portions réunies par l'adjudication, parce qu'elles sont fondées sur ce principe faux et erroné, qu'il y a mutation de propriété à l'égard de ces parties réunies.

Ce sont des perceptions aussi révoltantes qui déterminent le citoyen à se garantir de cette vexation en se contentant d'actes sous seing privé, et ces décisions arrachées par la cupidité n'ont servi qu'à tarir une des sources du revenu public.

Que l'on substitue à cette perception odieuse un droit modéré, que sur la masse du partage on fasse la réduction des dettes de la succession, que sur la somme restant on perçoive le droit de contrôle seulement au quart de la fixation faite par le tarif de 1722;

Que l'on affranchisse les soultes et les licitations du droit de centième denier, puisqu'il est démontré que ce droit est contre les principes, et bientôt on verra tout le monde empressé à donner à ses actes une forme authentique; on fera volontiers un sacrifice modéré pour se procurer tous les avantages qui en résultent.

Cette espèce d'acte qui, depuis l'établissement du contrôle, ne produit rien ou presque rien, sera une nouvelle source de revenus, et le gouvernement aura cette satisfaction rare qu'il doit cependant toujours avoir en vue celle de ne tirer l'impôt qu'au même instant où celui qui le paye sent l'avantage de l'acte qui le produit.

Quittances de remboursements.

Lorsqu'un particulier a emprunté par acte passé devant notaire une somme quelconque, ou lorsque, ayant acquis un héritage, il est demeuré débiteur du tout ou partie du prix de son acquisition, il a payé volontairement le droit de contrôle du titre qu'il laisse à son créancier, parce qu'il a calculé sur cette dépense en se déterminant à contracter; lorsque ensuite des circonstances plus heureuses le mettent à portée de rembourser, son premier désir est d'assurer sa libération en faisant inscrire sa quittance de remboursement sur la minute du titre originaire.

Il se transporte chez le notaire pour faire dresser cette quittance, c'est une simple mention en quatre mots; mais quel est son étonnement lorsque l'officier lui observe que ces quatres mots inscrits sur la minute lui coûteront un droit de contrôle égal à celui qu'il a payé pour le contrat ! Il se fait répéter plusieurs fois cette observation, ne conçoit pas le motif d'une loi aussi onéreuse et finit par prendre de son créancier une quittance sous seing privé qui ne produit aucun droit au fisc, qui ne satisfait pas le débiteur fâché de n'avoir pu éteindre son obligation, et qui se voit avec douleur forcé d'en conserver soigneusement la quittance aux risques de la perdre.

Ce même débiteur fait ensuite d'autres affaires, et il inspire de la confiance à ceux auxquels il montre la quittance du prix de son acquisition antérieure; mais sa fortune se dérange, il ne trouve plus à emprunter; quelle est sa ressource? cette quittance sous seing privé qui lui a été donnée dix ans auparavant est son pouvoir. Il peut, en la supprimant de concert avec son créancier, faire revivre l'hypothèque d'une dette qui ne devrait plus subsister, et la dette même; le créancier rend à son débiteur les fonds qu'il en a jadis reçus; ou, s'il n'a pas de fonds, transporte sa créance à un autre prêteur, et par cette manœuvre dont l'usage est malheureusement trop fréquent, cette ancienne créance que l'on fait revivre absorbe le gage des créanciers postérieurs, qui cependant n'avaient donné crédit que par la certitude où ils étaient de l'extinction de cette ancienne créance.

Ils sont donc dupes de leur bonne foi; et quelle est la cause première de cette escroquerie? la rigueur de la loi qui a imposé sur les quittances de cette nature un droit disproportionné à l'intérêt que le débiteur peut avoir de se procurer ces quittances par devant-notaire.

Ce droit est donc nuisible à l'administration elle-même, puisqu'il est assez fort pour déterminer les personnes qui désireraient un acte passé devant notaire à se contenter d'un acte sous seing privé; il est nuisible au débiteur en ce que c'est contre son gré qu'il se détermine à renoncer à une sûreté qu'il croyait d'abord nécessaire; il est nuisible au bien public en ce qu'il peut en résulter et qu'il en résulte en effet, tous les jours, des fraudes contre lesquelles on ne peut se défendre.

Il est donc d'un intérêt général de proscrire un pareil abus, et le seul moyen d'y réussir est de ne taxer le droit de contrôle des quittances qu'à 10 sous, comme acte simple; et lorsque le titre du créancier a été contrôlé, ce simple droit, malgré sa modicité, produira infiniment plus que dans l'état actuel des choses, où la rigueur du droit rend son produit presque absolument nul.

Déclarations pour le payement des droits de centième denier et franc-fief.

Les règlements assujettissent les héritiers en ligne collatérale à fournir déclaration des biens meubles à eux échus et de la valeur desdits biens dans le délai de six mois, à peine de 200 livres d'amende en cas de fausse déclaration.

D'autres règlements assujettissent les roturiers possesseurs de fiefs à payer un droit de franc-fief, qui est à chaque époque le payement d'une année de revenu du fief dont il s'agit.

Lorsqu'un débiteur se présente au bureau pour acquitter un droit de centième denier d'un bien produisant 200 livres de revenu et qu'il s'agit de faire l'estimation du capital de ce revenu, le commis ne manque pas de lui dire : « Les biens-fonds se vendent à raison du denier trente du revenu; ainsi 200 livres de revenu donnent au denier trente un principal de 6,000 livres; vous devez donc le centième denier sur 6,000 livres, et il faut estimer sur ce pied, ou je ne reçois point votre déclaration. »

D'un autre coté, si un roturier acquéreur d'un bien fief moyennant 6,000 livres se présente au bureau pour acquitter le droit de franc-fief et qu'il ne justifie pas d'un bail qui constate le revenu de ce bien, on lui dit : « Le revenu d'un bien à défaut de bail ne peut s'estimer qu'à raison du denier vingt. Votre acquisition est de 6,000 livres en principal, le revenu sur le pied du denier vingt est de 300 livres; vous devez donc pour droit de franc-fief de votre acquisition en principal 300 livres. »

Ainsi, lorsqu'il s'agit de percevoir le droit sur le principal de la valeur d'un bien, ce bien doit être estimé à raison du capital au denier trente de son revenu; si, au contraire, le droit doit se percevoir sur le revenu, ce revenu doit être estimé à raison du denier vingt du capital, et conséquemment il est reconnu en matière de finances qu'un revenu de 200 livres donne un capital de 6,000 livres, et qu'un capital de 6,000 livres donne un revenu de 300 livres; c'est ainsi que la bouche des commis de l'administration souffle le chaud et le froid, suivant l'intérêt de l'administrateur, et il est très-naturel qu'un procédé aussi partial indispose le redevable contre les percepteurs et rende également odieux et l'impôt et celui qui le reçoit.

Il paraît conforme à tous les principes d'ordre et de justice de mettre fin à une contrariété aussi frappante en sollicitant une décision portant que dans tous les cas la valeur d'un bien sera déterminée par le capital au denier vingt de son produit. Le denier vingt est le taux de l'intérêt légal. Un bien quelconque n'a de valeur réelle que jusqu'à concurrence de cette proportion ; si un acquéreur y met un prix supérieur, cette affaire de spéculation a une raison de convenance; mais la valeur intrinsèque est toujours la même, elle ne peut avoir d'autres proportions que celles autorisées par la loi, et comme, en toutes choses et particulièrement en matière d'impôt, il faut une base fixe et déterminée, il est donc de la justice du gouvernement d'établir cette base à raison du denier vingt.

La même partialité, une contrariété aussi révoltante se rencontrent encore dans les cas qui vont être cités. Lorsqu'un particulier fait l'acquisition d'un immeuble situé dans la coutume de Vitry, réputée allodiale, et que par le contrat d'acquisition cet immeuble n'est point déclaré chargé de cens, les commis de l'administration le réputent fief, et en conséquence décernent contre l'acquéreur une contrainte en payement du droit de franc-fief.

Si sur cette demande l'acquéreur prétend ne pas devoir le droit parce qu'il est noble, l'administration lui répond que l'état de noblesse est une exception et que c'est à celui qui la propose de la prouver. Cette réponse est dans les principes et elle est appuyée d'une jurisprudence constante.

Mais si l'acquéreur prétend ne devoir pas le

droit parce que l'immeuble par lui acquis n'est point fief, l'administration lui répond encore que c'est à lui à prouver que cette négative et cette seconde réponse sont appuyées de décisions du conseil.

Or, si la première réponse à celui qui se prétend noble est vraie et conforme aux principes, la seconde est nécessairement fausse et contraire aux mêmes principes, parce que l'état de roture étant l'état naturel et général de tout immeuble, la qualité du fief n'est qu'accidentelle, c'est une exception à la règle générale; cette exception est proposée par l'administrateur, et conséquemment c'est sur lui que tombe l'obligation d'en faire la preuve; mal à propos oppose-t-il que le propriétaire de l'immeuble par lui prétendu fief peut justifier de la qualité de roture, par la représentation de déclarations sèches aux terriers de la seigneurie dans laquelle cet héritage est assis, c'est réduire le propriétaire à l'impossible, parce qu'il est de fait qu'en Champagne, dans les seigneuries qui n'ont point de censive universelle, ou on ne fait point de terrier, ou si le seigneur en fait la dépense, il ne demande les déclarations que des héritages sujets aux droits seigneuriaux.

Si l'immeuble dont il s'agit est réellement fief, l'administration a bien plus de facilité pour prouver ce fait; tous les greffes lui sont ouverts, les registres de contrôle sont en sa possession, et comme il n'y a point de fief dont le propriétaire ne soit assujetti à rendre d'époque à autre des aveux et dénombrements, l'administrateur trouvera toujours quand il voudra la preuve de la féodalité.

Il est donc absurde d'obliger l'acquéreur à faire la preuve impossible d'une négative quand on peut facilement faire contre lui la preuve d'un fait positif s'il existe, et cependant cette absurdité se renouvelle tous les jours.

Variation dans la perception des droits de contrôle et d'insinuation.

Le mode et la quotité de la perception étant depuis longtemps régis arbitrairement, d'un instant à l'autre il est obtenu par l'administration des décisions du conseil qui autorisent la perception jusque-là inusitée, ou qui, en d'autres cas, renouvellent une perception qui dès longtemps auparavant avait été proscrite. On peut donner pour exemple: 1° le droit d'insinuation du préciput en faveur de la femme lorsque par contrat de mariage on accorde à cette femme le droit de renoncer à la communauté, de reprendre ce préciput; 2° le droit de contrôle des délégations dans les actes de vente lorsque le titre du créancier délégué n'est point contrôlé. Ces perceptions ont été établies autrefois; la justice des réclamations les avait fait proscrire; les traitants ont trouvé des instants favorables pour les faire revivre et ils en ont profité. Qu'est-il arrivé? les commis de l'administration ont fait des relevés depuis vingt ans des actes qui pouvaient donner lieu à ces perceptions; on a donné un effet rétroactif à ces décisions, et tous ceux qui ont été compris dans ces relevés ont été poursuivis et contraints au payement de droits dont ils ne connaissaient pas l'existence lorsqu'ils ont contracté; en sorte que la cessation de perception d'un droit qui semble accordé par faveur ou plutôt par justice au public est un piége tendu à sa bonne foi; il contracte avec l'assurance que telle stipulation n'entraînera aucun frais parce qu'elle en est affranchie; il ne l'aurait point inséré s'il n'avait eu cette certitude, et cependant près de vingt ans

après, en vertu d'une décision nouvelle (et souvent sur une simple lettre de l'administration), les commis de cette administration reviennent sur leurs pas et perçoivent sur lui un droit qui n'existait point lorsqu'il a contracté. Tout homme qui ne connaîtra point les procédés de l'administration tiendra cette imputation pour calomnieuse, tant elle répugne à la justice, on peut dire même à l'honnêteté; cependant, tous les jours, cette vexation se renouvelle. Quel en serait le remède? rien n'est si simple: il suffira d'ordonner que jamais une décision du conseil ou interprétation des tarifs n'aura d'effet rétroactif, qu'avant de la mettre à exécution; il en sera donné par l'administration communication au syndic de la communauté des notaires de chaque bailliage, afin qu'il puisse en instruire ses clients et que chacun, en souscrivant un acte devant notaire, soit assuré de la quotité des droits qu'il doit supporter.

Forcements de recette.

D'après des réglements multipliés, l'administrateur est fondé à forcer ses commis en recette des droits qu'ils ont omis de percevoir ou qu'ils n'ont pas suffisamment perçus.

Ce droit, injuste en lui-même, est la source intarissable de tous les moyens d'extension créés depuis la publication des tarifs.

Lorsqu'un contrôleur fait l'analyse d'un acte pour asseoir sa perception, son premier soin est d'en examiner attentivement toutes les dispositions pour juger s'il y a différentes manières d'y appliquer les articles du tarif qui peuvent y être relatifs; si l'acte est un peu compliqué, le commis est incertain sur les moyens d'en saisir la vraie perception; supposons-lui un fond de probité, son incertitude le déterminera d'abord en faveur du redevable, mais bientôt la crainte d'être forcé en recette le fera revenir sur ses pas, il préférera sa tranquillité à l'intérêt du redevable, et finira toujours par percevoir le droit le plus rigoureux. Cette conduite intéressée, dont on lui fait une nécessité, le percepteur se met à l'abri de toutes recherches, et il laisse à celui qui a payé un droit plus qu'équivoque, le soin d'en poursuivre la restitution; cette restitution est souvent peu intéressante pour chaque particulier; ou craint de ne point réussir, on a payé, on ne s'en occupe plus, et le droit plus injustement perçu demeure à l'administration. Cet abus se multiplie à l'infini, parce qu'il se renouvelle tous les jours dans chaque bureau; aussi chaque jour voit naître de nouvelles perceptions, dont jamais les employés n'auraient eu l'idée s'ils n'étaient sans cesse éveillés par la crainte de payer de leur bourse un droit dont leur conscience désavoue le perception.

Il est de la justice du gouvernement de faire cesser un abus aussi répréhensible; que l'administration fasse choix de commis instruits et dignes de sa confiance, qu'elle fasse surveiller et vérifier leur travail à l'effet de poursuivre, dans le délai de deux ans fixé par les réglements, le recouvrement des droits omis, mais qu'elle n'impose point à ses employés l'obligation indispensable de taxer toujours au plus fort, surtout dans une perception de droits qui le plus souvent est arbitraire.

Titres nouveaux.

La rénovation d'un titre de créance est assujettie par l'article 91 du tarif du contrôle au même droit que le contrat originaire; cette loi est d'autant plus dure que, si plusieurs cobligés passent reconnaissance du même titre par des actes séparés, il est dû autant de droits de contrôle qu'il y a d'actes distincts. Il serait de la bienfaisance du Roi de modérer ce droit peu productif en lui-même en ce qu'il ne tombe jamais que sur des débiteurs de sommes peu considérables.

Si la créance est intéressante et que le droit de contrôle soit trop onéreux, au lieu de passer un acte devant notaire, le débiteur laisse prendre une sentence dont les frais sont moins coûteux, parce qu'il n'est pas dû de contrôle. Il serait donc de l'intérêt de l'administration elle-même de consentir à la modération proposée.

On pose de fait que son produit sur cette partie augmenterait, parce qu'à dépense égale on préférera un acte secret passé devant notaire, à la publicité d'une sentence; mais tant qu'il résultera du calcul que l'acte devant notaire coûtera trois ou quatre fois plus que la sentence, on préférera cette voie à l'acte notarié; l'intérêt de l'administration est donc mal combiné, elle doit concourir à la réforme proposée.

Renonciations à successions ou communautés.

On ne conçoit pas quel peut avoir été le prétexte qui a déterminé à régler le droit d'insinuation d'un acte de renonciation sur la qualité de la personne décédée; dans tous les cas, celui qui renonce ne prend rien à la succession ou communauté qu'il répudie; qu'importe donc la qualité de celui dont le décès nécessite l'acte de renonciation? Souvent l'homme de la dernière classe est l'héritier présomptif d'un parent que son état a placé dans une classe supérieure. La succession s'ouvre; le malheureux, trompé dans son attente, trouve des affaires dérangées qui le forcent à renoncer; l'espoir qu'il avait de recueillir une succession devient une charge imprévue, il est obligé de faire la dépense d'un acte de renonciation, et les droits d'insinuation de cet acte se perçoivent non à raison de sa qualité, mais en proportion de celle du défunt; une pareille distinction ne semble-t-elle pas établie uniquement pour insulter le malheur?

Prenons un autre exemple : Un artisan, dans une ville, a souvent pour toute fortune ses bras et une nombreuse famille; une mort prématurée l'enlève à cette famille désolée; l'état de ses affaires nécessite une renonciation, et le droit de cet acte rigoureux se règle sur la qualité du défunt; il était artisan d'une ville, cela suffit pour le placer en seconde classe.

En vain remontre-t-on aux commis que cette seconde classe ne comprend que les notables artisans, qu'un homme qui meurt insolvable n'est pas un artisan notable; l'évidence de cet argument est bientôt obscurcie par une foule de décisions du conseil; si ce malheureux citoyen laisse dix enfants, on fait payer à chacun 4 fr. 10 c. d'insinuation et 15 francs de droit de contrôle pour la seule renonciation commune, ce n'est qu'à ce prix qu'on permet à des enfants accablés du poids de leur infortune de pleurer avec sécurité celui qui soutenait leur existence.

Démissions de biens par les pères et mères à leurs enfants.

Cet acte est très-fréquent parmi le peuple. Un laboureur, un vigneron propriétaires de quelques héritages les font valoir aussi longtemps que les forces le leur permettent; tant qu'ils ont pu travailler eux-mêmes, ce modique patrimoine leur a suffi pour vivre, payer leurs impôts, élever leurs enfants mais le moment vient où leurs

bras engourdis par les tristes effets d'une vieillesse accélérée par un travail forcé ne suffit plus à leurs besoins; ils n'ont de ressource que dans la force de leurs enfants, ils leur abandonnent l'héritage qu'ils ont reçu de leurs ancêtres, ils y joignent le peu de meubles qu'ils possèdent, et ces enfants respectables, en assurant aux auteurs de leurs jours la tranquillité de leurs dernières années, s'acquittent ainsi envers eux de la dette qu'ils ont contractée dans leur enfance.

Le dirons-nous à la honte de notre siècle, cet acte intéressant de la piété filiale est assailli par tous les traits de la bursalité; le droit de contrôle se perçoit sur la valeur des biens abandonnés, sans distraction des charges dont ils sont grevés; cet abandon, qui ne peut être considéré que comme une succession anticipée en ligne directe, donne lieu au droit de centième denier sur la valeur des fonds, et à un droit d'insinuation sur la valeur des meubles; cet acte enfin devient tellement onéreux qu'il est hors la portée de la plupart de ceux qui le projettent.

Observons cependant qu'il n'y a ni dans les règlements qui établissent le droit de centième denier, ni dans le tarif de l'insinuation, aucune disposition qui autorise expressément la perception de ces droits; ce n'est que par extension et en surprenant à la religion du conseil des décisions successives que l'on est parvenu ainsi par degrés à attaquer dans tous ses points l'acte le plus respectable de la société.

Qualité des parties.

Les différentes classes établies par les tarifs de contrôle et insinuation du 29 septembre 1722, étaient évidemment vicieuses; mais elles le sont devenues bien plus encore par les décisions interprétatives du conseil obtenues successivement par les agents.

Comment a-t-on pu imaginer vouloir mettre dans la même classe les personnes les plus hautes en dignités et en fortune, un simple bourgeois d'une ville de province? Il est vrai que suivant le texte de la loi, on ne devait comprendre en cette première classe que des bourgeois vivant de leurs revenus, ce qui supposait des bourgeois aisés et en état par leur fortune de supporter un droit assez fort; mais par les différentes décisions obtenues successivement, tout ce qui porte la qualité de bourgeois a été appliqué à cette classe, en sorte qu'un malheureux artisan que le poids des années force à renoncer à sa profession de crainte d'en supporter inutilement la charge, n'ayant plus à prendre d'autre qualité que celle de bourgeois, s'il veut faire un testament par le même droit qu'un maréchal de France, ses enfants, s'ils n'ont point d'état particulier, sont réputés bourgeois, et s'ils font un contrat de mariage, payent le même droit que le gentilhomme le plus qualifié.

Dans une autre classe on voit associés les officiers de judicature, avocats, médecins, notaires et artisans; il est vrai que le texte de la loi portait notables artisans, mais il a fallu interpréter le mot *notable*. D'abord on a décidé qu'il s'appliquerait à tous les artisans qui se trouvaient réunis en corps de jurande; ensuite cela n'a pas suffi; le terme notable a été regardé dans le texte comme un mot insignifiant, et tous les artisans de quelque espèce qu'ils soient, quelque modique que soit leur fortune, ont été mis dans la même classe, en sorte que le plus vil, le plus malheureux de tous les artisans d'une ville où il y a juridiction royale, est assimilé aux officiers de judicature, avocats, médecins et autres bons habitants de la même ville.

On voit trop combien une pareille disposition est injuste; on sait qu'elle est sentie depuis longtemps, que le gouvernement est persuadé de la nécessité d'y apporter remède. Il n'est donc question que de fixer son attention sur cet objet essentiel et de solliciter les modifications nécessaires pour arrêter le cours de pareils abus.

Insinuation des actes portant mutations d'immeubles sujets au droit de centième denier.

Il y a environ vingt ans que lorsqu'un notaire recevait le contrat de vente d'immeubles, le commis qui contrôlait cet acte percevait en même temps le droit de contrôle et d'insinuation, quoique l'immeuble vendu fût situé hors du ressort de son bureau.

On s'est plaint et avec raison que cette insinuation ne remplissait pas l'objet de la loi, qui était de rendre publiques les aliénations d'immeubles, et en conséquence les commis ont eu ordre, lorsqu'ils contrôleraient un acte portant mutation d'immeubles hors de l'arrondissement de leur bureau, de recevoir pour l'insinuation au bureau de la situation des biens, et il a été accordé à l'acquéreur un délai de trois mois pour acquitter le droit.

Ce délai passé il est dû un double droit.

Cette marche paraît assez simple; cependant elle est sujette à des inconvénients.

1° Le public ne connaît pas les arrondissements des différents bureaux établis par l'administration; ils varient d'un instant à l'autre, soit par la suppression des anciens bureaux, soit par l'établissement des nouveaux, en sorte qu'un acquéreur qui se trouve quelquefois sur la fin du délai de trois mois, envoie son contrat à un bureau voisin au lieu de l'envoyer à celui de son arrondissement, ce qui le fait tomber malgré lui en contravention et lui fait encourir la peine du double droit; il faudrait donc que le commis qui contrôle l'acte, au lieu de renvoyer vaguement au bureau de la situation des biens, renvoyât directement et par désignation de nom au bureau dans lequel l'insinuation doit être faite.

2° Un acquéreur est souvent éloigné du bureau où son contrat doit être insinué; il manque d'occasions pour y envoyer, ou il oublie cette obligation; le délai s'écoule et il arrive trop tard. Il est dur pour une simple omission qui ne peut être considérée comme une fraude, puisque l'acte de contrôle est connu par les commis de l'administration, d'encourir la même peine que celui qui a cherché à éluder le droit par un acte sous seing privé; il serait donc juste que ce délai fût de six mois au lieu de trois.

Mais il y aurait un autre moyen, en soulageant le public d'une gêne désagréable, d'assurer à l'administration le payement du droit et de lui en procurer la recette plus prompte : ce serait d'autoriser le commis qui contrôle l'acte à percevoir le droit d'insinuation, mais de l'obliger en même temps à faire porter dans le délai de trois mois sur le registre du bureau de la situation des biens l'enregistrement de l'acte insinué; cette obligation n'ajouterait rien à son travail, puisqu'il est obligé par ses ordres de régie de donner des extraits de tous ses envois à l'effet de vérifier si les acquéreurs y ont satisfait.

Ce serait donc faire le bien public en lui évitant des démarches coûteuses et souvent le payement d'un double droit qu'il encourt involontairement.

Ce serait faire le bien de l'administration, en lui procurant une rentrée plus prompte et plus facile de ses droits; et puisque ce double bien peut se faire sans augmenter le travail, il ne peut y avoir aucune raison de le retarder. Il y aurait seulement une précaution à prendre : l'administration serait garant du défaut d'enregistrement dans chaque bureau où il doit être fait; on sent que sans cette précaution le droit une fois perçu, ses commis s'embarrasseraient fort peu de l'enregistrement qui cependant est essentiel pour la publicité des aliénations.

Payement du droit de centième denier en succession collatérale.

Ce droit doit être payé dans les six mois du jour de la succession ouverte; dans une même succession il se trouve des biens épars dans l'arrondissement de différents bureaux et souvent même en plusieurs provinces; l'héritier est obligé d'aller ou d'envoyer à ces différents bureaux; là on y fait une difficulté, ailleurs une autre, les voyages se multiplient et tout cela augmente la charge de l'impôt.

Quel inconvénient y aurait-il que la déclaration de tous les biens dépendants de l'hérédité se fît en un seul bureau, celui du lieu où la succession est ouverte?

Ce serait simplifier sans inconvénient une opération souvent très-longue pour le redevable et elle ne préjudicierait en rien à l'administration; la déclaration une fois faite les commis pourraient la vérifier dans chaque arrondissement, l'y faire enregistrer chacun pour ce qui le concernerait, et tout serait dans l'ordre.

Toutes les fois que l'on peut, en percevant un impôt, alléger le fardeau de celui qui le supporte, on doit remplir ce devoir sacré de politique et d'humanité.

Conduite des commis de l'administration envers les redevables.

Nous revenons encore aux déclarations à faire par les héritiers collatéraux pour le payement des droits de centième denier. Les règlements portent que ces déclarations se feront dans le délai de six mois, et que dans le cas où elles se trouveraient fausses soit par l'omission d'une partie des immeubles échus, soit par une évaluation fausse de leurs valeurs, les déclarants seront condamnés à la restitution des droits omis, au payement du double des droits et en l'amende de 200 livres.

D'après des lois aussi rigoureuses, le fermier peut donc sans se compromettre recevoir des redevables leur déclaration telle qu'ils jugeront à propos de la faire, sauf à la vérifier et si elle se trouve fausse, à faire prononcer les peines portées par les règlements.

Au lieu de cela, que font les commis? ils prennent d'abord la note des biens à déclarer, ils en fixent eux-mêmes la valeur au plus haut, ils exigent des redevables de faire une estimation conforme à celle qu'ils ont faite eux-mêmes; si on s'y refuse ils rejettent la déclaration et ne veulent point s'en occuper.

Le redevable, peu au fait des règlements, s'effraye des suites de cette querelle; souvent il est à la fin du délai, il craint de le laisser écouler et il paye ce qu'on lui demande, crainte de pis.

S'il a plus de fermeté et qu'il menace de faire signifier sa déclaration et ses offres par le ministère d'un huissier, on lui répond qu'il n'y a point d'huissiers qui puissent se charger de faire une pareille sommation, parce que les règlements lu défendent de verbaliser contre les commis à peine d'amende, et si, malgré cela, on trouve un huissier qui veuille encourir le risque, le commis ne manque point de dresser son procès-verbal contre cet officier comme coupable de contravention et de conclure contre lui à une condamnation d'amende.

Le commis se rend ainsi juge et partie dans sa propre cause; il ôte au redevable tous moyens de se défendre, c'est un despote en son bureau qui finit par obtenir ce qu'il demande, parce que peu de personnes ont assez de force pour lutter contre de pareils procédés.

Il serait donc intéressant pour la tranquillité publique de ramener ces commis impérieux à l'exécution littérale des règlements, de leur faire enjoindre de recevoir les déclarations telles qu'elles leur seront faites, sauf à eux à les blâmer et à se servir de la rigueur de ces mêmes règlements en cas de contravention.

Il serait donc intéressant encore de faire cesser un abus que rien au monde ne peut excuser.

Si un contribuable projette de faire un acte et qu'il désire s'assurer de la quotité des droits que cet acte entraînera, vous vous imaginez qu'il lui suffira de présenter de bonne foi son projet au commis de l'administration et qu'on l'instruira du montant des droits qu'il aura à payer? Mais que vous connaissez mal l'esprit fiscal! Mettez votre acte en forme, lui dira-t-on, et alors on liquidera le droit. Les défenses les plus sévères sont faites aux commis de s'expliquer sur cette liquidation avant d'être assurés par l'existence d'un acte que les droits seront payés.

Voilà de ces abus que l'on n'ose qualifier, mais qu'on ne peut trop se hâter de dénoncer.

Papiers et parchemins timbrés.

On ne se plaindra point du droit de timbre en lui-même; il fait partie des revenus nécessaires à l'État, et c'est peut-être l'impôt le moins onéreux, parce que se divisant il s'acquitte imperceptiblement.

Mais une chose odieuse et qu'on ne peut attribuer qu'aux manœuvres secrètes des employés chargés de l'approvisionnement, c'est la mauvaise qualité des parchemins et papiers. Les parchemins sont à peine préparés, on les délivre chargés de chaux, couverts de cette matière graisseuse qui ne permet pas à l'encre de marquer, tachés, percés, rapiécés, inégaux dans leur épaisseur, et enfin toutes les défectuosités qu'il est possible d'imaginer.

Les papiers sont d'un usage plus désagréable encore; ils ne sont point blancs, souvent l'encre perce à travers; tantôt ils sont transparents comme la baudruche, tantôt au contraire ils sont épais comme du carton, ils sont remplis de filaments et de rugosités, c'est un papier que l'on rougirait de donner aux enfants qui commencent à apprendre à écrire, et la défectuosité est au point que dans nombre d'études de notaires, on fait la dépense d'acheter le papier pour le faire timbrer, afin de pouvoir donner au public des expéditions lisibles.

Il paraît que la généralité de Champagne est plus que toute autre dans le cas de se plaindre de cet abus; les papiers qui nous viennent des autres généralités sont d'une qualité infiniment supérieure. Il faut donc qu'il y ait pour l'approvisionnement de la Champagne un vice local qu'il suffira de dénoncer à l'administration des domaines pour qu'elle s'occupe des moyens de le détruire; il est déjà trop gênant d'être astreint à se servir d'un format fort incommode, c'est le comble du dégoût d'y ajouter la mauvaise qualité du papier.

Attributions aux intendants de la connaissance du contentieux sur les droits de contrôle et insinuation des actes.

Tout le monde conviendra que les difficultés qui naissent de la perception de ces droits, viennent ordinairement de la difficulté de classer certaines espèces d'actes; les conventions entre-citoyens se modifient sous tant de formes, qu'il est impossible au législateur de désigner chaque espèce; il s'en rencontre tous les jours dont jusque-là on n'avait point eu d'exemples, et ce n'est donc que par analogie qu'on peut classer les actes nouveaux ou équivoques, et qui peut les bien classer, sinon celui qui, par une longue expérience, sait combiner l'effet des différentes stipulations réunies dans un acte pour les rapporter à la classe qui leur est propre. Il n'y a qu'un bon jurisconsulte qui puisse être bon domaniste, parce que lui seul peut apprécier comme il doit l'être l'effet d'une convention peu usitée, et ce n'est qu'en déterminant avec précision cet effet qu'on peut faire une juste application du tarif de clauses contentieuses. On ne doute point de l'étendue des connaissances de MM. les intendants, mais ces connaissances sont bornées comme celles des autres hommes; plus leurs études sont multipliées, moins ils peuvent acquérir sur chaque partie considérée particulièrement; et s'il est vrai, comme le dit bien sagement M. le directeur général des finances dans ses comptes rendus, page 81, que « le code du contrôle et de l'insinuation des actes s'est tellement accru, multiplié, que les employés des domaines ne savent eux-mêmes qu'après de très-longues études, ce qui doit être payé par les contribuables», comment un intendant, continuellement distrait par des occupations de toute espèce, peut-il se flatter de pénétrer ce dédale ténébreux et d'y trouver la juste application des règlements invoqués de part et d'autre?

Ce qu'on lui propose de faire, ce qu'il cherche lui-même à faire avec justice est au-dessus de ses forces, parce qu'il est impossible qu'il ait donné à cette partie de ses études le temps qu'il eût été nécessaire pour y acquérir les connaissances suffisantes et juger sainement la plupart des questions qui se présentent.

De là ces décisions contraires à tous les principes connus en matière de jurisprudence; de là ces jugements contradictoires dans les mêmes cas; de là enfin cet arbitraire, fléau éternel des contribuables, et qui suffit seul pour rendre odieux des droits que l'on payerait sans murmurer si on était persuadé qu'ils fussent justement dus.

Le seul moyen d'inspirer au peuple de la confiance sur la légitimité des droits qui lui sont demandés, est d'en attribuer la connaissance à ses juges naturels. Les principes de jurisprudence doivent être la base des décisions en matière de domaines; ces principes sont familiers aux juges ordinaires, aux avocats qui suivent leurs audiences; s'il se présente des questions épineuses, elles seront discutées méthodiquement, il s'établira une jurisprudence constante, et après quelques années les procès seront aussi rares qu'ils sont aujourd'hui fréquents par-devant les intendants.

Quels motifs pourrait avoir l'administration de se refuser à ce système? craindrait-elle la lenteur des décisions? Il est d'expérience, au moins dans la généralité de Champagne, que rien n'est si long qu'une instance à l'intendance; il est rare sur la plus simple demande d'avoir un jugement contradictoire avant deux ou trois ans; il est moins rare de voir une instance très-peu chargée durer pendant dix ans et plus.

L'administration craindrait-elle les frais qui se font dans les tribunaux ordinaires? Qu'elle se garde bien de laisser entrevoir ce motif; les frais dans ces tribunaux sont la peine du plaideur téméraire. Que l'administration ne hasarde aucune demande si elle n'est point sûre du succès, et pour lors elle n'aura point de perte de frais à essuyer. Il est vrai que si elle se conduisait en justice réglée comme elle est accoutumée à le faire à l'intendance, si elle hasardait toute espèce de demandes dans l'espérance que le contribuable ne se défendra point et sauf à l'abandonner dans le cas où il se présenterait pour soutenir sa défense, elle pourrait assurer bien des frais en pure perte; mais comme elle sera prévenue qu'une demande une fois formée, le défenseur a le droit, si elle n'est pas fondée, d'obtenir une sentence qui prononce son renvoi et condamne le demandeur aux dépens, elle sera plus circonspecte et ne formera point de ces demandes ridicules qui désolent le contribuable; elle n'essayera pas, en renouvelant des demandes sur lesquelles elle a échoué vingt fois, de faire varier la jurisprudence en sa faveur, et cette crainte salutaire sera la sauvegarde de la tranquillité publique.

Signé HATOT, *avocat, syndic des notaires.*

La minute du présent mémoire a été cotée et paraphée en tous ses feuillets par M. le lieutenant général au bailliage et siége présidial de Vitry-le-François, pour être joint au cahier de ladite ville.

Paraphé par les commissaires soussignés, au désir de l'ordonnance de M. le lieutenant général au bailliage de Vitry, de cejourd'hui 20 mars 1789, sous les réserves portées en icelle.

Signé HATOTEL.

Salligny de Matignicourt; Biarnois; Dorisy; Ferand; Gannaut; Blanc; Morel; Barbey; de Crancé; de Balham; Barbier, lieutenant général, président, et Félix, greffier.

Paraphé de nouveau le 30 mars 1789, pour être joint au cahier général des bailliages de Vitry, Sainte-Menehould, Fismes, Epernay et Saint-Dizier.

Signé BARBIER.

Paraphé de nouveau par les commissaires soussignés, au désir de l'ordonnance de M. le bailli de Vitry, du 28 mars 1789.

Signés Lezure; Mouton; de Brauges; Lochet; Hatot; Duchainet; Hatotel; Barbier, lieutenant; Ferand; Félix, greffier.

Collationné et certifié véritable et conforme à la minute, par moi, greffier en chef soussigné.

FÉLIX.

CAHIER

Des doléances, plaintes et remontrances du bailliage de Fismes (1).

Dans le moment où toutes les provinces de la monarchie vont se réunir au pied du trône, pour donner au Roi les marques du plus respectueux dévouement; dans le moment où Sa Majesté, environnée de ses fidèles sujets, va les associer à son conseil, leur exposer à découvert les plaies de

l'Etat, et concerter avec eux les moyens d'y apporter des remèdes doux, mais efficaces, le tiers-état du bailliage de Fismes ne peut voir tranquillement se préparer ces grands mouvements sans y prendre la part que doit y prendre tout Français, qui joint à son amour naturel pour son Roi, une noble jalousie de l'honneur de la couronne et de celui de la nation.

C'est dans ces sentiments que le tiers-état du bailliage de Fismes, aussi convaincu des intentions pures et droites de Sa Majesté que de l'esprit de bienfaisance et de sagesse qui les a motivées, croit ne pouvoir mieux reconnaître la tendresse vraiment paternelle dont Sa Majesté est animée pour ses sujets, qu'en lui offrant le sacrifice de ses biens, s'il n'y a pas d'autres moyens de combler le déficit de l'Etat.

Mais ne peut-on pas, sans recourir à ce moyen qui pénétrerait profondément le cœur de Sa Majesté, assurer d'un côté la dette de l'Etat, et soulager d'un autre côté la portion malheureuse et toujours chargée de la nation?

Oui, sans doute; et le succès est certain, si le clergé et la noblesse qui possèdent les deux tiers des biens-fonds du royaume, se piquant d'une louable et généreuse émulation, s'empressent, à l'exemple du tiers-état, de déposer aux pieds d'un roi juste et bienfaisant, des droits et des priviléges qui ont été établis dans des temps d'ignorance et d'anarchie, mais qui ne peuvent jamais être légitimés par la prescription, parce qu'on ne prescrit point contre l'équité, qui est la suprême loi.

Alors l'impôt étant réparti également et sans distinction entre tous les individus qui composent la nation, il éprouvera une augmentation considérable qui s'accroîtra encore par la simplification que Sa Majesté cherchera à établir dans la perception d'icelui.

Par la simplification de l'impôt disparaîtront ces vexations criantes sous lesquelles le peuple gémit depuis si longtemps; comme par le plus grand nombre de contribuables pourra s'opérer son soulagement.

Pour parvenir à un si grand bien, le tiers-état du bailliage de Fismes demande:

1° Que la dette de l'Etat soit répartie entre toutes les provinces de la monarchie, en raison de leurs contributions respectives aux charges d'icelui; et que chaque province soit tenue d'éteindre progressivement la portion des dettes qui sera à sa charge; à l'effet de quoi il sera établi dans chaque principale ville d'icelles une caisse d'amortissement.

2° Que la somme totale qui sera nécessaire pour subvenir aux charges annuelles de l'Etat soit également répartie entre toutes les provinces dans la proportion ci-dessus indiquée, et que la portion à la charge de chaque province soit versée sans aucune diminution au trésor royal par le canal d'un trésorier, dans la caisse duquel les collecteurs particuliers verseront directement et sans frais.

3° Qu'à l'effet de pouvoir par chaque province procéder à l'extinction progressive de la portion de dettes dont elle sera tenue, et fournir sa portion contingente dans les charges annuelles, chacune desdites provinces soit érigée en pays d'Etats, organisés comme ceux de la province de Dauphiné, et autorisée à établir tels impôts que les députés auxdits Etats estimeront convenable; auxquels impôts tous les individus des trois ordres sans distinction contribueront en raison de leurs facultés, et pour les biens qui seront

---

(1) Nous publions ce cahier d'après un manuscrit des *Archives de l'Empire.*

situés dans l'étendue de chaque province, sans considération de leurs domiciles.

4° Qu'au moyen de ces arrangements, et pour couper absolument racine aux perceptions arbitraires, aux vexations criantes et aux abus sans nombre sur lesquels le peuple gémit et respire à peine, tous impôts et droits actuellement existants, sous telle dénomination que ce soit, toutes compagnies fiscales et tous receveurs, trésoriers-payeurs et commis, soient supprimés; et qu'il y ait la liberté la plus entière dans le commerce et dans les actes pour tous les objets ci-devant assujettis à la fiscalité.

5° Que cependant soient exceptées de cette suppression les traites, comme étant nécessaires pour établir et soutenir les balances du commerce entre les nations commerçantes ; mais que les barrières en soient reculées jusqu'aux frontières du royaume.

6° Que de cette suppression soit également excepté le contrôle, comme étant nécessaire pour la date des actes et la conservation des hypothèques, mais que les droits en soient bornés aux salaires raisonnables du contrôleur en titre d'office ; lequel recevra, tant pour la transcription des actes sujets à cette formalité et des oppositions aux hypothèques, que pour le contrôle d'iceux, les émoluments qui lui seront fixés.

7° Qu'au moyen de la contribution du clergé à toutes les charges, comme les autres citoyens, il soit déchargé de sa dette; mais que le capital d'icelle soit éteint aux dépens tant de ses droits honorifiques que d'aucuns de ses autres biens.

8° Que les ponts et chaussées soient supprimés, comme étant très-coûteux, soit par la mauvaise manière dont ils sont administrés, soit par les déprédations qui s'y commettent ; et que les États particuliers de chaque province soient chargés de cette partie.

9° Que le peuple soit totalement déchargé des corvées qui le surchargent et dont l'utilité n'est pas pour lui, et que les travaux qu'elles ont pour objet ainsi que ceux des ponts et chaussées, soient payés par ceux qui écrasent et dégradent les routes ; à l'effet de quoi établir un péage dans chaque province à une distance convenue.

10° Que dans les villes et autres endroits sujets au logement des gens de guerre, les particuliers pour qui ce logement est une occasion de dépense, qui souvent les exténue, soient remboursés de leurs frais.

11° Qu'il soit établi des routes et des embranchements commodes de communication des villages aux grandes routes pour faciliter le transport des denrées et autres objets de consommation et de commerce des campagnes.

12° Que, pour donner au peuple plus de moyens de travail, augmenter l'activité de l'agriculture, en y employant plus de bras, et mettre les laboureurs dans le cas d'élever une plus grande quantité de bestiaux et de volailles, par la nécessité de s'occuper de plusieurs objets, il soit défendu aux laboureurs d'avoir une exploitation au delà de trois charrues, et au delà de deux lorsqu'ils n'exploiteront que de petits marchés.

13° Que, pour d'autant plus encourager l'agriculture, et exciter dans les fermiers l'émulation, par la certitude de retirer les fruits de leurs avances et de leurs travaux, les bénéficiers et les appelés à recueillir une substitution, soient tenus d'entretenir les baux faits par leurs prédécesseurs, pourvu qu'ils ne soient pas faits pour plus de neuf ans et plus de deux années d'avance.

14° Que pour prévenir la misère à laquelle une grande cherté expose le peuple, et les émotions et désordres qui en sont la suite, le monopole sur les grains soit défendu sous les peines les plus rigoureuses ; et que personnes quelconques ne puissent, sous les mêmes peines, faire des emmagasinements, si elles n'y sont autorisées par permission expresse du gouvernement, laquelle dans ce cas contiendra la quantité de grains qu'elles seront chargées d'acheter.

15° Que la mendicité soit absolument prohibée, comme ne servant qu'à entretenir la fainéantise et le libertinage, et à faire naître toutes sortes de crimes; à l'effet de quoi chaque paroisse tenue de nourrir ses pauvres, et la maréchaussée chargée, sous peine de destitution, d'arrêter tous gens qui se trouveront mendier, et de les conduire dans les dépôts formés à cette fin par les provinces, qui aviseront aux moyens de les employer utilement.

16° Que chaque paroisse soit autorisée à faire conduire à ses frais dans les dépôts, les mendiants infirmes, les vieillards, les fous, les insensés et les infortunés sujets à des maladies effrayantes, telles que l'épilepsie et autres, tous malheureux dont personne ne prend soin, et qui, abandonnés à eux-mêmes, ne causent que trop souvent des accidents funestes; par ce moyen, les convois des mendiants seraient rendus inutiles et supprimés, comme trop dispendieux.

17° Que la maréchaussée, si utile et si nécessaire pour la sûreté et la tranquillité publiques, s'abstienne d'exiger du peuple, dans de certaines circonstances, un payement, qui est une surcharge pour lui, et qu'il lui soit enjoint de prêter son ministère, dans toutes les occasions et sans frais, à tous ceux qui le requerront, sous peine de cassation et concussion.

18° Qu'il soit formé un nouveau code de jurisprudence civile et criminelle, général à tout le royaume, lequel soit aussi clair que précis, et qui s'accorde autant avec les principes de l'équité naturelle qu'avec les droits sacrés de l'humanité, à l'effet de quoi refondre et réduire, s'il est possible, toutes les coutumes en une seule.

19° Que, pour faire cesser et prévenir une infinité de procès, qui prennent leur origine dans une ignorance qu'on n'est pas souvent le maître d'éviter, il soit établi mêmes poids et mesures par tout le royaume.

20° Que, pour ne plus exposer les particuliers à des procès très-longs et à des frais très-dispendieux, il soit enjoint aux procureurs de mettre les affaires en état, au moins dans trois mois, et aux juges de les juger, soit à l'audience, soit de rapport dans le délai de trois autres mois, à peine d'interdiction contre l'un ou l'autre des contrevenants.

21° Que, par les mêmes motifs, on ne laisse aux juges des seigneurs que la juridiction volontaire et la police, et que tout ce qui concerne le contentieux soit porté directement aux siéges royaux.

22° Que, encore, par les mêmes motifs, il soit accordé aux présidiaux et aux bailliages royaux une plus grande étendue de compétence, laquelle consistera, entre autres choses, à juger souverainement toutes les affaires pour cause de billets, promesses et autres dettes reconnues et non contestées, à telles sommes que le tout puisse monter.

23° Que, pour épargner à l'État les frais considérables des transports des criminels, les présidiaux soient autorisés à juger leurs procès souverainement sur l'appel qui en sera porté devant eux.

24° Que, pour épargner au peuple des déplacements longs et coûteux, comme aussi pour lui épargner des procès en règlement de juges, occasionnés le plus souvent par la confusion de certains villages ressortissants à différents bailliages, il soit formé un arrondissement auxdits bailliages, eu égard à la distance respective qui se trouve entre eux, et qu'il soit créé de nouveaux bailliages dans ceux trop étendus.

25° Que tous les tribunaux d'exception soient supprimés, les uns, comme étant d'une inutilité absolue, les autres, comme n'étant propres qu'à étendre les privilèges, et tous comme étant, par les émoluments y attachés, une surcharge pour le peuple ; et que les causes qui avaient coutume d'y être portées, soient renvoyées et attribuées aux juges ordinaires.

26° Qu'il soit formé un tarif des droits dus aux greffiers et huissiers, lequel, en même temps qu'il modérera les frais qui ne sont que trop exorbitants, laissera connaître à chacun ce qu'il doit payer.

27° Que, pour rendre les fonctions de juges plus honorables et leur intégrité plus respectable, en leur ôtant tout motif d'intérêt personnel, ils ne puissent plus se taxer d'épices ou d'honoraires dans telle affaire que ce soit, et qu'il y soit substitué des gages.

28° Que la noblesse qui, par son illustration, ne doit être accordée qu'aux talents, au mérite, et essentiellement aux services rendus à l'Etat, ne puisse plus s'acquérir par charges, cas auquel elle pèse sur le peuple, sans lui avoir été utile.

29° Que le casuel pécuniaire attribué aux curés soit supprimé, comme ne s'accordant pas avec la dignité des fonctions attachées à leur ministère, et qu'à la place on leur assigne des pensions sur les revenus de certains biens ecclésiastiques.

30° Que, par suite de l'article 14 et pour les raisons y expliquées, il soit établi dans chaque ville et bourg avant marché, des greniers publics, dans lesquels chaque province fera emmagasiner, à ses frais, une quantité de grains proportionnée à la population de l'arrondissement desdites villes et bourgs, pour n'être, lesdits greniers, ouverts que dans les temps de disette et de cherté, et les grains y renfermés être distribués au prix courant avant l'enchérissement.

31° Que par suite de l'article 23, il soit sursis pendant deux mois à l'exécution des sentences prononcées par les présidiaux en matière criminelle, lequel délai ne commencera à courir que du jour que les procès en auront été envoyés, avec un mémoire instructif, à M. le garde des sceaux, pour être statué par le Roi ce qu'il estimera convenable.

32° Que les dîmes soient supprimées comme donnant trop souvent lieu à des procès scandaleux entre les pasteurs et leurs ouailles, et qu'elles soient remplacées par une prestation en argent, répartie sur les propriétés, de laquelle prestation les deux tiers appartiendront aux curés, et l'autre tiers sera mis en masse pour servir à l'entretien et aux réparations des églises et presbytères.

33° Qu'il soit défendu à tous les gens de mainmorte de faire par eux-mêmes aucune exploitation de leurs biens, exploitation qui ne s'accorde pas avec la sainteté de leurs fonctions, et qui ôte au peuple des moyens de travail.

34° Que le droit de franc-fief soit supprimé,

comme excluant l'égalité qui doit se trouver entre tous les individus d'une même nation.

35° Que le gibier soit détruit, comme occasionnant un tort immense aux particuliers et à l'agriculture, à l'effet de quoi les habitants de chaque paroisse autorisés à faire en corps des battues générales quatre fois par an.

36° Qu'il soit défendu aux propriétaires d'avoir chacun plus d'un colombier, et qu'il leur soit enjoint, ainsi qu'aux laboureurs, de tenir les pigeons en arrêt pendant tout le temps des semailles et de la moisson.

37° Que, pour mettre la nation en état d'arrêter les abus qui pourraient vouloir reparaître, malgré toutes les défenses et toutes les précautions, les Etats généraux du royaume soient indiqués à des retours périodiques, lors desquels Etats les trois ordres se réuniront pour voter par tête.

Fait et arrêté le présent cahier, composé de trente-sept articles, en la chambre du conseil dudit bailliage, le 10 mars 1789. *Signés* (fin de la minute des présentes) : Harache, curé et député de Saint-Marc ; Guenot, curé et député de Cys ; Senlis et Vely, députés d'Arcy-Pomard ; Frayon et Sapy, députés de Bourancourt ; Froidure et Denize, députés de Branscourt ; Vallerant et Dufaux, députés de Breuil ; Renard et Godbillion, députés de Châlons-sur-Desle ; Desoyé, député de Courlandon ; Montfort, Meurice et Douant, députés de Geny ; Adam et Beauvois, députés de Muscourt ; Le Roux et Prévost, députés de Perles ; Thinot et Gambier, députés de Presles-la-Commune ; Letoffé et Boniface, députés de Rouay ; Cornette et Maucler, députés de Saint-Gilles ; Judas, Sillion et Pasquier, députés de Ventelet ; Lery et Poné le jeune, députés de Vendeuil ; Barbey, Billet, Gourmant, de la Ruelle du Port, députés de Fismes ; Prevest de Vaudigny, procureur du Roi, et Visinier, greffier.

La minute des présentes a été cotée et paraphée par première et dernière page, et au bas de la dernière page est écrit et paraphé *ne varietur.* *Signé* de la Ruelle du Port.

Collationné conforme à la minute et certifié véritable les jour et an que dessus, par moi, greffier soussigné.

Signé VISINIER.

CAHIER

Des plaintes et doléances que les habitants de Wasigny, bourg composé de deux cent dix feux, situé sur les frontières de la Champagne, ont arrêté pour être porté, par leurs députés, à l'assemblée des Etats généraux, en conformité du règlement fait par le Roi, le 24 janvier dernier, si Messieurs des assemblées de Sainte-Menehould et de Vitry le jugent à propos (1).

Art. 1er. Ils déclarent être pénétrés de la reconnaissance la plus profonde et la plus affectueuse envers Sa Majesté Louis XVI, roi de France et de Navarre, de ce qu'il a bien voulu réunir les peuples de tous états de son empire, pour aviser aux moyens de les rendre heureux, soutenir la gloire et l'honneur du trône et de la nation, et de satisfaire à ses charges. Nous l'assurons, avec le respect le plus profond et la soumission la plus humble, qu'aucun ordre ni aucun citoyen ne l'emportera sur le zèle et l'amour de notre communauté, et de chacun de nous en particulier, à le servir de nos corps et de nos biens, sans réserve.

(1) Nous publions ce cahier d'après un manuscrit des *Archives de l'Empire.*

Nous remercions aussi le digne ministre qui le seconde et lui donne les conseils pour l'encourager dans ses vues bienfaisantes, et prions la Providence de leur donner des jours, le temps et la fermeté nécessaire pour y réussir, et de jouir longtemps du fruit de leurs travaux, aussi avantageux à la nation.

Art. 2. Nous reconnaissons que nos biens, venant de l'État, rien n'est plus naturel de contribuer à ses charges ; en conséquence, que la dette de la nation est la nôtre, n'étant pas juste que ceux qui ont prêté pour la chose publique, en soient les victimes.

Art. 3. Demandons que les trois ordres dictent la loi qui commandera à tous, sans distinction ni privilége.

Art. 4. Qu'avant de consentir à aucun impôt, chacune communauté donne le tableau de ses charges royales publiques et particulières, afin d'en faire connaître le fardeau effrayant qui tombe presque entièrement sur le peuple ; à l'effet de refondre le tout en une seule imposition légale et uniforme sur toutes les personnes et les biens, sans distinction d'ordres ni de priviléges ; respecter les droits de la propriété ; charger l'État d'acquitter ceux onéreux au peuple, afin de diminuer les frais de perception, faciliter les jouissances, arrêter les vexations, les difficultés et les procès, dont le peuple est écrasé en toute manière ; lui laisser, au moins, le courage de travailler librement à cultiver, engraisser et ensemencer son champ, dont la production est reconnue pour être la principale richesse de l'État, et la ressource de la vie du riche comme du pauvre.

Art. 5. Le territoire de Wasigny ne consiste qu'à environ mille arpents d'héritage. Son sol n'est ni des meilleurs ni des plus mauvais, mais il demande une intelligence particulière pour le cultiver, et beaucoup de chevaux et d'ouvriers. Il est possédé bien les trois quarts par les ecclésiastiques, le seigneur et les propriétaires forains, et les charges de la communauté consistent, savoir :

Au Roi.

1° La taille, capitation, etc.......	2,900 liv.
2° Les vingtièmes................	1,500
3° Le sel......................	5,012
4° Le tabac, environ...........	3,500
5° Les corvées royales..........	500
6° Le contrôle, etc., environ....	300
7° Les aides...................	4,000
Total...........	17,712 liv.

Au clergé.

1° La dîme au quinzième, compris les frais....................	4,000 liv.
2° Le casuel....................	400
Total...........	4,400 liv.

Au seigneur.

1° Le terrage au douzième, apprécié, compris les frais, etc., à la charge du laboureur.......	3,000 liv.
2° Le droit d'assise.............	1,000
3° La bourgeoisie, etc...........	120
4° Le hallage, compris les frais de halle, etc.................	2,000
5° La banalité du moulin ; mille personnes de tous âges à quatre septiers chacun ; le droit démouture, et celle des menus grains, pour les bestiaux, produit....	2,50
Total...........	8,920 v.

Charges locales.

1° Un maître d'école et son casuel.	700 liv.
2° L'entretien des ponts, la tour de l'église et du clocher et les corvées bourgeoises.............	1,200
3° Les difficultés qu'on veut nous faire pour l'entretien de la nef de l'église, malgré nos titres, et du presbytère, mis ici à néant et en attendant.	
4° Les droits d'étalon.............	50
5° Les milices..................	300
6° Les ports et réceptions d'ordres et faux frais................	60
7° Les autres frais ordinaires de communauté, comme garde terroir, pâtre, etc..	1,500
Total..........	3,810 liv.
Le tout fait un total de trente-quatre mille cinq cent quarante-deux livres, pour le moins, ci......	34,542 liv.

Sur cela, notre communauté a pour tous biens communaux environ 500 arpents d'héritage en prairie affermée, par-devant notaire, la somme de 22 livres, et la communauté dépense pour nourrir ses pauvres, et autres quêtes, encore bien 3,000 livres.

On peut, d'après cela, juger de l'indispensable nécessité de faire une refonte de toutes les impositions, pour n'en former, comme on l'a dit, qu'une seule, sur les biens, les personnes et les marchandises.

Art. 6. Que le produit de l'emploi de tous les impôts soit connu de tous.

Art. 7. Que tous autres impôts soient anéantis, comme aussi les charges ecclésiastiques et seigneuriales, sauf, comme on l'a dit, à remettre par l'État aux ecclésiastiques, seigneurs et propriétaires, les mêmes revenus qu'ils touchent et reçoivent sur le pauvre peuple.

Art. 8. Comme aussi de remettre aux communautés de quoi entretenir les chemins de communication, comme à Wasigny, qui sont mauvais, et d'une urgente et indispensable nécessité pour le pays qui souffrirait considérablement faute de ce.

Art. 9. D'avoir un tarif clair et précis, relatif aux intérêts du commerce national, et capable de faire pencher la balance en faveur de la nation.

Art. 10. Solliciter le reculement des barrières, afin que la nation ne soit pas étrangère à elle-même.

Art. 11. Demander la suppression de la gabelle, qui écrase le plus misérable, et dont le défaut du sel occasionne des maladies, et la fraude, la perte d'une multitude de malheureux.

Art. 12. La suppression des aides et de tous les autres droits y relatifs sans exception, le tout étant nuisible et destructif d'un commerce libre qui fait aussi une des principales richesses de l'État.

Art. 13. Comme aussi la suppression du dernier droit destructif de l'industrie nationale et des manufactures en ce genre, dont l'étranger profite en enlevant la matière première.

Art. 14. La suppression des droits de contrôle et autres relatifs ; obliger les notaires à remettre, dans la quinzaine de la date des actes, une expédition et bonne forme dans un dépôt public à l'abri de tout accident.

Art. 15. L'abolition de la vénalité des offices à mesure du décès des titulaires, en remboursant à leurs héritiers la finance.

Art. 16. N'admettre, dans l'état militaire, la magistrature et emploi public quelconque, que des personnes qui soient reconnues capables d'en remplir les fonctions, prises indistinctement des nobles et des roturiers.

Art. 17. Demander une cour souveraine dans la province.

Art. 18. Régler un temps d'étude et de travail et d'exercice de la profession d'avocat, pour pouvoir devenir magistrat.

Art. 19. Créer tous les bailliages avec ressort d'environ deux cents paroisses les plus prochaines.

Art. 20. Former leur arrondissement nonobstant la diversité des coutumes pour le plus grand avantage du peuple.

Art. 21. Créer dans les campagnes des prévôtés composées d'une trentaine de villages, qui n'excèdent pas deux lieues de la prévôté.

Art. 22. Réduire le nombre des notaires, leur former des arrondissements avec résidence aux lieux des prévôtés, comme aussi réduire le nombre des huissiers, les obliger à résider près des cours, bailliages et prévôtés, sans pouvoir exploiter au delà des cours et sièges où ils seront reçus ; et prendre des précautions pour éviter leurs frais de transport, qui accablent les malheureux, et dont plusieurs huissiers abusent ; demander la suppression des huissiers-priseurs qui sont, pour le peuple, un nouveau genre de vexation.

Art. 23. Solliciter un règlement de frais de justice, relatif à chaque bailliage.

Art. 24. Demander le retour des Etats généraux à terme fixe, et des assemblées intermédiaires conformes aux Etats du Dauphiné.

Art. 25. Demander aussi qu'il soit établi des gardes provinciaux avec résidence près des cours bailliagères et prévôtés, commandées par des officiers, tous subordonnés aux Etats généraux et particuliers, pour garder les personnes et les biens de toute espèce dans les villes et les campagnes; lesquels tiendraient lieu de gardes de la police, de cavaliers de la maréchaussée, de gardes-bois, pêche et chasse, de gardes-messiers, de gardes-traversiers, et pourraient être employés à d'autres pour l'exercice de la justice, la manutention du objets bon ordre ; ce qui assurerait la conservation des biens de la campagne, arrêterait des vexations que nombre de gardes commettent sur le peuple et la sûreté des voyageurs, et pourrait encore tenir lieu de récompense à des militaires retirés, qui sont souvent sans ressources pour vivre.

Art. 26. Demander l'abolition de toutes dîmes des droits seigneuriaux, banalités, corvées, droits de hallages, et tous autres, contraires à la liberté publique, et trop onéreux au peuple, sauf à rendre, par l'Etat, à chacun des propriétaires, son revenu, par les raisons dites article 4.

Art. 27. Accorder à tous meuniers le droit de quêter dans tout endroit, et fixer le droit de mouture en argent.

Art. 28. Demander l'abolition du droit de franc-fief.

Art. 29. Le droit de pouvoir démembrer son fief ; n'étant pas juste d'obliger à vendre la totalité lorsqu'une partie suffit à ses besoins, ce qui remettrait un peu plus d'égalité dans les propriétés.

Art. 30. Demander que les biens des ecclésiastiques rentrent dans le commerce, et soient mis en régie pour le bien de l'Etat et la prospérité du peuple ; et que le prix de la vente en soit mis au trésor royal pour en remettre le revenu au clergé.

Art. 31. Qu'il n'y ait dans l'Etat que des prêtres séculiers, pensionnés suivant leur utilité, afin qu'ils ne soient plus occupés que du spirituel, suivant leur établissement.

Art. 32. Demander l'établissement des écoles publiques dans chaque endroit, pour enseigner gratuitement les enfants de toutes conditions par des maîtres instruits suffisamment, à l'instar des Frères de la Doctrine chrétienne, et reconnus pour être de bonnes vie et mœurs; inspecter par des supérieurs établis à cet effet, tous du corps ecclésiastique, et pensionnés du revenu du clergé. Cet établissement procurerait à l'Etat des citoyens mieux instruits de leurs devoirs envers l'Etre suprême, le Roi et la patrie, et plus utiles à eux-mêmes.

Art. 33. L'établissement des hospices sur les revenus du bien du clergé, aux lieux où seront établies les prévôtés.

Art. 34. Comme aussi des médecins et chirurgiens instruits, dans les chefs-lieux; défense à d'autres d'en faire les fonctions.

Art. 35. Que les lois, poids et mesures dans le royaume, soient uniformes.

Art. 36. Que les qualités des nobles soient reconnues par les Etats, et que ceux qui en prennent sans droits, en soient punis.

Art. 37. Demander aussi que les procès criminels soient instruits publiquement, et les accusés aidés d'un conseil.

Art. 38. Comme aussi l'égalité dans les punitions des crimes et délits, sans distinction de personnes ni de privilèges, n'étant pas juste que des personnes qui sont censées avoir reçu une meilleure éducation, et qui devraient servir d'exemple aux autres, soient moins punies.

Art. 39. Que la chasse ne soit plus que personnelle, et seulement accordée à tout propriétaire d'une quantité d'héritage arrêtée sans distinction de fief ni de roture.

Art. 40. Demander l'abolition des maîtrises, n'étant d'aucune utilité.

Art. 41. La liberté de faire des retenues, bâtardeaux et écluses dans les ruisseaux et rivières qui en sont susceptibles pour pouvoir arroser les prairies, qui, faute de cela, ne produisent souvent rien; comme aussi le droit d'y mettre rouir le chanvre et le lin dans des endroits limités, étant préférable à la conservation de quelques mauvais poissons, attendu que dans nombre d'endroits, le commerce du chanvre et du lin fait la seule ressource des habitants.

Art 42. Demander que la moitié des prairies, plus ou moins, suivant que les communautés conviendront, soit conservée en grains alternativement pour appartenir aux propriétaires, et le droit de parcours pour les bêtes blanches.

Art. 43. L'abolition des étalons qui ne servent à rien qu'à faire jouir les gardes-étalons de droits et privilèges nuisibles aux peuples.

Art. 44. Arrêter les abus de la trop grande consommation des bois dans les usines : ce qui en fait augmenter le prix à tel point que le peuple ne peut plus en acheter pour bâtir, ni pour se chauffer.

Fait, arrêté et signé, côté et paraphé, au désir du procès-verbal de délibération des habitants du dit Wasigny, aujourd'hui 4 mars 1789.

Addition.

Art. 1er. Demander que le nombre des pigeonniers et boulins soit fixé en proportion de la propriété ; et défense de laisser sortir les pigeons dans les temps de semences et des empouilles, qu'ils pourraient gâter, sinon permettre de les tuer.

Art. 2. Comme aussi la défense de recevoir des apprentis compagnons et domestiques, sans certificats de bonnes vie et mœurs, et l'attestation qu'ils sont libres d'aller où bon leur semble, par les officiers de justice de l'endroit de leur habitation, qui ne vaudront que dans un temps arrêté, suos des peines fixées.

Au bas : Signé des habitants.

Pour, conforme à l'original copie.

Signé Watellier, notaire royal, syndic municipal.

COLONIE DE LA GUADELOUPE.

INSTRUCTIONS

De l'assemblée générale coloniale de la Guadeloupe à ses députés auprès de l'Assemblée nationale (1).

Art. 1er. Aussitôt leur arrivée en France, ils s'empresseront d'en donner avis au comité permanent, et l'instruiront des connaissances qu'ils auraient acquises sur les affaires coloniales.

Art. 2. Ils se concerteront avec les députés des autres colonies qui seront à Paris, pour prendre de suite, suivant les circonstances, la position qui leur paraîtra la plus avantageuse.

Art. 3. Pour toutes les matières non prévues par les cahiers, ils pourront ou déférer à l'opinion de la majorité des représentants des autres colonies, ou maintenir et suivre l'effet de la leur particulière.

Art. 4. Nos députés ne feront aucune proposition, et ne donneront aucun consentement qu'après en être convenus ensemble.

Art. 5. Ils auront soin d'être toujours au nombre de trois députés ou suppléants partout où ils représenteront la colonie.

Art. 6. En cas de maladie de l'un des députés ou d'empêchement, il se fera remplacer de préférence par un suppléant de la même sénéchaussée.

Art. 7. Ils soutiendront avec fermeté les droits des colonies, et s'opposeront avec force à tout système qui pourrait y porter atteinte.

Art. 8. Ils ne consentiront à aucune proposition, même préalable, qui tendrait à mettre en question les propriétés des colonies, de quelque nature qu'elles soient, la colonie protestant d'avance contre toute délibération contraire auxdites propriétés, et dans ce cas, il leur est expressément enjoint de se retirer et de protester au nom de la colonie.

Art. 9. Ils s'entendront avec les députés des autres colonies pour demander à l'assemblée nationale de laisser auxdites colonies le soin de modifier le anciennes lois relatives à l'état des gens de couleur libres, ou d'en faire de nouvelles.

Art. 10. Ils prendront connaissance des dépenses qu'aura pu faire M. Decurt comme député, l'assemblée générale coloniale se réservant de statuer définitivement à cet égard, d'après les comptes qu'ils lui rendront.

Art. 11. Ils correspondront exactement avec l'assemblée générale coloniale, ou avec son comité permanent, et ne négligeront aucune occasion de lui transmettre successivement l'état des choses, leurs démarches, leurs succès, leurs craintes, leurs espérances, enfin tout ce qui pourra se passer d'intéressant pour les colonies.

Arrêté en l'assemblée générale coloniale le 22 mars 1790.

Collationné au comité général colonial.

Signé Poyen, président; Germain Lacaze, secrétaire; de Bragelongue, secrétaire adjoint; de Boubers-Bernatre, secrétaire adjoint, Coquille de Saint-Rémy, secrétaire-archiviste.

(1) Nous publions ce document d'après un manuscrit des *Archives de l'Empire*.

COLONIE DE PONDICHÉRY.

PLEINS POUVOIRS ET INSTRUCTIONS

Donnés à MM. Beylié, de Kerjean et de L'Arche fils, établis par l'assemblée générale des citoyens de Pondichéry, comme les représentants des colonies françaises aux Indes orientales, à l'Assemblée nationale de France (1).

MM. Beylié, de Kerjean et de L'Arche, ayant accepté le juste hommage que les citoyens de Pondichéry, généralement assemblés, leur ont offert de représenter leurs droits, priviléges, etc., à l'Assemblée nationale de France, nous, soussignés, composant le comité représentatif de toute la colonie choisi dans son assemblée générale du 11 de ce mois, avons, en vertu des pouvoirs dont nous sommes revêtus, arrêté et statué ce qui suit :

Art. 1er. MM. Beylié, de Kerjean et de L'Arche, mettront sous les yeux de l'Assemblée nationale de France, la demande que nous formons, au nom de tous les établissements français de l'Inde, de

(1) Nous publions ce cahier d'après un manuscrit des *Archives de l'Empire*.

deux représentants en ladite assemblée. Nous nous en rapportons à leur prudence et à leur zèle pour faire valoir les droits que nous avons à partager cet avantage avec toutes les autres portions de la nation.

Art. 2. Dès l'instant que l'Assemblée nationale aura prononcé, nous nommons et établissons MM. Beylié et de Kerjean les représentants de tous les établissements français de l'Inde ; nous leur adjoignons, comme suppléant, M. de L'Arche fils, et leur donnons à tous les trois, et en notre nom, pouvoir de soutenir en l'Assemblée nationale nos droits individuels comme nos droits collectifs, et leur enjoignons de veiller à nos intérêts comme hommes et comme citoyens, d'après leurs lumières et les sentiments patriotiques qui les animent.

Art. 3. Dans les règlements constitutionnels qui pourront être faits, nos représentants feront les observations qu'ils croiront nécessaires pour les établissements français de l'Inde, en raison des différences des lieux, des usages et du genre des propriétés.

Art. 4. Ils soutiendront de tout leur pouvoir et l'importance majeure autant que la nécessité dont le commerce de l'Inde est pour l'avantage et le bien de la nation, et la demande de la liberté du commerce.

Art. 5. Ils ne négligeront rien pour que chacun des objets qui sont traités dans les mémoires que nous leur remettons, soient pris en considération par l'Assemblée nationale, et ajouteront aux moyens qui se trouvent déjà dans ces mémoires, ceux que leurs lumières pourront leur suggérer.

Art. 6. Nous recommandons à nos représentants une surveillance extrême, non-seulement sur les objets généraux aux établissements français de l'Inde, mais même sur toutes les causes particulières dont les effets peuvent, d'une manière ou d'autre, intéresser le grand ensemble dont nous faisons partie.

Art. 7. Nous recommandons à nos deux représentants et à leur suppléant de se réunir, autant que faire se pourra, dans toutes leurs démarches, de mettre en ensemble, un accord et une diligence tels que nous devons l'attendre de leur zèle et des sentiments qu'ils ont voués à la patrie. Cependant un de nos deux représentants pour les deux et notre suppléant en cas d'absence momentanée ou de maladie imprévue des deux représentants, sera, par les présentes instructions, revêtu, dans ce cas seulement, des pouvoirs que nous donnons aux deux représentants conjointement.

Art. 8. Nous demandons de nos représentants, une correspondance avec le comité de l'assemblée des citoyens de Pondichéry, assez suivie, assez prompte et assez exacte, pour qu'aucune occasion, soit par terre ou par mer, partant de France ou d'Angleterre, ne soit jamais perdue sitôt qu'il y aura quelque nouvelle qui pourrait intéresser les établissements français dans l'Indes ous les rapports de commerce et sous ceux de politique. Cet objet est d'autant plus essentiel que nous n'avons malheureusement que trop éprouvé que nos établissements pourraient n'apprendre la guerre que par l'arrivée des ennemis à leurs portes.

Art. 9. Nos représentants nous feront connaître, avec l'exactitude recommandée dans l'article précédent, toutes les démarches qu'ils auront faites, qu'ils croiront devoir faire, relatives aux intérêts que nous leur confions.

Art. 10. Dans l'ignorance où nous sommes des formes qu'aura adoptées l'Assemblée nationale de France et des décisions auxquelles elle se sera arrêtée sur tous les objets d'administration, législation, commerce et autres, nous autorisons nos représentants à prononcer et à agir d'après leurs lumières, leur amour du bien public et leur conscience, dans toutes les circonstances que nous ne sommes ni à portée de connaître, ni à même de prévoir, approuvant et ratifiant, par ces présentes, tout ce qu'ils feront en notre nom.

Art. 11. Pour prévoir, autant qu'il est en nous, tous les événements possibles, et n'ignorant pas qu'il se pourrait faire que, un, deux de nos représentants, et peut-être même les trois, se trouvassent, par leur devoir, ou par des affaires personnelles, dans l'impossibilité de continuer à remplir les engagements qu'ils contractent aujourd'hui avec nous, nous autorisons spécialement, par ces présentes MM. Beylié, de Kerjean et de L'Arche fils, conjointement, et chacun d'eux séparément, à transmettre leur qualité de nos représentants, et tous les pouvoirs dont à ce titre ils sont revêtus par les articles précédents, à MM. Louis Monneron, Félix Victor Amalric, Law de Lauriston, Pierre Monneron, Louis-Charles Dangereux, Pierre Aubert, l'abbé Vernet, Louis Bruno, Mallet de Maisonpré, Nicolas de La Merlière, toujours et successivement l'un au défaut de l'autre, et dans l'ordre où ils sont ci-dessus nommés, et nous nous engageons, dès à présent, à reconnaître, confirmer et ratifier tout ce qui sera fait, en notre nom, par celui ou ceux à qui MM. Beylié, de Kerjean et de L'Arche auront transmis leurs pouvoirs.

Art. 12. Enfin, pour tous les objets et tous les cas que nous n'aurons pu prévoir, nous nous en rapportons entièrement aux lumières et aux connaissances de nos représentants actuels, et de ceux auxquels ils pourront, en vertu de l'article 11, transmettre leurs pouvoirs, les prions d'agir en tout pour le mieux, et nous engageons derechef d'approuver, confirmer et ratifier tout ce qu'ils auront jugé à propos de faire.

Ainsi fait et arrêté les pleins pouvoirs et instructions enfermés dans les douze articles ci-dessus et d'autre part, auxquels nous donnons toute valeur et sanction possibles, suppliant l'Assemblée nationale de vouloir bien excuser les irrégularités de forme qui peuvent se trouver dans les présentes instructions et pleins pouvoirs, en raison de l'ignorance où nous sommes de celles adoptées en France, et de leur accorder la même force et valeur qu'ils auraient s'ils étaient faits et écrits dans les formes admises ou prescrites. Pondichéry, le 14 mars 1790.

Signé Sabathier ; du Rhône ; Wilstecke ; La Grenée ; Reynaud ; Duvivier ; de Changy ; Finet ; Richardin ; Pierre Coulon ; M. de Rouville ; L'Empereur ; Clerac ; Frairay ; Saint-Paul fils ; J. Hervé ; Doumergue ; Charles-Nicolas ; Manœuvre ; Duprey ; Regnaudet ; Ramadié ; L. Petit ; Jh. Affonço ; Duru ; Saint Pourçain ; † Nicolas, évêque de Dolicha, supérieur des missions malabares ; Borrea ; F. Damase ; Cap, curé, préfet apostolique, custode et supérieur ; Conqmasle-Desjardins ; Houdin ; de Saligny ; Durup ; Monbocage ; de Bury de Saint-Fulgence ; le chevalier de Beusset ; Girardon ; Maître ; d'Embrun ; le chevalier de Pilavoine ; Perthuis ; J. Ivhite ; de Solminihac ; Lerrivé ; Michaud de la Rosière ; Gravier ; de L'Arche ; Marchand Joannis Sinan ; J. Meurisses ; Mariette ; Dacosta ; Thomas Flory ; Dauzas ; de Mery ; d'Arcy ; Geslin de Châteausur ; Lehir-Lafontaine, Sauvagère ; Collondom ; Mottet ; Bourgine de Beauchaine ; Le Normand ; Gérard ; Fouquereaux ; Bayond ; Culas ; Duplessis ; Combemale ; Durfort-Civrac ; Moracin ; Lemercier.

Nous, soussignés, retenus ici pour affaires indispensables, remettons et transportons à M. de Kerjean la portion des pleins pouvoirs qui nous sont délégués ci-dessus, l'autorisons à agir seul comme si nous étions tous trois réunis.

A Lorient, ce 21 août 1790. *Signés* Beylié et de L'Arche.

SUPPLÉMENT

Comprenant les documents parvenus sur les Cahiers des bailliages et sénéchaussées pendant le cours de la publication.

SÉNÉCHAUSSÉE D'AIX.

DOLÉANCES ET REPRÉSENTATIONS

De la communauté du lieu d'Albertas, prises dans l'assemblée générale du 22 mars 1789 (1).

Art. 1er. Le vœu de l'assemblée est de demander la sûreté personnelle de tous les citoyens, hors les cas des crimes capitaux exprimés par la loi ; même sûreté pour la propriété.

Art. 2. Une égale répartition dans la taxe des impôts. Cette taxe doit être proportionnée aux besoins de l'Etat, y compris la dette nationale qui doit être reconnue et consolidée.

Art. 3. La nation assemblée doit avoir le droit de se taxer elle-même.

Art. 4. Que toutes les possessions territoriales, même le sol employé à des objets de luxe, comme parcs, garennes, jardins, etc., soient soumises à l'impôt.

Art. 5. Décerner des peines très-sévères contre le crime de péculat.

Art. 6. Demander la réformation de la justice tant civile que criminelle, et la diminution des frais qu'elle occasionne.

Art. 7. Tous les habitants réunis se plaignent du dommage considérable que l'abondance du gibier cause dans le terroire, et supplient très-humblement Sa Majesté d'avoir égard à la classe des pauvres cultivateurs qui a déjà beaucoup souffert des rigueurs de la saison, de la mortalité des oliviers. Si le gibier détruit encore son espérance, elle se trouvera hors d'état de survenir à l'impôt. Les lapins portent aussi un préjudice très-considérable pour la venue des oliviers en débroutant toute la nouvelle pousse.

Art. 8. L'assemblée désirerait, pour la facilité du commerce, et pour favoriser l'industrie d'une partie des habitants de la communauté qui est adonnée au roulage, qu'il fût permis aux routiers de mettre quatre mulets ou chevaux à leurs voitures, ainsi qu'il est permis dans les autres provinces du royaume.

Art. 9. Fait enfin ses très-humbles supplications au Roi pour vouloir bien ordonner que les chemins de province, dénommés de second ordre, et les chemins de viguerie qui se trouvent impraticables, surtout dans les temps des pluies et des gelées, soient rétablis, pour que le transport des denrées, et le commerce intrinsèque de la province se fassent avec plus de facilité.

(1) Nous publions ce cahier d'après un manuscrit des *Archives de l'Empire.*

Lecture ayant été faite des précédents articles, et personne n'ayant plus rien à dire, a signé qui l'a su.

Signé Amic, lieutenant de juge ; Dagnau, consul ; Gibelin, consul ; Martin, consul ; Antoine Roux ; P. Louiq ; J. Sause ; Girand ; Deleuil ; Jean-Baptiste Benet ; Jean-Baptiste Lion ; J. Martin ; Louis Burle ; J. Montet ; Louis Martin ; J. Chaudoin, J.-S. Sauzé ; D.-H. Martin ; J. Olivier ; Fontier ; Brigolet ; A. Lyent, et Vion, greffier.

DOLÉANCES ET REMONTRANCES

Délibérées par le conseil général de tous chefs de famille de la communauté d'Allauch, le 29 mars 1789 (1).

Forcés par les plus pressants besoins, et autorisés par le meilleur des princes à faire parvenir nos plaintes directement au pied du trône, dont l'accès est aujourd'hui libre au malheureux par la convocation des Etats généraux, nous devons nous empresser de dresser le cahier de ces plaintes de la façon la plus respectueuse et la plus propre à convaincre notre digne monarque de la reconnaissance de ses sujets.

Pour mettre quelque ordre dans les objets, nous devons distinguer ceux qui peuvent regarder la nation en général, ceux qui sont communs à la plupart des communautés de cette province, et enfin ceux qui intéressent la communauté d'Allauch d'une manière particulière.

Intérêt de la nation en général.

1. Egalité dans les contributions, soit royales, soit locales, et même pour les impositions particulières de vigueries et communautés, de manière que chaque sujet du Roi paye sa portion de tous les impôts présents et à venir, relativement à ses possessions, sans qu'il puisse être fait aucune distinction de rang, d'état, de biens nobles et roturiers.

2. Les suffrages seront recueillis dans les Etats généraux par tête et non par ordre.

3. La perception de l'impôt de la manière la moins coûteuse, et éviter toutes formes de perception qui peuvent exposer les sujets du Roi à des vexations ou à des litiges.

4. La suppression de toutes les caisses inutiles et qui peuvent être réunies.

(1) Nous publions ce cahier d'après un manuscrit des *Archives de l'Empire.*

5. Economie pour les grâces et pensions.

6. La réformation du code civil et criminel, et déterminer l'établissement de la procédure par les jurés.

7. Garantir la liberté individuelle de tous les citoyens et déterminer la suppression de toutes lettres attentatoires à cette liberté.

8. Etablir la liberté de l'imprimerie sous les restrictions déterminées par les Etats généraux.

9. La suppression de la vénalité des offices de judicature dans les tribunaux souverains et dans ceux d'arrondissement; suppression qui sera effectuée à mesure que les offices vaqueront par mort, démission ou forfaiture.

Cette suppression a été l'objet des vœux des deux derniers Etats généraux. Elle y fut vivement sollicitée par les trois ordres. On ne sait pas pourquoi elle ne leur fut pas accordée. Elle a été presque toujours tacitement désavouée longtemps après qu'elle eut été introduite; les récipiendaires juraient encore qu'ils n'avaient rien donné pour être pourvus.

10. La suppression des juridictions seigneuriales; le rapprochement des individus dans les petites communautés, et celui de leurs possessions rend les sujets de division plus communs et plus fréquents; la haine ou l'intérêt les suscite, et la nécessité de se voir et de se rencontrer à chaque instant les entretient. La connaissance des affaires y est moins répandue que dans les villes, et cependant les malheureux habitants de ces juridictions ont un tribunal de plus à parcourir quand ils ont des procès entre eux. Ils ont moins de ressources pour les conseils, et c'est quelquefois par la faute de ces premiers conseils que leur entêtement se soutient et donne lieu a des frais ruineux, dans un pays surtout où, souvent, la forme emporte le fond. Pour suppléer à ces juridictions supprimées, on pourrait établir des juges de paix qui seraient renouvelés chaque année. Ces juges seraient tenus de servir gratuitement sans pouvoir rien exiger des parties, soit à titre de vacations ou d'épices; les procédures seraient instruites avec le moins de frais possible, et toutes les discussions seraient jugées de la même manière qu'elles le sont dans les tribunaux consulaires. Dans les communautés où le peu de population ne permettrait pas d'établir ces tribunaux de paix, il serait réuni deux ou trois petits cantons pour former un tribunal, ou bien les petits lieux seraient réunis aux villages principaux le plus prochains.

11. Suppression de tous *committimus* et évocations, même pour les affaires concernant les fermes, sans pouvoir suppléer les tribunaux ordinaires par des juges d'attribution.

Clergé.

12. Une répartition plus égale dans les revenus du clergé, et une augmentation proportionnée des congrues des curés et de leurs vicaires. Ils remplissent le ministère le plus saint, le plus honorable et le plus utile. Il faut que ces ministres de notre religion, véritablement respectables, puissent être respectés; il faut qu'ils aient assez de revenu pour pouvoir vivre dans les villages et dans les petites villes comme les citoyens du tiers-état les plus commodes; qu'ils puissent faire quelques aumônes; au lieu qu'ils éprouvent tous les jours la triste nécessité de ne pouvoir que mêler leurs larmes à celles des malheureux que leur fortune ne permet pas de soulager.

13. Mettre en économat les revenus des abbayes et prieurés qui sont à la nomination du Roi, à

mesure que ces bénéfices seront vacants, pour les revenus desdits bénéfices être employés au remboursement des dettes du clergé, prélèvement fait de la portion destinée aux aumônes, qui sera employée au soulagement des pauvres des lieux qui procurent les revenus du bénéfice.

14. Suppression de tout transport d'argent à Rome ou à Avignon pour dispenses ou provisions de bénéfices, de quelque nature que soient lesdites dispenses ou provisions. La circulation de ce numéraire serait extrêmement avantageux à l'Etat : son transport à l'étranger l'appauvrit.

15. Suppression de tout transport à Malte de la dépouille des chevaliers.

16. Sur les fonds provenant des suppressions ci-dessus détaillées, il serait pris tous ceux qui seraient nécessaires pour faire une pension honnête aux vieux prêtres qui auraient servi quelques paroisses pendant vingt ans, en qualité de vicaires, ainsi qu'à ceux qui, ayant servi en cette qualité, seraient travaillés d'une maladie qui ne leur permettrait pas de continuer leur service.

Commerce.

17. Le commerce seul peut vivifier le royaume. On lui a mis malheureusement des entraves par l'établissement de plusieurs compagnies des Indes. La nation a inutilement réclamé contre de pareils établissements : ils subsistent encore. Il serait à propos, dans les Etats généraux, que cette question y fût agitée, et qu'elle y fût enfin résolue d'une façon avantageuse à la liberté publique.

L'intérêt que les habitants d'Allauch ont à cette liberté est d'autant plus grand, que les embarquements qui se font pour les Indes, sortant du port de Lorient, les vins et les eaux-de-vie que leur terroir produit, ne peuvent point jouir de cette destination. Un débouché plus facile leur procurerait, par de meilleures ventes, un dédommagement de la stérilité de leur sol.

Fermes.

18. Il est reconnu que beaucoup de terrains en France sont très-propres à la culture du tabac. Dans un Etat bien régi, on ne doit rien oublier de ce qui peut ajouter à la production des terres. Il paraîtrait convenable de favoriser cette culture; les productions nationales qu'elle nous procurerait nous épargneraient plusieurs millions que nous sommes obligés de faire passer dans les colonies anglaises ou hollandaise pour le premier achat de ce follicule, et l'Etat pourrait exiger des terrains destinés à cette nouvelle culture des impositions assez fortes pour l'indemniser des sacrifices qu'il pourrait faire.

19. Transport de toutes les douanes aux limites du royaume.

20. Etablir les droits sur les marchandises et denrées, de manière qu'ils ne puissent pas gêner le commerce, et encore moins opprimer les cultivateurs. La ferme doit être considérée comme un instrument qui, manié par une main habile, peut vivifier l'industrie en favorisant toutes les fabrications.

21. Le contrôle, institué d'abord pour l'avantage public en assurant la date certaine des actes, est devenu un vrai fléau pour lui par les augmentations progressives des droits. Les nouveaux sous pour livre qui y ont été ajoutés se montent déjà à 10 sous, et qui sait jusqu'où on les aurait portés sous un monarque moins bienfaisant! Si les Etats généraux jugent à propos que la perception de ce droit se continue, il serait convenable, au moins, que le bail de la ferme, en modérant ces

droits, contint des clauses qui pussent nous mettre à l'abri des entreprises des fermiers; et qu'un tarif clair et simple servît à prévenir toutes les contestations sans que le fermier pût s'étayer, comme il a fait jusqu'à aujourd'hui, des décisions du conseil extrêmement multipliées et qui lui servent d'égide contre tous les plaignants.

OBJETS COMMUNS A LA TRÈS - GRANDE PARTIE DES COMMUNAUTÉS DE LA PROVENCE.

Administration.

1. La régénération de la constitution provençale et la rapprocher autant que faire se pourra de la constitution delphinale.

La réformation de nos Etats provinciaux, la nomination d'un syndic pour les communes, avec entrée aux Etats, et voix délibérative.

L'éligibilité du président; qu'il soit déclaré qu'il n'y aura plus aucun membre permanent et inamovible. L'exclusion des Etats aux magistrats, aux juges royaux et seigneurs, à tous les officiers attachés aux fiscs, ainsi qu'aux subdélégués de M. l'intendant. La désunion de la procure du pays du consulat de la ville d'Aix; l'admission des gentilshommes non possesseurs de fiefs, et du clergé du second ordre. L'égalité des voix pour l'ordre du tiers avec celles des deux premiers ordres, tant dans les Etats que dans les commissions intermédiaires.

2. Qu'on ne pourra pas créer ou rétablir des offices dont la création ou le rétablissement ne sont presque jamais que des impôts déguisés, et dont l'abonnement est toujours onéreux à la nation. La Provence l'avait bien senti lorsqu'elle les offices de maire, de lieutenant de maire, etc., si souvent créés et abonnés; pour éviter un pareil abus, elle voulut que les offices, dont elle remboursait le prix, continuassent à exister sur la tête des officiers municipaux des communautés qui, toutes en corps, avaient contribué à l'abonnement général, et que les officiers municipaux de ces communautés eussent les mêmes droits, préséances et prérogatives attribués au charges dont ils furent revêtus.

Un de leurs principaux droits était de présider aux assemblées des communautés. Les consuls doivent en jouir, quelques-uns l'ont prétendu. Les seigneurs des fiefs, par leur crédit, ont maintenu leurs officiers dans ce droit qu'ils exercent encore. Plusieurs communautés s'adressèrent à MM. les procureurs du pays pour s'y faire rétablir. Ils leur promirent que la Provence interviendrait et leur suggéreraient en attendant une décision de réitérer à tous les conseils leurs protestations. Il y a trop longtemps qu'une question aussi essentielle pour les communautés est indécise; il serait temps qu'elle fût terminée par une décision dont elles doivent réclamer la justice.

3. Demander avec les plus vives instances la suppression du droit de 14 sous par millerole, qui est perçu pour le compte du Roi sur le vin qui est transporté à Marseille.

Le sol de la Provence est en général sec et aride, mais il est presque stérile dans les terroirs des communautés qui sont aux environs de cette ville. Ces terroirs sont tous complantés en vignobles et ils ne sont guère propres qu'à ce genre de culture. Les vins de Provence ne sont ni précieux ni recherchés. Dans un moment où le commerce languit, les propriétaires n'ont d'autres débouchés de leurs vins que la ville de Marseille, où la consommation s'en fait. Elle est

purement nationale, elle ne devrait par conséquent point supporter les droits qui n'ont été établis que pour l'étranger. Cet impôt de 14 sous par millerole, qui n'est certainement pas d'une grande production pour l'Etat, et qui paraît bien léger, excède pourtant le neuvième de la valeur de la denrée en la fixant à 6 livres la millerole, année commune. On doit se flatter d'en obtenir la révocation.

Fermes de la ville de Marseille.

4. La communauté de Marseille, pour empêcher que le concours des vins étrangers ne nuisît à la vente des siens, imposa sur ces vins 30 sous par millerole, moyennant lequel droit il fut permis de vendre les vins forains de la même manière et aux mêmes franchises que les possédants biens. Une de ces principales franchises est de n'être point assujetti au droit de gabelle quand le vin est vendu par des taverniers. L'article 11 du règlement de cette communauté est exprès là-dessus. Malgré sa précision, le régisseur des fermes de la ville a toujours voulu assujettir les forains à acquitter le droit de gabelle, quoique leurs vins fussent vendus par des taverniers exempts. Sa prétention là-dessus s'étend même à exiger les 12 sous par millerole auxquels le droit de gabelle se monte, aux portes de la ville, avant même de savoir la destination du vin transporté. Quelques personnes se sont opposées à cette injuste perception; les puissants et les riches ont obstinément refusé de payer; les gens plus timides et les pauvres ont payé et payent encore.

Le droit de rive, qui est de 30 sous par millerole, expose encore les colporteurs du vin à de nouvelles vexations. Obligés de faire leurs déclarations aux commis du régisseur, elles souffrent toujours des contestations de leur part. Pour s'y soustraire, et pour éviter le déchet que souffre leur denrée en restant exposée aux ardeurs du soleil, ils finissent ordinairement par consentir aux déclarations forcées que ces commis leur dictent.

Après de pareilles déclarations, qui semblent convenues, il paraît qu'ils ne devraient point éprouver, de leur part, de nouvelles tracasseries. Cependant, on leur en fait encore, qui ne peuvent se terminer que par le ministère du jaugeur, dont les opérations, soit par le temps qu'elles exigent, soit par l'incommodité des lieux où elles sont faites, altèrent la qualité du vin.

Ce régime est d'autant plus injuste qu'il n'est point analogue à celui qu'on observe dans les fermes du Roi. Les employés de ces fermes déduisent le 10 p. 0/0 sur les marchandises sujettes à coulage, et la contravention n'est établie que par l'excédant du 10 p. 0/0 accordé. Le régisseur des droits de la ville de Marseille prétend que tout ce qui est au-dessus de la déclaration sans aucune déduction, est sujet à la saisie et à l'amende encourue.

Sans entrer dans la discussion de l'établissement du droit, il est certain qu'on doit supprimer, tout au moins, la façon onéreuse de le percevoir; et s'il est dans le cas d'être maintenu, ceux qui y resteront assujettis doivent se flatter d'être affranchis des vexations dont ils se plaignent.

Pour prévenir le déchet que peut souffrir leur vin par des jaugeages inconsidérés, en cas que le commis supposent quelque excédant, ils seront tenus de suivre les voitures jusqu'à leur destination, pour l'opération de la jauge n'être faite qu'après que le vin aura été reposé dans les tonneaux.

5. Un objet sur lequel nous croyons devoir faire des réclamations qui regardent toute la généralité de la nation, n'est pas moins important à rectifier.

La Provence demandera, sans doute, et nous nous joignons volontiers à elle, qu'à l'avenir on ne soit point tenu de fournir des preuves pour être admis au service de Sa Majesté, tant sur mer que sur terre ; que pareilles preuves ne soient point également nécessaires pour entrer dans les cours souveraines. Cette dernière exclusion n'est établie par aucune loi du royaume ; et plusieurs de ces cours en ont fait une loi par des règlements particuliers. Il serait également à souhaiter que le mérite seul fût un titre pour la prélature, et que la naissance n'en fût pas si souvent un motif d'exclusion. La noblesse attribuée à certains offices, et qui devient le prix de leurs finances, est également un abus nuisible ; elle ne devrait être que la récompense de l'honneur et de la vertu.

6. Il est également essentiel pour le bien public, que, dans le cas où les États généraux jugeraient à propos de continuer les baux des fermes, les clauses de ces baux fussent soumises à leurs observations, pour qu'on n'en laissât glisser aucune qui fût trop onéreuse au public. Il serait important pour lui que les droits de chaque marchandise fussent désignés sous une seule dénomination. La confusion des differents droits auxquels elles sont assujetties par les anciens tarifs peut donner lieu à des abus qu'un voiturier souvent illettré ne peut prévenir. Leur liquidation est plus pénible, elle arrête plus longtemps aux bureaux pour l'expédition. Une copie de ce tarif doit être déposée dans les archives de chaque communauté, et affichée dans chaque bureau, pour que chacun puisse voir si on s'y conforme avec exactitude.

7. L'impôt sur les cuirs fait languir cette branche du commerce. En augmentant le prix de cette marchandise, il augmente nécessairement celui des souliers, que la cherté de la main-d'œuvre a déjà beaucoup renchéri. Cet impôt est véritablement désastreux pour les pauvres habitants de la campagne ; la suppression doit en être sollicitée.

8. On ne croit pas avoir besoin d'insister sur l'extinction des gabelles. La voix du prince qui approche de plus près Sa Majesté a déjà prononcé leur abolition. Le peuple se rappellera toujours ce trait bienfaisant avec la reconnaissance qu'il a dû lui inspirer.

OBJETS PARTICULIERS POUR LA COMMUNAUTÉ D'ALLAUCH.

La dîme.

1. La dîme, qui n'était d'abord qu'une obligation volontaire, est devenue depuis longtemps un tribut forcé. La quotité des fruits décimaux fixée par des transactions diffère dans presque toutes les communautés.

La dîme est perçue à Allauch sur le pied du quatorzième ; les frais de culture absorbent la moitié du produit des terres. Cette vérité est démontrée. Il est donc évident que le décimateur percevant la quatorzième partie du produit brut, reçoit réellement la septième portion du produit net ; et sur les six restants, il faut payer toutes les impositions royales et locales.

Les sujets du Roi payeront toujours avec joie les impositions qui seront nécessaires pour le soutien de l'état, pour la gloire et la majesté du trône. Mais, en acquittant ces charges, il serait bien triste de les obliger d'abandonner aux prieurs décimateurs ce qui peut rester de leurs revenus, et à n'avoir d'autre ressource que le travail et l'industrie.

Sa Majesté sera très-humblement suppliée d'affranchir ses fidèles sujets d'un tribut qu'ils sont dans l'impossibilité de payer ; de déterminer la suppression des dîmes, sauf à indemniser les chapitres des églises cathédrales et les évêques de la perte de celles dont ils sont propriétaires, par la réunion des bénéfices qui pourront être supprimés ; et dans le cas où cette suppression ne pourrait pas avoir lieu, demander que le Roi oblige les décimateurs à consentir à des abonnements sur le pied des baux, en prenant une année commune de quinze à vingt ans, avec les réductions plus ou moins fortes que Sa Majesté sera suppliée d'ordonner.

2. Il serait également convenable d'abonner tous droits seigneuriaux et féodaux, y compris celui de fournage, lesquels seraient représentés par une pension féodale proportionnée à l'importance des droits abandonnés, et dont il consterait par titres légitimes et non équivoques, avec tel égard que de raison aux facultés et ressources des différentes communautés.

Les taxes et cens ne feront point partie de cet abonnement, lorsqu'il constera par titres que les propriétés, qui y sont sujettes, ont été données moyennant les redevances.

3. Tous les chemins de la communauté d'Allauch sont dans un état de délabrement qui les rend impraticables. Elle a toujours contribué pour ceux que la province et la viguerie ont fait construire dans tout le restant de son étendue. Elle n'a jamais été appelée ni aux assemblées générales des communautés, ni à celles de la viguerie, puisque celle d'Aix dont elle fait partie, n'avait pas été convoquée depuis 1729. Quoique son affouagement soit très-considérable, cette communauté n'a jamais été à portée de réclamer sur un objet aussi essentiel. Elle demande avec instance que Sa Majesté soit suppliée d'ordonner que toutes les communautés de Provence affouagées quinze feux, pourront envoyer un représentant aux États. Il en est beaucoup qui ont le doit d'y députer, quoique leur affouagement soit beaucoup moins important.

4. Toutes les communautés du royaume fournissent un certain nombre de miliciens pour la défense de l'État ; il serait à souhaiter qu'on pût suppléer ce service par des moyens moins onéreux. Une levée, faite aux dépens et à la décharge de ces mêmes communautés, serait beaucoup moins fâcheuse pour les pères de famille, et beaucoup plus avantageuse à l'État, auquel on procurerait par là des soldats de bonne volonté.

La communauté d'Allauch, et celles qui fournissent à la garde-côte, en Provence, se trouvent dans un cas encore plus fâcheux que celles qui sont exposées au tirage de la milice. Elles contribuent en corps de province à l'armement et à l'entretenement de ce corps ; et chacune en particulier paye, en son propre, une somme assez importante pour l'entretenement de la garde-côte. Elle coûte à la seule communauté d'Allauch.

Le poids de la garde-côte est plus pesant pour elle que celui de la milice. Elle lui fournirait tout au plus cinq à six hommes, elle fournit tout au moins quarante, dont un quart ou un cinquième sont destinés au service des matelots, pour lequel la plupart n'ont ni vocation ni aptitude. La crainte qu'inspire cette levée est un fléau destructeur de la population ; aux approches du temps qu'elle doit se faire, la plupart des jeunes gens, par des mariages prématurés, nuisent à la fécondité de l'espèce, ou, par leur expatriation dans les concessions d'Afrique, privent le lieu de cultivateurs utiles.

Le service de mer demande une conformation propre à le soutenir. Beaucoup de gens ne peuvent s'embarquer sans un risque presque certain de leur vie. Quelles alarmes n'inspire pas aux parents, que l'on prive d'un secours utile, l'engagement forcé de leur enfant pour lequel ils ont de pareilles craintes ! Une sage police établie dans le bureau des classes, point d'acception dans le choix des personnes destinées à ce service, fournira toujours à l'Etat un nombre de matelots suffisant, surtout s'ils sont traités sur les vaisseaux du Roi avec une modération convenable, et payés avec l'exactitude qui leur est due.

Ces considérations paraissent assez déterminantes pour que le Roi accorde à ses sujets l'exemption d'un pareil service, dont l'inutilité se démontre par le refus constant des officiers de vaisseau de prendre sur leur bord de pareils matelots. Ils ne sont presque toujours qu'une surcharge pour eux, sans leur être d'aucune utilité.

5. Cette levée devient d'autant plus onéreuse à la communauté qu'elle se fait actuellement à Marseille, qui est à deux lieues de distance d'Allauch ; trois ou quatre cents jeunes gens s'y transportent le jour destiné à cette opération. Ils perdent leur journée qui est un objet de 30 sous pour chaque individu : ce qui forme seul une perte d'environ 600 livres pour la totalité des habitants. Obligés de rester en cette ville la très-grande partie d'un jour, ils sont forcés de s'y nourrir, et cette nourriture dans une ville dont toutes les impositions portent sur les aliments, même les plus grossiers, augmente de beaucoup leur dépense.

6. Les habitants d'Allauch, par un esprit d'économie auquel la nécessité les force, portent ordinairement le blé qu'ils récoltent dans leur terroir, à Marseille. Il s'y vend mieux que le blé de marine qu'ils en exportent, et qui, quoique moins délicat, suffit à leurs besoins ; et quand, par ce moyen, ils ne se procureraient que quinze jours de subsistance de plus, ce serait encore beaucoup pour eux.

Cette ressource leur est presque interdite par le régime actuel des fermes du Roi. La denrée importée n'est soumise qu'à 6 liards de droit par charge, mais on les oblige à aller faire leur déclaration, et représenter leur blé au bureau des fermes du Roi à Septèmes. Quoique de pareils bureaux soient établis dans leur terroir, ce circuit leur occasionne un retard si considérable, qu'il leur en coûte au delà de 30 sous par charge pour acquitter un droit de 6 liards.

7. Il n'y a et ne peut y avoir que très-peu d'industrie dans le lieu d'Allauch : il n'est point lieu de passage. La pénurie d'eau empêche qu'on y construise des fabriques. Elle est si absolue, que les habitants n'en auraient pas même suffisamment pour boire, s'ils n'y avaient suppléé par des citernes. Un seul genre d'industrie leur est approprié : ils tressent du spart. Les fabricants de Marseille l'emploient à différents usages, dont plusieurs sont relatifs et fort utiles à la marine. L'assujettissement à des droits pour ces sortes d'ouvrages a d'abord beaucoup dégoûté les fabricants d'avoir recours aux gens d'Allauch pour former ces tresses ; ils se sont adressés de préférence à ceux du terroir de Marseille, qui leur épargnent l'acquittement par leur franchise ; et quand ils ont recours aux premiers, ce n'est plus qu'à des prix qui les mettent à couvert du droit payé. L'imposition de ce droit a été tout à fait impolitique ; elle ne rend presque rien à l'Etat, et par l'augmentation du prix des différents ouvrages du spart, qui en a été la suite nécessaire, elle a fait ouvrir les yeux aux Espagnols, qui nous fournissaient la matière première, sur l'importance de cette fabrication. Ils se la sont appropriée en partie, en défendant l'exportation qui ne peut plus se faire que par la contrebande, ce qui contribue toujours plus à renchérir cet article.

Cette occupation nourrit une partie des habitants les plus indigents, auxquels elle procure 10 ou 12 sous par jour quand le mauvais temps les détourne des ouvrages de la campagne, et au moins 4 à 5 sous le soir à leur veillée en famille. Le droit n'est que de 7 sous 6 deniers par quintal ; le sacrifice minutieux pour l'Etat, et le secours que les habitants en retirent est sans prix. D'ailleurs, cette matière n'est apportée de Marseille que pour être tressée, et elle y retourne.

Les justes réclamations de la communauté d'Allauch, dont quelques objets pourront paraître minutieux, sont les cris de la misère. Son terroir est sec et aride. Il ne produit par une culture forcée qu'environ 1,400 charges de blé, la dîme la quatorzième portion. Sa population est de cinq cents individus. Ils en consomment environ 10,000 charges : il y a par conséquent une différence de 8,700 charges entre la production territoriale et la consommation. Ses habitants n'ont plus pour remplir ce vide que le produit de leurs vins. On a déjà vu combien ce produit est exténué par les différents impôts auxquels il est soumis. Ils avaient quelques oliviers dans leur terroir, dont la récolte pouvait augmenter un peu leur revenu ; ils n'ont pu résister aux froids excessifs de l'hiver, on désespère de leur existence.

Le présent cahier a été rédigé en commun par le sieur Louis Chaillau, second consul ; maître François Michel, avocat en la cour ; M. Nicolas Pascal, docteur en médecine ;

Et le sieur Ange Trotebas, en empêchement de M. Louis Ricard, avocat en la cour, qui nous a écrit qu'une incommodité ne lui permettait pas d'y vaquer et d'assister à nos conférences sur une opération qui nous avait été conjointement déférée par le conseil général de la communauté le 25 du courant. Et après que lecture en a été faite au conseil général de tous les chefs de famille assemblés aujourd'hui, nous l'avons délivré au greffier de la communauté, ayant été unanimement approuvé par tous les assistants pour être transcrit dans le registre d'icelle.

A Allauch, le 29 mars 1789, et a signé qui a su et qui a voulu.

Signé Causin ; Casolat ; Louis Chaillau, consul ; Michel, avocat ; Pascal ; Barthélemy ; Michel-Joseph Guien ; J.-A. Blanc ; Bernard ; J.-B. Bremond ; J.-B.-M.-J. Arnaud ; Jean-François Issery ; Jean-Joseph Michel ; Jean Michel ; Maure ; Honoré Cauvin ; Isaurent ; Blanc ; S. François Blanc ; Jean-Baptiste Camoin ; Bernard ; Simon Maurel ; Joseph Moutte ; Stratelue.

Collationné par nous, Party, greffier de la communauté ; nous, lieutenant de juge, avons coté et paraphé *ne varietur* le présent cahier des doléances de la communauté d'Allauch. Le 29 mars 1789.

Signé TROTEBAS, *lieutenant de juge.*

CAHIER

D'instructions et doléances de la communauté d'Allen (1).

L'assemblée de tous chefs de famille du lieu d'Allen, à l'unanimité des voix, a arrêté que, quant aux objets qui intéressent la généralité du royaume, les sieurs députés qu'aura élus l'ordre du tiers-état dans la prochaine assemblée de la sénéchaussée d'Aix, pour assister aux Etats généraux de France, seront expressément chargés d'y solliciter :

Art. 1er. Que les députés du tiers-état soient admis tant dans les Etats généraux que dans les comités particuliers, au moins en nombre égal à celui des deux autres réunis, sans préjudice à tous les droits du tiers-état à une plus ample représentation ; qu'il soit voté, tant dans lesdits Etats généraux que dans les comités, par tête et non par ordre.

Art. 2. Que le code civil et criminel soit réformé, et qu'à cet effet il soit nommé des commissions chargées de cet important objet. Qu'on examine premièrement les lois vicieuses les lois superflues, et celles qui, sans être vicieuses, ou superflues, pourraient être meilleures ; qu'ensuite, on s'occupe des moyens de supprimer les tribunaux inutiles et onéreux, d'ôter les appels superflus en attribuant la souveraineté aux premiers tribunaux jusqu'au concurrent d'unesomme déterminée ; que la justice soit rendue gratuitement dans tous les tribunaux, tant supérieurs que subalternes, et que tous droits de greffe soient supprimés.

Art. 3. Que la vénalité des charges et offices de justice quelconques soit supprimée, et que le prix en soit remboursé à ceux qui en sont pourvus actuellement, sur le pied de la finance.

Art. 4. Que les cours et autres tribunaux supérieurs soient occupés par des sujets proposés par les Etats provinciaux, et élus par Sa Majesté ; qu'ils soient composés, en plus grande partie, des hommes du tiers-état qui connaissent exclusivement des contestations des gens de leur ordre ; que les officiers élus ne soient en exercice que pour un temps limité, après lequel il soit procédé à une nouvelle élection en la même forme.

Art. 5. Que les consuls, syndics et autres officiers municipaux des villes, bourgs et villages aient le plein exercice de la police ; qu'ils jouissent du droit de mairie, acquis par les communautés de la Provence, et dont ils n'ont que le nom.

Art. 6. Que les justices seigneuriales soient reprises par Sa Majesté comme étant une portion de l'autorité royale, que les souverains n'ont pu transporter à certains sujets, et une obligation dout ils n'ont pu se faire acquitter par ces sujets, les justiciables ; qu'à cet effet, les juges et autres officiers des juridictions seigneuriales qui seront alors royales soient nommés par Sa Majesté, sur plusieurs sujets que les municipalités lui présenteront.

Art. 7. Que les communautés soient admises à se libérer, par la voie du remboursement ou affranchissement, de tous les droits seigneuriaux, tels que la banalité, directe, taxes, cens, lods, retraits et autres de cette nature, qui sont incompatibles avec la liberté individuelle qui doit être établie dans un pays libre, onéreux au commerce, à l'industrie, surtout à l'agriculture, et qui sont

une occasion perpétuelle de vexation de la part des seigneurs envers les habitants.

Art. 8. Que toutes les charges imposées à perpétuité sur les biens, tant les seigneuriales, laïques ou ecclésiastiques, que les roturières, connues en Provence sous le nom de cens, surcens, loyers perpétuels, etc., soient abolies, et que les redevables puissent s'affranchir desdites charges sur le pied du taux qui sera fixé par experts.

Art. 9. Que les droits seigneuriaux, qui sont ou seront en litige entre les seigneurs et leurs vassaux, soit en corps ou en particulier, soient discutés et jugés par des compagnies de juges qui ne soient ni seigneurs ni vassaux, ou mi-partie des uns ou des autres, dont la moitié soit choisie par les seigneurs, et l'autre moitié par les vassaux ; et qu'en cas de partage, il y soit statué par Sa Majesté.

Art. 10. Qu'il soit permis à tous possédants biens de chasser dans leurs fonds tous les animaux qui peuvent ravager leurs fruits et nuire à leurs possessions d'une manière quelconque, et de la manière la plus efficace.

Art. 11. Que la dîme soit abolie, et que les communautés soient chargées de payer les prêtres nécessaires au service divin, et encore de contribuer à soutenir la dignité de l'évêque diocésain. Qu'à cet effet, il soit fixé le traitement qui devra être fait aux curés et vicaires, et le contingent qui devra être payé à l'évêque par chaque communauté relativement à son affouagement et à sa population. Qu'au moyen de ce, les prêtres desservants ne puissent recevoir aucune contribution des fidèles pour aucun acte de religion ; que les biens-fonds affectés aux bénéfices des prieurs décimateurs soient possédés par les communautés ; et que là où la dîme ne serait pas abolie, tous les prieurs décimateurs soient obligés à résidence dans les lieux de leurs bénéfices, sous peine de privation de leur temporel ; qu'ils soient obligés d'entretenir les églises, cimetières, ornements, fournir à tous les frais du service divin, ainsi qu'anciennement ils y étaient obligés, sans pouvoir rejeter aucunes de ces dépenses sur les communautés d'habitants ; enfin, que les semences de grains à dîmes soient prélevées en faveur des contribuables.

Art. 12. Que les évêques soient obligés de résider dans leur diocèse ; qu'ils fassent des visites plus fréquentes dans leurs paroisses, sans qu'ils puissent prétendre le payement d'aucuns droits ni dépenses de visite contre les communautés.

Art. 13. Que les Etats généraux prennent en considération s'il n'est pas de l'intérêt du royaume d'annuler le concordat passé entre François Ier et Léon X, et de rétablir la Pragmatique, pour soustraire le royaume au tribut qu'il paye à la cour de Rome pour les annates et autres droits ; auquel concordat la nation n'a jamais consenti.

Art. 14. Qu'il soit donné une existence civile et politique aux bâtards, à l'exemple de ce qui se pratique dans plusieurs royaumes voisins, et entre autres des lois que Sa Majesté l'Empereur a faites en dernier lieu à ce sujet, attendu que la nation française ne doit le céder à aucune autre en humanité.

Art. 15. Que tout citoyen, de quelque ordre qu'il soit, puisse concourir pour tous emplois militaires, bénéfices et toutes charges attributaires de noblesse ; et qu'à cet effet, Sa Majesté veuille bien annuler tous règlements et déclarations qui tendent à priver le tiers-état de ces avantages.

Art. 16. Qu'on donne à l'imprimerie et à la librairie toute liberté ; que toute lettre mise à la

---

(1) Nous publions ce cahier d'après un manuscrit des *Archives de l'Empire.*

poste soit respectée ; et qu'on avise aux moyens de donner toute confiance à cet égard ; que les lettres de cachet soient supprimées, et qu'on ne puisse porter atteinte à la liberté des citoyens que dans certains cas, que les Etats généraux doivent prévoir, à celle des domiciliés qu'en force de jugement.

Art. 17. Que des commissaires soient nommés pour s'occuper des meilleures lois d'administration, pour rétablir le meilleur système des finances ; réformer les lois municipales, établir l'uniformité des poids et mesures dans tout le royaume ; enfin, proposer les lois les plus favorables à la liberté et à l'accroissement du commerce, de l'industrie et de l'agriculture.

Art. 18. Que le prix du sel soit rendu uniforme dans tout le royaume ; que tous droits de circulation soient abolis, et que les bureaux des traites soient reculés aux frontières.

Art. 19. Que, par une loi expresse, il soit établi que tous les trois ans et à perpétuité, l'assemblée des Etats généraux soit indiquée à Versailles au premier jour de mai, sans qu'il soit besoin de convocation ; que la durée de l'assemblée soit fixée à un temps limité.

Art. 20. Que la dette nationale ne soit consolidée par les Etats généraux qu'après que son étendue et ses causes leur seront connues, et qu'ils en auront discuté et reconnu la légitimité ; que l'impôt nécessaire pour l'acquittement de ladite dette ne soit consenti qu'après que toutes les autres dépenses de l'Etat auront été vérifiées et réglées ; que le produit des impôts soit appliqué au payement de telles ou telles charges de l'Etat, au remboursement de telles ou telles dettes, sans pouvoir en être distraites ; que les ministres en répondent personnellement, et que le compte qui devra être rendu tous les trois ans aux Etats généraux, soit imprimé.

Art. 21. Que nul impôt ne puisse être établi que par les Etats généraux ; que lesdits Etats ne puissent le consentir que pour un temps limité et jusqu'à la prochaine tenue desdits Etats, en sorte que la tenue prochaine desdits Etats n'ayant pas lieu, l'impôt cesse ; que dorénavant, il ne puisse être fait aucun emprunt directement ni indirectement sur le compte de la nation, à moins qu'elle ne le consente.

Art. 22. Que les impôts, à l'avenir, soient divisés en impositions constantes et en impositions de subvention ; qu'ils soient répartis par province, ensuite par districts ou vigueries, puis par communautés ; lesquelles puissent adopter la manière de payer les sommes sur elles réparties en la manière qui lui conviendra le mieux, soit pour la portion de l'imposition constante, soit pour celle de subvention ; et qu'à cet égard, les Etats généraux donnent seulement des instructions sur la meilleure forme d'impositions. Et cependant que là où les Etats généraux trouveraient à propos d'ordonner une uniformité d'imposition pour une partie des sommes à lever seulement, dans ce cas que les députés optent pour l'impôt territorial.

Art. 23. Qu'il soit établi que l'impôt soit suspendu ou diminué dans certaines occasions, pour les pays sujets à des mortalités d'arbres, de bestiaux, aux ouragans, grêles, inondations, incendies, etc. ; et que l'on ait égard dans ce moment au désastre qu'a éprouvé une grande partie de la province par le froid de l'hiver dernier.

Art. 24. Que les impôts soient payés par les possesseurs des terres, tant nobles que roturières et ecclésiastiques, dans une égalité proportionnelle et sans aucune distinction d'aucun privilége contraire ; qu'il en soit de même des impôts qui pourraient être déterminés sur les personnes, ou de quelque autre manière que ce soit.

Art. 25. Que les Etats généraux cherchent les moyens les plus efficaces pour prévenir les déprédations des finances, punir les ministres prévaricateurs, et fixent la manière de les dénoncer et de les juger dans lesdits Etats.

Art. 26. Désirant, la présente assemblée, que les représentants du tiers-état n'énoncent aucun vœu sur les impôts, subsides ou emprunts, avant d'avoir déterminé par les suffrages des représentants de la nation le vœu général sur les points ci-dessus exprimés.

Et quant aux affaires qui sont relatives et particulières à la province, l'assemblée charge par exprès les députés à la sénéchaussée d'Aix aux Etats généraux d'insister à demander au meilleur des rois : 1° la convocation des trois ordres de la province pour former ou réformer la constitution du pays, et premièrement de solliciter la cassation du règlement de 1620, tout à la fois contraire à l'intérêt du second ordre, à la noblesse qui ne possède pas de fiefs, et aux communautés de la province.

Qu'en conséquence, le clergé du second ordre soit assemblé dans les Etats de la province, ou dans les assemblées particulières de cet ordre, avec ceux qui prétendent représenter le clergé exclusivement ; que la noblesse qui ne possède pas de fiefs soit également assemblée, tant dans lesdits Etats que dans les assemblées particulières de cet ordre, avec la noblesse possédant fiefs.

Enfin que les communautés de la province nomment leurs représentants auxdits Etats provinciaux dans les seules assemblées de viguerie et dans le nombre référant à chaque viguerie, à raison de son affouagement, qui désigne la population et sa contribution aux charges publiques, et ce, nonobstant le privilège ou usages d'aucunes vigueries ou villes de la province.

2° Que le tiers-état de Provence ait au moins l'égalité de voix contre celles des deux premiers ordres réunis, tant dans lesdits Etats provinciaux que dans les commissions intermédiaires, sans préjudice de ses droits à une plus ample représentation.

3° Que toutes les charges, tant royales que locales, soient payées également par ceux des trois ordres et de la même manière d'imposition, sans exemption aucune, nonobstant toute possession ou privilège.

4° Que le tiers-état ou communes du pays se nomment un ou plusieurs syndics avec entrée auxdits Etats provinciaux.

5° Que la présidence ne soit pas perpétuelle ; que tous magistrats et autres officiers attachés au fisc, soient exclus desdits Etats ; que la procure du pays soit désunie avec le consulat de la ville d'Aix ; que les procureurs des gens des trois Etats du pays soient nommés par lesdits Etats, et ne soient en exercice que pour deux années au plus ; que pareille charge ne soit attachée à quelque charge, place et dignité que ce soit, mais dépende seulement du choix libre desdits Etats ; et que les comptes de la province soient annuellement imprimés, et envoyés dans chaque communauté.

6° Que dorénavant, la province députe aux prochaines assemblées des Etats généraux, et dresse ses cahiers d'instructions et doléances dans les Etats de la province, assemblés régulièrement et constitutionnellement, ou que chaque ordre assemblé auxdits États dresse ses cahiers d'instructions et doléances, et députe particulièrement dans une chambre séparée, suivant la réserve que Sa Majesté a faite, par son règlement du 2 mars 1789, des droits de la Provence à une nouvelle forme de convocation et d'élection aux assemblées desdits États généraux qui suivront celle de 1789.

Déclarant au surplus, la présente assemblée de ce lieu, que, quant aux objets, soit généraux pour le royaume, soit particuliers pour cette province, il s'en réfère au cahier général qui sera dressé dans l'assemblée de la sénéchaussée d'Aix, soit encore aux cahiers des autres sénéchaussées de la province, en tout ce qui ne choquera pas formellement, mais améliorera évidemment les articles les plus importants ci-dessus énoncés.

Ainsi que dessus a été délibéré et pour servir au présent cahier d'instructions et doléances que les députés nommés par la présente assemblée porteront à l'assemblée de la sénéchaussée d'Aix, convoquée au 2 avril prochain à Allon, ce 25 mars 1789.

Signé Bernard, viguier et lieutenant de juge; Benoît, maire, consul; Bonicard; Moullet; J. Gavaudan; D. Laforêt; Amoureux; Gavaudan; Barallier; Roche; Maudine; J.-J. Mouguier; Boyé; Marillier; Truchement; Mercier; Saurin, et Comte, greffier à l'original.

Pour duplicata, COMTE, *greffier.*

CAHIER.

De plaintes et doléances de la communauté d'Ansouis (1).

Les habitants d'Ansouis, considérant qu'ils sont accablés par le payement des tailles, dont l'accroissement prodigieux est annuellement augmenté par les frais d'administration, par les impositions particulières de la province, et encore par les frais des procès que le seigneur de ce lieu suscite depuis quinze ans contre cette communauté et ses habitants, soit à raison des droits féodaux qui impriment sur une nation libre des taches de servitude, soit encore pour raison des biens possédés en franchise de tailles;

En conséquence, supplient Sa Majesté : 1° de rétablir l'administration de la province dans une meilleure forme et plus légale que celle d'aujourd'hui.

2° D'abolir le fatal droit de compensation, qui ruine cette communauté, et bien d'autres raisons de procès qu'il nécessite;

3° D'abolir tous les priviléges et exemptions en matière d'impositions, pour qu'à l'avenir les nobles et les prêtres payent tous les impôts de quelque nature qu'ils puissent être dans la seule proportion de leurs facultés, sans distinction de rang, de naissance et de priviléges;

Considérant encore que la nation doit être régénérée et réintégrée dans tous ses anciens droits à elle usurpés par les seigneurs féodataires;

Que chaque individu puisse légalement aspirer à tous les emplois militaires, bénéfices et charges attributives de noblesse;

Qu'à l'avenir, la vénalité des offices soit abolie, et que les personnes qui souhaiteront les exercer soient des gens consommés par l'étude, et parvenus au moins à l'âge de quarante ans, parce que nous voyons tous les jours que de jeunes gens

nobles, souvent ignorants, dont l'unique occupation est de s'occuper à des frivolités, vont siéger sur les fleurs de lis pour juger de la fortune des familles, de la veuve et de l'orphelin, sans avoir les connaissances et les lumières nécessaires pour remplir des places aussi importantes;

Que les charges de la haute magistrature ne soient plus accordées aux possesseurs des fiefs, parce qu'ils sont au cas de prononcer sur leurs propres intérêts, et bientôt formeraient encore une nouvelle jurisprudence qui détruirait les sages moyens établis par le Roi, à l'effet d'obvier et prévenir les abus;

Que les codes civil et criminel soient réformés, puisque c'est le cri général de la nation;

Que le tarif du contrôle soit abrogé, et que celui annoncé par M. Necker soit adopté;

Que les droits de circulation dans l'intérieur de tout le royaume, soient abolis : nous réclamons aussi une modération dans le prix du sel rendu uniforme dans toute la France, pour délivrer le peuple des vexations qu'il éprouve continuellement des employés de la ferme. Demandons en outre la suppression des douanes intérieures du royaume, et qui mettent des entraves à la liberté du commerce, que l'on doit toujours favoriser;

Que tous les biens donnés avec ou à titre d'engagement, ou vendus, dépendants de la couronne, y seront réunis comme faisant partie du domaine du Roi, à jamais imprescriptible;

Que pour s'assurer, à l'avenir, les ministres soient responsables de l'emploi de toutes les sommes levées sur le peuple, suivant les intentions du Roi manifestées dans le résultat de son conseil du 27 décembre 1788.

DOLÉANCES PARTICULIÈRES DE CETTE COMMUNAUTÉ.

La terre d'Ansouis était possédée en franc-alleu. Les seigneurs n'avaient point de banalité de moulins et fours; mais pour se la procurer, ils s'emparèrent d'un coffre en 1548, où étaient déposés les titres de la communauté, le brisèrent en enlevant lesdits titres et documents, firent ensuite démolir, pendant la nuit, divers moulins appartenant aux particuliers, situés à l'Escaillon, et l'autre dit au moulin du Fureau.

La communauté, ainsi dépouillée de ses titres et ayant d'ailleurs, dans ce temps-là, des administrateurs faibles ou traîtres à leur patrie, se soumit à la banalité et autres servitudes, qui tiennent encore de l'ancienne barbarie.

Contre les justices seigneuriales.

Il n'est pas douteux que le Roi proposera aux États généraux la réformation de la justice civile et criminelle. Tout concourt à en prouver la nécessité et l'utilité qui doit en résulter.

Un des principaux objets de cette réformation serait de retirer la justice des seigneurs, et que le Roi en reprît l'exercice, comme il le faisait avant l'établissement de la féodalité. Il en résulterait de grands avantages pour les gens des bourgs et villages qui composent le gros de la nation, par la raison que la justice leur serait mieux et plus tôt rendue.

On voit, en effet, que dans la plus grande partie des justices seigneuriales, les charges d'officiers sont remplies, à l'exception de quelques juges, par des gens ineptes, les personnes plus instruites et d'une condition honnête ne voulant pas de ces charges, attendu leur amovibilité et leur dépendance des seigneurs qui peuvent destituer, à leur gré, ceux qui en sont pourvus. Souvent

---

(1) Nous publions ce cahier d'après un manuscrit des *Archives de l'Empire.*

les seigneurs sont obligés d'en choisir dans les lieux circonvoisins; ce défaut de résidence est une cause que les audiences sont très-rares. C'est précisément ce qui arrive aujourd'hui dans cette communauté, où le lieutenant de juge n'y réside pas au désir des ordonnances.

Que si les justices sont une fois royales, et que les officiers soient inamovibles, les personnes aisées d'un lieu s'empresseront d'acquérir les connaissances nécessaires pour en remplir les charges honorablement.

Que la justice entre les mains des seigneurs présente encore un inconvénient qui n'est pas moins dangereux. Ils s'en servent souvent pour opprimer leurs vassaux. Ils font surgir leurs procureurs fiscaux contre des citoyens qui ne sont coupables, pour l'ordinaire, d'autre chose que de soutenir leurs droits particuliers et ceux de leur communauté contre les droits qu'ils se sont arrogés par force ou par surprise, ou qu'ils veulent s'arroger actuellement.

Que, par ce moyen, les justiciables ne seraient plus asservis au joug féodal de leurs seigneurs. Il n'y aurait plus de barrières entre le Roi et ses sujets; car la justice donne tant d'empire aux seigneurs sur leurs vassaux, qu'ils semblent dépendre plus d'eux que du Roi.

Donc, tout semble concourir à ôter aux seigneurs la justice qu'ils ont usurpée au Roi, dans des temps où ils n'étaient pas assez puissants pour s'y opposer.

Contre les droits féodaux.

Les seigneurs, en usurpant les seigneuries au Roi, y établirent des droits féodaux. Dans ce temps d'ignorance, il fut facile d'en établir d'odieux et tyranniques, tels que les droit de retrait féodal, la faculté de le céder, le droit exclusif de la chasse: lesquels sont autant de moyens que les seigneurs ont pour vexer leurs vassaux.

Un particulier achète une terre, il la cultive, il l'améliore, s'y attache; et s'il n'a pas pris la précaution de rapporter une quittance du droit de lods du seigneur lui-même, celle de son fermier n'étant valable que pour assurer la somme payée, il s'en voit dépouillé au bout de dix à douze ans, parce que le seigneur la retient pour lui ou pour un autre, en lui cédant son droit par faveur ou par tout autre motif.

Feu Barthélemy Liammond, ayant acquis une terre, en paya le lod à la mère du seigneur, attendu la minorité de son fils. Ce dernier voulut ôter ladite terre audit Liammond, lequel n'ayant pu trouver la quittance qu'on lui avait concédée, fut dépouillé de son bien par le seigneur; lequel le vendit à M. de Regina, et celui-ci le revendit encore audit Liammond; de façon que, pour un même fond, Liammond paya trois lods.

Elzear Lombard possédait, depuis vingt ans, un fond qu'il avait acquis et payé le lod, soit en argent comme en ouvrage. Mais, n'ayant pas retrouvé sa quittance, il fut dépouillé de son bien, qui fut de suite vendu au sieur Olivier, notaire de ce lieu.

Nous serions infinis s'il fallait raconter ici toutes les vexations que nous essuyons pour raison de ce droit de retrait féodal.

Contre le droit exclusif de la chasse.

Les lapins et autres animaux dévastent nos blés, nos jardins, ruinent nos récoltes, et nous sommes obligés de les souffrir; si on cherche à les détruire, les arrêts et règlements de la cour infligent des peines corporelles qui, par le comble de l'injustice, ne sont nullement proportionnées au délit. Si nous voulons nous appliquer à la chasse dans la vue de détruire le gibier et autres animaux qui nuisent à nos campagnes, ou profiter de ceux que la nature, par son admirable prévoyance, fait passer périodiquement dans nos cantons, à certaines saisons de l'année, pour nous servir d'aliments, le droit des seigneurs s'oppose à ce qu'on use d'un droit si naturel; et si quelqu'un tue un lapin dans son fond, voilà un nouveau moyen de vexation qui peut le mener à sa destruction civile.

Qu'il serait dangereux que toute personne sans distinction pût s'y adonner, comme les journaliers et certains artisans qu'elle pourrait détourner de leurs travaux; mais il parait qu'il n'y aurait aucun inconvénient, et qu'il serait même juste de la permettre aux possédants biens, dans leurs propres domaines.

Etant prouvé que les droits féodaux nuisent aux affaires publiques; qu'ils sont une source de vexations pour le peuple; qu'ils le tiennent dans une servitude qui l'accable et l'avilit, nous demandons l'abolition d'iceux, et aussi le droit et la faculté aux particuliers de pouvoir extinguer le cens, parce qu'il est contre le droit naturel que la valeur d'une propriété reste perpétuellement due, sans pouvoir s'en libérer.

Jean Jugi fut décrété d'ajournement parce qu'il avait bouché quelques trous de lapins qui étaient dans son fonds, et lui dévastaient son jardin.

François Daniel est accusé d'avoir déniché un nid de perdrix pour faire éclore les œufs à une poule. Quarante témoins sont entendus : il n'y eut point de preuve contre lui, l'affaire resta impoursuivie.

Quoique la chasse soit prohibée en certains temps de l'année, lorsque les blés montent en tige, pour ne pas ravager la récolte des particuliers, on voit pourtant dans ce lieu que le chasseur du seigneur et plusieurs de ses domestiques, sans avoir aucun égard à ces lois salutaires, chassent en tous temps; et, par cette contravention, causent des dommages très-considérables à nos récoltes, par le trépitement des chiens et des chasseurs.

Lorsque quelque particulier a un chien propre à la chasse, le garde-terre du seigneur l'empoisonne; et s'il en trouve quelques-uns aux trous des lapins, il les tue. L'année dernière, il en fit mourir plus de trente, parmi lesquels il y en a qui appartenaient à des bergers pour veiller à la garde de leurs troupeaux.

Il y a deux ans que le chasseur du seigneur fut à la bastide du sieur Gasquet pour lui tuer deux chiens. L'épouse dudit Gasquet était dans ce moment seule, et se troubla beaucoup. Son mari accourut à ses cris; il y eut entre lui et le chasseur quelques propos vifs. Le seigneur fit informer contre le sieur Gasquet.

Nous citons tous ces faits pour démontrer et faire voir que ce droit exclusif de chasse est un sujet journalier et perpétuel de vexation contre les vassaux, pour exciter les inimitiés, et troubler d'ailleurs le repos des familles honnêtes. Ainsi, nous demandons de pouvoir chasser dans nos fonds, et que ce droit exclusif soit entièrement aboli.

Tout sollicite en notre faveur. La mortalité des oliviers en Provence est une raison également bonne pour qu'on se hâte à détruire les lapins qui dévoreraient les rejets desdits arbres.

Contre les dîmes du clergé.

Considérant enfin, lesdits habitants, que la dîme ecclésiastique est accablante pour les propriétaires de terre, surtout dans ce pays, où la dîme est au 15, supplient Sa Majesté de la supprimer au profit des communautés, à la charge par elles de payer les prêtres utiles, desservant la paroisse, et de verser l'excédant dans la caisse de la province pour être employé au payement et remboursement des dettes de cette province.

Qu'à l'égard du curé de cette paroisse et son vicaire, tout sollicite en leur faveur une augmentation de leur portion congrue, et pour lors, ils seront soumis à l'entretien de leurs clercs : toute espèce de casuel et tout ce qu'il a d'odieux et même de scandaleux sera supprimé; car il semble que, par ce casuel, les fidèles achètent les secours spirituels de l'Église et l'administration de certains sacrements, que s'empresse de tirer ses sujets de l'esclavage. Il veut nous consulter; il a appelé tous les corps, tous les citoyens à son conseil, en leur demandant des instructions. Il a pris pour guide l'opinion publique, ce juge impartial qui s'égare rarement dans ses décisions.

Plus deux fois, comme ils payent actuellement : ils payent, en effet, la dîme au clergé moyennant laquelle il doit remplir gratuitement toutes les fonctions de son ministère, et outre cette dîme, le casuel.

Et à l'égard des autres objets que nous omettons, nous nous en rapportons aux réclamations qu'en feront les autres communautés de Provence, et nous joignons nos vœux aux leurs, d'autant que tous doivent concourir au rétablissement de l'ordre, de la prospérité de la province, au salut de l'État, et à la satisfaction du meilleur et du plus juste des monarques, qui s'empresse de tirer ses sujets de l'esclavage. Il veut nous consulter; il a appelé tous les corps, tous les citoyens à son conseil, en leur demandant des instructions. Il a pris pour guide l'opinion publique, ce juge impartial qui s'égare rarement dans ses décisions.

Ce serait un crime de lèse-patrie de ne pas correspondre à sa confiance paternelle en lui laissant ignorer des projets dont l'exécution peut le rétablir dans ses droits et assurer la prospérité de la nation.

Et a signé qui faire a su.

Fait et arrêté à Ansouis, le 29 mars 1789.

Signé Allier, viguier; J. Vague, Maré, consuls; Bossy; Vague; Dorgat; Rieu; E. Jugy; E. Dorgal; Vague; Jugy; Elzear Daniel; André Dorgal; Etienne Roqui; Morillon; Michel; Morillon; Consolin; Chaumont; Pelicot; Jaubert; Jugy; J. Jugy Dorgal; Aubert; Aubert, Vagué; Ollivier; Lombart; Ollivier; Chabaud; Lombard; J.-J. Abely; Gueude; Ollivier; J.-P. Juge; J.-J. Ollivier; L. Fenois; Michel; Jugy; Laugier; Gasquet.

Et par nous, Roche, greffier.

CAHIER.

Des doléances des habitants composant le tiers-état de la paroisse d'Artigues, sénéchaussée d'Aix en Provence (1).

L'an 1789, et le 29 mars avant midi, les habitants domiciliés au lieu d'Artigues, et les habitants possédant biens audit lieu, domiciliés à Rians, dûment avertis conformément au règlement de cette communauté, ayant été convoqués en vertu des ordres du Roi portés par ses lettres données à Versailles le 2 mars 1789 pour la convocation

(1) Nous publions ce cahier d'après un manuscrit des *Archives de l'Empire.*

et tenue des États généraux du royaume, et satisfaire aux dispositions du règlement y annexé, ainsi qu'à l'ordonnance de M. le lieutenant général de la sénéchaussée générale de Provence, séant à Aix, du 12 du courant, dûment publiée le 22 du courant au prône de la messe de la paroisse par M. Giraud, curé d'icelle, et affichée le 22 dudit, aux formes prescrites par-devant M. François Ailhaud, avocat au parlement, juge subrogé pour l'autorisation de l'assemblée, après avoir été convoquée en la manière aux requêtes de Saint-Joseph Stonna Coquillat, bourgeois, maire et premier consul, et Claude Billon, second consul de ladite communauté, écrivant messire Jean-François Brun, greffier de cette communauté; à laquelle assemblée ont été présents lesdits sieurs maire et consuls; Hyacinthe Leydet, négociant du lieu de Rians; Jean-Baptiste Vivier, négociant du même lieu; Pierre Coquilhat, ménager de ce lieu d'Artigues; Jean-Honoré Vergne, ménager; Jean-François Verne, ménager; Jean-Baptiste Coquilhat, ménager; Honoré Bellon, négociant; Roch Maurel, ménager; Denis Manier; Marc-Augustin Bellon; Joseph Bellon; Marc Bellon; Jean-Claude Durand; Pierre Mounier; Alexandre Coquilhat; Joseph Verne; Toussaint Queirel; Louis Durand; Jean-Joseph Monier; François Leel; Jean Coquilhat; Lange Féraud; Jean-Louis Féraud; Etienne Monier; Joseph Verne; Joseph Ripert; Louis Leydet; Lazare Coquilhat; Antoine Féraud; Jacques Monier; et Jean-Joseph Monier; tous travailleurs de ce lieu.

Ledit sieur Coquilhat, maire et premier consul de cette communauté, a dit :

« Messieurs,

« Vous êtes assemblés en vertu des ordres de Sa Majesté, et par ordonnance de M. le lieutenant général. Le motif de vos délibérations doit être aussi pur que les vues de votre souverain sont bienfaisantes. En effet, quel spectacle plus intéressant pour la nation française que celui d'un roi père de ses peuples qui les appelle tous auprès de lui pour le choix le plus libre de ses représentants et pour les consulter sur les besoins de chaque communauté en particulier et pour remédier au déficit fait par M. de Calonne!

« Le Roi, alarmé de la surprise faite à sa religion par des ministres dont les noms seront à jamais odieux à la nation, a bien voulu réparer nos malheurs par le plus grand des bienfaits, en rappelant auprès de lui M. Necker dont l'amour pour le peuple est connu.

« Mais, Messieurs, c'est avec la plus profonde douleur que nous voyons exciter parmi nous les divisions les plus cruelles dans le moment où il n'y aurait dû avoir qu'un cri de reconnaissance envers le Roi et son ministre. Vous êtes instruits comme moi, Messieurs, des désordres inouïs qui ravagent notre patrie. L'humanité, les lois, la concorde, tout y est oublié; et des jours de bonheur ont été changés en des jours de carnage et d'épouvante.

« Nous devons travailler, dans cette assemblée patriotique, à porter au pied du trône nos doléances et les causes qui ont détruit tout l'équilibre du pouvoir des lois et de la raison. Il est encore essentiel d'exposer aux yeux de Sa Majesté les causes que les ennemis du bonheur public ont cherché pour exciter la fermentation d'une révolte attentatoire à la justice. Je crois que nul autre sentiment doit nous animer dans cette assemblée que celui d'un amour sans bornes pour son ministre. Mais, c'est au nom de cet amour et de cette reconnaissance que nous demandons le redressement des griefs qui ont déchiré nos âmes et aigri nos esprits. D'abord, c'est l'accaparement de tous les blés, de cette denrée précieuse, premier besoin de l'homme, dont le libre commerce est un bienfait, mais dont les abus sont criants.

« Ensuite, c'est le refus de plusieurs, pour ne pas dire de la plus grande partie des possédants fiefs, tant laïcs que nobles, de contribuer, dans une quotité proportionnelle de leurs facultés, à toutes les charges, tant royales que locales. Voilà ce que nous devons oser dénoncer au Roi. Il écoutera avec bonté nos remontrances, et pourvoira à nos besoins ; et il sera indigné que le premier corps de l'État soit le dernier à offrir le secours que tout citoyen doit à sa patrie, et auquel, à leur honte, vous avez donné le grand exemple. J'ose vous assurer que M. le comte de Caraman a déjà donné des ordres les plus précis pour que les blés fussent versés dans tous les marchés avec la plus grande abondance.

« Parmi les possédants fiefs, j'espère que vous voudrez bien distinguer celui qui a l'honneur d'être à votre tête. Il m'a prié et autorisé de vous signifier que, dans tous les temps, son âme populaire et désintéressée lui a dicté l'offre simple et généreuse de contribuer comme le dernier de ses vassaux à toutes les charges indistinctement tant royales que locales ; que la délibération que vous prendrez à cet égard lui sera signifiée afin de consacrer, par une adhésion écrite de sa main, le sentiment de patriotisme et d'amour qu'il a pour tous ses vassaux. »

Il nous a intimé par le ministère d'un huissier en la sénéchaussée d'Aix, le 21 du courant, la lettre du Roi, du 2 du courant, le règlement y annexé et l'ordonnance de M. le lieutenant du 12 du courant, pour la convocation des Etats généraux du royaume à Versailles le 27 avril prochain. Lecture faite de la lettre du Roi, du règlement y annexé et du règlement particulier pour le comté de Provence et de ladite ordonnance, ledit sieur Coquilhat, maire, a dit :

« Messieurs,

« Sa Majesté désire ardemment la félicité publique, mais il veut que notre bonheur soit notre ouvrage. En convoquant les Etats généraux du royaume, son intention est qu'ils soient assemblés légalement, et que chaque sujet concoure à la rédaction du cahier d'instructions, doléances, remontrances, et à la nomination des députés des représentants de la nation. Vous avez donc à procéder à présent au cahier des plaintes, doléances et remontrances que vous jugerez à propos de faire à Sa Majesté. Vos doléances doivent être relatives, soit à ce qui peut concerner le royaume en général, soit à ce qui peut avoir rapport à l'administration de la province. »

L'assemblée a unanimement délibéré et arrêté de demander au meilleur des rois la réformation du code civil et criminel ; qu'ils soient remplacés par des lois simples, claires et précises ; de charger les députés qui seront élus de solliciter la suppression de tous les tribunaux d'arrondissement, de juger souverainement jusqu'à une somme déterminée, de réclamer une modération sur le prix du sel rendu uniforme dans tout le royaume, l'abrogation de toutes lettres closes attentatoires à la liberté des citoyens, et l'admission de ceux-ci, de quelque ordre qu'ils soient, à tout emploi militaire, bénéfice et charges, attributions de noblesse, de manifester le vœu général de l'assemblée contre la vénalité des offices et contre tous

droits de circulation dans l'intérieur du royaume, de demander le reculement des bureaux de traites aux frontières ; que, dans l'assemblée des Etats généraux, les suffrages soient recueillis par tête et non par ordre.

A de plus délibéré, pour ce qui est relatif et particulier à cette province, de charger expressément les députés de demander au meilleur des rois la convocation générale des trois ordres de la province, pour former et réformer la constitution du pays ; d'accorder aux communes la faculté de se nommer un syndic avec entrée aux Etats et voix délibérative ; l'abolition de la perpétuité de la présidence, et le rejet de tout membre non amovible ayant entrée aux Etats, l'égalité de voix pour l'ordre du tiers contre celles des deux premiers ordres réunis, tant dans les Etats que dans la commission intermédiaire, sans aucune réserve ; et surtout l'égalité des contributions pour toutes charges royales et locales, sans exception ; la désunion de la procuration du pays du consulat de la ville d'Aix ; la jouissance à toutes les communautés des prérogatives attachées aux offices de police et de mairie, ou à ladécharge de ce qui est payé par l'abonnement ; l'impression annuelle des comptes de la province, dont envoi sera fait à chaque communauté ; et que la répartition des secours que le Roi accorde au pays, ensemble de l'imposition de 15 livres par feu, affectée à la haute Provence, sera faite dans le sein des Etats ; qu'il sera demandé par ses députés, qui seront élus aux Etats généraux, la suppression entière de la dîme sous l'offre que la communauté fait de payer une somme suffisante aux prêtres qui seront nécessaires dans cette paroisse et proportionnelle à la grandeur de leur ministère ; qu'il n'y aura plus que trois sortes de prêtres, savoir : des évêques, des curés et des vicaires, qui sont les seuls membres utiles à l'Etat.

Qu'il a, de plus, demandé d'avoir la faculté personnelle de chasser librement, attendu le dommage que le gibier procure aux propriétés de tous les habitants, observant que cette demande a été faite à la pluralité des suffrages.

Que le droit de prélation que le seigneur est en droit d'user à chaque mutation, sera anéanti ; qu'il sera simplement réservé audit seigneur la faculté personnelle de le retenir pour lui ; qu'il sera obligé d'en user dans l'espace de quarante jours, à compter du jour de l'acte de vente, après lequel il ne sera plus reçu.

A finalement et unanimement délibéré que les cens, les banalités et la directe puissent être rachetés, soit par le particulier, soit par la communauté. Et plus n'a été délibéré.

Et a signé qui l'a su.

Ainsi signés : Coquilhat, maire, Hippolyte Leydet ; Vivier ; Coquilhat ; G. Queire ; Marc Bellon ; M., A. Bellon ; Ailhaud, juge, et nous, Brun, greffier.

CAHIER

Des plaintes et doléances de la communauté d'Artignosc, dressé conformément au vœu de ses habitants, pour être joint à ceux de la sénéchaussée; pour être le tout rédigé en un seul, et présenté à l'assemblée des Etats généraux, en conformité des ordres de Sa Majesté (1).

Il sera très-respectueusement remontré :

Art. 1er. Que ne reconnaissant en France pour

(1) Nous publions ce cahier d'après un manuscrit de *Archives de l'Empire*.

maître que le Roi, ce monarque bienfaisant, la justice ne doit être rendue qu'en son nom ; et par ce moyen, les abus, qui se glissent dans l'administration de la justice des juridictions subalternes, et qui font la désolation des peuples, seront arrêtés. On peut exposer, sans craindre de blesser la vérité, qu'on ne trouve, dans les justices seigneuriales, qu'une justice vexatoire, jugements iniques rendus par des individus ignorants, vendus à la créature du fief, et qui sont la source de la plus dure oppression.

Art. 2. Que la juridiction seigneuriale étant supprimée, le code et demi-code, qui ont été donnés pour subvenir aux frais de la justice, doivent l'être aussi ; ce droit est accablant pour le non possédant fiefs, et notamment pour le pauvre, qui, dans une mauvaise récolte, est obligé de vendre son bien pour satisfaire ses créanciers. N'est-il pas criant et de la plus grande injustice, que, pour se libérer, il soit forcé de donner au fief la sixième partie de son bien (on dit la sixième parce que la plupart des seigneuries ont su, par leur puissance et par leurs menaces, se l'adjuger à ce taux).

· Art. 3. Que les maux que le gibier cause dans tout le terroir sont inestimables ; que non-seulement il ravage toutes les productions, dévaste toutes les semences, mais encore détruit toutes les complantations en oliviers et ravit le fruit de la sueur du cultivateur. Tous les habitants, pleinement convaincus des vues bienfaisantes de Sa Majesté, attendent avec impatience la réforme d'un abus si criant et universel, en donnant aux communautés droit de chasse pour se délivrer du fléau le plus accablant.

Art. 4. Que les droits de reconnaissance que les seigneurs forcent les communautés d'abonner pour de l'argent (ce qu'ils ne peuvent faire ni en conscience ni en justice) seront également anéantis, ne voulant reconnaître d'autre maître que notre souverain.

Art. 5. Que tous les droits seigneuriaux quelconques, qui tiennent les pauvres habitants de la campagne dans l'oppression et dans la servitude, et qui les exposent à tant de vexations, seront abolis.

Art. 6. Que toutes les banalités quelconques seront supprimées.

Art. 7. Que les pensions féodales et taxes, ou espèces de dîme, pourront être rachetées à prix d'argent, au 5 p. 0/0.

Art. 8. La présente assemblée a arrêté que, quant aux objets qui intéressent la généralité du royaume, les sieurs députés que l'ordre du tiers aura élus pour assister et voter aux Etats généraux, seront expressément chargés d'y solliciter la suppression de tous les tribunaux inutiles et onéreux ; une attribution à ceux des arrondissements de souveraineté jusqu'au concurrent d'une somme déterminée ; l'abrogation de toutes lettres attentatoires à la liberté des citoyens ; la faculté à tout individu, de quel ordre que ce soit, de concourir à tous les emplois militaires, bénéfices et charges attributives à la noblesse.

Il est inouï que le tiers-état, source de lumières, dans lequel la noblesse et le clergé en général puisent les premiers principes de toutes les connaissances, soit privé de fournir au Roi, à l'Eglise et à la magistrature tant de gens de mérite que fournit cet ordre, qui est la nation.

D'y réclamer, surtout, contre la vénalité des offices.

Que les charges quelconques de la magistrature ne seront données qu'à vie et au mérite,

dans une assemblée générale de chaque province.

Que le tiers, ou la nation, ne pourra être jugé que par ses pairs, pris dans son sein.

D'y réclamer, en outre, une modération dans le prix du sel, rendu uniforme dans tout le royaume ; comme aussi l'abolition de tout droit de circulation dans son intérieur, et notamment le reculement des bureaux de traites dans les frontières.

Les députés, au nom de la communauté, chargeront les députés aux Etats généraux, de dénoncer au Roi et à la nation française les protestations des possédants fiefs provençaux, soit celle du 21 janvier prise contre le rapport fait au Roi par M. le directeur général (ce brave ministre, ange tutélaire de la nation), et toutes les autres protestations qui portent directement contre le vœu du monarque, et celui des communes de France. Quant aux affaires particulières de la province, l'assemblée charge par exprès ses représentants en l'assemblée convoquée en la ville d'Aix, de demander au meilleur des rois la convocation générale des trois ordres de la province, pour former la constitution du pays.

De réclamer de sa justice qu'il soit permis aux communes de se nommer un syndic avec entrée aux Etats.

De s'élever contre la permanence de la présidence, et contre la permanence de tout membre inamovible, ayant en l'état des choses entrée aux Etats.

De requérir l'exclusion aux mêmes Etats des magistrats et de tous officiers attachés au fisc,

Comme aussi la désunion de la procure du pays du consulat d'Aix.

L'admission des gentilshommes non possédant fiefs, et du clergé du second ordre.

L'égalité des voix pour l'ordre du tiers contre ceux des deux premiers ordres, tant dans les Etats que dans la commission intermédiaire, et surtout l'égalité des contributions pour toutes les charges royales et locales, et nonobstant toute possession et privilège quelconque.

L'impression annuelle des comptes de la province, dont envoi sera fait à chaque communauté ; et que la répartition des secours que le Roi accorde au pays, ensemble de l'imposition de 15 livres par feu, affectées à la haute Provence, sera faite dans le sein de l'Etat.

Que les Etats provinciaux seront chargés de nommer des commissaires de l'ordre du tiers pour visiter les titres des communautés pauvres et vexées, et de porter au pied du trône les oppressions des malheureux ; et que les mêmes Etats seront chargés de soutenir les procès que les possédants fiefs ont la cruauté de leur intenter, après en avoir fait examiner les motifs.

Comme aussi d'établir que les communautés seront obligées de soutenir les procès que lesdits possédants fiefs pourront intenter aux habitants en particulier, après le même examen que dessus.

Déclarant, au surplus, que quant à tous autres objets, soit généraux pour le royaume, soit particuliers à la province, elle s'en réfère absolument au cahier général qui sera dressé d'après le vœu de la prochaine assemblée, soit encore à celui que l'ordre du tiers déterminera lors de sa réunion pour l'élection de ses députés aux Etats généraux ; approuvant, dès à présent, tout ce qui sera fait et arrêté dans l'assemblée convoquée à Aix le second du mois d'avril.

Addition aux doléances.

La propriété des terres gastes appartient, en

Provence, aux possédants fiefs. Les communautés ont l'usage d'y prendre bois, buis et d'y semer, etc. La communauté d'Artignosc, au nom de ses frères, en demande la propriété, afin d'empêcher tout litige entre la communauté et le seigneur. Il en restera audit seigneur l'usage comme le plus grand tenancier. Les bénéfices simples tant séculiers que réguliers; les corps non mendiants et l'ordre de Malte doivent être supprimés, et leurs revenus être versés dans le trésor royal; et au moyen de ce, une infinité d'individus, qui sont à charge à l'État, soulagera la nation.

Et ont signé ceux qui ont su. A Artignosc, le 24 mars 1789.

Ainsi signé : Constant ; Jean, consul; Jean-Baptiste Constant ; Pierre Constant ; Pierre - Jean Constant ; Honoré Gal ; Jean - Louis Autran ; Giraud ; Jean-Pierre Bœuf ; Joseph Girard ; Jean-Baptiste Dauphin ; C. Autran ; Maconant ; Honoré Dauphin ; J. Grombois ; Antoine Jean ; E. Rounier ; Antoine Cartier ; et J.-S.- Martin greffier.

DOLÉANCES GÉNÉRALES

Et rôles de toutes les impositions et charges que les malheureux habitants des campagnes supportent et dont la communauté d'Artignosc, au nom de tous les bourgs et villages ses frères, charge ses députés d'en faire leur rapport à la très-respectable assemblée du tiers ou nation provençale assemblée par sénéchaussée à Aix, sous la présidence de M. le lieutenant général.

Que MM. les députés qui nommeront MM. les députés aux États généraux doivent être spécialement chargés d'entrer dans la vue du gouvernement ; porter au pied du trône les plaintes et doléances des peuples ; que chacun doit offrir avec une juste égalité, suivant sa fortune, la contribution aux charges publiques, locales et deniers royaux ; que les peuples sont assez foulés sans les écraser davantage ; qu'on doit représenter toutes les charges que les malheureux habitants des campagnes payent, dont les secours sont la richesse du clergé, la fierté de la noblesse, le soutien de l'État.

1° Droits seigneuriaux qui sont, d'ordinaire, droit d'habitation ou boige, qui sont de deux ou trois passaux, blé ou seigle et avoine pour chaque chef de famille, droit d'albergue, puits et forge.

Taxe, qui est une espèce de dîme, qui se paye jusqu'au dernier grain, à cause que les seigneurs sont plus craints que les ecclésiastiques.

2° Droits de lods exigibles jusqu'à un morceau de bois ne valant que 6 sous.

3° Demi-lods, payables de dix en dix ans sur tous les fonds de la communauté, maison curiale, forge, hôtel de ville, champs de terre; desquels biens les seigneurs tirent beaucoup d'avantages à cause de leur grand nombre de bestiaux qui dépaissent sur lesdites terres.

Pensions féodales, plus ou moins grandes, banalités des fours et des moulins.

Services en argent.

Obligation de travailler pour leurs seigneurs en quelques endroits.

Sur cet article, comme sur tous les autres, nous avons vu commettre les plus grandes vexations; tellement que nous avons vu dans nos villages voisins exploiter des habitants couchés dans leurs chaumières; d'autres obligés pour des ouvrages de fantaisie des seigneurs : ce qui arrive d'ordi-naire dans Beaudinar, le village le plus voisin de nous autres.

Ensuite, dîme ecclésiastique, droits de paroisse, casuel, charges des communautés particulières, entretien des maisons curiales et églises.

Clochers et autres bâtiments généraux. (Les seigneurs n'en payent rien, même pour leurs biens roturiers, pour les différentes charges des communautés.)

Payement pour droits de publication des bans de mariage, ainsi que des autres dispenses accordées par les seigneurs évêques, leurs insinuations et contrôle ecclésiastique.

Deniers royaux, impositions de sel, les charges effrayantes de la province pour tant de chemins et autres ouvrages accordés à la seule faveur.

Que reste-t-il après cela, très-illustre assemblée, aux pauvres habitants des campagnes? Il ne leur reste encore que d'être méprisés, vexés par lesdits possédants fiefs. Il est temps que l'on soit plus juste et plus raisonnable; il faut songer a leur soulagement. Que MM. les députés aux États généraux portent la doléance du pauvre peuple au pied du trône; il implore leur secours. Le monarque bienfaisant les y invite; la justice, l'équité, leur état l'exigent.

Le sieur maire consul a ordonné en plein conseil de rédiger la relation de toutes les charges que les malheureux habitants supportent.

Les larmes ont coulé des yeux de toute l'assemblée, en voyant qu'il ne leur restait plus que les yeux pour pleurer, si le monarque bienfaisant ne venait à leur secours.

Toute l'assemblée a crié par acclamation : Vive la bienfaisance du Roi qui veut mettre les peuples sous sa protection! et a ordonné de faire le présent serment pour le remercier de tant de bienfaits.

La fidélité est la reconnaissance des peuples.

Nous jurons fidélité, obéissance, soumission à Louis XVI, qui sera à jamais appelé le père des peuples.

A Artignosc, le 24 mars 1789.

Signés Constant; Jean, consul ; J.-B. Constant ; P.-J. Constant ; Honoré Gal ; J.-Louis Autran ; Giraud ; J.-P. Bœuf ; Joseph Girard ; J.-B. Dauphin ; C. Constant ; C. Autrau ; Maconant ; Honoré Dauphin ; J. Grombois ; Antoine Jean ; E. Rounier ; Antoine Cartier, et J.-S. Martin, greffier.

CAHIER

De doléances de la communauté de la ville d'Aubagne (1).

Les sieurs députés du tiers pour assister et voter aux États généraux du royaume, seront expressément chargés de solliciter :

Art. 1er. La réformation du code civil et criminel.

Art. 2. Suppression des tribunaux d'exception.

Art. 3. Attribution à ceux des arrondissements de souveraineté jusqu'au concurrent d'une somme déterminée.

Art. 4. L'abrogation de toutes lettres attentatoires à la liberté des citoyens.

Art. 5. Anéantissement de toutes distinctions humiliantes qui peuvent avilir la dignité de l'homme, et révocation de l'ordonnance de 1781.

Art. 6. De réclamer contre la vénalité des offices.

Art. 7. L'abolition de tous les droits de circu-

(1) Nous publions ce cahier d'après un manuscrit *Archives de l'Empire.*

lation dans l'intérieur du royaume, et notamment le reculement des bureaux de traites sur les frontières.

Art. 8. De réclamer de la justice du Roi la permission aux communes de se nommer un syndic avec entrée aux États de la province.

Art. 9. De s'élever contre la perpétuité de la présidence auxdits États, et contre la permanence de tout membre non amovible ayant entrée auxdits États.

Art. 10. De requérir l'exclusion des mêmes États des magistrats et de tous officiers attachés au fisc, ainsi que la désunion de la procure du pays, du consulat de la ville d'Aix.

Art. 11. L'admission des gentilshommes non possédant fiefs, et du clergé du second ordre auxdits États.

Art. 12. L'égalité des voix pour l'ordre du tiers contre celles des deux premiers ordres réunis, tant dans les États que dans la commission intermédiaire.

Art. 13. De requérir nûment l'admission de la communauté d'Aubagne auxdits États provinciaux, attendu l'importance de son imposition et de sa population, la justice de sa réclamation à cet égard ayant été reconnue en 1775, où elle fut admise dans le nombre des communautés composant l'assemblée de Lambèce.

Art. 14. L'égalité des contributions parmi tous les ordres, pour toutes charges royales et locales, sans exemption aucune, et nonobstant toute possession ou privilège quelconque.

Art. 15. L'impression annuelle des comptes de la province, dont l'envoi sera fait à chaque communauté ; et que la répartition des secours que le Roi accorde au pays, ensemble de l'imposition de 15 livres par feu, affecté à la haute Provence, sera faite dans le sein des États, et par eux arrêtée.

Art. 16. Suppression de toute dîme ecclésiastique, à la charge par les communautés de l'entretien des églises, service divin et des prêtres desservant lesdites églises, relativement à ce qui pourra être fixé par les États généraux, avec suppression de tout casuel, ou du moins de solliciter l'abonnement sur le pied des baux actuels.

Art. 17. Que s'il est voté dans les États généraux un impôt territorial quelconque, que les communautés soient reçues préalablement à l'abonnement de la dîme ecclésiastique, là où la suppression ne pourrait avoir lieu.

Art. 18. Que tout impôt accordé par les États généraux soit à terme pour assurer le retour périodique desdits États.

Art. 19. Que toutes servitudes inextinguibles de leur nature pourront être rachetées à prix d'argent, à tel taux qu'il sera délibéré aux États généraux.

Art. 20. Que, dans le cas de l'aliénation des fiefs, les communautés seront reçues à les racheter.

Art. 21. Que là où les directes ou servitudes inhérentes aux fiefs demeureraient inextinguibles, audit cas le lod sera payé sur le prix de la valeur des baux emphytéotiques dont le seigneur justifiera.

Art. 22. Que, pour prévenir tout complot dans les communautés, il sera sollicité une déclaration du Roi, portant que là où les communautés seront dans le cas de changer leur règlement municipal, le nouveau règlement ne pourra être arrêté que par le vœu général des habitants, soumis à l'imposition, manifesté dans un conseil général de tous chefs de famille, ou dans une assemblée municipale, telle qu'elle est composée aujourd'hui par députés des corporations

Art. 23. Que le Roi sera supplié de rendre par une déclaration toutes les banalités rachetables, soit qu'elles soient établies à prix d'argent, ou inhérentes aux fiefs.

Art. 24. Que les vexations extraordinaires et journalières qu'éprouvent les commerçants et artisans d'Aubagne au bureau de la Penne, faisant languir le commerce, et exposant tous les citoyens à des embarras, soit pour l'heure à laquelle les bureaux se trouvent fermés, et la tyrannie des employés ; convaincus d'ailleurs qu'il y a eu, en différentes occasions, des perceptions arbitraires des droits, il a été arrêté de solliciter la suppression dudit bureau ; et dans le cas contraire, qu'il sera remis à chaque communauté un tarif uniforme et sur un droit unique, pour que les habitants ne soient plus exposés à des saisies et des confiscations.

Art. 25. Qu'il soit ordonné que les employés aux fermes du Roi, si elles subsistent, seront revêtus d'un uniforme pour être aisément reconnus, avec prohibition d'avoir des armes à feu et de se mettre en embuscade sur les chemins.

Art. 26. Qu'il sera défendu auxdits gardes employés aux fermes du Roi, de fouiller dans les poches des particuliers, et moins encore les femmes en dessous de leurs vêtements.

Art. 27. Qu'il sera pris en considération aux États généraux le préjudice considérable que les communautés vignobles de la Provence ressentent de la manipulation des vins de plusieurs fabriques de brasserie établies depuis quelques années à Marseille.

Art. 28. Qu'il sera défendu d'entrer à Marseille des vins des royaumes étrangers au préjudice des vins territoriaux.

Art. 29. Qu'il sera inhibé aux receveurs des fermes du Roi au bureau de la Penne, de mettre aucun obstacle au passage libre des barriques qui viennent vides de Marseille à Aubagne, pour être remplies de vin, et rapportées à Marseille, soit par transit, soit par acquit-à-caution, comme on le pratiquait il y a peu d'années ; et qu'on n'exigera pas même d'acquit-à-caution pour le passage desdites futailles, attendu qu'elles ne peuvent jamais être matière de contrebande.

Art. 30. Que les arrêts du conseil du Roi concernant la défense de planter des vignes au delà de la distance de trois lieues de la mer, seront renouvelés pour faciliter la vente de la denrée des vins qui devient trop abondante, et pour procurer une plus grande quantité de blé et de pâturage.

Art. 31. Que la rareté des bestiaux doit nécessiter une loi qui défende de tuer des agneaux et des veaux dans cette province pendant deux ou trois années au moins.

Art. 32. Que l'action des artisans fournisseurs des vivres et autres pour demander le payement de leurs fournitures et travaux sera prorogée à un an, comptable de la dernière livraison, et qu'elles seront jugées consulairement avec le privilège du nonobstant appel jusqu'à 100 livres par-devant les premiers juges.

Art. 33. La suppression du visa exigé par les employés des fermes pour les marchandises qui circulent sur les limites du territoire de la province et de celui de Marseille.

Art. 34. La suppression de tout droit quelconque sur les médicaments tirés de Marseille.

Art. 35. Prendre en considération les moyens pour la sûreté des voituriers et les vexations qu'on leur fait éprouver par des amendes arbitraires prononcées sur des verbaux de cavaliers de maréchaussée, sans information et sans entendre partie.

Art. 36. La réformation du code fiscal touchant le contrôle et l'insinuation des actes par un nouveau tarif, conformément au projet conçu par M. le directeur général, annoncé dans son compte rendu en janvier 1781.

Art. 37. La diminution dans les actes de partage et dans les déclarations au sujet des successions collatérales, des sorts principaux des rentes, cens et autres redevances foncières, et généralement toutes les dettes contractées par des actes notariés, pour lesquels les droits de contrôle et de centième denier ont été payés lors des actes constitutifs, de manière que les droits ne soient perçus que sur le net et liquide des biens.

Art. 38. Suppression de visites dans les études, et des recherches dans les registres des notaires par les contrôleurs ambulans, et même suppression de visites domiciliaires par les employés des fermes.

Art. 39. Suppression des expéditions en parchemin timbré, des grosses des contrats reels et des actes portant obligations. Cet usage onéreux aux parties expose leur intérêt, ainsi que l'honneur, la probité et la fortune des notaires par la facilité des altérations qu'on peut y faire après les expéditions.

Art. 40. Suppression du centième annuel sur les offices des notaires, attendu qu'ils ont payé le droit d'hérédité.

Art. 41. Le renouvellement de la déclaration du 22 avril 1773, concernant le commerce des grains et farines, dans la vue de prévenir la cherté par les monopoles et les resserrements.

Art. 42. Suppression des droits sur les cuirs et sur les peaux. Réduction des droits sur l'arquefoux et les plombs.

Art. 43. Permission de se servir du marc de salpêtre pour les fabriques de faïence, comme anciennement.

Art. 44. Qu'il soit permis, pour prévenir les abus sur les salaisons et le mélange des terres et pierres dans le sel gabelé, de se servir de sel blanc.

Enfin, déclare l'assemblée que, quant à tous autres objets, soit généraux pour le royaume, soit particuliers à cette province, elle s'en réfère absolument au cahier général qui sera dressé dans l'assemblée générale de l'ordre du tiers-état, à la sénéchaussée générale d'Aix, et encore à celui que ce tiers-ordre déterminera.

Fait, arrêté et signé dans l'assemblée générale des députés, tenue et convoquée dans l'hôtel de ville, cejourd'hui 29 mars 1789, en double original.

Signé Ramel ; Blanc, consul ; Sicard, consul ; Martinot ; F. Robert, colonel ; Moussard, médecin ; Jourdan, médecin ; Jourdan ; Sivau ; Richelme, chirurgien ; B Barthélemy ; J. Richelme ; Moussard ; Louis Rey ; A. Michel ; Sicard ; Paul Rey ; Sabert ; Joseph Olivier ; Barbier ; J. Barthélemy ; J. Guignon ; Antoine Sicau ; Bœuf ; A. Saucillau ; de Paris fils, chirurgien ; J. Jeanselra ; Antoine Long ; G. Isnard.

CAHIER

Des instructions, doléances et remontrances de la ville et communauté d'Auriol (1).

Le conseil général de tous chefs de famille, procédant à la rédaction du cahier d'instructions, doléances et remontrances de cette communauté, a unanimement arrêté :

Que le tiers-état, étant, par la bonté du Roi et sa volonté constante, admis à dénoncer les abus innombrables qui ont nui jusqu'à présent à la prospérité de l'État, est autorisé à demander les réformes nécessaires, soit avec liberté et franchise, les mettre sous les yeux de Sa Majesté, et lui exposer combien ses peuples ont besoin de soulagement.

Si nous envisageons d'un coup d'œil toutes les réformes sur lesquelles les députés aux États généraux doivent faire les plus fortes réclamations, nous serons pour ainsi dire effrayés de voir à quelle triste nécessité nous sommes réduits, et quel courage, quelle sage fermeté nous devons employer pour faire connaître au Roi la déplorable situation de tous ses sujets.

Chaque province va porter au pied du trône ses plaintes et ses réclamations. Chaque député de tous les ordres, et chaque citoyen doit s'occuper à fournir des mémoires sur tous les vices de l'administration, en indiquant les moyens de détruire ces vices et de réformer les abus. Il est de notre devoir de consigner, dans le premier acte de liberté qui nous est rendue, notre profession de foi politique, et les instructions dont nos députés seront munis. Ainsi, nous croyons et déclarons :

Que la liberté d'opinion, le droit et l'égalité de représentation dans toutes les affaires nationales, sans distinction de rang ni de naissance, et la contribution personnelle de chaque individu de la nation aux charges publiques, en raison des avantages et de la protection que procurent à chacun des richesses et les moyens de l'État, déposés entre les mains du souverain, et confiés à la sagesse de son administration, sont les seuls et vrais principes d'une bonne constitution ; et que telles doivent être la constitution de la France, et celle du comté État de Provence ; qu'en établissant ces principes sur une base solide, on aura bientôt détruit les vices du gouvernement, réformé la législation, détruit les abus et relevé la France prête à tomber d'épuisement et de faiblesse.

Que le premier vœu du tiers-état et de tous les ordres doit être de concourir à l'extinction successive de la dette nationale par des moyens gradués, et non par des nouvelles surcharges qui écraseraient le peuple. L'intérêt de l'État, la gloire du Roi, l'honneur de cette monarchie, tout l'exige ; et nous sommes tous déterminés aux plus grands sacrifices. Mais, en même temps, nous demandons instamment pour premier objet de réforme, que l'ordre soit mis dans les finances et dans la perception des impôts.

Que les ministres seront comptables envers la nation de l'emploi des deniers publics.

Que tous les sujets du Roi, de quelque ordre, de quelque rang qu'ils soient, contribuent proportionnellement à toutes les charges.

Que toutes les terres absolument, sans distinc-

(1) Nous publions ce cahier d'après un manuscrit des *Archives de l'Empire.*

tion de biens seigneuriaux, ecclésiastiques et autres, soient soumises à l'impôt, et comme telles comprises dans le cadastre général de toutes les provinces.

Que cet impôt sera perçu au nom du Roi par des régisseurs, en argent ou en nature, suivant la plus grande commodité des lieux.

Que tous les frais de régie quelconques seront à la charge des villes et communautés composant les provinces, ou abonnés par elles.

Qu'en établissant l'impôt proportionnel sur toutes les terres indistinctement, on supprimera les vingtièmes et 4 sous pour livre, et que la dîme sera abonnée partout.

Que, dans le grand nombre d'impôts qui accablent le peuple, celui de la gabelle soit supprimé, ou du moins que le prix du sel soit rendu uniforme par tout le royaume. Cet impôt, si exorbitant et si rigoureux, qui pèse uniquement sur le pauvre et l'agriculture, dont les frais de perception absorbent au moins le cinquième du produit, qui cause annuellement tant de scènes d'horreur et de désolation; cet impôt, dont le nom seul inspire l'effroi, devrait être aboli pour le soulagement et la tranquillité des peuples. Nous devons observer que la Provence, suivant ses statuts, ne devrait payer cette denrée qu'à vil prix. Dans les circonstances, elle ne peut demander que l'uniformité de prix et la liberté à chacun de s'en approvisionner aux salins mêmes, et de la manière qu'il trouvera plus avantageuse.

Que l'impôt du contrôle des actes, dont l'établissement a été si utile, est devenu si onéreux aux citoyens, que les contribuables ne peuvent le plus souvent juger avec connaissance de ce qu'ils doivent payer.

La plus grande partie des commis qui payent ce droit l'imposent arbitrairement, ou ne savent eux-mêmes, qu'après de longues études, interpréter équitablement le tarif de 1722.

L'administration même, en leur transmettant les différentes décisions des intendants de diverses généralités, leur a fait une loi de s'y conformer, quelque opposées qu'elles fussent à l'esprit de ce tarif. « Il est absolument nécessaire que le gou-
« vernement s'occupe d'un nouveau tarif, où l'on
« établira une proportion plus juste entre les actes
« qui concernent les riches, et ceux qui intéres-
« sent les pauvres ; et où, surtout, toutes les
« discussions entre les diverses classes de la so-
« ciété et la nature des actes soient plus simples;
« de manière que chaque contribuable puisse fa-
« cilement être instruit de son obligation, et que
« ce tarif soit invariable. »

Que tous droits de circulation dans l'intérieur du royaume soient abolis, en insistant surtout à demander que les bureaux des traites soient reculés à l'extrémité des frontières.

Qui ne sait le tort infini que font au commerce les bureaux de Septèmes et de la Penne, en partant de Marseille !

Qui ne sait que ces deux suppôts de l'inquisition des fermes commettent journellement des vexations inouïes !

Et quelle source intarissable d'abus criants, de peines arbitraires, de réclamations continuelles et toujours inutiles !

On n'y connaît point de tarif.

Il serait absolument nécessaire d'en établir un uniforme aux frontières, et que l'on supprimât une infinité de droits onéreux au commerce.

L'édit mémorable de 1776 avait rendu à la Provence le droit naturel de porter ses vins partout et surtout à Marseille sans aucuns droits ; et dès

lors, ils pouvaient entrer en concurrence avec ceux du Languedoc pour approvisionner la rivière de Gênes et toutes les côtes d'Italie.

Un nouvel ordre de choses depuis 1783 a assujetti tous les vins qui entrent à Marseille, excepté ceux de son territoire, à un droit exorbitant qui est devenu une source de monopoles et d'injustices, tandis qu'il cause un préjudice énorme à tous les vignobles des environs et de la côte, dans une contrée où les récoltes des arbres à fruits et surtout des oliviers sont si précaires. Aucune ville n'a porté ce privilège à un plus grand excès; aucune ne l'a exercé avec plus de rigueur. Il est devenu odieux au peuple, à charge même au consommateur, et funeste au commerce. Il est absolument nécessaire qu'il soit supprimé et aboli à jamais, de même que les droits de sortie sur cette denrée.

Que liberté entière soit rendue et consacrée pour le commerce des grains.

En accordant la libre exportation et importation des grains, il serait peut-être nécessaire, pour empêcher les affreux monopoles et les accaparements, d'établir partout, c'est-à-dire dans toutes les villes, bourgs et villages, des marchés publics avec des magasins où tous les grains seraient déposés.

Et dans le cas où l'établissement des greniers publics serait jugé impraticable, d'obliger les administrateurs à faire de fréquentes visites dans les magasins et dans les maisons mêmes des particuliers.

Nous soumettons cette idée à la sagesse du gouvernement.

Qu'on travaillera au remboursement des dettes du clergé, en l'autorisant à des aliénations effectives qui soulageraient l'universalité de ses biens de l'hypothèque éternelle dont ils sont grevés, en accordant aux propriétaires dont les terres sont chargées de rentes foncières la faculté de les rédimer d'une servitude onéreuse ; enfin, en fixant le délai nécessaire et suffisant pour la liquidation et le remboursement total de sa dette.

Qu'on avisera au moyen le plus simple et le plus court de détruire la mendicité en ramassant les mendiants et les obligeant à travailler dans les hospices établis exprès.

Affectés des mêmes sentiments de douleur et de regret, si nous considérons combien la liberté individuelle de chaque citoyen, et la sûreté de propriété est continuellement lésée et compromise par l'insuffisance et l'incertitude de nos lois civiles et criminelles, Sa Majesté sera vivement suppliée d'en ordonner la réformation. La fortune des particuliers, la tranquillité des familles, la félicité du peuple en dépendent.

Que tous les bons magistrats, les plus savants et les plus intègres jurisconsultes travaillent sans délai à l'importante et indispensable réforme de notre jurisprudence, en présentant au Roi et à la nation des projets et des plans dont l'exécution soit facile; et nos lois compliquées et indécises n'offriront plus à la plupart des juges des moyens de couvrir leur passion ou leur ignorance, et à l'avidité des subalternes des ressources toujours présentes qui rendent misérable à cet égard la condition de tous les sujets et surtout du peuple.

Nos députés demanderont néanmoins, et en attendant, la suppression de tous les tribunaux inutiles et onéreux, une attribution à ceux des arrondissements de souveraineté, jusqu'au concurrent d'une somme déterminée, et proportionnée à l'importance et à la distance des lieux du ressort, en établissant dans chaque bourg ou village de quelque importance des juges locaux obligés à résidence.

Il réclameront contre la vénalité et le trop grand nombre d'offices, de ceux surtout qui ont été multipliés à l'infini pour favoriser la cupidité de quelques particuliers, sous le prétexte spécieux d'offrir des secours à l'État dans sa détresse.

Ils demanderont à Sa Majesté, avec les plus vives instances, l'abrogation de toutes lettres attentatoires à la liberté des citoyens, malheureusement trop connues sous le nom odieux de lettres de cachet, et la liberté absolue de la presse, afin de pouvoir dévoiler à sec tout ce que le manège de l'intrigue et du mensonge ont pu dérober jusqu'à ce jour à la connaissance de son cœur paternel.

Ils insisteront à demander que tout citoyen, de quelque ordre qu'il soit, puisse concourir pour tous emplois militaires, surtout dans la marine du Roi, bénéfices et charges attributives de la noblesse, et que tous ces emplois en Provence ne soient à l'avenir remplis que par des individus de la nation provençale, afin de faire revivre et de maintenir nos anciens statuts et privilèges.

Que le tirage à la milice et le logement des troupes de passage, étant de ces charges qui pèsent uniquement sur le peuple, on s'occupera des moyens à prendre pour alléger aux pauvres le poids de ce fardeau accablant.

Enfin, il sera expressément enjoint aux députés du tiers-état de demander que, pour assurer le succès des délibérations dans les États généraux, les suffrages seront recueillis par tête et non par ordre; et ils inviteront les députés des deux premiers ordres à se joindre à eux pour former de concert la même demande.

Sa Majesté sera suppliée de déterminer le retour périodique des États généraux, en voulant bien établir une loi fondamentale, consentie par toute la nation, laquelle fixerait au terme de cinq années au plus le retour desdits États généraux. Que la vérification solennelle des lois générales du royaume, surtout des lois fiscales, sera attribuée auxdits États généraux.

Quant aux objets relatifs et particuliers à la province, l'assemblée générale de tous chefs de famille charge expressément les députés du tiers-état aux États généraux de demander au meilleur des rois la convocation générale des trois ordres pour former ou réformer la constitution du pays. Que le clergé et la noblesse se formeront le plus tôt possible d'une manière légale, constitutionnelle et représentative de tous les membres desdits ordres, en admettant à la qualité d'électeur et d'éligible tous les curés et bénéficiers qui ont à réclamer, pour cause personnelle, contre l'injustice ou l'avarice des grands décimateurs; de même que tous les gentilshommes et nobles, non possédant fiefs, qui, moins esclaves des préjugés, et tout entiers à l'honneur et à l'équité, balanceront avantageusement dans l'ordre de la noblesse les prétentions aveugles et la trop grande influence des hauts gentilshommes, et les ramèneront aux vrais sentiments de la raison, s'ils n'y reviennent d'eux-mêmes.

Ils requerront l'exclusion des États pour tous magistrats ou officiers attachés au fisc, dont la présence pourrait influer sur les opinions.

Que la nouvelle forme des États établis sur les principes équitables que Sa Majesté a manifestés, assurera pour jamais au tiers-état l'égalité des représentants; qu'il lui sera permis de nommer un ou plusieurs syndics en nombre égal avec ceux de la noblesse et du clergé, lesquels pourront rester en place autant de temps que ceux des premiers ordres, c'est-à-dire trois ans au plus; qu'il lui sera également permis de nommer un adjoint au syndic la seconde année, et un autre la troisième, lesquels remplaceront successivement le premier.

Que ces syndics seront toujours nommés par la voie du scrutin secret ou par billets versés dans un vase, et que, dans aucun cas, les syndics en place ne pourront nommer leurs successeurs.

Ils rejetteront absolument la perpétuité de la présidence, attribuée jusqu'à ce jour au premier membre du clergé, ou usurpée par lui : la permanence de tout membre inamovible, ayant, en l'état des choses, entrée auxdits États.

Ils demanderont que le tiers-état puisse concourir alternativement pour la présidence avec le clergé et la noblesse. Que l'égalité des voix pour l'ordre du tiers contre celles des deux premiers ordres sera maintenue tant dans les États que dans la commission intermédiaire.

Que les députés du tiers seront autorisés à exiger le scrutin, toutes les fois qu'ils le jugeront nécessaire; qu'ils pourront s'assembler tous à la fois ou en comité, quand et partout où ils voudront.

Que l'élection des députés des communes devant et venant à se faire par l'assemblée particulière de chaque viguerie pour les États de la province, la viguerie d'Aix y sera représentée par un nombre de députés proportionné à sa trop vaste étendue; que, parmi les communautés importantes qui composent ladite viguerie, on distraira de la concurrence à cette plus grande représentation, celles qui, depuis longtemps, jouissent du droit de députation particulière, et que l'on accordera le même droit de députation à celles qui, par leur affouagement, les ressources de leur position pour le commerce intérieur ou maritime, telles qu'Aubagne, la Ciotat et d'autres encore, assurent à ces États de Provence une augmentation graduelle de population et de richesse.

Que les nouveaux députés formant la représentation du tiers à des États vraiment constitutionnels, seront élus séparément, librement et sans délai, pour s'occuper des objets relatifs aux impositions du pays.

Ils demanderont expressément que les procureurs des trois ordres du pays ne puissent plus être, à l'avenir, et tout à la fois, consuls de la ville d'Aix; que le tiers sera admis à représenter en nombre égal les fonctions importantes de cette charge qui l'intéresse lui seul plus que les deux premiers ordres réunis; que lesdits administrateurs seront choisis dans toute la province indifféremment et par un choix libre.

Que les deux premiers ordres, se trouvant désormais soumis à l'égalité des contributions pour toutes et les mêmes charges royales et locales, que paye le tiers-état, sans aucune exemption et nonobstant toute possession et privilèges quelconques, ils ne puissent par convention ou détermination particulière voter ou stipuler aucune somme en équivalent ou compensation.

Enfin, ils exigeront l'impression annuelle des comptes de la province, dont envoi sera fait dans chaque communauté, et régleront que la répartition des secours que le Roi accorde au pays, ensemble de l'imposition de 15 livres par feu, affectée à la haute Provence, sera faite dans le sein des États, et par eux arrêtée.

Déclarant, au surplus, le conseil général de tous chefs de famille que, quant à tous autres objets, soit généraux pour le royaume, soit particuliers à cette province, cette ville et communauté d'Auriol, se réfère entièrement au cahier général qui sera dressé dans le chef-lieu, d'après le vœu de la prochaine assemblée générale de la sénéchaussée par l'ordre du tiers, lors de sa réunion pour l'élection de ses députés aux États généraux, approuvant, dès à présent, tout ce qui sera fait et arrêté, soit dans l'assemblée préalable, soit dans celle des électeurs dudit ordre. Protestant, au contraire et d'avance, contre tout ce qui pourrait être proposé et arrêté de contraire aux intentions et aux ordres de Sa Majesté, et au vœu général de la nation. Et qu'en rappelant la délibération du conseil général de cette communauté du 8 février dernier, dans laquelle elle a approuvé et adhéré à la protestation des communes du 28 janvier dernier, par-devant messire Silvy, notaire royal à Aix, et à la votation de subsides royaux, par eux consentie d'une manière qui, malgré les assertions plus qu'injustes de la noblesse, n'a laissé aucun doute sur le dévouement des communes, elle enjoint expressément à ses députés de déclarer qu'aucune communauté de cette sénéchaussée ou de la viguerie d'Aix ne doit et ne peut consentir à l'acquittement des impositions particulières du pays quelconque, qu'après que lesdites impositions auront été librement votées et arrêtées par les représentants de ceux qui doivent les payer, dûment élus et appelés dans une assemblée légale et constitutionnelle.

Signé Raymond, viguier; de Séguier, maire; Gueydon de Planque, curé; J. Granet, consul; Martin, curé; F. Pascal; Guigou, prêtre; J. Velin; Simon; Guitton; J. Pertiche; H.-François Plunier; F. Pascal; H. Tremellat; Catteiaut; A. Pascal; Louis-Auguste Giraud; L. Gouirau; J.-J. Guigou; Pignol; Jean-Joseph Blanc; Bernard; Imbert; P. Fabre; J.-Jacques Esterne; Joseph-B.-Louis Dol; Henri Maurin; Jean-Joseph Guienne; François Cime; Joseph Henri; Jean-Baptiste Masset; Joseph Suzanne; A. Guigou; Louis Ribot; Barthélemy Dol; P. Pascot; François Roubot; Barthélemy Boyer; J.-J. Guitton; Jean-Louis Boyer; Jérôme Plumier; J. Plumier; B. Roubaud; Nicolas Martin; J.-J. Long; Gaspard Boyer; Cernaud; J.-F. Caillot; Pascot; Nicolas Jourdans; B. Chauvin; Pierre Verlaque; Lazare Bissarel; Louis J.-B. Laget; F. Aubers; Jean Castelan; Joseph Gay; J. Boyer; André Giraud; Joseph Gais; Antoine Estienne; N. Massé; François Guis; Joseph Royer; Joseph Lance; F. Mailliot; Gastand; J.-Antoine Boyer; Barthélemy Suzanne; P. Plumier; Etienne Boyer; Rigoud; Négret; A. Guigou; J.-B. Isnard; G. Heni; Paul; Antoine-Martin Bosq; P. Alban; J.-J. Flayot; E. Taxil; Laget Bardelin; Alexis Cayol; J.-J. Cayol; Claude Giraud; Dominique Roubaud; B. Estieune; J.-Baptiste Bissarel; N. Parcel; Joseph Poulet; Louis Mathieu; Martin; Aubanet; Vitalis; B. Velin; Michel, notaire; Auzière, avocat; Estienne, médecin; François Renest; Masse; Giraud; Leguern, greffier, secrétaire.

Coté et paraphé *ne varietur*, à Auriol, dans la chapelle des Pénitents-Gris, le 25 mars 1789.

Signé RAYMOND, *viguier*.

CAHIER

Des instructions, dont les députés de la communauté d'Aurons, à la sénéchaussée d'Aix, demanderont de charger les députés de cette sénéchaussée aux États généraux (1).

Art. 1er. L'assemblée des États généraux sera indiquée à perpétuité tous les trois ans, au premier jour de mai, à Versailles, ou encore mieux à Lyon ou telle autre ville au cœur du royaume, sans qu'il soit besoin de nouvelles lettres de convocation. La prochaine tenue, en délibérant sur les États généraux à venir, fixera d'une manière irrévocable leur durée, leur périodicité, et leur police, sans recourir à aucune autorisation ultérieure. Mais, si l'assemblée est dans la nécessité d'être continuée au delà du terme fixé, ou d'être convoquée à une époque intermédiaire, dans l'un ou l'autre cas, il sera indispensable d'y être autorisé par une convocation expresse de Sa Majesté.

Art. 2. Les députés ne pourront user de leur pouvoir que dans les États généraux constitués légalement, c'est-à-dire conformément au vœu le plus général déclaré tel par le Roi et sanctionné par son autorité.

En conséquence, les députés ne pourront voter que dans une assemblée nationale qui réunira ces caractères : l'un que tous membres soient librement et légalement élus ; l'autre que les représentants de l'ordre du tiers égaleront au moins en nombre ceux des autres ordres pris ensemble, et ce, aux prochains États généraux.

Art. 3. Les députés de la sénéchaussée d'Aix demanderont que dans toutes les assemblées provinciales et de district à venir, ainsi que dans les États généraux qui suivront, le tiers-état soit représenté par les deux tiers des votants, le clergé par un sixième, et la noblesse par le sixième restant.

Art. 4. Ce sera à l'avenir par province et par district de province, et non par bailliage et sénéchaussée que seront nommés les députés aux États généraux. Cette forme assure aux terres adjacentes le moyen d'obtenir dans cette assemblée nationale une députation particulière, telle qu'elle a été accordée au duché d'Albret, au pays de Sault, à la principauté d'Orange, districts moins considérables par leur population et leur contribution à l'impôt, que les treize communautés adjacentes, dont le régime a été de tous temps séparé de celui de la province.

Art. 5. Les administrations provinciales ou de district seront composées de membres librement élus dans les trois ordres. Il en sera de même pour les assemblées de province et de district, dont la périodicité sera indispensable. On prendra, à cet égard, et pour la libre durée de chacun, des précautions analogues à celles rapportées à l'article 1er, en observant toujours, dans la quantité des membres des trois ordres, la proportion demandée dans l'article 3.

Art. 6. Le clergé et la noblesse procéderont à la nomination de leurs députés à l'assemblée de la province ou du district, dans toute autre ville que celle du tenue de cette assemblée ; et ce, afin d'éviter la prépondérance que ne manqueraient pas d'avoir, quoique exclus en partie de l'assemblée des trois ordres, tous les membres du clergé et de la noblesse de la province ou du district réunis dans une même ville, sur un nombre limité de députés représentant le tiers-état.

---

(1) Nous publions ce cahier d'après un manuscrit des Archives de l'Empire.

Art. 7. Après avoir délibéré sur les points qui concernent l'organisation et la discipline nécessaires aux États généraux, les députés mandataires de la sénéchaussée d'Aix sont chargés de proposer à l'assemblée nationale, comme un objet vraiment préliminaire, l'examen, la rédaction et la déclaration de tous les droits naturels et imprescriptibles de l'homme et du citoyen, déclaration qui servira de base à toutes les lois, soit politiques, soit civiles, qui pourront émaner, tant à présent qu'à l'avenir, de toutes les assemblées nationales.

Les députés sont de plus chargés d'insister pour qu'il soit statué qu'à l'avenir la déclaration des droits de l'homme et du citoyen soit affichée dans les sénéchaussées et tribunaux souverains, les mêmes jours, au moins deux fois chaque année.

Art. 8. Afin de prévenir une anarchie menaçante et destructive de l'État même, ou du moins afin d'écarter les obstacles qui s'opposeraient aux réformes les plus nécessaires, les députés emploieront tout ce qu'ils ont de raison et de courage pour obtenir que les opinions sur toutes les matières, dans les États généraux, dans les assemblées provinciales et de district, soient recueillies par tête et non par ordre.

Art. 9. Après la déclaration générale des droits de l'homme et du citoyen, les députés mandataires de l'assemblée sont chargés de demander, dans les États généraux, que la première liberté de l'homme, celle qui peut rassurer toutes les autres libertés, en un mot la liberté de penser, soit fondée sur la liberté de l'imprimerie; et qu'on donne aux postes toute la liberté nécessaire. On consacrera la loi qui sera faite à ces deux égards comme le palladium de la liberté.

Art. 10. Les députés s'occuperont ensuite de tout ce qui peut assurer la liberté d'agir ou la liberté personnelle. Et pour la rendre inviolable, ils demanderont l'entière abolition des lettres de cachet, et autres ordres capables de porter atteinte à la liberté des citoyens sous quelque forme et sous quelque prétexte qu'ils puissent être décernés.

Dans le cas où les États généraux jugeraient que l'emprisonnement provisoire peut être quelquefois nécessaire, il sera argué en ce cas-là d'une manière précise. Il sera ordonné que toutes personnes ainsi arrêtées soient remises dans les vingt-quatre heures entre les mains de ses juges naturels; que ceux-ci soient tenus de statuer sur ledit emprisonnement dans le plus bref délai; que de plus l'élargissement provisoire soit toujours accordé en fournissant caution, excepté dans le cas où le détenu serait prévenu d'un délit qui mériterait peine corporelle.

Les députés demanderont la plus prompte réformation de la justice criminelle, et qu'à cet effet il soit nommé sur-le-champ une commission chargée de cet objet important.

Enfin, avant même le travail et les décisions de cette commission, les députés énonceront les vœux de l'assemblée de la sénéchaussée d'Aix pour l'établissement de la procédure par jurés, observée en Angleterre

Art. 11. Les nombres, la constitution, la levée et l'emploi des troupes, ayant un rapport essentiel et immédiat avec la liberté publique et particulière, les députés sont chargés de demander aux États généraux qu'il soit délibéré sur ces divers objets.

À l'égard du nombre des troupes, l'assemblée charge spécialement les députés de ne rien négliger pour obtenir que le nombre soit mesuré sévèrement sur le besoin absolu de la pure défense de l'État.

On cherchera les moyens les plus convenables pour leur inspirer à la fois l'esprit de subordination et un esprit patriotique qui les rendent incapables de servir d'instrument au despotisme.

Quant à la levée des troupes, l'assemblée d'Aix chargera ses députés de demander la réforme des troupes étrangères, ruineuses pour les finances de l'État, et dangereuses pour la liberté des citoyens.

Enfin, pour la levée des troupes, l'assemblée d'Aix recommande très-expressément à ses députés de proposer aux États généraux que, par une loi précise, il sera déclaré que les troupes, uniquement destinées à la défense de l'État, contre les attaques de l'ennemi du dehors, ne seront employées contre les citoyens, même sans le consentement exprès de l'assemblée nationale légitimement convoquée; et que la nécessité de la perception des subsides ne pourra point servir de motif ou de prétexte pour détourner à cet objet la destination naturelle de la milice nationale.

Art. 12. La milice est un fléau des campagnes. C'est un phénomène assez singulier que l'on ait pu parvenir à rendre l'emploi du soldat odieux et même avilissant chez un peuple naturellement actif et courageux.

Mais le milicien n'a pas le motif d'un dévouement volontaire; l'incertitude de son sort l'empêche de trouver des emplois avantageux. Confondu par son habillement avec le peuple, trop peu exercé pour être compté au rang des soldats, il a perdu sa liberté sans être dédommagé, ni par une subsistance assurée, ni par l'opinion. On s'est imaginé que la milice ne serait pas un impôt, si on défendait aux communautés de former, en faveur des miliciens, une contribution volontaire; contribution dont un mouvement naturel d'humanité et de justice avait inspiré l'idée.

Il est injuste de forcer, malgré lui, un homme à embrasser un état périlleux, sans daigner même lui payer le prix de sa liberté, etc.

Chaque communauté doit payer une contribution libre et réglée par elle seule, pour rendre volontaire l'engagement du milicien. Cette méthode d'avoir des soldats est en même temps la plus juste, la plus noble, la plus économique, la plus sûre, la plus propre à former de bonnes troupes; et elle doit avoir la préférence sur toutes celles que le mépris pour les hommes et le respect pour l'usage ont fait adopter ou conserver.

En conséquence, les députés aux États généraux demanderont que les miliciens seront à la charge des communautés; que l'engagement sera volontaire de la part du milicien, et que le tirage au sort sera aboli.

Art. 13. Lorsque les députés auront réglé, autant qu'il sera en leur pouvoir tout ce qui concerne la sûreté personnelle de chaque citoyen, ils s'occuperont à établir la sûreté de la propriété. En conséquence, ils sont chargés de demander dans les États généraux la réformation de la justice civile.

À l'égard du premier objet, les députés demanderont qu'il soit nommé incessamment une commission; laquelle sera chargée de l'examen des lois superflues et des lois qui, sans être superflues ou vicieuses, pourraient être meilleures.

Quant au second objet, les députés demanderont spécialement la suppression de la vénalité des offices de judicature, soit actuelle, soit à temps, et à mesure que les offices vaqueront par mort, par démission ou forfaiture.

Ils demanderont l'établissement d'une commission pour régler toutes les réformes à proposer :

1° Sur la distribution des ressorts et des juridictions des juges du royaume.

2° Sur la méthode de les élire.

3° Sur la durée de leur pouvoir.

4° Sur les moyens de les contenir et de les punir.

Enfin, les députés proposeront de charger la même commission ou une autre, de régler ce qui concerne le troisième objet, savoir les moyens de prévenir les procès.

Art. 14. L'assemblée défend spécialement à ses représentants d'énoncer aucun vœu sur les impôts, subsides ou emprunts, avant d'avoir déterminé, par le suffrage des représentants de la nation, le vœu général sur les points exprimés ci-dessus, et encore en l'article 30. Elle excepte néanmoins de cette prohibition le cas où, faute de quelque subvention ou ressource pécuniaire, l'Etat même serait en péril, et le mouvement nécessaire au gouvernement serait arrêté.

Dans ces cas seulement, attestés par l'évidence de la nécessité, l'assemblée d'Aix autorisera ses représentants à consentir, avant toute autre discussion, à l'octroi purement nécessaire.

Art. 15. Nul impôt ne sera légal, et ne pourra être perçu qu'autant qu'il aurait été consenti par la nation dans l'assemblée des Etats généraux, et lesdits Etats ne pourront les consentir que pour un temps limité et jusqu'à la tenue prochaine des Etats généraux, en sorte que cette prochaine tenue, venant à ne pas avoir lieu, tout impôt cesserait.

Art. 16. L'assemblée n'entend point comprendre, dans l'énoncé du précédent article, les subsides ou impôts dont la perception est fondée sur des baux à ferme, et dont le bien même des finances de l'Etat exigerait de porter le terme au delà de celui des prochains Etats généraux. L'assemblée déclare qu'elle s'en rapporte sur ce point à la sagesse de l'assemblée nationale.

Art. 17. Les députés voteront dans les Etats généraux pour que les impôts, de quelque nature qu'ils puissent être, soient à l'avenir répartis sur tous les citoyens de tous les ordres, dans la seule proportion de leur faculté, et sans distinction de rang, de naissance et de privilège.

Art. 18. Les députés sont chargés, autant que la nécessité des circonstances pourra le permettre, de donner la préférence à tout impôt territorial, non comme le plus juste et le plus léger, mais comme le plus favorable à la liberté publique, et le plus propre à prévenir les abus qui s'introduisent nécessairement dans les finances d'un grand Etat.

Les Etats généraux pèseront si l'on ne doit pas diviser l'imposition en imposition constante et en imposition de subvention. Dans le cas d'une décision ratifiée à cet égard, les députés demanderont que la répartition se fasse par province, subdivisée en districts et en municipalités. Chaque municipalités imposerait, de la manière qui lui conviendra le mieux, pour fournir sa partie soit de l'imposition constante, soit de l'imposition de subvention ; et les Etats généraux donneront seulement une instruction qui n'aura pas force de loi, sur la meilleure manière dont il semble que les municipalités doivent s'imposer, étant naturel de leur en laisser la disposition, vu les connaissances locales que leurs administrateurs ne pourront manquer d'avoir.

On fixera cependant quelle partie de l'imposition doit pour le moins être fournie par un impôt territorial.

On doit aussi régler en général le cas de suspension de l'impôt pour les pays sujets à des mortalités d'arbres, de bestiaux, aux ouragans, grêles, inondations, etc.

Les députés aux Etats généraux feront valoir de leur mieux les circonstances fâcheuses dans lesquelles se trouve la plus grande partie des communautés de Provence, spécialement Aurons et lieux circonvoisins, à l'occasion de la mortalité presque assurée des oliviers, et de la privation certaine, pendant trois ou quatre ans, de toute récolte d'huile, principale denrée de leur terroir, et la seule capable de fournir à l'étendue de leurs contributions.

Art. 19. Les députés demanderont que tous les genres de dépenses soient spécialement assignés sur des impôts déterminés, et que l'on fixe en général quelle partie de l'imposition totale sur les municipalités doit rester pour les dépenses municipales et de district et quelle partie doit être employée aux dépenses provinciales et nationales, ou à rembourser telles ou telles dettes, sans qu'on puisse distraire aucune de ces sommes de leur emploi indiqué.

On imprimera le compte de l'administration des finances qui sera rendu tous les trois ans aux Etats généraux, et qui sera vérifié et certifié par eux.

Art. 20. Les députés pourront consentir aux emprunts jugés indispensables ; mais ils demanderont que les intérêts de ces emprunts soient assignés sur des impôts déterminés, et qu'il soit établi une caisse d'amortissement pour les dettes ou emprunts remboursables ; bien entendu que la nécessité indispensable des emprunts à consentir sera démontrée aux Etats généraux, et qu'ils auront été votés par la pluralité des députés qui auront ad hoc : 1° le consentement de leurs mandants, immédiatement ou médiatement par le moyen des commissions intermédiaires provinciales ; 2° la ratification finale dont il sera parlé article 30.

Art. 21. Afin de prévenir les abus que les ministres pourraient faire de la partie des revenus publics qui subsisteraient par les baux à ferme au delà du terme fixé pour la tenue des prochains Etats généraux, les députés proposeront que les deniers publics provenant de ces baux à ferme, seront d'abord spécialement affectés pour le payement des rentes et intérêts de dettes de l'Etat, et même pour le remboursement de ces dettes qui sont à terme.

Art. 22. Les députés voteront la consolidation de la dette nationale, et sous la modification exprimée en l'article 14. Aucun impôt ne sera consenti qu'après avoir reconnu l'étendue et la légitimité des engagements de la nation, après avoir vérifié et réglé les dépenses de l'Etat, et fixé, de concert avec Sa Majesté, celles qui sont indispensables pour sa maison, pour celles des princes de la famille royale, et pour le soutien de la splendeur du trône.

Art. 23. Les députés aux Etats généraux demanderont qu'il soit délibéré l'abolition de la dîme ecclésiastique, qui sera remplacée par une partie de l'impôt territorial perçu sur le produit net des terres. La destination aura pour objet les appointements des prêtres du haut et du bas clergé. Par tout le royaume, les revenus de ces ministres de la religion seront uniformes, savoir : 20,000 livres pour un archevêque, 12,000 livres pour un évêque, 2,000 livres pour chaque chanoine d'une église cathédrale ou métropolitaine, 1,000 livres pour chaque bénéficier d'une pareille église, 1,500 livres pour chaque curé, et 750 livres pour chaque vicaire.

Moyennant ce revenu fixe, dégagé de tout paye-ment de décimes, les fonctions curiales et du sacerdoce seront gratuites, ainsi que toute expédition de chancellerie épiscopale.

Les canonicats dans les églises métropoles ou cathédrales seront, à l'avenir, conférés de préférence aux anciens curés du diocèse, mieux propres que tous autres ecclésiastiques à former le conseil de l'évêque ; et les bénéficatures dans les mêmes églises seront remplies par des vicaires qui auront vieilli dans le service des paroisses, en attendant qu'ils puissent être promus à des cures, dont, dans le cas ci-dessus, ils parviendront à des canonicats.

Art. 24. Avant d'abolir la dîme, on prendra une connaissance exacte des dettes du clergé de France, et on s'occupera des moyens de les acquitter fidèlement, soit par un retranchement successif sur cette imposition territoriale, soit par les sommes qu'auront produit la vente des immeubles et les rachats des droits seigneuriaux appartenant au clergé, et dérivant de la tradition des fonds.

Toutes les abbayes commendataires, tous les prieurés simples seront supprimés ; arrivant vacants par mort ou par démission, les fonds en seront employés à l'acquittement de la dette nationale, ou à la diminution de l'impôt. Et cependant, dès aujourd'hui, pour parer en partie à ces deux objets, et on s'occupera, le revenu de toutes ces abbayes et prieurés sera réduit à la moitié pour ceux de ces bénéfices au-dessus de 6,000 livres, et au quart pour ceux de ces bénéfices au-dessus de 12,000 livres.

Art. 25. On répartira le plus également possible le produit annuel des biens du clergé, et de suite des dettes à acquitter, par ce moyen, sur les provinces subdivisées par municipalité, de sorte que cet acquittement soit périodique et complété partout en même temps. A cette époque seule, l'abolition de la dîme délibérée aux États généraux aura lieu, et les municipalités demeureront, jusqu'alors, chargées de sa levée suivant le taux d'usage, ainsi que de l'application proportionnée du produit, soit à payer les revenus annuels du haut et du bas clergé, fixé en l'article 23, soit au contingent destiné à l'acquittement partiel et progressif des dettes de cet ordre, avec la condition pourtant que si le taux de la dîme était tel qu'il résultât, après les déductions ci-dessus, un bénéfice annuel, tel excédant appartient aux municipalités, dont les administrateurs emploieraient les fonds, d'abord au remboursement de leurs dettes, ensuite au payement de leurs impositions.

Art. 26. Moyennant les trois articles qui précèdent, on obviera au défaut de résidence des membres du haut clergé dans leurs diocèses, devoir si souvent recommandé par les ordonnances du royaume, et si constamment transgressées.

Tous les grands bénéfices devenant égaux en revenus, aucun prélat n'aura intérêt à courir à Versailles pour y solliciter une translation ou une abbaye. Pour éviter les factions dans les provinces et les brigues à la cour, qui pourraient avoir lieu au moment où une place dans l'Église viendra à vaquer, il sera proposé, par les assemblées municipales, diocésaines, provinciales et nationales, suivant l'importance et l'étendue des fonctions, à confier trois sujets au Roi, qui en choisira un pour remplir cette place vacante.

Il en sera usé de même à l'égard des charges de judicature et d'épée.

Art. 27. Tous les biens-fonds appartenant au clergé séculier et régulier, ainsi qu'à l'ordre de

Malte, dont les fonctions et l'objet cesseront à l'avenir, par ce qui a été dit article 2, seront mis en vente ; et le prix servira d'abord à l'acquittement graduel des dettes, comme en l'article 24, et ensuite à l'amortissement de la dette nationale ; de manière qu'aucun membre, jouissant des revenus de ces fonds actuellement, puisse être réduit à des émoluments moindres que ceux fixés à l'article 23, selon que les fonds appartiendront aux bénéficiers y dénommés.

Et quant aux autres ecclésiastiques ou membres du clergé régulier dont il n'est pas fait mention ci-dessus, ils seront pourvus d'un honnête nécessaire selon leur état.

On ne laissera, à l'avenir, dans l'un et l'autre clergé, que des membres véritablement utiles par leurs fonctions.

Art. 28. On nommera aux États généraux des commissaires chargés de réformer les lois d'administration et les lois municipales. On établira le meilleur système de finance possible, l'uniformité des poids et mesures, les règlements qu'on jugera les plus favorables à la liberté indéfinie du commerce en général, et du commerce des grains en particulier, à l'accroissement de l'industrie et de l'agriculture, à l'amélioration de notre marine et de notre militaire.

Art. 29. On demandera la suppression des fermiers généraux, le reculement des douanes aux frontières, la réformation des gabelles, et la faculté pour chaque province de verser directement au trésor royal la portion des impôts la concernant et résultat de ceux des différentes municipalités de l'arrondissement qui auront compté au trésorier de la province.

Art. 30. Les droits seigneuriaux, dérivant de la tradition des fonds, comme cens, champarts, directe, dîmes féodales, etc., seront déclarés rachetables partiellement d'après l'estimation qui en aura été faite par expert, à la volonté des villes ou particuliers redevables, attendu que tous ces droits sont onéreux au commerce, à l'industrie, et à la sûreté de la propriété.

Art. 31. Les droits seigneuriaux, tels que la chasse, la pêche, les banalités, les droits d'albergue, les accaptes, les cas impériaux et autres, qui représentent des impôts ou qui sont des privilèges exclusifs, presque toujours très-onéreux, seront supprimés en conséquence d'un dédommagement réglé sur le taux moyen de l'intérêt. Ces droits ne sont pas une propriété, mais un engagement pris par l'État, engagement qui, par sa nature, ne peut pas être perpétuel.

Art. 32. Les justices seigneuriales seront abolies sans aucun dédommagement pour les détenteurs, comme étant une usurpation du droit de souveraineté, ou une violation du droit naturel, parce que les usurpations de cette espèce ne peuvent être légitimées par la possession, et qu'on fait grâce à ceux qui jouissent d'un droit contraire au droit naturel, en ne les condamnant pas à une restitution, et en les excusant sur une ignorance que le préjugé général peut rendre excusable.

Cette réformation opérée, les syndics des villes et lieux, aidés de conseillers élus selon les formes, auront la police, jugeront en dernier ressort pour une somme au-dessous de 100 livres, et toutes usurpations ou empiétements entre voisins, tous différends sur des passages, sentiers, carrières, etc., matière qui exige experts et vue de lieux, ensemble des connaissances que des magistrats du pays auront sûrement acquises.

Art. 33. Les droits seigneuriaux qui sont en

litige, ou qui pourront y être, entre les seigneurs et leurs vassaux, soit en corps, soit en particulier, seront discutés et jugés par des commissions établies *ad hoc* par les États généraux, composées de juges qui ne seront ni seigneurs ni vassaux, et dont moitié sera choisie par les seigneurs, et moitié par le vassal ou les vassaux.

Dans le cas d'une décision favorable aux seigneurs, il sera procédé au rachat desdits droits seigneuriaux, d'après les principes passés aux articles 30 et 31.

Art. 34. Pendant la tenue des États généraux, on nommera, dans chaque province, des commissions intermédiaires en peu nombreuses, composées des députés des trois ordres, qui correspondront, d'un côté, avec les ordres et les municipalités, de l'autre, avec les députés aux États généraux; pour que les mandants et les mandataires puissent agir pendant la durée des États généraux, avec le plus de concert et la moindre perte de temps possible.

Art. 35. Les députés demanderont dans les États généraux qu'il soit statué, par une loi précise : 1° qu'à l'avenir, les ministres du Roi seront comptables, à la nation, représentée par les États généraux, de toutes les dépenses et emplois des impôts, subsides et emprunts, de quelque nature qu'ils soient; 2° que les mêmes ministres du Roi, les administrateurs quelconques et les magistrats souverains, seront déclarés responsables de leur conduite, et qu'ils pourront être accusés, poursuivis et jugés dans l'assemblée nationale, selon les règles qui détermineront quels peuvent être les accusateurs et quels doivent être les juges.

Art. 36. Avant la fin des États généraux, on enverra dans les municipalités et aux assemblées particulières des deux ordres privilégiés, dans les provinces, les articles délibérés, numérotés et séparés les uns des autres, le plus qu'on pourra, de façon, cependant, que les objets y relatifs dont l'un ne saurait exister sans l'autre, se trouvent, s'il se peut, dans un même article.

Les municipalités et les ordres privilégiés pourront, tout de suite, s'assembler par des députés dans les chefs-lieux de leur district; et les districts pourront s'assembler dans le chef-lieu de chaque province, ou tout autre endroit de la province qu'ils auront choisi pour se concilier et s'éclairer réciproquement.

Après quoi, et sous un terme limité, les députés retourneront dans leurs municipalités, et chaque ordre, ainsi que chaque municipalité dans chaque province enverra par députés aux États généraux qui représentent le district en la province, la ratification ou son désaveu pour chaque article absolument et en entier; ou on enverra la décision à la prochaine assemblée générale, en marquant précisément, relativement à chaque article, si le vœu de la municipalité ou de l'ordre a été unanime ou à quelle pluralité de suffrages il a été donné; et la pluralité des ratifications en faveur d'une opinion lui donnera force de loi, en jugeant, comme de raison, cette pluralité du côté vers lequel se sera rangée la pluralité des habitants du royaume, considérés en total, qui auront voté dans les différentes municipalités, et les différentes assemblées des deux ordres privilégiés ; et le verbal qui constatera, en détail, cette pluralité, sera imprimé à la suite du cahier des États généraux.

Tout homme, âgé de vingt-cinq ans et qui aura roit de voter dans les assemblées municipales qui se tiendront à cette occasion, s'en fera un

devoir sacré, et sera mis à une amende commune, s'il vient à le négliger.

On examinera s'il n'y a pas de matière dans laquelle il ne devrait point se faire d'innovation, sans une pluralité des deux tiers des suffrages.

Tous les vingt ans, les États généraux nommeront des commissaires de toutes les provinces pour travailler à un dénombrement et à un affouagement général de toutes les provinces du royaume, et ils régleront la manière la plus juste de procéder à ces opérations d'après lesquelles se feront les différentes répartitions d'impôt, et les diverses estimations de l'influence respective des provinces, dans les délibérations aux assemblées nationales.

Art. 37. Les députés aux États généraux ne pourront être gênés par leurs instructions, de façon à ne pouvoir profiter du bénéfice de la discussion, et des grandes lumières qu'on a droit d'attendre de l'assemblée nationale.

La ratification finale ou le désaveu des municipalités, demandés en l'article précédent, semblent laisser aux députés aux États généraux, guidés d'ailleurs sur les choses les plus importantes par les instructions préliminaires, toute la liberté convenable, sans compromettre celle des municipalités, c'est-à-dire de la nation.

Art. 38. On donnera à la tolérance réciproque, en fait d'opinions religieuses, tout ce que les circonstances permettront à la prudence et à la raison.

Les députés aux États généraux demanderont qu'il y soit avisé aux moyens de secouer la dépendance pécuniaire dans laquelle le royaume se trouve de la cour de Rome, sans toucher en rien à l'autorité spirituelle qu'elle exerce par son chef sur la religion.

Art. 39. On nommera une commission des gens de lettres pour travailler à des livres classiques, servant à la commune instruction, et pour faire un règlement relatif à la meilleure éducation nationale pour toutes les classes de citoyens, règlement qui aura force de loi, sanctionné qu'il sera par les États généraux.

L'on abrogera les lois ou usages qui excluent tyranniquement des hautes places, dans l'épée et dans l'église, les membres du tiers-état, lesquels seront déclarés aptes à y parvenir, lorsque la naissance seule fondera la concurrence.

Art. 40. Les députés aux États généraux seront autorisés à consentir tout ce qui ne choquera pas formellement ou améliorera évidemment les articles ci-dessus énoncés, toujours avec la clause de ratification en la forme exprimée en l'article 36.

Signé Artaud; Reynaud; Naud, Reynaud; Allemand; J. Reynaud; Tuaire; Artaud; Allemand; Artaud; Reynaud; J. Reynaud; Allemand; Laurent, greffier, et Boutons, lieutenant de juge, viguier.

Coté et paraphé *ne varietur* par nous, viguier et lieutenant de juge, à Aurons, dans la salle de l'hôtel de ville, le 29 mars 1789.

Signé BOUTONS, viguier et lieutenant de juge.

CAHIER

Des doléances de la communauté de la Bastidonne, ou bastide du Prévôt (1).

Messieurs les députés de la communauté de la

(1) Nous publions ce cahier d'après un manuscrit des *Archives de l'Empire.*

Bastidonne sont priés de faire valoir, dans l'assemblée du bailliage d'Aix, les plaintes et doléances qui suivent :

Art. 1er. Abolition de toute nobilité de terre qui, dans la suite, pourrait servir à l'exemption des impôts ; sinon abolie, qu'elle ne soit qu'honorifique comme la noblesse personnelle, et une obligation de payer le tribut avec plus de générosité.

Art. 2. Que Sa Majesté, pour que toute idée d'exemption ne revive plus, soit suppliée de n'en plus accorder, même en en tenant compte aux communautés ou provinces.

Art. 3. Qu'il n'y ait qu'une seule et même forme de lever l'impôt sur toutes les terres de la province, crainte que le moindre reste de distinction amène insensiblement à l'exemption abusive.

Art. 4. Comme toute juridiction tient à la puissance exécutrice qui appartient exclusivement à l'État, anéantissement de la propriété de la juridiction féodale.

Art. 5. Abolition de toute levée publique, soit en grains ou en argent, autres que celles consenties par la nation, pour les besoins.

Art. 6. La dîme, qui n'est pas une propriété de l'Église, mais une espèce d'imposition pour la nourriture de ceux qui administrent les sacrements, sera abolie; les communautés chargées de nommer leurs pasteurs; sinon supprimée, que la manière de la lever, et sa quotité réduite à un taux relatif à la seule nourriture et entretien des ministres nécessaires, soient égales pour toute la province.

Art. 7. La nourriture étant une charge des communautés, que les administrateurs des hôpitaux soient élus par le conseil de ville, et le compte du trésorier entendu par des auditeurs nommés dans le même conseil.

Art. 8. Le code civil et criminel réformé.

Art. 9. Tous les tribunaux inutiles et onéreux réformés et même supprimés.

Art. 10. Attribution à ceux des arrondissements de souveraineté jusqu'au concurrent d'une somme déterminée.

Art. 11. Abrogation de toutes lettres attentatoires à la liberté des citoyens, et la faculté à ceux-ci, de quelque ordre qu'ils soient, de concourir pour tous les emplois militaires, bénéfices et charges attributives de noblesse, et d'y réclamer surtout contre la vénalité des offices.

Art. 12. L'abolition de tous droits de circulation dans l'intérieur du royaume, et notamment le reculement des bureaux de traite dans les frontières.

Art. 13. La convocation générale des trois ordres de la province, pour former ou réformer la constitution du pays.

Art. 14. Qu'il sera permis aux communes de se nommer un syndic avec entrée et voix délibérative aux États provinciaux.

Art. 15. L'amovibilité de la présidence et de tous les membres ayant entrée auxdits États.

Art. 16. Exclusion des magistrats et de tous officiers attachés au fisc, des États particuliers de la province.

Art. 17. La désunion de la procure du pays, du consulat de la ville d'Aix.

Art. 18. Admission des gentilshommes non possesseurs de fiefs et du clergé du second ordre.

Art. 19. L'égalité des voix pour l'ordre du tiers contre celles des deux premiers ordres, tant dans les États que dans la commission intermédiaire, et surtout l'égalité des contributions pour toutes chargés royales et locales, sans exemption aucune, et nonobstant toutes possessions ou privilèges quelconques.

Art. 20. L'impression annuelle des comptes de la province, dont envoi sera fait dans chaque communauté toutes les années ; et que la répartition des secours que le Roi accorde au pays, ensemble de l'imposition de 15 livres par feu, affectée à la haute Provence, sera faite dans le sein des États et par eux arrêtée.

Art. 21. Le conseil déclare se référer, pour tous les autres objets, soit généraux pour le royaume, soit particuliers pour cette province, au cahier général qui sera dressé dans l'assemblée du bailliage,

Signé BLACAZ, *lieutenant de juge* ; J. VACHER, *maire*, et PAUQUETTE, *greffier*.

CAHIER

Des doléances de la communauté de la Bastidonne de Sanerie, au diocèse d'Aix en Provence [1].

Sire,

Le manants et habitants du lieu de la Bastidonne de Sanerie ont l'honneur d'exposer très-humblement à Votre Majesté qu'ils habitent le village le plus surchargé de Provence, et son territoire le plus mauvais.

Les terres et les vignes sont, la majeure partie, soumises à un droit de taxe du huitième du produit, et l'autre partie à un cens annuel en blé. Les particuliers sont encore soumis au droit de corvée envers leur seigneur ; et la communauté soumise depuis peu à payer un demi-lod de dix en dix ans des biens qu'elle possède. Les charges ne sont pas égales en Provence ; et elles se trouvent encore augmentées par des droits de lods que les particuliers payent à raison du sixième de la valeur des biens qu'ils achètent ; à l'entretien d'une fontaine qui exige les réparations les plus dispendieuses, et de laquelle le seigneur s'approprie les versures des eaux, quoiqu'il n'ait ni jardin ni domaine pour pouvoir les conduire.

Ce ne sont pas là, Sire, toutes les charges qui accablent vos fidèles sujets de la Bastidonne. Il en est qui ne sont ni moins fortes, ni moins pesantes. Il n'existe, en Provence, aucun village qui n'ait des moulins à farine, et la Bastidonne n'en a point. Le seigneur oblige ses vassaux d'aller moudre leurs grains à ceux de la Tour-d'Aigues, lieu distant d'une lieue : de façon que le misérable cultivateur, qui n'a d'autres secours que celui de sa bêche, est obligé de quitter son travail, d'aller, de venir, et de retourner parfois, plusieurs jours, pour pouvoir transporter son blé en farine. Il n'y a qu'un four à cuire le pain : il appartient à la communauté par les titres les plus solennels ; et le seigneur veut s'approprier le droit de fournage. Cette contestation est, depuis environ vingt années, pendante à notre parlement de Grenoble. Comme encore le droit de taxe sur tous les fruits qui se perçoivent dans la partie du terroir qui n'est soumise qu'à une cense. De là, il arrive que n'y ayant point, en ce village, de boulanger, le misérable vassal qui n'a pu faire moudre son grain, pressé par la faim, est obligé d'aller chercher du pain aux endroits circonvoisins. Les gens du seigneur, ou les fermiers lui en trouvent en route, ils le lui prennent, et lui décernent une amende. De plus, il arrive très-souvent que, obligés de courir avec un fusil sur les bêtes fauves pour sauver leurs bestiaux, ils se voient décerner des décrets de prise au corps par les officiers du seigneur, qui est alors juge et partie dans un pays

(1) Nous publions ce cahier d'après un manuscrit des *Archives de l'Empire*.

où le gibier leur porte le plus grand préjudice pour ronger les blés et les arbres oliviers.

En un mot, ce village est si fort surchargé, que, depuis quelques années, nombre de citoyens, étant à même d'abandonner leur biens au seigneur, ne pouvant, de leur produit, retirer de quoi se nourrir et payer les charges, ils ont eu le bonheur d'acquérir des biens hermes de la communauté de Perthuis, les ont défrichés, et porté les pailles de leurs blés au village. Le seigneur les a empêchés de porter dans ces mêmes lieux la paille réduite en fumier, qu'ils y avaient récoltée.

Enfin, la dîme de notre terroir appartenait aux chanoines de Valence ; ils l'abandonnèrent pour être déchargés du payement du curé, secondaire clerc, matière, etc. Depuis cette époque les curés n'avaient voulu l'accepter, et la communauté était obligée de ne pas fournir au déficit ; et elle serait dans la même position si elle n'avait obligé le sieur curé actuel de s'en contenter pour sa portion congrue. De sorte que depuis, il n'y a plus de vicaire dans un lieu où la population a augmenté considérablement. Toutes les charges sont certainement bien pesantes ; et la mortalité générale de nos oliviers, seule ressource qui nous restait pour payer les mêmes charges, nous est enlevée. Il ne nous reste plus, Sire, que de réclamer de votre auguste bienveillance de recevoir nos très-humbles et très-respectueuses doléances, et supplier votre justice de nous mettre à l'instar des autres villages de Provence ; et nous ne cesserons de prier l'Être suprême pour la durée des jours du plus grand de tous les monarques.

Signé Rougier ; Pourret ; Sylvestre ; Rey ; Escariot ; Girard ; Querel ; Rey ; Moure ; Ferrat ; Giniet ; Gelus, et Gérard, lieutenant de juge, viguier.

CAHIER

De plaintes, doléances et remontrances de la communauté de Baudinard, viguerie de Bayol, sénéchaussé d'Aix, faites au conseil municipal de la communauté dudit Baudinard, assemblé dans la maison de ville dudit lieu, le 22 mars 1789 ; en suite des ordres de Sa Majesté, portés par les lettres données à Versailles, le 2 du courant mois de mars, pour la convocation et tenue des États généraux, et de l'ordonnance de M. le lieutenant général en la sénéchaussée générale de Provence séant à Aix (1).

Il n'est guère possible de mettre sous les yeux du gouvernement tous les objets de charges de cette communauté ; nous nous bornerons à les exposer sommairement.

Les inégalités qui règnent dans la répartition des charges de cette province aggravent notre situation. Il est démontré que la haute Provence paye le quart de ses revenus, tandis que le grand nombre des communautés de la basse Provence ne payent qu'un vingtième et même un trentième de leurs revenus ; indépendamment qu'elles jouissent d'un plus beau sol, elles ont des ressources que nous n'avons pas ; la crainte d'être prolixe ne me permet pas d'entrer dans de plus grands détails ; nos besoins sont connus de tous les bons citoyens, avec lesquels nous nous joignons pour demander à notre auguste souverain :

L'égalité des charges et contributions, tant royales que locales, sans exception aucune et non-

nonobstant toutes possessions ou priviléges quelconques.

La communauté de Baudinard est affouagée un feu et un douzième. La totalité du cadastre est portée à 46,378 livres 6 sous. L'imposition que la communauté fait annuellement pour acquitter les charges royales, provinciales, celles de la viguerie, et celles de la communauté en particulier, est d'un sou sur chaque franc cadastral ; ce qui produit 2,318 livres 18 sous. Les biens traitables du seigneur, qui sont portés à 13,021 livres y sont compris. Néanmoins, par une transaction qui fut passée, le 9 juin 1699, par-devant maître Bourges, notaire de ce lieu, entre le seigneur et la communauté, il est dit que la communauté prélèvera annuellement audit seigneur le tiers du montant de la taille de ces biens roturiers, en sorte que le seigneur ne paye annuellement que 434 livres 6 sous, tandis qu'en suivant l'imposition commune, il en payerait 651 livres (*nota* que le seigneur ne possédait à l'époque de ladite transaction qu'environ un tiers de ceux qu'il possède aujourd'hui).

Les habitants de cette communauté payent audit seigneur un droit sur les grains, appelé taxe, qu'il perçoit sur les grains et légumes qu'ils perçoivent dans leurs terres. Il n'y a qu'une espèce de légume, appelée garoutte, qui en soit exceptée. La taxe se perçoit sur le taux d'un quatorzième ; suivant l'esprit de la sentence arbitrale qui fut rendue le 10 mars 1426, le seigneur n'a pas le droit de taxer les sous des moutons ; aujourd'hui il taxe tout.

Chaque habitant est encore soumis envers ledit seigneur de lui payer un droit annuel appelé boage et service : lequel est fixé à deux passaux avoine, vieille mesure, et 4 sous argent pour chaque habitant. Et ceux qui ont un bœuf, ou un mulet, ou une jument, en payent trois passaux et 6 sous argent ; et s'ils ont une charrue, ils sont obligés d'en payer quatre passaux, toujours vieille mesure, et 8 sous argent.

Le four de ce lieu est banal : il appartient au seigneur ; et les habitants, pour faire cuire leur pain, payent le droit de fournage sur le prix d'un trentième.

La communauté paye encore annuellement audit seigneur une pension féodale de 5 livres 14 sous, qualifiée droit d'albergue, puits et forge.

Une autre pension féodale, aussi annuellement de 50 livres, dont les motifs sont relatés dans une transaction qui fut passée, le 17 mars 1664, par-devant maître Augier, notaire à Aix, entre le seigneur et la communauté.

Troisièmement, une autre pension féodale à laquelle la communauté est encore obligée, en faveur dudit seigneur, huit charges de blé bon marchand et de recette facultative à la communauté de convertir le blé en argent sur le pied des rapports du troisième marché du mois de décembre des villes de Riez et d'Aups, au choix dudit seigneur, suivant la transaction du 23 août 1760, notaire Pelloquin, à Baudinard.

Les habitants payent le droit de lods audit seigneur de toutes les ventes qui se font des biens situés dans le terroir ; la communauté demande l'abolition du droit de lods et treizais, et du retrait féodal.

Ils payent la dîme de tous les grains, vins et agneaux sur le pied du treize ; demandent encore la suppression de la dîme, et que chaque communauté payerait ses prêtres et vicaires, et du casuel, comme étant scandalisée, et tendant au mépris de la religion et de ses ministres.

Dans la terre de Baudinard, il y a des bois de

---

(1) Nous publions ce cahier d'après un manuscrit des *Archives de l'Empire.*

chênes verts d'une étendue immense. Les habitants ont le droit et la faculté d'aller paître leurs troupeaux, d'y faire glandenger et d'en cueillir et ramasser lors du terme permis ; et couper du bois sec pour le chauffage des habitants dans le quartier appelé le Deffens de Vaumogne, de même que dans tous les autres bois appelés vulgairement Auzières ; et que dans le cas où la communauté, de concert avec le seigneur, viendrait à vendre le gland, ramage et herbages dudit Deffens de Vaumogne, le produit serait à partager.

Par acte passé devant maître Pelloquin notaire à Baudinard, sous la date du 15 janvier 1760, la communauté et le seigneur s'accordèrent de vendre une partie de ces bois de chênes verts, et de les faire défricher pour les mettre en culture, et d'en passer un acte de bail de neuf années, et que du produit de cette ferme, le seigneur en aurait les deux tiers ; le restant serait pour la communauté. Cet arrangement n'eut point d'effet.

Cependant, au mépris de ces titres, le seigneur, de son autorité et sans en faire part à la communauté, a vendu, par différents actes qu'il a passés, toute cette partie de bois immense, et il en a retiré 60,000 livres, sans compter les réserves qu'il s'est faites dans le charbon et le bois.

Le seigneur exige des habitants de quitter leurs travaux, même dans le temps des moissons, soit pour le charriage des gerbes, foulage, que autres, de quelque nature qu'ils soient; de lui faire les travaux, soit à bras, soit avec les mulets, bœufs, que les autres, sous un prix très-modique, et quelquefois arbitraire.

Et ledit seigneur exige encore qu'aucun habitant ne puisse couper dans les bois communs aucune poutre, ni autres de pareille nature, même pour les besoins urgents, quoique lesdits habitants en aient eu, de tous les temps, la faculté.

Par une suite des mêmes entraves, dans lesquelles les habitants sont depuis quelque temps, le seigneur a fait construire, depuis un certain temps, un moulin à huile, et prétend les soumettre à la banalité, en leur faisant payer le droit de mouture sur le pied du 12, sans qu'il ait d'autre titre que son autorité ; et si quelques habitants s'oublient d'aller détriller les olives ou noix hors du lieu, ledit seigneur se roidit contre eux ; et en vertu du même titre, sans avoir aucun égard aux pensions féodales que la communauté lui paye, que les habitants avaient d'aller cueillir une espèce de graine propre pour la teinture, appelée vulgairement grenon, ledit seigneur comprend dans ces baux à ferme cette partie de production qui se trouve dans les bois, de même que les truffes et broutes des buis propres pour faire des boîtes, dont du tout il en tire un produit.

Voilà les justes doléances que nous avons décrites en raccourci, et qui intéressent la pauvre communauté de Baudinard.

Quant à ce qui peut intéresser la prospérité de la province et le bien du royaume en général, la communauté de Baudinard se joindra avec plaisir avec toutes les autres communautés de la province, qui ne manqueront pas de faire leurs réclamations, en présentant leurs doléances et remontrances, comme la réformation du code civil et criminel.

La suppression de tous les tribunaux inutiles, onéreux ; une attribution à ceux des arrondissements jusqu'au concurrent d'une somme déterminée.

L'abrogation de toutes lettres attentatoires à la liberté des citoyens ; d'y réclamer surtout contre la vénalité des charges.

Une modération dans le prix du sel, rendu uniforme dans tout le royaume.

L'abolition de tous droits de circulation dans son intérieur, et notamment le reculement des bureaux des traites dans les frontières.

Qu'il soit permis aux communes de se choisir un syndic avec entrée aux Etats, de s'élever contre la perpétuité de la présidence, et contre la permanence de tout membre non amovible ayant, en l'état des choses, entrée aux Etats.

Un plus grand nombre de voix pour l'ordre du tiers contre celles des deux premiers ordres, tant dans les Etats que dans la commission intermédiaire.

L'impression annuelle des comptes de la province, dont envoi sera fait à chaque communauté.

Qu'il soit permis à chaque communauté de supprimer les cens seigneuriaux, de quelque nature qu'ils puissent être, de même que tous les droits seigneuriaux qui ne sont établis que pour ruiner les habitants qui se trouvent dans le cas, et les tenir dans les entraves.

La désunion de la procuration du pays avec le consulat de la ville d'Aix, et que les procureurs du pays ne puissent être choisis que dans l'ordre du tiers.

La communauté demande d'être réintégrée dans la mairie, puisqu'elle en avait payé les offices, et de jouir des prérogatives y attribuées.

Comme encore du droit de dais que messieurs les évêques exigent abusivement dans toutes les paroisses où ils vont faire leurs visites pastorales.

Pour favoriser l'agriculture et pour tranquilliser les cultivateurs, nous demandons la suppression des milices, comme étant très-préjudiciables et occasionnant quelquefois la perte des familles.

La suppression des gabelles et de tous les employés qui entrent insolemment dans les maisons des habitants, surtout de la campagne, pour y faire des visites. Que bien souvent il est arrivé qu'ils ont eu la méchanceté de faire cacher de la contrebande, à l'insu des maîtres ou des propriétaires. Ils en dressent ensuite des procès-verbaux, et ruinent les habitants par un excès d'horreur et d'injustice.

Qu'il soit défendu de tuer des veaux et des agneaux pendant l'espace de cinq ans, sans quoi l'agriculture ne peut plus parvenir à cultiver les terres, ni à les engraisser.

Qu'il soit permis aux habitants de tenir au moins deux chèvres sur chaque troupeau, attendu que le pays ne fournit pas d'huile, et que bien souvent de pauvres malades ont besoin de lait.

Nous supplions très-respectueusement notre souverain monarque qu'il soit permis aux habitants de cette communauté de construire des aires dans les propres fonds, tandis que les aires qui sont dans le terroir sont trop restreintes pour faire la perception de leurs récoltes, dans le temps le plus propre de l'été et belle saison.

La communauté demande encore qu'il soit permis auxdits habitants, qui ont construit nouvellement des bastides, ou qui en construiront à l'avenir, aient le droit de construire un four pour cuire le pain qui leur est nécessaire, attendu que le dérangement de venir cuire leur pain au four banal du village, leur cause un dérangement terrible, et encore d'une aire, à laquelle ils ne sont pas moins intéressés.

La communauté demande encore d'avoir la

permission de construire un four pour faire cuire le pain des habitants.

La communauté demande encore qu'il lui soit permis d'aller ramasser le ramage qui tombe des arbres de chêne vert; que dans la succession des temps, ce feuillage de dessous ces arbres s'en fait un fumier pour servir à engraisser les terres, et que par ci-devant, il y a environ quelques temps, que cela était permis.

La communauté est bien aise de mettre sous les yeux du gouvernement que les pauvres habitants ont droit d'aller couper du bois sec dans les forêts et bois de ce lieu; si malheureusement quelque habitant coupe un morceau ou une branche de bois vert dans un arbre qui menace ruine entière, et s'il est trouvé par un des gardes établis par le seigneur, il va le dénoncer et le ruine par des frais immenses qu'il lui fait, jusqu'à lui faire essuyer toutes les rigueurs de la justice, tantôt à un 500 livres, à un autre, pour faire une cloison d'hormis dans son champ, 250 livres, à un autre 2,200 livres, à un autre 200 livres pour un peu de ramage qu'il coupe pour seconder son bétail, dans la rigueur de l'hiver, et autres.

Le seigneur nomme, de son autorité privée, un garde-terre selon son désir, et il lui fait donner par la communauté, toutes les années, 30 livres.

Nous attendons, avec la plus respectueuse confiance, un heureux succès, puisque le meilleur des rois, par un effet de sa bonté, daigne essuyer nos larmes en recevant nos justes plaintes; comme encore de demander la permission de faire chasser aux lapins qui causent des dégâts considérables, tant aux semis, arbres et autres fruits, quelquefois même détruisent les récoltes en grains.

Demandent encore qu'il soit permis aux habitants de faire construire des colombiers à cheval par-dessus les maisons ou bâtiments de campagne.

Fait et arrêté dans la maison de ville de ce lieu de Baudinard, ledit jour 22 mars 1789, et signé qui a su.

Signé Bourges, lieutenant de juge; Terrasson, consul; Binon, consul; Bourges; Allègre fils; Gom, fils; Peironet; Baganne; Terrasson; Martin; J.-F. Simon; Constant; Amieth; N. Pellegrin; Martin, Amieth; A. Simon, M. Gijeur; et J.-S. Martin, greffe

CAHIER

Des doléances de la communauté de Beaurecueil (1).

Le terroir de Beaurecueil, naturellement très-sec, présente un sol aride et des plus ingrats du pays de Provence. La nature n'a rien fait pour les hommes dans cette partie de rou; il faut que l'homme y fasse tout. Ce n'est que par un travail opiniâtre et continuel qu'on peut arracher quelque production à la terre. Le moindre accident réduit les habitants à la plus affreuse misère; les trois quarts manquent de pain une grande partie de l'année.

Ce rou infertile n'a point échappé à la féodalité; et c'est le seigneur seul qui profite du travail de ses habitants. Il y a banalité de toute espèce; droit de chasse; et le seigneur entretient un colombier qui détruit les légumes que le malheureux habitant cultive.

La communauté avait, comme toutes les autres, les droits d'usage et la faculté de faire du bois dans la terre gaste. Le seigneur veut la priver de ce droit, et il abuse de ce que sa misérable communauté n'est pas assez forte pour lutter contre lui.

Il y a une succursale dans le pays qui est de la paroisse du Thoulonet. Il y a plus qu'il ne faut d'habitants à Beaurecueil pour que la succursale soit érigée en paroisse; et y a nécessité, attendu qu'une rivière, qu'on ne peut pas toujours traverser, sépare la plus grande partie des habitants de la demeure de leur curé.

La communauté de Beaurecueil demande:

1° Que le droit de chasse soit aboli, les gardes-terre, les chasseurs et les chiens étant plus incommodes que le gibier dont on peut se délivrer par des moyens moins onéreux; elle demande:

2° Que la succursale soit érigée en paroisse;

3° Que les petites communautés de la Provence aient un défenseur ou syndic ou un bureau de syndics, défenseurs libres, indépendants, et qu'on ne soit pas obligé de payer à l'effet de faire valoir les droits des petites communautés contre leur seigneur.

Les grandes communautés ont des moyens pour se défendre; les petites n'en ont point; et souvent même elles ont des droits à faire valoir contre les grandes communautés.

La petite communauté de Beaurecueil est dans ce cas vis-à-vis de la communauté d'Aix. Elle était exempte autrefois des droits d'entrée; elle venait y vendre ses denrées librement. Depuis quelque temps, on y a mis obstacle : le seigneur seul en jouit aujourd'hui, ainsi que les possédants biens qui résident à Aix.

Un moyen plus simple et plus naturel encore de donner de la consistance à cette communauté, ce serait de la réunir à la communauté de Roquet-Hautes, dépendant du même seigneur, et déjà comprise sous un même rôle de capitation.

Signé Roché, lieutenant de juge; Gabriel Gautier; Pierre Rocher; Antoine Roché; P. Roubard; P. Sorger, et B. Cheilan.

DOLÉANCE ET PLAINTES

De la communauté de Belcodène (1).

L'assemblée de cette communauté, touchée de ce que le Roi daigne s'intéresser à son sort, et l'autoriser à faire un tableau de ses doléances et de ses plaintes, pour concourir aux vues bienfaisantes qui le dirigent pour régénérer son royaume; ladite assemblée se conforme et se joint à toutes les plaintes et doléances qui seront faites par toutes les communautés de la sénéchaussée pour le bien général; et cependant, pour ce qui la regarde en particulier, Sa Majesté sera suppliée de vouloir bien permettre à tous les habitants de cette communauté l'affranchissement de la taxe, c'est-à-dire, d'un dixième sur tous les grains et vins que produisent annuellement les terres, remises, à cette condition, aux particuliers, par le seigneur du lieu de Belcodène.

Signé B. Velin, lieutenant de juge; Jean Étienne; Joseph Collomb, et Garnier.

Paraphé *ne varietur*, dans le logis de la Pomme, le 31 mars 1789.

Signé B. VELIN.

---

(1) Nous publions ce cahier d'après un manuscrit des *Archives de l'Empire*.

(1) Nous publions ce cahier d'après un manuscrit des *Archives de l'Empire*.

CAHIER

Des doléances, plaintes et remontrances de la ville de Berre, rédigé dans le conseil général de tous chefs de famille, convoqué et tenu le 29 du présent mois de mars, en exécution de la lettre de Sa Majesté du 2 courant, et de l'ordonnance sur ce rendue par M. le lieutenant général au siége général de Provence, le 11 de ce mois (1).

Art. 1er. Le premier vœu des habitants de la ville de Berre est que les députés de la province aux Etats généraux soient spécialement chargés de ne voter dans iceux qu'autant qu'ils seront légalement constitués, en conformité du vœu le plus général consigné dans le résultat du conseil d'Etat du Roi du 27 décembre 1788.

Art. 2. Les susdits députés seront chargés très-expressément de ne voter aucun subside ou impôt qu'après que les lois et la constitution auront été établies et proclamées auxdits Etats.

Art. 3. Requerront, lesdits députés, l'abolition des lettres de cachet, comme attentatoires à la liberté et à la sûreté individuelle des citoyens.

Art. 4. Seront chargés, lesdits députés, de solliciter la liberté de la presse avec telle mesure qu'il paraîtra convenable auxdits Etats devoir lui être accordée.

Art. 5. Lesdits députés demanderont que les communautés soient maintenues dans les dépendants des offices municipaux qu'elles ont achetés, et surtout que le maire ait le droit d'autoriser les conseils, comme il les autorisait, quand les maires pourvus par le Roi exerçaient.

Art. 6. Solliciteront aussi, lesdits députés, que la police soit attribuée aux consuls, comme magistrats choisis par le peuple pour le gouverner.

Art. 7. Requerront, avec la plus vive instance, lesdits députés, la suppression des tribunaux d'exception, comme inutiles et onéreux, et surtout des justices seigneuriales, dont les officiers ne cessent de vexer les peuples ; ou, du moins, qu'il soit expressément défendu auxdits officiers de prendre des procédures qui leur servent de moyens de vengeance ; et qu'en matière civile il soit permis, tant au demandeur qu'au défenseur, de plaider en première instance par-devant le lieutenant de la sénéchaussée du ressort, si mieux n'aiment, les parties, se pourvoir par-devant le juge du lieu.

Art. 8. Lesdits députés demanderont que les cours souveraines enverront toutes les années une commission dans les communautés, à l'effet de constater de l'état du greffe de la juridiction, et de recevoir les plaintes des habitants contre les officiers de justice, dont et du tout il sera dressé procès-verbal, pour, par lesdites cours, être statué ce qu'il appartiendra.

Art. 9. Requerront également, lesdits députés, que les justices civile et criminelle seront réformées avec la plus scrupuleuse attention.

Art. 10. Lesdits députés demanderont aussi que les charges ne seront plus vénales à l'avenir ; et que le tiers-état sera désormais admis aux honneurs et aux places, soit dans le service militaire de terre et de mer, soit dans la magistrature et les cours de justice, soit dans les chapitres et dignités de l'église, comme encore à tous les établissements publics.

Art. 11. Requerront très-instamment lesdits députés le rachat de toute taxe personnelle, ainsi que de toute banalité, comme affectant la liberté, et étant un prétexte journalier de vexations et surexactions ; comme encore de tous les cens et directes particulières qui ne servent qu'à la dégradation des fonds, et empêchent de les porter à un juste produit ; et, en outre, la liberté de la pêche et de la chasse, chacun dans sa propriété.

Art. 12. Lesdits députés demanderont que les communautés ne seront plus asservies au droit d'indemnité des édifices qui leur sont nécessaires, comme maison curiale, maison de ville, etc., attendu que quand le seigneur a appelé des habitants dans sa terre, il n'a pu se dissimuler qu'ils ne pourraient se passer de ces édifices.

Art. 13. Solliciteront aussi, lesdits députés, la réunion des fiefs qui sont sortis du domaine des comtes de Provence, au préjudice de la constitution qui déclarait leur inaliénabilité.

Art. 14. Lesdits députés requerront la suppression et extinction de la dîme, à la charge, par les communautés, de pourvoir aux honoraires des curés et vicaires, ensemble aux autres dépenses relatives au service divin ; ou du moins que les décimables seront autorisés à prélever, avant la levée de la dîme, les semences et frais de culture ; auquel cas la dîme serait fixée par une loi expresse, de manière à prévenir les vexations et les procès.

Art. 15. Solliciteront, les députés la réduction des pensions, et la vérification des titres, pour icelles être supprimées ou continuées le cas échéant ; et qu'à l'avenir il n'en puisse être accordé que pour des services rendus à l'Etat, et relativement à leur importance.

Art. 16. Requerront également, lesdits députés, la responsabilité des ministres de leur gestion et de l'emploi des subsides ou impôts jusqu'à la reddition ou affinement de leur compte, qui sera rendu public par la voie de l'impression ; comme aussi la responsabilité des administrateurs et commandants des provinces de leur conduite ; et une loi expresse qui fixe et détermine les cas où ils pourront être dénoncés aux Etats généraux et la forme à laquelle ils pourront être poursuivis et jugés.

Art. 17. Lesdits députés demanderont que le commerce jouira d'une pleine et entière liberté, et que tous les droits sur les denrées territoriales soient supprimés, comme aussi les bureaux de perception des droits royaux sur les marchandises seront reculés vers les frontières.

Art. 18. Requerront, lesdits députés, l'assemblée des trois ordres pour qu'il soit procédé à une nouvelle formation des Etats de la province, et que, tant dans iceux, qu'aux Etats généraux, nul ne pourra être député par sa place ; comme aussi que l'ordre du tiers y ait un nombre de représentants au moins égal à celui des deux autres réunis, et à ce que les suffrages y soient invariablement comptés par tête et non par ordre.

Art. 19. Requerront aussi, lesdits députés, qu'à l'avenir aucun subside ou impôt ne pourra être établi sans le libre consentement de la nation, et n'être levé que pendant le temps qui aura été prescrit.

Art. 20. Lesdits députés solliciteront aussi que les subsides et impôts les moins onéreux par la facilité dans la perception seront préférés ; comme encore que tous les impôts seront également répartis sur tous les ordres sans aucune espèce d'exemption ou de distinction, pour qui et pour quelque cause que ce puisse être.

Art. 21. Les députés demanderont qu'il ne soit établi aucun impôt qu'après qu'on aura arrêté

---

(1) Nous publions ce cahier d'après un manuscrit des *Archives de l'Empire.*

toutes les économies dans chaque partie de l'administration.

Art. 22. Requerront, lesdits députés, qu'il soit fait un tarif qui fixe la taxe des actes notariés, eu égard à leur nature et à leur importance, comme aussi des extraits desdits actes relativement à leur ancienneté.

Art. 23. Demanderont avec instance, lesdits députés, que les Etats généraux seront périodiquement convoqués, au moins de trois en trois ans.

Art. 24. Solliciteront aussi lesdits députés la confirmation de tous les priviléges de la ville de Berre, autres que les exemptions pécuniaires ; lesquels seront exhibés et joints avec le présent cahier.

Art. 25. Demanderont également, lesdits députés, le rétablissement des greniers à sel dans la ville de Berre, et l'usage du sel qui s'y fait.

Art. 26. Lesdits députés réclameront très-instamment le desséchement des marais voisins de la ville, et spécialement de l'étang du Brignon, comme la cause principale des maladies qui affligent et dépeuplent considérablement l'habitation.

Art. 27. Lesdits députés seront autorisés généralement et suffisamment pour proposer, remontrer, aviser et consentir tout ce qui peut concerner les besoins de l'Etat, la réforme des abus, l'établissement d'un ordre fixe et durable dans toutes les parties de l'administration, la prospérité générale du royaume, et le bien de tous et chacun des sujets de Sa Majesté.

Signé Gatte, viguier, second juge ; Pillon, maire, consul ; Antoine Lautier, sans approbation du desséchement du Brignon ; Artaud, consul ; Gouret ; A. Dous ; J. Castillon, ex-consul ; J. Gouret, ex-consul ; Galleigne ; Benoît ; Jay ; Reye ; Janet ; J. Ponsard ; Joseph Jauffret ; P. Adoul ; Lanet ; P. Reyre ; Mille ; Chausse ; P. Lanet ; Durand ; Laurent Barthélemy ; Daud ; Jacques Gibous ; Joseph Pellegrins ; Mourret ; Jean-Paul Gros ; Gallon ; Aimuret ; Jacques Castillon ; Boyer ; Escalon ; J. Gazier ; Giraud ; Paul Lautier ; F. Vaillen ; Martin ; Joseph Vaillen ; Durand fils ; Goireau, médecin ; Crépieu ; J. Breugier ; Salomon ; Guillien ; Lion ; Laurent Castillon ; Fenoise ; Roux ; Laurent ; Noyer ; Joseph Vaillen , et Ponsard, greffier.

ÉTATS DES TITRES ET PRIVILÉGES

Concernant la terre de Berre, conservés aux archives de Sa Majesté, en Provence, depuis l'an 1150 jusqu'en 1700.

En 1259, août.

Convention entre Charles Ier et Guillaume Des Baux, seigneur de Berre, sur le prix du sel dudit lieu, à la 12e pièce cotée M. 11e liasse, 4 : carré, Armoire du trésor et folio 48 ; registre n° 25 ; armoire C.

En 1291, novembre 4.

Privilége pour avoir des foires et tenir des marchés à Berre, par Bertrand Des Baux, seigneur dudit lieu ; folio 145 scalco ; recto, armoire A.

En 1365, avril 9.

Convention passée entre la communauté de Berre et celle du Port de Maure, rivière de Gênes, par laquelle elles peuvent respectivement sortir toutes marchandises de leur port, et l'aller vendre dans l'autre sans payer aucuns droits ; folio 387 ; registre Libertas ; armoire B.

En 1377, septembre 25.

Information de tous les droits de cour royale à Berre, Saint-Genest-du-Martigues, Istres, Lançon et autres ; folio 1 jusqu'à 81 ; registre cote Laquex ; armoire C., n° 27.

En 1388, février 26.

Vente faite par la reine Marie et Louis son fils, en faveur du prince de Capoue, de terres de Berre, Martigues, Lançon et Istres à la 38e pièce ; liasse cotée NN ; 6e carré ; armoire 9.

En 1390, mars 18.

Privilége pour la communauté de Berre ; folio 315 ; 8e registre Libri ; armoire K.

En 1390, juin 18.

Privilége accordé à la communauté de Berre par la reine Marie, portant permission d'élire deux consuls et huit conseillers tous les ans, le 6 janvier, jour des Rois ; de dépaître et faire du bois dans le terroir de Lançon, Lafare, Rognac et dans toutes les terres dépendantes de la baronnie de Berre et lieux circonvoisins ; et défenses aux étrangers de dépaître au terroir dudit lieu ; folio 315, 8e registre Libri ; armoire A.

En 1301, juillet 10.

Privilége de la reine Marie, qui permet à la communauté le passage de la Cathène ou l'île de Saint-Genest, à Martigues, avec leurs bateaux et marchandises, sans rien payer, nonobstant la défense qui leur avait été faite par les officiers de Martigues ; folio 389 ; registre Libertas ; armoire B.

En 1394, octobre 3.

Confirmation par la reine Marie des priviléges, donations et libertés accordés aux communautés et baronnie de Berre, Istres, Lançon, Rognac et Entressens ; folio 390 ; registre Libertas ; armoire B.

Ladite reine avait donné à la communauté de Berre, le 30 septembre 1394, le privilége d'être toujours conservée dans le domaine royal, avec permission même, en cas d'aliénation, de s'opposer et prendre les armes, si besoin est, sans encourir aucun crime.

En 1394, décembre 3.

Privilége de la reine Marie, portant que l'étang dit Brignon, appartenant à la cour royale, ne sera pas fermé à cause des maladies que sa corruption pourrait causer aux habitants de Berre ; folio 390 ; V. registre Libertas ; armoire B.

En 1396, février 25.

Permission par la reine Marie, à la communauté de Berre, de porter à leur étendard, bannière et cachet, les armes qui s'ensuivent, savoir : de gueule avec un lion rampant d'argent, la queue de fer, couronné et onglé d'or, une hermine des armes de Bretagne, portant , sur les épaules, les armes royales de Sicile et d'Anjou ; folio 391 ; V. registre Libertas ; armoire B.

En 1396, mars 17.

Confirmation de Louis II des priviléges de la communauté de Berre ; folio, 392 ; registre Libertas, armoire B.

En 1399, octobre 16.

Louis II donne à Charles de Tarente, son frère, l'ile de Martigues, la baronnie de Berre, Istres, Lançon et Rognac, avec leurs droits seigneuriaux y détaillés ; folio 121, V. registre Armorum ; armoire A.

En 1399, octobre 17.

Charles, fils du roi de Sicile, prince de Berre, accorda à la communauté dudit Berre : 1° la faculté de dépaître et faire du bois dans le terroirs de la baronnie de Berre ; 2° que les officiers de Berre seront annuels et étrangers ; et confirme les priviléges de la communauté, folio 393 ; registre Libertas ; armoire B.

En 1405, mars 13.

Louis II donna à Nicolas Ruffi, comte de Croton et à ses successeurs la baronnie de Berre, Lançon, Istres et Rognac, l'isle de Martigues, et tous les droits seigneuriaux y détaillés ; folio 243 ; registre Lividis ; armoire A.

En 1405.

Hommage portant confirmation des priviléges accordés par Louis II à la communauté de Berre ; folio 43 ; registre coté 12 ; armoire N.

En 1405.

Lois II donna à Nicolas Ruffi de Calabre, marquis de Croton, comte de Contoquoi et à ses successeurs la baronnie de Berre, Lançon, Istres, Rognac et autres lieux et villes qui sont membres de ladite baronnie de Berre, avec l'isle du Martigues et tous les droits seigneuriaux détaillés ; folio 343 ; registre Lividis ; armoire A.

En 1419, octobre 4.

La reine Yolande confirma les priviléges de la communauté de Berre ; folio 399 ; registre Libertas ; armoire B.

En 1420, juin 18.

Privilége accordé par la reine Yolande, portant permission à la communauté de Berre de donner à acapte sans payer aucuns lods ni tresains, et que les biens qu'ils échangeront ou donneront en mariage ne seront sujets à aucuns lods ni tresains ; folio 396 ; registre Libertas ; armoire B.

En 1428, août.

Charles, frère du comte de Provence, gouverneur, permit à la communauté de Berre de lever la rive sur les animaux, vins et autres choses y énoncées, dont le tarif y est également dénommé ; folio 397 ; registre Libertas ; armoire B.

En 1442, mars 19.

Hommage de la baronnie de Berre pour le comte du Maine, frère du roi René ; folio 111 ; registre n° 7 ; armoire N. Des hommages.

En 1442, mars 8.

Charles, frère du comte de Provence, confirme les priviléges de la communauté de Berre ; folio 398 ; registre Libertas ; armoire B.

En 1443, juillet 6.

Sentence rendue par le juge d'Aix, qui permet aux habitants de Berre de pêcher jusqu'au pont de l'île Saint-Genest, au Martigues, et de passer la Cathène ; folio 398 ; V° registre Libertas ; armoire B.

En 1443, février 12.

Sentence rendue par le gouverneur de Provence entre les communautés de Berre et de Lançon, portant qu'elles pourront, l'une et l'autre, faire dépaître aux montagnes de Calisanne et autres ; folio 400 ; V° registre Libertas, armoire B.

En 1481, janvier 22.

Confirmation et nouvelles commissions des priviléges de la ville de Berre, portant exemption de tous péages, leydes et pulvérages, et faculté de jouir des mêmes priviléges et franchises de la ville de Marseille ; folio 207 ; V° registre Corona ; armoire A.

En 1515, janvier.

Confirmation des priviléges pour la communauté de Berre ; au folio 27 ; registre Magdalenes ; armoire A.

En 1525.

Investiture de plusieurs biens sis au terroir de Berre, désignés et confrontés pour Jean Séverin ; folio 260 ; V° registre n° 4 ; armoire N. Des acaptes.

En 1543.

Procès-verbal sur la réunion de la terre de Berre ; folio 264 ; registre n° 6 ; armoire P. Du domaine.

En 1547, janvier.

Le roi Henri confirme les priviléges de la communauté de Berre ; folio 401 ; V° registre Libertas ; armoire B.

En 1564, octobre.

Le roi Charles confirme les priviléges de la ville de Berre ; folio 402 ; registre Libertas ; armoire B.
Louis XIII confirme à la communauté de Berre tous ses priviléges ; folio 139 ; V° registre Clémentis, armoire B.

CAHIER

Des remontrances et doléances des habitants de la paroisse de ce lieu de Brue (1).

Les habitants de ce lieu de Brue n'ont rien à demander, puisqu'ils ne possèdent rien en propriété dans le terroir, messire Georges de Roux, chevalier, conseiller d'État, étant le seul propriétaire et seigneur de cette terre.

Leur intérêt serait pourtant que M. le marquis de Roux fût payé de 6,140,000 livres, qui lui sont dus par le Roi, savoir : 6,000,000 pour le prix de huit vaisseaux qui lui furent pris par les Anglais, avant la déclaration de la guerre de 1756 ; de laquelle somme le Roi en a été remboursé à la paix par l'Angleterre , et 140,000 livres, en la valeur de 12,000 sequins vénitiens que les correspondants de M. le marquis de Roux à Constantinople avaient remis à l'écrivain du Roi, lorsque feu M. le chevalier de Caylus fut chargé de ramener l'ambassadeur du Grand Seigneur ; laquelle

---

(1) Nous publions ce cahier d'après un manuscrit des *Archives de l'Empire.*

fut dissipée par feu M. de Caylus qui se la fit remettre par l'écrivain.

La restitution de ces deux sommes à M. le marquis de Roux influerait beaucoup au bien des habitants de cette paroisse de Brue.

Depuis environ cinquante ans qu'il a fait l'acquisition de cette terre, il s'y était occupé à faire bâtir un village qu'il avait peuplé. Il avait élevé des fabriques et manufactures en tous genres ; toutes les terres furent cultivées ; et il avait porté la population à près de 3,000 habitants.

Un prétendu créancier fondit dans un moment les pénibles travaux de M. le marquis de Roux, de vingt-cinq ans, par des saisies injustes qui furent cassées par arrêt.

Mais ces saisies ayant mis la terreur et l'épouvante parmi les habitants et fabricants de Brue, les uns ont remis leur bilan et ont emporté leurs fonds à Nice ; d'autres sont sortis du village en emportant les capitaux des fermes ; et la population s'est réduite à un fort petit nombre.

Nous ne saurions détailler les grands biens que M. le marquis de Roux faisait dans cette contrée ; ils sont immenses.

Il serait de l'intérêt des habitants de ce lieu, que M. le marquis de Roux fût exactement payé par le Roi des 6,140,000 livres qui lui sont dus, parce qu'avec cette somme M. le marquis de Roux, quoique dans un âge fort avancé, et ayant toujours un génie étendu, ferait à Brue de nouvelles fabriques ; les terres qui sont restées à demi incultes reprendraient leur ancienne fertilité, ce qui procurerait aux habitants de ce lieu les secours dont ils ont besoin.

Et ainsi que dessus a été procédé à Brue, le 29 mars 1789; a signé qui a su.

Signé Andriffen, V.; Jean-Baptiste Carmagnolle; Jacques Gosque ; Jean-Joseph Martuin ; G. Féraud; Laurens Finard, et Paul.

EXTRAIT

Des registres du greffe de l'amirauté de Marseille.

Du 26 juin 1756, à Marseille, dans la chambre du conseil du palais, par-devant nous, Lazare de Gérin-Ricard, conseiller du Roi, lieutenant particulier, civil et criminel, au siége de l'amirauté de cette ville et mers du Levant, en empêchement présent du procureur du Roi, écrivant M° Balthazar Pinatel, a comparu le sieur George de Roux, marquis de Brue, seigneur du Pavillon et autres places, chevalier de l'ordre du Roi, et ancien premier échevin de cette ville, demeurant en son hôtel, rue de Montgrand, paroisse Saint-Féréol ; lequel nous a dit et exposé que deux motifs l'engagent à faire, pour son compte, plusieurs armements considérables contre les Anglais : le premier de ces motifs, pour donner des marques de la continuation de son zèle ; le second, pour tirer raison des insultes et pirateries exercées par les vaisseaux de guerre anglais contre ceux de l'exposant, et notamment des prises par eux faites dans la précédente guerre, ou dans celle-ci, de huit de ses vaisseaux ou de feu son frère, dont il est héritier, valant au delà de 6 millions dont le détail est ci-après, et tous expédiés en ce greffe, savoir :

Le *Bien-Aimé*,	capitaine Gay ;
Le *Saint-George*,	— Dourcy ;
Le *Soleil*,	— Doudon ;
L'*Aurore*,	— Mouton ;
La *Cérès*,	— Curet ;
La *Thétis*,	— Robert ;

La *Marie-Désirée*, de Marseille, capitaine Gay ;
L'*Amitié*, capitaine Hugues.

Lequel sieur de Roux, de son gré, pure et franche volonté, a accordé et accorde, par ces présentes, les conditions suivantes à tous les capitaines, officiers et autres qui composeront les équipages des vaisseaux qu'il armera en course ; voulant que tous ses armements, tant pour le présent qu'à l'avenir, soient conformes ; et que cet accord et convention subsistent en son entier et sans innovation pendant la durée de la présente guerre, savoir :

Art. 1er. Les capitaines et officiers et autres qui composent les équipages des vaisseaux qui seront armés par ledit sieur de Roux, pendant la guerre actuelle, auront chacun un salaire qui sera mentionné en la forme ordinaire dans le rôle des classes.

Art. 2. Les partages seront réglés au sou la livre, au prorata des salaires de chacun.

Art. 3. Les prises que lesdits armements feront seront vendues aux formes prescrites ou à prescrire par Sa Majesté. dont les frais de procédure et 1 p. 0/0 de commission pour la personne qui sera nommée par ledit sieur de Roux, à l'effet de poursuivre la vente de chaque prise et la répartition du net produit, seront, tout premièrement, prélevés sur la totalité, et l'excédant appartiendra audit sieur de Roux, armateur, excepté le dixième qui sera partagé aux capitaines, officiers et autres qui composeront l'équipage du vaisseau qui aura fait la prise, même aux absents qui auront été commandés pour la conduite d'icelle.

Art. 4. Le dixième attribué à Mgr l'amiral, dont la perception a été suspendue par la déclaration de Sa Majesté, du 15 mars dernier, ledit sieur de Roux, armateur, ne voulant point qu'il soit à son profit, l'a cédé et le cède, savoir : 4 p. 0/0 au capitaine, et les 6 p. 0/0 restants seront partagés par onze personnes, dont deux capitaines en second, quatre lieutenants, quatre enseignes et un écrivain.

Art. 5. Quoiqu'il soit préjudiciable aux armements particuliers d'attaquer des vaisseaux ou frégates de guerre, néanmoins comme l'intérêt général du commerce l'exige, et que c'est là la fin des armements que ledit sieur de Roux se propose de faire, veut et entend que ses armements attaquent lesdits vaisseaux et frégates de guerre anglais, qu'ils rencontreront ; et pour donner des marques non équivoques de sa volonté, il cède les avantages que le Roi accorde aux armateurs par l'article 6 de ladite déclaration, pour être partagés au capitaine, officiers et autres qui composeront l'équipage de l'armement qui aura pris le vaisseau ou frégate de guerre.

Art. 6. Les capitaines des prises n'augmenteront point de salaires à cause de ce commandement précaire ; mais ils auront cent livres de gratification pour avoir conduit la prise heureusement ; et les matelots et autres qui seront à la conduite d'icelle, n'auront rien de plus que leurs salaires ordinaires, qui cesseront, ainsi que ceux du capitaine, le jour de l'arrivée de la prise dans le port de sa destination, et du même jour ne seront plus comptés ni réputés de l'équipage du corsaire.

Art. 7. Les caisses de médecine des prises appartiendront aux chirurgiens, à partager entre eux.

Art. 8. Les cloches des prises appartiendront à l'aumônier.

Art. 9. Toutes les voiles des prises appartiendront aux maîtres, contre-maîtres, capitaines de matelots, quartiers-maîtres, bossements, patrons de chaloupes et de canots, et autres officiers mariniers, à partager entre eux.

Art. 10. Toutes les poudres des prises appartiendront aux canonniers, à partager entre eux.

Art. 11. Les tonneaux et barils servant à la provision de l'eau et du vin des prises appartiendront aux tonneliers et barillats, à partager entre eux.

Art. 12. Les effets, hardes et meubles non manifestés, et sans police, qui seront dans la chambre et dunettes des bâtiments qui seront pris à l'abordage, appartiendront aux onze officiers mentionnés en l'article 4 des présentes, à partager entre eux.

Art. 13. Le premier qui fera la découverte de la prise sera gratifié de trente livres, et autant à celui qui sautera le premier à l'abordage des vaisseaux ennemis.

Art. 14. Les batteries de cuisine des prises appartiendront aux cuisiniers, à partager entre eux.

Au moyen de quoi, ledit sieur de Roux requiert de lui concéder acte de l'exposé ci-dessus, et d'autant qu'il doit servir de règle aux gens qui formeront les équipages des vaisseaux qu'il amènera en course, de vouloir lui permettre de le faire imprimer et afficher par tous les lieux et endroits que bon lui semblera, afin qu'ils n'en prétendent cause d'ignorance, à quoi a conclu et a signé.

Signé le marquis de Roux, à l'original.

Nousdit lieutenant, ouï le procureur du Roi qui n'a empêché, avons concédé acte audit sieur de Roux de son exposition, et lui avons permis de faire imprimer et afficher le susdit verbal et notre présente ordonnance par tous les lieux que bon lui semblera aux fins requises, et avons signé avec le procureur du Roi et notre greffier.

Signé PINATEL

EXTRAIT

D'une lettre écrite, le 4 août 1769, par messieurs de la chambre du commerce de Marseille, à M. le duc de Praslin, pour lors ministre de la marine.

Monseigneur,

Marseille se glorifiera toujours d'avoir été le théâtre des exploits de M. le marquis de Roux, dans le commerce; il les a poussés aussi loin qu'on puisse attendre du zèle patriotique d'aucun négociant. C'est dans cette ville où la réputation qu'il a si bien méritée dans toute l'Europe s'est formée, où la fécondité de son génie et l'étendue de ses idées se sont développées, où la grandeur de ses projets a éclaté.

Ses expéditions, dans l'espace de quarante-cinq ans, ont donné l'âme et le mouvement à Marseille, et surtout lorsque la guerre, qui fermait les portes du royaume, suspendait presque toutes les opérations, et semblait ne laisser de liberté qu'à ses seules entreprises : ouvriers en tous genres qu'il a fait subsister : armements et denrées dont il a procuré la consommation. Il serait très-difficile, Monseigneur, de récapituler et d'apprécier les biens qu'il a faits à cette ville. Si M. le marquis de Roux avait trouvé dans le commerce le juste salaire de son travail, il avait eu souvent le bonheur d'employer efficacement ses richesses et les ressources de son esprit pour l'avantage de l'État. On l'a vu, toujours entreprenant, toujours zélé, toujours fidèle à son prince, aplanir les difficultés, vaincre tous les obstacles pour servir le Roi et l'État. Un homme aussi rare dans son es-

pèce, un citoyen aussi commandable ne pouvait être sans la plus haute considération.

Mais, tout a ses bornes dans ce monde, et la fortune inconstante et perfide ne réserve souvent que des rigueurs aux personnes qu'elle a le plus favorisées de ses bienfaits. S'il est possible que M. de Roux en fasse l'expérience, il nous découvre bien avantageusement la beauté de son âme par sa patience et sa tranquillité; et toujours dirigé par des principes d'honneur et de justice, il s'exécute, il se dépouille de tout pour satisfaire exactement et entièrement ses créanciers.

Pourrions-nous éviter, dans une circonstance aussi intéressante, de lui donner des marques de notre reconnaissance et de notre attachement? Quelqu'un qui a aussi bien mérité de la patrie et de l'État, que M. le marquis de Roux, excite nécessairement l'intérêt le plus vif et le plus pressant.

Nous aurons donc dorénavant nos listes décorées des noms de Coppens et de Roux, marquis de Brue; et la postérité saura que Louis XV, au nord et au midi de ses États, a trouvé des sujets ardents pour sa gloire, qui, dans les deux mers, ont su défendre l'honneur de ses pavillons. Ces paroles prononcées dans le chapitre de l'ordre de Saint-Michel ont retenti dans toute l'Europe; l'acclamation de la nation entière avait préparé cette juste louange.

COPIE

De la lettre écrite par le marquis de Roux à M. Necker, ministre d'État, directeur général des finances, à la cour.

Monseigneur,

J'ai l'honneur de m'adresser avec la plus grande confiance à Votre Grandeur, pour me faire payer ce qui m'est dû par le Roi. Ma créance consiste en deux sommes, l'une de 6 millions, l'autre de 140,000 livres.

La première de ces créances procède de la valeur de huit de mes vaisseaux pris par les vaisseaux de guerre anglais, avant la déclaration de guerre de 1756.

A cette époque, voulant avoir raison contre la nation qui les avait pris, je fis ma déclaration à l'amirauté de Marseille que je joins ici ; et j'armai douze de mes vaisseaux d'environ huit mille hommes pour courir sur les Anglais, et me dédommager de mes 6 millions. Ces armements se succédèrent depuis le commencement de la guerre jusqu'à la fin. Les capitaines, officiers et équipages de mes vaisseaux se sont enrichis ; mais les frais de construction, les armements, désarmements et la prise des vaisseaux ont consumé la grande partie de ce qui me regardait, et à peine j'ai retiré mes débours.

A la paix, le Roi a été dédommagé par l'Angleterre de ces 6 millions. Ce recouvrement, Monseigneur, n'est point douteux ; donc, je suis incontestablement fondé à en demander la restitution.

Seconde créance :

Feu M. le chevalier de Caylus, commandant deux vaisseaux du Roi, fut chargé de ramener à Constantinople l'ambassadeur du Grand Seigneur. Mes correspondants de la même ville profitèrent du retour de ces deux vaisseaux pour m'envoyer 12,000 sequins vénitiens, montant à environ 140,000 livres. Cette somme fut remise, suivant l'usage, à l'écrivain du Roi du vaisseau de M. de Caylus. Celui-ci se la fit remettre et la dissipa.

Débarqué à Toulon, il m'écrivit qu'à son arrivée à Paris il me satisferait. Cette parole ne fut effectuée ; j'en portai ma plainte à M. de Maurepas, pour lors le ministre de la marine. Je la renouvelle aujourd'hui. Cette somme m'est due par le Roi, Sa Majesté m'est tenue du remboursement, par la suite de ce principe que tout commettant est tenu, etc., etc.

Mes services, Monseigneur, sont dignes de fixer l'attention de Votre Grandeur ; ils sont consignés et avérés dans mes lettres de chevalier de l'ordre du Roi, dont je suis doyen depuis plus de seize ans ; dans l'érection en marquisat d'une de mes terres, nommée Brue, située diocèse et sénéchaussée d'Aix ; dans mon brevet de conseiller d'État ; dans ma déclaration contre les Anglais, qui justifie ma créance de 6 millions, et finalement dans la lettre de la chambre de commerce de Marseille.

Tant de services honorables méritent que Votre Grandeur protége la justice de mes demandes.

Je suis, etc.

CAHIER

Des doléances de la communauté de Cabrières-d'Aigues, viguerie d'Apt, sénéchaussée d'Aix (1).

Pour se conformer aux désirs et intentions du Roi, et notamment à l'article 24 renfermé dans la lettre de Sa Majesté du 24 janvier dernier, ce jourd'hui, 25 mars 1789, avons procédé à la rédaction des articles concernant nos plaintes, et cahier de doléances, ainsi qu'il s'ensuit par nous soussignés.

Art. 1er Les habitants de ce lieu de Cabrières-d'Aigues sont soumis de payer à leur seigneur la septième partie de tous les grains, légumes et olives, comme aussi du chanvre.

On perçoit encore la neuvième partie sur les raisins, noix et amandes.

Art. 2. Tout le terroir se trouve soumis encore à payer la seizième partie de tous ses grains, légumes et chanvre, et la vingtième partie des raisins, à M. le prieur ou prébendé de la paroisse ; et malgré les diverses instances et oppositions de plusieurs, les fermiers ou collecteurs du seigneur ont toujours compris dans son droit du septain les droits perçus par les fermiers de la dîme et même sur les cuves et balayures sans laisser aucun droit de 5 p. 0/0.

Art. 3. Se trouvent deux quartiers de terre, sis dans le terroir, francs du droit de taxe, dont chacun porte son bail, qui portent une egmine de blé chacun de droit au seigneur sans autres. En 1788, le seigneur intenta un procès à la communauté, par-devant M. le lieutenant général en la sénéchaussée d'Aix, pour ravir aux particuliers leurs droits de franchises. En 1770, intervint sentence qui condamnait la communauté à payer au seigneur les dépens, et une septième générale des denrées perçues dans les franchises dont s'agit : ce qui donna lieu à la communauté d'évoquer son procès au parlement de Grenoble, dont les poursuites ont continué jusqu'au 10 mars 1788 ; ce qui a fait la durée de dix-huit ans de plaidoyer à Grenoble, et qui avait réduit la communauté dans un épuisement sur le point de chanceler et ne pouvoir plus se soutenir, puisqu'elle a été l'unique communauté de la province à se voir contrainte et forcée de faire monter ses

(1) Nous publions ce cahier d'après un manuscrit des *Archives de l'Empire.*

impositions pendant plusieurs années à 26 deniers par francs cadastraux.

Art. 4. Les habitants payent encore à leur seigneur un cens d'un sou par canne carrée, tant des maisons d'habitation, écuries, greniers à foin, basse-cour, et autres régales ; en outre, tous ceux qui ont des bastides à la campagne sont obligés lui payer une géline ; comme encore les habitants lui payent une journée personnelle, et une journée des corvées par couple de mulets et autres bêtes.

Art. 5. Pour ce qui est des acquisitions qui se font dans le pays soit en maisons, biens-fonds, et même par échange, on est porté par la transaction d'habitation de payer lods et trezain. De tous les temps, les fermiers du seigneur ont perçu les lods dont il s'agit sur la douzième partie ; et depuis le malheureux procès cité dans l'article 3 ci-dessus, le seigneur a toujours perçu les droits de lods à la sixième partie, sans aucune modération.

Sur ces objets, le seigneur, en concédant quittance, proteste et se réserve un droit de prélation de trente années, et, sauf respect, le malheureux est toujours soumis à son caprice. Un citoyen qui aura fait une acquisition de 300 livres, et qui, dans l'espace de quinze ou de vingt années, l'aura améliorée à la valeur de 200 livres soit par sa sueur, soit par le bénéfice du temps, le seigneur vient user de ses prétendus droits, et lui dit : Voilà les 300 livres ; je veux m'emparer de ce fonds pour le remettre à qui il me plaît.

Art. 6. Il est encore porté par la transaction d'habitation que les particuliers sont obligés moudre leurs grains aux moulins banaux du seigneur, quoiqu'il n'y en ait pas sur les lieux, dont le plus à portée est à une lieue de distance de ce lieu ; et par la même transaction est dit que tous les contrevenants qui seront trouvés avoir fait moudre à des moulins étrangers seront soumis à payer double droit de mouture au seigneur ou ses fermiers.

Malgré ce que dessus, le taux des droits des moulins est fixé à la seizième partie, et on est obligé de laisser le grain l'espace de trois jours aux moulins banaux avant de le déplacer. Malgré tous ces usages, le malheureux qui voit souffrir sa famille, se trouvant sans pain, sans farine et sans argent, un coup de désespoir le porte à charger son grain, et à le faire moudre aux moulins étrangers. On lui poste les gardes du seigneur sur ses pas, on le saisit, on lui confisque ses bêtes, sa farine, et des amendes à supporter.

Qui plus est, le fermier du moulin, homme de mauvaise foi, fournit des charretées de mauvais grain au susdit moulin, et cela depuis longtemps, ayant un meunier de sa main qui lui en fait le débit, sous guise du grain de mouture : ce qui ruine la majeure partie des pauvres. Ces époques sont de fraîche date.

Art. 7. Tous les habitants sont soumis à cuire aux fours banaux du seigneur, sous la redevance de quarante pains un, n'ayant point de boulanger sur le lieu. Celui établi à la Motte, dépendant du même seigneur, ne veut point faire crédit, en lui donnant du pain à meilleur compte ; et alors les gardes viennent, lui saisissent son pain ; et procès encore à essuyer sur toutes les entraves ci-dessus spécifiées. Venant à une réduction exacte, après avoir prélevé les impositions royales, les citoyens dont ce pays est composé s'estimeraient très-heureux s'il pouvaient se regarder comme meyers dans leurs possessions.

Art. 8. Malgré que le gibier dévaste et ruine

nos campagnes, si un citoyen est trouvé portant un fusil pour tuer un moineau ou alouette, fût-ce pour des malades, on le saisit, et procès sur les lois du port des armes.

Encore que la montagne se trouve encadastrée et tenue par les particuliers, le seigneur demande le cantonnement d'icelle, sans avoir égard que chaque habitant est tenu de lui porter annuellement une charge du bois à son château, ce qui est incompatible, et qu'il doit, par conséquent, renoncer au cantonnement de la montagne où à la charge du bois qu'il exige des habitants.

Art. 9. Malgré que la montagne et plusieurs hermas dans la plaine, situés sur un sol ingrat, hors d'état de pouvoir indemniser la moindre des cultures, propres qu'à servir de pâturage, et faire dépaître les troupeaux à laines, et pour servir à l'engrais des terres serviles, néanmoins, le seigneur avait jadis formé des demandes et attaques pour demander un septième du produit des fonds dont il s'agit, quoique non cultivés ni dignes de l'être.

Art. 10. Comme divers particuliers ont des propriétés aux frontières, sises dans le terroir de Sannes, où ils perçoivent blé, seigle, avoine et autres denrées, font annuellement transporter et fouler les herbes en provenant, sur les aires publiques de ce lieu de Cabrières, et après y avoir fait consumer leurs pailles, si quelqu'un veut s'émanciper à faire une ou deux charges de fumier dans les propriétés susdites, sont saisis par les gardes, d'où bien souvent s'ensuivent des peines effectives.

Art. 11. Les particuliers de ce lieu sont obligés d'acheter, six mois de l'année, les fourrages nécessaires pour la nourriture de leurs bêtes à charrue, faute de pouvoir arroser leurs campagnes. Les prédécesseurs de M. de Sannes, dont les terres sont limitrophes à celle-ci, avaient jadis surpris la bonne foi et fidélité de Mgr le duc de Lesdiguières qui n'avait jamais été dans ces contrées, quoique seigneur de ce lieu, à l'occasion d'une source d'eau située à la tête du terroir; et exposèrent audit seigneur que la naissance de la source dont il s'agit était située au bout du terroir, et ne pouvait par conséquent être d'aucune utilité à ses vassaux, et de vouloir bien la lui donner : ce qui fut fait par le seigneur. Les vassaux, dans une pareille surprise, se mirent à plaider avec la maison de Sannes ; et, fatigués du procès avec la maison de Sannes, furent obligés d'accorder l'eau dont il s'agit quatre jours par semaine à la maison de Sannes, ce qui a bien souvent provoque des procès, n'ayant que cette ressource d'arrogance, qui est fixée à trois jours de chaque semaine pour les citoyens de ce lieu. Il y a des veines d'eau qui traversent notre terroir. Lorsqu'on veut entreprendre de les faire sonder pour se procurer cette partie si précieuse et si nécessaire, M. de Sannes s'y oppose, sous prétexte, dit-il, qu'on lui détourne le cours des eaux de la fontaine malheureusement en commun. Il n'y a pas encore dix ans qu'il surprit à la justice un tout en état pour nous empêcher à faire creuser de l'eau dans le terroir, dans une partie diamétralement opposée à la leur.

Art. 12. Demande qu'aux États généraux, ses représentants votent par tête et non par ordre. Si le tiers était privé de cette faculté, le bienfait de ladit du 27 décembre dernier serait illusoire, car alors le peuple rentrerait dans l'esclavage dont nos rois s'efforcent depuis huit siècles de le faire sortir.

Art. 13. Demande très-respectueusement, ladite assemblée, qu'aux premières séances des États gé-

néraux, Sa Majesté accordera à ses peuples une constitution déclarative des droits de la nation française.

Art. 14. Le retour périodique et à perpétuité des États généraux, tenus de quatre en quatre ans, ou plus tôt s'ils sont jugés nécessaires.

Art. 15. L'abolition des lettres de cachet et de toute soustraction des sujets de Sa Majesté à leurs juges naturels : sans cette réforme, il n'y a pas de liberté en France.

Art. 16. La réformation du code civil et criminel, le premier funeste aux fortunes, et l'autre à la vie des citoyens. L'abolition de tous droits de *committimus*, et la suppression de toute évocation de procès au conseil du Roi.

Art. 17. La procédure criminelle sera instruite publiquement; les accusés jugés par leurs pairs ou les jurés, de concert avec leurs juges naturels.

Art. 18. Les degrés de juridiction réduits à deux.

Art. 19. Demande encore ladite assemblée que la justice sera rapprochée le plus possible des justiciables.

Art. 20. Toutes corvées, cens, cens personnels, taxes, banalités et redevances universelles, rachetables par des pensions féodales en grains ou en argent, lesdites pensions extinguibles.

Art. 21. Suppression des justices seigneuriales; en cas qu'il plaise à Sa Majesté, les communes présenteront au seigneur trois sujets pour chaque place. Sera obligé le seigneur d'en choisir un sur les trois, et le sujet choisi sera inamovible.

Art. 22. Que toutes les provinces soient mises en pays d'États.

Art. 23. Que le déficit soit comblé par le moyen le plus efficace et le moins onéreux au peuple ; point de banqueroute.

Art. 24. Que la loi de l'impôt et autres bursales, toujours consenties aux États généraux, seront envoyées aux cours souveraines pour y être inscrites sur leurs registres sans modification ou restriction quelconque; que les lois ne seront obligatoires que jusqu'à la tenue des États généraux subséquents, et lesdits États pouvoir s'assembler pour un temps précis. Sera poursuivi comme concussionnaire quiconque osera les mettre à exécution.

Art. 25. Que la contribution proportionnelle sera établie sur les trois ordres du royaume.

Art. 26. Qu'un impôt unique sera établi dans toute la monarchie, s'il est praticable; l'on n'entend pas demander l'abolition des impôts établis sur des objets de luxe ou de besoins factices, tels que le tabac, sucre, café, chocolat et les cartes. Si l'abolition, que tant d'excès réclament, n'est pas prononcée, désirerait l'assemblée que certains impôts frappassent sur cette quantité immense de voitures et de chevaux qui obstruent les rues et les grands chemins, sur cette meute de laquais et d'officiers qui embarrassent les antichambres et surchargent les voitures, nuisibles à l'agriculture, et qui commencent à gagner épidémiquement la bourgeoisie. Au reste, l'assemblée exprime son vœu sur l'impôt territorial, frappant également sur les capitaux, maisons, magasins, manufactures et industries mercantiles, exercices lucratifs des arts libéraux.

Art. 27. Dans la répartition de l'impôt territorial, on aura égard aux pensions féodales, à celles constituées à prix d'argent, et autres objets qui reviennent aux maîtres sans impense; sans cette différation, on manquerait le but proposé, celui de la répartition égale.

Art. 28. Reculement des bureaux aux frontières.

Art. 29. Que les droits du contrôle seront abolis; et pour la sûreté publique, un officier public tiendra un registre où il inscrira un duplicata des actes passés dans la commune, stipendié par elle.

Art. 30. Abolition de tout impôt sur le sel, ou du moins réduction considérable sur le prix : ce genre d'impôt étant improportionnel, frappant sur la classe la plus indigente, et nuisant essentiellement à l'agriculture, surtout en Provence.

Art. 31. Que l'édit qui exclut le tiers du service militaire soit supprimé.

Art. 32. Démolition de toutes les places fortes, châteaux, etc., qui se trouvent dans l'intérieur du royaume. Ces objets de la plus grande dépense sont aujourd'hui de la plus grande inutilité.

Art. 33. Que la liberté de la presse sera établie, les auteurs et imprimeurs toujours responsables de tout ce qui peut blesser la religion, le gouvernement national et les bonnes mœurs.

Art. 34. Que la milice sera supprimée : les Français doivent marcher gaiement et volontairement au service de la patrie, et non y être traînés de force.

Art. 35. Que la confection et les réparations des grands chemins seront confiées aux soldats ; ils gagneront à ce travail de la santé, des forces, des mœurs et de l'argent ; et les communes conserveraient des bras qui manquent à l'agriculture d'un jour à l'autre.

Art. 36. Suppression de plusieurs universités des provinces.

Art. 37. Abolition de la mendicité.

Art. 38. Que le ministre des finances soit comptable à la nation ; que les Etats généraux se fassent représenter l'emploi de leurs deniers, et que le compte rendu devienne public par la voie de l'impression. Sera pourtant laissée une certaine somme pour parer à des cas imprévus, de laquelle il ne rendra compte qu'au Roi et à sa probité.

Art. 39. Que si, ce qu'à Dieu ne plaise ! un ministre avait le malheur de trahir la confiance de son auguste maître et les intérêts de la nation, sera très-humblement et très-respectueusement suppliée, Sa Majesté, de faire instruire son procès sous les yeux des Etats généraux, c'est-à-dire des commissaires nommés par les trois ordres, et pris à égalité dans chacun d'eux.

Art. 40. Abolition des péages.

Art. 41. Permission aux provinces de faire placer des bacs sur les rivières, ou obligation aux seigneurs d'en faire placer dans les endroits où l'utilité publique l'exigera.

Art. 42. Abolition du droit de chasse, et défense à toute personne de chasser dans la propriété d'autrui.

Art. 43. Suppression de tout droit de bâtardise, confiscation, épave, trésor trouvé, exigé par les seigneurs ; attribution desdits droits aux hôpitaux.

Art. 44. Etablissement dans chaque université conservée de deux chaires, l'une d'histoire, l'autre de droit public, et surtout national.

PROVINCE.

Art. 1er. Suppression de l'édit portant permission de défricher ; abandon des terres défrichées depuis cet édit : le besoin des pâturages et le manque de bois nécessitent cette suppression.

Art. 2. Dans la répartition de l'impôt sera suppliée Sa Majesté d'observer que l'huile est presque la seule denrée de cette province qui puisse lui donner quelque aisance, et que les oliviers périssent fréquemment. On doit rappeler, à ce sujet, leur mortalité en 1758 et 1767, et celle de l'année courante.

Art. 3. Rétablissement des droits accordés à la mairie par l'achat qui en a été fait en exécution de l'édit de 1757, et attribution aux consuls des droits de police.

Art. 4. Etablissement de bureau de pacification dans chaque communauté.

Art. 5. Nomination par les députés du tiers de la sénéchaussée, d'un nombre de commissaires qui resteront assemblés pendant la tenue des Etats généraux, et qui auront le pouvoir de modifier les instructions données aux députés aux Etats généraux pour rendre leur travail moins embarrassant.

Art. 6. Dans le cas que la nation assemblée crût nécessaire de demander au Roi l'abolition de la vénalité des offices de judicature, le vœu de la commune serait que les places vacantes fussent données au concours précédé d'examens particuliers ; et que le candidat n'y fût admis que sur des certificats de bonne vie et mœurs, expédiés par les vigueries. A l'égard des juridictions subalternes unies, et par les Etats provinciaux, ces offices vacants par décès ou autrement seront remboursés à différents termes avec intérêts ; même obligation pour les seigneurs vis-à-vis de leurs officiers.

Art. 7. La justice rendue gratuitement.

Art. 8. Faux nobles poursuivis en exécution de l'édit rendu contre eux. Sa Majesté suppliée de n'accorder des lettres de noblesse que les Etats généraux tenant, et sur le nom rendu public des services sur lesquels la nation pourra faire des représentations. Ne pourra être la noblesse accordée à d'autres officiers qu'à ceux des cours souveraines et au grade militaire, selon l'édit de Louis XV. Dans ces deux cas, la noblesse ne serait transmissible qu'à la troisième génération pour les capitaines de cavalerie et d'infanterie, et qu'aux descendants de trois magistrats qui auraient sans ou avec interruption possédé des offices en cour souveraine.

Art. 9. Pragmatique-Sanction rétablie ; Concordat aboli.

Art. 10. Emploi de la dîme plus conforme à son institution.

Art. 11. Charge expresse à nos mandataires de ne voter l'impôt qu'après la constitution donnée au redressement des griefs de la nation. L'assemblée excepte néanmoins de cette prohibition les cas où, faute de quelque subvention ou ressource pécuniaire, l'Etat même serait en péril, et le mouvement nécessaire au gouvernement arrêté. Dans ce cas seulement, attesté par l'évidence de la nécessité, l'assemblée autorise ses représentants à consentir, avant toute autre discussion, l'octroi purement nécessaire. Tels sont les vœux des soussignés et du reste de l'assemblée.

Signé Féliciau, maire, consul ; Bourgue, consul ; D. Roux ; Jean Palem ; L. Féliciau ; Jean Paleu ; M. Perin ; J. Guérin ; J. Féliciau ; P. Girard ; P. Guérin ; J. Ripert ; A. Orcière ; J. Girard ; François Bonnet ; André Grange ; J. Orcière ; J. Colletin ; Antoine Boulhard ; Antoine Boucher ; L. Jourdans ; J. Saunaire ; M. Jourdans ; D. Ourdan ; Pierre Soleu ; L. Jourdan, greffier, et Martin, lieutenant de juge.

PROCÈS-VERBAL

De nomination des députés de la paroisse de Cabriès, dépendante de la sénéchaussée d'Aix.

L'an 1789 et le 25e jour du mois de mars, en l'assemblée du corps municipal et de tous les chefs de famille de ce lieu de Cabriès, convoqués, tant au son de la cloche que par des avertissements particuliers et aux formes ordinaires, par-devant nous, Jean-Joseph Bonifay, lieutenant de juge.

Sont comparus :

Jean Lausier, premier consul forain; Maximin Nardy, second consul; Jean-Baptiste Andraud, troisième consul ; Balthazar Nardy ; Joseph Honoré ; Jacques Gros ; François Calvin; Antoine Roubaud ; Martin Ranet ; Joseph Andraud ; Jean Roux ; Antoine Ricard; Simon Chane; Louis Nardy ; Jean-Baptiste Fareng ; Jean-Baptiste Granié ; Jean-Baptiste Nardy ; Jean-François Murentier; Joseph Marsen ; Raymond Davin ; Joseph Durand; Jean-Baptiste Rounier ; François Guide; Etienne Reynaud ; Antoine Pignatel ; Marc-Antoine Salhier; Joseph Brun; Blansi Viau; Pierre Seguin; Mathieu Martin ; Raphaël Chane; Jean Ailhaud ; Pierre Dun ; Joseph Fareng; Honoré Martin ; Etienne Coursea ; Lazare Audebard; Joseph Bebart; Mathieu Martin ; Jean-Joseph Andraud ; Raphaël Andreux ; Honoré Parrin ; Joseph Fareng; Jean-Joseph Durand ; Jean-Louis Dieuloufet; Joseph-Berthier; Mathieu Durand; Joseph Nardy; Guillaume Nardy ; Dominique Bebart ; François Marindier ; Joseph Durand ; Jean-Joseph Ma ; Jacques Bonefay ; CharlesFlorens ; Louis Ricard ; Joseph Gilbert; Barthélemy Andraud ; André Chave ; Jacques Raphael ; Jean Rouvière ; Jean Guaad ; André Durand ; Joseph Féraud ; Henri Chave ; Josse Porry ; Jean-Baptiste Rigaud ; Joseph Girondi ; Jean Pascal; Melchior Chavé ; Toussaint Calvin ; Lazare Blanc ; Raphael Chavé ; Antoine Honoré; Jean-Jacques Accard ; Hyacinthe Nardy ; Joseph Arnaud ; Gaspard Brun ; Jean Michel; Augustin Michel ; Raphaël Rouvier ; Sébastien Bonefay; Louis Gazée ; Joseph Feron ; Honoré Nardy; Louis Millers ; Jean Martin ; Joseph Nardy ; Jean-Pierre Garoute ; Raphael Androud ; Christophe Marsi ; André Parrin ; Louis Giraud ; Bernard Lieursand ; Joseph Aonus ; Antoine Florens ; Jean-Baptiste Gazeau ; Raphaël Chane ; Balthazar Nardy; Joseph Nardy ; Joseph Parrin ; François Andraud ; Jean Turc; Jean-Baptiste Brunie ; Sébastien Rigaud ; Raphaël Vran; André Picard ; Gaspard Florens ; Jacques Durand ; Pierre Gazeau ; Raphaël Gazeau ; Jérôme Marsin , François Durand; Antoine Bourfay ; Honoré Viant ; Maximin Viant; Jean Gazeau ; Louis Gazeau ; Etienne Florens ;

Lesquels, pour obéir aux ordres de Sa Majesté par ses lettres données à Versailles le 2 mars 1789, pour la convocation et tenue des Etats généraux du royaume de France, et satisfaire aux dispositions des règlements y annexés, ainsi qu'à l'ordonnance de M. le lieutenant général de la sénéchaussée générale de Provence, dont ils nous ont déclaré avoir une parfaite connaissance, tant par la lecture et publication et affiches au devant de la porte principale de l'église paroissiale, nous ont déclaré s'être rendus en la présente assemblée où ils vont s'occuper, en premier lieu, de la rédaction de leur cahier de doléances, plaintes et remontrances. Et, en effet, ayant vaqué deux heures tous ensemble à la rédaction dudit cahier, ils nous l'ont représenté signé par tous ceux qui ont su signer. Après quoi, nous l'avons signé ensuite, après l'avoir coté par première et dernière page, et paraphé ne varietur, au bas d'icelle.

Et de suite, les susnommés, tous chefs de famille, bourgeois, manants ou habitants en ce lieu, ou son terroir, après avoir unanimement délibéré sur le choix des députés qu'ils sont tenus de nommer en conformité desdites lettres du Roi et des règlements y annexés; et les voix ayant été par nous recueillies en la manière accoutumée, la pluralité des suffrages s'est réunie en faveur des sieurs Maximin Nardy, consul, et le sieur Louis Giraud, ménager.

Ladite nomination des députés ainsi faite, l'assemblée a remis, en notre présence , auxdits sieurs Maximin Nardy et Louis Giraud, un cahier, afin de le porter à l'assemblée qui se tiendra le 2 du mois d'avril prochain, en la ville d'Aix, devant M. le lieutenant général, en la sénéchaussée générale de Provence, et leur ont donné tous pouvoirs requis et nécessaires à l'effet de représenter le tiers-état de ce lieu en ladite assemblée pour toutes les opérations prescrites par la susdite ordonnance de M. le lieutenant général, comme aussi d'y donner pouvoirs généraux et suffisants de proposer, remontrer, aviser et consentir tout ce qui peut concerner les besoins de l'Etat, la réforme des abus, l'établissement d'un ordre fixe et durable dans toutes les parties de l'administration , la prospérité générale du royaume, de tous et de chacun des sujets de Sa Majesté.

Et, de leur part, lesdits députés se sont présentement chargés du cahier de doléances dudit lieu, et ont promis de le porter à ladite assemblée, et de se conformer à tout ce qui est prescrit et ordonné par lesdites lettres du Roi et règlements y annexés , et ordonnance susdatée ; desquelles nominations des députés, remise du cahier, pouvoir et déclaration, nous avons à tous les susdits comparants donné acte, et avons signé avec eux à notre présent verbal, ainsi que le duplicata qui sera remis auxdits députés pour constater leurs pouvoirs; et le présent sera déposé aux archives de cet hôtel, lesdits jour et an.

Signé Bonifay, viguier, lieutenant de juge; Giraud ; J. Lausier, consul; Nardy, consul; A. Ricard Bériet ; F. Lorens; Cezilly; Roau; Ailhaud; Lieutaud; S. Lorens; Andraud; Perrin; Gazel; Morentie, Mathieu; Florens; Ribal; Mareutier; Chave; Chave; Nardy; Florens; Giraud; Nardy ; Andraud; Ricart; Giraud ; A. Durand; Rouvier ; Viau; Durand Avirau; Garoutte, et Gameau, greffier.

———

CAHIER

Des doléances qui seront portées par les députés du lieu de Cabriès à l'assemblée générale qui doit se tenir à Aix le 2 du mois d'avril prochain, pour la députation aux Etats généraux du royaume de France.

La malheureuse situation du tiers-état est trop connue pour qu'il soit nécessaire d'en présenter le tableau.

Les gémissements de cette partie souffrante de l'exaction ou plutôt de la situation elle-même, et les cris de douleur que sa situation lui fait pousser ont été si forts qu'ils ont pénétré à travers les barrières qui, jusqu'à présent, séparaient le monarque de ses sujets.

Son cœur paternel a été attendri; il vous appelle auprès de lui comme ses enfants. Nous devons l'aider à briser à jamais toutes les barrières qui, sous le nom imposant de puissance intermédiaire, nous séparaient de lui et nous livraient à d'injustes oppresseurs dont l'aristocratie tyrannique est mille fois pire que le despotisme le plus outré.

La noblesse et le clergé ont en mains la plus redoutable de toutes les puissances ; ils entourent le trône, et deviennent les dépositaires de toute espèce d'autorité ; ils préparent les lois, les interprètent et les font parler à leur gré.

Sans cesse rapprochés les uns des autres par l'intérêt et par le sang, le tiers est en assez petit nombre pour pouvoir se concerter et se soutenir réciproquement ; et dans le moindre cas que l'on a avec l'un d'entre eux, l'homme du tiers est accablé de tout le crédit, de toute l'influence des deux premiers ordres.

Notre communauté en a fait la triste expérience depuis longtemps. Elle se trouve écrasée et ruinée pour avoir osé résister un moment contre ces oppresseurs.

Ses titres sont anciens, son territoire, placé entre deux villes grandes, a été couvert d'habitants dans les temps les plus reculés. Le pays n'a jamais subi le joug de la servitude ; il n'a jamais été donné en partage par des vainqueurs. Le régime féodal s'y est introduit par imitation et non par acte d'arbitrage, et les seigneurs ont usurpé des droits et n'en ont concédé aucun.

Sous prétexte de la justice, ils se sont arrogé la directe universelle dans ces temps très-anciens ; et avec la directe universelle, ils ont eu le moyen d'établir tous les droits féodaux les plus onéreux.

De plus, nous avions une source abondante qui coule au pied de notre village dont il nous a privé pour en faire un bain, et nous prive de toute jouissance sans aucun titre.

C'est par cette voie que le seigneur de ce lieu se fait chaque jour de nouveaux titres en cas de vente. Il menace de retenir en force de sa directe, ou il retient en effet et revend tout de suite en imposant à l'acquéreur de nouvelles servitudes, ou en le forçant à reconnaître des droits qui n'existaient pas, et pour lesquels ces reconnaissances servent de titre.

C'est ainsi que la banalité des fours a été établie dans ce lieu ; c'est ainsi que la banalité des moulins commence à s'établir.

Le Roi sera humblement supplié de remédier à un pareil désordre.

Les habitants de la communauté de Cabriès le supplient aussi de prendre en considération le mal que produit le droit de chasse.

Les habitants de Cabriès cultivent avec peine un terroir ingrat dont les productions sont dévorées par les bêtes fauves. Les habitants seront obligés de deguerpir une partie du terroir si le Roi n'y met ordre.

Cette forêt, qui est en face du village dont nos ancêtres jouissaient avec tant de plaisir, aujourd'hui nous en voilà privés; supplions Sa Majesté qu'il sera tout restitué.

Les habitants de Cabriès ont un autre objet de doléances non moins important à présenter à Sa Majesté : ce que l'on lève dans le pays pour la dîme monte annuellement à 4,000 livres, sur quoi on ne fournit qu'un curé et qu'un vicaire, auxquels la communauté encore est obligée de fournir un logement.

Cependant, le curé, au moindre acte de son ministère, exige des rétributions particulières : il faut le payer quand il baptise ; il faut le payer quand il marie ; il faut le payer quand il enterre. Il n'y a pas jusqu'aux cloches, qui appartiennent à ladite communauté, et dont l'entretien est à sa charge, qui ne fournissent un revenu au curé. On ne peut pas les faire sonner sans le payer. Une femme ne peut pas relever de couches sans qu'il en revienne encore une rétribution. Les prédécesseurs du vicaire actuel n'exigeaient que treize cierges pour les enterrements,

et c'est beaucoup ; cependant on ne s'en plaignait pas parce que c'était l'universel du pays. Le curé actuel veut exiger vingt cierges, et refuse d'enterrer lorsqu'on ne les donne pas.

Les pauvres doivent être servis gratuitement, et quoique le curé soit obligé particulièrement de leur prêter son ministère, il se fait payer par la communauté tous les services qu'il leur rend; si bien que quand un pauvre passant meurt dans le pays, il faut que la communauté paye son enterrement au curé. Il y a lieu d'espérer que le Roi mettra un terme à toutes ces vexations, et que son pauvre peuple sera soulagé, dès que le Roi sera informé de la malheureuse situation de la portion la plus intéressante de ses sujets.

De plus, les habitants représentent encore que, dans notre communauté, se trouvent deux seigneurs avec un prieuré de Saint-Pierre-au-Pin ; qu'il se trouve environ 50 livres de terre noble; encore ledit prieur s'approprie toutes ses terres incultes nobles.

De plus, les habitants représentent encore que ledit seigneur, forçant la communauté de lui nommer une enseigne toutes les années, il lui fait faire une dépense de plus de 200 livres.

Signé Bonifay, viguier, lieutenant de juge; Giraud; J. Laurier, consul; Roux; Nardy, Lieutaud ; J. Lorens; F. Lorens ; J. Ricard; Cezilly ; Andran; Ailhaud ; Poirier ; Gazel; F. Marentier; Martin; Florens, Ribal; Marentie; Chave; Nardy; Chavey; Florent; Andraud, Ricard; Giraud; Nardy ; J. Viant; Rouvier; Durand; A. Durand; Aviran; Garoulle; Trestet; Lieutand; J. Lorens, et Gameau, greffier.

CAHIER

Des instructions et doléances de la communauté du bourg de Cadenet en Provence, sénéchaussée d'Aix (1).

Les habitants du bourg de Cadenet en Provence seraient dignes de blâme, si, par une timide pusillanimité, ils négligeaient de concourir avec une confiance filiale aux bontés paternelles du meilleur des rois, tandis qu'il leur tend son sceptre d'or pour les délivrer des oppressions onéreuses, tant générales que locales, sous lesquelles ils gémissent depuis plusieurs siècles.

Art. 1er. Demander la votation par tête et non par ordre.

Art. 2. La suppression des lettres de cachet et de tout autre ordre contraire à la liberté des citoyens.

Art. 3. Le pardon des citoyens détenus actuellement aux galères et aux prisons pour fait de chasse et de contrebande.

Art. 4. La réformation du code civil et criminel. La suppression des douanes intérieures qui ne sont d'aucune utilité réelle, et qui ne causent que des maux réels.

Art. 5. Le prix uniforme du sel dans tout le royaume, avec la permission à chaque particulier de faire usage du sel de la qualité qu'il voudra, et un seul poids et une seule mesure.

Art. 6. La liberté du commerce par tout le royaume.

Art. 7. Faire un concordat avec Sa Sainteté pour le Comtat Venaissin, afin de lui payer le sel à l'uniformité du prix du royaume ; lui prohiber

---

(1) Nous publions ce cahier d'après un manuscrit des *Archives de l'Empire.*

la fabrique de la poudre à canon et à giboyer, et tout autre objet qui pourrait faciliter la contrebande; et à raison de ce, les habitants du Comtat et de la Provence seront à l'instar des autres provinces du royaume pour tout ce qui est objet de commerce; et par ce moyen on débarrassera l'État d'une multitude d'employés et de commis qui ne servent qu'à mettre des entraves.

Art. 8. Demander que toutes les immunités en matière d'impôt et de contribution soient supprimées, et les biens nobles des seigneurs, du clergé et de l'ordre de Malte soient encadastrés dans le livre terrier des communautés pour payer généralement toutes charges royales et locales sans exception aucune, et nonobstant toutes possessions quelconques, et opter pour l'imposition en fruits.

Art. 9. La vénalité des charges supprimée; abolir ces lois humiliantes qui ferment l'entrée dans les emplois, charges et professions honorables, à la classe la plus nombreuse et la plus utile, au tiers-état.

Art. 10. Supplier Sa Majesté d'affranchir ses sujets de tout ce qui concerne le régime féodal, reste tyrannique des temps barbares, qui rendent encore esclave un peuple fait pour être libre, et qui lui donnent plusieurs maîtres au lieu d'un seul qu'il doit avoir.

Art. 11. D'abolir les cens, banalités, pensions féodales et autres droits quelconques inextinguibles, de quelque nature qu'ils soient; et que le tout sera rachetable à prix d'argent, ou par des pensions extinguibles.

Art. 12. D'abolir aussi les retraits féodaux, droit de lods, de régale et la chasse.

Art. 13. Les pigeonniers fermés toute l'année.

Art. 14. La police sera attribuée aux communautés.

Art. 15. Supprimer les justices seigneuriales, à l'effet qu'elles soient exercées au nom de Sa Majesté par des officiers amovibles, qu'elle élirait et pourvoirait de trois en trois ans, savoir : le juge, son lieutenant, le greffier et son procureur, sur douze personnages, dont trois de chaque état, que chaque communauté lui présentera après les avoir nommés et approuvés dans un conseil général assemblé à cet effet, à la manière accoutumée, pour faire ses fonctions, chacun pendant trois ans; après lequel temps, ils seront remplacés par d'autres élus en la même forme.

Art. 16. Augmenter de la moitié le nombre des cavaliers de la maréchaussée; la mettre à pied et à l'instar des troupes réglées, sous le nom de chasseurs ou de tout autre qu'il plaira à Sa Majesté de lui donner, avec pouvoir d'arrêter les mendiants; prendre les moyens afin d'en diminuer le nombre; que chaque communauté veille, dès lors, avec soin sur ceux qu'elle renferme ; qu'elle prévienne leur émigration par les secours fournis à propos, et qui, d'après un état qu'elle doit tenir de tous ses habitants, elle vérifie, de temps en temps, s'il y en a que la misère ait fait fuir; qu'elle les rappelle incessamment en mettant fin au principe de leur fuite; que, d'un autre côté, le gouvernement fasse arrêter le petit nombre de ceux qui seront convaincus mendiants. Ils doivent être censés fainéants et libertins, et punis par des peines propres à faire cesser ce désordre moral et politique.

Art. 17. Suppression des recteurs perpétuels pour l'administration des hôpitaux. Les ex-consuls en seront les seuls recteurs-nés; et aucun des autres administrateurs, dont le nombre sera fixé à raison de l'étendue des lieux où seront lesdits hôpitaux, ne pourra être moins allivré que le second consul dudit lieu. Il sera émancipé et majeur de vingt-cinq ans.

Art. 18. Indemnité pour la mortalité presque générale des oliviers. Suppression de toutes les places, charges et emplois qui ne sont pas d'une utilité absolue, et qui absorbent les impositions de plusieurs communautés.

Art. 19. Suppression des ingénieurs : un seul suffit à chaque province; incompatibilité de celui de la ville d'Aix.

Art. 20. Suppression de la présidence perpétuelle. :

Art. 21. Désunion de la procure du pays du consulat d'Aix; suspension de tous les travaux publics qui ne sont pas d'absolue nécessité, du nombre desquels sont le palais de justice, le canal dit Boisgelin, les chemins qui ne sont pas de la première et seconde classe. Toute dépense qui n'est que de luxe doit cesser dans un temps de calamité publique; payer la dette de l'État; combler le déficit; rétablir le crédit de la nation; chercher à soulager la classe la plus nécessaire et la plus indigente des citoyens, celle des cultivateurs; rétablir, lorsque ces différents objets seront remplis et par un nouveau code, le droit du contrôle sur le pied de son établissement; et en attendant, l'incompatibilité du contrôle avec le notariat.

Art. 22. Abolition de toute espèce de dîme; accorder à la portion la plus utile du clergé, aux curés et aux vicaires, une augmentation proportionnée à leur service, savoir : aux curés des bourgs composés de six cents feux 1,200 livres, et aux vicaires 800 livres; aux curés des bourgs et villages au-dessous de six cents feux 1,000 livres, aux vicaires 600 livres; et au moyen desdites sommes ci-dessus énoncées, lesdits curés et vicaires seront privés de tout casuel quelconque.

Art. 23. Distribution du tabac en carotte et sur son ancien pied pour éviter la fraude que la réduction en poudre favorise en y manipulant les tabacs de contrebande.

Art. 24. Prohibition de planter des vignes dans les bonnes terres à blé, et notamment dans les plaines, et des quinconces de mûriers.

Art. 25. La liberté de la presse; l'auteur néanmoins responsable des erreurs contre la religion et les bonnes mœurs.

Art. 26. Encouragement au mérite de quelque genre qu'il soit, non par des pensions, mais par des marques de décoration.

Art. 27. Ramener périodiquement et fixer la tenue des États généraux, soit pour faire cesser les impôts nécessaires au rétablissement des finances, soit pour vérifier et examiner, d'après l'expérience; faire, en conséquence, les changements, modifications, additions, retranchements jugés nécessaires.

Art. 28. Demander un comité de la sénéchaussée d'Aix pour être tenu pendant la durée des États généraux.

Art. 29. Invitation aux autres sénéchaussées de former chacune un comité, de les réunir avec la permission de Sa Majesté et par l'intervention des États généraux dans un point central, d'où elles puissent donner à leurs représentants à Versailles les éclaircissements et même ampliation de pouvoirs convenables.

Art. 30. Ordonner que les États de Provence seront organisés de manière que chaque ordre, et notamment celui du tiers-état, soit suffisamment représenté ; et que, conformément aux principes de l'équité et de la raison, cette représentation soit au moins calquée, pour le nombre des représentants de chaque ordre, sur le modèle des États généraux.

Signé D'Avon du Collongue, M. ; A. Pélissier, consul ; Maurillon, consul ; Guirau, avocat ; B. Bressy ; Guirau, notaire ; C. Avy ; Formier ; J. Ravel ; B. Barthélemy ; Estienne ; J.-B. Ravel ; Gambuc ; Joseph Cambe ; E. Michel ; Joseph Roche ; Bergier ; Joseph Sambuc ; C. Gay ; Benoît Roland ; F. Bergier ; J.-J. Castor ; F. Savorn ; P.-L. Brandin ; J.-J. Garin ; Castor ; Sabré ; L. Mortel ; Henri Bergier ; J. Astic ; Sala ; Boy ; J. Tronchon ; F. Guérin, boulanger ; Bergier, bourgeois ; Jaubert ; J. Senouel, vannier ; Rocaud ; André Béraut ; Bergier fils, bourgeois ; Joseph Barthélemy ; Robaria ; Alamet ; Jean-Joseph Garcin ; Bernard ; et Béraud, greffier.

Et au-dessous est écrit ce qui suit :

Nous, Jean-Pierre Michel, avocat en la cour, et juge de ce lieu de Cadenet, avons coté et paraphé le présent cahier de doléances, et nous nous sommes soussignés.

À Cadenet, le 25 mars 1789.

Signé MICHEL, *juge.*

CAHIER

Des doléances et remontrances de la communauté de Cuger, sénéchaussée d'Aix, en Provence (1).

Dans ces heureuses circonstances, qui sont les plus fameuses et les plus mémorables de la monarchie, le Roi a appelé tous ses sujets. Il les rassemble autour de son trône pour concerter avec eux les moyens les plus sûrs et les plus efficaces qui pourront être pris pour couvrir le déficit qui existe dans les finances, de la recette à la dépense, et pour consolider la dette nationale. Il les a invités à lui proposer et à lui remontrer tout ce qui peut concerner les besoins de l'État, la réforme des abus, l'établissement d'un ordre fixe et durable dans toutes les parties de l'administration, la prospérité générale du royaume, et le bien de tous et de chacun de ses sujets.

La communauté de Cuger, profitant d'une faveur aussi signalée, qui la confirme toujours plus dans les sentiments d'amour et de respect et de reconnaissance dont elle est pénétrée envers Sa Majesté, lui présente, avec la confiance qu'elle lui a inspirée, ses très-humbles et très-respectueuses remontrances et doléances :

1° Sur les droits féodaux sur lesquels elle gémit ;

2° Sur les affaires relatives et particulières à la province ;

3° Sur les objets qui intéressent la généralité du royaume ;

4° Enfin, sur les moyens de subvenir aux besoins de l'État.

Sur les droits féodaux sous lesquels elle gémit.

Les droits féodaux, connus et exigés sur cette communauté, sont la directe universelle, les cens, les lods, demi-lods ou indemnités, le retrait féodal avec la faculté de le céder, la haute, moyenne et basse justice, les droits honorifiques en dépendant, la chasse, le ban-vin, la leyde, le fouage, ou droit de panat, et généralement tous les droits dérivant du fief, la directe et de la justice, et enfin, la banalité.

_____

(1) Nous publions ce cahier d'après un manuscrit des *Archives de l'Empire.*

Ces différents droits ont pris leur origine dans des temps malheureux et d'ignorance, vers la fin de la seconde race de nos rois, époque où l'anarchie qui régnait fut cause qu'on ne put arrêter la violence de ceux qui les usurpèrent. La plupart de ces droits, les plus onéreux et les plus avilissants pour le peuple, devinrent, dans la succession des temps, l'indemnité des seigneurs féodataires, des dépenses qu'ils étaient obligés de faire pour le service militaire. Alors ils pouvaient les exiger légitimement. Mais aujourd'hui où, depuis le règne de Louis le Grand, le service militaire se fait aux dépens et n'est pas payé, pour ainsi dire, que par le peuple, ces droits deviennent injustes entre les mains des seigneurs, parce qu'ils ne peuvent les exiger du peuple qu'en les soumettant à les payer deux fois, une au Roi en corps de province, et une aux seigneurs, chacun en particulier. Il est cependant des droits seigneuriaux dont la levée semble n'avoir rien d'injuste au premier aperçu, mais qui tendent, par leur effet, à la destruction de l'agriculture et à la ruine du commerce ; tels sont les droits de cens, lods, demi-lods, retrait et la faculté de le céder, résultat du droit de directe.

Et d'abord, la cense, quoiqu'elle ait pour base un titre légitime, est néanmoins injuste dans son effet, puisqu'elle est inextinguible, et qu'elle produit les droits de lods et de retrait. Cette hydre qu'elle enfante, en effarouchant ceux sur qui s'étend son empire, nuit aux affaires publiques et à l'intérêt du particulier, parce qu'il rend les ventes des fonds plus difficiles. De là résulte un dommage considérable pour le vendeur, par la raison que l'acheteur prélève sur le prix les redevances foncières et les lods. Et d'ailleurs la servitude attachée au fonds le déprécie considérablement ; outre que la cense est une surcharge pour l'agriculture, qui est déjà accablée sous le fardeau des impositions royales ; elle est, dans bien des cas, un obstacle au payement de ces mêmes impositions ; s'il survient une grêle qui emporte les fruits, les seigneurs disant que les fonds emphytéotiques n'étant devenus taillables que par l'inféodation qu'ils en ont faite, la cense qu'ils y ont imposée est antérieure à la taille, et par conséquent qu'elle doit lui être préférée. Et la conséquence de ce système tend, dans le cas prévu, à priver le Roi de ses impositions.

Le droit de lods en lui-même présente aussi des injustices révoltantes. En voici la preuve : le seigneur inféode un fonds de 10 écus. On construit sur ce fonds un édifice qui en coûte 1,000. Ce fonds et l'édifice se vendant, les lods ne sont point perçus seulement sur les 10 écus de la vente du fonds, mais encore sur les 1,000 du coût de l'édifice. Y a-t-il de la justice en cela ?

Par un raffinement de spéculation, les seigneurs ont étendu la perception du droit de lods sur les bois de haute futaie, sous prétexte que leur coupe déprécie le fonds ; et dans cette communauté, le seigneur perçoit des lods deux fois sur ce bois : la première, lorsqu'il est vendu, et la seconde lorsque ce bois est converti en charbon ou ouvré d'une autre manière. Et de cette façon, il reçoit le prix de la détérioration du fonds de la part du vendeur, et le dixième du bois et de l'industrie de la part de l'acheteur : ce qui est inique.

Les demi-lods, ou droits d'indemnité, auxquels les communautés sont soumises envers les seigneurs pour les immeubles qu'elles possèdent, sont injustes à l'égard de quelques-uns de ces mêmes immeubles :

1° Pour la maison curiale, parce que les seigneurs, leur famille et leurs gens ont un égal besoin du ministère du curé et de leurs vicaires ; et que, par cette raison, ils doivent concourir à leur logement. Les seigneurs pourraient, cependant, objecter qu'ils ont, certains d'entre eux, des aumôniers. Mais on répond à cela que ces aumôniers n'ayant point de juridiction pour l'administration des sacrements paroissiaux, et pour faire des instructions de religion, les seigneurs sont obligés d'avoir recours au ministère des curés locaux pour ces objets;

2° Pour l'hôtel de ville, parce que les seigneurs, ayant des biens roturiers, font assister un préposé aux assemblées municipales pour leur intérêt particulier.

Le retrait féodal et la faculté de le céder sont autant de moyens aux seigneurs d'envahir les meilleurs biens soumis à leur directe, que de vexer injustement le peuple. Des millions d'exemples nous apprennent que si un particulier fait une bonne affaire dans l'acquisition d'un fonds, le bénéfice est pour le seigneur, qui le retient pour lui ou pour un autre particulier qu'il favorise en lui cédant son droit. Ce n'est pas là tout. Si l'acquéreur ne rapporte pas une quittance des lods du seigneur lui-même, celle de son fermier n'étant valable que pour assurer la somme payée pour les lods, il s'en voit dépouillé au bout de dix ou vingt et tant d'années, parce que le seigneur le retient pour lui ou le fait retenir par un autre en lui cédant son droit, par faveur ou par tout autre motif. Que résulte-il de là? Que le bénéfice du temps et une partie des améliorations sont pour le seigneur et non pour l'acquéreur, à qui il ne reste souventes fois en partage qu'un procès qui le ruine.

La reconnaissance, qui sert à la conservation et à la tradition de la directe, d'où dépendent les droits dont on vient de parler, qui sont les cens, les lods, demi-lods, retrait et la faculté de céder, est le plus souvent un moyen par lequel les seigneurs étendent et augmentent leurs droits. Par des menaces, souvent effectuées, faites envers des vassaux ignorants et timides, les seigneurs extorquent facilement le consentement de ceux-ci à des prétentions tantôt douteuses, tantôt injustes, et même la renonciation à des privilèges que leur état et leurs propres titres leur assurent. Ce fait est d'autant plus certain qu'il n'est pas, peut-être, un seul seigneur en Provence, dont les reconnaissances anciennes s'accordent parfaitement avec les reconnaisances modernes : ce qui ne serait pas, si chaque reconnaissance n'avait d'autre but que le renouvellement du titre de celles qui lui sont antérieures.

Sous ces points de vue, le droit de directe et ceux qui en résultent, étant inextinguibles de leur nature, sont à l'État ce qu'est au corps humain cette maladie qui le rangent tous les jours sans le rassasier, en opère à la fin la destruction sans pouvoir le sauver; d'où il suit très-évidemment qu'il serait salutaire et avantageux à l'État de rendre rachetable ce droit de directe et ceux qui en naissent. Tels sont le vœu et les réclamations que la communauté forme.

La justice des seigneurs est, suivant le cri universel, un objet de réformation. Le vœu de cette communauté tend à son abolition. Les abus, dont elle est la source, présentent le spectacle le plus affligeant. Si un particulier n'a pas le bonheur de plaire au seigneur, soit parce que, dans le sein de l'Assemblée municipale, il aura porté un suffrage juste en soi, mais contraire aux intérêts de ce seigneur, soit parce que, dans d'autres circonstances, pour opérer le bien, il ne se conformera pas à ses vues, ce seigneur se sert du droit imposant de la justice pour le tracasser et le vexer.

Il y parvient en se conciliant avec ses officiers qui retardent, tant qu'ils peuvent, le jugement d'une demande juste, que ce particulier a intentée contre son débiteur, ou, dans le cas opposé, en accélérant le jugement des demandes intentées contre lui par des personnes qui n'ont, souventes fois, d'autre titre que leur mauvaise foi.

S'il s'agit d'une matière criminelle, presque toujours le justiciable est traité suivant le degré de faveur ou de haine que le seigneur lui porte.

D'autre part, les justices seigneuriales sont presque partout exercées par des officiers ignares; et qui à peine sachant signer leur nom sont, à tous égards, autant incapables par eux-mêmes de décider de la justice ou de l'injustice d'une prétention que des véritables formes sous lesquelles elles doivent leur être présentées : ce qui occasionne des appels sans nombre, qui n'ont d'autre but que de satisfaire la haine d'un débiteur mal-intentionné qui s'autorise d'un défaut de forme, et d'autre effet que de ruiner un créancier.

Un autre motif qui fait désirer à cette communauté l'abolition des justices seigneuriales, c'est l'impunité des délits dont la poursuite est du ressort du ministère public.

Cette impunité provient de ce que les seigneurs, pour ménager leur bourse, empêchent toutes poursuites, et que leurs officiers, qui sont sans espoir d'être récompensés, restent dans l'inaction; et le coupable qui n'est pas réprimé, s'autorise de là pour commettre de nouveaux et plus grands crimes.

La communauté ne craint pas d'être démentie sur ce fait; elle pourrait même citer des seigneurs qui, de nos jours, ont fait évader des prisons des assassins, les mains encore teintes du sang de leurs victimes.

Si les seigneurs sont si peu exacts à poursuivre la punition des crimes, ils se montrent bien jaloux de retirer les amendes. Il est un moyen qui leur en procure de considérables et dont ils savent profiter. Faisant épier ceux qui jouent aux jeux défendus, lorsqu'ils les ont découverts, ils les citent par-devant eux, et par la médiation d'une somme ils adoucissent la rigueur de leur justice. Les joueurs ne se dégoûtent pas du jeu par l'abandon de cette somme, ils y retournent au contraire pour la rattraper, et se livrent ainsi à cette frénésie, quitte pour payer une seconde fois en cas de nouvelle découverte. Ainsi est contrarié l'esprit des ordonnances qui infligent des punitions sévères contre les joueurs, et par le fait de ceux mêmes à qui l'exécution de ces ordonnances est confiée.

La nécessité de là suppression des justices seigneuriales est donc démontrée; et de cette nécessité naît celle de substituer à ces justices des justices royales auxquelles il serait à propos d'attribuer le droit nonobstant appel jusqu'à environ cent livres, et d'accorder à leurs officiers une rétribution suffisante pour l'exercer gratuitement; et pour s'assurer de leur impartialité, il faudrait les soumettre à motiver leurs jugements, et les rendre responsables du mal jugé, lorsqu'ils auraient violé ouvertement la loi. Ce nouvel ordre de choses amènerait de grands biens, en ce que leur autorité ne dépendant que du Roi et, étant inamovibles, ne se dirigerait plus au gré des seigneurs qui, pour arrêter leurs pouvoirs, n'auraient plus la faculté de les destituer.

Les pourvus de ces charges, ou ceux qui y aspireraient, chercheraient a les mériter par leurs lumières, et non par l'adulation auprès des seigneurs, parce qu'ils seraient obligés de justifier leur jugement par la loi pour n'être pas responsables de leurs mauvais jugements.

Du droit de justice naissent des droits honorifiques dont l'abolition doit s'opérer avec celle de la justice, parce que celle-ci n'existant plus, ces droits seraient sans fondement.

Mais, soit que les justices seigneuriales soient conservées, soit qu'elles soient anéanties, la communauté ne saurait s'empêcher de demander la suppression de quelques-uns de ces droits honorifiques qui portent avec eux l'empreinte du plus dur esclavage.

Celui de prêter foi et hommage de fidélité au seigneur est le premier, et est attentoire à l'autorité royale qui seule a droit de l'exiger.

En effet, la fidélité n'étant promise au seigneur que pour s'assurer de la défense des hommes pour la défense de l'État, ne doit et ne peut être exigée de nos jours, attendu que les seigneurs ne faisant plus la guerre, les vassaux ne sont plus à eux, mais au Roi, qui la fait lui-même, et à qui, par conséquent, seul, est dû tout hommage de fidélité.

Le second est celui par lequel les seigneurs assignent la couleur des chaperons; et cette couleur est ordinairement celle de leur livrée. Dans quel ravalement n'est-elle pas jetée la dignité de l'homme et du consulat par cette couleur avilissante? Des consuls, magistrats représentatifs de l'autorité publique, distingués par la même couleur que celle des laquais des seigneurs! N'est-ce pas le comble de l'ignominie?

Le droit de chasse exclusif est encore de ce nombre. Il est de droit naturel qu'on puisse se défendre contre les animaux qui nuisent à nos plantes et à nos fruits; et cependant le droit du seigneur s'oppose à cela. Il faut que nous laissions ravager nos campagnes par ces animaux, et que nous souffrions encore le dégât occasionné par le chasseur du seigneur avec ses chiens, qui se permet d'entrer dans nos possessions dans tous les temps sans distinction, malgré que les ordonnances prohibent la chasse et l'entrée dans quelques-unes de nos possessions dans certains temps de l'année. Et pour comble d'injustice, on nous ravit le droit de clore entièrement nos héritages, pour que les seigneurs puissent y chasser librement, contre tous les principes d'équité et de droit naturel qui permettent à chacun de disposer à son gré de ce qui lui appartient. Et pour empêcher la destruction de quelques pièces de gibier, les seigneurs savent obliger, suivant leurs droits, chaque particulier d'attacher un billot de deux pans de long au cou de son chien pour lui ôter le moyen de courir dans les bois et déranger le repos de ces animaux qui servent à la table des seigneurs.

Les égouts des eaux pluviales et des fontaines sont encore des droits que les seigneurs ont envahi aux peuples, comme si le ciel ne faisait pleuvoir que pour eux. Dans la distribution de ses dons, la Providence ne fait acception de personne, et par conséquent les égouts des eaux pluviales doivent appartenir à ceux qui, par la position de leur fonds, sont à portée d'en profiter.

Pour ce qui est des égouts des fontaines, les seigneurs en usent avec une pareille injustice. Ils ne contribuent ni à la construction ni à l'entretien des fontaines. Ils ne doivent donc point en

profiter. Cela est incontestable d'après le principe qui veut que celui qui participe au commode souffre aussi de l'incommode.

Il en est de même des régales mineures, du droit de bâtardise et déshérence, de celui de péage et de pulvérage. Tous ces droits sont dévolus à la couronne, et non à des seigneurs, pour qui ils sont des titres de vexation et de désolation.

Qu'un passant, par exemple, oublie de payer le droit de péage ou de pulvérage, ou même qu'il l'ignore, les seigneurs vont le faire arrêter; ou soit les bestiaux à vingt lieues de leur terre, pour lui faire payer ces uniques droits qui grossissent au centuple par les frais de la commission. Toutes les communautés sont à même de prouver ce fait.

La banalité qui, en Provence, ne dérive ni du fief ni de la justice, doit être également abolie. Elle l'a déjà été par le souverain dans les communautés qui l'avaient aliénée aux seigneurs à prix d'argent. Mais, la difficulté qui se rencontre, et les procès qui naissent à l'occasion de prouver par quel moyen les seigneurs possèdent les banalités, sont des motifs assez puissants pour qu'elles soient abolies, à quelque titre que les seigneurs les possèdent sous due indemnité.

Le droit exclusif de vendre du vin dans le mois d'août, dont le seigneur de ce lieu jouit, est encore un droit qui gêne les habitants, et les prive de tirer parti de cette denrée qui est très-abondante, et qui, pendant cette saison, augmente de valeur.

Tous ceux qui vendent des denrées à la place doivent payer la leyde au seigneur. Mais la perception de ce droit peut-elle être juste, dès que le seigneur ne veut contribuer en rien pour l'entretien et pour la décoration de la place?

Notre communauté est encore assujettie envers le seigneur au droit de fouage, qui consiste en une passal de blé anône de la vieille mesure, et 5 sous en argent de la part de chaque chef de famille, soit étranger, soit originaire du lieu. M. Bouche en démontre l'injustice dans son *Traité du droit public*, page 53 : « Le fouage, dit-il, droit « de fief et de domaine comtal, était exigé des trois « ordres de la province. Les possédants fiefs le « payaient, et quelques-uns le reprenaient sur « leurs vassaux. Aujourd'hui même, divers sei- « gneurs l'exigent en vertu de l'acte d'habitation « ou d'anciennes emphytéoses. De manière que « le tiers-état le paye deux fois, l'une, en corps, « à l'administration pour le Roi, l'autre, en par- « ticulier, aux seigneurs. Il résulte de là deux « avantages pour eux. Le premier, en ce que les « possédants fiefs ne le payent pas ; le second, en « ce que les seigneurs se le font payer par leurs « vassaux. »

Ce droit est encore plus injuste, plus odieux et plus tyrannique en Provence que partout ailleurs, attendu que, par la constitution du pays, les charges étant réelles, les habitants sont exempts de toute imposition personnelle. C'est une capitation seigneuriale et forcée, tandis que celle que nous payons au Roi est volontaire et gratuite.

La perception des arrérages de ce droit vexatif depuis vingt-neuf années, a ruiné le pays. Ce droit, qui frappe sur nos têtes, et qui est attentatoire à notre liberté, a excité, de tous les temps, les justes plaintes et les murmures des habitants, qui en réclament l'abolition de la justice de Sa Majesté.

La communauté, en demandant d'être affranchie du joug humiliant de la féodalité, qui, de fait, brise le lien direct qui doit la lier avec son souverain, veut accorder au seigneur une juste indemnité des droits qui sont légitimes. Mais le payement de cette indemnité forme un nouveau sujet de supplication envers la bonté paternelle de son Roi. S'il était ordonné que cette indemnité fût acquittée en un seul payement, ce serait ordonner à la communauté une chose impossible et la laisser dans l'état affligeant où elle se trouve. En conséquence, elle supplie Sa Majesté d'ordonner que ce payement sera fait partiellement, comme elle l'a ordonné pour les remboursements des banalités acquises à prix d'argent, ou plutôt en corps de province.

La communauté terminera ses doléances sur les droits seigneuriaux par une observation qui les justifiera pleinement.

La communauté est affouagée 218,000 livres, sur lesquelles prélevant 39,000 livres de la cote du seigneur, il ne lui reste que 179,000 livres qui payent annuellement :

1° 9,000 livres, tantôt plus, tantôt moins, pour les charges royales, provinciales et locales ;

2° Environ 1,600 livres pour les droits seigneuriaux ;

3° 2,400 livres pour le droit de banalité des fours ;

Et 4° 5,000 livres pour la dîme.

Il est vrai qu'à cet article le seigneur y contribue ; mais nous estimons sa contribution a 1,000 livres, ce qui fait monter l'article de la dîme à 6,000 livres.

Toutes les charges de la communauté, jointes ensemble, s'élèvent à 18,000 livres, tandis que le seigneur ne paye pour ses charges, d'une part, que 1,200 livres de taille, et de l'autre, 1,000 livres des biens du pays, tant en roturiers qu'en nobles.

Conclusion : nous payons, au Roi qui nous protège et nous défend, pour toute contribution 5,000 livres, et au seigneur, qui nous accable, 4,000 livres.

Sur les affaires particulières et relatives de la province.

L'administration particulière de la province présente beaucoup d'abus et d'inconvénients. Depuis très-longtemps, les deux premiers ordres administrent et votent des impositions qu'ils ne payent pas. Ils profitent de la supériorité du nombre dans les assemblées provinciales pour ne faire délibérer que ce qu'ils veulent.

La communauté réclame de la justice de Sa Majesté que la constitution du pays soit réformée. Qu'à cet effet, il soit permis aux communes de se nommer un syndic avec entrée aux États et voix délibérative ; de s'élever contre la perpétuité de la présidence et contre la permanence de tout membre non amovible ayant, en l'état des choses, entrée aux États ; de requérir l'exclusion des mêmes États, des magistrats et de tous officiers attachés au fisc ; la désunion de la procuration du pays du consulat de la ville d'Aix ; l'admission des nobles non possédant fiefs, et du clergé du second ordre ; l'égalité des voix pour l'ordre du tiers contre celles des deux premiers ordres, tant dans les États que dans la commission intermédiaire ; surtout l'égalité des contributions pour toutes les charges royales et locales, sans exemption aucune, et nonobstant toutes possessions et priviléges quelconques, attendu que les services militaires auxquels les possédant fiefs étaient autrefois soumis, et qui étaient la cause de ces

priviléges, n'est plus fait aujourd'hui par les possédant fiefs, mais par la nation qui fait les frais de la guerre ; de requérir encore l'abolition, ou du moins la diminution des droits établis sur les vins qui passent à l'étranger : la même diminution pour ceux qui sont portés à Marseille ; la prohibition de l'entrée dans le royaume des vins étrangers, tels que les vins d'Espagne et autres ; l'impression annuelle des comptes de la province, dont envoi sera fait dans chaque communauté ; que la contribution du clergé soit versée dans la caisse du trésorier du pays, et que la répartition des secours que le Roi accorde ensemble de l'imposition de 15 livres par feu, affectée à la haute Provence, sera faite dans le sein des États, et par eux arrêtée : ce qui empêchera que ces secours ne soient répartis par faveur et par protection, au préjudice des communautés qui ont le plus souffert.

Sur les objets qui intéressent la généralité du royaume.

Plusieurs objets très-essentiels au bien de l'État en général font encore l'objet des réclamations de cette communauté, tels que les droits de contrôle, de centième denier et d'insinuation sur les actes, les bureaux des fermes, les droits qui y sont perçus, la réformation du code civil et criminel, la suppression de tous les tribunaux inutiles et onéreux, une attribution de souveraineté à ceux des arrondissements jusqu'à concurrence d'une somme déterminée ; la réforme du haut clergé séculier, la suppression des chapitres, du clergé régulier, et de certains monastères de religieuses, ainsi que des dîmes et du casuel qui leur sont affectés, etc.

En effet, les droits de contrôle, d'insinuation, et de centième denier, tels qu'ils sont perçus aujourd'hui, sont une source de procès et de vexations contre les sujets du Roi, à cause que les tarifs de ces droits, ainsi que les applications, les distinctions, les exceptions, et les contradictions, se sont tellement accrues et multipliées, que les contribuables ne peuvent le plus souvent juger, avec connaissance de cause, de ce qu'ils doivent payer, et que les employés des domaines ne le savent eux-mêmes qu'après de longues études.

La réforme de ces droits, en conservant néanmoins la formalité du contrôle, serait très-avantageuse à la nation, en augmentant le commerce des immeubles que l'impôt resserre. Elle donnerait un libre cours à la passation des contrats, détruirait celles des conventions privées et des articles de mariage qui sont souvent l'occasion de la fraude, et presque toujours la source d'une foule de procès et de contestations ruineuses que n'entraîne jamais un acte public, à la rédaction duquel concourent les lumières des officiers qui forment le lien de la tranquillité civile.

Les bureaux des fermes établis dans l'intérieur du royaume sont encore un sujet de vexations. Les denrées, les marchandises ne pouvant circuler librement d'une province à l'autre, à cause que la fiscalité les a réputées étrangères, le commerce en souffre singulièrement. Les droits qui sont pris sur ces marchandises ne sont jamais connus de tout le monde, à cause de leur étendue et de leur variation journalière, qui favorisent les surexactions des commis. La nation retirerait un grand avantage de la simplification de ces droits, de leur modification, qui les mettraient à portée des contribuables, et du reculement des bureaux des fermes dans les frontières du royaume, en supprimant tous ceux de l'intérieur.

Les longueurs des procédures civiles, les frais immenses qu'elles occasionnent aux justiciables et les inconvénients de la procédure criminelle nécessitent une réformation dans le code civil et criminel.

Il se trouve des tribunaux inutiles, tels que les bureaux de finances, les maîtrises de port, et surtout la chambre des requêtes du palais, où des seigneurs qualifiés ont leur *committimus*, dont la suppression, ainsi que du *committimus* attribué aux nobles, par-devant les baillis et sénéchaux, opérerait le bien de l'État et des sujets qui sont souvent hors d'état de se défendre, tant par le défaut de moyens, que du crédit près de ces juges.

Ils retireraient encore un grand avantage de l'attribution aux tribunaux d'arrondissement des cours souveraines de juger en dernier ressort jusqu'à une somme déterminée, parce qu'ils éviteraient les frais d'une procédure qui devient ruineuse par ses longueurs.

Les archevêques et les évêques sont sortis de leur ancienne façon de vivre, modeste et frugale. La somptuosité de leurs palais, de leurs tables, et de leurs équipages, exige une réforme. On pourrait y parvenir en retranchant leurs revenus.

Les chanoines, établis pour chanter les louanges du Seigneur, dédaignant de les chanter eux-mêmes, ils payent des ecclésiastiques d'un ordre inférieur pour les chanter à leur place.

Les moines (du moins en grande partie) ont obtenu, les uns leur sécularisation, et les autres la dispense de suivre leur règle primitive. Ils vivent dans la faste, l'oisiveté et la mollesse.

Leurs riches abbés étalent des équipages brillants et commodes. Les uns *et* les autres insultent par leur luxe à la misère du peuple, oubliant que c'est ce peuple qui les rente au préjudice de ses besoins les plus pressants, à la sueur de son front ; et que ce qu'ils emploient à vivre si mondainement est un véritable vol qu'ils font aux indigents.

Les religieux appelés mendiants sont à la charge de la société, qui est obligée de les nourrir par ses aumônes. Cette charge a été portée avec plaisir tant qu'on les a vu s'occuper à l'instruction du peuple et à sa édification. Aujourd'hui, ces corps sont remplis de membres, la plupart ignorants, oisifs, et conséquemment inutiles à la religion et à la société.

On peut appliquer les mêmes raisons au monastères des filles. Il n'y a d'utiles que ceux dont les religieuses sont destinées à l'éducation des jeunes filles. Les personnes du sexe qui voudront se mettre à couvert de la corruption du siècle, y trouveront d'ailleurs un asile assuré : ce qui rend leur conservation utile encore sous cet aspect.

Les chapitres, les ordres religieux des deux sexes, sécularisés ou non, ne remplissent plus le but de leur première institution ; et ne vivant plus avec la régularité convenable, sont inutiles à la religion et à l'État : leur suppression serait donc utile à l'une et à l'autre.

Par la suppression des chapitres des ordres religieux, et par la réforme du haut clergé séculier, les biens de l'Église tomberaient dans les mains du roi ; il en payerait les dettes du clergé et de l'État. Ils serviraient au soulagement du peuple, qui payerait plus aisément sa contribution aux charges publiques, et la juste rétribution due aux évêques, aux curés et à leurs vicaires, plus juste encore pour ces derniers, qui seuls prêchent,

instruisent, consolent le peuple, et qui, avec les évêques, sont les seuls ministres de la religion utiles et nécessaires. Ils seraient employés à l'entretien des congrégations et des religieuses qui seraient destinées à l'éducation publique des enfants des deux sexes. Ils fourniraient une honnête retraite aux ecclésiastiques que leur âge, leurs infirmités ou de longs services mettraient dans le cas de se retirer du service des paroisses.

Les membres des corps supprimés jouiraient sur ces biens d'une pension viagère qui fournirait à leur honnête subsistance.

Ceux qui voudraient s'occuper utilement, pourraient être employés au service des paroisses, dont le nombre devra être nécessairement augmenté dans les villes.

En suivant ce système, l'Église n'aurait plus de biens-fonds. Ses revenus en dîmes et en casuel seraient supprimés ; mais les paroisses de chaque diocèse seraient soumises à l'entretien de leurs évêques, de leurs curés et de leurs vicaires, dans les proportions qu'il plaira à Sa Majesté de fixer.

Moyennant la somme qui sera déterminée, les diocèses seraient exempts de tous frais relatifs aux dispenses de publication des bans des degrés de parenté pour les mariages et autres.

Quant aux curés et aux vicaires, tout sollicite en leur faveur une augmentation de leur portion congrue, principalement dans les paroisses des bourgs et des villages. Au moyen de cette augmentation, le casuel et tout ce qu'il a d'odieux serait supprimé ; car il semble que, par ce casuel, les fidèles achètent les secours spirituels de l'Église et l'administration de certains sacrements ; et les fidèles ne payeraient plus deux fois, comme ils payent actuellement. Ils payent, en effet, la dîme au clergé, moyennant laquelle il devrait remplir gratuitement les fonctions de son ministère, et, outre cette dîme, le casuel.

On parviendrait aisément à déterminer la répartition du revenu épiscopal sur chaque paroisse d'un diocèse, par une proportion dont les trois premiers termes seraient :

1° La totalité des contributions que ce diocèse fournit au Roi ;

2° La rétribution qui doit être fournie à l'évêque par ce même diocèse ;

3° Et la contribution particulière de chaque communauté envers le Roi.

Le quatrième donnera nécessairement la portion qui compétera à chaque communauté ou paroisse.

Il est constant que les droits d'annates, d'expéditions des bulles pour les bénéfices et autres, ont été usurpés par les papes dans le quatorzième siècle. Ils ne s'y sont maintenus que par le plus grand abus. Ces droits coûtent annuellement à la France plusieurs millions qui serviraient au soulagement du peuple. C'est un tribut injuste dont la communauté sollicite la suppression.

Elle demande encore :

1° Que, dans les États généraux, les suffrages soient pris par tête et non par ordre ; car il est sensible que si les suffrages étaient pris par ordre et non par tête, le tiers-état, quoique aussi nombreux que les deux premiers ordres, n'aurait que le tiers des voix, ce qui serait contraire à ses intérêts ;

2° La responsabilité des ministres ;

3° La convocation périodique des États généraux de trois en trois ans ;

4° L'abrogation de toutes lettres attentatoires à la liberté des citoyens, et la faculté à ceux-ci de concourir pour tous emplois militaires, bénéfices et charges attributives de la noblesse ;

5° L'abolition de la vénalité des offices de magistrature ;

6° Une modération dans le prix du sel, rendu uniforme dans tout le royaume.

7° Et le rétablissement de la Pragmatique-Sanction.

Sur les moyens de subvenir aux besoins de l'Etat.

La subvention territoriale, l'impôt qu'il conviendrait d'établir, tant sur l'industrie que sur les biens-fonds, tels que les capitaux et autres, fourniront au Roi tous les moyens de subvenir aux besoins de l'Etat.

La subvention territoriale est celui de tous les revenus qui emploierait le moins de gens à sa perception, qui causerait le moins de frais, et qui s'exécuterait avec le plus de facilité.

Il ne fournirait point de non-valeurs, parce que les collecteurs se payeraient toujours comptant de ce qui se trouverait sur le champ, et dont on ne pourrait rien enlever sans qu'ils eussent pris leurs droits. Ce serait la plus simple et la moins incommode de toutes les impositions, parce que quand son tarif serait une fois arrêté, il n'y aurait qu'à le faire publier aux prônes des paroisses et le faire afficher aux portes de l'église. Ce serait la manière de lever les deniers royaux et locaux la plus pacifique de toutes, et qui exciterait le moins de bruit et de haine parmi les peuples ; personne n'ayant à se plaindre de ce qu'il aura payé ou de ce qu'il devra payer, parce que sa charge sera toujours proportionnée à son revenu.

Ce moyen faciliterait beaucoup le nouveau système d'égalité de contributions dans tous les ordres des citoyens, par la raison qu'il ne serait plus nécessaire, pour parvenir à cette égalité, de faire estimer les fonds qui jusqu'aujourd'hui n'ont supporté aucune imposition, ou dont l'estimation trop ancienne aurait besoin d'être renouvelée. Il épargnerait conséquemment des frais immenses. En effet, dans cette communauté, le seigneur, comme il a été dit ci-devant, possède un tiers des biens-fonds du terroir ; environ la moitié de ce tiers paye la taille, et l'autre moitié en est franche par sa nobilité. L'encadastrement de ces biens nobles entraînerait des opérations et des frais qu'on épargnera en levant l'impôt en nature.

Un autre avantage de cette imposition, c'est qu'elle pourrait être abaissée et haussée sans peine et sans le moindre embarras ; car il n'y aurait qu'à faire un nouveau tarif pour l'année suivante ou courante, et le faire afficher, comme il a été dit ci-dessus.

Le Roi ne dépendrait plus des traitants et n'aurait plus besoin d'eux, ni d'établir aucun impôt extraordinaire, de quelque nature qu'il pût être.

La manière de taxer le peuple en fruits a été usitée de tous les temps, même en France, sous les rois de la première et de la seconde race. Dans cette province, où, suivant la constitution du pays, chaque communauté d'habitants a le droit de s'imposer de la manière qu'il lui plaît pour acquitter les différentes charges auxquelles elle se trouve soumise, on voit que bien des communautés dont les affaires étaient ruinées ont adopté l'imposition en fruits, qui n'est autre chose que l'impôt territorial ; qu'elles ont acquitté insensiblement leurs dettes et amélioré leurs affaires, sans que les contribuables en aient été trop surchargés.

Telles sont les très-humbles et très-respectueuses doléances et remontrances de cette communauté. Elle espère avec confiance, de la bonté paternelle du souverain, qu'il voudra bien les accueillir favorablement.

Elle s'élève contre la chaîne pesante de la féodalité et contre ses usurpations, contre ces distinctions injustes par lesquelles celui qui a moins paye plus que celui qui possède davantage ; et contre les abus qui se sont formés de toutes parts, tant dans l'administration particulière de la province que dans celle du royaume.

Elle propose des moyens de subvenir aux besoins de l'Etat pour satisfaire le vœu de Sa Majesté. Elle lui offre les biens, les fortunes, la vie même de tous ses habitants, pour les consacrer à sa gloire, au bien et à la prospérité de l'Etat ; lui renouvelant le serment de la fidélité la plus sincère et la plus inviolable.

En foi de quoi tous les habitants présents à l'assemblée généralement convoquée, qui ont su écrire, se sont soussignés, ainsi qu'au cahier double, destiné à être conservé dans les archives de la communauté, au désir du règlement de Sa Majesté.

Signé Monfray, viguier, lieutenant de juge ; L. Reimonen, maire ; Bonessay, consul ; A. Icard ; Béraud ; Antoine Fabvre ; A. Allemand ; J. Bonifay ; Paret ; A. Garau ; Boujay ; A. Bonifay ; C. Gozau, prêtre ; E. Maurel ; A. Espenet ; Adenne ; Deidier ; Fabre ; J. Roux ; J. Béraud ; Antoine Bonifay ; G. Bonicard ; E. Bonifay ; Et.-Jacques Mattet ; Esprit Raymonent ; Daurath ; Bonifay ; D. Marotte ; E. Obsouy ; A. Buens ; A. Bonifay ; Laurent Bargeton ; A.-Louis Ray ; F. Yenet ; Sibou (Joseph-Michel) ; J.-L. Bonifay ; Pierre Buch ; F.-M. Veneley ; Louis Camille ; Philippe Bonifay ; J.-Baptiste Bonifay ; A. Ponisuy ; Joseph Bonifay ; Antoine Bonifay ; J.-Baptiste Icard ; P. Roux ; Pierre Queirel ; Bonifay ; Alexandre Bonifay ; J. Falens ; F. Obscur ; Esprit Bonifay ; Joseph Roux ; A.-P. Espanet ; François Bonifay ; J.-P. Bonifay ; Esprit Bonifay ; Jean-Joseph Gabriel ; J. Bonifay ; Antoine Icard ; J. Fabre ; J. Espanet ; Honoré Barbanson ; Hainet ; A. Niaistre ; et nous, Alexis Fabre, greffier-secrétaire.

CAHIER

Des doléances de la communauté de Carri et le Rouet (1).

Sire,

Pénétrés d'amour et de respect pour votre personne sacrée, et de reconnaissance pour vos bienfaits, nous ne faisons que répondre à la confiance dont vous voulez bien honorer vos sujets en mettant sous vos yeux paternels le tableau fidèle des vœux que nous formons pour concourir, autant qu'il est en nous, à la régénération du royaume.

Art. 1er. Les députés aux Etats généraux seront nommés librement et légalement en la forme provisoirement ordonnée par Sa Majesté.

Art. 2. Les députés n'useront de leurs pouvoirs que dans des Etats généraux légalement constitués avec la sanction du Roi.

Art. 3. Sa Majesté ayant déjà ordonné que l'ordre du tiers aura, dans les Etats généraux, un nombre de députés égal à celui des deux autres ordres réunis, les députés de la province seront tenus de regarder comme irrégulière et inconstitutionnelle toute assemblée où cette égalité ne se rencontrera pas.

(1) Nous publions ce cahier d'après un manuscrit des *Archives de l'Empire.*

Art. 4. Sa Majesté sera suppliée d'ordonner que l'on recueillera les opinions par tête, sans quoi l'égalité du nombre serait rendue inutile pour le tiers.

Art. 5. Les droits naturels et imprescriptibles de l'homme et du citoyen quel qu'il soit, seront inviolablement reconnus et assurés aux États généraux.

Art. 6. Sa Majesté sera suppliée de déclarer inviolable la liberté personnelle, et en conséquence, de prononcer l'abolissement des lettres de cachet et autres ordres capables de porter atteinte à la liberté des citoyens, sous quelque forme et sous quelque prétexte que ce soit.

Art. 7. La liberté de la presse sera déclarée faire partie de la liberté personnelle.

Art. 8. Il sera procédé à la réformation de la justice criminelle, notamment au chef de l'instruction de la procédure, laquelle il convient de faire publiquement.

Art. 9. Il sera procédé aussi à la réformation de la justice civile.

Art. 10. La justice doit être rendue gratuitement au nom et par les officiers du Roi, dans tout le royaume, sans qu'il doive exister aucune justice seigneuriale.

Art. 11. La vénalité des charges de magistrature sera supprimée, à mesure qu'elles vaqueront par mort, démission ou forfaiture.

Art. 12. Le Roi seul nommera tous les officiers chargés de rendre la justice dans son royaume; à l'effet de quoi il lui sera présenté, pour chaque office, trois sujets parmi lesquels Sa Majesté choisira.

Art. 13. Cette présentation sera faite par les États provinciaux pour les tribunaux non appelables, et par les municipalités pour les tribunaux appelables.

Art. 14. Tous les juges et magistrats seront déclarés amovibles et responsables de leur conduite envers les États provinciaux ou les municipalités qui les auront présentés à Sa Majesté.

Art. 15. Le tiers-état ne sera exclu d'aucun emploi, civil, militaire, ecclésiastique, ni de magistrature.

Art. 16. Un impôt unique, proportionné aux besoins de l'État, sera établi sur tous les fonds du royaume sans exception. Cet impôt sera réparti sur la valeur des fonds et non sur le produit. Cet impôt remplacera tous les autres, qui seront supprimés, fors un simple droit de contrôle sur tous les actes, pour en assurer l'authenticité.

Art. 17. L'intérêt de l'argent sera réduit à deux et demi pour cent, si mieux n'aiment les capitalistes recevoir leur remboursement de la part des débiteurs qui le leur offriront.

Cette réduction est nécessaire pour remettre l'équilibre que l'impôt sur les fonds fera cesser entre le rapport actuel de l'argent et le produit des biens.

Art. 18. La dîme de l'impôt n'excédera pas le terme fixé jusqu'aux prochains États généraux; le terme passé, l'impôt cessera de droit.

Art. 19. La tenue des États généraux sera déterminée de trois en trois ans.

Art. 20. Les ministres du Roi seront comptables aux États généraux de l'emploi de l'impôt, et de l'usage qu'ils auront fait de la confiance dont le Roi les a honorés, et les comptes par eux rendus seront publiés et imprimés.

Art. 21. Les administrateurs quelconques seront également comptables de leur conduite envers leurs mandants.

Art. 22. La province sera désormais gouvernée en conformité de sa constitution, et la forme de nos États provinciaux sera déterminée dans une assemblée générale des trois ordres, convoquée par Sa Majesté.

Art. 23. Pendant la tenue des États généraux, nos États provinciaux seront et demeureront assemblés pour remédier aux difficultés imprévues.

Art. 24. L'on imprimera tout ce qui sera réciproquement écrit et répondu entre nos États provinciaux et nos députés aux États généraux.

Art. 25. Tous les biens du clergé seront déclarés appartenir à l'État, auquel ils seront réunis au décès des titulaires actuels; et le produit des ventes qui en seront faites alors sera employé, après le payement des dettes du clergé, à combler le déficit de l'État.

Art. 26. Chaque communauté sera chargée de payer les prêtres desservant les paroisses, et ce sur le pied d'un règlement qu'il plaira à Sa Majesté de publier à ce sujet.

Art. 27. Toutes les dîmes ecclésiastiques seront et demeureront supprimées dès aujourd'hui.

Art. 28. Tous les sujets du Roi, débiteurs, envers le clergé, de directes, lods, ventes et autres droits utiles ou honorifiques, seront admis à se libérer, au décès des titulaires usufruitiers desdits droits, sur le pied d'un tarif qui sera arrêté aux États généraux et sanctionné par Sa Majesté.

Art. 29. Les biens grevés de charges à raison de fondations ecclésiastiques seront affranchis, en payant, par les propriétaires d'iceux, la somme à laquelle les charges seront évaluées; lequel payement sera fait entre les mains du trésorier de la communauté où lesdits biens sont situés, et le produit des fonds en provenant employé à augmenter la rétribution des prêtres desservant ces paroisses, lesquels acquitteront lesdites fonctions.

Art. 30. A l'égard des bénéfices du juspatronat laïc, le juspatron pourra reprendre et retenir les fonds et revenus affectés à la fondation, en remboursant, comme il est dit en l'article précédent, les deux tiers de la somme à laquelle seront évalués en fonds les revenus desdits bénéfices; le tiers restant étant le dédommagement de la perte du juspatronat, qui sera et demeurera supprimé.

Art. 31. Le clergé n'étant et ne pouvant être qu'usufruitier, ne sera plus admis aux États généraux comme ordre, sauf aux membres du clergé d'y figurer dans celui des deux ordres auquel ils tiennent, dans le cas où ils y seront députés par les provinces.

Art. 32. Les douanes seront reléguées aux frontières du royaume, et le commerce déclaré libre et dégagé d'entraves dans tout l'intérieur de l'État.

Art. 33. Les noms de seigneur et de vassal entre les sujets du Roi, seront à jamais proscrits dans les actes, tant judiciaires qu'extrajudiciaires.

Art. 34. La chasse et la pêche, hors les temps prohibés, seront libres à tous les sujets de Sa Majesté, sauf la responsabilité du dommage qui pourrait être cause à autrui.

Art. 35. Les privilèges seront abolis; les péages seront supprimés; les banalités seront anéanties. La noblesse cessera d'être héréditaire, et il ne sera plus question de fief.

Art. 36. Tous les sujets du Roi seront admis à extinguer, à prix d'argent, les directes, cens, lods et autres droits auxquels leurs biens seront assujettis; et ce, sur le pied d'un tarif qui sera dressé aux États généraux et sanctionné par Sa Majesté, sans qu'il soit permis à aucun particulier d'en établir de nouveaux.

Art. 37. La dette nationale sera reconnue et consolidée.

Art. 38. Les communautés de la province ayant acquis les mairies, les consuls doivent suffire pour autoriser les conseils municipaux, sans l'intervention d'aucun officier de justice.

Art. 39. Les États provinciaux auront la faculté d'asseoir et d'abonner l'impôt unique qui aura été déterminé aux États généraux.

Art. 40. Le nombre des troupes sera réglé sur les besoins absolus de l'État.

Art. 41. Toutes les troupes étrangères seront renvoyées.

Art. 42. Le prix du sel sera modéré en Provence où il naît, et où sa cherté grève l'habitant, ruine le cultivateur, et empêche l'engrais des terres.

Art. 43. Les communes auront, aux États provinciaux, un syndic qui y aura séance et voix délibérative.

Art. 44. Il sera fait deux exemplaires du présent cahier, dont l'un sera porté, par le député de cette communauté, à l'assemblée générale qui aura lieu par-devant M. le lieutenant général d'Aix, et l'autre adressé à Mgr Necker, ministre et restaurateur des finances du royaume.

Signé Jean Laurens; Guillaume Gidde; J.-J. Gidde; Tronc, lieutenant de juge, et Mimdre, greffier.

CAHIER

Des doléances de la communauté de Cassis, pour être remis aux députés de ladite communauté, en conformité de la lettre du Roi pour la convocation des États généraux, règlement y annexé, et de l'ordonnance de M. le lieutenant général de la sénéchaussée d'Aix, et qui a été conclu et arrêté ainsi qu'il suit (1) :

Art. 1er. L'assemblée a expressément chargé ses députés d'y solliciter :

La réformation du code civil et criminel.

Art. 2. La suppression de tous les tribunaux inutiles et onéreux, et une attribution à ceux des arrondissements de souveraineté, jusqu'au concurrent d'une somme déterminée.

Art. 3. L'abrogation de toutes lettres attentatoires à la liberté des citoyens.

Art. 4. Lesdits députés réclameront, en outre, une modération dans le prix du sel, rendu uniforme dans tout le royaume, comme aussi l'abolition de tous droits de circulation dans son intérieur, et notamment le reculement des bureaux des traites dans les frontières.

Quant aux affaires relatives et particulières à la province, l'assemblée charge par exprès ceux qui seront ses représentants en l'assemblée convoquée en la ville d'Aix, d'insister à demander au meilleur des rois :

1° La convocation générale des trois ordres de la province, pour former ou réformer la constitution du pays;

2° De réclamer de sa justice qu'il soit permis aux communes de se nommer un syndic avec entrée aux États;

3° De s'élever contre la perpétuité de la présidence et contre la permanence de tous membres non amovibles ayant, en l'état des choses, entrée auxdits États;

4° De requérir l'exclusion des mêmes États des magistrats et tous officiers attachés au fisc;

5° La désunion de la procure du pays du consulat de la ville d'Aix;

6° L'admission des gentilshommes non possédant fiefs, et du clergé du second ordre;

7° L'égalité de voix pour l'ordre du tiers contre celles des deux premiers ordres, tant dans les États que dans la commission intermédiaire, et qu'il sera voté par tête et non par ordre; et surtout l'égalité de contribution pour toutes charges royales et locales, sans exception aucune, et nonobstant toutes possessions ou priviléges quelconques;

8° L'impression annuelle des comptes de la province, dont envoi sera fait dans chaque communauté; et que la répartition des secours que le Roi accorde au pays, ensemble de l'imposition de 15 livres par feu, affectés à la haute Provence, sera faite dans le sein des États et par eux arrêtée;

9° Que Sa Majesté sera très-humblement suppliée d'accorder à notre communauté du secours pour parvenir au parfait rétablissement de son port, si utile au commerce maritime en général, et si fructueux à toutes les communautés de l'arrondissement pour le débit de leurs vins et autres denrées, en remédiant aux vexations des employés des fermes, qui en éloignent tout commerce;

10° Qu'il nous sera fait restitution d'un gros tiers de notre territoire, dont nos voisins se sont emparés, et qui appartient légitimement à cette communauté, étant douloureux pour ses habitants que la protection ait prévalu sur son bon droit;

11° Réclamer aussi la liberté de la pêche pour nos patrons pêcheurs, et l'établissement d'une prud'homme parmi eux, attendu que leur nombre excède de beaucoup celui requis par l'ordonnance de la marine; les soustraire, par là, des vexations des prud'hommes de la ville de Marseille, et favoriser, par ce moyen, le commerce de la pêche, qui est l'unique de ce lieu;

12° Qu'il sera fait un nouveau tarif pour la perception des droits de ferme et du contrôle, afin que le public ne soit pas lésé dans la perception desdits droits, et lui procurer la satisfaction de connaître ce qu'il doit payer légitimement;

13° Que l'arrêt qui défend la plantation des vignes au delà de cinq lieues de distance du bord de la mer, sera exécuté selon sa forme et teneur;

14° Réclamer aussi si l'on peut prélever la semence en payant la dîme;

15° Que tous les vassaux seront affranchis du joug des possédant fiefs, et qu'ils soient déclarés libres comme ses sujets des villes qui furent affranchis;

16° La suppression des juridictions seigneuriales, comme inutiles et onéreuses; que les officiers de justice soient nommés tous les ans par les sénéchaux ou leurs lieutenants;

17° Que les consuls et communautés aient la basse police dans chaque village ou bourg;

18° Que le nouvel état, l'imposition et la nomination des auditeurs des comptes seront faites par un conseil général de tous chefs de famille et possédant biens; que la reddition des comptes ne sera censée close qu'autant que le conseil général, comme dessus, après l'avoir vérifiée, l'aura approuvée, uniquement pour diminuer les impositions;

19° Qu'il ne se délibérera rien qui aura trait à quelques dépenses importantes sans un conseil général, comme dessus;

20° Qu'il ne se fera aucune enchère, aucune délivrance, qu'elle ne soit consentie par un conseil général, comme dessus; que les articles 18, 19 et 20 seront mis, par addition, au règlement particulier de la communauté;

21° Le rétablissement du rapport fait en 1785,

---

(1) Nous publions ce cahier d'après un manuscrit des *Archives de l'Empire.*

concernant les terres gastes, attendu qu'il n'a pu être cassé que par la décision de deux avocats, et qui produiront du pâturage et du chauffage pour les pauvres et les fours;

22° La diminution du droit sur les cuirs;

23° Que les cens que les sujets payent aux seigneurs directs soient supprimés, et que les lods sur les acquisitions des immeubles que lesdits sujets payent aux seigneurs directs, soient payés au Roi comme le seul seigneur et le prince souverain auquel ils doivent être dévolus;

24° Demander une route roulante de Cassis à Marseille, Aubagne et la Ciotat, pour nous procurer quelque peu de commerce.

Et, ainsi que dessus, le présent cahier de doléances a été arrêté, et ont signé ceux qui l'ont su.

Ainsi signé : P. Olive, consul; Giraud, avocat; Félix de Ganrier; Daniel; Guichard; Félix Bremont; Demoustier; Briane; Viany; Félix de Garnier; Anegrel; B. Curet; J. Bartro; Joseph Icard; Las; Cauvin; Félix Goulier; Louis Andre; Brunet l'aîné; F. Brun; L. Ventron; Louis Hallin; Louis Regnard; N. Potet, Chevalier; P. Boul; Durand; J. Tratebu; Bartin; Pydoux; J. Hallier; Laurent Biraud; P. Curet; Bernardy; A. Michel; M. Jayne; Joseph Michel; Pandosy; Louis Coustou; Joseph Nicolas; P. Pandosy; E. Bremond; P. Eydin; Boret; F. Bremond; Berteau-Bressard; Gardouste; Rolland, et P. Vidal, viguier.

Duplicata du présent cahier a été remis aux archives de la communauté; ainsi l'atteste le greffier d'icelle, soussigné.

Signé VIDAL fils.

CAHIER

Des instructions, doléances et remontrances, que la communauté du bourg de Cucuron a rédigé et approuvé dans le conseil de tout chef de famille, tenu le 25 mars 1789, pour être remis à ses députés; porté à l'assemblée générale de la sénéchaussée d'Aix, et de là aux États généraux du royaume (1).

Sa Majesté ayant daigné, pour le bien et la gloire de la nation, convoquer les États généraux de son royaume, et sa tendresse pour ses peuples la portant à vouloir connaître la situation, les besoins, les griefs du plus simple hameau, la communauté de Cucuron se croirait bien coupable si elle ne concourait à des vues si bienfaisantes, en déposant au pied du trône ses instructions, doléances, plaintes et remontrances, ainsi qu'elle y est invitée par les lettres de convocation du 2 mars 1789.

Art. 1er. Demande donc très-humblement et très-respectueusement, l'assemblée, qu'aux États généraux ses représentants voteront par tête et non par ordre. Si le tiers-état était privé de cette faculté, le bienfait de l'édit du 27 décembre dernier deviendrait illusoire, et il resterait accablé sous la dangereuse prépondérance des deux premiers ordres.

Art. 2. Les termes : *lois de l'État, constitution nationale*, ayant reçu diverses explications et servi même de véhicule à des erreurs, il est essentiel de fixer aujourd'hui l'opinion publique sur la valeur de ces termes, et d'exprimer d'une manière claire, précise, ce qu'on entend par constitution française. Sera donc très-humblement et très-respectueusement supplié, Sa Majesté, de vouloir

bien, aux premières séances des États généraux, et du consentement de la nation, donner une constitution déclarative des droits de la nation française.

Art. 3. Demande le retour périodique, et à perpétuité, des États généraux, qui seront tenus de quatre ans en quatre ans, et plus tôt s'ils sont jugés nécessaires.

Art. 4. Abolition des lettres de cachet et de toute commission tendant à soustraire les sujets de Sa Majesté aux tribunaux de ses juges naturels. Sans cette réforme, il n'y a point de liberté en France.

Art. 5. La réformation du code civil et criminel : le premier, funeste aux fortunes, et l'autre à la vie des citoyens; l'abolition de tous droits de *committimus*, et la suppression de toute évocation de procès au conseil du Roi.

Art. 6. Que les degrés de juridiction seront réduits à deux.

Art. 7. Que la procédure criminelle sera instruite publiquement, les accusés jugés par leurs pairs ou les jurés, de concert avec les juges naturels.

Art. 8. Que la justice sera rapprochée le plus possible des justiciables.

Art. 9. Que la justice sera rendue gratuitement.

Art. 10. Dans le cas que la nation assemblée crût nécessaire de demander au Roi l'abolition de la vénalité des offices de judicature, le vœu de la commune de Cucuron serait que ces places fussent données au concours, précédé d'examens particuliers qui attestent la science, et que les candidats n'y fussent admis que sur des certificats qui constatent la probité, celle-ci n'étant pas moins nécessaire aux juges que les lumières. Ces certificats seront donnés par les assemblées des districts, et visés par les États provinciaux.

Art. 11. Demande la suppression des justices seigneuriales; et en cas qu'il plaise à Sa Majesté de les conserver, les communes présenteront à leurs seigneurs trois sujets pour chaque place. Sera obligé, le seigneur, d'en choisir un sur les trois, et sous le plus bref délai. Le sujet nommé sera inamovible pendant six ans, insistant néanmoins sur la suppression.

Art. 12. Les offices vacants par décès ou autrement, seront remboursés à différents termes, avec intérêts, même obligation pour les seigneurs envers leurs officiers.

Art. 13. Tous les cens personnels, les corvées, censes, banalités, seront rachetables par des pensions féodales, en grains ou en argent, lesdites pensions extinguibles. Quoique la communauté de Cucuron ait le bonheur d'être affranchie de tout droit féodal, elle est bien éloignée pourtant de s'isoler dans ce moment décisif. C'est au nom de l'humanité qu'elle réclame pour ses frères une liberté que des lois gothiques et barbares lui ont enlevée.

Art. 14. Demande que le déficit soit comblé par les moyens les plus efficaces et les moins onéreux au peuple. Point de banqueroute, et opprobre éternel sur quiconque en osera prononcer le nom.

Art. 15. Que la loi de l'impôt et autres bursales, toujours consenties aux États généraux, seront envoyées aux cours souveraines pour y être inscrites sur leurs registres, sans représentations, modifications ou restrictions. Que ces lois ne seront obligatoires que jusqu'à la tenue des États généraux subséquents; et si les États ne pouvaient s'assembler aux temps préfix, sera poursuivi comme concussionnaire quiconque oserait alors les mettre à exécution.

Art. 16. Que la contribution proportionnelle sera établie sur les trois ordres du royaume.

(1) Nous publions ce cahier d'après un manuscrit des *Archives de l'Empire.*

Art. 17. Que l'impôt sera simplifié le plus possible ; que l'on conservera ceux établis sur des objets de luxe ou des besoins factices : tels que le tabac, sucre, café, etc., et surtout les cartes, si leur anéantissement, que tant d'excès réclament, n'est pas prononcé.

Art. 18. Que les droits du contrôle seront abolis, et que, pour la sûreté publique, un officier public tiendra un registre où il insérera un duplicata des actes passés dans la commune, et que ledit officier sera stipendié par elle,

Art. 19. Abolition de tout impôt sur le sel, ou du moins réduction considérable sur son prix, ce genre d'impôt étant improportionnel, et frappant sur la classe la plus indigente, et nuisant essentiellement à l'agriculture, surtout en Provence.

Art. 20. Désirerait, la commune de Cucuron, que les deux impôts ci-dessus étant supprimés ou adoucis, on en établit en compensation sur cette quantité immense de voitures et de chevaux qui obstruent les rues et les grands chemins, et sur cette meute d'officiers et de laquais qui surchargent les antichambres et les voitures des grands. Cette manie d'une puérile représentation est funeste à l'agriculture et aux arts, et gagne épidémiquement la bourgeoisie.

Art. 21. L'assemblée exprime son vœu sur l'impôt territorial, frappant également sur les capitaux, maisons, magasins, manufactures, sur l'industrie mercantile, et l'exercice lucratif des arts libéraux,

Art. 22. Dans la répartition de l'impôt territorial, on aura égard aux pensions féodales, à celles constituées à prix d'argent, et autres objets qui reviennent aux maîtres sans impense. Sans cette distinction, on manquerait le but proposé : celui de la répartition égale.

Art. 23. Reculement des bureaux aux frontières.

Art. 24. Demande l'assemblée, la suppression, de tout privilége exclusif accordé à des compagnies de commerce.

Art. 25. La suppression de l'édit qui exclut le tiers-état du service militaire, comme surpris à la religion de Sa Majesté, contrariant celui de Louis XV de 1751, et dégradant un ordre qu'une foule de héros ont rendu respectable et terrible à toute l'Europe.

Art. 26. Demande la démolition de toutes les places fortes, châteaux, etc., qui se trouvent dans l'intérieur du royaume : ces objets de la plus grande dépense sont aujourd'hui de la plus grande inutilité.

Art. 27. Que la milice sera supprimée. Les Français doivent marcher gaiement et volontairement au service de la patrie, et non y être traînés de force

Art. 28. Que la confection et les réparations des grands chemins seront confiées aux soldats. Ils gagneraient à ce travail de la santé, des forces, des mœurs et de l'argent. Les communes épargneraient une partie du leur, et l'agriculture conserverait des bras qui commencent à lui manquer. Pourquoi, d'ailleurs, ne pas imprimer à nos braves légions le seul trait de ressemblance qu'elles n'ont pas avec les Romains ?

Art. 29. Demande que la liberté de la presse sera rétablie, les auteurs et imprimeurs demeurant responsables de tout ce qui pourrait blesser la religion, le gouvernement national et les bonnes mœurs.

Art. 30. L'abolition de la mendicité : obligation aux communes de pourvoir aux besoins des pauvres invalides, et de forcer les valides au travail.

Art. 31. Abolition des péages, parce que l'objet n'en est plus rempli ; permission aux provinces de faire passer de nouveaux bacs sur les rivières, ou obligations aux seigneurs d'en placer, quand l'utilité publique l'exigera.

Art. 32. Abolition du droit exclusif de chasse ; et défenses à toutes personnes de chasser sur la propriété d'autrui.

Art. 33. Suppression de plusieurs universités de province, devenues aujourd'hui moins des écoles où l'on s'instruit, que des boutiques où l'on achète des grades ; rétablissement des bonnes études dans les universités conservées. Assistance aux leçons et exercices rigoureusement exigés des jeunes gens qui aspirent aux degrés. Fondation, dans ces universités, de chaires d'histoire, de droit public et national. L'Allemagne et l'Angleterre nous donnent sur ces points des modèles bien précieux.

Art. 34. Demande, l'assemblée, que le retrait féodal suive les lois établies pour le retrait lignager, et que la quittance des lods, de quelque main qu'elle émane, donne irrévocablement l'investiture.

Art. 35. Que le ministre des finances soit comptable à la nation ; que les États généraux se fassent représenter l'emploi de leurs derniers ; que le Compte Rendu devienne public par la voie de l'impression. Sera pourtant laissée, entre les mains de ce ministre, une certaine somme pour parer à des cas imprévus, de laquelle il ne rendra compte qu'au Roi et à sa probité.

Art. 36. Que si, ce qu'à Dieu ne plaise ! un ministre avait le malheur de trahir la confiance de son auguste maître et les intérêts de la nation, sera très-humblement et très-respectueusement suppliée Sa Majesté de faire instruire son procès, les États généraux tenant et sous les yeux des commissaires nommés par les trois ordres, et pris à égalité dans chacun d'eux.

Art. 37. Que, dans les procès survenus entre un gentilhomme et un membre du tiers-état, le tribunal sera composé à l'égalité de juges nobles et de juges membre du tiers.

Art. 38. L'établissement d'un bureau de pacification dans chaque commune, lequel tout sujet de Sa Majesté sera tenu d'exhiber ses titres et prétentions, avant que d'intenter un procès quelconque.

Art. 39. La poursuite des faux nobles, en exécution de l'édit rendu contre eux ; examen rigoureux des pièces justificatives de leurs titres. Sera très-humblement suppliée, Sa Majesté, de n'accorder des lettres de noblesse que les États généraux tenant, sur l'énoncé rendu public de leurs services, et au sujet desquels la nation pourra faire de très-respectueuses remontrances. Ne pourra être attaché la noblesse à autres offices qu'à ceux des cours souveraines, et aux grades militaires, selon de l'édit Louis XV. Dans ces deux cas, la noblesse ne serait transmissible qu'à la troisième génération, pour les capitaines d'infanterie, cavalerie et marine, et qu'aux descendants de trois magistrats qui auraient, sans ou avec interruption, possédé des offices en cour souveraine, ou auraient présidé quelque tribunal considérable, si Sa Majesté trouve convenable de conférer la noblesse à la présidence d'un tel tribunal.

Art. 40. Demande encore, la commune, que toutes les acquisitions faites dans l'étendue des fiefs soient, les lods étant payés, ratifiées par une loi expresse, sans que les seigneurs puissent retraire les fonds aliénés.

PROVINCE,

Art. 1er. Demande, l'assemblée, pour le bien

particulier de la province, que l'édit portant permission des défrichements sera supprimé ; que les terres défrichées depuis cet édit seront abandonnées : les ravins formés dans nos plaines, le besoin de pâturage, le manque de bois, nécessitent cette prompte suppression.

Art. 2. Que, dans la répartition de l'impôt, Sa Majesté sera suppliée d'observer que l'huile est la seule denrée qui puisse donner quelque aisance à la province, et que les oliviers y périssent fréquemment. On doit rappeler à ce sujet leur mortalité en 1758, 1766, et celle de l'année courante la plus générale et la plus désastreuse.

Art. 3. Le rétablissement des droits accordés à la mairie par l'achat qui en a été fait en exécution de l'édit de 1757, et l'attribution aux consuls du droit de police.

Art. 4. La contestation actuellement élevée entre les trois ordres de la province au sujet d'une nouvelle composition de nos États particuliers, pourra être portée aux États généraux, non pour y être décidée souverainement, mais simplement arbitrée, restant libre à la nation française d'adhérer à cet arbitrage. Cette adhésion sera donnée ou refusée dans une assemblée des trois ordres, constamment demandée aux pieds du trône.

ÉGLISE.

Art. 1er. L'assemblée, faisant sa profession la plus sentie, la plus vraie et la plus raisonnée de la foi de ses pères, demande pourtant l'abolition de la dîme ecclésiastique, parce qu'elle ne remplit pas aujourd'hui sa destination primitive, parce qu'elle porte, dans les mains de l'homme inutile, un salaire dont le véritable ouvrier ne reçoit qu'une faible portion.

Mais, pour que, dans cette suppression, toutes les règles de la justice naturelle et chrétienne soient observées, le vœu de la commune serait que les observations et réflexions ci-après fussent mises sous les yeux des États généraux.

Qu'est-ce que la dîme ? un supplément de fortune, une espèce de pension alimentaire, donnée par Pepin et par Charlemagne aux ecclésiastiques que les malheurs des temps et la guerre contre les Sarrasins avaient dépouillés de leurs domaines.

Qu'étaient-ce que ces domaines ? les terres bénéficiaires dont le souverain forma le patrimoine des ministres d'une religion qu'il adoptait, et sans doute les dons que des prosélytes firent à leurs apôtres.

Les domaines acquis par l'Église depuis la concession des dîmes ne peuvent-ils pas légitimement remplacer ceux qu'elle tenait de la munificence du souverain ou de la piété des fidèles ? Sans doute. Parce que l'ecclésiastique ne doit, selon saint Paul, exiger que la nourriture et le vestiaire ; et de quelque part que lui vienne ce double présent, il n'a plus rien à prétendre.

Quel était l'emploi de cette dîme bien respectable ? les deux tiers en étaient affectés aux pauvres. On en fit, ensuite, quatre portions, une pour l'évêque, la seconde pour le clergé, la troisième pour l'entretien des églises, et la dernière pour les pauvres.

D'après cet aperçu, il faudrait, d'abord, mettre en commun les manses épiscopales et cathédrales. Selon M. Henry, la manse de l'Église était, encore dans le huitième siècle, répartie entre les membres du clergé.

On assignerait, sur ces manses réunies, un revenu fixe et honnête à l'évêque et à sa cathédrale. Les places de cette cathédrale, réduites à un cer-

tain nombre, formeraient un asile de retraite aux curés qui auraient servi le diocèse, et toujours selon le rang d'ancienneté.

Si le produit de ces manses réunies ne suffisait pas au revenu, déterminé et fixé pour chaque individu, les communes diocésaines contribueraient chacune, selon leur étendue et leur faculté, à en combler le déficit.

On passerait de là à la dotation du clergé paroissial de chaque commune. Le revenu d'un curé serait entre 900 et 1,800 livres, et celui d'un vicaire entre six et douze ; et s'il existait, dans la paroisse, des domaines, rentes, pensions, autres que celles affectées aux anniversaires, fondations déterminées, etc., etc., ces revenus seraient prélevés sur le total de la susdite dotation.

Tout casuel aboli, à l'exception des torches funéraires, dont le nombre et le poids seront à volonté. Il faut laisser une consolation à la douleur, ou un aliment à la vanité.

Et comme l'objet de la dîme était, après le salaire de l'évêque et du clergé, l'entretien des fabriques et des pauvres, les communes seraient obligées de verser dans les mains des fabriciens une certaine somme destinée aux dépenses que la réparation des églises et le culte divin nécessitent. Les communes remettraient, encore, aux recteurs des hôpitaux ou des œuvres de charité, s'il en existe dans la paroisse, une somme fixe ; et s'il n'existait dans la paroisse ni hôpital ni œuvre pie, les fabriciens seraient les dépositaires de l'aumône donnée par la commune. Sous le premier point de vue, la composition de la fabrique doit mériter l'attention du souverain et des États généraux.

Ainsi, le quadruple objet de la dîme serait rempli et les communautés notablement soulagées. L'Église et les peuples seraient débarrassés de cette légion d'hommes à vocation équivoque, et qui, sous le nom de curés primitifs, de prieurs, de décimateurs, boivent une subsistance que ni la loi naturelle ni la religion leur assignent.

Au reste, il serait essentiel que les impositions établies en supplément de la dîme, fussent perçues selon les règles de la contribution proportionnelle.

Seront, pourtant, les titulaires, conservés, pendant leur vie, dans la jouissance de leurs revenus, si mieux n'aiment les communes les indemniser, ou si le souverain et la nation assemblée ne trouvent quelque moyen d'indemnité raisonnable.

Art. 2. Sera très-humblement et très-respectueusement suppliée, Sa Majesté, d'examiner, dans le secret de sa sagesse, et sous les yeux de la religion dont il est le protecteur-né, si, d'après l'aspect peu consolant de l'Église française, il ne serait pas expédient, pour le bien de l'Église et de l'État, de rendre au clergé et au peuple l'élection de ses pasteurs, ainsi que saint Louis, son immortel aïeul, l'avait décidé en 1229 par sa Pragmatique-Sanction, ordonnance précieuse, remise en vigueur à la célèbre assemblée de Bourges, par ordre de Charles VII, en 1438, et adoptée avec éloge par le concile œcuménique de Bâle, à la réquisition des ambassadeurs de ce prince. Le clergé et le peuple présenteraient, par la voie de l'élection, trois sujets à Sa Majesté, qui, sur ce nombre, daignerait en nommer un.

Sera très-humblement et très-respectueusement suppliée, Sa Majesté, de daigner prendre conseil des États généraux, quand on lui proposera les suppressions, les sécularisations, incorporations de quelque ordre religieux, congrégation, abbaye, monastère d'hommes ou de filles. C'est avec la plus vive douleur, mais avec la plus exacte vérité, que ses fidèles communes lui représentent :

Que toutes ces suppressions, sécularisations, etc., n'ont jamais eu pour objet la gloire de Dieu, le bien de l'Eglise, l'édification des fidèles ; qu'elles sont le fruit des intrigues et de la cupidité de la noblesse, toujours prête à grossir son patrimoine des richesses du sanctuaire : témoin la sécularisation de l'abbaye de Saint-Victor de Marseille, refusée pendant un siècle, et où vingt gentilshommes représentent aujourd'hui la nombreuse et édifiante famille du célèbre Cassien, composée auparavant de plusieurs membres distingués du tiers-état. Témoin encore la réunion de l'ordre de Saint-Antoine de Vienne à celui de Malte : réunion qui prive l'Eglise d'un ordre de chanoines estimables, la société d'un corps d'hospitaliers, qu'une maladie assoupie, mais non éteinte, pourrait lui rendre un jour utile et précieux, des familles honnêtes d'un nombre de places décentes, que leurs individus auraient occupées : réunion qui a dérangé les projets patriotiques et chrétiens de plusieurs bons évêques et pieux laïques, dont le vœu unanime aurait destiné, en cas de suppression, les biens des chanoines réguliers de Saint-Antoine à la dotation des maisons.

Sa Majesté daignera observer que les maisons des hôpitaux sont à la charge des communes ou des familles assez malheureuses d'être privées de leurs concitoyens ou de leurs membres, pour n'être pas obligées encore d'en payer les pensions ; et ces considérations pressantes la détermineront infailliblement à demander la révocation de la bulle extorquée au saint-siège, et à ordonner la suppression de l'arrêt de son conseil, donné en faveur de cette réunion.

Réunion, enfin, qui ne servira désormais qu'à enrichir quelques familles nobles, qu'à faire importer sur le plus aride rocher d'Afrique (sous le nom de responsions ou de dépouilles) une portion considérable et précieuse du numéraire français.

Sa Majesté daignera considérer encore que la nation ne peut prendre aujourd'hui aucun intérêt à un ordre dont l'objet principal n'existe plus , puisqu'il n'y a plus à Jérusalem ni roi ni hôpital chrétien, et dont l'objet actuel lui est absolument inutile, puisque la France est amie du souverain de Constantinople et des régences d'Afrique ; et qu'à tout événement, quatre frégates armées à Toulon protégeraient plus efficacement ses côtes et son commerce que tous les armements de Malte.

Sera très-humblement suppliée, Sa Majesté, de conférer avec la nation assemblée sur les moyens de conserver et de rendre utile à l'Eglise et à l'Etat cette classe de citoyens connue sous le nom de religieux, dont les travaux apostoliques, littéraires ou relatifs à l'agriculture, ont été si précieux à la religion , aux lettres , à la société , et qui, malgré les classes de la philosophie moderne, servirait encore utilement l'autel , la patrie et les sciences, si on l'élevait à la considération publique, d'abord par l'assurance de son existence civile, ensuite en déterminant ses emplois, et enfin en ranimant les bonnes études dans les cloîtres.

En outre, la commune de Cucuron charge très-expressément ses députés à la sénéchaussée d'Aix et ses mandataires aux Etats généraux, d'accorder et d'adhérer à ce que tous les représentants du tiers-état décideront, à la majorité des voix, être utile et honorable à la monarchie, aux intérêts de Sa Majesté et au troisième ordre de la nation.

Les charge encore très-expressément de favo-

riser, de toutes leurs forces, les justes réclamations de nos très-chers frères et concitoyens , les habitants des pays d'élection , ou autres , qui gémissent sous le joug d'une foule d'entraves et d'abus insupportables à des hommes, à des Français, à des fidèles sujets de Louis XVI

Déclare, l'assemblée, que sa confiance dans les vues bienfaisantes du gouvernement est sans bornes ; mais que n'ignorant pas malheureusement combien est actif le jeu des passions dans les cours ; sachant encore par une fatale expérience que l'intrigue, les prétentions, l'essor des intérêts particuliers, ont souvent croisé les intentions paternelles des meilleurs rois , elle donne charge expresse à ses mandataires de ne voter l'impôt qu'après la constitution proclamée et le redressement des griefs de la nation. L'assemblée excepte néanmoins de cette prohibition les cas où, faute de subvention ou ressource pécuniaire , l'Etat même serait en péril , et le mouvement nécessaire au gouvernement arrêté. Dans ce cas seulement, attesté par la nécessité, l'assemblée autorise ses représentants à consentir, avant toute autre discussion, à l'octroi purement nécessaire.

Enfin, la commune, désirant que rien ne puisse arrêter la marche des Etats généraux, et prévoyant que la diversité des mandats, la dissonance et le choc des opinions pourraient élever , dans cette suprême assemblée, des discussions nullement terminables, que par des interprétations , des explications, des modifications données aux ordres des mandants, peut-être par des ordres imprévus et nouveaux nécessaires aux mandataires,

A délibéré qu'il sera notifié, à la première assemblée de la sénéchaussée d'Aix, sa réquisition sur la formation d'un comité composé des membres de ladite assemblée, et dont les séances dureront autant que celles des Etats généraux ;

Délibéré que, pour que ledit comité soit d'une utilité générale, serait suppliée, ladite assemblée de la sénéchaussée d'Aix, de se concilier promptement avec les autres sénéchaussées de la province, à l'effet de demander à Sa Majesté , et par l'intervention des Etats généraux , un comité général formé d'un nombre déterminé de chaque sénéchaussée ; lequel comité sera établi dans la ville d'Aix ou au centre de la province, pour accueillir, éclaircir, fixer les doutes, amplier même les pouvoirs de nos représentants aux Etats généraux, sauf à recourir aux communes quand le cas paraîtrait l'exiger.

Signé Ginoyer des Vaucèdes, juge; Clément, maire; de Lestrac ; Arnaudy; A. Anglesy ; Gilly, médecin; Escotivet; D. Blanc; Jacques-Christophe David; L. Valency; Boyer; P. Blanc; Gilles Girard-Briand ; Pioule ; J.-F. Bonnin ; Briand ; J. Blaise ; Blanc; C. Cauvin; Figuières; J.-S. Briand; A. Faréal ; Brun ; D. Albon ; Pierre Girard ; Blaise ; de Lestrac ; Massel ; Joseph Blac ; Brun ; Donadieu , David ; Briand ; Louis Donadieu , et Rocanus.

CAHIER

Des doléances, plaintes et remontrances de la communauté de Châteauneuf, arrêtées à l'assemblée générale de ladite communauté, tenue le 25 du mois de mars 1789 (1).

Art. 1er. Demander la suppression de la dîme ecclésiastique, impôt désastreux pris sur nos

(1) Nous publions ce cahier d'après un manuscrit des *Archives de l'Empire.*

sueurs et sur les avancés que nous faisons à la terre; faire valoir comme il ne s'opérera rien de bien dans le royaume sans cette suppression.

Art. 2. Solliciter le rachat de tous droits féodaux et banalités, restes gothiques des siècles barbares.

Art. 3. Appuyer avec force sur la suppression de l'usage injuste de payer les cens en blé de première qualité, tandis que, toujours, nous ne récoltons que de très-mauvais blé.

Art. 4. Demander à ce qu'il soit obvié aux inconvénients qui résultent du droit de chasse, d'où il arrive que le gibier, et notamment les lapins, nous dévastent au moins le dixième de nos fruits; en conséquence, qu'il soit, au moins, permis à tout propriétaire, ou fermier d'un fonds, de tirer sur les lapins, pigeons, et autre gibier qui paraîtrait dans son fonds.

Art. 5. L'abolition du droit de prélation et cession d'icelui qui rend l'emphythéote esclave, et au déguerpissement.

Art. 6. Représenter que le seigneur du Martigues se dit propriétaire d'un bras de mer de quatorze lieues de côtés, renfermant l'étang de Berre, duquel nous sommes riverains; que cette prétention de ce seigneur empêche les pauvres habitants de se procurer une faible subsistance par la pêche, lorsque les temps ne permettent pas de s'occuper des travaux de la campagne, tandis qu'il est de droit naturel que l'eau et l'air sont à tous.

Art. 7. L'abolition de la compascuité, droit qui attaque la propriété, et rend le cultivateur indolent, et souvent le force à abandonner son champ et à déguerpir.

Art. 8. Réclamer contre les droits abusifs que le seigneur de cette communauté s'approprie sur les bois, par la privation où sont les habitants d'un jour, dans le temps qu'ils ont la fâcheuse douleur de se les voir enlever par le seigneur ou le fermier; principalement sur les fours à chaux que les fermiers font exploiter au préjudice des habitants.

Art. 9. Tous les abus qui se commettent sur l'étang du seigneur, au préjudice des habitants de cette communauté, dont la bordigue exclusive et le droit de pêche qu'ils payent au seigneur leur portent le plus grand tort, dans le temps que cet étang devrait être libre à tous les habitants.

Art. 10. Rendre les justices royales, et les rapprocher des justiciables en leur donnant une souveraineté plus étendue, et supprimer celles qui sont inutiles.

Art. 11. Demander la réformation du code civil et criminel.

Art. 12. La répartition égale de tous les impôts, entre tous les ordres et individus du royaume.

Comme aussi la faculté au tiers de concourir pour tous les emplois militaires, bénéfices et charges attributives de noblesse, et requérir contre la vénalité des charges.

Art. 13. Rendre uniforme le prix du sel par tout le royaume, et en demander la modération.

Art. 14. Demander la réformation de la constitution provençale, comme de rendre la présidence amovible, séparer la procure des consuls d'Aix, accorder des syndics au tiers, et généralement lui donner cette constitution libre et vivifiante qu'elle n'a pas.

Art. 15. L'abolition de tous droits de circulation dans l'intérieur du royaume et le reculement des bureaux de traites sur les frontières.

Comme aussi qu'à chaque bureau de ferme, il y ait un tableau contenant le tarif des droits, à l'effet d'être à l'abri des prévarications des régisseurs et autres employés.

Art. 16. Réclame contre la protection ouverte que les seigneurs accordent à leurs fermiers ou agents, de laquelle il résulte journellement des abus oppressifs contre les malheureux habitants des villages; comme aussi de l'impertinence de leurs chasseurs qui ne se font pas difficulté de dévaster et bouler les terres des habitants.

Art. 17. Les députés seront enfin chargés de se joindre à tous les autres députés pour tout ce qui sera relatif au bien général des peuples.

Toutes lesquelles doléances et plaintes ont été faites et dressées à l'assemblée de ce lieu de Châteauneuf, cejourd'hui 25 mars 1789.

Signé Tronc, lieutenant de juge, en absence; F. Gide; J.-B. Gide; Pierre Bellot; F. Bellot; J.-B. Gide; Jacques Bernard; P. Mistrat; J.-A. Mauret; Jean Olive; J.-J. Sarde; G. Mistrat; J.-J. Néral.

DÉLIBÉRATION

Prise par la communauté de Châteauneuf-le-Rouge, sénéchaussée d'Aix (1).

Aujourd'hui, 29 mars 1789, en l'assemblée convoquée au son de la cloche en la manière accoutumée, sont comparus, en l'auberge de Châteauneuf-le-Rouge, prise d'emprunt, par-devant le sieur Antoine de Poissier, lieutenant de juge :

Sieur François Tuscat, syndic dudit lieu; Jean-Pierre Brun; Joseph Delome; Pierre Barthélemy; Maurice Barthélemy; François Cotton; Nicolas Barret; Jean-Pierre Orange; Jean-Claude Décome; Jean-Pierre Jourdan; Pierre Loubaud; Joseph Michel; Jean-Joseph Laugier; Louis Michel; Hilaire Barthélemy; Mitre Michel; Jean Lambert; Gaspard Laugier; Louis Carte; Pierre Roubaud; Joseph Cotton; Pierre Cotton; Joseph Prat; Michel Carte; Jean-Joseph Long et autres;

Tous nés Français, âgés de vingt-cinq ans, compris dans le rôle des impositions, habitants de cette communauté, composée de quarante feux; lesquels, pour obéir aux dispositions des règlements y annexés, ainsi qu'à l'ordonnance de M. le lieutenant général en la sénéchaussée générale de Provence, séant à Aix, dont ils nous ont déclaré avoir une parfaite connaissance, tant par la lecture qui vient d'être faite, que par la lecture et publication ci-devant faites au prône de la messe de la paroisse, par M. le curé, le 22 du présent mois, et par la lecture et publication et affiche pareillement faites le même jour, à l'issue de ladite messe de paroisse, au devant de la porte principale de l'église;

Nous ont déclaré qu'ils allaient d'abord s'occuper de la rédaction de leur cahier de doléances, plaintes et remontrances; et en effet, y ayant vaqué, ils nous ont représenté ledit cahier, qui a été signé par ceux des habitants qui savent signer, et par nous, après l'avoir coté et paraphé par première et dernière page *ne varietur*, au bas d'icelles;

Et de suite, lesdits habitants, après avoir mûrement délibéré sur le choix des députés qu'ils sont tenus de députer, en conformité desdites lettres du Roi et règlement y annexé, et les voix ayant été par nous recueillies en la manière accoutumée, la pluralité des suffrages s'est réunie en faveur de François Tuscat, syndic du lieu, et

(1) Nous publions ce cahier d'après un manuscrit des *Archives de l'Empire*.

nous, Blanc, greffier, qui avons accepté ladite commission, et promis de s'en acquitter fidèlement.

Ladite nomination des députés ainsi faite, lesdits habitants ont, en notre présence, remis audit Tuscat, et à nous Blanc, greffier, leurs députés; le cahier, afin de le porter à l'assemblée qui se tiendra, le 2 du mois prochain, devant M. le lieutenant général, et nous ont donné tout pouvoir requis et nécessaire, à l'effet de les représenter à ladite assemblée pour toutes les opérations prescrites par l'ordonnance de M. le lieutenant général, comme aussi de donner pouvoir général et suffisant de proposer, remontrer, aviser et consentir à tout ce qui peut concerner les besoins de l'État, la réforme des abus, l'établissement de l'ordre fixe et durable dans toutes les parties de l'administration, la prospérité générale du royaume, et le bien de tous et chacun des sujets de Sa Majesté;

Et, de leur part, lesdits députés se sont précisément chargés du cahier de doléances de ladite communauté, et ont promis de le porter à ladite assemblée, et de se conformer à tout ce qui est prescrit et ordonné par lesdites lettres du Roi, règlement y annexé, et ordonnance susdatée; desquelles nominations de députés, remise de cahier, pouvoir et déclaration, nous avons à tous les susdits comparants donné acte; et avons signé avec ceux desdits habitants qui savent signer, et avec lesdits députés; notre présent verbal, ainsi que le duplicata que nous avons présentement et réellement remis auxdits députés pour constater leurs pouvoirs. Et le présent sera déposé et remis aux archives du secrétariat de cette communauté, lesdits jour et an.

CAHIER

Des doléances, plaintes et remontrances de la communauté de Châteauneuf-le-Rouge, sénéchaussée d'Aix.

Les habitants chefs de famille de ce lieu chargent leurs députés de représenter :

Art. 1er: Que tous les habitants du royaume doivent être soumis aux mêmes impôts. Les exemptions sont des injustices et une source intarissable de procès. Nous sommes tous sujets du même souverain; nous devons tous contribuer aux charges communes. Les froids excessifs, qui ont causé un grand dommage aux habitants de ce lieu, sont un motif de plus pour une répartition égale des impôts, puisque ce sera un soulagement pour les pauvres.

Art. 2. Les députés demanderont encore qu'il soit permis aux communautés de se racheter de tous les droits seigneuriaux, comme cens, taxe, banalités et autres; les droits ne font que grever les habitants et propriétaires de la campagne, et tendent à ruiner l'agriculture en dégoûtant et opprimant les cultivateurs. Les abus auxquels les droits tyranniques donnent lieu, ne font que rendre ces inconvénients plus sensibles.

Autrefois, les habitants de Châteauneuf-le-Rouge payaient leur cens par le blé qu'ils recueillaient; quoi de plus naturel que de payer une imposition qui doit être prise sur les fruits avec ces fruits mêmes! Aujourd'hui le seigneur force ses vassaux à nettoyer à la main le blé qu'ils lui donnent; c'est une nouvelle surcharge pour un droit déjà très-onéreux par lui-même.

La faculté de rachat tarira la source de ces abus,

et rendra aux habitants des campagnes leur liberté primitive.

Il existe, dans ce lieu, un droit d'herbage et de ramage, qui appartient au seigneur. Sous ce prétexte, les fermiers détruisent tous les fruits des habitants dans le moment où un hiver rigoureux vient de tuer la plupart des oliviers. Ce droit d'herbage ôte aux habitants tout espoir de voir leurs arbres renaître; les oliviers poussent par le pied, mais le bétail mangera les jeunes rejetons; et par conséquent, plus d'espoir pour la réparation du désastre.

Autrefois, la communauté avait le droit de bûcherer dans les bois, que le seigneur s'est attribué sous prétexte de la directe universelle. Aujourd'hui, on les prive de ce droit; et ils sont impitoyablement dénoncés toutes les fois qu'ils veulent user de ces facultés qui peuvent, seules, leur rendre l'habitation plus supportable. Ce droit d'herbage ôte aux habitants tout espoir de voir ces abus de localité, dont cette communauté peut se plaindre, sont de nouveaux motifs qui exigent la suppression des droits seigneuriaux par la faculté de les racheter. Le rachat assure au seigneur sa propriété; et les habitants des campagnes recouvrent leur liberté primitive; les cultivateurs leurs encouragements; et l'agriculture est améliorée.

Art. 3. Les députés réclameront encore que la chasse et la pêche soient libres: Le droit de chasse est attribué à chaque propriétaire; parce qu'il dérive de la défense naturelle. Il faut que le cultivateur puisse préserver les productions de leurs fonds des incursions du gibier; et l'on voit trop souvent, dans les terres seigneuriales, les bêtes, conservées pour les plaisirs du seigneur, manger la subsistance du pauvre vassal. Que d'abus ce droit n'entraîne-t-il pas après lui! le seigneur et ses gens foulent toutes les propriétés et ne respectent rien!

Art. 4. Les députés demanderont, en quatrième lieu, la suppression des justices seigneuriales; des officiers établis par le Roi doivent seuls rendre la justice à ses peuples. Il ne faut pas qu'un sujet, quel qu'il soit, destitue et choisisse, à son gré, les officiers d'un tribunal; la dignité de la justice souffre de cet abus.

Art. 5. Les députés demanderont la suppression de la dîme et des droits casuels des curés. La dîme n'est due qu'au pasteur du lieu où elle se recueille; et son produit doit être proportionné aux soins de ce pasteur. Il suit de là que des corps ou des particuliers, qui ne font rien pour les habitants d'un lieu, ne doivent avoir aucun droit sur leurs fruits.

D'autre part, si la dîme est trop forte pour les charges, il faut la diminuer; et si elle est trop faible, il faut l'augmenter. Il n'y a donc qu'à la supprimer et à la remplacer par une redevance que les habitants feront à leur pasteur, et qui sera déterminée par les États généraux. Ici, on peut encore remarquer qu'il est très-extraordinaire que les habitants de Châteauneuf-le-Rouge payent la dîme au quatorzième; et que le seigneur, pour ses biens nobles, ne la paye qu'au vingtième.

Enfin, les députés de cette communauté adhéreront aux autres doléances qui seront proposées pour le bien général du royaume; et celui de la Provence en particulier:

A laquelle assemblée il a été délibéré, tout d'un commun accord, qu'il serait envoyé pour député le sieur François Tuscat, syndic dudit lieu, et nous, Blanc, greffier de ladite communauté.

Signé De Poisier, lieutenant de juge; Barthélemy; Jourdan; Paul; Jourdan.

Collationné:

Signé : BLANC, greffier.

CAHIER

Des plaintes, doléances et remontrances que les habitants de la communauté d'Eguilles, sénéchaussée d'Aix en Provence, entendent être faites à Sa Majesté ; et moyens de pourvoir et subvenir aux besoins de l'Etat, ainsi qu'à tout ce qui peut intéresser la prospérité du royaume et celle de tous et chacun les sujets de Sa Majesté qu'ils croient devoir être présentés au Roi et aux Etats généraux du royaume (1).

Art. 1er. Que tous les impôts sans exception seront également répartis à proportion des possessions sur tous et un chacun les membres de l'Etat, sans distinction d'ordre; et que tous privilèges à cet égard seront abrogés à jamais, étant juste que tous ceux qui profitent des mêmes avantages participent également aux mêmes charges.

Art. 2. Que, par les mêmes motifs, les députés et représentants de l'ordre du tiers-état seront toujours en nombre égal à celui des députés des deux autres ordres du clergé et de la noblesse réunis dans toutes les assemblées des trois ordres ès Etats, soit généraux, soit provinciaux, ou tous autres quelconques.

Art. 3. Que le retour périodique et régulier des Etats généraux sera fixé à trois ans, pour y prendre en considération l'état du royaume; et que les Etats provinciaux, qui se tiendront régulièrement toutes les années, seront, à l'avenir, composés sur le pied des Etats généraux, de manière qu'ils formeront une représentation légale de tous les individus de chaque ordre.

Art. 4. Qu'aucune loi bursale, ni aucune loi générale et permanente quelconque, ne seront établies qu'au sein des Etats généraux, de l'avis, et conjointement, des gens des trois états du royaume.

Art. 5. Que la liberté individuelle sera assurée par l'abolition de toutes lettres closes, lettres d'exil, et autres espèces d'ordres arbitraires.

Art. 6. Que les codes civil et criminel seront réformés, afin que les justiciables puissent obtenir, sur les lieux, une justice plus prompte et moins dispendieuse; et qu'à cet effet, toutes commissions particulières et évocations au conseil seront abolies.

Art. 7. Que, pour favoriser et diminuer les gènes du commerce, les douanes seront reculées aux frontières.

Art. 8. Que la province jouira, pour l'exportation de ses denrées et productions hors du royaume, des mêmes priviléges et modérations des droits dont jouit la province la plus favorisée.

Art. 9. Que le commerce et la circulation des grains seront libres; mais que sous accaparements de blé seront défendus; et que, pour y obvier, tout particulier, faisant commerce de grains, sera obligé de déclarer aux officiers municipaux des lieux où il les déposera, la quantité qu'il en a en magasin, et de l'exposer en vente à un prix modéré, lorsqu'il sera ainsi dit par les officiers municipaux.

Art. 10. Que la contrainte par corps pour fait

d'imposition royale ou municipale sera abolie; et que les exécuteurs des deniers publics seront tenus de se faire payer sur les objets soumis auxdites impositions.

Art. 11. Pour favoriser l'agriculture et l'entretien des bestiaux, le prix du sel sera diminué. On propose, pour y parvenir, le plan donné par un particulier de Tarascon, qui le fait revenir à bas prix, sans qu'il y ait une diminution de revenu pour l'Etat.

Art. 12. Que, pour encourager la culture des terres, les cens et directes qui les grèvent pourront être rachetés moyennant un capital proportionné au revenu et à la nature de ces droits. Abolition de tous les autres droits seigneuriaux.

Art. 13. Que, pour la conservation des récoltes, et pour prévenir les dégâts que les bêtes fauves et le gibier causent aux fruits de la terre, il sera permis à chaque propriétaire de les chasser dans ses fonds et domaines, même situés dans les terres seigneuriales.

Art. 14. Suppression de la juridiction seigneuriale; établissement d'une juridiction royale; la police et l'autorisation des conseils aux consuls.

Art. 15. Suppression de la dîme; les évêques, abbés, curés et vicaires réglés à un revenu suffisant pour vivre honorablement suivant leur état.

Art. 16. Que l'entrée dans tous les bénéfices ecclésiastiques, dans le service militaire et dans la magistrature, sera ouverte à tous ceux du tiers-état qui en auront les talents requis.

Art. 17. La dette de l'Etat sera consolidée.

Art. 18. Les ministres seront responsables à la nation de l'emploi des fonds.

Art. 19. La réduction des droits de contrôle et insinuation à un taux modique.

Art. 20. La liberté de la presse.

Art. 21. Le respect le plus absolu pour toutes lettres confiées à la poste.

Art. 22. La faculté à tous voituriers d'atteler quatre chevaux à leurs charrettes dans la Provence, ainsi qu'il est permis dans toutes les provinces du royaume.

Art. 23. L'abonnement des péages dans tout le royaume.

Art. 24. La liberté de semer du tabac et du safran dans tout le royaume.

Art. 25. Prendre en considération le mémoire du sieur Goullin, maître chirurgien, qui a été lu et approuvé par la présente assemblée, qui a délibéré de le joindre au présent cahier.

Art. 26. La liberté à tout artisan de s'établir et exercer son métier dans toutes les villes du royaume, à l'exception de celle de Paris, sans payer de maîtrise.

Fait et arrêté à Eguilles, dans l'église paroissiale, le 29 mars 1789.

Signé Jean-François Ollivier, M.-C.; Joseph Artaud, consul; Maurice Reynaud, consul; Aubry; Séguin; Giraud; Aubry; Marmieux; Joseph Reynaud; Marroc; Antoine Richaud; Denis Guilton; Mathieu Guy; André Richard; J. Devause; Joseph Séguin; Cuele; François Bompar; Arnieu, Antoine Artaud; B. Richard; Ch. Bompar; Jean-Joseph Reybaud; Eyrier; B. Maurin; Louis Martin; Jean Marroc; Tharan; Goullin; Dioulouzat; Serres; Michel, Denaux; Griard; Romery; Joseph Gros cadet; B. Artaud; E.-V. Artaud; Renaut; Joseph Artaud; François Joye; Maximin Coste; A. Reynier; J. Quartier; Thomas; Lange Aillaud; César Artaud; Antoine Barbier; Matrey; L. Giraud; J. Armieur; L. Girard; Jean-Pascal Artaud; J. Reynaud; A. Precheury; Pierre Loiat; J.-Joseph Cisseris; J.-P. Ail-

----

(1) Nous publions ce cahier d'après un manuscrit des *Archives de l'Empire.*

laud; A. Guillaume; C. Guilton; Armieux, et Saint-Etienne, greffier.

MÉMOIRE

Présenté à l'assemblée de la communauté d'Eguilles, par le sieur Goullin, maître chirurgien audit lieu.

Nihil melius, nihil pejus quam medicina.

Messieurs,

Après bien des réflexions sur la médecine et la chirurgie, il me paraît qu'il serait du plus grand intérêt de la nation, et de chaque individu en particulier, pour éviter les abus dans la différence des réceptions des chirurgiens des villes, de celles des chirurgiens des villages, que les députés aux États généraux fissent tous leurs efforts pour obtenir de Sa Majesté que tout médecin et tout chirurgien puisse, à l'avenir, exercer son état dans toutes les villes, bourgs et villages du royaume, à l'exception de la ville de Paris; qu'il n'y eût plus aucune distinction du médecin et du chirurgien d'une ville, au chirurgien et au médecin d'un village : les habitants d'un village devant être aussi chers au Roi et à la nation que les habitants des villes. Ils doivent, par conséquent, avoir des sujets d'une égale capacité pour les traiter dans leurs maladies, et non pas d'être obligés de confier leur vie à des sujets qui, comme il n'arrive que trop souvent, savent à peine lire et écrire : *Ex sutora medicus.*

Pour parvenir à se procurer des sujets également, ou du moins assez instruits, il faudrait qu'il y eût des collèges de chirurgie et de médecine, divisés par classes d'études, et que les étudiants logés dans les collèges ne pussent être admis de la première à la seconde classe, et ainsi successivement jusqu'à la dernière; et non pas des écoles de chirurgie et d'université de médecine, où, jusqu'à présent, les étudiants, placés çà et là dans les villes, livrés à eux-mêmes et à la dissipation, restent des années sans paraître aux leçons. Pourvu qu'ils se fassent inscrire dans les registres toutes les fois requises, avec de l'argent, et quelques réponses étudiées à des questions qu'on leur aura faites quelques jours auparavant, ils obtiennent très-facilement leurs grades. Et sans études, ils sont médecins et chirurgiens par l'unique moyen de l'inscription de leur nom. Et suivant le précepte : a beau mentir qui vient de loin, par leur longue absence de leur pays, ou par la réputation qu'auront acquis leurs pères, ils en imposent au public : *Nihil procreat tantum fama immerita malum.*

Pour éviter d'autres abus, il faudrait diviser les praticiens par classes, suivant leur rang et leur mérite; que toutes les villes, et tous les villages donnassent, chaque année, une somme déterminée, assez avantageuse à chaque classe par gradation; pour exciter l'émulation d'un chacun, il faudrait que ceux qui seraient admis à la dernière classe pussent parvenir à être admis à la seconde, et ainsi successivement, avec la liberté de faire rétrograder ceux qui auraient été admis dans une classe qu'ils ne mériteraient pas à tous égards; et qu'aucun praticien, par quelque raison que ce fût, ne pût retirer aucun autre honoraire que celui qui serait attaché à la classe à laquelle il aurait été admis, pour éviter *quid non mortalia pectora cogis auri sacra fames.*

Sire, princes, princesses, clergé, noblesse, tiers-état, voilà le déficit le plus considérable de la France : *Nullum bonum, nulla divitia, sine sanitate.*

Sa Majesté ayant bien voulu permettre à un chacun de représenter aux États généraux tout ce qui pouvait être utile à son peuple, nul objet étant aussi intéressant que celui-ci ; voyant que personne n'y a fait aucune attention jusqu'ici, j'aurais cru manquer à mon Roi et à ma patrie, si, dans le temps où le flambeau de la lumière éclaire toute la France, j'avais omis de donner la plus légère idée du plus grand fléau qui dévore journellement tout le royaume. Trop heureux si ma remontrance faisait ouvrir les yeux au gouvernement pour réprimer, à l'avenir, des abus qui sont à l'insu de tout le monde, et font le malheur de tout le genre humain!

Je supplie très-humblement qu'on ait la bonté de me passer l'expression : oui, il est très-certain que les citoyens s'occupent trop peu à acquérir des connaissances dans la médecine, capables de faire connaître à un chacun les abus qui se glissent dans cette science, soit par l'ignorance des praticiens, soit par l'avarice des droguistes et apothicaires, etc. ; en état de le mettre au jour si le cas le requiert.

Signé Goullin, maître en chirurgie, à Eguilles.

CAHIER

Des doléances et plaintes de la communauté d'Esparron de Pallières, sénéchaussée d'Aix en Provence.

Les sieurs députés qu'aura élus l'ordre du tiers pour assister et voter aux États généraux de France, seront expressément chargés de demander la suppression ou la réduction de la dîme, charge onéreuse pour les pauvres habitants et possédants biens de cettedite communauté, étant perçue sur le pied du douze sur tous les grains ayant épis, vin, agneaux et chevreaux.

Demander que les sieurs prieurs décimateurs, chanoines de la collégiale Saint-Sauveur de Grignan, soient chargés de l'entretien total de la maison curiale, construite attenant l'église paroissiale aux années 1746 et 1747, aux frais de la communauté de cedit lieu; et que cet édifice a soumis icelle à une charge annuelle et perpétuelle d'une pension féodale de 15 livres annuellement en faveur de messire de Lordoué, seigneur féodiste dudit lieu, abandonnée et traitée entre les parties pour payer le demi-lods à lui dû à chaque échute de dix en dix ans, charge onéreuse et très-ruineuse pour la pauvre et misérable communauté; ladite obligation suivant la transaction sur ce passée avec ledit seigneur le 28 septembre 1767.

De même que lesdits sieurs décimateurs soient tenus à l'entretien de la sacriste, du sanctuaire, et d'une cloche : lesquels sont obligés de fournir pour avertir le peuple ainsi que la loi accorde.

D'y solliciter la réformation du code civil et criminel ; la suppression de tous les tribunaux inutiles et onéreux; une attribution à ceux des arrondissements, de souveraineté, jusqu'au concurrent d'une somme déterminée; l'abrogation de toutes lettres attentatoires à la liberté des citoyens; la liberté à ceux-ci, de quelque ordre qu'ils soient, de concourir pour tous emplois militaires, bénéfices et charges, attribués de noblesse ; et d'y réclamer surtout contre la vénalité des offices.

Lesdits sieurs députés réclameront, en outre,

---

(1) Nous publions ce cahier d'après un manuscrit des *Archives de l'Empire.*

une modération dans le prix du sel, uniforme pour tout le royaume; comme aussi l'abolition de tous les droits de circulation dans son intérieur, et notamment le reculement des bureaux des traites dans les frontières.

Quant aux affaires relatives et particulières à la province, l'assemblée charge par exprès ceux qui sont ses représentants en l'assemblée convoquée en la ville d'Aix, d'insister à demander au meilleur des rois la convocation générale des trois ordres de la province, pour former ou réformer la constitution du pays; de réclamer de sa justice qu'il soit permis aux communautés de se nommer un syndic avec entrée aux États; de s'élever contre la perpétuité de la présidence, contre la permanence de tout membre non amovible ayant, vu l'état des choses, entrée auxdits États, des magistrats et de tous officiers attachés au fisc; la désunion de la procure du pays du consulat de la ville d'Aix, l'admission des gentilshommes non possesseurs de fiefs, et du clergé du second ordre; l'égalité de voix pour l'ordre du tiers, contre celles des deux premiers ordres, tant dans les États que dans la commission intermédiaire; et surtout l'égalité des contributions pour toutes charges royales et locales, sans exemption aucune, et nonobstant toutes possessions ou priviléges quelconques; l'impression annuelle des comptes de la province, dont envoi sera fait dans chaque communauté; et que la répartition des secours que le Roi accorde au pays, ensemble de l'imposition de 15 livres par feu, affectée à la haute Provence, sera faite dans le sein des États et par eux arrêté; déclarant, au surplus, que l'assemblée, quant à tous autres objets, soit généraux pour tout le royaume, soit particuliers à cette province, s'en réfère absolument au cahier général qui sera dressé dans l'assemblée d'Aix.

Les habitants, en général, d'Esparron de Pallières demandent aux sieurs députes représentants à l'assemblée des États généraux, la liberté de la chasse, port des armes, pour detruire tout gibier qui ruine et mange partie de la récolte.

Demandent encore que le seigneur perçoit les cens et septier de blés, sur le taux d'une grosse mesure dont neuf panaux font des mesures courantes; ils réclament de la justice la modération.

Le seigneur féodiste perçoit le lods à raison de six un, et ayant le droit de prélation.

Le seigneur perçoit annuellement environ soixante charges de blé de la première qualité, toujours grosse mesure, et toujours de la première qualité; que bien souvent il refuse le blé sous prétexte qu'il n'est pas assez beau et de recette.

La communauté d'Esparron et le seigneur avaient tous les bois en commun à l'exception de ces enclos nobles de tous les temps, par transaction du 28 septembre 1767. Les bois sont là partages entre la communauté et le seigneur. La partie obvenue à la communauté a été répartie à tous les habitants, sous la charge onéreuse d'être obligés, en coupant leur partie de bois, d'avoir sa permission sous la réserve du bois à brûler, de le lui porter au château à trois sous le quintal.

Par ladite transaction, le seigneur s'est acquis en propriété la défense à tous possédants biens dans le terroir d'Esparron, de ne pouvoir faire un colombier, n'y ayant que le sien seul, que ses pigeons endommagent beaucoup, et qu'ils doivent être enfermés dans les temps de droit des grains.

Demandent encore que le chemin de la fontaine,

la communauté en fait l'entretien annuel du pavé, et le seigneur possède des fumiers au préjudice de l'usage commun.

Signé Robussat, lieutenant de juge; Roux, consul; Finout; B. Rebussat; Rebuffet; B. Bourrelly; Mandric; Hœcuffat; J. Icarro; A. Roux; J.-J. Rebussat; Dauphin; J.-B. Serre; J.-H. Michel; P. Michel; B. Roux; J. Rebussat; J.-J. Gardet; J. Finaud; A. Roux; B. Pommière; J. Mandric; Finaud; M. Ollaguier; J. Rebussat; J. Rebussat; Finaud, député; et Pourrière, greffier et député.

Coté et paraphé *ne varietur* le présent cahier, contenant quatorze pages.

Fait à Esparron de Pallières, le 28 mars, 1789.

Signé J. Rebuffat, lieutenant de juge.

CAHIER

Des instructions et doléances délibérées le 29 mars 1789, par l'assemblée des habitants du lieu et communauté de Fos-Amphoux, en conformité des règlements de Sa Majesté des 24 janvier et 2 de ce mois; le tout sous l'autorisation de M. Jean-Joseph Berlus, lieutenant de juge dudit lieu (1).

Deux sortes d'instructions et doléances; les unes intéressent la généralité du royaume, et les autres sont relatives et particulières à la province.

Objets qui intéressent la généralité du royaume.

Art. 1er. Réformation du code civil et criminel.

Art. 2. Cessation de la vénalité des offices, et suppression des épices.

Art. 3. Extinction de tous les tribunaux d'exception.

Art. 4. Réforme sévère des tribunaux qui, étant fondés en juridiction universelle, subsistèrent : par rapport à ces tribunaux, il y aura simultanément suppression totale, et création nouvelle d'officiers; et la liste de ces officiers sera présentée, par chaque province, à son auguste maître.

Art. 5. Il n'y aura plus que deux degrés de juridiction, tant en matière civile qu'en matière criminelle.

Art. 6. Les tribunaux du second ordre auront une attribution de souveraineté jusqu'à une somme déterminée.

Art. 7. Les lettres closes seront abrogées, comme attentatoires à la liberté du citoyen.

Art. 8. Abolition de tout droit de circulation dans l'intérieur du royaume, et reculement des bureaux des traites aux frontières.

Art. 9. Mêmes poids et mêmes mesures en France.

Art. 10. Attendu que les biens des hôpitaux sont un patrimoine public, les administrateurs de ces établissements pieux seront élus par le conseil municipal de chaque lieu, et leurs comptes seront rendus de la même manière que ceux des communautés d'habitants et aux mêmes personnes.

Art. 11. Le droit de régale temporelle, appartenant incontestablement au Roi, Sa Majesté en retiendra, à l'avenir, le montant, et ne le délaissera plus aux nouveaux titulaires des évêchés.

Art. 12. L'augmentation des congrues sera portée à 1,500 livres par rapport à certaines pa-

---

(1) Nous publions ce cahier d'après un manuscrit des *Archives de l'Empire*.

roisses ; et elle ne pourra être moindre de 1,200 livres dans les autres paroisses.

Art. 13. L'idée de décharger les curés congruistes de toute imposition sera rejetée comme un piége qu'on leur tend ; car si les cures congruistes ne contribuaient pas aux charges publiques, l'on indurait, avec fondement, de cette exemption qu'ils ne doivent pas être appelés aux choses d'administration commune.

Art. 14. Modification et tempérament apportés à la perception des dîmes.

Art. 15. Le rachat des justices des seigneurs et des droits féodaux.

Art. 16. Pour les affaires qui surviendront entre le clergé, la noblesse et le tiers-etat, il sera établi une chambre mixte et mi-partie de juges.

Art. 17. Les milices seront supprimées et remplacés par les recrues.

Art. 18. Réformation du tarif de contrôle.

Art. 19. Rapprochement de tout tribunal qui oblige de se transporter au delà de dix lieues.

Art. 20. Les députés aux Etats généraux délibéreront par tête et non par ordre.

Objets relatifs et particuliers à la province.

Art. 1er. Convocation totale et intégrale de cette province pour former et réformer la constitution du pays.

Art. 2. Il sera permis aux communes de se nommer un syndic, avec entrée aux Etats, lequel aura voix au moins consultative.

Art. 3. Exclusion des mêmes Etats, des magistrats et des officiers attachés au fisc.

Art. 4. Désunion de la procure du pays d'avec le consulat de la ville d'Aix.

Art. 5. Admission des gentilshommes non possesseurs de fiefs et du clergé du second ordre.

Art. 6. Egalité des voix pour l'ordre du tiers contre celles des deux autres réunis, tant dans les Etats que dans la commission intermédiaire

Art. 7. Egalité des contributions pour toutes charges royales et locales, sans exception de personnes et de biens.

At. 8. L'impression annuelle des comptes de la province ; l'envoi en sera fait à chaque communauté.

Art. 9. La répartition des secours que le Roi accorde au pays, ainsi que l'imposition de 15 livres par feu, affectée à la haute Provence, seront faites dans le sein des Etats, et par eux arrêtée.

Tels sont les vœux des habitants de ce lieu de Fos-Amphoux.

Et ont signé tous ceux qui ont su, ainsi que nous susdit lieutenant de juge.

Signé Bechet, viguier, lieutenant de juge ; Gingou, député ; Moustiés, député ; J. Haury ; Jearel ; H. Thaneron ; Bourghier ; J.-J. Bounic Etienne Fave ; Autran ; Guigon ; Maille ; Guigon ; Arnaud ; Jaisse ; Jean Boussiq ; Maille, et Blancard, greffier.

CAHIER

Des plaintes et doléances de la communauté de Fos-les-Martigues, remis aux sieurs députés, pour porter à l'assemblée qui se tiendra le 2 avril prochain, devant M. le lieutenant général, en la sénéchaussée générale de Provence, séant à Aix (1).

Des principes de justice ayant déterminé le Roi à convoquer les Etats généraux, Sa Majesté a voulu que tous les habitants de son royaume, médiate-

(1) Nous publions ce cahier d'après un manuscrit des *Archives de l'Empire.*

ment ou immédiatement, pussent librement porter au pied du trône leurs plaintes et doléances, et fussent assurés de lui faire parvenir leurs vœux et leurs réclamations.

Sensibles à ce grand bienfait, nous devons lui en marquer notre éternelle reconnaissance, et profiter de cet acte de sa bonté et de sa bienfaisance, en chargeant les députés de la communauté de Fos à l'assemblée générale de la sénéchaussée d'Aix, de représenter et demander ce qui suit :

Art. 1er. L'assemblée des trois ordres aux Etats généraux sera une et générale.

Art. 2. Que la contribution aux charges et besoins de l'Etat sera égale et commune ; égale, c'est-à-dire proportionnée aux facultés individuelles ; commune, c'est-à-dire sans exemption quelconque.

Art. 3. Que chaque citoyen ait l'assurance de sa liberté individuelle, la garantie de sa propriété, et le libre usage de ses pensées et de sa volonté, sans lequel il ne peut y avoir un consentement libre aux impositions, ni un moyen assuré d'y subvenir.

Art. 4. Que la dette de l'Etat sera connue et fixée avant que l'impôt soit consenti, et que la durée de l'impôt sera limitée, afin qu'un ministre des finances ne puisse donner aux revenus de l'Etat une extension et une application arbitraires.

Art. 5. Que la formation des Etats généraux et leur convocation sera établie par des lois constitutives ; que le tiers-etat y soit en nombre égal avec le clergé et la noblesse ; que personne n'ait le droit de se représenter par sa charge ; et que l'élection des députés soit faite par le choix libre de tous.

Art. 6. Que le retour périodique des Etats généraux, nécessité par la fixation de l'impôt, soit assuré par une loi constitutive et invariable.

Art. 7. Qu'il soit établi par les Etats généraux une commission intermédiaire à l'instar desdits Etats, c'est-à-dire, où le tiers ait égalité de voix avec le clergé et la noblesse, et où il y ait deux représentants de chaque province. Cette commission ou assemblée doit être renouvelée tous les quatre ans, en nommant tous les deux ans un député par province, lequel député en remplacera un autre. Il faut, de plus, que cette commission ait la connaissance et l'enregistrement provisoire de toutes les lois, édits, déclarations quelconques, exceptant seulement les lois et édits bursaux, dont les Etats généraux doivent se réserver la connaissance.

Art. 8. Que le compte du ministre des finances soit rendu par-devant les Etats généraux ou la commission intermédiaire, et qu'il soit rendu public par la voie de l'impression, et envoyé annuellement à toutes les provinces.

Art. 9. Que le code civil et criminel soit réformé. Comment la liberté individuelle du citoyen, et sa propriété seront-elles assurées et garanties, si le laps de trente ans assure une usurpation ? si la vie d'un innocent accusé dépend d'une réponse simple et inconsidérée à une demande embrouillée et capitale ? si la forme dans nos tribunaux, tant dans le civil, comme dans le criminel, l'emporte sur le fond ?

Art. 10. Que les juridictions seigneuriales seront supprimées ; que la justice soit rendue au nom du Roi, et que l'Etat paye le juge et non pas le plaideur. Que le nombre des juges soit diminué, et que l'on augmente, en leur faveur, la confiance et la considération publiques. Cette confiance et cette considération ne pourront exister, tant que les charges de magistrature et de judicature seront vénales. Il faut que le mérite seul élève l'avocat à la noble fonction de juge, et le place dans les tribunaux supérieurs.

Art. 11. Que les Etats généraux pourvoiront au remboursement des charges de magistrature et judicature par les moyens qu'ils jugeront convenables, et que leur sagesse suggérera. Que les Etats provinciaux présenteront au Roi, qui seul doit nommer aux charges, les personnes qu'ils jugeront dignes de remplir les tribunaux supérieurs; lesquels seront composés en nombre égal du tiers-état avec la noblesse, afin que, par la réunion ou la division des chambres, chacun puisse être jugé par ses pairs; que les vigueries présenteront également au Roi des sujets pour occuper et remplir les charges aux sénéchaussées, bailliages et siéges; et que chaque communauté aura également le droit de choisir les sujets propres pour les juridictions subalternes.

Art. 12. Que les offices de notaires ne seront plus vendus; qu'ils seront le prix du mérite; et que ce sera sur les mêmes représentations que pour les magistrats et juges.

Art. 13. Que le tiers sera réintégré dans tous ses droits; que les édits, déclarations et ordonnances attentatoires aux droits du citoyen seront révoqués; que le mérite seul pourra élever aux charges, soit dans le militaire sur mer et sur terre, soit dans l'administration, la magistrature, ou aux dignités de l'Eglise; et qu'elles ne seront plus le patrimoine de la naissance, ou le prix de la faveur.

Art. 14. Que l'assemblée des Etats provinciaux sera établie par les mêmes lois qui établissent celle des Etats généraux; que nulle ville n'ait le droit d'y envoyer ses représentants; et que ladite assemblée des Etats de la province ait le droit de se nommer ses procureurs du pays.

Art. 15. Qu'il sera établi, par les Etats de la province une commission intermédiaire, conforme à celle établie par les Etats généraux, où il y ait deux représentants de chaque viguerie, lesquels seront renouvelés tous les quatre ans. Cette commission intermédiaire doit avoir la connaissance et l'attribution de toutes les affaires concernant les villes et communautés de la province, l'enregistrement de tous les édits, ordonnances et déclarations du Roi. Ce sera à elle que le compte rendu du ministre des finances sera adressé.

Art. 16. Que la charge d'intendant sera supprimée, la commission intermédiaire en faisant les fonctions.

Art. 17. Que l'assemblée de la viguerie soit tenue toutes les années à un temps fixe, et qu'elle soit établie sur des constitutions conformes à celles des Etats généraux.

Art. 18. Que le prix du sel sera modifié et égalisé dans tout le royaume; les bureaux des fermes reculés aux frontières, et les douanes intérieures supprimées.

Art. 19. Que le port de Bouc soit récuré, les canaux du Martigues recurés et élargis.

Art. 20. Que la communauté de Fos, aujourd'hui composée de cent sept feux, avait autrefois, outre les curés, un chapitre de cinq chanoines qui faisaient les fonctions de vicaires de la paroisse; que, depuis environ trente ans, les prieurs décimateurs les ont supprimés, s'en sont approprié les revenus, et ont cru pouvoir les suppléer par un seul vicaire. Encore le plus souvent, la modicité de leurs honoraires les en éloigne; que, depuis environ un an, ladite paroisse n'a point de vicaire, en sorte que les habitants n'ont qu'une messe; que les prieurs décimateurs seront obligés d'entretenir deux secondaires dans ladite paroisse; et que le surplus des revenus dudit chapitre sera distribué aux pauvres habitants de Fos, suivant l'intention du fondateur et le vœu sacré de l'Eglise.

Art. 21. Que les seigneurs, princes du Martigues, ont vendu aux fermiers généraux, moyennant 6,000 livres, le droit et faculté de faire entrer l'eau de la mer dans l'étang d'Engranier, autrefois d'eau douce, et situé dans le terroir de Fos. Que cette eau est ensuite versée dans l'étang de la Valduc, afin de l'empêcher de saler. Que l'introduction de cette eau a augmenté celle des deux étangs à plus de 12 pieds de hauteur, ce qui en a presque doublé l'étendue, et a submergé toutes les terres voisines. Que le vent du nord-ouest, soulevant violemment les eaux de l'étang de la Valdue, brûle tous les arbres et productions à plus d'une lieue de distance; ce qui n'arriverait point si l'on n'introduisait les eaux de la mer dans lesdits étangs; si, pour favoriser les propriétaires des salines de Berre, où le sel se fait à main d'homme, on ne détruisait le sel de l'étang de la Valdue qui se fait naturellement.

Que l'équité commande impérieusement que ceux qui souffrent du dommage soient indemnisés, non-seulement en retranchant les propriétés inondées des rôles des impositions, mais encore par une retribution pécuniaire et par le franc-salé, ainsi qu'ils l'avaient autrefois.

Il serait encore plus à propos, pour soulager tous les habitants et faire cesser les réclamations, qu'il fût désormais défendu de verser dans lesdits étangs les eaux de la mer; et que l'on fît de l'étang de la Valdue un salin, lequel, sans frais, pourrait fournir du sel à presque toute la France.

Art. 22. Qu'il sera libre à chaque particulier d'avoir des moulins à huile, ou de détricter ses olives où bon lui semblera : le seigneur de Fos voulant s'approprier mal à propos la banalité, la communauté lui ayant vendu ledit moulin pour le prix de 300 livres.

Art. 23. Qu'un desdits seigneurs de Fos, depuis environ vingt années, ayant forcé les habitants de lui donner, par délibération du conseil, un courson appelé le Caveau, ladite délibération sera annulée, et les habitants réintégrés dans tous leurs droits.

Art. 24. Que les récoltes en blé étant le plus souvent détruites, et les arbres rongés et dévorés par la grande quantité de lapins; que lesdits seigneurs forcent les habitants et possédants biens de les laisser peuplés, il sera permis de les détruire, chacun dans son propre bien, dont la jouissance ne peut leur être assurée qu'autant qu'ils ne souffriront plus des dégâts de ces animaux.

Art. 25. Que les banalités, cens, péages, et autres droits usurpés, quoique consacrés par une longue possession, seront abolis, n'étant pas juste que l'usurpateur jouisse tranquillement du fruit de son usurpation.

Art. 26. Qu'il sera établi et fixé un taux auquel on puisse se rédimer des cens, banalités, péages, et autres droits réels et bien acquis.

Art. 27. Que les consuls soient réintégrés dans les fonctions de maires; que la police leur soit rendue; qu'ils ne soient point obligés d'aller prendre en chaperon le juge du lieu, et d'aller rendre visite aux magistrats des cours souveraines avec l'attribut de leurs charges. Il est juste de rendre à chacun l'honneur qui lui est dû. Que cet honneur soit rendu au souverain et aux princes du sang, au gouverneur de la province, à l'évêque diocésain, et au seigneur du lieu ; mais que les marques honorables et distinctives des pères du peuple ne soient point avilies.

Art. 28. Que la dîme soit réduite, et qu'elle ne soit prise que sur le net produit, cultures et semences prélevées. Le clergé a fait un commandement divin d'une rétribution volontaire. Il est juste que celui qui travaille pour l'autel vive de l'autel ; mais il ne doit point vivre, s'engraisser aux dépens du peuple, qui, le plus souvent, lui donne son propre nécessaire, et à qui il doit son superflu.

Art. 29. Que la congrue des curés et des vicaires soit augmentée ; que tous les émoluments et casuels soient supprimés. Ceux qui sont chargés de tout le fardeau du sacré ministère doivent avoir au moins l'honnête nécessaire.

N'est-il pas déshonorant que des prêtres soient obligés de s'intriguer pour vivre ; que des ministres de notre sainte religion soient réduits, pour se soutenir avec quelque décence, de faire un honteux trafic des biens de l'Eglise et un abus indigne de la confiance et de l'opinion publique ; tandis que des prieurs décimateurs vivent somptueusement dans la mollesse, l'oisiveté et l'indolence.

Art. 30. Que tous les domaines aliénés seront réunis à la couronne. Depuis assez longtemps, les acquéreurs de ces domaines jouissent de ces aliénations, accordées le plus souvent à la faveur. Il est temps que l'on prenne des moyens justes et légaux pour effectuer ladite réunion.

Art. 31. Que les cures, ainsi que toutes les dignités de l'Eglise, soient amovibles. C'est surtout dans le saint ministère, pour la réformation des mœurs et l'édification des fidèles, que le mérite seul devrait avoir des places.

Ce n'est qu'après de longues épreuves que l'on devrait faire choix d'un curé ; ce n'est qu'après avoir passé par divers emplois et dignités, qu'un prêtre devrait arriver à l'épiscopat. Cette dignité devrait être le prix de la pratique constante de toutes les vertus chrétiennes ; et si l'on s'était trompé dans le choix d'un sujet, il faudrait le rejeter, le tirer de sa place, et non laisser un scandale perpétuel au peuple.

Art. 32. Que les députés aux Etats généraux chargés de porter les plaintes et doléances de la province, le seront spécialement et particulièrement de celles des habitants et possédants biens de la communauté de Fos, qui gémissent, depuis trop longtemps, sous l'oppression la plus tyrannique ; laquelle augmente tous les jours, et qui, s'ils n'étaient soutenus par l'amour de leur patrie, s'ils n'espéraient être secourus par le gouvernement, s'ils ne comptaient enfin sur la bonté du Roi, seraient obligés de déguerpir et de s'expatrier.

Art. 33. Que lesdits députés aux Etats généraux supplieront très-humblement et très-respectueusement Sa Majesté de joindre au nom de Louis XVI le Bienfaisant, celui de Père du peuple, et d'accepter ce nom sacré, comme un témoignage de l'amour et de la reconnaissance de son peuple.

Signé Sauguin, lieutenant de juge; P. Bourdin, syndic ; Bourgarel, capitaine; J. Rinié ; B. Gonin père ; F. Guidon ; B. Gouin fils ; Joseph Bernard; Duquesnay, avocat , et P. Simiot.

CAHIER

Des doléances de la communauté de Gardanne, sénéchaussée d'Aix (1).

Sire,

Si nous ne consultions que le respect profond, la juste reconnaissance et l'amour sans bornes dont nous sommes pénétrés pour la personne sacrée de Votre Majesté, loin de donner à nos députés aux Etats généraux les pouvoirs relatifs aux objets dont Votre Majesté voudra bien leur donner connaissance, nous nous bornerions, en leur enviant l'heureux choix qui les appelle au pied du trône, de leur dire, pour toute instruction, que, glorieux d'être les fidèles sujets du plus grand, du plus juste et du meilleur des rois, nous supplions Sa Majesté de voir les sentiments que nos cœurs lui ont déjà conférés avec transport.

Ce vœu unanime exprimé par l'organe de nos députés, nous attendrions en paix et en silence que l'immortel successeur de Henri eût sondé toute la profondeur des plaies de l'Etat, et qu'il eût indiqué la mesure du remède qu'elles exigent. Notre zèle alors nous ferait trouver faciles tous les moyens propres à assurer leur guérison.

Mais, Sire, vous voulez vous entourer de votre nation ; vous voulez donner à l'univers étonné le spectacle rare, mais bien attendrissant, d'un père adoré qui, daignant conférer avec ses enfants sur les besoins de sa vaste famille, leur rend plus chère, plus précieuse encore et plus sacrée, cette autorité dont il semble vouloir partager avec eux l'exercice. Vous désirez, enfin, connaître, Sire, les doléances de vos fidèles sujets.

Proposer nos vœux, Sire, c'est donc vous donner une preuve de notre obéissance ; c'est répondre à l'honorable confiance de Votre Majesté. La régénération du royaume nous a paru essentiellement liée avec l'adoption des différents objets compris dans les articles suivants :

Art. 1er. Les députés de la province aux Etats généraux seront nommés librement et légalement en la forme provisoirement ordonnée par Sa Majesté.

Art. 2. Les députés n'useront de leurs pouvoirs que dans les Etats généraux légalement constitués, avec la sanction du Roi.

Art. 3. Sa Majesté a déjà ordonné que l'ordre du tiers aura, dans les Etats généraux, un nombre de députés de la province, qui seront tenus de regarder comme *irrégulière* et inconstitutionnelle toute assemblée où cette égalité ne se rencontrera pas.

Art. 4. Sa Majesté sera suppliée d'ordonner que l'on recueillera les opinions par tête, sans quoi l'égalité du nombre serait rendue inutile pour le tiers.

Art. 5. Les droits naturels et imprescriptibles de l'homme et du citoyen, quel qu'il soit, seront invariablement reconnus et assurés dans les Etats généraux.

Art. 6. Sa Majesté sera suppliée de déclarer inviolable la liberté personnelle, et en conséquence de prononcer l'abolissement des lettres de cachet, et autres ordres capables de porter atteinte à la liberté des citoyens, sous quelque forme et quelque prétexte que ce soit.

Art. 7. La liberté de la presse sera déclarée faire partie de la liberté personnelle.

(1) Nous publions ce cahier d'après un manuscrit des *Archives de l'Empire.*

Art. 8. Il sera procédé à la réformation de la justice criminelle, notamment au chef de l'instruction de la procédure, laquelle il convient de faire publiquement.

Art. 9. Il sera procédé aussi à la réformation de la justice civile.

Art. 10. La justice doit être rendue gratuitement au nom et par les officiers du Roi, dans tout le royaume, sans qu'il doive exister aucune justice seigneuriale.

Art. 11. La vénalité des charges de magistrature sera supprimée à mesure qu'elles vaqueront par mort, démission ou forfaiture.

Art. 12. Le Roi seul nommera tous les officiers chargés de rendre la justice dans son royaume, à l'effet de quoi il lui sera présenté, pour chaque office, trois sujets, parmi lesquels Sa Majesté choisira.

Art. 13. Cette présentation sera faite par les États provinciaux pour les tribunaux non appellables, et par les municipalités pour les tribunaux appellables.

Art. 14. Tous les juges et magistrats seront déclarés amovibles et responsables de leur conduite envers les États provinciaux ou les municipalités qui les auront présentés à Sa Majesté.

Art. 15. Le tiers-état ne sera exclu d'aucun emploi civil, militaire, ecclésiastique ou de magistrature.

Art. 16. Un impôt unique, proportionné aux besoins de l'État, sera établi sur tous les fonds du royaume sans exception. Cet impôt sera réparti sur la valeur des fonds, et non sur le produit. Cet impôt remplacera tous les autres qui seront supprimés, fors un simple droit de contrôle sur tous les actes, pour en assurer l'authenticité.

Art. 17. La durée de l'impôt n'excèdera pas le terme fixé jusqu'aux prochains États généraux. Ce terme passé, l'impôt cessera de droit.

Art. 18. La tenue des États généraux sera déterminée de trois en trois ans.

Art. 19. Les ministres du Roi seront comptables aux États généraux de l'emploi de l'impôt et de l'usage qu'ils auront fait de la confiance dont le roi les a honorés; et les comptes, par eux rendus, seront publiés et imprimés.

Art. 20. Les administrateurs quelconques seront également comptables de leur conduite envers leurs mandants.

Art. 21. La Provence sera désormais gouvernée en conformité de sa constitution, et la forme de nos États provinciaux sera déterminée dans une assemblée générale des trois ordres, convoquée par Sa Majesté.

Art. 22. Pendant la tenue des États généraux, nos États provinciaux seront et demeureront assemblés pour remédier aux difficultés imprévues.

Art. 23. L'on imprimera tout ce qui sera réciproquement écrit entre nos États provinciaux et nos députés aux États généraux.

Art. 24. Tous les biens du clergé seront déclarés appartenir à l'État, auquel ils seront réunis, au décès des titulaires actuels; et le produit des ventes qui en seront faites alors, sera employé, après le payement des dettes du clergé, à combler le déficit de l'État.

Art. 25. Chaque communauté sera chargée de payer les prêtres desservant ses paroisses, et ce, sur le pied d'un règlement qu'il plaira à Sa Majesté de publier à ce sujet.

Art. 26. Toutes les dîmes ecclésiastiques seront et demeureront supprimées dès aujourd'hui.

Art. 27. Tous les sujets du Roi, débiteurs, envers le clergé, de directes, lods, censes et autres droits utiles ou honorifiques, seront admis à se libérer au décès des titulaires usufruitiers desdits droits, sur le pied d'un tarif qui sera arrêté aux États généraux et sanctionné par Sa Majesté.

Art. 28. Les biens grevés de charges à raison de fondations ecclésiastiques seront affranchis en payant, par les propriétaires d'iceux, la somme à laquelle ces charges seront évaluées; lequel payement sera fait entre les mains du trésorier de la communauté où lesdits biens sont situés; et le produit des fonds en provenant employé à augmenter la rétribution des prêtres desservant les paroisses; lesquels acquitteront lesdites fondations.

Art. 29. A l'égard des bénéfices de juspatronat laïc, le juspatron pourra reprendre et retenir les fonds et revenus affectés à la fondation, en remboursant, comme il est dit en l'article précédent, les deux tiers de la somme à laquelle seront évalués, en fonds, les revenus dudit bénéfice; le tiers restant étant le dédommagement de la perte du juspatronat, qui sera et demeurera supprimé.

Art. 30. Le clergé, n'étant et ne pouvant être qu'usufruitier, ne sera plus admis aux États généraux comme ordre, sauf aux membres du clergé d'y figurer dans celui des deux ordres auquel ils tiennent, dans le cas où ils y seront députés par les provinces.

Art. 31. Les douanes seront reléguées aux frontières du royaume, et le commerce déclaré libre et dégagé d'entraves dans tout l'intérieur de l'État.

Art. 32. Les noms de seigneur et de vassal entre les sujets du Roi seront à jamais proscrits dans les actes, tant judiciaires qu'extrajudiciaires.

Art. 33. La chasse et la pêche, hors les temps prohibés, seront libres à tous les sujets de Sa Majesté, sauf la responsabilité du dommage qui pourrait être causé à autrui.

Art. 34. Les privilèges seront abolis; les péages seront supprimés; les banalités seront anéanties. La noblesse cessera d'être héréditaire, et il ne sera plus question de fiefs.

Art. 35. Tous les sujets du Roi seront admis à extinguer, à prix d'argent, les directes, censes, lods et autres droits, auxquels leurs biens sont assujettis, et ce, sur le pied d'un tarif qui sera dressé aux États généraux, et sanctionné par Sa Majesté, sans qu'il soit permis à aucun particulier d'en établir de nouveaux.

Art. 36. La dette nationale sera reconnue et consolidée.

Art. 37. Les communautés de la province, ayant acquis les mairies, les consuls doivent suffire pour autoriser les conseils municipaux, sans l'intervention d'aucun officier de justice.

Art. 38. Les États provinciaux auront la faculté d'asseoir et d'abonner l'impôt unique, qui aura été déterminé aux États généraux.

Art. 39. Le nombre des troupes sera réglé sur le besoin absolu de l'État.

Art. 40. Toutes les troupes étrangères seront renvoyées.

Art. 41. Le prix du sel sera modéré en Provence, où il naît, et où sa cherté grève l'habitant, ruine le cultivateur, et empêche l'engrais des terres.

Art. 42. Les communes auront aux États provinciaux un syndic qui y aura séance et voix délibérative.

Art. 43. Il sera fait des exemplaires du présent cahier, dont l'un sera porté par les députés de cette communauté à l'assemblée générale qui aura lieu par-devant M. le lieutenant général d'Aix, et l'autre adressé à M. Necker, ministre, restaurateur des finances du royaume.

Signé Fontier, commissaire ; A. Vaussan ; P. Jaubert ; Bourellé ; et Boret.

Article particulier de doléance pour la communauté de Gardanne.

Que le chemin allant d'Antibes à Marseille, en passant par le terroir de Gardanne, étant, comme il l'est, un chemin de seconde classe, soit rétabli et réparé. La communauté paye annuellement la somme de 240 livres pour les réparations et entretien des chemins de seconde classe qui passent sur son territoire.

CAHIER

Des doléances, plaintes et remontrances de la communauté de Gemenos, sénéchaussée d'Aix (1).

Les besoins de l'État, la réforme des abus, l'établissement d'un ordre fixe et durable dans toutes les parties de l'administration, la prospérité générale du royaume, et le bien de tous et chacun des sujets de Sa Majesté : tels sont les objets qui doivent être traités dans les États généraux du royaume.

C'est pour concourir à cette régénération, à cette restauration de la France, c'est pour coopérer à ce grand œuvre du bien public, que les habitants de Gemenos osent élever leur voix pour faire entendre leurs plaintes et leurs remontrances.

La bonté paternelle de leur roi, son amour pour ses sujets, et le désir qu'il a de les rendre heureux, autorisent les habitants de Gemenos de solliciter de sa justice, avec tout le respect et toute la soumission qu'ils doivent à un monarque chéri :

Art. 1er. La réformation du code civil et criminel.

Art. 2. Une attribution de souveraineté aux tribunaux subalternes jusqu'au concurrent d'une somme déterminée.

Art. 3. L'abrogation de toutes lettres attentatoires à la liberté des citoyens.

Art. 4. La faculté à ceux-ci, de quelque ordre qu'ils soient, de concourir pour tous emplois militaires, bénéfices et charges attributives de noblesse.

Art. 5. Une modération dans le prix du sel, et l'uniformité de ce prix dans tout le royaume, ayant égard aux charges et aux transports.

Art. 6. L'abolition de tous droits de circulation dans son intérieur.

Art. 7. Le reculement des bureaux des traites et des douanes sur les frontières de l'État.

Art. 8. L'impression et publication d'un tarif général des droits qui devront être perçus dans ces bureaux.

Art. 9. La destruction du système qui répute étrangère la ville de Marseille, quoique unie au royaume par droit de conquête.

Art. 10. La convocation générale des trois ordres de la province pour former ou réformer la constitution du pays.

Art. 11. La permission aux communes de se nommer un syndic avec entrée aux États et voix délibérative.

Art. 12. L'égalité des voix pour l'ordre du tiers, contre celles des deux premiers ordres, tant dans les États que dans la commission intermédiaire ; et surtout l'égalité de contribution pour toutes les charges royales et locales, sans exemption aucune, et nonobstant toutes possessions et privilèges quelconques.

Art. 13. La suppression des différents impôts subsistants, et la réduction au plus petit nombre possible, soit d'iceux, ou de tels autres qui pourront être établis.

Art. 14. La taillabilité ou encadastrement de tous les biens-fonds qui ne sont point compris au cadastre.

Art. 15. La permanence des États généraux du royaume, et leur convocation périodique de trois en trois ans.

Art. 16. L'établissement de nul subside ni d'aucune loi sans le consentement du peuple donné définitivement par les États généraux, et provisoirement, pendant leur interstice, dans les États de chaque province.

Art. 17. La cessation de plein droit de tout impôt après le terme fixé par le susdit consentement.

Art. 18. Après, la vérification de l'administration des finances dans tous les départements, lors de chaque tenue des États généraux.

Art. 19. La fixation annuelle de la dépense de chaque département.

Art. 20. La suppression de toutes les pensions accordées à des personnes qui ne les ont pas méritées par leurs services ou par leurs talents personnels.

Art. 21. La liberté de la presse sous telle précaution qu'il appartiendra.

Art. 22. Le renvoi au lendemain de toutes les propositions qui seront faites dans les États généraux.

Art. 23. La délibération sur chacune de ces propositions par la voie du scrutin et par billet d'approbation absolue ou modifiée, ou d'improbation.

Art. 24. La sujétion des capitalistes au payement de tous les subsides.

Art. 25. La destruction de ce préjugé qui entache toute une famille de l'ignominie du crime dont un des siens a subi la peine.

Art. 26. L'administration gratuite de tous les sacrements.

Art. 27. La prohibition de réunir plusieurs bénéfices sur la même tête.

Art. 28. La préférence, dans la collation des bénéfices, en faveur des prêtres de bonnes mœurs, doués de talents, et ayant servi l'Église : les plus anciens dans le service préférés aux autres.

Art. 29. L'abrogation de toutes résignations.

Art. 30. L'abrogation de l'usage des emprunts, excepté dans les occasions pressantes et périlleuses jugées telles par les États généraux ou provinciaux.

Art. 31. La rédaction d'un règlement général pour l'administration des communautés, sauf les différences que les circonstances locales pourront exiger.

Art. 32. L'obligation stricte aux communautés de faire vérifier le compte et le jugement de compte de leur administration par les États de la province, et d'en rapporter leur avis, auquel elles seront tenues de référer.

Art. 33. L'obligation expresse aux communautés de racheter leurs banalités et toutes les terres qui ont été vendues en franchise de taille, à peine contre les consuls de répondre de tous les dommages et intérêts soufferts par les habitants.

---

(1) Nous publions ce cahier d'après un manuscrit des *Archives de l'Empire.*

Art. 34. L'exclusion des cours suprêmes des personnes possédant fiefs.

Art. 35. La suppression de tous les tribunaux inutiles et onéreux.

Art. 36. L'exercice au nom du Roi dans les juridictions locales.

Art. 37. L'abrogation de la vénalité des offices.

Art. 38. La suppression de la présidence, et la suppression de la permanence de tout membre non amovible ayant, en l'état des choses, entrée auxdits États provinciaux.

Art. 39. L'exclusion des mêmes États des magistrats et de tous officiers attachés au fisc.

Art. 40. La désunion de la procure du pays, du consulat de la ville d'Aix.

Art. 41. L'admission, dans lesdits États, des gentilshommes non possesseurs de fiefs, et du clergé du second ordre.

Art. 42. L'impression annuelle des comptes de la province, dont l'envoi sera fait à chaque communauté.

Art. 43. L'obligation de faire et arrêter, dans le sein des États du pays, la répartition des sommes que Sa Majesté accorde à la province, ensemble celle de l'imposition de 15 livres par feu à la haute Provence.

Art. 44. L'extinction, moyennant l'indemnité qui sera réglée, de tous les droits féodaux gênant la liberté des mutations, et opérant la désertion des habitants des bourgs et des villages, et l'abolition du droit de chasse.

Art. 45. L'obligation à chaque province d'exiger tous les deniers perçus dans son district pour le compte du Roi, sous quelque dénomination que ce soit; de payer de ces deniers les sommes dues par l'État dans leurs mêmes provinces, et de verser le restant, s'il y en a, directement dans la caisse des finances.

Art. 46. La restriction de l'autorité des tribunaux suprêmes à la seule puissance exécutrice, sans jamais pouvoir user de la puissance législative.

Art. 47. La soumission des communautés envers les États de leur province, ou envers la commission intermédiaire d'iceux, pour tout ce dont elles sont commises à l'inspection et à l'autorisation.

Art. 48. Responsabilité, de la part des ministres, envers l'État et la nation, chacun de la partie de son administration, et la faculté aux États généraux de faire poursuivre ceux d'entre eux qui seront convaincus de péculat.

Art. 49. La protection et l'encouragement de l'agriculture, et l'admission des cultivateurs dans toutes les charges, en concurrence avec les bourgeois et les artistes.

Art. 50. La défense de tuer des veaux et des agneaux.

Art. 51. De prévenir et d'empêcher tous les abus qui se commettent sur toutes les denrées comestibles, principalement sur les grains et salaisons.

Telles sont les doléances, plaintes et remontrances, arrêtées cejourd'hui, 29 mars 1789, dans l'assemblée des habitants de Gemenos, nés Français, naturalisés, âgés de vingt-cinq ans au moins, et compris dans le rôle des impositions.

Et ont signé qui ont su :

Ainsi signé : Laget, maire; Taurel, consul; H. Delny; L. Étienne; J. Pignot; J. Bernard; Pignol; B. Jomat; J. Jayné; L. Guest; F. Pignol; J. Breth; Jayné; B. Lauzet; J.-B. Samat; Morrellard; L. Romanès; Joseph Deluy; D. Pellissier; F.-H. Hobert; A. Taurel; Brest; A. Thobert;

Guillaume de Pouziers; Jean-François Mallet; Augustin de Pouziers; Auzet; Louis Brest; Jourdan; E. Mannier; J. Jean; Henri Ribouet; Barthélemy-Honoré de Luy; Martin, lieutenant de juge, et Romané, greffier.

CAHIER

Des doléances de la communauté de Gignac, sénéchaussée d'Aix, diocèse d'Arles (1).

Dans le moment où le souverain desire entendre les plaintes de tous ses sujets, la communauté de Gignac expose combien elle souffre, surtout en deux points essentiels à l'existence de toute société, qui sont la religion et la liberté relative à l'aliment de première nécessité.

Le fief de Gignac est distinct et séparé de tout autre fief appartenant au domaine du Roi dans les quinzième et seizième siècles. Son terroir est divisé en trois quartiers, éloignés les uns des autres d'environ trois quarts de lieue, pratiqués par des chemins montagneux. Ces trois quartiers formant le fief sont ordinairement désignés sous le nom de Rove, de Plan et Denzué, et peuplés ensemble d'environ douze cents âmes. Le principal quartier, où est la résidence du curé amovible, ainsi que l'hôtel de ville, est composé de cent feux; le second de quatre-vingts, et le troisième de cinquante : tous lesquels feux réunis démontrent que le fief de Gignac est composé de deux cent feux.

Art. 1er. L'église de Gignac est un prieuré-cure, en faveur duquel le terroir supporte des dîmes, dont le produit est d'environ 3,000 livres, plutôt plus que moins. Elle n'a jamais eu d'autre connaissance de son bénéfice que celle que lui fournit la transaction passée en 1603, rière les écritures de M. Lebon, notaire royal de Marignane, entre messire de Guizauffret, prieur dudit Gignac, et les consuls de ladite communauté, portant la qualité des dîmes envers tous les possédants biens en faveur du prieur, et toutes les obligations envers ledit prieur relatives à sa qualité.

Ce bénéfice a été desservi par un titulaire jusque vers le milieu du siècle passé, époque à laquelle les jésuites d'Arles, s'en étant emparés sans aucun titre, le firent desservir par un curé amovible faisant sa résidence au quartier principal, ainsi qu'il l'a toujours faite depuis plus d'un siècle.

A la destruction des jésuites, la direction des économats a traité la paroisse de Gignac de la même manière. Cependant le service de cette église, ne pouvant être fait par le seul curé amovible qu'on lui donne depuis un temps immémorial, les fidèles manquent, depuis ce temps, des instructions qui font la base des bonnes mœurs, et sont privés des derniers secours de la religion, et surtout le quartier Denzué qui, de tous temps, a toujours été le plus abandonné. On a eu la douleur de voir qu'un pauvre mourant de ce quartier, désespérant pouvoir se confesser à un prêtre, déclarer sa confession à un laïque; des enfants qu'on apportait pour baptiser au quartier principal, mourir en chemin sans baptême. On trouve des adolescents dans ce dernier quartier qui ne connaissent pas encore les premiers éléments de notre croyance, faute de catéchiste, l'éloignement des quartiers rendant

(1) Nous publions ce cahier d'après un manuscrit des *Archives de l'Empire*.

impossible la réunion des fidèles autour d'un seul pasteur.

Les habitants des autres quartiers, ayant voulu avoir la consolation d'entendre au moins la messe des dimanches et fêtes, ils ont payé, pour cela, chacun la somme de 150 livres. Mais ils ont seulement pu se procurer la présence d'un prêtre pendant le temps qu'il lui fallait pour dire la messe, ce prêtre ne venant que pour cet objet, et ayant toujours à remplir le même ministère dans une autre paroisse.

La communauté de Gignac a fait, de tous les temps, des réclamations inutiles sur la disette des secours spirituels dont elle s'est trouvée affligée, quoique son terroir produise en dîmes le double de ce qu'il faudrait pour que son église fût bien servie. Elle a eu à lutter contre la puissance des jésuites, et après, soit contre le crédit de la direction des économats, soit contre le projet que Mgr l'archevêque d'Arles a de réunir ce bénéfice à son collège. Ainsi, le premier pasteur, les tribunaux et la direction ne laissent aux infortunés habitants de Gignac d'autre ressource que celle d'avoir recours à la justice du Roi. Ils espèrent que la triste situation dans laquelle ils sont pour le manque de secours spirituels, percera son âme très-chrétienne, et qu'il daignera favorablement écouter leurs justes réclamations.

A ces causes, la communauté de Gignac réclame de la justice du meilleur des rois, que, puisque les dîmes que ses habitants payent sont plus que suffisantes pour entretenir les prêtres nécessaires à la desserte de sa paroisse, le produit d'icelles soit consacré :

1° A l'établissement d'un curé fixe ;

2° A l'établissement d'un prêtre au quartier Denzué seulement, vu que celui du Plan en a un depuis une année ;

3° A la dotation de la sacristie de la paroisse, pour ladite somme être employée à la fourniture des ornements, vases sacrés et autres choses nécessaires, ainsi qu'à celle pour les sacristies des églises des autres deux quartiers, pour être employée au même usage ;

4° A la contribution pour la partie qui compète au décimateur dans la réparation et agrandissement de l'église principale ; laquelle, vu sa petitesse, ne peut contenir que les deux tiers des fidèles, et est, religieusement parlant, indigne de son mérite.

Cette contribution ayant été totalement supprimée depuis plus d'un siècle, cela a été cause que les habitants (en sus des dîmes) ont, non-seulement fourni jusqu'aujourd'hui tous les ornements, vases sacrés et autres fournitures, mais encore ils ont contribué à toute réparation et construction ; parce que ceux qui ont, de tout temps, retiré le produit de leurs dîmes, leur ont toujours refusé toute contribution et fournitures. Malgré cela, les pauvres paroissiens ont toujours payé leurs dîmes avec la plus grande justice, qui, accusant encore plus les décimateurs, rendent le bon peuple de Gignac plus intéressant dans l'injustice qu'il supporte depuis trop longtemps.

Mais, comme on pourrait objecter à ladite communauté que le produit effectif de ses dîmes n'est pas à même de faire face à ses demandes, en ce cas elle s'oblige volontiers de parfournir à tout moyennant qu'on veuille se départir en sa faveur du produit dudit bénéfice.

La justice de sa demande lui fait espérer d'être favorablement écoutée par le meilleur des rois, père de tous ses sujets, qui ne désire rien tant que leur bonheur, et surtout pour ce qui regarde le bonheur de leurs âmes.

Art. 2. La commune de Gignac a encore de très-justes plaintes à fournir sur les redevances qu'elle fait à son seigneur, savoir : droit de banalité des fours et moulins situés hors son fief, et notoirement reconnus insuffisans, droit de lods, d'indemnité, de reconnaissance, et cens.

Banalité.

Par arrêt du parlement de cette province, tous les habitants de Gignac ont été soumis d'aller moudre leur blé, et cuire leur pain, aux moulins et fours du marquis de Marignane, qui se trouve aussi le seigneur de Gignac, quoique les deux fiefs aient été, de tout temps, distincts et séparés, puisque celui de Gignac, en 1433, était possédé par un autre seigneur que celui de Marignane, et après réuni au domaine du Roi.

Les fours et moulins de Marignane sont trop éloignés de Gignac, pour que l'obligation imposée aux habitants de ce dernier soit remplie sans un grand préjudice. Il est même moralement impossible que lesdits habitants puissent la remplir pour la cuite du pain. Il faudrait que chaque habitant à Marignane se procurât un logement pour y porter son pain, ou qu'il exposât sa pâte à se gâter, s'il était obligé de la porter de chez lui à Marignane pour y aller moudre son blé, les moulins étant notoirement insuffisants la moitié de l'année. Il est vrai de dire qu'il est moralement impossible que les habitants de Gignac soient soumis à cette servitude. Dire le contraire, serait soutenir une tyrannie des plus atroces, en forçant les habitants d'aller moudre leur blé à des moulins par eux reconnus ne pouvoir le faire.

Malgré toutes ces bonnes raisons, la communauté de Gignac en a encore une des plus fortes, et qui caractérise encore plus l'injustice de la soumission. Le seigneur avait-il quelques titres ou la possession requise pour soumettre les habitants de Gignac à cette redevance ? Non ; malgré cela, un arrêt les y soumet ; et pourquoi ? parce que c'était un seigneur haut justicier qui plaidait contre sa communauté.

Ladite communauté ayant donc inutilement prouvé, dans le procès, son exemption de banalité auxdits fours et moulins de Marignane, elle vient aujourd'hui profiter du moment favorable, pour réclamer auprès du Roi la liberté pour tous ses habitants d'aller moudre leur blé, et cuire leur pain à leur plus grande commodité ; d'être, en conséquence, délivrés de l'obligation indue d'aller, à cet effet, à Marignane, et de pouvoir construire, dans son terroir, tous les fours et moulins qui leur seront nécessaires, sans que le seigneur puisse y mettre aucun obstacle, ni y imposer aucune servitude.

Par ce moyen, lesdits habitants seront, non-seulement délivrés de cette injuste servitude, mais encore ils seront à l'abri des injustices rendues contre eux par les fermiers, meuniers desdits moulins, en gâtant leurs farines, en prenant un droit de mouture sans la farine ; et exempts de payer ce même droit à un sept pour cent, qui est un taux des plus forts et des plus illégaux.

Elle réclame encore la restitution de toutes les sommes que ledit seigneur a exigées d'elle, en force du susdit arrêt, soit sous le nom de restitution du droit de banalité, soit pour les frais qu'il lui a indûment occasionnés ; pour le payement desquelles sommes la communauté a été mise dans la plus grande de toutes les détresses, ayant été obligée, dans sa pauvreté, d'emprunter jusqu'au concurrent de la somme de 25,000 livres, ainsi par vous, Sire, autorisée.

Droit de lods.

Ce droit, dans son principe, pourrait être incontestable, si, dans le même principe, on l'exigeait avec équité. Mais, comme ce droit on y en a ajouté un autre, consistant à un treizain qui, joint à l'autre, produit au seigneur le six pour cent, cela est cause que la communauté réclame la suppression de ce droit, ou du moins la fixation et modération.

Droit d'indemnité.

Le droit d'indemnité est un droit qui soumet toutes les communautés à payer au seigneur, de dix en dix années, un demi-lods, ou de vingt en vingt années ce droit entier sur la valeur de tous les bénéfices qu'elles possèdent, à l'exception des églises ayant titre de paroisse.

De ce principe, si les édifices qu'une communauté possède sont (d'après le rapport fait à cette occasion, et que la communauté paye) évalués 3,000 livres, elle est obligée de payer au seigneur, pour droit d'indemnité de dix en dix ans, la moitié de ce droit, et de vingt en vingt ans le double; et pourquoi ? parce que les possessions des corps et communautés, étant déclarées être en mainmorte, c'est à dire de ne pas se vendre, il faut que les communautés payent ce droit pour indemniser le seigneur. De là s'ensuit que les communautés sont privées d'un droit que les particuliers ont de ne rien payer au seigneur pour les biens qu'ils possèdent, quand même ils les posséderaient des siècles, et obligées de payer comme un intérêt de ses propres fonds. Comme la perception de ce droit paraît illégale, la communauté de Gignac en réclame la suppression.

Reconnaissance.

A l'occasion des mutations et nouvelles reconnaissances, les fermiers du seigneur ont l'adresse de rendre les cens plus forts que ceux portés sur les baux emphytéotiques.

A cet effet, la communauté de Gignac réclame le droit de faire examiner tous les baux emphytéotiques, pour les comparer avec les reconnaissances. Et là où elle découvrira des usurpations au préjudice de ses habitants, elle en réclame la restitution avec intérêt (non pour elle, mais en faveur des habitants auxquels l'usurpation aura été faite), ainsi que les frais qu'elle aura faits à cette occasion.

Cens.

Les cens sont un droit inextinguible en faveur du seigneur. Celui-ci, au moyen de cette redevance, tient tous ses vassaux dans une servitude qui les empêche de réclamer contre lui leurs droits les plus légitimes, parce qu'iceux lui sont annuellement redevables; les cens, tous payables en blé et de la première qualité, augmentent encore à proportion de la cherté de cette denrée et de la fixation haute que les fermiers ne manquent pas d'y mettre.

Cette redevance, étant estimable en argent, pourrait être payée beaucoup plus facilement et plus justement en argent. Elle pourrait aussi être rachetable, et ce serait le seul moyen pour préserver les habitants des vexations qu'ils éprouvent à ce sujet, sans porter aucun préjudice au seigneur.

La communauté de Gignac a encore deux objets, non moins intéressants, en faveur desquels elle réclame la faveur de son souverain : consistant aux bois et herbages des terres gastes, et prétendues usurpations des mêmes terres.

Bois et herbages.

Par les premiers baux emphytéotiques et autres, tous les seigneurs de Gignac ont accordé aux emphytéotes le droit et usage des bois et herbages de toutes les terres gastes avec cette réserve du surplus. Comme on ne peut donner une plus juste signification à ce surplus que celle de dire que le seigneur s'est réservé tous les bois et herbages que les habitants et leurs troupeaux ne pourront consumer, il sera aussi vrai de dire qu'au moment que les habitants manquent de bois et leurs troupeaux d'herbages, le seigneur n'a plus droit de vendre les bois ni les herbes. C'est cependant ce que fait le seigneur de Gignac, toutes les fois qu'il en a l'occasion.

Prétendues usurpations.

L'injustice que les habitants souffrent à l'occasion des susdites usurpations est assez reconnue, puisque la cour des comptes de cette province a cassé deux transactions par lesquelles la communauté, pour ne pas plaider avec son seigneur (car, en cette province, les communautés, au moins en grande partie celles qui sont sous la domination des hauts et puissants seigneurs, ont toujours tort), avait défalqué du lods du seigneur 28 livres cadastrales, c'est-à-dire qu'elle avait augmenté ses biens nobles d'autant, en dédommagement des prétendues usurpations que les habitants pouvaient avoir faites sur les gastes.

Pour donner une juste connaissance des injustices commises à cette occasion, nous ferons premièrement observer qu'elles ne peuvent avoir lieu que contre les habitants qui possèdent quelque propriété adhérante à la terre gaste, et voici comment :

Le seigneur réclame une usurpation contre un de ces particuliers de la propriété. Pour quelle ait lieu, il faut que la contenance soit plus forte que celle portée par son acte de bail, ou plus souvent par la reconnaissance la plus récente. Selon lui, pour lors, l'usurpation existe. — Voyons l'abus.

Pour constater une plus grande contenance, des experts sont envoyés de la part du seigneur sur les lieux, munis d'un arpent et pièces justificatives, où étant (le propriétaire présent ou non), commencent ces opérations. Si, en usurpant la propriété cultivée, ils y trouvent un excédant de la contenance portée par l'acte de bail ou reconnaissance, pour lors, l'usurpation serait justement réclamée. Mais comme de pareilles usurpations n'avaient jamais lieu, et comme l'intérêt du seigneur est qu'il s'en trouve, voici comment ils opèrent :

Il est rare que pareilles propriétés ne soient entourées de quelques rochers, contigus à quelques mauvaises langues de terre inculte. Pour lors, ils commencent de confondre tout cela dans l'arpentage de la propriété. Si le propriétaire y est, il a beau leur dire : cela ne m'appartient pas, ils continuent leurs opérations. Par ce moyen, ils trouvent une usurpation considérable, ou au rocher ou à ce mauvais inculte. Non ; ce n'est pas cela qu'ils veulent, mais le meilleur de la propriété. Et, en force du rapport desdits experts, le propriétaire est condamné à une restitution ; et s'il veut son bien, il faut qu'il le repaye, ou qu'il y supporte un fort cens, ou si mieux aime plaider sa cause, la triste ressource pour un vassal !

Dernier objet.

Le seigneur de Gignac se prévaut d'un droit que la communauté regarde plutôt comme ridicule qu'injuste.

Il y a dans le terroir un quartier vulgairement appelé les Bottes, presque toutes complantées d'oliviers. Dans toutes les propriétés que les particuliers y possèdent, le seigneur prétend avoir le droit exclusif d'y envoyer ses troupeaux pour y manger les herbes, de préférence à ceux du propriétaire.

La communauté ne saurait définir d'où dérive ce droit ; mais comme elle reconnaît très-bien le tort qu'il porte aux habitants qui possèdent ces propriétés, c'est la cause qu'elle en réclame la suppression.

Telles sont les plaintes et doléances particulières à la communauté de Gignac, qu'elle expose au Roi, père de tous ses habitants, comme membres de ses sujets ; de l'amour et justice duquel elle espère être favorablement écoutée.

Objets qui intéressent la généralité du royaume.

La communauté de Gignac reconnaît dans le royaume deux fléaux qui sont la source de tous ses malheurs, à savoir : le mépris général de la présente religion qui est professée, et le luxe.

Religion.

Pour qu'un souverain puisse avoir le bonheur d'être père d'enfants fidèles, obéissants, justes et charitables, il faut qu'il n'oublie rien pour leur procurer de bons pasteurs.

Pour avoir de bons pasteurs, il faut avoir de bons évêques, et pour avoir de bons évêques, il faut qu'ils soient exclus de la cour et pauvres. Pour lors, ils seront de véritables ministres de Jésus-Christ. Et de ce principe, ils auront plus à cœur le salut des ouailles qui leur seront confiées, que les revenus de leurs bénéfices.

Pour le bonheur du royaume, il ne faut que de véritables ouvriers évangéliques ; par conséquent, tous les possesseurs de bénéfices à simple tonsure, doivent être regardés comme des membres inutiles à la religion et à l'État.

Notre sainte religion est si sûre, qu'il n'y a qu'à suivre fidèlement sa morale pour être exempt de tout vice, et posséder toute vertu. Mais sa morale en général est si méprisée que les jours consacrés au Seigneur sont le théâtre de tous les vices.

Le luxe.

Pour ce qui est du luxe, elle se contente d'exposer que ce vice est un des plus préjudiciables à l'État, et si général qu'il a pénétré jusque dans les plus pauvres chaumières.

Elle réclame à présent la réformation du code civil et criminel, la suppression de tous les tribunaux inutiles et onéreux ; une attribution à ceux des arrondissements de souveraineté, jusqu'au concurrent d'une somme déterminée ; l'abrogation de toutes lettres attentatoires à la liberté des citoyens, la faculté à ceux-ci, de quelque

ordre qu'ils soient, de concourir pour tous emplois militaires, bénéfices et charges attributives de noblesse, et surtout contre la vénalité des offices.

La communauté de Gignac réclame encore une modération dans le prix du sel rendu uniforme pour tout le royaume. Cet objet lui est des plus intéressants par la grande quantité de troupeaux qu'elle a dans son terroir.

Elle réclame encore l'abolition de tous droits de circulation dans l'intérieur du royaume.

Objets relatifs et particuliers à la province.

La communauté de Gignac expose au plus juste des rois combien la plus grande partie des communautés de la province sont affligées par le despotisme que la plus grande partie des seigneurs possédant fiefs exercent contre tous leurs vassaux, au point qu'ils sont, moralement parlant, plus despotiques dans leurs fiefs, que lui sur son trône : ce qui est cause que lesdites communautés, ainsi que les habitants qui les composent, sont obligés de sacrifier leurs droits les plus justes, pas même se plaindre d'aucun dommage, et surtout celui dont presque tous les provinciaux souffrent, causé par la chasse, dommage si grand qu'il est inappréciable.

Elle expose encore les vexations et injustices criantes que ses sujets souffrent de la part des employés des fermes, et surtout les pauvres habitants de la campagne, qui, par leur ignorance, méconnaissent entièrement la perception de tout droit.

Elle expose aussi le préjudice que la culture des terres pourra souffrir à l'occasion de l'établissement des matelots pour le service des classes, et l'incongruité d'obliger des cultivateurs à professer un état qui ne peut tendre qu'à sa destruction.

Elle réclame la convocation des trois ordres pour réformer la constitution du pays ; qu'il soit permis aux communes de se nommer un syndic avec entrée aux États. Elle pense que la perpétuité de la présidence et la permanence de tout membre non amovible, ayant, en l'état des choses, entrée auxdits États, sont deux objets très-préjudiciables à la province ; elle requiert l'exclusion des mêmes États, des magistrats et officiers attachés au fisc ; la désunion de la procure du pays du consulat de la ville d'Aix ; l'admission des gentilshommes, non possesseurs de fiefs, et du clergé du second ordre ; l'égalité de voix pour l'ordre du tiers contre celles des deux premiers ordres réunis, tant dans les États que dans la commission intermédiaire ; et surtout l'égalité des contributions pour toutes charges royales et locales, sans exemption aucune, et nonobstant toute possession ou privilèges quelconques ; l'impression annuelle des comptes de la province, dont envoi sera fait dans chaque communauté ; et que la répartition des secours que le Roi accorde au pays, ensemble de l'imposition de 15 livres par feu, affectée à la haute Provence, sera faite dans le sein des États, et par eux arrêtée.

Déclarant, au surplus, l'assemblée, que, quant à tous autres objets, soit généraux pour le royaume, soit particuliers à la province, elle s'en réfère absolument au cahier que l'ordre du tiers déterminera lors de sa réunion pour l'élection de ses députés aux États généraux, approuvant, dès à présent, tout ce qui sera fait et arrêté par ledit ordre.

Signé : G. Gouirau, viguier ; G. Liotaud, consul ;

Joseph Gouirau; P.-F. Gouirau; B. Ricard, député; Seren; J.-P. Gouirau; Gouirau; Joseph Olive; Joseph-Antoine Gouirau; Germain Livon; Vincent Gouirau; J.-P. Gouirau; H. Turc; J.-P. Seren; F. Gouirau; J.-F.-F. Gouirau; J. Gouirau; P. Chouquet, député; Jean Jean, député; J.-F. Gouirau.

CAHIER

Des doléances, plaintes et remontrances de ce lieu de Ginasserois, viguerie de Barjols, sénéchaussée d'Aix, rédigées par nous, maire et consul de la-dite communauté, en l'assemblée générale de tous les habitants de cedit lieu, convoquée ce jour-d'hui, 29 mars 1789, en conformité des ordres de Sa Majesté, portés par ses lettres du 2 de ce mois, pour la convocation des Etats généraux, règlement y annexé, et de l'ordonnance de M. le lieutenant général de la sénéchaussée d'Aix, du 12 de ce mois (1).

Sa Majesté ne pouvait donner à ses peuples une plus grande marque de son amour, qu'en ordonnant la convocation des Etats généraux du royaume, et en autorisant tous ses sujets à concourir à l'élection des députés chargés de lui porter leurs vœux et leurs réclamations, seul et unique moyen de faire parvenir la vérité au pied du trône. C'est pour satisfaire à des invitations aussi paternelles et aussi bienfaisantes, que ses zélés et fidèles sujets de la communauté de Ginasserois ont fait les doléances suivantes, et arrêté que les sieurs députés qu'élira l'ordre du tiers en l'assemblée générale du ressort, pour assister et voter aux Etats généraux de France, seront expressément chargés d'y solliciter :

Art. 1er. Qu'aucune loi, de quelque nature qu'elle soit, ne puisse être établie et exécutée sans l'acceptation préalable et libre des Etats généraux.

Art. 2. Qu'aucun impôt ne sera levé sans la même acceptation; et que lesdits Etats ne pourront le consentir que pour une somme déterminée et pour un temps limité, qui ne pourra être plus long que celui fixé pour la prochaine tenue des Etats généraux, en sorte que cette prochaine tenue, venant à ne pas avoir lieu, tout impôt cesserait.

Art. 3. Qu'on s'occupera à connaître l'étendue de la dette nationale, et à la consolider ensuite, en hypothéquant aux créanciers de l'Etat des impôts déterminés.

Art. 4. Que les impôts consentis, après avoir reconnu la dette et vérifié et réglé les dépenses de l'Etat, seront également et généralement répartis, sans distinction de personnes et de biens, entre tous les ordres, en sorte qu'il ne sera plus question d'impôts distinctifs, et d'exemption personnelle ou réelle.

Art. 5. Que les Etats généraux s'occuperont de simplifier les impôts, et examineront si l'impôt territorial ne pourrait pas suppléer à beaucoup d'autres.

Art. 6. Que les Etats généraux seront assemblés de trois en trois ans, et que dans l'intervalle, les règlements provisoires et les choses instantes ne pourront être faites qu'avec le consentement de nos Etats provinciaux.

Art. 7. Que les délibérations des Etats généraux seront prises par les trois ordres en commun, et les suffrages comptés par tête et non par ordre.

Art. 8. Que, dans les Etats généraux, les députés

du tiers ne seront soumis à aucune cérémonie, aucun devoir qui puisse être incompatible avec dignité de l'ordre qui représente la nation.

Art. 9. Que les Etats généraux fixeront et ass[i]gneront librement, sur les demandes de Sa Majest[é] les fonds de chaque département.

Art. 10. Que les ministres seront personnelle[e]ment comptables de l'emploi des fonds qui le[ur] seront confiés, et deviendront justiciables d[es] Etats généraux, qui seuls pourront prononcer s[ur] leur conduite en tout ce qui sera relatif aux lo[is] du royaume.

Art. 11. Que les comptes rendus aux Etats g[é]néraux seront publiés.

Art. 12. Que la corvée en nature sera supprimé[e] et suppléée par une imposition également répart[ie] sur les propriétés des trois ordres.

Art. 13. Que la levée et les frais des milices n[e] seront plus une charge qui retombe uniqueme[nt] sur le peuple; que si cette forme d'avoir d[es] troupes est conservée, la noblesse et le clerg[é] seront soumis également à fournir des homme[s] à les équiper et à tous les frais qu'entraînera [la] levée.

Art. 14. Que l'on s'occupera de la réforme d[es] lois civiles et criminelles, à l'effet de rendre l[es] premières moins onéreuses, et les secondes pl[us] humaines et plus douces.

Art. 15. Que l'on cherchera les moyens d'as[surer l'exécution des lois, en sorte que personn[e] ne puisse les enfreindre impunément.

Art. 16. Que la liberté individuelle sera garant[ie] à tous les Français; qu'en conséquence, personn[e] ne pourra être arbitrairement emprisonné s[ur] des ordres verbaux ou écrits, quelle que so[it] l'autorité dont ces ordres soient émanés; et qu[e] la liberté d'un citoyen ne pourra être compro[mise que par un décret décerné par les juge[s] ordinaires.

Art. 17. Que les juges ordinaires connaîtront d[e] l'infraction à cette loi.

Art. 18. Qu'on aura le respect le plus absol[u] pour toute lettre confiée à la poste, et qu'on prendra les moyens les plus sûrs d'empêcher qu'i[l] y soit porté atteinte.

Art. 19. Que la liberté de la presse n'éprouver[a] plus aucune gêne, sauf les réserves qui pourro[nt] être faites par les Etats généraux, et sauf à ré[pondre des écrits répréhensibles après l'impres[sion, suivant l'exigence des cas.

Art. 20. Que tous les tribunaux inutiles et oné[reux seront supprimés.

Art. 21. Que l'administration de la justice s[e] fera au nom du Roi dans tout le royaume. Qu'e[n] conséquence, on réunira toutes les justices sei[gneuriales aux justices royales, auxquelles o[n] formera par ce moyen un arrondissement.

Art. 22. Qu'on attribuera à ces tribunaux d'ar[rondissement la souveraineté jusqu'à une somm[e] déterminée.

Art. 23. Qu'on réclamera contre la vénalité de[s] offices de magistrature.

Art. 24. Que l'on supprimera tous les office[s] qui n'ont eu, dans leur origine, aucun princip[e] d'utilité, et qui n'ont été que des expédients d[e] finance : de pareils offices étant des impôts dé[guisés qui surchargent le peuple, et qui troublen[t] la police de l'Etat.

Art. 25. Qu'on n'appliquera plus le mot *domain[e]* à la justice, qui est une dette royale, et non un domaine du Roi, et qu'en conséquence, on aboli[ra] tous les droits bursaux qui rendent inaccessible[s] l'accès des tribunaux.

Art. 26. Que, conformément à nos statuts, on

(1) Nous publions ce cahier d'après un manuscrit des *Archives de l'Empire.*

proscrira toute évocation de grâce et de privilége.

Art. 27. Que chaque citoyen sera jugé par ses pairs dans les tribunaux souverains; et qu'à cet effet, les membres qui composeront les tribunaux seront pris moitié dans le tiers-état, et moitié dans les premiers ordres.

Art. 28. Que la noblesse ne sera plus acquise à prix d'argent, ni par la possession d'aucun office; et qu'elle ne sera accordée qu'au mérite distingué dans quelque profession que ce soit.

Art. 29. Que tous les citoyens, de quelque ordre qu'ils soient, concourront pour tous emplois militaires, bénéfices et charges quelconques.

Art. 30. Que, pour favoriser l'agriculture et la multiplication du bétail nécessaire à l'engrais des terres et à la subsistance de l'homme, le prix du sel sera modéré et rendu uniforme dans tout le royaume.

Art. 31. Que tous les bureaux des fermes seront reculés aux frontières, et qu'on abolira toutes les gênes de la circulation intérieure.

Art. 32. Que tous péages seront supprimés.

Art. 33. Que l'on ne pourra plus établir aucun privilége exclusif contre la liberté du commerce.

Art. 34. Que l'on améliorera le sort des curés et des vicaires, et que l'on abolira le casuel.

Art. 35. Que les États généraux s'occuperont de la suppression de toutes les dîmes ecclésiastiques, soit parce qu'une obligation volontaire dans son principe n'a pas pu être convertie en un tribut forcé, soit parce que cette oblation est devenue, partout, une charge insupportable, plus pesante que celle de la taille, et exigée avec plus de dureté, et plus que suffisante pour l'entretien des ministres nécessaires; et sauf aux communautés à faire un sort aux ministres utiles, si les autres biens de l'Église ne peuvent pas y suppléer.

Art. 36. Qu'ils s'occuperont encore de la suppression de tous les bénéfices qui ne sont point à charge d'âmes, de tous les corps religieux de l'un et l'autre sexe, dont l'inutilité est aujourd'hui reconnue, de tous les chapitres des églises collégiales, cathédrales et métropolitaines, n'y ayant de ministres utiles dans la religion, que les évêques, les curés et leurs vicaires, seuls vrais pasteurs de l'Église.

Art. 37. Qu'on s'occupera des moyens pour obliger les prélats à résider dans leurs diocèses, et de la réduction de leurs revenus, qui pourront être appliqués à l'acquittement des charges de l'État.

Art. 38. Que l'on abolira toutes les oblations, fondations d'obits et autres de pareille nature, qui n'ont eu pour principe que la suggestion des prêtres, ou la faiblesse des mourants, et qui sont, pour la plupart, des chancres dévorants pour les familles.

Art. 39. Que l'on sollicitera vivement l'abolition de toutes les taxes payées en cour de Rome.

Art. 40. Que, conformément aux anciens canons, toutes les dépenses pour les presbytères, pour les églises, seront prises sur les biens ecclésiastiques, vu que c'est la principale destination de ces biens, le peuple ne devant plus être surchagé d'une obligation dont on a entendu les soulager par les concessions faites à l'Église.

Art. 41. Que, suivant les mêmes canons, tous les bénéficiers seront obligés de départir une portion déterminée de leurs revenus aux pauvres, et qu'ils pourront être contraints à remplir cette obligation.

Art. 42. Qu'en conservant aux possesseurs des fiefs tous les droits honorifiques, tous les titres,

toutes les qualifications et décorations qui ne pèsent pas sur le peuple; en les déchargeant définitivement de tout service militaire, et de l'obligation de faire rendre la justice, on supprimera, en faveur de leurs vassaux, tous les droits féodaux qui tiennent à la servitude, et qui pouvaient autrefois représenter les obligations du possesseur de fief envers le suzerain.

Art. 43. Que la chasse sera surtout permise à tout possesseur dans son fonds, parce qu'il est souverainement injuste que les récoltes du peuple soient exposées, et que tout le monde souffre pour les plaisirs d'un seul; outre que la chasse et la pêche sont des droits qui dérivent de la nature.

Art. 44. Que, dorénavant, les députés de la Provence aux États généraux ne pourront être nommés que dans une assemblée générale des trois ordres du pays.

Art. 45. Que la Provence sera maintenue dans ses franchises et libertés; qu'elle continuera de former un État uni et non subalterné; que la nation provençale sera conservée dans le droit précieux de consentir les lois, de voter librement les impôts, et de les répartir et les asseoir de la manière qu'elle croira la plus utile et la plus commode au peuple.

Art. 46. Qu'immédiatement après la tenue des États généraux, nous serons autorisés à convoquer une assemblée générale des trois ordres de la province, pour former ou réformer la constitution du pays.

Art. 47. Qu'il sera permis aux communes de se nommer un ou plusieurs syndics, avec entrée aux États.

Art. 48. Que la présidence des États ne sera plus perpétuelle, mais tout au plus triennale, et remplie alternativement par tous les ordres.

Art. 49. Que l'élection du président sera faite par la voie du scrutin.

Art. 50. Qu'on s'élèvera contre la permanence de tout membre non amovible, ayant, en l'état des choses, entrée auxdits États.

Art. 51. Que nul n'y pourra être par sa place.

Art. 52. Que tous les magistrats et officiers attachés au fisc en seront exclus.

Art. 53. Que la procuration du pays sera désunie du consulat d'Aix.

Art. 54. Que les gentilshommes, non possédant fiefs, et le clergé du second ordre seront admis aux États.

Art. 55. Qu'on réclamera l'égalité de voix pour l'ordre du tiers, contre celles des deux premiers ordres, tant dans les États, que dans la commission intermédiaire.

Art. 56. Que les comptes de la province seront imprimés annuellement, et qu'il en sera envoyé un exemplaire à chaque communauté.

Art. 57. Que la répartition de secours que le roi accorde au pays, ensemble de l'imposition de 15 livres par feu, affectée à la haute Provence, sera faite dans le sein des États, et par eux arrêtée.

Art. 58. Que, dans tout ce qui regarde l'administration municipale dans ses rapports généraux, les communautés ne seront dépendantes que des États, ce principe étant essentiel pour conserver la liberté publique.

Art. 59. Que, dans les assemblées provinciales, le tiers-état sera placé au centre de l'assemblée, ayant le président en face, le clergé à sa droite, et la noblesse à sa gauche.

Art. 60. Que, dans lesdites assemblées, tout sera décidé au scrutin.

Art. 61. Qu'attendu l'abonnement fait par la province des offices municipaux, on confirmera à toutes les communautés la jouissance des prérogatives attachées aux offices de police ou de mairie, ou la décharge du contingent que payent ceux qui n'en jouissent pas.

Art. 62. Que le clergé de Provence ne fera plus corps avec le clergé de France; qu'il n'aura plus d'assemblées temporelles que les assemblées nationales du pays; et que, néanmoins, pour avoir entrée aux États de la province, et pouvoir se mêler de l'administration, il apportera des intérêts réels et communs, et les confondra avec les deux autres ordres, sinon il en demeurera exclu.

Art. 63. Que l'entretien et les honoraires des gouverneurs, commandants, lieutenants de Roi et autres ne seront plus à la charge du peuple, le Roi devant payer tous ses officiers.

Art. 64. Que la dépense des troupes ne sera également qu'à la charge du trésor royal, ainsi que celle de la maréchaussée, vu que ce sont là des dépenses politiques que nous payons déjà par les impôts publics.

Art. 65. Que les députés de Provence solliciteront des États généraux que tous les habitants des communautés des campagnes compris dans les impositions, auront la faculté d'assister et voter à tous les conseils municipaux; que les élus aux charges municipales ne pourront y rentrer que de six en six ans; et que les gages des maîtres d'école seront augmentés, vu qu'ils sont trop modiques pour s'en procurer.

Art. 66. Que dans la suppression des droits féodaux demandée par l'article 42, seront nommément compris la directe et le retrait féodal, et les banalités; au rachat desquels les communautés seront au moins reçues.

Art. 67. Que si la suppression des lods n'est pas accordée, ils seront au moins modérés.

Et ainsi que dessus a été procédé au présent cahier de doléances.

A Ginasservois, dans la chapelle des Pénitents blancs, le 29 mars 1789.

Signé Hodoul, lieutenant de juge; Constantin, consul; Menut; Pourpe; Phibert; Menut; Giraud; Blanc; Richaud; Henri Menut; Gastaud; Richaud; Menut; Richaud; Ducrès; Petta; Mathieu; Prapuer; Richaud; Menut; Guis; M. Richaud; Pourpe; Richaud; Blanc, notaire; Garsin; Houlonne; Menut; Finaud; Menut; Constantin; Leydet; Menut; Lantecune; A. Constantin; Hugues; Blanc; Richaud; Constantin; Leydet; A. Martin; Trachet, avocat et député; Ferralesi, avocat; Giraud, député; A. Richaud, greffier et secrétaire.

PROCÈS-VERBAL

Des assemblées générales des habitants de la paroisse de Gréasque, sénéchaussée d'Aix; lequel contient les plaintes, doléances et remontrances de cette paroisse (1).

L'an 1789, et le trentième jour du mois de mars, l'assemblée générale a été assemblée au son de la cloche en la manière accoutumée.

Sont comparus, dans la maison du sieur Valentin Long, consul moderne de ce lieu de Gréasque, servant d'hôtel de ville suivant l'usage, par-devant et sous l'autorisation du sieur Thomas de Lucil, lieutenant de juge de ce lieu, où ont été présents :

(1) Nous publions ce cahier d'après un manuscrit des *Archives de l'Empire.*

Sieurs Valentin Long, consul; Jean Long; Jean-Baptiste Moustier; Joseph Moustier; Joseph Long; Augustin Moustier; Louis Long; Jean-Baptiste Moustier; Joseph Moustier; Jean-Joseph Moustier; Louis Long de Valentin; Étienne Long; Jean-Baptiste Reimonet; François Long; Antoine Moustier; François Moustier; Noel Moustier; Pierre Meunier; Jean-Joseph Long de Valentin; Joseph Long; François Moustier; Mathieu Moustier; Germain Long; Joseph Moustier; Laurent Moustier; Joseph Moustier; Valentin Moustier; Louis Long de Joseph; Louis Maunier; Jean-Jacques Moustier; Dominique Moustier; Lazare Long; Claude Moustier.

A laquelle assemblée, le sieur Valentin Long, consul, a représenté que dans l'assemblée qui fut convoquée le 25 du courant, il y fut omis des plaintes et remontrances, qu'il est nécessaire d'insérer dans le cahier de doléances.

En conséquence, il a fait assembler et convoquer de nouveau la présente assemblée à la réquisition de tous les assistants en ladite assemblée, conformément aux ordres de Sa Majesté, portés par ses lettres données à Versailles le 2 mars 1789, et satisfaire aux dispositions des règlements y annexés.

Lesquelles plaintes et remontrances sont celles qui suivent :

Art. 1er. La communauté se plaint qu'anciennement cette terre appartenait aux chanoines de Saint-Victor, et que moyennant un taxe au quinze, tant en grain, en vin, qu'en légumes, ils étaient obligés de faire dire la messe aux habitants de ce lieu, moyennant ladite taxe; et au moyen de ce, ils sont obligés de fournir un prêtre et une maison curiale pour faire le service de cette paroisse.

Art. 2. La communauté serait bien aise de recourir sur cet objet de la maison curiale ancienne que MM. les chanoines ont vendue, et dont ils exigent les pensions. Et la communauté a été obligée d'en construire une nouvelle pour loger le prêtre desservant cette paroisse, sans que ces messieurs y veuillent entrer pour rien.

Art. 3. Outre ladite taxe, ces messieurs ont fait encore survenir une dime au seize sur tous les grains et vin qui se recueillent en ce lieu; et c'est toujours pour suppléer au service de cette paroisse, de sorte que nous sommes aujourd'hui obligés de payer la taxe et la dime.

Art. 4. La communauté se plaint encore que le seigneur de ce lieu se fait payer un droit de lods sur toutes les acquisitions, tant pour les terres, maisons et bois; et c'est toutes les fois que les habitants font des achats, ou qu'ils coupent des bois; également, la communauté a acheté un fonds pour y construire une maison curiale, et sur ladite maison, le seigneur a exigé un demi-lods de la communauté, qu'il prétend lui être dû de dix en dix ans.

Art. 5. La communauté demande d'être déchargée d'un septième que le seigneur se fait déduire sur ses tailles, et qu'il fait supporter à la communauté.

Art. 6. La communauté demande que la chasse doit être libre, attendu qu'elle occasionne un dommage considérable aux habitants; demande encore que les pigeons soient enfermés trois mois de l'année, savoir : au mois de mai et juin, et le mois d'octobre.

Art. 7. La communauté demande que les agneaux soient nourris pour donner une abondance de viande et laine, attendu qu'il est tout hors de prix.

Art. 8. La communauté se plaint qu'anciennement elle avait des aires; que le seigneur s'en
est emparé d'une grande partie, et qu'il a donné
à nouveau bail pour y construire des maisons.
Et après plusieurs plaintes, il a désemparé un
petit coin d'aire attenante à celle de la communauté. De sorte qu'aujourd'hui les habitants se
trouvent dans l'extrémité d'y placer et fouler ses
gerbes, et se sont obligés de se soumettre à une
amende contre ceux qui n'arrangeront pas assez
bien leurs gerbes.

Art. 9. La communauté demande de se pouvoir
affranchir des cens dus au seigneur, et de les
pouvoir payer en argent au prix qu'il plaira à Sa
Majesté de fixer pour éviter toutes contestations
sur la qualité des grains.

Art. 10. La communauté se plaint que le seigneur a donné à nouveau bail au nommé Laurent Fabre un coin de terre; et celui-ci l'ayant
abandonné pour être trop cher; et ledit seigneur
en fait supporter les tailles à la communauté.

Art. 11. Se plaint encore que le grand froid a
fait périr tous les oliviers et beaucoup des arbres
fruitiers, et quantité de vignes : ce qui leur cause
un grand dommage.

Art. 12. La communauté est bien aise de délibérer, de faire ôter les pigeons que le prêtre
nourrit dans la maison curiale, attendu qu'il occasionne un grand préjudice au plancher de l'ap-
partement où ils sont logés; et de même, mettre
la fenêtre en place, comme de boucher les trous
qui ont été faits dans la muraille pour nicher
lesdits pigeons; et mettre le tout comme la communauté avait fait construire. Les habitants se
plaignent encore que le prêtre desservant cette
paroisse se fait payer 12 sous des messes, tandis
qu'anciennement on les payait 6.

Et de suite, lesdits habitants, après avoir mûrement délibéré sur le choix des députés qu'ils
sont tenus de nommer en conformité des lettres
du Roi et règlement y annexé; et les voix ayant
été par nous recueillies en la manière accoutumée,
la pluralité des suffrages s'est réunie en faveur
des sieurs Jean Long et Jean-Baptiste Reimonet,
qui ont accepté ladite commission et promis de
s'en acquitter fidèlement.

Ladite nomination desdits députés ainsi faite,
lesdits habitants ont, en notre présence, remis
auxdits sieurs Jean Long et Jean-Baptiste Reimonet, leurs députés, le cahier afin de le porter
à l'assemblée le 2 avril prochain devant M. le
lieutenant général, et leur ont donné tout pouvoir requis et nécessaire, à l'effet de le présenter
à ladite assemblée pour toutes les opérations
prescrites par l'ordonnance susdite de M. le lieutenant, comme aussi de donner pouvoirs généraux et suffisants de proposer, remontrer,
aviser et consentir tout ce qui peut concerner le
besoin de l'État, la réforme des abus, l'établissement d'un ordre fixe et durable dans toutes les
parties de l'administration, la prospérité générale
du royaume, et le bien de tous et chacun des
sujets de Sa Majesté.

Et, de leur part, lesdits députés se sont présentement chargés du cahier des doléances de cette
dite communauté, et ont promis de le porter en
ladite assemblée, et de se conformer à tout ce qui
est prescrit et ordonné par lesdites lettres du Roi,
règlement y annexé, et l'ordonnance susdatée.

Desquelles nominations des députés, remise de
cahier, pouvoir et déclaration, nous avons, à tous
les susdits comparants, donné acte; et avons
signé, avec ceux des habitants qui savent signer,
avec lesdits députés, notre présent procès-verbal,

ainsi que le duplicata que nous avons présentement remis auxdits députés pour constater leur
pouvoir. Et le présent sera déposé aux archives
de cette communauté. Ledit jour et an que dessus.

Signé de Lucil, lieutenant de juge; Louis Long;
Louis Maunier; François Long; Antoine Moustier;
J.-J. Moustier; J.-J. Moustier; J. Long, député, et
Car, greffier.

CAHIER

*Des représentations, plaintes et doléances de la ville
et communauté d'Istres, sénéchaussée d'Aix, déterminé et arrêté par tous les chefs de famille
présents à l'assemblée générale tenue audit Istres, le 25 mars 1789 (1).*

Le Roi, ayant manifesté le désir de connaître le
vœu de ses fidèles sujets pour lui aider à surmonter toutes les difficultés relatives à l'état de
ses finances, et établir un ordre constant et invariable dans toutes les parties du gouvernement,
qui intéressent le bonheur de ses sujets et la
prospérité du royaume; ces grands motifs l'ayant
déterminé de convoquer l'assemblée des États de
toutes les provinces, précédée d'une assemblée
de tous chefs de famille de chaque ville et communauté, dans laquelle il aurait à dresser un
cahier de représentations, plaintes ou doléances
pour être mis sous ses yeux, et lui faire connaître
les souhaits de ses peuples; la ville et communauté d'Istres, assemblée en conseil de tous chefs
de famille, a déterminé les articles suivants :

Art. 1er. Le pays et comté de Provence, étant
pays d'États uni à la couronne de France, doit
jouir de tous ses droits, privilèges, statuts et
coutumes que les trois ordres du pays ont expressément réservés lorsqu'ils ont librement et volontairement consenti à cette union, et que tous les
rois de France, comtes de Provence, ont compris
de soutenir et maintenir.

Art. 2. Que les abus qui se sont introduits
dans la constitution de Provence seront réformés; qu'en conséquence, les trois ordres du pays
seront incessamment convoqués, les deux premiers
ordres individuellement, et le tiers-état par députés
de chaque ville et communauté de pays, élus dans
un conseil de tous chefs de famille dans un nombre proportionné à la population, importance et
affouagement de chacune desdites villes, pour
former les assemblées des vigueries, dans lesquelles il sera également nommé un nombre de
députés proportionné à l'étendue, population,
importance et affouagement desdites vigueries, à
l'effet de former l'ordre du tiers-état.

Art. 3. Que lesdits trois ordres réunis formeront les États généraux du pays de tel nombre
de députés des trois ordres qui sera jugé convenable, de manière cependant que le nombre de
députés des deux premiers ordres n'excède pas
le nombre des députés du tiers-état. Les inconvénients, résultant de la formation des prétendus
États actuels, sont trop connus pour qu'il soit
besoin de les déduire.

Art. 4. La présidence des États et l'exercice des
fonctions des officiers du pays, ne pourront plus
être permanents; et l'élection en sera faite annuellement dans les premières séances des États,
après la légitimation des pouvoirs des députés, et
la prestation du serment.

Art. 5. La procuration du pays sera séparée du

(1) Nous publions ce cahier d'après un manuscrit des
Archives de l'Empire.

consulat d'Aix. Les procureurs du pays étant les procureurs des gens des trois Etats, il est contre toutes les règles et les premières notions des principes du droit public, que ceux qui exercent les actions de la nation entière soient élus par le conseil municipal d'une seule communauté.

Art. 6. Que les procureurs du pays soient élus par les Etats au nombre de six, savoir : un de l'ordre du clergé, deux de celui de la noblesse, et trois du tiers-état. Qu'il soit également. élu par les Etats six adjoints auxdits procureurs du pays, pris dans les trois ordres et dans la même proportion, qui serviront de renforcement auxdits procureurs du pays.

Art. 7. Que les procureurs du pays resteront trois ans en exercice ; et que, néanmoins, chaque année, il en sortira deux qui seront remplacés par deux des adjoints du même ordre, à moins que, par des considérations particulières, et des motifs très-essentiels, les Etats jugeassent à propos de nommer directement au remplacement des procureurs du pays. Par ce moyen, l'administration des affaires serait exercée d'une manière plus conforme à l'intérêt des trois ordres. L'esprit d'une sage administration serait toujours permanent dans le corps des administrateurs ; les projets déterminés pour l'avantage et le bien du pays seraient constamment suivis, et les adjoints destinés à devenir procureurs du pays auraient le temps de s'instruire des véritables principes d'une bonne administration.

Art. 8. Qu'il sera permis aux communes de s'assembler toutes les fois que leur intérêt l'exigera, et notamment avant et après la tenue des Etats, et de se nommer un syndic avec entrée aux Etats.

Art. 9. La commission intermédiaire sera composée, ainsi que les Etats, d'un nombre de membres du tiers, au moins égal à celui des membres des deux premiers ordres.

Art. 10. Que les comptes de la province seront imprimés et envoyés dans chaque communauté.

Art. 11. Les ingénieurs du pays seront nommés par les Etats et au concours ; le nombre en sera diminué et réduit au besoin du pays ; leurs traitements fixés de manière que les communautés ne se trouvent pas dans l'impuissance de pouvoir les employer.

Art. 12. Que les vigueries du pays étant inégales entre elles, il sera fait une nouvelle répartition desdites vigueries, à l'effet qu'elles puissent être égales entre elles, autant que faire se pourra ; et que l'arrondissement de chaque viguerie n'excède pas le nombre de vingt-cinq communautés.

Art. 13. Que la députation aux Etats du pays pour l'ordre du tiers soit faite par les seules vigueries ; et qu'aucune ville ne jouisse plus du droit d'y députer directement : ce droit étant un véritable abus, puisqu'il n'est pas juste que certaines communautés jouissent du privilége de députer directement aux Etats, à l'exclusion du plus grand nombre : ou il faut que toutes les communautés députent directement aux Etats, ou il est de toute justice qu'aucune n'y députe.

Art. 14. Que les Etats généraux du royaume seront formés par un nombre de députés du tiers au moins égal à celui des députés des deux premiers ordres.

Art. 15. Que les voix y seront recueillies par tête et non par ordre, attendu que si elles étaient recueillies par ordre, l'esprit et l'intérêt de corps, décidant les opinions, il serait impossible de pouvoir former une délibération , parce qu'il

serait impossible de réunir les suffrages des trois ordres ; au lieu qu'en opinant par tête, si l'on ne peut parvenir à obtenir les suffrages les plus conformes à l'intérêt de tout ce que l'on ne pourrait connaître que par l'unanimité des suffrages, on parviendra toujours par la pluralité absolue au suffrage le plus avantageux à l'intérêt général, auquel doit céder l'intérêt particulier.

Art. 16. Que les Etats généraux du royaume seront fixés, par une loi authentique, à des époques périodiques les plus rapprochées que faire se pourra , et que les impôts ne seront votés dans l'assemblée des Etats généraux que jusqu'à la tenue des Etats subséquents.

Art. 17. Que les nobles possédant fiefs ou non possédant fiefs ne pourront jamais être représentants du tiers-état, ainsi que les membres du clergé.

Art. 18. Que les magistrats des cours souveraines ne pourront point avoir entrée aux Etats.

Art. 19. Que le Roi sera très-humblement supplié de convoquer les Etats généraux aux époques fixées, et qu'à défaut de ladite convocation, la nation pourra faire les dispositions qui seront déterminées pour parvenir à ladite convocation.

Art. 20. Que dans l'intervalle de la tenue desdits Etats généraux, il sera établi une commission intermédiaire d'après le régime des Etats généraux eux-mêmes, composée des représentants du tiers en nombre égal des représentants des deux premiers ordres ; laquelle commission intermédiaire sera nommée par les Etats généraux, de manière qu'il y ait un représentant de chaque province.

Art. 21. Qu'il sera accordé à toutes les provinces des Etats particuliers, afin que la marche de l'administration soit uniforme dans tout le royaume.

Art. 22. Qu'il sera réglé, d'une manière fixe et déterminée, comment il sera procédé à l'avenir à l'élection des députés de chaque province pour assister à l'assemblée des Etats généraux.

Art. 23. Que le Roi sera très-humblement supplié de faire connaître à l'assemblée des Etats généraux l'état de ses finances, le déficit qui s'y trouve et les causes qui l'ont produit, afin que les Etats généraux soient à portée d'aviser aux moyens de le réparer et de prévenir les causes qui l'ont produit.

Art. 24. Que lesdits Etats généraux ne délibéreront et ne voteront les impôts qu'après avoir délibéré sur tout ce qui regarde l'ordre public, l'intérêt général du royaume et la réforme des abus.

Art. 25. Que l'impôt sera également réparti sur tous les sujets de Sa Majesté exempts et non exempts ; que tous les priviléges d'exemption seront et demeureront abolis, et que toutes les classes de citoyens contribueront aux charges publiques tant royales que locales, à proportion de leurs propriétés, de leur faculté et de leur industrie, parce que tout citoyen recevant protection de l'Etat, il est juste que chaque citoyen contribue, suivant ses moyens, aux charges de l'Etat.

Art. 26. Que les impositions de chaque province seront directement employées par le trésorier de la province à payer la dépense que le gouvernement y fait, et qu'il ne sera versé au trésor royal que l'excédant desdites dépenses; en épargnant, par ce moyen, les droits de recette qu'il en coûte en faisant passer inutilement le produit des impositions par différentes mains.

Art. 27. Que les ministres seront tenus de rendre

compte aux États généraux de l'emploi des impositions consenties par les États généraux antécédents.

Art. 28. Que l'impôt, une fois déterminé, dans les États généraux relativement aux moyens et faculté de chaque citoyen, ainsi qu'il a été dit, il sera libre à chaque province d'en faire la levée de la manière qu'elle jugera la plus convenable, et le moins à charge aux contribuables; et que le privilége du pays, concernant la liberté qu'ont les communautés de s'imposer comme il leur plaît, sera maintenu à moins que le plus grand nombre des communautés de Provence consentit à adopter une forme d'impositions uniforme pour toutes les communautés de Provence.

Art. 29. L'ordre du clergé possède des biens immenses, dont la distribution n'est nullement proportionnée aux fonctions ecclésiastiques. Les évêques, les abbés, certains chapitres, et certains ordres religieux et militaires jouissent d'un revenu très-considérable, tandis que les curés et les vicaires, qui supportent tout le fardeau du ministère, ne sont pas même rétribués ou ont à peine de quoi vivre. Il doit donc être procédé à une répartition des revenus du clergé qui, en donnant à chaque membre de la hiérarchie ecclésiastique de quoi soutenir, d'une manière convenable, le rang qu'il y occupe, puisse fournir aux curés et aux vicaires de quoi les entretenir et les encourager dans les fonctions pénibles de leur ministère.

Art. 30. Qu'en conséquence, il sera formé, dans chaque province, une caisse ecclésiastique de tous les revenus du clergé, qui sera administrée par une commission formée à l'instar des commissions intermédiaires pour l'administration des affaires publiques; que sur le produit des revenus ecclésiastiques ainsi administrés, il sera payé ce qu'il sera nécessaire pour l'entretien des archevêques, évêques, chanoines des églises métropolitaines et cathédrales, curés et vicaires, les seuls ecclésiastiques véritablement nécessaires au ministère de la religion.

Art. 31. Que tous les chapitres des collégiales et tous les ordres religieux seront supprimés.

Art. 32. Que les propriétés du clergé, consistant en biens-fonds, redevances et dîmes, il sera examiné sur lequel de ces revenus il importe le plus à l'intérêt général de la nation d'adresser les revenus nécessaires à l'entretien des ecclésiastiques; s'il est plus avantageux à la nation de mettre les biens-fonds du clergé dans le commerce, et de soumettre les fidèles à contribuer à l'entretien des ecclésiastiques ou de les affermer à longues années sous une redevance en fruits, pour établir sur lesdits biens-fonds l'entretien des ecclésiastiques; et en cas que la masse des biens-fonds et des redevances suffit au moyen de la suppression proposée ci-dessus à l'entretien des ecclésiastiques employés au sacré ministère, les dîmes seraient supprimées.

Art. 33. Que, dans le cas de la suppression proposée, les fondations seraient réunies aux paroisses pour être exécutées par les prêtres desservant lesdites paroisses, de la manière la plus conforme et que faire se pourrait, à l'entretien du fondateur, et la plus analogue au nouvel ordre des choses, sauf d'augmenter le nombre des desservants dans chaque paroisse, à proportion des fondations qu'il y aurait à acquitter, et du revenu attaché auxdites fondations.

Art. 34. Que, dans le cas où le nombre des ecclésiastiques ne consumerait pas le produit des biens-fonds et redevances du clergé, le surplus serait appliqué à l'entretien et construction des églises, maisons curiales et autres bâtiments de pareille nature, et à la fourniture de tout ce qui peut fournir à la célébration de l'office divin, et à des œuvres pies.

Art. 35. Qu'au moyen de ce qui sera adjugé pour l'entretien des ecclésiastiques, ils ne pourront plus exiger aucune rétribution casuelle de quelle espèce que ce soit, et à quel titre que ce soit, et que toutes les confréries particulières, sous quelle dénomination que ce soit, seront et demeureront supprimées.

Art. 36. Que, dans toutes les paroisses où le nombre des desservants sera jugé suffisant, ils seront obligés de chanter les offices et heures canoniales à des heures fixes, ainsi que dans les chapitres.

Art. 37. Qu'aucun ecclésiastique ne pourra être promu à la dignité d'évêque qu'il n'ait été au moins cinq ans chanoine; qu'on ne pourra être nommé à un canonicat qu'après avoir été au moins cinq ans curé; et qu'on ne pourra posséder de cure qu'après avoir été au moins cinq ans vicaire.

Art. 38. Que toutes les fêtes seront supprimées, ou renvoyées au dimanche le plus prochain. Si la population du royaume est de vingt-quatre millions d'individus, il y en a au moins quinze millions voués au travail dans différentes professions. En supposant que chaque individu ne gagne que vingt sous par jour, chaque fête fait perdre aux individus travaillant quinze millions de revenu, et à la nation quinze millions en ouvrage.

Art. 39. Que les droits d'annates, d'expédition de bulle pour les bénéfices, dispenses et autres seront supprimés comme un abus des plus intolérables; les droits coûtant annuellement dix millions à la France qui peuvent être employés plus utilement au soulagement du peuple.

Art. 40. Que les dates et impétrations des bénéfices en cour de Rome ou en la vice-légation d'Avignon seront supprimées.

Art. 41. Que toutes les terres de l'ancien domaine de nos souverains, qui servaient à l'entretien de leurs maisons, seront réunies au domaine de la couronne comme inaliénables, et dont l'aliénation est imprescriptible, parmi lesquels domaines doivent être compris la ville d'Avignon et le comtat Venaissin.

Art. 42. Que toute la banalité, tant féodale qu'acquise à prix d'argent, sera rachetable par les communautés.

Art. 43. Que tous les cens et autres redevances seigneuriales pourront être également rachetées au taux qui sera fixé, eu égard à la nature des cens.

Art. 44. Que le travail féodal ou de prélation ne pourra être exercé que jusqu'à l'acquittement du lods; et qu'une fois que le lods aura été payé, soit au seigneur, soit à son procureur fondé, soit à son fermier, la quittance du lods vaudra; et le seigneur ne pourra plus exercer ni céder le droit de prélation.

Art. 45. Que les seigneurs ne pourront exercer le droit de prélation ou de retrait féodal dans les échanges de propriété.

Art. 46. Qu'ils ne pourront exercer le droit de prélation dans les acquisitions faites pour l'utilité publique, ni exiger le droit d'indemnité.

Art. 47. Qu'attendu le dommage que le gibier porte aux productions de la terre; attendu les procès et quelquefois les vexations que le droit de chasse attribué exclusivement aux seigneurs occasionne dans toutes les terres seigneuriales, et qui tendent souvent, sur les plus légères infractions, à détruire la fortune des citoyens, et à leur faire encourir des peines afflictives, tous les propriétaires aient le droit et la faculté de chasser dans leurs domaines.

Art. 48. Que la justice soit exercée dans toute l'étendue du royaume au nom du Roi, parce que toute justice émane du Roi; qu'en conséquence, toutes les justices seigneuriales seront abolies.

Art. 49. Que tous les ecclésiastiques étant sujets du Roi, ainsi que les membres des deux autres ordres, seront soumis à la justice ordinaire; et qu'en conséquence, les tribunaux et juridictions des officialités seront supprimés dans toute l'étendue du royaume.

Art. 50. Que l'exercice de la juridiction de la police sera attribué aux officiers municipaux des villes et communautés.

Art. 51. Que toutes les charges de magistrature, tant des cours souveraines que des juridictions subalternes, ne seront plus vénales; et qu'il sera pourvu par le Roi aux offices des cours souveraines sur la présentation de trois sujets nommés par les États provinciaux; aux offices de sénéchaussée sur la présentation de trois sujets nommés par l'assemblée des trois ordres de la sénéchaussée, et aux offices des premiers juges des villes et communautés sur la présentation de trois sujets nommés par le conseil général de tous chefs de famille desdites communautés.

Art. 52. Que toutes les cours et tribunaux d'attribution seront supprimés.

Art. 53. Que les cours souveraines seront composées, en nombre égal, de magistrats nobles et du tiers-état; et lorsqu'il s'agira de juger un procès entre un noble et un membre du tiers-état, ou entre un noble et un seigneur ou une communauté, la Chambre devra être formée par un nombre égal de magistrats de chaque ordre.

Art. 54. Qu'aucun impôt, qu'aucune loi, aucun règlement, aucun arrêté ou arrêté portant des dispositions générales ne pourront être mis à exécution, sans, au préalable, avoir été enregistrés par les États généraux, si leurs dispositions regardent toute l'étendue du royaume, et dans les États provinciaux si la disposition ne regarde que certaine province.

Art. 55. Que les premiers juges naturels jugeront souverainement tous les procès non excédant 50 livres, de même que tous les procès en injures verbales, pour lesquels on ne pourra plus employer la voie rigoureuse de l'information, et qui seront jugés souverainement à l'audience, excepté les injures atroces et infamatoires qui tendent à incriminer quelqu'un, pour lesquelles compétera toujours la voie de l'information et de l'appel, attendu que la calomnie est alors assez grave pour mériter à son auteur une peine afflictive, et que tous les juges d'appel pourront juger en dernier ressort tous les procès qui n'excéderont pas 300 livres.

Art. 56. Que tous les juges indistinctement seront tenus et obligés d'exprimer, au bas de leur jugement, le motif de leur décision.

Art. 57. Que les conseils des communautés seront autorisés par les officiers municipaux qui auront l'exercice de la police, et que l'exercice de la municipalité sera indépendant dans tous les degrés de la hiérarchie municipale de toute autorisation d'officiers de justice.

Art. 58. Il serait encore bien essentiel de supprimer les intendances de province, que l'établissement universel des États particuliers rendrait inutiles. Les fonctions de cette magistrature

à l'exception du contentieux qui serait attribuée aux juges ordinaires, pourraient être toutes exercées par les commissions intermédiaires des États provinciaux.

Art. 59. Que l'ordonnance civile pour l'instruction des procès sera simplifiée à l'effet de procurer plus promptement et occasionner moins de frais aux parties.

Art. 60. Que l'ordonnance criminelle sera réformée; que l'instruction sera publique, le juge assisté d'un officier municipal et d'un autre assesseur; que toutes les pièces du procès après le récolement et la confrontation seront communiquées aux accusés qui pourront se choisir un conseil.

Art. 61. Que les peines seront modérées et proportionnées au délit; qu'à cet effet, l'ordonnance qui interviendra sera rédigée de manière que chaque délit porte et détermine sa peine sans qu'il dépende du juge de l'interpréter arbitrairement; et dans les cas douteux, le juge sera tenu de prononcer la peine la moins rigoureuse.

Art. 62. Que les procès criminels ne pourront être jugés en dernier ressort que par douze juges au moins, et la condamnation ne pourra être prononcée qu'autant qu'elle aura été jugée par les deux tiers des juges.

Art. 63. Que les voix ne se combineront point, quand elles seront en faveur de l'accusé, mais seulement quand elles seront pour sa condamnation.

Art. 64. La contumace ne sera plus une demi-preuve du délit. Il doit être permis de redouter l'erreur et même la prévention des juges, et de chercher à s'y soustraire par la fuite.

Art. 65. L'innocence de l'accusé sera présumée jusqu'à son entière conviction; et jusqu'alors il sera traité avec les ménagements que l'on doit à la probité malheureuse.

Art. 66. L'absolution de l'innocence sera toujours accompagnée de dédommagements proportionnés à la nature de l'accusation.

Art. 67. Que les traites et les douanes seront reculées aux frontières du royaume, afin que les marchandises et denrées puissent circuler dans tout le royaume, et que le commerce ne soit point obstrué par les droits à payer d'une province à l'autre.

Art. 68. Que le sel sera fixé à un prix raisonnable; l'étang de la Valduc érigé en saline, et la communauté d'Istres rétablie dans la jouissance du franc-salé audit étang, conformément aux titres des anciennes reconnaissances de cette communauté, passées en faveur des communautés de Provence.

Il est étonnant qu'on préfère des salines, où il est besoin du fait de l'homme et de beaucoup de dépenses pour faire du sel, et qu'on emploie, en même temps, beaucoup d'argent et beaucoup d'hommes pour garder ou pour détruire une quantité immense de sel, que la nature seule fournit dans l'étang de la Valduc, sans aucun secours de l'art.

Art. 69. Que les employés dans les fermes, régie et domaine du Roi seront réduits au nombre absolument suffisant pour son service, et que leur traitement sera fixé à ce qu'il faut pour un honnête entretien.

Art. 70. Que toutes les jurandes, maîtrises et communautés d'arts et métiers seront supprimées.

Art. 71. Que toutes lois, ordonnances, règlements et arrêtés qui excluent les membres du tiers-état des places ecclésiastiques, emplois militaires, et offices de magistrature seront révoqués. Le Roi est, sans doute, le maître de préférer, pour remplir les différentes places, ceux de ses sujets qu'il juge à propos, mais il est avilissant pour le tiers-état que des lois positives en rendent ses membres incapables.

Art. 72. Que tous les péages seront abolis, en déchargeant les propriétaires de l'entretien des chemins et en les indemnisant, s'il y échoit.

Art. 73. Que les drailles, caraires ou chemins, au passage des troupeaux pour aller et revenir de la Basse-Provence aux montagnes, seront rétablis, de manière que les troupeaux puissent y passer sans causer du dommage aux propriétaires riverains; et qu'il sera fait un nouveau règlement relatif auxdites drailles et caraires, après avoir pris toutes les informations convenables, et reçu les mémoires, instructions, tant des propriétaires des troupeaux que des propriétaires des terres traversées par lesdites drailles et caraires.

Art. 74. Qu'en vertu du droit de pulvérage, que les seigneurs exigent en indemnité du passage des troupeaux qui vont dans les montagnes et qui retournent dans la Basse-Provence, et pour la nourriture que ces troupeaux prennent à leurs dépens, que les drailles ou caraires soient rétablies suivant les bornes qui y ont été placées dans leurs terres à cet effet, suivant qu'il est porté par les lettres patentes du 16 janvier 1764, vérifiées et enregistrées au parlement d'Aix, le 14 février suivant; autrement le droit de pulvérage supprimé.

Art. 75. Qu'il sera établi, dans toute l'étendue du royaume, uniformité de poids et mesures.

Art. 76. Que l'état des pensions accordées par le gouvernement sera examiné, à l'effet qu'elles puissent être réduites ou supprimées suivant les circonstances.

Art. 77. Que le port de Brue et les canaux de Martigues seront recurés pour faciliter le commerce maritime de l'étang de Berre, procurer l'entrée du poisson, exciter les habitants des bords de l'étang de Berre et à augmenter, par ce moyen, le nombre des matelots, classe de citoyens si utile à l'État.

Art. 78. Que tous les sujets du Roi pourront dériver des canaux des rivières qui passent dans le territoire des communautés, soit pour l'arrosement de leurs propriétés, soit pour construire des moulins et usines, se servir du sable et des pierres du lit des rivières: l'intérêt de l'agriculture et des manufactures exige la concession d'une faculté qui dérive du droit naturel.

Art. 79. Qu'on s'appliquera sérieusement à la réformation des mœurs, en abolissant tous les lieux de débauche, et en formant un plan d'éducation pour la jeunesse des deux sexes.

Art. 80. Que les célibataires, qui auront atteint l'âge de trente ans, et qui ne seront point soumis à la puissance paternelle, payeront le double de toutes leurs impositions.

Art. 81. Que le secret des lettres remises aux bureaux des postes sera respecté, et qu'il ne sera permis d'en ouvrir aucune, ni l'intercepter pour quelque cause et sous quelque prétexte que ce soit.

Art. 82. Que le commissaire préposé au tirage des soldats provinciaux, canonniers, gardes-côtes et matelots, soit tenu de se transporter dans chaque communauté, sans qu'il lui soit permis de déplacer la jeunesse.

Art. 83. Qu'il sera pris, à l'égard des lettres de cachet, tel arrangement qui sera jugé convenable pour prévenir l'abus qui en est souvent résulté.

Art. 84. Que le contrôle des actes ne subsistera plus que pour établir l'hypothèque; et que si l'on juge à propos d'y établir quelques droits, ils seront modérés et fixés de manière qu'ils ne soient pas pour ainsi dire arbitraires.

Art. 85. Que les droits de latte et un quart de centième denier, et autres de pareille nature, seront supprimés.

Signé Coppau, viguier; Arnauld, maire; Félix, consul; Peine, ex-consul; Emeric, ex-consul; Arnauld; Christine; Félix; R. Icard; Leydet; Monier; Chauvet; Bérard; Martin; E. Jauffre; L. Lusnaut; Gay; Girard; Emeric; Aymès; Janibour; L.-Étienne Jauffret; Colla; Emeric; Gerault; Tirat; Leydet; Dalma; Antoine Aime; Emeric; Garaut; Teissier; Clarel; Michel; Coloma; Félix; Marillié; Aymès; Paul Thissir; Félix; Audier; Tabustau; Imbert; David; Joseph Roche; Aymès; Girard; Jean-Baptiste Giraud; Emery; Jouffrié; Aymès; Février; Maurel; Gastaud; Goiraud; Bedoc; Aymé; Vuchier; Martin; Suvaraud; Arnoux; Laugier; Auttemant; Félix; Bérard; David; Reboul; Aymès; Félix; Capelle; Guinamaud; Roujat; Gautier; Preux; Félix; Chauvet; Féraud; Vigne; Jean Aymès; Audibert; Gouin; Chaud; Chauniey; Brunel; Chaud; Félix; Théissié, et Aymé.

CAHIER

De doléances, plaintes et remontrances de la paroisse de Jouques, sénéchaussée d'Aix (1).

Aujourd'hui 25 mars 1789, les habitants du lieu de Jouques, convoqués dans l'église paroissiale pour obéir aux ordres de Sa Majesté, portés par ses lettres données à Versailles le 2 du courant, et satisfaire aux dispositions des règlements y annexés, ainsi qu'à l'ordonnance de M. le lieutenant général, en la sénéchaussée de Provence, par-devant M. Pierre-Antoine Gautier, avocat en la cour, juge de ce lieu; procédant à leur cahier de doléances, plaintes et remontrances, conformément aux lettres, règlement et ordonnance ci-dessus, ont unanimement délibéré, d'abord, relativement aux objets qui intéressent la généralité du royaume, que les sieurs députés qu'aura élus l'ordre du tiers-état pour assister et voter aux États généraux de France, seront expressément chargés d'y solliciter:

Art. 1er. La réformation des abus relatifs aux tribunaux de la justice civile et criminelle; la suppression de tous les tribunaux inutiles et onéreux.

Art. 2. Que la voie de la requête civile soit ouverte sans consignation d'amende: ce qui met souvent le pauvre hors d'état de recourir à cette voie.

Art. 3. Admission du tiers-état aux charges, aux honneurs, aux établissements publics, dans les cours de justice, dans les emplois militaires de terre et de mer, et dans le clergé; de s'opposer à toute distinction qui pourrait avilir les communes.

Art. 4. De réclamer contre la vénalité des offices et hérédité.

Art. 5. De demander l'instruction publique et justificative, reçue et admise en tout état de cause.

Art. 6. De concourir à établir une constitution

(1) Nous publions ce cahier d'après un manuscri es *Archives de l'Empire*.

qui procure à tout citoyen une liberté individuelle et une sûreté qui ne permette pas qu'aucune loi soit portée sans l'autorité du prince et le consentement de la nation, réunis dans les assemblées nationales et périodiques, et quand on le jugera nécessaire.

Art. 7. De demander la réunion au domaine, des fiefs aliénés.

Art. 8. De demander permission, pour la communauté, d'affranchir les directes, les cens, les taxes; les juridictions abolies, rendues royales; et de s'affranchir de tous les droits seigneuriaux; le prix du sel modéré, et rendu uniforme dans tout le royaume.

Art. 9. La suppression du droit d'entrée des villes sur le vin et autres denrées.

Art. 10. La suppression des fermiers généraux.

Art. 11. Seront chargés de réclamer une parfaite égalité de contribution des biens, des charges royales et locales.

Art. 12. Modération sur la perception des contrôles et insinuations.

Art. 13. Et l'assemblée, instruite que le clergé fait le plus d'efforts pour soutenir des privilèges qui, selon lui, doivent le distinguer des deux autres ordres, pour retenir le tiers-état sous le joug qu'il veut secouer; que d'ailleurs les revenus immenses dont il jouit ne lui ont été que confiés; il n'en est que le dépositaire; et que, cependant, il ne se fait pas une peine de violer ce dépôt, puisque l'on voit toutes les années que si, dans la misère affreuse qui afflige la grande partie des habitants, ils trouvent des secours, c'est de tout autre côté que de celui dont ils sont en droit de les exiger; croit qu'après cette transgression constante de sa part, chacun doit rentrer dans ses premiers droits.

Elle charge donc expressément ses députés d'exposer que le vœu le plus vif et le plus sincère des habitants est que la dîme soit supprimée, sauf à imposer à chaque communauté l'obligation de fournir aux prêtres, qui lui seront d'absolue nécessité, une somme qui serait fixée pour leur nourriture et leur entretien, et son contingent pour celle qui serait nécessaire à un évêque qui suffirait pour toute la province. Et si le Roi et les États généraux jugent que les conquêtes de la raison ne sont pas encore poussées au point d'opérer cette heureuse révolution, qu'on établisse, au moins, que le taux de la dîme sera uniforme; qu'un lieu où le travail le plus pénible ne peut pas vaincre l'ingratitude du sol, où le nombre d'ouvrages qu'occasionnent les montagnes et les torrents absorbent la grande partie des revenus, ne soit point tenu de la payer à raison du treizième, tandis que les autres lieux que leur localité n'expose ni aux mêmes dépenses ni aux mêmes inconvénients, dont le sol est vraiment fertile, la payent à un taux infiniment moins onéreux. Qu'outre le taux, la façon de la percevoir soit conforme à celle observée en la ville d'Aix, et à raison de tous les objets décimables.

Art. 14. De demander que la perpétuité de la présidence soit abolie, et que le président soit annuellement élu par la voie du scrutin.

Art. 15. La désunion de la procure du pays du consulat d'Aix.

Art. 16. L'assemblée des trois ordres pour régénérer la constitution; au moins égalité des représentants, si mieux on n'aime que le nombre des représentants soit fixé eu égard à son étendue, à sa population et à sa contribution aux charges de l'État.

Art. 17. Nul député par sa place; élection libre de non possédants fiefs; et clergé du second ordre admis dans la noblesse.

Art. 18. Les ingénieurs, au concours et à examen.

Art. 19. Les receveurs de viguerie supprimés; une seule caisse; trésoriers des communautés ou ses fermiers chargés d'y verser directement.

Art. 20. Attendu le dégât que cause le gibier et animaux sauvages dans le terroir, qu'il soit permis à chaque habitant de chasser, partout le terroir, pour les détruire; ou se servir de tout autre moyen pour en délivrer le champ, avec d'autant plus de nécessité qu'on en a répandu dans certaines parties du terroir, ayant été même construit des garennes pour leur servir de gîte : ce qui a donné lieu à former une population de plus de six cents qu'on en avait envoyés.

Plus, on ne peut parvenir à faire vivre les plançons d'olivier, parce que, peu de temps après qu'ils sont plantés, les lapins leur rongent toute l'écorce, et les font mourir, de même que les rejetons des vieux oliviers, d'abord qu'ils sont de la hauteur d'environ 2 pans : ce qui nous met souvent dans l'impossibilité d'avoir des plançons, et empêchent de faire des complantations : voilà un dommage considérable et irréparable.

Art. 21. Que la communauté soit réintégrée dans la possession des terres gastes, qu'elle possédait autrefois, ainsi que des îles dont elle était propriétaire autrefois.

Art. 22. Qu'à l'avenir, il soit nommé et choisi pour officiers municipaux MM. les consuls et conseillers les plus éclairés et les plus allivrés du lieu, au nombre qui sera fixé par Sa Majesté, à l'effet que l'administration, entre les mains de ces personnes, soit dirigée d'une manière que l'intérêt du corps soit ménagé et conservé le mieux qu'il se pourra.

Art. 23. Il est de règle fondamentale que le maître paye le valet pour ses travaux. Nous voyons ici le contraire : c'est le valet qui paye le maître. La banalité des fours est abusive, de façon que les garçons fourniers, en travaillant jour et nuit, payent encore une assez forte rétribution; et ce ne peut être que par la force des abus contre la classe la plus indigente, puisqu'ils rapportent, au moyen de cet établissement, 1,500 livres par année.

Art. 24. Le Roi, par sa bonté paternelle, avait voulu faire rétablir les caraires et viols dans chaque territoire pour la liberté des bestiaux et des abreuvoirs publics. Cette communauté s'est contentée alors d'un simulacre de rapport qui n'a opéré que le coût de 4 ou 600 livres, sans aucune espèce d'ouverture, limitation ni conduite.

Art. 25. Une œuvre de charité, rentée assez pour le soulagement de la veuve et de l'orphelin, et du malheureux laboureur malade et hors d'état de gagner sa subsistance, laisse, avec la plus barbare sécurité, mourir ces opprimés de faim, ou traîner à long cours cette vie languissante, sans que l'humanité puisse ramollir l'âme haineuse et bourgeoise des prépondérants, et sans que les recteurs-nés daignent s'occuper d'une affaire aussi importante.

Art. 26. Monseigneur de Boisgelin, archevêque d'Aix, seigneur, majeur et suzerain, a trouvé bon, pour augmenter ses revenus, de nous rendre comme des moutons, sans autre formalité que celle de l'autorisation du pauvre conseil ci-dessus relaté. Ce prélat retire du pays conséquemment 8,400 livres de la dîme, et 10,000 livres de rente, ce qui fait 18,400 livres, tandis que notre bon Roi, qui paye ses soldats, qui a toutes les charges du royaume à sa solde, n'en retire qu'environ 8,100 livres.

Art. 27. La communauté de Jouques demande d'être réintégrée dans la possession des régales, qu'elle possédait autrefois, et dont le seigneur s'est emparé en vendant ou gardant, pour son compte, les arbres de haute futaie qui s'y trouvaient; comme encore dans la possession des endroits dits vulgairement patys, qu'il a vendus pour bâtir, ou qu'il s'est réservé pour y faire bâtir lui-même; encore dans la possession des passages qu'il a fait fermer, dont il s'est emparé.

Art. 28. La communauté demande qu'il soit prohibé à toute personne de détourner les eaux des fontaines du lieu qui doivent se rendre dans le canal des eaux des moulins.

Et ont signé ceux qui ont su.

Ainsi signé Gautier, juge; Benoît, consul; B. Payau, consul; Ferre-Tracouade; Thul; Pena; Leydier-Pays; Gaillard; Feicard; Martin; Blanc; Thenoux; Ricard; Ricard fils; Bedos; Ricard; David; Roux fils; Charles Tardy; Thenon, André Bidos; Gautier; Gouirau; V. Mouret; B. Tardif; Danin; Douscier; Jean-Louis Baille; Roman Caliez; Baille; J.-Honoré Blanc; Pierre Mouret; Blanc; Pascal Court; Gouirau; Bacheniau; J.-J. Gouirau; L. Gouirau; J.-J. Gouirau; J.-J. Gouirau; Baille; J.-L. Castignet; Borde; Joseph André; Ricard; Tardif; Roux; J. Gouirau; Michel; D. Gouinau; J. Gouinau; J.-F. Arbaud; Bernard Pélissier; L. Gouirau; G. Mouret; Sub; Coust; Antoine Ricard; Prouvenc; Prouven; Jean Arnaud; N. Baille; Constantin; Vial, greffier.

PROCÈS-VERBAL

D'assemblée extraordinaire de la paroisse de Jouques, sénéchaussée d'Aix.

L'an mil sept cent quatre vingt-neuf, et le vingt-six du mois de mars, une grande partie des habitants, assemblés le jour d'hier, s'est de nouveau assemblée aujourd'hui extraordinairement, convoquée à son de trompe et de cloche, en la manière accoutumée, par-devant Me Pierre Antoine Gautier, avocat en la cour, et juge de ce lieu de Jouques, présents les soussignés, et d'autres.

L'assemblée, sur différentes propositions qui en ont été verbalement faites, a unanimement et par acclamation, délibéré qu'il sera loisible à tout particulier de présenter ses plaintes et doléances, séparément, à celui de MM. les députés qu'il voudra choisir, et que l'assemblée charge expressément de les présenter, lors de l'assemblée générale convoquée à Aix.

Lesdits particuliers, en exposant leurdite plainte au député qui les fera coucher dans un cahier *ad hoc* de papier timbré qui sera fourni par la communauté, sera tenu de signer sa plainte; et s'il ne sait pas signer, il se fera assister de deux témoins qui signeront, et qu'il sera permis au particulier sachant écrire, d'écrire sa plainte dans ledit cahier.

L'assemblée a, par acclamation, exprimé le vœu le plus vif que les particuliers qui remettront leurs plaintes aux sieurs députés, surtout sur l'article de la chasse, avec exposition des ravages que le gibier fait dans le terroir, et de demander que tout particulier, sans exception, ait le droit de chasser et de porter les armes.

Signé Gautier, juge; Benoît, consul; B. Payau, consul; Ricard; Thus; Davin; Baille; Provenc;

J. Tardif; J.-L. Roux; Sub; C. Tardif; Saint-Martin; Thenoux; Esprit Mouret; Gautier; Blanc; J. Gautier; Mouret; G. Mouret; Ricard, et Leydier de Peygaillard.

Collationné par nous, Vial, greffier.

CAHIER

Des plaintes et doléances par nous reçues, en suite de la députation et du pouvoir à nous donné par le conseil de l'assemblée générale de tous les habitants de la communauté de Jouques.

I

Pierre Prouven, ménager, expose que Barthélemy Prouven, son grand-père, fut obligé de se séparer d'avec son fils. Il lui désempara une propriété de terre en remplacement de la dot pécuniaire qui aurait été constituée à son épouse. M. de Jouques, instruit de cette désemparation, lui en fit payer le droit de lods, avec menace de lui ôter une autre propriété, en usant de son droit de prélation.

Telle est la plainte dudit Prouven, qui a été transcrite, et par nous publiée aux présences du sieur Joseph-André Pena, bourgeois, et licencié ès droit, et de Blaise Garcin, maréchal à forge dudit lieu: témoins requis et soussignés avec nous, ayant ledit Prouven déclaré ne savoir signer.

Signé Pena; Garcin, et Thénoux, député.

II

Le sieur Joseph-André Pena, bourgeois, et licencié ès droit du lieu de Jouques, a l'honneur d'exposer à Sa Majesté que si la perception des droits de contrôle était confiée à des gens éclairés, l'on ne verrait pas régner continuellement les abus les plus intolérables dans cette perception.

La perception de ces droits, dont la connaissance est abstraite à bien des gens, doit être uniforme dans tout le royaume, et les règlements sur cette matière doivent être également clairs, et fixant immuablement les droits de contrôle.

Les directeurs des domaines du Roi, ou leurs commis dans la perception de ces droits, étant trouvés en contravention eux-mêmes, devraient être condamnés à subir personnellement les peines prononcées par les règlements de Sa Majesté contre les personnes qui veulent attenter à ces droits.

Les contraventions du directeur des domaines ou de leurs commis, s'il pouvait en exister, doivent être constatées par un procès-verbal, qui sera dressé par tel député nommé par ordre du Roi; lequel vérifiera, par pièces de comparaison, les registres du contrôle aux endroits nécessaires.

Ledit sieur Pena expose encore à Sa Majesté qu'il est intolérable et injuste de payer encore au procureur établi par la province pour soutenir, contre les fermes des domaines du Roi, en matière de contrôle, un salaire qui s'étend à chaque individu au delà des émoluments fixés par la province. Il donne cette observation avant d'exposer la plainte qui lui est personnelle, laquelle suit:

Ledit sieur Pena expose respectueusement à Sa Majesté que, dans l'année 1783, il fut forcé de se défendre à ses dépens sur un procès-verbal dressé par M. Hyacinthe Ricard, receveur des droits du contrôle, notaire royal, et officier de la juridiction du lieu de Jouques, sur une prétendue contravention aux droits du fermier général des droits de Sa Majesté.

L'exposant, après avoir établi, le plus clairement possible, sa défense, fut cependant condamné à une amende de trois cents livres par M. de La Tour, premier président au parlement d'Aix, et intendant de cette province, par ordonnance du 12 décembre 1783, rendue à la ville de Lambese, au profit du sieur Desagès, directeur-fermier des droits du contrôle, qui l'a surprise à la religion dudit sieur intendant dont le secrétaire était chargé de prévenir ledit sieur Pena, avant de procéder au jugement, pour se défendre.

Cette ordonnance fut intimée audit sieur Pena par exploit du 10 mars 1784, avec commandement de payer. L'exposant y forma opposition; nouveau commandement de payer par exploit du 16; saisie mobilière annoncée par l'envoi de l'huissier, et arrêtée par le fait de l'exposant qui représenta n'avoir rien de commun dans cette affaire.

Malgré l'opposition, le directeur des domaines (c'est le sieur de Sages) eut la cruauté et la barbarie de faire saisir au sieur Pena tous les grains des tennemens lui appartenant dans le terroir de Jouques le 22 mars même année, l'exposant démontrant la nullité et l'injustice de cette saisie au directeur. Ce dernier s'en départit honteusement par exploit du 10 avril 1784, et poursuivit encore le jugement de l'affaire au fond, attendu qu'il ne regardait cette saisie que comme provisoire.

L'exposant fut, pendant le courant de cette instance, vexé le plus cruellement, et opprimé par le directeur du fermier qui l'obligea de voyager, à tout propos, pour la ville d'Aix, où il s'épuisa en dépenses et frais de procès, et avala toutes les amertumes que lui donna ce directeur.

Les arrêts du conseil, la justice et l'équité démontrant les injustes prétentions du sieur de Sages, ce dernier fut indignement débouté de ses prétentions injustes par une ordonnance en révocation de la première du 4 mai, rendue par M. de La Tour au profit dudit sieur Pena, qui n'obtint cependant aucune condamnation aux dépens contre le fermier, quoique convaincu de l'injustice de sa prétention.

Cette ordonnance a paru au sieur Pena contraire à l'équité; parce que le directeur n'étant pas condamné aux dépens de sa mauvaise contestation, remporte encore l'avantage d'avoir tyrannisé l'exposant.

Ledit sieur Pena achève sa plainte en observant que s'il faut réclamer contre le directeur la restitution d'une surexaction de cinq sols, et qu'il faille entrer en dépense pour la somme quelquefois considérable sans aucun remboursement, il en suivra que le fermier gagnera considérablement dans la perception des droits, en formant un négoce, puisque ce qu'il sera obligé de donner d'un côté, rentrera de l'autre.

Ledit sieur Pena dira encore à Sa Majesté que le commis au bureau de Jouques, pour décrier l'exposant et le perdre de réputation, ne rougit pas de présenter au conseil de l'élection des sieurs consuls de la communauté de Jouques, du 31 décembre 1782, sous le consulat du sieur Castignel, le verbal qu'il avait indûment dressé, sur lequel il n'avait pas encore été statué et qu'il exhiba comme un titre de réprobation pour éloigner du consulat l'exposant. A quoi il parvint, par cette voie qui éblouit tout le conseil.

Pour mieux établir la vérité de sa plainte, l'ex-

posant exhibera, s'il le faut, les pièces justificatives du procès qu'il a honorablement gagné, sans dépens néanmoins.

Signé : PENA.

III

Par le règlement du 24 février dernier, et lettre de convocation donnée par Sa Majesté, qui permet à tous ses sujets de ce comté de Provence, et relativement à la délibération de la communauté du conseil de cedit lieu du 26 du présent mois de mars.

Il est permis à chaque habitant de donner ses plaintes et doléances aux sieurs députés de cette communauté, chargés de se rendre à Aix pour assister à l'assemblée de messieurs du tiers-état, qui est convoquée pour le 2 du mois d'avril prochain, par-devant monsieur le lieutenant général en la sénéchaussée de cette ville, et ensuite être rapportée au Roi par messieurs les députés qui seront nommés par l'assemblée.

Conséquemment aux ordres ci-dessus, M. Hyacinthe Ricard, notaire royal de ce lieu de Jouques, diocèse d'Aix, et à quatre lieues de ladite ville, a dit que le Roi, bienfaisant par sa sage et juste prévoyance, connaissant que les abus multipliés dans cette province, éloignée de deux cents lieues du trône, Sa Majesté aurait autrefois, pour les intérêts de ses sujets, prohibé à tous les notaires de remplir aucune judicature royale ou baronnette. Cette loi ne subsistant que faiblement, les seigneurs, possédant fiefs, se sont ingéré d'établir des juges exerçant le notariat dans leur juridiction, qui, sous leur protection, force, menaces et autorité, contraignent la liberté publique, absorbent le travail et la probité de leurs confrères, citoyens comme eux, par leurs vexations et font souffrir le pécule des autres notaires; qu'ils feraient subsister et élever une famille nombreuse, utile et souvent nécessaire à l'État; menaces qui soumettent les habitants à payer les droits de lods au sixième; si le citoyen ne passe pas le contrat par-devant ce juge notaire, et non au treizième qui était l'ancienne fixation, suivant la décision de feu M. de La Touloubre, vivant jurisconsulte respectable d'Aix, qui atteste l'abus et la prérogative que les seigneurs se sont établis sur leurs vassaux.

A Jouques, le 27 mars 1789.

Signé RICARD, notaire.

IV

Jean-François Blanc, ménager, expose que sa maison se trouve au voisinage du château de M. de Jouques, qui, pour faire de belles terrasses, ne s'est point fait une peine d'en démolir quantité, et de laisser la sienne en l'air, en leur détruisant leur appui; et que les poutres se font voir de partout, dont sa maison est entièrement ruinée, sans que ledit seigneur eût daigné la soutenir, quelque réquisition qui lui ait été faite.

De plus, il se plaint que le seigneur a remis des arrières-fiefs. Le sieur Leydier en possède un au quartier de Poisgaillard.

Ledit Blanc, propriétaire, pour avoir fermé des remises de lapins dans son fonds, fut menacé de leur faire manger tout son bien, et de les rouvrir.

Voilà la plainte dudit Blanc, qui a été transcrite, et pan nous publiée, aux présences du sieur Jean-Paul Ricard, cordonnier, et François Roux, tailleur d'habits, dudit lieu, témoins requis et soussignés avec nous. Et ledit Blanc a déclaré ne savoir signer.

Ainsi signé : Roux ; P. Ricard, et Thénoux, député.

V

Pierre Tiran, travailleur du lieu de Jouques, a l'honneur d'exposer à Sa Majesté que, dans l'année 1780, ayant dénoncé en qualité de garde du terroir, choisi et nommé par la communauté de Jouques, le troupeau du nommé Jean-Joseph Blanc, berger du même lieu, au profit du nommé Jean-Baptiste Burle, muletier du même lieu, ledit Tiran fut maltraité par ledit Blanc qui l'excéda dans l'auditoire de justice, où la dénonce allait être exposée. La femme de Tiran y fut aussi maltraitée par le parent dudit Blanc. Les mauvais traitements furent mis en notice aux sieur maire et consuls de la communauté, qui s'empressèrent d'assembler le conseil, où il fut, à la pluralité des suffrages, délibéré de soutenir ce pauvre garde. Les sieurs consuls, pour procéder contre ledit Blanc, eurent l'honneur de faire présenter, au nom de la communauté, une requête à M. l'intendant de la ville d'Aix en permission de plaider. La permission fut refusée par mondit seigneur l'intendant par des motifs de sollicitation à la vue desquels Sa Grandeur se laissa éblouir malgré la légitimité de la plainte dudit Tiran Jean-Joseph Blanc, instruit de ce que ledit Tiran n'avait pas été écouté dans sa plainte, se porta à de nouveaux excès au point qu'il poursuivit ledit Tiran la nuit et le jour pour le maltraiter.

Il n'a jamais été possible audit Tiran de se faire rendre justice; au contraire, ce qui révolte la nature, c'est que ledit Tiran, qui n'avait aucun tort, ait encore été décrété injustement de prise au corps sans l'avoir mérité. Voilà de la manière comme on traite les innocents dans la juridiction de ce lieu.

Telle est la plainte dudit Tiran, qui a été publiée aux présences de sieur Joseph-André Péna, bourgeois, et de Jean Arnaud, ménager, tous dudit lieu, témoins requis et soussignés, ainsique nous. Et ledit Tiran a déclaré ne savoir signer.

Ainsi signé : Pena; J. Arnaud, et nous, Thenoux député

VI

Ledit Tiran expose encore que son père, ayant été porté à l'hôpital général de la ville d'Aix pour cause de maladie, il y fut traité pendant douze ou quinze jours pour obtenir guérison. Mais malheureusement il y mourut.

M. de Jouques, s'étant chargé de payer les frais dus au recteur de l'hôpital à raison de la maladie dudit Tiran, s'empare d'un pied qu'il possédait au terroir de Jouques, quartier de la Palunette, qu'il promit de rendre à ses enfants en prélevant ce qu'il avait payé. Mais il se garda bien de le rendre, puisqu'il le vendit et retira 700 livres, dont il ne rendit aucun compte à ses enfants qui le lui avaient demandé.

Telle est la plainte dudit Tiran, qui a été publiée aux présences des sieurs Joseph-André Pena, bourgeois, et Jean Arnaud, ménager, témoins requis et soussignés, et ledit Tiran a déclaré ne savoir signer.

Ainsi signé : Pena; J. Arnaud. et nous, Thenoux, député.

VII

François Roux, tailleur d'habits, a l'honneur d'exposer à Sa Majesté que le juge, de sa propre autorité, fit saisir mon fils, maçon, par les cavaliers de la maréchaussée et conduit par le village comme un criminel, et conduit aux prisons seigneuriales, sans décret, sans procédure, sans plainte et plaignant. Et comme il vit que tout le monde criait, il le fit sortir tout de suite, et il me fit payer 21 livres pour la prise des cavaliers. — Voilà la plainte dudit Roux.

Signé ROUX.

VIII

Barthélemy Tardif se plaint, comme habitant domicilié, que l'autorité lui a été assez funeste et rigoureuse, au point qu'il vit traîner sa sœur en prison sans aucune formalité et ne l'ayant pas mérité.

Et a signé : B. TARDIF.

IX

Joseph Coulon, travailleur, expose que l'autorité lui a été aussi funeste et rigoureuse au point qu'on l'a saisi à la grande Bastide de Rians, où il exerçait l'office de serviteur. Il se voit saisir par trois cavaliers, accompagnés d'un huissier et d'un valet de ville, à neuf heures du soir. On l'enchaîne comme le plus grand criminel. On le conduisit à Rians, et tout de suite à Aix aux prisons royales. Il y resta trente-cinq jours et retourna malheureusement la peau, et en fit pour un mois de convalescence, et encore de se domicilier du lieu de Jouques. Pourquoi? pour être soupçonné d'aller à la chasse.

Voilà la plainte dudit Coulon, qui a été transcrite, et qui nous a publiée aux présences de Barthélemy Prouven, travailleur et Jean Arnaud, ménager, tous dudit Jouques, témoins requis et soussignés avec nous Et ledit Coulon a déclaré ne savoir signer.

Signé B. Prouven; I. Arnaud et nous Thénoux, député.

X

Philippe Prouven, ménager de ce lieu, expose qu'étant débiteur de 115 livres à M. de Jouques, il le paya tant les arrérages que le principal. Il retira quittance; quelques jours après, il le fit appeler par son domestique de rapporter la quittance, ce qu'il fit. Il la retira, et lui en fit une autre qui ne porta seulement que sur les intérêts. Pour s'en plaindre, il le menaça de le faire mourir en prison. Il dit encore qu'ayant acquis une vigne et clos, il les possédait tranquillement depuis dix mois. Il y fit des améliorations. Le ménager de M. de Jouques le voulut en exerçant le retrait lignager. Ce qui ne se pouvait se faire, car il n'aurait que quarante jours et le seigneur le menaça de plaider avec lui.

Voilà la plainte dudit Prouven, qui a été transcrite et par nous publiée aux présences de François Roux, tailleur d'habits, et Jean Arnaud, ménager, témoins requis et soussignés avec nous ; et ledit Prouven a déclaré ne savoir signer.

Ainsi signé : Roux; J. Arnaud, et Thénoux, député.

XI

Le sieur Jean-Joseph Castiguet, négociant, a l'honneur d'exposer avec respect à Sa Majesté que, par acte du 12 janvier 1783, notaire maître Thus, à Jouques, il acquit de la veuve de Michel Joué, travailleur dudit lieu, une terre, vigne, verger, et ses coustières au terroir de Jouques, quartier de Coujoubleau, la même que cette veuve avait acquise du sieur Claude Bernard, par acte rière maître Ricard, notaire, du 3 juillet 1780.

L'exposant fut, par son acte d'acquisition, chargé de payer au sieur Claude Bernard la somme de 100 livres, faisant l'entier payement dû audit Bernard, et non de payer le droit de lods, qui était encore à la charge de ladite Joué, et que M. le président de Jouques voulait exiger ainsi que le sieur Jerre, fermier de Monseigneur l'archevêque avec le droit de lods de l'exposant, et a signé.

Signé CASTIGUET.

XII

Il n'est rien de si monstrueux que ce qui s'est passé dans l'affaire de Jean-Joseph Castiguet, négociant, du lieu de Jouques. Ce fils infortuné a le malheur de perdre son père assassiné par un valet insensé et frénétique. Et parce qu'il déclare ne pouvoir être partie, et ne vouloir poursuivre lui-même l'assassin en justice, et qu'il laisse le tout pour la sûreté publique au ministère du procureur juridictionnel, on le menace enfin de lui faire perdre son héritage.

Que n'a-t-on pas imaginé? Que n'a-t-on pas dit, et que n'a-t-on pas fait pour effrayer un homme de cet état? Cette manœuvre a quelque chose qui révolte l'humanité. Cependant, on voulait avoir la douceur de se contenter de lui désemparer la bastide, où son cher père a été assassiné. On se retranchait ensuite sur 1,000 écus; de là, on en venait à 100 louis d'or. Et venant toujours en rabais, on lui aurait fait un passe-droit pour 50 louis, s'il avait voulu consentir à ces frauduleuses propositions.

Mais, comme elles furent constamment rejetées, ont eut le secret, à force de menaces, d'intrigues et de vexations, d'exiger de lui une furtive déclaration secrète de payer les frais de justice dans la procédure qu'ils prendront contre l'assassin, à la requête du procureur juridictionnel, étant convenu verbalement en présence de respectables témoins, que le tout se ferait succinctement et sans procès extraordinaire, et qu'on ménagerait l'argent de Castiguet, qui se soumettrait volontairement et par pure complaisance à des frais dont les lois le dispensaient.

Si on avait voulu, jamais procédure n'aurait été plus tôt expédiée. Le coupable était venu se déclarer lui-même ; la démence était démontrée et manifeste par toutes les circonstances du délit; quatre ou cinq témoins auraient été plus que suffisants pour la preuve en justice; et toute passion aurait disparu. C'aurait été une affaire de peu de jours. Mais, une fois muni de la déclaration de Castiguet, on ne chercha qu'à l'accabler de frais. On ne se contenta pas d'un grand nombre de témoins du lieu, la plupart inutiles. On en alla chercher dans les villages voisins, non pas pour mieux faire constater ce qui était déjà démontré, mais pour punir, par des dépenses considérables, l'obstination de Castiguet à refuser les propositions d'accommodement.

Dans la juridiction des seigneurs des lieux, le sergent ordinaire suffit pour assigner les témoins, non-seulement du lieu, mais les étrangers mêmes, en prenant des lettres rogatoires. Mais dès que c'est Castiguet qui paye, tout doit se faire avec plus d'éclat et à plus grands frais. Il faut un huissier ou sergent royal étranger, parce qu'il faut mieux payer. Quel abus !

Il est inouï, indécent, et même défendu sous peine de restitution, à un procureur juridictionnel, qui fait prendre une procédure à sa requête, d'exiger aucun émolument de sa poursuite. Mais ici, toutes les règles sont confondues, prétextations des requêtes, conclusions audit sur les lieux, tout est payé par Castiguet; le procureur juridictionnel se taxe et se paye lui-même, comme s'il y avait une partie civile.

Il en est de même du greffier, du lieutenant de juge et du juge ; l'audition des témoins, les récollements et les confrontations, et généralement tout ce qui se fait au nom du ministère public, doivent se faire gratis, et il n'est pas question d'épices dans toutes les juridictions souveraines et subalternes. Cela se pratique ainsi. Mais, dans la juridiction du seigneur de Jouques, la déclaration secrète de Castiguet a fait changer toutes les règles ; rien ne se fait qu'avec l'argent de Castiguet, et il n'est pas épargné.

Avant cette déclaration, le commis avait contrôlé gratis tous les exploits : c'est là la règle. Mais, après que Castiguet se fût soumis, par un accord secret, à payer les frais, ce commis, qui était alors le lieutenant de juge de la procédure, exigea les droits du contrôle, non-seulement pour les exploits à venir, mais encore pour ceux d'auparavant qui avaient été contrôlés gratis. C'est ainsi que le lieutenant de juge et commis du contrôle en même temps, au mépris des arrêts de la cour, l'ordonna, et retira des mains du greffier le payement des divers exploits antérieurs et contrôlés gratis.

Cependant, n'y aurait-il pas quelques embarras et quelques désagréments à craindre pour ce commis ? A chaque exploit il aurait contrôlé gratis dans son registre et dans l'exploit. Cela une fois écrit, on ne peut plus rayer. Cependant, il conste par le rôle des frais de cette procédure qu'on a enfin donné, qu'il s'est fait payer tous les droits.

S'il garde cet argent dont il n'est pas chargé, la direction, dès qu'elle en aura connaissance, laissera-t-elle cette prévarication impunie ? Si, après la déclaration, il a mis dans son registre : « Contrôlé à la requête de Castiguet, » c'est une fausseté qui n'échappera pas aux lumières de la cour, tout ayant été fait, dès le commencement jusqu'à la fin, au nom du procureur juridictionnel.

L'article du geôlier est des plus frappants. On a fait paraître un homme postiche, un paysan, un valet aveuglement dévoué aux ordres de son maître, et sans avoir jamais fait la fonction de geôlier, sans avoir même paru une seule fois, ni de loin ni de près, à la porte de la prison. On lui a présenté un papier écrit, et sans autre façon, on lui a dit : Signez cela. Et quand il a représenté qu'il n'avait pas été geôlier de ce prisonnier, et qu'il ne pourrait pas signer une chose fausse : Ne t'embarrasse pas, lui a-t-on dit, que risques-tu ? signe toujours. Et alors, pour obéir à son maître, et ne pas lui déplaire, il a signé qu'il avait fait la fonction de geôlier, et que, pour ses peines et vacations, il avait reçu, pour quatre mois et demi, 67 livres 10 sous, quoiqu'il n'ait jamais touché un denier. Ce trait est singulier et notoire, et mérite toute l'animadversion de la cour.

De quel droit le juge de Jouques réglerait-il la nourriture du prisonnier à 10 sous par jour, lorsque le Roi n'en paye lui-même que 6 sous ? Et ce qui est réglé par la volonté et la justice du souverain deviendra arbitraire suivant le caprice d'un juge banneret ? Et Castiguet sera-t-il obligé de donner 4 sous de plus par jour pour mieux nourrir le meurtrier de son père ? Ne voit-on pas, dans tous ces articles, ou illégitimement prétendus ou injustement altérés, la passion aveugle de ceux qui dirigeaient cette procédure?

Faut-il être surpris, après cela, si l'on a refusé si longtemps ce rôle de frais, et s'il a fallu faire réitérer les injonctions au greffier actuel pour le remettre, sous peine, en cas de refus, de la saisie de ses biens, et même d'être contraint par corps?

C'était un mystère d'iniquité conçu dans les ténèbres de la passion, qu'on n'osait mettre au grand jour. C'est pour cela qu'on avait écrit à ce premier greffier : Vous ne devez donner aucun reste des frais de cette procédure ; ce ne pourrait être qu'à mauvaise fin qu'on le demanderait; ainsi vous le refuserez, et pour toute réponse, vous lui lirez et communiquerez ma lettre, sans la confier, ni en laisser prendre copie. Cet ancien greffier garde cette lettre et d'autres pour la justification. Du moins, l'a-t-il dit à plusieurs personnes.

N'est-il donc pas naturel de conclure que Castiguet, ayant déclaré ne pouvoir ni ne vouloir rester partie, et ayant demandé au procureur juridictionnal la vengeance de l'assassinat de son père, il ne devait absolument rien, en bonne règle, de tous les frais qu'on l'a obligé de payer. Que si ,pour éviter la vexation, il s'est soumis à indemniser le fisc, il ne s'est obligé de payer que ce que le fisc en oblige de payer, et non comme partie civile; pour les honoraires indus des officiers de la juridiction de Jouques qui ont été extorqués, ils doivent lui être restitués, et tout le reste réduit à un légitime payement : ce qu'on a lieu d'espérer des lumières.

Et a signé Castiguet.

XIII

Ayant eu procès, ledit Ricard, avec un particulier, on ne me rendit pas justice par animosité et caprice. Le tribunal subalterne local, déférant à ses ressentiments.

Il se plaint encore que, possédant un pré au quartier de la Poteste, proche le village, le seigneur me le ravit sans aucun droit, et encore sans se pouvoir plaindre.

Plus, il m'ôtait un autre pré par droit de prélation : n'étant pas bien aise de me voir une bonne propriété, pour nous maintenir toujours pauvres.

Voilà les plaintes dudit Ricard ; les a transcrites, et s'est soussigné.

Signé RICARD.

XIV

Ledit Ricard expose encore à Sa Majesté que ses prédécesseurs lui ayant laissé un affard de terre dont il a un bâtiment appelé le paroir de Silvy à drap; qu'il avait été reconnu par le sieur Jean Beanuron, capitaine à Monseigneur l'archevêque, seigneur majeur et suzerain, franc de tous cens, en l'année 1584. De plus, la communauté passa un abonnement avec le seigneur, en 1712, rière maître Guiout, notaire à Aix; et ledit exposant, ayant fait reprendre le travail dudit paroir en 1774, le seigneur lui imposa un cens sans aucun droit, et l'a forcé à le lui payer.

Voilà la plainte dudit Ricard.

Signé RICARD.

XV

François Gavaudan, berger de ce lieu de Jouques, expose que, payant la dîme des agneaux sur le pied de onze, et à lui, l'année dernière, on lui en fit payer de cinq un, en le menaçant de lui faire essuyer un procès.

Il se plaint encore que, comme berger, c'est d'une grande utilité d'avoir un chien pour lui servir à déclarer le loup. Le seigneur lui en fit tuer un et quelque temps après qu'il en eut un autre, fut forcé de le vendre.

Voilà la plainte dudit Gavaudan qui a été transcrite, et par nous publiée aux présences des sieurs François Roux, tailleur d'habits, et Jean Arnaud, travailleur , tous dudit Jouques; témoins requis et soussignés avec nous, ledit Gavaudan a déclaré ne savoir signer.

Signé Roux ; J. Arnaud, et Thénoux, député.

XVI

Laurent Decanis a l'honneur d'exposer à Sa Majesté que, dans un temps, ayant porté sa plainte à M. de Jouques au sujet du dommage affreux qu'il avait souffert dans l'étendue de ses vergers par le gibier, occasionné par le défaut de chasse de la part dudit seigneur, et la population immense des lapins que les possédants en arrière-fiefs titrés par ledit seigneur ont répandue dans sa contrée, par la construction des garennes où ils avaient placé tous les lapins femelles pleines pour répandre la population. La plainte dudit Decanis ne fut pas reçue de bonne part de la part dudit seigneur, qui le traita ignominieusement et le renvoya, ajoutant encore à sa plainte.

Qu'il acquit, dans un temps, un pré du nommé Bedos, qui lui fut ôté par droit de prélation par ledit seigneur, qui le revendit à un autre pour se procurer un bénéfice.

Il se plaint encore de ce que ledit seigneur construisit un cloaque dans un endroit appartenant à la communauté, pour y recevoir tout le dégout des eaux pluviales des rigoles des rues du village; lesquelles eaux allaient se rendre, par un petit canal, dans un cloaque qu'il avait acquis dudit seigneur : ce qui l'avantageait pour bonifier son jardin.

Telles sont les plaintes dudit Decanis, que nous avons transcrites et publiées aux présences du sieur Joseph-André Pena, bourgeois, et sieur Jean-Joseph Ricard, négociant; tous dudit Jouques , témoins requis et soussignées avec nous; ledit Decanis a déclaré ne savoir signer.

Signé Ricard ; Pena , et Thénoux, député.

XVII

Alexandre Burle, ménager de celui de Jouques, a l'honneur d'exposer à Sa Majesté que le feu Jean-Louis Fouque, son parent, lui fit donation d'une maison qu'il possédait dans l'enceinte du dit Jouques pour les aimables services qu'il avait reçus et qu'il recevait journellement. M. de Jouques voulut que cette donation fût à sa faveur. Ledit Burle, voulant soutenir la cause, il fut condamné à 800 livres des dépens. Pourquoi? parce qu'il était un magistrat.

Il se plaint encore que, possédant un pré que son oncle avait acquis de feu M. Cottrotendy, le 17 juin 1747, on le lui ravit en remettant le droit de prélation pour retention féodale, après vingt-neuf années dix mois de possession.

Voilà la plainte dudit Burle, que nous avons transcrite et publiée, aux présences de Blaise Garcin, maréchal à forge, et Baqui Laugier, ménager dudit lieu, témoins requis et soussignés avec nous. Et ledit Burle a déclaré ne savoir écrire.

Signé Garcin; Laugier, et Thénoux, député.

XVIII

Blaise Garcin, maréchal à forge, expose qu'il avait acquis une terre dans ce terroir, au quartier des Asseaux. M. de Jouques remit son droit de prélation pour retention féodale à Saint-Martin. Pourquoi? parce qu'il était son greffier.

Voilà la plainte dudit Garcin, et s'est soussigné.

Signé GARCIN.

XIX

Joseph Thénoux, négociant de ce lieu de Jouques, a l'honneur d'exposer à Sa Majesté que feu Jean Thénoux, son grand-père, avait acquis un cazal, cave et basse-cour, au prix de 144 livres, le 21 avril 1743, notaire Gautier. Cet acte avait été investituré le 1er novembre de la même année. M. de Jouques le leur ravit en exerçant son droit de prélation qu'il n'avait point, pour le même prix, le 27 décembre 1751, sans leur rembourser les frais d'acte et contrôle, pour le revendre au prix de 600 livres.

Voilà la plainte dudit Thénoux, et s'est soussigné.

Signé THÉNOUX.

CAHIER
Des doléances de la ville de Lambesc, sénéchaussée d'Aix (1).

Les malheurs qui accablent le peuple sont trop connus pour qu'il soit nécessaire que la communauté de Lambesc en trace le tableau.

La partie intéressante de la nation est opprimée depuis plusieurs siècles, et c'est aux lumières qui ont éclaté de toutes parts que l'on doit l'heureuse révolution qui se prépare.

Le Roi ne peut plus douter des malheurs de son peuple; il veut les connaître et les approfondir pour y porter un remède salutaire; sa bonté paternelle nous invite à faire éclater nos maux pour qu'il daigne en diminuer la gravité.

Le plus grand de tous est que nous soyons éloignés de sa personne, et par là privés de lui faire connaître nos besoins réels.

Qu'il nous soit permis de faire parvenir aux pieds de son trône nos justes réclamations et nos doléances.

Demandons au meilleur des rois:

1° Un libre accès aux hommes utiles, et que le mérite de la considération qu'ils doivent obtenir ne soit désormais que le partage de la solide vertu.

2° La réformation de la justice civile et surtout criminelle.

3° La suppression des justices seigneuriales, où il se commet tant d'abus et de tant de manières.

4° L'établissement des juges royaux dans des arrondissements qui puissent suppléer aux justices seigneuriales qui n'existeront plus.

5° Que les communautés soient maintenues dans les priviléges attachés aux offices municipaux qu'elles ont achetés et principalement au droit qu'ont les maires et lieutenants de maire d'autoriser les conseils.

6° Que les communautés soient déchargées du droit d'indemnité pour les établissements nécessaires à l'habitation, attendu que le seigneur

qui a appelé des habitants a nécessairement consenti à ce qu'ils fussent pourvus de tout ce qui est nécessaire à l'habitation.

7° L'affranchissement de toutes les redevances et cens seigneuriaux, afin que les biens devenus libres puissent fournir plus de secours à l'État; l'abolition surtout de la servitude, qui dégrade l'homme vis-à-vis de son semblable.

8° La contribution des deux premiers ordres à toutes les charges du Roi et du pays, sans aucune espèce d'exemption ou de modification quelconque.

9° Une nouvelle formation des Etats déterminée par l'assemblée des trois ordres, pour que chacun ait un concours à l'administration proportionnée à ses intérêts.

10° L'abolition de la dîme, pour que les communautés puissent améliorer le sort des curés et principalement des secondaires, et abolir par là toute espèce de casuel.

11° La suppression du droit de contrôle, insinuation et centième denier, réduit à un simple droit et contrôle pour tous les actes, à l'effet de constater du droit des parties et de leur hypothèque.

12° La suppression des droits de la gabelle, et les bureaux reculés aux frontières.

13° La liberté de la chasse, surtout pour empêcher le dégât.

Signé Jaubert, avocat et consul; Martin, M.-C.; Agurd, ex-consul; Châteauneuf, M.-C.; Jaubart de Fontaine; Allibert; Bouissay, ex-consul; Quintran; J. Menard; Liotard; Antoine Bert; Antoine Vialle; J. Releu; J. Cambon; L. Liotard; Toche; Allibert; Boyer; Géraud; J. Armelin; N. Binel; Alexis Boyer; Imbert; Martin, M.-C.; Bernard; Jaubert; J. Coueste; Bernet; L. Coueste; Audier; A Ronore; Denis Chabot; André; Joseph Vette; Isnard; Jean Rainaud; Vitou; Joseph Gillet; Lorte; J. Rainard; Taulier; Boyer, maçon; Garcin; Roudin; Tormeny; Rollin; Michel; Gilles Rabus; Audibert; Bony; Loutet; Quintran; Imbert; Gillet Mivier; J.-B. Fourment; A.-G. Jaubert; J. Bresson; Pierre Regnaud; J. Fourmenq; L. Binet; Bibré; Leblanc; J. Rue; Joseph Nicolas; François Gay; Jean-Louis Martelly; Jean-Jacques Binet; Estienne; J. Liotard; L. Liotard; Derty; Jean-Baptiste Huc; Mathau; Chaix; L. Imbert; Horma; Fabre; E.-J. Guesnier, et Martin, M.-C.

CAHIER
Des doléances de l'assemblée générale de tous les chefs de famille, tenue à Lançon le 29 mars 1789, ensuite des lettres patentes de Sa Majesté en date du 2 du même mois, pour la convocation des Etats généraux du royaume qui auront lieu à Versailles le 27 avril prochain, de l'ordonnance rendue en conséquence par M. le lieutenant général en la sénéchaussée générale de Provence, séant à Aix le, 12 dudit mois de mars, et de l'assignation donnée aux sieurs maires et consuls de cedit lieu par exploit du 18 du même mois (1).

Art. 1er. Le désir le plus ardent de la communauté de Lançon et de tous les membres qui la composent, est de maintenir l'autorité royale dans la plénitude de ses droits et prérogatives, de manière qu'elle soit assuré de l'obéissance de tous les corps, comme elle est assurée de celle de chaque citoyen.

Art. 2. Les députés de la nation provençale aux États généraux insisteront à ce qu'il soit opiné par tête et non par ordre.

Art. 3. Les députés feront instance, pour que les députés de la nation aux États généraux du royaume ne souffrent pas que les députés que la noblesse fieffée de Provence a nommés, en contravention des lettres patentes de Sa Majesté, soient admis dans les États généraux contre la disposition des arrêts du conseil du 23 février dernier, et moins encore que leur nombre réuni à celui des autres membres de la noblesse détruise l'égalité ordonnée par l'arrêt du conseil du 27 décembre dernier.

Art. 4. Les députés aux États généraux s'occuperont, préalablement à tout autre objet, de la réformation des tribunaux et de l'administration de la justice, tant civile que criminelle. Sa Majesté est trop occupée du bonheur de son peuple pour qu'elle ne s'empresse pas de le faire jouir incessamment du plus grand des bienfaits que son amour puisse lui départir.

Art. 5. Les députés solliciteront la suppression de la vénalité et de la patrimonialité des offices de judicature, la suppression de tous les tribunaux inutiles ou onéreux, et notamment des justices seigneuriales, comme un germe d'abus et de vexations qui reproduit la tyrannie des premiers temps de l'anarchie féodale.

La formation des tribunaux supérieurs, où le tiers puisse jouir de l'avantage inappréciable d'être jugé par ses pairs, où les juges soient appelés par la confiance de la nation, et l'organisation desdits tribunaux de manière que la durée des pouvoirs des juges soit réduite à un temps limité.

La formation des tribunaux d'arrondissement sur le même plan que les premiers tribunaux, avec attribution de souveraineté jusqu'au concurrent d'une somme déterminée.

Les droits seigneuriaux qui sont en litige ou qui pourront y être entre les seigneurs et leurs vassaux, soit en corps, soit en particulier, seront discutés et jugés par des compagnies de juges nommés *ad hoc*, qui ne seront ni seigneurs ni vassaux et dont la moitié des membres sera choisie par le vassal ou vassaux, et l'autre moitié par le seigneur.

Ils solliciteront que la justice soit distribuée sans épices, sauf à la nation de pourvoir aux émoluments des juges, relativement à l'importance et à la dignité de leurs fonctions.

L'assemblée des États généraux cherchera les moyens les plus efficaces et les plus justes de punir les juges et les ministres prévaricateurs. Elle décidera la manière de les accuser et de les juger dans l'assemblée des États généraux. Elle pourvoira aussi aux moyens de prévenir les procès, et les jugements seront motivés à cet effet.

Art. 6. Les députés demanderont que la police soit attribuée aux consuls comme pères du peuple. C'est le seul moyen pour qu'elle soit bien faite et que les protégés des seigneurs, de leurs agents ou de leurs officiers ne puissent plus les vexer avec espoir d'impunité ; ils demanderont encore que les consuls assistés d'un nombre déterminé de prud'hommes nommés annuellement par un conseil général de tout chef de famille soient autorisés à juger sans frais les contestations sur les affaires sommaires et de peu d'importance, de telle manière, cependant, qu'il n'y ait dans tous les cas que deux degrés de juridiction forcée pour les justiciables.

Art. 7. Les députés demanderont que les communautés du pays soient maintenues dans les droits et priviléges attachés aux offices municipaux, dont les maires pourvus par Sa Majesté jouissaient avant que la province eût acquis ces offices, et dont elles ont été dépouillées par le parlement, immédiatement après la réunion consommée.

Art. 8. Les impôts payés par les possesseurs des terres le seront également par tous en général dans une égalité proportionnelle, et sans aucune distinction, et sans admission d'aucun privilége contraire dont les départis sont expressément chargés de requérir l'abolition ; il en sera de même des impôts qui seront payés personnellement, ou de quelque manière que ce soit.

Art. 9. Les députés aux États généraux demanderont qu'il soit délibéré l'abolition de la dîme ecclésiastique, qui sera remplacée par une partie de l'impôt territorial, perçu sur le produit net des terres. La destination aura pour objet les appointements des prêtres du haut et du bas clergé par tout le royaume ; les revenus des ministres de la religion seront uniformes, moyennant un revenu fixe dégagé de tout payement de décimes ; les fonctions curiales et du sacerdoce seront gratuites, ainsi que toute expédition de chancellerie épiscopale.

Tous les grands bénéfices devenant égaux en revenu, aucun prélat n'aura intérêt à courir à Versailles pour y solliciter une transaction ou une abbaye ; pour éviter les factions dans les provinces, et les brigues à la cour, au moment où une place dans l'église viendra à vaquer, il sera proposé par les assemblées municipales diocésaines, provinciales et nationales, suivant l'importance et l'étendue des fonctions à confier, trois sujets au Roi qui en choisira un pour remplir cette place vacante.

Il en sera de même à l'égard des places de judicature ou d'épée.

Art. 10. Les députés aux États généraux auront pouvoir de consolider la dette de l'État après qu'elle aura été dûment vérifiée, reconnue et apurée.

Art. 11. Les députés solliciteront une nouvelle formalité d'État pour le pays de Provence, non-seulement pour l'administration, mais encore pour la députation aux États généraux, la députation actuelle n'étant pas constitutionnelle et la communauté n'y ayant consenti que pour donner à Sa Majesté une nouvelle preuve de sa soumission et de sa fidélité, et dans l'espoir qu'elle a suppléé les protestations du pays par le préambule des lettres patentes de convocation et reconnu la nécessité que la nation soit également représentée.

Art. 12. Ils seront chargés de réclamer de la justice de Sa Majesté qu'il soit permis aux communes de se nommer un syndic, avec entrée aux États de la province, de s'élever contre la perpétuité de la présidence et contre la permanence de tout membre non amovible ayant en l'état des choses entrée auxdits États, comme aussi de requérir l'exclusion des mêmes États des magistrats et de tous officiers attachés au fisc, la désunion de sa procure du pays du consulat de la ville d'Aix, l'admission des gentilshommes non possesseurs de fiefs et du clergé du second ordre, l'égalité de voix pour l'ordre du tiers, contre celle des deux premiers ordres, tant dans les États que dans la commission intermédiaire.

Art. 13. Les droits seigneuriaux dérivant de la tradition des fonds, comme cens, champarts, directe, dîmes féodales, seront déclarés rachetables partiellement d'après l'estimation qui en aura été faite par expert à la volonté des villes ou particuliers redevables, attendu que tous les droits sont onéreux au commerce, à l'industrie et à la sûreté de la propriété.

Art. 14. Les droits seigneuriaux, tels que la chasse, la pêche, les banalités, le droit d'alberge, les acceptes, les cas impériaux et autres qui représentent des impôts, ou qui sont des priviléges exclusifs, presque toujours très-onéreux, seront supprimés, en conséquence d'un dédommagement réglé sur le taux moyen de l'intérêt; ces droits ne sont pas nue-propriété, mais un engagement pris par l'État, engagement qui, par sa nature, ne peut pas être perpétuel.

Art. 15. Les députés demanderont qu'il ne puisse pas être attenté à la liberté individuelle des citoyens sans l'observation des formes qui seront indiquées par les États généraux.

Ils solliciteront la liberté de la presse, sauf les réserves dont elle peut être susceptible.

Art. 16. Les députés réclameront l'abolition de tous priviléges exclusifs et notamment de ceux qui grèvent le peuple en concentrant dans une compagnie le droit de faire le commerce des denrées et marchandises de première nécessité, et qu'aucun impôt ne soit mis sur lesdites marchandises.

Art. 17. Les députés demanderont que les États généraux soient périodiques et que leur tenue ne puisse pas être éludée aux époques qui seront déterminées, sans qu'il y ait suspension d'impôt par tout le royaume.

Art. 18. Les députés insisteront à ce qu'il ne soit perçu aucun impôt à l'avenir autre que ceux qui seront déterminés par les États généraux, aucun corps judiciaire n'ayant le droit de les consentir sous prétexte de la vérification de leur établissement au préjudice de la nation, qui ne peut pas se dépouiller de ce droit.

Art. 19. Avant la fin des États généraux on tiendra de nouvelles assemblées provinciales pour ratifier ce qui aura été fait dans l'assemblée générale, et la pluralité des ratifications en faveur d'une opinion lui donnera force de loi.

Art. 20. Les députés de la nation provençale aux États généraux réclameront l'abrogation de la loi qui exclut le tiers-état des emplois militaires.

Art. 21. Les députés aux États généraux solliciteront la responsabilité des ministres comme loi fondamentale du royaume.

Art. 22. Les députés seront expressément chargés de requérir surtout l'égalité des contributions pour toutes charges royales et locales, sans exemption aucune de la part de tous les sujets de Sa Majesté, suivant leurs facultés, en quoi elles consistent et puissent consister, soit biens, capitaux, droits seigneuriaux ou autres; la puissance royale protége toutes ces espèces de biens, toutes ces espèces de biens doivent donc contribuer pour la maintenir.

Art. 23. Tous les biens-fonds appartenant au clergé séculier et régulier seront mis en vente et indiqués pour amortir les dettes nationales, de manière cependant qu'aucun membre jouissant actuellement des revenus de ces fonds puisse être privé d'un honnête nécessaire selon son état, et on ne laissera à l'avenir dans le clergé que les membres véritablement utiles pour leurs fonctions.

Art. 24. Sa Majesté sera instamment suppliée de réunir à la couronne la principauté des Martigues, qui est un des domaines aliénés.

Art. 25. La milice est un vrai fléau des campagnes et ne donne que de mauvais soldats, parce que le milicien n'a pas le motif d'un dévoue-

ment volontaire; pour lui donner ce mérite bien essentiel, il paraît nécessaire que chaque communauté payât une contribution libre et réglée, par elle seule, pour rendre volontaire l'engagement de chaque milicien. Cette manière d'avoir des soldats est en même temps la plus juste, la plus noble et la plus économique, la plus sûre, la plus propre à former de bonnes troupes, et elle doit avoir la préférence sur toutes celles que le mépris des hommes, et le respect pour l'usage, ont fait adopter ou conserver.

Art. 26. Les députés aux États généraux demanderont la suspension d'impôts pour le pays sujet à des mortalités d'arbres et inondations et feront valoir de leur mieux l'état fâcheux où se trouve Lançon et lieux circonvoisins par la mortalité assurée de presque tous leurs oliviers qui les privera pendant plusieurs années de toutes récoltes d'huile, leur principale denrée et seule capable de fournir à l'étendue de leur contribution.

Art. 27. Les députés aux États généraux seront autorisés à consentir tout ce qui ne choquera pas formellement ou améliorera évidemment les articles ci-dessus énoncés, toujours avec la clause de la ratification en la forme énoncée dans l'article 19.

Signé Emeric, maire-consul; J.-B. Compte, consul; A. Rostaing, consul; Giraud; Bousithon; Gaspard; Rostaing; Ancenie; Giroux; J. Baulion; Lanquin; Martin; Teissier; A. Leyron; Rainaud; Boy; J. Rostaing; Michel de Sonnier; Romay; Emeric; Bourely; Laurent; C. Rauxy; Roux; Martin Teissier; J.-B. Conte; Lambert; Rouen; Beicheroy; A. Duclauz; A. Boulian; J. Saunan; de Marie; J. Boucret; Noux; Joseph Lion; Courran; L. Lion; Nougnon; S. Tassy; Noussin; Arcues; Bourely; Joseph Aynard; D. Denoux; Bonnet; Signora; Astier; A. Astier.

Paraphé le présent cahier des doléances de la communauté de Lançon, contenant quinze pages d'écriture et vingt-sept articles.

Signé EMERIC, *maire-consul.*

INSTRUCTIONS,

Doléances et remontrances approuvées par le conseil de tous chefs de famille de la communauté de Lauris, tenu le vingt-cinquième jour de mars 1789, en exécution de l'arrêt du conseil de Sa Majesté du 2 mars courant, concernant la convocation des États généraux du royaume, pour être remises aux députés de cette communauté, portées à l'assemblée de la sénéchaussée et ensuite auxdits États généraux convoqués pour le 27 avril prochain (1).

L'assemblée, considérant que le premier abus de la constitution actuelle du royaume, la répartition inégale des impôts, et que la loi fondamentale gravée par la nature dans le code des nations établit que tous les individus qui les composent doivent à l'État dont ils sont membres le tribut nécessaire pour alimenter cette force publique, gardienne de leur sûreté, il s'ensuit de ces maximes aussi anciennes que les gouvernements que tout individu doit contribuer à proportion de ses moyens au maintien de cette puissance, qui défend, qui protège et procure le bonheur public; tout privilége, toute exemption qui obstrue cette coopération mutuelle de tous les ordres doivent

(1) Nous publions ce cahier d'après un manuscrit des *Archives de l'Empire.*

être regardés comme un vice de notre constitution; nous devons donc réclamer avec force contre cet abus qui retient les biens du clergé et de la noblesse dans une odieuse immunité.

Que si la contribution égale est de droit naturel, la participation aux dignités tant ecclésiastiques que militaires en est une conséquence immédiate, puisque tout gouvernement, quel qu'il soit, n'est heureux au dedans et puissant au dehors, que lorsqu'il donne à tous ses sujets le droit de parvenir à la fortune et aux honneurs ; le contraire arrive lorsqu'il réserve à une seule classe de citoyens les bienfaits qui doivent être communs à tous. Les dons, les pensions, les grands bénéfices réservés aux seuls nobles, ôtent à la fois l'émulation aux nobles et aux roturiers. Elles l'ôtent aux premiers, parce que pouvant par leur naissance prétendre à tout, ils n'ont pas besoin de mérite, et aux seconds, parce que ne pouvant prétendre à rien, il leur devient inutile. Priver ainsi un Etat des génies qui peuvent l'éclairer, l'instruire et le défendre, c'est un crime de lèse-nation. Qui pourrait nier que dans la génération présente et future du tiers, il ne paraîtra pas encore des Bossuet, des Massillon et des Fléchier? Combien de ministres subalternes qui, par leurs talents, leur zèle et leur vertu, seraient dignes des premières charges de l'Eglise; combien de Chevert dans nos armées, qui vivent ignorés dans des rangs inférieurs ; combien de Duguay-Trouin, de Jean Bart dans notre marine marchande, feraient encore trembler les fiers Bataves et les fougueux Anglais, s'ils pouvaient parvenir au commandement des escadres ? Fermer l'entrée des emplois et des professions honorables à la classe la plus nombreuse et la plus utile, c'est étouffer le génie et les talents, et les forcer à fuir une ingrate patrie ; cependant les nobles seuls dans notre constitution actuelle jouissent de toutes les prérogatives : richesses territoriales, honneurs, dignités, grâces, pensions, retraites, gouvernements, écoles gratuites et fondations pour les demoiselles nobles, chapitres richement dotés , en un mot, établissements de tout genre, voilà les faveurs que l'Etat prodigue à la noblesse exclusivement et aux dépens du tiers-état.

Ainsi, la noblesse jouit de tout, possède tout, et voudrait s'affranchir de tout ; cependant si la noblesse commande les armées, c'est le tiers-état qui les compose; si la noblesse verse une goutte de sang, le tiers-état en répand des ruisseaux. La noblesse vide le trésor royal, le tiers-état le remplit ; enfin le tiers-état paye tout et ne jouit de rien.

Que notre vie et nos biens sont en très-grand danger par les abus de l'administration de la justice; notre code civil et criminel porte encore l'empreinte du siècle barbare qui l'a enfanté, malgré tous les changements que d'illustres magistrats ont pu y faire par ordre de nos rois ; ce sont ces mêmes additions, tous ces arrêts de règlements qui ont jeté notre jurisprudence dans un chaos informe, dont il ne sera possible de la retirer qu'en la régénérant entièrement. Tout nous présage que cette régénération sera un monument ineffaçable de l'amour de notre auguste monarque pour ses peuples et des lumières de la saine philosophie du dix-huitième siècle.

Les tribunaux souverains sont trop éloignés des justiciables et d'un ressort trop étendu; ceux qui les composent ont acquis au prix de l'or, sans examen de leur capacité, le droit de disposer de nos fortunes et de nos vies; ils ne sont point nos juges naturels parce qu'ils ne sont pas de notre choix, c'est un droit imprescriptible du peuple d'être jugé par ses pairs, et nous ne voyons dans les tribunaux que des magistrats nobles qui sacrifient bien souvent la loi au caprice, à la faveur, à leurs propres intérêts. Il est difficile que les parlements étant composés de nobles possédant fiefs ne fassent pencher la balance en faveur des seigneurs contre leurs vassaux. Nous espérons de la bonté paternelle de notre souverain qu'il rétablira le bon ordre partout.

Pour ce qui concerne les plaintes et doléances sur certains abus qui se sont impérieusement perpétués dans l'administration des communes, le conseil général se plaint que la noblesse possédant fiefs ayant conservé dans la campagne une partie de ses privilèges , malgré tous les édits et déclarations de nos rois, elle fait faire mouvoir pour les soutenir l'espérance et la crainte, ces deux grands mobiles du cœur humain; leur despotisme est d'autant plus accablant que ses ordres sont exécutés par des agents nombreux et terribles : tels sont le retrait féodal, les cens, taxes, tous, droit de chasse, les charges de judicature qu'elle fait remplir par des hommes à ses gages, et ignorants, à qui elle dicte bien souvent leurs conclusions et leur justice; c'est pour parvenir à ces différents moyens que les nobles se sont emparés des prérogatives de la mairie, quoique les communes les eussent achetées du Roi en 1757. Les parlements leur ont accordé le droit de faire autoriser le conseil municipal par leur officier, sous le prétexte simulé d'empêcher les cabales et les factions; mais leur vrai but a été de s'emparer entièrement de l'administration. Leurs desseins n'ont que trop réussi pour le malheur des pauvres habitants des campagnes, en faisant exercer dans les conseils par leurs officiers un espionnage qui gêne les suffrages des laboureurs, très-susceptibles de crainte. Il arrive de là que les bourgeois qui ont quelque fortune ne veulent plus habiter dans les villages pour n'être point exposés à un avilissement inseparable du joug féodal, et pour n'être point assujettis à la morgue d'un officier agent.

Il arrive de là que les bourgeois aiment mieux demeurer dans les petites villes, dans l'oisiveté et dans l'ennui, que de vivifier les terres qui avilissent leurs cultivateurs. Il s'ensuit que les pauvres cultivateurs sont privés de leurs conseils, de leur savoir et de leurs espérances.

Que dirons-nous du retrait féodal, que les nobles exercent dans leurs fiefs pendant l'espace de trente années ? de ces reconnaissances qui bouleversent, ruinent la fortune de leurs vassaux, qui enchaînent leurs libertés et leurs propriétés ; serait-ce une plainte mal fondée? une demande injuste que de demander la suppression du retrait féodal ? la sûreté des propriétés, La tranquillité du citoyen l'exigent.

Le droit de chasse, si onéreux par sa nature, le devient encore plus par la rigidité avec laquelle l'exercent les nobles dans leurs terres. Les laboureurs voient ravager avec larmes l'espérance de leur récolte par des animaux destructeurs, sans oser y remédier dans la crainte d'une procédure infamante, prise sur la seule déposition d'un garde-chasse souvent mal famé et mulcté de plusieurs décrets. De jeunes enfants, pour avoir déniché des lapins ou des perdrix, plutôt par un plaisir excusable à leur jeunesse que par malice, sont flétris de décret, dans un âge où aucune loi ne peut les atteindre. Ainsi, pour le plaisir et la friandise d'un seul, tout un public souffre de ce droit destructeur de l'agriculture, du commerce et de l'honneur.

Il faut un terme à tous les abus, et ce terme nous est annoncé par notre auguste monarque.

Prélats, noblesse provençale, soyez les défenseurs et non les oppresseurs d'un ordre qui vous nourrit, qui fournit à votre luxe des aliments, à vos enfants des instructeurs, à vos terres des cultivateurs et à vous-mêmes des serviteurs. Vous êtes des corps respectables, sans doute, jamais le tiers-état ne vous a contesté la préséance, les égards que vous méritez; mais vouloir vous en faire un titre pour l'écraser, n'est-ce pas le comble de la déraison? Dans les circonstances présentes, où l'harmonie est si nécessaire des différents ordres de l'Etat, vous ne parlez que des priviléges et des droits, comme si dans une calamité publique vous deviez songer à des destructions qui ne sont que des usurpations antiques ; vous prétendez faire supporter par les communes les contributions nécessaires pour régénérer les finances de l'Etat qui ont été absorbées par des gratifications énormes et des pensions exorbitantes qui vous ont été accordées.

Princes augustes, dignes rejetons d'une race chérie, et fidèles conseillers d'un souverain adoré, que vos alarmes cessent! Le trône n'est point ébranlé par les prétentions du tiers-état. Il s'affermira au contraire sur un fondement plus solide, l'amour et la reconnaissance. Cet ordre ne demande que la liberté de sa personne, la sûreté de ses propriétés, la répartition égale des impôts; en un mot, le droit sacré de citoyen une fois accordé, il sera calme, toujours soumis. Il respectera les distinctions qui sont la base de la monarchie. Beaucoup de rois se sont repentis d'avoir mis leur confiance dans des trésors, dans des alliés, dans des corps et dans des grands, mais aucun de s'être lié à son peuple.

O Louis XVII héritier du sceptre et des vertus de Louis IX, de Louis XII et de Henri IV ! vous avez dès vos premiers pas au trône établi les mœurs, et ce qui est encore plus glorieux, vous en avez donné l'exemple au milieu d'une cour française. Vous donnez à vos peuples la liberté de répartir entre eux les impositions nationales ; quelques hommes sages qui vous environnent, et ce qui est encore plus puissant que leur sagesse, les charmes et la sensibilité de votre auguste épouse, vous ont soutenu dans ce chemin de la vertu, et rendu la bienfaisance et l'amour de votre peuple cher à votre cœur.

O grand roi ! perfectionnez votre ouvrage, soutenez le faible contre le puissant, détruisez le reste de l'esclavage féodal, affranchissez nos biens de la servitude dont vous avez affranchi depuis peu nos corps, et votre nom sera invoqué par les malheureux de toutes les nations, et la prospérité la plus reculée nous enviera le bonheur d'avoir vécu sous vos lois ; achevez de nous rendre heureux ; vos peuples livrés à des despotes se réfugient en foule au pied de votre trône, et viennent chercher en vous leur Dieu tutélaire, leur père et leur défenseur.

La dignité de l'homme et des citoyens avilie jusqu'aujourd'hui sera relevée, n'en doutons pas, dans cette auguste assemblée, où un Roi juste et bienfaisant, entouré de ses sujets comme un père au milieu de ses enfants, les consultant sur les intérêts de sa nombreuse famille, il modérera l'avidité des uns, retiendra les prétentions des autres, accueillera les plaintes des opprimés, séchera leurs larmes et brisera leurs fers.

Français ! quelle carrière de bonheur s'ouvre devant nous ! Ennemis de la France, tremblez ! Le peuple devenant heureux, le prince devient

puissant. Demandez à Louis ce que la France lui vaut de revenu, il vous répondra comme Henri IV: « Ayant le cœur de mon peuple, j'aurai ce que je voudrai. Un père chéri de ses enfants est bien assuré de leur secours.»

O toi, Necker! aussi grand, mais plus heureux que Sully, ami de notre nouvel Henri IV, dispensateur de ses grandes pensées pour le bonheur public, reçois les transports de notre vive reconnaissance, permets que nous joignions nos vœux et nos hommages à ceux de nos concitoyens; nous ne sommes ni moins sensibles ni moins reconnaissants.

L'assemblée désire que ses représentants aux Etats généraux demandent: 1° la répartition égale de toutes les impositions royales et locales entre les trois ordres sans aucune exemption ni priviléges quelconques, la faculté à tous citoyens de quelque ordre qu'ils soient de participer à tous les emplois ecclésiastiques, civils et militaires.

2° L'abolition du Concordat passé entre le pape Léon X et François 1er, roi de France, en 1516, et de la pluralité des bénéfices.

3° La suppression de la dîme comme un impôt improportionnel; les communes se chargent de stipendier honorablement leurs pasteurs et d'entretenir les églises.

4° Le rétablissement de la conventualité des religieux et l'abandon des maisons où ladite conventualité ne pourra s'établir.

5° La réformation du code civil et criminel.

6° La réforme des tribunaux souverains, et qu'ils soient composés par des membres du tiers égaux en nombre à ceux de la noblesse ; que personne ne puisse y obtenir la qualité de juge qu'à l'âge de cinquante ans.

7° La suppression de tous les tribunaux inutiles et onéreux, l'attribution de souveraineté à ceux des arrondissements jusqu'à la concurrence d'une somme déterminée; qu'on ne puisse être pourvu aux charges de judicature dans les tribunaux subalternes qu'à l'âge de quarante ans.

8° De réclamer fortement contre la vénalité des charges, et que tous juges dans les tribunaux quelconques soient obligés de motiver leurs jugements sous peine de nullité à leurs dépens.

9° De demander instamment l'abrogation de toutes lettres attentatoires à la liberté des citoyens.

10° La cassation de tous les arrêts de règlements qui ont force de loi dans le ressort des cours souveraines et qui n'ont point été consentis par la nation; ensemble la cassation de tous les arrêts qui ont été rendus en matière féodale sans être appuyés sur un titre précis.

11° L'abolition de tout impôt sur le sel, comme portant sur la classe la plus indigente et nuisant à l'agriculture.

12° L'abolition de tout droit de circulation dans l'intérieur du royaume, et notamment le reculement des bureaux des traites aux frontières.

13° Que les droits de contrôle soient abolis, et pour la sûreté publique un officier public tiendra un registre où il insérera un duplicata des actes passés dans la commune, lequel officier sera stipendié par elle.

14° La tenue périodique des Etats généraux, et que les trois ordres y votent par tête et non par ordre.

15° La liberté de la presse.

16° La publication annuelle par la voie de l'impression du compte général des finances du royaume envoyé dans toutes les provinces.

Que le ministre des finances soit comptable à

la nation, que les Etats généraux se fassent représenter l'emploi de leurs deniers ; que si, à Dieu ne plaise! un ministre avait le malheur de trahir la confiance de son auguste maître, et les intérêts de la nation, sera très-humblement et respectueusement suppliée Sa Majesté de faire instruire son procès sous les yeux des Etats généraux, c'est-à-dire des commissaires nommés par les trois ordres, pris à égalité dans l'ordre du tiers aux deux autres ordres.

Quant aux plaintes et doléances concernant les maux que souffre ladite communauté, le conseil charge les députés du tiers aux Etats généraux de demander instamment à Sa Majesté :

1° La suppression des justices seigneuriales, les retraits féodaux régis par les mêmes règles que les retraits lignagers.

2° La restitution du droit de lods que les seigneurs ont exigé des vendeurs lors des coupements des chênes que le Roi a fait faire dans chaque communauté, lequel droit a été remboursé par un seigneur du voisinage pour être injustement perçu.

3° L'exclusion des agents des seigneurs de la municipalité et de l'administration des œuvres de charité.

4° La restitution des droits de la mairie aux consuls, ainsi que la police et le maintien de l'ordre public.

5° La liberté et le pouvoir aux communautés de racheter les cens, taxes, banalités, sur le prix de la dernière acquisition.

6° La restitution des régales aux communautés dont les seigneurs se sont emparés dans les campagnes, quoiqu'ils en aient retiré les demi-lods.

7° L'abolition des lods perçus sur les communautés sans transport de leurs domaines.

8° De solliciter que la garde des bois et montagnes appartenant aux communes soit confiée à la communauté et non à la garde du seigneur.

9° Que les biens vendus par les communautés aux seigneurs, à leur sollicitation, leur soient restitués en en remboursant le prix.

10° De requérir que les seigneurs ne puissent exiger ni céder à leurs agents et à toutes autres personnes les honneurs qui ne sont dus qu'à leur individu.

11° La permission aux habitants de se servir des égouts des fontaines et eaux pluviales pour mouiller et faire du fumier pour engraisser leurs terres, tant qu'elles couleront dans l'enceinte du village, ce qui leur avait été interdit par les seigneurs, sous peine des amendes pécuniaires, quoique lesdites fontaines appartinssent aux communes.

La communauté expose en outre qu'étant asservie au despotisme féodal, et par conséquent soumise aux banalités, directe générale, elle gémit encore sous l'esclavage d'une taxe-cens particulière qui s'étend sur la majeure partie de son terroir. Taxe qui est fixée par les actes emphytéotiques et notamment par celui du 28 septembre 1646, au huitième des grains et légumes et au dixième des raisins, olives, noix et amandes ; telle est la stipulation de nos dernières reconnaissances. C'est la loi et l'usage. Le seigneur nous menace depuis quelques années d'étendre sa taxe sur les haricots qui se vendent en herbe et à la feuille de mûriers; nous avons la douleur de voir que le pourvu d'un office de notaire créé depuis deux ans par la protection du seigneur, réunissant la qualité de viguier et d'agent de la seigneurie, stipule la servitude de la taxe en ces termes : *Relevant de la directe, etc... soumise envers ledit seigneur à la taxe du huitain des grains et du dixain des fruits des arbres.*

Qui ne s'aperçoit au simple exposé de ces maux qu'on tend à effectuer ce dont il nous a menacés? Ces mots génériques des fruits des arbres n'en exceptent aucun; cependant nos anciens baux ne désignent que les vignes, oliviers, noyers, amandiers. Quelle ressource nous resterait-il pour prouver nos franchises des arbres autres que ceux stipulés dans nos transactions, si ces sortes d'actes étaient multipliés ? Comment prouverions-nous dans quelques années l'affranchissement de cette nouvelle servitude, puisque la jurisprudence des cours souveraines porte que les servitudes établies par plusieurs actes dans la majeure partie d'un terroir asservissent l'autre, à moins que des titres clairs n'en prononcent pas la franchise? Si nous avons pris l'allarme sur cette stipulation inusitée, qu'on nous dise à quelle fin et pour quelle raison le nouveau praticien change la forme de stipuler les servitudes en usage chez tous les notaires des environs, contraire à nos reconnaissances et à celles passées devant son prédécesseur qui était aussi notaire et agent? Avons-nous tort de nous plaindre et de nous récrier, puisque, voulant établir la banalité de l'office, on asservit le pauvre peuple, sous l'appât de quelque retard dans le payement des lods, de contracter chez le notaire agent? Nous implorons le secours de MM. les députés du tiers-état à la prochaine assemblée de la sénéchaussée, et nous chargeons nos députés de prouver l'injustice de cette stipulation par les pièces justificatives, si besoin est, et de concerter avec eux les moyens convenables qu'il y a à prendre pour prévenir et corriger de tels abus.

La suppression de tous les droits féodaux jusques après la détermination et la dissolution des Etats généraux.

L'intervention de la communauté dans les fait et cause des particuliers qui seraient injustement attaqués par le seigneur dans la demande des droits contraires à nos transactions.

L'assemblée se plaint que les négociants et voituriers, pour des affaires pressantes, sont privés de passer le bateau à leur tour, ce qui porte des torts irréparables aux négociants et voituriers pour vaquer à leurs obligations ; nous voituriers et négociants faisons des vœux et des prières au souverain pour sa conservation.

Comme encore des particuliers se sont plaints d'avoir été condamnés par frayeur à des amendes pour avoir fait faire du charbon des branches de chênes blancs coupées par ordre du Roi, même après en avoir retiré le lods, demandant le remboursement dudit lods et amendes comme indûment perçus; espérons du Roi bienfaisant et adresserons des vœux au ciel pour la longue durée de ses jours.

La présente assemblée réclame encore le changement de l'administration de la province comme étant illégale.

L'assemblée demande la destruction des pigeons comme animaux qui causent des dommages considérables dans le terroir.

Enfin nous chargeons nos représentants aux Etats généraux d'assurer notre bon roi Louis XVI que nous lui offrons tous nos biens, tous les secours dont nous sommes capables, nos personnes, notre vie même ; qu'il daigne en accepter l'offrande comme un tribut de notre amour pour sa personne sacrée et pour le maintien de son autorité royale.

Signé Bressier, maire-consul; Loussel; Bosse de Vrieuffrel; Boussot; Bressal; Rinoux; Aubert; Achard; Goudou; Redortier; Terry; Borre; Loussel fils; Maurain; L. Ajard; Joubert; Terry; Griende; Jalabert; G. Cherris; Gavaudan; Roubert; J. Baraillier; Ginran; Louset; J.-V. Grégoire; Barrive; Renoux; Grégoire; Joseph Mouclard; Rigord; Mouclard; Renoux; Aiglan; Grégoire; Sylvestre; D. Cuissot; Terry; Joseph Malachie; Rigord; F. Achard fils; Terris; Leirot; Cartier; Gavaudan; Lieutaud; Achard; Cartier; Guissot; Ayglau-Fabvre; Joseph Buaph; Larmot; Reynaud; Aiglan; Buech; Gavaudan; Maurin Cabsol; Redortier; Ginoux; Cuissot; Grégoire; Goudon; Renoux; Sylvestre Auteman; L. Redortier; François Redortier; Loussel; Cartier; Chauvin; Lieutaud.

Le soussigné proteste contre la demande ambiguë de la destruction des pigeons, à savoir si c'est contre les véritables sauvages ou contre ceux qui logent dans les colombiers permis, comme on pourra le prouver en temps et lieu, et qu'un particulier ne peut pas perdre le fond de bâtisse de son colombier, qu'il a acheté à prix d'argent, et qui ne serait plus rien sans pigeons; il demande à juste titre que le fond lui soit remboursé et déchargé d'une cense; qu'il consent alors très-volontiers à cette destruction; en satisfaisant à cette plainte, il demande plus amples réflexions et une loi juste pour les uns et les autres, et a signé.

Bressier, et au-dessous, Guibert, lieutenant.

CAHIER

D'instructions remontrances et doléances de la communauté du lieu de Lourmarin, sénéchaussée d'Aix en Provence (1).

Tandis que le meilleur des princes s'occupe du bonheur de ses sujets, tandis qu'il a manifesté de la manière la plus ouverte le désir qu'il a de les soulager, et que pour parvenir plus facilement à ce but, il a même exhorté tous les individus de son royaume à l'aider de leurs lumières, ne devons-nous pas rompre enfin un silence qui contrarie les intentions bienfaisantes de Sa Majesté? Nos connaissances il est vrai sont peu étendues, mais pour nous adresser à un aussi bon roi, qu'en avons-nous tant besoin? Suivons l'impulsion de nos cœurs. Nos cœurs seuls doivent nous dicter ce que nous avons à dire. Soumettons à ses pieds nos très-humbles supplications et doléances, croyons qu'il daignera les accueillir favorablement. Son oreille jusqu'ici s'est toujours ouverte avec complaisance aux plaintes de ses fidèles communes; pourrions-nous ne pas avoir le même avantage? Espérons que le digne ministre qui, dans ces circonstances épineuses pour un homme d'Etat, fait un si bel usage de ses talents et de ses vertus, voudra bien nous appuyer de sa puissante protection.

Cette communauté est dans le cas de demander et d'obtenir des soulagements dans la répartition des impôts avec d'autant plus de justice qu'elle paye au prieur la dîme au vingt de tous les grains, raisins, agneaux, chevreaux, et au seigneur la huitième partie de tous les grains, olives, légumes, noix, amandes et chanvre; les maisons, deux gélines de cens; les bastides, une géline de

cens; les jardins, deux poulets; les prés, un cens en argent; les vignes et vergers doivent un petit cens en argent outre et par-dessus la huitième partie de leurs fruits. Le cens personnel pour chaque chef de famille, une charge de bois de cens pour chaque bête portant bât, une journée de corvée pour chaque charrue, le droit de mouture au seize et le fournage au quarante, la directe universelle au six, le retrait féodal, la banalité des fours, moulins à blé et à huile et autres petites redevances. Joignant à ces motifs la mortalité presque générale de ses oliviers causée par les froids de l'hiver dernier, c'est une perte irréparable pour cette communauté qui l'engage à implorer les bontés du Roi, et à espérer qu'elle jouira des avantages qui seront sollicités et obtenus par les autres communautés de cette province. C'est sur ce point important pour elle que ses députés sont priés de donner leurs attentions les plus particulières.

Le conseil, réunissant son intérêt particulier aux intérêts généraux, charge expressément ses députés de solliciter à l'assemblée la réformation du code civil et criminel, la suppression de tous les tribunaux inutiles et onéreux, une attribution à ceux des arrondissements de souveraineté jusqu'à qu'au concurrent d'une somme déterminée, l'abrogation de toutes lettres attentatoires à la liberté des citoyens, la faculté à ceux-ci, de quelque ordre qu'ils soient, de concourir pour tous emplois militaires, bénéfices et charges attributives de noblesse, et de réclamer surtout contre la vénalité des offices. Lesdits sieurs députés réclameront en outre une modération sur le prix du sel rendu uniforme par tout le royaume, comme aussi l'abolissement de tout droit de circulation dans son intérieur, et notamment le reculement des bureaux des traites dans les frontières, et la suppression de la mendicité.

Le conseil charge au surplus ses députés d'insister à demander au meilleur des rois la formation ou réformation de la constitution du pays, de réclamer de sa justice qu'il soit permis aux communes de se nommer un syndic avec entrée aux Etats, de s'élever contre la perpétuité de la présidence et contre la permanence de tout membre amovible, ayant en l'état des choses entrée auxdits Etats, comme aussi de requérir l'exclusion des mêmes Etats des magistrats et tous officiers attachés au fisc, la désunion de la procure du pays du consulat de la ville d'Aix, l'admission des gentilshommes non possédant fiefs et du clergé du second ordre, l'égalité des voix pour l'ordre du tiers contre celles des deux premiers ordres, tant dans tous les Etats que dans la commission intermédiaire, et surtout l'égalité des contributions pour toutes charges royales et locales, sans exception d'aucune et nonobstant toute possession ou privilège quelconque, l'impression annuelle des comptes de la province dont envoi sera fait dans chaque communauté, et que la répartition des secours que le Roi accorde au pays, ensemble de l'imposition de 15 livres par feu affectée à la haute Provence, sera faite dans le sein des Etats et par eux arrêtée.

De demander que chaque commune fût obligée de faire et réparer à ses propres frais les ponts et chemins sans aucune association avec les viguieries ni avec la province, comme aussi de porter les deniers royaux directement à la caisse du trésorier de la province.

La suppression des pigeonniers, à l'exception de celui du seigneur, et du droit exclusif de la chasse.

Signé Corgier, maire; Bernard; Goulin;

Ancestay ; Bertin Corgier ; Richard ; Roman ; Cavalier ; Leyre ; Daniel ; Vial ; Jambeu - Deulan ; F. Rouvet ; Tertian ; Carron ; L. Bernard ; Paret ; Giraudon ; J.-L. Michel ; Aithaud ; de Ramades ; Fayet Jauclure ; D. Gaulin ; A. Guillon ; Athanase Fauchier ; J. Gavider ; A. Gillon ; Cavalier ; F. Jullien ; Serre ; J.-L. Bonnet ; Feraud ; J. Mathieu ; Bertholin ; Dauphin ; J. Roche ; Rouvet ; Carron ; E. Courbon ; Bertin ; E. Bernard ; Forcade ; G.-F. Paris ; Bernard ; D. Paris ; C. Vaux ; A. Perrin ; G. Cavalier ; Goullin ; Piallat ; Janet ; Fraisinier ; Peyre ; J. Anastay ; J. Boyer ; D. Bernard ; Rouvet ; d'Aiguillon ; J. Anastay ; J.-B. Pettel ; Berthollin ; B. Boussot ; Traphenne ; Boy ; Ginon ; Eyssavel ; Aillaud, greffier.

Le présent cahier d'instructions et doléances, contenant huit pages, a été par nous coté par première et dernière et paraphée *ne varietur* au bas d'icelles à Lourmarin le 29 mars 1789.

Signé BORELLY, *viguier*.

CAHIER

Des instructions, plaintes et doléances de la communauté de la Ciotat pour l'assemblée d'élection aux États généraux de la sénéchaussée d'Aix (1).

Cejourd'hui 25 mars 1789, les habitants de la Ciotat, extraordinairement assemblés en conséquence des ordres de Sa Majesté et de l'ordonnance de M. le lieutenant général de la sénéchaussée d'Aix, sous l'autorisation et présence de M. Jean-Joseph Benjamin, lieutenant en cette ville, et de MM. François Martin, Jean-François-Pierre Estoupan, Blaise Dalmas, maire et consuls, lesdits habitants, au nombre de..... tous dénommés dans le procès-verbal de députation de ce jour et signé ci-après, ceux qui l'ont su, pénétrés d'amour et de respect pour les bontés soutenues que Sa Majesté témoigne à ses fidèles sujets, l'invitation qu'elle leur fait de lui dénoncer tous les abus dont son éloignement ne lui a pas permis d'être instruite jusqu'à ce jour, et faire connaître les moyens d'établir une administration régulière, solide, dont toutes les parties aboutissent à la prospérité nationale, croyant ne pouvoir donner à Sa Majesté de meilleures preuves de leur reconnaissance qu'en réunissant les efforts de leurs lumières et de leur patriotisme pour indiquer les réformes et la régénération propres à assurer pour toujours la tranquillité intérieure de la nation, sa force au dehors, et par l'effet d'un spectacle aussi touchant et de la plus heureuse harmonie, le bonheur inaltérable du meilleur des souverains, ont délibéré les instructions, plaintes et doléances suivantes, qui seront portées par les députés de cette ville à l'assemblée de la sénéchaussée d'Aix et insérées dans le cahier général d'instructions pour ses députés aux États généraux :

Instructions pour les députés à la sénéchaussée.

Les députés de la ville et communauté de la Ciotat sont expressément chargés par le conseil et assemblée générale des habitants de ladite communauté de solliciter de tout leur pouvoir l'admission dans le cahier des instructions et doléances de la sénéchaussée d'Aix les articles contenus dans le présent cahier.

Art. 1er. Ils protesteront contre la minimité de la représentation de la ville de la Ciotat, réduite à quatre députés, dans le temps que les constructions de navires y surpassent celle de tous les ports de Provence sans exception ; que nulle part ailleurs on observe le nombre et l'importance des manufactures qu'elle contient, si ce n'est Marseille et Toulon, et que les quinze cents feux qu'elle contient ne sont pas plus représentés aux termes de l'édit qu'une paroisse de campagne de quatre cents.

Art. 2. Ils observent à M. le sénéchal que l'article 34 de l'édit de convocation ne saurait être exécuté sans blesser l'équité et le bon ordre, à raison de la réduction à deux cents des députés qui devront rédiger le cahier et élire les représentants des communes de la sénéchaussée aux États généraux.

Art. 3. Que n'étant pas possible d'éliminer de l'assemblée aucuns des députés sans encourir une irrégularité qui ne peut être justifiée, ni même palliée par aucune nécessité, les députés de la Ciotat s'y opposent avec décence et fermeté et protestent de l'incomplet de l'assemblée.

Art. 4. Ils tâcheront de concourir par eux-mêmes à la rédaction des doléances générales et instructions de la sénéchaussée à l'effet d'y faire rencontrer en masse autant qu'il leur sera possible celles de la Ciotat, et à cet effet, ils s'attacheront à obtenir le commissariat sans bassesse et sans intrigue.

Art. 5. Ils mettront tous leurs soins et leur circonspection à l'élection des quatre députés aux États généraux et préféreront dans ce choix des hommes sages et pleins de raison, à des sujets dont l'activité bruyante est le seul mérite.

Instructions pour les députés aux États généraux ; formation des États, formalités.

Art. 1er. Ils chargeront expressément les députés élus de se conformer aux instructions qui résulteront de la rédaction de tous les cahiers particuliers et tout premièrement.

Lesdits députés entrant aux États généraux se prêteront, sans difficulté aucune, à toutes les distinctions justes et raisonnables qu'exigent la différence du rang et la prééminence des deux premiers ordres, mais ils refuseront de se soumettre à des formes humiliantes qui pourraient abattre et décourager leur âme et rendre ainsi leur mission infructueuse au Roi et à l'État.

Forme des délibérations.

Art. 2. Ils demanderont absolument la forme de délibération par tête, et notamment sur l'article de la contribution égale de tous les sujets du Roi à toutes les charges quelconques.

Et si, sur les autres objets, ils rencontraient des difficultés péremptoires dans l'obstination de quelqu'un des ordres à vouloir opiner autrement, ils pourront, dans des vues de patriotisme et de conciliation, se départir de la délibération par tête et se réduiront à demander que l'assemblée se forme en deux chambres, dont l'une composée du clergé et de la noblesse et l'autre du tiers-état, ce qui obvierait au danger de la précipitation et rendrait la conciliation plus aisée.

Sauvegarde des députés.

Art. 3. La forme des délibérations convenue, lesdits députés demanderont avant tout qu'il soit porté une loi par laquelle, à l'avenir, tous les membres de l'assemblée des États généraux soient mis sous la sauvegarde spéciale de la justice et desdits États, et que pendant leur allée, séjour

---

(1) Nous publions ce cahier d'après un manuscrit des *Archives de l'Empire.*

et retour ils ne puissent être arrêtés, sous quelque prétexte que ce soit, à raison de quoi ils demanderont que la personne de tout député soit inviolable sous les peines les plus sévères, même de mort, suivant l'exigence des cas.

Convocation en l'année 1790.

Art. 4. Que, vu l'importance et la multiplicité des matières à régler dans cette assemblée, sur lesquelles on ne peut avoir en ce moment que des notions confuses et dénuées d'ordre et de connaissances entières, la loi de son retour périodique sera remise aux Etats généraux prochains, lesquels seront convoqués dans une année, savoir en 1790.

Instruction par le Roi.

Art. 5. Que lors de ladite prochaine convocation et celles qui suivront, Sa Majesté daignera faire connaître à ses sujets les principaux objets sur lesquels ils doivent délibérer, pour qu'ils donnent à leurs députés des instructions relatives et pouvoirs suffisants, sans laquelle précaution les objets les plus importants pourraient rester sans décision ou être livrés à l'opinion vague des députés.

Forme et convocation.

Art. 6. Que la forme de la convocation soit définitivement statuée et se fasse à l'avenir par bailliages et sénéchaussées ou vigueries, même pour les pays d'Etats, sauf à régler plus justement leurs représentations, ainsi que celle des différentes villes, bourgs et campagnes, pour raison de quoi il sera fait des règlements dans chaque province. Cette forme étant la seule qui fasse parvenir et connaître directement à Sa Majesté les vœux et les besoins de son peuple dans toute leur intégrité, et la plus propre à diminuer l'influence de l'autorité et de l'intrigue dans le choix des députés, qui ne peut sans danger être confié à une seule assemblée dans chaque province.

Nombre respectif et qualités des députés.

Art. 7. Qu'il soit statué pour toujours que les deux ordres du clergé et de la noblesse seront représentés aux Etats généraux sans distinction du clergé du second ordre et de la noblesse non possédant fiefs; que le nombre des députés de ces deux ordres réunis sera tout au plus égal à celui des députés du tiers-état et que celui-ci choisira librement les siens dans son ordre sans autre exclusion que celle des agents du fisc, et sans qu'aucune profession ou classe de citoyens soit réunie à députer à part, ce qui ne peut que particulariser les intérêts et entretenir l'esprit de corps.

Idem des commissions.

Art. 8. Que dans toutes les assemblées et commissions émanées des Etats la proportion respective des membres de chaque ordre soit observée comme dans l'article ci-dessus.

CONSTITUTION DE L'ÉTAT.
Droit exclusif d'imposer.

Art. 9. Que les Etats généraux soient déclarés avoir seuls le droit d'imposer la nation ou d'engager ses revenus par des emprunts.

Durée de l'impôt.

Art. 10. Que les impôts ne puissent être mis même par les Etats généraux que pour un temps limité et réglé sur l'intervalle d'une tenue à l'autre et ne puissent continuer à être perçus sans être renouvelés.

Egalité des contributions.

Art. 11. Que tous les sujets n'ayant de sûreté et de protection que celle que leur procure la force publique, soient tenus de concourir à son entretien, chacun en proportion de ses facultés, et qu'en conséquence, tous les citoyens indistinctement soient assujettis aux mêmes impôts et les payent individuellement sans qu'il puisse être fait aucun abonnement par ordre, mais seulement par province, ville, et autres institutions municipales.

Impôts indirects.

Art. 12. Que les impôts actuels indirects qui sont en ferme ou en régie, et autres que ceux dépendants du domaine de la couronne, soient confirmés, s'il y échet, par les Etats généraux pour continuer à être perçus à l'avenir.

Baux à ferme.

Art. 13. Que les baux à ferme des impôts, s'il en est qui doivent continuer d'être affermés, soient combinés de manière qu'ils se renouvellent et soient délivrés les Etats tenant, afin que la nation puisse y faire insérer les clauses que l'expérience aura fait connaître utiles au maintien des droits et nécessaires à la réforme des abus et vexations des agents du fisc.

Droit législatif.

Art. 14. Que les lois qui embrassent la constitution de l'Etat, l'ordre et la hiérarchie des tribunaux, le code civil et criminel, ne puissent être portées ou changées que dans le sein des Etats généraux, consenties ou proposées par eux et sanctionnées par le Roi.

Enregistrement des lois nationales.

Art. 15. Que toute loi établie de la sorte devienne constitutionnelle et ne soit sujette à aucune vérification, mais enregistrée sans délai par les tribunaux de justice et dans les Etats des provinces, lesquelles, chacun en droit soi, pourvoiront à son exécution, sauf aux uns et aux autres à faire des représentations aux Etats généraux.

Lois du Roi vérifiées.

Art. 16. Que les lois royales qui ne toucheront point à la constitution, étant données par Sa Majesté seulement, seront sujettes à vérification ainsi et de la manière que les Etats généraux aviseront.

Liberté individuelle.

Art. 17. Que les lettres attentatoires à la liberté des citoyens soient abolies; en conséquence, que nul sujet ne puisse être arrêté, emprisonné ou exilé qu'en vertu d'un décret rendu régulier et que dans les cas pressants, il puisse être arrêté d'autorité et à la charge de le remettre dans vingt-quatre heures entre les mains de ses juges naturels, sauf les crimes dont la publicité pourrait compromettre le secret de l'État, pour lesquels il sera pris des précautions extraordinaires, propres à concilier la promptitude de la détention et le secret, avec la sûreté de l'innocence.

Liberté de la presse.

Art. 18. Que la liberté soit accordée à la presse et la censure préliminaire abolie ; mais que les particuliers ou gens en place qui se trouveraient attaqués ou lésés dans un écrit, même dans les plaidoyers des avocats imprimés, puissent se pourvoir par-devant les juges de droit contre les auteurs et imprimeurs; que les ouvrages contraires aux bonnes mœurs soient condamnés ou proscrits par les tribunaux, et les auteurs et imprimeurs poursuivis s'il y échoit ; que ceux qui seront contraires à la religion soient censurés par ses ministres, et condamnés par la justice, mais sans recherches ultérieures contre leurs auteurs ; que ceux qui roulent sur le gouvernement jouissent d'une entière liberté pour la spéculation, la discussion des lois, des projets et des opérations ministérielles; et ne puissent être poursuivis et dénoncés que dans le cas où ils contiendraient de fausses accusations ou s'écarteraient du respect dû à la majesté royale.

Offices de judicature.

Art. 19. Que les arrêtés des cours qui excluent la roture de leur sein soient cassés comme contraires à l'autorité du Roi, à l'ancienne constitution de l'État et à l'impartialité de la justice, laquelle ne peut être présumée tant que les membres d'un tribunal seront tous ou presque tous pris dans le même ordre.

Charges et dignités.

Art. 20. Que Sa Majesté ait la libre disposition des emplois, charges ou dignités civils, militaires et ecclésiastiques qui sont à sa nomination ; et qu'en conséquence, toutes les lois qui gênent son choix et le fixent sur un ordre ou partie d'un ordre, soient abolies comme contraires à la plénitude de son pouvoir exécutif, au bien de l'État, par le défaut d'émulation qui en résulte, et comme flétrissante pour la presque totalité des sujets, sauf les chapitres nobles dans lesquels l'exclusion a été prononcée par les fondateurs, leur volonté devant être respectée et accomplie.

Liste des départements.

Art. 21. Qu'à chaque tenue des États généraux la liste des départements et l'emploi de la totalité des revenus de l'État soient fixés par eux, sauf les sommes à assigner pour les cas imprévus par lesdits États.

Responsabilité.

Art. 22. Que les ministres soient responsables aux États généraux, les administrateurs des provinces aux États provinciaux ou administrations provinciales, et le compte des uns et des autres rendu authentiquement imprimé et publié.

Droit des États généraux de dénoncer.

Art. 23. Que les États généraux aient le droit de recevoir et poursuivre devant les tribunaux toutes dénonciations contre les ministres, gens en place et autres, coupables d'abus d'autorité, de malversation et de trahison.

De juger.

Art. 24. Que les États généraux seront juges de la forfaiture des tribunaux de justice.

Prohibition de corps intermédiaires.

Art. 25. Que les États généraux ne consentent à l'établissement d'aucune cour, commissions ou corps intermédiaires, même émané d'eux, pour les suppléer en leur absence et dans l'intervalle d'une tenue à l'autre, renvoyant les règlements à faire à ce sujet aux États généraux prochains de 1790.

Respect pour les lettres.

Art. 26. Que le respect le plus absolu pour toute lettre confiée à la poste sera expressément ordonné.

Addition à l'article 11.

Art. 27. Et dans le cas que l'article 11 des présentes instructions au sujet de la contribution individuelle de tout citoyen aux charges publiques, ne comporte pas l'extension nécessaire, les députés y feront l'addition de toutes autres charges et dépenses publiques et locales relatives aux constructions de chemins, réparations, édifices publics, etc.

Des non catholiques.

Art. 28. Ils demanderont que l'assentiment de la nation soit renouvelé au sujet de l'édit de Sa Majesté en faveur des non catholiques, lequel est susceptible encore d'extensions raisonnables.

OCTROI DES SUBSIDES.

Les articles ci-devant délibérés par les États généraux, approuvés et sanctionnés par Sa Majesté et passés en lois fondamentales de l'État, les députés passeront à l'octroi des subsides, mais non plutôt, ce qui leur est expressément défendu ; ils exposeront la misère du peuple et l'excès des impôts dont il est chargé, surtout dans les villes comme celle-ci, qui, n'offrant pas assez de moyens du côté des terres, sont obligées de mettre des impôts sur le pain, et de faire renchérir ainsi une subsistance que le pauvre a tant de peine à se procurer, et pour donner à Sa Majesté des preuves de notre amour, fidélité et reconnaissance, il consulterait moins notre état de détresse que ses besoins.

Vérification des finances et consolidation de la dette nationale.

Art. 29. En conséquence, ils prendront une connaissance exacte de l'état des finances par commissaires choisis au scrutin, demanderont, s'il y a lieu, les réductions et économies compatibles avec le bien de l'État et la splendeur de la couronne, et fixeront enfin l'état des dépenses de chaque département et celui des intérêts à payer pour les dettes de l'État, lesquelles ils consolideront et dont ils chargeront pour toujours la nation, en demandant toutefois une réduction d'intérêts pour celles seulement qui n'en ont pas encore souffert.

Octroi des subsides nécessaires.

Art. 30. Ils prendront aussi une connaissance exacte du produit des fermes, traites, postes contrôle et généralement tout autre impôt indirect, et, après avoir comparé ce produit avec les états de dépenses et intérêts ci-dessus, ils imposeront la nation pour le surplus, et pour une année seulement.

Idem pour la réforme des abus de perception.

Art. 31. Si la réforme indispensable du régime actuel des fermes, traites, laquelle doit toujours être délibérée avec l'octroi, cause quelque diminution de produit, les députés aux États généraux y pourvoiront en augmentant d'autant l'octroi porté par l'article précédent.

Idem pour la suppression du monopole et taxe sur les marais salants.

Art. 32. Si le prix du sel, tabac ou autre impôt onéreux était diminué ou supprimé et les objets du monopole rendus libres, ce qui cependant doit n'être fait qu'avec précaution de laquelle on ne peut que se reposer sur la sagesse et les lumières des députés, ils sont autorisés à augmenter proportionnellement l'octroi des subsides nationaux; mais quant au sel, ils demanderont qu'il soit mis sur les marais salants une forte taxe, telle cependant qu'elle n'empêche pas cette matière de devenir un objet de commerce et d'exportation, et fourniront le surplus.

Impôts particuliers prohibés.

Art. 33. Tous les subsides accordés par la nation en conformité des articles ci-dessus ne seront délibérés sous aucune forme particulière d'impôt, mais seulement en argent, et la somme totale répartie sur les provinces pour être levée par chacune d'elles, ainsi qu'il paraîtra convenable à chaque État ou administration provinciale, et versée directement par elles dans les coffres de Sa Majesté.

Répartition sur les provinces.

Art. 34. Si cette répartition à faire de la somme totale sur les provinces occasionne des débats entre leurs députés, ils feront en sorte de régler quant à présent sur la proposition de la taille, vingtième et impôts directs actuellement supportés par elles, sauf à régler cette répartition d'une manière plus juste lorsqu'on aura acquis des lumières suffisantes. C'est pourquoi la suppression du monopole devrait être différée et renvoyée aux prochains États généraux, où la force respective des provinces et l'augmentation produite par la contribution des premiers ordres seront mieux connues.

Impôt sur le luxe.

Art. 35. Les députés dérogeront cependant à l'article 33 en faveur des impôts à mettre sur le luxe, et particulièrement celui des équipages, hôtels et domestiques, qu'ils sont expressément chargés de solliciter, mais de manière toutefois que lesdits impôts sur le luxe soient levés par les provinces et non par les agents du fisc et précomptés sur la somme totale à répartir.

Conservation des priviléges de la province.

Art. 36. Les députés de la sénéchaussée d'Aix s'opposeront à l'établissement de tout impôt nouveau déterminé sur les terres, denrées, branches d'industrie ou de commerce essentiels et nationaux, et dans le cas où la pluralité délibérerait quelque impôt territorial ou autre, qui par sa nature heurterait le privilége essentiel et précieux à la province d'asseoir et répartir elle-même ses impôts, il leur sera expressément enjoint de ne l'accepter que sous la forme d'abonnement et jamais en nature, et s'il le faut, prendront acte de leur refus et protestations qu'ils auront jugées nécessaires à la conservation des priviléges de la province.

Indication sur les provinces des dettes de l'Etat.

Art. 37. La nation se chargeant des dettes de l'Etat, les subsides levés par les provinces seront spécialement affectés au payement de leurs intérêts, et les députés demanderont qu'il soit pris des moyens à cet effet.

• Amortissement.

Art. 38. Les députés ne doivent consentir aucune augmentation d'impôt pour amortir les dettes de l'Etat, mais ils demanderont qu'à mesure qu'il s'éteindra des pensions viagères les deniers destinés à les payer soient appliqués au remboursement des fonds non viagers, en commençant par ceux qui supportent le plus fort intérêt, pour raison de quoi il soit établi une caisse d'amortissement représentative des créanciers morts, ce moyen étant suffisant par sa continuation pour libérer l'Etat sans effort et sans secousse.

Aliénation du domaine.

Art. 39. Les députés concourront par leur consentement à l'aliénation des biens domaniaux de la couronne, si cette aliénation est proposée dans la vue d'étendre ou amortir d'autant la dette nationale.

PLAINTES ET DOLÉANCES.

Nouveau code.

Art. 40. Les députés aux Etats généraux seront chargés de porter les plaintes et doléances du peuple sur la cherté de la justice et la longueur des procédures, sur l'incertitude des lois civiles et la rigueur des lois criminelles trop peu proportionnée aux délits, sur le danger de l'instruction secrète et celui plus imminent encore du serment donné en justice aux gardes armés des fermes, qui met la fortune, l'honneur et quelquefois la vie des citoyens à la merci de deux hommes pris parmi ce que la nation a de plus vil; ils solliciteront en conséquence de la justice du Roi, la réforme de la hiérarchie des tribunaux, du code civil et criminel et surtout du code fiscal, la réforme ou diminution des droits du greffe, la fixation des salaires des officiers de justice, procureurs et avocats, le rétablissement des anciens jugements prononcés par les pairs et les jurés, la permission à tout citoyen de plaider lui-même sa cause dans tout tribunal, ou de se choisir un défenseur parmi tous les citoyens, et la facilité, par la simplification des formes, de pouvoir se passer d'un ministère étranger, en outre la faculté de prendre à partie les juges prévaricateurs, et la certitude pour tout innocent d'obtenir le redressement des injustices avec des dédommagements proportionnés à ce qu'il a pu souffrir.

Et comme la législation pour réunir tous les avantages doit être réfléchie, comparée, éprouvée et soumise à quelque expérience, les députés n'apporteront sur cette matière aucune délibération qui puisse annoncer la précipitation et accorderont tout le temps nécessaire pour que ce travail confié aux personnes les plus éclairées et les plus vertueuses puisse être conduit à sa perfection, lequel devra être préalablement publié par la voie de l'impression, examiné par la nation et ne pourra recevoir sa dernière sanction que dans une assemblée d'Etats généraux.

Fiscalité ; sa réforme.

Art. 41. Mais quant au code fiscal, comme il offre moins de combinaisons et de difficultés ; que les abus, vexations et cruautés auxquels il donne lieu journellement exigent les plus prompts remèdes, lesdits députés seront chargés d'en demander la réforme dès à présent et avant la séparation des Etats. Les points principaux de cette réforme sont : que la connaissance de tous les cas pour le fait des traites, gabelles et autres régies ou fermes sera attribuée en première instance aux juges ordinaires des lieux, lesquels juges seront assistés par le maire et premier consul, soit dans l'instruction, soit dans le jugement ; que les verbaux seront faits au nom, risque et péril de l'adjudicataire et ne tiendront lieu que d'exposition et de requête, laquelle, revêtue du décret du juge en assignation, sera incontinent signifiée par l'employé à l'accusé qui y contredira par lui-même ou par procureur, par écrit ou de vive voix ; que cette instruction sera sommaire et le jugement porté dans le délai le plus court ; que l'appel des sentences du premier juge sera porté en dernier ressort et sans autre degré de juridiction au tribunal souverain et compétent de la province, sans appel au conseil ; que la rigueur des peines soit adoucie ; que le citoyen ne puisse pas être arrêté ou emprisonné par les gardes avant décret ou jugement ; que le défaut de payement des amendes n'emporte point la condamnation aux galères.

D'abolir et prohiber sous les peines les plus sévères toute visite domiciliaire, excepté dans des magasins ouverts faisant ventes publiques, et de décerner les mêmes peines contre tout employé qui oserait porter la main sur un citoyen pour le fouiller ; qu'il sera pris une règle par laquelle on puisse distinguer le commerce réel des objets prohibés ou imposés, d'avec l'usage personnel et domestique, et que les quantités énoncées pour raison de ce dans un règlement serviront de limite pour actionner sur la fraude des droits ou sur l'accusation de contrebande.

Que les droits sur les marchandises soit étrangères, soit nationales, seront portés dans un tarif continuellement affiché dans les bureaux et aux hôtels de ville des lieux ; que ces droits seront réduits sommairement à un seul sur chaque objet et perçus sur le poids net desdits objets ; qu'en cas de surexaction de la part des receveurs, ceux-ci seront condamnés au triple du surexigé.

Qu'aucune visite ne pourra être faite dans les routes et les grands chemins, si ce n'est au bureau voisin et sans rétrograder même, par les capitaines généraux.

Que ladite visite soit faite par le seul brigadier et en présence du contrôleur du bureau.

Qu'il sera pourvu à ce que la quantité du sel et du tabac soit loyale, sans mixtion, et certifiée telle par le principal adjudicataire, lequel ne pourra se soustraire à la confiscation de ces objets à raison des contrefactions, mélanges et de leur qualité nuisible.

Qu'il sera ordonné aux maires, consuls des lieux, de faire des visites aux greniers à sel et aux entrepôts du tabac, à l'effet d'en vérifier les qualités, et permis aux habitants des lieux de réclamer leur intervention pour dénoncer et poursuivre les contrefactions et infidélités par-devant le tribunal de droit, auquel cas lesdits consuls ne pourront siéger audit tribunal comme parties intervenantes.

Que l'usage de l'eau de la mer ne sera réputé contrebande pour les habitants des villes et des campagnes situées sur ses bords, excepté dans les cas où il serait prouvé qu'elle aurait été soumise à l'évaporation et celui où le boulanger l'emploirait à sa manipulation.

Uniformité du prix du sel et reculement des barrières.

Art. 42. Et enfin que le prix du sel sera rendu uniforme et modéré dans tout le royaume, les douanes intérieures supprimées et tous les bureaux de traites reculés aux frontières.

Contrôle.

Art. 43. Lesdits députés demanderont aussi qu'il soit fait un tarif général, clair, uniforme et simple pour la perception des droits de contrôle et insinuation, celui de 1722 ayant éprouvé des exceptions, des distinctions et extensions additionnelles qui en font une hydre de difficultés inexprimables, et que le public sera délivré des vérifications rétroactives dans cette partie, lesquels, après dix ou vingt ans, viennent ruiner les familles.

Vénalité des charges.

Art. 44. Dans le cas où il serait proposé d'abolir la vénalité des charges, les députés s'efforceront d'éloigner une opération qui augmenterait trop sensiblement les besoins de l'Etat, et si toutefois elle était déterminée par les Etats généraux, ils ne sont autorisés à consentir l'accroissement d'impôt destiné à ce remboursement qu'autant que les officiers des tribunaux souverains seront à l'avenir nommés par Sa Majesté sur la présentation des Etats ou administrations provinciales, ceux des tribunaux inférieurs sur la présentation des assemblées de leur district, et les juges ordinaires sur celle de leur ville ou communauté, toujours après due et libre élection, et que les juges ainsi pourvus seront à vie et inamovibles.

Interprétations des lois par lettres défendues.

Art. 45. Ils exposeront à l'assemblée et à Sa Majesté l'abus qui s'est introduit dans les différentes parties de l'administration de suppléer ou interpréter les lois par lettres, et demanderont qu'il soit statué qu'à l'avenir une loi ne puisse être modifiée et interprétée que par une autre loi authentique et jamais par lettres de ministres ou autres gens en place.

Etats de la province.

Art. 46. Lesdits députés aux Etats généraux seront chargés d'exposer à Sa Majesté l'inégalité, l'insuffisance et l'incohérence des Etats précédents de la province, d'où résulte l'excès de pouvoir d'un côté, le mécontentement et la méfiance de l'autre, une administration partiale, des dépenses ruineuses en faveur de certaines parties, un abandon total des autres, l'impossibilité dans laquelle gémissent depuis si longtemps beaucoup de communautés de faire entendre leur voix, le défaut de lumières et les injustices qui en sont la suite nécessaire, un défaut d'union et de concert qui devient la source de toute sorte de maux.

Assemblée générale pour les réformes.

Art. 47. Ils solliciteront en conséquence, de la justice de Sa Majesté, une convocation générale des trois ordres de la province, où le tiers se trouve en nombre égal aux deux premiers ordres réunis, à l'effet d'y former ou réformer la constitution du pays, à moins que cette réforme ne s'opérât aux États généraux actuels, auquel cas, les députés veilleront à ce que les points principaux de cette réforme soient :

Leur composition.

Art. 48. Que les représentants de l'ordre du tiers soient à l'avenir en nombre égal à celui des deux autres réunis.

Clergé.

Art. 49. Que parmi ceux du premier ordre il y ait des députés du bas clergé.

Noblesse.

Art. 50. Que parmi ceux de la noblesse il y ait des nobles sans fief.

Tiers-état, vigueries.

Art. 51. Que ceux du tiers-état soient plus justement répartis et toute la province également représentée eu égard seulement à l'affouagement et sans autre distinction ou prédilection particulière de ville, de sorte qu'il soit fait un nouveau règlement de vigueries; que celle d'Aix surtout soit divisée au moins en six, et que si des circonstances physiques ne permettent pas de les faire toutes égales, elles ne députent plus également mais proportionnellement à leurs feux, de manière que le tiers-état fournissant par exemple soixante députés, il en fût envoyé un par cinquante feux environ.

Éligibilité des représentants.

Art. 52. Que les maires et consuls ne soient plus députés de droit, mais ceux-ci choisis librement.

Exclusion.

Art. 53. Que l'exclusion desdits États sera donnée aux magistrats, ainsi qu'à tous officiers attachés au fisc.

Présidence et autres places éligibles.

Art. 54. Que la présidence des États, la procure du pays, la commission intermédiaire, et généralement toutes dignités, places, emplois, faisant partie desdits États, ou en dépendant, soient à l'avenir éligibles par eux et pris indifféremment dans chacun des ordres.

Commission des États.

Art. 55. Que la commission intermédiaire et généralement toute commission ou bureau émané des États soit composée de manière que la moitié de leurs membres soit pris dans le tiers-état.

Répartition des secours.

Art. 56. Que la répartition des secours ordinaires ou extraordinaires accordés par le Roi ou la province à la généralité, ou une partie seulement du pays, soit faite dans le sein de ses États.

Élection du syndic.

Art. 57. Que le tiers-état se nomme un syndic par élection libre, lequel aura entrée aux États, et présidera son ordre.

Mairie.

Art. 58. Les députés seront chargés de représenter aux États généraux qu'il a été créé à différentes époques des offices de mairie toujours abonnés et racheté par le corps de la province, et notamment en 1733; qu'à cette époque, et pendant plusieurs années, Sa Majesté s'étant réservé la nomination des maires, même dans les communautés qui n'avaient point acheté, les juges et offices seigneuriaux furent exclus des assemblées municipales présidées alors par le maire seul, ce qui continua jusqu'à ce que, par arrêt du 21 mars 1757, la Provence fut reçue à réunir toutes ses mairies et autres charges municipales aux villes et communautés du pays, tant de vigueries que des terres adjacentes, moyennant un million 798,459 livres, remboursement que la province a effectivement opéré. Les villes et communautés de Provence auraient dû jouir d'une mairie achetée si chèrement, et elles en ont effectivement conservé tous les privilèges dans les villes royales, où les officiers de justice sont exclus de l'autorisation des conseils et assemblées de communautés ; mais il n'en est pas de même dans les communautés seigneuriales, où les seigneurs intéressés à savoir ce qui se passe dans les délibérations et à s'y procurer de l'influence, sont venus à bout sans jugement préalable de faire rentrer leurs officiers en possession d'autoriser les assemblées municipales. Les députés solliciteront en conséquence la réintégration des maires, consuls des villes et communautés seigneuriales dans tous les droits de la mairie et autres charges municipales sur le pied des édits de création et en conformité de celui de réunion de 1757.

Police.

Art. 59. Les députés représenteront aux États et à Sa Majesté que les seigneurs ayant le droit de justice dans leurs fiefs, et s'y maintenant en possession de la police contre les titres et droits du pays, cette branche si essentielle du pouvoir judiciaire, n'offrant aucun droit lucratif ou émolument qui engage le seigneur à faire les dépenses nécessaires à son exécution, et ses officiers à négliger leurs propres affaires pour veiller à l'ordre public, reste le plus souvent totalement abandonnée. Cette négligence, qui existe non-seulement dans les campagnes et les villages, mais dans des villes considérables et des ports de mer fréquentés de toute sorte d'étrangers, entraîne une infinité d'abus ; la tolérance des vices et le défaut de force publique amènent les délits.

Les députés solliciteront en conséquence de la justice de Sa Majesté la réunion de la police aux municipalités de Provence, et ce, conformément auxdits arrêts du conseil et déclarations de création d'offices, et notamment ceux du 2 mars 1700 et 1709 et sans distinction de villes royales ou seigneuriales, le corps du pays ayant à diverses fois racheté et abonné ces offices des deniers communs, et plusieurs assemblées générales ou d'E-tats de la province, nommément celle de 1700, ayant chargé les procureurs du pays de veiller à ce que toutes les communautés sans distinction de royales et de seigneuriales jouissent des droits attachés à ces offices, le droit commun de la province s'accordant ainsi avec la justice et le maintien de l'ordre public à faire cesser à cet égard l'usurpation des seigneurs et donner aux communautés une police qu'elles seules peuvent exercer avec succès en les soumettant à tous les frais nécessaires à son entretien.

Mendicité.

Art. 60. Les députés exposeront les abus et inconvénients nombreux qui résultent de la multiplicité des mendiants, et solliciteront une loi qui les empêche de vaguer et retienne chaque pauvre dans sa paroisse.

Taxation de témoins.

Art. 61. Ils solliciteront aussi un nouveau règlement pour les provinces, en taxation de témoins, attendu que celui qui y est en vigueur est par son ancienneté hors de proportion avec les dépenses réelles du déplacement.

Constructions étrangères prohibées.

Art. 62. Les députés seront encore chargés de représenter à Sa Majesté que, par un abus préjudiciable à sa marine et nuisible à ses sujets, les Danois et autres étrangers du Nord amènent dans le port de Marseille quantité de navires de constructions étrangères qu'ils vendent au commerce de cette ville, et supplantent ainsi peu à peu les différents ateliers de construction de la province ; de là résulte la stagnation de nos chantiers, la misère et émigration des charpentiers et autres ouvriers de marine qui manquent ensuite aux constructions royales, la distraction enfin d'un numéraire considérable porté chez l'étranger. Ils solliciteront en conséquence une loi prohibitive à ce sujet.

Cabotage.

Art. 63. Ils représenteront aussi que les bâtiments nationaux faisant le cabotage le long de nos côtes sont soumis à changer de congé toutes les fois qu'ils chargent ou déchargent dans un port, ce qui, par la fréquence de leurs voyages et la modicité du fret, leur fait supporter des frais ruineux ; lesdits bâtiments sont ordinairement montés par des matelots retenus dans leur département par ordre du Roi en attendant de les employer à son service, et qui n'ont alors point d'autre ressource pour gagner leur pain, ou par des jeunes gens qui y commencent à se former pour la marine ; ils méritent par ces raisons une faveur particulière : les députés seront en conséquence chargés de demander que les bâtiments naviguant de port en port en Provence soient à l'avenir assimilés aux pêcheurs, et ne changent d'expéditions et de congé qu'une fois par année.

Visites des navires et expéditions de l'amirauté onéreuses.

Art. 64. Ils demanderont en outre que les entraves qui résultent des visites d'approvisionnement, munitions, apparaux et autres concernant le salut des équipages et des navires soient levées et lesdites visites supprimées comme inutiles, attendu l'intérêt bien plus direct des armateurs à leur propriété, et que les bateaux de pêche qui naviguent avec mâts et ne sont pas exposés à s'éloigner des côtes soient entièrement dispensés de prendre des congés et expéditions à l'amirauté comme d'une formalité qui leur est inutile et onéreuse.

Suppression des madragues.

Art. 65. Les députés exposeront aux Etats et à Sa Majesté que le poisson diminuant tous les jours sur nos côtes, la classe des pêcheurs a la plus grande peine à se soutenir et à gagner sa subsistance ; cette portion précieuse de citoyens qui a été de tous les temps la pépinière alimentaire de notre marine marchande et militaire, souffre un dépérissement encore plus grand en raison des concessions et privilèges des madragues. Ces établissements, contraires au droit naturel par une attribution exclusive, multipliés sur nos côtes, gênent la navigation, l'entrée et sortie des havres, envahissent la pêche non-seulement du thon, mais du petit poisson sur une très-grande étendue de mer, font naître une quantité de procès et de vexations dont les pêcheurs sont toujours les victimes comme les plus faibles, et ces malheurs reçoivent tous les jours de nouveaux accroissements par l'avidité des fermiers, le crédit et la grandeur des propriétaires. Les députés solliciteront en conséquence de Sa Majesté et des Etats le retrait de toutes ces concessions et la liberté absolue de la pêche devenue aujourd'hui indispensable et essentiellement nécessaire à la subsistance d'un très-grand nombre de citoyens, et au soutien des forces navales de l'Etat ; cet objet étant extrêmement important sera recommandé au zèle des députés, et dans le cas où des raisons imprévues fissent conserver quelques-unes de ces madragues, les moins onéreuses, ils demanderont qu'il soit établi des règles pour qu'elles soient moins vexatoires, qu'elles ne puissent prohiber à leur alentour et dans des limites clairement prescrites pour chacune et marquées par des signaux posés et visités de temps à autre à leur frais par les officiers d'amirauté, que la pêche du thon, et que celle du petit poisson reste entièrement libre, et qu'à cet effet l'ordonnance de 1681 soit interprétée ou changée, si besoin est, et notamment l'article...

Suppression du tirage des canonniers auxiliaires de la marine.

Art. 66. Lesdits députés représenteront que pendant la dernière guerre le besoin de matelots engagea le ministère à faire ressource d'un tirage forcé auquel on assujettit les habitants des paroisses maritimes. La plupart de ceux qui furent désignés par le sort périrent sur les vaisseaux du Roi de la maladie ou de tristesse, sans utilité pour un service auquel ils n'avaient ni aptitude ni expérience. Cependant cet usage aussi destructeur que nouveau a prévalu, et on a aujourd'hui formé une milice particulière destinée à servir sur les vaisseaux du Roi, sous le nom de canonniers auxiliaires de la marine, de sujets pris forcément. Comme les ports de mer ne sont guère habités que par des gens classés ou ouvriers attachés à la construction et armement des navires, tout le poids de ce tirage tombe sur les habitants des campagnes déjà peu nombreux sur les côtes, et en devient le fléau et une cause puissante d'émigration ; suppliront en conséquence Sa Majesté, lesdits députés, d'abolir ce tirage et de former ces canonniers, de même que les autres troupes, de gens enrôlés librement.

Paysans soustraits aux classes.

Art. 67. Ils demanderont aussi que les paysans qui, pendant la saison pluvieuse et les fortes ardeurs de l'été, ne pouvant pas travailler la terre, vont momentanément aider à la pêche, ne soient point inquiétés à raison de ce, et assujettis aux classes, attendu que ce serait priver à la fois cette portion de sujets des moyens nécessaires à leur subsistance et les pêcheurs d'un secours souvent nécessaire, et qui ne peut faire aucun tort aux gens de mer qui sont rarement en assez grand nombre pour fournir tous les bateaux des pêcheurs, et qu'il soit en conséquence adressé des ordres par Sa Majesté aux intendants et officiers de classes et porté une loi, si besoin est, à ce sujet.

Augmentation des succursales.

Art. 68. Les députés représenteront encore que la dîme ecclésiastique est principalement supportée par les habitants des campagnes, et cependant tous les ordres religieux s'étant peu à peu fixés dans les villes, les agriculteurs manquent d'instruction et souvent de secours spirituels, et demanderont, pour obvier à cet abus, qu'il soit érigé un plus grand nombre de succursales, et ce, sur les délibérations des communautés dans le territoire desquelles ces établissements devront avoir lieu, nonobstant l'opposition des seigneurs et décimateurs.

Franchise de la pozzolanne.

Art. 69. Que la terre pozzolanne étrangère servant non-seulement aux opérations et constructions de quais, digues et fortifications maritimes, mais à celles des particuliers aux fabriques de différents genres, cette matière, qu'on ne peut suppléer qu'imparfaitement et avec danger, entre en toute franchise de droits.

Droit de marque sur les cuirs aboli.

Art. 70. Que les tanneries de la province soient exemptées du droit de marque, droit qui, en frappant une branche précieuse de l'industrie nationale, la détruit en favorisant la concurrence étrangère.

Compagnie d'Afrique abolie.

Art. 71. Que tout privilége exclusif de commerce soit aboli, et nommément celui de la compagnie d'Afrique, qui, par un abus directement opposé au but de son établissement, et pour vouloir faire de trop grands profits, n'a procuré aucun secours à l'État cette année, et au milieu de la plus grande disette a laissé envahir tous les blés d'Afrique par les nations étrangères plutôt que d'augmenter son marché ordinaire.

Lettres venues par mer; double taxe abolie.

Art. 72. Que les lettres venues par mer et mises à la poste pour être rendues à leur destination soient déchargées de la double taxe qui leur est imposée, et payent seulement à raison de leur transport réel par la poste, d'autant mieux que plusieurs de ces lettres sont adressées à la classe indigente de matelots.

Franchise des matières premières.

Art. 73. Que les grains, légumes, matières premières servant aux fabriques nationales venant de l'étranger entrent en franchise de tous droits dans les ports de la province, et qu'il en soit de même des tuiles, briques, bois de charpente et autres matières propres aux constructions de maisons, venant de Marseille dans lesdits ports.

Foires franches.

Art. 74. Que les lettres patentes par lesquelles il a été accordé des foires franches aux villes de Toulon et la Ciotat seront exécutées dans toute leur intégrité, et les marchandises désignées dans l'état y annexé seront, pendant lesdites foires, exemptes de tout droit, nonobstant tout arrêt et décision du conseil subséquents.

Franchise du charbon de terre.

Art. 75. Que les droits imposés sur le charbon de terre soient abolis, attendu que la dépopulation entière des forêts de la basse Provence rend cette matière de première nécessité pour nos forges de construction et différentes fabriques, et que sa cherté cause continuellement des émigrations de fabricants et artisans qui vont s'établir à Marseille, où ils la trouvent à meilleur compte.

Soudes et barrilles.

Art. 76. Que les soudes et barrilles servant à la fabrication du savon qui entrent actuellement en franchise de tous droits à Marseille et sont imposées aux autres entrées de la province établissant en raison de cette différence une concurrence destructive des fabriques du pays, soient à l'avenir imposées à Marseille, où également affranchies dans le reste de la province.

Vins et denrées nationales affranchies, vins étrangers imposés.

Art. 77. Les députés exposeront que l'agriculture de cette province et ses richesses reçoivent le plus grand dommage des droits imposés sur la sortie de nos vins, huiles et autres denrées et productions, que les vins de Catalogne vont à cause de cet impôt nous supplanter en Italie, et entrent au port de Marseille en franchise de tous droits pour établir une concurrence funeste dans notre propre sein, et demanderont en conséquence l'abolition de tous droits de sortie sur les denrées nationales, et une forte imposition sur tous les vins rouges étrangers entrant à Marseille.

Consulat établi à la Ciotat.

Art. 78. Les députés seront encore chargés d'exposer à Sa Majesté que le roi Louis IX ayant, en 1568, accordé à la ville de la Ciotat une juridiction consulaire à l'instar de celle de Marseille, avantage précieux pour une ville de commerce, et essentiel à sa prospérité, les habitants n'ont jamais pu en obtenir l'exécution à cause des oppositions mises par l'esprit féodal et parlementaire, et solliciteront les ordres nécessaires pour l'entérinement et exécution desdites lettres.

Maîtrises.

Art. 79. Ils représenteront encore que les maîtres menuisiers, sculpteurs, barrilats-menuisiers, maçons, tailleurs d'habits, tailleurs de pierre, cordonniers, forgerons, serruriers et ferblantiers, ont été taxés en différents temps à raison de leur profession et maîtrise, ce qui leur a fait contracter des dettes onéreuses, et cependant ils ne jouissent pas de ladite maîtrise, et ont le désagrément de voir les étrangers venir leur enlever leur travail sans partager leurs charges ; demanderont en conséquence que lesdits maîtres artisans fassent corps et jouissent à l'avenir du droit réel de maîtrise, et que dans le cas où Sa Majesté ne le jugerait pas à propos, il soit ordonné qu'ils seront remboursés de leurs finances et la somme répartio sur ceux qui l'ont avancée.

Signé Fassy, viguier; F. Martin, maire; Estoupau, consul; B. Dalmac, consul; Babu, prêtre; Daumas, trésorier; J.-L. Estapan; J. Dalmas; A. Châteauneuf; Sanson; Monier; L. Bremond; Joseph Gipier; H. Henriette; Maché; J.-J. Tassy; A. Scaljussy; Moustier; Jean-Pierre Remy; Dalmas; Jacques Bernard; Joseph-François Nalys; Fournier; L. Masse; Joseph-Thomas Nalys; Jean Ourdary; Barthélemy Boyer; Madebert; A. Bouillon; Antoine-Toussaint-Louis Guion; P. Laborde; J. Arnaud; Arnaud; Louis-François Legrand; Guérin; François Mouttel; Toussaint Guichard; L. Sicard; Laurent Paul; Joseph Surlie; T. Tassy; Lazard; Morand; Jacques Mosse; Joseph Vibet; Paul-Louis Belanger; Jean-Joseph Agerrat; B. Jeansaunier; Gasque; Georges Coudret; Marché; Jauffredy; Jean-Pierre Feraudri, maçon; P. Bonifay; L. Guyot; Viar; François Bey; François Audier; François Ficay; Hubert; François Villeneuve; L. Audiffrin; R. Fiary; Montfort; A. Barthélemy; J.-E. Viau; François Martin; J. Gardet; Henri Samat; Joseph Auzet; Aune; J.-P. Aubry; Jean Richard; J.-J. Long; L. Labé; N. Virey; Levend; Sausin; Pascal; L. Audibert; J.-B. Lanchard; Dauphin; Brunet; Pothomer; J. Econil; J.-P. Decornis; E. Daumas; A. Nalis; Sanelly; Dey; P. Estienne; Verard; E. Masse; J.-Joseph Bourgue; Jean Gabriel; J. Fournier; P. Riboul; Joseph Ginoux; Louis Bigad; Lazare Stary; Paul; J.-B. Almey; Antoine Vessin; Toussaint Courtes; B. Vellin; Joseph Vellin; J.-P. Reboul; Collombe; Faulquette, prêtre; Fassy, vicaire; Jean Jeanthias; E. Blau; Mazerou; Pierre Bonifay; J. Guérin; J.-B. Brue; Julien; J. Fournier; A.-G. Jauffrey; L. Olivier; Jacques Mosse; A. Ballegre; Daumas; H. Giraud; Joseph Reverdy; L. Fougasse; B. Reinier, H. Audiffrey; Icard; B. Musse; A. Brue; J. Morel; Philopy; J.-B. Ventre; Bonnet; T. Ramet; Guérin; Taulignas; L. Martin, et Audibert, greffier.

CAHIER

Des plaintes, doléances et remontrances de la communauté de la Fare, sénéchaussée d'Aix, du 25 mars 1789 (1).

Art. 1er. Le quart du terroir de la Fare, soumis à la taxe, le seigneur exige de cinq parties une de tous les fruits, et le seigneur ne paye aucune imposition au Roi ni au pays.

Art. 2. Comme aussi les habitants sont soumis à cinquante-six charges de blé de cens réparties presque sur l'universalité du terroir, qui ne peuvent pas être affranchies, qu'il faut toujours avoir du plus beau, et qu'il faut tirer souvent à la main, plusieurs particuliers soumis à un cens en poulet, quelques propriétés soumises à la banalité des huiles; nous demandons le tout rachetable.

Art. 3. Le seigneur a le droit de chasse, les droits de lods à raison de 2 sous par florin, chaque florin valant 12 sous, de plus le droit de re-

trait féodal; un père vend son bien, le seigneur a le droit de le faire passer à d'autres et les soumet à la banalité, et encore à un petit cens que d'environ cinquante ans la terre de la Fare serait soumise à la banalité et presque tout au cens.

Art. 4. Le seigneur possède toutes les terres gastes, savoir de quatre portions trois, le seigneur ne paye rien, et nous payons toutes les charges de la communauté, et encore dans le quart que nous jouissons, il nous défend de prendre de pierre et de terre, attendu que le fonds lui appartient.

Art. 5. Le seigneur a défriché une grande partie du quart de la terre gaste dont la communauté jouissait; la communauté se trouve dans la nécessité pour les bois.

Art. 6. Il y a une partie de la terre que les herbes d'hiver lui sont dues; malgré qu'elles sont plantées d'oliviers, les troupeaux dudit seigneur nous occasionnent de grands dommages; on n'ose pas le faire payer, attendu les grandes redevances auxquelles nous sommes soumis.

Art. 7. L'année dernière 1788, le seigneur força la communauté de prendre de sa pierre, et la communauté refusa, attendu qu'il a mis la livrée et n'a pas voulu permettre l'ordonnance de la province.

Art. 8. Notre communauté a toujours habillé le valet de ville à sa livrée; le seigneur, en l'année dernière 1788, a voulu habiller le valet du même habillage que les domestiques, et la communauté ne consentit que contrainte et forcée, attendu qu'elle n'a pas voulu avoir de procès.

Art. 9. La communauté trouve qu'elle n'a pas de bien-fonds à elle; elle ne peut point faire de maison de ville pour s'assembler, attendu que le seigneur a le droit de demi-lods de dix en dix ans.

Art. 10. La communauté ne peut rien délibérer sans l'autorisation du juge ou de son lieutenant; la communauté demande que les consuls autorisent ledit conseil sans l'approbation de son juge ou de son lieutenant.

Art. 11. La terre de la Fare appartenait en 1379 aux comtes de Provence; par conséquent, elle était domaniale; ladite communauté avait le droit de chasse dans ce temps-là, à présent nous ne pouvons pas jouir de ce droit-là.

Art. 12. De plus, il veut nous forcer à mettre des habits de capitaines de ville, ce qui nous occasionnerait une grande dépense.

Art. 13. Le seigneur renouvelle son terrier, dans lequel il a donné des assignations à quelques particuliers à donner son remboursement par mains de notaire.

Art. 14. Il défend à tous les particuliers de faire des enclos ou du moins, il veut qu'il y ait deux portes et avoir une clé des deux portes.

Art. 15. Il n'y a pas d'eau dans ce lieu de la Fare pour pouvoir laver le linge; il n'y a que les fossés du seigneur qui nous défend de nous servir de l'eau que pour l'usage de la piquette.

Art. 16. Ledit seigneur a élevé son fossé et obligé les particuliers à élever les donnes du fossé.

Art. 17. La rigueur de l'hiver ayant fait périr la plus grande partie de nos oliviers, le lieu de la Fare se trouve dans la triste nécessité de supplier Sa Majesté d'avoir égard à nos misères.

Nota. — Le cahier de cette paroisse est copié littéralement.

Signé Reire, consul; J. Guignes; P. Marrot, consul; François Bousithon; Louis Cabet; Joseph Pascal; Louis Armier; André Cauvet; Jean Isnard; Mathieu Tronc; F.-M. Giraud; J.-P. Giraud; B. Revré.

----

(1) Nous publions ce cahier d'après un manuscrit des *Archives de l'Empire.*

CAHIER

Des doléances de la communauté de la Galinière, sénéchaussée d'Aix (1).

La communauté de la Galinière, donnant ses doléances conformément à la permission qui lui en a été donnée par Sa Majesté, par ses lettres données à Versailles, pour la convocation des Etats généraux, expose :

Art. 1er. Que depuis plusieurs années elle se trouve réduite à une affreuse misère par les mauvaises récoltes consécutives et se trouve malheureusement portée à son extrémité par la perte des oliviers que son terroir vient d'essuyer cette présente année par la rigueur des froids ; la plus grande partie de ses terres est sujette aux ravages des eaux occasionnés par les orages et les ravins qui viennent de la colline au pied de laquelle cette communauté se trouve assise.

Art. 2. Elle demande qu'il lui soit permis de se délivrer des animaux de chasse qui viennent annuellement dévaster ses récoltes à la veille de la moisson.

Art. 3. Qu'il lui soit permis de tenir des pigeons dans son domaine, tout de même que le seigneur du lieu.

Art. 4. Qu'on lui donne le moyen de s'affranchir du droit d'herbages qui lui est prodigieusement onéreux.

Art. 5. Qu'il lui soit également permis de s'affranchir des cens annuels qui sont de leur nature perpétuels et inextinguibles, ainsi que des droits de lods, dus dans toutes les ventes et mutations de propriétés.

Art. 6. Qu'il lui soit permis de faire faire un chemin routier dans les terres du seigneur, pour aller au domaine dit de Tounnelle, ce chemin leur étant d'une absolue nécessité.

Art. 7. Qu'elle soit déchargée à l'avenir de payer la taille de la terre dite de Carigieu, et qu'elle soit supportée au moins par le possédant en titre de ladite terre.

Art. 8. Qu'elle réitère de nouveau que Messieurs du chapitre Saint-Victor de la ville de Marseille, décimateurs de leur terroir, soient obligés de leur faire dire une messe les fêtes et dimanches dans le lieu, parce que l'éloignement du lieu de Boussel où elle est obligée d'aller, la met souvent dans le cas d'en être privée et à faute de quoi elle demande d'être déchargée de la dîme.

Art. 9. Enfin que la communauté ait et jouisse à l'avenir du droit d'entrer toutes ses denrées dans la ville dont elle n'est éloignée que de deux lieues.

Telles sont les doléances que la communauté de la Galinière ose se permettre de faire, se reposant au surplus sur la justice du souverain, en foi de quoi tous les présents qui savent signer ont signé avec nous, juge et greffier, le 29 mars 1789.

Signé Jérôme Juzane, Burle, Long, Espariat, juge, et Silvy, greffier.

CAHIER

D'instructions, doléances et remontrances de la communauté des Pennes, Septèmes et Pierrefeu, contenant dix-neuf articles, savoir (2) :

Hommages.

Art. 1er. Le seigneur des Pennes a obligé la communauté et le curé à lui prêter hommage, l'un par acte du 26 août 1779, l'autre par acte du 28 du même mois, tous deux rière maître Constant, notaire aux Pennes. On voit d'un côté le curé, de l'autre plus de trois cents possédant biens, ayant à leur tête les consuls qui représentent la personne du Roi, abandonner leurs travaux pour prêter hommage-lige à genoux, tête nue, les mains jointes, serment de fidélité sur le livre des saints Evangiles. Cette manière de prêter l'hommage n'appartient qu'au Roi et intéresse moins la forme que la substance de l'hommage.

Nous ne pouvons exprimer l'impression que fit sur notre esprit une pareille cérémonie. Nous ne connaissons en Provence que le seigneur des Pennes qui se soit porté à un pareil excès. Si tous les seigneurs revendiquaient un pareil droit, il n'y aurait plus rien à quoi l'on dût s'attendre de leur part, et le peuple sous le meilleur des rois deviendrait la victime de leur ambition.

Nous n'avons qu'un roi en France à qui nous devons l'hommage-lige à genoux, tête nue, les mains jointes, serment de fidélité, et pour lequel nous sommes tous prêts de sacrifier nos biens, notre vie même.

D'après cet exposé, la communauté demande qu'après avoir pris connaissance desdits actes d'hommages et des prétendus titres du seigneur, lesdits hommages, par ordre du Roi, seront biffés comme attentatoires à son autorité ; inhibition et défenses à tous les seigneurs d'en faire passer à l'avenir de semblables.

Lapins, perdrix et autre gibier.

Art. 2. Qui pourrait estimer le dommage que causent les lapins et autre gibier dans tout le territoire de la communauté ? Ils sont si multipliés que les blés encore en herbe en sont presque entièrement rongés. Plusieurs propriétaires sont même forcés de semer leur coin de terre en seigle, parce qu'étant acide le gibier y fait moins de dommage ; les rejetons des vignes arrachés par la morsure du gibier dès l'instant qu'ils paraissent. Mais que sera-ce si des blés et vignes nous passons à l'olivier, arbre le plus précieux en Provence, dont la rigueur de l'hiver a fait périr le plus grand nombre : les rejetons de cet arbre qui pousseront dans la belle saison, font tout l'espoir de la race future ; dans quelles alarmes ne sommes-nous pas que le gibier par leur morsure aux rejetons encore tendres enlève dans un moment l'unique ressource qui nous reste ! Ajoutez à cela lorsque, sans respect pour les lois, on voit dans tous les temps les chasseurs et leurs chiens aller dans tout le territoire, fouler les blés et les vignes des propriétaires, et leur enlever souvent dans un moment le fruit du travail de toute l'année. Le dommage du gibier est si considérable et urgent, que la communauté supplie très-humblement Sa Majesté de donner ou plutôt à chaque particulier la permission de les exterminer de leurs biens d'une manière quelconque, et en outre la communauté demande l'exécution des édits et déclarations du Roi, qui ordonnent aux propriétaires des pigeons de les enfermer aux époques énoncées dans lesdits édits et déclarations ; toutes les rentes des seigneurs ne payeraient pas le dommage que causent le gibier et les pigeons pendant l'année.

Cens.

Art. 3. Tous les cens sont payés à la Panal de Marseille, plus grosse que celle d'Aix d'environ 7 livres pesant, tandis que la mesure des Pennes

(1) Nous publions ce cahier d'après un manuscrit des *Archives de l'Empire.*
(2) Nous publions ce cahier d'après un manuscrit des *Archives de l'Empire.*

est la même que celle d'Aix, et pour justifier la légitimité de la plainte et l'injustice que l'on commet à l'égard des possédant biens, la communauté produira les actes passés rière notaire; la communauté désirait que les censitaires eussent la faculté de payer les cens en grains de la qualité qu'ils récolteront dans leurs biens, sans que les seigneurs puissent les forcer à donner une qualité de grains différente que celle produite par leur cru, et de pouvoir se libérer desdits cens en payant les fonds sur le taux que Sa Majesté ordonnera. La communauté attend avec confiance de Sa Majesté cette nouvelle marque de sa bienfaisance.

Les droits de lods et prélation.

Art. 4. Les droits de lods et prélation empêchent les achats et les ventes; ces droits sont d'autant plus intéressants pour les seigneurs qu'ils sont affligeants pour les particuliers. Si c'est un vassal à qui on en veut, on lui refuse le droit de prélation. Si un autre a acheté à un prix raisonnable, on le retient pour le revendre quelques jours après à plus haut prix en y imposant un cens. Ces deux droits si nuisibles aux citoyens, la communauté supplie très-humblement Sa Majesté de les détruire, et elle trouvera par les mutations plus fréquentes des droits de contrôle et centième denier.

Fontaine publique de Pierrefeu.

Art. 5. Les habitants de Pierrefeu réclament la fontaine publique appelée communément la fontaine de Léoule, laquelle, contre le droit des gens, a été vendue par le seigneur de Pierrefeu, tandis que les habitants et possédant biens en avaient l'usage. La communauté supplie très-humblement Sa Majesté de leur en accorder la jouissance.

Clos dans les terres gastes que les seigneurs des Pennes, Septèmes et Pierrefeu ont usurpés sur la communauté.

Art. 6. Messire d'Augustine possède dans la communauté des Pennes un fief appelé Septèmes; la communauté s'était pourvue dans son temps contre lui et avait obtenu, par arrêt au parlement de Toulouse, la démolition des clos qu'il avait fait construire dans les terres gastes. Malgré ledit arrêt, messire d'Augustine a obtenu depuis peu d'années, à la suite d'une enquête ordonnée par le parlement de cette province, de faire défendre ses clos. La communauté demande très-humblement à Sa Majesté que l'arrêt surpris à la religion du parlement de Provence soit réformé; les clos du seigneur de Septèmes et ceux dont les seigneurs des Pennes et Pierrefeu à son exemple s'approprient soient détruits et abolis entièrement.

Péage.

Art. 7. Le droit de péage est un droit si onéreux, si opposé au commerce, que la communauté supplie très-humblement Sa Majesté de vouloir bien la supprimer, et d'ordonner que les rouliers pourront atteler sur les chemins de Provence autant de chevaux à leurs voitures qu'ils en attellent dans le reste du royaume, conformément aux règlements de Sa Majesté.

Entretien des chemins que le seigneur des Pennes, en sa qualité de péager, doit entretenir ou la province.

Art. 8. Le seigneur des Pennes s'arrange avec

la province et on charge la communauté d'entretenir deux chemins publics et royaux depuis le moulin de Pierrefeu jusqu'à la Gavotte, et depuis la Gavotte jusqu'au chemin d'Aiguilles. De deux choses l'une : ou que le seigneur péager les entretienne, ou la province. Dans l'un et l'autre cas la communauté doit être remboursée puisqu'elle contribue d'ailleurs à l'entretien des chemins de la province et de la viguerie. Un arrêt contradictoire du conseil d'État du 18 octobre 1729 avait jugé la question en faveur de la communauté et condamné comme de justice le seigneur péager. La communauté supplie très-humblement Sa Majesté d'en ordonner l'exécution et de la faire rembourser de son entretien au moins de vingt-neuf ans ; elle est d'autant plus fondée dans sa demande que le seigneur des Pennes exige le péage sur lesdits deux chemins.

Titres, documents et cadastres de la communauté, enlevés.

Art. 9. La plupart des titres et documents de la communauté ont été enlevés; deux cadastres ont disparu, cadastres d'autant plus nécessaires qu'ils forment souvent, attendu l'ignorance des habitants et possédant fiefs, le seul titre de leurs possessions. Les travailleurs et ménagers ne connaissent pas le prix des actes, ils les égarent et les dissipent, il ne leur reste alors plus de ressources que dans les livres cadastraux. Les habitants et possédant biens n'ont pas le plus petit intérêt à l'enlèvement desdits titres et cadastres, tout les engage à les conserver ; il n'existe actuellement qu'un nouveau cadastre dont on ne peut connaître l'inexactitude qu'en le confrontant avec les anciens. Le conseil général prie MM. Jean Clément, curé des Pennes, et Saint-Louis Sauvan, de prendre tel moyen que leur sagesse suggérera pour ravoir lesdits titres, documents et cadastres

Deux chemins publics usurpés.

Art. 10. Le seigneur des Pennes s'est approprié à lui seul deux chemins publics depuis des siècles, dont l'un s'appelle le Pas, et l'autre le ruisseau appelé de Darinairolle. La communauté prie très-humblement Sa Majesté de vouloir bien ordonner que lesdits deux chemins continueront d'être publics.

Terres gastes vendues sous cens et pensions.

Art. 11. Quelques habitants et possédant biens, instruits de la déclaration du Roi du 12 avril 1767, s'adressèrent à la communauté pour leur indiquer les terres gastes. On les renvoya au seigneur, et après s'être pourvus dans les formes prescrites par la même déclaration à l'effet de jouir des privilèges y énoncés, ils furent obligés, pour pouvoir les défricher librement, de passer un acte au seigneur sous le payement d'une pension et cens. La communauté supplie très-humblement Sa Majesté de vouloir bien les faire jouir de tous les privilèges énoncés dans ladite déclaration.

Terres gastes usurpées et compascuité générale empêchée.

Art. 12. Le seigneur des Pennes s'est emparé de la plus grande partie des terres gastes ; il en vend tous les bois taillis et n'en laisse pas même en suffisance pour les habitants. Par cette usurpation, la compascuité générale dont jouissent les habitants depuis plusieurs siècles est troublée. La communauté supplie très-humblement Sa Majesté d'ordonner la restitution de toutes les terres gastes, et qu'inhibition et défenses lui seront faites de troubler les habitant et possédants biens dans la jouissance des bois taillis de la terre gaste et dans leur compascuité générale.

Biens usurpés.

Art. 13. Plusieurs possédant biens jouissent de temps immémorial de certains coins de terre dont ils payent la taille, qui ne produisent que des bois taillis. Le seigneur des Pennes s'en empare d'autorité sans forme de justice ; les seigneurs de Septèmes et Pierrefeu exigent le tiers des bois taillis des mêmes biens. La communauté supplie très-hublement Sa Majesté d'ordonner qu'inhibition et défenses seront faites audits seigneurs de troubler les possédant biens dans la jouissance des bois taillis dont ils payent la taille.

Sable refusé pour reconstruire les maisons et murailles.

Art. 14. Le sable est absolument nécessaire pour réparer et construire les maisons et murailles. La communauté était en possession depuis plusieurs siècles d'en prendre dans un endroit destiné à cet objet; cependant, par un acte d'autorité, on a fait des menaces à tous les particuliers de ne plus oser en prendre sous peine d'être dénoncés. La communauté supplie très-humblement Sa Majesté d'ordonner que les habitants possédant biens continueront d'en prendre dans le même endroit et dans toutes les terres gastes où il s'en trouvera.

Conseil de la communauté à augmenter.

Art. 15. Le conseil ordinaire de la communauté est composé de quatorze paysans, dont le plus grand nombre ne sait ni lire ni écrire, pensionnaires ou censitaires du seigneur, qui n'osent dire leur sentiment crainte d'être écrasés en frais, les exemples n'en sont pas rares ; ajoutez à cela que lorsque quelque affaire intéresse le seigneur, il envoie un homme d'affaires avec la qualité de préposé, qui les force à faire ce qu'ils ne voudraient pas et qui porte l'audace jusqu'à dire que bon gré ou mal gré ce qu'il propose sera ; alors tout tremblants ils acquiescent à tout ce qu'on leur demande. La communauté supplie très-humblement Sa Majesté de vouloir bien permettre que le curé de la paroisse et autres notables possédant biens puissent assister à tous les conseils de la communauté en qualité de simples conseillers surnuméraires pour ranimer le courage et éclairer les démarches des pauvres paysans qui forment un corps de citoyens si intéressant et si utile à l'Etat.

La justice.

Art. 16. La communauté supplie très-humblement Sa Majesté d'ordonner que les habitants des Pennes, Septèmes et Pierrefeu pourront, soit en attaquant ou défendant, se pourvoir en première instance par-devant les juges royaux pour raisons que la sagesse de Sa Majesté a déjà prévues depuis longtemps.

Les chèvres.

Art. 7. La mortalité des oliviers a entraîné avec elle la ruine de la communauté. Les chèvres indemniseraient en partie les habitants par le produit du laitage et l'engrais des terres qu'elles favorise-

raient. La demande de la communauté est appuyée sur deux raisons : la première que le pays est sec, aride et montagneux ; la seconde qu'il n'y a dans le territoire de la communauté aucun arbre marqué pour servir à la construction, et enfin que les communautés voisines jouissent depuis longtemps de ce privilège. La communauté supplie très-humblement Sa Majesté de vouloir bien déférer à la demande du conseil général et de nommer des commissaires, si le cas y échoit, pour constater la vérité de cet exposé.

Impôt territorial.

Art. 18. L'impôt territorial est d'autant plus juste que tous les individus y sont soumis à proportion des biens qu'ils possèdent, et comme le clergé et la noblesse possèdent les meilleurs biens qu'on appelle communément ferrage, il est juste qu'ils contribuent par égalité aux charges de l'Etat sans distinction des biens nobles, roturiers et des charges négociables.

Liberté du conseil.

Art. 19. La présence du juge ou lieutenant de juge, hommes des seigneurs, gêne les suffrages des délibérants. La communauté supplie très-humblement Sa Majesté de vouloir bien ordonner que tous les conseils de communauté seront autorisés par les maires et consuls seulement.

Sur toutes les instructions, doléances et remontrances ci-dessus mentionnées, la communauté donnera tous les éclaircissements nécessaires pour en justifier la légitimité.

Ledit cahier n'a été dressé qu'après avoir entendu tous ceux qui composent le conseil général, au nombre de deux cent cinquante-trois, et après avoir fait lecture de chaque article en français et provençal, oui unanimement, approuvé par acclamations à cris redoublés à chaque article le contenu dudit cahier et ont signé ceux qui l'ont su.

Signé Arnoux, consul; Savournin; Maximin Poullet; Constant; Plaret ; J.-C. Michel; J. Bouze; Lambert; J. Pousset; P. Aulonnée; Jacques Negré; J.-Baptiste Albraud; Lazare Arnoux; Pierre Laurent Aulonno; J.-J. Parisson ; G. Pousset; Pecquier; Jean Martin ; P. Cayel; Louis Aulonne ; F. Carel; Gaspard Cadent; D. Carle; J. Pesrès; J.-B. Quatresol; Etienne Josseraut ; Figou; Guillaume Frèze; Roux Pieul; N. Turc; Michel; Beiron ; A. Cordieux; M. Badinel; Pousset; Michel; N. Barbazou; Solle; Lange Fémy; Jean-Pierre Raphaël; L. Raphael ; Pol ; Domini Cadenel; François Calvin; Frémy; Bunard; Solle; Bouze; Antoine Roux ; Pleudoux; J.-J. Sarier; L. Sacournin; A. Constant, et Antibou.

CAHIER

Des doléances et plaintes de la communauté de Plandhaups, sénéchaussée d'Aix (1).

L'assemblée de cette communauté, touchée de ce que le Roi daigne s'intéresser à son sort et l'autoriser à faire un tableau de ses doléances et de ses plaintes pour concourir aux vues bienfaisante qui les dirigent pour régénérer son royaume, charge expressément ses représentants du tiers-état aux Etats généraux du royaume de

---

(1) Nous publions ce cahier d'après un manuscrit des *Archives de l'Empire.*

solliciter et d'obtenir, avant qu'on prenne aucune délibération, que les suffrages soient recueillis par tête et non par ordre. Inutilement le Roi aurait-il accordé au tiers-état le même nombre de députés qu'aux deux premiers ordres pris ensemble. Ces deux premiers ordres, pour conserver leurs iniques priviléges, la plupart usurpés ou obtenus pour des causes qui n'existent plus, seront toujours unis d'intérêt pour faire supporter au tiers, comme ci-devant, toutes les charges de l'Etat.

Ensuite les députés du tiers feront tous leurs efforts pour établir sur une base solide, et appuyer que la liberté de l'homme soit assurée et garantie à tous les citoyens indistinctement, puisqu'il n'y a rien qui soit plus glorieux à un monarque que de régner sur des sujets libres et non sur des esclaves. Que tout droit de propriété soit intact et sacré, hors le cas de l'intérêt public, auquel on n'aura égard qu'après un ample dédommagement.

Que les lettres de cachet, armes funestes forgées par le despotisme, soient abolies.

Que la liberté de la presse soit accordée pour tout ce qui ne sera pas contraire à la religion, au respect dû au Roi et à la famille royale, aux bonnes mœurs et à l'honneur des citoyens.

Qu'on s'occupe de la réforme du code civil et criminel, si longtemps désirée et si nécessaire.

Qu'on travaille à la suppression de la vénalité des offices, à celle de tous les petits tribunaux inutiles et à charge au public, pour en ériger d'autres qui jugent souverainement jusqu'à une somme déterminée pour le soulagement du peuple, qui n'a pas ordinairement des procès de grande valeur, et qui est écrasé par cette foule de tribunaux où l'opulent les traîne.

Qu'il soit accordé à chaque citoyen la faculté de pouvoir remplir tous emplois militaires et surtout ceux de la marine, bénéfices et charges attribués à la noblesse.

Que le prix du sel, si onéreux au peuple, soit modéré et rendu uniforme dans tout le royaume.

Que tout droit de circulation dans l'intérieur soit aboli, et que les bureaux des traites soient reculés aux frontières; et en conséquence, que Marseille ne soit plus réputée ville étrangère, pour que la Provence qui tire tout ce qui lui est nécessaire de cette ville ne soit pas assujettie à des bureaux oppressifs pour elle et pour son commerce, où l'on est obligé d'acquitter rigoureusement ce qu'on exige, sans savoir ce que l'on doit payer, puisque aucun tarif n'est jamais exposé aux yeux du public; qu'il est d'ailleurs une injustice criante que des marchandises du royaume, qui payent des droits pour entrer à Marseille soient encore assujetties, aux mêmes bureaux, et des nouveaux droits à leur sortie.

Que tout impôt sera nul, s'il n'est pas consenti par les Etats généraux qui limitent sa durée jusqu'à la prochaine assemblée desdits Etats, laquelle sera fixée au terme d'environ trois ans, et qu'en cas que les nouveaux Etats ne soient pas tenus à ce terme, l'impôt cessera au même instant.

Que tout impôt, de quelque nature qu'il puisse être, soit également réparti sur tous les citoyens de tous les ordres, proportionnellement à leurs facultés, sans que ni rang, ni naissance, ni privilége puisse dispenser qui que ce soit d'être soumis à cette égalité de répartition, puisque nulle distinction ne peut soustraire aucun citoyen, comme sujet du même souverain, à la charge des contributions nécessaires aux besoins de l'Etat.

Que les troupes soient maintenues sur un pied suffisant pour que le royaume soit respecté par les Etats voisins, de façon qu'on ne puisse en induire qu'elles sont plutôt destinées à une juste défense, qu'à faire des conquêtes; et en conséquence, qu'il serait nécessaire, vu les besoins de l'Etat, de congédier toutes les troupes étrangères qui sont fort dispendieuses et superflues, puisqu'elles peuvent si aisément être remplacées par des troupes nationales.

Que toutes les dépenses de l'Etat soient vérifiées aux Etats généraux et rendues publiques par la voie de l'impression.

La présente assemblée donne encore pouvoir aux députés qui la représentent de protester aux Etats généraux contre la constitution inique et abusive des Etats particuliers de la province, où l'ordre du clergé n'est représenté que par les seigneurs évêques, qui ne sont que partie d'icelui, et d'où tout autre membre est exclu, où l'ordre de la noblesse n'est point représenté par le corps de la noblesse, mais par les seuls possédant fiefs, qui n'en sont que partie, et d'où tout autre noble est exclu, où le tiers-état n'a ni le nombre de représentants suffisant, ni liberté, ni pouvoir de faire seulement des protestations. Ainsi, rien ne prouvant mieux l'illégalité de cette constitution, que son injustice, et le souverain l'ayant reconnue telle, elle doit être abolie ou réformée.

Le pouvoir donné auxdits députés s'étendra encore à voter pour établir une constitution plus légale et plus représentative de tous les droits des citoyens, pour que chaque ordre ait des députés de tous ses membres, pour que le tiers-état ait autant de représentants que les deux premiers ordres réunis, et qu'il puisse se nommer un syndic, pour que la nouvelle constitution n'ait plus à sa tête ni président, ni procureur de pays nés et à naître, pour qu'il leur soit substitué des présidents et des commissaires pris dans les trois ordres en nombre égal, qui seront changés tous les ans ou tous les deux ans, et qui seront nommés par les suffrages libres de toute l'assemblée, et enfin pour que l'administration de la province soit réglée par l'assemblée des Etats, après qu'elle aura été sanctionnée et approuvée par le Roi.

Et finalement, la présente assemblée de la communauté de Plandhaups laisse à son député la liberté d'opiner selon ses lumières, la conscience et le vœu qui lui a été manifesté par les communes sur tous les objets dont il n'a pas été fait mention dans le présent état.

Signé Raymond, viguier; Guitton; François André; P. Plumié; François Guis; Bernard; Leguerru, greffier.

CAHIER

Des doléances de la communauté du Puy-Sainte-Reparade et Saint-Canadet, viguerie d'Aix (1).

Cette communauté charge ses députés qui seront élus de présenter à l'assemblée qui sera tenue le second avril prochain dans la ville d'Aix en vertu de l'ordonnance de M. le lieutenant général en date du 12 du courant mois, le présent cahier pour requérir que les articles de réclamation y contenus soient insérés dans le cahier général qui doit être remis à MM. les députés qui seront élus pour assister aux Etats généraux convoqués à Versailles le 27 avril prochain, et les faire valoir dans l'assemblée assignée audit jour comme ten-

(1) Nous publions ce cahier d'après un manuscrit des *Archives de l'Empire.*

dant au service du Roi, au soulagement de ses sujets et à la prospérité du royaume.

Art. 1er. MM. les députés requerront que, l'assemblée des États généraux soit convoquée de trois en trois ans, sauf les cas pressants.

Art. 2. Que, pour parvenir à acquitter les dettes de l'État et pour subvenir à l'avenir aux impositions ordinaires avec plus de justice, les deux premiers ordres seront en égalité totale de contributions avec le tiers.

Art. 3. Que les fermes soient supprimées dans l'intérieur du royaume ainsi que les billets à caution dans les quatres lieues frontières, pour écarter les maux qu'elles causent au commerce et aux particuliers.

Art. 4. Que l'on pourvoie à la diminution du prix du sel, dont il se fait une plus grande consommation en Provence, attendu son terrain sec et aride.

Art. 5. Que le commerce étant intercepté le tiers de l'année par les crues de l'eau qui dérangent les bateaux sur la rivière de Durance, lesquels n'ont aucun port sûr et solide, il en soit établi un entre la communauté du Puy où il y a un port invariable, et celle de Villelaure.

Art. 6. Que l'assemblée générale prenne en considération les dégradations et les pertes que la rivière de Durance a faites au Puy, afin que la province accède à nos réclamations souvent présentées à l'administration sans succès pour garantir son terrain, déjà emporté en partie.

Art. 7. Que l'on obvie aux moyens propres à empêcher l'accaparement des blés, qui occasionne souvent la disette et capable de causer la famine.

Art. 8. Que la vénalité des charges de justice soit abolie, et que les droits royaux soient ou supprimés ou modérés.

Art. 9. Que la législation civile et criminelle soit réformée.

Art. 10. Qu'il ne sera plus permis aucune espèce de défrichement sur les penchants ardus et difficiles.

Art. 11. La congrue des sieurs curés et vicaires sera augmentée avec suppression entière du casuel.

Art. 12. Toutes dispositions en ligne directe seront affranchies du contrôle et centième denier et réduites au simple droit des commis, en quel acte que ce soit.

Art. 13. Que les péages, soient supprimés n'ayant été établis qu'à des conditions et à des charges non remplies.

Art. 14. On réclamera sur les cuirs, à l'e fet d'en diminuer l'impôt pour le Français.

Art. 15. L'exportation des bestiaux aux pays étrangers sera prohibée pour faire diminuer la viande qui est à un taux excessif et prête à manquer.

Art. 16. Tous les droits seigneuriaux deviendront rachetables à dire d'experts, hors les redevances honorifiques.

Art. 17. Aucun impôt ne pourra être mis et levé s'il n'a été consenti par la nation assemblée.

Art. 18. L'on apportera plus de soin et d'exactitude à l'entretien des routes, surtout aux chemins des vigueries.

Art. 19. On sollicitera la réforme des États de Provence.

Art. 20. La suppression de la mendicité sera demandée avec instance.

Art. 21. Qu'il soit fait des représentations à raison de ce que la dîme est excessivement forte dans cette communauté, décourageante pour le cultivateur, désirant qu'elle soit établie au même

taux que dans le terroir de Perricard qui est de la dépendance du même seigneur, n'y ayant pas même de termes limitrophes dans les deux terroirs.

Dévouant en outre, lesdits habitants, leurs biens, leur vie même pour le service et la gloire d'un Roi le meilleur de tous les rois, chéri de son peuple qui n'ambitionne que sa prospérité.

Telles sont les doléances, plaintes et remontrances desdits habitants, lues et publiées dans l'assemblée de ce jour et adoptées universellement par les délibérants en suite du rapport qui en a été fait au Puy-Sainte-Reparade, dans l'église paroissiale, le 25 mars 1789.

Signé Thomassin-Lagarde, premier consul; J.-J. Latil, consul; Luc Thierie; Jean Beneri; Pautet cadet; L. Latil ; Jean-Louis Lousel ; J.-Baptiste Roulaud ; Huc ; Laurent; Richaud cadet; Niel ; Artaud ; Descalis ; Ameni ; Jean-Baptiste Ardoin ; Fouque ; Silvestre ; Louis-Léon Desculis ; Vique ; Rei ; Artaud ainé ; Féraut ; Roustaut; Therye ; Vaugier ; Groslad ; Mariaud ; Imbriton ; Mariton ; Vaugier; Detiennebruter, fermier ; Thoux ; Vaugier ainé , Constant Martialis; Reinaud, juge , et par nous greffier soussigné, Barbezier.

CAHIER

Des doléances de la communauté de la Roquette, remis aux sieurs députés, pour porter à l'assemblée générale qui doit se tenir à Aix le 2 du mois prochain, par-devant M. le lieutenant général au siège de la sénéchaussée(1).

Dans la communauté de la Roquette il y a cinq bastides : deux appartiennent à des particuliers, les trois autres au seigneur marquis dudit lieu; les biens séparés de ces ménageries appartiennent à des habitants de Quinson, village très-voisin dudit la Roquette.

Le seigneur dudit lieu perçoit le droit de tarque sur tous les grains qui s'y recueillent, à raison du dixième, et une tarque sur les raisins à la quotité du dix-sept, les lods à raison du six, quelquefois par grâce au neuvième.

Lorsque cette communauté était habitée, il y avait un curé qui jouissait de la dîme, mais il y a au delà de deux cents années que cette cure n'est plus desservie, bien que dans lesdites bastides il y ait au moins quarante âmes vivantes qui viennent recevoir les secours et instructions spirituelles dans la paroisse de Quinson, en suite d'une ordonnance d'année rendue par le seigneur évêque du diocèse, et le prieur, à ce que l'on dit, donne au sieur curé de Quinson une modique somme de 36 livres.

Ce même prieur ne donne qu'une messe chaque dimanche et fête, depuis la croix du mois de mai jusqu'à celle du mois de septembre; cette messe est célébrée dans la chapelle appelée Sainte-Thècle, près du château du seigneur; le célébrant est pour l'ordinaire le vicaire de Quinson ou celui de Montmezan, à qui le prieur donne 48 livres, et pour raison de ce que dessus, ledit prieur perçoit la dîme des grains à raison de quinze, et pour les raisins au vingt-cinq, et les agneaux sur le pied du vingtième. Cette dîme produit année commune au moins 500 livres.

Les pauvres habitants et forains qui, pour se procurer un pain, avaient défriché des terres gastes, n'ont pas toujours joui tranquillement des

(1) Nous publions ce cahier d'après un manuscrit des *Archives de l'Empire.*

fruits de leurs travaux, soit pour les récoltes, soit pour les exemptions à eux accordées par la déclaration ; ils eurent plusieurs contestations à soutenir, desquelles ils devinrent les victimes ; ils n'ont pas eu non plus des grâces pour le droit de tarque.

Nota. —Un seul habitant, pour apporter son pain de l'aire au village au moment d'un orage, paya 150 livres au prieur pour amende ou pour dépens, et cela parce qu'il n'avait pas prevenu le collecteur.

Tel est l'état des habitants et possédant biens de la Roquette ; le seigneur et le prieur perçoivent chaque année la sixième partie des grains que lesdits habitants recueillent par des longs et pénibles travaux, soit dans les terres à eux propres, soit dans les terres gastes ; le sieur prieur a en sus la dîme des agneaux.

Le droit de tarque dérive des désemparations que les anciens seigneurs avaient faites de leurs mauvaises terres nobles, qui, passant dans les mains des habitants, devenaient roturières, et par-conséquent soumises aux tailles et autres impositions communales; après ces désemparations, les seigneurs, usant des prétendus droits de compensation, rendirent les bons fonds nobles et s'assurèrent le droit de tarque sur les terres désemparées; au moyen de ce, les bonnes terres qui produisaient beaucoup de tailles à la communauté donnaient au seigneur un bénéfice, et les mauvaises qui ne produisaient rien leur en assuraient un plus considérable par le moyen de la tarque.

La communauté ose espérer qu'elle sera dégagée de toutes ces charges ruineuses, qui ne sont faites que pour enrichir les seigneur et prieur, qui possèdent beaucoup et ne payent rien.

Les habitants dudit la Roquette, forains et possédant biens, ont le droit de couper bois et autres exploits utiles et nécessaires sans en abuser, suivant l'acte du 10 janvier 1561, notaires Geoffroi, Ventris et Thenori. Malgré la teneur de cet acte, le seigneur de la Roquette prive lesdits habitants et forains de cette faculté; il veut même priver un fabricant de tuiles de Quinson, qui a sa fabrique dans le terroir de la Roquette, de couper le bois qui lui est nécessaire, contre la teneur de ladite transaction, et un acte particulier que ses ancêtres avaient passé avec ceux du fabricant actuel. Ce pauvre fabricant, qui est possédant biens audit la Roquette, ayant une nombreuse famille, se trouve privé des fruits de son état, qui lui fournissait les moyens de substanter sa famille.

Nota. — Le fabricant de tuiles donne audit seigneur de la Roquette cent tuiles par fournée.

Les habitants et possédant biens de cette communauté seront forcés d'abandonner leurs propriétés, si la dîme n'est pas supprimée ou modérée ainsi que les droits seigneuriaux; elle demande encore l'encadastrement des biens nobles, pour que chacun s'aide à payer les charges royales et provinciales et à mettre un ordre au rétablissement des finances.

Elle demande une justice différente pour le bien des peuples, la vente des biens de l'Église, pour du produit former un fonds, duquel on fixerait à chaque ministre de l'Eglise, suivant son grade et sa place, un revenu honnête, et le restant du prix des ventes, versé dans le trésor royal ; encore d'obliger tous les prieurs et évêques de résider dans leurs diocèses et lieux et biens bénéficies.

La communauté demande un nouveau règlement pour l'administration de la province; que les ha-

bitants des trois ordres n'y soient jamais qu'en nombre égal.

Que les sommes que Sa Majesté délaisse toutes les années ne puissent être distribuées qu'en faveur des communautés affligées.

L'assemblée charge ses députés de demander que les chemins soient réparés ; ils étaient en grande partie chemins de seconde classe de province ; la viguerie n'a pas soutenu ses droits, au contraire, elle a changé nos chemins du tableau, aussi ils sont impraticables, et le commerce diminue chaque jour, et la viguerie, sans entendre les communautés, a procédé auxdits changements pour placer son principal chemin passant par Beaudinar.

Signé J.-J. Martin ; Avoud ; Grambois ; Bertrand père; Chabran, Lourrière ; J. Massebeuf; Gasayne, et Nausset, greffier.

CAHIER.

Des doléances de la communauté de la Tour d'Aiguès, sénéchaussée d'Aix (1).

La communauté de la Tour d'Aiguès a fait une triste expérience de tout ce que l'anarchie féodale, l'organisation de nos tribunaux, et les préjugés en faveur de la noblesse ont de plus fâcheux. Elle est encore sous le joug de dix-neuf procès qui lui ont été suscités par son seigneur, et la plupart à même d'être jugés par le parlement, dont son seigneur est membre, peut-être aussi par une chambre qu'il préside. L'on ne doit pas être surpris si elle porte ses réclamations peut-être plus loin qu'aucune autre communauté.

Art. 1er. Le désir le plus ardent de la communauté et de tous les membres qui la composent, est de maintenir l'autorité royale dans toute sa force et dans tous ses privilèges.

Art. 2. Les députés sont expressément chargés de requérir l'abolition de tout privilège et la contribution à toutes les charges, de la part de tous les sujets de Sa Majesté suivant leurs facultés, en quoi elles consistent ou puissent consister. Soit biens capitaux, droits seigneuriaux ou autres, la puissance royale protège toutes ces espèces de biens. Toutes ces espèces de biens doivent donc contribuer pour la maintenir.

Art. 3. Les députés requerront que la nation insiste pour avoir une nouvelle formation d'Etats non-seulement pour l'administration, mais pour la députation aux Etats généraux, la députation actuelle n'étant pas constitutionnelle et la communauté n'y ayant consenti que pour donner à Sa Majesté une nouvelle preuve de sa soumission, de sa fidélité, et dans l'espoir qu'elle a suppléé les protestations du pays par le préambule des lettres patentes et reconnu la nécessité que la nation soit légalement représentée.

Art. 4. Les députés proposeront que le pays soit maintenu dans tous ses privilèges, franchises, et immunités, notamment dans le droit de concourir à la formation des lois, à l'établissement des impôts et dans le choix des moyens pour en opérer l'acquittement.

Art. 5. Les députés feront instance pour que les députés de la nation aux Etats généraux ne souffrent pas que les députés que la noblesse fieffée a nommés en contravention des lettres patentes de Sa Majesté, soient admis dans les Etats généraux contre la disposition de l'arrêt du con-

(1) Nous publions ce cahier d'après un manuscrit des *Archives de l'Empire.*

seil du 23 février dernier, et moins encore que leur nombre ajouté à celui des autres membres de la noblesse détruise l'égalité ordonnée par l'arrêt du conseil du 27 décembre dernier.

Art. 6. Les députés proposeront la réformation de la justice civile et criminelle, notamment celle des tribunaux ; que les habitants des villages ne soient plus jugés sur les questions relatives aux droits seigneuriaux uniquement par les seigneurs.

Que le parlement de cette province soit composé de membres des trois ordres sur le modèle de l'égalité prescrite tant pour les États généraux que pour nos États particuliers.

Que les offices de judicature ne soient plus vénaux, et que les juges ne soient institués que sur la présentation des États ou des viguéries.

Art. 7. Les députés formeront vœu pour la suppression de toute justice seigneuriale tant au civil qu'au criminel, comme un germe d'abus et de vexations qui reproduit la tyrannie des premiers temps de l'anarchie féodale.

Art. 8. Les députés demanderont que les troupeaux du seigneur ne puissent plus dévaster les biens des habitants sans encourir les mêmes peines que celles imposées aux habitants quand ils dévastent les biens du seigneur.

Art. 9. Les députés demanderont que le pays fasse maintenir les communautés dans les droits et privilèges attachés aux offices municipaux dont les maires pourvus par Sa Majesté jouissaient avant que la province eût acquis ses officiers municipaux, et dont ils ont été dépouillés par le parlement immédiatement après la réunion consommée.

Art. 10. Les députés demanderont que l'hommage prêté au seigneur soit réduit à sa véritable nature, c'est-à-dire que n'étant que relatif aux biens, il ne soit plus que le signe d'une servitude personnelle, et qu'on ne l'exige plus à genoux. Cette cérémonie, humiliante pour les hommes, enfle trop l'orgueil de ceux qui la reçoivent, sans en être eux-mêmes humiliés.

Art. 11. Les députés demanderont que la police soit attribuée aux consuls, comme pères du peuple. C'est le seul moyen pour qu'elle soit bien exercée et que les protégés du seigneur, ses agents et de ses officiers ne puissent plus les vexer avec espoir d'impunité.

Art. 12. Les députés demanderont qu'il soit opposé un terme à l'exercice du droit féodal beaucoup moins court que celui de trente années, et que le payement du lods, quand même il sera fait au fermier, vaille investiture, puisque le fermier, quant à ce, est l'homme du seigneur.

Art. 13. Les députés demanderont que les communautés ne soient plus exposées aux vexations des droits d'indemnité et de rapport qu'on leur fait essuyer à ce sujet. Quand le seigneur a appelé des habitants dans sa terre, il a entendu qu'ils auraient tout ce qui est nécessaire à l'habitation, et qu'on n'exigerait pas d'eux une contribution pour avoir soit un hôpital, soit une maison curiale, soit une boucherie et hôtel de ville; et non que, pour en connaître la valeur sur laquelle doit être fixé le droit d'indemnité, on ferait de dix en dix ans ou de vingt en vingt ans, aux frais de la communauté, un rapport qui coûte souvent plus que le droit lui-même, et que l'on n'aurait pas la liberté d'offrir au seigneur une somme quelconque pour éviter les frais de ce rapport.

Art. 14. Les députés demanderont qu'on tâche de délivrer les communautés de la banalité des fours et des moulins, où se commettent tant d'in-

justices et où se perçoivent tant de droits indus sous prétexte des œuvres de surérogation que les seigneurs et les arrêts du parlement ne permettent pas de faire faire par un tiers. On connaît aujourd'hui le prix de la liberté des hommes; il ne faut donc pas permettre qu'elle soit plus longtemps enchaînée, et moins encore que leur esclavage devienne une occasion de profit pour le seigneur, au moyen des vexations de ses préposés.

Le Languedoc a obtenu un arrêt du conseil qui lui permet de racheter le droit d'indemnité, à plus forte raison doit-il donc être permis de racheter des droits qui affectent la personne et la liberté de l'homme.

Art. 15. Les députés auront le pouvoir de concourir à toutes délibérations, voter et consentir tous les objets de doléances que la communauté n'a pas prévus, et se concilier à cet égard soit avec les commissaires, soit avec les députés qui rédigeront le cahier national.

Art. 16. Les députés demanderont encore de pouvoir jouir du droit ou faculté de la chasse, ainsi qu'il a été accordé aux habitants par la transaction passée entre le seigneur et la communauté, afin de pouvoir détruire chacun dans ses possessions le gibier et notamment les lapins qui dévastent tous les fruits et les jeunes arbres, surtout les oliviers, sauf à la communauté de prendre les mesures nécessaires pour user sans abus de ce droit plus utile aux habitants qu'aux seigneurs eux-mêmes.

Art. 17. Les députés réclameront aussi qu'en contribuant comme ils font à l'abonnement des droits de Sa Majesté à cause de la directe universelle qui lui appartient dans tous les pays de Provence et détaillé dans l'arrêt du conseil d'État du 19 juin 1691, il sera permis aux habitants de cette communauté de se servir de l'eau de leurs fontaines, des eaux pluviales et de celles des rivières, ruisseaux et autres sources publiques qui sont dans leur terroir, afin d'en arroser leurs possessions et généralement pour en faire l'usage qui leur paraîtra nécessaire.

Art. 18. Les députés représenteront que la multiplicité des pigeonniers qui existent dans le terroir causent un dégât considérable à tous les semis des grains que les habitants sèment dans leurs possessions, parce que les pigeons en mangent ou en empêchent de germer une grande partie; ils en demanderont l'abolition sans aucune exception, soit en faveur des habitants, soit en faveur du seigneur.

Les députés solliciteront encore la réduction des dîmes que notre communauté paye à un prieur décimateur étranger, de façon qu'il n'en soit plus perçu qu'une quotité suffisante pour payer les prêtres qui font les services de la paroisse.

Signé d'Estienne, lieutenant de juge ; d'Albon, maire, consul; Lange, député; Beyer; Cavasse; Rey; A.-D. Hupais; B. Bogert; Duly; Chauvet; Tournatare; Dorgon; J.-H. Meit; Pierre Escoffier; Rougon; L. Blanc; M. Chel; Brun; E. Panisfête; Lancelme; Estienne; Carbonnel; F. Goiraud; A. Hesse; Maurel; André Bonnet; Germain; J.-J. Richard; Charles Ginon; Valette; C. Fourasse; Gaspard Lombard; Languier; P. Charbonnel; J.-B. Roux; J. Briou; P. Carbonet; Aubion; A. Chateminois; L. Donzel; B. Terras; J. Consolin; Goudon; Chateminois; Richaud; Carretier; May.

CAHIER

Des plaintes, doléances et remontrances de la communauté de la Verdière, sénéchaussée d'Aix(1).

Un monarque dont le plaisir le plus doux est de faire le bien, dont l'intérêt le plus cher à son cœur est le soulagement de ses peuples et la prospérité de son royaume, notre bon roi de France, étant parvenu par son attention soutenue et sa vigilance éclairée, à connaître l'état déplorable de son peuple et celui de ses finances, s'empresse de rassembler autour du trône la nation entière pour lui faire part de ses sollicitudes paternelles, prendre son avis, connaître les besoins et les souhaits de ses peuples et traiter ensemble comme en famille des moyens salutaires qui peuvent apporter le plus promptement possible un remède efficace aux maux de l'Etat.

C'est par ces grands motifs, c'est pour réformer et prévenir les abus de tout genre, pour établir un ordre constant et invariable dans toutes les parties du gouvernement, qui intéressent le bonheur de ses sujets, c'est enfin pour assurer à l'avenir la félicité publique que ce Roi bienfaisant vient de convoquer au 27 avril prochain les Etats généraux de son royaume de la manière la plus sûre et la plus immédiate pour se rapprocher des besoins et des vœux de ses peuples. A ces fins, Sa Majesté veut que tous ses sujets soient appelés à concourir à l'élection des députés qui doivent former cette solennelle assemblée. En conséquence, elle a ordonné que tous les bailliages et sénéchaussées s'assembleront pour conférer et communiquer ensemble tant des remontrances, plaintes et doléances que des moyens et avis qu'ils auront à proposer en l'assemblée générale, et pour ce faire, d'élire les députés qui doivent y assister.

C'est en exécution de ces ordres qu'il nous a été fait commandement par exploit du 20 du courant de nous tous assembler pour dresser le cahier de nos plaintes, doléances et remontrances, et nommer le nombre de députés prescrit par Sa Majesté pour porter ledit cahier à l'assemblée de la sénéchaussée d'Aix, qui est fixée au 2 avril prochain, et pour y concourir à élire dans cette même assemblée les députés auxdits Etats généraux.

Voilà donc l'objet de la convocation de cette assemblée extraordinaire. Jamais aucune nation ne reçut un témoignage plus flatteur et plus éclatant de la bonté et de la confiance de son roi ; connaissons-en bien toute l'importance et tous les avantages, et pour répondre utilement aux vues bienfaisantes de ce prince auguste qui n'établit les bases de la monarchie que sur les droits de l'humanité, qui ne fonde sa grandeur que sur l'amour de ses sujets, et qui est plus occupé de notre bonheur que de son autorité, nous invite à indiquer nous-mêmes les institutions salutaires qui doivent nous gouverner. Ce grand monarque nous confie par là les droits les plus jaloux de la souveraineté. Hâtons-nous de nous montrer dignes de ce bienfait insigne. Fixons les objets de réclamation qui doivent être mis sous ses yeux, et ne nous en permettons que sur des objets utiles et relatifs au bonheur public, sans oublier les égards et le respect qui sont dus aux deux premiers ordres. Notre modération et notre sagesse donneront un nouveau poids à nos remontrances. C'est surtout par notre soumission et par notre retenue que nous mériterons d'être écoutés. Exposons donc

notre situation avec franchise, confiance et vérité. Prouvons que nos efforts sont au-dessus de nos facultés et que les deux ordres privilégiés soutiennent à peine d'un bout du doigt le fardeau de l'Etat, tandis que le tiers gémit, chancelle, plie et succombe sous son poids.

Dans ces dispositions, l'assemblée, pénétrée d'un amour et d'une reconnaissance sans bornes pour le meilleur des rois, a arrêté qu'il sera représenté et demandé auxdits Etats généraux :

1. La suppression de tous les droits féodaux quelconques ; tous ces droits sont oppressifs pour le peuple, les seigneurs n'en jouissent que sous des conditions qu'ils ont foulées aux pieds. C'est la classe la plus indigente qui, accablée d'impôts, payant les lods, demi-lods, cens, pensions féodales, banalités, etc., fait le service militaire par la levée des milices, et est encore soumise à payer pour soudoyer les troupes, ce qui était à la seule charge des seigneurs.

Les droits de lods sont fixés dans la communauté de la Verdière au six, ce qui est une entrave lourde et pesante pour le commerce des biensfonds ; il doit être supprimé ou du moins levé au profit du Roi, puisque les seigneurs ne font plus le service militaire.

Le retrait féodal est un droit destructif, et il devient encore plus oppressif par la faculté que les seigneurs se sont attribuée de céder leur droit de rétention féodale, qui n'est jamais accordé gratuitement, toujours à des personnes du lieu et jamais aux pauvres cultivateurs ou paysans, qui, par là, se trouvent éloignés de tout ce qui peut flatter leur ambition ; ils ne peuvent garder avec sécurité ce qu'ils achètent et ne peuvent pas même donner à leurs enfants aucune éducation ni aucun espoir d'une soumission foncière ; si la faculté du retrait féodal peut subsister pour les seigneurs personnellement, la cession de ce droit doit du moins être prescrite.

Le droit de banalité est un véritable esclavage ; s'il n'est pas aboli, le rachat doit en être généralement permis.

Le droit de chasse devrait être généralement permis, du moins à chacun dans ses domaines. Il est inconcevable comme le gibier est destructeur des semis et des jeunes arbres, principalement des oliviers, dans toutes les communautés où la chasse est prohibée, et combien les domestiques des seigneurs, leurs chiens et leur chasseurs font des dégâts ruineux.

Les seigneurs jouissent d'ailleurs d'un droit qui ne paraît pas être fondé ni en justice ni en équité : c'est le droit de deshérence et celui sur les régales et les égouts; ils en ont tout le profit sans aucun charge, qui serait celle de fournir à l'entretien des bâtards, puisque ceux-ci mourant *ab intestat*, ou sans héritiers légitimes, leurs successions sont envahies par les seigneurs ; ne vaudrait-il pas mieux que les enfants naturels d'un hôpital transmissent de droit leurs successions à l'hôpital de la paroisse où ils décèdent ; et celle de construire eux seuls et entretenir les pavés des rues, puisqu'ils ne font aucune peine de disposer des places vacantes, et les arrenter à leur gré, ainsi que les égouts et les eaux pluviales, ce qui est destructif des pavés et des rues dont les communautés sont actuellement obligées de faire la dépense.

Cependant, comme il faut être vrai en tout, la communauté de la Verdière doit avouer ingénument qu'elle ne se plaint pas des vexations de son seigneur, qui est généralement aimé et respecté de ses vassaux.

(1) Nous publions ce cahier d'après un manuscrit des *Archives de l'Empire.*

2. La réforme du code civil et criminel, la suppression de tous les tribunaux inutiles et onéreux, et notamment des juridictions seigneuriales.

L'attribution au conseil de chaque lieu des affaires jusqu'à la somme de 25 livres, avec pouvoir de juger souverainement.

L'attribution de celles excédant 25 livres aux juridictions des arrondissements de souveraineté jusques au concurrent d'une somme déterminée.

On ne voit que trop souvent que des affaires de conséquence restent en souffrance dans les juridictions seigneuriales, ne fût-ce que par égard pour les seigneurs, et surtout lorsqu'elles sont à la requête de leurs procureurs fiscaux qui n'ont de pouvoir qu'autant que les seigneurs veulent leur en laisser, et de là vient que des crimes capitaux restent souvent impunis; le nombre des méchants s'accrédite et s'augmente, et les événements fâcheux deviennent plus fréquents et plus funestes, la presque totalité des petites communautés n'en font que trop la triste expérience.

L'établissement de ces deux juridictions aura le double avantage que les affaires seront beaucoup plus tôt décidées et les frais beaucoup moins considérables.

3. La suppression de la dîme, en y suppléant par des portions congrues qui seraient payées par les communautés aux prêtres desservant leurs paroisses, et qui fourniraient d'ailleurs tout ce à quoi le décimateur se trouve soumis envers l'église et la sacristie, sauf de pourvoir à la portion des évêques et archevêques, à condition toutefois qu'ils resteraient dans leur diocèse.

Par cette suppression, le peuple serait infiniment soulagé, sans qu'il en coûtât un sou au Roi, et les ministres des autels ne perdraient rien.

Il n'y aurait que le décimateur de diminué, et en cela il n'y aurait pas grand mal, car à quoi sert que cette petite classe de sujets, dont la plus grande partie est inutile à l'Etat, ait tant de superflu, tandis que la classe utile manque de l'absolu nécessaire ; étant obligé de payer annuellement aux prieurs décimateurs le sixième du produit net de ses denrées, et de fournir la totalité de la construction et entretien des paroisses, de loger non-seulement le curé, ses vicaires, mais encore le prieur décimateur, ce n'est donc plus le temps où le clergé vivait des aumônes du peuple ; actuellement ce même clergé a réduit à son tour le peuple aux aumônes.

4. L'égalité des contributions pour toutes charges et impositions royales et locales sans exception aucune et nonobstant toute possession et privilège quelconques.

L'imposition la plus propre à concilier l'intérêt public avec les droits des citoyens, c'est la taxe sur les terres et les capitaux à constitution de rente. Un impôt est une dépense qui se renouvelle tous les ans pour celui qui en est chargé. Un impôt ne peut donc être assis que sur un revenu annuel, car il n'y a qu'un revenu annuel qui puisse acquitter une dépense annuelle. Or, on ne trouvera jamais des revenus annuels que celui des terres et des capitaux. Une administration éclairée et pourvoyante tendra à coup sûr vers un but si salutaire, elle éclairera avec courage et avec prudence tous les obstacles que les préjugés, l'ignorance, les intérêts privés pourraient opposer à un système dont les avantages seraient au-dessus de tous les calculs.

Pour que rien ne puisse diminuer les avantages de cette heureuse innovation, il faut que toutes les terres et les capitaux indistinctement soient assujettis à l'impôt; jamais des noms et des titres ne peuvent changer la nature des hommes et des possessions. Ce serait le comble de l'erreur de faire valoir des distinctions qu'on reçut de ses pères pour se soustraire aux charges de la société.

Si les terres sont imposées, la contribution doit nécessairement être proportionnée à l'étendue et à la fertilité des possessions. Personne ne doit alors oser alléguer ses places, ses services, ses dignités pour se soustraire au tribut qu'exige le besoin de l'Etat, car les taxes n'ont rien de commun avec les rangs, les titres et les conditions; elles ne touchent qu'aux revenus, sont à l'Etat dès qu'elles lui sont nécessaires, et pour que les taxes ne soient jamais excessives, et qu'elles soient proportionnées au besoin de l'Etat, il faut qu'elles soient ordonnées, réglées et administrées par les représentants de la nation aux Etats généraux.

5. L'abrogation de toutes lettres attentatoires à la liberté des citoyens.

Ces lettres sont meurtrières dans certaines circonstances, elles ne doivent plus avoir lieu dans une monarchie bienfaisante, comme la nôtre, où la sûreté des familles est fondée sur les bases de notre constitution, car enlever de force un homme du sein de sa famille, c'est y mettre le trouble et la désolation.

6. Que chaque citoyen de quelque ordre qu'il soit aura la faculté de concourir à tous les emplois militaires, bénéfices et charges attributives de noblesse.

Le poids de l'Etat doit être supporté également par le noble et par le roturier; il est juste qu'ils puissent l'un et l'autre espérer et atteindre à la même récompense.

7. La modération dans le prix du sel qui doit être uniforme dans tout le royaume, ainsi que l'abolition de tout droit de circulation dans son intérieur, et notamment le reculement des bureaux de traites aux frontières.

La cherté du sel et les droits imposés sur sa circulation dans l'intérieur du royaume sont contraires au besoin du peuple et principalement à la multiplication des bestiaux, à l'engrais et à la production des terres, dont la stérilité est extrême en Provence.

Il n'est pas surprenant que la noblesse ne s'occupe pas de cet objet, parce que le franc salé dont la plupart jouissent ne lui fait pas trouver cet article cher.

8. Que les Etats généraux soient périodiques, que l'époque et la forme de leur tenue en soient fixés pour l'avenir.

9. Qu'à l'avenir nul maire-consul d'aucune communauté ne soit regardé comme député nécessaire pour les assemblées des viguiries, ni des Etats de la province, et qu'il soit choisi librement par les députants sans égard au tour de rôle, à sa place et à sa qualité, autre que celle de citoyen attiré pour être un des consuls.

10. Que nul roturier possédant fiefs, officiers des seigneurs, leurs secrétaires, agents ou fermiers, ne pourront être électeurs, ou éligibles à l'occasion des assemblées et Etats soit généraux, soit particuliers.

11. L'abolition des milices dont la levée et l'entretien inutile coûtent immensément aux communes ; y suppléer en cas de besoin par de l'argent.

En laissant à la culture les bras qu'on y dérobe par la milice, la population en peu de temps augmenterait considérablement de laboureurs et d'artisans ; toutes les forces de l'industrie même s'emploieraient à seconder les bienfaits de la nature, à vaincre les difficultés; tout concourrait à la création et non à la destruction.

12. L'abolition de la marque et des droits imposés sur les cuirs, auxquels on peut suppléer par une somme déterminée qui serait payée par chaque fabricant en proportion des ouvriers qu'il urait dans sa fabrique.

Cette partie de commerce délivrée de cette enarave augmenterait et fleurirait bien davantage.

13. La suppression de tous les receveurs particuliers: que le tribut de chaque communauté sera porté directement au receveur général de la province et de là versé dans le trésor royal.

14. Que les biens de mainmorte ne soient plus inaliénables.

Cet article est essentiel pour la population, parce que tant que les domaines du clergé seront inaliénables et éternels dans la mainmorte, comment peut fleurir la population qui ne peut naître que de l'amélioration des terres par la multiplication des propriétaires ? Car quel intérêt peut avoir le bénéficier de faire valoir un fonds qu'il ne doi transmettre à personne, de semer ou de planter pour une postérité qui ne sera pas la sienne?

15. Que nul impôt ne sera légal et ne pourra être perçu que quand il aura été délibéré par les États généraux.

16. Insister à demander au meilleur des rois la convocation d'une assemblée générale et annuelle des trois ordres de la province pour former ou réformer la constitution du pays, de réclamer de sa justice qu'il soit permis aux communes de se nommer un syndic avec entrée aux États, de s'élever contre la perpétuité de la présidence, et contre la permanence de tout membre non amovible, ayant en l'état des choses entrée aux États, comme de requérir la désunion de la procure du pays, du consulat de la ville d'Aix, l'admission des gentilshommes non possédant fiefs, et du clergé du second ordre. L'égalité des voix pour l'ordre du tiers, contre celle des deux premiers ordres, tant dans les États que dans la commission intermédiaire, l'impression annuelle des comptes de la province dont envoi sera fait dans chaque communauté, et que la répartition des sommes que le Roi accorde au pays, sera faite au sein des États et par eux arrêtée.

17. Une imposition sur le luxe, qui est une des principales causes de la dépopulation de l'État.

Le luxe amène beaucoup de vices après lui : il empêche nombre de mariages, gagne dans les conditions aisées, le travail dans les classes occupées, l'accroissement des arts multiplie les modes, les modes augmentent les dépenses, le luxe devient un besoin, le superflu prend la place du nécessaire, on s'habille mieux, on vit moins bien, et l'habit se fait aux dépens du corps.

Fait et arrêté à la Verdière, l'assemblée tenant le 25 mars 1789, et ont signé :

J.-P. Ferriaud-lieutenant de juge; F. Brun, maire, consul; Rongery, consul; Deuan ; Porte; Michel Dauphin; J.-F. Guiaud; J. Burle; C. Burle; Ferrastère; Giraud; Moone; Guigou; A.-M. Collesy; Gaze ; Giraud ; Reynier ; Sourrury; J.-F. Reynaud Arnaud ; Menut ; Girard ; Sarrereau ; Feriaud ; Bourjac ; J. Florens ; Burle ; J. Sauvan ; Brand ; Michel Reynaud; A. Blanc ; V. Fourrières; Gaze ; Blanc ; Bertrand ; Blancard.

CAHIER

Des plaintes et doléances que la communauté de Mallemort adresse par MM. ses représentants à l'assemblée qui doit être convoquée à Aix le 2 avril prochain, pour être porté à celle des États généraux du royaume par MM. les députés du tiers-état (1).

Ces Messieurs seront priés de requérir :

Le maintien de l'autorité royale dans la plénitude de ses pouvoirs, de manière qu'elle soit assurée de l'obéissance de tous les corps, comme elle l'est de chaque citoyen.

Que les opinions dans les États généraux seront recueillies par tête et non par ordre.

Que les députés que la noblesse fieffée de Provence a nommés en contravention des lettres patentes de Sa Majesté ne soient pas admis dans les États généraux contre la disposition de l'arrêt du conseil du 23 février dernier, et moins encore que leur nombre réuni détruise l'égalité ordonnée par l'arrêt du conseil du 27 décembre dernier.

Ils s'occuperont, préalablement à tout objet, de la suppression de la vénalité des charges de judicature, ainsi que de celle de tous les tribunaux inutiles et onéreux, et surtout des justices seigneuriales, qui sont un germe de vexations.

Ils solliciteront la réformation du code civil et criminel, celle des tribunaux, et de l'administration de la justice.

La formation de tribunaux supérieurs, où le tiers-état puisse jouir de l'avantage inappréciable d'être jugé par ses pairs, où les juges soient appelés par la confiance de la nation, et la restriction des juges à cinq ans.

La formation de tribunaux secondaires sur le même plan que celui des tribunaux supérieurs, avec attribution de juger sans appel à une somme de 600 livres, et dont les jugements soient exécutoires nonobstant appel jusqu'au double de cette somme.

Que dans tous les cas il n'y ait que deux degrés de juridiction forcés pour les justiciables.

Que la justice soit rendue sans épices, sauf par la nation de pourvoir aux émoluments des juges relativement à l'importance et à la dignité de leurs fonctions.

Que la police soit attribuée aux consuls comme pères du peuple ; que lesdits consuls, assistés d'un nombre déterminé de prudhommes qui seront nommés annuellement par un conseil général de tous les chefs de famille, seront autorisés à juger sans frais les contestations sur les affaires sommaires et de peu d'importance, et que les droits de la mairie soient restitués aux communautés.

Que les impôts existants et tous ceux qui pourraient être levés soient supportés par tous les sujets du royaume sans distinction de rang et de privilèges.

Lorsqu'il aura été pourvu aux objets ci-dessus, MM. les députés auront pouvoir de consolider la dette de l'État après qu'elle aura été dûment vérifiée, reconnue et apurée.

Dans le choix des impôts on donnera la préférence à ceux qui affecteront la propriété sans distinction aucune.

Les députés solliciteront une modération dans le prix du sel, rendu uniforme pour tout le royaume, comme aussi l'abolition de tout droit de

---

(1) Nous publions ce cahier d'après un manuscrit des *Archives de l'Empire.*

circulation dans son intérieur, et notamment le reculement des bureaux des traites sur les frontières.

L'abrogation de toutes lettres attentatoires à la liberté des citoyens, la faculté à ceux-ci, de quelque ordre qu'ils soient, de concourir à tous emplois militaires, bénéfices, charges, attribution de noblesse.

La suppression de tous les priviléges exclusifs et notamment de ceux qui grèvent le pauvre peuple, en concentrant dans une compagnie le droit de faire le commerce des denrées et marchandises de première nécessité.

Que les communautés soient autorisées à racheter toutes banalités et autres droits seigneuriaux qui porteront le caractère de la propriété, et l'abolition des droits féodaux qui ne sont que le fruit de l'usurpation que la puissance des grands se permit dans des temps d'ignorance sur la faiblesse des peuples.

La liberté de la presse, sauf les réserves dont elle peut être susceptible.

MM. les députés solliciteront du meilleur des rois une nouvelle formation d'États, pour le pays de Provence plus constitutionnelle, et qui soit véritablement représentative de la nation provençale.

Que la députation aux États généraux se fera à l'avenir dans les États de la province, la députation actuelle n'étant pas constitutionnelle, et la communauté n'y ayant consenti que pour donner à Sa Majesté une nouvelle preuve de sa soumission et de sa fidélité.

L'amovibilité de la présidence aux États provinciaux, de manière que le clergé et la noblesse n'eussent le droit de présider que pendant deux ans, et le tiers-état les deux années suivantes.

Qu'il soit permis aux communes de se nommer un syndic, avec entrée aux États.

Que la procuration du pays soit disjointe du consulat d'Aix, et remplie tour à tour par un membre du clergé, un de la noblesse et deux du tiers-état, qui seraient annuellement nommés d'abord après la tenue des États provinciaux, lesquels feraient chacun leur rapport des affaires concernant leur ordre, et ne pourraient exercer leurs fonctions que pendant une année, sauf le cas où chacun d'eux serait confirmé par son ordre.

Que nul ne pourra être député du tiers-état s'il se trouve noble ou possédant fief, quand même il serait consul des communautés qui ont droit de députer aux chefs-lieux des viguéries.

De réquérir l'exclusion des États provinciaux des magistrats et de tous officiers attachés au fisc. L'admission auxdits États des gentilshommes non possesseurs de fiefs et du clergé du second ordre.

L'impression annuelle des comptes de la province, dont envoi sera fait dans chaque communauté, et que la répartition des secours que le Roi accorde au pays, ensemble de 15 livres par feu, affectée à la haute Provence sera faite dans le sein des États et par eux arrêtée.

On demandera encore la responsabilité des ministres comme loi fondamentale de l'État.

Que les États généraux soient périodiques à l'avenir, et que leur tenue ne puisse pas être éludée aux époques déterminées, sans qu'il y ait suspension d'impôt dans tout le royaume.

Qu'il ne puisse être levé désormais aucun impôt autre que ceux qui seront consentis par les États généraux.

MM. les députés demanderont comme une chose bien intéressante pour les communautés qu'on ne change pas si facilement les grandes routes, et que les fréquents changements ne soient pas arbitraires comme ils l'ont été jusqu'à présent.

L'augmentation de la congrue et la suppression du casuel et de la dîme.

La résidence des bénéficiers dans l'endroit de leurs bénéfices.

La liberté aux communautés riveraines de jouir des îles ou îlots et alluvions, sauf le droit des prochains riverains.

MM. les députés de la présente assemblée auront pouvoir de concourir à toutes délibérations, de voter, de consentir tous autres objets de doléances que la présente assemblée n'aurait pas prévus.

Signé Ronce consul; Desaitres; Jouiran; Renard aîné; Ricard; Non; Jourdan; Guirau; Viton; Félix; Jourdan; Mouttel; Boutier, Lafiot; Favetier; Delorme; Lapierre; Roux; Laplanche; Audon; Blanc; Jourdan; Cabare; Martin; Jepha; Renaud; Pinal; Blanc; Bourger; Avi; Janson; Lauvin; Silvestre; Bourgue; Imbert; Renoux; Garcin; Gastaud; Vitan; Romand; Combe; Lavelle; Roux, Viguier, lieutenant de juge, et Félix greffier.

CAHIER

Des doléances de la communauté de Marignan (1).

Sire,

Obéir à Votre Majesté est le premier devoir de vos fidèles sujets. En daignant vous enquérir des doléances de vos peuples, vous donnez à l'Europe étonnée l'exemple nouveau d'une tendresse et d'une sollicitude rares et propres à exciter l'admiration de l'univers et à lui servir de modèle.

Nous nous efforcerions vainement d'exprimer ici les sentiments de reconnaissance dont nos cœurs sont pénétrés pour les bienfaits inouïs dont Votre Majesté aspire à nous faire goûter les fruits.

Nos fortunes et nos vies seraient un sacrifice même inférieur à nos désirs; elles vous appartiennent, Sire, c'est le cœur qui vous les offre.

Mais nous n'oublions pas que Votre Majesté a daigné nous inviter à faire entendre nos voix. Empressés de répondre à l'auguste confiance dont elle nous honore, nous confions ici les vœux que nous formons pour la prospérité du royaume, de laquelle dépend essentiellement la nôtre.

Art. 1er. Toutes les dîmes ecclésiastiques seront supprimées dès à présent.

Art. 2. Chaque communauté sera tenue de pourvoir à la nourriture et à l'entretien des pasteurs desservant les paroisses, à l'effet de quoi Sa Majesté est suppliée de faire publier un règlement qui fixera à un taux honnête et proportionné l'honoraire annuel des curés et celui des secondaires.

Art. 3. Tous les droits seigneuriaux, tels que banalités, prestation, compascuités, péages, chasses, pêches, etc., etc. seront supprimés.

Art. 4. Les cens directs, treizians, lods et autres droits de cette nature, seront rachetables sur le pied du titre primitif s'il y en a, et à défaut de titres, au taux qui sera réglé dans les États (généraux et sanctionnés par Sa Majesté, sans qu'il soit permis à aucun particulier d'en établir de nouveaux.

(1) Nous publions ce cahier d'après un manuscrit des *Archives de l'Empire.*

Art. 5. Les justices seigneuriales seront abolies et la justice sera rendue dans tout le royaume au nom et par les officiers du Roi, lesquels seront présentés à Sa Majesté par la municipalité du lieu de la résidence, et seront déclarés amovibles et responsables envers cette même municipalité de leur conduite.

Art. 6. La liberté individuelle de tous les sujets du Roi sera déclarée inviolable et la liberté de la presse sera reconnue et adoptée.

Art. 7. La justice civile sera réformée.

Art. 8. La justice criminelle sera également réformée, surtout au chef de l'instruction de la procédure qui doit être faite publiquement et en la présence du conseil que l'accusé pourra choisir.

Art. 9. Le tiers-état sera appelé concurremment avec la noblesse à tous les emplois civils, militaires et ecclésiastiques, la vertu seule devant être préférée.

Art. 10. Le prix du sel qui croît en Provence, et dont la cherté ruine la source de l'engrais, sera réduit et uniforme.

Art. 11. Toutes les douanes seront reléguées aux frontières du royaume, et le commerce sera rendu libre dans tout l'intérieur de l'État.

Art. 12. Les communes auront un syndic, qui aura séance et voix délibérative aux États provinciaux.

Art. 13. Dans toutes les assemblées nationales ou provinciales, l'on votera par tête et non par ordre, et le tiers y sera en nombre égal au moins à celui des deux autres ordres réunis.

Art. 14. La vénalité des offices de magistrature sera supprimée.

Art. 15. Tous les impôts seront supprimés, hors un simple droit de contrôle sur chaque acte pour en assurer l'authenticité.

Art. 16. Un impôt unique proportionné aux besoins de l'État sera assis sur tous les fonds sans aucune distinction.

Art. 17. La durée de l'impôt n'excédera pas le terme fixé pour la tenue des État généraux, et ce terme passé, l'impôt cessera de droit.

Art. 18. Les ministres du Roi seront comptables aux États généraux de l'emploi de l'impôt et de l'usage qu'ils auront fait de la confiance de Sa Majesté.

Art. 19. Les comptes rendus par les ministres du Roi aux États généraux seront imprimés.

Art. 20 Tous les privilèges seront abolis.

Art. 21. La dette de l'État sera reconnue et consolidée.

Art. 22. Les mairies appartenantes aux communautés qui les ont acquises en Provence, c'est aux maires et non aux officiers de justice à autoriser les conseils municipaux et à y exercer la police dans le lieu.

Art. 23. La Provence étant un co-État et un pays non subalterne, doit être maintenu dans le droit d'asseoir et d'abonner l'impôt qui aura été déterminé aux États généraux.

Art. 24. Le nombre des troupes sera fixé sur le besoin absolu de l'État; les milices et gardes-côtes seront supprimés, et si l'on veut les laisser subsister, les communautés doivent être chargées elles-mêmes et elles seules d'en faire la levée sur les ordres de Sa Majesté.

Art. 25. Pendant la tenue des États généraux, nos États seront et demeureront assemblés pour remédier aux difficultés imprévues.

Art. 26. Les administrateurs quelconques seront également comptables de leur conduite envers leur mandant.

Art. 27. L'on imprimera tout ce qui sera réciproquement écrit et répandu tant à nos États provinciaux et nos États généraux.

Art. 28. Tous les biens du clergé seront déclarés appartenir à l'État, auquel ils seront réunis au décès des titulaires actuels, et le produit des ventes qui en seront faites alors, sera employé, après le payement des dettes du clergé, à combler le déficit de l'État.

Art. 29. Les biens grevés de charges à raison des fondations ecclésiastiques seront affranchis, en payant par les propriétaires d'iceux la somme à laquelle ces charges seront évaluées, lequel payement sera fait entre les mains du trésorier de la communauté où lesdits biens seront situés, et le produit des fonds en provenant employé à augmenter la rétribution des prêtres desservant les paroisses, lesquels acquitteront les fondations.

Art. 30. A l'égard des bénéfices des jus-patronats laïques, le jus-patron pourra répondre et retenir les fonds et revenus dûs à la fondation, en remboursant, comme il est dit en l'article précédent, les deux tiers de la somme à laquelle seront évalués en fonds les revenus dudit bénéfice, le tiers restant étant le dédommagement de la perte de jus-patronat qui sera et demeurera supprimé.

Art. 31. Le clergé, n'étant et ne pouvant être qu'usufruitier, ne sera plus admis aux États généraux, comme ordre, sauf aux membres du clergé de figurer dans celui des deux ordres auxquels ils tiennent dans le cas où ils y seront députés par les provinces.

Art. 32. Les noms de seigneur et de vassal entre les sujets du Roi seront à jamais proscrits dans les actes tant judiciaires qu'extrajudiciaires.

Art. 33. Réformation de la perpétuité de la présidence aux États, et contre la permanence non amovible ayant en l'état des choses entrée auxdits États, et exclusion des mêmes États des magistrats et tout autres officiers attachés au fisc.

Art. 34. La désunion de la procure du pays du consulat de la ville d'Aix.

Art. 35 et dernier. Le présent cahier sera fait à deux originaux, dont l'un sera porté par le député de cette communauté à l'assemblée qui sera tenue à Aix, et l'autre adressé à M. Necker, nouveau Sully, sous un nom d'Henri.

Signé Combe, maire-consul; Boyer, juge; Cannet, consul; Facoman; J. Serin; Blanc; Nauvely; J.-B. Panisson; Gérard; Roux neveu; J.-B. Verand; Gabriel Gouiran, Joseph Signora; François Roux; Joseph Bonfils, Narcisse Ricard; Cartiez; Turc; Jean-Pierre Panisson; Joseph Convers; D. Viluestres; Justines; Lambert; Jacques Roche; D. Audibert; Toussaint Jean; D. Peyron; G. Justinasy; Reynaud; Combres; Finiel; Curetz; J. Antoine; Étienne Deluez; Jean Danin; Signoret; Briard; Bernard; Girodo; Nicolas; A. Lambert, greffier.

La communauté de Marignan observe très-respectueusement au Roi que la banalité sous laquelle elle gémit est une servitude contraire à la liberté publique; elle est ruineuse pour les vassaux, et surtout en ce lieu que le seigneur perçoit pour droit de monture le 7 p. 0/0; il s'ensuit outre cela une infinité d'abus intolérables qui se multiplient de plus en plus.

Premier abus.

Les habitants sont obligés de laisser leurs grains trois jours consécutifs dans les moulins, et jusqu'alors il ne leur est pas permis de les aller moudre dans un autre moulin; de quoi doivent-ils vivre pendant ce temps là? Les trois jours expirés, on leur permet d'aller moudre à un autre moulin, auquel moyennant 12 sous on leur en moud une charge; mais pour avoir cette faculté et ne pas mourir de faim, il faut payer à cette horrible banalité une demi-mouture, et cela arrive presque toujours, attendu le manque d'eau et l'insuffisance des moulins pour cette communauté, lesquels moulins sont devenus banaux pour les communautés de Gignac et Saint-Victores, tandis qu'ils sont insuffisants pour une seule.

Second abus.

L'insuffisance d'eau et de moulins est cause que les habitants ont de mauvaises farines, augmente la consommation et ruine les malheureux, lesquels sont souvent obligés de se priver de leurs plus pressants besoins pour attendre la farine qui n'est jamais faite que trois ou quatre jours après, et dans laquelle il y en a moitié de son.

Cette insuffisance prive encore les habitants de pouvoir moudre quantité de grains dans l'été, temps auquel il faudrait convertir les grains en farine, parce qu'ils sont attaqués de vers; ce qui les oblige à les vendre à un prix médiocre pour les acheter dans l'hiver à un prix exorbitant, et souvent dans l'impuissance, ils sont privés de leurs plus grands besoins.

La banalité des fours n'est pas moins une servitude aux habitants; il arrive presque toujours qu'on leur gâte le pain, ils sont forcés de se taire, les uns par l'impuissance où ils sont d'attaquer le fermier ou le seigneur en justice, et les autres par la crainte d'avoir mauvaise issue de leurs causes qui sont jugées par les officiers du seigneur, qui deviennent suspects, aux habitants. Enfin on serait infini s'il fallait développer toute la tyrannie des banalités.

La communauté attend encore de la bonté du Roi la suppression de la justice du seigneur, et par ce moyen seront délivrés ses sujets des injustices et oppressions qu'ils essuient journellement, tant de la part du seigneur que de ses officiers. La police ralentie ou mal faite par ces sortes d'officiers, régénérera et sera exercée dans toute son intégrité.

Le droit de pêche sur l'étang du lieu est une extorsion faite aux habitants, les prive de cette branche d'industrie souvent nécessaire pour leur procurer subsistance; d'ailleurs prive l'État des matelots souvent nécessaires pour l'armement des vaisseaux de Sa Majesté.

Le droit de chasse doit être aboli, le gibier portant un tort infini à l'agriculture, par les dommages considérables que les blés, oliviers, fonches et autres arbres souffrent par la macération des lapins.

Signé Justinesy, député; Maurely, député; Delueil, député; Audibert, député.

CAHIER

Des doléances, plaintes et remontrances du tiers-état de la ville de Martigues (1).

PREMIÈRE SECTION. — *Doléances générales ou relatives à l'universalité du royaume.*

Art. 1er. Nous requérons que nos représentants aux États généraux soient expressément chargés que les comptes des finances du royaume depuis

---

(1) Nous publions ce cahier d'après un manuscrit des *Archives de l'Empire.*

un certain nombre d'années soient mis sous leurs yeux, pour qu'ils puissent prendre connaissance exacte : 1° des revenus de l'État; 2° des dépenses annuelles; 3° de l'étendue de la dette nationale; 4° de la véritable mesure du déficit.

Art. 2. Cette connaissance une fois acquise, MM. les députés s'occuperont d'abord à diminuer la dépense par tous les moyens d'économie praticables; ils demanderont qu'il soit fait des réformes dans tous les départements; que plusieurs charges non moins onéreuses qu'inutiles soient supprimées tant dans la maison du roi, de la reine ou celles des princes, que dans l'administration de la ville de Paris et dans les différents gouvernements des provinces.

Ils représenteront que l'État est grevé d'une foule de pensions dont le plus grand nombre a été extorqué au gouvernement; plusieurs sont peu méritées, sont beaucoup trop fortes; ils requerront en conséquence que toutes les pensions accordées à la seule faveur soient supprimées, et qu'on ne laisse subsister que celles qui sont véritablement la récompense des services, et même que parmi ces dernières, on réduise celles qui paraîtront excessives.

Art. 3. Ils s'appliqueront à simplifier autant qu'il sera possible la perception de l'impôt, ils feront tous leurs efforts pour obtenir la suppression de telle foule de traitants avides qui s'engraissent du sang des peuples, et, cette armée d'employés par l'État pour faire une guerre continuelle aux sujets du Roi.

Si cette réforme ne leur paraît pas encore susceptible d'exécution, ils exigeront au moins que les bureaux des traites soient relégués aux frontières du royaume, et que les gabelles soient entièrement abolies.

Art. 4. MM. nos représentants chercheront ensuite tous les moyens d'augmenter la recette sans fouler les peuples. Ils insisteront principalement sur la nécessité de la répartition égale de l'impôt sur tous les citoyens en proportion de leur fortune, sans exception ni exemption quelconques.

Art. 5. Messieurs les députés seront chargés de plus, de représenter très-humblement à Sa Majesté que l'Église possède des trésors immenses dont une grande partie reste enfouie à pure perte pour la religion et pour l'État, que ces richesses sont incontestablement le bien de la nation; en conséquence, que le gouvernement ne doit faire aucune difficulté de s'en emparer et de les employer au soulagement des peuples.

Ils demanderont donc : 1° que tous les trésors enterrés dans le monastère de Saint-Denis en France, ainsi que dans toutes les églises du royaume, soient transportés aux hôtels des monnaies, convertis en espèces, et versés dans les coffres du Roi, de sorte qu'il ne reste dans les églises d'autre argenterie que les vases sacrés nécessaires au service divin, et quelques meubles précieux indispensables pour la décence des cérémonies religieuses et pour la décoration des temples.

2° Que le nombre des prélats soit diminué et qu'on réduise à une honnête aisance ceux qu'on laissera subsister.

3° Que tous les chapitres, tant séculiers que réguliers, toutes les abbayes, toutes les communautés religieuses des deux sexes, principalement l'ordre de Malte, soient entièrement supprimés; que les biens de ces différents corps soient vendus au profit de l'État, et que le gouvernement soit tenu d'accorder à chacun de leurs membres une pension viagère suffisante pour leur subsistance.

4° Que le nombre des curés et des vicaires soit considérablement augmenté, et qu'il soit accordé à cette partie intéressante des ministres des autels, des émoluments plus proportionnés à leurs pénibles travaux, pour que les malheureux habitants de la campagne ne soient plus privés des secours spirituels.

Art. 6. Messieurs nos représentants seront autorisés à demander que la dette nationale, si elle ne peut pas être entièrement acquittée, soit sanctionnée par les États généraux, et à prendre les arrangements les plus convenables pour son entier amortissement, mais ils auront grand soin de statuer :

1° Que la nation ne puisse être imposée dans aucun cas sans son consentement.

2° Que les États généraux seront convoqués périodiquement au moins de cinq en cinq ans.

3° Que les ministres pourront, dans les pressants besoins, faire provisoirement quelques emprunts, à condition néanmoins que ces emprunts seront ratifiés par les États généraux suivants.

4° Enfin que les ministres seront responsables de leur administration et tenus d'en rendre compte à la nation assemblée.

Art. 7. Messieurs nos députés s'occuperont ensuite de l'ouvrage important de la législation. Ils requerront la réforme du code tant civil que criminel. Quant au premier, ils demanderont que les lois soient simplifiées, que la longueur de la procédure soit abrégée, les frais exorbitants diminués ; quant au second, ils demanderont que la procédure criminelle cesse d'être secrète, que tout accusé puisse prendre un défenseur, que l'atrocité des peines soit adoucie et proportionnée aux délits, enfin que tout accusé reconnu innocent, obtienne des dommages et intérêts proportionnés à la durée de sa détention, et aux pertes qu'il peut avoir essuyées.

Art. 8. Messieurs nos représentants seront chargés de réclamer hautement contre la vénalité des charges de judicature ; ils insisteront fortement pour que les tribunaux supérieurs soient composés de membres dont au moins la moitié soient pris dans l'ordre des communes, pour que tout citoyen puisse être jugé par ses pairs. Ils demanderont la suppression de plusieurs tribunaux reconnus onéreux ou inutiles, et que la justice soit rapprochée des justiciables.

Art. 9. Ils requerront la promulgation d'une loi salutaire qui fixe à jamais dans le royaume le sort des mendiants et vagabonds.

Art. 10. Ils exposeront l'abus journalier commis dans les bureaux du contrôle sur les fausses interprétations du tarif, sur les qualités des parties des pauvres ouvriers, surtout, toujours assimilés aux notables artisans pour en extraire des droits plus violents.

Art. 11. Messieurs les représentants de la nation supplieront très-humblement Sa Majesté de vouloir bien rentrer en possession du droit sacré et inaltérable de rendre la justice à ses peuples et les délivrer des inconvénients sans nombre auxquels les justices seigneuriales sont exposées.

Art. 12. Ils demanderont qu'il soit accordé aux tribunaux inférieurs le droit de juger, en dernier ressort, jusqu'à la concurrence d'une somme déterminée.

Art. 13. Ils s'élèveront contre la négligence qui règne dans l'exercice de la police dans les villes seigneuriales depuis que cette partie de l'administration a été enlevée aux officiers municipaux pour en revêtir les juges des seigneurs.

En conséquence, ils insisteront pour que la police soit rendue aux officiers municipaux, qui, par la nature de leur place sont si propres à l'exercer, et qui n'ont pas, comme les juges des seigneurs, un intérêt évident à la négliger.

Art. 14. Ils demanderont que la liberté individuelle des citoyens soit exactement respectée, que dans aucun cas, on ne puisse y attenter sans aucune forme de procès ; qu'en conséquence, les lettres de cachet soient abolies, les prisons d'État telles que la Bastille, Pierre-Ancise, etc., soient démolies, leurs matériaux et leurs emplacements vendus au profit du Roi.

Art. 15. Ils exigeront que la liberté entière de la presse soit accordée, sauf à rendre tout auteur responsable de son ouvrage, ou tout éditeur et imprimeur si l'ouvrage est posthume ou anonyme.

Art. 16. Ils s'élèveront contre ces lois injurieuses qui privent tout membre des communes de l'honneur de servir la patrie, soit dans les armées, soit dans la magistrature ; ils requerront en conséquence que tout citoyen ait le droit de concourir pour tout emploi, tant militaire que civil, et que le mérite des concurrent soit la seule mesure de leurs droits.

Art. 17. Ils demanderont que le commerce soit protégé, que la navigation soit favorisée, que tous priviléges exclusifs, et notamment la compagnie des Indes soient supprimés.

Art. 18. Ils s'élèveront contre cette foule de droits et de prohibitions qui empêchent l'industrie de prendre son essor.

Art. 19. Ils s'intéresseront puissamment en faveur de l'agriculture ; ils solliciteront la suppression d'une partie des impôts dont les malheureux habitants de la campagne sont surchargés, et principalement de la dîme ecclésiastique, la plus ruineuse et la plus inutile de toutes les impositions.

Art. 20. Ils exigeront que toutes les vexations des seigneurs soient réprimées, que les banalités soient éteintes, les péages supprimés, les corvées seigneuriales réformées, l'odieux droit de chasse aboli, le droit de lods et ventes, et le privilége tyrannique du retrait féodal anéantis ; enfin, ils demanderont qu'il soit loisible à toutes les communautés qui en auront le pouvoir de s'affranchir de tous les restes avilissants de la servitude féodale.

SECTION DEUXIÈME. — *Doléances particulières qui intéressent cette province.*

Il est aisé de concevoir que la Provence aurait bien peu d'avantages à se promettre de l'assemblée des États généraux, si elle n'obtenait une constitution légale pour ses États particuliers. Les deux premiers ordres de l'État conservant toujours la même influence dans ses assemblées continueraient à se maintenir en possession de leurs injustes priviléges et à rejeter sur les communes tout le fardeau des impositions ; pour prévenir ces inconvénients, nos représentants doivent être chargés de faire aux États généraux les demandes suivantes :

Art. 1er. Ils demanderont que les communes aient un nombre de députés aux États de Provence égal à ceux des deux premiers ordres réunis.

Art. 2. Que le tiers-état ait le droit de se choisir un syndic qui entre aux États pour y défendre ses intérêts.

Art. 3. Que les nobles non possédant fiefs, et le clergé du second ordre aient le droit de députer à nos États concurremment avec les prélats et les possesseurs de fiefs, tant nobles que roturiers.

Art. 4. Que la présidence soit annuelle, élective, et que le président soit tiré alternativement de chacun des trois ordres.

Art. 5. Que la procuration du pays cesse d'être unie au consulat de la ville d'Aix.

Art. 6. Que les procureurs du pays soient remplacés par une commission intermédiaire annuelle, élective, et composée de la même manière que les États.

Art. 7. Que les communautés aient le droit d'élire librement leurs députés et que l'absurde tour de rôle soit aboli.

Art. 8. Que les comptes de la province soient imprimés chaque année et qu'il en soit envoyé des exemplaires à toutes les communautés qui députent directement aux États, ainsi qu'aux chefs de vigueries.

Art. 9. Que tous les magistrats, tous les officiers attachés au fisc et aux seigneurs soient exclus de nos États.

Art. 10. Que les secours que le Roi accorde au pays, de même que l'imposition de 15 livres par feu affectée à la haute Provence, soient répartis dans le sein des États ou par eux arrêtés.

Art. 11. Que l'usage absurde et ridicule où sont les membres des cours souveraines d'obliger les consuls en fonction de leur céder la place d'honneur dans les cérémonies publiques soit aboli, de même que le droit qu'ils s'arrogent de forcer ces mêmes consuls de leur faire visite en chaperon lorsque les affaires particulières ou simplement leurs plaisirs amènent les magistrats dans les villes ou communautés de la province, et ce, sous peine, pour les consuls réfractaires, d'être mandés à Aix à leurs frais et dépens.

Art. 12. Messieurs nos représentants doivent insister sur la nécessité de la réparation de nos chemins, réparation depuis longtemps négligée, et indispensable pour la facilité des transports et du débouché du modique superflu de nos denrées territoriales.

SECTION TROISIÈME. — *Doléances spéciales relatives à cette communauté.*

Art. 1er. Quant à la pêche, nous chargeons nos représentants de solliciter vivement :

1° Que les bordigues soient resserrées dans les justes bornes qui leur furent prescrites lors de leur établissement;

2° Que les limites qui gênent nos pêcheurs soient placées d'une manière conforme à l'ordonnance de la marine;

3° Que le règlement qui existe à cet égard soit réformé;

4° Que le procès pendant au conseil des dépêches entre les sieurs marquis et comte de Galliffet d'une part et le corps des pêcheurs de Martigues, le siège de l'amirauté et la communauté de la même ville, et monseigneur le grand amiral de France, parties intervenues au procès, soient définitivement jugé le plus tôt que faire se pourra;

5° Qu'en attendant, il soit fait défenses auxdits sieurs marquis et comte de Galliffet et à leurs agents d'exercer contre lesdits pêcheurs aucune vexation, de lever aucune contribution sur eux de les soumettre à aucune amende, et de faire, sur eux aucune saisie;

6° Que les tartanes ou autres bâtiments qui entrent dans les canaux de Martigues et sont obligés d'y séjourner, soit pour se radouber, soit détenus par le mauvais temps, ne puissent être inquiétés, ni leurs patrons condamnés à aucune amende pour ce fait, ce qui se pratique journellement;

7° Enfin, que la liberté soit accordée à la pêche, avec les modifications et exceptions portées par l'ordonnance de la marine, et que tous autres règlements contraires à l'esprit de ladite ordonnance soient abrogés.

Art. 2. Quant au commerce, nous demandons que le port de Bouc, dont la nécessité est si universellement reconnue, soit recreusé, qu'il soit placé une balise sur l'écueil nommé Joucard, qui gêne l'entrée de ce port, et occasionne de fréquents naufrages; que le canal de navigation qui conduit de la ville au port de Bouc, ait la profondeur et la largeur nécessaires pour que les barques chargées puissent y passer, d'autant mieux que le canal est indispensable pour le service du Roi, à cause des transports des poudres fabriquées à Saint-Charnas, et des sels qu'on retire des salines de Berre.

Art. 3. Nous implorons la commisération des États généraux et de Sa Majesté en faveur de nos pauvres matelots. Cette classe nombreuse de citoyens utiles à l'État, est traitée avec la plus grande barbarie par le commissaire des classes de cette ville, et la moindre plainte de sa part est punie par la prison. Nous supplions la nation assemblée d'obtenir du plus juste des rois quelques adoucissements pour le sort de ces infortunés; c'est le seul moyen d'en empêcher les fréquentes émigrations, et de conserver des sujets dont l'État a si grand besoin, surtout en temps de guerre.

Art. 4. Quant à la construction, nous requérons que toutes les matières et marchandises nécessaires à la construction ou au grément des navires, tirées de la ville de Marseille, soient exemptes de tous droits, ainsi que cela a été accordé à la ville de la Ciotat.

Art. 5. Nous pourrions ici renouveler nos plaintes contre le commissaire désigné ci-dessus; nos malheureux constructeurs sont traités, de sa part, avec la même dureté que nos matelots. Nous insistons principalement pour qu'il lui soit expressément ordonné de traiter avec humanité les sujets du Roi, et surtout qu'il lui soit fait défense d'enlever à nos chantiers les maîtres constructeurs qui auront des navires commencés, de même que les maîtres calfats qui auront entrepris le calfatage d'un navire.

Art. 6. Différents corps, corporations et communautés de cette ville, chargent nos députés aux États généraux de représenter très-respectueusement à Sa Majesté, qu'il a été fait sur eux, par le gouvernement, des emprunts de différentes sommes, depuis environ l'année 1747 jusqu'en 1750, dont les rentes ont été acquittées pendant quelques années; que le remboursement de ces emprunts a été depuis ordonné par Sa Majesté, que quelques-uns desdits corps ont été effectivement remboursés; mais que le plus grand nombre n'a rien reçu, et que néanmoins, depuis près de vingt ans, on a entièrement cessé d'acquitter les rentes. En conséquence, les chefs desdits corps supplient très-humblement Sa Majesté de vouloir bien ordonner que les sommes par eux fournies leur soient remboursées avec les arrérages qui sont dûs.

Le remboursement ne saurait nuire à l'État, puisque les sommes sont réellement sorties des coffres du Roi.

Art. 7. Messieurs nos représentants seront chargés de solliciter vivement l'expulsion du sieur

Préville-le-Roi, commissaire des classes de cette ville, qui a été demandée par acclamation dans notre assemblée du tiers-état tenue cejourd'hui.

Art. 8. Ils représenteront que la ville de Martigues étant maritime, fournit au Roi un très-grand nombre de matelots, que nonobstant cela, la levée de la garde-côte qui se fait dans la même ville enlève une foule de bras à l'agriculture; que parmi ces derniers on tire un certain nombre de canonniers que l'on embarque fréquemment sur les vaisseaux de Sa Majesté, en temps de guerre, quoique leur destination soit formellement bornée à servir sur les côtes : de plus, que les commissaires de la marine forcent un grand nombre de cultivateurs qui n'ont jamais mis le pied dans aucun navire, d'aller servir sur les vaisseaux du Roi ; messieurs nos députés demanderont instamment que ces abus soient réformés.

Nous, soussignés, commissaires nommés par la délibération prise dans l'assemblée du tiers-état de cette ville, commencée le 27 du courant et terminée cejourd'hui 29, pour procéder à la rédaction du cahier des plaintes, doléances et remontrances, déclarons nous être occupés de ladite rédaction, avoir eu égard aux réclamations des différents corps, corporations et communeautés, et avoir formé du tout le présent cahier que nous avons signé conjointement avec M. Estraquier, viguier, et MM. les maire et consuls de cette ville. A Martigues, ce 29 mars 1789. Tel est le cahier des doléances, plaintes et remontrances de la ville de Martigues, arrêté dans l'assemblée générale des habitants de ladite ville, le 29 mars 1789.

Signé Estraquier, viguier; Boyer, consul ; Granier; Tavernier de Courtines ; Laurens ; Audon ; L. Puech ; Vidal ; E. Romans ; Martin ; Pistoye ; Genen ; Reybaud ; Granier ; N. Doumergue ; Villeneuve ; Bonis ; Pierre Brillan ; Boze ; Bonneton.

CAHIER

Des doléances de la communauté de Mayrargues (1).

Art. 1er. Que le roi de France dans le comté de Provence ne cessera de prendre la qualité de comte de Provence dans tous les actes relatifs à l'exécution des lois et à l'administration du pays.

Art. 2. Que la présente assemblée ni sa forme ne pourra nuire ni préjudicier à la constitution du pays, qui ne reconnaît et ne peut reconnaître de légal que l'assemblée de la nation en forme d'Etats généraux, et en conséquence, déclare, ladite communauté, ne pouvoir avouer ni consentre à l'avenir que les impôts et les lois consenties par lesdits Etats légalement convoqués et librement assemblés suivant la constitution nationale dudit pays et ainsi que Sa Majesté l'a déclaré dans les lettres de convocation.

Art. 3. Que les Etats généraux seront convoqués de droit tous les trois ans au plus tard, et à chaque nouveau règne, auxquelles époques le défaut de convocation fera cesser tout impôt.

Art. 4. Que nul emprunt ne sera fait à l'avenir sans le consentement exprès de la nation assemblée en Etats généraux ; hors ledit cas, déchargée de tout ce qui serait fait en son nom.

Art. 5. Les ministres comptables aux Etats, et responsables de leur administration en tout ce qui sera relatif aux lois du royaume et aux diverses applications des impositions.

(1) Nous publions ce cahier d'après un manuscrit des *Archives de l'Empire.*

Art. 6. L'impôt ne sera consenti que pour être généralement et également réparti sur chacun des individus composant la masse entière de la nation, nonobstant tous droits et priviléges accordés.

Art. 7. Sera fait un impôt unique et relatif soit à la réalité des biens, soit à l'industrie, soit au commerce, soit sur les capitalistes.

Art. 8. Que les impôts seront librement perçus par les provinces, et leur produit versé immédiatement dans le trésor royal.

Art. 9. Les douanes seront établies aux extrémités du royaume pour laisser la libre circulation intérieure.

Art. 10. L'entrée dans le royaume de la matière première de fabrication, droit prohibitif sur celle que le royaume peut fournir, droit modéré sur la fabrication et la denrée sortant du royaume.

Art. 11. Tous édits, déclarations, arrêts du conseil, lettres patentes établissant des droits ou faisant jusques à aujourd'hui loi dans le royaume, révoqués, comme contraires à la constitution.

Art. 12. Tous les domaines attachés à la couronne seront de plus fort déclarés inaliénables, et au moyen de ce, toutes aliénations précédemment faites, déclarées nulles comme contraires aux droits et à la constitution du pays, et tous détenteurs tenus d'en vider leurs mains , à la poursuite du préposé de la nation qui sera à cet effet commis.

Art. 13. Qu'il n'y aura plus entre le souverain et la nation aucun corps qui puisse se dire ni être réputé intermédiaire, et au moyen de ce que le clergé, la noblesse et la magistrature ne seront plus que des membres formant partie de cette même nation.

Art. 14. La vérification des lois portant impôts, sera entièrement délaissée aux Etats de chaque province, et l'enregistrement confié aux dépositaires des titres nationaux.

Art. 15. Que la justice sera universellement rendue au nom du monarque comme le seul protecteur de la loi, qu'elle sera gratuite étant à la charge du souverain, comme représentant quant à ce la nation. Toutes les charges de magistrature et autres, quelles qu'elles soient, soient déclarées non vénales et amovibles, et au moyen de ce remboursables et éteintes.

Art. 16. La nomination des nouvelles charges sera faite par le Roi sur la présentation de trois sujets pour chaque, lesquels seront choisis par les Etats provinciaux.

Art. 17. L'administration de la justice réformée tant au civil qu'au criminel. De manière que les parties n'ayant qu'un seul degré de juridiction, un seul défenseur, qui, nonobstant l'extinction des charges, sera continué en la personne des pourvus, jusqu'à leur décès, démissions, cas de forfaiture, interdiction.

Les procès au civil jugés à l'audience ou sur le concours des requêtes des parties, dans une année, à peine de péremption, perte des frais faits par les défenseurs comme frustrés à la charge de la partie qui aura donné lieu au retard par fuite, morosité, qu'autrement.

Au criminel, procédure entièrement publique avec le droit à l'accusé de se défendre par lui-même ou par la voie d'un défenseur, auquel sera communiqué, s'il le requiert, la grosse à ses frais, si mieux il n'aime prendre des notes relatives à sa défense, en la présence du dépositaire d'icelle, qui sera tenu de la lui représenter à peine de destitution.

Art. 18. La peine de mort limitée au cas d'assassinat ou seulement déport.

Art. 19. Sera nommé un patriarche en France.

Art. 20. Les dîmes ecclésiastiques annulées, à la charge par le peuple de nourrir les prêtres des paroisses; tout casuel supprimé, et dans le cas où la dîme ne serait pas supprimée, en diminuer la taxe comme en la capitale avec la même manière de percevoir.

Art. 21. La noblesse sera personnelle.

Art. 22. Les faveurs, soit en pensions que places attachées à ladite noblesse, déclarées communes avec tous les citoyens non nobles.

Art. 23. Que les fiefs soient domaniaux ou qu'ils existent comme faisant partie de la propriété; les régales tant majeures que mineures seront déclarées faire partie du domaine.

Art. 24. La chasse sera déclarée n'avoir jamais en Provence fait partie des régales ni droits domaniaux, faisant principalement dans cette province partie de la liberté individuelle de se garantir des animaux offensables par leur population.

Art. 25. La liberté individuelle de se transporter au dedans et au dehors du royaume.

Art. 26. Charger le député aux États généraux, qu'il fût permis à chaque propriétaire de fonds assujettis à cens ou autres redevances envers les seigneurs que autres, et de quelle nature qu'elles soient, de pouvoir se libérer sur le taux qui sera déterminé aux États généraux.

Art. 27. Le rachat de toutes les banalités, qu'elles dérivent de fief ou qu'elles aient été acquises à prix d'argent.

Art. 28. Toutes les terres gastes seront déclarées appartenir aux communautés.

Art. 29. Que tous les biens aliénés par la communauté seront rachetables.

Art. 30. Que toutes les censes seront réduites à la fixation du titre primordial.

Art. 31. Sera déclaré ne pouvoir construire des pigeonniers ni tenir des pigeons.

Fait et arrêté en ce lieu de Mayrargues le 29 mars 1789.

Signé Catton; Ripert; Darbaut; Salliez; J.-S. Ricarde, consul; J. Monnier; Roux; N. Manueil; J.-J. Chabaud; Desgavaux; Cassolle; Lais; Jean-Baptiste Padigon; Joseph Pellotier; Roux; Joseph Padigon; J.-L. Giraud; J. Gros, J. Crey; Dremia; Gautier; J.-A. Ricard; Joseph Martin; Berlingues; M. Dailheux; J.-P. Franc; Salliez, procureur fondé de M. le baron de Vallette.

CAHIER

D'instructions, remontrances et doléances, dressé par la communauté de Merindol, pour être présenté par ses députés à l'assemblée de la sénéchaussée d'Aix, convoquée par M. le lieutenant général pour le 2 avril prochain (1).

Réflexions préliminaires.

S'il y avait eu du courage, un an avant la révolution qui se prépare, d'oser élever la voix contre les abus nés de notre mauvaise constitution; s'il y avait eu des dangers à courir un an avant cette révolution d'oser montrer seulement le voile sous lequel étaient cachés les vices de notre administration, il y aurait aujourd'hui de la lâcheté de ne pas réclamer contre ces abus, et des

(1) Nous publions ce cahier d'après un manuscrit des *Archives de l'Empire.*

dangers plus imminents encore de ne pas faire connaître ces vices. Il fallait autrefois les lumières et les talents de l'esprit pour épuiser cette source d'où sont sortis tous les maux du peuple français, pour sonder cet abîme qui a englouti sa fortune et les fruits de ses sueurs, et maintenant, avec cette masse de lumières dont nous ont éclairés les génies patriotes, les écrivains citoyens, il ne faut que de la volonté. Il aurait fallu autrefois, par respect pour le monarque qui nous gouverne, croire que nous ne pouvions pas être plus heureux sous son empire, et maintenant, avec la précision qu'il exige de nous pour lui faire connaître notre situation, notre sort, la sincérité avec laquelle il veut que nous éclairions ses sollicitudes, son amour pour nous, il ne faut que de l'obéissance et de la sensibilité. Autrefois les premiers administrateurs n'inspiraient que de la crainte, et nous condamnaient au silence, et maintenant, avec ce zèle, cette droiture qui les animent pour le bien et le salut de l'État, il ne faut que de la confiance.

Par toutes ces considérations, la communauté de Merindol, voulant se rendre digne de l'amour, de la protection du souverain par son obéissance à ses volontés et sentant qu'il est honorable de coopérer avec les autres communes du ressort à la restauration de la monarchie, ose présenter à l'assemblée de la sénéchaussée ses instructions, remontrances et doléances pour servir à la composition du cahier qui peindra notre détresse aux yeux de Sa Majesté et qui frappera son cœur paternel du cri plaintif que le sentiment d'une plaie profonde, invétérée arrache à une partie de la nation provençale.

Instructions générales.

Art. 1er. La communauté charge les députés qui seront élus dans l'assemblée de la sénéchaussée pour assister aux États généraux de supplier Sa Majesté et lesdits États que la liberté de l'homme soit garantie par des lois inviolables et qu'elle ne dépende plus des caprices des ministres, des administrateurs des provinces, ou des gens en place, et que dans le cas où il aurait mérité d'en être privé on lui fasse son procès et qu'on ait pour lui les égards que l'humanité inspire pour un infortuné.

Art. 2. Que sa procédure soit instruite par ses pairs, son jugement rendu par eux dans le moindre délai possible pour être mis à exécution par le juge local.

Art. 3. Qu'on suive toujours le même esprit et la même voie pour sa propriété que pour sa personne.

Art. 4. Qu'il ne servirait de rien que l'homme fût libre physiquement et civilement si les opérations de son âme étaient gênées, puisque bientôt, par l'effet de ce despotisme qu'on exercerait sur sa pensée, on ne manquerait pas de l'asservir et d'en faire un automate, mais que la liberté de la presse lui donnera les moyens de démasquer les oppresseurs et les oppressions dont il serait la victime et l'objet.

Art. 5. Qu'un des plus sûrs moyens d'assurer la liberté de l'homme dans les campagnes est de le soustraire pour toujours aux tribunaux des seigneurs, qui lui font rendre la justice par des hommes qui ne sont le plus souvent que les instruments de leur vengeance et les objets de la haine et du mépris public; et d'ériger ces tribunaux suspects à tant d'égards en tribunaux royaux.

Art. 6. Que la durée du retrait féodal étant une arme terrible dans les mains des possédant fiefs, qui leur asservit la volonté des vassaux, qui fait trembler le cultivateur, ruine l'agriculture, on ne la fixe qu'à un terme très-court, et que la quittance des lods emporte avec elle l'investiture, soit qu'elle soit concédée par eux ou par leurs agents et procureurs fondés.

Art. 7. Que l'homme du tiers ne puisse plus par le défaut de sa naissance être exclu d'aucun emploi militaire , charge de justice, ou bénéfice ecclésiastique, mais admis indistinctement à tous, lorsqu'il aura la probité, les qualités et les talents requis.

Art. 8. Que l'ordre du tiers ait un syndic comme les deux premiers ordres.

Art. 9. La suppression de tous les tribunaux reconnus dispendieux ou inutiles, et le rapprochement de la justice des justiciables, en réservant aux tribunaux souverains les procès d'une somme jusqu'à la concurrence de 20,000 livres.

Art. 10. Que l'ordre de Malte n'étant plus utile aujourd'hui puisque les puisssances qu'il était appelé à combattre par état et par devoir ne sont plus redoutables, et que nous sommes continuellement en paix avec elles, on prenne des mesures pour détourner au profit de l'État le cours de ces sommes immenses qui nourrissent le luxe et l'oisiveté des chevaliers de cet ordre.

Art. 11. Que les communautés ne soient soumises qu'à la dîme nécessaire pour l'entretien de leurs prêtres, relativement à leurs grades et aux dépenses que les bienséances locales exigeront.

Art. 12. Que les bureaux de douanes soient portés aux fontières du royaume et prévenir les guerres journalières que les receveurs et les employés font aux fidèles sujets du Roi, et les vexations qu'ils exercent contre eux.

Art. 13. Que la vénalité des charges ou offices soit désormais abolie, et lorsque les ressources de l'État permettront de les rembourser au prix pour lequel en a été faite la concession première, ils seront donnés à l'un des trois sujets qui seront présentés à Sa Majesté par le peuple.

Art. 14. L'acquisition de la noblesse étant ruineuse pour l'État, onéreuse aux peuples, que l'on n'accorde des lettres de nobilité qu'à ceux qui les auront méritées par leurs services, et qu'on soit très-scrupuleux dans la vérification des titres que présenteront ceux qui voudraient l'usurper ou se faire réhabiliter.

Art. 15. Qu'il soit fait une réforme dans la justice civile et criminelle.

Art. 16. Que la chasse étant de droit divin et humain pour tous les hommes elle ne soit plus un droit exclusif pour les seigneurs, ou que si pour les bonnes mœurs et l'avantage de la société on croit devoir le leur conserver, qu'on modère la peine décernée aux infracteurs, et que cette légère faute ne soit plus assimilée dans le préalable de sa punition à ceux des assassins, des empoisonneurs, etc.

Art. 17. Que les conseils des communautés de la campagne soient autorisés par les maires et consuls, et non par les officiers des seigneurs comme par le passé.

Art. 18. Qu'il soit établi des prud'hommes dans les villages pour juger sans frais les objets de police et les causes sommaires.

Art. 19. Que les traites soient abolies, les provinces mises en pays d'Etats, Marseille, Arles et terres adjacentes ainsi que le comtat Venaissin réunis à la Provence.

Art. 20. Que les alluvions appartiennent de droit aux communautés riveraines et non au Roi ni aux seigneurs.

Art. 21. Que les droits féodaux, puissent être-rachetés à prix d'argent lorsque les communes en auront la faculté.

Art. 22. Que les biens et les droits des ecclésiastiques soient affectés aux domaines et à la personne du Roi, qui donnera à chaque titulaire une pension relative à l'utilité et à l'honneur de sa dignité.

Art. 23. D'abolir à jamais les priviléges des personnes et des biens desquels on peut inférer être exempts de toute imposition pécuniaire.

Art. 24. Que les protestants, qui forment la sixième partie de la population du royaume, soient reconnus habiles à exercer toutes les charges militaires, civiles et municipales, et l'édit promulgué en leur faveur sanctionné et garanti par la nation.

Art. 25. Que les Etats généraux soient convoqués tous les trois ans, ou tous les cinq ans, et les subsides consentis seulement d'une assemblée desdits Etats à une autre, et les députés du tiers y soient toujours en nombre égal à ceux des deux ordres privilégiés.

Art. 26. Que dans les Etats généraux ou provinciaux, les impôts soient également répartis et à perpétuité sur les trois ordres, et que les ministres et les administrateurs des provinces soient responsables de l'emploi des sommes assignées à leurs départements respectifs ; qu'à une époque determinée, il soit imprimé toutes les années un compte où l'on fera connaître à la nation les recettes et les dépenses.

Art. 27. Que le déficit soit connu et comblé, et la dette nationale assurée.

Art. 28. Que pour résoudre avec plus de célérité et de légalité les difficultés qui pourraient s'élever dans les Etats généraux relativement à la province, il soit créé un comité des députés séant à Aix qui représenteront la nation provençale et qui répondront pour elle.

Instructions particulières pour la province de Provence.

Art. 29. Que les administrateurs de la province rendent annuellement leurs comptes aux communautés de leurs districts pour leur faire connaître le montant de leurs recettes et l'emploi qu'ils feront des finances qui leur ont été confiées.

Art. 30. De réformer la constitution de la Provence, à l'avantage commun des trois ordres, selon faculté et leur intérêt.

Art. 31. Que la présidence des Etats ne soit plus personnelle, mais conférée alternativement à un des membres des trois ordres qui en sera le plus digne.

Art. 32. Que les consuls d'Aix n'aient de juridiction que dans cette ville et non ailleurs.

Art. 33. Que dans les Etats provinciaux et dans la commission intermédiaire il y ait égalité entre les membres du tiers et ceux des deux premiers ordres, et que tous supportent également les impositions royales et locales consenties par eux.

Art. 34. Que la province soit autorisée d'examiner si les officiers publics attachés à son service ne sont pas trop nombreux, trop salariés, et chargée de veiller sur leur conduite et sur l'exercice de leurs fonctions.

Art. 35. Que les députés aux Etats généraux ne consentiront l'impôt qu'après qu'on aura satisfait formellement à toutes ces réclamations ; qu'ils seront expressément chargés de solliciter auprès de Sa Majesté l'établissement de tous les projets ci-dessus énoncés ou ailleurs, et la réforme de tous les abus qu'on vient de démasquer ; que s'il arrivait qu'ils n'y prissent qu'un mince intérêt, et qu'ils ne fissent pas tout ce qu'exigent à cet égard l'honneur et la confiance qu'on leur accorde, ils seront révoqués et flétris d'une manière publique.

Art. 36. Que croyant qu'ils s'acquitteront avec délicatesse de l'honorable commission dont ils sont revêtus, la communauté consent à ce que leurs pouvoirs soient illimités, pour opérer le bien, et nuls pour le mal.

Doléances de la communauté de Merindol.

Elle se sent obligée par la reconnaissance de dire, à la gloire de M. Belloy, évêque de Marseille, seigneur de Merindol, qu'il a infiniment contribué à adoucir la rigueur du sort de ses vassaux par la protection dont il les a toujours honorés, par l'accueil gracieux qu'il leur a toujours fait, par la modération et la générosité avec lesquelles il a perçu ses droits et les recommandations qu'il a faites à ses fermiers d'être justes et honnêtes envers sa communauté de Merindol. Elle se sent encore obligée, par la justice des titres dudit seigneur évêque, de ne revendiquer aucun droit à son préjudice, de dire toujours à sa gloire, que si les hommes étaient les mêmes, si la même place donnait les mêmes vertus, si l'ordre du souverain n'eût obligé de tout dire, la communauté n'eût jamais présenté aucun article à titre de doléances ; mais que forcée de confesser la vérité, elle l'exposera avec précision et ingénuité.

Quel tableau déchirant pour les âmes sensibles n'aurait-elle pas à faire des horreurs exercées jadis contre ses habitants, si elle croyait qu'il fût au pouvoir du souverain compatissant qui nous gouverne d'effacer de leur mémoire ces journées de sang et de carnage dont l'idée les épouvante encore, d'enlever de devant leurs yeux ces monuments de destruction, d'incendies que présente l'ancien village, et dont les ruines menacent d'écraser ceux qui les avoisinent, et de réparer les dévastations de leur campagne!

Que n'aurait-elle pas à dire des dégâts des inondations de la Durance, s'il était toujours au pouvoir des souverains de maîtriser les éléments ; elle présenterait la majeure partie de son territoire exposée aux fureurs de cette rivière, ses cultures perdues, ses engrais emportés, ses récoltes noyées, et elle réclamerait le secours de la province pour la mettre à l'abri des malheurs qui la menacent encore!

Droits du seigneur.

Art. 37. Mais voulant se borner à faire connaître la situation qui doit être son unique objet en ce moment, elle représente qu'elle paye annuellement audit seigneur évêque la huitième partie de tous les grains et légumes que les habitants recueillent dans le territoire, et qu'un quart seulement de leurs terres situées le long de la Durance est soumis à la douzième partie de leurs fruits.

Art. 38. Que le seigneur perçoit la douzième partie de ses huiles, à l'exception de celles qu'on recueille sur un quart du territoire, qui sont soumises même à la sixième partie.

Art. 39. Qu'elle lui paye un cens d'une émine de blé pour chaque saumée de pré ou de vigne composée de deux mille cannes.

Art. 40. Que chaque habitant lui est redevable d'une demi-émine de blé à titre de cens sur sa maison, et que si ce blé qu'on donne aux fer-

miers n'est pas d'une qualité supérieure, ils en exigent une plus grande quantité, qui, selon eux, en corrige le prix, comme si les propriétaires pouvaient donner à leur blé une qualité qui n'est pas dans la nature du sol.

Art. 41. Qu'elle paye tous les ans audit seigneur évêque une somme en argent de cinquante livres pour le droit de pâturage dans une régale ou place morte.

Art. 42. Qu'en outre, elle contribue, toujours au profit dudit seigneur évêque, pour une somme de 18 livres en argent, et pour un cens annuel de douze émines blé pour le moulin à farine qu'elle possède.

Art. 43. Que les lods donnent au seigneur évêque un droit de 16 p. 0/0 sur chaque vente ou aliénation qui se font dans l'étendue de sa directe.

Art. 44. Que le seigneur a voulu partager constamment la moitié des sommes provenant des ventes que la communauté a faites du bois de la montagne, qu'il est vrai que plusieurs fois il lui a fait remise d'une partie de ces sommes.

Art. 45. Que des particuliers ont été surprendre sa religion pour avoir à nouveau bail des terres délaissées par la Durance, tandis que les anciens propriétaires en ont payé les tailles jusqu'au moment où elles leur ont été enlevées.

Droits du prieur.

Art. 46. Qu'elle donne au chapitre de Salon la vingtième partie de tous les grains, légumes et raisins.

Art. 47. Que ledit chapitre, voulant étendre ses droits, exigea le vingtième des agneaux et chevreaux nouvellement nés, quoique cette redevance ne fût pas dans sa transaction ; que le parlement la leur adjugea par un arrêt très-dispendieux pour la communauté.

Doléances indirectes.

Art. 48. Elle expose que jusqu'à la nomination de l'évêque actuel de Cavaillon à ce siége, elle a été continuellement vexée, tourmentée par les prélats de cette ville qui sont seigneurs spirituels de Merindol ; qu'en 1750 M. de Marcy, alors évêque de Cavaillon, imagina de ruiner la communauté en ordonnant la réédification de l'église paroissiale ; que les habitants, consternés encore par la persécution qu'ils venaient d'essuyer, furent obligés de subir le nouveau joug que leur imposait l'évêque et d'adhérer à sa demande ; le projet de rebâtir l'église fut adopté. Ils demandèrent pour toute grâce qu'elle fût faite proportionnellement au petit nombre d'habitants catholiques qui n'est que de quatre ou cinq familles foraines, ils firent dresser préalablement un devis estimatif qui ne portait qu'à 17,000 livres les dépenses pour cette maison de prière. Instruit des démarches de la communauté et voulant favoriser des entrepreneurs qu'il avait à sa dévotion, M. de Mancy obtint dix lettres de cachet pour en faire usage contre ceux des habitants qui auraient pu s'opposer à ses prodigalités et à ses injustices. Ils furent emprisonnés, et maître alors de diriger à son gré et selon ses vues la construction de l'église, elle fut bâtie dans une grandeur à pouvoir contenir dix fois plus de catholiques qu'il n'y en a à Merindol. Que l'enceinte qu'elle a aujourd'hui ayant été déterminée, l'architecte qui avait fait le premier devis se chargea de la conduire jusqu'à perfection, toujours pour la somme de 17,000 livres, et que l'évêque en fit adjuger l'entreprise à ses créatures qui en ont retiré 36,000 livres, que sa communauté doit encore et qu'elle ne pourra peut-être jamais liquider, quoiqu'elle soit extrêmement fatiguée par les intérêts qu'elle en supporte.

Art. 49. Que le chemin de Merindol à Senas est impraticable depuis plusieurs années, que les terres qui le bordent dans toute son étendue servent de passage aux voyageurs et charretiers, ce qui emporte le quart des récoltes de ces terres; qu'il semble que la viguerie ou la province auxquelles elle paye annuellement son contingent pour l'entretien des routes, auraient bien dû employer à réparer ce chemin une partie de cet argent qu'elle verse dans leurs caisses.

Art. 50. Qu'elle paye pour les impositions royales 3,648 livres pour son affouagement, 1,033 livres pour son contingent des trois vingtièmes et 4 sous pour livre en sus, 159 livres 16 sous pour l'abonnement des droits de latte et inquant.

Art. 51. Qu'accablée par tous ces impôts, droits seigneuriaux, dîmes, elle n'a plus à répandre pour la gloire du Roi et la défense de sa chère patrie que les sueurs et le sang de ses fidèles habitants ; que dans ce désastre universel pour la Provence, qui a tué l'olivier, cet arbre précieux et son unique espérance, elle tremblerait de soulever le voile de l'avenir qui lui cache ses pleurs et sa misère, si, pleine de confiance dans la justice, la bienfaisance du monarque, dans la sagesse de ses ministres, dans la générosité des dignitaires des deux premiers ordres, dans la fermeté et l'équité du tiers, elle ne puisait dans toutes ces idées des motifs d'encouragement et des sujets de consolation.

Signé Maynard, consul; Ferand, viguier; Bouez; Peyre; Pierre Chauvia; Jean Palezy; P. Chaunin; Daniel Meynard; Jean Roux; F. Grégoire; Jean Hubert; C. Peyre; D. Maynard; Jean Roux; Crespin; Romane, greffier.

CAHIER

D'instructions et doléances de la communauté de Megrueil, pour être porté à l'assemblée des trois ordres de la sénéchaussée d'Aix qui doit avoir lieu le 2 avril 1789 par les députés qui seront élus dans l'assemblée générale de ladite communauté qui est à présent en séance, dressé en présence et par l'organe de ladite assemblée.

Les sieurs députés qui seront élus pour assister à l'assemblée des trois États de la sénéchaussée d'Aix seront chargés de dire au nom de ladite communauté:

1° Que la convocation des trois ordres par la sénéchaussée est contraire à la constitution provençale, et qu'elle porte atteinte au droit précieux, individuel et incessible qu'ont tous les sujets de Provence de concourir médiatement ou immédiatement à la rédaction des instructions, et à la députation aux État généraux, et essentiellement parce qu'elle est imparfaite et divisée par sénéchaussées.

2° Que dans les États généraux il y sera délibéré par tête et non par ordre, ainsi qu'on l'a pratiqué jusqu'aux États généraux de 1560, où les députés de Provence protestèrent, comme étant une infraction à l'usage qui s'était toujours pratiqué, et d'ailleurs il ne doit y avoir qu'un seul corps où il n'y a qu'un souverain et des sujets.

3° Que les États généraux du royaume seront périodiquement tenus dans un temps fixe et prochain, sans que la forme puisse en être changée, et le nombre de représentants diminué.

4° Que les trois ordres de Provence soient convoqués incessamment comme étant le seul moyen de nous donner des États vraiment nationaux et représentatifs et pour délibérer les impositions du pays de la présente année.

5° Que les États généraux se chargeront, pour et au nom de la nation, de la dette nationale, après toutefois que la constitution aura été fixée invariablement.

6° Qu'il ne sera à l'avenir établi ou levé aucun impôt sur le sujet et sur la propriété que les États généraux ne l'aient expressément consenti.

7° Que tout impôt consenti ne pourra être prorogé sous quelque prétexte que ce soit, et qu'il cessera par le défaut de convocation des États généraux.

8° Que les ministres seront comptables à la nation, poursuivis et jugés par elle quand ils tromperont la confiance du souverain et qu'ils malverseront.

9° Que les domaines de la couronne qui ont été aliénés seront repris, en indemnisant ceux qui les ont acquis, ou bien qu'ils seront définitivement aliénés ainsi que ceux qui restent à la couronne, pour le tout être employé à la libération de l'État.

10° Que tout sujet, sans exception, contribuera également en proportion de sa fortune à toutes les charges quelconques et à raison de la protection qu'il reçoit comme étant l'unique destination de l'impôt, et à cet effet, tout impôt existant actuellement qui ne présente pas cette égalité sera supprimé, et observer que tous ceux qui existent la plupart présentent non-seulement cette inégalité proportionnée aux facultés, mais même ils sont plus forts sur la classe indigente que sur le riche ; de ce nombre sont les octrois des villes, l'impôt sur le sel, sur les cuirs, le contrôle et insinuation des contrats, les droits de greffe, le papier, le parchemin timbré, le contrôle des exploits, le droit de scel sur les sentences, arrêts et autres, les droits sur les marchandises qui circulent dans l'intérieur du royaume, la loterie royale et autres; observer encore qu'on pourrait atteindre cette juste égalité proportionnée aux fortunes, en établissant un impôt territorial en argent sur tout le royaume, et réparti par les États généraux sur chaque province, eu égard à la localité, à l'étendue et à la population, que cet impôt n'excède pas la somme de trois cents millions, en laissant subsister tous les impôts de luxe, comme celui sur le tabac, sur le café, le sucre, les cartes, la poudre et autres, ceux d'utilité publique comme les postes, les messageries, la fabrication du sel vendu pour le compte du Roi au prix de 9 ou 12 livres dans tout le royaume ; tous ces divers impôts joints à l'impôt territorial pourraient suffire aux dépenses générales de l'État, sauf d'y suppléer par d'autres impôts sur le luxe.

11° Que tous les priviléges soient abolis, car si tout privilége est dispense pour l'un, il est décourageant pour les autres ; le privilége étant hors du droit commun, il suit que l'exemption des uns préjudicie aux autres; voilà l'injustice. Les priviléges honorifiques avilissent le grand corps des citoyens, pour humilier tant d'hommes, pour en honorer quelques autres; voilà la déraison.

12° Que la noblesse héréditaire soit abolie; c'est étendre le privilége jusqu'à ceux qui ne l'ont pas

---

(1) Nous publions ce cahier d'après un manuscrit des *Archives de l'Empire.*

mérité, c'est éteindre l'émulation, elle doit être la récompense de l'homme vertueux, utile à ses concitoyens, à sa patrie.

13° Que le code criminel soit réformé, que la procédure soit publique, que nul citoyen ne soit arrêté que dans le cas de flagrant délit, que les juges et les parties seront responsables, les uns, pour avoir, au mépris des charges de la procédure, décerné des décrets de prise de corps, et les autres pour avoir exposé faux.

14° Que tous les tribunaux d'exception seront supprimés en indemnisant les pourvus à titre d'office, et qu'il n'y ait plus que deux tribunaux, celui du domicile et l'appel aux cours souveraines.

15° Que le nonobstant appel soit permis aux cas où il s'agira de promesses non désavouées et contrats.

16° L'abrogation de toutes lettres attentatoires à la liberté des citoyens.

17° Que tous les citoyens de quelque ordre qu'ils soient concourront pour tous emplois militaires, bénéfices et charges de l'État.

18° Que les consuls des communes de Provence soient rétablis dans le droit que les seigneurs ont usurpé, d'autoriser leurs conseils municipaux. La Provence a acquis les mairies, elle doit donc jouir de son droit; c'est débarrasser les communes d'une entrave beaucoup plus gênante, qu'il est dans la disposition des seigneurs d'empêcher la tenue des conseils; l'officier qui est à sa nomination lui est dévoué, il assiste ou n'assiste pas selon qu'on l'exige de lui, et il n'est que trop fréquent de voir cet officier s'éloigner quand la communauté doit délibérer sur un intérêt opposé à celui du seigneur, et pour les rétablir dans cet exercice on sollicitera l'extinction de toutes les juridictions seigneuriales. Comme il n'y a qu'un souverain, il ne doit y avoir de justice que celle exercée par le souverain.

19° La suppression des capitaineries de chasse et de pêche; le droit exclusif que les seigneurs exercent est une source de procédures; le laboureur est souvent réduit à voir dévorer ses récoltes par le gibier et autres animaux, parce qu'il ne peut s'en défendre.

20° La liberté aux communautés et à chaque particulier individuellement de se rédimer en tout temps des droits et devoirs seigneuriaux, en indemnisant ainsi et de la manière que les États généraux le détermineront; l'agriculture et le commerce gagneront, la population grossira dans les campagnes qu'on déserte aujourd'hui par les mêmes motifs qui les avaient fait déserter dans les treizième et quatorzième siècles.

21° La suppression des dîmes, qui ne furent données dans le principe que pour sustenter le pasteur, et dont l'immense produit est destiné à nourrir le luxe de ceux qui la reçoivent ailleurs que dans le lieu où elle se perçoit; les communautés fourniront aux dépenses de leur église, elles donneront à leurs pasteurs les revenus nécessaires proportionnés à la dignité de leur ministère, aux charges inséparables de leurs fonctions et aux besoins de la localité; l'excédant peut servir à l'extinction de la dette nationale.

22° Enfin d'être maintenus dans la faculté constitutionnelle d'asseoir et même d'abonner l'impôt, déclarant autoriser les députés qui seront élus à adhérer à tout ce qui sera renfermé dans le cahier général de doléances qui sera dressé à la prochaine assemblée de la sénéchaussée d'Aix et de donner les suffrages qu'ils trouveront à propos pour l'élection des députés aux États gé-

néraux, approuvant dès à présent tout ce qui sera fait et arrêté par eux et tous les pouvoirs qui leur seront donnés.

Les sieurs députés demanderont encore qu'il soit fait un nouveau règlement pour la communauté et qu'il soit permis à tout particulier de mettre quatre mulets aux charrettes.

Signé Bourelly, viguier; Douneau, maire; J. Dougène; Joseph Bourelly; Buisson; Deloutte cadet; Gros; Toussaint; Bonneau; Marin; Jean-Joseph Rinaud; Jean-Baptiste Bourelly; Joseph Bourelly; Paul Bourelly; Petit; Antoine Bourelly; Deloutte; Joseph Castanière.

CAHIER

Des doléances, plaintes et remontrances des habitants de la communauté de Mimet, du 29 mars 1789 (1).

Les habitants du lieu de Mimet, assemblés en conformité des ordres de Sa Majesté, produisent leurs doléances et réclamations à faire aux États généraux du royaume, chargent le député qu'ils viennent de nommer pour assister à l'assemblée de la sénéchaussée d'Aix de donner instruction au député du tiers-état qui sera nommé dans cette assemblée pour voter aux États généraux :

Art. 1er. L'égale répartition des impôts sur tous les citoyens de tous les ordres dans la seule proportion de leurs facultés, et sans distinction de rang, de naissance et de privilége, et sans que les deux premiers ordres puissent jamais se prévaloir de l'extinction de la dette nationale pour demander le rétablissement de leur prétendu droit d'exemption.

Art. 2. Que tous les impôts, de quelque manière qu'ils se lèvent en Provence, tant les subsides royaux que ceux destinés à fournir aux frais d'administration de la province et de chaque communauté en particulier, soient payés suivant la répartition proportionnelle par les trois ordres, et au même receveur.

Art. 3. Les députés suppléeront à tout impôt que voudra Sa Majesté le plus favorable à la liberté publique, et le plus propre à prévenir les abus qui s'introduisent dans les finances.

Art. 4. Ils suppliéront Sa Majesté de prendre les moyens que sa sagesse lui suggérera pour simplifier autant qu'il sera possible les frais de perception d'impôt, parce qu'ils absorbent une portion considérable du produit, et que les différents receveurs s'engraissent aux dépens du pauvre peuple, qui paye sans qu'il en résulte aucun avantage pour le gouvernement.

Art. 5. Ils voteront pour que l'impôt ne soit consenti que relativement à la connaissance et à la légitimité de la dette nationale, et jusqu'aux prochains États généraux, dont ils demanderont préalablement que l'époque soit fixée, sauf de le consentir de nouveau s'il y échoit.

Art. 6. Les députés seront spécialement chargés de demander la modération de la dîme ecclésiastique dont la taxe est accablante pour le peuple.

Art. 7. La suppression d'un grand nombre de collégiales et bénéficiers sans charge d'âmes dont les titulaires nous édifient à la vérité par leur conduite exemplaire, mais dont les revenus, supérieurs aux besoins de la plupart, seraient plus

---

(1) Nous publions ce cahier d'après un manuscrit des *Archives de l'Empire.*

utilement employés pour amortir une portion de la dette de l'Etat.

Art. 8. Que les portions congrues des curés et des vicaires soient augmentées, que leurs logements ne soient point onéreux, et qu'on ne retranche point de leur modique revenu une trop forte contribution aux décimes, qui devraient être en entier à la charge des bénéficiaires oisifs et opulents.

Art. 9. Ils réclameront contre l'établissement actuel des bureaux des douanes dans l'intérieur du royaume, et demanderont que ces bureaux soient reculés aux frontières; et là où il serait constaté que les besoins de l'Etat ne permettent point encore d'opposer cette utilité à la réforme, ils demanderont un tarif que chacun puisse se procurer et comprendre, et des règlements qui obvient aux abus et aux vexations du receveur et des employés contre les redevables.

Art. 10. Ils demanderont une modération sur les droits du contrôle, insinuation et centième denier de ces impôts, qui met le plus grand obstacle à la circulation du numéraire, rend les mutations difficiles et souvent impossibles, et donne lieu à bien des fraudes; il est encore onéreux non-seulement par le droit additionné au tarif de 1722, mais bien davantage encore par la jurisprudence versatile qui est établie dans cette partie; ils insisteront sur la nécessité d'un nouveau tarif qui ne laisse rien à l'arbitraire.

Art. 11. Qu'il soit nommé incessamment une commission pour travailler à la réformation des abus de l'administration de la justice civile et criminelle et pour que les sujets du Roi la puissent obtenir à moins de frais et dans le délai le plus court.

Art. 12. Que l'administration économique des communautés soit simplifiée par de nouveaux règlements qui préviennent les abus, mais qui la dégage de cette foule d'entraves et de formalités et qui sont autant de pièges pour la plupart des administrateurs hors d'état de les comprendre et de s'y conformer.

Art. 13. Pareillement les députés demanderont que les communautés et particuliers soient autorisés à se racheter des censes, pensions féodales, droits de lods et banalités des moulins et fours sans exception, en payant aux seigneurs directs dans chaque province ce qui se paye d'usage en cas de remboursement volontaire, ou rachat de pareils droits.

Art. 14. Pareillement la communauté demande avoir les usages qu'elle avait anciennement à la grande colline près de Notre-Dame-des-Anges, de faire du bois, et autres usages cités dans la transaction passée entre les seigneurs de cedit lieu et la communauté.

Art. 15. Enfin, que pour l'intérêt pressant de la province entière, où la cherté excessive de la viande augmente journellement par le manque des bestiaux, et où l'engrais des terres est de la plus grande importance, les chèvres seront irrévocablement permises partout où elles ne peuvent nuire.

Art. 16. De plus les habitants de cedit lieu demandent de leur accorder la pêche et la chasse qui nous ravagent nos campagnes et donnent une perte considérable dans tous les endroits seigneuriaux, et si l'on n'a pas égard à cette matière nous sommes obligés d'abandonner nos campagnes.

Art. 17. De demander que l'assemblée de la sénéchaussée charge le député aux Etats généraux de parler contre la constitution abusive des Etats de cette province et de réclamer les droits imprescriptibles des citoyens de Provence d'être gouvernés par une constitution légitime et vraiment représentative. Enfin les habitants de ce lieu ici assemblés autorisent leur député à donner à ceux du ressort de la sénéchaussée d'Aix, tels autres pouvoirs et instructions que l'intérêt général du royaume de France et du pays de Provence peut exiger et qui seront arrêtés dans ladite assemblée aux délibérations de laquelle ils se rapportent.

Fait, lu, et arrêté à Mimet, le 29 mars 1789, l'assemblée de tous les chefs de famille tenant, a été le présent cahier rédigé à double original, signé par les assistants qui ont su, et a, de plus, été signé et paraphé *ne varietur* par le lieutenant du juge autorisant ladite assemblée; un desdits originaux a été déposé au greffe et archives de la communauté et l'autre remis au sieur Henri Barthélemy, bourgeois résidant en ce lieu.

Signé J. Gajan, lieutenant de juge; Maurin, consul; Cossannosvy; Joseph; Jourdan; Barthélemy, député; C. Bonnet; Jean-Pierre Gueidon; Philippe Etienne; P. Vadon; P. Gaidon; J. Gajan; André Pally, greffier.

CAHIER

Des remontrances, plaintes, doléances, et instructions de la communauté de Mirabeau, délibérées dans le conseil général de ladite communauté, tenu le 28 mars 1789, en exécution des lettres de convocation de Sa Majesté, et règlements y annexés des 24 janvier et 2 mars 1789, et de l'ordonnance de M. le lieutenant général en la sénéchaussée d'Aix, du 12 du présent mois de mars, pour être ledit cahier porté par les députés qui seront nommés dans ledit conseil général, à l'assemblée de la sénéchaussée qui sera tenue à Aix le 2 avril prochain, lesquels députés coopèreront à la rédaction du cahier général de la sénéchaussée, et à la nomination des députés aux Etats généraux (1)

La précipitation avec laquelle la communauté est obligée de procéder à la rédaction du présent cahier ne lui permet que d'indiquer très-sommairement les abus sous lesquels elle gémit, et les moyens d'y remédier.

Elle charge ses députés d'en faire le développement dans le cahier général, et de suppléer aux omissions.

Comme aussi de nommer pour député aux Etats généraux ceux qu'ils sauront en leur âme et conscience être plus en état par leur zèle, leur caractère, leurs talents, de stipuler dignement les intérêts de la nation.

Auxquels députés sera donné des pouvoirs suffisants pour opérer le plus grand bien de l'Etat, et consolider la dette nationale.

Constitution du royaume.

Ils seront invités cependant à n'accorder les impôts qu'après la vérification de la recette et de la dépense annuelles de l'Etat, qu'après avoir reconnu l'étendue de la dette nationale, et qu'après avoir obtenu une constitution fixe et déterminée dont la base sera:

1° La composition future des Etats généraux, la manière de les convoquer, la manière de procéder à l'élection des députés, leur retour pé-

(1) Nous publions ce cahier d'après un manuscrit des *Archives de l'Empire*.

riodique, ou leur permanence, ou une commission intermédiaire d'une tenue à l'autre.

2° Qu'il ne pourra être fait aucune loi, mis aucun impôt, fait aucun emprunt, sans le consentement libre des États généraux.

3° Que tous les impôts quelconques, tant anciens que nouveaux, seront également répartis, et seront supportés par tous les ordres, par tous les individus, et sur tous les biens et revenus indistinctement ; que lesdits impôts ne pourront être consentis que pour un temps fixe, qui ne pourra jamais excéder la prochaine tenue des États généraux, et le terme expiré, tout impôt cessera, et nul ne pourra être contraint à payer ; que l'enregistrement des lois civiles et bursales consenties sera fait dans les administrations provinciales, et que cet enregistrement dans les tribunaux sera purement passif, et ne consistera qu'en la transcription dans les registres des greffes.

4° Que la liberté individuelle des citoyens soit garantie; en conséquence :

Abolition absolue des lettres de cachet et de tous les ordres arbitraires; punition grave contre les fauteurs et exécuteurs de pareils ordres.

5° La liberté indéfinie de la presse.

6° Que les ministres et tous les grands mandataires de l'autorité royale seront comptables et responsables de leur gestion aux États généraux, lesquels seront seuls juges des crimes de lèse-majesté, et de lèse-nation, ce qui comprend les crimes d'État.

7° Enfin la détermination et la fixation des pouvoirs et de l'autorité des États généraux, et l'uniformité, autant qu'il sera possible, des administrations provinciales et des contributions des provinces.

Il sera également recommandé aux États généraux de ne point souffrir que les députés du tiers soient avilis par des formes humiliantes, et d'obtenir qu'ils opinent et discutent leurs opinions dans la même forme que les députés des deux premiers ordres.

Il conviendrait même que les trois ordres ne fussent point séparés, et que les députés fussent classés, et siégeassent par provinces et par députations. Le Roi fixerait, cette année, la place de chaque province et de chaque députation, et à l'avenir on suivrait le tour de rôle pour la préséance. De cette manière, l'ordre des places serait un député du clergé, un député de la noblesse et deux députés du tiers-état successivement, et on suivrait cet ordre pour recueillir les opinions, sauf aux députés de chaque ordre de s'assembler par chambre quand ils le jugeront nécessaire.

Tous les maux qui accablent la France, la Provence et cette communauté en particulier, proviennent de notre législation civile et criminelle, de la manière d'asseoir l'impôt, et de le percevoir, de la richesse monstrueuse du clergé du premier ordre qui pèse sur les peuples, enfin des entraves et des vexations résultantes des droits seigneuriaux et féodaux qui sont la cause de la dépopulation des campagnes et de l'anéantissement de l'agriculture.

Des lois.

L'imperfection et les abus de nos lois civiles et criminelles sont trop connus pour qu'il soit nécessaire d'en faire l'énumération. Ils ont frappé l'âme bienfaisante de notre auguste monarque qui nous en promet la réforme. Les États généraux doivent s'occuper essentiellement de cet objet. Il serait à désirer que le nouveau code fût universel pour la France. On espère que le patriotisme des députés déterminera les petits attachements aux coutumes locales pour adopter un plan uniforme.

Les nouveaux codes doivent être tels que chaque citoyen puisse connaître les lois de son pays, sans être obligé d'avoir recours à la funeste érudition des gens du palais, qui trouvent toujours des lois en contradiction, qui, à défaut de lois favorables à la cause qu'ils soutiennent, citent, pour détruire la loi positive, des actes de notoriété, des usages, des maximes, des jurisprudences, des règlements, des arrêts, l'opinion d'un commentateur, d'un Grec, d'un Romain, d'un Chinois, et qui, de cette manière, égarent et ruinent les clients.

Qu'il ne soit rien laissé à l'arbitraire des juges, lesquels motiveront leurs jugements et en répondront; qu'il soit défendu de commenter la loi, ou de l'interpréter par les lois anciennes, mais que dans les cas non prévus, on soit tenu de se retirer par devers le Roi et les États généraux, pour qu'il soit fait article de lois à titre d'addition au Code.

Les députés aux États généraux doivent apporter la plus scrupuleuse attention à l'examen du nouveau code pénal, et de la nouvelle forme de procéder et de juger en matière criminelle, annoncés par le gouvernement; autrement la liberté individuelle ne serait jamais suffisamment garantie, elle serait au contraire toujours illusoire, s'il existait l'ombre de l'arbitraire en matière criminelle.

Code pénal.

Ils doivent exiger que le nouveau code pénal soit adapté à la douceur de nos mœurs, que les peines soient proportionnées aux délits, que les peines infamantes, humiliantes et pécuniaires soient parfaitement distinguées.

Procédure criminelle.

Que nos formes criminelles, absurdes et atroces, qui font frémir les âmes sensibles, soient absolument abolies ; que l'honneur et la vie des citoyens ne soient plus livrés à l'arbitraire d'un seul homme, qui décerne, quand la fantaisie lui en prend, les décrets les plus graves pour les délits les plus légers.

Que les informations soient faites publiquement, audience tenante, en présence de l'accusé, ou lui dûment appelé.

Qu'il ne puisse être décerné de décret de prise de corps que pour les délits important peines afflictives, de décret d'assigner pour être ouï que pour les délits emportant peine humiliante, et un simple décret proposera un jugement pour les délits emportant peine pécuniaire, ou des réparations, sans que les décrets puissent être convertis faute d'y obéir.

Que dans la huitaine d'un décret de prise de corps ou d'ajournement décerné, les juges soient tenus d'appeler douze jurés pris dans l'ordre de l'accusé pour décider, s'il y a lieu au décret, et, dans le cas de négative, que l'accusé ne puisse être emprisonné ou qu'il soit élargi, ou qu'il ne soit point suspendu dans ses fonctions publiques, à peine, par les juges, d'être pris à partie pour les dommages-intérêts de l'accusé.

Qu'en définitive, les juges ne puissent faire que l'application de la loi quand l'accusé aura été déclaré coupable par l'unanimité de douze jurés choisis dans l'ordre de l'accusé.

Que la partie publique puisse être poursuivie pour fausse accusation.

Que les faux témoins subissent la peine qu'aurait supportée l'accusé, si la déposition eût été vraie.

Vénalité des charges.

La vénalité des charges de judicature, qui fournit les moyens à l'incapacité et à l'ignorance d'acheter le droit terrible de décider impunément de la fortune, de l'honneur et de la vie des hommes, est sans contredit, un des plus grands abus qui doivent fixer la sollicitude paternelle de Sa Majesté et l'attention des Etats généraux.

On doit s'occuper à découvrir les moyens les plus prompts et les plus efficaces pour rembourser progressivement les titulaires des offices sur le pied de la finance primitive, en commençant par cette multiplicité de tribunaux d'exception qui se font perpétuellement la guerre pour le titre de compétence, pour s'attribuer la gloire et le profit de dépouiller les plaideurs.

La création d'une banque nationale ; les fonds qui proviendront de la vente des biens du clergé, l'extinction progressive des rentes viagères, lorsqu'on aura établi l'équilibre entre la recette et la dépense, sont des ressources qu'on peut appliquer à cet objet.

Tribunaux.

Désormais, il ne devrait y avoir dans chaque province ou dans chaque arrondissement d'administration provinciale, que trois sortes de tribunaux ; savoir :

Les tribunaux à locaux qui siégeraient dans le principal lieu d'un arrondissement, et deux ou trois lieues au plus, où plaideraient en première instance toutes les paroisses de l'arrondissement et qui jugeraient en dernier ressort les causes légères ;

Les bailliages ou sénéchaussées, dont la composition sera déterminée, qui jugeraient également en dernier ressort jusqu'à concurrence d'une certaine somme.

Enfin, une cour supérieure qui jugerait souverainement, et qui serait composée de trente juges, moitié de l'ordre de la noblesse, et moitié de l'ordre du tiers-état.

Des juges.

Tous les juges seraient nommés par le Roi, sur la présentation qui lui serait faite de trois sujets pour chaque place.

Les sujets seraient choisis, pour les tribunaux locaux, par une assemblée des députés des paroisses de l'arrondissement ; pour les bailliages ou sénéchaussées, par une assemblée des députés des villes et paroisses du ressort, et, pour la cour supérieure, par les Etats ou assemblées provinciales légalement constituées.

Les juges seraient à vie, et ne pourraient être déplacés que pour prévarication. La prévarication serait jugée par les justiciables dans les assemblées ci-dessus.

La justice serait rendue gratis, et les juges seraient appointés par la province à la décharge du trésor royal.

Des impôts.

La manière de percevoir l'impôt en Provence tient plus à la constitution particulière de la pro-

vince qu'au système fiscal de la France en général, et sans contredit, sauf les exemptions pécuniaires du clergé et de la noblesse (exemptions expirantes, et avec elles le droit de compensation qui n'est connu qu'en Provence), le mode provençal est le moins mauvais de tous; cependant il a des inconvénients tellement grands que la communauté demande une réforme entière.

Les députés aux Etats généraux examineront si cette réforme doit se faire dans les Etats généraux, ou bien dans l'assemblée générale des trois ordres de la province, dont la communauté persiste à demander la convocation, pour qu'il y soit adopté la constitution générale des provinces de France qui pourrait être faite dans les Etats généraux, autant qu'elle pourrait s'adapter à notre local.

Les députés de la communauté expliqueront dans le cahier général ce que c'est que l'affouagement, l'afflorinement et les cadastres qui sont les bases de l'assiette de l'impôt en Provence.

Ils démontreront combien les opérations d'affouagement, d'afflorinement et des cadastres sont imparfaites, soit par l'ignorance des experts qui y procèdent, soit parce que ces experts peuvent faire des faveurs qui aggravent pour des siècles la charge des non favorisés; combien elles sont insuffisantes, même injustes, en supposant à ces opérations toute la perfection possible, puisque l'estime des terrains et des propriétés particulières est faite sur le pied de la valeur des fonds au moment de l'opération, et que les fonds changent de nature, surtout en Provence, dans un très-court espace de temps, soit par la mortalité des oliviers, soit par les emportements des rivières, des torrents, les engravements, etc.

Ces changements sont bien plus frappants dans les propriétés particulières. Une terre inculte devient un champ fertile, une terre fertile devient inculte entre les mains d'un mauvais fermier, d'un mauvais administrateur de pupilles; cependant le champ fertile ne paye rien, ou très-peu, la terre inculte paye comme si elle était en valeur. Les pupilles sont hors d'état de payer la taille, le trésorier les dépouille de leurs propriétés dont la valeur réelle suffit à peine pour payer quelques années de taille. Si la vérité avait besoin de démonstration, la communauté puiserait dans son seul cadastre une foule effrayante de ces disparités de contribution.

L'affouagement, l'afflorinement et les cadastres doivent donc être supprimés; les cadastres subsisteront seulement pour mémoire et pour l'estime des bâtiments et des enclos, et seront recopiés dans chaque communauté quand ils seront trop chargés de temps.

D'ailleurs les exemptions pécuniaires du clergé et de la noblesse étant déjà abolies par la force de l'opinion, par la renonciation généreuse et volontaire des deux premiers ordres de la plus grande partie des provinces, renonciation dont M. le comte de Mirabeau, que cette communauté a le bonheur d'avoir pour seigneur, a donné l'exemple à tous les autres possédants fiefs de cette province, il ne doit plus exister de distinction dans les contributions, et le seul moyen de les rendre parfaitement égales, c'est de les percevoir en fruits sur tous les biens indistinctement.

La communauté désire donc qu'à l'avenir on adopte l'impôt territorial pour subvenir aux charges royales, provinciales et locales de chaque communauté; cette perception est la seule juste et qui soit éternellement équitable, puisque chacun

354 [États gén. 1789 Cahiers.]   ARCHIVES PARLEMENTAIRES.   [Sénéchaussée d'Aix.]

ne pourra payer que dans une juste proportion de sa récolte.

Aucunes terres, aucuns revenus ne seront exempts; aussitôt l'impôt territorial établi, les dîmes, tasques, champarts ne seront perçus qu'après l'impôt territorial prélevé. La proportion de l'impôt sera retenue par les redevables sur les cens fixes, pensions féodales, droits de feux, droits de lods; elle sera également déduite sur le taux des banalités, elle sera également retenue sur les rentes constituées nonobstant toutes clauses contraires.

Lorsque les communautés auront fait le tableau de leurs charges, elles mettront l'impôt en fruits de leurs terroirs aux enchères au rabais; au bout de quelques années, le prix et le taux des fermes des communautés seront le thermomètre certain de la richesse territoriale de chacune; alors on reconnaîtra si la répartition est équitablement faite, alors on reconnaîtra combien l'affouagement est juste.

Les fermes des communautés seront adjugées publiquement et sans frais par les consuls en présence des chefs de viguerie.

L'usage coûteux, superflu et abusif de faire homologuer par les tribunaux les délibérations et les fermes des communautés doit être abrogé. Si l'on croit devoir conserver en certains cas l'usage de l'homologation, elle sera faite sans frais par les États, tuteurs naturels des communautés, ou par la commission intermédiaire.

Le fermier de la communauté acquitterait les mandats et verserait à ses frais dans la caisse de la province, ou dans celle de la viguerie. Les impositions étant communes, il n'y aurait qu'un seul trésorier pour la province qui verserait directement au trésor royal.

La communauté fait des vœux bien sincères pour que les provinces d'élection admettent le même régime, et se rédiment des tailles personnelles et des impôts qui se perçoivent à l'exercice, et qui sont à perpétuité des vexations; dès lors les finances de France seraient bien simplifiées et la nation économiserait des frais immenses de régie.

La communauté espère que ce sera dans les États généraux prochains que s'opérera enfin la suppression, depuis si longtemps annoncée, des douanes intérieures qui gênent le commerce et exposent les voyageurs à des insultes et à des vexations de tout genre de la part des préposés du fisc.

On doit aussi obtenir la suppression de la régie du droit sur les cuirs, régie de très-peu d'objet, dont les frais absorbent une grande partie du produit, et qui cependant à presque entièrement détruit le commerce des tanneries en France.

Les abus de la perception des droits de contrôle, d'insinuation et de centième denier qui exposent les paisibles propriétaires à des recherches pendant longues années, quoiqu'ils aient acquitté de bonne foi les droits exigés, ne doivent pas échapper aux États généraux, et on doit s'occuper des moyens d'adoucir ce genre d'impôt qui gêne les mutations, ruine les particuliers, et renchérit l'administration de la justice.

Quant à la gabelle dont le fardeau est accablant, si les États généraux ne trouvent pas des moyens de remplacer son produit dans ce moment de crise, qu'on adopte le plan de M. Necker pour que le sel soit à un prix approchant uniforme dans le royaume, et que la contrebande d'une province à l'autre soit détruite. Le bienfait de la suppression des douanes intérieures serait incomplet

si des armées d'employés des fermes gardaient encore les lisières de chaque province.

Le patriotisme qui anime dans ce moment tous les Français, fait espérer que les provinces franches ou rédimées s'empresseront de consentir à cet arrangement, dût-on les indemniser sur d'autres contributions. La Provence est une de ces provinces franches, elle donne l'exemple du dévouement au bien général; elle demande en outre la suppression des francs-salés.

Dans tous les cas le code affreux des gabelles doit être abrogé, aussi bien que les tribunaux effrayants appelés vulgairement mais énergiquement chambres ardentes; l'action de l'adjudicataire de la ferme pour fraude ou contrebande doit être purement civile.

Du clergé.

De tous les abus qui existent en France, le plus affligeant pour le peuple, le plus désespérant pour les pauvres, c'est la richesse immense, l'oisiveté, les exemptions, le luxe inouï du haut clergé. Ces richesses sont composées en grande partie de la sueur des peuples sur lesquels le clergé perçoit un impôt affreux sous le nom de dîme, qui absorbe tous les dix ans au profit d'illustres fainéants la totalité des revenus territoriaux du royaume.

Les peuples n'ignorent pas que ces dîmes ont été accordées ou ont été usurpées sous le prétexte du service des autels, de l'entretien des presbytères, des églises, du soulagement des pauvres. Cependant le haut clergé fait faire le service des autels par des gens gagés qu'ils appellent bas clergé; ce bas clergé est composé des vrais pasteurs, chargés de l'emploi honorable d'instruire et de consoler, seuls membres utiles qui sont réduits à la misère par la parcimonie des magnifiques et inutiles potentats de leur ordre. Les églises, les presbytères, les cimetières sont à la charge des communautés qui cependant payent toujours la dîme. Les fidèles sont obligés de payer les baptêmes, les mariages, les enterrements sans diminution de la dîme. Les pauvres ne sont point soulagés, mais ils payent la dîme.

Il est donc évident qu'il y a double emploi, que la dîme ne remplit pas l'objet de la concession, ou de l'usurpation, et que les communautés seraient fondées à les refuser, et à la charge par elles de payer leurs prêtres et d'acquitter les autres charges dont sont tenus les décimateurs.

Le terroir de Mirabeau est pillé par trois décimateurs qui se partagent annuellement plus de 4,000 livres, charges payées, et les pauvres n'ont jamais la plus petite rétribution sur cette somme prodigieuse relativement au sol ingrat et circonscrit de cette paroisse.

L'une des dîmes se perçoit en gerbes au treizain et appartient à des moines de Villeneuve-les-Avignon, qui n'ont autre chose à acquitter que 60 livres pour faire dire une messe chaque dimanche, depuis le 3 mai jusqu'au 14 septembre de chaque année, dans une chapelle rurale, appelée la Donne, qui tombe en ruine. Il arrive le plus souvent qu'on ne dit pas cette messe. Les moines gardent les 60 livres, mais ils ne restituent pas la dîme. La communauté demande avec instance que cette dîme soit supprimée. Cette suppression n'attente à la propriété de personne, puisque l'objet pour lequel on paye la dîme n'est point rempli.

L'autre dîme se perçoit également en gerbes au treizain, elle appartient au séminaire d'Aix qui a plus de 30,000 livres de rente dont personne ne connaît l'emploi. Cette dîme est affermée 1,800 livres, et le seminaire n'a autre charge à payer que 120 livres pour faire dire tous les dimanches, par le vicaire de la paroisse, une messe dans une chapelle rurale fort mal entretenue appelée Saint-Michel, et 72 livres pour faire administrer les sacrements par le curé de Mirabeau, ou pour lui tenir lieu de novales.

Voilà encore une dîme dont l'objet n'est point rempli. Elle devrait appartenir à un prieur qui ferait le service, qui consommerait ses revenus dans le lieu, qui ferait des aumônes. Il a plu à monseigneur l'archevêque de Brancas de supprimer ce prieuré et de le réunir au séminaire d'Aix qui n'en a pas besoin, puisqu'il s'en était toujours passé avant la réunion. L'intérêt d'un peuple souffrant doit l'emporter sur les arrangements de fantaisie et commodité d'un archevêque qui est mort, et la communauté demande que cette dîme soit supprimée sur-le-champ.

Et dans le cas où l'on suspendrait cette suppression légitime que la communauté réclame toujours, que la dîme soit réduite sur-le-champ au vingtième, et qu'elle se perçoive en grain, et non en gerbes.

Cette réduction doit avoir lieu dans toutes les parties du royaume où la dîme est plus forte que le vingtième, en attendant la suppression totale des dîmes à fur et à mesure du décès des décimateurs actuels, et il sera pris des arrangements convenables pour la suppression des dîmes appartenantes à des corps ou communautés.

La troisième dîme produit 2,900 livres au chanoine, le curé paye. Sur cette somme le chanoine paye au vicaire la somme importante de 350 livres par an; 98 livres pour prêcher le carême, et 25 livres à la communauté qui, moyennant cette modique somme, est obligée d'entretenir dignement les ornements de la sacristie.

Comme la communauté est bien éloignée de vouloir attenter à la propriété, ou à l'usufruit de qui que ce soit, elle ne demande la suppression de cette dîme qu'après le décès du titulaire actuel. En attendant elle demande la réduction au vingtième de la dîme sur le chanvre.

Toutes ces suppressions opérées, la communauté demeurera chargée d'acquitter tous les objets qui sont maintenant à la charge des décimateurs, elle ne réduira pas les prêtres à la misère. Elle payera 1,300 livres annuellement à son curé et 750 livres à son vicaire, qui dès lors feront tous les baptêmes, les mariages, et les enterrements gratis, et ne pourront rien prétendre pour novales, ou autrement.

En attendant la suppression des dîmes, elles ne seront perçues qu'après l'impôt territorial prélevé.

La portion congrue des prêtres desservant les paroisses des campagnes doit être fixée à compter du 1er janvier 1790 : dans les paroisses de cent feux et au-dessous, à 1,200 livres pour les curés et 700 livres pour les vicaires; dans les paroisses au-dessus de cent feux, à 1,300 livres pour les curés et 750 livres pour les vicaires; dans les paroisses au-dessus de deux cents feux, à 1,400 livres pour les cures et 800 livres pour les vicaires, et ainsi de suite.

Et afin que les curés soient toujours citoyens et toujours intéressés à la chose publique, il sera fait sur leur portion congrue une retenue proportionnelle à l'impôt territorial qui se percevra dans leurs paroisses.

La communauté désire que les Etats généraux s'occupent de la manière de procéder à la vente des terres, fiefs et biens-fonds, dépendant des abbayes, bénéfices et évêchés ou archevêchés qui vaqueront par le décès des titulaires actuels, pour les fonds en provenant être en premier lieu acquittés au prorata de la dette du clergé, en second lieu fait fonds :

1° Pour les appointements d'un seul chapitre dans chaque métropole, qui sera composé des curés que l'évêque ou l'archevêque choisira parmi ceux de son diocèse qui auront desservi les paroisses au moins dix ans;

2° Pour les pensions de retraite des vieux prêtres, lesquels ne pourront résigner, la nomination aux cures devant désormais appartenir à l'évêque ou à l'archevêque, sur la présentation qui lui sera faite de trois sujets par les paroissiens dont la cure sera vacante;

3° Pour l'entretien des séminaires ou hôpitaux ;

4° Pour les appointements des évêques et archevêques, suivant l'importance de leur diocèse.

Et le surplus des fonds être employé à acquitter la dette nationale. Ces détails doivent naturellement appartenir aux Etats provinciaux qui opéreront sur un plan uniforme.

La communauté terminera cet article en invitant les Etats généraux à demander :

1° La suppression de toute rétribution à la cour de Rome à titre de bulles, dispenses, annates, ou à tel autre titre que ce puisse être.

2° Que le primat des Gaules, ou l'archevêque de Paris, à titre de patriarche de l'Eglise gallicane, connaisse à l'avenir de toutes les affaires ci-devant portées en cour de Rome, moyennant une taxe modique suffisante seulement pour indemniser des frais des bureaux.

3° Que les évêques ou archevêques connaissent des dispenses au quatrième et au troisième degrés.

4° Que dans le cas où il s'élèverait des questions de dogme, le pape soit respectueusement consulté par l'Eglise gallicane, qui aura tel égard que de raison à l'avis du saint-père.

5° Que les juridictions ecclésiastiques soient supprimées; et que les juges ordinaires connaissent des matières ci-devant attribuées aux officialités.

6° Enfin qu'il soit avisé aux moyens les plus efficaces pour la réunion du Comtat Venaissin à la Provence, cet Etat séparé nécessitant dans le centre de la province des douanes et des gênes qui obstruent le commerce.

Droits seigneuriaux et féodaux.

Si la communauté de Mirabeau pouvait se flatter d'avoir toujours pour seigneurs des Riquetti tels que l'ami des hommes, tels que M. le comte de Mirabeau, l'ami du peuple, dont le nom sera toujours cher à la nation provençale et en particulier à cette communauté, qui n'oubliera jamais qu'il a été le seul dans son ordre qui ait plaidé la cause du tiers-état, et qui ait eu le courage et la fermeté de le défendre contre les usurpations et la tyrannie des deux premiers ordres, elle n'élèverait pas sa voix pour obtenir des Etats généraux l'abolition des droits féodaux onéreux à ses habitants, elle l'attendrait de la bienfaisance seule de l'ami des hommes et de l'ami du peuple, mais il est question d'une régénération générale : la communauté y joint son vœu; elle exposera les vexations auxquelles les droits seigneuriaux exposent les habitants des campagnes. Si les habitants de Mirabeau y sont exposés quelquefois, c'est au régime féodal qu'il faut s'en prendre, et la confiance de la communauté en son seigneur est telle qu'elle est persuadée que la tyrannie de la féodalité ne sera jamais mieux démontrée et combattue que par lui-même.

Du droit de compensation.

La communauté ne parle de ce droit ridicule qui n'existera plus, que pour qu'il soit fait mention, dans le cahier général, des abus qu'il entraînait, et des procès sans nombre qu'il faisait naître entre les seigneurs et les communautés.

Du retrait féodal.

Les États généraux insisteront pour l'abolition de ce droit tyrannique qui expose pendant trente années un acquéreur à être dépouillé, d'où il suit que pendant trente années, il ne se livre à aucune amélioration ; d'où anéantissement de l'agriculture.

Ce n'est point un droit utile entre les mains d'un seigneur équitable, il ne l'a jamais été sûrement entre les mains des Riquetti. On n'attente donc point à la propriété en demandant la suppression d'un droit qui n'est ni honorifique ni profitable à celui qui l'exerce, qui est attentatoire à la propriété de celui contre qui on l'exerce et préjudiciable en même temps à l'agriculture et à la population.

Aucun possédant fief honnête n'osera avancer qu'il est utile; car si un seigneur en voulait faire un objet de profit, ce serait dès lors le droit le plus exécrable. Ce droit ne peut porter profit, qu'autant qu'on dépouillerait un acquéreur qui aurait fait un marché avantageux, ou bien un acquéreur dont le fonds serait augmenté, ou par des améliorations dont on ne lui ferait plus compte, ou par le laps du temps, ou bien qu'on céderait ce droit à prix d'argent. Dans ces trois cas ce serait une injustice abominable.

Dira-t-on que le retrait féodal est établi pour que les seigneurs n'aient pas des vassaux malgré eux ? dès lors il contrarie la liberté individuelle, dont le droit d'aller et habiter où l'on veut fait partie. La liberté individuelle est réclamée par tous les ordres. Quelques possédants fiefs de mauvaise humeur ne forceront certainement pas les trois ordres à renoncer à cette liberté précieuse pour conserver le droit d'expulser de sa propriété un citoyen qui déplairait à leurs gens d'affaires; d'ailleurs, l'objection est puérile, personne n'ignore que les seigneurs ont mille moyens pour forcer à déguerpir le vassal qui leur déplaît.

La communauté n'ignore pas que le retrait féodal est une source de vexations de tous genres, elle se félicite de ne pas en connaître tous les replis, mais elle ne doute pas que cet article ne soit entièrement développé dans les cahiers de beaucoup de communautés.

Du droit de lods.

Le droit de lods se perçoit dans cette communauté au sixième du prix de la vente. C'est le taux presque général en Provence. Si les seigneurs voulaient l'exiger en plein, il n'y aurait jamais de mutation. Aussi leur propre intérêt les force à adoucir ce droit accablant, et il ne le perçoivent qu'au dix, au douze, et souvent beaucoup moins.

Pourquoi les seigneurs ne le fixent-ils donc pas irrévocablement à un taux raisonnable? Ils y gagneraient par la plus grande quantité de mutations. La raison est que les acquéreurs sont obli-

gés de venir se soumettre au seigneur, ou à ses gens d'affaires, pour obtenir des remises, qu'on fait plus ou moins considérables, on obtient des hommages forcés, et on a deux poids et deux mesures; ou bien on empêche la vente : le vendeur mal à l'aise ou absent néglige le bien, tandis que l'acquéreur l'aurait mis en valeur, et toujours l'agriculture est oppressée.

Des droits de feux.

Chaque habitant de Mirabeau ayant feu, riche ou pauvre, doit annuellement au seigneur deux panaux et demi blé pesant 60 livres poids de marc; beaucoup de communautés sont sujettes à des droits semblables : des journaliers qui n'ont que leurs bras pour vivre, ou un très-petit bien sont hors d'état de payer. Ils sont exécutés par les fermiers du seigneur; ils déguerpissent, vont habiter les lieux francs de pareils droits, les campagnes se dépeuplent, les villes regorgent d'habitants et de mendiants, et l'on cherche la cause du dépérissement de l'agriculture.

Des banalités.

Les moulins à farine et à huiles de Mirabeau sont banaux; le droit de mouture est au vingtième; dans beaucoup de paroisses, il est plus onéreux.

Les banalités nuisent au commerce des farines, sont matière de vexation, et pèsent notamment sur le pauvre, qui, n'ayant pas de quoi acheter un sac de grain, aurait bien de quoi acheter quelques livres de pain chez le boulanger du lieu voisin ; mais le droit de banalité l'exposerait à la confiscation du pain, et à une amende considérable.

Il n'y a point de boulanger dans le village sujet à la banalité, ou il y en a un qui fait de mauvais pain ; les habitants ne peuvent dans aucun cas envoyer acheter du pain dans les lieux circonvoisins sous peine d'amende et de confiscation. Ils sont obligés de faire eux-mêmes leur pain, n'eussent-ils pas de four pour le faire cuire.

Le moulin banal manque d'eau. Un malheureux qui emprunte le pain depuis quelques jours vient enfin de gagner un sac de grain après lequel sa famille soupire; il est obligé d'aller exposer ce sac pendant trois jours dans le moulin ; au bout de ce temps seulement il lui est permis de le porter à un autre moulin.

Un seigneur a un mauvais moulin, un mauvais meunier qui gâte les farines, qui vole le grain. Le malheureux paysan est obligé de voir gâter sa farine, de se voir voler, sans oser même se plaindre.

Et voilà ce que quelques possédants fiefs appellent un droit sacré de propriété, qu'ils défendent au péril de leur vie, aussi bien que leurs exemptions pécuniaires.

On respectera cette horrible propriété, si le Roi et les États généraux décident qu'elle est respectable; mais qu'on renonce pour toujours à l'espoir de peupler les campagnes et de faire fleurir l'agriculture.

Ce qu'on vient de dire de la banalité des moulins à blé s'applique à la banalité des fours, à la banalité des pressoirs qui empêchent de vendre ses raisins à qui l'on veut, à la banalité des moulins à huile qui empêchent le commerce des olives, commerce très-important en Provence.

Pour remédier aux inconvénients des droits de lods et des droits de feux sans attenter à la propriété, il suffit d'autoriser les communautés d'habitants, à abonner ses droits avec les seigneurs, moyennant une pension féodale en argent ou en grains. Les administrations provinciales légalement constituées, ou les commissions intermédiaires seraient les arbitres de ces abonnements, dans lesquels on aurait égard aux non-valeurs, à la remise que l'on fait ordinairement sur les lods et aux frais de perception. Ces pensions féodales seraient à toujours rachetables.

Si l'abominable propriété des banalités doit être respectée, les communautés d'habitants doivent à toujours être autorisées à le racheter ; les mêmes arbitres fixeraient le prix du rachat, qui serait bien peu conséquent dans les paroisses où les seigneurs sont seuls propriétaires des eaux, où nul n'aurait un local pour faire construire un moulin, etc. Ce ne serait que le rachat du droit d'être fixé qu'on payerait.

Des cens.

Quant aux cens, tasques ou champarts universels dans un terroir circonscrit, les communautés doivent également être autorisées à les abonner. Et quant aux cens particuliers, les propriétaires doivent être autorisés à les rembourser sur le pied du denier 40 ; jusque-là les campagnes seront toujours désertes.

Des justices seigneuriales.

Les justices seigneuriales ne sont pas le moindre des abus de la féodalité. On est étonné que quelques possédants fiefs veulent les conserver, car elles sont à charge aux seigneurs, malgré qu'ils ne remplissent pas les obligations auxquelles ils sont assujettis.

La plupart des seigneurs n'ont ni auditoires ni prisons, ou ils ont des auditoires dégoûtants, des prisons malsaines, et qui ne sont pas sûres; aucun n'a de geôlier.

Tous leurs officiers de justice sont ignorants, et savent à peine lire et écrire; s'ils sont un peu instruits, ce sont des petits tyrans plus redoutables que le seigneur.

Il est défendu aux seigneurs d'administrer la justice eux-mêmes, et dans le fait, ils la rendent eux-mêmes, et ce qui est bien pire, leurs gens d'affaires la rendent, car les officiers de justice du village ne sont que des machines que le seigneur ou son agent font mouvoir à leur gré.

De là résulte la partialité des jugements, une multiplicité de procédures criminelles, de décrets, de prise de corps pour les causes les plus légères, procédures, décrets ignorés, que le plus souvent on laisse au greffe, pour s'en faire des armes terribles sous le nom de procureur fiscal, contre ceux-là, qui au bout de dix ans, de quinze ans, sont devenus pères de famille, administrateurs de la communauté, et qui osent ne pas être, dans les assemblées municipales, du parti du seigneur, qui, le plus souvent, exige une chose injuste.

Les vexations de tout genre résultantes des juridictions seigneuriales seront suffisamment déduites dans les autres cahiers; la communauté se borne à exprimer ici son vœu pour la suppression absolue de ces juridictions, et pour l'établissement des tribunaux royaux d'arrondissement dont il a été ci-devant parlé.

Dès lors les consuls autoriseront les conseils des communautés et seront chargés de la police, à l'instar des consuls des villes. Mais dans les villages, les consuls n'auront point juridiction de police.

Les greffiers des communautés recevront les dénonces et autres actes extrajudiciaires qui étaient de la compétence des greffiers, des juridictions seigneuriales.

Il sera élu tous les trois ans, dans l'assemblée des députés de l'arrondissement, un juge de paix domicilié dans l'arrondissement, qui sera chargé d'inspecter toutes les paroisses, de vérifier si les consuls ont fait la police, de la faire lui-même, de visiter les poids et mesures en compagnie des consuls, de recevoir les plaintes, etc.

Ces juges de paix jugeront souverainement, avec l'assistance des consuls du lieu où ils se trouveront en tournée, les faits de petite police. Ils pourront également arbitrer et sans frais les différends que les habitants voudront leur soumettre.

De la chasse.

Quant à la chasse, pour remédier à la dévastation des campagnes par le gibier trop abondant, la communauté demande que tout citoyen ayant des propriétés foncières pour 15,000 livres puisse chasser dans ses propriétés, sans préjudice d'un règlement général et précis que la communauté réclame sur le port des armes à feu, qui ne pourra être prohibé aux citoyens dont l'état et la fortune ne permettent pas de soupçonner qu'ils puissent en abuser.

Que les contraventions pour faits de chasse de la part de ceux qui auront droit de port d'armes, ne puissent être poursuivies qu'au civil.

Qu'il en soit de même contre ceux qui n'auront point droit de port d'armes, et qui auront contrevenu, sans s'être servis d'armes à feu.

Du ban des troupeaux.

La communauté terminera ce cahier en dénonçant au gouvernement et aux États généraux la vraie cause de la dépopulation des troupeaux, d'où résulte le défaut d'engrais des terres, le prix excessif de la viande de mouton, seule viande de boucherie en Provence, et le prix excessif des laines d'où résulterait bientôt l'anéantissement de nos fabriques nationales.

Toutes les communautés de Provence ont des règlements généraux ou particuliers qui condamnent les propriétaires des troupeaux qui ont causé du dommage à payer le double ou le quadruple du dommage plus une amende de 3 sous, et quelquefois plus par bête à laine, plus une amende particulière contre le berger.

Tout homme ou femme peut dénoncer et est cru à son serment.

Il n'appartient qu'un tiers de l'amende au dénonciateur, quelquefois il ne lui en appartient aucune partie ; l'amende est pour le seigneur ou pour la communauté.

Il résulte de ces règlements que les propriétaires des troupeaux sont perpétuellement rançonnés à tort ou à droit.

Il arrive journellement qu'on les dénonce pour avoir passé dans des terres incultes ou en chaume, où l'on ne peut causer aucun dommage, mais on exige l'amende.

On les dénonce pour un dommage peu important, souvent n'excédant pas 1 sou, mais l'amende est due.

Les frais de dénonce, de rapport, d'estime sont coûteux, et sont à la charge du dénoncé ; qu'arrive-t-il? que les propriétaires des troupeaux payent perpétuellement et par accommodement des sommes très-fortes pour des dommages, ou qui n'existent pas, ou qui sont peu importants, pour empêcher une dénonce qui entraînerait une amende qui n'appartiendrait pas au dénonciateur et des frais qui seraient frustrés pour tous.

Dans quelques communautés il existe des règlements encore plus absurdes et plus vexatoires, qu'on appelle *règlement des plus proches*. Celui qui a un dommage, tel modique qu'il puisse être, a droit de le faire payer au propriétaire du premier troupeau qu'il aperçoit. On conçoit qu'il n'aperçoit que le troupeau qu'il veut apercevoir; on fait estimer le dommage, l'opération coûte 12 à 15 livres, le dommage ne fût-il estimé que 3 sous. Pour éviter ces frais énormes on transige avec le dénonciateur au prix que celui-là exige, et il exige toujours en proportion des frais qu'il aurait droit de faire. Cet accommodement est verbal, et le même dénonciateur peut en faire un autre, ou dénoncer le troupeau qui succède. Ces vexations, qui se répètent tous les jours, ruinent ou dépitent les propriétaires qui se défont de leurs troupeaux. De là la rareté de l'espèce.

Il est de fait que dans les lieux où les règlements de plus proches sont en vigueur, il n'y a presque plus de troupeaux.

Il y a un moyen très-simple de remédier à cette destruction des troupeaux : c'est d'abroger tous les règlements de plus proche, tous les articles des règlements municipaux qui prononcent des peines contre les troupeaux, d'assujettir les communautés à gager leurs estimateurs, pour faire gratis le rapport des dommages causés par les troupeaux, d'affranchir du droit de contrôle les dénonces, les rapports et les significations, d'ordonner qu'on ne puisse dénoncer les troupeaux trouvés dans les terres non endommageables, telles que les chaumes, les guérets, les terres incultes, que les propriétaires des troupeaux ne puissent être obligés de payer que le double du dommage fait de jour, et le quadruple fait de nuit ; bientôt on verra les troupeaux se propager, les campagnes se fertiliser, sans qu'il soit nécessaire que le gouvernement accorde des encouragements.

La communauté demande encore que les colombiers soient fermés dans la saison des semailles du chanvre et des haricots, c'est-à-dire depuis le 15 avril jusqu'au 31 mai, et que les communautés soient exemptées de payer les subdélégués et les cavaliers de maréchaussée lors du tirage de la milice, la province ayant abonné les frais de milice.

Signé Pardigon, consul; Daumas, consul; Grenier; Gastaud; Pelotier; Laney; Pardigon; Garcin; Alard; Bocamus fils; Mathieu; Chanu; Royère; Daumas; Baruel; Royère; Mathieu, greffier.

Le présent cahier a été par nous, lieutenant de juge, viguier soussigné, coté par première et dernière page et paraphé *ne varietur*, lequel a été remis en notre présence aux députés de ce lieu de Mirabeau, à Mirabeau, ce 28 mars 1789. *Signé* Gastaud, lieutenant de juge, viguier.

CAHIER

Des doléances que présente à Sa Majesté la petite, mais très-zélée, très-fidèle et très-respectueuse communauté de Miramas (1).

SIRE,

La communauté de Miramas, accablée sous le poids des impositions, grevée d'un nombre considérable de redevances seigneuriales, gémissant sur la mortalité d'une partie de ses oliviers, mais encore plus vivement affectée du désordre qui règne dans les finances de l'État, vient se jeter dans les bras paternels de Votre Majesté, pour lui offrir le modique reste de ses biens, et, s'il le faut, la vie même de tous ses habitants assemblés par vos ordres pour lui remontrer, aviser et consentir à tout ce qui peut concerner les besoins du royaume et la réforme des abus, l'aider à surmonter toutes les difficultés qu'elle a essuyées jusqu'à ce jour relativement à l'état de ses finances; nous donnant en conséquence sa parole royale qu'il écoutera favorablement nos plaintes, et qu'il pourvoira sur les doléances et propositions que la communauté aura à lui faire, de manière que tous ses sujets ressentent pour toujours les effets salutaires de sa bienveillance, et c'est pour concourir à des vues si bienfaisantes que cette communauté ose lui proposer très-respectueusement :

Art. 1er. La réformation du code civil et criminel, et que la justice soit rendue gratuitement sur les lieux à tous ses sujets.

La suppression de la vénalité des charges.

Le remboursement de ces mêmes charges comme une dette pressante qui pèse sur le peuple.

La modération dans les droits de greffe, papier timbré, parchemin et sceau.

L'abolition des expéditions grossoyées.

La promptitude dans la distribution de la justice, et généralement tout ce qui y a rapport.

La suppression des tribunaux existants, leur conversion ou érection en divers bailliages.

Établissement des tribunaux supérieurs placés à la portée de tous les justiciables de cette province.

Art. 2. L'exercice de la police attribué à la mairie de chaque communauté, ainsi que le droit aux consuls d'autoriser les assemblées municipales.

Art. 3. Que chacun soit jugé par ses pairs, et que dans les affaires des communautés contre un seigneur, le tribunal soit mi-partie de nobles et de roturiers, même de celles qui sont de la compétence de l'officialité.

Art. 4. Que dans les affaires criminelles, la procédure soit prise publiquement au vu et su de l'accusé, avec permission d'avoir un conseil pour se défendre.

Art. 5. Que nul sujet ne puisse être arrêté ou constitué prisonnier sans un décret décerné par ses juges naturels.

Art. 6. L'abrogation de toutes lettres attentatoires à la liberté des citoyens.

Art. 7. La liberté de la presse en tout ce qui n'intéressera pas la religion, les mœurs et le respect dû à Sa Majesté et à l'État.

Art. 8. La liberté individuelle et sacrée des propriétés, et la faculté à tous les citoyens, de quelque ordre qu'ils soient, de concourir pour tous les emplois militaires, bénéfices et charges attributives de noblesse.

Art. 9. L'abolition et la suppression de la milice forcée, et surtout des matelots tirés au sort dans les pays maritimes.

Art. 10. Une réduction sur les droits domaniaux du contrôle, de l'insinuation, et centième denier.

Art. 11. Adopter un plan uniforme et clair pour classer toutes sortes d'actes, et n'y attacher des droits qu'autant qu'il faudra pour consolider leur publicité, abroger surtout le demi-centième denier sur les legs d'usufruit faits par un père de famille

---

(1) Nous publions ce cahier d'après un manuscrit des *Archives de l'Empire*.

à son épouse, et ne percevoir le centième denier que sur ce qui reste net de la succession.

Art. 12. La suppression de tous les bureaux des fermes dans l'intérieur du royaume, et le reculement de ces mêmes bureaux et traites sur les frontières, et l'abolition d'un droit établi et perçu au bureau de Martigues sur les blés qui nous viennent de Marseille, ainsi que celui établi sur les cuirs et peaux préparés dans le royaume.

Art. 13. Que le sel soit rendu marchand, ou du moins que le prix en soit modéré, et qu'on nous restitue le sel blanc.

Art. 14. Une perception plus simple et moins coûteuse des deniers royaux, et la suppression des offices de finance, ou leur grande réduction.

Art. 15. L'uniformité des poids et mesures dans le royaume.

Art. 16. Demander l'examen des pensions accordées sans nécessité par les anciens ministres.

Clergé.

Art. 1er. Que le clergé de cette province tienne ses assemblées dans la capitale, et non à Paris ; qu'il y règle ses impositions, et qu'il les paye sans confondre ses intérêts avec le clergé de France.

Art. 2. Que le clergé du second ordre, et tous ceux qui payent décime, soient admis dans ces assemblées, avec voix délibérative ; qu'on l'oblige à éteindre ses dettes annuellement, avec prohibition d'en contracter de nouvelles.

Art. 3. Que tous les biens des gens de mainmorte rentrent dans le commerce, au moyen de quoi le Roi et ses sujets y trouveront leur avantage.

Art. 4. Obligation à la résidence, et incompatibilité de plusieurs bénéfices sur la même tête, ou aviser aux moyens de réunion pour les renter suffisamment.

Art. 5. Suppression des annates et les dispenses prises en France et accordées gratuitement.

Art. 6. Les fêtes de l'année renvoyées au dimanche, à l'exception des solennelles.

Art. 7. La majeure partie des ordres religieux et les petites collégiales supprimés.

Art. 8. Augmentation de congrue pour MM. les curés et pour MM. les vicaires desservant les paroisses, relative à la population et aux besoins de celles qu'ils desservent, et pour leur tenir lieu du casuel, qui doit être non-seulement supprimé, mais prohibé, avec prière encore à MM. les évêques de ne nommer aux bénéfices que des prêtres habitués dans leur diocèse, et de ne composer le chapitre de leur cathédrale que des anciens curés.

Art. 9. Suppression de la dîme de l'huile, dont les titres nous sont inconnus, et que probablement les moines de Mont-Major se sont appropriée dans des temps d'ignorance et de superstition.

Droits seigneuriaux.

L'assemblée charge expressément ses députés de mettre sous les yeux du Roi et de la nation le tableau d'une quantité de droits oppressifs perçus par le seigneur, tels que les droits de péage qui gênent la circulation du commerce, ceux de la chasse que la plupart concèdent à des particuliers qui foulent impunément les moissons. Ces retraits barbares et féodaux exercés après vingt neuf ans de tranquille possession ; ces censes exigées en blé d'annone, tandis que la terre servile ne produit que du blé commun ; ces

banalités de fours, de moulins à farine, si onéreuses, si préjudiciables au peuple, tous ces droits doivent être supprimés, ou rachetés à prix d'argent.

L'assemblée charge expressément ses députés de supplier Sa Majesté de rentrer en possession de ses domaines aliénés ou engagés en Provence par nos anciens comtes, et notamment par les rois de France, leurs successeurs, ainsi que dans la possession du Comtat Venaissin et de la ville d'Avignon, pour le produit desdits être employé au soulagement de l'État.

Impôts.

Que l'impôt à établir le soit d'une manière universelle, et frappe uniformément sur tout genre de propriété, sans exception et exemption, nonobstant toutes possessions et tous privilèges.

Qu'il tienne lieu de tailles, vingtièmes, dixièmes, dons gratuits et autres droits, charges et impositions royales de cette province.

Que toutes les contributions locales de la Provence, celle de la province en particulier et celle des vigueries, seront également réparties dans la même uniformité, sur toute espèce de propriété assise en Provence, sans exception, et nonobstant tous privilèges quelconques.

Que les biens immenses que l'ordre de Malte possède dans cette province seront également soumis à la répartition des charges royales, provinciales et locales.

Que l'impôt ne sera consenti que pour un temps limité, et jusqu'à l'extinction de la dette nationale, qu'on insistera de connaître.

Que le retour périodique des États généraux, aura lieu dans un court délai.

Que nul impôt ne pourra être établi que du consentement de la nation assemblée.

Que l'impôt ne sera établi qu'après que les lois constitutives du royaume auront été fixées.

Que le ministre des finances rendra le compte de sa gestion de la manière que les États généraux le décideront, et ce compte sera rendu public par la voie de l'impression.

Que les délibérations des États généraux seront prises en commun et qu'on opinera par tête et non par ordre.

Régime intérieur de la Provence.

MM. les députés de cette province aux États généraux représenteront respectueusement à Sa Majesté qu'ils ne sauraient considérer comme constitutionnels les États de 1787, et encore moins ceux de 1789.

Que pour les rendre constitutionnels, il faut que les ordres soient suffisamment représentés. Que la représentation des seuls prélats ne représente point le clergé, les seuls possédants fiefs la noblesse, et quelques députés des communes le tiers.

Que les États pléniers, par un ordre seul, avec l'exclusion d'un pareil privilège pour les autres, est une prétention aussi déraisonnable qu'injuste.

En conséquence, nos députés demanderont expressément des États mieux organisés, et composés de manière que chaque communauté qui a une population au moins de deux jusqu'à trois mille âmes, ait au moins un représentant. Que le clergé du second ordre soit admis concurremment avec le haut clergé. Que la noblesse possédant fiefs, ainsi que celle qui n'en possède point, y soit également et concurremment admise ; que le clergé et la noblesse ainsi composés ne fournissent entre eux que le même nombre de députés égal à celui du tiers. Que les délibérations aux États provinciaux soient prises, les opinions comptées par voix et non par ordre. Que le tiers se nomme un syndic, avec entrée et voix délibérative aux États, et que le tiers enfin se choisisse et élise ses députés dans son ordre.

Que la présidence soit élective par les États, et alternative entre le clergé et la noblesse.

Exclusion des États aux magistrats et à tous officiers attachés au fisc.

La désunion de la procure du pays attachée au consulat de la ville d'Aix, et la nomination libre au tiers de ses procureurs.

Que l'audition des comptes du pays soit faite par des personnes choisies et nommées par les États et non par les députés à tour de rôle.

Que les trésoriers de la province et des vigueries soient électifs.

Suppression des divers ingénieurs et sous-ingénieurs, de divers officiers, greffiers et serviteurs inutiles aux États.

Demandes locales.

La suppression des bourdigues de divers canaux du Martigues, comme interceptant la navigation de ce bras de mer avec la Méditerranée, qui empêchent l'entrée du poisson pendant neuf mois de l'année, ce qui porte un préjudice considérable à la classe indigente des pêcheurs de cette contrée.

Que la pêche de ce bras de mer soit régie par l'ordonnance de la marine et non par les règlements particuliers et seigneuriaux de la principauté de Martigues.

Que le port de Bouc soit creusé et mis en état de recevoir comme par le passé les plus gros bâtiments.

Que le port de Saint-Chamas, si utile aux voisins et à toute la contrée, soit perfectionné.

Que le grand magasin des poudres de Saint-Chamas soit transporté dans un endroit isolé, d'où, dans le cas d'une explosion, plus de trois mille personnes ne puissent pas en être les victimes.

Que les carraires de ce terroir, interceptées et usurpées, soient rétablies.

Que les employés aux fermes du Roi ne puissent pas dénoncer et faire des saisies des troupeaux de chèvres et de moutons qui dépaissent sur les landes et rivages de la mer.

Que les salpêtriers ne viennent plus faire de fouilles chez les particuliers, et notamment dans ce pays, dont ils ont miné les murs, au point qu'ils sont à chaque instant dans le cas d'écrouler et de causer la mort à une grande partie de ses habitants.

Signé Jambeau, lieutenant de juge; Cler aîné, maire; Archier; Bernard; Brouchier; Cavaillon, capitaine; F.-E. Boyer; Bernard; Chabot; Fabre; Étienne Cler; Léger, juge; Moyroux; Saint-Bonnet; Hodé; Martin; Surian; Joseph Martin, J.-J. Calamand; H. Pagan; Crespin Michel; Teissier; Marc Chiron; C. Michel; J.-P. Tochem; A. Chapon; J. Cournand; L. Chapuy; Jean-Joseph Fabre; A. Garron; Charles Chabran; Michel Troussier, Pierre Cournand; Jean-Antoine Lambert; E. Cournand; Reine et Vigne, greffier.

CAHIER

Des doléances, plaintes et remontrances des habitants de la communauté de Montmeyan (1).

Pour satisfaire à la lettre du Roi pour la convocation des États généraux et la notification à nous signifiée par Delarche, huissier royal, le conseil a nommé pour ses députés et représentants à l'assemblée des trois États, convoqués à Aix le 2 avril prochain, à la pluralité des suffrages, Charles Audibert fils, bourgeois, et Jean-Baptiste Garachon, négociant, à l'effet de le représenter à l'assemblée du conseil de cette communauté qui leur enjoint et recommande de ne jamais s'écarter des vues de bienfaisance d'un Roi qui ne désire rien plus ardemment que de se rapprocher du besoin de ses peuples, qui non-seulement permet, mais ordonne au moindre de ses sujets de porter ses plaintes au pied de son trône et promet de les écouter. Le conseil ordonne à ses députés de ne jamais s'écarter du maintien de l'ordre et de l'harmonie, et de ne rien dire qui puisse arrêter et troubler le cours des délibérations.

Lesdits députés représenteront, avec tout le respect possible dû à l'amour paternel du Roi pour ses peuples, qu'ils espèrent que Sa Majesté regardera avec complaisance la classe de ses sujets la plus utile mais la plus méprisée, celle des cultivateurs, et lui donnera tous les moyens d'encouragement et les soulagements; de préférence, l'impôt, pour remédier aux finances, portera sur une imposition territoriale tant sur les biens de l'Église que sur les biens nobles à proportion de leurs produits, et sur le luxe.

Les députés ne s'écarteront jamais du respect dû aux deux premiers ordres du clergé et de la noblesse, en représentant que s'ils demandent que leurs biens soient imposés, ce n'est qu'un acte de justice et un payement de reconnaissance dû aux cultivateurs, qui seuls font valoir les biens des deux premiers ordres et fournissent par leurs travaux les plus pénibles de quoi entretenir leurs aisances.

L'ordre du clergé et de la noblesse ne doivent pas trouver mauvais, au contraire doivent se faire honneur de s'imposer des privations. Le Roi par sa bonté en donne l'exemple, il fait des réformes dans l'appareil de sa grandeur et de sa dignité royale; en est-il moins grand? au contraire, il fait consister sa véritable grandeur dans l'amour de ses peuples, appareil plus magnifique et plus glorieux pour lui que le vain appareil de puissance.

Demanderont, lesdits députés, que l'impôt soit également réparti sur les capitaux établis tant sur le clergé, province et particuliers quelconques; il ne serait pas juste que des capitalistes jouissant d'un revenu qui ne court aucun revers, ne contribuassent en rien aux charges de l'État.

Il est recommandé auxdits députés de n'entrer dans aucun parti qui pourrait altérer le concert et l'union qu'il doit y avoir entre le clergé, la noblesse, soit d'épée ou de robe, et le tiers-état. Un roi qui ne cherche que le bonheur de ses sujets réformera peu à peu les abus s'il y en a, soit dans l'administration de la justice, soit dans les finances. Nous devons, dans la circonstance présente, nous occuper des maux de l'État, y chercher remède et nous en rapporter pour l'avenir

---

(1) Nous publions ce cahier d'après un manuscrit des *Archives de l'Empire.*

à la bonté paternelle du souverain, que nous pouvons justement appeler (Abimelec) le Roi notre père.

Il est recommandé encore aux députés de supplier instamment le Roi d'ordonner que, pour prévenir les abus des mauvaises administrations des villages, où le plus grand nombre d'habitants sont illettrés, il sera fait de dix ans en dix ans une révision de compte trésoraire desdites communautés, auquel le Roi sera très-humblement supplié d'ordonner qu'il sera donné à chaque communauté un honnête homme non intéressé dans la communauté pour lui servir de conseil, et diriger les pauvres illettrés ; que les communautés qui auront des procès à soutenir seront obligées, ainsi que leurs parties adverses, à en passer à l'avenir par la voie de l'arbitrage pour éviter les frais ruineux du palais.

Il sera très-respectueusement représenté encore à Sa Majesté :

1° Que ne reconnaissant en France pour maître que le Roi, ce monarque bienfaisant, la justice ne doit être rendue qu'en son nom, et par ce moyen les abus qui se glissaient dans l'administration de la justice, de la juridiction subalterne et qui font la désolation du peuple, seront arrêtés ; on peut exposer, sans crainte de blesser la vérité, qu'on ne trouve dans les justices seigneuriales, qu'injustices, vexations, jugements iniques rendus par des individus ignorants vendus à la créature du fief, et qu'un négociant, ménager, tout honnête homme enfin qui ne joue pas auprès du seigneur le vil personnage de courtisan, ne trouve plus de justice dans ses affaires ; il faut aborder par force la forteresse pour avoir une subrogation, Monsieur n'est jamais visible ; le négociant se dégoûte, préfère de perdre la créance, abandonne son commerce, sa famille en souffre, et l'État, par une suite nécessaire, diminue.

2° Que la justice seigneuriale soit supprimée, les lods et demi-lods qui ont été donnés pour subvenir aux frais de justice doivent l'être aussi. Ce droit est accablant pour le tiers, notamment pour le pauvre qui, dans une mauvaise récolte ou lui ayant été enlevée par le gibier, et principalement par les pigeons, ne peut subvenir aux payements des impôts et à la nourriture de sa famille et obligé de vendre son bien pour satisfaire ses créanciers ; n'est-il pas criant et de la plus grande injustice que, pour se libérer, il soit forcé de donner aux fiefs le sixième de son bien ? On dit sixième, parce que la plupart des seigneurs ont su par leur puissance ou par leurs menaces se l'adjuger à tort.

3° Que les maux que le gibier ainsi que les pigeons causent dans le territoire des seigneurs de Provence sont inappréciables ; que non-seulement ils ravagent toutes les productions, dévastent tous les champs, mais encore détruisent toutes les plantations en oliviers et en vignes, et nous ravissent les moyens de satisfaire aux charges de la province ; tous ces maux touchent encore de plus près le pauvre, qui, n'ayant point ou presque point de fonds, est obligé de porter ses travaux dans des défrichements aux terres éloignées, lesquelles ne peuvent être trop autorisées, seule ressource que plusieurs communautés ont, sans lesquelles les habitants ne peuvent avoir des secours comme la nôtre, et là ils y trouveraient leur subsistance et celle de leur famille ; à peine y trouvent-ils la semence. Les cultivateurs se découragent, laissent les terres incultes et vont chercher leur vie dans les pays étrangers ; tous les habitants,

pleinement convaincus des vues bienfaisantes de Sa Majesté, attendent avec impatience la réforme d'un abus si criant et universel, en donnant aux communautés droit de chasse à tout honnête homme pour le délivrer d'un fléau le plus accablant, unique ressource pour redonner la vie aux pauvres.

4° Que les droits de reconnaissance que les seigneurs forcent les communautés d'abandonner pour de l'argent, ce qu'ils ne peuvent faire ni en conscience ni en justice, seront également anéantis, ne voulant reconnaître d'autre maître que notre souverain.

5° Que tous les droits seigneuriaux quelconques qui tiennent les pauvres habitants de la campagne dans l'oppression et dans la servitude et qui les exposent à tant de vexations seront également abolis.

6° Que toute banalité quelconque sera supprimée.

7° Que les pensions féodales soient rachetables à prix d'argent au denier vingt.

8° Que toutes les communautés qui auront vendu ou aliéné des domaines seront autorisées à les reprendre en remboursant aux acquéreurs tout ce qu'ils auront payé, ces aliénations n'ont été faites qu'à la sollicitude des possédants fiefs, lesquels ne s'en servent aujourd'hui que pour vexer les habitants.

9° La suppression de la dîme ; obliger les communautés de payer aux prêtres telles sommes que Sa Majesté voudra bien fixer.

10° Que MM. les députés aux États généraux porteront au pied du trône l'état de détresse dans lequel les malheureux habitants des villages se trouvent par les impositions et charges auxquelles ils sont soumis, desquelles ils donneront à Sa Majesté une connaissance parfaite qui consiste :

1° A des droits seigneuriaux qui sont d'ordinaire droits d'habitation, ou bouage qui est de deux ou trois panaux blé ou seigle ou avoine pour chaque chef de famille, droits d'albergue puits et forge.

2° Tasques qui est une espèce de dîme qui se paye jusqu'au dernier grain.

3° Droits de lods exigibles jusque sur un tronc de bois ne valant que 6 sous.

4° Demi-lods payable de dix ans en dix ans sur tous les fonds de la communauté, maison curiale, hôtel de ville et propriétés.

5° Pensions féodales plus ou moins grandes, banalité de four, moulin, services en argent, obligation de travailler pour les possédants fief en plusieurs endroits ; et de ce dernier article, que de vexations n'en résulte-t-il pas ! Combien de pauvres habitants couchés dans leur misérable chaumière, ou occupés à des objets essentiels, tels que la moisson, n'ont-ils pas été forcés d'abandonner leurs travaux pour satisfaire les seigneurs !

6° Dîmes ecclésiastiques, contre lesquelles le royaume entier réclame et demande la suppression.

7° Droit de paroisse, casuel, charges particulières de communautés, entretien des maisons curiales, logement des secondaires, églises, clochers et autres bâtiments généraux, dont du tout les seigneurs ne payent rien, même à raison de leurs biens roturiers ; payement pour droits de publication de bans de mariage, baptême, sépulture, deniers royaux, imposition du sel, les charges effrayantes de la province, pour tant de chemins et autres ouvrages accordés à la seule faveur, tels sont les différents objets qui nous oppriment.

Que restera-t-il après cela aux pauvres habitants de campagne ? Il est temps que l'on soit plus raisonnable ; on doit songer à leur soulagement ; que la tyrannie enfin ait son terme, et qu'elle ne devienne pas la cause de sanglantes tragédies. Que MM. les députés aux Etats généraux portent les doléances du pauvre peuple aux pieds du trône pour implorer leur secours ; le monarque bienfaisant les y invite, la justice, l'équité, leur état l'exigent.

La présente assemblée a arrêté que, quant aux objets qui intéressent la généralité du royaume, les sieurs députés que l'ordre du tiers aura élus, pour assister et voter aux Etat généraux, seront expressément chargés d'y solliciter : la suppression de tous les tribunaux inutiles et onéreux ; une attribution à ceux des arrondissements de souveraineté jusqu'à concurrence d'une somme déterminée ; l'abrogation de toutes lettres attentatoires à la liberté des citoyens, la faculté à tout individu, de quelque ordre qu'il soit, de concourir à tous les emplois militaires, bénéfices et charges attributives à la noblesse ; il est inouï que le tiers-état, source de lumières, dans lequel le clergé et la noblesse en général puisent le premier principe de toutes les connaissances, soit privé de fournir au Roi, à l'Eglise et à la magistrature tant de braves gens de mérite que fournit cet ordre qui est la nation ; d'y réclamer surtout contre la vénalité des charges ; que les charges quelconques de la magistrature ne seront données qu'à vie et au mérite dans une assemblée générale de chaque province ; que le tiers ou la nation ne pourra être jugé que par ses pairs pris dans son sein ; d'y réclamer, en outre, une modération dans le prix du sel, rendu uniforme dans tout le royaume, comme aussi l'abolition de tout droit de circulation dans son intérieur et notamment le reculement des bureaux des traites sur les frontières.

Les députés, au nom de la communauté, chargeront MM. les députés aux Etats généraux de dénoncer au Roi et à toute la nation française les protestations des possédants fiefs provençaux, soit celle du 21 janvier, prise contre le rapport fait au Roi par M. le directeur général, ce brave ministre, ange tutélaire de la nation, et toutes les autres protestations qui portent directement contre les vœux du monarque et celui des communes de France.

Quant aux affaires particulières de la province, l'assemblée charge par exprès ses représentants à l'assemblée convoquée à la ville d'Aix, à demander au meilleur des rois la convocation générale des trois ordres de la province, pour former la constitution du pays, de réclamer de sa justice qu'il soit permis aux communes de se nommer un syndic, avec entrée aux Etats. De réclamer contre la prééminence de la présidence et contre la permanence de tout membre inamovible ayant en l'état des choses entrée auxdits Etats, de requérir l'exclusion aux mêmes Etats, de magistrats et de tout officier attaché au fisc, comme aussi de requérir la désunion de la procure du pays du consulat de la ville d'Aix ; l'admission du gentilhomme non possesseur de fief et du clergé du second ordre, l'égalité de voix pour l'ordre du tiers, contre celle des deux premiers ordres, tant dans les Etats que dans la commission intermédiaire, et surtout l'égalité des contributions pour toutes les charges royales et locales, sans exemption aucune et nonobstant toutes possessions et tous privilèges quelconques.

L'impression annuelle des comptes de la province, dont l'envoi sera fait à chaque communauté, et que la répartition du secours que le Roi accorde au pays, ensemble de l'imposition des 15 livres par feu affectée à la haute Provence, sera fait dans le sein des Etats.

Que les Etats provinciaux seront chargés de nommer des commissaires de l'ordre du tiers pour visiter les titres des communautés pauvres et vexées et de porter au pied du trône les oppressions des malheureux ; que les mêmes Etats seront chargés de soutenir les procès que les possédants fiefs ont la cruauté de leur intenter, après en avoir fait examiner les motifs, comme aussi d'établir que les communautés seront obligées de soutenir les procès que lesdits possédants fiefs pourront intenter aux habitants en particulier, après le même examen que dessus ; déclarant au surplus, l'assemblée, que quant à tous autres objets soit généraux pour le royaume, soit particuliers pour cette province, elle s'en réfère absolument au cahier général qui sera dressé d'après les vœux de la prochaine assemblée, soit encore à celui que l'ordre du tiers déterminera lors de sa réunion pour l'élection de ses députés aux Etats généraux.

Ainsi que dessus il a été délibéré et ont signé tous les chefs de famille sachant écrire.

Signé Fournel ; C. Audibert, fils ; Garnchon ; Jean ; Fauban ; Jauffret ; Becgassy ; A. Barbequier ; Piaubert ; Ranau ; Jourdan ; Jean-Baptiste Sicard ; Rouvier ; J. Sicard ; Grillon ; Jaubert ; Denans ; Fouque ; Prieur ; Jean Grand ; Jean Vicaire ; les premiers consuls ont déclaré ne savoir signer. J. Martin ; Jauffret, greffier.

Aujourd'hui 29 du mois de mars se sont présentés les premiers consignés, à l'effet de venir signer d'après la lettre qui leur fut envoyée hier par un exprès.

Signé Brunet ; Grimalier ; marquis de Regusse ; Bleau ; Montmeyan ; Joseph Long.

CAHIER

Des doléances, plaintes et remontrances de la communauté de Naux, viguerie de Saint-Maximin, ressort de siége d'Aix (1).

Messieurs,

Le Roi, toujours plus pénétré du bonheur de ses sujets et considérant combien il leur était intéressant d'en venir à une régénération pour obvier aux abus de différentes parties du gouvernement, occasionnés la plupart par les excès et l'inégalité de la répartition comme du payement des impôts et le dérangement des finances, le Roi a daigné prendre dans sa sagesse la convocation des Etats généraux des royaumes pour l'aider des lumières de sa raison.

C'est dans cet objet que dans les instructions qui ont été données de la part de Sa Majesté à ses commissaires, et par eux à toutes les communautés d'habitants de son obéissance, ceux-ci sont invités de donner leurs représentations et doléances, que chacune d'elles auront à porter au pied du trône par les députés auxdits Etats généraux.

Ces doléances doivent rouler sur deux objets principaux qui peuvent se réduire :

1° En ce qui regarde la constitution et administration provençale ;

(1) Nous publions ce cahier d'après un manuscrit des Archives de l'Empire.

2° En ce qui intéresse particulièrement cette communauté.

C'est dans ces vues que les députés auxdits États généraux réclameront qu'il soit établi d'une manière fixe et convenable des États provinciaux dans toutes les provinces du royaume, qui s'occuperont dans leur sein de tout ce qui regarde l'administration économique et municipale et encore de ce qui a rapport aux circonstances locales, en examinant par ces États les formes qui leur paraîtront préférables pour l'établissement d'une bonne constitution.

Ils demanderont que les dignités ecclésiastiques, militaires et civiles ne soient pas exclues de la roture, mais au contraire que toutes ces places, charges et emplois ne soient accordés qu'au zèle, au talent et au mérite des sujets.

Que les droits de dîmes, pour la perception desquels il n'est que trop vrai qu'on voit avec douleur des procès et des vexations de toute espèce de la part des fermiers, il sera demandé que ces mêmes droits seront réglés d'une manière juste et égale, comme aussi lesdits droits ne soient employés qu'à l'entretien des ministres utiles de la religion, et que le surplus serait pour le bien de l'État, et afin que par ce moyen, on ne vit plus, à la honte de la religion, le payement de l'administration des sacrements sous le nom de casuel que les desservants des paroisses se croient autorisés à lever sur les paroissiens par l'insuffisance de leurs revenus.

Cette communauté, en particulier, a d'autant plus le droit de réclamer sur ce sujet que le taux de la dîme est fixé au dix, droit accablant et ruineux pour les habitants et nullement en proportion avec les charges que supporte le décimateur à cet égard, puisque le revenu en est de 6,000 livres, tandis que la charge ou le service de l'église pour lequel cens ces dîmes ont été établies, ne consistent qu'au curé à simple congrue, et à un secondaire qui ne réside pas même sur le lieu.

Les députés demanderont que les biens immeubles possédés par les gens de mainmorte, soient aliénés et rendus aux communes, par les motifs également puissants que les biens ainsi possédés et exploités toujours par des fermiers étant de faible rapport par le défaut nécessaire d'entretien et de culture d'un vrai père de famille, deviendraient d'autant plus intéressants pour les habitants, pour la province et pour l'État.

Que les impôts, de quelque nature qu'ils soient, seront payés par tous les ordres également et sans exception, nonobstant toute possession et tous privilèges quelconques.

Comme aussi ces mêmes impôts ne seront votés que pour un temps et jusqu'à une époque fixe, à laquelle époque ils cesseront de droit.

Ils réclameront que le prix du sel soit modéré, et le prix égal, que les droits de péages, douanes, gabelles intérieures des provinces soient abolis et que tous autres bureaux des traites soient portés aux frontières du royaume, et la libre circulation des grains dans la province.

Les députés donneront la plus grande attention à faire connaître aux États généraux les vices et l'inconstitution des États de la province, et combien justes ont été les réclamations qui ont été faites là-dessus tant par le tiers-état que par tout ce qui compose la nation provençale autre que ceux des premiers ordres.

Ils demanderont en conséquence que les mêmes États provinciaux soient composés d'une manière légale et convoqués des députés, autant des trois ordres.

Que dans les États de Provence il soit permis et libre aux votants de nommer tels sujets qu'ils jugeront capables, soit pour la présidence desdits États, pour les commissions intermédiaires que pour tous les autres objets où il s'agira de députation et de délibération.

Que le syndic que le tiers-état se choisira ait entrée et voix délibérative dans lesdits États.

Que la procuration du pays sera désunie du consulat de la ville d'Aix, mais que cette procuration puisse être donnée indistinctement à tous sujets reconnus capables dans la province.

Que les gentilshommes non possédants fiefs et le clergé du second ordre, soient admis aux assemblées des États provinciaux.

Qu'il sera demandé le droit et la permission à toutes les communautés de rentrer et reprendre les domaines par elles aliénés en faveur des seigneurs ou autres, et cela, à tel titre qu'ils possèdent, et nonobstant tous jugements et privilèges contraires.

Que les comptes du pays seront rendus publics par l'impression et mandés à chaque communauté.

Enfin que l'ordonnance de 1764, aux chefs où elle soumet les communautés à demander aux intendants la permission de plaider, comme tels autres qui leur mettent des entraves pour faire valoir leurs actions de défense en justice, soient révoqués comme contraires aux intérêts des communautés par les abus qui s'ensuivent, surtout en faveur des nobles favorisés par les intendants, toujours plus particulièrement inclinés à leur être propices.

Cette communauté ne cite pas des abus impossibles; elle en a éprouvé en dernier lieu tous les effets, à ce point que le maire premier consul ayant été insulté et calomnié grièvement à propos de rien dans l'hôtel de ville, par une personne de considération, et ayant voulu faire procédure et venger son administration, la permission lui en fut refusée, et l'insulte est restée sans réparation.

Les droits de contrôle, lods, etc., droits onéreux et accablants pour le peuple, le sont devenus encore plus par les extensions et par l'arbitraire avec lequel ils sont aujourd'hui perçus par les commis et autorisés par les fermiers; il sera demandé qu'il soit fait à cet égard un tarif des lois fixes et certaines qui puissent faire connaître au peuple ce qu'il paye et ce qu'il doit payer et le rassurer contre une perception arbitraire effrayante, qui est toujours une source de contestations et de procès devant les intendants, desquels il n'est pas toujours aisé d'avoir expédition en justice.

Les divers objets sur lesquels nous venons de vous entretenir sont sans doute bien intéressants, mais ceux que nous avons encore à vous mettre sous les yeux ne méritent pas moins toute votre attention, puisqu'ils tendent à se rallier à l'intérêt général et d'acquérir l'importance que méritent toujours les communautés particulières d'habitants, la plupart opprimés par leurs seigneurs.

Il serait comme impossible de donner le détail des maux réels, des inconvénients occultes et des vexations sans nombre qui naissent des droits seigneuriaux sur les vassaux, mais on ne pourrait dissimuler ceux qui attaquent plus directement toutes les communautés ainsi que les droits et le bien de l'État.

C'est dans ces vues que les députés aux États généraux demanderont la destruction et l'abolition du retrait féodal accordé au seigneur préférablement au retrait lignager, qui est celui du sang, et qui, par un principe d'équité naturelle, sert à faire maintenir les biens dans les familles, tandis que le retrait féodal dépossédant au caprice d'un seigneur un nouvel acquéreur d'un domaine auquel déjà celui-ci aura placé son inclination ou par sa convenance ou par des réparations, se détermine toujours, mais forcément, à établir des censes sur ce même bien et tel que le seigneur voudra lui imposer pour lui faire racheter vexation.

Ils demanderont que les justices seigneuriales soient aussi abolies comme n'étant entre les mains des seigneurs qu'un instrument de vexation, d'oppression et d'injustice sur leurs vassaux, et qui met ceux-ci dans un état de servitude d'autant plus effrayant que par cette juridiction les seigneurs deviennent maîtres de leurs biens et de leurs personnes, attendu que les juges étant conséquemment à leur nomination, ne peuvent pas même se défendre d'être placés dans ces états de crise ou de prévariquer ou d'être expulsés de leurs charges, suivant que le jugement plaît ou déplaît au seigneur qui les a établies.

N'est-il pas d'ailleurs bien étrange que des mêmes sujets d'un Roi de qui seul doit émaner toute justice se soient autorisés à donner des juges à d'autres sujets comme eux?

Dans ces droits oppressifs, vexatoires pour les habitants et surtout de cette communauté, se trouve surtout celui de la chasse, qu'elle avait acquis et dont elle jouissait paisiblement sans infraction à la santé publique.

Une observation bien importante à faire pour cette communauté à ce sujet est que, par une transaction solennelle du 10 novembre 1676, passée entre l'abbé de Saint-Victor, seigneur du lieu, et la communauté, il est entre autres porté qu'elle demeurera dans la paisible possession et jouissance des domaines et autres droits utiles de la seigneurie et qu'elle avait déjà, par des précédentes transactions, et que l'abbé de Saint-Victor n'aurait que la juridiction et régales sans pourtant pouvoir les aliéner.

Par cette transaction, la communauté fut soumise à payer à l'abbé de Saint-Victor la pension féodale et importante de 1,600 livres, qui fut le prix de tous les droits que la communauté acquérait par cette transaction, et dont celui de la chasse fut spécialement du nombre, puisqu'il ne resta au seigneur que la juridiction et régale, et que la communauté, en vertu de ces titres, n'avait cessé de jouir de la chasse. Néanmoins un particulier totalement étranger à la seigneurie s'est arrogé ce même droit de chasse dans la presque totalité du terroir des Naux sous le prétexte d'une érection en fief d'un sien domaine enclavé et soumis lui-même aux droits acquis et possédés par la communauté.

De là s'en sont ensuivies (comme il arrive dans toutes les terres des seigneurs) des dénonciations sans nombre, à propos de rien, des procédures ou prétendues contraventions soutenues par la déposition de quelques témoins affidés et vendus aux seigneurs, et cela à la requête de leur procureur juridictionnel, et jugées par leurs juges, ou assoupies par des amendes arbitraires dont les seigneurs se forment un revenu sur leurs vassaux.

A ces abus, à ces vexations et à ces injustices, se joint encore cet excès d'oppression que ce droit de chasse exclusif, comme celui de la juridiction, sont toujours pour les seigneurs un moyen de vengeance contre quiconque des habitants ose s'opposer à leur volonté, et souvent à leurs injustes prétentions sur les biens des communes.

De cette défense de la chasse qui empêche les habitants de sauver leurs terres des animaux qui les dévastent et dévorent leurs récoltes, il en naît encore cet excès d'abus et d'injustice que presque tous les seigneurs donnant à ferme, ou permettant la chasse dans leurs seigneuries, comme il arrive à notre acquéreur prétendu d'arrière-fief, et cela à des braconniers, et souvent même à des gens de la lie et sans aveu qu'ils décorent du titre de garde-chasse et de la bandoulière à armes, fournissent à ceux-ci le moyen d'être les ravageurs impunis des campagnes, et souvent même des larcins et des crimes dignes des grands supplices.

Il sera donc demandé que la chasse soit rendue libre, et spécialement aux habitants de cette communauté, comme d'un droit par elle acquis à titre onéreux, et dont elle n'avait cessé depuis lors de jouir.

Des préjugés d'ignorance avaient fait établir des droits de banalité sur les fours et les moulins; les seigneurs s'en sont servis pour grossir leurs revenus au grand détriment et gêne des habitants; et principalement de la part des fermiers de cette banalité, contre lesquels il n'est pas même resté aux habitants le droit de se plaindre et d'avoir justice, par la nécessité de recourir au juge du seigneur qui est le propriétaire de cette banalité et la cause première des plaintes.

Dans cet état, les députés aux États généraux donneront la plus grande attention à requérir une loi qui abroge cette banalité et la rende rachetable en tout temps et nonobstant tous titres et jugements à ce contraire, sur le pied et à l'instar des rentes constituées à prix d'argent.

Lesdits députés n'oublieront pas de représenter à l'assemblée de la nation combien il est injuste que les seigneurs ne fient jouissent du droit de faire autoriser, par leurs officiers, les conseils municipaux des communautés; ils ne doivent pas manquer à cet égard de faire valoir les trois millions qu'en a coûté à la province l'abonnement des droits établis par l'édit de création des mairies et autres charges municipales.

Ces trois millions, qui furent répartis sur chaque communauté et que chacune d'elles a payé en proportion, sont restés sans fruit par les intrigues et les pouvoirs que les possesseurs des fiefs ont su se ménager dans l'administration de la province, et desquels droits il serait enfin juste que les communautés fussent mises en possession, ne fût-ce que pour obvier aux inconvénients et aux entraves que cela met aux affaires des communautés, qui, souvent, nécessitées d'assembler leur conseil pour des causes pressantes, il ne leur devient pas possible, soit par l'absence des officiers des seigneurs dont le juge est toujours étranger du lieu, que par la morosité et le caprice de son lieutenant, qui comme encore dans cette communauté, icelui n'y réside pas, et qui, parfois, pour des raisons particulières, voudra se donner le malin plaisir de faire manquer les délibérations, surtout celles qu'il croira contraires aux intérêts de son seigneur, que pour faire attendre et languir un nombre de citoyens dévoués au bien commun et à celui de l'État.

Et à quoi se joint encore l'impossibilité d'y suppléer par une subrogation, attendu que l'abbé de Lorraine, seigneur juridictionnel, n'a aucun procureur fondé ad hoc sur le lieu.

Nous avons encore à porter notre attention à obtenir la permission d'extinguer la pension féodale que notre communauté paye annuellement à son seigneur juridictionnel.

S'il est vrai et juste que toutes les communautés, à l'instar des débiteurs, doivent être reçues à s'acquitter de leurs dettes, et mieux encore des pensions féodales qui sont des charges accablantes pour les habitants, cette communauté de Naux semble avoir le plus de droit de réclamer cette extinction, soit parce que cette pension féodale qu'elle supporte est ruineuse par son importance de 1,600 livres, soit parce qu'elle n'a été que le prix des droits censiers, directs, féodaux et autres droits utiles, tel encore que la chasse, dont nous avons parlé, et que le vicomte de Puget, voulant prohiber aux habitants par le prétexte d'une érection en fief qu'il a obtenue obreptīcement du feu abbé de Lorraine, a déjà coûté plus de 2,000 livres à la communauté pour les frais d'un grand procès pendant actuellement au parlement à ce sujet, sans compter les amendes arbitrairement par lui imposées sur les habitants à cause de prétendues contraventions à cette chasse, malgré que le droit lui est justement contesté.

Enfin il sera demandé que tous les immeubles que les seigneurs des fiefs peuvent avoir et dont ils peuvent s'être emparés ou par eux possédés sous le nom de régales, soient rendus aux communautés qui ont à s'en plaindre, comme étant des biens de leur patrimoine, et qui, étant remis aux cadastres, serviront à payer les subsides royaux comme les autres charges des communautés et de la province.

Ce sont là, Messieurs, les représentations et les doléances que nous avons cru nécessaire de vous mettre sous les yeux, en invitant chacun de vous d'en suggérer d'autres qui puissent concerner cette communauté, et atteindre au désir ardent dont nous sommes pénétrés pour en obtenir du meilleur des rois l'entérinement dans les Etats généraux et au milieu de la nation qu'il n'a pas dédaigné de convoquer pour parvenir à la régénération de son royaume.

Cette communauté se joint en ce moment à 26 millions d'habitants qui attendent tous comme nous avec impatience la réforme des abus, la cessation des oppressions et l'établissement de nouvelles lois, qui, en assurant à chacun ce qui lui appartient, réformeront aussi ce que des titres vicieux et des constitutions illégitimes ont injustement acquis ou fait tolérer.

Nous devons encore vous observer, d'après les instructions données par le gouverneur, qu'il doit être donné aux députés les pouvoirs suffisants pour délibérer tout ce que leurs lumières et leurs consciences leur suggéreront pour le bien de cette communauté et celui de l'Etat.

Sur tout quoi, le conseil et habitants chefs de famille assemblés, considérant que le projet de doléances ci-dessus dont lecture vient d'être faite, et qui doivent être données telles ou dans autre forme qu'il appartiendra, aux députés aux Etats généraux, contient le vœu de cette communauté. il a été délibéré unanimement que les députés de cette communauté en la sénéchaussée de la ville d'Aix y porteront ces mêmes observations et doléances et auront attention à ce qu'elles soient renfermées dans le cahier pour servir d'instruction aux députés aux Etats généraux.

Déclarant au surplus, le conseil et chefs de famille assemblés, que, quant à tous autres objets soit généraux pour le royaume, soit particuliers à cette province, ils s'en réfèrent absolument au cahier général qui sera dressé dans le chef-lieu d'après le vœu de la prochaine assemblée, soit encore à celui que l'ordre du tiers déterminera lors de sa réunion pour l'élection de ses députés aux Etats généraux, approuvant dès à présent tout ce qui sera fait et arrêté soit à l'assemblée du chef-lieu, soit dans une des communautés et vigueries.

Le même conseil assemblé ne consultant à ce moment que le mouvement du cœur de chaque habitant et membre de cette communauté pour leur dévouement envers Louis XVI, heureusement régnant pour le bonheur du peuple, ils lui offrent avec toute la soumission possible et que leur inspire son nom sacré, leurs biens et leur vie que chacun des habitants est disposé à sacrifier à Sa Majesté en preuve de leur respect, de leur amour et de leur fidélité.

Signé Castinel, maire; Châteauneuf; Dragon; Jean Jourdan; Renest; Villiers; François Crespin; Olivier; Bouïs; Canolle, consul; Tessier; Jollinier; G. Bayssé; Payan; J. Antoine Lyon; Jean Chaix; Saurin; Longeblanc; Barbassoux;

Paraphé *ne varietur.* Signé Gilly, lieutenant de juge.

CAHIER

Des doléances, plaintes et remontrances de la communauté du lieu d'Ollières, qui doit être porté par les députés à l'assemblée qui doit se tenir le 2 avril prochain, par-devant M. le lieutenant général, au siège de la ville d'Aix pour la députation aux Etats généraux (1).

Les assistants à l'assemblée tenue le 22 de ce mois de mars 1789 dans la maison de ville de ce lieu d'Ollières, voulant, d'après l'invitation du monarque bienfaisant, sous l'empire duquel ils ont le bonheur d'être gouvernés, lui consigner son vœu, donnent leurs articles de doléances, plaintes et remontrances tels que suivent :

Art. 1er. Les députés de cette communauté seront chargés de requérir à l'assemblée qui sera tenue le 2 avril prochain par-devant M. le lieutenant général au siège général de la ville d'Aix, et de faire article dans les doléances de ladite assemblée, que toutes les impositions seront supportées également et proportionnellement par les trois ordres du royaume.

Art. 2. Les députés seront chargés d'approuver les doléances qui seront rédigées à la pluralité des suffrages par MM. les commissaires du tiers-état, afin que les députés aux Etats généraux fassent connaître à Sa Majesté l'intention de la communauté ; lesdits assistants chargent encore leurs députés de notifier à ladite assemblée les articles suivants :

Art. 3. Que sa Majesté sera très-respectueusement suppliée aux Etats généraux de vouloir bien avoir égard à la conservation des privilèges que cette communauté peut avoir, comme de nourrir et faire dépaître, suivant l'usage dans le terroir, le nombre de bétail, de couper du bois dans les forêts du seigneur, à l'exception des défendues, pour l'usage de leurs bâtisses, et du mort bois pour leur chauffage. Pour raison desquels droits les habitants payent au seigneur la tasque sur leurs fruits, au pied du dixain, une pension féodale de 40 livres et le droit de lods au treizain ;

---

(1) Nous publions ce cahier d'après un manuscrit des *Archives de l'Empire.*

toutes ces impositions féodales existent toujours, et la plupart de ces priviléges ont été dans la suite des temps supprimés; le seigneur, outre ces diverses impositions, exige encore la moitié du produit du peu de bois de taillis qui peut se trouver dans leurs propriétés.

Art. 4. Que Sa Majesté sera en outre très-respectueusement suppliée de vouloir bien mettre en proposition aux États généraux que le droit de la dîme que tous ses sujets supportent outre les autres impositions, soit aboli en faveur des communautés d'habitants, à la charge par elles de fournir au payement des prêtres qui leur seront nécessaires suivant la répartition qui pourra être faite dans chaque pays, lesquelles seront chargées du soin de l'entretien des églises et accessoires.

Art. 5. Les députés seront chargés de faire connaître à l'assemblée du 2 avril prochain, que le pays d'Ollières n'a d'autres ressources que celles du produit d'un terrain dégradé, chargé d'impositions, et qu'il est impossible aux habitants de pouvoir subvenir, si l'on n'a pas égard à leurs doléances. Tous espèrent de la bonté ordinaire du monarque que chaque citoyen sera imposé proportionnellement et au lieu et à l'industrie. Car telles sont les remontrances que le Roi leur a bien permis de faire.

A Ollières, le 22 du mois de mars 1789.

Les assistants qui ont su signer ont signé.

J. Garnier; Vincenty; Ambroise Page; Garnier; J.-C.-L. Fabre; Jean Tregas; Etienne Garnier; Martin Rebufa; Jean-Joseph Rebufa; Rey, greffier.

CAHIER

Des doléances plaintes et remontrances de la communauté de Peipin sénéchaussée d'Aix (1).

Pour seconder les intentions bienfaisantes du monarque français, pour pourvoir aux besoins de l'État, opérer la réforme des abus, l'établissement d'un ordre fixe et durable dans toutes les parties de l'administration, la prospérité générale du royaume, et le bien de tous et chacun des sujets de Sa Majesté, les habitants de Peipin se croient obligés de réclamer de la justice et de la bonté paternelle du Roi :

1° La réformation du code civil et criminel.

2° Une attribution de souveraineté aux tribunaux subalternes, jusqu'à concurrence d'une somme déterminée.

3° L'abrogation de toutes lettres attentatoires à la liberté des citoyens.

4° La faculté à ceux-ci, de quelque ordre qu'ils soient, de concourir pour tous emplois militaires, bénéfices et charges attributives de noblesse.

5° Une modération dans le prix du sel, et l'uniformité de ce prix dans tout le royaume.

6° L'abolition de tous droits de circulation dans son intérieur.

7° Le reculement des bureaux des traites et des douanes sur les frontières de l'État.

8° L'impression et publication d'un tarif général des droits qui devront être perçus dans ces bureaux.

9° La destruction du système qui répute étrangère la ville de Marseille, quoique unie au royaume par droit de conquête.

10° La convocation générale des trois ordres

(1) Nous publions ce cahier d'après un manuscrit des *Archives de l'Empire.*

de la province, pour former ou réformer la constitution du pays.

11° La permission aux communes de se nommer un syndic avec entrée aux États et voix délibérative.

12° L'égalité de voix pour l'ordre du tiers contre celle des deux premiers ordres, tant dans les États que dans la commission intermédiaire, et surtout l'égalité des contributions pour toutes charges royales et locales, sans exemption aucune, et nonobstant toute possession ou tous priviléges quelconques.

13° La suppression de la dîme, à la charge par les communautés d'être tenues des obligations des décimateurs, et de nourrir leurs pauvres afin de faire cesser la mendicité.

14° La suppression des différents impôts subsistants et la réduction au plus petit nombre possible, soit d'iceux ou de tels autres qui pourront être établis.

15° La taillabilité ou encadastrement de tous les biens-fonds des villes, actuellement non taillables.

16° La permanence des États généraux du royaume et leur convocation périodique de trois ans en trois ans.

17° L'établissement de nuls subsides, ni d'aucunes lois sans le consentement du peuple, donné définitivement par les États généraux, et provisoirement pendant leur interstice, par les États de chaque province.

18° La vérification de l'administration des finances dans tous les départements lors de chaque tenue des États généraux.

19° La cessation de plein droit de tout impôt après le terme fixé par le susdit consentement.

20° La fixation annuelle de la dépense de chaque département.

21° La suppression de toutes les pensions accordées à des personnes qui ne les ont pas méritées par leurs services ou par leurs talents personnels.

22° La liberté de la presse sous telle précaution qu'il appartiendra.

23° Le renvoi au lendemain de toutes les propositions qui seront faites dans les États généraux.

24° La délibération sur chacune de ces propositions, par la voie du scrutin et par billets d'approbation ou d'improbation absolues ou modifiées.

25° La sujétion des capitalistes au payement de tous les subsides.

26° La destruction de ce préjugé qui entache toute une famille de l'ignominie du crime dont un de ses membres a subi la peine.

27° L'administration gratuite des sacrements sous due indemnité.

28° La prohibition de réunir plusieurs bénéfices sur la même tête.

29° La préférence dans la collation des bénéfices en faveur des prêtres de bonnes mœurs, doués de talents et ayant servi l'Eglise. Les plus anciens dans le service préférés aux autres.

30° L'abrogation de toute résignation.

31° La suppression de tous les corps séculiers et réguliers dont on peut se passer.

32° L'abrogation de l'usage des emprunts, excepté dans les occasions pressantes et périlleuses jugées telles par les États généraux ou provinciaux.

33° La rédaction d'un règlement général, pour l'administration des communautés, sauf les différences que les circonstances locales pourront exiger.

34° L'obligation stricte aux communautés de faire vérifier le compte et le jugement du compte de leur administration par les États de la province, et d'en rapporter leur avis, auquel elles seront tenues de déférer.

35° La suppression de tous les tribunaux inutiles et onéreux.

36° L'exercice au nom du Roi dans les juridictions locales.

37° L'abrogation de la vénalité des offices.

38° La suppression de la présidence et de la permanence de tout membre non amovible ayant en l'état des choses entrée auxdits États provinciaux.

39° L'exclusion des mêmes États, des magistrats et de tous officiers attachés au fisc.

40° La désunion de la procure du pays, du consulat de la ville d'Aix.

41° L'admission dans lesdits États généraux des gentilshommes non possesseurs de fiefs, et du clergé du second ordre.

42° L'impression annuelle des comptes de la province, dont envoi sera fait à chaque communauté.

43° L'obligation de faire et arrêter dans le sein des États du pays la répartition des secours que Sa Majesté accorde à la province, ensemble celle de l'imposition de 15 livres par feu affectée à la haute Provence.

44° L'extinction, moyennant l'indemnité qui sera réglée, de tous les droits féodaux gênant la liberté des mutations et opérant la désertion des habitants des bourgs et des villages.

45° L'obligation à chaque province d'exiger tous les deniers perçus dans son district pour le compte du Roi, sous quelque dénomination que ce soit, de payer de ces deniers les sommes dues par l'État dans cette même province et de verser le restant, s'il y en a, directement dans la caisse des finances.

46° La restriction de l'autorité des tribunaux suprêmes à la seule puissance exécutrice, sans pouvoir jamais user de la puissance législative.

47° L'abolition des maîtres et maîtresses d'école dans les bourgs, villages et hameaux.

48° La soumission des communautés envers les États de leur province ou envers la commission intermédiaire d'iceux pour tout ce dont elles sont soumises à l'inspection et à l'autorisation.

49° Enfin la responsabilité des ministres envers l'État et la nation, chacun de la partie de son administration, et la faculté aux États généraux de faire poursuivre ceux d'entre eux qui seront convaincus de péculat.

Telles sont les doléances, plaintes et remontrances arrêtées cejourd'hui 19 mars 1789 dans l'assemblée des habitants de Peipin, nés Français ou naturalisés, âgés de vingt-cinq ans au moins, et compris dans les rôles des impositions.

Signé V. Couloumb, maire; Jacques Sumulgo; Masse de Vechères, juge; Lebègue; Joseph Bournifay; Jacques Gautier; Jean-Baptiste Bournifay; Joseph Gilmard; J. Ollières; P. Tremelest.

CAHIER

Des doléances de l'assemblée générale de tous les chefs de famille tenue à Pélissanne le 25 mars 1789 (1),

En suite des lettres patentes de Sa Majesté en

(1) Nous publions ce cahier d'après un manuscrit des *Archives de l'Empire.*

date du 2 du même mois, pour la convocation des États généraux du royaume qui auront lieu à Versailles le 27 avril prochain, de l'ordonnance rendue en conséquence par monsieur le lieutenant général en la sénéchaussée générale de Provence séant à Aix, le 12 dudit mois de mars, et de l'assignation donnée aux sieurs maire et consuls de cedit lieu par exploit du 18 du même mois.

Art. 1er. Le désir le plus ardent de la communauté de Pélissanne et de tous les membres qui la composent, est de maintenir l'autorité royale dans la plénitude de ses droits et prérogatives, de manière qu'elle soit assurée de l'obéissance de tous les corps, comme elle est assurée de celle de chaque citoyen.

Art. 2. Les députés de la nation provençale aux États généraux insisteront à ce qu'il soit opiné par tête et non par ordre.

Art. 3. Les députés feront instance pour que les députés de la nation aux États généraux du royaume ne souffrent pas que les députés que la noblesse fieffée de Provence a nommés en contravention des lettres patentes de Sa Majesté soient admis dans les États généraux contre la disposition de l'arrêt du conseil du 23 février dernier et moins encore que leur nombre réuni à celui des autres membres de la noblesse détruise l'égalité ordonnée par l'arrêt du conseil du 27 décembre dernier.

Art. 4. Les députés aux États généraux s'occuperont préalablement à tout autre objet, de la réformation des tribunaux, et de l'administration de la justice tant civile que criminelle. Sa Majesté est trop occupée du bonheur de son peuple pour qu'elle ne s'empresse pas de le faire jouir incessamment du plus grand des bienfaits que son amour puisse lui départir.

Art. 5. Les députés solliciteront la suppression de la vénalité des charges de judicature, la suppression de tous les tribunaux inutiles ou onéreux et notamment des justices seigneuriales comme un germe d'abus et de vexations qui reproduit la tyrannie des premiers temps de l'anarchie féodale.

La formation des tribunaux supérieurs, où le tiers puisse jouir de l'avantage inappréciable d'être jugé par ses pairs, où les juges soient appelés par la confiance de la nation, et l'organisation desdits tribunaux, de manière que la durée des pouvoirs des juges soit réduite à un temps limité.

La formation de tribunaux d'arrondissement sur le même plan que les premiers tribunaux avec attribution de souveraineté jusqu'à concurrence d'une somme déterminée.

Ils solliciteront que la justice soit distribuée sans épices, sauf à la nation de pourvoir aux émoluments des juges relativement à l'importance et à la dignité de leurs fonctions.

Qu'il soit pourvu aux moyens de contenir et même de punir les juges et de prévenir les procès.

Art. 6. Les députés demanderont que la police soit attribuée aux consuls, comme pères du peuple; c'est le seul moyen pour qu'elle soit bien faite, et que les protégés des seigneurs, de leurs agents ou de leurs officiers ne puissent plus le vexer avec espoir d'impunité. Ils demanderont encore que les consuls, assistés d'un nombre idéterminé de prud'hommes nommés annuellement par un conseil général de tous chefs de famille, soient autorisés à juger sans frais les contestations sur les affaires sommaires et de peu d'importance, de telle manière cependant qu'il n'y ait dans tous les cas que deux degrés de juridiction forcés pour les justiciables.

Art. 7. Les députés demanderont que les communautés du pays soient maintenues dans les droits et privilèges attachés aux offices et dont elles ont été dépouillées par le parlement immédiatement après la réunion consommée.

Art. 8. Les députés seront expressément chargés de requérir l'abolition de tous privilèges et la contribution à toutes les charges de la part de tous les sujets de Sa Majesté suivant leurs facultés, en quoi elles consistent et puissent consister, soit biens, capitaux, droits seigneuriaux ou autres; la puissance royale protège toutes ces espèces de biens, toutes ces espèces de biens doivent donc contribuer pour la maintenir.

Art. 9. Les députés aux Etats généraux auront pouvoir de consolider la dette de l'Etat après qu'elle aura été dûment vérifiée, reconnue et épurée.

Art. 10. Les députés solliciteront une nouvelle formation d'Etats pour le pays de Provence, non-seulement pour l'administration, mais encore pour la députation aux Etats généraux. La députation actuelle n'étant pas constitutionnelle et la communauté n'y ayant consenti que pour donner à Sa Majesté une nouvelle preuve de sa soumission et de sa fidélité et dans l'espoir qu'elle a suppléé les protestations du pays par le préambule des lettres patentes de convocation et reconnu la nécessité que la nation soit légalement représentée.

Art. 11. Les députés demanderont que les communautés soient autorisées à racheter tous les droits seigneuriaux qui portent le caractère de la vraie propriété et l'abolition de tous les autres droits féodaux qui ne sont que le fruit de l'usurpation que la puissance des grands se permit sur la faiblesse des peuples.

Art. 12. Les députés réclameront une modération sur le prix du sel rendu uniforme pour tout le royaume, comme aussi l'abolition de tous droits de circulation dans son intérieur, et notamment le reculement des bureaux des traites, sur les frontières.

Art. 13. Les députés demanderont qu'il ne puisse pas être attenté à la liberté individuelle des citoyens sans l'observation des formes qui seront indiquées par les Etats généraux.

Ils solliciteront la liberté de la presse, sauf les réserves dont elle peut être susceptible.

Art. 14. Les députés réclameront l'abolition de tous privilèges exclusifs, et notamment de ceux qui grèvent le pauvre peuple, en concentrant dans une compagnie le droit de faire le commerce des denrées et marchandises de première nécessité.

Art. 15. Les députés demanderont que les Etats généraux soient périodiques, et que leur tenue ne puisse pas être éludée aux époques qui seront déterminées, sans qu'il y ait suspension d'impôt dans tout le royaume.

Art. 16. Les députés insisteront à ce qu'il ne soit perçu aucun impôt à l'avenir autre que ceux qui seront déterminés par les Etats généraux, aucun corps judiciaire n'ayant le droit de les consentir sous prétexte de la vérification de leur établissement, au préjudice de la nation qui ne peut pas se dépouiller de ce droit.

Art. 17. Les députés de la nation provençale aux Etats généraux réclameront l'abrogation de la loi qui exclut le tiers des emplois militaires.

Art. 18. Les députés insisteront à ce que, dans le choix des impôts, il soit donné la préférence à ceux qui affecteront le plus la propriété.

Art. 19. Les députés de la présente assemblée auront le pouvoir de concourir à toute délibération, voter ou consentir tous autres objets de doléance que la présente assemblée n'aurait pas prévus, et se concilier à cet égard, soit avec les commissaires, soit avec les députés qui rédigeront le cahier national.

Art. 20. Les députés aux Etats généraux solliciteront la responsabilité des ministres comme loi fondamentale de l'Etat.

Art. 21. Ils demanderont que la présidence aux Etats de la province passera alternativement aux trois ordres.

Art. 22. Ils demanderont que la procuration du pays soit séparée du consulat d'Aix.

Art. 23. Ils demanderont qu'il ne soit jamais réuni plusieurs charges importantes sur la tête d'un même homme.

Signé Gayane; A. Richard; Branuche; Deymad; Esrues; Merendol; Roux; Rimbaud; Arnaud; Donadieu; Chartes; Chave; Esmenard; Audibran; Louis; Bertrand; Raymond; Jague; Estienne; Ricard; Bruno Esménard; Clomar; Tibus; Galoy; Joseph Bertrand; Mine; Perron; J.-B. Secret; P. Santon; Beaufils; Plenese; Pierre Rize; Castellon; Porte; Pomuy; Bonleos; J. Roman; Ricard; Bérard; Jean Lauris; Saint-Martin; Jaubert, médecin; Simon Vion; Mille; Aillaud; Bormaud; Chapuy; Berard; Laurens; J. Estienne; Brun; Joseph Montagnier; Boureche; Joseph Caire; J. Gay; Poncet; Berrad; Vaisse; Bertrand; Joseph Laurence; Malhiesmenard; Rossignol; Pellegrin aîné; Gonsale Chauvet; Reynaud; Gavaudan; Roumieu; Louis Cristal; Morel; Saint-Martin; Henri Louche; Gaubert; Chane; Estienne cadet; Berard-Romans; Martin Favotte; François Chauvel; Roux; Andrés; Bonnaud fils; Sicard; Pironel; E. Perron; Esmenard-Dumazet; Castelas; Daubergue; Roch; Segond; J. Brun; Gaubert; Chabrus; Durand; Roussel; Lauray; Gayane; Attenoux; Pierre Cattenoux; Bonsilhon; J. Bounolhon; Montagnier; Ratimieu; Louche; Bonnaud; Sire; Bontous, viguier.

CAHIER

Des doléances de la communauté de la Penne (1).

Le Roi veut mettre un terme à nos maux. Sa bienfaisance l'a porté à consentir que les communes de son royaume pussent lui faire parvenir leurs doléances soit relativement à ce qui regarde la généralité du royaume, soit par rapport à celles qui ont trait à l'administration de la province, et soit à ce qui peut en particulier intéresser chaque communauté.

Empressons-nous de profiter d'un bienfait si précieux et présentons les nôtres avec cette confiance que sa bonté inspire.

PREMIER OBJET. — *La généralité du royaume.*

La nation représentée par les Etats généraux qui seront périodiques.

Les emprunts, impôts et subsides consentis et octroyés par les Etats généraux.

Egalité dans la répartition des impôts, sans distinction d'état et de condition, et des biens nobles ou roturiers.

Envoi direct du produit des impositions des

(1) Nous publions ce cahier d'après un manuscrit des *Archives de l'Empire.*

provinces au trésor royal sans intermédiaires.

La liberté individuelle en l'abrogation de toutes lettres attentatoires à la liberté des citoyens.

Anéantissement de toutes distinctions qui peuvent avilir la dignité de l'homme.

Révocation de l'ordonnance militaire de 1781.

Tous droits de propriété inviolables.

Réforme du code civil et criminel, et anéantissement de toutes juridictions seigneuriales.

Raccourcissement des délais dans la procédure, modération dans les épices, et dans les droits de séance, et dans tous les extraits pris au greffe.

Abolition de tous droits de circulation dans l'intérieur du royaume, et le reculement des bureaux des traites sur la fin des frontières.

Suppression des visites domiciliaires par les employés des fermes.

Anéantissement de la dîme, n'étant point d'institution divine ; offre de payer aux curés et aux prêtres desservants ce qui peut leur être nécessaire, et ce qui sera déterminé dans les Etats généraux, ou abonnement de la dîme avant l'impôt territorial, pour éviter tous procès.

Abolition de tout servage.

Affranchissement des cens et directes par le rachat, qui ne sera perçu que sur la représentation du titre emphytéotique, et non des reconnaissances, avec défenses à l'avenir aux vendeurs d'immeubles d'établir aucunes servitudes, ni de se réserver aucunes redevances.

Les ministres seront comptables aux Etats généraux de l'emploi des fonds qui leur seront confiés.

La liberté de la presse, à la charge par chaque auteur de souscrire son ouvrage.

DEUXIÈME ORJET. — La province.

Réforme de la constitution ou nouvelle formation.

Syndic pour le tiers avec entrée aux Etats.

Présidence non perpétuelle et alternative entre les trois ordres.

Exclusion des magistrats et de tous officiers attachés au fisc des mêmes Etats.

La désunion de la procure du pays du consulat d'Aix et l'admission des gentilshommes non possédant fiefs, et du clergé du second ordre dans lesdits Etats.

Egalité de voix, au moins pour l'ordre du tiers, contre celles des deux premiers ordres, tant dans les Etats que dans la commission intermédiaire, et surtout l'égalité des contributions pour toutes charges royales et locales sans exemption aucune et nonobstant toute possession ou tous privilèges quelconques.

L'impression annuelle des comptes de la province dont envoi sera fait dans chaque communauté.

Poids et mesures communs dans toute la province.

TROISIÈME OBJET. — La communauté.

Nous nous plaignons que notre terroir étant stérile, que l'engrais pour le faire produire et la main-d'œuvre emportant au moins la moitié du produit, il ne nous reste pour principale denrée que le vin, attendu la mortalité des oliviers survenue par le froid excessif de cet hiver, et qu'on nous met des entraves qui nous empêcheront bientôt de le vendre.

Nous nous plaignons que nous n'avons pas la liberté de transporter dans l'étendue de notre terroir notre vin d'un endroit à l'autre, ainsi que notre huile, sans être obligés de prendre des acquits-à-caution au bureau qui est établi dans notre terroir, ce qui procure très-souvent des procès qui nous ruinent.

Nous nous plaignons que si nous portons notre vin dans les maisons de la communauté qui touchent le chemin de Marseille, pour le vendre, on vient nous le saisir, ce qui a procuré divers procès qui existent encore, et que la ferme veut nous soumettre à déclarer la quantité du vin qui nous est nécessaire pour notre consommation.

Nous nous plaignons que la ville de Marseille, en vertu de certains arrêts qu'elle a obtenus, nous empêche d'avoir des moutons pour les engraisser, ce qui nous enlève pour l'engrais de nos terres.

Nous nous plaignons que la province nous soumet à l'entretien du chemin royal de Marseille dans la longitude de notre village, où il n'y a point de rues fermées, et dont les maisons se trouvaient séparées du chemin par un ruisseau.

Nous nous plaignons que, pour avoir entrée à nos maisons du côté du chemin, et couvrir ce ruisseau par une voûte, nous avons été obligés de consentir à une servitude et à un cens, et que cette voûte ayant été prise pour l'agrandissement dudit chemin de Marseille, on nous fait payer toujours le cens qui y a été attaché.

Nous nous plaignons que si nous transportons notre vin à Marseille, il nous faut payer des droits, et que si nous ne pouvons pas le vendre, et que nous soyons dans l'obligation de le rapporter nous sommes encore dans l'obligation de payer un autre droit; que si nous apportons une charge de blé de Marseille, on ne fait rien payer, tandis que quand on en apporte au delà de dix on nous fait payer.

Nous nous plaignons encore qu'il s'est élevé en Provence une chambre plus ardente que celle de Valence. On nous soumet à n'avoir que trois mulets attelés aux charrettes, et que le chemin étant mauvais, et rempli d'eau et de boue dans l'hiver, si le hasard fait, pour ne pas marcher dans l'eau et dans la boue, qu'on se mette un moment sur la charrette, le moindre cavalier de la maréchaussée dresse procès-verbal contre nous, sans nous rien dire ni le signifier ; on obtient une condamnation d'une amende de 50 livres à l'intendance qu'on nous fait ensuite signifier avec commandement de payer dans trois jours, autrement saisie, sans avoir pu être entendu ni défendu avant le jugement; il arrive même que quelquefois le cavalier se trompe, ou qu'il n'a pas trouvé; mais comme la moitié de l'amende lui est attribuée, il se procure par là dix fois plus que sa solde.

Nous demandons l'anéantissement de toutes les fermes de la communauté, comme pesant trop sur les pauvres, et la cessation de tous les abus ci-devant mentionnés.

Telles sont nos plaintes.

Fait et arrêté cejourd'hui 20 mars 1789 en la présente assemblée, et ont signé ceux qui l'ont su.

Signé d'Ollières; Cartagnee; Gaspard Parride; Louis Poutels; Jean-Antoine Julliard; Jean Sarde; Joseph Finaud ; Trecon ; P. Bistagues ; Baptiste Trucy; Gabriel Arnaud; Jacques Dumond; Lazare Michel; Senez; Andre; Maignaud; Antoine Mariad ; J.-L. Nicolas; Jean-Antoine Garoute; Fucurny; Blaise Audibert; Estienne; Trucy; Joseph Mistrad ; J. Tardieu; Joseph Gas; Guitton; Honoré Juttaud; Louis Garoute; Bertrand; Jean-Joseph Pinatel; Moussard, viguier; Martinot, greffier.

CAHIER

Des doléances, plaintes et remontrances de la ville de Pertuis (1).

1° On commencera à s'occuper de la discipline des États généraux, et l'on insistera à opiner par tête et non par ordre :

2° On demandera l'abolition des lettres de cachet.

3° La liberté de la presse sous les modifications nécessaires.

4° Le respect le plus absolu pour les lettres confiées à la poste.

5° La conservation du droit de propriété légale et fondée sur les lois naturelles.

6° Que nul impôt ne sera légal et ne pourra être perçu sans le consentement, préalable de la nation assemblée dans les États généraux libres et constitués légalement, sans que les États des provinces, les parlements ou autres cours souveraines puissent ni aient droit de le consentir.

7° Que les États généraux du royaume ne pourront consentir les impôts que pour un temps limité, et jusqu'à la prochaine tenue des nouveaux États généraux, en sorte que si cette prochaine tenue des États généraux venait à ne pas avoir lieu, tout impôt cessera de droit, à moins de ceux que les États généraux jugeraient à propos d'excepter pour les objets donnés à ferme.

8° Que le retour des États généraux sera périodique, et fixé à un terme de trois ou quatre ans au plus tard à compter du jour de la séparation desdits États, et dans le cas de changement de règne ou d'une régence, lesdits États généraux s'assembleront extraordinairement dans le délai de trois mois en la forme qui sera prescrite dans les prochains États.

9° Les ministres seront comptables aux États généraux de l'emploi des fonds qui leur seront confiés et responsables auxdits États de leur conduite.

10° Il sera imprimé annuellement et publié le compte effectif de la recette et de la dépense de l'État, ce qui sera également pratiqué par l'administration de toutes les provinces.

11° Il sera donné connaissance dans le plus bref délai aux États généraux assemblés de la dette nationale, de sa progression et de ses causes, après quoi la dette nationale sera consolidée.

12° L'impôt ne sera consenti qu'après qu'il aura été statué sur tous les articles ci-dessus et que les dépenses de l'État relatives à tous les différents objets particuliers auront été réglés et fixés, excepté qu'il fût nécessairement reconnu, par les États, l'établissement provisoire de quelque emprunt.

13° Tout impôt qui ne portera pas universellement sur toutes les classes des sujets de Sa Majesté et sur toutes les propriétés de quelque nature qu'elles soient, sera révoqué, et on ne pourra en établir d'autres qui ne soient généralement et proportionnellement répartis sans distinction de rang, de naissance et sans aucuns privilèges.

14° Que l'on donnera la préférence à l'impôt territorial, comme le plus juste, lequel ne pourra être abonné, et sera perçu en nature par chaque communauté.

15° Chaque objet de dépenses sera affecté sur des caisses particulières, ainsi que le payement des rentes, et les remboursements de la dette nationale qui s'opéreront annuellement sans que les fonds puissent être divertis à aucun autre emploi, excepté les fonds de remboursement en cas de guerre, et le cas sera prévu par une augmentation d'imposition, le cas échéant, sans qu'il puisse être fait aucun nouvel emprunt ou des anticipations non consenties par les États généraux, à peine de nullité des obligations.

16° Il sera mis le plus grand ordre, et usé de la plus grande économie dans les départements de la guerre, de la marine et des affaires étrangères.

17° Il sera demandé la diminution graduelle des fonds affectés pour les pensions, lesquels seront réduits au plus à dix millions par le retranchement de deux tiers sur celles qui s'adresseront annuellement à la place de celles qui seront extinguées.

18° Que les milices ne seront levées qu'en temps de guerre, et que les trois ordres contribueront proportionnellement aux frais de la dite levée, ainsi qu'à toutes les autres charges de l'État.

19° Qu'il ne sera conservé des troupes étrangères que celles qui sont fournies en exécution des traités, attendu que leur entretien est très onéreux à l'État.

20° On s'occupera de la réforme de la législation civile et criminelle, et il sera établi dans toutes les villes, bourgs et villages des juges de paix qui seront élus annuellement et pourront être confirmés dans les assemblées pour le nouvel état de chaque lieu, lesquels juges de paix auront la prévention sur tous autres juges, et leurs jugements ressortiront aux cours souveraines.

21° Qu'il sera permis aux particuliers d'extinguer les cens et directes en payant au seigneur direct ou féodal le fonds desdits droits sur le pied qui sera fixé.

22° Que le retrait féodal sera aboli.

23° Demander la révocation de tous édits, déclarations ou usages qui interdisent au tiers-état l'entrée aux emplois militaires, ainsi qu'aux charges qui donnent la noblesse et aux dignités de l'Église.

24° On demandera l'exécution des déclarations relatives à l'exportation des grains, et la sortie du royaume en sera sévèrement interdite dès que le prix du blé sera parvenu au taux fixé par lesdites déclarations; il sera même permis à tout particulier de saisir le blé qui serait sorti en fraude, et la moitié sera confisquée à son profit et l'autre moitié en faveur des pauvres du lieu le plus prochain de l'endroit où la saisie sera faite.

25° Sa Majesté sera suppliée de supprimer les droits de contrôle, centième denier, et autres relatifs et d'y substituer un droit modique sur chaque acte pour la sûreté de la dette, et que dans tous les cas un notaire ne puisse point être chargé de la perception desdits droits dans les pays où il y en aura plusieurs; la même prohibition aura lieu pour tous les officiers de justice.

26° De révoquer les droits sur les cuirs et les péages et douanes qui sont dans l'intérieur du royaume.

27° Sa Majesté sera suppliée de ne plus accorder à l'avenir de lettres patentes d'érection en fief des domaines possédés par des particuliers, et d'annuler et révoquer toutes celles qui ont été obtenues depuis le commencement du siècle.

28° Les dîmes seront supprimées au fur et à mesure du décès des décimateurs, et chaque communauté sera obligée de fournir à l'entretien de ses prêtres par une contribution honnête et payer toutes les charges dont les décimateurs étaient ci-devant tenus.

29° Demander la résidence des évêques et autres bénéficiers, et que dans le cas d'absence non né-

---

(1) Nous publions ce cahier d'après un manuscrit des *Archives de l'Empire.*

cessaire, les revenus seront partagés entre le fisc et les pauvres du lieu.

30° Demander l'abolition du casuel et la désunion de tous les bénéfices qui ont été réunis dèsque l'un deux excède 1,200 livres, sans qu'aucun ecclésiastique puisse en posséder plus d'un de ce revenu ou au delà.

31° Sa Majesté sera suppliée, ainsi que son auguste épouse et les princes de son sang, de favoriser l'industrie et les fabriques nationales, en donnant l'exemple à leur cour de préférer les étoffes et les articles fabriqués en France, à ceux qui viennent de l'étranger.

32° Les députés de la Provence seront chargés spécialement de protester dans les Etat généraux contre la constitution abusive des Etats particuliers de la province et de supplier Sa Majesté de lui accorder le plus tôt possible l'assemblée légale des trois ordres pour délibérer et former sous son autorisation une constitution juste et raisonnable, avec permission de déroger à tous édits, déclarations, arrêts et règlements antérieurs.

33° Demander la réduction du prix du sel dans cette province sur l'ancien taux.

Enfin les députés du tiers-état de cette province auront pouvoir de porter telle opinion et représenter tout ce qu'ils croiront convenable, en tant qu'il n'y aura rien de contraire aux instructions ci-dessus.

Et les députés de cette ville à l'assemblée de la sénéchaussée seront priés de suppléer dans le cahier général aux omissions des présentes doléances, notamment sur la vénalité des charges de justice, la composition future des tribunaux et un seul chapitre dans chaque siége épiscopal et de l'emploi des fonds provenant de la vente des biens du clergé, s'il y échoit, après le décès du titulaire.

Signé Beringuc maire-consul; Chauvet; Gal; Feloy; Jesillien; Martelly; Artaud; Caumont, Chateauneuf; Rissy; Flanlurd; Rocher; Dellaud; Nicolas; Sauteiron; Olivier; Guérin.

RESUMÉ DES CAHIERS

De doléances du bureau de Pertuis, composé des communautés de Pertuis, La-Tour-d'Aigues, Dillaure, la Bastidonne-de-Savéry, Mirabeau, Beaumont, Grambois, Vitrolles-lès-Luberon, Pyepin d'Aigues, Saint-Martin-de-la-Brasque, Trets, Pourrières, Ollières, Pourcieux, Peipin-les-Aurioles.

SUR LA CONSTITUTION DU ROYAUME.

Art. 1er. Que la composition des Etats généraux soit déterminée ainsi que leurs pouvoirs.

Art. 2. Retour périodique des Etats généraux, qui ne pourra être éloigné de plus de trois ans sans préjudice de la prochaine tenue qui pourra être rapprochée.

Art. 3. Qu'on opine par tête et non par ordre.

Art. 4. La liberté individuelle garantie par tous les moyens possibles. En conséquence, abolition absolue des lettres de cachet et de tout ordre arbitraires. Punition grave contre les fauteurs et exécuteurs de pareils ordres.

Art. 5. Liberté indéfinie de la presse sous la police que les Etats généraux aviseront.

Art. 6. Respect absolu pour les lettres confiées à la poste. Des peines déterminées pour les infractions dont la connaissance appartiendra aux Etats généraux.

Art. 7. Les ministres et tous les grands manda-

taires de l'autorité royale comptables et responsables de leur gestion aux Etats généraux, lesquels seront seuls juges des crimes de lèse-majesté et de lèse-nation.

Art. 8. Le compte des finances imprimé annuellement.

Art. 9. Le clergé ne doit pas former un ordre dans l'Etat.

Art. 10. Tous les impôts seront abolis comme illégalement établis; ceux qu'on voudra conserver reront rétablis sous le titre de subside.

Art. 11. Les subsides tant anciens que nouveaux qui seront consentis, seront également répartis et seront supportés par tous les ordres, par tous les individus, et sur tous les biens indistinctement.

Art. 12. Les subsides ne pourront être consentis que par les Etats généraux, et pour un temps fixe qui ne pourra excéder la prochaine tenue des Etats généraux, le temps expiré, et la tenue n'ayant pas lieu, nul ne pourra être contraint à payer les subsides. Punition grave, en ce cas, contre les exacteurs.

Art. 13. Sera avisé aux moyens qu'une tenue d'Etats généraux indiquée ne puisse être retardée et qu'elle ait lieu dans les cas de changement de règne ou de régence.

Art. 14. Les emprunts du gouvernement ne seront valables qu'autant qu'ils seront consentis par les Etats généraux.

POUVOIRS ET MANDATS DES DÉPUTÉS.

Art. 1er. Sera donné des pouvoirs illimités.

Art. 2. Cependant les députés aux Etats généraux ne voteront les subsides qu'après avoir obtenu le redressement des griefs, sauf à consentir un emprunt léger pour faire face aux dépenses excédant la recette jusqu'à la clôture des Etats généraux.

Art. 3. Sera pris connaissance, dans le plus grand détail, des revenus et de la dépense de l'Etat. Ensuite la dette nationale sera consolidée par une reconstitution au nom de la nation.

Art. 4. Les emprunts appelés opérations de finance ou anticipations seront scrupuleusement examinés et les intérêts seront réduits au taux légal.

Art. 5. La dépense de chaque département sera réglée. Sera avisé aux économies dont chaque département est susceptible.

Art. 6. Chaque objet de dépense sera affecté sur des branches particulières de revenus.

Art. 7. La caisse d'amortissement sera rétablie et les fonds ne pourront être détournés de leur objet sous tel prétexte que ce puisse être.

Art. 8. Les pensions, qui sont actuellement de 30 millions, seront réduites à l'avenir à 10 millions.

Art. 9. Les milices ne seront déplacées qu'en temps de guerre, et les frais seront supportés par tous les ordres.

Art. 10. Les troupes étrangères seront réduites à celles qu'on est obligé d'entretenir par les traités.

Art. 11. Abandon des places fortes dans l'intérieur du royaume.

Art. 12. Que le tiers soit admis en concurrence à toutes les places et charges honorables. Abolition des règlements d'exclusion.

Art. 13. Suppression des priviléges accordés aux compagnies de commerce.

Art. 14. Abolition de la mendicité par tous les moyens possibles.

Art. 15. Suppression des charges donnant la noblesse; que la noblesse qu'on acquerra par la suite ne soit point transmissible, mais seulement personnelle.

Art. 16. Favoriser l'industrie et les fabriques nationales. Que la cour qui donne les modes préfère les étoffes de France à celles des fabriques étrangères.

Art. 17. Encourager l'éducation des troupeaux par la suppression des gênes.

Art. 18. Un seul poids et une seule mesure pour simplifier les opérations de commerce.

Art. 19. Un plan général pour l'encaissement des rivières et ouverture des canaux aux frais de la nation. Les soldats employés à ces travaux, ainsi qu'à la confection des routes, les atterrissements que procureront l'encaissement des rivières appartiendront aux communautés d'habitants riverains.

Art. 20. Suppression de la loi portant confiscation des biens des religionnaires fugitifs. Restitution aux plus proches héritiers des biens en régie. Tolérance des sectes.

Art. 21. Obtenir l'assemblée générale des trois ordres en Provence pour y procéder à la formation d'une constitution la meilleure possible.

Art. 22. Exclusion des députés illégalement élus par les possédant fiefs de Provence. Ordre aux députés du tiers de se retirer en cas d'admission.

LOIS ET TRIBUNAUX.

Art. 1er. Réforme du code civil.

Art. 2. Un nouveau code adapté à la douceur de nos mœurs.

Art. 3. Une nouvelle forme de procéder en matière criminelle; que les informations soient publiques; que l'accusé ne puisse être condamné qu'après avoir été déclaré coupable par douze jurés choisis dans l'ordre de l'accusé.

Art. 4. La juridiction prévôtale subsistera pour les cas d'émeute populaire seulement.

Art. 5. Abolition de la vénalité des charges.

Art. 6. Suppression des justices seigneuriales, des juridictions ecclésiastiques et des juridictions d'exception.

Art. 7. Suppression de la juridiction des intendants, qui sera attribuée aux Etats provinciaux quant à la police et à l'administration, et le surplus aux tribunaux ordinaires.

Art. 8. Réformation des tribunaux ordinaires, nouvelle formation, établissement de juges de paix. Justice gratis. Deux degrés de juridiction seulement. Tribunaux d'arrondissement avec attribution de souveraineté jusqu'à une somme déterminée.

Art. 9. Réintégration des officiers municipaux dans les fonctions de lieutenant de police, les communautés de Provence ayant racheté les mairies.

Art. 10. Tribunaux composés de juges pris dans tous les ordres.

DES IMPÔTS.

Art. 1er. Abolition des douanes intérieures et des péages.

Art. 2. Adoucissement des droits de contrôle, simplification de la perception.

Art. 3. Abolition du droit sur les cuirs qui détruit les tanneries.

Art. 4. En attendant la suppression des gabelles, que le plan de M. Necker soit adopté pour que le prix du sel soit approchant uniforme dans tout le royaume et que la contrebande soit détruite.

Art. 5. Abolition des tribunaux des fermes; que l'action pour fraude et contrebande soit purement civile.

Art. 6. Que les augmentations de subsides que pourra nécessiter le déficit, soient prises, autant que faire se pourra, sur les impôts indirects, et principalement sur les objets de luxe et marchandises de besoin purement factice.

Art. 7. Les communautés de Provence ayant le droit de s'imposer de la manière qui leur convient le mieux pour subvenir aux impositions royales qui se payent en corps de province, et aux impositions provinciales et locales, elles adoptent pour l'avenir l'imposition en fruits, surtout pour les communautés rurales, comme la seule qui soit toujours équitable; elle prévient l'embarras et les frais d'encadastrement des biens nobles et du clergé, qui de cette manière contribueront sur-le-champ; il résultera encore l'abolition absolue du droit de foraine et du droit de compensation, droits qui ne sont connus qu'en Provence et qui ont toujours été une source intarissable de procès.

CLERGÉ.

Art. 1er. Suppression de la dîme au profit des communautés, qui dès lors payeront convenablement leurs prêtres et acquitteront toutes les charges dont étaient tenus les décimateurs; dès lors la dette du clergé demeurera hypothéquée sur les biens-fonds du clergé.

Art. 2. Abolition du Concordat, suppression de toute rétribution à la cour de Rome à tel titre que ce puisse être.

Art. 3. Les Etats généraux statueront sur l'aliénation des biens-fonds du clergé, sur l'emploi des deniers en provenant, sur la résidence des prélats, sur la manière de les élire. Les revenus pendant l'absence de prélats seront appliqués aux œuvres pies.

Art. 4. Les évêchés et archevêchés ne pourront être conférés qu'à des sujets âgés de quarante ans au moins qui auront desservi des paroisses.

Art. 5. Il sera avisé aux moyens de réunir le Comtat Vénaissin à la Provence.

FÉODALITÉ.

Les cahiers contiennent des détails affligeants sur les abus du régime féodal, qui dépeuple les campagnes et anéantit l'agriculture.

La réclamation universelle est :

Art. 1er. Abolition du retrait féodal, et des corvées sans indemnité.

Art. 2. Abolition de l'hommage à genoux.

Art. 3. La chasse étant de droit naturel, chacun pourra chasser dans ses propriétés.

Art. 4. Sera fait un règlement général sur le port d'armes à feu, qui ne pourra être prohibé à ceux dont l'état ou la fortune ne permet pas de soupçonner qu'ils puissent en abuser.

Art. 5. Personne n'aura droit de contraindre à billotter les chiens.

Art. 6. Tous droits seigneuriaux portant profit à toujours rachetables ou par les censitaires ou par les communautés.

Art. 7. Tous droits qui imposent servitude, supprimés sans indemnité.

Art. 8. Suppression du ban des troupeaux, des règlements de plus proches, compascuité générale, sans excepter les bois et propriétés des seigneurs; le dommage fait par les troupeaux sera payé double pour le dommage fait de jour, quadruple pour le dommage fait de nuit.

Ou bien les bergers d'un terroir seront syndiqués pour le payement des dommages de ce terroir ; dès lors ne pourra être introduit des troupeaux étrangers, sauf le transit.

Art. 9. Abolition du droit de cautionnement qui n'est connu qu'en Provence et qui n'est fondé que sur la jurisprudence du parlement d'Aix. Quelques communautés déjà cautionnées demandent à être réintégrées dans les anciens droits sur les terres gastes.

Art. 10. Qu'il soit pris les moyens les plus doux et les plus sages pour la conservation et repopulation de bois.

Art. 11. Que les seigneurs soient soumis comme les habitants aux règlements de police sur les bois, sur les chèvres et sur les autres troupeaux.

Art. 12. Que les régales et leurs dépendances appartiennent en commun et par indivis aux seigneurs et aux communautés.

Art. 13. Suppression du droit que les seigneurs se sont arrogés d'indiquer la couleur des chaperons des consuls, et de forcer les consuls a faire des visites ; que les consuls des villes et villages ne puissent être assujettis à aucunes visites d'étiquette, nonobstant tous usages contraires.

CAHIER

De doléances, plaintes et remontrances que tous les chefs de la communauté de Peynier chargent ses députés de présenter à l'assemblée générale de la sénéchaussée d'Aix, pour être insérées dans le cahier général qui sera dressé et envoyé aux États généraux (1).

Art. 1er. La liberté individuelle sera assurée par l'abolition des lettres d'exil, et d'autres arbitraires.

Art. 2. La liberté de la presse.

Art. 3. La suppression de tous les droits seigneuriaux, droits onéreux qui gênent la liberté des particuliers; en conséquence, plus de directe des droits de lods; ces droits pèsent infiniment sur le peuple, de la façon dont ils sont établis, et les seigneurs s'en servent toujours pour vexer les vassaux.

Art. 4. Plus de retrait ; ce droit est odieux, et les seigneurs s'en servent aussi pour satisfaire leurs caprices et un moyen de se venger de ses habitants.

Art. 5. Plus de censes; cette imposition est pesante sur les habitants, et un obstacle aux ventes et a la bonne volonté des sujets de faire de plus grands sacrifices pour le Roi.

Art. 6. Plus d'autres servitudes, toujours humiliantes pour des hommes, les sujets du même Roi doivent être tous libres, ce droit de liberté est le plus précieux bien que nous envions, et l'idée et l'espérance que nous avons de l'être, échauffe le zèle le plus vif d'offrir à Sa Majesté nos vies et nos fortunes.

Art. 7. Que les régales tels que les chemins, les places publiques et autres, appartiendront dorenavant aux communautés de même que les eaux, les égouts.

Art. 8. La liberté de la chasse à tous particuliers, et dans son fonds seulement; ce droit de chasse laissé en entier aux seigneurs est un espèce de fléau; leurs chasseurs avec leurs meutes de chiens ravagent nos campagnes, nos récoltes, nos vignes; c'est un moyen de plus pour vexer

leurs vassaux. Nous avons des exemples que des particuliers ont été assassinés pour avoir chassé. Que d'autres, pour avoir pris des lapins sans armes, ont gémi pendant longtemps dans des prisons. Que d'autres pour avoir pris de petits oiseaux aussi sans armes, ont été amendés à des sommes exorbitantes, et ont été même obligés de quitter le pays pour se soustraire aux punitions les plus rigoureuses. Que des bergers en gardant leurs troupeaux ayant tué avec leurs bâtons des lièvres, ont été obligés de quitter le pays pendant des années; il semble cependant que le gibier que nous nourrissons doit appartenir à chacun dans son fonds, et que le Roi voudra bien accorder aux particuliers d'avoir des armes pour tuer les bêtes fauves et le gibier qui dévore nos campagnes et toujours dans son fonds seulement.

Art. 9. La réformation de la justice civile et criminelle.

Art. 10. La suppression de tous les tribunaux inutiles et onéreux.

Art. 11. Que les procès soient moins ruineux pour les parties et jugés dans un terme court et limité.

Art. 12. Que la justice soit rendue gratuite.

Art. 13. L'abolition des justices seigneuriales.

Art. 14. Que la justice soit rendue au nom du Roi.

Art. 15. Que la politique soit de la compétence des maires et consuls des communautés.

Art. 16. Que les tribunaux de justice soient composés au moins de la moitié des gens du tiers-état.

Art. 17. Que les charges de magistrature ne puissent jamais ennoblir.

Art. 18. Que la noblesse ne soit plus donnée qu'au mérite et à vie.

Art. 19. La révocation des ordonnances qui veulent que les roturiers ne puissent pas exercer des emplois militaires tant de terre que de mer.

Art. 20. Que nul impôt ne sera légal et ne pourra être perçu qu'autant qu'il aura été consenti par la nation dans l'assemblée des États généraux et pour un temps limité.

Art. 21. Le retour périodique des États généraux fixé à un terme de cinq ans.

Art. 22. Que tous édits et déclarations n'auront de valeur qu'autant qu'ils seront vérifiés par nos États de Provence.

Art. 23. Une meilleure constitution dans nos États.

Art. 24. Que dans toutes les assemblées quelconques, l'ordre du tiers ait toujours un nombre de représentants égal aux deux autres ordres réunis.

Art. 25. Que dans les délibérations qui seront prises dans les assemblées, les voix soient comptées par tête et non par ordre.

Art. 26. La plus juste égalité dans la répartition des impôts.

Art. 27. Que cette répartition soit faite sur tous les biens des trois ordres sans distinction d'état, de condition et de biens nobles ou roturiers.

Art. 28. Même égalité pour la contribution aux charges communes de la Provence et des communautés, le remboursement des arrérages des impositions, que le corps de la noblessse et du clergé auraient dû payer.

Art. 29. La suppression de la taille et l'établissement d'un impôt territorial qui frappe indistinctement sur toutes les propriétés des trois ordres.

Art. 30. Qu'il n'existe plus en Provence aucune terre noble ou exempte, qu'elles soient toutes

---

(1) Nous publions ce cahier d'après un manuscrit des *Archives de l'Empire.*

sujettes aux mêmes charges des communautés et aux droits de compascuité; que les seigneurs qui, au moyen de leurs compensations injustes, et par la réunion des terres qu'ils ont faites à leurs domaines des terres incultes des particuliers, et qui ont été reconnues nobles par ce moyen, soient obligés de restituer les tailles qu'ils auraient dû payer et que les communautés ont acquittées au détriment des particuliers.

Art. 31. L'abolition de la dîme; ce droit est un des droits le plus onéreux, qui enlève au cultivateur une partie de sa récolte, et c'est sans aucune utilité. La dîme abolie, les communautés seront chargées de l'entretien de ses prêtres qui seront nécessaires au service divin, et de fournir au besoin des pauvres. Les communautés seront par ce moyen toujours plus en état de concourir par leurs contributions au secours de l'Etat.

Art. 32. La résidence des évêques dans leurs diocèses, la réduction de leurs revenus à la somme de 10,000 livres, pour, le surplus, être versé dans la caisse des économats et servir à payer les dettes du clergé; la suppression de tous les chapitres et abbayes.

Art. 33. Que toutes les pensions, censes et autres servitudes quelconques appartenant au domaine du clergé soient extinguibles et abonnées à prix d'argent, pour le montant en être versé dans la caisse des économats ou le trésor royal.

Art. 34. L'élection libre du curé appartiendra aux communautés; cette nomination se fera dans une assemblée de tous chefs de famille.

Art. 35. La suppression des fermiers généraux.

Art. 36. La suppression des péages et pulvérages.

Art. 37. La modération du prix du sel.

Art. 38. Le reculement des douanes sur les fontières du royaume.

Art. 39. La défense la plus absolue des visites des employés dans les maisons.

Art. 40. La libre exportation des denrées dans tout l'intérieur du royaume.

Art. 41. L'entrée libre du vin dans le terroir et la ville de Marseille.

Art. 42. La réduction du droit du contrôle à une somme fixe sur chaque acte.

Art. 43. Qu'il n'existe plus en Provence aucune terre noble ou exempte, qu'elles soient toutes sujettes aux mêmes charges des communautés.

Art. 44. Que la présidence des Etats soit donnée alternativement à chaque ordre.

Art 45. La défense la plus absolue aux évêques et abbés de se mêler directement ni indirectement des affaires de la province.

Art. 46. La liberté aux communes de se nommer un syndic avec entrée et voix aux Etats.

Art. 47. La suppression des fêtes qui tiennent encore du reste du règne féodal.

Art. 48. La liberté aux communautés de rentrer dans leurs domaines usurpés, vendus, échangés ou aliénés de quelque façon que ce soit et depuis un temps immémorial.

Art. 49. Que les particuliers qui auront été expulsés par les seigneurs de leurs terres, et qui ont été réunies à leurs seigneuries, puissent rentrer dans la libre possession de leurs propriétés.

Art. 50. Que les seigneurs soient obligés de donner les chemins en payant dans leurs propres terres pour le transport du charbon de terre qui se trouvera dans la terre des particuliers.

Art. 51. Que tous les particuliers auront le droit de rentrer dans les terres, maisons et autres propriétés dont les seigneurs se sont emparés en payement de leurs censes, qui ont eu la barbarie

de laisser subsister la même cense sur une partie desdites terres restées aux particuliers de même que les tailles, sous la condition néanmoins de payer auxdits seigneurs les arrérages desdites censes.

Art. 52. Qu'il soit pris des mesures et des moyens pour que les bestiaux pour la nourriture de l'homme soit plus nombreux.

Signé J. Collomb, lieutenant de juge; Louis de Luci, lieutenant-maire; Etienne Ranc; A. Leydet; A. Joffroy; Castinel; Joseph Mallet: A. Fabre; Sauveur Michel; Joseph Ravel; J. Castinel; H. Ravel; M. Mallet; E. Michel; F. Martin; J. Armand; Fabre Michel; Joseph Troteboy; Pierre Cassli; Michel-Pierre Delneuil; Lazare Negret; J.-J. Castinel; Lieutaud; A. Armand; Jean-Baptiste Michel; Jean-Baptiste Guérin; Delneuil; Joseph Brun; G. Mallet; P.-X. Forcat; Joseph Michel; J.-J. Blan; Antoine Michel; G. Roubin; Toussaint Long; Hyacinthe Coullomb; Pierre-Julien David; Antoine Michel; Etienne Blan; Jean Laugier; H. Laget, et nous Fabre, greffier.

CAHIER

Des doléances, plaintes et remontrances de la communauté de Peypin-d'Aigues (1).

Instructions, remontrances et doléances de la communauté de Peypin-d'Aigues, rédigées et approuvées dans le conseil général de tous chefs de famille, tenu le 29 mars 1789, pour être remis aux députés élus par la communauté, portées à l'assemblée générale de la sénéchaussée d'Aix et de là aux Etats généraux du royaume.

Sa Majesté ayant bien voulu convoquer pour le bien de son royaume les Etats généraux d'icelui, et sa tendresse pour son peuple la déterminant à vouloir connaître la situation du plus simple hameau, la communauté de Peypin se croirait coupable, si elle ne portait au pied du trône ses instructions, plaintes, doléances et remontrances, ainsi qu'elle y est invitée par les lettres de convocation du 2 mars 1789.

Art. 1er. L'assemblée de Peypin demande qu'aux Etats généraux ses représentants votent par tête et non par ordre. Si le tiers était privé de cette faculté, le bienfait de l'édit du 27 décembre dernier serait illusoire, car alors le peuple resterait dans l'esclavage dont nos rois s'efforcent depuis huit siècles de le faire sortir.

Art. 2. Demande très-respectueusement, ladite assemblée, qu'aux premières séances des Etats généraux, Sa Majesté accordera à ses peuples une constitution déclarative des droits de la nation française.

Art. 3. Le retour périodique et à perpétuité des Etats généraux, tenu de quatre en quatre ans, ou plutôt s'ils sont jugés nécessaires.

Art. 4. Demande la réformation du code civil et criminel, le premier funeste aux fortunes, et l'autre à la vie des citoyens; la suppression de toute évocation de procès au conseil du Roi.

Art. 5. Que la procédure criminel sera instruite publiquement, les accusés jugés par leurs pairs de concert avec les juges naturels.

Art. 6. Demande encore, ladite assemblé, que la justice sera rapprochée le plus possible des justiciables.

Art. 7. Les directes, cens et censes rachetables

(2) Nous publions ce cahier d'après un manuscrit des *Archives de l'Empire*.

par des pensions féodales en grains ou en argent, lesdites pensions extinguibles.

Art. 8. Suppression de la justice seigneuriale, et en cas qu'il plaise à Sa Majesté de les conserver, les communes présenteront au seigneur trois sujets pour chaque place; sera obligé le seigneur en choisir un, lequel sera inamovible et domicilié sur le lieu.

Art. 9. Que la contribution proportionnelle sera établie sur les trois ordres.

Art. 10. Que l'impôt sera simplifié le plus possible; l'on n'entend pas demander l'abolition des impôts établis sur des objets de luxe ou de besoin factice, tel que le tabac, sucre, café, et les cartes.

Art. 11. Dans la répartition de l'impôt territorial, l'on aura égard aux pensions féodales, à celles constituées à prix d'argent et autres objets qui reviennent au maître sans impenses. Sans cette distinction on manquerait le but proposé, celui de la répartition égale.

Art. 12. Reculement des bureaux aux frontières.

Art. 13. Abolition de tout impôt sur le sel, ou du moins diminution considérable sur le prix, ce genre d'impôt étant improportionnel, frappant sur la classe la plus indigente, et nuisant essentiellement à l'agriculture.

Art. 14. Que l'édit qui exclut le tiers des grades du service militaire, soit supprimé.

Art. 15. Démolition de toutes les places fortes, châteaux, etc., qui se trouvent dans l'intérieur du royaume. Ces objets, de la plus grande dépense, sont aujourd'hui de la plus grande inutilité.

Art. 16. Que la milice sera supprimée; les Français doivent marcher gaiement au service de la patrie et non y être traînés de force.

Art. 17. Suppression de plusieurs universités de province.

Art. 18. Abolition de la mendicité, les pauvres nourris par l'État.

Art. 19. Que le ministre des finances soit comptable à la nation, que les États généraux se fassent représenter l'emploi de leurs deniers, et que le compte rendu devienne public par la voie de l'impression. Sera pourtant laissé une somme pour parer à des cas imprévus, de laquelle il ne rendra compte qu'au Roi et à sa probité.

Art. 20. Que si, ce qu'à Dieu ne plaise! un ministre avait le malheur de trahir son auguste maître et les intérêts de la nation, sera très-humblement et très-respectueusement suppliée Sa Majesté de faire instruire son procès sous les yeux des États généraux, c'est-à-dire des commissaires nommés dans les trois ordres, et pris à égalité dans chacun d'eux.

Art. 21. Abolition des péages.

Art. 22. Permission aux provinces de faire placer des bacs sur les rivières, ou obligation aux seigneurs d'en faire placer dans les endroits où l'utilité publique l'exigera.

Art. 23. Abolition du droit de chasse, et défenses à toutes personnes de chasser dans la propriété d'autrui, et surtout aux gardes du seigneur de ne plus aller fouler avec leurs chiens le bien des habitants.

Province.

Art. 1er. Dans la répartition de l'impôt, sera suppliée Sa Majesté d'observer que l'huile est presque la seule denrée de la province qui puisse lui donner quelque aisance, et que les oliviers périssent fréquemment; on doit rappeler à ce sujet leur mortalité en 1758 et 1767, et celle de l'année courante.

Art. 2. Attribution aux consuls du droit de police, et de celui d'autoriser le conseil, puisque la province a acquis les mairies.

Art. 3. Établissement de bureaux de pacification dans chaque commune.

Art. 4. Abolition des visites ordonnées aux consuls lors des descentes des commissaires des cours souveraines.

Art. 5. Nomination par les députés du tiers à la sénéchaussée d'un nombre de commissaires qui resteront assemblés pendant la tenue des États généraux, et qui auront le pouvoir de modifier les instructions données aux députés aux États généraux, pour rendre leur travail moins embarrassant.

Art. 6. La justice rendue gratuitement.

Art. 7. Emploi de la dîme plus conforme à son institution.

Art. 8. Charges expresses à nos mandataires de ne voter l'impôt qu'après la constitution donnée et le redressement des griefs de la nation; l'assemblée excepte néanmoins de cette prohibition les cas où, faute de subvention ou ressources pécuniaires, l'État même serait en péril, et le mouvement nécessaire au gouvernement arrêté; dans ce cas seulement attesté par l'évidence de la nécessité, l'assemblée autorise ses représentants à consentir avant toute discussion à l'octroi purement nécessaire.

Art. 9. Suppression de tout privilège exclusif accordé à des compagnies de commerce.

Art. 10. Suppression des pensions que plusieurs particuliers payent pour les biens des religionnaires fugitifs du royaume.

Art. 11. Que quand les pauvres communautés plaideront à la Chambre des eaux et forêts ou au parlement, avec le seigneur qui en sera membre, on puisse évoquer à Grenoble.

Art. 12. Que la communauté soit autorisée à racheter, sur le pied du 3 p. 0/0, les tasques qui portent tant de préjudice à la culture, ainsi que les banalités.

Art. 13. Abolition du droit de corvée; ce droit parait contraire à la liberté française.

Art. 14. Que les communautés seront dispensées de payer le droit d'indemnité de la maison de ville, de la maison curiale et de tous édifices publics qui lui sont nécessaires et dont elle a payé le lods au seigneur lors de l'acquisition.

Art. 15. Que quand on a payé le lods au seigneur ou à son fermier, ou à son procureur fondé, il ne puisse pas user du droit de rétention.

Art. 16. Que quand le seigneur fait quelques procédures, ou qu'il forme quelques prétentions aux pauvres habitants, ces officiers soient exclus de dresser les procès-verbaux.

Art. 17. Sera très-respectueusement suppliée Sa Majesté de faire en sorte que l'impôt territorial, s'il a lieu, frappe de préférence sur les communautés qui ne doivent presque point de charges aux seigneurs, et qu'on ait égard à celle-ci qui est déjà assez criblée des droits seigneuriaux ainsi qu'on le verra par le tableau suivant.

La communauté de Peypin paye :

1° La sixième partie de tous les grains, comme blé, seigle, lentilles, pois, fèves, pois chiches;

2° Deux poulets pour chaque jardin;

3° La septième partie des olives;

4° La neuvième du chanvre et des raisins, et pour les prés, 6 deniers par émine;

5° Chaque maison doit 3 gélines;

6° La sixième partie du blé qu'on moud aux moulins banaux du seigneur;

7° Le lods dû au treize, selon notre transaction, mais exigé par le seigneur au six;

8° La communauté entretient à grands frais la martellière des Hermitants, pour conduire l'eau aux moulins du seigneur ;

9° Chaque charrue paye annuellement deux corvées;

10° La neuvième partie des amendes;

11° Paye la dîme au seize;

12° 7 cosses et demie de blé pour chaque mariage, et la moitié pour les veufs ou veuves, et les fours sont à la charge de la communauté.

Si, après ces charges aussi excessives que la communauté paye qui emportent la moitié des fruits que les pauvres habitants ont tiré de la terre par la sueur de leurs fronts, et qui sont encore accrues par des procès de toute espèce que le seigneur intente contre eux, on venait à mettre un nouvel impôt, sans diminuer les droits du seigneur, il n'y aurait plus moyen de vivre.

Art. 18. Qu'il soit permis aux habitants de cette communauté de mettre des terres dans leurs établés et bergeries, et de la sortir pour l'engrais de leurs prés et de leurs oliviers; la voracité des eaux qui arrosent les premiers, et la mortalité des derniers nécessitent cette permission.

Art. 19. Que les habitants de cette communauté soient autorisés à faire des sorties dans la montagne avec des armes à feu, sans que le seigneur puisse les en empêcher, afin de donner la chasse aux loups, sangliers et autres animaux sauvages, dont les uns ravagent les troupeaux et les autres les campagnes.

Art. 20. Enfin l'assemblée autorise les députés à l'assemblée générale de la sénéchaussée d'Aix à voter tout objet de doléances imprévus et qui seront jugés nécessaires et avantageux à l'ordre du tiers.

Fait et arrêté à Peypin-d'Aigues, dans l'hôtel de ville, ledit jour 29 mars 1789.

Signé Chapier, juge; Galliane, consul; Gelus; N. Bonnet; Firat; Mouret; Sicard; Roux; J. Furet; J. Diran; J. Ollivier; J.-B. Jauber; Langier; Pellen; Jourdan; Dlice; Eyries; A. Ollivier; Furet; A. Ripert; J. Jauber; J. Lud, greffier.

Paraphé *ne varietur* à Peypin-d'Aigues, le 29 mars 1789.

Signé CHAPIER, juge.

CAHIER

Des doléances de la communauté de Peyrolles (1).

Le conseil général de tous chefs de famille a unanimement arrêté que quant aux objets qui intéressent la généralité du royaume, seront expressement chargés d'y requérir et réclamer :

1° Que la convocation des trois ordres faite par sénéchaussée est contraire à la constitution du co-État de Provence, qu'elle porte atteinte au droit précieux individuel et immissible qu'ont tous les sujets de province de concourir immédiatement ou médiatement à la rédaction des instructions, et à la députation des États généraux, et essentiellement parce qu'elle est imparfaite et indivisée.

2° Que dans les États généraux, il sera délibéré par tête et non par ordre, ainsi qu'on le pratiquait avant le seizième siècle, désavouant toute opinion contraire.

3° Que les États généraux du royaume seront périodiquement tenus dans un temps fixe et prochain, sans que la forme puisse être changée, et le nombre des représentants diminué.

4° Que les trois ordres de Provence seront assemblés immédiatement après la tenue des États généraux, comme étant le sûr moyen de nous donner des États vraiment représentatifs et nationaux.

5° Que les États généraux se chargeront pour et au nom de la nation de la dette du royaume.

6° Qu'il ne sera dorénavant établi ou levé aucun impôt sur les sujets et sur les propriétés, que les États généraux ne l'aient expressément délibéré et consenti.

7° Que tout impôt consenti par lesdits États ne pourra être prorogé, sous quelque prétexte que ce soit, et qu'il cessera par le défaut de convocation des États généraux.

8° Que les ministres seront comptables à la nation, poursuivis et jugés par elle comme criminels de lèse-majesté, quand ils tromperont la confiance du souverain et qu'ils malverseront.

9° Que tous les domaines qui ont appartenu à la couronne, et qui ont été donnés, vendus ou échangés, seront repris, sauf telle indemnité que les États généraux détermineront.

10° Que tous sujets nobles et ecclésiastiques contribueront également et en proportion de leur fortune à toutes les charges quelconques, et en raison de la protection qu'ils reçoivent, comme étant l'unique destination de l'impôt.

11° Que tous les priviléges seront abolis, car si tout privilége est dispense pour l'un, il est découragement pour l'autre. Tout privilége étant hors du droit commun, il suit que l'exemption des uns préjudicie aux autres, voilà l'injustice. Les priviléges honorifiques avilissent le grand corps des citoyens. Pourquoi humilier tant d'hommes pour en honorer quelques autres, voilà la déraison.

12° L'abolition de la noblesse héréditaire. C'est étendre le privilége jusqu'à ceux qui ne le mériteront jamais, c'est éteindre toute émulation. La noblesse doit être la récompense du citoyen et sujet vertueux, utile à sa patrie et à ses concitoyens.

13° Que les codes civil et criminel seront réformés. Que l'instruction de la procédure criminelle sera publique, que le ministère public ne pourra se saisir d'un domicilié sur un simple soupçon, hors les cas très-rares qui justifient des exceptions; que les juges imprudents qui le priveront de sa liberté soient soumis à des dédommagements; que les parties, aussi, qui exposeront faux dans leurs plaintes soient tenues à des dommages.

14° Que tous les tribunaux d'exception seront supprimés, en indemnisant les pourvus à titres d'office; qu'il n'y ait plus que deux tribunaux, celui du domicile et par appel aux cours souveraines et en dernier ressort.

15° L'abrogation de toutes lettres attentatoires à la liberté des citoyens.

16° Que tous les sujets de quelque ordre qu'ils soient concourront indistinctement à tous emplois militaires, bénéfices et charges, même attributives de noblesse.

17° L'abolition de tous droits de circulation dans l'intérieur du royaume et le reculement des bureaux des traites dans les frontières.

18° Que toutes les communes de Provence seront rétablies dans l'exercice des mairies que les seigneurs de fiefs se sont appropriées. La Provence les a acquises, elle doit donc jouir de son droit. C'est débarrasser les communes d'une chaîne d'autant plus lourde, qu'il est dans la disposition des seigneurs d'empêcher :

1° La tenue des conseils municipaux quand on

---

(1) Nous publions ce cahier d'après un manuscrit des *Archives de l'Empire.*

veut y délibérer sur un intérêt opposé au leur, et cela n'est pas sans beaucoup d'exemples ;

2° De diriger le vœu des habitants quand ils sont timides et qu'ils n'ont pas de communistes éclairés. Beaucoup de droits n'existeraient pas sans l'ignorance ou la faiblesse de ceux-ci.

19° Que tout comme il n'y a qu'un souverain, il ne doit y avoir qu'une justice royale ; en conséquence, demander l'extinction de toutes les juridictions seigneuriales.

20° La suppression aussi des capitaineries de chasse et de pêche. Le droit exclusif que les seigneurs de fiefs exercent est une source de vexations. Le laboureur est toujours réduit à voir dévorer toutes ses récoltes par le gibier et autres animaux, parce qu'il ne peut s'en défendre. On lui fait des procédures s'il tend des lacs, s'il tue quelque gibier avec son bâton, on lui tue son chien s'il court le gibier. Cette suppression est d'autant plus nécessaire que tous les oliviers ayant péri par le froid, ils ne se reproduiront plus si les jets et leur pousse nouvelle est rongée par le gibier.

21° La liberté aux communes et à chaque particulier individuellement de se racheter en tout temps, et en divers payements, des droits et devoirs seigneuriaux consistant en cens, tasques, lods, retraits, banalité et autres, sur quelque titre qu'ils soient assis, en indemnisant ainsi et de la manière que les États généraux ordonneront que l'estimation en soit faite; l'agriculture et le commerce y gagneront, la population augmentera dans les villages qu'on déserte par les mêmes raisons qui les faisaient déserter dans les treizième et quatorzième siècles.

22° Que les communes de Provence pourront nommer un syndic avec entrée aux États de la province.

23° Que le tiers-état sera en nombre de sa population et de sa contribution dans les États provinciaux et généraux, avec le clergé et la noblesse, et tout au moins en égalité de voix même dans les commissions intermédiaires, regardant comme inconstitutionnelle toute assemblée d'État et dans laquelle cette égalité au moins ne se rencontrerait pas.

24° L'exclusion des magistrats des États provinciaux et généraux.

25° La liberté de la presse, comme faisant partie de la liberté individuelle. Chacun doit pouvoir disposer de son opinion ; elle servira à propager les lumières.

26° La modération dans le prix du sel rendu uniforme dans tout le royaume. L'augmentation a ruiné la Provence, détruit l'agriculture, tari totalement ses engrais qui fertilisaient les champs, la toison des troupeaux servait aux vêtements du cultivateur, le lait le nourrissait : tout lui manque.

27° La réduction des droits sur les cuirs : cette fabrication importante et nécessaire est détruite par l'augmentation de ces droits ; celle des droits royaux dans les tribunaux de justice et qui se reproduisent dans le même procès.

28° La suppression des dîmes, qui ne furent dans le principe qu'une oblation volontaire et pour sustenter les pasteurs. Les communes fourniront à leur entretien suivant que les États généraux en ordonneront. Elles seront chargées des églises et maisons curiales. Le résidu de l'immense produit qui nourrit le luxe de ceux qui le reçoivent ailleurs que dans le lieu où elle se perçoit servira à l'extinction de la dette publique et nationale.

29° Les communes de Provence seront maintenues dans la faculté constitutionnelle d'asseoir l'impôt ainsi qu'elles voudront et même de l'abonner.

Enfin, la communauté de Peyrolles charge expressément ses députés de faire insérer dans le cahier des doléances, que son terroir, sans cesse exposé aux débordement de la rivière de Durance, est sans cesse endommagé, et qu'il sera inévitablement détruit si le gouvernement ne le protège pas, et ne vient pas à son secours ; qu'elle supporte des charges excessives par les impositions annuelles qu'elle emploie à des réparations avec lesquelles elle n'a pu se garantir. Que les dépenses excédant ses moyens, elle espère de la justice du meilleur des rois qu'il destinera une somme annuelle pour ces réparations pour être faites sur le terroir de la communauté et sous la direction des officiers municipaux, en conformité des devis des ingénieurs qu'elle choisira.

Qu'il sera libre à ses habitants d'aller prendre sur le lit de ladite rivière le sable et pierres qui lui seront nécessaires pour leur bâtisse, sans que le seigneur du lieu puisse les en empêcher, soit à titre d'épave, alluvion ou autrement, ainsi qu'il prétend le pouvoir où qu'il l'empêche effectivement.

Déclarant, au surplus, le conseil, que quant aux autres objets soit généraux pour le royaume, soit particuliers à cette province, il s'en réfère absolument au cahier des doléances qui sera dressé à la prochaine assemblée pour l'élection des députés aux États généraux, approuvant dès à présent tout ce qui sera fait et arrêté par eux et tous les pouvoirs qui leur seront donnés.

Ainsi que dessus a été délibéré, et se sont tous les chefs de famille sachant écrire soussignés.

Supplément des doléances au désir des communistes.

Le conseil charge expressément ses députés de réclamer ; 1° que la communauté rentre dans toutes ses possessions, domaines, terres gastes, îles et autres nonobstant, toute transaction sur ce passées entre les seigneurs de fief et les communautés, suivant que les États généraux en ordonneront.

2° Que les États généraux statueront sur ce qu'à l'avenir, pour ne pas détruire l'espèce, qu'il ne soit plus tué de veaux, agneaux et autres bêtes nécessaires pour l'engrais et la culture des terres.

Signé Maurel, lieutenant de juge ; Ricard, maire; Abeau, consul; Michel; Audan; Gaspard Bernard; Isnard; Antoine Guenez ; A. Jaysès; Audran Baill; Marin ; Pena Morel ; Pascal ; Joseph Ruenoux ; Joseph Reynoird; Jean-Baptiste Coffin; Monge; Balier ; Gatemet ; Abeau ; Alary ; Jourdan ; Auquier; Hemiton ; Bernard ; Gautier ; J.-B. Reynaud ; Nicolas ; Adaust ; B.-P. Robert ; Boucatier ; Boureillon ; Antoine Olonne ; Athenous, greffier. Paraphé *ne varietur.*

Signé MAUREL, lieutenant de juge.

CAHIER

Des doléances, plaintes et remontrances de la communauté de Porcioux (1),

Délibéré en suite des ordres du Roi dans l'assemblée de tous chefs de famille convoquée à cet

(1) Nous publions ce cahier d'après un manuscrit des *Archives de l'Empire.*

effet au 25 du présent mois de mars, et à laquelle ont été présents les sieurs :

Jean-Baptiste Marentier ; Paul André ; François Barthélemy ; Joseph Fabre ; Pierre-Marcel-Martin Véranne ; Martin Barthélemy ; Jean Augier ; André André ; Sébastien Tassy ; Hilaire Blanc ; Alexis Blanc ; Pierre Marcel ; Joseph Carlès ; Joseph Philip ; Jacques Clément ; Charles Chaine ; Pierre Donnat ; J.-B. Marcel ; Leger Philip ; Jean-Baptiste Moutel ; Joseph Sabatier ; François Blanc ; Laurens Veranne ; Jean Camoins ; Antoine Cartelans ; Jacques Bremond ; François Chaine ; Joseph Rebassat ; Alexandre Chaine ; Marc-Antoine Barthélemy ; Joseph Moutel ; Germain Guif ; Louis Veranne ; Joseph Remusat ; Cédoine Versaque ; Claude Barthélemy ; Dominique Chaine ; Pierre Barthélemy ; André Moutel ; Martin Marcel ; Martin Veranne ; Martin Barthélemy ; Maximin Guix ; Jean Blanc ; Martin André ; Mathieu Alard ; Joseph Germond ; Pierre Fabre ; François Bonnefoi, Joseph Reyfort ; Jean-Baptiste Chavet ; Antoine Fabre ; Joseph Beson ; D. Canole, J.-P .Blanc ; Pierre Roux.

Affaires générales du royaume ; constitution des États généraux ; formation.

Il sera expressément sollicité :

1° Que les États généraux du royaume auront essentiellement leur principe et leur complément dans les États des provinces, et qu'en conséquence il en sera établi dans toutes celles qui sont gouvernées par un autre régime, et que partout ces États seront constitués sur les principes de ceux du royaume.

2° Que les États généraux continueront d'être composés des trois ordres de la nation, savoir : le clergé, la noblesse et le tiers-état, mais le clergé n'y aura qu'un sixième des députés, la noblesse, le tiers, et le tiers-état la moitié.

3° Que les officiers de justice, éligibles dans tel ordre qui voudra les nommer, ne pourront être compris dans les députations des provinces que pour un douzième de la totalité de la députation

4° Que les colonies françaises, dans telles parties du monde qu'elles soient situées, auront aussi leurs députés aux États généraux, et qu'ils pourront être choisis tant parmi les propriétaires résidant en France, que parmi leurs domiciliés dans lesdites colonies, ou même n'être que de simples fondés de procuration, pourvu que dans tous les cas ces députés aient été élus par leurs colonies aux formes prescrites par la députation aux États généraux.

5° Que nul ne pourra être député dans aucun des trois ordres, s'il n'est pas naturel Français et domicilié dans les terres soumises à la domination française.

6° Que le nombre total des députés aux États généraux sera, au moins, de douze cents.

7° Que la répartition des députés aux États du royaume entre les provinces et autres pays de la domination française sera faite proportionnellement à la masse de leurs contributions respectives.

8° Que la nomination des députés sera faite dans chaque province par ses États particuliers renforcés par un nombre double de représentants des trois ordres nommés en la même forme que les membres ordinaires desdits États, c'est-à-dire à l'égard du tiers, par des conseils de tous chefs de famille dans les lieux où la population ne les porterait pas à plus de trois cents, et là où ils excéderaient ce nombre, par des assemblées municipales de 200 personnes élues dans des assemblées

particulières de corporation, et à l'égard du clergé et de la noblesse, par des assemblées générales de leur ordre.

9° Que les députés aux États généraux seront nommés concurremment par les trois ordres réunis, ou séparément par chacun d'eux, selon qu'ils le trouveront bon.

10° Qu'ils seront toujours nommés au scrutin, mais à la pluralité absolue des suffrages, à moins qu'elle ne pût se réunir pendant trois tours consécutifs, auquel cas il suffirait de la pluralité relative, et même en cas de partage le plus âgé des concurrents serait élu.

11° Qu'il sera nommé des députés de remplacement pour être substitués, suivant le rang de leur élection, à ceux qui ne pourraient accepter la députation ou qui la refuseraient, qui viendraient à décéder, ou à être grièvement malades, avant ou pendant la tenue des États généraux.

12° Que dans le cas où les députés des trois ordre auront été nommés par chacun d'eux séparément, ils seront présentés aux États de leur province pour y être reconnus et les instructions dressées en commun, si toutefois encore les ordres en conviennent.

13° Que dans les instructions des députés données en commun par les trois ordres ou séparément par chacun d'eux, leurs pouvoirs seront limités pour tous les objets majeurs de telle manière que les provinces jugeront à propos, et quant aux objets ordinaires, les pouvoirs seront accordés des plus amples tant pour ceux qui seront connus, que pour ceux qui n'auraient pas été prévus.

14° Que les députés seront toujours comptables de leur conduite à leur province et à leur ordre ; qu'ils pourront toujours en être révoqués, et que sur la simple notification de leur révocation, ils seront tenus de se retirer des États et leur voix y deviendra nulle.

15° Que toutes les délibérations, même celles qui sembleraient n'intéresser qu'un seul ordre, seront prises par tête concurremment et à l'alternative entre les trois ordres, en observant seulement leur priorité, et sans autre distinction entre les individus que celle de l'âge, et à l'égard des provinces que celle du tour de rôle d'une tenue d'États à une autre.

16° Que la pluralité nécessaire pour former une délibération sera des deux tiers des voix.

17° Que les articles des instructions en vertu desquels les voix formant la délibération auront été données seront énoncés en marge, afin que les provinces puissent vérifier si on les a fidèlement suivis.

18° Qu'à l'égard des objets majeurs touchant lesquels la pluralité des deux tiers des voix ne pourrait se rencontrer faute d'avoir été prévus, ou d'y avoir été suffisamment pourvu par les provinces, la délibération en sera renvoyée à la tenue d'États suivante, si l'objet n'est pas urgent, ou elle sera différée jusqu'à ce que les provinces aient envoyé de nouveaux pouvoirs.

19° Que l'exécution de tous les articles qui limitent les pouvoirs des députés aux États généraux n'aura pas lieu néanmoins, pour ceux de la présente année, attendu que s'agissant de régénérer la constitution française et de se concilier entre les diverses provinces et les différents ordres, ce grand ouvrage ne saurait s'opérer sans les pouvoirs généraux les plus amples, et attendu encore que la nation doit aux vertus de son souverain et aux intentions sages du gouvernement, de leur accorder une entière confiance.

20° Qu'outre la limitation des pouvoirs des députés, et afin de rendre les délibérations des États généraux toujours plus véritablement le résultat de la volonté nationale, tous les objets qui devront y être traités seront annoncés dix mois, au moins, avant l'ouverture des États.

21° Que les grosses villes du royaume s'en occuperont tout de suite et adresseront, chacune dans leurs provinces, leurs observations à celles du second ordre, qui les enverront avec les leurs aux villes moindres, lesquelles en feront part, ainsi que de leurs propres réflexions, aux bourgs et aux paroisses de leur voisinage, et que cette progression sera observée pour faciliter la connaissance des matières aux moindres lieux du royaume, et les mettre à portée d'avoir un vœu fondé sur l'instruction ou sur la confiance.

22° Que pour prévenir toujours davantage les inconvénients de la limitation des pouvoirs, le résultat général des observations de chaque province ainsi progressivement données serait aussitôt communiqué par chacune d'elles aux administrations intermédiaires des autres provinces, et sur le rapport qui en serait fait aux États provinciaux, ils prendraient sur ces objets des délibérations, qui d'une extrémité du royaume à l'autre, ne pourraient que s'accorder assez.

23° Que dans les États généraux nulle délibération ne pourra être prise que plusieurs jours après que l'objet en aura été proposé, et que la longueur du délai sera déterminée par l'assemblée, si celui annoncé ne paraît pas suffisant.

24° Que dans cet intervalle les titres, tous les renseignements dont les députés pourront avoir besoin leur seront fournis par les secrétaires des États; que même toutes les archives, tous les dépôts leur seront ouverts, et qu'ils pourront y aller prendre en original et en extrait toutes les pièces nécessaires.

25° Qu'afin que les secrétaires des États soient empressés, à raison de leur dépendance des députés, à faire tout ce qui leur sera demandé, ils seront élus au scrutin, à la pluralité des deux tiers des voix, et tous les autres officiers des États seront élus de même.

26° Que, conformément à ce qui fut pratiqué aux États de 1356, où Charles V, sur la demande de la nation, retira ses commissaires afin de ne pas gêner les délibérations par leur présence, les États ne seront présidés que par un de ses membres élu au scrutin, à la pluralité des deux tiers des voix, et pris dans l'un des deux premiers ordres.

27° Que la nomination du président des États ne sera faite que pour un mois, et qu'il pourra cependant être continué par élection nouvelle.

28° Que la prérogative de la présidence se bornera à exposer les affaires, proposer les objets de délibération, recueillir les suffrages, et prononcer les résultats.

29° Que tout membre de l'assemblée aura néanmoins le droit, durant le cours des opinions, de proposer tout ce qui pourra être relatif à l'objet mis en délibération, et dont la discussion servirait à préparer un vœu plus éclairé.

30° Que les motions indépendantes des matières agitées pourront encore être faites par chaque député, mais seulement après que le président aura déclaré n'avoir plus rien à proposer.

31° Que ce sera encore alors que les demandes particulières des provinces pourront être faites.

32° Que les États seront régulièrement assemblés tous les quatre ans à compter du jour de l'ouverture des précédents, et qu'ils seront convoqués trois mois au moins auparavant.

33° Que si, à l'époque précise de la convocation, elle était éludée par les ministres, au bout de deux mois, chaque province procédera à la nomination de ses députés qui s'assembleront à Paris le premier du cinquième mois.

Fonctions des États.

34° Que les États généraux connaîtront spécialement des objets suivants :

35° Tout ce qui sera relatif à la constitution de la monarchie soit dans ses principes fondamentaux, soit dans la manière d'exercer les droits de la nation, et les changements devenus nécessaires dans l'une ou l'autre partie de la constitution, ne pourront, dans le cours ordinaire des choses, être faits qu'à l'expiration de chaque siècle, et dans le cas d'une révolution extraordinaire, que sur la demande des deux tiers des provinces, et dans l'un et l'autre cas les États généraux seront renforcés d'un tiers de députés et le nombre en sera porté à dix-huit cents.

36° Tout ce qui appartiendra à la législation.

37° L'exercice du pouvoir judiciaire dans les causes nationales où la liberté, les droits ou la propriété de l'État seraient compromis, et notamment la poursuite des prévarications des ministres, chargés du gouvernement de l'État, des administrateurs quelconques et des magistrats souverains.

38° L'audition des comptes de l'emploi des deniers octroyés aux États précédents.

39° La promulgation des décrets de l'assemblée sous le nom du souverain, et leur enregistrement dans les provinces, qui seront nécessairement faits pendant la tenue des États généraux, et même avant de pouvoir s'occuper de l'octroi des impositions.

40° L'octroi libre et volontaire de toutes les levées de deniers quelconques sur la nation, lequel ne pourra jamais être fait que pour un terme limité non excédant celui de la durée des États suivants, et qui cesseront au terme de cette époque d'être exigibles, en tout ou en partie, et suivant ce qui aura été accordé ou refusé alors par les États.

41° L'assignation des fonds nécessaires à chaque département de l'administration du royaume ou à chaque genre de dépense.

Pouvoirs intermédiaires des États provinciaux.

42° Que dans les intervalles des tenues des États généraux, leur pouvoir et leur administration intermédiaire seront exercés concurremment et à la pluralité des deux tiers, pour les États particuliers des provinces.

43° Qu'à cet effet, et pour tous les objets quelconques, d'administration générale ou particulière, les provinces correspondront assidument entre elles par leurs bureaux intermédiaires.

44° Qu'elles auront aussi constamment chacune dans la capitale du royaume des députés pour communiquer directement avec le souverain dans toutes les affaires majeures, et gérer aussi les détails des intérêts particuliers de leur province.

45° Que les États provinciaux surveilleront l'exécution des décrets nationaux ;

46° Qu'enfin de tous les principes, de toutes les règles ci-dessus détaillés, il sera fait et enregistré partout, les États tenant, une charte solennelle publiée de l'autorité du Roi, pour déterminer aussi avec précision et irrévocablement la constitution de la monarchie, et en perpétuer la force et la splendeur .

ADMINISTRATION DU ROYAUME; RÉFORMATION DES LOIS CRIMINELLES.

Il sera encore sollicité :

1° Que les lois criminelles seront réformées et qu'en conséquence,

2° L'instruction de la procédure, de laquelle seule dépend l'absolution ou la condamnation de l'accusé, ne pourra être faite que par trois juges, au moins, dans les premiers tribunaux, et par cinq dans les cours souveraines, et les premiers juges seront les baillis ou les sénéchaux.

3° L'instruction sera publique, et les moyens de défense seront aussi multipliés en faveur de l'accusé que ceux de l'attaque le sont pour l'accusateur.

4° La contumace ne sera plus une semi-preuve du délit, car il doit être permis de redouter l'erreur et même la prévention des juges, et de chercher à s'y soustraire par la fuite.

5° L'innocence de l'accusé sera présumée jusques à son entière conviction, et jusqu'alors, il sera traité avec tous les ménagements que l'on doit à la probité malheureuse.

6° La peine de mort sera réservée aux crimes vraiment capitaux, et une foule de délits que nos mœurs atténuent, ou que le génie fiscal trouve seul bien graves, ne seront plus réprimés que par des peines pécuniaires.

7° Enfin l'absolution de l'innocence sera toujours accompagnée de dédommagements proportionnés à la nature de l'accusation.

Réformation des lois civiles.

8° Que les lois civiles seront réformées aussi. Il serait même nécessaire d'en changer tout le système, et de le simplifier au point de le mettre à portée des esprits les plus ordinaires, puisque les lois pour exiger raisonnablement notre soumission, ne doivent offrir que des règles que chacun puisse aisément comprendre et retenir. Cela même aiderait beaucoup à simplifier les formes et à diminuer les frais de justice.

9° Que si ce système n'était pas adopté, on demandera quant à l'ordre judiciaire :

10° La suppression de tous les tribunaux d'exception, pour les réunir aux tribunaux ordinaires.

11° La diminution du nombre de ceux-ci, et la réduction des degrés de juridiction à deux.

12° L'établissement dans tous les tribunaux d'un nombre d'officiers suffisant pour que les parties puissent s'y choisir leurs juges et en convenir entre elles, ainsi que l'on convient d'arbitres.

13° La souveraineté des premiers tribunaux jusqu'à la concurrence de quelques cent livres.

14° La prohibition en cause d'appel d'une seconde instruction du procès, pour ne répéter que les mêmes moyens et les mêmes formalités, mais avec bien plus de dépenses.

15° La suppression de la vénalité des charges pour laisser l'élection des officiers de justice aux États provinciaux, et leur nomination au Roi sur la présentation qui lui serait faite de trois sujets.

16° Enfin, la réduction du ressort des parlements dont la juridiction s'étend à plus de quinze lieues de leur résidence, et la création de nouvelles compagnies souveraines dans ces parties de leur ressort.

Réformation du système des finances.

17° Que le système actuel des finances sera réformé, et qu'en conséquence :

18° Tous les impôts distinctifs d'ordres, et non universels à cause des priviléges, seront supprimés et remplacés par des contributions nouvelles qui porteront indistinctement sur tous les ordres et tous les individus sans aucune exception, et l'impôt territorial sera surtout, en considération comme le plus équitable.

19° La répartition de la masse universelle des impôts entre les provinces sera faite par les États généraux proportionnellement aux facultés de chacune, et leurs États particuliers auront le droit d'imposer ensuite de la manière qu'ils trouveront la plus douce et la plus équitable pour faire le montant de leur quotité des impositions du royaume, pourvu toutefois que le genre d'imposition et le mode de perception adoptés ne gênent point le commerce et la circulation intérieure; qu'ils portent également sur tous les ordres et tous les individus, et qu'ils ne favorisent que les classes indigentes.

20° Il ne pourra y avoir dans chaque province qu'une caisse générale sur laquelle seront tirées toutes les rescriptions nécessaires à l'acquittement des dépenses locales, et le surplus sera versé directement au trésor royal.

21° Les comptes des finances, divisés en autant de parties qu'il y aura de départements principaux, seront publiés annuellement dans le plus grand détail et avec des notes explicatives sur tous les objets qui ne seraient pas universellement connus.

22° L'envoi en sera fait aux États de chaque province, et ils seront répandus par la voie de l'impression.

Acquittement du déficit et reconstitution de la dette publique.

23° Que par zèle et par attachement pour la personne du Roi, et pour la gloire aussi de la nation, le déficit des finances sera comblé, quelle qu'en soit l'étendue, et pour y parvenir :

24° On recherchera avec exactitude la somme précise à laquelle il monte.

25° On ordonnera tous les retranchements et toutes les économies possibles dans toutes les parties de l'administration.

26° Et pour le surplus, on assurera l'acquittement exact des intérêts, et on pourvoira à l'amortissement successif des capitaux.

27° Toutes les créances légitimes sur l'État seront reconnues et reconstituées par la nation; mais à l'avenir les prêteurs qui placeraient leurs fonds dans des emprunts non autorisés par les États généraux, seraient non-seulement sans action pour répéter leurs capitaux, mais ils pourraient même être poursuivis pour la restitution des intérêts qui leur auraient été payés sur les fonds de l'État.

OBJETS DIVERS.

28° Qu'il sera aussi demandé des réformes et des améliorations pour les objets suivants :

29° La suppression des intendances des provinces, que l'établissement universel des États provinciaux rendra inutiles, puisque les fonctions d'administration qui y sont attachées pourront aisément être réunies aux commissions intermédiaires de ces États, et que la partie contentieuse devant être attribuée aux juridictions ordinaires;

on délivrerait ainsi les provinces de l'arbitraire de cette magistrature et des gaspillages énormes auxquels elle donne lieu.

30° L'abolition des lettres de cachet, et la liberté individuelle des citoyens qui ne pourront être arrêtés que pour être remis dans les vingt-quatre heures dans les prisons ordinaires.

31° La liberté indéfinie de la presse, avec la seule précaution d'exiger la signature des auteurs et de les rendre judiciairement responsables de leurs écrits.

32° La réformation de l'éducation publique, que l'on dirigerait sur un plan propre à former des hommes et des citoyens, au lieu de les élever pour n'être que des grammairiens et des sophistes.

33° L'abolition du droit de chasse dans les terres semées ou plantées, et la liberté aux propriétaires de se garantir dans leurs fonds, par tous les moyens possibles, du gibier et des bêtes fauves.

34° La suppression de tous les droits féodaux contraires à la liberté publique et individuelle.

35° Un nouveau système de législation pour le tirage des milices.

AFFAIRES DE LA PROVINCE.

Il sera encore sollicité :

1° Que les députés du tiers-état de Provence aux États généraux déclareront expressément pour leur ordre, qu'il renonce quant à présent à l'exercice du privilége de la province de se gouverner séparément en qualité de co-État de nation principale unie et non subalternée, et qu'il demande que tous les décrets des États généraux soient exécutés en Provence de la même manière que dans les autres pays de la domination française et avec le même appui de la nation, afin de donner aux autres provinces des preuves solennelles de confraternité et de pouvoir parvenir légitimement et sans aucune dissension civile au redressement de ses griefs, que l'obstination invincible des premiers ordres ne lui permet pas d'espérer pouvoir obtenir autrement.

2° Que les mêmes députés déclareront encore, au nom de leur ordre, qu'ils désavouent très-expressément toute députation pour la Provence faite contre les dispositions des règlements de Sa Majesté des 24 janvier et 2 mars, et notamment la députation des gentilshommes possédants fiefs qui contrarie toutes les règles. Il ne sera communiqué avec ces députés pour aucune affaire, et l'on s'opposera à leur admission aux États généraux.

3° Que pour l'acceptation et la ratification des décrets nationaux concernant soit les affaires générales du royaume, soit celles de la province et aussi pour tous les objets qui n'auraient pu être traités aux États généraux, ou qui auraient été omis, il sera tenu immédiatement après leur séparation une assemblée générale des trois ordres conformément à la demande que la province n'a cessé d'en faire, et dont le Roi vient de reconnaître la nécessité pas son règlement du 2 mars.

4° Que toute exemption, tout privilége pécuniaires seront abolis en Provence, et que les deux premiers ordres contribueront proportionnellement à toutes les charges publiques, soit de l'État, soit de la province, soit des vigueries ou des communautés, sans aucune espèce d'exception ni de modération.

5° Qu'à l'égard de la formation de nos États, ils seront reconstitués sur les principes et les règles ci-dessus détaillés pour la constitution française, en y ajoutant les détails de localité qui suivent, et qu'il serait très-utile aux autres provinces d'adopter pour leurs États particuliers.

Et en conséquence :

6° Que nulle place, nulle dignité dans aucun des trois ordres, ne donneront droit de séance aux États, mais que chacun de ses membres n'y aura entrée qu'en vertu d'une députation librement faite par ceux de son ordre.

7° Que les représentants du clergé seront élus au scrutin dans une assemblée générale et d'après les proportions établies pour le nombre des députés des diverses classes de la hiérarchie ecclésiastique.

8° Que les représentants de la noblesse seront pareillement élus au scrutin dans une assemblée générale, et d'après la proportion établie pour le nombre des députés des nobles possédants fiefs, et des nobles qui n'ont que des domaines ruraux ; on pourra aussi employer le tour de rôle.

9° Que les représentants du tiers-état seront élus au scrutin dans les assemblées de district ou viguerie dont les membres auront été nommés par les communautés dans des conseils de tous chefs de famille pour les lieux où la population ne les porterait pas à plus de trois cents personnes, et pour les villes d'une population plus considérable, dans des assemblées formées des députés des corporations.

10° Que la députation des communautés aux assemblées de viguerie sera proportionnelle à leur affouagement.

11° Que les vigueries trop étendues seront subdivisées en plusieurs, et que celles trop circonscrites seront réunies à d'autres.

12° Que les officiers de justice, et principalement ceux des cours souveraines, ne seront éligibles dans aucun ordre pour la députation aux États, et qu'ils ne pourront y avoir séance, afin que la crainte qu'inspire leur autorité ne puisse gêner la liberté de l'assemblée.

13° Que tous les membres des États seront nommés pour quatre ans, et mi-partie d'anciens et de nouveaux, de sorte qu'il en sera élu une moitié tous les deux ans.

14° Que le syndic des communes leur sera rendu avec tous les droits qu'il avait anciennement, et surtout avec l'entrée aux États, mais que les autres ordres ne pourront y faire entrer leurs syndics, tant parce qu'il ne leur y est pas nécessaire, qu'à cause des plaidoiries interminables que le concours de ces syndics occasionnerait.

15° Qu'il sera adjoint au syndicat deux commissaires pris dans les communes, afin de conserver au tiers-état la direction réelle de ses affaires, et que la nécessité d'avoir pour syndic un homme de palais ne lui donne pas un maître.

16° Que la présidence des États sera rendue élective, qu'on ne pourra y nommer que pour une année, et que le président sera pris dans les deux premiers ordres, et nommé au scrutin dans les États.

17° Que le président ne sera que le premier entre égaux, qu'il n'aura donc en rien plus de droits que les autres membres de l'assemblée, et qu'avec la police sa place ne lui attribuera d'autres prérogatives que celle de proposer le premier les objets de délibération, de recueillir les voix, et de prononcer les résultats.

18° Que la signature de tous actes émanés des États n'appartiendra au président que concurremment avec des commissaires pris dans chaque ordre et nommés par eux.

19° Que tous les officiers des États, à l'exception du trésorier, seront élus au scrutin.

20° Que chaque ordre aura le droit de s'assembler à part pour ses affaires particulières, avant, lors et après la tenue des États

21° Que ces assemblées d'ordre ne seront autorisées que par un de ses membres.

22° Que les comptes de la province ne seront plus rendus que par-devant ses auditeurs qui seront l'administration intermédiaire, et que la chambre des comptes n'en aura que la révision.

23° Que dans l'administration intermédiaire, nulle place, nulle dignité, n'en constitueront de droit les membres, et que par conséquent le président en sera électif, et les consuls d'Aix n'en seront plus ni les directeurs-nés, ni même les membres nécessaires, et la procuration du pays sera désunie du consulat d'Aix pour être incorporée à l'administration intermédiaire collectivement.

24° Que néanmoins deux membres de l'administration intermédiaire en exerceront plus particulièrement les fonctions sous le même titre de procureur du pays ou sous celui de procureur général syndic, et l'un d'eux sera constamment pris dans le tiers-état, et l'autre alternativement dans chacun des deux premiers ordres.

25° Que les membres de l'administration intermédiaire seront élus par les États, au scrutin, qu'ils seront tous nommés pour quatre ans, et mi-partie d'anciens et de nouveaux, de sorte qu'une moitié sera élue tous les deux ans.

26° Que le président de cette administration sera élu au scrutin, par ses membres, entre ceux des deux premiers ordres, qu'il ne sera nommé que pour une année, et que le président des États ne pourra jamais l'être de l'administration intermédiaire.

27° Que dans l'administration intermédiaire, ainsi que dans les États, le clergé n'aura qu'un sixième des voix, la noblesse un tiers, et le tiers-état la moitié.

28° Que le syndic des communes aura séance dans tous les bureaux de l'administration intermédiaire pour y proposer, requérir et discuter les affaires;

29° Tous ces sujets de plaintes et de doléances ont naturellement fait sentir à l'assemblée le besoin qu'ont les peuples de l'appui de leur roi pour en obtenir le redressement; les preuves multipliées de bienfaisance et de protection qu'ils en ont déjà reçues leur ont inspiré la plus juste confiance pour le succès de leurs demandes, et tous les délibérants, pénétrés de reconnaissance et d'attendrissement, ont voté par acclamation de très-humbles remerciments au meilleur des rois, et ont expressément chargé leurs représentants aux États généraux de confirmer solennellement à Sa Majesté et de perpétuer, par un monument durable, le titre de Bienfaisant que la voix du pauvre lui a déjà décerné d'une extrémité du royaume à l'autre.

Ce sont là les objets concernant les affaires générales du royaume et celles du pays de Provence en particulier que les membres de la présente assemblée ont unanimement arrêtés, estimant qu'il fallait se borner pour le moment aux objets les plus majeurs et les plus urgents qui sont la constitution des États généraux, les réformes dans l'État, les plus pressées, et la constitution des États de Provence.

Fait à Porcieux, cejourd'hui 25 mars 1789, dans la maison du sieur de Regis aîné, attendu que la maison de ville n'a pu contenir les assemblées et ont signé :

Bouffier, lieutenant de juge; Joseph Rebuffat; Augier; Blaise; Merienté; Joseph Fabre; Maximin Cuix; Bonnefoi; Tassy; Blanc; Martin André; Roux; Descours.

Collationné par nous, greffier de cette commune,

DESCOURS.

CAHIER

Des doléances de la communauté de Pourrières, pour ses députés à l'assemblée générale des trois ordres qui doit avoir lieu à Aix le 2 avril prochain, pour y députer aux États généraux du royaume (1).

Les sieurs maître Joseph-Claude de Bouchard, notaire royal; maître Félix Accost, aussi notaire royal; sieur Claude-Ambroise Morette, marchand drapier, et Gaspard Meinier, négociant, tous de cedit lieu;

Députés élus par le conseil général de tous chefs de famille de la communauté de Pourrières, tenu le 29 mars 1789, sont expressément chargés, au nom de la communauté de cedit lieu de Pourrières et de tous les habitants, d'y solliciter :

1° La réformation du code civil et criminel.

2° La suppression de tous les tribunaux inutiles et onéreux.

3° Une attribution à ceux des arrondissements des souverainetés jusqu'à concurrence d'une somme déterminée.

4° L'abrogation de toutes lettres attentatoires à la liberté des citoyens, et la faculté à ceux-ci, et de quelque ordre qu'ils soient, de concourir pour tous emplois militaires, bénéfices et charges attributives de noblesse,

Et d'y réclamer surtout contre la vénalité des offices; lesdits sieurs députés réclameront, en outre, une modération dans le prix du sel rendu uniforme pour tout le royaume;

Comme aussi l'abolition de tous droits de circulation dans son intérieur, et notamment le reculement des bureaux des traites dans les frontières.

Quant aux affaires relatives et particulières à la province, le conseil charge les sieurs députés de solliciter la convocation générale des trois ordres pour former ou réformer la constitution du pays.

De solliciter la nomination d'un syndic avec entrée aux États.

De s'élever contre la perpétuité de la présidence, et contre la permanence de tous membres non amovibles ayant, en l'état des choses, entrée auxdits États.

Comme aussi de requérir l'exclusion des mêmes États des magistrats et de tous officiers attachés au fisc.

La désunion de la procure du pays du consulat de la ville d'Aix.

L'admission des gentilshommes, non possesseurs de fiefs, et du clergé du second ordre, les deux tiers des voix pour l'ordre du tiers, contre celles des deux premiers ordres, tant dans les États et surtout dans la commission intermédiaire, et surtout l'égalité des contributions pour toutes charges royales et locales sans exception aucune, et nonobstant toute possession ou privilèges quelconques.

(1) Nous publions ce cahier d'après un manuscrit des *Archives de l'Empire.*

L'impression annuelle des comptes de la province, dont envoi sera fait dans chaque communauté, et que la répartition des secours que le Roi accorde au pays, ensemble de l'imposition de 15 livres par feu affectée à la haute Provence, sera faite dans le sein des États et par eux arrêtée.

Et quant aux affaires particulières des communautés où il y a des seigneurs, de solliciter :

1° La suppression des juridictions seigneuriales, ou la liberté à tous les habitants de faire choix du tribunal par-devant lequel ils voudront être jugés soit en première et dernière instance et d'y établir une juridiction consulaire.

2° La suppression de la directe universelle avec d'autant plus de raison que les habitants de cedit lieu de Pourrières sont les seuls à payer le droit de lods au six, quelquefois au huit lorsque le seigneur du lieu trouve bon de faire grâce du quart, et parce que d'ailleurs ils le payent dans beaucoup de circonstances où il ne lui est pas dû, offrant de l'acquérir à prix d'argent.

3° Le droit de tuer, de quelque manière que ce puisse être, le gibier qui viendra ravager nos campagnes, ainsi que le battue des sangliers qui nous font un mal infini, lorsque le cas le requerra.

4° La permission de faire aller nos chiens sans billots, ce qui est pour les habitants une oppression révoltante, tant à cause du mal qu'ils causent aux vignes et aux blés qu'aux amendes arbitraires que les propriétaires sont obligés de payer lorque les chiens ont perdu leurs billots.

5° Le rachat de banalité.

6° Le remboursement des courses.

7° Les députés seront, de plus, chargés instamment de solliciter que dans les affaires qui concerneront les droits seigneuriaux non supprimés, il sera permis à la communauté de prendre le fait et cause de l'habitant, lorsque la demande du seigneur sera reconnue injuste par une consultation de deux avocats nommés à la pluralité des voix par le conseil de la communauté.

8° De demander la suppression de la dîme comme étant un impôt accablant et des plus insupportables de la manière dont on la perçoit, avec offre de payer les prêtres de la paroisse, en tel nombre et moyennant tels honoraires qui seront déterminés aux États généraux.

9° Que les députés du tiers-état de Provence déclareront, au nom de leur ordre, qu'ils désavouent très-expressément toute députation pour la Provence faite contre les dispositions des règlement de Sa Majesté des 24 janvier et 2 mars, et notamment la députation des gentilshommes possédant fiefs, qui contrarie toutes les règles. Il ne sera communiqué avec les députés pour aucune affaire, et l'on s'opposera à leur admission aux États généraux.

10° Tous les seigneurs, soit ecclésiastiques, soit évêques, seront obligés de prouver, dans un délai qui sera fixé par les États généraux, par pièces authentiques, la propriété des droits dont ils jouissent, et dans le cas qu'ils ne puissent pas le prouver, ils en seront déchus, et dans le cas de la preuve, il en sera dressé un règlement par les États généraux qui en fixera le rachat.

Il en sera usé de même pour tous cens et surcens.

Que dans les preuves que seront obligés de faire les possesseurs, il ne sera admis aucun arrêt de parlement ni aucun ordre de reconnaissance par-devant notaire. Les premiers, parce qu'ils ont été rendus de gens intéressés à la chose, les seconds, parce qu'ils ont été extorqués par la violence.

11° Que les archevêques et évêques seront obligés de résider dans leurs diocèses, et, en cas de non-résidence, leurs revenus seront répartis à la classe la plus indigente des citoyens dans les villes ou lieux où les revenus seront perçus.

L'assemblée déclarant, au surplus, que, quant à tous autres objets, soit généraux pour le royaume, soit particuliers de cette province, elle s'en réfère absolument au cahier général qui sera dressé dans l'assemblée générale qui aura lieu à Aix le 2 du mois d'avril prochain, lors de la réunion des députés aux États généraux, approuvant dès à présent tout ce qui sera fait et arrêté dans lesdites assemblées, ainsi que dessus il a été délibéré, et se sont tous les chefs de famille sachant écrire soussignés.

Signé Remusat, maire; Ourière; F. Isnard; Bouchard, greffier et député; Moutté, député; Ourière; Siloy; G. Muprier, député; Guillaussière; F. Auret; Sube; J. Souard; Moutte; Rebuffat; Robert; Arnaud; Nourry; Philibert; Noutre; Bonnet; Poissel; Nousy; François Bonnet; Rebuffat; Jean-Louis Racouet; Laydet; Sinnoni; Pierre Sage; Barthélemy; Vitalis; Louis Dumas; Mouttet; Gastaud; Rigaut; Moutte; Isidore; E. Moutte; Gaurin; Amphoux.

CAHIER

Des instructions, doléances et remontrances approuvées par le conseil général de la communauté du Puget-les-Lauris, tenu le 29 mars 1789, en exécution de l'arrêt du conseil de Sa Majesté du 2 mars courant, concernant la convocation des États généraux du royaume, pour être remis à l'assemblée de la sénéchaussée, ensuite aux États généraux convoqués pour le 27 avril 1789 (1).

Le vœu de la présente assemblée est que les députés du tiers-état aux États généraux demandent la répartition égale entre les trois ordres de toutes les impositions royales et locales sans aucune exception et privilège quelconques.

L'abolition de la dîme étant un impôt improportionnel, les communautés se chargeront de payer leur pasteur et d'entretenir les églises honorablement.

La faculté à tous citoyens de participer à tous les emplois ecclésiastiques, civils ou militaires.

Le rétablissement de la conventualité des religieux.

La réformation du code civil et criminel.

La réformation des tribunaux souverains et qu'ils soient composés par des membres du tiers-état égaux en nombre à ceux de la noblesse, et que la qualité de juge ne soit accordée qu'à l'âge de quarante ans.

La suppression de tous les tribunaux qu'on jugera être inutiles, et une attribution de souveraineté à ceux des arrondissements, pour une somme déterminée, et que les élus aient atteint l'âge de quarante ans.

De réclamer fortement contre la vénalité des charges, et que les juges soient obligés de motiver les jugements à peine de nullité et à leurs dépens.

De demander justement l'abrogation de toutes lettres attentatoires à la liberté des citoyens.

La révocation de tous les arrêts de règlement qui ont force de loi, et qui n'ont pas été consentis par la nation, de même que la cassation de tous

---

(1) Nous publions ce cahier d'après un manuscrit des *Archives de l'Empire.*

les arrêts qui ont été rendus en matières féodales sans être appuyés sur un titre précis, et qui ne tendent qu'à multiplier les droits des seigneurs et priver les malheureux habitants des campagnes de leurs privilèges.

Une modération sur le prix du sel, attendu qu'il pèse davantage sur la classe des ménagers, la plus utile à l'État, attendu la grande consommation, et qu'il nuit à l'agriculture.

L'abolition de tous droits de circulation dans l'intérieur du royaume, et que les bureaux des traites soient portés sur la frontière.

Que les droits de contrôle soient abolis, et pour la sûreté publique, un officier public tiendra un registre où il insérera un duplicata de tous les actes passés dans la communauté, lequel serait payé par elle.

De demander la tenue des États généraux dans un terme fixe, dans lesquels les trois ordres voteront par tête et non par ordre.

De demander la liberté de la presse, à laquelle les communes des campagnes doivent leurs lumières.

La publication annuelle par la voie de l'impression du compte général des finances du royaume, et qui sera envoyé dans toutes les provinces ; que le ministre des finances sera comptable à la nation de l'emploi de leurs deniers, et que les États généraux se les feront représenter.

Qu'il ne sera perçu d'autres impôts que ceux que la nation aura librement consentis.

Le Roi sera très-humblement supplié de convoquer les trois ordres de la province par députés librement élus pour former une nouvelle constitution des États du pays.

Quant aux plaintes et doléances concernant les maux que la communauté souffre, le conseil général charge les députés des communes aux États généraux de demander :

La suppression des justices seigneuriales auxquelles les habitants de la plupart des villages sont obligés d'avoir recours, et d'appeler à grands frais les praticiens des gros lieux pour plaider leur cause, tandis qu'il ne leur est passé en jugement que la modique somme de 3 francs ; tous les restes sont des frais frustrés.

L'exclusion des officiers, quelquefois agents des seigneurs de la municipalité, ce qui ne tend qu'à gêner les suffrages de la plupart des habitants.

La restitution des droits de la mairie aux consuls, ainsi que la police et le maintien de l'ordre public.

L'abolition du droit de prélation.

Que les seigneurs ne pourront exercer que pour eux-mêmes le retrait féodal dans le terme limité du retrait des parents.

L'abolition du droit de compensation.

Du droit de chasse, vrai fléau de l'agriculture, et qu'il soit permis aux habitants de détruire les lapins, ces animaux qui non-seulement ravagent l'espoir du laboureur, mais qui portent un grand préjudice au fond, en rongeant les vignes, les oliviers, etc., etc.

Que les seigneurs ne pourront transmettre à personne les honneurs qui leur sont dus à eux seuls.

Les habitants gémissent sous le joug féodal, et sous des conditions bien dures ; ils sont obligés d'acquitter une cense envers le seigneur pour droit de fournage et d'habitannage, droit qui s'est accru à toutes les successions lorsqu'il y a eu partage, et nous n'avons pu obtenir de faire décharger celui qui a transporté son bâtiment, ni

celui qui a réuni les successions partagées.

Nous sommes soumis à une taxe générale du huitième de tous les grains et légumes, sans que nous puissions réclamer les semences que nous fournissons annuellement dans un sol si aride qu'une charge ne nous en produit pas quatre.

Nous sommes obligés de payer le droit de lods au sixain de toutes les ventes et mutations, droit que l'on a exigé jusque sur le produit des arbres de haute futaie, c'est-à-dire chêne blanc qu'on a coupé dans notre terroir par ordre du Roi, et qui a été prélevé sur le modique prix desdits arbres, sur lequel nous demandons une modération et la restitution de celui des chênes.

Nous réclamons le droit de tenir des chèvres que le seigneur nous a prohibées depuis quarante ans environ, quoique la permission en ait été donnée aux habitants par le nouveau bail, et qui est la seule cause de la pauvreté du pays et de la stérilité du terroir. Ce droit nous a été enlevé avec si peu de raison que les montagnes *dudit lieu* ne sont *couvertes* que d'arbustes, pins et chênes verts ; ledit seigneur nous a prohibé depuis cinq ou six ans de *pasturguer* avec nos bestiaux à laine dans ses forêts pendant cinq ans quand elles sont en *couppes*. Il nous dit y être autorisé par un arrêt duquel nous ignorons la teneur. C'est un de ceux dont nous réclamons la révocation.

Nous nous plaignons que le seigneur a obligé les habitants de lui désemparer une grande partie de la montagne ; ils y ont consenti, après un long et dispendieux procès qu'il a fallu abandonner par le manque de ressources de la communauté, attendu la pauvreté d'une vingtaine d'habitants. Ce qui prouve le peu de droits du seigneur, c'est que les particuliers n'y ont consenti qu'en partageant les deux premières coupes ; nous en réclamons la restitution.

Il est défendu à tous les habitants de sortir du bois hors du terroir, même des bois privés, et s'il y en a qui en aient obtenu la permission. Le seigneur en a exigé la huitième partie du produit, et il en exige un quart aujourd'hui, tandis que nous voyons que les agents du seigneur viennent dévaster nos forêts, sans que personne n'ait osé s'en plaindre. Jugez à quoi nous étions réduits ! Rien ne prouve mieux que ce fait combien il serait nécessaire que la garde du bois fût confiée aux habitants des communautés, pour les défendre ainsi qu'ils le voudraient.

De demander que les députés du tiers-état aux États généraux solliciteront que les communautés ainsi que tous les habitants soient autorisés à racheter leurs censes, taxes et banalités sur le prix de la dernière acquisition.

Lesdits habitants se plaignent que les pigeons portent un grand préjudice aux récoltes des grains ; ils en demandent la destruction.

Enfin nous chargeons nos représentants aux États généraux d'assurer notre Roi bienfaisant que nous lui offrons tous nos biens, et les petits secours dont nous sommes capables, nos personnes, notre vie même ; qu'il daigne en accepter l'offrande comme le tribut de notre amour pour sa personne sacrée et pour le maintien de l'autorité royale.

Signé Pousset fils ; Boiïer, maire-consul ; Paul Anastay ; Dambuc ; Clot ; Saumaire ; P. Maynard ; D. Mesnard ; Antoine Perrouet ; Guibert, viguier.

———

CAHIER

Des doléances, plaintes et remontrances de la communauté de Puyloubier (1).

Aujourd'hui 29 mars 1789, en vertu des lettres du Roi, données à Versailles le 2 mars 1789, pour la convocation et tenue des États généraux du royaume, des règlements y joints, et de l'ordonnance de M. le lieutenant de la ville d'Aix, rendue en conséquence, dans la chapelle des frères Pénitents blancs érigée sous le titre de Notre-Dame de Nazareth, à Puyloubier, étant assemblés les chefs de famille possédant biens de ces lieux, tous nés Français, âgés de vingt-cinq ans, et nous conformant à l'article contenu dans la lettre de Sa Majesté, du 27 avril 1789, avons procédé à la rédaction du cahier et recueil des plaintes, doléances et remontrances de cette communauté, et, après en avoir détaillé tous ensemble les griefs et motifs, nous avons chargé le sieur Joseph-L. Rey, bourgeois, notre maire et premier consul, de le rédiger par écrit, à quoi ledit sieur Rey adhérant, il a été procédé ainsi et de la manière qui suit :

La Providence a fait asseoir Louis XVI sur le trône pour manifester à ses sujets sa bonté et sa justice. Il est guidé par la vertu, il ne gouverne que par ses traces, aidé par le secours d'un ministre vertueux et éclairé. Il veut connaître les maux qui nous accablent pour nous guérir. Hâtons-nous donc de lui faire parvenir nos doléances et nos réclamations, puisque les avenues du trône en sont ouvertes à tous les misérables.

Un des motifs les plus intéressants, est celui de charger les sieurs députés, élus par l'ordre du tiers, de solliciter la réformation du code civil et criminel, qui seront la base de la justice et de la tranquillité publique.

2° La suppression de tous les tribunaux inutiles et onéreux.

3° Une attribution nécessaire à ceux des arrondissements de souveraineté jusqu'à une somme déterminée.

4° L'abrogation de toutes lettres de cachet comme attentatoires à la liberté des citoyens.

5° La révocation de l'édit qui exclut les roturiers des grades militaires.

6° Ils réclameront, en outre, contre la vénalité des offices, et demanderont une uniformité dans le prix exorbitant du sel.

7° L'abolition de tous droits gênant le commerce et l'industrie des citoyens.

Si le soulagement dans la généralité du royaume a quelque chose de bien intéressant pour les Français, une régénération particulière dans chaque province gravera dans leur cœur une reconnaissance éternelle :

En conséquence, lesdits sieurs députés demanderont au meilleur des rois.

1° La convocation générale des trois ordres de la province pour former ou réformer la constitution du pays.

2° Ils réclameront de sa justice la permission aux communes de se nommer un syndic pour assister aux États.

3° Ils démontreront les inconvénients occasionnés par la permanence de la présidence, tout membre inamovible ayant, en l'état des choses, entrée auxdits États.

4° Ils exposeront aux yeux de Sa Majesté les

abus auxquels donne lieu la jonction de la procure du pays au consulat de la ville d'Aix.

5° L'exclusion des mêmes États de tous officiers attachés au fisc.

6° L'admission des gentilshommes non possédant fiefs, l'égalité de voix pour l'ordre du tiers, tant aux États que dans la commission intermédiaire, et surtout l'égalité pour toutes les contributions et charges royales et locales sans aucune exception et nonobstant toutes permissions ou privilèges quelconques.

7° L'impression annuelle des comptes de la province, dont envoi sera fait dans chaque communauté, et que la répartition du secours que le Roi accorde au pays, ensemble de l'imposition de 15 livres par feu, affectée à la haute Provence, sera faite dans le sein des États et par eux arrêtée.

La douceur et la juste répartition que nous éprouverons dans l'acquittement des charges par l'attention et la bienveillance de notre souverain, le rendront à jamais cher à la nation.

Nous avons à mettre sous ses yeux les servitudes que les seigneurs possédant fiefs ont imposées à leur vassaux.

Cense.

Les édits et déclarations de Sa Majesté prohibent à tous notaires d'insérer dans leurs actes des conditions illicites; les seigneurs possédant fiefs vendent à pension et à cense perpétuelle et inextinguible; ce sont là des entraves qui portent atteinte à l'État. Elles sont la cause de fréquentes désertions de nos villages; nous avons lieu d'espérer que notre auguste monarque en permettra le rachat ainsi et de la manière qu'il trouvera bon.

Ces redevances qui ne finissent jamais deviennent, à la longue, onéreuses à l'acquéreur. Elles sont une surcharge pour le peuple; il faut, sans doute, respecter les contrats et l'équité, mais la justice et l'équité demandent qu'un débiteur puisse se libérer quand il le veut et quand il le peut; il est contre la nature des choses et contre le bien même de l'État, qu'un fonds ne puisse jamais être affranchi. Rien de plus fatal pour le commerce, rien de plus contraire au droit général, qui, hypothéquant tous les biens à la dette publique, ne peut supporter des servitudes qui rendraient ces biens moins capables de fournir au besoin public.

Ce moyen conservera tout à la fois l'intérêt du peuple et le droit du propriétaire.

Chasse.

Nous avons à réclamer contre le droit de chasse que les possédants fiefs se sont approprié à eux seuls; ils en ont prohibé à tout citoyen honnête la permission, même dans son propre fonds; ils vont plus loin, ils leur défendent même de prendre celui qui vient se jeter à ses pieds. En use-t-on autrement, tout vassal est dans le cas d'essuyer une procédure qui lui inflige une amende, le plus souvent proportionnée à ses facultés; encore lui donne-t-on à entendre qu'on lui fait grâce..... Mais, en cas de récidive, plus de miséricorde, il a, pour sa vie, le domicile des scélérats.

Nous pouvons ajouter qu'un propriétaire est souvent témoin oculaire de la mort donnée à son chien par l'ordre rigoureux qu'un seigneur en a donné à son chasseur. Il est donc aisé de conclure que la plus grande partie des seigneurs possédants fiefs ont augmenté leur puissance en éternisant la misère et la servitude de leurs vassaux.

Cependant le gibier désole nos campagnes ; il rend nos travaux infructueux, et nous expose à perdre la semence ; notre réclamation est donc juste, et nous avons lieu d'espérer, de la bonté de notre souverain, un adoucissement aux chaînes qui, en nous rendant éternellement malheureux, nous réduisent à la dernière indigence.

Lods.

Nous avons à démontrer les préjudices que nous porte le droit des lods.

Ce droit a, pour un citoyen, quelque chose de plus funeste. Le seigneur (et c'est ce qu'on voit tous les jours) peut faire usage de son droit, au préjudice même de son fils ; il renferme quelque chose de plus honteux, c'est la cession que le seigneur en fait à celui qu'il veut favoriser pour dépouiller un acquéreur qu'il croit pouvoir porter obstacle à ses vues.

Exclusion du lieutenant de juge des conseils municipaux.

Demandons l'exécution de l'édit de 1733, par lequel la province fut autorisée à faire l'acquisition des offices municipaux. Les communautés ont, par la même raison, pu faire autoriser leur conseil par leur maire et consul ; les villes de la province jouissent de ce privilége, les autres communautés ne doivent point en être privées ; elles ont droit d'en jouir, puisqu'elles ont contribué aux frais de l'acquisition.

Les arrêts que les seigneurs ont obtenus, pour s'approprier ce droit, n'ont point été obtenus en contradictoires défenses ; aussi doivent-ils en être déchus comme gênant les suffrages des délibérants.

Enclos ; Pigeonniers.

Il est encore un droit plus oppressif et plus gênant, c'est la défense expresse de faire construire un enclos : le seigneur exige qu'on lui en remette la clef.

Sans douter de l'honnêteté et de la probité des seigneurs, nous pouvons dire que les gardes-chasses ne la portent point à un si haut degré, car venant, pour fait de chasse, dans l'enclos d'un propriétaire, suivi d'une meute de chiens, ils y causeraient un dommage réel qui rendraient les travaux de l'agriculture infructueux ; aussi ne voyons-nous que rarement un citoyen se déterminer à construire un enclos sous une pareille gêne.

La défense expresse de ne pouvoir en construire que sous une telle condition est oppressive, puisque nos fruits et nos ruches à miel (reste précieux des faveurs divines) sont exposés à ce caprice et aux insultes des méchants ; cette servitude augmente notre misère. Ajoutons encore que la faculté que le seigneur s'est réservé de pouvoir lui seul avoir des colombiers est trop gênante, et nous pouvons dire enfin qu'il est contre la nature qu'un seul mortel s'applique ainsi à placer les fondements ruineux de tant de misérables vassaux qu'il tient enchaînés ; et qu'il semble que la Providence se soit reposée sur les possédants fiefs pour régler notre destinée.

Nous avons aussi à exposer le préjudice et l'in-justice que renferme la banalité des fours et des moulins.

Fours et moulins.

Il est défendu à tout particulier d'aller porter son grain ailleurs qu'aux moulins banaux. Il n'est aucun vassal qui ait jamais mis le moindre obstacle à cette condition.

Ce qu'il y a d'onéreux et d'injuste, c'est sa soumission d'aller porter son grain au moulin banal dans un temps de sécheresse où il ne peut pas être détrité. Le seigneur en exige le dépôt pendant vingt-quatre heures ; il est exposé, pendant cet intervalle, à la merci des rats et à la discrétion d'un meunier peu consciencieux, qui ne livre souvent le grain qu'après en avoir pris plus de son droit. Disons encore qu'un père de famille est privé de donner des secours à ses enfants par les longueurs qu'occasionne cette cérémonie très-préjudiciable et très-coûteuse.

La récompense du service rendu à l'État a été cédée, par celui qui l'avait méritée, à prix d'argent ; c'est donc à ce prix que nous avons lieu d'espérer sa libération et le rachat.

Pourrions-nous garder le silence sur les droits honorifiques que le seigneur dit lui être dus ? Il exige annuellement la nomination d'un capitaine et d'un enseigne. Sans entrer dans un long détail, nous dirons que ce droit est injuste et ridicule ; le seigneur peut exiger de ses vassaux la déférence et les honneurs qui lui sont dus, il n'en est aucun qui ait jamais eu la témérité de s'y opposer ; mais ce qui contrarie le bien général et même le bon sens, c'est d'exiger pendant deux fois de l'année que ses pauvres vassaux soient dans le cas de faire une dépense considérable, la plupart du temps au-dessus de leurs facultés, et qui est souvent cause de leur misère éternelle.

Ces jours sont toujours adhérents au bruit et au tumulte, le capitaine et l'enseigne y sont habillés risiblement, et s'ils ne remplissent point les cérémonies usitées, le seigneur les fait remplir à leurs dépens.

Disons plus, ces jours ne sont point dédiés aux saints qu'on doit honorer, mais au tumulte, aux danses et au libertinage ; ils sont toujours suivis de quelque événement fâcheux. Peut-il y avoir prétention plus chimérique et plus affligeante ? Les seigneurs auraient-ils dû attendre que leurs vassaux fussent dans le cas d'en décrire leur réclamation ? aussi est-ce avec confiance que nous en demandons l'abrogation.

C'est animés du même zèle de la justice que nous obtiendrons, à prix d'argent, le rachat de tant de droits oppressifs qui sont contraires au citoyen et à l'État ; droit acquis par transactions forcées, ou par la cession honteuse de quelques administrateurs aussi peu éclairés que consciencieux. En un mot, un encadastrement général sans prétexte de local ou de condition, le rachat, à prix d'argent, des censes et autres servitudes contraires au droit imprescriptible de la nation, assureront le bonheur de l'État et la puissance du monarque.

Nous ne devons point oublier de démontrer les abus qui sont renfermés dans la perception de la dîme.

La dîme a été établie pour fournir au nécessaire de chaque prêtre desservant, mais son application en est bien différente.

La dîme rend aujourd'hui dix fois plus qu'elle ne rendait autrefois, et ceux qui en récoltent les fruits ont par là occasion, en passant leur vie dans l'oisiveté, de s'endormir dans les bras de la mollesse; nous aurions beaucoup à dire si nous ne réservions ces plaintes au clergé non privilégié.

Nous pouvons avec confiance en demander la suppression, comme étant une surcharge. Nous nous soumettrons toujours à donner une juste rétribution aux prêtres nécessaires pour le soutien de la religion; mais nous ajouterons que l'acquittement actuel de la dîme nous force à reconnaître un autre monarque qui ne diffère du roi bienfaisant qui nous gouverne que par un payement plus fort que celui de la taille. La dîme enfin s'appuie moins sur des titres certains que sur une possession aussi unique qu'abusive.

Notre intérêt, le bien de la patrie, l'obéissance enfin ont été des motifs pressants qui nous ont engagés à décrire le récit tendre et sincère de nos doléances, malgré qu'on nous donne à entendre qu'un jour nous payerons cher les efforts que nous aurons faits pour nous tirer de l'esclavage. Que pourrait nous arriver de pire, et quel effroi peut causer la mort à des citoyens malheureux, sinon le regret que nous aurions de ne pouvoir emporter avec nous les chaînes que nous laisserions pour héritage à nos descendants? Mais rassurons-nous! Notre auguste monarque rompra pour jamais des chaînes que le nœud de la fatale prescription semble avoir consolidées au préjudice des malheureux. Déclarant, au surplus, le conseil, se référer absolument au cahier général qui sera dressé dans le chef-lieu, d'après le vœu de la prochaine assemblée, soit encore à celui que l'ordre du tiers déterminera lors de l'élection des sieurs députés aux États généraux, approuvant, dès à présent tout ce qui y sera fait et arrêté comme devant contribuer à une heureuse régénération qui nous délivrera d'une aristocratie tyrannique que les gentilshommes, surtout les possédant fiefs et les prélats, exerçaient sur nous. Et, ainsi que dessus, se sont tous les chefs de famille sachant écrire soussignés.

Signé Ary, maire; Caivety; propr.; H. Roubins; Cavasse; Boulanger; Chapelle, chirurgien; Cavasse; Benoît; Rey, cuisinier, Roux; Alex. Prigier; Boulanger; L. Armand; Maréchal; Germain Jouanel; Boniface Rey; J. Mérentier; Gaspard Peloutier; François Silvy; Fermalet; Alexis; Roubin; Joseph Nousseau; J.-B. Jouvencel; J. Guyot; Étienne Roubin; Christophe Jouvencel; Joseph Pally; F. Jouvencel; J.-F. Monachey. Le nombre de ceux qui n'ont su signer est de quatre-vingt-cinq. Et nous, H. Paloutier, greffier.

CAHIER

D'instructions, remontrances et doléances de la communauté de Puycert, sénéchaussée d'Aix (1).

Cette communauté dont les impositions sont plus fortes qu'aucunes de la Provence, impose annuellement 44 livres sur chaque livre cadastrale, et dénuée de tout moyen de se soulager, ne pouvant, par sa triste position, établir aucun revenu, ses fonds qui sont d'une qualité au-dessous du médiocre, étant grevés de dîme, de taxes et de cens; ils payent la dîme au quatorze et au vingt des grains, raisins, agneaux et chanvres; au seigneur, d'une taxe au huitain presque générale, sur les grains, légumes, olives' raisins, feuilles de mûriers, chanvres, lins, amandes et noix. En outre, une partie de ses fonds est surchargée d'un cens, en blé ou argent, d'autant

(1) Nous publions ce cahier d'après un manuscrit des *Archives de l'Empire.*

plus ruineux que les particuliers y son à la solidaire pour le payement. Six émines de prés pour huit particuliers seulement payent le cens d'une panal un quart de blé; ce qui excède cette quantité paye le huitain de chaque coupe, une panal un quart de blé pour chaque maison pour le droit de fournage, la mouture des blés au vingtain, une poule de cens pour chaque bastide et jardin, le droit du tiers sur les dommages, le droit de lods, le retrait féodal, que le particulier, par crainte, par ménagement, laisse pousser jusqu'à trente ans; dans ce long intervalle, ne se croyant pas sûr propriétaire, peut-il exploiter soigneusement un bien qu'on peut lui enlever? Charge ses députés de solliciter que ce long intervalle de temps soit moindre, et tel qu'il plaira à Sa Majesté de le fixer.

La mortalité presque générale des oliviers de cette communauté, causée par les froids de l'hiver dernier, est pour elle une perte d'autant plus essentielle qu'elle est irréparable. Cette communauté est une succursale de Lauris qu'on fait desservir moyennant 120 livres, et la dîme en produit plus de 1,000. Cette énorme différence engage cette communauté à solliciter la suppression de la dîme, s'obligeant à payer le desservant au taux qu'il plaira à Sa Majesté de fixer.

Cette communauté a toujours appartenu et appartient encore à des seigneurs grands et magnifiques, qui, vivant dans la capitale, étaient trop éloignés pour entendre les plaintes et les supplications de leurs vassaux. Leurs cœurs généreux pouvaient-ils prévoir que leurs fermiers et préposés, abusant du crédit que donne, dans un petit lieu, l'agence ou la ferme, nuiraient à des emphytéotes, chercheraient à établir des abus, détruiraient une montagne, qui, quoique très-petite, faisait toutes leurs ressources pour la nourriture des bestiaux et leur bûcherage, et les réduiraient à de petites ramilles et plus de glandée? Si nous avions pu leur faire connaître les menées de ces gens-là, leurs douces maximes les auraient empêchées. Nous ne serions pas aujourd'hui dans le cas de demander l'abolition des jouissances sans titres.

Ce sont là les motifs qui engagent cette communauté à implorer la bonté du Roi, et à espérer qu'elle jouira des avantages qui seront sollicités et obtenus par les autres communautés de cette province; c'est surtout à ces objets essentiels pour elle que ses députés sont priés de donner leurs attentions les plus particulières.

Le conseil, réunissant son intérêt particulier aux intérêts généraux, charge expressément ses députés de solliciter à l'assemblée la réformation du code civil et criminel, la suppression de tous les tribunaux inutiles et onéreux, une attribution à ceux des arrondissements de souveraineté jusqu'à concurrence d'une somme déterminée, l'abrogation de toutes lettres attentatoires à la liberté des citoyens; la faculté à ceux-ci, de quelque ordre qu'ils soient, de concourir à tous emplois militaires, bénéfices et charges attributives de noblesse, et de réclamer surtout contre la vénalité des offices. Lesdits sieurs députés réclameront en outre une modération dans le prix du sel rendu uniforme partout le royaume, comme aussi l'abolition de tout droit de circulation dans son intérieur, et notamment le reculement des bureaux de traites dans les frontières et la suppression de la mendicité.

Le conseil charge, au surplus, ses députés d'insister à demander au meilleur des rois la formation ou la réformation de la constitution du pays, de réclamer de sa justice qu'il soit permis aux communes de se nommer un syndic avec entrée aux États; comme aussi de requérir l'exclusion des mêmes États des magistrats et tous officiers attachés au fisc; la désunion de la procure du pays du consulat de la ville d'Aix; l'admission des gentilshommes non possédant fiefs, et du clergé du second ordre; l'égalité des voix pour l'ordre du tiers contre celles des deux premiers ordres tant dans les États que dans la commission intermédiaire, et surtout l'égalité des contributions pour toutes charges royales et locales sans exception d'aucunes, et nonobstant toute possession ou tout privilége quelconque; l'impression annuelle des comptes de la province dont envoi sera fait dans chaque communauté, et que la répartition des secours que le Roi accorde au pays, ensemble de l'imposition de 15 livres par feu, affectée à la haute Provence, sera faite dans le sein des États, et par eux arrêtée; de demander que chaque communauté soit obligée de faire et réparer à ses frais les ponts et chemins sans aucune association avec les vigueries ni avec la province, comme aussi de porter les deniers royaux directement à la caisse du trésorier de la province.

Déclarant, au surplus, le conseil, que, quant à tous autres objets, soit généraux pour le royaume, soit particuliers à cette province, il s'en réfère absolument au cahier général qui sera dressé dans le chef-lieu, d'après le vœu de la prochaine assemblée; soit encore à celui que l'ordre du tiers déterminera lors de sa réunion pour l'élection de ses députés aux États généraux, approuvant, dès à présent, ce qui sera fait et arrêté soit dans l'assemblée du chef-lieu, soit dans celle des communautés et vigueries.

Ainsi que dessus, il a été délibéré, et se sont tous les chefs de famille sachant écrire soussignés.

Signé Bernard, maire; Rouvet, consul; G. Guiran; H.-T. Guitton; Barret; Corgier; G. Janselme; A.-A. Guitton; J. Anerre; A. Bernard; Sambuet; Chauvin; E. Bernard; G.-J. Cavalier; Viem; J. Franchesquin; J. Rouvin; Anastay; Pierre Serre; Michel, greffier.

Nous, Jean-Pierre Michel, avocat en la cour et juge de ce lieu de Puyvert, avons coté et paraphé le présent cahier de doléances et nous nous sommes soussigné, le 29 mars 1879. *Signé* Michel, juge.

CAHIER

Des plaintes et remontrances de la communauté de Quinson, dressé par la présente assemblée et de suite paraphé pour être remis aux députés qui sont chargés de le porter à Aix en l'assemblée qui sera tenue par M. le lieutenant général au siége le 2 du mois prochain, avec pouvoir de faire à MM. les commissaires-rédacteurs toutes les observations qu'ils croiront être nécessaires pour le bien de l'État et celui de notre communauté (1).

Le lieu de Quinson appartient au seigneur roi, Raymond, comte de Béranger, roi de Jérusalem et de Sicile, roi de la Pouille, prince de Capoue, comte de Provence et Forcalquier; en 1277, il passa échange avec le sieur prévôt de l'église collégiale de Barjols, par lequel il remit audit sieur prévôt ledit lieu de Quinson, son terri-

toire et dépendances, sous la réserve de *merum imperium, albergues et cavalcades*, et ledit sieur prévôt, de son chef, lui remit, en contre-échange la forteresse de Barols et sa guerine, sous la réserve du pied hors les murs dans lequel passent les eaux, pour l'arrosage des jardins; ledit seigneur roi déclara, dans ledit acte, que tous les droits qu'il cédait audit sieur prévôt, ne donnaient qu'une rente annuelle de 50 livres. D'après une pareille déclaration, l'on peut se permettre de dire que le seigneur roi n'avait pas entendu céder les droits de lods et droits de fournage, puisque ces deux articles réunis produisent audit sieur prévôt, depuis des siècles, une rente annuelle de 800 livres; la rente actuelle, d'après le bail passé par le prévôt à son fermier, est de 1,050 livres. Outre cette rente, le fermier est obligé de nourrir le juge dudit sieur prévôt toutes les fois qu'il descend dans le lieu pour l'instruction du jugement des procès; les jugements soit à pièces mises, procès réglé ou sentence par défaut sont payés par les parties, et quelquefois les épices excèdent la valeur de l'objet que l'on plaide.

Lods.

Nous nous permettons donc de dire que puisque le seigneur roi n'a pas cédé, dans l'acte d'échange, le droit de lods, le sieur prévôt l'a perçu indûment; ce même acte fait présumer que le seigneur roi ne l'exigeait pas; mais en supposant que l'acte d'échange ait autorisé le sieur prévôt d'exiger le droit de lods, il ne pouvait ni ne devait prétendre les percevoir à raison d'un sixième, mais bien au treize, ainsi que tous les auteurs qui ont traité cette matière ont décidé; que le mot de lods et terrain soit synonymes; cependant plusieurs arrêts ont autorisé les seigneurs possédant fiefs de les exiger au sixième; cela n'est pas étonnant, puisque les juges étaient seigneurs eux-mêmes; aussi les communautés se sont déterminées de vivre dans cet esclavage, et de supporter cette oppression au lieu de plaider.

Banalité de fours.

Les banalités qui existent en province n'ont été établies que par usurpation; notre loi statutaire le prouve; celle qui nous concerne le prouve encore, puisque la communauté la contesta en 1582, et par arrêt du 2 juin 1583, la banalité du four de ce lieu fut déclarée au profit du sieur prévôt, sans avoir égard au statut. Cet arrêt, dit ce même statut, fut rendu sur la simple thèse; or donc, l'acte d'échange ne lui avait pas donné la banalité; et cela est si vrai, qu'à cette époque il y avait plusieurs fours dans le lieu, et dans les maisons de campagne où il y en a encore. Cette banalité n'est autre chose qu'une usurpation toujours soutenue par les magistrats des cours souveraines ayant intérêt à la chose, puisque nous voyons des seigneurs qui font construire des fours et des moulins dans lesquels ils engagent les habitants à aller, et dès que la trentième année est expirée, ils établissent la banalité toujours fondée sur les arrêts des cours supérieures.

« Nota. Le nombre des fours fut réduit, suivant « l'acte du 14 mars 1426, notaire Bertrand, à Beau- « douin; le seigneur en profita. Cette réduction « nous a laissés avec un seul four insuffisant pour « le lieu, où il y a 1,100 âmes vivantes. »

---

(1) Nous publions ce cahier d'après un manuscrit des *Archives de l'Empire.*

Domaines possédés par des particuliers de ce lieu en franchise |des tailles.

En 1676, la communauté, pour le département de ses dettes, désempara une partie de ses domaines à différents particuliers de ce lieu avec franchise de tailles : la communauté a attaqué ces mêmes particuliers en rachat ou encadastrement; en 1745, elle fut déboutée; elle attaqua de nouveau en 1788; un nouvel arrêt la débouta encore sans avoir aucunement égard aux déclarations de Sa Majesté. Si les seigneurs magistrats ne possédaient pas de pareils biens, les demandes seraient sans doute mieux accueillies : aussi plusieurs communautés se dispensent de former leurs demandes à cet égard, et se contentent de percevoir sur les particuliers qui possèdent les biens affranchis les vingtièmes suivant l'abonnement fait par la province.

Dîme et biens de l'Eglise.

La dîme due à nos prieurs se perçoit sur le pied de la sixième mesure sur les grains, et au vingt-cinq sur le produit des raisins : ils ont par-dessus la dîme des agneaux; cette perception est affermée moyennant 2,500 livres, sur laquelle ils n'ont à payer que la portion congrue du curé et du vicaire, les décimes et entretien de la sacristie : ils ne résident pas, ils ne donnent rien aux pauvres; les ornements de la sacristie sont déplorables : il est certain que les robes de chambre des prieurs sont certainement plus décentes et plus nombreuses que les ornements de leur sacristie. Le bien du peuple et de l'Etat exigerait la suppression des dîmes, obliger les communautés à payer ses curé et vicaire, et le superflu versé dans le trésor royal.

Les biens que l'Eglise possède sont immenses; les fermiers de ces mêmes biens se payent les cultures des uns et des autres; ils achètent les capitaux dès leur entrée aux fermes, et quels capitaux! jamais un tiers de ce qu'il en faudrait soit pour le labour, soit pour l'engrais des terres qu'ils exploitent. Ils vendent les herbages des bois en terres gastes, et ce qui est le plus affligeant, c'est de voir lesdits biens exempts de tailles et autres impositions provinciales; que les fermiers soient exempts de capitation dans les biens de Malte, et que les commandeurs, chevaliers, évêques et gros abbés soient déchargés des taxes et autres impositions que les communautés sont forcées d'établir pour remplir les sommes qu'il leur faut à l'acquittement des charges royales et provinciales.

La plupart des biens des ministres de l'Eglise séculiers ou réguliers sont voisins de gros lieux très-peuplés : les habitants les achèteraient en les améliorerant; le peuple, la province et l'Etat y gagneraient, soit pour les améliorations, les productions et les droits royaux qu'amèneraient les mutations, let de plus, les revenus des bénéficiers seraient encore plus assurés. Ces mêmes bénéficiers doivent d'avance consentir ces ventes pour que ces biens retournent dans le sein des familles qui s'en étaient dépouillées en leur faveur sous la bonne foi et la simplicité la plus caractérisée. Ces mêmes biens, une fois aliénés, seraient soumis aux charges royales et provinciales, et produiraient des sommes immenses.

Sans vouloir blâmer nos ancêtres qui, de bonne foi, se sont dépouillés de tous leurs biens en faveur de l'Eglise, nous pouvons dire qu'ils ont mal fait de consentir d'aussi grandes libéralités,

mais qu'en les consentant, ils n'ont pas déchargé les preneurs des impositions royales et provinciales; nous avons donc raison de dire aux possédants actuels qu'ils sont toujours convenus que le superflu de leurs revenus appartient aux pauvres : il faut donc qu'ils consentent à leur dénombrer ces mêmes biens; il faut donc qu'ils aident ce peuple malheureux dans ses besoins; nous leur disons : Vous le devez de toutes les manières, comme possédant les biens de nos pères, comme prenant sur nous, par le moyen de la dîme, une partie des fruits des petits biens qui nous restent; vous le devez encore comme ministres de l'Eglise.

L'Eglise n'a eu tous les biens qu'elle possède que par abus, et nous sommes fondés de dire que, où paraît l'abus, les titres ne comptent pour rien; d'après cette prétention, on nous opposera la loi du prince que nous avons toujours respectée; mais cette même loi pourra, sans doute, être supprimée dès que le vice du titre sera connu : on nous blâmera d'oser prétendre de dépouiller l'Eglise de ses domaines; nous le serions effectivement si ces mêmes domaines suffisaient à peine pour donner à chaque archevêque, évêque, commandeur, prieur et curé du royaume, les revenus qu'ils doivent avoir chacun d'eux en particulier, eu égard aux places qu'ils occupent; nous le serions encore si nous voulions réavoir ces mêmes biens sans payer aux possesseurs actuels les sommes qu'ils justifieront avoir données, quoique possesseurs de mauvaise foi; mais nous voulons faire mieux, nous consentirons que Sa Majesté, avec la nation assemblée, établisse en faveur de MM. les archevêques, évêques, commandeurs, chevaliers de Malte, curés et vicaires et prieurs qui auront ou qui voudront desservir les paroisses, un revenu proportionné à leur état et à leurs places, qu'on leur assigne même une honnête retraite, et qu'ensuite toutes les sommes qui resteront du prix des ventes soient versées dans le trésor royal, et dès lors l'état des finances de notre monarque sera facilement réparé. Les impositions existantes et celles qu'il plaira à Sa Majesté d'établir sur les terres immenses que possèdent nos seigneurs de Provence seront plus que suffisantes pour achever de remplir les vides des coffres de notre monarque, pour augmenter ses troupes, si besoin est, pour le soutien, la splendeur de son trône et la sûreté de sa couronne.

Il est facile d'apercevoir que si l'Eglise vendait ses biens, elle donnerait du pain aux malheureux, de l'argent à l'Etat, et beaucoup, et elle assurerait son revenu sur les améliorations que ses domaines recevraient des mains des nouveaux possesseurs. Elle verrait encore naître plus de respect pour la religion et pour ses ministres; l'on verrait encore que de faibles impositions, dès qu'elles seraient générales, fourniraient au souverain, aux provinces et à tous les sujets du royaume les moyens de se procurer les objets de nécessité dans tous les cas et dans toutes les circonstances. Chacun travaillerait avec goût, le commerce s'augmenterait, les fabrications en tous genres doubleraient, l'Etat deviendrait puissant; on ne verrait plus le palais s'occuper des procès entre les prieurs et leurs ouailles, avec le fermier de ses terres; on n'entendrait plus des conversations scandaleuses chez les gens du monde à raison de la conduite des ministres des autels; on ne leur reprocherait plus de s'engraisser des biens des pauvres, de la substance des malheureux; dès lors, la religion et ses ministres seraient respectés, les bonnes mœurs renaîtraient, et le bien de l'Etat s'opérerait.

Messieurs du haut clergé diront, sans doute, qu'ils donnent au Roi une somme importante de 11 millions, de cinq ans en cinq ans, qu'ils appellent le don gratuit; il est bien vraiment gratuit pour eux, puisque cette somme est perçue sur les curés et vicaires du royaume pour décimes.

Nous ne saurions nous dispenser de parler du casuel que les curés perçoivent. Cette surcharge d'impositions est ruineuse pour le peuple, car elle n'est que contre le peuple, et elle est injurieuse à la religion. Elle est ruineuse contre le peuple parce que c'est le peuple seul qui la paye; elle est injurieuse à la religion parce que le peuple ne cesse de dire qu'en donnant la dîme des fruits de ses biens, il devrait être dispensé de payer les messes, les baptêmes, les mariages et les sépultures aux ministres de l'Église; que les prieurs devraient résider au lieu de fixer leur domicile dans les meilleures villes de la province où ils ne se refusent rien du prix des fruits qu'ils perçoivent sur lui, et duquel avec peine ils font acquitter la portion congrue aux curés et vicaires des paroisses, et jamais rien aux pauvres.

Administration de la province.

La province, qui n'est administrée que par la noblesse et le clergé, n'a jamais disposé des fonds provenant des impositions qu'en faveur de ces deux ordres. Cette administration a sans doute voulu ignorer qu'il existe des communautés affligées par les maux à elle portés par les rivières, les torrents et les orages, et encore par le triste état de leurs chemins, qui font la ruine du commerce. Cette même administration s'était opposée, en cela, aux intentions de Sa Majesté, qui délaisse, chaque année, une somme considérable pour répartir aux communautés malheureuses et affligées. Celle de Quinson est du nombre que, sur l'exposé de ses malheurs, elle avait comprise dans la répartition de plusieurs années, et lorsqu'elle demanda l'acquittement des sommes accordées, on nous écrivit qu'elles avaient été distribuées pour d'autres objets; quelque temps après, la communauté renouvela ses demandes; elle offrit d'emprunter, ou d'augmenter ses impositions, mais toutes ses demandes et ses offres ont été infructueuses; aussi la rivière de Verdon, qui traverse son territoire, lui a enlevé ses biens les plus précieux et les plus productifs, et elle désespère de les réavoir jamais. On ne peut pas dire que la province manqua des fonds, puisqu'à cette époque elle dépensait des sommes immenses à des chemins moins utiles que les réparations demandées.

Ingénieurs de la province.

Les sieurs ingénieurs de la province sont gagés et ont chacun un département; leurs honoraires sont pris dans la caisse qui reçoit les impositions de chaque communauté. Cependant lorsqu'une pauvre communauté demande à ces Messieurs la levée d'un plan, l'estime d'une réparation urgente et le rapport de l'état des lieux pour en donner connaissance à l'administration provinciale, il faut payer le plan et le rapport, et quand les communautés osent se refuser à ce payement, ces Messieurs obtiennent des contraintes; mais ce n'est pas de même lorsque les seigneurs les demandent. Injustice, oppression qu'il est essentiel de réprimer.

Évêques pour l'administration de la province.

Il est honteux que le corps du clergé, qui ne paye aucune contribution, soit le despote des places de l'administration de la province. Nous avons des évêques qui sont chargés de la partie des ponts et chaussées, d'autres des affaires contentieuses; ce n'est pas là leur état. Ils devraient être dans leurs diocèses pour veiller la conduite de leurs chapitres, de leurs curés et vicaires et des moyens qui amélioreraient le sort des malheureux. Ils sont riches, ils cherchent à le devenir davantage. Aussi leur vrai domicile ne peut leur fournir les moyens de dépenser leurs revenus; il leur faut donc de grandes villes où les pauvres de leur diocèse ne peuvent aller montrer leur misère. Quel malheur pour le peuple qui voit un vaste champ à côté d'un petit morceau de terre qu'il possède; que ce vaste champ appartient à son évêque ou à son prieur qui ne paye aucune charge communale; tandis qu'il ne peut, même au moment d'un orage, enfermer ses fruits qui sont en danger avant que le collecteur ait perçu le droit de dîme, et le seigneur celui de la taxe ou autre redevance; et si, pour éviter le danger qu'un orage lui fait craindre, il ose mettre son peu de grains ou de raisins dans quelque lieu de sûreté, il est assigné dans vingt-quatre heures pour payer l'amende portée par les règlements faits à ce sujet. Voilà les secours que reçoivent les malheureux des mains de leur évêque, de leur prieur ou de leur seigneur!

Plusieurs communautés sont chargées en particulier de différentes fondations pour l'acquittement d'un certain nombre de messes fixé par les actes de fondation. MM. les évêques se permettent tous les jours le mépris le plus formel contre la teneur de ces actes qu'ils devraient regarder comme sacrés; ils rendent des ordonnances par lesquelles ils réduisent le nombre des messes, tout comme il leur plaît, sans daigner consulter les fondateurs ou leurs représentants. Il serait à désirer que l'on prît des moyens pour faire révoquer ces ordonnances, et obtenir des inhibitions et défenses contre lesdits seigneurs évêques à ce sujet.

De la justice.

Il est essentiel que nous parlions de la justice, et comment elle est rendue, surtout dans les paroisses de la campagne. Il y a un juge que les seigneurs fieffés établissent avec le reste des officiers de la juridiction; ce juge est la seconde personne du seigneur, qui l'a placé; il ne rend aucun jugement qu'après qu'il a su et connu ce qui déplaît ou plaît au seigneur. S'il faut recevoir quelque acte de justice au profit du seigneur qui l'a établi, contre le peuple en corps ou en particulier, il ne s'y refuse jamais. La plupart des juges bannerets ne connaissent pas la loi; ce sont des bourgeois de village à qui la fortune a départi de bons domaines qui les ont enrichis; ils passent avocats pour devenir juges des seigneurs de leur village : il faut convenir qu'il y en a parmi le nombre quelques-uns d'instruits, mais ce ne sont pas ceux-là qui possèdent les juridictions seigneuriales. Quand ces juges seigneuriaux descendent dans les lieux de leur juridiction pour rendre la justice, ils arrivent chez le seigneur, causent des procès qui les amènent; ils reçoivent les recommandations, ou de la main des seigneurs, ou de celle de ses gens d'affaires, ou des greffiers qui réunissent, en leur faveur, la confiance du seigneur et du juge. Il est facile de conclure qu'il ne peut naître des jugements qui renferment en eux la justice et l'équité. S'il se commet quelque crime qui mérite une punition exemplaire, ne fût-ce que pour en arrêter de plus grands, comme cette procédure doit se faire aux frais du seigneur, et à la diligence de ses officiers, ces crimes restent impunis ; l'on peut dire que peu de seigneurs sont exacts à la poursuite des procédures qu'il faudrait faire ; aussi voyons-nous que les bonnes mœurs se corrompent chaque jour ; lorsque les juges seigneuriaux ne se dirigent point par les seigneurs, leurs greffiers ou gens d'affaires, c'est alors par un procureur de village sur lequel ils établissent leur confiance ; ce procureur fait le jugement. D'après tout cela, quelle est la position du peuple? elle est facile à connaître: il plaide, à grands frais, même en première instance, et quels sont les jugements qu'il rapporte, Dieu seul le sait! Aussi voyons-nous rarement que les sentences des juges seigneuriaux, en général, restent sans appel, et nous voyons les parties descendre du premier tribunal au sieur lieutenant du ressort, et de là, par-devant les cours souveraines où ils achèvent leur ruine, soit par la multiplicité des formes à remplir, des incidents préalables, des frais immenses des procureurs et greffiers, et des sommes à épicer peu proportionnées à la fortune des parties et quelquefois même à la valeur de la cause à juger; aussi nous voyons, et que trop souvent! que les parties ayant mangé leur fortune à la poursuite de leur procès, sont forcées de renoncer au jugement parce qu'elles n'ont pas de l'argent pour payer les conclusions de Messieurs les gens du Roi, et les épices peu mesurées que le commissaire a fixées.

D'après ce que nous venons de dire, soit des droits seigneuriaux, dîmes, biens de l'Eglise, administrations de la province et de la justice, il est aisé de conclure que le tiers-état n'a jamais travaillé pour lui, il faut qu'il prenne sur son propre bien : 1° les droits seigneuriaux qui consistent aux lods, fournages, taxes, censes et autres redevances; 2° les droits de dîme pour les archevêques, évêques et gros abbés; il est très-souvent obligé de plier, à ce sujet, sous des vexations et oppressions extraordinaires ; il y a tous les jours des exemples, et nous en avons un de récent chez nous. Nos prieurs ont fait plaider un de nos laboureurs qui prétendait être exempt de la dîme sur les grains qu'il percevait dans les terres gastes qu'il avait mises en culture dans les domaines de la communauté. Ils l'ont traîné d'un tribunal à l'autre, et contre la teneur de la déclaration de Sa Majesté, que le laboureur implorait, un arrêt de la souveraine cour du parlement a maintenu les décimateurs à percevoir les droits de dîme; 3° le tiers-état doit prendre encore, sur les fruits de ses biens, le casuel qu'exige son curé soit pour messes, mariages, baptêmes et sépultures ; ce même peuple doit prendre enfin sur ses petits fruits la capitation, les autres impositions royales, les subsides provinciaux et ceux des vigueries; aussi ce peuple malheureux ne jouit du fruit de ses travaux qu'au moment qu'il les récolte, et à peine les a-t-il chez lui que, quel que soit le besoin de sa famille, il faut qu'il les vende pour remplir le payement des charges sous lesquelles il gémit, tandis qu'il voit les seigneurs, les ministres de l'Eglise et les commandeurs de Malte, qui sont presque tous décimateurs, jouir de biens immenses sans payer la moindre contribution; au contraire, si le peuple ne s'acquitte envers eux des charges auxquelles il est soumis, ils font sévir avec la dernière rigueur.

Nous devons donc nous flatter que notre Roi bienfaisant, qui aime son peuple, qui cherche à le rendre heureux, qui a fait des vœux et des projets pour la réformation des abus, et qu'en présence de cette nation assemblée, cette réformation s'effectuera sans avoir égard aux prétendus priviléges et droits des deux premiers ordres, qui, dans la calamité sous laquelle nous gémissons, n'auraient pas dû songer à toutes ces distinctions, et se rendre égaux avec le tiers-état pour le payement des charges royales et provinciales; et puisque ce sentiment généreux et juste n'a pas fait le partage de la noblesse et du clergé provençal, nous devons espérer de notre monarque bienfaisant la suppression des prétendus prérogatives, ou antiques usurpations que les deux premiers ordres voudraient soutenir en leur faveur pour faire supporter au peuple seul les contributions nécessaires pour régénérer les finances. Nous devons espérer que la suppression portera sur les droits seigneuriaux qui ruinent les peuples, sur les dîmes et casuels qui enlèvent aux malheureux habitants de la province la plus forte partie des fruits de leurs longs travaux. Nous devons nous promettre une justice gratuite et toute différente de celle sous laquelle nous gémissons depuis tant de siècles; nous devons nous promettre une juste égalité à nos impositions royales et provinciales établies par des assemblées dans lesquelles les trois ordres seront en nombre égal; nous devons espérer que notre monarque nous donnera une chambre de justice composée de juges de notre ordre, pour le jugement de nos causes, un syndic pour notre défense et la conservation de nos droits; nous devons enfin espérer que la régénération entière s'opérera et que notre bon Roi, bien loin de croire que l'Etat est en péril, qu'une révolution se prépare dans les principes du gouvernement par la fermentation des esprits, sera persuadé que son ordre du tiers-état sait se contenir dans de justes bornes sans avoir le dessein de recourir à des armes injurieuses et sanglantes qu'il laisse aux deux premiers ordres que la jalousie enflamme et que la haine irrite; que le tiers-état se borne à proposer ses réflexions avec cette confiance que donne la vérité qui ne réside que dans le tiers-état.

Nous ne saurions finir sans prouver les vexations que nos anciens prévôts ont exercées contre notre pauvre communauté. Par l'acte d'échange ci-devant relaté, le roi Charles, comte de Provence, ne donna pas les terres gastes au sieur prévôt, puisque la communauté en a toujours possédé ; c'est elle qui a toujours fixé les carraires pour les troupeaux qui viennent des montagnes, c'est elle qui a toujours joui des pâturages. Elle a plus fait encore : de bonne foi, et par méprise, elle se soumit à 20 florins de redevance envers le prévôt pour les droits qu'il pouvait avoir sur les terres gastes, ainsi qu'il conste de l'acte du 20 mai 1496, notaire Mallot, à Barjols; malgré cela, lesdits sieurs prévôts ont toujours perçu le droit du pulvérage. Ce droit est défini par les lettres patentes du 16 janvier 1764, qui disent que le droit de pulvérage est une juste indemnité due aux seigneurs dont les terres sont foulées par le passage des troupeaux qui y prennent la nourriture, et suivant les routes qu'on y trace pour la facilité du trajet.

La communauté ayant donc le domaine utile et le domaine direct, les terres gastes étant des régales majeures par nous acquises du Roi le 28 février 1743, le droit de pulvérage doit nous appartenir et non au prévôt; aussi en faisons-nous un article exprès de nos doléances pour nous éviter un procès avec le sieur prévôt.

Nous devons ajouter une autre vexation des prieurs sur le peuple pour prouver leur ambition. Anciennement, lorsque les préposés ou fermiers des prieurs allaient percevoir la dîme des agneaux, ils donnaient un repas aux ménagers et aux bergers de leurs troupeaux ; comme l'augmentation des denrées a rendu ces sortes de repas trop chers, MM. les prieurs, pour continuer de s'avantager sur le peuple, refusent le repas, et ne donnent que douze sous aux bergers.

Nous n'avions rien dit de l'administration des vigueries. Elles ont la juridiction de leurs chemins ; il est prouvé qu'en descentes, les sieurs administrateurs, suivis de leurs greffiers faisant fonction d'ingénieurs, dépensent presque toutes les sommes que les communautés imposent pour la viguerie, et s'il en reste quelque chose, ces mêmes administrateurs ordonnent des réparations aux chemins le moins utiles au commerce, mais le plus utiles aux seigneurs qui les demandent ; cela ne serait rien encore s'ils ne faisaient des dépenses que proportionnellement aux revenus ; mais quelles dépenses ne font-ils pas faire ? Elles sont considérables, et si fort considérables au point que presque toutes les vigueries de la province, malgré les augmentations d'impositions qu'elles font consentir, chaque année, aux communautés, font des dettes très-disproportionnées à leurs revenus annuels ; aussi, quand quelque communauté demande des réparations à ses chemins, les administrateurs demandent des comparants pour être autorisés à descendre sur les lieux, dresser leur procès-verbal, après lequel ces mêmes administrateurs disent que la viguerie n'a pas de fonds libres ; mais si une ou plusieurs de ces communautés sont soutenues de leurs seigneurs, MM. les administrateurs des vigueries empruntent. Si dans l'arrondissement il existe quelque chemin de seconde classe de province utile au commerce par sa position, et aux communautés par où il passe, s'il faut le changer du tableau pour faire la cour à un seigneur, MM. les administrateurs se donnent cette licence sans la délibération préalable. Si l'état des chemins de viguerie était imprimé et enregistré dans chaque communauté, on ne pourrait y toucher que sous le vu général, et quand on y ferait des changements, ce ne serait que pour le bien général. Nous avons chez nous un exemple récent de ces sortes de contraventions : le chemin de Barjols à Moustier, passant par Tererones et Quinson.

Quinson, qui donne facilité à l'exportation des denrées de la haute et de la basse Provence, et fait par conséquent le bien du commerce, fut changé du tableau par les sieurs administrateurs de viguerie qui le mirent par Baudinat. Ce chemin, qui est de seconde classe des chemins de province, a été fait à neuf depuis qu'il est désigné comme passant par Baudinat, tandis qu'il n'avait jamais été que très-légèrement réparé, non aux frais de la province, mais bien à ceux de la viguerie.

Les entrepreneurs ordinaires de vigueries sont des paysans ou de la ville ou des pays qui l'avoisinent ; ils sont les protégés des administrateurs des chefs-lieux ; ils sont hors d'état de ces travaux ; aussi nous voyons qu'à peine les ouvrages qu'on leur délivre sont finis, il y aurait nécessité de les recommencer, et il est reconnu que la viguerie les paye beaucoup plus chèrement. Cela provient de ce que l'ingénieur de viguerie n'a aucun principe pour un objet aussi important. Il ne peut

donc pas dresser de bons devis, il ne peut pas faire une estimation juste, et l'entrepreneur qui vient établir ses offres, aussi peu instruit que l'ingénieur, diminue aussi peu qu'il le peut le prix fixé par le procès-verbal, et est hors d'état de procéder aux réparations ou reconstructions qu'on lui confie. Il serait donc de la dernière importance d'obvier à tous ces abus qui ruinent les communautés.

Nous nous permettons de dire qu'il y aurait moyen de remédier à ces abus : ce serait d'obliger les ingénieurs de la province, chacun dans leur département, de dresser les procès-verbaux des chemins de viguerie ; tout semble l'exiger de même, soit parce qu'ils sont ingénieurs de la province, soit parce que leurs honoraires et gratifications sont payés par le corps de la province ; si cette double peine méritait des salaires plus considérables, les communautés les consentiraient.

Il faudrait encore que les réparations ou reconstructions ordonnées fussent mises aux enchères, non-seulement dans le chef-lieu de la viguerie, mais dans tous les endroits où de bons entrepreneurs font leur résidence ; dès lors les délivrances ne seraient pas passées, comme on l'a pratiqué jusqu'à présent, sous la cheminée de l'hôtel de ville du chef-lieu.

Il faudrait enfin que les maires-consuls des communautés dans le terroir desquelles les réparations ou reconstructions seraient ordonnées, eussent droit d'assistance aux délivrances et recettes, et que cette dernière opération fût faite par l'ingénieur.

Le sel.

La présente assemblée ajoute que le prix du sel est ici, comme dans toute la province, à un prix extraordinaire. Elle espère que notre bon Roi rendra le prix de cette marchandise, à l'étendue de cette province, uniforme à celui du reste du royaume, et Messieurs les magistrats des cours supérieurs n'ont pas fait des représentations pour obtenir la diminution du prix de cette denrée ; s'ils n'ont pas aidé l'administration de la province à obtenir un privilège à ce sujet, c'est parce qu'ils ont chacun un franc-salé qui les empêche d'en acheter, au contraire, ils en vendent ; et les pauvres habitants de la province en manquent le plus souvent, quoiqu'ils ne se soient jamais refusés à en payer le prix établi. La présente assemblée charge ses députés de veiller exactement à ce que cette réclamation ne soit pas oubliée dans le cahier général des doléances.

Receveurs des vigueries et de la province.

La présente assemblée ajoute encore, et charge ses députés de représenter l'inutilité qu'il y a d'avoir des receveurs de viguerie qui ne servent qu'à faciliter les communautés à contracter des dettes en leur faveur et sous un intérêt disproportionné. Un receveur général dans chaque province suffit, parce que les communautés plus éloignées trouvent facilement, par les moyens que leur fournissent les négociants, la facilité de faire payer au receveur général le montant de leurs impositions. Il faut donc que les sieurs députés demandent la suppression des receveurs particuliers, et une réduction sur les intérêts que devra percevoir le receveur général.

Les députés sont encore chargés de faire insérer, dans le cahier des doléances générales, qu'il plaise à notre bon Roi d'ordonner la révocation des sentences et arrêts obtenus contre les malheureux cultivateurs au profit des sieurs prieurs au sujet des dîmes , et que les dépens soient par eux rendus.

Les particuliers de ces lieux disent que les travaux de Mélassanque sont très pénibles et d'un très-longue production ; qu'il y a longtemps qu'ils gémissent sous l'imposition d'une taxe au douze établie par la communauté, et la dîme au vingt au profit du commandeur d'Aix ; que leur intérêt exige que ces deux impositions soient supprimées, et demandent la signature des principaux pour justifier sa réclamation, et que pour le bien des habitants en général, aucuns forains ne puissent plus à l'avenir introduire leur troupeaux dans nos terres gastes, ni aucuns forains y travailler à peine de confiscation de leurs travaux au profit des habitants du lieu.

Le haut prix des denrées n'est sans doute occasionné que parce que les négocians spéculateurs, les seigneurs ou leurs fermiers les gardent dans leurs greniers jusqu'à la veille d'une augmentation. Il serait donc à désirer que le Roi rendit un arrêt portant qu'à l'avenir les négocians spéculateurs, les seigneurs et leurs fermiers soient obligés de vendre au marché en détail et non en gros, et dès lors tous les grains ne manqueront pas aux pauvres pères de famille.

Signé Arond, consul ; Gilly ; Truffier ; Mercier ; Foncory ; N. Congey ; Chemin ; J. Massebœuf ; Truffier ; A. Mongey ; Vassal ; Grillon ; Bertrand ; Paul Gouin ; M.-A. Pourrière ; Guis ; Joseph Fouque ; Junaud ; Joseph Gireued ; Bertrand ; Pourrière ; Massebuesol ; Garaine ; J.-F Martin ; Heynen ; A. René ; Fouque ; Vincent Giraud ; Baudisson ; Constantin ; Lambert ; Audemar ; Fouque ; Angard ; Heynes ; Chabran ; Joseph Berne ; J. Hayrie Charbran ; Pierre Brun ; Brun, d'Olane ; Grandbois ; J. Long ; Charles Honoret ; Grandbois ; Massebœuf ; Amielh ; Michel ; A. Constantin ; Bœuf ; Baudisson ; Joseph Massebœuf, lieutenant de juge ; Mausset, greffier.

CAHIER

Des doléances, plaintes et remontrances de la communauté de Rians (1).

Assemblée générale de tous les habitants composant le tiers-état de ce bourg de Rians, sénéchaussée d'Aix en Provence.

L'an 1789, et le 25 mars, sur l'heure de midi, l'assemblée générale composant le tiers-état de ce bourg de Rians, s'est assemblée dans la chapelle des frères Pénitents blancs dudit Rians, en vertu des ordres du Roi, portés par ses lettres données à Versailles le second mars 1789, pour la convocation et tenue des Etats généraux de ce royaume, et satisfaire aux dispositions des règlements y annexés, ainsi qu'à l'ordonnance de M. le lieutenant général en la sénéchaussée générale de Provence, séant à Aix, du 12 du courant, dûment publiés et affichés le 22 dudit, aux formes prescrites par-devant maître François Ailhaud, avocat en parlement, juge dudit Rians, après avoir été convoqués tant le jour d'hier que de ce matin, au son de la cloche et cri public par la valet de ville, en la manière accoutumée, aux requêtes de messire Casimir Messié, docteur en médecine ; sieurs François Barrème et Lange Giraud,

(1) Nous publions ce cahier d'après un manuscrit des *Archives de l'Empire.*

maire et consul de ladite communauté, écrivant, maître Ignace-Elzéar Bourges, avocat en la cour, et greffier et secrétaire d'icelle, en laquelle assemblée ont été présents, lesdits sieurs maire et consul ; sieur Jean Verne, bourgeois ; maître Jean-François Brun, notaire royal ; sieur Honoré Verne, bourgeois ; sieur Antoine Fouque, marchand ; Jean-André Rebuffat, menuisier ; Joseph Lanier, négociant ; Toussaint Joannis, cordonnier ; Antoine Roux, fournier ; Antoine Rebuffat, menuisier ; sieur Jean-François Simionin, maître en chirurgie ; sieur Jacques-Laurent Rians-Rebuffat, ancien capitaine de vaisseaux marchands ; Antoine Daumas, négociant ; Vincent André, négociant ; Hyacinthe Durbec, potier de terre ; Jean Joseph Leydel, négociant ; Laurent Blanc, négociant ; Jean-Baptiste Davin, cordier ; Antoine Bizot, chapelier ; François Daumas, travailleur ; Toussaint Lech, travailleur ; Joseph Clary, travailleur ; Louis Verne, travailleur ; Antoine Senez, travailleur ; Honoré Durbon ; Denis Bremont, fournier ; Jean-Antoine Barles, laboureur ; Jean-Baptiste Martin, négociant ; Claude Barles, laboureur ; François Rebuffat, travailleur ; Pierre Jauffres, savetier ; Jean Sumian, travailleur ; Claude Lanier, travailleur ; Gabriel Coquilhat, travailleur ; sieur Honoré Lebrun ; sieur de la Valette ; messire Alexandre-Hilarion-Claude Cabrol, docteur en médecine ; sieur Jean-François Pelissier, bourgeois ; Jean Bellon, travailleur ; Louis Marin, travailleur ; Jean-Joseph Mauret, travailleur ; Jacques Pelissier ; Jean-Joseph Peynel, travailleur ; Léon-Joseph Lachaud, faiseur de chaises ; Joseph Bellon ; Joseph Pelissier, travailleur ; Joseph Tardieu, négociant ; Joseph Messié, officier royal ; François Bonnard, serrurier ; Jacques Pons, charbonnier ; Philippe Lanteaume ; Marc-Leydel, ménager ; Jean-Pierre Alpheran ; Jean-Louis Bellon ; Jean Garcin ; Jean-Baptiste Laffond ; André Leydel ; Joseph-Henri Aurel ; Jean-Pierre Rolland, travailleur ; Julien Maurras, laboureur ; Jean-Joseph Barrème ; Honoré Verne ; Honoré Clary ; Jean-Baptiste Durand ; Antoine Jauffrit, cordonnier ; Jean-Joseph Monier ; Jean Bourgiés ; Barthélemy Bronchier ; Georges Chabaud ; Jean-Pierre Jullien, travailleur ; sieur Antoine Brun ; sieur de Barlemont ; Jean-Baptiste Prunier, tisserand ; Jean-Joseph Magne, ménager ; Louis Lachaud, négociant ; Pierre Messié, tisserand ; Laurent Coquilhat, maréchal ; sieur Antoine Cabrol, bourgeois ; maître François Coquilhat, avocat et procureur du Roi pour les pauvres ; sieur Joseph Vernes, bourgeois ; François Lanteaume, ménager ; Pierre Baille ; Antoine Yvan ; Joseph Coquilhat, travailleur ; Pierre Finaud, ménager ; Honoré Bellon ; Joseph Prunier ; Pierre-Paul Maurel ; Charles Baille ; Joseph Maurel, laboureur ; Melchior Magne, ménager ; Hyacinthe Leydel, négociant ; Laurent Icard ; Joseph-Baptiste Châtaud, travailleur ; Lambert Coquilhat, ménager ; Denis Bellon ; Charles Yvan ; François Chabaud, travailleur ; Louis Bellon, maçon ; Jean Poirron ; Louis Meyfren ; Michel Durand, travailleur ; sieur Esprit Davin, bourgeois ; Alphonse Foly, serrurier ; sieur Joseph Fannifret, chirurgien ; Jacques Beauduon ; Jean Abel ; Bache Lanteaume ; Honoré Rebuffat, travailleur ; Jean Blanc, perruquier ; François Icard, cordonnier ; Claude Fabre ; Jean Pellissier ; sieur Honoré-Pierre-François Verne, bourgeois ; Louis Bellon ; Jean-Joseph Maurel ; Bache-Chabaud ; Thomé Magne, travailleur ; Laurent Rebuffat, négociant ; Pierre Lanteaume ; Jean Jardin ; Joseph Martin ; François Rebuffat, travailleur ; Vincent Jouve, ménager ; Jean-Joseph Borme, tailleur d'habits ; Jean-Pierre Daumas, négociant ; Melchior

Trenoux, bridier; Jean-François Benoît; Joseph Lanteaume; Jean Davin, travailleur; Laurent Dol, négociant; Honoré Baille, négociant; Denis Leet; Gaspard Leydel; Jacques Vialis; Joseph Chabaud; Alexandre Daumas; Denis Lanteaume; Bache-Rebuffat; Jean-Antoine Yvan; Etienne Honnorat; Louis Maurel, travailleur; Joseph Augarde, vivandier; François-Honoré Chabaud; Antoine Clément, travailleur; Esprit Magne, ménager; Joseph Beauduen; Antoine Daumas; Antoine Magne, travailleur; sieur Ailhau, cavalier; Jacques Leydel; Jean-Louis Garcin, travailleur; Michel Baille, tisserand; Joseph Leydel; Etienne Barthélemy; Etienne Baille, négociant; Vincent Chabaud; Antoine Lanteaume; Jean-Joseph Pellostier, travailleur; Guillaume Audibert, cordonnier; Bache-Rolland; Joseph Garron, travailleur; Jacques Roux, savetier; Joseph Magne, ménager; Joseph Leet; Laurent Rebuffat; Joseph Beaucle, travailleur; Honoré Rebuffat, négociant; Sauveur Jauffret, vitrier; Joseph Garcin, berger; Charles Bonnard, maréchal; Henri Laurent, tailleur d'habits; Louis Poullidon, meunier; Antoine Martin, négociant; Antoine Barrême, négociant; Michel Louchons, cardeur de laine; Maurice Leet; Ignace Dol, perruquier; Joseph Leaulier, tisserand; Antoine Davin, négociant; Louis Portalier, bastier; Gaspard Nourrit; Joseph Verne, ménager; Joseph Trouche, maréchal; Louis Nègre; Louis Chabaud; Antoine Rolland; Laurent Richier; Antoine Coquilhat; Antoine Verne; Antoine Rolland; Toussaint Nègre, travailleur; Claude Pellissier, charretier; Pierre Leydel, ménager; Joseph Bellon; Jean-Pierre Lanteaume, travailleur; Antoine Martin, maçon; Joseph Rebuffat, muletier; Claude Baille; Jacques Espinassy; Jean Peirron; Jean Berthe; Pierre Leydel; François Leydel, ménager; André Lanteaume; Jacques Maurel; Jean-Baptiste Laffond; Laurent Richard, travailleur; François Louchons, paveur; Jean-Joseph Durbon; Pierre Clary, travailleur; Honoré Magne, ménager; Claude Dauphin, perruquier; Etienne Court, négociant; Joseph Vialy; Antoine Chabaud; Jean-Pierre Leet, travailleur; Jean-Baptiste Nitard; Laurent Martin, maçon; Alexis Lanteaume; Laurent Augarde; Jean-Baptiste Viviers, ménager; Claude Lanier, travailleur; Jean-André Louchons, cardeur de laine; Louis Doste, cordonnier; sieur François-Félix Brunier, bourgeois; Laurent Pellostier, maçon; Nicolas Ambry, serrurier; Antoine Rebuffat, travailleur; Jean-Baptiste Coquilhat, négociant; Joseph Pardigon, barrillard; Jean-Augustin Savy, négociant; Pierre Coquilhat; Joseph Rougiés, travailleur; Jean-Vile Leydel, ménager; Etienne Richaud, travailleur; Balthazar-André Gipier; François Alpheran, cordonnier; Joseph Nègre, maçon; Auguste Maurel; Léon Lachaud, menuisier; Laurent Pons, charbonnier; Joseph Sabatier; Jean-Pierre Pellostier; Louis Baille, travailleur; André Fabre, maréchal; Louis Berthe; Joseph Daumas; Honoré Messié; Jean-Antoine Davin, travailleur; Jean Rebuffat, plâtrier; Jean-Pierre Court, menuisier; Antoine Coquilhat; Honoré Laffond; Charles Negre, travailleur; Jean-Baptiste Lanteaume, ménager; Jacques Isnard; Jean-Baptiste Bellon, travailleur; Jean Laurent Bailles, tisserand; Antoine Clemens; Antoine Verne; Denis Maurel; Jean-Joseph Coquilhat; François Coulomb; Pierre Durand; François Laffond; Joseph Coquilhat; Antoine Rolland; Jacques Coquilhat; François Bourchier; Sévère Leydel; Jean-Joseph Berthe; Pierre Guillaudon; Honoré Lanteaume; Claude Magne; Laurent Guillaudon; Honoré Lanteaume; Melchior Gay; Jean-Antoine Magne; Jean-Honoré Coquilhat; Pierre

Coquilhat, ménager; Joseph Pellissier; Jean-Pierre Coquilhat; Claude Brouchier; Pierre Louchons; Guillaume Isoard; Augustin Coquilhat, ménager; Joseph Arène; Auguste Gueirrard; Joseph Lanteaume; Jean-François Fouve, travailleur; Jacques Rolland, tailleur d'habits; Sébastien Durbon; Jean-Louis Jouve; Joseph Nègre; Maurice Coquilhat; Bache-Coulomb; Joseph Leydel; Michel Beauduen, travailleur; Jean-Joseph Verne, ménager; Joseph Peausin; Guillaume Aubert; Joseph Olivier; Honoré Toulon; Jean-Louis Jouve; Honoré Chabaud; Louis Coquilhat; Jean-Joseph Yvan; Etienne Clary; Philippe Lanteaume; Jean Durand; Honoré Coquilhat; Gaspard Lanteaume; Joseph Monier, travailleur; Jacques Leydel, négociant; Pierre Maurel, cordonnier; Jean-Baptiste Monier; Jean-Baptiste Verno, travailleur; Jean-Joseph Thenoux, négociant; Jean-Baptiste Garcin, négociant; Laurent Rey, travailleur; Jacques André, cordonnier; Jacques Durand Denis Bellon; Auguste Rolland, travailleur; Jean-Baptiste Toulon; Denis Monier, ménager; Jean-Auguste Daumas; Jean Bourrely, barrillard; Joseph Leydel; Laurent Baisse; Toussaint Davin; Jean-Joseph Garcin, négociant; Auguste Peyroa; Honoré Payan; Jean-Baptiste Lanier; Jean-Joseph Monier; Jean-Joseph Jardin, travailleur; sieur Jean-Baptiste Rebuffat, maître en chirurgie,

Tous nés Français, ou naturalisés, âgés de vingt-cinq ans, compris dans les rôles des impositions et habitants de ce bourg de Rians.

Ledit maître Messié, maire et premier consul de cette communauté, a dit :

« Messieurs,

« Il nous a été intimé, par le ministère d'un huissier en la sénéchaussée d'Aix, le 21 du courant, la lettre du Roi, du 2 dudit, le règlement y annexé, et l'ordonnance de M. le lieutenant général en ladite sénéchaussée, du 12 dudit mois, pour la convocation des Etats généraux du royaume, à Versailles, le 27 avril prochain.

« Avant de vous instruire plus particulièrement des motifs pour lesquels cette assemblée a été convoquée, il est nécessaire que vous ayez connaissance desdits règlements; le greffier va nous en faire la lecture. »

Lecture faite de la lettre du Roi, du règlement y annexé, et du règlement particulier pour le comté de Provence et de ladite ordonnance, ledit maître Messié a dit :

« Messieurs,

« Nous touchons au moment d'une heureuse révolution; le temps approche où le peuple va sortir de l'oppression sous laquelle il gémissait, et jouir de l'avantage de voir ses droits éternels universellement reconnus. Des privilèges anciens, fruits de la barbarie et de l'ignorance, que la force avait arrachés ou surpris à la faiblesse, vont céder à des principes dont la justice est avouée par la nature et par la raison.

« En vain les deux corps, non les plus nombreux, mais les plus puissants de l'Etat, ont fait tous leurs efforts pour détruire ou faire méconnaître les droits du peuple; leur évidence a été si bien établie que la presque totalité de la noblesse française a été forcée de leur rendre hommage. Si le clergé et une petite partie de la noblesse se refusent encore à les reconnaître, l'adhésion forcée, qu'ils seront bientôt obligés d'y donner, rendra le triomphe de nos droits encore plus éclatant.

« Des événements désastreux ont conduit la

France à deux doigts de sa perte. Les Etats généraux ont été regardés comme l'unique moyen de la prévenir. Leur objet est le salut de la France. C'est là que le meilleur des rois a déclaré vouloir concerter avec la nation les dispositions les plus propres à consolider pour toujours l'ordre public et la prospérité de l'Etat.

« C'est là que chaque sujet serait jaloux de porter au pied du trône ses vœux, sa fortune et toute son existence. C'est là que le clergé, la noblesse et le tiers-état, présenteront l'image attendrissante d'une seule famille et le spectacle touchant de leur amour pour le souverain qui en est le père.

« C'est pour remplir le double objet de la régénération de l'Etat et de la félicité publique que notre monarque cherche aujourd'hui à s'environner de la nation. C'est par la nation elle-même qu'il veut faire sonder toutes les cavités de l'abîme effrayant qui se trouve dans les finances ; c'est par elle qu'il doit être comblé.

« L'un des grands moyens pour y parvenir est la contribution proportionnelle de tous les ordres à toutes les charges publiques, à raison des facultés individuelles et des revenus de chaque citoyen. Plus nous tenons à l'association générale par l'importance de nos possessions, plus nous sommes obligés de lui rendre. De ce principe qui tient à l'essence du contrat social, et qui dérive de la nature elle-même, il est aisé d'en conclure l'abolition de cet abus avilissant qui exempte de presque toutes les impositions ceux qui possèdent le plus pour les faire supporter à ceux qui possèdent le moins.

« Alors s'anéantiront pour toujours ces mots barbares de priviléges, d'exemptions pécuniaires. Un intérêt égal fera naître l'harmonie, une égale répartition de l'impôt la rendra ferme et inaltérable. De là découleront nécessairement des règlements salutaires, qui, en ramenant l'ordre dans toutes les parties de l'administration, feront de la France un état inébranlable dont la base reposera sur l'union et le patriotisme de tous les citoyens.

« Puissions-nous, Messieurs, voir réaliser bientôt un espoir si consolant ! Puissions-nous jouir bientôt des fruits heureux que cette révolution nous prépare, et dont la majeure partie sera recueillie par vos enfants ! C'est ainsi que notre monarque jouira de l'amour et bénédiction de la génération présente et des générations à venir. Mais disons aussi que cette Providence éternelle, qui veille au bonheur des humains, devait à la nation française ce Roi juste et bienfaisant qui ne demande qu'à connaître le bien pour avoir l'intention et la volonté de le faire ; ce ministre philosophe, qui, en travaillant pour la gloire du maître qu'il a volontairement choisi, ne veut et ne cherche d'autre récompense que celle à laquelle aspirent les âmes vertueuses, la satisfaction de faire le bien.

« Sa Majesté désire ardemment la félicité publique, mais elle veut que notre bonheur soit notre propre ouvrage. En convoquant les Etats généraux du royaume, son intention est qu'ils soient assemblés légalement et que chaque sujet jouisse du droit individuel et incessible de concourir médiatement ou immédiatement à la rédaction du cahier d'instructions et doléances, et à la nomination des représentants de la nation. Tels sont les objets pour lesquels nous sommes ici assemblés.

« Vous avez donc à procéder à présent à la rédaction du cahier des plaintes, doléances et remontrances que vous jugerez à propos de faire à Sa Majesté, soit pour lui présenter les moyens de pourvoir et subvenir aux besoins de l'Etat, ainsi qu'à tout ce qui peut intéresser la prospérité du royaume, et celle de tous et chacun les sujets de Sa Majesté. Vos doléances seront donc relatives soit à ce qui peut concerner le royaume en général, soit à ce qui a rapport à l'administration de cette province, et en particulier à cette communauté ; votre patriotisme vous dictera les premières, votre intérêt particulier vous inspirera les dernières. »

L'assemblée a unanimement, et par acclamation, arrêté et délibéré les instructions et doléances ci-après :

Que les Etats généraux seront assemblés périodiquement de trois ans en trois ans.

Qu'ils détermineront les changements qui doivent être faits aux règlements provisoires de sa Majesté ; que cette loi nouvelle sera exécutée dans tous les temps, sans qu'aucune puissance ne puisse refuser d'y obéir.

Que les Etats généraux ont seuls le droit de fixer la forme de l'impôt et sa mesure ; qu'en conséquence, nulle loi bursale ne pourra être exécutée dans aucune province sans le consentement préalable et formel des Etats généraux ; que tous ministres et tous officiers civils et militaires qui contreviendront à cette règle seront coupables de lèse-nation et poursuivis comme tels dès qu'ils auront été dénoncés par les Etats généraux.

Que, nul impôt ne sera consenti dans les prochains Etats généraux, que les cahiers de dépenses et de recettes et les pièces justificatives n'aient été scrupuleusement examinés.

Que pour faire cesser les abus et les maux du peuple, il ne sera levé qu'une seule imposition sur les terres, qui frappera tous les biens et droits quelconques venant desdits biens, sans avoir égard aux priviléges des provinces, des ordres et des villes.

Que les impositions devant aussi être supportées par l'industrie, il sera établi une règle de proportion entre l'imposition qui frappe les terres et celles qui sera sur l'industrie.

Que les rentes constituées soient frappées d'une imposition égale à celle qui sera mise sur les terres.

Que dans le cas de guerrre, il ne sera pas permis aux ministres de Sa Majesté d'ouvrir des emprunts pour pourvoir aux dépenses extraordinaires, et que les Etats généraux seront assemblés extraordinairement pour consentir un surcroît d'imposition ; que le ministre qui contreviendra à ce règlement sera poursuivi à l'instigation des Etats généraux, comme coupable de lèse-nation ; que les impositions seront réparties dans chaque province, eu égard à leur commerce ; que les Etats provinciaux les répartiront sur chaque ville, et les consuls sur tous les habitants ; que les deniers seront délivrés aux fermiers des impositions et par eux versés dans la caisse des provinces.

Que les réclamations des provinces ne pourront être jugées que par les Etats généraux.

Que la nation achète les salines qui sont dans le royaume ; que le prix du sel y soit uniforme.

Que, conformément aux intentions de Sa Majesté, tous les péages, les bureaux établis dans l'intérieur du royaume soient supprimés, sauf indemnité ; que la circulation soit absolument libre et les barrières aux extrémités du royaume.

Qu'il soit, tous les ans, rendu un compte des finances par celui qui en sera chargé.

Qu'aux Etats généraux il soit donné un compte

général, que les ministres et les agents soient responsables des erreurs qui y seront reconnues, et que l'on pourra attribuer à dol.

Que les États généraux défendent à tous officiers militaires d'arrêter, sans un décret expédié par le juge naturel, aucun citoyen.

Qu'ils déclareront les lettres de cachet illégales; qu'en conséquence, nul officier, de quelque espèce qu'il soit, nul Français ne peut ni les demander ni les exécuter; que ceux qui seront coupables de contravention à ce sujet seront poursuivis devant les cours souveraines, punis de mort ou du moins de peine corporelle.

Que chaque citoyen ayant un certificat des consuls des lieux où il avait son dernier domicile, pourra voyager et défenses à l'arrêter.

Que, pour empêcher néanmoins les abus, les consuls ne délivreront un certificat que lorsque la personne aura habité pendant trois mois leur municipalité.

Que les juges ne pourront faire emprisonner un citoyen sans une information précédente et sans l'avoir décrété de prise au corps.

Que nul décret de prise au corps ne pourra être rendu que pour délit qui emporte peine corporelle.

Que dans le cas où ces délits où le coupable serait arrêté au cri public, il sera sur-le-champ informé, et le décret rendu dans les vingt-quatre heures.

Que les magistrats ayant la police ne pourront faire mettre dans les prisons royales qui que ce soit, mais qu'ils puniront les contraventions par des amendes pécuniaires.

Que les États généraux réformeront notre code criminel, qu'ils établiront l'instruction publique et qu'ils donneront des défenseurs aux accusés.

Qu'ils adouciront certaines peines capitales prononcées contre les délits; telles sont celles qui sont établies contre les voleurs de grands chemins et les voleurs domestiques.

Que les États généraux s'occuperont des abus et de la suppression des justices seigneuriales. Les faits de la police ordinaire appartiendraient aux consuls qui prononceraient sans appel avec cinq personnes choisies dans la municipalité, sans observer aucune forme, et sans retirer des rétributions pour leurs travaux, et que les privilèges des offices de mairie et de police dévolus aux communautés de Provence leur seront dévolus attendu leur réquisition.

Que toutes les juridictions ecclésiastiques, cartulaires ou d'attribution, et surtout les intendances n'exceptant que celle des juges consuls, soient supprimées; leurs causes dévolues aux juges ordinaires, sauf l'indemnité.

Que nul, quelque grade qu'il ait, quelque place qu'il occupe, ne pourra évoquer, hors de la province, ses procès, de quelque nature qu'ils soient.

Que le conseil du Roi ne puisse prononcer que sur les demandes en cassation des arrêts rendus par les cours; que les cas de cassation soient déterminés, et qu'aux États généraux on puisse dénoncer les arrêts du conseil qui auront porté quelque atteinte à la règle établie.

Qu'il serait utile que toutes les places de judicature fussent à vie et non héréditaires; que les États provinciaux proposassent à Sa Majesté trois sujets légalement élus pour remplir les vacances; que les États généraux s'occuperont de l'indemnité.

Que les cours s'occuperont des honoraires dus à ces officiers pour leurs travaux.

Que les contraventions seront punies par la perte de la commission, par des amendes; que le coupable sera déclaré, par affiches, indigne d'obtenir d'autres commissions.

Que les personnes du tiers-état seront de droit en concours avec les nobles pour toutes les places et commissions de justice; que, pour en alléger les frais, on supprimera tous les droits royaux et l'on prendra des arrangements pour que tous les tribunaux jugent sans épices.

Que nul échange, nulle vente des biens domaniaux ne seront parfaits à l'avenir qu'après que les États généraux lui auront donné son consentement.

Qu'il sera établi que l'on prescrit contre le Roi comme on prescrit contre les citoyens.

Que les droits de prélation soient anéantis.

Que les censes, les banalités et la directe puissent être rachetées soit par les particuliers, soit par les communautés.

Que les États généraux ordonneront la vente de tous les biens et droits ecclésiastiques et la suppression des dîmes; que l'intérêt du produit des ventes ainsi que l'équivalent des dîmes sera donné tous les ans soit par le trésorier général de la province, soit par le fermier de l'imposition aux titulaires. Qu'à leur mort leur titre supprimé; le produit des ventes des biens ecclésiastiques employés à l'extinction des dettes nationales.

Qu'il soit décidé qu'il ne peut plus y avoir que trois sortes de personnes qui devront vivre de l'autel: les évêques, les curés et les secondaires ou vicaires; qu'on assignera à chacun des revenus proportionnés à la grandeur de leur ministère, qui leur seront payés par les trésoriers généraux des provinces et par les fermiers de l'imposition.

Que les évêchés seront divisés de manière que chaque titulaire ait le même nombre de fidèles sous sa juridiction.

Que le Concordat soit déclaré une loi monstrueuse; que toutes les pensions, les annates, reserves, les lois de la chancellerie romaine soient abolies.

En conséquence, qu'à la mort d'un évêque, les États provinciaux choisissent, sans distinction de personnes, trois sujets pour être proposés à Sa Majesté, qui donnera à l'un d'eux des provisions; que les États nommeront les curés, et que leur élection vaudra provision et investiture.

Que les curés choisiront leurs vicaires sous l'approbation de l'évêque; que toutes les personnes ecclésiastiques seront soumises aux juges ordinaires.

Que les députés de Provence demanderont secours aux États généraux et au Roi pour obtenir la suppression des règlements faits précédemment pour leur organisation, et la convocation générale des trois ordres.

Qu'ils déclareront que nos États ne peuvent être libres qu'autant que les élections des députés du tiers seront faites dans un conseil général de tous chefs de famille, et dans une assemblée de viguerie.

Que le tiers-état doit avoir un nombre de voix égal à celui des deux autres ordres réunis.

Que les nobles sans distinction seront convoqués aux assemblées de la noblesse; qu'ils voteront et concourront dans l'élection.

Que les curés et autres ecclésiastiques dans l'ordre du clergé voteront et concourront pour l'élection.

Que dans les États les délibérations seront prises par tête, et à la pluralité des suffrages.

Que le président sera élu et que les membres de

ous les ordres voteront et concourront à l'élection.

Que le syndic du tiers aura entrée et voix délibérative aux Etats.

Qu'on fera tous ses efforts pour que la procuration de la province soit séparée du consulat de la ville d'Aix, chaque communauté ayant ressenti des peines et des maux par l'influence qu'a la réunion du double pouvoir.

Que tous agents du fisc seront exclus des élections ainsi que toutes les charges municipales et de la province.

Que les députés du tiers dénonceront aux Etats généraux l'élection faite par les possédants fiefs se disant la noblesse de Provence au mépris des règlements provisoires et généralement adoptés; qu'ils s'uniront de cœur à la députation qui viendra des sénéchaussées comme étant le résultat du vœu de la véritable noblesse.

Qu'ils réprouveront les opinions des possédants fiefs quant aux impositions qui frappent sur les biens, comme éversives d'une bonne constitution, comme opposées aux maximes annoncées par les Français, qui sont que les exemptions des tributs sont abusives, et que chaque citoyen doit les payer en proportion de sa propriété et de l'industrie, comme pouvant soutenir un esprit de division, qui, s'il eût été général, aurait empêché la tenue des Etats généraux.

Qu'ils blâmeront les ministres qui avaient exclu des emplois militaires les personnes du tiers-état, et demanderont une déclaration qui rende à cet ordre, qui soutient et le trône et le clergé et la noblesse, toute sa dignité.

Qu'il est intéressant pour la nation que les règlements pour la milice soient corrigés afin que le pauvre peuple soit moins foulé, et que toute police, à ce sujet, soit donnée exclusivement aux municipalités.

Qu'il l'est encore plus que toutes les lois et les délibérations soient dans les Etats généraux le resultat de la pluralité des opinions; c'est pourquoi les députés se garderont de délibérer par ordre et ne voteront que dans les assemblées où les membres de divers ordres seront réunis.

Qu'ils promettront, sous la foi du serment, de ne consentir aucun impôt avant que les griefs de la nation soient redressés et les règlements qui rétabliront la liberté du tiers-état parfaits et consentis.

Tous ces articles de doléances ayant été arrêtés d'une voix unanime, un des présents s'est levé et a dit: « Messieurs, les pauvres de ce pays ont souffert des dégâts dans leur terre par les chasseurs qui disent être les délégués du seigneur, et par les pigeons; que le droit de chasse est à la communauté par les transactions anciennes; le seigneur de ce pays donne donc ou vend ce qui n'est pas à lui et ce qu'il ne pouvait pas céder. Qu'il est utile que chacun puisse défendre sa propriété. Un autre principe ne pourrait être admis à moins qu'on ne prouvât à un homme qu'il doit préférer la conservation d'une bête pour laquelle il ne peut pas avoir des affections, à la sienne; qu'il est évident que le seigneur a usurpé ce droit que la communauté ne peut pas perdre par prescription; que dans ces circonstances on doit recommander aux députés de faire des observations afin que tous les citoyens puissent défendre leurs propriétés, et que tout maître de colombier le ferme dans l'intervalle où les blés viennent à maturité et lors des semences. »

Ces propositions ont été accueillies à la grande pluralité d'opinions.

Il a été encore décidé que les députés de cette communauté promettront, sur leur conscience, ne donner leurs suffrages qu'à des hommes vertueux, incorruptibles, qui se soient montrés amis du tiers, et qui puissent, dans les Etats généraux, soutenir les intérêts de la province et de la communauté.

Signé Ailhaud, juge; Castelan, greffier; Messié, maire; Barrème, consul; Giraud, consul; Bourgerolle; Cabrol; Coquilhas; Juerne; Rebuffat; H.-J. Verne; Coquilhas; Joseph Verne; Freincony; Fouque; Éloi Jauffres; Verne fils; Pellissier; Barrème; Rebuffat; Fouque; Louis Lochucy; Cabrol, Brun, Leydes; Vandré; Pardigon;Joannis; Rebuffat; Icard; Davin; J.-J. Reinet; Lachaud; Durbé; Dauphine; J.-L. Savy; Lautier; F. Brunier; Bourgeois; Castelany; Laurent; Blanc, négociant; H. Leydet; J.-G. Dumas; J.-P. Court; Antoine; Martin; F.-H. Chabaud; A. Daumas; J.-B. Brunier; Bellon; Etienne Leydel; J.-B. Coquilhas; Dourbon; Chabry; Lanteaume; Algehorony; Poulidon; Leydel; J. Leydel; J.-J. Berthe; La Valerc; Bonne; J. Frome; E. Augarde; S.Jauffret; J. Robin; A. Louchon; L. Coquilhas; Martin; Maurel; de Partemond; Martin; J.-J. Thenous; T. Merene; Ailhaud, juge.

CAHIER

Des doléances, plaintes et remontrances de la communauté de Riboux, sénéchaussée d'Aix en Provence (1).

L'auguste souverain qui ne s'occupe que du bonheur de ses sujets, a enfin fixé le jour de l'assemblée des Etats généraux au royaume au 27 du mois d'avril prochain. Il les a invités auparavant à lui proposer et à lui remontrer tout ce qui peut concerner les besoins de l'Etat, la réforme des abus, l'établissement d'un ordre fixe et durable dans toutes les parties de l'administration, la prospérité générale du royaume, et le bien de tous et de chacun de ses sujets. Sa tendre sollicitude embrasse principalement ceux d'entre eux qui forment la portion la plus considérable, la plus utile et la plus chargée de la nation, c'est-à-dire le tiers-état.

La communauté de Riboux, pénétrée d'un si grand bienfait, et profitant d'une faveur aussi signalée qui la confirme toujours plus dans les justes sentiments d'amour, de respect et de reconnaissance qu'elle doit à Sa Majesté, lui présente, avec la confiance qu'elle lui a inspirée, ses très-humbles et très-respectueuses doléances et remontrances: 1° sur l'etat affligeant où elle se trouve; 2° sur les affaires particulières de la province, et 3° sur les objets qui intéressent la généralité du royaume.

§ 1er. *Sur l'état affligeant où elle se trouve.*

Le territoire de la communauté de Riboux est situé au pied de la montagne de la Sainte-Baume, et dans la partie méridionale. Il est de peu d'étendue et entrecoupé de vallons et de ravins; la qualité du terrain est en partie médiocre et généralement mauvaise. Les habitants, qui composent huit familles seulement, n'en obtiennent un faible produit que par les travaux les plus durs et les plus pénibles; ils sont même très-souvent frustrés de leurs espérances par les orages et les eaux des ravins qui emportent leur récolte et

(1) Nous publions ce cahier d'après un manuscrit des *Archives de l'Empire.*

comblent leurs terres cultivées de graviers et de cailloux, ce qui les a mis dans le cas d'en abandonner une partie. Ces terres supportent près de 700 francs d'impositions pour les charges royales, provinciales et locales auxquelles elles se trouvent soumises, qui sont réparties sur ces huit familles et sur cinq forains possédant biens; elles sont excessives relativement au produit du terrain et aux inconvénients qui privent presque toujours les malheureux cultivateurs du prix de leurs travaux, qu'ils seront dans la dure nécessité d'abandonner un jour, si Sa Majesté ne leur tend une main secourable pour alléger le fardeau de leurs impositions.

Dans les rôles de la capitation, cette communauté est comprise pour 68 livres en principal qui sont réparties sur les huit familles qui habitent cette triste et malheureuse contrée. C'est une autre imposition qui pèse sur leurs têtes et qui n'est, en aucune manière, proportionnée à leurs facultés ni à leur industrie, qui est bornée à nourrir quelques bestiaux en indemnisant le seigneur qui possède les pâturages des terres gastes, et à labourer des terres ingrates.

Dans la division municipale de la province, cette communauté se trouve rangée dans la viguerie de Saint-Maximin. Elle lui a exposé sa détresse dans plusieurs occasions, avec prière de porter ses plaintes aux États, ou aux assemblées provinciales; mais elle n'a jamais été écoutée: les justes secours qu'elle sollicitait, et qu'elle était dans le cas d'obtenir, ont été accordés à des communautés plus considérables qui ont eu plus de crédit qu'elle auprès des administrateurs de la province.

Sa position dans la montagne et le défaut d'entretien des chemins rendent sa communication difficile avec les villes et les lieux circonvoisins; les chemins qui lui servent à exporter le peu de blé qu'elle perçoit, les habitants ne réservant pour leur nourriture que les grains grossiers, tels que le seigle, l'orge, etc., seraient praticables s'ils étaient entretenus; elle paye annuellement son contingent pour leur entretien en corps de viguerie, sans quelle puisse y obtenir des réparations. Il est vrai que la viguerie a délibéré plusieurs fois les réparations, mais elles ont toujours été détournées par des seigneurs qui ont absorbé tous les fonds de cette viguerie, pour les employer à se faire des chemins de commodité et d'agrément.

Dans cette position fâcheuse, la communauté n'a plus rien à espérer que de la justice du Roi. Elle le supplie d'ordonner que dorénavant ses impositions soient diminuées et proportionnées aux revenus, et aux facultés et à l'industrie de ses habitants; et que dans les États provinciaux ses plaintes et ses réclamations soient accueillies en tout ce qu'elles auront de juste et de raisonnable.

§ 2. Sur les affaires particulières et relatives à la province.

L'administration de la province présente beaucoup d'abus et d'inconvénients. Les deux premiers ordres votent des impositions qu'ils ne payent pas; leur représentation numérique dans les États étant plus considérable que celle du tiers, la prépondérance leur est assurée pour ne faire délibérer que ce qu'ils veulent, et pour conserver leurs injustes et antiques privilèges. La communauté se joint aux autres communautés de la province, pour demander à Sa Majesté la convocation d'une assemblée générale des trois ordres

justement composée, pour réformer ou former la constitution du pays; qu'à cet effet, il soit permis aux communes de se nommer un syndic avec entrée et voix délibérative aux États; de s'élever contre la perpétuité de la présidence et contre la permanence de tout membre non amovible, ayant, en l'état des choses, entrée auxdits États; de requérir l'exclusion des mêmes États des magistrats et de tous officiers attachés au fisc; la désunion de la procuration du pays, du consulat de la ville d'Aix; l'admission des gentilshommes non possédants fiefs et du clergé du second ordre dans les États; l'égalité de voix pour l'ordre du tiers contre celles des deux premiers ordres réunis, tant dans lesdits États que dans la commission intermédiaire, et surtout l'égalité de contributions pour toutes charges royales, provinciales et locales, sans exception aucune, nonobstant toute possession et tous privilèges quelconques; l'impression annuelle des comptes de la province, dont envoi sera fait à chaque communauté; que le clergé de cette province versera ses contributions dans la caisse du trésorier du pays et non ailleurs, et que l'imposition de 15 livres par feu affectée à la haute Provence, et la répartition des secours que le Roi accorde au pays sera faite dans le sein des États, et par eux arrêtée, ce qui empêchera que ces secours ne soient distribués par protection et par faveur, au préjudice des communautés qui ont le plus souffert, comme il est arrivé à cette communauté.

§ 3 et dernier. Sur les objets qui intéressent la généralité du royaume.

Plusieurs objets très-essentiels au bien général du royaume et des sujets forment encore le motif des remontrances de cette communauté. Elle charge les députés du tiers aux États généraux de voter que les suffrages y seront pris par tête et non par ordre; d'y solliciter la réformation du code civil et criminel; la suppression de tous les tribunaux inutiles et onéreux; une attribution de souveraineté à ceux des arrondissements jusqu'à une somme déterminée; l'abrogation de toutes lettres attentatoires à la liberté des citoyens; la faculté à ceux-ci, de quelque ordre qu'ils soient, de concourir pour tous emplois militaires, bénéfices et charges attributives de la noblesse; de réclamer contre la vénalité des offices; de demander une modération dans le prix du sel rendu uniforme par tout le royaume; l'abolition de tous droits de circulation dans son intérieur; le reculement des bureaux des traites dans les frontières; l'abrogation des droits de contrôle, de centième denier et d'insinuation sur les actes, en conservant néanmoins la formalité du contrôle, et qu'à cet effet, il sera établi un impôt léger et uniforme pour le payement des commis.

L'extinction des droits seigneuriaux et féodaux, qui sont une source de litiges, d'embarras et de gênes dans les ventes et dans les affaires publiques, et qui tiennent le peuple dans un reste de servitude qui l'accable et l'avilit; qu'à cet effet, ces droits seront remboursés sur le pied qu'il plaira à Sa Majesté de fixer.

La suppression des justices seigneuriales qui seront remplacées par des justices royales, en indemnisant les seigneurs hauts justiciers, si le Roi le trouve juste et raisonnable. L'extinction des droits féodaux, et la suppression des justices seigneuriales produiraient le précieux avantage qu'au moment où la nation espère n'avoir qu'une loi, tous les biens du royaume seraient libres, et les sujets ne connaîtraient plus d'autre seigneur que leur Roi.

La réforme du haut clergé, la suppression des chapitres cathédraux et collégiaux et des ordres religieux comme étant inutiles à la religion et à l'Etat.

L'abolition des dîmes, et au moyen de ce, les peuples seraient soumis à l'entretien de leurs évêques, de leurs curés et de leurs vicaires, seuls ministres de la religion utiles et nécessaires, dont les rétributions seront fixées par Sa Majesté, moyennant lesquelles rétributions, les peuples seront exempts de tous frais relatifs aux dispenses de publication des bans, des degrés de parenté pour les mariages, et autres qui seront expédiées gratuitement, et de tout casuel envers les ministres des autels.

L'abolition des droits d'annates et d'expédition des bulles, droits injustes usurpés par les papes, et inconnus avant le quatorzième siècle; cette espèce de tribut fait sortir annuellement plusieurs millions du royaume qui serviront à diminuer les charges du peuple.

Le rétablissement de la Pragmatique-Sanction, en réservant à Sa Majesté la nomination aux évêchés, sur la présentation qui lui sera faite de trois sujets élus par le peuple.

L'établissement d'une imposition territoriale en fruits et en nature, laquelle supprimant absolument la taille, impôt destructeur, portera sur tous les fonds indistinctement, nobles, ecclésiastiques et roturiers, adoucira le sort des propriétaires, et coupera la racine à l'injuste distinction qui a très-longtemps subsisté entre les nobles, les gens d'église et les roturiers.

Sa Majesté trouvera dans un impôt, dans celui qu'il conviendra d'établir sur l'industrie, sur les biens d'autre nature que les biens-fonds et sur les objets de luxe, et dans les biens du clergé qui tomberont dans sa main en réformant le haut clergé, et en supprimant les ordres monastiques et religieux, de quoi subvenir aux besoins de l'Etat, le moyen de couvrir le déficit qui se trouve dans les finances, et de supprimer, ou du moins de diminuer certains impôts qui pèsent sur le peuple, et nuisent aux affaires publiques.

Telles sont les très-humbles et très-respectueuses doléances et remontrances de la communauté de Riboux. Elle supplie Sa Majesté de les accueillir favorablement. Elle lui offre les fortunes, les biens et la vie de tous ses habitants, quoique, peu considérables, pour les consacrer à la gloire et à la prospérité de l'Etat, lui renouvelant le serment de la fidélité la plus inviolable; en foi de quoi tous les habitants présents et généralement convoqués, ne sachant écrire, ont fait leur marque, suivant l'usage, tant au présent cahier qu'au double destiné à être conservé dans les archives de la communauté, au désir du règlement de Sa Majesté.

Signé Béraud, viguier; marque du sieur François d'Amalric, maire et consul; marque d'Antoine Espans à feu Jean; marque de Jean Antoine Boniface; marque d'Antoine Espans à feu Louis; marque d'Antoine Boniface d'Ollivier; marque de Joseph Amalric; marque de Jean-Jacques Amalric.

Signé ROUX, greffier.

CAHIER

Des plaintes et doléances des habitants du village de Rognac en Provence (1).

Le seigneur du lieu de Rognac n'avait primitivement qu'environ vingt-deux livres de bien noble, et à présent il possède plus de deux cents de prétendu bien noble sans avoir titre, ce qu'il possède sans doute d'usurpations faites au préjudice du Roi, des habitants et de la communauté.

En effet, il peut y avoir des atterrissements qui appartiennent au Roi, il y en a qui peuvent appartenir à l'ancien propriétaire riverain.

Enfin toutes les terres que la mer délaisse, et qui servaient autrefois pour le pâturage des bestiaux, sont toutes occupées par le seigneur.

Le gibier cause un dommage immense aux habitants du lieu de Rognac, et il serait à désirer que les cultivateurs puissent y remédier; les plantes de blé et autres grains sont broutées et détruites en partie, les pieds des oliviers sont rongés, les autres plantes souffrent.

Il est à souhaiter que l'on permit aux administrateurs de la communauté, lorsqu'il y aurait plainte et dommage, de tendre lacs, tirasses et autres pièges, et de faire fureter pour diminuer la quantité de gibier.

De plus, le seigneur de Rognac possède des biens roturiers qui, néanmoins, ne sont taillés qu'un tiers moins que les biens des habitants, ce qui ne paraît pas juste.

Que les trois ordres contribuent avec égalité aux charges communes.

Les fermiers des seigneurs font très-souvent gémir les habitants, lors du payement des redevances; ils les tergiversent sur la qualité du blé, ou sur le prix. Il serait à souhaiter que la nation assemblée délibérât de permettre aux redevables de se libérer au taux qu'elle trouverait bon de fixer.

Les habitants de Rognac payent les lods au six, ce qui est exorbitant, puisque le seigneur féodal a, et perçoit de six propriétés de la même valeur que l'on vendait le prix d'une de ces propriétés ou tènement. Bien plus, il expose ceux qui possèdent des fours à cuire pain à payer un demi-lod de dix en dix ans; c'est une oppression qui n'est pas tolérable, et que cette imposition féodale doit être modérée.

Le seigneur de Rognac s'empare de toutes les terres gastes, il les donne à défricher, quoique les biens appartiennent en propre aux habitants, et qu'il soit obligé d'en laisser une telle quantité suivant la coutume de Provence; à l'effet que l'usage et faculté de dépaître ne devienne inutile pour les habitants. La communauté de Rognac est obérée au point de ne pouvoir se faire rendre justice par-devant les tribunaux ordinaires.

Il y a aussi un quartier dans le terroir du lieu de Rognac où les habitants ont le droit d'introduire des troupeaux de chèvres, suivant l'arrêt du parlement de Provence; cependant le seigneur moleste les habitants et les empêche de tenir des troupeaux de chèvres.

La communauté supplie la nation assemblée de vouloir bien pourvoir à ces deux articles précédents.

La dîme sur les grains se perçoit au douze, ce qui est un taux insupportable. Cette redevance est établie pour payer les secours spirituels; cependant les habitants manquent souvent de ces secours, parce que le vicaire ne réside point dans le lieu ; d'ailleurs il semble que le taux de la dîme devait être uniforme dans tout le royaume; au moyen de ce, les habitants déchargés de tous casuels quelconques.

La forme d'administrer la justice est trop longue; les habitants de Rognac sont obligés souvent de se défendre consécutivement par devant trois tribunaux différents; le déplacement, les voyages et les frais à faire étouffent quelquefois et souvent leurs justes réclamations; le premier tribunal de la justice devrait être supprimé, attendu l'incertitude de l'impéritie des officiers de justice et quelquefois leur non-résidence : ce qui procurerait l'avantage d'une plus prompte expédition.

L'administration de la justice criminelle exige encore plus les réclamations des habitants de Rognac; le prisonnier, qui est souvent innocent, est exposé à succomber, parce que tout dépose contre lui ; il n'a point de conseil pour le défendre lors de l'instruction, l'on poursuit le crime, parce qu'on est prévenu, et l'on ne s'occupe point de l'innocence; il est donc très-difficile qu'il puisse se justifier.

Sauf de pourvoir à d'autres articles qui peuvent intéresser la communauté ou le pays, et nous nous sommes soussignés à Rognac, le 25 mars 1789.

Signé Alexis Goiran : D. Barthélemy ; P. Davin ; Pierre Charrier ; Michel Yardel ; Bertrand ; C.-A. Goiran ; Jacques Goiran ; J. Giren ; J. Jauffret ; Imbert ; Hilaire Jauffret ; Bertrand ; J. Bourrilnory, viguier.

CAHIER

Des très-humbles et très-respectueuses supplications et doléances de la communauté de Rognes (1).

La communauté de Rognes, mettant toute sa confiance dans le meilleur des rois, et espérant tout de son inépuisable bonté, et de la sagesse des États généraux, fait au Roi et à la nation assemblée les supplices suivantes:

Art. 1er. Demande l'abolition de tous les impôts qui seront remplacés par un impôt général qui frappe également et proportionnellement sur tous les ordres, nonobstant tous priviléges ou exemptions quelconques qui seront déclarés extorqués dans des temps d'ignorance, attentatoires au droit naturel et social, et comme tels abolis à jamais.

Art. 2. L'exécution plénière des édits du 8 mai dernier sur l'administration de la justice, et la réformation du code civil et criminel.

Art. 3. La suppression de toutes les justices seigneuriales qui seront remplies par des juges royaux.

Art. 4. Le remboursement de toutes les charges qui ne seront plus vénales à l'avenir, et qui, dans les cas de vacance, seront remplies des sujets pris par le Roi sur un nombre déterminé présenté par les États nationaux, provinciaux et les assemblées des villes et cités, selon la nature des charges.

Art. 5. L'abolition de tous droits de corvée et de tous autres qui vont contre la liberté naturelle ; l'abolition des droits de péage et autres de cette espèce, l'extinction des droits de lods qui étaient de leur nature affectés aux frais de justice qui n'existeront plus si l'on accorde l'article 3 ci-

(1) Nous publions ce cahier d'après un manuscrit des *Archives de l'Empire*.

devant; la faculté de racheter et s'affranchir de toute sorte de banalité, de même que des censes, rentes ou pensions inextinguibles sur le pied de deux et demi pour cent du revenu, pour que le propriétaire ne soit pas lésé. Le retour au Roi de tous droits de chasse comme un droit de souveraineté pour la concession aux seigneurs de fiefs très-onéreuse aux peuples.

Art. 6. L'abrogation de toutes lettres attentatoires à la liberté des citoyens; la faculté à ceux-ci, de quelque ordre qu'ils soient, de concourir pour tous emplois militaires, bénéfices et charges attributives de noblesse.

Art. 7. L'établissement d'un corps de marine roturière qui ne sera ni soumis ni subalterné à la marine noble, de même qu'il ne lui cédera point en patriotisme et en valeur.

Art. 8. Que toutes les lois pour le maintien des mœurs et de la religion seront exécutées comme tenant essentiellement à la prospérité et à la gloire de la monarchie.

Art. 9. Que MM. les évêques seront priés de résider dans leur diocèse, et de ne point priver, par toute autre résidence, leurs troupeaux du secours de leurs aumônes et des fruits de leurs bons exemples.

Art. 10. L'abolition de tous droits de dîme, moyennant laquelle chaque cité et communauté s'imposera annuellement pour payer les émoluments convenables à MM. les curés et vicaires ou tels autres prêtres exerçant des fonctions utiles, de même que pour toutes les charges et dépenses nécessaires au service divin, lesquelles charges, sur le taux anciennement fait, trop aujourd'hui trop modiques et la religion en souffre, en ce que MM. les décimateurs se refusent à augmenter lesdites charges en proportion de l'augmentation de leur revenu.

Art. 11. Que tous les lieux et communautés ayant des seigneurs, seront mis sous la protection du Roi, des États généraux et provinciaux.

Art. 12. La *réformation des États de Provence* qui seront composés par une convocation générale des trois ordres de la province ; qu'il sera permis aux communes d'élire deux syndics qui auront entrée auxdits États ; qu'il n'y aura plus, auxdits États de président ni aucun membre qui ne soit point élu, et qui soit inamovible; que les magistrats seront exclus desdits États; que les voix du tiers-état seront égales à celles des deux premiers ordres, et qu'il sera établi, en Provence et dans tout le royaume, une égalité de contribution pour les charges locales, ainsi qu'il a été dit pour les royales.

Art. 13. La réformation des règlements municipaux des villes, lieux et communautés, de façon que tout contribuable puisse avoir part à l'administration en raison proportionnée du plus ou moins d'intérêt qu'il a à la chose; que l'autorité des municipalités sera un peu augmentée, et que les droits de mairie leur seront rendus.

Et finalement, ladite communauté s'en réfère, pour les autres objets qui seront à l'avantage du royaume et de la province, au cahier général qui sera dressé et déterminé par l'ordre du tiers lors de sa prochaine réunion pour l'élection des députés aux États généraux.

Telles sont les doléances de ladite communauté arrêtées dans le conseil général de tous les habitants, tenu relativement aux ordres de Sa Majesté, l'ordonnance de M. le lieutenant général de la sénéchaussée générale de la ville d'Aix, le 22 mars de l'an 1789, et se sont, tous ceux composant ledit conseil qui l'ont su, soussignés après le sieur lieutenant de juge qui a côté et paraphé les pages.

Avant de signer, il a été encore déterminé que les États généraux voteraient par tête et non par ordre.

Signé Gearnon de Saint-Christophe, lieutenant de juge; Pelegrin; Gras, maire; P. Meynier, consul; Barlatier, député; Lion, consul; Beaumont; Caulanier, ancien consul; Cavailhon, ancien consul; Louis, ancien consul; Courrand; Brionloufet, avocat, député; Nicolas Caire; A.-S. Caire; Gavaudan; Joseph Gouiran; Clavropset; Vachier; Duanronisourd; Girard; Joseph Courrand; François Ausselet; Giraud; Roche; Dominique Giraud; Martin; Bartalier; Giraud; Jaubertalné; Jean Tays; P. Mondin; Caire; B. Meynier; Denis Pecout; Giraud; Ronbin; Gileis; Gaudin; François Cartons; M. Villevieille; Gaudin; Elzéar Pin, député, et nous Barlatier, greffier.

———

CAHIER

Des plaintes et doléances de la communauté de la Roque-d'Antheron, pour être remis aux sieurs députés d'icelle à l'effet de le porter à l'assemblée générale de la sénéchaussée d'Aix (1).

Sa Majesté sera très-humblement suppliée :

1° De considérer qu'étant inutile que la communauté ajoute aux justes réclamations faites par MM. les députés des communes aux prétendus États de la province, lors de la dernière assemblée en la ville d'Aix, des droits et prétentions du tiers-état, et qu'elle doit les éloges les plus flatteurs et les mieux mérités à ces dignes citoyens, a adhéré et adhère aux vœux, remontrances, protestations et généralement à tout ce qui a été fait par lesdits sieurs députés des communes.

Ladite communauté est d'autant plus fondée à réclamer contre les différentes impositions mal réparties entre les trois ordres, qu'elle est assujettie à des redevances dont peut-être il n'est pas d'exemple dans la province.

Si la proximité de la rivière de Durance semble se prêter à en retirer quelques avantages dans une partie de son terroir, par l'arrosage, elle le paye bien cher par les fréquentes inondations qu'elle lui cause; elle est continuellement occupée à faire des réparations sur son bord, à grands frais; il est arrivé que ses habitants ont été dans le cas de courir la nuit pour arrêter ces inondations, qui, malgré de prompts secours, ont emporté des terres d'une étendue immense; elle a imploré souvent la protection de la province, qui, convaincue de la détresse et de l'insuffisance des fonds de la communauté, a bien voulu venir à son secours, dans des cas urgents, sans néanmoins la préserver pour longtemps.

2° Le chapitre Saint-Sauveur de la ville d'Aix, qui est prieur décimateur, en retire, suivant le dernier bail qu'il vient de passer dans le mois de janvier, la somme importante de 11,000 livres, par la dîme et taxe réunies sur le pied exorbitant du cinquième sur tous les grains.

3° Elle paye annuellement au chapitre dix charges de blé, mesure de ce lieu, qui en font douze de la ville d'Aix.

Enfin il n'est aucune production de ce terroir qui n'ait sa contribution particulière.

4° Elle paye le quinzième des agneaux;

5° Le neuvième du chanvre;

6° Le dixième des raisins.

Le chapitre craignant de faire une faveur à cette communauté en ne taxant pas ses haricots, faible ressource du pays, intenta un procès, il y a environ vingt ans, duquel il résulta un arrêt qui le condamna à la taxe au sept.

7° Elle est sujette envers le chapitre, dans la partie de sa directe, du droit de lods sur le pied du sixième.

8° Il sera aussi très-respectueusement représenté à Sa Majesté que la communauté est sujette envers son seigneur, dans l'autre partie du terroir, à une pension féodale annuelle de cinquante charges de beau blé, mesure du pays.

9° A des moulins banaux pour la farine à raison du vingtième pour la mouture.

10° A des moulins à foule dont elle paye le détritage des olives, et la taxe d'icelle à la neuvième.

11° Le lods au sixième; ce droit emporte avec lui celui du retrait féodal lors des mutations et vente des biens relevant du seigneur ou soit du chapitre qui dure trente ans, pendant lequel temps l'acquéreur craint d'être dépossédé.

12° Chaque habitant est sujet à la corvée et à une poule.

13° La communauté paye encore, dans cette partie, la taxe au sept.

14° La dîme au quinze, sans qu'il soit permis de prélever les semences, tandis que les particuliers possédant biens dans les terroirs de Charleval, Bonneval et Sanson, qui sont des annexes de cette paroisse, ne payent la dîme qu'au vingt ainsi que les seigneurs de ces terres. Pourquoi cette différence ?

15° Indépendamment de ce, les habitants payent la taille de leurs biens, même le capage et capitation.

Cette communauté n'a pas d'avantages à retirer de la grande partie de son terroir qui ne peut s'arroser, et n'est couverte que de rochers.

16° Sa Majesté voudra bien prendre en considération que le droit de chasse qui défend à de malheureux cultivateurs de se garantir du dégât affreux que cause le gibier sur un de ceux le plus contraires à l'agriculture. On condamne un contrevenant, qui quelquefois est forcé d'user de ce droit pour assurer une partie des sueurs de ses bras, à des peines infamantes. Ce droit entraîne encore des abus infinis, tel que celui qui fournit aux gens du seigneur l'occasion de dévaster les fruits de la campagne.

17° Sa Majesté voudra bien encore considérer que les habitants sont accablés par les droits du contrôle, insinuations et accessoires qu'ils payent ainsi que de ceux dérivant de la consommation de première nécessité, de même que des entraves du commerce qui font gémir tout le royaume.

18° La communauté est encore sujette, comme partout, à l'inconvénient des pigeons qui obligent les habitants à garder leurs champs.

19° Elle paye encore une pension à la charité de 19 livres 19 sous, et une au seigneur de 93 livres en abonnement de 150 poules.

Sous ce rapport, il est dans la plus exacte vérité que les habitants de la Roque-d'Antheron ne peuvent pas subsister sous le fardeau des redevances; elle implore, avec une juste confiance, la bienveillance de Sa Majesté, et l'attention de MM. les députés aux États généraux, pour déterminer, en sa faveur, un nouveau régime qui puisse améliorer son sort, sous les modifications qui paraîtront les plus justes, les plus convenables et les plus équitables, à l'effet que les habitants de cette communauté puissent désormais,

(1) Nous publions ce cahier d'après un manuscrit des *Archives de l'Empire.*

après avoir employé les travaux de toute l'année pour faire fructifier leurs possessions circonscrites, trouver le salaire de leurs peines.

Pour le surplus de ses doléances, ladite communauté donne plein pouvoir à ses députés de concourir à celles qui seront dressées dans l'assemblée qui se tiendra par-devant M. le sénéchal ou M. son lieutenant, laissant à la prudence d'iceux de consentir à tout ce qu'ils trouveront juste et raisonnable pour le bien de l'État, promettan, ladite communauté, d'approuver et ratifier tout ce que ses députés auront consenti.

Fait et publié à la Roque-d'Antheron, dans l'église paroissiale du même lieu, le 29 mars 1789, aux heures de relevée.

Signé Garcin ; Joseph Garcin ; S. Jacqueme ; Gautier ; S. Phelix ; J. Deine ; Gardios ; R. Michel ; Villevieille ; P. Massié ; Daubergue cadet ; Reyre ; J. Auphan ; Barret ; Bénéforte ; Auphan ; J. Cornillon ; P. Villevieille ; Brunet ; Barret ; Bomard ; P. Auphan ; Danbergue neveu ; Rey ; P. Serre ; J. Jacquème ; F. Garmain ; S. Elzear Mazet ; J. Bonnet ; J.-B. Bonnard ; Rossen ; A. Turphème ; Bernard ; Crespin ; Atertian ; Philys ; Jabonine ; L. Courbon ; Michel ; B. Philip ; D. Roussiez ; J.-B. Seguin ; Chrespin ; D. Jacquème ; F. Sambuc ; P.-J. Muse ; J. Rey ; M. Consul ; Minesse, juge ; P. Julien, greffier.

CAHIER

Des doléances, remontrances et réclamations de la communauté de Roquefort, sénéchaussée d'Aix en Provence (1).

Dans ces heureuses circonstances qui sont les plus fameuses et les plus remarquables de la monarchie, le Roi a appelé tous ses sujets. Il les rassemble autour de son trône pour concerter avec eux les moyens les plus sûrs et les plus efficaces qui pourront être pris pour couvrir le déficit qui existe dans les finances, et pour consolider la dette nationale ; il les invite à lui proposer et à lui remontrer tout ce qui peut concerner les besoins de l'État, la réforme des abus, l'établissement d'un ordre fixe et durable dans toutes les parties de l'administration, la prospérité générale du royaume et le bien de tous et de chacun de ses sujets. La communauté de Roquefort, profitant d'une faveur aussi signalée qui la confirme toujours plus dans les justes sentiments d'amour, de respect et de reconnaissance dont elle est pénétrée envers Sa Majesté, lui présente avec la confiance qu'elle lui a inspirée, de très-humbles et très-respectueuses doléances et remontrances :

1° Sur les droits féodaux qui l'accablent.

Ces droits ont pris leur origine dans des temps malheureux, vers la fin de la seconde race de nos rois, époque où l'anarchie qui régnait fut cause qu'on ne put arrêter la violence de ceux qui les usurpèrent. Ces droits devinrent, dans la succession des temps, l'indemnité des seigneurs feudataires des dépenses qu'ils étaient obligés de faire pour le service militaire ; alors ils pouvaient les exiger légitimement ; mais aujourd'hui, où, depuis le règne de Louis le Grand, le service militaire se fait aux dépens de l'État, et n'est payé, pour ainsi dire, que par les peuples, ces droits deviennent injustes entre les mains des seigneurs, parce qu'ils ne peuvent les exiger du peuple qu'en se soumettant à les payer deux fois, une

(1) Nous publions ce cahier d'après un manuscrit des *Archives de l'Empire*.

au Roi, en corps de province, et une au seigneur chacun en particulier.

Non-seulement les droits seigneuriaux sont injustes par leur nature, parce qu'ils ont été usurpés, mais encore par leur effet.

La cause, quoiqu'elle ait pour base un titre légitime, est néanmoins injuste dans son effet, puisqu'elle est inextinguible ; elle nuit aux affaires publiques et à l'intérêt du particulier, parce qu'elle rend les ventes de fonds plus difficiles ; le vendeur en souffre un dommage considérable par la raison que l'acheteur prélève sur le prix du fonds les redevances foncières et les lods, et d'ailleurs la servitude attachée au fonds le déprécie beaucoup. Le cultivateur qui est déjà accablé sous le fardeau des impositions royales et autres, est souvent obligé de déguerpir, le fonds ne pouvant subvenir au payement de la cense, et l'État est frustré ainsi du produit du fonds déguerpi qui reste sans culture.

Le droit de lods présente aussi des injustices révoltantes. En voici un exemple : le seigneur inféode un fonds de dix écus, on construit sur ce fonds un édifice qui coûte mille écus ; le fonds et l'édifice se vendant, le lods n'est pas perçu seulement sur les dix écus du prix du fonds, mais encore sur les mille écus du coût de l'édifice ; y a-t-il de la justice en cela ?

Le droit d'indemnité est injuste en général, par la raison que le lods n'est dû naturellement qu'en cas de mutation, mais particulièrement pour deux objets : 1° pour la maison curiale, parce que les seigneurs, leur famille et leurs gens ont un égal besoin du ministère du curé, et que, par cette raison, ils doivent concourir à leur logement ; 2° pour l'hôtel de ville, parce que les seigneurs, ayant des biens roturiers, font assister un préposé aux assemblées municipales.

Le retrait féodal est la source de beaucoup d'abus révoltants ; des millions d'exemples nous apprennent que si un particulier fait une bonne affaire dans l'acquisition d'un fonds, le bénéfice est pour le seigneur qui le retient pour lui, ou pour un autre particulier qu'il favorise, en lui cédant son droit, et encore si l'acquéreur ne rapporte quittance du lods du seigneur lui-même, celle de son fermier n'étant valable que pour assurer la somme payée, il s'en voit dépouillé au bout de dix, vingt ou trente années par le seigneur qui la retient pour lui ou pour un autre en cédant son droit.

Par l'acte de reconnaissance qui est nécessaire pour la conservation des droits dont on vient de parler, les seigneurs étendent souvent ces mêmes droits par des menaces de tout genre faites, et même effectuées envers des vassaux ignorants et timides. Les seigneurs extorquent le consentement de ceux-ci à des préventions tantôt douteuses, tantôt injustes, et même la renonciation à des privilèges qui leur sont acquis ; ce fait est d'autant plus vrai qu'il n'est peut-être pas un seul seigneur, en Provence, dont les reconnaissances modernes s'accordent parfaitement avec les reconnaissances anciennes, ce qui ne serait pas si les seigneurs n'avaient d'autre but en faisant reconnaître que le renouvellement de leurs droits certains.

Sous ces différents points de vue, la directe d'où dérivent les droits ci-dessus étant inextinguible de sa nature, est à l'État ce qu'est au corps humain cette maladie qui, le rongeant tous les jours, sans se jamais rassasier, en opère à la fin la destruction ; d'où il suit très-évidemment qu'il serait salutaire à l'État et au peuple de rendre ce droit de directe, et ceux qui en naissent, rachetables en plusieurs payements, attendu que le payement entier, en une seule fois, serait impossible aux communautés.

Et tels sont les vœux, doléances et réclamations que la communauté de ce lieu fait.

La justice des seigneurs doit être abolie ; les abus, dont elle est la source, présentent le spectacle le plus affligeant. Si un particulier n'a pas le bonheur de plaire au seigneur, soit parce que, dans le sein de l'assemblée municipale, il aura porté un suffrage, juste en soi, mais contraire aux intérêts de ce seigneur, soit parce que, dans d'autres circonstances, pour opérer le bien, il ne se conformera pas à ses vues, ce seigneur se sert du droit imposant de sa justice pour le tracasser et le vexer. Il y parvient, en se conciliant avec ses officiers qui retardent tant qu'ils peuvent le jugement d'une demande juste que ce particulier aura intentée contre son débiteur, ou, dans le cas opposé, en accélérant les jugements de demandes intentées contre lui ; s'il s'agit d'une matière criminelle, presque toujours le justiciable est traité suivant le degré de faveur ou de haine que le seigneur lui porte ; d'autre part, les justices seigneuriales sont presque partout exercées par des officiers ignorants, et qui à peine sachant signer leur nom, sont, à tous égards, incapables de juger de la valeur d'une prétention, que des véritables formes sous lesquelles elle doit leur être présentée.

Un autre motif qui fait désirer à cette communauté l'abolition des justices seigneuriales, c'est la facilité qu'ont les débiteurs de ne payer que quand ils veulent, l'auditoire ne s'ouvrant qu'une ou deux fois l'année ; les jugements y sont rares et les procès éternels, en sorte qu'il vaut mieux souffrir que de se plaindre.

La communauté, par tous ces motifs, sollicite la suppression des justices seigneuriales, et réclame qu'il leur en soit substitué de royales avec arrondissements suffisants ; que les officiers qui les exerceront soient payés par le fisc, et qu'ils soient obligés de motiver leur jugement, afin que s'ils violent ouvertement la loi, ils soient responsables de leurs mauvais jugements.

Le droit de chasse exclusif est un des plus injustes et des plus intolérables de la féodalité ; les préjudices et les dommages que cette communauté en reçoit la mettent à portée d'en décider et l'invitent à en demander l'abolition. Il est de droit naturel qu'on puisse se défendre contre les animaux qui nuisent à nos plantes et à nos fruits, et cependant le droit du seigneur s'y oppose ; il faut, suivant ce droit, que nous laissions ravager nos campagnes par les animaux qui les infectent dans tous les quartiers de notre terroir. On voit des compagnies nombreuses de perdrix, qui, en hiver, ne trouvant de quoi manger, attaquent impitoyablement nos blés en herbe, et dans les temps d'humidité, ils les arrachent ; à leur maturité, ces volatiles veulent se nourrir des grains, et, pour en manger un, ils en perdent dix. Les vignes, qui dans notre terroir ne sont pas si étendues qu'aux environs, en reçoivent des maux inappréciables ; la plupart du fruit est pour ces animaux, et la grappe est pour le propriétaire : les lapins et les lièvres ne causent pas moins de préjudice ; on les voit partout courir et partout faire du dommage, non-seulement ils en causent aux blés, comme les perdrix, mais encore plus aux vignes, en mangeant le premier bourgeon qui est ordinairement celui qui apporte le fruit ; il n'est pas jusqu'aux arbres qui ne se res-

sentent de leur effet ; ces animaux leur rongent l'écorce du pied, et l'arbre, se desséchant, meurt : il faut encore, suivant le droit du seigneur, que nous laissions courir dans nos fonds son chasseur avec une meute effrayante de chiens, qui, sans égard pour les temps que la chasse est défendue et la prohibition d'entrer dans quelques-unes de nos possessions, en certain temps de l'année, va les foudroyer dans toute sorte de temps indistinctement. Le chasseur du seigneur n'est pas le seul fléau qui afflige la communauté sur ses biens ; quelquefois elle a le désagrément de voir sur ses terres une douzaine de chasseurs, suivis d'une vingtaine de chiens, qui, dans le temps où les blés sont en tuyaux, les écrasent, et dans celui où les raisins sont en maturité, en font un dégât excessif.

La communauté est fondée, par mille raisons toutes légitimes, à demander la liberté de chasser ; mais afin qu'il n'en puisse résulter aucun inconvénient, cette liberté sera restreinte pour chacun dans ses terres et sans fusil.

La banalité doit être également abolie ; elle l'a déjà été par le souverain dans les communautés qui l'avaient aliénée à prix à leur seigneur, mais la difficulté qui se rencontre et les procès qui naissent à l'occasion de prouver par quel moyen les seigneurs possèdent la banalité, sont des motifs assez puissants pour qu'elle soit abolie, à quelque titre qu'elle ait été établie ; néanmoins sous due indemnité.

Le pigeonnier du seigneur est encore un objet qui tourne au détriment du peuple ; des vols de plusieurs centaines de pigeons en partent, et lorsqu'ils tombent sur une terre semée ils l'écrasent. Pendant les semences, la communauté est obligée de louer des hommes qui parcourent le terroir, et font quitter aux pigeons les terres nouvellement semées, qu'ils entreprennent pour n'avoir pas le désagrément de n'avoir jeté leur grain en terre que pour ces animaux.

La poule que le seigneur de ce lieu se réserve en inféodant des biens, est un pacte usuraire et injuste, parce qu'elle se multiplie en autant de fois qu'on ait dans la suite de portions de biens inféodées, de sorte que si un fonds de cent écus donné à nouveau bail se divise en vingt portions, chaque portionnaire est obligé de payer une poule grasse au seigneur, ce qui absorbe, dans le laps de cinq ans, le payement du prix de la valeur foncière du fonds qui, originairement, ne devait qu'une seule poule ; le Roi sentira cette injustice.

Le sol de ce canton, peu fécond par lui-même, est réduit à tel état d'épuisement, par les entraves de l'empire féodal, que ses productions annuelles sont presque entièrement absorbées par les frais d'exploitation, les censes, les charges royales, provinciales et locales, et enfin par la dîme.

Dans cet état de choses, l'agriculteur ne retire pas trois dixièmes du produit de son fonds ; avec cette faible récompense de ses soins et peines, il est tenu de toutes les réparations casuelles et d'entretien, au manque des récoltes, à la perte pour cause d'altération de son vin, denrée essentielle, et enfin aux événements dont sont susceptibles les productions de son domaine ; ces circonstances ont-elles lieu, ce qui est fréquent, l'agriculteur est réduit à rien.

Nous disons que le propriétaire n'exige que les trois dixièmes des produits ; le calcul est clair, car, vu le prix excessif des engrais, des transports et de la main-d'œuvre, l'exploitation annuelle emporte plus de cinq dixièmes ; ajoutez environ deux dixièmes pour la taille, les cens et la dîme, que reste-t-il donc au propriétaire ?

La communauté réclame donc l'abolition de la dîme, et offre de se charger de l'entretien de tout ce qui est nécessaire au pasteur qui la gouverne.

Elle trouvera, en cela, cet avantage, qu'en augmentant les revenus de son pasteur, les indigents du pays trouveront toujours chez lui un remède contre les besoins les plus pressants, au lieu, qu'en l'état des choses, la dîme ne produit d'utile que la congrue du curé, et le restant va servir au luxe brillant et aux voluptés des décimateurs, qui insultent, par l'étalage de leurs richesses, plus mondaines qu'évangéliques, à la misère du peuple qui les lui fournit à la sueur de son front.

Cependant comme il pourrait se faire que la dîme ne fût pas abolie, la communauté réclame alors qu'elle ne puisse être perçue que sur le produit net des fruits et grains, déduction faite des impositions royales et locales, et non sur la portion représentative des avances dont le moindre retranchement est une usurpation attentatoire et destructive de tout principe social.

2° Sur les affaires particulières et relatives à la province.

L'administration particulière de la province présente beaucoup d'abus et d'inconvénients.

Depuis longtemps les deux premiers ordres sont administrateurs et votent des impôts qu'ils ne payent pas. Ils profitent de la supériorité du nombre pour ne faire délibérer que ce qu'ils veulent.

La communauté réclame de la justice de Sa Majesté que la constitution du pays soit réformée ; à cet effet, qu'il soit permis aux communes de se nommer un syndic avec entrée aux Etats, de s'élever contre la perpétuité de la présidence, et contre la permanence de tout membre non amovible, ayant en l'état des choses entrée auxdits Etats, de requérir l'exclusion des mêmes Etats des magistrats et de tous officiers attachés au fisc; la désunion de la procuration du pays du consulat de la ville d'Aix.

L'admission des nobles non possédant fiefs, et du clergé du second ordre, l'égalité des voix, par l'ordre du tiers, contre celles des deux premiers ordres, tant dans les Etats que dans la Commission intermédiaire, et surtout l'égalité de contribution pour toutes les charges royales et locales sans exception aucune, et nonobstant toute possession et privilége quelconques, attendu que le service militaire auquel les possédants fiefs étaient autrefois soumis, qui était la cause de ces priviléges, n'est plus fait aujourd'hui par les possédants fiefs, mais par la nation qui paye les frais de la guerre. Que la contribution du clergé reste dans le pays ; l'abolition ou du moins la domination des droits établis sur les vins qui passent à l'étranger ; même diminution pour ceux qui sont portés à Marseille ; la prohibition de l'entrée dans le royaume des vins étrangers, tels que les vins d'Espagne et autres ; l'impression annuelle des comptes de la province dont envoi sera fait à chaque communauté, et que la répartition des sommes que le Roi accorde au pays, ensemble de l'imposition du 15 livres par feu, affectée à la haute Provence, sera faite dans le sein des Etats, et par eux arrêtée ; ce qui empêchera que ces sommes soient réparties, par faveur et par protection, au préjudice des communautés qui ont le plus souffert.

3° Pour subvenir aux besoins de l'Etat, il faudrait prendre sur les biens superflus de l'Eglise, et cela n'est pas sans exemple dans les siècles passés ; cela opérerait le bien de l'Eglise par le retour de plusieurs de ses sujets que les richesses égarent, et à l'Etat, en comblant le déficit des finances.

Quant à tout ce qui concerne les Etats généraux, la réformation de tous ces grands abus qu'intéresse la généralité du royaume, cette communauté se réfère aux suffrages qui seront portés par les députés du tiers-état, plus et mieux instruits qu'elle à ce sujet, aux Etats généraux.

Telles sont les très-humbles et très-respectueuses remontrances et doléances de la communauté de Roquefort. Elle espère avec confiance, de la bonté paternelle du souverain, qu'il voudra bien les accueillir favorablement. Elle lui offre les biens, les fortunes et les vies même de tous ses habitants pour les consacrer à sa gloire, au bien et à la prospérité de l'Etat, lui renouvelant le serment de la fidélité la plus inviolable. En foi de quoi, tous les habitants présents à l'assemblée généralement convoquée, qui ont su écrire, se sont soussignés, ainsi qu'au cahier double destiné à être conservé dans les archives de la communauté, au désir du règlement.

Signé L. Julien ; Pignol de Poiretricon ; Jean Negre ; J. Michel ; Bonifay ; Joseph Tricon ; Livertad ; Chaulan, secrétaire pour MM. les consuls illettrés.

Coté, par première et dernière page, et paraphé au bas de chacune d'icelles, par nous, viguier, lieutenant du juge au lieu de Roquefort, soussigné, à Roquefort, le 28 mars 1789. *Signé* Gastaudoigt.

CAHIER

Des doléances, plaintes et remontrances de la communauté de Roques-Hautes (1).

Le terroir de Roques-Hautes, naturellement très-sec, présente un sol aride et des plus ingrats du pays de Provence. La nature n'a rien fait pour les hommes dans cette partie de roc. Il faut que l'homme y fasse tout ; ce n'est que par un travail opiniâtre et continuel qu'on peut arracher quelque production à la terre, et les habitants sont réduits à la plus affreuse misère.

Ce roc infertile n'a point échappé à la féodalité, et c'est le seigneur seul qui profite du travail de ses habitants ; il y a banalité de toute espèce, droit de chasse, et le seigneur entretient un colombier qui détruit les légumes que le malheureux habitant cultive.

La communauté avait, comme toutes les autres, les droits d'usage, et la faculté de faire du bois dans les terres gastes ; le seigneur veut les priver de ce droit, et il abuse de ce que sa misérable communauté n'est pas assez forte pour lutter contre lui.

La communauté demande que la chasse soit abolie, les gardes-terres, les chasseurs et les chiens étant plus incommodes que le gibier dont on peut se délivrer par des moyens moins onéreux ; que les petites communautés de la province aient un défenseur ou un syndic, ou un bureau syndic, défenseurs libres, indépendants, et qu'on ne soit pas obligé de payer à l'Etat, de faire valoir les droits des petites communautés contre leur seigneur.

Les grandes communautés ont des moyens de

---

(1) Nous publions ce cahier d'après un manuscrit des *Archives de l'Empire.*

se défendre, les petites n'en ont point, et souvent même elles ont des droits à faire valoir contre les grandes communautés.

La petite communauté de Roques-Hautes est dans ce cas vis-à-vis de la communauté d'Aix ; elle était exempte, autrefois, des droits d'entrée, elle venait y vendre ses denrées librement ; depuis quelque temps on y a mis obstacle ; le seul seigneur en jouit aujourd'hui, ainsi que les possédans biens qui résident à Aix.

La communauté demande encore le privilège des herbages que produit le terrain.

Signé Pierre Lambert ; J.-J. Sezane ; Isault ; B. Cheilay ; Armicau.

Paraphé, *ne varietur.* Signé Baudisson, lieutenant de juge.

———

CAHIER

Des doléances ou instructions que la communauté de Roquevaire donne à MM. Elzéar RICELME ; Jean-Baptiste-NEGREL-BRUNY *père* ; Jean-Baptiste NEGREL-FERAND *et* Joseph REYBAUD, *députes en l'assemblée générale de la sénéchaussée d'Aix, qui sera tenue à Aix le 2 du mois d'avril prochain* (1).

Art. 1er. Lesdits députés demanderont que les députés de la sénéchaussée d'Aix aux Etats généraux requerront que préalablement à toutes délibérations, les droits de la nation seront reconnus par un acte authentique et solennel, en conséquence, il y soit dit que le droit de s'imposer, c'est-à-dire d'accorder ou refuser les subsides demandés, d'en régler l'étendue, l'emploi, la répartition, la durée, d'ouvrir des emprunts, celui de faire des lois d'administration générale ou particulière, ou de les consentir, modifier et changer sur toutes les parties ou branches quelconques de l'administration, appartient, en entier, à la nation seule.

Art. 2. Que la liberté individuelle des citoyens sera à jamais assurée par l'abolition de toutes lettres closes d'exil, et de tous autres ordres arbitraires qui tendraient à porter la moindre atteinte à ce précieux droit de liberté que nous assurent les premiers principes du droit naturel et du contrat social.

Art. 3. Que tout citoyen ne pourra être jugé que d'après les lois émanées des Etats, ou par eux confirmées, et par les juges légaux, reconnus ou établis par la nation, sans que lesdits juges puissent interpréter ni modifier les lois : que nulle cause ne pourra être évoquée par aucun motif, et que tous juges seront responsables à la nation de leurs fonctions.

Art. 4. Qu'il soit dit et statué qu'aucune loi bursale ou générale et permanente quelconque, ne pourra avoir force et caractère de loi, si elle n'est établie et formée, au sein des Etats, par le concours mutuel de l'autorité du Roi et de la nation ; que ces lois, ainsi faites, porteront dans le préambule ces mots : *de l'avis et consentement des trois Etats du royaume,* seront envoyées, les Etats tenant, au parlement de Paris, les pairs y séant, et des provinces, pour y être enregistrées et placées sous la garde de ces cours souveraines qui ne pourront y faire aucune modification ou changement, mais continueront, comme ci-devant, à être chargées de l'exécution des ordonnances, du maintien de la constitution, des droits nationaux

et particuliers, d'en rappeler les principes par des remontrances au Roi, et par des dénonciations à la nation toutes les fois qu'elles jugeront que ces droits seront attaqués ou menacés.

Art. 5. Qu'il soit statué que les Etats généraux seront convoqués périodiquement tous les cinq ans pour prendre en considération l'état du royaume, la situation des finances, l'emploi des subsides accordés, en déterminer leur continuité ou leur suppression, leur augmentation ou leur diminution, proposer des réformes ou des améliorations dans toutes les parties de l'économie politique, à l'effet de quoi, les subsides qui seront consentis dans la prochaine assemblée, ne le seront que pour être perçus que jusques à deux mois de l'année qui sera celle de la prochaine convocation des Etats généraux ; et là où l'assemblée n'aura pas lieu au délai fixé, les Etats particuliers et les cours souveraines seront autorisés à s'opposer à la continuation de la levée des impôts, et à poursuivre comme concussionnaires ceux qui voudraient la continuer.

Art. 6. Qu'il sera arrêté que toutes lois, autres que celles ci-dessus, les lois simples, d'administration et de police seront, pendant les vacances des Etats généraux, adressées aux Etats particuliers des provinces, ou à leur commission intermédiaire, pour y être vérifiées et consenties provisoirement, et de suite enregistrées au parlement de chaque province ; que ces lois, après avoir été consenties, n'auront de force que jusqu'à la tenue des Etats généraux, où elles seront nécessairement ratifiées pour continuer d'être obligatoires.

Art. 7. Que dans le même acte les capitulations et les traités ou contrats qui unissent les différentes provinces du royaume, seront confirmés et renouvelés tant par le seigneur roi que par les Etats.

Art. 8. Que les provinces et villes du royaume seront réintégrées dans tous leurs privilèges, et principalement dans la libre élection de leurs administrateurs, l'entière disposition de leur revenu, sans qu'ils soient soumis, en aucune manière, à l'inspection des ministres ni à celle des commissaires départis.

Art. 9. Qu'il sera rétabli ou formé dans chaque province des Etats particuliers qui se tiendront tous les ans, auront une commission intermédiaire, toujours subsistante, pendant le temps qu'ils ne seront pas assemblés, ainsi que des procureurs généraux syndics chargés spécialement de veiller à l'intérêt de leurs concitoyens, de mettre opposition par-devant les cours à l'enregistrement des lois locales et momentanées, promulguées dans l'intervalle de la convocation des Etats généraux du royaume, lorsqu'elles pourront contenir des clauses contraires aux privilèges de leurs provinces.

Art. 10. Que les ministres du Roi seront, par le même acte, rendus responsables personnellement de toutes les déprédations dans les finances, ainsi que de toute atteinte portée par le gouvernement aux droits tant nationaux que particuliers, et que les auteurs et fauteurs seront poursuivis par-devant tel tribunal qui sera choisi par les Etats généraux, et, en leur vacance, par les procureurs généraux du Roi dans les cours, et par les procureurs généraux syndics des Etats provinciaux, qui auront le droit de les dénoncer et de les poursuivre au nom desdits Etats.

Art. 11. Que par une suite du droit de la nation d'accorder ou refuser les subsides, les provinces qui ont des Etats particuliers et toutes les autres auxquelles l'Assemblée des Etats généraux en constituera, auront seules le droit de répartir et percevoir l'impôt, et de le verser elles-mêmes directement dans le trésor public; à cet effet, que tous receveurs et fermiers généraux, payeurs de rente set autres demeureront et seront à jamais supprimés.

Art. 12. Que toutes commissions particulières, évocations du conseil, droit de *committimus* et autres de cette nature, seront abrogés pour tous les sujets du Roi, pour n'être jugés que par leurs seuls juges naturels.

Art. 13. Que la justice sera rendue, dans tout le royaume, au nom du Roi et de la nation, qui seuls ont le droit de la faire administrer, et qu'à cet effet, toutes les justices seigneuriales seront supprimées, sauf de pourvoir à l'indemnité qui sera due aux seigneurs à raison de cette suppression.

Art. 14. Que dans ladite assemblée des Etats généraux, et celles qui suivront, toutes délibérations y seront prises dans un verbal d'opinion par tête et non par ordre ou par chambre.

Tels sont les points préliminaires sur lesquels la communauté de Roquevaire exige que les députés de la province fassent statuer dans l'assemblée des Etats généraux préalablement à toute délibération, et surtout avant de voter aucun impôt ou subside quelconque, déclarant que si nos représentants, en s'écartant des clauses expresses du présent mandat, jugeaient à propos de concourir à l'octroi des subsides, nous les désavouons formellement, et les regardons, dès à présent, comme déchus de leurs pouvoirs, et incapables de nous lier par leur consentement, et à jamais indignes de notre confiance.

Après que les articles fondamentaux ci-dessus auront été accordés, nos députés pourront délibérer sur les subsides, et, dans ce cas, ils seront tenus d'exiger :

Art. 1er. Le tableau exact et détaillé des finances de l'Etat.

Art. 2. La connaissance approfondie du montant du déficit et de ses véritables causes.

Art. 3. La publication annuelle des Etats de recette et de dépense, de la liste des pensions accordées, avec l'énonciation des motifs qui les auront fait accorder.

Art. 4. La reddition publique des comptes par pièces justificatives à chaque tenue d'Etats, et par-devant une commission particulière, formée par lesdits Etats, qui en fera son rapport, l'assemblée tenant, et sur lequel rapport, l'assemblée jugera lesdits comptes définitivement.

Art. 5. La fixation motivée des dépenses des divers départements.

Art. 6. L'extinction de tous impôts distinctifs et actuels, tels que la taille, la gabelle, les corvées, le taillon, subsides, fouages, aides, capitations, octroi sur les bestiaux, droits sur les cuirs carton, papier, huile, savon, fer, poudre, amidon, droit de marc d'or, centième denier sur les offices et tous autres droits d'entrée sur les marchandises et circulation dans l'intérieur du royaume et douane, pour leur être substitué, d'après le consentement des Etats, des subsides également supportés par les trois ordres et proportionnellement aux facultés soit mobilières, soit immobilières de chaque contribuable.

Art. 7. Que là où les douanes seraient réputées nécessaires, elles seront reculées jusqu'aux frontières du royaume, et qu'à cet effet les villes de Marseille, Dunkerque, le Havre-de-Grâce, Lorient et autres, jusqu'à présent réputées étrangères du royaume, cesseront à l'avenir d'être réputées telles; qu'en conséquence, tous droits perçus sur les marchandises sortant desdites villes par terre, pour être importées dans l'intérieur du royaume, seront et demeureront supprimés, sauf à percevoir les droits d'entrée sur les denrées et marchandises étrangères à l'entrée du port desdites villes, si l'assemblée nationale juge à propos de laisser subsister ces droits, à l'effet de quoi tous les édits de port franc promulgués pour lesdites villes seront révoqués.

Art. 8. Le refus, à l'avenir, de l'obtention et renouvellement de tout privilège exclusif, destructeur du commerce et de l'industrie, à moins d'une utilité générale reconnue et constatée.

Art. 9. L'abrogation et le refus, à l'avenir, de toute exemption précuniaire en faveur d'aucun sujet quelconque, pour que chaque membre des trois ordres, sans exception ni distinction de personnes, contribue à toutes les charges de l'Etat dans une proportion la plus juste possible.

Ces objets une fois réglés, nos députés consentiront à l'octroi des seuls subsides absolument nécessaires et indispensables de l'Etat, entendant que pour remplacer tous les impôts actuels, qui seront abolis par les Etats, on préfère celui d'une perception simple et facile, pourvu qu'il soit réparti sur chaque classe de citoyens individuellement à raison des biens-fonds, des capitaux de l'industrie et du luxe dans la plus juste proportion.

Seront encore chargés, nos députés, de demander :

Art. 1er. La réforme des abus dans l'administration civile et criminelle.

Art. 2. Une modification aux droits de contrôle et d'insinuation, et que le produit en soit versé directement par le receveur dans la caisse de la province.

Art. 3. Le respect le plus absolu pour toutes les lettres confiées à la poste.

Art. 4. Qu'aucun négociant ne puisse, en aucune manière, être proposé à la direction de la poste aux lettres, pour obvier aux abus qui peuvent gêner le secret de la correspondance et la liberté du commerce.

Art. 5. Que toutes les charges, emplois, dignités séculières ou ecclésiastiques qui ne seront pas d'une utilité indispensable seront supprimées.

Art. 6. Pour éviter la sortie du numéraire, ou d'une valeur quelconque du royaume, sans recevoir en échange une valeur au moins égale, nos députés aux Etats généraux requerront que Sa Majesté soit suppliée de solliciter auprès de notre saint père le pape l'abolition de toutes les taxes exigées en cour de Rome pour l'expédition des bulles, brefs, signatures et dispenses, taxes qui n'entrent point dans les coffres de Sa Sainteté, et qui ne sont que le salaire des officiers innombrables de la daterie qui les expédient. C'est comme souverain pontife que le pape accorde les grâces qui lui sont demandées ; il doit imiter les autres souverains en les accordant sans frais.

Art. 7. Ils requerront que dans la même assemblée, on s'occupe de former des règlements pour l'éducation publique, comme le seul moyen d'assurer la prospérité de l'Etat, en lui donnant de meilleurs citoyens.

Art. 8. Que toute vénalité de charge et office sera abolie, pour lesdits offices et charges servir à l'avenir d'apanage au mérite.—

Art. 9. Que tous citoyens, de quelque ordre qu'ils soient, aient la faculté de concourir à tous les emplois militaires, bénéfices et charges attributives de la noblesse.

Art. 10. Que le droit de propriété de chaque individu sera conservé et rendu à jamais inébranlable.

Art. 11. Que les biens du clergé lui seront conservés, à la charge que les fruits et revenus seront répartis également au haut et bas clergé, et aux pauvres, en conformité de l'institution primitive et de l'intention des fondateurs et donateurs, moyennant quoi les curés et vicaires ne pourront prétendre à l'avenir de rétribution pour les baptêmes, mariages, sépultures, messe et service funèbres.

Art. 12. Que toutes les communautés auront le droit et la faculté de racheter tous les droits seigneuriaux, pensions féodales, cens, directe, banalité des fours, moulins à blé et autres droits généralement quelconques, restes impurs du gouvernement anarchique et féodal, soit qu'ils soient possédés par les seigneurs, ou qu'ils aient été par eux détachés du fief, et aliénés à des particuliers ou à des corps.

Art. 13. Seront encore chargés de déterminer une seconde tenue d'Etats qui aura lieu dans deux ans, indépendamment de l'assemblée périodique qui aura lieu dans cinq ans au plus tard, à laquelle tenue d'Etats seront renvoyées toutes les autres propositions de réforme à faire dans chaque partie d'administration, et qui, dans le moment, ne pourraient que détourner l'attention de nos députés des objets importants qui leur sont ici recommandés, et pour mettre à portée cette seconde assemblée d'adopter les plans les plus sages, Sa Majesté sera instamment suppliée de former divers comités de magistrature, marine, guerre, finances, commerce, agriculture et arts, composés d'hommes les plus intègres et les plus éclairés, que désignera la voix publique, et qui appelleront encore à eux le concours des lumières de la nation.

Art. 14. Si l'on présentait à l'assemblée des projets de réforme sur quelque objet quelconque, dont l'examen ne pût être renvoyé à une prochaine tenue d'Etats généraux, nos députés seront tenus de prendre les ordres ultérieurs des gens des trois ordres de la province avant de voter définitivement.

Et quant aux affaires relatives et particulières à la province, ils insisteront à demander à Sa Majesté :

Art. 1er. La convocation des trois ordres de la province pour y délibérer une nouvelle formation d'Etats conforme à la constitution du pays.

Art. 2. Qu'il sera permis aux communes de se nommer un syndic, lequel aura entrée aux Etats avec voix délibérative.

Art. 3. Que la présidence des Etats ne sera plus perpétuellement concentrée dans le même ordre ni dans la même personne; qu'elle sera à l'avenir remplie alternativement par le clergé, la noblesse et le tiers-état pendant deux années, seulement, sans pouvoir être confirmé ni admis de nouveau que douze années après être sorti de charge.

Art. 4. Que la même règle aura lieu pour la présidence de la Commission intermédiaire.

Art. 5. Que nulle personne, de quelque ordre qu'elle soit, puisse avoir, à l'avenir, par son rang, dignité ou naissance, l'entrée permanente et inamovible aux Etats.

Art. 6. Que tous magistrats et officiers du fisc seront exclus des Etats.

Art. 7. Qu'étant contre l'essence du contrat social qu'un membre du corps, quelle que soit son importance, en exerce lui seul les droits, et lui donne des représentants à son insu et même contre son vœu, nos députés supplieront Sa Majesté de réformer un pareil abus, et d'ordonner, en conformité de l'institution primitive, que la procuration du pays soit désunie du consulat d'Aix et qu'à l'avenir les procureurs du pays seront élus par les députés des trois ordres séant aux Etats au nombre de quatre, dont deux seulement seront changés tous les deux ans, de manière qu'ils soient pour quatre ans dans l'administration.

Art. 8. Que les gentilshommes non possédant fiefs et le clergé du second ordre seront admis dans les Etats; que l'ordre du tiers aura l'égalité de voix contre celles des deux premiers ordres réunis tant dans les Etats que dans les commissions intermédiaires, et sans qu'en aucun cas la noblesse et le clergé puissent prétendre le droit d'y assister plénièrement.

Art. 9. Que toutes les charges royales et locales seront supportées par tous les membres des trois ordres, sans exception aucune, nonobstant toute possession et privilège quelconques.

Art. 10. Que la répartition des secours que le Roi accorde au pays, ensemble de l'opposition de 15 livres par feu affectée à la haute Provence sera faite dans le sein des Etats et par eux arrêtée.

Art. 11. Nos députés solliciteront de Sa Majesté et de l'assemblée nationale, la suppression de tous droits d'entrée par terre dans la ville de Marseille sur les vins de Provence, soit que ces droits aient été établis par le Roi ou par ladite ville, et la supression de tous droits de sortie établis sur les mêmes vins destinés pour l'étranger, soit que cette sortie soit faite par Marseille ou par les autres ports de la côte maritime de Provence.

Art. 12. Qu'il sera imposé un droit d'entrée de 12 livres par Millerole sur les vins d'Espagne, Catalogne et Languedoc, qui entreront à Marseille par mer, et qui, le plus souvent, par des manœuvres secrètes, entrent en franchise; ce qui enlève toute concurrence aux vins territoriaux de Provence.

Art. 13. Enfin que pour obvier à la cherté des blés, et en conserver toujours l'abondance dans la province, les règlements portant défenses de planter des vignes dans les plaines et dans les autres terres jusqu'à une certaine distance des côtes maritimes seront et continueront d'être observés, et seront, en tant que de besoin, renouvelés.

Art. 14. Que les règlements faits, pour prévenir les monopoles et accaparements de toutes denrées et marchandises seront renouvelés pour être exécutés à la rigueur.

Et pour obvier aux omissions faites ci-dessus en ce qui concerne le royaume en général, lesdits députés demanderont que la dîme soit totalement supprimée, à la charge par les communautés de payer les congrues des vicaires et des curés, et d'entretenir leurs églises paroissiales et leurs hôpitaux.

Que les curés seront comme ci-devant inamovibles, que néanmoins la résignation n'aura plus lieu, et en cas du décès du curé, son successeur sera nommé dans une assemblée de tous chefs de famille de la paroisse par la voie du scrutin.

Fait et arrêté à Roquevaire, dans la chapelle de la confrérie des Pénitents blancs, où ont été assemblés tous les chefs de famille, en conformité des ordres du Roi, le 25 mars 1789.

Signé Richeline, maire; Negrel, consul; Negrevalon; Mathieu Tincé; Reyssaud; J. Mainech;

André Jacquin; Brest; Jean-Baptiste Mille; Antoine Girard; Dol; P. Ollivier; F. Jaubert; Brochon; Jean-Baptiste Guerre; J. Trémelar; Toussaint Dol; Pontel l'aîné; Richelme; J.-J. Brest; Dol; B. Courbon; Baptiste Fabre; P. Trémelat; M. Long; Antoine Toulon; B. Ravel; Antoine Monier; d'Eydier; Jacques Chazal; Dumoras; Baptiste-Léon Jouve; V. Olivier; Jean-Antoine Rancunel; Richelme; François Coulomb; B. Fabre; Chanony; François Brun; Christophe Gourret; Hyacinthe Daux; Barthélemy, chirurgien; Esprit Pellegrin; F. Negret; J. Maurin; J.-J. Dassin; Raymond Negrel; Lazare Lane; Negrel, Feranddéputé.

Le sieur Caillot déclare signer les articles de doléances arrêtés dans le conseil actuel sans approbation de l'article d'exclusion fourni par Baptiste Negrel-Ferand, tendant à ce que les négociants du royaume devaient être exclus de la direction des postes dans la supposition de la fraude du secret public dont il les entache tous en général, cet article n'étant point un objet de réclamation de la part du public.

Signé Caillot; Bhouron; V. Coulomb; Vincent Maurin; J.-J. Ollivier; Andreasan.

Coté par première et dernière page, et paraphé, *ne varietur*, par nous, lieutenant de juge, à Roquevaire, le 25 mars 1789.

Signé Barthélemy, lieutenant de juge.

CAHIER

Des doléances, plaintes et remontrances de la communauté de Rousset-les-Aix, rédigé dans le conseil général de tous les chefs de famille convoqué et tenu le 29 du présent mois de mars, en exécution de la lettre de Sa Majesté du 2 du courant, et de l'ordonnance, sur ce rendue, par M. le lieutenant général au siège général de Provence, le douzième du même mois (1).

Art. 1er. Le premier vœu des habitants de Rousset-les-Aix est que les députés de la province aux États généraux soient spécialement chargés de ne voter dans iceux, qu'autant qu'ils seront légalement constitués, en conformité du vœu le plus général consigné dans le résultat du conseil d'État du Roi du 27 décembre 1788.

Art. 2. Les susdits députés seront chargés de solliciter, comme lois fondamentales, la liberté et sûreté individuelles des citoyens, et la sûreté des propriétés; ils demanderont, en conséquence, que les lettres de cachet soient proscrites et abolies; que la liberté de la presse soit accordée, en prenant néanmoins les précautions nécessaires pour en imposer à la licence, et prévenir les abus.

Que les impôts et subsides ne pourront être levés sur les peuples que pendant le temps pour lequel ils auront été consentis et accordés.

Qu'en conséquence, les États généraux seront périodiquement convoqués, au moins de trois en trois ans.

Que les impôts, de quelque nature qu'ils soient ou puissent être, seront également répartis, sans aucune espèce d'exemption ni de distinction en faveur de qui et de quelque cause que ce soit.

Que dans l'établissement des subsides ou impôts à consentir, on optera pour ceux qui, en soulageant, autant que faire se pourra, la classe la

plus indigente et la plus utile de la nation, seront trouvés les plus justes et les moins onéreux, soit par leur simplicité, soit par la facilité dans la perception, en ne perdant jamais de vue combien il serait intéressant de supprimer les fermiers généraux et ces armées fiscales, dont les ruses et la dureté font le malheur public, sauf d'accorder à ceux qui n'ont, dans ce moment, d'autre ressource que les funestes emplois dont la privation subite les réduirait à l'indigence, des pensions viagères qui les mettent dans le cas de pourvoir à leur subsistance.

Que désormais les charges ne seront plus vénales.

Que les tribunaux d'exception seront supprimés, ainsi que les justices seigneuriales.

Qu'en matière criminelle l'instruction sera publique: qu'il sera donné un conseil aux accusés; que la justification des accusés sera reçue en tout état de cause.

Que les requêtes civiles seront plaidées sans consignation des fortes amendes qui forment obstacle à ce que les personnes pauvres puissent user de ce remède de la loi.

Art. 3. Les susdits députés de la province seront chargés encore de solliciter, dans les États généraux, la réduction des pensions, et qu'à l'avenir il n'en puisse être accordé que pour des services rendus à l'État, et relativement à leur importance.

Art. 4. Lesdits députés demanderont également qu'à l'avenir les ministres seront tenus de rendre compte aux États généraux de toutes dépenses et de l'emploi des subsides et impôts, comme encore que les comptes par eux rendus seront imprimés.

Art. 5. Lesdits députés demanderont une loi expresse, qui, en déclarant responsables de leur conduite, tous ministres, administrateurs, commandants de provinces et magistrats souverains, fixe et détermine dans quelles occasions ils pourront être poursuivis et jugés le cas échéant.

Art. 6. Les susdits députés seront pareillement chargés de solliciter, en faveur du tiers-état, l'admission aux honneurs et aux places, soit dans le service militaire de terre et de mer, soit dans la magistrature et les cours de justice, soit dans les chapitres, comme encore qu'il sera admis à participer aux établissements publics, pour lesquels il a fourni et continuera de fournir sa contribution.

Art. 7. Les susdits députés demanderont que désormais le commerce jouira d'une pleine et entière liberté. Qu'en conséquence, tous privilèges quelconques, qui tendent à le gêner, seront supprimés.

Que l'on supprimera également tous les droits d'entrée de ville sur les vins et autres denrées territoriales.

Que les bureaux de perception des droits royaux, et ceux de vérification sur les marchandises, dans le cas où ces droits subsisteraient, en tout ou en partie, seront reculés aux frontières, et que la plus libre circulation sera établie dans l'intérieur du royaume.

Art. 8. Les députés de la province demanderont encore la réunion des fiefs qui sont sortis du domaine des comtes de Provence, au préjudice de la loi constitutionnelle qui déclarait leur inaliénabilité, et que dans, et pour tous les fiefs de la province, il sera permis, soit aux communautés, soit aux particuliers, de racheter les directes, les cens, les taxes, et notamment les banalités, comme encore que les prétendus droits de péage, de

(1) Nous publions ce cahier d'après un manuscrit des *Archives de l'Empire.*

leyde, de fouage, de pêche et de chasse, et autres de cette nature seront abolis et éteints.

Que les habitants desdits fiefs, aient, dans les terres gastes d'iceux, le droit et la faculté de prendre du bois pour chauffage, leurs instruments aratoires, et la construction de leurs bâtiments sans abus.

Enfin, que pour l'intérêt de la province entière, où la cherté de la viande augmente journellement par le manque de bestiaux et où l'engrais des terres est de la plus grande importance, les chèvres seront irrévocablement permises partout où elles ne peuvent pas y nuire, et où il ne peut pas y avoir du bris d'espérance, à l'effet de quoi, il sera procédé par des commissaires nommés dans les États provinciaux, à la vérification des terroirs où lesdites chèvres ayant été permises par l'arrêt de règlement de 1730, ont été ensuite prohibées, au grand préjudice des habitants et de la province.

Art. 9. Lesdits députés seront pareillement chargés de demander aux États généraux la suppression et extinction de la dîme, à la charge par les communautés de pourvoir aux honoraires des curés et des vicaires, ensemble aux autres dépenses relatives au service divin, ou du moins que les décimables seront autorisés à prélever, avant la levée de la dîme, les semences et frais de culture, auquel cas on fixerait, par une loi expresse, les droits des décimateurs, de manière à prévenir les vexations et les procès.

Art. 10. Les députés solliciteront avec instance la réformation des abus qui entachent la constitution de la Provence, soit à raison de l'organisation vicieuse des États et des assemblées municipales, soit à raison de son administration particulière ; et qu'en conséquence, il sera notamment pourvu à ce que désormais la présidence des États ne soit plus perpétuelle, mais élective dans les États provinciaux ; à ce que la procure du pays soit et demeure disjointe et séparée du consulat d'Aix ; à ce que les communautés de la province soient maintenues dans le droit imprescriptible et inaltérable de se choisir et de se nommer leurs consuls et administrateurs, sans que jamais ceux-ci puissent tenir leurs pouvoirs que de leur municipalité, soit par nomination, soit par confirmation ; à ce qu'il soit accordé au tiers-état un ou plusieurs syndics ayant entrée aux États ; à ce que nul ne soit député aux États provinciaux par sa place, mais par le choix libre des assemblées de son ordre ou des municipalités ; à ce que l'ordre du tiers ait, en toute occasion, un nombre de représentants au moins égal à celui des deux autres ordres ; à ce que les nobles non possédant fiefs soient admis à voter dans l'ordre de la noblesse, et les bénéficiers dans celui du clergé ; à ce que les places des ingénieurs soient mises au concours ; à ce que les receveurs des vigueries soient supprimés, et les trésoriers des communautés chargés de verser directement dans la caisse de la province.

Signé P. Souraal, lieutenant de juge ; Joseph Jouvencel ; Niaire ; Pierre Michel ; P. Maurin ; Joseph Chamaray ; Chailun ; B. Chailun ; J. Gugeard ; Alvay ; H. Nicolas : Fronvard ; B. Emars ; V. Pheiland ; J. Armand ; J. Maunier ; Pierre Armand ; J.-P. Negret ; P. Jouvencel, lieutenant de juge.

CAHIER

Des doléances, plaintes et remontrances des habitants de la communauté de Saint-Antonin (1).

Cette communauté, composée de très-peu d'habitants presque tous illettrés, est assez heureuse pour avoir un seigneur duquel elle n'a jamais eu à se plaindre, tant s'en faut ; il aime ses vassaux et leur fait du bien quand il peut.

Elle a un curé qui est ami de la paix, qui ne leur donne que de bons exemples et qui fait du bien à ses paroissiens toutes les fois que l'occasion s'en présente.

Ces pauvres habitants ne sont donc point dans le cas d'exercer leurs doléances, ni contre leur seigneur ni contre leur curé ; elles ne roulent donc que sur leur misère Ils sont fort chargés, surtout relativement à la stérilité de leur terroir ; les droits seigneuriaux et les tailles payés, il ne leur reste presque plus rien ; ils payent les droits du seigneur à la vérité sans les connaître, mais ils sont intimement persuadés que ces droits sont dus, et qu'au besoin leur seigneur s'empresserait de les faire connaître.

Il ne reste donc à désirer à la communauté de Saint-Antonin qu'une chose qui est que les États généraux trouvent des moyens pour adoucir le sort et diminuer la misère de ses pauvres habitants.

Signé Joseph David ; Jean Pesivon ; Bouzelles ; D. David ; Sylvy, greffier.

CAHIER

Des doléances, plaintes et remontrances des habitants de la communauté de Saint-Cannat (2).

Art. 1er. Nous demandons que tous les impôts actuellement existants, et qui ne portent que sur certaines classes de citoyens, soient supprimés, et qu'il en soit créé ou établi d'autres qui soient supportées, sans exception ni distinction, par tous les ordres de l'État, et que chaque citoyen, de quelque état ou condition qu'il soit, y contribue en proportion de ses revenus et de ses facultés.

Art. 2. Nous demandons la réformation de la justice tant civile, soit criminelle.

Art. 3. Que les justices seigneuriales soient supprimées ; et qu'il n'y ait plus que deux degrés de juridiction pour tous les procès de quelque nature qu'ils soient.

Art. 4. Que là où la suppression entière des justices seigneuriales éprouverait des difficultés, il soit ordonné que les seigneurs les feront exercer gratuitement par un juge, un lieutenant de juge, un procureur juridictionnel et un greffier résidant habituellement dans le lieu ; qu'autrement il sera permis aux justiciables de se pourvoir, en première instance, à la sénéchaussée du ressort.

Art. 5. Que toujours dans le même cas les officiers des seigneurs ne pourront s'attribuer le droit d'autoriser les conseils municipaux des communautés, attendu que, par les édits et ordonnances du royaume, ce droit avait été attribué aux maires et lieutenants de maires, et que les offices ayant été acquis pour la province, avec la condition expresse que les fonctions en seront, à l'avenir et pour toujours, exercées par les con-

---

(1) Nous publions ce cahier d'après un manuscrit des *Archives de l'Empire*.
(2) Nous publions ce cahier, d'après un manuscrit des *Archives de l'Empire*.

suls des communautés, les consuls des communautés seigneuriales doivent, comme ceux des villes royales, jouir des mêmes prérogatives, puisque toutes ont également contribué à l'énorme dépense de l'acquisition desdits offices, et que c'est par une injustice criante que les seigneurs sont parvenus à obtenir du parlement des arrêts qui dépouillent les communautés de ces prérogatives qu'elles ont achetées.

Art. 6. Que dans tous les cas où il y a lieu d'assembler des conseils généraux de tous chefs de famille, les communautés seront dispensées de l'obligation d'aller présenter des requêtes au parlement pour y être autorisées, ce qui est une très-grande surcharge pour le peuple, surtout pour les communautés situées à la distance de plusieurs journées du lieu des séances du parlement.

Art. 7. Demandons l'abolition de toutes les servitudes personnelles, telles que les corvées et les banalités, qui sont presque toujours, entre les mains des fermiers ou des agents des seigneurs, des prétextes d'oppression et de vexation contre le peuple, à la charge d'en payer la juste valeur, de gré à gré, ou suivant l'estimation qui en sera faite par des experts.

Art. 8. Nous réclamons contre la jurisprudence du parlement de cette province qui a établi que le droit de prélation est cessible, et que le seigneur peut l'exercer même après que les droits de lods et ventes ont été payés à ses fermiers ou préposés, et qui, pendant le cours de trente ans, reprennent les biens à l'acquéreur pour le remettre à un autre, ce qui arrive très-souvent.

Art. 9. Nous réclamons contre les abus de la chasse, que non-seulement les seigneurs font exercer par un grand nombre de domestiques, mais que très-souvent ils baillent à ferme à une troupe d'habitants des villes voisines qui, par eux-mêmes, ou par leurs chiens, dévastent et causent de grands maux aux fruits du territoire.

Art. 10. Nous demandons l'affranchissement de toutes censes seigneuriales, particulières et pensions féodales, sans savoir d'où proviennent leurs titres, afin que ces biens, devenus libres, puissent fournir plus de secours à l'Etat.

Art. 11. Cette communauté de Saint-Cannat a un procès avec le seigneur de ce lieu, depuis environ cent ans; elle demande la restitution des tailles depuis vingt-neuf ans, avec intérêts, pour les biens que ledit seigneur possède en cedit lieu comme nobles, quoique roturiers de leur nature. Nous n'avons jamais pu voir la fin de ce procès faute de moyens et de protections. Il est à présumer qu'il doit à la communauté au moins 20,000 livres.

Art. 12. Nous réclamons contre les abus qui se sont introduits dans le tirage de la milice, en ce que les seigneurs en exemptent beaucoup trop de monde et au moins quatre personnes, à savoir : un chasseur, un garde de terre, un geôlier des prisons et enfin un jardinier.

Art. 13. Nous demandons l'abolition de la vénalité des charges de magistrature.

Art. 14. Nous demandons la nomination d'un syndic du tiers-état avec entrée aux Etats de la province.

Art. 15. Nous demandons l'abolition de la dîme, pour les raisons ci-après exprimées : en premier lieu, nous payons la dîme en grains net à Monseigneur l'évêque de Marseille, sur tous les blés, seigles, orges, avoines, paumoules et expleoutes, et généralement sur tous les grains longs, vins, agneaux, chanvres et oignons, sur le pied du dix-huit, dont M. le curé, de notre paroisse retire le quart du tout, non compris le casuel qui est taxé sur le règlement de l'archevêché d'Aix qui lui revient considérablement. Pour faire la levée de cette dîme, nous voyons venir les fermiers de Monseigneur l'évêque et le préposé de M. le curé, avec un mesureur, se rendre aux tas de nos grains, ils les mesurent, et toutes les 18 émines sont à ces derniers. A la fin de chaque tas de grains, ce qui ne peut se ramasser, qui se trouve dans les trous du pavé, ou ce qui n'a pas pu passer au crible, les mesurent à vue d'œil; où il a passé de paille en terre, et qu'ils prennent leurs droits sur le tas de grains net; nous sommes obligé d'attendre la commodité de MM. les fermiers et celle du préposé de M. le curé, sous les prétextes qu'ils ont vingt-quatre heures pour en faire la levée. Ainsi, nous sommes très-mal en cette perception de dîme; nous souhaiterions de tout notre cœur d'en être soulagés, en payant tout ce qui sera juste en argent, ou du moins d'être soumis au même taux de la ville d'Aix, qui est notre capitale, et où, depuis quelques années, le règlement du casuel a été fixé au règlement de l'archevêché dudit Aix, éloigné de deux lieues et demie, et nous sommes enclavés dans le susdit diocèse.

Art. 16. Nous demandons la suppression du droit de contrôle, insinuation, le centième denier réduit à un simple droit de contrôle pour tous les chefs, à l'effet de constater du droit des parties et de leurs hypothèques.

Art. 17. Nous demandons l'abolition des droits de péage.

Art. 18. Nous demandons une juridiction consulaire à la ville d'Aix en Provence.

Art. 19. Nous demandons que les douanes soient reculées aux frontières du royaume pour la liberté du commerce.

Art. 20. Nous prions instamment Sa Majesté d'abolir les gabelles.

Art. 21. En 1777, ce lieu de Saint-Cannat essuya le terrible malheur d'une grêle qui renversa la plus grande partie de ce terroir; la communauté fit faire un rapport, et ensuite en porta ses plaintes à MM. les procureurs du pays; la province délibéra de nous accorder une indemnité de 1,000 livres que nous n'avons jamais retirée. On présume que le seigneur de ce lieu les fit employer au chemin allant à son château, et les pauvres furent privés de ce don.

Art. 22. En conséquence de toutes les plaintes que nous avons rapportées contre notre seigneur, qui nous tient dans un cruel esclavage, nous désirerions de tous nos cœurs de n'avoir d'autre seigneur que Sa Majesté; d'ailleurs que ce bourg appartenait autrefois aux domaines du Roi, et en conséquence de tous les bienfaits de notre bon Roi, nous lui offrons tous nos biens et revenus, de plus notre sang, notre personne, si besoin est, et nous nous sommes soussignés.

Art. 23. Cette communauté est en usage, toutes les années, de nommer deux abbés de la jeunesse avec un capitaine. Comme cela ne touche que sur la classe des ménagers et que cela les met dans le cas de faire des dépenses qu'ils ne sont pas souvent à même de faire, nous serions bien aises de nous délivrer de cette servitude.

Art. 24. Déclarant au surplus, le présent conseil, adhérer aux cahiers de doléances générales et demandes qui seront délibérées par les autres communautés du pays, et notamment par la ville d'Aix.

Ah! Sire! notre prince, notre père, si vous entendiez les cris de votre peuple qui vous aime de tout son cœur, et souffre dans les chaines des banalités, du droit de rétention et de la dîme, nous serions bien assurés que vous nous en délivreriez bientôt ; nous vous en supplions ! Ainsi-soit-il.

Signé Pierre Brun, viguier subrogé ; F. Tavernier, maire-consul ; J. Ollivier, consul ; G. Perret ; J. Laurens ; J. Marrot ; B. Lesque ; Jean-Baptiste Michel ; C. Romans ; J. Lesque ; Joseph Gues ; E. Lesque ; Chave, J. Siris-Laugier ; François Nivon ; François Giraud ; E. Gibaud (ne prend aucune part à l'article 21 et 22) ; P. Boutière ; B. Murierre ; Agibaud ; A. Pellautier ; Joseph Aurrant ; J.-Joseph Giraud ; Begue ; J.-Joseph Tuaire ; Joseph Devaux ; A. Girard ; G. Baussan ; B. Ribe a dit ne prendre aucune part aux articles 21 et 22 ; Joseph Darral ; J. Héraud ; André, aubergiste ; Nivon ; J.-L. Carron ; P. Tavernier ; F. Perret ; J.-L. Ricard ; J. Ribe ; Carlier ; L. Pellautier ; G. Ricard ; Baret, L. Marroc ; Pascal.

Par-devant nous, Pierre Brun, viguier et lieutenant de juge subrogé, ont comparu les sieurs maire et consuls de cette communauté de Saint-Cannat, lesquels nous ont requis de coter et parapher les quatorze pages du contenu du cahier de doléances ainsi porté par l'ordonnance de M. le lieutenant général, signé Tavernier, maire-consul.

Nous, viguier et lieutenant de juge subrogé, adhérant à ladite réquisition, avons coté et paraphé, *ne varietur*, quatorze pages dudit cahier de doléances, à Saint-Cannat, le 25 mars 1789.

Signé P. BRUN, *viguier subrogé.*

CAHIER

Des remontrances et doléances arrêtés par la communauté de Saint-Chamas, dans son assemblée générale du 25 mars 1789 (1).

DEMANDES GÉNÉRALES.

La présente assemblée a arrêté à l'unanimité des voix, que, quant aux objets qui intéressent la généralité du royaume, les sieurs députés que le tiers aura élus pour sa représentation aux États généraux, seront expressément chargés d'y solliciter la réformation du code civil et criminel ; la justice rendue gratuitement sur les lieux à tous les sujets du Roi ; la suppression de la vénalité des charges et offices ; le remboursement de ces mêmes charges comme une dette pressante qui pèse sur le peuple ; la modération dans les droits de greffe, papier timbré, parchemin et sceau, et surtout l'abolition des expéditions grossoyées ; la promptitude dans la distribution de la justice ; une distinction claire entre les matières sommaires, celles de la police, qui devront être jugées sur-le-champ, et en dernier ressort, jusqu'à certaines sommes, et celles susceptibles d'une plus grande discussion ; la suppression des tribunaux existants, leur conversion ou érection en divers bailliages jugeant en dernier ressort, jusqu'à concurrence de sommes déterminées ; l'érection de tribunaux supérieurs, le tout mis et disposé à la portée de tous les justiciables de cette province.

L'érection des justices seigneuriales en justices royales dans chaque ville, village, bourg et hameau faisant communauté ; qu'il soit permis à chaque ville de présenter à Sa Majesté trois sujets pour remplir ces places.

L'exercice de la police attribué exclusivement à la mairie de chaque communauté, puisqu'elles l'ont ci-devant acquise de Sa Majesté à titre onéreux ; les droits honorifiques de cette même mairie rendus aux consuls, et entre autres celui d'autoriser les assemblées municipales.

Que chacun soit jugé par ses pairs, et que, dans les affaires d'une communauté contre un seigneur, ou d'un roturier contre un noble, le tribunal soit mi-partie de nobles et de roturiers, même pour les causes compétentes à l'officialité.

Que dans les affaires criminelles chaque individu soit jugé par ses pairs ; que la procédure soit prise publiquement, au vu et au su de l'accusé, auquel il sera donné un conseil pour se défendre.

Que nul ne puisse être arrêté ou constitué prisonnier, qu'en vertu d'un décret décerné par ses juges naturels.

Que l'élargissement provisoire soit toujours accordé dans les vingt quatre heures, en fournissant caution, excepté dans les cas de crime méritant peine corporelle et afflictive.

L'abrogation de toutes lettres attentatoires à la liberté des citoyens, sous les modifications que les États généraux fixeront, et la connaissance à donner à la famille et aux juges naturels de l'accusé.

La liberté de la presse en tout ce qui ne sera pas contraire à la religion, aux mœurs et au respect dû à Sa Majesté et à l'État.

La liberté individuelle et sacrée des propriétés.

La faculté à tous les citoyens, de quelque ordre qu'ils soient, de concourir pour tous emplois militaires, bénéfices et charges attributives de la noblesse.

L'abolition et suppression de la milice forcée, et surtout des matelots tirés au sort dans les pays maritimes, étant inouï que des sujets, nés libres, soient jetés sur un élément qui répugne souvent à leur constitution physique.

Une modération dans les droits domaniaux du contrôle, de l'insinuation et du centième denier.

Adopter un plan uniforme et clair pour classer dans le tarif toutes sortes d'actes, et n'y attacher des droits qu'autant qu'il en faut pour consolider leur publicité.

Abroger surtout le demi-centième denier sur les legs d'usufruit faits par un père de famille à son épouse, et considérer cette veuve, dans les divers legs qu'un mari peut lui faire, comme faisant partie de la ligne directe toutes les fois qu'il y a des enfants.

Ne percevoir le centième denier que sur ce qui reste net de la succession, après les dettes prélevées.

La suppression de tous les bureaux de fermes dans l'intérieur du royaume, et le reculement des bureaux des fermes et traites dans les frontières.

L'abolition de tous droits sur la circulation des denrées provenant du cru de la France, et sur tous les objets de fabrication française dans l'intérieur du royaume, et notamment sur les huiles, savons et olives à la Pescoliny.

La suppression d'un droit établi, et qu'on perçoit au bureau de Martigues sur les blés qui nous viennent de Marseille.

L'abolition du droit de marque sur les cuirs et peaux préparés dans le royaume, comme nuisant à la fabrication française, et y suppléer par des impôts sur des objets de luxe.

Que le sel nous soit rendu marchandise, ou du

---

(1) Nous publions ce cahier d'après un manuscrit des *Archives de l'Empire.*

moins une modération sur le prix, et qu'on nous restitue le sel blanc.

Une perception plus simple et moins coûteuse dans les deniers royaux; la suppression des offices de finance, ou bien grande réduction.

L'uniformité des poids et mesures dans tout le royaume.

Qu'ils s'attachent à obtenir des défenses aux salpêtriers de faire des fouilles dans les maisons.

Et qu'ils sollicitent enfin l'examen des pensions accordées par les anciens ministres sans nécessité.

CLERGÉ.

La présente assemblée délibérant ensuite sur les intérêts qu'elle à relativement au clergé, a arrêté:

Que nos députés insisteront à demander que le clergé de Provence ne mêle ni ne confonde plus ses intérêts avec celui du clergé de France.

Que ce soit dans la capitale de cette province, et non à Paris, qu'il tienne des assemblées, qu'il règle ses impositions et qu'il les paye.

Que le clergé du second ordre, et tout ce qui paye décime, soit admis dans les assemblées avec droit d'y délibérer.

Qu'on l'oblige à éteindre annuellement la masse de ses dettes et qu'on lui prohibe d'en contracter de nouvelles.

Que les biens-fonds qu'il possède, en mainmorte, et qui pour la plupart sont incultes, passent dans le commerce, au moyen d'un équivalent de leur valeur dont on pourrait placer les fonds sur la propre masse de ses dettes, en attendant l'extinction d'icelles; l'agriculture et la population y gagneraient énormément.

Obligation à la résidence, et incompatibilité de plusieurs bénéfices sur la même tête, ou aviser aux moyens de réunion pour les renter suffisamment.

Suppression des annates, et les dispenses, prises en France, accordées gratuitement.

Les fêtes de l'année renvoyées au dimanche, excepté les fêtes solennelles.

La majeure partie des ordres religieux et des petites collégiales supprimés.

Nous supplions nos députés de s'attacher avec force à solliciter une congrue plus forte pour MM. les curés et pour MM. les vicaires desservant les paroisses, une congrue relative à la population et au besoin de chaque paroisse qui puisse remplacer le casuel, qui doit être non-seulement supprimé, mais prohibé.

Nous les chargeons expressément de prier MM. les évêques et patrons ecclésiastiques de ne nommer aux bénéfices de la Provence que des prêtres habitués dans leur diocèse, et de les choisir, par préférence, dans le nombre des vicaires desservant les paroisses, et d'inviter surtout MM. les évêques à ne s'entourer dans leurs canonicats de leurs cathédrales que des anciens curés de leurs diocèses; de demander finalement si la suppression de la dîme ecclésiastique ne pourrait pas s'effectuer, ou du moins de ne la payer qu'après avoir prélevé les semences et cultures.

DROITS SEIGNEURIAUX.

La présente assemblée a également chargé ses députés de mettre sous les yeux de Sa Majesté et des États généraux cette quantité de droits de péage qui arrête la circulation du commerce dans les routes et chemins.

Ces droits de chasse dont la plupart des sei-

gneurs n'usent pas eux-mêmes et qu'ils arrentent à des particuliers qui viennent fouler impunément les moissons.

Cette excessive quantité de lièvres et de lapins, qui, dans certains coins de cette province, désolent les campagnes, détruisent les vignes, les blés et les jeunes plantations d'oliviers.

Ces retraits barbares et féodaux exercés par les seigneurs, après vingt-neuf ans et onze mois de tranquille possession, tandis que le retrait lignager, infiniment plus favorable, a été restreint à un mois de la notice de l'acte.

Ces censes exigées en blé d'annone, tandis que le terrain servile ne produit que du blé commun.

Ces banalités de fours, de moulins à farine, où il faut qu'un sac de blé attende vingt-quatre heures l'amas périodique d'un filet d'eau, tandis que la famille à laquelle il appartient meurt de faim.

Tous ces droits oppressifs doivent être supprimés ou rachetés à prix d'argent.

Heureusement notre communauté n'a point de plaintes personnelles à faire quant à ce; elle n'a jamais essuyé de pareilles vexations, elle rend tout honneur et toute justice au digne prélat dont nous nous félicitons d'être les vassaux; mais elle consent à ce que, pour le bien de nos voisins, ces griefs soient redressés aux prochains États généraux.

Nous demandons encore la suppression de tous les privilèges exclusifs accordés à des corps ou à des compagnies et à des particuliers, qui nuisent au commerce et à la navigation.

Nous supplions enfin Sa Majesté de rentrer dans la possession de ses domaines, aliénés ou engagés en Provence par nos anciens comtes ou par les rois de France leurs successeurs, et notamment dans la possession du Comtat Venaissin et de la ville d'Avignon, pour le produit desdits domaines être employé au soulagement de l'État.

IMPÔTS.

Et passant ensuite aux objets de délibérations qui concernent l'impôt, nous déclarons qu'attendu la mortalité des oliviers que notre terroir vient d'essuyer par la rigueur des derniers froids, il nous est impossible de payer nos charges actuelles, et, à plus forte raison, un surcroît d'impôt.

Cependant s'il arrivait que la subvention territoriale fût admise par les États généraux comme un impôt unique qui suppléât à la taille, aux vingtièmes et au don gratuit que cette province paye à Sa Majesté, il en résulterait nécessairement que nous ne payerions que proportionnellement à ce que nous recueillerions; nous déclarons, dans ce cas, consentir, du meilleur de notre cœur à ce que cette espèce d'impôt, ou tout autre équivalent, et produisant le même effet, soit établi.

En conséquence, nous accordons tout pouvoir à nos députés de consentir à l'impôt de la subvention territoriale ou autre équivalent, sur le taux que les besoins de l'État, le déficit, le remboursement des charges et offices dont la masse doit être jointe à celle du déficit l'exigeront, sous les restrictions de pouvoir suivantes:

1° Que l'impôt à établir le sera d'une manière universelle, et frappera uniformément sur tout genre de propriété sans exception et sans exemption, nonobstant toutes permissions et privilèges.

2° Qu'il tiendra lieu de taille, vingtièmes, dixièmes, don gratuit et autres droits, charges et impositions royales de cette province.

3° Que toutes les contributions locales de la Provence, celles de la province en particulier, celles des vigueries seront également, et dans la même uniformité, réparties sur toute espèce de propriété assise en Provence, sans exemption, nonobstant toutes possessions et privilèges quelconques.

4° Que les biens immenses que possède l'ordre de Malte dans cette province seront également soumis à la répartition des charges royales, provinciales et locales.

5° Que l'impôt ne sera consenti par les États généraux que pour un temps limité.

6° L'impôt ne sera consenti qu'après avoir reconnu la dette de l'État, et la durée du temps qu'il faudra pour la consolider.

7° Le retour périodique des États généraux aura lieu dans un terme court dont le délai sera fixé par les États ; et si les États généraux ne sont point convoqués et tenus aux termes fixés, l'impôt cessera par ce seul fait.

8° Nul impôt ne pourra dorénavant être mis que du consentement de la nation assemblée dans ses États généraux.

9° Que dans les délibérations à prendre aux États généraux, nos députés insisteront à ce que l'on délibère en commun, et qu'on opine par tête et non par ordre.

On invite nos députés aux États généraux à ne consentir à l'impôt qu'après que ces neuf chefs auront été accordés, qu'après que les lois constitutives du royaume auront été fixées et qu'après la réformation du code civil et criminel et le remboursement des charges ordonnés.

Le ministre des finances rendra le compte de sa gestion de la manière qui sera fixée par les États généraux, et ce compte sera rendu public par la voie de l'impression.

Pour répartir cette présente année les impositions royales et locales, tant sur le clergé et la noblesse, que sur le tiers, nos députés solliciteront auprès de Sa Majesté une imposition provisoire à établir sur la même base que celle que la province a suivie jusqu'aujourd'hui pour la répartition des vingtièmes entre les trois ordres, sauf ensuite toute restitution lorsque les États généraux auront pourvu à la contribution générale.

RÉGIME INTÉRIEUR DE LA PROVINCE.

Et venant ensuite à délibérer sur le régime intérieur de cette province, la présente assemblée a unanimement chargé les députés aux États généraux de représenter respectueusement à Sa Majesté qu'elle ne saurait considérer comme constitutionnels les États de 1787 et moins encore ceux de 1789.

Que pour les rendre tels, il faut que les ordres y soient suffisamment représentés.

Que la représentation des seuls prélats ne représente point le clergé, celle des seuls possédant fiefs, la généralité de la noblesse, et enfin que le tiers-état n'a point été jusqu'à ce jour suffisamment représenté.

Que les États pléniers pour un ordre seul, avec l'exclusion d'un privilège pour les autres sont une prétention autant déraisonnable qu'injuste.

En conséquence, nous chargeons expressément nos députés de demander au meilleur des rois des États mieux organisés et composés de manière :

1° Que chaque commune qui a une population de deux mille âmes jusqu'à trois, ait au moins un représentant.

2° Que le clergé du second ordre soit admis, concurremment avec le clergé du premier, aux États.

3° Que la noblesse possédant fiefs, ainsi que celle qui n'en possède point, y soient également et concurremment admises.

4° Que le clergé et la noblesse, ainsi composés, ne fournissent, entre les deux ordres, que le même nombre de députés que le tiers-état députera lui seul, en sorte qu'il y ait toujours égalité de voix entre le dernier ordre et les deux premiers réunis.

5° Que les délibérations aux États provinciaux soient toujours comptées par voix et non par ordre.

6° Et finalement que le tiers se nomme son syndic avec entrée et voix délibérative aux États et qu'il choisisse et élise ses députés dans son ordre.

Nous exhortons nos députés à s'élever contre la perpétuité de la présidence et contre la permanence de tout membre non amovible ayant, en l'état des choses, entrée aux États.

De demander que cette présidence soit élective par les États, et alternative entre le clergé et la noblesse.

Comme aussi de requérir l'exclusion des mêmes États des magistrats et tous officiers attachés au fisc.

Nous leur recommandons fortement et expressément de réclamer la désunion, dès cette présente année, de la procure du pays qui se trouve attachée au consulat d'Aix et la nomination libre au tiers de ses procureurs.

En même temps, nous les chargeons de réclamer que l'audition des comptes du pays sera faite par des personnes choisies et nommées par les États, et qu'on ne s'assujettira plus, quant à ce, au tour de rôle.

Que les trésoriers de la province et des vigueries soient électifs par les États.

Ils réclameront enfin la suppression des divers ingénieurs et sous-ingénieurs de la province, celle des divers officiers, greffiers et serviteurs inutiles aux États.

DEMANDES LOCALES.

La présente assemblée, délibérant finalement sur les plaintes et doléances, a chargé ses députés de requérir aux États généraux nommément la suppression des bourdigues des divers canaux de Martigues qui interceptent la navigation de ce bras de mer avec la Méditerranée, qui atterrissent annuellement les canaux par l'obstacle qu'ils présentent au cours des eaux et aux diverses plantes marines que la mer y amoncelle, qui empêchent l'entrée du poisson pendant neuf mois de l'année, ce qui ruine la classe indigente des pêcheurs de cette contrée, et dont la suppression répandrait l'abondance dans cette ville et les voisines, et procurerait une pépinière de matelots à l'État.

Ils demanderont encore que la pêche sur ce bras de mer soit régie par l'ordonnance royale de la marine, et non par les règlements particuliers et seigneuriaux de la principauté de Martigues, à laquelle nous sommes absolument étrangers.

Ils supplieront Sa Majesté d'ordonner que le port de Bouc soit recuré et mis à même de recevoir, comme ci-devant, les plus gros navires.

Que notre port de Saint-Chamas, si utile à nos voisins et à toute la contrée, dont les bâtisses sont finies, mais dont le bassin n'a point été encore approfondi, soit enfin fini et mis à même de recevoir les navires du pays.

Ils prieront encore notre auguste monarque de vouloir bien écarter de notre habitation, et des portes de notre ville, le grand magasin des poudres de la fabrique de Saint-Chamas, de le faire transférer à un endroit isolé que la nature semble indiquer, au-delà du bras de mer, vis à-vis la Poudrerie; le danger est d'autant plus imminent que trois mille personnes peuvent être à tous les instants les victimes de la moindre imprudence ou d'un coup de feu du ciel.

Ils demanderont que les carrères interceptées dans ce terroir soient rétablies, ainsi que celles de toute la province.

Que les employés aux fermes du Roi ne puissent point dénoncer et faire des saisies aux troupeaux de chèvres et de moutons qui dépaissent sur les landes et rivages qui sont le long des côtes de la mer, et qu'ils insistent à nous rédimer de cette vexation.

Signé Leydet, juge; Panal, M.-C.; Paul, maire; d'Estienne-Liécron; P. Paul; Brouchier; Archier; B. Pellissier; Jean-Joseph Antoine Louison; Nègre; Callamand; Martin; Sanguon; Bernard; Porte; Bernard; Moyroux; Bonnet; Le Doyen; Frigner; F. Reboul; L. Payan; Fabre; A. Baret; J.-J. Callamand; J.-H. Bérard; P. Cler; Ch. Reboul; J.-P. Toche; F. Sylvestre; P. Roussant; J. Cler; Leger, juge; Siméon Engallier; Marc Chiron; B. Martin; Henri Gautier; J. Flamont; Lombard; Esménard; André Serria; Ceissier; Luge; H. Fabre; Et. Cler père; J. Claude Gibert; Ant. Chapon; Brouchier; D. Gautier; A. Garron; G. Henrique; A Bérard; Reboul; Jean Ollivier; J.-J. Fabre; Grégoire Fabre; A. Callemand; Julten; Et. Cler fils; J. Roustant; P. Cournille; G. Eulhand; L. Cavaillon; Jean Atournel; Liévin Cerrier; Jean Fabre; Cler aîné; Chapus, ancien garde du Roi; Cavaillon, capitaine d'invalides; Emauran, doct. méd.; Claude Michel; J. Henrique fils; J. Martin; Brouchier, greffier; Leydet, juge.

CAHIER

Des doléances, plaintes et remontrances que la communauté de Saint-Estève-de-Jançon présente par François DESCOLIS, député d'icelle, conformément aux intentions du Roi (1).

Art. 1er. Que la noblesse et le clergé payeront comme le tiers-état, et a été du consentement de tous les habitants.

Art. 2. Que les contrôles d'insinuations doivent être supprimés en ligne directe, c'est-à-dire à un simple contrôle.

Art. 3. Que la rivière de Durance occasionne un grand dommage aux terres de cette communauté que l'affluence des eaux leur a emportées; par conséquent, cette communauté aurait besoin de secours pour faire les réparations et digues nécessaires, ou ils ne peuvent plus supporter les charges imposées sur le terroir.

Art. 4. Que tous les biens que ladite communauté possède ont été donnés à nouveau bail par M. le marquis de Jançon, il y a environ deux cent cinquante ans, sous les conditions suivantes : que les habitants payeraient de sept charges des grains qu'ils recueilleraient une au seigneur, que tous les autres fruits au neuvième; trois poules pour chacun habitant; une charge de

blé aussi chacun desdits habitants, c'est-à-dire pour chaque feu, sous la condition qu'ils ont l'usage du bois des montagnes et collines du terroir d'icelle communauté, sans que le seigneur puisse en avoir aucun usage, ni personne de sa part; cependant aujourd'hui on a fait couper une partie de ce bois. Sont soumis encore à payer les tailles, la dîme au vingtième de tous les grains pour le prêtre qui ne vient dire la messe aux habitants de ladite communauté que le dimanche, attendu que ce prêtre ne réside point dans le lieu. Cette dîme produit environ 400 livres, et les fermiers ne payent que 150 livres au prêtre. La communauté désirerait être chargée de payer le prêtre, et par conséquent ne payer point de dîme qu'à la concurrence de ce qu'il faudrait payer au prêtre, attendu qu'aujourd'hui elle ne peut plus supporter toutes les charges ci-dessus énoncées.

Art. 5. Que la chasse du terroir de cette communauté doit être libre pour pouvoir éviter les grands dommages que le gibier causait aux levées, oliviers et autres arbres, ce qui fait encore plus la ruine des récoltes et la perte des habitants, lesquels ont déclaré se soumettre à toutes les intentions et volontés du Roi, biens et personnes, et a été sous leur serment, et avons signé, nous, greffier de ladite communauté, avec François Descolis, habitant et député, et tous les autres ont déclaré ne le savoir.

Signé Descolis, député; Ferand, greffier.

CAHIER

Des doléances, plaintes et remontrances de la communauté de ce lieu de Saint-Julien-le-Montagnier, viguerie de Barjols, sénéchaussée d'Aix en Provence, rédigé par nous, maire, consuls, habitants et chefs de famille de ladite communauté, assemblés cejourd'hui 25 mars 1789, en conformité des lettres du Roi pour la convocation des États généraux du royaume, dont la tenue est fixée au 27 avril prochain, et des règlements y annexés (1).

Notre auguste monarque, moins jaloux de son autorité que du bonheur de ses peuples, vient les consulter sur leurs besoins; il veut connaître les véritables droits de la nation, et la faire concourir elle-même à sa propre félicité, en la convoquant auprès de lui par le rétablissement des États généraux du royaume, qui seront l'époque heureuse et à jamais mémorable de la restauration publique et le remède efficace de tous les maux de l'État.

Il ne nous appartient point, sans doute, d'éclairer la nation, nous ne devons pas rougir d'avouer notre insuffisance, et nous aurons rempli notre devoir si nous pouvons parvenir à faire écouter nos doléances sur les objets qui nous intéressent plus particulièrement, et dont nous sommes journellement les victimes.

Le Roi nous donne la liberté de nous plaindre; ce précieux bienfait doit ranimer notre courage, et nous élever au-dessus de toutes les considérations personnelles.

Le code du droit naturel est bien une connaissance innée dans tous les esprits droits, honnêtes et dépouillés de toute prévention. Mais l'amour-propre et l'intérêt personnel dans les uns, le défaut de lumières et les préjugés de l'enfance dans les autres, s'opposent depuis longtemps au déve-

---

(1) Nous publions ce cahier d'après un manuscrit des *Archives de l'Empire.*

(1) Nous publions ce cahier d'après un manuscrit des *Archives de l'Empire.*

loppement de ces principes sacrés que la nature a gravés dans tous les cœurs.

Les grands, habitués par une longue possession à regarder comme un bien de famille ce qui n'est que celui de l'Etat, ont oui jusqu'aujourd'hui qu'en cédant le moindre des avantages dont ils jouissent à ce titre illicite, ils se dépouillaient d'un patrimoine légitime.

Les gens du peuple, accoutumés à la dépendance et à la servitude, hors d'état de briser leurs fers, ont toujours subi le joug qu'on a voulu leur imposer, et préférant leur tranquillité, cruellement asservie, au recouvrement de leur liberté primitive, ils ont sacrifié les précieux avantages de la loi naturelle et du contrat social, aux institutions abusives de ceux qui étaient intéressés à les établir.

C'est ainsi que les injustices se multipliant de toutes parts et sur tous les points, on a vu solliciter et accorder, pour les soutenir, des lois qui auraient dû prononcer leur proscription.

C'est à l'abri de ces lois injustes et oppressives que l'aristocratie des grands s'est élevée, par le fait, en loi suprême de l'Etat, tandis que nous n'aurions jamais dû vivre que sous les lois d'un Etat monarchique.

Mais ces temps d'erreurs, d'abus et d'oppressions sont passés; les cris de liberté et d'égalité se sont fait entendre d'un bout du royaume à l'autre. La nation va recouvrer ses premiers droits, et nous n'avons qu'à présenter nos plaintes et nos doléances pour être assurés du succès de nos justes réclamations.

Nous devons donc demander avec la plus grande confiance:

1° Qu'avant toute délibération sur les affaires du royaume, les lois constitutives de l'Etat seront fixées et reconnues, et que la liberté individuelle sera assurée à chaque citoyen;

2° Qu'aucune loi, de quelque nature qu'elle soit, ne pourra être établie et exécutée, sans l'acceptation préalable et libre des Etats généraux;

3° Qu'aucun impôt ne pourra être levé sans la même acceptation;

4° Que les Etats généraux seront assemblés périodiquement de trois en trois ans, et qu'on ne pourra y voter les impôts que pour un temps limité, et jusqu'à la prochaine tenue;

5° Que dans l'intervalle d'une tenue à l'autre, les règlements provisoires et les choses instantes ne pourront être faits qu'avec le consentement des Etats provinciaux;

6° Que dans les Etats généraux, les députés du tiers ne seront soumis à aucune cérémonie, à aucun devoir qui puisse être incompatible avec la dignité de l'ordre;

7° Que le régime actuel de nos Etats provinciaux sera réformé, et qu'à cet effet, immédiatement après la tenue des Etats généraux, il sera convoqué une assemblée des trois ordres de la province pour procéder à cette réformation;

8° Que la province sera maintenue dans ses franchises et libertés, qu'elle continuera de former un Etat uni et non subalterné, que la nation provençale sera conservée dans le droit précieux de consentir les lois, de voter librement les impôts et de les répartir et les asseoir de la manière qu'elle croira la plus utile, la plus commode et la moins onéreuse au peuple;

9° Qu'en Provence, comme ailleurs, on abolira tous impôts distinctifs pour les remplacer par des impôts communs aux trois ordres;

10° Que les communes de Provence seront autorisées de se nommer un syndic avec entrée aux Etats, selon l'endroit et leur possession à l'époque de la suspension des derniers Etats, en 1639;

11° Que le président desdits Etats sera annuel et choisi par la voie du scrutin;

12° Qu'aucun membre ayant, en l'état des choses, entrée aux Etats ne pourra dorénavant y être admis par le droit de sa place, s'il n'est librement élu dans une assemblée de son ordre;

13° Que la procure du pays sera désunie du consulat de la ville d'Aix, et les fonctions attribuées à la commission intermédiaire;

14° Que les gentilshommes non possédant fiefs, et le clergé du second ordre seront admis dans les Etats, et que l'ordre du tiers y aura un nombre de voix égal à celui des deux premiers ordres réunis, tant dans lesdits Etats que dans la commission intermédiaire;

15° Que les comptes de la province seront annuellement imprimés et envoyés à chaque communauté, et que les secours accordés par Sa Majesté seront répartis dans le sein des Etats;

16° Que conformément à nos statuts, aucun individu ne pourra être arbitrairement emprisonné, par des ordres verbaux ou écrits, quelle que soit l'autorité de laquelle ces ordres puissent être émanées, et que la liberté du citoyen ne pourra être compromise que par un décret intervenu sur une information légale;

17° Que suivant nos statuts on proscrira toute évocation de grâce et de privilège;

18° Que les lois du droit canonique, civil et criminel seront réformées, pour rendre les premières plus favorables au mérite, les secondes moins onéreuses au peuple, et les dernières plus douces;

19° Qu'on abolira tous les droits bursaux qui rendent inaccessible l'accès des tribunaux, et qu'on fixera par des règlements les honoraires des avocats et les salaires des procureurs, pour que les formes n'emportent pas au delà de la valeur du fonds;

20° Que tous les tribunaux inutiles et onéreux seront supprimés, et qu'on attribuera aux premiers juges une souveraineté pour tous les objets minimes, et jusqu'à une somme déterminée;

21° Qu'on détruira tous les offices qui n'ont eu dans leur origine aucun principe d'utilité, et qui n'ont été que des expédients de finance; de pareils offices sont des impôts déguisés qui surchargent le peuple, et qui troublent la paix de l'Etat, et qu'on réclamera contre la vénalité des offices utiles;

22° Que l'on renouvellera les lois qui proscrivent la pluralité des bénéfices, qui ordonnent la résidence. Il est essentiel que tous les biens de l'Eglise ne soient pas cumulés sur une même tête et que les personnes ecclésiastiques n'aillent pas consommer leurs revenus à la cour et à la capitale, au préjudice du peuple;

23° Que, conformément aux anciens canons, toutes les dépenses pour les presbytères, pour les églises, seront prises sur les biens ecclésiastiques, vu que c'est à une principale destination de ces biens, et que le peuple ne doit plus être surchargé d'une obligation dont on a entendu le soulager par les concessions faites à l'Eglise;

24° Que l'on améliorera le sort des curés et que le casuel sera aboli;

25° Que le clergé de Provence ne fera plus corps avec le clergé de France, et qu'il n'aura plus d'assemblée temporelle que les assemblées nationales du pays;

26° Que l'on maintiendra de plus fort le droit

d'annexe, qui est une loi fondamentale de la Provence;

27° Que tous les impôts existant seront supprimés, pour être remplacés par des tributs plus simples, moins nombreux et de plus facile perception, et même par une subvention qui porte également sur les propriétaires et les capitalistes, s'il est possible d'en trouver le moyen;

28° Que la contribution se fera dans une parfaite égalité de la part de chaque citoyen, en proportion de sa fortune, tant pour les impôts et subsides royaux, que pour toutes les charges générales et particulières de la province, des vigueries et communautés, sans avoir égard à aucune exemption pécuniaire, réserve, ni exemption quelconque, soit réelle, soit personnelle;

29° Que, pour parvenir à cette égalité, sollicitée par la justice, la raison, l'intérêt national et l'opinion publique, il faut, de nécessité préalable, affranchir toutes les propriétés de tous les droits, redevances et servitudes particulières qui s'opposent à ce qu'elles soient également imposées par le souverain, et, à cet effet, que toutes les dîmes ecclésiastiques soient abolies;

Parce que la nation ne les a jamais librement consenties;

Parce qu'une oblation, volontaire dans son principe, n'a pas pu être convertie en un tribut forcé;

Parce que la dîme est contraire à la population des campagnes, qui sont dépouillées d'une partie de la denrée de première nécessité, dont le transport et la consommation vont se faire dans des lieux éloignés de ceux où elle est recueillie;

Parce qu'elle présente une répartition tout à fait inégale, en ce que les pays complantés en oliviers et abondants en prairies et autres fruits, productions plus précieuses que celle des terres décimales, ne payent presque rien, tandis que le misérable laboureur qui cultive une terre semable, paye, chaque année, doublement ce tribut que l'on perçoit de nouveau sur les semences qu'il avait déjà payé l'année précédente;

Parce qu'elle n'est pas nécessaire pour l'entretien des ministres utiles de la religion, qui trouveront, dans le produit des biens ecclésiastiques, une congrue plus que suffisante, en supprimant tous les bénéfices qui ne sont point à charge d'âmes, les corps religieux, dont l'inutilité est reconnue, et les chapitres des églises collégiales, et en réunissant les biens dépendant de tous les corps et bénéfices supprimés, aux églises cathédrales et paroissiales;

Parce que le produit de la dîme est diverti à tout autre usage qu'à sa destination primitive, qui était de fournir seulement à la subsistance des ministres qui travaillaient directement à l'instruction des fidèles;

Parce que les gros bénéficiers qui ne font aucune fonction pastorale et qui jouissent néanmoins de la plus grande partie des dîmes, n'ont pas pu, abusivement, se dispenser du travail, et retenir le salaire;

30° Que par les mêmes considérations d'égalité, les possesseurs des fiefs seront définitivement et entièrement déchargés de tout service militaire et du devoir de faire rendre la justice, et, en conséquence, que tous les priviléges et exemptions attachés aux fiefs, et tous les droits féodaux en dépendant, et perçus encore en nature, sous quelque dénomination qu'ils puissent être, seront abolis, éteints et supprimés en entier, et les communautés déchargées du payement des pensions féodales représentatives de ceux qui ont été abonnés;

Parce que les fiefs étaient, dans leur origine, des biens de l'État, qui, sous l'autorité du monarque, en destinait le produit aux dépenses du service militaire et de l'administration de la justice;

Parce que les fiefs n'étaient, dans le principe, accordés qu'à titre de bénéfices viagers, et sous la charge des mêmes dépenses dont l'État était dispensé, attendu que cette espèce de biens étaient primitivement la solde de l'armée et l'honoraire du magistrat, et représentait le tribut de chaque citoyen;

Parce que la nation n'a jamais consenti librement l'hérédité et la patrimonialité des fiefs, puisque dans tous les États généraux, où cet objet a été traité, elle a toujours été subjuguée par l'autorité et la pluralité;

Parce que la nation n'aurait pas pu même valablement et irrévocablement se dépouiller de la propriété des fiefs, vu que ces droits sont incessibles et imprescriptibles;

Parce que, quand même la nation aurait pu donner un consentement valable à l'hérédité et patrimonialité des fiefs, les propriétaires n'ont jamais pu imposer sur les possessions en dépendant des droits plus forts que l'indemnité des services auxquels la concession des fiefs les soumettait;

Parce que la levée et l'entretien des troupes étant depuis longtemps supportés par la nation, au moyen des impôts qui frappent sur les propriétés roturières, et des contributions personnelles des milices, qui ne sont prises que dans le sein de la roture, la nation ne peut point, sans injustice, payer ce service, par une double contribution personnelle et pécuniaire, et acquitter ensuite au propriétaire du fief, qui en a été déchargé, des droits qui n'en sont que la représentation; ce qui serait, pour les uns, une troisième contribution, et de la part des autres, une injustice révoltante;

Parce que les droits féodaux sont, en général, odieux, oppressifs, contraires à la population, au commerce des biens dont les emphytéotes n'ont la libre disposition qu'en payant au seigneur un sixième du prix, et dont les acquéreurs ne sont pas même assurés dans leurs acquisitions par la cession arbitraire du droit de prélation, ce qui, en dernière analyse, tend à dépouiller le malheureux propriétaire, forcé de vendre, du sixième de sa propriété, et de ne laisser dans les communautés des campagnes, que des vassaux asservis à l'intérêt du seigneur plutôt qu'au bien public;

Parce qu'en jugeant les possesseurs des fiefs même sur leurs propres principes, le Roi, duquel les fiefs relèvent directement, doit avoir autant et plus de droits sur eux qu'ils ne peuvent en avoir sur leurs emphytéotes;

Que les mêmes principes qui, suivant la jurisprudence féodale, prohibent à leur emphytéote le droit d'établir des redevances inextinguibles sur les possessions particulières, qui relèvent de leurs fiefs, s'opposent à ce que les possesseurs desdits fiefs établissent, à leur profit, sur les biens de leurs vassaux, des charges qui les rendent moins imposables pour les besoins de l'État, qui en est pourtant le plus légitime propriétaire;

31° Que l'administration de la justice se fera, au nom du Roi, dans tout le royaume.

32° Que chaque citoyen sera jugé par ses pairs, dans les tribunaux souverains, et qu'à cet effet, les membres qui composeront ces tribunaux, seront pris, moitié dans le tiers-état, moitié dans les premiers ordres.

33° Que dans tout ce qui regarde l'administration municipale, dans ses rapports généraux, les communautés ne seront dépendantes que des Etats de leurs provinces respectives, ce principe étant essentiel pour conserver la liberté publique.

34° Que la noblesse ne sera plus acquise à prix d'argent, ni par la possession des charges de magistrature, et qu'elle ne sera accordée qu'au mérite, distingué dans quelque profession que ce soit.

35° Que tous les citoyens, de quelque ordre qu'ils soient, pourront aspirer et remplir tous emplois militaires, bénéfices et charges quelconques.

36° Que tous les bureaux des fermes seront reculés aux frontières, et que l'on abolira toutes les gênes de la circulation intérieure.

37° Que, pour favoriser l'agriculture et la multiplication du bétail nécessaire à l'engrais des terres et à la subsistance de l'homme, le prix du sel sera modéré et rendu uniforme dans tout le royaume, ce qui procurera encore le précieux avantage de faire cesser toute contrebande à ce sujet.

38° Que la liberté de la presse n'éprouvera plus aucune gêne.

39° Que l'entretien et les honoraires des gouverneurs, commandants et autres, le prix des troupes, ainsi que celle de la maréchaussée, ne seront plus à la charge du peuple, mais bien à celle du trésor royal, vu que ce sont là des dépenses politiques qui doivent être prises sur les impôts publics.

40° Que les ministres seront personnellement responsables de leur mauvaise administration, et comptables de leur gestion aux Etats généraux, qui pourront les faire juger et punir, et les poursuivre sur leurs malversations dans les formes qui seront déterminées par lesdits Etats.

41° Que l'on ne pourra plus établir aucun privilège exclusif contre la liberté naturelle du commerce.

42° Que dorénavant la Provence nommera ses députés aux Etats généraux dans une assemblée générale des trois ordres du pays.

Et ainsi que ci-devant a été procédé au présent cahier des doléances, plaintes et remontrances par nousdits maire, consuls, habitants et chefs de famille de cette communauté, l'an et jour susdits, et a signé qui a su.

Signé Mellas, maire-consul; Philibert, consul; Nicolas; Gillet; Jauffrit; Pontier; Cibille; Aymay, Laurens; Buerle; Philibert; Louchon; Abrard, F. Philibert; Pouran; J. Paul Dor; Philibert; C.-P. Seriand; F. Seriand; Brun; Bicerle; A. Gazagne; Guis; Guis l'aîné; Manorros père; Audibert; Philibert; J. Saint-Arol; Berne; André Gaillardon; Gaillardon; Dille; F. Feniand; Louche; Hugose; Saurin; Noque; Dille jeune; Brun.

CAHIER

Des doléances, plaintes et remontrances de la commune de Saint-Marc-Jaumegarde (1).

Le terrain de Saint-Marc-Jaumegarde, naturellement très-sec, présente un sol aride et des plus ingrats du pays de Provence; la nature n'a rien fait pour les hommes dans cette partie de roc, il faut que l'homme y fasse tout; ce n'est que par un travail opiniâtre et continuel qu'on peut arra-

cher quelque production à la terre; le moindre accident réduit les habitants à la plus affreuse misère, les trois quarts manquent de pain une grande partie de l'année.

Ce roc infertile n'a point échappé à la féodalité, et c'est le seigneur seul qui profite du travail de ses habitants.

Il a droit de chasse, et le gibier détruit tout ce que le malheureux habitant cultive.

La communauté avait, comme toutes les autres, ses priviléges d'usage et la faculté de faire du bois dans la terre gaste.

Le seigneur veut la priver de ce droit, et il abuse de ce que la misérable communauté n'est pas assez forte pour lutter contre lui.

La communauté de Saint-Marc-Jaumegarde demande :

1° Que le droit de chasse soit aboli, les gardes-terres, les chasseurs et les chiens étant plus incommodes que le gibier dont on peut se délivrer par des moyens moins onéreux;

2° Que les petites communautés de la province aient un défenseur, ou un syndic, ou un bureau de syndics, défenseurs libres, indépendants, et qu'on ne soit pas obligé de payer à l'Etat, et faire valoir les droits des petites communautés contre leur seigneur. Les grandes communautés ont des moyens de se défendre, les petites n'en ont point, et souvent même elles ont des droits à faire valoir contre les grandes communautés.

La petite communauté de Saint-Marc-Jaumegarde est dans ce cas vis-à-vis de la communauté d'Aix; elle était exempte autrefois des droits d'entrée; elle venait y vendre ses denrées librement; depuis quelque temps on y a mis obstacle, le seigneur seul en jouit aujourd'hui.

La communauté demande encore le privilége des herbages que produit le terrain.

Signé J.-H. Boussillon; Jaubert; François Boussillon; Boussillon; Joseph Autrie; Pierre Autriat.

Paraphé *ne varietur*,

Signé MAYÈNE, lieutenant de juge.

CAHIER

Des doléances de la généralité des laboureurs et ménagers de Saint-Marcel, pour servir à la rédaction du cahier du tiers-état de la sénéchaussée d'Aix (1).

Nous déclarons nous conformer pour l'intérêt général du royaume, soit pour l'intérêt particulier, à ce qui a été déterminé par les habitants composant le tiers-état du terroir de Marseille.

Signé François Jouvin; Dache; Bourget; Pierre Fabre; Joseph Fabre; François Cosan; Conte; Joseph L'Haumery; Louis Camois; J. Caudier; M.-L. Carbonnel; L. Guende, Roch Lieutaud; François Parat; Pierre Coullet; Hyacinthe Camon; Lazare Pignatel; Pierre Durbec; Louis Rey; Etienne Aztufel; Cissos-Cenunger; Dominique Ollivier; J. Jouvin; E.-J.-F. Carbonnel; Toussaint Olive; Michel Darby; Jean-Louis Durbec; Victor Camoiry; Jean Saint-Marcel; Hamoin; Antoine Reimey; B. Baille; Guillaume Paul; Jean Sortufel; Jean-Pierre Portal; Pierre Lieutaud; Jean-Baptiste Carvin; L. Long; Hourler; Jean-Baptiste Bremond; Christol Ollive; Jean Long; Jean Chabron : Thomas Baron; Antoine Sardon; P. Mallet; Jean-Joseph Dusbre; Antoine Chaberg; Joseph Paul; Jean

(1) Nous publions ce cahier d'après un manuscrit des *Archives de l'Empire.*

(1) Nous publions ce cahier d'après un manuscrit des *Archives de l'Empire.*

Chabert, Etienne Long; Jean Chaizeau; Joseph Caillot, viguier; Jean-Baptiste Long; J.-B. Long.

Paraphé *ne varietur*,

Signé REY, notaire.

CAHIER

Des instructions, doléances et remontrances de la communauté de Saint-Martin-de-Brasque, viguerie d'Apt (1).

Instructions, doléances et remontrances de la communauté de Saint-Martin de Brasque, rédigées et approuvées dans le conseil général de tous chefs de famille, tenu le 29 mars 1789, pour être remises aux députés élus par la communauté, portées à l'assemblée générale de la sénéchaussée d'Aix, et de là aux États généraux du royaume.

Sa Majesté ayant bien voulu convoquer, pour le bien de son royaume, les États généraux d'icelui, et sa tendresse pour ses peuples la déterminant à vouloir connaître la situation du plus simple hameau, la communauté de Saint-Martin se croirait coupable, si elle ne portait au pied du trône ses instructions, plaintes et remontrances, ainsi qu'elle y est invitée par les lettres de convocation du 2 mars 1789.

Art. 1er. L'assemblée de Saint-Martin demande qu'aux États généraux ses représentants votent par tête et non par ordre; si le tiers était privé de cette faculté, le bienfait de l'edit du 27 décembre dernier serait illusoire, car alors le peuple resterait dans l'esclavage dont nos rois s'efforcent, depuis huit siècles, de le faire sortir.

Art. 2. Demande très-respectueusement, ladite assemblée, qu'aux premières séances des États généraux, Sa Majesté accordera à ses peuples une constitution déclarative des droits de la nation française.

Art. 3. Le retour périodique, et à perpétuité, des États généraux tenus de quatre en quatre ans, ou plus tôt s'ils sont jugés nécessaires.

Art. 4. Demande la réformation du code civil et criminel, le premier, funeste aux fortunes, et l'autre à la vie des citoyens; la suppression de toute évocation des procès au conseil du roi.

Art. 5. Que la procédure criminelle sera instruite publiquement, les accusés jugés par leurs pairs, de concert avec les juges naturels.

Art. 6. Demande encore, ladite assemblée, que la justice sera rapprochée, le plus possible, des justiciables.

Art. 7. Les directes, cens et censes rachetables par des pensions féodales en grains ou en argent, lesdites pensions inextinguibles.

Art. 8. Suppression des justices seigneuriales, et, en cas qu'il plaise à Sa Majesté de les conserver, les communes présenteront au seigneur, trois sujets pour chaque place; sera obligé le seigneur d'en choisir un sur les trois, lequel sera inamovible et domicilié sur le lieu.

Art. 9. Que la contribution proportionnelle sera établie sur les trois ordres du royaume.

Art. 10. Que l'impôt sera simplifié le plus possible; l'on n'entend pas demander l'abolition des impôts établis sur des objets de luxe ou de besoin factice, tel que le tabac, sucre, café et les cartes.

Art. 11. Dans la répartition de l'impôt territorial, on aura égard aux pensions féodales, à celles constituées à prix d'argent et autres objets

(1) Nous publions ce cahier d'après un manuscrit des *Archives de l'Empire.*

qui reviennent au maître sans impenses; sans cette distinction on manquerait le but proposé, celui de la répartition égale.

Art. 12. Recul des bureaux aux frontières.

Art. 13. Abolition de tous impôts sur le sel, ou du moins réduction considérable sur le prix, ce genre d'impôt étant improportionnel, frappant sur la classe la plus indigente, et nuisant essentiellement à l'agriculture.

Art. 14. Que l'édit qui exclut le tiers des grades du service militaire soit supprimé.

Art. 15. Démolition de toutes les places fortes, châteaux, etc., qui se trouvent dans l'intérieur du royaume; ces objets de la plus grandes dépenses, sont aujourd'hui de la plus grande inutilité.

Art. 16. Que la milice sera supprimée; les Français doivent marcher gaiement et volontairement au service de la patrie et non y être traînés de force.

Art. 17. Suppression de plusieurs universités de province.

Art. 18. Abolition de la mendicité; les pauvres nourris par l'État.

Art. 19. Que le ministre des finances soit comptable à la nation; que les États généraux se fassent représenter l'emploi de leurs deniers, et que le compte rendu devienne public par la voie de l'impression; sera pourtant laissé une certaine somme pour parer à des cas imprévus, de laquelle il ne rendra compte qu'au roi et à sa probité.

Art. 20. Que si, ce qu'à Dieu ne plaise! un ministre avait le malheur de trahir la confiance de son auguste maître, et les intérêts de la nation, sera très-humblement et très-respectuesement suppliée Sa Majesté de faire instruire son procès, sous les yeux des États généraux, c'est-à-dire de commissaires nommés par les trois ordres, et pris à égalité dans chacun d'eux.

Art. 21. Abolition des péages.

Art. 22. Permission aux provinces de faire placer des bacs sur les rivières, ou obligation aux seigneurs d'en faire placer dans les endroits où l'utilité publique l'exigera.

Art. 23. Abolition du droit de chasse, et défense à toute personne de chasser dans la propriété d'autrui, et surtout aux gardes des seigneurs de ne plus aller avec leurs chiens fouler les blés des habitants.

Province.

Art. 1er Dans la répartition de l'impôt sera suppliée Sa Majesté d'observer que l'huile est presque la seule denrée de la province qui puisse lui donner quelque aisance, que les oliviers périssent fréquemment; on doit rappeler, à ce sujet, leur mortalité en 1558, 1767, et celle de l'année courante.

Art. 2. Attribution aux consuls du droit de police, et celui d'autoriser le conseil, puisque la province a acquis les mairies.

Art. 3. Établissement des bureaux de pacification dans toutes les communes.

Art. 4. Abolition des visites ordonnées aux consuls, lors des descentes des commissaires des cours souveraines.

Art. 5. Nomination par les députés du tiers à la sénéchaussée d'un nombre de commissaires qui resteront assemblés pendant la tenue des États généraux, et qui auront le pouvoir de modifier les instructions donnés aux députés aux États généraux pour rendre le travail moins embarrassant.

Art. 6. La justice rendue gratuitement.

Art. 7. Emploi de la dîme plus conforme à son institution.

Art. 8. Charge expresse à nos mandataires de ne voter l'impôt qu'après la constitution donnée et les redressements des griefs de la nation ; l'assemblée excepte néanmoins de cette prohibition, les cas où, faute de quelques subventions ou ressources pécuniaires, l'État même serait en péril, et le mouvement nécessaire au gouvernement arrêté ; dans ce cas seulement, attesté par l'évidence de la nécessité, l'assemblée autorise ses représentants à consentir, avant toute autre discussion, à l'octroi purement nécessaire.

Art. 9. Suppression de tous privilèges exclusifs accordés à des compagnies de commerce.

Art. 10. Suppression des pensions que plusieurs particuliers payent pour les biens des religionnaires fugitifs du royaume.

Art. 11. Que quand les pauvres communautés plaideront à la chambre des eaux et forêts, ou au parlement avec le seigneur qui en sera membre, on puisse évoquer à Grenoble.

Art. 12. Que la communauté soit autorisée à racheter, sur le pied du trois pour cent, les taxes qui portent tant de préjudice à la culture, ainsi que les banalités.

Art. 13. Abolition des corvées ; ce droit paraît contraire à la liberté française.

Art. 14. Que les communautés seront dispensées de payer le droit d'indemnité de la maison de ville, de la maison curiale, et de tous les édifices publics qui lui sont nécessaires, et dont elle a payé les lods au seigneur, lors de l'acquisition.

Art. 15. Que quand on a payé les lods à son seigneur, ou à son fermier, ou à son procureur fondé, il ne puisse pas user du droit de rétention, c'est-à-dire, qu'il ne puisse pas, vingt ou vingt-cinq années après, venir dépouiller un pauvre homme qui a employé toute sa sueur à améliorer le bien.

Art. 16. Demander que quand le seigneur fait quelque procédure, ou qu'il forme quelques prétentions aux pauvres habitants, ses officiers soient exclus de dresser les procès-verbaux.

Art. 17. Sera très-respectueusement suppliée Sa Majesté de faire en sorte que l'impôt territorial, s'il a lieu, frappe, de préférence, sur les communautés, qui ne doivent presque point de charges aux seigneurs, et qu'on ait égard à celle-ci qui est déjà assez criblée des droits seigneuriaux, ainsi qu'on le verra par le tableau suivant.

La communauté de Saint-Martin paye :

1° La sixième partie de tous les grains, blé, seigle, lentilles, pois, fèves, pois chiches.

2° Deux poulets pour chaque jardin.

3° La septième partie des oliviers.

4° La neuvième partie du chanvre et des raisins ; et pour les prés, six deniers par eymine.

5° Chaque maison doit trois gelines.

6° Les lods, dus au treize, selon notre transaction, mais exigés par le seigneur au six.

7° La seizième partie du blé qu'on moud aux moulins banaux du seigneur.

8° La communauté entretient, à grands frais, la martellière des Hermitants pour conduire l'eau au moulin du seigneur.

9° Chaque charrue paye annuellement deux corvées.

10° La neuvième partie des amendes.

11° Paye la dîme au seize.

12° Sept cosses et demi de blé pour chaque mariage, et la moitié pour les veufs ou veuves, et la construction des fours demeure que l'entretien est à la charge de la communauté.

Si, après des charges aussi excessives que celles que nous payons au seigneur, qui emportent la moitié des fruits que les pauvres habitants ont tirés de la terre, par la sueur de leurs fronts, et qui sont encore accrus par les procès de toute espèce que le seigneur intente contre eux, on venait à mettre un nouvel impôt sur cette communauté, sans diminuer les droits du seigneur, il n'y aurait plus moyen de vivre.

Art. 18. Qu'il soit permis aux habitants de cette communauté de mettre la terre dans leurs étables et bergeries, et de la sortir, pour l'engrais de leurs prés et de leurs oliviers ; la voracité des eaux qui arrosent les premiers et la mortalité des derniers nécessitent cette permission.

Art. 19. Que les habitants de cette communauté soient autorisés à faire des sorties dans la montagne avec des armes à feu, sans que le seigneur puisse les empêcher, afin de donner la chasse aux loups, sangliers et autres animaux sauvages, dont les uns ravagent les troupeaux et les autres les campagnes.

Art. 20. Que les eaux perdues, dont le seigneur ne fait parade que pour punir ou surcharger les habitants, appartiennent à la communauté.

Art. 21. Le seigneur demande la taxe de tous les fruits et arbres provenant des fruits taxables, ayant pour raison de ce, des procès évoqués au parlement de Grenoble.

Signé Roman, consul ; M. Lue ; D. Brest ; Brest ; D. Roman ; Sédallion ; F. Luc ; Avial ; M. Lue ; J. Roman ; M. Roman ; Roman ; D. Roman ; A. Sédallion ; D. Gouraud ; P. Sédallion ; Mathieu Bouchard ; D. Malan ; Roman ; F. Rouman ; M. Ginveux ; Sédaillan ; J. Pierre Luc ; J. Sédaillan ; D. Bouchard ; E. Sédaillon ; Bret ; F. Sédaillan F. Sédaillan, greffier ; Martin, juge.

CAHIER

Des doléances, plaintes et remontrances arrêtées en l'assemblée générale de tous les habitans de ce lieu de Saint-Martin-de-Pallière, âgés de 25 ans compris au rôle des impositions, convoquée aujourd'hui 22 mars 1789 dans la maison commune de cedit lieu, à la réquisition des sieurs maire et consul, en exécution des ordres de Sa Majesté et de l'ordonnance de M. de lieutenant au siège d'Aix (1).

L'assemblée a arrêté de charger les sieurs députés aux États généraux de demander, au nom de la communauté, que les droits de lods, d'indemnité, de prélation soient supprimés et abolis, que le droit de chasse et la juridiction soit distraite du fief et attribuée au corps de la communauté, comme aussi la pêche ; qu'il soit permis aux habitants et communauté de se rédimer au prix que Sa Majesté trouvera bon ; de réquérir aussi la suppression de la dîme, se rapportant à la sagesse du souverain pour les arrangements qu'il trouvera bon de prendre, de concert avec les États généraux, pour fournir à l'entretien des prêtres desservant la paroisse.

La répartition égale de toutes les charges royales et locales sur toutes les classes de citoyens sans aucune exception ni distinction des personnes ; une modération dans le prix du sel ; et la pension féodale abolie.

Signé Jauffret ; J. Raynaud ; Blanc ; Jean Icard ; Merlot ; Constantin ; Jeatremère ; E.

(1) Nous publions ce cahier d'après un manuscrit des *Archives de l'Empire.*

Guion ; J. Constatin ; Soulielhier, greffier ; *Paraphé*, Fernand, viguier.

Nous demandons a notre bon Roi la sortie du bois de cette pauvre communauté de Saint-Martin-de-Pallière, s'il lui plait, attendu que ledit seigneur nous a empêchés de le sortir du terroir par une transaction à laquelle s'est soumise la communauté en septembre 1635, sur les conditions que ledit seigneur soit soumis faire engraisser les cochons de tous les habitants du lieu, et cela se faisait de ses forêts ou de ses clos, et la communauté ne le pourrait pas faire sans assembler le conseil pour lui demander la permission, et ledit seigneur ne pouvait pas le lui refuser. Et qu'ont fait lesdits seigneurs ? Ils sont venus, ils ont vendu toutes les forêts. Cela est un grand préjudice pour les pauvres habitants. Ils ont vendu encore plusieurs fois des terres qu'ont achetées lesdits seigneurs de plusieurs habitants, et si le bois des habitants est prohibé qui ne seront pas sortis également, lesdits seigneurs ne peuvent pas le faire sortir du terrain, ce qu'il y a encore de disgracieux, qui ont laissé couper ses fermiers et qui ont de ses bastides à cense, et à quelques-uns des habitants et d'autres qui sont venus pour faire couper, après la déclaration faite, la visite de M. le commissaire de la marine, lesdits seigneurs, il est venu et lui a fait saisir ledit charbon, et ils l'ont fait vendre par lesdits sequestres. Voilà de grandes injustices pour de pauvres habitants et d'autres qui n'ont pas de pain à manger, souvent de ne pas pouvoir se courir de son propre bien, et il est bien désagréable d'avoir des terres qui peuvent porter que de bon et ne peuvent aider et payer les deniers de notre bon Roi, et encore des censes audit seigneur de cesdites terres, et d'avoir du bois qui se pourrit et, par le contraire, si ces bois se coupent, ils viennent de nouveau superbes, et à la suite du temps, il peut y en avoir pour la marine, et cela donnerait un grand secours et un grand commerce à cette misérable communauté ; et si, de tous les villages, le bois ne pouvait pas sortir, que deviendraient les habitants des villes ? ils mourraient tous de froid. Nous espérons que notre bon Roi nous rendra justice, parce qu'il aime tous ses sujets. Nous nous plaignons encore que les lapins, les lièvres et les perdreaux nous font un mal très-considérable aux semées, et surtout les lapins qui mangent tous les blés et les oliviers et les figuiers, et nous sommes encore chargés d'une pension féodale de 300 livres pour le pâturage des brebis et moutons et le seigneur peut y mettre encore 40 paires de brebis ou moutons, et les habitants ne peuvent pas entrer dans ses clos ni dans ses terres nobles avec leurs bestiaux. C'est que les habitants sont soumis à payer deux panaux blé, mesure vieille, pour le droit de fournage, et que cette gêne fait que plusieurs des habitants quittent ledit pays ; il sera demandé pour le soulagement de ces deux panaux de ble que lesdits habitants sont obligés de payer audit seigneur toutes années.

Signé Merlot ; Jeardmère ; Blanc ; Raynaud ; Jean Jear ; Jauffray, Constantin ; Soulalher, greffier, *Paraphé*, Feraud, viguier.

CAHIER

Des doléances, plaintes et remontrances de la communauté de Saint-Paul-le-Longassier, sénéchaussée d'Aix en Provence, délibérées par l'assemblée générale du tiers-état de ladite communauté, le 29 mars 1789 (1).

Avons été présents, sieur Antoine Turrier, maire et premier consul, et sieur Jean-Baptiste Maurel, second consul ; sieur Jean-Baptiste Blanchet, négociant ; sieur Louis Amaré Guys, négociant ; Jean-Baptiste Cons ; sieur Michel Roux, négociant ; Jean-Baptiste Artaud ; Jean-Joseph Leidet ; sieur Louis Vassel, aubergiste ; Michel Carle, boulanger ; Jacques Peisson, tisseur à toile ; Jean-Baptiste Salier ; Joseph Maurel ; François Margouillet ; Antoine Augé ; Antoine Soutaire ; Pierre Vassal ; Joseph Durand ; Jean-Joseph Sausin ; Antoine Caillot ; Mathieu Roux ; Joseph Verd ; sieur Jean-Baptiste Vassal ; Étienne Pinote ; Jean Comba ; Joseph Roux ; Paul Sias ; Marcelin Laforge ; Jean-Jacques Bourrelly ; Antoine Cour ; Jean Causon ; Nicolas Ysoard ; François Mudier ; Jean-Baptiste Joue ; Baque-Bacen ; Paul Benne ; Gabriel Margouillet ; Antoine Maurel ; François Baynand ; Joseph Soulaire ; Joseph Durand ; Joseph Verd ; Jean André Raynaud ; Laurent Quirel ; Joseph Raynaud ; sieur Augustin Castagne ; Mitre Durand ; Jean-Baptiste Maurel.

Le sieur Turrier, maire et premier consul, a dit :

« Messieurs,

« Le Roi, en convoquant la tenue des États généraux, n'a en vue que le salut et le plus grand bonheur de ses sujets ; mais pour les faire, d'une manière efficace et utile, il veut connaître nos besoins et nos malheurs, et veut que nous lui portions nos doléances et nos plaintes, afin de soulager les uns et de faire cesser les autres. C'est, dans cet objet qu'il donne la convocation générale de la présente assemblée, afin que nous rédigions, unanimement et librement, le cahier d'instructions contenant nos doléances, et que nous en chargions nos députés à l'assemblée qui a été indiquée, par M. le lieutenant général de la sénéchaussée d'Aix, au 2 du mois d'avril prochain, à l'heure de huit avant midi, et c'est en conformité de la lettre du Roi, règlement y joint et de l'ordonnance de M. le lieutenant général, dont et du tout nous avons fait faire lecture par le greffier en notre présence. Hâtons-nous donc de concourir aux vues bienfaisantes du meilleur des rois afin de n'en pas retarder les effets. »

Après quoi l'assemblée a délibéré et arrêté de demander que les États généraux seront convoqués périodiquement, et à un terme court, tel que deux ou trois années.

Art. 2. Que nul impôt ne pourra être levé qu'après qu'il aura été consenti par la nation dans l'assemblée par des États généraux, lesquels impôts ne pourront être consentis, par lesdits États, que pour un temps limité, et jusqu'à prochaine tenue des États généraux, en sorte que cette prochaine tenue, venant à ne pas avoir lieu, tous impôts cesseront.

Art. 3. Que la liberté individuelle sera garantie à tous les Français.

Art. 4. Que nul ne pourra être arrêté ou constitué prisonnier, qu'en vertu d'un décret décerné par le juge ordinaire.

---

(1) Nous publions ce cahier d'après un manuscrit des *Archives de l'Empire*.

Art. 5. De plus, il a été délibéré et arrêté de consentir que la dette de l'Etat sera consolidée.

Art. 6. De demander que les impôts consentis seront également et généralement répartis sur tous les sujets, sans distinction d'ordres, rangs ou priviléges, proportionnellement aux facultés et aux moyens de chacun.

Art. 7. Que la réformation de la législation civile et criminelle sera faite, et, à cet effet, qu'on rédigera des lois simples, claires et précises.

Art. 8. Que les juges et magistrats seront obligés, tant en matière civile qu'en criminelle, de motiver les sentences ou arrêts; qu'il sera sursis à l'exécution de toute peine corporelle ou afflictive pendant l'espace d'un mois.

Art. 9. Que toutes les communautés auront la faculté de rentrer dans la possession des terres gastes dans les lieux ou endroits où les seigneurs montreront d'autres titres de propriété que des arrêts par eux obtenus.

Art. 10. Qu'il sera permis à tout possédant biens de défendre et garantir ses fruits des animaux sauvages en les tuant ou prenant, de quelque manière que ce soit, seulement dans sa propriété.

Art. 11. Qu'il sera permis a toutes les communautés de se racheter de tous les droits de lods, de censes et banalités, moyennant le prix et somme qui seron tdéterminés dans les Etats généraux.

Art. 12. Que tous droits de retraits féodaux seront abrogés.

Art. 13. Que les justices seigneuriales seront anéanties, attendu qu'elles sont plus nuisibles qu'utiles.

Art. 14. Que dans chaque chef-lieu dans lequel il ne sera point établi de juge royal, les consuls desdits lieux auront la faculté et le droit d'en remplir les fonctions et dans chaque dite communauté les greffiers recevront les dénonces, et expédieront les mandements pour procéder à l'estimation du dommage, attendu que tous ces cas requièrent célérité, sauf ensuite aux parties de se pourvoir par-devant leurs juges ordinaires.

Art. 15. Que la convocation générale des trois ordres de la province sera accordée pour former et reformer la constitution du pays.

Art. 16. Que les communautés auront la faculté de nommer un syndic avec entrée aux Etats de la province et voix délibérative.

Art. 17. Que la perpétuité de la présidence sera abolie; que la désunion de la procuration du pays d'avec le consulat d'Aix sera opérée; et qu'il sera permis à toutes les communautés de jouir des prérogatives attachées aux offices de police et de mairie.

Art. 18. Que dans l'asssemblée des Etats généraux, les suffrages seront recueillis par tête et non par ordre.

Art. 19. Que les tribunaux d'arrondissement qui seront nouvellement crées, auront la faculté de juger souverainement jusqu'à une somme modique déterminée, afin de couper racine à tous les procès de peu d'importance, et qui, néanmoins, sont souvent la ruine des particuliers.

Art. 20. Que dans chaque lieu et communauté, toute dîme ecclésiastique sera abolie, et que chaque communauté sera seulement tenue de payer à son curé et vicaire la congrue fixée par les ordonnances et déclarations.

Art. 21. Que le sel sera diminué, et offrant de payer ce qui sera taxé par l'assemblée générale des Etats généraux.

Art. 22. Que tous les bestiaux du seigneur seront soumis à la dénonce, comme ceux des particuliers, se trouvant faire dommages.

Art. 23. Que les habitants de ce pays se plaignent que le gibier leur mange tous leurs fruits, et qu'ils veulent être libres de chasser dans tout leur terrain.

Art. 24. Que la communauté restera propriétaire des îles et autres terres dontelle a été dépossédée par ledit seigneur.

Signé Castagny, lieutenant de juge; Turrier, consul; Claude Mouche, député; Guis; Artaud; Blachet; Durand; Vassal; Durand; P. Vassal; Jean Causan; Paul Sios; Roux; Roux; Castagny; Ripert, greffier.

CAHIER

Des doléances des habitants de la communauté de Saint-Savournin (1).

1° Les besoins de l'Etat sont l'objet le plus pressant dont on doive s'occuper. Il faut que la nation se charge de la dette de l'Etat.

2° Pour acquitter cette dette nationale, il faut faire cesser tout privilége et toute exemption prétendue par les deux premiers ordres, et répartir, également et individuellement, l'impôt nécessaire sur tous les sujets et sur toutes les propriétés.

3° La suppression de la dîme, et que chaque communauté soit obligée de fournir aux curés et à leurs secondaires les sommes qui seront fixées aux Etats généraux.

4° Que les habitants de cette communauté qui possèdent des terres ou maisons à cens, soit en blé ou en argent, puissent s'en affranchir envers le seigneur, en lui remboursant le capital de la totalité, sur le pied de cinq pour cent.

5° Que tout particulier puisse avoir le droit de chasse dans sa terre.

6° Que toute justice seigneuriale soit supprimée, et que les causes dont elles ont connaissance soient attribuées aux juges royaux.

7° Que tous droits de lods, de prélation, appartenant aux seigneurs, soient supprimés pour toujours.

8° Demande, la communauté, qu'il lui soit encore permis, comme cela était anciennement, de pouvoir aller attacher ses chevaux, mulets et ânes dans le pré que ledit seigneur possède au-dessous du jardin, depuis le mois de mai jusqu'à la fin du mois de septembre, toutes les années.

9° Demande, la communauté, que ledit seigneur soit obligé de remettre l'aire dans la largeur qu'elle avait, pour que les habitants y puissent placer leurs gerbes.

10° Demande, la communauté, que ledit seigneur soit encore obligé, ainsi que l'ont été ses prédécesseurs, de donner, toutes les années, au jour de la Toussaint, savoir : deux charges blé, une charge légumes et un sou à tous les habitants de tous âges, de tout sexe qui se présentent au château;

11° Demande, ladite communauté, que ledit seigneur se désiste, en faveur de la communauté, des régales, terrain et mûriers y complantés, attendu que la communauté remit ce terrain à son prédécesseur aux conditions que les mûriers qui y seraient complantés resteraient à ladite communauté, et les régales en commun entre ledit seigneur et la communauté.

---

(1) Nous publions ce cahier d'après un manuscrit des *Archives de l'Empire.*

12° Demande, la communauté, que ledit seigneur se désistera, en faveur de la communauté, de tous les droits qu'il a prétendu avoir à la colline et au bois que la communauté possède dans le terroir, attendu que ses prédécesseurs n'ont jamais possédé que les vallons en les faisant encadastrer sur le cadastre moderne.

13° Demande, la communauté, que ledit seigneur soit obligé de remettre le carrères à trois connes de largeur, comme il a été anciennement, et non à la largeur de quatre pans, comme il les a réduites, ce qui fait qu'on ne peut plus y passer avec un troupeau.

14° Demande, encore la communauté, d'être rétablie dans ses anciens droits, de pouvoir encore pasturger dans la colline avec ses troupeaux de brebis et ses troupeaux de chèvres.

Le présent cahier en trois pages écrites, et a signé qui a su. Fait double, à Saint-Savournin, ce 29 mars 1789.

Signé Etienne, viguier; Jean-Paul Samat; F. Ollive; Andrée Ollive; J.-F. Ollive; Ollive; Coulon; S. Long; Roux; J. Molline; Garnier, greffier.

CAHIER

Des doléances, plaintes et remontrances de la communauté des Saint-Victoret (1).

Art. 1er. Solliciter l'assemblée des trois ordres pour qu'il soit délibéré un règlement qui nous donne des Etats autres que ceux que nous avons actuellement, et dans lesquels le clergé de second ordre et toute la noblesse soient appelés.

Art. 2. Demander qu'on délivre les communautés des vexations qu'elles essuient de la part des officiers des seigneurs.

Art. 3. Demander que toutes les charges, tant celles du Roi que celles du pays, soient supportées par tous, suivant leurs facultés, et qu'il n'y ait plus d'exemption pour ceux qui sont les plus riches et qui travaillent le moins.

Art. 4. Réclamer que le maire de la communauté autorise les conseils, et non le lieutenant de juge, étant le maître que l'on tienne ou que l'on ne tienne pas les conseils.

Art. 5. Tous les droits seigneuriaux, tels que banalités, fours, censes, prélation, compascuité, péage, chasse, directe, treizain, lods et autres de cette nature seront supprimés par rapport aux vexations que la communauté supporte.

Art. 6. Toutes les douanes seront reléguées aux frontières du royaume, et le commerce sera libre dans tout l'intérieur de l'Etat.

Art. 7. Toutes les dîmes ecclésiastiques seront supprimées, et la communauté se chargera de l'entretien de son curé; la suppression du casuel par les abus et les vexations que les habitants essuient.

Art. 8. Demander que la distribution du sel blanc soit faite dans tous les petits bureaux pour que le pauvre puisse en acheter, et une modération sur le prix.

Art. 9. Les comptes rendus par les ministres du Roi aux Etats généraux, seront imprimés et rendus publics, ainsi que ceux des Etats de Provence.

Signé André Julien, lieutenant de juge, subrogé; J. Lieutaud; Cuissinier, maire et consul; Jean-Baptiste Jausset; Pierre Arnoux; Fremura; Jean-Jullien; Vincent Guez; Raphel; Lambert, greffier.

(1) Nous publions ce cahier après un manuscrit des *Archives de l'Empire.*

CAHIER

Des doléances, plaintes et remontrances des habitants de la communauté de Saint-Zacharie (1).

Les habitants du lieu de Saint-Zacharie, assemblés en conformité des ordres de Sa Majesté, rédigeant leurs doléances et réclamations à faire aux Etats généraux du royaume, chargent les députés qu'ils viennent de nommer pour assister à l'assemblée de la sénéchaussée d'Aix, de donner pour instructions aux députés du tiers-état qui seront nommés dans cette assemblée pour voter aux Etats généraux, de réclamer :

1° L'égale répartition des impôts sur tous les citoyens de tous les ordres, dans la seule proportion de leurs facultés, et sans distinction de rang, de naissance et de priviléges, et sans que les deux premiers ordres puissent jamais se prévaloir de l'extinction de la dette nationale, pour demander le rétablissement de leurs prétendus droits d'exemption.

2° Que tous les impôts, de quelque manière qu'ils se lèvent en Provence, tant les subsides royaux que ceux destinés à fournir aux frais d'administration de la Provence et de chaque communauté en particulier, soient payés suivant la répartition proportionnelle par les trois ordres et au même receveur.

3° Les députés donneront la préférence à tout impôt territorial comme le plus favorable à la liberté publique, et le plus propre à prévenir les abus qui s'introduisent dans les finances.

4° Ils supplieront Sa Majesté de prendre les moyens que sa sagesse lui suggérera, pour simplifier, autant qu'il sera possible, les frais de perception d'impôts, parce qu'ils absorbent une portion considérable du produit, et que les différents receveurs s'engraissent aux dépens du pauvre peuple qui paye, sans qu'il en résulte aucun avantage pour le gouvernement.

5° Ils voteront pour que l'impôt ne soit consenti que relativement à la connaissance et à la légitimité de la dette nationale, et jusqu'aux prochains Etats généraux, dont ils demanderont préalablement que l'époque soit fixée, sauf à les consentir de nouveau, s'il y échoit.

6° Les députés seront spécialement chargés de demander la modération de la dîme ecclésiastique, dont le taux est accablant pour les peuples.

7° La suppression d'un grand nombre de collégiales et de bénéfices sans charge d'âmes, dont les titulaires nous édifient, à la vérité, par leur conduite exemplaire, mais dont les revenus, fort supérieurs aux besoins de la plupart, seraient plus utilement employés, peut-être, à amortir une portion de la dette de d'Etat.

8° Que les portions congrues des curés et des vicaires soient augmentées; que leur logement ne soit point onéreux au peuple, et qu'on ne retranche point, de leurs modiques revenus, une trop forte contribution aux décimes qui devraient être, en entier, à la charge des bénéficiers oisifs et opulents.

9° Ils demanderont la suppression du tirage de la milice qui, sans être d'une grande utilité pour la défense de l'Etat, pèse infiniment sur les peuples, et répand la consternation dans les campagnes.

10° Ils réclameront contre l'établissement actuel des bureaux des douanes dans l'intérieur du

(1) Nous publions ce cahier d'après un manuscrit des *Archives de l'Empire.*

royaume, et demanderont que les bureaux soient reculés aux frontières, et là où il serait constaté que les besoins de l'État ne permettent point encore d'opérer cette utile réforme, ils demanderont un tarif que chacun puisse se procurer et comprendre, et des règlements qui obvient aux abus et aux vexations des receveurs et des employés contre les redevables.

11° Ils demanderont une modération sur les droits de contrôle, insinuation et centième denier; cet impôt met le plus grand obstacle à la circulation du numéraire, rend les mutations difficiles et souvent impossibles, et donne lieu à bien des fraudes. Il est énorme non-seulement par les droits additionnels au tarif de 1722, mais bien davantage encore par la jurisprudence versatile qui s'est établie dans cette partie; ils insisteront sur la nécessité d'un nouveau tarif qui ne laisse rien à l'arbitraire.

12° Qu'il soit nommé incessamment une commission pour travailler à la réformation des abus de l'administration de la justice civile et criminelle, et pour que les sujets du Roi puissent l'obtenir à moins de frais et dans des délais plus courts.

13° Que l'administration économique des communautés soit simplifiée par de nouveaux règlements qui préviennent les abus, mais qui la dégagent de cette foule d'entraves et de formalités qui sont autant de piéges pour la plupart des administrateurs, hors d'état de les comprendre et de s'y conformer.

14° Que les communautés et particuliers soient autorisés à se racheter des censes, pensions féodales, lods et banalités, sans exception, en payant aux seigneurs directs, dans chaque province, ce qui s'y paye d'usage en cas de remboursement volontaire, ou rachat de pareils droits.

15° De demander que l'assemblée de la sénéchaussée charge ses députés aux États généraux de protester contre la constitution abusive des États de cette province, et de réclamer le droit imprescriptible des citoyens de Provence, d'être gouvernés par une constitution légitime et vraiment représentative.

Enfin les habitants de ce lieu ici assemblés autorisent leurs députés à donner à ceux du ressort de la sénéchaussée d'Aix, tels autres pouvoirs et instructions que l'intérêt général du royaume de France, et du pays de Provence, peut exiger, et qui seront arrêtés dans ladite assemblée, aux délibérations de laquelle ils se rapportent.

Fait, lu et arrêté, à Saint-Zacharie, le 25 mars 1789, l'assemblée de tous chefs de famille tenant, et a été le présent cahier rédigé à double original, signé par les assistants qui l'ont su, et ont de plus été signés, cotés et paraphés, *ne varietur*, par M. Louis Brun, viguier, lieutenant de juge, autorisant ladite assemblée, et par M. Graille, son greffier. Un desdits originaux a été déposé au greffe de la communauté, et l'autre remis à maîtres Joseph Dumane et Augustin Simon Pignol, avocats en la cour, députés de ladite communauté.

Signé Demane, maire; Jean Sipriot Aliché; L. Pignol; Jean Goimart; Zacharie Michel; S. Gasquet; J. Barthélemy; Fuegel, Thomas Dorgnon; J.-L. Maloy; J. Cougit, Guiramand; Barthélemy; Jean-François Gasquet; Ducra; F. Barthélemy; J.-F. Regnaud; Joseph Emerie; Barthélemy; Pignol; François Dorgnon; J. Jeachard; Maunier; Mathieu Gasquet; D. Deleuil; Louis Maunier; Jean Honoré Negrel; Charles Matheron; Louis Ne-

grel, Brun, viguier, lieutenant de juge; et nous Graille, greffier.

CAHIER

Des doléances, instructions et remontrances rédigées et approuvées par la communauté de Saunes dans le conseil général de tous chefs de famille, tenudans ladite communauté, le 29 mars 1789, pour être remises aux député de ladite communauté, par eux portées à l'assemblée de la sénéchaussée d'Aix, et de là passer aux États généraux du royaume (1).

L'assemblée dudit conseil général, pénétrée de reconnaissance pour notre auguste et divin monarque, qui veut bien consulter tous ses sujets sur leurs besoins, et leur promet de les écouter favorablement, lui déclare que tous les habitants de cette paroisse sont en état de lui faire le sacrifice de leurs chaumières et de leurs vies, si elles pouvaient être nécessaires pour le bien de son service, et demande à Sa Majesté par la voie des députés aux États généraux;

1° La répartition égale de toutes les charges publiques, et l'abolition expresse de toute distinction pécuniaire, pour quelque cause et prétexte que ce puisse être.

2° La suppression de la dîme ecclésiastique, comme étant un impôt improportionnel et frappant sur la classe la plus indigente, se soumettant, l'assemblée, à payer le prêtre qui desservira cette paroisse.

3° L'abolition de tout impôt sur le sel, comme nuisant essentiellement à l'agriculture, et inégalement réparti.

4° La permission de se libérer des cens particuliers et autres redevances.

5° La liberté d'aller moudre son blé et cuire son pain partout où le particulier trouvera bon, et, par conséquent, l'abolition des banalités.

6° La liberté de se servir des eaux des rivières qui coulent dans le terroir de ce lieu.

7° Le retrait féodal régi par les mêmes règles que les retraits des parents lignagers.

8° En cas de conservation des banalités, l'abolition des droits de mouture et fournage, perçus par les seigneurs sur les forains possédant biens dans le terroir de ce lieu.

9° Enfin l'assemblée adhère et se joint à toutes les communautés de Provence, pour toutes les doléances non rédigées et approuvées ci-dessus, et qui auront, par elles, été faites pour l'intérêt du tiers-état.

Telles sont les doléances et remontrances de la communauté de Saunes, et ont signé, qui faire l'ont su, les jour et an susdits.

Signé : Delestrac, viguier; Joannis, maire; Fronc; J. Delestrac, greffier.

CAHIER

Des doléances et remontrances de la communauté de Silans pour servir à l'assemblée des États (2).

La communauté du lieu de Silans, pour se conformer à la lettre de Sa Majesté du 2 mars 1789, et en suite de l'ordre de M. le lieutenant général en la sénéchaussée générale de la Pro-

(1) Nous publions ce cahier d'après un manuscrit de *Archives de l'Empire*.
(2) Nous publions ce cahier d'après un manuscrit de *Archives de l'Empire*.

vence, séant à Aix, du 12 du courant, tendant ladite lettre d'un Roi bienfaisant qui nous enjoint très-expressément [de conférer, de communiquer, dans un bref temps, les remontrances, plaintes, doléances, et les moyens et avis que nous aurons à proposer à l'assemblée des Etats;

La communauté du lieu de Silans a lieu de se plaindre contre son seigneur, suivant les articles qui seront détaillés, pour que les députés seront à l'assemblée des Etats généraux implorent aux pieds du trône du Roi, pour faire cesser l'injustice de son seigneur, qui intéresse l'universalité des habitants dudit lieu.

Art. 1er. En 1611, il fut passé une transaction entre la communauté et son seigneur, portant qu'il permet aux habitants dudit lieu de rompre dans la terre gaste, de bausquager, glander, semer, mettre en culture, sous une pension féodale de 60 livres qu'elle payerait annuellement à son seigneur, se réservant ledit seigneur le droit d'y verser du bétail tant que bon lui semblerait : tels sont les titres du seigneur dans cette transaction; les habitants auraient paisiblement joui de ces priviléges. Le seigneur actuel croyant être en droit, au préjudice d'une transaction si solennelle, n'a pas fait difficulté de vendre en partie, il y a environ trois ans, sous prétexte que le restant était plus que suffisant auxdits habitants; cette partie de vente aurait donné lieu à un procès très-dispendieux; le gain de cause fut en faveur dudit seigneur, lequel prive les habitants d'user du titre de ladite transaction.

Art. 2. La communauté a encore lieu de se plaindre que le seigneur possède un moulin à huile, éloigné du village d'un quart d'heure, et que les habitants, pour ne pas plaider avec leur seigneur, à cause du mauvais des, attirails et engins, sont obligés d'aller porter une grande partie des olives à un prochain endroit distant d'une lieue, et le seigneur veut rescencer le marc des olives, ce qui est contraire à la transaction.

Art. 3. Elle a encore lieu de se plaindre, la communauté, que, par autre transaction de 1772, l'alivrement du seigneur fut porté à 24 livres cadastrales, et à la sollicitation du seigneur, prédécesseur, elle fut portée et liquidée à 19 livres un quart, un florin 10 sous, ce que la communauté a accepté pour ne pas plaider.

Art. 4. Elle a encore lieu de se plaindre qu'en 1766, ladite communauté était en procès avec son seigneur, en cassation de rapport de compensation de 4 livres par livres cadastrales de moins que les habitants payaient; il intervint un arrêt portant que le seigneur payerait conformément comme les habitants, sous la déduction des charges négociables; la communauté n'a jamais pu parvenir à cette répartition : le seigneur ne veut payer que sur une liquidation de 308 livres, suivant une prétendue liquidation, ce qui devrait être liquidé chaque année; mais, pour ne pas plaider, la communauté aime mieux y acquiescer, tandis que la communauté paye une imposition de 30 livres, et celle du seigneur n'aboutit pas à 12 livres, ce qui ruine, dans la suite, la communauté.

Art. 5. La communauté a encore lieu de se plaindre de la pêche ; par la transaction de 1611, le seigneur se fit une réserve, il était libre aux habitants de pêcher, et aujourd'hui, il veut jouir en entier de la rivière.

Art 6. Elle a encore lieu de se plaindre de la basse prohibée aux habitants ; et, par cette prohibition, les habitants sont privés de leurs travaux et sueurs, à cause des gibiers et bêtes féroces.

Art. 7. Elle a encore lieu de se plaindre du droit de lods et de prélation, que le seigneur n'ait aucun droit de prélation qu'après les frères, cousins germains, et qu'il ne puisse retenir que pour lui-même. Par le droit de lods, le seigneur perçoit un droit sur la vente des bois, comme pibouls, jeares, plants d'oliviers, chênes blancs et noyers.

Art. 8. Elle a encore lieu de se plaindre que si quelques habitants veulent bâtir dans l'enceinte du village, le seigneur perçoit, chaque année, un droit de cense, ce qui prive les habitants de bâtir ce qui est de nécessité à l'habitant.

Art. 9. Elle a encore lieu de se plaindre qu'elle acheta, il y a longtemps, le droit de tenir des chèvres, et le seigneur prive les habitants, et, pour ne pas plaider, la communauté aime mieux y acquiescer.

Art. 10. Elle a encore lieu de se plaindre la communauté, que par transactions les habitants ont droit de dépaître aux aires non arrosables et prés secs, depuis la Saint-Jean jusqu'en février; le seigneur prive les habitants d'y dépaître au préjudice des transactions.

Art. 11. La communauté a encore lieu de se plaindre que par rapport entre la communauté et le seigneur les launes d'Arbous furent des carrés non fauchables, et permis aux habitants d'y dépaître, et le seigneur veut priver les habitants d'y dépaître en vertu d'une transaction.

Art. 12. La communauté a encore lieu de se plaindre qu'il était permis aux habitants de fouiller des truffes dans la terre gaste et celle du seigneur; et aujourd'hui ledit seigneur prive les habitants desdites fouilles.

Art. 13. La communauté a lieu de se plaindre que, par transaction, en 1410, il était permis aux habitants de dépaître avec le gros et menu bétail, cochons, dans le dessous de la rivière et bloc du masp; et aujourd'hui les habitants en sont exclus.

Art. 14. La communauté a lieu de se plaindre qu'il existait une fontaine tout proche le village, et que le seigneur l'a fermée, ce qui prive les habitants d'y aller puiser.

Art. 15. La communauté a lieu de se plaindre, et demande, qu'en différents quartiers du terroir, les habitants ont droit de passer dans la terre du seigneur; ce chemin, devenu impraticable soit par la retrition, soit par des précipices, le seigneur se refuse à l'agrandissement, privant d'autres habitants qui ont droit d'arrosage.

Art. 16. La communauté serait bien aise d'obtenir la suppression de la banalité.

Art. 17. La communauté demande que, moyennant la dime qu'elle paye, le Roi veuille bien délivrer les habitants du casuel.

Art. 18. La communauté a lieu de se plaindre de la justice de son seigneur; elle demande que la justice soit royale.

Art. 19. Les députés demanderont que la justice soit rendue au nom du Roi, pour le seigneur n'en rendre aucune.

Art. 20. Comme nous payons la dime pour avoir les secours spirituels, les députés demanderont que le Roi abolisse tous droits casuels, y compris le dais que les évêques exigent à la première visite pastorale.

Art. 21. Ils demanderont que les seigneurs ne puissent, dans aucun cas, céder le droit de prélation, et qu'ils ne puissent exercer un retrait qu'après les parents jusqu'au troisième degré.

Art. 22. Ils demanderont qu'il soit permis aux communautés de s'acheter et racheter envers les seigneurs, soit pour les censes, pensions féodales, droits de lods, banalités, servitudes et passages.

Art. 23. Ils demanderont qu'il soit permis de bâtir des maisons, en ne payant au seigneur que le local, sans censes, et de pouvoir relever les maisons à gré et volonté, et comme aussi de pouvoir faire des fours à chaux toutes les fois que besoin sera.

Art. 24. Le maire et consuls, en visite chez le seigneur, furent menacés, de sa part, de faire interdire l'église et le cimetière attenant, et comme que, notre évêque est l'oncle germain du seigneur, et que, d'autre part, si cela arrivait, les habitants seraient ruinés, après une dépense aussi forte qu'inutile, après l'état décent de l'un et de l'autre, la communauté de Silans implore la justice du Roi, pour que les menaces soient sans effet.

Art. 25. Nos députés demanderont qu'il plaise au Roi, que les tribunaux de justice qui jugeront les procès entre les roturiers et les nobles, soient composés d'un nombre égal de juges de l'un et de l'autre État.

Art. 26. Ils exposeront qu'en tout temps, ce qui ferait le bien général, ils en sont empêchés par le seigneur; ce qui ferait le bien des habitants, serait d'avoir des bestiaux en plus grand nombre, et ils en sont empêchés.

Art. 27. Il demanderont que pour toutes les impositions quelconques, les nobles et seigneurs seront imposés tout comme le tiers-état, et qu'il n'y aura, pour eux, aucune exemption, ni pour leurs terres ni pour leurs bestiaux.

Art. 28. Les députés. demanderont, que le Roi daigne ne laisser exister les impositions que pour lui, et abolir la dîme pour tout son royaume.

Art. 29. Ils demanderont, lesdits députés, qu'il plaise au Roi ordonner que les évêques résideront dans leurs diocèses, et qu'à défaut, les revenus, pendant leur absence, soient imputés aux pauvres.

Art. 30. Nos députés demanderont à l'assemblée que le seigneur les menace de prêter hommage, reconnaissance sur tous les biens des habitants et forains et communauté, ce qui serait une dépense insupportable pour les habitants, qui désirent ne reconnaître que leur souverain Roi, auquel ils promettent toute fidélité, prospérité et obéissance.

Signé Corte, lieutenant de juge; Louis Ormirel, député; Gaston, curé; Rey, greffier; J.-B. Guigen; Davene; Pierre Guis; Paul Armicil; F. Pissin; J.-P. Pissin; Pierre Blacus; Pissin; F. Mascestre; J. Longtrigou; Reboul; Vassal.

CAHIER

Des doléances, plaintes et remontrances de la communauté de Simiane, rédigées dans le conseil général de tous les chefs de famille, convoqué et tenu le 25 mars 1789, en exécution de la lettre de Sa Majesté du 2 du courant, et de l'ordonnance, sur ce rendue, par M. le lieutenant général au siège général de Provence, le 12 du même mois (1).

Art. 1er. Le premier vœu des habitants de Simiane est que les députés de la province aux États généraux soient spécialement chargés de ne voter, dans iceux, qu'autant qu'ils seront légalement constitués, en conformité du vœu le plus

(1) Nous publions ce cahier d'après un manuscrit des *Archives de l'Empire.*

général, consigné dans le résultat du conseil d'État du Roi, du 27 décembre 1788.

Art. 2. Les députés de la province demanderont la réunion des fiefs qui sont sortis du domaine des comtes de Provence, au préjudice de la loi constitutionnelle qui déclarait leur inaliénabilité, et que dans, et pour tous les fiefs de la province, il sera permis, soit aux communautés, soit aux particuliers, de racheter les directes sur le pied des baux emphytéotiques, les cens, les taxes, et que, pour les banalités qui rendent les peuples esclaves, et donnent une perte considérable, et qui ont été usurpées par le seigneur, elles seront éteintes et supprimées.

Comme que les prétendus droits de péage, de leydes, de fouages, de pêche et de chasse qui nous ravagent nos campagnes, et donnent une perte considérable dans tous les endroits seigneuriaux, et si l'on n'a pas égard à cette matière, nous sommes obligés d'abandonner nos campagnes.

Que les habitants desdits fiefs aient, dans les terres gastes d'iceux, le droit et faculté, qui sont reconnus de droit commun, de prendre du bois pour leur chauffage, leurs instruments aratoires, et la construction de leurs bâtiments, sans abus.

Enfin, que pour l'intérêt pressant de la province entière, où la cherté excessive de la viande augmente journellement par le manque de bestiaux, et où l'engrais des terres est de la plus grande importance, les chèvres seront irrévocablement permises partout où elles ne peuvent pas nuire à des bois d'espérance et d'utilité publique, à l'effet de quoi il sera procédé, par des commissaires nommés dans les États provinciaux, à la vérification des terroirs où lesdites chèvres, avant été permises par l'arrêt de règlement de 1730, ont été prohibées, au grand préjudice des habitants de la province.

Art. 3. Les susdits députés de la province demanderont que soient abolis tous les droits honorifiques.

Les susdits députés seront chargés de solliciter, comme lois fondamentales, la liberté et sûreté individuelles des citoyens et la sûreté des propriétés; ils demanderont, en conséquence, que les lettres de cachet soient proscrites et abolies.

Que la liberté de la presse soit accordée, en prenant néanmoins pour base les précautions nécessaires pour contenir la licence et prévenir les abus.

Qu'à l'avenir, aucun subside où impôt ne pourra être établi sans le libre consentement de la nation.

Que les impôts ou subsides ne pourront être levés sur le peuple que pendant le temps pour lequel ils auront été librement consentis et accordés.

Qu'en conséquence, les États généraux seront périodiquement convoqués avant l'expiration du terme de la concession, au moins de trois en trois ans, et plus tôt, quand l'intérêt de la nation pourra l'exiger.

Que les impôts, de quelque nature qu'ils soient, ou puissent être, seront également répartis, sans aucune espèce d'exemption ni de distinction, en faveur de qui, et pour quelque cause que ce soit.

Que pour l'établissement des impôts ou subsides à consentir, ou optera pour ceux qui, en soulageant autant que faire se pourra, la classe la plus utile et la plus indigente de la nation, seront trouvés les plus justes, soit par leur simplicité, soit par la facilité dans la perception, soit enfin par le résultat de l'égalité, en ne perdant surtout jamais de vue combien il serait intéressant et essentiel de parvenir à supprimer ou à rendre inutiles les fermiers généraux et leurs nombreuses hordes fiscales, qui, par leurs ruses, leurs machinations et leur dureté, font le malheur public, sauf à accorder à ceux qui n'ont, dans ce moment, d'autre ressource que les funestes emplois dont la privation subite les réduirait à l'indigence, des pensions viagères qui les mettent dans le cas de pourvoir à leur subsistance.

Que la justice civile et criminelle sera réformée, et qu'il soit notamment établi entre autres choses : que désormais les charges ne seront plus vénales, que les tribunaux d'exception seront supprimés ainsi que les justices seigneuriales. Qu'en matière criminelle l'instruction sera publique, qu'il sera donné un conseil aux accusés. Que la justification des accusés sera reçue en tout état de cause. Que les requêtes civiles seront plaidées sans consignation des fortes amendes qui forment obstacle à ce que les personnes pauvres puissent user de ce remède de la loi.

Art. 4. Lesdits députés de la province seront chargés encore de solliciter, dans les États généraux, la réduction des pensions, et qu'à l'avenir il n'en puisse être accordé que pour des services rendus à l'État, et relativement à leur importance.

Art. 5. Les députés demanderont également qu'à l'avenir les ministres seront tenus de rendre compte aux États généraux, de toutes les dépenses et de l'emploi des subsides et impôts, comme encore, que les comptes par eux rendus seront imprimés.

Art. 6. Lesdits députés demanderont une loi expresse, qui, en déclarant responsables de leur conduite, tous ministres, administrateurs, commandants de province et magistrats souverains, fixe et détermine dans quelles occasions ils pourront être dénoncés aux États généraux, et comment ils pourront être poursuivis et jugés, le cas échéant.

Art. 7. Les susdits députés seront pareillement chargés de solliciter, en faveur du tiers-état, l'admission aux honneurs et aux places, soit dans le service militaire de terre et de mer, soit dans la magistrature et les cours de justice, soit dans les chapitres, comme encore qu'il sera admis et participera aux établissements publics pour lesquels il a fourni et continuera de fournir sa contribution.

Art. 8. Les susdits députés demanderont que désormais le commerce jouira d'une pleine et entière liberté.

Qu'en conséquence, tous priviléges quelconques accordés, soit à des particuliers, soit à des compagnies, seront supprimés.

Que l'on supprimera également tous les droits d'entrée de ville, sur les vins et autres denrées territoriales.

Que les bureaux de perception des droits royaux sur les marchandises, dans le cas où ces droits subsisteraient, en tout ou en partie, et ceux de vérification, seront reculés aux frontières, et que la plus libre circulation sera établie dans l'intérieur du royaume.

Art. 9. Lesdits députés seront pareillement chargés de demander aux États généraux la suppression et extinction de la dîme, à la charge, par les communautés, de pourvoir aux honoraires des curés et vicaires, ensemble aux autres dépenses relatives au service divin, ou du moins que les décimables seront autorisés à prélever, avant la levée de la dîme, les semences et frais de culture, auquel cas on fixera, par une loi expresse, les droits des décimateurs de manière à prévenir les vexations et les procès.

Art. 10. Les députés solliciteront avec instance la réformation des abus qui entachent la constitution de la province, soit à raison de l'organisation vicieuse de ses États, et des assemblées municipales, soit à raison de son administration particulière, et qu'en conséquence, il sera notamment pourvu à ce que désormais :

La présidence des États ne soit plus perpétuelle, mais élective dans les États provinciaux ;

A ce que la procure du pays soit et demeure disjointe et séparée du consulat d'Aix ;

A ce que les communautés de la province soient maintenues dans les droits imprescriptibles et inaltérables de se choisir et nommer elles-mêmes leurs consuls et administrateurs, sans que jamais ceux-ci puissent tenir leurs places et leurs pouvoirs que de leurs municipalités, soit par nomination, soit par confirmation ;

A ce que nul ne soit député aux États provinciaux par sa place, mais par le choix de son ordre ou des municipalités ;

A ce que l'ordre du tiers-état ait, en toute occasion, un nombre de représentants au moins égal à celui des deux autres ordres ;

A ce que les nobles non possédant fiefs soient admis à voter dans l'ordre de la noblesse, et les bénéficiers dans celui du clergé ;

A ce que les receveurs des vigueries soient supprimés, et les trésoriers des communautés chargés de verser immédiatement et directement dans la caisse de la province.

Art. 11. Les députés de la province seront pareillement chargés de demander aux États généraux de cultiver les terres incultes ou collines.

Signé Descrivan, lieutenant de juge ; J.-B. Raphaël, consul ; J.-Eléonore Pally, consul ; Louis Mérentier, consul ; J.-B. Poutier, député ; Barthélemy de Lascours ; Lauge-Paul Meronty ; Augustin Pontu ; Joseph Talus ; Henri Sevantier ; J.-F. Pally ; G. Héraut ; Germain Bouis ; J.-J. Pally ; Joseph Blanc ; J.-B. Mérentier ; Joseph Pally ; E. Pontier ; J.-B. Pontier ; Antoine Moustié ; Boniface Jourdan ; J.-F. Pontier ; Melchior Michel ; M. Tanin ; J. Marin ; Pierre Mourot ; F.-F. Pontier ; Jacques Mérentier ; Pierre Toir ; Pierre Milière ; Lange Blanc ; Joseph Michel ; Toussaint Mouret ; J.-B. Pison ; François Pally ; L. Maurel ; J. Jaubert ; Joseph Blanc ; J. Maunier ; P.-H. Ginier ; Pierre Milière ; J.-B. Mérentier ; Jacques Pontier ; Pierre Mouret ; Jacques Mérentier ; Joseph Mérentier ; E. Pontier ; Gatenne ; Joseph Blanchard ; Jean Ponter ; Vincent Estienny ; J.-B. Pontier ; A. Ollivier ; Joseph Masse ; Joseph Milière ; Jean-Joseph Illy ; E. Mérentier ; Jean-Jacques Pally ; André Pally.

CAHIER

Des doléances, plaintes et remontrances de la communauté de Sue (1).

Les membres de la communauté de Sue donnent pour instructions aux députés qui seront nommés pour les États généraux :

D'y opiner par tête et non par ordre ; de rendre lesdits États généraux périodiques de cinq ans en cinq ans ;

D'y déterminer la manière dont la députation devra être faite à l'avenir ;

D'établir la responsabilité des ministres, la li-

(1) Nous publions ce cahier d'après un manuscrit des *Archives de l'Empire.*

berté de la presse, et l'abolition des lettres de cachet comme loi fondamentale;

De demander que les lois civiles et criminelles soient réformées;

De demander la suppression des fermes générales, et qu'il n'y ait plus de douanes qu'aux frontières du royaume;

De consolider la dette nationale;

De révoquer tous les impôts existants; de ne consentir à ceux qui seront établis, qu'autant qu'ils seront également supportés par tous les individus, et par toutes les propriétés sans distinction.

Signé Gaubert, maire-consul; Brun; Esmenard; approuvé Pellegrin; Pellegrin; Honoré Matheron; Castelas, viguier, lieutenant de juge.

CAHIER

Des plaintes, doléances et remontrances que les habitants de la communauté de Tholonet, sénéchaussée d'Aix en Provence, entendent être faites à Sa Majesté, et moyens de pourvoir et subvenir aux besoins de l'État, ainsi qu'à tout ce qui peut intéresser la prospérité du royaume et celle de tous et chacun des sujets de Sa Majesté, qu'ils croient devoir être présentés au Roi et aux États généraux du royaume (1).

1° Que tous les impôts, sans exception, seront également répartis, à proportion des possessions, sur tous et chacun les membres de l'État, sans distinction d'ordres, et que tous les priviléges, à cet égard, seront abolis à jamais. Il est juste que tous ceux qui profitent des mêmes avantages participent également aux mêmes charges.

2° Que, par les mêmes motifs, les députés et représentants de l'ordre du tiers-état, seront toujours en nombre égal à celui des députés des deux autres ordres du clergé et de la noblesse réunis, dans toutes les assemblées des trois ordres, et États soit généraux, soit provinciaux, ou toutes autres quelconques.

3° Que le retour périodique des États généraux sera fixé à un terme déterminé pour prendre en considération l'état du royaume, et que les États provinciaux, qui se tiendront régulièrement toutes les années, seront à l'avenir composés sur le pied des États généraux, de manière qu'ils forment une représentation légale de tous les individus de chaque ordre.

4° Qu'aucune loi bursale, ni aucune loi générale et permanente quelconque, ne seront établies qu'au sein des États généraux, de l'avis et du consentement des gens des trois états du royaume.

5° Que la liberté individuelle sera assurée par l'abolition de toutes lettres closes, lettres d'exil, et autres espèces d'ordres arbitraires.

6° Que les Codes civil et criminel seront réformés, à l'effet que les justiciables puissent obtenir, sur les lieux, une justice plus prompte et moins dispendieuse, et qu'à cet effet, toutes commissions particulières et évocations au conseil seront abolies.

7° Que, pour favoriser le commerce, il sera établi une juridiction consulaire à Aix, à l'instar des autres juridictions consulaires du royaume.

8° Que les douanes seront reculées aux frontières.

9° Que la Provence jouira, pour l'exportation de ses denrées et productions, hors le royaume, des mêmes priviléges et modérations de droits dont jouit la province la plus favorisée.

10° Que le commerce et la circulation des grains seront libres, mais que tous les accaparements de blés seront défendus, et que, pour y obvier, tous particuliers, faisant le commerce des grains et autres, seront obligés, lorsque cette denrée de première nécessité deviendra rare, et que la cherté commencera à s'établir, de déclarer aux officiers municipaux des lieux, la quantité qu'ils en ont en magasin, et de l'exposer en vente, à un prix raisonnable, lorsqu'il sera ainsi dit par les officiers municipaux.

11° Que la contrainte par corps, pour fait d'imposition royale ou municipale, sera abolie, et que les exacteurs des deniers publics seront tenus de se faire payer sur les objets soumis auxdites impositions.

12° Que, pour la conservation des récoltes, et pour prévenir les dégâts que les bêtes fauves et le gibier causent aux fruits de la terre, il sera permis à chaque propriétaire de les chasser dans ses fonds et domaines même situés dans les terres seigneuriales.

13° Que, pour encourager la culture des terres, les cens, directes et banalités qui les grèvent, pourront être rachetés, moyennant un capital proportionnel au revenu et à la nature de ces droits.

14° Que, pour favoriser l'agriculture et l'entretien des bestiaux, le prix du sel sera diminué.

15° Que l'entrée dans tous les bénéfices ecclésiastiques, dans le service militaire et dans toutes les charges de judicature, sera ouverte à tous ceux du tiers-état qui auront les talents requis.

Enfin, que le quart des revenus des décimateurs que les canons destinent au soulagement des pauvres, sera appliqué à l'entretien des hôpitaux des lieux.

Signé Lieutaud, consul; Marin; J. Thumin, député; Constantin; Bonnefoy; Florens; Devoulx, greffier; Aude, député.

Les habitants de la communauté de Tholonet, en Provence, sénéchaussée d'Aix, nous ont représenté le présent cahier de leurs doléances, plaintes et remontrances à Sa Majesté, qui a été signé par ceux de ses habitants qui savent signer, et par nous, juge, après l'avoir coté par première et dernière page, et paraphé, *ne varietur*, au bas d'icelles.

Paraphé *ne varietur*, à Aix, ce 25 mars 1789,

Signé BRESSIER, juge.

CAHIER

Des doléances, plaintes et remontrances de la communauté de Trets (1).

Les habitants de la ville de Trets, assemblés aujourd'hui, 29 mars 1789, dans la chapelle des frères pénitents blancs, en vertu des ordres de Sa Majesté, avant de procéder à la nomination de leurs députés à l'assemblée des trois ordres de la sénéchaussée générale d'Aix, convoquée le 2 avril, se sont occupés d'abord de la rédaction de leur cahier de doléances, plaintes et remontrances. Ils attendent, ainsi que tous les bons Français, leur régénération et leur bonheur des États généraux; ils chargent très-expressément les députés qu'ils choisiront, pour les y représenter et y voter en

(1) Nous publions ce cahier d'après un manuscrit des *Archives de l'Empire*.

(1) Nous publions ce cahier d'après un manuscrit des *Archives de l'Empire*.

leur nom, de solliciter, auprès du plus juste des rois, les articles suivants :

Art. 1er. Les députés demanderont la réformation des codes civil et criminel.

Art. 2. La suppression de tous les tribunaux inutiles et onéreux.

Art. 3. L'abolissement des lettres de cachet, et autres ordres capables de porter atteinte à la liberté des citoyens.

Art. 4. L'établissement d'une commission qui s'occupe des moyens propres à prévenir les procès.

Parmi ces moyens, nous en proposons un qui était anciennement employé avec beaucoup de succès : c'est d'établir, dans chaque communauté, une espèce de juridiction consulaire, sous l'ancienne dénomination de tractateur de paix.

Les consuls en exercice, joints aux ex-consuls, s'il était nécessaire, jugeraient définitivement les débats de leurs concitoyens, jusqu'à la concurrence de 24 livres.

Art. 5. La faculté à tout Français, de quelque ordre qu'il soit, de concourir pour tous emplois militaires et charges attributives de noblesse.

Art. 6. La suppression de la vénalité de tous officiers, et surtout les offices de judicature.

Art. 7. Les députés réclameront une modération dans le prix du sel, rendu uniforme pour tout le royaume.

Art. 8. L'abolition de tous droits de circulation, ainsi que l'abolition ou au moins le reculement des bureaux des traites sur les frontières.

Art. 9. Ils demanderont que la porte desdits bureaux soit ouverte à chaque heure du jour. Il est intolérable que des passants, entassés les uns sur les autres, et pressés par leurs affaires, dépendent du caprice ou du dîner de deux ou trois commis.

Art. 10. Qu'on affiche un tarif de tous les droits dans l'intérieur desdits bureaux, et le même tarif sera envoyé dans chaque communauté.

Art. 11. Que sur les grandes routes éloignées des bureaux, il soit expressément défendu aux gardes de fouiller les voyageurs pendant le jour, ni surtout pendant la nuit; cette précaution peut prévenir toute tentative de forfaiture.

Art. 12. Les États de la province ayant été jusqu'à présent illégaux, les députés continueront à demander l'assemblée générale des trois ordres de la province pour former ou réformer la constitution du pays.

Art. 13. Ils s'élèveront contre la perpétuité de la présidence aux États ;

Art. 14. Contre la présence des magistrats et de tous officiers attachés au fisc dans les mêmes États;

Art. 15. Contre la réunion du consulat de la ville d'Aix, et de la procuration du pays.

Art. 16. Ils réclameront l'admission aux États de tous les gentilshommes non possédant fiefs, et du clergé du second ordre.

Art. 17. L'égalité de voix pour le tiers, contre celles des deux premiers ordres réunis, tant dans les États que dans la commission intermédiaire.

Art. 18. L'égalité de contributions pour toutes charges royales et locales pour tous les citoyens de tous les ordres, dans la seule proportion de leurs facultés, et sans distinction de rang, de naissance et de privilèges.

Art. 19. Ils solliciteront la réduction des impôts au minimum le plus simple possible.

Art. 20. Ils demanderont que les comptes de la province, vérifiés et certifiés, soient rendus publics, et envoyés à chaque communauté.

Art. 21. Ils demanderont la suppression de la dîme et du casuel; chaque communauté fera alors à son curé et à ses vicaires un sort plus heureux et plus digne d'eux. Par là, la religion sera plus respectée, et les subsides royaux plus aisément payés, et l'agriculture plus favorisée.

Art. 22. Les États seuls, légalement assemblés, auront le droit d'ordonner les travaux publics, et de nommer les ingénieurs.

Art. 23. Lorsqu'il sera question de la construction et de la réparation essentielles des chemins, il y aura convocation des consuls et de toutes les communautés dans lesquelles lesdits chemins passeront.

Art. 24. Les chemins de viguerie, allant de Trets à Aix, et de Trets à Saint-Maximin, sont si délabrés que la marche des troupes en est retardée, qu'on y voit des chevaux y périr et des charrettes s'y briser. La ville est ainsi exposée à manquer des objets de première nécessité, par défaut de communications, et cela malgré les remontrances que la communauté ne cesse de faire depuis plusieurs années.

Art. 25. Ils demanderont un nouveau tarif du contrôle qui présente un taux simple et uniforme pour tous les acquéreurs, à quelque somme que ce soit, et qui présente un allégement marqué pour la classe la plus indigente, et surtout pour les veuves pauvres.

Art. 26. Il est des droits et prérogatives attachés aux offices de maire et de police, dont divers officiers municipaux ont cessé de jouir. On demandera le rétablissement de ces anciens droits.

Art. 27. Ils demanderont, pour les habitants du pays, le rétablissement de leur droit de chasse qu'ils payent conformément à leur transaction, et cela seulement dans leur propre propriété.

Art. 28. Les députés demanderont le rachat de tous les droits féodaux ; c'est le seul moyen de voir régner l'union si rare entre un seigneur et ses vassaux.

Art. 29. Ils demanderont que du moins il leur soit permis de convertir en argent toutes les redevances en blé, pour terminer toutes contestations à ce sujet, et pour ne plus entendre parler de ce qu'on appelle plus-value, que la communauté a payée, cette année, à 30 sous, par charge, pour éviter procès.

Art. 30. Ils demanderont l'exclusion du consulat et du conseil de tout habitant qui est procureur, ou notaire et procureur, ou ayant charge quelconque du seigneur.

Art. 31. Ils demanderont que la communauté ne soit point forcée de nommer ni capitaine ni enseigne de ville ; ces charges sont trop dangereuses pour tous, et trop dispendieuses, étant surtout affectées à la classe la plus indigente.

Art. 32. Ils demanderont que la compascuité soit commune sans distinction, ni privilège, ni prérogative quelconque.

Art. 33. Ils demanderont que les anciennes carreirades soient ouvertes et rétablies.

Art. 34. Ils demanderont la recherche des droits de la communauté dans le prieuré de Saint-Jean-du-Puits et autres.

Art. 35. Ils supplieront Sa Majesté de permettre l'introduction des chèvres dans le terroir, comme encore la permission de pouvoir semer, dans tout le royaume, tout ce que le terroir pourra produire, tels que tabac, etc., etc.

Art. 36. Ils demanderont qu'il soit prohibé, pendant trois ans au moins, d'égorger des agneaux et des veaux, pour parvenir à faire diminuer le prix de la viande, et à prévenir la rareté de ces espèces.

Art. 37. Qu'il soit ordonné de tenir les pigeons renfermés tout le temps des semailles, des légumes et des grains, et qu'à défaut, il soit permis de les tuer.

Art. 38. Que le consul puisse assembler et autoriser un conseil municipal, sans présence de viguier, ni de rien qui le représente.

Art. 39. Qu'il soit permis à la communauté de revenir à l'ancien règlement, et de le réformer sans le consentement du seigneur.

Art. 40. Qu'on aura égard à la remontrance de Jean-Baptiste Barges, qui dit, que quoique la communauté ait le droit de chasse, il fut néanmoins pris sans armes, mis en prison, où il resta neuf mois et demi, à ses dépens, et qui, pour obtenir sa liberté, fut obligé de payer la somme de 300 livres.

Art. 41. Ils demanderont la cause de la cherté des cuirs, et les moyens d'y remédier,

Art. 42. Ainsi que l'exclusion du consulat des boulangers et des négociants en blé.

Art. 43. Ils suppléeront Sa Majesté d'ordonner que le blé cesse d'être marchandise, et de fixer des bornes précises aux accaparements de blé.

Art. 44. A l'égard de tous les points qui ne sont pas exprimés ci-dessus, l'assemblée laisse à ses députés la liberté d'opiner selon leurs lumières et conscience.

Art. 45. On demandera encore qu'il soit permis à tout habitant qui a 2 livres cadastrales d'entrer au conseil général.

Signé Sumeire, maire; A. Pourein, C.; Barges, consul; Fauson; André; Bouisson; Amalbert; Pontier; Signoret; Jourdan; Amalbert; François Montane; Deloutey; Giraud; Rièvre; Mathieu; de Serry-Lacombe; Trotobas; Caire fils; Degrand; Amalbert; Dourgnon; Baux; Franbat; Aubréant; Brouchier; Bourges; Long; Pierre; Roche; Bouisson; Foissetz; Negrel; Cartier; Michel; Durand; Lang; Blanc; Roncien; Michel; André Fraudry; Gautier; André; F. Jullien; Bouisson; Sumeire; J.-F. André; B. Dourgnon; Joseph Roux; Durand cadet, greffier.

Paraphé *ne varietur, Signé* Chanteduc, [lieutenant de juge.

CAHIER

Des doléances et respectueuses réclamations des habitants de la communauté de Valbonnette-Charleval, sénéchaussée d'Aix (1).

De toutes les charges que la communauté supporte et paye annuellement :

1° Le terroir a été donné aux habitants de cedit lieu, sous les conditions d'une taxe sur les gerbes de tous grains, la dixième, de même les olives et les amandes, les raisins et le chanvre, la quinzième.

2° A été donné l'emplacement des maisons, moyennant, et sous les conditions d'une cense annuelle d'une vehenne blé; chaque emplacement est d'environ dix cannes plassage.

3° Il y a, en outre, un quartier audit terroir, nommé les Cadenières, qui contient environ vingt charges de terre, que le seigneur a donné aux particuliers à défricher, toujours sous la taxe des gerbes au dixième, et en outre d'une cense annuelle de quatre cuchennes blé par charge.

4° La communauté fait audit seigneur, annuellement, une pension féodale de vingt charges blé, qui font vingt-quatre charges, mesure d'Aix. La charge est de huit émines et l'émine fait huit euchennes.

5° Tous les habitants font encore une poule audit seigneur, annuellement, qu'ils payent au prix de douze sous, quand ils n'ont point de poule.

6° La réserve audit seigneur du droit de lods au dixième.

7° Le moulin à moudre les grains appartenant audit seigneur banal, payant en mouture au vingtième.

8° En outre, la communauté paye la dîme au vénérable chapitre de la ville d'Aix, le vingtième sur tous les grains, les raisins, les agneaux et le chanvre.

9° Le droit de chasse appartenant audit seigneur.

10° La communauté paye annuellement une imposition à la compagnie de Crapone, pour les arrosages des terroirs, d'environ 300 livres, selon les impositions de ladite compagnie.

11° Fait encore une pension annuelle de 37 livres 10 sous à madame Saint-Michel Leblanc de Venne, conjointement avec la communauté de Reuyère, de 18 livres 15 sous chacune.

12° Il y a plusieurs colombiers dans le terroir dont les pigeons causent un dommage infini aux habitants sur leurs récoltes tant des grains que du chanvre et des haricots.

13° Ce qu'il y a de douloureux pour la communauté, c'est qu'elle est obligée de nommer six consuls, le jour de la nomination, qui est la seconde fête de Noël, et de présenter sa nomination au seigneur qui fait le choix de deux sur les six nommés.

14° Eu égard à toutes les charges dont les habitants sont surchargés, ce n'est qu'à force de travailler qu'ils peuvent à peine subvenir pour parvenir à payer toutes les surcharges d'impôts, en outre, le contingent des deniers du roi et du pays, quoiqu'elle ne soit afféagée que d'un cinquième de feu, parce que le terroir n'est pas beaucoup spacieux, ne contenant qu'environ 400 charges de terre et des plus moindres, et ne produisent pas beaucoup, plusieurs fonds ne faisant que doubler, et ce qui est douloureux aux propriétaires de ne pouvoir ôter la semence avant la taxe et la dîme.

Ainsi les habitants de Valbonnette-Charleval supplient très-humblement et très-respectueusement Sa Majesté de vouloir les soulager, en diminuant leurs impôts énoncés en doléances ci-devant, afin qu'ils recueillent en paix la sueur de leur travail, et ils ne cesseront d'adresser leurs vœux au Seigneur pour la conservation de ses jours précieux.

Fait audit Valbonnette-Charleval, dans la maison commune, en présence de presque tous les habitants, signé qui a su ce 29 mars 1789.

Signé L. Chaffard, viguier; Espanel, maire-consul; Joseph Pelissier; Vernet; Durand; Pabenoit Plouviger; Porte; Bourret; Jourdan, greffier.

(1) Nous publions ce cahier d'après un manuscrit des *Archives de l'Empire.*

CAHIER

Des remontrances, plaintes et doléances arrêtées en l'assemblée générale de tous les habitants de ce lieu de Varages, âgés de vingt-cinq ans, compris dans les rôles des impositions, convoquée aujourd'hui 25 mars 1789, dans l'église paroissiale de ce même lieu, à la réquisition des sieurs maire et consuls, en exécution des ordres de Sa Majesté, et de l'ordonnance de M. le lieutenant général en la sénéchaussée générale de Provence, séant à Aix, rendue le 12 du présent mois de mars, ladite assemblée autorisée par M. Laurent MONTAGNAC, lieutenant de juge de ce même lieu (1).

L'assemblée, pénétrée de cette grande et sainte vérité que tout sujet doit se sacrifier pour son souverain, quand on le voit lui-même se résoudre aux sacrifices qu'exige le bonheur de son peuple, quand on le voit s'occuper tout entier des moyens qui peuvent l'opérer, se persuade volontiers qu'elle ne peut mieux lui témoigner sa reconnaissance qu'en se dévouant pour son service, pour la gloire et la prospérité de son règne. Elle est convaincue que le premier devoir que ce dévouement lui impose est, dans la circonstance actuelle, de concourir, par tous les moyens possibles, à l'acquittement de la dette nationale Aussi elle assure d'avance son auguste monarque, par la parole inviolable qu'elle lui donne aujourd'hui, que, malgré la détresse où le malheur des temps l'a plongée, elle consentira, avec toute la soumission qu'elle doit à ses ordres, et à une cause aussi respectable, à tous les sacrifices qu'il exigera pour remplir cet objet. Mais aussi elle ose présumer de cet intérêt si vif qu'il prend au bonheur de son peuple, et de cette tendre sollicitude qu'il témoigne surtout pour la partie souffrante de ses sujets, qu'il l'allégera du fardeau qui l'accable, en le répartissant également sur toutes les classes de citoyens de son royaume. Et puisqu'il veut bien écouter les doléances de ses sujets, la présente assemblée va se permettre celles qui peuvent l'intéresser soit relativement aux objets qui concernent la généralité du royaume, soit par rapport à ceux qui ont trait à l'administration de cette province, soit enfin par rapport à ceux qui lui sont particuliers.

1° L'assemblée a arrêté, par rapport à ceux qui concernent la généralité du royaume, que les sieurs députés qu'aura élus l'ordre du tiers pour assister et voter aux États généraux de France, seront expressément chargés de solliciter la réformation du code civil et criminel, la suppression de tous les tribunaux inutiles et onéreux ; une attribution, à ceux d'arrondissement, de souveraineté jusqu'au concurrent d'une somme déterminée ; l'abrogation de toutes lettres attentatoires à la liberté des citoyens ; la faculté à ceux-ci, de quelque ordre qu'ils soient, de concourir pour tous emplois militaires, bénéfices et charges attributives de noblesse, et d'y réclamer, surtout, contre la vénalité des offices. Lesdits sieurs députés réclameront, en outre, une modération dans le prix du sel, rendu uniforme pour tout le royaume ; comme aussi l'abolition de tous droits de circulation dans son intérieur, et notamment le reculement des bureaux des traites dans les frontières. Enfin des défenses très-rigoureuses, et l'établissement d'une punition,

contre les accaparements de blé de quelle part qu'ils puissent provenir.

2° Quant aux affaires relatives à la province, l'assemblée charge, par exprès, lesdits sieurs députés du tiers-état aux États généraux d'y demander la convocation générale des trois ordres de la province, pour former ou réformer la constitution du pays ; de réclamer qu'il soit permis aux communes de nommer un syndic, avec entrée aux États ; de s'élever contre la perpétuité de la présidence et contre la permanence de tout membre non amovible, ayant, en l'État des choses, entrée auxdits États ; comme aussi de requérir l'exclusion des mêmes États des magistrats et de tous officiers attachés au fisc ; la désunion de la procure du pays du consulat de la ville d'Aix ; l'admission des gentilshommes non possédant fiefs et du clergé du second ordre ; l'égalité de voix pour l'ordre du tiers contre celles des deux premiers ordres, tant dans les États que dans la commission intermédiaire, et surtout l'égalité de contributions pour toutes charges royales et locales, sans exception aucune ; et nonobstant toute possession ou privilège quelconques : l'impression annuelle des comptes de la province dont envoi sera fait dans chaque communauté, et que la répartition des secours que le Roi accorde au pays, ensemble de l'imposition de 15 livres par feu, affectée à la haute Provence ; sera faite dans le sein des États, et par eux arrêtée.

3° Quant aux objets qui intéressent particulièrement cette communauté, l'assemblée prie et charge lesdits sieurs députés aux États généraux de représenter au meilleur des rois, que, vivant sous le joug de la féodalité, elle aimerait, et son plus cher désir serait de le secouer, et de ne reconnaître que lui seul pour son seigneur ; que la distinction qui existe entre les mêmes sujets de son royaume, et par laquelle les uns sont royaux, les autres seigneuriaux, est accablante, et est même devenue un sujet de mépris de la part des premiers pour ceux de cette dernière classe ; que l'espèce de honte qu'on a attachée à cette dénomination n'a été produite que par l'oppression et l'anéantissement de la liberté et de la propriété, sous lesquels gémissent les vassaux des seigneurs ; que les divers droits attachés à leurs fiefs font un esclave de l'homme né pour être libre, et lui rendent chaque jour son existence odieuse par les liens qui l'enchaînent ; qu'à la vérité, le seigneur, à qui cette communauté fait hommage, jouit de toutes les qualités personnelles qui peuvent distinguer l'homme, témoignage que l'assemblée aime à lui rendre dans cette circonstance, mais que cependant, l'estime et la considération que l'on a pour sa personne, font abstraction avec les sentiments qu'inspire l'exercice des droits attachés à sa qualité de seigneur ; que ces droits ayant donné lieu à bien des procès, entre lui et la communauté, dont les frais et les suites ont donné un nouveau surcroît à sa misère, ne peuvent qu'exciter ses réclamations et le désir d'en être affranchie. En conséquence, l'assemblée prie et charge lesdits sieurs députés de demander à notre souverain dont la bienfaisance rehausse l'éclat des autres vertus qui le distinguent :

Que la juridiction aujourd'hui inhérente au fief en sera distraite et attribuée au corps de la communauté.

Qu'il sera procédé à l'élection des officiers de justice dans une assemblée générale de tous les membres de la communauté, chefs de famille.

Que les charges n seront attribuées à ceux qui

(1) Nous publions ce cahier d'après un manuscrit des *Archives de l'Empire.*

réuniront, en leur faveur, l'unanimité ou la pluralité des suffrages.

Que les officiers, ainsi élus, ne resteront en charge que l'espace de cinq ans, après lesquels il sera procédé à la nomination de ceux qui devront les remplacer, en la même forme et de la même manière que dessus.

Que cependant les officiers qui, au bout de cinq ans, devront sortir de charge, pourront être confirmés, s'ils réunissent, en leur faveur, les trois quarts des suffrages.

L'assemblée prie encore et charge lesdits sieurs députés de requérir la suppression et abolition des droits de lods, d'indemnité et de prélation; la concession, au corps de la communauté, des droits de chasse et de pêche, et la réunion, au domaine de la couronne, des autres régales mineures et prérogatives du fief.

Comme aussi de représenter à Sa Majesté que la communauté, ayant aliéné au seigneur, en 1602, avec franchise de tailles, ses moulins à blé et à huile avec la banalité, au prix de 30,000 livres, elle ne peut, en l'état des choses, user du privilége de rachat que Sa Majesté a accordé aux communautés, à cause de la faculté, donnée aux possesseurs, d'opter pour la désemparation ou pour l'encadastrement, le seigneur ayant opté pour le dernier; que cette option a rendu presque illusoire le dédommagement que Sa Majesté a voulu ménager aux communautés par l'encadastrement, la majeure partie de ces moulins se trouvant nobles; que le préjudice qui en résulte pour la communauté est si considérable, qu'outre la servitude à laquelle elle se trouve soumise par rapport à la banalité, et dont le rachat lui deviendra onéreux, ne pouvant l'exercer sur les engins, le seigneur lui en ayant interdit la faculté par son option pour l'encadastrement, ne pouvant en construire d'autres, par le manque d'eau, le préjudice qui résulte pour la communauté de la privation de ses moulins, est, disons-nous, si considérable qu'elle se trouve privée, quant aux moulins à blé, d'un produit annuel d'environ 5,000 livres, étant affermés actuellement à cent cinquante six charges annuellement; et quant aux moulins à huile, l'habitant se trouve privé d'un neuvième de ses huiles ou par rapport à ce qui reste au marc, par le défaut de pressurage, lequel marc, appartenant au seigneur, est passé à une recense, ou par rapport à ce qui reste mêlé dans les eaux qui tombent dans les souterrains, appelés enfers, les huiles ne reposant pas assez longtemps dans les fabis ou tonneaux où on les dépose; qu'indépendamment de ce premier avantage que le seigneur retire des moulins à huile, il exige encore une rétribution, en argent, des particuliers pour la mouture de leurs olives, qui, jointe au produit du marc recensé qu'il vend, année commune, 2 sous la panal, lui procure annuellement une somme de 1,200 livres; qu'à la vérité, ces divers produits exigent quelques frais d'exploitation, mais, déduction faite, le résultat est encore fort considérable. L'assemblée supplie les sieurs députés de mettre sous les yeux de Sa Majesté toutes ces considérations, et de réclamer de sa justice qu'elle rétablisse la communauté dans la possession d'aussi précieux effets dont la misère l'avait dépouillée, offrant de rembourser le prix de l'achat, l'assemblée les chargeant encore de requérir, au nom de la communauté, la suppression de la banalité des fours, comme étant une entrave pour l'habitant.

L'assemblée prie encore les représentants du tiers aux Etats généraux d'y exposer que le recouvrement de la dîme entraîne bien des procès entre les particuliers et les prieurs décimateurs, qu'elle se paye d'ailleurs à un taux fort altéré et surtout pour les raisins, à raison du dixième; les charge, en conséquence, d'en demander la suppression, l'assemblée se chargeant de pourvoir à l'entretien des prêtres desservant la paroisse, par une imposition qu'elle établira pour cet objet, de même que pour ceux auxquels le produit de la dîme est destiné relativement à l'entretien de l'église, et autres obligations concernant le prieur décimateur.

L'assemblée charge les sieurs députés de remontrer à Sa Majesté que la fabrication de la fayence est d'une grande ressource pour ce pays; que presque toute l'habitation participe aux avantages qu'elle procure, mais qu'elle est surtout, pour beaucoup de particuliers, la cause de leur alimentation; que cette fabrication a reçu un échec considérable par la conclusion du traité de commerce entre la France et l'Angleterre, à cause de la quantité de fayence étrangère qui entre dans le royaume. L'introduction de cette marchandise dans l'Etat a produit le double préjudice de faire diminuer la fabrication nationale, et d'occasionner un rabais dans le prix de la fayence; que d'autre part, la cherté des matériaux, surtout du plomb et de l'étain, et les droits exorbitants qui se payent à la France, donnent aux fabricants un découragement dont les effets sont trop sensibles, et, en même temps, trop nuisibles à l'habitation, pour ne point en réclamer auprès du souverain; que déjà même on a vu des ouvriers s'expatrier, et porter à l'étranger leurs talents et leur industrie, pour y chercher des secours que la patrie leur refuse; qu'un autre objet qui ne doit point être passé sous silence, est la différente perception des droits de sortie du plomb et de l'étain aux bureaux de Marseille; que cette différence est, d'un bureau à l'autre, d'environ 36 sous par quintal; que cette perception, plus forte de la part du commis au bureau des Pennes ne peut qu'être une surexaction improuvée par la justice du souverain; en conséquence, l'assemblée charge les sieurs députés de dénoncer à Sa Majesté, lors des Etats généraux, le préjudice que portent, à la fabrication locale, les causes que l'on vient de rappeler, et les maux qui en résultent pour cette habitation, les suppliant de solliciter, de sa justice et de sa bonté, les moyens propres à rendre et à assurer, à l'une et à l'autre, leurs premiers avantages.

Déclarant, au surplus, l'assemblée, que quant à tous autres objets qui pourront intéresser le royaume, la province ou cette communauté, elle s'en réfère absolument au cahier général que l'ordre du tiers déterminera, lors de sa réunion pour l'élection de ses députés aux Etats généraux, approuvant, dès à présent, tout ce qui sera fait et arrêté dans l'assemblée qui aura lieu à cet effet.

Signé Gros, maire; Giraud, consul; Montagnay, greffier; Boutueil; L. Demans; Rayol aîné; de Serre; Caurens; Niel; Henry; J. Clermont; J. Cassagné; Pelissier; M. Bayol; Joseph Giraud; Niel; Toucy; Bousse; Reynaud; F. Clermont; Reboul; François Tarhisin; J.-B.-L Arnaud; Brouchien; Berthot; Bayol; Blanc; Vache; Bayol; Bayol; Arnaud; Philiac; Courtes; Arnaud; Charles Montagnac; Vincent Gange, réformé; Pélissier; Giraud; Rouvière; Barly; G. Michel; Cassagne; Bayol; Arnaud; Jean Bayol; Arnaud; Gombaud;

F. Giraud. Paraphé, *ne varietur. Signé* Montagnac, lieutenant de juge.

———

CAHIER

Des doléances, plaintes et remontrances de la communauté de Vaugine, et éclaircissements généraux et particuliers sur l'état présent de ses misères (1).

Un monarque généreux et compatissant vient de demander lui même la liberté de son peuple, et il y aurait, dans son royaume, un seul coin de terre dont les habitants fussent insensibles à un tel acte d'humanité ! La nation entière, par ses cris répétés, s'efforce de témoigner toute la reconnaissance dont elle est capable envers son souverain, lui marque son respect et sa soumission à ses volontes en lui jurant une inviolable fidélité, et lui fournissant, sur ses souffrances, tous les éclaircissements dont il a témoigné désirer l'énumération ; et un seul de ses membres attendrait, immobile au milieu de tant de clameurs, que son mal fût devenu incurable, ou du moins souffrirait tranquillement de devoir sa guérison à ses compatriotes, sans faire un seul effort pour y contribuer lui même ! A cette seule idée, nos cœurs frémissent, l'indignation s'empare de nos esprits, et, transportés, d'un zèle commun à tous les bons citoyens, nous déclarons proscrit à perpétuité et indigne du nom français, quiconque soutiendra des sentiments contraires au bien public, dont les intérêts particuliers renieront l'union commune, ou dont la criminelle insensibilité osera garder, dans le fond de son cœur, le fer meurtrier qui l'a blessé sans daigner recourir seulement au médecin soigneux de guérir la plaie qu'il lui a faite. Pour nous conformer donc à la loi du prince, condescendre en tout à ses volontés, et répondre, en quelque façon, aux bontés infinies qu'il a eues pour nous, et à celles, plus grandes encore, dont il a dessein de nous combler, nous tâcherons d'exprimer le mieux, et le plus succinctement qu'il nous sera possible, toutes les peines et malversations que nous, et nos pères, avons endurées depuis si longtemps.

Quoique situés, sous une chaîne de montagnes, qui, nous laissant à peine apercevoir nos proches voisins, devraient, ce semble, nous soustraire à l'ambition de nos ennemis, sous la tutelle desquels nous aurions été laissés, nous n'aurions pas été exempts de la misère publique ; ainsi ce ce qui nous avait été donné dans un temps, pour nous secourir dans nos besoins, nous aider à supporter patiemment le pénible exercice de l'agriculture auquel nous sommes destinés, et à engraisser et fertiliser notre terrain, d'ailleurs des plus rudes et des plus ingrats, a été pour nous la source des malheurs qui nous ont presque réduits à la mendicité ; ce qui devait servir à notre félicité nous a donc rendus misérables, et les choses destinées à nous procurer des commodités sont devenues l'instrument de notre supplice.

Dès longtemps, les seigneurs provençaux, rassemblés dans la chambre des eaux et forêts, prévoyant que nos montagnes devaient un jour augmenter le nombre et l'étendue de leurs domaines, et servir, en partie, à nourrir l'avide cupidité qui les dévorait, et qui leur laissait voir avec douleur un seul de leurs vassaux en état de sentir le coup qu'ils allaient porter, nous firent défendre, au

nom respectable de notre souverain, de nourrir et entretenir des troupeaux de chèvres dans aucune de nos collines ; et sous des prétextes faux, mais légitimes en apparence, ils en firent émaner un arrêt de la justice royale, comme si ces animaux, loin de porter, moyennant la précaution des communautés intéressées, le moindre préjudice aux forêts et aux arbres qu'elles renferment, et qui ne peuvent, d'après les expériences, souvent réitérées, par des commissaires de la part de Sa Majesté, être utiles à la construction des vaisseaux, ne contribuent pas à la vigueur et à l'accroissement de ces mêmes arbres, en décimant les surgeons et rejetons qui sucent la nourriture qui leur était destinée ; il n'en fallut pas davantage pour obliger un peuple idolâtre de ses souverains, à se priver de son nécessaire dès qu'il semblait le lui ordonner ; il a tâché néanmoins dès lors, par ses doléances portées aux assemblées provinciales, de solliciter les yeux de Sa Majesté pour lui faire apercevoir le piège que l'on tendait à ses fidèles sujets : mais voyant ses ressorts sans effet par l'interception de ceux qui, loin de lui servir d'appui, étaient eux-mêmes les auteurs du mal, se voyant privés des faveurs du trône, et par conséquent hors de portée de pouvoir y faire parvenir ses plaintes, et content d'avoir, au seul nom des intérêts de son Roi, livré le plus lucrative de ses propriétés, il attendait tranquillement que des temps plus heureux lui donnassent au moins la liberté de s'annoncer.

Cependant MM. les seigneurs, voyant leurs ressorts en jeu, commencèrent à s'emparer et à se rendre maîtres, sous les prétextes de dégradations et de mauvais usages, de la plus grande partie des montagnes communes ; ils trouvèrent, à la vérité, quelques légers obstacles ; mais que pourraient faire de petites communautés jugées par des corps dont leurs parties adverses étaient membres ? Notre petite communauté de Vaugine a soutenu longtemps à ce sujet un procès considérable et très-dispendieux contre son seigneur, et a été enfin condamnée, à la requête dudit seigneur, sans avoir été entendue ni même avertie, dans un temps où, se voyant réduite à l'extrémité, par les frais immenses que celui-là lui occasionnait, elle a été à la fin forcée de lui laisser le champ libre, aimant mieux sacrifier une partie de son nécessaire que de se voir ruinée sans ressource, et préférant voir la plupart de ses membres obligés à recourir à leurs plantations particulières pour tâcher d'adoucir auprès du feu les rigueurs de l'hiver, et payer fort cher, ou manquer totalement d'instruments nécessaires au labourage, tandis que sa montagne fournissait abondamment tous ces secours à ses voisins, auxquels son seigneur a vendu du bois pour près de 20,000 livres, sans compter les rentes annuelles des buis, préférant, disons-nous, souffrir tous les désagréments possibles, plutôt que d'user de remèdes violents. Ainsi, ces pères des pauvres, après avoir ruiné toutes les communautés qu'ils avaient le moyen d'attaquer, sous différents prétextes, les ont à la fin obligées de leur céder ou du moins laisser prendre, de gré ou de force, la portion de leurs propriétés ou de leurs fruits qui était le mieux à leur bienséance ; mais ils ont comblé la mesure de leurs iniquités, et l'ange tutélaire de la France ayant enfin jeté un regard favorable sur cette nation humiliée, nous a promis un protecteur dans la personne du monarque qu'il a placé sur le trône, et qu'il dirige par ses conseils ; il nous a fait entendre, qu'après avoir gémi longtemps dans le silence, souffert tous les maux que la tyrannie était capable d'inventer, nous trouverions un libérateur. Il nous a été accordé, il a pris soin de nous, les États généraux sont fixés, et nous avons tout lieu d'attendre du meilleur des pères, qu'il effectuera les promesses qu'il a faites à ses enfants. Verrait-il, en effet, de bon œil, que la plus grande partie de ceux-ci donnassent une bonne portion de leurs biens pour le soutien du trône, tandis que quelques-uns d'entre eux se regardent comme favorisés, par une infinité de prérogatives dont ils se prévalent, et des usages qu'ils ont eux-mêmes, pour la plupart, introduits, à soutenir les usurpations dont ils jouissent ou qu'ils ont faites, loin de contribuer, comme toute la nation en commun, pour le bien commun, veulent encore se nourrir aux dépens du plus grand nombre? Souffrirait-il paisiblement que des arbres, propres à la construction, rangés en allées, formant des bosquets ou des ombrages agréables, et dispersés çà et là dans les propriétés des grands, fussent respectés au seul nom de ceux à qui ils appartiennent, et qu'aucun commissaire, aucun ingénieur du Roi n'ose y toucher, tandis qu'un misérable cultivateur, n'ayant pour tout ombrage, dans son ermitage, même près de sa chaumière, qu'un seul arbre dont le produit est, pour lui, fort considérable, le sacrifie de bon cœur, dès qu'il est reconnu utile à Sa Majesté? Ne serait-il pas saisi d'indignation, en apprenant que ces mêmes seigneurs qui ont fait défendre, en son nom, à tous particuliers et propriétaires, d'avoir dans ses troupeaux tenant les montagnes une seule chèvre, n'ont cessé eux-mêmes d'en avoir des troupeaux considérables en plusieurs endroits, comme si celles qui leur appartiennent n'ont pas la dent aussi cruelle que celles qui sont aux propriétaires leurs vassaux; ils ont dit que ces animaux ne pouvant plus atteindre aux branches des arbres, s'attachent au tronc et l'écorchent; sans faire observer sans doute que cela n'a lieu que lorsque ces mêmes animaux, irrités de se voir réduits dans un petit espace de terre autour de quelque arbre auquel ils sont attachés, ne se portent à cette extrémité que dans l'intention de se délivrer des chaînes ou des entraves qui les retiennent, mais que dans le cas où ils sont libres, et dans les forêts, leur voracité naturelle contribue à l'agrandissement des arbres de haute futaie. Son cœur ne serait-il pas attendri à la vue d'une foule de citoyens utiles dans son royaume, qui gémissent depuis si longtemps de voir ravager toutes leurs récoltes par des bêtes féroces, sans qu'ils aient la permission de leur nuire, sans s'exposer au ressentiment d'un seigneur qui leur suscitera les affaires les plus ruineuses et les plus désagréables; de ne pouvoir même en sûreté faire des reproches à un garde qui, sous prétexte de la chasse, lui fait plus de ravage que les animaux qu'il poursuit; qui souffrent avec peine que les fruits les plus purs de leurs travaux passent entre les mains des procureurs et officiers de justice pour des procès que ni eux ni leurs enfants n'ont pas l'espoir de terminer, et qu'ils n'ont peut-être pas commencés. Sans doute, Français, nos compatriotes, que l'aspect de cette multitude d'injustices a déterminé notre protecteur à demander à son peuple de l'informer pleinement de tous les abus qui se commettent, la plupart en son nom, afin de les réformer, et de forcer la nation à mettre fin à ses misères; pour nous, contents de détailler les peines qui nous touchent, et dont nous sommes à portée de juger, laissons à de plus habiles mains le soin de tracer avec un pinceau délicat le plan de toutes les réformes dont nous avons besoin, et que la faiblesse de nos lu-

mières nous laisse à peine apercevoir. Des citoyens zélés mettront dans un grand jour la multitude d'abus qui se commettent dans la perception de tous les droits royaux, l'injustice qu'il y a de priver une province de plusieurs denrées utiles, comme le tabac et le safran que son sol peut produire, et qui lui sont fournies par des nations étrangères,; de lui faire même distribuer, comme à des étrangers, le sel qu'elle produit en quantité. Pour nous, remettant tous nos intérêts à l'assemblée provinciale, nous la prierons de faire attention aux avantages qui reviendraient à toute la Provence de la restitution des montagnes communes aux communautés auxquelles elles ont été usurpées; la multiplication des chèvres beaucoup plus considérable que celle des brebis, rendant la viande plus abondante, par le nombre et le poids de celles-là, dont la proportion surpasse de beaucoup celle-ci, et nous la faisant distribuer à un prix raisonnable, serait d'un grand secours pour les cultivateurs, qui, d'ordinaire, gardent pour eux ce qu'ils ont de plus grossier, et les dédommagerait par là des soins d'élever, dans les moutons de nos quartiers, des morceaux friands pour les villes. L'abondance du lait, du beurre et du fromage excellents, nourriture qui nous est aussi utile que la viande, fournissant à tous ceux dont les revenus ne permettent pas d'aller journellement au boucher un aliment quotidien très-substantif, encouragerait chez nous l'agriculture, en renouvelant et entretenant au pauvre paysan les forces qu'il a perdues dans la pratique d'un exercice aussi pénible que celui de la culture de la terre; la grande quantité de fumier qui résulterait de la fiente de ces animaux dont la chaleur cause une effervescence extraordinaire, mêlée avec lesbuis qui sont en grande quantité dans nos montagnes, nous donnerait d'abondantes récoltes, et fertiliserait notre terrain, qui, sans cela, ne porte qu'à force de cultures souvent répétées.

Enfin, l'utile et l'agréable avantage que nous trouverions encore dans l'usage de ces animaux, c'est que nos montagnes étant garnies, pour la plupart, de chênes verts qui forment, dans bien des endroits, des touffes extrêmement serrées et fournies, nos troupeaux de moutons ne pouvant y pénétrer, sont privés d'une portion des plus succulentes du pâturage, et fournissent, dans ces espèces d'enclos, des retraites assurées pour les loups dont nos forêts fourmillent; qu'au contraire, les animaux que nous réclamons avec empressement, et qui méritent toute notre attention, servant eux-mêmes de guides et de conducteurs aux timides brebis, leur font part d'une portion du gras et savoureux pâturage que leur instinct et leur légèreté naturelle, secondée par le peu d'embarras de leurs habits, leur procurent, en les faisant pénétrer dans le fond des bois, où elles se frayent une route à travers les touffes les plus épaisses et dans les lieux les plus escarpés des collines. Nous sommes persuadés que, considérant les avantages sans nombre que non-seulement notre communauté, mais encore la France entière, et surtout les endroits qui ont à leur portée des montagnes aussi fournies de bois que le sont les nôtres, peuvent tirer de ces animaux, ils trouveront des protecteurs dans une assemblée aussi nombreuse, aussi respectable, et aussi convoquée pour le bien de tous, et qu'ils auront de zélés défenseurs contre les seigneurs qui leur ont voué une haine implacable; contre des gens, disons-nous, qui ne peuvent souffrir que chez eux, cherchant à écarter des propriétaires, leurs vassaux, jusqu'au moindre soupçon du bien-être.

Une rigoureuse banalité de nos moulins à farine ne doit pas moins fixer votre attention ; dans le principe de l'esclavage, où les mains altérées de travail, et n'ayant aucun terrain où ils pussent se livrer à la laborieuse passion qui les dominait, ceux qui avaient dessein de devenir terricoles, étaient forcés d'accepter une médiocre portion de terre, aux conditions que l'on voulait bien leur imposer.

Dans la suite, et par succession des temps, à mesure qu'il se glissait des abus sans nombre, s'élevaient aussi des débats considérables entre la nation servile et la partie favorisée qui ne cessait d'augmenter ses exactions ; les murmures éclatant enfin en plaintes générales, les deux partis étaient forcés de transiger et de se donner des assurances, dans lesquelles la noblesse étant plus forte, et presque la seule lettrée, ses intérêts n'y étaient certainement pas lésés ; dans quelques-unes de ces émotions, sans doute, notre communauté avait suivi le mouvement commun, et nos pères, dès longtemps, ont été assujettis à payer à leur seigneur la seizième partie de leur blé qu'ils portaient au moulin, sous condition néanmoins s'obligeant lesdits seigneurs à faire expédier les farines dans l'espace de vingt-quatre heures, par un maître meunier que la communauté se choisissait elle-même, aux frais et dépens dudit seigneur, et à faute de ce faire, il leur était permis de faire emporter, sans autre formalité, le blé qu'ils auraient dans lesdits moulins, pour aller les faire mettre en farine où bon leur semblerait, mais, dans la suite, regardant, comme indigne d'eux d'être soumis à la moindre subordination envers des gens qu'ils regardaient, non comme des hommes, mais comme un troupeau de bêtes, toutes dévouées à l'intérêt de leurs maîtres, et se prévalant de leur supériorité, ils se sont saisis, sous divers prétextes, et en différents temps, de tout ce qu'ils ont cru leur être de quelque utilité, ne trouvant que quelques légères résistances, et souvent aucune de la part de la communauté qu'ils attaquaient, par le manque de gens désintéressés et capables de les diriger, ou par la crainte dans laquelle la tenaient ceux desquels ils avaient quelque chose à craindre, et qui, se voyant attaqués vigoureusement, et hors d'état de se défendre, par l'inégalité des forces, aimaient mieux sacrifier le bien public que d'abandonner leurs intérêts particuliers, et de n'être pas même en sûreté, en luttant avec des capricieux qui mettaient en usage toute sorte de moyens dont nous n'avons que trop ressenti les funestes effets ; nos deux moulins, qui n'avaient été construits que pour notre seul usage, furent donc divisés, et l'on en destina un à servir les étrangers, nos voisins ; le tout ne fut pas là, et nous nous croirions encore heureux, si, après en avoir perdu un, le second nous avait été conservé inviolablement avec tous les droits dont nous y jouissions ; au contraire, le seigneur commença à donner ses moulins à des fermiers qui, exploitant eux-mêmes les farines, nous mettent, chaque jour, dans la douloureuse nécessité de laisser nos sacs pleins de blé à leur disposition, tout le temps qu'ils le jugent à propos, sans qu'il soit permis à aucun particulier de leur faire même les plus humbles remontrances, sans qu'il s'expose à se voir gâter totalement ses farines, et n'ait, en sus, aucune espérance d'en être dédommagé, comme quelques-uns ont inutilement tenté d'en avoir satisfaction ; la communauté n'a jamais, à la vérité, voulu in-

tervenir, craignant d'être réduite, à l'instar des habitants de la vallée d'Aygues, qui, sous la directe du même seigneur que nous, ont non-seulement la banalité des moulins, mais ne peuvent même, à quelque extrémité qu'ils soient réduits, et pour quelque cause que ce soit, prendre du pain à un autre endroit qu'à un boulanger que ledit seigneur tient au centre, et pour toute la vallée, qui est de plus de trois lieues, qu'ils ne s'exposent à être arrêtés par un garde qui leur ôte non-seulement le pain qu'ils portent, mais les maltraite même, et les oblige à des contributions ; passe encore pour le coup, si le pain qu'on leur donne n'était pas quelquefois indigne d'être donné à des chiens ; crainte donc d'un plus grand mal, et se voyant épuisés au point de ne pouvoir soutenir un tel procès, nos communautés ont souffert que les choses fussent portées au point où elles sont, attendant sans cesse que lorsque l'injustice serait montée au plus haut degré, une main plus puissante qu'elle, voulant leur épargner la peine de faire, pour se relever, des efforts qui les eussent peut-être perdus sans ressource, frapperait ces têtes altières qui les dominaient, et dont la chute doit nécessairement entraîner le corps tyrannique auquel elles tenaient, et qui les soutenaient.

Quel serait l'inhumain cannibale qui, livré à sa brutale férocité, ne donnerait pas à son compagnon de caravane, épuisé de fatigue ou de maladie, ou dans quelque besoin pressant, une portion des prises qu'il aurait faites, même sans sa participation, ou tous les secours qu'il pourrait lui fournir pour le tirer du danger ? Sans doute, Français, que s'il le refusait, ses compagnons, justement irrités contre lui, mettraient à l'instant son corps en pièces, et s'en dépéceraient les lambeaux ; et nous, plus inhumains que lui, nous souffririons plus longtemps que nos concitoyens, et en général tous nos compatriotes, manquassent des principaux nécessaires de la vie, qu'ils s'exposassent, pour se les procurer, à être poursuivis ignominieusement, condamnés à des peines afflictives et à des amendes onéreuses ; que, forcés par de semblables maux et l'impuissance d'y remédier, à recourir le plus souvent, et emprunter des hommes voués aux intérêts des plus forts, qui, sous les apparences d'un service réel, tâchent de s'engraisser aux dépens des plus faibles, ils deviennent la proie de la vengeance et de l'ambition. En effet, à défaut, pour le pauvre débiteur, de satisfaire, au temps marqué, à l'obligation qu'il a contractée, son créancier vient lui témoigner qu'à regret il ne peut attendre davantage, lui fait juridiquement vendre de quoi se payer, et, pour une modique somme, le réduit dans la dure et étroite nécessité de perdre une propriété d'un prix quadruple, qui se partage entre le seigneur, ses officiers de justice et le créancier, son exacteur, qui trouve par là le seul moyen de posséder sûrement et sans défiance un fonds de terre quelconque qui n'est plus asservi au terrible droit de prélation.

Le moyen d'éviter une partie de ces maux, dont la source est dans la justice seigneuriale, serait sans doute de s'exploiter soi-même ; mais où trouver quelqu'un qui, après avoir, en acquérant un fonds quelconque, donné la dixième partie du total du montant dudit fonds, payé les droits du contrat et du contrôle, aimât encore à être exposé, l'espace de trente ans, au caprice d'un homme qui, pendant tout ce temps, a le droit, en remboursant seulement les derniers, de s'emparer de ladite propriété, si bon lui semble ?

Ainsi, ces messieurs, après avoir retiré une bonne partie du fonds, par le droit du lods, peuvent encore profiter de toutes les améliorations qui se font pendant trente ans ; ils recueillent, en plusieurs endroits, jusqu'à la sixième partie des fruits à la perception, ont des droits sur ce qui se consomme dans le pays, par la banalité de leurs fours et par les impositions qu'ils mettent jusque sur le pain, sans compter encore les censes et redevances auxquelles une infinité de particuliers sont assujettis : à Lourmarin, dont le terroir est contigu au nôtre, et sous la même direction, le seigneur donne à son garde-chasse l'usage sur tous les fruits qui sont dans l'enceinte dudit terroir, et la permission d'entrer dans tous les jardins des particuliers pour y prendre son nécessaire de fruits, légumes et herbes potagères qu'ils renferment.

Après tant d'exactions et de supercheries criantes, le droit de chasse que les seigneurs ont seuls à eux propre, ne nous cause pas un moindre dégât de la part de ceux qui en ont la garde, que du côté des animaux qu'ils poursuivent ; cette engeance mercenaire que l'autorité de leurs maîtres rend aussi insolents qu'hasardeux dans les entreprises où l'espérance du gain est pour eux une amorce sûre, s'attachent à la désolation publique, plus fortement que des cirons et des poux ne s'acharneront sur une tête remplie d'humeurs. Ils se font un plaisir, dans le temps des moissons, malgré la prohibition à eux faite, de par Sa Majesté, de chasser en ce temps, de passer, repasser et contourner dans les terres ensemencées avec des meutes de chiens, et y causer des dégâts incompréhensibles : dans toutes les autres saisons de l'année, ils tirent impunément sur nos arbres fruitiers, lâchent publiquement des coups de fusil dans des troupeaux de pigeons domestiques, sans que pour les raisons inalléguées aucun particulier puisse sûrement leur en faire le moindre reproche.

Après les dégâts et les contributions sans nombre que les seigneurs exigent de nous, ils se dispensent encore de payer leur contingent des réparations et dépenses que les communautés sont obligées de faire pour les réparations des chemins, et autres frais communs et utiles, dont ils se font décharger, sous le nom de défalcation.

Nous donnons encore aux prieurs décimateurs du lieu, pour le service spirituel de notre paroisse :

1° La dixième partie de nos grains, et la huitième de toutes nos autres denrées consistant ; 2° en premier et second foin ; 3° olives ; 4° noix ; 5° amandes ; 6° toute sorte de légumes ; 7° et la communauté fait encore une rente annuelle de 120 livres pour les haricots, le reste du jardinage et la feuille du mûrier. Voilà bien de quoi donner un confesseur à chaque famille, et nous avons à peine un curé et un servant, qui, sans trop de travail et de peine, pourvoient aux soins de leur petit troupeau. Dans le temps où notre communauté naissante, ayant besoin de pasteur pour l'instruire des vérités de la religion, lui en prescrire toutes les cérémonies, et faire remplir les devoirs auxquels elle oblige, donna les choses susdites sous le nom de dîme, ce qui n'était, en effet, que la dixième partie des grains, étant alors les seuls revenus de nos pères, à celui sous la conduite duquel elle se mit : le produit qui lui en revenait était très-médiocre, et lui fournissait à peine de quoi vivre ; les terres, presque toutes en friche, ne donnaient que fort

peu à des gens dont la chasse, qui leur était permise alors étant, presque le seul exercice, se contentaient de se procurer, par le travail de leurs mains, de quoi faire un peu de pain ; mais dans la suite, et lorsque les successeurs de ces premiers pasteurs furent, par des successions héréditaires, devenus eux-mêmes seigneurs, ils commencèrent à faire défendre à leurs vassaux, qu'ils gouvernaient en rois, l'exercice de la chasse ; ces habitants ne trouvant plus, de ce côté-là, une ressource assurée pour fournir à la nourriture animale, furent contraints de chercher leurs commodités dans le travail de leurs bras ; les terres se défrichèrent, les plaines furent cultivées et complantées ; enfin le laborieux cultivateur, recueillant abondamment, et moissonnant, à pleines mains, le produit de ses sueurs, les prieurs décimateurs, dans la personne du seigneur ou de ses successeurs, longtemps unis ensemble par les liaisons du sang, prétendirent avoir leur part de ce produit ; il fallait bien le leur donner. Que faire avec des gens dont les forces sont supérieures aux nôtres, et qui n'ayant à craindre, de notre part, aucun ressentiment, viennent nous dire, d'un ton plein d'assurance, qu'une portion de nos fruits leur plaît, sinon de consentir a ce qu'ils l'enlèvent ? Ainsi, ces messieurs ayant obtenu ce qu'ils demandaient, voulurent même en avoir la huitième, et en jouirent conformément jusqu'au temps ou les revenus des prieurés étant transférés, en la personne du prieur, au chapitre d'Aiguemortes, en Languedoc, dont celui-là était membre, le seigneur qui restait sur le lieu demeura possesseur des droits et fonds seigneuriaux, tandis que MM. les chanoines emportaient loin de nous une partie des biens destinés à la subsistance des pauvres habitants du lieu, et en retirent annuellement, près de 4,000 livres de revenu, laissant le soin de nous instruire à un curé qui, sur le lieu, ne s'épargne certainement pas de quoi faire des fonds.

Nous nous promettons qu'à l'aspect de tant de justes remontrances que nous avons l'honneur de présenter, par l'entremise de nos députés, à une assemblée aussi clairvoyante que celle qui se trouve aujourd'hui convoquée ; par les règles de la plus saine équité, nos protecteurs ne perdront pas de vue le point qui nous anime, et que, prenant, dans l'intérêt de la nation entière, notre soin particulier, ils nous mettront en état de payer notre contingent des subsides nécessaires aux besoins de l'État par la réunion de toutes les exactions que nous supportons, à un même but, qui est le bien général et la libération de l'État ; et pour donner des preuves authentiques de la pureté de nos sentiments, et de la sincérité de nos intentions, nous déclarons unanimement renoncer à tout ce qui pourrait nuire à l'intérêt du plus grand nombre, empêcher la réunion de tous les corps particuliers en un seul commun, miner la base fondamentale de notre rigoureuse constitution, et pour être la vérité telle, après avoir ensemble, avec tous les véritables Français, remercié et reconnu l'éminente sagesse du monarque chéri que la France adore, le juste poids de son conseil, et formé des vœux pour leur conservation, nous avons attesté et signé le présent.

Signé Miffre, maire-consul ; Toppin ; Chaulier ; P. Roche ; Golletine ; Tavernier ; J. Jausson ; Louis Giraudot ; Pons Toppin ; Alamelle ; Alamelle ; Roche ; Mauvoux ; Pellegrin ; Joseph Alays ; Roman ; Brémont ; Bergier, greffier.

Le présent cahier, contenant vingt-six pages, la présente comprise, a été par nous coté, par première et dernière, et paraphé au bas d'icelle à Vaugine, le 25 mars 1789, *ne varietur.*

Signé BORELLY, viguier.

CAHIER

Des plaintes et doléances de la communauté de Vellaux, écrites le 29 mars 1789, d'après ce qui est prescrit dans la lettre du Roi (1).

Les habitants de la communauté de ce lieu de Vellaux, encouragés par les bontés paternelles du Roi, osent déposer avec confiance dans son sein les plaintes et doléances qu'ils ont à faire sur plusieurs articles des plus importans, soit pour le bien public, soit pour celui de cette communauté.

Plaintes pour le bien public.

Les habitants de ce lieu demandent que la justice se rende partout au nom du Roi.

Destruction des juridictions seigneuriales; les troubles et les tracasseries qu'ils ont eu à essuyer, à ce sujet, de la part de leur seigneur, leur en prouvent la nécessité.

Que les communautés, aujourd'hui seigneuriales, aient, à l'avenir, le droit de présenter leurs officiers de justice au Roi, qui aura le choix sur trois personnes désignées.

Que les droits de lods, lors des ventes, appartiennent au Roi, mais sans droit de retrait seigneurial; les lods perçus uniformément par toute la Provence.

Que les banalités de toute espèce soient entièrement détruites, ainsi que toutes les autres servitudes.

Que le droit de chasse soit aboli, et qu'il ne soit plus permis de ruiner un citoyen pour un délit de ce genre.

Qu'il ne soit pas permis de décréter un citoyen de prise au corps, à la requête des parties, à moins qu'il ne s'agisse d'un crime public contraire au bien de la société.

Que les charges de judicature ne soient plus vénales; que leur nomination appartienne aux États provinciaux qui pourront présenter au Roi trois sujets, dont il choisira un, et qui pourront être destitués à la volonté des États.

Que les provinces elles-mêmes payent les magistrats qui seront en place; de là, point d'épices et la justice rendue gratis.

Que les salaires et peines des avocats, procureurs, huissiers, soient diminués et fixés.

Que le code soit civil, soit criminel, soit réformé.

Que les employés des fermes soient détruits dans l'intérieur du royaume.

Que les citoyens seront jugés par leurs pairs.

Que les cours de judicature soient, en conséquence, composées d'un quart de juges ecclésiastiques, l'autre quart de noblesse, et la moitié restant du tiers-état.

Que les charges publiques, soit dans le clergé, soit dans la magistrature, soit dans le militaire, soient communes à tous les états, et qu'elles ne soient données qu'au mérite.

Que les cours de justice ne soient que pour juger des procès.

Que les communautés soient redevables de leur administration aux États provinciaux, et que,

dans toutes leurs opérations, elles soient absolument indépendantes des cours de judicature.

Que les affaires, occasionnées par les défrichements, soient décidées par l'assemblée provinciale, ou par une commission intermédiaire.

Que les nouvelles lois soient enregistrées dans chaque province par les États du pays.

Que les compagnies qui ont des privilèges exclusifs, principalement pour le commerce du blé, soient détruites.

Que la dîme soit supprimée.

Que les dignités ecclésiastiques soient affectées, par moitié, à des individus sortis du tiers.

Que la nomination des évêques soit rendue aux diocèses, qui présenteront au Roi trois sujets pour faire le choix.

Plaintes et doléances relatives à la Provence.

Quant aux affaires particulières à la Provence, ses habitants demandent la convocation générale des trois ordres de la province, pour former ou réformer la constitution du pays.

La permission aux communes de se nommer un syndic avec entrée aux États de la province.

L'abrogation de la perpétuité de la présidence et la permanence de tous membres non amovibles ayant entrée aux États.

L'exclusion des magistrats et de tous officiers attachés au fisc.

La désunion de la procure du pays du consulat de la ville d'Aix.

L'admission des nobles non possédant fiefs, ainsi que du clergé de second ordre.

L'égalité des voix pour l'ordre du tiers, contre celles des deux premiers ordres, tant dans les États que dans la commission intermédiaire;

Et surtout l'égalité de contribution pour toutes charges royales et locales, sans exemption aucune.

L'impression annuelle des comptes de la province, dont envoi sera fait dans chaque communauté.

Établissement des bailliages et présidiaux, avec droit de juger définitivement jusqu'à certaines sommes.

Plaintes particulières de la communauté.

Outre toutes les plaintes ci-dessus qui peuvent être communes à une grande partie des sujets, les habitants de Vellaux en ont de particulières très-légitimes à faire sur l'oppression qu'ils ont soufferte de la part de leur seigneur, ou à son occasion.

D'après l'arrêt rendu, en 1781, sur les dénonciations des biens domaniaux, pour leur réunion à la couronne, cette communauté, qui avait en main des titres de la domanialité de la terre de Vellaux dont les seigneurs se sont arrogé la haute juridiction, en fit faire la dénonciation au bureau des domaines à Paris. Il fut rendu, en conséquence, une décision, un jugement qui confirmèrent la domanialité de ladite terre, en constatèrent l'usurpation, et établirent le droit de réunion par la couronne. Un député fut chargé de la poursuite de cette affaire : des offres de rachat, pour certaines redevances, furent faites par ladite communauté, et acceptées par les bureaux des domaines; l'arrêt de réunion devait se rendre, mais, par une fatalité inattendue, cette affaire, qui aurait dû être finie depuis quatre ou cinq ans, est encore pendante, par des raisons qu'on ignore, et qui ne peuvent être que des raisons d'intérêt ou de protection qui ne devraient jamais l'emporter sur la justice.

---

(1) Nous publions ce cahier d'après un manuscrit des *Archives de l'Empire.*

La communauté demande que la démarche que son zèle pour le Roi lui a fait entreprendre, soit mise sous les yeux du prince, et que l'arrêt de réunion et de concession de ladite terre soit rendu au plus tôt, ainsi que l'exige le bien de Sa Majesté et celui de ses fidèles sujets de Vellaux.

Des habitants de cette communauté ont à se plaindre de ce qu'ayant fait couper et scier des pins dans leurs propriétés, pour la construction de leurs maisons, ainsi qu'ils ont le droit de le faire, bois inutiles à la construction, le seigneur, de sa propre autorité, et sans aucune formalité de justice, leur en fait enlever les planches, et les a même contraints de payer encore le salaire des ouvriers.

Qu'à l'occasion de la chasse, il a ruiné entièrement une pauvre famille, et molesté beaucoup de ses vassaux.

Que quand il n'a pas pu compter sur les suffrages des consuls en sa faveur, il leur a suscité ou fait susciter des procès ruineux, et en vertu desquels les consuls ont été décrétés; la communauté s'est trouvée sans appui; tels sont : sieur Joseph-Romuald Bertin et sieur Joseph Richaud, ce qui forçait tous les consuls à lui être dévoués, au préjudice des intérêts de la communauté.

Que pour un denier de cens dont le payement lui fut offert, à sa première demande, il a occasionné à dix particuliers 60 livres chacun de dépense, par le refus qu'il fit de le recevoir.

Qu'il a forcé plusieurs particuliers à reconnaître des droits qui ne lui appartenaient pas, leur en faisant passer acte devant notaire; droits de régale que la communauté aurait dû défendre, mais qu'elle ne pouvait par le silence que gardaient les particuliers, qui d'ailleurs n'étaient pas en état de soutenir des procès.

Que les habitants ont à se plaindre de la fabrication des huiles au moulin banal, le seigneur n'ayant jamais voulu permettre qu'il y eut un rôle pour ceux qui se présenteraient, de sorte qu'un habitant qui peut défendre les droits de la communauté, était toujours assuré de n'avoir que de la mauvaise huile, parce qu'on lui faisait pourrir ses olives.

Que la communauté qui ne paye que cent louis de taille, a eu à essuyer, de la part du seigneur, cinq à six procès ruineux sur des objets très-minutieux, et qui l'ont écrasée, en lui faisant dépenser 24,000 livres, à pure perte, ce qui est arrivé dans l'espace de trois ou quatre ans.

Que la communauté, ayant fait planter quelques ormeaux dans une place publique, qui est régale, et dont elle a eu l'usage, de temps immémorial, ledit seigneur l'attaque, pour les faire arracher, a mis en vente ladite régale qui appartient au domaine, et lui constitue de nouveaux frais, par la poursuite de cette affaire; qu'à son instigation, il y a eu ordre d'abattre la maison d'une pauvre pupille qui n'a point d'autre bien, sous prétexte qu'elle menaçait ruine; les matériaux en ont été dispersés de tous côtés, de manière qu'il lui est impossible de la relever jamais. Le viguier, qui avait porté cette ordonnance, aurait dû indiquer les moyens de la relever, et même l'ordonner, permis au seigneur de se faire payer, sur les loyers, des avances qu'il aurait faites; de là s'est ensuivi le délabrement de la maison voisine qui s'est toute entr'ouverte, et qui menace ruine.

Plus, la démolition d'une autre maison, et la cruauté, de la part du viguier, de mettre les matériaux aux enchères, parce que le propriétaire ne pourrait pas alors payer les frais de justice et la faire relever.

Plus, d'avoir fait abattre une maison neuve, construite par un domestique de son prédécesseur, avec son consentement, sous prétexte qu'elle était sur un terrain domanial.

Que Joseph Richaud, consul de la communauté, son frère et sa femme avaient été décrétés d'ajournement par le viguier, pour avoir été accusés d'avoir fait sauter un chien du chasseur par la fenêtre, qui n'avait aucun mal, et quoiqu'il n'y eût aucune preuve, et que les témoins déposassent que Jean-Baptiste Richaud et sa femme étaient à vêpres au moment du délit. Non content de cette manœuvre, ledit seigneur poursuivit encore ledit Richaud, lui imputant toutes les fautes qui étaient contenues dans des procédures faites à l'inconnu, le fit décréter de prise au corps et le força de se rendre en prison pour demander justice au parlement, ce qui montait à grands frais.

Jean-Louis Sumian, Joseph Haret de Plaire, Etienne Simon, Barthélemy Simon et Joseph Eyanossier, se plaignent qu'ayant entrepris de défricher dans leurs propriétés, après avoir fait leur déclaration au greffe de la sénéchaussée, furent attaqués par le seigneur, à cette occasion, par-devant le juge de Vellaux, et condamnés à la somme de 13,000 livres d'amende, tandis que les fonds ne valaient pas 100 écus.

Jean-Antoine Bernardy se plaint de ce que le seigneur lui ôta une propriété qu'il avait achetée depuis quelque temps, pour la remettre à un autre, sans qu'on lui payât les améliorations qu'il y avait faites.

Jean Jauffret Dejean, Honoré Jauffret, François Coullet, Jean Jauffret de Denis, François Emeric, Denis-Michel, Jean-Baptiste Nardy, se plaignent d'avoir essuyé dudit seigneur une procédure des plus barbares, pour avoir fait une faxemdouble, divertissement du pays, avec plusieurs autres jeunes gens du pays, sans porter aucun préjudice aux habitants ni audit seigneur, et sans troubler le repos public, l'heure n'étant pas indue; chaque procédure leur a coûté 30 louis d'or, et de plus, ledit Jauffret Dejean fut arrêté par huit cavaliers, chargé de fers et traîné aux prisons royales de la ville d'Aix, dont il ne sortit, quinze jours après, qu'en payant pour tous.

Jean Jauffret Dejean, a à se plaindre qu'ayant payé les droits de taxe au seigneur sur le vin, celui-ci, se croyant lésé, avait fait fermer la cave dudit Jauffret, d'autorité, et qu'à la vérification qui en fut faite, il se trouva que ledit seigneur avait reçu plus qu'il ne lui fallait; que nonobstant ce droit dudit Jauffret, il lui en avait cependant coûté la somme de 900 livres.

Eyguasier, D. Bourret et Etienne Gazel se plaignent de la dureté et de l'injustice de leur seigneur, en ce que, cherchant un jour dans les bois la peau d'une brebis que le loup leur avait enlevée, ils furent accusés comme ayant été trouvés à la chasse; ils se présentèrent au seigneur, lui exposèrent la vérité, et demandèrent d'être confrontés avec le chasseur; mais le seigneur inexorable leur répondit qu'il fallait plaider ou lui compter 100 livres, ce qu'ils furent forcés de faire, n'étant pas en état de plaider.

Ledit Eyguasier et André Rouard se plaignent que lorsque Eyguasier était berger chez ledit Rouard, il fut accusé avec Antoine Rouard, fils dudit André, par le chasseur, d'avoir bouché des trous de lapins. Par la procédure qui intervint, le fils dudit Rouard fut décrété d'ajournement, et il lui en coûta 600 livres; ledit Eyguasier fut décréé de prise au corps, mis aux prisons royales d la ville d'Aix, dont il ne sortit que six mois après, ayant été obligé de vendre son bien et de payer encore une somme de 500 livres à prendre annuellement sur ses gages, ce qui le ruine pour toujours; le seigneur refusa toute sorte de caution, et même le payement jusqu'à ce qu'il fût emprisonné.

Lesdits plaignants remontrent encore que c'est une tyrannie de la part des seigneurs que de pouvoir poursuivre en justice leurs vassaux, pour cause de chasse, sur la seule déposition de leur chasseur, quelque serment qu'il ait prêté, puisque, par ce moyen, ils peuvent molester tous leurs vassaux impunément, s'ils ont la précaution de gagner le chasseur.

Joseph Pignon se plaint d'avoir été forcé par le seigneur de lui payer un droit de lods pour une propriété qui avait été donnée à sa femme en mariage, lequel payement fut extorqué par le seigneur qui se le retint en main pour des ouvrages que ledit Pignon lui avait faits, payement que ce dernier n'eût pu demander en justice, vu son indigence.

André Rouard se plaint de ce que le seigneur fit construire un four à chaux dans une propriété complantée d'arbres, ce qui occasionna une mortalité; le procès intenté, à cette occasion, lui a coûté 6,000 livres.

Sieur Etienne Gayde se plaint de ce que son blé étant sur l'aire, prêt à être mesuré depuis trois jours; par le retard que lui occasionna le receveur de sa taxe, un orage qui survint lui occasionna une perte de 100 livres.

Etienne Aspret se plaint que le seigneur lui fit tuer un chien de berger, lors même qu'il ne chasse pas, et qu'à l'occasion des plaintes qu'il voulait faire, il fut décrété par un viguier.

Jean-Joseph Jauffret Dejean se plaint que, faisant le commerce des troupeaux, il avait amené environ soixante-huit chèvres dans le pays pour les vendre à une foire qui se tenait dans trois jours, et ayant obtenu le consentement des consuls et du préposé du seigneur verbalement, il fut dénoncé, décrété d'ajournement, et exposé à un procès qui lui coûta 100 louis d'or.

François Martin a dit, que pour avoir coupé des petits bois, pour le chauffage du four à pain, dans la propriété d'un autre particulier, suivant le droit des habitants, il fut procédé contre lui, et il lui en coûta 96 livres.

Les bergers se plaignent d'un arrêt que le seigneur a obtenu, par lequel ils sont forcés de mettre des billots de bois au cou de leurs chiens, ce, qui les empêche de veiller à la défense de leurs troupeaux, et d'avoir fait tuer leurs chiens sans aucune formalité de justice.

Les habitants de cette communauté prévoient avec peine que les plaintes qu'ils viennent de porter contre leur seigneur leur attirera, de sa part, mille tracasseries, et les exposera à bien des procès; dans cette crainte légitime, ils supplient Sa Majesté de les prendre sous sa protection, n'étant pas juste qu'ils soient molestés et ruinés, pour s'être comportés en véritables sujets, et se sont soussignés qui a su.

Signé, Mérentier; maire-consul; Germain; Mittre; J. Haret; Pierre Pignon; Richaud, Andrand; Jacques Chauvet; A. Jauffret; J.-J. Jauffret; M. Seyvin; Honoré Jauffret; Jean-Baptiste Baret; Ange Andrand; F. Regnaud; P. Furet; Gaide; Jean Jauffret; Jean-Joseph Boutin; Joseph Lieutaud; L. Goiran; B. Richaud; L. Saespert; J. Pignon; B. Baret; Jean Magnan; J.-J. Giraud; J. Baret;

P. Mille; J. Donier; André Salin; Joseph Vernet; Joseph Aspiret; Louis Baret; J. Pignon; J. Apy; Favier; J. Chauvet; J. Girard; Etienne Simon; L. Jauffret. Paraphé *ne varietur*, Marroc, greffier.

CAHIER

Des doléances, plaintes et remontrances de la communauté de Venelles (1).

La communauté de Venelles a unanimement délibéré et arrêté que de très-humbles supplications fussent faites à notre seigneur Roi, qu'il voulût bien regarder d'un œil favorable les doléances à lui adressées par les communautés de notre province, qui doivent consister :

1° En ce que nous, Provençaux, soyons maintenus dans les priviléges de ne jamais payer aucun impôt, sans qu'au préalable, il n'ait été librement consenti par la nation.

2° Qu'il soit également et proportionnellement réparti sur les trois ordres.

3° Qu'un seul et unique impôt, qui tiendrait lieu de tous, paraît devoir être le plus avantageux à Sa Majesté, et le moins onéreux à ses fidèles sujets.

4° Que Sa Majesté veuille bien nous accorder la réformation des codes civil et criminel.

5° Nous supprimerions les péages, le droit de chasse, qui expose nos campagnes à être ravagées, et à nous priver de la moitié de nos récoltes.

6° Qu'il soit permis de s'affranchir de tout ce qui a l'air et la réalité de la servitude, du droit de retrait féodal, des cens, surcens, rentes perpétuelles, droit de lods, en en payant le fonds.

7° Que les douanes fussent reculées aux frontières du royaume.

8° Que les voituriers aient le droit d'atteler quatre mulets à leurs charrettes, ainsi que font tous ceux de votre royaume.

9° Que la juridiction consulaire fût établie, même dans les plus petits lieux.

10° Que la vénalité des offices de magistrature fût supprimée.

11° Les droits de contrôle et d'insinuation réduits.

12° Que le blé ne fût plus marchandise, que plutôt le sel le fût.

13° Que nos Etats provinciaux fussent formés d'une manière plus légale et plus constitutionnelle.

14° Que les Etats généraux fussent fixés pour toujours à une époque périodique et rapprochée le plus possible.

15° Que les ministres fussent responsables et de leur conduite et de l'emploi des deniers, toutes les fois qu'ils en seraient requis par la nation.

16° Que la dîme de chaque communauté ne fût plus, à l'avenir, attribuée qu'aux seuls prêtres desservant le lieu. Qu'il soit pris, sur la dîme, un dixième pour soulager les pauvres des communautés, attendu le défaut de tous autres.

17° Que le taux de la dîme fût réduit et uniforme partout.

18° Que l'évêque diocésain ne pût accorder l'institution canonique qu'à un des trois élus par le conseil municipal de chaque lieu.

19° Qu'il soit demandé au seigneur Roi une indemnité pour les communautés, attendu la mortalité des oliviers.

20° Que les députés du tiers-état soutiendront

(1) Nous publions ce cahier d'après un manuscrit des *Archives de l'Empire*.

et appuieront les demandes qui seront faites par les députés du second ordre du clergé ; plus n'a été dit.

Signé Piné, juge; Amayou, consul ; Bajolle, consul; Latour; Dayard; Joseph Bajolle ; Chieusse; Dominique Bajolle ; Saurin ; Albert ; Augustin Bajolle ; Laurin ; E. Clichez ; Ch. Castan ; Chabaud ; F. Cabassol ; Gaspard Cabassol ; Magnan ; Lautier ; Armand ; Joseph Cabassol ; Pavier ; Jacques Roche ; Pissien, greffier.

CAHIER

Des doléances, plaintes et remontrances de la communauté de Ventabres (1).

Art. 1er. Les juridictions seigneuriales, comme la source de l'injustice et une inquisition affreuse pour les gens de campagnes, réunies à la couronne, ou cédées aux communautés.

Art. 2. Le droit de chasse aboli, et permis à chaque possédant biens, ménager, exempts d'aller à la journée et proscrire à tous les gens sans aveu.

Art. 3. La répartition des impôts, selon les biens et les domaines, sans égard au rang ni à la naissance; les seigneurs entreront même dans les impositions quelconques dont les communautés auront besoin, sans qu'ils puissent jamais se prévaloir des protestations qu'ils pourraient faire, et nonobstant toute possession ou privilége quelconque (les abadages et le capitaine y sont compris).

Art. 4. Que les peines dues aux crimes soient égales entre les trois ordres.

Art. 5. Une renonciation aux deux premiers ordres à tous privilèges d'impôts.

Art. 6. Que la nomination aux emplois civils et militaires, bénéfices et charges, soit commune aux trois ordres.

Art. 7. Les péages supprimés.

Art. 8. La réformation des codes civil et criminel.

Art. 9. La suppression de tous les tribunaux inutiles et onéreux.

Art. 10. L'abrogation de toutes lettres attentatoires à la liberté des citoyens.

Art. 11. Plus de vénalité dans les offices, mais donnés au concours et au mérite.

Art. 12. La convocation générale des trois ordres de la province, pour former ou réformer la constitution du pays.

Art. 13. Qu'il soit permis aux communautés de se nommer un syndic avec droit d'entrée aux États.

Art. 14. Liberté à chaque ordre de se choisir un président amovible.

Art. 15. Exclusion aux États, aux magistrats et à tous les officiers attachés au fisc.

Art. 16. L'égalité de voix pour l'ordre du tiers, contre celles des deux premiers ordres, tant dans les États que dans la commission intermédiaire.

Art. 17. L'impression annuelle des comptes de la province, dont envoi sera fait à chaque communauté.

Art. 18. La dîme supprimée.

Art. 19. L'Église française sera régie par un chef français, choisi dans le royaume, qui n'aura de juridiction que sur le spirituel. Droit de bulle aboli.

Art. 20. Que les fiefs soient déclarés domaniaux par le corps de la nation ; les propriétés provença-

les seront maintenues dans le franc-alleu de nature, et au moyen de ce, les directes, lods, indemnités, retraits, reconnaissances, cens, surcens, services en terres gastes, ne seront déclarés réels, et faire partie du fief, qu'autant que par l'acte d'habitation ou d'inféodation dont les seigneurs, tant ecclésiastiques que laïques, seront tenus de justifier; à défaut de justification, seront déclarés contraires au droit de franc-alleu, et au moyen de ce, le possesseur déchargé de toute servitude.

Art. 21. La liberté de la presse sur tous les objets, autant que les ouvrages imprimés ne seront pas anonymes.

Art. 22. Les impôts, quels qu'ils soient, seront répartis par les États généraux, sur chacune des provinces, relativement à leur importance, considérée dans leur réalité, industrie, et dans la population ; perçus par lesdites provinces, et versés dans le trésor royal, pour être employés à leur destination.

Art. 23. Sa Majesté aura la bonté de considérer que la Provence venant d'essuyer un des plus grands fléaux, par la mortalité des oliviers, et les terres de Ventabres ensemencées, produisant à peine du grain pour quatre mois, la Provence serait à jamais écrasée, si Sa Majesté ne jette un regard favorable sur nos besoins, et n'allége nos impôts.

Art. 24. Les douanes établies aux extrémités du royaume pour laisser la libre circulation intérieure.

Art. 25. Les intendances supprimées.

Art. 26. Le clergé sera réformé, et réduit à des chanoines, prêtres et curés desservants; tous autres bénéfices supprimés, les corps réguliers sécularisés, et distribués dans les paroisses.

Art. 27. Les écoles, collèges de morale, d'histoire naturelle, physique, mathématiques, établis dans chaque capitale; les universités rétablies, avec l'augmentation d'un professeur de droit naturel ; les fonds de ces établissements pris sur le clergé supprimé.

Art. 28. Toute banalité détruite, comme la plus grande servitude.

Art. 29. Exécution de l'édit de Sa Majesté de 1781, au sujet des terres domaniales ; cet objet est de très-grande importance, tant pour les besoins de l'État, que pour l'allégement des peuples.

Art. 30. Défense à toutes les communautés de faire, à l'avenir, des présents à leurs seigneurs. Si l'on vient à enfreindre cette loi d'économie, les consuls et les conseillers les payeront du leur.

Art. 31. Sera enfin Sa Majesté instamment suppliée de faire donner des ordres, afin que MM. les commissaires des guerres se portent dans chaque chef-lieu, pour y tirer les gardes-côtes et les milices, afin d'éviter un dérangement extrême à chaque paroisse, et épargner une grande dépense à pure perte.

Art. 32. Toute liberté pour les arts et métiers, sauf toujours à faire chef-d'œuvre, payer les charges des corps et non de maîtrise.

Art. 33. Les notaires de village pourront aller recevoir tous les actes de tous les lieux circonvoisins, pour la plus grande liberté des habitants; et seront taxés par un règlement sage.

Signé Ricard, lieutenant de juge subrogé; Jean Rouard ; Joseph Salin ; Jacques Salin ; Jauffret; de Cauries, f. ; Louis Bert; L. Tournel ;J. Rouard ; Joseph Honora; Joseph Jauffret; J. Jauffret ; Antoine Bouis ; J.-A. Cauvet ; Denis Eyrie ; Joseph Coussiu ; Matheron ; Joseph-Antoine Marrac ; A. Gebelin ; Louis-Félix Bouis; J.-J. Bener; Laurent Giraud ; Laurent Audran ; Antoine Mar-

---

(1) Nous publions ce cahier d'après un manuscrit des *Archives de l'Empire.*

rot; Laurent Rouard; Matheron; J.-J. Laplace; A. Bymin; J.-B. Rouard; J. Rouard; Pierre Veissier; Mathieu Giraud; J. Honoré Reymond; J. Roux; Ch.-Cl. Rouard; Laurent Michel; Jauffret; F. Roux; J.-A. Thorame; Joseph Imbert; Augustin Coussin; Michel Canuet; Vincent Giraud; Antoine Giraud; Joseph Floupin; André Marroc; Jean-André Bert; Jacques Rouard; J. Baret; F.-C.-C. Afeille; Saint-Étienne, greffier.

CAHIER

Des réclamations et doléances de la communauté du Vernègues, arrêtées dans son assemblée de tous chefs de famille, du 29 mars 1789 (1).

L'assemblée de tous chefs de famille de ce lieu du Vernègues, d'aujourd'hui 29 mars 1789, a arrêté que, quant aux objets qui intéressent la généralité du royaume, les sieurs députés qu'aura élus l'ordre du tiers-état, dans la prochaine assemblée de la sénéchaussée de la ville d'Aix, pour assister et voter aux États généraux de France, seront expressément chargés d'y solliciter :

Art. 1er. Que les députés du tiers-état soient admis tant dans lesdits États généraux que dans les comités particuliers, au moins en nombre égal à celui des deux autres ordres réunis, sans préjudice de tous les droits du tiers État à une plus ample représentation; qu'il sera voté, tant dans lesdits États généraux, que dans les comités, par tête et non par ordre.

Art. 2. Que les codes civil et criminel seront réformés, et qu'à cet effet, il soit de suite nommé des commissions chargées de cet important objet; qu'on examine premièrement les lois vicieuses, les lois superflues, et celles, qui sans être vicieuses ou superflues, pourraient être meilleures; qu'ensuite on s'occupe des moyens de supprimer les tribunaux inutiles et onéreux, d'ôter les appels superflus, en attribuant la souveraineté aux premiers tribunaux jusqu'au concurrent d'une somme déterminée.

Que la justice soit rendue gratuitement dans tous les tribunaux, tant supérieurs que subalternes, et que tous les droits de greffe soient supprimés.

Art. 3. Que les vénalités des charges et offices quelconques soient supprimées, et que le prix en soit remboursé à ceux qui en sont pourvus actuellement sur le pied de la finance.

Art. 4. Que les cours et autres tribunaux supérieurs soient occupés par des sujets proposés par les États provinciaux, et élus par Sa Majesté, qu'ils soient composés, en plus grande partie, des hommes du tiers-état qui connaissent exclusivement des contestations des gens de leur ordre, que les officiers élus ne soient en exercice que pour un temps limité, après lequel il soit procédé à une nouvelle élection, en la même forme.

Art. 5. Que les consuls, syndics et officiers municipaux des villes, bourgs et villages, aient le plein exercice de la police; qu'ils jouissent du droit de mairie acquis par les communautés de la province, et dont ils n'ont que le nom.

Art. 6. Que les justices seigneuriales soient reprises par Sa Majesté, comme étant une portion de l'autorité royale que les souverains n'ont pu transporter à certains sujets, et une obligation dont ils n'ont pu se faire acquitter par les sujets, au

préjudice et sans le consentement d'autres sujets des justiciables; qu'à cet effet, les juges et autres officiers des juridictions seigneuriales, qui seront alors royales, soient nommés par Sa Majesté, sur plusieurs sujets que les municipalités lui présenteront.

Art. 7. Que les communautés soient admises à se libérer par la voie de remboursement, ou affranchissement de tous les droits seigneuriaux, tels que : banalité, directes, taxes, cens, lods, retraits, et autres de cette nature, qui sont incompatibles avec les droits sacrés de propriété, et avec la liberté individuelle qui doit être établie dans un pays libre; onéreux au commerce, à l'industrie, surtout à l'agriculture, et qui sont une occasion perpétuelle de vexations de la part des seigneurs envers leurs vassaux.

Art. 8. Que toutes les charges imposées à perpétuité sur les biens, tant les seigneuriales laïques ou ecclésiastiques, que roturières, connues en Provence sous le nom de cens, surcens, loyal perpétuel etc., etc., soient abolies, et que les redevables puissent s'affranchir, desdites charges, sur le pied du taux qui sera fixé par experts.

Art. 9. Que les droits seigneuriaux qui sont, ou seront en litige, entre les seigneurs et leurs vassaux, soit en corps, soit en particulier, soient discutés et jugés par des compagnies de juges qui ne soient ni vassaux ni seigneurs, ou mi-partie des uns et des autres, dont la moitié soit choisie par les seigneurs, et l'autre moitié par les vassaux, et qu'en cas de partage, il y soit statué par Sa Majesté.

Art. 10. Qu'il soit permis à tous possédant biens de chasser, dans leurs fonds, tous les animaux qui peuvent ravager leurs fruits, et nuire à leurs possessions, d'une manière quelconque, et la forme la plus efficace.

Art. 11. Que la dîme soit abolie, et que les communautés soient chargées de payer les prêtres nécessaires au service divin, et encore de contribuer à soutenir la dignité de l'évêque diocésain; qu'à cet effet, il soit fixé le traitement qui devra être fait aux curés et vicaires, et le contingent qui devra être payé à l'évêque, par chaque communauté, relativement à son affouagement et à sa population; qu'au moyen de ce, les prêtres desservants ne puissent recevoir aucune contribution des fidèles, pour aucun acte de religion. Que les biens-fonds, affectés aux bénéfices des prieurs décimateurs, soient possédés par les communautés, et que là où la dîme ne serait pas abolie, tous les décimateurs soient obligés de résider dans les lieux de leurs bénéfices, sous peine de privation de leur temporel.

Qu'ils soient tenus d'entretenir les églises, cimetières, ornements, maisons curiales, sacristies, luminaire, et à tous les frais du service divin, ainsi qu'anciennement ils s'y étaient obligés, sans pouvoir rejeter aucune de ces dépenses sur les communautés d'habitants.

Enfin que les semences des grains à dîmer soient prélevées en faveur des contribuables.

Art. 12. Que les évêques seront tenus de résider dans leurs diocèses; qu'ils fassent des visites plus fréquentes dans leurs paroisses, sans qu'ils puissent prétendre le payement d'aucun droit, ni dépense de visite contre les communautés.

Art. 13. Que les États généraux prennent en considération s'il n'est pas de l'intérêt du royaume d'annuler le Concordat passé entre François Ier et Léon X, et de rétablir la Pragmatique-Sanction, pour soustraire le royaume au tribut qu'il paye à la cour de Rome, pour les an-

---

(1) Nous publions ce cahier d'après un manuscrit des *Archives de l'Empire*.

nates et autres droits, auquel Concordat la nation n'a jamais consenti.

Art. 14. Qu'il soit donné une existence civile et politique aux bâtards, à l'exemple de ce qui se pratique en plusieurs royaumes voisins, et, entre autres, des lois que Sa Majesté l'empereur a faites, en dernier lieu, à ce sujet; attendu que la nation française ne doit le céder à aucune autre en humanité.

Art. 15. Que tout citoyen, de quelque ordre qu'il soit, puisse concourir pour tous emplois militaires, bénéfices et toutes charges attributives de noblesse, et qu'à cet effet, Sa Majesté veuille bien annuler tous règlements et déclarations qui tendent à priver le tiers-état de ces avantages.

Art. 16. Qu'on donne à l'imprimerie et à la librairie toute liberté. Que toute lettre mise à la poste, soit respectée, et qu'on avise aux moyens de donner toute confiance à cet égard.

Que les lettres de cachet soient supprimées, et qu'on ne puisse porter atteinte à la liberté des citoyens que dans certains cas que les Etats généraux doivent prévoir, et à celle des domiciliés qu'en force de jugement.

Art. 17. Que les commissaires soient nommés pour s'occuper des meilleures lois d'administration, pour établir le meilleur système de finances, réformer les lois municipales, établir l'uniformité des poids et mesures dans tout le royaume, enfin proposer les lois les plus favorables à la liberté et à l'accroissement du commerce, de l'industrie et de l'agriculture.

Art. 18. Que le prix du sel soit rendu uniforme dans tout le royaume; que tous droits de circulation soient abolis, et que les bureaux des traites soient reculés aux frontières.

Art. 19. Que, par une loi expresse, il soit établi que tous les trois ans, et à perpétuité, l'assemblée des Etats généraux soit indiquée à Versailles, au premier jour de mai, sans qu'il soit besoin de nouvelle convocation; que la durée de l'assemblée soit fixée à un temps limité.

Art. 20. Que la dette nationale ne soit consolidée par les Etats généraux qu'après que son étendue et ses causes leur seront connues et qu'ils en auront discuté et reconnu la légitimité; que l'impôt nécessaire pour l'acquittement de ladite dette ne soit consenti qu'après que toutes les autres dépenses de l'Etat auront été vérifiées et réglées.

Que le produit des impôts soit appliqué au payement de telles ou telles charges de l'Etat, au remboursement de telles ou telles dettes, sans pouvoir en être distraite. Que les ministres en répondent personnellement, et que le compte qui devra être rendu, tous les trois ans, aux Etats généraux, soit imprimé.

Art. 21. Que nul impôt ne puisse être établi que par les Etats généraux; que lesdits Etats ne puissent le consentir que pour un temps limité, et jusqu'à la prochaine tenue des Etats; n'ayant pas lieu, l'impôt cesse.

Que, dorénavant, il ne puisse être fait aucun emprunt, ni directement ni indirectement, sur le compte de la nation, à moins qu'elle ne le consente.

Art. 22. Que les impôts, à l'avenir, soient divisés en imposition constante et en imposition de subvention.

Qu'ils seront répartis par province, ensuite par districts ou viguerie, puis par communautés, lesquelles puissent adopter la manière qui leur conviendra le mieux, soit pour la portion de l'imposition constante, soit pour celle de subvention, et qu'à cet égard, les Etats généraux donnent seulement des instructions sur la meilleure forme d'imposition; et cependant que là où les Etats généraux trouveraient à propos d'ordonner une conformité d'imposition pour partie des sommes à lever, seulement, dans ce cas, que les députés optent pour l'impôt territorial.

Art. 23. Qu'il soit établi que l'impôt soit suspendu ou diminué, en certaines occasions, pour les pays sujets à des mortalités d'arbres ou de bestiaux, aux ouragans, grêles, inondations, incendies et autres, et que l'on ait égard, dans le moment, au désastre qu'a éprouvé une grande partie de la Provence, par les froids de l'hiver dernier.

Art. 24. Que les impôts soient payés par les possesseurs des terres tant nobles que roturières et ecclésiastiques, dans une égalité proportionnelle et sans aucune distinction d'aucun privilége contraire; qu'il en soit de même des impôts qui pourraient être déterminés sur les personnes, ou de quelque autre manière que ce soit.

Art. 25. Que les Etats généraux cherchent les moyens les plus efficaces pour prévenir les déprédations des finances, punir les ministres prévaricateurs, et fixent la manière de les dénoncer et de les juger dans lesdits Etats.

Art. 26. Durant la présente assemblée, que les représentants du tiers-état n'énoncent aucun vœu sur les impôts, subsides ou emprunts, avant d'avoir déterminé, par le suffrage des représentants de la nation, le vœu général sur tous les points ci-dessus exprimés.

Art. 27. Quant aux affaires relatives à la province, l'assemblée charge, par exprès, les députés de la sénéchaussée d'Aix aux Etats généraux, de solliciter auxdits Etats, et de demander au meilleur des rois, la convocation générale des trois ordres de la province, pour former ou réformer la constitution du pays, et provisoirement la cassation du règlement de 1620, tout à la fois contraire à l'intérêt du clergé du second ordre, à la noblesse non fieffée et aux communautés de la province.

Qu'en conséquence, le clergé du second ordre soit assemblé dans les Etats, ou dans les assemblées particulières de cet ordre, avec ceux qui prétendent les représenter aujourd'hui exclusivement.

Que la noblesse qui ne possède point des fiefs soit également assemblée, soit dans les Etats, soit dans les assemblées particulières de cet ordre, avec les possédants fiefs.

Enfin que les communautés de la province nomment leurs députés auxdits Etats provinciaux, dans les seules assemblées des vigueries, et dans le nombre référant à chaque viguerie, à raison de son affouagement qui désigne sa population et sa contribution aux charges publiques, et ce, nonobstant les priviléges ou usages d'aucune viguerie ou ville particulière.

Art. 28. Que le tiers-état ait au moins l'égalité des voix contre celles des deux premiers ordres réunis, tant dans lesdits Etats que dans les commissions intermédiaires.

Que toutes les charges et contributions, tant royales que locales, soient également payées par ceux des trois ordres, et en la même manière d'imposition, sans exception aucune, nonobstant toute possession ou privilége contraire.

Art. 29. Que le tiers-état, ou communes du pays, se nomment un ou plusieurs syndics ayant entrée aux Etats; que la présidence ne soit pas perpétuelle; que tous magistrats et autres officiers attachés au fisc soient exclus desdits États; que la procure du pays soit désunie d'avec le consulat de la ville d'Aix.

Que les comptes de la province soient annuellement imprimés et envoyés dans chaque communauté.

Que dorénavant la Provence députe aux États généraux et dresse ses cahiers de doléances dans les États de la province assemblés régulièrement et constitutionnellement, ou que chaque ordre, assemblé auxdits États, dresse ses cahiers, et députe particulièrement, dans des chambres séparées, suivant la réserve que Sa Majesté a faite, par son règlement du 2 mars 1789, des droits de la Provence, ou une nouvelle forme de convocation et déclaration aux assemblées d'États généraux qui suivront ceux de 1789.

Art. 30 Enfin, déclarant au surplus, ladite assemblée, que, quant à tous autres objets, soit généraux pour le royaume, soit particuliers à cette province, elle se réfère au cahier général qui sera dressé dans l'assemblée de la sénéchaussée d'Aix, soit en corps, et à ceux des autres sénéchaussées de la province, en tout ce qui ne choquera pas formellement, mais améliorera évidemment les articles les plus importants ci-dessus énoncés, approuvant, dès à présent, tout ce qui sera fait et arrêté; et ainsi que dessus a été délibéré; et ont signé tous les habitants sachant écrire.

Signé Vera, maire-consul; Boy; D. Laforest; Imbard; Roman; Gaston; Gros; Roux; Imbard; Aron; Roux; Palissier, fermier; Reyre; Mille; Raymond. Collationné par nous, greffier de la communauté de ce lieu de Vernègues.

Signé Tertian, greffier; Laforest, viguier, lieutenant de juge.

CAHIER

Des plaintes et doléances de la communauté de Villeneuve-Coutelas (1).

Les maire et consuls de la communauté de Villeneuve-Coutelas, pour satisfaire aux ordres de Sa Majesté, se sont occupés du cahier de doléances, qui doit être joint à ceux de la sénéchaussée, pour être le tout rédigé en un seul, et présenté à l'assemblée des États généraux. Conformément aux vœux des habitants de cette communauté, il sera très-respectueusement remontré:

Art. 1er. Que, ne reconnaissant en France pour maître que le Roi, ce monarque bienfaisant, la justice ne doit être rendue qu'en son nom, et, par ce moyen, les abus qui se glissent dans l'administration de la justice des juridictions subalternes, et qui font la désolation des peuples, seront arrêtés. On peut exposer, sans craindre de blesser la vérité, qu'on ne trouve, dans la plupart des justices seigneuriales, qu'injustices, vexations, jugements iniques, rendus souvent par des individus ignorants, vendus à la créature du fief, et qu'un négociant ou ménager, tout honnête homme enfin qui ne joue pas, auprès des seigneurs, le vil personnage de courtisan, ne trouve plus de justice pour ses affaires; alors l'officier est suspect, celui qui le remplace est absent, il faut aborder, par force, la forteresse pour avoir une subrogation, et Monsieur n'est

(1) Nous publions ce cahier d'après un manuscrit des *Archives de l'Empire.*

jamais visible; le négociant se dégoûte, préfère perdre sa créance, abandonne son commerce, sa famille en souffre, et l'État, par une suite nécessaire, en diminue.

Art. 2. Que la juridiction seigneuriale supprimée, les lods et demi-lods qui ont été donnés pour subvenir aux frais de la justice doivent l'être aussi; ce droit est accablant pour les tiers, et notamment pour le pauvre, qui, dans une mauvaise récolte, ou lui ayant été enlevée par le gibier, ne pouvant subvenir au payement des impôts et à la nourriture de sa famille, est obligé de vendre son bien pour satisfaire ses créanciers; n'est-il pas criant, et de la plus grande injustice, que, pour se libérer, il soit forcé de donner au fief le sixième de son bien; on dit sixième, parce que la plupart des seigneurs ont su, par leur puissance et par leurs menaces, se l'adjuger à ce taux.

Art. 3. Que le gibier nous cause des maux dans tous les terroirs des fiefs de Provence qui sont inappréciables; que non-seulement ils ravagent toutes les productions, dévastent tous les champs, mais encore détruisent toutes les complantations en vignes et oliviers, et nous ravissent les moyens de satisfaire aux charges de la province.

Tous ces maux touchent encore de plus près le pauvre qui, n'ayant point ou presque point de fonds, est obligé de porter ses travaux dans des défrichements, aux terres éloignées, et là où il trouverait sa subsistance et celle de sa famille, à peine trouve-t-il la semence; le cultivateur se décourage, laisse les terres incultes, et va chercher sa vie dans le pays étranger. Tous les habitants, pleinement convaincus des vues bienfaisantes de Sa Majesté, attendent avec impatience la réforme de ces abus si criants et universels, en donnant droit de chasse à tout honnête homme pour délivrer les communautés du fléau le plus accablant, unique ressource pour redonner la vie aux pauvres.

Art. 4. Que les droits de reconnaissance que les seigneurs forcent les communautés d'abonner pour de l'argent, ce qu'ils ne peuvent faire ni en conscience ni en justice, seront également abolis et anéantis, ne voulant reconnaître d'autre maître que notre souverain.

Art. 5. Que tous les droits seigneuriaux quelconques qui tiennent les pauvres habitants de la campagne dans l'oppression et dans la servitude, et qui les exposent à tant de vexations, seront également abolis.

Art. 6. Que toute banalité quelconque sera supprimée.

Art. 7. Que les pensions féodales, taxes, censes et autres charges de pareille nature, seront rachetables à prix d'argent.

Art. 8. Que MM. les députés aux États généraux porteront au pied du trône l'état de détresse dans lequel les malheureux habitants des villages se trouvent, par les impositions et charges auxquelles ils sont soumis, desquelles ils donneront à Sa Majesté une connaissance parfaite qui consiste :

1° En droits seigneuriaux, qui sont d'ordinaire: droit d'habitation ou bouages, qui est de deux ou trois panaux blé, ou seigle, ou avoine, pour chaque chef de famille; droit d'albergue, puits et forge, etc.

2° Taxes qui est une espèce de dîme qui se paye jusqu'au dernier grain, à cause que les seigneurs sont plus craints que les ecclésiastiques.

3° Droits de lods exigibles jusque sur un tronc de bois, ne valant pas quelquefois 30 sous.

4° Demi-lods payable, de dix en dix ans, sur

tous les fonds de la communauté, maisons curiales, forges, hôtel de ville, propriétés.

5° Pensions féodales, plus ou moins grandes, banalités de fours, moulins, pressoirs, services en argent, obligation de travailler pour les possédant fiefs, en plusieurs endroits; de ce dernier article, que de vexations n'en résulte-t-il pas ! Combien de pauvres habitants couchés dans leurs misérables chaumières, ou occupés à des objets essentiels, tels que la moisson, n'ont-ils pas été forcés de les abandonner pour des travaux de fantaisie des seigneurs ?

6° Dîmes ecclésiastiques, contre lesquelles le royaume entier réclame et demande la suppression.

7° Droits de paroisse, casuel, charges particulières des communautés, entretien des maisons curiales, logement des secondaires, églises, clochers et autres bâtiments généraux dont les seigneurs ne payent rien, même à raison de leurs biens roturiers ; payement pour droit de publication des bans de mariage, baptêmes, sépultures, deniers royaux, imposition du sel ; les charges effrayantes de la province pour tant de chemins, et autres ouvrages accordés à la seule faveur. Tels sont les objets qui nous oppriment.

Que reste-t-il, après cela, aux pauvres habitants des campagnes? Il est temps que l'on soit plus juste et plus raisonnable; on doit songer à leur soulagement; que la tyrannie enfin ait son terme, et qu'elle ne devienne pas la cause de sanglantes tragédies.

MM. les députés aux Etats généraux sont priés de porter au pied du trône les doléances du pauvre peuple ; il implore leur secours ; le monarque bienfaisant les y invite, la justice, l'équité et leur état l'exigent.

La présente assemblée a arrêté que, quant aux objets qui intéressent la généralité du royaume, les sieurs députés que le tiers-état aura élus pour assister et voter aux Etats généraux, seront expressément chargés d'y solliciter la suppression de tous les tribunaux inutiles et onéreux, une attribution à ceux d'un arrondissement de souveraineté jusqu'au concurrent d'une somme déterminée, et l'abrogation de toute lettre attentatoire à la liberté du citoyen, et faculté à tout individu quelconque de concourir à tous les emplois militaires, bénéfices et charges attributives de noblesse. Il est inouï que le tiers-état étant la source des lumières où la noblesse et le clergé, en général, puisent les premiers principes de toute connaissance, soit privé de fournir au Roi, à l'Eglise et à la magistrature, tant de braves gens de mérite, que la nation c'est-à-dire le tiers-état, fournit.

D'y réclamer sur tant de vénalité d'offices; que les charges quelconques de la magistrature ne seront données qu'à vie et au mérite, dans une assemblée générale de chaque province; que le tiers ne pourra être jugé que par ses pairs; d'y réclamer, en outre, l'abolition de tout droit de circulation dans l'intérieur du royaume, et notamment le reculement des bureaux de traites sur les frontières.

Les députés, au nom de la communauté, chargeront MM. les députés aux Etats généraux de dénoncer au Roi et à toute la nation française les protestations des possédants fiefs provençaux, soit celle du 21 janvier prise contre le rapport au Roi, par M. le directeur général, ce brave ministre, ange tutélaire de la nation, et toutes les autres protestations qui portent directement contre

le vœu du monarque, et celui des communes de France.

Quant aux affaires particulières de la province, l'assemblée charge exprès les représentants en l'assemblée de la ville d'Aix, de demander au meilleur des rois la convocation générale des trois ordres de la province pour former la constitution du pays.

Qu'il soit permis aux communes de se nommer un syndic avec entrée aux Etats, de s'élever contre la perpétuité de la présidence, et contre la permanence de tout membre inamovible, ayant, en l'état des choses, entrée auxdits Etats; de requérir l'exclusion, aux mêmes Etats, du magistrat et de tout officier attaché au fisc, comme aussi de requérir la désunion de la procure du pays du consulat d'Aix, l'admission du gentilhomme, non possédant fief, et du clergé du second ordre, l'égalité des voix pour l'ordre du tiers contre celles des deux premiers ordres, tant dans les Etats que dans la commission intermédiaire, et surtout l'égalité de contribution pour toutes les charges royales et locales, sans exception d'aucuns, et nonobstant toute possession ou privilège quelconque.

L'impression annuelle des comptes de la province, dont envoi sera fait à chaque communauté; que la répartition des secours que le Roi accorde au pays, ensemble de l'imposition de 15 livres par feu, affectée à la haute Provence, sera faite dans le sein des Etats.

Que les Etats provinciaux seront chargés de nommer des commissaires, de l'ordre du tiers, pour visiter les titres des communautés pauvres et vexées, et de porter au pied du trône les oppressions des malheureux ; que les mêmes Etats seront chargés de soutenir les procès que les possédants fiefs ont la cruauté de leur intenter, après en avoir fait examiner les motifs ; comme enfin d'établir que les communautés seront obligées de soutenir les procès que lesdits possédants fiefs pourront intenter aux habitants en particulier, après le même examen que dessus.

Déclarant, au surplus, l'assemblée, que, quant à tous autres objets, soit généraux pour le royaume, soit particuliers à cette province, elle s'en réfère au cahier de doléances qui sera dressé d'après le vœu de la prochaine assemblée, soit encore à celui que l'ordre du tiers déterminera, lors de sa réunion pour l'élection de ses députés aux Etats généraux ; approuvant, dès à présent, tout ce qui sera arrêté dans l'assemblée qui sera tenue en la ville d'Aix, le 2 du mois d'avril prochain. Ainsi que dessus, il a été délibéré, et les habitants n'ayant point signé, à cause qu'ils sont illettrés, à Regaine, dans l'hôtel de ville, le 22 mars 1789.

Signé Jean, lieutenant de juge; Joseph Jean, député ; J.-P. Jean, député.

CAHIER

Des doléances, plaintes et remontrances de la communauté de ce lieu de Vinon, viguerie de Barjols, sénéchaussée d'Aix en Provence, rédigé par nous, maire et consuls, habitants et chefs de famille de ladite communauté, assemblés ce 15 mars 1789, en conformité des lettres du Roi pour la convocation des Etats généraux du royaume, dont la tenue est fixée au 27 avril prochain (1).

Le Roi nous donne la liberté de nous plaindre;

_____
(1) Nous publions ce cahier d'après un manuscrit des *Archives de l'Empire.*

ce précieux bienfait doit nous élever au-dessus de toutes les considérations personnelles; nous devons donc demander avec la plus grande confiance:

Art. 1er. Qu'avant toute délibération sur les affaires du royaume, les lois constitutives de l'État soient fixées et reconnues. Que la liberté individuelle sera assuré à chaque citoyen.

Art. 2. Qu'aucune loi, de quelque nature qu'elle soit, ainsi que les impôts, ne pourront être établis ni exécutés sans l'acceptation préalable et libre des États généraux qui seront assemblés périodiquement, de trois en trois ans, et qu'on n'y pourra voter les impôts que pour un temps limité jusqu'à la prochaine tenue.

Art. 3. Que, dans l'intervalle d'une tenue à l'autre, les règlements provisoires et les choses instantes ne pourront être faites qu'avec le consentement des États provinciaux, dont le régime actuel sera réformé; qu'à cet effet, immédiatement après la tenue des États généraux, il sera convoqué une assemblée générale des trois ordres de Provence, pour procéder à cette réformation.

Art. 4. Que la Provence sera conservée dans le droit précieux de consentir les lois, de voter librement les impôts, de les répartir de la manière qu'elle croira la plus utile et la moins onéreuse au peuple.

Art. 5. Qu'en Provence, comme ailleurs, tous impôts distincts seront abolis et remplacés par des impôts communs aux trois ordres.

Que les communes de Provence seront autorisées à se nommer un syndic, avec entrée aux États, suivant leurs droits et leurs possessions à l'époque de la suppression desdits États, en 1639.

Art. 6. Que le président desdits États sera annuel, et choisi par la voie du scrutin.

Art. 7. Qu'aucun membre ayant actuellement entrée aux États, par le droit de sa place, ne pourra y être admis, s'il n'est librement élu dans une assemblée de son ordre.

Art. 8. Que la procure du pays sera désunie du consulat de la ville d'Aix, et que les fonctions en seront attribuées à la commission intermédiaire.

Art. 9. Que les gentilshommes non possédant fiefs seront admis dans les États comme faisant partie de la noblesse, ainsi que le second ordre du clergé

Art. 10. Que l'ordre du tiers aura un nombre de voix égal à celui des deux premiers ordres réunis, tant dans lesdits États que dans la commission intermédiaire.

Art. 11. Que les comptes de la province seront annuellement imprimés et envoyés à chaque communauté.

Art. 12. Que les secours accordés par Sa Majesté, ainsi que l'imposition de 15 livres par feu, affectée à la haute Provence, sera faite dans le sein des États.

Art. 13. Que, conformément à nos statuts, aucun individu ne pourra être emprisonné, par des ordres verbaux ou écrits, quelle que soit l'autorité de laquelle ces ordres seraient émanés, si ce n'est pas un décret intervenu sur une information légale.

Art. 14. Que, suivant nos statuts, on prescrira toute évocation de grâce ou de privilège.

Art. 15. Que les lois du droit canonique, civil et criminel seront réformées, pour rendre les premières plus favorables au mérite, les secondes moins onéreuses au peuple, et les dernières plus douces.

Art. 16. Qu'on abolira tous les droits bursaux qui rendent inaccessible l'accès des tribunaux.

Art. 17. Qu'on fixera par des règlements les honoraires des avocats et les salaires des procureurs, pour que les formes n'emportent pas au delà de la valeur des fonds.

Art. 18. Que tous les tribunaux inutiles et onéreux seront supprimés.

Art. 19. Qu'on attribuera aux juges subalternes une souveraineté jusqu'à une somme déterminée.

Art. 20. Qu'on réclamera contre la vénalité des offices utiles.

Art. 21. Que l'on proscrira la pluralité des bénéfices; qu'on ordonnera la résidence à tous les bénéficiers.

Art. 22. Que toutes les dépenses pour les presbytères et pour les églises seront prises sur les biens ecclésiastiques.

Art. 23. Que l'on améliorera le sort des curés, et que le casuel sera aboli.

Art. 24. Que le clergé de Provence n'aura d'autre assemblée que les nationales du pays.

Art. 25. Que l'on maintiendra le droit d'annexe.

Art. 26. Que la contribution aux impôts se fera, dans une parfaite égalité, sur chaque citoyen, tant pour les impôts et subsides royaux, que pour toutes les charges générales et particulières de la province, des vigueries et communautés, sans avoir égard à aucunes exemptions pécuniaires soit réelles, soit personnelles.

Art. 27. Que, pour parvenir à cette égalité, il faut, de nécessité préalable, affranchir toutes les propriétés de tous les droits, redevances et servitudes particulières, et à cet effet, que toutes les dîmes ecclésiastiques seront abolies, tant celles qui portent sur les grains, le vin, le chanvre, les agneaux, cochons et poulets; que la taxe au vingtain établie dans cette communauté sera abolie avec d'autant plus de raison que jointe avec la dîme ecclésiastique au quinze, elle emporte au delà du neuvième de la récolte.

Art. 28. Que les censes, pensions féodales, seront abolies.

Art. 29. Que les seigneurs seront dépouillés du droit de lods, ainsi que des banalités des fours et des moulins et du droit de chasse.

Art. 30. Que le seigneur commandeur sera également dépouillé du droit de huitain, qu'il perçoit dans les terres gastes.

Art. 31. Que la plaine de la Palonière sera laissée dans le même état où elle était avant les arrangements pris, entre le seigneur commandeur et cette communauté.

Art. 32. Que par les mêmes considérations d'égalité, les possesseurs des fiefs seront définitivement déchargés de tout service militaire et du devoir de faire rendre la justice. Et, en conséquence, que tous les privilèges et exemptions, et tous les droits féodaux, sous quelque dénomination qu'ils puissent êtres, seront abolis et supprimés en entier.

Art. 33. Que l'administration de la Justice se fera, au nom du Roi, dans tout le royaume.

Art. 34. Que chaque citoyen sera jugé par ses pairs dans les tribunaux souverains; qu'à cet effet, les membres qui composeront ces tribunaux seront pris, moitié dans le tiers-état, moitié dans les deux premiers ordres.

Art. 35. Que dans tout ce qui regarde l'administration municipale, dans ses rapports généraux, les communautés ne seront dépendantes que des États de la province.

Art. 36. Que tous les citoyens, de quelque ordre qu'ils soient, pourront aspirer à remplir tous emplois militaires, bénéfices et charges quelconques.

Art. 37 Que tous les bureaux des fermes seront reculés aux frontières, et que l'on abolira toutes les gênes de la circulation intérieure.

Art. 38. Que le prix du sel sera modéré.

Art. 39. Que la liberté de la presse n'éprouvera plus aucune gêne.

Art. 40. Que l'entretien et les honoraires des gouverneurs, commandants et autres, la dépense des troupes, ainsi que celle de la maréchaussée, ne seront plus à la charge du peuple, mais bien à celle du trésor royal.

Art. 41. Que les ministres seront personnellement responsables de leur mauvaise administration, et comptables de leur gestion aux États généraux qui pourront les faire juger et punir.

Art. 42 Que l'on ne pourra plus établir aucun privilège exclusif contre la liberté naturelle du commerce.

Art. 43. Que dorénavant la Provence nommera ses députés aux États généraux dans une assemblée générale des trois ordres du pays.

Déclarant, au surplus, l'assemblée, que, quant à tous autres objets, soit généraux pour le royaume, soit particuliers à cette province, elle s'en réfère absolument au cahier général qui sera dressé dans l'assemblée qui sera tenue à Aix; approuvant, dès à présent, tout ce qui sera fait et arrêté dans l'assemblée de l'ordre du tiers.

Ainsi que dessus a été rédigé le présent cahier de doléances de la communauté de Vinon, par les susdits maire et consuls, habitants, chefs de famille, l'an et jour susdits, et nous sommes soussignés qui a su.

Signé Berthot, maire; Meny; Caillat; Jauffret; Maurelly; Giraud; Sias; Caillat; Sias; Nègres; Pardigon; David; Lieutaud; Burlec; Tartonne; Gautier; Capon; Ferand; Carnaud; Sibou; Martin; Aubert; Giraud; Pons; Plume; Pons; Louis; Angoumont; Chaudon; Joseph Agnel; Joseph Giraud; Menu, lieutenant de juge.

Le présent cahier de doléances, contenant dix pages, la présente comprise, que nous avons coté et signé, ne varietur, à Vinon, ce 25 mars 1789, et au bas de chaque page, approuvé les renvois.

Signé MENU, lieutenant de juge.

CAHIER

Des instructions, doléances, plaintes et remontrances de la communauté de Vitrolles-d'Aigues, rédigées et approuvées dans l'assemblée de tous chefs de famille, tenue le 28 mars 1789 (1).

Les habitans de la communauté de Vitrolles, assemblés dans l'hôtel de ville, en suite des ordres de Sa Majesté, voulant déposer au pied du trône leurs plaintes, doléances et remontrances, ainsi qu'ils y sont invités par les lettres de convocation du 2 mars 1789, ont rédigé le présent cahier contenant les articles qu'ils désirent être respectueusement mis sous les yeux de Sa Majesté, lors des prochains États généraux, pour être, ledit cahier, remis aux députés qui seront élus, et par eux, porté à l'assemblée générale de la sénéchaussée d'Aix, convoquée au 2 avril prochain, et de là aux dits États généraux.

Art. 1er. Demande humblement, l'assemblée, qu'aux prochains États généraux, ses représentants votent par tête et non par ordre.

Art. 2. Sera très-humblement et très-respec-

(1) Nous publions ce cahier d'après un manuscrit des *Archives de l'Empire.*

tueusement suppliée, Sa Majesté, de vouloir bien donner, avec le concours de la nation, dans les premières séances des États généraux, une heureuse constitution à la France, qui assure la liberté individuelle, et qui garantisse la propriété, a l'effet de quoi, toutes lettres de cachet et commissions tendant à soustraire les sujets du Roi à leurs juges naturels, seront abolies, comme ne pouvant y avoir de véritable liberté en France sans cette abolition.

Art. 3. Sera encore suppliée, Sa Majesté, de déclarer les États généraux constitutionnels, pour être assemblés périodiquement de quatre en quatre ans.

Art. 4. Nul impôt ne sera légal, qu'après avoir été consenti par la nation, dans l'assemblée des États généraux, lesquels États ne pourront les consentir que pour un temps limité, et jusqu'à la prochaine tenue des États généraux, et cette prochaine tenue venant à ne pas avoir lieu, tout impôt cesserait.

Art. 5. Le Roi sera supplié de vouloir bien exposer aux yeux de la nation un tableau de toutes les dettes, ainsi que des revenus et dépenses de l'État.

Art. 6. Les dettes seront avérées, et il sera avisé aux moyens d'éteindre les plus onéreuses, tant par voie d'aliénations que par voie d'emprunts modérés.

Art. 7. Sa Majesté sera respectueusement suppliée de permettre que les États généraux s'occupent de toutes les économies, réformes et améliorations, que la sûreté de l'État, la dignité de la couronne et la justice pourront permettre.

Art. 8. Pour les dépenses de l'État réglées, il sera accordé des subsides proportionnés aux besoins actuels, pour être levés jusqu'à la prochaine tenue des États généraux, auxquels subsides tous les sujets du Roi seront tenus de contribuer indistinctement.

Art. 9. Les impôts nécessaires seront simplifiés le plus qu'il sera possible, et ceux établis sur les objets de luxe, ainsi que ceux perçus sur les denrées et marchandises de besoin purement factice, seront non-seulement conservés, mais même entendus, s'il le faut. Ils frapperont ensuite sur les capitalistes, sur les maisons des villes, sur les manufactures, sur les magasins, sur l'industrie mercantile, sur les arts libéraux et autres lucratifs; et, à l'égard de la portion que devront supporter les terres, chaque communauté sera libre de lever sa cotisation, de la manière et par les moyens qui lui paraîtront le moins onéreux.

Art. 10. Comme la gabelle est un impôt qui frappe principalement sur la classe la plus indigente, que la contrebande à laquelle il donne lieu enlève beaucoup de bras à l'agriculture, et constitue le fisc à de grands frais pour le faire surveiller, le prix du sel sera modéré et rendu uniforme pour toutes les provinces du royaume; celles qui sont les plus éloignées des salines soumises à l'augmentation procurée par les plus grands frais de transport.

Art. 11. Si le contrôle est conservé, le tarif en sera simplifié, conformément au projet annoncé par M. Necker, dans son Compte Rendu en 1781; et une fois que les actes auront passé au bureau du contrôle, il n'y aura plus lieu à aucune recherche.

Art. 12. Les lois bursales déterminées aux États généraux seront enregistrées sans réclamations, et auront leur exécution jusqu'au jour fixé pour la tenue des États subséquents.

Art. 13. Le ministre des finances sera comptable à la nation des fonds qui lui seront confiés, et le compte rendu public par l'impression; il lui sera cependant accordé une somme pour les cas inopinés, dont il ne donnera compte qu'au Roi.

Art. 14. Sa Majesté sera suppliée de permettre que la procédure soit faite à tout ministre qui délinquerait, et instruite, sous les yeux des États généraux, par des commissaires pris dans les trois ordres.

Art. 15. La presse sera rendue libre, sauf aux auteurs et imprimeurs d'être responsables de tout ce qu'ils pourront publier de contraire à la religion, aux mœurs, au respect dû au souverain et à la nation, et d'injurieux aux particuliers.

Art. 16. La législation civile et criminelle sera réformée, tous *committimus* seront abolis, et les évocations au conseil supprimées; les formalités judiciaires seront abrégées, et il sera défendu de commenter les lois qui seront substituées aux lois actuelles.

Art. 17. La justice sera rapprochée, le plus qu'il sera possible, des justiciables, et les degrés de juridiction réduits à deux, à l'effet de quoi, il sera créé des premiers tribunaux, auxquels il sera donné des arrondissements convenables, et attribution de souveraineté jusqu'à une somme déterminée, et les justices seigneuriales entièrement supprimées.

Art. 18. Les tribunaux seront composés de juges pris dans tous les ordres, pour que chacun puisse être jugé par ses pairs, ou avec le concours de ses pairs, et la justice sera rendue gratuitement.

Art. 19. Il sera établi, dans chaque paroisse, un tribunal de pacification, composé de prud'hommes nommés par le conseil municipal, pour juger gratuitement, sans aucune formalité, et souverainement, les affaires n'excédant pas 25 livres; et pour arbitrer les plus importantes, sauf aux parties de les porter après, si elles le trouvent bon, au premier tribunal de l'arrondissement.

Art. 20. La vénalité des offices sera abolie.

Art. 21. Tous les tribunaux d'exception seront supprimés.

Art. 22. Il sera pourvu, par Sa Majesté, à la nomination des places, dans les cours souveraines, sur la présentation des sujets qui lui sera faite par les États provinciaux, et en faveur des personnes qui, par le concours, et d'après des examens sévères, en seront jugées les plus dignes et les plus capables, et sur des attestations suffisantes de bonnes vie et mœurs. Et à l'égard des premiers tribunaux, il y sera pourvu, sur la présentation des communautés de l'arrondissement, assemblées à cet effet, et d'après les mêmes formalités.

Art. 23. Les directes, censes, taxes, banalités et autres droits seigneuriaux, seront rendus rachetables en faveur des redevables, ou tout au moins convertis en pensions féodales rachetables; et alors, les particuliers aisés, qui, pour se soustraire aux servitudes féodales, vont habiter les villes, qu'ils surchargent, viendront repeupler les campagnes, à quoi la santé, les mœurs et l'agriculture gagneront infiniment. Et dans le cas où le droit de retrait féodal serait conservé, il serait assujetti aux lois du retrait lignager.

Art. 24. Tous les bureaux de traites et foraines seront reculés aux frontières.

Art. 25. Le droit de chasse sera restitué aux habitants des villages; et expressément défendu de chasser sur les fonds d'autrui sans son consentement.

Art. 26. Tous péages seront abolis, et il sera placé des bacs sur les rivières, dans tous les endroits où l'utilité publique l'exigera, pour l'avantage du commerce et la commodité des voyageurs.

Art. 27. La milice sera supprimée, comme une charge qui ne pèse que sur un des ordres.

Art. 28. Tous privilèges exclusifs accordés à des compagnies de commerce seront supprimés, comme propres à restreindre l'industrie et à arrêter les progrès du commerce national.

Art. 29. La confection et réparation des routes seront confiées aux soldats, en temps de paix, pour laisser à l'agriculture les bras que les travaux des chemins lui enlèvent.

Art. 30. La mendicité sera absolument abolie, et chaque communauté obligée de nourrir ses pauvres.

Art. 31. Tous édits et déclarations qui excluent les roturiers des emplois militaires seront révoqués, comme dégradants pour l'ordre du tiers.

Province.

Art. 32. Les édits et déclarations, concernant les défrichements, seront révoqués, et enjoint de laisser croître, en nature de bois, les endroits penchants ci-devant défrichés.

Les privilèges des mairies seront rendus aux communes, et les consuls réintégrés dans la charge de lieutenants généraux de police.

Les contestations élevées entre les trois ordres de la province, au sujet de la nouvelle composition des États particuliers, seront portées aux États généraux, pour y être arbitrées; restant libre à la nation provençale d'adhérer à l'arbitrage, laquelle adhésion sera donnée et discutée dans l'assemblée générale des trois ordres, qui sera, à cet effet, convoquée.

Lors de la cotisation de la province, pour la répartition des impôts, il sera humblement représenté que la Provence est un pays fort avide, dont le climat passe sans cesse d'un excès à l'autre, où les eaux manquent, où sont des torrents où toutes les récoltes sont ou fictives, ou de pure industrie, où l'olivier, qui forme son principal revenu, est sujet à de fréquentes mortalités, et qu'elle vient récemment d'essuyer ce désastre, à l'occasion des grands froids de l'année dernière.

Le Roi sera supplié de maintenir la province dans tous ses privilèges, franchises et immunités, et notamment de concourir à la formation des lois, à l'établissement des impôts, et dans le choix des moyens de les acquitter.

Église.

Art. 33. Les dîmes seront supprimées, et les communautés obligées de parfournir à l'entretien des évêques et des prêtres de la paroisse, et là où elles seraient conservées, demandent, les habitants, qu'ils soient rappelées à leur institution primitive, et la portion affectée au soulagement des pauvres et l'entretien, des paroisses et presbytères, laissées aux communautés qui en ont la charge.

Enfin l'assemblée autorise ses députés à concourir à toutes délibérations, à voter tous objets de doléances que la communauté n'a pas prévus, et à tous les moyens et demandes qui seront jugés nécessaires et avantageux à son ordre, autant qu'ils n'attenteront pas au maintien de l'autorité royale, qu'elle entend être conservée dans toute sa force.

Fait et arrêté à Vitrolles-d'Aigues, le 28 mars 1789.
Signé Patot, juge; J.-J. Eyries; André Ricard; J. Eyries; Étienne Ricard, consul; Loste; Mère; E. Eyries; Bégulocy; A. Ricard; J.-B. Roux; J. Eyries; M. Eyries; F. Ricard; Antoinay; Armand; Foures, P. Eyries; Jelors; Pignoret; Joseph Arnaud; Sauvan; L. Leplenchu; Pignoret; J. Gautier, greffier.

CAHIER

Des doléances, plaintes et remontrances de la communauté de Vitrolles-les-Martigues (1).

Les abus, les injustices, les usurpations des grands, parvenus à leur dernier terme, forcent aujourd'hui la régénération de nos constitutions. Nous devons entendre, par constitution, les bases de toutes les sociétés. Nous ne pouvons les définir qu'en les considérant comme les contrats sociaux, qui, quoique faciles, lient tous les individus par leur adhérence aux sociétés, que ces sociétés soient naissantes ou déjà établies.

La Provence, unie librement à la France par la volonté unanime et individuelle de ses habitants, n'a reçu, et n'a pu recevoir, par cette union, aucune altération dans son régime constitutionnel.

Monarchiquement gouvernée, son union à une monarchie n'a fait que lier deux parties égales, pour former un entier, auquel il n'a pas été permis de toucher sans blesser toutes ses parties.

Une triarchie aristocrate, corrompue par la multiplication du despotisme, s'est élevée sur ses débris, et après nous avoir séduits par la crainte du glaive de la justice qu'elle avait indiscrètement arraché de ses mains, elle étouffait encore notre raison, par l'accablement de la servitude la plus insupportable. Réduits, par celle-ci, à la simple végétation, la nation n'avait plus d'âme, la loi plus de force, le monarque plus de respect ni d'autorité; ainsi s'était presque entièrement évanouie l'idée même de la beauté de ce gouvernement, qui, fils de la nature, est le père de l'homme.

Il est temps aujourd'hui, et c'est le seul instant que la fortune nous offre, dans la convocation des États généraux, pour faire l'emploi de l'étendue de nos moyens individuels, et par eux, rendre au sceptre toute sa force, à la couronne toutes ses branches, et à la nation tous ses droits.

Art. 1er. Que le roi de France ne sera reconnu, en Provence, que sous la qualité de comte de Provence.

Art. 2. Que tous les articles du traité d'union, autant qu'ils n'altéreront point la forme de la constitution, seront religieusement observés.

Art. 3. Que la présente assemblée, ni sa forme, ne pourra nuire ni préjudicier à la constitution du pays, qui ne reconnaît, et ne peut reconnaître, de légal que l'assemblée de la nation provençale, en forme d'États généraux.

En conséquence, déclare, ladite communauté, ne pouvoir avouer, ni reconnaître à l'avenir, que les lois et impôts consentis par lesdits États, légalement convoqués, et librement assemblés, suivant ladite constitution.

Art. 4. Que soit que le pays soit considéré comme co-État annexé ou non subalterne, ou comme province unie à la France, la constitution monarchique sera universellement rétablie pour tout le royaume de France, comté de Provence et autres provinces unies, annexées ou conquises, de ma-

nière qu'on n'ait plus à reconnaître, dans ledit gouvernement, qu'une nation administrée, une loi exécutée, et un seul monarque réunissant, tout à la fois, la force de la nation et l'autorité de la loi.

Art. 5. Que les États généraux seront convoqués de deux en deux ans, ou, pour le plus tard, de trois en trois ans, pour y traiter sur les doléances et plaintes des sujets, et sur tous les autres objets d'administration, et employer les moyens les plus convenables pour aller au-devant des abus à venir, et par ce moyen, assurer le salut de l'État, la conservation de l'autorité royale, et l'harmonie entre tous les individus.

Art. 6. Que nul emprunt ne sera fait, à l'avenir, sans le consentement exprès de la nation, assemblée en États généraux, et encore pour les cas les plus urgents, et là où il serait impossible d'augmenter les impositions, et, au cas contraire, la nation déchargée de toute obligation à cet égard.

Art. 7. Sera pourvu, lors de la tenue desdits États généraux, à une imposition suffisante pour satisfaire entièrement aux dépenses annuelles, après la vérification de l'état, au vrai, du revenu du royaume, comparé avec les dépenses, lesquelles auront toutes une application expresse et particulière de partie de l'imposition, laquelle ne pourra être distraite ni divertie pour tout autre objet, sous quelque prétexte et pour quelque cause que ce soit, à peine de responsabilité du ministre qui en aurait fait un emploi contraire à sa vraie destination, sauf cependant aux cas extraordinaires d'y être pourvu, par une nouvelle convocation, avant le terme de la tenue des nouveaux États.

Art. 8. Ne sera consenti que pour être généralement réparti sur chacun des individus, composant la masse entière de la nation, nonobstant tous droits et privilèges accordés, soit aux personnes, soit aux biens, lesquels seront déclarés inconstitutionnels, et comme tels, généralement et absolument révoqués.

Art. 9. Sera fait une imposition relative, soit à la réalité des biens, soit à l'industrie, soit au commerce, soit à l'existence de chacun des individus, capitalistes, célibataires ou autres, suivant leur utilité ou inutilité dans la société.

Art. 10. Les impôts, quels qu'ils soient, seront répartis, par les États généraux, sur chacune des provinces, relativement à leur importance considérée tant dans leur réalité, industrie, que dans la population; que lesdits impôts seront librement perçus par lesdites provinces pour être, par elles, directement versés dans le trésor royal, et employés à leur destination.

Art. 11. Les douanes seront établies aux extrémités du royaume, pour laisser la libre circulation intérieure.

Art. 12. L'entrée dans le royaume de la matière première de fabrication entièrement libre, à moins qu'elle ne soit en concurrence avec celle du royaume, auquel cas il serait établi un droit prohibitif. Droit modéré sur la fabrication, et sur la denrée inutile à l'aliment du royaume, lors de leur sortie.

Art. 13. Établissement d'inspecteurs solvables et instruits, capables de répondre de la conformité de la fabrication avec les règlements établis ou à établir, sous la juridiction de l'assemblée des États provinciaux.

Art. 14. La sortie des blés, ensemble des moutons et bœufs, rigoureusement prohibée; le commerce intérieur de ladite denrée permis, le négociant, ainsi que le particulier, soumis, sous les peines les plus rigoureuses, à avoir lesdits blés

---

(1) Nous publions ce cahier d'après un manuscrit des *Archives de l'Empire.*

en magasin dans les greniers publics à cet effet établis.

Art. 15. Tous édits, déclarations, arrêts du conseil, lettres patentes, établissant des droits, ou faisant loi dans le royaume, généralement révoqués, comme inconstitutionnels, sauf l'approbation des États généraux.

Art. 16. Tous les domaines attachés à la couronne seront de plus fort déclarés inaliénables; au moyen de ce, toutes les aliénations déclarées nulles, comme contraires aux droits et à la constitution nationale, et tous détenteurs tenus d'en vider leurs mains, à la poursuite du préposé de la nation, qui sera, à cet effet, établi, pour iceux être donnés à engagement, et les revenus serviront à l'acquittement et amortissement de partie des créances sur l'État, à l'exception néanmoins des domaines représentés par un échange utile.

Art. 17. Qu'il n'y aura plus, entre le souverain et la nation, aucun corps qui puisse se dire ou réputer intermédiaire, et au moyen de ce, que le clergé, la noblesse et la magistrature ne seront plus que des membres faisant partie de cette même nation.

Art. 18. La vérification des lois portant l'impôt qu'aura été consenti, sera entièrement délaissée aux États de chaque province, et l'enregistrement confié aux dépositaires des titres nationaux.

Art. 19. Que la justice sera généralement rendue, au nom du Roi, comme le seul protecteur de la loi; qu'elle sera gratuite, étant à la charge du souverain, comme représentant, quant à ce, la nation; toutes les charges de magistrature et autres, quelles qu'elles soient, déclarées non vénales et amovibles, et au moyen de ce, remboursables et éteintes.

Art. 20. Sera la nomination auxdites charges faite par le Roi, sur la présentation de trois sujets choisis par les États.

Art. 21. L'administration de la justice réformée, tant au civil qu'au criminel, de manière que les parties n'ayant plus qu'un seul degré de juridiction, un seul défenseur, qui, nonobstant l'extinction des charges en général, sera continué en la personne des pourvus, et ce, jusqu'à leur décès, démission, cas de forfaiture ou interdiction.

Les procès au civil jugés à l'audience, ou sur le concours des requêtes des parties, et ce, dans une année, à peine de péremption, perte des frais faits par les défenseurs, comme frustrés, à la charge de la partie ou du défenseur qui auront donné lieu au retard, par fuite, morosité que autrement.

Au criminel, procédure entièrement publique, avec le droit à l'accusé de se défendre par lui-même, ou par la voie du défenseur auquel il sera communiqué, s'il le requiert, la procédure en entier et en grosse, à ses frais, si mieux il n'aime prendre des notes relatives à sa défense, en la présence du dépositaire d'icelle, qui sera tenu de la lui représenter, à peine de destitution.

Art. 22. La peine de mort sera limitée au cas d'assassinat prémédité, ou recèlement de part.

Art. 23. Il sera établi des juridictions consulaires dans toutes les villes du royaume attachées à la municipalité, qui sera assistée de quatre négociants choisis lors de l'élection.

Art. 24. Dans toutes les principales villes du royaume, il sera établi des bureaux de police, sous la dénomination de lieutenants généraux de police, présidés par les consuls élus, auxquels ressortiront sans frais des appels des ordonnances des consuls des lieux des ressorts, qui jugeront aussi de la police des lieux où ils ont été nommés

avec le droit exclusif à tous autres de faire ladite police; lesdits bureaux, dans les villes principales, composés de douze membres, avec la souveraineté jusqu'à la condamnation aux galères pour cinq ans.

Art. 25. Tous droits réservés, sous pour livres, 3 sous pour livres, et autres établis sur les contrats, généralement abolis, comme exclusifs de la justice et de la liberté contractuelle; sera néanmoins continué un droit qui sera attribué au commis qui sera établi pour, par un contrôle, fixer la vérité de la date du contrat.

Art. 26. Intendances supprimées pour leurs attributions être renvoyées, au gracieux, aux États provinciaux, et au contentieux, aux juridictions souveraines du ressort suivant la compétence des matières.

Art 27. Deux seules juridictions souveraines seront établies, l'une pour juger les contestations élevées entre particuliers, tant au civil qu'au criminel, l'autre pour tous les objets relatifs à l'impôt, ensemble aux droits royaux et aux régales, tant majeures que mineures, lesquelles seront restreintes, dans leurs bornes, sans extension aucune, et principalement pour les rivières navigables et flottables, bords de la mer, étangs, voies publiques, dont le seul usage appartiendra au public; le changement desdites parties servant de remplacement audit droit, et la partie abandonnée restant dans les mains des particuliers, suivant le droit établi.

Art. 28. L'Église française sera régie par un chef choisi dans le royaume, qui n'aura de juridiction que sur le spirituel.

Art. 29. Le clergé sera réformé et réduit à des chanoines, prêtres et curés, desservants; tous autres bénéfices supprimés, les corps réguliers séculiers et distribués dans les paroisses.

Art. 30. Les dîmes ecclésiastiques supprimées, sauf aux communautés et paroisses de fournir aux aliments de leurs curés, qui seront réglés par un tarif relatif à la population, et qui excédera néanmoins les portions congrues actuelles, comme étant, celles-ci, insuffisantes, et ce, sans aucune retenue ni imposition.

Art. 31. Les curés vétérans, ou professeurs ecclésiastiques nommés, de préférence à tous autres, aux canonicats vacants, laquelle nomination sera déférée aux États provinciaux.

Art. 32. Liberté entière aux religieuses actuelles de se retirer de leurs monastères, qui seront tenus de les pensionner, suivant les facultés de leurs couvents.

Art. 33. La noblesse sera déclarée ne pouvoir se transmettre par succession, mais seulement personnelle, comme accordée au mérite.

Art. 34. Les faveurs, tant en pensions que places attachées à la noblesse exclusivement, aux citoyens non nobles, seront déclarées communes avec ceux-ci, à mérite égal.

Art. 35. Les pensions actuelles réduites suivant la répartition des fonds qui seront à ce destinés, sans pouvoir être augmentées au delà desdits fonds.

Art. 36. Les décorations et marques distinctives entièrement facultatives.

Art. 37. Les fiefs ecclésiastiques et laïques, déclarés domaniaux, et les seigneurs feudataires déclarés ne pouvoir les tenir qu'à engagement.

Art. 38. Que lesdits fiefs soient déclarés domaniaux par le corps de la nation, ou qu'ils existent comme faisant partie de la propriété, la justice et son administration, les régales tant majeures que mineures, desquelles les rivières, bords de mer, font partie, seront déclarées faire partie du domaine de la couronne.

Art. 39. Le droit domanial ne pourra s'étendre jusque sur les îlots et atterrissements qui seront déclarés faire partie du fonds voisin.

Art. 40. La chasse sera déclarée n'avoir jamais, en Provence, fait partie des régales, ni droits domaniaux, moins encore des seigneuriaux, les droits des comtes de Provence n'étant que de pure réserve sur leurs domaines propres, et, à cet effet, ledit droit demeurera, comme il n'aurait jamais dû cesser d'être, c'est-à-dire, facultatif aux habitants, nonobstant tous titres prétendus, arrêts, et jugements à ce contraires, comme faisant ledit droit, principalement dans cette province, partie de la liberté individuelle de se garantir des animaux offensables par leur population et leurs dégâts.

Art. 41. Les propriétés provençales seront maintenues dans le franc-alleu de nature, et, au moyen de ce, les directes : lods, indemnités, retraits, reconnaissances, cens, censives et terres gastes ne seront déclarées réelles, et faire partie du fief, qu'autant que, par l'acte d'habitation, ou d'inféodation dont les seigneurs, tant ecclésiastiques que laïques, seront tenus de justifier, lesdites directes paraîtront faire la charge du fonds inféodé, sans que les arrêts ou jurisprudence puissent porter atteinte à la liberté allodiale foncière, et à défaut de justification, seront déclarées contraires au droit de franc-alleu de nature, et au moyen de ce, le possesseur déchargé de toute servitude.

Art. 42. Les banalités, soit qu'elles dérivent des fiefs, ou qu'elles aient été acquises à prix d'argent, éteintes et remboursables, en justifiant du titre de leur établissement.

Art. 43. Les cas impériaux, quistes ou cavalcados, ayant été établis pour les dépenses du voyage du prince hors du royaume, éteintes, comme demeurant aujourd'hui sans cause, lesdits droits étant aujourd'hui confondus avec les impositions annuelles.

Art. 44. La liberté individuelle, dans toute son étendue, pourvu qu'elle ne s'écarte pas des dispositions de la loi.

Art. 45. Les lettres de cachet abolies, comme contraires à cette liberté constitutive de l'homme citoyen.

Art. 46. La liberté de la presse sur tous les objets, autant que les ouvrages imprimés ne seront pas anonymes.

Art. 47. Que le citoyen n'ait à répondre de sa conduite qu'au magistrat commis, lequel sera soumis à toutes les règles établies, à peine de répondre personnellement ; tous actes non écrits lui étant prohibés, comme despotiques et attentatoires à la constitution monarchique.

Art. 48. La répartition des impôts également répartie sur tous les citoyens sans distinction.

Art. 49. L'impôt territorial en nature sur les fonds, perçu pour le compte du Roi, dans chaque province, et par celle-ci, sans aucune gêne, et le produit versé directement au Trésor.

Art. 50. Le sel, comme denrée d'absolue nécessité, modéré, et à un prix universellement égal.

Art. 51. Le tabac, comme besoin facultatif, continué sur le même taux, pour la médiocre qualité, la première augmentée.

Art. 52. Le citoyen admis dans toutes les charges et emplois, principalement les militaires.

Art. 53. Des écoles, collèges de morale, d'histoire naturelle, physique, mathématiques, établis dans chaque capitale ; les universités rétablies, avec l'augmentation d'un professeur de droit naturel ; les fonds de ces établissements pris sur le clergé supprimé.

Art. 54. Établissement de pensions et places gratuites au concours.

Art. 55. Le luxe imposé.

Art. 56. L'intérêt de l'argent mis en proportion avec le commerce et l'agriculture, pour donner à ces deux parties essentielles plus de force et plus d'activité. En conséquence, le taux de l'intérêt de l'argent à constitution de rente, réduit à 3 p. 0/0, et, dans le commerce, à 1/2 p. 0/0 pour chaque usance.

Sauf à ladite communauté se réserver tous ses droits, comme ceux du pays, et a signé qui a su. A Vitrolles, le 29 mars 1789.

Signé Constans, consul; Joseph Oulonne; P. Guadoy; Gomartin; Imbert, Henri Faron; J.-J. Gueidon; Claude Lataud; Gros; Joseph Emery; Berad ; J. Guelhen; Lataud; F. Guadon; Ribout; Jacques Guez; Joseph Guilhen; V. Guilhen; J. Boret; Guelod; Jean Lataud; Pierre Constans; Antoine Gueidon; Pierre Turc; J. Gueidon; Antoine Bonut; J.-E. Emery; I. Constans; J.-M. Delvis; J.-Antoine Guilhen; J. Michel; Gérard Delvis; Brémond; Lange Chanu; Jean Saire; J. Guez; A. Roux; J. Bérard; Amphoux; R. Baret; Jean-Étienne Segond; Negnet, greffier.

Ne varietur. Signé Rateaud, viguier.

BAILLIAGE D'AMIENS.

EXTRAIT DU PROCÈS-VERBAL DE L'ASSEMBLÉE
GÉNÉRALE DES TROIS ORDRES.

Des 30 et 31 mars, 1er et 2 avril 1789 (1).

Sont comparus :

Ordre du clergé du bailliage d'Amiens.

Illustrissime et révérendissime monseigneur Louis Charles de Machault, évêque d'Amiens, abbé de l'abbaye de Saint-Martin-aux-Jumeaux, unie audit évêché, et abbé de Valoires, comparant en personne ;

Le chapitre de l'église cathédrale d'Amiens, comparant par messire Charles-Philippe Desjobert, préchantre ;

Messire Pierre-Jacques Dugard, et messire Jean-Baptiste Roze ;

Tous prêtres et chanoines, députés audit chapitre, par délibération du 11 de ce mois ;

Les prieur et religieux de l'abbaye royale de Saint-Pierre de Corbie, comparants par dom Pierre-Joseph Senez, prieur, député, nommé par délibération du 24 de ce mois ;

Illustrissime et révérendissime monseigneur Louis-André de Grimaldy, des princes de Monaco, évêque, comte de Noyon, pair de France, abbé commendataire de l'abbaye royale de Saint-Jean d'Amiens, par messire Nicolas d'Arguies, prêtre licencié en théologie, archidiacre de Ponthieu, chanoine et vicaire général de la cathédrale d'Amiens, fondé de sa procuration spéciale passée devant notaires, à Paris, le 3 de ce mois ;

MM. les prieur et chanoines réguliers de ladite abbaye, par M. Charles-Eugène Maréchalle, prieur de ladite abbaye, député, nommé par délibération du 27 de ce mois ;

Les prieur et religieux de l'abbaye de Valoires, comparant par dom Antoine Legros de Conflans, prieur de ladite abbaye, député, par délibération du 22 de ce mois ;

Illustrissime et révérendissime monseigneur Louis-François Marchiladre de Conzié, évêque d'Arras, abbé commendataire de Notre-Dame du Gard, ordre de Citeaux, comparant par dom Antoine Broyard, prieur de ladite abbaye du Gard, fondé de sa procuration du 15 de ce mois, passée devant notaires, à Paris ;

Les prieur et religieux de ladite abbaye du Gard, par ledit dom Antoine Broyard, député, nommé par délibération du 28 de ce mois ;

Messire Adrien-Antoine de l'Estrocq, abbé de l'abbaye de Clerfay, doyen de l'église cathédrale d'Amiens, en personne ;

M. Jean-François Legros, prévôt de Saint-Louis du Louvre, abbé de l'abbaye de Saint-Acheul-lès-Amiens, représenté par ledit sieur de Lestrocq, fondé de sa procuration passée par-devant notaire, à Paris, le 14 de ce mois ;

MM. les prieur et chanoines réguliers de l'abbaye de Saint-Acheul-lès-Amiens, par M. Louis Revoir, chanoine régulier, leur député nommé par délibération du 30 de ce mois ;

Illustrissime et révérendissime monseigneur François de Mouchet de Villedieu, évêque de Di-

(1) Nous publions ce document d'après un manuscrit des *Archives de l'Empire*.

gne, abbé de Foresmontier, comparant par M. Jean-Baptiste Mellier, vicaire général du diocèse de Digne, doyen de la collégiale de Saint-Vulphran d'Abbeville, son fondé de procuration, passée devant notaire, à Abbeville, le 21 février dernier ;

Messire Guy d'Aligre, clerc tonsuré, abbé commendataire de l'abbaye royale de Saint-Fuscien-aux-Bois, comparant par maître Adrien-Antoine de Lectrocq, doyen de la cathédrale, fondé de sa procuration, passée le 1er de ce mois devant notaires, à Paris ;

Les prieur et religieux de ladite abbaye de Saint-Fuscien-aux-Bois, comparants par dom Jean-Charles Loudier, leur prieur, député nommé par délibération du 23 de ce mois ;

Dom Bideau de Cronsheillier, chanoine et vicaire général d'Aix, abbé commendataire de Lieu-Dieu, représenté par messire Pierre-Joseph Bortin, chanoine de Saint-Vulphran d'Abbeville, son fondé de procuration, passée devant notaires, à Abbeville, le 23 de ce mois ;

Les prieurs et religieux de ladite abbaye, comparants par dom Paul Mercier, leur procureur, député nommé par délibération du 24 de ce mois ;

Les prieur et religieux de l'abbaye de Saint-Vallery, comparants par dom Michel-Louis-Joseph Lally, leur prieur député, nommé par délibération du 24 de ce mois ;

Les prieur et religieux de l'abbaye de Notre-Dame de Sery, par dom Jean-Claude Faisan, leur prieur, député, nommé par délibération du 22 de ce mois ;

Messire Pierre Tacher, vicaire général du diocèse de Mâcon, aumônier du Roi à l'hôtel de ville de Paris, chanoine du chapitre noble et princier de Coire-aux-Ligues-Grises, abbé de l'abbaye de Saint-Pierre-lès-Sélincourt, abbé de Sainte-Larme, comparant en personne ;

MM. les prieur et chanoines réguliers de l'abbaye de Sélincourt, comparant par messire Jean-Louis Joly, leur prieur, député nommé par délibération du 28 de ce mois ;

Illustrissime et révérendissime monseigneur Alexandre-Joseph de Bruyères de Chalabre, évêque de Saint-Omer, abbé de l'abbaye de Saint-Riquier, comparant par le sieur Mellier, doyen de Saint-Vulphran d'Abbeville, son fondé de procuration, passée le cinq de ce mois, devant notaires, à Abbeville ;

Les prieur et religieux de ladite abbaye, par dom Guillaume Henoque, prieur de ladite abbaye, leur député nommé par délibération du 23 de ce mois ;

MM. les prieur et chanoines réguliers de l'abbaye de Saint-Martin-aux-Jumeaux, comparants par M. Jean-Nicolas Porcheval, leur prieur et député, nommé par délibération du 20 de ce mois ;

Les dames, abbesse, prieure et religieuses de l'abbaye royale du Paraclet de la ville d'Amiens, représentées par M. Antoine Gros de Conflans, prieur de Sainte-Valoire, leur député, nommé par délibération du 18 de ce mois ;

Les dames, abbesse, prieure, religieuses de l'abbaye de Notre-Dame de Bertancourt, représentées par messire Jean-Louis Bataille, prêtre, leur député par délibération du 28 de ce mois ;

Les dames, abbesse, prieure et religieuses de l'abbaye royale de Saint-Michel, de la ville de Doullens, représentées par messire Alexandre

Courtois, curé de Hansart, leur député, nommé par délibération du 26 de ce mois ;

Messire Claude-Marie Marduel, docteur de Sorbonne, curé de la paroisse de Saint-Roch, de Paris, prieur de Notre-Dame d'Ayraines, représenté par messire François Marduel, curé de Saint-Denis d'Ayraines, son fondé de procuration, passée devant notaires, à Paris, le 12 de ce mois ;

Messire Jean-Jacques Maury, curé de Saint-Brice, diocèse de Paris, prieur de Saint-Auber de Boves, représenté par Messire François-Antoine Liquois de Beaufort, chanoine d'Amiens, son fondé de procuration, passée devant notaires, à Saint-Brice, le 6 de ce mois ;

Messire Louis-Alexandre de Campet, prieur du prieuré de Gamaches, représenté par messire Jean-Victor Cru, desservant de Gamaches, son fondé de procuration, passée devant notaires, à Saint-Jean-d'Angely, du 25 février dernier;

Messire Jacques-Nicolas Mantel, prieur de Notre-Dame d'Hornoy, en personne ;

Messire Louis-Joseph Tolher, prieur de Saint-Lucien de Leubly, représenté par dom Louis-Nicolas Blondela, religieux de la congrégation de Saint-Maur, de l'abbaye de Saint-Valery, son fondé de procuration ;

Messire Marie-Antoine-Louis-Joseph-Catherine-Etienne de Bessuejouls de Roquelaure, chevalier non profès de l'ordre de Saint-Jean de Jérusalem, prieur du prieuré de Notre-Dame de Poix, représenté par M. Pierre-Simon Brandicour, curé de Saint-Firmin, confesseur de cette ville, son fondé de procuration, passée devant notaires, à Paris, le 19 de ce mois ;

Messire André-Grégoire-Guillaume Touchi, prieur de Saint-Denis de Poix ;

Dom Antoine-Louis Mathieu, religieux bénédictin, prieur de Saint-Nicolas de Rigny ;

Dom Jacques-Joseph Berry, prieur du prieuré de Saint-Remi-aux-Bois, dit de Notre-Dame de Grâce, représenté par ledit dom Mathieu, son fondé de procuration, passée devant notaires, à Paris, le 1er de ce mois ;

Dom Jean-François Fabre, prieur de Notre-Dame de Bagneux, représenté par dom Pierre-Louis Paradis, son fondé de procuration, passée devant notaires, à Toulouse, le 13 de ce mois ;

MM. de l'université des chapelains de l'église collégiale d'Amiens, par MM. Pierre-Joseph Lucas, Jean-Domice-Benjamin Desmanché, prêtres, leurs députés, nommés par délibération du 12 de ce mois;

MM. les chanoines de l'église collégiale de Saint-Martin de cette ville, représentés par MM. Michel-Victor de Coisy, et Jean-François d'Arras, leurs députés, nommés par délibération du 12 de ce mois ;

MM. les doyen, prévôt et chanoines de l'église collégiale de Saint-Mathieu de Fouilloy, représentés par M. de La Rouze, leur doyen, et député par délibération du 12 de ce mois ;

MM. les doyens, chanoines et chapitre de la collégiale de Gamaches, représentés par M. Nicolas-François Martin, prêtre, leur fondé de procuration, passée devant notaires, à Gamaches, le 25 de ce mois ;

MM. les doyens et chanoines de l'église collégiale de Péquigny, représentés par M. Jean-Baptiste Beaujer, l'un d'eux, et leur député, nommé par délibération du 27 de ce mois.

MM. les doyen, chanoines représentés par M. de Lavier, leur doyen, député et député par délibération du 26 de ce mois ;

MM. les caritables de Saint-Etienne de Corbie, représentés par MM. Noël-Antoine de Riquebourg et Médard d'Aroux, leurs députés, nommés par délibération du 21 de ce mois ;

MM. les curés de la ville d'Amiens.

M. Nicolas Roussel, curé de Saint-Firmin, à la Porte ;

M. Michel-Louis Guignard, curé de Saint-Firmin en Castillon;

M. Pierre-Simon Brandicourt, curé de Saint-Firmin-le-Confesseur ,

M. Charles-Louis du Tilloy, official, et gérant en cette qualité, la cure de Saint-Germain ;

M. Jean-Gabriel Roussel, curé de Saint-Jacques;

M. Pierre Dufresne, curé de Saint...

M Honoré Paillart, curé de Saint-Martin ;

M. Alexandre-Victor Duminy, curé de Saint-Michel ;

M. Jean-Charles-Joseph de Glaye, curé de Saint-Pierre;

M. Pierre-Léon Harreux, curé de Saint-Remi;

M. Pierre-Honoré Fertel, curé de Saint-Sulpice;

Et M. Nicolas Benoît, curé de Saint-Maurice.

MM. les chapelains de la chapelle Saint-Jacques, au cimetière de Saint-Denis, représentés par M. Victor-Jean-Baptiste-Guilain Dauphin, leur député, suivant l'acte de leur délibération du 19 de ce mois ;

MM. les ecclésiastiques engagés dans les ordres non possédant bénéfices, qui ont dû se réunir chez les curés des paroisses sur lesquelles ils sont habitués ou domiciliés ; savoir :

Ceux de la paroisse Saint-Firmin à la Porte, représentés par M. Dinocourt, leur député, nommé par délibération du 15 de ce mois;

Ceux de la paroisse de Saint-Firmin en Castillon, représentés par M. Jean-Baptiste-Augustin Thoutel, leur député, nommé par délibération du 23 de ce mois ;

Ceux de la paroisse de Saint-Germain-le-Confesseur , représentés par M. Guy Charles-Remi Morvillès, leur député, nommé par délibération du 23 de ce mois ;

Ceux de la paroisse de Saint-Germain, représentés par M. Jean-Nicolas Leroi, leur député, nommé par délibération du 17 de ce mois ;

Ceux de la paroisse de Saint-Jacques, représentés par M. Pierre-Philippe Lemerré, leur député, nommé par délibération du 26 de ce mois ;

Ceux de la paroisse de Saint-Leu, représentés par M. Jacques Godard, leur député, nommé par délibération du 22 de ce mois ;

Ceux de la paroisse de Saint-Michel, représentés par Michel de Neuf-Germain, leur député, nommé par délibération du 17 de ce mois;

Ceux de la paroisse de Notre-Dame (dont le curé est M. le doyen de la cathédrale), représentés par M. Pierre Varembeau, leur député, nommé par délibération du 11 de ce mois ;

Ceux de la paroisse de Saint-Remi, représentés par M. Firmin-Joseph Fouquevel, leur député, nommé par délibération du 16 de ce mois ;

Ceux de la paroisse de Saint-Sulpice, représentés par M. Jean-Baptiste-Joseph Le Roux, leur député, nommé par délibération du 23 de ce mois;

Les révérends pères augustins de la ville d'Amiens, représentés par le frère Pierre-Joseph Le Clercq, leur prieur et député, nommé par délibération du 17 de ce mois ;

Les révérends pères carmes de la ville d'Amiens, représentés par le révérend père Jean-Baptiste

Marseille, dit Germain, leur prieur et député, nommé par délibération du 21 de ce mois ;

Les révérends pères cordeliers de la ville d'Amiens, représentés par le révérend père George-Louis Mesurolles, l'un d'eux, nommé leur député par délibération du 23 de ce mois ;

Les revérends pères feuillants, représentés par dom Emmanuel de Saint-Joseph Fourmaux, leur prieur et député, nommé par délibération du 16 de ce mois ;

Les revérends pères jacobins, représentés par le revérend père Jean-Baptiste Bazin, leur prieur et député, nommé par délibération du 17 de ce mois ;

Les revérends pères minimes de la ville d'Amiens, représentés par le revérend père Thuilier, correcteur, leur député, nommé par délibération du 19 de ce mois ;

Les revérends pères cordeliers de la ville de Doullens, représentés par le révérend père Jacques-Hippolyte de Croix, leur gardien et député, nommé par délibération du 23 de ce mois ;

Les révérendes mères carmélites de la ville d'Amiens, représentées par M. Sébastien Fidel de Douay de Baines, leur supérieur local, nommé leur député par délibération du 21 de ce mois ;

Les révérendes mères de la communauté de Mauréaucourt, ordre de Fontevraux de la ville d'Amiens, représentées par dom Louis Beufrier, leur directeur et leur député, nommé par délibération du 16 de ce mois ;

Les révérendes mères du tiers ordre de Saint-François, dites les sœurs grises, de la ville d'Amiens, représentées par M. Augustin-Marie-François de Paule Le Caron de Varenne, chanoine de la cathédrale, leur député, nommé par délibération du 22 de ce mois ;

Les révérendes mères de Saint-Julien, de cette ville d'Amiens, représentées par M. Sébastien-Fidel Douay de Baines, leur député, nommé par délibération du 15 de ce mois ;

Les révérendes mères de la Visitation, dites de Sainte-Marie, de la ville d'Amiens, représentées par M. Jean-Jacques-François de Lair, chanoine, nommé leur député par délibération du 18 de ce mois ;

Les révérendes mères ursulines de la ville d'Amiens, représentées par M. Nicolas d'Argilles, chanoine, nommé député par délibération du 15 de ce mois ;

Les révérendes mères de Saint-François, de la ville de Doullens, représentées par le révérend père Jacques-Hippolyte de Croix, gardien des cordeliers de ladite ville de Doullens, nommé leur député par délibération du 20 de ce mois.

Et suivent MM. les curés des autres villes, bourgs et villages situés dans le ressort du bailliage d'Amiens, par ordre de prévôté.

Prévôté de Beauvoisis à Amiens.

M. Jean-Baptiste Champion, chanoine régulier et curé de Saint-Acheul-lès-Amiens ;

M. Jean-Baptiste Scevel, curé d'Ailli-sur-Somme ;

M. François-Firmin Tondu, curé de Bacouel ;

M. Jean-Baptiste Retourné, curé de Berni ;

M. Firmin Masse, curé de Notre-Dame de Baves ;

M. Jean-Baptiste-Romain Berly, curé de Saint-Nicolas de Baves.

M. Paul-Henry Laurent, curé de Bovenes ;

M. Charles-François-Joseph Tellier, curé de Bouquainville ;

M. Robert-Joseph Cordier, curé de Cagny ;

M... Saulny, curé de Cavillon, représenté par

M. Jean-Baptiste-Roch Sannier, son fondé de procuration, passée le 24 de ce mois devant Montigni, notaire, à Piquigny ;

M. Jean-Baptiste Revest, curé de Cléry ;

M. Charles-Adrien Harmaville, curé de Contenchy ;

M. Jean-François Lefebvre, curé de Creuse ;

M. Joseph-Jean-Baptiste Bellet, curé de Croissy, représenté par M. Laurent Revoir, curé du Beauquet, son fondé de procuration, passée devant notaire, à Conty, le 26 de ce mois ;

M. François de Caix, curé de Croix ;

M. Antoine-Léon Carpentier, curé de Dreuil-sous-Mollien-Vidame, représenté par M. Pierre-François-Charles Duval, curé dudit Mollien-Vidame, son fondé de procuration, passée devant notaire, audit Molliens, le 28 de ce mois.

M. André-Eloi Caron, curé de Dreuil-sur-Somme ;

M. Charles-Antoine-Henry Louvet, curé de Dury ;

M. Jacques-Antoine Sinoquet, curé d'Esserteau ;

M. Mathieu Asselin, curé de la Faloise, représenté par M. Jean-Baptiste Asselin, vice-curé de Notre-Dame de cette ville, son fondé de procuration, passée devant notaire, à Amiens, le 27 de ce mois ;

M. Jean-François Martin, vicaire en chef de Faye-les-Hornois ;

M. Jean-Charles Couture, curé de Ferrières ;

M. Jean-Hyacinthe-Joseph Chochot, curé de Flui ;

M. Louis-Marie Dupont, curé de Fourmidroy, représenté par M. Pierre-Antoine Vasseur, curé de Piquigny, son fondé de procuration, passée devant notaire, à Piquigny, le 20 de ce mois ;

M. Nicolas Loisemant, curé de Fransure, représenté par M. Jean-Baptiste Maréchal, curé de Rogy-la-Granville, son fondé de procuration, passée devant notaire, audit Rogy, le 19 de ce mois ;

M. Louis-Edmond Leleu, curé de Frenoy-au-Val ;

M. Charles-Clément Hue, curé de Fricamps, représenté par M. Robert-Louis Denisot, chapelain, son fondé de procuration, passée devant notaire, à Poix, le 26 du même mois ;

M. Pierre-François Barbier, curé de Gouy-les-Groiseillers, représenté par M. Maréchal, curé de Rogy, son fondé de procuration, passée devant notaire, à Conty, le 19 de ce mois ;

M. Jean-François Huet, curé de Grattepanche ;

M. Geoffroy Lambert, curé de Guignemicourt ;

M. Alexis Nollant, curé de Guillancourt et Éstrées ;

M. Jean-Alexis Langnies, curé de Lincheux et d'Hallivilliez-sous-Secours, représenté par M. Jean-Baptiste-Joseph Caron, son fondé de procuration, passée devant notaire, à Hornoy, le 27 de ce mois ;

M. Moncrou, curé d'Hallivilliez-les-Louardes, représenté par M. Jacques-Firmin Lupard, curé de Paillart, son fondé de procuration ;

M. Pierre Bouttet, curé d'Hangest-sur-Somme ;

M. Pierre Clabaut, curé de Jumelles et du Petit-Boquel ;

M. Jean-Baptiste-Joseph-Gabriel Bertin, curé du Maige ;

M. Jean Lefebvre, curé de Lœuilly ;

M. Pierre-François-Charles Duval, curé de Molliens-le-Vidame ;

M. Nicolas-Augustin-Gabriel Trouvin, curé de Moutières-lès-Amiens ;

M. Charles Novian, curé de Monsures, représenté par M. Jacques-Antoine Sinoquet, curé d'Esserteaux, son fondé de procuration, passée devant notaires, à Conty, le 26 de ce mois ;

M. Nicolas Crespin, curé de Moyencourt ;

M. Maximilien-Nicolas Houssaye, curé de Namps-Aumont ;

M. Jean-François du Warent, curé de Nampti ;

M. Alexandre Levasseur, curé de Neuville-lès-Leuilly ;

M. Denis Rabouille, curé d'Oresmaux ;

M. Jean-Baptiste Boutrois, curé d'Oissy, représenté par M. Henry Tourbier, son fondé de procuration, passée devant notaire, à Amiens, le 23 de ce mois ;

M. Pierre-Antoine Vasseur, curé de Piquigny ;

M. Louis Leroux, curé de Namps-au-Val ;

M. Jacques-Firmin Lupart, curé de Paillart ;

M. Jean-Baptiste Jovelet, curé de Pissy ;

M. Fidel-Amant Jumet, curé de Saint-Denis de Poix ;

M. Etienne Lécureux, curé de Saint-Martin de Poix, représenté par M. Jean-Baptiste-Augustin Laurent, prêtre, son fondé de procuration, passée devant notaire, à Poix, le 22 de ce mois ;

M. Nicolas de Marquetz, curé de Prouses ;

M. Louis-François Caron, curé de Notre-Dame de Poix, représenté par M. Pierre-Julien-François Losey, curé de Fromery, son fondé de procuration, passée le 26 de ce mois, devant notaire, à Poix ;

M. Boniface Niquet, curé de Quevauvillers ;

M. Henry Tourbier, curé de Renancourt ;

M. Hendque Alexandre, curé de Revel ;

M. Firmin Lancéa, curé de Riencourt ;

M. Jean-Baptiste Maréchal, curé de Rogy-la-Granville ;

M. François Lefebvre, curé de Rumigny ;

M. Jean-Louis Andrieux, curé de Sains, Saint-Furcien et le petit Cagny ;

M. François Caux, curé de la paroisse de Saineval ;

M. Charles-François Montigni, curé de Seux, représenté par M. François Caux, son fondé de pouvoirs, du 28 de ce mois, légalisés cejourd'hui par le seigneur évêque d'Amiens.

M. Nicolas Mille, curé de Brique-Mesnil, représenté par ledit M. Caux, fondé de sa procuration, passée devant Montigni, notaire, à Piquigny, le 26 de ce mois ;

M. François-Nicolas Quentin, curé de Saleur de Salouettes ;

M. Pierre-François Damey, curé de Saveuse ;

M. Louis Bellegueule, curé de Saint-Aubin, représenté par M. Henry Toulbier, curé de Renancourt, son fondé de procuration passée devant notaire, à Molliens, le 28 de ce mois ;

M. Pierre-Augustin Bulleau, curé de Saint-Pierre, à Gouy ;

M. Pierre de Goves, curé de Saint-Sauflieu ;

M. Jean-Baptiste Vellin, curé de Ragny, représenté par M. Jean Lefebvre, curé de Leuilly, son fondé de procuration, passée devant notaire, à Amiens, le 28 de ce mois ;

M. Joseph-Nicolas Riquet, curé de Tilloy, représenté par M. Joseph-Martin Chapelain, son fondé de procuration, passée devant notaire, à Conty, le 26 de ce mois ;

M. Joseph-Alexandre Dangers, curé de Croy-Wailli, présenté par M. Lefebvre, curé de Leuilly, son fondé de procuration, passée devant notaire, à Conty, le 27 de ce mois ;

Prévôté de Beauquène.

M. Pierre-Claire Gelée, curé d'Acheux ;

M. Louis-Jean-Baptiste Lefebvre, curé d'Allouvilles ;

M. Jean-François George, curé d'Argouves ;

M. Louis d'Albert, curé d'Argeves, et de Vauchelles-les-Authies, représenté par M. Dupré, curé de Varennes, fondé de sa procuration, passée le 27 mars ;

M. Hubert-Eugène Raison, curé d'Authies ;

M. Jean-Baptiste Trogneux, curé de Beaucourt ;

M. Joseph d'Ambreville, curé de Beauquène ;

M. Nicolas-Théodore Bounard, curé de Belloy-sur-Somme, par M. Charles-François de Machi, prêtre, curé de la Chaussée, suivant sa procuration ;

M. Louis-Victor Cauchy, curé de Bernaville ;

M. Pierre-Martin Aclocq, curé de Berneuil ;

M. Hubert Manault, curé de Bertangles ;

M. Louis-François-Joseph Duriez, curé de Bertancourt, représenté par M. Jean-Louis Bataille, prêtre, directeur de l'abbaye de Bertancourt, son fondé de procuration, passée devant notaire le 28 de ce mois ;

M. Vincent Tranguy, curé de Bettencourt-Saint-Ouin ;

M. Honoré Duplan, curé de Bourdon ;

M. André Le Tierce, curé de Buz-les-Artois, représenté par M. Claire Gelée, curé d'Acheux, son fondé de procuration, passée devant notaire le 24 de ce mois ;

M. Antoine Cornette, curé de Canaples, représenté par M. Hurache, curé d'Autheux, son fondé de procuration, passée devant notaire le 28 de ce mois ;

M. Jean-François Le Blond, curé de Chardonetes ;

M. Charles-François de Machi, curé de la Chaussée de Péquigny ;

M. Pierre de la Broye, curé de Croissy ;

M. Jean-Baptiste Jourdain, curé de Contay, représenté par M. Jean-François de Roussain, curé de Wouartois Baillon, son fondé de procuration, passée devant notaire le 29 de ce mois ;

M. Nicolas-Firmin-Joseph Francière, curé de Domarre-les-Ponthieux ;

M. Antoine Fauvel, curé de Dommont, représenté par M. Jean-Alexis Rohault, prêtre du diocèse d'Amiens, son fondé de procuration du 27 de ce mois ;

M. Jean-Baptiste-Claude Billet, curé d'Epecamps ;

M. Louis Montvoisin, curé de Fleselles ;

M. Ambroise Olive, prêtre curé de Flixecourt, représenté par M. Charles-François de Machy, curé de la Chaussée, son fondé de procuration, du 27 de ce mois ;

M. Claude Longuet, curé de Halloy-l'Epernoy, représenté par M. Josse Longuet, son fondé de procuration, passée devant notaire le 29 de ce mois ;

M. Thomas Lupart, curé d'Harpouville, représenté par M. Jacques-Firmin Lupart, son frère, curé de Paillart, fondé de sa procuration, passée devant notaire le 29 de ce mois ;

M. Jacques-Augustin Isidore, curé d'Havernas et Wargnies, représenté par M. Joseph du Crotoy, chanoine, curé de Vinacourt, son fondé de procuration, du 28 de ce mois ;

M. Alexandre Carton, curé d'Hérissart, représenté par M. Pierre-Honoré-François Fertel, curé de la paroisse de Saint-Sulpice de cette ville, fondé de sa procuration, du 29 de ce mois ;

M. Pierre-Furcy Gabry, prêtre, curé d'Iseux ;

M. Charles-François Vasseur, curé de Lanches, représenté par M. Jean-Baptiste Chrysostôme Sueur, prêtre chapelain de la Chapelle Saint-Vallery, à Yocourt, son fondé de procuration devant notaire, du 29 de ce mois ;

M. Nicolas-Vincent Dupré, curé de Léalvillers ;

M. Thomas Guillain, curé de Louvancourt, représenté par M. Nicolas Dupré, curé de Lealvillers, fondé de procuration, du 26 de ce mois ;

M. Jean-Baptiste Moumers, curé de Mollien-au-Bois ;

M. Nicolas Serray, curé de Montrolet, représenté par M. Jean-Baptiste Mercher, ancien curé de la Chaussée, son fondé de procuration, du 28 de ce mois ;

M. Louis Aubenton, curé de Montonvillers ;

M. Geoffroy Sellier, curé de Pernois, représenté par M. Duminil, curé de Saint-Michel, son fondé de procuration, du 28 de ce mois ;

M. Pierre-Antoine de Revel, curé de Pierregaux ;

M. Jean-Joseph de Raucourt, curé de Poulainville ;

M. Philippe Canaples, curé de Rainneville ;

M. Jean-François Després, curé de Rincheval, représenté par M. François Georges, fondé de procuration, passée devant notaire à Doullens, le 19 de ce mois ;

M. François-Remi Le Cul, curé de Rubenpré ;

M. Claude-François Ruain, curé de Senlis et Hedoville, représenté par M. Jean-Baptiste Magnier, fondé de procuration, passée devant notaire le 26 de ce mois ;

M. Jean-Noël Thiron, curé de Saint-Ouin ;

M. Noël-Nicolas Le Joindre, curé de Saint-Sauveur ;

M. François-Bernard Carette, curé de Saint-Vost ;

M. Jean-Baptiste Hareux, curé de Talmas, représenté par M. Pierre Bounaire, curé de Dours, fondé de procuration, passée devant notaire, à Fouilloy, le 22 de ce mois ;

M. Jean-Baptiste-Joseph Flamand, curé de Toutencourt, représenté par M. Nicolas Demarest, prêtre, son fondé de procuration, passée devant notaire, à Rubenpré, le 27 de ce mois ;

M. Charles-Eugène Maréchal, prieur de l'abbaye de Saint-Jean d'Amiens, et en cette qualité curé de Val-de-Maisons, dépendant de la paroisse de Sainte-Catherine en ladite abbaye ;

M. Jean-Baptiste Lortio, curé de Vaux-les-Amiens ;

M. Joseph Ducrotoy, curé de Vinacourt ;

M. François-Etienne Herbette, curé de Villers-Bocage ;

M. Jean-François de Roussain, curé de Warloy-Baillon.

Prévôté de Beauvoisis à Granvillers.

Dom Pierre-François Reveillon, curé d'Abbancourt-la-Grange, représenté par M. Pierre-François-Julien Lauzé, curé de Francry, son fondé de procuration, passée devant notaire, à Fromery, le 19 de ce mois ;

M. Jean de Larche, curé d'Aygnières, représenté par M. Louis-Firmin Caron, curé de Notre-Dame de Poix, fondé de procuration, passée devant notaire, à Grandvillers, le 26 de ce mois ;

M. Jean-Baptiste de Bry, curé de Beaududuit ;

M. Pierre Daymat, curé de Bettembos ;

M. Antoine-François-Dominique Davelluy, curé de Blangy, représenté par M. Robert-Louis Denisot, prêtre, son fondé de procuration, passée devant notaire, à Poix, le 22 de ce mois ;

M. Jacques-Philippe-Christophe Dumanoir, curé de Saint-Martin de Blargies, représenté par M. Antoine de Vimes, curé de Romescamps, son fondé de procuration, passée devant notaire, audit Blargies, le 27 de ce mois.

M. Louis-André Lemoine, curé du Boisrault, représenté par M. Pierre Tacher, son fondé de procuration, passée devant notaire, à Hornoy, le 26 de ce mois ;

M. Jean-Baptiste Boyeldieu, curé de Bouncuilles-Eaux, représenté par M. Revoir, curé de Beauqueune, son fondé de procuration, passée devant notaire, à Conty, le 26 de ce mois ;

M. Honoré Machaunette, curé de Bouttavens-la-Grange, représenté par M. Jean-Baptiste Noblesse, curé de Dreuil, son fondé de procuration, passée à Fromery le 25 de ce mois ;

M. Charles Fusellier, curé de Bouvrenne, représenté par M. Antoine Desvismes, curé de Romescamps, fondé de procuration, passée devant notaire, audit Fromery, le 25 de ce mois ;

M. Joseph-François Tonnelier, curé de Briot, représenté par M. Clair Gelée, curé d'Acheux, fondé de procuration, passée devant notaire, à Granvillers, le 19 de ce mois ;

M. Adrien Lelièvre, vicaire en chef de Broquier, représenté par M. Jean-Charles Ternissien, curé, fondé de procuration, passée devant notaire, à Feuquière, le 29 de ce mois ;

M. Louis Picard, curé de Bussy-les-Poix, représenté par M. Charles-Léonard Quignon, prêtre, chapelain de la cathédrale d'Amiens, fondé de procuration, passée devant notaire, à Foix, le 24 de ce mois ;

M. Jean Gaudissart, curé de Cany, représenté par M. Fidel-Amant Jumel, curé de Saint-Denis de Foix, son fondé de procuration, passée devant notaire, à Fromery, le 27 de ce mois ;

M. Augustin-François Vatré, curé de Campas, représenté par M. Jean-Baptiste-Procope Boulnoy, curé de Molliens en Beauvoisis, son fondé de procuration ;

M. François Petit, curé de Caulières, représenté par M. Remy-Jean-Baptiste Vauquelin, son fondé de procuration, passée devant notaire, à Lignières-Châtelain, le 20 de ce mois ;

M. Antoine-Joseph de Savoye, curé de Choqueuse-les-Bernard, représenté par M. Jean-Baptiste de Bry, curé de Beaududuit, son fondé de procuration, passée devant notaire, à Poix, le 23 de ce mois ;

M. Charles Prévost, curé de Saint-Martin de Conty, représenté par M. Jean-Baptiste-Augustin Laurent, son fondé de procuration, passée devant notaire, à Conty, le 27 de ce mois ;

M. Martin Parmentier, curé de Courcelles-sous-Thoix ;

M. Nicolas-François Sauval, vicaire en chef de Croix-Rault, représenté par M. François Delavigne, prêtre, son fondé de procuration, passée devant notaire à Poix, le 22 de ce mois ;

M. Charles-Antoine Deschamps, curé de Dargiens ;

M. Jules-François Daboval, curé de Damereaucourt, représenté par M. Charles Du Miny, curé de Mireaucourt, son fondé de procuration, passée devant notaire, à Grandvillers, le 26 de ce mois ;

M. François-Henry Fondeur, curé d'Eplessier, représenté par M. Louis-Joseph Asselin, son fondé de procuration, passée devant notaire, à Poix, le 23 de ce mois.

M. Jean Petit, curé d'Escames, représenté par M. Charles-Léonore Quignon, chapelain, fondé de procuration, passée devant notaire, à Sougeon, le 23 de ce mois ;

M. Charles-François Vitet, curé d'Etancourt, représenté par M. Jean-Martin Parmentier, curé de Courcelles-sous-Thoix, fondé de sa procuration, passée devant notaire, à Grandvillers, le 26 de ce mois;

M. Louis Descroix, curé d'Esquennes, représenté par M. Pecquet, curé de Grandvillers, fondé de procuration, passée devant notaire, le 23 de ce mois, audit Grandvillers ;

M. Pierre-Louis Vassel, curé de Feuquières;

M. David de Tunq, curé de Fleury, représenté par M. Jérôme, prêtre, fondé de procuration, passée devant notaire à Conty, le 27 de ce mois;

M. Jacques Soyer, curé de Fontenay, représenté par M. Nicolas Quentin, curé de Saleux, fondé de procuration, passée devant notaire, à Gerbrois, le 20 de ce mois;

M. Pierre-Julien-François Losey, curé de Fromerie ;

M. Antoine-Clément Pecquet, curé de Grandvillers ;

M. Charles Delatre, curé de Guisancourt, représenté par M. Charles-Antoine Deschamps, curé de Dargies, fondé de procuration, passée devant notaire, audit Dargies, le 26 de ce mois ;

M. Pierre-Jacques-Honoré Bouillay, vicaire en chef des Hescamps et Saint-Clair, représenté par M. Pierre-François Damet, curé de Saveuse, fondé de procuration, passée devant notaire, à Grandvillers, le 26 de ce mois;

M. Romain Duponchel, curé de la Chapelle-sous-Poix, représenté par M. Pierre-Philippe Lemerey, son fondé de procuration, passée devant notaire à Poix, le 23 de ce mois;

M. François Boucher, curé de la Maronde, représenté par M. Pierre Tacher, abbé de Saint-Larme, son fondé de procuration, passée devant notaire à Ornoy, le 24 de ce mois;

M. Pierre-Joseph Joffroy, curé de la Vaquerie, représenté par M. Jean-Baptiste Le Bry, son fondé de procuration, passée devant notaire, à Thoix, le 23 de ce mois;

M. Charles-Antoine Maunier, curé de Lignères-Chatelain, représenté par M. Pierre-Ignace Héquet, son fondé de procuration, passée devant notaire, audit Lignères, le 2 de ce mois;

M. Charles Dumesnil, curé de Meréaucourt et Eramecourt;

M. Jean-Baptiste-Procope Boullenois, curé de Molliens-en-Beauvoisis ;

Dom Jean-François Prévôt, curé de Mousseaux-l'Abbaye, représenté par ledit M. Boullenois, fondé de sa procuration, passée devant notaire, à Fromery, le 28 de ce mois ;

M. Joseph-Remi Moyencourt, curé d'Offroy, représenté par M. Jean Andrieux, fondé de sa procuration, passée devant notaire, à Poix, le 21 de ce mois;

M. Jean-François Constantin, curé d'Offigny, représenté par M. Pierre d'Onat, fondé de procuration, passée devant notaire, à Lignères-Chatelain, le 28 de ce mois;

M. Jean-Baptiste Flory, curé de Domescourt, représenté par M. Étienne Descroix, fondé de procuration, passée devant notaire, le 26 de ce mois;

M. Antoine-Denis Devismes, curé de Romescamp ;

M. Antoine Leborgne, curé de Sernoy, représenté par M. Niquet, fondé de procuration, passée, devant notaire à Grandvillers, le 26 de ce mois;

M. Antoine-Alexandre Belhomme, curé de Sarcus, représenté par M. Charles Dumesnil, fondé de pouvoir, passé devant notaire, à Sarcus, le 24 de ce mois;

M. François-Noël Brailli, curé de Sentelly, représenté par M. Niquet, son fondé de procuration,

passée devant notaire, à Grandvillers, le 27 de ce mois;

M. François Bigorgne, curé de Souplicourt, représenté par M. Antoine-Hippolyte Parrey, fondé de procuration passée devant notaire, à Poix, le 20 de ce mois;

M. Pierre Breton, curé de Suilly, représenté par M. Morvillers, prêtre, fondé de procuration, passée devant notaire à Fontenay, le 20 de ce mois;

M. Jean-Baptiste Darras, curé de Denicourt, représenté par M. Vanel, curé de Feuquères, fondé de procuration, passée à Feuquères, le 29 de ce mois;

M. Nicolas Sorel, curé de Segrais, représenté par M. Delair, chanoine, fondé de procuration, passée devant notaire, à Lignières-Châtelain, le 27 de ce mois;

M. Pierre-François Éloy, curé de Saint-Romain ;

M. Pierre-Jean-Baptiste Tuillier, curé de Saint-Thibaud, représenté par M. Étienne Descroy, fondé de pouvoir, du 28 de ce mois, légalisé cejourd'hui;

M. François Tulivet, curé de Thérines, représenté par M. Vanet, curé de Feuquères, fondé de procuration, passée devant notaire à Grandvillers, le 21 dudit mois;

M. Jean-Louis Accloq, curé de Thieuloy-la-Ville, représenté par M. Pecquet, curé à Grandvillers, fondé de procuration, passée devant notaire, audit Grandvillers, le 20 de ce mois;

M. Jean-Charles Legrand, curé de Toy, représenté par M. Parmentier, fondé de procuration, passée devant notaire, à Grandvillers, le 24 du même mois;

M. Louis-Joseph Braillon, curé de Villers-Vermond, représenté par M. Morvillers, prêtre, fondé de sa procuration, passée devant notaire, à Fontenay, le 21 de ce mois;

M. Pierre-Jacques Despréaux, curé de Wraignes, représenté par M. Rabardel, chanoine, fondé de procuration, passée devant notaire, à Amiens, le 25 de ce mois;

M. Louis Pinet, curé de Molaquies, représenté par M. François Manin, son fondé de procuration;

M. Claude Dandin, curé de Saint-Quentin-des-Prés, représenté par M. François Pelletier, son fondé de procuration.

Prévôté de Doullens.

M. Florimond-François Hurache, curé des Autheux ;

M. Charles Vasseur, curé d'Hautiens, représenté par M. Jean-Baptiste Magnier, prêtre et sous-diacre d'office de la paroisse de Saint-Rémi d'Amiens, fondé de procuration passée devant notaire, à Doullens, le 20 de ce mois;

M. Jean-François Asselin, curé de Barby, représenté par M. Jean-Nicolas Leroi, chapelain, fondé de sa procuration du 29 de ce mois, légalisée cejourd'hui ;

M. Pierre Bloquet, curé de Beauval, représenté par M. Joseph d'Ambreville, curé de Beauquène, fondé de sa procuration du 24 de ce mois ;

M. Nicolas Denoës, curé de Boisbergues, représenté par M. Poussart, curé de Candas, fondé par procuration, du 24 de ce mois;

M. Ignace de Leuvigne, curé de Brévillez, représenté par M. Dutilloi, fondé par procuration du 26 de ce mois;

M. Jean-François-Honoré Poussart, curé de Candas;

M. Firmin Holleville, curé de Notre-Dame de Doullens;

M. Jean-Baptiste Delamarre, curé de Saint-Martin de Doullens, représenté par ledit Holleville, fondé de sa procuration, du 18 de ce mois;

M. André Rogerey, curé de Saint-Pierre de Doullens, représenté par ledit M. Holleville, fondé de procuration, du 19 de ce mois;

M. Charles Trouet, curé de Fief et Bonneville;

M. Firmin Guillain, curé de Fienvillers;

M. Norbert-François Hurtrelle, curé de Frohen-le-Grand, représenté par ledit M. Guillain, fondé de procuration, du 20 de ce mois;

M. Jean-Baptiste Lefebvre, curé de Frohen-le-Petit, représenté par ledit M. Guillain, par procuration du 20 dudit mois;

M. Louis-Nicolas-Gervais-Amant Bullant, curé de Gézincourt, représenté par M. Trouet, curé de Fieffes, par procuration du 20 de ce mois;

M. Antoine-François Bâtonnier, curé de Grouches, représenté par M. de Goves, curé de Saint-Soffieu, par procuration du 26 dudit mois;

M. Montaigur, curé de Hêmes et Ardainvalle, représenté par M. Cornu, curé d'Yvrenches, son fondé de procuration, du 28 de ce mois, légalisée cejourd'hui;

M. Jean-François-Dominique Duvillers, curé de Haussecours, représenté par M. Trouet, curé de Fieffes, fondé de procuration, du 20 dudit mois;

M. Pierre-Benjamin Herbette, curé de la Vicogne;

M. Pierre-Augustin de Neux, curé des Meillards, représenté par M. Pierre-Augustin Bullot, son fondé de pouvoirs, du 27 de ce mois, légalisés cejourd'hui;

M. Jacques Brice, curé de Luchuelle, représenté par M. Poussart, curé de Candas, fondé par procuration du 26 de ce mois;

M. François-Emmanuel-Jacques Desjardins, curé de Longvillers, représenté par M. Acclocq, curé de Berneuil, fondé de sa procuration du 27 de ce mois;

M. Philippe Roger, curé de Montigni-les-Jongleurs, représenté par M. Lefebvre, curé de Saint-Acheul-les-Doullens, son fondé de pouvoirs, du 28 du même mois;

M. Marc Godefroi, curé de Neuvillette, représenté par M. Lucheux, curé de Kérieux, par procuration du 24 dudit mois;

M. Mathieu Beaumont, curé d'Occoches, représenté par M. Joiron, chapelain, fondé de sa procuration du 19 de ce mois;

M. François-Joseph-Eustache Floart, curé d'Outrebois, représenté par M. Petit, fondé de sa procuration du 18 de ce mois;

M. François-Alexandre Courtois, curé de Ransart, en l'abbaye de Saint-Michel de Doullens;

M. Adrien-Joseph Petit, curé de Raimesnil, près Doullens, représenté par M. Louis-Joseph Asselin, fondé de procuration, du 24 de ce mois;

M. Ignace Lefevre, curé de Saint-Acheul, près Doullens;

Prévôté de Fouilloy.

M. Jean-Baptiste-Bernard, curé d'Abbancourt et Warfusée;

M. Charles-Philippe-François Poyon, curé d'Aubigny, représenté par M. Petit, fondé de procuration de cejourd'hui;

M. Jacques-François Mabile, curé de Bezieux;

M. Jean-Baptiste Adrien, curé de Blangy-sur-Somme, représenté par M. Vasseur, curé de Glisy, fondé de procuration, du 23 dudit mois, dûment légalisé;

M. Jean-François Lefebvre, curé de Bonnet,

représenté par M. Roullet, curé de Pons, fondé de pouvoir, du 23 de ce mois, dûment légalisé;

M. Charles Lécuyer, curé de Buire;

M. Antoine-Adrien Fouquerelles, curé de Bussy-les-Dours, représenté par M. Fouquerelles, vicaire de Saint-Remi, fondé de sa procuration du 28 de ce mois;

M. Jean Fusellier, curé de Cachy, représenté par M. Dupré, fondé de sa procuration du 28 dudit mois;

M. Charles Boileau, curé de Saint-Jean-de-Corbie, représenté par dom Mépuis, fondé de procuration du 28 dudit mois;

M. Antoine-Remi Riflet, curé de Saint-Thomas de Corbie, représenté par M. Riquebourg, fondé de sa procuration du 28 dudit mois;

M. François-Remi Loullier, curé de Saint-Albin de Corbie, représenté par M. Riquebourg, fondé de procuration du 28 de ce mois;

M. Antoine-François de Noyelle, curé de Saint-Éloi de Corbie, représenté par dom Mépuis, fondé de procuration du 27 de ce mois;

M. Nicolas-Alexis Caroix, curé de Notre-Dame en Saint-Étienne de Corbie, représenté par dom Michel Lally, par procuration du 20 de ce mois;

M. Jean-Baptiste-Joseph-Marie Racine, curé de Domare-sur-la-Luce;

M. Pierre de Bounaire, curé de Dours;

M. Pierre Paltez, curé de Fouilloy, représenté par M. de La Rosée, fondé de procuration du 20 de ce mois;

M. Charles Merchier, curé de Franvillers, représenté par M. l'abbé Fournier de Savense, vicaire de Saint-Martin, fondé de procuration du 26 de ce mois, dûment légalisée;

M. André Candellier, curé de Flechancourt;

M. Jean Juri, curé de Gentelles, représenté par M. Berly, curé de Boves, fondé de procuration passée le 24 de ce mois, dûment légalisée;

M. Jean-Baptiste Vasseur, curé de Glisy;

M. Jean-François Lottin, curé du Hamel, représenté par M. Dupré, fondé de procuration du 29 dudit mois;

M. Pierre-Augustin Lhote, curé de Hamelet, représenté par M. de La Rosée, doyen de Fouilloy, fondé de sa procuration du 20 de ce mois;

M. Agnan-Florentin Collet, curé d'Hahengart;

M. François de Linancourt, curé de Bouzancourt, représenté par M. François Fayès, curé de Belloy-Saint-Léonard;

M. Charles Fournier, curé de Heilly, représenté par M. l'abbé Fournier, fondé de son pouvoir du 26 de ce mois, dûment légalisé;

M. Alexis Talegrain, curé d'Henancourt, représenté par M. Deffaux, prêtre, fondé de sa procuration du 23 mars;

M. Armand Quignon, curé de la Motte-en-Santerre, représenté par M. Bernard, curé d'Abbancourt, fondé de sa procuration du 28 dudit mois;

M. Jacques-Jean-Baptiste-Augustin Langevin, curé de Longau;

M. Louis-Ambroise Calbon, curé de Marcel-Cave;

M. Adrien Andrieux, curé de Méricourt-l'Abbé, représenté par M. Darras, fondé de pouvoir du 28 mars, dûment légalisé;

M. Jean-Baptiste Caget, curé de Montigni-Villancourt, représenté par M. Candellier, curé de Fléchancourt, fondé de sa procuration de cejourd'hui;

M. Jean-Louis-Martin de Barres, curé de la Neuville de Corbie, représenté par M. Roulley, curé de Pons, fondé de procuration du 29 dudit mois;

M. Charles Roulley, curé de Pons;

M. Jean-Baptiste de Lucheux, curé de Querrieux ;

M. François-Marie Le Marchand, curé de Ribemont, représenté par M. Harreux, curé de Saint-Rémi, fondé de procuration du 17 de ce mois ;

M. Firmin Pley, curé de Sailly-le-Sec ;

M. Pierre-Louis-Robert Vart, curé de Sailli-Laurette, représenté par dom Mathieu, fondé de procuration du 20 de ce mois ;

M. Léger Bernard, curé de Glimont-Thézy ;

M. Jules-Augustin Hevin, curé de Saint-Gratien, représenté par M. Lucheux, curé de Querrieux, fondé de sa procuration ;

M. Louis-Alexis Rochon, curé de Vert-sous-Corbie, représenté par M. Bernard, curé d'Abbancourt, son fondé de procuration ;

M. Antoine-Gabriel d'Herbes, curé de Vequemont ;

M. Amable-Joseph Carpentier, curé de La Vieville, représenté par M. Brandicourt, curé de Saint-Firmin-le-Confesseur, son fondé de procuration ;

M. Augustin-René Aubry, curé de Ville-sous-Corbie, représenté par M. Dinancourt, chapelain, son fondé de procuration.

M. René Dupré, curé de Villiers-Bretonneux ;

M. Nicolas d'Horville, curé de Wiancourt-l'Équipée, représenté par M. Carbon, curé de Marcel-Cave, son fondé de procuration ;

M. Henri Turquet, curé de Cerisy-Gailly, représenté par M. Jacques-Jean-Baptiste Fournier, Augustin Langevin, son fondé de procuration ;

M. Nicolas-François Chopart, curé de Morcourt, représenté par M. Langevin, son fondé de procuration ;

Prévôté de Saint-Riquier.

M. Jean-Joseph Marcotte, curé de Beaumetz, représenté par M. Cauchy, curé de Bernaville, son fondé de procuration ;

M. Jean-Baptiste Pointart, curé de Bouchon ;

M. François d'Ozel, curé de Brucamps, représenté par M. Longuet, curé de Surcamps, son fondé de procuration ;

M. Jean Madoux, curé de Bussujaucourt, représenté par M. Collet, curé de Saint-Riquier, son fondé de procuration ;

M. Louis-Honoré-Charles Devismes, curé de Cramont, représenté par M. Legendre, chapelain de la cathédrale d'Amiens, son fondé de procuration ;

M. Jean-Baptiste Barbier, curé de Donqueur ;

M. Jean-François-Ovide Mentel, curé de Favières, représenté par M. Desjoberts, chanoine de la cathédrale d'Amiens, son fondé de procuration ;

M. Jean-François du Bourguet, de Foretz-Moulier, représenté par M. Martin, chapelain de la cathédrale d'Amiens, son fondé de procuration ;

M. Hyacinthe Leleu, curé de Francville, représenté par M. Sueur, chapelain de la chapelle de Saint-Vallery à Ribeaucourt, son fondé de procuration ;

M. Pierre-Ignace Auger, curé de Francu et Oudancourt, représenté par M. Jové, curé de Goranflos, son fondé de procuration ;

M. Jacques Masse, curé de Sanville, représenté par M. Lefèvre, curé de Saint-Acheul, près Doullens, son fondé de procuration ;

M. Étienne-Louis Sensey, curé de Goranflos ;

M. Pierre-Albin Cornu, curé d'Ivranches et Ivrancheux ;

M. Nicolas Leclerc, curé de Létoile, représenté par M. Roussel, curé de Saint-Jacques de la ville d'Amiens, son fondé de procuration ;

M. Charles-François-Joseph Gorin, curé de Maisons-Rolland, représenté par M. Gorin, prêtre et professeur au collège d'Amiens, son frère et fondé de sa procuration ;

M. Duboyle, curé de Moufiers, représenté par M. Roussel, curé de Saint-Jacques, en cette ville, son fondé de procuration ;

M. Nyon, curé de Noyelle-en-Chaussée, représenté par M. Francières, curé de Domart-les-Ponthieux, son fondé de procuration ;

M. Pierre-André Bridoux, curé d'Oneux-Neuville et Fretel, représenté par M. Collet, curé de Saint-Ricquier, son fondé de procuration ;

M. Jean-Baptiste Petit, curé de Prouville, représenté par M. Cauchy, curé de Saint-Bernaville, son fondé de procuration ;

M. Guillain Le Temple, curé de Ribaucourt ;

M. Noël-Antoine Rouchart, curé de Saint-Manguille, représenté par M. Cornu, curé d'Ivranches, son fondé de procuration ;

M. Pierre-Jacques-François Cattet, curé de Saint-Riquier ;

M. Josse Longuet, curé de Surcamps et Vauchelle ;

M. Pierre-Joseph Motteau, curé d'Erguy, représenté par M. Sevel, curé d'Ailly, son fondé de procuration.

Prévôté de Vimeu.

M. François-Alexis Caron, curé d'Enneville et Campagne, représenté par M. Herbette, curé de Villers-Bocage, son fondé de procuration ;

M. Joseph de Poilly, curé de la paroisse d'Acheux ;

M. Jean-Charles Ternisien, curé de Notre-Dame d'Airaines ;

M. François Marduel, curé de Saint-Denis dudit Airaines ;

M. Jean-Martin, curé d'Alney, représenté par M. Caron, chanoine de la cathédrale de cette ville, son fondé de procuration ;

M. François Boully, curé d'Avesnes, représenté par M. Suart, curé d'Étreyna, son fondé de procuration ;

M. François-Joseph Becquet, curé du Dault, représenté par M. Liquois de Beaufort, chanoine de la cathédrale de cette ville, son fondé de procuration ;

M. Jacques de La Paix de Lizancourt, prieur, curé d'Aumont, représenté par M. Jean-Baptiste Fertel, curé d'Ornoy, son fondé de procuration ;

M. Pierre-Firmin Regnier, curé de Bailleul, représenté par M. de Poji, curé d'Acheux, son fondé de procuration ;

M. François-Joseph Bigorgne, curé de Behin, représenté par M. Dinocourt, chapelain de la cathédrale de cette ville, son fondé de procuration ;

M. Jean-François Fayez, curé de Benoit-Saint-Léonard ;

M. François Lemotte, curé de Bettancourt-sur-Mer, représenté par M. Auger, curé de Nibat, son fondé de procuration ;

M. Nicolas Coffignier, curé de Bettancourt-Rivière, représenté par M. Marduel, curé de Saint-Denis d'Airaines, son fondé de procuration ;

M. Joseph Dumange, curé de Bazinval, représenté par M. Phalempin, chanoine régulier de l'ordre des Prémontrés, son fondé de procuration ;

M. Jean-François Travet, curé de Boismont, représenté par M. Rohault, prêtre du diocèse d'Amiens, son fondé de procuration ;

M. Joseph Delens, curé de Bouillancourt-en-

Sery, représenté par M. Covitart, chanoine prémontré, son fondé de procuration ;

M. Adrien Lemecque, curé de Bouillancourt-sur-Myanct, représenté par M. Sénéchal, prêtre, professeur au collège de cette ville, son fondé de procuration ;

M. Casimir-Hippolyte Pieffort, curé de Bourseville, représenté par M. Thiron, curé de Saint-Ouin, son fondé de procuration ;

M. Gilbert-Marie Le Picard, curé de Bouvincourt-Saint-Hilaire et Cote-Pie, en personne ;

M. Nicolas Tiremache, curé de Bray-les-Marcuil, représenté par M. de Goves, curé de Souflieu, son fondé de procuration.

M. Philippe Lecul, curé de Cahon, représenté par M. Dessomme, prêtre, son fondé de procuration ;

M. Louis-François Carpentier, curé de Camps en Amiénois, représenté par M. Duval, curé de Molliens, son fondé de procuration ;

M. Simon du Fetet, curé de Cahieux, représenté par M. Rabouilles, curé de Doremos, son fondé de procuration ;

M. Poiré, curé de Cerizy-Bulleux, représenté par M. Brandicourt, sous-principal du collège d'Amiens, son fondé de procuration ;

M. Victor-Césaire Dessomme, curé de Chépi ;

M. de Lignières, curé de Citerne, représenté par M. de Lignières, prêtre et professeur au collège de cette ville, son fondé de procuration ;

M. Avenel, curé de Condé-Folie, représenté par M. Darras, chanoine de Saint-Nicolas d'Amiens, son fondé de procuration ;

M. Jean-Baptiste-Théophile Cozette, curé de Douriers, représenté par M. Noblesse, curé de Dreuil, son fondé de procuration ;

M. Jean-Louis Nollin, curé de Dromesnil, représenté par M. Chochot, curé de Saint-Huy, son fondé de procuration ;

M. Jean-Baptiste Caron, curé d'Epaumesnil ;

M. Nicolas-Robert Boulanger, curé d'Hercourt, représenté par M. de Poji, curé d'Acheux, son fondé de procuration ;

M. Louis Bouton, curé d'Etrebœuf, représenté par M. Aubry, vicaire à Saint-Vallery, son fondé de procuration ;

M. François Suart, curé d'Etrejus ;

M. Poiré, curé de Frucourt, représenté par M. Brandicourt, sous-principal du collège de cette ville, son fondé de procuration ;

M. Lenoir, curé de Foucaucourt, représenté par M. Lagache, chanoine vicarial de la cathédrale d'Amiens, son fondé de procuration ;

M. Jacques Hommassel, curé de Framicourt-le-Grand, représenté par M. Lévêque, chanoine prémontré, son fondé de procuration ;

M. Gambier, vicaire en chef de Fresnoye-en-Dainville, représenté par M. Jean-François d'Esseaux, prêtre habitué en la paroisse de Saint-Germain, son fondé de procuration ;

M. François Clément, curé de Fressenneville, représenté par M. Jean-Claude Faisan, prieur-curé de Sercy, son fondé de procuration ;

M. Adrien-Claude Sorel, curé de Frette-Guisse, représenté par M. Lœiller, curé de Vergy, son fondé de procuration ;

M. Haccot, curé de Fretemeulle, représenté par M. Fayés, curé de Belloy et Saint-Léonard, son fondé de procuration ;

M. Nicolas Willaume, curé de Friville-Escarbotin et Belloy, représenté par M. Jean-Claude Faisan, curé de Sercy, son fondé de procuration ;

M. Jacques Riquier, curé de Gamaches, repré-

senté par M. Jean-Victor Can, prêtre desservant audit Gamaches, son fondé de procuration ;

M. Jean-Baptiste Forseville, curé de Gouy-Hôpital ;

M. Jean-Pierre Ledieu, curé d'Héancourt ;

M. Jean-Baptiste Douillet, curé d'Hocquemours, représenté par M. Suart, curé d'Etrejus, son fondé de procuration ;

M. Jean-Baptiste Fretel, curé d'Ornoy ;

M. Desjardins, curé d'Ainval, représenté par M. Delaporte, curé d'Omatre, son fondé de procuration ;

M. Pierre Jourdain, curé de Méligni et Lalou, représenté par M. Marduel, curé de Saint-Louis d'Airaines, son fondé de procuration ;

M. François-Gabriel Beguin, curé de Lanchères ;

M. Challard, curé de La Motte-Croix-au-Bailli, représenté par M. Béguin, curé de Lanchères, son fondé de procuration ;

M. Jean-Augustin d'Elvincourt, prieur-curé de Lépinoy, représenté par M. Léger, chanoine prémontré en cette ville, son fondé de procuration ;

M. Pelée, curé de Limeux, représenté par M. Mounier, principal du collège de cette ville, son fondé de procuration ;

M. Nicolas-Stanislas Sainte, curé de Méricourt ;

M. Ducastel, curé de Mesnil-Eudin, représenté par M. Fertel, curé d'Ornoy, son fondé de procuration ;

M. Grisel, curé de Mesnières et de Tilloy-Floriville, représenté par M. Eloi, curé de Saint-Romain, son fondé de procuration ;

M. Douchet, curé de Moufflères-Lignères, représenté par M. Delaporte, curé d'Omatre, son fondé de procuration ;

M. Jean-Charles Tellier, curé de Moyenneville, représenté par M. Sénéchal, prêtre, professeur au collège de cette ville, son fondé de procuration ;

M. Charles-Honoré Saulmont, curé de Neuville-sous-Saint-Germain ou Coppegueule, représenté par M. Hecquet, chanoine de Péquigny, son fondé de procuration ;

M. Pierre-Nicolas Devismes, curé de Neuville-lès-Saint-Valery, représenté par M. Tilloloy, diacre du diocèse d'Amiens, son fondé de procuration ;

M. Pierre-Augustin Auger, curé de Nibal ;

M. Antoine Roque, curé d'Auchancourt, représenté par M. Auger, curé de Nibal, son fondé de procuration ;

M. Louis-François Gugni, prieur-curé d'Oisemont, représenté par M. Quentin, curé de Salleux, son fondé de procuration ;

M. Firmin Delaporte, curé d'Omatre ;

M. Louis-François Dufétel, curé d'Oust et Marest, représenté par M. de Lignières, prêtre, professeur au collège de cette ville, son fondé de procuration ;

M. Jean-Baptiste Delaire, curé du Quesnoy-sur-Ayraines ;

M. Nicolas Roussel, curé de Rambures, représenté par M. Crosnier, curé de Ramburelles, son fondé de procuration ;

M. Pierre Crosnier, curé dudit Ramburelles ;

M. Henry-François Maisan, curé dudit Ramburelles ;

M. Henry-François Maison, curé de Rivière ;

M. de La Haye, curé de Saigneville, représenté par M. Parré, chapelain, son fondé de procuration ;

M. François Poilly, curé de Saint-Blimond, représenté par M. Tilloloy, diacre du diocèse d'Amiens, son fondé de procuration ;

M. François Limosin curé de Saint-Etienne en

Sery, représenté par M. Jean-Baptiste Debonnaire, chanoine prémontré, son fondé de procuration;

M. Riquier de Ribeaucourt, prieur-curé de Saint-Léger-le-Pauvre, représenté par M. Germain-Maximilien-Félix Léger, chanoine prémontré, son fondé de procuration;

M. Joseph-Joachim Ruel, curé de Saint-Marc, représenté par M. Dessommes, curé de Chépy, son fondé de procuration;

M. Jean-Baptiste-Denis Comté, curé de Saint-Maulvis, représenté par M. Lœuillier, curé de Vergie, son fondé de procuration;

M. Jean-Louis Jolly, prieur-curé de Saint-Pierre-lès-Selincourt;

M. Jean-François Dubrun, curé de Saint-Martin, en la ville de Saint-Valery;

M. Jacques-Antoine Lachet, curé de Saint-Nicolas dudit Saint-Valery;

M. Pierre-Antoine-François Obry, député du clergé de Saint-Martin de Saint-Valery, nommé par délibération du 25 mars;

M. Honoré Crespin, curé de Selincourt, représenté par M. Nicolas Crespin, curé de Moyencourt, son fondé de procuration;

M. Jean-Claude Faisan, prieur-curé de Sery, représenté par M. Jean-Baptiste de Bounaire, chanoine prémontré, fondé de procuration;

M. Antoine-Gérard Charpentier, prieur-curé de Soreng, représenté par M. Falempin, chanoine prémontré, son fondé de procuration;

M. Forseville, curé de Thieulloy-l'Abbaye-en Faye-les-Hornoys, représenté par M. Mabile, curé de Pézieux, son fondé de procuration;

M. Joseph-Félix de Mouchy, curé de Tœuftes, représenté par M. Caron, curé de Dreuil-les-Amiens, son fondé de procuration;

M. Godequin, curé de Tours, représenté par M. Eloy, curé de Saint-Romain, son fondé de procuration;

M. Mercier, curé de Tronchois et dépendances, représenté par M. Daymat, curé de Bettembos, son fondé de procuration;

M. Vyon, curé de Tailli, représenté par M. Lœuillier, curé de Vergy, son fondé de procuration;

M. Soret, curé de Thully, représenté par M. Manelin, chapelain, fondé de procuration;

M. Jacques Terreux, curé de Vaudricourt, représenté par M. Béguin, chanoine régulier de la congrégation de France, fondé de sa procuration;

M. Jean Lœuillier, curé de Vergies-Failles, et Valle-en-Paix;

M. Pierre-Antoine Corbie, curé de Villers-Campsart, représenté par M. Jolli, prieur de l'abbaye de Saint-Pierre-les-Selincourt, son fondé de procuration;

M. Antoine de Bounaire, curé de Wartuce et Montagne, représenté par M. Ternisien, curé d'Airaines, son fondé de procuration;

M. Jean-Charles-François Maréchal, curé de Vuiry et dépendances;

M. Pierre Cauchy, curé de Witaines-Eglise, représenté par M. Mabille, curé de Behem, son fondé de procuration:

M. Jean-Baptiste Aubry, curé de Woignarue et Onivat, représenté par M. d'Arguy, prêtre titulaire du personnat de Treux, son fondé de procuration.

Personnats et Chapelains.

M. Jean-Baptiste-Rémi Vauquelin, titulaire du personnat en l'église de Bésieux;

M. Nicolas-Claude d'Arguy le jeune, titulaire du personnat en l'église de Treux;

M. Pierre-Ignace Héquet, titulaire du personnat en l'église du Bettancourt;

M. François Caron, titulaire du personnat en l'église de Saint-Aubin;

M. Guillaume, titulaire du personnat en l'église de Brucamps, représenté par M. Jean-François Deslavier, doyen du chapitre de la collégiale de Vignacourt, fondé de sa procuration;

M. Nicolas Gaudière, titulaire du personnat de Bussu, représenté par Jean-Baptiste Mercher, ancien curé de La Chaussée, son fondé de procuration;

M. Louis de Saint-Riquier, chapelain de la chapelle de Saint-Hilaire en l'église de Méricourt-l'Abbé, représenté par M. Charles Lécuyer, curé de Brailes, fondé de sa procuration;

M. Honoré Guibet, chapelain de la chapelle de Saint-Gervais, au hameau d'Etouvies;

M. Firmin-Honoré Magnier, chapelain de la chapelle Saint-Nicolas en l'église de Fontaine-sous-Catheux, représenté par M. Etienne du Neuf-Germain, prêtre en cette ville, son fondé de procuration;

M. Augustin-François Mercier, chapelain de la chapelle de Verpillers, et aussi de la chapelle de Saint-Claude de Montières-lès-Amiens, représenté par M. Augustin-Marie-François Depaule Le Caron de Varenne, prêtre chanoine de l'église cathédrale d'Amiens, et vicaire général de monseigneur l'évêque, son fondé de procuration;

M. Louis-François-Maximilien d'Essoles, chapelain de la chapelle Sainte-Marguerite, dans l'étendue de la paroisse de Beauval;

M. Jean-Baptiste Brunel, chapelain de la chapelle de Saint-Nicaise au château d'Acheux;

M. Jean-Baptiste Pierrin, chapelain de la chapelle de Saint-Nicolas à Bettrancourt, paroisse de Frette-Meule, lequel a déclaré que sa chapelle était grevée d'une pension de 120 francs;

M. Jean-Louis Monnin, chapelain de la chapelle de Saint-Jean-Baptiste, dite des Coquelets, en l'église de Jumelles;

M. Dominique Ricouard, chapelain de la chapelle de Notre-Dame, dite La Ferté, en l'église de Saint-Martin de Péquigny;

M. Claude-François Houssard, chapelain de la chapelle dite Méante, en l'église de Péquigny;

M. Augustin Dufour, prêtre religieux de l'abbaye du Gard, chapelain de la chapelle régulière de Notre-Dame, dite de Taufol, en l'église de ladite abbaye, représenté par dom François-Toussaint Sauvage, prêtre religieux en ladite abbaye, son fondé de procuration;

M. Pierre de Caquerey de Saint-Quentin, chanoine de l'église cathédrale de Verdun, chapelain de la chapelle de Saint-Nicolas de Fluy, représenté par M. Jean-Hyacinthe Chochot, curé dudit Fluy;

M. Honoré Duplan, chapelain de la chapelle de Saint-Hubert, en l'église de Canaples;

M. Jean-Baptiste Asselin, chapelain de la chapelle de Notre-Dame, dite La Rose, en l'église de Fadcamps;

M. Guillada-François-Louis de Neuilli, chapelain de la chapelle de Notre-Dame, en l'église de Naours;

M. Dollet, chapelain de la chapelle de Saint-Nicolas, en l'église de Pernois, représenté par M. Jean-François des Laviers, doyen de l'église collégiale de Vignacourt, fondé de sa procuration;

M. Antoine-Adrien Lenfant, chapelain de la chapelle de Saint-Jean, dite des comtes de Ponthieu, en l'église de Notre-Dame-d'Airaines;

M. Trogneuse, chapelain de la chapelle de Saint-

Nicolas, au château de Rambures, représenté par M. Hurache, curé des Antheux, son fondé de procuration ;

M. Jean-Chrysostôme Sueur, chapelain de la chapelle de Saint-Valery, en l'église de Berna-ville;

M. Hugues de Thy, chapelain de la chapelle de Saint-Jean-Baptiste, en l'église cathédrale d'A-miens, représenté par M. Jean-Charles Bigorgne, chanoine de ladite église, son fondé de procuration ;

M. Éloi Legrand, chapelain de la chapelle de Saint-Benoît, en l'église de Saint-Riquier, repré-senté par ledit Jean-Charles Bigorgne, chanoine de l'église cathédrale de cette ville, son fondé de procuration ;

M. Nicolas-Théodore Champion, chapelain de la paroisse de la Sainte-Trinité, en l'église paroissiale de Saint-Riquier, représenté par M. Nicolas-Claude Darguies, fondé de sa procuration ;

M. Lesueur, chapelain de la chapelle Castrale, au château de Ribaucourt;

M. Jean-Baptiste-Marie Maçon, chapelain de la chapelle de Saint-Urbain, en l'église de Vert-près-Corbie, représenté par M. Étienne-du-Neuf-Germain, vicaire de la paroisse Saint-Michel de cette ville, son fondé de procuration ;

M. Gille-Adrien La Gache, chapelain de la cha-pelle Sainte-Anne, en l'église d'Eilly ;

M. Jean-Baptiste Barutel, chapelain de la cha-pelle de Saint-Louis de Foresmontiers, représenté par M. Bertin, chanoine de l'église collégiale de Saint-Vulfrent d'Abbeville, son fondé de procura-tion ;

M. Jean-Alexis Rohault, prêtre, demeurant à Domesmont ;

M. Firmin-Joseph Fouqueret, prêtre, chapelain de la chapelle de Saint-Genbien, en l'église de Berny;

M. Armand-Constant Thidoi, prêtre, demeurant à Domart-lès-Ponthieux ;

M. Sébastien Bordecq, prêtre, chapelain de Bonneville, en l'église de Saint-Remi, de cette ville.

Seigneurs ecclésiastiques.

Illustrissime et révérendissime Jean-Armand de Bessujouls de Roquelaure, évêque de Senlis, con-servateur-né des priviléges de l'université de Paris, premier aumônier du Roi, conseiller d'État ordinaire, commandeur de l'ordre du Saint-Esprit, abbé des abbayes royales de Notre-Dame-de-la-Victoire de Senlis, et de Saint-Germain de Fley, diocèse de Beauvais; et en cette qualité seigneur de Feuquères; représenté par M. Jacques-Auguste-Guillaume Obé, chanoine pénitencier et théologal de l'église cathédrale d'Amiens, fondé de sa pro-curation ;

MM. les doyen, chanoines et chapitres de l'église cathédrale de Beauvais, à cause de leurs seigneu-ries de Gangourt et de Thérine, représentés par dom Louis-Joseph Toillier, religieux bénédictin de Saint-Lucien de Beauvais, fondé de leur pro-curation ;

Illustrissime et révérendissime monseigneur Jean-Baptiste-Charles-Marie de Beauvais, ancien évêque de Senès, abbé de Beaupré, et en cette qualité, seigneur de Briot ; représenté par M. An-dré Rabardel, chanoine de l'église cathédrale d'Amiens, son fondé de procuration ;

MM. les prieur et religieux de l'abbaye de Notre-Dame de Beaupré, comme seigneurs de Brombos et Hautbos ; représentés par dom Fran-çois-Toussaint Sauvage, religieux profès de ladite abbaye, leur fondé de procuration ;

MM. les chanoines de l'église cathédrale de Paris, seigneur d'Outrebois, représenté par M. Eugène Homeblanne, chanoine-chantre de l'église cathédrale d'Amiens, leur fondé de pro-curation ;

MM. les prieur et religieux de l'abbaye de Saint-Josse-au-Bois, dite d'Aumartin, à cause de leurs fiefs situés dans l'étendue de ce bailliage, repré-sentés par M. Charles Paullion, religieux profès en ladite abbaye, suivant l'acte de délibération du douze de ce mois ;

MM. les doyen, chanoine et chapitre de l'église collégiale de Saint-Pierre de Geberoy, seigneurs de Haussez, représentés par M. Remi-Jean-Baptiste Vauquelin, chanoine de Saint-Martin, en cette ville, leur fondé de procuration;

M. Jean-Baptiste-Victor Pingré, chanoine de l'église cathédrale d'Amiens et seigneur de Bussy-les-Dours;

Les prieur et religieux de l'abbaye de Sercamps, seigneurs de la terre et seigneurie de Bouque-maisons, représentés par dom Antoine de Gros de Conflans, prieur de l'abbaye de Valerys, leur fondé de procuration ;

Les prieur et religieux de l'abbaye de Beau-becqs, seigneurs de Muraumont, représentés par dom Broyard, prieur de l'abbaye du Gard, leur fondé de procuration.

Clergé du bailliage secondaire de Ham.

Illustrissime et révérendissime seigneur mon-seigneur François-Joseph-Gaston de Partz de Presnil, évêque de Boulogne, abbé commendataire de l'abbaye royale de Ham, représenté par M. Eu-gène Omitanne, prêtre, chanoine-chantre de la cathédrale d'Amiens, son fondé de procuration ;

MM. les chanoines réguliers, prieur et chapitre de l'abbaye royale de Notre-Dame de Ham, re-présentés par M. Jean-Baptiste Champion, cha-noine régulier de la congrégation de France, prieur de l'abbaye de Saint-Acheul-lès-Amiens, leur fondé de procuration devant notaire, à Ham ;

M. Jean-Pierre Bédos, chanoine régulier de l'ordre de Saint-Augustin, congrégation de France, prieur-curé de la paroisse de Saint-Pierre de la ville de Ham, en personne ;

MM. les ecclésiastiques composant le clergé de la ville de Ham, représentés par M. Bedos, prieur-curé de Saint-Pierre en la ville de Ham, leur dé-puté nommé par acte du 23 de ce mois ;

M. Jean-Baptiste-François Mercier, prêtre, prieur-curé de la paroisse de Saint-Martin de la ville de Ham, représenté par M. Jean-Baptiste Champion, chanoine régulier, et prieur de Saint-Acheul-lès-Amiens, son fondé de procuration passée devant notaire à Noyon, le 11 de ce mois ;

M. Pierre-Louis Haillaud, prêtre, chanoine ré-gulier de l'ordre de Saint-Augustin, congrégation de France, prieur-curé de la paroisse de Saint Sulpice, au faubourg de la ville de Ham, repré-senté par M. Jean-Pierre Bedos, chanoine régu-lier, prieur-curé de Saint-Pierre de la ville de Ham, fondé de procuration passée devant no-taire audit Ham, le 28 de ce mois.

Ordre de la noblessse du Bailliage d'Amiens.

Monseigneur comte d'Artois, fils de France frère du roi, à cause de la baronnie de Piquigny de la chatellenie de Saint-Valery-sur-Somme, et de la seigneurie de Bernaville représenté par M. le duc de Croy d'Havré, fondé de sa procuration, contenue aux lettres patentes données à Versailles, le trois de ce mois, signé Charles-Philippe, plus bas par monseigneur comte d'Artois Oursin de Monchevret, et registrées à l'audience, le sceau tenant le même jour, par Vigoureux et scellées ;

A

M. Louis-Joseph-Charles-Amable d'Albert duc de Luynes, seigneur châtelain d'Airaines-Beauquène, et autres lieux, représenté par M. le duc d'Havray, son fondé de procuration ;

Le sieur Philippe-Alexandre-François-Emmanuel-Joseph, prince de Gestes, seigneur d'Acquivilliers, Bailleul, et autres lieux, représenté par M. le marquis de Vallangtarse, son fondé de procuration ;

M. Marie-Louis Lefebre de Milly, seigneur des Autheux ;

Dame Elisabeth-Jeanne de La Roche de Rambures, dame d'Othie, veuve de M. le comte de Liguies, représentée par M. Dubos d'Ornicourt, son fondé de procuration ;

M. Jean-Ferdinand de Calonne, chevalier, comte, seigneur châtelain d'Avesnes le Boisrault et autres lieux ;

M. Pierre de Fremont du Mazi, président honoraire au parlement de Paris, seigneur d'Andainville et autres lieux, représenté par M. Le Caron de Choqueuse, fondé de sa procuration ;

M. Marie-Jean-Baptiste-Pierre-François de Gorbette, chevalier, seigneur d'Argieuves, Dubut et autres lieux ;

M. Jacques-François Godard, chevalier, seigneur d'Argoules, représenté par M. Vaysse d'Allonville, son fondé de procuration ;

M. Marie-François-Isidore de Milléville, écuyer, seigneur d'Aveliges, représenté par M. Pierre-Charles-Joseph de la Haye, écuyer, son fondé de procuration ;

M. Vaysse, écuyer, seigneur d'Allonville, Gravatte et autres lieux ;

M. Charles-Victor Pingré de Thiebval, chevalier, seigneur d'Ambreville et autres lieux ;

M. Jean-Baptiste-Barthélemy d'Amiens, écuyer, seigneur d'Acheux et Helléavillers ;

M. Antoine-Pierre-Nicolas Petit, seigneur d'Authieul et autres lieux ;

M. François-Bernard Brunes, chevalier de la prévôté d'Aumâtre et du roi en ce siège :

M. Nicolas Canet d'Aubillers, écuyer, seigneur du fief d'Aubillers, représenté par M. Dessel, maître des requêtes, seigneur de Vignacourt, son fondé de procuration.

B

M. Jacques-Louis, marquis de Saint-Blimont, seigneur et patron dudit Saint-Blimont, Senneville, Pempdey, Petit-Pempdey, Sallenele, Gouy, Cabon, Estrebœuf, Relucourt-Friancourt et autres lieux ;

Dame Pauline-Françoise de Roye de La Rochefoucauld, dame de Boves, veuve de M. le duc de Biron, représentée par M. Charles-Gabriel comte de Gomer, son fondé de procuration ;

M. Charles-Olivier de Saint-Georges, marquis de Couhet-Vérac, seigneur de Bergicourt, d'Arguie, Sentetics et autres lieux, représenté par M. Pierre-Victor-Hyacinthe de Bounaire de Namps-au-Mont, son fondé de procuration ;

M. Charles-Louis-Joseph marquis de Clermont-Tonnerre, comte de Thoury, seigneur de Bertangles, Montonvilliers, Val des Maisons, Bouttavens, Ernemont, Campot, Courcelles, Longuavenes et autres lieux, représenté par le marquis de Lameth, son fondé de procuration ;

M. Emmanuel-Charles baron de Crussol, seigneur, à cause de madame son épouse, de Bettembos, Boulainvillers, Saint-Aubin et autres lieux, représenté par M. le vicomte de Selincourt, fondé de sa procuration ;

M. Guillain-François baron de France, seigneur de Bettencôte-sur-Mer et autres lieux, représenté par M. de Sachi de Fourdrinoy, son fondé de procuration ;

M. Jean-Baptiste Vacquette de Gribauval, seigneur de Beauvelle, représenté par M. Jacques-François-Firmien Lequeu de Moyenneville, chevalier, fondé de procuration ;

M. Jean-Baptiste-Marie-Robert Jourdain, écuyer, seigneur de Bacouelle, Thieulloy-la-Ville, Méraumont et Saint-Gratien, en personne ;

M. Pierre-Melchior Lagreunée, chevalier et seigneur du fief Phalempin, situé à Beauval, représenté par M. Defay de Cenpuis, écuyer, son fondé de procuration ;

M. Pierre Dumesnil, chevalier, seigneur d'Aplaincourt de Bellefontaine et autres lieux, représenté par M. Pierre-Marie de La Haye, écuyer, son fondé de procuration ;

M. Jacques-Joseph-Pascal Le Boucher d'Ailly, chevalier, seigneur de Richemont, Buyancourten-Série, Bouttancourt-les-Blangy, Ouiraumont et autres lieux, représenté par M. Alexandre-Charlet Gilant, écuyer, son fondé de procuration ;

M. Pierre-Jean Tillet, chevalier, seigneur de Bluigny, Biancourt et autres lieux, représenté par M. Fouque de Tœufe ;

Dame Françoise-Clotilde-Angélique du Blaizel, dame de Bezancourt, veuve de M. le comte de Clément, représentée par M. le président d'Ornoy ;

M. Pierre-Louis Blin, chevalier, vicomte de Domant et de Brétet, seigneur et pair de Bourdon, représenté par M. Blin de Gezincourt ;

Dame Clotilde de Sarcus, veuve de M. Pierre-Nicolas-Ferdinand de Beaurain, chevalier, seigneur de Bureuil et de Belloy-sur-Somme, tant en son nom que comme tutrice de M. Pierre-Nicolas-Ferdinand de Beaurain, son fils, représentée par M. Le Clerc, chevalier de Bussy ;

Demoiselle Marguerite-Charlotte de Belagreville, demoiselle dame de Bulleux, représentée par M. Demons de Maigneux ;

M. Louis-Michel-Philippe-Vincent Le Canu, chevalier, seigneur de Bray-les-Mareuil, représenté par M. Lallier de Saint-Lieu ;

M. Marie-Jean-Baptiste Morgant, chevalier et seigneur de Berny-Saulchoy, Epagnes, en personne ;

M. Jacques-Gabriel-François-de-Paule Roussel Belloy, chevalier, seigneur de Belloy, Estrejus, Haillivilliers, Wargies, en personne ;

M. Jean-Guillain-Marie Bouquelle, chevalier, seigneur de Beauval-Sarton, en personne ;

M. Charles Dufresne, chevalier, seigneur de Beaucourt, Herbart, Beigneudelle, Aubigni, Festonval, en personne ;

M. Lenoir père, seigneur d'un fief situé au terroir de Beaucourt.

C

Son Altesse monseigneur Joseph-Marie de Lorraine, prince de Vaudemont, seigneur de Coissy,

Poulainville, La Cardounette, représenté par M. Jourdain de Thieuloy;

M. Jean-Baptiste-Thierry, chevalier, seigneur de Genouville, Grand et Petit Cagny, représenté par M. Briette de Fort-Manoir;

M. Joseph, comte de Mailly, marquis d'Haucourt, seigneur de Cany, représenté par M. Jean Demont, chevalier de Beaulieu;

M. Alexandre-François de Bussy, comte de Canaples, chevalier et seigneur dudit lieu, Fieffe, Bonneville et Montrelet, en personne;

M. Marie-François-Robert Jourdain, écuyer, seigneur de Cannelières, en personne;

M. Claude-François-Alexandre-André des Forges, chevalier, seigneur comte de Caulières, en personne;

M. Antoine-Louis-Henry Gorgeon de Verville, écuyer, seigneur de Candas, Raincheval et autres lieux;

M. Jean-Baptiste-Adrien Tillette, chevalier, seigneur comte de Mautort, seigneur de Cambron, représenté par M. Louis-Marie-Lefebvre de Milly;

M. Jean-Baptiste-Emmanuel-Victor Pingré, chevalier, seigneur de Cavillon, en personne;

M. Antoine-François Le Caron de Choqueuse, seigneur de Choqueuse, Marieux, la Boissière, Quesnoi, Frémi, etc., en personne;

M. Jacques de Louvencourt, chevalier, seigneur usufruitier de Cléry, Sautchoy, Gournay, Ainval et les Boisrault, en personne;

M. Alexandre-François de Mareuil, comte de Mareuil, seigneur de Contres, Belleville, en personne;

Dame Marie-Anne-Catherine-Gilberte Morel, dame de Comtay, Agnicourt, Becordel et autres lieux, représentée par M. le comte de Bussy-Canaples;

Dame Marie-Charlotte de Broutel, dame de Coqueres, veuve de M. Antoine-Alexis-Crignon de Beauvert, écuyer, secrétaire du roi, représentée par M. le vicomte de Gornert;

M. Charles-François-Nicolas baron Larchier de Courcelle, seigneur de Courcelle, Rançon, représenté par M. François-Gaspard-Noël Cazey de Merry, chevalier;

M. Joseph-Anne-Auguste-Maximilien Croy, duc d'Havray et de Croy Wailly, seigneur d'autres lieux, en personne.

D

M. Barbe Simon comte de Riancourt, seigneur de Dom-Léger, représenté par M. le marquis de Lameth;

Dame Marie-Elisabeth Mariée, veuve de M. Jean-Louis de Bernage, chevalier, dame des terres de Donqueur et Maison Rolland, représentée par M. Mariée de Toul;

M. Louis-François-Marie Piquet, chevalier, seigneur de Dourrier, Le Saulchoix et autres lieux, en personne;

M. Pierre-Godard de Beaulieu, seigneur de Beaulieu et de Domoy, représenté par M. Fouques de Tœufles;

Dame Marie-Madeleine Vaquette de Moyenneville, dame de Dours et de Vequemont, veuve de M. Lequieu de Moyenneville, représentée par M. Jacques-François-Joseph-Firmin Lequieu de Moyenneville, chevalier;

Demoiselle Marie-Madeleine-Françoise Le Boucher de Mesnil, demoiselle dame de Dreuil-sur-Somme, Flers et autres lieux, représentée par M. Jacques-Gabriel-François de Paule Ronne de Belloy;

M. Pierre de Roussel Belloy, chevalier, seigneur

de Dromesnil, maréchal des camps et armées du roi, en personne;

M. Louis-François-de-Paule Tillette, chevalier, seigneur de Fieffes, Dumesnil et Bettenoir, situé à Angest, représenté par M. Florent de Sachy, chevalier, seigneur de Fourdrinoy.

E

Dame Antoinette-Jacqueline-Jeanne Lefebvre Duquesnoy, veuve de M. Jean-Baptiste Montmignon, écuyer, seigneur d'Escarbotin, Noirville et Blemont, tutrice de ses enfants mineurs, représentée par M. le marquis de Saint-Blimont;

M. Anne-Joseph-Alexandre des Forges, vicomte de Caulières, seigneur d'un fief à Eplessier, représenté par M. le comte de Caulières;

M. Claude-Louis-Gabriel de Berry, comte d'Essertaux, seigneur dudit Essertaux, Oresmeaux, Jumelles et autres lieux, en personne;

M. Jacques-Robert-Vulfran-Samson, chevalier, seigneur d'Ercourt, représenté par M. Vaisse d'Allouville;

Dame Elisabeth Bayle de Lignières, dame d'Estrée-les-Crésy, veuve de M. François-Edouard-Joachim Lhôte, chevalier, marquis de Villemont, représentée par M. Demons d'Havernas;

M. Timoléon-Antoine-Joseph-François-Louis-Alexandre d'Espinay, comte d'Espinay et de Saint-Luc, seigneur d'Escames, Buzancourt, Saint-Quentin, Desprès, Molagnies et autres lieux, représenté par M. Louis-Charles de La Rue, chevalier, seigneur d'Héricourt;

M. Jean-Baptiste-Firmin du Croquet, écuyer, seigneur d'Estrées, Guyencourt, Petit-Bosquet, en personne.

F

M. Pierre-Gilbert Joachim de Gorguette d'Argœuves, Chanoine, seigneur du fief Falempin, situé à Beauval, représenté par M. le comte de Gorguette, son frère, son fondé de procuration;

M. Augustin-Louis Hennequin, marquis d'Esquevilly et de Chemery, comte de Grandpré, seigneur de Famechon, représenté par M. Bouttet de Varennes, écuyer, avocat;

M. François-Henry Hardivillers, chevalier, seigneur de Faye-les-Hornoy, Monceaux et autres lieux, représenté par M. Louis-Laurent de Riubert de Chatillon, chevalier;

M. Maximilien-François-de-Paule Vrayet de Moranvilliers, écuyer, seigneur du fief Forcy, situé à Ferrières;

M. Charles-Martin de Hertèse, chevalier, seigneurs de Ferrières, en personne;

M. Alexandre-François de Bray, chevalier, seigneur de Fléselles, représenté par M. Claude-Louis-Joseph de Saisseval, chevalier, seigneur de la Vicomté-Perri et Riquemesnil;

M. Noël-Joseph Poujol d'Averkerque, écuyer, seigneur de Fleury, en personne;

M. Emmanuel-Eustache-Marie le Boucher d'Ailly, chevalier, seigneur du fief de Fontaine sur-Maye, représenté par M. Théophile-Remi Galand, écuyer;

M. Claude-Antoine Buissy, chevalier, seigneur de Fontaine-le-Sec, représenté par M. Morgan, chevalier seigneur de Frucourt;

M. Jacques-François de Forceville, seigneur dudit lieu, en personne;

M. Claude-Martin Briet, chevalier, seigneur de Formanoir, en personne;

M. Augustin-Jean-Louis-Antoine Duprat, comte de Brabançon, seigneur de la châtellenie et baronnie de Formerie, représenté par M. le comte de Gomer ;

M. Florimond-Marie de Toulle chevalier, seigneur de Foucancourt et de Nelle ;

M. François-Joseph Briois, chevalier, président honoraire au conseil provincial d'Artois, seigneur de Fouilloy, représenté par M. Florent Sachi de Carouges ;

M. Christophe-Florent de Sachi, chevalier, seigneur de Fourdrinoy ;

M. Louis-Jean-Baptiste Gailliard, chevalier, seigneur de Francicourt et Prouzel, représenté par M. Durieux, écuyer, seigneur de Saisseval ;

M. Marie-Pierre-Adrien-Honoré d'Incourt, chevalier de Fréchencourt ;

M. Adrien-Florimond Poujol, écuyer, seigneur d'un fief situé à Fréchencourt, en personne ;

M. Louis-Charles Douville, écuyer, seigneur de la Fresnoy, représenté par M. Pierre-Marie de La Haye, écuyer, seigneur de Molliens ;

M. Claude de Bussi, chevalier, seigneur de la Fresnoy, fief situé à Friancourt, représenté par M. Théophile-Remi Galand, écuyer ;

M. Louis-René de Belleval, chevalier, seigneur de Frette-Meule, représenté par M. Claude-Antoine de Guillebon, chevalier ;

Dame Marie-Elisabeth Vaillant , veuve de M. Charles Vincent , chevalier ; elle dame de Frette-Meule, représentée par M. Achille-Adrien-Jean-Baptiste Galand, écuyer ;

M. Henry-Eléonore de Coppequesne, chevalier, seigneur de Fresse-Muville, représenté par M. de Hertes, chevalier, seigneur de la Ferrières ;

M. Jean-Louis Jamson, chevalier, baron de Frières, seigneur dudit lieu, Frileulcs, Mesnil-les-Franleux, représenté par M. Desforges, comte de Caulières ;

Dame Marguerite Blondel, veuve de M. Henry-Marie-Hector Perot, comte de Fercourt, seigneur de Frohem le Grand et le Petit, tutrice de ses enfants mineurs, représentée par M. Brunel d'Ornans, chevalier ;

M. Jean-Baptiste-Maur Morgan, chevalier, seigneur de Frucourt, Doudelainville, et Varcheville.

G

M. Nicolas-Alophe-Félicité comte de Roubault, marquis de Gamaches et autres lieux, lieutenant général des armées du Roi, en personne ;

M. Marc-Antoine de Carpentin, chevalier, seigneur de Gapenne, représenté par M. Charles-Louis-André d'Aumale ;

Dame Marie-Louise d'Amervale de Fresne, veuve de M. Louis, baron de Fouquesol, seigneur de Gizaincourt, représentée par M. Louis-Marie-César Blin, chevalier ;

M. Jacques-Vincent de Molion de Saignepy d'Astol de Bruneliot, chevalier, seigneur de Causan, seigneur de Glizy, représenté par M. Jean-Louis de Franqueville, chevalier ;

M. Gaspard-Joseph Moreau, chevalier de Gorenflos, représenté par M. Louis-François de Gaudechard, marquis de Querraux ;

M. Louis-Mathieu de La Grandville, seigneur dudit lieu, en personne ;

M. Louis-Pierre-Jean Pingré, chevalier, seigneur de Gignemirecour, en personne ;

M. Ferdinand Denis, comte de Crécy, seigneur de Guichard, en personne ;

H

M. Jean-Louis Lefort, écuyer, seigneur du Hamel, en personne ;

M. Pierre-Antoine-François d'Incourt, chevalier seigneur d'Hangard, représenté par M. Boistel, écuyer, sieur du Roger ;

M. François-Nicolas Tilette, chevalier, seigneur du Hangest-sur-Somme et Bichemont, représenté par M. Laurent de Sachy de Carouges ;

Demoiselle Madeleine-Françoise de l'Eperon, dame d'Arcelaines et de Vauchelles-sur-Authies, représentée par M. Achille-Adrien-Jean-Baptiste Galand, écuyer ;

M. Ferdinand - François-Séraphin d'Espelles , chevalier, seigneur d'Harponville, représenté par M. Jean-François Dufrêne des Fontaines, chevalier ;

M. Jean-Baptiste-Marie Demous, chevalier, seigneur d'Havernas, en personne ;

M. Charles-Etienne Le Merchier , écuyer, seigneur de Haussez, représenté par M. Jean-François de Chassepot de Pissy ;

M. Gilbert-Nicolas-Lucie de Hertes, chevalier, seigneur d'Hailles, représenté par M. Brut de Formanoir ;

M. Charles-Albert-Xavier d'Aguesseau, seigneur d'Happeglene, Haubercourt, etc., représenté par M. Pierre-Alexandre Briet de Formanoir fils ;

M. Augustin-Louis-Charles marquis de Lameth, chevalier de l'ordre de Saint-Louis, colonel du régiment de la Couronne, seigneur châtelain d'Henencourt et autres lieux, en personne ;

M. Guy-Antoine, marquis de Piquet de Noyencourt, seigneur d'Hérissart, en personne ;

M. Louis-Charles de La Rue, chevalier, seigneur d'Héricourt, en personne ;

Dame Marie-Louise-Catherine-Françoise Colette de Villers, veuve de M. Le Boucher de Richemont, elle dame d'Hocquincourt, représentée par M. Alexandre-Charles Galand, écuyer ;

M. Louis-François Dubois, chevalier, seigneur d'Hornicourt, en personne ;

M. Alexandre-Marie-François-de Paule de Dompierre, chevalier, seigneur d'Hornoy, Fontaine-sur-Maye, président en la cour du parlement, en personne ;

M. Jean-François-Eléonore baron d'Hunodstein, seigneur d'Hudaucourt, Franqueville et autres lieux , représenté par M. Jean-Baptiste-Marie-Pierre-François comte de Gorguette, seigneur de Bus, Argœuves, etc. ;

M. Louis-Henry Brunel , chevalier, seigneur d'Hornas, conseiller en ce siége, en personne ;

M. Bruno-Jean-Baptiste-Louis-Antoine Boistel, écuyer, seigneur du fief des Prés d'Humières, en personne.

K

M. Louis-Gabriel chevalier de Gomer, seigneur de Kenel, représenté par M. Alexandre-Louis-Gabriel vicomte de Gomer.

L

M. Louis Dugard, écuyer, seigneur de Lafaloise, en personne ;

M. François Pantalon, comte de Gorguette, chevalier d'Argœuves, maréchal des camps et armées du Roi, chevalier de Saint-Louis, seigneur du fief de Lannoy, situé à Villers-Boccage, en personne ;

Demoiselle Marie-Louise-Angélique de Virgile, dame de Lavigogne, représentée par M. Pingré de Tiepval, chevalier ;

M. Ambroise-Léopold-Jourdain de Leloge, écuyer, seigneur de Létoile, Condé-Folie, Bouchon, en personne ;

M. Charles-François-Joseph marquis de Louven-

court, chevalier, seigneur de Lompré, Les Corps
Saints, seigneur de Flixecourt, Battenicourt, Ri-
vière et autres lieux, représenté par M. Jacques-
Eustache de Louvencourt, chevalier, seigneur de
Sautchoy ;
M. Charles-Nicolas de La Haye, écuyer, seigneur
du fief de Lacour, situé à Longmann ;
M. Charles-René-Joseph de Lestocq, chevalier,
seigneur de Louvencourt, en personne ;
M. Pierre-Charles de Haut de Lassus, cheva-
lier, seigneur de Luzières, représenté par M. Jean-
François de Chassepot, seigneur de Pissy ;
M. Gabriel-Pierre-André-Christophe-Vincent,
chevalier, marquis d'Hauttecourt, seigneur de
Longvillers, à cause de la dame son épouse, re-
présenté par M. Demons d'Havernas.

M

M. Pierre-François Dufresne, chevalier, seigneur de Marcelcave, Lamotte, Warfusée, Saint-
Martin-d'Herville, Villers-Bretonneux et autres
lieux, conseiller d'Etat, lieutenant général en ce
siége, représenté par M. Marie-Charles-Firmin-
Alexandre Dufresne de Beaucourt, chevalier;
M. Philippe-Antoine, comte de Nolsteim, seigneur de Chateauvroy, Martainneville, etc., représenté par M. Marie-Jean-Baptiste-Pierre-François comte de Gorguette, seigneur d'Argœuves;
M. Jacques Demons, chevalier, seigneur de
Meigneux, Saint-Sauveur, etc., en personne;
M. Paul-François Le Boucher du Mesnil, chevalier, seigneur du Mesnil, Fremoutier, etc., représenté par M. Jacques-François-de-Paule Roussel
de Belloy, chevalier, seigneur de Belloy ;
Dame Françoise-Renée de Calonne, veuve de
M. François-Eustache de Dampierre, seigneur
d'Izangremer ; elle dame de Mesnil-Eudin en
partie, représentée par Charles-François de Ca-
lonne, chevalier, officier au régiment de la Serre;
M. Louis-Henry de Riencourt, chevalier, seigneur du Mesnil Eudin en partie, de Lignières,
Foucaucourt, représenté par M. Le Roi, marquis
de Valenglar;
Dame Marie-Thérèse Daigneville, dame de Mil-
lencourt, épouse séparée de corps et de biens de
M. Baron de Caron de Lait, représentée par
M. Louis-Henry Brunel d'Hornas, chevalier;
M. Jacques-Philippe Poujol, écuyer, seigneur
de Molliens-le-Vidame, en personne ;
M. Charles-Marie-Hubert, marquis des Essarts,
chevalier, seigneur, à cause de la dame son épouse,
de la terre de la Maison-Ponthieu, représenté par
M. Jean-Baptiste-Marie Menessier, chevalier, sei-
gneur-vicomte de Selincourt;
M. Marie-Antoine-Augustin Gode, écuyer, sei-
gneur de Montières, Ansenne et autres lieux, re-
présenté par M. Jean-Baptiste-Nicolas Camut de
Selincourt, écuyer;
Dame Marie-Charlotte-Hippolyte Campé de Seau-
jeon, veuve de M. le comte de Boufflers, dame du
fief de Montrelet, représentée par M. Pierre Roussel
Belloy, chevalier-seigneur de Dromesnil;
Dame Jacqueline Elisabeth de Cressy, veuve de
M. Antoine-Michel de Tourtier; elle, dame de
Moyencourt, représentée par M. Adrien-Florimon
Poujol, écuyer;
M. Jean-François-Abraham Duchesne, chevalier
seigneur de la Motte, Duleux, Feuquières, etc.,
représenté par M. Claude-Antoine de Guillebon,
chevalier ;
M. Alexis-Benjamin Lequieu, chevalier, seigneur
de Moyenneville et de la Vallée, brigadier des
armées du roi, en personne.

N

M. Jean-Guillain Duval, écuyer, seigneur de
Nampty-des-Aleux, etc., conseiller du roi, président doyen du bureau des finances de la généralité d'Amiens, représenté par M. Alexandre-François comte de Mareuil, seigneur de Contre et autres
lieux;
M. Pierre-Victor-Hyacinthe de Bonnaire, chevalier, baron de Namps-au-Mont, et aussi seigneur
de Coupel et Verrel, en personne;
M. Jean Bonnaventure Gabriel-Pierre Goyer,
écuyer, seigneur de Neuvillette, en personne ;
M. Antoine-Charles d'Ansel, chevalier, seigneur
de la Neuville-au-Bois, représenté par M. de Forceville, chevalier, seigneur dudit lieu ;
M. Antoine-Joseph Dumesnil, chevalier, seigneur
de Neuville-Saint-Riquier, Oneux, etc., représenté
par M. Jacques-Philippe de Mollien, écuyer;
Dame Anne-Marguerite de La Rue, épouse non
commune en biens de M. de Villers, en son nom
personnel et pour dame Béatrix-Angélique de La
Rue, sa sœur, veuve de M. de Sanchedrin ; toutes
deux dames de Neuville-Coppegueule, représentées
par M. Desforges, comte de Caglières;
M. Armand-Edouard Henry de Fléchier, cheva-
lier, marquis de Wamin, seigneur de Noyelle-en-
Chaussée, Talmas, représenté par M. Jean-Baptiste-
Louis-Marie-Adrien Berthes, chevalier, seigneur
de Villers;
Dame Marie-Victoire Morelle, dame en partie de
Neuilly-le-Dieu, veuve de M. Jean-Baptiste Foua-
ches, chevalier; représentée par M. Jean-Baptiste-
Louis Fouaches, chevalier, seigneur d'Halloy de
Boullan;
M. Annet-Timothée-Joseph de Ponthieu, cheva-
lier, seigneur de La Hestrois, Nibat et de Hem-les-
Doullens, tant pour lui que pour les sieurs
Pierre-François-Nicolas de Ponthieu, écuyer,
seigneur de Popincourt, Nibat, son frère ainé, et
Casimir-Edouard Laniel de Ponthieu, écuyer,
seigneur d'Arpinvas, son frère puiné, représentés
par M. Jean-Baptiste-Maur Morgan, chevalier, seigneur de Fracourt.

O

M. Charles-Constant de Mattes, comte de Coui-
pigny, chevalier, seigneur du Grand et Petit
Occoches, représenté par M. Louis-Antoine-Henry
Gorjéon de Verville, écuyer, seigneur du Candas;
M. Claude Le Roi d'Autecours, chevalier, sei-
gneur d'Ochencourt, représenté par M. Pierre-
Marie Lenoir, chevalier;
M. Jean-Marc-Antoine-François Levaillant, che-
valier, seigneur-patron d'Offigni, représenté par
M. Claude-Hyacinthe-Sébastien-Louis Le Vaillant,
son fils;
M. Jacques-François-Joseph-Firmin Lequieu
de Moyenneville, chevalier, seigneur des fiefs
d'Offroy et de la Crozelle, en personne;
M. Charles-François Dumesnil, chevalier, sei-
gneur de Belleval-Omatre, représenté par M. Jac-
ques de Mous, chevalier, seigneur de Meigniax;
M. Jean-Baptiste-Christophe de Cossart, cheva-
lier, marquis des Piés, seigneur d'Omescourt,
Epaux, Saint-Arnould, Marocquet, Mureaumont,
Saint-Deniscourt, Brassy, Saint-Clair, Ville-sous-
Corbie, Feuquières, en partie, représenté par
M. François, marquis de Grasset, des princes souverains d'Antibes;
M. Charles-Marie marquis de Créqui, seigneur
d'Oust, représenté par M. Louis-François Gode-
chard, marquis de Querrieux;

P

M. Louis-Philippe-Marc-Antoine de Noailles, prince de Poix ;

M. Marie-Paul-Charles Le Blond, chevalier, seigneur, baron de Vismes, seigneur du Plouy, représenté par M. Morgant, chevalier de Saint-Louis ;

M. Gabriel-Éléonore comte d'Olliamson, seigneur de Prouville, représenté par M. Pierre-Alexandre Briet de Formanoir, chevalier ;

M. Jean-François de Chassepot, chevalier, seigneur de Pissy, baron d'Englures, seigneur de Monsures et de Berluisant, en personne.

Q

M. Charles-Gabriel comte de Gomart, chevalier, seigneur de Quevauvillers, Bouquinville et autres lieux, en personne ;

M. François-Léonore Leroi, marquis, seigneur du Quesnoy, Oissy, Bruquemesnil, Riencourt, en personne ;

M. Louis-François de Gaudechart, marquis de Querrieux, seigneur dudit lieu, en personne.

R

M. Jean-Baptiste Maisnelé Colbert, marquis de Sablé, et seigneur, à cause de la dame son épouse, de Rambures, Lambercourt, Vergies et Lequesne, représenté par M. François-Alexandre-Marie-François-de-Paule de Dompierre, d'Ornoy, président au parlement ;

M. Louis-Alexandre Vaisse, écuyer, seigneur de Rainneville, Beauvoir-l'Abbaye, tant en son nom que comme tuteur d'Alphonse-Louis-Charles Vaisse, chevalier, son fils mineur ;

M. Claude-Louis-Joseph de Saisseval, seigneur de Riquemesnil, Hem, Hardinval, en personne ;

M. François-Xavier-Philippe-René Boullenger de Rivry, chevalier, seigneur de Rivry, d'Omesmont, Creuse, Tagny, etc., représenté par M. Jean-Baptiste-François-Charles Boullet, écuyer, seigneur de Varennes ;

M. Marie-Louis-Joseph de Boileau, écuyer, seigneur du fief de Rimbeau ou Rimbauval, représenté par M. François-Bernard Brunet, avocat du Roi en ce siége ;

M. Louis-Laurent de Rimbert de Chatillon, chevalier, seigneur de Remilly, en personne ;

M. Joachim-Charles de Seglières de Belleforière, chevalier, seigneur comte de Soyecourt, seigneur de Reignières-Ecluse, représenté par M. Charles-François de Calonne, chevalier ;

M. Louis-Firmin Froment, écuyer, seigneur de Rot, paroisse de Tresmontier, en personne ;

M. Louis-Gabriel-Philippe Augustin, marquis de Queuluy de Rumigny, chevalier, seigneur de Rumigny-le-Croc, en personne.

S

Dame Marie-Jeanne-Opportune Perdu, veuve de M. Henri-François-Nicolas Canet, écuyer, dame du fief Selincourt, situé à la Houssoye, et dame Marie-Sophie-Caroline Canet, veuve de M. Pierre-Dragon Gomicourt, chevalier, seigneur de Sailly-le-Sec, comme usufruitière et comme tutrice de ses enfants mineurs ; représentées par M. Jean-Baptiste-Nicolas Canet de Selincourt, écuyer ;

M. François, marquis de Grasse, des princes souverains d'Antibes, seigneur du marquisat de Sarcus, en personne ;

M. Firmin-Paul-François de Bocquillon, chevalier, seigneur de Frecheville, seigneur du fief de Sailly à Sailly-le-Sec, représenté par M. Louis-Firmin Froment, écuyer ;

M. Jean-Philippe Vrayet de Saleux, écuyer, seigneur de Saleux, en personne ;

M. Jean-Baptiste-Fidèle-Auguste-Marie Durieux, écuyer, seigneur de Saisseval, Saissemont, en personne ;

M. Jean-Baptiste Ducroquet, chevalier, seigneur de Saveuses, représenté par M. Jean-Baptiste-Firmin Ducroquet, écuyer ;

M. Jacques-Eustache de Louvancourt, chevalier, seigneur de Saulchoy, Cléry, Anival, etc., en personne ;

M. Jean-Baptiste-Marie Menessier, chevalier, seigneur, vicomte de Selincourt, en personne ;

M. Marin-Charles Queslin de Landas, chevalier, comte de Louvigny, seigneur de Saint-Léger, représenté par M. François Alexandre de Bucy, comte de Canaples ;

M. Charles-Bernard de Brossart, chevalier, seigneur de Saint-Léger-les-Domart, représenté par M. de Bucy, comte de Canaples ;

M. Antoine-François-Augustin de Belloy, chevalier, seigneur de Roger-Hem, Saint-Marc, représenté par M. Morgant, chevalier de Saint-Louis ;

M. Jean-Joseph-Justin Lenoir, chevalier, seigneur de Saint-Marc, en personne ;

M. Jean-Baptiste du Passage, chevalier, seigneur de Saint-Legrès, en personne ;

M. Louis-Léon Langlois, chevalier, seigneur de Septemville et autres lieux, en personne ;

M. Joseph Gouzier, chevalier, seigneur de Feux, Fluy, etc., représenté par M. le comte de Mareuil ;

M. André-Vincent Boistel d'Exauvillers, écuyer, seigneur de Ragault, et d'un fief situé à Saint-Vast, en personne ;

M. Jean-Baptiste-Louis Fouaches, chevalier, seigneur de Halloi, Boulan, et d'un fief situé à Saint-Vast, en personne.

T

M. Pierre Fouques, écuyer, seigneur de Tœufles, Bonval, Vironchaux, Machiel, Ambreville, en personne ;

M. René-Nicolas-Suzanne Jasquespée de Thézy, chevalier, seigneur de Thézy, Tully, Glunont et Bertancourt-les-Thennes, en personne ;

Demoiselle Marie-Françoise Danglos, dame du Plisque, Lamotte et autres lieux, paroisse de Thérines, représentée par M. le marquis de Grasse ;

M. le marquis de Courtebonnes, marquis de Thoix, seigneur dudit Thoix, Beaudeduit, Offoy et Courcelles, représenté par M. Jacques-Louis Mullot, écuyer, sieur Dumesnil, son tuteur ;

M. Jean-Baptiste-Antoine-Joseph Danzel, chevalier de Boismont, seigneur de Longuemore, paroisse de Tours, représenté par M. François-Bernard Brunel, chevalier, avocat du Roi ;

M. Maximilien Guillain, marquis de Louverval, chevalier, seigneur de Louverval, Toutencourt, représenté par M. François-Pantaléon, comte de Gorguette d'Argoeuves ;

M. Henry-Gabriel de Berry, marquis d'Essertaux, seigneur de Treux, Buire, etc., représenté par M. Claude-Louis-Gabriel d'Essertaux son fils, comte seigneur dudit Essertaux.

V

M. Charles-Marie-Isabelle-Désiré Guillain de France, comte des Hecques, seigneur de Varennes, représenté par M. Jean-Louis de Franqueville, chevalier ;

M. Jean-Baptiste-François-Charles Boullet, écuyer, sieur de Varennes, en personne ;

M. Jean-Pierre Lefebvre, seigneur de Wadrécourt, représenté par M. Pierre-Charles-Joseph de La Haye écuyer ;

M. François-Marie-Ferdinand, marquis de Riencourt, chevalier, seigneur de Vaux-Tilloloy, représenté par M. de Bucy-Cannples ;

M. Louis-François, marquis de Belloy, chevalier, seigneur de Vaudricourt, représenté par M. Louis-Marie Lefebvre de Milly, chevalier ;

M. Marie-Philippe-Hubert de La Haye, écuyer, seigneur de Vaux-sous-Corbie, Sailly, etc., en personne;

M. Jean-Baptiste du Sauzay, marquis du Sauzay, à cause de dame Marguerite Blotte Fière, son épouse, seigneur de Vauchelle-les-Domart, représenté par M. Joseph-Louis-Henri du Sauzay, leur fils aîné ;

M. Pierre-Jean-François Douville, chevalier, seigneur de Douville, Ailly, Villeroi, Les Voisins, représenté par M. Antoine-Louis-Henri Gorjeon de Verville, écuyer ;

M. Jean-Baptiste-Louis-Marie-Adrien Berthes, chevalier, seigneur de Villers-Bocage, Ossonville, Trouville et autres lieux, en personne ;

M. Jean-Jacques marquis de Gattes et de Mont-Dragon, seigneur de Saint-Chamont et de Villiers-Champsart, représenté par M. Florimont Marié de Toulle, seigneur de Foucancourt ;

M. Jacques-Augustin de la Barberie, chevalier, seigneur et patron de Refuvelles, Villers-Vermone, Doudauville, Courcelles, Rançon, Haussey, représenté par M. Louis-Charles de La Rue, chevalier, seigneur d'Héricourt ;

M. Charles-François de Selle, chevalier, conseiller du Roi en tous ses conseils, maître des requêtes ordinaire de son hôtel, vidame d'Amiens, seigneur de la châtellenie de Vignacourt, Breilly-sur-Somme, Toulay et autres lieux, en personne ;

M. Louis-Gabriel vicomte de Bizemont, chevalier, seigneur et baron de Vignier, comme tuteur de ses enfants mineurs, et de dame Marie-Louise-Angélique-Joséphine de Mannay de Camps; lesdits mineurs seigneurs de Warlus, Camps, Vergy, représentés par M. Antoine-François Le Caron de Choqueuse, chevalier ;

M. François-Joseph Lemoine de Blangermont, chevalier, seigneur de Wateblery des Essarts, etc., représenté par M. Claude-Louis-Joseph de Saisseval, chevalier ;

M. Jean-Baptiste-Joseph de Boistes, écuyer, sieur du Royer, seigneur d'un fief à Wartus, en personne.

Y

M. François-Joseph Vaillant, chevalier, seigneur d'Yancourt, Busni, représenté par M. Gabriel-Laurent de Sachi de Marcelet, chevalier ;

M. Paul-François de Buissi, chevalier, vicomte du Maisnil, seigneur d'Yvranches, représenté par M. Louis-François de La Haye, chevalier ;

M. Charles-Louis-André d'Aumale, chevalier, seigneur d'Yvrencheux, en personne.

Z

M. Jean-Baptiste-Nicolas Assaulé, écuyer, seigneur de Zaleux, en personne.

Sont aussi comparus, en vertu de l'article 16 du règlement, les nobles, non possédant fiefs, domiciliés dans le ressort de ce bailliage. Savoir :

M. Charles-François de Calonne, officier au régiment de la Sarre;

M. François Chevalier de Famechon ;

M. Pierre-Charles-Joseph de La Haye ;

M. Jacques-Jean-Marie Le Clerc, chevalier de Bussy ;

M. Marie-Charles-Firmin-Alexandre Dufresne de Beaucourt ;

M. Jean-Baptiste-Adrien Tillette de Montors ;

M. Marie-Louis-François de Belloy ;

M. Gabriel-Florent de Sachy de Marcelet ;

M. Pierre-Alexandre Briet de Formanoir fils, chevalier ;

M. Gilles-Henri de Lhommes de Plouy, écuyer ;

M. Charles-Louis-Gabriel Le Correur, chevalier ;

M. Florent de Sachy de Carouges ;

M. Jean-Baptiste de Lectocq, chevalier de Louvencourt ;

M. Théophile-Remi Galand, écuyer ;

M. Jacques-Maurice de Chambellan ;

M. Louis-François-Henri de Lhommes de Plouy fils, officier au régiment de la Couronne ;

M. Alexandre-Charles Galand, écuyer ;

M. Paul-Maximilien de Gaudechars, chevalier de Querrieux ;

M. Achille-Adrien-Jean-Baptiste Galand, écuyer ;

M. Jean-François du Fresne des Fontaines ;

M. Pierre-Charles-Joseph de La Haye, écuyer ;

M. Louis-Antoine-Bernard, chevalier du Passage ;

M. Charles-Pantaléon de La Lierre ;

M. Louis-Thomas de Calonne ;

M. Augustin-François-Lhote de Baulieu ;

M. Pierre-Marie Le Noir ;

M. Jean Dumont ;

M. Alexis-Louis Dachaux ;

M. Louis-François de La Haye, écuyer ;

M. Claude-Antoine de Guillebon ;

M. Pierre-François-Théodore Pingré, chevalier ;

M. Nicolas-Louis de Carbonnes, chevalier ;

M. François-Firmin-Henri, chevalier de Faye ;

M. Jacques-Marie-Bertrand Gaillard, chevalier de Bœucourt ;

M. Alexandre-Louis-Gabriel, vicomte de Gomer ;

M. Jean-Baptiste-Nicolas Cannes de Selincourt, écuyer ;

M. Jean-Charles-Borromée de Pétigni, écuyer.

Sont aussi comparus les nobles possédant fiefs, non assignés, savoir :

M. Marie-Alexandre-Emmanuel Durieux de Gournay, écuyer, seigneur de Gournay ;

M. François-Michel Petist, écuyer, seigneur du fief de Morcourt ;

M. Jean-Louis-Joseph de Franqueville, chevalier, seigneur d'Abancourt, La Chaussée, Bussy ;

M. Louis-Marie-César de Blin, seigneur de Bourdon, de Boin, de Gizancourt, etc.

M. Antoine-Alexandre-Marie-François de Canouville, comte de Canouville, seigneur de la forêt de Vignacourt ;

M. Alexandre-César de Fay, chevalier, seigneur de Cempuis ;

M. Louis-Jean-Baptiste-Marie Marié de Toulle, chevalier, seigneur de Plouy-les-Domart.

Pour la noblesse du bailliage de Ham.

N'est comparu personne.

Ordre du tiers-état du bailliage d'Amiens.

Sont comparus :

1. M. Florimond Le Roux, ancien maire, ad-

ministrateur de l'hôpital, et membre de l'assemblée du département d'Amiens ;

2. M. Jean-Charles [Laurendeau, avocat au parlement et au bailliage présidial d'Amiens ;

3. M. Alexandre-Armand Després, docteur en médecine ;

4. M. Alexandre-Sidel-Amans Poullain, négociant, ancien consul ;

5. M. Pierre-Joseph Berville, procureur au bailliage, présidial d'Amiens, secrétaire de l'assemblée provinciale de Picardie :

6. M. Louis-Antoine Maisnel, avocat, ancien échevin, conseiller de ville, et procureur syndic du département d'Amiens ;

7. M. François Boucher, ancien échevin, juge consul en exercice, et administrateur de l'hôpital;

8. M. Pierre-François Massé, entrepreneur de manufacture royale ;

9. M. Louis-Antoine Le Crépin, négociant, ancien consul, syndic de la chambre du commerce et membre du bureau d'encouragement ;

10. M. Gabriel-François-Nicolas Creton de Gamaches ;

11. M. Jean-Baptiste-Denis Waleblet, notaire à Oisemont ;

12. M. Jean-Baptiste-Arcade-Théodore Augevier, notaire à Acheux ;

13. M. Abraham-Jean-François Locquet Duquène d'Hornoy ;

14. M. Louis-François Saunier, laboureur à Myannays ;

15. M. Louis-Théophile Trancart, cultivateur à Beurrier-sous-Airaines ;

16. M. François-Marie Masset, négociant à Saint-Valery ;

17. M. François-Calixte Vilhaut de Gouy-L'hôpital ;

18. M. Louis-Brailly de Foucancourt ;

19. M. Nicolas Briet de Chépy ;

20. M. Jean Cuviller de Braye-sur-Mareuil ;

21. M. Pierre Bumets, laboureur à Meretenart ;

22. M. Marc Leroy Doist ;

23. M. Jean-Baptiste Bordeaux de Warlus ;

24. M. Charles-Hubert Roussel de Boismont ;

25. M. Jean Daillier, laboureur à Wirez;

26. M. Firmin Saunnier, laboureur à Métigny ;

27. M. Jean-Baptiste Delattre, de Harcelaines ;

28. M. André Devismes, de Frennevilles ;

29. M. Pierre-François Saunnier, notaire à Saint-Maulois;

30. M. Charles-Antoine Masson, laboureur, à Saint-Maulois;

31. M. Antoine Demachez, notaire à Airaines;

32. M. Pierre-François Poitou, laboureur à Airaines;

33. M. Firmin Dantin, laboureur à Condé-Folie;

34. M. Philippe Poiret, laboureur à Mercionot;

35. M. Louis Bouton, marchand à Etrejus;

36. M. Pierre Masson, laboureur à Ainval;

37. M. Jean-Baptiste Prouzel, laboureur à Neuville-Quoppequeuse;

38. M. François Leullier, laboureur à Aindinville ;

39. M. Pierre-François Dacheux, laboureur à Selincourt ;

40. M. Pierre Lecat, laboureur à Fruscunneville ;

41. M. François Leclerc, laboureur à Neuville-au-Bois ;

42. M. Eloy Caron, de Citerne ;

43. M. Dominique Hunen, d'Ercourt ;

44. M. Jean-Louis Joli, laboureur, en Bouillencourt-en-Fercy ;

45. M. Charles-André Freté, laboureur à Bourseville;

46. M. Jean-Baptiste Louvet, d'Allenois ou Francourt;

47. M. Nicolas-Firmin Saint-Yvres, de Tully ;

48. M. Jean-François Becquet, arpenteur à Nibat;

49. M. Félix Ozannes, d'Ochancourt ;

50. M. François-Gaspard Eglé, maréchal à Fréville-Lamotte-Croix-au-Bailly ;

51. M. Charles Broiselle, de Boutenot ;

52. M. André Leuillier, de Fontaine-le-Sec ;

53. M. Claude Guestemps, de Mouflière-Lignière ;

54. M. Jean-François Croutier, de Buillancourt-Saint-Maxent ;

55. M. Pierre-René Pillon, notaire d'Oisemont;

56. M. Antoine-François de Quevauvillers, d'Oisemont ;

57. M. Jean-Baptiste Tune, laboureur à Rambure et Ramburel;

58. M. François Dubourg, laboureur à Moyenneville ;

59. Claude Humelle, laboureur à Campagne-Ainneville ;

60. Adrien Bailleul, syndic d'Avernes ;

61. Honoré Sellier, laboureur à Saint-Mauvis ;

62. Jacques-Honoré Lefèvre, laboureur à Villers-Campsart ;

64. Joseph Wattebled, laboureur et marchand, à Burquier;

64. Antoine Geoffroy Beauvisage, laboureur à Bettencourt-sur-Mer ;

65. Jean-Baptiste Greunet, laboureur à Belloy-Saint-Léonard ;

66. Jean-Baptiste Fortin, laboureur à Drosmesnil ;

67. Augustin Buflos, laboureur à Framicourt-le-Grand ;

68. Charles-Antoine Laffilé, bailli du bourg d'Ault ;

69. Pierre-François Gaunier, laboureur à Hupiz;

70. Pierre-Firmin Saunier, laboureur à Selincourt ;

71. Jean-Baptiste Roubier, laboureur à Rembures ;

72. Pierre Leuiller, laboureur à Boullainvillers ;

73. Louis-Charles Montigny, notaire à Pecquigny ;

74. Charles-Marie-Auguste Bourgeois, marchand à Pecquigny ;

75. Jean-Baptiste de Gouy, marchand de Tourbes, à Breilly ;

76. Honoré Goubet, laboureur à Flers ;

77. Charles-François, laboureur à Dury ;

78. Firmin-Florimond Bemarcy, laboureur à Estrées ;

79. Jean-Baptiste Boisleau, laboureur à Coutenchis ;

80. Pierre Trépagne, concierge à Bovelles ;

81. Jean-Baptiste Leriche, Clerlay, à Férières ;

82. Jean-Baptiste Norbert Dubois, vivant de son bien, à Croissy ;

83. Pierre-François Dralès, marchand de vin, à Essertaux ;

84. Jean-Étienne Lecointe, notaire à Saint-Souflieu ;

85. Jean-Athanase Verrier, notaire à Molliens-le-Vidame ;

86. Jean Sellier, laboureur à Bouquainville ;

87. Jean-Baptiste-Théodore Bernard, ancien marchand à Saint-Pierre, à Gouy ;

88. Gilbert Brunet, arpenteur, à Groy-sur-Somme ;

89. (Ce n° ne contient aucune mention).

90. François Joli Houpier, à Riencourt;

91. Augustin Lebel, syndic de Gouy ;

92. Pierre-Jean-Louis Mégret, laboureur à Fransure;
93. François Bresseaux, lieutenant de Poix, et bailli de Famechon;
94. Honoré-François Decrept, laboureur et marchand à Poix;
95. Pierre-François Magnier, de Pissi;
96. Charles Duneuf Germain, laboureur à Courcelles;
97. Jean-Baptiste Anseaume, laboureur à Quevauvillers;
98. Jean-Baptiste Duneuf Germain, laboureur à Namps-au-Val;
99. Pierre de Lattre, laboureur à Rumigny;
100. Antoine Jérôme, laboureur et syndic à Plachis;
101. Jacques Augustin, laboureur à Hallivillers;
102. Éloy Lombart, fabricant à Hallivillers;
103. Louis Clabault, cultivateur à Tilloy;
104. Joseph Sauvé, laboureur à Lœuillès;
105. François-Ignace Jumel, laboureur à Fluy;
106. Louis-Antoine Bourgogne, marchand épicier à Revelles;
107. Nicolas-Joseph Fauchon, adjoint du département d'Amiens, à Conbi;
108. Jacques Thierry, laboureur à Mousures;
109. Jean-François Lucet, fabricant à Oissy;
110. Joseph Thorel, laboureur à Croissy;
111. François Buignet, laboureur à Fay-les-Hormois;
112. Jacques Berviette, aubergiste au Pont-de-Metz;
113. Vincent Domart, laboureur à Cagny;
114. Louis Dumesnil, laboureur à Cavillon;
115. Pierre Boullenger, laboureur à Saisseval;
116. François-Benoît Mille, arpenteur à Sanlelic;
117. Antoine Delamarre, procureur à Grandvillers;
118. Jean-Baptiste-Étienne-Durand, notaire à Grandvillers;
119. Pierre Francastel, laboureur a Formerie;
120. Jean-François de Quen, procureur à Amiens;
121. Louis Thuilier, marchand et laboureur à Molliens;
122. Charles-François-Jean-Baptiste Prévost, marchand à Sarreus;
123. Nicolas Lenglier l'aîné, laboureur à Feuquières;
124. Charles Lenglier le jeune, marchand à Feuquières;
125. François-Henri de la Druce, laboureur à Feuquières;
126. Joachim-François de la Druce, laboureur à Feuquières;
127. Antoine Dequen, laboureur à Albancourt;
128. Claude Videhem, laboureur à Villers-Vermont;
129. Jean-Charles Liégrois, laboureur à Saint-Samson;
130. Jean-Louis Dubuis, laboureur à Campeaux;
131. Nicolas Dumoutier, maréchal à Saint-Quentin-des-Prés;
132. Pierre de Gambé fils, laboureur à Gancourt;
133. Louis Couverchel, notaire à Loueuse;
134. François Andrieux, notaire à Loueuse;
135. Alexis Campion, syndic de Thérines;
136. Adrien Brisse, arpenteur à Brambos;
137. Charles-François Andrieu, laboureur à Esqueunes;
38. François-Jean-Chrysostome-Urbin Copin, laboureur à Éplessier;

139. Jean-Baptiste Née, laboureur à Uraignes;
140. Pierre Delamarre, laboureur à Éplessier;
141. Jean-Baptiste Magnier, marchand et laboureur à Bettembos;
142. Jean-Charles-Jérôme Lesueur, laboureur à Lignières;
143. François Vacquier, laboureur à Meigneux;
144. Jean-François-Léon Fortin, laboureur à Dargies;
145. Pierre-François Ségault, laboureur à Sarmoy;
146. Honoré Jourdain, chirurgien à Aignières;
147. Lambert Berton, laboureur à Frocourt;
148. Charles Rembault, notaire à Offoy;
149. Pierre Froment, chirurgien de la Vacquerie;
150. Pierre Dague, laboureur à Fleury;
151. Firmin Becquerel, laboureur à Thoix;
152. François Froment, laboureur à Blangy-sous-Poix;
153. Louis Legrand, de Fontaine-sous-Catheux;
154. Isidore Robert, laboureur à Briot;
155. Nicolas-Ange Duponchel, laboureur à Saint-Thibault;
156. Antoine Decroix, laboureur à Carroix;
157. Antoine Leclerc, arpenteur à Vauchelles;
158. Jean-Baptiste Gosselin, vivant de son bien, à Vauchelles;
159. Jean-Louis Bouthors, laboureur et lieutenant à Raincheval;
160. Claude Capron, laboureur à Beauquène;
161. Antoine Crapoulet, fermier à Saint-Léger-lès-Authier;
162. Pierre Magnier, laboureur à Toutencourt;
163. Louis-Alexandre Morgant, avocat à Amiens, bailly;
164. Jean-Nicolas de la Broye, greffier de Naours;
165. Pierre Daumont, laboureur à Coizy;
166. François-Remi Germain, greffier de Fleselles;
167. Nicolas Hardy, laboureur à Canaples;
168. Jean-Baptiste Tevernier laboureur à Halloy;
169. Pierre-Charles-Pascal Thillier de Morfuges, vivant de son bien, à Thirencourt;
170. Augustin Pecquet l'aîné, marchand de tourbes, à Saint-Sauveur;
171. Jérôme Brandicourt, laboureur à Vaux;
172. Jean-Baptiste Bachellier, charron à Belloy;
173. Jean-Baptiste Binet, laboureur à Pernoy;
174. Augustin Pecquet le jeune, à Clerclai Saint-Sauveur;
175. Henri-Joseph Hullin, notaire à Flixecourt;
176. Jean-Baptiste Maressal, cultivateur à Flixecourt;
177. Jean-Louis Bourrey, prévôt et maître de la poste aux chevaux de Flixecourt;
178. Philippe Valembert, marchand à Mirvaux;
179. Louis Godefroy, greffier de Vignacourt;
180. Victor Lognon, laboureur à Bettancourt;
181. Louis-François-Gabriel Brandicourt, cultivateur à Domart;
182. Pierre Dufacq, notaire à Domart;
183. François Pinsdez, notaire à Bernaville;
184. Nicolas Lecocq, laboureur à Domemont;
185. Jean-François Bourgeois, laboureur à Domemont.
186. Mathias Patte, manouvrier à Epecamps;
187. Jean-François, huissier à Acheux;
188. Louis Domont, laboureur à Villers-Bocage;
189. Nicolas Minquet, fabricant, et syndic de Comtay;

190. Antoine Beaugeois, marchand et laboureur à Warloy;

191. François Letierce, laboureur à Senlis ;

192. Léonard Carton, laboureur à Hérissart;

193. Félix Delaunoy, marchand à Warloy ;

194. Jean-Baptiste Fouache, laboureur à la Chaussée;

195. Jean-Baptiste-Marie-Adrien-Bonaventure Alexandre, notaire à Doullens;

196. Jean-Baptiste de Leloy, procureur du roi à Doullens;

197. Antoine-Joseph Avernas, greffier de Beauval ;

198. Antoine Pingré, laboureur à Heussecourt;

199. Pierre Turbert, fermier à Barly;

200. Jacques-André Duflos le Plessis, conseiller en l'élection de Doullens ;

201. Augustin-François Leblond, laboureur à Montigni-les-Jongleurs;

202. Antoine-Joseph Darras, marchand à Doullens;

203. Jean-François Patte, laboureur à Boisbergue;

204. Jean-Baptiste Bardoux, notaire à Fienvillers;

205. Jean-François Sennepart, arpenteur à Courcelles;

206. Pierre Faucounier, meunier à Frohen-le-Grand;

207. François-Joseph Turbert, fermier à Boisbergues;

208. Charles-François Mairon, menuisier à Ouoches;

209. Charles Chivé, laboureur à Outrebois;

210. Etienne-Félix Froment, fermier à Grouches;

211. Louis-Léonore Grenier, notaire à Corbie;

212. Louis Marquis, notaire à Corbie;

213. François-Joseph Corduant, officier au grenier à sel de Corbie;

214. Philippe-Sébastien Benoit, de Sailly-Laurette;

215. Joseph-Augustin Desbars, artiste vétérinaire à Heilly;

216. Alexandre Gadoux, laboureur à Franvillers ;

217. Charles-Thomas Leclerc, laboureur à La Motte;

218. Mathieu Lefèvre, laboureur à Wuyencourt;

219. Jean-Baptiste Binet, feudiste à Amiens;

220. Henry-Martin Prudhomme, bailli d'Henencourt;

221. Louis-François Lescavelé, marchand de bois à Bézieux;

222. Pierre Douchet, laboureur au Hamel ;

223. Louis Cazier, laboureur au Hamel ;

224. Benoît Corbillon, laboureur à Longueau;

225. Nicolas Corbillon, laboureur à Glizy;

226. Gabriel de Sachy, laboureur à Cachy;

227. Jacques Parent, marchand épicier à Fouilloy;

228. Jean-Baptiste Warguier, notaire à Hangard ;

229. Nicolas Picard, laboureur à Gentelles ;

230. Jean-François-Honoré Rigault, notaire à Querrieux;

231. Louis Cocquillart, laboureur à Fréchencourt;

232. Jacques-Philippe Lengelé, lieutenant de Pont;

233. Jacques Prégaldin, laboureur à Dours;

234. Louis Petit, laboureur à Bresle ;

235. Jean-François Saunier, laboureur à Genville;

236. Antoine Mary, laboureur à Beaumets;

237. Henry Bernard, laboureur à Bernays;

238. Nicolas Bizet, laboureur à Forestmontier ;

239. Antoine Lejeune, laboureur à Bouchon;

240. Jacques-Jean-Baptiste Oger, laboureur à Brucamps;

241. Charles-Théodore-Augustin Fourdrinier, laboureur à Brucamps ;

242. Jean-Jacques Douzenel, laboureur et propriétaire à Buigny-l'Abbé ;

243. Jean-Baptiste Racine, sieur de Gorenflos, propriétaire à Gorenflos;

244. Pierre Buteux, sieur de Cléry, propriétaire à Plouy-Donqueur;

245. Louis-François-Gabriel Quillet, laboureur à Cramont;

246. Nicolas Huré, fermier de la ferme de l'abbaye d'Egmont;

247. Claude-Antoine Delavière, laboureur à Estrées-lès-Cressy;

248. Nicolas Deboval, laboureur à Gueschaut ;

249. Charles-François Sueur, laboureur à Franssus ;

250. Pierre Protin, ménager à Noizelle-en-Chaussée;

251. Nicolas Buteux, maire en exercice de la ville de Saint-Riquier;

252. Jean-Baptiste Grognet, laboureur à La Motte-Bulleux ;

253. Bernard Maqueron, laboureur à Ivrencheux;

254. Antoine Gambet, laboureur à Gapeunes ;

255. Jean-François Trounel, laboureur à Onneux;

256. Claude Dupuis, laboureur à Gorenflos;

257. Denis Delpierre, laboureur à Regnière-Ecluse;

258. Charles-Antoine Carette, sieur de Donquerles, demeurant à Donqueur ;

259. Jacques Benat, laboureur à Létoile ;

260. Jacques Thuillier, laboureur à Ivrencheux.

Ordre du tiers état du bailliage secondaire de Ham.

M. Pierre-Louis Toupigny-Cauvry, lieutenant civil, criminel et de police du bailliage de Ham ;

M. Eustache-Benoît Asselin, avocat;

M. Jean-Gabriel Taupin, notaire ;

Et M. Louis-Jacques-Anne Dubois, aussi notaire ;

Tous quatre nommés par procès-verbal d'assemblée du 24 mars dernier.

Faisant droit sur le réquisitoire du procureur du roi, avons donné acte à tous les membres du clergé, de la noblesse, et du tiers état de leurs comparutions, et défaut contre les assignés non comparants, savoir:

Dans l'ordre du clergé :

M. le cardinal de Loménie, abbé de Corbie ;

M. de Bruyères de Chalabres, évêque de Saint-Pont-de-Tomières, abbé de Saint-Valery;

Les cordeliers de Grandvilliers;

M. Pleyart, curé de Courcelles-sous-Moyencourt;

M. Marminia, curé de l'Hortoy;

M. de Bonnaire, curé du Petit-Saint-Jean;

M. Damiens, curé du Pont-de-Metz ;

M. Foubert, curé de Marieux;

M. Bidatot, curé de Mirvaux;

M. Flagaut, curé de Naours;

M. Leroux, curé d'Olincourt ;

M. Cauterelle, curé de Bazancourt;

M. Bombos, curé de Bourdon;

M. Rohault, curé de Collagnie ;
M. Hérault, curé de Courcelles-Rançon ;
M. Cendrin, curé de Doudeauville ;
M. Duquenet, curé d'Enemont-Bouttavent ;
M. Desvignes, curé de Fontaine-sous-Calteux ;
M. Prévot, curé de Frettemolle ;
M. Mourier, curé de Gancourt ;
M. Louvel, curé d'Aussey ;
M. Lami, curé de Hamet-et-Grès ;
M. Coppin, curé de Meigneux ;
M. Leclerc, curé de Saint-Samson ;
M. Artus, curé de Bouquemaison ;
M. Avenaux, curé de Buires ;
M. Grognet, curé de Buigny-l'Abbé ;
M. de Savoie, curé de Coutteville ;
M. Petit, curé de Coutonvillers ;
M. Noustier, curé d'Estrées-les-Cressy ;
M. Preclin, curé de Forêt-l'Abbaye ;
M. Poullet, curé de Gueschard ;
M. Leblond, curé de Maison-les-Ponthieu ;
M. Deschamps, curé de Millancourt ;
M. Naillet, curé de Neuilli-le-Dieu ;
M. Volet, curé de Reignières-Écluse ;
M. Nopin d'Hurville, curé de Saint-Lieffart-de-Raye ;
M. Germain, curé d'Oudainville ;
M. Mailliard, curé d'Aveléges ;
M. Simon, curé de Biencourt ;
M. le curé de Beauchamps ;
M. Cumont, curé de Cannessière ;
M. Crutel, curé de Cauberoi ;
M. le curé d'Argnies ;
M. Niquet, curé de Fontaine-le-Sec ;
M. Desvignes, curé de Forceville ;
M. Hoquet, curé de Frène-Titolloy ;
M. Vitaut, curé de Friancourt ;
M. Guerville, curé d'Harcelaines ;
M. Le Dieu, curé de Frenneville ;
M. Le Dieu, curé d'Huppy ;
M. Duain, curé de Merelissart ;
M. Coppin, curé de Mers ;
M. Boullay, curé de Miannet-Lambercourt ;
M. Hevin, curé de Neuville-au-Bois ;
M. Bagot, curé de Nettelte ;
M. Dargnies, curé de Saint-Maxens ;
M. Marguery, curé de Vaux et Marquenneville ;
M. Duneufgermain, curé de Villers-sur-Mareuil ;
M. Trogneux, curé de Villeroy ;
M. Cardon, curé de Woincourt et Yzengresner ;
M. Dupeyroux, titulaire du personnat de Naours ;
M. Barbier, titulaire du personnat de Citerne ;
M. Lefebvre, chapelain de la chapelle de Notre-Dame de Treux ;
M. Serpette, chapelain de la chapelle de Saint-Nicaise, au faubourg de Hem ;
M. Augnier, chapelain de la chapelle de Saint-Nicolas de Revelles ;
M. Duclos, chapelain de la chapelle de Saint-Michel de Bus, en l'église Saint-Martin de Doullens ;
M. de Gancourt, chapelain de la chapelle de Saint-Louis, au château de Beauquêne ;
M. Damerval, chapelain de la chapelle Notre-Dame, en l'église de Gesaincourt ;
M. Balestrier, chapelain de la chapelle Saint-Louis du Palais, en l'église abbatiale de Corbie ;
M. Nion, chapelain de la chapelle de Corneille et Saint-Cyprien, en l'église de Saint-Jean-l'Evangéliste de Corbie ;
M. Repond, chapelain de la chapelle de Saint-Nicolas, en l'église d'Agnères ;
M. Bouchard, chapelain de Saint-Louis, en l'église de Thoix ;

M. de Roussin, chapelain de Saint-Médard, en l'église de Blangy, près Poix ;
M. Patour, chapelain de la chapelle de Saint-Antoine, dite d'Hédicourt, à Saint-Sauveur ;
M. Migeot, chapelain de la chapelle de Saint-Nicolas, en l'église de Villers-Bocage ;
M. Camailles, chapelain de la chapelle de Saint-Sébastien, en l'église d'Outrebois ;
M. Pieffort, chapelain de la chapelle de la Sainte-Trinité, à la Motte-Croix au Bailly ;
M. Grard, chapelain de la chapelle de Saint-Leu à Maison-lès-Ponthieu ;
M. Verdun, chapelain de la chapelle de Saint-Louis, en l'église de Huppy ;
M. Bourgeois, chapelain de la chapelle de Saint-Nicolas, en l'église de Bernaville ;
M. de Machy, chapelain de la chapelle de Saint-Nicolas, en l'église d'Yancourt ;
M. Foucart, chapelain de la chapelle de Sainte-Marguerite, en l'église de Frenenville ;
M. Caveux, chapelain de la chapelle de Notre-Dame à Lambercourt, paroisse de Mieunay ;
M. Desaubos, chapelain de la chapelle de Saint-Leu, en l'église d'Equesne ;
M. Depleure, chapelain de la chapelle de Sainte-Barbe, en l'église de Senneville.

Et dans l'ordre de la noblesse :

Contre Mgr le duc d'Orléans, seigneur du bourg d'Ault, Mers, Croix, au Bailly ;
M. le prince de Carignan, seigneur de Domart-sur-la-Luce ;
M. le comte de Gouffier, seigneur de Cempuis ;
M. le comte de Choiseul-Gouffier, seigneur d'Heilli-Franvillers ;
M. le comte de Wargemont, seigneur de Ribeaucourt, Beaumets ;
M. le marquis de Chépy, seigneur de Huppy, Chépy, Grouches ;
M. le marquis de Poutrincourt, seigneur de Poutrincourt, Lincheux ;
M. le marquis d'Oria, seigneur d'un fief à Léquipée ;
M. le marquis d'Argouges, seigneur de Dompierre ;
M. le comte de Querèques, seigneur de Bernapré ;
Madame la marquise de Fontaine, dame de Woincourt ;
Madame de Ternisien, dame d'Audainville et Fresnoy ;
M. de Vaudricourt, seigneur d'Attenay ;
M. de la Chevardière, seigneur de Blangy-Trouvelle ;
M. Briet de Saint-Elie, seigneur de Boismont ;
M. Blondin de Breville, seigneur de Bézieux ;
M. Boistel père, seigneur de Belloy-sur-Somme ;
M. de Mauléon, seigneur de Bouttavent-la-Grange ;
M. Médant, seigneur de Caubert ;
M. de Fontaine, seigneur de Cantepie, Bouvincourt, Isle Saint-Hilaire ;
M. le comte de Pesle, seigneur de Cramont ;
M. de Berleville, seigneur de Couteville ;
M. de Vauboulon, seigneur de Dargnies ;
Madame la marquise de Rache, dame de Dompierre ;
M. de Seaule, seigneur de Drucat ;
M. de Maubert, seigneur de Fontenoy ;
M. Le Sergent de Merville, seigneur de Favières ;
M. Viguier, seigneur de Fransus ;
M. Homacel, seigneur de Glattechine ;
M. Daune, seigneur de Friancourt ;
M. Gorguette, seigneur de Fiefvillers et Gorges ;

M. de Croquoison père, seigneur de Flexi-court;
M. du Cardonnoy, seigneur de Gouy;
Dame veuve Bostel de Welles, dame d'Heusse-court;
M. de Soyecourt, seigneur de Hencourt;
M. Tillette d'Ochancourt, seigneur de Long-villers;
M. Alsebert, seigneur de Luchuel;
M. Vallon, seigneur de Loueux;
M. Le Roi, seigneur de Hames et Gré;
M. Griffon d'Offoy, seigneur de Merelessart;
M. de Buissy, seigneur de Mons et Béalcourt;
M. Maunesier de Brassigny, seigneur de Monti-gny-les-Jongleurs;
M. de Croquoison fils, seigneur de Mouligni-Vilinconrt;
M. Le Moine, seigneur de Mesnières;
M. Landru, seigneur de Neuilly-de-Dieu;
M. Dumoulin, seigneur de Paillart;
M. de la Porte, seigneur de Raimisnil;
M. Lefebvre du Grosriez, seigneur du fief d'E-lincourt, paroisse de Saint-Blimont;
M. de Rambures, seigneur de Sielly;
La dame veuve de Mollers, dame de Saint-Ouin;
M. Martin, seigneur de Saint-Romain;
M. Gorin, seigneur de Trouville;
M. de Beauger, seigneur de Vieuvillers;
M. de Sablé, seigneur de Witaine-Eglise;
M. Duplanty, seigneur d'un fief à Vauchelles;
M. Dumoulin, seigneur de Wiencourt et l'E-quipée;
M. Artus, seigneur de Warquis;

La dame veuve du Sauzay, dame des fiefs de Vadencourt et Perchies, situés à Vignacourt;
M. de Famechon de Canteleu, seigneur d'Izeux et de Méricourt.

DÉPUTÉS.

Ordre du clergé.

M. Charles Fournier d'Heilly, professeur émé-rite de théologie au collége d'Amiens.
Illustrissime et revérendissime Monseigneur Louis-Charles de Machault, évêque d'Amiens.

Ordre de la noblesse.

M. Joseph-Anne-Auguste-Maximilien Croy, duc d'Havré et de Croy;
M. Louis-Philippe-Marc-Antoine de Noailles, prince de Poix.

Ordre du tiers-état.

M. Pierre Douchet, cultivateur, demeurant au village du Hamel;
M. Charles Lenglier, marchand, demeurant au village de Feuquières;
M. Florimond Leroux, ancien négociant, an-cien maire de cette ville, administrateur de l'hô-pital général de Saint-Charles, et membre de l'assemblée du département d'Amiens;
Et M. Jean-Charles Laurendeau, avocat en par-lement et au bailliage et siége présidial d'Amiens.

SÉNECHAUSSÉE D'ANGOUMOIS.

Extrait du procès-verbal de l'assemblée des trois ordres.

17 mars 1789 (1).

Sont comparus :

ORDRE DE LA NOBLESSE.

Mgr. comte d'Artois, frère du Roi, duc d'Angoulême, comparu par M. le marquis de Saint-Simon;

Madame veuve Durozier, dame Duras, par le même;

Barbarin de la Lotte, seigneur de la Bordrie;

La dame Marie-Rose Barbarin, veuve Guyot, par M. d'Assier;

De Barbarin Dubost, seigneur Dubost, par M. de la Sourdière;

Derocquard, seigneur du Puymaugaud;

Deplumaud, seigneur de Baillac;

Deplumaud, seigneur de la Fayolle;

De La Rapidie, seigneur de Tisseuil, par M. de Rocquart;

De La Sudrie, seigneur de Pamory;

De Rempenoux, seigneur de Madebaud;

De Saint-Garrand, seigneur du Teith;

Du Drousseil, seigneur de Loge, par M. de Rocquard des Danges;

Dexmer de Chenon, seigneur de Frégneuil;

De Bardines, seigneur de Bardines, par M. de Bardines père;

Rombeau de Maillou, seigneur des Planes;

Marchais de la Berge, seigneur de la Poyade-Maloune;

Navarre du Cluseau, seigneur du fief de Barrié;

De Champoignac, seigneur des Joubertières;

De Chevreaud, seigneur des Montaignes;

De Gaillard, seigneur du Vivier-Joussaud;

Demoiselle Marie-Anne de Laurencie, dame de Pillac, par M. de Balatier;

Pierre Arnauld, seigneur des terres et fief de Malberchie;

Mamlars Roussenac, tant en son nom, que comme fondé de procuration de M. de Saint-Marceau;

Le comte de Châtillon, sénéchal d'Auny;

Le chevalier de Lambertie, seigneur de la Chaise;

De Lascaud de Chevreuse, seigneur de Plainbaud;

De Chambe, seigneur de la Foy;

Fᵉ de Sècheville, par M. de Sècheville;

Guillet, seigneur de Fontenelle, par M. Guillaud de la Giraudérie;

De Cursay, seigneur de Saint-André, par M. de Cursay;

De Guillet, seigneur des Plessis;

De Frecy, seigneur de Marcillac;

De Neuville, seigneur du marquisat de Bourgd, par M. Barreau de Girac;

De Vᵉˢ, seigneur de Nercillac, par M. Philippe Vᵉ;

De Vᵉ, seigneur de la Borde ;

Richauland, seigneur de Rocheraud, par M. de Rochemond ;

Sauliner, seigneur de Montalembert;

Le comte de Brennond, seigneur de Dompierre, par M. de Bardines ;

La dame marquise de Verdelein, dame Dars, par M. de Chabrefy;

De Chasteigner, seigneur de Burie, par M. Guillot de La Lande;

Desroches de Signac;

Daniel, des nouveaux seigneurs de Saint-Brès, par M. de Guyot;

De Tallerand, seigneur de Gentel, par M. de Chauverou;

Madame la marquise d'Ecoyeux, dame de Chateau-Chêne, par M. Roy de Lenchère ;

Douct Dubreuil, seigneur de la Salle;

Le comte de Seillac;

Yrier de Saucillon de La Foucaudie, seigneur de Cadasseau, par M. de Choup;

Saulnier de Montalembert, seigneur de Foniautière ;

Demoiselle de Joussereaud, dame du fief de Malmont, par le comte de Broglie;

De Vassillot, seigneur du Quéroux, par le même ;

François de Lagrange, seigneur de Perdoucin, par M. de Lagrange;

Madame de Bellegarde, dame de Pendry, par M. de La Trésorière;

Le vicomte de Puymontbrun, seigneur de Brissonneau, par M. de Balattier;

De Cosson, prêtre, seigneur du fief Saint-Simon, par M. de Terrasson;

Dame de Nieuf, veuve de M. Chesnon, par M. de la Brogement;

Arnaud de Roussenac, fils aîné;

De Chaban, seigneur de Montmallant, par M. de Connant;

Madame Dutreuil, veuve de M. Raynaud, par M. de Chomel;

M. Morchais de La Berge, fils aîné ;

Le comte de Salus, par M. de Chancel ;

Guyot, seigneur des Giraudelles, par M. Guyot, son frère;

De Fornel, seigneur de Ponteillac, par M. de Ribery;

Le baron de Guyot Durepaire;

Le baron de Guyot de La Lande;

Le Battut, seigneur de Villechonneur;

Lafoy de Chamployrier, par messire de Lusignan ;

Badif, seigneur de Vaucombe, par messire Guyot;

Marou d'Excideuil, par messire de Pindray ;

Le chevalier de Ribercy;

La Battaud de Valette, seigneur de Valette ;

Derabinet, seigneur de Plat, par messire de Gallard ;

Le comte de Jumellac, par M. le marquis de Saint-Simon;

Madame de Crozant du Luffas, par messire de Guillard de Riberolle;

De Livron, de Salmonal, par messire de Livron de Poividal;

Avril, seigneur des Giraudelles, par messire de Castras;

(1) Nous publions ce document d'après un manuscrit des *Archives de l'Empire.*

Valleaud de Montboulard ;
Le chevalier Guyot Dervaud, garde du corps ;
Dauphin de Goursac, seigneur de la Cadoux ;
Depères, seigneur Duplessis ;
De Pressac, seigneur de Lioncel ;
Devideau, seigneur de Dudognon ;
Devideau de Marmon ;
Chevalier de Raimondias ;
Guillaumeau de Flaville ;
Le chevalier de Ruelle ;
Deschamps de Romfort ;
Le chevalier de Lusignan ;
Rombeaud de Maillou ;
De L'Huillier ;
De Terrasson, major de vaisseau du Roi ;
D'Hauteville du Maineblanc ;
Normand de Garat, lieutenant de vaisseau ;
De Rochemont, seigneur de Rouillac ;
Dame Gauthier, veuve de M. Dormet, maréchal de camp, dame de Villevigne, par M. Prévenaud de Sonneville ;
De Saubert, seigneur de Lafaye ;
Le chevalier Damière ;
De Binot de Launay ;
David de Lastand ;
Martin de Chateauroi, par M. son fils ;
Dumas, capitaine au régiment de Guyenne ;
Demoiselle Marie Raynaud de la Lourette, par M. Frolier ;
Demoiselle Raynaud, par M. Frolier ;
Gabriel Frolier, seigneur des Tours Boismorin ;
Demoiselle Jeanne Guyot de Montorsis, par M. de Chargeny ;
De Chevreuse, seigneur de Lafont ;
De Lapounnat, seigneur de Puymenier ;
Le comte de Saint-Hermoine ;
Chalot de Pautonnier ;
D'Orfeuille de Cavière ;
De Chancel ;
Pierre-Ozonne de Chancel ;
De Lambertie, seigneur de la Fenestre.
De Laubarière de Robuste ;
De Guylard, seigneur de Beaumont ;
De Masseau de Saint-Michel ;
Le chevalier de la Tranche ;
De Voluire, seigneur de Brassac ;
Deconfourd ;
Le chevalier de La Croix de Saint-Cyprien ;
De Sazac l'aîné ;
De Paschal de Fancher ;
De la Suzerac de la Vigerie ;
Le chevalier de Lance ;
De la Coulure Renou de la Nerbonne ;
De Morel de Charmant ;
De Morel de la Rousselie ;
De Ferret de La Grange ;
De Barbizier ;
Dexmier d'Arbreuse, seigneur de Laugerie ;
Deperry ;
De Rousseau de Magnon ;
De Legré ;
De Chambe Chevalier ;
Deplumant ;
Desbordes de Jonsac ;
De Suer de la Morel ;
De Morel de Fère ;
De Chazeg, seigneur de Chesnon en partie ;
De Peridray de la Vallade, seigneur de Barbayon ;
De Castres, lieutenant de la maréchaussée ;
De Nanteuil ;
De Chilloux de Charret ;
Le chevalier de Juillers ;
Le chevalier Dermier d'Arbreuse ;

De La Foux de Chabrignac ;
De Barbot de Sillac, seigneur de Beaulieu ;
De Faure, seigneur de Cornezac ;
De Chambe l'aîné.
De Guittard, chevalier de Riberolle ;
De Rossignol, tant en son nom, que pour M. Poitevin, seigneur de Fougeyon ;
De Loyé, seigneur de Bayer Château-Renaud, par M. Damière ;
Le comte de Brassac, seigneur de Rochebeaucourt, par M. de Monteau ;
Faucillon de Poujolle, par M. de Sorelle ;
Madame la vicomtesse de Loyer, dame de Fougrenou, par M. de Jovelle ;
De Gallard-Durepaire, par M. de Vassogne ;
Tessié de la Baurie ;
Le Roy de Lenchère ;
De Choux, seigneur de Torsac, par M. de Monteau ;
De Terrassac, seigneur de la Petillerie ;
De Lambert père, seigneur de Fronfoide, par M. de Lambert, son fils ;
De Lambert, seigneur des Andreau ;
La demoiselle de Lambert, dame Dumaine Bompart, par M. de Lambert, son frère ;
Malet de Châtillon, seigneur de Malaville ;
F. de Baqueville, seigneur de la Rivière, par le seigneur son fils ;
Texier, seigneur de la Pleigène ;
Madame Guyot, veuve du seigneur Dancy, par M. de Lanchères ;
Madame Bernard de Luchet, par monsieur F. ;
Désarnaud, seigneur de Saint-Pallars, par M. Cheneraud ;
Jean-Louis de Bremont, seigneur de Fouilloux, par M. de Gourzac ;
Renaud de la Fondière, seigneur de Roissac ;
Roy, seigneur d'Augeau Champagne ;
La dame Roy, dame d'Angeau, par son fils ;
F. de Checheville ;
Roy de Lenchère, seigneur de Breuil ;
Guilmaud, seigneur de Flaville, par M. de Flaville ;
F. de la Rombadie, par M. Babinet ;
Le baron de Plas, par M. de Plas ;
De Veillard de Bargueville ;
Saumier de Beaupine, par M. d'Amerc, capitaine d'Agenois ;
Dabinel, seigneur de Lauzière ;
Vigier de Planson ;
Terrasson, seigneur des Ardennes ;
Bromède, seigneur de la Foucaudie ;
Orrière, seigneur de Raby ;
Dame Elisabeth Orie, dame de Maumon, par M. son père ;
Normand, seigneur de la Tranchade ;
Le marquis d'Argence, par M. de Monceau ;
Le seigneur de Montmorreau, par le même ;
De Sainte-Hermine, seigneur de la Bannière ;
Madame de Montalembert de Villars, par M. Dulaud ;
Arnaux de Bouex, seigneur de Bouex ;
De Tellier, seigneur de Cers ;
Madame de la Sondière, dame de Goue, par M. de Chevanne ;
De Roquart, seigneur du Chalard ;
De Vassonne, seigneur de la Brechime ;
Delafroix, seigneur de Puyraud ;
Le marquis de Charos, par M. de la Lorranne ;
De Remondias, seigneur de Remondias ;
De Fornel de Manizac ;
De Fornel, seigneur de Repaire, par M. de Vassonne ;
De Fornel, seigneur de Limerac, par M. de Coué ;

De Chabrot, seigneur de Chabrot ;
La dame de Ferrière, par le même ;
De Menet, seigneur de Menet, par M. de Lambertie ;
Chevreau, seigneur de Moulison ;
De la Peyre, seigneur du Breuil ;
De Valleure, seigneur de Brassac ;
De Lambertie, seigneur de la Mane :
De Rocheplate, seigneur de Frager ;
Le comte de Montbron, seigneur de Montbron ;
Durandou, seigneur de Durandou ;
Detriou, seigneur de Goue ;
Preneraud, seigneur des Défauts ;
De Gibouel, seigneur de Chartelus ;
La dame de Confourt n'a pas comparu ;
La dame de Vaucourt, veuve de Lambertie, par M. de Chambes ;
De Saint-Maurice, seigneur de Sauvigne, par M. Dulaud ;
La dame de Goulard de Laferté, par M. Amil ;
Létang Duvivier, seigneur de Lougre ;
Létang, seigneur de Gane ;
De Chabot, seigneur de Bouin, par son frère ;
De Chabot, seigneur de Joue ;
De Marleil, seigneur de Villeneuve ;
La dame de Chauvanne, dame de Chauvegasse, par M. de Cherranne ;
La dame de Chap de Louchimbert, par M. de Culeau ;
Le comte de Saint-Amand, seigneur de Montmoureau, par M. de la Soudière ;
De Lageau, seigneur de Plassons ;
De Martin, seigneur d'Aigné ;
Le marquis des Choisis, seigneur de Luxe, par M. de Cursay ;
De Ligne, seigneur de Ligne, par M. de La Geaud ;
Le marquis de Channeron, seigneur de Saint-Severin ;
Pener de Gural, seigneur de Bonnes, tant en son nom, que fondé de procuration de messire François de Bellarde, et de maître Charles Bruneau de Saint-Georges ;
Madame de Ferret de Gérard, par M. de Saint-Gresse ;
D'Absac, seigneur de Chenaud, par M. de Garrat ;
De Nanteuil, seigneur de Beroches ;
Martin de Château-Roy ;
Dumas de Ligne, seigneur de Bois-Gachet ;
Madame comtesse de Broglie, dame de Ruffe, par M. le comte de Broglie ;
De Brouillac, seigneur de Beauregard, par M. de Flaville ;
De Pery, seigneur de Nieuil, par M. de Garat ;
Dumas, seigneur de la Conelle ;
D'Orfaud, seigneur des Argeaux, par M. Chancel.
De Pressac, seigneur de Brette, par M. de Sainte-Hermine ;
Dame de Chalaignes, dame de Brette, par le même ;
D'Orfeuille, seigneur des Angeaux, par M. Chenil ;
Garnier, seigneur Du Ballon ;
Paudin, seigneur de Beaurigaud, par M. Desuène ;
Amil, seigneur de Gregneuil, par M. Amil ;
De Jorel, seigneur de Jorel ;
Guyot, seigneur du Mamou, par M. Guyot, son fils ;
Amil de Lesmême, seigneur des Rousselières ;
De Max, seigneur de La Bregemaut ;
De Charge, seigneur de Fourballon ;
De Charge, seigneur de Villegan, par M. de Charge de Fourballon ;

D'Alemée, seigneur de Courcel, par M. de Charge ;
De Gorel, seigneur des Fournières, par M. Chanal ;
Gourgeau, seigneur de La Fayolle, par M. de Charge ;
De Jousseraud, seigneur de Nanteuil ;
De Goret, seigneur de La Martinière, par M. Sagerac ;
De Châteignes de La Coussière ;
Desperres, seigneur du Posmer ;
Dubreuil Clison, seigneur des Etangs, par M. de Ribère.
Du Rousseau, seigneur de Lezignac-Durand ;
Gaudellau, seigneur du Chambin ;
De Peyroche, seigneur de Pressac ;
De Trioux, seigneur de Salles, par M. Chapiteau ;
Dame de Saint-Gairraux, dame de La Tour, par M. de Rocquard ;
De Rocquart, seigneur du Dauge ;
De Colbert, marquis de Chabannais, par M. le marquis de Chamiron ;
La dame d'Absac de Salignac, par M. de Cosnaud ;
De La Pontière, seigneur de Champsurand ;
De la Baudie, seigneur de La Chelondrie ;
Du Coufourg, seigneur de Romazières ;
Pasquet, seigneur de la Vergue, par M. de la Couturerenne ;
Dumoulin, seigneur de Chantriac ;
De La Fayette, seigneur de Villechaine, par M. de Partarand ;
De La Brandière, seigneur d'Aubernac ;
Boibal de Pondray, par M. de Saint-Paul ;
Duverrier, seigneur de Bonugeac, par M. de La Broidière ;
De Joncheres, seigneur des Prisons ;
De Guichaud, seigneur de L'Esnane, par M. de Jonchères ;
Daslier, seigneur des Brasses ;
La dame de Chambreau, dame de Villurelle, par M. de Jasmes ;
Duclaud, prêtre, seigneur de La Glayalle ;
De Rouille, seigneur de La Motte, par M. Danier ;
Bernardin Faidaud, seigneur de Saint-Christophe, par M. de Plumant ;
Boulé, seigneur de Pimpante, par M. de La Sudrie ;
Veuve Durozier, dame Duras, par le même ;
Barbin de La Lotte, seigneur de La Borderie ;
Madame Marie-Rose Barbarin, veuve Guyot, par M. Dassier ;
De Barbarin Dubost, seigneur Dubost, par M. La Sourdière ;
De Roquard, seigneur de Puymangaud ;
De Plumau, seigneur de La Fayolle ;
De La Rapidie, seigneur de Tisseul, par M. de Rocquard ;
De La Sadrie, seigneur de Gamory ;
De Rampenoux, seigneur de Madebaux ;
De Saint-Garraud, seigneur au Teilh ;
Du Doussier, seigneur de La Loge, par M. de Rocquard des Danges ;
Dexmier de Chenon, seigneur de Fregeneuil ;
De Badines, seigneur de Badines, par M. de Badines père ;
Rambaud de Maillou, seigneur des Planes ;
Joubert, seigneur de La Pouyade ;
Marchais de la Berge, seigneur de Chalonnes ;
Navarre du Clazeau, seigneur du fief de Barrie ;
De Champaignac, seigneur du fief des Montaignes ;

De Gallard, seigneur du Vivier Jousseaud;

Demoiselle Marianne de Luforancie, dame de Pillac, par M. Sabattier;

Pierre Arnaud, seigneur des terres et fiefs de Malberchi, Masulard, Roussenac, tant en son nom, que comme fondé de pouvoirs de M. de Saint-Narceau ;

Le comte de Châtillon, sénéchal d'Auny ;

Le chevalier de Lambertie, seigneur de La Chaise;

De Lescaud de Chevreuse, seigneur de Pleinbande;

De Chambe, seigneur de Lufoy;

P. de Scheville, par M. de La Secheville ;

Guillet, seigneur de Fontenelle, par M. Guillet de La Girauderie;

De Cursay, seigneur de Saint-André, par M. de Cursay;

De Guillet, seigneur de Saint-Martin, par M. de Guillet de la Gibauderie;

Guillet, seigneur de Desplessis;

De Frécy, seigneur de Maurillac;

De Neuville, seigneur du marquisat de Bourgt, par M. Barreau de Girac;

De F., seigneur de Nersillac, par M. Philippe F.;

De F., seigneur de La Borde;

Rochaulaud, seigneur de Rocheraud, par M. de Rochemont;

Saulnier, seigneur de Montalembert ;

Le comte de Bremont, seigneur de Dompierre, par M. de Bardines ;

La dame marquise de Verdelin, dame Dars, par M. de Chabrefy;

De Chalaigne, seigneur de Burie, par M. Guyot de La Lande;

De Roches de Signac;

De Tailleron, seigneur de Gentel, par M. de Chauvron ;

Madame la marquise Descoyeux, dame de Châteauchêne, par M. Roy de Lenchère;

Douet Dubreuil, seigneur de La Salle ;

Le comte de Seillac;

Yrier de Sausillon de La Foucaudie, seigneur de Cadasseau, par M. de Choux;

Saulnier de Montalembert, seigneur de Pontaulière;

Demoiselle de Jousserand, dame du fief de Malmon, par le comte de Broglie;

De Vassullot, seigneur du Queroux, par le même;

François Lagrange, seigneur de Perdoussin, par M. de La Grange ;

Madame de Bellegarde, dame de Pendy, par M. de La Trésorière ;

Le vicomte de Puy-Montbron, seigneur de Brissonneau, par M. de Balattier ;

De Cosson, prêtre, seigneur du fief de Saint-Simon, par M. de Terrasson ;

Dame Pery de Meuf, veuve de M. de Chesnons, par M. de La Bregement ;

Arnauld de Roussenac fils aîné ;

De Chabaut, seigneur de Montmallant, par M. de Cormant ;

Madame Dutreuil, veuve de M. Rayenaud, par M. de Chomel ;

Monsieur Marchais de La Berge, fils aîné ;

Le comte de Salus, par M. de Chancel ;

Guyot, seigneur de Giraudelles, par M. Guyot, son frère ;

De Cornel, seigneur de Pont-Leyard, par M. de Ribery ;

Le baron de Guyot-Durpaire ;

Le baron Guyot de La Lande ;

Le Battut, seigneur de Ville Gonneur ;

Le Foy de Champloriec, par M. de Lusignan;

Badif, seigneur de Vaucombe, par M. Guyot;

Marou d'Excideuil, par M. de Pindray ;

Le chevalier de Ribery ;

De Rabinet, seigneur de Plat, par M. de Gallard ;

La Battud de Valette, seigneur de Vallette;

Le comte de Jumillac, par M. le marquis de Saint-Simon ;

Madame de Crozon du Tassot, par M. de Guillard de Riberolles ;

De Liveron, seigneur de Palmonsel, par M. de Lorron de Puyvidal ;

Avril, seigneur de Giraudelle, par M. de Castras ;

Gabriel de Pressac, prêtre, par M. de Castras ;

Vallaud, de Monboulard ;

Le chevalier Guyot Dervaud, garde du corps;

Dauphin de Gourzac, seigneur de La Cadoux;

De Père, seigneur Duplessis ;

De Pressac, seigneur de Lioncel ;

De Videau, seigneur d'Andognon;

De Maumont;

Chevalier de Raimondias ;

Guillaume de Flaville ;

Le chevalier de Ruelle ;

Deschamps de Romfort ;

Le chevalier de Lezignon ;

Rombaud de Maillou ;

De Luillier;

De Terrasson, major de Vameau du Roi;

D'Hauteville de Maineblanc ;

Normand de Garrat, lieutenant de vaisseau ;

De Rochemont, seigneur de Rouillac ;

Dame Gaulthier, veuve de M. Dormet, maréchal des camps, dame de Villevigne, par M. Prevenault de Souneville ;

Preverault, seigneur de Souneville ;

De Jaubert, seigneur de Lafaye ;

Le chevalier d'Asnière ;

De Binot de Launay ;

David de Lastaud ;

Martin de Châteauroy, par M. son fils ;

Dumas, capitaine au régiment de Guyenne;

Demoiselle Marie Raynaud de La Lourette, par M. Frolier;

Demoiselle Raynaud, par le même;

Gabriel Frolier, seigneur des Erars-Boismorin ;

Demoiselle Jeanne Guyot de Montorsis, par M. de Chargey;

De Chevreuse, seigneur de La Font ;

De la Ponnat, seigneur de Puismenier ;

Le comte de Saint-Hermine;

Chalot de Pantonnier ;

D'Orfeuille de Clavière ;

De Chancel;

Pierre Ozonne de Chancel ;

De Lambertie, seigneur de la Fenestre;

De Lambarrière de Robuste;

De Guylard, seigneur de Beaumont;

De Masseau de Saint-Michel;

Le chevalier de la Tranchade;

De Volaire, seigneur de Brasbrasson ;

De Confourg;

Chevalier de la Croix de Saint-Cyprien;

De Sazerac, Lamé ;

De Paschal de Faucher;

De Sazerac de la Vigerie;

Le chevalier de Lance ;

De la Couture Renou de la Nerbonne ;

De Movel de Charmant ;

De Ferret de la Grange ;

De Barbizier;

Dexmiers d'Arbrense, seigneur de Langerie;
De Perry;
De Roussieaude Magnan;
De Legré;
De Chambe, chevalier;
De Galland, seigneur de Rousselière;
Les demoiselles Monnereaux du Maine Lafond, par M. de la Lombière;
Louis Jourdain de Boistelle, seigneur de Roussiac, par M. de Martin;
Charles-Antoine de Loranie de Cliadurie, seigneur de la Loranne de Charras;
Louis Le Meugnier, baron de Blanzac, par M. de Chere de Comte;
De Marabon de Letoile, seigneur de Lacroix, par M. Barbal de la Tressonnière;
Cadiot de Saint-Paul, seigneur de la Léolardie;
Le marquis de Saint-Simon, seigneur de Lafaye;
Le baron de Plas, tant en son nom que comme fondé de procuration du seigneur de Latour Dupin, et du seigneur comte de Linières;
Le seigneur de Rayemond, seigneur de Saint-Germain, par M. de Bourgeon;
Le chevalier de Chabon;
Germain Bide de Maurville, par M. de Brouzede;
La dame Texier, dame de Chaux, par le sieur Trémaux;
La dame de Rabaine, dame de Perfond, par le sieur Texier;
Raleau de Châteauret, par ledit sieur Texier;
Le seigneur de Montausier;
De Fuylard, seigneur de Claix;
De Baraudin, seigneur du Maine Giraud;
De Vars, seigneur de Basnière, par M. Vidault;
La dame Lure Fayet, dame de la Douville, par M. Vidault;
Le seigneur de Balattier, seigneur de Malatraix;
Le vicomte de Saint-Simon, par M. de Lestang de Rulles;
La dame de Volucorail, dame du fief de Triac, par le sieur de Preslac;
Elie-François de Pindray, seigneur de Gadebord, par le seigneur de Pressac;
Devars, seigneur de Landebert, tant en son nom que comme fondé de pouvoirs du seigneur de la Poste aux Loups;
De la Seigninie, seigneur de la Touche, par M. le comte de Martin;
De Terrasson, seigneur des Courades;
Le seigneur de la terre de Vibrac n'a pas comparu;
Bonnot, seigneur de Salignac;
Le marquis de Brie, seigneur de Saint-Mesme, par M. Horie;
Le vicomte de Chatigner, seigneur de Saint-Mesme;
Le comte de Culleau, seigneur de Dauqueville;
Lo marquis d'Amere, seigneur de la Bride;
Lecocq de Bois-Beaurand, par M. de Rochemond;
De Pierre Levée, seigneur de Gendeville;
De Salonière, seigneur de Crelle, par M. de Salomon, son frère;
Monsieur le comte de Jarnac, seigneur de Farnac;
Le baron de Bonnefoi, seigneur de Guette, par M. Dupaune;
Orrière de Chassois;
De Montalembert, seigneur de Burnie;
Orrier, seigneur de la Courade;
De Jambes de Mareuil;
De Lestang, seigneur de Ruelles;

Le seigneur de Lafond;
Vallaude Mouillac;
De Maillou de Brunelière, par le sieur Rambaud;
De Maillon, seigneur de Saint-Saturnin par le sieur Rambaud de Pressac;
Le Cheuveuvre, seigneur du Lugeat;
Grand de Luxentière, seigneur de Lavergne;
Madame de Joulleraud, dame de Chalonne, par M. Prenerand de Fonneville;
De Billac, seigneur de Balzac, par M. de Trivu de Montalembert;
De Guynard, seigneur de Puy-Français;
Madame de Corgnal, dame de La Touche, par M. Chapiteaux;
De La Bernade, seigneur de Labarre;
De La Greuille, seigneur de Puygelier;
Du Land, seigneur de Cellette, par M. le vicomte Duland;
Dasnière, seigneur de Nitra, par le sieur Dasnière, son fils;
Madame la duchesse d'Anville n'a pas comparu;
Dasnière, seigneur de Lugeac;
Dauteuille, seigneur de Maillon;
Robert, seigneur de Cée;
Dumas, seigneur de Rubral, par le sieur Robert;
De Chambre Fy, seigneur de Montrin;
De Pierre Levée, seigneur de Bois-Bretaud;
Comte de Marneau, par le sieur de Cherranne de Lafond;
De Boisseauroux, seigneur de Boisseauroux;
De Cursay, seigneur de Boudeville;
De Nanclas, seigneur de Laumont, par M. de Flaville;
De Boudumes, seigneur de Neuil-Neuillac;
De Flavette, seigneur de Roissac;
Ozie, seigneur de La Motte;
La dame de la Poste aux Loups, dame de Saint-Genis, par M. de la Sourdière;
De La Croix, seigneur de Repaud;
Chapiteau de Cuissale;
Chapiteau de Chantemerle;
De Pindray, seigneur du fief de Lisle;
La Batud, seigneur de Maine-Galmand;
Birot de Ruelle, par M. de Ruelle;
Toureau, seigneur de Fissac;
Salomne de Baussaye, seigneur de Villemau;
Le comte d'Escars, seigneur de Pansac, par M. Chataigner de La Rocheposée;
De Chataignes, seigneur des Defauts;
Garnier de La Danimère, par M. Darsuàre;
De Luyron, seigneur des Puy-Vidal;
De Guillaud, seigneur de Riberolles;
Le duc de La Rochefoucauld n'a pas comparu;
La dame de Normand de Croseau, par M. Guillard de Riberolles;
Les enfants de la Dame, par M. de Riberolles;
Duland, seigneur de Loge-Baston;
La demoiselle Violleau de Findouce, par M. de Chataignes;
De Maubuée de Boiscontaud, par M. de Chevenne, seigneur de Florignac;
Renaud, seigneur de Tapouac, par M. Barbeau Anteclane;
De James, seigneur de Saint-Vincent, par M. de Luiron, son fils;
Le marquis de Roussy, seigneur de Chasseneuil, par M. de La Fondière;
La dame de Verlamon, dame de Bussière, par le sieur de Chabrefy;
De Rossignol, curé de Sceau, par M. de Riberolles;

Renaud de La Soudière, seigneur de Saint-Marin ;

Bairaut, seigneur de Sainte-Colombe ;

De Leuchere, seigneur de La Borde ;

La dame Guyot de Montalembert, dame de Saint-Amand de Bonnière, par M. Ducland ;

De Graigny, seigneur de Maisonnoble, par M. le comte de Montausier ;

Du Soulier, seigneur de La Bouchardie, par M. de Cheureure ;

Fricau de La Chalourière, par M. de Romfort ;

De Burgon père, seigneur de Burgon ;

De Burgon fils , seigneur de Chadelard , par M. de Burgon père ;

De Sarduy de Dangene, seigneur de Finfay ;

Angeli de Salles ;

Salmon, seigneur de Fancienne ;

Bordaye de Sigogne, seigneur de Sigogne ;

De Rousseau de Coulgen ;

Le marquis de Girac, seigneur de Fayolles ;

De Nesmond, seigneur de Brie, par M. de Villerille ;

Arnaud de Villerille, seigneur de Champuyers ;

Barbat d'Auteclair, seigneur de La Bussinie ;

Le chevalier de Bonnevin ;

Le comte de La Lorance, seigneur du Bourg-Clavaux ;

Pasquel Du Bouquet, seigneur de La Vacherie ;

Pasquet Du Bouquet de La Revanchère, seigneur de La Garde, par M. Pasquet du Bouquet ;

Salignac, seigneur de Lesvière ;

Dutillet, seigneur d'Ambrie, par M. de Brouzède ;

Du Masny ;

De La Courbière, seigneur de Bernac ;

La dame de Nouere, dame de Nouere, par son fils ;

Du Masny de La Barre, par M. de Saint-Projet ;

Du Masny de Lestang ;

Saint-Paul de Juillac ;

De Chauzeaud, seigneur de Salles, par M. le Comte de Montbron ;

De Juglard, seigneur de Limerat, par son fils ;

Corlieu Deloches ;

De Froger de La Chambeaudie, par M. de La Loubière ;

Rousseau de Meignac ;

De Glenée, seigneur de Lamorinie ;

Deseravayal des Terres, par M. de Pindray ;

De Colieu, seigneur du Vivier, par M. de Colieu de Loches ;

De Colieu de La Baudie ;

De Juglard de Lardine ;

De Juglard de La Grange ;

De Loge, seigneur de Boyer Châteaurenaud, par M. Dasnière ;

BAILLIAGE D'AUTUN.

Extrait du procès-verbal de l'Assemblée générale
des trois ordres.

Du 28 mars 1789 (1).

Sont comparus :

CLERGÉ.

1° Messire Charles-Maurice de Talleyrand de Périgord, évêque d'Autun, en personne ;

2° Vénérable Jean-Baptiste-Simon de Grand-champs, grand chantre et chanoine de l'église cathédrale, en personne ;

3° M. Jean-Baptiste Verdolin, prévôt de Susseye, par M. François Rolet, chanoine de l'église cathédrale d'Autun, son fondé de pouvoir, suivant sa procuration passée devant Bouvier Saurzige, notaire au Châtelet de Paris, le 3 de ce mois, dont le brevet original est resté sur le bureau; et à l'instant, attendu la rigueur de la saison, et sur les remontrances d'un grand nombre des membres des trois ordres, il a été décidé, et nous avons ordonné qu'il sera procédé à la vérification des pouvoirs des députés et des procureurs fondés dans chaque Chambre successivement et séparément, auquel effet nous nous sommes, à l'instant même, transportés, avec tous les membres du clergé, dans la chambre synodale de l'évêché, où étant, nous avons procédé à la continuation de la vérification des pouvoirs dudit clergé et des procureurs fondés, ce qui a été fait ainsi qu'il suit, après avoir préalablement pris et reçu, dans la forme accoutumée, le serment fait par tous les ecclésiastiques, tous les nobles et tous les membres du tiers-état présents, de procéder fidèlement, d'abord à la rédaction d'un seul cahier, s'il est ainsi convenu par les trois ordres, ou séparément à celui de chacun desdits trois ordres ; ensuite à l'élection, par la voie du scrutin, des notables personnages, au nombre et dans la proportion déterminée par la lettre de Sa Majesté, pour représenter aux États généraux, les trois états de ce baillage principal, et de ceux de la seconde classe.

En conséquence ont comparu par-devant nous, grand bailli, les membres du clergé, soit en personne, soit par des procureurs fondés, ainsi qu'il suit :

4° Jean-Charles de Cassanches de Beaufort de Miramont, archidiacre d'Avalon, par M. Pierre de Chalonner, chanoine de la cathédrale, son fondé de pouvoir, suivant sa procuration passée devant Gonon et Roux, notaires à Autun, le 26 du même mois, contrôlée le même jour et dont le brevet original est resté sur le bureau ;

5° Vénérable M. François-Marie-Aurèle Devarèze, archidiacre de Flavigny, en personne ;

6° Vénérable M. François Lemaistre, abbé de Saint-Étienne l'Étrier, en personne ;

7° M. Hector Bernard Drouas de Boussey, abbé de Saint-Pierre l'Étrier, en personne ;

8° Vénérable M. François Rolet ;

(1) Nous publions ce document d'après un manuscrit des *Archives de l'Empire.*

9° Vénérable M. Guillaume Bretin ;

10° Vénérable M. Lazare Sautereau ;

11° Vénérable M. François de Chevannes, syndic, tous les quatre chanoines, députés du chapitre de l'église cathédrale, suivant l'acte capitulaire du 27 de ce mois, signé de tous les membres du chapitre présents, et du sieur Chassey, secrétaire, lequel acte est resté sur le bureau;

12° M. Jean-François Nectoux, sous-chantre de ladite église cathédrale, député de la part des autres bénéficiers et ecclésiastiques engagés dans les ordres et attachés, par leurs fonctions, à ladite église cathédrale, suivant leur acte capitulaire du 18 de ce mois, qui est resté sur le bureau ;

13° Vénérable M. Jacques Pinot, prévôt du chapitre de l'église collégiale ;

14° Vénérable M. Barthélemy Lenoble, chanoine de ladite église le plus ancien ; tous les deux députés de la part dudit chapitre, par acte capitulaire du 13 de ce mois, dont copie, collationnée à l'original, est restée sur le bureau ;

15° M. Charles Viellon, prêtre, sous-chantre adjoint de ladite église, député de la part des autres ecclésiastiques qui y sont attachés, suivant l'acte capitulaire ci-dessus ;

16° Messire Gabriel Courtois de Quincey, évêque de Belley, abbé de Saint-Martin, représenté, en cette dernière qualité, par messire Claude-Zozime Deschamps de La Villeneuve, chanoine de l'église cathédrale d'Autun, vicaire général du diocèse de Belley, son fondé de pouvoir, suivant sa procuration notariée du 3 de ce mois, contrôlée le 4, dont le brevet original est resté sur le bureau ;

17° Vénérable M. Claude Emonin, prieur commendataire de Saint-Symphorien-lès-Autun, représenté par vénérable Anne-François Bizouart de Montille, suivant sa procuration notariée du 13 de ce mois, contrôlée le même jour, dont le brevet original est resté sur le bureau ;

18° Messire Marie-Joseph-Antoine Laurent de La Rivière de La Tourette, prêtre prieur commendataire du prieuré de Saint-Martin-de-Maivre, représenté par vénérable M. Sébastien-Philibert de La Goutte Duvivier, prêtre chanoine de ladite église cathédrale d'Autun, son fondé de pouvoir, suivant sa procuration légalisée, en date du 18 de ce mois, dont le brevet original est resté sur le bureau ;

19° M. Jean-Louis Romelot, prieur de Saint-Rache, représenté par M. Jean-François Nectoux, sous-chantre de l'église cathédrale, suivant sa procuration du 18 de ce mois, dont le brevet original est resté sur le bureau ;

20° Messire Etienne-Jean-Baptiste-Louis des Gallois de La Tour, nommé à l'évêché de Moulins, prieur de Perrecy, représenté en cette dernière qualité, par vénérable M. Charles-Adrien de Changy, chanoine de l'église d'Autun, en vertu de sa procuration notariée et légalisée le 14 de ce mois, contrôlée le même jour, dont le brevet original est resté sur le bureau;

21° Frère Anne-Philippe Petrement Devaloy, chevalier de justice dans l'ordre de Malte, commandeur de la commanderie de Beugney, représenté par vénérable François-Amand-Eugène-Magloire Defaulin, chanoine de l'église d'Autun, en vertu de sa procuration notariée du 14 de ce mois, dont le brevet original est resté sur le bureau;

22° Dom Pierre Patenaille, grand prieur de l'abbaye royale de Saint-Martin-lès-Autun, député nommé de la part de la communauté, suivant leur acte capitulaire, le 18 de ce mois, qui est resté sur le bureau;

23° Vénérable M. Claude Bourgogne, sous-prieur de messieurs les chanoines réguliers de Saint-Symphorien, député par acte capitulaire du 26 de ce mois, qui est resté sur le bureau;

24° Frère Nicolas Vautrin, gardien du couvent des Cordeliers de cette ville, député nommé par acte capitulaire du 27 de ce mois, qui est resté sur le bureau;

25° Les dames abbesse, prieure et religieuses de Saint-Andoche, représentées par M. l'abbé de Sarèze, en vertu de leur délibération capitulaire et notariée du 24 de ce mois, dont le brevet original est resté sur le bureau;

26° Les dames, abbesse, prieure et religieuses de l'abbaye de Saint-Jean-le-Grand d'Autun, représentées par M. Claude-Pierre Chassey, prêtre habitué de l'église cathédrale d'Autun, en vertu de leur délibération capitulaire du 23 de ce mois, qui est restée sur le bureau;

27° Les dames, supérieure et religieuses Ursulines de cette ville, représentées par vénérable Pierre Fillon, chanoine de l'église d'Autun, en vertu de leur délibération capitulaire du 20 de ce mois, rédigée par deux notaires, laquelle est restée sur le bureau;

28° Les dames supérieure et religieuses de la Visitation d'Autun, représentées par M. Bernard-François-César Bidault, prêtre chanoine de l'église collégiale de cette ville, en vertu de leur acte capitulaire du 25 de ce mois qui est resté sur le bureau;

29° Vénérable M. Michel Boudry, chanoine honoraire en l'église cathédrale d'Autun, et chapelain bénéficier de l'église Saint-Andoche de cette ville, représenté par vénérable M. Hugues Legoux, chanoine de ladite église, en vertu de la procuration notariée du 24 de ce mois, dûment contrôlée, dont le brevet original est resté sur le bureau;

30° Vénérable M. Claude Millot, chanoine de la cathédrale, aussi chapelain bénéficier de ladite église Saint-Paul-Andoche, représenté par M. Guillaume Bertin, chanoine, en vertu de sa procuration notariée du 27 de ce mois, contrôlée le 28, dont le brevet original est resté sur le bureau;

31° Vénérable M. François Boiteux, chanoine de la cathédrale, aussi chapelain de ladite église Saint-Andoche, en personne;

32° M. Etienne Bouiller, prêtre et chapelain de ladite église, en personne;

33° M. Leger Boucheret, prêtre chapelain de la même église, aussi en personne.

34° M. François Bouzereau, prêtre chapelain en l'église Saint-Jean-le-Grand d'Autun, représenté par M. Claude Riambourg, curé de Saint-André, en vertu de sa procuration notariée du 27 de ce mois, contrôlée le même jour, dont le brevet original est resté sur le bureau;

35° Vénérable M. Joseph Faye, prêtre chapelain de Sainte-Anne, en personne;

36° Vénérable M. Léonard-Anne Blanchet, prêtre chapelain de la Varenne-d'Ygornay, en personne;

37° Vénérable M. Gaspard Carnot, chanoine de Nuys, titulaire des chapelles de Notre-Dame et de Sainte-Marguerite, fondées en l'église de Faisy, représenté par M. Claude Latour, chanoine de la cathédrale, en vertu de sa procuration notariée du 19 de ce mois, contrôlée le même jour, dont le brevet original est resté sur le bureau;

38° M. Claude Gaudriot, prêtre chapelain de la chapelle de Mont-Patoy, en l'église de Conches, en personne.

Curés d'Autun.

39° M. François Roché, curé de Saint-Pancrace de cette ville, en personne;

40° M. Jean-Baptiste-François Lebas de La Londe, prêtre supérieur du grand séminaire d'Autun, en personne;

41° M. Jacques Saulnier, prêtre supérieur du petit séminaire, tous les deux députés de la part des ecclésiastiques non possédant bénéfices et résidant sur la paroisse de Saint-Pancrace, suivant leur délibération rédigée par-devant ledit sieur curé, le 25 de ce mois, laquelle est restée sur le bureau;

42° M. Blaise Tripier, ancien curé de Chidde, député nommé de la part des ecclésiastiques de ladite paroisse Notre-Dame, qui se sont, à cet effet, réunis chez le sieur curé qui a reçu leur délibération, le 22 de ce mois, laquelle est restée sur le bureau;

43° M. Philippe Sicelier, curé de Saint-Quentin, en personne;

44° M. Eléonore-Anne Carrion, curé de Saint-Pierre, en personne;

45° Le Révérend Père Marc-Antoine-Annibal de Tinde, supérieur du collège de l'Oratoire de cette ville, député nommé de la part des ecclésiastiques de la paroisse de Saint-Pierre, qui se sont, à cet effet, réunis chez ledit sieur curé, par-devant lequel leur délibération a été rédigée le 24 de ce mois, et est restée sur le bureau;

46° M. Joseph-Sébastien, curé de Saint-Jean-Evangéliste, en personne;

47° M. Lazare Albine, curé de Saint-Jean-le-Grand, en personne;

48° M. Claude Rambourg, curé de Saint-André, en personne.

Curés des paroisses du bailliage d'Autun.

49° M. Michel Tezenac, prieur, curé d'Anost, représenté par M. Lazare Billard, curé de Saint-Denis-de-Peon, en vertu de sa procuration du 23 de ce mois, dont le brevet original est resté sur le bureau;

50° M. Jean-Baptiste Paulet, curé d'Antully, en personne;

51° M. Antoine Caquoi, prêtre curé d'Auxi, en personne;

52° M. Simon-Pierre Billot curé de Barnay, représenté par M. Gilbert de Cotignon, chanoine de la collégiale, en vertu de sa procuration notariée du 23 de ce mois, contrôlée le 24 de ce mois, dont le brevet original est resté sur le bureau;

53° M. Philibert Pierre, curé de Brion, représenté par le sieur Carrion, curé de Saint-Pierre, suivant sa procuration notariée du 24 de ce mois, dont le brevet original est resté sur le bureau;

54° M. Marie-Thomas Guittel, curé de Broye, en personne;

55° M. Claude-Philippe Monnière, curé de Cerdesse, en personne;

56° M. François Lefebvre, curé de Couard, en personne;

57° M. François Gediges, curé de Conches, en personne ;

58° M. François Durand, curé de Courdin, représenté par M. Sicelier, curé de Saint-Quentin, en vertu de la procuration du 18 de ce mois, a été, par nous grand bailli, admise sur les conclusions du procureur du Roi, et de l'avis de messieurs les quatre commissaires, laquelle procuration est restée sur le bureau ;

59° M. Claude-Pierre Brunet, curé de Curgy, en personne ;

60° M. Léonard de La Troche, curé de Cussy, représenté par M. Roché, curé de Saint-Pancrace, en vertu de sa procuration notariée du 15 de ce mois, dont une expédition signée est restée sur le bureau ;

61° M. Jean de Blangey, curé de Dracy-Saint-Loup, en personne ;

62° M. Jean-Marie Guillemin, curé d'Epinac, en personne ;

63° M. Philippe-René Barbatte, curé d'Etang, représenté par M. Lazare Bailli, chanoine de la cathédrale, en vertu de sa procuration du 23 de ce mois, dont le brevet original est resté sur le bureau ;

64° M. Michel Bertault, curé de Glux, représenté par M. Claude de La Croix, curé de la Chapelle-sous-Nehou, en vertu de sa procuration du 20 de ce mois, et dont le brevet original est resté sur le bureau ;

65° M. Jacques-Marie Bernardet, curé et seigneur de Cloché, en personne ;

66° M. Jacques-Gilbert Duvernois, curé d'Igornay, en personne ;

67° M. Jean-François Carrion, curé d'Issy-l'Evêque, en personne ;

68° M. Claude-Lazare Belorgez, curé de La Selle, en personne ;

69° M. Antoine-Alexandre, curé de la Chapelle au Mans, représenté par M. Renardet, curé de Gueugnon, en vertu de sa procuration notariée du 24 de ce mois, dont une grosse est restée sur le bureau ;

70° M. Joseph Caillet, curé de la Comette, représenté par M. Saclier, curé de Saint-Léger-sous-Beuvray, en vertu de sa procuration notariée du 25 de ce mois, laquelle est restée sur le bureau ;

71° M. Emeland Valletat, curé de Laisy, représenté par M. Philippe-Charles Valletat, chanoine de la cathédrale, suivant sa procuration notariée du 26 de ce mois, dont le brevet original est resté sur le bureau ;

72° M. Pierre Legros, curé de Lucenay-Levêque, représenté par M. Charles Deniseau, curé de Saint-Fergeot, suivant sa procuration notariée du 20 de ce mois, dont le brevet original est resté sur le bureau ;

73° M. François Mereau, curé de Maivre, en personne ;

74° M. Pierre Changne, curé de Manlay, représenté par M. Blangey, curé de Dracy-Saint-Loup, en vertu de sa procuration notariée du 20 de ce mois, dont le brevet original est resté sur le bureau ;

75° Georges Lecomte, curé de Saint-Pancrace, par M. Roché, curé de Saint-Pancrace, en vertu de sa procuration notariée du 24 de ce mois, dont le brevet original est resté sur le bureau ;

76° M. Claude Vaser, curé de Montelon, en personne ;

77° M. Joseph Moulin, curé de Morillon, représenté par M. Sicelier, curé de Saint-Quentin, suivant sa procuration du 20 de ce mois, laquelle, quoique sous seing privé, a été par nous admise,

sur les conclusions du procureur du Roi et de l'avis des quatre commissaires, et est restée sur le bureau ;

78° M. Philippe du Ruisseau, curé de Neury, représenté par M. Renardet, curé de Gueugnon, en vertu de sa procuration notariée du 24 de ce mois, expédition de laquelle est restée sur le bureau ;

79° M. Claude Boisson, curé de Reclenne, en personne ;

80° M. Ferdinand L'Epinace, curé de Rigny, représenté par M. de La Place, curé de Grury, suivant sa procuration notariée du 24 de ce mois, dont expédition est restée sur le bureau ;

81° M. Léonard-Sulpice Jacquand, curé de Roussillon, représenté par M. Pantet, curé d'Antully, suivant sa procuration du 26 de ce mois, et dont le brevet original est resté sur le bureau ;

82° M. Lazare Billard, curé de Saint-Denis-de-Peon, en personne ;

83° M. Henri Martin, curé de Saint-Didier-sur-Arroux, représenté par M. Pantet, curé d'Antully, suivant sa procuration notariée du 10 de ce mois, dont le brevet original est resté sur le bureau ;

84° M. Lazare Piret, curé de Saint-Emland, représenté par M. Brunet, curé de Saint-Jean-Evangéliste, en vertu de sa procuration notariée du 28 de ce mois, dont le brevet original est resté sur le bureau ;

85° M. Charles Deniseau, curé de Saint-Forgeot, en personne ;

86° M. Emilaud Guichard, curé de Saint-Léger-du-Bois, représenté par M. Blaise Tripier, ancien curé de Chidde, suivant sa procuration notariée du 28 de ce mois, dont le brevet original est resté sur le bureau ;

87° M. Louis Saclier, curé de Saint-Léger Saint-Beuvray, en personne ;

88° M. François-Barthélemy Segoillot, curé de Saint-Pantaléon, représenté par M. l'abbé Drouas, en vertu de sa procuration notariée du 26 de ce mois, dont le brevet original est resté sur le bureau ;

89° M. Jean-Claude de Quincey, curé de Saint-Pierre l'Estrier, en personne ;

90° M. Jean Leblond, curé de Saint-Prix-sous-Beuvray, représenté par M. Abord, curé de Saint-Jean-le-Grand, en vertu de de sa procuration notariée du 20 de ce mois, dont le brevet original est resté sur le bureau ;

91° M. Antoine Masson, curé de Saint-Sernin Duplain, en personne ;

92° M. Claude Reignard, curé de Saisy, en personne ;

93° M. Claude Taveron, curé de Saint-Vincent et Saint-Symphorien, en personne ;

94° M. Jean-Baptiste Carimantrant, curé de Pommant, en personne ;

95° M. Barthélemy-Antoine Chassagne, curé de Gully, en personne ;

96° M. Jean-Baptiste Buret, curé de Tavernet, en personne ;

97° M. Jacques Pautet, curé de Thil-sur-Arroux, représenté par M. Gaspard Pautet, son frère, professeur émérite du collège d'Autun, en vertu de sa procuration notariée du 15 de ce mois, dont le brevet original est resté sur le bureau ;

98° M. Philippe Rongey, curé de Tintry, représenté par M. Duvernois, curé d'Ygornay, en vertu de sa procuration notariée du 27 de ce mois, dont le brevet original est resté sur le bureau ;

En ce qui est de M. Boucheret, desservant la Petite-Verrière, annexe de la Selle, il a déjà paru ci-devant comme chapelain de l'église Saint-Andoche ;

100° M. Jean Patin, curé de la Grande-Verrière, en personne.

Tous les susnommés comparants composent le clergé de la ville et du bailliage d'Autun.

Clergé du bailliage et de la ville de Mont-Cenis.

101° M. Jean-Baptiste Chardon, curé de Mont-Cenis, en personne ;

102° Les ecclésiastiques de la paroisse de Mont-Cenis, représentés par M. Jean Verniau, diacre, l'un d'eux, suivant leur délibération faite en la maison centrale, le 22 de ce mois, laquelle est restée sur le bureau.

103° Les dames supérieure et religieuses de Mont-Cenis, représentées par M. l'abbé Drouas, grand vicaire, en vertu de leur acte capitulaire du 22 de ce mois, dont une expédition notariée est restée sur le bureau ;

104° M. Jean Lauvergne, curé de Blangey, représenté par M. Lequin, curé de Charmoy, en vertu de sa procuration du 26 de ce mois, contrôlée le même jour, et dont le brevet original est resté sur le bureau ;

105° M. Jean-Baptiste Couchot, curé de La Boullaye, représenté par M. Bailly, chanoine de la cathédrale, en vertu de sa procuration notariée du 14 de ce mois, dont le brevet original est resté sur le bureau ;

106° M. Antoine Laurent, curé du Breuil, représenté par M. Romand, chanoine de la cathédrale, en vertu de sa procuration notariée du 22 de ce mois, dont l'expédition est restée sur le bureau ;

107° M. Claude Mathey, chapelain du Breuil, représenté par M. Dumont, curé de Saint-Sernin-du-Bois, en vertu de sa procuration notariée du 24 de ce mois, dont le brevet original est resté sur le bureau ;

108° M. Jean-Louis Grosfils, curé de la Chapelle-de-Villard, représenté par M. Claude Philibert Chantemède, curé de Marmagne, suivant sa procuration du 20 de ce mois, dont le brevet original est resté sur le bureau ;

109° M. Claude Lacroix, curé de la Chapelle-sous-Uchon, en personne ;

110° M. Emilaud Gallot, curé de Charbonas en personne ;

111° M. Lazare Léquint, curé de Charmoy, en personne ;

112° M. Jean Rey, curé de Chatelmoron, représenté par M. Chardon, curé de Saint-Brain sur d'Honne, en vertu de sa procuration du 24 de ce mois, dont le brevet original est resté sur le bureau ;

113° MM. les vénérables prieur et religieux de l'abbaye royale de Saint-Pierre de Chalon, propriétaires de Labergement, situé dans la paroisse de Chatelmoron, représentés par dom François Froneront, religieux, et procureur de l'abbaye de Saint-Martin-lez-Autun, en vertu de leur procuration notariée du 21 du courant, dont le brevet original est resté sur le bureau ;

114° Les vénérables prévôt et chanoines des églises collégiales de Saint-Ruf et de Saint-Nicolas de Conches, représentés par M. Claude Gaudriot, l'un d'eux ; en vertu de leur acte capitulaire du 24 de ce mois, dont une expédition, signée du secrétaire, est restée sur le bureau ;

115° M. Jean-Baptiste Duverne, curé de Dettey, représenté par M. Antoine Chapot, chanoine de la collégiale, en vertu de sa procuration notariée du 24 de ce mois, dont le brevet original est resté sur le bureau ;

116° M. Claude Joseau, curé des Cuisses, représenté par M. Philibert Morlet, curé de Saint-Nizier-sous-Charmoy, en vertu de sa procuration notariée du 24 de ce mois, dont le brevet original est resté sur le bureau ;

117° M. Lazare Duprey, curé d'Essertenne, représenté par M. Etienne Bretin l'aîné, chanoine de la cathédrale, en vertu de sa procuration notariée du 22 de ce mois, dont le brevet original est resté sur le bureau ;

118° M. Antoine Dumoulin, curé de Marsilly-lez-Buxi, représenté par M. Chardon, curé de Saint-Brain, suivant sa procuration notariée du 21 de ce mois, dont le brevet original est resté sur le bureau ;

119° M. Claude-Philibert Chantemède, curé de Marmagne, en personne ;

120° M. Félix-Alexandre Jacob, curé de Montmort, représenté par M. Pierre Girard, curé de Saint-Aignan, en vertu de sa procuration notariée du 20 de ce mois, dont le brevet original est resté sur le bureau ;

121° M. Benoît Fiot, curé de Morey, représenté par M. Antoine Quetac, chapelain de Dracy-sous-Conches, en vertu de sa procuration du 22 de ce mois, dont le brevet original est resté sur le bureau ;

122° M. Antoine Danon, curé de Rosier, représenté par M. de Quincey, curé de Saint-Pierre L'Estrier, suivant sa procuration notariée du 19 de ce mois, dont le brevet original est resté sur le bureau ;

123° M. François Chardon, curé de Saint-Brain-sur-d'Heune, en personne ;

124° M. Pierre Dufrêne, curé de Saint-Firmin, représenté par M. Dumont, curé de Saint-Léger-du-Bois, suivant sa procuration notariée du 24 de ce mois, dont le brevet original est resté sur le bureau ;

125° M. Charles Lebeau, curé de Saint-Gervais, représenté par ledit M. Quétat, chapelain de Dracy, suivant sa procuration notariée du 14 de ce mois, dont le brevet original est resté sur le bureau ;

126° M. Jean Boucheret, chapelain de la chapelle Saint-Marc de Pertuily, représenté par M. l'abbé Simon de Grand-Champs, vicaire général, suivant sa procuration dont le brevet original est resté sur le bureau ;

127° M. Jacques Alexandre, curé de Saint-Jean de Trésy, représenté par M. François Georges, curé de Conches, suivant sa procuration du 14 de ce mois, dont le brevet original, quoique sous seing privé, remis sur le bureau, a été admis et reçu par nous, grand bailli, sur les conclusions du procureur du Roi et de l'avis des quatre commissaires ;

128° M. Jean Royer, curé de Saint-Julien-sur-d'Heune, représenté par M. Chardon, curé de Montcenis, suivant sa procuration du 18 de ce mois, dont le brevet original est resté sur le bureau ;

129° M. Edme Tolard, curé de Saint-Laurent d'Andenay, représenté par M. Chardon, curé de Montcenis, suivant sa procuration, du 18 de ce mois, dont le brevet original est resté sur le bureau ;

130° M. François de Chevannes, chanoine syndic de la cathédrale d'Autun, en qualité de titulaire du prieuré de Saint-Leu, dans la paroisse de Saint-Laurent d'Audenay, comparant en personne ;

131° M. Claude Duband, curé de Saint-Martin d'Auxy et de Saint-Privé, représenté par M. Claude

Vaser, curé de Monthelon, en vertu de sa procuration du 21 de ce mois, dont le brevet original est resté sur le bureau.

132° M. François Colombe Rebourceau, curé de Saint-Martin de Commune, représenté par M. Georges, curé de Conches, suivant sa procuration du 22 de ce mois, dont le brevet original, quoiqué sous seing privé, déposé sur le bureau, a été admis et reçu par nous, grand bailli, de l'avis des quatre commissaires, et sur les conclusions du procureur du Roi;

133° M. Antoine Questat, chapelain de Dracy-lez-Conches, paroisse de Saint-Maurice, comparant en personne;

134° M. Philibert Morelet, curé de Saint-Nizier-sous-Charmoy, en personne;

135° M. Jean-Antoine Ravier, curé de Saint-Nizier-sur-Arroux, représenté par M. Nicolas-Antoine Chapuis, chanoine de la cathédrale, suivant sa procuration notariée du 23 de ce mois, dont le brevet original est resté sur le bureau;

136° M. Antoine Beauzou, curé de Saint-Pierre de Varenne, représenté par M. Lemaistre, grand vicaire, procureur subrogé au pouvoir donné à M. André Duman, curé de Saint-Sernin-du-Bois, suivant la procuration passée devant Gaudriot et Pasquoy, notaires à Conches, le 24 de ce mois, avec pouvoir de subroger le brevet original, de laquelle il suit que ledit acte de subrogation a été passé et consenti par devant Gonon et Nardin, notaires royaux en cette ville, le 27 de ce mois; sont restés sur le bureau;

137° M. André Dumont, curé de Saint-Sernin-du-Bois, en personne;

138° Messire Jean-Baptiste-Augustin de Salignac de Fénelon, prieur commandataire et seigneur de Saint-Léger-du-Bois, représenté par M. Joseph Faye, chanoine de l'église d'Autun, suivant sa procuration du 12 de ce mois, dont le brevet original signé Videt et son confrère, notaires au Châtelet de Paris, est resté sur le bureau;

139° M. Augustin Gauchy, curé de Saint-Symphorien de Marmagne, comparant en personne;

140° M. Pierre Berberet, curé de la Tagnère, représenté par M. Blaise-Anne Lhomme, chanoine de l'église d'Autun, suivant sa procuration du 19 de ce mois, dont le brevet original notarié est resté sur le bureau;

141° M. François-Marie Bouvoux, curé de Saint-Sébastien d'Uchou, représenté par ledit M. Chantemedue, curé de Marmagne, suivant sa procuration du 15 de ce mois, dont le brevet original notarié est resté sur le bureau;

142° M. Henri Renault, curé de Vanderesse-sur-Arroux, représenté par M. Simon de La Place, curé de Giary, suivant sa procuration du 24 de ce mois, dont le brevet original notarié est resté sur le bureau;

143° M. Lazare-François Remond, curé d'Uxau et de Bessy, représenté par M. Charles Valletat, chanoine de la collégiale, suivant sa procuration du 24 de ce mois, dont le brevet original remis sur le bureau a été reçu et admis par nous, grand bailli, quoique sous seing privé, sur les conclusions du procureur du Roi et de l'avis des quatre commissaires.

Tous les susnommés comparants, forment le clergé de la ville et du bailliage de Mont-Cenis.

Clergé de la ville et du bailliage de Semur en Brionnois:

144° M. Nicolas-Etienne Decharme, curé de la ville de Semur en Brionnois et de Saint-Martin-

la-Vallée, représenté par M. Claude Vaser, curé de Montelon, en vertu de sa procuration du 18 de ce mois, dont le brevet original notarié est resté sur le bureau;

Vu par nous, grand bailli, la procuration signée Deshayes, notaire royal à Semur, en date du 23 de ce mois, par laquelle les ecclésiastiques dudit Semur ont constitué pour leur procureur fondé de pouvoir M. Claude Regnard, curé de Saisy, au lieu qu'ils devaient, à la forme du règlement, député l'un d'entre eux; oui le procureur du Roi, en ses conclusions et après avoir pris l'avis des quatre commissaires, nous avons dit et disons que ladite procuration demeure rejetée comme nulle;

145° Messire Roch-Etienne de Vichy, aumônier de la Reine, prieur commandataire d'Auzy-le-Duc, représenté par M. Claude-Zozime Deschamps de La Villeneuve, chanoine de l'église d'Autun, suivant sa procuration passée devant Lavet et Brot, notaires au Châtelet de Paris, le 20 février dernier, dont le brevet original est resté sur le bureau;

146° M. Pierre-François Godin, curé d'Artaix, comparant en personne;

147° M. Benoît Bonnefont, curé d'Avrily, représenté par M. François Bouthier, curé doyen, suivant sa procuration notariée du 22 de ce mois, dont le brevet original est resté sur le bureau;

148° M. Bonaventure François, curé de Baugy, représenté par M. de Quincey, curé de Saint-Pierre-l'Estrier, suivant sa procuration notariée du 21 de ce mois, dont le brevet original est resté sur le bureau;

149° M. Catherin Matthieu, curé de Brian, représenté par M. Claude-Nicolas de La Garde, chanoine de l'église d'Autun, suivant sa procuration du 23 de ce mois, dont le brevet original est resté sur le bureau;

150° M. Laurent Malherbe, prieur-curé de l'hôpital de Chenêt, représenté par M. Gauchy, curé de Saint-Symphorien de Marmagne, suivant sa procuration du 14 de ce mois dont le brevet original est resté sur le bureau;

151° M. François Perret, curé de Chenay, représenté par M. Gaspard Pautet, professeur émérite du collège d'Autun, suivant sa procuration notariée du 16 de ce mois, dont le brevet original est resté sur le bureau;

152° M. Pierre-Marie Clément, curé de Digion, représenté par M. Brunet, curé de Saint-Jean-l'Evangéliste, suivant sa procuration notariée du 23 de ce mois, dont le brevet original est resté sur le bureau;

153° M. Blaise Beauchamp, curé de Jouzie, représenté par M. Brunet, curé de Curgy, suivant sa procuration notariée du 17 de ce mois, dont le brevet original est resté sur le bureau;

154° M. Dominique Maillot, curé de l'hôpital de Mercier, représenté par M. Gauchy, curé de Saint-Symphorien de Marmagne, suivant sa procuration du 22 de ce mois, dont le brevet original est resté sur le bureau;

155° M. Jean-Marie Dumas, curé de Mailly, représenté par M. Mereau, curé de Maivre, suivant sa procuration notariée du 13 de ce mois, dont le brevet original est resté sur le bureau;

156° M. François Ravier, curé de Meulay, représenté par M. Gaudet, curé d'Artaix, suivant sa procuration notariée du 15 de ce mois, dont le brevet original est resté sur le bureau;

157° M. Antoine Cudel, curé de Monceau-l'Etoile représenté par M. Carrion, curé d'Issy-l'Evêque, suivant sa procuration notariée du 19 de ce mois, dont le brevet original est resté sur le bureau;

158° M. Claude Mammecier, curé de Versangne, représenté par M. Lequin, curé de Charmoy, suivant sa procuration notariée du 19 de ce mois, dont le brevet original est resté sur le bureau;

159° M. François Bouthier, curé d'Oyé, comparaît en personne;

160° Vu les procurations de M. Grégoire Brossette, toutes les deux notariées, et en date du 23 de ce mois, la première desquelles a été par lui faite en qualité de desservant de Sainte-Foy et Momègne, est remplie du nom de M. François Bouthier, curé d'Oyé, et l'autre, comme curé de Saint-Christophe, laquelle est remplie du nom de M. François Déchargère, chanoine de l'église collégiale de cette ville, laquelle dernière procuration a été contrôlée le 23 du courant, la première n'ayant pas subi cette formalité, ouï le procureur du Roi en ses conclusions, et après avoir pris l'avis des quatre commissaires, disons que la première procuration demeure rejetée, et que la seconde remplie du nom du dit sieur Déchargère, demeure admise et reçue; l'une et l'autre étant restées sur le bureau;

161° M. Louis-Ennemond Beauchamp, titulaire de la prébende d'Oyé, représenté par M. Claude Gaudriot, chanoine de Conches, suivant sa procuration notariée du 23 de ce mois, dont le brevet original est resté sur le bureau;

162° M. Denis Rémond, curé de Saint-Didier, représenté par M. Carrion, curé d'Issy-Lévêque, suivant sa procuration du 17 de ce mois, dont le brevet original est resté sur le bureau;

163° M. Jean-Baptiste Berthelin, curé de Saint-Forgeux l'Épinace, représenté par M. Virely, vicaire de Saint-Pancrace d'Autun, suivant sa procuration du 16 de ce mois, dont le brevet original notarié est resté sur le bureau;

164° M. Paul Barrier, curé de Saint-Germain-l'Épinace, représenté par M. François Mereau, curé de Maivre, suivant sa procuration notariée du 19 de ce mois, dont le brevet original est resté sur le bureau;

165° M. François Michault, curé de Saint-Germain de Rive, représenté par M. Caquot, curé d'Auxy, suivant sa procuration notariée du 19 de ce mois, dont le brevet original est resté sur le bureau;

166° M. François Mugnet, curé de Saint-Julien de Cray, représenté par M. Sébastien Philibert de la Goutte Duvivier, chanoine de l'église d'Autun, suivant sa procuration notariée du 23 de ce mois, dont le brevet original est resté sur le bureau;

167° M. Joseph Berger, curé de Saint-Germain-du-Lac, représenté par M. Masson, curé de Saint-Sernin-Duplain, suivant sa procuration notariée du 21 de ce mois, dont le brevet original est resté sur le bureau;

168° M. Louis Ratelade, curé de Saint-Yan, représenté par M. Caquot, curé d'Auxy, suivant sa procuration du 19 de ce mois, dont le brevet original est resté sur le bureau;

169° M. Philippe Perroy, curé de Sarrie, représenté par M. Gaudriot, curé de Conches, suivant sa procuration notariée du 19 de ce mois, dont le brevet original est resté sur le bureau;

170° M. Pierre Barras, curé de Varenne-Reuhon, représenté par M. Masson, curé de Saint-Sernin Duplain, suivant sa procuration notariée du 18 de ce mois, dont le brevet original est resté sur le bureau;

171° M. François-Étienne Duvergier, curé de Vindecy, représenté par M. Saclier, curé de Saint-Léger-sous-Beuvray, suivant sa procuration notariée du 19 de ce mois, dont le brevet original est resté sur le bureau;

172° M. Claude-Marie Brérard, curé de Vivant, représenté par M. Brunet, curé de Curgy, suivant sa procuration notariée du 21 de ce mois, dont le brevet original est resté sur le bureau;

173° M. Jean-Baptiste Jame, curé d'Ignerande, représenté par M. Pierre Girard, curé de Saint-Aignan, suivant sa procuration notariée du 12 de ce mois, dont le brevet original est resté sur le bureau.

Admission des députés de Marcigny.

Sur la difficulté qui s'est élevée au sujet de trois procurations données par le curé de Chambilly, par la dame prieure de Marcigny, et par les dames Ursulines de la même ville, sous le prétexte que ces deux endroits ne dépendent pas du Brionnois mais du Maconnais, nous, grand bailli, après avoir pris les informations nécessaires, et l'avis des quatre commissaires, et ouï le procureur du Roi, en ses conclusions, avons dit et disons que lesdites trois procurations demeurent admises, auquel effet nous les avons vérifiées ainsi qu'il suit :

174° M. Gilbert-aimé Deverchère, curé de Chambilly, représenté par M. Gaudin, curé d'Artois, suivant sa procuration notariée du 23 de ce mois, dont le brevet original est resté sur le bureau;

175° Dame Louise de Reinard Duprez, prieure titulaire, et dame haute justicière de Marigny-les-Nonnains, représentée par M. Jean Branet, chanoine de l'église d'Autun, suivant sa procuration du 11 de ce mois passée par-devant notaires qui en ont délivré en extrait, lequel est resté sur le bureau;

176° Les dames supérieure et religieuses Ursulines de Marigny, représentées par M. Jacques Saulnier, supérieur du petit séminaire d'Autun, suivant leur procuration du 20 de ce mois dont l'expédition, signée de deux notaires, est restée sur le bureau;

177° M. Claude Nicolas de La Garde, chanoine de l'église d'Autun, en sa qualité de seigneur propriétaire du fief de la Garde, comparant en personne;

Qui sont tous les électeurs de la ville et du bailliage de Semur en Brionnois.

Ce fait, avons procédé à la vérification des comparutions des électeurs de la ville et du bailliage de Bourbon-Lancy, et à celle des procurations qui ont été données à plusieurs d'entre eux, ainsi qu'il suit:

Clergé de la ville et du bailliage de Bourbon-Lancy.

ÉLECTEURS.

178° M. Nicolas Émiland d'Houeret, curé de Bourbon-Lancy, comparant en personne;

179° M. Étienne Bize, curé de Saint-Nazaire dudit Bourbon, représenté par M. Jacques Pinot, prévôt, curé de Notre-Dame d'Autun, suivant sa procuration du 20 de ce mois, dont le brevet original notarié est resté sur le bureau;

180° M. Étienne Chambrette, curé de Saint-Martin-les-Bourbon, représenté par ledit M. Dhouret, curé dudit Bourbon, suivant sa procuration notariée du 23 de ce mois, dont le brevet original est resté sur le bureau;

181° M. Pierre-Jean-François Putory Du Bailli, prieur commendataire de Sainte-Marie-Magdeleine d'Anauzy, représenté par M. Adrien-Charles de Changy, chanoine de l'église d'Autun, vicaire-général de Riez, suivant sa procuration notariée du 10 de ce mois, dont le brevet original est resté sur le bureau ;

182° M. Jean-Baptiste Desplaces, prieur commendataire du prieuré de Saint-Nazaire et de Saint-Celse-les-Bourbons-Lancy, représenté par M. Anne Léonard Blanchet, chanoine de l'église d'Autun, suivant sa procuration du 9 de ce mois, dont le brevet original signé de deux notaires au Châtelet de Paris est resté sur le bureau ;

183° M. Hugues Legoux, chanoine de l'église d'Autun en qualité de chapelain de la chapelle de Saint-Barthélemi de Bourbon, Lancy, comparant en personne ;

184° M. Pierre de Serre de Chalon, chanoine de l'église d'Autun, comparant en personne, en qualité de chapelain de la chapelle Monteau dudit Bourbon ;

185° Les supérieure et religieuses Ursulines de Bourbon Lancy, représentées par M. Charles Vulletat, chanoine de la collégiale d'Autun, suivant leur procuration notariée du 19 de ce mois, dont le brevet et leur acte capitulaire du 21 dudit sont restés sur le bureau ;

186° M. Charles Mannay, prieur de Saint-Laurent d'Hauteville-sur-Loire, représenté par M. Jean-Baptiste-François Le Bas de la Londe, supérieur du grand séminaire d'Autun, suivant sa procuration du 26 de ce mois, dont le brevet original notarié est resté sur le bureau;

187° M. Claude Dechargère de Tourny, prieur de Marchy et chanoine de l'église d'Autun, comparant en personne;

188° M. Jean-Baptiste Ligné, curé d'Aupont, représenté par M. Emilaud Renault, vicaire de Notre-Dame d'Autun, suivant sa procuration du 21 de ce mois, dont le brevet original notarié est resté sur le bureau;

189° M. Antoine Pompanon, curé de Challemoux, représenté par ledit M. Dhoueret, curé de Bourbon, suivant sa procuration notariée du 21 de ce mois, dont le brevet original est resté sur le bureau;

190° M. Claude Verneau, curé de Crécy, représenté par M. Virely, vicaire de Saint-Pancrace d'Autun, suivant sa procuration notariée du 21 de ce mois, dont le brevet original est resté sur le bureau ;

191° M. Jean-Jacques Gouttenoire, prieur-curé de Cronat-sur-Loire, représenté par M. Claude Tarcron, prieur de Saint-Symphorien-lès-Autun, suivant sa procuration notariée du 11 de ce mois, dont le brevet original est resté sur le bureau ;

192° M. Claude-Michel Villard, curé de Fontelle, représenté par M. Claude de Chargéré de Tourmer, chanoine de l'église d'Autun, suivant sa procuration notariée du 20 de ce mois, dont le brevet original est resté sur le bureau ;

193° M. Denis-André Grangier, curé de Gilly-sur-Loire, représenté par M. Marie-Thomas Guidet, curé de Broye, suivant sa procuration notariée du 21 de ce mois, dont le brevet original est resté sur le bureau ;

194° Messire Simon de La Place, curé de Grury, comparant en personne;

195° M. Philibert Cantat, curé de la Nocle, représenté par dom Edme-Marie-Michel, bénédictin, à Saint-Martin-lès-Autun, suivant sa procuration notariée du 10 de ce mois, dont le brevet original est resté sur le bureau ;

196° M. André Bouvier, curé de Lesme, représenté par ledit M. Guittet, curé de Broye, suivant sa procuration du 21 de ce mois, dont le brevet original, signé de deux notaires, est resté sur le bureau ;

197° M. François Parant, curé de Maltat, comparant en personne;

198° M. Laurent Setier, curé de Marly-sous Issy, représenté par ledit M. Parant, curé de Maltat, suivant sa procuration du 23 de ce mois, dont le brevet original, signé du notaire et de deux témoins, est resté sur le bureau ;

199° M. Etienne Peutat, curé de Mont, représenté par ledit dom Michel, bénédictin, suivant sa procuration du 24 de ce mois signée de deux notaires, laquelle est restée sur le bureau ;

200° M. Claude Guidot, curé de Périgny-sur-Loire, représenté par M. Emilaud Renault, vicaire de Notre-Dame d'Autun, suivant sa procuration du 21 de ce mois, dont le brevet original, signé de deux notaires, est resté sur le bureau ;

201° Messire Pierre Girard, curé de Saint-Aiguan sur Loire, comparant en personne ;

202° M. Pierre Lescienne, curé de Saint-Aubin sur-Loire, et chapelain de Saint-Thibault de la ville de Bourbon, représenté par messire Anne-François Bizouard, chanoine de l'église d'Autun, suivant sa procuration du 19 de ce mois, dont le brevet original, signé de deux notaires, est resté sur le bureau;

203° M. Antoine de Montchanin, curé de Vitry-sur-Loire, représenté par ledit messire Parant, curé de Maltat, suivant sa procuration du 20 de ce mois, dont le brevet original, signé du notaire et de deux témoins, est resté sur le bureau ;

204° Messire Coustou de Collombe, chanoine-né et prévôt de l'église collégiale Notre-Dame dudit Bourbon, représenté par messire Martial de Renaudes, chanoine de l'église d'Autun, en vertu de l'acte capitulaire du 24 de ce mois, dûment signé, scellé, lequel, étant au dos de l'assignation à lui donnée le 18 de ce mois, est resté sur le bureau.

Ce fait, nous, grand bailli, avons reçu les comparutions de la noblesse; présents à cette assemblée, et, en même temps, avons procédé à la vérification des pouvoirs des députés et des procureurs fondés ainsi qu'il suit :

Electeurs dans la noblesse des quatre bailliages.

1° Nous, Ferdinand, comte de Grammont, grand bailli ;

2° François, comte de Laferté-Meun, seigneur d'Epinay ,en personne ;

3° Claude Nault de Champagny, seigneur de la Chaumette ;

4° Jean-Julien de Chargère, seigneur de Planches ;

5° Charles , marquis de Chargère-Dubreuil, seigneur Dubreuil ;

6° Denis-François de Champeaux de Sancy, seigneur de la Boullay ;

7° Georges Buffot de Millery, seigneur de Millery et Deschamps ;

8° Jean-Jacques-Philibert Bureau, seigneur de Moreaux ;

9° Augustin Germain, seigneur de Montagnerot ;

10° Antoine, marquis de Villers-Lafaye, seigneur de Champinol ;

11° Henri-Georges-César, marquis de Chastellux, Changy-Roussillon, seigneur de Roussillon ;

12° Guy Chauveau de Queroye, seigneur d'Amancey ;

13° Jacques de La Goutte, seigneur du Vivier ;
14° Anne-Paul de Fontenay, seigneur de Sommant ;
15° Andoche-Charles, baron Descrots, seigneur Descrots ;
16° Antoine-Michel-Melchior Cochet, coseigneur de Trelagne ;
17° Charles Marguerite, baron de Jarsaillon, seigneur de Jarsaillon ;
18° François-Louis, comte de Mury, seigneur de Villars-les-Trinty et commune ;
19° Nicolas-Antoine-Lazare-François Larier, marquis de Fussey, seigneur de Beaugis ;
20° Philibert de Montagu, seigneur de Paurray et de la Tour Guérin ;
21° Paul-Louis de Ganay, seigneur de Visignieux ;
22° Sébastien de La Goutte, seigneur de Pouriot ;
23° Jean-Baptiste Boireau, seigneur de Villers ;
24° Ferdinand-Alphonse-Honoré, marquis de Digoin, seigneur de Mailly ;
25° Pierre-Claude Desjours de Mazille, seigneur dudit lieu ;

Tous les susnommés ont été assignés.

Ceux qui suivent ne l'ont pas été :

26° Louis-Casimir-Lebrun Dubreuil, chevalier de Champignole ;
27° Pierre-François-Aymond de Montépin ;
28° Henri-René-Aymond de Montépin ;
29° Jean-Eustache-Marie-Alexandre, comte de Scorailles ;
30° Philippe-Charles de Bernard, comte de Montessu ;
31° François Buffot de Millery, fils ;
32° Denis-Anne de Champeaux-Sancy, fils ;
33° Joseph-Antoine, chevalier de Champeaux-Sancy, fils ;
34° Pierre, chevalier de Montronant de Bresse ;
35° Jean-Claude Desplaces de Charmaste ;
36° Bénigne de La Roche ;
37° Jean-Olivier Lesnulier ;
38° Alexandre-Bénigne Didier, marquis de Folin, fils ;
39° Maurice, chevalier de Mac-Mahon ;
40° Louis-Jacques Deschamps de Saint-Léger ;
41° Étienne-Claude Martenne ;
42° Pierre-François de Bréchard ;
43° Jacques de La Goutte de Montrezy ;
44° Jean-Baptiste-Lazare de Champeaux ;
45° Charles Desplaces ;
46° Christophe Perrin de Darrou ;
47° Gaspard-François, vicomte de Courtivron ;
48° Jean-Anne-Guillaume, chevalier Espiard de Menginot ;
49° Charles-Pierre Blanchet ;
50° François-Germain Guillemin de Pavillon ;
51° Marc-Antoine-Charles de Fontenay ;
52° Jules-François, marquis Dugon ;
53° Charles-Odet-Claude de Montagu ;
54° Louis-Charles-Henri, chevalier d'Ugon ;
55° Claude de Virgille ;
56° Éléonore de Virgille ;
57° Claude Mertenne ;
58° Louis-Antoine, chevalier de Laferté-Meun ;
59° Jacques-Louis de Laferté-Meun.

Les nobles ci-après comparaissent par des fondés de pouvoirs :

60° Louis-Marie-Gabriel-César, baron de Choiseul, représenté par Gaspard-François de Courtivron, son fondé de pouvoirs ;
61° Joseph-Alexandre, curé de La Roche Milay, représenté par Jacques de La Goutte de Montrezy ;

62° André de La Collonge, seigneur de Charency, représenté par Pierre-François-Aymond, comte de Montépin, son fondé de pouvoirs ;
63° Maurice-François, comte de Mac-Mahon, seigneur de Chazeu, représenté par M. le marquis d'Ugon ;
64° Henri-Charles-Louis, comte d'Ugon, seigneur de Cherchilly, représenté par Louis-Charles-Henri, chevalier comte d'Ugon, son frère ;
65° Paul-Bonaventure, comte de Falletans, seigneur de Digoin et de Lusigny, représenté par Jacques-Odet-Claude de Montagu ;
66° Marie-Anne, marquise de la Magdeleine, dame d'Epiry, représentée par ledit sieur de Montagu ;
67° Marie-Anne-Simonne d'Escorailles, comtesse du Busseul, dame de Gilly, représentée par le chevalier de Champignole ;
68° Louis-Hercule Timoléon de Cossé-Brissac, seigneur de Lamotte-Saint-Jean, représenté par le comte de La Ferté-Meun ;
69° Charles-Richard de Montogé, seigneur de la Vesvre, représenté par le baron Descrots ;
70° Jean-Baptiste-Joseph, marquis de Beaurepaire, seigneur de Brandon, représenté par le comte d'Escorailles ;
71° Antoine Chartraire de Montigny, seigneur de Montelou, représenté par Marc-Antoine-Charles de Fontenay ;
72° Louis-Michel Le Pelletier de Saint-Fargeau, seigneur de Monjeu, représenté par le comte de Chastellus ;
73° François-Louis, vicomte de Damoiseau, seigneur de Montregard, représenté par Georges Buffot de Millery père ;
74° Cécile-François-Melchior, comte de Vogué, seigneur de Mortet, représenté par le comte d'Escorailles ;
75° Catherine de Changy, comtesse de Damas, dame d'Ornée, représentée par ledit sieur de Brichard ;
76° Catherine Henriette de Frécebec, comtesse de Gaucour, dame de Sivry, représentée par le comte de Chastellu ;
77° Charles Le Belin, marquise d'Eguilly, dame de Sully, représentée par le chevalier de Mac-Mahon ;
78° Nicolas-Alexandre, vicomte de Viricu, seigneur de Vaud, représenté par le marquis D'Ugon.
79° Pierre-Marie-Thérèse, baron de Dormy, seigneur de Neuvy, représenté par le marquis de Folin fils ;
80° Jacques-Antoine de Dormy, seigneur de Bourru, représenté par le baron de Jarsaillon ;
81° Charles-Louis, marquis de Mac-Mahon, seigneur de Vondenay, représenté par le chevalier de Mac-Mahon, son oncle ;
82° Louis-Charles, comte de Boussey, seigneur du Breuil, représenté par le baron de Jarsaillon ;
83° Jean-Baptiste Théodore, marquis de Folin père, représenté par le sieur L'Emulier ;
84° Éléonore-Bernarde de Faubert, comtesse Du Buisson, dame de Cressy, représenté par le sieur de Folin fils ;
85° Huberte-Jeanne-Marie-Anne de Faubert, dame de Cressy, représentée par ledit sieur de Chargère De Planches ;
86° Pierre-Anne Gaudry Du Bos, seigneur du Bos, représentée par ledit sieur de Chargère Des Planches ;
87° François-Amable, comte Du Buisson, seigneur des Loges, représenté par le marquis de Villers-Lafaye ;
88° Joseph, marquis de Montevnard, seigneur de Seloire, représenté par le comte de Laferté-Meun ;

89° Jacques-Augustin Dupuis, seigneur baron de Semur, représenté par le sieur Martenne;

90° François-Louis Larcher, seigneur marquis d'Arcy, représenté par le comte de Montessu;

91° Charles-Claude Andrault, marquis de Langeron, seigneur de Maulevrier représenté par le sieur Pierre d'Arron;

92° François Thourant de Boyer, seigneur de la Vallée, représenté par Georges Buffot de Millery père;

93° Louis-Melchior de Commeau, seigneur des Forges, représenté par le marquis de Fussey;

94° Marie-Françoise-Catherine de Charbonnière, dame marquise de Saint-Christophe, représentée par le sieur Perrin d'Arron;

95° Jacques Bénigne Quarré de Verneul, seigneur de Champeaux, représenté par le sieur Des Places;

96° Dame Claude-Marguerite de Brosse de Chassereux, représentée par Aymond de Moutépin;

97° Amable-Charles, marquis de La Guiche, seigneur de Serignon, représenté par le marquis de Digoin;

98° Etienne Bruneau, baron de Vitry, représenté par le vicomte de Courtivron;

99° Jean-Baptiste-Claude, marquis de Richard d'Ivry, seigneur de Chevigny, représenté par le sieur Fontenay de Sommet;

100° Jean-Baptiste Rougeot, seigneur de Périgart, représenté par le sieur de Montagu;

101° Huguet-Haudart-Isidore-François, marquis de Sivry, seigneur de Sargny, représenté par ledit sieur de Montagu;

102° Claude-Palamède-Antoine, comte de Thulie, seigneur du Breuil, représenté par le sieur comte de Musy;

103° Pierre-Marie de Naturel de Valetine, seigneur de Marigny, représenté par ledit sieur comte de Musy;

104° Etiennette Destany, veuve Boiveau de Saint-Gervais, représentée par ledit sieur Blanchet;

105° Mathias Léonard Raphael Villedieu, seigneur de Rorcy, représenté par ledit sieur le baron Descrots;

106° Jean Philibert Roullier de La Faye, seigneur de Maupertuie, représenté par le comte de Montessu;

107° Philiberte Guichot, veuve Thevenot de Franay, dame de Vergoncey, représentée par ledit sieur de la Goutte de Montrezy;

108° Antoine Théodore Cherignard, seigneur de la Palue, représenté par le marquis de Ganay de Visigneu;

109° Jean Pierre Delglat, seigneur de la Tour Dubost, représenté par Jean-Pierre Delglat fils;

110° Philippe-Emmanuel, marquis de Salire, seigneur de Cromey, représenté par le sieur Espiard de Menginot;

111° Blaise Florin, seigneur de Mont Patey, représenté par ledit sieur marquis de Villers Lafaye;

112° Anne Joseph de Laverne Doley, veuve Cochet de Trelagne, représentée par ledit sieur Aymond, comte de Montépin;

113° Jacques François Des Places de Martigny, seigneur de Martigny, représenté par le dit sieur Des Places;

114° Edme Guillemier, seigneur de Serande, représenté par ledit sieur de La Goutte Duvivier;

115° Louise-Jeanne-Guionne Ogier d'Ivry, comtesse Durest, représentée par le sieur de Chailly;

116° Joseph de Finance Dufey, seigneur de Chenault, représenté par le sieur Boiveau de Villers;

117° Marguerite-Marie Félicité de La Ramise, dame de Bussière, représentée par ledit sieur de Chailly;

118° François Maublanc de Martenet, seigneur de Beauperrin, représenté par ledit sieur Boiveau de Villers;

119° Charles Léopold, marquis de Jaucourt, seigneur de Crécy, représenté par ledit sieur marquis de Digoin;

120° Charles-François Gabriel de Magnier, seigneur de Chailly.

Laquelle vérification a été par nous faite dans la chambre de la noblesse, assemblée dans l'une des salles du petit séminaire, en exécution de notre précédent jugement;

Et le même jour, nous, grand bailli, assisté du procureur du Roi, du greffier en chef et de son commis, nous nous sommes transporté en l'auditoire royal du bailliage, où étant, nous avons reçu les comparutions des députés du tiers-état, et avons procédé à la vérification des différents pouvoirs, ainsi qu'il suit:

Tiers-état du bailliage d'Autun.

Ont comparu:

1° Etienne-Anne Serpillon, lieutenant général criminel du bailliage d'Autun;

2° Jean-Baptiste-Lazare Pigenot, lieutenant particulier, assesseur criminel du bailliage au même siège;

3° Louis-Marie Fouras, procureur du Roi de la Maîtrise;

4° Etienne Valletat, avocat, et châtelein de Glenne;

5° Pierre Bremont, châtelain de Conches;

6° Edme-François Chargarnier aîné, avocat, à Autun;

7° Claude Ballard, avocat et assesseur de la maréchaussée;

8° Jean Picard, avocat, à Issy-l'Evêque;

9° Antoine-Jacques de La Toison, bâtonnier des avocats d'Autun;

10° Jules Alexandre Clémenceau, procureur du Roi de la châtellenie de Conches;

11° Edme-Joachim Gonon, notaire à Autun;

12° Jean Pignot, procureur audit Autun;

13° Laurent Quarré, notaire à Roussillon;

14° Pierre-Sébastien Deroche, procureur à Autun;

15° Michel-Louis Monier, orfèvre joaillier à Autun;

16° Jean Allyot, marchand à Albost, paroisse de Cordesse;

17° François de Mucy, bourgeois, à Rigny sur Arron;

18° Jean-Baptiste Dufraigne, chirurgien, à Saint-Logier sous Beurray;

19° Lazare Godard, bourgeois, à Auxy;

20° Joseph-Jacquier Martin, procureur du Roi de la Châtellenie de Glenne;

21° Pierre Grillot, marchand à Lyonge, paroisse de Dracy;

22° François-Claude Laquille, bourgeois à Antully;

23° Martial Guénot, marchand à Manlay;

24° Jean-Louis Boucheret, marchand à Voudenay;

25° Jean-Marie Vaudelin, bourgeois, à Gruny;

26° Jean-Baptiste Lefebvre, bourgeois, à Marcheseuil;

27° René Chaussivert, notaire royal à Noit;

28° François Marillier, maître en chirurgie, à Lucenay ;

29° Jean-Baptiste de Chevannes, médecin, à Autun ;

30° Pierre Chalumeau, marchand, à Manlay ;

31° Jean-Baptiste Bourot, greffier de Monjeu, Dracy et Glenne ;

32° Pierre-Rose-Gilbert Guyctaud, bourgeois, à Autun ;

33° Claude-Antoine Esfemme, bourgeois, à Gueugnon ;

34° Jean-Dominique Escalier, bourgeois, à Autun ;

35° Jean Grossot, marchand, à Cussy ;

36° Jacques Guillemardet, bourgeois, à Conches ;

37° Claude Verneret, notaire, à Mesrre ;

38° Philibert de Valéry, marchand à Saint-Prix ;

Qui sont les trente-huit députés choisis et nommés, par le tiers-état du bailliage principal d'Autun, dans l'assemblée préliminaire tenue par-devant nous le 17 de ce mois, suivant le procès-verbal qui a été dressé ledit jour, et dont une expédition en forme, signée du greffier en chef, nous a été représentée et déposée sur le bureau.

Tiers-état du bailliage de Mont-Cenis.

Ont aussi comparu les vingt-cinq députés du bailliage de Mont-Cenis ci-après, savoir :

39° M. Garchéry, procureur du Roi dudit bailliage ;

40° M. de La Chaise, lieutenant civil ;

41° M. Doucheret, avocat à Mont-Cenis ;

42° M. Legey, notaire, à Mont-Cenis ;

43° M. Laizon, député de Toulon sur Arroux ;

44° Le sieur Garchéry, député de Dettey ;

45° Le sieur Denis, d'Autun, député de Dettey ;

46° Le sieur Duverne de Valveron, député de Saint-Eugène ;

47° Le sieur François de Saint-Leu, député de Saint-Laurent d'Andenay ;

48° Le sieur Duverne, notaire, à la Tragnière ;

49° Le sieur Lagaudrée, chirurgien, à Marcilly ;

50° Le sieur Lagaudrée, député de Blanzy ;

51° Le sieur Jacob, député d'Uxeau ;

52° Le sieur Dessertenne, député de Charbonnas ;

53° Le sieur Dunesme, député d'Essertenne ;

54° Le sieur Bernard, député de Sainte-Rade-gonde ;

55° Le sieur Maton, député de Saint-Brin sous Sauvigne ;

56° Le sieur Laurent, député de Saint-Julien ;

57° Le sieur Coujon, député de Blanzy ;

58° Le sieur Vimenot, député de Saint-Pierre de Varenne ;

59° Le sieur Pochelet, député de Sainte-Rade-gonde ;

60° Le sieur Chardon, député de la baronnie de Conches ;

61° Le sieur Sauvageot, député de Marmagne ;

62° Le sieur Prudhon, député du Breuil ;

63° Le sieur Latrasse, député de Marmagne ;

Lesquels vingt-cinq députés ont été choisis et nommés par le tiers-état du bailliage de Mont-Cenis, dans l'assemblée tenue le 16 de ce mois dernier, suivant le procès-verbal qui en a été dressé ledit jour, et dont une expédition, signée Callard, greffier, nous a été représentée et remise sur le bureau.

Ce fait, avons procédé aux comparutions des députés du bailliage de Semur en Brionnois, et à la vérification de leurs pouvoirs, ainsi qu'il suit, lesquels députés sont :

Tiers-état du bailliage de Semur en Brionnois.

64° Gilbert-Marie Perret, lieutenant civil dudit bailliage de Semur ;

65° Hugues-François Verchère de Reffy, avocat à Marcigny ;

66° Pierre Gay de La Mignonce ;

67° Claude Dupuy de La Brière ;

68° Etienne-Gilbert Carthier ;

69° Charles-Henri Gay de La Motte ;

70° Claude-François Perroy, tous avocats ;

71° Joseph Dubort, procureur ;

72° Claude Maublanne, procureur ;

73° Etienne Gallay ;

74° François Maublanc ;

75° Denis Berland ;

76° Jean-Baptiste Aupècle ;

77° Jean-Marie Brissac, tous notaires royaux ;

78° Philibert Beauchamp ;

79° Claude Vernay ;

80° Georges-Marie Grizard ;

81° Jean-Marie Thomas ;

Lesquels dix-huit députés nous ont représenté le procès-verbal de leur nomination, faite le 22 de ce mois, dont une expédition en forme, signée de tous lesdits députés et de Maurice, greffier, a été remise sur le bureau.

Tiers-état du bailliage de Bourbon-Lancy.

Ce fait, les douze députés du bailliage de Bourbon-Lancy, nous ont représenté et ont remis sur le bureau l'expédition signée Du Reuil, greffier, du procès-verbal de leur nomination faite le 21 du présent mois de mars. Lesquels douze députés sont :

82° Pierre-Joseph-Agnès-François Gay, maire dudit Bourbon ;

83° Claude-Ignace Verchère, médecin et intendant des eaux minérales ;

84° Augustin-André Digon, procureur ;

85° Jean-Marie Batilliat, négociant, tous les quatre députés de Bourbon ;

86° Jean-Louis Pinot, avocat châtelain de ladite ville, député du plat pays de la paroisse de Saint-Léger dudit Bourbon ;

87° Jean-Baptiste Repoux, bailli de la justice de Jarsaillon et de Challemoux, député de la paroisse dudit Challemoux ;

88° Joseph Lavaivre, bourgeois ;

89° Jean-Baptiste Bijou, propriétaire du fief de Fraise, tous les deux députés de la paroisse de Vitry ;

90° Claude-Henri Bijou de Brouliat ;

91° Aimable Robert ;

92° Gaspard Bonnot, tous les trois députés de la paroisse de Cronat-sur-Loire ;

93° Claude-Marie Merle, négociant, de la paroisse de Fontette ;

Qui sont tous les députés au nombre de quatre-vingt treize formant le tiers-état du bailliage principal d'Autun, et des trois bailliages secondaires de Mont-Cenis, Semur en Brionnois et Bourbon-Lancy.

BAILLIAGE D'AVESNES.

*Extrait du procès-verbal de vérification des pou-
voirs et procurations de l'ordre du clergé.*

Du 15 avril 1789 (1).

Ont comparu :

M. François Halloy, doyen de Molhaim, pour son
chapitre; messire Huflier, curé d'Erpion, pour messire Détreau, curé de Boussus ; messire Laurent,
curé de Berelle, pour messire Tavernes, curé de
Sobrenne et Ecles ; messire Bullot, chanoine, pour
messire Derouquière, curé de Hoyon ; ledit messire Bullot pour messire Pithon, curé d'Houdain ;
messire Holdrinet, curé de Givet, pour son clergé ;
ledit messire Holdrinet pour messire Preyat, curé
de Faischet; messire Valbert, Étienne, chapelain
du chapitre de sainte-Aldegonde, pour les sœurs
grises de Maubeuge ; ledit, pour son corps de
chapelains ; messire Noizet, chanoine, pour messire Delaye, curé de Bétrechies ; messire Defaises,
prêtre bénéflcier de Barbançon, pour messire Nicolas Fasset; messire Robert, doyen du chapitre
de Maubeuge pour les dames chanoinesses ; *idem*
et messire Carion pour les chanoines de ladite
ville ; messire Carlier, curé de Bavay, pour les
sœurs grises dudit lieu; *idem*, pour messire Duvivier, curé de Louvignies ; messire Dupriez,
vicaire d'Avesnes, pour messire Liénard, professeur
au collège d'Avesnes ; messire Vitrand, curé
de Floresies, pour messire Halloy, curé de Philippeville ; messire Minet, curé de Revin, pour les
Dominicains de la ville ; messire Galizet, chanoine
d'Avesnes, pour messire Nicolas, chanoine dudit
chapitre ; *idem* pour messire Bar, curé de la Fla-
mengrie ; messire Dubucquoi, pour le curé de
Saint-Vaast-les-Bavay ; messire Delépine, curé de
Clerfayt, pour le curé d'Estrard ; messire Toussaint, curé de Bachant, pour messire Roussel,
curé d'Aulnoy et Cimeries ; messire Jean, curé
d'Avesnes, pour messire Lobbet, curé de Gussegnies;
idem, pour les religieuses de ladite ville ; messire Georges Delassus, religieux d'Auchin, pour
messire Lalou, curé prieur d'Aimeries ; messire
Hautcœur, doyen et chanoine d'Avesnes, pour messire Leriche, curé de Bellignies ; le Père Lévêque,
pour les prêtres de l'Oratoire de Maubeuge ; *idem*,
pour messire Demeuldre, curé de Maubeuge ; messire Dutricux, curé de Verguies, pour messire
Marchand, curé de Barbençon ; messire Degagni,
curé de Jeumont, pour messire Debrun, curé de
Requignies ; messire Demail, curé de Neufmainil,
pour messire Dubois, curé de Feignies ; messire
Mouin, curé d'Arguies, pour l'abbaye de Félixpré ;
idem, pour messire Xavier Gauthier, prieur, curé
d'Aibes ; *idem*, pour les pères Jéromymites de Di-
versmont, près Fumay ; messire Gobled et Toussaint Nicolas, pour le chapitre d'Avesnes; messire
Preyat, curé de Vieureux, pour messire Barbieux,
curé de Vilers-sur-Nicole ; messire Guyot, curé de
Bettignies, pour messire Blanchard, curé de Go-
gnies ; messire Grandjean, curé de Sobre-le-Châ-
teau, pour messire Lévêque, curé dudit lieu ;

(1) Nous publions ce document d'après un manuscrit
des *Archives de l'Empire.*

messire Besse, curé de Saint-Aubin, pour messire
Bricome, curé de Fontenelle ; messire Gillion,
curé d'Aibes, pour messire Leblanc, curé de Quie-
velon ; messire Longuet, curé de Baives, pour
messire Maynard, curé de Wallers ; messire Couture, curé de Semeries, pour messire Lépousé,
bénéficier de Floyon ; messire Libert, curé de
Boussière et Saint-Remi-Mal-bâti, pour messire
Brasseur, curé du Vieux-Mainil et Lorgnies.

Le nombre des voix qui résulte des procurations est de quarante-trois.

Signé : Gillion, doyen président ; et Besse, secrétaire.

---

*Procès-verbal de vérification des pouvoirs et
procurations de l'ordre de la noblesse du bailliage
d'Avesnes du 14 avril 1789.*

Il a été procédé à la nomination des commissaires pour la vérification des pouvoirs et des
procurations ; M. le comte de Brias, M. Gillot d'Hou,
M. le comte de Mormont et M. le baron de Bazue
ont été nommés à cet effet.

Messieurs les commissaires se sont occupés de
ladite vérification et en ont fait le rapport qui a
occasionné la question suivante : savoir si M. le
comte de Brias, M. le baron de Vandam d'Audegnies,
et M. le vicomte de Blois, nés hors du royaume,
mais résidant en France, possédant terres et
fiefs dans les prévôtés de Fumay et Revin, Maubeuge et Bavay respectivement, pouvaient se présenter en personne à ladite assemblée et y voter.
La question, mise en délibération : vu la lettre
écrite par M. le garde des sceaux, le 8 mars dernier, portant que l'intention du Roi est que tous
les ecclésiastiques qui possèdent des bénéfices,
et que tous les nobles qui sont propriétaires de
fiefs, soient assignés pour concourir aux élections
de députés de leur ordre, la qualité d'étrangers
ne privant pas les nobles d'une prérogative qui
est inhérente à leurs propriétés ; considérant, en
outre, que les terres de Revin-Fumay appartenant à M. le comte de Brias sont passées par le
traité d'échange sous la domination du seigneur
Roi, que M. le comte de Brias fait sa résidence
en sa terre de Brias, situé en Artois; que M. le
baron de Vandam d'Audegnies habite, et que ses
ancêtres, nés Français, ont habité ladite terre
d'Audegnies, située dans la prévôté de Bavay, depuis plus d'un siècle, et que sa naissance dans
la ville de grand pays de l'Empereur n'a été
qu'accidentelle ; considérant enfin que M. le
vicomte de Blois est au service du seigneur Roi
depuis plus de trente ans, il a été délibéré que
M. le vicomte de Brias, M. le baron Vandam
d'Audegnies, et M. le vicomte de Blois feront partie dudit ordre, et pourront y voter, attendu
ladite lettre de M. le garde des sceaux et les circonstances particulières dans lesquelles ils se
trouvent.

En conséquence, le nombre des votants s'est
trouvé être de dix-neuf gentilshommes présents,
chargés ensemble de vingt-trois procurations,
savoir : M. le comte de Sainte-Aldegonde, prési-

dent, chargé des procurations de M. le comte de Malgehem, et de M. Sainte-Aldegonde, son père ; M. le baron Vandam d'Audegnies, fondé de procuration de M. le comte Landas de Louvignies ; M. de Saint-Léger, de madame d'Espienne d'Asvent ; M. le comte de Brias, de M. le comte d'Egmont et de M. le comte de Mérode ; M. le comte de Normand, de Son Altesse Sérénissime monseignèur le duc d'Orléans et de M. le duc de Croy ; M. le comte de Normont-Rinsart, de M. le duc d'Havré et de M. le baron de Brumont ; M. d'Essart de Curgies, de M. Grignart de Rames et de M. de Bruton de La Terre ; M. le vicomte de Blois ; M. le chevalier d'Hennezel, de M. Debuhat et de M. de Vandestraet ; M. Gillot d'Hon ; M. de Fourmestreaux de Saint-Denis, fondé de procuration de M. de Fourmestreaux père ; M. de Cabrière ; M. Offarel de Lislée ; M. le baron de Bazue, fondé de procuration de M. de Croust et de M. le comte de Gontreuil ; M. Du Boisbrûlé ; M. le chevalier des Brochers ; M. de Colnet de Houis, chargé de procuration de M. d'Hujemont et de M. de Véry ; M. Cordier de Gaudry, fondé de procuration de mademoiselle Normand Rinsart, et de M. Presseau d'Equelin ; M. Hennet de Bernoville, fondé de procuration de M. de Bouzies de Térières-le-Petit et de madame et de MM. Hangoubart de Crioleux du Planty.

Procès-verbal de l'assemblée préliminaire du tiers-état du bailliage d'Avesnes, du 3 avril 1789.

Sont comparus les sieurs :

Avesnes : Gossuin, Hasard, Pillot, Lebeau ;
Philippeville : Hurbin, Renmart, Boucher, et de Ravignies ;
Marienbourg : Darche, Sachon Grand-Bras, Martin ;
Anor : Depret, Draguet, Colinet ;

Avenelles : Mercier, Levaque ;
Beaulieu Haut : Bavaux, Mercier ;
Baulieu Bas : Haussi, Pierrat ;
Barsy : Dureux, Hautier ;
Beugnies : Virlet, Delvalle ;
Boulogne : Lemoine, Vatiaux ;
Cartigines : Galart, La Courte, Betry, Aplincourt ;
Danousies : Delsaux, Vachet ;
Dimont : Debruges, Ducarne ;
Dinchaux : Gobled, Lebrun ;
Dampierre : Baudard, Guislin, et Delfosse ;
Fayt-Ville et Fayt-Château : Michel, Berlemont, et Vagnies ;
Felleries : Godignaux, Fourdrigues, Maillard, et Hazard ;
Flaumont et Vandresies : Carnois, Bartaymont ;
Fourmies : Meurant, Legrand, Hiroux, Lermusiaux ;
Mont de Fontenelle : Féry, procureur ;
Frannes : Darches, Deloge ;
Glageon : Divry, Dubois ;
Limont-Fontaine : Preseau, d'Etrée ;
Jamague : Mandoux, Vautier ;
Offri : Lefaivre, Dubray ;
Favril : Thomas, Manesse, et André Manesse ;
Ramousies : Gravez, Louis ;
Sarspotery : Maufroy, Cuisset ;
Saint-Hilaire : Pinchard, Betry ;
Sains : Maillard, Dupont ;
Semery : Bailly, Belanger ;
Vieurengt : Stasin, Jupin ;
Wignelics : Fontaine, de Morgnie, Rousseau, Thomas ;
Saint-Remy-Malbati : Antoine Lejuste, et Louis Lejuste ;
Priches : Hoquet, Cochet, Bourge, et Cutfort ;
Etroumyt : Gaube, Bevière le jeune, et Godebille ;
Féron : Renaut et Premnont ;
Laroulies : Petit, et Lefèvre.

BAILLIAGE DE BAR-LE-DUC.

Procès-verbal de l'assemblée générale des trois ordres.

Du 31 mars 1789 (1).

Ont comparu :

BAILLIAGE DE BAR.

Pour l'*ordre du clergé* :

M. Aubry, curé de Véel ; M. Didier, curé de Cousance et Cousancelle ; M. Gérardin, curé de Grand-Nançois.

Pour l'*ordre de la noblesse* :

M. le duc du Châtelet, chevalier des ordres du Roi, lieutenant général de ses armées, colonel général de son régiment des Gardes-Françaises, seigneur de la prévôté de Pierrefite et du comté de Ligny ; M. de Beurges, seigneur de Nenesson et Trémont ; M. Lallemand, chevalier de l'ordre royal et militaire de Saint-Louis.

Pour l'*ordre du tiers* :

M. Gossin, lieutenant général civil et criminel au bailliage de Bar ; M. Viry, avocat du Roi, au même siège ; M. Moreau, procureur du Roi de la maréchaussée de Bar ; M. Magron, avocat, M. Signorgne, aussi avocat ; M. Maury, prévôt de Sampigny.

BAILLIAGE DE LA MARCHE.

Pour l'*ordre du clergé* :

M. Jean-François Marchal, curé de la paroisse de Saint-Pierre de Martigny ; M. Jean-Baptiste Olry, curé de Giranvilliers.

Pour l'*ordre de la noblesse* :

M. le marquis de Clermont Crevecœur, baron de Lesquevin ; M. François-Alexandre-Henry de Tillancourt, Rozières en Blois, et Nocourt.

Pour l'*ordre du tiers* :

M. Charles Le Mole, avocat ; M. François-Lazare Thouvenin, ancien notaire ; M. François Olry, notaire à Gondrecourt ; M. Claude-Antoine Vuilley, avocat à Conflans, bailli de Saint-Loup, seigneur de Corre.

BAILLAGE DE PONT-A-MOUSSON.

Pour l'*ordre du clergé* :

M. Ruel, supérieur du collége royal militaire, de la maison des chanoines réguliers, et école royale militaire ; M. Berthemont, curé de Rozières.

Pour l'*ordre de la noblesse* :

M. le vicomte du Hautois, chevalier de Saint-Louis, maréchal des camps et armées du roi ;

M. de Charvet, premier avocat général au parlement de Nancy.

Pour l'*ordre du tiers* :

M. Louis-René Vyart, avocat lieutenant de maire ; M. François-René-Auguste de Malarmé, assesseur au bailliage ; M. François Empereur, marchand mercier ; M. Pierre Colombel, marchand magasinier.

BAILLIAGE DE BOURMONT.

Pour l'*ordre du clergé* :

M. Louis-François-Claude Pellegrin, curé de Sommérieourt.

Pour l'*ordre de la noblesse* :

M. Charles-François, marquis de Fussey, bailli d'épée au bailliage de Bourmont.

Pour l'*ordre du tiers* :

M. Huot de Goncourt ; M. Henry, maire royal, et lieutenant en la maîtrise des eaux et forêts.

BAILLIAGE DE COMMERCY.

Pour l'*ordre du clergé* :

M. Antoine, curé de Vignot.

Pour l'*ordre de la noblesse* :

M. de Bourgogne d'Hacourt, lieutenant général.

Pour l'*ordre du tiers* :

M. Martin, doyen des conseillers du bailliage ; M. Braconot, avocat.

BAILLIAGE DE SAINT-MIHIEL.

Pour l'*ordre du clergé* :

M. Jean-François Simon, curé de Wool ; M. François-Joseph Perrin, prieur de Bonneval, curé de Méerin et Brassette.

Pour l'*ordre de la noblesse* :

M. Georges-François-Gabriel, de Barrois, baron du Manouville, capitaine au régiment de Clermont-Prince ; M. Henry-Jean-Baptiste de Bousmart, capitaine au corps royal du génie.

Pour l'*ordre du tiers* :

M. Laurent Michel, maire royal ; M. Jean-Baptiste Lolivier, conseiller au bailliage ; M. Jean-Joseph Marquis, avocat ; M. Claude-Hubert Basoche, avocat du Roi au bailliage.

BAILLIAGE DE THIAUCOURT.

Pour l'*ordre du clergé* :

M. Allain, curé de Bouillonville.

Pour l'*ordre de la noblesse* :

M. le comte de Malartic, lieutenant du Roi, à Nancy.

---

(1) Nous publions ce document d'après un manuscrit des *Archives de l'Empire.*

Pour l'ordre du *tiers* :

M. Harmaud, procureur du Roi au bailliage; M. Piquant, avocat.

BAILLIAGE D'ÉTAIN.

Pour l'ordre du *clergé* :

M. Cosme Joly, curé de Bouvigny.

Pour l'ordre de la *noblesse* :

M. le comte de Briey.

Pour l'ordre du *tiers* :

M. Richard Rollin, avocat et lieutenant de police ; M. Jacques Harmant, cultivateur.

BAILLIAGE DE BRIEY.

Pour l'ordre du *clergé* :

M. Joseph Collinet, curé de Ville-sur-Iron.

Pour l'ordre de la *noblesse* :

M. le comte de Chamissot, bailli.

Pour l'ordre du *tiers* :

M. Adrian-Cyprien Duquesnoy, syndic de l'as-

semblée provinciale de Lorraine et Barrois; M. François Fauquignon, propriétaire.

BAILLIAGE DE LONGNION.

Pour l'ordre du *clergé* :

M. Philippe Laurent, curé de Failly-le-Grand.

Pour l'ordre de la *noblesse* :

M. Jean-Baptiste, baron de Rumont.

Pour l'ordre du *tiers* :

M. Nicolas-Joseph Jenot, lieutenant particulier au bailliage, M. Petit-Jean, cultivateur.

BAILLIAGE DE VILLERS-LA-MONTAGNE.

Pour l'ordre du *clergé* :

M. Charles Erat, curé de Tressange.

Pour l'ordre de la *noblesse* :

M. Wendel de Longlaville.

Pour l'ordre du *tiers* :

M. François Mutel, avocat en parlement; M. Lhote père, avocat.

L'appel fait.

BAILLIAGE DE BAR-SUR-SEINE.

Extrait du procès-verbal de l'assemblée générale des trois ordres du 16 mars 1789 (1).

Ont comparu :

Dans l'ordre ecclésiastique :

1° M. César-Guillaume de La Luzerne, évêque, duc de Langres, pair de France, et prieur du Petit-Moutier Saint-Jean, sis à Ricey-le-Bas; 2° M. l'abbé Le Perpe de Trevern, vicaire général du diocèse de Langres, abbé commendataire de l'abbaye royale de Notre-Dame de Mores; 3° les sieurs, prieur et religieux de ladite abbaye royale Notre-Dame de Mores; 4° M. Charles-François de Clugny, chevalier, commandeur d'Avaleurs, et, en cette qualité, seigneur dudit Avaleurs, Avrelles et Buxierres; 5° MM. les abbé, réguliers, prieur et religieux de l'abbaye de Clairvaux, seigneurs du village de Riel-les-Eaux, et des Forges de Champigny; 6° le sieur Joseph-Ambroise Duprat, prêtre prieur, et seigneur du village de Viviers; 7° MM. les doyens, chanoines et chapitre de l'église royale et collégiale de la ville de Troyes, seigneurs en partie de Balnot-le-Châtel; 8° M. Antoine Terrillon Duprey, prêtre, curé de cette ville de Bar-sur-Seine; 9° ledit sieur Terrillon Duprey, chapelain de la chapelle de Saint-Michel, érigée en l'église paroissiale de ladite ville de Bar-sur-Seine; 10° les sieurs prieur et religieux de l'ordre de la Sainte-Trinité, à Bar-sur-Seine; 11° les sieurs chanoine et chapitre de l'église royale et collégiale de Saint-Georges, érigée en l'église paroissiale de Bar-sur-Seine; 12° dom Philibert Forestier, prêtre, prieur du prieuré de la Trinité, érigée en ladite église paroissiale de Bar-sur-Seine; 13° le sieur Edme-Nicolas Autrand, prêtre chapelain de la chapelle du Saint-Sacrement, érigée en ladite église paroissiale de Bar-sur-Seine; 14° le dit sieur Autrand, prêtre chapelain de la chapelle Saint-Etienne, érigée en la même église paroissiale de Bar-sur-Seine; 15° le sieur abbé Jaquinot, prêtre chapelain de la chapelle Saint-Nicolas, érigée en ladite église paroissiale de Bar-sur-Seine; 16° le sieur Levasseur, prêtre, chapelain de la chapelle Sainte-Catherine, érigée en l'église paroissiale de Bar-sur-Seine; 17° le sieur Charlier, prêtre chapelain de la chapelle Saint-Mathurin, érigée en ladite église paroissiale de Bar-sur-Seine; 18° le sieur Noël, prêtre chapelain de la chapelle Saint-Jean-l'Evangéliste, érigée en l'église paroissiale de ladite ville de Bar-sur-Seine; 19° le sieur de Troyes, prêtre, chapelain de la chapelle Saint-Bernard de l'église Saint-Etienne de Bar-sur-Seine; 20° le sieur Jean-Baptiste Lefèbvre, chapelain de la chapelle la Passion, érigée en la ville de Bar-sur-Seine; 21° Le sieur Nicolas Blaget, écuyer, prêtre, curé des trois bourgs des Riceys; 22° le sieur Gappiot, prêtre, prieur du prieuré de Notre-Dame-du-Faux, sis au Ricey-le-Bas; 23° le sieur Ecurel, prêtre, chapelain de la chapelle de Saint-Jean-l'Evangéliste, située en l'église paroissiale de Ricey-Bas; 24° les sieurs prieur et religieux de l'abbaye royale de Molème, seigneurs du fief de Saint-Louis-les-Riceys; 25° le sieur Claude Pierre Petit-Jean, prêtre, chapelain de la chapelle Saint-Jean-l'Evangéliste de Ricey Hauterive; 26° le sieur Miche de La Porte, prêtre, curé de Loches et Landreville; 27° le sieur Edme Nancey, prêtre, curé de la paroisse de Mercy; 28° Le sieur de Granville, prieur du prieuré de Mercy; 29° le sieur Nicolas-Magloire Meyer, chapelain de la chapelle du Saint-Sacrement, érigée en l'église paroissiale dudit Mercy; 30° le sieur Jean-Baptiste Astier, prêtre, curé des paroisses de Ville-sur-Arce et Buxierres; 31° Le sieur Jean-Claude Peigney, prêtre, chapelain de la chapelle de Notre-Dame de Ville-sur-Arce; 32° le sieur François de Varenne, prêtre, curé de la paroisse de Polisy; 33° le sieur Jean-Baptiste Lefebvre, prêtre, chapelain de la chapelle Saint-Jean, érigée en l'église paroissiale de Polisy; 34° le sieur Louis Lebon, prêtre, curé de la paroisse de Polisot; 35° Le sieur François Frionset, prêtre, curé de la paroisse de Buxeuil; 36° le sieur Louis Roy, prêtre curé de la paroisse de Balnot-le-Châtel; 37° le sieur Jean-François Noirot, prêtre, curé de la paroisse des Bourguignons; 38° le sieur Nicolas Empereur, prêtre, curé de la paroisse d'Avirey-le-Bois, et Lingey; 39° le sieur Laurent Maréchal, prêtre, curé de la paroisse d'Arelles; 40° le sieur Jean-Germain de Rouvois des Bordes, prêtre, curé de Villemorieu; 41° le sieur Clair, prêtre, curé de la paroisse de Chauffour et Bailly; 42° le sieur François Babonot, prêtre, curé de la paroisse de Riel-les-Eaux; 43° le sieur Jean-Julien Thévenin, prêtre curé de la paroisse de Viviers; 44° et les dames supérieure, dépositaire et religieuses ursulines de Bar-sur-Seine.

Dans l'ordre de MM. de la noblesse.

1° M. Joseph-Marie, comte de Faudoas, seigneur de Bar-sur-Seine; 2° M. Guillaume-Armand-François de Gourgues, président à mortier au parlement de Paris, tuteur honoraire de M. Michel Marie de Pomercu, mineur, seigneur marquis des trois Bourgs des Riceys, tant pour la partie de ladite seigneurie, qui dépend de ce siège, que pour celle qui dépend du bailliage de Sens; 3° M. Jean-Ives-François vicomte Ducoet-Losquet, seigneur de Balnot-le-Chatel; 4° M. François de Fargès, conseiller d'Etat, seigneur des villages de Polisy, Polisot, Buxeuil, Bourguignons, Foolt, et du fief de Charmoy; 5° M. Louis-François-Marie de Fargès, lieutenant général des armées du Roi, seigneur du fief de la Cour, situé à Polisy; 6° M. Charles-Louis Legendre D'Avirey, seigneur de Villemorieu et en en partie d'Avirey en Luigey; 7° M. Edme-Charles Le Basèle, marquis d'Argenteuil, seigneur de Loches; 8° dame Olympe Elisabeth Jubert, marquise du Thil, dame foncière de Bourguignons, Foolz et Lagrange-au-Chevalier, veuve de M. César-François, comte de Chatelux; 9° M. Bavy, comte de Nounond, seigneur de Chauffour et du fief Bideau; 10° dame Charlotte Floriot de Morville, marquise de Crussol,

(1) Nous publions ce document d'après un manuscrit des *Archives de l'Empire.*

dame de Bailly ; 11° M. Louis-Guy de Gensehon, seigneur en partie de Ville-sur-Arce ; 12° dame Charlotte-Marguerite-Julie Chapperon, veuve de M. Jean-Louis Lelseur, dame en partie de Ville-sur-Arce, au nom et comme mère et tutrice de leurs enfants mineurs ; 13° dame Charlotte-Nicole Dubas, veuve de M. Nicolas Hauffroy, dame en partie de Ville-sur-Arce ; 14° M. Louis-Gaspard de Vavery de Menouville, seigneur en partie d'A-virey en Luigey ; 15° M. Charles-Henri Bourlon de Sarty, secrétaire du Roi, seigneur de fief de Laforest ; 16° M. Laurent Choson du Colombier, vicaire général et grand archidiacre de l'église de Troyes, seigneur du fief de Clarenton, situé à Foolz, et de celui de Planey situé à Bourguignons.

Dans l'ordre du tiers-état.

1° MM. les maire, échevins et officiers municipaux de la ville de Bar-sur-Seine ; 2° les syndics, manants, habitants, corps et communautés de Ricey-le-Bas, pour ce qui dépend du bailliage de Bar-sur-Seine et de celui de Sens ; 3° les syndics, manants, habitans, corps et communautés de Ricey-Haute-Rive, pour ce qui dépend des baillliages de Bar-sur-Seine et de Sens ; 4° les syndics, manants, habitants, corps et communauté de Ricey-le-Haut, pour ce qui dépend desdits baillliages de Bar-sur-Seine et de Sens ; 5° les syndics, manants et habitants de la paroisse et communauté de Landreville ; 6° les syndics, manants, corps et communauté de la paroisse de Loches ; 7° les syndics, manants, habitants et communauté de la paroisse, de Ville-sur-Arce ; 8° les syndics, manants, habitants et communanté de la paroisse de Buxié-res ; 9° les syndics, manants, habitants et communauté de la paroisse du hameau d'Avaleurs ; 10° les syndics, manants, habitants et communauté de la paroisse de Villemorieu ; 11° les syndics, manants, habitants et communauté de la paroisse d'Avrelles ; 12° les syndic, manants et habitants, communauté de la paroisse de Chaufour ; 13° les syndics, manants, habitants et communauté de la paroisse de Bailly ; 14° les syndic, manants, habitants et communauté de la paroisse de Polisy ; 15° les syndic, manants, habitants et communauté de la paroisse de Buxeuil ; 16° les syndics, manants, habitants et communauté de la paroisse de Balnot-le-Chatel ; 17° les syndics, manants, habitants, et communauté de la paroisse de Polisot ; 18° les syndic, manants, habitants et communauté de la paroisse de Bourguignons ; 19° les syndics, manants, habitants et communauté de la paroisse d'Avizey-le-Bois ; 20° les syndics, manants, habitants et communauté de la paroisse de Luigey ; 21° les syndics, manants, habitants et communauté de la paroisse de Merry ; 22° les syndics, manants, habitants et communauté de la paroisse de Riel-les-Eaux ; 23° et les syndic, manants, habitants et communauté de la paroisse de Viviers.

SÉNECHAUSSÉE DE BAZAS.

CAHIER

Des plaintes et doléances de l'Assemblée du tiers-état de la sénéchaussée de Bazas (1).

Le tiers-état de la sénéchaussée de Bazas régulièrement assemblé, conformément aux ordres du Roi, charge ses représentants de porter aux pieds du trône les sentiments de la plus vive reconnaissance pour la bonté paternelle du souverain qui, entièrement occupé du bonheur de ses peuples, les invite à concourir au salut de l'État et à la plus grande perfection de toutes les parties de l'administration, les exhorte à se pénétrer dans l'assemblée des États-Généraux de cet esprit de sagesse et de douceur qu'inspire l'amour de la patrie, et qui, ne faisant de toute la nation qu'une seule famille, calmera les sollicitudes du souverain, en opérant le bonheur de ses sujets.

Les députés de la sénéchaussée proposeront :

Art. 1er. La réunion de tous les impôts établis sur les propriétés foncières en un seul et même impôt, à un prix déterminé par journal ou arpent, suivant la nature et la qualité des fonds de chaque canton.

Art. 2. Qu'il soit fait un cadastre ou arpentement dans tout le royaume, et que la mesure du journal soit la même partout.

Art. 3. Que dans ce cadastre ou arpentement soient compris généralement tous les fonds sans distinction des priviléges personnels, réels et locaux, de manière que tous les sujets du Roi, sans exception quelconque, supportent également ledit impôt.

Art. 4. Que si, contre l'attente générale, les priviléges personnels et locaux n'étaient point abolis relativement à la taxe sur propriétés foncières, les députés de la sénéchaussée sont chargés de réclamer, avec la plus grande insistance, en faveur des habitants de ladite sénéchaussée, les priviléges et exemptions qui leur furent accordés par la capitulation faite avec Charles VII, en l'année 1451.

Art. 5. Que la perception de cet impôt, dont la forme actuelle est si onéreuse, principalement à la classe la plus indigente du peuple, soit simplifiée pour réformer les abus que commettent les inspecteurs, les huissiers aux tailles et leurs assistants.

Art. 6. Que l'on recherchera la meilleure manière d'assujettir aux impôts les richesses mobilières et industrielles, sans aucune exception, même pour les rentiers de l'État.

Art. 7. Que l'entretien et la confection des grands chemins et autres travaux publics seront supportés également par les trois ordres de l'État.

Art. 8. Soumettre aux lumières et à la sagesse de l'assemblée la discussion des droits féodaux les plus onéreux, comme la multiplicité des reconnaissances, les retraits, etc.

Art. 9. La suppression des droits de franc-fief.

Art. 10. La liberté la plus absolue dans la vente

(1) Le cahier du tiers-état de Bazas nous a été communiqué par M. le comte de Bouville, préfet de la Gironde : nous lui exprimons ici notre gratitude.

des bestiaux et autres denrées, sans qu'elle puisse jamais être arrêtée, ni suspendue.

Art. 11. De rétablir l'édit de 1776 qui permet la libre circulation des vins, sans aucune exception ni modification, et de supprimer le privilége exclusif de la ville de Bordeaux qui anéantit la culture des vignes dans tout le reste de la province.

Art. 12. La suppression des péages quelconques et les bureaux de perception dans l'intérieur du royaume.

Art. 13. La liberté de la navigation et de la pêche sur les rivières du domaine du Roi, nonobstant tous priviléges exclusifs.

Art. 14. Changer la forme de la perception des droits établis sur les cuirs et sur les octrois des villes.

Art. 15. Que les droits de contrôle soient fixés par un tarif clair et précis, pour éviter les vexations et l'arbitraire dans leur perception, et que ce nouveau tarif soit commun dans tous les cas au clergé comme aux deux autres ordres.

Que Sa Majesté veuille aussi prendre en considération les actes les plus communs dans la société, tels que les contrats de mariage et les testaments, dont les droits actuels sont une véritable surcharge et un sujet perpétuel de vexations.

Art. 16. Qu'il soit ajouté à l'édit concernant les hypothèques que les oppositions dureront pendant trente ans.

Art. 17. Que les 10 sols pour livre établis sur les étaux des boucheries des villes de la sénéchaussée soient supprimés.

Art. 18. Rétablir les communautés des villes dans le privilége de nommer et d'élire elles-mêmes leurs officiers municipaux ; les rétablir aussi dans la possession des murs de ville, fossés et glacis.

Art. 19. Que les réparations et reconstructions des presbytères soient uniquement à la charge des gros décimateurs.

Art. 20. Que les états provinciaux déterminent la manière la moins onéreuse de percevoir les sommes destinées aux réparations et reconstructions des églises, et que le nombre des églises paroissiales soit fixé relativement à leur étendue, à leurs besoins, à leur population, et qu'il n'y ait pas d'église paroissiale sans pasteur.

Art. 21. Que le Roi veuille bien rentrer dans ses domaines, aliénés ou engagés qui seront vendus pour le prix être employé au payement des dettes de l'État.

Art. 22. Que Sa Majesté veuille mettre des bornes à sa générosité, en réduisant dans ce moment les pensions au taux où elles étaient en 1755.

Art. 23. Qu'il soit fait une loi qui autorise à prêter à terme fixe, avec stipulation d'intérêts au taux de l'ordonnance.

Art. 24. Que Sa Majesté daigne s'occuper des règlements qu'elle a promis pour rendre l'éducation publique plus florissante.

Art. 25. Que la naissance, dans pas un cas, ne puisse être un titre d'exclusion pour les emplois civils et militaires.

Art. 26. Sa Majesté sera suppliée de nommer

incessamment une commission composée de magistrats et des jurisconsultes célèbres pour la réformation des lois civiles et criminelles, dont les abus multipliés excitent les réclamations générales de la nation et qu'on fixe d'une manière invariable l'attribution et la compétence des différents tribunaux du royaume.

Art. 27. Que tous les tribunaux d'exception soient supprimés.

Art. 28. D'accorder à la province de Guyenne des États constitués sur le plan et d'après l'organisation de ceux du Dauphiné, et de rendre périodique l'assemblée de la nation au renouvellement des bans.

Art. 29. Que les ministres rendent compte de leur administration à la fin de chaque année, que ce compte devienne public par la voix de l'impression, et qu'à chaque tenue des États généraux, tous les comptes rendus dans l'intervalle soient mis sous les yeux de la nation.

Art. 30. Qu'il soit fait une loi solennelle pour prévenir de la manière la plus efficace les désordres que l'inconduite ou l'incapacité des ministres pourraient introduire dans leurs départements.

Art. 31. Qu'il soit pareillement fait une loi portant que le Roi et ses successeurs à la couronne ne pourront, pour quelque cause que ce puisse être, mettre aucun impôt, ni l'augmenter après qu'il aura été été établi légalement, ni en proroger la durée, sans le consentement de la nation.

Art. 32. Les députés proposeront que la loi contenant cette disposition sera considérée comme faisant partie de la constitution française, et que dans le cas où Sa Majesté et ses successeurs à la couronne mettraient, de leur autorité, un nouvel impôt ou augmenteraient celui qui aurait été établi légalement, ou en prorogerait la durée, la nation ne pourra dans aucun cas être contrainte de payer, même dans celui où les cours de parlement, cours des aides et autres cours quelconques auraient vérifié et enregistré librement l'édit qui établirait l'impôt, son augmentation ou sa prorogation.

Art. 33. Les députés proposeront, comme une suite de cette disposition, que si le Roi et ses ministres font des emprunts sans le consentement de la nation, elle n'en demeurera chargée d'aucune manière, quoique les édits, autorisant lesdits emprunts, ayant été vérifiés et enregistrés librement dans les cours de parlement, cours des aides ou autres cours quelconques qu'on aurait établies dans cet objet.

Art. 34. Que Sa Majesté sera suppliée d'ordonner qu'il soit procédé avec les États généraux à la liquidation des emprunts de l'État faits depuis 1614, et que la somme en soit fixée, non sur le taux actuel et l'intérêt, mais sur le versement de l'argent effectif au trésor royal, et que, pour les emprunts qui ne pourront être remboursés actuellement, l'intérêt en soit fait à raison de 5 p. 0/0 de l'argent effectif versé au Trésor royal, à l'effet de quoi il sera nommé des commissaires pour procéder à ladite liquidation.

Art. 35. Il sera fait une distinction des exemptions acquises par la libéralité des rois, les traités de capitulation ou autres causes gratuites et de celles acquises par un rachat ou acquisition à prix d'argent; au premier cas, toutes les immunités des villes, provinces, corps ou communautés seront supprimées; au second cas, lorsqu'il sera justifié qu'il y a eu anciennement un rachat en argent, les États généraux porteront les sommes employées au rachat dans le rang des dettes de l'État et en assigneront le remboursement ou l'intérêt.

Art. 36. Que les députés ne seront autorisés à consentir à l'augmentation des impôts qu'après avoir scrupuleusement constaté l'étendue du déficit, et avoir épuisé tous les moyens de réduction, dont la dépense des différents départements est susceptible.

Art. 37. Que l'ordre du clergé et celui de la noblesse supporteront de la manière la plus égale non-seulement les impôts déjà établis, mais encore ceux qu'il sera jugé nécessaire d'établir pour les besoins de l'État.

Art. 38. Les États provinciaux auront la direction des travaux publics de toute espèce, de la levée des milices et l'administration de l'argent destiné à ces objets.

Sa Majesté sera suppliée de prendre en considération les observations qui seront proposées relativement à l'exemption des milices.

Art. 39. Sa Majesté sera suppliée de ne point envoyer, pendant la vacance des États généraux, aucune loi à vérifier et enregistrer à aucune cour, et si elle croit devoir donner des lois particulières pendant la vacance des États généraux, elle sera suppliée de les faire vérifier et enregistrer par les États provinciaux.

Art. 40. Si pendant la vacance, il survient quelque besoin imprévu, pour cause de guerre ou autre, Sa Majesté voudra bien assembler extraordinairement les États généraux, à moins qu'elle ne préfère d'adresser les édits particuliers aux États provinciaux, pour consentir tel impôt partiel ou momentané que les États provinciaux jugeraient nécessaire ou possible.

Art. 41. Que les députés proposeront à l'assemblée qu'il soit fait une constitution pour la régence.

Art. 42. Que le Roi voudra bien donner une loi qui porte que la personne des députés aux États généraux sera inviolable, depuis leur nomination jusqu'au rapport qu'ils feront à leurs commettants de leur mission; qu'ils ne pourront être pendant ce temps nommés à aucune charge publique, ni poursuivis en justice; qu'ils ne pourront confier à aucun autre corps ou tribunal l'exercice de leurs pouvoirs et mandats, mais qu'ils seront tenus de les remettre à leurs mandants.

Art. 43. Le tiers-état de la sénéchaussée voit avec le plus grand regret que depuis longtemps il règne des troubles et des agitations entre le monarque et ses sujets; recherchant les causes de ces troubles, il a cru les voir dans ce que les droits du souverain et ceux de la nation sont méconnus; les députés sont donc chargés de proposer que, pour assurer à jamais la tranquillité publique et le bon ordre dans toutes les parties de l'administration, il soit fait une loi qui fixe, d'une manière claire et précise, les droits du monarque et ceux de ses sujets.

Art. 44. Que les députés exprimeront le vœu général de leur ordre qui est d'opiner par tête.

Ainsi *Signé* : Exemar, chevalier de Saint-Louis; Bertonneau; Aubert; Dumola; Plaisance; Bouchoreau; Lavenuef; Polhe; Saige; Graullau; Lestelle et Dubourg, tous les douze commissaires députés pour la rédaction des présentes plaintes et doléances.

Ainsi *Signé* : de même les députés de l'assemblée : Destrilhes; de Labarrière; Arman; Partarrieu; Pierron; Basterot; J. Dufau; Desclaux; Mongie; Fumat; C. Latapy; Detau; Saint-Marc;

Darquey; Benquey; Duchams; Besiade; Bayle; Saige; Depons; Labrouche; Ferrand; Garbai; Benquet, Ferraud; Darroman; Amat; Dupouy; Ducos; Coumet; Laborde; Saint-Marc; Lacoste; Labé; Garlai; Dufau; Labrouche; Saubouis; Roumaseilles; Flamoret; Bime; Lescousères; Martin; Moussillac; Bignolle; Roumaseilles; Mothes; Laprie; Duballen fils; Detons; Bouilhon de Lafeuillard; Laboual; Sacriste; Crillon; Duballen; Bouil-hac; Faugère; Dupin; Maubourguet; Hommeau; Mellon; Labardin; Catherineau; Ramont; Blanchet; Laporterie; Sevin; Petiteau; Forestier; Dupuis; Malardeau; Boutin et de Bignon, lieutenant particulier, président de l'assemblée.

Collationné : *Signé* Miremont, greffier en chef du sénéchal et présidial de Bazas.

SOUVERAINETÉ DE BÉARN.

CAHIER

Des griefs, plaintes et doléances des Etats de Béarn (1).

Sire, Votre Majesté a daigné inviter les gens des trois Etats de sa souveraineté de Béarn à envoyer aux Etats généraux de la France. Une invitation semblable avait été faite à nos pères au nom de votre auguste aïeul; ils avaient craint de compromettre, en l'acceptant, leur indépendance et leurs priviléges. Nous-mêmes, sire, nous aurions peut-être été arrêtés par leur exemple, si nos premiers députés ne nous avaient rapporté ces paroles à jamais mémorables de Votre Majesté : « J'éprouve « une grande satisfaction d'avoir prévenu vos « vœux sur l'objet de votre députation; j'en goû- « terai une encore plus sensible, lorsque au milieu « de la France assemblée je verrai s'y réunir pour « la première fois les représentants de mes fidèles « sujets de Béarn. » Ces expressions de votre amour pour nous, Sire, ne nous permettaient pas d'hésiter un moment, et la délibération par laquelle nous avons déféré à votre demande a été le cri du sentiment et le vœu de la reconnaissance.

Et comment pourrions-nous craindre de perdre nos droits, lorsque Votre Majesté se plaît à rendre à la nation française ceux qu'elle semblait avoir perdus par une longue désuétude?

Votre Majesté n'a-t-elle pas déclaré que sa volonté était de ne mettre aucun impôt, ni même d'en proroger aucun sans le consentement de la nation assemblée? N'a-t-elle pas manifesté son dessein d'assurer le retour périodique des Etats généraux par des lois préparées par les Etats généraux eux-mêmes? N'a-t-elle pas annoncé que voulant prévenir les désordres que l'incapacité ou l'inconduite de ses ministres pourraient introduire dans les finances, elle concerterait avec les Etats généraux les moyens de parvenir à ce but? N'a-t-elle pas prévenu le vœu légitime de ses sujets, en soumettant à leurs délibérations la question des lettres de cachet et la liberté de la presse? Enfin n'a-t-elle pas remis à l'examen des Etats généraux tout ce qui tient à la législation générale, en sorte que les lois seront désormais ce qu'elles doivent être, le vœu de la nation entière consacré par l'autorité des souverains?

Nos députés, Sire, iront se réunir aux représentants de la France pour traiter ces grands objets, concourir à l'accomplissement de vos vues et jeter les fondements de la félicité publique; en perfectionnant, de concert avec vous, la constitution de la France, ils affermiront la nôtre, et nous leur avons transmis à cet égard des pouvoirs généraux, qui n'ont d'autre borne que la réserve de nos fors, libertés et franchises.

Le plus précieux de nos priviléges est celui de traiter directement avec vous, Sire, de tout ce qui peut intéresser les habitants de votre souveraineté; nous avons le droit de vous demander la répara-

(1) Ce cahier nous a été communiqué par M. Larrabure, sénateur, maire de la ville de Pau et ancien député des Basses-Pyrénées.

tion des atteintes portées à nos libertés, et nous ne reconnaissons aucun corps intermédiaire entre Votre Majesté et nous; nous exerçons, dans ce moment, ce droit important, et nous mettons sous vos yeux le cahier de nos griefs et le tableau de nos demandes.

Nous vous supplions, en premier lieu, Sire, de nous maintenir dans nos fors, priviléges et libertés. On pourrait un jour peut-être abuser contre nous d'une expression qui se trouve dans la lettre que Votre Majesté nous écrire; elle paraît y subordonner la garantie de nos droits particuliers au bien général de son royaume. Quoique nos droits n'aient rien de contraire à l'intérêt du royaume, cette espèce de réserve, Sire, a dû nous alarmer; vous nous devez, conformément à votre serment, la pleine et entière garantie de nos droits. Nous allons la réclamer, et nous vous dirons, comme le disaient nos ancêtres, que nos fors nous sont aussi chers que la vie.

Après cette première demande, qui les comprend toutes, nous supplions Votre Majesté de revêtir de son autorité le réglement que nous allons lui proposer concernant l'administration de nos finances, notre législation et quelques objets qui tiennent à la religion, à la discipline et aux mœurs.

« Nous vous demandons, Sire, d'ordonner relativement aux finances :

Art. 1er. « Que toutes les impositions et contributions pécuniaires soient également réparties entre les citoyens de tous les ordres, sans distinction ni privilége.

Art. 2. « Que tous les impôts indirects établis en Béarn, sans le consentement des Etats, y soient abonnés et remis à l'administration des Etats, jusqu'à ce qu'un meilleur ordre dans les finances permette de les supprimer en entier.

Art. 3. « Que les pensions accordées aux officiers retirés, devenues par la longueur de leurs services la seule propriété qui leur reste, et qui doivent être regardées comme alimentaires jusqu'à la classe de ceux qui sont parvenus au grade d'officier supérieur inclusivement, soient payées sans retenue, suivant la première disposition de leurs brevets.

« Que ces pensions soient payées aux militaires ou autres pensionnaires par les trésoriers des provinces, afin de ne pas mettre ces militaires dans la dispendieuse nécessité d'avoir à Paris des gens fondés de procuration pour recevoir pour eux au Trésor royal, et ne pas les exposer à éprouver, pour la remise, un retard de plusieurs mois, enfin pour les mettre à l'abri des pertes occasionnées par les banqueroutes des gens avoués même par le gouvernement pour ces sortes d'opérations; et que le garde du Trésor royal soit autorisé à recevoir pour comptant les quittances des officiers pensionnés, ce qui procurera aux receveurs des provinces un moyen plus simple et plus économique de verser au Trésor royal le produit de leur recette.

Art. 4. « Si les finances du royaume exigent une augmentation de subsides, que dans la contribution proportionnelle offerte par le Béarn, il lui soit tenu compte de la dette de 1,200,000 livres qu'il a contractée pour le gouvernement et dont il acquitte les intérêts chaque année.

Art. 5. « Que tous les péages qui gênent la circulation intérieure soient abolis, et que les priviléges exclusifs de roulage et de messagerie soient supprimés.

Art. 6. « Que la régie des cuirs et l'impôt établi sur cet objet soient supprimés comme destructifs de cette branche de commerce. Qu'il soit accordé une liberté entière à ce genre de fabrication, et que le droit existant soit remplacé par un abonnement concerté entre les fabricants et les Etats généraux du pays.

Art. 7. « Que tous les droits de plaçage, hallage et *pugnère*, perçus dans les marchés sur les denrées de première nécessité, soient abolis, en assurant les indemnités convenables aux particuliers à qui ces droits appartiennent, et en permettant aux villes qui en ont de semblables de les remplacer par des octrois déterminés de concert avec les Etats du pays.

Art. 8. « Qu'il soit fait une loi générale pour régler d'une manière claire et précise le tarif de tous les droits compris sous le nom de droits domaniaux, tels que le contrôle des actes, etc.; en sorte que l'extension arbitraire en devienne impossible, et que la forme des actes ne soit plus gênée dans la rédaction par la crainte de donner ouverture à de plus forts droits.

Art. 9. « Que les conventions de mariage sous seing privé étant autorisées en Béarn par l'usage, et cette forme, employée uniquement pour éviter les frais du contrôle, présentant quelques inconvénients, il plaise à Votre Majesté d'exempter en Béarn les contrats de mariage des droits auxquels ils sont assujettis dans le reste du royaume, et de se contenter d'un droit modique, tel qu'il sera concerté avec les Etats généraux du pays.

Art. 10. « Que l'édit des hypothèques soit révoqué, comme tendant à substituer le régime fiscal aux précautions indiquées par les lois, et étant devenu une source de procès.

Art. 11. « Que les offices des huissiers-priseurs soient supprimés, leur ministère n'ayant d'autre effet que d'augmenter les frais de ventes et d'aggraver le sort des misérables.

Art. 12. « Que les droits des greffiers, accrus d'une manière exorbitante, en 1771, sous des prétextes qui n'ont plus lieu, soient remis sur le même pied.

Art. 13. « Qu'il plaise à Votre Majesté de révoquer toutes les aliénations des justices et seigneuries de son domaine, soit qu'elles aient été faites à titre d'engagement, soit qu'elles l'aient été à titre d'échange; aucun échange n'ayant dû avoir lieu en Béarn sans la participation des Etats et contre la loi du pays.

Art. 14. « Qu'il soit défendu aux préposés du domaine de faire en Béarn des recherches, demandes et significations sur le fondement des lois domaniales de la France qui n'ont jamais été reçues par les Etats; que les dispositions de la coutume sur cet objet soient inviolablement exécutées, que la possession immémoriale garantisse les possesseurs, même contre le domaine, notamment pour les prises d'eau, bacs et autres usages des rivières flottables et navigables; qu'il soit pareillement interdit aux préposés du domaine d'exiger des lods et ventes dans les lieux où il n'y a en faveur de Votre Majesté ni titres exprès, ni possession immémoriale, nonobstant quelques décisions de votre conseil à ce contraires. Que Votre Majesté soit suppliée de rappeler les aliénations par elle faites des droits de lods

sur les échanges dans les terres seigneuriales, ce droit prétendu domanial n'étant fondé ni sur aucun titre ni sur aucune disposition de la coutume.

Art. 15. « Que l'administration utile de vos domaines soit soumise à la surveillance des Etats, et dans le cas où Votre Majesté se déterminerait à les aliéner avec le consentement des Etats du pays, que l'exécution et les conditions de la vente soient confiées auxdits Etats.

Art. 16. « Qu'il plaise à Votre Majesté de prendre en considération le commerce de Béarn, les gênes que les manufactures éprouvent, soit par les droits de visite, marque et plomb auxquels on les assujettit, soit par les lois prohibitives, récemment publiées en Espagne, et l'émigration de nos fabricants qui en est la suite. Votre Majesté est suppliée d'accueillir les mémoires que nos députés lui présenteront sur cet objet de nos réclamations, et d'interposer ses bons offices auprès de la cour d'Espagne pour l'engager à faire ouvrir dans son royaume des routes correspondantes à celles de Béarn.

« Quant à ce qui concerne la législation et l'administration de la justice, nous supplions Votre Majesté d'ordonner:

Art. 1er. « Que la liberté personnelle et individuelle soit assurée à tout homme qui se conforme aux lois; que l'usage des lettres de cachet soit aboli; que nul ne puisse être détenu en prison, privé de son état, exilé ou forcé de s'absenter, ce n'est en vertu d'un jugement rendu suivant les formes légales, et par des juges compétents.

Art. 2. « Qu'aucun acte du pouvoir exécutif ne puisse suspendre le cours de la justice, qu'il ne soit établi aucune commission extraordinaire, qu'aucune évocation ne soit admise que dans les cas prévus et déterminés par les lois générales et dans la forme prescrite par les lois du pays; qu'il plaise à Votre Majesté de supprimer et révoquer tout droit de *committimus*, évocation et attribution, en sorte que nul ne puisse être désormais poursuivi en matière civile ou criminelle, personnelle ou réelle que devant ses juges naturels.

Art. 3. « Qu'aucune loi ne puisse être enregistrée au parlement sans le consentement des Etats et sans être communiquée directement et par préalable aux syndics des Etats, et qu'il ne puisse être fait aucun règlement par le parlement, le pays n'en reconnaissant d'autres que ceux qui sont faits du consentement des Etats avec le concours de l'autorité du Roi.

Art. 4. « Votre Majesté est suppliée d'accélérer la réforme de l'ordonnance criminelle et du Code pénal, et à cet effet de demander, à l'exemple des rois ses prédécesseurs, les instructions et mémoires aux diverses cours du royaume, les Etats se réservant d'examiner la nouvelle loi, lorsqu'elle leur sera communiquée.

Art. 5. « Qu'il plaise à Votre Majesté de destiner les fonds nécessaires pour la construction d'une prison vaste, sûre et saine, où les prisonniers puissent être séparés, suivant leur sexe et la cause différente de leur détention, et pour les réparations du palais, la ville de Pau ne pouvant être tenue de ces dépenses.

Art. 6. « Votre Majesté est suppliée d'ordonner que le secret et la sûreté des lettres remises à la poste soient désormais inviolables, et de permettre à ses sujets de poursuivre par les voies ordinaires quiconque oserait y porter atteinte.

Art. 7. Qu'il ne puisse être fait aucune information par les procureurs du *parsan* (1) sans une permission préalable des juges, et s'il en résulte une diminution dans le droit de leurs offices, Votre Majesté est suppliée de pourvoir à leur indemnité.

Art. 8. « Que toutes les bailies domaniales du pays soient abonnées aux Etats, et qu'il soit établi par eux un certain nombre d'huissiers auxquels il sera assigné un territoire dans lequel ils exerceront lesdites bailies ; qu'aucun ne puisse être admis à cet emploi qu'après cinq ans de pratique dans l'étude d'un procureur, soit du parlement soit du sénéchal, et après une enquête de vie et de mœurs; qu'il soit également tenu de déposer une somme de 600 livres ou un acte de cautionnement de pareille valeur dans la caisse du trésorier des Etats, moyennant quoi il lui sera expédié sans frais une commission d'huissier, laquelle sera registrée sans frais au greffe du parlement.

Art. 9. « Que nul ne puisse être admis à exercer l'office de notaire qu'après six ans de pratique dans l'étude d'un notaire ou d'un procureur, soit d'un parlement soit du sénéchal ; qu'il ne puisse être reçu qu'après avoir subi un examen devant quatre notaires en présence du juge et du procureur du Roi de la sénéchaussée dans laquelle il doit travailler ; que le juge, sur la réquisition du procureur du Roi, indiquera les notaires examinateurs, fera l'enquête de vie et de mœurs, et dressera de l'examen et de la réception un procès-verbal qui sera incontinent envoyé au greffe du parlement.

« Que les gradués qui aspireront à exercer l'office de notaire soient admis en rapportant un certificat d'assiduité au barreau pendant trois ans.

Art. 10. « Qu'il plaise à Votre Majesté de statuer sur la délibération des Etats du 9 janvier 1788, conformément à leur vœu, et d'ordonner que les dispositions de nos coutumes et règlements concernant les médecins, chirurgiens et apothicaires soient exécutées suivant leur forme et teneur.

Art. 11. « Que le tribunal des eaux-forêts soit supprimé, que sa juridiction soit rendue aux juges ordinaires, conformément aux anciens règlements, et que la partie de l'administration soit attribuée aux Etats généraux du pays.

Art. 12. « Que les jurats du pays soient librement élus par les communautés dans la forme prescrite par le for ; que les offices municipaux créés en 1771 soient et demeurent supprimés ; qu'il plaise à Votre Majesté de pourvoir au remboursement du petit nombre de titulaires qui restent encore ; de révoquer les arrêts du conseil concernant les offices municipaux et la forme des élections, et d'ordonner que les dispositions du for ce concernant soient littéralement observées dans chaque ville et bourg du pays.

Art. 13. « Que toutes les attributions données au conseil, soit à l'égard des domaniaux, soit à l'égard des octrois, soit à quelque autre titre que ce puisse être, soient révoquées, et que la juridiction ordinaire soit rétablie dans toutes les causes sans aucune exception.

Art. 14. « Que votre conseil ne puisse prononcer sur la cassation des arrêts de vos cours que conformément aux ordonnances et sans entrer dans l'examen du fond; qu'il lui soit interdit d'évoquer et de retenir le fond des contestations, et qu'il soit tenu, après le jugement de cassation,

de renvoyer le principal aux tribunaux ordinaires.

Art. 15. « Qu'il plaise à Votre Majesté défendre qu'il soit fait à l'avenir aucun classement ni enrôlement forcé pour le service de ses troupes de terre ou de mer, conformément aux droits et libertés du pays.

Art. 16. « Que l'Abrégé des Etats puisse s'assembler dans tous les cas où l'intérêt public l'exige, suivant les règles ordinaires de sa convocation, et sans qu'il ait besoin d'aucune autorisation à cet égard.

« Quant aux objets généraux qui regardent la *religion, les mœurs et l'éducation*, nous vous supplions, Sire, d'ordonner :

Art. 1er. « Qu'il vous plaise de statuer, par une loi irrévocable, que tous les archevêques et métropolitains convoquent périodiquement des conciles provinciaux, et qu'il sera tenu pareillement des synodes diocésains à des époques fixes, ces assemblées offrant le seul moyen de maintenir la pureté du dogme, l'observation du culte et la discipline ecclésiastique.

Art. 2. « Que les évêques, abbés commandataires et bénéficiers soient tenus de résider dans le lieu de leurs bénéfices, et qu'il ne soit nommé aux évéchés, abbayes canonicats, et prieurés du pays que des Béarnois.

Art. 3. « Que toutes les églises du Béarn soient déclarées exemptes de l'expectative des indultaires.

Art. 4. « Que les économats soient supprimés, et qu'il soit fait une loi pour assurer la réparation des bénéfices, sans porter le trouble dans les familles des bénéficiers.

Art. 5. « Qu'il soit pourvu à l'amélioration du sort des curés, chacun à raison de sa situation locale ; qu'il leur soit accordé un traitement suffisant pour les entretenir avec décence et les mettre à portée de soulager les pauvres de leur paroisse ; que pour leur procurer cette augmentation de revenu, il soit réuni des bénéfices simples aux cures indigentes, ou même qu'il y soit pourvu par des pensions sur les bénéfices consistoriaux; et comme il est également juste d'assurer une retraite aux prêtres qui ont vieilli dans l'exercice de leur ministère, qu'il plaise à Votre Majesté d'y pourvoir par les moyens convenables.

Art. 6. « Que les dispenses de parenté et de publication de bans soient accordées sans frais ; que les visites des paroisses soient pareillement faites sans frais, et que les curés des campagnes ne puissent exiger aucune rétribution ni pour les baptêmes, ni pour les mariages, ni pour les sépultures.

Art. 7. « Que l'éducation publique des colléges soit améliorée ; qu'il soit fait un plan uniforme d'instruction et d'études, lequel sera suivi sous l'inspection immédiate des Etats; qu'il soit pareillement exécuté une réforme dans l'enseignement propre aux universités de droit, afin de les rendre plus utiles aux élèves destinés soit au barreau soit à la magistrature, et qu'il ne puisse être accordé, sous aucun prétexte, aucune dispense d'études à ceux qui voudront y prendre des grades; que la faculté de théologie soit remise à la direction et à la surveillance des synodes diocésains et conciles provinciaux. Votre Majesté est suppliée de révoquer les règlements concernant le collége de Foix, qui privent le pays de l'utilité des fondations faites en sa faveur dans ledit collége, et de nous rétablir à cet égard dans tous les droits qui nous appartiennent.

(1) Division territoriale, district.

Art. 8. « Que l'abbaye de Saint-Sigismond (1) soit rétablie conformément aux réclamations constantes des Etats.

Art. 9. « Qu'il plaise à Votre Majesté de supprimer le dépôt de mendicité établi à Pau. les Etats se réservent de prendre les mesures nécessaires pour faire subsister les pauvres dans leurs paroisses.

GRIEFS PARTICULIERS AU TIERS-ÉTAT.

« Indépendamment des griefs que les gens des trois Etats de votre souveraineté de Béarn viennent de soumettre à la justice de Votre Majesté, le tiers-état en particulier vous supplie, Sire, de vouloir accueillir favorablement ceux qui suivent :

Art. 1er. « Que tous les deniers des contributions ou impôts soient versés dans la caisse du tresorier des Etats ; que les fonds destinés par Votre Majesté à l'acquittement des charges locales restent entre les mains dudit trésorier pour être employés conformément à l'état arrêté en votre conseil, et que le surplus des sommes levées dans le pays soit versé par le trésorier, directement et sans frais, au Trésor royal.

Art. 2. « Que les heures des audiences soient fixées en tout temps, depuis neuf heures jusqu'à midi.

Art. 3. « Que la contrainte par corps soit abolie en matière civile, sauf dans le cas exprimé par le titre XXXIV de l'ordonnance de 1667, lequel titre sera rédigé en une loi particulière pour être enregistrée aux formes ordinaires, sauf aussi les cas exprimés par l'ordonnance du commerce de 1673 ; que nul ne puisse être appréhendé dans sa propre maison de nuit ni de jour pour cause civile, quelle qu'elle soit ; qu'il ne soit néanmoins dérogé aux dispositions du style concernant le droit d'arrêter en certains cas les étrangers au royaume.

Art. 4. « Les Etats du présent pays ont demandé de laisser subsister la corvée en nature ; mais, soit que Votre Majesté accueille cette demande, soit qu'elle la rebute, et attendu que, de quelque manière que les corvées s'exécutent, c'est toujours essentiellement une imposition pécuniaire, puisque les nobles et privilégiés en sont quittes en payant la journée d'un manœuvre, Votre Majesté est suppliée d'ordonner que les nobles et tous autres privilégiés, sans distinction, contribueront aux corvées proportionnellement à leurs moyens, de manière que tout privilége soit supprimé ce concernant.

Art. 5. « La même considération exige que le logement des gens de guerre, qui pèse principalement sur la partie la plus misérable du peuple, soit supporté par tous les citoyens, sans distinction des personnes privilégiées ou des personnes qui ne le sont point ; sans préjudice à tous ceux qui voudront se dispenser du logement, de le payer en argent, suivant le règlement qui en sera fait par les officiers de police, laquelle rétribution sera employée à soulager la partie la plus misérable du peuple de la surcharge qu'il éprouve ; à ces causes, il plaira à Votre Majesté d'ordonner que le logement des gens de guerre sera supporté indistinctement par les personnes privilégiées et non privilégiées, sans préjudice aux personnes qui ne voudront point loger de se racheter en

payant, suivant le règlement qui en sera fait par les officiers de police.

Art. 6. « Le tiers-état de cette souveraineté, animé du même zèle pour le service de Votre Majesté et pour le bien public que les autres ordres, demande qu'il vous plaise ordonner qu'il pourra être également admis à toutes les charges, places et emplois, sans aucune autre distinction que celle que pourront établir le mérite et les talents.

Art. 7. Les jurats ou officiers municipaux en Béarn sont chargés d'exercer la justice et d'administrer les biens communs ; il importe qu'ils réunissent la confiance de leurs concitoyens, et que d'ailleurs on observe dans leur nomination les formes prescrites par l'article 12 du for (rub des jurats) et qu'il ne puisse y en être substitué d'autres. Votre Majesté est donc suppliée d'ordonner que, dans les communautés qui dépendent de vos domaines, il ne pourra y être nommé d'autres jurats que dans la forme prescrite par le for.

Art. 8. « Les seigneurs médiats sont en possession de nommer les jurats pour exercer leur justice ; mais, comme ces jurats administrent en même temps tous les biens communs, il n'est point juste que les seigneurs puissent contraindre les jurats à remplir toute leur vie des fonctions qui devraient être volontaires, et qui deviennent très-onéreuses par leur perpétuité. Il est également injuste que les habitants soient forcés à confier l'administration de leurs biens communs à des personnes qui n'ont point leur confiance, et au choix desquelles ils n'ont aucune part. Les seigneurs se sont fait maintenir par divers règlements des Etats, et en particulier par ceux des 9 mars 1645, août 1649 et 9 septembre 1649, dans le droit d'instituer et de destituer à leur arbitre les jurats de leurs terres et seigneuries, ce qui donne lieu à divers abus ; c'est pourquoi il plaira à Votre Majesté d'ordonner que les seigneurs médiats ne pourront nommer des jurats dans leurs seigneuries que sur une liste du double des sujets qui leur sera présentée par la communauté, et que les fonctions desdits jurats ne pourront être prorogées au delà du terme de quatre ans ; au surplus, permettre aux jurats seigneuriaux de porter une marque distinctive en conformité du for ; ordonner aussi que les seigneurs seront tenus de nommer les jurats alternativement de deux en deux ans, de manière qu'il y ait toujours la moitié du nombre des jurats qui aient servi deux années.

Art. 9. « Le bayle est un officier de justice nommé par les seigneurs médiats dans leurs terres ; mais comme leurs fonctions, quoique bornées à l'espace d'une année par la jurisprudence, sont très-avilissantes, puisqu'elles consistent à exploiter dans la terre du seigneur, à exécuter les ordres des jurats et à faire la collecte des cens et droits dus au seigneur, c'est une véritable peine infligée par le seigneur contre les habitants qu'il nomme, et cette peine a été souvent un instrument de vengeance contre des habitants honnêtes qui ont eu le malheur de déplaire à leur seigneur. Votre Majesté est suppliée d'ordonner que les seigneurs médiats ne pourront nommer pour leurs bayles que les sujets qui voudront s'y soumettre volontairement, ou autrement seront indiqués par la communauté.

Art. 10. La banalité n'appartient suivant l'ancienne coutume, réformée en 1551, qu'au seigneur souverain, encore n'était-ce que dans le fort de Morlàas et sur les habitants qui s'y étaient soumis. La nouvelle coutume accorda par l'arti-

(1) Abbaye de femmes de l'ordre de Cîteaux, fondée à Orthex en 1227, supprimée en 1774.

cle 3, tant au souverain qu'aux seigneurs médiats, le droit exclusif d'avoir des moulins dans leurs terres, et l'article 4 reconnut au souverain, dans toute l'étendue du pays, le droit de banalité pour le moulin bâti dans le lieu. Depuis la rédaction de la coutume, les seigneurs médiats se sont attribué cette banalité dans leurs terres, comme si la coutume la leur adjugeait, et ils s'y sont fait autoriser par divers règlements des années 1629, 1639 et 1641, qui furent évidemment l'effet de l'influence du grand corps sur le tiers-état mal organisé ; d'autres, sous prétexte de l'érection de diverses terres en baronnies ou en d'autres fiefs de dignité, ont assujetti les habitants à aller moudre leurs grains hors du lieu de leur habitation ; comme si Votre Majesté, en leur accordant une grâce par l'érection d'un fief de dignité, pouvait être présumée avoir voulu l'accorder au préjudice d'autrui ; cependant ces banalités sont devenues la source de beaucoup de vexations de la part des fermiers des seigneurs, et comme elles attaquent la subsistance du peuple, Votre Majesté est suppliée, en maintenant les seigneurs de Béarn dans le droit exclusif d'avoir des moulins, d'abolir le droit de banalité, sans préjudice de l'indemnité, qui ne sera accordée qu'autant que la banalité sera fondée sur un titre particulier ; et qu'à l'égard de tous les autres seigneurs, ils seront déclarés sans aucun droit ; qu'il en sera usé de même à l'égard des seigneurs qui, n'ayant point de moulins, ont voulu exiger des droits en argent pour tenir lieu de banalité ; et enfin, à l'égard des possesseurs des fiefs de dignité qui ont voulu assujettir à la banalité des habitants étrangers du lieu où le moulin est situé. Votre Majesté est également suppliée qu'il en sera usé de même pour la banalité des fours, des foulons et autres de la même nature, sans préjudice du droit public qui continuera d'être exercé, les moulins par les jurats de chaque lieu, et en particulier par les jurats de Pau des moulins situés en cette ville ; et pour ce qui concerne la banalité des moulins appartenant à Votre Majesté, permettre aux communautés de se racheter de cette servitude.

Art. 11. Que Sa Majesté soit suppliée d'ordonner qu'on ne pourra percevoir à titre de droit de moulange que le vingt-quatrième, en conformité des règlements du pays.

Art. 12. Comme les seigneurs médiats de cette province ont dénombré la propriété des chemins publics et des arbres qui y sont existants, et que la Chambre des comptes de Navarre leur a adjugé cette propriété comme leur appartenant de droit commun, tandis que les chemins publics forment une propriété publique, non susceptible d'accensement ; que, d'un autre côté, les arbres existants sur les chemins et sur les bordures sont censés appartenir aux propriétaires des fonds voisins comme un dédommagement naturel de préjudice qu'ils leur causent, ainsi qu'il est décidé par l'article 356 de l'ordonnance de Blois, Votre Majesté est suppliée de faire cesser cette cause trop fréquente des vexations que souffrent les habitants de votre souveraineté, et de déclarer que les chemins publics forment une propriété publique non susceptible d'accensement, et que les arbres qui y croissent appartiennent auxdits propriétaires des fonds qui bordent lesdits chemins.

Art. 13. Les seigneurs ne peuvent prétendre de droit commun en Béarn que les droits seigneuriaux fondés sur la coutume, et quant aux autres, il leur faut des titres exprès. Cependant les sei-

gneurs se sont fait adjuger en Béarn de droit commun certaines corvées pour la curaison des canaux, des moulins, et ils ont converti sans titre en d'autres corvées des services personnels qu'aucun de leurs tenanciers n'aurait osé leur refuser, telle est l'unique source de plusieurs droits de cette nature que les seigneurs se sont arrogés. Il plaira à Votre Majesté de proscrire toutes les corvées seigneuriales fondées sur un prétendu droit commun, et de permettre aux tenanciers de se racheter des autres corvées fondées sur des titres.

Art. 14. Plusieurs seigneurs qui jouissent du droit de bac ou bateau sur la rivière du Gave sont parvenus, sous prétexte d'un abonnement volontaire dans son principe, à imposer aux habitants de leurs terres une redevance forcée, par maison, d'une quantité de grains, soit qu'ils se servent du bateau, ou qu'ils ne s'en servent point, et ils sont parvenus ainsi à se faire un gros revenu au préjudice de leurs tenanciers. Il plaira à Votre Majesté de proscrire des droits de cette nature, sans préjudice aux seigneurs et à leurs bateliers de percevoir le droit de passage dans les bateaux, conformément aux tarifs autorisés par le conseil de Votre Majesté.

Art. 15. L'article 29 du for (rubrique 1re) n'autorise Votre Majesté, non plus que les seigneurs médiats, à percevoir les lods et ventes et à exercer la préparance ou retrait censuel que conformément à l'usage du lieu où la pièce de terre est située. Cependant, sans égard pour le non-usage, il a été expédié depuis quelques années une foule de brevets de prélation au nom de Votre Majesté, même dans les terres où elle ne perçoit point de lods ; les seigneurs médiats, de leur côté, se sont également arrogé le droit de préparance, abstraction faite de l'usage, malgré qu'ils respectent encore la règle fondée sur cet usage par rapport aux lods, d'où il résulte une infinité d'abus, d'autant surtout que ce droit est cédé et mis dans le commerce, soit pour dépouiller les acquéreurs, soit pour repousser l'action des retrayants lignagers, soit enfin pour y trouver un prétexte de stipuler de nouvelles redevances et par conséquent des surcharges. Votre Majesté est suppliée, pour faire cesser ces différents abus, d'ordonner : 1° Qu'aucun brevet de préparance ou retrait censuel ne pourra être expédié en son nom dans aucun cas ni sous aucun prétexte ; 2° Que les seigneurs médiats ne pourront en user qu'aux termes de la coutume et dans les lieux où il en sera ainsi usé ; 3° Que dans tous les cas le droit de retrait censuel ne sera incessible, et que les seigneurs médiats ne pourront s'en servir que pour eux et pour retenir les biens vendus à leur profit uniquement.

Art. 16. Les échanges des immeubles ne forment point une aliénation, puisqu'ils ne font que subroger une propriété foncière à une autre ; il n'y a que le prix donné pour les soultes qui tienne lieu d'une vente ; il est donc injuste de percevoir des lods pour des échanges, et Votre Majesté est suppliée d'ordonner qu'à l'avenir on ne pourra percevoir des lods pour des échanges qui se font but à but, sans préjudice d'en percevoir pour les soultes en argent dans les lieux où il est d'usage d'en payer.

Art. 17. L'édit du mois de février 1770, qui a aboli le parcours, a permis aux propriétaires des héritages de les clore et de s'affranchir de la servitude des herbes mortes dont les seigneurs seraient en possession, en se soumettant à payer une redevance chaque année auxdits seigneurs, fixée à la moitié du cens, de laquelle redevance tous censitaires pourraient même se libérer toutes fois quand ils le jugeraient à propos, en payant aux seigneurs un capital sur le denier 25 ; la disposition de cette loi n'a eu presque aucune exécution, attendu que quelques seigneurs ont prétendu que le rachat devait en être fait par le corps de la communauté et pour tout le territoire, et que la redevance à payer et à racheter devait être proportionnée non à celle due pour le fonds que l'on affranchirait de cette servitude, mais à celle due pour tous les héritages possédés par le tenancier, tandis que cette servitude d'herbes mortes établie par la seule jurisprudence n'est acquise que sur les fonds ouverts et non sur les fermés. Il plaira à Votre Majesté, en expliquant l'article 3 de l'édit du mois de février 1770, d'ordonner que la faculté de se racheter pourra être exercée par chaque habitant en particulier, et que la redevance à laquelle il devra se soumettre sera relative au fonds qu'il voudra clore et affranchir de la servitude des herbes mortes.

Art. 18. « Les seigneurs se sont également attribué en Béarn un droit appelé *Mayade*, qui consiste dans le droit de vendre leur vin exclusivement pendant le mois de mai ou tel autre mois de l'année, droit qui a été converti par quelques seigneurs en une prestation pécuniaire par barrique de vin vendue par les habitants ; et comme ce droit n'a aucun autre fondement que la jurisprudence, et que la coutume n'accorde nulle part ce droit aux seigneurs, il plaira à Votre Majesté d'ordonner qu'aucun seigneur ne pourra le prétendre, et dans le cas où ce droit fût fondé sur quelque titre particulier, qui émanât du consentement libre des tenanciers, leur permettre de s'en racheter.

Art. 19. « C'est aussi sur l'unique fondement de la jurisprudence des arrêts de la chambre des Comptes que les seigneurs, qui ne sont pas hauts justiciers en Béarn, se sont approprié les eaux vives et mortes dans l'étendue de leurs seigneuries, tandis que d'après les principes du droit romain, qui est le droit commun du Béarn, les petits ruisseaux appartiennent aux propriétaires dans les fonds desquels ils passent. Il résulte de cette prétention le plus grand abus pour l'agriculture en ce que les tenanciers sont gênés dans la faculté d'arroser leurs fonds. Il plaira à Votre Majesté de déclarer que sous prétexte du prétendu droit des seigneurs, aucun habitant ne pourra être gêné dans la faculté de dériver les eaux des ruisseaux pour l'irrigation de leurs prairies et autres usages.

Art. 20. « Parmi les droits qu'exercent divers seigneurs, est celui d'empêcher que leurs tenanciers ne puissent faire dépiquer le petit millet qu'avec les juments appartenant au seigneur, ce qui est contraire à la liberté naturelle. Il plaira à Votre Majesté de proscrire un pareil droit, sans préjudice aux habitants, en cas de titre, de se rédimer d'un pareil droit.

Art. 21. « Quelques seigneurs se sont également approprié le droit de boucherie que la coutume ne leur donne pas et qui ne peut leur être dû à aucun titre légitime. Votre Majesté est suppliée de faire cesser un pareil abus.

Art. 22. « Les habitants redevables des dîmes ne pouvant point distraire les semences qui ont déjà acquitté ce droit, sont exposés par là à payer la dîme de la dîme, et ces semences se trouvent ainsi absorbées dans une courte durée de temps. Votre Majesté trouvera digne de sa justice d'or-

donner qu'il ne sera dû de dîmes que les semences distraites.

Art. 23. « Quoique les dîmes ayant été instituées pour fournir des aliments aux ministres des autels et qu'une partie ait été destinée aux réparations des églises, le haut clergé, possesseur de la plupart des dîmes du royaume, est néanmoins parvenu à se faire décharger de ces obligations pour les faire rejeter en partie sur les communautés laïques ; mais il plaira à Votre Majesté de ramener les dîmes à leur première institution, en rejetant sur ce bien la réparation et l'entretien des églises paroissiales.

Art. 24. « Le logement de ses ministres forme une partie de leur entretien ; c'est donc sur les dîmes que les frais de ce logement doivent être pris et non sur les paroissiens. Votre Majesté trouvera qu'il est de sa justice de l'ordonner ainsi.

Art. 25. « La jurisprudence du parlement a rejeté sur les habitants la charge de luminaire et les menues dépenses du service divin, tandis qu'il est reconnu et conforme aux vrais principes que c'est là une charge des dîmes. Il plaira à Votre Majesté d'ordonner que ces charges seront rejetées sur cette espèce de bien et d'en décharger les habitants des paroisses.

Art. 26. « Les habitants de votre souveraineté doivent se récrier contre un abus qui s'est introduit dans la plupart des communautés du pays, dans le temps où l'usurpation des dîmes exposa beaucoup de paroisses à manquer du service divin, faute de ministres auxquels on avait enlevé par là les aliments. Les habitants, excités par leur piété, s'assujettirent à un abonnement d'une certaine quantité de grain par mois ou d'une quotité de grain payable en sus de la dîme, et c'est ce qu'on appelle *prémice paccaire* ou conventionnelle, dont l'objet fut d'assurer la subsistance du ministre des autels ; mais il est arrivé que, partie des dîmes ayant été restituée, et les curés jouissant d'une portion de dîme suffisante pour assurer leurs aliments, se sont encore perpétués dans la possession de cette *prémice paccaire* contre toute justice ; d'autres continuent à percevoir la *prémice paccaire*, quoique les dîmes qui se perçoivent dans les paroisses soient plus que suffisantes pour remplir la congrue ; les suppliants demandent qu'il plaise à Votre Majesté de décharger les habitants des *prémices paccaires* ou en argent dans toutes les paroisses où les dîmes sont suffisantes, afin de pourvoir à la portion congrue ; et qu'au surplus les dîmes qui se payent au-dessous du dixième seront payées sur ce dernier taux.

Art. 27. « Certains curés et autres décimateurs ont porté leurs prétentions au point d'exiger la dîme des œufs, des poules, des oies et des cochons, qu'on ne nourrit qu'avec des fruits qui ont déjà payé la dîme. Cette prétention est des plus abusives, et il plaira à Votre Majesté d'ordonner qu'on ne pourra prétendre aucun droit de dîme sur les œufs, les poulets, les oies et les cochons.

Art. 28. « Les décimateurs, voulant tout assujettir à la dîme, ont porté leurs prétentions sur les légumes cueillis en sec et que le père de famille destine à sa subsistance. Votre Majesté trouvera juste d'affranchir de cette dîme les légumes cueillis en sec dans les jardins : et, pour éviter les abus qui pourraient résulter du plus ou moins d'étendue des jardins, Votre Majesté est suppliée de les fixer à un arpent.

Art. 29. « Les gênes apportées au droit de

chasse enchaînent la liberté de détruire les animaux nuisibles aux récoltes, qui sont ravagées habituellement, au grand préjudice du cultivateur et du public. Il plaira à Votre Majesté de permettre à chaque propriétaire de chasser dans son fonds les animaux et le gibier destructeurs de ses récoltes.

Art. 30. « Pendant que les souverains du Béarn faisaient leur séjour au château de Pau, diverses communautés étaient tenues de fournir une quantité déterminée de bois à brûler pour son chauffage; cette charge était peu onéreuse à cette époque, attendu l'abondance du bois dans cette souveraineté; mais, outre qu'elle est devenue, par le motif contraire, très-onéreuse, cette charge ne sert aujourd'hui qu'à accroître les profits des officiers du château, au grand détriment du peuple. Votre Majesté trouvera équitable de décharger les communautés de la fourniture de ce bois.

Art. 31. « Il y a plusieurs *bégueries* (1) dans le pays dont les propriétaires perçoivent, dans différentes communautés, des redevances onéreuses, dont le principe est une usurpation injuste. Il plaira à Votre Majesté de permettre aux redevables de se racheter de ces différentes redevances, en payant aux possesseurs de ces *bégueries* un capital à 5 p. 0/0 concurrent au produit de ces redevances.

Art. 32. « Il doit en être de même d'une autre redevance appelée *francau*, qui est un reste de la servitude de la glèbe, et qui en retrace l'odieux souvenir. Votre Majesté est suppliée de permettre à chaque redevable de s'en rédimer de la même manière.

Art. 33. « Il existe encore dans ce pays un usage qui est un reste de la barbarie du premier âge : c'est le droit de *carnal*, au moment duquel les bêtes et les troupeaux trouvés dans des pâturages étrangers qui jouissent de ce droit sont sujets à la confiscation, suivant les règles observées dans le pays; et, comme l'exercice de ce droit produit encore des abus très-graves et qu'il

(1) *Vicariæ.*

dégénère souvent en une piraterie ruineuse, Votre Majesté est suppliée de proscrire ce droit *carnal*, sans préjudice au possesseur, en cas de dommage, d'agir par les voies ordinaires pour le faire réparer.

Art. 34. « Le voisinage du Béarn, à l'égard de l'Espagne, occasionne souvent des discussions entre les vallées et les communautés limitrophes de ce royaume; il en existe une considérable entre la vallée d'Aspe et une voisine d'Espagne, au sujet de la propriété de quelque montagne. Cette affaire a été soumise à des commissaires des deux nations, mais elle reste dans l'indécision. Votre Majesté est suppliée de donner des ordres afin de faire régler le plus tôt possible les contestations.

Art. 35. « Le produit du péage et droits que l'on perçoit à la porte d'Aspe était destiné à la réparation et entretien des chemins de la vallée d'Aspe; cependant le domaine s'en est emparé, et ce produit est versé dans une caisse des ponts et chaussées établie à Auch. Votre Majesté trouvera qu'il est de sa justice d'ordonner le rétablissement des droits de cette vallée, et que la destination des droits perçus à cette porte soit remplie.

Art. 36. « Une déclaration du 1er mars 1771 assujettit les papiers fabriqués dans plusieurs papeteries de cette province au payement de divers droits; et, comme cette imposition gêne le commerce et est trop onéreuse aux papeteries où ce droit est perçu, Votre Majesté est suppliée de révoquer cette loi.

« Tels sont, Sire, les griefs généraux et communs sur lesquels les gens des trois États de votre souveraineté de Béarn supplient Votre Majesté de leur accorder des règlements, et les demandes particulières du tiers-état auxquelles il vous supplie de pourvoir. Les trois États ont désiré de présenter à Votre Majesté, même sur les objets où ils peuvent avoir des intérêts ou des opinions opposées, les témoignages de l'accord et de l'union si conformes à vos intentions paternelles et si désirables pour le bien de la chose publique.

(Signé) BARRY, président du Tiers. »

DISTRICTS DE BELFORT ET HUNINGUE.

EXTRAIT

Du procès-verbal de l'Assemblée générale des trois ordres (1).

Du 26 mars 1789.

Sont comparus,

De l'*ordre du clergé*, placés à la droite :

M. l'évêque de Lydda, chargé de procuration pour monseigneur l'évêque de Bâle ;

M. l'abbé de Vassal, pour monseigneur l'évêque de Besançon ;

M. Pommier, pour le chapitre de Thann, et pour les religieuses du Vieux-Thann, et aussi pour M. Harnist, chapelain de Thann ;

M. Vetzel, curé de Massevaux, et pour M. Xavier Herchart, curé de Sentheins ;

M. Jean-Henri Hermann, chanoine de Ligerttz, pour le chapitre de la cathédrale de Bâle, comme prévôt de l'Echingenn, et pour M. Pommier, prévôt du chapitre de Thann, en qualité de chapelain de Saint-Jacques de Belfort ;

M. le coadjuteur de Lucelle, pour l'abbé et pour l'abbaye ;

M. Le Breton, curé de Stembrun-le-Bas, et pour M. Xavier Viersrock, recteur de Lauzer ;

M. Richeman de Lauzer, pour lui, pour M. Dominique Schiermer, chapelain de Sainte-Catherine-de-Lauzer, et pour M. Sutter, curé de Brustatt ;

M. Licthars, curé de Rohen-Roderen, pour lui et pour M. Sirlin, curé de Hammersmatt ;

M. Girard, curé de Belfort, pour lui, pour M. Bourier, chapelain de Saint-Sébastien, et pour M. Delphis, curé de Vaufrey ;

M. Lubers, chanoine, pour lui, et pour M. Rollard, curé de Glaize ;

M. Deis, curé de Koëtzingen, pour lui et pour M. Tidener, curé de Ober et Niedermaystadt, et aussi pour M. Kapfert, curé de Salsingen ;

M. Laudvin, vicaire de Massevaux, pour lui et M. Behra, curé de Burbach-le-Bas ;

M. Baure, curé de Bauzenheim, pour lui, pour M. Lang, curé d'Otmatsheim, et pour M. Flatry, curé de Chalampé ;

M. Gros, curé de Soppe-le-Haut, pour lui et pour M. Kœpfert, curé de Geutwiller ;

M. Ernet, curé de Vatwiller, pour lui, et pour M. Hûrt, chapelain de Saint-Nicolas, de Sainte-Marguerite et Notre-Dame audit lieu ;

M. Demolis, curé de Aujoulin ;

M. Rort, curé de Seven ;

M. Colleré, curé de Maldoye, pour lui et pour M. Coemann, curé d'Eteimbe ;

M. Hindeling, curé de Wolschwiller, pour lui et pour M. Girardin, prévôt et curé de la ville de Ferrette ; et aussi pour M. Delon, curé de Mueschbach ;

M. Bacher, curé de Ranschbach, pour lui et pour M. Erhard, curé du Grand Huningue ; et aussi pour Jacques Bacher, curé d'Egeinheim ;

M. Julg, pour les prêtres non-bénéficiers de Massevaux, et pour M. de Zaigueliers, chanoine et curé de Saint-Pierre-le-Vieux, chapelain de Sainte-Barbe d'Althenache ;

M. Keller, curé de Viller-Vallée de Saint-Ama, et pour les cordeliers de Thann ;

M. Pepion, curé la Chapelle-Soux-Chaux ;

M. Gauzer, curé de Lutter, pour lui et pour M. Billion, curé de Rederdoff, et pour M. Libis, prémissaire à Ferrette ;

M. Ginck, curé d'Aspack, près d'Altkirch, pour lui, pour M. Harnirt, curé de Heidwiller, et encore pour M. Jenn, curé de Tagolsheim ;

M. Bitsch, curé de Hemsbronn, pour lui, pour M. Vernier, curé de Seppois, et encore pour M. Rudler, à Kaertlach ;

M. Miller, curé de Venzerviller, pour lui, pour M. Sthettin, curé de Darmenach, et encore pour M. Hell, curé de Buchwiller ;

M. Giraudot, curé de Saint-Dizier, pour lui et pour M. Milles, curé de Monbouton ; et encore pour M. Etienne Famillier, curé de la ville de Delle.

M. Hinck, curé de Burnhaupt-le-Haut, pour lui et pour M. Dantzer, chapelain audit lieu ;

M. Belers, curé de Thann ;

M. Holweger, curé de Petterhousen, pour lui, pour M. Dantzer, curé de Dirlingsdorff, et pour M. Loumbers, curé de Courtavon ;

M. l'abbé Foltzer d'Altkirch, pour lui et pour M. Verner, curé de Sonderdorff ;

M. Traesth, chapelain du noble chapitre de Massevaux, pour lui et pour M. Scheibel, aussi chapelain du même chapitre, et de MM. du chapitre de Guebwiller, seigneurs de la vallée de Saint-Amarin ;

M. Debutteau, recteur capitulaire du noble chapitre de Massevaux, pour sa personne, pour ledit chapitre, et pour madame l'abbesse ;

M. Bourier de Belfort, pour lui et pour M. Clerc, chanoine du chapitre métropolitain de Besançon, comme chapelain de Saint-Georges a Trédudans ;

M. Fournier, chapelain du Saint-Sacrement à Belfort ;

M. Valch, curé de Ballersdorff, pour lui, pour M. Geiger, curé de Carspach, et pour M. Phamier, de Villersdorff ;

M. Roné, curé de Steimbrume-le-Haut, pour lui et pour M. Vogel, curé chapelain dudit lieu, et pour M. Thanner, curé de Brunebach ;

M. Roné, curé de Teldbach, pour lui et pour M. Rainder, curé de Largitzen, et encore pour M. Simon, curé de Ilfort ;

M. de Sombreuil, curé de Hezingen, pour lui et pour M. Beck, curé de Bezenzwillers, et encore pour M. Gschwind, curé de Hellfrangkirch ;

M. Juster, chapelain de Chevremont, pour lui et pour M. Juster, curé d'Ednert ;

M. Knopff, curé de Schwinghausen, pour lui, pour M. Zimmermann, curé d'Aspach-le-Bas, et pour M. Goetz, curé de Burnchaupt-le-Haut ;

M. Meyer, curé de Hiesbach, pour lui et pour M. Osterdag, curé de Steinsultz, et encore pour M. Verner à Spebach-le-Haut ;

M. Richardot, curé de Pérouse ;

M. l'abbé Chardoillet, chapelain d'Hessert et

Danjoutin, pour lui et pour M. Petit, curé de Bermont;

M. Denyel, curé de Gallingen, pour lui et pour M. Vogelweih, curé de Frainengen, et encore pour M. Warterle, curé de Balchwiller;

M. Hilzerberger, curé de Bueschwiller, pour lui et pour M. Tissot, curé de Holtengen, et encore pour M. Wolff, curé de Saint-Blaize;

M. Dubail, curé d'Hirzingues, pour lui, pour M. Ielch, chapelain dudit lieu, et pour M. Froberger, curé de Bettendorff;

M. Gluck, chapelain de Merzen, pour lui et pour M. Schirling, curé du même lieu;

M. Steimburger, curé d'Obermorschwiller, pour lui, pour M. Zurbach, curé de Taysdorff, et pour M. Goetzmann, curé de Hundsbach;

M. Dietrich, curé de Soppe-le-Bas, pour lui, pour M. Bourcelet, curé de Guebenheim, et pour M. Audler, curé de Buelwiller;

M. Daigrefeuille, curé de Cernay, pour lui et pour M. Fleury, curé de Steinbach, et pour M. Audeler, curé de Rudisheim;

M. Schultz, curé de Granzingenn, pour lui, pour M. Fauthoch, curé de Spebach-le-Bas, et pour M. Bracht, curé à Viller;

M. Jager, curé à Eyligen, pour lui, pour M. Zurbach, curé d'Amertswiller, et pour M. Risthelhuber, curé de Valheim;

M. Wagner, curé de Ocmémarie, pour lui, pour M. Beaumann, chapelain dudit lieu, et pour M. Bilhuer, curé de Traubach-le-Haut;

M. Kœppler, curé de Fricesen, pour lui, pour M. Poupon, curé de Levoncour, et pour M. le commandeur à Frissen;

M. Pothier, curé de Chevremont;

M. Krafft, chapelain de Rixheim, pour lui, pour M. Muz, curé audit lieu et pour M. Durwell, curé de Zimmersheim;

M. l'abbé Hennuer, chapelain d'Altkich, pour lui et pour M. Verner, curé dudit lieu, et encore pour M. Kiéné chapelain dudit lieu; M. Mathée, curé d'Eschintzwiller, pour lui, pour M. Naglin, curé de Richwiller et pour M. Kirin, curé de Habsheim.

M. Weinchkler, comme député de MM. les ecclésiastiques non bénéficiers d'Altkich;

M. Schultz, curé à Sierentz, pour lui, pour M. Bouy, curé à Iettingen, et pour M. Baumann, à Wittenheim;

M. Marion, chapelain de Saint-André de Grandvillars, pour lui, pour M. Chalemy, chapelain des Trois-Rois de Réchézi, et pour M. Félix Chalemy, docteur en médecine, titulaire de la chapelle Saint-Nicolas, au même lieu;

M. Witz, curé de Humbourg, pour lui et pour M. Philippe, curé du Gros-Kembs, et encore pour M. Kurt, curé à Kuéringenn;

M. Reiber, curé à Liémen, pour lui, pour M. Fritz, curé de Niederhagenthal, et pour M. Burger, curé de Neuviller;

M. Diétrich, curé de Riesbach, pour lui et pour M. Harnist, curé de Ralteyhoffen;

M. Minvecq, curé de Capelen, pour lui, pour M. Ehrhart, curé de Barthenheim, et pour M. Knecht, chapelain dudit lieu;

M. Baralte, curé de Baviller;

M. Didier, curé de Buc;

M. Damotte, curé de Vezelois;

M. Zurbach, curé de Michelbach, pour lui, pour M. Miller, curé de Leimbach, et pour M. Habérer, curé d'Aspach-le-Haut;

M. Hengy, chapelain des Saints à Saint-Amarin, pour lui et pour M. Murel, curé dudit lieu, et encore pour M. Wolgrod, curé à Oderen;

M. Bourgeois, curé de Barthenheim, pour lui, pour M. Hesse, curé de Baledersheim, et pour M. Keittler, curé de Sausheim;

M. Noël, curé de Hussein, pour lui, pour M. Erhart, curé de Francken, et pour M. Rihart, curé de Rantzwiller;

M. Noblat, curé d'Etufond, pour lui, pour M. Cosmann, curé de Novillars, et pour M. Mérot, curé de Petit-Croix;

M. Noblat, curé de Vieux-Montrenax;

M. Mouat, curé de Montreux-le-Jeune, pour lui et pour M. Centlivres, curé de Froide-Fontaine;

M. Vignot, curé de Montreux-le-Château, pour lui et M. pour Blamont, curé de Lutran, et pour M. Amelard, curé de Chavannes-sur-l'Etang;

M. Hubler, curé de Brebotte;

M. Gérard, curé de Suarce;

M. Iffert, l'abbé, pour le noble chapitre d'Otmarsheim, et pour madame l'abbesse;

M. Valterlin, curé de Villelsheim, pour lui et pour M. Goetzmann, curé de Stafelfelden;

M. Rossé, curé d'Althenach pour lui, pour M. Erhart, curé de Saint-Léger, et pour M. Wolff, curé de Haguenbach;

M. Henner, chapelain de Getwiller;

M. Bourgnardy, curé de Celon, pour lui et pour M. Chagné, curé de Saint-Germain;

M. Tové, chapelain de Lorette, pour lui et pour M. Fretin, chapelain de Saint-Nicolas à Phaffaus, et encore pour M. Schweitzer, vicaire royal à Huningue;

M. Cannet, curé de Grandvillars, pour lui et pour M. Mouhat, curé à Delle;

M. Mounier, prêtre à Phaffaus;

M. Dombard, curé à Blotzenhem, pour lui et pour M. Migy, curé à Schifierbach;

M. Maire, curé de Geromagny, et pour M. Clerc, curé du Puis, et encore pour M. Jean Clerc, curé de Goumois;

M. Bevallet, pour M. Schoulin, vicaire royal à Huningue, pour M. Richard, curé de Valbach, et pour M. les ecclésiastiques non bénéficiers de Belfort;

M. Fays, curé de Chaux;

M. Boichot, curé de Saint-Côme, pour lui et pour madame la prieure, et encore pour le chapitre de Schœnenstembach;

M. Paclet, vicaire de Bourogne, pour lui, pour M. Bruat, curé dudit lieu, et pour M. Birrh, curé de Rigodorff;

M. Euvrard, prêtre à Méroux;

M. Guerbre, curé de Flachelendein, pour lui, pour M. Ricklin, curé de Hiltisheim et pour M. Molsthy, curé de Didenheim;

M. Pujol, curé de Reiningen, pour lui, pour M. Deider, chapelain de Bernwiller, et pour M. Stromeyer, curé dudit lieu;

M. Villet, curé à la Chapelle-sous-Rougemond, pour lui, pour M. Sadoc, curé de Bretten, et pour M. Douzé-Dangeot;

M. Mounier, curé de Reppe, pour lui, pour M. Pepion, curé de Vauthiermont;

M. Geris, curé de Chatenois;

M. Parent, curé de Courtelevant, pour lui, pour M. Chalmey, et pour M. Rousseil, curé de Favrois;

M. Pattinger, prêtre au Puis, bailliage de Delle, pour lui, pour M. Pécheur, curé de Florimont, et pour M. Simonier, curé de Courcelles;

M. Besançon, curé de Fontaine;

M. l'Abbé Chevigny, pour M. Lazowchy, prieur de Saint-Morand;

M. Bernard, curé de Rougemont;

M. Perroy, curé d'Anjoutey;

M. Babillier, vicaire de Rougegoute ;
M. Taiclette, curé de Rougegoute ;
M. Bobillier, curé d'Auxelles-Bas ;
M. Jacotey, curé de La Rivière;
M. Lombard, curé d'Évette ;
M. Ducloux, curé de Rougegoute ;
M. Bresson, vicaire de Geromagny ;
M. Douzé, vicaire de Danjoutin;
M. Deutrot, curé de Morvillard, pour lui et pour M. Bacoff curé de Fleche ;
M. le chanoine Gallet, prévôt du chapitre de Belfort, pour M. le comte de Reinach de Granvelle, comme professeur du rectorat de Montreux ;
M. Berdolet, curé de Phaffaus ;
M. le chanoine d'Andelot, pour le noble chapitre de Lure.

Sont aussi comparus :

De l'ordre de la noblesse, placés à la gauche:

M. le commandeur de Waldener, pour lui, pour M. le prince de Broglie, et pour M. le duc de Valentinois ;
M. le baron de Rinck, pour lui, pour M. son père, et pour M. le baron d'Andelau, chanoine de Lure ;
M. de Salomon de Snarce, pour lui et pour M. de Hallwille ;
M. le baron de Malz, pour lui et pour M. Cleboatel, grand bailly de Thann ;
M. le baron de Kloekler, maréchal de camp, pour lui, pour madame la baronne de Bensevald, et pour M. de Salomon, conseiller à Colmar ;
M. le baron de Landeberg de Soulsmatt, pour, lui, pour M. le baron d'Obskirch-Neewaldner, et pour M. de Vesemberg, grand prévôt de Spire;
M. le baron de Schenau, pour lui, pour M. Huvelin de Bavillier, et pour M. de Reinach, chevalier Darlesheim ;
M. le baron de Rolle, pour lui et pour madame de Rolle; et encore pour M. le marquis de Pezeu ;
M. de Beaudouin, pour lui, pour M. de Troucksaco, le président, et pour M. le baron d'Andelau d'Hombourg ;
M. le baron de Reianch d'Hirzbach, pour lui et pour M. le bailly de Flaschsladen, et encore pour M. Danteau de Blozheim ;
M. le baron de Rheistein de Brubach, pour lui, et pour M. le baron de Vosemberg, et encore pour M. Reichenstein de Biderstat ;
M. le baron de Reinach de Stembrunn, pour lui, pour M. le marquis de Miramon, et pour M. de Lamoignon de Senoza ;
M. le comte de Reinach de Foussemagne, pour son altesse le prince de Heitersheim, et pour madame la baronne Tschudi, née comtesse de Reinach ;
M. le baron de Ferrette de Florimon, pour lui, pour M. de Ferrette, commandeur de Malthe de Caspach, colonel de cavalerie ;
M. de La Touche, pour lui, pour M. de Nuencheisteim Stettmeister, et pour M. le baron de Cointel, maréchal de camp ;
M. le baron de Bernzeld, pour lui, pour M. son frère, et pour M. Louis-Charles de Bergheim ;
M. de Pecherie, pour lui, pour madame d'Andelau, douairière de Kingersheim, et pour M. le comte de Waldner d'Ollwiller.
M. le baron de Ferrette, grand veneur, pour lui, pour son père, et pour M. le baron de Besenval le général ;
M. Le Barbier, pour lui, pour M. de Rotberg et pour M. de Rotbery Wengsschwiller ;
M. le baron d'Awdelau de Birseck, pour lui,

pour son frère le chanoine, et pour M. le comte d'Andelau ;
M. le baron Xavier de Kloeckler, pour lui, pour M. le baron de Johann Ferdinand, et pour M. Jacques-Philippe de Johann ;
M. de Bergeret, pour lui, pour M. le Chevalier de la Touche, et pour M. le baron de Diétrich ;
M. de Noel, pour lui, pour M. le baron de Reinach de Hallwiller, et pour M. le baron de Reinach de Frœningen ;
M. le baron de Dillon, pour lui, pour M. d'Ocquelly, et pour M. Sigismond de Dillon ;
M. de Klinglin d'Essert, pour lui, pour M. de Klinglin, maréchal de camp, et pour M. Chrétien Louis de Bergheim ;
M. le baron d'Eptingue, pour lui, pour M. de Ferrette d'Auxelles, et pour M. de Ferrette de Saint-André ;
M. le comte de Froberg, capitaine de Royal-Allemand, pour lui, pour M. Dewertz de Reinach, et pour madame Destaul, née de Reinach ;
M. le comte de Froberg, capitaine de hussards, pour lui, pour M, le baron de Valdner de Sirentz, et pour M. de Flaschsladen, maréchal de camp ;
M. Le comte de Montjoye de Vaufrey, pour lui, pour M. Louis-Joseph de Vignacourt et pour M. Claude-Charles de Vignacourt;
M. Le baron de Reding, pour lui, pour madame de Reding, douairière, et pour M. le comte de Reinach, chevalier teutonique, capitaine dans Alsace;
M. le comte Montjoye de Hirzingue, pour lui, pour M. le comte Robert de Vignacourt, et pour M. le comte Etienne de Vignacourt;
M. le baron de Gohrr, pour lui, pour M. Henry-Frédéric de Neuvestein, et pour M. de Landeberg-d'Ilsach ;
M. de Schwilgué, pour lui, pour M. de Zéringue, grand doyen, et pour M. de Zéringue, commandeur de Malte;
M. de Nonancourt, pour lui, pour M. le commandeur de Reinach d'Hirlzbach;
M. Le baron Ignace d'Eptingue, pour lui, pour M. Tadey de Reichenstein, et pour Jean de Reichenstein ;
M. Le baron de Zuring, pour lui, pour M. Didier de Zuring et pour mademoiselle Zuring la douairière ;
M. de Barthe, pour lui, et pour madame de Montaigu, née de La Touche;
M. le comte de Reinach, capitaine dans Royal Allemand ;
M. Le baron de Schavenbourg, bailly d'épée, pour lui, pour M. son frère le chevalier, et pour M. de Bergheim de Schoppenviller.

Sont comparus.

De l'ordre du tiers-état, placés en face de nous :

MM. Michel Seyller ; Antoine Reidenger ; Pierre Locheman ; Jacques Slosel; Nicolas Koll; Jacques Buecher; Sébastien Muller ; Jean Meuler ; Joseph Elblin ; Sochler ; Sébastien, G. Zislin ; Jean Trish ; Messieurs Schoff ; Bourgeois Curé ; Jean Karm ; Joseph Beauman ; Nicolas Edelin ; Joseph Wuenenhurger ; Jean Muller ; François Knopff; Barthélemy Keller ; Joseph Schlienger ; Antoine Ebersold ; Antoine Koler ; Jean Bolhch ; Michel Bader.

Bailliage du Haut-Lanzer.

MM. Lochmann ; Widerbach ; Antoine Karm ; Jacques Kalt; Michel Hertzod ; Schmilly ; Deck ;

L'abbé Noël, curé; François-Joseph Muller; Bian; Bientz; Henna; Jacques Muller; Conrad Allienann; Fux; Kempff; Landauwer; Gopser; Lieuhart; Jean Bigler; Joseph Sutter; Offenchistim Marie; Barthélemy Meyer; Munch; Aucher; Kurer, syndic; Joseph Buchardorff; Jean Schinklim; Mathias Muller; Joseph Gutzwiller, maire; Joseph Gutzwiller; le sieur Ketterlin, prévôt; M. Muller; Jean Hertzog; Jean Schultz; Theobal Allimaonn; Blanchard; Scholer; Schattz; Vagué; Weiss; Grund; Schultz; J. Bizet; J. Bruner; Antoine Fux; Barth; F. Flimlin; Michel Weber; George Hasler.

Bailliage de Brunstatt.

MM. Joseph Wilhem; André Muller; J.-G. Schultz; Thiébault Rantz; Jacques Feux; Morand Braux; François Conrade; Abt; J. Fux; J. Schimdlin; Laurent Baur; J.-J. Burttz; Joseph Hurler; Thiébaut Schuller; Michel Schmitt; Jacques Rieder; J. Lottamer; François Buebe; Barthélemy Agenbach; Coltés, maire; Jean Hertzer; Chrétien Kufftin; J. Hartemann; Joseph Reinhart; Bucard Schwolchler.

Bailliage d'Altkirch et Hirzingen.

Pfflieger, l'aîné; Pfflieger, le jeune; J. Winckler; Antoine Huner; Joseph Harnist; Morand Kleibert; Joseph Riss; Blaise Bolthe; J. Folzer; Joseph Johann; Jean Meyer; Jean Foltzer; Henry Riss; Jean-Thiébault Munch, Chrétien Zurbach; François Wildolff, Thiébault Reilh; Morand Baur; Joseph Nord; Jean Bilhl; J. G. Knecht; Jean Knecht; Joseph Rummelhart; J. Bruner; Morand Stacklin; Gaspard Grunenberger; Antoine Lutzler; J. Wilhelen; Jean Buryard; J. Brunengreber; François-Joseph Nord; François-Joseph-Antoine Grunenberger; Joseph Bill; Morand Sellet; Morand Kaelling; Henry Richard; Joseph Braun; Joseph Gschwind; Jean Zurbach; Jean Dintin; Jacques Metter; Pierre Stosel; Jacques Huinnelberg; Sébastien Walter; Joseph Lehmann; Morand Wicker; Gaspard Ruetsch; Henry Lehmann; Joseph Keyser; Urs; Lieber; Jean Kegler; Jacques Douzé; Henry Bey; Henry Gschwind; Jacques Kegler; Adam Soldermann; Jacques Flory; Pierre German; Nicolas Kempff; Jacques Vorra; Michel Muller le vieux; Michel Muller le jeune; François Hubschworlin; Jacques Conrad; Thiebant Molter; Guillaume Baumllin; Nicolas Schimdlin; Antoine Schmitt; Pierre Hienis; Nicolas Stempler; Joseph Guethwiller; Antoine Hégi; Jacques Schemmarcher; Jacques Kinck; Sébastien Betscha; Jean Klein; Tribaut Obrist; Henry Vira; Jean Berger; Antoine Herbelt; Jean Frilschy; Jean Schmildlin; Joseph Ranzier; J. Fund, fils de Jacques.

Bailliage de Ferrette.

MM. Diefs; Memmwecquen; Vogelweid; Duvet; Antoine Hemmerlin; Jacques Schweizer; Michel Fanninger; François-Joseph Fanninger; Joseph Boglin; Jacques Muller; Stohlin, maire; Jacques Degre; Joseph Dirry; François Bruner; Etienne Brand; Joseph Smith; Joseph Munch; Jacques J. Gopfert; J. Harthlatt; Joseph Grell; J. Rintsch; Jacques Rey; J. Jacques Bir; J. Slohlim; J. P. Libis, syndic; J. P. Libis, charron; Etienne Merler; Nicolas Sthelin; Sébastien Dietthin; J. P. Widle; Henri Vogel; Jacques Botsch; Thiébaut Bach; Pierre Ruderstorff; Jacques Schwartz; Jacques

Meister; J. Hencki; Flotta, maire; Pierre Wetter; Ignace Heimis; Léger Walter; J. Bielmann; François-Joseph Witck; François-Joseph Montet; Joseph Biland; Henry Wichlim; François Burry; dom Barth, curé; Jacques Schermecher, Joseph Guetschmitt; Joseph Guetschmitt; Joseph Boglin; Marc Weigel; Michel Stenis; Jacques Gasser; Nicolas Dangel; Jacques Flory; Joseph Rozé; Gaspard Dietrich; Jacques Schmitt; Louis Heinis; Joseph Schmitt; François-Joseph Lutzler; Jean-Jacques Lang; Bezinger; Wanner; Philippe Studer; Joseph Vonach; J. Guillaume Stohlin; Joseph Schul; Antoine Pfender; Joseph Gschwind; Bacher; Greder; Orstscheider; Joseph Schmitt; Joseph Pfau; G^re Brugner; André Auheim; François-Joseph Diener; Nicolas Bloch; Joseph Uberschlag; Léonard Stierlin; George Meyer; Jacques Egly; Enderlin; Schwartz; Grégoire Settemeyer.

Bailliage de Delle, Traubach et autres.

Ricklin; Brungard; Jean Walter; Jacques Henning; Jean-Pierre Juillet; Nicolas Roi; Guillaume de Mezy; Georges Brien; Jean-Pierre Dadey; Jean-Pierre Mattin; Jean-Pierre Meunier; Jean-Pierre Montavon; Jean-Pierre Marioune; Henri Courvoisier; Michel Mehyer; Jacques Jenner; Henri Nollat; Joseph Schemberger; le sieur Chalmy; Jean-Baptiste Chalmey; Letondat; Jean-Jacques Bidot; François Prenat; Jean-François Chocart; Jacques Ducompte; Jean-Jacques Michelot; Pierre Goffinet; Pierre Flotta; Jacques Mienne; Jean Pierre Rapiné; Jean-Pierre Bouvier; Jean-Pierre Lietet; Louis Donguet; Jacques Reinach; Louis Fontra; MM. Malade; Jean-Jacques Meunier; Richard Waigle; Jean-Pierre Rein; Jacques Battinger; Jean-Pierre Pétry; François Pétry; Jean Fleury; Antoine Huguet; Jacques Betery; Jacques Henning; François Couchot; Georges Rossinet; Jean Delatre; Jean-Pierre Noblat; Metrot; Jacques Fredi; Jacques Bandeber; François Gorardot; Joseph Dietrick; Colleres; Guillaume Pensennot; Jacques Thomas; Thiebaut Dek; Bourry; Henry Schnobelen; Mozer; Jacques Birry; Goliat; Fries; Joseph Cunin; Thibaut Martin; Jacques Reber; Verlé; Nicolas Tondre; Joseph Duvié; Jacques Gissinger; Donzé; Jean Bourgin; Jacques Coquerille; Jean-Pierre Desprez; Norrot; Pierre Coyot; Schrig; Jacques Bloch; Denmette; Guillard; Côme Brun; Wagner; Jacques Schener; Patat; Jacques Charmois; Richard; Jacques Pierre Schimdlin; Schaumas; Thevenot; Jeantive; François Cotrat; La Bombe; Henry Riezest; Gressot; Bruat; Reizet; Dubail; Girardin; Momot; Jean-Louis Després; Pierre Pierson, le vieux; Fleury; Raval; Jean-Pierre Mirthelet; J.-Jacques Henry Simon; Joseph Hubler, le vieux; Joseph Hubler, le jeune; André Muller; Pierre Schener; J. Thibault Muller; Guillaume Fribourger; Jacques Blondé; Joseph Turliot; J. François Turliart; Jacques-Ignace Bensard; Joseph Herhart; Jean-Pierre Hurpitat; François Chauffat; Philippe Choppin; Jean-Baptiste Virsard; Jean-Joseph Garnichot; Joseph Frossard; Jean-Ignace Morice; François-Joseph Tardis.

Bailliage de Thann.

MM. Monin; Biscoff; Durwell; Bernat; Blatner; Schneider; Brunkert; Clar; Dantzer; Tschieller; Rietsch; Rietsch; Schnobelen; Sontag; Zimmermann; Dermann; Zuerbach; Stemmelin; Kroner; Dantzer; Schnobelen; Silbermann; Degleer;

Gross; Egli; Martin; Greder; Degleer; Werner;
Jenn; Hinderer; Jh. Reimann; Martin Meyer;
Meyer; Baumann; Fautsch; Wolff; Bogellen;
Hartmann; Bogellen; Hartmann; Christen;
Kuenne; Riff; Hinnelberger; Burry; Thiriet;
Tschorrit; Kuemann; Lorentz; Bebe.

Bailliage de Massevaux et Rougemont.

MM. Joseph Garnier; Guillaume Seyller; Michel
Kehl; Jacques Gendre; Jacques Seyller; Sébastien
Nagelin; Antoine Ginot; Jacques Wetter; Pierre
Erhart; Baptiste Lintzer; Jacques Behrn; Michel
Erhart; Joseph Klingler; Antoine Weiss; Jacques
Behrn; Jean Behralize; Michel Ilann; Jacques
Keslen; Joseph Gebel; Conrad Iltis; Jacques Gasser; Apollinaire Witz; Pierre Maugol; Michel Buvier; Sébastien Gruy; Thiebaut Schosser; Nicolas
Koss; Conrad Nusbaum; Jacques Lerch; André
Windling; Jean Bentz; François Montavon; Georges Tondu; Pierre Girot; François Colloré; Claude
Girard; Richard Montavon; François Heydois;
Pierre Sounois; Pierre Noblat; André Bobey;
Henry Heydete; Pierre Heydete.

Bailliage d'Ollveiller et Bolveiller.

MM. Ferdinand d'Aigrefeuille; Joseph Hérisé;
Joseph Hummel; Joseph Hetting; Antoine Struch;
Ignace Burgard; Helguin Helguin; Joseph Berner;
Joseph Gildemann; Thiebaut Velterlin; Miech;
Bœrch; François Wendlinger; Michel Pfeffer;
Bitsch; Wetterle; Nicolas Poirot; Jean-François
Demennis; Jean-Baptiste Lamielle; Jean-Pierre
Zeller; Claude-Jean Simon; Charles-Jacques Romain; Guillaume Lébelin; Jean-Claude Pruphene;
Jacques Decrin; Jacques Lettot; François Perrot;
Jean-Baptiste Richard; Alexis Girardey; Guillaume Sauvageot; Joseph Oruz; Christophe Mattey; Jacques Murcounot; Jean-Claude Marsot;
Mathieu Dros; Mathias Dros; Pierre Millet; Richard Millet; Jean-Pierre Bordot; Jean-Claude
Petit Jean; Balthazard Juster; Christophe Tisserand; Claude Meunier; Nicolas Marchal; André-Petit Jean; Jean Petit Jean; André Feudeler;
Jean-Charles Chevron; Sébastien Hugard; Simon
Schwalme; Jean-Claude Sauvageot; Jean-Pierre
Bruat; Sébastien Perré; Thomas Mounier, le
jeune.

Bailliages de Saint-Amarin et autres.

MM. Deville; Nusbaumer; Jacques Vindenberger; Érasme Kock; Schilling, maire; Pierre Rudler; Joseph Gully; Kessler; Luttringer; Velcker;
Burgunder; Scherer; Faber; Dietrich; Strohmeyer; Meny; Wasuer; Gysi, syndic; Bering, prévôt; Lutringer; Wegerich; Claude Hanis; Menny;
Rossé, bailli; Roussel, avocat; Pierre Ganner;
Minrad Stolz; Lavier; Jean-Pierre Clavey; Alexis
Bouché; Jacques Bouché; Jean-Pierre Virlan; Nicolas Schwillot; Georges Heydet; Georges Jolidon;
Sébastien Buclin; Jean-Baptiste Rouche; Georges
Noblat; Jean-Baptiste Grizé; Jacques Bailly;
N. Nicolas; François Médard; Guillaume Scrusday; Conrad Crawé; Conrad Viné; Jean-Claude
Bouneker; Jean-Charles Coyot; Jean-Pierre Blanc;
Charlois-François Mounier; Girot, greffier; Jean-Baptiste Girot; Jean-Pierre Colmey; François Fellin; Louis Mercelat; Jean-Pierre Cottey; Jean-Nicolas Didier; François Monin; Jean-Pierre Marchal; Nicolas Cuenot; Henry Denier; Nicolas Cros;
Sébastien Boulanger; Nicolas Fournier; Nicolas
Lardier; Nicolas Vautrin; le syndic de Trédudans; le greffier de ladite municipalité; Etienne
Courtot; François Courtot; Colas Melzère; Jean-Pierre Machot; Barré; Courtot; François Madier;
P. François Claveguin; Thomas Gauchet; Nicolas
Blanc; Louis Courtot; le maire du lieu; Nicolas
Cygne; François Ravieux; Jean-Pierre Comann;
Nicolas Burguardey; Conrad Hartmann; Jacques
Thiss; Jean-Charles Bourguard; Jean-Charles Bendat; Thiébaut Noblat; Nicolas Gayot; Jean-Pierre
Montagnon; Nicolas Marchal; Noël Ranzein; Jean-Pierre Courbot; Jean-Pierre Guenin; Jacques-Courtot; Jacques Besançon; Joseph Chevallier;
Henry Rouche; Barthélemy Gravillat; Antoine
Hans; Jacques Richardot; Jean-Pierre Hanty;
Douzé, maire; Charles-François Charpiot; Jean-François Gressat; Jean-Pierre Géant; Nicolas
Fleur; François Courtot; Georges Mouisseaux;
Conrad Boudemer; Joseph Felot; Jean-Pierre
Huguenot; Jean-Georges Besançon; Joseph Gennas; Jacques Besançon; Antoine, maître d'école;
Jean Jacquemin; Claude-Joseph Froid; Joseph
Romeux, le jeune Jean-Pierre Mouilleseau; Pierre-François Loth; André Villaumé; Ch. Henry
Royer; François Roi; Joseph Besançon; et Mounier.

PROVINCE DU BERRY.

Respectueuses doléances de l'église métropolitaine de Bourges (1).

Art. 1. Le chapitre de l'église métropolitaine de Bourges ne cessera de former des vœux pour la prospérité et la durée du règne de Sa Majesté. Il bénit le Seigneur de lui avoir inspiré la généreuse résolution d'assembler les États généraux de ce royaume. Un père qui s'occupe des intérêts d'une famille qui lui est chère acquiert de nouveaux droits à l'amour de ses enfants.

Nous porterons avec d'autant plus de confiance nos respectueuses doléances au pied du trône, que Sa Majesté nous assure du désir qu'elle a de connaître les besoins de ses peuples et de concerter avec eux les remèdes qu'il convient d'apporter aux plaies de l'État.

Art. 2. L'église de Bourges représente humblement que la religion est le plus ferme soutien des États, qu'elle est la base nécessaire d'une bonne législation ; que c'est elle qui resserre les liens qui unissent les sujets à leur prince ; cependant cette religion sainte qu'ont professée nos pères, que les rois de France ont toujours soutenue avec tant de zèle, est attaquée de toute part.

L'irréligion, l'incrédulité font dans le royaume les plus rapides progrès. Des impies, non contents de blasphémer en secret contre Dieu et son Christ, osent consacrer leur plume sacrilège à répandre le poison de l'erreur.

Chaque jour voit naître des systèmes hardis, qui sapent également le trône et l'autel. Des livres impies inondent les provinces et se répandent jusque dans les campagnes.

Ce sont ces livres pervers qui corrompent les mœurs, sèment la discorde dans les familles, troublent les différents états de la société, et occasionnent ces querelles multipliés dont retentissent si souvent et si scandaleusement les tribunaux.

Nous espérons que Sa Majesté voudra bien arrêter ce funeste torrent ; c'est par leur zèle pour la défense de la religion que les rois de France ont mérité le glorieux titre de rois très-chrétiens.

Plaise à Sa Majesté d'ordonner que tous ceux qui, par leurs écrits, voudront répandre le poison de l'incrédulité, attaquer la religion, ses mystères, sa discipline et ses dogmes, soient regardés comme ennemis de l'Église et de l'État et sévèrement punis ; de renouveler les défenses faites aux imprimeurs d'imprimer des livres contraires à la religion, défendre aussi aux libraires, colporteurs de répandre de pareils livres. Ordonner que par les juges des lieux, accompagnés d'ecclésiastiques instruits et éclairés, désignés par l'évêque, il sera fait de temps en temps visite chez les imprimeurs et libraires ; et que tous les livres contraires à la religion et aux bonnes mœurs seront saisis et confisqués, et qu'il sera procédé contre lesdits imprimeurs et libraires délinquants suivant la rigueur des lois.

Art. 3. La religion catholique apostolique et romaine est la seule véritable religion. Plus ancienne que la monarchie, elle est montée avec Clovis sur le trône de nos rois, et n'en est jamais descendue.

Puisse-t-elle régner seule dans le royaume, elle seule amie des rois !

Art. 4. C'est par le baptême que nous appartenons à Jésus-Christ, que nous sommes élevés à la sublime dignité de chrétiens. Le sacrement est d'une nécessité indispensable pour le salut : Les ordonnances de nos rois portaient que tous les sujets de leur obéissance seraient tenus de présenter leurs enfants nouvellement nés à l'église paroissiale pour y recevoir de la main des curés ou vicaires le baptême.

Nous osons représenter que dispenser de cette loi et permettre aux non-catholiques d'administrer chez eux le sacrement de baptême, c'est évidemment hasarder la validité de ce sacrement et compromettre le salut des enfants qui meurent avant l'âge de raison. Personne n'ignore que plusieurs des sectaires corrompent la forme du sacrement de baptême ou n'en admettent pas la nécessité.

Plaise à Sa Majesté de renouveler les anciennes ordonnances et d'enjoindre à tous ses sujets catholiques et non-catholiques de faire baptiser leurs enfants à l'église de leur paroisse dans les 24 heures après leur naissance, et d'ordonner aux juges des lieux d'y tenir la main.

Art. 5. Les hérétiques invectivent le Saint-Siège, refusent de se soumettre à son autorité ; les incrédules de nos jours se déchaînent contre l'épiscopat : ennemis de toute subordination, ils soufflent dans leurs écrits l'esprit d'indépendance ; ils mettent tout en usage pour soulever les prêtres contre les évêques, afin d'anéantir, s'il était possible, toute hiérarchie ecclésiastique.

Pour nous qui admirons, qui respectons le bel ordre établi par Jésus-Christ même pour le gouvernement de son Église, nous supplions Sa Majesté de maintenir dans son royaume la prééminence et l'autorité de Saint-Siège en conservant toutefois les libertés de l'église gallicane.

Nous la prions de ne point permettre qu'on affaiblisse l'autorité épiscopale ; de vouloir bien conserver la juridiction ecclésiastique dans toute son intégrité, et de réprimer ceux qui voudraient y donner atteinte. Nous lui demandons avec instance de permettre la tenue des conciles provinciaux si propres à réformer les abus qui se glissent dans les diocèses, si capables de maintenir l'union, l'harmonie qui doivent régner entre les évêques et les ecclésiastiques du second ordre. C'est par ces saintes assemblées que la foi a fleuri dans l'Église, que la régularité et la discipline ont triomphé de la licence et de la corruption.

Nous osons le dire, l'union entre tous les ministres de l'Église est plus nécessaire que jamais. Les incrédules se réunissent pour détruire, s'il était possible, la religion de Jésus-Christ ; ils attaquent de front la révélation, la tradition, la divinité de nos Saintes-Écritures, et osent tour-

(1) M. Guillaumin, député, nous a donné communication des doléances de l'église de Bourges et du cahier de l'église de Saint-Étienne. — Ces deux pièces ont été retrouvées par M. Barberaud, archiviste du Cher, dans les *Archives départementales*.

ner en dérision les espérances et les craintes d'une autre vie.

Unis à ceux que l'Esprit-Saint a établis, pour les conduire et diriger leur zèle, les ecclésiastiques du second ordre doivent se réunir au chef de la milice sainte pour repousser les efforts de l'incrédulité.

Art. 6. L'esprit de religion, de piété s'éteint dans tous les États, les lois divines et humaines qui ordonnent la sanctification des dimanches et fêtes sont violées publiquement et avec impunité, soit à la ville, soit à la campagne. Les chemins sont couverts de voitures, les ateliers, les boutiques, les cabarets, les jeux publics sont ouverts dans ces saints jours, même pendant les heures destinées à l'office divin et à l'instruction des fidèles. L'abus subsiste malgré la sévérité des lois. Nous espérons avec confiance de la piété de Sa Majesté qu'elle voudra bien apporter un remède efficace à ce scandale.

Nous la prions d'enjoindre aux officiers à qui il appartiendra de tenir la main à ce que les anciennes ordonnances sur la sanctification des dimanches et fêtes soient exactement exécutées.

Art. 7. Nos églises sont les sanctuaires où Jésus-Christ réside, où il est plus disposé à exaucer nos vœux. Nous voyons avec douleur que ces maisons de prière sont souvent profanées. On y paraît sans piété, sans recueillement, sans modestie; on s'y promène; on y tient des discours licencieux. On y traite des affaires profanes et souvent criminelles. Ce n'est pas seulement dans le sein de la capitale et dans l'ivresse des passions que règne la licence; elle désole les provinces, elle a corrompu les campagnes, elle se communique des pères aux enfants et menace déjà la postérité de se rendre coupable des mêmes égarements.

Nous supplions Sa Majesté de vouloir bien ordonner que les décrets des conciles, les édits, ordonnances, arrêts et règlements rendus au sujet du respect dû aux églises seront exécutés, et enjoindre aux juges des lieux d'y tenir la main.

ÉDUCATION.

Art. 8. Le moyen le plus sûr de réformer les mœurs dans ce royaume, de ranimer l'esprit de religion qui s'éteint tous les jours, c'est de veiller avec soin à l'éducation de la jeunesse. Le bon ordre des universités, des collèges intéresse la nation entière. C'est dans ces corps enseignants et consacrés à l'éducation de la jeunesse que se forment les chrétiens fidèles, les citoyens vertueux, les sujets soumis et obéissants. Nous croyons que les universités accordent trop facilement des degrés, que les collèges auraient besoin de réforme; mais cette importante réforme ne doit être confiée qu'à des personnes éclairées, sages, vertueuses et aimant la religion.

RÉSIDENCE.

Art. 9. Le public voit avec douleur et se plaint depuis longtemps de cette foule innombrable d'ecclésiastiques et bénéficiers, qui de toutes les parties du royaume reflue si souvent vers la capitale; il serait bien à désirer que Sa Majesté voulut proscrire un scandale non moins contraire aux lois canoniques qu'à l'intérêt temporel et spirituel des provinces.

Les églises cathédrales sont spécialement dévouées à la prière publique; la majesté du culte, la pompe des cérémonies demandent qu'il y ait toujours dans ces églises un certain nombre de chanoines pour y faire l'office divin et assister les évêques dans leurs fonctions; mais les cathédrales seront bientôt désertes, si on ne supprime cette multitude de commissions et charges inutiles qui existent dans la maison du Roi et celles des princes de son sang.

Pour secouer le joug de la résidence, les ecclésiastiques sollicitent et obtiennent ces places. Souvent on voit revivre en leur faveur des titres vacants et abandonnés depuis longtemps; quelquefois même ils en font créer de nouveaux pour eux, sans autre objet d'utilité. Munis de ces provisions ou brevets toujours respectables par l'autorité dont émanent ces actes, les chanoines forcent leur chapitre de les tenir présents. La capitale est inondée de ces sortes de privilégiés.

Nous supplions Sa Majesté de vouloir bien fixer le nombre et la qualité des privilégiés, exclure du bénéfice de l'exemption: 1° les places incompatibles avec la dignité de l'état clérical et la sévérité des mœurs ecclésiastiques; 2° celles qui réellement et de fait n'ont ni fonctions ni service; 3° les charges purement laïques et profanes.

Art. 10 Nous révérons l'ordre pastoral, nous pensons qu'il est très-nécessaire de procurer à MM. les curés une honnête subsistance et de venir au secours d'un état si précieux à l'Église, si intéressant à l'ordre public. Nous nous permettrons seulement de rappeler à Sa Majesté que dans sa déclaration de 1786 elle a fait espérer qu'elle dédommagerait les églises cathédrales, qui, à raison des dîmes qu'elles possèdent, seraient obligées de contribuer à l'augmentation des portions congrues. Notre Église est bien fondée à réclamer la puissante protection de Sa Majesté; notre dotation a été considérablement affaiblie par les augmentations successives faites, depuis 1768, aux portions congrues de MM. les curés et vicaires.

INDULTS.

Art. 11. Sur les remontrances faites par le clergé général, les rois ont regardé comme nécessaire aux biens des églises cathédrales et collégiales, de les conserver, maintenir dans le droit où elles étaient de nommer les premières dignités de leur église et de pouvoir choisir un de leurs membres pour remplir dignement ces places; mais ce droit si important au sage gouvernement des églises cathédrales et collégiales est souvent affaibli par les officiers du parlement de Paris et autres, qui ont droit d'indult. Juges dans leur propre cause, ils ont introduit une nouvelle jurisprudence: ils font distinction des doyennés qui sont électifs confirmatifs, de ceux qui sont électifs collatifs, et prétendent pouvoir exercer le droit d'indult sur les doyennés, qui, comme le nôtre, sont électifs collatifs: comme s'il n'importait pas également à la sage administration des églises cathédrales et collégiales de nommer leur doyen, soit que cette première dignité soit élective confirmative ou élective collative.

Plaise à Sa Majesté d'ordonner que les cathédrales et collégiales ne seront point troublées dans le droit qu'elles ont d'élire leur doyen; que les indults des officiers du parlement de Paris et autres n'auront lieu, pour pouvoir demander et requérir en vertu d'iceux, les doyennés des églises cathédrales et collégiales, soit qu'ils soient électifs confirmatifs ou électifs collatifs, ou sous quelques autres prétextes que ce soit.

RECONSTRUCTION.

Art. 12. Les saints décrets des conciles, les ordonnances de nos rois enjoignent aux ecclésiastiques de jouir en bon pères de famille des biens de leurs bénéfices, d'entretenir les bâtiments qui en dépendent, de reconstruire à neuf ceux que le temps aurait détruit. Néanmoins les ecclésiastiques éprouvent tous les jours des vexations de la part des traitants au sujet des nouvelles reconstructions. Lorsqu'une maison dépendante d'un bénéfice ou communauté a été reconstruite à neuf, ou en partie, ou en totalité, sur un terrain même amorti, si le loyer de cette maison est augmenté, les traitants demandent un droit d'amortissement, à raison de l'augmentation du loyer. Les demandes des traitants nous paraissent contraires à la justice. Le diocèse de Bourges a payé au Roi l'amortissement de tous ses biens (sic); elles ralentissent le zèle des ecclésiastiques et communautés pour la conservation de leurs biens; elles sont contraires à la décoration et embellissement des villes; elles blessent la liberté que doit avoir tout citoyen d'améliorer ses fonds, liberté précieuse au bien-être de l'Etat.

Plaise à Sa Majesté faire cesser les poursuites des traitants, et affranchir les communautés ecclésiastiques de tout droit d'amortissement pour les nouvelles reconstructions faites sur terrain précédemment amorti.

EAUX ET FORÊTS.

Art. 13. Les formalités auxquelles sont astreints les corps ecclésiastiques et bénéficiers pour la vente des bois de haute futaie dépendant de leur bénéfice, leur sont on ne peut plus onéreuses. Le produit de ces ventes est souvent absorbé par les frais de visite, délivrance, récollement, etc., etc.

Nous croyons qu'il serait nécessaire de supprimer les officiers de maîtrise, de réformer l'ordonnance des eaux et forêts, de simplifier les formalités qui doivent précéder et suivre les ventes faites sur les bois ecclésiastiques de son de haute futaie, et de confier cette partie d'administration aux Etats provinciaux, intéressés à l'aménagement et conservation des bois de la province, et attribuer la partie contentieuse aux juges ordinaires.

LA JUSTICE.

Art. 14. Image de Dieu sur la terre, c'est par la justice que doivent régner les rois. Nous osons observer que la manière dont se rend la justice dans le royaume est très-onéreuse aux trois ordres de l'Etat : 1° par la trop grande étendue des ressorts des différents parlements; 2° par la multiplicité des tribunaux, ce qui souvent occasionne des conflits de juridiction; 3° par la variété des dispositions des coutumes; 4° par la cupidité des officiers subalternes, qui ne cherchent qu'à multiplier, les écritures par les droits excessifs de greffe, de signification, de contrôle, etc., etc.; 5° par la multiplicité des formes que le praticien le plus instruit parvient à peine à connaître après un long exercice, et qui cependant influe tellement sur les jugements, qu'ayant droit au fond, on perd sa cause pour n'avoir pas observé des formes souvent inconnues.

Plaise à Sa Majesté de diminuer les ressorts trop étendus des parlements; diminuer aussi le nombre des juridictions; simplifier davantage les formes de la justice, et faire réformer le code, tant civil que criminel.

La science et les mœurs sont nécessaires aux magistrats; nous croyons qu'on néglige trop l'éducation des jeunes gens qu'on destine à la magistrature : ils fréquentent rarement les écoles de droit; le public qui les a vus passer le temps précieux des études dans la dissipation, l'oisiveté et le libertinage, gémit souvent de les voir monter aux premières places de la magistrature.

DIMES.

Art. 15. Suivant le droit commun, les dimeries sont circonscrites et limitées, et on ne peut percevoir la dîme au delà de ces limites. Il n'en est pas de même dans la province du Berry ; suivant l'article 18 du titre X de la coutume, le seigneur d'une dimerie a la suite de ses laboureurs, quand ils vont labourer en une autre dimerie, ou ecclésiastique ou inféodée, et à cause de la suite il prend la moitié de la dîme des fruits décimables crus dans les terres labourées par ses laboureurs. Pour percevoir ce droit de suite ou demi-dîme, le même article de la coutume exige que les bœufs ou bêtes aratoires qui ont fait le labourage aient été hivernés et nourris, depuis le 1er novembre jusqu'au 1er mars, dans l'étendue de la dimerie de celui qui veut exercer le droit de suite.

Ce droit donne souvent lieu à bien des fraudes de la part des fermiers, occasionne des querelles, des disputes entre les préposés à la perception de la dîme, des procès entre les seigneurs.

Comme ce droit est réciproque entre les seigneurs décimateurs, nous croyons qu'il serait avantageux pour la province de le supprimer.

GABELLES.

Art. 16. Toute la France regarde la gabelle comme l'impôt le plus désastreux, quoiqu'il pèse très-inégalement sur les différentes parties de ce royaume. Le Berry, qui est pays de grande gabelle, est une des provinces qui ait le plus à s'en plaindre; outre la somme énorme que lui coûte le sel qu'il consomme, et qui équivaut presque à celle de la taille, capitation et accessoires, ses habitants sont habituellement vexés par toutes les recherches fiscales et les gardes que nécessite le voisinage d'un pays rédimé, où le sel est à bon marché ; pour empêcher les reversements, la fraude, dont l'industrie est incalculable, trouve toujours les moyens d'introduire du sel de la partie rédimée dans celles qui ne le sont pas. Les reversements occasionnent des visites chez les citoyens, d'où il résulte des procès-verbaux souvent injustes, parce qu'ils sont toujours faits par une classe d'hommes peu honnêtes et mal payés par leurs commettants. Ceux des contrebandiers qui sont pris au passage font souvent résistance; il en résulte des emprisonnements, qui les conduisent souvent aux galères et quelquefois sur l'échafaud. Ceux qui échappent à la surveillance des gardes, ou qui les corrompent, deviennent communément de très-mauvais sujets par l'habitude de la licence; ils finissent par voler les chevaux dans les pacages et trop fréquemment les passants sur les grands chemins.

Si on calculait tous les désordres qui en résultent, tous les hommes qui, dans le régime actuel des gabelles, sont perdus pour l'agriculture ou les arts, on serait effrayé de tous les maux que la gabelle traîne à sa suite. Dans les cantons qui peuvent par leur position donner lieu à la contrebande, l'agriculture est sans vigueur, les mœurs y sont dépravées et les curés n'y remplissent leur ministère que d'une manière décourageante, parce que l'application des sacrements de l'Église les laisse presque toujours dans des doutes très-alarmants pour leur conscience.

Le roi a dit dans la première assemblée des notables que la gabelle était jugée : puisse-t-elle être détruite sous le meilleur des rois dont le cœur aime la justice et dont la bouche dit la vérité! Quel heureux changement le Berry éprouverait si le prix du sel était assez modéré pour que ses habitants pussent en donner à leurs bestiaux! il les préserverait de bien des maladies.

DES AIDES.

Art. 17. Les aides, sans présenter un tableau aussi effrayant, sont sujettes à de grands inconvénients. La multiplicité des droits cumulés dans cette partie par des traitants, qui, pour augmenter leur bénéfice, savent toujours tromper le gouvernement, est un tourment continuel pour tous les citoyens qui ne peuvent vendre ni acheter du vin, soit en gros soit en détail, sans observer des formes dont l'inobservation donne lieu à des procès-verbaux dressés par des commis intéressés à en augmenter le nombre, sans qu'on puisse être rassuré par leur honnêteté. La charité même n'est pas à l'abri de la gêne que mettent les aides dans cette partie : un homme touché de la détresse de son concitoyen qu'une bouteille de vin pourrait soulager ne peut la lui donner sans courir les risques d'une amende, s'il n'a pas porte sans avoir mis dans sa confidence les préposés à la perception des droits sur le vin. La religion et les mœurs souffrent nécessairement des fraudes que cet impôt occasionne. On croit qu'il pourrait être facilement remplacé à la satisfaction de tous les citoyens, surtout en laissant le choix du remplacement aux États provinciaux, qui jugeraient de la manière qui serait la moins onéreuse à leur province.

DES CONTROLES.

Art. 18. Les précautions que le gouvernement a cru devoir prendre pour donner de l'authenticité et des dates certaines aux conventions sociales ont fait établir les contrôles qui ont été confiés, ainsi que les droits domaniaux, aux traitants dont la cupidité n'a point de bornes. L'énorme quantité de déclarations et d'arrêts du conseil dans cette partie en a formé un labyrinthe, dont aucun fil ne peut découvrir ni l'entrée ni la sortie.

Les contrôleurs et même les directeurs, quand ils sont honnêtes, sont très-embarrassés, et il arrive souvent qu'ils sont d'opinions différentes. Ces difficultés ont fait imaginer à leurs commettants de les forcer en recette quand ils se trompaient en moins, ce qui les avertit suffisamment de préférer le risque de se tromper en plus. Le citoyen qui paye et qui ne peut, à raison de son ignorance, douter de la légitimité du droit qu'on lui demande, reste dupe, et le hasard ne lui fasse découvrir l'erreur commise à son préjudice, mais pour parvenir à obtenir une restitution, il faut qu'il suive un procès dont l'événement est très-incertain ; si l'objet de l'erreur n'est pas très-considérable, il préfère alors sa tranquillité. On sent combien il en doit résulter d'abus, surtout

au détriment des habitants de la campagne, qui sont obligés de s'adresser à des notaires peu instruits et qui font contrôler leurs actes par des contrôleurs qui savent seulement qu'ils ne doivent pas se mettre dans le cas d'être forcés en recette par les contrôleurs ambulants.

CONCLUSIONS.

Telles sont les respectueuses doléances de l'église métropolitaine de Bourges, telles que l'amour de la religion, le zèle du bien public les ont dictées.

Puisse l'assemblée des États généraux rétablir l'empire des mœurs, faire régner la religion, réformer les abus, apporter un remède aux maux de l'État, être l'époque de la prospérité de la France et d'une gloire solide et durable pour Sa Majesté.

Signé : Bengy, doyen ; de Vélard, Bengy de Puyvallée, Des Beauxplains, Pelligneau, Forrand, Berthier, Pinturel, Archambault, Gassot, Dechaux, Cullon, Baucheron, Lelarge, Vivier de La Chaussée, de Saint-Maur, Legroing, Domery, Daubigny, Vetois, de Chaussecourte, Guindant, Tissier, de Neufville, Guyard, Deneufville, Soumard, Guillaume, Lemaire, Moureyre, Lamur, Lefranc.

CAHIER

DE L'ÉGLISE SAINT-ÉTIENNE DE BOURGES (1).

Copie d'une pièce déposée aux Archives, fonds de Saint-Étienne, affaires diverses, layette n° 37, ladite pièce sans signature.

1° L'insuffisance des portions congrues est trop démontrée pour n'en pas demander une plus haute fixation. Si le malheur des temps a enlevé au pasteur la dîme d'une terre qu'il arrose de ses sueurs, n'est-ce pas une cruelle injustice de le réduire à la cruelle impuissance de pratiquer envers l'indigent la charité qu'il prêche ?

2° La réunion des cures pour augmenter les portions congrues serait un moyen nuisible à la religion. L'éloignement où se trouveraient les hameaux de leur pasteur favoriserait le désordre. Les enfants ne se rendraient pas si aisément à l'instruction, les habitants éloignés seraient souvent dans le cas d'être privés des sacrements les plus nécessaires. L'unique moyen de trouver le denier de récompense de celui qui porte le poids du jour, c'est d'avoir recours à la dîme qui n'est payée à d'autres fins qu'à l'entretien du pasteur.

3° L'esprit de justice et l'honneur du ministère exigent la suppression du casuel forcé ; il doit sans doute son établissement à la commisération des peuples, qui, voyant leurs pasteurs dépouillés de leur revenu légitime par ceux qui ne leur sont d'aucune utilité pour leur bien spirituel, se sont empressés d'y suppléer par des oblations qui dans la suite ont dégénéré en une loi aussi humiliante pour le pasteur chargé de la faire valoir qu'injuste pour les habitants obligés de s'y soumettre.

4° L'imposition pour le défaut de synode est intolérable. L'impossibilité où les pasteurs qui sont dans l'éloignement ou retenus pour le ministère sont de s'y soustraire la présente comme une concussion. Il faut, dit le rituel, avoir recours à l'archiprêtre ; mais est-il sans exemple qu'un pasteur au moment de partir soit retenu pour le

(1) Ce document nous a été communiqué par M. Guillaumin, député du Cher.

besoin de son peuple? Cependant, tout légitimement empêché qu'il est d'aller ou de prévenir l'archiprêtre, on le pointe comme absent et il est condamné à payer. Notre état exige de ne pas mettre le juge séculier dans le cas de proscrire une imposition si mal vue.

5° Ce qu'on exige tous les ans de chaque paroisse pour les saintes huiles ne devrait pas tourner au profit des archiprêtres. Les bénéfices riches qu'ils occupent et de plus les quarantaines suffisent bien pour les dédommager des soins qu'ils prennent pour faire passer les mandements. Il faudrait que cette rétribution de la réparation des vases faite passât à l'hôpital : les fidèles ne seraient plus mal édifiés. Les sommes qu'on retire au secrétariat devraient avoir la même destination. Les peuples respecteraient les dispenses de mariage comme des grâces et ne les mépriseraient pas comme des ventes.

6° L'établissement des droits cathédraliques a eu pour fin de fournir la subvention de l'évêque et des prêtres de sa communauté ; mais les curés étant dépouillés de la dîme de leurs paroisses, l'évêque et ses convives richement dotés, cette contribution doit cesser.

Il en est de même des droits que les archidiacres exigent dans leurs visites; les réunions qui forment leur riche revenu n'ont été demandées et accordées qu'en vue de ne plus grever les curés. Les archidiacres jouissent d'un droit qui n'est pas moins révoltant : c'est d'exiger que les fabriques, qui à peine peuvent fournir aux besoins journaliers, leur payent l'examen des comptes.

7° A l'exception de quelques paroisses, celles de la campagne surtout manquent d'un fonds de fabrique ou n'en ont que d'insuffisants pour les besoins indispensables, qui concernent le service divin. De la ces fréquents interdits qui occasionnent la dispersion des habitants les jours de fête; qui rendent l'assistance plus pénible, l'administration des sacrements souvent impossible. En établissant un fonds de fabrique sur le revenu des décimateurs, on éviterait les inconvénients des interdits. Les églises ne seraient plus dans une irréligieuse nudité et dans cet état d'indécence qui fait murmurer les peuples et qui affaiblit le respect dû aux saints mystères dans ceux qui n'ont pas une piété éclairée.

8° Les curés primitifs doivent leur origine à un siècle d'ignorance; cette classe dans l'ordre hiérarchique a été inconnue à toute l'antiquité parce qu'elle est étrangère à l'institution divine; l'ambition des honneurs, l'avidité des richesses, une coupable oisiveté qui en ont formé l'établissement sont de pressants motifs pour en demander la destruction. Il est contre tout droit de prendre l'honorable qualité de pasteur et de n'en pas remplir les devoirs, de ne pas porter le poids de la sollicitude pastorale et de percevoir les émoluments temporels. Dépouiller le pasteur légitime de ses revenus, le forcer de ne se pas montrer à son peuple dans les principales solennités, voilà la fin et l'abus des curés primitifs.

9° La réunion d'un chapitre avec une paroisse dans la même église fournit au peuple bien des occasions de scandale et gêne le pasteur dans toutes les parties de son ministère; quelque pacifique que soit le pasteur, il est souvent obligé de s'arracher au sérieux de ses fonctions pour défendre ses droits en s'opposant aux nouvelles prétentions du chapitre; quoique exact à l'heure indiquée, combien de fois n'est-il pas forcé de cesser l'instruction de son peuple pour laisser chanter les chanoines ? De toutes les messes paroissiales

il n'en est point de plus désertes que celles des paroisses unies à des chapitres, parce que l'heure trop avancée ou trop reculée ne convient pas à la position des habitants ; il est aussi essentiel de détruire cet abus qui intéresse l'ordre spirituel qu'il est aisé d'en trouver les moyens.

10° Les droits de patronage et de mutation sont des droits à qui il ne manque que le nom de simonie. De quelque manière qu'on démontre leur établissement, on trouvera toujours que c'est donner un bénéfice pour avoir de l'argent : quel droit un collateur a-t-il de nommer à un bénéfice à la charge de lui remettre une partie du revenu ? C'est au mépris de toutes les lois vouloir s'enrichir du bien d'autrui. La charité souffre d'exposer ce désordre, mais l'honneur de la religion intéresse à en demander la réforme.

11° S'il est affligeant pour un pasteur accablé sous le poids des années ou des infirmités de ne pouvoir remplir toute l'étendue de son ministère ; c'est pour lui un surcroît de douleur de ne pas avoir de retraite pour lui procurer les soins nécessaires à son état : les canonicats de ce diocèse à qui on ajouterait un supplément ne devraient point avoir une autre destination. Une année de stérilité pour tous les bénéfices qui ne sont point à charge d'âmes fournirait un nouveau moyen d'établir des places dans la ville; ceux qui les occuperaient pourraient encore être utiles pour la conduite des âmes.

12° L'étendue des diocèses, la multitude d'affaires qu'ils fournissent ne permettent point à l'évêque de se transporter dans toutes les parties de son obéissance pour y administrer le sacrement de confirmation. Il est forcé d'assembler des milliers de peuple dans des lieux ou peu décents ou incapables de contenir la multitude qui y est appelée. Ces courses pénibles et dispendieuses pour les diocésains deviennent nécessairement une occasion de dissipation, souvent d'événements fâcheux et toujours de désordres; le moyen de remédier à ces abus serait de donner aux curés commission d'administrer la confirmation le jour de la première communion. Ce sacrement administré dans une solennité toujours imposante serait reçu avec fruit. Les enfants auraient le bonheur de participer aux nouveaux moyens de conserver les sentiments chrétiens qu'on s'est efforcé de leur inspirer, et on n'aurait pas la douleur de voir tant de personnes mourir sans avoir été confirmées.

13° La Chambre ecclésiastique actuelle n'est légitime ni dans le choix de ses membres ni dans le nombre de ceux qui doivent la composer. Dans la nouvelle constitution, il serait nécessaire de choisir des membres qui seuls pourraient recevoir des requêtes et en donner un récépissé à celui qui les aurait remises. Par ce moyen on serait assuré que les requêtes parviendraient à la Chambre, qu'il n'y aurait plus de ces soustractions qui ont privé les pauvres pasteurs des besoins pressants et qui les ont mis dans la nécessité d'aller emprunter de la charité des laïques ce que la dureté de leurs frères leur a refusé.

14° On aurait protesté contre la manière impérieuse et illégale avec laquelle la dernière répartition des décimes a été faite; mais on a été retenu par l'espérance de la réforme des abus et du règne de l'équité.

15° L'imposition sur les peuples est publiée et chaque contribuable peut se faire représenter le rôle pour examiner s'il n'est point en surtaxe; pourquoi ne suit-on pas la même règle pour les décimes, en exposant seulement le tableau d'impositions? Vouloir en faire un mystère, c'est faire soupçonner de l'injustice dans la répartition, et réellement il y en a : elle a été reconnue par la comparaison qui a été faite de plusieurs bénéfices de la même classe. Qu'on ouvre le registre du bureau; on y lira que ce qu'on assure est à l'abri du démenti. On respecte l'intégrité de quelques membres de la Chambre qui ne participent point aux abus qui s'y passent ; ce n'est pas leur faute si l'autorité arrache la pluralité des suffrages.

16° L'injustice n'éclate pas moins dans la concession des pensions; combien n'en compte-t-on pas accordées à ceux qui n'ont jamais été ou très-peu dans le ministère et qui en outre possèdent des bénéfices supérieurs à la portion congrue? Les pasteurs qui se sacrifient toute leur vie à l'exercice pénible du ministère ne participent point à ces secours et si on en accorde à quelqu'un d'eux ce n'est qu'après des enquêtes multipliées, des délais rebutants et presque toujours dans le moment où ils ne sont plus capables d'en être soulagés. D'après ces exposés étayés de preuves, n'est-on pas obligé de demander une autre constitution de chambre?

Si on s'empresse de porter ses doléances aux pieds du trône, c'est pour obéir aux ordres de Sa Majesté et non, comme l'a répondu un vicaire général de ce diocèse, pour tendre à l'indépendance; quand on n'aurait pas l'espérance de sortir de l'oppression, n'aurait-on pas à se reprocher de ne pas entrer dans les vues bienfaisantes d'un monarque qui cherche avec les lumières de la sagesse les moyens de rétablir la justice dans toutes les classes de ses sujets?

La présente pièce, sans signature, comme il est dit ci-dessus, a été trouvée dans le fonds de Saint-Etienne : c'est probablement une copie de l'original qui aura été envoyée à Paris; dans tous les cas les formes authentiques font défaut. (*Note de M. Barbereau archiviste du Cher.*)

BAILLIAGE DE BESANÇON.

CAHIER

De l'ordre de la noblesse (1). Extrait des minutes déposées aux Archives de la préfecture du département du Doubs.

Extrait des minutes du greffe du bailliage de Besançon.

A l'assemblée de la Chambre de la noblesse du bailliage de Besançon tenue le 11 avril 1789, M. le grand bailli a proposé la lecture des articles préparés par MM. les commissaires pour former les cahiers qui doivent être présentés à la prochaine assemblée des Etats généraux du royaume. Cette lecture faite, M. le grand bailli a proposé de délibérer successivement sur chacun de ces articles, ce qui a été unanimement accepté ; en conséquence la Chambre a délibéré à la pluralité de suffrages.

Que le député de la noblesse de Besançon sera chargé de demander :

Art. 1er. Une charte semblable à celle que Charles VIII accorda à la province aux Etats de Tours en 1483, confirmation de ses droits, immunités, franchises et libertés, ainsi que des capitulations sous lesquelles elles se sont soumises à Louis XIV.

Art. 2. Que les Etats de la province de Franche-Comté soient rétablis; qu'ils soient incessamment assemblés, même pendant la tenue des prochains Etats généraux ; qu'ils le soient périodiquement au moins tous les trois ans ; qu'à leur première assemblée, ils avisent à une représentation suffisante dans l'intervalle d'une assemblée à l'autre ; que chacun des trois ordres, délibérant séparément forme chacun une voix, sans néanmoins qu'aucune délibération puisse faire durée sans le consentement unanime des trois ordres, s'en rapportant à la sagesse du Roi et de la nation assemblée pour pourvoir aux changements nécessaires à une représentation plus complète desdits ordres.

Art. 3. Que les impôts déterminés aux Etats généraux soient consentis par les Etats de la province en ce qui la concerne; que ces impôts soient accordés sous la dénomination de don gratuit pour un temps déterminé; que la répartition en soit faite par les Etats de la province; et que Sa Majesté, après la concession de ce don gratuit, donne aux Etats de la province des lettres de non-préjudice dans la forme de celles de ses prédécesseurs comtes de Bourgogne.

Art. 4. Que la religion catholique sera maintenue dans la province comme religion dominante sans qu'aucune autre secte ou religion puisse être autorisée à y exercer un culte public.

Art. 5. Que tous droits et propriétés des ordres et des citoyens y soient maintenus; et que le privilège ou le droit des Francs-Comtois de ne pouvoir être traduits en justice hors de leur ressort et de

n'être jugés que par leurs juges naturels, soit maintenu et confirmé.

INSTRUCTION PARTICULIÈRE.

Demander aux Etats généraux de prendre les moyens qu'ils croiront convenables pour détruire le préjugé qui fait rejaillir le déshonneur sur les familles de ceux qui sont condamnés à des peines infamantes.

Art. 6. Qu'il soit avisé aux réformations que peuvent exiger les lois civiles et criminelles par voie de législation, auquel effet seront nommés des commissaires aux Etats de la province et du parlement qui proposeront ce qu'ils croiront de plus utile pour l'abréviation des procédures, la diminution des frais de justice et pour la réformation des abus.

Art. 7. Que les élections libres soient rétablies pour les officiers municipaux, moyennant le remboursement de ceux qui sont actuellement pourvus ; que les officiers élus auront avec les notables des villes et bourgs l'administration des biens et revenus communs sous la surveillance des Etats de la province sans aucune dépendance du commissaire départi.

Art 8. Que toutes les villes de la province soient confirmées dans leurs privilèges, usages, possessions, franchises, biens patrimoniaux, et notamment la ville de Besançon dans les exemptions et immunités qui lui appartiennent en vertu du traité de 1664 et de ses capitulations ; que de même tous les villages et communautés soient maintenus dans la possession de leurs droits et communes, pour le meilleur aménagement desquels les Etats de cette province proposeront ce qu'ils jugeront plus convenable.

Art. 9. Que l'argent provenant de la vente des bois des communautés et gens de mainmorte ne puisse être distrait de la province et qu'il demeure sous l'inspection immédiate des Etats de Franche-Comté ; que ce qui pourrait rester de ces deniers, après l'application qui sera faite aux besoins de ces communautés, soit placé à leur profit et les intérêts employés par préférence au payement de leurs impositions; qu'il soit défendu aux seigneurs de comprendre dans les baux le produit de leurs justices.

Art. 10. Que le prélèvement du 10e du prix des quarts de réserves au profit des maisons religieuses de filles soit supprimé comme une attaque directe à la propriété.

Art. 11. Que toutes charges locales, la confection et réparation des grandes routes, des ponts et chaussées, soient dans la disposition et l'administration des Etats de la province.

Art. 12. Que toutes impositions actuelles, soit pour l'excédant des fourrages de la cavalerie, soit pour constructions de bâtiments et ouvrages publics, soient supprimées et que les dépenses à faire à ce sujet soient réglées par les Etats de la province.

Art. 13. Que le nombre des bataillons de milice pour la province soit proportionné à sa population; que les frais de tirage et l'entretènement

---

(1) Le cahier de la noblesse de Besançon nous a été communiqué par M. Travers, archiviste en chef du département du Doubs.

des milices non plus que ceux de convois militaires et autres dépenses de ce genre n'excèdent point ceux de ces différents objets constatés à l'effectif et que l'administration en soit confiée aux États de la province.

Instruction au député de se concerter avec les députés des provinces sur l'article du reculement des barrières et sur tous autres objets d'un intérêt qui serait commun avec elles.

Art. 14. Que la Franche-Comté, étrangère aux cinq grosses fermes, comme l'Alsace, la Lorraine et les Trois-Evêchés, soit rétablie dans ces mêmes droits en vertu de ses capitulations; qu'elle soit délivrée de toutes les entraves mises à son commerce extérieur; qu'elle soit établie dans la liberté des plantations de tabac, sans que la vente exclusive ni aucune police prohibitive puissent y être introduites.

Le député représentera que le prix du sel ayant éprouvé un surhaussement qui aurait dû être supprimé à la paix d'Utrecht, suivant l'arrêt du conseil du 3 juin 1704, la province est fondée à réclamer l'exécution de cet arrêt, à demander la réduction du prix du sel au taux où il était en 1668, en 1674, conformément aux anciennes ordonnances et aux capitulations de la province, et qu'il soit pourvu à l'indemnité qui a été promise très-souvent par le gouvernement de ce qui a été payé de trop, ainsi qu'à celle qui a été ordonnée par l'établissement de contrôle et insinuation en 1724, et pour les différents impôts indûment établis en 1722.

Art. 15. Que la population de la province étant augmentée considérablement depuis l'époque de la fixation de la quantité de sel d'ordinaire qui se distribue aux communautés, le député en demandera une augmentation proportionnée à cet accroissement de population.

L'heure tardive étant venue, la séance a été levée par M. le grand bailli qui a signé la délibération ci-dessus avec M. le secrétaire. Signé : le prince de Saint-Maurice et Bergeret.

A l'assemblée du 13 commencée à 8 heures du matin, la délibération a été ainsi continuée.

Art. 16. Que le sol par pain de sel rosière porté dans le bail des fermes de 1774 et le prix en provenant soient rendus à la province pour être employés par elle à ses charges locales, suivant la destination de cet impôt, ou supprimés si elle le juge à propos.

Art. 17. Que, conformément aux anciennes ordonnances et aux capitulations de la province, nul acte ne puisse avoir force de loi en Franche-Comté, s'il n'a été consenti ou demandé par les Etats de la province, adressé au parlement pour y être publié et enregistré, et ensuite envoyé dans les bailliages pour y être de même publié et enregistré.

Art. 18. Que le parlement de Franche-Comté, portion intégrante de la constitution de cette province, soit maintenu dans l'étendu de son ressort, dans l'intégrité de ses fonctions, de ses droits et de son autorité.

Art. 19. Le député représentera que l'intention des peuples de la province, en invoquant des priviléges et en demandant que les impôts qui la concernent soient consentis dans les Etats de Franche-Comté, n'est pas de se soustraire aux contributions qu'exigent les besoins de l'Etat dont elle fait partie; qu'elle est prête, au contraire, à contribuer suivant ses forces, sa situation, son produit, son commerce, ses facultés et en proportion de l'impôt national qu'elle paye aujourd'hui, à l'extinction des dettes légitimes de l'Etat, à la splendeur du trône, à la gloire et à la prospérité du royaume.

Art. 20. Que la noblesse de Franche-Comté ne balancera pas (comme elle l'a déjà annoncé plusieurs fois) de faire tous les sacrifices qui seront reconnus et prouvés nécessaires pour le soulagement de ses concitoyens et surtout des pauvres habitants des campagnes.

Que quant à la renonciation aux droits des fiefs, cet objet tenant essentiellement à la propriété, intéressant également tous les ordres et chaque individu, elle ne peut que s'en rapporter à ce qui sera décidé aux Etats généraux, relativement aux provinces où les mêmes droits sont attachés aux fiefs.

Art. 21. Que la portion de l'impôt qui sera réglée pour la province soit déposée dans la caisse des Etats particuliers de Franche-Comté pour être employée à l'acquittement de ce que le Roi paye en cette province, de ses dépenses et charges locales; que le surplus soit envoyé au Trésor royal.

Art. 22. Le député représentera que la province de Franche-Comté est actuellement accablée d'impôts de toute espèce, en vertu d'édits publiés au parlement d'autorité absolue et sans le consentement des Etats qui n'ont point été assemblés depuis 1666; que son commerce a éprouvé les pertes les plus sensibles et que son agriculture commence à déchoir.

Que pour remédier à ces maux, à ces abus, le député se joindra à ceux de toutes les provinces du royaume pour supplier le Roi d'accorder à la nation la grande Charte confirmative de ses droits, libertés, franchises, et priviléges.

Art. 23. Il demandera qu'il soit déclaré que l'ancienne constitution monarchique et la loi fondamentale du royaume subsisteront dans leur intégrité, et qu'elles ne pourront être changées aux Etats généraux.

Art. 24. Que la formation des Etats généraux fait partie de l'ancienne constitution qui veut qu'ils soient composés des trois ordres, des trois Chambres, et des trois voix.

Art. 25. Que les Etats généraux doivent s'occuper, avant de voter aucun impôt ou subside, de la réforme des abus dans le gouvernement et l'administration de la liquidation de la dette de l'Etat et des moyens de l'acquitter.

Art. 26. Que tous les impôts doivent être consentis par la nation, qu'ils ne doivent être accordés que pour un temps fixe, et seulement jusqu'à la tenue suivante des Etats généraux, qu'à l'expiration de ce terme l'impôt cessera, sans pouvoir être continué ni perçu à peine de concussion.

Art. 27. Que les Etats généraux seront assemblés périodiquement et aux termes qu'ils auront réglés.

Art. 28. Le député représentera qu'un impôt unique territorial est impraticable dans l'exécution, qu'il ruinerait l'agriculture, source première des forces de l'Etat.

Art. 29. Il proposera aux Etats généraux de s'occuper des moyens d'établir, entre les cultivateurs et propriétaires fonciers d'une part, et les rentiers et capitalistes d'autre part, cet équilibre sans lequel l'impôt pèse entièrement sur l'agriculture et sur les habitants de la campagne.

Art. 30. Il observera qu'en établissant et répartissant les impôts on doit avoir égard aux exemptions et aux privilèges des provinces, aux traités et capitulations qui les ont réunis à la couronne et aux charges particulières des frontières.

Art. 31. Il demandera d'être membre des bureaux formés des députés de province qui ont les mêmes privilèges et les mêmes intérêts que la Franche-Comté.

Art. 32. Que la liberté des personnes soit assurée.

Art. 33. Que les Etats généraux, de concert avec le Roi, statuent sur la liberté de la presse et sur les moyens d'en prévenir les abus, de connaître, juger et punir ceux qui en abuseraient; qu'ils établissent la faculté inviolable des lettres missives et des relations de confiance, lesquelles ne pourront jamais faire titres d'accusation contre aucun citoyen.

Art. 34. Que tout citoyen soit jugé tant au civil qu'au criminel par les juges ordinaires et que tout jugement par commissaires choisis soit déclaré contraire aux droits de la nation.

Art. 35. Que nulle évocation ne puisse être accordée hors des cas prévus par les ordonnances.

Art. 36. Que l'usage des lettres de cachet émanés du pouvoir arbitraire soit abrogé.

Art. 37. Le député demandera une loi qui règle les cas où, sur la réquisition d'une assemblée de parents, un citoyen pourra être privé de sa liberté pour un temps limité, et de l'autorité du juge royal.

Art. 38. Que la masse de la dette nationale soit reconnue et fixée, qu'on supprime les créances qui ne sont pas fondées sur des titres légitimes, que les intérêts usuraires soient réduits au taux fixé par la loi.

Art. 39. Qu'à l'avenir il ne soit fait aucun emprunt que du consentement des Etats généraux.

A une heure après midi la séance a été levée par M. le grand bailli qui a signé avec M. le secrétaire. Signé sur la minute : le prince de Saint-Maurice et Bergeret.

A quatre heures de relevée, la séance a été reprise et la Chambre a arrêté les articles suivants :

Art. 40. Le député demandera qu'on fasse la recherche des déprédations des finances et la révision des comptes des finances; qu'on remette l'ordre dans la comptabilité, et que les ministres soient responsables de leur administration.

Art. 41. Qu'on supprime les offices, charges et emplois superflus, dont les gages et attributions profiteront à l'Etat, après avoir fait le remboursement des avances faites légitimement par les pourvus.

Art. 42. Qu'on retranche à l'avenir toutes les dépenses inutiles dans les différents départements; qu'on supprime les gouverneurs et les états-majors dans les villes de l'intérieur du royaume et qu'on fasse en ce genre toutes les réductions qui seront trouvées justes et raisonnables.

Art. 43. Qu'on réduise les pensions et gratifications sur le Trésor royal; que les Etats généraux en fixent la somme annuelle pour l'avenir et qu'on ne les accorde qu'au mérite et aux services.

Art. 44. Que les états de recettes et dépenses de chaque département soient remis tous les ans par les ministres dans le bureau de comptabilité et rendus publics par la voie de l'impression.

Art. 45. Qu'on annule les aliénations et les échanges qui ont été faits des domaines du Roi à vil prix et au préjudice de ses intérêts.

Qu'à l'avenir les domaines soient administrés par les Etats provinciaux qui, par les avantages que donnent les connaissances locales, peuvent seuls les porter à leur valeur réelle, et qu'on sursoie à toute décision concernant leur inaliénabilité jusqu'à ce que l'expérience qui doit résulter de cette administration en ait constaté le véritable produit.

Art. 46. Le député de la noblesse du bailliage de Besançon déclarera qu'il n'entend par sa présence déroger au droit qu'ont les Etats de la province de nommer dans leur sein des députés aux Etats généraux.

Art. 47. Qu'il proteste contre l'insuffisance du nombre des députés appelés aux Etats généraux relativement à son étendue, à sa population et par comparaison avec les autres provinces du royaume.

Art. 48. En aucun cas, le député de la noblesse ne pourra se retirer de l'assemblée ni adhérer à aucune scission, et il se contentera de demander acte de ses protestations.

Art. 49. S'il arrivait que les députés des trois ordres voulussent se réunir pour délibérer par tête, le député émettra toutes protestations nécessaires au maintien et à la conservation des anciens usages, s'en fera donner acte et les renouvellera à chaque proposition qui pourrait donner atteinte à ces usages.

Art. 50. Il en fera de même, si les Etats généraux entreprenaient de détruire la constitution des Etats de Franche-Comté ou d'en altérer l'essence; l'ordre de la noblesse du bailliage de Besançon ne regardera pas comme un changement destructif de la constitution des Etats de la province celui qui aurait pour objet de rendre suffisante la représentation des ordres, notamment celle du tiers-état, changement que la chambre désire et sur lequel elle a manifesté son vœu de s'en rapporter à la décision des Etats généraux (voyez art. 2). S'ils voulaient imposer cette province et la comprendre dans les impositions qu'ils détermineront pour le royaume sans le consentement des Etats du pays, en représentant que, par sa constitution, ses lois, anciens usages, la reconnaissance et les aveux de ses souverains et par les traités et capitulations qui l'ont réunie à la France, ses Etats ne peuvent être privés du droit imprescriptible de consentir l'impôt et d'en faire la répartition.

Art. 51. Le député demandera que les Etats généraux prennent en considération l'éducation de la jeunesse, et qu'on pourvoie par de sages règlements à la conservation de l'instruction et des bonnes mœurs.

La séance a été levée à huit heures du soir, et l'assemblée renvoyée au lendemain à quatre heures de relevée. Signé : le prince de Saint-Maurice et Bergeret, secrétaire.

A l'assemblée du mardi 14 avril, à quatre heures de relevée, la délibération a été ainsi continuée.

Art. 52. Sa Majesté sera suppliée de donner au militaire français une constitution certaine et immuable, propre à lui assurer la considération qu'il mérite et à concilier la discipline et l'honneur qui en est l'âme, en supprimant toute punition contraire à l'esprit national.

De statuer qu'aucun officier ne puisse être cassé ni privé de son emploi, sans avoir été préalablement jugé par un conseil de guerre dans des formes et suivant des règles prescrites et invariablement déterminées.

Art. 53. Le député de la noblesse du bailliage de Besançon demeure expressément chargé de réclamer au nom de ses commettants contre l'injustice par laquelle près de deux cents gentilshommes du bailliage de Vesoul, et un grand nombre de celui de Lons-le-Saunier se trouvent privés du droit de voter dans les assemblées où il a plu à Sa Majesté de convoquer tous ses sujets sans exception. Il sollicitera avec les plus vives instances auprès du Roi et des États généraux le redressement de ce grief tant qu'il subsistera.

La délibération sur tous les articles ci-dessus rapportés étant finie et aucun des membres de la Chambre n'en ayant proposé d'autres, M. le grand bailli a annoncé qu'il allait être procédé à l'élection des trois scrutateurs, en conformité de l'article 47 du règlement du 24 janvier 1789 ; en conséquence, les billets ont été faits, rapportés successivement dans un vase placé sur la table et vérifié par M. le secrétaire assisté des trois plus anciens d'âge, et la pluralité des suffrages, s'est portée sur M. le président de Camus, M. le comte de l'Allemand et M. le conseiller de La Bretenière qui ont été proclamés à l'assemblée. Tous les billets, et notes concernant cette élection ont été brûlés et M. le grand bailli a levé la séance et a renvoyé l'assemblée au lendemain à trois heures et demie de relevée, le présent procès-verbal signé de lui et de M. le secrétaire. Signé sur la minute : le prince de Saint-Maurice et Bergeret.

A la séance du présent jour 15 avril, lecture a été faite du cahier des doléances et instructions que la chambre de la noblesse a approuvées pour être remis à son député, et ensuite les trois scrutateurs nommés à la séance d'hier ayant fait appeler tous les membres de la Chambre comparants, en personne et en vertu de procurations, chacun d'eux a mis son billet d'élection d'un député dans un vase à ce destiné et les scrutateurs ont procédé au compte et recensement des billets qui s'est trouvé conforme au nombre des membres ; dont mention ci-dessus, et ensuite vérification faite des billets, M. de Grobois fils, premier président du parlement, a réuni en sa faveur plus de la moitié des suffrages et a été nommé et proclamé député de la noblesse du bailliage de Besançon aux États généraux. Les billets de ce scrutin ayant été brûlés et à raison de l'absence de M. Grobois, il a été procédé à la nomination d'un suppléant dans la même forme et après les vérifications et le recensement des billets par les scrutateurs, La pluralité des suffrages a été pour M. le comte de l'Allemand, qui a été nommé et proclamé suppléant. Tous les billets et notes concernant cette élection ont été instamment brûlés. M. le comte de Lallemand a exprimé à l'assemblée le sentiment de sa reconnaissance et l'a assurée que s'il se trouvait dans le cas prévu par le règlement il emploierait tout son zèle et toute son attention à remplir exactement les vues et les instructions de ses commettants. Après quoi M. le grand bailli a levé la séance, a signé le procès-verbal avec M. le secrétaire.

Signé sur la minute : le prince de Sain t-Maurice et Bergeret, et sur l'extrait, Billon.

LISTE *des membres des trois ordres, ayant signé le procès-verbal de l'assemblée générale du 6 avril 1789.*

G.-W. de Rosy ; Petit Benoît de Chaffoy ; Charles Deboursiéret, chanoine ; Maire d'Hiancourt, prêtre, chanoine, député ; Blanchard l'aîné, prêtre ; Millot, chanoine ; Babey, chanoine ; Gillet, curé de Saint-Paul ; Marrelier, Deverchamp ; Demandre, curé de Saint-Pierre ; Leneir ; Bacoffe, prédicateur du Roi, curé de Saint-Jean-Baptiste ; Doroz, prêtre ; Roy ; Grillet ; Scribon, curé de Sainte-Madeleine ; D.-Georges Couderet, curé de

Saint-Marcelin ; F.-Jean Chiévre, religieux minime ; Jeannod, prêtre ; Vivot, curé d'Amagney ; Sacquot, curé d'Avanne ; Pidamet, curé de Recologne ; E.-F. Bailly, prêtre, curé d'Auxoux-Deisoux ; J.-F. Beaufils, curé d'Auxor-Deisoux ; Bourgeois, prêtre, vicaire en chef ; Daigney ; Gornier, curé de Ruffey ; Jos. Grillet ; F.-J. Cuvier ; Huot, prêtre, curé ; Chauvin, pour M. le curé de Chemaudin ; Durand, curé ; Sirebon, chanoine ; C.-L. Bideaux, prêtre ; J.-G. Burtier, prêtre ; Guyot ; Guillain, prêtre ; Bone, curé de Génenille ; Archeret, curé de Fouchereau ; Régnier, curé de Lavernay ; Chaix, curé de Vaucraix ; Courboillet, de l'Hôpital ; J.-G. Bailly, curé de Miserey ; Morel, curé de Montfaucon ; Hy.-Av. Tournier, curé ; Sirebon, curé ; Faivre ; Demoulin, curé de Pirey ; Cuenot, curé de Scey ; Soliclère, curé de Vielley ; Balandret, curé de Saone ; Bolandret, curé de Trépot ; C.-F. Savourey, curé de Thix ; P.-L. Lhomme, curé de Vaire ; Chapuy, curé de Villayet ; D. Prual, prieur et député de l'abbaye de Saint-Vincent ; Petit-Jean, prieur des Carmes ; Bulielle, prieur des Dominicains ; F. Boulement, député des Cordeliers ; dom Colombot ; Favrot, prêtre de l'Oratoire ; Père Jean l'Évangéliste de Sainte-Marguerite, prieur des Carmes déchaussés ; F. Corribert, provincial des Minimes ; D. Grappin, prieur de Saint-Ferjeu ; Decamus, chanoine ; de Chassey, chanoine ; de Bougnon, chanoine ; D. Breuillot ; Chopuin, député du Refuge ; Bacoffé, curé de Brégitte ; Desbiey, chanoine à la métropole ; Bayard, curé de la Véze ; D. Royde, curé de Saint-Ferjeu ; Duhault ; Tournier, vicaire à Saint-Paul ; Dorival, chanoine d'Agey ; Boyer ; Framion ; Pierre de Villefrançois, chanoine ; Tanière, prêtre ; Bard, prêtre, P. Piccard, prêtre, vicaire ; le professeur Bullot ; Lemrel ; de Létang, chanoine ; Clère, prêtre ; Roussel, prêtre ; Rollier, vicaire à Roche ; Chalou ; Couthaud ; Demançon de La Bretenière ; Varin ; Dufresne ; le président de Camus ; Michel de Souffray ; Lebas de Bouclane ; de Chamol ; Domet ; Cabond ; Domet de Vorge ; Dorival de Miserey ; Darçon ; Verseille ; de Montgenet ; le baron de Saint-Julian-d'Esbiez ; Dolivet de Dannemarie ; Doroy ; le marquis Ducheylar ; Arnould de Pirey ; le baron de Fresnoye ; le comte de Lauvenieu ; Beaufort ; Oyselet de Légnia ; le chevalier d'Houlance ; Guillaume de Percy ; Biocard de Lavernay ; Bouchet ; Lombard l'aîné ; Ch. Durand ; Couthaud ; Lombard, puîné ; Ancey Bouveret cadet ; Sanderet ; de Poutier de Sone de Boulot ; le chevalier de Fleury ; Depontier de la Neuvelle ; Bergeret, en protestant contre la forme nouvelle ; Maire de Bouligney, en adhérant au dire de M. Bergeret ; Chasson d'Autume ; Bouvot, le comte de Sagey ; Daigremont ; le chevalier de Raimont ; Duhaget d'Arieville ; Saraguoy ; de La Villette ; le chevalier de Lauramier ; Beaufort ; Dauxiron ; Droy de Cernoise ; Donnet ; Bureaux de Pusy ; Tricalet de Lasseune ; Durand de Gevigney ; Favière de Charme ; Fachamberg ; Baqlaut d'Augiray ; Pajot de Gevigney ; Perrinot d'Audeux ; Guegain ; Maréchal de Sauvagney ; Graugier fils ; Richard de Boussières ; le comte de Lallemand ; le comte de Flataud, Vienal Marguet de Montmarlon ; Rance père ; Riboux ; d'Olivet ; Vregille ; le chevalier de Mussaut ; Grangier père ; Broquard de Lavernay fils ; de Forne ; Humbert ; Bouveret ; Villequey ; le chevalier de Bouligney ; Favière de Fontanelay ; Thomas de Bouhant ; Le Maillot, conseiller au magistrat ; Seguin ; Hugon d'Augicourt ; Rance de Guiseul ; Guillaume de Gevigney ; Ordinaire ; Ramboy ; Martin ; Quirot ; Blanc ; Lapoute ; Perrinot; Laude; Balleydier; Lancrel fils; J.-D. Marchand; Morel; Couché; Ballaud; Cournier; Fenouillot; F. Pochet; Moley; Barbaud; J.-B. Corne; J.-F. Clairevaux; F. Mailley; Bernard; Tournier; P.-F. Roucet; Jean-Claude Lorin; Jean-Louis Grojean; Etienne Goula; Hipplyte de Mesonay; Antoine Baud; Jean-Claude Groppey; P. Racine; Jean-François Etiard; Pierre Hugon; C.-A. Juraud; Simon Gillet; C.-P. Gauttier; Mérignard; P.-F. Ployer, cadet; Pierre Jourdain; Pierre-Etienne Darlin; Vincent Retrouvey, l'aîné; André Noirlin; C.-F. Renaud; François Faure; Edme Magnier; André May; Anatole Melot; J.-F. Couley; Ambroise Siruquet; J.-C. Mourey; P.-C. Clément; Alban Saunin; Léonard Seaumin; J.-B. Mougenot; Facol; F. Marchand; Faury, notaire; Claude Jamin; Jean-François Requet; Jean Simonin; Claude Simonin; Jean Landon; François Gaillard; J.-A. Bourgoin; P.-H. Lhoste; V. Dromard; Jean-Antoine Perrot; Joseph Clerget; J.-C. Vauclot; C. Vouiney; Jean-Pierre Jeannency; J.-C. Jeannency; J.-B. Joliot; Thomas Joliot; Jean-Baptiste Besnelet; Jean Audy; Pierre Renoux; Bernard; Deuil; Jeannin; Jean-François Ivence; C.-F. Verger; Charles Gauthier; Jean-Ferdinand Couverey, Joseph Hauriol; F. Collier; E. Grenot; J.-C. Joufin; F. Melenotte; Vuillecard; Antoine Grezet; Légier Colin; Jean-Pierre-Guillaume Mesge; Duchamp; P.-E.-F. Lambert; Pierre Gruet; Charles Gruet; Jean-Baptiste Reddel; Jean Fave; Jacques Perrot; J.-P. Grandjean; Jean-Claude Mille; Claude Saimier; Jean-Baptiste Druot; Jean-Baptiste Duprels; Nicolas Dernudet; F. Mongenet; Jacques Gautticot; F.-X. Prequin; Jean-François Cormiron; Jean-Pierre Ligier; Jean Paris; J.-François Collard; Jean-Pierre Bouvot; Jean-François Melot; Claude-François Vergey; Antoine-Joseph Humbert; D. Marey; E.-François Maillefer; Jérôme; Fertey; F. Tersend; J.-C. Gros-Lambert; C. Etet; Longin; Jean Michel; Pierre-François Magnin; Jean-François Rouget; Decreuse; Joseph Bailly; Antoine Guinard; J. Baisot; Antoine Guiaud Baudegney; Antoine-Devin Merillou; Jean-Claude Grillard; C. Grosjean; E. Macherey; Jean-François Jeauney; Valler Bolard; V. Robelin; Jean-Simon Chevalier; Joseph Lyet; C.-F. Pillot; J.-B. Henriot; Claude Machiael; Joseph Robert; Louis Robert; J.-C. Gaulme; Pierre Dubois; Claude-Antoine Gauche; J.-F.-X Humbert; Bertrand; Landry, notaire; Jacques Royel; Alexis Bougillard; J.-C. Moris; George Félix; François Vitte; Becoulet, notaire; Léonard Caillard; Claude Girmond; Daclin; Etienne Roland; Pierre Romet; Antoine Corne; Jacques Billot; Joseph Petit-Perrier; Quintin Becquenot; Jean-Claude Follette; Bernard; Gabriel Gallon; Ch. Perrot; Joseph Perret; François Robelin; C.-F. Guillin; Jean-François Dauppecour; J.-F. Pourcelot; Jean-François Copeg; Jacques Belgy; Philippe Thoulier; Jean-François Sallet; P. Thiébaud; Laurent Maillot; Jean-Pierre Maillot; J.-Félix Landriot; C.-F. Pignel; Jacques Bergier; J.-C. Bardey; J.-F. Mercier; Antoine Léger Pernot; Joseph Séguin; J.-V. Laurent; A. Adriel; Louis Sennet; Louis Landry; Simon Bey; Christophe Jannot; Pierre May; Jean Decun-Pichery; B. Ballaud; J. Boitteux; J.-B. Francey; Sébastien Collier; P. Chappuis; Jos. Pagnel, C.-F. Petit-Perrier; Joseph Fourat; J. Desirier; L. Perrey.

SÉNÉCHAUSSÉE DE BÉZIERS.

Extrait du procès-verbal de l'assemblée des trois ordres (1).

Des 16, 17, 18, 19 et 20 mars 1789.

Sont comparus :

Dans l'ordre du clergé :

Messire Charles-François-Siméon Vermandois de Saint-Simon-Rouvroy-Sandricourt, évêque et comte d'Agde ;

Messire Louis-Henry de Bruyère de Chalabre, évêque et seigneur de Saint-Pons ;

Messire Aymard-Claude de Nicolay, évêque et seigneur de Béziers ;

Messire Jean-Félix-Henry de Fumel, évêque et comte de Lodève et de Montbrun, comte honoraire de Brioude, représenté par M. Jean-Marie Daydé, chanoine de l'église de Béziers, vicaire général et official du même diocèse, son procureur fondé ;

Messire Arthur Dillon, archevêque de Narbonne, primat des Gaules, commandeur de l'ordre du Saint-Esprit, président-né des États de Languedoc, seigneur de Capestan et autres lieux de notre ressort, représenté par M. Louis-Nicolas-Augustin Maréchal, chanoine de l'église de Narbonne, vicaire général du même diocèse, son procureur fondé ;

Messire Louis-François de Bausset, évêque d'Alais, abbé commandataire de Joncels, représenté par messire Jacques de Lozeran Dufey, chanoine, succenteur de l'église de Béziers, son procureur fondé ;

Messire Auguste de Lort-Sérignan, vicaire général de Valence, abbé commandataire de Saint-Aphrodise de Béziers, représenté par M. Martin, curé de la paroisse du même nom, son procureur fondé ;

Messire Armand-Pierre de Chartenet de Puységur, vicaire général du diocèse d'Alby, abbé commandataire de Valmagne, représenté par messire Etienne de Rives, vicaire général du diocèse d'Aire, chanoine de l'église de Saint-Aphrodise de Béziers, son procureur fondé ;

Messire Jean-Joussineau de Tourdounet, abbé commandataire d'Audianne, représenté par M. Pierre-Félix Belpel, prêtre prébendé de l'église de Béziers, son procureur fondé ;

Dame Marie-Madeleine de Donson de Cabrerolles, abbesse de l'abbaye du Saint-Esprit de Béziers, représentée par M. Jacques-Joseph-Alexandre de Portalon, prêtre, chanoine de l'église collégiale de Saint-Aphrodise de la même ville, procureur fondé de ladite dame et des religieuses chanoinesses de cette abbaye ;

Messire Pierre-Raphael-Joubert de Douzainville, vicaire général des diocèses de Dax et de Couserans, grand chantre de l'église de Saintes, abbé commandataire de Saint-Sauveur de Lodève, représenté par M. Jean Seguier, curé de Campagnoles, son fondé de pouvoir ;

Messire André-Paulin-Jarlande Malras, prêtre, chanoine, précenteur et député des dignitaires et chanoines de l'église cathédrale de Béziers ;

Messire François-André de Pas de Beaulieu, prieur commandataire du prieuré royal Notre-Dame de Cassan, diocèse de Béziers, représenté par M. Etienne Giret, curé de Saint-Jean de Ribian au même diocèse, son procureur fondé ;

Messire Martin-Jacques de Gohin, abbé commandataire de Saint-Policaire, vicaire général du diocèse d'Agde, chanoine camérier et député des dignitaires et chanoines de l'église cathédrale de la même ville ;

Messire Jean-Benoît Lagare, chanoine et député des dignitaires et chanoines de l'église cathédrale de la même ville ;

Messire Jean-Antoine de Treil de Pardailhan, prêtre, archidiacre de l'église cathédrale de Saint-Pons, député des dignitaires et chanoines de ce chapitre ;

Messire Barthélemy d'Astruc de Colombière, prieur, curé de Paulhan, diocèse de Béziers, procureur fondé du chapitre préliminaire de Narbonne, seigneur du lieu de Cressau, dans notre ressort ;

Messire Jean Ferret, et André-Antoine Boudon, prêtres, syndics, et députés des hebdomadiers, prébendés et bénéficiers de l'église cathédrale de Béziers ;

M. Jacques-François-Benoît Fabry, prêtre hebdomadier, et Jean-Pierre-Louis Bonneville, sous-diacre bénéficier, députés des hebdomadiers, prébendés et bénéficiers de l'église d'Agde ;

M. Marie-Charles-François-Joseph-Jacques-Pascal Saint-Amand, prêtre bénéficier, majeur et député des bénéficiers de l'église de Lodève ;

M. Jean-Pierre Martin, chanoine, sacristain et député des chanoines de l'église cathédrale de Saint-Aphrodise de Béziers ;

M. François-Louis Herail, prêtre hebdomadier, député des hebdomadiers et prébendés de la même église ;

M. Julien de Jaume, prêtre, chanoine, et député d'un chapitre collégial de Sérignan ;

M. Joseph-François de Lasserre de Fontdouce, prêtre, doyen du chapitre collégial de Pézenas, et Etienne-Charles André, chanoine, députés des chanoines du même chapitre ;

M. Jean Fabre, prêtre, député des prébendés du même corps ;

M. Joseph Olive, chanoine précenteur, député du chapitre collégial de Corpestan ;

M. Pierre-David Cazamer, chanoine régulier de la congrégation de France, député du chapitre régulier Saint-Jacques de Béziers ;

Dame Félix de Pardailhan Gondrin, abbesse de l'abbaye royale de Notre-Dame de Nonenque, propriétaire en cette qualité de concile dans notre ressort, représentée par M. Louis Jalabert, chanoine de l'église de Béziers, son procureur fondé ;

M. Louis-Hippolyte Danceau de Lavenalet, prêtre, chanoine de l'église de Montpellier, prieur du prieuré simple Saint-Jean-Baptiste de Laurens, diocèse de Béziers, représenté par M. Jacques Guibert, prêtre prébendé de l'église de Béziers, son procureur fondé ;

M. Louis de Villeraze, prêtre, prieur commandataire du prieuré royal de Marnay-sur-Seine, chanoine archidiacre de l'église de Béziers, prieur primitif du prieuré simple d'Abeilhan, au même diocèse;

M. Jean-Etienne Debosque, chanoine de Montauban, prieur du prieuré simple de Saint-Romain d'Aspiran, diocèse de Béziers, représenté par M. Jacques Guibert, prêtre prébendé de l'église de Béziers, son procureur fondé;

M. Jean-Marie Daydé, prêtre chanoine de l'église de Béziers, vicaire général et official du diocèse, prieur du prieuré simple de Saint-Nazaire d'Auberte dans le terroir de Roujan, et au même diocèse;

M. Philippe de Rivène de Perredon, prêtre, prieur primitif du prieuré simple de Dio, représenté par M. Philippe Durand, prêtre, chanoine de l'église Béziers, chanoine honoraire de l'église de Montauban, son procureur fondé;

M. François-Hippolyte de Portalon, prêtre, chanoine de l'église collégiale de Saint-Aphrodise de Béziers, vicaire général du diocèse de Castres, prieur du prieuré simple de Saint-Hippolyte de Mairan au terroir de Cazoules, diocèse de Béziers, représenté par M. Joseph-Aphrodise de Portalon, prêtre prébendé de l'église cathédrale dudit Béziers, son procureur fondé;

M. François de Barrès, grand archidiacre de l'église de Béziers, son procureur fondé, conseiller de grand'chambre au parlement de Toulouse, prieur du prieuré simple de Saint-Jean-Baptiste de Prades, diocèse de Béziers, représenté par M. Pierre-Louis Martin, prêtre prébendé de l'église dudit Béziers, son procureur fondé;

M. François Pasquier, chanoine régulier de la congrégation de France, prieur de Saint-Amable d'Auxerre, et pricur du prieuré simple et régulier de Saint-Etienne des Caspeirous au diocèse de Béziers, représenté par M. Léonard-Nicolas, chanoine régulier, prieur du chapitre Saint-Jacques, de cette ville, son procureur fondé;

Les prieur et religieux de la Chartreuse de Castres, prieur du prieuré simple de Saint-Vincent, paroisse Sainte-Madeleine de cette ville, et propriétaire de plusieurs fiefs en dépendant, représentés par M. Jacques-Joseph-Alexandre de Portalon, chanoine de l'église collégiale de Saint-Aphrodise de Béziers, leur procureur fondé;

M. Joseph-Louis Valadru, prêtre prébendé de l'église de Béziers, prieur du prieuré simple de Saint-André d'Ayguesvives, au même diocèse;

M. Henri-Claude Clémenceau, vicaire général de Nîmes, curé de la paroisse Saint-Castor de la même ville, prieur du prieuré simple de Saint-Pierre et Saint-Celse, au diocèse de Béziers, représenté par M. Louis Glouteau, prêtre, curé de Badones, son procureur fondé;

R. P. dom Joseph-André Franc, prêtre, religieux de la congrégation de Saint-Maur, prieur du prieuré simple et régulier de Saint-Raphaël, au diocèse de Béziers, représenté par dom Joseph-Vincent Brignet, prêtre de la même congrégation, syndic de l'abbaye de Saint-Tybery, son procureur fondé;

R. P. dom Joseph Bosquet, prêtre religieux de la congrégation de Saint-Maur, prieur du prieuré simple et régulier de Saint-Sulpice de Castelnau de Guers, au diocèse d'Agde, représenté par dom Paul Blanquière, sous-prieur de l'abbaye de Saint-Tybery son procureur fondé;

R. P. dom Joseph Brignet, député des bénédictins de l'abbaye de Saint-Tibéry;

R. P. dom Pierre-Paul Chauchon, prieur et député des bénédictins de l'abbaye de Villemagne et député encore des bénédictins de l'abbaye de Saint-Chinian;

R. P. dom Marie-François Raynal, prieur et député des bénédictins de l'abbaye d'Arniane, et député encore de ceux de l'abbaye de Saint-Guillen-le-Désert;

M. Jean-Marie de Labat, prieur et député du chapitre régulier de Cassan, congrégation de France;

M. Jean-Pierre Rastoul, prieur et député du chapitre régulier de Quarante, de la même congrégation;

M. Aimé-Louis Desmoulins de l'Isle, prêtre, abbé commandataire de Foucade, représenté par M. Paul Massip, curé de Saint-Chinian, son procureur fondé;

Dom Alexandre des Biez, prieur et député des Bernardins de l'abbaye de Valmagne;

M. François-Martin Cabanel, curé de la paroisse Saint-Nazaire de Béziers;

M. Jean-Jacques Martin, curé de la paroisse Saint-Aphrodise de la même ville;

M. Léonard Nicolas, curé de la paroisse Saint-Jacques dudit Béziers;

M. Jean-Dominique Julien, curé de la paroisse Sainte-Madeleine et de la paroisse Saint-Félix son annexe, dudit Béziers;

M. Jacques-Louis Glouteau, curé de la paroisse de Badones dans la banlieue de cette ville;

M. Pierre Roger, curé de la paroisse Saint-Martin de Divisan, dans la même banlieue;

M. Etienne Tailhan, prieur, curé de la paroisse de Saint-Jean-d'Aureilhan, dans la même banlieue;

M. Dominique Pouderoux, curé de la ville de Saint-Pons de Thomières;

M. Paul Massip, curé de Saint-Chinian, au même diocèse;

M. Jean Planès, curé de Ferrières, au même diocèse de Saint-Pons, représenté par M. Joseph Billegon, curé de Vendres, son procureur fondé;

M. Pierre-Jean Goudard, curé de Pardailhan, au même diocèse, représenté par ledit M. Ponderoux, curé de Saint-Pons, son procureur fondé;

M. Joseph-Aignan Andral, prieur-curé du lieu de Saint-Martial au même diocèse, représenté par M. Jean-Antoine de Treil de Pardailhan, archidiacre de l'église de Saint-Pons, son procureur fondé;

M. Antoine-François-Sébastien Gazel, curé de la Salvetat, au même diocèse;

M. Louis-Antoine-Martin Resplandy, curé de la Bastide Rouveirouse, au même diocèse;

M. Jean-Jacques Guibert, curé de Verrières, au même diocèse;

M. Guillaume Ritouret, curé de Cournion, au même diocèse;

M. Etienne-Ignace Gottis, prieur, curé de Boujans, diocèse de Béziers;

M. Jacques Augier, prieur, curé de Servian, au même diocèse.

M. Jean-Pierre Cernal, prieur, curé du lieu d'Alignan-du-Vent, au même diocèse;

M. Etienne Giret, curé de Saint-Jean de Ribian, au même diocèse;

M. Gilbert Santy, curé de Caux, au même diocèse;

M. Jean Aubès, curé de Nizas, au même diocèse, représenté par M. Fulerand Vignes, prêtre bénéficier de l'église de Béziers, son procureur fondé;

M. Pierre Audran, curé de Nefflès, au même diocèse;

M. Antoine Serane, prieur, curé de Vailhan, au

même diocèse, représenté par M. Jean-Pierre Soulagne, prieur, curé de Fontès, son procureur fondé;

M. Étienne Coustou, curé de Lieuran Cabrières, au même diocèse, représenté par M. Gilbert Santy, curé de Caux, son procureur fondé;

M. Thomas Rocagel, curé de Peret, au même diocèse;

M. Jean-Pierre Lauret, prieur, curé de Cabrières, au même diocèse, représenté par M. Jacques Augier, prieur, curé de Servian, son procureur fondé;

M. Jean-Pierre Pastre, prieur, curé de Valmascle, au même diocèse, représenté par M. Pierre Daumas, curé d'Aspiran, son procureur fondé;

M. Jean-Joseph, curé de Livas, au même diocèse, représenté par M. Joseph Belegon, curé de Vendres, son procureur fondé;

M. Charles-Joseph Martin, prieur, curé de Campillergues au même diocèse, représenté par M. Henri Rigal, curé de Portianques, son procureur fondé;

M. Jean Ferrieu, curé de Brenas au même diocèse, représenté par M. Philippe Durand, prêtre, chanoine de l'église de Béziers, son procureur fondé;

M. Jean-Benoît Ferrières, prieur, curé de Valquières, au même diocèse, représenté par M. Antoine-Séverin Chaboud, curé de Lignan, son procureur fondé;

M. Etienne Bretons, curé de Dio, au même diocèse, représenté par M. Jean Galtier, curé de Joncels, son procureur fondé;

M. François Mas, prieur, curé de Carlencas, au même diocèse de Béziers, représenté par M. François Balansas, curé de Lieurau-les-Béziers, son procureur fondé;

M. Louis-Antoine Prunet, prieur, curé de Pézenes, et des églises Notre-Dame d'Ourgas et Saint-Martin, les annexes, au même diocèse, représenté par M. Raymond Mestre, prêtre, prébendé de l'église de Béziers, son procureur fondé;

M. Jean Bousquet, prieur, curé de la paroisse de Fos, au même diocèse, et de l'église Saint-Michel de Pardes, son annexe;

M. Jean-Baptiste-Alexis Coste, prieur, curé de Roquezels au même diocèse, représenté par M. Jacques-Pierre Coste, curé de Laurens, son procureur fondé;

M. Michel Joulian, prieur, curé de Saint-Martin des Crozes, au même diocèse de Béziers, représenté par M. Jean-Pierre Soulagne, prieur, curé de Fontès, son procureur fondé;

M. Pierre Polane, curé de Gabiau, au même diocèse, représenté par M. Jean Blanc, curé de Montadi, son procureur fondé;

M. Charles Mathieu, chanoine régulier de la congrégation de France, prieur, curé du lieu de Roujau, au même diocèse;

M. Jean Martel, prieur, curé du lieu de Margon au même diocèse, représenté par M. Jean-Pierre Arnal, prieur, curé d'Alignan-du-Vent, son procureur fondé;

M. Jean-Pierre Soulagne, prieur, curé de Fontès, au même diocèse;

M. Antoine Mazel, chanoine régulier de la congrégation de France, prieur, curé de Pouzolles, au même diocèse;

M. Jacques Guiraud, curé de Fouzilhon, au même diocèse de Béziers;

M. Jacques-Alexis Coste, prieur, curé d'Abeilhan, au même diocèse, représenté par M. Pierre-Jacques Coste, curé de Laurens, son procureur fondé;

M. François Lautier, curé de Magalas, au même

diocèse, représenté par M. Joseph-Gabriel Bosquet, prêtre prébendé de l'église collégiale de Saint-Aphrodise de Béziers, son procureur fondé;

M. Christophe Hicher, curé de Coulobres, au même diocèse;

M. Louis Bousquet, prieur, curé de Puissalicou, au même diocèse;

M. Joseph Montels, curé d'Espondeilhan, au même diocèse, représenté par M. Christophe Hicher, curé de Coulobres, son procureur fondé;

M. Jean-Jacques Villebrun, curé de Bassan, au même diocèse;

M. François Balusac, curé de Lieurau-les-Béziers;

M. Nicolas Millié, curé de Ribaute, au même diocèse;

M. Jean-Esprit Meissonnier, curé de Nébian, au diocèse de Lodève;

M. Grégoire Pons, prieur, curé de la ville de Clermont-Lodève;

M. Maximilien Flottes, prieur, curé de Fouscais, au même diocèse, représenté par ledit monsieur son prieur, curé de Clermont, son procureur fondé;

M. François-Alexandre-Hippolyte Baumel, curé de la Coste, au même diocèse;

M. Jean de La Roque, prieur, curé de Saint-Martin du Bosc, au même diocèse, représenté par M. Meissonnier, curé de Nébian, son procureur fondé;

M. Jean-Antoine Ollier, prieur, curé de Saint-Jean de la Blanquière, au même diocèse, représenté par M. Santy, curé de Caux, son procureur fondé;

M. Guillaume-Clément Jany, prieur, curé d'Usclas, au même diocèse de Lodève, représenté par M. le comte de Moumaux, prieur, curé de Brignas, son procureur fondé;

M. Joseph Audran, prieur, curé de Saint-Frichoux, au même diocèse, représenté par M. Jean Blanc, curé de Montadi, son procureur fondé;

M. Guillaume Dulbourg, curé de Sommont, au même diocèse, représenté par M. Lavit, prieur, curé de Ceyras, son procureur fondé;

M. Louis Montels, curé du Puech, au même diocèse, représenté par M. Lavit, curé de la paroisse Saint-Pierre de Lodève, son procureur fondé;

M. Paul Léotard, curé de la paroisse Saint-Fulcrand de Lodève;

M. Jean Lavit, curé de la paroisse Saint-Pierre de la même ville;

M. Jean-Louis Duclaux, prieur, curé de La Valette, au même diocèse, représenté par M. Rouquette, prieur, curé de Lauroux, son procureur fondé;

M. Joseph Canac, curé de Soubès, au même diocèse;

M. Jean-Louis Rouquet, prieur, curé du lieu de Saint-Etienne de Gourgas, au même diocèse, représenté par M. Pons, prieur, curé de Clermont, son procureur fondé;

M. Jean-André-Hercule Vergnes, prieur, curé de Parlatges, au même diocèse;

M. Louis-Marc, curé du lieu de Saint-Pierre de Lafage, au même diocèse, représenté par M. Lavit, curé de la paroisse Saint-Pierre de Lodève, son procureur fondé;

M. Augustin de Grégoire, prieur curé de Vacquerie, au même diocèse, représenté par M. Vergnes, prieur curé de Parlatges;

M. Jean-Antoine Pons, prieur curé de Saint-Maurice, au même diocèse, représenté par M. Pousson, prêtre gradué de Sorbonne, bénéficier de l'église cathédrale de Béziers, son procureur fondé;

M. Jean Combes, curé de Mardières, au même diocèse de Lodève, représenté par ledit M. Vergnes, prieur, curé de Parlatges, son procureur fondé ;

M. Jean-François Jory, curé de Caylar, au même diocèse ;

M. Guillaume Baldonny, curé des Rives, au même diocèse, représenté par M. Théron, prêtre bénéficier de l'église de Béziers, son procureur fondé ;

M. Antoine Serres, prieur, curé de Pegairolles, au même diocèse de Lodève, représenté par M. Millié, curé de Ribaute, son procureur fondé ;

M. Jean Calmels, curé de Coulet, au même diocèse, représenté par M. Canac, curé de Soubès, son procureur fondé ;

M. Joseph Rouquette, prieur, curé de Lauroux, au même diocèse ;

M. Joseph Roux, prieur, curé de Villacan, au même diocèse, représenté par le sieur abbé Saint-Amour, prieur, de Saint-Pierre de la Fage, son procureur fondé ;

M. Jean-Antoine Montziol, curé de Poujols, au même diocèse, représenté par M. Etienne Bellet, ancien curé de la paroisse Saint-Nazaire de Béziers, son procureur fondé ;

M. Brune du Mazel, curé du lieu de Saint-Martin de Castries, au même diocèse de Lodève, représenté par ledit M. Canac, curé de Soubès, son procureur fondé ;

M. Pierre-Louis Maurin, prieur, curé d'Oction, au même diocèse, représenté par M. Honoré Bernard, curé de Salèles, son procureur fondé ;

M. Antoine Rouaud, prieur, curé de Selles, au même diocèse, représenté par le sieur abbé Salze, chanoine de Lodève, son procureur fondé ;

M. Thomas Guizard, prieur, curé de Mérissous, du même diocèse, représenté par M. Hicher, curé de Coloubres, son procureur fondé ;

M. Joseph Bonneville, curé de Liausson, au même diocèse, représenté par M. le comte de Moumaud, prieur, curé de Brignas, son procureur fondé ;

M. Jean-Pierre Cazilbac, prieur, curé de Salzas, au même diocèse, représenté par M. Lavit, prieur, curé de Ceyras, son procureur fondé ;

M. François Roussel, prieur, curé de Monreze, au même diocèse, représenté par M. Meissonnier, curé de Nébian, son procureur fondé ;

M. Honoré Bernard, curé de Salèles, au même diocèse ;

M. Antoine-Séverin Chabond, curé de Lignan, au diocèse de Béziers ;

M. Joseph Belmont, prieur, curé de Thézan, au même diocèse ;

M. Jean-François Arnauld, prieur, curé de Marviel, au même diocèse, représenté par M. Pascal Daydé, prêtre prébendé de l'église de Béziers, son procureur fondé ;

M. Jacques Cure, prieur, curé de Saint-Nazaire de Ladarels, au même diocèse.

M. Ambroise-Nicolas de Lasserre, chanoine régulier de la congrégation de France, prieur, curé de Roquebrun, au même diocèse ;

M. Jacques Carrières, curé d'Olargnes de Saint-Pons ;

M. Gabriel Faberand Massot, curé de Saint-Julien-les-Olargues, au même diocèse ;

M. Jacques-Joachim Clavel, curé de Saint-Vincent, au même diocèse, représenté par M. Guillaume Salvan, prêtre, chanoine du chapitre collégial Saint-Aphrodise de Béziers, son procureur fondé ;

M. Pierre-Félix Geniès, curé de Prémiau, au même diocèse de Saint-Pons ;

M. Jean-Jacques Blezy, curé de Riols, au même diocèse ;

M. Jean-Joseph Tarbouriech, curé de Cessenon, au même diocèse, et des paroisses de Prades, Pierre Rue et Cazedarne, ses annexes ;

M. Pierre Gottis, de l'ordre de Prémontrés, prieur, curé de Savignas, au diocèse de Narbonne ;

M. Etienne-Henri-Gaspard Bouniol, archiprêtre de Cazouls-les-Béziers ;

M. Jean Séguier, curé de Campagnoles, au diocèse de Béziers ;

M. Mathieu-Aphrodise Bosquet, curé de Maraussan, au même diocèse ;

M. Jean Libes, curé de Villenouvelle au même diocèse ;

M. Etienne-Martin Causse, chanoine de l'église de Béziers, prieur du prieuré simple de Saint-Martin d'Agel, situé sur la paroisse de Magalas, et chapelain de la chapelle de Pouzaire, fondée dans l'église des religieuses Sainte-Marie de cette ville, représenté en ces deux dernières qualités par M. Joseph Du Barbier, prêtre, prébendé de l'église de Béziers, prieur de Notre-Dame du Mont-Carmel, son procureur fondé ;

M. Joseph Martin, curé de Causses, au diocèse de Béziers ;

M. Louis Guilbert, curé de Montblanc, au même diocèse ;

M. Jean Guy, prieur, curé de Valvros, au même diocèse ;

M. Pierre Daverroux, curé de Tourbes, au même diocèse ;

M. Etienne Boudon, curé de Conas, au diocèse d'Agde ;

M. François-Louis de Ricard, curé de Castelnau-Deguert, au même diocèse, représenté par M. Cermely, chapelain de la chapelle Saint-André de Florensac, son procureur fondé ;

M. Jacques Savy, curé de la ville de Pézenas, au même diocèse ;

M. Jean-Baptiste Babot, prieur, curé d'Aumes, au même diocèse, représenté par M. Joly, curé de Pézenas, son procureur fondé ;

M. Jean-Henri Bellouis, prieur, curé de la ville de Montagnac, au même diocèse, représenté par M. Payen, curé de la paroisse Saint-Etienne d'Agde, son procureur fondé ;

M. Pierre-Louis Peys, prieur, curé de Saint-Pons de Mancheins, au même diocèse, représenté par M. Boudon, curé de Conas, son procureur fondé ;

M. Michel Gibal, curé de Saint-Pargoire, au diocèse de Béziers ;

M. Antoine Faujaud, curé de Campagnan, au même diocèse, représenté par M. Monestié, prêtre de la congrégation de la Mission, professeur en théologie au séminaire de cette ville, son procureur fondé ;

M. Guillaume Mabrieu, curé de Belarga, au même diocèse, représenté par M. Barthélemy d'Astruc de Colombières, prieur de Paulhan, son procureur fondé ;

M. Mathieu Bousquet, prieur, curé de Plaissan, au même diocèse, représenté par M. Alexandre Ferret, diacre du diocèse de Béziers, son procureur fondé ;

M. François Faujaud, prieur, curé de Puilacher, au même diocèse, représenté par M. Granier, prêtre hebdomadier de l'église de Béziers, son procureur fondé ;

M. Jean Nougieur, curé de la ville de Gignac, au même diocèse ;

M. Jean Cabanel, curé de Saint-Martin de Carcarez, au même diocèse, représenté par ledit

M. Nouguier, curé de Gignac, son procureur fondé;

M. André Tindel, curé d'Auniane, au diocèse de Montpellier;

M. Joseph Mille, curé de la paroisse de La Boissière, au même diocèse, représenté par ledit M. Tindel, curé d'Auniane, son procureur fondé;

M. François Gas, curé de Pouchabon, au même diocèse, représenté par le même procureur fondé;

M. Antoine Clarène, curé de la paroisse Saint-Laurent du lieu de Saint-Guillen-le-Désert, au diocèse de Lodève, représenté par M. Libes, prieur curé de Villenouvelle, son procureur fondé;

R. P. dom Jacques Michel, religieux de la congrégation de Saint-Maur, curé de la paroisse Saint-Barthélemy, du lieu de Saint-Guillen-le-Désert, au même diocèse, représenté par dom Raynal, prieur de l'abbaye d'Auniane, son procureur fondé;

M. Jean Bounariq, prieur, curé du lieu de Saint-Jean de Fos, au même diocèse, représenté par M. Ferrieu, curé de Notre-Dame d'Antinaquet, son procureur fondé;

M. Pierre-Jean Galby, curé de Notre-Dame de la Garrigue, au même diocèse, représenté par M. Bruéron, curé du lieu de Saint-Félix de Lodès, son procureur fondé;

M. Jean-Baptiste Larche, prieur, curé de Montpéroux, au même diocèse;

M. François Gaudion, prieur, curé de Saint-André, au même diocèse;

M. Antoine Bruéron, curé de Saint-Félix de Lodès, au même diocèse;

M. Louis Coudère, prieur, curé de Saint-Guiraud, au même diocèse, représenté par M. Messonnier, curé de Cérignan-la-Cebbe, son procureur fondé;

M. Dominique-Jean Loubeau, prieur, curé de Saint-Saturnin et des paroisses d'Arboiras et Jonquières, ses annexes, au même diocèse;

M. Louis Lavit, prieur, curé de Ceyras, au même diocèse;

M. Jean Barescut, curé de Cambous, au même diocèse, représenté par ledit M. Bruéron, curé de Saint-Félix, son procureur fondé;

M. Pierre-Réné de Comte de Monmaud, prieur, curé de Brignat, au même diocèse;

M. Guillaume-Bernard Rigaud, prieur, curé de Carret, au même diocèse, représenté par M. Meissonnier, curé de Lérignan, son procureur fondé;

M. Pierre Daumas, curé d'Aspiran, au diocèse de Béziers;

M. Valentin Mauzas, curé d'Esclos d'Hérault, au même diocèse, représenté par M. Michel François-Guillaume Fraisse, prêtre bénéficier de l'église de Béziers, son procureur fondé;

M. Etienne Janel, curé de Casouls d'Hérault, au même diocèse, représenté par M. Salry Sudre, prêtre procureur d'Alby, son procureur fondé;

M. Jean Meissonnier, curé de Lézignan-la-Cebbe, au même diocèse;

M. Joseph Barrière, curé de Puimisson, au même diocèse;

M. Etienne Eustache, prieur, curé de Saint-Giniès, au même diocèse;

M. Antoine Cure, prieur, curé d'Anlignac, au même diocèse;

M. Pierre-Jacques Coste, curé de Laurens, au même diocèse;

M. Joseph Guy, curé de Coussiniojouls, au même diocèse, représenté par M. Giret, curé de Saint-Jean-de-Biblou, son procureur fondé;

M. François-Hilaire Nègre, prieur, curé de

Faugères, au même diocèse, représenté par M. Chaboud, curé de Lignan, son procureur fondé;

M. Jean-Etienne Puech, prieur, curé de Soumaître, au même diocèse, représenté par M. Galtier, curé de Joncels, son procureur fondé;

M. Jean-Etienne Tabarié, curé de la ville de Bédarieux, au même diocèse, représenté par M. Vignes, prêtre bénéficier de l'église de Béziers, son procureur fondé;

M. Joseph Boissié, curé du Mas-Blanc, au même diocèse, représenté par M. Bosquet, prêtre prébendé de l'église collégiale Saint-Aphrodise de Béziers, son procureur fondé;

M. Guillaume Rigaud, prieur, curé de Caumas, au même diocèse, représenté par M. Lunarel, prêtre bénéficier de l'église de Béziers, son procureur fondé;

M. Antoine Privat, prieur, curé de Notre-Dame de Nize, au même diocèse, représenté par M. Glouteau, curé de Badones, son procureur fondé;

M. Charles-Augustin Montagnol, chanoine de Joncels, prieur, curé de Lunas, au même diocèse; représenté par M. Fraisse, prêtre bénéficier de l'église de Béziers, son procureur fondé;

M. Jean Galtier, curé de Joncels, au même diocèse;

M. Joachim Gasc, prêtre, curé du Mas-de-Mourrié, au même diocèse, représenté par M. Coutouly, prêtre prébendé de l'église de Béziers, son procureur fondé;

M. Antoine Ferrieu, curé de Notre-Dame d'Antrignagues, au même diocèse;

M. Jean Granier, curé de Ceilles, au même diocèse, représenté par ledit M. Ferrier, de Notre-Dame d'Antrignagues, son procureur fondé;

M. André Bousquet, curé de Vinas, au même diocèse, et de la paroisse Notre-Dame de Rouvignac, son annexe;

M. Jean-André Barthez, prieur, curé de Saint-Barthélemy d'Arnoye, au même diocèse, représenté par M. Blanc, prêtre bénéficier de l'église de Béziers, son procureur fondé;

M. Jean-François Cabassut, prieur, curé d'Avène, au même diocèse, et des paroisses Saint André de Rieusec et Serviez, ses annexes;

M. Elézard-François Vidal, prieur, curé de Saint-Martin de Clemensau, au même diocèse, représenté par M. Augier, prieur, curé de Servian, son procureur fondé;

M. Pierre Mazel, curé de Graissesat, au même diocèse, représenté par M. Astruc, curé de Cabriols, son procureur fondé;

M. Jean Reveillon, curé de Camplong, au même diocèse, représenté par M. Martin, curé de la paroisse Saint-Aphrodise de Béziers, son procureur fondé;

M. Barthélemy Marie, curé de la paroisse Saint-Etienne de Marsan, et de celle de Saint-Laurent de Ferreiroles, son annexe, au même diocèse, représenté par M. Balausac, curé de Licurant-les-Béziers, son procureur fondé;

M. Antoine Sales, curé de Taussac, au même diocèse, représenté par M. Daumas, curé d'Aspiron, son procureur fondé;

M. Barthélemy Leverre, curé de Villeneuve-les-Béziers;

M. Louis Espic, prieur, curé de Gers, au même diocèse;

M. Henri Rigal, curé de Portirangues, au même diocèse;

M. Guillaume Vivarès, curé de Vias, au diocèse d'Agde;

M. Séverin-Joseph Payen, curé de la paroisse Saint-Étienne de la ville d'Agde ;

M. Blaise-Hyacinthe Morel, prieur de la paroisse de Saint-Sever de la ville d'Agde, représenté par M. de Cars, précenteur de l'église de la même ville, son procureur fondé ;

M. Honoré Olive, curé de la ville de Cette, au même diocèse, représenté par M. Denis Fave, curé de Saint-Joseph-les-Cettes, au même diocèse, son procureur fondé ;

M. Antoine-Joseph-Xavier Michel, prieur, curé, de Bouzigues, au même diocèse, représenté par M. Leutheris, prieur, curé de Mèze, son procureur fondé ;

M. Jean Lau, curé de Saint-Martin du Crau, au même diocèse, représenté par M. Bouniol, archiprêtre de Cazouls-les-Béziers, son procureur fondé ;

M. Joseph Leutheris, prieur, curé de Mèze, au même diocèse ;

M. Pierre-Jean Perny, curé de Florenzac, au même diocèse ;

M. Jean Viel, curé de Marseillan, au même diocèse ;

M. François Lagrifoul, prieur, curé de Promerols, au même diocèse, représenté par ledit M. Perny, curé de Florenzac, son procureur fondé ;

M. François Jullian, curé de Pinel, au même diocèse, représenté par M. Gottes, prieur, curé de Bonjan, son procureur fondé ;

M. Etienne Mario, prieur, curé de Nézignan, au même diocèse ;

M. Gaspard-François Pouget, curé de Saint-Tibéry, au même diocèse ;

M. Jean-François Mazen, curé de Bessan, au même diocèse ;

M. Barthélemy Boudes, curé de Coussergues, au même diocèse, représenté par M. Guibert, curé de Montblanc, son procureur fondé ;

M. Etienne Vignier, prieur, curé de Corneilhan, au même diocèse, de Béziers ;

M. Jean-Jacques Boudes, curé de Cabreroles, au même diocèse, représenté par M. Blanc, prêtre bénéficier de l'église de Béziers, son procureur fondé ;

M. François Abbal, prieur, curé de Sainte-Madeleine de Monis, au même diocèse, représenté par M. Sanche, prêtre prébendé de l'église de Béziers, son procureur fondé ;

M. Noël Vergnes, curé de Poujol, au même diocèse ;

M. Jean Cabrié, curé des Aires, au même diocèse, représenté par M. Coutouly, prêtre prébendé de l'église de Béziers, son procureur fondé ;

M. André-Martin Lautres, curé d'Hérépian, au même diocèse, représenté par M. Leverre, curé de Villeneuve-les-Beziers, son procureur fondé ;

M. Jean-Jacques-Joseph Floitard, prieur, curé de Colombières, au même diocèse, représenté par M. Sanche, prêtre prébendé de l'église de Béziers, son procureur fondé ;

M. Jean-Joseph Lussignol, prieur, curé de Douts, au même diocèse, représenté par M. Gottis, prieur, curé de Bonjan, son procureur fondé ;

M. Jacques-François Bel, curé de Saint-Gervais, au diocèse de Castres ;

M. Victor Sebe, prieur, curé de Castanet-le-Haut, au même diocèse, représenté par M. Brès, prêtre, professeur au collège royal de Béziers, son procureur fondé ;

M. Joseph Méris, curé de Rougas, au même diocèse, représenté par M. Bel, curé de Saint-Gervais, son procureur fondé ;

M. Alexis Pélissier, prieur curé de Saint-Amans,

de Mounis, au même diocèse, représenté par M. Audran, curé de Néfiès, son procureur fondé ;

M. Pierre Castel, curé de Maurian, au même diocèse, représenté par M. Brès, prêtre, professeur au collège de Béziers, son procureur fondé ;

M. Antoine Roque, prieur, curé de Saint-Géniès de Varausal, au même diocèse, représenté par M. Bel, curé de Saint-Gervais, son procureur fondé ;

M. Urbain Pas de Cesse, curé de Villemagne, au diocèse de Béziers, représenté par M. Massot, prieur, curé de Saint-Julien les Ollargues, son procureur fondé ;

M. Jean Blanc, curé de Montady, au même diocèse ;

M. Gabriel-Paulin Orozals, curé de Sauvian, au même diocèse, représenté par M. Bouniol, ancien archiprêtre de Cazouls, son procureur fondé ;

M. Antoine Granier, curé de Serignan, au même diocèse ;

M. Joseph Bellecgon, curé de Vendres, au même diocèse ;

M. Jacques-Alexis Gondret, curé de Lespignan, au même diocèse ;

M. Jean-Baptiste-Bernard Cathelau, curé de Colombiers, au même diocèse, représenté par M. Libes, curé de Villenouvelle, son procureur fondé ;

M. Louis-Honoré Dalmais de Curnieu, archiprêtre de Capestan, au diocèse de Narbonne ;

M. Jean Pagès, curé de Quarante, au même diocèse ;

M. Jean-Louis Gouttes, curé d'Argelais, au même diocèse ;

M. Joseph-Féréol Rolland, curé de Bize, au même diocèse ;

M. Marc-Antoine Jaussau, curé de Maihac, au même diocèse ;

M. Hyacinthe de Larentière, prieur, curé de Puissegnier, au même diocèse ;

M. Thomas Tharbouech, curé de Cressan, au même diocèse, représenté par M. de Larentière, prieur, curé de Puissegnier, son procureur fondé ;

M. Jean-Baptiste Faliou, curé de Montels, au même diocèse, représenté par M. Rolland, curé de Bize, son procureur fondé ;

M. Bernard Augé, curé de Polhès, au même diocèse ;

M. Thomas Pigol, prieur, curé de Nissan, au même diocèse ;

M. Gabriel Crouzilhac, prieur, curé de Maureilhan, au diocèse de Béziers, représenté par M. Bouniol, ancien archiprêtre de Cazouls, son procureur fondé ;

M. André Mathieu de Tabarier, prieur, curé de Ramejan, au même diocèse ;

M. François Pagès, curé de Cuzy, au diocèse de Saint-Pons, représenté par M. Pagès, curé de Quarante, son procureur fondé ;

M. Jean-Joseph Gros, curé de Montouliès, au même diocèse, représenté par M. Gouttes, curé d'Argeliers, son procureur fondé ;

M. Pierre Hyger Cabanon, curé d'Agel, au même diocèse, représenté par M. Rolland, curé de Bize, son procureur fondé ;

M. Pierre-Jean-Prosper Cros, prieur, curé d'Aigues-Vives, au même diocèse, représenté par M. Lavigne, curé de Ventenac, diocèse de Narbonne, son procureur fondé ;

M. Martin Martin, curé de Sebazan, au même diocèse de Saint-Pons ;

M. Antoine-Dominique Théron, curé de Villespassan, au même diocèse, représenté par M. Massiph, curé de Saint-Chinian, son procureur fondé;

M. Pierre-Jean-François de Guiraud de Lasserre, prieur, curé de Saint-Martin de Larçon, au même diocèse, représenté par M. Bonnaviable, prêtre, prébendé de l'église collégiale de Béziers, son procureur fondé;

M. Joseph-Etienne Abbran, curé de Lauzières, au diocèse de Lodève, représenté par M. Théron, prêtre bénéficier de l'église de Béziers, son procureur fondé;

R. P. Charles-Joseph de Fleury, prêtre, prieur des Carmes de cette ville, formant actuellement toute la communauté;

Les Pères Cordeliers d'Agde, représentés par M. Claude-Félix Maffre, bénéficier de l'église d'Agde, leur procureur fondé;

Les Pères Carmes de Lodève, représentés par le R. P. de Fleury, prieur des Carmes de Béziers, leur procureur fondé;

Les Pères Cordeliers de Pézenas, représentés par M. Salvy Sudre, prêtre du diocèse d'Alby, leur procureur fondé;

Les dames religieuses du couvent de Notre-Dame de Béziers, représentées par M. Jean-Marie Daydé, vicaire général du diocèse, leur procureur fondé;

Les dames religieuses du couvent de Sainte-Marie de Gignac, représentées par M. Nouguier, curé de la même ville, leur procureur fondé;

Les dames religieuses d'Agde, représentées par M. Mazac, curé de Bessan, leur procureur fondé;

Les dames Ursulines de Pézenas, représentées par M. Savy, curé de la même ville, leur procureur fondé;

M. Jean-Baptiste Chareim, supérieur et député des prêtres de la congrégation de la Mission de la maison de Béziers;

R.-P. Guillaume Cerize, député des Pères Dominicains de Béziers;

R.-P. Joseph Tédenat, député des Pères Augustins de Béziers;

R.-P. Pierre Lafite, député des Pères Minimes de Béziers;

R.-P. Benoit Rigal, prieur et député des Pères Augustins de Montagnac;

R.-P. Jean Julien, prieur et député des Dominicains de Clermont-Lodève;

Les dames Ursulines de Béziers, représentées par M. Jean-Marie Boucard, prêtre prébendé honoraire de l'église de Béziers, leur procureur fondé;

M. Jean-Guillaume Rolland, prêtre, du diocèse d'Agde, chapelain de la chapelle Notre-Dame, érigée dans la paroisse de Mèze, représenté par M. Fabry, prêtre hebdomadier de l'église d'Agde, son procureur fondé;

M. Pierre Coutouly, prêtre prébendé de l'église de Béziers, chapelain de la chapelle dite de l'Obit du purgatoire, érigée dans l'église Saint-Félix de Béziers;

M. Jacques-Guillaume Salet, ecclésiastique du diocèse de Lodève, chapelain de la chapelle Notre-Dame-de-Consolation, fondée dans la paroisse Saint-André;

M. Jacques-Joseph-Alexandre de Portalon, prêtre, chanoine de l'église collégiale Saint-Aphrodise de Béziers, chapelain de la chapelle Saint-Jean, érigée dans la paroisse de Bessan;

M. Roque Despon, prêtre prébendé du chapitre de Moissac, chapelain de la chapelle du *Corpore Christi*, fondée dans l'église Sainte-Madeleine de Béziers, représenté par M. Boucard, prêtre prébendé honoraire de l'église de Béziers, son procureur fondé;

M. Guillaume Salvan, prêtre chanoine de l'église collégiale Saint-Aphrodise de Béziers, chapelain de la chapelle de Rouch, fondée dans l'église Saint-Félix de la même ville;

M. Pierre-Louis Martin, prêtre prébendé de l'église de Béziers, chapelain de la chapelle Saint-Jean-Baptiste de Loupian;

M. Pierre-Félix Belpel, prêtre prébendé de l'église de Béziers, chapelain de la chapelle de Galzy, fondée dans l'église paroissiale de Montblanc, et de la chapelle Sainte-Catherine, érigée dans celle d'Arignan-du-Vent;

M. Etienne de Rives, prêtre chanoine de l'église collégiale Saint-Aphrodise de Béziers, chapelain de la chapelle des Onze mille vierges, fondée dans la paroisse de Montblanc, et de la chapelle Sainte-Croix, fondée dans l'église Saint-Félix de Béziers;

M. Emmanuel Cielle, prêtre chanoine de l'église collégiale de Béziers, chapelain de la chapelle Notre-Dame et de tous les Saints, érigée dans l'église Saint-Félix de Béziers, représenté par M. Etienne de Rives, chanoine de la même église, son procureur fondé;

M. Jean Azema, prêtre hebdomadier de l'église de Béziers, chapelain de la chapelle Sainte-Anne, érigée dans la paroisse de Portirages;

M. Jacques-Gilbert Villebruno, diacre du diocèse d'Agde, chapelain de la chapelle Saint-Pierre, érigée dans la paroisse de Montagnac, représenté par M. Jean-Baptiste Desmazes, chanoine sacristain du chapitre de Pézenas, son procureur fondé;

M. Claude-Antoine Arquinet, prêtre chapelain de la chapelle Sainte-Croix, érigée dans la paroisse de Mèze, représenté par ledit sieur Desmazes, chanoine de Pézenas, son procureur fondé;

M. Jean Astruc, prêtre, curé de Cabriols, chapelain de la chapelle des Ames du purgatoire, fondée dans la paroisse de Saint-Pons de Monchiens;

M. Pierre-Mathieu Faujaud, prêtre du diocèse de Lodève, chapelain de la chapelle de Notre-Dame, fondée dans la paroisse de Soubès, représenté par ledit M. Astruc, curé de Cabriols, son procureur fondé;

M. Hyacinthe Jannot, prêtre chapelain de la chapelle du Purgatoire, fondée dans la paroisse de Bizo, représenté par M. Antoine Roube, prêtre hebdomadier de l'église collégiale Saint-Aphrodise de Béziers, son procureur fondé;

M. Louis Roube, prêtre prébendé de l'église de Béziers, chapelain de la chapelle Saint-Etienne, fondée dans la paroisse Saint-Félix de la même ville, tant en son nom que comme procureur fondé de M. Joseph Franc, prêtre, prébendé du chapitre Saint-Nazaire, et de M. Jean-Pierre Cadoret, prêtre, prébendé du chapitre Saint-Aphrodise, ses chapelains;

M. Jean-François Valat, prêtre du diocèse d'Agde, chapelain de la chapelle Saint-Crépin, fondée dans la chapelle de Pézenas, représenté par M. Etienne-Charles André, prêtre, chanoine du chapitre de la même ville, son procureur fondé;

M. Fulcrand Vignes, prêtre prébendé de l'église de Béziers, chapelain de la chapelle Notre-Dame-de-la-Balme, fondée dans la paroisse Sainte-Madeleine de la même ville;

M. Michel-François-Guillaume Fraisse, prêtre du diocèse de Béziers, bénéficier de l'église cathédrale, chapelain de la chapelle Saint-Martin d'Alzoune, fondée dans la paroisse Saint-Félix de la même ville;

M. Jacques-François Lagarde, prêtre bénéficier de l'église d'Agde, chapelain de la chapelle Saint-Joseph, érigée dans la paroisse de Montagnac, représenté par Jean-Ferret, prêtre, prébendé de l'église de Béziers, son procureur fondé;

M. Jacques de Lozereau, prêtre, chanoine de l'église de Béziers, chapelain de la chapelle Saint-Antoine, fondée dans la paroisse d'Aniane;

M. Michel-Thomas-Remy-Antoine Pagès, prêtre du diocèse d'Agde, hebdomadier de la même ville, chapelain d'un cantage, fondé dans la paroisse de Nézignan;

M. Barthélemy Augé, prêtre, prébendé de l'église de Béziers, chapelain de la chapelle Saint-Antoine, fondée dans la paroisse Saint-Etienne de Marsan;

M. Joseph-Honoré Olivier, prêtre, prébendé de l'église Saint-Ambroise de Béziers, chapelain de de la chapelle Notre-Dame-de-Bon-Port, érigée dans la chapelle Saint-Félix de la même ville, représenté par M. Hérail, prêtre, hebdomadier du susdit chapitre Saint-Aphrodise;

M. Antoine Gibal, prêtre du diocèse de Béziers, chapelain de la chapelle de Saint-Hippolyte, Saint-Blaise, Saint-Joseph, Saint-Crépin et Saint-Crépinien, fondée dans l'église de Gignac;

M. Pierre Rouand, prêtre du diocèse de Lodève, chapelain de la chapelle Saint-Jean-Baptiste, fondée dans la paroisse de Pégairolles, représenté par ledit M. Ambroise Gibal, prêtre, son procureur fondé;

M. Jean-Baptiste Cabrié, prêtre du diocèse de Béziers, chapelain des chapelles Saint-Pierre et Saint-Féréol, fondées dans la paroisse de Villeneuve;

M. Jean-François Armely, prêtre du diocèse d'Agde, ancien curé de la paroisse de Florence, chapelain de la chapelle Saint-André, érigée dans la paroisse de ce dernier lieu;

M. François-Etienne Lafon, bénéficier de l'église d'Agde, chapelain de la chapelle Saint-Maxent, fondée dans la paroisse Saint-Sever d'Agde, représenté par M. Lunarel, prêtre bénéficier de l'église de Béziers, son procureur fondé;

M. Pierre-Balthazard Olivier, bénéficier de l'église d'Agde, chapelain de la chapelle Saint-André, fondée dans la paroisse de Montagnac;

M. Guillaume Palhouzier, prêtre, chanoine du chapitre Saint-Aphrodise de Béziers, chapelain de la chapelle Saint-Guiraud, fondée dans la paroisse Sainte-Madeleine de la même ville, représenté par M. de Portalon, prêtre prébendé de l'église cathédrale, son procureur fondé;

M. Jean-Antoine Villebrun, ecclésiastique du diocèse d'Agde, chapelain de la chapelle Notre-Dame d'Agde, fondée dans la paroisse de Pézenas, représenté par M. de La Serre de Rouairoux, chanoine doyen du chapitre de la même ville, son procureur fondé;

M. Claude-Félix Maffre, bénéficier de l'église d'Agde, chapelain de la chapelle Saint-Claude, fondée dans la paroisse de Marseillan;

M. Jacques Roudier, ancien curé de Vendres, chapelain de la chapelle Sainte-Catherine, fondée dans la paroisse Sainte-Madeleine de Béziers;

M. Jean Fabre, bénéficier du chapitre de Pézenas, chapelain de la chapelle Saint-Antoine, fondée dans la chapelle de Valros;

M. Pierre Brès, prêtre, député des ecclésiastiques engagés dans les ordres sacrés, non possédant bénéfices, qui sont actuellement habitués ou domiciliés sur la paroisse Sainte-Madeleine de Béziers;

M. Louis Guibert, curé de Montblanc, député

des ecclésiastiques engagés dans les ordres sacrés, non possédant bénéfices, qui sont habitués ou domiciliés dans la ville de Clermont-Lodève;

M. Pierre-Léon-François Gayraud, prêtre du diocèse de Saint-Pons, député des ecclésiastiques engagés dans les ordres sacrés, non possédant bénéfices, qui sont habitués ou domiciliés sur la paroisse de la même ville;

M. François-Xavier Michel, prêtre du diocèse d'Apt, premier vicaire de la paroisse de Cette, député des ecclésiastiques engagés dans les ordres sacrés, non possédant bénéfices, qui sont habitués ou domiciliés dans cette même ville;

M. Louis-Henri de Blay, prêtre, vicaire de la paroisse de Perret, chapelain de la chapelle de la Sainte-Trinité, fondée dans la paroisse de Villeneuve-les-Béziers, représenté par M. Malbon, prêtre, prébendé de l'église de Béziers, son procureur fondé;

M. Joseph Olive, prêtre, chanoine précenteur du chapitre de Capestan, chapelain de la chapelle Saint-Etienne, érigé dans la paroisse du même lieu.

Dans l'ordre de la noblesse.

Monsieur, frère du Roi, comte de Pézenas, représenté par M. Jean-Guillaume Strozzi Plantavit, comte de La Pauze, maréchal des camps et armées de Sa Majesté, son procureur fondé;

Très-haut et très-puissant seigneur François-Emmanuel de Crussol, duc d'Uzès, premier pair de France, prince de Gayon, baron de Florenzac, Vias et autres lieux, chevalier des ordres du Roi, représenté par M. Jean-Thomas, marquis de Visses, lieutenant au régiment d'Orléans dragons, son procureur fondé;

Très-haut et très-puissant seigneur Victor-Maurice de Riquet, comte de Caraman, seigneur en partie du canal de Languedoc, lieutenant général des armées du Roi, grand-croix de l'ordre de Saint-Louis, commandant en chef du comté de Provence, représenté par haut et puissant seigneur Jean-Baptiste d'Alphonse, seigneur d'Alphonse, etc., patrice romain, chevalier de l'ordre de Saint-Lazare, citoyen de Béziers, son procureur fondé;

Haut et puissant seigneur Pons Marthe, marquis de Thézan, comte de Poujol, baron de Mourcairol, seigneur d'Herpian, du Pradal, coseigneur de Mourèze, et seigneur direct de Cessenon et de Roquebrun;

Très-haut et très-puissant seigneur Alexandre marquis de Bermond, seigneur de Puisserquier, Maureilhan, Sebazan, Saint-Balery, Colombiers et Tessan, représenté par haut et puissant seigneur Jean-François-Etienne de Sarret, baron de Conserques, capitaine de cavalerie au régiment du Roi, son procureur fondé;

Haut et puissant seigneur Jean-Maurice de Visses, marquis de Fontés, seigneur haut et bas justicier de la terre de L'Estau-les-Fontés, diocèse de Béziers;

Haut et puissant seigneur Henri-Antoine marquis de Gayon, seigneur engagiste de Boujun, seigneur de Baissan, Foussan-le-Bas, et seigneur direct de Vendres, maréchal des camps et armées du Roi, chevalier de l'ordre de Saint-Louis;

Haut et puissant seigneur Joseph-Henri-Constance, marquis de Lort, seigneur de Perdiquier, Savignac, Marassan et autres lieux, chevalier de l'ordre royal et militaire de Saint-Louis, ancien maréchal général des logis de la cavalerie;

Haut et puissant seigneur Jean-Baptiste-Joseph,

marquis d'Alphonse, seigneur d'Alphonse, et patrice romain, chevalier des ordres royaux militaires et hospitaliers de Notre-Dame du Mont-Carmel et de Saint-Lazare de Jérusalem, lieutenant de Roi de la ville d'Agde, citoyen de Béziers ;

Noble Louis d'Alichoux de Senegra, seigneur de la terre de Fos, citoyen de la ville de Béziers ;

Très-haut et très-puissant seigneur Jean-François Béranger, vicomte de Thezan, baron de Boussagues, seigneur d'Espondeilhan, de Cognas, d'Aumes et Murles, seigneur direct de Bedarrieux, baron des États de Languedoc, colonel du régiment de Vermandois infanterie, chevalier de l'ordre royal et militaire de Saint-Louis, représenté par M. le marquis de Thezan, son frère et son procureur fondé ;

Noble Jean de Benoist, comte de La Prunarde, seigneur de Lavallette, du Bosc et des Valarèdes, Lavasselle et Cerizières, ancien lieutenant-colonel de cavalerie, chevalier de Saint-Louis, citoyen deLodève ;

Très-haut et très-puissant seigneur Jean-François-Gabriel, comte de Polastron, seigneur haut, moyen et bas justicier du fief noble du Bagnus, situé dans le diocèse d'Agde, représenté par haut et puissant seigneur Jean-François de Sarret, baron de Goussergues, capitaine de cavalerie au régiment du Roi, son procureur fondé ;

Haut et puissant seigneur Pierre-François-Frédéric de Ferroul, baron de Lauiens, Fauzilhon, et autres places, premier lieutenant des gardes du corps de Monsieur, colonel de cavalerie ; chevalier de l'ordre royal et militaire de Saint-Louis;

Haute et puissante dame Victoire Eméreutienne de Lacroix Caudillargues, veuve de haut et puissant seigneur Henri-Guillaume de Carion d'Espagne de Nisas, comte de Paulin, premier vicomte des États du pays d'Albigeois, chevalier de l'ordre de Saint-Louis, seigneur de Lezignan-la-Cèbe, Font-Couverte, Tourbes, Uselas, et autres places, en qualité de légitime administratrice des personnes et biens de ses enfants mineurs, représentée par M. le marquis de Gayon, son procureur fondé ;

Haut et puissant seigneur Jean-Gabriel de La Treille, marquis de Foziers, seigneur de Pegairolles, Le Ras, coseigneur direct de la ville de Lodève, chevalier de Saint-Louis, ancien capitaine de dragons, citoyen de la ville de Lodève;

Haut et puissant seigneur Antoine-Henri de Sarret, baron de Coussergues, seigneur de Montmarin Saint-Jean de la Cavalerie et Castelfort, citoyen de Béziers ;

M. Marie-Pierre Dupuy Montbrun, chevalier, vicomte de Cabanes, seigneur de La Roque, La Canourge, Saint-Pierre de La Farge, Parlatge, et autres lieux ;

Très-haute et très-puissante dame Catherine-Françoise Castinier de Couffoulens, comtesse de Clermont-Brignac, Mouresse, etc., vicomtesse du Bosc, Satelles, etc., baronne de la Coste, dame de Saint-Privat, Sériguan et autres lieux, veuve de très-haut et très-puissant seigneur Louis-Marie de Poulpry, chevalier, marquis de Poulpry et autres lieux, lieutenant général des armées du roi, représentée par M. le marquis de Gayon, maréchal des camps et armées de Sa Majesté, son procureur fondé ;

Très-noble François Simon, marquis de Grave, seigneur haut, moyen et bas justicier de Saint-Martin d'Aumés, et en partie de Saint-Martin d'Héraut, citoyen de Pézenas, représenté par noble Antoine-Félix de Juvenel, coseigneur de Carlencas, son cousin et son procureur fondé ;

Noble Antoine-Joseph de Jessé, baron de Levas, seigneur de Carlencas, Campilergues, citoyen de Béziers ;

Noble Jean-Pierre-Aaron Seymaudy, vicomte de Saint-Gervais, colonel d'infanterie, et lieutenant des Cent-Suisses du Roi;

M. Pierre-Marie-Emmanuel de Reversac d'Eclès, comte de Marsac et de Poupar, marquis de Roquelaure, seigneur de Labrée et du Gazan, baron de Roquefort et de Boussens, conseiller au parlement de Toulouse en qualité de père et légitime administrateur de la personne et des biens de M. Jean-Gabriel-Prosper de Reversac de Marsac, son fils, marquis de Pezennes, baron de Montesquieu, représenté par M. le comte de Prunarède, lieutenant-colonel de cavalerie, chevalier de Saint-Louis, son procureur fondé ;

Dame Marguerite-Pauline-Elisabeth de Solinhiac, épouse de noble Pierre-Henri-Etienne de Nattes, chevalier de l'ordre de Saint-Lazare, capitaine au régiment de Lorraine-infanterie, dame pour un tiers de la baronnie de Magalas, représentée par ledit noble de Nattes, son mari et son procureur fondé ;

Dame Marie-Anne-Jeanne de Solinhiac, épouse de noble Jean-Baptiste-Bernard de Lavit, chevalier, lieutenant de MM. les maréchaux de France en la sénéchaussée de Béziers, dame pour un tiers de la baronnie de Magalas, représentée par ledit noble de Lavit, son mari et son procureur fondé ;

Dame Marguerite-Françoise-Elisabeth de Solinhiac, épouse de noble Pierre de Solencier, capitaine d'infanterie, dame pour un tiers de la baronnie de Magalas, représentée par noble Claude Bérenger, vicomte de Nattes, son procureur fondé ;

M. Pierre-Maurice-Hilaire de Claris, seigneur de Saint-Félix, Saint-Guiraud et Rabieu, chevalier, conseiller du Roi en tous ses conseils, premier président en survivance de la cour des comptes, aides et finances de Montpellier, représenté par M. le baron de Coussergues, son procureur fondé;

Haut et puissant seigneur Théodore, marquis de Barral d'Arènes, chevalier, ancien lieutenant de Roi de la province de Languedoc, seigneur haut, moyen et bas justicier du Viala, au diocèse de Lodève, et seigneur moyen et bas du château et domaine du Parc, situé, partie dans le diocèse de Béziers, et partie dans le diocèse d'Agde ;

Haute et puissante dame Françoise-Mathurine de Guignard de Saint-Priest, veuve de haut et puissant seigneur Marc-Antoine-Marie-Thérèse d'Agde, marquis d'Axal, comtesse de Montpeiroux, représentée par haut et puissant seigneur Gabriel-Jean-Guillaume de Pascal de Saint-Juerry, vicomte de Juerry, seigneur de Cazilhac, capitaine de cavalerie, son procureur fondé ;

Noble Antoine-Félix de Juvenel, coseigneur de Carlencas, citoyen de Pézenas;

Haut et puissant seigneur Jean-François de Bonnet de Maureilhan, baron de Polhès, seigneur de Neiffies et autres places, citoyen de Béziers ;

Haut et puissant seigneur, noble Joseph comte de Brettes de Thurin, ancien officier de cavalerie, seigneur de Mézeilhes ;

Noble Joseph-François de Rives, seigneur et baron du lieu de Ribaute, citoyen de Béziers ;

M. Jean-Hyacinthe-Stanislas de Mahieu, seigneur en pareage de Colombiers, seigneur direct de Cazouls, représenté par M. François-Marie-Zéphirin, chevalier de Mahieu, son frère et son procureur fondé ;

Noble François-Henri de Vidal de Latreille, seigneur de Lasteules-Notre-Dame, de La Garrigues, du Cayre et de Laganas, citoyen de Bédarricux;

Noble Antoine-André Lequepeys, seigneur de Bonsignes;

Haut et puissant seigneur Charles-Marie de Barbeyrac, marquis de Saint-Maurice, représenté par M. Henri-Raymond de Peyrottes, baron de Soubès, seigneur de Poujols et autres lieux, ancien officier des vaisseaux du roi, son procureur fondé;

Haut et puissant seigneur Henri-Joseph de Charayzieux, chevalier, baron de la Valtière et de l'ailhez, maréchal des camps et armées du Roi, commandant pour Sa Majesté au môle Saint-Nicolas, île Saint-Domingue, représenté par noble Etienne-Jean-Joseph de Catellau de Saint-Meu, lieutenant de MM. les maréchaux de France, son procureur fondé;

Noble Daniel-Barthélemy de Lazard, président, trésorier de France en la généralité de Montpellier, seigneur en toute justice du lieu de Canet;

Haut et puissant seigneur Pierre de Gravc, chevalier, ancien capitaine de cavalerie, chevalier de l'ordre de Saint-Louis, seigneur haut, moyen et bas justicier en partie de Saint-Martin-les-Montagnac, représenté par noble Antoine-Félix de Juvenel, coseigneur de Carlencas, son procureur fondé;

M. François-Laurent d'Albènes, seigneur et baron du lieu de Loupian;

Haut et puissant seigneur Etienne-François de Portalès, marquis de Vignoles, seigneur de Cournionterral, seigneur du fief de Saint-Marcel, dans la sénéchaussée de Béziers, et autres places, citoyen de Montpellier, représenté par M. le marquis de Fozières, son procureur fondé;

Noble Joseph-Antoine de Villeraze, seigneur haut, moyen et bas justicier de Castelnau et Saint-Bauzile des Claissan, citoyen de Béziers, représenté par noble Henri-Joseph de Jessé, capitaine de cavalerie au régiment de Royal-Picardie, son procureur fondé;

Noble Jacques-Louis d'Hemeric, ancien officier au corps des grenadiers de France, coseigneur d'Espoudeilhan, citoyen de Béziers;

Noble Jean Fulerand de Saint-Jullien, seigneur de Puech;

Haut et puissant seigneur Etienne-Gabriel-François de Gransoigne, chevalier d'Auterives, chevalier de l'ordre royal et militaire de Saint-Louis, capitaine commandant au régiment de Vermandois, marquis de Marvielles, baron de Lescard, seigneur de l'Isle-d'Agde, de Baudinelly;

Haut et puissant seigneur Jean-Joseph-Martin de Barbeyrac, chevalier de Saint-Maurice, seigneur de Jourmac et des fiefs nobles du Paratge et Levasseur, situés au lieu de Farlet au diocèse d'Agde, représenté par M. de Lazard, trésorier de France en la généralité de Montpellier, seigneur de Canel et autres places, son procureur fondé;

Haute et puissante dame Catherine Jeard, veuve et héritière de haut et puissant seigneur Pierre marquis de Lort-Sérignan, dame haute, moyenne et basse justicière de la terre de Farlet au diocèse d'Agde, représentée par haut et puissant seigneur Jacquet-Joseph-Augustin, comte de Lort-Sérignan, chevalier de l'ordre royal et militaire de Saint-Louis, novice des ordres royaux militaires et hospitaliers de Notre-Dame du Mont-Carmel, de Saint-Lazare de Jérusalem, son fils et son procureur fondé;

Haut et puissant seigneur Iriex-Pierre de Lauzade, chevalier, seigneur de Jonquières, capitaine au régiment de Vermandois, représenté par M. Joseph de Bonnefoux, chevalier, capitaine commandant au même régiment, chevalier de l'ordre de Saint-Louis, son procureur fondé;

Haut et puissant seigneur Paul-François-Vincent de Fleuri, chevalier, seigneur des Bains de Rennes, Montferrant et Bezis, coseigneur direct de Caux en ce diocèse, citoyen de Toulouse, représenté par M. le marquis d'Alphonse, son procureur fondé;

Haut et puissant seigneur Henri-Etienne de Bonnet de Monreilhan, coseigneur de Savignac, demeurant à Soupetz, diocèse de Saint-Bapoul, représenté par M. le baron de Polhes, son cousin, et son procureur fondé;

Haut et puissant seigneur François-Emmanuel de Carion de Nisas, baron de Roquesels, représenté par noble Pierre-Henri marquis de Nattes, chevalier de l'ordre royal et militaire de Saint-Louis, son procureur fondé;

Noble Pierre-Balthazard de Lavit, seigneur haut justicier de Clairac-Gaujas, lieutenant de cavalerie au régiment de la Reine, chevalier de l'ordre de Saint-Louis, représenté par noble Pierre-Henri-Etienne de Nattes, chevalier de l'ordre de Saint-Lazare, capitaine au régiment de Lorraine-infanterie, son procureur fondé;

Dame Marguerite-Françoise de Lavit, veuve de noble Jean-Pierre de Solinhac, baron de Magalas, chevalier de l'ordre de Saint-Louis, lieutenant colonel au régiment de la Reine-cavalerie, dame du fief d'Espagnac, situé dans le susdit lieu de Magalas, représentée par noble Jean-Baptiste-Bernard de Lavit, chevalier, lieutenant de MM. les maréchaux de France, son procureur fondé;

Haute et puissante dame Felicité-Justine de Jarente, comtesse de Bausset, mère et légitime administratrice de ses enfants, seigneurs de Sauvian, représentée par noble Marie-Jean-André-Maurice-Hyacinthe Le Sage d'Hauteroche, citoyen de cette ville, son procureur fondé;

Noble Joseph-Henri de Combettes de La Fayole, seigneur de Poujols et coseigneur de Soubès, citoyen de Milhau, représenté par M. le comte Dupuy-Montbrun, son procureur fondé;

Noble Jean-Louis-Joseph-Henri, comte de Lasserre d'Aroux, chevalier de l'ordre royal et militaire de Saint-Lazare, ancien capitaine d'infanterie au régiment d'Aunis-infanterie, seigneur direct du fief de la Vernière ou Escaniès;

M. Pierre-Charles-Antoine de Neyrac, écuyer, seigneur du Gros, conseiller maître en la cour des comptes, aides et finances de Montpellier, représenté par noble Joseph-François de Rives, baron de Ribaute, son procureur fondé;

Dame Marguerite Rigal, veuve de M. Henri de Ribes, dame en partie et avec toute justice de Lezignan-la-Cebbe et Uselas, représentée par noble Louis-César de Laserre d'Aroux, chevalier de l'ordre de Saint-Louis, son procureur fondé;

Haut et puissant seigneur comte de Visses de Saint-Martin, baron d'Arboras, seigneur de Saint-Martin de Castries, chevalier de l'ordre de Saint-Louis, représenté par M. le marquis de Fontès, son procureur fondé;

Noble Jean-Jacques-André de Fabre, chevalier, baron de Latude, seigneur de Saint-Michel et autres places, citoyen du lieu de Poncerols, représenté par M. le baron de Laurens, premier lieutenant des gardes de Monsieur, son procureur fondé;

M. Louis Raimond, chevalier de Jacomel, seigneur du fief de Saint-Marcel dans le terroir de Mèze;

Noble Anne-Jean-Jacques de Maistre de Roques-

sol, seigneur du fief noble de Loubatières, dans le comté de Pézenas, citoyen de cette dernière ville, représenté par noble Barthélemy de Maistre de Roquessol, commandant du corps royal d'artillerie dans les places de Narbonne, Agde, fort Brescou, etc., chevalier de l'ordre de Saint-Louis, son père et son procureur fondé ;

Noble Jean-Joseph-Etienne de Raymond des Pradels, seigneur du fief noble de Moulebrous dans le terroir de Fraisse, diocèse de Saint-Pons, et du fief de la Barthe, représenté par noble François Deccup, seigneur d'Homps, citoyen du lieu de Bize, son procureur fondé ;

Noble Jean-Baptiste-Joseph de Jaquetz, seigneur en partie du fief de Vermol, dans le terroir de Pomerols, ancien capitaine au corps des grenadiers de France, chevalier de l'ordre de Saint-Louis, citoyen de Florensac, représenté par noble Jacques-Hercule de Jaquetz de Brey, ancien capitaine commandant au régiment-duc d'Angoulême, chevalier du même ordre, son procureur fondé ;

Noble Jacques Hercule de Jacquetz de Brey, seigneur du fief noble d'Auriol, dans le terroir de Florensac, chevalier de l'ordre de Saint-Louis, citoyen de ce dernier lieu ;

Haut et puissant seigneur Jean-André-César, marquis de Genestoux, seigneur de Madières, du Mas, Delpont et autres lieux, gouverneur et commandant pour le Roi des villes et vigueries du Vigan, lieutenant de MM. les maréchaux de France, citoyen de cette dernière ville, représenté par M. le comte de La Prunarède, son procureur fondé ;

M. Joseph-François-Alexandre de Planque, seigneur de Fraisse, ancien capitaine au régiment de Navarre, chevalier de l'ordre de Saint-Louis, lieutenant de MM. les maréchaux de France, citoyen de la Salvetat, représenté par M. Jean-François-Joseph de Moyria, chevalier, citoyen de Béziers, son procureur fondé ;

M. Pierre-Joseph-Marc-Antoine de Cabrol, seigneur du fief de Montarnaud dans le terroir de Fraisse, ancien mousquetaire du Roi, citoyen de la Salvetat, représenté par M. Claude-Joseph de Moyria, chevalier de l'ordre de Notre-Dame du Mont-Carmel et de Saint-Lazare, capitaine au régiment de l'Isle de France, son procureur fondé ;

Noble Marc Cabanes, seigneur de Puimisson, citoyen de Montpellier, représenté par noble David-André de Basser, chevalier, son procureur fondé ;

Noble Guillaume d'Abbes, seigneur haut, moyen et bas justicier de Cabreroles, la Lignières, Aigues-Vives, Leutherie et autres lieux, ancien conseiller correcteur en la chambre des comptes du Languedoc, citoyen de Pézenas, représenté par noble Guillaume-Raymond de Cassan, son procureur fondé ;

Noble François-Antoine de Mayin, coseigneur direct de la ville de Saint-Gervais, citoyen de Béziers ;

Dame Catherine de Masclary, épouse de noble Elie de Ledrier, lieutenant-colonel d'infanterie, dame de la Gaumette, représentée par ledit noble de Ledrier, citoyen de Béziers, son mari et son procureur fondé ;

Noble Louis-Redon de Comerac, seigneur du fief noble de Saint-Frichoux, situé dans le terroir de Quarente, citoyen de ce dernier lieu, représenté par noble Louis-Redon de Comerac, son fils aîné et son procureur fondé ;

M. Paul-Protais Roergas de Serviez de Campredon, écuyer, seigneur des fiefs nobles de Serviez

Sadde, Truscas et Campredon dans la terre d'Avesne, et d'un autre fief noble dans le vicomté de Nébuzon, citoyen de Saint-Gervais ;

Noble Louis de Vanières de La Lande, coseigneur des lieux de Saint-Nazaire de Ladarès et de Roquebrun, citoyen du lieu de Magalas ;

Noble Paul-François-Joseph de Bedos de Celles, seigneur direct de Caux, demeurant en ce dernier lieu, représenté par noble Jean Fulerand, de Saint-Julien, seigneur du Puech, son procureur fondé ;

Noble Louis-François-Saturnin de Bedos, seigneur de Celles, représenté par ledit noble de Saint-Julien, son procureur fondé ;

Noble Charles-Jean-Baptiste de Gleises de La Blanque, chevalier, premier président, et jugemage honoraire en la sénéchaussée et siège présidial de Béziers, citoyen de la même ville ;

Très-noble Henri du Mas, comte de Manse, citoyen de Béziers ;

Noble Pierre-Henri-Marquis de Nattes, chevalier de l'ordre de Saint-Louis, citoyen de Béziers ;

M. Jean-Guillaume Strozzi Plantavit, comte de la Pauze, maréchal des camps et armées du Roi, citoyen de Pézenas ;

Noble Jean-Baptiste-Bernard de Lavit, lieutenant de MM. les maréchaux de France, citoyen de Magalas ;

Noble Henri-François-Marie de Pascal de Saint-Juery, lieutenant-colonel de cavalerie, chevalier de Saint-Louis, officier supérieur des gardes du corps de Monsieur, citoyen de Béziers ;

Noble Etienne de Mirman, ancien capitaine aux gardes lorraines, chevalier de Saint-Louis, citoyen de Saint-Thibery ;

Noble Guillaume-Jean-François de Bunis, citoyen de Béziers ;

Noble Etienne-Jean-Joseph de Catellau de Saint-Meu, lieutenant de MM. les maréchaux de France, citoyen de Béziers ;

Noble Jean-Maurice de Forès, capitaine d'infanterie, chef de division des canonniers gardes-côtes d'Agde, chevalier de Saint-Louis, citoyen de Béziers ;

Noble Jean-Jacques Fermand de La Banquière, ancien lieutenant principal au sénéchal et présidial de Montpellier, citoyen de Pézenas ;

Noble André-Charles de Lavit, seigneur et baron de Montégut, citoyen de Bédarrieux ;

Noble Claude-Bérenger, vicomte de Nattes, ancien capitaine d'infanterie, chevalier de l'ordre de Saint-Lazare, lieutenant de MM. les maréchaux de France, citoyen de Saint-Thibery ;

Noble Pierre-Henri-Etienne de Nattes, capitaine au régiment de Lorraine-infanterie, chevalier de l'ordre de Saint-Lazare, citoyen de Magalas ;

Noble Jacques-Robert-Jean-Baptiste de Barbier, capitaine au régiment d'Aquitaine-infanterie, citoyen de Béziers ;

Noble Jean de Ferrouil de Montgaillard, citoyen de Villeneuve ;

Noble Guiraud de Christophe, ancien capitaine d'infanterie garde-côtes, citoyen de Béziers ;

Noble Henri de Boudoul, citoyen de Pézenas ;

Noble Joseph-François de Lescure, citoyen du lieu de Puisserguier ;

Noble Jean-Antoine de Martin, citoyen de Clermont-Lodève ;

Noble François du Cup, seigneur d'Homps, citoyen de Bize ;

Noble Louis-George-Roch de Geoffroy, citoyen de Capestan ;

Noble Jean-Guillaume-Emmanuel de Varnière, citoyen du lieu de Caux ;

Noble Jean-François de Ricard-Bailhou, avocat au parlement, citoyen de Florensac;

Noble Louis Redon de Comeras, citoyen du lieu de Quarente;

Noble Louis-Joseph de Mayni de Madale, citoyen de Béziers;

Noble Claude-Joseph de Laurès, citoyen de Cignac;

Noble Louis-César de Lazare d'Aroux, chevalier de l'ordre de Saint-Louis, citoyen de Pézenas;

Noble Guillaume-Raymond de Cassan, citoyen de Béziers;

Noble Thomas-Joseph de Baderon de Maussac, citoyen de Béziers;

M. Joseph de Bonnefoux, chevalier, capitaine, commandant au régiment de Vermandois, chevalier de Saint-Louis, seigneur du fief de la ville de Frontignan, citoyen de Béziers;

Noble Élie de Lédrier, lieutenant-colonel d'infanterie, citoyen de Béziers;

Noble Jean Baptiste de Milhé de Saint-Victor, seigneur direct de la ville de Cessenon, ancien capitaine au régiment royal de Roussillon-infanterie, chevalier de Saint-Louis, citoyen de Cessenon;

M. Jacques-Joseph Auguste, comte de Lort-Sérignan, citoyen de Pézenas;

M. Claude-Joseph de Moyria, chevalier de l'ordre de Saint-Lazare, capitaine au régiment de l'Isle de France, citoyen de Béziers;

M. Jean-François-Joseph de Moyria, citoyen de Béziers;

M. Henri-Joseph de Jessé, capitaine de cavalerie, citoyen de Béziers;

M. Marie-Jean-André-Maurice-Hyacinthe Le Sage d'Hauteroche, citoyen de Béziers;

Noble Henri Du Lac, écuyer, ancien conseiller-secrétaire du Roi, maison et couronne de France, en la chancellerie près la cour des comptes, aides et finances de Montpellier, citoyen de Béziers;

Noble Jean-Baptiste d'Embry, maître des comptes en la généralité de Montpellier, citoyen de la ville d'Agde;

Noble Barthélemy-Roch de Milhé, citoyen de Cessenon;

Noble David-André de Basset, chevalier, citoyen de la ville de Bédarrieux;

Haut et puissant seigneur, Jean-François-Etienne de Sarret, baron de Coussergues, capitaine de cavalerie au régiment du Roi, citoyen de Béziers;

Haut et puissant seigneur Charles-Louis de Bérard d'Alais, comte de Montalet, chevalier de l'ordre royal et militaire de Saint-Louis, ancien lieutenant de vaisseau du Roi, citoyen de Béziers;

Haut et puissant seigneur François de Bérard d'Alais, marquis de Montalet, chevalier, capitaine au bataillon de garnison de Languedoc, citoyen de Marseillan;

Haut et puissant seigneur François, marquis de Visses Latude, capitaine d'infanterie, citoyen de la ville de Montagnac;

Haut et puissant seigneur Jean-Thomas, marquis de Latude, lieutenant au régiment d'Orléans-dragons, citoyen de Montagnac.

Dans l'ordre du tiers-état.

Les sieurs de Nanthon, Rey, Azais, Moureau, Pradines, Coste d'Espagnac, Chevalier, Eustache, Vincentio et Pagès, députés de la ville de Béziers;

Les sieurs Bousquet, Taillet, Durand, Carrilo, Arnaud neveu et Audibert, députés de la ville d'Agde;

Les sieurs Henri Reboul, Thomas, Mailhebau fils, Rességuier, Rigal, Bourbon, Revel, Armequir cadet, François Reboul et Alazard, députés de la ville de Pézenas : la députation de cette communauté ayant été étendue jusqu'au nombre de dix par des ordres particuliers de Sa Majesté, qui nous ont été adressés;

Les sieurs Merle, Mercier, Serans, Galibert, Gerbier, Castillon, Tudesq père et Goudard, députés de la ville de Cette;

Les sieurs Fabreguettes-Valette, Martin de La Garde, Fournier, Rouaud, Crouzet fils, Pascal, Ollier et Martin, députés de la ville de Lodève;

Les sieurs Pradal, Cartens, Pigot et Roques, députés de la ville de Saint-Pons;

Les sieurs Estroc, Avellan, Rochier et Gombeau, députés de la ville de Gignac;

Les sieurs Gailhac de Saint-Rome, Pierre Vernière, Jean-Baptiste Vernière et Jouillé cadet, députés de la ville d'Aniane, diocèse de Montpellier;

Les sieurs Pioch et Berger, députés du lieu de Puchabon, diocèse de Montpellier;

Les sieurs Hierles et Bouniol, députés du lieu de la Boissière, diocèse de Montpellier;

Les sieurs de La Garrigues, chevalier de Saint-Louis, Fourcade, Salvagnac de Coulon, députés de la ville de Saint-Chinian, diocèse de Saint-Pons;

Les sieurs Gros, Belot, Cauquil et Gauzel, députés de la ville de la Salvétat, diocèse de Saint-Pons;

Les sieurs Olivier, Brifaut, Boudet et Rey, députés de la ville de Montagnac, diocèse d'Agde;

Les sieurs François Verny, Pelletan, de Salzac, Bouissin, d'Ancelly, Gairaud et Balp, députés de la ville de Clermont-Lodève;

Les sieurs d'Escale, Ducros, Alexandre Fabregat et Martel, députés de la ville de Bédarrieux, diocèse de Béziers;

Les sieurs Galtier aîné, Belpel, Dardé et Fizier aîné, députés de la communauté de Villeneuve-les-Béziers;

Les sieurs de Plos et Puel, députés de la communauté de Roujan, diocèse de Béziers;

Les sieurs Borrel, Vidal, Crestou et Riche, députés de la communauté de Cazouls-les-Béziers;

Les sieurs Farret, Viguier et Armand, députés de la communauté de Thézan, diocèse de Béziers;

Les sieurs de Thounières, d'Orpelières, Lacroix, Fabre des Estuves et Brousse, députés de la communauté de Sérignan, diocèse de Béziers;

Les sieurs Mas de Coussat, de La Place, Amillon et Canel, députés de la communauté de Servian, diocèse de Béziers;

Les sieurs Thourel et Cabanel, députés de la communauté de Boujan, diocèse de Béziers;

Les sieurs Gasc et Leutherie, députés de la communauté d'Alignan-du-Vent, diocèse de Béziers;

Les sieurs Prades et Pascal, députés de la communauté de Montblanc, diocèse de Béziers;

Les sieurs de Villespassan, Rouch et de Saint-Julien, députés de la communauté de Caux, diocèse de Béziers;

Les sieurs Fabre et Poujet, députés de la communauté de Nizas et Cissan, diocèse de Béziers;

Les sieurs Sales et Gaillard, députés de la communauté de Nefliès, diocèse de Béziers;

Les sieurs Cabanon et Ollier, députés de la communauté de Vailhan, diocèse de Béziers;

Les sieurs Alquier et Sabatier, députés de la communauté de Fontès, diocèse de Béziers;

Le sieur Négron, député de la communauté de Leuran-Cabrières, diocèse de Béziers;

Le sieur Moulins, autre député, n'ayant point comparu ;

Les sieurs Desfours et Pauze, députés de la communauté de Peret, diocèse de Béziers ;

Les sieurs d'Auteribbes et Gazel, députés de la communauté de Cabrières, diocèse de Béziers ;

Les sieurs Bousquel et Ricard, députés de la communauté de Vasmacle, diocèse de Béziers ;

Le sieur Michel, député de la communauté de Brenas et Compillergues, diocèse de Béziers;

Le sieur Soulairol, autre député, n'étant point comparu ;

Les sieurs Arnaud et Vermazobres, députés de la communauté de Dio et Valquières, diocèse de Béziers ;

Les sieurs Balmes, Guibert, Ivernes et Mourgué, députés de la commune de Murviel et Mus, diocèse de Béziers ;

Les sieurs Fabre et Calas, députés de la communauté de Carlemas, diocèse de Béziers ;

Les sieurs Boyer et Couderc, députés de la communauté de Pézenas, diocèse de Béziers ;

Les sieurs Rougé et Bousquet, députés de la communauté de Fos, diocèse de Béziers ;

Les sieurs Couderc et Rabaud, députés de la communauté de Roquessels, diocèse de Béziers ;

Les sieurs Audibert et Fayet, députés de la communauté de Montadi, diocèse de Béziers ;

Les sieurs Labatut et Cavalier, députés de la communauté de Colombiers, diocèse de Béziers;

Les sieurs Gimié d'Arnaud et Carrière, députés de la communauté de Gabian, diocèse de Béziers ;

Le sieur Sauvi, député de la communauté de Magon, diocèse de Béziers; cette communauté n'ayant point nommé d'autre député ;

Le sieur Laserre, député de la communauté de Pouzolles, diocèse de Béziers; le sieur Serguières, autre député, n'étant point comparu ;

Les sieurs Castang et Viquier, députés de la communauté de Fouzillon, diocèse de Béziers ;

Les sieurs Gabriel-François Martin et Pierre Martin, députés de la communauté de Abeilhan, diocèse de Béziers ;

Les sieurs Bédrines et Bertrand, députés de la communauté de Magalas, diocèse de Béziers ;

Le sieur Farret, député de la communauté de Coulobres, diocèse de Béziers; le sieur Bouttes, autre député, n'étant pas comparu ;

Les sieurs Lagagne et Pailhade, députés de la communauté de Puissalicon, diocèse de Béziers ;

Les sieurs Bouttes et Gaudi, députés de la communauté d'Espoudeilhan, diocèse de Béziers ;

Les sieurs Ledenac et Giret, députés de la communauté de Bassan, diocèse de Béziers;

Les sieurs Villebrun et Cabanel, députés de la communauté de Lieuran-les-Béziers ;

Les sieurs Barthélemy et Guibal La Conquié, députés de la communauté de Ribaute, diocèse de Béziers ;

Les sieurs Jean Cassan, Bernard Cassan et Rouch, députés de la communauté de Maraussan, diocèse de Béziers ;

Les sieurs Sauret et Latapie, députés de la communautés de Maureilhan, diocèse de Béziers ;

Le sieur Delmas, député de la communauté de Vieussan, diocèse de Béziers; le sieur Roulland, autre député, n'étant point comparu ;

Les sieurs Sabatier, Farret et Villebrun, députés de la communauté de Roquebrun et Ceps, diocèse de Béziers ;

Le sieur Amat, député de la communauté de Lignan, diocèse de Béziers; le sieur Géli, autre député, n'étant point comparu ;

Les sieurs Lau et Cayrol, députés de la communauté de Saint-Nazaire de Ladarès, diocèse de Béziers;

Les sieurs Estève et Sabatier, députés de la communauté de Caussel et Veyran, diocèse de Béziers ;

Les sieurs Peret et Negret, députés de la communauté de Lusignan-la-Cèbe, diocèse de Béziers ;

Les sieurs Carrière et Pauzier, députés de la communauté de Cazouls d'Hérault, diocèse de Béziers;

Les sieurs Louis Foulquier et Eustache Foulquier, députés de la communauté d'Uselas-d'Hérault, diocèse de Béziers ;

Les sieurs Renouvier, Couzin et Gabriel, députés de la communauté d'Aspiran, diocèse de Béziers ;

Les sieurs Fage aîné et Henri, députés de la communauté de Puitacher, députés de Béziers ;

Les sieurs Crouzet et Blanc, députés de la communauté de Bélarga, diocèse de Béziers ;

Les sieurs Saignier et Hus fils, députés de la communauté de Campagnan, diocèse de Béziers ;

Les sieurs Aube et Vedel, députés de la communauté de Tarbes, diocèse de Béziers ;

Les sieurs Bouniol et Abbat, députés de la communauté de Valros, diocèse de Béziers ;

Les sieurs Chavardès et Belpel, députés de la communauté de Cels, diocèse de Béziers ;

Les sieurs Couli et Cabanon, députés de la communauté de Portiragues, diocèse de Béziers ;

Les sieurs Chauliac et Leverre, députés de la communauté de Puimisson, diocèse de Béziers ;

Les sieurs Thomas et Mede, députés de la communauté de Taussac, diocèse de Béziers ;

Les sieurs Germain La Roquette, Bonat et Pharamon, députés de la communauté de Saint-Pargoire, diocèse de Béziers.

Les sieurs Vailhé Bounafous, Salis, Boubals et Galabru, députés de la communauté de Boussagnes qui s'étend sur les paroisses de Boussagnes, Graissenac, Camplong, Saint-Xist, Mas-Blanc, et Saint-Etienne de Mursan, diocèse de Béziers;

Les sieurs Nuguier, notaire, Castan et Jean-Nouguier, député de la communauté d'Avènes, diocèse de Béziers ; laquelle comprend encore les paroisses de Vinas, Notre-Dame de Rouvignac, et Saint-Barthélemy d'Arnove;

Les sieurs Ouradou et Martin, députés de la communauté de Ceilles et Rocozels, diocèse de Béziers;

Les sieurs Vernhes et Baunafé, députés de la communauté de Roqueronde, diocèse de Béziers, laquelle s'étend sur les paroisses d'Autignanel, et du Mas-de-Mourié;

Le sieur Brun, seul député de la communauté de Rauniguières, diocèse de Béziers ;

Les sieurs Laures et Agut, députés de la communauté de Jaussels, diocèse de Béziers;

Les sieurs Couderc, Fulerand, Gauffre et Rivière, députés de la communauté de Lunas et Caumas, qui s'étend sur les paroisses de Notre-Dame de Nize, et Saint-Martin de Clémensau, diocèse de Béziers ;

Les sieurs Pastorel et Bounes, députés de la communauté de Fougères, qui comprend la paroisse de Soumatre, diocèse de Béziers ;

Les sieurs Balmes et Vignes, députés de la communauté de Caussiniojouls, diocèse de Béziers ;

Le sieur Gept, député de la communauté de Laurens, diocèse de Béziers; le sieur Milhau, autre député, n'étant pas comparu ;

Les sieurs Pastres et Géli, députés de la communauté de Aulignac, diocèse de Béziers ;

Les sieurs Durand et Debrus, députés de la communauté de Saint-Geniès, diocèse de Béziers ;

Les sieurs Doumenge et Rouch, députés de la communauté de Corneilhan, diocèse de Béziers ;

Les sieurs Carratié et Gept, députés de la communauté de Cabrerolles, diocèse de Béziers ;

Les sieurs Ferret et Pastre, députés de la communauté du Marcadrol et des Aires, diocèse de Béziers ;

Les sieurs Cruvezy et Granié, députés de la communauté de Villemagne et Nissergues, diocèse de Béziers ;

Les sieurs Mas et Martin, députés de la communauté de Hérépian, diocèse de Béziers ;

Les sieurs Jean-Joseph Sales, Combrescure, Lantres et Antoine Sales, députés de la communauté de Poujols, diocèse de Béziers ;

Les sieurs Astruc ; et Rouch, députés de la communauté de Colombrès, diocèse de Béziers ;

Les sieurs Audoux aîné et Blanc, députés de la comunauté de Sauvian, diocèse de Béziers ;

Les sieurs Brousse, Gleises et Pastres, députés de la communauté de Vendres, diocèse de Béziers ;

Les sieurs Gottis, Orliac et Gardiès, députés de la communauté de Lespignan, diocèse de Béziers ;

Les sieurs Poudroux et Rouyer, députés de la communauté de Villenouvelle, diocèse de Béziers ;

Le sieur Crebassan, député de la communauté de Rabejan, diocèse de Béziers ; le sieur Audous, autre député, n'étant point comparu ;

Les sieurs Martin, Bermond et Crozès, députés de la communauté de Saint-Gervais, diocèse de Castres ;

Les sieurs Pons et Mas, députés de la communauté de Castanet-le-Haut, et de Babeau, diocèse de Castres ;

Les sieurs Jean Mas, Antoine Mas, Bonnel père, et Grannier, députés de la communauté de la Terre foraine de Saint-Gervais, diocèse de Castres, qui s'étend sur les paroisses de Maurian, Saint-Amans de Monins et Rougas, au même diocèse, et sur celles de Donts et Saint-Laurent de Feirerolles, au diocèse de Béziers ;

Les sieurs Pons et Rolland, députés de la communauté de Saint-Geniès de Varansal, au diocèse de Béziers ;

Les sieurs Cassan, Guillaumon et Sipierre, notaire, députés de la communauté de Bize, diocèse de Narbonne, le sieur Gout, quatrième député de cette communauté n'étant pas comparu ;

Les sieurs Fermet, Tabouriech et Cabannes, députés de la communauté de Quarante, diocèse de Narbonne ;

Les sieurs Cabanes, Mas, de Saint-Julien, Gabriel Mas et Estève, députés de la communauté de Puissergnier, diocèse de Narbonne ;

Les sieurs Jacob Hilaire et Cambescure, députés de la communauté de Nissen, diocèse de Narbonne ;

Les sieurs Tardier et Givernis aîné, députés de la communauté de Montels, diocèse de Narbonne ;

Les sieurs Bonnefous, Givernis, Lartigue et Mirabel, députés de la communauté de Capestan, diocèse de Narbonne ;

Le sieur André Augé, député de la communauté de Creissan, diocèse de Narbonne ; le sieur Jacques Augé, autre député de la communauté, n'étant point comparu ;

Le sieur Saissets, député de la communauté de Mailhac, au diocèse de Narbonne ; le sieur Saux, autre député de cette communauté, n'étant point comparu ;

Les sieurs Azéma et Pagès, député de la communauté d'Argeliers, diocèse de Narbonne ;

Le sieur Blayac, député de la communauté de Bailhès, diocèse de Béziers ; le sieur Durand, autre député, n'étant point comparu pour cette communauté, comme ayant été député pour une autre ;

Les sieurs Nègre et Grubery, députés de la communauté du Pradal, diocèse de Béziers ;

Les sieurs Couderc et Castan fils, députés de la communauté de Montesquieu, diocèse de Béziers ;

Les sieurs Baille, Maguelone, Maître, d'Onglous, Coste de Pontève et Salettes de Puivert, députés de la ville de Marseillan, diocèse d'Agde ;

Le sieur Fabre, Armely, Vezian et Verrières, députés de la ville de Florensac, diocèse d'Agde ;

Les sieurs Granal, Bosc et Lugan aîné, députés de la ville de Mèze, diocèse d'Agde ; le sieur Gaillard, quatrième député, n'étant point comparu ;

Les sieurs de Tredos d'Houdrat, Cazals et Hugues, députés de la communauté de Saint-Thibéri, diocèse d'Agde ;

Les sieurs Pargoire fils et Durand, députés de la communauté de Saint-Pons de Monchiens, diocèse d'Agde ;

Les sieurs Vezian fils et Casse, députés de la communauté d'Aumes, diocèse d'Agde ;

Les sieurs Gras et Toulouze, députés de la communauté de Castelnau de Grurs, diocèse d'Agde ;

Les sieurs Valessic et Bernard, députés de la communauté de Coussergues, diocèse d'Agde ;

Les sieurs Renouvier et Maigu, députés de la communauté de Loupian, diocèse d'Agde ;

Les sieurs Belpel et Gay, députés de la communauté de Vias, diocèse d'Agde ; les sieurs Duveru, et Rigaud, autres députés de la même ville, n'étant point comparus ;

Les sieurs Maurras et Goudard, députés de la communauté de Boussignes, diocèse d'Agde ;

Les sieurs Massasy, Colombier et André, députés de la communauté de Villeirac, diocèse d'Agde ;

Les sieurs Mouvel, Guinard, Mézéran et Jean-Gabriel Guinard, députés de la communauté de Poncerols, diocèse d'Agde ;

Les sieurs Bouisset et Gauzal, députés de la communauté de Pinel, diocèse d'Agde ;

Les sieurs Pagès et Texier, députés de la communauté de Nezignan, diocèse d'Agde ;

Le sieur Hérail, député de la communauté de Polhès, diocèse de Narbonne ; le sieur Bousquet, autre député de cette communauté, n'étant point comparu ;

Les sieurs Sallets, Auverny, Marsal fils et Donisset, députés de la ville de Saint-André, diocèse de Lodève ; laquelle communauté comprend la paroisse de Gambous, au même diocèse ;

Les sieurs Gay, Anglade, Foujols et Lacombe, députés de la communauté de Montpieroux, diocèse de Lodève ;

Les sieurs Arnihal et Beloury, députés de la communauté de Nébian, diocèse de Lodève ;

Les sieurs Vissey, Latreilhe fils, André et Albe, députés de la communauté de Saint-Jean de Fos, diocèse de Lodève ;

Le sieur Portal, député de la communauté de Saint-Guillen-le-Désert, diocèse de Lodève, qui, par sa déclaration, a adopté le cahier de doléances de celle de Saint-Jean-de-Fos ; le sieur Gay, autre député, n'étant point comparu ;

Les sieur Roch Carrière et Fulerand Carrière, député de la communauté de la Coste, et Mas Audran, diocèse de Lodève ;

Les sieurs Rabejac et Martin, députés de la

communauté du Bosc, qui s'étend sur les paroisses de Salèles, Loiros et Frichoux, diocèse de Lodève ;

Les sieurs Jean Soulignac et Etienne Soulignac, députés de la communauté de Mourèze, diocèse de Lodève ;

Les sieurs Cambon et Crouzat, députés de la communauté de Salsac, diocèse de Lodève ;

Les sieurs Maistre et Audran, députés de la communauté de Liausson, diocèse de Lodève ;

Le sieur Vailhé, député de la communauté de Mérifous, diocèse de Lodève ; le sieur Rouire, autre député, n'étant point comparu ;

Les sieurs Gairaud et Vailhé, députés de la communauté de Celles, diocèse de Lodève ;

Les sieurs de Salsac, Lauzières et Viguier, députés de la communauté de Lauzières et Octon, diocèse de Lodève ;

Les sieurs Guion, et Lamouroux, députés de la communauté de Canet, diocèse de Lodève ;

Les sieurs Gout et Escudier, députés de la communauté de Gevras, diocèse de Lodève ;

Le sieur Pascal fils, député de la communauté de Saint-Martin des Combes, diocèse de Lodève ; cette communauté n'ayant point nommé d'autre député ;

Le sieur Ollier, seul député nommé par la communauté d'Olmat, diocèse de Lodève ;

Les sieurs Aubert, et Hugounenc, députés de la communauté des Plans, diocèse de Lodève ;

Les sieurs Ursand et Gynies, députés de la communauté de Poujols, diocèse de Lodève ;

Le sieur Vailhé, seul député nommé par la communauté de Villacein, diocèse de Lodève ;

Le sieur Crouzet, député de la communauté de Lauroux, diocèse de Lodève ; le dit sieur Ollier, second député de cette communauté, ayant opté la députation de la ville de Lodève ;

Le sieur Aiguillon, député de la communauté de Saint-Maurice, diocèse de Lodève ; laquelle comprend les paroisses du Coulet, de Novacelle et de Nadières ; le sieur Ollier, second député de cette communauté ne s'étant pas non plus présenté, à cause de l'option qu'il a faite ;

Les sieurs Cadilhac et Sales, députés de la communauté de Peguirolles, diocèse de Lodève ;

Les sieurs Rouquette et Rounier, députés de la communauté de Saint-Félix de Chéras, diocèse de Lodève ;

Les sieurs Coste et Blazy, députés de la communauté des Rives, diocèse de Lodève ;

Les sieurs Agussol et Avinens, députés de la communauté du Caylar, diocèse de Lodève ;

Le sieur Courtalière, seul député nommé par la communauté du Cros, diocèse de Lodève ;

Le sieur Comeignes, seul député nommé par la communauté de Sales, diocèse de Lodève ;

Le sieur Seyries, seul député nommé par la communauté de Saint-Michel, diocèse de Lodève ;

Les sieurs Henri et Boudon, députés de la communauté de la Vaquerie, diocèse de Lodève ;

Le sieur Gros, député de la communauté de Parlatges, qui comprend la paroisse Saint-Pierre de Lafage, au diocèse de Lodève ; le sieur Martin, autre député de cette communauté, s'étant déjà présenté comme l'un des représentants de la ville de Lodève ;

Les sieurs Milhaud et Bousquet, députés de la communauté de Saint-Etienne de Gourgas, diocèse de Lodève ;

Les sieurs Jourdan et Pierre Ollier, députés de la communauté de Fouzières, diocèse de Lodève ;

Les sieurs Monery et Portefaix, députés de la communauté de Soubès, diocèse de Lodève ;

Le sieur Hugounenc, seul député nommé par la communauté de Puech, diocèse de Lodève ;

Le sieur Salze, député de la communauté de Salses et Saint-Privat, diocèse de Lodève ; le sieur Puel, autre député de cette communauté, ainsi que de celle de Saint-Jean de la Blaquière, nous ayant déclaré qu'il optait cette dernière députation ;

Le sieur Fulerand, seul député de la communauté d'Uselas, diocèse de Lodève ; laquelle suivant sa délibération, n'a point fait de cahier particulier de doléances, et a adhéré à celui de la ville de Lodève ;

Les sieurs Puel et Séguret, députés de la communauté de Saint-Jean de la Blaquière, diocèse de Lodève ;

Les sieurs Léotard et Bonnet, députés de la communauté de Brignac, diocèse de Lodève ;

Les sieurs Boyer cadet et Blanc, députés de la communauté de Saint-Saturnin, diocèse de Lodève ;

Les sieurs Gay et Falquières, députés de la communauté d'Arboras, diocèse de Lodève ;

Les sieurs Quatrefages et Gay, députés de la communauté de Jonquières, diocèse de Lodève ;

Les sieurs Montrouzier, et Vidal, députés de la communauté de Saint-Félix de Lodès, diocèse de Lodève ;

Les sieurs Cambon et Sabatier, députés de la communauté de Saint-Guirand, diocèse de Lodève ;

Les sieurs Pierre-Olivier Bas de Cesse, Failhes, et Cabanon, députés de la ville d'Olargues, diocèse de Saint-Pons ; le sieur André Celse Bas de Cesse, quatrième député, n'étant point comparu ;

Les sieurs Cauquil et Calmette, députés de la communauté de Ferrières, diocèse de Saint-Pons ;

Les sieurs Massot, Joseph Hortala et Jean-Joseph Hortala, députés de la communauté de la Voulte, et l'Espinouse, diocèse de Saint-Pons ;

Les sieurs Peyronnet, Gout père, Jeanne, et Rey, députés de la communauté de la Bastide, Rouairouse, diocèse de Saint-Pons ;

Le sieur Poux, député de la communauté de Piererne, diocèse de Saint-Pons ; le sieur Sabatier, autre député de cette communauté, n'étant point comparu ;

Les sieurs Bouisson, Massot, de Viranel, Vailhade et Rossel, députés de la ville de Cessenon, diocèse de Saint-Pons ;

Les sieurs Verdier et Fornier, députés de la communauté de Berlou, diocèse de Saint-Pons ;

Les sieurs Lignon, Cavailhé et Poncet, députés de la communauté de Riols, diocèse de Saint-Pons ;

Les sieurs Auzias, Calmeil, et Berlan, députés de la communauté de Premiau, au diocèse de Saint-Pons ; lequel comprend les paroisses du lieu appelé Mas de l'église, qui n'ont point encore de rôle particulier d'impositions, et sont, à cet égard, en contestation actuelle avec la communauté de Premiau devant la cour des aides de Montpellier, au moyen de quoi nous avons rejeté la comparution desdits habitants ;

Les sieurs Decor et Miquel, députés de la communauté de Pardailhan, qui s'étend sur les paroisses de Saint-Martial et de Saint-Jean, au diocèse de Saint-Pons ;

Et au moment de la clôture de la séance, s'est présenté le sieur Milhau, l'un des députés de la communauté de Laurens, diocèse de Béziers, qui ne comparut point le jour d'hier avec son collègue ;

Le sieur Serguière, l'un des députés de la communauté de Pouzols, diocèse de Béziers ; lequel ne s'était pas présenté le jour d'hier, avec son collègue ;

Les sieurs Martin, Rouanet et Carrière, députés de la communauté de Saint-Vincent, diocèse de Saint-Pons ;

Les sieurs Bouttes et Azaïs, députés de la communauté de Saint-Julien-les-Olargues, diocèse de Saint-Pons ;

Les sieurs Soulier et Marcouire, députés de la communauté d'Assignan, diocèse de Saint-Pons ;

Les sieurs Pradal et Bousquet, députés de la communauté de Villepassans, diocèse de St Pons ;

Les sieurs Tarbouriech, de Campredon et Barthès, députés de la communauté de Saint-Bazan, diocèse de Saint-Pons ;

Les sieurs Boutet et Cathala, députés de la communauté d'Agel, diocèse de Saint-Pons ;

Les sieurs Cathala et Miquel, députés de la communauté de Montouliès, diocèse de Saint-Pons ;

Les sieurs Cormureau et Terral, députés de la communauté de Cruzy, diocèse de Saint-Pons ;

Les sieurs Rouger et Goudon, députés de la communauté de Saint-Martin de Larçon, diocèse de Saint-Pons ;

Et les sieurs Bouffard, Malibran d'Hoste, et Girounet, députés de la communauté de Bessan, diocèse d'Agde ; le sieur Gleises, quatrième député de cette communauté n'étant pas comparu .

L'appel des communautés étant consommé, se sont présentés encore ,

Dans l'ordre du clergé :

M. Guillaume de Boisé de Coursenay, ancien vicaire général d'Agde, abbé commendataire de Villemagne, représenté par M. Jacques de Lozerau du Fès, chanoine succenteur de l'église de Béziers, son procureur fondé ;

M. Combescure, curé de Nissergues, diocèse de Béziers, représenté par M. Louis Jalabert, chanoine de l'église de Béziers, son procureur fondé ;

M. Montrouzier, prieur curé de Loiras, diocèse de Lodève, représenté par M. Loubeau, prieur curé de Saint-Saturnin, son procureur fondé ;

M. Louis-François Pelligneau, chanoine de Bourges, prieur du prieuré simple de Combas, au terroir de Servian, diocèse de Béziers, représenté par M. Belpel, prêtre prébendé de l'église de Béziers, son procureur fondé ;

M. Pierre-Jean Canaguier, prêtre chapelain de la chapelle Saint-Michel, érigée dans la paroisse de Montagnac, diocèse d'Agde, représenté par M. Mazac, curé de Bessan, son procureur fondé ;

M. Louis Jalabert, prêtre, chanoine de l'église de Béziers, chapelain de la chapelle de *Corpore Christi*, dans la paroisse Sainte-Madeleine de Béziers .

Nous avons donné acte à tous les comparants de leur comparution, et octroyé défaut contre :

M. l'évêque de Tarbes, abbé commendataire de Quarante ;

M. l'abbé commendataire de Saint-Jacques de Béziers ;

M. l'abbé commendataire de Saint-Thibery ;

M. l'abbé commendataire de Saint-Chinian ;

La dame abbesse et les religieuses de l'abbaye de Clermont-Lodève ;

M. le commandeur de Béziers ;

M. le commandeur de Pézenas ;

M. le commandeur de Grezan ;

M. le commandeur de Saint-Félix de Sorgues du Campagnoles, le chapitre de Jaussels ;

M. Pinem, curé de Fraisse, au diocèse de Saint-Pons ;

M. Mazel, prieur, curé de Clairac-les-Béziers ;

M. Carrinenc, curé de l'Espinousse, diocèse de Saint-Pons ;

M. Ollier, curé des Salses, diocèse de Lodève ;

M. Gleises, curé de Foziéres, au même diocèse ;

M. Saint-Léger, curé de Navacelle, au même diocèse ;

M Bessière, prieur, curé de Saint-Michel, au même diocèse ;

M. Marcorel, prieur, curé de Sorbs, au même diocèse ;

M. Reynes, prieur, curé de Cros, au même diocèse ;

M. Bonnavialle, prieur, curé de Saint-Félix de Cheras, au même diocèse ;

M. Vassal, curé des Plans, au même diocèse ;

M. Nozerau, curé de Saint-Martin des Combes, au même diocèse ;

M. Soulairol, curé de Notre-Dame de Rouviéges, diocèse de Béziers ;

M. Gept, curé de Tressan, au même diocèse ;

M. Bonnavialle, prieur, curé de Recozels, au même diocèse ;

M. Blayat, curé de Saint-Xist, au même diocèse ;

M. Nègre, archiprêtre de Boussangues, au même diocèse ; .

M. Thomas, curé de Loupian, au diocèse d'Agde ;

M. Brouillet, curé de Villeyrac, au même diocèse ;

M. Amadou, curé d'Ouveilhan, au diocèse de Narbonne ;

M. Faunier, prieur, curé de Vieussan, diocèse de Béziers ;

M. Tabarié, curé d'Agne, diocèse de Saint-Pons ;

M. Massot, curé d'Assignan, au même diocèse ;

Les religieuses du monastère Sainte-Claire de Béziers ;

Les Pères Cordeliers de Lodève ;

Les Ursulines de la même ville ;

M. le duc de Fleury, pair de France, seigneur de Lespignan et autres lieux ;

Madame la marquise de Spinola, baronne de Marviel ;

M. le marquis de Villeneuve ;

M. le comte de Luc, seigneur de Castelnau, de Guers, et autres places ;

M. le baron de Nizas ;

M. de Gaulejac, seigneur de Puissalicon ;

M. le marquis de Saint-Geniès ;

M. le marquis de Saint-Félix, seigneur de Faugères ;

M. le marquis de Saint-Maurice ; .

M. le marquis de Lunas ;

M de Treil, seigneur de Pardailhan ;

Le seigneur d'Avesne ;

Les consuls et communauté de Levas, diocèse de Béziers ;

Les consuls et communauté de Tressan, au même diocèse ;

Les consuls et communauté de Pleissan, au même diocèse ;

Les consuls et communauté d'Ouveilhan, au diocèse de Narbonne ;

Les consuls et communauté de Saint-Martin de Castries, au diocèse de Lodève ;

Les consuls et communauté de Sommont, au même diocèse ;

Les consuls et communauté d'Agne, au diocèse de Saint-Pons ;

Les consuls et communauté d'Aigues-Vives, au même diocèse ;

Les consuls et communauté de la Valette, diocèse de Lodève ;

Les consuls et communauté de Preignes, diocèse d'Agde

SÉNÉCHAUSSÉE DU BOULONNAIS.

*Extrait du procès-verbal de l'Assemblée générale
des trois ordres.*

Du 16 mars 1789 (1).

Ont comparu :

Membres du clergé.

Le seigneur évêque de Boulogne, représenté
par M. l'abbé de Mongazin, vicaire général ;

MM. les députés du chapitre de Boulogne, représentés par MM. Clément et Cocatrix, chanoines;

MM. les députés des chapelains et prêtres,
ayant fonction en l'église cathédrale de Boulogne,
représentés par M. Odent, chapelain;

M. l'abbé Samers, représenté par M. l'abbé Ra-
lier, chanoine ;

Les députés de ladite abbaye, représentés par
dom Mouton, prieur ;

L'abbé de Saint-Walmer, non comparant ;

L'abbé de Longnulliers, représenté par M. l'abbé
de Gargau, doyen du chapitre de Boulogne ;

Les députés de ladite abbaye, représentés par
dom Lenoir, religieux ;

L'abbé de Doudeauville, non comparant ;

L'abbé de Beaulieu, représenté par M. Duques-
noir, supérieur du séminaire de Boulogne ;

L'abbé de Saint Bertin, ou le député de ladite
abbaye, à cause de leur seigneurie de Beuvrequent,
non comparant ;

L'abbé de Ham, à cause de la seigneurie de
Senlèques, non comparant ;

Les révérends pères Chartreux de Neuville, représentés par dom Eloi Mavion, prieur;

Le sieur de Bridelle, prieur du Remilly-le-
Comte, représenté par M. de Voulogne, chanoine ;

Le sieur Saunier, prieur du Wast, représenté
par M. l'abbé Hochart;

M. le prieur de Beussent, représenté par M. l'abbé
Mouton ;

Le prieur du Wal-Restant, représenté par
M. Réaut, religieux de Wal-Restant;

Les députés du chapitre de Saint-Pol, à cause
de leur seigneurie de Quesques, représentés par
M. Dubreau, chanoine de l'église de Boulogne ;

Le commandeur de Loison, seigneur de Com-
bremont, en la paroisse d'Erigny, non comparant ;

M. de La Nigrue d'Honinghen, chapelain de Ti-
remande, non comparant ;

M. l'abbé de Gurgaud, seigneur de la Houssaye,
à cause de la chapelle de Notre-Dame de Nedouchelles, présent ;

Le supérieur de l'Oratoire de Boulogne, à cause
de la seigneurie de Bainghen, présent ;

Le supérieur des Pères de la mission, tenant le
séminaire de cette ville, à cause de la seigneurie
d'Herly, présent ;

Les Pères Carmes de Bernieulles, non comparants ;

Les religieuses Annonciades de Boulogne, représentées par M. l'abbé de Mongazin, grand vicaire ;

Les religieuses Ursulines de Boulogne, représentées par M. Tribout, chanoine ;

Le curé de la paroisse de Saint-Joseph de Boulogne, présent ;

Les prêtres attachés à ladite paroisse Saint-Joseph, représentés par M. l'abbé Augé, l'un d'eux;

Le curé doyen de la paroisse de Saint-Nicolas
de Boulogne, présent ;

Les prêtres attachés à ladite paroisse de Saint-
Nicolas, représentés par M. l'abbé Baure, l'un
d'eux ;

Le curé de la paroisse d'Alette, représenté par
M. Cossart, curé de Vieuville ;

Le curé de la paroisse d'Alinctun et Bellebrune,
son secours, représenté par M. Lagache, curé de
Belle ;

Le curé d'Audembert, présent ;

Le curé d'Audinghen, présent ;

Le curé d'Audreselles, représenté par M. Greffier, curé d'Audinghen ;

Le curé de Baingtum et de Questinghen, son
secours, représenté par M. d'Hévin, vicaire de ladite paroisse ;

Le curé de Bainghen-le-Comte, représenté par
M. Reliender, curé de Colemberg ;

Le curé de Basinghen, représenté par M. Duquesne, curé de l'Eolinghen ;

Le curé de Bécourt, représenté par M. Lorgnier,
curé de Bourthes ;

Le curé de la paroisse de Belle et Houllefort,
son secours, présent ;

Le curé de Bernieulles, présent ;

Le curé de Beussent, représenté par M. Houzet,
curé de Bernieulles ;

Le curé de la paroisse de Beuvrequent, et Wa-
quinghen, son secours, représenté par M. Vasseur, curé de Doudeauville ;

Le curé de la paroisse de Bezinghen et Euquin,
son secours, représenté par M. Vasseur, curé de
Doudeauville ;

Le curé de la ville d'Ambeteuse, représenté
par M. Corsai, curé de Vimille ;

Le curé de la paroisse d'Attin et Beutin, son secours, représenté par M. de Lanoy, sacristain de
l'église de Boulogne ;

Le curé de la paroisse de Bournonville, et Her-
mevieux, son secours, non comparant ;

Le curé de la paroisse de Boursinet et du Wast,
son secours, présent ;

Le curé de Bourthes, présent ;

Le curé de la paroisse de Brexeu et Henoc, son
secours, représenté par M. Houzet, curé de Ber-
neul ;

Le curé de la paroisse de Cannières et le Faux,
son secours, représenté par M. l'abbé Cléry, protonotaire apostolique, à Boulogne ;

Le curé de la paroisse de Carly et Verlinctum,
son secours, représenté par M. Rappe, curé de
la paroisse Saint-Nicolas de Boulogne ;

Le curé de la paroisse de Cleulen et Bimont, son
secours, représenté par M. de Surnes, curé de
Moncavrel ;

Le curé de la paroisse de Colemberg et Nabringhen, son secours, présent ;

Le curé de la paroisse de Coudette et d'Edi-
gneul, son secours, présent ;

(1) Nous publions ce document d'après un manuscrit
des *Archives de l'Empire.*

Le curé de la paroisse de Courmont et Hubersent, son secours, représenté par M. Persuane, curé de Frenq ;

Le curé de Causet, représenté par M. Vasseur, curé de Doudeauville ;

Le curé de Crémaret, représenté par M. Bouloir, curé de Virvigne ;

Le curé de la paroisse de Daunes et Videhen, son secours, représenté par M. Cléry, protonotaire apostolique ;

Le curé de la ville de Desvres, représenté par M. Deudin, curé de Longfossé ;

Le curé de Doudeauville, présent ;

Le curé d'Erlinghen, present ;

Le curé de la paroisse d'Etigny et Aix, son secours, représenté par M. Lormer, curé de Bourthes ;

Le curé de la ville d'Etaples, représenté par M. Thineux, vicaire d'Etaples ;

Le curé de la paroisse d'Etrecelles, représenté par M. de Surnes, curé de Montcavrel ;

Le curé de la paroisse de Ferques et Elinghen, son secours, représenté par M. Dusommerard, curé d'Audembert ;

Le curé d'Hardinghen, représenté par M. Balin, vicaire de Saint-Josquels de Boulogne;

Le curé de la paroisse d'Herly et de Quilen, son secours, représenté par M. Caron, curé de Mancughen-au-Mont;

Le curé de Fiennes, représenté par M. Dusommerard, curé d'Audembert ;

Le curé de la paroisse de Frencq et Nalinghen, son secours, présent ;

Le curé d'Hédin-l'Abbé, représenté par M. Allant, curé de Saint-Léonard ;

Le curé d'Ixent, représenté par M. Rivet, curé d'Himbart;

Le curé de Disques, présent ;

Le curé de la paroisse de Landretun et Caffiers, son secours, représenté par M. Butor, chapelain de Beaulieu ;

Le curé de Leubringhen, représenté par M. Duquesne, curé de Cleulinghen ;

Le curé de Leulughein, présent ;

Le curé de Cligny, représenté par M. Flamant, chanoine ;

Le curé de Longfossé, présent ;

Le curé de Longueville, représenté par M. Rlauder, curé de Colomberg;

Le curé de la paroisse de Longvilliers et Maresville, son secours, représenté par M. Permaune, curé de Frencq ;

Le curé de Maninghen-au-Mont, présent ;

Le curé de Maninghen-les-Wimille et Pittefaux, son secours, représenté par M. Thibault, desservant ladite paroisse ;

Le curé de Marles, représenté par M. Oger, supérieur du petit séminaire de Boulogne;

Le curé du bourg de Marquise, présent ;

Le curé de Nedouchelles, représenté par M. Flamont, chanoine ;

Le curé de Montcavrel, présent ;

Le curé de la paroisse de Menneville-Saint-Martin, Choquel et Vicelmoutier, ses secours, présent ;

Le curé de la paroisse de Neufchâtel et Nesle, son secours, représenté par M. de Neuville, curé de Coudette ;

Le curé de la paroisse de Neuville et Estrées, son secours, non comparant ;

Le curé d'Offrethun, présent ;

Le curé d'Outreaneau, présent ;

Le curé de Paventi, représenté par M. Ferrou curé d'Eclinghen ;

Le curé de la paroisse de Pernes et Couteville, son secours, représenté par M. Forne, curé de Saint-Etienne ;

Le curé de la paroisse de Quesques et Lotinghen, son secours, représenté par M. Rault, vicaire de ladite paroisse;

Le curé de la paroisse de Preuves et Huqueliers, son secours, représenté par M. Caron, curé de Maninghen-au-Mont;

Le curé de Réty, représenté par M. Braure, vicaire de Saint-Nicolas de Boulogne;

Le curé de la paroisse de Renixen et Hidrequent, son secours, représenté par M. l'abbé Cléry, protonotaire ;

Le curé de la paroisse de Reumilly-le-Comté et Avesnes, son secours, représenté par M. Caron, curé de Maninghen-au-Mont ;

Le curé du bourg de Samers, représenté par M. Wiant, curé de Disques ;

Le curé de Selles et de Brunembert, son secours, représenté par M. Rault, vicaire de Lattinglin ;

Le curé de Seuquy, représenté par M. Rivet, curé d'Humbeot;

Le curé de Soulèque, représenté par M. Bouloy, curé de Wirwigne ;

Le curé de Saint-Etienne, présent ;

Le curé de Saint-Inglevot, non comparant ;

Le curé de Saint-Léonard, présent ;

Le curé de Saint-Martin-les-Boulogne, présent ;

Le curé de Saint-Michel, à cause de son secours d'Humbert-en-Boulounois, présent ;

Le curé de Tubersent, présent ;

Le curé de Werchocq, présent ;

Le curé de Wiquenghen, non comparant ;

Le curé de la paroisse de Vierre-Effroi et Hèdres, son secours, représenté par M. Joseph Balin, vicaire de Saint-Joseph de Boulogne ;

Le curé de la paroisse de Vierre-Effroi et Sainte-Gertrude, son secours, représenté par M. Rappe, curé de Saint-Nicolas, de Boulogne ;

Le curé de Vimille, présent ;

Le curé de la paroisse de Wirwigne et Questresques, son secours, présent ;

Le curé de Winaut, représenté par M. Dupont, curé de Marquise ;

Le curé de Rotheu, représenté par M. Delanoy, chapelain de l'église de Boulogne;

Le curé de Tardinghen, représenté par M. Dupont, curé de Marquise ;

Le curé de Thiembroune, représenté par M. Compiègue, vicaire de Saint-Nicolas de Boulogne.

M. Perdriseau, chapelain de la chapelle de Bedouastre, présent ;

M. Flamant, titulaire de la chapelle de Sainte-Barbe en Leleughen.

M. Mathoulé, titulaire de la chapelle de Saint-Jean d'Ausque, représenté par M. Mathoulé jeune, son frère ;

Le curé d'Aix en Issaut, à cause de son secours de Marvaud, en Boulonnais, représenté par M. Féron, curé d'Eclinghen;

M. le curé d'Etingry, présent ;

M. Hochart, chapelain du Wast, présent ;

M. le chapelain de Beaulieu, présent ;

M. l'abbé Lorimer, sous-diacre, demeurant à Inglieu, secours de Tardinghen, présent ;

M. l'abbé Delastre de Val Dufresne, à cause de son fief de Breuilly, présent.

Le vicomte de la ville d'Etaples présent.

Membres de la noblesse.

M. le duc d'Ayen, à cause de sa principauté de Tingrey, non comparant ;

M. le duc de Bournonville, à cause de ses terres de Bournonville, Houllefort et Courteville, représenté par M. Jean Nicolas de Briche, demeurant à Boulogne ;

M. le duc de la Rochefoucault-Doudeauville, à cause de son duché de Doudeauville, représenté par M. Jean-François-Antoine Delastre, de Val Dufresne ;

MM. de Belzunce et de Baudeville, à cause de leur seigneurie du marquisat de Fienne, non comparants ;

M. Armand-Joseph de Fresnoi, à cause de sa seigneurie de la baronnie de Moyeques, présent ;

M. Duviquet d'Ordre, a cause de sa seigneurie de la baronnie d'Ordre, non comparant ;

Le seigneur de la baronnie d'Engoudesens, non comparant ;

MM. Jean-Louis-François Dublaisel, et de Montlesun, à cause de leur seigneurie de la baronnie de Lixèmes, représentés par M. Louis-Charles-François-Benoît du Blaisel du Rieux, capitaine au régiment Royal-dragons ;

M. Jean-Armand-Henry Alexandre, marquis de Gontaut, à cause de sa seigneurie de la baronnie de Tienbronne ;

Demoiselle Jeanne-Josèphe-Florence de Leval, veuve de M. Bernard, à cause de ses seigneuries d'Attin et Bentin, représentée par M. Louis-Charles-François-Benoît du Blaisel du Rieux, capitaine de dragons ;

M. Adrien-Joseph-Amélie Guillain, né comte de Béthune-Saint-Venant, à cause de sa seigneurie de la baronnie de Bainetum, représenté par M. Louis-Marie Bertrand l'Epore d'Herlen ;

M. Gabriel-Joseph Lenormand d'Aubonne, à cause de sa seigneurie de la baronnie de Bellebrune, représenté par M. Antoine-Marie Guillain du Vicquet d'Ordre, lieutenant des maréchaux de France ;

M. Charles-Philippe-Albert-Joseph, comte de Sainte-Aldegonde, à cause de sa seigneurie du marquisat de Colemberg, représenté par M. Jean-Baptiste Oudart de Dixu de Monbron, père ;

Demoiselle Marie-Josèphe-Charlotte de Caboélie, dame de la baronnie de Lisacre, représentée par M. Louis-Marie-Gilles du Blaisel du Rieux, chevalier de Saint-Louis ;

M. Clément-François-Charles André de La Verdy, à cause de sa seigneurie de la baronnie de Bernieules, représenté par M. Louis-François-Marie de Forceville de Merlimont ;

M. le comte de Mailly, à cause de ses seigneuries de Nesles et Montcavrel, non comparant ;

M. Charles-Marie de Créquy, maréchal de camp, à cause de sa seigneurie de Wiquinglin, présent ;

M. François-Joseph-Hippolyte des Granges, à cause de son fief de la Connétablie, présent ;

M. Jean-Guillaume d'Orington, chevalier de Saint-Louis, à cause de son fief de l'Enseigne-Gouffounier du Boulonnois, présent ;

M. François-Achille-Wilcot de Rieux, à cause son fief de la Maréchaussée, présent ;

M. Gabriel-Charles-André Abot de Bassinglien, à cause de son fief de la Bouteillerie, présent ;

Dame Marie-Cécile de Roquigny, veuve de M. Gaspard-Louis-François de Bedorède de Montolieu, dame du fief de Maquinglien, représentée par M. François-Marie du Blaisel de La Cloix, commandant d'Ambleteuse ;

M. Antoine-François-Marie de Bernes de Longuilliers, à cause de sa seigneurie de la châtellenie de Longuilliers, représenté par M. Gabriel-Ambroise de Bernes de Longuilliers, son fils aîné ;

M. Jean-Louis de Crésidal, à cause de son fief

de la Rouville et Wimille, représenté par M. Louis-Marie Boidart de Buire ;

M. Achille-Armand Patras de Campaigno, chevalier de Saint-Louis, capitaine de grenadiers au régiment du Roi, infanterie, à cause de sa seigneurie de Saint-Léonard, présent.

Demoiselle Louise-Françoise Octavie de Patras de Campaigno de Neufchâtel, à cause de sa seigneurie d'Enguinenhaut, représentée par M. François-Marie du Blaisel de La Cloix, commandant d'Ambleteuse ;

M. François-Oudart Duquesne de Clocheville, à cause de sa seigneurie de la châtellerie de Belle, représenté par M. Louis-Oudart de Dixmue ou Dixmude ;

M. Jean-Baptiste Chinot de Chailly, chevalier de Saint-Louis, colonel d'infanterie, à cause de son fief de Froidmessent, présent ;

M. Charles-François-Marie de Wavrans, à cause de sa seigneurie de Boursin, représenté par M. Charles-Louis de Cormette, seigneur d'Ernevaux ;

Dame Marie-Louise-Claudine-Françoise de Fiennes de La Planche, veuve de M. François-Claude-Auguste de Roussel de Préville, et ses enfants, à cause de leur seigneurie d'Ecaut, représentés par M. Oudart-Jean-Baptiste de Fiennes de La Planche, seigneur de le Faux ;

Dame Marie-Madeleine Vidart, de Sainte-Claire, veuve de M. Antoine Dixmue ou Dixmude de Hames, à cause de sa seigneurie de Videlieu, représentée par M. Antoine-Auguste Dixmue ou Dixmude de Hames, son fils ;

M. de Roisin, à cause de sa seigneurie de Selles, non comparant ;

M. Charles-François-Marie de Gossette de Wailly, à cause de sa seigneurie de Wailly et Panihieu, représenté par M. Marie-Camille Filion de Willemur ;

Madame de Bergues, à cause de sa seigneurie de Ligny, non comparante ;

M. Théodore Desaudrouins, chevalier non profès de l'ordre de Malte, à cause de ses fiefs de Fiennes et Hardinglien, présent ;

M. Jean-Pierre-Nicolas de La Fitte, à cause de sa seigneurie d'Andisque, représenté par M. François-Marie Patras de Campaigno, lieutenant au régiment de la marine ;

M. Antoine Dixmue ou Dixmude de Hames, à cause de sa seigneurie de Queslin, présent ;

Demoiselle Marie-Marguerite-Antoinette Dixmue ou Dixmude de Hames, à cause de son fief de Wierre-Effroi, représentée par M. Gabriel de Campaigno, chevalier de Saint-Louis ;

M. Dauphin d'Alinglien, à cause de sa seigneurie d'Alinglien, non comparant ;

M. Louis-Charles de Cormette, à cause de sa seigneurie de Hermeveux, présent ;

M. Jean-Marie Descageuls, à cause de sa seigneurie de Manniglien, représenté par M. François-Marie du Blaisel, commandant de Boulogne ;

M. Edme-Antoine-François de La Pature d'Offreton, à cause de son fief d'Offreton, représenté par M. Jean-Antoine-César de La Rue, chevalier de Saint-Louis ;

M. Antoine-François-Marie Duquesnoisd'Ecueuil, à cause de son fief d'Ecueuil, représenté par M. Charles-Marie de Créquy, maréchal de camp ;

M. Auguste-Charles-César de Flahaut de La Billardière, chevalier de Saint-Louis, représenté par M. François-Marie du Blaisel, de La Cloix, commandant de Boulogne ;

M. Joseph-Marie-Balthazard Alexandre d'Ennetières, à cause de ses fiefs d'Edignéul, le Turne et Dumanoir, représenté par M. Jean-Louis Disque Dumanoir, chevalier de Saint-Louis, colonel d'infanterie ;

M. Louis-Charles de Sainte-Aldegonde fils, à cause de sa seigneurie de Nabinglien, représenté par M. Jean-Louis Disque Dumanoir ;

Le sieur Louis d'Orington fils, seigneur du fief de Lassalle en Audisque, représenté par M. Jean-Guillaume d'Orington, père, chevalier de Saint-Louis ;

M. Louis-Charles de Guéroult de Boisrobert, à cause de ses fiefs de Dalougeville et Lépinoy, représenté par M. Antoine-Marie Dutertre, commissaire de guerres ;

M. Michel-Louis-Marie de Bernes de La Haye, à cause de sa seigneurie de la Haye, représenté par M. Augustin-Benoît La Mottier Chinot de Chailli, capitaine de remplacement, au régiment de Royal-vaisseau.

M. Jean-Benoît Torquat de Montcornet de Caumont à cause de sa seigneurie de Montcornet, représenté par M. Antoine-Marie-Guillain Duvicquet d'Ordre de Réty, lieutenant des maréchaux de France ;

M. Ambroise de Partz, seigneur en partie de Cormont, représenté par M. Charles de Campagne de Plauny, chevalier de Saint-Louis ;

Dame Louise-Caroline-Livie Houbronne d'Auvinglien, veuve de M. Georges-Marie-Madeleine Dumont de Courset, à cause de sa seigneurie de Florinctum, représentée par M. Georges-Louis-Marie Dumont de Courset, son fils ;

Demoiselle Marie-Louise-Françoise-Aldegonde Duquesnoy d'Écuéneil, à cause de sa seigneurie du Val d'Enquin, représentée par M. Jean-Marie Desgroseilliers de Quillau ;

M. Charles-Hubert de La Chaussée, à cause de sa seigneurie de Selieu, paroisse de Preuves, représenté par M. Desgroseilliers de Quillau ;

M. Charles-Hubert-Marie-Gaspard de La Fontaine Solard, à cause de sa seigneurie de Verlinctum, représenté par M. Louis Oudard de Dixmue ou Dixmude ;

M. Louis-Alexandre Dutertre, à cause de ses seigneuries de Lacres et Cormont, en partie, représenté par M. Antoine-Marie Dutertre, commissaire de guerres ;

Demoiselle Marie-Louise-Charlotte de Croeser d'Audinetun, à cause de sa seigneurie de Hobangues, représentée par M. Lenoir, seigneur du vicomté de Montreuil ;

M. Simon-Joseph Moular de Torrey, à cause de son fief de Villemaret, représenté par M. Achille-Arnaud Patras de Campaigno, capitaine au régiment du Roi ;

M. Charles-Benoît du Blaisel de Belle-Isle, à cause de sa seigneurie d'Etrecelles, représenté par M. Amable-François de Hanique d'Erquelingue ;

M. Pierre-Marc-Antoine-François de La Cressonnière, bailli d'épée de Saint-Quentin, à cause de sa seigneurie de Noiberne, représenté par M. Achille-Armand Patras de Campaigno, capitaine au régiment du Roi ;

N Antoine-Joseph de Bhemond, à cause de sa seigneurie du Pré-Louchet, représenté par M. Marie-Gaspard-François Gedon Levasseur de Thubeauville ;

M. Amable-François-Marie-Hubert Mallet de Coupigni, à cause de sa seigneurie de Verchoque, représenté par M. Gabriel Patras de Campaigno, chevalier de Saint-Louis ;

M. François-Isidore Le Roy de Bordes, à cause de sa seigneurie de la Fresnoye, représenté par

M. Antoine-Louis-Marie de La Ville-Neuve, seigneur d'Alinctun ;

Dame Marie-Madeleine-Armande-Julie de Roussel, veuve de M. Antoine-François-Elisabeth de Roquigny, à cause de ses seigneuries de Pernes et Longfossés, représentée par M. Claude-Elisabeth-Gabriel Patras de Campaigno, lieutenant aux gardes wallonnes ;

Dame Jeanne-Armande Lebel de Croissi, veuve de M. Antoine-François-Hubert-Gabriel de Roquiny du Fayel, à cause de sa seigneurie de Le Faux, représentée par M. Louis-Antoine Patras de Campaigno, officier au régiment de Royal-dragons ;

M. Jacques-Alexandre-Antoine-François de Consteville, d'Odicq, maréchal de camps, à cause de sa seigneurie d'Odicq, représenté par M. de Forceville ;

M. Félix-Louis-Joseph Varnier de Wailly, à cause de sa seigneurie de Lignon-Verdure, représenté par M. Jean-Baptiste Monk d'Erguy ;

Dame Marie-Catherine Chartonnet, veuve de M. Timoléon du Tertre de Nielles, à cause de sa seigneurie de Pleurelles, représenté par M. Charles Chinot de Froidmessent, capitaine au régiment de Royal-vaisseau ;

M. François-Hubert Regnier d'Equincourt, au nom et comme chargé de la procuration de M. Charles-Antoine Acavy de La Rivière, représenté par M. Charles Chinot de Froidmessent ;

M. François-Hubert Regnier d'Equincourt, en son nom, à cause de son fief d'Equincourt, représenté par M. Marc-Antoine Le Vaillant du Châtelet de Cault, chevalier de Saint-Louis ;

M. Charles-Louis-François Acary de La Suse, mari et bail de demoiselle du Blaisel de Belle-Isle, seigneur de Brexent, représenté par M. Louis-Marie de Lastre de Noir-Mathe, chevalier de Saint-Louis ;

M. Louis-Antoine de Dixmue ou Dixmude de Ham, commandant de Montreuil, à cause de son fief de Laudaires, représenté par M. Antoine-Auguste de Dixmue ou Dixmude de Ham, son frère ;

M. Jacques-François-Maire de Framery, chevalier de Saint-Louis, à cause de sa seigneurie d'Euvey, représenté par M. de Lastres de Longatte ;

M. Bertrand de Fresnois de Bertheulaire-Lé, à cause de sa seigneurie de Bertheulaire, présent ;

M. François-Claude de Fresnois du Quesnoy, à cause de sa seigneurie du Quesnoy, présent ;

M. Lenoir, seigneur du vicomté de Montreuil, à cause de ses fiefs en Dignopré et Bécourt, présent ;

M. Louis-Marie-Boidart de Buire, à cause de sa seigneurie de Saint-Michel, présent ;

M. Oudart-Achille-Jean-Baptiste de Ficunes de La Planche, seigneur de Lefaux, présent ;

M. François-Marie-Gaspard-Gédeon Le Vasseur de Thubeauville, à cause de sa seigneurie de Thubeauville, présent ;

M. Louis-François Le Thumeur de Jacquant, à cause de ses seigneuries de Jacquant et de Combremon, présent ;

M. Louis du Soulier, capitaine de dragons, à cause de ses seigneuries d'Imberthun, Hault et Leulinglin, présent ;

M. Antoine-Marie-Guillaume du Wicquet d'Ordre, lieutenant des maréchaux de France à cause de sa seigneurie de Réty, présent ;

M. Charles-Adrien-Denis de Tulil de Guemy fils, officier de dragons, à cause de sa seigneurie de Bedouatre, présent ;

M. Jean-Baptiste-Oudart de Dixmue ou Dixmude de Montbron, à cause de ses seigneuries de Montbron, Resques et Baduet, présent;

M. Louis-Marie-Delastre de Noirmathé, à cause de sa seigneurie de Nounate, présent.

Membres de la noblesse non fieffés et non assignés, comparants.

M. Antoine-Marie Dutertre, chevalier de Saint-Louis, commissaire des guerres de la division de Picardie, présent;

M. Augustin Chinot de Chailly, capitaine à la suite au régiment de Royal-vaisseau, présent;

M. François de Lastre de Mépas, présent;

M. André-François Munière de La Couversière, chevalier de Saint-Louis, présent;

M. Charles Chinot de Froidmessent l'aîné, capitaine au régiment de Royal-vaisseau, présent;

M. Marc-Henry Le Vaillant du Châtelet d'Offretun, présent;

M. Marie-Louis-Gilles du Blaisel du Rieux père, chevalier de Saint-Louis, présent;

M. Louis-Marie-Bertrand Le Pore d'Herlen, présent;

M. François-Marie du Blaisel, chevalier de Saint-Louis, commandant de Boulogne, présent;

M. François-Marie du Blaisel de La Cloye, chevalier de Saint-Louis, commandant d'Ambleteuse, présent;

M. Louis-Charles-François-Benoit du Blaisel du Rieux, fils, capitaine de dragons, présent;

M. Jean-Baptiste Le Grain, présent;

M. Jean-Marie-Edouard de Guisselain de Tailleville père, représenté par M. de Guisselain de Tailleville, son fils;

M. Charles-César-Marc-Antoine de Lenclos, présent;

M. Louis-Marie-Joseph-Dutertre d'Elmarque, présent;

M. Gabriel-Ambroise de Bernes de Longvillers, père, présent;

M. de Bavre, capitaine de vaisseau, présent;

M. Abot de Bazinguin, père, présent;

M. Jean-Louis Disques du Manoir, chevalier de Saint-Louis, ancien colonel d'infanterie, présent;

M. Gabriel Patras de Campaigno, chevalier de Saint-Louis, seigneur de Painelun, présent;

M. Louis-Marie Ducamps de Rozamelle, maréchal de camp, à cause de sa seigneurie de Courteville et de Frêne, présent;

M. Pierre-François de Lastre de Longathe; présent;

M. Antoine-Louis-Marie de La Villeneuve, seigneur d'Almetien, présent;

M. Antoine-César de La Rue, chevalier de Saint-Louis, seigneur du Hamel, présent;

M. Louis-Marie-Achille de La Villeneuve, officier des chasseurs des Pyrénées, seigneur du Camp-Delegine, présent;

M. Jean-Nicolas de Briche, à cause de sa seigneurie de la Capelle, présent;

M. Jean-Baptiste Monk d'Ergny, seigneur d'Erguy et du Hamel du Châtelet, présent;

M. de Bernes de Longvilliers fils, capitaine du régiment de Picardie, présent;

M. Charles-Champagne de Plancy, seigneur d'Avricourt, présent;

M. Claude-Élisabeth-Gabriel Patras de Campaigno fils, lieutenant aux gardes vallonnes, présent;

M. Marie-Camille Fillion de Villeneuve, présent;

M. Louis-Antoine Patras de Campaigno, officier au régiment de Royal-dragons, présent;

M. François-Marie Patras de Campaigno, officier au régiment de la marine, présent;

M. Jean-François-Antoine de Latre de Val-du-Frêne, présent;

M. Louis-Marie Le Vaillant du Châtelet, seigneur d'Audenfort, présent;

M. Le Porq de Champart, chevalier de Saint-Louis, présent;

M. Louis-Marie-François Le Vaillant du Châtelet, seigneur de Bernaucourt et de Braudetun, présent;

M. Marc-Antoine Le Vaillant du Châtelet, seigneur de Gault et de l'Espagnerie, présent;

M. Louis-François Mairé de Forceville de Merlimont, seigneur de la baronnie et vicomté de Merlimont;

M. Jean-Antoine-François-Barthélemy du Blaisel d'Euquin, seigneur d'Euquin présent;

M. Louis-Maire-Armand-Daniel de Guiselain des Barreaux, présent;

M. Charles-Denis-Nicolas-Marie de Guiselain de Tatteville, présent;

M. Jean-Baptiste-Omer-Claude Pouques d'Herbignhen, fils, présent;

M. François-Marie Le Roy de Méricourt, présent;

M. Louis-Marie-Magloire Le Roy d'Ambleville, présent;

M. Philippe-Jean-Baptiste Jacquemin de Château-Regnault, seigneur de Fremeselles, et Audinghen, présent;

M. Amable-François de Haniques d'Erquelingue l'aîné, seigneur d'Echinglien, présent;

M. Philippe-Pierre-François de Bernes de Triox, seigneur de la Motte et Bignopré, présent;

M. Louis-Henry-Nicolas de Bernes de La Haye, présent;

M. Jean-Baptiste de Guillemy de Longré, présent;

M. René-François Fisset de Quenuval, présent;

M. Achille-Ambroise-Xavier Crandalle de Chambreuil, présent;

M. Louis-Achille-Ambroise du Disque-Dubrenilh, présent;

M. Antoine-Louis de Hanniques d'Erquelingue, le jeune, présent;

M. Charles-Robert de Bournonville, seigneur de la Haye, présent;

M. Louis-François Delporte de Couteval, seigneur de Couteval, présent;

M. Adrien-Bertrand-François-Marguerite de Tutille de Guesmy, seigneur de Marquise, en partie, et d'Ardenthun, présent;

M. Archibald Ogilvy, major d'infanterie, présent;

M. Jacques-Etienne-Delporte de Jourville, présent;

M. Toussaint Delporte de Bauvier, présent;

M. François Delporte, présent;

M. Pierre Butler, lord de Galmoy, colonel d'infanterie, présent;

M. Jean-Charles Martinet, seigneur de Lassale, présent;

M. Louis Oudart de Dixmue ou Dixmude de Montbrun, présent;

M. Balthazard-André Aylmer, officier irlandais, présent;

M. Jean-François-Marie de Groselles, seigneur de Quillaud, présent;

M. Charles le Bernes de Longvilliers, officier de carabiniers, seigneur de Questresques et Montigny, présent;

M. Louis-Gaspard-Nicolas Levreux, maréchal des camps et armées du Roi, présent;

M. de Mahouny, lieutenant-colonel d'infanterie, présent;

M. Emmanuel-Jacques Perrier du Cauterre, officier au régiment de Diesbak, présent;

- M. Georges-Louis-François Dehémond, à cause de sa seigneurie de Seulèque, présent.

MEMBRES DU TIERS-ÉTAT DE LA SÉNÉCHAUSSÉE DU BOULONNAIS.

Députés:

Ville de Boulogne. MM. Gros, avocat fiscal; Vasseur, vice-mayeur; Latteux, ancien mayeur; Ternaux, garde-marteau; Le Porc de Belleval, ancien négociant; Roulier, avocat du roi; Delaire, échevin ; Falempin, notaire;

- *Ville d'Étaples.* Bequet ; Maxime de La Planche; Géneaux; de Vernicourt; Beaudelique;

Ville de Desvres. De La Sablonnière, mayeur; Louis Duprès, vice-maire; Thomas Louchet, notaire; François-Joseph Pamard ;

Ville d'Ambleteuse. Jean-Louis Ducroc; Joseph Lavoine; Louis-Marie de Latre; Marc Radenne;

Ville de Winant. Jean Dupont, syndic ; Louis Dupont; Louis Prudhomme; Louis-Marie Dessurnes ;

L'hôpital général de Boulogne. M. Le Porc, ancien mayeur, et l'un des administrateurs ;

Aix-en-Isart. Pierre Juberthiers; Pierre-Augustin Duval;

Aix-en-Ergny. Mariotte; Videhen ;

Erny. Braure ; Lefebvre;

Alette. Jean-Marie-Procope Launoy; Adrien Onis;

Alinctun. François Gonel; François Courteville;

Bellebrune. Jacques Delpierre, syndic; Marc Delsaux;

Attin. Philippe Gosselin; François Baudictun;

Beutin. Charles Buselin; Jacques Pendecœur;

Audemberg. De Lastre de Noirbeune; Dausque;

Audinghen. Antoine Daudruy; Charles Hamevel, syndic;

Bezinghen. Deuquin de La Folie; Pierre Fournier ;

Andreselles. Jean-Baptiste Beauvois, syndic; Antoine de Latre, entrepreneur ;

Avesnes. Nicolas Daquin; Jean-Baptiste Vallois;

Rumilly-le-Comte. Pierre-Antoine Lefevre, dit Tuberdier ; Pillon;

Baingtum. Jean-Thomas Sarnier; Adrien Lecoutre;

Questinghen. Jean Tieunière; Nicolas Leleu;

Banighen-le-Comte. Michel de Latre, syndic ; Louis Fourcroy;

Bazinghen. Pierre Boulanger; Antoine Leroy,

Bécourt Pierre-Nicolas Merlin ; Jean Lecomte;

Belle. Lorguier; Adrien Hénon;

Houllefort. Jean Ousselin; Jean-Marie Clochois;

Bernieulles. Pierre Fournier; Louis Soudain ;

Trois-Marquets et Mieurles. Jean Dufour; Jean Doutoille;

Beussent. Jean Cuvilliers; Augustin Compiègne;

Beuvrequent. Daudruy de Zunestique; Routier d'Ostove, avocat du Roi;

Bimont. Jean de Lahaye; Jean-Marie Charlet;

Bournonville. Guerlain ; Briche;

Boursin. Jean-Baptiste Deldreve, bailli ; Marc Hénin ;

Bourthes. Dominique Cousin ; Claude-Antoine Duflos;

Brexent. Philippe Dulot; Alexis Triplet;

Brunembert. Hippolyte Lefevre ; François Dupré;

Caffiers. Jean-François de Laruelle ; de Biennes;

Camiers. Cyprien Quendalle; Jean-François Correux ;

Carly. Pierre Gommelle ; Louis-Marie Genau de La Marlière ;

Cleuleu. Joseph Germain ; Bertrand Blin;

Collembert. Jean-Nicolas Bernard ; Louis Defosse;

Coudette. Jean-Baptiste Warnier ; Antoine Bodat;

Couteville. François Legay ; Jean Hoier ;

Cormont. Louis-Joseph Fournier ; Michel Lemaire ;

Courset. Jean Gressier ; Adrien Caron ;

Cremaret. Antoine Wallet ; Antoine Boulogne ;

Daunes. Jean-Baptiste Pierre Dunnuy ; Louis-Gabriel Pattin ;

Doudeauville. Daniel Monsigny ; François Eurin;

Eglinghen. Alexandre Noël ; Augustin Dandre ;

Enquin. Pierre-François Boutillier, syndic ; Charles Poulain, fils ;

Enocq. Antoine Delye; Jacques Roze ;

Etréelles. Jean Masson ; Antoine Martel ;

Etréelles. Jean-Baptiste Duval ; Antoine Piquet ;

Niembourg et Haut-Préchot. Augustin Martel ; Antoine Leleu;

Elinghen et Ferques. Parenty ; Delsaux;

Fiennes. Antoine Lemaitre ; Jean-Baptiste Dubut;

Léturne. Achille Allant; Jacques-François Duhamel.

Frencq. Louis Cumont ; Nicolas Martel ;

Halinglien. Pierre Auquier; Jacques Provot ;

Ardinghen. Louchet d'Herouval ; Du Breuil ; François Gillet ; Louis Deldreve ;

Enneveux. Antoine Caron ; Jean-Pierre Creuse ;

Herly. Sébastien Cocatrix, Jean-Baptiste Vallois;

Hédigneul. Louis Debove ; Jean Bailly ;

Hédin-l'Abbé. Pierre-Marie de Guines ; Chauchois;

Hedres. Jean-Charles Maillet ; Laurent Ducrocq ;

Hidrequent et Rinxent. Duflos; Marnier ;

Hubersent. Alexandre Dezotteux ; François Quedalle ;

Huquelières. Jean-Louis Lefèvre ; Louis-Marie Arnoul ; Gallet ;

Inxent. Louis Fouquet; Joseph Duval ;

Isques. Etienne Eurin; Pierre Lecloix ;

Laires. Jacques-Adrien Vauchel; Jean-Pierre Mouillère ;

Landretun. Louquety de La Roubière ; Coze ;

Lafaux. Charles Verlingue ; Michel Saulmer.

Lembringhen. Pierre Poidevin, négociant; Noël Verlingue;

Leulinghen. Ternaux, receveur des vingtièmes; Pierre Ballet;

Ligny-les-Airs. Charles Guillain ; Carpentier ;

Longfossés. Claude-Artus Noël ; Jean-Marie Leduc ;

Verval. Jacques Fay ; Jean Hictte ;

Engienhault. François de Lhobel ; Jean-Baptiste Lelieu;

Longueville. Charles Cazin, syndic ; Joseph Roard, syndic;

Longuilliers. Jean-Jacques-Pierre Férou ; Jean-Marie Juniez ;

Lottinghen. Jean-Louis-Marie Pruvot d'Eliobel; Jean-Louis Courquin ;

Mannighim. Jean-François ; Joseph Peuvion ;

Mannighim-les-Wimelle. Antoine Louquety de La Quesnoy ; Marc Delplace;

Menneville. Antoine Bullet ; François Louchet ;
Maresville. Pierre-Gilles Porret ; Jean Roussel ;
Marles. Lievin-François ; Bataille ; Jean-Marie Vallois ;

Marquise. Pierre-Maxime Dupont, bailli ; Pierre Lepore, ancien mayeur ; Louis-Marie Bouclet ;

Moncavrel. Louis-Marie Sta de Montechore ; François-Toussaint Minet ;

Nabringhen. Louis-Marie Bernard, syndic ; Jean-Marie Boutoille ;

Nédouchelles. Antoine Flament ;

Nesles. De Vassal ; Villain ;

Cours. Pierre Soudourel ; Jean Grignon ;

Neufchâtel. Jean Rolland ; Pierre Sagnier ;

Neuville. Delastre ; Roussel ;

Offretun. Alexandre-Xavier Wissoq, avocat ; Jacques-François Hanq, notaire ;

Outreau. Davault d'Ethieu ; Groussart ; Pierre Sauvage ;

Parenty. Jean-Marie de Saint-Maresville ; Antoine Florent Clabaut ;

Pernes. Du Blaisel, notaire à Boulogne ; Pierre Huguet ;

Pitefaux. Jean-Baptiste-Jacques Caron, avocat ; Marc Gourdon ;

Preures. Louis Leduc ; Jean-Baptiste Leduc ;

Quesques. Jean-Jacques Le Preux ; Louis-François Maltringhen ;

Questrèques. Barthélemy-Jean-Jacques Duhamel ; Jean-Louis Wallet ;

Quilleu. Philippe Mailly ; Jean Bailly ;

Recques. Charles-François Delhobel ; Alexandre Hochede ;

Rety. Louis Lornier ; Jean-Baptiste Bras-de-Fer ; de Létang ;

Saint-Étienne. Jean-Claude-Michel Dezotteux ; Codez ;

Saint-Inglevert. Barnabé Robbe ; Antoine Parenty ;

Saint-Léonard. Jean-Louis Allaut ; François-Marie Lacroix, bailli ;

Saint-Martin-les-Boulognes. Meignot, avocat ; Louis Delastre ;

Saint-Martin-Choquet. Jacques Coquet ; Adrien Ferment ;

Saint-Michel, secours d'Humbert, paroisse d'Artois. François Daunel ; Jacques-François Montchaud ;

Samer. Pierre Duhamel ; François-Joseph-Alexis Legrenier de Bellanois ; Nicolas-Honoré Leleu ; Jacques-François Langaigne ;

Selles. Antoine Bodart ; Jean-Antoine Creuse ;

Sempy. Louis Mailly ; Pierre Moulière ;

Seuleques. Adrien Coquet ; Jean-Baptiste Boucher ;

Tardinghen et Inghen. Alexandre Lemaire ; Jacques Riquet ;

Tingri. Jacques Gui ; Jean-Pierre Lheureux.

Tubersent. Augustin Lenglet ; François Carpentier ;

Verchoq. Antoine Blondel ; Ignace Gallot ;

Vestrihen. Jean-Baptiste-Jacques Caron, avocat. Sébastien Cocatrix ;

Virlinctun. Jean Goulet, Jean Vasseur ;

Vieil-Moulier. Jean-Louis Mertin ; Ducrocq ;

Vaquinghen. Jacques Coillot, procureur du roi de l'Amirauté ; Hubert Ducarnoi, négociant ;

Vimille. Fontaine de Mazinghen ; de Latteignant, négociant ; Lavoine ;

Wast. François Martin ; Jean-Pierre Dutertre.

Wiquinghen. Antoine Wideheu ; Louis Vallois ;

Wideheu. Pierre de Gaquière ; François Trollé ;

Wierre-aux-Bois. Antoine Compiègue ; Philippe Garbe ;

Wierre-Effroi. Courtois du Fléquart ; Charles Bounière ;

Wirwigne. Grandsire, avocat subdélégué ; Auquier ;

Rotteux. Trouquet ; Charles Feutrie ;

PROVINCE DU BUGEY ET VALROMEY.

Extrait du procès-verbal de l'Assemblée générale des trois ordres (1), du 16 mars 1789.

Sont comparus,

Dans l'ordre du clergé :

MM. Gabriel Courtois de Quincey, prince du saint-empire, évêque de Belley;
Dom Claude, abbé de Saint-Sulpice;
Georges-François Rubat et Jean-Joseph Rosset, chanoines pour le chapitre de Belley;
Charles-Jules-René Mesnard de Chousi, pour les dames de la Visitation de Belley, et M. l'infirmier de Nantuas;
Dom Louis-Bernard Navière, pour l'abbé de Saint-Rambert;
Pierre d'Or, curé d'Anglefort, tant pour lui que pour l'abbé de Cherery, et les dames Bernardines du Seyssel;
François-Joseph Savarin, curé de Béans, tant pour lui que pour le prieur de Lenz et le recteur de Saint-Antoine de Culoz;
Jean-Louis Métral, prieur de Saint-Jérôme, et procureur fondé du chapitre de l'abbaye d'Ambronnay;
Gabriel-Joseph-Philippe Grumet, religieux de Saint-Rambert, procureur fondé des chapitres et abbayes de Saint-Rambert, du prieur de Rumecourt, et du curé d'Ambérieux;
Dom Arsène Vicayer, fondé de pouvoir de la Chartreuse de Pierre-Châtel;
Dom Honoré Mérille, de la Chartreuse de Portes;
Dom Benoît Ulric, de la Chartreuse d'Avières;
Dom Henry Duremberg, de la Chartreuse de Meyriac;
Pierre-Anthelme Béatrix, pour lui et les dames de Neuville;
Claude-François Cozou pour le chapitre de Pontin, le prieur d'Arbueil et la chapelle Saint-Jean et Saint-Sébastien;
Simon Duport, pour le chapitre de Cerdou et la chapelle de Barillet;
Antoine-Germain Gaillard, pour le chapitre de Lagnieux;
François Giriac, pour les prêtres habitués du chapitre de Belley;
Claude Desglise, pour les dames Bernardines de Belley;
Hippolyte Simonard, pour les dames Ursulines de Belley;
Alexis Richard, pour les dames religieuses de Nantuas;
Le révérend père Molin, prieur de Saint-Germain et d'Ambléon;
Le révérend père Charles Thomas, gardien, pour les Cordeliers de Belley;
Marin Copos pour les cures d'Aumont et de Marchamp;
Pierre Planet, pour les cures de Bregnier et Preymesel;
Jacques-Anthelme Burdet, pour les cures d'Anders et de Maguieux;

(1) Nous publions ce document d'après un manuscrit des *Archives de l'Empire.*

Joseph Guyonnet, pour les cures de Greslier, de Saint-Benoît et de l'Huis;
Jean-Claude Récamier, pour les cures de Villebois, de Montagnieux et de Benonces;
Jean-Baptiste Peyrat, pour les cures de Lantenay et de Maillat;
Joseph de Laporte, pour les cures de Nantuas, de Saint-Jean-le-Vieux et de Saint-Jérôme;
Louis Levrat, pour les cures de Saint-Martin du Fresne et de Vieux-Disenave;
Louis-Philibert de Merlot, pour les cures de Lagnieux, de Leymand et de Sainte-Julie;
Jean-Marie Perrot, pour les cures de Saint-Sorlin, de Chazet et de Saint-Vulbas;
Jean-François Audmettant pour la cure de Napt, de Saint-Donat, des Granges, de Mornay et de Matafelon;
David aîné, pour les cures de Serrières, de Samognat, et de Briord;
Pierre-Jean-Claude Beney, pour les cures de Saint-Rambert et d'Aram;
Jean-Louis Mathieu, pour les cures de Leissard, de Saint-Alban et de Pontin;
Joseph Duport, pour les cures de Craz, d'Ochias, et de Saint-Furjoux;
Anthelme Cerdou, pour les cures de Talissieux et d'Yon;
Laurent Marie, pour les cures de Chanay, d'Echallons et de Saint-Germain de Joux;
Gabriel-Mathieu Roch, pour les cures de Volognat, de Saint-Maurice, de Remans et de Gevrenat;
Jacques Nivière, pour les cures de Polieux, de Fluxieux, et la chapelle du Saint-Sacrement de Notre-Dame-de-Pitié à Ceyrerieux;
Césaire de Lestrac, recteur de plusieurs chapelles, et procureur fondé du curé de Leaz;
Philibert Lavigne, pour la cure de Conzieux et la chapelle de Notre-Dame en l'église paroissiale de Belley;
François-Joseph Pilat, pour la cure de Virieux et la chapelle de Saint-Sébastien, en l'église de Montange;
Etienne-Marie Balme, pour les ecclésiastiques de la ville de Belley;
Charles de Courtines, pour la chapelle Saint-Nicolas Saint-Roch, en l'église de Culoz, et celle de Sainte-Catherine de Montrecul;
Melchior Formier, pour la cure d'Araudes, et la chapelle de Saint-Germain et Saint-Eloi en l'église de Cordon;
François Tenaud, pour la cure de Belley et celle d'Arbiesmeux;
Dom Pierre-Joseph Martin, pour le chapitre de Chesery;
Jean-Louis Peysson, pour la chapelle de Saint-André, à Grammont;
Jean-Antoine Collas, pour la cure de Maitinal;
Victor de Forret, pour la cure d'Ambrounay;
Claude-Humbert-Emmanuel Monnet pour la cure de Montréal,
Pierre Mermet, pour la cure de Colomieux;
Joseph-Augustin Martelot, pour la cure d'Arbens;
Etienne Chappuis, pour la cure d'Argis;

Jean-Antoine Guillaumont, pour la cure d'Izer-nots;

Jacques Girod, pour la chapelle de Notre-Dame de Piété, en l'église d'Animont;

Louis-Croissy, pour la cure de Lochieux;

Philippe-Anne Maujot, pour la cure de Cezé-rieux, et celle de Jurieux;

Anthelme Mayot, pour la cure de Saint-Champ;

Philippert Billiou, pour la cure de Contrevoz;

Joseph Roux, pour la cure d'Arny;

Louis-Martin Costaz, pour la cure de Chavornay;

François Passat, pour la chapelle de Notre-Dame de Lorette;

Guillaume-Antoine Framinet, pour la cure de Lacour;

Guy Bouland, pour la cure de Chazet;

Pierre-Joseph Gouvatz, pour la chapelle de Saint-Grat;

Claude-Marie Dumolard, pour la chapelle de Saint-Claude et Saint-Jean;

François Juvanon, pour la chapelle Notre-Dame des Vauges, et Saint-François;

Claude-César Millet, pour la cure de Dorlans;

Anthelme Jacquier, pour la cure de Viricux-le-Grand;

Jean-Louis Billiémard, pour la chapelle de Saint-Anthelme;

Charles de Malix, pour le prieuré de Couzieux;

Anthelme-Alexis Balme, pour les chapelles de Sainte-Barbe;

Joseph-Laurent Berthet, pour la chapelle de Saint-Jean-Baptiste, à Lhuis;

Anthelme Chapon, pour la cure des Abergen-nens;

Pierre-Antoine de Lestraz, pour la cure de Peyrieux;

Justin Richard, pour la cure de Injurieux;

Jean-François Besson, pour la chapelle des Trois-Maries;

Anthelme Guyonnet, pour la cure de Gélimeux;

François Berlioz, pour la cure de Massignieux-des-Saints-Rives;

Jean-Baptiste Cerdon, pour la chapelle de Sainte-Croix;

Antoine Bouvier, pour la cure de Chenullier et de Parves;

Claude-Benoît Pupunat, pour la cure d'Etables;

François Martinaud, pour la chapelle de Saint-Claude;

Anthelme Villerod, pour la chapelle Sainte-Appoline;

Jean-Pierre Reverdy, pour le prieuré d'Arbens;

Charles Soland, pour la cure de Saint-Blaise;

Pierre Gaudet, pour la cure de Nattages;

Et François Pécru, pour la cure de Saint-Martin-de-Bavel;

Qui sont tous les bénéficiers et ecclésiastiques comparants en la présente assemblée, et composant l'ordre du clergé.

Dans l'ordre de la noblesse.

Sont comparus :

Messire Claude-Louis-Agnès-Maurice de Pradon, tant en son nom que comme fondé de pouvoir de dame Marianne de Gemaud, veuve de messire Pierre-Antoine Robin, dame des terres de Mérigne-rol et d'Apremont, et de messire Antoine Chappe, seigneur de Bryon-Bussy, Geovressiat, et Saint-Germain-de-Béard;

Messire Marie-François-Joseph de Regnard de Peruquaz, marquis de Barlon, tant pour lui que pour le seigneur de Chamay et Surjoux, et la dame de Mussel;

Messire Charles-Emmanuel de Crémiaux, marquis d'Entragues, seigneur de Chazey, tant pour lui que pour la dame de Loyettes, Saint-Vulbas et Mareilleux;

Messire Antoine Guipiet de Montvert;

Messire Louis Sauvage de Saint-Marc, seigneur des Marches et de Chastillonnet, tant pour lui que pour le seigneur, comte de Groslée;

Messire Jérôme-François Gallien de La Chaux;

Messire Alexis Dujas de Vareilles;

Messire Marc d'Émigieux, sieur d'Irelet;

Messire Paul-François comte de Maillans, tant pour lui que pour le seigneur du Bardouille et de la Chapelle;

Messire François-Joseph de Reverdy de Mont-bérard;

M. Jean-Marie Garin de La Morflans;

Messire Jean-François Compagnon, seigneur de Leymont, tant pour lui que pour le seigneur de Ruffier en Proulieux;

M. Jean-Charles comte d'Augeville, seigneur du vicomté de Lompuis, tant pour lui que pour la dame de Champdos;

Messire Jean-Marie d'Ervieux de Varrey, seigneur dudit lieu;

M. Jean-Pierre-Louis des Bordes du Chastelet;

M. Victor-Henry de Murat de Létang, marquis de Mont-Ferrand et de Château-Gaillard, tant pour lui que pour le seigneur de Montgrillat;

M. Marin de La Porte de Messigny;

Messire Jacques marquis de Clermont-Mont-Saint-Jean, seigneur de Flaxieux, tant pour lui que pour le baron d'Arlod;

M. Jean-Louis Dugast de Bois-Saint-Just, tant pour lui que pour les seigneurs de Dortaus, Mata-felon, Le Planet, Montillet, Izenave, Samoignat et Granges;

M. Joseph Montanier de Bellemont;

M. François-Guillaume de Seissel de Cressieux;

M. François-Joseph de La Guette de Mornay, seigneur d'Hériat;

M. François-Joseph de La Guette, seigneur de Mornay et d'Héricourt;

M. Louis Archambaud de Douglas, comte de Montréal, tant pour lui que pour messire François-Abel de Moiria, comte de Maillaus;

M. Antoine-François Tronc de la Croze, chevalier d'Argis, tant pour lui que pour le seigneur de Saint-Rambert, Argis, Tenay, Evoges, Oncieux et Arrandus;

M. Antoine-Charles de La Porte, seigneur d'An-glefort;

M. Gaspard-Hilaire de Foyeux des Vaures, seigneur de La Tour prévotale d'Ambronay;

M. Marie-Antoine comte de Moinat, seigneur de Nologuat, tant pour lui que pour le seigneur de Billas;

M. Charles-Joseph comte de Boveur, seigneur de Châtillon-Nochaille, tant pour lui que pour le seigneur de Boulonnier et le seigneur des Echelles, et coseigneur du mandement de Saint-Germain d'Ambérieux;

M. Louis de Seissel et coseigneur de Beau-Retour, tant pour lui que pour le seigneur de Cressieux, et celui de la Maisonforte de Long-mas;

M. Claude-Marie Passerat Duparc, tant pour lui que pour le seigneur de Thoy, Peizieux et Lon-gecombe;

M. Louis-Alphonse de Forcrans, seigneur de Croizelit;

M. Hyacinthe de Reydelles, seigneur de Cha-vagnat, tant pour lui que pour le seigneur de Genissia;

M. Antoine-François-Marie comte de Montfaucon, seigneur de Peyrieux ;

M. Joseph comte de Secissel, seigneur de Salhouod ;

M. Anthelme Ferraz de Courlines, chevalier ;

M. Anthelme d'Avrieux , tant pour lui que pour le seigneur du Vouarte ;

M. André Serras de Courtinies ;

M. Drujon de Beaulieu ;

M. David Rock de Quinecou, baron de La Pontin ;

M. Jean de Falcoz, marquis d'Arancourt, seigneur de Saint-Andre-de-Briois ;

M. Joseph de Grosley de Doucin, seigneur de Viezeras ;

M. Gaspard-Adrien Bonnet de Louvat de Champolon, seigneur de La Craz-la-Combé ;

M. Claude-Anthelme Darlos ;

M. Etienne-Joseph de Louvat , chevalier de Champolon, tant pour lui que pour le seigneur de Châtillon-Corneille, Montgreffon , la Verdalière et la tour des Echelles de Jujurieux, et la dame de Chenavel ;

M. Jacques de Malivert, chevalier de l'ordre royal et militaire de Saint-Louis ;

Et messire Antoine de Mormieux , chevalier, seigneur de Grandcourt, comparant par M. Claude Anthelme d'Arlos, son père ; ci-dessus dénommés, qui sont tous les gentilshommes possédant fiefs, et non possédant fiefs, comparants dans l'ordre de la noblesse.

Dans l'ordre du tiers-état.

Sont comparus :

Belley. M. Etienne Parat ; Anthelme Maret ; Anthelme Nivière et Jean-Baptiste Gaudet, avocat, députés de la ville de Belley ;

Saint-Lambert. M. Jean-Louis Grunet ; Joseph-Adrien Falavier ; Joseph-Philibert-Victor Augeard, avocats, et M. Charles Combes, notaire royal, députés de la ville de Saint-Lambert ;

Nantua. M. |Louis Mellier, avocat ; Jean-Joseph Guinet, chirurgien ; Pierre-Joseph Putavaud, notaire , et François Brachet, négociant ; députés de la ville de Nantua ;

Seissel. Messire Louis Cassel, châtelain ; Philibert Goux, notaire ; Louis Besson, bourgeois, et le sieur du Mairet, notaire ; députés de celle de Seissel ;

Petit-Abégement. Amand Reydelet et Benoît Troccon, députés du Petit-Abégement ;

Ambérieux. Jean-Baptiste Cozou ; Antoine Sirand, avocats ; Jean-Baptiste Lempereur ; Jean-Baptiste Leclerc , et Joseph Bonnet, médecin , députés d'Amberieux ;

Ambronnay. Jean-Baptiste Rouhier , avocat ; François Corsin ; Charles Mangin, et Jacques Perosset, bourgeois, députés d'Ambronnay ;

Ambretaix. Jacques-Antoine-François Hennemond ; Baril, procureur , députés d'Ambretaix ;

Ambutry. Jacques-François Ennemond ; Baril, procureur , députés d'Ambutry ;

Amblion. Jacques-Antoine Bernier, procureur , et Marin Curtel , députés d'Amblion ;

Amerzieux. Gaspard-Jean-Claude Laboureur, député d'Amerzieux ;

Anglefort. Georges Lachenal et Louis Colliet, laboureurs, députés d'Anglefort ;

Anders. Jean-Marie-Marguerite Panat, avocat, et Anthelme Bernard, laboureur ; députés d'Anders ;

Armix. Joachim Simon, bourgeois , et François Combet, laboureur, députés d'Armix ;

Arbignieux. Joachim, avocat , et Marin Jordan , députés d'Arbignieux ;

Argis. Joseph Cochaud et Anthelme-Joseph Reverdy , députés d'Argis ;

Arandas. Anthelme Ferrand, avocat , et Joseph Caron, bourgeois , députés d'Arandas ;

Rougemont. Mamert Moine et Claude Treppier ; députés d'Arran et Rougemont ;

Arbens. François-Marie Nicod, avocat , et Léger Collet, négociant , députés d'Arbens ;

Arlos. André Chatillard et Nicolas Bezelon , laboureurs, députés d'Arlos ;

Apremont. Jean-Baptiste Burot et Jean-Baptiste Jacquet , députés d'Apremont ;

Béon. Louis Cerdon, procureur, et Philibert Morel, laboureur, députés de Béon ;

Benonces. Claude-Joseph et Jacques Terrier , bourgeois, députés de Benonces ;

Bellemont. Pierre Thorombert , notaire , et Claude Roux, procureur, députés de Bellemont ;

Belledoux. Louis Guillemet, notaire , et Claude-Antoine Pernet, chirurgien, députés de Belledoux ;

Billieux. Joseph-Ignace Blanchard, avocat, et Pierre Gaudet, receveur , députés de Billieux ;

Bilignat. Claude-Louis Pernet et Claude-André Thomas, laboureur, députés de Bilignat ;

Billiaz. Pierre Montagnier, médecin, et Louis Benoit Chaquet, bourgeois, députés de Billiaz ;

Bons. Ennemond Manthe, notaire , et Anthelme Montillet, laboureur , députés de Bons ;

Bolozon. François Forez, laboureur, député de Bolozon ;

Brens. Jean-Baptiste-Grégoire Balme et Jean Burtin, laboureurs, députés de Brens ;

Brenier. Antoine Billimard, notaire , et Pierre Billimard, marchand , députés de Brenier ;

Briords. Pierre-Antoine Bozierans et François Quillet, marchands, députés de Briords ;

Brunot. Philibert Richerot, huissier, et Louis Jacquet, marchand , députés de Brunot ;

Chastenod. Anthelme de Lestraz, bourgeois, et Laurent-Marin Maujol, députés de Chastenod ;

Charley. Pierre Dufour et Romain Gibuet, députés de Charlay ;

Chavornay. Anthelme Guillaud, huissier, député de Chavornay ;

Chazey. Claude Peynou, avocat , et Joseph-Armand Bourgeois, députés de Chazey ;

Chatillon. Gabriel Fauvin, médecin, et Jean-François-Marie Ravinet, avocat , députés de Chatillon ;

Chârencin. François-Marie Vauge, bourgeois, et Joseph Magnin, laboureur , députés de Charencin ;

Champdor. Jean-Baptiste Guillot et Joachim Hugonnet, députés de Champdor ;

Chazey-sur-Ains. Paul-Joseph Debeney, chirurgien , et Benoit Robin, laboureur , députés de Chazey-sur-Ains ;

Champagne. Jean-Louis-Thomas Garin, notaire , et Jean d'Or, marchand , députés de Champagne ;

Champfrognier. François Dueret ; Joseph Tournier , et Joseph Condrieux , députés de Champfrognier ;

Champdossin. Louis Civot, notaire , Louis Montisset, laboureur , députés de Champdossin ;

Charix. Jean-Jacques Luret, notaire , et François-Maurice Carron, chirurgien , députés de Charix ;

Châteaugaillard. Le sieur Bonnet, commissaire, député de Châteaugaillard ;

Chanay. Jean-Louis Gaillard et Denis Bornard, députés de Chanay ;

Chemilliers. Joseph Muret, avocat, et Claude-Anthelme Truchart Dumolin, députés de Chemilliers ;

Chemilly. Louis-Théodore Favier, avocat, et Louis Valin, bourgeois, députés de Chemilly ;

Chevillard. Louis-Théodore Monnet, marchand, député de Chevillard ;

Chezery. Jean-Joseph Blanc, notaire, et Roland Jacquinot, députés de Chezery ;

Clésieux. Martin Garcon-Soudon et Joseph Perron, députés de Clésieux ;

Colommieux. Joseph Mollet, avocat, et Benoît Juillard, laboureur, députés de Colommieux ;

Condom. Joseph Bernard, procureur, et Joseph Terruel, laboureur, députés de Condom ;

Contrevoz. Anthelme Durand, notaire, et Antoine Négrod, laboureur, députés de Contrevoz ;

Consieux. Laurent Friard, bourgeois, et Gaspard Chevrier, députés de Consieux ;

Corlier. Rolland Juillard, et Joseph Montéliard, députés de Corlier ;

Corcelles. Philibert Boucher, député de Corcelles ;

Counaranches. Charles Berthet et Jean-Pierre Carrier, députés de Counaranches ;

Cressin. Anthelme Récamier, médecin, député de Cressin ;

Cressieux. Joseph Perrody, huissier, député de Cressieux ;

Craz. Philibert Blanchard, bourgeois, et Anthelme Girel, députés de Craz ;

Culoz. Anthelme Perret, notaire, et François Huet, bourgeois, députés de Culoz ;

Cuzieux. Guillaume Fornier, procureur et Benoît Genet, députés de Cuzieux ;

Dortans. Pierre Rodelet, chirurgien, et François-Xavier Bonvans, députés de Dortans ;

Douvres. François Bonnet et François Quatre, députés de Douvres ;

Étables. Etienne Le Pely et François Clerc, bourgeois, députés d'Étables ;

Echallons. Gaspard Passerat, notaire, et Jacques Mathieu, députés d'Echallons ;

Evoges. Jacques Buynaud, et Anthelme Guillon, laboureurs, députés d'Évoges ;

Fitignieux. Marc Bassieux, et Anthelme Chevalier, députés de Fitignieux ;

Flaxieux. Pierre Brun, praticien, et Claude Garcon, laboureur, députés de Flaxieux ;

Gélimieux. François Valin, et Philbert Martin, députés de Gélimieux ;

Génissiat. César Boniface, avocat, et Jacques-Joseph Magnin, députés de Génissiat ;

Giriaz. Claude-Marie Chardon et Joseph-Marie-Benoît Laurent, députés de Giriaz ;

Géovressiat. Joseph-François de Merloz, avocat, et Jean-Pierre Rosset, députés de Géovressiat ;

Groslier. François Perret, notaire, et Joseph Girod, bourgeois, députés de Groslier ;

Groissiat. Jean-Baptiste Picquet et Antoine-Joseph Robin, députés de Groissiat ;

Hauteville. Jean-Joseph Billion, notaire, et Claude-Antoine Collet, députés de Hauteville ;

Hériat. Claude Chaudat, laboureur, député de Hériat ;

Hotonne. Armand Favre et Claude Reydelet, députés de Hotonne ;

Hottias. Antoine Combet et Antoine Tardy, laboureurs, députés de Hottias ;

Hénimont. Anchelme Sevos, procureur de Belley, député d'Hénimont ;

Injoux. Pierre Gay et François Gros Bonnet, laboureurs, députés d'Injoux ;

Injurieux. Jean-Claude Savarin, notaire ; Jean Guiffard, procureur, et Jean-Baptiste Bonnet, commissaire, députés d'Injurieux ;

Irieux. Joseph-Martin Barbu et Anthelme Menu, députés d'Irieux ;

Irenave. Pierre-Laurent Pélisson et André Chavent, députés d'Irenave ;

La Burbauche. Antoine-Honoré Genaud, avocat, et Jean-François Tissot, députés de la Burbauche ;

La Coure. Joseph-Augustin Dupont, laboureur, député de la Coure ;

Lalleirac. François-Joseph Alvinbert Goyet, Jean-Claude Bertet et François Guillermet, députés de Lalleirac ;

Lantenay. Honoré Revous, médecin, et Claude Bernard, députés de Lantenay ;

Rivière-Forans. François Gros Rey, marchand, député de Rivière-Forans ;

Lavour. André Chesne, laboureur, député de Lavour ;

La Balme Sapy. Charles Bouvard, marchand, député de La Balme ;

Leyment. Claude Gouvet, bourgeois, et Jean-François Rubord, députés de Leyment ;

Leyssart. Claude-Joseph Rossard, avocat, et Charles Moiret, notaire, députés de Leyssart ;

Léar. François-Marie Descambes, notaire, et Louis-Simon Jacquier, députés de Léar ;

Lancrans. André Butavaud, Jean-Claude La Racine, et André-Marie Marinot, députés de Lancrans ;

Lhuis. Jean-François La Rochette, avocat ; Nicolas du Rochal, bourgeois, et François Perret, notaire, députés de Lhuis ;

Lhôpital. Jean-Anthelme Bonifax, avocat, et Claude Levet, députés de Lhôpital ;

Lilignod. Bernard Crussy, notaire, et Louis Maréchal, députés de Lilignod ;

Lochieux. Pierre Brilliad, et Pingeon, laboureurs, députés de Lochieux ;

Lompnas. Benoît Foliet, et Jean Babolet Grivet, députés de Lompnas ;

Lompues. Philibert Dumaret et Louis Collet bourgeois, députés de Lompues ;

Lompinieux. Joseph d'Or et Bernard Crussi, notaires, députés de Lompinieux ;

Longecombe. Benoît Millet, marchand, député de Longecombe ;

Loyettes. Jean Abrecy et Claude Gaspard de Lormes, députés de Loyettes ;

Lutésieux. Jean-Joseph Pernetty et Antoine Carrat, députés de Lutésieux ;

Magniez. Marc Carel, procureur, et Joseph de Lestraz, bourgeois, députés de Magniez ;

Mailliat. Antoine Garcon, laboureur, et Balthazard Buffet, députés de Mailliat ;

Marchamp. Jean-Baptiste Piot, notaire, et Louis Ravet, notaire, députés de Marchamp ;

Marlignat. Luc-Joseph Genin, avocat, et Grégoire Angelot, députés de Marlignat ;

Massigneux. François-Marin Récamier, notaire, député de Massigneux ;

Martignat. Emmanuel Poncet et Joseph-Marie Gajet, députés de Martignat ;

Matafelon. Joseph Moine et François Dumas, députés de Matafelon ;

Méraléat. Pierre Pelin et Joseph Bouvier, députés de Méraléat ;

Mérignat. Jacques-Robert Bajolet, médecin, député de Mérignat ;

Montagnieux. Rambert Bugmond, bourgeois, et Etienne Meigner Barjet, députés de Montagnieux ;

Montferrand. Benoît Genet et Claude-Benoît Arpin, députés de Montferrand ;

Montréal. Joseph-Bernard de Déliat, avocat, et Jean-Baptiste Macon, députés de Montréal ;

Montanges. Jean-François Perrot, chirurgien, député de Montanges ;

Mornay. Charles-Joseph Branche et Baptiste Dutavaud, députés de Mornay ;

Musinans. Joseph Rossy et Jean-François Chevalier, députés de Musinans ;

Napt. Valentin Rey Billet, député de Napt.

Nattages. Claude Jambet et Mathieu Maillard, députés de Nattages ;

Neyrolles. Jean-Baptiste Juillard et Joseph Gardat, députés de Neyrolles ;

Nivolet. Laurent Moliaud, et Jean-Claude Milliod, députés de Nivolet.

Ochias. François-Morel Favre et François Favre, députés d'Ochias ;

Oncieux. André Tenaud et Anthelme Compare, députés d'Oncieux ;

Ordounat. Etienne Livet, médecin, et Marin-Robin Boibolat, députés d'Ordounat ;

Oyounat. Jules Saintounas, Antoine Laplante, Grégoire Tallon, députés d'Oyounat ;

Parvès. Anthelme Bouvet et François Brillat, députés de Parvès ;

Passin. Bernard Martinnaud et François Chaveret, députés de Passin ;

Pericux. Joseph Donat, Vincent et Claude Dumolin, députés de Périeux ;

Peysieux. Laurent Nivière, avocat, et Anthelme Armand, députés de Peysieux ;

Pollieux. Joseph-Anthelme Tendret, avocat, et Marin Maillet, députés de Pollieux ;

Ponthein. Jean-Baptiste Richard, médecin, Aimé Bochard, avocat, Jean-Claude Moiret, notaire, et Joachim Dauphin bourgeois, députés de Ponthein ;

Port. Pierre-François-Alexis Perret, avocat, et Jean-François Guichon, députés de Port ;

Preymeissel. Anthelme Jacob et Jean-Louis Cochonnat, députés de Preymeissel ;

Puggieux. François-Xavier Brillat et Augustin Pierron, députés de Puggieux ;

Reignieux-le-Désert. Balthasar Dulnis et Balthasar Laguin, députés de Reignieux-le-Désert ;

Rossillon. Charles-François Livet, avocat, et François Juvanon, députés de Rossillon ;

Ruffier. Romain Favre, médecin, et Pierre Gaillard, députés de Ruffier ;

Samognat. Pierre Vella, député de Samognat ;

Scillionnat. Joseph Guygard et Melchior Martin, députés de Scillionnat ;

Seizericux. Pierre-François Pochet, médecin, Anthelme Follet et Bernard Thomasset, députés de Seizerieux ;

Serrières. Laurent du Rochat et Antoine Thomas, députés de Serrières ;

Sougieux. Joseph Bulliod et Aimé Maréchal, députés de Sougieux ;

Southenat. Jean-Marie Joyard, député de Southenat ;

Sothouas. Bernard Fontaine et Joseph Villermot, députés de Southouas ;

Surjoux. Joseph-Philibert Rollet et Louis Fochet, députés de Surjoux ;

Sutrieux. Louis Garni, notaire, et François Léat, députés de Sutrieux ;

Saint-Alban. Joseph-Philibert Moiret et Pierre Sérullat, députés de Saint-Alban ;

Saint-Benoît. Antoine Ninot, procureur, et Joseph Joguet, députés de Saint-Benoît ;

Saint-Bois. Anthelme Martin et Marin Martin, députés de Saint-Bois ;

Saint-Champs. Jean-Baptiste Amodru, greffier de la maîtrise, député de Saint-Champs ;

Saint-Denis. Pierre Charcot, chirurgien, et Jacques Millot, députés de Saint-Denis ;

Saint-Didier. Pierre-Clément Gaudet, député de Saint-Didier ;

Saint-Germain-les-paroisses. François et Joseph Roux, députés de Saint-Germain-les-Paroisses ;

Saint-Germain-du-Joux. Claude Cottin et Louis-François Godet, députés de Saint-Germain-du-Joux ;

Saint-Jérôme. François-Joseph Laporte et André Lempereur, députés de Saint-Jérôme ;

Saint-Jean-le-Vieux. François Devignes, médecin ; Jean-Baptiste Pauly ; Claude-Joseph Dubreuil, notaire ; Louis Devignes, ancien gendarme, et Claude Briel, chirurgien, députés de Saint-Jean-le-Vieux ;

Sainte-Julie. Henry-Joseph Dupuis, médecin, et François Gros-Claude, députés de Sainte-Julie ;

Saint-Maurice. Pierre-Benoît Barry et Claude Maréchal, députés de Saint-Maurice ;

Saint-Martin-du-Fresne. Antoine Tocnay et François Burdet, députés de Saint-Martin-du-Fresne ;

Saint-Martin-de-Baval. Anthelme Vuillermot, notaire, et Carrat, députés de Saint-Martin-de-Baval ;

Saint-Sorlins. Jean-François La Pierre et Jean-François Comparat, députés de Saint-Sorlins ;

Saint-Vulbas. Pierre Gros-Claude et Jean-Baptiste Buirot, députés de Saint-Vulbas ;

Talissieux. Pierre Labattié, avocat, et Louis Guillot, députés de Talissieux ;

Tenay. François Lempereur et Joseph Flattot, députés de Tenay ;

Vaux. Jean-Baptiste Mehier et François Bourdouin, avocats, députés de Vaux ;

Veiziat. François Gryot et Laurent Picquet, députés de Veiziat ;

Vieux-Dizenave. Anthelme Marchal et Jean-Anthelme Brillat-Savarin, députés de Vieux-Dizenave ;

Villaz. Zacharie Bernardet, député de Villaz ;

Virigny. Melchior Dunolin, avocat, et Blaise Billet, députés de Virigny ;

Villebois. Pierre-Joseph Escaflier, Jacques-Ennemond Devignes, chirurgiens, et Jean-Baptiste Callat, députés de Villebois ;

Virieux-le-Grand. Claude-François Geindre et Pierre-Joseph Charcot, députés de Virieux-le-Grand ;

Virieux-le-Petit. Pierre Bozon et Pierre Cuzieu, députés de Virieux-le-Petit ;

Volognat. Jean-François Pernet et Jean-Baptiste Frère-Jean, députés de Volognat ;

Vouques. Marin Bonnet et François Grueband, députés de Vouques ;

Vovray. Nicolas Tardy, médecin, et Claude Levet Brest, députés de Vovray ;

Yon et Cerveyrieux. Jean Combat, avocat, et Louis Bernard, députés d'Yon et Cerveyrieux.

BAILLIAGE DE CHALONS-SUR-MARNE.

Extrait du procès-verbal de l'assemblée générale des trois ordres.

du 12 mars 1789 (1)

Sont comparus :

Dans l'ordre du clergé.

Monseigneur l'évêque, comte de Châlons, pair de France;

M. le commandeur;

MM. Claude Horcat, grand chantre; Jacques-Artus Fleury, chanoine, et Antoine Malherbe, aussi chanoine, tous trois députés du chapitre de la cathédrale de cette ville;

Charles Maupas, député du chapitre de l'église collégiale et paroissiale de la Sainte-Trinité de Châlons;

Joseph-Adrien Freminet et Anne-Jacques-Thomas, députés du chapitre de Notre-Dame-en-Vaux de Châlons;

Dom Remi, prêtre, député des religieux de l'abbaye de Saint-Pierre-au-Mont de Châlons;

Louis-François Périgaud, député des religieux de l'abbaye de Foussaint-en-l'Isle de Châlons;

Claude-Eustache Jacquesson, député des Trinitaires de Châlons;

René-Martin Pillerant, député des prêtres de la congrégation de la mission de Saint-Lazare de Châlons;

Barbier, député des prêtres habitués de l'église cathédrale de Châlons;

Remi-Antoine Jeunehomme, député des religieux de l'abbaye de Saint-Menice-lès-Châlons;

Pierre Cachier, député des pères Augustins de Châlons;

Jean-Baptiste Perrin, député des pères Corde-liers de Châlons;

Nicolas-Jean-Baptiste Lhomme, député des pères Dominicains de ladite ville;

Germain Dubois de Crancé, chanoine, député de la maison conventuelle de Notre-Dame-de-Vinet de Châlons;

Carton, curé des paroisses de Saint-Nicolas et de Sainte-Catherine de Châlons; Gougelet, curé de Saint-Éloi; Buirette, curé de Saint-Marguerite; Arnould, curé de Saint-Antoine; Dupuis, curé de Saint-Nicaise; Dortu, curé de Saint-Jean; Félix, curé de Saint-Loup; Jouy, curé de Notre-Dame; Camuset, curé de l'Hôtel-Dieu;

Brisson, Farret, Devaux, Gargant et Hémart, tous cinq chapelains bénéficiaires dudit Châlons;

Jean-Baptiste-Charles Delacourt, chanoine de la cathédrale de cette ville, député du chapitre de ladite église, comme possédant fief.

Petit-Jean, archidiacre;

Claude Roussel et Jean-François Bardot, députés des chapelains de l'ancienne congrégation de l'église cathédrale de Châlons;

Bayard de La Ferté, abbé de l'abbaye de la Charmoye; dom Guillaume Pages, député des religieux de ladite abbaye de la Charmoye; dom

Nicolas Casbois, député des religieux de l'abbay de Beaulieu.

Dom Claude Guillain Lefèvre, député des religieux de l'abbaye de Saint-Sauveur de Vertus.

Claude Simer, député de l'église collégiale de Saint-Jean-Baptiste de Vertus.

Le sieur Leroy, chapelain de Cernon; le sieur Larcher, chapelain de Sainte-Croix.

Godart, curé de Recy; Fremy, curé de Vurigny; Touet, curé de Vraux; Archambaud, curé d'Aigny; Jean Dupuis, curé des Grandes-Loges; Joyeux, curé de la Veuve; Lannois, curé de Saint-Étienne-du-Temple; Jean-Baptiste Machet, curé de Dampierre-au-Temple et du Petit-Saint-Hilaire; Nicolas Barrois, curé de Louvercy; Petit, curé de Suippes; Desbordes, curé de Saint-Amant; Pierron, curé de Saint-Germain-la-Ville; Le Bœuf, curé de Cheppy; Vauthier, curé de Moncets; Thibault, curé de Sacy; Bertin, curé de l'Épine; Henriquet, curé de Saint-Martin de Courtisols; Grimon, curé de Triancourt; Lemaire, curé de Beaulieu-en-Argonne; Herment, curé d'Hetvêque; Jeunehomme, curé de Saint-André de Saint-Menice-lès-Châlons; Adrien, curé de Saint-Martin dudit Saint-Menice; Remy, comme successeur de M. Huet, curé de Coolus et Compostrix; Mutel, curé de Méry et Sogny; Didier-Charpentier, curé de Togny-aux-Bœufs; Collot, curé de Cernon et Coupets; Laurent, curé d'Emry et Nuisement; Buret, curé de Sainte-Croix; de Charmaison, curé de Poivre; Pierre, curé de Sommessons et Montpreux; Arnout, curé de Tibie; Grambois, curé de Saint-Pierre-aux-Oies; Grain, curé de Villers-aux-Corneilles; Ficatier, curé de Fagnières; Boutant, curé de Saint-Gibrion; Prevoteau, curé de Matongues; Geoffroy, curé de Jaalons; Morel, curé d'Aulnay-sur-Marne et Cherville; Brion, curé d'Athis; Soleau, curé d'Oger; Fagnier, curé du Mesnil; Godet, curé de Giouges-Saint-Ferjeu et Futaine-Saint-Quentin; Oblin, curé du Bésil; Clairanval, curé de Vert et Lagravelle; Leclerc, curé de Givry; Bannay et Loisy; Parizot, curé de Bergère; Parchappe, curé de Vertus; Hezette, comme ministre Trinitaire de la Veuve; Louis-François-Xavier Beschefert, vicaire général de Châlons.

Et par procurations duement en forme et représentées, Messieurs,

Mgr l'archevêque de Reims, représenté par Mgr l'évêque de Châlons.

MM. Joseph-Claude de Nettancourt-Vanbecourt, abbé de Saint-Pierre du Mont de Châlons, représenté par M. de Villefort, vicaire général; l'abbé de Toussaint de Châlons, représenté par Louis-François Périgauls; les religieux du Reclus, représentés par M. Camuset; Antoine-Marie-Hercule de Brussy et Sourinargue, prieur de Margerie, représenté par M. Coignard, chanoine; Philbert, représenté par M. Pillerault, supérieur du séminaire; Louis-Joseph Failly, représenté par M. Jacquesson, ministre des Trinitaires à Châlons; François-Pierre-Bonaventure Lallemant, représenté par M. Dubois de Chantrenne; les quatre derniers chapelains et bénéficiers de Châlons; Pierre Gény, chapelain de Triancourt, représenté par M. Adrien, curé de Saint-Martin de Saint-Menice; Verdet,

---

(1) Nous publions ce document d'après un manuscrit des *Archives de l'Empire.*

chapelain à Méry, représenté par M. Thomas, chanoine de Notre-Dame; les dames abbesse, prieure et religieuses d'Arnay, représentées par M. Dubois de Chantrenne, chanoine; les dames abbesse, prieure et religieuses d'Argensol, représentées par dom Humbert, religieux de Saint-Pierre de Châlons; les dames abbesse, prieure et religieuses de l'abbaye d'Omdecy, représentées par le père Capon; Jean-Edme Rivet, curé de la paroisse de Saint-Alpin de Châlons, représenté par M. Bouchenot, curé de la Trinité; Étienne Carrier, prieur, curé de la paroisse de Saint-Sulpice de Châlons, représenté par M. Carton, curé de Saint-Nicolas; Jean-Baptiste Legrand, curé de Condé-sur-Marne, représenté par M. Delacour, chapelain dudit lieu; Pierre Menu, curé de Tour-sur-Marne, représenté par M. Tocut, curé de Vraud; Ranssin, curé d'Ysse, représenté par M. Archambaut, curé d'Aigny; Charles Mary, curé de Vaudemange et le Petit-Billy, représenté par le même M. Archambaut; Nicolas Lefèvre, curé de Livry, représenté par M. Barrois, curé de Louvercy; Paradis, curé de Lavenay et Cuperle, représenté par M. Lannois, curé de Saint-Étienne-au-Temple; Pierre Carre, curé de Saint-Hilaire-le-Grand, représenté par M. Petit, curé de Suippes; Jean Jannin, curé de Fonchery, représenté par le même M. Petit; Maillefert, curé de Souin, représenté par M. Remi, ci-devant vicaire de Notre-Dame, et actuellement curé de Coolus; Gosset, curé de Somme-Suippes, représenté par M. Machet, curé de Dampierre-au-Temple; Aubert, curé de Bussy-le-Château et Lacheppe, représenté par M. Bertin, curé de Lépine; Pierre Robin, curé de Saint-Remi-sur-Bussy, représenté par le même M. Bertin; Couvreux, curé de Tilloy, représenté par M. Henriquet, curé de Saint-Martin de Courtisols; François-Xavier Caille, curé de Marson et Francheville, représenté par M. Gougelet, curé de Saint-Eloy; Joseph Cuny, curé de Dampierre et Saint-Jean-sur-Moivre, représenté par M. Delacour, chanoine de la cathédrale; Baly, curé de Moivre et du Fresne, représenté par M. Arnauld, curé de Saint-Antoine de Châlons; Mahon, curé d'Aulnay-Laitre et Ablancourt, représenté par M. Dupuis, curé de Saint-Nicaise de Châlons; Martel, curé de Coulmier et Mutigny-la-Chaussée, représenté par le même M. Dupuis; Philippe, curé de Pogny et Omey, représenté par M. Ménard, principal du collège de Châlons; Garnier, curé de Saint-Julien de Courtisols, représenté par M. Henriquet, curé de Saint-Martin dudit lieu; Musart, curé de Sommevelle, représenté par M. Roussel, ancien curé de Saint-Germain de cette ville; Villain, curé de Charmontou, l'abbé Henri, curé d'Eclaires, ces deux derniers représentés par M. Dortu, curé de Saint-Jean de cette ville; Claude Roussel, curé de Sénart, représenté par M. Failly, vicaire dudit Saint-Jean; La Flotte, curé du Chemin, représenté par M. Bouchenot, curé de la Trinité; Caillous, curé de Prez-en-Argonne et Sommaine, représenté par M. Grimon, curé de Triancourt; Lavigne, curé de Lavoie, représenté par M. Adrien, curé de Saint-Martin de Saint-Menice; François Gouilly, curé de Riancourt et Vaubecourt, représenté par M. Grimon, curé de Triancourt; Pincemaille, curé de Suzannecourt, représenté par M. Malherbe, chanoine de la cathédrale de cette ville; Potin, curé de Thonnance, représenté par M. Petit-Jean, archidiacre; Somat, curé de Vitry-la-Ville, représenté par M. Gérard, vicaire de Méry; Demongeot, curé de Cheppe, représenté par M. Charpentier, curé de Tony; Guillemin, curé de Saint-Martin-aux-Champs, représenté par M. Gérard, vicaire de Méry; Briolat, curé de Songis, représenté par M. Mutel, curé d'Emery; Songy, curé de Faux et Vesigneul-sur-Cole; Colin, curé de Fontaine-sur-Cole, ces deux derniers représentés par M. Buret, curé du Grand-Sondé; Varnier, curé de Saint-Quentin, Vaugenay et Breuvery, représenté par M. Le Roi, ancien curé de Saint-Germain-la-Ville; Varnier, curé de Soudron, représenté par M. Camuset, curé de l'Hôtel-Dieu; Perné, curé de Vatry et Bussy-Letrée, représenté par M. Barbat, chanoine de la Trinité; Beurcville, curé de Sondé-Notre-Dame, représenté par M. Le Roi, chapelain à Cernon; Billoux, curé de Sainte-Suzanne, représenté par M. Pierron, curé de Saint-Germain-la-Ville; Bernodat, curé de Romaincourt et de Mailly, représenté par M. Pierre, curé de Sormesson; Garnesson, curé de Commantray et Vaurefroy, représenté par M. Félix, curé de Saint-Loup; Camiat, curé de Vassimont et Champelaine, représenté par le même M. Felix; Lefèvre, curé de Lenharé et Mormé, représenté par M. Jouy, curé de Notre-Dame; Jourdain, curé d'Ecury-le-Repos, représenté par M. Lucot, sous-principal du collège; Fallou, curé de Moralius et Aulnay-aux-Planches, représenté par M. Parchappe, curé de Vertus; Lemoine, curé de Colligny et Autuiseux, représenté par M. Varin, vicaire de Saint-Loup; Varin, curé de Trecou; Fichon, curé de Germinon et Velie, tous deux représentés par M. Dommanget, chanoine de Notre-Dame; Mellinet, curé de Villesceneux, représenté par M. Brisson, professeur au collège; Gentil, curé de Margerie, représenté par M. Malherbe, chanoine de la cathédrale; Michel-Nicolas Martin, curé de Corbeil-sous-Margerie; Montain, représenté par M. Freminet, chanoine de Notre-Dame; Vaucouleurs, curé de Bierge, représenté par M. Quiersi, chanoine régulier de Toussaint; Roux, curé de Vouzy et Renneville, représenté par M. Soleau, curé d'Oger; Patelaine, curé de Rouffy, représenté par M. Jeunehomme, chanoine régulier de Saint-Menice; Chausson, curé de Pocaney, représenté par M. Coquart, chanoine de la cathédrale; Bichut, curé de Champigneul et Champagne, représenté par M. Brouet, chanoine de la cathédrale; Joyeu, curé de Villers-aux-Rois, représenté par M. Godet, curé de Saint-Fergeux; Mongin, curé de Chaltrait, représenté par M. Parchappe, curé de Vertus; Bongrain, curé de Montmort, représenté par M. Clicquot, chanoine régulier de Toussaint; Aubert, curé de Fromentières, représenté par ledit Clicquot; Martinot, curé de Baye, représenté par dom Stassart, religieux de Saint-Pierre; Doublet, curé de Champaubert, représenté par M. Joyeux, chanoine régulier, curé de la Veuve; Delisle, curé de Villevenard, représenté par dom Benoît Adam, religieux de Saint-Pierre; Poix, curé de Joches et Coursounet, représenté par dom Nicolas Lelong, religieux dudit Saint-Pierre; Meunier, curé de Coisard, représenté par M. Périgault, chanoine régulier de Toussaint; Bruant, curé de Congis, représenté par M. Ménard, principal du collège; Vanel, curé de Forbrianges, représenté par M. Brisson, professeur audit collège; Dié, curé d'Etoge et Toulon, représenté par M. Quiersi, chanoine régulier de Toussaint; Seneures, curé de Soullières et Etrechy, représenté par M. Brouet, chanoine de la cathédrale; Durand, curé de Voipreux, représenté par M. Blanchard, clerc des sacrements de Notre-Dame de cette ville; Bertin, curé de Villeneuve, représenté par M. Parisot, curé de Bergères; Louis-François Clozier, prêtre, grand archidiacre de Joinville, en l'église cathédrale de Châlons, représenté par M. Beschefert, vicaire général audit Châlons; les dames régentes de Châlons et celles de Vertus, représentées par M. Legroing de La Romagère, vicaire général; Feron, curé de Vesigneul-sur-Marne, représenté par M. Lebœuf, curé de Cheppy.

Sont comparus en outre, quoique non assignés dans ledit ordre du clergé, savoir : en personne, MM. Lestrade, Denis, Dandigné, de La Romagère, Dubois de Crancé, tous cinq comme grands vicaires du diocèse de Châlons; Berrier, comme chapelain de Sainte-Catherine du palais épiscopal; Thomas, comme chapelain de la chapelle Baman dans l'hôpital Saint-Maur de cette ville; dom Joseph Mazette, religieux de l'abbaye de Saint-Sauveur de Vertus, comme prieur et titulaire de la chapelle de Sainte-Barbe de Voipreux; Delacour, comme chapelain des chapelles de Juvigny et de Condé-sur-Marne.

Par procuration,
MM. Claude-Alexandre Varnier, comme chapelain de l'église de la Sainte-Trinité de cette ville, représenté par M. Burbat, chanoine de ladite église; Claude-Charles-Antoine d'Argent, comme chapelain de la chapelle du château de Songy, représenté par M. Delestrade, grand vicaire; Jean-Charles Goussier, comme chapelain de la chapelle de Notre-Dame de la Breuille, en l'église cathédrale de Châlons, représenté par M. Dessaignes; Jean-Noël-Bernard Commée, comme chapelain de la chapelle de Saint-Nicolas-du-Puis, diocèse de Châlons, représenté par M. Pillerault.

Et par délibérations,
MM. les prêtres, vicaires de l'église paroissiale de Saint-Alpin de cette ville, représentés par M. Jean-Xavier Charlier, l'un d'eux;
Les prêtres, vicaires de la paroisse de Saint-Jean dudit Châlons, comparants par M. Claude Failly, l'un d'eux;
Joseph Valentin, prêtre, vicaire de la paroisse Saint-Nicaise dudit Châlons, comparant par lui-même;
Les prêtres, vicaires de l'église collégiale et paroissiale de Notre-Dame-en-Vaux de cette ville, comparants par M. Arnaud Blanchard, l'un d'eux;
Claude Champagne, comme diacre, domicilié depuis deux ans sur la paroisse de la Trinité de cette ville.

Dans l'ordre de la noblesse.

Messieurs les propriétaires de fiefs en personne;
MM. Louis-Charles-Victor, marquis du Causé de Nazette, chevalier, seigneur vicomte de Prouvay, Pignicourt, Proveseux, Renneville, Guignicourt et autres lieux, chevalier de l'ordre royal et militaire de Saint-Louis, ancien capitaine au régiment de dragons de Caraman, gouverneur pour le Roi de la ville de Châlons;
François-Antoine de Pinteville, chevalier, baron du Cernon, maréchal héréditaire du comté-pairie de Châlons en Champagne, seigneur de Coupets, Fontaine, Montsusain, Lamonnoye et autres lieux, demeurant au château de Cernon;
Louis-Nicolas Dupuis, écuyer, seigneur de Poivre, ancien officier au régiment de Monaco-infanterie;
Philippe-Christophe Hocart, chevalier, seigneur de Vert, Lagravelle, Landricourt et autres lieux, lieutenant en premier au régiment des gardes françaises, chevalier de l'ordre royal et militaire de Saint-Louis;
Jean-Charles Morel, chevalier, seigneur de Vitry-la-Ville, Vouciennes, Cheppe, Glacourt et Saint-Martin en partie;

Gilles-Jean-François-Denis de Gappy, chevalier, seigneur d'Athis, de Bussy, de Cheppe et Cuperly, ancien capitaine au régiment royal de Champagne, chevalier de l'ordre royal et militaire de Saint-Louis;
De Gappy, seigneur des grandes et petites écuries Bussy et d'Étrée;
Claude-François Fagnier, écuyer, seigneur en partie de Fagnière et Marson, ancien capitaine au régiment du Roi-cavalerie;
Nicolas-Antoine Chambaud de Fresnay, écuyer, seigneur de Tortépée, Faux, Fresnay, Courcelles, fief de la Motte-Hérault;
Jean-Baptiste de Pinteville de Fernon, chevalier, seigneur de Vesigneul-sur-Côte, des fiefs de la Combe et des Grands-Vagants;
Antoine-Claude-Pierre Masson de Lamotte, écuyer, seigneur de Bergères et de Lamotte-Conflans, demeurant à Vertus;
François de Pinteville de Fernon, chevalier, officier d'infanterie;
Olivier Dupuis d'Aulnizeux, écuyer, seigneur de Saint-Martin-aux-Champs, Glacourt, Marson, demeurant à Saint-Martin-aux-Champs;
Louis-François-Jacques de Corvisart de Mutry, écuyer, seigneur de Lamotte et en partie d'Aulnizeux, Chevigny, ancien garde du corps du Roi;
Georges-Gaspard Fagnier, écuyer, seigneur de Marcenet et autres lieux, chevalier de l'ordre royal et militaire de Saint-Louis, ancien officier de cavalerie;
Jean-Edme-Noël de Vouzy, chevalier, garde du corps du Roi, compagnie de Villeroi, seigneur de Vouzy;
Pierre-Louis Bureau de Charmoy, écuyer, seigneur de Saint-Pierre-aux-Oies, et principal de Villers-aux-Corneilles;
Louis-Michel Legras de La Charmotte, écuyer, seigneur du Mesnil, Villeneuve et autres lieux, demeurant à ladite terre du Mesnil;
Joseph-Roch Desforges, chevalier de l'ancienne chevalerie de Lorraine, capitaine de grenadiers royaux, chevalier de Saint-Louis, seigneur de Coulmier-la-Chaussée;
Louis-Antoine-Eustache Leclerc, marquis de Lorville, chevalier, seigneur d'Aulnay, chevalier de Saint-Louis, ancien capitaine commandant au corps royal d'artillerie;
Jean-Baptiste-Auguste Le Rebours, chevalier, conseiller du Roi en ses conseils, président au parlement de Paris, seigneur de Saint-Mars-sur-le-Mont, Noirlieu, Varimont et Poix en Champagne;
François-de-Sales Aublin, chevalier de Villers, seigneur de Villers-aux-Bois, Futaines de Saint-Quentin, Givry et Loisy, chevalier de l'ordre royal et militaire de Saint-Louis;
Jérôme-Marie Aublin, chevalier, seigneur de Villers-aux-Bois, Saint-Quentin, Nolongues, Givry, Loisy et autres lieux, chevalier de l'ordre royal et militaire de Saint-Louis;
Jean-Jacques-Louis Gueriot de Bosseaux, écuyer, seigneur de Saint-Martin-aux-Champs, demeurant à Châlons;
Edme-Menice-François, chevalier de Montbayeu, chevalier, major de dragons, chevalier de l'ordre royal et militaire de Saint-Louis, seigneur du Fresne, Saint-Hilaire, Cheppes et autres lieux;
Claude de Noël, chevalier Duplessis, chevalier, seigneur du fief Duplessis, chevalier de l'ordre royal et militaire de Saint-Louis, ancien capitaine au régiment de la Sarre;
Théodore-Barthélemy de Noël Duplessis, chevalier de l'ordre royal et militaire de Saint-Louis, capitaine au régiment de la Sarre;

Philippe-Auguste-Marie de Portier, chevalier, seigneur de Soulières, chevalier de l'ordre royal et militaire de Saint-Louis, capitaine commandant au régiment de Soissonnois ;

Claude-Pierre-Denis Baugier, chevalier, seigneur de Bignipont, demeurant à Châlons ;

Jean-François-Xavier de Montigny, écuyer, capitaine réformé au régiment des cuirassiers, seigneur de Villers, y demeurant ;

Pierre-Alexandre Mazas de Grammont, seigneur de Chantrenne et Jonchery ;

Pierre-Jérôme Legorlier, écuyer ;

Louis-Antoine Emelie de Bermonder, chevalier, seigneur de Tour-sur-Marne ;

Claude-Marie-Louis Loisson de Guinaumont, chevalier, seigneur de Méry-sur-Marne et autres lieux ;

Louis-Gaston-Jean-Baptiste de Bœuf de Brabant, écuyer, seigneur dudit lieu de Brabant, de Saint-Martin-aux-Champs, de Glacourt en partie, garde du corps du Roi ;

Joseph de Bœuf de Saint-Martin, écuyer, seigneur de Saint-Martin-aux-Champs, officier au régiment provincial de Châlons ;

Claude-François de Bruneteau de Sainte-Suzanne, chevalier, seigneur de Motté, de Sainte-Suzanne et autres lieux, lieutenant au régiment de Royal-infanterie ;

François-Charles-Joachim Baudouin, écuyer ;

Henri Cabaret, chevalier, seigneur de Plimonche, ancien garde du corps du Roi ;

François de Chieza, écuyer, seigneur d'Ontine, Brandouvilliers et autres lieux, ancien officier aux gardes françaises, chevalier de Saint-Louis ;

Jean-Jacques-Augustin Daudé, chevalier, vicomte d'Alzon, chevalier de Saint-Louis, ancien major du régiment de Berri, seigneur de Cheniers ;

François-Edme de Gatineau, chevalier, seigneur de Livry et autres lieux ;

Eustache, comte de Gauville, ancien chevau-léger de la garde ordinaire du Roi, capitaine de cavalerie ;

Charles-Philippe de Linglois, seigneur d'Aumont, Champagne et autres lieux, chevalier de Saint-Louis ;

Nicolas Maupas, écuyer, ancien officier de cavalerie, seigneur de Saint-Martin-aux-Champs ;

Henri-Auguste Millon de Châteaurieux, écuyer, seigneur en partie de Momets ;

Pierre-Madeleine Sagnes de Breuvery ;

François-Narcisse Baudouin Tirant de Bury, écuyer, seigneur de Moranis et autres lieux ;

Edme-Henri, comte de Beaujeu, chevalier de l'ordre royal et militaire de Saint-Louis, chef d'escadrons au régiment de Royal-Piémont-cavalerie ;

Claude-Gilles Cabaret d'Egronges, chevalier, capitaine de grenadiers royaux au régiment de La Fère, chevalier de Saint-Louis.

Et par procurations duement en forme et représentées,

Messieurs :

François Remont, chevalier, marquis de Montmort, lieutenant-général des armées du Roi, grand-croix de l'ordre royal et militaire de Saint-Louis, ancien major des gardes du corps du Roi, gouverneur, pour Sa Majesté, des villes de Givet et Charlemont, seigneur de Montmort, Lucy, Lacaure, Dumesnil, Fromentières et autres lieux, représenté par M. Jérôme-Marie Aublin ;

Jean-Baptiste-Charles de Goujon de Thuisy, chevalier honoraire de l'ordre de Saint-Jean-de-Jérusalem, marquis de Thuisy, comte de Saint-Souplet, baron de Pacy en Valors, seigneur de Dontrieux, Saint-Martin et autres lieux, lieutenant aux gardes françaises ;

La dame Marie-Magdeleine Baudouin, veuve de M. Gaston-Jean-Zacharie Hocart de Renneville, chevalier, seigneur dudit lieu, Crette, Vouzy, Faux-sur-Coole et Saint-Mars-les-Rouffy en partie, ancien grand bailli d'épée de Châlons ; tous deux représentés par M. Aublin, chevalier de Villers ;

Jean-Claude de Bœuf, écuyer, seigneur de Saint-Martin-aux-Champs, Glacourt, officier au régiment provincial, représenté par M. de Bœuf de Brabant ;

La dame Marie-Françoise Costerecin, veuve de Saint-Paul-Hilarion de Roquette, écuyer, sieur d'Amande, seigneur des Bouleaux, représentée par M. Menice Lallemant de l'Etuée ;

Pierre-Antoine de Bar, chevalier, seigneur de Fagnières, Cuthert, Saint-Martin-aux-Champs, Cheppe, Glacourt, Blacy, Saint-Valery et autres lieux, demeurant à Châlons, représenté par M. François de Pinteville, officier au régiment royal-Comtois ;

Auguste-Marie-Henri Picot, chevalier, comte de Dampierre, marquis de Combreux, baron de Sompuis et de Châtenay, châtelain d'Alibaudière et Ormes, seigneur de l'Huître, Grauvel, Trodan, Legrand, Corbeil, Brabant, Grignon-les-Mailly et autres lieux, major en second au régiment des chasseurs de la Normandie, demeurant en son château de Dampierre, représenté par M. de Pinteville de Cernon, chevalier, seigneur de Vésignbul-sur-Coole ;

Jean-Baptiste-Nicolas-François de Robert, chevalier, seigneur de Maisancelle, Oger et autres lieux, ancien capitaine au régiment d'infanterie de la Fère, lieutenant de messieurs les maréchaux de France, représenté par M. Deportier, seigneur de Soulières ;

Louis-Claude-François de Châtillon, prêtre, chanoine de l'église métropolitaine de Reims, écuyer, seigneur du Bain, de Sonastre et de Bussy, demeurant à Reims, représenté par M. Fagnier, seigneur du Marcenet ;

Louis .... de Gauville, seigneur de Cooles, représenté par M. Eustache de Gauville ;

Marie-Louis-Thomas, chevalier, marquis de Pange, colonel attaché au régiment de Berchiny-hussards, seigneur de Songy, Chapelonnier, Sommessons, Lcuharré, Norme, Vaussimont, Haussimont, Montepreux et autres lieux, demeurant ordinairement à Paris, représenté par M. Guériot de Belseau ;

Eustache d'Hermonville, écuyer, seigneur en partie de la terre, fief et seigneurie de Vouzy et Champagne, demeurant à Vouzy ;

Dame Elisabeth-Thérèse Fagnier, veuve de feu M. Claude-François-Xavier Deu, écuyer, seigneur de Perthes, dame de Fagnières, Marson et Breuvery, demeurant à Châlons, tous deux représentés par M. Henri-Jean d'Argent ;

La dame Jeanne-Louise d'Avignon, veuve de M. Jean de Cabanel, conseiller secrétaire du Roi, baron Danglars, seigneur de Cougy, demeurant à Paris, représenté par M. le marquis de Nazelle ;

Joseph-Remy Deslions, baron Deslions, seigneur de Vadenay, capitaine d'infanterie, représenté par M. le comte de Prouvay ;

La dame Marie-Suzanne Berthier, veuve en premières noces de M. Pierre Beschefert, écuyer, conseiller du Roi, précédent, trésorier de France au bureau des finances de Champagne, et à présent, épouse, en secondes noces, de M. Joseph Yzourard, écuyer, aussi conseiller du Roi au même bureau, représentée par M. de Pinteville, baron de Cernon;

Amour-Constant Gernay de Cirfontaine, maréchal des camps et armées du Roi, chevalier, seigneur de Suzannecourt et autres lieux, représenté par M. François de Chiéza;

Pierre-Nicolas Florimond Fraguier, chevalier, seigneur Dumée, Juvigny, Suzanne, Louverry, Petit-Mormelon, Aulnay en partie et autres lieux, conseiller du Roi en tous ses conseils, président en sa chambre des comptes, représenté par M. Loisson de Guinaumont;

Claude Taupinart de Tillières, chevalier, seigneur de Matongues, Recy et autres lieux, conseiller du Roi en sa cour des aides de Paris, y demeurant, représenté par M. de Cappy d'Athis;

La dame Reine-Louise Haincque de Monjotte, veuve de M. Jean-François de Monjotte, vivant chevalier de l'ordre royal et militaire de Saint-Louis, capitaine au régiment de Bricqueville, seigneur de Champagne et autres lieux, représenté par M. Linglois d'Aumont, chevalier de Saint-Louis;

La dame Marie-Hélène Perrette Bourgeois Dumcy, veuve de M. Etienne-Noël de Vouzy, chevalier de l'ordre royal et militaire de Saint-Louis, capitaine des gardes du gouvernement de Flandres, seigneur de Vonzy et de Champagne, représenté par M. Noël de Vouzy;

Anne-Pierre-Jacques-Louis Masson de Bergères, écuyer, seigneur dudit Bergères et du fief des Corvées, représenté par M. Masson de Coligny;

Louis de Bataille, chevalier, seigneur de Coisard en partie, chevalier de l'ordre royal et militaire de Saint-Louis, lieutenant colonel d'infanterie, représenté par M. Cabaret de Neuville;

Charles-Jean-Baptiste-Alexandre Des Claires, chevalier, seigneur de Germicourt et en partie d'Oger, ancien capitaine au régiment de Touraine et chevalier de l'ordre royal et militaire de Saint-Louis, représenté par M. Claude-François Fagnier, écuyer;

La dame Marie-Anne-Françoise Dupuis, dame en partie d'Anisoux et de La Chapelle, veuve de M. Jacques-Nicolas de Ganeau, seigneur de Louveray, représentée par M. de Gatineau;

Claude-René Lorimier d'Etoges, écuyer, premier valet de chambre du Roi, seigneur dudit Etoges et autres lieux et fiefs, représenté par M. Deteuffles, écuyer;

Nicolas de Chieza, comte de Servignaser, chevalier, seigneur de Gigny-aux-Bois, la Malmaison, La Côte, Saint-Pierre et du fief de Moraine, représenté par M. Tirant de Bury;

La dame Françoise Delamotte, veuve de M. Louis Gilles de Bruneteaux, chevalier, seigneur du Mottez Sainte-Suzanne, y demeurant, et demoiselle Barbe-Catherine Delamotte, demeurant au fief du Montagnez, représentées par M. Bruneteaux de Sainte-Suzanne;

Joseph-Augustin Aubry d'Avancey, écuyer, seigneur en partie de Cheppe, représenté par M. Maupas, écuyer;

La dame Marie-Claude Leblanc de Blossière, veuve de M. Jacques Descanneville, écuyer, seigneur de Berlize, Buslay, Richebourg et autres lieux, icelle dame de la terre et seigneurie de Blossière et en partie de celle de Vesly, représentée par M. Roch Desforges, écuyer;

La dame Marie-Anne Billet, veuve de Pierre-Louis Sagnez, écuyer, seigneur de Breuvery et autres lieux, ancien capitaine au régiment de Picardie, chevalier de l'ordre royal et militaire de Saint-Louis, représentée par M. Sagnez, écuyer;

Louis-Jérôme de Goujon de Thuisy, chevalier profès de l'ordre de Malte, commandeur de la commanderie de la Villedieu et Drageziot, seigneur usufruitier du grand Saint-Hilaire et de Sonain en partie, représenté par M. Jérôme-Marie Aublin;

Jean-Michel Lelarge d'Eaubonne, écuyer, ancien payeur des rentes de l'Hôtel-de-Ville de Paris, seigneur de Nuisement et autres lieux, représenté par M. Loisson de Guinaumont;

Jean-François Didelot, écuyer, l'un des régisseurs généraux de Sa Majesté, seigneur du fief des Epinottes, représenté par M. François de Pinteville de Cernon;

André-Marie Menice Rosnay de Villers et Antoine-François Rosnay de Villers, enfants de défunt Jean-Baptiste-Marie Rosnay, écuyer, seigneur de Villers et autres lieux, ancien mousquetaire du Roi, représentés par M. Legorlier, écuyer;

Joachim-François-Armand Durup de Baleine, sieur d'Ambreville, écuyer, seigneur en partie de Saint-Martin-aux-Champs, représenté par M. Olivier Dupuis d'Annizeux;

Claude de Durup de Baleine l'aîné, écuyer, seigneur en partie de Saint-Martin-aux-Champs, représenté par M. Olivier Dupuis d'Annizeux;

Alexandre-François Lenoir Dezaunelles, écuyer, vidame de Châlons, représenté par M. le chevalier de Montbayeu;

La dame Marie-Thérèse Cousinat, veuve Baudouin Tirant, vivant écuyer, secrétaire honoraire du Roi, seigneur de Broussy-le-Petit, Morains, Flarigny, Oger, Maisoncelle, Rougebois et Lamazure, demeurant à Châlons, représentée par M. François-Narcisse de Tirant de Bury, écuyer;

Sont comparus en outre, en personne, quoique non assignés dans ledit ordre de la noblesse, Messieurs :

Henri-Jean Dargent, écuyer, seigneur des Deux-Fontaines;

François-Antoine de Teuffle, écuyer, ancien mousquetaire de la première compagnie de la garde ordinaire du Roi;

Claude Durud, chevalier, garde du corps du Roi;

Alexandre de Grammont fils, écuyer;

Jean-Simon Lévêque, chevalier, seigneur de Pouilly, Busigny, Arcy;

Ponsart, procureur syndic, pour le clergé et la noblesse, à l'assemblée provinciale de Champagne;

Menice Lallement de l'Estrée, chevalier, demeurant à Châlons;

Pierre-Gilles Masson de Coligny, garde du corps de Monsieur, et seigneur en partie de Futaine-Saint-Quentin;

Philippe-Louis-Erard-Victor du Causé, chevalier de Nazelle, officier au régiment du Roi-infanterie;

Louis-François-Erard-Victor du Causé, comte du Prouvay, capitaine commandant au régiment du Roi-infanterie;

Jean-Baptiste-Odile de Tarrade, chevalier, officier au régiment de Paris-infanterie;

Matthieu-Victor Regnault, chevalier, sieur Delavigne et des Menudières;

Anne-Pierre-Louis-Nicolas-Masson de Bergères, écuyer, ancien capitaine d'infanterie;

Pierre-Benoît de Pinteville, écuyer, seigneur de Vanant-le-Châtel et autres lieux, ancien mousquetaire de la seconde compagnie de la garde ordinaire du Roi, chevalier de l'ordre royal et militaire de Saint-Louis;

Jean-Baptiste-Denis de Chieza, chevalier, capitaine au régiment du Dauphin-dragons;

Claude Deberle, chevalier, seigneur de Maffrecourt, ancien capitaine d'infanterie, maire royal de la ville de Châlons;

Paraclet-Jacobé de Rambecourt, écuyer, seigneur des Clauselets.

Dans l'ordre du tiers-état.

MM. Les députés de la ville de Châlons, Alpin-Louis Grosjean, marchand ; Pierre-Louis Prieur ; Pierre Lochet, fabricant ; François-Nicolas Paindavoine, marchand libraire ; Maxime Matthieu, marchand ; Joseph Gellée, docteur en médecine ; Louis-Joseph Chartier, avocat ; Jean-Baptiste Prignet, maître tonnelier ; Jacques Gauthier, maître bonnetier ; Jules Nicaise, maître pâtissier ; Regnault ; Nicolas-Georges Thomas, avocat ; Jean-Baptiste Turpin, trésorier de France et procureur syndic de la ville;

Les députés de la ville de Vertus : Adam ; Christophe Hachette l'aîné ; Claude-Jean-Louis Féry ; Jean-Baptiste Champion ; Charles-Joseph Fleury ;

Les députés du bourg de Suippes : Jean-Baptiste Marguet ; Louis Thierry ; Jean-Baptiste Aubert ; Louis Oudart ; Henri-Benoît-Claude Marguet ;

Les députés du village de Prez : Pierre Martinet ;

De Triaucourt : Augustin-Louis Picart ; Pierre-Nicolas Bauclin ; Jean-Léopold Lemaire ;

De Jurigny : Pierre Cartier ; Pierre Mestrade ;

De Thonnance : Jean-Baptiste-Vincent Pincemaille ; Henri Pierret ;

De Suzannecourt : Eloi Barbier ; Joseph Singeat ;

D'Eloges : Antoine Giot ; Louis-André de Montepreur, Hubert Mérat ;

Du Mesnil-sur-Oger : Louis Jacquart ; Nicolas Billy ; Thomas Chausson ;

De Connantray : Jean Charlot ; Benoît Dardoise ;

De Vaurefroy : Sébastien Lepage ; Claude Dardoise ;

De Gionges-Saint-Ferjeu et Futaine : Jean-François Salmon, procureur à Vertus ; Martin Bertrand ;

De Matongues : Maurice-Benoît Gougelet ; Nicolas-André Bonnard ;

De Villers-aux-Corneilles : Henri Leclère ; Remi-Antoine de Broye;

De Vraux : Jean Rochet ; Pierre Coutier l'aîné ;

De Daigny : Jacques-Joseph Delacourt ; Jean Cochu ;

D'Aulnizeux : Jean-Louis Champion ; François Monteuil ;

De Coizard : Louis Cheret ; Alpin Oudet ;

De Congis : Pierre Gé ; Jacques Guilgault ;

De Cohigny : Louis-Benoît Latire ; Louis Masson ;

De Bouy : Jean Loche l'aîné ; François Arnould ;

De Livry : Thomas Puissenet ; Michel Simon ;

De Sommessons : Louis Cellier ; Michel-Charles Hubert ;

De Dommartin-l'Estrée : Jean Domballe ; Pierre-Joseph Lacroix ;

De Sondé-Sainte-Croix : Jean-Baptiste Brisson ; Pierre Masson ;

De Sonain : Nicolas Senart ; Jérôme Godin ;

De Pix : François Blanchin ; Jacques Deschamps ;

De Thogny-aux-Bœufs : Pierre Etienne ; Pierre Baillat ;

De Chevigny : Claude-Laurent Bonnet ; Etienne Gentil;

De Beaulieu : Joseph Jeannin ; Claude-Nicolas Husson ;

De Riancourt : Jean-Baptiste Choisy ; François Simon ;

De Baye : Claude-François de Gaulle ; Jacques Bruyant;

De Souliers : Laurent Bochet ; Pierre Pudoux ;

De la Caure : Louis Desbrosses ; Claude Brisson ;

Du Mesnil-les-Lacaure : Claude Saintin Pelletier ; Jean Cousin ;

De Fromentières : Edme Neret ; Jean-Baptiste Plauzou ;

De Mailly : Pierre Ballot ; Hubert Lefèvre ;

De Songy : Jean Guitot ; Jacques Franquet ;

De Vert : Pierre-Antoine Aubert ; François Ploix ;

De Toulon : Philippe Gobet ; Jean Jolly ;

De Courjonnet : Pierre Hadot ; Louis Ferrat ;

De Joches : Louis Ferrat ;

De Bergères : Philippe Fallet ; Pierre Lallement ;

De Cheppes : Sébastien Philipot ; Etienne Guedet ;

De Cernon : Joseph Fagnières ; Louis Pannetier ;

De Vitry-la-Ville : Jean-Baptiste Pain ; Pierre Geronde ;

De Vouciennes ; Simon Cagnon ; Jean-Baptiste Baillat ;

De Ferbrianges : Pierre Jacquesson ; Jean-Baptiste-Antoine Gagneux ;

D'Evres : Jean Bigard ; Pierre Geminel ;

Delavoie : Jean-Baptiste Brichard ; Claude Boivin ;

Demmontmort : Joachim Michel ; Jean Dardenne ;

D'Ablancourt : Jacques Rémy ; Jacques Martin ;

D'Athis : Pierre-Jacques Baudouin ; Pierre Guiset ;

D'Aulnay-aux-Planches : Prudent Laprun ; Jean Champy ;

D'Aulnay-sur-Marne : Joseph Jolicœur ; Antoine Nafflin ;

De Baulnay : François Lecourt ; François André ;

De Biegges : Jean Collard ; Jean-Baptiste Camiat ;

De Breuvery : Louis Soulaigne ; Gabriel Collard ;

De Brizeau : Nicolas Huguet ; Nicolas Georges ;

De Bussy-l'Estrée : Louis Collard ; Simon Gérard ;

De Bussy-le-Château : Jacques-Hilaire Assy ; Thomas Jacquet ;

De Chaltrail : Louis Renault ; Antoine Varlet ;

De Champigneul : Antoine Guillaume ; Jacques Mary ;

De Champagne : François Thierry ; Pierre Blion ;

De Charmontois : l'abbé Jean Huguet ; Claude Belval ;

De Cheniers : François Guyot ; Pierre Rouyer ;

De Cheppy : Pierre Lemaire ; Maurice Frison ;

De Cherville : Pierre Geoffroy ; Claude Palletard ;

De Compertuis : Pierre Formé ; Nicolas Varlet ;

De Fondé : Jean-Joseph Delsœcq ; Jean-François Janvier ;

De Coolus : Claude Noël ; Pierre-Louis Vallet ;

De Coupeville : Nicolas Delaval ; Antoine Grandjean ;

De Cuperly : François Arnould ; Jean-Baptiste Jacquet ;

De Courtisols : Pierre-Abdon Jolly ; Claude-Antoine Gobillard ; Jean-Appert Collery ; Nicolas Simon ; Nicolas Deu ;

De Coulmier-la-Chaussée : Augustin Ledreit ; Claude-Paul Jolly ;

De Corbeil : Jean-Baptiste Savetier ; Jacques Gauthier ;

De Coupets : Etienne Cannebotin ; Pierre Collard ;

De Dampierre-sur-Moivre : Pierre-Joseph Gaignette ; Joseph Prinet ;

D'Éclaires ; Jean-Matthieu l'aîné ; Cuny Matthieu ;

D'Écury-sur-Coole : François Sabattier ; Claude Collard ,

D'Écury-le-Petit : Nicolas Carré;

D'Écury-le-Repos : Pierre-Louis Laurin ; Claude Gaspard;

D'Étrechy : Jean Violette ; Sébastien Violette ;

De Fagnières : Pierre-Sulpice Launois ; Rémi Gougelet ;

De Fleury-en-Argonne : François Hannequin ; Jean Lopinot ;

De Fontaine-sur-Coole : Pierre Henriet ; Pierre Chaillot ;

De Foucancourt : Joly Nicolas ; Fiacre Igier ;

De Francheville : Jean-Baptiste Courtin ; Louis Courtin ;

De Faux-sur-Côle : Pierre Mortas ; Noël Gauthier;

De Germinon : Nicolas Petit; Nicolas Bonnet;

De Givry : François Langlois; Antoine Langlois;

De Haussimont : Edme-Toussaint Prévôt; Louis-Antoine Prévôt;

D'Helveque : Jean-Baptiste Barbat; Jérôme Pacquot ;

De Jaâlons : Jean-François Cannat ; Jacques Séjourné;

De Jonchery-sur-Suippes : Fiacre Horque ; Jean-François Aubert ;

D'Isse : Nicolas Cuitat ; Laurent Planchat;

De la Veuve : Nicolas-François Renault ; Louis Renault ;

Duchemin : Louis-Noël Masse ; Nicolas Jeanson ;

De Leuhare : Jean Brion ; Henri Brisson ;

De Lépine : Claude Godart ; Jacques Royer;

Des Grandes-Loges : Toussaint-Martin Delacourt; Quentin Jacquart ;

Du Fresne : Étienne Tiret; Jacques Lagille ;

De Loisy en Brie : Louis Oudinel ; Jean-Louis Desmarets ;

De Louvercy : Pierre Martin ; Nicolas de Bœuf ;

De Lucy : Claude Canot ; Charles-Adrien Bérat;

De Lacheppe : Jean Robert ; Jean Bablot ;

De Margerie : Louis-Charles Renard ;..... Rivière;

De Marson : Pierre Lemaire, avocat; Claude Herment ;

De Méry-sur-Marne : Jean-François Guyot; Pierre-Nicolas Hemey ;

De Moivre et Saint-Hilaire : Claude Lagille ; Étienne Baudiet ;

De Moncets : Pierre Lemaire, avocat; Jean Vallerez;

De Morains : Jean-Louis Lalire ; Jean-Baptiste Charlot;

De Mutigny : Nicolas Gobillard ; Martin Duvivier;

De Nomé : Joachim Lalire ; Nicolas Herment;

De Nuisement : Quentin Tabouret ; Jean-Baptiste Collard ;

De Oger : Claude Husson ; Pierre Gatinois;

D'Omcy : François Notret ; Louis Debeury ;

De Pierre Morains ; Jean-Baptiste Pageot ; Nicolas Gimat;

De Pocancy : Pierre-Nicolas-Bernard Doublet; Christophe Cazotte;

De Pogny : Charles-Louis Bernard ; Edme Ruelle;

De Poivre et Sainte-Suzanne : Jérôme Person ; Nicolas Royer ; Pierre Bourgeois;

De Recy : Étienne Gougelet ; Rémi Gougelet ;

De Rémeville : Claude Legentil ; Honoré Jacquin;

De Rouffy : Jean-Alexandre Hachette ; Pierre Gatelet;

De Saint-Amand : Noël-Nicaise-Nicolas Lapôtre; Jean-Louis Bourgeois;

De Saint-Étienne-au-Temple : Jean et François Lesmachet;

De Saint-Germain-Laville : Nicolas-François Thibault; Pierre-Nicolas-François Thibault;

De Saint-Gibrien : Pierre-Bernard Milson ; Charles-Nicolas Girardin;

De Saint-Hilaire-au-Temple : Pierre Jesson ; Louis Jesson l'aîné;

Du Grand-Saint-Hilaire : Claude Gérard ; Étienne-Noël Bablot;

De Saint-Marc-les-Roussi : Georges-Antoine-Joachim Lesage;

De Saint-Martin-sur-le-Prez : Philippe Coquetault l'aîné ; Nicolas Journay ;

De Saint-Pierre-aux-Oies : Louis-Antoine Robin; Louis Darras ;

De Saint-Quentin-sur-Coole : Edme Phelison ; Claude Soulaigne;

De Saint-Remi-sur-Bussi : Pierre Bouron ; Nicolas Thomas ;

De Sapignicourt : Claude-Louis Loisy ; Nicolas Loisy;

De Surry : Jean-Désiré Champion, avocat; Charles Aubert;

De Senard : Jean-François Laflotte ; Claude Tollite;

De Sommeville : Jean-Baptiste Boucquot ; Nicolas Arnould ;

De Somme-Suippes : François Drouet ; Jacques Rosnez ;

De Sogny-aux-Moulins : Pierre Viard ; Simon Jacquy;

De Sondé-Notre-Dame : Antoine Nicaise; Thomas Royer ;

De Soudron : Pierre Titon ; Pierre Brisson ;

De Saint-Menice-lès-Chalins : Étienne Mauget, avocat ; Nicolas Pluchet ;

De Sommaine : Claude Germet;

De Saint-Jean-sur-Moivre : Louis Herment; Jean-Baptiste Follet;

De Tibie : Pierre Hurpé; François Bonvallet;

De Tilloy : Jean Genin ; Joseph Cohion;

De Tour-sur-Marne : Augustin Fellias ; Simon Séjourné;

De Trecon : Nicolas Maillard ; François Lepage ,

De Vadenay : Nicolas Clément ; Charles Machet;

De Vassimont : Pierre Champion; Claude Prieur;

De Vatry : Antoine-Félix ; Jean-Baptiste Latal ;

De Vaudemange : Amant Cotelle ; Thomas Pierre;

De Velie : Jean-Baptiste Poiret; Claude Bergeat ·

De Vesigneul-sur-Côle : Jean Gauthier ; Menice de Sallangre ;

De Vessigneul-sur-Marne : Joseph-Henri; Claude Henri ;

De Villeneuve : François Vernier ; Joachim Brunet;

De Villers-aux-Bois : Louis Bartel ; Pierre Tenard;

De Villeseneux : Pierre-Louis de Beaumont ; Pierre Brisson;

De Villevenard : Jean-Baptiste Guenon ; Nicolas Guichard ;

De Voipreux : Claude Songis ; Louis-Étienne Huot, procureur ;

De Vouzy : François Thévenot ; Pierre Theveny.

Et ledit appel fait, et la présentation faite de toutes les personnes non assignées, et ayant droit à ladite assemblée, nous avons ouï le procureur du Roi, donné acte aux comparants de leur comparution, défaut contre les non-comparants assignés.

Et en ce qui touche Messieurs de la noblesse sans qu'aucune assignation qui pourrait avoir été donnée par erreur auxdits défaillants, puisse, en aucun cas, être tirée à conséquence ; et ensuite avons desdits comparants en personne et par fondés de pouvoirs pris et reçu le serment en la forme usitée pour Messieurs les ecclésiastiques, et Messieurs des deux autres ordres, de procéder fidèlement à la rédaction du cahier général ou particulier à chacun d'eux, si le cas y échet, et à la nomination des députés, conformément au règlement, et sans cependant qu'aucune disposition dudit règlement puisse être regardée comme une loi, ni préjudicier aux droits d'aucun des trois ordres.

Les défaillants assignés sont, savoir : du clergé : MM. Lanot, chapelain de Bellegarde ; Legentil, trésorier du chapitre ; Duhoux, curé de Foucaucourt ; le curé de Fleury ; l'abbé de Saint-Menice, le curé de Cheniers ; Martinet, curé de Dommartin-l'Estrée ; Matz, prieur de Doizelet ; Hanart, curé de Pierre-Morains ; Marcherat, curé de Bannay ; l'abbé de Saint-Sauveur de Vertus ; l'abbé de Notre-Dame de Vertus ; Richard, curé de Saint-Marc ; le curé de Coupeville ; l'abbé de Saint-Basle ; l'abbé de Beaulieu ; les Récollets de Châlons ; le chapitre de tous les Bénédictins d'Hautvillers ; l'abbé de Breuvery ; Raoult, curé de Saint-Martin-sur-le-Pré ; le curé de Bouy ; Pasquier, curé de Sapignicourt ;

De l'ordre de la noblesse : Messieurs La Goille ; le comte Duhamel ; mesdames de France ; la dame de Montgarni ; M. Macquart de Ricaire ; demoiselle de Brabant ; demoiselle Maupas ; M. de Mardeuil ; M. Lasnier ; M. le comte d'Argenteuil ; M. Duval ; M. Develle ; M. de Châtillon d'Oger ; M. le baron de Baye ; demoiselle Dongne ; les héritiers de M. le prince de Soubise ; M. de Chamoissot, et M. Delablotterie, seigneur de Pocancy ;

Et de l'ordre du tiers-état : la communauté de Bannay et celle de Champaubert.

BAILLIAGE DE CHAROLLES.

Extrait du procès-verbal de l'assemblée générale des trois ordres.

Du 20 mars 1789 (1).

Noms de MM. du clergé composant ladite assemblée.

M. dom Augey, prieur des Bénédictins de la ville de Parray, fondé de la procuration de monseigneur de La Rochefoucauld, passé devant Dorsant, notaire à Paris, le 6, dûment contrôlée;

M. Louis-Jean-Baptiste Rey de Morande, sacristain de la collégiale, député du chapitre de Charolles;

M. Langeron, prémicier de Charolles;

M. Perrin, curé d'Autefond;

M. Meuréan, curé de Martigny-le-Comte, fondé de procuration de M. Joseph Dutel, curé de Ballore, en date du 15 du courant;

M. Pernot, curé de Baron;

M. Royer, curé de Braigny;

M. Lamarre, curé de Bresseuil;

M. Perrin, curé d'Autefond, fondé de procuration de M. Malherbe, curé de Cée, en date du 4 courant;

M. Porcheron, curé de Champvent;

M. Périclet, curé de Jouey, fondé de procuration de M. Jean-Louis Nicard, curé de Collonge, devant Floquet, notaire, le 14 du courant;

M. le curé de Changy;

M. Désir, curé de Champlecy;

M. Perrin, curé d'Autefond, fondé de pouvoirs de M. Desforges, curé de Chassenard, en date du 14 du courant;

M. Hugot, curé de Perrecy, fondé de pouvoirs de M. Mounot, en date du 17 du courant, devant maître Commerson et son confrère, notaires;

M. Mugnieu, curé de Saint-Aubin, fondé de procuration de M. Migeot, curé de Ciry, du 15 dudit;

M. Jacques Désir, curé de Champlecy, fondé de procuration de M. Mathieu, curé de Clessy, en date du 17 dudit mois;

M. Berger, curé de Dompierre;

M. Clément, curé de Digion;

M. Blandin, curé de Geuuelard;

M. Genévrier, curé de Genouilly;

M. Bernard, curé de Gourdon;

M. Grandjean, curé de Grandveau;

M. Périclet, curé de Jouey;

M. Grandjean, curé de Lugny;

M. Jean-Baptiste Aufilatre, curé de Volesvre, fondé de pouvoirs de M. Richard, curé de Luneau, en date du 12 dudit;

M. Cattin, curé de Fontenay;

M. Aufilatre, curé de Volesvre, fondé de procuration de M. Pottier, curé de Lurcy, par acte reçu de Gallay, notaire, du 14 dudit;

M. Godin, curé de Marcilly;

M. Clément, curé de Digoin, fondé de procura-

(1) Nous publions ce document d'après un manuscrit des *Archives de l'Empire.*

tion de M. le curé de Marigny, du 18 du courant devant maître Febvre, notaire;

M. Caillier, curé de Marizy;

M. Aufranc, curé de Marly;

M. Meuriau, curé de Martigny-le-Comte;

M. Petit-Jean, curé du Mont-Saint-Vincent;

M. Bécaut, curé de Mornay;

M. Villedey, curé de la Motte-Saint-Jean;

M. Louis Rey de Morande, chanoine, fondé de pouvoirs de M. Dupuis, de Mary, le 12 du courant;

Jean-Baptiste Burel, vicaire de Charolles, fondé de pouvoirs de M. de Grange, curé de Nochise, du 19 dudit;

M. Oubin, curé d'Oudry;

M. Guilloux, curé de Palinges;

M. Villeneuve, fondé de la procuration de M. Baudinot, curé de la ville de Parray, du 18 du courant;

M. Hugot, curé de Perrecy;

M. Desgarenne, curé de Poisson;

M. Meurian, curé de Martigny, fondé de procuration pour M. La Côme, curé de Pouilloux, du 17 du courant;

M. Giraud, curé de Saint-Bonnet-de-Joux, fondé de procuration de M. Thion, curé de Pressis-sous-Doudain, du 18;

M. Genévrier, curé de Genouilly, fondé de pouvoirs de M. Souillon, curé du Pulley, en date du 16;

M. Magnien, curé de Saint-Aubin;

M. Giraud, curé de Saint-Bonnet-de-Joux;

M. Michon, curé de Saint-Brin-sous-Sanvignes;

M. Druet, curé de Vaudebarier, fondé de la procuration de M. Michaux, curé de Saint-Germain-de-Rive, du 16 du courant;

M. Lallin, curé de Fontenay, fondé de pouvoirs de M. Durand, curé de Saint-Léger, du 17 du courant;

M. Mignot, curé de Fautrière;

M. Périclet, fondé de pouvoirs de M. Claude Brosselin, curé de Saint-Micault, le 17 du courant;

M. Petit-Jean, curé du Mont-Saint-Vincent, fondé de la procuration de M. Girardin, curé de Saint-Romain, en date du 18 du courant;

M. Hugot, curé de Perrecy, fondé de la procuration de M. Cheuzeville, curé de Saint-Romain-sous-Versigny, le 19 du courant.

M. Boileau, curé de Saint-Symphorien;

M. Bernard, curé de Gourdon, fondé de la procuration de M. Drilheu, curé de Saviange, en date du 16;

M. Giraud, curé de Saint-Bonnet-de-Joux, fondé de pouvoirs de M. Barreau, curé de Suin, du 18;

M. Langeron, prémicier de Charolles, fondé de pouvoirs de M. Beau de Touton-sous-Arroux, du 16;

M. Gaigniard, curé de Vendenesse-les-Charolles;

M. Druet, curé de Vaudebarier, fondé de pouvoirs de M. Baras, curé de Varennes-Reuillon, en date du 14;

M. Druet, curé de Vaudebarier;

M. Clément, fondé de la procuration de M. Berthelier, curé de Vigny, en date du 18;

M. Ducreux, curé de Villorbaine;

M. Gorgerat, gardien des Piquepuces de Charolles, fondé de pouvoirs de M. Prudon, curé de Dyot, en date du 18 du courant;

M. Magnieu, fondé de pouvoirs de M. Bouin, curé de Vitry, en date du 17 dudit;

M. Nicolas Montmessin, vicaire, fondé de pouvoirs de M. Jossot, curé de Saint-Jullien, en date du 14 du courant;

M. Cottin, curé de Viry;

M. Aufiliatre, curé de Volesvres;

Dom Augey, prieur de la communauté des bénédictins de Parray, dudit ordre;

M. Gorgerat, député de la communauté du tiers-ordre de Saint-François de cette ville, par procuration du 13 du courant;

M. Royer, curé de Braigny, fondé de pouvoirs de M. Longvergne, curé de Blanzy, en date du 19 du courant;

M. Calin, fondé de la procuration des dames de la Visitation de Charolles, par procuration du 9 courant;

M. Desir Lesmontel, fondé de pouvoirs de mesdames Urbanistes de Sainte-Claire de Charolles, en date du 10 courant;

M. Antoine Rotevin, curé de Baubery, fondé de pouvoirs de M. René Plassard, curé de Vesrosvres, du 17;

Dom Augey, fondé de pouvoirs par mesdames de la Visitation de Parray, en date du 18 mars;

M. Michon, curé de Saint-Brain, fondé de pouvoirs de M. Bernard Michon, chapelain du Plessis, en date du 18 courant;

M. de Villeneuse, chapelain de Saint-André-le-Changy, fondé de la procuration de MM. les sociétaires de l'église Saint-Nicolas de Parray, en date du 11 mars;

M. Godin, curé de Marcilly, fondé de pouvoirs de mesdames Ursulines de la ville de Parray en date du 17;

M. Viduelle, vicaire de Charolles, fondé de pouvoirs de MM. les ecclésiastiques de la ville de Charolles, en date du 14 du courant;

Nous avons donné acte à tous les susnommés de leurs comparutions; en conséquence, nous avons donné défaut contre MM :

Bonnefond, curé d'Avrilly;

Bernardet, curé de Geugnon;

Danou, curé de Rosière;

Binet, curé de Saint-Bonnet-de-Vieille-Vigne;

Saclier de Giverdey, curé de Saint-Eugène.

Noms de MM. de la noblesse composant l'assemblée.

M. le comte de Lévis, baron de Lugny;

M. de Montessus, seigneur de Ballore, et fondé de pouvoirs de M. François-Louis Larcher, marquis d'Arcy, passé devant Me Biron et son confrère, notaires à Paris, le 11 mars; et encore fondé de pouvoirs de madame Marie Agatange de Vaudrey, marquise de Reuilly, dame de Montessus et autres lieux, passé devant Me Goujon et son confrère, le 14 du courant;

M. Joseph Depezerat, écuyer, chargé de la procuration de M. Hector-Antoine-Dominique de La Garde, comte de Chambonnat, devant Me Bontheloup et son confrère, du 17 du courant;

M. Mallard de Sermaize, porteur de la procuration de madame Reclesne de Digoine, comtesse de La Coste, passée devant Me Péant et son confrère, notaires à Paris, le 24 février dernier;

M. Maynaud de Lavaud, fondé de la procuration de M. le marquis de La Coste Messelère, passée devant Me Haregard, notaire, en date du 16 février dernier;

M. de Thezu, seigneur d'Haumous;

M. de Saint-Micault, seigneur dudit lieu, porteur de la procuration de M. Cottin, baron de Joney, devant Me Bouché, notaire à Dijon, et son confrère, le 14 du courant;

M. le comte de Bramion, fondé de la procuration de M. le comte d'Escoraille, passée devant Me Bleton et son confrère, notaires, le 6 mars;

M. de Saint-Micault, seigneur dudit lieu;

M. de Maublanc, seigneur de Blichons;

M. de La Vesvre, seigneur du même nom, et fondé de la procuration de M. Martenet, conseiller au parlement de Dijon, passée devant Me Bouché et son confrère, le 2 du courant;

M. Voiret, seigneur de Martigny;

M. Brancion, seigneur de Marmoral;

M. Dumouchet, chevalier de Saint-Louis, chef d'escadron, fondé de la procuration de M. Boumier, par acte sous signature privée du 16 du courant;

M. de Rochemont, seigneur des Buissons;

M. Mallard, chevalier de Saint-Louis, porteur de la procuration de M. Derglas, en date du 16 courant, passée devant Me Perrodon et son confrère, notaires à Dijon;

M. Quarré de Champvigny, fondé de la procuration de madame Royer, dame de Jouvement, passée devant Me Noirret et son confrère, notaires, du 18 mars;

M. Quarré, seigneur de Champvigny;

M. Mallard, seigneur de Mardianque;

M. Deveny, seigneur de La Chapelle;

M. Depezerat, seigneur d'Escombes;

M. de Saint-Michault, chargé de la procuration de M. Bonnamour, seigneur de Mezilly, devant Guieunot, notaire, le 14 du courant;

M. de Finance-Dufays, chargé de la procuration M. de Boiveau, seigneur de Villers, passée devant Me Grégoire et son confrère, en date du 8 mars;

M. Deboyer, seigneur de Saint-Vincent;

M. de Verneuil, chargé de la procuration de M. Callard, seigneur d'Azu, devant Lavenir, notaire, du 16 du courant;

M. Quarré de Verneuil, seigneur de La Palus;

M. Joleaud de Saint-Maurice, seigneur dudit lieu;

M. Mallard, fondé de pouvoir de madame Courché de Plessis, pour le fief des Autels, devant Me Floquet, notaire, le 18 du courant;

M. Alphonse de Guillermain, chargé de la procuration de messire Louis-Marie de Thomassin, devant Me Lacour et son confrère, du 16 courant;

M. de Thezu, de Gourdon;

M. de Mallard de Pormain;

M. Mayneaud de Laveau;

M. Guillermain;

M. de Leonardy;

M. Ribailler, l'aîné;

M. Mallard de Ser aize;

M. Dumouchet, ancien chef d'escadron, seigneur de Marterat;

M. Ribailler, le cadet;

M. Desravies;

M. de Finance Dufays;

M. de La Baille, père;

M. Gaucher de Sillière;

M. La Baille, garde du Roi;

M. de Finance Dufays, garde du Roi;

M. Pezerat, cadet.

M. le comte de Bresseuil;

M. La Baille, le puiné;

M. Éléonore de La Baille;

M. de Boyer, chargé de la procuration de M. de La Roche Triton, colonel d'infanterie, passée devant Mᵉ Lambert, du 7 mars ; et encore fondé de pouvoir de messire Pierre-Marie de Valetine, seigneur de Marigny, devant Chambosse et son confrère, notaires, en date du 13 du courant ;

M. Quarré de Champvigny, fondé de la procuration de madame Angélique de Gassion, comtesse palatine de Dyot, devant Boulard et son confrère, le 20 février dernier ;

M. Voirey, seigneur de Marcilly, fondé de pouvoir de M. Jean-Baptiste Maynaud, président à mortier au parlement de Bourgogne, en date du 17 mars ; et encore fondé de procuration de messire François Maynaud, seigneur de Gennelard, en date du 13 du courant, devant Mᵉ Dambot et son confrère ;

M. de Thézu de Gourdon, fondé de pouvoirs de messire Mathias-Léonard Villedieu de Torcy, passé devant Mᵉ Menu et son confrère, notaires à Dijon, en date du 13 mars ; et encore fondé de la procuration de M. Anne-Joseph, comte 'de Vauban, seigneur de Moulin La Cour, en date du 11 du courant, devant Lormeau et son confrère, notaires ;

M. le comte de Lévis, fondé de pouvoirs de messire François Melchior, comte de Vogue, maréchal des camps et armées du Roi, passé devant Mᵉ Perruchot et son confrère, en date du 7 février dernier ; et encore fondé de la procuration de M. Amable, marquis de La Guiche, seigneur de Chaumont, passée devant Mᵉ Piquet et son confrère, en date du 2 mars.

Nous avons donné acte à tous lesdits comparants, et donné défaut contre messieurs :

Le duc de Brissac, seigneur de Martigny-le-Comte ;
M. de La Guiche, seigneur de Saillant ;
M. de Montessu, seigneur du Moulin-la-Cour ;
Madame de Pont, dame de Collanges ;
M. de Corcheval, seigneur de Fautrières ;
M. de La Villeneuve, seigneur de Breiches ;
M. Perrin, seigneur de Lipierre ;
M. Darcellot, seigneur de Cerigny ;
M. de Machecot, seigneur de Maupré ;
M. de Vatehne, seigneur de Marigny ;
M. Bissy, seigneur de Saviange ;
M. Montépin, seigneur de Toujard ;
M. Parrois, seigneur de Lurcy ;
M. Perrault, seigneur de Clessis ;
M. Monteil, seigneur de Marchizeuil ;
M. Quarré Duplessis, seigneur de Corcelle ;
M. Bernigaud, seigneur du Chardonnet ;
M. Joleaud, seigneur de Saint-Maurice.

Noms des électeurs composant le tiers-état du bailliage du Charolais :

MM. Villedey, Delanoue, Fricaud et Gelin, électeurs de la ville de Charolles, par délibération des 10 et 11 mars ;
La Baume et Paivet, de la paroisse d'Avrilly, par délibération du 16 ;
Goyard et Counot, de la paroisse de Ballore, par délibération du 15 ;
Loison et Delorme, de la paroisse de Baron, par délibération du 13 ;
Rey de Morande et Jean La Pallus, de la paroisse de Baubery, par délibération du 15 ;
Bounot et Nuques, de la paroisse de Braigny, par délibération du 14 ;
Godin et Martras, de la paroisse de Busseuil, par délibération du 17 ;
Trompette et Berthier, de la paroisse de Cée, par délibération du 15 ;

Geoffroy et Chaveau, de la paroisse de Champdeul, par délibération du 10 ;
Roussetot et Guillieu, de la paroisse de Collonges, par délibération du 13 ;
Lamboriot et Thériaud, de la paroisse de Changy, par délibération du 16 ;
Laison et Desforges, de la paroisse de Champlecy, par délibération du 9 ;
Buisson et Martin, de la paroisse de Chassenard, par délibération de 15 ;
Merle et Ducroux, de la paroisse de Chassis, par délibération du 17 ;
Langeron et Cheury, de la paroisse de Ciry, par délibération du 15 ;
Capelain et Goin, de la paroisse de Clessis, par délibération du 17 ;
Dœuf et Goujon, de la paroisse de Dompierre, par délibération du 17 ;
Duchesne et Caquet, de la paroisse de Digoin, par délibération du 15 ;
Chapuis et Baudouin, de la paroisse de Fautrière, par délibération du 9 ;
Lorain et Giroux, de la paroisse de Fontenay, par délibération du 15 ;
Berrault et Doncheret, de la paroisse de Genelard, par délibération du 13 ;
Floquet et La Vaivre, de la paroisse de Genouilly, par délibération du 15 ;
Michel et Pautel, de la paroisse de Geugnon, par délibération du 15 ;
Gacon et Goujon, de la paroisse de Gourdon, par délibération du 12 ;
Pallot et Cognard, de la paroisse de Granveau, par délibération du 15 ;
Chaffin et Bussin, de la paroisse de Jouey, par délibération du 8 ;
Montmessin et Martin, de la paroisse de Lugny, par délibération du 19 ;
Farge et Aubery, de la paroisse de Treneau, par délibération du 16 ;
Chopin et Margot, de la paroisse de Lurcy, par délibération du 13 ;
Bertrand et Angrost, de la paroisse de Marcilly, par délibération du 15 ;
Desbrosses et Montaigu, de la paroisse de Marigny, par délibération du 18 ;
Furtin et Montmessin, du hameau de Maringues, par délibération du 17 ;
Fricaud et Boutheloup, de la paroisse de Marizy, par délibération du 18 ;
Fiot et Cuzin, de la paroisse de Martigny, par délibération du 17 ;
Febvre Callard, Antoine Febvre et La Sarre Febvre, du bourg du Mont-Saint-Vincent, par délibération du 15 ;
Beaumond et Sarrieu, de la paroisse de Mornay, par délibération du 10 ;
Fénéond et Prévost, de la paroisse de la Motte de Saint-Jean, par délibération du 11 ;
Geugnon et Pierre, de la paroisse de Mary, par délibération du 8 ;
La Rue et Basset, de la paroisse de Nochise, par délibération du 17 ;
Laurent et Béraud, de la paroisse d'Oudry, par délibération du 16 ;
Joseph Villard, seul, de la paroisse d'Ozolles, par délibération du 15 ;
Tremand et Durey, de la paroisse de Palinges, par délibération du 31 ;
Baudinot, Bertrand, Brigand et Quarré, de la ville de Parray, par délibération du 15 ;
Girardet et Marie, de la paroisse de Perrecy, par délibération du 8 ;

Plassard et Mathieu, de la paroisse de Poisson, par délibération du 10;

Langeron et Amour, de la paroisse de Pouilloux, par délibération du 17;

Monnier et Bailli, de la paroisse de Pressy, par délibération du 17;

Voindrost et Lagrost, de la paroisse du Puley, par délibération du 15;

Thériaud et Lamprèche, de la paroisse de Saint-Aubin, par délibération du 13;

Boisfranc et Du Chassin, de la paroisse de Saint-Bonnet-de-Joux, par délibération du 11;

Bouillet et Pleinchamp, de la paroisse de Saint-Bonnet-de-Vieille-Vigne, par délibération du 12;

Desbrosses et Bard, de la paroisse de Saint-Brin Soussauvigne, par délibération du 8;

Movaillon et Maillat, de la paroisse de Saint-Léger, par délibération du 17;

Brenot et Guinot, de la paroisse de Saint-Micault, par délibération du 17;

Gronchon et Guichard, de la paroisse de Saint-Romain-sous-Gourdon, par délibération du 17;

Bouillot et Duchassin, de la paroisse de Saint-Symphorien, par délibération du 13;

Rennaud et Langeron, de la paroisse de Saint-Vallier, par délibération du 17;

Mathieu et Cognard de la paroisse de Saint-Vincent-les-Broigny, par délibération du 14;

Dumay et Godin, de la paroisse de Saint-Eusèbe, par délibération du 18;

Parisot et Juillet, de la paroisse de Saviange, par délibération du 15;

Bonnardot et Chaumont, de la paroisse de Sauvigne, par délibération du 15;

Dretel et Michel, de la paroisse de Suin, par délibération du 14;

Giverdey, Lafouge, Thevenot et Verneret, de la ville de Toulon-sur-Arroux, par délibération du 17;

Deloche Prouillard et Claude Joli, de la paroisse de Vandenesse, par délibération du 15;

Louis Garnier et autre Louis Garnier, de la paroisse de Saint-Romain, par délibération du 18 mars;

Genaillon et Bertrand, de la paroisse de Vaudebarrier, par délibération du 15;

Ladrost et Audru, de la paroisse de Verosvre, par délibération du 16;

Bourgeois et Goin, de la paroisse de Vigni, par délibération du 17;

Bardot et Pierre, de la paroisse de Villorbaine, par délibération du 9;

Dumont et Priet, de la paroisse de Vitry, par délibération du 18;

Lambert et Bérard, de la paroisse de Viry, par délibération du 15;

Deshaires et Guinet, de la paroisse de Volesvre, par délibération du 16;

Dubois et Landreveau, de la paroisse de Marly, par délibération du 16;

Tremeaud et Renaud, de l'annexe de Préjus-sous-Doudain, par délibération du 16;

Bertrand et Gléaud, de la paroisse du Fuscy, par délibération du 8.

Nous avons donné acte auxdits électeurs des différentes villes, communautés, bourgs et villages de leur comparution, et défaut contre les communautés d'Avrilly, Blanzy, Rozière, Saint-Germain-de-Rive et Varennes-Reveillon.

BAILLIAGE DE CHARTRES.

Extrait du procès-verbal de l'assemblée générale des trois ordres(1).

Des 16, 17 et 21 mars 1789.

Sont comparus, après avoir assisté à la messe qui a été suivie de deux discours, l'un prononcé par M. le bailli et l'autre par M. l'évêque de Chartres :

Dans l'ordre du clergé, séant à la droite.

1. Révérendissime père en Dieu monseigneur Jean-Baptiste-Joseph de Lubersac, évêque de Chartres,

MM.

2. Gaspard de Cambis, grand archidiacre;
3. Jacques-François de Courcy, prévôt d'Ingré ;
4. Etienne-Louis Mitouflet ;
5. Pierre-François-Nicolas-Noël Doullay ;
6. Et Pierre-Antoine-Marin Laugier de Beaureceuil, tous cinq chanoines de l'eglise cathédrale de Notre-Dame de Chartres, députés et fondés des pouvoirs du chapitre de ladite Eglise, suivant l'acte capitulaire, arrêté en l'assemblée dudit chapitre, composée de quarante-neuf votants, le 7 de ce mois;
7. Encore ledit sieur de Cambis, comme fondé des pouvoirs des prieure et religieuses Ursulines du monastère de Nogent-le-Rotrou ;
8. Ledit sieur Mitouflet, comme fondé des pouvoirs de messire Mathieu-Jacques de Vermond, abbé commendataire de l'abbaye de Thiron ;
9. Des prieure et religieuses du monastère royal de Saint-Louis de Poissy ;
10. Et ledit sieur Doullay, fondé de la procuration de M. Jean Jeanne, curé de Pezy ;
11. MM. Marc-Antoine-Jean-Baptiste Le Gros ;
12. Et Louis-Joseph Lesage, chanoine de l'eglise collégiale de Saint-André de Chartres, députés et fondés des pouvoirs dudit chapitre, suivant l'acte capitulaire, arrêté en l'assemblée dudit chapitre, composée de treize votants, le 26 février dernier ;
13. Milles-Florent Corneville, chanoine du chapitre de Saint-Maurice, député suivant l'acte capitulaire du 27 février dernier ;
14. Dom François-Prosper Lebas, prieur du monastère de Saint-Père-en-Vallée de Chartres, député, et fondé des pouvoirs de sa communauté;
15. Antoine Bagnion, prieur de l'abbaye de Saint-Jean-en-Vallée, fondé des pouvoirs de sa communauté ;
16. Dom-André Regnard, prieur de l'abbaye de Josaphat-les-Chartres, fondé des pouvoirs de sa communauté ;
17. Et encore ledit dom Lebas, fondé des pouvoirs de dom Charles-Antoine Gittiot, prieur titulaire du prieuré simple et régulier de Saint-Germain-les-Abbayes ;

(1) Nous publions ce document d'apres un manuscrit des *Archives de l'Empire.*

17 *bis*. Et de dom Laurent Billard, prieur titulaire du prieuré simple et régulier d'Abouville.
18. M. Nicolas Bouret, curé de la paroisse de Saint-Michel de Chartres ;
Encore ledit M. Bouret, fondé des pouvoirs :
19. De M. Hilaire-Auguste-Marie de La Croix, prieur du prieuré de Saint-Georges de Roinville ;
20. Et de M. Pierre-Laurent Rebré, curé de la paroisse de Pré-Saint-Evroult;
21. M. Joseph-François Bergeron, prêtre, habitué de ladite paroisse de Saint-Michel, fondé des pouvoirs des ecclésiastiques engagés dans les ordres, habitués de ladite paroisse;
22. M. Pierre-Antoine Maillard, curé de la paroisse de Saint-Saturnin de Chartres ; et encore ledit M. Maillard fondé des pouvoirs :
23. De M. Goupil, curé de la paroisse de la Chapelle-Saint-Loup ;
24. Et de M. Blanchet, curé de Barjouville ;
25. M. Pierre Jumentier, vicaire de Saint-Saturnin de Chartres, fondé des pouvoirs des prêtres habitués de ladite paroisse ; et encore fondé des pouvoirs :
26. De M. Marin-Toussaint Surblé, prieur curé de Lisle près Vendosme,
27. Et de M. Brulard, prieur du prieuré de Saint-Amand de Chartres;
Ledit sieur Gerberon, ci-devant nommé, fondé des pouvoirs :
28. De M. François Peschard, curé d'Auneau ;
29. Et de M. Léonard Jumeau, curé de Saint-Michel de Bonneval ;
30. M. Claude-Adrien Jumentier, curé de Saint-Hilaire de Chartres ;
Et encore comme fondé des pouvoirs :
31. De M. Jean-Louis Fournier, curé de Berchères-sur-Vesgres ;
32. Et de M. Jacques-Etienne Marneau, curé de Luplanté ;
33. M. Amable-Honoré Mauguin, vicaire et seul prêtre habitué de ladite paroisse de Saint-Hilaire; et encore fondé des pouvoirs :
34. De M. Marie-Nicolas Barbereau, curé de Varise ;
35. Et de M. Elie-Dominique-François Labouré, curé des Murgers ;
36. M. Jean-Charles Lesage, prieur curé de Sainte-Foi de Chartres;
37. Et encore, comme fondé de la procuration de M. Nicolas Mairat, curé de Charray ;
38. M. Pierre-Nicolas Tabourier, curé de Saint-Martin de Chartres ;
Et encore comme fondé des pouvoirs :
39. De M. Alexandre-Augustin Pichon, curé de Saint-Sauveur de Bonneval ;
39 *bis*. Et de M. Bertrand, curé de Puiseux;
40. M. Jean-Baptiste Layé, vicaire de ladite paroisse de Saint-Martin de Chartres, député et fondé des pouvoirs des prêtres habitués de la même paroisse;
41. M. Auguste Maillard, curé et chanoine de Saint-André de Chartres;
Et encore comme fondé des pouvoirs :

42. Des prêtres habitués de ladite paroisse ;
43. Et de messire Jean Barassin, curé de Voise ;
44. M. Louis Claye, **curé de Saint-Aignan** de Chartres ;
Et encore comme fondé des pouvoirs :
45. De M. Etienne-François-Honoré de Sahuguet d'Amarzin, d'Espagnac, à cause de sa prévôté du Guélandon ;
46. Et de M. Lonqueue, curé de Bulainville ;
47. M. Pierre Claude Chasles, vicaire de ladite paroisse de Saint-Aignan, député et fondé des pouvoirs des prêtres habitués de ladite paroisse;
Et encore comme fondé des pouvoirs :
48. De M. Michel-Louis-Gilles Simon, curé d'Aunay-sous-Auneau ;
49. Et de M. Louis-François Béquignon, curé de La Croix-du-Perche ;
50. M. Charles Supersac, vicaire de Sainte-Foi de Chartres, député et fondé des pouvoirs des prêtres habitués de ladite paroisse;
50 bis. M. Claude-Louis Rousseau, chanoine de l'église cathédrale de Chartres, au nom et comme fondé des pouvoirs :
51. De M. Thomas-Christophe Hamard, curé de Rouvres ;
52. De M. Pierre Aveline, curé de Contretôt ;
53. M. Louis-Jacques Foulon, curé de Hécourt ;
Et encore, comme fondé des pouvoirs :
54. De M. André Leboucq, curé de la paroisse d'Aigleville ;
55. Et de M. Simon Baudoire, curé de Villiers-en-Deseivre ;
56. M. Augustin Cornuau, chanoine de Saint-André de Chartres, comme fondé des pouvoirs :
56 bis. De M. Jean Bellier, curé d'Allonne ;
57. Et de M. Jean-Baptiste Charamond, curé de Bouglainval ;
58. M. Claude Imbault, curé d'Amilly ;
Et comme fondé du pouvoir :
59. De M. Lecomte, **curé de Saint-Maur-sur-le-Loir ;**
60. M. Louis-François Leroux, curé d'Anet ; et comme fondé de pouvoirs :
61. De M. Jean-Baptiste Versin, curé de Saussay;
62. Et de M. Lainé, curé de Boncourt ;
63. M. Etienne Bouvet, curé de Saint-Maurice-les-Chartres ; et comme fondé de pouvoirs :
64. De M. Le Vacher, curé d'Armenonville-Fleuriau ;
65. M. Pierre-Michel Leblond, député des prêtres habitués de ladite paroisse de Saint-Maurice ;
66. M. Michel Baudet, curé de Mittainvilliers, et comme fondé de pouvoirs :
67. De M. Masson, curé de Dangers ;
68. Et de M. Louis Monceau, curé de Bailleul-l'Évêque ;
69. M. François Isambert, curé de Francourville , et comme fondé des pouvoirs ;
70. De M. Jean-Baptiste Raveneau, curé de Berville-le-Comte ;
71. Et de M. Jean-Étienne-Sébastien Gougis, curé de la Chapelle d'Aunainville ;
72. M. Amable Rousseau, curé de Beaumont-le-Chartif et comme fondé de pouvoirs :
73. de M. Charles Chaillon, chapelain de la chapelle de l'Ange gardien, en ladite paroisse;
74. Et de M. Louis-Claude Gaul, curé de Souance ;
75. M. Jean Verchères, chanoine de l'église de Chartres, fondé des pouvoirs de M. Servais-Plessis, curé de Bourneville ;
76. Et de M. Louis Breteau, curé de Faings ;

77. M. Jacques Vaillant, curé de Berchère-la-Maingot, et comme fondé de pouvoirs :
78. De M. Gasselin, curé de Saint-Chéron-des-Champs ;
79. Et de M. Potet, curé de Sérazereux ;
80. Dom-Adrien-Omer Vancouq, prieur de l'abbaye de Couloms , et fondé de pouvoirs de sa communauté ; et encore fondé du pouvoir :
81. De dom-Michel Denis Le Camus, prieur titulaire du prieuré de Givais ;
82. Dom-Claude-Joseph Boullay, religieux bénédictin de l'abbaye de Coulombs, comme fondé de procuration de Dom Antoine Dormant, prieur titulaire du prieuré de Dotre-Dame de Villemeux; Encore ledit sieur abbé de Beaureceuil, cidevant nommé nᵒ 5, comme fondé des pouvoirs :
83. Des dames prieure et religieuses du couvent de Belhomer ;
84. M. Claude-Jean-Marie Duplessis du Colombier, archidiacre de Dunois, chanoine de Chartres, comme ayant le gouvernement spirituel et temporel de la cure de Dancy en sa qualité d'archidiacre, attendu la vacance de ladite cure ; et encore comme fondé des pouvoirs :
85. De M. Augustin-Joseph de La Rue, doyen de l'église cathédrale Notre Dame de Chartres ;
86. Et de M. Maurice Aherne, curé de Freligni ;
87. M. Gabriel Garnier, curé de Berchère-l'Évêque;
88. M. Antoine Diétrich, prêtre desservant la paroisse de Courville ;
89. Et comme fondé de procuration de M. Cheval, curé de Billancelles ;
90. M. Joseph-Laurent Germond, curé de Blandainville ; et comme fondé des pouvoirs :
91. De M. Antoine Gaudion, curé d'Epéautrolle ;
92. Et de M. François Bourget, curé d'Imonville ;
93. M. Jean-François Baudoux, curé de Prunay-sous-Ablis ; et comme fondé des pouvoirs :
94. De M. Delafoi, curé de Saint-Simphorien ;
95. Et de M. Jean Dinier, curé de Bleury ;
96. M. Antoine-Joseph Bertrand, curé de Saint-Maurice de Villemeux ; et comme fondé des pouvoirs :
97. De M. Pierre-Thomas Godes, curé de Bois-le-Roi ;
98. De M. Pierre Simon, curé de Lorcy ;
99. M. Michel Filatre, curé de Luisant ; et comme fondé des pouvoirs :
100. De M. Jacques Tilleux, curé de Combres ;
101. Et de M. Brossard, curé de Boisvilette ;
102. M. Pierre-Joachim Claye, curé de Boullay-Thierry ; et comme fondé des pouvoirs :
103. de M. de Vallois, curé de Boullay-Mivois ;
104. M. Claude Autet, curé de Bréval ; et comme fondé des pouvoirs :
105. De M. Louis Durvis, curé de Mondreville ;
106. Et de M. Simon Desfeux, curé de Néauflette;
107 M. Marie-Louis-Joseph Auvray, curé de Breuil-Pont ; et comme fondé des pouvoirs :
108. De M. Noël-François Juin, curé de Pacet;
109. Et de M. Louis Prévôt, curé de Cravant ;
110. M Bernard Cagnier, curé de Saint-Laurent de la Gâtine et comme fondé de pouvoirs :
111. De M. Antoine Fointias, curé de Bréchamp;
112. Et de M. Pierre Pelhuche, curé de Nogent-le-Roi ;
M. Henri-Louis David des Charreaux, chanoine de l'église de Chartres, fondé de pouvoirs :
113. Des prieure et religieuses de la Visitation de Chartres ;

36

114. Et de M. Louis-François Doussineau, curé de Trizay ;

M. Alphonse-Joseph Margana, prêtre, professeur du séminaire de Saint-Charles de Chartres, comme fondé des pouvoirs :

115. De M. Claude d'Autencourt, curé de Faverolles ;

116. Et de M. Desjardins, curé de Charpait ;

117. M. Jacques Lefèvre, curé de Briconville ;

118. M. Jean-Baptiste Le Teinturier, curé de Chaignolles, et comme fondé des pouvoirs :

119. De M. Pierre-François Sapience, curé de Bueil ;

120. Et de M. Gervais Duvattet, curé de Villegast ;

121. M. Jean-François Letartre, curé de Dollé ;

122. M. Jacques Tasset, curé de Montigny-le-Chartif, et comme fondé des pouvoirs :

123. De M. Jean-Alexandre Perrault, curé de Villars ;

124. Et de M. Louis Desclus, curé de Chassant ;

125. M. Pierre-Abraham Averdin, prêtre, fondé de procuration de M. Hoche, curé de Prunaly-les-Gilon ;

M. Joseph-Marie de Langre, prêtre, résident au grand séminaire de Beaulieu, fondé des pouvoirs ;

126. De M. Pierre-Claye, curé de Saint-Nicolas de Maintenon ;

127. Et de M. Lefebvre, curé de Croisilles ;

128. M. Louis Presleur, curé d'Escrone ;

129. Et comme fondé de procuration de M. Leflocq, curé de Gaz ;

130. M. Louis-François Sedillot, curé d'Ecublé, et comme fondé des pouvoirs :

131. De M. Jean-Baptiste Girault, curé de Villette ;

132. Et de M. Jacques-Nicolas Louvard, curé de Chesne-Chenu ;

133. M. François Magny, curé de Julien du Coudray ;

134. M. Charles Hevette, desservant de la paroisse de Corancés, et comme fondé de procuration :

135. De M. Charles Guyot, curé des Pintières ;

136. M. Symphorien Supersac, prêtre, demeurant à Chartres, fondé de procuration de M. Raisin, curé de Droue ;

137. M. Nicolas-Bonaventure Quemel, prieur, curé de Saint-Chéron-du-Chemin ;

138. M. Pierre Rabourdin, curé de Charonville ;

139. M. Pierre Guerrier, curé de Saint-Brice-les-Chartres, et comme fondé des pouvoirs :

140. De M. Pizion, curé de Saint-Eman ;

141. Et de M. Daguet, curé de Bailleau-sous-Gallardon ;

142. Dom Charles Soulbieu, religieux bénédictin de l'abbaye de Bonneval, député et fondé de pouvoirs de sa communauté ;

143. M. Nicolas Le Sage, ancien curé de Saint-Hilaire de Chartres, fondé de procuration de dom Isaac-Marin Leroux, religieux bénédictin, prieur titulaire du prieuré de Saint-Didier de Magny ;

144. M. Charles-François-Joseph-Morain de La-Haye, chanoine de l'église de Chartres, fondé de procuration de messire Louis-Suffren-Benoist de Lopès de La Farre, prieur et seigneur du prieuré simple de Saint-Martin-du-Péan ;

145. M. Augustin-Jean-Etienne Sédillot, vicaire de Saint-Saturnin de Chartres, fondé de procuration de M. Innocent du Tartre, curé de Gardais ;

146. M. François Beaulils, curé de Saint-Christophle-sur-Loir ;

147. M. Robert Lelièvre, vicaire de Chaudon, fondé des pouvoirs :

117 bis. De M. Saffré, curé dudit Chaudon ;

148. Et de M. Toussaint-Pierre Boullay, curé de Vacherosse-les-Basses ;

149. M. Jean-Simon, curé de Mainvillers, et comme fondé de procuration :

150. De M. Jacques Nicolas Lépine, curé de Marcheville ;

151. M. Alexandre Bainville, curé de Fontenay-sur-Eure, et comme fondé de procuration :

152. De M. Pierre-Martin Couveret, prieur, curé de Cernay ;

153. M. Michel-Louis Lécuyer de La Papoterie, chanoine de l'église de Chartres, comme fondé de pouvoirs des dames Ursulines de Vendosme ;

154. M. Jacques Théophore Michel, curé de Mignières, et comme fondé des pouvoirs :

155. De M. Thaurin Sedillot, curé de Saint-Denis de Cernettes ;

156. Et de M. Pierre-François Lecharpentier, curé de Villiers-Saint-Orien ;

157. M. Guillaume Morel, curé de Saint-Pierre de Villemeux, et comme fondé des pouvoirs :

158. De M. Pierre Lemaître, curé de Saint-Chéron des Fontaines ;

159. Et de M. Jean-Jacques Tasset, curé de Chaignes ; M. Henri Lécuyer de La Papotière, chanoine de l'église de Chartres comme fondé des pouvoirs :

160. Des prieure et religieuses des Filles-Dieu-les-Chartres ;

161. Et des religieuses de Port-Royal ;

162. M. Jacques Loison, curé de Saint-Aubin-des-Bois ;

163. M. Jean Ferrand, chanoine de l'église de Chartres, comme fondé des pouvoirs de la communauté des Filles de la Providence dudit Chartres :

164. M. Denis Rousseau, curé de Meslay-le-Grennet ;

165. M. François Petit, curé de Saint-Denis de Champhol ;

166. M. Germain Rouillon, curé de Guchouville, et comme fondé des pouvoirs :

167. De M. Guérin, curé de Saint-Germain de l'Epinay ;

168. Et de M. Biquet, curé de Saint-Maurice de Galon ;

169. M. Olivier-René-François-Henri Bunel, curé de Dammarie ;

170. M. Charles-Antoine d'Abancourt, curé de Champsera, et comme fondé des pouvoirs :

171. De M. Charles-Louis-Joseph Gadeau, curé de Gilles ;

172. Et de M. Jean-Baptiste Perron, curé de Guainville ;

173. M. Philippe Cauvin, curé de Ghuisnes ;

174. M. Jean Baptiste Buron, curé de Cintray ;

175. Et comme fondé de procuration de M. Vauthier, curé de Saint-Pierre du Favril ;

176. M. Jean-Baptiste Trubert, curé de Clevill-er-le-Moutier, et comme fondé des pouvoirs :

177. De M. Charles-Antoine Polge, curé de Fadainville ;

178. Et de M. Louis-Pierre Moulin, curé de Notre-Dame de Bonneval ;

179. M. Joseph-Maurice de Formel, curé de Coltainville ;

180. M. Anne Lefebvre, curé de Nogent-le-Phaye ;

181. Et comme fondé de procuration de M. Michel Leroi, curé de Condé au Perche ;

182. M. Denis Boutroue, curé de Thivars, et comme fondé des pouvoirs :

183. De M. Jean-Louis Perrault, curé de Conie ;

184. Et de M. Jean-René de Bray, curé du Pré-Saint-Martin;

M. Joseph Lesage, chanoine de Saint-André, fondé des pouvoirs :

185. De M. Joseph Levacher, curé de la Ville-l'Évêque;

186. Et de M. Henri Rabourdin, curé de Saint-Léger-des-Aubés; M. Charles-Innocent-Jacques Sorret, chanoine de Saint-Piat en l'église de Chartres, comme fondé des pouvoirs :

187. De M. Anne-Jeanne Querelle, curé de Craches et Labbaye;

188. Et de M. Charles-Pierre Charrier, curé d'Ymeray;

189. M. Louis-Gilles Daupeley de Bonval, curé de Voves, et comme fondé des pouvoirs :

190. De M. Jean-Charles Huet, curé de Dampierre-sur-Avre;

191. Et de M. Nicolas Le Roy, curé de Saint-Lubin-les-Joncherets;

192. M. Pierre Grossin, curé d'Ermenonville-la-Petite ;

193. Et comme fondé de procuration de M. Sébastien-Honoré Grossin, curé de Vitray-en-Chartrain ;

194. M. Louis-Denis Gavori, doyen chanoine et curé de Sainte-Anne de Villebon, et comme fondé des pouvoirs :

195. De M. Pierre Guillemet, curé des Yis;

196. Et de M. Jacques-François Mahé, curé de Francé ;

197. M. François-Amable de Bras, curé de Ménil-Simon, et comme fondé des pouvoirs :

198. De M. Jean-Baptiste-Léonore-André Anquetil, curé de Fleins-Neuf-Églises ;

199. Et de M. François Tostin, curé de Tilly ;

200. M. Simon Bruyant, curé de Mévoisin ;

201. Et comme fondé de procuration de M. Alix, curé de Jermenonville;

202. M. Charles-Michel Poulain, chanoine de l'église de Chartres, comme fondé de procuration de M. Pierre Lebreton, curé de Fresnay-l'Évêque ;

203. M. Antoine Ciret, curé de Fruise;

204. Et comme fondé de procuration de M. Guillaume Calbris, curé de Montireau;

205. M. Toussaint Ganegrain, prieur, curé de Gallardon, et comme fondé des pouvoirs :

206. De M. Claude Sevestre, curé de Levainville;

207. Et de M. Joseph-Armand Pigoreau, curé de Montlouet;

208. M. Jean-Baptiste Gravelle, curé de Ver, et comme fondé des pouvoirs :

209. De M. Aignan-Philippe Chapelain, curé du Gault en Beauce;

210. Et de M. Jacques-Louis Courtoisnon, curé de Morières ;

211. M. Jacques-Michel Vallon de Boisroger, curé de Gatelle;

212. M. Pierre-Jérôme Pétion, curé de Gellainville;

213. M. Thomas Garnier, curé de Gault-au-Perche;

214. Et comme fondé de procuration de M. Brise, curé d'Arville;

215. M. Louis-Augustin de Juge de Brassac, chanoine et grand-vicaire de Chartres, fondé des pouvoirs des religieuses Carmélites dudit Chartres;

216. M. François-Alexandre Sainqueuse, curé de Gironville;

217. M. Yves-François Genegé, curé de Saint-Arnould des Bois; et comme fondé des pouvoirs :

218. De M. Jacques Mauduit, curé de Grandhoux ;

219. Et de M. Jean Dropt, curé de Saint-Marc de Laudette;

220. Dom Pierre-Joseph Poullain, religieux bénédictin, fondé des pouvoirs des religieux de la maison de Thiron;

221. M. Joseph Bichon, curé de Saint-Hilaire d'Illiers;

222. M. Louis Perdreau, curé de Saint-Jacques d'Illiers, et comme fondé des pouvoirs :

223. De M. Grégoire Renault, curé des Châtelliers;

224. Et de M. François Coquant, curé de Bullon ;

225. M. Louis-François Journois, curé de Saint-Piat , et comme fondé de pouvoirs :

226. De M. Duval, curé de Saint-Joui;

227. M. Jacques Lesage, curé d'Ouerre, et comme fondé de pouvoirs :

228. De M. Jacques-Simon de Bauce, curé de Saint-Germain-le-Gailliard ;

229. Et de M. Jean-François Dunas, curé de la Chapelle Forainvillers ;

230. M. Charles-Joseph Rogier, curé de Sancheville , et comme fondé des pouvoirs :

231. De M. Jean-Mallet, curé de Courbehaye;

232. Et de M. Pierre Marie, curé de la Folie-Herbault;

233. M. Jean-François Huart, prieur, curé de Saint-Barthélemy-les-Chartres ;

234. Et comme fondé de procuration de M. Jean-Baptiste-Joseph Flamand, prieur, curé de la Gaudaine;

235. M. Symphorien Giraud, prieur, curé de Lagny, et comme fondé des pouvoirs :

236. De M. Jean d'Avignon, curé de Lalande;

237. Et de M. Pierre Hervieux, prieur, curé de Monceaux ;

238. M. Jean-Pierre Lejoindre, prieur, curé de la Loupe;

239. Et comme fondé de la procuration de M. Guillaume Le Herpeur, curé de la Trinité-sur-Avre;

240. M. Jacques Beuve, curé de Marchainville;

241. M. Nicolas Lecomte, curé de Mesangey, et comme fondé des pouvoirs :

242. De M. François-Gervais Dumée, curé de la Ville-aux-Clercs;

243. Et de M. Claude Pilon, curé de la Magdeleine de Rouilly;

244. M. Léonard-Michel Crouin, curé de Saint-Lazare de Lèves;

245. M. Jean-René Fétu, vicaire de ladite paroisse, député des prêtres habitués;

246. M. Alexandre-Louis-Robert Des Corches de Boutigny, curé d'Yèvre; et comme fondé des pouvoirs :

247. De M. Jacques Sachet, curé de Logron;

248. Et de M. Pierre Sénéchal, curé de Gohvry; M. Jean-Paul Mercier, chanoine de l'église de Chartres, comme fondé des pouvoirs :

249. De M. François Morise, curé d'Ormoy;

250. De M. Louis-Jean-François Rivière, abbé de Saint-Chéron-les-Chartres;

251. M. Nicolas-Jean Polonceau, prieur, curé de Lucé;

252. M. Jean-Charles Le Sage, prieur, curé de Sainte-Foi ci-devant nommé, comme fondé de procuration de M. Nicolas Louidé, curé de Magny;

253. M. Joseph-Jacques-Sylvestre Aché de Cahusac, chanoine de l'église de Chartres, fondé des pouvoirs :

254. Du chapitre de l'église collégiale de Maintenon;

254 bis. Et de M. Alexandre Clavier, curé de la paroisse Saint-Pierre de Maintenon;

255. M. Jean-Michel Doray, chapelain des dix Autels, en l'église de Chartres, fondé du pouvoir de M. Michel Puinguet, curé de Lolon;

256. M. Louis Blanquet, curé de Moulicent, et comme fondé des pouvoirs:

257. De M. Louis Marais, curé de Malestable;

258. Et de M. Jacques Defrance, curé de Brots;

259. M. Jean-Louis Sortais, curé de Marcherais, et comme fondé des pouvoirs;

260. De M. Jacques Lutton, curé de Saint-Ouen de Marchefroy;

261. Et de M. Charles Le Reux, curé de Saint-Serge;

262. M. François Dufresne prieur de Marvilles-les-Bois;

263. M. Louis de La Foy, curé de Saumeray, et comme fondé des pouvoirs:

264. De M. Jean-Jacques-François-Célestin Tardiveau, curé de Mézières au Perche;

265. Et de M. Jean-Baptiste Cahuzac, curé de Trizay;

266. M. Mathieu-Jacques Bidet, vicaire des Mastes, fondé de la procuration de messire François Brette, curé de ladite paroisse;

267. M. François-Nicolas Thierry, chanoine de l'église de Chartres, comme fondé des pouvoirs de M. Pierre-Georges Guillard, curé de Montainville;

268. Et de M. Charles-Daniel Montéage, curé de Villeneuve-Saint-Nicolas; M. Jean-François Clozier, prêtre au séminaire de Saint-Charles, comme fondé des pouvoirs:

269. De M. Louis Fouquet, curé d'Yesme et Villiers;

270. Et de M. Jean-Louis charpentier, curé de Morainville;

271. M. Charles Peigné, prieur, curé de Morancez;

272. M. Toussaint Miel, curé de Rouvray-Saint-Florentin, et comme fondé des pouvoirs:

273. De M. François de Rivarolles, curé de Villeau;

274. Et de M. François Aiglehoux, curé de Neuvy-en-Dunois;

275. M. François Huet, curé de Saint-Georges-sur-Eure, et comme fondé des pouvoirs:

276. De M. Alexandre Moreau, curé de Nogent-sur-Eure;

277. Et de M. Charles Esnault, curé de Saint-Luperce;

278. M. Louis-François Lemaître, curé d'Orrouer;

279. M. Joseph Noury, prieur, curé d'Ouarville, et comme fondé des pouvoirs:

280. De M. Charles-Joseph Drapier, curé de Santeuil;

281. Et de M. Louis-François Foiret, curé de Reclainville;

282. M. Pierre Moublé, curé de Poisvillier;

283. M. Claude Billault, curé du Mesnil-Thomas, au nom et comme fondé de procuration de M. François Desfonds, curé d'Oynville-sous-Auneau;

284. M. Charles-Damiens Bergevin, prieur, curé de Pontgouin;

285. M. Nicolas Lainé, curé de Roinville-sous-Auneau;

M. Simon Verguin, supérieur du séminaire de Saint-Charles, comme fondé des pouvoirs:

286. De M. Jacques Legendre, curé de Saint-Avit près Illiers;

287. Et de M. René-Michel Ferrand, titulaire de la chapelle de Saint-Louis de Santeuil;

288. M. René Chevreau, curé de Saint-Avit au Perche;

M. Charles-François Challine, chanoine de Saint-André de Chartres, comme fondé des pouvoirs:

289. De M. Nicolas Tricard, curé de Saint-Denis d'Authon;

290. Et de M. Michel Mabady, curé de Saint-Hilaire des Noyers;

291. M. Nicolas-Étienne Mallot, prieur, curé de Saint-Chéron-les-Chartres;

M. Jean-Baptiste Percheron, prêtre habitué de Sainte-Foy de Chartres, fondé des pouvoirs:

292. De M. Jacques Pintard, curé de Saint-Eliph;

293. Et de M. de Brossard, curé d'Ermenonville-la-Grande;

294. M. Martin Levacher, curé de Saint-Julien des Aveugles de Chartres; et comme fondé des pouvoirs:

295. De M. Chedille, curé de Chanu;

296. Et de M. Hocheau, curé d'Heurgeville;

M. Louis-Zacharie Tulot, vicaire de Saint-Michel de Chartres, comme fondé des pouvoirs:

297. De M. Louis-Pierre Dreux, curé d'Umpan;

298. Et de M. Laurent-André Baupère, curé de Saint-Martin du Péan;

299. M. Louis-Arnault Lannelongue, curé de Saint-Prest, et comme fondé de la procuration de:

300. M. Pierre Savarin, curé de Saint-Ylliers-la-Ville;

301. M. Jacques-François Caigné, prêtre habitué de ladite paroisse de Saint-Prest;

302. M. Jean-Baptiste-Jacques Guillon, curé de Sours;

303. M. Antoine Gatelet, chanoine régulier, fondé de pouvoir de M. Louis-Claude-Florent Deshayes-Gendron, curé de Senantes;

304. M. Pierre Seneuze, prieur, curé de Theuvy;

304 bis. Et comme fondé de procuration du prieur de La Bourdinière;

305. M. Bonnaventure Cottin, prêtre, marguillier clerc en l'église de Chartres, député des marguilliers clercs en ladite église;

306. Et comme fondé de procuration de M. Charles Poupry, curé de Tréon;

307. M. Louis-Fiacre Legrand, bénéficier, marguiller clerc de l'église collégiale de Saint-André de Chartres;

308. Et comme fondé de procuration de M. Louis-Laurent, curé du Tartre-Gaudran;

309. Frère Jean-Joseph Wariscotte, religieux jacobin, député et fondé des pouvoirs de sa communauté;

310. Frère Jean-Claude Guin, correcteur des Minimes de Chartres, député et fondé des pouvoirs de sa communauté;

311. M. Louis Bernard, curé de Bailleau-le-Pin; M. Louis-Jacques Costé, chapelain en l'église de Chartres, comme fondé des pouvoirs:

312. De M. Rousseau, curé de Houville;

313. Et de M. l'évêque de Poitiers, abbé de Coulombs;

314. M. Gérôme Guillard, acolyte de Chartres, fondé de procuration de messire Joseph de Salignac de La Motte-Fénelon, abbé de Josaphat-les-Chartres;

315. Dom Maximilien Simon, prêtre, de l'ordre de Citeaux, directeur de l'abbaye de l'Eau, fondé des pouvoirs des dames abbesse et religieuses de ladite abbaye;

316. Dom Joseph Roullain, bénédictin de la maison de Thiron, fondé des pouvoirs de dom

Augustin Poullain, prieur de Saint-Symphorien-de-Bonnelle ;

317. Dom Jean Des Martin, bénédictin de l'ordre de Cluny, prieur de Saint-Avit au Perche ;

318. M. Jacques-Louis Brière, desservant de la chapelle de Senainville, paroisse de Coltainville ;

319. M. Jean-François-Gabriel Vaugeois, prêtre, habitué à Berchères-l'Evêque ;

320. M. Joseph de Lore de Puits-Maly, chanoine de Saint-Aignan de Chartres ;

321. Mondit sieur abbé de Cambis, comme fondé de procuration générale du prieur de la Madeleine du Petit-Beaulieu-les-Chartres ;

322. M. Charles Boudet, curé de Coudray-au-Perche ;

323. M. Louis-Simon Dudoyer du Chaulnoy, chanoine de l'église de Chartres, comme fondé de pouvoir de M. Dudoyer, prévôt de Mesangey, en ladite église ;

324. M. Charles-Michel Poullain, chanoine de l'église de Chartres, fondé de la procuration de M. Pierre Thibault de La Groye, prieur, doyen, seigneur et baron de la paroisse d'Haponvillier, à cause dudit prieuré ;

325. Ledit M. Milles-Florent Corneville, chanoine de Saint-André, comme fondé de pouvoir de M. Louis Paillard, curé de Louville-la-Chenard ;

326. Dom Charles de Soublieu, religieux bénédictin de l'abbaye de Bonneval, déjà nommé, comme fondé du pouvoir de dom Louis-François Le Brun, religieux profès de la congrégation de Saint-Maur, prieur régulier de Saint-Sulpice de Courbehaye ;

327. Mondit, sieur abbé de Courcy, comme fondé de pouvoir de M. l'archevêque de Tours, à cause du fief de Nottouville et autres dépendances de l'abbaye de Marmoutiers.

Dans l'ordre de la noblesse.

Messire Charles-Philippe-Simon de Montboissier Monfort-Canillac, baron de Montboissier, au nom et comme fondé des pouvoirs :

1. De S. A. S. monseigneur le duc d'Orléans, premier prince du sang, duc de Chartres;

2. De S. A. S. monseigneur le duc de Penthièvre, prince d'Anet ;

3. Et de M. le duc de Noailles, pair et maréchal de France, marquis de Maintenon, comte de Nogent-le-Roi;

4. Et encore ledit sieur baron de Montboisier, en son nom;

4 bis. M. Ambroise Polycarpe de La Rochefoucault, duc de Doudeauville, grand d'Espagne de la première classe, bailli, capitaine et gouverneur de Chartres, en son nom;

Et comme fondé des pouvoirs :

5. De dame Marie-Félicité-Gabrielle Molé, veuve de messire Louis-Joseph Timoléon de Cossé Brissac, duc de Cossé, dame des terres de Serazereux, Borville, Tremmemont, le Boullay, des Deux-Eglises, Montdétour et Puiseux;

6. Et de messire Denis-Auguste de Grimonard de Beauvoir, comte du Roure;

7. Messire Jacques-François d'Archambaut, chevalier, seigneur en partie de Pussay, en son nom;

Et comme fondé des pouvoirs :

8. De M. Philippe-Claude de Montboissier-Beaufort-Canillac, comte de Montboissier, chevalier des ordres du Roi, seigneur du fief d'Ymorville, paroisse d'Allonne ;

9. Et de messire Antoine Chevalier, comte de Tilly, seigneur de Leveville la Chenard;

10. Messire Anne, Alexandre-Marie Sulpice, Joseph, duc de Laval, maréchal des camps et armées du Roi, inspecteur de ses troupes, en son nom comme seigneur de Gouillons;

11. Et comme fondé de la procuration de messire Guy-André Pierre, duc de Laval, maréchal de France, seigneur du marquisat de Gallardon ;

12. M. Louis-Claude-Jean de Beaurepadre, chevalier de Saint-Louis, en son nom ;

Et comme fondé de pouvoirs :

13. De messire Nicolas-Charles Dubuisson de Blainville, seigneur de Blainville, Saint-Hilaire, des Noyers, et des Bois-de-Loigny, et Chesnes-du-Verger ;

14. Et de messire Vincent-Claude-Antoine des Corches, comte de Sainte-Croix, seigneur de Pré-Saint-Evroult;

15. Messire Claude-Denis-François de Saint-Denis, chevalier, seigneur du Plessis-Hugon, en son nom ;

Et comme fondé de pouvoirs :

16. De dame Louise-Olive-Félicité Bernard, veuve de messire Nicolas Hyacinthe de Moutvattat, comte d'Entragues, dame de Saint-Prest, la Forte-Maison, Gasville et Emanville;

17. Et de dame Marie Florence Lemaire, veuve de messire Alexandre-Louis Ollivier, dame de la Mairie, de Fontaine-la-Guyon ;

18. Messire Cosme de Baillon, chevalier, seigneur de Forges, Grand et Petit-Chanay, en son nom ;

Et comme fondé des pouvoirs :

19. De messire Charles-Henry de Granges Puygnion, comte de Surgères;

20. Et de messire Henry Geoffroy Cyrus, comte de Briqueville, seigneur de Bouglainval ;

Messire Jean-Baptiste François Boisguyon de Chauchepot, lieutenant au régiment royal comtois, comme fondé des pouvoirs :

21. De messire Joseph de Taragon, chevalier, seigneur de Reclainville;

22. Et de messire Michel Etienne, écuyer, seigneur des fiefs de Tansonville, le Haut-Bois, Champré et autres ;

23. Messire Jean-François-Louis, comte d'Hozier, chevalier de l'ordre de Saint-Maurice et de Saint-Lazare de Savoie, en son nom ;

Et comme fondé des pouvoirs :

24. De messire Ursin de Saint-Paul, seigneur châtelain des Etilleux et Boisvillette, paroisse d'Yèvre;

25. Et de dame Marie-Geneviève Bernard de Laborry, veuve de messire Charles-Marc-Antoine de Quincarnon, chevalier, dame de la mairie de Saint-Chéron-les-Chartres;

26. Messire Henry d'Arlanges, chevalier, seigneur des Longes, en son nom;

Et comme fondé des pouvoirs :

27. De messire Victurnien-Bonaventure-Victor de Rochechouart, marquis de Mortemart ;

28. Et de dame Marguerite Fabus, veuve de messire François-Marie Prévôt; et de messire Etienne Prévôt, écuyer, son fils, seigneur et dame conjointement de Chantemesse et des fief et seigneurie de Loyron;

29. Messire Augustin de Mégret de Belligny, chevalier de Saint-Louis, ancien brigadier des gardes du corps, en son nom;

30. Et comme fondé de la procuration de messire Gabriel-Jacques de Neveu, écuyer, seigneur des Prontières, paroisse de Saint-Avit-au-Perche;

31. Messire Jérôme-Pélagie Masson, chevalier, comte de Meslay-le-Vidame, en son nom ;
Et comme fondé des pouvoirs :

32. De messire Antoine-Honoré Masson, chevalier, seigneur du fief de la métairie de Dry et du Gault ;

33. Et de messire Louis-Michel Le Pelletier de Saint-Fargeau, chevalier, seigneur de Saint-Fargeau, président au parlement de Paris ;
Messire Hippolyte Boutin, capitaine de dragons, au nom et comme fondé des pouvoirs :

34. De messire Charles Robert Boutin, conseiller d'Etat et au conseil royal de finances, seigneur du fief de la mairie de Berchères-sur-Vesgres ;

35. Et de messire Jacques-François Vincent, comte de Rivière de Mauny, seigneur propriétaire des fief de Pré-Saint-Martin, et de Saint-Etienne du Gault ;

36. Messire Jean-François-Régis-Alexis-Marie de Prat, capitaine commandant au régiment de Beauce, chevalier de Saint-Louis, demeurant à Chartres, en son nom et comme fondé des pouvoirs :

37. De messire Pierre-Denis de Lécuyer, chevalier, ancien capitaine au régiment de Piémont, chevalier de Saint-Louis, demeurant à Chartres ;

38. Et de dame Jeanne-Charlotte Le Boulleur de Brotz, veuve de messire François de Carpentin, chevalier, seigneur de Lorière ; ladite dame propriétaire par indivis avec dame Marguerite-Antoinette-Angélique Le Boulleur de Brotz, épouse de messire Charles-François-Alexandre Le Bouyer de Saint-Gervais, des terres, fief et seigneurie de Brotz, sis paroisse dudit Brotz, et des terre, fief, seigneurie des Grand et Petit-Godonville, et paroisse de Sainte-Christine ;
M. Agathon du Petit-Bois l'aîné, colonel de dragons, au nom et comme fondé des pouvoirs :

39. De dame Thaïs-Simone-Pauline de la Cour de Batte Le Roi, veuve de messire Etienne, vicomte de Jaucourt, seigneur de Menainville ;

40. Et de messire Jean-Joseph de La Borde, marquis de La Borde, vidame de Chartres ;

41. Messire Pierre-Denis de Fergeol, marquis de Villiers, seigneurs de Mormoulin et autres lieux, en son nom ;
Et comme fondé des pouvoirs :

42. De dame Louise-Pauline-Françoise de Montmorency-Luxembourg de Tingry, veuve de messire Louis-François-Joseph prince de Montmorency, premier baron chrétien de France ; dame de Tréon et autres lieux ;

43. Et de messire Charles-Antoine-Léonard de Sahuguet Damarzit, baron d'Espagnac, lieutenant au régiment des gardes françaises, seigneur des Salles de Ruts ;

44. Messire Denis-Michel de Lécuyer, écuyer, seigneur de la Papotière, en la paroisse de Coulonges, en son nom, et comme fondé des pouvoirs :

45. De dame Magdeleine-Charlotte Le Pelletier de Saint-Fargeau, princesse de Chimay, dame de la baronnie de Montireau, veuve de messire Thomas-Alexandre-Marc d'Hénin Liétard, comte de Bossu, prince de Chimay et du Saint-Empire;

46. Et de messire Denis-Henry-Etienne Dudoyer du Chaulnoy, seigneur de la Porte ;

47. Messire René César de Courtarvel, chevalier, seigneur de Sondé, demeurant à Chartres, en son nom, et comme fondé des pouvoirs :

48. De messire Jules-Etienne Honoré, marquis de Prunelé, baron de Mohtard, seigneur du Grand et Petit-Chatay;

49. Et de messire Georges François, marquis de Massol, seigneur de Magny ;

50. Messire Charles-André Renouard, chevalier, seigneur de la Salle-Saint-Loup, demeurant à Chartres, en son nom, et comme fondé des pouvoirs :

51. De messire Jacques-Isaac Seurat, conseiller au châtelet d'Orléans, seigneur des fiefs de la Pouilleuse et du Franc-Rosier, paroisse de Baignollet;

52. Et de messire Jean-Louis-Antoine Alix, écuyer, seigneur d'Outreville, et autres lieux ;

53. Messire Pierre-Hercule de Rey, chevalier, ancien capitaine au régiment d'Artois-cavalerie, demeurant à Chartres, en son nom, et comme fondé des pouvoirs :

54. De messire Alexandre-Louis Olivier, écuyer, seigneur du fief d'Ambris à Imorville;

55. Et de messire Joseph Tassin, écuyer, seigneur du Bois-Saint Martin, paroisse de Moncé;

56. Messire Nicolas de l'Etang de Viantais, chevalier de Saint-Louis, demeurant à Chartres, en son nom, et comme fondé des pouvoirs :

57. De messire Jean Gauthier, écuyer, seigneur d'Emrolles, paroisse de Charonville;

58. Et de dame Marie-Elisabeth Petit d'Eslandes, veuve de messire Charles Chantier de Brainville, écuyer, comme tutrice honoraire de ses enfants, seigneurs de la mairie de Seraisville, paroisse de Saint-Maurice-les-Chartres ;

59. Messire Claude-François de l'Etang, seigneur de Craches, paroisse Saint-Prest, y demeurant, en son nom, et comme fondé des pouvoirs :

60. De messire Charles-François Rosset, comte de Létourville, chevalier, seigneur de Létourville en Beauce ;

61. Et de dame Marie-Sébastienne-Eléonore de Lamirault, veuve de messire Paul-Augustin du Buisson, écuyer, dame de Mondonville, paroisse de Moutiers en Beauce ;

62. Messire Charles-Philippe du Temple, écuyer, avocat du Roi au bailliage de Chartres, en son nom, et comme fondé des pouvoirs :

63. De dame Emilie-Louise Picot de Dampierre, veuve de messire Ange-René de Brizay, chevalier, comte de Brizay, lieutenant général du pays Chartrain, seigneur d'Ouarville en Beauce et autres lieux, comme tutrice honoraire de ses enfants ;

64. Et de messire Henry-Barthélemy du Mouchet de la Mouchetierre, chevalier, seigneur de Saint-Eman ;

65. Messire Pierre-Jean-Baptiste Descroches, ancien officier au régiment de Béarn, demeurant à Chartres, en son nom, et comme fondé de pouvoirs de :

66. Dame Anne-Perrine de Taragon, épouse non commune en biens de messire Jean-Jacques de La Rocque, baron d'Ornac, dame des fief et seigneurie de Bourneville;

67. Et de messire Alexandre-Marc-René-Etienne, chevalier, seigneur d'Ogny, Saint-Ouen, de Marchefroy et autres lieux;

68. Messire Antoine-Omer Talon, chevalier, marquis du Boullay-Thierry, vicomte héréditaire de Nogent-le-Roi, en son nom, et comme fondé des pouvoirs :

69. De messire Marc-François-Michaud d'Harbouville, prêtre, seigneur des fiefs de la Poterie et du Tronchay;

70. Et de messire Mathieu-François Gouttard de Levesville, écuyer, seigneur de Levesville, Breuil, Pout et autres lieux ;

71. Messire Jean-Baptiste de Magny fils, écuyer,

officier d'infanterie, demeurant à Beaumont-le-Tardif, en son nom, et comme fondé des pouvoirs :

72. De la demoiselle d'Arlanges de La Jolivière;

73. Et de la demoiselle d'Arlanges de Grand-maison;

Lesdites demoiselles d'Arlanges, à cause de leur fief dans la paroisse de Coudray au Perche;

74. Messire Jean-François de Reviers, capitaine au régiment de Lorraine, infanterie, demeurant à Chartres, en son nom; et comme fondé des pouvoirs :

75. De messire Jean-François de La Rochefoucault, vicomte de la Rochefoucault, maréchal des camps et armées du Roi, chevalier de ses ordres, comte de Morville, seigneur de Gas, Armenonville et autres lieux;

76. Et de messire Jean-Baptiste de La Voye-Pierre de Bauville, écuyer, chevalier de Saint-Louis, seigneur de Cravant ;

77. Messire Charles-François de Brossard, chevalier, ancien gendarme, seigneur des Boussardières, paroisse de Saint-Maurice de Galou, en son nom, et comme fondé des pouvoirs :

78. De messire Michel-Louis-François de Suhard, chevalier, sieur de Montégut, demeurant à Longuy au Perche;

79. De messire François-Denis-Barthélemy Perochet, seigneur de Morainville;

80. Messire François de Couturier, chevalier de Saint-James, demeurant à Ylliers, en son nom, et comme fondé des pouvoirs :

81. De dame Marguerite-Françoise du Doit, veuve de messire André-Claude de Crosne, chevalier de Saint-Louis ; dame de la Julissière, en la paroisse de Bullon ;

82. Et de messire Michel-Antoine de Chattet, écuyer, sieur de l'Ecole, paroisse de la Croix-du-Perche;

83. Messire Françoise-Marie d'Avignon, écuyer, demeurant à Chartres, en son nom, et comme fondé des pouvoirs :

84. De messire Honoré-François Pascal Gédéon de Johanne, chevalier, seigneur de la Rome, paroisse des l'intières;

85. Et de dame Marguerite-Thérèse Le Vassor, veuve de messire Thomas-Pierre Guérineau, écuyer, dame des fief et seigneurie de Berthon, paroisse de Sancheville;

86. Messire Jean-Pierre de Magny, chevalier, seigneur du fief de Rougemont, paroisse de Vichères, en son nom;

87. Et comme fondé du pouvoir de messire René-Ursin-Durand de Pizieux , chevalier, seigneur de Montgrason, paroisse de Coudray-au-Perche;

88. Messire Louis-Anne de Brues, chevalier, seigneur de Chaises, demeurant à Chartres, en son nom, et comme fondé des pouvoirs :

89. De messire Nicolas-Anne de Montlibert, l'aîné, écuyer;

90. Et de messire Gabriel-Anne de Montlibert, le jeune, chevalier, demeurant au Gault, au Perche;

91. Messire François-Laurent du Temple de Rougemont, écuyer, seigneur de Montafilan, en son nom, et comme fondé des pouvoirs :

92. De messire Gilles-Henry de Cosne, chevalier, seigneur du Rouvray, paroisse de Saint-Jacques d'Illiers ;

93. Et de demoiselle Marie-Charlotte de Cugnac, majeure, dame d'Ymonville;

94. Messire Armand-Pierre-Claude-Emmanuel

Testu, vicomte de Balincourt, seigneur du fief des Costes, en la ville de Chartres, en son nom;

95. Et comme fondé du pouvoir de messire Jacques-Gabriel-Alexandre Bazin, marquis de Bezons et de Maisons , seigneur des fief et seigneurie de Fresnay-le-Gilmert ;

96. Messire Armand-Léon de Sailli, chevalier, seigneur de Theuvy, en son nom, et comme fondé des pouvoirs de :

97. Messire François-Marie-Simon de Paris, chevalier, seigneur de la Garenne de Mainvilliers;

98. Et de messire François, comte de Salvert, écuyer, commandant les écuries de la Reine, et de dame Angélique Victoire Vaucanson , son épouse , seigneur et dame du Boullay d'Acheres, le Péage, Robercourt, et autres lieux ;

99. Messire Joseph-Michel, comte de Sabrevois, chevalier de Saint-Louis, demeurant à Chartres, en son nom, et comme fondé des pouvoirs :

100. De messire Jean David, marquis de Meaucé, seigneur d'Aunay, Plancheville et autres lieux;

101. Et de messire François Petau, chevalier, seigneur de Maulette et de Mesnil-Maupas, paroisse du Mesnil-Simon;

102. Messire Ange-François-Charles Bernard, chevalier, seigneur de Tachainville et autres lieux, en son nom ;

103. Et comme fondé de procuration de messire Nicolas-Eléonore Honoré, chevalier, conseiller au grand conseil, seigneur de Corton et autres lieux;

104. Messire Antoine-Philippe La Molère de Pruneville, ancien chevau-léger de la garde du Roi, seigneur du fief de la Périne, en la paroisse de Saint-Christophe-sur-Loir, en son nom ;

Et comme fondé des pouvoirs :

105. De messire René-Louis-Julien Goislard de Moresville, ancien mousquetaire de la garde du Roi, seigneur de Villechèvre, et d'un fief à Bonville, paroisse de Gelainville;

106. Et de messire Pierre-Jean Goislard de Villebresme, écuyer, ancien mousquetaire de la garde du Roi, seigneur de Moresville et du fief de Laumône, paroisse de Meslay-le-Grennet;

107. Messire Claude-René-César de Courtarvel, seigneur de Pezé, chevalier de l'ordre de Malte, demeurant à Chartres ;

108. Messire Denis-Nicolas de Caqueray, chevalier, capitaine de cavalerie, demeurant à Chartres, en son nom;

Et comme fondé de procuration : de 1° messire Henri Brouilhet de La Carrière, chevalier; et 2° de messire Elie-Charles Brouilhet de La Carriere, chevalier; tous deux mineurs, propriétaires conjointement avec la dame épouse dudit sieur de Caqueray, leur sœur, du fief de Chatet et de la vicomté de Lesville;

Et encore ledit sieur de Caqueray, fondé des pouvoirs :

109. De dame Marie-Henriette-Gabrielle Gueau, veuve de messire Etienne-Noël-Charles-Gérard Brouilhet de La Carrière de Lesville, écuyer, dame du fief de Vevelles, en la paroisse de Voves;

110. Et de messire Dominique d'Hariague, chevalier, seigneur, baron d'Auneau;

111. Messire Louis-Marie François de Fesques, marquis de La Rochebousseau, maréchal des camps et armées du Roi, seigneur d'Equilly, la Folie-Herbault et autres lieux ;

112. Messire Augustin-Edme-Louis de La Rochemondière, demeurant à Chartres;

113. Messire Elie-Milles-Robert Brouilhet de La Carrière, écuyer, chevalier de Saint-Louis, sei-

gneur de la Haye et autres lieux, demeurant à
Chartres, en son nom;

Et comme fondé des pouvoirs :

114. De dame Félicité Lopriac de Donge, veuve
de messire Louis-Joseph de Querhouent, marquis
de Querhouent, dame de Prunay-le-Gilon et autres lieux;

115. Et de messire Bénigne-Jean Esprit, maître
des comptes de Paris, seigneur de Beaulieu et
fiefs en dépendants;

116. Messire Jean-Baptiste-Claude des Ligneris,
chevalier, marquis des Ligneris, en son nom;

Et comme fondé des pouvoirs :

117. De messire Louis-Lazare Thiroux d'Arcouville, chevalier, seigneur d'Arcouville, Frazé et
autres lieux;

118. Et de dame Marie-Françoise de Flandre de
Brunville, dame de Saint-Luperce, Blanville et
autres lieux, veuve de messire François-Pierre
du Clusel, chevalier, marquis de Monpipeau, intendant de la généralité de Tours;

119. M. Honoré-François de Lambert, prévôt
général de la maréchaussée de l'Orléanais, seigneur des Moulins-Neufs, paroisse de Saint-Prest,
en son nom;

Et comme fondé des pouvoirs :

120. De messire Honoré-François de Lambert,
chevalier, seigneur de Rosay;

121. Et de messire Pierre-Augustin Curault,
écuyer, seigneur d'Arganson, lieutenant général
aux bailliage, présidial et châtelet d'Orléans;

122. Messire Gabriel-Jacques Nicolas Gueau de
Gravelle de Rouvray, chevalier, seigneur châtelain de Chauvigny et autres lieux, en son nom
et comme fondé des pouvoirs :

123. De dame Léonard Le Comte, veuve de
messire Louis-Auguste Fournier de La Châtaigneraye, seigneur de la Ville-aux-Clers; de demoiselle
Angélique-Françoise-Augustine Fournier de La
Châtaigneraye, mineure émancipée, filles des
dits sieur et dame de La Châtaigneraye;

124. Et de messire Pierre-Jean-Alexandre de
Tascher, chevalier, seigneur du fief et seigneurie
de la Salle-d'Houvilliers, paroisse d'Aunainville;

125. Messire Anne-Louis-Marie de Launay, ancien mousquetaire de la garde du Roi, seigneur
de Gillebois et autres lieux, en son nom;

126. Et comme fondé du pouvoir de M. Jean-
Frédéric de Bernage, écuyer, seigneur de Saint-
Hilliers-le-Bois;

127. Messire François d'Avignon, écuyer, seigneur de Javersy, demeurant à Chartres en son
nom et comme fondé des pouvoirs :

128. De dame Anne-Claude Mayneaud, comtesse
de Pont-Saint-Maurise, épouse de messire Louis
Auguste-Emmanuel de Pont, comte de Pont-Saint-
Maurice, chevalier des ordres du Roi, lieutenant
général de ses armées, ladite dame comtesse de
Pont, propriétaire d'un fief en la paroisse d'Ormoy;

129. Et de messire Charles-Michel Trudaine de
La Sablière, conseiller au parlement de Paris,
seigneur du Plessis-Franc et autres lieux;

130. Messire Jean-François de Milleville de
Boutonvillers, écuyer, seigneur de Jonvillers et
autres lieux, chevalier de Saint-Louis, demeurant
à Chartres en son nom et comme fondé des pouvoirs :

131. De messire Michel-François-Roussel d'Es-
pourdon, chevalier, marquis de Courcy, seigneur
de Memillon et autres lieux;

132. Et de messire Louis-Pierre-Jules-César
comte de Rochechouart, mestre de camp attaché

au régiment d'Armagnac-infanterie, seigneur de
la terre de Gourville;

133. Messire Jacques-Armand-François, comte
de Gogué de Moussonvilliers, chevalier, seigneur
de Saint-Cyr, chevalier de l'ordre de Saint-Lazare,
seigneur des fiefs de Chavannes et Chattet, en partie, en son nom, et encore comme fondé des
pouvoirs :

134. De messire Jean-Jacques de Loynes, chevalier lieutenant-colonel d'infanterie, seigneur
châtelain de Chauray;

135. Et de messire Claude de Loynes d'Aute-
roches, chevalier, seigneur du fief du Mesnil, en
la paroisse de Prunay-le-Gilon, et de celui de la
Ronce, en la paroisse de Villars;

136. Messire Louis René, marquis de Montigny,
chevalier, seigneur de Sours et autres lieux, en
son nom et comme fondé des pouvoirs :

137. De dame Marie-Odille-Charlotte Du Tillet,
veuve de messire Charles-Antoine Du Tillet,
chevalier, marquis de la Bussière, dame de Spoir-
Mignière, en partie, et autres lieux;

138. Et de messire Marc-Antoine Nicole, écuyer
seigneur du Plessis-Baigneaux, Rigeard et autres
lieux;

139. Messire Pierre Le Texier de Montainville,
écuyer demeurant à Chartres, en son nom et
comme fondé des pouvoirs :

140. De demoiselle Anne-Rose Mallebranche,
dame du Mesnil-Simon, en partie, et autres lieux;

141. De dame Marie-Madeleine Legendre,
veuve de messire Jean Marquis de Logres d'Hol-
lance, dame de la seigneurie de Moutiers en
Beaux et autres lieux;

142. Messire Nicolas-Grandet de La Villete,
seigneur de Senneville et autres lieux, demeurant
à Chartres, en son nom, et comme fondé des
pouvoirs :

143. De messire Anne Christian de Montmorency-Luxembourg, comte de Luxembourg, premier baron chrétien de France, duc de Beaumont,
marquis de Bréval;

144. Et de messire René Perrier, écuyer, seigneur de Montjouvain, en la paroisse de Saint-
Jacques d'Illiers;

145. Messire Louis-François Lhomme-Dieu Du
Tranchant, chevalier, seigneur du Châtaignier,
la Couture et autres lieux, demeurant à Brou, en
son nom, et comme fondé des pouvoirs :

146. De messire Pierre-Augustin Du Maitz de
Goimpy, chevalier, seigneur de Saint-Léger des
Aubez;

147. Et de messire Charles-François, comte de
Laubespine, brigadier des armées du Roi, et dame
Madeleine-Henriette-Maximilienne de Béthune-
Sully, comtesse de Laubespine, son épouse, sei-
gneur et dame des terres et châtellenies de Ville-
bon, La Gâtine, Montigni, et autres lieux;

148. Messire Jacques Grandet, écuyer, seigneur
de Vauventriers, y demeurant, paroisse de Saint-
Denis de Champhol, en son nom, et comme
fondé des pouvoirs :

149. De messire Antoine-François Goguyer, chevalier, seigneur de Brichanteau, en la paroisse
de Coulombs;

150. Et de messire François-Nicolas-Charles de
Maudisson, seigneur d'Hoursière et autres lieux;

151. Messire Jean-Sochon de Laubespine, écuyer,
demeurant à Chartres, en son nom, et comme
fondé du pouvoir :

152. De dame Marie-Catherine Billette, veuve
de messire Jean-Claude Sochon du Brosseron,
écuyer, dame du fief de Villiers, en la paroisse
de Besville;

153. Messire Michel-Pierre-Auguste Lenoir, chevalier, seigneur de Joui et autres lieux, en son nom, et comme fondé des pouvoirs ;

154. De messire Louis-François-Marie de Giffard, chevalier, seigneur de la Chapelle, Forainvillier et autres lieux;

155. Et de messire René de Paris, chevalier, ancien capitaine au régiment de Bourbon-infanterie, seigneur baron de Basloup, près Vendôme ;

Messire Jacques-Valtéau de La Roche, chevalier, maître honoraire en la chambre des comptes de Paris, comme fondé des pouvoirs ;

156. De messire Jérôme-Nicolas-Valtéau de La Fosse, chevalier, seigneur de Renaucourt, Charpon et autres lieux;

157. Et de dame Françoise Quesnes, veuve de Joseph-Robert Rey, écuyer, dame de Badonville, Broué, et autres lieux;

158. Messire Joseph, vicomte de Cambis, chevalier major des vaisseaux du Roi, chevalier des ordres royaux et militaires de Saint-Louis, de Notre-Dame de Mont-Carmel et de Saint Lazare de Jérusalem, en son nom, et comme fondé des pouvoirs :

159. De messire François-Antoine, baron de Courcy, chevalier, seigneur de Dampierre-sur-Avre et autres lieux;

160. Et de M. Charles-Victoire-Valloy Dumés, chevalier, comte de Ferrière, major des vaisseaux du Roi, seigneur baron de Ver, Morancés, Corancés, et autres lieux;

161. Messire Gabriel Anquetin, écuyer, seigneur de Montmireau, capitaine au régiment d'Orléans-infanterie, en son nom;

Et comme fondé des pouvoirs :

162. De dame Anne-Marie-Madeleine Brouilhet de La Carrière, dame de Houssay et de Quemouville, veuve de messire Louis-Charles d'Hattot, chevalier, seigneur de Honville ;

163. Et de dame Marie-Anne-Marguerite Betet, veuve de messire Michel Ragoulleau, écuyer, seigneur de Guillouville et autres lieux, demeurante à Chartres ;

164. Messire Gabriel-Alexandre, chevalier des Haulles, chevalier de Saint-Louis, ancien commandant de bataillon du régiment de Béarn, demeurant à Chartres, en son nom et comme fondé des pouvoirs :

165. De messire Nicolas-Olivier Perrée de Villestreux, chevalier, seigneur du marquisat de Courville et châtellenie de Chuisne ;

166. Et de messire Henry de Fontenay, chevalier, seigneur de Plainville au Perche et autres lieux ;

Messire Charles-Marie de Cacqueray, chevalier, sous-lieutenant au régiment royal-Comtois comme fondé des pouvoirs ;

167. De messire Léon-Hector-Patas de Meilliers, écuyer, seigneur du marquisat d'Illiers et dépendances ;

168. Et de Messire Léon-Jean Patas de Bourgneuf, écuyer, seigneur de Melliers, paroisse Saint-Hilaire d'Illiers ;

169. Messire Charles-Théophile Le Texier, écuyer, demeurant à Chartres, en son nom, et comme fondé des pouvoirs ;

170. De messire Emmanuel-Claude-Placide-François Testu, baron de Chars, chevalier, demeurant à Chartres ;

171. Et de messire Louis-Alexandre-Marie-Joseph Le Sénéchal Carcado Molac, marquis de Carcado, comte des Faures et d'Ablis;

Messire Boniface-Louis-André, comte de Castellane, comme fondé des pouvoirs :

172. De messire Mathieu-Marie-François de Carvoisin, chevalier, seigneur de Billancelle et autres lieux ;

173. Et de dame Marie-Louise Bordel de Viantais, veuve de messire Pierre-Guillaume de La Goupillière, dame des fiefs de la Bretèche, le Haume et autres lieux ;

174. Messire Henry-François Thibaut de LaCarte, comte de la Ferté-Senecterre, seigneur de la Loupe et autres lieux ;

175. Messire Jacques Lenoir, écuyer, seigneur de la baronnie de Bullou ;

176. Messire Jacques-François de Pré, chevalier, marquis de Fains, chevalier de l'ordre de Saint-Louis, en son nom, et comme fondé des pouvoirs :

177. De messire Jacques-Philippe-Isaac Gueau de Gravelle de Reverseaux, chevalier, marquis de Reverseaux, seigneur de Beaumont, Montainville, Theuville, Altonne, la Plisse, et autres lieux ;

178. Et de messire Jacques-Amable d'Auvergne, chevalier de Saint-Louis, seigneur du fief du Grand-Verger, en la paroisse de Sancheville ;

179. M. Pierre-Louis de Sochon de Soustour, écuyer, demeurant à Chartres ;

180. Messire Louis-François-Benjamin de Launay, ancien officier au régiment de Limosin, seigneur de Vitry, y demeurant ;

181. Messire François-de-Paule-Marie-Antoine Le Beau, garde du corps du Roi, seigneur du fief d'Orrouer, demeurant paroisse de Saint-Denis d'Authon.

182. Messire Charles-François de Gastres, écuyer, demeurant à Saint-Germain de l'Epinay ;

183. Messire Pierre-Nicolas Midi, écuyer, seigneur de Levainville sous Gallardon, Héliot, la Péruche, et autres lieux :

Encore ledit sieur chevalier de Pezé, ci-dessus nommé, comme fondé des pouvoirs :

184. De messire Nicolas François de Saint-Pol, chevalier, seigneur de la Soublière, la Gaudaine, Masle et autres lieux ;

185. Et de messire Charles-Louis Martel, chevalier, seigneur de Hécourt;

186. Et messire Jacques-François Couturier de Saint-James, écuyer, demeurant à Illiers.

Et pour l'ordre du tiers placé en face.

MM.

1. Louis-Jacques Tribattet Du Gors, écuyer, chevalier de Saint-Louis, commissaire ordonnateur des guerres honoraire, maire de la ville de Chartres ;

2. Jean-François Jacques Parent, lieutenant particulier civil aux bailliage, présidial de Chartres, lieutenant général ;

3. Jean-Claude Bouvart, lieutenant particulier, assesseur criminel aux bailliage, présidial de Chartres;

4. Germain-Nicolas Foreau, conseiller audit siége;

5. Louis Letellier, avocat, échevin ;

6. Michel-Claude Horeau, avocat ;

7. Jérôme Péthion de Villeneuve, avocat ;

8. Pierre-Etienne-Nicolas Bouvet, grand juge-consul en exercice ;

9. Jacques-François Champion, notaire ;

10. Eloy Le Vassor-Passy, ancien juge-consul ;

11. Jean Goupillon, ancien laboureur à Saint-George-sur-Eure ;

12. Jean Richer, laboureur à Bailleau-l'Evêque ;

13. Jacques Lelong, laboureur audit Bailleau ;

14. Philippe Haches, laboureur à Levéville, paroisse dudit Bailleau ;

15. Denis Alleaume, laboureur à Berchère-la-Maingot;
16 Jean-Baptiste Saint-Germain, laboureur à Clevillier-le-Moutier;
17. Pierre Chapron, laboureur à Nogent-sur-Eure;
18. Nicolas-André Girot, géographe à Morancés;
19. Sébastien Jumentier, laboureur à Saint-Lazare de Lèves;
20. Jean-Louis Achard, emtrepreneur à Thivars;
21. Jean-Baptiste-Edme Bousseau, marchand drapier à Auneau;
22. François Allain, laboureur à Aunay sous Auneau;
23. Jean-Pierre Trouillet, laboureur audit Aunay;
24. Marin-Sébastien Labiche, bailli de Béville-le-Comte;
25. Louis Labiche, le jeune, laboureur audit lieu;
26. Claude Rougemont, carrier à Berchère-l'Evêque;
27. François Lebrun, laboureur à Francourville;
28. Pierre Lenormand, laboureur audit lieu;
29. Pierre Doret, laboureur à Fresnay-l'Evêque;
30. Denis Ouellard, vigneron à Gasville;
31. Denis Manoury, laboureur à Rouville;
32. Léger Brebier, marchand à la Chapelle-d'Aunainville;
33. Pierre Infrault, laboureur à Moinville-le-Jullien;
34. Louis-François Cintrat, laboureur à Ouarville;
35. Jacques Barrier, marchand audit lieu;
36. Louis Georgeon, laboureur à Reclainville;
37. Louis Berthelot, laboureur à Roinville;
38. Louis Marcille, bourgeois à Sours;
39. Michel Marchon, laboureur audit lieu;
40. Jean Chasles, laboureur à Voise;
41. Louis-Jean-Baptiste Boucher, procureur du Roi à Bonneval;
42. Louis-Pierre-Julien Balleux, échevin de ladite ville;
43. Léger Lemaître, laboureur à Nevy-en-Dunois;
44. Pierre Lamarre, laboureur à Moriers;
45. Pierre Duchon, laboureur à Moriers;
46. Louis Richard, laboureur à Varise;
47. Gabriel Gauchard, laboureur à Pruneville;
48. Pierre Marchon, laboureur à Coine;
49. Jean-Jacques Ferré, laboureur à Saint-Maur-sur-Loir;
50. Jacques Delaubert, laboureur à Courbehaye;
51. Jean Le Scesne, laboureur à Courbehaye;
52. Pierre Ragueneau, taillandier à la Ville-aux-Clercs;
53. Julien Jausseau, laboureur à Mesanger;
54. Charles Courtois, syndic de la paroisse de Charay;
55. Auguste Fouquet, laboureur à Neuvy en Dunois;
56. François Manceau, laboureur à Saumeray;
57. Pierre Raimbert, laboureur à Pré-Saint-Evroult;
58. Martin Gouache, marchand à Bulainville;
59. François-Gabriel Nugues, procureur fiscal à Anet;
60. Achille Rodonau, officier du point d'honneur;
61. Jean Colas, notaire à Boncourt;
62. Antoine Buzé, ancien officier du Roi, demeurant à Oulins;

63. Gilles Gadot, laboureur à Villegat;
64. François Carnet, meunier à Guainville;
65. Pierre Simon, laboureur audit lieu;
66. Joseph Huret, laboureur à Chaignolles;
67. Charles Gilbert, procureur à Breuil-Pont;
68. Jacques Delahaye, laboureur à Bréval;
69. Guillaume Lebreton, laboureur à la Ville-Lévêque;
70. Pierre Legrand, laboureur à Rouvres;
71. Nicolas Robert, laboureur à Heurgeville;
72. Jean-Baptiste Harenger, laboureur à Saint-Illiers-la-Ville;
73. Denis Boulland, laboureur à Ville-le-Gat:
74. Jean-Louis Haut-du-Cœur, laboureur à la Chaussée d'Ivry;
75. Simon Groix, laboureur à Mondreville;
76. Edme Honfroy, laboureur à Chaignolles;
77. Rémi Oudard, laboureur à Chaigne;
78. Jean Plisson, notaire à Berchère-sur-Vègres;
79. Julien-François Chasserel, bailli du marquisat de Courville;
80. Jean-Baptiste Texier, notaire audit lieu;
81. Louis-Jacques Courtier de La Boulaye, notaire à Pontgouin;
82. Jean-Jacques-Alexandre Luc de La Lande, aussi notaire audit lieu;
83. Claude-Sébastien-Nicolas Pelletier, laboureur à Condé;
84. Nicolas David, marchand audit lieu;
85. René Freulon, maréchal à Combres;
86. Victor Girouard, laboureur à Friaise;
87. François Geufroy, laboureur à Saint-Arnoult-des-Bois;
88. François Perrault, laboureur à Orrouer;
89. Jean-Pierre Ballay, laboureur à Frumé;
90. François Gauthier, laboureur à Chuisne;
91. Pierre Baroche, laboureur à Theuvy;
92. Simon Petit-Pas, ancien laboureur à Chesne-Chesnu;
93. François Farget, facteur de bois, à Saint-Denis des Fruits;
94. Étienne Massot, meunier, à Saint-Marc de Landelle;
95. Léonard-Mathurin Besnard, procureur fiscal à Saint-Luperce;
96. Louis Mercier, laboureur à Saint-Germain-le-Gaillard;
97. Mathieu-Guy Massot, laboureur à Armenonville-Fleuriau;
98. Martin Vidic, laboureur à Pierres;
99. Simon Noguette, laboureur à Ecrosne;
100. Charles Barclier, laboureur à Bleury;
101. Gervais Mouton, laboureur à Bouglainval;
102. Pierre-André Guillet, laboureur à Bailleau sous-Gallardon;
103. Louis Yvet, laboureur à Arnouville-Fleuriau;
104. François Robert, laboureur à Gas;
105. Louis-Guy Legoy, laboureur audit lieu;
106. Marin-Louis-Gilles Simon, procureur fiscal à Gallardon;
107. Gilles Barre, laboureur à Pierres;
108. Eustache Quelin, laboureur à Jouy;
109. François Racinet, bourgeois à Saint-Prest;
110. Jacques Bouilly, laboureur à Emancé;
111. Nicolas Bouteillier, laboureur à Bouglainval;
112. Michel Bosselet, laboureur à Jesmes et Villers;
113. Pierre-André Guillet, laboureur à Ymeray;
114. Jean-Louis Roux, marchand à Gallardon;
115. Remi Pigeon, laboureur au Péago-Robercourt;

116. Etienne Denis, marchand farinier à Droue ;
117. André Aubry, négociant à Illiers ;
118. Jean-Manourt, marchand audit lieu ;
119. Gabriel Brette, laboureur à Coudray au Perche;
120. Louis Baudoux, laboureur à Saint-Denis d'Authon ;
121. Denis Jumentier, laboureur à Epcautroles ;
122. Jean Gaubert, laboureur à Blaindainville ;
123. Eloy Barbier, laboureur à Blaindainville ;
124. Louis Aye, laboureur à Sandarville ;
125. Louis Guillaume Richette, notaire à Saint-Lubin de Chassant;
126 Nicolas-Joseph Boullay , laboureur au Gault au Perche;
127. Louis Renou, notaire à Jèvres;
128. Barthélemy Aye, laboureur à Charouville ;
129. Pierre Manceau, laboureur audit lieu;
130. Nicolas Moulin, laboureur à Magny ;
131. François Barbier, laboureur à Cernay;
132. Jacques-François Jolli, bourgeois à Montigni ;
133. Aignan Barbé, laboureur aux Corvées ;
134. Pierre Bataille, laboureur à Morcheville;
135. Thomas Barbier, laboureur aux Yis ;
136. Jacques Gincey, marchand à Longny ;
137. Etienne-Jean-Louis Rousseville, marchand audit lieu;
138. Charles-Michel-André, bourgeois au même lieu ;
139. Jean-Tite-Eloi Bouvet, notaire, à Chartres, député pour la paroisse de Trizay-au-Perche;
140. Etienne Jumentier, bourgeois à Chartres, député pour la même paroisse ;
141. Augustin Mullot, laboureur à Eliph ;
142. Jacques Boutry, laboureur audit lieu ;
143. Jean Boivin, maréchal à Malestable ;
144. Noël Mousseau, bailli de La Loupe ;
145. Nicolas-François Guillaume, avocat, procureur audit lieu ;
146. Gilles-Réné Creveux, aussi avocat, procureur au même lieu ;
147. Hugues Guillain, laboureur à Montceaux-au-Perche ;
148. Louis Lhomme, laboureur à Saint-Maurice-de-Garlou ;
149. Charles-Michel Lormeau, procureur fiscal à Vaupilon ;
150. Pierre-Alexandre Mochet, bordager à Vaupilon ;
151. Alexandre Vérité, laboureur à Souancé ;
152. Jean-Louis Robergel à Saint-Lubin des Joncherets ;
153. Nicolas Maignan, marchand audit lieu;
154. Jean du Desert, laboureur audit lieu ;
155. Pierre Comté, marchand épicier à Coulombs ;

156. Etienne Denis , marchand farinier audit lieu ;
157. Jean Ozanne, laboureur à la Chapelle-Forainvillers ;
158. Louis Bonnet, laboureur à Brechamp ;
159. Toussaint Cureau, laboureur audit lieu ;
160. Charlois Courtois, avocat, procureur audit lieu ;
161. Jacques-Adrien Hébert, avocat procureur audit lieu ;
162. Jean Oudart, laboureur à Villemeux ;
163. François Morise, marchand farinier audit lieu ;
164. Rémi Claye, laboureur, au Boullai-Thierry ;
165. Pierre Hache, laboureur à Gironville ;
166. Pierre Miel, laboureur à Tréon ;
167. Pierre Aucher, laboureur à Ormoy ;
168. Jacques Loison, laboureur à Vacheresses ;
169. Aignan Lefebvre, laboureur au Boullay-des-Deux-Eglises ;
170. Pierre Sauvage, vigneron à Chaudon ;
171. Germain-Pierre Meunier, tabellion à Marville-les-Bois ;
172. Jean Maufrais, notaire à Croisilles ;
173. Jean-Jacques Peigné, laboureur à Gironville ;
174. Jacques Le Redde, notaire à Meslay-le-Vidame ;
175. Mathurin Lesieur, laboureur à Voves ;
176. Marin Levacher, laboureur audit lieu ;
177. Pierre Bordreau, bourgeois à Vitray-en-Chartrain ;
178. Mathurin Chasles, laboureur audit lieu ;
179. Simon Lelong, laboureur à Andeville ;
180. Jean-Baptiste-André Létang, laboureur audit lieu ;
181. Charles Billaut, laboureur au Gault-en-Beauce ;
182. Jean Moulin, laboureur à Mignières ;
183. Pierre Thirouin, ancien laboureur à Boisvilette ;
184. Louis-Joseph, boucher, laboureur à Dammarie ;
185. Etienne-Honoré Lachaume , laboureur à Theuville ;
186. Pierre Bigot, laboureur à La Planté ;
187. Mathurin Genet, marchand à Prunay-le-Gilon ;
188. Mathurin Cintrat, laboureur à Fresnay-le-Comte ;
189. André Haricot, laboureur à Ermenonville-la-Grande ;
190. Laurent Lenormand, laboureur à Pezy ;
191. Pierre Manceau, laboureur à la Chapelle-Saint-Loup ;
192. Michel Lard, notaire à Ymonville ;
193. Jacques Leguay, laboureur à Gilles.

BAILLIAGE DE CLERMONT-EN-BEAUVOISIS.

Extrait du procès-verbal de l'assemblée générale des trois ordres (1).

Du 9 mars 1789.

Par-devant nous, Auguste-Charles-César de Flahaut, chevalier, marquis de la Billarderie, seigneur de Saint-Rémy-en-l'Eau, etc., maréchal des camps et armées du Roi, gouverneur de la ville de Saint-Quentin, chevalier de l'ordre royal et militaire de Saint-Louis, grand bailli d'épée du baillage et comté de Clermont-en-Beauvoisis, gouverneur dudit comté, sont comparus :

Pour l'ordre du clergé :

M. Charles-Louis Pravart de Sesseval, prêtre, licencié en théologie de la faculté de Paris, de la maison et société de Sorbonne, chanoine de l'église de Beauvais, prieur commendataire du prieuré de Saint-Aubin de Chamblay, diocèse de Beauvais, vicaire général du diocèse, demeurant audit Beauvais, au nom et comme fondé de la procuration générale et spéciale d'illustrissime et révérendissime seigneur, monseigneur François-Joseph de La Rochefoucauld, évêque, comte de Beauvais, vidame de Gerberay, pair de France, demeurant audit Beauvais, en son palais épiscopal, et en sa qualité d'évêque, comte de Beauvais, seigneur de Cattenoy, ladite procuration passée devant notaire en ladite ville de Beauvais, le premier de ce mois, collationnée le 2 au bureau de la même ville, et légalisée le même jour par M. le lieutenant général du baillage et siège présidial de ladite ville, et encore au nom et comme chargé de la procuration de MM. le doyen, chanoines et chapitre de l'église cathédrale dudit Beauvais, assemblés capitulairement en la forme ordinaire, ladite procuration aussi passée devant notaires en ladite ville, le 2 de ce mois, contrôlée et légalisée le 3, aussi en la même ville ;

M. Jean-Louis Haudaroy, prêtre, curé de la paroisse de Saint-Samson en ladite ville de Clermont-en-Beauvoisis, tant et en son nom en sadite qualité, que comme fondé des procurations générales et spéciales :

1° De messire Charles-Marie de Bourgerin de Vialart de Moligny, chevalier, conseiller clerc en la grand'chambre du parlement de Paris, prieur de Notre-Dame de Milly, ordre de Saint-Benoît, diocèse de Beauvais, baillage et élection de Clermont, demeurant à Paris, rue Vivienne, paroisse Saint-Eustache, ladite procuration passée devant les conseillers du Roi, notaires au Châtelet de Paris, le 2 de ce mois, scellée le même jour ;

2° De messire Claude Lardannois, prêtre, curé de la paroisse d'Harmancourt, ladite procuration passée devant notaire de Crépy-en-Valois, et témoins, le 6 de ce mois ;

Le révérend père..... Tribon, religieux mineur conventuel de l'ordre de Saint-François, prêtre et gardien du couvent de Notre-Dame de la Garde,

près ladite ville de Clermont, au nom et comme chargé de la procuration des dames, prieure et religieuses de l'abbaye de Notre-Dame de Chelles, assemblées capitulairement et extraordinairement en ladite abbaye le 2 de ce mois, dont expédition, sous la collation de la sœur L'Artois, secrétaire dudit chapitre, nous a été représentée en bonne forme ;

M. Jean-Baptiste Poilleux, prêtre, curé de la paroisse de Nointel, près ladite ville de Clermont, y demeurant, tant en son nom, en cette qualité, qu'en celui de messire Jean-Antoine de Clerenet, prêtre, chanoine de l'église cathédrale de Beauvais, chapelain de la chapelle de Saint-Michel à Balogny, diocèse de Beauvais, tant en sadite qualité de chapelain, duquel sieur de Clerenet il est chargé de procuration, passée devant notaire audit Beauvais, le 8 de ce mois, contrôlée au bureau de ladite ville, et légalisée le même jour ;

M. Alexandre-François Fourquin, prêtre, chanoine régulier et procureur de l'abbaye royale de Saint-Martin de Ruricourt, dit aux Bois, ordre de Saint-Augustin, congrégation de France, au nom et comme fondé de la procuration qui lui a été donnée capitulairement, et dont il nous a représenté l'acte en forme, par mesdits sieurs les chanoines de ladite abbaye, le 7 de ce mois ;

M. Jean-François Babille, prêtre, licencié ès lois, chanoine de l'église collégiale de cette ville de Clermont, au nom et comme fondé de procuration insérée dans l'acte d'assemblée tenue capitulairement, et passée devant notaires royaux de Beauvais, en l'abbaye de Saint-Lucien de ladite ville, le 6 de ce mois, par messieurs les prieurs et religieux de l'abbaye royale de Saint-Lucien-les-Beauvais, scellée ledit jour, et contrôlée aussi le même jour au bureau de ladite ville ;

Messire frère Frédéric-Augustin-Valente Goirand de La Chevrière, religieux, prêtre, de l'abbaye de Fontevraud, chargé des procurations générales et spéciales :

1° Des dames prieure et religieuses du prieuré de Wariville, susdit ordre de Fontevraud, assemblées capitulairement, le 27 du mois de février dernier ;

2° De MM. les chanoines réguliers de l'ordre de Saint-Augustin, congrégation de France, demeurant en l'abbaye de Saint-Quentin-les-Beauvais, faisant et composant les chapitres et communauté de ladite abbaye, assemblés capitulairement, en la manière accoutumée, ladite procuration passée devant notaires audit baillage de Beauvais le 2 de ce mois, contrôlée au bureau de ladite ville le 3 et légalisée le même jour ;

Messire Charles-Pierre de Laistre, définiteur général et ministre des Mathurins de ladite ville de Clermont, y demeurant, chargé de procuration passée devant les notaires du Roi, à Sens, le 28 du mois de février dernier, contrôlée le même jour au bureau dudit Sens et légalisée le même jour, d'illustrissime et révérendissime seigneur, monseigneur Nicolas de Livry, évêque de Callinique, prieur du bénéfice de Saint-Denis de Ladvancourt, diocèse de Beauvais ;

M. Pierre-François Davennes, prêtre, curé de la

(1) Nous publions ce document d'après un manuscrit des *Archives de l'Empire*.

paroisse de Breuille-Secq, y demeurant, tant en son nom et en cette qualité, que comme fondé de procurations :

1° De M. Charles Prevost, prêtre, curé de la paroisse de Fitz-James, y demeurant, passée devant notaires royaux en ladite ville de Clermont, le 7 de ce mois, contrôlée le même jour au bureau de la même ville ;

2° De M. Laurent Revoir, prieur, curé de la paroisse du Bosquet, y demeurant, passée devant notaire et témoins, au bourg de Conti, ledit jour 7 de ce mois, scellée le même jour, et contrôlée au bureau dudit lieu, aussi le même jour;

M. Jean Verny, prêtre, curé de la paroisse de Liancourt, aussi y demeurant, tant en son nom en cette qualité, que comme chargé de procurations générales et spéciales :

1° De M. Jean-Baptiste-Marie de La Buitinaye, vicaire général du diocèse de Paris, y demeurant, cloître Notre-Dame, paroisse Saint-Denis et Saint-Jean-Baptiste, fondé de la procuration générale d'illustrissime et révérendissime seigneur, monseigneur Jérôme-Marie Champion de Cicé, archevêque de Bordeaux, abbé commendataire de l'abbaye d'Ourcamp, diocèse de Noyon, de laquelle abbaye dépendent les terres de Warnaville, de Togettes, paroisse de Rouville, et Derense, paroisse de Bailleul-le-Sot ; toutes situées audit bailliage de Clermont, la procuration dudit sieur de La Buitinaye, passée devant les conseillers du Roi, notaires au Châtelet de Paris, le 25 février dernier, scellé ledit jour;

2° Et de M. Ignace-Joseph de Fourmestraux, conseiller de grand'chambre au parlement, prêtre et prieur du prieuré de Notre-Dame de Bulles, diocèse de Beauvais, demeurant à Paris, cour du palais, paroisse de la Sainte-Chapelle, aussi passée devant lesdits sieurs conseillers du Roi, notaires au Châtelet de Paris, le 5 de ce mois, scellée le même jour;

Messire François Magnier, prêtre, curé de la paroisse d'Agnès, y demeurant;

Messire Lucien Warée, prêtre, chanoine de l'église collégiale de Clermont, principal du collège de ladite ville, et chapelain de la chapelle de Saint-Louis de Cannettecourt, chargé de procurations;

1° De dom Claude-Pierre Tempête, prêtre religieux profès de l'ordre de Saint-Benoît, congrégation de Saint-Maur, prieur de l'abbaye royale de Saint-Vincent de Laon, y demeurant, et prieur titulaire du prieuré simple et régulier de Saint-Martin de Brueillevert, diocèse de Beauvais, bailliage dudit Clermont, membre dépendant de l'abbaye de Saint-Germer en Floy, même diocèse, même ordre et même congrégation, passée devant notaires royaux au bailliage de Vermandois, à Laon, y demeurant, le 26 dudit mois de février dernier, contrôlée au bureau dudit Laon, le 2 de ce mois, et légalisée le même jour;

2° Et de messire Charles-Philippe Desjobert, prêtre, préchantre et chanoine de l'église cathédrale d'Amiens, et prieur du prieuré de Saint-Antoine de Conti, bailliage dudit Clermont, passée aussi devant notaires royaux dudit Amiens, de ce mois, contrôlée le même jour au bureau de ladite ville, et scellée et légalisée ledit jour ;

Messire Théodore Alexandre Lelièvre, prêtre, curé de la paroisse de Breuillevert, y demeurant ; tant en son nom, en cette qualité, que comme chargé de deux procurations, l'une passée devant un seul notaire à Amauviller-en-Chaussée, le 6 de ce mois, scellée le même jour par messire Basile-Adrien Lefranc, prêtre, curé de la paroisse de Wavignie, y

demeurant, et l'autre passée devant notaires royaux dudit bailliage de Clermont, le 9 de ce mois, scellée et contrôlée, au bureau de ladite ville, le même jour par messire Bonvalet, prêtre, curé de la paroisse de Thury, y demeurant ;

Messire Pierre-François Lelièvre, curé de la paroisse de Cinquières, y demeurant, tant en son nom, en cette qualité, que comme fondé de procurations :

1° De messire Jean-Baptiste Arrachequesne, prêtre, curé de la paroisse du Plessis-sur-Bulles, y demeurant, passée devant notaire et témoins au Quesnel-Aubry, le 7 de ce mois ;

2° Et de messire Gervais Dumoulin, prêtre, curé de la paroisse de Conti, aussi passée devant notaire et témoins le même jour, 7 de ce mois, contrôlée au bureau dudit Conti et scellée ledit jour;

Messire Claude-Nicolas Legay, prêtre, bachelier en théologie, curé de la paroisse de Rémérangles, y demeurant, tant en son nom, en sa qualité, qu'en ceux de messire André Blochet, prêtre, curé de la paroisse d'Essuilles, y demeurant, et de messire Pierre Forestier, prêtre, curé de la paroisse de Bailleul-sur-Therain, aussi y demeurant, dont il' est chargé des procurations : celle du premier passée devant notaire et témoins, à Essuilles, le 9 de ce mois ; et celle du second, aussi passée devant notaire et témoins, à l'abbaye de Froidmont, le 6 de ce mois ;

Dom Jean Jolly, prieur de l'abbaye de Froidmont, au nom d'illustrissime et révérendissime seigneur, monseigneur François Bureau de Girac, conseiller du Roi en tous ses conseils, évêque de Rennes, abbé commendataire de ladite abbaye de Froidmont, demeurant ordinairement à Rennes, en son palais épiscopal, suivant sa procuration passée devant les conseillers du Roi, notaires au Châtelet de Paris, le 6 de ce mois, scellée ledit jour, et comme chargé d'une autre procuration à lui donnée capitulairement, par l'acte d'assemblée tenue devant notaires et témoins, en ladite abbaye de Froidmont, le 7 de ce mois, scellée le même jour, par MM. les prieur et religieux composant la communauté de ladite abbaye de Froidmont, ordre de Citeaux, filiation de Clervaux;

Messire Jean-Baptiste Lamy, prêtre habitué à l'Hôtel-Dieu de Saint-Jean de Beauvais, résignataire de la cure de la paroisse de Fonteville, demeurant audit Beauvais, au nom et comme fondé de procurations générales et spéciales :

1° De messire Claude Davesnes, prêtre, curé de la paroisse de Thieulay-Saint-Antoine, y demeurant, passée devant notaires royaux, au bourg de Grandvillers, le 2 de ce mois, contrôlée le même jour, au bureau dudit lieu, et légalisé le 3 de ce mois;

Et 2° de messire Antoine-Louis Bourdon, curé du Haruel, passée, en la maison curiale de Conteville, par-devant notaires et témoins le 5 de ce mois, scellée ledit jour, et contrôlée à Crève-cœur le 6;

Messire Léonor Feron, prêtre, curé de la paroisse de Fournerai, y demeurant, tant en son nom, en cette qualité, qu'en celui de messire Jean-Baptiste Lefèvre, prêtre, curé de Bucamps, y demeurant, suivant sa procuration passée devant notaire royal à Catillon, le 5 de ce mois ;

Messire François-Alexandre Legay, prêtre, bachelier en théologie, curé de la paroisse de Saint-Nicolas de Fouilleuse, y demeurant, en son nom, en cette qualité, et comme fondé de la procuration de messire Ferdinand Pillon, prêtre, bachelier en théologie de la faculté de Paris, curé de la paroisse de Saint-Jacques, faubourg de Beauvais, y demeurant, en qualité de chapelain de la chapelle de de Saint-Jean-Warty ou Fitz-James, passée devant notaires royaux audit Beauvais, le 5 de ce mois, scellée et légalisée le même jour, et contrôlée au bureau dudit Beauvais, aussi ledit jour;

Messire Jean-Philippe de Monceaux, prêtre, curé de la paroisse d'Avrechy, y demeurant, tant en son nom et sadite qualité, que comme chargé de la procuration de messire Pierre-Jean-Baptiste Desgabet de Suame, prêtre, curé de la paroisse de Saint-Louis d'Hallay et dépendances, y demeurant passée devant notaires royaux au bourg de Grandvillers, le 5 de ce mois, contrôlée le même jour au bureau dudit lieu;

Messire Antoine Cuignières, prêtre, curé de la paroisse d'Avrechy, tant en son nom en sadite qualité qu'en celui de messire Robert Lerat, curé de la paroisse d'Epineuse, suivant sa procuration passée devant notaire et témoins, audit Epineuse, le 7 de ce mois, scellé le même jour, et contrôlée le 8 au bureau de Lieuvillers;

Messire... Gravet curé de la paroisse de Sommereux, tant en son nom, en cette qualité, que comme chargé de la procuration de messire Charles Novion, curé de la paroisse de Mousures, y demeurant, et de François Maxens, curé de la paroisse de Beleuze, aussi y demeurant, passée devant notaire et témoins, au bourg de Conty, le 3 de ce mois, scellée et contrôlée le même jour au bureau dudit lieu;

Dom Ambroise Reux, sous-prieur de l'abbaye de Notre-Dame de Launay, ordre de Citeaux, filiation de Beaubecq, ligne de Clairvaux, diocèse de Beauvais, au nom et comme chargé de deux procurations, l'une passée capitulairement, le 6 de ce mois, par MM. les prieur et religieux profès de la dite abbaye de Launoy à cause des fiefs de Saint-Maur et Écorchevache en leur assemblée dudit jour 6, ledit acte scellé de leur scel ordinaire, et l'autre aussi passée capitulairement, le 4 du même mois, par MM. les abbé, prieur-religieux profès de l'abbaye royale de Saint-Laurent de Beaubecq, ordre de Citeaux, scellée de leur scel ordinaire et contrôlée le même jour, au bureau de Formerie;

Messire Adrien Lamarche, prêtre directeur et chapelain de la communauté des religieuses Ursulines de ladite ville de Clermont en Beauvoisis, au nom et comme chargé de la procuration à lui donnée, par acte capitulaire, le 5 de ce mois par mère supérieure et religieuses dudit couvent des Ursulines de Clermont;

Messire Jean-Nicolas Poitevin, prêtre, vicaire et premier habitué de l'église paroissiale dudit Clermont, au nom et comme député par acte d'assemblée tenue chez le sieur curé de ladite ville, le 8 de ce mois, par les sieurs ecclésiastiques, non possédant bénéfices, résidant en ladite ville de Clermont, réunis en la forme voulue par le règlement;

Messire Victor Roussel, prêtre, curé de la paroisse de Lamécourt, tant en son nom, en sadite qualité, que comme chargé de la procuration de messire Charle Lenormand, prêtre, curé de la paroisse de Remecourt, passée devant notaire et témoins, à Remecourt, le 8 de ce mois;

Messire..... Pallin, prêtre, curé de la paroisse d'Etouy, y demeurant, aussi tant en son nom, en cette qualité, que comme fondé de procuration, passée devant notaire et témoins à Haudivillers, le 8 de ce mois, de messire Jean-Baptiste-Pierre Tallon, prêtre, curé de ladite paroisse d'Haudivillers, y demeurant;

M. Pierre-Michel Lestave, prêtre, curé de la

Neuville, Cuhez et dépendances, tant en son nom, en sadite qualité, que comme fondé de procuration de M. François-Philippe Lepage, prêtre, curé de Montreuil-sur-Brèche, passée devant notaire et témoins, au Quesnel-Aubry, le 7 de ce mois;

M..... Legent, prêtre, curé de la paroisse des Trois-Etats, y demeurant, en son nom et comme chargé de la procuration de M. André Delamarche, prêtre, curé de la paroisse de la Neuville-Ray, y demeurant, passée devant notaire et témoins audit lieu, le 12 de ce mois, tabellionnée et scellée;

M. Claude Touret, prêtre, curé de la paroisse de Mesnil-Aubry, y demeurant;

MM. Jean-François Babille, prêtre, licencié ès lois, et Lucien Warré, prêtre, principal du collège de Clermont, chapelain de la chapelle de Saint-Louis de Cannettecourt, tous deux chanoines de l'église collégiale dudit Clermont, au nom et comme députés de MM. les prévôt, doyen, chanoines et chapitre de l'église Notre-Dame dudit Clermont, suivant un acte capitulaire, en bonne forme, du 3 de ce mois;

M. Jean-Pierre Delaistre, définiteur général et ministre des chanoines réguliers de l'ordre de la Sainte-Trinité, dit des Mathurins, du couvent de Clermont, au nom et comme représentant lesdits sieurs ministre et chanoines dudit couvent, suivant l'acte capitulaire de son élection et nomination, passé en ladite communauté le 7 de ce mois;

Et MM. les curés des paroisses de Villers-Saint-Sépulcre, de Saint-Félix, du Mesnil sur Bulles, de Blincourt, de Maimbeville, Dauviller, du Lis, de Gournay-sur-Aronde; MM. les vicaires en chef de Cernay et de Rue-Saint-Pierre; MM. les curés de Fumechon, de Tattenoy, de Méry, de Rouvillers de Léglantier, d'Houdainville, de Bulles, de Rantigny, d'Airion, d'Angivillers de Saint-Remi en l'Eau, d'Erquinvillers d'Erquery, de Noroy, de Saint-Aubin, de Cambronne et de Cressonne; tous comparant en personne;

Pour l'ordre de la noblesse.

Nous, marquis de la Billarderie, tant en notre nom, que comme fondé de la procuration de très-haut, très-puissant et très-excellent prince, monseigneur Louis-Joseph de Bourbon, prince de Condé, prince du sang, duc d'Enghien, de Guise et Bourbonnais, seigneur de Clermont et dépendances, Breuillevert, Rotheleux et autres lieux, pair et grand-maître de France, gouverneur, lieutenant-général, pour le Roi, en ses provinces de Bresse, colonel-général de l'infanterie française et étrangère; demeurant en son palais, rue de l'Université, paroisse Saint-Sulpice, à Paris, passée devant notaires audit lieu, le 3 du présent mois; et de très-haut, très-puissant et très-excellent prince, monseigneur Louis-Henri-Joseph de Bourbon-Condé, duc de Bourbon, prince du sang, seigneur de Nointel et autres fiefs, pair et grand-maître de France en survivance, gouverneur et lieutenant-général, pour le Roi, en ses provinces de Champagne et Brie, demeurant à Paris, au palais Bourbon, rue de l'Université, paroisse Saint-Sulpice, aussi passée devant notaires à Paris, le même jour;

Haut et puissant seigneur, monseigneur Jacques-Charles, duc de Fitz-James, pair de France, maréchal des camps et armées du roi, colonel-propriétaire du régiment de Berwick-infanterie, gouverneur et lieutenant-général pour le Roi du

Haut et Bas-Limousin, demeurant à Paris, au Louvre, paroisse de Saint-Germain-l'Auxerrois, tant en son nom personnel, que comme fondé de deux procurations passées devant notaires à Paris, le 5 de février dernier et 6 du présent mois, l'une, par Marie-Jérôme, comte de City, maréchal des camps et armées du Roi, inspecteur-général de ses troupes, chevalier de l'ordre royal et militaire de Saint-Louis, demeurant à Paris, rue de Verneuil, paroisse de Saint-Sulpice; et l'autre, par M. Louis, marquis de Gouy, lieutenant-général des armées du Roi et de la province de l'Isle-de-France, gouverneur, pour Sa Majesté, des ville et château de Clermont en Beauvoisis, chevalier de l'ordre royal et militaire de Saint-Louis, baron de Chars et de Ressons, seigneur d'Arcy, Avregny, Riquebourg, la Neuville, Haut et Bas-Matz, Narines, Santeuil, Firmecourt, Brignancourt, Bréançon, le Heaume, le Ruel, le Bremel, Gircourt, Grincourt, Liancourt et autres lieux, demeurant à Paris, chaussée d'Antin, paroisse Saint-Eustache;

Haut et puissant seigneur messire, Alexandre-Frédéric-François de La Rochefoucault, duc de Liancourt, chevalier des ordres du Roi, tant en son nom comme seigneur propriétaire dans l'étendue du bailliage, que comme fondé de sept procurations, passées devant notaires royaux, les 2, 3, 5 et 7 du présent mois; l'une par madame Marie-Henriette de Polastron, veuve de très-haut et très-puissant seigneur Eléonor, comte d'Andheauss, lieutenant général des armées du Roi, l'un des premiers des quatre chevaliers héréditaires du Saint-Empire, dame de Verderonne, de Frêne, de Pisseleu et du Pont, demeurant à Paris, rue du Regard, paroisse de Saint-Sulpice; et l'autre, de très-haut et très-puissant seigneur, monseigneur de Noailles, duc de Mouchy, maréchal de France, grand d'Espagne de la première classe, prince de Pois, marquis d'Arpajon, comte de Montlhéry, vicomte de Lautrec, baron d'Embrun et des Etats du Languedoc, seigneur-propriétaire des fiefs Dubus et dépendances, situés dans le bailliage de Clermont, chevalier des ordres du Roi, grand-croix de l'ordre de Malte, gouverneur des ville, château et parc de Versailles, Marly et dépendances, lieutenant-général de Guyenne, demeurant à Paris, en son hôtel, rue de l'Université, paroisse Saint-Sulpice; la troisième, par haut et puissant seigneur, marquis de Grasse et comte de Serine-lunes, d'Antibes, maréchal des camps et armées du Roi, seigneur du marquisat de Sarcus, châtellenie de Mutieur et autres seigneuries, demeurant en son château de Sarcus; la quatrième, de puissant François-Charles du Floquet, comte de Réal, chevalier, seigneur châtelain de Fontaine, la Vaganne, Haute-Fontaine, Verte-Fontaine, Gaudechart, Oudeuil-le-Chatel, Ribauville, fief Luilly-la-Neuville, Pisseleu, Sanguine et autres lieux, ancien lieutenant-colonel de cavalerie, chevalier de l'ordre royal et militaire de Saint-Louis, demeurant ordinairement en son château de Fontaine-Lavaganne; la cinquième, par messire Louis-Charles-Philippe, vicomte de Sarcus, chevalier de l'ordre royal et militaire de Saint-Louis, capitaine de cavalerie, seigneur de la vicomté d'Hanache, Saint-Arnould et fiefs en dépendant, demeurant ordinairement audit Hanache; la sixième, de haut et puissant seigneur Jean-Baptiste-Christophe de Cossart, chevalier, marquis Desprez, chevalier de l'ordre royal et militaire de Saint-Louis, chef d'escadron au régiment de Chamborant-hussards, seigneur d'Amescourt, Espaux, Saint-Arnould, Maroquet, Mureaucourt, Saint-Denecourt, Brassy,

Ville-sous-Corbie, Hadancourt, Lardenecourt, Saint-Clair et autre lieux, demeurant ordinairement au château d'Amercourt; et la septième et dernière, par madame Marie-Elisabeth-Gabrielle-Eugénie Desprez, veuve et douairière de haut et puissant seigneur Alexandre, comte d'Anger, lieutenant général des armées du Roi, commandeur de l'ordre royal et militaire de Saint-Louis, seigneur de Fremet, demeurant au château de Fleury-la-Forêt; plus de deux autres procurations passées devant notaires royaux les 2 et 11 mars; l'une, par très-haut et très-puissant seigneur Jean-Baptiste, vicomte de Boisgelin de Kergoinar, Koerran et autres lieux, commandeur des ordres royaux, militaires et hospitaliers de Notre-Dame de Mont-Carmel, de Saint-Lazare, de Jérusalem, ancien capitaine des vaisseaux du Roi, gentilhomme de la Manche des petits-fils de France, premier chambellan de Monsieur, frère du Roi, et chevalier de l'ordre royal et militaire de Saint-Louis, demeurant à Paris, au palais du Luxembourg, paroisse de Saint-Sulpice; et l'autre par dame Aimée-Victoire Navilié de Verteville, épouse de messire Ambroise-François-Joseph Palisot, chevalier, baron de Beauvoir-Maingoral, seigneur de Léglantier, Vienne et autres lieux, demeurant en son château dudit Léglantier, généralité de Soissons, icelle fondée de la procuration générale et spéciale de son mari;

Haut et puissant seigneur messire, Charles-François Flahault de la Billarderie, maréchal des camps et armées du Roi, inspecteur général des canonniers gardes-côtes de Guyenne, gouverneur de la Tour de Bouc, chevalier de l'ordre royal et militaire de Saint-Louis, chevalier honoraire de Saint-Jean de Jérusalem, comme fondé de deux procurations, passées devant notaires à Paris, les 22 et 27 février derniers, l'une, par très-haut, très-puissant et très-excellent prince, Monsieur Louis-Stanislas-Xavier, fils de France, Monsieur, frère du Roi, duc d'Anjou et d'Alençon, comte du Maine, du Perche, de Senonches, de Mantes et de Meulan, de Chaumont en Vexin, de Beaumont-sur-Oise, baron de l'Isle-Adam, seigneur châtelain de Pontoir, marquis de Mouy, seigneur de Presles, Nogent, Nointel, Champagne, Villiers-Adam, Anvers, Mours, Chambly, Fontenette, Tric-la-Ville, Villiers, Ansacq, Janville, Vaux, Cambronne, Bury, Angy, Plessier-Bilbaut, Gomerville et autres lieux, fiefs et seigneuries, demeurant avec Sa Majesté, au château de Versailles; et l'autre, par M. Louis-Maximilien-Emmanuel Lancry, chevalier, seigneur de Promle-Roy, lieutenant général des armées du Roi, propriétaire du fief de Nancour, situé paroisse de Lieuville, et celui de Coroy, paroisse de Nozoy, demeurant à Paris, rue Basse-du-Rempart, paroisse de la Magdelaine;

Haut et puissant seigneur Jean-Georges-Claude Baude, baron de Pont-Labbé, colonel du régiment Royal-Comtois, en son nom, à cause des seigneuries qui lui appartiennent dans le bailliage et comme fondé de trois procurations, passées devant notaires à Paris, les 4, 5 et 7 du présent mois; l'une, par haute et puissante dame Guillaume-Marie Cavilier, veuve de très-haut et puissant seigneur messire Jean-François Ogier, chevalier, conseiller d'Etat, ci-devant ambassadeur de France en Danemark, dame de Fressonsac, demeurant à Paris, en son hôtel, rue Férou, paroisse de Saint-Sulpice; la seconde, par haut et puissant seigneur Stanislas de Biandos, comte de Gastéja, maréchal des camps et armées du Roi, inspecteur d'infanterie, seigneur des terres de Framerville, Herteville, Remecourt, Belleuze et autres lieux, demeurant ordinairement au château de Framerville en Santerre; et la troisième, par haut et puissant seigneur Henri-François-Nicolas, vicomte de Courtay, seigneur de la vicomté de la Motte, Agronin-la-Ville, Talle, la Souche, Sallevert, la Chassignolle et autres lieux, seigneur, en partie, de Fleury, à cause de dame Alexandrine-Marie de Lozonay, son épouse, chevalier de l'ordre royal et militaire de Saint-Louis, demeurant à Paris, rue Saint-Thomas, paroisse Saint-Jacques du Haut-Pas;

Messire Jacques-Bernard de Broe, chevalier, seigneur de Saint-Rimauld, Essuille, fief d'Horton, Fontenelle, les Donjons, Bonneval, la Tour-de-Bullen et la Motte-d'Esuilles et autres lieux, tant à cause de cesdites terres et seigneuries, que comme fondé de procurations, l'une passée devant notaire à Gerberoy, le 2 du présent mois, par messire Guy-Charles-Jean Debois Thierry, chevalier, seigneur de Biercourt, et en partie de Courcelle, Rançon, demeurant audit Gerberoy; et l'autre devant notaires à Noailles, le 7 dudit présent mois, par messire Auguste René, vicomte de Maupeou, chevalier non profès de l'ordre de Saint-Jean de Jérusalem, seigneur de Parisis-Fontaine, Berthecourt, Bresel et autres lieux, demeurant au château dudit Parisis-Fontaine, paroisse de Berthecourt;

Messire Jean-François Aurélien de Pasquier, comte de Franclieu, mestre de camp de cavalerie, seigneur de Fouilleuse, en son nom, et comme fondé de procurations passées devant notaires, l'une, par messire Marie-Marguerite-François-Firmin Dasfriches, comte d'Oria, marquis de Payen, chevalier de l'ordre royal et militaire de Saint-Louis, seigneur haut justicier des terres, seigneuries et fiefs de Cayeux, Cernois, Berthencourt et autres lieux, demeurant en son château de Caveux; et l'autre, par messire Louis-Henri-Camille de Pasquier, vicomte de Franclieu, capitaine de dragons, seigneur de la terre de Lieuvilier, demeurant à la Chapelle en Serval.

Messire Louis-Anne de Gaudechart, fils aîné, garçon majeur de messire Adolphe de Gaudechart, chevalier de l'ordre de Saint-Jean de Jérusalem, ci-devant aide de camp de Son Altesse Sérénissime monseigneur le prince de Clermont, seigneur des terres et seigneuries d'Héméviller, Montmartin, et du fief de Lagny, comme fondé de la procuration de ce dernier, son père esdites qualités de seigneur d'Henneviller, etc., passée devant notaire audit Henneviller, le 6 du présent mois;

Messire Jean-François de Chassepot, seigneur de Pissy, tant en son nom que comme fondé de deux procurations passées devant notaires royaux, le 4 du présent mois; l'une, par messire Alexandre-François, comte de Mareuil, seigneur de Contre, tant pour la partie d'Amiens que pour celle de Clermont, demeurant en son château dudit lieu; et l'autre par messire Charles-Louis Descourtils, chevalier, seigneur de Mertemont, Hez et autres lieux, chevalier de l'ordre royal et militaire de Saint-Louis, demeurant ordinairement en son château de Mertemont;

Messire comte de Bernetz, chevalier, seigneur du Bout-du-Bois, ancien lieutenant des vaisseaux du Roi, et chevalier de l'ordre royal et militaire de Saint-Louis, seigneur de Belloy, Duprés et autres lieux, tant en son nom, à cause de cesdites seigneuries, que comme fondé de deux procurations, passées à Paris, les 4 et 5 du présent mois; l'une de messire Hugues-Oudart-Isidore-François de Siry, seigneur du marquisat et quint de Savignies en Picardie, baron de

Conches, en Bourgogne, demeurant en son château d'Hernelet, près Beauvais; et l'autre, par messire Nicolas-Henri de Concault, chevalier, marquis d'Avelon, seigneur d'Avelon, de Blacourt, Villembray et Lantres, baron d'Hodent en Bray et autres lieux, maréchal des camps et armées du roi, chevalier de l'ordre royal et militaire de Saint-Louis, demeurant à Paris, cul-de-sac Guémenée, rue Saint-Antoine, paroisse Saint-Paul.

Messire Charles-Jean-Baptiste de Bourgevin de Violard, chevalier de Moligny, capitaine de dragons, lieutenant des maréchaux de France, chevalier de l'ordre royal et militaire de Saint-Louis, au nom et comme fondé de deux procurations passées devant notaires à Paris, les 6 et 7 de ce mois; l'une, par messire Paul-Jean-Baptiste de Bourgevin Violard, de Saint-Moris, chevalier, seigneur d'Houdauville, Carrières et autres lieux, conseiller du Roi en sa cour de parlement de Paris, y demeurant, rue Vivienne, paroisse Saint-Eustache; et l'autre, par messire Dominique Joseph, marquis de Cassigny, noble Siennois, chevalier, maréchal des camps et armées du Roi, seigneur de Thury, de Flerval, des Blaches, d'Ambet et autres lieux, demeurant à Paris, en son hôtel, rue de Babylone, paroisse Saint-Sulpice;

Messire Louis Adrien de Guillebon, chevalier, seigneur de Fumechon et autres lieux, ancien garde du corps du Roi, tant en son nom personnel que comme fondé de deux procurations, passées devant notaires à Bulles, le 5 de ce mois; l'une par messire Louis-Joseph de Guillebon, seigneur de Bertrand-Neufmoulin et autres lieux, demeurant ordinairement à Maury; et l'autre, par demoiselle Marie-Jeanne L'abbé, veuve de messire Jean-Joseph Jamhourg, à son décès écuyer et seigneur, en partie, de Maury, Leuilly et autres lieux, ancien lieutenant d'infanterie au régiment de Noyon, demeurant audit Maury;

Messire de Guillebon de Varignon, seigneur de Varigny, tant en son nom personnel, à cause de ladite seigneurie, que comme fondé de deux procurations; l'une passée devant notaires, à Orange, le 21 février dernier, et l'autre à Strasbourg, le premier de ce mois. La première par messire Jacques de Vinans de Maulion, Daiseguetz d'Astand de Brunelier, chevalier, seigneur marquis de Toussaint, comte d'Ampurie, lieutenant de Roi de Provence, mestre de camp commandant du régiment de Condé-infanterie, chevalier de l'ordre royal et militaire de Saint-Louis, domicilié, à Paris, hôtel de Conti, rue de Grenelle-Saint-Germain, paroisse Saint-Sulpice; et l'autre, par messire Joseph Plaisant, comte de Bouchiat, chevalier, seigneur de Corbeil-Cerf, Lormonson et du fief des Champarts-de-Lardierre, directeur général des haras du Roi en Alsace, chevalier de l'ordre royal et militaire de Saint-Louis, demeurant à Strasbourg; plus, d'une autre procuration passée devant notaires à Mondidier, le 4 mars présent mois, par messire Louis de Goullencourt, chevalier, comte de Grivenne, seigneur de Catillon, demeurant ordinairement en son château dudit Grivenne;

Messire Claude-François Chrétien de Sainte-Berthe, écuyer, avocat au parlement, seigneur des fiefs et terres de Limoges et d'Argillières, demeurant audit Clermont, tant en son nom personnel, que comme fondé de trois procurations passées devant notaires à Paris, les 29 février et 4 de ce mois: l'une par messire Jacques, marquis de Dommel, marquis de Siblas, commandant particulier du Port-au-Prince à Saint-Domingue, colonel d'infanterie, seigneur d'Oudard Boulay, dans le ressort du bailliage de Clermont, demeurant à Paris, rue du Faubourg-Poissonnière, paroisse Saint-Eustache ; l'autre par messire François-Joseph Lelièvre, marquis de Lagrange et de Fourille, ancien premier sous-lieutenant de la garde ordinaire du Roi, lieutenant général de ses armées, commandeur de l'ordre royal et militaire de Saint-Louis, gouverneur de Brie-Comte-Robert, seigneur de Lagrange, Fourille-Atlly, Beaurepaire, Lormes, Châlons et autres lieux, demeurant à Paris, en son hôtel, rue du Bac, paroisse Saint-Nicolas-des-Champs ; et la troisième, par messire Armand-Jean-François-Charles de Lescalopier, chevalier, conseiller du roi en sa cour de parlement, grande chambre d'icelle, seigneur de Neufmoulin, Quincampoix et autres lieux, demeurant à Paris, place Royale, paroisse Saint-Paul ;

Messire Claude-François-Chrétien de Sainte-Berthe, écuyer, seigneur en partie du fief de Nouy, demeurant à Clermont, tant en son nom, et à cause dudit fief, que comme fondé de deux procurations, passées devant notaires royaux les 9 et 21 février, l'une par messire Martial-Chrétien de Sainte-Berthe, fils mineur, écuyer, seigneur en partie du fief Cornet, situé à Lamotte-Dancourt et Fraières, paroisse de Choisy, demeurant audit Clermont ; et l'autre par messire Louis-François Héricart de Thury, chevalier, vicomte de Thury, chevalier de l'ordre royal et militaire de Saint-Louis, ancien major du régiment d'Orléans-dragons, seigneur et propriétaire de Retheuil en Valois, bailliage de Villers-Cotterets, et des fiefs de la Rue, Bernier, Chabaunes et Saint-Symphorien, sis en la paroisse de Laigneville, demeurant à Paris, rue des Trois-Pavillons, paroisse Saint-Paul ;

Messire Charles-Clément Jolly de Sailly, seigneur de Béthencourtel, tant en son nom, à cause de sadite seigneurie, que comme fondé de deux procurations passées devant notaires royaux, les 2 et 9 mars, présent mois ; l'une par messire René de Gaudechart, chevalier, seigneur de Bailleul-sur-Thérain, Cagneux, Montreuil et autres lieux, chef d'escadrons au régiment royal de Pologne-cavalerie, chevalier de l'ordre royal et militaire de Saint-Louis, seigneur engagiste du domaine du Roi de la châtellenie de Sacy-le-Grand et autres lieux, demeurant ordinairement à Paris, en son hôtel, rue de Beaune, quai des Théatins ;

Messire Jean-Pierre-Chrétien de Beauminy, écuyer, seigneur du fief des Vatuies, Percheval, et Marie de Chepoix, demeurant à Clermont, tant en son nom personnel à cause de sesdits fiefs, que comme fondé de deux procurations passées devant notaires royaux les 27 février dernier et 8 mars, présent mois : l'une par messire Louis-Marie de Personne de La Chapelle, seigneur du fief et seigneur de Trocourt et autres lieux, demeurant ordinairement à Paris, rue et paroisse de la Madeleine ; et l'autre, par dame Agnès-Charlotte Tavernier de Boulongne, veuve de messire Etienne Chardon du Havet, écuyer, conseiller secrétaire du Roi, maison et couronne de France et de ses finances, demeurant à Clermont, dame des fiefs de Pourceletz, sis à Clermont, et de Jean Leclerc, sis à Saint-Remi-en-l'Eau.

Messire François-Anne de l'Etouf, comte de Pradines, seigneur des fiefs du Grand-Hôtel, de la Sablonnière, de Saint-Rimant, au total, et de la Lintre, en partie, tant en son nom personnel, à cause de sadite seigneurie, que comme fondé de deux procurations passées devant notaires royaux à Paris, les 11 février dernier et 5 du présent mois : l'une par Mgr Joseph-Anne-Auguste-

Maximilien de Croy, duc d'Havré et de Croy, prince du Saint-Empire, châtelain héréditaire de la ville de Mons, en Hainaut, gouverneur de Schelestadt, maréchal des camps et armées du Roi, comte de Hamel, marquis de Conti, seigneur du Bosquet du Vieil-Tillay, et en partie du fief de la Rivière et autres lieux, demeurant à Paris, en son hôtel, rue de Bourbon, faubourg Saint-Germain, paroisse Saint-Sulpice ; et l'autre par Mgr François-Félix-Dorothée Berton de Balbes, comte de Crillon, maréchal des camps et armées du Roi, grand bailli d'épée du bailliage de Beauvais, seigneur châtelain de Milly et autres fiefs étant dans le ressort du bailliage de Clermont en Beauvoisis, demeurant à Paris, en son hôtel, place Louis-Quinze, paroisse de la Madeleine de la Ville-Levêque .

Messire Antoine-Louis-Armand Havart de Sasseval, écuyer, maître des eaux et forêts de Clermont en Beauvoisis, y demeurant, tant en son nom personnel, que comme fondé de deux procurations passées devant notaires royaux, les 27 février dernier et 2 mars, présent mois : l'une par messire François-Henri d'Hardivillers, chevalier, seigneur de Monceaux, Cauroy, Fouloy, le Foy, le Hornois, Hennequin, la Fourdoise, Saint-Omer en partie et autres lieux, ancien capitaine de cavalerie, chevalier de l'ordre royal et militaire de Saint-Louis, demeurant en son château de Monceaux, paroisse de Saint-Omer ; la seconde, par messire Louis-Laurent de Rimbert de Châtillon, chevalier, seigneur de Reuilly, Hardoncel, Neufmaison, Guisencourt et autres lieux, chevalier de l'ordre royal et militaire de Saint-Louis, ancien brigadier des gardes du corps du Roi, et capitaine de cavalerie, demeurant en son hôtel, en la ville de Poix ;

Messire Louis-François-Thomas Havart de Popincourt, chevalier, ancien seigneur de Bethencourtel, Péteil, Arson, Agnetz et autres lieux, demeurant audit Berthencourtel, paroisse d'Agnetz, tant en son nom que comme fondé de deux procurations passées devant notaires royaux, les 5 et 8 de ce mois : l'une par messire Joseph Le Vasseur d'Armanville, chevalier de l'ordre royal et militaire de Saint-Louis, ancien exempt des gardes du corps du Roi, seigneur du fief de Laroy, situé en la ville de Clermont et ès environs, demeurant à Agnetz ; et l'autre par demoiselle Madeleine-Charlotte de Frêne de Courcelles, noble d'extraction, demeurant au bourg de Conti ;

Messire Jean, baron de La Rochefoucault-Dubreuil, colonel, attaché au régiment d'Artois-cavalerie, commandeur de l'ordre de Saint-Lazare, tant en son nom que comme fondé de deux procurations passées devant notaires royaux, à Paris, le 26 février dernier ; l'une, par haute et puissante dame Marie-Emilie Verzure, veuve de très-haut et très-puissant seigneur Claude-Louis-Charles Destutt, marquis de Tracy, maréchal des camps et armées du Roi, demeurant à Paris, en son hôtel, rue de Bourbon, faubourg Saint-Germain, paroisse Saint-Sulpice ; et l'autre, par très-haute et très-illustre dame Marie de La Rochefoucault, duchesse d'Estissac, marquise d'Haluin et de Liancourt, comtesse de Durtal et autres fiefs en dépendant, veuve de très-haut et très-illustre seigneur, Mgr Louis-Armand de La Rochefoucault, duc d'Estissac, chevalier des ordres du Roi, gouverneur de Bapaume, demeurant à Paris, en son hôtel, rue de Varennes, paroisse Saint-Sulpice ;

Messire Louis-Charles-Hubert de Forceville, capitaine au régiment d'Angoulême-dragons, au nom et comme fondé de deux procurations passées devant notaires royaux, les 3 et 5 mars ; l'une par très-haut et très-puissant seigneur, Augustin-Louis Hennequin", marquis d'Ecquevilly et de Chémery, seigneur de Fumechon, Moranvilliers, comte de Grandpré et autres lieux, lieutenant général des armées du Roi, chevalier de ses ordres, lieutenant général de Sa Majesté, des provinces et frontières de Champagne et Brie, capitaine général de la vénerie, des toiles de chasse, tentes et pavillons du Roi, équipage du sanglier; demeurant à Paris, en son hôtel, rue Saint-Louis au Marais, paroisse Saint-Gervais; et l'autre par messire Pierre-Melchior de Lagrenée, chevalier, garde du corps du Roi, demeurant en son château de Chaunoy, près Poix, seigneur propriétaire de Chaussay et Freniville, bailliage de Clermont.

Pour l'ordre du tiers-état,

Le sieur Thomas-Louis Duguey, écuyer, seigneur de Foy-sous-Clermont, lieutenant colonel de cavalerie, prévôt général de la maréchaussée de Soissonnais; Pierre-Antoine Pillon, fermier du prieuré de Saint-Remi-l'Abbaye; Louis Gavrel, laboureur, et Raphaël Revelin, facteur de bois, tous députés des paroisses et communautés d'Agnetz près Clermont, nommés par acte d'assemblée du 8 de ce mois;

Charles-Eloi Yrorel et François-Médard Guillot, députés de la paroisse d'Avrigny, suivant l'acte d'assemblée du même jour, 8 de ce mois;

Samson Lemaire et François Benoît, députés par les habitants de la paroisse d'Avrechy, suivant l'acte d'assemblée dudit jour, 8 de ce mois;

Nicolas Ledru et Antoine Boucher, tous deux laboureurs et vignerons, demeurant en la paroisse d'Arsy, députés, par acte d'assemblée du 5 de ce mois, par les habitants composant la communauté dudit Arsy;

Charles Morel et Théodore de Saint-Paul, laboureurs à Airon, députés par acte d'assemblée du 8 de ce mois, des habitants de la paroisse dudit Airon;

Claude-Jean-Baptiste Boucher, ancien receveur, et Louis-François Boucher, fermiers et laboureurs, demeurant en la paroisse d'Angivilier, au nom et comme députés de ladite paroisse, suivant l'acte d'assemblée des habitants du dimanche, 1er de ce mois;

Messire René-Henri Soucauye de Landevoisin, seigneur d'Anviller et François-Antoine Labitte, son fermier, tous deux députés, par l'acte d'assemblée, du 4 de ce mois, des paroisses et communautés dudit lieu;

Les sieurs Félix Pommery et Pierre Naquet, habitants de la paroisse de Bailleul-sur-Thérain, et tous deux députés par la communauté dudit lieu, suivant leur acte d'assemblée du 3 de ce mois;

Julien Cordier et Etienne Bourgeois, tous deux laboureurs, demeurant à Bailleul-le-Socq, députés par acte d'assemblée du 8 de ce mois, des habitants de ladite paroisse;

Louis Thorel, seigneur de la Horbe, avocat en parlement, bailli de la terre et seigneurie de Belleuze, et François Berquin, charpentier, tous deux députés de la paroisse de Belleuze, suivant l'acte d'assemblée des habitants du 4 de ce mois;

Jean-Louis Victen et Marc Grandralet, tous deux députés, suivant l'acte d'assemblée, du 8 de ce mois, par les habitants de la paroisse de Belloy.

Les sieurs Nicolas Dupuis et Louis Froment, syndic et greffier de la communauté de Bergicourt, députés de ladite paroisse, par acte d'assemblée du 6 de ce mois;

Augustin de Bourges et Jacques Cordier, députés des habitants de la paroisse de Blincourt, suivant leur acte d'assemblée du 8 de ce mois;

Philippe-Louis Pasquel, fermier et Louis Thorel, procureur fiscal de la terre et seigneur de Brassy, députés par les habitants de la paroisse dudit lieu, suivant leur acte d'assemblée du 5 de ce mois;

Antoine Boucher fermier, et Louis Poste, marchand de bois, demeurant en la paroisse de Breuille-Secq, députés par la communauté des habitants dudit lieu suivant l'acte d'assemblée du 8 de ce mois;

Pierre Blanchard et Pierre Porret, députés suivant l'acte d'assemblée du 6 de ce mois par les habitants de la paroisse de Bucamp;

Antoine Vaillant, Fabien Couton et Samson Lefèvre, tous députés de la ville de Bulles, nommés et choisis par l'acte de l'assemblée du 1er de ce mois;

Me Jacques-André Porchon de Bonval et Charles Bense fils, habitants de la paroisse, de Breuillevert, députés de ladite paroisse suivant l'acte d'assemblée du 6 de ce mois;

Me Jean-François Castoul, lieutenant général du bailliage de Clermont, président du tiers état dudit bailliage;

Me Jean-Jacques Bosquillon, avocat au parlement, lieutenant général de police de ladite ville; M. Louis-Charles Bosquillon de Fontenay, conseiller du roi, lieutenant particulier audit bailliage de Clermont, et M. Antoine-François-Auguste Hyacinthe Rodrigues, procureur au siège de ladite ville et lieutenant de maire d'icelles, tous députés desdits villes et faubourgs de Clermont, suivant leur acte d'assemblée du 6 de ce mois;

Louis Prévost et Louis-Gabriel-Esprit Bouchez, fermier de la paroisse de Cattenoy, députés, par acte d'assemblée du 8 de ce mois des habitants et communauté de ladite paroisse;

Pierre-Nicolas Warré et Jean-Baptiste Hémé, tous deux laboureurs, demeurant à Catillon, députés des habitants de ladite paroisse, par acte d'assemblée du 5 de ce mois;

Me Nicolas Dufquin, doyen des procureurs de ce bailliage de Clermont, régisseur, pour Monsieur, frère du roi, du domaine de Mouy et dépendance, et le sieur Jean-Baptiste Gautier, fermier demeurant à Cambronne, députés, par acte d'assemblée du 8 de ce mois, pour tous les habitants de ladite paroisse de Cambronne et dépendants;

M. Louis Fallet et Pierre Vigneron, députés, suivant l'acte d'assemblée du 2 de ce mois, de tous les habitants de la paroisse de Cauffry;

Michel Dupressoir et Remi Gossart, députés des habitants de la paroisse de Cernoy, par acte d'assemblée du 8 de ce mois;

Michel-Alexandre Duez, receveur de la seigneurie de Campuis et Jean Pierret, praticien, députés par acte d'assemblée du 5 de ce mois par les habitants, corps et communauté de ladite paroisse de Campuis;

Nicolas-Jacques-François-Joseph Fauchon, procureur fiscal de la justice de Conti, et syndic de la municipalité dudit lieu, et François Lequien, contrôleur des domaines du roi, députés par tous les habitants dudit bourg de Conti, suivant leur acte d'assemblée du 1er de ce mois;

Hyacinthe Retourné et François de Neufgermain, députés de la paroisse et communauté de Contre, suivant le procès-verbal d'assemblée des habitants du 4 de ce mois;

Jean-Baptiste Beauvais et Lambert Descroix, tous deux laboureurs, demeurant à Chaussois, députés des habitants de la paroisse dudit lieu, suivant l'acte d'assemblée des habitants dudit jour, 4 de ce mois ;

Adolphe Prévôt, receveur de la seigneurie de Tressonsac, et Barthélemy Despeaux, maître en chirurgie, demeurant audit lieu, députés de ladite paroisse, suivant procès-verbal d'assemblée du 8 de cedit mois ;

Agricole Bullot et Antoine Pellieux l'aîné, députés de la paroisse et communauté de Cuignères, suivant l'acte d'assemblée des habitants du 1er de ce mois ;

Adrien de Paux et Mathieu Zeude, députés de la paroisse de Colagnies-le-Bas, suivant l'acte d'assemblée du 4 de ce mois ;

Zacharie Butté, fermier, et Antoine Denain, aussi fermier, demeurant à Epineuse, tous deux députés des habitants de ladite paroisse, suivant le procès-verbal d'assemblée du 8 de ce mois ;

François Beauvais, fermier, et François de La Chapelle, vigneron, demeurant à Erquery, députés par les habitants de ladite paroisse, suivant l'acte d'assemblée du 5 de ce mois ;

Jean-Joseph Mathieu et François de Vimeux, laboureurs en la paroisse d'Etouy, députés des habitants de ladite paroisse, suivant l'acte d'assemblée du 5 de ce mois ;

François Tallon et Antoine Warmé, laboureurs en la paroisse d'Essuilles, députés par la communauté des habitants de ladite paroisse, en l'assemblée tenue le 8 de ce mois ;

Le sieur Etienne Bailly, laboureur, et le sieur Antoine-Ambroise Fauquet, aussi laboureur, en la paroisse d'Erquinviller, députés par acte du 1er de ce mois, par les habitants de ladite paroisse, assemblés en la forme ordinaire ;

Jean-Baptiste Waré et Jean Lefevre, laboureurs, demeurant à Fumechon, députés par les habitants de la paroisse dudit lieu, suivant l'acte d'assemblée du 6 de ce mois ;

Laurent-Victor Dumoulin, fermier, et Pierre Dumoulin, laboureur au Fay-Saint-Quentin, députés de la paroisse et de la communauté dudit lieu, par acte d'assemblée du 8 de ce mois ;

Le sieur Jean-Baptiste-Maximilien Poileux, maître de la poste aux chevaux de Clermont, et Jean-Baptiste Beudin, fermier à Beronne, paroisse de Fitz-James, députés des habitants de ladite paroisse, suivant l'acte d'assemblée du 1er de ce mois ;

M. Louis Thorel, avocat en parlement, bailli de la justice de Fleury, et Alexis Daires, députés de la paroisse dudit lieu, suivant le procès-verbal d'assemblée des habitants du 5 de ce mois ;

Jean Coutellier et Pierre Lambert, députés, par acte d'assemblée du 9 de ce mois des habitants des paroisse et communauté de Fouilleuse ;

Sieur Jean-François-Nicolas Dodé, fermier de la ferme de Largillières, dépendant de la paroisse de Fourniral ; Louis Genaille, laboureur, demeurant à Gloriette, hameau de la même paroisse, tous députés d'icelle, suivant l'acte d'assemblée des habitants du 2 de ce mois ;

François Thirial et Louis Chevalier, tous deux fermiers en la paroisse de Francières, députés des habitants de ladite paroisse, par acte d'assemblée du 5 de ce mois ;

Jean-Louis Dagne et Pierre Lefèvre, tous deux députés de la paroisse de Fromoutiers, suivant leur acte d'assemblée du 3 de ce mois ;

Claude d'Hardiviller, laboureur, et Pierre-Louis Vanel, fabricant de toile, en la paroisse de Faviller, députés des habitants de ladite paroisse, suivant leur acte d'assemblée du 7 de ce mois ;

Les sieurs Chevalier, maître de la poste aux chevaux à Gournay-sur-Avonde, et Antoine Vatelet, laboureur audit lieu, députés de la paroisse dudit Gournay, suivant l'acte d'assemblée du 1er de ce mois ;

François Buqueret et Nicolas Prouzel, laboureurs en la paroisse de Guisancourt, députés des villages et communauté dudit lieu, suivant un procès-verbal d'assemblée des habitants, du 5 de ce mois ;

Jean-Baptiste-Nicolas Leroux, syndic municipal, François Lanquetin, fermier de la seigneurie de Rieux, et Joseph Beguin Delacreuze, laboureur, en la paroisse Duhamel, députés par les habitants, formant la communauté de ladite paroisse, suivant un acte d'assemblée du 5 de ce mois ;

Pierre Dauphin Bourdon et François Falluel, habitants de la paroisse de Harmes, députés, par l'acte d'assemblée du 2 de ce mois, par les habitants de ladite paroisse ;

Pierre-Antoine Larcher, syndic de l'assemblée municipale, et Charles Robert, syndic de M. l'intendant, députés de la paroisse d'Halay, suivant l'acte d'assemblée du 1er de ce mois ;

François Ancel et Thomas Leclercq, tous deux députés de la paroisse d'Harmancourt, suivant l'acte d'assemblée des habitants du 8 de ce mois ;

Claude Beudin, tonnelier, Martin Desmarets, laboureur, et Philippe Tallon, maçon, demeurant à Handiviller, députés des habitants des paroisse et communauté dudit lieu, suivant l'acte d'assemblée du 8 de ce mois ;

Charles Pracquim l'aîné, et Charles Dorlé, députés de la paroisse d'Hemeviller, suivant le procès-verbal d'assemblée du 8 de ce mois ;

Antoine Portier le jeune, et Marie-Claude Mirville, clerc laïc de la paroisse d'Houdainville, députés desdites paroisse et communauté, suivant leur procès-verbal d'assemblée du 6 de ce mois ;

Nicolas Douche, et Louis-Antoine Legay, députés de la paroisse Delitz et Wariille, suivant le procès-verbal desdits habitants, du 1er de ce mois ;

Louis Goutelier, laboureur, et Pierre-Antoine Lardy, vigneron, demeurant en la paroisse de Lamecourt, députés par la communauté dudit lieu, suivant le procès-verbal d'assemblée du 4 de ce mois ;

François Bullot et François-Cesar Prevot, laboureurs en la paroisse de la Neuville-Roi, députés de ladite paroisse, suivant l'acte d'assemblée des habitants du 8 de ce mois ;

Jacques Isoré et Pierre Blin, laboureurs à la rue Saint-Pierre, députés des habitants dudit lieu, suivant l'acte d'assemblée du 8 de ce mois ;

Les sieurs Antoine Lefebvre, syndic de la municipalité de la Neuville-en-Hez et Pierre-Marie Maillart, laboureur, députés des habitants de ladite paroisse, suivant l'acte d'assemblée du 1er de ce mois ;

François-Anne-Joseph Maurine et Claude-Barthélemi Legrand, députés de la paroisse de l'Eglantier, suivant l'acte d'assemblée des habitants du 8 de ce mois ;

Athanase de Neufgermain, et François Follet, députés de la paroisse du Bosquet, par acte d'assemblée des habitants du 4 de ce mois ;

Edouard Dauchy, et Charles Demouy, députés de la communauté de la paroisse de la rue Prévost, suivant l'acte d'assemblée du 8 de ce mois ;

François-Jacques Hemet et Antoine Gouy, notaire royal, députés par les habitants Du Quesnel-

Aubry, par acte d'assemblée du 8 de ce mois;

Sieurs Jean-François Guibert, maître en chirurgie, Charles-François Maupin, procureur, et Louis-Colin Demeur, tous trois députés pour la paroisse de Liancourt, suivant l'acte d'assemblée des habitants du 1er de ce mois;

Joseph-Germain Lestuvé, et Pierre Descroisette, tous deux laboureurs, demeurant au Plessis-sur-dulles, députés par les habitants de la paroisse Budit lieu;

Pierre Vasseur, laboureur, et Pierre-Thomas Poissonnier, aussi laboureur, demeurant à la Verrière, députés par les habitants de la paroisse dudit lieu, suivant l'acte d'assemblée du 6 de ce mois;

.....Lemaire, laboureur, et......Portemer, clerc laïc, députés de la paroisse de Lieuville, suivant l'acte d'assemblée des habitants de ladite paroisse du.....de ce mois;

Jean Caron et Pierre Tarlay, députés, par acte du 5 de ce mois, par les habitants de la paroisse du Mesnil-sur-Bulles;

Jacques Bourée, laboureur, et Jean Beaufils, vigneron, demeurant en la paroisse de Maimbeville, députés de ladite paroisse, suivant l'acte d'assemblée du 5 de ce mois;

Antoine Roussel et Jean-Baptiste Lagache, tous deux députés de la paroisse de Méry, suivant l'acte d'assemblée du 8 de ce mois;

Thomas Pain et Germain Pillon, tous deux députés de la paroisse de Montreuil-sur-Brèche, suivant l'acte d'assemblée dudit jour, 8 de ce mois;

Jean-César de Berny et Louis-Jacques Thierry, députés de la paroisse de Monsures, suivant l'acte d'assemblée des habitants de ladite paroisse du 1er de ce mois;

Antoine Bracquin, syndic, et François-Stanislas Vavelle, députés par les habitants de la paroisse de Monmartin, suivant l'acte d'assemblée du 8 de ce mois;

Jean-Baptiste Moreuil, laboureur, et Pierre Arnault, notaire royal, syndic de l'assemblée municipale de Nointel, députés de ladite paroisse, suivant l'acte d'assemblée du 6 de ce mois;

Pierre Delaherche et Louis Poulain, tous deux laboureurs en la paroisse de Noroy, députés de ladite paroisse, suivant l'acte d'assemblée des habitants du 1er de ce mois;

Jean-Baptiste Breton, et Pierre Proumer, fils de François, laboureurs à Neuilly, députés des habitants dudit lieu, par acte d'assemblée du 8 de ce mois;

Louis Martin et Jean-Pierre Moranviller, députés de la paroisse de Rantigny, suivant l'acte d'assemblée du 2 de ce mois;

Charles Pollet et François de Mouchy, députés de la paroisse de Remecourt, suivant l'acte d'assemblée des habitants du 8 de ce mois;

Nicolas Queste, laboureur, et Louis Tanart, ancien laboureur, députés de la paroisse et communauté de Remeglanges, suivant leur acte d'assemblée du 8 de ce mois;

Les sieurs Jacques Foiret, laboureur et receveur de S. A. S. Monseigneur le prince de Condé, demeurant à Remy, Jean-Louis Prevost, fermier de la ferme de Beaumanoir, paroisse de Remy, et Antoine Le Vasseur, fermier et syndic de ladite paroisse, tous députés par les habitants de la même paroisse, suivant l'acte d'assemblée du 6 de ce mois;

Louis Budin, receveur, et Jean-Vincent Hochedel, laboureur, demeurant à Rouviller, députés des habitants de ladite paroisse, suivant l'acte d'assemblée du 6 de ce mois;

Jean-François Boucher et Philippe Tricot, laboureurs à Fucy-le-Grand, députés des habitants de la Pavoine et communauté dudit lieu, suivant l'acte d'assemblée du 8 de ce mois;

Thomas Prevost et François Lobgeois, fermiers à Saint-Aubin, députés de la paroisse dudit lieu, suivant l'acte d'assemblée du 5 de ce mois;

Jean-Pierre Derivière, procureur fiscal, pour M. le marquis de Sarcus, de la justice de Saint-Arnould-en-Brai, et Jean-Baptiste Bloquère, fermier, demeurant audit Saint-Arnould, députés, par acte d'assemblée du 5 de ce mois, des habitants de ladite paroisse;

Pierre Roussel et Louis Dappe, députés de la paroisse de Saint-Aubin-en-Brai, par l'acte d'assemblée des habitants du 8 de ce mois;

Henri Fournier et Pierre Billard, tous deux fermiers en la paroisse de Saint-Remy-en-l'Eau, députés des habitants de la communauté dudit lieu, par acte d'assemblée du 6 de ce mois;

René Feine et Louis Pulleux, tous deux habitants de la paroisse de Saint-Félix, députés de ladite paroisse, par acte d'assemblée du 5 de ce mois;

Pierre Gravet et Pierre Delamarche, députés de la paroisse de Sonnereux, suivant l'acte d'assemblée des habitants du même jour, 8 de ce mois;

Louis Longavesne, bourgeois, et Nicolas Renet, laboureur, demeurant à Theulay-Saint-Antoine, députés de la paroisse dudit lieu, par acte d'assemblée du 1er de ce mois;

Nicolas Polle, syndic, et Charles Boucher, premier membre de la municipalité de la paroisse de Trois-Etats, députés de ladite paroisse, par acte d'assemblée dudit jour, 1er de ce mois;

Jean Dubus, greffier de la justice de Thury, et Denis Maderé, maître de pension audit lieu, députés par les habitants de ladite paroisse, suivant l'acte d'assemblée du 4 de ce mois;

Pierre Queste et François Pillon, députés de la paroisse de Thieux, suivant l'acte d'assemblée du 1er de ce mois;

Pierre Lavisse et François Guesnard, députés de la paroisse et communauté de Warignies, suivant l'acte d'assemblée des habitants du même jour, du 1er de ce mois;

Joseph Veret, et Louis Meuraine, députés de la paroisse et communauté de Saint-Georges, suivant l'acte d'assemblée des habitants du 4 de ce mois;

Et les sieurs Charles-André Autin, fermier du prieuré, et syndic de la paroisse de Villers-Saint-Sépulcre, et Jean Bourgeois, arpenteur royal, demeurant en la même paroisse, députés d'icelle, par acte d'assemblée des habitants du 1er de ce mois;

Desquelles comparutions, nous avons donné acte à tous les comparants, des trois ordres ci-dessus repris, et défaut contre ceux qui ont été assignés, et qui ne sont pas comparus, savoir:

Pour l'ordre du clergé,

Contre M. Sulpice, curé de Saint-Maur; M. Detune, curé de Fleury; M. Noël, curé de la paroisse de Bailleul-le-Secq; le seigneur du fief du prieuré de Breuil-Secq; M. le vicaire en chef de la paroisse de Buicourt; M. Lefebvre, prêtre, desservant la cure de Fumechon; le sieur curé de la paroisse de Caulière; le sieur Lemoine, curé de la paroisse de Contre; le sieur Boucher, curé de la paroisse de Fresmontier; M. Dathy, curé de la paroisse de Conepuis; M. Bedel, curé de la paroisse de Saint-Omer; M. Belhomme, curé de la paroisse de Sarcus; M. Gigant, curé de la paroisse de Bergecourt; M. Butteux, curé de la paroisse de la Verrière; M. Chevalier, curé de la paroisse de Froncière; M. Charles-Henri Dubus, curé de la paroisse de Montmartin; contre les sieurs curés des paroisses de Catillon, Blacourt, Hanaches, de Bonnières, Martincourt, Milly-Notre-Dame, Milly-Saint-Hilaire, Fournival; le sieur Rohault, vicaire en chef de Collagines-le-Bas; M. Antoine Lezoy, curé de la paroisse de Belloy; M. Lebesque, curé de Villers-sur-Bonnière; M. Antoine Fabours, prieur-curé de la paroisse d'Henneville; le sieur de Villers, curé de Saint-Arnould; M. Pierre Beauvais, doyen et curé de la paroisse du Fay-Saint-Quentin; le sieur Lorel, vicaire en chef de Brassy; les sieurs curés de Marseilles, de Chaunois, et d'Ouy, Saint-Georges; le sieur Vergier, curé de la paroisse de Lieuviller; M. Antoine Naitier, prêtre, curé de la paroisse de Sacy-le-Grand; M. Charles Feret, curé de la paroisse de Remy; M. Lemaire, vicaire en chef de la paroisse d'Herchies; M. Joachim Patorel, prêtre, curé de la paroisse d'Uny-Saint-Médard; M. Louvois, curé de la paroisse d'Houdent-en-Brai; M. Pierre-Nicolas Madault, prêtre, curé de la paroisse de Cauffoy; les sieurs curés de Crillon, de Songeons, de Frocourt, de Saint-Aubin-en-Brai et d'Onsembray; le sieur Daujon, prêtre, vicaire en chef de la paroisse de Troussure; le sieur Pacquet Beauvais, prêtre, curé de la paroisse de Thieux; le sieur Delattre, curé de la paroisse de Guisancourt, le sieur prieur du prieuré de Neuilly, le sieur curé de la paroisse de Senante; les dames religieuses de Saint-Paul, pour le fief de Comportel; les dames religieuses de Sainte-Marie d'Amiens, dames de Fariviller, Petit Poil de la Trene, et contre MM. les chanoines du chapitre de Saint-Barthélemy de Beauvais, pour les fiefs qu'ils possèdent et qui s'étendent jusqu'à Roquet, paroisse de Saint-Barthélemy.

Pour l'ordre de la noblesse,

Contre le seigneur d'Erquinviller, le seigneur Duhamel, le sieur Cauvée d'Haudicourt, seigneur d'Argenlieu, Coquerette, etc.;

Le seigneur comte de Choiseul-Gouffier, seigneur de Cempuis;

Le sieur Cauvelle, seigneur de Mocreux;

Madame la duchesse de Feury, dame de Martincourt;

Le seigneur comte de Fenoylles, seigneur de Valescourt;

Le sieur de Mauroy, seigneur en partie de Gannes et Hémart;

Le sieur Le Caron, seigneur de Troussures, Mouchy, la Tache et les Couleuvres;

Le sieur Legendre, comte d'Osembray, seigneur dudit lieu;

Le seigneur de Frocourt;

La marquise de Gamaches, dame d'Harmancourt;

Le seigneur de Blincourt;

Le marquis de Feuquères, seigneur de la Neuville-Roy;

M. Charles Desprez de la Resière, avocat ès conseil du Roi, demeurant à Paris, seigneur en partie du fief Gannel, Clersé, situés à Bulles, lieu dit la prairie du Chaunois, et seul seigneur du fief Regnault Du Chatel;

M. Jean-Charles-Alexandre de Mouchy de Gillocourt, écuyer, conseiller du Roi, substitut de monseigneur le procureur général au parlement de Paris, seigneur de Gillocourt et autres lieux, et seigneur des fiefs de Braquemont, Donnemark, Coutance, Verdancher en partie, situés audit Bulles;

Le sieur Fournier, maire de la ville de Beauvais, seigneur de Vaux et autres lieux;

Le sieur de Mongeron, seigneur de Coutance;

Le propriétaire du fief Saint-Antoine;

Le seigneur de Maimberille;

Le seigneur d'Epineuse;

Madame la comtesse de la Vieuville de Boisgelin, à cause de sa terre de Rouviller;

M. Paris de la Brosse, seigneur de Montreuil-sur-Brèche;

La dame de Lescourt, héritière de la dame Le Begue de Corasse, dame du fief d'Abadoulet, du Foquet, Bourselin et Marin, demeurant à Herchies;

Le seigneur baron de Larchier de Courcelles, seigneur d'Auchy-en-Brai, Hateur, etc.;

Le seigneur de Saint-Félix;

Le sieur Aux Couteaux de Wapecourt, seigneur de Wapecourt et Marguerie; les seigneurs de Harmes et de Villers-Saint-Sépulcre; le seigneur marquis de Cansans, en sa qualité de seigneur de Marseilles et Bourbon; le seigneur du Hamel et du fief du Petit Tempuis;

Le seigneur de Méry;

Le seigneur marquis de Sarcus, comme seigneur de Saint-Arnould;

Le seigneur du fief de Querbigny, sis à la Herette;

Le sieur Fauquet, propriétaire du fief de la Houssaye;

Le sieur Le Pelletier, seigneur du fief de Liancourt;

Monseigneur le prince Camille de Rohan, commandeur de Sommereux, seigneur dudit lieu;

Le seigneur de Caulières;

La dame Denizet, dame des fiefs de Clery et Champ de Roses;

Le seigneur marquis de Verac, seigneur de Bergicourt;

Le sieur de Bussy, seigneur de la Verrière;

Madame la comtesse de Vauchelle, a cause de ses fiefs de Villepoix et les Massis, paroisse Saint-Omer;

Le seigneur marquis de Moullay, seigneur de Noroy;

Le sieur Hanolet, seigneur du fief Hazaleux, paroisse d'Halloy;

Le seigneur des Cornetz;

Le sieur Porc d'Osque;

Le sieur de Fourcroy, seigneur de la Chaussée de Ramecourt;

Le sieur Dumesnil, en qualité de seigneur de Fremontier;

Le sieur Dufey, seigneur du fief d'Ameline, paroisse de Cempuis;

Et le sieur de Laures de la Tour, seigneur de Bouchard et d'Arbonnières;

Et pour l'ordre du tiers-état,

Contre les habitants des paroisses et communautés d'Herchies, Crillon, Songeons, Buicourt, Frocourt, Senantes, Troussures, Caulières, Saint-Omer, Saint-Maur, Sarcus, Hodent-en-Brai, Famechon près Poix, Marseilles, Ausanviller, Milly-Saint-Hilaire, Milly-Notre-Dame, Bonnières, Hanache, Blacourt, Martincourt, Ons-en-Brai et Villers-sur-Bonnières;

BAILLIAGE DE CRÉPY-EN-VALOIS.

Extrait du procès-verbal de l'assemblée générale des trois ordres (1).

Du 14 mars 1789.

Sont comparus :

Pour l'ordre du clergé,

Les chanoines et chapitre de l'église royale de Saint-Aubin de Crépy, comparants par M. Pierre-Nicolas Mahieux, l'un d'eux ; et encore ledit sieur Mahieux comme procureur de M. Jacques-Nicolas Germain, curé de Boulart, et de M. Nicolas-Charles Bachesne, curé d'Étavigny ;

Les doyens, chanoines et chapitre de l'église collégiale de Saint-Thomas de Crépy, comparants par M. Noel-François Choron, doyen et chanoine ; de M. Marc-Nicolas Tirlet, chantre en dignité de ladite église, leurs députés ;

Le collège des chapelains de l'église collégiale de Saint-Thomas de Crépy, comparant par M. Pallouy ; et encore ledit Dom Pallouy, comme procureur de dom François Rozier, prieur titulaire de Notre-Dame de Nantheuil-le-Haudonne, et des prieurs et religieux bénédictins dudit Nantheuil ;

Dom Jacques-Marie Roland, prieur titulaire du prieuré de Crépy, comparant par dom Jean-Baptiste Chabrier, prieur conventuel de la communauté de Saint-Arcoul ; et encore ledit Chabrier, comme député de ladite communauté, et des dames prieure et religieuses ursulines de Crépy ;

Dom Jean Faurichon de la Bardounie, religieux bernardin, directeur des dames abbesse, prieure, et religieuses du Parc-aux-Dames, comme procureur fondé de ladite abbaye ; et comme fondé de la procuration de messire Pierre-Hilaire Coutard-Dupuy Renard du Soucy, prieur commendataire du prieuré de Vernelle ;

Dom Jean Vacquette, religieux bénédictin de Saint-Arnould de Crépy, comme procureur de dom Noé Lacroix, prieur titulaire de Saint-Vandrille de Rivecourt ;

Dom Pierre-Charles Petit-Pain, religieux de Saint-Arnould de Crépy, comme procureur de René Levitoux, prieur de Saint-Nicolas, de Courson et Labréviaire, et des dames abbesse, prieure et religieuses de Chelles, à cause de leurs terres et seigneuries de Rozières ;

M. Jacques-Victor Fortier, prêtre, curé de la paroisse de Saint-Pierre de Béthisy, en son nom, et comme procureur de M. Jean-Louis Béarn de Béon, prieur du prieuré commendataire de Saint-Adrien de Béthisy, et de M. François-Antoine Florné, prêtre, curé de la paroisse de Saint-Sauveur de Géromesnil ;

M. Jean-Baptiste Durier, prieur conventuel de l'abbaye de Notre-Dame du Lieu Restauré, député des religieux de ladite abbaye ;

M. Nicolas-Augustin Dutailly, prêtre, curé de la paroisse d'Orrouy, et comme procureur de

Claude Forest, prieur, ministre de la maison de Verberie, ordre de la Sainte-Trinité et de la Rédemption des captifs ;

Les dames prieure et religieuses du prieuré de Saint-Michel de Crépy, comparant par M. Pierre-Antoine Dambezieu de Calignon, leur fondé de procuration ; laquelle, sur la réquisition du procureur du roi et sur le vu des titres d'établissement de cette maison en hôpital, notamment des lettres patentes du roi Henri IV, données au mois de juin 1608, et en conformité de l'article 11 du Règlement de Sa Majesté du 24 janvier dernier, nous avons rejetée ;

M. Pierre-Antoine Dambesieux de Calignon, prêtre, ancien chanoine de l'église collégiale de Saint-Thomas de Crépy, comme procureur de Guillaume-Germain Guillot, titulaire de la chapelle de Saint-Germain de Béthisy ;

Dom Pierre-Antoine Lhuillier, religieux bénédictin de Saint-Arnould de Crépy, comme procureur de dom Adrien-Marie Badinot, titulaire de la chapelle de Saint-Louis, en l'église de Saint-Agathe de Crépy ;

M. Jean-Marie-Ange-André Gabriel, chanoine de Saint-Thomas de Crépy, comme procureur de Louis Leclerc, chapelain de la chapelle de Notre-Dame de l'église de Saint-Denis de Crépy, et de Cosme-Annibal-Pompée Varlet, chapelain de la chapelle de Saint-Louis de l'église collégiale de Saint-Thomas, indépendante du collège des chapelains de ladite église ;

M. Jean-Christophe Gollier, prêtre, chanoine et curé de Saint-Thomas de Crépy, en son nom et comme procureur de M. Jean-Armand de Roquelaure, évêque de Senlis, à cause de ses terres et seigneuries de Bémont, Bouillaut, Geresme, Saint-Vaast de Longmont et de ses autres terres et seigneuries audit duché ; et encore comme procureur de M. Jean-Louis Robert, chapelain titulaire de la chapelle de Nantheuil-le-Haudoin ;

M. Louis-Antoine Flobert, prêtre, curé de la paroisse de Nantheuil-le-Haudoin, en son nom et encore au nom et comme procureur de Simon Bailleux, chapelain de la chapelle de Saint-Julien de l'Hôtel-Dieu de Nantheuil-le-Haudoin ; mais, sur la réquisition du procureur du roi, en conformité de l'article 11 du règlement de Sa Majesté, ledit Bailleux a été rejeté ;

M. Jacques-Nicolas Martin, prêtre, curé de Trumilly, en son nom, et comme procureur de M. Jacques Testu, chapelain de la chapelle de Saint-Jean-Baptiste, en ladite église de Trumilly ;

MM. les doyen, chanoines et chapitre de l'église cathédrale de Meaux, à cause de leurs terre et seigneurie de Boullard ; et Pierre de Roualème, abbé commendataire de Saint-Furon de Meaux, à cause de la terre et seigneurie d'Étalvigny, comparants par M. Jérôme-François de Pompry, prêtre, chanoine et sous-chantre de l'église de Meaux, leur fondé de procuration ;

Les dames abbesse, prieure et religieuses de Colinance, ordre de Fontevrault, à cause du fief de la Clergie et autres terres et seigneuries, situées audit duché comparant par dom Antoine de Lafont, sous-prieur de Saint-Arnoult de Crépy

(1) Nous publions ce document d'après un manuscrit des *Archives de l'Empire.*

Les dames abbesse, prieure et religieuses de l'abbaye royale de Royallieu, à laquelle est réunie l'abbaye de Morienval, à cause de leurs terres et seigneuries situées dans ledit duché de Valois, qui sont Morienval, Bethancourt, Fresnoi-la-Rivière, Elincourt, Saint-Clément ; comparantes par dom Narcisse-Bernard Cousin, religieux bénédictin de Saint-Arnoult de Crépy ;

Les sieurs, prieur et religieux de la chartreuse de Bourg-Fontaine, à cause de leurs fiefs, terres 'et seigneuries de Beauvoir, en la paroisse d'Arrouy-du-Temple, en la paroisse de Sennevières ; de La Tour, paroisse de Morienval ; Duplessis le Bougre, en la paroisse de Cuvergnon, et autres terres et seigneuries situées dans l'étendue dudit duché ; comparants par frère Gaspard du Boieu, religieux coadjuteur de ladite chartreuse ;

Les dames prieure et religieuses de Longprés, ordre de Fontevrault, à cause de leur fief en la paroisse de Feigneux ; du fief des Oulieux, paroisse de Larguy, et autres fiefs et seigneuries situés audit duché ; comparantes par dom Jean Friquet, religieux de Pontevrault, directeur de ladite communauté ;

MM. les doyens, chanoines et chapitre de l'église cathédrale de Senlis, à cause de leurs terres et seigneuries de Fremoi-le-Luat, Bazoche en la paroisse de Duvy, Le Clos Bernard, en la paroisse de Rozières, et autres terres et seigneuries situées audit duché ; comparant par M. Denis-Jacques-Mathias Belard, prêtre, chanoine de l'église collégiale de Saint-Thomas de Crépy, leur procureur ;

M. Pierre Letellier, prêtre, curé de la paroisse de Sainte-Agathe de Crépy ;

M. Etienne Letellier, prêtre, curé de Saint-Denis de Crépy, en son nom, et comme procureur de Jean-Baptiste Didier, curé de Bemont ;

M. Christophe-Grégoire-Marie Farondel, prêtre curé de Plessis-Placy, en son nom, et comme fondé de la procuration de M. François Cussau, curé d'Echempeu ;

M. Nicolas Gesfroi, prêtre, curé de Frenoi-les-Gombries, et encore comme procureur de Jean-Louis Pinart, curé d'Acy-en-Multieu, et de Pierre-Benoît Berger, curé de Rosoy ;

M. François-Edouard Delamartinière, prêtre, curé de la paroisse d'Auges-Saint-Vincent ;

M. Quelin de Villers, prieur-curé de Bargny ;

M. Charles Lenormand, prêtre, curé de Béthancourt ;

M. Quelin Warenguin, prêtre, curé de Béty ;

M. François Ruellon, curé de Boissi-les-Gombries ;

M. Toussaint-Jean-François Leroy, prêtre, curé de Villers-Saint-Genest en son nom, et comme fondé de procuration de M. Joseph Humbert, curé de Bouillancy, et de M. Laurent Cos, chapelain titulaire de la chapelle de la Sainte-Famille au château dudit Bouillancy ;

M. Louis-Joseph Anique, prêtre, curé de la paroisse de Saint-Martin-Bouillant ;

M. François Desgland, desservant de la paroisse de Champlien, succursale d'Arrouy ;

M. Louis-Etienne Hallet, prêtre, curé de la paroisse du Chevreville ;

M. Nicolas-Louis Hourdé, prêtre, curé de Verberie, en son nom, et comme procureur de M. Pierre-Antoine de Hureaux, prêtre, curé de la paroisse de Notre-Dame de la Croix Saint-Ouen ; de Pierre-Barthélemy Castres, prêtre, curé de Rhui ; de M. Pierre-Jean-Baptiste Laforest, prêtre, curé de la paroisse de Saint-Germain-les-Verberies ; et de M. Etienne-Auguste Lévêque, prê-

tre, curé de la paroisse de Vaau de Longmont ;

M. Jean-Marie de Bauzière, curé de Feigneux ;

M. Charles Drulin, curé de Fresnoy-la-Rivière ;

M. Guillaume Testard, prêtre, curé de Fresnoi-le-Luat-Saint-Marc ;

M. Antoine-Joseph Lanot, prêtre, curé de Gilocourt ;

M. Antoine-Pierre Violet, prêtre, curé de Glaigne ;

M. François-Xavier-Mathias Dariague, prêtre, curé d'Yvors ;

Frère Charles Marie, desservant de la cure de Larguy ;

M. Joseph Suot, prêtre, curé du Luat ;

M. François-Eléonore Gatebois, curé de Levigneu, en son nom, et comme procureur de M. Pierre Le Roux, prêtre, curé de Rouvres-en-Multieu ;

M. Michel Dauré, prêtre, curé de Mouligni-Russi, en son nom, et comme procureur de Michel Dauré, prêtre, curé de Vez ;

M. François-Xavier-Antoine Woirin, prêtre, curé de Morcourt, en son nom, et comme chargé de la procuration de M. Louis-Barthélemy Reculet, curé de Saint-Vaudril de Rivecourt ;

M. Hugues-Jacques Capamecout, curé de Morienval ;

M. Nicolas-Victor Froy, curé de Néry ;

M. Jean-Joseph Traizet, curé d'Ormoy-le-Davien ;

M. Jean-Jacques Farochon, curé d'Ormoy-Villers, en son nom, et comme procureur de M. Jean-Nicolas Cueul, curé de Rouvelle ;

M. Jean Charles, curé de Poudront ;

M. Louis-François Creté, curé de Proye ;

M. Alexis Cornet, curé de Rocquemont ;

M. Pierre-Jacques Boitel, curé de Saint-Martin de Béthisy, en son nom, et comme fondé des procurations de M. Louis-Charles Le Viel, curé de Saint-Denis de Rucourt ; de M. Jean-Antoine Deveau, ancien curé dudit Saint-Martin de Béthisy, et doyen rural ;

M. Jean-Alexandre Leduc, curé de Saint-Clément ;

M. Pierre Lainé, curé de Saint-Germain-les-Crépy ;

M. Louis-Jean-Blanche de Geresme, curé de Saintuines ;

M. Jacques-Victor Fortier, curé de Saint-Pierre de Béthisy ;

M. Charles Bevières, comparant par M. Nicolas-Charles Boitel, chanoine de Saint-Thomas de Crépy ;

M. Pierre Rault, vicaire de la paroisse de Sainte-Agathe de Crépy, en son nom, et comme fondé de la procuration de Jean-François Leclerc, desservant de la paroisse de Sennevières.

Pour l'ordre de la noblesse,

Messire Louis-Joachim Paris Potier de Gesvres, seigneur de May-en-Multieu, à cause de la duché-pairie de Gesvres, terre et seigneurie dudit May Rouvres, Echampen, Varinfroy et autres terres dans ce duché de Valois ;

Messire Emard-Pierre George marquis de Nicolay, seigneur d'Yvors et autres lieux, en son nom, et comme procureur de Son Altesse monseigneur Louis-Joseph de Bourbon, prince de Condé, seigneur de Nantheuil-le-Haudoin, Ormoy, Villers et autres terres assises dans l'étendue dudit duché de Valois ; et de messire Claude Dessainqut, seigneur de Vaucelles, paroisse de Néry-le-Plessis, châtelain, paroisse de Trumilly; Ladoue, paroisse de Saint-Pierre de Béthisy, et autres terres situées dans le duché de Valois;

Messire Michel-Palamède de Forbin, comte de Samson, à cause de ses terres et seigneuries de Saintumes et Saint-Sauveur de Geromesnil et autres terres et seigneuries dans le duché de Valois, en son nom et comme procureur de messire Charles-Marie-Philippe Huchet de Labededyère, seigneur de Néry;

Messire François-Emmanuel Decapendu de Boursoune, comte de Boursoune, à cause de sadite seigneurie, en son nom et comme procureur de messire Jacques-François Nolet, seigneur de Trumilly;

Messire Gabriel-Auguste, comte de Mazancourt de Devivières, maréchal des camps et armées du Roi, commandeur de l'ordre royal et militaire de Saint-Louis, en son nom à cause de dame Victoire-Thérèse Hardouin de Beaumois, son épouse, suivant sa procuration; et encore comme procureur de dame Adélaïde-Thérèse Hardouin de Beaumois, épouse de messire Ernest-Louis-Joseph comte de Spare, maréchal des camps et armées du Roi, et de Marie-Charlotte Hardouin de Beaumois, épouse de Michel-Balthazar de Gouy-Darcy, vicomte de Gouy, maréchal des camps et armées du Roi; lesdites dames comtesses de Nazancourt, de Spare, et vicomtesse de Gouy Darcy, dames conjointes des fiefs et seigneuries de Baron-la-Montagne, en la paroisse de Rozières, les Sachets et autres lieux; comparantes à cause de ladite seigneurie de la Montagne; et comme procureur de Son Altesse Sérénissime monseigneur Louis-Philippe-Joseph d'Orléans, duc d'Orléans, premier prince du sang, duc de Valois;

Messire François-Joachim marquis de Nazancourt, seigneur du Fresnoi, Boissi, les Gombières, Coyolles et autres terres et seigneuries, dans le duché de Valois, en son nom, et comme procureur fondé de dame Marie-Catherine Brignolé, princesse de Monaco, épouse séparée de corps et de biens de messire Honoré-Camille-Léonard Grimaldi, prince souverain de Monaco, duc de Valentinois, pair de France, ladite princesse de Monaco, dame de Levignen, des terres et seigneuries de Betz, Macquelines, Ormoy-Ledavien, Seillel, terres en dépendant, dans l'étendue du duché de Valois; et de messire Charles-Maurice Grimaldi, comte de Valentinois, baron de Saint-Lô, grand d'Espagne de la première classe, demeurant à Betz;

Messire Louis-Christophe Héricart, seigneur de Thury, à cause de son fief de Saint-Martin-le-Pauvre, en la paroisse de Boulart, en son nom, et comme procureur de Louis-Ferdinand-Henri de Laloge, sieur de Brisson, seigneur de Drachy et du fief de la Grange-Rouge, dans le ressort dudit duché; et de messire François-Nicolas-René de Peruse d'Escars, né comte d'Escars, gentilhomme d'honneur de monseigneur le comte d'Artois; et de messire Louis-Etienne-François de Damas, comte de Damas-de-Crux, maréchal des camps et armées du Roi, tuteur et gardien noble de la demoiselle sa fille mineure, née de son mariage avec demoiselle Sophie-Joseph-Suie-Antoinette de Ligny; ledit sieur comte d'Escars, à cause de la dame son épouse, propriétaire par indivis du fief de Huleu, paroisse de Nézy;

Messire Louis-François Héricart, vicomte de Thury, seigneur de Reteuil, en son nom et comme procureur de messire Jean-Alexis-Henri de Laloge, seigneur des fiefs de Porriget et Porteront, au duché de Valois; et de messire Jean-Baptiste-

François-Marie, comte de Vassant, seigneur de Bonneuil et Romeny, situés dans le duché de Valois;

Messire Jean-François Neret, seigneur de Sery, fief des Ferets et autres lieux dans ledit duché;

Messire Robert-Nicolas de Vavrance, seigneur de Javel;

Messire Louis-François Le Pelletier de Glatigny, chevalier, seigneur d'Hautecourt, Petit Glatigny, en la paroisse de Saint-Pierre de Béthisy; en son nom et comme procureur de messire Antoine-Claude de Beaurin, comte de Glaignes et seigneur de Vancourtois; et de François-Alexandre Le Carruyer de Saint-Germain, seigneur du fief d'Harancourt, paroisse de Verberie, et autres terres et seigneuries, situées dans l'étendue dudit duché; et de messire Charles-Henri comte des Fossés, seigneur du comté de Villeneuve-sur-Verberie, du fief de Capy, paroisse de Saint-Vaast de Longuemont, et autres terres et seigneuries dans ledit duché;

Messire Claude-Charles Du Boulet des Brosses, seigneur en partie de Deméville; en son nom et comme procureur de dame Marie-Adélaïde Daublet, veuve de messire Guillaume-Antoine-Alexandre Defrance, dame en partie dudit Deméville;

Messire Jean-François Du Boulet de Théramny, aussi seigneur en partie de Deméville;

Messire Jean-Louis de Maintenant, seigneur de Goudreville, Rocquigny, et autres lieux; en son nom et comme procureur de Jacques-Vincent Coquerel, seigneur de Mouligny-le-Sec, Russi, fief de Gaulne, situés dans ledit duché;

Messire François-Victor-Benoit Dennare, seigneur de Rosoy, en son nom et comme procureur de Joséphine-Ferdinande-Léone-Colette d'Haugouwart, veuve de maître Jean-Baptiste-Joseph Petitpas, seigneur de Vez; en qualité de mère et tutrice de ses enfants mineurs, à cause de sa seigneurie de Vez;

Messire Antoine-Victor-Benoît Dennare de Rosoy fils, en son nom;

Messire Jacques-François Lhuillier de La Chapelle du Tronchet;

Messire Guillaume Breteau;

Messire Jean-Baptiste-François-Joseph Mazancourt Dufresnoi, chevalier de Mazancourt;

Messire Jean-François Valère de Saint-Jullien, en son nom et comme fondé de la procuration de dame Marie-Catherine Dufresne, veuve de messire Pierre-François de La Granche; dame du fief de Chennelet en partie; et de celle de messire Pierre-Jacques de La Granche, seigneur en partie de Villers en Mi-les-Champs;

Messire Henri-Jean-Toussaint de Pehu, en son nom et encore au nom et comme fondé de la procuration de messire Antoine-Auguste de Dixmude ou Dixmue, seigneur de Haune; et de Jeanne-Julie-Louise-Gabrielle-Huberte de Rocquigny de Palcheu, épouse dudit sieur de Dixmude ou Dixmue; de dame Jeanne-Françoise-Armande Lebel de Croisy, veuve de messire Antoine-François-Hubert-Gabriel de Rocquigny, chevalier, seigneur du Falicel, Palcheur et autres lieux, dans l'étendue du duché, en son nom et comme tutrice de ses enfants mineurs, et dudit feu sieur de Rocquigny son mari; lesdits sieur et dame de Dixmude de Haune, et veuve de Rocquigny Du Fayel, copropriétaires du fief de Chaumont, en la paroisse d'Angers-Saint-Vincent; et de celle de messire François-Gilbert-Henri marquis de Salvert de Moutroignon, au nom et comme tuteur de ses deux demoiselles mineures, héritières de dame Marie-Rosalie-Olympe Boulon de Boileau; et en cette qualité, seigneur du fief de Boileau en la paroisse de Vez.

Pour l'ordre du tiers-état,

Ville de Crépy en Valois. M. de Limon, intendant de Son Altesse Sérénissime monseigneur le duc d'Orléans;

M. Michel-Augustin Lefebvre, lieutenant particulier;

M. Pierre Urfemer Levasseur;

M. Charles-Antoine Fanon;

M. Antoine-Charles Laurens;

M. Antoine-Claude-Emmanuel-Laurent de Waru;

Acy. Pierre-Alexis Viet et Louis-Philippe-François Leroi;

Autelly. Maurice Poirée et Jacques d'Aubigny;

Auger-Saint-Vincent. Claude Belard et Charles-Sébastien Aveline;

Bargny. Éloi Lefebvre et François Perseguères;

Bemont. Jean-Jacques Bernard Bourgeois et Thomas Duchâteau;

Bethancourt. Jean Lelong et Jean-Jacques Dupont;

Betz. Charles Chatelain et Etienne Genouville;

Bouillaney. Eloy Courtier et François-Martin Lenfant;

Bouillane. Jean-Louis Dambry et François-Martin Cailleux;

Boulard. Louis Dubarbe et Charles Gourlet;

Boursoune. Eloy François et Pierre Delamarre;

Chavre. Jacques Gilquin et Jean-Baptiste Mercier;

Chevreville. François-Alexandre Bezot et François-Bernard Le Court;

La Croix Saint-Ouen. Pierre-Louis Lesquellir, Antoine-Joachim Leclerc et Dominique Meunier;

Croutles-sur-Marnes. Ambroise Marie Théodore Morin et Marcel Graicot;

Cuvergnon. Alexandre Viet et Louis-Sébastien;

Damart. (Néant);

Demeville; Joseph Andrieux et Pierre Desmoulins;

Davy. Louis Neuveglise et Jean Dumesnil;

Echampeu. Etienne Becnier et Pierre Taroux;

Etavigny. Denis Louquet et Gilbert Delahaye;

Lefayel. Pierre Leviel et Etienne Bousier.

Feigneux. Antoine Mocquet et Etienne-Victor Dessouche;

Fresnoi-la-Rivière. Jacques Maillet et Nicolas Barre;

Fresnoi-les-Gombries et Boissy. Pierre Cailleux et Jean-Baptiste Dhuique;

Fresnoi-le-Luat. Henri Coquerel et Félix Perrier;

Gilocourt et Bélival. Antoine Gatelet et Jean Portejoie;

Glaignes. Jean Goud Praquin et Pierre Morel;

Goudreville. Antoine-René Cailleux et Jean-Pierre Roquencourt;

Ivors. Marie-Alexandre Choron et Pierre Lefèvre;

Largny. Médard-François Fournier et Pierre Varniflot;

Leluat. Pierre Cointre et Toussaint Mercier;

Levigneu. Antoine-Louis-Bernard Labbé et Louis Chelier;

Maquelines. François Bochet et Jean-Baptiste Varin;

May-en-Multieu. Pierre-Théodore Roche et Pierre-Barthélemy Orry;

Montigny Russy. Antoine Moquet et Pierre Dufresne;

Morcourt. Jacques-Honoré Huiot et Joseph de Neufmaison;

Morienval, Buy et dépendances. Nicolas Choron Pierre Dumont et Jacques Trouvain;

Nantheuil-le-Haudoin. Jean Fauvelet, Félix-Léopold Gibert, Philippe Thomas et Louis-Charles-Sébastien Madelain;

Nantheuil-sur-Marne. Eloy-Nicolas Vercousin et Jean-Baptiste Vaillant;

Néry. Louis-François Rouville de Lagrange et Charles Lebrasseur;

Noé-Saint-Martin. (Néant);

Ognes. (Néant);

Ormoi-Ledavieu. Jacques-François Leroy et Jacques Simart;

Ormoi-Villers. Etienne Dorles et Jean-Michel Fontaine;

Orrouy et Champlieu. Bernabé Bompierre et Martin Delargille;

Le-Plessis-Placy. Antoine-Bernard Hannoteau et Jacques Bataille;

Poudrouin. Jean-François Lescaillou (seul);

Proye-les-Gombries. Michel Mauléau et François Caux;

Rhuis. Jean-Louis Roger et Pierre Personne;

Rivecourt. François Foucounoir et Jean-Baptiste Counefray;

Rocquemont. Joseph Perrier et Jean-Baptiste Lesueur;

Romeny. Pierre-Antoine Babet et Barthélemy Mauthel;

Rozières. Nicolas-Henry Gibert et Pierre Robin;

Rozoi-en-Multien. Benoit Fournier et Bernard Gibert;

Rouville. Marie-François Simon et Roger Lemoine;

Rouvres-en-Multien. Pasquier Aubry et Pierre Mathieu Rain;

Rucourt. Louis Leduc et Nicolas Leduc;

Sennevieres. Charles Lecourt et Eloy Harcet;

Sery et Magneval. Simon Rieul Huyot et François Levasseur;

Saint-Clément. Jacques-Victor Causourier et Christophe Ceusier;

Saint-Germain-les-Crépy. Zacharie Brué Desouches et Pierre Simon, le jeune;

Saint-Germain-les-Verberie. Jacques Poncet et François-Louis Bergeron Delatour;

Saintumes. Charles Bergeron et Jean-Nicolas Geriot;

Saint-Martin-Béthisy. Philippe-Antoine Coignasse Desjardins et Jacques Duchâteau;

Saint-Pierre-Béthisy. François Derville et François Pasquier;

Saint-Sauveur ou Geromesnil. Alexis Viart et François Landigeois;

Saint-Vaast de Longuemon. Louis Thiénard et Claude Lebègue;

Trumilly. Pierre-Charles Lemoine et Henri-Antoine Gatté;

Vernifroy. Louis Marsant et Antoine-Paschal Legrand;

Verberie. Pierre-Charles-Emmanuel Thibault, Louis-François Sauvage de Longchamps, Claude-Antoine-Bonaventure Lesuer et Claude Duvivier;

Vermes. Antoine Varlet, l'aîné (seul);

Vezles Chatel. François Moulin et Pierre Tassart;

Villers-Saint-Genest. Nicolas Leroi et Antoine-Denis Denise.

BAILLIAGE D'ÉTAMPES.

Extrait du procès-verbal de l'assemblée générale des trois ordres (1)

Du 9 mars 1789,

Devant nous, Charles-Jean-Marie, marquis de
Valory, maître de camp, colonel commandant le
premier régiment provincial d'état-major, chevalier de l'ordre royal et militaire de Saint-Louis,
grand bailli d'épée ;
Ouï le procureur du roi, par l'avocat de Sa
Majesté, M. le bailli ordonne et nous disons
qu'il sera présentement procédé à l'appel des
trois ordres distinctement et séparément ;
Et ayant fait appeler tous les membres de
l'ordre du clergé, selon la hiérarchie, sont, au
même instant comparus tous les ci-après nommés et qualifiés ;

Abbayes.

M. l'abbé de Tressan, abbé commendataire de
l'abbaye royale de Morigny, seigneur des paroisses de Saint-Germain-les-Étampes, et Maisons-
en-Beauce, et des fiefs et seigneuries de Bou-
villiers, le Touchet, Guillerville, Bleville et
autres fiefs situés en ce bailliage, comparant en
personne ;
Mesdames les abbesses, prieure et religieuses
de l'abbaye royale de Notre-Dame de la Joie-Vil-
liers-les-Lafertés à Leps, comparantes par dom
Bougault, leur directeur et confesseur.

Abbés et prieurs commendataires, seigneurs
de fiefs.

M. Duplessis d'Argentré, évêque de Limoges,
abbé commendataire de l'abbaye royale des Veaux-
de-Cernay, en cette qualité seigneur de Venant
en la paroisse de Boissi-le-Sec, comparant par
M. Jean-Jacques Fromantin, prêtre, chanoine du
chapitre Sainte-Croix d'Étampes, fondé de son
pouvoir ;
M. de Livry, évêque de Callinique, abbé commendataire de l'abbaye royale de Sainte-Colombe-
les-Sens, seigneur en partie de Sermaise-en-
Beauce, non comparant, ni procureur fondé de
son pouvoir ;
M. l'abbé de La Huguet Barnazis d'Espagnac,
prieur prévôt de Saint-Laurent-de-Villiers, Lan-
doue, non comparant, ni procureur fondé de son
pouvoir ;
M. l'abbé Dozier, prévôt de Notre-Dame dit
Auvers, comparant par M. Jean-Baptiste Guyot,
chanoine d'Auxerre, fondé de son pouvoir ;
M. l'abbé Animé, prieur commendataire du
prieuré de Saint-Loup dudit Sermaise-en-Beauce,
non comparant ni procureur fondé de son pouvoir ;
M. l'abbé Geouffre d'Aurussac, prieur commendataire de l'abbaye de Montalin, seigneur de
Mézières, Chêne-Coupe, Chêne-Bécard et autres

(1) Nous publions ce document d'après un manuscrit
des Archives de l'Empire.

fiefs, en la paroisse de Mondeville, non comparant
ni procureur fondé de son pouvoir.

Abbayes et maisons royales de femmes, dames de
paroisses et fiefs.

Mesdames les abbesses, prieure, et religieuses
de l'abbaye royale de Ville-Chasson-Morel,
dames en partie de la paroisse Saint-Hilaire et
autres fiefs, non comparantes, ni procureur fondé
de leur pouvoir ;
Mesdames les abbesse, prieure et religieuses
de l'abbaye royale d'Hyerres, dames de la paroisse
de Viddelles et des hameaux de Meurbois et Re-
rolu, le Mesnil-Racoin et autres fiefs, comparantes par M. François-Antoine Bion, prieur des
mathurins d'Étampes, fondé de leur pouvoir ;
Mesdames les supérieure et religieuses de la
royale maison établie à Saint-Cyr-les-Versailles,
dames des paroisses de Monnesville, Guillerval
et lief de Rinoron en la paroisse Saint-Sulpice-de-
Favières, non comparantes, ni procureur fondé
de leur pouvoir.

Chapitres.

Le chapitre de l'église royale, collégiale et paroissiale de Notre-Dame d'Étampes, comparant
par M. Voizot, chef chantre en dignité dudit chapitre, et député d'icelui ;
Le chapitre de l'église métropolitaine de Sens,
seigneur de la paroisse de Brouy, non comparant, ni procureur fondé de son pouvoir ;
Le chapitre de l'église cathédrale de Sainte-
Croix d'Orléans, seigneur de Fontaine, Ormoi-
taine, Ormoi-la-Rivière, Marolles, la-Forêt-Sainte-
Croix, Boissi-la-Rivière en partie, et de la
seigneurie de Mesnil-Girault, non comparant, ni
procureur fondé de son pouvoir ;
Le chapitre de l'église métropolitaine de
Saint-Gatien de Tours, seigneur de la paroisse
de Beaudy, non comparant, ni procureur fondé
de son pouvoir ;
Le chapitre de l'église Saint-Séphard de
Meung, seigneur en partie de la paroisse de
Pannetières, comparant par M. Denis-Michel
Voizot, chef chantre en dignité du chapitre
Notre-Dame de cette ville, son fondé de pouvoir.

Chanoines réguliers et autres ordres réguliers.

MM. les chanoines réguliers de l'ordre de la
Sainte-Trinité, rédemption des captifs, dits mathurins, seigneur de la paroisse d'Orlu et autres
fiefs assis en cette ville d'Étampes, comparant
par messire François-Antoine Biou, prieur ministre desdits mathurins ;
MM. les chanoines réguliers de la congrégation
de France, fondée en l'église de Saint-Jean en
Vallée-les-Chartres, seigneurs de la paroisse
d'Ardelu, et de la seigneurie de Monterville, non
comparant, ni procureur fondé de leur pouvoir ;
MM. les prieur et religieux de la chartreuse
d'Orléans, prieur du prieuré de Saint-Pierre de
cette ville d'Étampes, non comparants, ni procureur fondé de leur pouvoir ;
MM. les prieur et religieux célestins de Marcoussis, seigneurs des paroisses de Saclas et

Saint-Hilaire en partie, et de différentes seigneuries dans l'étendue de ce bailliage, comparants par M. Lestoré, prêtre chanoine, vicaire général de Sens, et archidiacre d'Etampes ; fondé du pouvoirs de monseigneur l'archevêque de Paris, administrateur des biens desdits célestins de Marcoussis, en vertu d'arrêt du conseil d'Etat du Roi ;

MM. les prieur et religieux de Saint-Benoît-sur-Loire, seigneurs de Grandvilliers, en la paroisse de Mainvillier, non comparants, ni procureur fondé de leur pouvoir ;

MM. les prieur et religieux de l'abbaye de Cercaneaux, seigneurs de Quatrevaux, en la paroisse d'Antrin, non comparants, ni procureur fondé de leur pouvoir ;

MM. les prieurs et religieux de l'abbaye de Josaphat, seigneur en partie de la paroisse de Baudreville, non comparants, ni procureur fondé de leur pouvoir ;

MM. les prieur et religieux de l'abbaye de Saint-Père-en-Vallée-les-Chartres, seigneurs de Gourville et Girondel, non comparants, ni procureur fondé de leur pouvoir.

Communautés de filles.

Mesdames les supérieure et religieuses de la congrégation de Notre-Dame de cette ville d'Etampes, comparantes par M. François Haillard, curé de la paroisse Saint-Basile dudit Etampes, leur fondé de pouvoirs ;

Prieurés séculiers simples.

M. l'abbé de Labordère, prieur de Saint-Martin de Brétuecourt en la paroisse de Viesville, non comparant, ni procureur fondé de son pouvoir ;

M. l'abbé de Maréchal, prieur du prieuré de Chastenai, non comparant, ni procureur fondé de son pouvoir ;

M. l'abbé de Saint-Jean-en-Vallée-les-Chartres, prieur du prieuré d'Aubret, en la paroisse de Sainte-Escobille, non comparant, ni procureur fondé de son pouvoir ;

Prieurés réguliers simples.

M. le prieur du prieuré de Charle-Saint-Marc, non comparant, ni procureur fondé de son pouvoir ;

Dom Urbain Le Ducq, prieur de prieuré de Notre-Dame de Laferté à Leps, comparant en personne ;

M. le prieur du prieuré de Saint-Médard de Maisse, non comparant, ni procureur fondé de son pouvoir ;

M. le prieur du prieuré de Notre-Dame-du-Pré, en la paroisse de Champigny, non comparant, ni procureur fondé de son pouvoir ;

Ne s'étant plus trouvé aucuns prieurs réguliers simples à comparaître ; M. Lestoré, grand vicaire de Sens, et archidiacre du doyenné d'Etampes, a dit que sa qualité d'archidiacre, lui donnant juridiction spirituelle et temporelle sur les cinq paroisses de cette ville et surplus de quarante à cinquante autres paroisses situées dans le ressort de ce bailliage, il se croyait en droit de comparaître en la présente assemblée et d'y précéder MM. les curés, nous requérant en conséquence de statuer à l'instant sur sa réclamation tout ce qu'au cas il appartiendra ;

Oui le procureur du Roi par l'avocat de Sa Majesté, M. le bailli, après avoir pris l'avis de quatre membres séculiers de l'ordre du clergé, ordonne, et nous disons qu'il est donné acte à M. l'abbé Lestoré de sa réclamation ; et pour y être fait droit, le renvoie à se pourvoir devant les Etats généraux ;

Au surplus, M. le bailli ordonne, et nous disons que l'appel commencé sera continué.

MM. les curés.

Ville d'Etampes. 1er M. Boivin, curé chevecier de la paroisse de Notre-Dame, comparant en personne ;

2e M. Gailliard, curé de la paroisse Saint-Basile, comparant en personne ;

3e M. Docher, curé de la paroisse Saint-Gilles, comparant en personne ;

4e M. Legrand, curé de la paroisse Saint-Martin, comparant en personne ;

5e M. Périer, curé de la paroisse Saint-Pierre, comparant en personne.

Villes, bourgs et villages du ressort de ce bailliage, appelés par ordre alphabétique.

Angerville. M. Rousselet, curé de la paroisse d'Angerville, comparant en personne ;

Antrin. M. Bertheau, curé de la paroisse d'Antrin, comparant en personne ;

Andeville. M. Huet, curé de la paroisse d'Andeville, comparant en personne ;

Anvers. M. Ruffien, curé de la paroisse Notre-Dame-d'Anvers, comparant en personne ;

Anvers. M. Porchon, curé de la paroisse Saint-Georges dudit Anvers, comparant en personne ;

Ardelu. M. Imbault, curé de la paroisse d'Ardelu, comparant par M. Chesnel, curé d'Ytteville, son fondé de pouvoir ;

Arrancourt. M. Bellemere, curé de la paroisse d'Arrancourt, non comparant, ni procureur fondé de son pouvoir ;

Andouville. M. Merlin, curé de la paroisse d'Andouville, comparant par messire Pierre Dutel, ancien curé de Rouvrai Saint-Denis, demeurant en cette ville d'Etampes, son fondé de pouvoir ;

Abbeville. M. Prieur, curé de la paroisse d'Abbeville, comparant par M. Marin de Laville, curé de la paroisse de Saclas, son fondé de pouvoir ;

Auverneau. M. Crosnier, curé de la paroisse d'Auverneau, non comparant, ni procureur fondé de son pouvoir ;

Baudreville. M. Baillau, curé de la paroisse de Baudreville, comparant par M. Guillaume-Etienne Rousselet, curé de la paroisse d'Augerville, son fondé de pouvoir ;

Brière-les-Scellés. M. Deshayes, curé de la paroisse de Brière-les-Scellés, comparant en personne ;

Bois-Herpin. M. Boilot, curé de la paroisse de Bois-Herpin, comparant en personne ;

Bouternilliers. M. Gillet, curé de la paroisse de Bouterviltiers, comparant en personne ;

Boissy-la-Sec. M. Tesson, prieur-curé de la paroisse de Boissy-le-Sec, comparant en personne ;

Boissy-la-Rivière. M. Voltigem, curé de la paroisse de Boissy-la-Rivière, comparant en personne ;

Boigneville. M. Rivet, curé de Boigneville, comparant en personne ;

Blandi. M. Chevry, curé de la paroisse de Blandi, non comparant, ni procureur fondé de son pouvoir ;

Brouy. M. Duval, curé de la paroisse de Brouy,

non comparant, ni procureur fondé de son pouvoir;

Bouray. M. Dumasy, curé de la paroisse de Bouray, comparant par messire Delanoue, curé de la paroisse de Villeneuve-sur-Anvers, son fondé de pouvoir;

Baulne. M. Filleau, curé de la paroisse de Baulne, comparant par messire François Dauge, prêtre, curé de la paroisse de Soury, son fondé de pouvoir;

Boutigny. M. Jolly, curé de la paroisse de Boutigny, comparant en personne;

Boissi-le-Cuté. M. Astier, curé de la paroisse de Boissy-le-Cuté, non comparant, ni procureur fondé de son pouvoir;

Ballancourt. M. Legros, curé de la paroisse de Ballancourt, comparant par messire Chesnel, curé de la paroisse d'Ytteville, son fondé de pouvoir;

Bune. M. Boutin, curé de la paroisse de Bune, comparant par messire Jean-Antoine Deglo de Besse, prêtre, curé de la paroisse Notre-Dame de Maisse, son fondé de pouvoir;

Bouneveau. M. Renard, curé de la paroisse de Girouville-sous-Bune, desservant de la paroisse de Bouneveau, comparant en personne;

Chalo-Saint-Marc. M. Blanchet, curé de la paroisse de Chalo-Saint-Marc, comparant en personne;

Chastenay. M. Richard, curé de la paroisse de Chastenay, comparant par messire Jean-Pierre Delanoue, curé de Méreville, son fondé de pouvoir;

Champigny. M. Frichet, curé de la paroisse de Champigny, comparant en personne;

Chamarande. M. Parmentier, curé de la paroisse de Chamarande, comparant par messire François le Héron, prêtre, vicaire et chapelain en l'église paroissiale du dit Chamarande, son fondé de pouvoir;

Chaufour. M. Laveau, prieur-curé de la paroisse de Chaufour, comparant en personne;

Champmoteux. M. de Lespinay, curé de la paroisse de Champmoteux, comparant par messire Jean-Louis Soulavie, prêtre, vicaire de la paroisse Saint-Basile d'Etampes, son fondé de pouvoir;

Cougerville. M. Moissant, curé de la paroisse de Cougerville, comparant par messire François Guillard, curé de la paroisse Saint-Basile d'Etampes, son fondé de pouvoir;

Chaloue-la-Reine. M. Dufaye, curé de la paroisse de Chaloue-la-Reine, comparant en personne;

Courances. M. Gousset, curé de la paroisse de Courances, non comparant, ni procureur fondé de son pouvoir;

Champceuil. M. Blanchard, curé de la paroisse de Champceuil, non comparant, ni procureur fondé de son pouvoir;

Cerny. M. Durand, curé de la paroisse de Cerny, comparant par messire Devaux, curé de la paroisse de Fontaine, son fondé de pouvoir;

Courdimanche. M. Bellot, curé de la paroisse de Courdimanche, non comparant, ni procureur fondé de son pouvoir;

Dommerville. M. Guihon, curé de la paroisse de Dommerville, comparant par messire Guillaume-Etienne Rousselet, curé de la paroisse d'Angerville, son fondé de pouvoirs;

Denouville. M. Petit-Jean, curé de la paroisse de Denouville, paroisse Notre-Dame-d'Etampes, comparant en personne;

Dhuisson. M. Dubois, curé de la paroisse de Dhuisson, comparant par messire Cantien-André-

Docher, curé de la paroisse Saint-Gilles d'Etampes, son fondé de pouvoir;

Etrechy. M. Ledoux, curé de la paroisse d'Etrechy, comparant en personne;

Etouches. M. Sollye, curé de la paroisse d'Etouches, comparant par M. Bertheau, curé d'Antrin, son fondé de pouvoir;

Fontaine. M. Devaux, curé de la paroisse de Fontaine, comparant en personne; •

Grandville. M. Dieulle de Nainville, curé de la paroisse de Grandville, comparant par M. François Grégy, prêtre, chanoine du chapitre de l'église royale, collégiale et paroissiale de Notre-Dame-d'Etampes, son fondé de pouvoirs;

Guillerval. M. Travers, curé de la paroisse de Guillerval, comparant en personne;

Gommerville. M. Cidouin, curé de la paroisse de Gommerville, comparant par M. Jean-Louis Soulavie, prêtre, vicaire de la paroisse Saint-Basile d'Etampes, son fondé de pouvoir;

Gaudreville. M. Fauve, curé de la paroisse de Gaudreville, comparant en personne;

Girouville-sous-Bune. M. Renard, curé de la paroisse de Girouville-sous-Bune, comparant en personne;

Guigneville. M. Alvin, curé de la paroisse de Guigneville, comparant par M. Claude-Antoine de Liancourt, son fondé de pouvoir, curé de la paroisse de Saint-Germain-les-Etampes;

Itteville. M. Chesnel, curé de la paroisse d'Itteville, comparant en personne;

La Ferté-Aleps. M. Martin, curé de la paroisse de Notre-Dame de la ville de la Ferté-Aleps, comparant par M. Jean Chevalier, chef chantre en dignité du chapitre Sainte-Croix d'Etampes, son fondé de pouvoir;

Laforêt-le-Roy. M. Genêt, curé de la paroisse de Laforêt-le-Roy, comparant en personne;

Laforêt-Sainte-Croix. M. Jamin, curé de la paroisse de Laforêt-Sainte-Croix, ayant été appelé, est, au même instant, comparu le révérend père Salmon, religieux de l'ordre des frères mineurs de Saint-François, qui a dit qu'en sa qualité de desservant de la paroisse de Laforêt-Sainte-Croix, il a droit de représenter, en la présente assemblée, ledit sieur Jamin, et de délibérer comme il le ferait lui-même, s'il était présent, avec les membres de l'ordre du clergé;

Et sur l'objection qui a été faite par un desdits membres de l'ordre du clergé, que le père Salmon étant religieux de l'ordre des frères mineurs de Saint-François, ne pouvait point, quoique desservant de la paroisse de Laforêt-Sainte-Croix, représenter le sieur Jamin, curé de la paroisse, telle certitude qu'on eût que ce dernier était dans l'impossibilité physique de comparaître en personne;

M. Le Bailli, après avoir pris l'avis de quatre membres séculiers de l'ordre du clergé, ordonne et nous disons qu'attendu qu'il est notoire que le sieur Jamin, curé de la paroisse de Laforêt-Sainte-Croix est dans l'impossibilité physique de comparaître en personne, le père Salmon, religieux de l'ordre des frères mineurs de Saint-François, représentera, sans tirer à conséquence, ledit sieur Jamin, et aura voix délibérative avec les membres de l'ordre du clergé.

Comme aussi que l'appel commencé, sera continué.

La Briche. M. Pigeon, curé de la paroisse de La Briche, comparant en personne;

Maisse. M. Deglo de Besse, curé de la paroisse Notre-Dame de la ville de Maisse, comparant en personne;

Maisse. M. Guteau, curé de la paroisse Saint-

Médard de ladite ville de Maisse, comparant par M. Legris, prêtre, curé de la paroisse de Rominvilliers, son fondé de pouvoir;

Méréville. M. de Lanoue, curé de la paroisse de Méréville, comparant en personne;

Mainvilliers. M. Poirier, curé de la paroisse de Mainvilliers, comparant par M. Hourdel, curé de la paroisse de Sermaise-en-Beauce, son fondé de pouvoirs;

Mespuis. M. Chaumette, curé de la paroisse de Mespuis, comparant par messire Legris, prêtre, curé de la paroisse de Rominvilliers, son fondé de pouvoirs;

Moulineux. M. Lefort, curé de la paroisse de Moulineux, comparant en personne;

Maisons-en-Beauce. M. Guilhard, curé de la paroisse de Maisons-en-Beauce, comparant par messire Cautieu André Docher, prêtre, curé de la paroisse Saint-Gilles d'Etampes, son fondé de pouvoirs;

Mesrobert. M. Peron, curé de la paroisse de Mesrobert, comparant par messire Lefort, prêtre, curé de la paroisse de Moulineux, son fondé de pouvoirs;

Mounerville. M. Faussier, curé de la paroisse de Mounerville, comparant en personne;

Mauchamps. M. Dolivier, curé de la paroisse de Mauchamps, comparant en personne;

Marolles. Le révérend père Salmon religieux de l'ordre des frères mineurs de Saint-François, desservant de la paroisse de Marolles, comparant en personne;

Nougeville. M. Boulloy, curé de la paroisse de Nougeville, comparant par messire Charles Boivin, chevecier, curé de la paroisse Notre-Dame d'Etampes, son fondé de pouvoirs;

Orlu. M. Mucé, curé de la paroisse d'Orlu, comparant par messire Legrand, curé de la paroisse Saint-Martin d'Etampes, son fondé de pouvoirs;

Ormoi-la-Rivière. M. Lartollot, curé de la paroisse d'Ormoi-la-Rivière, comparant en personne;

Oysonville. M. Amy, curé de la paroisse d'Oysonville, comparant par messire Blanchet, curé de la paroisse de Chali-Saint-Marc, son fondé de pouvoirs;

Pannetières. M. Adam, curé de la paroisse de Pannetières, comparant en personne;

Prunay. M. Chemite, curé de la paroisse de Prunay, comparant en personne;

Pussay. M. Huc, curé de la paroisse de Pussay, comparant par messire Pierre Bulet, ancien curé de Rouvrai-Saint-Denis, demeurant à Etampes, son fondé de pouvoirs;

Richarville. M. Delamarre, curé de la paroisse de Richarville, non comparant, ni procureur fondé de son pouvoir;

Rominvilliers. M. Legris, curé de la paroisse de Rominvilliers, comparant en personne;

Rouvres et Sermaise-en-Beauce. M. Hourdel, curé des paroisses de Rouvres et Sermaise-en-Beauce, comparant en personne;

Saclas. M. Delaville, curé de la paroisse de Saclas, comparant en personne;

Saint-Escobille. M. Peteil, curé de la paroisse de Saint-Escobille, non comparant, ni procureur fondé de son pouvoir;

Sousy. M. Daage, curé de la paroisse de Sousy, comparant en personne;

Saint-Hilaire. M. Roger, curé de la paroisse de Saint-Hilaire, comparant par messire Gillet, curé de la paroisse de Boutavilliers, son fondé de pouvoirs;

Saint-Cir. M. Hureau, curé de la paroisse de Saint-Cir, comparant en personne;

Saint-Germain-les-Etampes. M. de Liancourt, curé de la paroisse de Saint-Germain-les-Etampes, comparant en personne;

Tignonville. M. Barrois, curé de la paroisse de Tignonville, comparant par messire Pierre-César Périer, curé de la paroisse Saint-Pierre d'Etampes, son fondé de pouvoirs;

Thionville. M. Fauve, curé de la paroisse de Thionville, comparant en personne;

Vierville. M. Lebedel, curé de la paroisse de Vierville, comparant par messire Legrand, curé de la paroisse de Villeconin, son fondé de pouvoirs;

Villeconin. M. Gibier, prieur, curé de la paroisse de Villeconin, comparant en personne;

Vallepuysceaux. M. Auger, curé de la paroisse de Vallepuysceaux, comparant par messire Claude-Antoine de Liancourt, curé de la paroisse de Saint-Germain-les-Etampes, son fondé de pouvoir;

Villeneuve-sur-Anvers. M. Delanoue, curé de la paroisse de Villeneuve-sur-Anvers, comparant en personne;

Vaires. M. Baudichon, curé de la paroisse de Vaires, comparant par messire Laveau, prieur, curé de Chaufour, son fondé de pouvoir;

Videlle. M. Leroi, curé de la paroisse de Videlle, comparant par messire Frichet, curé de la paroisse de Champigny, son fondé de pouvoir;

Et sur ce qui a été, à l'instant, représenté par le procureur du Roi de Sa Majesté qu'il venait d'apprendre que les sieurs curés de Richarville et de Saint-Escorbille, se proposaient de comparaître en l'assemblée du bailliage de Dourdan, quoique étant du ressort de ce Bailliage; M. le bailli ordonne et nous disons qu'il est donné acte audit procureur du Roi de ce qu'en tant que besoin est ou serait, il proteste de nullité de la comparution que pourraient faire lesdits sieurs curés de Richarville et de Saint-Escorbille en l'assemblée des trois états du bailliage de Dourdan, même de celle que pourraient déjà avoir fait tous autres curés du ressort de ce bailliage : à l'effet de quoi notre présente ordonnance sera signifiée, à la requête dudit procureur du Roi, auxdits sieurs curés de Richarville et de Saint-Escobille, ainsi qu'à tous autres qu'il appartiendra; à ce qu'ils n'en ignorent. Et au surplus que l'appel encommencé sera continué.

Commanderies de l'ordre de Malte.

M. le commandeur d'Etampes, seigneur des paroisses de Chalone, Lareine, Moncineux, et de différents fiefs et seigneuries en cette ville d'Etampes, non comparant ni procureur fondé de son pouvoir;

M. le commandeur de Chaufour, non comparant, ni procureur fondé de son pouvoir;

M. le commandeur de Saussay en la paroisse de Ballancourt, seigneur de la paroisse d'Anvers-Eau, et autres fiefs, non comparant, ni procureur fondé de son pouvoir.

Chapelains et autres ecclésiastiques séculiers.

MM. les chapelains du chapitre de l'église royale, collégiale et paroissiale de Notre-Dame de cette ville d'Etampes, comparant par messire Claude Boullemier, l'un desdits chapelains, fondé de leur pouvoir;

M. l'abbé Denis, chapelain en l'église paroissiale de Bouray, comparant en personne;

M. l'abbé Soulavi, prêtre, vicaire de la paroisse Saint-Basile de cette ville d'Etampes, comparant en personne;

M. le chapelain de la chapelle des Corps Saints

d'Etrechy, non comparant, ni procureur fondé de son pouvoir;

Et n'y ayant plus personne de l'ordre du clergé à appeler, M. le Bailli ordonne, et nous disons qu'il sera aussi présentement procédé à l'appel de l'ordre de la noblesse.

Ducs.

A l'appel de M. le maréchal, duc de Mouchy, seigneur de la paroisse d'Ytteville, n'est comparu aucun procureur fondé de son pouvoir;

A l'appel de M. le duc de Villeroy, seigneur en partie des paroisses de Champceuil et de Ballancourt, n'est pareillement comparu aucun procureur fondé de son pouvoir;

Après quoi ont été appelés et comparus tous les marquis, comtes, vicomtes, barons et autres gentilshommes ci-après nommés.

Seigneurs du marquisat du duché d'Etampes.

Madame de La Roussière, marquise d'Oysonville, dame des seigneuries d'Oysonville, Congerville, Ezeaux et fiefs en dépendants; comparante par M. Auguste-Marie-Etienne de Prunelle, seigneur en partie de Chalo-Saint-Mars, son fondé de pouvoir;

M. Blanchet de La Sablière, chevalier, seigneur du marquisat de Vaires, comparant par M. Chapelle, baron de Jumilhac, son fondé de pouvoir.

Seigneurs des comtés du duché d'Etampes.

M. le marquis de Talaru, comte de Chamarande, lieutenant général des armées du Roi, commandeur grand-croix de l'ordre royal et militaire de Saint-Louis, seigneur des paroisses et seigneuries d'Etrechy, Mauchamps, Villeconin, Brières-les-Scelles, Villeneuve-sur-Auvert, Vaucelas, Vintue et autres fiefs en cette ville d'Etampes, comparant par M. Debois Guyon, ancien capitaine de grenadiers, avec rang de major au régiment de Lamballe, chevalier de l'ordre royal et militaire de Saint-Louis, demeurant en cette ville d'Etampes, son fondé de pouvoir;

M. le président Rolland, comte de Chambaudouin, seigneur de Tremeville, en la paroisse d'Antrin, et autres fiefs, non comparant, ni procureur fondé de son pouvoir.

Seigneurs des vicomtés du duché d'Etampes.

M. de Grand Maison, vicomte de Bois-Herpin, lieutenant général des armées du Roi, chevalier de l'ordre royal et militaire de Saint-Louis, comparant en personne;

Seigneurs de baronies et châtellenies du duché d'Etampes.

M. de Laborde, seigneur de la baronnie et haute châtellenie de Mereville, seigneur des bourgs, terres et seigneuries d'Angerville, Lagate, Nevrobert, Boutervilliers, Saint-Escobille, Guillerville en partie, Glaire, Montreau, les Carneaux et autres fiefs, terres et seigneuries dans le ressort de ce bailliage, comparant par M. Poilloue de Bonneveau, chevalier de l'ordre royal et militaire de Saint-Louis, demeurant en cette ville d'Etampes, son fondé de pouvoir;

M. le baron Gauville, seigneur baron de la baronnie et haute châtellenie de Laforêt-le-Roi, et autres fiefs, comparant en personne;

M. le marquis de Valory, seigneur de Bourneuf, et autres fiefs assis en cette ville d'Etampes, comparant en personne;

M. le marquis de Dampierre, seigneur de Bréau, Saint-Lubin, Richarville et autres fiefs, comparant par M. de Prunelle, seigneur en partie de Chalo-Saint-Mars, son fondé de pouvoir;

M. le marquis de Bizemont, maréchal des camps et armées du Roi, seigneur de Gironville-sous-Buno, et autres fiefs, comparant par M. le vicomte de Bizemont, son fils, son fondé de pouvoir;

M. le marquis d'Ejallot, lieutenant général des armées du Roi, chevalier de l'ordre royal et militaire de Saint-Louis, seigneur de Dommerville, Outreville et autres fiefs, comparant par M. Poilloue Saint-Marc de Saint-Périer, chevalier de l'ordre royal et militaire de Saint-Louis, ancien major du corps royal d'artillerie, demeurant en cette ville d'Etampes, son fondé de pouvoir;

M. le marquis de Latanne, seigneur en partie de la paroisse de Pussay. et autres fiefs, non comparant, ni procureur fondé de son pouvoir;

M. le comte de Martel, seigneur de Laporte Martel, Antrin, Pannetières en partie et autres fiefs, comparant par M. de Trargon, seigneur de la paroisse de Manivilliers, son fondé de pouvoir;

M. Furoule, seigneur en partie de la paroisse de Chastenay, et du fief de Cottainville, non comparant, ni procureur fondé de son pouvoir;

M. le comte de Bisemont, chevalier de l'ordre royal et militaire de Saint-Louis, seigneur de la paroisse de Gignonville et autres fiefs, comparant en personne;

M. le comte de Selve, seigneur des paroisses de Cerny, Boissi-Lecuté et autres fiefs, comparant par M. Picard, seigneur de Noir-Epinay, et autres fiefs, son fondé de pouvoir;

M. le comte de Tilly, à cause de la dame son épouse, seigneur de la paroisse de Thionville, comparant par M. de Saint-Pol, son fondé de pouvoir;

M. le vicomte de Brosse, maréchal des camps et armées du Roi, chevalier de l'ordre royal et militaire de Saint-Louis, seigneur du fief des Carneaux, en la paroisse de Boigneville, comparant par M. le vicomte de Bisemont, seigneur de Vignay, son fondé de pouvoir;

M. le vicomte de Bisemont, seigneur baron de Vignay, Girolles, Gaudevilliers, Champmoteux, Mangeville, en partie et autres fiefs, comparant en personne;

M. Dulo, vicomte Dalleman, seigneur de la paroisse de Rouvres, comparant par M. le vicomte de Mauroi, seigneur de la paroisse d'Huisson, son fondé de pouvoir;

M. le vicomte de Mauroi, seigneur de la paroisse d'Huisson et des fiefs des Grand et Petit Presle, et autres y réunis, comparant en personne;

M. de Canclaux, maréchal des camps et armées du Roi, chevalier de l'ordre royal et militaire de Saint-Louis, seigneur de Saussay en la paroisse de Ballancourt, comparant en personne;

M. de Languedoue d'Archambaut, grand bailli d'épée de Chatillon-sur-Indre, chevalier de l'ordre royal et militaire de Saint-Louis, mestre de camp de cavalerie, seigneur en partie de la paroisse de Pussay, comparant par M. Poilloue de Saint-Mars, seigneur du Petit Saint-Mars, chevalier de l'ordre royal et militaire de Saint-Louis, son fondé de pouvoir;

M. Chapelle, baron de Jumilhac seigneur de la paroisse de Guigneville et des fiefs et seigneuries de Vaugreguouse et autres fiefs, chevalier de l'ordre royal et militaire de Saint-Louis, comparant en personne;

M. de Fabrici, maréchal des camps et armées du Roi, seigneur de Gillevoisin, Chagrenon et autres fiefs en la paroisse de Saint-Georges d'Anvers, chevalier de l'ordre royal et militaire de Saint-Louis, comparant en personne;

M. de Vidal, seigneur d'Ormeville en la paroisse de Baudreville et autres fiefs, comparant par M. de Vidal, son fils, lieutenant au régiment du Maine-infanterie, son fondé de pouvoir;

M. Desmazis, seigneur des Grand et Petit Boinville, en la paroisse de Charlo Saint-Mars, comparant en personne;

M. de Vidal de Lion, chevalier de l'ordre royal et militaire de Saint-Louis, seigneur des terres et seigneurie d'Anjanville en la paroisse d'Andeville, comparant par M. de Vidal, son cousin, lieutenant au régiment du Maine-infanterie, son fondé de pouvoir;

M. le vicomte de Bizemont-Prunelle, seigneur du Buisson, en la paroisse de Champceuil, non comparant, ni procureur fondé de son pouvoir;

M. de Chabrillant, seigneur en partie de la paroisse d'Andelu, non comparant, ni procureur fondé de son pouvoir;

M. le président de Nicolay, seigneur de la paroisse de Courances et autres fiefs, non comparant, ni procureur fondé de son pouvoir;

M. le président Maynon, seigneur des paroisses de Puisselet, Le Marais, Mespuis, Vallepuysceaux, Champigny et autres fiefs, comparant par M. le vicomte de Selve, son fondé de pouvoir;

M. le président Chopin, seigneur d'Amonville, Jodainville, Bierville et autres fiefs en la paroisse de Baudreville, comparant par M. de Fabrici, maréchal des camps et armées du Roi, son fondé de pouvoir;

M. Cousinet, seigneur de la paroisse de Souzy et des fiefs et seigneuries des Grande et Petite Laguigneraye, la Lougnée, le Moulin-Neuf et autres fiefs, comparant par M. de Rotrou, seigneur de Saudreville, son fondé de pouvoir;

M. de Rotrou, seigneur des fiefs et seigneuries de Saudreville, Fourchainville, Villeneuve, le Coesmeau et autres fiefs, comparant en personne;

M. de La Brierre, seigneur de Boissy-le-Girard, en la paroisse d'Antrin, non comparant, ni procureur fondé de son pouvoir,

M. de Selve d'Andreville, seigneur des paroisses d'Audeville et d'Etouche, comparant par M. le vicomte de Selve, son fondé de pouvoir;

MM. André-Charles de Vigny et Hilaire-Auguste de Vigny, frères, seigneurs d'Emerville en la paroisse d'Audeville, comparant par messire Joseph Pierre de Vigny, chevalier de l'ordre royal et militaire de Saint-Louis, leur fondé de pouvoir;

MM. Duris de Chatignonville et de Lémondant, coseigneurs de Carbonville en ladite paroisse d'Audeville et autres fiefs qu'ils possèdent dans l'étendue de ce bailliage, comparants par M. de Taragon, seigneur de la paroisse de Mainvilliers, leur fondé de pouvoir;

M. de Junneville, seigneur en partie de la paroisse d'Auverneau, non comparant, ni procureur fondé de son pouvoir;

M. et mademoiselle Boyet et de Boissy, M. et madame de Barville, coseigneurs de la paroisse de Boissy-le-Sec et autres fiefs réunis, non comparants ni procureurs fondés de leur pouvoir;

M. de Sabrevois, colonel au corps royal d'artillerie, directeur dudit corps au département de la Haute-Bretagne, chevalier de l'ordre royal et militaire de Saint-Louis, seigneur en partie de la paroisse d'Orlu, non comparant, ni procureur fondé de son pouvoir;

M. Poilloue de Saint-Mars, seigneur en partie des fiefs de Boissy-la-Rivière, Poilloue et Bierville, chevalier de l'ordre royal et militaire de Saint-Louis, comparant en personne;

M. Mansion de Saint-Victor, chevalier de l'ordre royal et militaire de Saint-Louis, seigneur d'Argeville en la paroisse de Boigneville et autres fiefs, comparant en personne;

M. Ferade Rouville, seigneur de Touveau, Rouville, Lagrange-sans-Terre et autres fiefs, comparant par M. le comte de Bizemont, son fondé de pouvoir;

M. de Saint-Pol, à cause de la dame son épouse, seigneur de la paroisse de Beaulne, comparant en personne;

M. de Montaran, seigneur en partie des paroisses d'Itteville et Bouray, non comparant, ni procureur fondé de son pouvoir;

M. de Chestrel, seigneur des paroisses de Boutigny et Courdimanche, terre et seigneurie de Belbat, comparant en personne;

M. Poilloue de Bouneveau, chevalier de l'ordre royal et militaire de Saint-Louis, ancien major des carabiniers, seigneur en partie de la paroisse de Bouneveau, fief et seigneurie de Poilloue en la paroisse de Saclas, comparant en personne;

M. d'Averton, seigneur en partie de ladite paroisse de Bouneveau, et autres fiefs, non comparant, ni procureur fondé de son pouvoir;

M. de Grignon des Bureaux, chevalier de l'ordre royal et militaire de Saint-Louis, seigneur des Bureaux, en la paroisse de Bune, comparant par M. le chevalier de Fabrici, son fondé de pouvoir;

M. de Maussabré, chevalier de l'ordre royal et militaire de Saint-Louis, seigneur des terres, fief et seigneurie de La Fosse, en la paroisse de Chalo-Saint-Mars, comparant par M. de Prunelle, seigneur en partie de Chalo-Saint-Mars, son fondé de pouvoir;

M. de Prunelle, seigneur des Carneaux, en la paroisse de Chalo-Saint-Mars, comparant en personne;

M. de Vigny, seigneur du Tronchet, en la paroisse de Chalo-Saint-Mars, comparant en personne;

M. Genin, seigneur de Longuetoise, en la paroisse dudit Chalo-Saint-Mars, comparant en personne;

M. Verbier de Chartres, seigneur de Chastenay, Valangard et autres fiefs, comparant par M. le comte de Bizemont, son fondé de pouvoir;

Le seigneur de Basmeville en la paroisse dudit Chastenay, non comparant, ni procureur fondé de son pouvoir;

Le seigneur du Petit-Villiers, en la paroisse d'Etouches, non comparant, ni procureur fondé de son pouvoir;

Le seigneur de Gravelles, en la paroisse de Saint-Georges d'Anvers, non comparant, ni procureur fondé de son pouvoir;

M. de La Borde de Mereville, garde du trésor royal, seigneur de la paroisse de Granville et autres fiefs y réunis, ayant été appelé et ne comparaissant pas, quoique présent à l'assemblee, un de messieurs de l'ordre de la noblesse a requis que puisque mondit sieur de La Borde était présent et placé avec les députés de l'ordre du tiers-état, il fût tenu de comparaître et déduire à l'instant les causes de sa non-comparution dans l'ordre de la noblesse;

La réquisition ayant été admise, M. de la Borde s'est avancé vers nous, et a dit que le motif qui l'empêche de comparaître en ce moment dans l'ordre de la noblesse, en sa qualité de seigneur de la paroisse de Grandville, est le choix que ladite paroisse de Granville a fait de lui pour un de ses représentants, et l'acceptation qu'il a faite lui-même de cette commission. Pourquoi requiert qu'il soit donné défaut contre lui en sa qualité de seigneur de Granville;

Ouï le procureur du Roi, par l'avocat de Sa Majesté, M. le bailli, après avoir pris l'avis de quatre membres de l'ordre de la noblesse, ordonne qu'il n'y a lieu à donner défaut contre mondit sieur de La Borde, et qu'au surplus, l'appel encommencé sera continué;

M. Ponet de Flexinville, seigneur de fief en ladite paroisse d'Itteville, comparant en personne;

M. Sorbet, seigneur de fief en ladite paroisse d'Itteville, comparant en personne;

M. de Saint-Pol, chevalier de l'ordre royal et militaire de Saint-Louis, seigneur de la paroisse de La Briche et autres fiefs, comparant en personne;

M. Daville Frances, seigneur de la ville de Maisse et des paroisses de Boiqueville, Buno et autres fiefs y réunis, comparant en personne;

M. de Taragon, seigneur de la paroisse de Mainvilliers et autres fiefs, comparant en personne;

M. Chopin de Serincourt, seigneur en partie du fief de Goeuzville, en la paroisse de Chalo-Saint-Mars, comparant par M. Poilloue de Saint-Mars de Saint-Périer, chevalier de l'ordre royal et militaire de Saint-Louis, son fondé de pouvoir;

M. Picart, seigneur de Noirépinay, Lamarche et autres fiefs, comparant en personne;

M. Delataille de Tartainville, seigneur de Landreville, en la paroisse d'Ormoi-la-Rivière, comparant par M. Delataille, son fils, capitaine de chasseurs au régiment de la marine-infanterie, son fondé de pouvoir;

M. Pajot, seigneur du fief d'Eipargue, en la paroisse de Richarville, comparant par M. Germain, lieutenant en premier au régiment de la Reine-infanterie, son fondé de pouvoir;

M. Dadouville, seigneur de la paroisse de Roninvilliers et des terre et seigneurie d'Ezerville, Lavenant et autres fiefs, comparant en personne;

M. Deviat, seigneur de Boischambault, en ladite paroisse de Roninvilliers et autres fiefs, comparant en personne;

M. Liénard du Colombier, seigneur en partie du Plessis-Saint-Benoît, en la paroisse d'Authon, non comparant, ni procureur fondé de pouvoir;

M. Durix de Lémondant, capitaine commandant d'escadron au régiment des chasseurs à cheval des Trois-Evêchés, ci-devant dragons de Montmorency, seigneur du Buisson, en la paroisse de Villeconin, comparant par M. Deviat, seigneur de Boischambault, son fondé de pouvoir;

M. Chevreau de Vaudouleurs, seigneur de Vaudouleurs et autres fiefs en la paroisse Saint-Germain-les-Etampes, comparant par M. de Vigny du Tronchet, son fondé de pouvoir;

M. de La Bigne, seigneur de la Montagne et de Bouvillers, en la paroisse Saint-Germain-les-Etampes, et des terres et seigneuries de Guignouville et de Bois-Mercier, en la paroisse Saint-Pierre de cette ville d'Etampes, comparant par M Picart,

seigneur de Noir-Epinay, fondé de son pouvoir;

M. de Moras, seigneur en partie de Vierville, non comparant ni procureur fondé de son pouvoir;

M. de Barville, seigneur du Fresne, en la paroisse de Villeconin, non comparant, ni procureur fondé de son pouvoir;

M. Poilloue de Saint-Mars de Saint-Périer, chevalier de l'ordre royal et militaire de Saint-Louis, ancien major du corps royal d'artillerie, seigneur de Valvay et autres fiefs, en la paroisse Saint-Martin de cette ville, comparant en personne;

M. Poilloue de Saint-Mars, ancien officier major aux gardes françaises, chevalier de l'ordre royal et militaire de Saint-Louis, seigneur du Petit Saint-Mars, en ladite paroisse Saint-Martin de cette ville d'Étampes, comparant en personne;

Madame la comtesse de Liguerac, dame des paroisses d'Itteville et de Bouray, non comparante, ni procureur pour elle fondé de son pouvoir;

Madame la comtesse de Brissay, tutrice de ses enfants mineurs, seigneurs comtes de Denouville et autres fiefs, comparante par M. Léon-Pierre de Vigny, chevalier de l'ordre royal et militaire de Saint-Louis, son fondé de pouvoir;

Madame la vicomtesse de Talaru, tutrice de ses enfants mineurs, seigneurs de Joeurs, en la paroisse Saint-Germain-les-Etampes, et autres fiefs et seigneuries, non comparante, ni procureur pour elle fondé de son pouvoir;

Madame la marquise de Grassain, dame des paroisses de Saint-Cyr-la-Rivière, Sarrancourt, Abbeville et des fiefs et seigneuries de Cottainville, Fontenette, Quimcampoix, Boissi-la-Rivière et autres fiefs, comparant par mondit Léon-Pierre de Vigny, son fondé de pouvoir;

Madame de Sanguin de Vaudeuil, dame des fiefs et seigneurie de Richarville, et du Bréau-Hubin, comparante par M. de Conclaux, maréchal des camps et armées du Roi, son fondé de pouvoir;

Madame Grignon des Barreaux, vicomtesse de Montliart, dame en partie de Buno et de Chautambre, comparante par M. Maurdon de Saint-Victor, chevalier, seigneur d'Argeville, son fondé de pouvoir;

Madame de Planoy, dame de Gondreville, Lafranche d'Audouville, Puiselet, Richerelle et autres fiefs situés dans l'étendue de ce bailliage, comparante par M. Chapelle, baron de Jumilhac, son fondé de pouvoir;

Madame de Binauvilé, dame du fief d'Erouville en la paroisse d'Authon, non comparante, ni procureur fondé de son pouvoir;

Madame du Bois de La Brosse, dame en partie de la paroisse de Buno, non comparante, ni procureur fondé de son pouvoir;

Mademoiselle Desolle, dame du fief du Ruisseau en la paroisse de Courance, non comparante, ni procureur fondé de son pouvoir;

Madame Anne-Charlotte de Saint-Pol-Duris, dame des fiefs et seigneurie de Lémondant en la paroisse de La Briche, non comparante, ni procureur fondé de son pouvoir;

Mademoiselle de Viart, dame du fief de Mézières, en la paroisse de Puiselet-le-Marais, comparante par M. de Viart, son frère, seigneur de Boischambault, son fondé de pouvoir.

Messieurs les gentilshommes, non possédant fiefs en cette ville d'Etampes, et dans le ressort dudit bailliage, présents en personne.

M. de Boisguyon, chevalier de l'ordre royal et

militaire de Saint-Louis, demeurant à Etampes, paroisse Saint-Basile ;

M. de Viart des Francs, aussi chevalier de l'ordre royal et militaire de Saint-Louis, propriétaire de biens fonds en la ville d'Etampes et environs ;

M. Dajot, officier de dragons, demeurant à Etampes, paroisse Saint-Bazile ;

M. Devidal, lieutenant d'infanterie au régiment de marine, demeurant audit Etampes, paroisse Notre-Dame ;

M. de Germain, lieutenant en premier au régiment de la Reine-infanterie, demeurant aussi à Etampes, susdite paroisse Saint-Basile ;

M. George de Selve, vicomte de Selve, demeurant au château de Villiers, paroisse de Cerni.

Et n'y ayant plus personne à appeler dans l'ordre de la noblesse, ni à comparoir, M. le bailli ordonne et nous disons qu'il sera pareillement procédé à l'appel de l'ordre du tiers-état.

Et ayant fait appeler les députés de l'ordre du tiers-état, sont au même instant comparus tous les ci-après nommés :

Ville d'Etampes. 1er Charles-Antoine-Nicolas Baron ;

2e Thomas Petit Ducoudray ;

3e Louis-André-Charlemagne Gudin ;

4e François Baron ;

5e Jacques-André Desforges ;

6e et Pierre-Nicolas Sureau.

Tous six nommés députés de cette ville d'Etampes, par acte d'assemblée, fait en l'hôtel commun de ladite ville, le jour d'hier.

Suivent Messieurs les députés des villes, bourgs, paroisses et communautés du ressort de ce bailliage, appelés par ordre alphabétique ;

Angerville. 1er Jean-Henri Rousseau, maître de poste et cultivateur ;

2e Pierre Leguai ;

3e Augustin Rabourdin ;

4e Et George-Antoine Mineau ; tous trois cultivateurs et nommés, ainsi que ledit sieur Rousseau, pour députés de la paroisse d'Angerville, par acte d'assemblée du 3 mars, présent mois;

Antrin. Jean-Gérard Geoffroy, avocat en parlement, juge de la justice d'Antrin, et Jean-François-Adrien Fortin, cultivateur, tous deux députés de la paroisse d'Antrin, par acte d'assemblée du 5 mars, présent mois ;

Audeville. Denis Huteau et Jacques Dupré, tous deux cultivateurs et députés de la paroisse d'Audeville, par acte d'assemblée du 5 mars, présent mois ;

Anvers. A l'appel des députés des paroisses Notre-Dame et Saint-George d'Anvers, qui ont dit être en contestation entre eux sur la validité ou l'invalidité de leurs nominations, l'avocat du Roi a requis qu'il lui fût donné acte de ce qu'il se départait de la connaissance de cette contestation ;

A quoi ayant égard, M. le bailli ordonne, et nous disons qu'il est donné acte à l'avocat du Roi de son dépôt ; et vérification faite des deux procès-verbaux d'assemblée desdites paroisses Notre-Dame et Saint-Georges d'Anvers, à nous à l'instant représentés, nous déclarons lesdits deux procès-verbaux nuls et de nul effet ; en conséquence, ordonnons que les habitants de ces deux paroisses seront tenus de s'assembler dans le jour à l'effet de procéder à la nomination de deux nouveaux députés, conformément au règlement de Sa Majesté ; lesquels députés ainsi nommés prêteront serment devant nous lieutenant général dans l'assemblée qui sera par nous présidée ; et

sera, au surplus, l'appel en commencé continué,

Ardelu. Hippolyte Soiret et Jacques Payen, tous deux cultivateurs et députés de la paroisse d'Ardelu, par acte d'assemblée du premier du présent mois ;

Arrancourt. Pierre Vramont et Louis-George Benoît, tous deux cultivateurs et députés de la paroisse d'Arrancourt, par acte d'assemblée du premier du présent mois ;

Andouville. Charles Marchou, et Jean Marchand, tous deux cultivateurs et députés de la paroisse d'Andouville, par acte d'assemblée du 3 mars, présent mois ;

Abbeville et Fontenette. Mathurin-François Billaraud et Denis Baudet, l'aîné, tous deux cultivateurs et députés de la paroisse d'Abbeville et du hameau de Fontenette, n'ayant qu'un seul rôle d'impositions, par actes d'assemblée du 25 février dernier et 4 mars présent mois ;

Auverneau. Joseph Chaigneau et Pierre Gardi, tous deux cultivateurs et députés de la paroisse d'Auverneau, par acte d'assemblée du 1er du présent mois ;

Baudreville. Jacques Bailliard et Protais Séjourné, tous deux cultivateurs et députés de la paroisse de Boudreville, par acte d'assemblée du 1er du présent mois ;

Brière-les-Scellés. Jules Chevalier et Etienne Buisson, tous deux cultivateurs et députés de la paroisse de Brière-les-Scellés, par acte d'assemblée du 1er du présent mois ;

Boisherpin. François Robert et Etienne Voron, tous deux cultivateurs et députés de la paroisse de Boisherpin, par acte d'assemblée du 1er du présent mois ;

Boutervilliers. Louis Boivin et Julien Boudon, tous deux cultivateurs et députés de la paroisse de Boutervilliers, par acte d'assemblée du 2 du présent mois ;

Boissi-le-Sec. Jean Champigny, procureur du roi au grenier à sel d'Etampes, juge de la justice de Boissi-le-Sec, et Louis-Alexandre Desroziers, cultivateur, tous deux députés de la paroisse de Boissi-le-Sec, par acte d'assemblée du 22 février dernier ;

Boissi-la-Rivière. Jacques-Louis Desluis, meunier et cultivateur, et François Poget, aussi cultivateur, tous deux députés de la paroisse de Boissi-la-Rivière, par acte d'assemblée du 22 février dernier ;

Boigneville. Siphard Baudet, et Jacques Poisson, tous deux cultivateurs et députés de la paroisse de Boigneville, par acte d'assemblée du 6 mars présent mois ;

Blandi. Jacques Rouceret et Georges Laugant, tous deux cultivateurs et députés de la paroisse de Blandi, par acte d'assemblée du 5 du présent mois ;

Broui. Charles Sébastien Sergent et Claude Bellier, tous deux cultivateurs et députés de la paroisse de Broui, par acte d'assemblée du jour d'hier ;

Bouray. Jean-Pierre Albain et Guillaume Lalande, tous deux cultivateurs et députés de la paroisse de Bouray, par acte d'assemblée du 25 février dernier ;

Mesnil-Voisin en la paroisse de Bouray. Alexandre Boucher, et Claude Saunier, tous deux cultivateurs et députés de la communauté des habitants au hameau du Mesnil-Voisin, en ladite paroisse du Bouray, par acte d'assemblée du 3 du présent mois ;

Baulne. François Robert, juge de la justice de Baulne, et Paul Faure, cultivateur, tous deux députés de la paroisse dudit Baulne, par acte d'assemblée du 2 du présent mois ;

Bouligny. Pierre Gibier et Henri Charpentier, tous deux cultivateurs et députés de la paroisse de Bouligny, par acte d'assemblée du 26 février dernier;

Boissi-Lécuté. Pierre de La Vallée et Maximilien Vincent, tous deux cultivateurs et députés de la paroisse de Boissi-Lécuté, par acte d'assemblée du 1er du présent mois ;

Ballancourt. Etienne Grugeon et Charles Brunet, tous deux cultivateurs et députés de la paroisse de Ballancourt, par acte d'assemblée du 1er du présent mois ;

Bouneveau. Les députés de la paroisse de Bouneveau, ayant été appelés, n'ont point comparu ;

Buno. Les députés de la paroisse de Buno, ayant été appelés, n'ont point comparu ;

Chalo-Saint-Mars. Jean Lamy, meunier et cultivateurs, Robert Brière, menuisier, et Simon Houdouin, aussi menuisier, tous trois députés de la paroisse de Chalo-Saint-Mars, par acte du 8 mars, présent mois ;

Chastenay. Charles Mareille et Charles Denizet, tous deux cultivateurs et députés de la paroisse de Chastenay, par acte d'assemblée du 1er du présent mois ;

Champigny. Louis Pillas et Germain Jamet, tous deux cultivateurs et députés de la paroisse de Champigny, par acte d'assemblée du 1er du présent mois;

Chamarande. Louis Crespin, arpenteur royal, et Jacques Dufour, cultivateur, tous deux députés de la paroisse de Chamarande, par acte d'assemblée du 25 février dernier;

Chaufour. François Huet et Louis Levron, tous deux cultivateurs et députés de la paroisse de Chaufour, par acte d'assemblée du 27 février dernier;

Champmoteux. Louis Thomas et Jean Gibier, tous deux cultivateurs et députés de la paroisse de Champmoteux, par acte d'assemblée du 1er du présent mois ;

Congerville. Etienne Thomas et Pierre Marchou, tous deux cultivateurs et députés de la paroisse de Congerville, par acte d'assemblée du 25 février dernier;

Courances. Etienne-Eloy Chaussé et Charles Moreau, tous deux cultivateurs et députés de la paroisse de Courances, par acte d'assemblée du 27 février dernier;

Chaloue-la-Reine. Marin Lambert et Pierre Delanoue, tous deux cultivateurs et députés de la paroisse de Chaloue-la-Reine, par acte d'assemblée du 4 du présent mois ;

Cerny. François Bardillon et Pierre Métivet, tous deux cultivateurs et députés de la paroisse de Cerny, par acte d'assemblée du 5 du présent mois;

Courdimanche. François Aubert et Pierre Prévôt, tous deux cultivateurs et députés de la paroisse de Courdimanche, par acte d'assemblée du 26 février dernier;

Champceuil. Les députés de la paroisse de Champceuil, ayant été appelés, ne sont point comparus ;

Dhuisson. Jean Argant et Jean Gaudion, tous deux cultivateurs et députés de la paroisse de Dhuisson, par acte d'assemblée du 1er du présent mois ;

Dommerville. Cantieu Penot, cultivateur et Louis-Charles Valotte, géographe, tous deux députés de la paroisse de Dommerville, par acte d'assemblée du jour d'hier ;

Denouville. Pierre Lhomme et Mathurin Bizard, tous deux cultivateurs et députés de la paroisse de Denouville, par acte d'assemblée du 4 du présent mois ;

Etouche. Jean-Lazare Force et Jean Cartault, tous deux cultivateurs et députés de la paroisse d'Etouche, par acte d'assemblée du 6 du présent mois;

Etrechy. Pierre-Louis Choiseau père et Marie-Pierre-Marguerite Choiseau fils, anciens maîtres de poste et cultivateurs, bourgeois de la paroisse d'Etrechy, tous deux députés de ladite paroisse d'Etrechy, par acte d'assemblée du 27 février dernier;

Vaucelas en la paroisse d'Etrechy. Louis Gilbon, et Charles Simoneau, tous deux cultivateurs et députés de la communauté des habitants du hameau de Vaucelas en ladite paroisse d'Etrechy, par acte d'assemblée du 20 février dernier;

Fontaine. François Périer, procureur fiscal de la justice de Mesnil-Giraut, et Gervais Rousset, arpenteur royal, tous deux députés de la paroisse de Fontaine, par acte d'assemblée du 1er du présent mois ;

Grandville. François-Louis-Joseph Laborde, garde du trésor royal, seigneur de Grandville, et Denis Gaudrille, cultivateur, tous deux députés de la paroisse dudit Grandville, par acte d'assemblée du 3 mars, présent mois;

Guillerval. Jean-Louis Lecomte, maître de poste et cultivateur, et Gilles Meunier, aussi cultivateur, tous deux députés de la paroisse de Guillerval, par acte d'assemblée du 5 du présent mois ;

Gommerville. Louis-Charles Savouré, notaire royal et cultivateur, et François Lefebvre, aussi cultivateur, tous deux députés de la paroisse de Gommerville, par acte d'assemblée du 26 février dernier;

Gironville-sous-Buno. Jean-Pierre Landry et Etienne Dorés tous deux cultivateurs et députés de la paroisse de Gironville-sous-Buno, par acte d'assemblée du 27 février dernier;

Gaudreville. Charles Rabourdin et Jacques Guizenet, tous deux cultivateurs et députés de la paroisse de Gaudreville, par acte d'assemblée du 27 février dernier;

Guigneville. Jean-Baptiste-François Robert, notaire royal, procureur fiscal de justice de Guigneville, et Eloi Lemarre, cultivateur, tous deux députés de la paroisse dudit Guigneville, par acte d'assemblée du 6 du présent mois ;

Itteville. François Perin et Jean Caquet, tous deux cultivateurs et députés de la paroisse d'Itteville, par acte d'assemblée du 24 février dernier;

Laferté-à-Leps. Pierre-Philippe Legrand de Château-Rouge, avocat en parlement, et Toussain Mathurin Rousseau, marchand mercier-drapier, tous deux députés de la paroisse Notre-Dame de la ville de Laferté-à-Leps, par acte d'assemblée du 1er du présent mois;

Laforêt-le-Roi. Louis Peigne et Jacques-Philippe Rouablet ; tous deux cultivateurs et députés de la paroisse de Laforêt-le-Roi, par acte d'assemblée du 6 mars, présent mois;

Laforêt-Sainte-Croix. Alexandre Ciret et Jean Baudet, tous deux cultivateurs et députés de la paroisse de Laforêt-Sainte-Croix, par acte d'assemblée du 24 février dernier ;

La Briche et Sousy. Jean-Baptiste Gallot, et Pierre Rousseau, tous deux cultivateurs et députés de la paroisse de Labriche et Sousy, n'ayant qu'un seul rôle d'impositions, par acte d'assemblée du 23 février dernier;

Maisse. François Boucher et Jean-Bernard Levèque, tous deux cultivateurs et députés des paroisses Notre-Dame et Saint-Médard de la ville de Maisse, n'ayant qu'un seul rôle d'impositions, par acte d'assemblée du 2 du présent mois ;

Mereville. Jean-Pierre Boreau, procureur fiscal de la justice de Mereville ; Pierre Rouleau, cultivateur ; Antoine-Thomas Collet, cultivateur, et Antoine Baretier, cultivateur ; tous quatre députés de la paroisse Saint-Père dudit Mereville, par acte d'assemblée du 2 du présent mois ;

Mainvilliers. Jacques Dupré et Etienne Bauvillier, tous deux cultivateurs et députés de la paroisse de Mainvilliers, par acte d'assemblée du 2 du présent mois ;

Maisons en Beauce. Etienne Lesage et Charles Mareille, tous deux cultivateurs et députés de la paroisse de Maisons-en-Beauce, par acte d'assemblée du jour d'hier ;

Mespuis. Pierre Poisson et Pierre Brichard, tous deux cultivateurs et députés de la paroisse de Mespuis, par acte d'assemblée du 23 février dernier ;

Moulineux. Jacques Douce et François Dufresne, tous deux cultivateurs et députés de la paroisse de Moulineux, par acte d'assemblée du 4 mars, présent mois ;

Mesrobert. Eloi Rabier et Denis-François Mareille, tous deux cultivateurs et députés de la paroisse de Mesrobert, par acte d'assemblée du 2 du présent mois ;

Monnerville. Michel Mareille le jeune et Sulpice Poget, tous deux cultivateurs et députés de la paroisse de Monnerville, par acte d'assemblée du 4 du présent mois ;

Marolles. Georges Minier et Pierre Imbault, tous deux cultivateurs et députés de la paroisse de Marolles, par acte d'assemblée du 24 février dernier ;

Mauchamps. Jacques Lesueur et Charles Barrois, tous deux cultivateurs et députés de la paroisse de Mauchamps, par acte d'assemblée du 25 février dernier ;

Naugeville. Jean Pointeau et Thomas Chauset, tous deux cultivateurs et députés de la paroisse de Naugeville, par acte d'assemblée du jour d'hier ;

Ormoi-la-Rivière. Pierre Desroziers et Etienne Lamirault, tous deux cultivateurs et députés de la paroisse d'Ormoi-la-Rivière, par acte d'assemblée du 27 février dernier ;

Orlu. Pierre Boniface Chantaloup et Jacques Sureau, tous deux cultivateurs et députés de la paroisse d'Orlu, par acte d'assemblée du 1er du présent mois ;

Oysonville. Jacques Dramard, bourgeois, et Toussaint Jullien, tailleur d'habits, tous deux députés de la paroisse d'Oysonville, par acte d'assemblée du 25 février dernier ;

Pussay. Pierre Pineau de Villeneuve, juge de la justice de Pussay, et Pierre-Paul Dujonquois, fabricant de bas et cultivateur, tous deux députés de la paroisse dudit Pussay, par acte d'assemblée du 4 du présent mois ;

Puiselet-le-Marais. Michel Bardillon et Lucas Lenoir, tous deux cultivateurs et députés de la paroisse de Puiselet-le-Marais, par acte d'assemblée du 25 février dernier ;

Pannetières. Dominique Gaudrille et Jean Moreau, tous deux cultivateurs et députés de la paroisse de Pannetières, par acte d'assemblée du 26 février dernier ;

Prunay. Pierre Delorme et Mathieu Bouchu, tous deux cultivateurs et députés de la paroisse

de Prunay, par acte d'assemblée du 6 du présent mois ;

Richarville. Corneil le Savouré, notaire royal, et Charles Savouré, cultivateur, tous deux députés de la paroisse de Richarville, par acte d'assemblée du 1er du présent mois ;

Roninvilliers. Jacques Sagot et Jean Petit, tous deux cultivateurs et députés de la paroisse de Roninvilliers, par acte d'assemblée du 1er du présent mois ;

Rouvres. René Prévost et George Gillotin, tous deux cultivateurs et députés de la paroisse de Rouvres, par acte d'assemblée du 23 février dernier ;

Sermaize en Beauce. Jacques Crosnier, substitut de M. le procureur du Roi de ce bailliage, juge de la justice de Sermaize en Beauce, et Pierre Robert Durand, marchand et cultivateur, tous deux députés de la paroisse dudit Sermaize en Beauce, par acte d'assemblée du 22 février dernier ;

Saclas. François Babault, notaire royal, et Germain Mareille, cultivateur, tous deux députés de la paroisse de Saclas, par acte d'assemblée du 6 du présent mois ;

Saint-Escobille. Jean-Charles Boudon et Guillaume Rabourdin, tous deux cultivateurs et députés de la paroisse Saint-Escobille, par acte d'assemblée du 6 du présent mois ;

Saint-Hilaire. Jean Sagot, notaire royal, et Arsène-Paschal-Benjamin Rabourdin, tous deux députés de la paroisse de Saint-Hilaire, par acte d'assemblée du 6 du présent mois ;

Saint-Germain-les-Etampes. Jean Piché et Louis-Denis Jean, tous deux cultivateurs et députés de la paroisse de Saint-Germain-les-Etampes, par acte d'assemblée du 1er du présent mois ;

Saint-Cyr. Gervais Marceau et Jean Lourd, tous deux cultivateurs et députés de la paroisse de Saint-Cyr, par acte d'assemblée du 4 du présent mois ;

La Montagne en la paroisse Saint-Germain-les-Etampes. Louis-Martin Venard, notaire royal, et Antoine Guteau, cultivateur, tous deux députés de la communauté des habitants du hameau de la Montagne, en la paroisse Saint-Germain-les-Etampes, par acte d'assemblée du 1er du présent mois ;

Bonvilliers en la paroisse Saint-Germain-les-Etampes. Jean Hautefeuille et Mathurin Ciret, tous deux cultivateurs et députés de la communauté des habitants du hameau de Bonvilliers en ladite paroisse de Saint-Germain-les-Etampes, par acte d'assemblée du 4 du présent mois.

Tignonville. Pierre Morin et Prothais Sedard, tous deux cultivateurs et députés de la paroisse de Tignonville, par acte d'assemblée du 1er du présent mois ;

Thionville. Etienne Genbi et Antoine Puits, tous deux cultivateurs et députés de la paroisse de Thionville, par acte d'assemblée du 1er du présent mois ;

Vierville. François David et Denis Sureau, tous deux cultivateurs et députés de la paroisse de Vierville, par acte d'assemblée du 3 du présent mois ;

Villeneuve-sur-Anvers. Jean-Pierre Chauvet et François de La Main, tous deux cultivateurs et députés de la paroisse de Villeneuve-sur-Anvers, par acte d'assemblée du 1er du présent mois ;

Villeconin. Michel Hardy et Antoine Ruze, tous deux cultivateurs et députés de la paroisse de Villeconin, par acte d'assemblée du 1er du présent mois ;

Vallepuisceaux. Médard Haury et Martin Mandonnet, tous deux cultivateurs et députés de la paroisse de Vallepuisceaux, par acte d'assemblée du 22 février dernier;

Vaires. Claude-Louis Gillot, conseiller du Roi, receveur des consignations au bailliage d'Étampes, juge de la justice de Vaires, et Jean Vallier, cultivateur, tous deux députés de la paroisse de Vaires, par acte d'assemblée du 24 février dernier;

Videlle. François-Marc Véron et Jean Gaudion, tous deux cultivateurs et députés de la paroisse de Videlle, par acte d'assemblée du 1er du présent mois

BAILLIAGE D'ÉVREUX.

Extrait du procès-verbal de l'Assemblée générale des trois ordres (1).

Du 16 mars 1789.

Devant nous François-Antoine, baron de Courcy, etc., grand bailli d'épée d'Evreux, président, etc.;

Sont comparus en personne ou par porteurs de procurations (duement vérifiées) et ainsi qu'il suit, savoir :

CLERGÉ.

Bailliage d'Evreux et de Breteuil. Mgr l'évêque d'Evreux, abbé commendataire de l'abbaye royale de Lyre;

Bailliage d'Evreux. M. l'abbé de Foy, abbé commendataire de l'abbaye royale de la Croix Saint-Leuffroy; MM. les doyen, chanoines et chapitre de l'église cathédrale d'Evreux, représentés par MM. Gillain de Cernay, doyen; Ruault, archidiacre; Douche et Bolivau, chanoines, députés dudit chapitre;

Bailliage d'Orbec. MM. les doyen, chanoines et chapitre de l'église cathédrale de Lisieux, représentés par MM. de La Fayette, doyen; Naudin, et Saurin, chanoine dudit chapitre;

Bailliage d'Evreux. M. l'abbé Rouyer, abbé commendataire de l'abbaye royale de la Noë, représenté par M. l'abbé de Foy;

Bailliage de Bernay. MM. les doyen, chanoines du chapitre de l'église cathédrale de Rouen, représentés par M. Grivaux, chanoine d'Evreux;

Bailliage d'Evreux. M. l'abbé de l'abbaye royale de Saint-Taurin d'Evreux, représenté par M. de Bounières, chanoine d'Evreux;

Bailliage d'Orbec. M. l'abbé commendataire de l'abbaye royale de Saint-Evroult, représenté par M. le doyen d'Evreux;

Bailliage de Conches. M. l'abbé commendataire de l'abbaye royale de Conches, représenté par M. l'abbé Lainé, chanoine d'Evreux;

Bailliage de Bernay. M. l'abbé commendataire de l'abbaye royale du Bechelouin, représenté par M. de Narbonne, évêque d'Evreux;

Bailliage de Nonancourt. M. l'abbé commendataire de l'abbaye royale du Breuil-Benoist, représenté par M. Amiot, prêtre d'Evreux;

Bailliage de Bernay. M. de Poudens, abbé commendataire de l'abbaye royale de Notre-Dame de Bernay, représenté par M. de Narbonne, évêque d'Evreux;

Bailliage de Beaumont. M. l'abbé de l'abbaye royale de Notre-Dame du Parc-les-Harcourt, représenté par M. l'abbé Amault, chanoine d'Evreux;

Bailliage d'Evreux. MM. les huit barons et chanoines de l'ancienne fondation de l'église cathédrale d'Evreux, représentés par M. Grivault, chanoine d'Evreux;

Bailliage d'Evreux. MM. les prieur et religieux de l'abbaye royale de Saint-Taurin d'Evreux, représentés par dom Berny, leur prieur;

(1) Nous publions ce document d'après un manuscrit des *Archives de l'Empire.*

Bailliage de Breteuil. MM. les prieur et religieux de l'abbaye royale de Lyze, représentés par dom Pierre Ommery;

Bailliage de Conches. MM. les prieur et religieux de l'abbaye royale de Conches, représentés par dom Milet, prieur;

Bailliage d'Evreux. MM. les prieur et religieux de l'abbaye royale de la Noë, représentés par dom Boulanger, prieur;

Bailliage de Nonancourt. MM. les prieur et religieux de l'abbaye royale de Givry, représentés par dom Bonart;

Bailliage de Nonancourt. MM. les prieur et religieux de l'abbaye royale de Brueuil-Benoist, représentés par M. le curé de Marcilly-Champagne;

Bailliage de Bernay. MM. les prieur et religieux de l'abbaye royale de Bernay, représentés par dom Patinet, prieur;

Bailliage d'Orbec. MM. les prieur et religieux de l'abbaye royale de Saint-Evroux, représentés par dom Caperon, religieux de l'ordre;

Bailliage d'Evreux. MM. les prieur et religieux de l'abbaye de Junnéges, représentés par dom Barre, son prieur;

Bailliage d'Orbec. MM. les prieurs et religieux Mathurins de la ville de Lisieux, représentés par dom Camusard, prieur;

Bailliage de Beaumont. Messire de Narbonne, prieur de Saint-Christophe, prébendé de Thevray.

Bailliage de Breteuil. Dom Berthelot, prieur de Maupas, représenté par dom Ommery, prieur de Lyre;

Bailliage d'Evreux. M. le prieur Saint-Nicolas de Crouvaye, à Saint-André;

Bailliage de Nonancourt. M. Morand, prieur de Saint-Denis, paroisse de la Madeleine de Nonancourt;

Bailliage de Nonancourt. M. Claude-François Robillet, prieur curé de Marcilly sur Eure;

Bailliage de Nonancourt. M. Aubin de Laforêt, prieur de la paroisse de Courdemanche;

Bailliage d'Evreux. M. le prieur du petit séminaire d'Evreux, seigneur de la paroisse de Champenard;

Bailliage de Beaumont. M. le prieur de Charleval, seigneur du fief de Noyon, en la paroisse de Coulmer, représenté par M. de Narbonne;

Bailliage de Beaumont. M. le prieur d'Harcourt, prieur du fief de Laumont, représenté par M. son vicaire;

Bailliage de Beaumont. M. le prieur de Rougeperrier, représenté par M. le prieur de Brey;

Bailliage de Beaumont. M. Bouillet, prieur du prieuré de Saint-Jean de Goupilhières;

Bailliage de Beaumont. M. de Pernon, prieur de la Sainte-Trinité de Beaumont-le-Roger, représenté par M. l'abbé Larcher, chanoine d'Evreux;

Bailliage de Beaumont. M. Delangle, prieur de Grammont, représenté par M. Cabul, principal d'Evreux;

Bailliage de Conches. M. Machelard, prieur de Luriet, paroisse Sainte-Marguerite, représenté par M. Mineray, curé de Saint-Menil;

Bailliage de Beaumont. M. le prieur de Brey;

Bailliage de Beaumont. M. le prieur de Saint-

May en la paroisse Saint-Nicolas de Beaumont-le-Roger, représenté par M. l'abbé Leduc.

CLERGÉ DU BAILLIAGE PRINCIPAL D'ÉVREUX.

Curés de la ville d'Evreux.

MM. Tribault, curé de Saint-Pierre, Fournier, curé de Saint-Nicolas, Duclos, curé de Saint-Denis, Alexis Le Clair, curé de Saint-Thomas, Dosières, curé de Saint-Gilles, Ruault, curé de Saint-Acquilin, Jourdain, curé de Saint-Léger, Champion, curé de Saint-Germain-les-Evreux.

Curés de campagne.

MM. Defontenay, curé de Gravigny, représenté par M. l'abbé Fontenay; l'abbé Fontenay; Lansot, curé de Caer, Massot, curé d'Huest; Monsavoir, desservant la cure de Sassey, Verville, curé du Vieil-Evreux; Videcocq, curé de Cierrex; Dargence, curé de Miserey; Leclerc, curé de Gauties, représenté par M. Dargenu, curé de Miserey; Antoine Bruley, curé d'Anthouilhet; Dubail, curé de Chambray; Jean-Baptiste Leroi, curé de Jouy; Loiscleur, curé d'Hardencourt; Petit, curé de Champenard; Heuzey, curé de Saint-Julien de la Liegue; Lécuyer, curé de la Croix-Saint-Leufroy; Sluzmains, curé d'Escardenville; Rolquin, curé d'Authenil, Laurent, curé de Bernon; Quilvee, curé du Béron; Druc, curé du Plessis-Gohan; Chaillon, curé de Thomer, représenté par M le curé de Saint-André; Bourdon, curé d'Avrilly; Daubernet, curé de Venies; Dubois, curé de Cissey; Lheude, curé de Villalet; Charpentier, curé d'Augerville; Bontemps, curé d'Arnières; Diosne, curé de Bezangeville; Guérin, curé d'Aulnay; Chandelier, curé de Champdolent; Legrand, curé de la Bonneville; Gaubon, curé de Glisolles; Guérard, curé de la Croiselle, représenté par M. Boursier, prêtre; Colombel, curé d'Oisset; Desmeules, curé de Serières-Haut-Clocher; Moulinet, curé de Claville; Toulin, curé de Caugé; Lesieux, curé de Tournedos; Coudray, curé de Bernieuville; Vallée, curé de Pithienville; Rogue, curé de Neuville-les-Claville; Mulnet, curé de Brguville; Colombet, curé de Saint-Martin la-Campagne; le curé de Gauvelle, représenté par M. son desservant; Devoule, curé de Neiseut; Glacon, curé de Saint-Sébastien; de Folleville, curé de Parville; Giblain, curé de Bacquepuis, Forel, curé de Saint-Georges-des-Champs, représenté par M. le curé de Saint-André; Chaillou, curé de Saint-André; Langlois, curé de Mousseaux, représenté par M. Trezey, prêtre; Chambellan, curé de Bailleul; Soucault, curé des Anthieux; Rouvière, curé de Frency; Dussaussay, desservant la cure de Saint-Germain de Fresney; Lefront, curé de la Trinité-la-Charmoye; Bourdon, curé de Grossœuvre; Massif, curé de Prey, représenté par M. Vaunier, son vicaire; Bertron, curé de Saint-Luc; Veron, curé du Parc; Bizet, curé de Guichanville; Durand, curé de Coudray; Recusson, curé de Melleville; Cau, curé du Mesnil-Fuguet; Gouel, curé d'Aviron; Vastel, curé d'Honetteville; La Roue, curé d'Houdonville; Le Breton, curé de Fontaine-Heudebourg, représenté par M. Lecuyer, curé de la Croix; Leteiller, curé de Cailly; Chausseteux, curé de Brosville; Thebout, curé de Tourneville; Doucerin, curé de Saint-Germain-des-Angles; Grenier, curé d'Emalville; Lhomme, curé de Berangeville-la-Campagne; Lecomte, curé du Mesnil-Péan; Loujou, curé de Quittebœuf; Grandhomme, curé de Cavoiville;

Montigny, curé de Saint-Aubin d'Ecrosville; Charbonnel, curé de La Vacherie; Bercher, curé de Pacy, représenté par M. Vallée, curé du Vieil-Evreux; Mabire, curé de Boisset-Léprevanche; Mullot, curé de Bretagnolles; Bertrand, curé de la Boissière; Remesson, curé de Mercy, représenté par M. Picard, curé de Caillouet; Percepied, curé de Gadencourt; Lemenu, curé de Bosroger, représenté par M. Picard, curé de Caillouet; Fontenay, curé de Sains, représenté par M. Dargence, curé de Miserey; Bouiller, curé de Mesnilles et Boisset-Hennequin, son annexe; Boulon, curé de Douains, représenté par M. Boillier, curé de Mesnilles; Coutellier, curé de Brécourt, représenté par M. Vallée, curé du Vieil Evreux; Rochon, curé de la Lumière, représenté par M. Perrin; Saint, curé de Saint-Vincent, représenté par M. Lequesne, curé de Noubecq; Lequesne, curé d'Houlbecq et de Cocherel, son annexe; Briffaut, curé de Rouvray, représenté par M. Lequesne, curé d'Houlbecq; Picard, curé de Vaux, représenté par M. Loiscleur, curé d'Hardincourt; Meton, curé de Croisy, représenté par M. Bouiller, curé de Monilles; Cissey, curé de Boncourt; Picard, curé de Caillouet; René, curé de la Haye-le-Comte, représenté par M. Grandhomme, curé de Cavoville, l'abbé Lainé, titulaire de la chapelle Saint-Nicolas de l'officialité d'Evreux, de Saint-Germain d'Aulnay et de Saint-Michel du château de Condé; l'abbé Tachère, titulaire de la chapelle de Saint-Nicolas de la Haute-Maison de Grisolles, représenté par M. l'abbé Lainé; M. de la Rocque, titulaire de la chapelle du château d'Evreux, représenté par M. le curé de Mesnil-Suguet; Rodieu, titulaire de la chapelle de Platemare, paroisse d'Houtouille; Buchot, titulaire de la chapelle de Bastigny; l'abbé de Dardez, titulaire de la chapelle de la Vacherie sur Houdonville, représenté par M de Boumière de Lavaur, titulaire de la chapelle de Saint-Michel-des-Vignes, paroisse Saint-Thomas d'Evreux; l'abbé Ruault, archidiacre d'Ouche, et l'abbé de Langle, archidiacre d'Evreux, représentés par M. Maineau, chanoine; l'abbé de Narbonne, archidiacre de Neufbourg; l'abbé de Lacroix, trésorier de la cathédrale d'Evreux; MM. les chapelains et ecclésiastiques engagés dans les ordres de l'église cathédrale d'Evreux, représentés par M. Lahyer, l'un d'eux, le chapelain de Vaux, représenté par M. le curé de Vardemon.

Clergé du bailliage secondaire de Conches.

MM. Langeux, curé de Sainte-Foy de Conches; Gabriel, curé de Sainte-Etienne, représenté par M. Langeux, curé de Sainte-Foy;

Dubuisson, de Notre-Dame-du-Val;

Leroi, curé d'Amfreville, représenté par M. Fleury, son vicaire;

Emangard, curé de Baubrey, représenté par M. Boursier, prêtre;

Lenoble, curé de Berville;

Le curé de Bourgi, représenté par M. le curé de Coulonges;

Ducasble, curé de Bourcy, représenté par M. Aunay, curé du Mesnil-Vicomte;

Lefebvre, curé de Cauelleur, représenté par M. le vicaire de Sainte-Croix de Bernay;

Moricaux, curé d'Emanville, représenté par M. le curé de Bare;

Olivier, curé de Faverolles, représenté par M. le curé d'Authieux;

Beuzelin, curé de Gremminseville, représenté par M. le curé de Gaudreville;

Dorbec, curé de la Ferrière, représenté par M. le curé du Val de Conches ;

Dubost, curé de la Gouberge, représenté par M. le curé d'Ormes ;

Drouet, curé de la Houssaye, représenté par M. le curé du Plessis-Grohan ;

Rocher, curé de la Mussoire, représenté par M. le curé de Saint-Acquilin d'Évreux ;

Percy, curé de la Puthenaye, représenté par M. le curé de Claville ;

Mouton, curé de la Vacherie, représenté par M. le curé d'Houdonville ;

Pillon, curé de Bois-Normand ;

Goujon, curé du Bois-Hubert, représenté par M. le curé de Tournedos ;

Passerat de la Chapelle-Monville, curé du Fidelaire ;

Gagnost, curé du Fresne, représenté par M. le curé de Gaudreville-la-Rivière ;

Auvray, curé du Mesnil-Vicomte ;

Derneville, curé du Mesnil-Heurderey, représenté par M. Chandelier, curé du Champ-Dolent ;

Delisle, curé du Plessis-Mahul ;

Leroi, curé du Thilleul-Desmergues, représenté par M. le curé de Saint-Aubin-d'Éroville ;

Morel, curé du Vieil-Conches, représenté par M. le curé de Sainte-Foy de Conches ;

Le Vaillant, curé de Louversey, représenté par M. Auvray, curé du Mesnil-Vicomte ;

Toupion du Mesnil, curé de Mancelles, représenté par M. le curé de Groslay ;

Varin, curé de Nangel, représenté par M. Mineray, curé de Saint-Mesnil ;

Delaunay, curé de Nogent, représenté par M. Chandelin, curé de Champ-Dolent ;

Hue, curé de Després, représenté par M. le curé de Longues ;

Huquet, curé d'Orvaux, représenté par M. le curé de Gaudreville ;

Deshayes, curé de Portes ;

Regnier, curé de Quincarnou ;

Jourdain, curé de Romilly ;

Heubel, curé de Saint-Aubin-des-Hays, représenté par M. le curé de Beaumesnil ;

Auvray, curé de Saint-Elien, représenté par M. Gosselin, curé de Tillières ;

Sellot, curé de Saint-Germain-le-Vieux, représenté par M. le curé de Saint-Acquilin d'Évreux ;

Mineray, curé de Saint-Mesnil ;

Colmar, curé de Sainte-Marguerite ;

Samson, curé de Sainte-Marthe ;

Joly, curé de Jebecourt, représenté par M. le curé de Fedelaire ;

Bunel, curé de Villers-en-Conches ;

Langeux, chapelain de la chapelle des Minières ;

Desbrutons, chapelain de la chapelle de Couillerville ;

Périers, chapelain de la chapelle de Fresne ;

Louisel, chapelain de Louversey ;

Boutchaut, chapelain de Romilly ;

Les prêtres habitués de la ville de Conches, représentés par M. Bourrier, prêtre de Conches ;

Le chapelain de la chapelle matutinale de Conches, représenté par M. Delatour, chanoine d'Évreux ;

Le chapelain de Cravent, représenté par M. Gabert, chanoine d'Évreux ;

Le chapelain de Thilleul-Lambert ;

Le chapelain du Chesne, représenté par M. Marmeaux, chanoine d'Évreux ;

Le chapelain de Saint-Blaise de Nogent, représenté par M. le directeur de Saint-Sauveur d'Évreux.

Clergé du bailliage secondaire de Breteuil.

MM. Sabins de Saint-Germain, curé de Moiville ;

Rotrou, curé de Dammarie ;

Perier, curé de Mousseaux près Damville, représenté par M. Regnier, curé de Quincarnon.

Levillain, curé des Minières près Damville, représenté par M. le curé de Marcilly-Champagne ;

Vincard, curé de Sacy ;

Lenouvel, curé de Damville ;

Le Comte, curé de Corneuil, représenté par M. le curé du Champ-Domines ;

Desmarets, curé de Coulonges ;

Dhalle, de Champ-Domines ;

Le Marchand, curé de Chavigny, représenté par M. Durand, curé de Bailleul ;

Lafaye, curé de Pommereuil, représenté par M. Dhalle, curé de Champ-Domines ;

Lefondre, curé de Boissy, représenté par M. Fabius, curé de Moiville ;

Guilbert, curé de Morainville, représenté par M. le curé de Ventes ;

Moyaux, curé de Creton, représenté par M. le curé de Ventes ;

Le curé de Saint-Germain sur Avre, représenté par M. le curé de Nonancourt ;

Bonnel, curé d'Auvergny, représenté par M. le curé d'Ambenay ;

Soudey, curé d'Elleauphle, représenté par M. le curé d'Ambenay ;

Le Sage, curé de Vaux, représenté par M. le vicaire de Bois-Normand ;

Hardy, curé de Botereau ;

Durnel, curé de Bois-Normand, représenté par M. Leroi, son vicaire ;

Le Comte, curé du Bois-Panthon, représenté par M. le curé de Coulonges ;

Laurent, curé de Bois-Nouvel, représenté par M. le curé d'Hondreville ;

Buisson, curé de Chambor, représenté par M. le vicaire de Beaumont ;

Buiscard, curé de la Neuve-Lire, représenté par M. le vicaire de Beaumont ;

Vindros, curé de Notre-Dame de Blaudey ;

Dubois, curé de Blaudey ;

Primois, curé de Roman, représenté par M. Dubois, curé de Blaudey ;

Leroy, curé de Condé-sur-Iton ;

Gastine, curé de Sept-Moulins, représenté par M. le curé de Condé-sur-Iton ;

Philippe, curé de Gouville, représenté par M. le curé de Condé-sur-Iton ;

Simon, curé de Marnefer, représenté par M. le curé de Notre-Dame-du-Bois ;

Clément, curé de Socanne, représenté par M. le prieur de l'abbaye de Saint-Taurin d'Évreux ;

Dumont, curé de Couvain, représenté par M. le curé de Glos ;

Goment, curé de Glos ;

Mesnil de La Haye, curé de Mélicourt, représenté par M. le curé de Saint-Aignan de Cernières.

Donis, curé de Saint-Martin de Cernières ;

Delaval, curé de Saint-Pierre de Cernières ;

Elie, curé de Saint-Aignan de Cernières ;

Godoy, curé de Saint-Ouen de Manuelles, représenté par M. le curé d'Aulnay ;

Duhoulley, curé de Saint-Pierre du Mesnil, représenté par M. l'abbé Larcher, chanoine d'Évreux ;

Étienne, curé de la Grande-Haye, représenté par M. le curé de Sainte-Marthe ;

Petard, curé de Notre-Dame du Bois ;

Le Chardem, curé de la Gonfrière, représenté par M. le curé de Bois-Maillard;

Guérin, curé de la Ferté-Fresne;

Tirot, curé de Champhant, représenté par dom Caperon, curé de Saint-Evroul;

Rivé, curé de Gauville en Gauvillois, représenté par M. Goment, curé de Glos;

Bataille, curé d'Amiens, représenté par M. le curé de Laferté.

Rigault, curé de Saint-Denis du Béchelon, représenté par M. Durand, prêtre;

Godin, curé de la Selle, représenté par M. le curé d'Illiers;

Le curé de Bois-Arnault.

Huet, curé de Saint-Denis de Cherpouley;

Duguay, curé de Saint-Germain-des-Angles, représenté par M. le curé de Cherpouley;

Huchet, curé des Frestils, représenté par M. le curé de Botereaux;

Le curé de Sainte-Opportune, représenté par M. le curé d'Erponcey;

Leteau, curé de Bois-Maillard;

Giroult-des-Brosses, curé d'Ambenay;

De Marguery, curé de Grandvilliers, représenté par M. Boucher, curé d'Acon;

Gérardin, curé d'Hellenvilliers, représenté par M. le curé de Nonancourt;

Vallet-Leveque, curé de Paulatte, représenté par M. le curé de Bren;

Boucher, curé d'Acon;

Delaflèche, curé de Saint-Germain-de-Breux;

Gosselin, curé de Tillières;

Lacoste, curé d'Alincourt, représenté par M. le curé de Tillières;

Brunet, curé de Lorme;

Grieux, curé de Notre-Dame de Guernauville;

Badin, curé de Baux de Breteuil, représenté par M. le curé de Bennecourt;

Le curé de Bois-Baril;

Delarue, curé de Saint-Aubin de Gizay;

Duval, curé de Saint-Jean de la Noë, représenté par M. le curé de Quincarnon;

Morand, curé de la Vieille-Lire, représenté par dom Lartois, bénédictin de Lire;

Delarue, curé de la paroisse de Villers-la-Barre, représenté par M. le curé de Saint-André de la Barre;

Villard, curé de Sainte-Marie de Bois-André, représenté par M. le curé de Dammarie;

Huet, curé de Saint-Nicolas d'Halbée;

Laurent, curé de Charnelle;

Deriva, curé de Saint-Ouen d'Athée;

Menue, curé de la Gueroulde;

Papelard, curé de Bémecourt;

Durand, curé de Breteuil, représenté par M. l'abbé Cahyor d'Evreux;

Hucher, curé de Chanteloup;

Queulvée, curé de Mantelon;

Deude, curé de Villalet, représenté par M. Champion, curé de Saint-Germain-les-Evreux;

Le curé de Nuisement, représenté par M. le curé de Damville;

Drouet, curé de Roncenoy, représenté par M. le curé de Mousseaux;

Pipon, curé du Chesne, représenté par M. le curé de Blandey;

Le curé de Tanney, représenté par M. le curé de Bren;

Le curé des Essarts;

Nienné, curé des Essarts, représenté par M. Durand, autre curé;

Devalmont, titulaire de la paroisse de Vaux d'Anthenay;

Deshayes, titulaire de la chapelle de Saint-Laurent de Chambray;

Le ministre de la Poultdère, représenté par M. Dorgeprey, prêtre;

Botté, curé de Marcilly-Champagne, représenté par M. le curé de Jumelles;

Les habitués de Nonancourt, représenté par M. Monney, un d'eux;

Le prieur de Francheville, représenté par le prieur de Saint-Taurin;

Le prieur de Saint-Barthélemy de Gournay, représenté par le prieur d'Ivry;

Le curé de Sainte-Marguerite-de-l'Hôtel, représenté par M. le curé de Portes;

Le curé de Mornières, représenté par M. le curé de Sainte-Marthe;

Le prieur de Saint-Nicolas de la Rouvray, représenté par dom Trémouville, titulaire du même prieuré;

Messieurs du chapitre de l'église cathédrale de Chartres, représentés par M. de Cernay, doyen de la cathédrale d'Evreux;

Le curé des Eaux-en-Auge, représenté par M. le supérieur du séminaire d'Evreux;

Brard, diacre de la paroisse de Chancelle;

Les habitués de Breteuil;

Les Eudistes d'Evreux, prieurs de Sainte-Suzanne, représentés par M. leur supérieur;

Hurel, prêtre de la paroisse de la Grande-Haye.

Clergé du Bailliage secondaire d'Orbec.

MM.

Le curé de Saint-Germain de Lisieux, représenté par M. Naudin, chanoine de Lisieux:

Le curé de la paroisse Saint-Jacques de Lisieux représenté par M. le curé de Saint-Léger d'Evreux;

Hauvel, curé de la première portion de Saint-Désir de Lisieux;

Lebrun, curé de Fersol, représenté par M. le curé de Coudray;

Goubin, curé de la paroisse de Faulguernon;

Bracus, curé de Saint-Philibert;

Bunef, curé de Bulimont, représenté par M. le curé de Faulguernon;

Auriol, curé de Breuil;

Le curé des Pansfontaines, représenté par M. le curé de Breuil;

Leboulanger, curé d'Ecorcheville, représenté par M. le curé de Saint-Philbert;

Le curé de Fierville, représenté par M. le curé de Saint-Léger d'Evreux;

Le curé de Blangy, représenté par M. le curé du Pin;

Houel, curé de la paroisse du Pin.

Le curé de Fumichon, représenté par M. Samson, chanoine de Lisieux;

Le curé de Bailleul, représenté par M. le curé de la première portion de Capelles;

Le curé de Cauverville, représenté par M. le curé d'Epreville;

Le curé de Barville, représenté par M. le curé de Drucourt;

Le curé de Sainte-Marie, représenté par M. le curé de la première portion de Saint-Germain-la-Campagne;

Lefebvre, curé de la première portion de Capelle-le-Grand;

Dubois, curé de la deuxième portion de Capelle, représenté par M. le curé de la première portion;

Le curé de la Chapelle-Gonthier, représenté par M. le curé de la Vespière;

Le curé de la Folletière, représenté par M. d'Orgeprey, mathurin;

Le curé de Bonneval, représenté par M. le curé de Saint-Jean d'Ivry;

Motge, curé de Familly, représenté par M. le curé de Notre-Dame de l'Épine;

Le curé de la Formette, représenté par M. Deshayes;

Le curé de Fontenette, représenté par M. le curé de Saint-Germain d'Amiens;

Le curé de la Halboudière, représenté par M. Morel, diacre à Évreux;

Dauge, curé de Meuille, représenté par M. Deshayes, prêtre de Bernay;

Decharlemaune, curé de Préaux, représenté par M. Mauson, curé de Notre-Dame de Cousson;

Le curé de la première portion de Cerqueux, représenté par M. Montigny, curé de Saint-Aubin d'Écroville;

Leconteur, curé de la deuxième portion de Cerqueux, représenté par M. le trésorier de la cathédrale d'Évreux;

Le curé de la Vespière;

Duval, curé de la deuxième portion d'Avernes, représenté par M. le curé de Charmelle;

Cailly, curé de la première portion d'Avernes, représenté par M. le curé de Saint-Jean d'Ivry;

Le curé de la troisième portion de ladite paroisse, représenté par M. le curé de Livarot;

Le curé de Saint-Germain d'Aulnay, représenté par M. le curé de la première portion de Monney;

Le curé de Fréardel, représenté par M. le curé de Saint-Nicolas d'Athée;

Gravey, curé de la première portion de Monney;

Vallier, curé de la deuxième portion de ladite paroisse, représenté par M. Morel, diacre;

Le curé de Saint-Pierre des Essarts, représenté par M. le curé de la première portion de Monney;

Le curé de la Gontafrière, représenté par dom Laperou, prieur de Saint-Évroul;

Le curé de Saint-Laurent de Grès, représenté par M. le curé de Saint-Nicolas d'Athez;

Goupil, curé de Seville, représenté par M. le curé de Saint-Aignan de Cernières;

Houssel, curé de la première portion de la paroisse de Montreuil, représenté par M. le curé de Bienfait;

Garnier, curé de la deuxième portion, représenté par M. le curé de Saint-Pierre de Cernières;

Le curé de Saint-Acquilin d'Augeron, représenté par M. le curé de Saint-Victor de Crétienville;

Le curé de Vermeure, représenté par M. le curé de Mallouis;

Beuzelin, curé de Lematte, représenté par M. le curé de Longues;

Le curé de Sapandré, représenté par M. le curé de Tournouel;

Le curé de Saint-Laurent du Tentement, représenté par M. le curé de Villiers en Ouche;

Le curé de Saint-Léger du Houllay, représenté par M. le curé de Saint-Désir, première portion;

Le curé de Saint-Aubin de Tenney, représenté par M. Aubert, curé de Ferrières;

Le curé de Saint-Martin du Houllay, représenté par dom Palisset, prieur de Bernay;

Gohier, curé de Norolle, représenté par M. Auriol, curé du Breuil;

Bernet, curé du Planquet, représenté par M. le curé de Saint-Vincent du Houllay;

Le curé de la Chapelle-Harang, représenté par M. le curé de Thiberville;

Le curé de Notre-Dame de Livet, représenté par M. le curé de Courthomme;

Le curé de Cirfontaine, représenté par M. Lemoine, prêtre de Lisieux;

Huet, curé de la première portion de Cour-

thomme Lamédra, représenté par dom Deslongchamps, bénédictin;

Le curé de Notre-Dame de Villers, représenté par M. le curé de Saint-Clair d'Arcey;

Le curé de la paroisse de Beuvillers, représenté par M. le curé de Gros, près Lisieux;

Paulmier, curé du Mesnil-Guillaume, représenté par M. le curé de Glos;

Liénard, curé de Thiberville;

Jouvaux, curé des Places, représenté par M. le curé de Plainville;

Jumelles, curé de la première portion de Piancourt, représenté par M. le secrétaire de M. l'évêque de Lisieux;

Tallier, curé de la seconde portion, représenté par M. le secrétaire de l'évêque de Lisieux;

Le curé de Saint-Léger de Glatigny, représenté par M. le curé de Saint-Gervais d'Arnières;

Fontaine, curé de Saint-Gervais;

Pepin, curé de Lhotellerie, représenté par M. le curé de Dammarie;

Le curé de Saint-Pierre de Canteloup, représenté par M. le curé d'Hermivalle;

Le curé de Courthounette, représenté par M. le curé de Thiberville;

Guerrier, curé de Cordebuge, représenté par M. le curé de Saint-Vincent de Houllay;

Le curé de Courthoune-la-Ville;

Le curé de Saint-Paul de Courthoune, représenté par M. le curé de la deuxième portion de Saint-Germain-la-Campagne;

Le curé de Notre-Dame de Courson;

Le curé de Moutiers-Hébert, représenté par M. le curé de Livarot;

Le curé de Canapeville, représenté par M. le curé de Sainte-Claire d'Arcey;

Le curé de Saint-Georges de Pontchardon, représenté par M. le curé de Saint-Omet d'Athez;

Le curé de Saint-Martin de Pontchardon, représenté par M. le curé de Combon;

Le curé de Lesères, représenté par M. le curé de Saint-Philbert;

Le curé de Saint-Ouen-le-Hoult, représenté par M. Grien, curé de Guermanville;

Le curé de Livarot;

Le curé de Pontalery, représenté par M. l'abbé de Latour, chanoine d'Évreux;

Le curé de la première portion du Mesnil-Germain, représenté par M. le curé de Sainte-Marguerite de Roger;

Le curé de la seconde portion de ladite paroisse, représenté par M. le curé de Sainte-Marguerite;

Le curé de Sainte-Marguerite des Loges;

Le curé de Bellon, représenté par M. Manson, curé de Notre-Dame de Courson;

Le curé de Bellouet, représenté par M. le curé de Guernainville;

Le curé de Tounancourt, représenté par le curé de Saint-Ouen d'Athez;

Le curé de Chéfreville, représenté par le curé d'Aquinville;

Le curé de Saint-Aubin-sur-Augenville, représenté par M. le curé de la Boisnon;

Le curé de la paroisse d'Auqueneville;

Le curé de Farvagnes, représenté par dom Folin, religieux de Saint-Taurin d'Évreux;

Le curé de Touquettes;

Le curé de Saint-Évroult de Montfort;

Le curé de Glacey, représenté par M. le curé de Chaumont;

Le curé de Rezenlieu;

Le curé de Saint-Aubin-sur-Cissay, représenté par le clerc des Authieux;

Le curé de Poumont, représenté par le prieur de Montfort ;
Le curé de Cissay, représenté par ledit prieur ;
Le curé de la chapelle de Montgenouil, représenté par le curé de Resenlieu ;
Le curé de la paroisse de Contruer, représenté par le curé de Marguilly ;
Le curé de Croisille, représenté par le curé de Resenlieu ;
Le curé de Linières, représenté par le prieur de Montfort ;
Le curé du Mesnil-Vicomte, représenté par le curé de Resenlieu ;
Le curé de Chaumont ;
Le curé de Grandval, représenté par le curé de Mardilly ;
Le curé de Heugon, représenté par M. Amiot, professeur du séminaire ;
Le curé de Domtartres, représenté par le curé de Notre-Dame du Bois ;
Le curé du Noyer-Mesnard, représenté par le prieur de Montfort ;
Le curé de Bocquensey, représenté par le curé de Laferté-Fresney ;
Le curé de Notre-Dame du Hamel, représenté par le curé de Villers en Ouche ;
Le curé de Saint-Denis-les-Augerons, représenté par le curé de Drencourt ;
Le curé de Saint-Nicolas des Tilliers, représenté par le curé de Ferrières ;
Le curé de Bosregnoult ;
Le curé du Sap, représenté par dom Deslongchamps ;
Le curé de Mardilly ;
Le curé de Neuville-sur-Touques, représenté par le curé de Chaumont ;
Le curé de Notre-Dame d'Aulnay, représenté par le curé de Boisbaril ;
Le curé de Salesnes, représenté par le curé de Beaurenoult ;
Le curé de Saint-Jean du Thenney, représenté par le même ;
Le curé de Saint-Aubin du Thenney, représenté par le même ;
Le curé de Broglie, représenté par le curé de Saint-Martin de Cernières ;
Le curé de Saint-Vincent de la Rivière, représenté par le curé de la Saugne ;
Le curé de la Trinité du Mesnil-Josselin, représenté par le curé de Saint-Denis d'Évreux ;
Le curé de Chamblacq, représenté par le curé de Saint-Agnan de Cernières ;
Le curé de Saint-Christophe de Boismorel, représenté par le curé de Saint-Pierre de Cernières ;
Le curé de Notre-Dame de Bœmoret, représenté par le curé de Portes ;
Le curé des Joncquerets ;
Le curé de Livet en Ouche, représenté par le curé de Joncquerets ;
Le curé de Saint-Quentin-des-Isles ;
Le curé de Saint-Hilaire-de-Ferrières ;
Le curé de Grandcamp ;
Le curé de Thieul-Fol-en-Faut, représenté par le vicaire de Sainte-Croix-de-Bernay ;
Le curé de Pestreville, représenté par le curé de la Boissière ;
Le curé de Saint-Martin de la Liene, représenté par le curé d'Emeuville ;
Le curé de Saint-Hippolyte-du-Bouc-des-Prés, représenté par le curé de Saint-Désir, première portion ;
Le curé de Notre-Dame des Vaux, représenté par le curé d'Hernival ;
Le curé d'Hernival ;

Le curé de Notre-Dame d'Houille, représenté par le curé de Malhouye ;
Le curé de la Pommeraye, représenté par le curé d'Ocquinville ;
Le curé de Saint-Hippolyte de Canteloup, représenté par le curé d'Hernival ;
Le curé de Saint-Aubin de Scillon, représenté par le curé de Favery ;
Le curé de Follevine, représenté par le curé de Courbépine ;
Le curé de Boumainville, représenté par le curé de Plainville ;
Le curé de Bazoquier, représenté par le prieur de Conches ;
Le curé de Morainville ;
Le curé de Notre-Dame du Fresne, représenté par le curé de Mounaville ;
Le curé de Jouvaux, représenté par le même ;
Le curé de Laurey, pour la première portion, représenté par M. le curé de Courbépine ;
Le curé de la deuxième portion de ladite paroisse de Laurey, représenté par le curé du Plessis-Malher ;
Le curé du Noard, représenté par le curé d'Epreville ;
Le curé d'Epreville ;
Le curé de Saint-Georges du Mesnil, représenté par le curé du Chaluolin ;
Le curé d'Aubenon, représenté par le curé de Charuel ;
Le curé de la première portion de Saint-Germain-la-Campagne ;
Le curé de la deuxième portion de ladite paroisse ;
Le curé de la troisième portion, représenté par le curé de la Vespière ;
Le curé de la quatrième portion, représenté par le curé de Fresney ;
Le curé de Bencrey, représenté par le curé de la première portion de Saint-Germain-la-Campagne ;
Le curé de Bienfait ;
Le curé de Tardois ;
Le curé de Saint-Pierre de Maillot, représenté par le curé de Nassandre ;
Le curé de la Chapelle-Yvon, représenté par le curé de Tardois ;
Le curé de Saint-Julien de Maillot, représenté par le curé de Saint-Martin de Maillot ;
Le curé de Notre-Dame d'Orbec, représenté par le curé d'Emauvelle ;
Le curé de la Cressonnière, représenté par le curé de Bienfait ;
Le curé de Cernay, représenté par la deuxième portion de Saint-Martin-la-Campagne ;
Le curé de Saint-Martin de Maillot ;
Le curé de Saint-Denis de Maillot, représenté par M. le curé de Saint-Martin ;
Le curé de Favrel ;
Le curé de Glos-sur-Lisieux ;
Les prêtres habitués de la paroisse de Saint-Jacques de Lisieux, représentés par M. Lemoine, prêtre habitué de ladite paroisse ;
Les prêtres habitués de Saint-Germain de Lisieux, représentés par le même ;
Les ecclésiastiques des ordres sacrés de Lisieux, représentés par MM. Leroussel, Leboucher et Leduc ;
Le curé de Saint-Pierre de Courson, représenté par M. le curé de Notre-Dame de Courson ;
Le curé de Saint-Ouen, représenté par M. le curé de Fougernon ;
Jean Goupil, curé de la paroisse de Saint-Léger de Reuil, représenté par M. Chefdeville, chanoine d'Évreux ;

Les prêtres habitués de la paroisse de Notre-Dame d'Orbec, représentés par M. le curé de Morlan ;

Le grand chantre de l'église cathédrale de Lisieux, représenté par M. le curé de Saint-Denis d'Evreux ;

Decolignon, archidiacre de Gracey, représenté par M. Lecannesat, prieur de l'Hôtel-Dieu de Lisieux ;

Le bas-chœur de la cathédrale de Lisieux, représenté par M. l'abbé Jumelle.

Clergé du bailliage secondaire de Bernay.

Curés de la ville.

MM. Lindel, curé de Sainte-Croix de Bernay.
Le Bertre, curé de Notre-Dame de la Couture.

Curés de la campagne.

MM. Tassel, curé de Costé, représenté par le curé de Chrétienville ;

Girard, curé de Courcelles, représenté par M. le curé de Courtomer ;

Petit, curé de Saint-Léger ;

Coupey, curé de Saint-Martin-le-Vieil, représenté par le curé de la Couture ;

Bosney, curé de Drucourt ;

Regnier, curé de Saint-Vincent de Boulay ;

Le Bertre, curé de Saint-Nicolas du Boslabbé, représenté par le curé de Saint-Victor de Chrétienville ;

Le Maitre, curé de Caouches, représenté par le curé de Sainte-Croix de Bernay ;

Fleury, curé de Saint-Victor de Chrétienville ;

Ressus, curé de Plainville ;

Salle, curé de Manneval, représenté par le curé du Plessis-Mahiel ;

Maillère, curé d'Autout, représenté par le curé de Neuville-sur-Autout ;

Decemy, curé de Franqueville, représenté par le curé de Morsan ;

Lefebvre, curé d'Hecquemenville ;

Veul, curé de Plasnes, représenté par M. de Lavaur ;

Deschandeliers, curé de Valaille, représenté par le curé de Sainte-Croix de Bernay ;

Lorient, curé de Courbépine ;

Houssaye, curé de Malous ;

Herbin de Larochette, curé d'Aranville ;

Roussel, curé de Theilnoleut ;

Le Valois, curé de Boissy, représenté par le curé de Theilnolent ;

Gallot, curé de Berthouville ;

Deriot, curé de Neuville ;

Juget, curé de Livet, représenté par M. le curé de Neuville ;

Desfriches, curé de Morsan ;

Delarivière, curé de Notre-Dame d'Epines, et seigneur du fief de la Rivière ;

Boivin, curé de Geverville, représenté par dom Emery, prieur de Lize.

Prieurs et chapelains titulaires.

MM. Deschamps, prieur de l'Hermitage de Platur, représenté par M. le curé de Berthouville ;

Auvray, titulaire du personnat de Morsan ;

Desausaut, titulaire de la chapelle de Marcheneuf, près Plasnes ;

Les habitués de Sainte-Croix de Bernay, représentés par M. Huley, vicaire de la même paroisse ;

Les habitués de la Couture de Bernay, représentés par M. Deshayes, l'un d'eux.

Clergé du bailliage de Beaumont-le-Roger.

MM. Philippe, curé de Corneville ;

Lamy, curé de Sainte-Claire d'Arcey ;

Jouen, curé de Saint-Aubin-le-Vertueux, représenté par M. le curé de Cavoville ;

Touquet, curé de Fontaine-l'Abbé, représenté par le curé de Corneville ;

Brichet, curé de la première portion de Cerquegny ;

Aubry, curé de la deuxième portion de Cerqueguy représenté par M. le curé de la première portion ;

Questard, curé de Lami-Bigard, représenté par M. le curé de Corneville ;

Thuret, curé de Massendre ;

Delause, curé de Goupillères ;

Cheron, curé de Periers, représenté par M. Boucher, son vicaire ;

Moulis, curé de Chrétienville ;

Lacroix, curé de Calville ;

Chambellan, curé de Saint-Léonard de Beaumont, représenté par M. le vicaire de Goupillères ;

Le curé de Saint-Nicolas de Beaumont, représenté par le curé de Grosley ;

Le curé du Bourg-Dessus ;

Le curé du Thieul-Othon ;

Le curé de la Cambe, représenté par M. le curé de Periers ;

Le curé de Thibouville, représenté par M. le vicaire d'Harcourt ;

Le curé de Villez, représenté par M. le curé de Saint-Thomas d'Evreux ;

Le curé de Sainte-Opportune du Bost, représenté par M. le vicaire de Goupillières ;

Foreuil, curé de Pégard ;

Le curé de Vitolet, représenté par M. le prieur de Notre-Dame du Bost ;

Le curé de Capelle ;

Le curé de Saint-Nicolas du Bost, représenté par M. le curé de Pégard ;

Le curé de Saint-Nicolas du Bost, représenté par le même ;

Les deux curés de la Haye-Dutheil ;

Martin, curé de la Haye-Dutheil, représenté par M. de Lacroix, autre curé de ladite paroisse ;

Le curé de la Haye-Calleville, représenté par M. de Lacroix, curé de la Haye-Dutheil ;

Le curé de la Neuville du Bost, représenté par M. le curé de Chrétienville ;

Maroquence, curé de Barques, représenté par M. le prieur de Saint-Taurin d'Evreux ;

Bourlet, curé des Anthieux ;

Primois, curé de la Hunière, représenté par M. le curé des Anthieux ;

Pillon, curé de Boisnormand ;

Dhervieux, curé d'Ormes ;

Tenery, curé de Graveron ;

Chevalier, curé de Semolville ;

Le Villain, curé de Feugrolles ;

Cavelot, curé de Genupville, représenté par M. le curé de Quatremare ;

Foulon, curé de Villette ;

Mouligny, curé de Saint-Aubin d'Ecroville ;

Bernais, curé de Sainte-Colombe et prieur ;

Le prieur et curé de Bray ;

Le prieur et curé d'Escardauville, représenté par M. Hue, vicaire de ladite paroisse ;

Le curé de Neubourg, représenté par le prieur de Notre-Dame du Bost ;

Le prieur et curé d'Epreville, représenté par M. le curé d'Huest;

Le curé de Crosville, représenté par M. son vicaire;

Le curé de Marbeuf, représenté par le curé de Surville;

Le curé d'Eclot;

Le curé d'Ectomare;

Le curé de la Salle, représenté par le prieur de Sainte-Colombe;

Le curé du Tremblay, représenté par le vicaire d'Escardouville;

Le curé de Combon;

Le curé de Sainte-Opportune-la-Campagne, représenté par M. le curé de Sacqueuville;

Le curé de Saint-Aubin-du-Bary;

Buisson, curé de Grosley;

Frémont, curé de Chastes-la-Lune, représenté par le curé de Berville;

Bossey, curé du Noyer, représenté par le curé de Berville;

Bidault, curé du Chatelier-Saint-Pierre;

Le Bigre, curé et baron de la paroisse d'Ayon, représenté par le curé de Grosley;

Degraveron, curé de Rubremont, représenté par le curé du Chatelier;

Bobé, curé de Presney, représenté par M. le trésorier de la cathédrale;

Doucet, curé de Saint-Jacques de la Barre, représenté par l'abbé Rignet;

Gouel, curé de Bosrenoult, représenté par le même;

Delamarre, curé de Saint-André de la Barre;

Bourlet, curé de Thenay;

Caviel, curé de Goutières, représenté par M. le curé de Fidelaire;

Coquere, curé de Notre-Dame d'Urselles, représenté par M. le curé des Ventes;

Dargence, curé de Grandchain, représenté par M. le curé de Jonquerais;

Le curé de Landpereuse, représenté par M. le curé de Guichainville;

Delacroix, curé de Saint-Agnan, représenté par M. Delacroix, curé de la Haye du Theil;

Le curé du Thieul en Ouche;

Le curé de Baumenil;

Le curé de Saint-Lambert, représenté par M. l'abbé Périer de Couches;

Le curé de Long-Essart, représenté par M. le curé de Thevrey;

Le curé d'Epinay, représenté par M. le curé de la Bonneville;

Le curé de Montpinchon, représenté par M. le curé de Thevrey;

Le curé de Pierrond, représenté par M. le curé de Baumenil;

Le curé du Val du Theil, représenté par M. le curé de Thounier.

MM. les chapelains et titulaires.

Les prêtres vicaires et chapelains de Beaumont, représentés par M. Rosse, vicaire de Saint-Nicolas de Beaumont;

Montmurat, titulaire du Personnais de Cerquigny, représenté par M. le doyen de la cathédrale de Lisieux;

Beaubé, titulaire de la chapelle du Saint-Esprit de Beaumont, représenté par M. le vicaire de Beaumont;

Fellogue, titulaire de la chapelle de la Sainte-Trinité de Thevrey, représenté par M. le curé de Jacquenville;

Le titulaire de la chapelle du Champ-de-Bataille;

Le Guay, vicaire de Goupillières;

Deshayes, vicaire d'Harcourt;

Le curé de la Pille, représenté par M. le vicaire du Trane.

Clergé du bailliage secondaire de Nonancourt.

MM. Lecomte, curé de Saint-Martin de Nonancourt et de Saint-Madeleine, son annexe;

Delavalle, curé de Druisy, représenté par M. le curé de Marcilly-Champagne;

Picton, curé de Coudres;

Pollin, curé de la Saogne;

Delalande, curé d'Illiers-l'Evêque;

Duval, curé de Champigny, représenté par le curé de Gratheuil;

Durvye, curé de Louye, représenté par le curé de Muzy;

Chefdeville, curé de Lignerolles, représenté par le curé de Gratheuil;

Pulliot, curé de Mezy;

Linquenoire, curé de Saint-Georges, représenté par le curé de Mezy;

Baston, curé de Saint-Laurent-des-Bois, représenté par le curé de Courdemanche;

Renateau, curé d'Osmoy, représenté par le vicaire de Prey;

Hennecard, curé de la Madeleine d'Hendreville, représenté par le prieur de Courdemanche;

Buisson, curé de Crotte, représenté par le vicaire de Prey;

Migries, curé de Garennes, représenté par le curé de Garennes;

Circelle, curé de Saint-Martin d'Ivry;

Huvey, curé de Saint-Jean d'Ivry;

Lamy, curé de Bastigny, représenté par le curé de Saint-Martin de Cernières;

Bernay, curé de Bermencour;

Merlier, curé de Boissey;

Saffray, curé d'Epieds, représenté par M. Créthienville, chanoine;

Chefdeville, curé de Foucrainville, représenté par le curé du Val-David;

Delachaulme, curé de Garennes;

Berranger, curé de Gaudreville-la-Rivière;

Fortier, curé de Jumelles;

Deschamps, curé de la Couture, représenté par le curé de Saint-Martin d'Ivry;

Pelletier, curé de la Futelage, représenté par le sieur curé de Boisset-l'Eprevanche;

Bonnel, curé de la Neuvillette, représenté par le curé de Garennes;

Malherbe, curé de Lhabit;

Lecomte, curé de Moette, représenté par le curé de Bagnepuis;

Duval, curé de Cormier;

Besselièvre, curé du Val-David;

Chefdeville, curé de Martainville, représenté par l'abbé Thiboult;

Vigot, curé de Neuilly, représenté par le curé de Saint-Martin d'Ivry;

Novime, curé de Serez, représenté par le curé de Fresney;

Duvieux, curé d'Orgeville;

Botter, curé de Marcilly-Champagne;

Debethizy, prieur du prieuré simple de Marcilly-Champagne, représenté par M. Botter, curé de Marcilly.

Dames religieuses.

L'abbesse et religieuses de l'abbaye royale de Saint-Sauveur d'Evreux, représentées par M. Ducy, leur directeur;

L'abbesse et religieuses de Maubuisson, dames des paroisses de la Boissière, Bretagnolles, Boince et les Ventes, représentées par M. Bourdon, curé d'Avrilly et de Grossœuvre;

L'abbesse et religieuses de l'abbaye de Préaux, représentées par M. le prieur de Saint-Taurin d'Evreux;

L'abbesse et religieuses de Notre-Dame de l'Estrée, représentées par leur directeur;

La prieure et religieuses de Saint-Joseph d'Orbec, représentées par le curé de Favrey;

La prieure et religieuses ursulines de Lisieux, représentées par M. l'abbé Nodot chanoine;

La prieure et religieuses bénédictines de Lisieux, représentées par M. l'abbé de Chosa, chanoine de Lisieux;

La supérieure et religieuses de l'ordre de Saint-François de Bernay, représentées par M. l'abbé de Saint-Jean;

Les religieuses de la congrégation de Notre-Dame de Saint-Augustin de Bernay, représentées par M. l'abbé de Saint-Jean.

NOBLESSE.

Monsieur Louis-Stanislas-Xavier, fils de France, frère du roi, duc d'Anjou, Alençon et Vendôme, comte du Perche, du Maine, Senonches; seigneur des bailliages d'Orbec et Bernay, représenté par M. le marquis de Chambray.

Noblesse du bailliage principal d'Evreux.

A

M. Agis, seigneur de Saint-Denis des Augerons et de Mélicourt.

B

Monseigneur le duc de Bouillon, comte d'Evreux, représenté par messire le marquis des Essarts;

Monseigneur le duc de Bourbon-Penthièvre, seigneur de Pacy, représenté par M. le marquis de Champigny;

M. le duc de Brissac, seigneur de Damville et Saint-André, représenté par M. le marquis de Champigny;

M. Boschard, marquis de Champigny, seigneur des paroisses de Mormanville, Tourneville, Menil-Fuguel, Caer, Gravigny, Huest et Sassey;

M. le marquis de Boulainvilliers, seigneur des paroisses de Glissolles, Ferrier-Haut-Clocher, Oissel-le-Noble, Villalet, Grenieuzeville, Portes et Gaudreville, représenté par le marquis de Quevernon;

M. de Bussy, seigneur des paroisses d'Autheuil, Authouillet, et Saint-Julien de la Lugne;

Madame de Bouville, dame des paroisses de Brécourt, Saint-Vincent et Douains, représentée par M. Leverrier de La Leu;

M. de Burcourt, seigneur d'Houlbec, représenté par M. de Bussy;

M. Le Baillif, seigneur de Cocherel, représenté par M. de Varennes;

M. Cosguerard, seigneur de Ciercy, représenté par M. de La Liègue;

M. Bourlet, seigneur du fief du Haut-Borroger, en la paroisse de Clasville;

M. de Berdigny, seigneur du fief du Garel, représenté par M. son fils.

M. Bisson, seigneur des fiefs des Rotoirs et de Vigny.

C.

M. Cottard, seigneur des paroisses de Berrangeville, Saqueville et Villez sur Damville, représenté par M. Desmouthiers de Borroges.

M. de Chalange, seigneur de Saint-Julien de la Liègue.

M. le marquis des Essarts, seigneur d'Avrilly et des Essarts, représenté par M. le baron des Essarts.

M. le comte de Marle, seigneur d'Houcteville et du Homme, représenté par M. le marquis de Toustain.

M. le comte de Puisel, seigneur de Menilles, Boisset, Hennequin et la Hernière, représenté par M. le marquis de Chambray.

D.

Madame Diclon, dame de Guichanville, représentée par M. le chevalier Diclon.

Messire Denneval, seigneur des paroisses de Voisuvay, Bois-Normand, Botercaux, Bois-Pantan et Villette, représenté par M. Pavrol, seigneur de Saint-Aubin d'Ecrouville.

M. Monthiers, seigneur de Berroger.

M. d'Aigleville, seigneur de Gacière, représenté par M. Faviot.

M. Dhesbert Duhamel, seigneur de la Muse.

M. Defontaines, seigneur du fief de Conches.

F.

M. Le Foustier, seigneur de Mousseaux, représenté par M. le Moultiers.

Madame Feray, dame des fiefs de Buhouin, Decambo, Launay, et dame des paroisses de Tournedos, Graveron, Ormes, Menettotes, Saint-Léger, le Bois-Norman et autres lieux, représentée par M. Dumesley.

G.

M. de Graimbert, seigneur de la paroisse de Saint-Luc, représenté par M. de Langle de Fontaine;

M. Gouhier, baron de la Hennière;

M. de Graveron, seigneur d'Heudreville.

H.

M. Le Hayer, seigneur des fiefs de Bincorel et baronnie de La Croix, Ecurdeuville et du Chesne, représenté par M. de Graveron.

L.

M. Lesperon, d'Amfreville, seigneur du fief du Valquier, représenté par M. de Graveron;

M. Lenez Cotty de Brécourt, seigneur du Menil-Péan, représenté par M. son frère;

M. Lenez Cotty de Brécourt, chevalier, seigneur du fief du Bost;

MM. de Larouse, seigneurs des fiefs de Saint-Aubin et du Vieil-Evreux, représentés par M. de Larouse, leur père;

M. le vicomte de Lespinasse, seigneur du fief de l'Eprevanch;

M. de Loubert, seigneur du fief de Maillot, représenté par M. de Martinville;

M. de Laroque, seigneur de Saint-Germain de Sangles et des Pénetreaux, représenté par M. son fils;

M. Leroux, seigneur des fiefs d'Emalleville, représenté par messire de Verquette;

M. Lecomte de Gizey, seigneur des fiefs de Caronne et de la Faverie;

M. Ledoux, seigneur de Melleville et du fief d'Ivry;

Mademoiselle Lachamois, dame de la paroisse de la Trinité, représentée par M. de Saint-Léger.

M.

M. de Meniglaise, seigneur d'Hardencourt, Vaux, Boucourt et Caillouet;

M. Matis, seigneur du Buisson, Garambourg, représenté par M. de Vieille-Maison.

N.

M. Le Noble, seigneur de Bailleul;

Madame Lenoury, dame de Cracouville, représentée par M. de Vieillemaison;

M. de Quincarnon, seigneur de Champdolent, représenté par M. Lebouleur.

P.

M. Pairot, seigneur des fiefs de Saint-Aubin d'Ecouville, de la Villette et de Thilly-Villette;

M. Planterose, seigneur de Feugrolles, représenté par M. de Marbeuf;

Mesdemoiselles de Ponville, dames de Coudray, représentées par M. de Laliège;

M. Postel des Minières, seigneur d'Orvaux, Labardouliers et Lelong-Estarts.

Q.

Madame de Kerrouen, représentée par M. le comte de Courcy.

S.

M. de Saint-Mars, seigneur du fief des Essars, représenté par M. Laudier;

M. de Saint-Gervais, seigneur de Glasville, Prédencourt, Baudry et le Bost-Desnoyaux représenté par M. de Septmanville;

Madame la marquise de Soudeille, dame de Gudencourt, Meray et Sains, représentée par M. le vicomte de Lespinasse;

M. de Seumerville de Blicourt, seigneur du Misorey, et du fief du Puiset, représente par M. de La Barre du Theil, pour M. de Blicourt.

T.

M. le comte de Thilliers, seigneur des fiefs du Homme, d'Heudreville, du Valquier, de la Vacherie, Quillebœuf, Cavoville, Saint-Ellier, baron de Boury du Homme, du Breuil et de Guernanville;

M. Turreau de Limières, seigneur des fiefs d'Averon, Garambouville, Saint-Martin-la-Campagne et Gadenvilliers, représenté par M. de Langle de Fontaine.

V.

M. le marquis de Vitermont, seigneur de Grossœuvre et Prey, représenté par M. de Bailleul;

Madame de Villeguier, dame de la Bonneville, représentée par M. le marquis de Ganville;

M. le comte de Vitermon, seigneur de Thomer.

M. de Vielmaison, seigneur de Béron;

M. de Vergnette d'Alban, chevalier de l'ordre royal et militaire de Saint-Louis, capitaine au corps des carabiniers de Monsieur;

M. le marquis de Varennes, major d'infanterie;

M. de La Touche de Bocquensey, ancien mousquetaire du Roi;

M. Hilaire de Melmont;

M. Campion de Mouquin, seigneur des fiefs de Bosq et de Hocquaix, en la paroisse de Tuisignol, représenté par M. de Melmont;

M. le chevalier de La Roque, fils;

M. Le Tellier d'Irville;

M. de Lomblon, marquis des Essarts;

M. de Lomblon, baron des Essarts;

M. de Quimarnon de Boissy;

M. Louis de Quimarnon;

M. de Bosregard;

M. le chevalier de Langle de la Ronce;

M. le chevalier de Netreville;

M. le chevalier d'Iclon;

M. Le Hardy de La Chaux;

M. Le Verrier de la Leu.

Noblesse du bailliage secondaire de Conches.

B

M. Le Boulleur, seigneur de Doussemin, au nom de madame Postel, son epouse;

M. de Bretinières, seigneur de Nogent et du Ménil-Hardrey, représenté par M. de Septmanville;

M. de Bougy, seigneur de la Puthenaye et de Bougy, représenté par M. de La Boullaye, du fief d'Emanville;

Madame de Bellemarre de Saint-Cyr, seigneur du fief du Breuil-Poignard, et du Mesnil-Vicomte, représentée par M. de Bellemarre.

C

M. Chenelon de Loinville, seigneur de Saint-Pierre de Villers-Enonche.

D

M. le comte Des Essarts, seigneur de Nuisement et du fief de Maubuisson, représenté par M. le baron Des Essarts.

M. de Nollent, seigneur du fief de Gouillerville, représente par M. Barrey des Anthieux;

M. de Bois-l'Evêque, seigneur de Favrolles;

Mademoiselle d'Albout, dame du fief du Manoir-du-Bois et de Blondemarre, de la paroisse de Bois-Normand, représentée par M. de Saint-Agnan;

M. de Lieurcy, seigneur de Saint-Quentin;

M. de Lalande, seigneur de Nagel et du Bénard-Vermeil, représenté par M. de Vigan.

L

M. Legris de Saint-Denis, seigneur du fief de la Chapelle, paroisse de Villois en Ouche;

M. le marquis de La Londe, seigneur de Crosville, représenté par M. le chevalier de Beaumont.

M

M. du Meslet, seigneur de Bouligny;

Mademoiselle Marguerite, dame du Frêne, représentée par M. Le Barre des Authieux;

M. Mahire de Longuemarie, seigneur du Boshion, représenté par M. Le Bœuf d'Osmoy;

M. Martel, seigneur de la Vacherie, représenté par M. son fils.

P

M. Postel des Minières, seigneur du fief des Minières, paroisse de Beaubrey;

M. Poret de Blozeville, seigneur d'Amfreville, représenté par M. Lemoutier ;

M. Bailliard de Guichainville, seigneur d'Iclon, Sotteville et de Pommereuil, représenté par M. d'Iclon, frère de M. de Guichainville.

S

M. de Septmanville, seigneur du fief du Fay, représenté par M. son fils;

M. Postel, écuyer, demeurant à Beaubreye ;

M. Pigache, commissaire de la marine.

Noblesse du bailliage secondaire de Bretheuil.

B

M. de Brucourt, seigneur de la Godardière, en la paroisse du Hamel ;

M. de Bordigny, seigneur dudit lieu et de Sotteville, représenté par M. son fils.

C

M. de Cogny, seigneur de Vaux, et d'un fief en la paroisse d'Autenay, représenté par M. de Saint-Agnan;

M. le vicomte de Chambray, pour son fief de Gourville, représenté par M. le comte de Courcy;

M. le marquis de Chambray, seigneur de Chambray-Blandey ;

M. de Cacqueray d'Ellecourt, seigneur de Soigneure en la paroisse de Boissy ;

M. le comte de Chambray, seigneur du Gérier-Arnault, paroisse du Champ-Dominal.

D

M. Dumerle, seigneur de Saint-Pierre du Mesnil, représenté par M. de Courteuvre;

M. Dubois de Laville, seigneur du Mesnil-Roussel, représenté par M. Dauney ;

Madame d'Hercey, tutrice de ses enfants mineurs, seigneurs des baronnie et châtellenie de La Ferté-Fresnel, représentée par M. de Bocquencey;

M. de La Houssaye de Moutier, seigneur d'un fief, paroisse de Dammarie, représenté par M. de Monteau;

M. Dubois Maillard, seigneur de Châteaufort, représenté par M. Agis ;

M. Dufour, seigneur du fief de Prayère, paroisse de Condé, représenté par M. le comte de Chambray;

M. Dubuat, seigneur du fief du Val-à-Naufle ;

M. d'Epinay, seigneur d'Auvergny ;

M. Dery de Pommereuil, seigneur de Brière Pommereuil-Moiville; "

M. Degastel, seigneur de Soccanne, représenté par M. de Laporte.

L

Madame Leforestier, tutrice de ses enfants mineurs, seigneur du fief de Bond de la ville, paroisse de Glos, représentée par M. de Chaplet;

M. Legrand du Gleffier, seigneur de la Couture des Noyers, paroisse de Glos ;

M. Lebure, seigneur de Cernières, représenté par M. de Vigan ;

M. de Lieurey, baron et seigneur de la paroisse d'Authenay;

M. Lecorou, seigneur des fiefs de Charanne, la Duquerie, la Chapelle et la Salle;

M. Lhopital du Gérier, trésorier de France, seigneur du Gérier, paroisse de Chavigny;

M. Demanoury de Salens, seigneur du fief du Plessis-Longuy, paroisse d'Amecins, représenté par M. Leseigneur;

M. Legrand, seigneur de la paroisse de Boisnouvel.

M

M. Morel, seigneur du fief de Gauville, paroisse Saint-Martin de Cernières, représenté par M. de Chavanne;

M. de Malherbe, seigneur du fief de Boiste, paroisse de Glos, représenté par M. d'Herponcey.

P

M. Potin, seigneur de Morainville;

M. de La Porte, seigneur baron de la Ferté-Fresnel, représenté par M. son frère ;

M. Postel de Houlles, possédant un fief en la paroisse de Gouville, représenté par M. Legrand son gendre;

Mademoiselle Potin des Minières, dame des Petites-Minières et du Bois-Richet, représentée par M. d'Heleuvilliers.

S

M. de la Siffletierre, seigneur dudit lieu, paroisse d'Aucenier.

T

M. Trie du Deffant, seigneur du Fayel, paroisse de Marcilly-Champagne;

M. de Trie de Pillavoine du Deffant, seigneur du Deffant, paroisse de Chavigny, représenté par M. du Deffant.

V

M. de Vallot, seigneur de la Bellangers, paroisse de Couvain, représenté par M. Legrand du Gleffier ;

M. de Vielles, seigneur de la Haye Saint-Sylvestre et Chainbort, représenté par M. Dommay;

M. de Vigan, seigneur et patron de la Haye Saint-Sylvestre et Saint-Christophe;

Madame veuve de Vakemont, dame des fiefs de la Saptellerie, représentée par M. son fils.

BB

M. de Bernitz, seigneur des Fosses, représenté par M. son fils.

CC

M. de Coigny, seigneur de Ronceney ;

M. de Chouerne seigneur de Bois-Auvray.

DD

M. d'Hérard d'Helleuvillers, seigneur dudit lieu, de Boissy, Peulatte et de Coulonge;

M. Devallot, seigneur de Bellanger, représenté par M. Legrand du Gleffier;

M. Daumey, seigneur de Saint-Aubin de Gisey-Mancel, Saint-Jean et Villers.

FF

M. de Forestier, seigneur du fief du Saplet.

HH

M. Le Hautier, seigneur de Loraille et de Glatigny.

LL

M. Louvet, seigneur d'Herponcey, Messy, Montigny et Le Hanoy.

MM

M. du Moncel, seigneur de Moni, représenté par M. Moni, son fils.

RR

M. de La Rocque, seigneur de Granvilliers, Lasrone et Bouffey.

SS

M. de Saint-Agnan, seigneur et baron de Baucourt;

M. de Saint-Prix, seigneur du Chesne, représenté par M. Dubois de Laville.

TT

M. Dubois de Laville;

M. Lehautier de La Bizière;

M. de Chambon;

M. le comte d'Hébrard, fils, représenté par M. de Laroque, seigneur de Grandvilliers;

M. le chevalier du Buat;

M. de Glapière, seigneur de Rousils;

M. le comte de Tillières.

Noblesse du bailliage secondaire d'Orbec.

A

Madame Marie-Louise Amelot, dame de la paroisse d'Orgères, représentée par M. le marquis de Mangland;

B

M. de Baudran, seigneur des fiefs de Lépée et Combrey, représente par M. de Boetey;

M. de Barville, seigneur de Bazoques, représenté par M. de Bernières;

M. de Bonnechose, seigneur du fief du Mesnil Germain, représenté par M. de Laroche de Perteville;

Madame de Fauqueville, dame de Beauvilliers, représentée par M. Livet de Barville;

M. de Bernières, seigneur de Notre-Dame du Fresne;

M. de Bocquemarre, seigneur de Saint-Thenney, représenté par M. Berlin, écuyer;

M. Berières, tuteur de M. de Hallot, seigneur du fief de la Rivière, représenté par M. le chevalier de Quincarnon;

M. de Bocquensey de La Bastière, seigneur du fief du Chesney, représenté par M. Le Grix,

M. de Boctey, seigneur en partie de Marole, représenté par M. Tillay de Carouge;

M. de Bouffey, seigneur du Cordebugle;

M. Belleau de Saint-Paul, seigneur de Courthonne, représenté par M. Defoulque de Ganville.

C

M. le duc de Charo, représenté par M. d'Herneville;

M. de Courson, seigneur en partie de Courson, représenté par M. Deshayes de La Radière;

M. de Caumont, seigneur de Bellouet, représenté par M. de La Roque de Porteville;

M. de Choiseul, seigneur de Triqueville;

M. de Couverts de Coulon;

M. l'abbé de Chaumont-Quitry.

D

M. le duc de Laval, représenté par M. de Lafayette;

M. Deshayes de La Radière, seigneur de Bailleul, etc., etc.

M. Davesnes, seigneur de Familly, représenté par M. le comte de Tillières;

M. Defresne, seigneur du Buercy, représenté par M. Coulons;

M. Dumerle, seigneur de Saint-Germain-la-Campagne;

M. de Boquenrey Thenney, représenté par M. Anonime Dubois;

M. le marquis d'Avernes;

M. de Cacron, seigneur de Mouney, représenté par M. de Bonneville;

M. Dumerle de Beauvoir, représenté par M. Querrier du Bois-Laval;

M. Duchaplet, seigneur de Saint-Pierre;

M. de Bocquencey, seigneur du Bosheulin, représenté par le comte de Prael;

M. du Chaplet, seigneur de la Goulafrière, représenté par M. du Chaptu des Essarts;

M. Deshayes, seigneur du fief du Tremblay;

M. Daureville, seigneur de la Haretière, représenté par M. de Chenelon;

M. de Malvoue, seigneur Momgoran, représenté par M. Berthelot de Mézerai, fils;

M. Deloisne Méserée, seigneur et baron du Houlloy, représenté par M. Duhoulley de Gouvy;

M. Deuneval, seigneur en partie de Lesers, représenté par M. Berthelot de Mezerais;

M. de Malvoue de La Saule, seigneur du Ménil Renard, représenté par M. de Malvoue d'Aulnay;

M. Dhermival, seigneur d'Hermival, représenté par M. de Pommerey;

M. Dirlande de Saint-Quentin, représenté par M. son fils.

M. de Bonnechose, seigneur de la Fromandière, représenté par M. son fils;

M. de Bonnechose, seigneur de la Vallée des Loges;

M. de Bonneville, seigneur de Chamblat;

M. Dehulbert Desbois, seigneur de Blanbuisson, représenté par M. de Boussey;

M. Delaporte, seigneur de la baronnie de Chamfray;

Madame Douilly, dame en partie de la paroisse de Courtonne-Lamedra, représenté par M. de Saint-Ouen;

M. Duhoulloy, seigneur en partie de Courtonne-Lamiédra, représenté par M. son fils;

M. Dangerville, seigneur de Beuvilliers, représenté par M. le chevalier de Barville;

M. Deshayes de Forval, seigneur en partie de Saint-Pierre de Courson;

M. Deshayes de Bonneval, seigneur de Belleau,

représenté par M. de Giverville de Saint-Aubin de Scellon;

M. Deshayes, seigneur de Belleau, représenté par M. Deshayes de La Radière.

F

M. de Foulques, seigneur de la Pilette-Lamare, représenté par M. de Folleville;

M. de Foulques de La Pilette, seigneur de Feugrey;

M. le baron de Forval.

G

M. Grout de Boullemont;

M. de Grien, seigneur de Fontenelles, représenté par M. le comte d'Erneville;

M. de Giverville, seigneur de Giverville;

M. de Giverville, seigneur de Saint-Aubin de Scellon;

M. de Giverville, seigneur de Prendes;

M. de Giverville, seigneur de la Chapelle-Baivel, représenté par M. de Giverville de Saint-Aubin;

M. de Grieu, seigneur de la Fontaine-des-Champs, représenté par M. Agis;

M. de Giémare, seigneur de Samesle;

M. de Saint-Germain, seigneur de Cir-Fontaine, représenté par M. de Piprey.

L

M. Le Filleul, baron de Montreuil;

M. de La Pallu, chevalier, seigneur de la Halboudière, représenté par M. de La Pallu;

M. de Lalande-Briosme, représenté par M. de Végan;

M. de La Rouvraye, seigneur des Monts, représenté par M. de La Chapelle;

M. le comte de Nonan, marquis de Rarcy, représenté par M. de La Chapelle;

M. le tuteur des enfants nobles de M. de Rondel, seigneur de Couverville, représenté par M. de Boullemont;

Le seigneur du fief de Saussaye, paroisse de Morainville, représenté par M. Berneville-Poligny;

M. de La Chapelle, seigneur du fief de Lisignent, en la paroisse de Montreuil, représenté par M. Deshayes du Tremblay;

M. de Lafoy, seigneur de Malon-Noiolles, Saint-Pierre de Cormeilles, représenté par M. Le Prévost de Corbon;

Le seigneur du fief du Breuil, paroisse de Morainville, représenté par monsieur son fils, sieur de Bellemare;

M. le comte de Lion, seigneur de Folleville, représenté par M. le président de Bouttencourt.

M. de La Vallée, seigneur de Saint-Laurent de Tencement, représenté par M. de Corbon;

M. de Launay, seigneur de Lignères, représenté par M. le comte de Prael;

M. de La Touche de Fauville, seigneur de Bocquencey et Saint-Germain de Louviers;

M. de La Pallu, seigneur de Gercey, Prevalière, Notre-Dame du Bois, Lamotte-Boquencé en partie et Saint-Nicolas des Lettiers, représenté par M. le marquis de La Pallu;

M. Lecomte, seigneur du fief de Rouy, en la paroisse de Sainte-Marguerite des Loges, représenté par M. le comte de Villemont;

M. Lemercier, seigneur du fief du Mesnil-Guillaume, représenté par M. Thillaye du Boullay.

M

M. le maréchal de Broglie, seigneur du duché de Broglie, représenté par M. le comte d'Auvet;

Madame de Mondrainville, dame de la paroisse de Saint-Hipporte du Bout-des-Prés, représentée par M. Thillaye de Carouge;

M. Mallard de La Varende, seigneur de la Varende, la Saussaye, des Anthieux-Papion, représenté par M. d'Herponay;

M. de Melleville, seigneur de Lieurey, des fiefs de le Tillages-la-Garde, le Montroly, Laguerrie, la Saussaye et le petit Lieurey, et seigneur de Nonard;

M. de Malertis du Plessis, seigneur des fiefs du Bart-Mortend et du Plessis;

M. de Mailloc, seigneur des Eteux, représenté par M. Dumerle-Duplessis;

M. de Maillet, seigneur de la paroisse de Freardel, représenté par M. de Maillet, son fils;

M. Marescot, seigneur en partie du fief des Lisers, représenté par M. Dubuat;

M. de Mazères, seigneur du fief et paroisse de Fumichon, représenté par M. du Houllay de Gouvy;

M. le marquis de Montreuil, seigneur de la Chapelle Gauthier;

Madame de Margeot, tutrice de M. le seigneur de la Chapelle Yvon, représentée par M. de Margeot de Saint-Ouen;

M. de Margeot de Saint-Ouen, seigneur de Colandon et d'Argouge, paroisse de Glos;

M. de Margeot, seigneur du Camp de la Marre, représenté par M. le chevalier de Margeot.

N

M. de Nollent, seigneur de Rezeulieu et de Champaux, représenté par M. Armand-Constant de La Boullaye;

M. de Saint-Ouen, seigneur de la paroisse de Saint-Ouen et du Hoult, représenté par M. le chevalier de Margeot.

P

M. des Portes, seigneur du Mesnil-Vicomte, représenté par M. Du Houlley de Saint-Aubin;

M. Le Prévot de Corbon;

M. de La Pallu, seigneur de la Trinité des Lettiers, représenté par M. de La Pallu.

M. de La Roche de Perteville, seigneur de Saint-Marc;

M. de Philippe, seigneur de Phismon, représenté par M. de Bocley,

Madame de La Pallu, seigneur du fief de la paroisse de Bellon, représentée par M. de Fauville.

M. de Piperey, seigneur de Saint-Hippolyte;

M. de Parfouru, seigneur de Jouveaux, représenté par M. Anonine Dubois;

M. Bourdon-Pommerel, seigneur de Veaux;

M. de Prael, comte de Prael,

M. de Margeot de Saint-Ouen, seigneur du Parc représenté par M. de Foulques de la Pelette de Goury.

Q

M. de Querrière de La Valle, seigneur de La Grue;

M. Quenet de Saint-Just, représenté par M. de La Palesière.

R

M. de La Rue, seigneur de Bailleul, représenté par M. Chesnard de Boussey;

M. de Roncherolles, seigneur de Gizac, représenté par M. de Meniglaire;

M. de La Rouvray, seigneur de la paroisse de Touquette, représenté par M. Querrière du Bois de la Valle;

Madame de Rarey, dame du Pin, représentée par M. de Chemlon;

Mademoiselle Rondelle d'Hendreville, représentée par M. le président de Bontencourt;

M. le marquis de La Chapelle de Saint-Jean de Tanney, représenté par M. le comte La Chapelle;

M. Rondel des Parcs-Fontains, représenté par M. de Pommerey;

M. de Rouligny, seigneur de Canapville;

M. de La Rouvray, seigneur de Beaufer, représenté par M. Le Grix.

T

M. de Bornet de La Tour, seigneur de Bosgrard, représenté par M. de Louvigny;

M. de Tolmer, seigneur de la Festière, représenté par M. son petit-fils;

M. de Saint-Laurent de Teusement, représenté par M. le Prévôt de Corbon.

V

M. de Varin, seigneur de Morainville; M. de Vauquelin, seigneur des Chesnes, représenté par M. le président de Coulons; M. de Vains, seigneur de la Vavassourie, représenté par M. Vairière de Reuilly; M. Hœlin, sieur d'Acqueville; M. de Margiot, seigneur du Parc; M. Le Michel de La Chapelle, seigneur du Pohier; M. Dubois du Bois; M. le chevalier de Beaumont; M. Bertin; M. Duloutref. M. de Bernières; M. de Pequeux de Boisville; M. de Margnery; M. de Thillaye du Bouley; M. de Tillaye de Carouge; M. de Fouque de Ganville; M. Dubois. M. de Vairières de Lemilly; M. le chevalier de Simon de Franeval; M. Berthelot de Meseray; M. Berthelot de Meseray fils; M. Boisnel de Nalebert; M. de Folleville; M. de Tholmer de Valcourt; M. Le Pecqueul de la Fauverie; M. Lefèvre, de Hezés; M. Puesnel de Saint-Just de Folleville, représenté par M. de La Palesière; M. Du Mesnil-Vicomte, représenté par M. Duhoulley de Saint-Aubin; M. Durosey, seigneur de Villard, représenté par M. de Piperey; M. de Malvoue, seigneur de Notre-Dame d'Aulnay; M. Le chevalier de Malortis; M. Dumoncel, seigneur du Breuil, en la paroisse Saint-Hippolyte, représenté par M. de Mouy, son fils.

Noblesse du bailliage secondaire de Bernay.

B

M. de Bonnechose, seigneur de Malouy, représenté par M. de Pinterville;

M. de Bellemare, seigneur de Duranville et des fiefs du Grand et Petit Loblon, du Grand et Petit Menil, représenté par M. Halix, écuyer d'Acqueville;

M. de Bouville, seigneur des fiefs de Berthonville, d'Essençon, de Merieu et de Franqueville, représenté par M. le comte Dauvet;

M. Buré du Theil, seigneur du fief, terre, et seigneurie de Valaille;

M. de Balivières, seigneur de Doinourt et du fief de Béchiuré et de Baudrouer, représenté par M. Dumerle.

C

M. Contant Bréant, seigneur du Bost-le-Comte, représenté par M. le marquis de Varennes.

D

M. Deniquelet, seigneur du fief de Ferrières, en la paroisse de Neuville;

M. Margeot de Saint-Ouen, seigneur du fief de Livet sur Autout;

M. Danguy, seigneur, et patron de Boisney et de la paroisse de Rost, représenté par M. le marquis d'Herenville;

M. Darantot, seigneur de Malony, représenté par M. de Fumechon;

M. le comte d'Augé, seigneur du fief de Manneval, représenté par M. le comte de Courcy;

M. Duhoulley, seigneur de Saint-Aubin le Vertueux et du fief de Hazerey-Piquet.

F

M. de Fouquet, seigneur du fief, terre et seigneurie de Caouhet, représenté par M. Barrey du Theil.

G

M. le marquis de Guitry, seigneur du fief de Heudentin, paroisse de Duranville;

M. de Glatigny, seigneur du fief et seigneurie du Rosey, paroisse de Courbépine, représenté par M. Bertin;

Le marquis de Ganville, seigneur et patron de Saint-Martin-le-Vieil, des fiefs Lefebvre et de Brécourt;

M. de Giverville, seigneur dudit lieu.

L

Mademoiselle de Louvigny, seigneur des fiefs de Rossencourt, paroisse de Berthouville, représenté par M. Bertin;

M. de Louvigny de La Marelle, seigneur du fief de Laroche, de Remisson et de la Marelle, représenté par M. d'Erneville Poligny;

M Levelain, seigneur du fief de la Palezière.

M

M. de Malleville-Corneville, seigneur du fief de Monpoignan.

P

M. de Plainville, seigneur dudit lieu, représenté par M. de Ferval.

S

M. le seigneur de Saint-Léger du Bosdel et de Chamfleur;

M. de Sainte-Claire, seigneur dudit lieu, représenté par M. de Louvigny;

M. de Sens, marquis de Morsan, seigneur des fiefs de la prévosté de Morsan, du Coudray, de la Cour de Marlau, d'Arnières, de Villers, d'Épine et de Morsan;

M. de Bellemare, seigneur de la Motte-Neuville, et capitaine au régiment de Saintonge;

M. le chevalier de Bosnoir, ancien garde du corps;

M. Le Velain du Bosnoir;

M. de Martigny, seigneur des fiefs de Lamberville, de Boutalle, et seigneur de Boissy, représenté par M. de Giverville.

Noblesse du bailliage secondaire de Beaumont-le-Royer.

B

M. le duc de Beuvron, seigneur du Champ-de-Bataille, représenté par M. le comte de Tillières ;
M. Barré, seigneur du fief de la Mousserie ;
M. Barré, seigneur des Anthieux ;
M. de La Boullaye, seigneur de Thevray ;
M. de Boiscard ;
M. de Bonnechose, seigneur du Coudray.

C

M. de Combon, seigneur du Coudray, représenté par M. Halix d'Acqueville ;
M. de Courteuvre de Bosc-André ;
M. le comte de Nonan, seigneur de Gizay ;
M. Bidaut, seigneur de la Haye de Calleville ;
M. de Chambort, seigneur du fief de Vieilles, représenté par M. Daumey ;
M. Chrétien, seigneur des fiefs de Fennichon, etc., représenté par M. de Fennichon, son fils ;
M. de Coloniac, seigneur de Fontaine-l'Abbé, représenté par M. de Giverville ;
M. Gui Chambellan, seigneur de Bigard ;
M. l'abbé de Cernay, seigneur dudit lieu ;
M. de Cherville, seigneur de Bray ;
M. Constant de Liberge, seigneur de Granchain.

D

M. Desmazis, seigneur des Goulières, représenté par M. Lecornu de Chavannes ;
M. Daumay, seigneur de Saint-André de la Basse, etc. ;
M. Duval, seigneur de Beaumantel ;
M. Dangny, seigneur du marquisat de Thibouville, représenté par M. le marquis d'Herneville ;
M. le comte Dauvet, seigneur de Boussey ;
M. Denneville, seigneur de Curanton, représenté par M. de Semerville ;
M. Derneville, seigneur de Poligny ;
M. Daumey, seigneur de la Noë ;
M. Duberché, seigneur du fief dudit lieu, paroisse Saint-Lambert ;
Madame Dutremblay, seigneur de Bois-Robert, représentée par M. Deshayes du Tremblay, son fils ;
M. de La Boullaye du Borroger, seigneur dudit lieu ;
Madame Dubosc, seigneur du fief du Chastel, représentée par M. Labbé de Cerney.

F

M. de Flavigny, seigneur du Plessis de la Nobletierre, représenté par M. de La Boullaye ;
M. Dufour, seigneur de Borroger, représenté par M. le comte de Valemont ;
M. Duthentauger, seigneur du fief Girard ;
M. de Blosville, seigneur du fief d'Auvergny, représenté par M. Lemoutier du Perron ;
M. de Fremont, seigneur du fief du Chalet, etc.

G

M. Le Grand, seigneur de la Glassionnaire, représenté par M. le comte de Gizey.

H

Madame de Hazerai, seigneur du fief dudit lieu, représentée par M. de La Palesière.

L

M. le prince de Poix, seigneur du comté d'Harcourt, représenté par M. le marquis d'Erneville.

M

M. Mahiet, seigneur de Saint-Clair d'Arcey, représenté par M. de Louvigny ;
M. de Malleville, seigneur du fief de la Boissaye, représenté par M. de La Boulaye de Borroger ;
M. Manduit de Semerville, seigneur de Semerville.

P

M. le prince de Lambesc, seigneur de la Haye du Theil, représenté par M. le comte de Nonan, seigneur de Gizay.

R

Madame de Rabelle, dame de Goupillère, représentée par M. le comte d'Herneville ;
M. de La Roque, seigneur de Cerquigny, représenté par M. de Maubuisson ;
M. de Renneville, seigneur de Marbeuf, représenté par M. son fils ;
M. de Rely, seigneur de Saint-Aubin, représenté par M. le chevalier de Franqueville.

T

M. Marc-René Chenu, seigneur du marquisat de Thibouville, représenté par M. d'Herneville ;
M. le marquis de Toustain, seigneur de Canapeville.

V

M. le prince de Vaudemont, comte de Brionne, représenté par M. le vicomte de l'Espinace ;
M. de Louvigny ;
M. le comte d'Elleuvillers ;
M. de Fumechon fils ;
M. d'Argence, curé de Grand-Champ, pour son fief, terre de la Réfaudière, représenté par M. le chevalier de Cerney ;
M. l'abbé de Louvigny, curé de Bonney, pour son fief du Homme, représenté par M. de Louvigny, écuyer ;
M. d'Herneville-Poligny, seigneur du fief de Maubuisson.

Noblesse du bailliage secondaire de Nonancourt.

B

M. de Barré des Anthieux, seigneur de Champigny ;
M. des Brosses, baron du Goulet, représenté par M. Glapion ;
M. de Boislamare, seigneur de Merville, représenté par M. Quincarnon ;
M. de Bordeaux, seigneur de Buisson-de-May ;
M. Le Bœuf, seigneur d'Omoy ;
M. le duc de Brissac, représenté par M. de Champigny.

C

M. Chemard, seigneur de Boussey;
M. de Courcy, seigneur de Dampierre, etc;
M. de La Chaussée, seigneur de Faverolles, représenté par M. le comte de Chambray.

D

M. Darpuzon, seigneur de Louye, représenté par M. son fils;
M. Dirville, seigneur de la Coudrelle, représenté par M. de Semerville;
M. Dumerle, seigneur de Bastigny;
M. Desmouthières, seigneur du Perron;
M. Desbrosses, marquis du Goullet, seigneur de Fontaines, représenté par M. le comte de La Chapelle.

F

M. Le Forestier, seigneur de Sainte-Marguerite, représenté par M. Desmouliers.

L

M. de Loubert, seigneur de Martainville.

M

M. Molle de Beaufort, représenté par M. d'Ery;
Madame Le Masson, seigneur de Pellot, représentée par M. de Quincarnon;
M. de Menou, seigneur de Molette;
M. de Martainville, seigneur de Molette;
M. de Merbouton, seigneur de Moussel;

N

M. Lieudé de Septmanville, seigneur de Val-David, représenté par M. de Septmanville, son fils.

O

M. Odouard, seigneur du Bois-Milon.

S

M. d'André de Saint-Victor.

T

M. Thorin, seigneur du fief de Bruzais;
M. de Quincarnon, seigneur de Gerzey;
M. de Pouville, écuyer.

MESSIEURS LES DÉPUTÉS DU TIERS-ÉTAT.

Messieurs les députés du bailliage d'Evreux.

VILLE D'ÉVREUX.

MM. Regnault, lieutenant général criminel dudit bailliage;
Engrand, lieutenant particulier civil;
Delhomme, avocat;
Buzot, avocat;
Vallet, procureur;
Duvaucelle, bourgeois.

De la ville de Pacy.

MM. Lavertu, maître particulier des eaux et forêts de Pacy;

Leroy, procureur du roi de ladite maîtrise;
Hochon, notaire;
Ducoudray, bourgeois.

De la campagne.

MM. Léonard Duval, de Bailleul; Leloutre, de Berangeville; Nicolas Roussel, de la paroisse de Frency; Guillaume Bocquin, des Authieux; Pierre Fortin, d'Ecardeuville; Pierre Lacroix, de Cissey; Michel Coutley, de la Croix-Saint-Leufroy; Mathurin de Hersent, d'Heudreville; Jacques Verville, de Saint-Aubin du Vieil-Évreux; Barthélemy; Doucerain, de Fauville; Renoult, du Menilles; Deshayes, du Menilles, François Beauvais, du Menil-Friquet; Jacques Porquerel, de Champenard; Simon-André Deles, de Sacqueuville; Louis-Sulpice Chatel, de Meserey; Jacques-Dupuis, d'Avrilly; Toussaint Somdebreuille, du Plessis-Grohan; Jean-Louis Duval, d'Houdonville; Louis Lancelin, de Broville; Simon Leblond, de Saint-André; Emery Tache, de Ganisel; Jacques Dumoubier, de Nelleville; Antoine Quinsacq, de Grossœuvre; Léonard Postel, de Hardancourt; Marc Marcel, de Blerey; Jean Chefdeville, de Boisnet et Eprevanche; Pierre Dubois, de Gandancourt; Le François Lemaitre, de Bacquepuis; Jean-Baptiste Alexandre, du Rouvray; René Ducoté, de Brecourt; Louis Bonpoint, de Branville; Gabriel Ambrois, de Saint-Martin la Campagne; Mathurin Dupont, de Neuville près Claville; Jacques Demazures, de Caugé; Charles Leclaire, de Ganville; Louis-Clément Lebailly, de Claville; Michel Bignault, de Quittebœuf; Noël Pépin, de Parville; Thomas Auzoux, de Saint-Aubin de Crosville; Bellanger, de la Bonneville; Jean-Baptiste Regnault, de la Croisille; George Lecomte, de Ferrière-Haut-Clocher; Bomjan Filleul, de Tournedos; François Huet, d'Arnières; Jean Plet, de Saint-André.

MM. les députés du bailliage de Conches.

DE LA VILLE DE CONCHES ET CAMPAGNE.

MM. Legendre, lieutenant général du bailliage de Conches; Le Seigneur, avocat; Chartier, avocat; Bucaille, de Baubray; Morard, de la Ferrière; Renault, d'Amfreville; Moulin, du Menil-Hardray; Merlot, à Conches; Feugère, du Fidelaire; Odieuvre, de Romilly; Hébert, du Plessis-Mahut; Mouchard, de Mancelles; Gardembart, avocat, de Conches; Jolleville, du Bois-Normand; Tessancourt, du Thilleul de Magnès; Jouan, d'Amfreville; Clouvelle, vicomte de la Ferrière; Chauvin, de Sebécourt; Bounel, du Bois-Normand; Dessaux, de la Ferrière; Roussel, lieutenant criminel, de Conches; Brunel, de Favrolles; Lemercier, de Sainte-Marguerite; Damilleville, le jeune, avocat; Bidault, de Burcy; Dessaux, de la Putenaye.

MM. les députés du bailliage de Breteuil.

De Girancourt, lieutenant général du bailliage de Breteuil; Bernard Cheron, du Chesne; Conard, avocat, de Breteuil; Vivien, de Brémecourt; Leclerc, de Saint-Denis; Nieunet, aux Baux de Bretheuil; Lemaréchal, de Rugles; Clevrier, de Rugles; Maillard, du Bois-Arnault; Filliard, d'Ambenay; François Renard, de Creton; Petit, avocat, à Damville; Robert Fauveau, à Chavigny; Pierre Fouquet, du Champ-Dominel; Martin Harange, de la Gastine; Hauson l'aîné, de Boissey;

Jacques Tremblier, de Coullonges ; Jacques Renard, de Minières ; Petit, des Tillières ; Duval, du Menil de la Vieille-Lyre ; Lebas, l'aîné, de la Jeune-Lyre ; Boivin, des Marnières ; Nicolas Gonce, du Bois-Normand ; Marescal, de Gouville ; Vacher, de Saint-Nicolas ; Moyaux, avocat, de Condé ; Avenel, de Dammarie ; Jacques Fouquet, de Blandy ; Savary, notaire à Glos ; Premois, de Glos ; Jean Julienne, de Guignette ; Gabriel, de La Noé de la Grande Loge ; Samson, de Gauville en Gauvillois ; Louis Noé, de Notre-Dame du Bois, Tranceray , de Marcilly-Champagne ; Despinay Préhémont, de Couvain ; Goubert, ancien notaire, de la Ferté-Frescal ; Laudom, avocat, de la Ferté-Frenel ; Hélard, d'Authenay ; Saint-Pierre, de Tillières ; Gouchier, de Chanteloup.

Messieurs les députés du bailliage d'Orbec.

François-Nicolas Rivière, avocat, conseiller du Roi, etc. ; vicomte de Moyaux, d'Orbec ; Jean-Baptiste-Charles de Launay, d'Orbec ; Jacques Mottes, de Vespière ; Pierre-Antoine Ozores, de Saint-Germain la Campagne ; Nicolas Gardin, de Saint-Marc des Fresnes : Jean Delaunay, de Saint-Germain la Campagne ; Pierre Robert de Lamarre, fils de Friardel ; Louis Frenet, de Capel ; Lebailly, avocat, procureur fiscal de la haute justice de Lisieux ; Jean-Baptiste-Michel Loisel Boismares, avocat, de Lisieux ; Marie-François Regnoult des Fontaines, de Lisieux ; Thomas-Nicolas Morin, avocat, procureur du roi de l'élection de Lisieux, Claude Behard, de Lisieux ; Jacques Préaux, de Lisieux ; François Jardin, de Lisieux ; Bachelet, lieutenant particulier du bailliage d'Orbec ; Joseph Galopin, de Touceray ; Jean Moulin, de Saint-Martin de Maillot ; Nicolas Benoît, de la Chapelle-Yvon ; Jacques-Pierre Longuemare de Longchamps, fils, avocat, lieutenant en la haute justice d'Acquinville d'Orbec ; Georges Robert, de Saint-Aubin sur Acquinville ; Jacques-Adrien Leprêtre, de Tordouel ; Jean-Jacques Buisson, du Belhouet ; Jean-Baptiste Dumoncel, avocat, procureur fiscal de la haute justice d'Acquinville-d'Orbec ; Henri Dufresne, de Livarot ; Philippe Godet, de Belloy ; Jean-Pierre Blondel, du Ménil-Germain ; Richer, avocat et notaire, du Sap ; Pierre Rosquel, de Chaumont ; Nicolas Delamarre, de Sauceste ; Marie-Gérôme Rault, de Mardrilly ; Lefébure Dumitois, bailli de la haute justice de Gaux-de-Gacé ; Pierre-Joseph-Antoine Beauprey, de la Chapelle-Mon-Genouil ; François Lemoine, de Vergers-de-Coulmer ; Michel-Pierre Lemercier, du Thilleul ; Jean-Charles Bieut ; Jean-Baptiste Hurel, de Cisey ; Marie Malet, de Lisores ; Constantin Corneville, de Ticheville ; Charles Lenoir, du Bos-Regnoult ; Jacques Berthelot, de Ticheville ; Jacques Lemaître, de Heugon ; Jean-Baptiste Daufresnes, avocat, bailli de la haute justice de la Goellaftère-d'Orbec ; Laurent Auzoux, notaire de Broglie ; Jean Dutheil, de Broglie ; Pierre Champion, du Chesney de la Trinité du Mesnil-Josselin ; Pierre-Charles Prieur, de Grand-Champ ; Nicolas Hamel, du Mesnil-Josselin ; Paul Lange, de la Roussière ; Jacques Aubat, de Saint-Aubin de Launey ; Nicolas Olivier, de Moyaux ; Charles Baudry, de Moyaux ; Augustin Goubey, de Fumichon ; Montouze, avocat, du Bref-Dent ; Louis Rogerey, du Puis ; Pierre Signol, du Puis ; Michel Dieusy, de Freuty ; Guillaume Houlette, de Marolle ; Pierre Marcette, de Faux-Guérau ; Asse, avocat, de Lhotellerie ; Jean-Baptiste-Pierre Dupont, de Thiberville ; Jean

Brancau, de Couthoume-Lamedrac ; Jean Lemaignan, de la Chapelle-Harang ; Joseph-Alexandre Riquier, d'Herneval ; André Morin, d'Hernival ; Pierre Legrand, de Saint-Martin de Lahieue ; Pierre Christophe Vimont, de Glos ; Louis Thiluye, du Mesnil-Guillaume ; Thomas Jumel, de Saint-Jean de Livet ; Jacques Mourier, de Saint-Léger d'Houilly ; Jacques-Nicolas Oursel, vicomté de Folleville ; François-George Buzile, du Mont-Prieur du Rocy en la vicomté de Folleville ; Michel Couvain, de Morainville ; Charles de Frencinot, de Bazoques ; François-Jacques-Alexandre Queltier, de Bailleul ; Jean-Baptiste Cassey, de Saint-Aubin de Sellon ; Marc-Théodore Quesney, ancien notaire, de Lieurey ; Alexandre Turpin, de Saint-Georges du Menil ; Jean Boivin, de Perville ; Jean-Pierre Delaunay, de Jouveaux ; Legrand, conseiller du roi au bailliage d'Orbec, et procureur du roi au siége de police de Montreuil ; Charles Jamot, de Saint-Germain d'Aulnay ; Armand Mesnil, de Notre-Dame du Hamel ; Nicolas Chevalier, de Ternant.

Messieurs les députés du bailliage de Bernay.

M. Ledovais de la Soisière, lieutenant-général, et maire de Bernay ; Lieudel, procureur du roi de l'élection ; Folin, doyen des avocats ; Bucherez des Noes, assesseur au bailliage ; Fouquay, procureur ; Bayvel, garde d'honneur de M. le duc d'Arcourt de Moisey ; M. de Langre, avocat ; Maltard, maître de forges ; Duval, du Theil-Nolent ; Possemer, maître de postes, de Duranville ; Lefebvre, de Plasnes ; Lemarescal, de Boissy ; Aulnay, de Saint-Racray ; Quercey, de Malouje ; Vincent Counard ; Reignier.

Messieurs les députés du bailliage de Nonancourt.

M. de Hauteterre, lieutenant général ; de L'Hôpital, avocat, et procureur du Roi ; Delahaye, avocat, et maître particulier des eaux et forêts de Vernon, de la Neuvilette ; Chef de Ville, de la Neuvillette ; Pierre Molvant, d'Ivry ; Fermin de Lahaye, de Garennes ; Louis Duhamel, de Garennes ; de Beffara, notaire à Illières ; Nicolas Reculard, d'Illières ; Noel Duval, de la Madeleine d'Hendreville ; Nicolas Laval, de Croth ; Louis François, de Courdemanche ; Louis Dhué, de Muzy ; René Perrier, de Sercès ; Georges Delerable, de Pieds ; François Paulard, de la Madelaine-de-Nonancourt ; Jacques Regnier, de Droisey ; Jacques Lounay, du Formier, Georges Hérouard, de Foucrainville.

Messieurs les députés du bailliage de Beaumont-le-Roger.

Lucas, de la Marre-aux-Ours ; de Beauchamps, de Beaumont ; Duclos, de Neubourg ; Duval, de Beaumont ; Chambelan, de Beaumont ; Dulong, de Neufbourg ; Gastine, de Neufbourg ; Chouet ; de Saqueville, de Sommerville ; le chevalier de Semerville ; Prudhomme, Dupuis, Bidaux, Delarue, Derobequin, Vavasseur, Fremont, Coucard, Naturel, Legras, Bertrand, Lenoble, Fonthion, de Boroger ; Picot, Bourdet l'aîné, Bourdet le jeune, Delanoé, Fouquet, Cologe, Chambellan, du Thileul Lotoy ; Fresney, Boucher, Chambelan, de Cerquigny ; Godard, Chevalier, Chambelain, de Goupières, Baudouin, Mahaut, Godet, Gauthier, Lenoble, d'Iville ; Mameaux, Bauvallet, Adam, Beauchamp Ponthon, de Rublemont ; Guérard, Ducy.

BAILLIAGE DE GIEN.

Extraits de l'assemblée générale des trois ordres (1).

Du 16 mars 1789.

Nous, Charles-Henry de Feydeau, chevalier, marquis de Bron, conseiller d'État, bailli de la ville, bailliage et comté de Gien, etc..... avons fait appeler toutes les personnes assignées, savoir :

Dans l'ordre du clergé.

MM. du chapitre royal de Saint-Etienne de Gien, représentés par messire Jean-Etienne Fernault, trésorier-receveur et syndic dudit chapitre, suivant l'acte de sa nomination du 26 février dernier ;

M. le prieur de Gien-le-Vieil, représenté par le sieur abbé Cartigni, chanoine de l'église collégiale de Gien, suivant la procuration passée devant Jacob et son confrère, notaires, à Saumur, le 8 de ce mois ;

M. Vallet, curé de la paroisse de Saint-Louis de cette ville, comparant en personne ;

M. Borellier, curé de la paroisse de Saint-Laurent de cette ville, comparant en personne ;

M. Mauduisson, curé de la paroisse de Dampierre en Burly, comparant en personne ;

M. Vallet, curé de la ville de Briare, comparant en personne ;

M. Gollier, curé de la ville d'Ouzouer-sur-Treizée, comparant en personne ;

M. Clerjaut, curé de la paroisse de Peuty, comparant en personne ;

M. Courrier, prieur et curé de la Bussière, comparant en personne ;

M. Regnier, curé de Neroy, comparant en personne ;

M. Jouesme, curé de la paroisse d'Ardon, représenté par M. Courier, curé de la Bussière, suivant la procuration passée devant Baron, notaire, le 10 de ce mois ;

M. Buchet, curé de Boismorand, absent ;

M. Vallon, curé de la paroisse de Bretheau, représenté par M. Gouville, curé d'Arablay, en vertu de procuration, passée devant Bazin, notaire à Gien, le 16 du présent mois ;

M. Fouinat, desservant de la paroisse de Saint-Georges, représenté par M. Regnier, curé de Neroy, en vertu de procuration passée devant Bazin, notaire, à Gien, le 9 du courant ;

M. Chapon, curé d'Ecrignette, représenté par le sieur Toupet, vicaire de la paroisse de Saint-Louis en cette ville, en vertu de la procuration passée devant Renard, notaire à Ecrignette, le 7 du présent mois ;

M. Vallon, desservant de la paroisse de Champoulet, représenté par M. Gouville, curé d'Arabloy, suivant la procuration passée devant Bazin, notaire, à Gien, le 16 du courant ;

Les révérends pères minimes de Gien, représentés par le sieur Poignard, religieux, suivant l'acte du 8 du courant ;

MM. du chapitre de Saint-Etienne de Bourges, représentés par M. Goulier, curé de Saint-Laurent, par procuration du 9 du courant ;

Ensuite sont comparus volontairement : M. Masson, chantre du chapitre royal de Gien, en son nom, et comme fondé de la procuration de monseigneur Champion de Cicé, évêque d'Auxerre, ladite procuration du 6 du courant ;

M. Clerjaut, curé de Poilly, comme fondé de procuration, en date du 27 février dernier à lui donnée par monseigneur de Puiségur, archevêque de Bourges ;

M. Clerjaut, curé de Poilly, comme fondé de procuration de M. de Buissy, prieur de Saint-Brisson, en date du 28 février dernier.

Dans l'ordre de la noblesse.

Avons fait appeler les personnes assignées en vertu de notre ordonnance susdatée.

Savoir : M. le duc de Luxembourg, seigneur de Boismorand, comparant par M. le chevalier de la Frège, son fondé de pouvoir en date du 5 du présent mois ;

M. le comte de Saint-Fargeau, seigneur du Van, comparant par M. le chevalier de Fontaizeau, son fondé de pouvoir en date du 7 du courant ;

M. Dutillet, seigneur de la Bussière, comparant par M. de la Barre, fondé de procuration en date du 3 du courant ;

MM. les seigneurs du canal de Briare comparant par M. le chevalier de la Fage, leur fondé de procuration en date du 3 du courant ;

M. Dufour, seigneur de Cormont, comparant par M. de la Barre, son fondé de procuration en date du 20 février dernier ;

MM. de Racaut, seigneur de Rouilly, comparant par M. de Raucourt fils, son fondé de procuration en date du 2 de ce mois ;

M. de Chazal, seigneur de Lande, comparant en personne ;

M. Armand de Chesne, seigneur de Saint-Ezoges, absent ;

M. Lenoir, seigneur de la Châtre, comparant en personne ;

Madame veuve Lenoir, propriétaire du fief des Combles, comparant par M. Lenoir, son fondé de procuration en date du 10 dudit mois ;

Mademoiselle Lenoir, propriétaire du fief des Maisons-Rouges, comparant par M. Lenoir, son fondé de procuration en date du 13 dudit mois ;

M. de Raucourt, seigneur de Marchais-Creux, comparant en personne ;

M. de Falaizeau, seigneur d'Egrignolles, comparant en personne.

Ensuite sont comparus volontairement les nobles non assignés :

MM. Georges-Roch Duverne, Louis Dufour, Etienne-Nicolas Deschamps de la Barre, Gabriel Duchemin de Chasseval, Edme Linclet de Raucourt de Villiers, et Achille-Michel de Raucourt ;

(1) Nous publions ce document d'après un manuscrit des *Archives de l'Empire*.

Et par le *tiers-état des villes, bourgs et communautés de ce bailliage*, sont comparus :

MM. Brillard de la Motte, Carré de Pontant, Vamier et Thomas de Garissay, députés de la ville de Gien ;

Michel Gentil, Jean Deschamps père, Etienne Vincent et Etienne Picart, députés de la ville d'Ouzour-sur-Treizée ;

Louis-Barnabé Totette, Victor-Abraham Pilliard, Thomas Lebègue, députés de la ville de Briare ;

Jean-Guillaume Dovade et François Chaperon, députés d'Arablay ;

Louis Harry et Pierre Lechapt, députés d'Ardon ;

Jean-Arsène Billiard et Benjamin Genet, députés de la Bussière ;

Simon-Pierre Benoist et André Michau, députés de Nevoy ;

Etienne Souesme et Jean Bouchard, députés de Boismorand ;

Augustin Toizeau et Eloi Bourra, députés de Bretheau ;

Pierre-Claude Paulire et Denis-Nicolas Lecomte, députés de Dampierre-en-Burly ;

Claude-Raimond Vallet, et Charles Jarlet, députés de Saint-Egoges ;

Pierre Guérin du Marchais, et René-Claude Renard, députés d'Ecrignelle ;

Claude Vallot et Antoine Trourvain, députés de Champaullet ;

Jean-Bazin, Paul Nibelle et Jean Bertrand, députés de Poilly, tous présents.

D'après ledit appel, nous avons donné acte aux comparants de leur comparution, et défaut contre les non comparants.

DISTRICT DE HAGUENAU ET WEISSEMBOURG.

Extrait du procès-verbal de l'assemblée générale des trois ordres (1)

Du 26, 27, 28 et 30 mars 1789 ;

Par devant nous, Frédéric-Antoine d'Andlau de Hombourg, etc., faisant fonctions de bailli d'épée... sont comparus :

CLERGÉ.

1. S. A. Sérénissime et Eminentissime, le seigneur cardinal de Rohan, Evêque, prince de Strasbourg, landgrave d'Alsace, prince du saint-empire, comparant en personne ;

2. S. A. Révérendissime, le seigneur prince-évêque de Spire, prince du saint-empire, prévôt de la prévôté princière de Weissembourg, comparant par M. Spitz, son bailli à Lauterbourg, muni de son pouvoir du 20 du courant, à l'effet de protester contre l'assignation donnée à Sadite Altesse, comme il sera dit ci-après ;

3. MM. les grand prévôt, grand doyen et chanoines capitulaires de l'église cathédrale de Strasbourg, représentés par M. le comte de Koenigrey Rothenfels, chanoine capitulaire dudit grand chapitre, à ce député, par acte du 24 du courant ;

4. Les sieurs Senior, députés et prébendiers du grand chœur de ladite église cathédrale de Strasbourg, représentés par les sieurs Louis et Gaspard, prébendiers dudit grand chœur, à ce députés par délibération du 24 de ce mois ;

5° M. le grand prévôt du grand chapitre de Spire, le baron de Vessenberg, comparant en personne ;

6° MM. le grand prévôt, grand doyen et chanoines du grand chapitre de Spire, seulement comme possessionnés en Alsace, non comparants et défaillants ;

7° Le sieur abbé de l'abbaye de Marmoutier, comparant en personne ;

8° Le sieur abbé de l'abbaye de Neubourg, comparant par le seigneur évêque de Pora, suffragant de l'évêché de Strasbourg, muni de sa procuration du 21 du courant ;

9° Le sieur abbé d'Eymar, abbé de Neusviller, comparant en personne ;

10° Le sieur abbé Jeanjean, abbé de Walbourg, comparant en personne ;

11° A. Le sieur baron de Flachslanden, bailli de l'ordre de Malte, coseigneur de Strutzheim et Drenheim, comparant en personne ;

11° B. Le sieur François-Philippe de Morande, baron de Schenau, grand bailli de l'ordre de Malte, commandeur de Weissembourg, procureur et receveur général de son ordre, comparant par mondit sieur le bailli de Flachslanden, muni de sa procuration du 4 du courant ;

11° C. Le sieur commandeur de la commanderie de l'ordre Teutonique, à Weissembourg, seigneur

(1) Nous publions ce document d'après un manuscrit des *Archives de l'Empire*.

de Riedseltz, non comparant, ni personne pour lui, défaillant ;

11 D. M. le grand maître, grand commandeur de l'ordre Teutonique, de la commanderie Magistrale de Weissembourg, non comparant ni personne pour lui, défaillant ;

12. Le sieur François-Ignace Schneider, abbé commandeur de l'ordre de Saint-Jean de Jérusalem, à Strasbourg, représenté par le sieur Demougé, prieur de ladite commanderie, muni de son pouvoir du 21 du courant ;

13. Les sieurs prévôt, doyen, chanoines et chapitre de l'église collégiale de Saint-Pierre le Jeune de Strasbourg, représentés par le seigneur évêque de Dora, et le sieur Jacques-Antoine Bourg, le premier doyen, et l'autre chanoine capitulaire de ladite collégiale, députés à cet effet, par délibération capitulaire du 16 du courant ;

14. Les sieurs prévôt, doyen, chanoines et chapitre de l'église collégiale de Saint-Pierre le Vieux de Strasbourg, représentés par les sieurs Hustel, prévôt, et de Martigny, doyen de ladite collégiale, députés pour ce, par délibération capitulaire dudit jour, 16 du courant ;

15 A. Les sieurs prébendiers de l'oratoire de la Toussaint, représentés par les sieurs Dubois et de Wetersheim, leurs députés, par délibération du 18 de ce mois ;

15 B. Les sieurs prévôt, doyen, chanoines et chapitre de Haslach, défaillants, personne ne comparant pour eux ;

16. Les sieurs prévôt, doyen, chanoines et chapitre de Neuswiller, représentés par le sieur abbé d'Eymar, le sieur Maurice de Ferris, leurs députés, par délibération du 23 de ce mois ;

17. Les sieurs prévôt, doyen, chanoines et chapitre de Saverne, représentés par le sieur Dauzas, leur député, par délibération du 17 de ce mois ;

18. Les sieurs prévôt, doyen, chanoines et chapitre de Hagueneau, représentés par les sieurs de Ruth et Lempfrid, leurs députés, par délibération du 22 de ce mois ;

19. Les sieurs doyen, chanoines et chapitre de Weissembourg, représentés par le sieur de Mati, leur député, par délibération du 21 de ce mois ;

20. Les sieurs chanoines du chapitre de Landau, représentés par M. Dumont le jeune, à ce député, par délibération du 18 de ce mois ;

21. Les sieurs prieur, custos et capitulaires de la commanderie de Saint-Jean de Strasbourg et de Schlestadt, représentés par le sieur Desmongé, prieur, par délibération du 18 de ce mois, à ce député ;

22. Les prieur et religieux de l'abbaye de Marmoutier, à ce représentés par le sieur Marchal leur abbé, à ce député, par délibération du 21 de ce mois ;

23. Les sieurs abbé, prieur et religieux de l'abbaye de Neubourg, représentés par dom Scharche, cellérier, à ce député, par délibération du 22 de ce mois ;

24. La fondation de Steffansfeld, représentée par le sieur Simon, prêtre, procureur de cette maison, non muni d'aucun pouvoir, les ecclésiastiques qui y demeurent ne formant pas corps ;

25. Les sieurs prévôt des chanoines prémon-

trés, et curé de Saint-Nicolas de cette ville, et lesdits chanoines prémontrées, représentés par le
sieur Jung, à ce député, par délibération du 14
de ce mois;

26. Les prieur et religieux Dominicains de cette
ville, représentés par le père Jonner, prieur, à ce
député, par délibération du 16 mars;

27. La communauté des pères cordeliers de cette
ville de Haguenau, représentée par le père
Rheinard Pierret, gardien, à ce député, par délibération du 21 de ce mois;

28. La communauté des pères augustins de
cette ville, représentée par le père Gaspard Reichsteller, prieur, à ce député, par délibération du
18 de ce mois;

29. La communauté des pères cordeliers de
Marienberg, représentée par le père Louis Villeau,
gardien, à ce député, par délibération du 21
de ce mois;

30. Les pères augustins de Weissembourg, représentés par le père Pierre Brobèque, prieur, à
ce député, par délibération du 22 de ce mois;

31. Les pères augustins de Landau, représentés
par le père Gaspard Reichsteller, prieur du couvent de Haguenau, du même ordre, à ce député,
par délibération du 23 de ce mois;

32. Les prieur et religieux de Sturtzelbreim,
ordre de Citeaux, représentés par ledit sieur prieur,
par délibération du 24 de ce mois, à ce député;

33. Les sieurs abbé, prieur et religieux de l'abbaye de Schwartzag, comme possessionnés en cette
province, représentés par le sieur abbé de Marmoutier, suivant une procuration non revêtue
des formes requises;

34. Les dames abbesse, chanoinesses et chapitre d'Andlau, non comparantes, ni personne pour
elles, défaillantes;

35. La dame abbesse de Kœnigsbruck, représentée par dom Augustin Kult, religieux de Citeaux, prieur de ladite abbaye, suivant sa procuration du 23 de ce mois;

36. Les dames abbesse, prieure et religieuses
de Kœnigsbruck, représentées par dom Augustin
Kult, prieur de ladite abbaye, à ce député, par délibération capitulaire du 24 de ce mois;

37. La dame abbesse de l'abbaye de Saint-Jean
des Choux, représentée par dom Edmond Muller,
prieur de l'abbaye de Biblisheim, à ce député,
suivant délibération du 24 de ce mois;

38. Les dames abbesse, prieure et religieuses
de l'abbaye de Biblisheim, représentées par ledit
Edmond Muller, prieur de ladite abbaye de Biblisheim, à ce député, suivant délibération du 19 de
ce mois;

39. Les dames religieuses de la Visitation de
Notre-Dame de Strasbourg, représentées par le
seigneur évêque de Dora, à ce député, par délibération capitulaire du 16 de ce mois;

40. Les dames prieure et religieuses de l'ordre
de Saint-Dominique de Strasbourg, représentées
par le sieur Jean-Baptiste Freybourger, confesseur
ordinaire et directeur du couvent desdites dames,
pour ce député, en vertu de la délibération capitulaire du 16 de ce mois;

41. Les dames religieuses du couvent de Sainte-
Magdeleine de Strasbourg, représentées par le
sieur abbé Lauscher, prébendier de la cathédrale,
pour ce député, en vertu de la délibération du 16
de ce mois;

42. Les dames prieure et religieuses de la congrégation de Notre-Dame de Strasbourg, représentées par le sieur abbé Gaspard, prébendier du
grand chœur de Strasbourg, à ce député par délibération du 16 de ce mois;

43. Les dames prieure et religieuses du couvent
de la congrégation de Saverne, représentées par
le sieur abbé Girard, chanoine de la collégiale de
ladite ville de Saverne, à ce député, par délibération du 23 de ce mois;

44. Les dames prieure et religieuses du couvent
des Tiercelines de cette ville de Haguenau, représentées par le sieur abbé Barthlé, chanoine de
la collégiale de cette ville, à ce député, par délibération du 21 de ce mois;

45. Les dames prieure et religieuses Annonciades de cette ville de Haguenau, représentées
par le sieur abbé Barthlé, chanoine de la collégiale de Haguenau, à ce député, par délibération
du 23 de ce mois;

46. M. Jœglé, curé de Saint-Laurent de la ville
de Strasbourg, comparant en personne;

47. M. Pallas, chanoine et curé de la paroisse
de Saint-Pierre le Jeune de Strasbourg, comparant par le sieur Jacques-Antoine Boug, prêtre,
chanoine de ladite église, suivant sa procuration
du 24 de ce mois;

48. M. Zaiguelins, chanoine et curé de la paroisse de Saint-Pierre le Vieux, comparant en
personne;

49. M. Keguelin, curé de la paroisse de Saint-
Etienne de Strasbourg, comparant en personne;

50. M. Demongé, prieur de la commanderie de
Saint-Jean de Jérusalem de Strasbourg, et curé
de la paroisse de Saint-Marc de ladite ville, comparant en personne;

51. Le sieur prieur et curé de la paroisse de
Saint-Louis de Strasbourg, comparant en personne;

52. Le père Ambroise Hommel, curé de la paroisse de Saint-Louis, en la citadelle de Strasbourg, non comparant, ni personne pour lui,
défaillant;

53. M. Herrenberger, curé de la paroisse de
Wolfisheim et Eckbilseim, comparant par le sieur
Rascher, prébendier du grand chœur de la cathédrale de Strasbourg, suivant sa procuration du
16 de ce mois;

54. M. Kirckoffer, curé de la paroisse de Wolx-
heim, non comparant, ni personne pour lui, défaillant;

55. M. Regel, curé de la paroisse de Westohffen
et annexes, comparant par M. Meng, curé de
Marlenheim, son fondé de procuration, sous seing
privé;

56. M. Schaal, curé de la paroisse de Wangen
et annexe, comparant par M. Meng, curé de Marlenheim, son fondé de procuration sous seing
privé;

57. M. Hitzelberger, curé de la paroisse de
Sultz et annexe, comparant en personne;

58. M. Meyer, curé d'Oberschæffolsheim, comparant par M. Lempfrid, chanoine de la collégiale
de cette ville, son fondé de procuration du 24 de
ce mois;

59. M. Dieffel, curé de la paroisse d'Osthoffen,
comparant par M. Hitzelberger, recteur de Sultz,
suivant sa procuration du 23 de ce mois;

60. M. Tyran, curé de Northeim, non comparant, ni personne pour lui, défaillant;

61. M. Dreyer, curé de Kirckeim, comparant
par M. Meng, curé de Marlenheim, son fondé de
pouvoir, sous seing privé, du 19 de ce mois;

62. M. Liebermann, curé d'Ernolsheim et annexe, non comparant, ni personne pour lui, défaillant;

63. M. Oberhaussen, curé d'Ergerzheim, comparant par M. Sainloc, curé de Dallenheim, suivant sa procuration du 23 de ce mois.

64. Le père Pierre Schmaltz, bénédictin de Dangolsheim, comparant par le père dom Edmond, curé de Biblisheim, suivant sa procuration de ce jour;

65. M. Sainloc, curé de Dalleheim, comparant en personne;

66. M. Richert, curé de Berglixthen, comparant par M. Hitzelberger, curé de Soultz, suivant sa procuration du 21 de ce mois.

67. M. Settler, curé d'Achenheim, comparant par M. Meng, curé de Marlenheim, son fondé de procuration sous seing privé ;

68. M. Bourg, curé de Willgottheim, Laudersheim, Zeinheim et Wollenheim, comparant par M. Weinmann, curé de Hohengeffs, fondé de sa procuration du 24 de ce mois ;

69. M. Sébastien, curé de Westhoffen et annexe, comparant en personne;

70. M. Fromweiller, curé de Wescheim et annexe, non comparant, ni personne pour lui, défaillant;

71. M. Frentz, curé de Wasselonne, comparant en personne;

72. M. Vescher, curé de Waldolwsheim et annexe, comparant par M. Bieth, curé de Berstheim, son fondé de procuration du 24 de ce mois';

73. M. Muller, curé de Truchtersheim, comparant par M. Harmann Eggs, recteur de Bernheim, fondé de sa procuration du 19 de ce mois ;

74. M. Berthe, curé de Soutzheim, comparant en personne;

75. M. Eggs, curé de Steinbourg, comparant par M. Scheck, curé de Rumersheim, fondé de procuration sous seing privé;

76. M. Birgy, curé de Sessolsheim, comparant en personne;

77. M. Lex, curé de Schuersheim, comparant en personne;

78. M. Jausen, curé de la ville de Saverne et d'Ottersthal, comparant en personne;

79. Le père Ernst, bénédictin, curé de Ritterbourg et de Singrist, comparant par le père Kaa, curé de Lochwiller et de Schweinheim, son fondé de procuration du 23 de ce mois ;

80. M. Dieta, curé de Reinhardmunster, comparant par le sieur Cullot, chanoine de la collégiale de cette ville, fondé de sa procuration sous seing privé ;

81. M. Wieser, curé de Psetigsheim et Pfulgriesheim, comparant par M. Perdrix Servo recteur de la paroisse de Saint-Georges de cette ville de Hagueneau, fondé de sa procuration du 22 de ce mois ;

82. M. Hermann Ott, curé de Phalsbourg, comparant par M. Simon, procureur de Steffansfeld, son fondé de procuration du 24 de ce mois;

83. M. Schwartz, curé d'Otterviller, comparant par M. Gérard, chanoine de Saverne, son fondé de procuration du 23 de ce mois;

84. M. Klein, curé de Neugartheim, comparant en personne;

85. M. Colin, curé de Muntzwiller, Zornhof, et Eckarshwiller, comparant par M. Sultzer, curé de Mommenheim, fondé de sa procuration sous seing privé;

86. M. Guillaume, curé de Mittelbronn, comparant par M. Martin, curé d'Aberschwiller, son fondé de procuration du 21 de ce mois ;

87. M. Schaal, curé de Menholtzheim, comparant par M. Ulrich, curé de Lupstein, son fondé de procuration sous seing privé ;

88. Dom Zigelmeyer, prieur de Marmoutier, curé de ladite ville d'Imstatt et de Suthental, comparant par le sieur abbé de ladite abbaye de Marmoutier, fondé de sa procuration du 23 de ce mois;

89. M. Schoeffer, curé de Lutzelbourg, comparant par M. Hirstel, sous-prieur à Steffansfeld, fondé de sa procuration sous seing privé.

90. M. Ulrich, curé de Lupstein, comparant en personne;

91. Dom Bernard Kaa, curé à Lochwiller, et Schweinheim, comparant en personne;

92. M. Drolenvaux, curé de Littenheim, comparant en personne;

93. M. Martin, curé de Julenheim et annexe, comparant en personne;

94. M. Kolb, curé de Küttolsheim, comparant en personne;

95. M. Exel, curé de Jetersweiller, comparant par M. Frentz, curé de Wasselonne, fondé de sa procuration sous seing privé;

96. Le père Anselme Linck, curé de Saint-Jean des Choux, comparant par M. Hirstel, sous-prieur à Steffansfeld, fondé de sa procuration sous seing privé;

97. M. Wermann, curé de Hohengoff et annexe, comparant en personne;

98. Dom Wolff, bénédictin, curé de Haegenheim, et de Thal, comparant par dom Bernard Kaa, curé de Lochwiller, fondé de sa procuration du 23 de ce mois;

99. M. Woltz, curé de Gouguenheim, Kuhuheim, Guisheim et Rohr, comparant en personne;

100. M. Friess, curé de Kaarbourg et Hasselbourg comparant en personne;

101. M. Wolbert, curé de Fessenheim, comparant par M. Martin, curé de Kittolsheim, fondé de sa procuration du 24 de ce mois.

102. M. Six, curé de Wrringuen, comparant en personne.

103. M. Rosier, curé de Dossenheim, comparant par M. Sainloc, recteur de Dalenheim, fondé de sa procuration du 23 de ce mois;

104. M. Munchina, curé de Dingsheim et Griesheim, comparant par M. Sultzer, curé de Mommenheim, fondé de sa procuration du 23 de ce mois.

105. M. Kegelin, curé de Dettwiller, comparant par le sieur Vauchez, chanoine de cette ville, fondé de sa procuration sous seing privé;

106. M. Lutz, curé de Dabot et Schoefferhoffen, comparant en personne;

107. M. Frintz, curé de Grauffethal, non comparant ni personne pour lui, défaillant;

108. M. Dillemann, curé de Burgenwald, comparant par le sieur Montfleury, chanoine de cette ville, son fondé de procuration sous seing privé;

109. M. Herré, curé de Boechleinheim, comparant par M. Joegel, curé de Saint-Laurent de Strasbourg, fondé de sa procuration du 21 de ce mois;

110. M. Philippe, curé d'Allenwiller, comparant par M. Frentz, curé de Wasselonne, fondé de sa procuration sous seing privé;

111. M. Lengel, curé de Dambach, comparant en personne;

112. M. Munch, curé à Wœrth, comparant en personne;

113. M. Kieffer, curé de Wittersheim, comparant par M. Haberer, curé de Belschoffen, fondé de sa procuration de cejourd'hui ;

114. M. Forst, curé de Wingersheim, comparant par le sieur de Martigny, doyen de Saint-Pierre le Vieux de Strasbourg, substitué par le seigneur évêque de Dora, fondé de sa procuration sous seing privé;

115. M. Diedrich, curé de Wingen, comparant par M. Breh, curé à Berstheim, fondé de sa procuration du 24 de ce mois;

116. M. Fingado, curé de Wilflisheim, comparant par le sieur Wauchez, chanoine de cette ville de Hagueneau, fondé de sa procuration sous seing privé;

117. M. Martz, curé de Weittersweiller, Spartzbach et Eckartsweiller, comparant par le sieur de Montfleury, chanoine de cette ville, fondé de sa procuration du 23 de ce mois;

118. M. Lutzweiller, curé de Saint-Walbourg, non comparant, ni personne pour lui, défaillant;

119. Duboque, curé de Wallenhein, comparant en personne;

120. M. Bizagy, curé à Urweiller, comparant par le seigneur évêque de Dora, suffragant, fondé de sa procuration du 24 de ce mois;

121. M. Delaville, curé d'Uhlsweiller, Niederalsdorff et Ohlungen, comparant par M. Soemann, son vicaire, fondé de sa procuration du 15 de ce mois;

122. M. Pimpel, curé de Wependheim, comparant par Frey, prébendier de Saint-Pierre le Vieux à Strasbourg, fondé de sa procuration sous seing privé;

123. M. Lorentz, curé de Rumersheim et annexe, comparant en personne;

124. M. Schoeek, de Schweighausen et annexe, comparant en personne;

125. M. Lambrecht, curé de Reishoffen, comparant en personne;

126. M. Mehl, curé de Pfaffenhoffen et annexe, comparant en personne;

127. M. Anselme, curé d'Oberbronn, comparant par le seigneur évêque de Dora, suffragant, fondé de sa procuration du 24 de ce mois;

128. M. Rauscher, curé de Niederschaeffolsheim, comparant en personne;

129. M. Eberlé, curé de Niederbronn, comparant par ledit seigneur évêque de Dora, suffragant, fondé de sa procuration du 24 de ce mois;

130. M. Klein, curé de Neuwiller et de Dossenheim, comparant par le sieur Deferies, chanoine dudit Neuwiller, fondé de sa procuration du 23 de ce mois;

131. M. Mahler, curé de Neubourg, non comparant, ni personne pour lui, défaillant;

132. M. Durremberg, curé de Morschviller, comparant en personne;

133. M. Romer, curé de Marchbronne, comparant en personne;

134. M. Sulzter, curé à Mommenheim, comparant en personne;

135. M. Demedré, curé à Wimpffersheim, comparant en personne;

136. M. Stoltz, curé à Mertzweiller, comparant en personne;

137. M. Kroug, curé de la Petite Pierre, comparant par M. Mehl, curé de Kurtzenhaussen, fondé de sa procuration du 24 de ce mois;

138. M. Lietmann, curé de Lichtenberg et annexe, comparant en personne;

139. M. Brucker, curé à Lembach, comparant en personne;

140. M. Bonn, curé de Kirweiller, comparant en personne;

141. M. Harbauer, curé d'Ingweiller et annexe, comparant en personne;

142. M. Hoffmann, curé de Huttendorff, comparant par M. Hœckel, administrateur de Grassendorff, fondé de sa procuration de cejourd'hui;

143. M. Ohlmann, curé de Hohatzenheim et annexe, comparant en personne;

144. M. Weisrock, curé à Hochfelden, comparant en personne;

145. Le sieur de Meyerhoffen, bénéficier, à Saverne, comparant en personne;

146. M. Oberlin, bénéficier de cette ville, comparant en personne;

147. M. Kuhn, bénéficier en ladite ville, comparant en personne;

148. M. Perdrix Serra, curé de Saint-Georges de ladite ville de Haguenau, comparant en personne;

149. M. Krumerg, curé de Gendershoffen, comparant par le seigneur évêque de Dora, fondé de sa procuration du 25 de ce mois;

150. M. Hœgel, curé à Grassendorff, comparant en personne;

151. M. Wartz, curé d'Estendorff, comparant par M. Hœckel, administrateur de Grassendorf, fondé de sa procuration de cejourd'hui;

152. M. Scheidel, curé d'Eschbach, comparant en personne;

153. M. Widmann, curé de Durrenbach, comparant en personne;

154. M. Hoffmann, curé de Dieffenbach, comparant en personne;

155. M. Scheid, curé de Dangendorff, comparant en personne;

156. M. Schuabel, curé de Bouxwiller et Annexe, non comparant, ni personne pour lui, défaillant;

157. M. Behr, curé à Bossendorff, comparant en personne;

158. M. Haberer, curé à Bischoffen, comparant en personne;

159. M. Britth, curé à Berstheim, comparant en personne;

160. Rehr, curé à Bernheim, comparant par M. Duboque, curé à Wallenheim, fondé de sa procuration du 25 de ce mois;

161. M. Barenbach, curé de Wintzenbach et annexe, comparant en personne;

162. M. Weeber, curé de Wittbruck et annexe, comparant en personne;

163. M. Behr, curé de Weyersheim, comparant par M. Conrad, prêtre en cette ville de Hagueneau, fondé de sa procuration du 25 de ce mois;

164. M. Eberlé, curé de la Wantzenau, comparant en personne.

165. M. Dietrich, curé à Sourboug, comparant en personne;

166. M. Schlosser, curé à Soulz, comparant en personne;

167. M. Braun, curé de Souffelweyersheim, comparant par M. Eberlé, curé de la Wantzenau, fondé de sa procuration sous seing privé;

168. M. Lempfred, curé de Soufflenheim, comparant en personne;

169. M. Rhimbott, curé de Sessenheim, comparant par M. Walter, curé à Reshwoog, fondé de sa procuration du 24 de ce mois;

170. M. Bernauer, curé de Seltz et annexe, comparant en personne;

171. M. Gutzen, curé à Schœnenbourg, comparant par M. Schlosser, curé à Soultz, fondé de de procuration du 23 de ce mois;

172. M. Zipp, curé de Schirien et annexe, comparant en personne;

173. M. Gamer, prêtre, curé de la paroisse de Schiltigeim et Avelshoffen, comparant en personne;

174. M. Buntz, curé de Runtzenheim et Aneunheim, comparant en personne;

175. M. Rousselet, curé de Rhorwiller, comparant en personne;

176. M. Walter, curé de Reschwoog et annexe, comparant en personne ;

177. M. Weinum, curé de Reischtett, non comparant, ni personne pour lui, défaillant ;

178. M. Demongé, curé d'Offendorff, comparant par M. Solliez, curé de Herlisheim, fondé de procuration du 25 de ce mois ;

179. M. Bootz, curé de Niederoedern, non comparant, ni personne pour lui, défaillant ;

180. M. Mehl, curé de Niederkurtzenhaussen et annexe, comparant en personne ;

181. M. Melchior, curé de Niederbethdorff, comparant en personne ;

182. M. Bengel, curé de Munchaussen, comparant par M. Bernauer, curé de Seltz, son fondé de procuration du 24 de ce mois ;

183. M. Raoul, curé de Littenheim et annexe, comparant en personne ;

184. M. Jung, curé de Hart, comparant par M. Eberlé, curé de la Wantzenau, son fondé de procuration du 20 de ce mois ;

185. M. Solliert, curé de Herlisheim, comparant en personne ;

186. M. Arnold, curé de Hatten, comparant par M. Walter, curé de Reschwoog, son fondé de procuration du 21 de ce mois ;

187. M. Klein, curé de Hanhoffen et annexe, comparant en personne ;

188. M. Humbourg, curé de Neuhaussel, comparant par M. Eggs, curé de Bernheim, son fondé de procuration du 23 de ce mois ;

189. M. Hammes, curé de la paroisse de Saint-Nicolas de cette ville de Hagueneau, comparant en personne ;

190. M. Lavernier, curé de Gundstett, comparant en personne ;

191. M. Fuchs, curé de Gerstorff, comparant en personne ;

192. M. Hirschel, curé de Steffansfeld, comparant en personne ;

193. M. Freytag, curé du Fort-Saint-Louis, comparant en personne ;

194. M. Simon, curé de Drusenheim, comparant en personne ;

195. M. Engert, curé de Dieffenbach et annexe, comparant par M. Mehl, curé de Kurtzenhausen, son fondé de procuration du 24 de ce mois ;

196. M. Kuhn, curé de Brumath, comparant en personne ;

197. M. Kuntz, curé de Bischeim-Amsaum et annexe, comparant par M. François-Joseph Ganier, curé de Schiltigheim, fondé de sa procuration du 24 de ce mois ;

198. M. Cromer, curé de Gambsheim et annexe, comparant en personne ;

199. M. Eggs, prêtre, curé de Beinheim et annexe, comparant en personne ;

200. Père Elie, capucin et curé de la paroisse de Saint-Jean à Weissembourg, non comparant, ni personne pour lui, défaillant ;

201. M. Demasch, doyen et curé du chapitre princier de Weissembourg, comparant en personne ;

202. M. Kiliau, curé de Trimbach, comparant par M. Edel, curé de Salmbach, son fondé de procuration du 23 de ce mois ;

203. M. Anthon, curé de Stundweiller, comparant par M. Edel, curé de Salmbach, fondé de procuration non revêtue des formalités requises.

204. M. Hauck, curé de Steinfeld, comparant par M. Edel, curé de Salmbach, son fondé de procuration du 24 de ce mois ;

205. M. Scheriner, curé de Schleithal, comparant par M. Edel, curé de Salmbach, son fondé de procuration du 24 de ce mois ;

206. M. Metz, curé de Schaid, comparant par M. Edel, curé de Salmbach, son fondé de pouvoir du 24 de ce mois ;

207. M. Lenck, curé de Scheibenhart, comparant en personne ;

208. M. Edel, curé de Salmbach, comparant en personne ;

209. M. Scharpf, curé de Riedseltz, comparant par M. Edel, curé de Salmbach, son fondé de pouvoir du 24 de ce mois ;

210. M. Briset, curé de Recktenbach, comparant par ledit M. Edel, curé de Salmbach, fondé de sa procuration du 24 de ce mois ;

211. M. Christinet, curé d'Obersœbach, comparant par ledit M. Edel, curé de Salmbach, fondé de sa procuration du 24 de ce mois ;

212. M. Carry, curé d'Oberlauterbach, comparant en personne ;

213. M. Schiffmacher, curé de Niederlauterbach, comparant par M. Bœrenbach, curé de Wintzenbach, son fondé de procuration sous seing privé ;

214. M. Bœser, curé de Modern, comparant par M. Linck, curé de Scheibenkast, fondé de sa procuration du 23 de ce mois ;

215. M. Brunck, recteur de Lauterbourg, comparant par M. Linck, curé de Scheibenhart, fondé de sa procuration du 23 de ce mois ;

216. M. Dietz, curé de Keffenach, desservant la cure de Dorrenbach, non comparant, ni personne pour lui, défaillant ;

217. Les pères capucins de Bergzabern, desservant la cure de Dorrenbach, non comparants, ni personne pour eux, défaillants ;

218. M. Gesner, curé de Bylberg, comparant par M. Linck, curé de Scheibenhart, son fondé de procuration du 23 de ce mois ;

219. M. Avril, curé d'Altenstatt, comparant par M. Edel, curé de Salmbach, fondé de sa procuration du 24 de ce mois ;

220. M. Krug, curé de Wuigen, comparant en personne ;

221. M. Daniely, curé de Schtettenbach et annexe, comparant par M. Weshausser, curé de Neubourg, fondé de sa procuration du 24 de ce mois ;

222. M. Spieser, curé de Hauenstein, non comparant, ni personne pour lui, défaillant ;

223. M. Buchholtz, curé de Fishbach, non comparant, ni personne pour lui, défaillant ;

224. M. Werner, curé de Dahu, comparant en personne ;

225. M. Endrés, curé de Boussenberg, comparant par ledit M. Werner, son fondé de procuration sous seing privé.

226. M. Behr, curé de Bunthenthal, comparant par ledit M. Werner, son fondé de procuration du 24 de ce mois ;

227. M. Porte, curé de Rauschbach, comparant par M. Dumont, chanoine de Landau, fondé de sa procuration du 23 de ce mois ;

228. M. Winterholder, curé de Weichheim, Nurdoff et Damheim, comparant par ledit M. Dumont, son fondé de procuration du 25 de ce mois ;

229. M. Kiespalt, chanoine et curé de Landau, comparant par M. Dumont, son fondé de procuration du 22 de ce mois ;

230. M. Daniély, curé d'Ingenheim, comparant par ledit Dumont, son fondé de procuration du 21 de ce mois ;

231. M. Guillaume, curé d'Espach, comparant par M. Dumont, fondé de sa procuration du 24 de ce mois ;

232. M. Weis, curé d'Artzheim, non comparant, ni personne pour lui, défaillant ;

233. M. Loeser, curé de Rilsheim, comparant en personne ;

234. M. Willans, curé de Wimfelden, comparant en personne ;

235. M. Braun, curé de Rheinzabern ;

236. M. Hemmerlé, curé de Sockgrim ;

237. Et M. Mollier, curé de Hersheim, comparants tous trois par M. Stepffan, curé de Hasszenbiehl, fondé de leur procuration du 23 mars ;

238. M. Steepffan, curé de Hasszenbichl, comparant en personne ;

239. M. Westhausser, curé de Neubourg, comparant en personne ;

240. M. Schindlauer, curé de Hageubach, comparant en personne ;

241. M. Mathias, curé de Caudel et annexe, comparant en personne ;

242. M. Kaa, curé de Berg, comparant par M. Schindlauer, curé de Hagenbach, fondé de sa procuration du 24 de ce mois ;

243. M. Brisset, curé de Homberg, non comparant, ni personne pour lui, défaillant ;

244. M. Martin, curé d'Aberschwiller, comparant en personne ;

245. M. Albert, curé de Walscheid, comparant par M. Martin, son fondé de procuration du 21 de ce mois ;

246. Et M. Florange, curé de Weyer, comparant par le sieur Hamms, prévôt des prémontrés de cette ville de Haguenau, fondé de sa procuration sous seing privé.

Noblesse.

1. L. L. A. A. S. S. MM. les princes Frédéric et Chrétien de Hesse-Darmstadt, non comparants, ni personne pour eux, défaillants ;

2. S. A. S. M. le prince Maximilien des Deux-Ponts, non comparant, ni personne pour lui, défaillant;

3. Le seigneur baron de Haussen non comparante, ni personne pour lui, défaillant ;
Et le sieur de Saulcque, comparant en personne;

4. Le baron de Gottesheim, comparant en personne;

5. Le sieur baron Kœder de Diesbourg, comparant en personne ;

6. Le sieur baron de Flachslanden, bailli de Malte, déjà dénommé dans l'ordre du clergé, comparant en personne ;

7. S. A. M. le prince de Broglie, comparant par le sieur baron d'Oberkirch, colonel d'infanterie, son fondé de procuration du 14 de ce mois ;

8. Le sieur Louis Samson, baron de Ratsamhaussen, d'Ehenweyer, comparant par le sieur de Bisoris, son fondé de procuration du 23 de ce mois ;

9. La dame baronne de Gottesheim, comparant par le sieur baron de Gottesheim, l'aîné, fondé de procuration du 24 de ce mois ;

10. Le sieur Jean-Louis de Gottesheim, comparant par ledit sieur de Gottesheim, l'aîné, fondé de sa procuration du 24 de ce mois ;

11. Le sieur Frédéric-Henri, baron de Gottesheim, comparant en personne ;

12. Le sieur Chrétien Samson, baron de Ratsamhaussen, d'Ehenwoyer, comparant par le sieur Christophe-Philippe baron de Ramtsahaussen, son frère, fondé de sa procuration du 17 de ce mois ;

13. Le sieur baron de Kircheim, comparant en personne;

14. Le damebaronne de Voltz non comparante, ni personne pour elle, défaillante ;

15 Le sieur baron André-Henri, baron de Gail, comparant par le sieur d'Espiard de Clonge, son fondé de procuration du 21 de ce mois;

16. S. A. S. M. le prince de Hesse-Darmstadt, non comparant, ni personne pour lui, défaillant.

17. Le baron de Vorstad, comparant en personne ;

18. S. A. S. M. le prince de Hesse-Darmstadt, ci-dessus défaillant, n° 16 ;

19. La dame douairière comtesse Lowenhaupt, comparante par le sieur de Pastoris, son fondé de procuration du 21 de ce mois;

20. S. A. M. le prince de Hohenlohe, non comparant, ni personne pour lui, défaillant ;

21. Le sieur Othon-Henri, baron de Geminingen, tant pour lui que pour ses frères et cousins, en vertu de leur procuration datée de Hofenheim le 23 mars courant, le sieur Othon-Henri de Geminingen comparant en personne ;

22. La dame baronne Schenek de Schneittbourg non comparante, ni personne pour elle, défaillante.

23. Le sieur baron de Krebs de Bach, comparant par le sieur baron de Wangen fils, fondé de sa procuration du 19 de ce mois ;

24. Le sieur baron François-Zénobie d'Ickteroheim, comparant en personne ;

25. Le sieur François-Charles, baron d'Icktersheim comparant en personne;

26. Le sieur François René-Annibal-Albert d'Icktersheim, comparant par le sieur Charles d'Icktersheim, son frère fondé de sa procuration du 23 de ce mois ;

27. Le sieur baron de Glauwitz, comparant en personne;

28. La dame de Cœte, non comparante ni personne pour elle, défaillante ;

29. La dame de Muratt, non comparante, ni personne pour elle, défaillante ;

30. Le sieur de Rondau, comparant en personne;

31. Le sieur baron de Lergenfeld, non comparant, ni personne pour lui, défaillant ;

32. La dame Joham de Mundolsheim, comparante par le sieur baron de Neunstein, fondé de procuration du 18 de ce mois ;

33. Le sieur comte de Litzelbourg, comparant par le dit sieur de Kirchheim, fondé de sa procuration du 24 de ce mois ;

34. Le sieur baron de Kinglin d'Essert, non comparant, ni personne pour lui, défaillant ;

35. La dame baronne de Bœckel de Bœcklinsau, comparante par le sieur baron de Bodeck d'Elgau, fondé de sa procuration du 21 de ce mois ;

36. La dame douairière comtesse de Lowenhaupt, comparante par sa procuration ci-dessus ;

37. Le sieur baron de Neueustein, steittmeistre de Strasbourg, directeur noble du bailliage de Marlenheim, du domaine de la dite ville, comparant par le sieur baron de Haffner, fondé de sa procuration du vingt-trois de ce mois ;

38. Le dit sieur baron de Haffner, steittmeistre de la dite ville de Strasbourg, directeur noble du bailliage de Wasslenheim de la dite ville, comparant en personne ;

39. Le sieur baron Frédéric-Louis-René de Wurmser, steittmeistre de la dite ville de Strasbourg, directeur noble du bailliage d'Illkirch et Dorisheim, comparant par le sieur de Dietrich, comte du Ban de la Roche, fondé de sa procuration du 24 de ce mois ;

40. Le sieur baron d'Oberkirch, chevalier de Saint-Louis, colonel d'infanterie, steittmeistre de Strasbourg, comparant en personne ;

41. S. A. S. E. M. le prince électeur palatin et

de Bavière, non comparant, ni personne pour lui, défaillant ;

42. Le sieur Frédéric-Auguste Eckbrecht, baron de Turckheim, comparant en personne;

43. Le sieur Chrétien-Frédéric Eckbrecht, baron de Turckheim, tant pour lui, que pour les sieurs François-Chrétien et Frédéric-Charles, ses frères, et pour le sieurs Charles-Frédéric, comte d'Eckbrecht, de Turckheim, le dit le sieur Chrétien-Frédéric comparant par le dit sieur baron de Dietrich, fondé de sa procuration du 24 de ce mois ;

44. S. A. S. M. Charles-Auguste, prince palatin du Rhin, duc des Deux-Ponts, non comparant, ni personne pour lui, défaillant;

45. Le sieur Charles-Louis d'Eckbrecht, baron de Turckheim, non comparant, ni personne pour lui, défaillant ;

46. S. A. M. le prince de Lowestheim, non comparant, ni personne pour lui, défaillant;

47. La dame baronne douairière de Reisenbach, non comparante, ni personne pour elle, défaillante;

48. Le sieur de Meyer-Hoffer, capitaine de cavalerie, comparant en personne;

49. Le sieur de Meyer-Hoffer, major d'infanterie, comparant par le sieur de Meyer-Hoffer, le bailli, fondé de sa procuration du 23 de ce mois;

50. Le sieur Louis, Baron de Weitzethum d'Egesberg, comparant par le sieur Joseph, baron de Weitzethum d'Egesberg, son fondé de procuration du 21 de ce mois, le dit sieur Joseph et son frère Ignace, comparant en leur propre nom ;

51 Le sieur baron de Sickingen, non comparant, ni personne pour lui, défaillant ;

52 Le sieur baron de Reissenbach, comparant en personne ;

53 Le sieur François-Joseph, baron Truchss de Rhimfelden, comparant par le sieur de Gundorff, fondé de sa procuration du 21 de ce mois;

54. Le sieur de Kempffer, comparant par le sieur baron de Kageneck, fondé de sa procuration du 23 de ce mois ;

55. S. A. S. M. le margrave Charles-Frédéric de Baden, comparant par le sieur de Moulong, son bailli à Beinheim ;

56. Le sieur Charles-Gustave de Falckenhayn, lieutenant général des armées du roi, comparant en personne ;

57. Le sieur François-Matern Louis, baron Zorn de Bulach, tant en son nom, qu'en qualité de curateur des sieurs Frédéric, baron Zom de Plosbsheim, comparant par le sieur Wangen, lieutenant général, fondé de ses procurations du 17 de ce mois ;

58. Le sieur Jean-Jacques Dominique, baron de Wangen, comparant par le sieur baron Dominique de Wange son fils, fondé de sa procuration du 19 de ce mois;

59. Le sieur baron de Bode, comparant en personne ;

60. Le sieur baron de Kageneck, comparant en personne ;

61. Le sieur baron de Waltenbourg, non comparant, ni personne pour lui, défaillant ;

62. La dame de Hemery, comparante par le sieur baron de Gailing, fondé de sa procuration du 20 de ce mois ;

63. Le sieur d'Elvert, major d'infanterie, comparant par le sieur Meyer-Hoffer, capitaine de hussards, fondé de sa procuration du 17 de ce mois;

64. S. A. le prince de Linange, non comparant ni personne pour lui, défaillant ;

65. La dame douairière de Burckenwald, comparante par le sieur baron de Haffner, son fondé de procuration du 20 de ce mois;

66. Le sieur Charles-François-Frédéric, baron de Haendel, comparant par le sieur baron de Wittingkopf, fondé de sa procuration du 23 février dernier ;

67. Le sieur baron de Schauenbourg, non comparant, ni personne pour lui défaillant;

68. Le sieur baron de Kremp de Freidstein, non comparant, ni personne pour lui, défaillant;

69. Le sieur baron de Vorstad, déjà dénommé sous le n° 17 ;

70. Le sieur baron de Boeklinsau, comparant par le sieur de Colomme, Steitmeistre de cette ville de Haguenau, fondé de sa procuration du 17 de ce mois;

71. Le sieur de Kinglin, lieutenant pour le roi à Strasbourg, comparant par ledit sieur Colomm, fondé de sa procuration du 24 de ce mois ;

72. Le sieur baron de Deltingen, colonel d'infanterie, comparant en personne ;

73. Le sieur baron de Glaubietz, comparant en personne;

74. Le sieur Frédéric René de Wurmbser, comparant par le sieur baron de Wetingoff, fondé de sa procuration du 25 de ce mois ;

75 Le sieur baron de Wurmbser, steittmeistre, comme porteur des fiefs de la ville de Strasbourg, non comparant, ni personne pour lui, défaillant ;

76. Le sieur baron de Flachslanden, commandant pour le roi en Alsace, comparant par le sieur baron de Kirchheim, son fondé de procuration du 23 de ce mois ;

77. Le sieur Otto, baron de Wumbser, comparant en personne ;

78. Le sieur baron de Dietrich, comte du Ban de la Roche, comparant en personne ;

79. Le sieur Louis, baron de Wangen, lieutenant général, comparant en personne ;

80. Le sieur de Serp, comparant par le sieur baron de Glaubitz, fondé de sa procuration du 21 de ce mois ;

81. Le sieur Joseph-André de Weittersheim, comparant en personne ;

82. Le sieur baron de Berstett, comparant par le sieur baron Chrétien de Gayling, fondé de sa procuration du 23 de ce mois ;

83. Le sieur Charles Seyfrid, baron d'Oberkirch, comparant en personne ;

84. Le sieur Philippe-Jacques baron de Johann de Meindolsheim, comparant par le sieur Frédéric-Henri, baron de Gottesheim, fondé de sa procuration du 21 de ce mois ;

85. Le sieur François-Antoine-Réné d'Ichtersheim, comparant par le sieur Jean-Nicolas, baron de Dietrich, fondé de sa procuration du 18 de ce mois;

86. Le sieur François Sigfrid-Auguste, baron Zom de Bulach, comparant par le sieur Léopold, baron de Dettlingen, fondé de sa procuration du 24 de ce mois ;

87. Le sieur Léopold-Ferdinand, baron de Johann, comparant par le sieur Frédéric-Henri, baron de Gottesheim, fondé de sa procuration du 21 de ce mois ;

88. Le sieur Henri, baron de Boch, comparant par le sieur François-Marie, baron de Landsberg;

89. Le sieur Frédéric-Charles, de l'ordre de Saint-Victor, comparant par ledit sieur baron de Landsberg, son fondé de procuration du 17 de ce mois;

90. Ledit sieur François Marie, baron de Landsberg, comparant en personne;

91. Le sieur baron de Mackau de Hurtigheim, non comparant, ni personne pour lui, défaillant ;

92. Le sieur Auguste Samson, baron d'Ober-kirch, comparant par le sieur Charles Sigfrid, baron d'Oberkirch, son fondé de procuration du 18 de ce mois ;

93. Le sieur François-Charles-Guillaume de Mullenheim, comparant en personne ;

94. Le sieur Chrétien-Henri, baron de Gayling, comparant en personne ;

95. Le sieur François Charles, baron de Weit-tersheim, comparant en personne ;

96. Le sieur comte de Waldner de Freundstein, non comparant, ni personne pour lui, défaillant ;

97. La dame Maes, née baronne de Dettlingen, comparante par le sieur baron de Dettlingen, fondé de sa procuration du 17 de ce mois ;

98. Le sieur Louis, baron d'Essebeck, pour lui, et les barons Ebherard, Charles-Henri et Georges d'Essebeck, ses frères, comparant par le sieur baron de Bodé, fondé de sa procuration du 17 de ce mois ;

99. Le sieur Henri-Jacques, baron de Gayling, comparant par le sieur Guillaume-Louis Frédé-ric, baron de Gayling, fondé de sa procuration du 23 de ce mois ;

100. Le maréchal de Stainville, gouverneur d'Alsace, comparant par le sieur Philippe Chris-tophe, baron de Ratzamhaussen, fondé de sa procuration du 11 de ce mois ;

101. Le sieur baron de Wrede, comparant par le sieur Chrétien-Henri de Gayling, fondé de sa procuration du 17 de ce mois ;

102. Et le sieur Guillaume-Louis-Frédéric de Gayling, l'aîné, comparant en personne ;

Continuation du vendredi 27 mars 1789, huit heures du matin.

Tiers-état.

1. La communauté d'Uhlwiller et Niederaltdorff comparant par Joseph Fourneiss dudit Uhewiller; son député, muni du procès-verbal de son elec-tion du cahier de doléances, du 23 de ce mois,

2. La communauté de Donnenhein, comparant par Antoine Weinling, lieutenant, prévôt, et Antoine Gras l'aîné, ses députés, munis du pro-cès-verbal de leur élection et du cahier de do-léances, du 24 de ce mois ;

3. La communauté de Dangendorff, comparant par Jacques Reeb et François-Antoine Meyer, ses députés, munis du procès-verbal de leur élection et du cahier de doléances, du 22 de ce mois ;

4. La communauté de Zebersdorff, comparant par Georges Wendling et Michel Schweger, ses députés, munis du procès-verbal de leur élec-tion et du cahier des doléances du 21 de ce mois;

5. La communauté de Wellenheim, comparant par Antoine Georger et André Rebsteek, ses dé-putés, munis du procès-verbal de leur élection et du cahier des doléances du 18 de ce mois ;

6. La communauté de Willshanssen, compa-rant par Georges Eschelmann, et Michel Hamm, les députés, munis du procès-verbal de leur élec-tion et du cahier de doléances du 19 de ce mois ;

7. A. La communauté de Wickersheim, com-parant par Michel Scholler et Thiebault Macker, ses députés, munis du procès-verbal de leur élec-tion et du cahier de doléances du 17 de ce mois ;

7 B. La communauté de Rietheim, comparant par Georges-Jacques Wendling et Jacques Richert, ses députés, munis du procès-verbal de leur élec-tion et du cahier de doléances, du 21 de ce mois ;

8. La communauté de Reittweiller, comparant par Nicolas Urban et Nicolas Dumer, ses députés, munis du procès-verbal de leur élection et du cahier de doléances, des 16, 19 et 24 de ce mois;

9. La communauté de Melsheim, comparant par Adam Ruch et Jean-Michel Simon, ses députés, munis du procès-verbal de leur élection et du cahier de doléances, du 21 de ce mois ;

10. La communauté de Kirweiller, comparant par Mathias Meuges et Michel Mehl, ses députés, munis du procès-verbal de leur élection et du cahier des doléances du 17 de ce mois ;

11. La communauté d'Issenhaussen, comparant par Michel Israël et Georges Klein, ses députés, munis du procès-verbal de leur élection et du cahier des doléances du 18 de ce mois ;

12. La communauté d'Imbseim, comparant par Jean Scholler et Georges Ernst, ses députés, munis du procès-verbal de leur élection et du cahier des doléances du 17 de ce mois ;

13. La communauté de Hohfranckenheim, com-parant par Michel Loeppel et Jacques Hantz, ses députés, munis du procès-verbal de leur élection et du cahier des doléances des 21 et 24 de ce mois ;

14. La communauté de Hohatzenheim, comparant par Nicolas Schmitt et Jean-Georges Freund, ses députés, munis du procès-verbal de leur élection et du cahier des doléances, du 23 de ce mois ;

15. La communauté de Hattmat, comparant par Jacques Sorg et Jacques Bachly, ses députés, munis du procès-verbal de leur élection et du cahier des doléances du 17 de ce mois ;

16. La communauté de Griesbach, comparant par Georges Keller et Louis Sand, ses députés, munis du procès-verbal de leur élection et du cahier des doléances du 17 de ce mois;

17. La communauté de Gottesheim, comparant par Jacques Meehl et Michel Koerger, ses députés, munis du procès-verbal de leur élection et du cahier des doléances du 24 de ce mois ;

18. La communauté de Gimbrett, comparant par André Wild et Jean Huber, ses députés, munis du procès-verbal de leur élection et du cahier des doléances des 19 et 23 de ce mois ;

19. La communauté de Geisweiller, comparant par Michel Siffert et Jean Michel, ses députés, munis du procès-verbal de leur élection et du cahier des doléances du 20 de ce mois;

20. La communauté d'Ernolsheim, comparant par Michel Schnell et Chrétien Humann, ses dé-putés, munis du procès-verbal de leur élection et du cahier des doléances du 17 de ce mois ;

21. La communauté de Dunsenheim, compa-rant par Jacques Michel et Jean Lambs, ses dé-putés, munis du procès-verbal de leur élection et du cahier des doléances des 21 et 24 de ce mois ;

22. La communauté de Brinsheim, comparant par Michel Carabinez et Jean Kern, ses députés, munis du procès-verbal de leur élection et du cahier des doléances du 21 de ce mois ;

23. La ville de Bouxwiller, comparant par Thié-bault Ostermann, Georges Kiesse, Frédéric Hart-laub et Me Bernard bailli, ses députés, munis du procès-verbal de leur élection et du cahier des doléances du 17 de ce mois ;

24. La communauté de Bosselshaussen, com-parant par Antoine Kleinclaus et Jacques Hoffac-ker, ses députés munis du procès-verbal de leur élection et du cahier des doléances des 18 et 19 de ce mois ;

25. La communauté de Sufflenheim, comparant par Jacques Drexler, Joseph Schwerer et Laurent Haberkorn, ses députés, munis du procès-verbal

de leur élection et du cahier des doléances du 23 de ce mois;

26. La communauté de Grœssendorff, comparant par Jean-Charles Beignet et François Ferrenbach, ses députés, munis du procès-verbal de leur élection et du cahier des doléances du 22 de ce mois;

27. La communauté de Ringeldorff, comparant par Valentin Lœpp et Jean Schœrer, ses députés, munis du procès-verbal de leur élection et du cahier des doléances du 22 de ce mois;

28. La communauté de Morschwiller, comparant par Antoine Weber et Antoine Michel, ses députés, munis du procès-verbal de leur élection et du cahier des doléances du 23 de ce mois;

29. La communauté de Wittersheim et Gebolsheim, comparant par Antoine Schneider et Antoine Schmitt, ses députés, munis du procès-verbal de leur élection et du cahier des doléances des 22 et 23 de ce mois;

30. La communauté d'Ohlungen, comparant par Jean-Henri Schlosser, son député, muni du procès-verbal de son élection et du cahier de doléances du 18 de ce mois;

31. La communauté de Wingersheim, comparant par Georges Holtzmann et Michel Ohl, ses députés, munis du procès-verbal de leur élection et du cahier des doléances des 22 et 25 de ce mois;

32. La communauté de Wimpffersheim, comparant par Nicolas Seiberguth et Michel Kapps, ses députés, munis du procès-verbal de leur élection et du cahier des doléances du 24 de ce mois;

33. La communauté de Muntzenhaussen, du 23 de ce mois;

34. La communauté de Momenheim, comparant par André Langel et Joseph Wolffel, ses députés, munis du procès-verbal de leur élection et du cahier des doléances du 22 de ce mois;

35. La communauté de Scherlenheim, comparant par Jean Lutz, et Joseph Grun, ses députés, munis du procès-verbal de leur élection et du cahier des doléances du 24 de ce mois;

36. La communauté de Lixhaussen, comparant par Joseph Lux le jeune et Antoine Kapqs, ses députés, munis du procès-verbal de leur élection et du cahier des doléances du 24 de ce mois;

37. La communauté de Bossendorff, comparant par Jean-Simon et Jean Langel, ses députés, munis du procès-verbal de leur élection et du cahier des doléances du 23 de ce mois;

38. La communauté d'Ettendorff, comparant par Antoine Weinling et Jean Klaus, ses députés, munis du procès-verbal de leur élection et du cahier des doléances du 25 de ce mois;

39. La communauté de Kittelsheim, comparant par M. Martin, curé, et Valentin Adam, ses députés, munis du procès-verbal de leur élection et du cahier des doléances du 22 de ce mois;

40. La communauté de Dangolsheim, comparant par Joseph Jock, prévôt, et Michel Schmitt, ses députés, munis du procès-verbal de leur élection et du cahier des doléances du 22 de ce mois;

41. La communauté de Rumersheim, comparant par Antoine Kieffer et Georges Rettig, ses députés, munis du procès-verbal de leur élection et du cahier des doléances des 23 et 24 de ce mois;

42. La communauté de Mittelschœffolsheim, comparant par Michel Klein et Antoine Stoll, ses députés et munis du procès-verbal de leur élection et du cahier des doléances du 24 de ce mois;

43. La communauté de Bilsheim, comparant

par Nicolas Meyer et Valentin Arbogast, ses députés, munis du procès-verbal de leur élection et du cahier des doléances du 24 de ce mois;

44. La communauté d'Huttendorff, comparant par Antoine Weeber, son député, muni du procès-verbal de son élection et du cahier des doléances du 25 de ce mois;

45. La communauté de Hochfelden, comparant par Joseph Aman et François-Xavier Bentz, ses députés, munis du procès-verbal de leur élection et du cahier des doléances du 22 de ce mois;

46. La communauté de Winterhaussen, comparant par Antoine Behl, son député, muni du procès-verbal de son élection et du cahier des doléances du 21 de ce mois;

47. La communauté de Wallenheim, comparant par Antoine Kohren, son député, muni du procès-verbal de son élection, et du cahier des doléances du 19 de ce mois;

48. La communauté de Rottelsheim, comparant par Antoine Frédéric, son député, muni du procès-verbal de son élection et du cahier des doléances du 23 de ce mois;

49. La communauté de Niederschœffolsheim, comparant par Henri Goetz, son député, muni du procès-verbal de son élection et du cahier des doléances des 17 et 23 de ce mois;

50. La communauté de Hochstett, comparant par Jean Oster, son député, muni du procès-verbal de son élection et du cahier des doléances du 21 de ce mois;

51. La communauté de Kriesgheim, comparant par Antoine Weeber, son député, muni du procès-verbal de son élection et du cahier des doléances du 23 de ce mois;

52. La communauté de Berstheim, comparant par Mathis Jugweiller, son député, muni du procès-verbal de son élection et du cahier des doléances des 20, 21 et 24 de ce mois;

53. La communauté de Bernsheim, comparant par Sébastien Conrad, son député, muni du procès-verbal de son élection et du cahier des doléances du 19 de ce mois;

54. La communauté de Batzendorff, comparant par Antoine Wendling, son député, muni du procès-verbal de son élection et du cahier des doléances des 16 et 25 de ce mois;

55. La communauté de Schwindratzheim, comparant par Jacques Jung et Jean Mader, ses députés, munis du procès-verbal de leur élection et du cahier des doléances des 21 et 23 de ce mois;

56. La communauté d'Altendeckendorff, comparant par Jacques Matter et Laurent Kleiber, ses députés, munis du procès-verbal de leur élection et du cahier des doléances du 21 de ce mois;

57. La communauté d'Ingenheim, comparant par Georges Schweitzer et Georges Eberlin, ses députés, munis du procès-verbal de leur élection et du cahier des doléances des 21 et 23 de ce mois;

58. La communauté de Neusviller, comparant par Jean-Michel Peter, Frédéric Gattermeyer et Joseph Berger, ses députés, munis du procès-verbal de leur élection et du cahier des doléances du 24 de ce mois;

59. La ville du Fort-Louis, comparant par les sieurs Duret, médecin, Jacques Broy, trésorier, et Mathias Huck, maître de poste, ses députés, munis du procès-verbal de leur élection et du cahier des doléances du 21 des ce mois;

60. La communauté de Bischviller, et Hanhoffen, comparant par le sieur Isaac Bertrand, le père, Jean-Pierre Kirchmann, Philippe Daniel

Strohl, Isaac Heusch, Jean Heusch et Jean Bertraud, ses députés, munis du procès-verbal de leur élection et du cahier de doléances du 23 de ce mois,

61. La communauté de Schweighaussen, comparant par Benoit Hirr et Jean Ecky, ses députés, munis du procès-verbal de leur élection et du cahier de doléances du 25 de ce mois ;

62. La communauté de Weyersheim, comparant par Joseph Ulrich, Sébastien Joeckel, Jean-Georges Matter et Martin Melchior, ses députés, munis du procès-verbal de leur élection et du cahier de doléances du 23 de ce mois ;

63. La communauté de Wantzenau, comparant par M. Eberlé, curé, André Schœffer et Sébastien Michel, ses députés, munis du procès-verbal de leur élection et du cahier de doléances du 17 de ce mois ;

64. La communauté de Souffelsweyersheim, comparant par Jean Lux et François Wintz le vieux, ses députés, munis du procès-verbal de leur élection et du cahier de doléances du 23 de ce mois ;

65. La communauté de Reichstett, comparant par Antoine Meyer et Martin Borniot, ses députés, munis du procès-verbal de leur élection et du cahier de doléances du 22 de ce mois ;

66. La communauté de Kilstett, comparant par Marcel Lans et Joseph Hermann, ses députés, munis du procès-verbal de leur élection et du cahier de doléances du 23 de ce mois ;

67 La communauté de Gambsheim et Bettenhoffen, comparant par messire Crosner, curé, le sieur Guntz et Luc Reibel, ses députés, munis du procès-verbal de leur élection et du cahier de doléances des 18 et 25 de ce mois ;

68. La communauté de Brumath, comparant par les sieurs Kulmann, Walter-Pierre-Joseph Lotte et Jacques Hart, ses députés, munis du procès-verbal de leur élection et du cahier de doléances du 19 de ce mois ;

69. La communauté de Waltenheim, comparant par Georges Linff et Georges Verners le vieux, ses députés, munis du procès-verbal de leur élection et du cahier de doléances des 22 et 25 de ce mois ;

70. La communauté de Mittelhausen, comparant par Laurent Gott et Jean-Philippe Weidel, ses députés, munis du procès-verbal de leur élection et du cahier de doléances du 25 de ce mois ;

71. La communauté de Kurtzenhaussen, comparant par Georges Berger, son député, muni du procès-verbal de son élection et du cahier de doléances du 23 de ce mois ;

72. La communauté de Krautweiller, comparant par Georges Riff, son député, muni du procès-verbal de son élection et du cahier de doléances des 12 et 22 de ce mois ;

73. La communauté de Hoert, comparant par Martin Stoll, Thiébault Arlen et Joseph Barch, ses députés, munis du procès-verbal de leur élection et du cahier de doléances des 23 et 24 de ce mois ;

74. La communauté de Gries, comparant par Jean Stoll et Jean Lorentz, ses députés, munis du procès-verbal de leur élection et du cahier de doléances du 25 de ce mois ;

75. La communauté de Geidertheim, comparant par Thiébault Schaster le jeune, et Georges Rappel, munis du procès-verbal de leur élection et du cahier de doléances du 24 de ce mois ;

76. La communauté d'Eckversheim, comparant par Jean Wolff et Jean Hert, ses députés, munis du procès-verbal de leur élection et du cahier de doléances des 23 et 25 de ce mois ;

77. La communauté de Riblenheim, comparant par Thiébault Beyl et Georges Hœuges, ses députés, munis du procès-verbal de leur élection, et du cahier de doléances du 24 de ce mois ;

78. La communauté de Wittebruck, comparant par Jean Kieffer et Louis Hild, ses députés, munis du procès-verbal de leur élection et du cahier de doléances du 23 de ce mois ;

79. La communauté de Stattmatten, comparant par Michel Heins et Paul Wolff, ses députés, munis du procès-verbal de leur élection et du cahier de doléances du 25 de ce mois ;

80 La communauté de Sessenheim, comparant par Michel Jacob et Georges Klein, ses députés, munis du procès-verbal de leur élection et du cahier de doléances du 23 de ce mois ;

81. La communauté de Roppenheim, comparant par Georges-Jacob et Martin Geissert ses députés, munis du procès-verbal de leur élection et du cahier de doléances du 17 de ce mois ;

82. La communauté de Littenheim, comparant par Jean Hochmedel et Sébastien Jenck, ses députés, munis du procès-verbal de leur élection et du cahier de doléances du 23 de ce mois ;

83. La communauté de Resehog et Giesenheim, comparant par Joseph Matter et Martin Vernert, ses députés, munis du procès-verbal de leur élection et du cahier de doléances du 16 de ce mois ;

84. La communauté de Runtzenheim, comparant par Jacques Weit et Michel Ellenbinger, ses députés, munis du procès-verbal de leur élection et du cahier de doléances du 21 de ce mois ;

85. La communauté de Dallhunden, comparant par Georges Willig et Michel Wolff, ses députés, munis du procès-verbal de leur élection et du cahier de doléances du 24 de ce mois ;

86. La communauté d'Auenheim, comparant par Joseph Lienhart et Michel Wœlckel, ses députés, munis du procès-verbal de leur élection et du cahier de doléances du 21 de ce mois ;

87. La communauté de Rohrweiller, comparant par François-Joseph Jung, son député, muni du procès-verbal de son élection et du cahier de doléances des 24 et 25 de ce mois ;

88. La communauté d'Offendorff, comparant par Louis-Auguste Pettin, greffier, et Jacques Schiff, ses députés, munis du procès-verbal de leur élection et du cahier de doléances du 21 de ce mois ;

89. La communauté d'Oberhoffen, comparant par Martin Luss et Martin Scharter, ses députés, munis du procès-verbal de leur élection et du cahier de doléances du 24 de ce mois ;

90. La communauté d'Erlisheim, comparant par Jacques Gros, Jacques Fraul et Jacques Kintz, ses députés, munis du procès-verbal de leur élection et du cahier des doléances du 22 de ce mois ;

91. La communauté de Drussenheim, comparant par Jean Weitt et Chrétien Blattner, ses députés, munis du procès-verbal de leur élection et du cahier de doléances des 23 et 24 de ce mois ;

92. La communauté de Wisfersheim, comparant par Laurent Lehmann et Antoine Horlé, ses députés, munis du procès-verbal de leur élection et du cahier de doléance du 23 de ce mois.

93. La communauté de Wintzenheim, comparant par Laurent Osternaun et Thiébault Brogly, ses députés, munis du procès-verbal de leur élection et du cahier des doléances du 19 de ce mois.

94. La communauté de Wilvisheim, comparant

par Jean Schitter et Jacques Michel le jeune, ses députés, munis du procès-verbal de leur élection et du cahier de doléances du 24 de ce mois ;

95. La communauté de Wangenbourg, comparant par Jacques Haun et Jean Adam le jeune, ses députés, munis du procès-verbal de leur élection et du cahier des doléances du 21 de ce mois ;

96. La communauté de Wangen, comparant par David Ostermann le vieux et Jean-Michel Strohl, ses députés, munis du procès-verbal de leur élection et du cahier de doléances du 21 de ce mois.

97. La communauté de Vendenheim, comparant par Thiébault Brand et Jean Fretich, ses députés, munis du procès-verbal de leur élection et du cahier des doléances du 24 de ce mois;

98. La communauté de Drenheim, comparant par Ignace Fleck et Léon Stubel, ses députés, munis du procès-verbal de leur élection et du cahier des doléances des 18, 20 et 23 de ce mois ;

99. La communauté de Stuzheim, comparant par Michel Iung et Jacques Ribel, ses députés, munis du procès-verbal de leur élection et du cahier des doléances du 22 de ce mois ;

100. La communauté de Schirhoffen, comparant par Sébastien Steinmetz, son député, munis du procès-verbal de son élection et du cahier de doléances du 24 de ce mois ;

'101. La communauté de Schnersheim, comparant par Jean Wurm et Laurent Lux, ses députés, munis du procès-verbal de leur élection et du cahier de doléances du 22 de ce mois ;

102. La communauté de Scharachbergheim, comparant par Laurent Frichtmann et Laurent Ries le vieux, ses députés, munis du procès-verbal de leur élection et du cahier des doléances du 22 de ce mois ;

'103. La communauté de Schaffhaussen, comparant par Jean Braun et Thiébaul Wickert, ses députés, munis du procès-verbal de leur élection et du cahier des doléances des 24 et 25 de ce mois;

104. La communauté de Romansweiller, comparant par Thiébault Kleinlogel et Jean Metzger, ses députés, munis du procès-verbal de leur élection et du cahier des doléances des 24 et 25 de ce mois;

105. La communauté de Luatzenheim, comparant par André Geist et André Grosgost, ses députés, munis du procès-verbal de leur élection et du cahier de doléance du 23 de ce mois;

106. La communauté de Pfuhlgriesheim, comparant par Valentin Weeber, son député, muni du procès-verbal de son élection et du cahier des doléances du 24 de ce mois ;

107. La communauté d'Osthoffen, comparant par Jean Jacob, son député, muni du procès-verbal de son élection et du cahier des doléances du 23 de ce mois ;

108. Manque;

109. La communauté d'Olwisheim, comparant par Jean Aman et Michel Durrniger, ses députés, munis du procès-verbal de leur élection et du cahier de doléances du 23 de ce mois;

110 et 111. Nanquent ;

112. La communauté d'Udratzheim, comparant par André Imbs et Jean-Pierre Kuhn, ses députés, munis du procès-verbal de leur élection et du cahier de doléances du 22 de ce mois;

113. La communauté d'Oberschœffolsheim, comparant par Laurent Kuntz le vieux et Sébastien Rab, ses députés, munis du procès-verbal de leur élection et du cahier de doléances des 16 et 19 de ce mois;

114. La communauté d'Oberhassbergen, comparant par Jean-Jacques Uthinger, son député, muni du procès-verbal de son élection et du cahier de doléances des 19 et 20 de ce mois;

115. La communauté de Mundolsheim, comparant par Jean-Philippe Artobœus, son député, muni du procès-verbal de son élection et du cahier des doléances des 23 et 24 de ce mois;

116. La communauté de Mittelbausbergen, comparant par Michel Lobstein, son député, muni du procès-verbal de son élection et du cahier de doléances du 22 de ce mois;

117. La communauté de Landersheim, comparant par Jean Eckart et Michel Klein, ses députés, munis du procès-verbal de leur élection et du cahier de doléances du 24 de ce mois ;

118. La communauté de Lambertheim, comparant par Philippe Barth et Antoine Lobstein, ses députés, munis du procès-verbal de leur élection et du cahier de doléances des 22 et 25 de ce mois.

119. La communauté de Kolbsheim, comparant par Laurent Karger le moyen, son député, muni du procès-verbal de son élection et du cahier de doléances du 23 de ce mois;

120. La communauté d'Irinstett, comparant par Georges Denieur, son député, muni du procès-verbal de son élection et du cahier de doléances du 19 de ce mois;

121. La communauté d'Irtigheim, comparant par Jean Richt, son député, munis du procès-verbal de son élection et du cahier de doléances des 22 et 23 de ce mois ;

122. La communauté de Furchhaussen, comparant par Jean Huber, son député, muni du procès-verbal de son élection et du cahier de doléances du 24 de ce mois;

123. La communauté de Furtenheim, comparant par Jacques Mœlno, son député, muni du procès-verbal de son élection et du cahier de doléances du 23 de ce mois ;

124. La communauté de Fessenheim, comparant par Michel Schwartzweeber et Antoine Kapp, ses députés, munis du procès-verbal de leur élection et du cahier de doléances des 23 et 24 de ce mois ;

125. La communauté de Goswiller, comparant par Jacques Rott et Jacques Froehlig, ses députés, munis du procès-verbal de leur élection et du cahier de doléances du 23 de ce mois ;

126. La communauté de Bouxwiller, comparant par Jean Riff et Jean Jacob, ses députés, munis du procès-verbal de leur élection et du cahier de doléances du 18 de ce mois ;

127. La communauté de Bischeimamsaum, comparant par Georges Zimmer, Jean Zimmer et Michel Heintz, ses députés, munis du procès-verbal de leur élection et du cahier de doléances du 24 de ce mois ;

128. La communauté de Bruschwiekersheim, comparant par Martin Mœhn, son député, muni du procès-verbal de son élection et du cahier de doléances du 18 de ce mois ;

129. La communauté de Birckenwald, comparant par Antoine Messang et François-Joseph Leibel, ses députés, munis du procès-verbal de leur élection et du cahier de doléances du 22 de ce mois ;

130. La communauté de Nisfrern et Berstett, comparant par Jean Aman et Adramfrais, ses députés, munis du procès-verbal de leur élection et du cahier de doléances du 22 de ce mois;

131. La communauté de Behlenheim, comparant par Laurant Wurm et Jacques Dosmann, ses députés, munis du procès-verbal de leur élection et du cahier de doléances du 23 de ce mois ;

132. La communauté d'Achenheim, comparant par Antoine Mohr et Jacques Nort, ses députés, munis du procès-verbal de leur élection et du cahier de doléances du 21 de ce mois;

133. La communauté de Bergbieten, comparant par Antoine Simon et Laurent Henirich, ses députés, munis du procès-verbal de leur élection et cahier de doléances du 21 de ce mois;

134. La communauté d'Eckersheim, comparant par Laurent Scheiter et Joseph Hermann, ses députés, munis du procès-verbal de leur élection et du cahier de doléances du 21 de ce mois;

135. La communauté de Dallenheim, comparant par Antoine Mœder et Laurent Iung, ses députés munis du procès-verbal de leur élection et du cahier de doléances du 15 de ce mois;

136. La communauté d'Enolsheim, comparant par Jean Bœhler et Sebastien Rolhœtter, ses députés, munis du procès-verbal de leur élection et du cahier de doléances du 22 de ce mois;

137. La communauté de Biblenheim et Soultz, comparant par Antoine Lux et Jean-Georges Weisroc, ses députés, muni du procès-verbal de leur élection et du cahier de doléances du 23 de ce mois;

138. La communauté de Wolscheim, comparant par Joseph Holtemann et Martin Szharche, ses députés, munis du procès-verbal de leur élection et du cahier de doléances du 21 de ce mois;

139. La communauté d'Eckbolsheim, comparant par Jean Graff et Jean-Michel Schvœllez, ses députés, munis du procès-verbal de leur élection et du cahier de doléances du 15 de ce mois;

140. La communauté d'Hoenheim, comparant par Georges Zillhart et Georges Schneider, ses députés, munis du procès-verbal de leur élection et du cahier de doléances du 23 de ce mois;

141. La communauté d'Ittlenheim et Handschusheim, comparant par Charles Ammel et Jean Treider, ses députés, munis du procès-verbal de leur élection et du cahier de doléances des 22 et 23 de ce mois;

142. La communauté de Niederhaudsbergen, comparant par Thiebault Lobstein, son député, muni du procès-verbal de son élection et du cahier de doléances des 22 et 25 de ce mois;

143. La communauté de Schiltigheim et Adelshoffen, comparant par Georges Lentz, Philippe-Jacques Leser et Adolphe Chagmos, ses députés, munis du procès-verbal de leur élection et du cahier de doléances du 19 de ce mois;

144. La communauté d'Haugenbiethen, comparant par André Gillmann et Philippe-Jacques Lauth, ses députés, munis du procès-verbal de leur élection et du cahier de doléances du 23 de ce mois;

145. La communauté de Wolfisheim, comparant par Laurent Seyler et Sebastien Heitz, ses députés, munis du procès-verbal de leur élection et du cahier de doléances du 19 de ce mois;

146. La communauté d'Allewiller, comparant par Frédéric Blimeler et Jean Hoffmann, ses députés, munis du procès-verbal de leur élection et du cahier des doléances des 21 et 24 de ce mois;

147. La communauté de Balbronn, comparant par Thiébault Schrotter et Gaspard Moulzig, ses députés, munis du procès-verbal de leur élection et du cahier de doléances du 20 de ce mois;

148. La communauté d'Hengwiller, comparant par Jacques Kieffer, son député, muni du procès-verbal de son élection et du cahier de doléances du 15 de ce mois;

149. La communauté de Rheinart Munster, comparant par Michel Bertannier et Jean Schmitt, ses députés, munis du procès-verbal de leur élection et du cahier de doléances du 15 de ce mois;

150. La communauté de Westhoffen, comparant par Georges-Frédéric Hoffmann, Michel Wieborn, Michel Sigfrid, et Jean-Jacques Mabler, ses députés, munis du procès-verbal de leur élection et du cahier de doléances du 19 de ce mois;

151. La communauté de Wolscheim, comparant par Jean Lambro et Pierre Stœbel, ses députés, munis du procès-verbal de leur élection et du cahier de doléances du 24 de ce mois;

152. La communauté de Flexbourg, comparant par Jean Kiefter et Hippolyte Henerich, ses députés, munis du procès-verbal de leur élection et du cahier de doléances du 21 de ce mois;

153. La communauté de Kircheim, comparant par François-Jacques Imbs et Joseph Siffert, ses députés, munis du procès-verbal de leur élection et du cahier de doléances du 19 de ce mois;

154. La communauté de Marlenheim, comparant par le sieur Horrer, bailli, Duboc, prévôt, Brassel et Schœfter, ses députés, munis du procès-verbal de leur élection et du cahier des doléances du 20 de ce mois;

155. La communauté de Northeim, comparant par le sieur Acker, et Joseph Bourg, ses députés, munis du procès-verbal de leur élection et du cahier de doléances du 23 de ce mois;

156. La communauté de Wasselonne, comparant par François-Joseph Richert, François-Antoine Hellbourg, Jean-Jacques Steinbruner et Jacques Ebel, ses députés, munis du procès-verbal de leur élection et du cahier de doléances du 21 de ce mois;

157. La communauté de Zœnacker, comparant par Georges Fuschs et Michel Lienhart, ses députés, munis du procès-verbal de leur élection et du cahier de doléances du 24 de ce mois;

158. La communauté d'Altenheim, comparant par Jean Stidler et Laurent Tiebolt, ses députés, munis du procès-verbal de leur élection et du cahier de doléances du 24 de ce mois;

159. La communauté de Dimbstatt, comparant par Michel Sachs, son député, muni du procès-verbal de son élection et du cahier de doléances du 23 de ce mois;

160. La communauté de Gottenhaussen, comparant par Michel Klein et Jean Garth, ses députés, munis du procès-verbal de leur élection et du cahier de doléances du 19 de ce mois;

161. La communauté d'Hoegen, comparant par Jacques Oberlin, son député, muni du procès-verbal de son élection et du cahier de doléances du 22 de ce mois;

162. La communauté de Lochweiller, comparant par Jacques Schaffner et Joseph Lux, ses députés, munis du procès-verbal de leur élection et du cahier de doléances du 24 de ce mois;

163. La communauté de Marmoutier, comparant par Angustin Klein, Jon Algeyer et Louis Obermeyer, ses députés, munis du procès-verbal de leur élection et du cahier des doléances du 22 de ce mois;

164. La communauté de Ritterbourg, comparant par Joseph Roos et Joseph Georger, ses députés, munis du procès-verbal de leur élection et du cahier de doléances du 15 de ce mois;

165. La communauté de Sallenthal, comparant par Jean Blum et Charles Klein, ses députés, munis du procès-verbal de leur élection et du cahier de doléances du 22 de ce mois;

166. La communauté de Singrist, comparant par Jean André et Georges Weeber ses députés

munis du procès-verbal de leur élection et du cahier de doléances des 23 et 27 de ce mois ;

167. La communauté de Dall et Saint-Gall, comparant par Antoine Follgringer et Joseph Schopf, ses députés, munis du procès-verbal de leur élection et du cahier de doléances du 19 et 20 de ce mois;

168. La communauté de Dettweiller et Rossenwiller, comparant par Martin Gewinner, Michel Arnold le jeune, et Jean Roll, ses députés, munis du procès-verbal de leur élection et du cahier de doléances du 23 de ce mois ;

169. La communauté de Dossenheim, comparant par le sieur Wilhelme, greffier, et Jacques Henerich Hans, ses députés, munis du procès-verbal de leur élection et du cahier de doléances du 21 de ce mois;

170. La communauté de Greiffeinstein Hoh et Niederbaar et Greutzfeld, comparant par le sieur Schillinger, bailli, son député, muni du procès-verbal de son élection et du cahier de doléances du 24 de ce mois;

171. La communauté de Kleingoefft, comparant par Georges Ulrich et Sebastien Klein, ses députés, munis du procès-verbal de leur élection et du cahier des doléances du 24 de ce mois ;

172. La communauté de Muntzwiller, comparant par Claude Lebrun et Joseph Ott, ses députés, munis du procès-verbal de leur élection et du cahier de doléances du 22 de ce mois ;

173. La communauté d'Ottetsthal, comparant par Jean Pfeffer et Jacques Zuber, ses députés, munis du procès-verbal de leur élection et du cahier de doléances de 23 et 26 de ce mois ;

174. La communauté d'Otterswiller, comparant par Michel Meyer et Jean Benard Nusbaum, ses députés, munis du procès-verbal de leur élection et du cahier de doléances du 23 de ce mois ;

175. La ville de Saverne, comparant par le sieur de Meyer-Hoffer, Matthias Bourg, Joseph Mandrest et Michel Klein, ses députés, munis du procès-verbal de leur élection et du cahier de doléances du 23 de ce mois;

176. La communauté de Steinbourg, comparant par Jean Kuhn et Paul Bosch, ses députés, munis du procès-verbal de leur élection et du cahier de doléances des 22 et 24 de ce mois ;

177. La communauté de Waldolwisheim, comparant par Antoine Wickert et Joseph Nouert, ses députés, munis du procès-verbal de leur élection et du cahier de doléances du 24 de ce mois ;

178. La communauté d'Eckartswiller, comparant par Joseph Wurmser et Joseph Gerber, ses députés, munis du procès-verbal de leur élection et du cahier de doléances du 22 de ce mois ;

179. La communauté de Saint-Jean des Choux, comparant par Michel Steil et Michel Durrmann, ses députés, munis du procès-verbal de leur élection et du cahier de doléances du 23 de ce mois;

180. La communauté d'Avenheim, comparant par le sieur prévôt du lieu et Antoine Fischer, ses députés, munis du procès-verbal de leur élection et du cahier de doléances du 25 de ce mois ;

181. La communauté de Dingsheim, comparant par Sébastien Brauer et Joseph Speich, ses députés, munis du procès-verbal de leur élection et du cahier de doléances du 23 de ce mois ;

182. La communauté de Dossenheim, comparant par Léonard Fixs et Laurent Ehren, ses députés, munis du procès-verbal de leur élection et du cachier de doléances du 22 de ce mois ;

183. La communauté de Durningen, comparant par le sieur Dosmann, prévôt, et Michel Lux,

ses députés, munis du procès-verbal de leur élection et du cahier des doléances du 21 de ce mois;

184. La commission de Fridolsheim, comparant par Jean Fix et Michel Frish, ses députés, munis du procès-verbal de leur élection et du cahier de doléances du 24 de ce mois ;

185 La communauté de Ginsheim, comparant par Antoine Schneb et Nicolas Senger, ses députés, munis du procès-verbal de leur élection et du cahier de doléances du 23 de ce mois ;

186. La communauté de Gouguenheim, comparant par François-Joseph Klein et Michel Guth, ses députés, munis du procès-verbal de leur élection et du cahier de doléances des 21 et 23 de ce mois;

187. La communauté de Grisheim, comparant par Pancrace Higel et François Settler, ses députés, munis du procès-verbal de leur élection et du cahier des doléances du 22 de ce mois ;

188. La communauté de Jetterswiller, comparant par Laurent Adam et Florent Ulrich, ses députés, munis du procès-verbal de leur élection et du cahier de doléances du 24 de ce mois ;

189. La communauté d'Ittlenheim, comparant par Ignace Adam et Léonard Riehl, ses députés, munis du procès-verbal de leur élection et du cahier de doléances des 23 et 24 de ce mois ;

190. La communauté de Cratstatt, comparant par Antoine Uhring et Matthias Diesser, ses députés, munis du procès-verbal de leur élection et du cahier de doléances du 21 de ce mois ;

191. La communauté de Kinheim, comparant par Etienne Adam et André Kapp, ses députés, munis du procès-verbal de leur élection et du cahier de doléances des 23 et 25 de ce mois ;

192. La communauté de Knorsheim, comparant par Joseph Diss et Jean Antonis, ses députés, munis du procès-verbal de leur élection et du cahier de doléances du 24 de ce mois ;

193. La communauté de Littenheim, comparant par André Nonnenmacher et Jean Kieffer, ses députés, munis du procès-verbal de leur élection et du cahier de doléances du 23 et 24 de ce mois,

194. La communauté de Lupstein, comparant par Jean Nonnenmacher et Antoine Hirtel, ses députés, munis du procès-verbal de leur élection et du cahier de doléances du 24 de ce mois ;

195. La communauté de Menolsheim, comparant par Jean Metzger et Thiébault Dietrich, ses députés, munis du procès-verbal de leur élection et du cahier de doléances du 23 de ce mois ;

196. La communauté de Rangen et de Mittelkurtt, comparant par André Ruhlmann, André Merckel et Sturm, ses députés, munis du procès-verbal de leur élection et du cahier de doléances des 22 et 24 de ce mois ;

197. La communauté de Neukartheim, comparant par Michel Heim et Jean Urbain Kugel, ses députés, munis du procès-verbal de leur élection et du cahier de doléances du 23 de ce mois ;

198. La communauté d'Offenheim, comparant par Georges Iller et Jacques Kirch, ses députés, munis de procès-verbal de leur élection et du cahier de doléances du 23 de ce mois ;

199. La communauté de Pfetisheim, comparant par Jean Mondel et Antoine Kieffer, ses députés, munis du procès-verbal de leur élection et du cahier de doléances du 23 de ce mois ;

200. La communauté de Rohr, comparant par Georges Kapp et André Ross, ses députés, munis du procès-verbal de leur élection et du cahier de doléances du 22 de ce mois;

201. La communauté de Schwenheim ;

202. La communauté de Sessolsheim, compa-

rant par Georges Hartz et Laurent Dossmann, ses députés, munis du procès-verbal de leur élection et du cahier de doléances des 22 et 24 de ce mois;

203. La communauté de Druchtersheim, comparant par Valentin Lienhard et Antoine Ehrmann, ses députés, munis du procès-verbal de leur élection et du cahier de doléances du 23 de ce mois;

204. La communauté de Westhaussen, comparant par Jean Zimmermann et Pierre Wurtz, ses députés, munis du procès-verbal de leur élection et du cahier de doléances du 24 de ce mois;

205. La communauté de Willgotheim, comparant par Antoine Goetz et Jacques Lienhart, ses députés, munis du procès-verbal de leur élection et du cahier de doléances des 22 et 24 de ce mois;

206. La communauté de Zeinheim, comparant par Michel Fritsch, son député, muni du procès-verbal de son élection et du cahier de doléances du 24 de ce mois;

207. La communauté de Kleinfranckenheim, comparant par Michel Kieffer et Adam Ruhl, ses députés, munis du procès-verbal de leur élection et du cahier de doléances des 23 et 25 de ce mois;

208. La communauté d'Abreichweiller, comparant par Louis Nicolas Fordy et Pierre Bournique, ses députés, munis du procès-verbal de leur élection et du cahier de doléances du 22 de ce mois;

209. La communauté de Dabo et Schœffershoffen, comparant par Jean-Adam Wiest et Jacques Remil, ses députés, munis du procès-verbal de leur élection et du cahier de doléances du 22 de ce mois;

210. La communauté de Schnée et Engenthal, comparant par Joseph Spengler et Jean Pfund, ses députés, munis du procès-verbal de leur élection et du cahier de doléances du 23 de ce mois;

211. La communauté d'Engweiler, comparant par Joseph Bastien, son député, muni du procès-verbal de son élection et du cahier de doléances des 20 et 23 de ce mois;

212. La communauté de Harberg, comparant par le sieur Bentz, son député, muni du procès-verbal de son élection et du cahier de doléances du 22 de ce mois;

213. La communauté de Hogœifft, comparant par Georges Scherer et Martin Debes, ses députés, munis du procès-verbal de leur élection et du cahier de doléances du 24 de ce mois;

214. La communauté de Hommert, comparant par Louis Muller, son député, muni du procès-verbal de son élection et du cahier de 22 de ce mois;

215. La communauté de Walscheid, comparant par Dominique Mathis et Joseph Bauer, ses députés, munis du procès-verbal de leur élection et du cahier de doléances du 22 de ce mois;

216. La communauté de Woyer, comparant par Antoine Stenger et Michel Mant, ses députés, munis du procès-verbal de leur cahier de doléances du 22 de ce mois;

217. La communauté de Freideneck et Schackeneck... Défaut.

218. La citadelle de Strasbourg, comparant par Laurent Schram et Jean-Michel Ardrighélé, ses députés, munis du procès-verbal de leur élection et du cahier de doléances du 22 de ce mois;

219. La communauté de Damheim, comparant par Georges Messerschmitt et Georges Michel Geissert, ses députés, munis du procès-verbal de leur élection et du cahier de doléances du 20 de ce mois;

220. La communauté de Nusdorff, comparant par Georges Bernard Kern et Jacques Wambsgans,

ses députés, munis du procès-verbal de leur élection et du cahier de doléances du 21 de ce mois;

221. La communauté de Queischeim, comparant par Jean-Pierre Marins et Georges-Jacques Waffinann, ses députés, munis du procès-verbal de leur élection et du cahier des doléances du 20 de ce mois;

222. La communauté d'Ingenheim, comparant par Jean Lux et Philippe-Jacques Cavien, ses députés, munis du procès-verbal de leur élection et du cahier de doléances des 20 et 25 de ce mois;

223. La communauté de Lauterbourg, comparant par Charles-Frédéric Trauth, Nicolas Derché, François-Joseph Nœpfler, et Chrétien Bœhm, ses députés, munis du procès-verbal de leur élection et du cahier des doléances du 20 de ce mois;

224. La communauté d'Asschbach, comparant par Antoine Fischer et Jean Walter, ses députés, munis du procès-verbal de leur élection et du cahier de doléances du 24 de ce mois;

225. La communauté de Buckelberg, comparant par Gaspard Niederer et Pierre Brosser, ses députés, munis du procès-verbal de leur élection et du cahier de doléances du 22 de ce mois;

226. La communauté de Modern, comparant par Matthieu Schwartz et Michel Grovogel, ses députés, munis du procès-verbal de leur élection et du cahier de doléances des 21 et 22 de ce mois;

227. La communauté de Neerwiller, comparant par Joseph-Eckert, et Jean Fixs, ses députés, munis du procès-verbal de leur élection et du cahier de doléances du 24 de ce mois;

228. La communauté de Niederlauterbach, comparant par Jean-Pierre Ilfrig et Jean-Michel Illig, ses députés, munis du procès-verbal de leur élection et du cahier de doléances de 21 et 24 de ce mois;

229. La communauté d'Oberrœdern, comparant par Bernard-Philippe et Antoine Aman, ses députés, munis du procès-verbal de leur élection et du cahier de doléances du 23 de ce mois;

230. La communauté de Salmbach, comparant par Jean Schlick et Jacques Brigaldin, ses députés, munis du procès-verbal de leur élection et du cahier des doléances du 24 de ce mois;

231. La communauté de Scheibenhart, comparant par Grégoire Schmattz et Jean-Adam Rauscher, ses députés, munis du procès-verbal de leur élection et du cahier de doléances des 23 et 25 de ce mois;

232. La communauté de Siegen et Keitenbourg, comparant par Antoine Fritz et Georges Ernst, ses députés, munis du procès-verbal de leur élection et du cahier de doléances du 22 de ce mois;

233. La communauté de Scheid, comparant par Matthieu Vogel et Pierre Beck, ses députés, munis du procès-verbal de leur élection et du cahier de doléances du 22 de ce mois;

234. La communauté de Stundweiller, comparant par François Wagner et Jean-Michel Klaus, ses députés, munis du procès-verbal de leur élection et du cahier de doléances des 23 et 24 de ce mois;

235. La communauté de Hattzenbuhl, comparant par Antoine Werling et Valentin Muller, ses députés, munis du procès-verbal de leur élection et du cahier de doléances du 23 de ce mois;

236. La communauté de Hayné, comparant par Jacques Weigel et Georges Metz, ses députés, munis du procès-verbal de leur élection et du cahier de doléances du 22 de ce mois;

237. La communauté de Herscheim, comparant par Matthieu Seither, Matthieu Wingerter, Chrétien Adam et Nicolas Kapenhayer, ses députés, munis du procès-verbal de leur élection et du cahier de doléances du 24 de ce mois;

238. La communauté de Herrenweisser, comparant par Nicolas Schultz et Michel Wingerter, ses députés, munis du procès-verbal de leur élection et du cahier de doléances du 24 de ce mois;

239. La communauté de Jockgrim, comparant par Chrétien Schwein et Georges-Martin Werling, ses députés, munis du procès-verbal de leur élection et du cahier de doléances du 22 de ce mois;

240. La communauté de Rheinzabern, comparant par Jean-Philippe Hoffmann, Pierre Bruner et Urbain Hoffmann, ses députés, munis du procès-verbal de leur élection et du cahier de doléances du 23 de ce mois;

241. La communauté de Rutzheim, comparant par Jean Kuhn, André Stubenriech et Pierre-Antoine Berizy, ses députés, munis du procès-verbal de leur élection et du cahier de doléances du 20 de ce mois;

242. La communauté de Candel-Minder, Schlagen et Hefen comparant par Antoine Picot, Jean-Daniel Humel, Martin Picot, le meunier, Georges-Henri Heid et Frédéric Nass, ses députés, munis du procès-verbal de leur élection et du cahier de doléances du 20 de ce mois;

243. La communauté de Dorenbach, comparant par Michel Hey et Jean Antony, ses députés, munis du procès-verbal de leur élection et du cahier de doléances du 24 de ce mois;

244. La communauté de Freckenfeld, comparant par Adam Helek et Louis Schœffer, ses députés, munis du procès-verbal de leur élection et du cahier de doléances du 22 de ce mois;

245. La communauté de Mœuschweiller, comparant par Antoine Lang, son député, muni du procès-verbal de son élection et du cahier de doléances du 24 mois;

246. La communauté de Minfeld, comparant par Jean-Adam Schœulant et Georges-Adam Heussler, ses députés, munis du procès-verbal de leur élection et du cahier de doléances du 22 de ce mois;

247. La communauté de Niederrotterbach, comparant par Joseph Frank et Georges Hey, ses députés, munis du procès-verbal de leur élection et du cahier de doléances du 23 de ce mois;

248. La communauté d'Oberrotterbach, comparant par Frédéric Reeb, Jean Weimann et Georges-Nicolas Kaftner, ses députés, munis du procès-verbal de leur élection et du cahier de doléances du 23 de ce mois;

249. La communauté de Recktenbach, comparant par Conrad Sperger et Guillaume Bitterlé, ses députés, munis du procès-verbal de leur élection et du cahier de doléances du 22 de ce mois;

250. La communauté de Wollmersweiller, comparant par Georges-Henri Baur et Thiébault Freck, ses députés, munis du procès-verbal de leur élection et du cahier de doléances du 23 de mois;

251. La communauté d'Artzheim, comparant par Jean Eger et Jacques Jœger, ses députés, munis du procès-verbal de leur élection et du cahier de doléances du 22 de ce mois;

252. La communauté d'Eschbach, comparant par Jean Heger et Pierre Gunther, ses députés, munis du procès-verbal de leur élection et du cahier de doléances du 23 et 24 de ce mois;

253. La communauté de Rausbach, comparant par Jean Gaspard et Adam Fienner, ses députés,

munis du procès-verbal de leur élection et du cahier de doléances du 21 de ce mois;

254. La communauté de Waldambach, comparant par Georges Schlinck et Léonard Schœffer, ses députés, munis du procès-verbal de leur élection et du cahier de doléances du 22 de ce mois;

255. La communauté de Ringueldorff, comparant par Michel Holtz et Chrétien Holtz, ses députés, munis du procès-verbal de leur élection et du cahier de doléances du 18 de ce mois;

256. La communauté de Valdrohrbach, comparant par Philippe Schnetzer, son député, muni du procès-verbal de son élection et du cahier de doléances du 22 de ce mois;

257. La communauté de Bunthenthal et Finsternheim, comparant par Simon Keller, Michel Stam et Adam Frœlich, ses députés, munis du procès-verbal de leur élection et du cahier de doléances du 19 de ce mois;

258. La communauté d'Ehrlenbach, comparant par Adam Rottschmitt et Jean Dœbler, ses députés, munis du procès-verbal de leur élection et du cahier de doléances du 20 de ce mois;

259. La communauté de Lauterschwann;

260. La communauté de Bruckwiller, comparant par Michel Schatz et Martin Stenguer, ses députés, munis du procès-verbal de leur élection et du cahier de doléances du 23 de ce mois;

261. La communauté de Dahn, comparant par Jean et Georges Dauenhauer, ses députés, munis du procès-verbal de leur élection et du cahier de doléances du 23 de ce mois;

262. La communauté d'Erffweiller, comparant par Adam Leiser et Georges Mercken, ses députés, munis du procès-verbal de leur élection et du cahier de doléances du 21 de ce mois;

263. La communauté d'Hauenstein, comparant par Jean Hengen et Pierre Moris, ses députés, munis du procès-verbal de leur élection et du cahier de doléances du 23 de ce mois;

264. La communauté de Weydenthal, comparant par Jean Schwartz Muller et Léonard Abril, ses députés, munis du procès-verbal de leur élection et du cahier de doléances du 23 de ce mois;

265. La communauté de Fischbach, comparant par Léonard Halted et Gaspard Stegner, ses députés, munis du procès-verbal de leur élection et du cahier des doléances du 25 de ce mois;

266. La communauté de Schindfart, comparant par Pierre Haslacker et Frédéric Mock, ses députés, munis du procès-verbal de leur élection et du cahier de doléances du 23 de ce mois;

267. La communauté de Neuhaussel, comparant par Georges Binder et Nicolas Beutel, ses députés, munis du procès-verbal de leur élection et du cahier de doléances du 24 de ce mois;

268. La communauté de Benheim, comparant par Léon Stœbel et Ignace Flick;

269. La communauté d'Altenstatt et Schweighoffen, comparant par Georges Greber, Jacques Eigenlanb et Windecker, ses députés, munis du procès-verbal de leur élection et du cahier de doléances des 23 et 24 de ce mois;

270. La communauté de Bœrenbach, comparant par Jean Zvick et Jean Mœnnel, ses députés, munis du procès-verbal de leur élection et du cahier de doléances du 23 de ce mois;

271. La communauté de Bobenthal, comparant par Michel Dubortzel et Georges Schantz, ses députés, munis du procès-verbal de leur élection et du cahier de doléances des 22 et 23 de ce mois;

272. La communauté de Schleithal, comparant par Jacques Lœbr, Adam Sweitzer et Valentin

Hibel, ses députés, munis du procès-verbal de leur élection et du cahier de doléances du 24 de ce mois ;

273. La communauté d'Obersœbach, comparant par André Vogel et Martin Smitt, ses députés, munis du procès-verbal de leur élection et du cahier de doléances du 25 de ce mois ;

274. La communauté de Stettenbach, comparant par Frédéric Harck et Jacques Flory, ses députés, munis du procès-verbal de leur élection et du cahier de doléances du.....

275. La communauté de Steinfeld et Cospwyer, comparant par Paul Weck, Martin Olt et Jacques Tisch, ses députés, munis du procès-verbal de leur élection et du cahier de doléances des 23 et 24 de ce mois ;

276. La ville de Seltz, comparant par Paul Lang, François-Joseph Weyh, Paul Paganetto et Michel Saur, ses députés, munis du procès-verbal de leur élection et du cahier de doléances du 17 de ce mois ;

277. La communauté de Kesseldorff, comparant par Matthieu Schlaudecker et Martin Aschner, ses députés, munis du procès-verbal de leur élection et du cahier de doléances du 18 de ce mois ;

278. La communauté de Munchhaussen, comparant par Joseph Weinhat et Jacques Hausselmann, ses députés, munis du procès-verbal de leur élection et du cahier de doléances du 19 de ce mois ;

279. La communauté de Schaffhausen, comparant par Michel Kerner et Laurent Stolz, ses députés, munis du procès-verbal de leur élection et du cahier de doléances du 18 de ce mois ;

280. La ville de Hagenbach, comparant par Georges Scherer, Valentin Muller, Valentin Gœtz et Georges Schoff, ses députés, munis du procès-verbal de leur élection et du cahier des doléances du 21 de ce mois ;

281. La communauté de Berg, comparant par Georges Knoll et Christophe Pommer, ses députés, munis du procès-verbal de leur élection et du cahier de doléances du 21 de ce mois ;

282. La communauté de Neubourg-au-Rhin, comparant par Daniel Weissenbourg, Georges Hittel et Bernard Zoller, ses députés, munis du procès-verbal de leur élection et du cahier de doléances du 24 de ce mois ;

283. La communauté de Pfortzen, comparant par André Weiss et Jacques Weltmann, ses députés, munis du procès-verbal de leur élection et du cahier des doléances du 24 de ce mois ;

284. La communauté de Wert-au-Rhin, comparant par Jacques Wœschler et Zacharie Worther, ses députés, munis du procès-verbal de leur élection et du cahier de doléances du 23 de ce mois ;

285. La communauté de Cleebourg, comparant par Jacques Muller le jeune et Joseph Pflug, ses députés, munis du procès-verbal de leur élection et du cahier de doléances des 24 et 25 de ce mois ;

286. La communauté de Hoffen, comparant par Bernard Rott, son député, muni du procès-verbal de son élection et du cahier de doléances du 24 de ce mois ;

287. La communauté de Bremelbach, comparant par Bernard Standler, son député, muni du procès-verbal de son élection et du cahier de doléances du 25 de ce mois ;

288. La communauté d'Ingelsheim, comparant par Jean Billmann, son député, muni du procès-verbal de son élection et du cahier de doléances du 24 de ce mois ;

289, 290, 291, 292, 293 et 294. Les communautés de Birlenbach, Keffenac, Himschbach, Oberhoffen, Rott et Steinfeltz, comparant par Frédéric Ziggerer, Jean-Adam Frey, Jacques Zimmermann, Michel Heckmann, Simon Emetter, Jacques Hattemannn, Michel Rott, Frédéric Fischer, Bernard Rott, Georges Trautmann, Henri Ungerer, Adam Chœder et Bernard Pauler, leurs députés, munis des procès-verbaux de leurs élections et des cahiers de doléances des 24 et 25 de ce mois ;

295. La communauté d'Ebersbach, comparant par Gaspard Schwartz et Jacques Luch, ses députés, munis du procès-verbal de leur élection et du cahier de doléances des 22 et 23 de ce mois ;

296. La communauté de Krœittweiller, comparant par Georges-Michel Walter, son député, muni du procès-verbal de son élection et du cahier de doléances du 23 de ce mois ;

297. La communauté de Niederrœther, comparant par Matthieu Deigler et Jacques Riss, ses députés, munis du procès-verbal de leur élection et du cahier de doléances du 22 de ce mois ;

298. La communauté de Wintzenbach, comparant par Joseph Weinzelmann et Laurent Walter, ses députés, munis du procès-verbal de leur élection et du cahier de doléances du 24 de ce mois ;

299. La communauté de Fortsfelden, comparant par Chrétien Rinck et Michel Schub, ses députés, munis du procès-verbal de leur élection et du cahier de doléances du 18 de ce mois ;

300. La communauté de Kauffenheim, comparant par Adam Fix et Michel Vohlhutter, ses députés, munis du procès-verbal de leur élection et du cahier de doléances du 18 de ce mois ;

301. La communauté d'Oberlauterbach, comparant par Georges Hoffner et Pierre Krœmer, ses députés, munis du procès-verbal de leur élection et du cahier de doléances du 22 de ce mois ;

302. La communauté de Klimbach, comparant par le sieur Rauber et Michel Bley, ses députés, munis du procès-verbal de leur élection et du cahier de doléances du 25 de ce mois ;

303. La communauté de Wingen, comparant par Charles Hochert et Léonard Walter, ses députés, munis du procès-verbal de leur élection et du cahier de doléances des 23, 24 et 25 de ce mois ;

304. La communauté de Boussenberg, comparant par Michel Hemmer et Matthieu Monck, ses députés, munis du procès-verbal de leur élection et du cahier de doléances des 22 et 24 de ce mois ;

305. La communauté de Winstein, comparant par Joseph Grieg et Michel Hausshalter, ses députés, munis du procès-verbal de leur élection et du cahier de doléances du 23 de ce mois ;

306. La communauté de Frœschwiller, comparant par Michel Schaller et Chrétien Eisser, ses députés, munis du procès-verbal de leur élection et du cahier de doléances du 24 de ce mois ;

307. La communauté de Dambach, comparant par Antoine Drap et Louis Schobart, ses députés, munis du procès-verbal de leur élection et du cahier de doléances du 22 de ce mois ;

308. La communauté de Langensoultzbach, comparant par Frédéric Bender et Henri Schaffner, ses députés, munis du procès-verbal de leur élection et du cahier de doléances des 22 et 25 de ce mois ;

309. La communauté de Nœewiller et Elsashaussen, comparant par Jacques Loweinstein et Va-

lentin Muller, ses députés, munis du procès-verbal de leur élection et du cahier de doléances du 24 de ce mois ;

310. La communauté de Drachenbronn, comparant par Hiob Sandecker et Jacques Ramigen, ses députés, munis du procès-verbal de leur élection et du cahier de doléances du 23 de ce mois ;

311. La communauté de Lembach, comparant par Louis Dillmann et Joseph Liberlé, ses députés, munis du procès-verbal de leur élection et du cahier de doléances du 22 de ce mois ;

312. La communauté de Nidersœbach, comparant par Michel Osselmann le jeune et Nicolas Bieth, ses députés, munis du procès-verbal de leur élection et du cahier de doléances du 19 de ce mois ;

313. La communauté de Schœnenbourg, comparant par Joseph Flick, son député, muni du procès-verbal de son élection et du cahier de doléances du 19 de ce mois ;

314. La communauté de Pfittfeltz, comparant par Georges Lautzel et Georges Ross, ses députés, munis du procès-verbal de leur élection et du cahier de doléances du 23 de ce mois ;

315. La communauté de Trimbach, comparant par Jean Arnhold et Jacques Doppelt, ses députés, munis du procès-verbal de leur élection et du cahier de doléances du 22 et 26 de ce mois ;

316. La communauté de Hermsweiller, comparant par Jacques Jung, son député, muni du procès-verbal de son élection et du cahier de doléance du 21 de ce mois ;

317. La communauté de Soultz, comparant par Philippe Jacob et André Fœhr, ses députés, munis du procès-verbal de leur élection et du cahier de doléances du 20 de ce mois.

318. La communauté de Retschwiller, comparant par Jean-Philippe Remp, son député, muni du procès-verbal de son élection et du cahier de doléances de 21 de ce mois.

319. La communauté de Memelshoffen, comparant par Laurent Acker, son député, muni du procès-verbal de son élection et du cahier de doléances des 20 et 21 de ce mois ;

320. La communauté de Lobsan, comparant par Valentin Ebner, son député, muni du procès-verbal de son élection et du cahier de doléance 20 de ce mois ;

321. La communauté de Buhl, comparant par François Hoh et Georges Muller, ses députés, munis du procès-verbal de leur élection et du cahier de doléances du 22 de ce mois ;

322. La communauté de Hatten, comparant par Théodore Dalhemann, Henri Humbert et Bernard Schnepf, ses députés, munis du procès-verbal de leur élection et du cahier de doléances du 25 de ce mois ;

323. La communauté de Kuhlendorff, comparant par Balthasar Mosser, son député, muni du procès-verbal de son élection et du cahier de doléance du 25 de ce mois ;

324. La communauté de Leiterswiller, comparant par Michel Kintzel, son député, muni du procès-verbal de son élection et du cahier de doléances du 25 de ce mois ;

325. La communauté d'Oberbettschdorff, comparant par Jean-Jacques Lottmann et Jean Adam, ses députés, munis du procès-verbal de leur élection et du cahier de doléance du 22 de ce mois ;

326. La communauté de Niederbettschdorff, comparant par Philippe Beili Wagner et Jean-Georges Greiner, ses députés, munis du procès-verbal de leur élection et du cahier de doléance du 23 de ce mois ;

327. La communauté de Reimerschweiller, comparant par Valentin Gœry, son député, muni du procès-verbal de son élection et du cahier de doléances du 24 de ce mois ;

328. La communauté de Rittershoffen, comparant par Jean-Adam Sicbecken et Adam Arbogast, ses députés, munis du procès-verbal de leur élection et du cahier de doléance du 22 de ce mois ;

329. La communauté de Schwobweiller, comparant par Jean Rhembold, son député, muni du procès-verbal de son élection et du cahier de doléances du 25 de ce mois ;

330. Les communautés d'Helschloch-Minssenhaussen, Oberkurtzenhaussen et Merckwiller, comparant par Chrétien Lowenstein et Valentin Hirt, leurs députés, munis du procès-verbal de leur élection et du cahier des doléances du 22 de ce mois ;

331. La communauté de Mattstatt, comparant par Philippe Trautmann, son député, muni du procès-verbal de son élection et du cahier de doléances du 23 de ce mois ;

332. La communauté de Sourbourg, comparant par André Eissenmenger et François Wurtz, ses députés, munis du procès-verbal de leur élection et du cahier de doléances des 16 et 25 de ce mois ;

333. La communauté de Laubach, Durrenbach et Saint-Walbourg, comparant par Jean-Adam Werner, Michel Sue et Joseph Streicker, ses députés, munis du procès-verbal de leur élection et du cahier de doléances des 19 et 24 de ce mois ;

334. La communauté de Lochwiller, comparant par Michel Ringert et Georges Acker, ses députés, munis du procès-verbal de leur élection et du cahier des doléances du 21 de ce mois ;

335. La communauté de Reishoffen, comparant par Thierry Eberlé, Jean-Sébastien Eberlé, Pierre-Didier Mille et Matthias Schleivinger, ses députés, munis du procès-verbal de leur élection et du cahier de doléances du 22 de ce mois ;

336. La communauté d'Oberbronn, comparant par le sieur Vierling, ministre, Maurice Lipps et Philippe-Jacques Dorr, ses députés, munis du procès-verbal de leur élection et du cahier de doléances du 24 de ce mois ;

337. La communauté de Mertzwiller, comparant par Joseph Durrheimer et Jean Bizotta, ses députés, munis du procès-verbal de leur élection et du cahier de doléances du 22 de ce mois ;

338. La communauté de Zinswiller, comparant par Max Brief et Jean-Georges Strolb, ses députés, munis du procès-verbal de leur élection et du cahier de doléances des 22 et 23 de ce mois ;

339. La communauté d'Uhrweiller, comparant par Nicolas Berhart et Georges Lentz, ses députés, munis du procès-verbal de leur élection et du cahier des doléances du 23 de ce mois ;

340. La communauté de Rotbach, comparant par Jacques Voltz et Jacques Pfalzgraff, ses députés, munis du procès-verbal de leur élection et du cahier de doléances du 24 de ce mois ;

341. La communauté de Wembourg, comparant par Georges Kleis et Jacques Muller, ses députés, munis du procès-verbal de leur élection et du cahier de doléances du 23 de ce mois ;

342. La communauté d'Eckartswiller et Zittersheim, comparant par Jean-Adam Stamber et Jean-Adam Munch, ses députés, munis du procès-verbal de leur élection et du cahier de doléances du 24 de ce mois ;

343. La communauté de Gumbrechshoffen, comparant par Georges Werner et Georges Aman, ses députés, munis du procès-verbal de leur élection et du cahier de doléances du 23 de ce mois;

344. La communauté de Gundershoffen, comparant par Georges Escheulwenner et Pierre Husser, ses députés, munis du procès-verbal de leur élection et du cahier de doléances du 23 de ce mois;

345. La communauté de Niederbronn, comparant par Jean-Frédéric Wild et Martin Pfitzinger, ses députés, munis du procès-verbal de leur élection et du cahier de doléances du 23 de ce mois;

346. La communauté d'Uttenhoffen, comparant par Thiébault Gass, son député, muni du procès-verbal de son élection et du cahier de doléances du 24 de ce mois;

347. La communauté de Griesbach, comparant par Jean Rheinhart, son député, muni du procès-verbal de son élection et du cahier de doléances du 25 de ce mois;

348. La communauté de Gumbrechshoffen, comparant par Pierre Reis et Georges Klein, ses députés, munis du procès-verbal de leur élection et du cahier de doléances du 24 de ce mois;

349. La communauté d'Eberbach, comparant par Pierre Ehreuwein et Jacques Léopold, ses députés, munis du procès-verbal de leur élection et du cahier de doléances du 24 de ce mois;

350. La communauté de Dieffenbach, comparant par Antoine April et Michel Hoerting, ses députés, munis du procès-verbal de leur élection et du cahier de doléances du 21 de ce mois;

351. La communauté de Gerstdorff, comparant par Chrétien Walter et Jacques Thomann, ses députés, munis du procès-verbal de leur élection et du cahier de doléances du 25 de ce mois;

352. La communauté de Lamberschloch, comparant par Georges Grosmuller et Georges Ressel, ses députés, munis du procès-verbal de leur élection et du cahier de doléances du 21 de ce mois;

353. La communauté de Mitschdorff, comparant par Michel Schmitt et Louis Hirschinger, ses députés, munis du procès-verbal de leur élection et du cahier de doléances des 22 et 25 de ce mois;

354. La communauté de Morschbronn, comparant par Jacques Guntz et Antoine Feig, ses députés, munis du procès-verbal de leur élection et du cahier de doléances du 22 de ce mois;

356. La communauté de Niedersteinbach, comparant par André Wingœrther et André Schaar, députés, munis du procès-verbal et du cahier de doléances du 24 de ce mois;

357. La communauté d'Oberdorff et Sparbach, comparant par André Richard et Jacques Zuhn, ses députés, munis du procès-verbal de leur élection et du cahier de doléances des 20 et 25 de ce mois;

358. La communauté de Brischdorff, comparant par Georges-Henri Ressel et Georges-Frédéric Klaus, ses députés, munis du procès-verbal de leur élection et du cahier de doléances des 21 et 23 de ce mois;

359. La communauté de Woerth, comparant par Philippe-Henri Pallis, Gotlieb-Prica, Salomon Hotto et Jean-Jacques Traulmann, ses députés, munis du procès-verbal de leur élection et du cahier de doléances des 22 et 26 de ce mois;

360. La communauté de Buchholtz, comparant par Jean Deis et Georges Lenhart, ses députés, munis du procès-verbal de leur élection et du cahier des doléances du 25 de ce mois;

361. La communauté d'Ingsweiller, comparant par Frédéric Kromeyer, Jacques Korell et Bernard Muller, ses députés, munis du procès-verbal de leur élection et du cahier de doléances des 22 et 24 de mois;

362. La communauté de Lichtemberg, comparant par Pierre Wœfler et François Rennier, ses députés, munis du procès-verbal de leur élection et du cahier de doléances du 23 de ce mois;

363. La communauté de Mittesheim, comparant par Jean-Georges Gangloff et Jean-Georges Klein, ses députés, munis du procès-verbal de leur élection et du cahier de doléances des 21 et 23 de ce mois;

364. La communauté de Niedermodern, comparant par Georges Augt et Jean-Georges Richt, députés, munis du procès-verbal de leur élection et du cahier de doléances des 20 et 23 de ce mois;

365. La communauté d'Obermoderen, comparant par Jacques Ruch et Jacques Frintz, ses députés, munis du procès-verbal de leur élection et du cahier de doléances des 20 et 24 de ce mois;

366. La communauté d'Obersoultzbach, comparant par Thiébault Hans et Michel Rott, ses députés, munis du procès-verbal de leur élection et du cahier de doléances des 23 et 24 de ce mois;

367. La communauté d'Offenwiller, comparant par Jean Jund et Georges Fischbach, ses députés, munis du procès-verbal de leur élection et du cahier de doléances des 23 et 24 de ce mois;

368. La communauté de Pfaffenhoffen, comparant par Jean Lux et Jacques Maurice, ses députés, munis du procès-verbal de leur élection et du cahier de doléances des 21 et 23 de ce mois;

369. La communauté de Ripperswiller, comparant par Georges Wolff et Joseph Brand, ses députés, munis du procès-verbal de leur élection et du cahier des doléances du 23 de ce mois;

370. La communauté de Schillendorff, comparant par Georges Mahler et Michel Schweyer, ses députés du procès-verbal de leur élection et du cahier de doléances du 23 de ce mois;

371. La communauté de Wimeneau, comparant par Chrétien Scherer et Georges Schmitt, ses députés, munis du procès-verbal de leur élection et du cahier de doléances du 23 de ce mois;

372. La communauté de Herberg, défaut et défaillante;

373. La communauté de Schalkendorff, comparant par Valentin Michel et Henri Kuntz, ses députés, munis du procès-verbal de leur élection et du cahier de doléances du 23 de ce mois;

374. La communauté d'Unweiller, comparant par Henri Baltzer le jeune et Georges Haltzer, ses députés, munis du procès-verbal de leur élection et du cahier de doléances du 16 de ce mois;

375. La communauté de Niedersoultzbach, comparant par Paul Richert et Jacques Krieger, ses députés, munis du procès-verbal de leur élection et du cahier de doléances du 16 de ce mois;

376. La communauté de Mœuchenhoffen, comparant par Georges Fintz et Chrétien Wendling, ses députés, munis du procès-verbal de leur élection du cahier de doléances du 16 de ce mois;

377. La communauté d'Hœgeney et Eschbach, comparant par Joseph Klipfel et Antoine Maurin, ses députés, munis du procès-verbal de leur

élection et du cahier de doléances du 22 de ce mois;

378. La communauté de Gundstett, comparant par le sieur Jean-François Tavernier et Joseph Langel, ses députés, munis du procès-verbal de leur élection et du cahier de doléances du 19 de ce mois;

379. La communauté de Forstheim, comparant par Antoine Helmer, son député, muni du procès-verbal de son élection et du cahier de doléances des 18 et 24 de ce mois;

380. La communauté de Schirein, comparant par Romain Hatter et Simon Schiller, ses députés, munis du procès-verbal de leur élection et du cahier de doléances du 23 de ce mois;

381. La communauté d'Ubrach, comparant par Etienne-Lanoy et Jacques Bertrand, ses députés, munis du procès-verbal de leur élection et du cahier de doléances des 22 et 25 de ce mois;

382. La communauté de Bitshoffen, comparant par Jean-Baptiste Starck et Thomas Keffer, ses députés, munis du procès-verbal de leur élection et du cahier de doléances du 23 de ce mois;

383. La communauté de Kindweiller, comparant par Michel Wolff et Simon Stabler, ses députés, munis du procès-verbal de leur élection et du cahier de doléances du 24 de ce mois;

384. La communauté de Weitterwiller, comparant par Michel Gudstett et Philippe-Henri Schmitt, ses députés, munis du procès-verbal de leur élection et du cahier de doléances du 23 de ce mois;

385. La communauté de Zuzendorff, comparant par Jean Kayser et Adam Geminger, ses députés, munis du procès-verbal de leur élection et du cahier de doléances du 22 de ce mois;

386. La communauté de Muhlhaussen, comparant par Michel Kell et Michel Mergling, ses députés, munis du procès-verbal de leur élection et du cahier de doléances du 23 de ce mois;

387. La communauté d'Adamsweiller, comparant par Pierre Muller le jeune et Pierre Muller le vieux, ses députés, munis du procès-verbal de leur élection et du cahier de doléances du 23 de ce mois;

388. La communauté de Bettwiller, comparant par Nicolas Bieber et Philippe Muller, ses députés, munis du procès-verbal de leur élection et du cahier de doléances du 22 de ce mois;

389. La communauté de Berlingen, comparant par Jean-Adam Weeber et André Reittenhans, ses députés, munis du procès-verbal de leur élection et du cahier de doléances du 24 de ce mois;

390. La communauté d'Essbourg et Klauftal, comparant par Jacques Rott et Jacques Klaus, ses députés, munis du procès-verbal de leur élection et du cahier de doléances du 23 de ce mois;

391. La communauté de Duestett, comparant par André Keutzel, son député, muni du procès-verbal de son élection et du cahier de doléances du 24 de ce mois;

392. La communauté de Fromuhl, comparant par Jacques Walter, son député, muni du procès-verbal de son élection et du cahier de doléances des 22 et 23 de ce mois;

393. La communauté de la Petite-Pierre, comparant par Georges Hanskneckt et Pierre Reitmaner, ses députés, munis du procès-verbal de leur élection et du cahier de doléances du 23 de ce mois;

394. La communauté de Lambach, comparant par Georges Klein et Chrétien Rosser, ses députés, munis du procès-verbal de leur élection et du cahier de doléances du 22 de ce mois;

395. La communauté de Leuschberg, comparant

par Pierre Jantz, son député, muni du procès-verbal de son élection et du cahier de doléances du 22 de ce mois;

396. La communauté de Langenweiller, comparant par Nicolas Zurbruck et Mauhias Bollinger, ses députés, munis du procès-verbal de leur élection et du cahier de doléances du 23 de ce mois;

397. La communauté de Lohr, comparant par Jean-Adam Stœckel et Thiébault Helmstcher, ses députés, munis du procès-verbal de leur élection et du cahier de doléances du 23 de ce mois;

398. La communauté de Pettersbach, comparant par Pierre Hoffmann, son député, muni du procès-verbal de son élection et du cahier de doléances du 23 de ce mois;

399. La communauté de Puberg, comparant par Henri Zans et Chrétien Geiger, ses députés, munis du procès-verbal de leur élection et du cahier de doléances du 22 de ce mois;

400. La communauté de Pfalsweyer, comparant par Jean Kockert et Nicolas Scheyer, ses députés, munis du procès-verbal de leur élection et du cahier de doléances du 24 de ce mois;

401. La communauté de Gungweiller, comparant par Jacques Bauer et Frédéric Ott, ses députés, munis du procès-verbal de leur élection et du cahier de doléances du 22 de ce mois;

402. La communauté de Rosstag, comparant par Chrétien Hild et Chrétien Baumann, ses députés, munis du procès-verbal de leur élection et du cahier de doléances des 22 et 24 de ce mois;

403. La communauté de Rosstag, comparant par Nicolas Dorsslinger et Chrétien Stottder, ses députés, munis du procès-verbal de leur élection et du cahier de doléances du 22 de ce mois;

404. La communauté de Schœnberg, comparant par Philippe Zimmermann et Abraham Bury, ses députés, munis du procès-verbal de leur élection et du cahier de doléances du 23 de ce mois;

405. La communauté de Stferhl, comparant par Geoffroy Retzel, son député, muni du procès-verbal de son élection et du cahier de doléances du 24 de ce mois.

406. La communauté de Dieffenbach, comparant par Pierre Stutzmann, son député, muni du procès-verbal de son élection et du cahier de doléances du 23 de ce mois;

407. La communauté de Folschbourg, comparant par Jean Ensminger et Georges Adolphe, ses députés, munis du procès-verbal de leur élection et du cahier de doléances du 22 de ce mois;

408. La communauté de Weinberg, comparant par Jacques Mandel et Jacques Kihn, ses députés, munis du procès-verbal de leur élection et du cahier de doléances du 23 de ce mois;

409. La communauté de Weislingen, comparant par Adam Schneider le second, et Adam Lanett, ses députés, munis du procès-verbal de leur élection et du cahier de doléances du 22 de ce mois;

410. La communauté de Winterberg, comparant par Nicolas Weeber et Philippe Marlzlof, députés, munis du procès-verbal de leur élection et du cahier de doléances des 23 et 24 de ce mois;

411. La communauté de Wescheim, comparant par Michel Demangeon et Christophe Bilimann, ses députés, munis du procès-verbal de leur élection et du cahier de doléances du 24 de ce mois;

412. La communauté de Zillingen, comparant

par Pierre Lachler et Nicolas Verung, ses députés, munis du procès-verbal de leur élection et du cahier de doléances du 23 de ce mois;

413. La communauté de Vingen, comparant par Georges Dellinger et Augustin Pfeiffer, ses députés, munis du procès-verbal de leur élection et du cahier de doléances du 24 de ce mois.

Et ayant vaqué jusqu'à trois heures de relevée, nous avons remis la continuation à demain, huit heures du matin.

Continuation du 28 mars 1789, huit heures du matin.

Sont comparus par devant nous, sans assignations, et sur les affiches et publications faites, les ecclésiastiques possédant bénéfices, et les nobles possédant fiefs ou biens nobles, ci-après nommés, et ce, en vertu de l'article 12 du règlement du 24 janvier, savoir:

Clergé.

1. M. Dorsner, bénéficier à Berstett, comparant par le sieur Huffel, prévôt de Saint-Pierre-le-Vieux, à Strasbourg, fondé de sa procuration du 23 de ce mois;
2. M. Cossa, bénéficier à Saint-Pierre-le-Vieux, à Strasbourg, comparant par ledit sieur Huffel, fondé de sa procuration du 23 de ce mois;
3. M. Fidel, bénéficier à Molsheim, comparant par messire Jansen, fondé de sa procuration du 24;
4. M. Weinborn, chapelain à Dinsheim, comparant par M. Demeuré, curé à Wimpffersheim, fondé de sa procuration du 23;
5. M. Demongé, chapelain à Saint-Pierre-le-Jeune, à Strasbourg, comparant par ledit messire Demeuré, fondé de sa procuration du 23;
6. M. Bernard Geiger, chapelain de Sainte-Magdeleine à Hochfelden, comparant par messire Scheid, curé de Dangendorff, fondé de sa procuration du 23;
7. M. Pierre, chapelain de Saint-Vendelin de Hochfelden, comparant par ledit messire Scheid, fondé de sa procuration du 23;
8. M. Koelsch, chapelain de Saint-Alexis à Saint-Pierre-le-Jeune, à Strasbourg, comparant par messire Gourmand, prêtre, fondé de sa procuration dudit jour 23;
9. M. Grimocour, chapelain de Saint-Georges, à Griesbach, comparant par ledit messire Gourmand, prêtre, fondé de sa procuration sous seing privé;
10. M. Kolbmann, bénéficier à Saint-Pierre-le-Jeune, à Strasbourg, comparant par le sieur de Martigny, doyen de Saint-Pierre-le-Vieux à Strasbourg, fondé de sa procuration du 24;
11. M. Marie Léonore, chapelain de Sainte-Marie, à Hochfelden, comparant par le sieur Zaiguelina, chanoine, curé de Saint-Pierre-le-Vieux, à Strasbourg, fondé de sa procuration du 24;
12. M. Brunck, chapelain de Saint-Pierre-le-Jeune, à Strasbourg, comparant par messire Klein, prêtre, fondé de sa procuration du 23;
13. M. Rumpler, chapelain de ladite église, comparant par ledit messire Klein, fondé de sa procuration du 21;
14. Messire Cunotte, bénéficier à Saint-Pierre-le-Jeune, à Strasbourg, comparant en personne;
15. Les vicaires prébendiers de Saint-Pierre-le-Vieux, à Strasbourg, comparant par messire Frey, leur député, par acte du 16;
16. Les vicaires prébendiers de Neuwiller, comparant par messire Von Empsy, leur député, par acte du 23;
17. Les vicaires prébendiers de la collégiale de Weissembourg, comparant par le sieur Demast, doyen du chapitre, fondé de leur procuration du 22;
18. Les sieurs chanoines réguliers de Saint-Louis, à Strasbourg, comparant par messire Valentin, leur supérieur, par acte du 19;
19. Le sieur Gigné, chapelain de Saint-Pangeau, près Olvisheim, comparant par messire Tabernier, curé de Gundstett, fondé de sa procuration du 23;
20. M. Jean-Jacques Romer, prémissaire à Eschbach, comparant en personne;
21. Les ecclésiastiques, bénéficiers et chantres du bas chœur de Saint-Pierre-le-Jeune, à Strasbourg, comparant par ledit messire Romer, leur fondé de pouvoir, par délibération du 18;
22. Messire Jean-Georges Bourg, curé de la Rubertsau, comparant par ledit messire Romer, son fondé de procuration du 24;
23. Et messire Lanng, vicaire administrateur de Batzendorff, comparant en personne;
24. Le sieur baron de Weittersheim, chapelain à Bilvissheim, comparant en personne;
25. Le sieur Loyson, curé de Kaltenhaussen, comparant en personne;
26. Les vicaires prébendiers de la collégiale de Saverne, comparant par M. de Meyerhoffen, fondé du 23;
27. Le sieur François-Antoine Barthlé, supérieur à Marienthal, comparant en personne.

Noblesse.

1. Le sieur François-Conrad, baron Reich de Patz, comparant par le sieur baron de Bodeck d'Elgan, fondé de sa procuration du 20;
2. Le sieur Antoine, comte d'Andlau, comparant par le sieur baron de Balthasar, son fondé de procuration du 7;
3. Le sieur Louis, baron de Ratsamhaussen, grand-chantre de Merebach, comparant par le sieur baron de Balthasar, fondé de sa procuration du 20;
4. La dame baronne de Glaubitz, née baronne de Landsberg, comparant par le sieur baron Charles-Sigfrid d'Oberkirch, fondé de sa procuration du 18;
5. Le sieur Rodolphe-Frédéric, baron de Falckenhayn, comparant par le sieur son frère, lieutenant général, fondé de sa procuration du 21;
6. La dame Caroline-Renée Lefort, chanoinesse du Saint-Sépulcre, comparant par ledit sieur de Falckenhayn, lieutenant général, son fondé de procuration du 21;
7. Le sieur Louis, baron de Bergheim, comparant par le sieur Louis-Dagobert-Adolphe-Emmanuel, baron Lefort, fondé de sa procuration du 15;
8. La dame baronne de Moclké, née baronne Lefort, comparant par ledit sieur baron Lefort, fondé de sa procuration du 21;
9. Le sieur Charles-Léopold de Ratsamhaussen, comparant par le sieur de Reisembach, fondé de sa procuration du 23;
10. Le sieur Philippe-René, baron Wetzel de Marsillen, comparant par ledit sieur de Reisembach, son fondé de procuration du 17;
11. Le sieur Philippe-Ferdinand, baron Rœder de Diersbourg, comparant par le sieur Ferdinand-Auguste, baron de Rœder, subtitué, par acte du

21 de ce mois, par le sieur Chrétien-Ernest, baron de Rœder, fondé de procuration dudit sieur Philippe-Ferdinand, du 12 de ce mois;

12. Ledit sieur Chrétien-Ernest, baron Rœderer de Diersbourg, comparant par le sieur Ferdinand-Auguste, baron de Rœder, fondé de sa procuration du 21;

13. Le sieur Louis-Charles, baron de Bergheim, comparant par le sieur baron de Glaubitz, fondé de sa procuration du 17;

14. Le sieur Vincent, baron de Ratsamhaussen, comparant par le sieur François-Charles, baron d'Icktersheim, fondé de sa procuration du 21;

15. Le sieur Louis-Ferdinand, baron de Mullenheim, le grand veneur, comparant par le sieur Charles, son frère, son fondé de procuration du 16;

16. Le sieur baron Ferdinand de Mullenheim, le colonel, comparant par ledit sieur son frère, son fondé de procuration du 17;

17. Le sieur Henri-François, baron du Gail, comparant par le sieur baron de Neuenstein, fondé de sa procuration du 17;

18. Le sieur Frédéric-Anne Woltz d'Altenau, comparant par le sieur Frédéric-Auguste, baron Eckbrecht de Durckheim, fondé de sa procuration du 17;

19. La dame douairière de Dettlingen, née Woltz d'Altenau, comparant par le sieur baron de Durckheim, fondé de sa procuration du 17;

20. La dame de Sanléque, née baronne de Gail, comparant par le sieur Espiart de Colonge, fondé de la procuration du 24;

21. La dame baronne de Krand, née baronne Guntzer, comparant par le sieur Jean-Nicolas de Diétrich, fondé de sa procuration du 21;

22. Le sieur comte de Helmstatt, comparant par le sieur baron de Vorstat, fondé de sa procuration du 11;

23. La demoiselle Louise, baronne de Guntzer, comparant par le sieur Espiar de Colonge, fondé de sa procuration du 23;

24. Le sieur Antoine-Joseph, baron de Zorn de Bulach, mestre de camp, comparant par ledit sieur de Colonge, fondé de sa procuration du 17;

25. Le sieur Frédéric-Antoine-Henri, baron Lefort, comparant par le sieur Charles-Philippe-Auguste, baron Lefort, fondé de sa procuration du 23;

26. La dame Christiane-Henriette-Willhelmine, baronne Lefort, comparant par ledit sieur baron Lefort, fondé de sa procuration du 20;

27. La dame douairière, baronne de Kœnenbach, baronne de Steinkaltenfels, comparant par le sieur baron de Bodeck d'Elgau, fondé de sa procuration du 24;

28. Le sieur baron Charles de Schauenbourg, comparant par le sieur Antoine-Chrétien, baron d'Oberkirch, fondé de sa procuration du 24;

29. La dame Henriette-Charlotte de Woltz d'Altenau, comparant par le sieur Ignace, baron de Witzerme d'Egersberg, fondé de sa procuration du 17;

30. La dame douairière Woltz d'Altenau, née de Rothembourg, comparant par ledit sieur baron de Witzerme d'Egersberg, son fondé de procuration du 17;

31. S. A. Mgr le prince Charles-Arnaud-Jules de Rohan-Rochefort, comparant par le baron de Kageneck, fondé de sa procuration du 19;

32. La dame douairière de Reisenbach, née de Menesdorff, comparant par ledit sieur baron de Kageneck, son fondé de procuration du 23;

33. Le sieur Maximilien-Constantin, baron de Wormser, comparant en personne;

34. Le sieur François-Jean-Henri-Nicolas, baron de Bodeck d'Elgau, comparant en personne;

35. Le sieur baron de Mackau, comparant par le sieur baron de Weittersheim l'aîné, fondé de sa procuration du 21;

36. Le sieur François-Léopold de Meyerhoffen, comparant en personne;

37. Le sieur François-Alexandre Espiar de Colonge, comparant en personne;

38. Le sieur Antoine-Henri-Thierry, baron de Neuenstein, comparant en personne;

39. Le sieur Bénigne-Jean-Claude Espiar de Colonge, comparant en personne;

40. Le sieur Charles-Philippe-Auguste, baron Lefort, comparant en personne;

41. Le sieur Louis-Dagobert-Adolphe-Emmanuel, baron Lefort, comparant en personne;

42. La dame de Birckenwald, douairière de Walter, comparant par le sieur chevalier de Lavergne, fondé de sa procuration du 20;

Dans le détail ci-dessus des nobles inscrits, comme non assignés, il s'en trouve quelques-uns qui avaient été assignés, mais qui, n'étant pas comparus à l'assemblée du 26, y ont été portés comme défaillants, et lesquels, au moyen de leur présente comparution, seront considérés comme ayant rabattu le défaut et comme présents :

43. La dame de Linvis, née Gangolff, comparant par ledit sieur Chevalier de Lavergne, fondé de sa procuration du 21 de ce mois;

44. Et enfin la dame, comtesse de Lagorce, née baronne Lefort, comparant par le sieur de Marth, le stettmeistre, fondé de sa procuration du 24 de ce mois;

Sont aussi comparus, sans assignation, en vertu de l'article 15 du susdit règlement, les députés ci-après nommés, ou fondés de procurations des ecclésiastiques sans bénéfices, résidant dans les villes, savoir :

1. Les ecclésiastiques non bénéficiers de la paroisse de Saint-Laurent de Strasbourg, représentés par messire Klein, leur député par délibération du 19;

2. Ceux de la paroisse de Saint-Pierre-le-Jeune dudit Strasbourg, comparant par le sieur Boug, chanoine de ladite église, fondé de leur procuration, par délibération du 22;

3. Ceux de la paroisse Saint-Pierre-le-Vieux, à Strasbourg, comparant par le sieur de Zaiguelins, leur curé, fondé de leur procuration par délibération du 21;

4. Ceux de la paroisse de Saint-Etienne de ladite ville, comparant par le sieur Zaiguelins, leur curé, fondé de procuration du 23 de ce mois de messire Pinot, leur député, par délibération du 22;

5. Les ecclésiastiques non bénéficiers de la paroisse de Saint-Louis, comparant par messire Valentin, leur curé, fondé de procuration, sous seing privé, du 24 de ce mois, de messire Nutz, leur député, par délibération du 17 de ce mois;

6. Ceux de la paroisse de Saverne, représentés par le sieur Juhusen, leur député, par délibération du 22;

7. Et les ecclésiastiques non bénéficiers de Saint-Georges de Haguenau, comparant par maître Poinsignon, leur député, par délibération du 23;

8. Les vicaires prébendiers de la collégiale de Saverne, comparant par messire de Meyershoffen, leur député, fondé de procuration du 23.

Et enfin sont pareillement comparus, sans assignation, et en vertu de l'article 16 du même règlement, les nobles, non possédant fiefs, ni biens nobles, ci-après nommés, savoir :

1. Le sieur Richart, vicomte de Lort de Saint-Victor, maréchal des camps, comparant en personne;

2. Le sieur Philippe-Charles, baron de Balthasar, maréchal des camps du Roi, comparant en personne;

3. Le sieur Jean-Nicolas, baron de Diétrich, comparant en personne;

4. Le sieur Maurice Hartmann, baron de Pistorès, brigadier des armées du Roi, comparant en personne;

5. Le sieur Jacques-Dominique de Roberdeau, mestre de camp de cavalerie, en personne;

6. Le sieur Léopold de Gendrot, comparant en personne;

7. Le sieur Philippe-Georges-Antoine de Cointoux, écuyer, conseiller honoraire du parlement de Metz, et préteur royal de cette ville de Haguenau, en personne;

8. Le sieur Jean-François de Bouzies, capitaine du régiment du Maine, retiré, et stettmeistre de ladite ville, en personne;

9. Le sieur Jean-Joseph de Barth, écuyer, lieutenant civil et criminel du grand bailliage de la préfecture royale de Haguenau et bailli royal;

10. Le sieur Adolphe-Michel de Barth, écuyer, stettmeistre de cette dite ville, et préteur royal, en survivance, de ladite ville, comparant en personne;

11. Le sieur Antoine-Paul-Esprit Demongé, comparant en personne;

12. Le sieur Jean-Claude, chevalier de Lavergne de Peyredouille, comparant en personne;

13. Le sieur Joseph-François-Charles Delaville de Surilong, comparant en personne;

14. Le sieur Georges, baron de Witingkopsf, maréchal des camps, comparant en personne;

15. Le sieur Louis-Dominique de Wangen, comparant en personne;

16. Le sieur François-de-Sales de Vaultrin, comparant en personne;

Et ayant vaqué jusqu'à midi, la continuation a été remise à lundi, 30 de ce mois, 8 heures du matin.

Continuation.

Et le lundi, 30 mars, 8 heures du matin, les délibérations, procès-verbaux, procurations et pouvoirs, allégués des autres parts, ayant été communiqués au procureur du Roi, nous les avons, sur ses conclusions, trouvés et jugés revêtus des formalités présentes et requises par lesdits règlements, à l'exception de celles et de ceux ci-après détaillés, que nous avons déclaré ne pouvoir être admis et devoir être rejetés, savoir :

Du clergé.

Celles de Steffansfeld, n° 24, et toutes celles ci-après détaillées :

N° 33. Du sieur abbé de Schwartzag; 55. Du sieur curé de Westhoffen; 56. Du sieur curé de Wangen; 61. Du sieur curé de Kircheim; 67. Du sieur curé d'Ackenheim; 75. Du sieur curé de Steinbourg; 80. Du sieur curé de Rheinhartmunster; 82. Du sieur curé de Phalsbourg; 85. Du sieur curé de Munzwiller; 87. Du sieur curé de Mainolsheim; 89. Du sieur curé de Lixelbourg; 95. Du sieur curé d'Itterswiller; 96. Du sieur curé de Saint-Jean-des-Choux; 105. Du sieur curé de Dettwiller; 108. Du sieur curé de Birckenvald; 110. Du sieur curé d'Alleweiller; 114. Du sieur curé de Wingersheim; 116. Du sieur curé de Wilfisheim; 122. Du sieur curé de Vendenheim; 167. Du sieur curé de Souffelweyersheim; 203. Du sieur curé de Steinweiller; 213. Du sieur curé de Niederlauterbach; 225. Du sieur curé de Boussenberg; 247. Du sieur curé de Woyer.

Celle du chapelain, à Griesbach, n° 9, des ecclésiastiques bénéficiers non assignés.

Et celle des ecclésiastiques réunis chez le sieur curé de Saint-Louis, à Strasbourg, n° 5.

SÉNÉCHAUSSÉE DE LA MARCHE (BASSE-).

SÉANT A DORAT.

Extrait des procès-verbaux des 16, 17 et 18 mars 1789 (1).

Ont comparu

Pour l'ordre du clergé :

MM. Claude-Barnabé Laurens de Mascloux ; Antoine Chesne Desmaisons, prêtres chanoines, députés du chapitre de Saint-Pierre de cette dite ville du Dorat, par acte reçu Vidard, secrétaire desdits sieurs ; et Hubert Bonnet, prêtre chanoine dudit chapitre, député pour le bas chœur dudit chapitre, par le même acte en date du 27 février dernier ; Jacques-André Vacherie, chanoine dudit chapitre de Saint-Pierre du Dorat, fondé de pouvoir de dame Marthe Dupin de Saint-Quentin, abbesse et supérieure de la communauté des dames religieuses de la Sainte-Trinité, ordre de Saint-Benoît de la ville du Dorat, faisant pour toute sa communauté ; reçu Nesmond, notaire royal sous la date du 27 février dernier ; Jacques Deverine, curé de Saint-Pierre de ladite ville du Dorat ; François-Jean-Baptiste Saudenoy de Starari, prêtre, curé du Bourget, paroisse du Darmet, fondé de pouvoir de M. Joachim-Charles-Antoine Augier, archiprêtre de Montmorillon, curé d'Anise, par acte reçu Gémot, notaire royal à Montmorillon, en date du 10 de ce mois ; Pierre Reculet, prêtre, curé du bourg, et paroisse de la Croix ; Pierre Genetier du bourg et paroisse de Duisac ; Jean Gillen de Mondot, curé du bourg et paroisse de la Garde-Saint-Geralde; Jean-Baptiste Chamblet, chanoine théologal du chapitre de Saint-Pierre de cette dite ville du Dorat, fondé de pouvoirs de messire Jean-Baptiste Montazeot, prêtre, curé du bourg et paroisse de Monisme, par acte reçu Chamblet, notaire royal, en daté du 4 de ce mois ; Jean Richard, curé du bourg et paroisse d'Oradour-Saint-Genest ; Joseph-Zéphirin-Laurens de Lagasne, prêtre chanoine du chapitre de Saint-Pierre de cette ville du Dorat, propriétaire du fief de Lalocherie, situé en la paroisse d'Oradour-Saint-Genest ; Jean-François Coussaud, prêtre communaliste du chapitre de Saint-Pierre de ladite ville du Dorat, propriétaire du fief du grand Lezignier en la paroisse d'Oradour-Saint-Genest ; Claude-Théobald Israël de La Jornière de Lagasne, seigneur du Vignaud en la paroisse d'Ouradour-Saint-Genest ; Antoine Maurat, curé du bourg et paroisse de Saint-Ouen ; François Savard, curé du bourg et paroisse de Voulon ; Pierre Aubugeois, curé du bourg et paroisse de Saint-Bonnet, fondé de la procuration de messire François Chevanceau de Latour, prieur, curé du bourg et paroisse de Saint-Martin-le-Pont, par acte reçu Bousic Dupont, en date de cejourd'hui ; Claude-Barnabé-Laurent de Mauseloux, prêtre, chanoine du chapitre de Saint-Pierre de cette ville du Do-

rat, propriétaire du fief de Lagasne et de Ches-Pelliaud ; Jean Villebard, prêtre, curé de la ville et paroisse de Lorval Magnac ; Jacques Guillot, prêtre, curé du bourg et paroisse de Dompierre, fondé de la procuration des dames religieuses, propriétaires de la ville de Laval-Magnac, par acte reçu Desponges, notaire royal audit Laval, en date du 7 de ce mois ; Jean-Baptiste Mondot de Beaujour, prêtre, du chapitre de Saint-Pierre de cettedite ville du Dorat, fondé de pouvoir de messire Jean-Baptiste Plagneaud, curé du bourg et paroisse d'Arnac-la-Porte, par acte reçu Nesmond, notaire royal, le 5 de ce mois ; Pierre Lhuillier de Boiseautaud, curé du bourg et paroisse de Bussière-Poitevine ; Jacques Gillot, prêtre, curé du Bourget, paroisse de Dompierre ; Jean-François Israël Laudenoy, curé du bourg et paroisse de Droux ; François-Joseph Murret, curé du bourg et paroisse de Saint-Amand-Magnasais ; Jean Vignaud, curé du bourg et paroisse de Saint-Hilaire-la-Treille ; Joseph-François Lesterpt , curé du bourg et paroisse de Saint-Léger-Magnasais; Jacques Guillot, curé du bourg et paroisse de Dompierre, fondé des pouvoirs de messire Jean-Baptiste Muzeraud, prieur du bourg et paroisse de Saint-Priez-le-Beton, par acte reçu Decressac, notaire royal à Laval, le 4 de ce mois ; François-Joseph Murrai, curé du bourg et paroisse de Saint-Amand-Magnasais , fondé de pouvoir de messire François de Lavalette, curé de Saint-Sornin-Leutat, par acte reçu Tardi, notaire royal à Chateau-Ponsac, en date du 9 de ce mois ; Joseph-Jean Boin, archiprêtre de Rancon, fondé de pouvoir de Thouvenet, curé de Ville-Favart, signé de lui, en date du 10 de ce mois ; Jacques-Jean-Baptiste Savard, prieur, curé du bourg et paroisse d'Azat-sur-Vienne ; François-Busson Delage, curé du bourg et paroisse d'Adrier ; René-Étienne-François de Broue, curé de la ville et paroisse d'Availhes ; Vincent Jerardat, prêtre, chanoine du chapitre de Saint-Pierre de cette ville, fondé de pouvoir de messire Luc-Joseph Dubrac, prêtre, curé du bourg et paroisse d'Azac-le-Ris, par acte reçu Desponges, notaire royal à Laval, en date du 11 de ce mois ; Jean-Baptiste Marcoult, curé du bourg et paroisse de Labuzeuge ; Louis-François Marcoult, prieur, curé du bourg et paroisse de Baldem ; Jean-Robert de Ribourgeon, prêtre, curé du bourg et paroisse de Brilhac; François-Martin Deshoulière, curé de la ville de Lisle-Jourdain ; Joseph-Zéphirin-Laurent de Lagasne, prêtre, chanoine du chapitre de cette ville, fondé de la procuration de messire Jean Sarget, prêtre, curé du bourg et paroisse de Lachapt, reçu Bouneau, notaire royal, en date du 10 de ce mois ; Laurent-Dagobert Daubré, prieur, curé du bourg et paroisse de Millac ; François-Michel Aurillard, curé de la ville et paroisse de Lussac-le-Château, fondé de pouvoir de M. Baillot Descombes, signé de Moussac, signé de lui le 14 de ce mois ; François-Martin Deshoulières, curé de Lisle-Jourdain, fondé de pouvoir de messire Paul-Laurent de Rérac, curé du bourg et paroisse de Monthet,

---

(1) Nous publions ce document d'après un manuscrit des *Archives de l'Empire.*

par acte reçu Bouneau, en date du 14 de ce mois; Jacques-André Vacherie, prêtre, chanoine du chapitre de cette ville, fondé de pouvoir de M. Louis-Charles Duplessis d'Argentré, évêque de Limoges, par acte reçu Fournier, notaire à Limoges, en date du 27 février dernier; Laurent Duplessis Daubré, prieur de Milhac, fondé de la procuration de messire Jean-Baptiste Barrier, prieur, curé de Saint-Peixent, reçu Bouneau, notaire royal, le 14 de ce mois; François-Michel Aurillard, curé de la ville et paroisse de Lussac-le-Château; François Teytaud, curé du bourg et paroisse de Moulisme, fondé de pouvoir de messire Pierre Richard, curé du bourg et paroisse de Civeau, par acte reçu Gario, notaire, en date du 7 de ce mois; Pierre-François Bonnet, curé du bourg et paroisse de Persac, fondé de la procuration de messire Jean Compte, curé de la paroisse de Gouet, par acte reçu Compte, en date du 5 de ce mois; Antoine Chesne Desmaison, prêtre, chanoine de cette ville, fondé de pouvoir de messire Pierre Robert, curé du bourg et paroisse de la chapelle Vivier, par acte reçu Billion, en date du 8 de ce mois; Pierre Lhuilier de Boisseautaud, prêtre, curé du bourg et paroisse de Bussière-Poitevine, fondé de la procuration de messire Jean Proux, curé de Mazerale, reçu Garri, notaire, en date du 7 de ce mois; François Teytaud, prêtre, curé du bourg et paroisse de Moulisme; Pierre-François Bonnet, prêtre, curé du bourg et paroisse de Persac; ledit Bonnet fondé de pouvoir de messire Henri-Louis Gaillard, curé du bourg et paroisse de Quéau, par acte reçu Savin, notaire, en date du 14 de ce mois; Jean-Baptiste Pruinier, curé du bourg et paroisse de Négra, fondé de pouvoir de messire François Barrier, curé de la ville et paroisse de Saint-Germain-sur-Vienne, par acte reçu Paccaud, notaire, le 9 de ce mois; Jean Richard, curé d'Oradour-Saint-Genest, fondé de pouvoir de messire Jacques Texon, curé du bourg et paroisse de Chastain-sur-Charente, par acte reçu Paccaud, notaire, en date du 7 de ce mois; Jean-Robert de Ribourgeon, curé du bourg et paroisse de Brillac, fondé de pouvoir de messire Etienne de Peyraton, curé de Gazoubert, par acte reçu Lecœur du Peyrat, notaire, en date du 7 de ce mois; Jean-Baptiste Pinnier, curé de Negra, fondé de pouvoir de messire Nicolas Jolivart, curé de Lessac, signé de lui, en date du 13 de ce mois; Jean-Baptiste Le Borthe de Grandpré, curé d'Oradour-Sanois, fondé de pouvoir de messire François de Tisseuil, curé du bourg et paroisse de Mézière, par acte reçu Lafaye, notaire royal, le 9 de ce mois; Jean-Baptiste Primer, curé de Bourget, paroisse de Negra; Jean-Baptiste Le Borthe de Grandpré, curé du bourg et paroisse d'Oradour-Sanois; Joseph Moreau de Jarriye, prêtre communaliste d'Arnac-la-Porte, fondé de la procuration de messire Jean-Baptiste Dubruc de Villandrau, curé du bourg et paroisse de Saint-Martial, reçu Marcoult, notaire, en date du 13 de ce mois; Jean-Robert de Ribourgeat, curé de Brilhac, fondé de pouvoir de François de Graterotte, curé du bourg et paroisse de Saint-Quentin; François Busson de Lage, curé d'Adrier, fondé de la procuration de messire François Gaujoux, curé du bourg et paroisse de Vigeaut, reçu Blondet, en date du 5 de ce mois; Pierre Aubugeois, curé de Saint-Bonnet, fondé de la procuration de messire Barthélemy-Lucas de Labrousse, curé de Plenville, reçu Papaud, notaire, le 7 de ce mois; Antoine Lascoux, curé de Vacqueur, fondé de la procuration de messire Louis-Julien Rozé, prieur de Lus-

sac-le-Château, reçu Marin, notaire, le 13 de ce mois; Jacques Deverine, curé du Dorat, fondé de pouvoir de MM. les communalistes de l'église de Saint-Pierre de cette dite ville; Jacques Deverine, curé du Dorat, fondé de la procuration de messire Pierre de Laferre, prieur de Saint-Cyprien de Boesse, reçu Meige, notaire royal, le 9 de ce mois; Jean-Baptiste Mondot de Beaujour, chanoine de cette ville, fondé de pouvoir de messire Germain de Gallard, prieur de Saint-Julien d'Arnac-la-Porte, par acte reçu Boullard, en date du 9 de ce mois; André de Cressac, chanoine du chapitre de cette ville, fondé de pouvoir de MM. les abbé, chanoines du chapitre de Saint-Martial de la ville de Limoges à cause de leur prieuré d'Azac-le-Ris, par acte reçu Ardent, notaire, en date du 2 de ce mois; Jean-Baptiste Chamblet, chanoine théologal du chapitre de cette ville, fondé de la procuration de la dame abbesse de la règle de la ville de Limoges, à cause de son prieuré de Voulon, reçu Fournier, notaire, en date du 28 février dernier; Etienne Desgranges, prêtre communaliste des prêtres de la ville de Larat-Magnac, et fondé de leur procuration sous leur signature privée, en date du 9 de ce mois; Antoine Larcoux, prieur de Vacqueur, fondé de pouvoir de dom André La Balle, religieux de l'ordre de Saint-Benoît, titulaire du prieuré de Saint-Pardoux de Bezaud, par acte reçu Lagoué, le 2 de ce mois; Vincent Jevardat, chanoine du Dorat, titulaire de la chapelle de Sainte-Catherine; Jean-Baptiste Surard, prieur, curé d'Azat-sur-Vienne, titulaire du prieuré simple de Saint-Léger, paroisse du Vigeau et de Juite; MM. les ecclésiastiques du siège secondaire de Bellac, qui sont: François Hetistas, prêtre communaliste de la communauté des prêtres de la ville de Bellac, fondé de pouvoir de messire Antoine de Nesmond, curé de la ville et paroisse de Bellac, reçu Desgranges, en date du 12 de ce mois; Antoine Lanoux, prieur, curé du bourg et paroisse de Vacqueur; Léonard de La Couture, prieur, curé de Saint-Julien-les-Combes, fondé de la procuration de messire Michel Bernard Lafond, prêtre, curé du bourg et paroisse de Barneuil, par acte reçu Bastier, en date du 7 de ce mois; Joseph-Jean Bouin, archiprêtre de la ville de Rançon, fondé de pouvoir de messire Jean-Pierre Romunet, curé du bourg et paroisse de Blauzac, par acte reçu Négrier, en date du 8 de ce mois; Pierre Aubugeois, curé du bourg et paroisse Saint-Bonnet; Léonard de La Couture, prieur de Saint-Julien-les-Combes, fondé de procuration de messire Antoine-Etienne Lauzier, curé du bourg et paroisse de Thouron, signée de lui en date du 13 de ce mois; Joseph-Jean Bouin, archiprêtre de Rançon; François-Jean-Baptiste Sandemoi de Starari, curé du bourg et paroisse de Darnat; Jean Charin, prêtre, vicaire de la ville de Bellac, fondé de pouvoir de messire Léonard-Etienne de Royau, prêtre, curé du bourg et paroisse de Saint-Barbent, par acte reçu Bajet, en date du 11 de ce mois; et ledit sieur Charin, fondé de la procuration de MM. les prêtres communalistes de la ville de Bellac, sous leurs signatures privées, en date du 10 de ce mois; Léonard de La Couture, prieur, curé du bourg et paroisse de Saint-Janien-les-Combes; Jean-Baptiste Arbelot, curé de la paroisse de Lagudet; Antoine Lacoux, prêtre, curé du bourg et paroisse de Vacqueur, fondé de la procuration de messire Pierre d'Anglard, curé du bourg et paroisse de Blond, reçue Lagasne, en date du 6 de ce mois; Jean-Baptiste Bouin, de Grand-Mont, prieur de la chapelle de Sainte-Anne, paroisse de Blanzac ; Jean Charin, chapelain de la chapelle du Cardinal, desservie dans l'église de Bellac ; Jean Baptiste Teytaud, chapelain de Sainte-Anne de Milanes, en la paroisse de Lacroix, François Musselard, prêtre, chapelain de la chapelle de Saint-Blaize, desservie en l'église de Bellac ; François Hetitas, chapelain de Notre-Dame d'Abondance, en la paroisse de la Croix ; Jean Mallebecy, prêtre, vicaire honoraire de la ville de Bellac ; ledit Jean Mallebecy, fondé de pouvoir et député de MM. les prêtres de Bellac sans bénéfice, sous leurs signatures privées en date du 14 de ce mois.

Dans l'ordre de la noblesse :

M. Jacques, marquis Dutheil, chevalier, seigneur de Larochère ; Lage Malcouronne, capitaine de dragons, chevalier de l'ordre royal et militaire de Saint-Louis ; Paul-Jean comte de Chamborand, chevalier, seigneur de Saint-Martial et Mascloux, baron de Droux et de Sombusaud, lieutenant de messieurs les maréchaux de France, au département de Bellac ; Pierre Buffière, chevalier de l'ordre royal et militaire de Saint-Louis, ci-devant capitaine au régiment d'infanterie de Bourgogne, fondé de la procuration de dame Silvine de Robert de Villemartin, dame de Villemartin, veuve de feu messire Antoine-Amable Dubreuil-Hélion, chevalier, seigneur de la Guéronnière, Combes, Villegue, Lusigny et autres places, ancien capitaine au régiment de Picardie, sous sa signature privée en date du 2 de ce mois ; Antoine Pétiaud, chevalier, seigneur de Manadeau et de la Rivallerie, chevalier de l'ordre royal et militaire de Saint-Louis, capitaine de cavalerie ; haut et puissant seigneur messire Pierre-Thibaut-Marie Barthon, comte de Monthas, seigneur du Haut et Bas Monteil, Escurat, Thorus et autres lieux, fondé de la procuration de très-haut et très-puissant seigneur, monseigneur Gui-André-Pierre duc de Laval, chef des noms et armes de sa maison, maréchal de France, gouverneur pour Sa Majesté de la province d'Aunis, des ville, château et principauté de Sedan et de Carignan, grand-croix de l'ordre royal et militaire de Saint-Louis, commandeur de Saint-Lazare de Notre-Dame du Mont-Carmel, seigneur du duché de Laval et autres lieux, reçue Dubourg, en date du 4 de ce mois ; Joseph Cardebœuf Derive, chevalier, seigneur de Thibarderie ; Jean-François vicomte de Véruine, chevalier, seigneur de Lascoux et de la Faverie en partie, ancien chevau-léger de la garde ordinaire du Roi, fondé de pouvoir de messire Joseph de Véruine, chevalier, seigneur de Saint-Martin-de-Meaux, par acte reçu Braq le 9 de ce mois ; ledit sieur Jean-François de Véruine, fondé de la procuration de messire Gaspard-François Taveaud, chevalier, seigneur de Lagecourbe, Reaucourt et autres lieux, et la Faudrière en Poitou, et encore seigneur des fiefs de Laveau, chevalier, en la paroisse de Magnac et la Valette-Montavi en la paroisse de Dompierre, par acte reçu Nouveau, notaire royal, du 12 de ce mois ; Louis-Charles-Alexandre de Roffignac, chevalier, seigneur de la Salle ; Jean de Saint-Martin, chevalier, seigneur marquis de Bagnac, seigneur de Villemeixent, le Breuil-Ferrant, la Rochelle et Martineix en partie ; Michel, chevalier de Saint-Martin de Bagnac, officier au régiment de Bourgogne-cavalerie, et seigneur de Martineix, en partie ; Paul-Jean comte de Chamborant, chevalier, seigneur de Saint-Martial et Mascloux, baron de Droux et de Sombusaud, lieutenant de messieurs

les maréchaux de France au département de Bellac, et de Pierre Buffière, chevalier de l'ordre royal et militaire de Saint-Louis, ci-devant capitaine d'infanterie au régiment de Bourgogne ; Joseph comte de Montbet, chevalier, seigneur de la Tuche, Noblet, le bourg Archambault et autres places, chevalier de l'ordre de Saint-Lazare, ancien capitaine de cavalerie ; Mathieu-Alexandre Guyot du Dognon, chevalier, seigneur de Saint-Quentin et de la Mothe-du-Dognon, ancien chevau-léger de la garde ordinaire du Roi, capitaine de cavalerie, fondé de la procuration de messire François de Couet de Lusignan, chevalier, seigneur de Labeige, reçue Maisondieu du 12 de ce mois ; ledit messire Guyot du Dognon, encore fondé de pouvoir de messire Pierre de Risseuil, chevaliers, seigneur de Mouette, par acte reçu Pacaud, le 11 de ce mois ; Henry Guyot, chevalier, seigneur de Messignac ; Thibaut de Labroue, chevalier, vicomte de Vareilles, mestre de camp de cavalerie, chevalier de l'ordre royal et militaire de Saint-Louis, seigneur de Vareilles, la Mothe d'Autesa, Mois et autres lieux, tant pour lui que pour messire Charles de Villedon, chevalier, seigneur de Gournay-la-Chevalière, Vauzette, Lavaud, Chermepin, les Plats, Lamoudy, Fauné et autres lieux, chevalier de l'ordre royal et militaire de Saint-Louis, capitaine de cavalerie, suivant la procuration reçue Barbier, le 9 de ce mois ; et encore fondé de pouvoir de messire Antoine-François Authebert, seigneur de Létang, par acte reçu Brun, le 9 de ce mois ; Mathieu de Tisseuil, chevalier, seigneur d'Euraud, lieutenant en premier au régiment d'Oxaune du corps royal d'artillerie, pensionné du Roi, tant pour lui que fondé de pouvoir de très-haut et très-puissant seigneur messire François de Tisseuil, chevalier, seigneur baron d'Ysseries, Chatelanet-de-Royer, seigneur de Fouilloux et autres lieux, par acte reçu Paccaud du 11 de ce mois ; André-Victor Colin de La Brunerie, chevalier de l'ordre royal et militaire de Saint-Louis, ancien capitaine au régiment de Brie, chevalier, seigneur de la baronnie d'Azat-le-Ris, et châtellier de la Bazeuge et du fief de la Peyrière ; haut et puissant seigneur Pierre-Thibau-Marie Barthon, chevalier, comte de Monthas, seigneur du haut et bas Monteis, Escurat, Thorus et autres lieux, tant en son nom que comme fondé de pouvoirs de très-haute et très-puissante demoiselle Marguerite de Vertamont, comtesse de Lavaud, dame du fief Dumas en Marche et autres lieux, par acte reçu Paud, le 28 février dernier ; Louis Jacques Estourneau, chevalier, seigneur de Pinnoteau, Labruneterie, Ricoux, Legué-Salomon, la Grande-Roche et autres lieux, ancien mousquetaire gris de la garde du Roi, faisant tant pour lui que pour dame Marie-Henriette Duperon, veuve de messire François de Mallevaud, chevalier, seigneur de Marigny, dame de Pomereix et du Pin-Greland, suivant sa procuration reçue Bourbaud, le 4 de ce mois, et encore de messire François, marquis de Ferré, chevalier, seigneur de la Jarandie. Roue, Darré et la Tourail, Fredière et autres lieux, chevalier honoraire de Saint-Jean de Jérusalem, ancien officier de carabiniers, par acte reçu Valet, le 9 de ce mois ; messire Jean-Armand Authebert, chevalier, seigneur de Lagedufaix et de Mons, ancien capitaine de cavalerie, tant pour lui, que pour messire François Authebert, chevalier, seigneur de Sambamas, de Bédoux et du Chès, suivant la procuration reçue Nesmond, le 10 de ce mois ; et encore pour dame Marie-Anne Boëtaud, veuve de messire Pierre de Puignion, chevalier, seigneur de la Gauverie, ancien capitaine au régiment de Flandres, chevalier de l'ordre royal et militaire de Saint-Louis, par acte reçu Bouneau, le 12 de ce mois ; haut et puissant seigneur messire Gédéon Joseph, marquis de Roffignac, chevalier, seigneur de Saunart, Balledan, Quinsac et autres lieux, capitaine au régiment de la Reine-cavalerie ; Jacques marquis Dutheil, chevalier, seigneur de la Rochère, Lage, Mal-Couronne, capitaine de dragons, chevalier de l'ordre royal et militaire de Saint-Louis, fondé de la procuration de dame Marie-Geneviève Coussand, épouse de messire François de Tessières, chevalier, seigneur de Bois-Bertrand, Lage, Coutaud et autres lieux, capitaine d'infanterie, au régiment de Bourgogne, passée devant Bouni-Dupont, en date du 14 de ce mois ; et encore de messire Louis Dutheil, chevalier, seigneur de Puischert, suivant sa procuration du 13 de ce mois ; et encore, pour messire Nicolas Dutheil, seigneur de Villevert, par acte reçu Vételay, en date du 16 de ce mois ; messire Louis-Gabriel de Courivaud, chevalier, seigneur de Roges et de la Petite-Rue, pensionné du Roi, et ancien garde de son corps, tant pour lui que pour très-haut et très-puissant seigneur, monseigneur Louis-Félicité Omer, comte d'Etampes, capitaine de cavalerie dans le régiment des évêchés, au nom et comme tuteur de demoiselle Aline-Geneviève d'Etampes, dame de la terre d'Etampes, sa fille mineure, et de feu très-haute et très-puissante dame Anne-Angélique-Félicité Le Camus, son épouse ; ladite demoiselle d'Etampes, dame de la terre de Persac, suivant la procuration reçue Sousseau, le 23 février dernier ; et encore, faisant pour très-haut et très-puissant seigneur messire Louis-Marie-Bonaventure Frottier, chevalier, seigneur de la châtellenie de la Messelière et autres lieux, ancien capitaine de cavalerie, par acte reçu Conjour, du 2 février dernier ; Gérôme et Augustin de La Porte, chevalier, seigneur de Veaud, Lage, Bougin, Fontvalet et autres lieux, ancien officier de grenadiers au régiment de Paris, faisant tant pour lui que pour messire Pierre de Loudinx, chevalier, seigneur de Champagnac, par acte reçu Bouneau, en date du 12 de ce mois ; Gabriel Dutheil, chevalier, seigneur de la Font et autres lieux, ancien officier d'infanterie, faisant tant pour lui que pour demoiselle Marie-Louise Dutheil, propriétaire du fief de Villevert, en vertu de la procuration reçue Bouneau, le 14 de ce mois ; et encore, faisant pour dame Sylvine de Paradis, veuve de messire Pierre de Paradis, chevalier, à cause du son fief de Pouillatte, par acte reçu Bastier, le 10 de ce mois ; Louis de Féré, chevalier, seigneur des Peruges-Tisain ; André Guyot, chevalier, seigneur d'Asnières, de Cluzeau, la Forêt, Villedon, Lézignac, et autres lieux, faisant tant pour lui que pour très-haut et très-puissant seigneur François-Martial d'Emoutiers, vicomte de Mérinville et de Brigeuil, baron de Montralet et de Montracher, seigneur de Rochelidon, Château-Brun, la Fresse, et autres lieux, lieutenant-général des armées du Roi, chevalier de l'ordre royal de l'Aigle blanc de Pologne, suivant la procuration reçue Alleaume, du 9 de ce mois ; et encore, faisant pour messire Philippe-Hugues-Anne-Rolland-Louis comte de de Lusignan, lieutenant général des armées du Roi, seigneur propriétaire de la terre et seigneurie de la Côte-au-Chapt, seigneur de Bois-Meunier, en vertu de la procuration reçue Guillaume, le 2 de ce mois ; Mathieu de Tisseuil, chevalier, seigneur d'Enrand, officier d'artillerie, fondé de

pouvoir de très-haut et très-puissant seigneur messire Victurnien, Jean-Baptiste-Marie de Rochechouart, duc de Mortemart, pair de France, prince de Thouet-Charente, baron de Baye-sur-Seine, seigneur d'Everli, Availles, Serres et Ozat, Hussac-les-Châteaux et autres lieux, suivant la procuration reçue Brajeon, sous la date du 1er de ce mois ; Jacques de Lary, chevalier, seigneur de la Berge, Peytavaud, Lacoux et autres lieux, ancien chevau-léger de la garde du Roi, faisant tant pour lui que pour messire René de Moris, chevalier, seigneur du Peux, et encore seigneur du fief de Labarde, et autres fiefs en Marche, suivant sa procuration reçue Nouveau, le 14 de ce mois ; Jean-Baptiste-Antoine de La Couture-Renom, chevalier, baron, seigneur de Béré, Richemont, Laugerie et Villerajouse et autres lieux, faisant tant pour lui que pour messire François de La Porte, chevalier, seigneur de Chapelle-Vivier, le Theil, Haut-Servent, suivant sa procuration reçue Dusseher, le 1er de ce mois ; Joseph-Marie Boireau, écuyer, seigneur de Vilaine, à cause de la dame son épouse, faisant tant pour lui que pour messire François de Moris, chevalier, seigneur du Villard et Villedard, par acte reçu Dusseher, le 9 mars, présent mois ; René-Hilaire Feydaud, chevalier, officier au régiment de Médoc, tant en son nom que faisant pour haut et puissant seigneur messire René-Joseph Feydaud, chevalier, baron de Reysouneau, par acte reçu Cuirblanc du 5 de ce mois ; Charles-Louis de Saint-Garraus, chevalier, seigneur de Traillebaud, partie du fief de Lalande et de la terre de Juyer, à cause de la dame son épouse, chevalier de l'ordre royal et militaire de Saint-Louis ; et encore, faisant pour messire Jean de Saint-Garraud, chevalier de Traïlebaud, ancien gendarme de la garde du Roi, seigneur des fiefs de Mailhetardet de Steix, par acte reçu Paccaud du 10 de ce mois ; François de La Grange, écuyer, seigneur de la Pardonele, Faux et Vieux-Tisons ; Paul Chevalier de Rollet, chevalier, seigneur de Beaupin, paroisse de Saint-Quentin, capitaine de cavalerie, chevalier de l'ordre royal et militaire de Saint-Louis ; Joseph comte de Montbel, fondé de la procuration de très-haut et très-puissant seigneur Antoine Lignaud, comte de Lussac, seigneur du fief Lusaçois, reçue Maumeot, du 4 de ce mois ; Jean de Saint-Martin, chevalier, seigneur de Villemaixent, la Rochette, Martineux, le Breuil, Serrant, marquis de Bagnac, représentant haut et puissant seigneur, messire Jean-Baptiste comte de Brethe, chevalier, seigneur marquis du Cros de Cieux, la Vilette, la Chapelle, Rigebon, le Mas-Rochet et autres lieux, suivant sa procuration reçue Lavergne, le 7 de ce mois ; et faisant encore pour messire Jean-Bonaventure Girard, chevalier, seigneur du Deffant, ancien capitaine d'infanterie, chevalier de l'ordre royal et militaire de Saint-Louis, reçue Nouveau, sous la date du 5 de ce mois ; Pierre de Lassac, écuyer, seigneur de la Cume et de Verrat-Lafaye et autres lieux, chevalier de l'ordre royal et militaire de Saint-Louis, brigadier des gardes du corps, compagnie de Luxembourg, pensionné du Roi ; Jean-Marie-Laurent de Rérac, chevalier, seigneur de Malhbert, Dambamas et Laubage des Ambamas, à cause de la dame son épouse, ancien garde du corps pensionné, faisant tant pour lui que pour messire Charles Tardieu, chevalier, marquis de Mulezy, maréchal des camps et armées du Roi, chevalier de l'ordre royal et militaire de Saint-Louis, seigneur de l'Ile-Jourdain, le Vigeau, Fontaine-les-Riboux et autres lieux, suivant sa procuration reçue Poullier, le 28 février dernier.

41

Gabriel Begon de Beauçais, chevalier, seigneur de Beauçais, tant pour lui que pour messire Étienne Le Vaillant de Gueli, chevalier, seigneur de la baronie de Puisbelin, par acte reçu Sarget, le 9 de ce mois ; et encore pour messire Louis-Jean de Courivaud, chevalier, seigneur des Loges, garde du corps de Sa Majesté, chevalier de l'ordre royal et militaire de Saint-Louis, suivant sa procuration reçue Vacherie, ce jourd'hui ; messire Paul de Chamborant, chevalier, seigneur de la Boissonnie, e ancien lieutenant d'infanterie ; Charles Barthélemy de Saint-Fief, chevalier, seigneur en partie de Gorce, Pleuville, Labucière, Lage-Maranche et Sallemagne, capitaine d'artillerie ; Gaspard de Saint-Savin, chevalier, seigneur de Comersat ; Jacques-Alexis de Chamborant, chevalier, seigneur de Périssac, capitaine au second régiment de chasseurs des Pyrénées, chevalier de l'ordre royal et militaire de Saint-Louis ; Alexandre-Louis de Gracieux, écuyer, seigneur de Beauchesne, Larivère, Gauche et de Muspinard, ancien gendarme de la garde ordinaire du Roi, pensionnaire ; Jean-Nicolas-Hilaire de Gracieux, écuyer, seigneur de Laronde ; Philippe-Jean Déquillon, chevalier, seigneur de Bréjou, tant en son nom, que faisant pour M. Jacques Chauvelin, chevalier, seigneur de Beauregard et autres lieux, capitaine au régiment des chasseurs de Normandie, suivant sa procuration reçue Ribault, le 12 de ce mois ; Limon de Balon, chevalier, ancien officier au régiment de Médoc, pensionné ; Pierre de Grand-Sagne, chevalier ; Jacques-Louis-Vincent Dargeune, chevalier ; Jean-Baptiste-Joseph de La Couture-Renom, chevalier, seigneur de la Grange-Villedon ; Marie-Louis-Robert de Lary de La Côte, chevalier, seigneur, de Légardèche, garde du corps du Roi, capitaine de cavalerie ; ledit messire de Saint-Fief, fondé de pouvoir de messire Jacques Duverrier, chevalier, seigneur de Boulsac, par procuration reçue Guépéraud, le 25 février dernier ; messire François Guyot Oudognon, chevalier, ancien capitaine d'infanterie, chevalier, de l'ordre royal et militaire de Saint-Louis, tant en son nom, que représentant dame Françoise-Charlotte Gracieux, veuve de feu messire de Conet de Lusignan, chevalier, seigneur de Fayolte, Commersat, Marsillac et autres lieux, suivant sa procuration reçue Maison-Dieu, le 12 de ce mois ; Paul vicomte de Nollet, chevalier, seigneur de Mas-Dubost, ancien officier au régiment de Royal-Cravate, cavalerie, tant en son nom que représentant dame Marie Robinaud, veuve de feu sieur de La Salle, écuyer, conseiller secrétaire du Roi, propriétaire du fief de Thoverat, suivant sa procuration reçue Négrier, le 14 de ce mois ; Jacques-Gilbert Dupin, chevalier, seigneur de Saint-Barbent, faisant tant pour lui que pour messire Jacques et Jean Dumonard, écuyers, seigneur du fief du Rignaud en la paroisse de Brilhard, suivant leurs procurations sous signature privée, en date du 15 de ce mois ; Léonard de Marsange, chevalier, seigneur de la Côte, officier d'infanterie ; messire François Guyot-Dudognon, fondé de pouvoir de dame Jeanne Duthel, veuve de messire Antoine de Marsange, vivant officier d'invalides, suivant sa procuration reçue Bâtier, le 13 de ce mois ; Pierre Chérac de Montbron, chevalier, seigneur de Drouille, lequel faisant tant pour lui que pour demoiselle Suzanne Joubert de Labalide de Châteaumorant, suivant sa procuration reçue Rousset, le 8 de ce mois ; Louis de Boustin, chevalier, seigneur de Roche, Ardent de Cœnes, et autres lieux, ancien capitaine d'infanterie, faisant, tant pour lui, que pour messire

Alexis Bonin de Grand-Mont, écuyer, seigneur de Puimartin, les Monts, Marandais, Dioussac et de Chabannes, suivant sa procuration reçue Mosnier, le 10 de ce mois ; et encore de messire Vincent de Bonin de Laveaud-Bois, prieur curé de la Celle du Nois, seigneur de la Batide, paroisse de Rançon, suivant sa procuration reçue Jourdanneau, du 13 du courant ; Antoine de Pair, chevalier de Liboureix, seigneur en partie dudit lieu de Liboureix et de la Treille, faisant, tant lui que pour dame Marie Aubout de Steveni de La Maison-Rouge, veuve de messire Charles Barbier de Blamont, seigneur de Barneuil et de et de Champeix, vivant officier de dragons, chevalier de l'ordre royal et militaire de Saint-Louis, suivant sa procuration reçue Négrier, notaire royal, le 8 de ce mois ; Jean-Bernardin Feydau, chevalier, seigneur de Saint-Christophe, de Montet, de Buisson, Maffraud, chevalier de l'ordre royal et militaire de Saint-Louis, retiré major du régiment de Médoc, pensionnaire ; messire Jean-Baptiste-Alexandre Fauconnier, écuyer, officier au régiment de Royal-Champagne, cavalerie, faisant tant pour lui que pour messire François Fauconnier, écuyer, seigneur de Lage-Meillot et des Forges, suivant sa procuration reçue Desgranges, le 10 de ce mois ; Nicolas-Maurice de Sornet, chevalier, seigneur de Purey et autres lieux, ancien capitaine de cavalerie, chevalier de l'ordre royal et militaire de Saint-Louis ; Joseph Dupeyrat, chevalier, seigneur baron de Thouron, ancien officier au régiment de Royal-Dragons ; Joseph Dupeyrat, chevalier, seigneur des Nas ; Pierre-Joseph de Bolinard-Desroches, chevalier, ancien gendarme, lieutenant de cavalerie et pensionnaire du Roi, tant pour lui que pour messire Jean-Baptiste Bolinard, chevalier, capitaine de cavalerie, ancien maréchal des logis du corps de la gendarmerie, chevalier de l'ordre royal et militaire de Saint-Louis, suivant sa procuration reçue Jourdanneau, le 15 de ce mois ; Henry-Léonard, comte de La Chatre, jouissant du fief de Leyrand, capitaine au régiment de Guyenne, chasseurs, chevalier de l'ordre royal et militaire de Saint-Louis ; François-Sylvain Dargenne l'aîné, ancien capitaine commandant au régiment de Barrois-infanterie, chevalier de l'ordre royal et militaire de Saint-Louis, chevalier, seigneur des Granges, faisant tant pour lui que pour messire Louis-Jacques Dargenne son frère, ancien garde du corps, chevalier, seigneur du Repaire et autres lieux, suivant sa procuration reçue Ribaut, le 8 de ce mois ; Gaspard de Saint-Savin, seigneur de Commersat, fondé de pouvoir de messire Pierre de Lassat, écuyer, seigneur de Pressigny, paroisse de Saint-Barbent, par acte reçu Sarget, le 9 de ce mois. En conséquence, nous avons donné acte à tous les susdits gentilshommes, comparant, tant du siége principal du Dorat, que du siége secondaire de Bellac, de leur comparution, pour eux que pour csdits noms qu'ils se présentent ; et avons donné défaut contre la dame de Lamberti, veuve de Beaucorps, chevalier, dame de Saint-Sornin Lamarche ; messire de Nieuil, seigneur de Dampierre ; messire Prévost de La Vauzette ; madame de Tanne ; M. de Maurier ; M. de Mossac ; mademoiselle Dutheil, dame Ducouteau ; M. Doradour, seigneur de Champelière ; M. de Favatte ; M. Frottier, marquis de Bagneux, seigneur de Lescorcière ; madame la maréchale d'Armentières ; M. le comte de Beauvais ; M. Monneix, chevalier, seigneur d'Ordière ; mademoiselle de Vic ; madame veuve Authebert de La Bernardière ; M. de La Cropte de Saint-Abre, vicomte de Rochemeau; M. de Barbarin, seigneur de Bost; M. de Laveaud de Saint-Etienne; M. Fausset.

Pour l'ordre du tiers-état:

M. Benoit Lesterpt de Beauvais, avocat en parlement, exerçant au Dorat; Jean-François Duchalard, lieutenant particulier civil honoraire du siége royal du Dorat; Jacques-Martin Aubugeois, conseiller et maire de ladite ville du Dorat, Antoine Aubugeois, avocat; Antoine Sylvain, prévôt; Dumaret, avocat; Léonard Gerardat de Sombelle, avocat; Théobat Bouquet de Jolimère, avocat et sénéchal du duché de Laval-Magnac; René Dusselier, procureur fiscal de Lussac-le-Château, Marc Augris de Laudonnière, avocat; André François Grenard de Labaudière, avocat et juge, sénéchal de la justice d'Azat-le-Ris; Jean-Baptiste Peyraud, bourgeois; François Lecœur Dupeyrat, notaire et procureur; Jean Barbier, notaire et procureur; Nicolas Corderoi de Labrussière, bourgeois; Joseph Morreau de Neuville, docteur en médecine; Antoine-Jean-Baptiste Aubugeois de La Borde, bourgeois; Jean-Baptiste Nesmond, notaire royal; Jean-Baptiste Moreau, arpenteur, priseur, et notaire royal; Charles-Pierre Lherbon, notaire royal; Jean-Placide de Gobestière de Lamothe, notaire royal; Bruno-Sylvin Desgorces, bourgeois; Pierre Gaucherot Dubranle, bourgeois; Hilaire Luc Gabiraud Desruisseau, bourgeois; Vincent Rodier, marchand; Jean-Silvain de Verdilhac, avocat en parlement, conseiller et procureur du Roi en l'élection de Consolent; Louis Sargot, notaire royal; François Dusseri, notaire royal; Pierre-Augustin Bouneau, bourgeois; Jean-Baptiste Bernardeau de Valence, bourgeois; Martin Bernard, notaire; François de La Couture de La Reynerye, bourgeois; Jean Vaugelade, marchand; Jean Morgand, bourgeois; Jean-Baptiste Audounet, bourgeois; Mathieu de Villegier, notaire royal; Jean-Baptiste Leblanc, bourgeois; Antoine Texier, bourgeois; Jean Théolière, notaire; Louis Brun de Prelong de Puirajoux, licencié ès lois; Mathieu Pressac, bourgeois; Jean Rigault de La Chambre; Mathieu Lage Damont, laboureur; Jean-Baptiste Meminaud, notaire; Laurent de Nesmond-Desbordières, bourgeois; François Vignaud, architecte; Jean-Bernard de Lamondi, marchand; Jean Petit dit Champagne, laboureur; Maximin-Louis Beaumord, procureur d'office de Droux; Jacques Ducloux de La Garde, bourgeois, et Paul Gautier, notaire.

Sénéchaussée de Bellac.

Léonard Massoulard Dumaubert, avocat; Pierre Mallebay de Chabanne, avocat; Jean Crouzaud de La Touche, avocat en parlement, Michel Lacroix. avocat en parlement: Claude Jean Bonin de Nouil, conseiller du Roi, juge châtelain royal et prévôt de Rançon; Etienne Bussière, avocat en parlement, Jean-Martial Segue de Buxerolle, docteur médecin; Paul de Graterole, notaire royal; Cripsh Thouraud de Lavinière, bourgeois; François-Laurent Mounier, notaire-royal; Jean Batier, notaire royal; Léonard Jourdameau, notaire royal; Pierre Buisson de Puirieux, lieutenant de maire de la ville de Bellac; Simon Roux, arpenteur, et Maurille Gourdaneau, chirurgien juré. Nous avons donné défaut contre Simon Arbelot de Vaqueur.

BAILLIAGE DE NANCY.

Des griefs, demandes et instructions du bailliage de Nancy (1).

Il approche le jour où doit s'ouvrir cette assemblée solennelle, fidèle image de notre constitution première, où la nation va jouir de son plus beau privilège, celui de communiquer immédiatement avec son Roi. C'est à ce moment que doit se ranimer le patriotisme, ce feu conservateur des empires, que doit renaître l'esprit public, que mille égoïsmes concourraient à éteindre ; c'est à ce moment que chaque citoyen, fort de sa volonté toute entière et de ses droits, va se livrer au sentiment du bonheur public, et travailler par ses représentants à le fonder, et à l'assurer ; que l'on va discuter les plus grands intérêts, ceux sur lesquels reposent tous les droits de la génération présente et des générations futures. Combien il est à désirer qu'une sagesse calme préside à ces grandes délibérations !

Quel spectacle plus attendrissant que celui d'un jeune souverain qui, environné des lumières de son siècle, veut s'entourer encore de la confiance et de l'amour de ses sujets, qui, descendant vers eux et les élevant jusqu'à lui, établit entre la nation et son chef un commerce de conseils et d'utiles observations ; qui demande enfin qu'elle marche d'après un plan lentement et sagement médité vers le plus intéressant de tous les buts, celui de sa régénération.

Sûreté, liberté, propriété, voilà l'objet de toutes les lois humaines, et la source unique de toute puissance légitime, voilà ce que la nation veut et doit recouvrer. Puissent nos yeux être bientôt les témoins de cette révolution, que le vœu public appelait depuis si longtemps !

Que l'image de la patrie soit toujours présente à toutes les délibérations de ses députés; qu'ils ne cessent de se rappeler que tout le pacte social réside dans cette grande pensée d'un ancien : *Civium non servitus sed tutela data est.* Que l'œil d'un citoyen ne rencontre plus qu'une autorité tutélaire qui, par intervalle, consulte ses enfants sur leurs propre besoins, qu'un pouvoir conservateur dont le nom ne porte avec lui que des idées de paix et de protection.

Que le gouvernement français, devenu une monarchie populaire, présente le spectacle d'une nation heureuse et libre sous un chef qu'elle sera toujours empressée d'aimer.

C'est pour obtenir ce grand objet que l'assemblée a donné à ses députés les pouvoirs et instructions qui suivent.

OBJETS GÉNÉRAUX.

1° L'assemblée demande que la personne des

(1) M. le baron Buquet, député au Corps Législatif, maire de la ville de Nancy, a bien voulu nous faire délivrer une copie de ce document dont l'original est conservé à la Bibliothèque publique de Nancy.

députés aux Etats généraux soit inviolable et sacrée, et que pendant tout le temps de la tenue ils ne soient soumis qu'à la juridiction et à la police des seuls Etats.

2° Elle défend expressément à ses députés de consentir aux distinctions humiliantes qui avilirent les communes dans les derniers Etats de Blois et de Paris.

3° L'assemblée demande qu'il soit irrévocablement arrêté que le tiers aura aux assemblées de la nation au moins autant de députés que les deux autres ordres ensemble ; que les délibérations soient prises par les trois ordres réunis et que les suffrages soient comptés par têtes.

4° L'objet dont ils doivent s'occuper essentiellement et en premier ordre est d'assurer à la France une bonne et solide constitution qui fixe pour jamais de la manière la plus claire les droits du trône et ceux de la nation ; il leur est donc expressément enjoint de n'écouter aucune proposition relative aux subsides, qu'après que cette constitution aura été consolidée et sanctionnée.

5° Ils demanderont comme premier point de la constitution le retour périodique des Etats généraux, et que l'époque de la seconde tenue soit très-prochaine.

6° Ils aviseront pour l'avenir aux moyens de perfectionner le mode de convocation des députés aux Etats généraux.

7° Il sera solennellement reconnu que la nation seule a le droit de s'imposer, c'est-à-dire d'accorder ou de refuser des subsides, d'en régler l'étendue, l'emploi, l'assiette, la répartition, la durée, ainsi que d'ouvrir des emprunts, avec déclaration que toute autre manière d'emprunter et d'imposer est illégale et inconstitutionnelle ; liberté aux sujets dans ce cas d'en refuser le payement, et injonction aux cours et autres tribunaux de poursuivre comme concussionnaires ceux qui voudraient commencer ou continuer la perception d'impôts aussi illégalement établis et de nonobstant tous ordres qui pourraient être surpris à la religion du Roi.

8° Que nulle loi bursale quelle quelle soit, et nulle loi générale et perpétuelle ne pourront être établies que par le concours de l'autorité du Roi et du consentement de la nation, duquel consentement mention sera faite dans lesdites lois qui seront envoyées dans les cours pour être enregistrées sans réserve ni modification, demeurant cependant lesdites cours chargées comme par le passé de l'exécution des ordonnances du royaume.

9° Que tous autres règlements de simple administration et de police qui seront jugés nécessaires dans l'intervalle d'une tenue à l'autre seront provisoirement adressés à l'enregistrement libre, et à la vérification des cours, mais qu'ils n'auront force que jusqu'à la tenue des Etats qui pourront les approuver ou les rejeter; ces règlements provisoires ne pourront être adressés aux cours qu'après qu'ils l'auront été préalablement aux Etats provinciaux qui pourront s'opposer à ce qu'ils soient envoyés à l'enregistrement.

10° L'assemblée demande que la liberté civile

soit pleinement assurée, et les lettres closes ou de cachet abolies pour jamais, à l'exception seulement de celles qui seront sollicitées par les familles, à l'effet d'éloigner de la société des membres d'une conduite absolument dépravée, à la charge toutefois que les faits qui serviront de motifs à la demande auront été dûment constatés par les juges locaux, lesquels en pleine connaissance de cause accorderont à la famille la permission de se pourvoir au Roi, et cependant pourront lesdits juges faire provisoirement arrêter le sujet contre lequel on se pourvoira ; ne pourront lesdites lettres être accordées qu'autant qu'on aura fait préalablement apparoir de cette permission ; l'exposition des faits que les familles seront tenues d'articuler ne pourra donner lieu à aucune poursuite de la part du ministère public ;

11° Que la liberté de la presse soit établie, et qu'on puisse sans visa ni permission imprimer et faire imprimer toutes sortes d'écrits judiciaires et extrajudiciaires, à la charge que l'auteur et l'imprimeur seront tenus de mettre leurs noms au bas de ces écrits, et sauf à les punir suivant l'exigence des cas, si les imprimés renferment des choses contraires à la religion, aux mœurs, au bon ordre, et à l'honneur des familles ;

12° Que les États généraux ordonnent qu'il sera promptement procédé à la réformation des lois civiles et criminelles, et cependant qu'il soit dès maintenant statué : 1° que les informations, et autres actes de la procédure criminelle seront faits par deux commissaires ; 2° que tout décret portera avec lui le titre de l'accusation ; 3° que l'accusé pourra se faire assister d'un conseil, auquel ainsi qu'à lui toutes les pièces de la procédure seront communiquées, même donné des expéditions, sans frais, toutes et quantes fois ils le requerront ; 4° que les noms et surnoms des témoins lui seront donnés huit jours avant la confrontation ;

13° Que nul sujet du Roi ne puisse être jugé en matière criminelle qu'à la charge de l'appel ;

14° Il est aussi très-expressément recommandé aux députés de faire statuer que nul procès civil ou criminel ne puisse être évoqué au conseil du Roi, même sous prétexte d'administration, pour y être jugé au préjudice de l'ordre naturel des juridictions ; que les commissaires départis dans les provinces n'aient plus aucune juridiction contentieuse ; ils insisteront surtout à ce que nul citoyen ne puisse être jugé par des commissaires ni par d'autres que ses juges naturels, et à ce que les privilèges des commissaires soient abolis ;

15° Que les enfants de famille et autres particuliers non commerçants ou gens d'affaire ne puissent, par des élections de domicile, se soustraire à la juridiction de leurs juges naturels ;

16° Ils arrêteront le montant précis de la dette publique et des besoins des divers départements ; cette connaissance acquise ils régleront, après la réforme des abus et établissement des économies, la mesure des secours qui doivent être accordés ; ils exigeront que ces secours soient versés dans une caisse nationale, pour n'être jamais divertis à d'autres destinations que celles qui seront assignées, sans cependant qu'ils doivent se refuser à ce que la nation jugera nécessaire et convenable pour le maintien de la majesté du trône ;

17° Qu'à chaque tenue des États généraux les comptes des finances, et de l'administration de chacun des ministres soient présentés, exactement vérifiés et de suite imprimés et rendus publics ;

18° Que les ministres soient responsables de leur gestion, qu'ils puissent être dénoncés aux États généraux, et soumis à la juridiction des tribunaux compétents ;

19° Ils demanderont : 1° que les traitements excessifs soient réduits dans tous les départements ; 2° qu'on supprime les charges et places inutiles, et principalement celles qui produisent à ceux qui les possèdent d'énormes appointements ; 3° que la cause de toutes les pensions soit vérifiée pour faire réduire celles qui sont trop fortes, et supprimer entièrement celles qui ne sont pas fondées en justes motifs ; 4° que pour prévenir les abus de ce genre, il soit annuellement imprimé une liste de celles qui seront accordées, laquelle portera les causes pour lesquelles elles l'auront été et les noms des personnes qui les auront obtenues ; 5° que le Roi sera très-humblement supplié de ne plus faire d'acquisition particulière pour lui-même, pour la reine, pour les enfants de France, princes et princesses de la maison royale ; 6° que les causes et les formes des échanges faits depuis quinze ans seront vérifiés pour prononcer la nullité de ceux qui sont lésionnaires pour le Roi et la nation ;

20° Ils demanderont qu'aux impôts multipliés qui existent maintenant et dont le produit se trouve absorbé en grande partie par les frais de recouvrement il en soit substitué d'autres simples, uniformes, d'une perception facile, également répartis sur tous les ordres, corporations et individus, en proportion de leur fortune mobilière et immobilière, et qui soient versés dans la caisse nationale par les préposés des États provinciaux ;

21° Il leur est expressément recommandé de peindre avec force l'extrême misère des habitants de la campagne, le dépérissement sensible de l'agriculture, la nécessité de ménager et secourir cette classe si utile et si souffrante ; ils demanderont que les impôts qui seront établis en place de ceux qui subsistent pèsent sur elle le moins possible, de manière que le laboureur et le manœuvre soient soulagés, et leur sort considérablement adouci ;

22° Que la corvée soit convertie définitivement en une prestation pécuniaire répartie comme l'impôt ;

23° Qu'il soit aussi décidé que le titre des monnaies ne puisse être changé et la refonte ordonnée que du consentement des États généraux ;

24° Que les privilèges exclusifs soient supprimés, excepté ceux dont les États provinciaux demanderont le maintien, et qu'il n'en puisse être accordé de nouveau que sur leurs demandes ;

25° Que la noblesse cesse d'être vénale ;

26° Qu'on abroge les lois qui humilient le tiers en l'excluant des corps militaires et ecclésiastiques, ainsi que des compagnies souveraines ;

27° Que la mendicité soit abolie ; qu'il soit établi des ressources certaines pour prévenir ou soulager la misère, et même pour détenir dans une maison de force les membres de familles pauvres, contre lesquels il aura été obtenu des lettres de cachet dans la forme prescrite par l'article 10 ; que des secours solides soient assurés aux artisans de tous les genres dont la vieillesse, le travail, les accidents et les malheurs ont épuisé les forces et la santé, et qu'à cet effet les États provinciaux soient autorisés à prendre les mesures les plus convenables ;

28° Que l'éducation publique soit réformée ; qu'on établisse des distinctions et des récompenses pour les maîtres et instituteurs qui se seront rendus recommandables dans un état aussi intéressant pour la société;

29° Que tous bénéficiers soient tenus de résider, ainsi que le veulent les saints canons ;

30° Que les lois portées contre les banqueroutiers frauduleux s'exécutent rigoureusement.

Les députés demanderont l'abolition du droit de franc-fief;

Ils demanderont qu'aucun bail, quelle qu'en soit la durée, ne puisse être assujetti au droit de sceau.

OBJETS PARTICULIERS A LA PROVINCE.

31° Les députés demanderont que le traité de Vienne de l'année 1736, qui a uni la province de Lorraine et de Bar au royaume pour former toujours un gouvernement séparé, soit maintenu dans tous ses points, et que les Lorrains ne puissent jamais ressortir qu'aux tribunaux souverains de la province;

32° Les députés insisteront de tout leur pouvoir au rétablissement des Etats particuliers de la province de Lorraine et de Bar, lesquels seront organisés de telle sorte que le tiers y ait une représentation égale à celle des deux autres ordres réunis, et que les délibérations y soient prises par les trois ordres ensemble et les voix comptées par tête ;

33° Le surplus de l'organisation des Etats provinciaux sera proposé par l'assemblée consultative , si cette assemblée peut se former avant la tenue des Etats Généraux ; et dans le cas où elle ne le pourrait, les députés sont autorisés à leur présenter le plan qu'ils jugeront le plus convenable et à les supplier de le sanctionner ; les Etats particuliers devant être une partie essentielle de la constitution ;

34° Ils demanderont qu'il ne soit apporté au régime de la province de Lorraine, formant toujours un gouvernement séparé, aux termes de son union au royaume, aucun changement pour la liberté de son commerce avec l'étranger, et qu'elle n'en soit jamais séparée par des barrières ou par l'établissement du tarif, et dans le cas où le reculement des barrières serait proposé à l'Assemblée nationale, les députés ne pourront y consentir ; ils s'y opposeront de toute leur force, comme à un établissement que les tribunaux souverains et les assemblées provinciales ont jugé désastreux, et en conséquence il leur sera remis tous les mémoires et documents pour garantir la province de cette dangereuse innovation ;

35° Que l'impôt de la marque des fers à l'entrée et à la sortie de la province et dans sa circulation dans les Evêchés soit supprimé;

36° On demandera la suppression de la foraine, en consentant au remplacement de cet impôt d'un très-faible produit mais d'une très-difficile perception, à l'effet de quoi nos députés se concerteront avec ceux des provinces voisines sur lesquelles pèse le même impôt pour répartir entre elles la contribution ;

De l'impôt non moins funeste établi sur les cuirs, et qui pèse singulièrement sur les cultivateurs et la classe laborieuse du peuple ;

De l'entretien des pépinières ;

De l'impôt du centième denier que l'on exige de ceux qui payent une finance, et qui ne perçoivent point de gages ;

De l'impôt sur les cartons et papiers lequel est d'un très-faible produit et frappe l'administration publique, obligée d'en employer beaucoup pour le service ;

La suppression des haras dont l'expérience a démontré l'inutilité ,

Celle des communautés d'arts et métiers établies par l'édit de 1779. Il sera demandé que la finance soit remise à ceux qui l'ont payée, et que les maîtrises soient rétablies comme avant le même édit ;

L'abolition des droits de visite qui se perçoivent chaque trois mois de toutes personnes engagées dans quelque corporation;

La suppression des jurés-priseurs.

37° Que dès à présent les salines de Moyenvie et de Château-Saline soient supprimées, que l'excessive consommation des bois soit réduite à celle de Dieuze ; qu'à cet effet il soit ordonné une diminution notable des poêles et qu'elle soit alimentée par du charbon de terre ;

Diminuer aussi le prix du sel, objet de première nécessité, et si intéressant pour la multiplication du bétail ; ordonner enfin que le sel de meilleure qualité et en gros cristaux soit distribué à la province ;

38° Il sera pris des mesures pour diminuer la cherté du bois et empêcher la disette de cette production ;

39° Les députés demanderont la révocation de l'arrêt du conseil du 11 juin 1770, lequel affecte au service des salines tous les bois des communautés ecclésiastiques et laïques qui se trouvent dans l'arrondissement de quatre lieues de ses usines, rivières et ruisseaux y affluant, et que le tribunal de la réformation établi par arrêt du conseil des 22 août 1750, 14 août 1767 et 20 juin 1777, soit supprimé ;

40° Que l'arrêt du conseil du 17 août 1779 surpris à la religion du Roi et de son conseil soit rapporté; en conséquence que la province de Lorraine et de Bar soit affranchie pour toujours de l'impôt sur les vins qui entrent dans le pays Messin pour y être vendus et consommés en conformité de la liberté de commerce assurée par les concordats confirmés par les traités de Ryswick et de Paris;

41° Il sera demandé un règlement pour que la province de Lorraine ne soit plus assujettie à des taxes plus fortes envers la cour de Rome, pour les expéditions qu'elle en obtient, que les provinces du royaume soumises au ressort du parlement de Paris; bien entendu que, si toutes celles-ci les Etats généraux prennent le parti de proposer un règlement nouveau, ce règlement sera commun à la province de Lorraine;

42° Les Etats de la province seront spécialement chargés de remédier aux abus de tous genres, et surtout aux usines à feu, de pourvoir à l'aménagement et à l'administration des forêts, au régime municipal, pour diminuer les dépenses, et procurer à ce moyen une réduction notable des octrois extrêmement onéreux aux habitants des villes et des campagnes;

43° Ils donneront la même attention aux établissements publics, aux hôpitaux, aux maisons religieuses de l'un et de l'autre sexe, et à tous les autres objets qui intéressent la félicité publique;

44° Les députés demanderont qu'il soit statué aux Etats généraux que les communes ne soient jamais partagées, et que l'édit des clos soit aboli ;

45° Que la même procédure soit observée dans les matières domaniales et fiscales, que dans toutes autres, à l'effet de quoi toutes lois contraires seront abrogées ;

46° Les députés demanderont qu'il soit remédié

à l'imperfection des lois concernant les juifs, et que dès à présent le commerce des blés leur soit défendu ;

47° L'assemblée charge ses députés d'aviser aux moyens de racheter la banalité à la satisfaction commune des seigneurs et des banalistes ;

48° De demander que les colombiers soient supprimés, à l'exception de ceux qui appartiennent aux hauts justiciers et à la charge qu'ils ne pourront en avoir qu'un seul dans l'étendue de leur haute justice, lequel ils seront obligés de tenir fermé pendant tout le temps des semailles et des récoltes ; qu'il soit enjoint aux seigneurs d'empêcher la trop grande multiplication du gibier dans leur terre, et au cas qu'ils n'y pourvoiraient pas, qu'ils soient rendus responsables des dégâts qui pourront en résulter;

49° Que les foires franches de Saint-Nicolas soient conservées;

50° L'assemblée désire que dans la répartition qui se fera des impôts à établir l'on ait égard aux facultés et aux charges de chaque ville et communauté ;

51° Que le commerce des blés puisse être interdit quand les Etats provinciaux le jugeront nécessaire ;

52° Que tout commerce soit sévèrement interdit aux gens de mainmorte ;

53° Que la milice soit supprimée ; en tout cas qu'on y soumette tous les valets, à l'exception de ceux des laboureurs ;

54° Les députés demanderont que l'édit concernant les conservateurs des hypothèques soit corrigé dans ses parties défectueuses;

55° Que le droit de châtrerie soit supprimé;

56° Qu'il soit défendu de planter de nouvelles vignes en Lorraine;

57° Que toutes les amendes encourues par les amodiateurs des seigneurs soient appliquées aux fabriques sans que les seigneurs puissent se les réserver;

58° Qu'il y ait dans la province unité de poids, mesure et aulnage ;

59° Que les Etats généraux ordonnent qu'il soit procédé à la réformation de toutes les coutumes de la province.

59° *bis*. Que la généralité des fondations faites par le roi de Pologne soient exécutées suivant leur forme et teneur, sans que les revenus qui y sont affectés puissent être divertis à d'autres destinations.

Les députés observeront que l'union de la Lorraine à la France est récente, que cette province a payé les dettes contractées par ses anciens souverains, quelle se soumet à contribuer au payement de celles dont le royaume était grevé avant qu'elle y fut unie, espérant que, lorsqu'il s'agira de répartir les impôts, ce sacrifice sera pris dans une juste considération.

DEMANDES PARTICULIÈRES DE LA VILLE DE NANCY.

60° Elle demande que le logement des gens de guerre soit aboli, excepté pour les passagers, et que ce logement soit remplacé de manière qu'il ne dégénère pas en un impôt perpétuel;

61° La suppression du droit accessoire de quatre sols pour livre sur le principal du nonante sixième de la valeur des denrées et marchandises qui entrent à Nancy pour y être vendues et débitées ainsi que du nouveau droit de quinze sols par balle et ballot;

62° Les députés seront chargés des cahiers particuliers de chaque communauté et corporation de cette ville pour demander tout ce qui conviendra le mieux à leurs intérêts dans le cas où les Etats généraux pourraient s'occuper de ces objets particuliers.

DEMANDES PARTICULIÈRES DES HABITANTS DE LA CAMPAGNE.

63° Ils demanderont que les secours des hôpitaux et autres établissements de charité qui existent dans les villes soient rendus communs à ceux des habitants de la campagne qui en ont besoin à moins que les titres de fondation ne s'y opposent ;

64° Qu'il soit établi des écoles dans tous les villages ;

65° Que les municipalités des campagnes soient confirmées et perfectionnées ;

66° Qu'il y ait dans chaque village une caisse particulière fermant à trois clefs, dont l'une sera tenue par le président de la municipalité, la seconde par le syndic, et la troisième par le greffier, dans laquelle caisse sera versé le prix provenant des ventes qui seront faites des fruits communaux, et même des futayes surnuméraires à la réserve; mais en ce qui concerne les deniers provenant de la vente des quarts en réserve et autres fonds communaux, ils seront versés dans la caisse du trésorier provincial ;

67° Les demandes qui concernent chaque communauté en particulier ne pouvant être toutes portées dans le présent cahier, ni réglées par les Etats généraux, elles seront envoyées aux Etats provinciaux pour y être statué, à l'effet de quoi tous les cahiers desdites communautés leur seront réunis;

68° L'assemblée déclare que sur tous les autres objets non exprimés ci-dessus, qui pourront être proposés et discutés aux Etats, tant pour l'intérêt de la nation en corps, que pour le bonheur personnel de chacun de ses membres, elle s'en rapporte à ce que ses députés estimeront en leur âme et conscience devoir être statué et arrêté ;

Ils demanderont aux Etats, qu'à la fin de chaque mois il soit imprimé une liste détaillée des opérations qui auront eu lieu pendant son cours; cette liste sera rendue publique, et envoyée par les députés à leurs bailliages respectifs.

Ce jour, 5 avril 1789, huit heures du matin, en l'hôtel de ville de Nancy, lecture a été faite à haute et intelligible voix à l'assemblée générale du tiers-état du bailliage de ladite ville du présent cahier, lequel a été approuvé dans tous et chacun de ses articles, et signé par tous MM. les commissaires, M. le président et le secrétaire. *Signé*, Badel, Requiez, Moltevant, Haraban, Collière, Jesnel, Perrin, Jeandel, Georges, Prugnou, Plassiart, Jacqueminot, Mengin et Noël.

Collationné par le soussigné, avocat en parlement, greffier en chef au bailliage royal de Nancy, secrétaire de l'ordre du tiers-état.

Signé : NOEL.

BAILLIAGE D'ORLÉANS.

Des doléances et remontrances du tiers-état des bailliages de l'Orléanais, 24 mars 1789(1).

CONSTITUTION FONDAMENTALE.

Les députés du tiers-état aux Etats généraux demanderont :

Art. 1er Qu'il soit délibéré par tête sur la question de savoir la forme ultérieure de toutes les délibérations, laquelle délibération par tête aura lieu entre tous les ordres réunis.

Et dans le cas où les deux premiers ordres se refuseraient à cette forme, le tiers-état aura recours à la sagesse du Roi pour obtenir que l'avantage qui doit résulter de l'égalité de la représentation ne devienne pas illusoire.

Art. 2. Sa Majesté sera suppliée d'ordonner que l'orateur du tiers-état lui présentera ses cahiers et portera la parole dans la même posture que les orateurs des deux ordres et ne sera assujetti à aucune distinction ni forme différentes de celles adoptées par les deux autres ordres.

Art. 3. Que la religion catholique, apostolique et romaine sera gardée et maintenue dans toute sa pureté ; que seule elle aura l'exercice public dans le royaume, que les non-catholiques jouiront de l'état civil, mais seront tenus de garder le silence sur les matières de religion ;

Qu'ils n'auront ni temples ni, assemblées, ni cérémonies publiques et seront assujettis aux charges pécuniaires des paroisses.

Art. 4. Les députés demanderont qu'avant qu'il puisse être délibéré aucun impôts, emprunts, réformes et autres objets quelconques d'administration, Sa Majesté, conformément aux maximes consacrées par les rois ses prédécesseurs et notamment par Charlemagne : *Lex consensu populi fit et constitutione regis* (Cap de Car. II et Charles le Chauve), daignera reconnaître par un édit solennel registré dans toutes les cours, que les lois ne peuvent être faites que sur l'autorité du Roi, sur la demande et du consentement de la nation assemblée, sans qu'aucun autre corps puisse prétendre avoir la moindre part au pouvoir législatif.

Art. 5. Qu'en conséquence, toute loi intéressant les droits de la monarchie, la vie, la liberté et la propriété de tous les sujets de Sa Majesté, ne pourra être portée que de son autorité sur la demande ou du consentement des Etats généraux.

Art. 6. Que la première de ces lois confirmera et consacrera la forme du gouvernement monarchique et la forme actuelle de la succession au trône ; que les apanages qu'il conviendra à l'avenir de donner aux enfants de France seront proposés dans une assemblée des Etats généraux ; autrement les lettres d'érection n'auront aucun effet.

Art. 7. Qu'il sera reconnu ensuite qu'aucun im-

(1) Nous devons la communication de ce document à M. Maupré, archiviste en chef du Loiret, qui a mis une extrême obligeance à le rechercher et à nous en donner copie.

pôt ne peut être établi ni directement, ni indirectement, ni par provision, même par emprunts ou création d'offices, qu'après avoir été voté et consenti par la nation assemblée.

Art. 8. Que la nation fixera elle-même lesdits impôts dans leur quotité, la forme de leur perception et leur durée, qui ne pourra jamais être perpétuelle, mais limitée à l'intervalle d'une tenue d'Etats à la suivante.

Art. 9. Que toutes les propriétés et toutes les personnes ayant besoin de sa puissance tutélaire, et tous les impôts directs ou indirects, fonciers ou personnels étant le prix de la protection, seront répartis indistinctement et dans la même forme sur tous et chacun des membres du clergé, de la noblesse et du tiers-état, d'après les règles générales de la justice proportionnelle.

Art. 10. Que le pouvoir exécutif appartiendra exclusivement au souverain, qui seul le pourra communiquer à ses cours et autres officiers de justice, selon la mesure et proportion qu'il jugera les plus conformes à l'intérêt de ses peuples.

Art. 11. Qu'en conséquence les lois émanées du trône sur le vœu de la nation seront adressées aux cours, et par elles à tous les tribunaux inférieurs, pour y être purement et simplement lues, publiées et registrées.

Art. 12. Que dans le cas où quelques-unes desdites lois présenteraient des obscurités ou inconvénients auxquels il serait urgent de pourvoir, les déclarations interprétatives données par Sa Majesté seront adressées par elle aux différents cours et tribunaux pour y être exécutées provisoirement jusqu'à la première tenue des Etats généraux.

Art. 13. Que Sa Majesté daignera reconnaître par une loi solennelle que les Etats généraux sont essentiellement de la constitution de la monarchie, que la même loi fixera leur retour périodique aux époques et d'après les formes qui auront été déterminées par l'autorité du Roi et de la nation assemblée.

Art. 14. Que pendant la séparation des Etats généraux et sous prétexte de les représenter, il ne pourra être établi aucune commission intermédiaire, ni conseil, pour quelque cause et sous quelque dénomination que ce soit.

Art. 15. Qu'il sera établi dans chaque généralité des Etats provinciaux, dont la composition sera déterminée dans la proportion et suivant les règles prescrites entre le tiers-état et les deux autres ordres, pour l'élection des députés aux Etats généraux, et que les députés aux Etats provinciaux seront librement élus et délibéreront par têtes.

Art. 16. Que ces états provinciaux seront mis aussitôt en activité, afin de concourir à tous les objets sur lesquels les Etats généraux auront besoin de correspondants et d'agents dans les provinces.

Art. 17. Que lesdits Etats provinciaux seront essentiellement chargés de la répartition et perception de tous les impôts, dans les formes et quotité réglées par la nation, sans pouvoir consentir à aucun abonnement particulier.

Art. 18. Que dans la formation des Etats provinciaux, les assemblées municipales des villes et campagnes seront conservées, mais qu'elles ne seront composées que de membres librement élus, tant parmi les habitants des paroisses, que les propriétaires de biens qui n'y seraient pas domiciliés, en telle sorte qu'aucun citoyen ne puisse y prétendre entrer en séance de droit, à raison de son titre ou de sa dignité.

Art. 19. Que dans la formation des États provinciaux les limites de la généralité d'Orléans seront conservées et que notamment les élections de Clamecy, Chartres et Dourdan resteront unies à cette généralité.

Art. 20. Que la liberté individuelle des citoyens et la sûreté de leurs droits seront mises exclusivement sous la sauvegarde du Roi, des lois et sous l'autorité des juges ordinaires, sans qu'il puisse y être porté atteinte par aucuns ordres ou actes d'autorité arbitraire, sauf à la nation assemblée à indiquer les cas d'exécution, si aucuns sont nécessaires, et lesquels, en aucune circonstance et sous aucun prétexte, ne pourront être étendus par interprétation.

Art. 21. Que tout ministre qui se sera écarté dans l'exécution des lois établies, soit en matière de législation, soit en matière d'impôt, ou qui se sera rendu coupable d'autres abus et malversations, sera responsable de sa conduite aux États généraux.

Art. 22. Que toutes les lois générales en matière d'impôt et d'administration qui seront portées dans les États généraux seront étendues à toutes les provinces, même à celles réunies, afin d'établir partout l'uniformité de principe et d'opération.

Art. 23. Il sera expressément recommandé aux députés aux États généraux de ne délibérer sur aucun autre objet et de ne consentir l'octroi d'aucun impôt, avant que les différents points fondamentaux aient été présentés au Roi et répondu par Sa Majesté.

IMPÔTS ET COMPTABILITÉ.

Art. 24. Les députés demanderont qu'avant de voter sur aucun nouvel impôt, le déficit actuel soit constaté par des commissaires nommés par les États généraux ; les dépenses des différents départements fixées et réglées, sans pouvoir être augmentées, sinon du consentement des États généraux.

Art. 25. Que l'état des appointements, gages, pensions et gratifications des différents emplois civils, militaires et d'administration sera rapporté, vérifié et réduit s'il y a lieu.

Art. 26. Que, par suite du règlement qui a déjà prescrit que tous les créanciers de pensions seraient tenus de les faire registrer sur le même état au trésor royal, ledit état et les causes et motifs desdites pensions seront vérifiés et constatés, et en cas d'insuffisance de causes, comme dans celui de l'excès des grâces, lesdites pensions seront à l'instant supprimées ou réduites à leur légitime proportion.

Art. 27. Qu'il sera réglé que par la suite aucune pension ou gratification ne pourra être accordée que pour services importants ou pour des besoins urgents ; surtout, que la même personne ne pourra posséder deux grâces de cette nature en même temps. Enfin, il sera demandé par les députés qu'aucune pension ne pourra excéder la somme de 10,000 livres.

Art. 28. Pendant le cours desdites vérifications et réformes, et non avant, il pourra être accordé un secours provisoire, si l'état des finances ne permet pas d'attendre la clôture de l'assemblée ; si ce secours est accordé par forme d'emprunts, le remboursement en sera fixé irrévocablement par les États généraux.

Art. 29. Les États généraux constateront l'état de la dépense publique, vérifieront et sanctionneront la dette contractée par le Roi et ses prédécesseurs tant envers les étrangers qu'envers les sujets de l'État ; de quelque nature qu'elles soient, seront déclarées dettes de la nation ; et cependant, s'il a été emprunté des sujets du Roi à un fur excédant le taux des ordonnances, que lesdits intérêts seront réduits pour l'avenir au fur légal.

Art. 30. Qu'après lesdites opérations, il sera délibéré sur tous les impôts directs ou indirects établis, soit avant 1614, soit postérieurement à cette époque, à l'effet de juger et décider lesquels seront conservés, supprimés ou modifiés.

Art. 31. Que la taille réelle et industrielle, les vingtièmes, l'impôt des chemins et la capitation noble ou roturière seront abolis et convertis en deux nouveaux impôts, dont l'un sera personnel et l'autre territorial, assis de manière à prévenir l'arbitraire et déterminé par la classification de tout le territoire.

Art. 32. Que la gabelle sera supprimée et remplacée le plus promptement possible et par les moyens qui seront jugés les moins onéreux.

Art. 33. Que l'impôt des aides sera supprimé sans retard, et par provision réformé dans sa partie la plus onéreuse, notamment par la suppression des droits d'aides ; il sera ordonné que dans les pays de gros les droits réservés établis sur la consommation ne seront point exigés par avance, mais seulement après la vente ou consommation.

Art. 33 (bis). Que toutes loteries seront supprimées en France, comme impôt destructeur des mœurs, avilissant en lui-même, et la source d'une infinité de crimes et de désordres ; que, par les mêmes raisons, toute espèce d'agiotage sera défendue sous des peines sévères.

Art. 34. Que les droits sur les cuirs, papiers, poudre, amidon et cartons seront supprimés comme destructeurs de toute industrie dans ces branches importantes, qu'ils ont anéanties, et que, jusqu'à ce qu'il ait été pourvu au remplacement, il sera permis aux fabricants de s'abonner.

Art. 35. Que tous les droits de douanes et autres de même nature, ceux de péage ou passage de rivières et généralement tous autres droits de transit dans l'intérieur du royaume, sous quelque dénomination qu'ils soient connus, seront supprimés et reculés aux frontières, sauf à être pourvu, ainsi qu'il appartiendra, à l'indemnité des propriétaires d'aucuns desdits droits.

Art. 36. Que les droits d'inspecteurs aux boucheries, pied fourchu et autres accessoires, ainsi que la caisse de Poissy, seront également supprimés.

Art. 37. Que tous les droits locaux, d'octroi, barrages et autres accordés aux villes, collèges, hôpitaux, etc., seront vérifiés et réduits à la proportion du besoin, et à la plus grande uniformité possible de perception.

Art. 38. Que ceux perçus pour les dépôts de mendicité seront supprimés, et les frais de ces dépôts prélevés sur le produit des impôts ordinaires.

Art. 39. Que le droit de franc-fief sera supprimé comme tout étant à la fois peu important dans son produit, et très-coûteux dans ses effets, surtout aux pauvres habitants de la campagne, et encore comme infiniment nuisible aux progrès de la culture.

Art. 40. Que les droits d'insinuation, centième denier, timbre, petit scel et droits réservés, seront supprimés; que le droit de contrôle sera réduit aux simples frais qu'exige la manutention de cette formalité essentielle, ou qu'en tout cas ces droits seront assujettis à un nouveau tarif clair, équitable, modéré, qui écartera tout arbitraire et, prévenant les fraudes, délivrera les citoyens d'une charge trop onéreuse, et des recherches plus onéreuses encore auxquelles ils se trouvent assujettis.

Art. 41. Que dans tout état de cause le contrôle sera perçu dans toutes les villes et provinces du royaume sans exception.

Art. 42. Que pour couvrir en partie la réduction que les finances éprouvent par la réforme de différents impôts indirects, il sera établi une taxe annuelle sur les objets de luxe comme voitures, domestiques, etc.

Art. 43. Qu'après avoir ainsi fixé l'état de la dépense publique et la nature et l'étendue des impôts destinés à la couvrir, c'est-à-dire après avoir balancé la recette avec la dépense, la dette nationale sera répartie entre toutes les provinces dans la plus juste proportion et d'après les bases qui auront été fournies par les États provinciaux et discutées par la nation.

Art. 44. Que par la même raison les impôts seront répartis dans une semblable proportion, en telle sorte que sur le montant des impôts perçus dans leur territoire et sous leur autorité par les moyens les plus simples, les moins dispendieux et les plus uniformes possibles, lesdits États provinciaux n'auront à faire parvenir au trésor royal que le montant des dépenses personnelles de Sa Majesté et de toutes les parties qui ne sont pas susceptibles d'être acquittées dans les provinces.

Art. 45. Qu'il sera présenté aux États généraux comme un des moyens les plus simples et les moins dispendieux de perception, de charger les principales villes de chaque province de recevoir les deniers publics des mains des collecteurs; sans autre taxation que la simple indemnité des frais de bureau, elles seraient chargées d'envoyer tous les mois leurs comptes à leur ville capitale, et celle-ci aux États provinciaux.

Art. 46. Qu'en vertu de ce nouvel ordre, tous les employés à l'administration de chaque province, dans quelque partie et sous quelque dénomination que ce soit, seront soumis, soit pour l'exercice de leurs fonctions, soit pour la fixation et le payement de leurs gages et appointements, à l'autorité et surveillance des États provinciaux qui pourront les instituer et destituer.

Art. 47. Que tous les offices qu'il conviendra de supprimer, d'après la nouvelle forme d'administration, seront ajoutés pour la totalité de leurs prix à la portion de la dette nationale départie à chaque province, et qu'il sera pourvu au remboursement de leur principal et du payement des intérêts en la même forme que pour le surplus de la dette.

Art. 48. Qu'il en sera usé de même pour le payement des retraites des employés dont les commissions seront anéanties et supprimées et auxquels il aura été accordé un traitement.

Art. 49. Que le premier moyen de libération des dettes publiques sera l'aliénation des domaines de la couronne; à l'effet de quoi la loi qui les déclare inaliénables sera supprimée.

Art. 50. Que la vente de ces domaines sera précédée de la rentrée en possession de tous ceux aliénés à vil prix, de la recherche de tous les échanges et engagements irréguliers non évalués faits depuis cent ans, pour être révoqués et annulés.

Art. 51. Qu'à l'exception des grandes forêts, tous lesdits domaines seront aliénés par portions de dix à quinze mille livres à la fois, d'après les formes arrêtées par les États généraux, pour être tenus par les acquéreurs à perpétuité en franc-alleu; et à l'égard des mouvances féodales, elles seront aliénées par extinction en autorisant les tenanciers à se racheter desdites mouvances d'après une évaluation générale indiquée et fixée à cet effet. Que lesdites évaluations seront faites par les États provinciaux et le prix employé par eux sur-le-champ en remboursements, sauf aux États généraux suivants à avoir égard, dans la répartition à faire entre chaque province, à la recette extraordinaire que cette ressource lui aura procurée.

Art. 52. Que le compte des recettes et dépenses de chacun des États provinciaux sera rendu public chaque année par la voie de l'impression et sujet à la révision des États généraux en cas d'abus.

Art. 53. Que les ministres seront pareillement comptables de toutes les dépenses et recettes de leurs départements respectifs, ne pourront réclamer aucune somme, sans justifier de l'emploi, ni exiger qu'il leur soit alloué aucun bon ou acquit de comptants dont les causes ne seront pas expliquées.

Art. 54. Que, soit dans les domaines du Roi, soit dans les apanages, aucunes suppressions d'offices de finances, de judicature ou tous autres, ne pourront s'effectuer qu'en remboursant aux titulaires la valeur desdites charges sur le pied de la finance ou du dernier contrat de vente, quand il n'excédera pas la finance principale et supplément d'icelle; et que, jusqu'au remboursement effectif les titulaires recevront les intérêts de leur capital.

JUSTICE ET TRIBUNAUX

Art. 55. Que Sa Majesté daignera limiter par édit la juridiction de son conseil aux affaires d'administration et aux cassations dans les cas déterminés par les ordonnances, de manière qu'il n'y ait jamais lieu à l'évocation générale ou particulière des causes introduites dans les tribunaux ordinaires; qu'il sera permis aux juges de mulcter d'amende ceux qui auraient surpris de pareilles évocations et qui en auraient suivi ou procuré l'exécution.

Art. 56. Qu'il sera fait défense aux parlements et autres cours supérieures d'évoquer les instances pendantes dans les tribunaux, sinon pour être jugées sur le champ et à l'audience seulement.

Art. 57. Qu'il leur sera pareillement interdit de rendre et accorder arrêts de défenses ou arrêts sur requête, sinon dans les cas prévus par les ordonnances; et, s'il en est rendu contre leurs dispositions, qu'ils ne pourront suspendre le cours de l'instruction en première instance ou arrêter par provision l'exécution des jugements exécutoires par leur nature.

Art. 58. Qu'en cas de contravention, le procureur qui aura présenté requête pour obtenir les arrêts de défenses ou sur requêtes dont il s'agit, le rapporteur qui les aura signés, l'huissier qui en aura fait la signification, la partie qui les aura obtenus, seront tous solidairement condamnés en

2,000 francs d'amende, et en outre aux dommages et intérêts de l'autre partie.

Art. 59. Pour assurer l'exécution des précautions ci-dessus, qu'il sera établi par Sa Majesté une commission particulière du conseil, à laquelle le maintien de ces dispositions sera spécialement confié et qui sera tenue de prononcer dans la huitaine de la présentation des mémoires qui lui seront adressés par les parties ou par les procureurs du Roi.

Art. 60. Que toutes lettres patentes accordées à des particuliers, corps et communautés ne pourront l'être que sur requête et jamais revêtues de lettres en commandement. Que l'opposition qui y sera formée avant l'enregistrement sera suspensive jusqu'à ce qu'il ait été statué sur icelle. Enfin, qu'elles ne pourront être enregistrées sans avoir été communiquées aux corps, communautés ou particuliers qu'elles intéressent.

Art. 61. Que défenses seront faites aux cours souveraines de s'écarter des dispositions des lois par interprétation, extension, ou de quelque autre manière que ce soit, à peine de nullité et de tous dommages et intérêts des parties.

Art. 62. Que toute juridiction contentieuse sera ôtée aux commissaires départis dans les provinces et renvoyée devant les juges ordinaires, à la charge de l'appel dans les cours : que les procureurs du Roi pourront se faire recevoir appelants, comme de juges incompétents, de toute ordonnance ou jugement qui pourraient être rendus par lesdits commissaires départis : lequel appel sera déclaré suspensif jusqu'à ce qu'il y ait été statué par les cours.

Art. 63. Que tous les droits de sceau, tant de la chancellerie du Roi que des princes apanagés et des cours et juridictions où il y en a d'établis, seront réduits et modérés par un tarif revêtu de lettres patentes dûment régistrées, sans pouvoir être augmentés que du consentement des États généraux.

Art. 64. Que les droits pour les foi et hommage, aveux et dénombrements, seront réduits par des tarifs également régistrés, et ce, tant pour les droits de sceau qu'autres droits accessoires.

Art. 65. Que l'impôt de 8 sols pour livre et tous autres droits bursaux établis sur l'administration de la justice seront irrévocablement supprimés.

Art. 66. Que la vénalité des offices de judicature sera supprimée dans le plus court délai possible, parce qu'elle est la première cause de la mauvaise administration de la justice en France; et que dès à présent il n'y ait plus de plèce en matière de rapport.

Art. 67. Que désormais personne ne sera admis dans les tribunaux que sur la pétition des États provinciaux, qui ne pourront eux-mêmes les présenter pour un sujet qu'après qu'il aura rempli la profession d'avocat avec distinction pendant le temps qui sera réglé par les États généraux.

Art. 68. Qu'il sera enjoint aux rapporteurs de tous les tribunaux de faire eux-mêmes l'extrait des procès dont ils seront chargés ; avec défense de les faire faire par aucuns clercs ou secrétaires ni d'exiger ou laisser exiger aucun salaire des parties, à peine de suspention de leurs offices, même de privation totale en cas de récidive.

Art. 69. Que pour assurer l'exécution de la présente disposition, chaque rapporteur sera tenu de faire viser, avant son rapport, par le président, l'extrait du procès écrit en entier de sa main ; lequel extrait sera joint et annexé à la minute du jugement qui surviendra, et que le rapport en soit fait en présence des parties ou de leurs défenseurs.

Art. 70. Que les audiences auxquelles les procès sont discutés par les seuls gens du Roi sur les simples conclusions des avocats des parties seront supprimées, et que personne ne pourra être jugé sans avoir été entendu.

Art. 71. Que les parlements seront responsables directement de leur conduite aux États généraux, dans le cas où ils porteraient atteinte aux lois constitutionnelles, aux lois municipales de chaque province, refuseraient de régistrer les lois sanctionnées par le Roi sur le vœu de la nation, ou suspendraient le service des audiences.

Art. 72. Que pour rapprocher la justice des justiciables, il sera établi dans la ville capitale de chaque généralité un présidial chef avec pouvoir de connaître en dernier ressort en matière civile jusqu'à concurrence de 12,000 livres et de prononcer également en dernier ressort en matière criminelle, des jugements qui n'emporteront ni peines affectives ni peines infamantes.

Art. 73. Que les autres présidiaux de chaque généralité connaîtront en dernier ressort en matière civile jusqu'à concurrence de 3,000 livres, sans aucune autre attribution en matière criminelle que celle dont ils jouissent actuellement contre les vagabonds.

Que l'appel de tous les bailliages royaux de chaque généralité sera porté au présidial chef, jusqu'à concurrence de la somme de sa compétence.

Art. 74. Qu'il n'y aura lieu à aucun jugement de compétence quand la somme sera claire et liquide. Qu'en matière réelle, la compétence, en cas de contestation, sera jugée en dernier ressort par le présidial lui-même, quand le demandeur ou l'appelant se seront restreints à une somme déterminée; qu'enfin, dans les autres cas, la compétence sera jugée à la charge de l'appel en la cour, sans que, sur ledit appel, les cours puissent jamais retenir ni évoquer le fond.

Art. 75. Que lesdits présidiaux pourront connaître de toutes actions résultantes de partage quand elles n'excéderont pas la somme de leur compétence, ainsi que de tous retraits lignagers, quand le prix de l'objet vendu se trouvera également au taux de leur compétence.

Art. 76. Que l'appel des sentences consulaires sera porté aux présidiaux jusqu'à la concurrence de leur compétence, pour y être jugé sommairement, à l'audience ou sur simple délibéré, et que lesdits juge et consuls pourront eux-mêmes connaître en dernier ressort de toutes affaires de leur juridiction qui n'excéderont pas 1,500 livres.

Art. 77. Que dans les affaires de leur compétence, les juges présidiaux pourront prononcer la réduction des frais et procédures, même des épices et vacations pris par les juges de leurs ressorts, après toutefois que lesdits juges auront été entendus, et à la charge de prononcer lesdites réductions à la chambre du conseil.

Art. 78. Que les cours de parlement ne pourront faire aucun règlement pour les droits, fonctions et pouvoirs des présidiaux, lesquels seront réservés au conseil de Sa Majesté.

Art. 79. Que dans tous les bailliages où il y a siéges présidiaux, les officiers pourront juger en dernier ressort, au nombre de trois juges, jusqu'à concurrence de 150 livres, et les officiers des simples siéges royaux, jusqu'à concurrence de 100 livres, toutes contestations pour raison de gages, de serviteurs, mercenaires, et autres causes pures personnelles et sommaires, même les juges des seigneurs, dans lesdits cas jusqu'à concurrence de 50 livres.

Art. 80. Qu'il ne sera fait à l'avenir aucune distraction de ressort pour toutes les terres érigées en dignité, sauf les causes relatives à la personne des pairs et aux droits de leurs pairies.

Art. 81. Que tous démembrements de justice royale soient prohibés, à toute autre condition que celle d'échange de justice.

Art. 82. Que tous officiers royaux seront tenus de résider assidûment dans les villes de leur établissement; qu'ils ne pourront s'en éloigner sans causes légitimes dont ils informeront le président de leur compagnie, qui sera tenu de remettre tous les ans aux États provinciaux un tableau des absences des différents membres.

Art. 83. Que les offices royaux seront déclarés inconciliables avec les dignités et bénéfices ecclésiastiques, auxquels sont attachés des fonctions, desservissements, ou autre devoir public.

Art. 84. Que l'adresse des provisions d'offices pour les siéges présidiaux sera faite aux officiers des siéges dans lesquels ils doivent exercer leurs fonctions, sauf celle des chefs et gens du Roi, qui seront adressées aux cours auxquelles lesdits siéges ressortissent.

Art. 85. Qu'il ne sera accordé de provisions d'office de judicature que sur le vu de l'agrément ou *admittatur* du tribunal auquel l'impétrant devra appartenir.

Art. 86. Que pour exciter le zèle et l'émulation dans la magistrature, il sera accordé une marque extérieure de décoration aux juges et aux avocats qui auront rempli leurs fonctions pendant vingt-cinq ans avec une distinction éminente.

Que tous droits et lettres de *committimus*, priviléges de scholarité, lettres de garde-gardiennes, à l'exception des causes pures personnelles excédant 1,000 livres, tant en demandant qu'en défendant, accordés à tous corps, communautés et particuliers, seront irrévocablement supprimés.

Que l'attribution faite au grand conseil de toutes les causes de congrégations et bénéficiers et toutes autres attributions générales et particulières seront révoquées et annulées et les parties tenues de se pourvoir devant le juge ordinaire.

Art. 87. Que toute demande pour dégâts, dommages et returage en Beauce sera remise aux membres de la municipalité de la paroisse, qui se rendront sur les lieux et dresseront leur rapport, d'après lequel les parties se retireront devant le juge qui statuera après avoir vu ledit rapport.

Art. 88. Que les différents sceels attributifs de juridiction seront restreints aux seuls actes volontaires, et entre les parties mêmes qui les auront souscrits; et que les notaires de tous les châtelets du royaume ne pourront en vertu de leurs priviléges exclure les notaires des lieux, mais seront tenus d'instrumenter concurremment avec eux.

Art. 89. Qu'il sera procédé à la confection d'une nouvelle ordonnance civile dont le projet sera envoyé aux différents cours et tribunaux, aux facultés de droit et colléges d'avocats du royaume, pour par eux donner leurs observations, et notamment sur le terme dans lequel il importe à la tranquillité publique que les procès soient terminés.

Art. 90. Pour remédier aux inconvénients et aux frais immenses qu'occasionnent les distributions du prix des biens vendus même volontairement, Sa Majesté sera suppliée de rendre incessamment un règlement qui en simplifie la procédure, sur les différents mémoires qui lui seront présentés.

Art. 91. Il sera demandé par les députés qu'il sera traité dans les États généraux des moyens de rapprocher toutes les coutumes dans les points qui en sont susceptibles, et ce dans la forme et par suite des plans conçus et commencés par M. d'Aguesseau.

Art. 92. Que les décrets forcés seront supprimés et remplacés par la vente en justice, sur une affiche et trois publications, estimation préalablement faite.

Art. 93. Il sera demandé surtout avec instance, pour mettre les créanciers plus à portée de conserver leurs droits et leurs hypothèques, (que) l'extrait des contrats de vente sera publié et affiché tant à la porte de l'église paroissiale de la situation des biens qu'à celle de l'église paroissiale du domicile du revendeur; que l'enregistrement de ces publications sera fait sur la feuille de chacune des deux municipalités; que le délai de deux mois pour former opposition sera désormais de quatre mois qui ne commenceront à courir que du jour de la dernière des deux publications ci-dessus, à l'effet de quoi le certificat des municipalités sera rapporté et déposé au greffe avec le contrat; et pour donner de plus en plus aux créanciers une sûreté qu'exige l'intérêt public, que tout vendeur sera tenu d'indiquer dans le contrat de vente ses créanciers hypothécaires les plus anciens jusqu'à concurrence du prix de l'objet vendu; faute de laquelle indication le débiteur pourra être contraint de rembourser sans délai les créanciers non indiqués et qui auront été en ordre de toucher.

Art. 94. Qu'il sera fait un tarif des droits, taxes et salaires des procureurs, huissiers et autres, tant au civil qu'au criminel, taxe des témoins, etc., ledit tarif uniforme pour toutes les juridictions de même rang, et dressé d'après les mémoires adressés par chaque tribunal. Que ledit tarif sera adapté, dans une proportion déterminée et graduelle, aux juridictions inférieures et justices seigneuriales.

Art. 95. Que les offices d'huissiers priseurs vendeurs de meubles seront supprimés et réunis à ceux d'huissiers et sergents ordinaires.

Art. 96. Que tous huissiers et sergents des cours souveraines et châtelets de Paris et autres ne pourront se domicilier dans les provinces et y exercer qu'en se faisant immatriculer dans le siége présidial de leur résidence et deviendront justiciables pour tout ce qui concernera leurs fonctions.

Art. 97. Qu'il sera également rédigé un tarif pour les droits et vacations des notaires, eu égard aux lieux de leurs résidences, et qu'en aucun cas un notaire ne pourra être en même temps le contrôleur des actes.

Art. 98. Que toutes taxes pour les notaires, procureurs, huissiers des juridictions royales, seront faites par le lieutenant général ou premier juge assisté d'un des officiers du siége en présence des parties, sauf l'appel au bailliage ou au présidial, d'après la somme de la taxe, les tiers taxateurs supprimés.

Art. 99. Que tous offices de notaires, procureurs et huissiers seront réduits au nombre nécessaire pour le service du public dans l'étendue de chaque juridiction et que dans les villes où le nombre de ces officiers est trop peu considérable pour le service public, il sera augmenté dans la proportion du besoin des lieux.

Art. 100. La bonne administration de la justice

dépendant pour beaucoup de la capacité des procureurs chargés de l'instruction, les députés demanderont qu'à l'avenir nul ne pourra être reçu dans ces places qu'après avoir subi un examen public auquel seront tenus de se rendre tous les officiers de la juridiction, à moins d'empêchement légitime et auquel seront invités les quatre plus anciens avocats du siége suivant l'ordre du tableau, et que cet examen sera de trois heures, pendant lequel l'aspirant répondra à toutes les questions qui lui seront proposées concernant les procédures civile et criminelle.

Art. 101. La tranquillité des familles dépendant de la validité et de la netteté des actes reçus par les notaires, il sera demandé que les formalités ci-dessus pour l'admission des procureurs auront lieu à plus forte raison à leur égard, soit qu'ils s'établissent dans les villes, soit que leur résidence soit à la campagne.

Art. 102. Que suppression sera faite des offices de receveurs des consignations, et que les adjudicataires des biens vendus, et autres débiteurs, pourront consigner aux bureaux des hôtels de ville, lesquels seront autorisés à rembourser lesdits offices et percevront un droit modique sur les sommes consignées, sans pouvoir forcer la consignation.

Art. 103. Que les receveurs et fermiers des amendes tant des cours souveraines, siéges présidiaux, qu'autres justices, et de celles des seigneurs ne seront plus recevables à poursuivre les payements desdites amendes trois ans après qu'elles auront été prononcées.

Art. 104. Que suppression sera également faite des offices de commissaires aux saisies réelles, en les remplaçant, pour l'administration des biens saisis, par un séquestre nommé par le juge ou choisi par les créanciers unis; et de tous autres offices inutiles ou nuisibles, sans que Sa Majesté exige aucune indemnité pour ceux vacants aux parties casuelles.

Art. 105. Que toutes lesdites suppressions, conformément au vœu des Etats de 1614, auront lieu dans les apanages, attendu que les sujets du Roi n'y peuvent être de pire condition, sauf l'indemnité due aux princes apanagistes.

Art. 106. Que les successions déclarées vacantes seront retirées des mains de justice pour être remises en celles de curateurs intègres et solvables, choisis dans la classe des citoyens retirés des affaires et qui aviseraient aux moyens les plus prompts et les moins dispendieux pour procurer la vente des biens en se chargeant gratuitement de cette œuvre patriotique.

Art. 107. Que les droits de greffe, dont l'excès et la multiplicité met le peuple dans l'impuissance de défendre ses intérêts les plus légitimes, seront réduits et modérés, sans que les greffiers puissent décliner le tribunal auquel ils sont attachés, et que les greffes des présentations, affirmations de voyage, les offices de clercs, commis des greffes, droit de parisis, etc., seront également supprimés, le tout en accordant aux titulaires et engagistes indemnité et remboursement de toute leur finance.

Art. 108. Que les Etats généraux prochains, à l'exemple des précédents Etats détermineront le tribunal dans lequel devront se porter toutes contestations relatives à l'impôt et aux abus de sa perception, d'après la suppression de toutes les commissions ou attributions particulières.

Art. 109. Il importe de conserver les simples juridictions royales en ordonnant qu'elles seront composées de trois juges au moins et de donner à ces siéges un arrondissement de ressort tel qu'il serait jugé convenable par les Etats provinciaux.

A l'égard des justices seigneuriales, il est conforme à l'édit de Roussillon que tous les seconds degrés de juridictions seigneuriales, c'est-à-dire toutes les justices des seigneurs ressortissantes des autres justices seigneuriales, soient supprimés, partout, de manière qu'il n'y ait plus désormais qu'un degré de justice subalterne avant de venir en la juridiction royale.

En ce qui concerne les justices seigneuriales dont les appels se portent immédiatement aux siéges royaux, les Etats-généraux jugeront s'il est plus convenable de les supprimer ou de les conserver en réunissant en une seule toutes celles qui se trouvent dans la même paroisse, sauf l'indemnité qui serait réglée par les dits Etats et en exigeant, d'une part, que les juges à qui l'exercice de ces justices sera confié fussent tous gradués, résidents sur les lieux, et non destituables sinon pour forfaiture jugée par les officiers royaux ; et de l'autre, que l'auditoire et les prisons fussent dans le lieu principal de la seigneurie.

PROCÉDURE CRIMINELLE.

Art. 110. Que l'ordonnance de 1670 sur l'instruction criminelle sera revue et corrigée, que les plaintes seront répondues par les siéges assemblés, que les décrets y seront rendus, le tout au nombre de trois juges, sauf le cas du flagrant délit et des vagabonds.

Art. 111. Que l'instruction criminelle ne pourra se faire par les lieutenants ou ceux qui les suppléeront, qu'en présence d'un assesseur, et qu'après l'interrogatoire, la procédure sera communiquée à l'accusé qui pourra se choisir un conseil.

Art. 112. Qu'il sera procédé à la rédaction d'un nouveau code pénal par lequel la question préalable sera abrogée en tous les cas, excepté le crime de lèse majesté, le poison, l'incendie et assassinat sur les grands chemins avec attroupement. Que la peine de mort sera réservée pour ces mêmes crimes et le meurtre.

Art. 113. Que la nature des supplices sera changée et adoucie.

Art. 114. Qu'en tout état de cause les accusés seront admis à proposer leurs faits justificatifs ; que délai compétent leur sera accordé pour les établir, auquel cas les témoins seront assignés à la requête du procureur du Roi, si l'accusé est dans la pauvreté.

Art. 115. Que le serment des accusés sera abrogé et les accusés seulement interpellés de dire la vérité.

Art. 116. Que tout jugement portant condamnation à peine afflictive ne pourra passer qu'à la pluralité des deux tiers des voix.

Art. 117. Que tout jugement de plus amplement informé, rendu contradictoirement, ne pourra, dans les crimes majeurs, passer le terme de trois années, et d'un an dans les moindres.

Art. 118. Que l'usage de la confiscation des biens des condamnés sera abrogé.

Art. 119. Qu'il ne pourra être donné aucune commission en matière criminelle et que la connaissance et jugement des accusations seront laissés aux juges ordinaires.

Art. 120. Qu'il ne sera rendu aucun arrêt de défense ou autre pour arrêter ou suspendre une instruction commencée à peine de cassation.

Art. 121. Que les commissions d'assesseurs et

procureurs du Roi, ainsi que de greffiers de la maréchaussée, seront supprimées et leurs fonctions réunies aux siéges royaux du territoire.

Art. 122. Que tous les lieux privilégiés pour les malfaiteurs, banqueroutiers et gens de mauvaise foi seront supprimés sans exception.

Art. 123. Que la connaissance des faillites et banqueroutes sera attribuée aux juges-consuls, lesquels seront tenus de dénoncer au ministère public les fraudes qu'ils viendraient à découvrir dans les dites faillites, sans que les poursuites puissent retarder en aucune manière les liquidations.

Art. 124. Que la peine de mort sera supprimée pour les dites banqueroutes, mais que les peines infamantes, auxquelles les banqueroutiers seront soumis, seront exécutées rigoureusement et sans exception.

Art. 125. Que défenses seront faites de recourir à la voie de plainte en matière d'injures et autres où il ne peut être prononcé que des défenses ou des injonctions et des réparations civiles et pécuniaires; et qu'auxdits cas les parties seront tenues de se pouvoir devant le juge civil et d'informer par enquête.

Art. 126. Que les maisons de force établis en chaque généralité, ainsi que les dépôts de mendicité, seront soumis à l'inspection et autorité immédiate des Etats provinciaux.

Art. 127. Que l'instruction d'aucun procès criminel ne pourra être arrêtée ni suspendue par ordre supérieur, sauf aux parties à recourir après le jugement à la clémence du Roi pour obtenir lettres de grâce et autres, lesquelles ne pourront être entérinées que dans le tribunal où l'instruction aura été faite.

Art. 128. Que les Etats généraux concourront de tous leurs efforts pour obtenir de Sa Majesté une loi qui déclare injuste et contraire à l'humanite le préjugé qui étend aux familles la honte du châtiment infligé aux coupables, qui ordonne que le préjugé ne pourra autoriser aucune exclusion des emplois civils et militaires ou des corps ecclésiastiques; et que la peine due aux délits sera la même pour tous les coupables, de quelque ordre qu'ils soient.

Art. 129. Qu'en accordant la liberté de la presse, les Etats généraux solliciteront une loi solennelle qui défende sous les peines les plus rigoureuses de porter dans aucuns écrits atteinte à la religion, aux mœurs, au respect dû à la personne sacrée du Roi et à l'honneur des citoyens; pour quoi tous auteurs et imprimeurs seront tenus de mettre leur nom aux ouvrages par eux faits et imprimés, et demeureront responsables desdits ouvrages.

INSTRUCTION.

Art. 130. Que les études dans les universités seront réformées et régénérées, les professeurs dotés, et l'instruction rendue gratuite, le tout d'après les plans et mémoires qui seront présentés par les différentes universités du royaume, notamment que dans chacune il sera établi une chaire de droit public et national.

Art. 131. Que les médecins seront maintenus dans la jouissance de tous les droits et priviléges qui leur sont attribués par les ordonnances; la place de médecin du Roi réunie au collége au entier.

Art. 132. Que l'exercice de la chirurgie sera assujettie à des études préalables et à des examens rigoureux, suivant les plans qui seront présen-

tés par les différentes écoles de chirurgie du royaume. Qu'il n'y aura aucune différence entre les épreuves des chirurgiens de campagne et ceux des villes, sans aucune augmentation de droit à l'égard de ces premiers; qu'il sera fait défense à toutes personnes d'exercer la chirurgie sans avoir été reçus et admis en la forme ci-dessus indiquée, à l'effet de quoi il ne pourra être accordé ni délivré aucuns brevets donnant permission d'exercer, et l'usage desdits brevets sera supprimé; que tous empiriques et charlatans seront poursuivis à la requête du ministère public et punis rigoureusement.

Art. 133. Que les règlements concernant la pharmacie seront surveillés et maintenus avec exactitude, que la composition et le débit des remèdes seront exclusivement confiés aux maîtres de cet art.

Art. 134. Les députés demanderont l'exécution de l'édit de 1695 relativement à l'établissement des maîtres et maîtresses d'école dans les campagnes; qu'à cet effet, le curé, la municipalité et les marguillers se réuniront pour faire choix de sujets capables et de mœurs irréprochables, qu'ils présenteront à l'ordinaire ou à l'écolâtre, et que dans les endroits où les écoles ne sont pas suffisamment fondées, les Etats provinciaux y suppléeront par le moyen qu'ils jugeront le plus convenable.

Art. 135. Que l'enseignement public dans les colléges sera perfectionné, qu'il sera surtout examiné dans les Etats généraux s'il serait possible de diriger essentiellement vers l'éducation publique une ou plusieurs congrégations régulières, auxquelles elle serait généralement confiée; que dans les villes où il y a université, les colléges y soient affiliés et même érigés en faculté des arts.

Art. 136. Qu'il sera établi un plan d'études uniformes pour tous les colléges, à l'exception des écoles militaires.

Art. 137. Que partout où les moyens des colléges le permettront, il sera établi, en faveur des jeunes gens peu fortunés, des bourses qui ne seront accordées qu'à ceux des élèves qui auront déjà eu des succès distingués dans les colléges où elles seront fondées.

DROITS DE PROPRIÉTÉ ET AUTRES OBJETS D'UTILITE PUBLIQUE.

Art. 138. Qu'à l'exception des rentes foncières qui seront justifiées être le prix originaire de la concession, toutes autres seront remboursables sur le pied de moitié en sus du taux de l'ordonnance à l'époque du remboursement.

Art. 139. Que la faculté de recevoir le remboursement de toutes rentes foncières sur le même pied sera accordé à tous corps, communautés, bénéficiers, et d'autres gens de mainmorte, sans aucune formalité préalable, si n'est la présence du ministère public, à la charge par eux de faire emploi desdits remboursements sur les Etats de chaque province.

Art. 140. Que l'obligation de fournir et faire valoir et autres clauses équivalentes seront annulées et le créancier tenu de se contenter de l'hypothèque spéciale sur l'objet affecté à sa rente, si mieux n'aime recevoir le remboursement sur le même pied.

Art. 141. Que Sa Majesté sera suppliée de supprimer les banalités qui lui appartiennent.

Art. 142. Que la faculté du jeu de fief formellement autorisée par l'article 7 de la coutume d'Orléans, et anéantie par le parlement en 1775, contre le texte de la loi municipale et l'usage constant et invariable de la province, sera rétablie telle qu'elle était avant cette époque, ou tout au moins assimilée à celle qui a lieu à Paris depuis la réformation de cette dernière coutume, originairement la même à cet égard que celle d'Orléans.

Art. 143. Les droits de champart étant très-onéreux et même nuisibles à l'agriculture, en ce qu'ils privent les héritages d'une partie de leurs engrais et en ce que les fruits ne peuvent être enlevés qu'après un délai déterminé, les États généraux seront chargés de solliciter une loi qui permette de se rédimer de ce droit, en offrant par tous les redevables d'un même canton, de payer soit une somme de deniers qui sera convenue, soit une rente en argent ou en grains, non remboursables, le tout suivant l'appréciation qui en sera faite, eu égard au produit annuel des héritages sujets audit droit.

Art. 144. Qu'en attendant qu'il soit possible d'effectuer la suppression de l'impôt sur le tabac, et de rendre à la nation la liberté de cette culture, la distribution du tabac râpé sera interdite à la ferme.

Art. 145. Qu'il sera pris les précautions les plus positives pour empêcher dans tout le royaume le monopole sur le commerce des grains et assurer la subsistance du peuple.

Art. 146. Qu'il sera délibéré sur les moyens les plus propres à établir dans tout le royaume l'uniformité des poids et mesures.

Art. 147. Qu'il sera marqué des bornes plus précises entre le commerce en gros et celui de détail, et que si les communautés d'arts et métiers sont maintenues, il sera interdit aux commerçants en gros d'entreprendre sur le commerce de détail.

Art. 148. Qu'en général il soit accordé au commerce liberté, immunité et sûreté; que tout privilège exclusif de commerce accordé tant à des compagnies qu'à des particuliers sera supprimé; notamment celui d'extraction des charbons de terre des mines du Nivernais.

Art. 149. Que les fabriques de toutes espèces seront affranchies du droit de marque, à la charge par chaque fabricant de marquer personnellement les marchandises sortant de sa fabrique, conformément à leurs règlements particuliers.

Art. 150. Que l'ordonnance de 1673 concernant le commerce sera reformée; que la nouvelle ordonnance fixe d'une manière irrévocable l'uniformité d'échéance des lettres de change et des billets à ordre, avec cette seule différence, que les billets à ordre causés pour valeur en marchandise auront, après l'échéance, un délai d'un mois soumis à la liberté du porteur seulement; mais ce délai sera commun à toutes les places du royaume sans distinction.

Que les lettres de change tirées par des marchands sur des marchands et à l'ordre d'un marchand, ainsi que les billets souscrits par un marchand à l'ordre d'un marchand, seront dans tous les cas du ressort des juridictions consulaires, sans que le transport qui en serait fait par endossement au profit d'un porteur non commerçant, puisse donner lieu à décliner la juridiction.

Art. 151. Que les lettres de répit et de cession ne soient accordées à l'avenir que dans le cas déterminé par la justice la plus rigoureuse et leur demande soumise à l'avis des juridictions consulaires des lieux.

Art. 152. Que dans toutes les provinces traversées par de grandes rivières, le soin des turcies et levées sera confié aux États provinciaux; que le balisage sera fait sous leur vigilance et leur autorité, et le contentieux attribué au tribunal qui sera indiqué par les États généraux.

Art. 153. Que le commerce des vins et eaux-de-vie sera rendu plus facile par la destruction des entraves qu'on lui a données, notamment de la demande des certificats des décharges desdites eaux-de-vie;

Que la vente des eaux-de-vie se fera par tout le royaume, au poids, comme elle se pratique en Languedoc et en Provence, et même à la tare nette. C'est le seul moyen de réprimer les infidélités qui se pratiquent à l'égard de la jauge.

Art. 154. Que les raffineries d'Orléans jouiront, comme celles des ports de mer, de la liberté de faire passer leur sucre raffiné chez l'étranger et provinces réputées étrangères, avec le bénéfice accordé par l'arrêt du conseil du mois de mai 1784.

Art. 155. Que les douanes seront portées aux extrémités du royaume.

Art. 156. Que l'élection des juges et consuls se fera en la manière accoutumée; mais que le choix ne pourra tomber que sur les membres des différents corps et communautés, qui, par leurs lumières et leur mérite personnel seront jugés dignes de cette fonction.

Ars. 157. Que le Roi sera supplié de ne conclure aucun traité de commerce avec les nations étrangères, sans avoir, au préalable, consulté les chambres de commerce et les juridictions consulaires établies dans les principales villes du royaume.

Art. 158. Que le tarif général des droits d'entrée et de sortie des marchandises sera imprimé tous les ans, afin que les changements qui auront pu survenir dans le cours de l'année soient suffisamment connus.

Art. 159. Que dans le cas où les communautés seraient conservées, les veuves auront le droit de continuer l'état de leurs maris; que cette même faculté sera étendue aux enfants et gendres des maîtres.

Art. 160. Que la disposition de la coutume de Paris qui accorde aux boulangers et bouchers le privilège pendant l'année pour leur fourniture, sera étendue à la coutume d'Orléans.

Art. 161. Qu'on pourra faire du pain de tout poids et le vendre à la livre, sans préjudice de la taxe et de l'inspection des officiers de police sur la qualité, ainsi que par le passé.

Art. 162. Que le droit de permission accordé aux messageries sera restreint au seul cas où les voyageurs iraient directement jusqu'au lieu où lesdites messageries ont leur destination directe avec retour et un service réglé, sans pouvoir exiger ledit droit, quand elles n'auront pas de places à donner dans leurs voitures à la première réquisition des particuliers.

Art. 163. Que le privilège d'exploitation accordé aux maîtres de poste sera supprimé, sauf à être pourvu à leur indemnité par les États provinciaux.

Art. 164. Qu'à l'exception des corps et communautés d'imprimeurs, libraires, pharmaciens, orfèvres, joailliers, serruriers et perruquiers, il sera libre à tout particulier d'exercer l'état et profession qu'il aura choisi, sous la seule condition de faire sa déclaration devant le juge de police et de rapporter certificats de vie et de mœurs; pour laquelle déclaration sera payée la somme de trente sols, compris l'expédition en papier, sauf à être pourvu aux indemnités dues aux membres desdites communautés, pour les finauces qu'ils auront acquittées ; que lesdits particuliers continueront d'être soumis à la juridiction des officiers de police, à raison de leur état, et qu'à l'égard du régime gratuit à établir dans les différents états pour l'intérêt de chacun des membres et le régime de la profession, l'édit du mois de février 1776 pourra servir de règle.

NOBLESSE ET SERVICE MILITAIRE.

Art. 165. Que la noblesse transmissible ne sera à l'avenir attachée à l'exercice d'aucuns offices, commissions et emplois civils.

Art. 166. Sa Majesté sera instamment priée de n'accorder des lettres de noblesse que pour des services distingués et qu'après avoir pris l'avis des États provinciaux.

Art. 167. Les députés demanderont que tous offices et places de gouverneur et lieutenants de Roi seront supprimes pour toutes les provinces et villes où la résidence desdits gouverneurs et lieutenants de Roi ne sera pas nécessaire.

Art. 168. Que partout où lesdits officiers seron-maintenus, ils réuniront les lettres de commandement.

Art. 169. Que tous les châteaux et forteresses appartenant au Roi qui sont dans l'intérieur du royaume seront détruits ou employés à un usage public, sur l'avis des États provinciaux.

Art. 170. Que l'enclassement des bateliers des rivières navigables sera supprimé, comme oppressif, et qu'il y sera pourvu par des levées volontaires en affectant d'abord à cette destination les enfants trouvés élevés dans les différents hôpitaux ou dépôts de mendicité du royaume.

Art. 171. Les États généraux seront priés de s'occuper des moyens de supprimer les milices ou troupes provinciales.

Les députés demanderont que, jusque-là, par une extension déterminée par l'intérêt de la culture et des arts, les domestiques servant dans les villes seront assujettis au sort de la milice, sans exception en faveur de ceux d'aucuns privilégiés.

Art. 172. Que la substitution et remplacement soit accordée à toutes les paroisses des villes et des campagnes et ne puisse l'être à la classe des domestiques servant dans les villes.

Art. 173. Que le logement des gens de guerre sera à la charge des individus de tous les ordres, sans aucune exception ni privilège, si ce n'est en faveur des filles et veuves, avec faculté aux citoyens de se rédimer de chaque logement par une indemnité fixée qui sera remise entre les mains des officiers municipaux, lesquels seront alors chargés d'y pourvoir.

Art. 174. Que les édits des duels seront réformés ; qu'en conséquence la peine de privation d'office ou d'emploi sera prononcée contre ceux qui auront provoqué par propos, menaces ou voies de fait, dont il sera informé, et qu'à l'égard de ceux qui ne posséderaient ni offices, ni emplois, ils seraient condamnés à la réclusion à temps ou à perpétuité, sans qu'il puisse être accordé aucune lettre d'abolition, grâce ou pardon, mais seulement commutation de peine.

Art 175. Que tous les citoyens, de quelque ordre qu'ils soient, pourront désormais entrer dans le service militaire de terre ou de mer et parvenir à tous les grades et honneurs de cette profession par les mêmes voies qui y conduisent les membres de l'ordre de la noblesse.

Art. 176. Que pour que les grades militaires soient toujours accordés au mérite, il sera tenu dans chaque régiment un registre dans lequel seront inscrits, à la pluralité des voix d'un conseil composé à cet effet de militaires de tout grade, les actions distinguées, tant des officiers que des soldats ; et que des brevets porteront les motifs de leur concession d'après le résultat du registre ci-dessus.

Art. 177. Que la loi qui inflige la peine des coups de plat de sabre, absolument contraire au caractère national, sera supprimée comme avilissante et portant le désespoir dans le cœur du soldat français, et que la peine de la prison lui sera substituée.

Art. 178. Sa Majesté et les États généraux seront priés de prendre des mesures pour empêcher la sortie de l'argent du royaume par les annates et les dispenses en cour de Rome, et que les dispenses seront accordées à l'avenir aux évêques.

ÉGLISE.

Art. 179. Il sera demandé que les archevêques et évêques seront tenus de résider exactement dans leurs diocèses et d'en visiter chaque année une portion déterminée ; et dans le cas où ils s'absenteraient plus de trois mois chaque année, le quart de leurs revenus sera acquis aux hôpitaux des lieux, et requérable par les administrateurs d'iceux, sur les conclusions du procureur du Roi.

Art. 180. Que toutes les communautés et ordres religieux seront soumis à la juridiction de l'ordinaire.

Art. 181. Le vœu de la nation sera présenté à Sa Majesté pour que nul ecclésiastique ne puisse réunir sur sa tête plus d'un bénéfice propre à assurer une subsistance honnête.

Art. 182. Il sera demandé que les cures de campagne seront arrondies autant qu'il est possible, de manière à être en état de comporter un vicaire.

Art. 183. Que le vicaire sera logé et nourri par le curé, et recevra en outre de lui une somme annuelle de 350 livres, à la charge de ne pouvoir faire à l'avenir aucune quête, et que lesdites cures de campagne seront dotées, savoir : celles sujettes à vicaire, d'une somme qui soit telle qu'après avoir acquitté les impôts il leur reste 2,200 livres; et celles non sujettes à vicaires 1,500 livres. Que lesdites dotations seront faites par réunion de bénéfice et autres moyens que les évêques jugeront convenables, avec droit aux États provinciaux de surveiller l'exécution dudit règlement.

Art. 184. Qu'au moyen desdites dotations, le casuel forcé sera supprimé et interdit à perpétuité.

Art. 185. Que pour prévenir d'un côté les demandes trop étendues des curés et pour écarter de l'autre les difficultés qu'ils éprouvent, il sera rendu une loi qui fixera précisément et déterminément le logement que les habitants sont tenus de fournir.

Art. 186. Que les cures des villes seront, outre le logement, dotées d'une somme qui soit telle, qu'après avoir acquitté les impôts, il reste aux curés 2,000 livres et à chaque vicaire 800 livres, à la charge par lui de se loger.

Art. 187. Que pour obvier à la diminution du numéraire, toutes les dotations qui seront faites par assignation sur les biens d'un bénéfice, seront évaluées en grains sur le prix commun du blé d'après les mercuriales, et néanmoins payables en argent, à l'option des débiteurs.

Que toutes lesdites dotations seront faites, savoir : pour les cures qui étaient autrefois des vicaireries perpétuelles, par ceux qui posséderont les revenus attachés auxdites vicaireries; pour celles dépendantes des congrégations, par lesdites congrégations ; pour celles appartenant aux patrons laïques, par lesdits patrons, si mieux n'aiment lesdits patrons abandonner leur patronage, auquel cas leurs cures seront à la nomination de l'évêque diocésain qui sera tenu de les doter par union de chapelles ou autres bénéfices.

Que dans lesdites dotations seront évalués et précomptés les produits de la dîme usitée dans la paroisse, déduction faite du produit des menues dîmes, lesquelles seront supprimées.

Art. 188. Que pour entretenir l'émulation parmi les curés et les vicaires, et leur donner la certitude d'une retraite honnête et la récompense de leurs travaux, une partie des prébendes de chaque chapitre leur sera affectée, en sorte que les collateurs et patrons ecclésiastiques et laïques soient tenus de leur conférer lesdites prébendes, vacance arrivant, avec la liberté néanmoins de choisir parmi les curés et les vicaires du diocèse qui auraient au moins quinze ans d'exercice dans le ministère, les droits néanmoins des gradués réservés.

Art. 189. Que le droit de déport sera supprimé et l'indemnité des bénéficiers qui en jouissent assurée par l'union des prébendes des chapitres auxquels ils appartiennent.

Art. 190. Que les monastères, où la conventualité et la règle ne pourront être observés, seront réunis aux monastères du même ordre les plus voisins ; que les biens des premiers serviront à la dotation des cures, sous la réserve néanmoins d'une pension convenable pour les religieux des monastères détruits, dans le cas où les revenus des maisons dans lesquelles ils seront renvoyés seraient absolument insuffisants.

Art. 191. Que les canons concernant la discipline et les mœurs ecclésiastiques seront mis en vigueur, leur observation maintenue par la tenue exacte des synodes diocésains ; qu'en cas de négligence de la part des évêques, de leurs officiaux et promoteurs, les procureurs du Roi seront autorisés à poursuivre la punition des abus et délits des ecclésiastiques, même sur la simple dénonciation des procureurs fiscaux des lieux.

Art. 192. Les États généraux solliciteront une loi qui interdise toute action pour raison de défaut de causes, de formalité ou lésion, contre les aliénations faites ou à faire des biens des ecclésiastiques et autres gens de mainmorte, après quarante ans, à compter du jour du décès du bénéficier et du décès de l'acquéreur, soit que les biens soient alors possédés par les héritiers de l'acquéreur ou par des tiers détenteurs.

Et à l'égard des ventes faites par les corps et communautés ecclésiastiques ou gens de mainmorte, la même loi les rendra inattaquables après quarante ans à compter de la mort de l'acquéreur seulement.

Art. 193. On sollicitera pareillement une loi qui portera que les baux à ferme ou à loyer des biens ecclésiastiques, gens de mainmorte, même de l'ordre de Malte, qui n'auront été faits que pour neuf ans, ne seront pas cassés ou résiliés par la mort ou changement du titulaire qui les aura faits, ensemble que les bénéficiers seront tenus de les faire conformément aux usages du pays

en ce qui concerne l'époque à laquelle lesdits baux commenceront et finiront.

On demandera que par la même loi les princes apanagistes, les donataires ou légataires seront assujettis à l'entretien des baux courants faits par l'apanagiste précédent, le donateur ou le testateur.

Art. 194. Il sera demandé que le quart réservé des bois des bénéficiers, corps et communautés, ne pourra être coupé que sur l'avis des Etats provinciaux.

Art. 195. Que pour prévenir les scandales dans les églises et les contestations dont les tribunaux retentissent tous les jours, les droits honorifiques dans les églises seront, conformément à la pureté des principes, réservés aux seuls seigneurs patrons et hauts justiciers, sans qu'aucun autre puisse prétendre au moindre honneur pour quelque cause et sous quelque prétexte que ce soit.

Art. 196. Que le régime actuel des économats, absolument ruineux pour les familles, sera réformé de manière à assurer la conservation des biens ecclésiastiques sans épuiser en frais les successeurs des titulaires décédés.

Art. 197. Que le régime administratif des forêts sera réformé et perfectionné, cette branche importante de revenu territorial encouragée, le tout d'après les plans et mémoires présentés par les juridictions établies dans cette partie. Que les États généraux seront chargés de s'occuper des abus et inconvénients des droits de gruerie et grairie dans les forêts, et des moyens de les faire cesser, en pourvoyant néanmoins à l'indemnité des propriétaires ; que dès à présent ces droits ne pourront être prétendus que sur les bois plantés d'ancienneté, et relativement auxquels l'exercice desdits droits sera justifié, de manière qu'on ne puisse désormais les réclamer sur les bois nouvellement accrus, sous prétexte qu'ils sont dans la ligne de gruerie ou grairie.

Art. 198. Que les particuliers ne pourront être inquiétés pour cause de voirie ou inspection des rues et routes, lorsque les réparations qui sont à faire aux maisons, même sujettes à reculement, n'auront pour objet que le simple entretien et ne tendront point à consolider, et que les permissions, audit cas, ne pourront être refusées.

Art. 199. Que le corps de l'imprimerie jouira dans les villes, universités et corps de commerce de tous les droits qui lui sont attribués par les règlements.

PACAGE.

Art. 200. Que les habitants des paroisses, qui par leurs titres ont le droit de pacage dans la forêt, seront maintenus dans ce droit en se conformant par eux à l'ordonnance.

CULTURE.

Art. 201. Que les propriétaires et cultivateurs ne pourront être gênés dans l'exploitation de leurs héritages sous aucun prétexte et notamment de celui de la conservation du gibier en faveur des seigneurs qui ne pourront, conformément à la déclaration de 1699, pour la capitainerie de l'apanage d'Orléans, contraindre les fermiers de mettre des épines dans les prairies ni d'attacher des landons au col de leurs chiens, ni empêcher de cueillir de l'herbe dans les blés en quelque temps que ce soit, ou d'arracher les chaumes lorsqu'ils le jugeront à propos.

Que pareillement les seigneurs ne pourront,

sous aucun prétexte et en vertu de quelque ordre que ce soit qu'ils pourraient avoir surpris, envoyer dans les maisons des particuliers, à l'effet d'enlever les armes qu'il leur importe de conserver pour leur défense, sauf la poursuite contre les délinquants.

COLOMBIERS.

Art. 202. Que désormais personne ne pourra avoir de colombiers, soit qu'il soit seigneur de fief ou même haut justicier, s'il n'est propriétaire de 200 arpents de terre, et que dans chaque colombier il n'y aura que deux boulins à raison de chaque arpent.

BANALITÉS ET DROITS DE BOUCHERIE.

Art. 203. Il sera observé qu'il résulte de très-grands inconvénients et des procès multipliés des banalités de moulin, de four et de pressoir, et des droits de boucherie : en conséquence, leur suppression sera sollicitée, à la charge néanmoins par les habitants d'indemniser les propriétaires, soit à l'amiable soit d'après une estimation qui sera ordonnée par les Etats généraux.

CHASSE.

Art. 204. Il sera demandé que les ordonnances relatives à la chasse seront rigoureusement exécutées dans tous les points qui tendent à assurer la conservation des récoltes, et qu'il sera pris de nouvelles précautions pour mettre les propriétaires et les cultivateurs à l'abri des abus du droit de chasse et de la trop abondance du gibier.

CAPITAINERIE.

Art. 205. Que les capitaineries appartenantes aux seigneurs apanagistes seront supprimées.

GARENNE.

Art. 206. Qu'aucune garenne ne pourra être conservée, à moins qu'elle ne soit entourée de murs.

Art. 207. Que le partage des biens nobles entre roturiers ne sera sujet à aucun avantage de droit d'aînesse, sinon dans le cas d'une disposition contraire de la part du propriétaire.

Art. 208. Que les Etats provinciaux seront chargés d'aviser aux moyens les plus sûrs pour la conservation des minutes de notaires seigneuriaux et même de celles des notaires royaux répandus dans la campagne.

Art. 209. Que les justices royales dont le juge est dans les bourgs ou villages trop peu importants, seront transférées dans les villes les plus prochaines, où elles pourront s'exercer d'une manière plus décente et plus utile et où d'ailleurs tous les habitants des environs sont appelés par les foires et les marchés.

Art. 210. Que la mendicité commençant à se renouveler dans les campagnes, les règlements concernant les vagabonds seront remis en pleine vigueur, et, à cet effet, que les syndics et membres des municipalités des paroisses demeureront autorisés à arrêter et faire arrêter les mendiants hors leurs paroisses et à les faire conduire à la brigade la plus prochaine.

Art. 211. Que les cavaliers de maréchaussée et les inspecteurs des routes ne pourront plus ar-

rêter les voituriers, dételer un de leur chevaux ou faire payer des amendes à leur volonté pour cause de contravention aux règlements, mais qu'ils seront tenus de suivre lesdits voituriers jusqu'au bourg suivant ou la ville la plus prochaine et de les conduire chez le juge des lieux ou son représentant, qui statuera suivant la nature de la contravention.

Les cahiers de l'université d'Orléans et des communautés des notaires et procureurs de la même ville contenant des objets très-intéressants et dont il est impossible de présenter l'extrait, demeureront joints à ce cahier.

Nous observerons en terminant que les demandes de localités et celles présentant un trop grand détail qui ont été portés dans les cahiers des différents bailliages, n'ont point été insérés dans ce cahier général, parce qu'elles nous ont paru devoir être renvoyées aux Etats provinciaux.

Clos et arrêté par nous commissaires le 24 mars 1789. Signé en fin de la minute des présentes : Desnoyers; Pellerin de La Bussière, député de Boiscommun ; Robert de Massy ; Pompon, avocat, député de Vitry ; Delahaye de Launay, député de Montmirail ; Perret, député du bailliage secondaire d'Yèvre-le-Châtel ; Peigné, député de la ville de Sully ; Demeulle, député de Beaugency ; H. D. Billault ; Lasneau, le jeune ; Ronceret ; Salomon de La Saugerie ; Champinau ; Curault ; Tassin de Villepion , et Rozier.

CAHIER GÉNÉRAL

Des doléances et remontrances du tiers-état du bailliage principal d'Orléans (1).

CONSTITUTION FONDAMENTALE.

Les députés du tiers-état aux Etats généraux demanderont :

1° Qu'il soit délibéré par tête sur la question de savoir quelle sera la forme ultérieure de toutes les délibérations, laquelle délibération par tête aura lieu entre tous les ordres réunis. Et dans le cas où les deux premiers ordres se refuseraient à cette forme, le tiers-état aura recours à la sagesse du Roi pour obtenir que l'avantage qui doit résulter de l'égalité de la représentation ne devienne pas illusoire. Sa Majesté sera suppliée d'ordonner que l'orateur du tiers-état lui présentera ses cahiers et portera la parole dans la même posture que les orateurs des deux autres ordres et ne sera assujetti à aucune distinction ni forme différentes de celles adoptée par les deux autres ordres ;

2° Que la religion catholique, apostolique et romaine sera gardée et maintenue dans toute sa pureté ; que seule elle aura l'exercice public dans le royaume, que les non-catholiques jouiront de l'état civil, mais seront tenus de garder le silence sur les matières de religion ; qu'ils n'auront ni temples, ni assemblées, ni cérémonies publiques et seront assujettis aux charges pécuniaires des paroisses ;

3° Les députés demanderont qu'avant qu'il puisse être délibéré aucuns impôts, emprunts, réformes et autres objets quelconques d'administration, Sa Majesté, conformément aux maximes

---

(1) Nous devons la communication de ce document à M. Maupré, archiviste en chef du Loiret, qui a en l'obligeance de nous en envoyer une copie collationnée.

consacrées par les rois ses prédécesseurs et notamment par Charlemagne : « *Lex consensu populi fit et constitutione regis* » (Cap. de Car. II. et Charles le Chauve), daignera reconnaître par un édit solennel registré dans toutes les cours, que les lois ne peuvent être faites que par l'autorité du Roi, sur sa demande ou du consentement de la nation assemblée, sans qu'aucun autre corps puisse prétendre avoir la moindre part au pouvoir législatif;

4° Qu'en conséquence, toute loi intéressant les droits de la monarchie, la vie, la liberté et la propriété de tous les sujets de Sa Majesté ne pourra être portée que de son autorité sur la demande ou du consentement des États généraux;

5° Que la première de ces lois confirmera et consacrera la forme du gouvernement monarchique, et la forme actuelle de la succession au trône; que les apanages qu'il conviendra à l'avenir de donner aux enfants de France, seront proposés dans une assemblée des États généraux; autrement, les lettres d'érection n'auront aucun effet;

6° Qu'il sera reconnu ensuite qu'aucun impôt ne peut être établi ni directement, ni indirectement, ni par provisions, même par emprunts ou création d'offices, qu'après avoir été voté et consenti par la nation assemblée;

7° Que la nation fixera elle-même lesdits impôts dans leur quotité, la forme de leur perception et leur durée, qui ne pourra jamais être perpétuelle, mais limitée à l'intervalle d'une tenue d'États à la suivante;

8° Que toutes les propriétés et toutes les personnes ayant besoin de sa puissance tutélaire et tous les impôts directs ou indirects, fonciers ou personnels, étant le prix de la protection, seront répartis indistinctement et dans la même forme sur tous et chacun des membres du clergé, de la noblesse et du tiers-état, d'après les règles générales de la justice proportionnelle;

9° Que le pouvoir exécutif appartiendra exclusivement au Souverain, qui seul pourra le communiquer à ses cours et aux autres officiers de justice, selon la mesure et proportion qu'il jugera la plus conforme à l'intérêt de ses peuples;

10° Qu'en conséquence, les lois émanées du Trône sur le vœu de la nation seront adressées aux cours, et par elles à tous les tribunaux inférieurs, pour y être purement et simplement lues, publiées et registrées;

11° Que dans le cas où quelques-unes desdites lois présenteraient des obscurités ou inconvénients auxquels il serait urgent de pourvoir, les déclarations interprétatives données par Sa Majesté seront adressées par elle aux différentes cours et tribunaux pour y être exécutées provisoirement jusqu'à la première tenue des États généraux;

12° Que Sa Majesté daignera reconnaître par une loi solennelle que les États généraux sont essentiellement de la constitution de la monarchie, que la même loi fixera leur retour périodique aux époques et d'après les formes qui auront été déterminées par l'autorité du Roi et de la nation assemblée;

13° Que pendant la séparation des États généraux et sous prétexte de les représenter il ne pourra être établi aucune commission intermédiaire, ni conseil, pour quelque cause et sous quelque dénomination que ce soit;

14° Qu'il sera établi dans chaque généralité des États provinciaux dont la composition sera déterminée dans la proportion et suivant les règles prescrites entre le tiers-état et les deux autres ordres pour l'élection des députés aux États généraux, et que les députés aux États provinciaux seront librement élus et délibèreront par tête;

15° Que ces États provinciaux seront mis aussitôt en activité, afin de concourir à tous les objets sur lesquels les États généraux auront besoin de correspondants et d'agents dans les provinces;

16° Que lesdits États provinciaux seront essentiellement chargés de la répartition et perception de tous les impôts, dans les formes et quotité réglées par la nation, sans pouvoir consentir à aucun abonnement particulier;

17° Que dans la formation des États provinciaux, les assemblées municipales des villes et campagnes seront conservées, mais qu'elles ne seront composées que de membres librement élus tant parmi les habitants des paroisses, que les propriétaires de biens qui n'y seraient pas domiciliés, en telle sorte qu'aucun citoyen ne puisse y prétendre entrer en séance de droit, à raison de son titre ou de sa dignité;

18° Que dans la formation des États provinciaux, les limites de la généralité d'Orléans seront conservées et que notamment les élections de Clamecy, Chartres et Dourdan resteront unies à cette généralité;

18° bis Que la liberté individuelle des citoyens et la sûreté de leurs droits seront mises exclusivement sous la sauvegarde du Roi, des lois, et sous l'autorité des juges ordinaires, sans qu'il puisse y être porté atteinte par aucuns ordres ou actes d'autorité arbitraire, sauf à la nation assemblée à indiquer le cas d'exception, si aucuns sont nécessaires, et lesquels, en aucune circonstance et sous aucun prétexte, ne pourront être étendus par interprétation;

19° Que tout ministre qui se sera écarté dans l'exécution des lois établies, soit en matière de législation, soit en matière d'impôt, ou qui se sera rendu coupable d'autres abus et malversations, sera responsable de sa conduite aux États généraux, qui pourront le dénoncer au parlement pour y être poursuivi;

20° Que toutes les lois générales en matière d'impôt et d'administration qui seront portées dans les États généraux seront étendues à toutes les provinces, même à celles réunies, afin d'établir partout l'uniformité de principes et d'opérations;

21° Il sera expressément recommandé aux députés aux États généraux de ne délibérer sur aucun autre objet et de ne consentir l'octroi d'aucun impôt, avant que les différents points fondamentaux aient été présentés au Roi et répondus par Sa Majesté.

IMPOTS ET COMPTABILITÉ.

22° Les députés demanderont qu'avant de voter sur aucun nouvel impôt, le déficit actuel soit constaté par des commissaires nommés par les États généraux; les dépenses des différents départements fixées et réglées, sans pouvoir être augmentées, sinon du consentement des États généraux;

23° Que l'état des appointements, gages, pensions et gratifications de différents emplois civils, militaires et d'administration sera rapporté, vérifié et réduit s'il y a lieu;

24° Que, par suite du règlement qui a déjà prescrit que tous les créanciers de pensions seraient tenus de les faire registrer sur le même état au Trésor royal, ledit état et les causes et motifs des dites pensions seront vérifiés et constatés et, en cas d'insuffisance de causes, comme dans celui de l'excès des grâces, lesdites pensions seront à l'instant supprimées ou réduites à leur légitime proportion ;

25° Qu'il sera réglé que par la suite aucune pension ou gratification ne pourra être accordée que pour services importants ou pour des besoins urgents ; surtout, que la même personne ne pourra posséder deux grâces de cette nature en même temps. Enfin, il sera demandé par les députés qu'aucune pension ne pourra excéder la somme de 10,000 livres ;

26° Pendant le cours desdites vérifications et éformes, et non avant, il pourra être accordé un secours provisoire, si l'état des finances ne permet pas d'attendre la clôture de l'assemblée ; si ce secours est accordé par forme d'emprunts, le remboursement en sera fixé irrévocablement par les Etats généraux ;

27° Les Etats généraux constateront l'état de la dépense publique, vérifieront et sanctionneront la dette contractée par le Roi et ses prédécesseurs, tant envers les étrangers qu'envers les sujets de l'Etat ; que ces dettes, de quelque nature qu'elles soient, seront déclarées dettes de la nation ; et cependant, s'il a été emprunté des sujets du Roi à un fur excédant le taux des ordonnances, que lesdits intérêts seront réduits pour l'avenir au fur légal ;

28° Qu'après lesdites opérations il sera délibéré sur tous les impôts directs ou indirects établis soit avant 1614, soit postérieurement à cette époque, à l'effet de juger et décider lesquels seront conservés, supprimés ou modifiés ;

29° Que la taille réelle et industrielle, les vingtièmes, l'impôt des chemins et la capitation noble ou roturière seront abolis et convertis en deux nouveaux impôts, dont l'un sera personnel et l'autre territorial, assis de manière à prévenir l'arbitraire et déterminé par la classification de tout le territoire ;

30° Que la gabelle sera supprimée et remplacée le plus promptement possible et par les moyens qui seront jugés les moins onéreux ;

31° Que l'impôt des aides sera supprimé sans retard, et par provision réformé dans sa partie la plus onéreuse, notamment par la suppression des droits de détail. Qu'en attendant la suppression des droits d'aides, il sera ordonné que dans les pays de gros les droits réservés établis sur la consommation ne seront point exigés par avance, mais seulement après la vente ou consommation. Que toutes les loteries seront supprimées en France, comme impôt destructeur des mœurs, avilissant en lui-même, et la source d'une infinité de crimes et de désordres ;

32° Que les droits sur les cuirs, papiers, poudre, amidon et cartons seront supprimés comme destructeurs de toute industrie dans ces branches importantes, qu'ils ont anéanties, et que jusqu'à ce qu'il ait été pourvu au remplacement, il sera permis aux fabricants de s'abonner ;

33° Que tous les droits de douane et autres de même nature, ceux de péage ou passage de rivières et généralement tous autres droits de transit dans l'intérieur du royaume, sous quelque dénomination qu'ils soient connus, seront supprimés et reculés aux frontières, sauf à être pourvu, ainsi qu'il appartiendra, à l'indemnité des propriétaires d'aucun desdits droits ;

34° Que les droits d'inspecteurs aux boucheries, pied fourchu et autres accessoires, ainsi que la

caisse de Poissy, seront également supprimés ;

35° Que tous les droits locaux, d'octrois, barrages et autres accordés aux villes, collèges, hôpitaux etc. seront vérifiés et réduits à la proportion du besoin, et à la plus grande uniformité possible de perception ;

36° Que ceux perçus pour les dépôts de mendicité seront supprimés, et les frais de ces dépôts prélevés sur le produit des impôts ordinaires ;

37° Que le droit de franc-fief sera supprimé comme étant tout à la fois peu important dans son produit, et très-onéreux dans ses effets, surtout aux pauvres habitants de la campagne, et encore comme infiniment nuisible aux progrès de la culture ;

38° Que les droits d'insinuation, centième denier, timbre, petit scel et droits réservés seront supprimés ; que le droit de contrôle sera réduit aux simples frais qu'exige la manutention de cette formalité essentielle, ou qu'en tout cas ces droits seront assujettis à un nouveau tarif, clair, équitable, modéré, qui écartera tout arbitraire, et, prévenant les fraudes, délivrera les citoyens d'une charge trop onéreuse et des recherches plus onéreuses encore auxquelles ils se trouvent assujettis ;

39° Que dans tout état de cause le contrôle sera perçu dans toutes les villes et provinces du royaume sans exception ;

40° Que pour couvrir en partie la réduction que les finances éprouvent par la réforme de différents impôts indirects, il sera établi une taxe annuelle sur les objets de luxe, comme voitures, domestiques, etc. ;

41° Qu'après avoir ainsi fixé l'état de la dépense publique et la nature et l'étendue des impôts destinés à la couvrir, c'est-à-dire après avoir balancé la recette avec la dépense, la dette nationale sera répartie entre toutes les provinces dans la plus juste proportion et d'après les bases qui auront été fournies par les Etats provinciaux et discutées par la nation ;

42° Que par la même raison les impôts leur seront répartis dans une semblable proportion, en telle sorte que sur le montant des impôts perçus dans leur territoire et sous leur autorité par les moyens les plus simples, les moins dispendieux et les plus uniformes possible, lesdits Etats provinciaux n'auront à faire parvenir au Trésor royal que le montant des dépenses personnelles de Sa Majesté et de toutes les parties qui ne sont pas susceptibles d'être acquittées dans les provinces ;

43° Qu'il sera présenté aux Etats généraux comme un des moyens les plus simples et les moins dispendieux de perception, de changer les principales villes de chaque province de recevoir les deniers publics des mains des collecteurs, sans autre taxation que la simple indemnité des frais de bureau ; elles seraient chargées d'envoyer tous les mois leurs comptes à leur ville capitale, et celle-ci aux Etats provinciaux ;

44° Qu'en vertu de ce nouvel ordre, tous les employés à l'administration de chaque province, dans quelque partie et sous quelque dénomination que ce soit, seront soumis, soit pour l'exercice de leurs fonctions, soit pour la fixation et le payement de leurs gages et appointements, à l'autorité et surveillance des Etats provinciaux, qui pourront les instituer et destituer ;

45° Que tous les offices qu'il conviendra de supprimer, d'après la nouvelle forme d'administration, seront ajoutés pour la totalité de leurs prix à la portion de la dette nationale départie à chaque province, et qu'il sera pourvu au remboursement de leur principal et au payement des intérêts en la même forme que pour le surplus de ladite dette;

46° Qu'il en sera usé de même pour le payement des retraites des employés dont les commissions seront anéanties et supprimées et auxquels il aura été accordé un traitement;

47° Que le premier moyen de libération des dettes publiques sera l'aliénation des domaines de la couronne; à l'effet de quoi, la loi qui les déclare inaliénables sera abrogée;

48° Que la vente de ces domaines sera précédée de la rentrée en possession de tous ceux aliénés à vil prix, de la recherche de tous les échanges et engagements irréguliers non évalués faits depuis cent ans, pour être révoqués et annulés;

49° Qu'à l'exception des grandes forêts, tous lesdits domaines seront aliénés par portion de 10 à 15,000 livres à la fois, d'après les formes arrêtées par les États généraux, pour être tenus par les acquéreurs à perpétuité en franc-alleu; et à l'égard des mouvances féodales, elles seront aliénées par extinction en autorisant les tenanciers à se racheter desdites mouvances d'après une évaluation générale indiquée et fixée à cet effet. Que lesdites évaluations seront faites par les États provinciaux et le prix employé par eux sur le champ en remboursements, sauf aux États généraux suivants à avoir égard, dans la répartition à faire entre chaque province, à la recette extraordinaire que cette ressource lui aura procurée;

50° Que le compte des recettes et dépenses de chacun des États provinciaux sera rendu public chaque année par la voie de l'impression et sujet à la révision des États généraux en cas d'abus;

51° Que les ministres seront pareillement comptables de toutes les dépenses et recettes de leurs départements respectifs, ne pourront réclamer aucunes sommes sans justifier de l'emploi ni exiger qu'il leur soit alloué aucun bon ou acquit de comptants dont les causes ne seront pas expliquées;

52° Que, soit dans les domaines du Roi, soit dans les apanages, aucunes suppressions d'offices de finance, de judicature ou tous autres, ne pourront s'effectuer qu'en remboursant aux titulaires, dans le terme fixé par les États généraux, la valeur desdites charges sur le pied de la finance ou du dernier contrat de vente, quand il n'excédera pas la finance principale et supplément d'icelle; et que, jusqu'au remboursement effectif, les titulaires recevront les intérêts de leur capital.

53° En cas de suppression de tous offices quels qu'ils soient, elle n'aura lieu et effet que pour l'avenir; et les titulaires qui sont actuellement pourvus et qui auront traité sur la foi publique ne pourront souffrir de ladite suppression; pourquoi ils conserveront tous les droits, privilèges de leurs offices, à l'exception de tout privilège et exemption pécuniaire.

JUSTICE ET TRIBUNAUX.

54° Que Sa Majesté daignera limiter par édit la juridiction de son conseil aux affaires d'administration et aux cassations dans les cas déterminés par les ordonnances, de manière qu'il n'y ait jamais lieu à l'évocation générale ou particulière des causes introduites dans les tribunaux ordinaires, qu'il sera permis aux juges de mulcter d'amende ceux qui auraient surpris de pareilles évocations et qui en auraient suivi ou procuré l'exécution;

55° Qu'il sera fait défense aux parlements et autres cours supérieures d'évoquer les instances pendantes dans les tribunaux, sinon pour être jugées sur le champ et à l'audience seulement;

56° Qu'il leur sera pareillement interdit de rendre et accorder arrêts de défenses ou arrêts sur requête, sinon dans les cas prévus par les ordonnances; et, s'il en est rendu contre leurs dispositions, qu'ils ne pourront suspendre le cours de l'instruction en première instance ou arrêter par provision l'exécution des jugements exécutoires par leur nature;

57° Qu'en cas de contravention, le procureur qui aura présenté requête pour obtenir les arrêts de défenses ou sur requêtes dont il s'agit, le rapporteur qui les aura signés, l'huissier qui en aura fait la signification, la partie qui les aura obtenu, seront tous solidairement condamnés en 2,000 fr. d'amende, et en outre aux dommages et intérêts de l'autre partie;

58° Pour assurer l'exécution des précautions ci-dessus, qu'il sera établi par Sa Majesté une commission particulière du conseil à laquelle le maintien de ces dispositions sera spécialement confié et qui sera tenu de prononcer dans la huitaine de la présentation des mémoires qui lui seront adressés par les parties ou par les procureurs du Roi;

59° Que toutes lettres patentes accordées à des particuliers, corps et communautés, ne pourront l'être que sur requête et jamais revêtus de lettres en commandement. Que l'opposition qui y sera formée avant l'enregistrement sera suspensive jusqu'à ce qu'il ait été statué sur icelle. Enfin, qu'elles ne pourront être enregistrées sans avoir été communiquées aux corps, communautés ou particuliers qu'elles intéressent;

60° Que défenses seront faites aux cours souveraines de s'écarter des dispositions des lois, par interprétation, extension ou de quelque autre manière que ce soit, à peine de nullité, et de tous dommages et intérêts des parties;

61° Que toute juridiction contentieuse sera ôtée aux commissaires départis dans les provinces et renvoyée devant les juges ordinaires, à la charge de l'appel dans les cours. Que les procureurs du Roi pourront se faire recevoir appelants, comme de juge incompétent, de toute ordonnance ou jugement qui pourraient être rendus par lesdits commissaires départis: lequel appel sera déclaré suspensif jusqu'à ce qu'il y ait été statué par les cours;

62° Que tous les droits de sceau, tant de la chancellerie du Roi que des princes apanagés et des cours et juridictions, où il y en a d'établis, seront réduits et modérés par un tarif revêtu de lettres patentes dûment registrées, sans pouvoir être augmentés que du consentement des États généraux;

63° Que les droits pour les foi et hommage, aveux et dénombrements, seront réduits par des tarifs également registrés, et ce, tant pour les droits de sceau qu'autres droits accessoires;

64° Que l'impôt de huit sols pour livre et tous autres droits bursaux établis sur l'administration de la justice seront irrévocablement supprimés;

65° Que la vénalité des offices de judicature sera supprimée et que l'établissement des juridictions et le choix des officiers seront faits d'après les formes indiquées par les mémoires qui seront fournis aux États généraux et par eux arrêtées;

66° Que par un tarif uniforme et dûment registré seront fixés, pour toutes les juridictions du même rang, tous les droits d'hôtel, vacations, transports des juges tant au civil qu'au criminel, en suivant la progression de la valeur des denrées depuis les anciens tarifs, mais toujours de manière que le service public ne soit jamais un objet d'émolument et ne devienne pas onéreux aux officiers, sauf même à supprimer dès à présent tous lesdits droits autres que ceux de transport et déplacement au dehors, à supprimer pareillement tous épices dans les affaires de rapport dans tous les tribunaux supérieurs et inférieurs de manière à rendre le service des officiers absolument gratuit, sous la seule condition que, pour qu'il ne puisse devenir onéreux, ils recevront pour gages de leurs offices l'intérêt au denier *vingt de leurs finances et droits de réception, le centième denier compris*, le tout provisoirement et jusqu'à la suppression de la vénalité ci-dessus demandée ;

67° Qu'il sera enjoint aux rapporteurs dans tous les tribunaux de faire eux-mêmes l'extrait des procès dont ils seront chargés, avec défense de les faire faire par aucuns clercs ou secrétaires, ni d'exiger ou laisser exiger aucun salaire des parties, à peine de suspension de leurs offices, même de privation totale en cas de récidive ;

68° Que pour assurer l'exécution de la présente disposition, chaque rapporteur sera tenu de faire viser, avant son rapport, par le président, l'extrait du procès écrit en entier de sa main ; lequel extrait sera joint et annexé à la minute du jugement qui interviendra, et que le rapport en soit fait en présence des parties ou de leurs défenseurs ;

69° Que les audiences auxquelles les procès sont discutés par les seuls gens du Roi sur les simples conclusions des avocats des parties seront supprimées, et que personne ne pourra être jugé sans avoir été entendu ;

70° Que les parlements seront responsables directement de leur conduite aux États généraux, dans le cas où ils porteraient atteinte aux lois constitutionnelles, aux lois municipales de chaque province, refuseraient de registrer les lois sanctionnées par le Roi sur le vœu de la nation, ou suspendraient le service des audiences ;

71° Que pour rapprocher la justice des justiciables, il sera établi dans la ville capitale de chaque généralité un présidial chef-avec pouvoir de connaître en dernier ressort en matière civile jusqu'à concurrence de douze mille livres et de prononcer également en dernier ressort en matière criminelle, des jugements qui n'emporteront ni peines afflictives ni peines infamantes, même contre les domiciliés, tous jugements non compétents, mort naturelle et civile ;

Que les autres présidiaux de chaque généralité, connaîtront en dernier ressort en matière civile jusqu'à concurrence de 3,000 livres, sans aucune autre attribution en matière criminelle que celle dont ils jouissent actuellement contre les vagabonds ;

Que l'appel de tous les bailliages royaux de chaque généralité sera porté au présidial chef, jusqu'à concurrence de la somme de sa compétence ;

72° Qu'il n'y aura lieu à aucun jugement de compétence quand la somme sera claire et liquide. Qu'en matière réelle, la compétence, en cas de contestation, sera jugée en dernier ressort par le présidial lui-même, quand le demandeur ou l'appelant se seront restreints à une somme déterminée ; qu'enfin, dans les autres cas, la compétence sera jugée à la charge de l'appel en la cour,

sans que sur ledit appel, les cours puissent jamais retenir ni évoquer le fond ;

73° Que lesdits présidiaux pourront connaître de toutes actions résultantes de partages, quand elles n'excéderont pas la somme de leur compétence, ainsi que tous retraits lignagers, quand le prix de l'objet vendu se trouvera également au taux de leur compétence ;

74° Que l'appel des sentences consulaires sera porté aux présidiaux jusqu'à la concurrence de leur compétence, pour y être jugé sommairement, et à l'audience ou sur simple délibéré,et que lesdits juges et consuls pourront eux-mêmes connaître en dernier ressort de toutes affaires de leurs juridiction qui n'excéderont pas quinze cent livres ;

75° Que dans les affaires de leur compétence, les juges présidiaux pourront prononcer la réduction des frais et procédures, même des épices et vacations pris par les juges de leur ressort, après toutefois que lesdits juges auront été entendus, et à la charge de prononcer lesdites réductions à la chambre du conseil ;

76° Que les cours de parlement en pourront faire aucun réglement pour les droits, fonctions et pouvoir des présidiaux, lesquels seront réservés au conseil de Sa Majesté ;

77° Que quand il sera porté aux siéges ordinaires des affaires non excédant la compétence présidiale, les procureurs du Roi pourront d'office requérir que lesdites affaires seront portées au présidial, encore que les parties ne l'eussent requis et n'y voulussent consentir, sauf à y être la compétence jugée à la charge de l'appel dans les cas ci-dessus prévus ;

78° Que dans tous les bailliages où il y a siéges présidiaux, les officiers pourront juger en dernier ressort, au nombre de trois juges, jusqu'à concurrence de cent cinquante livres, et les officiers des simples siéges royaux jusqu'à concurrence de cent livres, toutes contestations pour raison de gages, de serviteurs, mercenaires, et autres pures personnelles et sommaires, même les juges des seigneurs, dans lesdits cas, jusqu'à concurrence de cinquante livres ;

79° Qu'il ne sera fait à l'avenir aucune distraction de ressort pour toutes les terres érigées en dignité, sauf les causes relatives à la personne des pairs et aux droits de leurs pairies ;

80° Que tous démembrements de justice royale soient prohibés, à toute autre condition que celle d'échange de justice ;

81° Que tous officiers royaux seront tenus de résider assidûment dans les villes de leur établissement *et fonctions de leurs offices, à peine* de privation d'iceux ;

82° Que les offices royaux seront déclarés inconciliables avec les dignités et bénéfices ecclésiastiques auxquels sont attachés des fonctions, desservissements, ou autre devoir public ;

83° Que l'adresse des provisions d'offices pour les siéges présidiaux sera faite aux officiers des siéges dans lesquels ils doivent exercer leurs fonctions, sauf celle des chefs et gens du Roi, qui seront adressées aux cours desquels lesdits siéges ressortissent. Que les provisions pour les siéges royaux particuliers ou non présidiaux seront pareillement adressées au siége présidial auquel elles seront attachées ;

84° Qu'il ne sera accordé de provisions d'office de judicature, que sur le vu de l'agrément ou *admittatur* du tribunal auquel l'impétrant devra appartenir ;

84° *bis* Que pour exciter le zèle et l'émulation

dans la magistrature, il sera accordé une marque extérieure de décoration aux juges et aux avocats qui auront rempli leurs fonctions pendant vingt-cinq ans avec une distinction éminente;

85° Que tous droits et lettres de *committimus*, privilèges de scholarité, lettres de gardes-gardiennes, à l'exception des causes pures personnelles excédant mille livres, tant en demandant qu'en défendant, accordés à tous corps, communautés et particuliers, seront irrévocablement supprimés;

Que l'attribution faite au grand conseil de toutes les causes de congrégations et bénéficiers et toutes autres attributions générales et particulières seront révoquées et annulées et les parties tenues de se pourvoir devant les juges ordinaires;

85° Que toute demande pour retirage en Beauce sera remise aux membres de la municipalité de la paroisse, qui se rendront sur les lieux et dresseront leur rapport d'après lequel les parties se retireront devant le juge qui statuera après avoir vu ledit rapport;

86° Que les différents scels attributifs de juridiction seront restreints aux seuls actes volontaires, et entre les parties mêmes qui les auront souscrits; que les notaires de tous les châtelets du royaume ne pourront en vertu de leurs privilèges exclure les notaires des lieux, mais seront tenus d'instrumenter concurremment avec eux;

87° Que tous les juges des seigneurs seront et ne pourront être destitués, sinon pour forfaiture jugée par les officiers royaux;

88° Qu'il sera défendu à tout seigneur haut justicier d'avoir auditoire et prison hors de l'étendue de sa justice, et que toutes les permissions contraires qui ont pu être obtenues seront révoquées;

89° Qu'il sera procédé à la confection d'une nouvelle ordonnance civile, dont le projet sera envoyé aux différentes cours et tribunaux, aux facultés de droit et collèges d'avocats du royaume, pour par eux donner leurs observations, et notamment sur le terme dans lequel il importe à la tranquillité publique que les procès soient terminés;

89° *bis* Que le nombre des justices seigneuriales sera réduit en obligeant tous les seigneurs hauts justiciers d'un territoire donné à se réunir pour nommer en commun les mêmes officiers dont ils payeront les appointements et qui exerceront la justice dans la paroisse la plus convenablement située dans chacun des arrondissements;

90° Pour remédier aux inconvénients et aux frais immenses qu'occasionnent les distributions du prix des biens vendus même volontairement, Sa Majesté sera suppliée de rendre incessamment un règlement qui en simplifie la procédure, sur les différents mémoires qui lui seront présentés;

91° Il sera demandé par les députés qu'il sera traité dans les Etats généraux des moyens de rapprocher toutes les coutumes les points qui en sont susceptibles et ce dans la forme et par suite des soins conçus et commencés par M. d'Aguesseau;

92° Que les décrets forcés seront supprimés et remplacés par la vente en justice, sur une affiche et trois publications, estimation préalablement faite;

92° *bis* Et pour mettre les créanciers plus à portée de conserver leurs droits, que l'extrait des contrats de vente sera publié et affiché à la porte de l'église paroissiale du domicile du vendeur;

93° Qu'il sera fait un tarif des droits, taxes et salaires des procureurs, huissiers et autres, tant au civil qu'au criminel, taxe des témoins, etc., le dit tarif uniforme pour toutes les juridictions de même rang, et dressé d'après les mémoires adressés par chaque tribunal. Que ledit tarif sera adapté, dans une proportion déterminée et graduelle, aux juridictions inférieures et justices seigneuriales;

94° Que les offices d'huissiers-priseurs, vendeurs de meubles seront supprimés et réunis à ceux d'huissiers et sergents ordinaires;

95° Que tous huissiers et sergents des cours souveraines, et châtelets de Paris et autres ne pourront se domicilier dans les provinces et y exercer qu'en se faisant immatriculer dans le siège présidial de leur résidence et en deviendront justiciables pour tout ce qui concernera leurs fonctions;

96° Qu'il sera également rédigé un tarif pour les droits et vacations des notaires, eu égard aux lieux de leurs résidences, et qu'on aucun cas un notaire ne pourra être en même temps le contrôleur des actes;

97° Que toute taxe pour les notaires, procureurs, huissiers, des juridictions royales, seront faites par le lieutenant général ou premier juge assisté d'un des officiers du siège en présence des parties, sauf l'appel au bailliage ou au présidial, d'après la somme de la taxe, les tiers taxateurs supprimés;

98° Que tous offices de notaires, procureurs et huissiers seront réduits au nombre nécessaire pour le service du public dans l'étendue de chaque juridiction;

99° Que suppression sera faite des offices de receveurs des consignations et que les adjudicaires des biens vendus, et autres débiteurs, pourront consigner aux bureaux des hôtels de ville, lesquels seront autorisés à rembourser lesdits offices et percevront un droit modique sur les sommes consignées, sans pouvoir forcer la consignation;

100° Que suppression sera également faite des offices de commissaire aux saisies réelles, en les remplaçants, pour l'administration des biens saisis, par un séquestre nommé par le juge ou choisi par les créanciers unis; et de tous autres offices inutiles ou nuisibles; sans que Sa Majesté exige aucune indemnité pour ceux vacants aux parties casuelles;

101° Que toutes lesdites suppressions, conformément au vœu des Etats de 1614, auront lieu dans les apanages, attendu que les sujets du Roi n'y peuvent être de pire condition, sauf l'indemnité due aux princes apanagés;

102° Que les successions déclarées vacantes seront retirées des mains de justice pour être remises en celles de curateurs intègres et solvables, choisis dans la classe des citoyens retirés des affaires et qui aviseraient aux moyens les plus prompts et les moins dispendieux pour procurer la vente des biens en se chargeant gratuitement de cette œuvre patriotique;

103° Que les droits de greffe, dont l'excès et la multiplicité met le peuple dans l'impuissance de défendre ses intérêts les plus légitimes, seront réduits et modérés; et que les greffes de présentations, affirmations de voyage, les offices de clercs, commis, des greffes, droit de Parisis, etc., seront également supprimés, le tout en accordant aux titulaires et engagistes indemnité et remboursement de toute leur finance;

104° Que les Etats généraux prochains, à l'exemple des précédents Etats détermineront le tribunal dans lequel devront se porter toutes contestations relatives à l'impôt et aux abus de sa perception, d'après la suppression de toutes les commissions ou attributions particulières.

PROCÉDURE CRIMINELLE.

105° Que l'ordonnance de 1670 sur l'instruction criminelle sera revue et corrigée, que les plaintes seront répondues par les siéges assemblés, que les décrets y seront rendus, le tout au nombre de trois juges; sauf le cas du flagrant délit et des vagabonds;

106° Que l'instruction criminelle ne pourra se faire par les lieutenants ou ceux qui les suppléeront, qu'en présence d'un assesseur; et qu'après le recollement et l'interrogatoire, la procédure sera communiquée à l'accusé qui pourra se choisir un conseil;

107° Qu'il sera procédé à la rédaction d'un nouveau code pénal par lequel la question préalable sera abrogée en tous les cas, excepté le crime de lèse-majesté, le poison, l'incendie et assassinat sur les grands chemins avec attroupement. Que la peine de mort sera réservée pour ces mêmes crimes et le meurtre;

108° Que la nature des supplices sera changée et adoucie;

109° Qu'en tout état de cause les accusés seront admis à proposer leurs faits justificatifs; que délai compétent leur sera accordé pour les établir, auquel cas les témoins seront assignés à la requête du procureur du Roi, si l'accusé est dans la pauvreté;

110° Que le serment des accusés sera abrogé, et les accusés seulement interpellés de dire la vérité;

111° Que tout jugement portant condamnation à peine afflictive ne pourra passer qu'à la pluralité, deux tiers des voix;

112° Que tout jugement de plus amplement informé, rendu contradictoirement, ne pourra, dans les crimes majeurs, passer le terme de trois années, et d'un an dans les moindres;

113° Que l'usage de la confiscation des biens des condamnés sera abrogé;

114° Qu'il ne pourra être donné aucune commission en matière criminelle et que la connaissance et jugement des accusations seront laissés aux juges ordinaires;

115° Qu'il ne sera rendu aucun arrêt de défense ou autre pour arrêter ou suspendre une instruction commencée, à peine de cassation;

116° Que les commissions d'assesseurs et procureurs du Roi, ainsi que de greffiers de la maréchaussée seront supprimées et leurs fonctions réunies aux siéges royaux du territoire;

117° Que tous les lieux privilégiés pour les malfaiteurs, banqueroutiers et gens de mauvaise foi seront supprimés sans exception;

118° Que la connaissance des faillites et banqueroutes sera attribuée aux juges consuls, lesquels seront tenus de dénoncer au ministère public les fraudes qu'ils viendraient à découvrir dans lesdites faillites, sans que les poursuites puissent retarder en aucune manière les liquidations; que la peine de mort sera supprimée pour lesdites banqueroutes, mais que les peines infamantes auxquelles les banqueroutiers seront soumis, seront exécutées rigoureusement et sans exception;

119° Que défenses seront faites de recourir à la voie de plainte en matière d'injures et autres où il ne peut être prononcé que des défenses ou

injonctions et des réparations civiles et pécuniaires, et qu'auxdits cas les parties seront tenues de se pourvoir devant le juge civil et d'informer par enquête;

120° Que les maisons de force établies en chaque généralité, ainsi que les dépôts de mendicité seront soumis à l'inspection et autorité immédiate des États provinciaux;

121° Que l'instruction d'aucun procès criminel ne pourra être arrêtée ni suspendue par ordre supérieur, sauf aux parties à recourir après le jugement à la clémence du Roi pour obtenir lettres de grâce et autres, lesquelles ne pourront être entérinées que dans le tribunal où l'instruction aura été faite;

122° Que les États généraux concourront de tous leurs efforts pour obtenir de Sa Majesté une loi qui déclare injuste et contraire à l'humanité le préjugé qui étend aux familles la honte du châtiment infligé aux coupables, qui ordonne que ledit préjugé ne pourra autoriser aucune exclusion des emplois civils et militaires ou des corps ecclésiastiques, et que la peine due aux délits sera la même pour tous les coupables, de quelque ordre qu'ils soient;

123° Qu'en accordant la liberté de la presse, les États généraux solliciteront une loi solennelle qui défende sous les peines les plus rigoureuses de porter dans aucuns écrits atteinte à la religion, aux mœurs, au respect dû à la personne sacrée du Roi et à l'honneur des citoyens; pourquoi tous auteurs et imprimeurs seront tenus de mettre leur nom aux ouvrages par eux faits et imprimés, et demeureront responsables desdits ouvrages.

INSTRUCTION.

124° Que les études dans les universités seront réformées et régénérées, les professeurs dotés, et l'instruction rendue gratuite, le tout d'après les plans et mémoires qui seront présentés par les différentes universités du royaume;

125° Que les médecins seront maintenus dans la jouissance de tous les droits et priviléges qui leur sont attribués par les ordonnances; la place de médecin du Roi réunie au collège en entier;

126° Que l'exercice de la chirurgie sera assujetti à des études préalables et à des examens rigoureux, suivant les plans qui seront présentés par les différentes écoles de chirurgie du royaume; qu'il n'y aura aucune différence entre les épreuves des chirurgiens de campagne et ceux des villes, sans aucune augmentation de droits à l'égard de ces premiers; qu'il sera fait défense à toutes personnes d'exercer la chirurgie, sans avoir été reçues et admises en la forme ci-dessus indiquée, à l'effet de quoi il ne pourra être accordé ni délivré aucuns brevets donnant permission d'exercer, et l'usage desdits brevets sera supprimé; que tous empiriques et charlatans seront poursuivis à la requête du ministère public et punis rigoureusement;

127° Que les règlements concernant la pharmacie seront surveillés et maintenus avec exactitude, que la composition et le débit des remèdes seront exclusivement confiés aux maîtres de cet art;

128° Que l'enseignement public dans les colléges sera perfectionné; qu'il sera surtout examiné dans les États généraux s'il serait possible de diriger essentiellement vers l'éducation publique une ou plusieurs congrégations régulières, auxquelles elle serait généralement confiée; que dans les villes où il y a université, les colléges y soient affiliés et même érigés en faculté des arts;

129° Qu'il sera établi un plan d'études uniforme pour tous les colléges, à l'exception des écoles militaires;

130° Que partout où les moyens des colléges le permettront, il sera établi, en faveur des jeunes gens peu fortunés, des bourses qui ne seront accordées qu'à ceux des élèves qui auront déjà eu des succès distingués dans les colléges où elles seront fondées;

DROITS DE PROPRIETE ET AUTRES OBJETS D'UTILITÉ PUBLIQUE.

131° Qu'à l'exception des rentes foncières qui seront justifiées être le prix originaire de la concession, toutes autres seront remboursables sur le pied de moitié en sus du taux de l'ordonnance à l'époque du remboursement;

132° Que la faculté de recevoir le remboursement de toutes rentes foncières sur le même pied, sera accordé à tous corps, communautés, bénéficiers, et autres gens de mainmorte, sans aucune formalité préalable, si ce n'est la présence du ministère public, à la charge par eux de faire emploi desdits remboursements sur les états de chaque province;

133° Que l'obligation de fournir et faire valoir et autres clauses équivalentes seront annulées et le créancier tenu de se contenter de l'hypothèque spéciale sur l'objet affecté à sa rente, si mieux n'aime recevoir le remboursement sur le même pied;

134° Que Sa Majesté sera suppliée de supprimer les banalités qui lui-appartiennent;

135° Que la faculté du jeu de fief formellement autorisée par l'article VII de la coutume d'Orléans, et anéantie par le parlement en 1775, contre le texte de la loi municipale et l'usage constant et invariable de la province, sera rétablie telle qu'elle était avant cette époque, ou tout au moins assimilée à celle qui a lieu à Paris depuis la réformation de cette dernière coutume, originairement la même à cet égard que celle d'Orléans;

136° Les droits de champart étant très-onéreux et même nuisibles à l'agriculture, en ce qu'ils privent les héritages d'une partie de leurs engrais et en ce que les fruits ne peuvent être enlevés qu'après un délai déterminé, les Etats généraux seront chargés de solliciter une loi qui permette de se rédimer de ce droit, en offrant, par tous les redevables d'un même canton, de payer soit une somme de deniers qui sera convenue, soit une rente en argent ou en grains, non remboursables, le tout, suivant l'appréciation qui en sera faite, eu égard au produit annuel des héritages sujets audit droit;

137° Qu'en attendant qu'il soit possible d'effectuer la suppression de l'impôt sur le tabac, et de rendre à la nation la liberté de cette culture, la distribution du tabac râpé sera interdite à la ferme;

138° Qu'il sera pris les précautions les plus positives pour empêcher dans tout le royaume le monopole sur le commerce des grains et assurer la subsistance du peuple;

139° Qu'il sera délibéré sur les moyens les plus propres à établir dans tout le royaume l'uniformité de poids et mesures;

140° Qu'il sera marqué des bornes plus précises entre le commerce en gros et celui de détail, et que si les communautés d'arts et métiers sont maintenues, il sera interdit aux commerçants en gros d'entreprendre sur le commerce de détail;

141° Qu'en général il soit accordé au commerce liberté, immunité et sûreté; que tout privilège exclusif de commerce, accordé tant à des compagnies qu'à des particuliers, sera supprimé, notamment celui d'extraction des charbons de terre des mines du Nivernais;

142° Que les fabriques de toutes espèces seront affranchies du droit de marque, à la charge par chaque fabricant de marquer personnellement les marchandises sortant de sa fabrique;

143° Que l'ordonnance de 1673, concernant le commerce, sera réformée; que la nouvelle ordonnance fixera d'une manière irrévocable l'uniformité d'échéance pour toutes les places, sans distinction à l'égard des lettres de change et des billets à ordre causés pour valeur en compte ou valeur en marchandise; que les lettres de change tirées par des marchands sur des marchands et à l'ordre d'un marchand, ainsi que les billets souscrits par un marchand à l'ordre d'un marchand, seront, dans tous les cas, du ressort des juridictions consulaires, sans que le transport qui en serait fait par endossement au profit d'un porteur non commerçant, puisse donner lieu à décliner la juridiction;

144° Que dans toutes les provinces traversées par de grandes rivières, le halisage sera sous la vigilance et l'autorité des Etats provinciaux et le contentieux attribué au tribunal qui sera indiqué par les Etats généraux;

145° Que le commerce des vins et eaux-de-vie sera rendu plus facile par la destruction des entraves qu'on lui a données, notamment de la demande des certificats des décharges desdites eaux-de-vie; que la vente des eaux-de-vie se fera partout le royaume au poids, comme elle se pratique en Languedoc et en Provence, et même à la tare nette; c'est le seul moyen de réprimer les infidélités qui se pratiquent à l'égard de la jauge;

146° Que les raffineries d'Orléans jouiront comme celles des ports de mer de la liberté de faire passer leur sucre raffiné chez l'étranger et provinces réputées étrangères, avec le bénéfice accordé par l'arrêt du conseil du mois de mai 1784;

147° Que les douanes seront portées aux extrémités du royaume; *que les barrières seront gardées par des soldats invalides et non par un grand nombre de commis, dont la vigilance infidèle facilite plus souvent la fraude qu'elle ne contribue à faire payer les droits d'entrée;*

148° Que l'élection des juges et consuls se fera en la manière accoutumée, mais que le choix ne pourra tomber que sur les membres des différents corps et communautés qui par leurs lumières et leur mérite personnel seront jugées dignes de cette fonction;

149° Que le Roi sera supplié de ne conclure aucun traité de commerce avec les nations étrangères, sans avoir au préalable consulté les chambres de commerce et les juridictions consulaires établies dans les principales villes du royaume;

150° *Qu'il soit accordé aux teinturiers et ouvriers privilèges sur les étoffes fabriquées ou teintes par eux tant qu'elles se trouveront dans les mains de ceux pour le compte desquels ils auront été employés;*

151° Que dans le cas où les communautés seraient conservées, les veuves auront le droit de continuer l'état de leurs maris, que cette même faculté sera étendue aux enfants et gendres des maîtres ;

152° Que la disposition de la coutume de Paris qui accorde aux boulangers et bouchers le privilége pendant l'année pour leur fourniture sera étendue à la coutume d'Orléans ;

153° Qu'on pourra faire du pain de tout poids et le vendre à la livre, sans préjudice de la taxe et de l'inspection des officiers de police sur la qualité, ainsi que par le passé ;

154° Que le droit de permission accordé aux messageries sera restreint au seul cas où les voyageurs iraient directement jusqu'au lieu où lesdites messageries ont leur destination directe avec retour et un service réglé, sans pouvoir exiger ledit droit, quand elles n'auront pas de place à donner dans leur voiture à la première réquisition des particuliers ;

155° Que le privilége d'exploitation accordé aux maîtres de poste, sera supprimé, sauf à être pourvu à leur indemnité par les Etats provinciaux ;

156° Qu'à l'exception des corps et communautés d'imprimeurs, libraires, pharmaciens, orfévres, joailliers, serruriers et perruquiers, il sera libre à tout particulier d'exercer l'état et profession qu'il aura choisi, sous la seule condition de faire sa déclaration devant le juge de police et de rapporter certificats de vie et de mœurs ; pour laquelle déclaration sera payée la somme de trente sols, compris l'expédition en papier, sauf à être pourvu aux indemnités dues aux officiers auxquels il a été attribués des droits sur lesdites communautés, qu'aux membres desdites communautés, pour les finances qu'ils auront acquittées ; que lesdits particuliers continueront d'être soumis à la juridiction des officiers de police, à raison de leur état, et qu'à l'égard du régime gratuit à établir dans les différents états pour l'intérêt de chacun des membres et le régime de la profession, l'édit du mois de février 1776 pourra servir de règle.

NOBLESSE ET SERVICE MILITAIRE.

157° Que la noblesse transmissible ne sera à l'avenir attachée à l'exercice d'aucuns offices, commissions et emplois civils;

158° Sa Majesté sera instamment priée de n'accorder des lettres de noblesse que pour des services distingués et qu'après avoir pris l'avis des Etats provinciaux ;

159° Les députés demanderont que tous offices et places de gouverneurs et lieutenants de Roi seront supprimés pour toutes les provinces ou villes où la résidence desdits gouverneurs et lieutenants du Roi ne sera pas nécessaire ;

160° Que partout où lesdits officiers seront maintenus, ils réuniront les lettres de commandement ;

161° Que tous les châteaux et forteresses appartenant au Roi qui sont dans l'intérieur du royaume seront détruits ou employés à un usage public, sur l'avis des Etats provinciaux ;

162° Que l'enclassement des bateliers des rivières navigables sera supprimé, comme oppressif, et qu'il y sera pourvu par des levées volontaires, en affectant d'abord à cette destination les enfants-trouvés élevés dans les différents hôpitaux ou dépôts de mendicité du royaume ;

163° Les Etats généraux seront priés de s'occuper des moyens de supprimer les milices ou troupes provinciales ;

Les députés demanderont que jusque-là, par une exclusion déterminée par l'intérêt de la culture et des arts, les domestiques servant dans les villes seront assujettis au sort de la milice, sans exception en faveur de ceux d'aucuns privilégiés; que la substitution et remplacement soient accordés à toutes les paroisses des villes et des campagnes et ne puisse l'être à la classe des domestiques servants dans les villes ;

164° Que le logement des gens de guerre sera à la charge des individus de tous les ordres, sans aucune exception ni privilége, si ce n'est en faveur des filles et veuves, avec faculté aux citoyens de se rédimer de chaque logement par une indemnité fixée qui sera remise entre les mains des officiers municipaux, lesquels seront alors chargés d'y pourvoir ;

165° Que les édits des duels seront réformés ; qu'en conséquence la peine de privation d'office ou emploi sera prononcée contre ceux qui auront provoqué par propos, menaces ou voies de fait, dont il sera informé et qu'à l'égard de ceux qui ne posséderaient ni offices, ni emplois, ils seraient condamnés à la réclusion à temps ou à perpétuité, sans qu'il puisse être accordé aucune lettre d'abolition, grâce ou pardon, mais seulement commutation de peine ;

166° Que Sa Majesté et les Etats généraux seront priés de prendre des mesures pour empêcher la sortie de l'argent du royaume par les annates et les dispenses en cour de Rome, et que les dispenses seront accordées à l'avenir par les évêques.

ÉGLISE.

167° Que les archevêques et évêques seront tenus de résider exactement dans leurs diocèses et d'en visiter chaque année une portion déterminée ; et dans le cas où ils s'absenteraient plus de trois mois par chaque année, le quart de leurs revenus sera acquis aux hôpitaux des lieux et requérable par les administrateurs d'iceux, sur les conclusions du procureur du Roi ;

168° Que toutes les communautés et ordres religieux seront soumis à la juridiction de l'ordinaire ;

169° Le vœu de la nation sera présenté à Sa Majesté pour que nul ecclésiastique ne puisse réunir sur sa tête plus d'un bénéfice propre à assurer une subsistance honnête ;

170° Il sera demandé que les cures des campagne seront arrondies autant qu'il est possible, de manière à être en état de comporter un vicaire ;

171° Que le vicaire sera logé et nourri par le curé, et recevra en outre de lui une somme annuelle de 350 livres, à la charge de ne pouvoir faire à l'avenir aucune quête, et que lesdites cures de campagne seront dotées, savoir : celles sujettes à vicaire, d'une somme qui soit telle qu'après avoir acquitté les impôts, il leur reste 2 200 livres ; et celles non sujettes à vicaire, de 1,500 livres ; que lesdites dotations seront faites par réunion de bénéfices et autres moyens que les évêques jugeront convenables, avec droit aux Etats provinciaux de surveiller l'exécution du dit règlement;

172° Qu'au moyen desdites dotations, le casuel forcé sera supprimé et interdit à perpétuité ;

173° Que pour prévenir d'un côté les demandes trop étendues des curés et pour écarter de l'autre les difficultés qu'ils éprouvent, il sera rendu une loi qui fixera précisément et déterminément le logement que les habitants sont tenus de fournir;

174° Que les cures des villes seront, outre le logement, dotées d'une somme qui soit telle, qu'après avoir acquitté les impôts, il reste aux curés 2,000 livres et à chaque vicaire 800 livres, à la charge par lui de se loger;

175° Que pour obvier à la diminution du numéraire, toutes les dotations qui seront faites par assignation sur les biens d'un bénéfice seront évaluées en grains sur le prix commun du blé d'après les mercuriales, et néanmoins payables en argent, à l'option des débiteurs;

Que toutes lesdites dotations seront faites, savoir : pour les cures qui étaient autrefois des vicaireries perpétuelles, par ceux qui possèderont les revenus attachés auxdites vicaireries; pour celles dépendantes des congrégation, par lesdites congrégations; pour celles appartenantes aux patrons laïques, par lesdits patrons si mieux n'aiment lesdits patrons abandonner leur patronage, auquel cas leurs cures seront à la nominations de l'évêque diocésain, qui sera tenu de les doter par union de chapelles ou autres bénéfices;

Que dans lesdites dotations, seront évalués et précomptés les produits de la dîme usitée dans la paroisse, déduction faite du produit des menues dîmes, lesquelles seront supprimées;

176° Que pour entretenir l'émulation parmi les curés et les vicaires, et leur donner la certitude d'une retraite honnête et la récompense de leurs travaux, une partie des prébendes de chaque chapitre leur sera affectée, en sorte que les collateurs et patrons ecclésiastiques et laïques soient tenus de leur conférer lesdits prébendes, vacance arrivant, avec la liberté néanmoins de choisir parmi les curés et les vicaires du diocèse qui auraient au moins quinze ans d'exercice dans le ministère, les droits néanmoins des gradués réservés;

177° Que le droit de déport sera supprimé et l'indemnité des bénéficiers qui en jouissent assurée par l'union des prébendes des chapitres auxquels ils appartiennent;

178° Que les monastères où la conventualité et la règle ne pourront être observées seront réunis aux monastères de même ordre les plus voisins, sauf à retrancher du revenu du monastère supprimé et affecter à la dotation des cures la portion qui en deviendrait inutile par l'effet de la réunion;

179° Que les canons concernant la discipline et les mœurs des ecclésiastiques seront mis en vigueur, leur observation maintenue par la tenue exacte des synodes diocésains; qu'en cas de négligence de la part des évêques, de leurs officiaux et promoteurs, les procureurs du roi seront autorisés à poursuivre la punition des abus et délits des ecclésiastiques, même sur la simple dénonciation des procureurs fiscaux des lieux;

180° Les États généraux solliciteront une loi qui interdise toute action, pour raison de défauts de causes, de formalités ou lésion, contre les aliénations faites ou à faire des biens des ecclésiastiques et autres gens de mainmorte, après quarante ans, à compter du jour du décès du bénéficier et du décès de l'acquéreur, soit que les biens soient alors possédés par les héritiers de l'acquéreur ou par des tiers détenteurs;

Et à l'égard des ventes faites par les corps et communautés ecclésiastiques ou gens de mainmorte, la même loi les rendra inattaquables après quarante ans, à compter de la mort de l'acquéreur seulement;

181° On sollicitera pareillement une loi qui portera que les baux à ferme ou à loyer des biens ecclésiastiques, gens de mainmorte, même de l'ordre de Malte, qui n'auront été faits que pour neuf ans ne seront pas cassés ou résiliés par la mort ou changement du titulaire qui les aura faits, ensemble que les bénéfices seront tenus de les faire conformément aux usages du pays, en ce qui concerne l'époque à laquelle lesdits baux commenceront et finiront.

182° Il sera demandé que le quart réservé des bois des bénéficiers, corps et communautés, ne pourra être coupé que sur l'avis des États provinciaux;

183° Que le régime administratif des forêts sera réformé et perfectionné, cette branche importante du revenu territorial encouragée, le tout d'après les plans et mémoires présentés par les juridictions établies dans cette partie.

Que les États généraux seront chargés de s'occuper des abus et inconvénients des droits de gruerie et grairie dans les forêts, et [des moyens de les faire cesser, en pourvoyant néanmoins à l'indemnité des propriétaires; que dès à présent ces droits ne pourront être prétendus que sur les bois plantés d'ancienneté, et relativement auxquels l'exercice desdits droits sera justifié, de manière qu'on ne puisse désormais les réclamer sur les bois nouvellement accrus, sous prétexte qu'ils sont dans la ligne de gruerie ou grairie;

184° Que les particuliers ne pourront être inquiétés pour cause de voierie ou inspection des rues et routes, lorsque les réparations qui seront à faire aux maisons mêmes sujettes à reculement n'auront pour objet que le simple entretien et ne tendront point à consolider; les permissions, audit cas, ne pourront être refusées;

185° Que le corps de l'imprimerie jouira dans les villes, universités et corps de commerce, de tous les droits qui lui sont attribués par les règlements.

PACAGE.

186° Que les habitants des paroisses qui, par leurs titres, ont le droit de pacage dans la forêt seront maintenus dans ce droit, en se conformant par eux à l'ordonnance.

CULTURE.

187° Que les propriétaires et cultivateurs ne pourront être gênés dans l'exploitation de leurs héritages sous aucun prétexte et notamment de celui de la conservation du gibier en faveur des seigneurs, qui ne pourront, conformément à la déclaration de 1699, pour la capitainerie de l'Apanage d'Orléans, contraindre les fermiers de mettre des épines dans les prairies ni d'attacher des landons au col de leurs chiens, ni empêcher de cueillir de l'herbe dans les blés en quelque temps que ce soit, ou d'arracher les chaumes lorsqu'ils le jugeront à propos.

COLOMBIERS.

188° Que désormais personne ne pourra avoir de colombiers, soit qu'il soit seigneur de fief ou même haut justicier, s'il n'est propriétaire de 200 arpents de terre, et que dans chaque colombier il n'y aura que 2 boulins à raison de chaque arpent.

BANALITÉS ET DROIT DE BOUCHERIE.

189° Il sera observé qu'il résulte de très-grands inconvénients et des procès multipliés des banalités de moulin, de four et de pressoir et des droits de boucherie : en conséquence, leur suppression sera sollicitée, à la charge néanmoins par les habitants d'indemniser les propriétaires, soit à l'amiable, soit d'après une estimation qui sera ordonnée par les États provinciaux.

CHASSE.

190° Il sera demandé que le droit de chasse demeurera réservé aux seuls propriétaires de biens nobles ayant au moins cent arpents d'étendue, en propriété ou en mouvance, mais à la charge par eux de se conformer rigoureusement aux ordonnances relatives à cet objet. En conséquence, ils ne pourront en user, lorsque les fruits pendant par les racines peuvent être endommagés. — Que pour éviter tout abus, les procureurs du roi, des maîtrises sur les plaintes qui leur seront portées, demeureront autorisés à poursuivre tout homme qui chasserait sans droit, ou qui, l'ayant, chasserait dans un temps prohibé; que le juge prononcera pour la première fois les dommages et intérêts, et pour la seconde fois la privation de chasse. — Qu'à l'égard des ecclésiastiques, il sera arrêté de nouveau qu'ils n'en feront point usage par eux-mêmes, mais seulement qu'ils pourront avoir un garde-tireur obligé de se conformer aux règlements et sous les peines y portées, dont les ecclésiastiques demeureront responsables.

Que lorsqu'une campagne enfin sera dévastée par l'abondance du gibier, les habitants du canton pourront s'adresser à la maîtrise, qui, après avoir entendu le seigneur, autorisera la commune à faire des battues pour la destruction du gibier, et notamment les lapins, sous les ordres néanmoins et l'inspection d'une personne qui sera commise à cet effet.

CAPITAINERIE.

191° Que les capitaineries appartenantes aux seigneurs apanagistes seront supprimées.

GARENNE.

192° Qu'aucune autre garenne ne pourra être conservée, à moins qu'elle ne soit entourée de murs;

193° Que le partage des biens nobles entre roturiers ne sera sujet à aucun avantage de droit d'aînesse, sinon dans le cas d'une disposition contraire de la part du propriétaire;

194° Que les États provinciaux seront chargés d'aviser aux moyens les plus sûrs pour la conservation des minutes des notaires seigneuriaux et même de celles des notaires royaux répandus dans la campagne;

195° Que les justices royales, dont le juge est dans des bourgs ou villages trop peu importants seront transférées dans les villes les plus prochaines, où elles pourront s'exercer d'une manière plus décente et plus utile et où d'ailleurs tous les habitants des environs sont appelés par les foires et les marchés et notamment les justices royales d'Yèvre-le-Châtel, etc.;

196° Que la mendicité commençant à se renouveler dans les campagnes, les règlements concernant les vagabonds seront remis en pleine vigueur, et, à cet effet, que les syndics et membres des municipalités des paroisses demeureront autorisés à arrêter et faire arrêter les mendiants hors leurs paroisses et à les faire conduire à la brigade la plus prochaine.

Les cahiers de l'université d'Orléans et les communautés des notaires et procureurs de la même ville, contenant des objets très-intéressants et dont il est impossible de présenter l'extrait, demeureront joints à ce cahier

Clos et arrêté par nous commissaires, le 20 mars 1789.

(Est signé:) Peigné; — Miron; — Recullé; — Jucqueau; — Henry, avocat du Roi; — Perret; — Brigot; — Lasneau, le jeune; — Gallard; — A. Gribier; — Langlois; — Salomon de La Saugerie; — J.-R. d'Argent; — Depervé; — Villemard; — Ronceret; — Feuillastre; — P. Debray; — Robert de Massy; — Tassin de Villepion; — Curault.

CAHIER

De doléances, représentations et demandes que l'Université d'Orléans estime devoir être faites à l'assemblée générale des États du royaume (1).

Suivant les lettres de convocation du 24 janvier 1789, le Roi assemble les États généraux de son royaume :

1° Pour établir un ordre fixe et durable dans toutes les parties de l'administration;

2° Pour subvenir aux besoins de l'État;

3° Pour réformer les abus qui se sont glissés dans toutes les parties du gouvernement.

De ces trois objets remplis, résultera la prospérité du souverain, celle du royaume et le bien général de tous les sujets.

Pour se conformer aux vues de Sa Majesté, ce mémoire sera divisé en trois parties.

Dans la première on traitera de l'ordre à établir dans les différentes parties de l'administration générale.

Dans la deuxième on discutera les différents moyens qu'on peut employer pour la liquidation des dettes de l'État et subvenir à ses besoins annuels.

Dans la troisième enfin on entrera dans le détail des abus qui sont à réformer.

1ʳᵉ PARTIE.

Établissement d'un ordre fixe et durable dans toutes les parties de l'administration.

Art. 1ᵉʳ. Le premier moyen pour parvenir à l'ordre proposé, est de fixer invariablement l'étendue des droits du souverain et ceux de la nation.

La France a toujours été et doit continuer d'être un État purement monarchique. L'ordre établi par la loi salique pour la succession à la couronne, sera inviolablement observé.

En conséquence elle passera de mâles en mâles et de branche en branche en gardant toujours l'ordre de primogéniture. Il n'est pas au pou-

(1) M. Maupré, archiviste en chef du Loiret, a eu la complaisance de nous envoyer une copie collationnée des doléances de l'Université d'Orléans.

voir du Roi d'en détacher aucun droit, même en faveur des princes du sang. Les apanages des enfants de France seront déterminés de concert avec les États généraux. S'il est juste de leur procurer des jouissances répondantes à l'état de leur naissance, le Roi ne doit pas se dépouiller de biens trop considérables et se priver par cette voie de la ressource qu'il peut trouver dans ses domaines.

Le royaume de France sera déclaré indépendant de toute puissance étrangère, quoique en matière de dogme il soit soumis à l'autorité de l'Église.

Le souverain a la plénitude de la puissance et le droit exclusif de porter les lois, de manière néanmoins qu'il ne puisse par aucune violer les principes du droit naturel, ni donner atteinte à la liberté individuelle de ses sujets ou à leur propriété, soit directement, soit indirectement : en conséquence toutes les lois qui tiennent essentiellement à l'ordre public ne pourront éprouver de changement que dans les États généraux, et toutes celles qui y auront été sanctionnées seront inviolables.

La plénitude de la puissance du souverain emporte le droit de faire exécuter les lois. Ce n'est point aux cours supérieures à y apporter des restrictions ou modifications. Ces modifications, d'ailleurs communément, ne sont pas uniformes dans toutes les cours souveraines; elles introduisent ainsi dans les différentes provinces une variété de jurisprudence qu'il est essentiel de faire disparaître.

Art. 2. Les lois n'étant obligatoires que lorsqu'elles sont connues, il faut qu'il y ait un tribunal quelconque où elles soient enregistrées et par le canal duquel elles parviennent à toutes les autres juridictions du royaume. Mais comme il peut arriver que la religion du prince ait été surprise, et qu'il résulte de l'exécution de la loi des inconvénients qu'il n'a pas prévus, il est nécessaire que le tribunal commis pour l'enregistrement ait la liberté de faire au Roi de respectueuses remontrances.

Art. 3. (Raturé.)

Art. 4. Quoique le prince ne puisse porter atteinte à la liberté de ses sujets, il est cependant de l'intérêt public de ne pas supprimer entièrement les lettres de cachet, contre lesquelles on a depuis quelque temps déclamé avec chaleur. Si leur abus en est dangereux, leur suppression totale ne le serait pas moins dans une nation où règne le préjugé que l'opprobre attaché à la punition du crime doit rejaillir sur la famille du coupable. Il ne s'agit donc que de prendre des précautions sûres pour prévenir l'abus des lettres de cachet.

Le Roi doit être prié d'établir un conseil où seront portées toutes les demandes de cette nature, et sur l'avis duquel il ne pourra en être expédié : 1° que pour les crimes d'État; 2° lorsque la peine due à certains délits causerait plus de scandale dans le public qu'elle ne pourrait opérer de bien; 3° enfin lorsqu'une famille réunie demandera qu'on séquestre de la société un sujet qui ferait un abus criminel et punissable de sa liberté. Dans ces deux derniers cas, la lettre de cachet ne doit jamais être expédiée qu'après une information secrète faite soit par le commissaire départi dans la province, soit par telles autres personnes qui seraient choisies ; et toujours sous l'obligation solidaire que contractera la famille de payer la pension dans la maison de force dans laquelle le délinquant sera enfermé.

Art. 5. Le souverain ne pouvant pareillement porter atteinte à la propriété de ses sujets, il n'est pas au pouvoir du Roi d'établir des impôts sans le consentement de la nation. Ceux qui l'ont été sans ce consentement ne peuvent continuer d'avoir lieu qu'autant que le Roi l'obtiendrait de la bonne volonté de ses sujets. Ces décisions sont fondées sur ce que tout impôt attaque du moins indirectement la propriété.

Art. 6. Le Roi sera supplié d'accorder le retour périodique des États généraux de cinq ans en cinq ans. Mais dans l'état actuel des choses il est nécessaire de rapprocher davantage la deuxième tenue de la première et d'arrêter qu'elle aura lieu pour l'année 1792.

Et comme les impôts doivent être proportionnés aux besoins de l'État, qui peuvent augmenter ou diminuer suivant la variété des circonstances, les subsides qui seront accordés par la nation ne le seront jamais que pour avoir lieu jusqu'à l'année qui suivra la tenue de l'assemblée prochaine.

Art. 7. Le contrôleur général sera tenu de présenter aux États généraux l'état de la dépense nécessaire pour chaque partie de l'administration, et lorsque cet état aura été vérifié et arrêté dans l'assemblée nationale, les différents ministres dont le choix est à la volonté du Roi ne pourront tirer du Trésor royal une somme plus forte que celle qui leur aura été accordée pour les dépenses de leur département ni en employer aucune partie à d'autres usages. Ils seront tenus en conséquence de rendre un compte articulé et justifié aux États suivants, et en cas de malversation de leur part, ils seront poursuivis comme coupables de concussion et de déprédation.

Art. 8. Dans les États prochains, et dans tous ceux qui se tiendront à l'avenir, les voix se prendront par tête et non par ordre. Le tiers-état, plus nombreux que les deux autres collectivement pris et plus intéressés à la juste répartition des impôts aura toujours seul autant de représentants que les deux autres ordres, ainsi que Sa Majesté l'a réglé.

Art. 9. Toutes les provinces seront mises en pays d'États. Ces États provinciaux seront formés de la même manière que les États généraux, de sorte que le tiers-état ait toujours le double des représentants et le double de voix dans toutes les délibérations qui seront prises. Ce sont ces États provinciaux qui auront la répartition et la perception des impôts pour en compter directement au Trésor royal. En conséquence, les élections demeureront supprimées et le remboursement des offices ajouté à la dette nationale.

Art. 10. Tous les impôts actuels seront supprimés et remplacés par trois impôts, dont l'un se prendra sur le produits des fonds, l'autre sur l'industrie des particuliers et les objets de leur fortune autres que celles territoriales, le troisième sur les objets de luxe. On laissera néanmoins subsister : 1° le contrôle et l'insinuation, en modérant les droits de manière qu'ils ne soient que représentatifs de la dépense absolument nécessaire pour cette double perception. Le droit de contrôle réduit à une somme infiniment modique sera le même pour tous les actes et se percevra dans tous les lieux même à Paris, sauf le remboursement dû à la communauté des notaires de cette ville. Les droits d'insinuation seront déterminés par une commission nommée à cet effet, de manière que la perception ne puisse jamais être arbitraire. Le plus fort droit ne pourra dans aucun cas excéder 24 livres, et, en cas de contestations ou malversations, les juges royaux des lieux prononceront en dernier ressort.

2° On laissera pareillement subsister les postes et les messageries. Toutes les lois relatives à ces deux objets seront réduites à une seule dans laquelle les prix seront portés, sans qu'on puisse sous aucun prétexte s'écarter de la taxe qui aura été arrêtée. L'impôt territorial sera supporté par tous les ordres de l'État, perçu dans la même forme pour chacun, sans aucune espèce de distinction et d'exemption, et sera toujours proportionné au produit des fonds. Et comme il y a des objets dont le produit n'a lieu qu'après une certaine révolution d'années, comme les bois, les étangs, les droits utiles attachés aux mouvances (si on les laisse subsister), il sera dans les États provinciaux procédé à la fixation du produit d'une année commune de ces différents objets.

La taxe d'industrie et des objets de revenus autres que ceux de la propriété foncière sera pareillement arrêtée dans les États provinciaux dans le rapport le plus juste possible avec la fortune de chacun et les gains qu'il est censé faire dans l'exercice de sa profession.

Pour que les propriétaires de rentes constituées ne puissent échapper à leur contribution, à cette imposition, les débiteurs de ces rentes seront autorisés à retenir sur les arrérages une somme qui sera déterminée dans la proportion qu'elle doit avoir avec la fixation de l'impôt territorial, en telle sorte néanmoins que le débiteur ne puisse jamais retenir à ses créanciers réunis une somme plus forte que celle à laquelle il sera imposé dans les rôles de répartition.

L'impôt particulier qu'on mettra sur les objets de luxe sera réglé dans les États généraux. Il doit porter particulièrement sur les voitures, les chevaux de luxe, le nombre des domestiques. A l'égard des autres objets auxquels il s'étendra, il faut le choisir et régler cet impôt de manière qu'il ne puisse porter une atteinte dangereuse aux manufactures du royaume. La répartition de l'impôt sur les voitures, chevaux et les domestiques se fera dans une progression géométrique.

Art. 11. Le Roi sera supplié de supprimer toutes les mouvances féodales et censuelles sous la réserve des droits honorifiques dans les paroisses en faveur des patrons et des seigneurs hauts justiciers, sans qu'aucun autre puisse prétendre même aux moindres honneurs pour quelque cause et sous quelque prétexte que ce soit. Le droit de chasse demeurera néanmoins réservé aux gentilshommes propriétaires de biens actuellement connus comme nobles, mais, à la charge par eux de se conformer exactement aux ordonnances relatives à cet objet. Et pour entrer dans quelques détails nécessaires et qui trouvent ici leur place naturelle, les gentilshommes qui auront le droit de chasse, ne pourront en user, par eux ou leurs gardes, lorsque les fruits pendant par les racines courent risque d'être endommagés. En conséquence et pour faire disparaître toute espèce d'équivoque, le temps prohibé pour la chasse sera fixé pour chaque espèce de bien.

La chasse qui, de sa nature, n'est pas cessible, ne pourra être exercée par qui que ce soit, même avec la permission du gentilhomme propriétaire, et pour éviter tous abus à cet égard, les procureurs du Roi sur les plaintes qui leur seront portées, demeureront autorisés à poursuivre tout homme qui chasserait sans droit, ou, qui l'ayant, chasserait dans un temps prohibé. Le juge prononcera pour la première fois les dommages et intérêts envers les parties qui auraient souffert

et une amende de 300 livres, et pour la deuxième fois la privation du droit de chasse.

Lorsqu'une campagne sera dévastée par l'abondance du gibier, les habitants possédant héritages dans le canton pourront s'adresser aux États provinciaux qui, après avoir appelé et entendu le gentilhomme, autoriseront la commune à faire des battues pour détruire la trop grande quantité de gibier, sous les ordres néanmoins et l'inspection d'une personne qui sera commise à cet effet. A l'égard des droits de chasse qui appartiennent aujourd'hui à des ecclésiastiques, il sera arrêté de nouveau qu'ils n'en feront pas usage par eux-mêmes, mais seulement qu'il leur sera libre de se servir de gardes qui auront été reçus dans la maîtrise royale la plus prochaine; lesquels gardes seront tenus de se conformer au règlement ci-dessus proposé et sous les peines portées; et dans le cas où il y aura lieu à des dommages et intérêts et amendes, les ecclésiastiques en demeureront civilement responsables.

Les rivières navigables appartiennent exclusivement au Roi. Lui seul ou ses commissaires pourront exercer la pêche. Mais dans toutes les autres rivières elle appartiendra au propriétaire riverain dans la largeur entière si sa propriété borde les deux rives. Dans le cas contraire, la pêche sera exercée dans une année par le propriétaire de l'un des bords et par celui de la rive opposée dans l'année suivante; de cette manière tous les inconvénients disparaîtront.

Par suite de la suppression de la féodalité, les vassaux et censitaires seront autorisés à se libérer des prestations auxquelles ils sont assujettis, d'après l'appréciation qui en sera faite soit à l'amiable, soit par une commission établie à cet effet dans chaque province, en payant par les vassaux et censitaires le principal déterminé au denier 40.

Tout ce qui sera dû au Roi à cet égard et tout ce qu'il aura à recevoir pour ce qui est dans sa mouvance directe, sera perçu par les différents États provinciaux. Tout ce qui sera dû au clergé pour raison des mêmes indemnités, sera employé à la liquidation des dettes de cet ordre. L'emploi en sera justifié aux États provinciaux et si après l'extinction des dettes des mainmortables, il reste encore des deniers dont il faille faire emploi, ils seront versés dans la caisse des États provinciaux qui seront chargés de faire l'intérêt au denier 20.

DEUXIÈME PARTIE.

Discussion des différents moyens qu'on peut employer pour la liquidation des dettes de l'État et subvenir à ses besoins annuels.

·Art. 1er. Les dettes contractées par le Roi et ses prédécesseurs seront considérées comme dettes de la nation. On prendra dans les États généraux les moyens qu'on estimera les plus convenables pour la libération et toujours de manière à ne pas surcharger les peuples.

Art. 2. Le ministre des finances présentera aux États généraux un tableau détaillé de toutes les dettes qu'il faut éteindre, sans qu'on puisse par la suite en présenter de nouvelles sous prétexte d'erreur et d'omission.

Art. 3. La dette publique bien reconnue et constatée, les moyens de l'acquitter une fois choisis, on commencera par éteindre les engagements que la couronne peut avoir pris avec les nations étrangères.

Art. 4. Les trois impôts tels qu'on les a ci-dessus indiqués serviront aux besoins de l'État, et comme ils les excéderont, la quotité de ces excédants qui sera pareillement déterminée, sera versée dans la caisse des Etats particuliers de chaque province pour être employée, jusqu'à due concurrence avec les indemnités de mouvance, dont il a été ci-dessus parlé, à la liquidation de la dette nationale, sans que, sous aucun prétexte, il puisse être rien distrait pour quelque autre usage que ce soit.

Art. 5. Mais on ne trouvera pas dans les épargnes qui pourraient être faites sur les revenus annuels et dans les indemnités des mouvances féodales et censuelles une ressource suffisante pour éteindre toutes les dettes dont la nation se trouvera chargée et qu'il importe d'ailleurs d'accélérer la libération de l'Etat, il sera mis une taxe sèche sur tous les sujets du Roi dans la proportion de leurs facultés totales. La répartition entre les provinces s'en fera par les Etats généraux, et dans chaque province par les Etats particuliers à qui la perception en appartiendra, et qui seront tenus de l'employer à l'acquittement de la partie de la dette publique dont la province aura été chargée.

Art. 6. La taxe qui sera destinée à la liquidation de la dette de l'Etat sera payée par partie par partie dans un nombre d'années dont on conviendra. Mais les contribuables qui voudront se libérer en un seul payement auront la liberté de le faire. Et dans le cas où ils le feront, ils obtiendront la remise des intérêts de l'argent dont ils feront l'avance.

Art. 7. Pour venir au soulagement de ses peuples, et concourir avec eux à la prompte extinction de la dette nationale, le Roi sera supplié de faire dans sa maison et celle de la Reine les retranchements qui peuvent être faits, sans diminuer la splendeur du trône et l'éclat dont il doit être accompagné.

Art. 8. Sa Majesté voudra bien veiller pareillement à ce que les fournisseurs de sa maison et de celle de la Reine ne fassent pas de gains illicites qu'on a jusqu'à présent autorisés, parce que les officiers chargés de l'approvisionnement des maisons royales tirent des pourvoyeurs des pots de vins considérables.

Art. 9. Il est essentiel que le Roi rentre dans les domaines par lui aliénés. Presque tous l'ont été à vil prix. Et si, par des considérations très-particulières, on jugeait à propos de laisser subsister quelques-unes de ces aliénataires. Il faudrait du moins contraindre les aliénataires à payer une taxe proportionnée aux gains qu'ils ont faits et qu'ils font encore sur les contrats d'engagement qu'il ont passés avec le Roi; cette taxe sera réglée par une commission nommée à cet effet dans les Etats-généraux.

Art. 10. La même commission sera chargée de procéder à la vérification des pensions qui ont été accordées avec pouvoir de supprimer celles qui l'auraient été sans causes légitimes et de modérer les autres, d'après la nature des services rendus à l'Etat.

Art. 11. Tous les offices, dont les titulaires n'ont point de fonctions à remplir, toutes les places qui n'en donnent aucunes, seront supprimées. Ceux qui sont pourvus desdits offices ou qui occupent ces places, seront privés des gages qui leur étaient attribués.

On doit fixer les appointements qui seront dorénavant payés aux ambassadeurs, gouverneurs de province et autres, eu égard au genre de représentation que les différentes commissions exigent; parce que dans l'état de détresse où se trouve le royaume, on ne doit fouler les peuples qu'après avoir épuisé toutes les ressources d'une sévère économie.

TROISIÈME PARTIE

Tableau des abus qui sont à réformer.

Les abus à réformer ou sont particuliers à l'un des trois ordres de l'Etat, ou intéressent les trois ordres en commun.

Abus à réformer dans l'ordre du clergé.

Art. 1. La religion catholique, apostolique et romaine, étant la religion dominante dans le royaume, sera la seule dont l'exercice public sera permis. Il sera défendu aux protestants de tenir aucune assemblée; à leurs ministres de dogmatiser et de distribuer aucuns livres propres à surprendre la crédulité des esprits faibles. En conséquence, il sera enjoint aux procureurs du Roi des différentes juridictions d'informer contre ceux qui contreviendront à ce règlement.

Art. 2. Les archevêques et évêques seront tenus de résider au moins pendant neuf mois dans la ville principale de leur diocèse, de faire tous les ans la visite des paroisses de l'un des archidiaconnés de leur église, de manière qu'au bout d'un certain nombre d'années ils aient visité leur diocèse en entier. Il leur sera enjoint pareillement de tenir les synodes prescrits par les saints canons. Les abbés commendataires seront tenus de résider au moins moitié de l'année dans leur abbaye. Ils pourront passer l'autre moitié dans la ville la plus voisine. Ils ne pourront en aucun cas, faire une autre absence sans une cause légitime approuvée par l'évêque diocésain: le tout tant à l'égard des prélats que des abbés, sous peine de saisie de leur temporel qui sera employé par les Etats provinciaux au soulagement des pauvres et par préférence à ceux des lieux.

Art. 3. Tous les bénéfices à charges d'âmes, seront dorénavant à la collation de l'ordinaire. En conséquence, relativement à cette espèce de bénéfices, tous les patronages tant ecclésiastiques que laïques demeureront supprimés, les honneurs néanmoins réservés aux patrons dans les églises de leur ancienne fondation et les archevêques et évêques tenus de conférer les cures qui viendront à vaquer aux prêtres de leur diocèse.

Art. 4. Les évêques dans leur diocèse seront autorisés à supprimer toutes les cures, dont ils jugeront le territoire d'une trop petite étendue, sans s'arrêter à aucune espèce d'oppositions : ils détermineront la paroisse de laquelle dépendra le territoire de celle qu'ils auront supprimée. Ils feront à cet égard tous les règlements que la prudence leur suggérera.

Art. 5. Il y aura dans toutes les paroisses au moins un vicaire pour assurer le desservissement et l'administration des sacrements. Ce vicaire sera logé chez le curé et mangera à sa table. Il en recevra en outre une somme de 300 livres par année pour ses besoins personnels. En conséquence on assurera aux curés une subsistance honnête. On estime qu'elle pourrait être fixée à 1,800 livres pour les curés de campagne et 2,400 livres pour les curés de la ville. Et pour assurer un fonds suffisant, les archevêques et évêques demeureront autorisés à faire toutes les unions et les suppressions qu'ils croiront convenables et à s'emparer des bénéfices simples de leur diocèse. Les revenus seront par eux employés jusqu'à due concurrence à la nourriture des titulaires de bénéfices à charge d'âmes. Et si les évêques ne trouvent dans les unions et suppressions, dans les bénéfices simples des ressources suffisantes, le Roi sera supplié de permettre que les revenus des bénéfices consistoriaux dans le même diocèse soient employés à l'usage dont il s'agit.

Art. 6. Le bien public exige que le payement des dîmes soit uniforme dans tout le royaume; en conséquence il doit être porté une nouvelle loi sur cette matière : on doit y déterminer le fur de la dîme et les différentes espèces de fruits décimables sans que, sous aucune espèce de prétexte, ou de possession antérieure, on puisse percevoir la dîme à un autre fur et sur une autre espèce de fruits.

Il convient néanmoins de laisser à chaque habitant un arpent de terre près sa maison sur lequel les décimateurs ne pourront rien prétendre de quelques fruits qu'il soit couvert. Mais à l'égard des parcs et jardins, soit qu'ils soient anciens ou nouveaux, sans distinction de l'état de la possession précédente, la dîme par delà l'arpent libre y sera perçue sur tout les fruits sujets à cette redevance.

Art. 7. Tous les abonnements de dîme seront supprimés, les privilèges d'exemption accordés à certains ordres abolis. Ce règlement sera d'autant plus juste que les anciens titulaires, qui n'étaient que de simples usufruitiers, n'ont pu faire des abonnements préjudiciables à leurs successeurs, et que les abonnements n'ont pu d'ailleurs détruire l'obligation imposée à tous les habitants d'une paroisse de pourvoir à la subsistance de leur pasteur.

Art. 8. Il sera dans chaque diocèse fait un fonds suffisant pour la subsistance des prêtres infirmes, ou qui, par leur âge, ne seront plus en état de vaquer aux fonctions du ministère. Ce fonds sera pris annuellement sur les économats. Cela est d'autant plus juste que le quart des revenus des bénéfices étant affecté par les canons à la subsistance des pauvres, il doit être employé par préférence à la subsistance des pauvres ecclésiastiques.

Art. 9. La pluralité des bénéfices étant défendue par les saints canons, le Roi, qui en est le protecteur, sera supplié de rendre une nouvelle loi, dans laquelle il sera dit que le même ecclésiastique ne pourra dorénavant réunir plusieurs bénéfices que lorsque le premier dont il aura été pourvu sera insuffisant pour lui procurer une existence relative à la dignité dont il aura été revêtu, et en cas de contravention à la loi, tous les bénéfices deviendront impétrables.

Art. 10. Il sera défendu à tous les ecclésiastiques pourvus de bénéfices consistoriaux ou autres, de faire passer à Rome aucun argent pour l'expédition des bulles, brefs, signatures et annates, l'intérêt public étant qu'on ne laisse pas sortir le numéraire du royaume.

Art. 11. Les procureurs du Roi tiendront la main à l'exécution de l'édit de 1695; ils veilleront en conséquence, à peine d'en répondre en leur propre et privé nom, à ce que les titulaires des bénéfices fassent exactement les réparations des biens attachés à leurs titres; et lorsqu'un titulaire de quelque bénéfice consistorial viendra à décéder, ils seront tenus de faire apposer les scellés sur les effets et titres dépendant de la succession, et de suite de faire procéder à l'inventaire du tout, sans qu'il soit besoin d'y appeler

aucun notaire, le tout sans autres frais que ceux des vocations des experts qui seront choisis pour faire l'estimation des dégradations qui se trouveront aux biens dépendant desdits bénéfices. En conséquence il sera défendu au directeur des économats et à ses fondés de pouvoir de faire aucune procédure à ce sujet.

Art. 12. Le Roi sera supplié de faire observer exactement la loi qui enjoint à tous les ordres monastiques de placer dans chaque monastère au moins le nombre de dix religieux, et dans le cas où il ne s'en trouverait pas ce nombre, les supérieurs seront avertis de le compléter sans délai; faute par eux de le faire dans les six mois, les maisons demeureront supprimées, les religieux renvoyés en d'autres monastères du même ordre, et les revenus des biens appliqués par les évêques, à la diligence des Etats provinciaux, aux établissements qui, relativement aux lieux, seront par eux jugés les plus convenables.

Art 13. Il sera défendu à tous les gens de mainmorte d'aliéner les biens dépendants de leurs bénéfices; mais Sa Majesté sera suppliée de porter une nouvelle loi pour confirmer les aliénations faites jusqu'à ce jour, quoique faites sans causes apparentes et sans formalités. Ce règlement est d'autant plus nécessaire que les tribunaux retentissent sans cesse de réclamations de cette espèce, et qu'elles portent le plus grand trouble dans la société par les demandes récursoires qui en sont la suite.

Abus relatifs à l'ordre de la noblesse.

Art. 1er. On laissera à la noblesse toutes les prééminences de l'honneur, dont elle est en possession. Mais comme elle est obligée de subvenir ainsi que les autres sujets aux besoins de l'Etat, elle supportera les impôts dans la proportion de ses propriétés et facultés, et il n'y aura pour les trois ordres que la forme de perception ci-dessus indiquée.

Art. 2. Sa Majesté sera suppliée de supprimer le privilège de la noblesse transmissible, attaché aux offices, de quelque nature qu'en soient les fonctions. Cette suppression est d'autant plus nécessaire que c'est un des moyens les plus sûrs pour la prospérité du commerce que les négociants ne s'empresseront plus de quitter pour acquérir la noblesse à prix d'argent et la transmettre à leurs descendants.

Art. 3. Il sera sur tous les anoblis depuis 1715 imposé une taxe proportionnée aux exemptions dont ils ont joui et au nombre des enfants à qui ils ont transmis la noblesse. Et, faute par eux d'acquitter la taxe à laquelle ils auront été imposés sur la première contrainte qui leur sera décernée, ils seront rayés de l'ordre de la noblesse et rentreront dans celui du tiers-état.

Cette taxe néanmoins ne sera pas solidaire entre les enfants, mais chacun d'eux en sera tenu seulement pour sa portion virile.

Cette même taxe sera payée entre les mains du receveur des Etats provinciaux, et employée à l'acquittement de la dette publique.

Abus relatifs au tiers-état.

Art. 1er. Dès qu'il n'y aura plus de privilège relativement aux impôts en faveur du clergé et de la noblesse, à plus forte raison il n'y aura plus de privilégiés sur cet objet dans les membres du tiers-état, quelles que soient les places qu'ils remplissent et les avantages qu'ils donnent à la société.

Art. 2. La carrière des armes sera dorénavant ouverte à tous les citoyens qui se sentiront le courage et la fortune nécessaire pour se livrer à cette profession. Lorsqu'il s'agit de défendre l'Etat, le courage et la valeur sont au-dessus de l'avantage de la naissance.

Art. 3. Le commerce est la source de la richesse d'un empire. Il ne peut être florissant si la liberté du négociant est enchaînée. Le Roi sera donc supplié de détruire toutes les entraves qui arrêtent l'activité et les progrès d'une classe d'hommes infiniment intéressante pour la prospérité publique. On n'entrera pas ici dans un détail ultérieur. On le trouvera d'une manière satisfaisante dans les cahiers des juridictions consulaires, des chambres de commerce et même des négociants particuliers.

Art. 4. On prendra des moyens pour l'approvisionnement des marchés dans les endroits où il s'en trouve d'établis. Tout accaparement et arrhement de grains sera interdit sous les peines les plus sévères. Personne ne pourra faire amas de cette denrée de première nécessité, sans en faire sa déclaration au juge de la police, et sans soumission de sa part à garnir les marchés à la première réquisition qui lui en sera faite, à peine de confiscation des grains qui se trouveront dans les magasins et d'amende arbitraire.

Art. 5. Il est essentiel d'établir une commission dont l'objet sera de fixer des règles invariables pour l'importation des grains de province à province et leur exportation hors du royaume.

Art. 6. Il sera tenu la main à l'exécution des ordonnances qui interdisent à la noblesse toute autre négociation que le commerce maritime et celui qui se fait sous corde en balle. Quiconque ne fera pas son commerce de cette manière sera déchu des prééminences réservées à la noblesse et rentrera dans l'ordre du tiers-état.

Abus relatifs aux trois ordres.

Art. 1er. L'objet le plus important à la prospérité de l'État est la réforme des abus qui se sont glissés dans l'administration de la justice. La variété des lois qui régissent les différentes provinces doit occuper d'abord l'attention du législateur. Il serait infiniment à souhaiter qu'on rappelât toutes les coutumes à l'unité sur toutes les matières qui en sont susceptibles. Pour parvenir à ce but, le Roi sera prié de nommer des jurisconsultes des différentes parties du royaume pour se livrer à un travail, dont le succès est si ardemment désiré.

Art. 2. La même commission pourrait être chargée de simplifier la procédure et d'en abréger les lenteurs. Le détail des abus qui se commettent dans les tribunaux serait trop long pour qu'on entreprenne de le présenter ici. On se contentera d'indiquer quelques objets. Les *committimus* et lettres de garde gardienne accordés tant à des corps qu'à des particuliers doivent être supprimés. Les évocations, tant en matière civile qu'en matière criminelle, défendues; il ne doit plus être rendu de jugement portant défense d'exécuter les condamnations provisoires : ce dernier article doit d'autant moins souffrir de difficultés que ceux qui ont obtenu ces condamnations provisoires ne peuvent les mettre en exécution qu'en satisfaisant à l'ordonnance, c'est-à-dire en donnant caution, ce qui met l'intérêt de l'appelant à couvert. Les sentences des compétences en matière présidiale doivent être pareillement abrogées. Elles ne tendent qu'à multiplier les frais sans la moindre utilité, lorsque, par la nature de la demande, il est évident que la compétence ne peut être raisonnablement contestée.

Art. 3. Il importe à la tranquillité publique que les appels des justices royales et seigneuriales ne soient plus reçus dans les cours supérieures, après la laps de dix années écoulées depuis la prononciation du jugement, lorsqu'il est contradictoire, ou depuis sa signification, lorsqu'il a été rendu par défaut. Les seuls jugements rendus entre les mineurs doivent être exceptés de cette règle; les dix années ne doivent, à leur égard, courir que du jour de leur majorité.

Art. 4. On doit imposer aux huissiers de la chancellerie, de la connétablie, de la prévôté, de l'hôtel, et autres sans exception, l'obligation de faire enregistrer leurs provisions et le jugement de leur réception dans la juridiction royale du lieu de leur domicile, à peine de nullité de toute les procédures qui seraient par eux faites ; il faut en même temps les soumettre à l'autorité du juge ordinaire pour la taxe de leurs frais et les malversations qu'ils pourraient commettre.

Art. 5. Le sceel attributif de juridiction doit être restreint aux seuls actes que les contractants ont volontairement souscrits ; et par la même raison, lorsque l'acquéreur d'un immeuble prend des lettres de ratification dans la juridiction royale de la situation des biens et qu'il s'élève, après le sceau desdites lettres, des contestations entre les opposants, pour la distribution du prix de l'immeuble aliéné, les parties doivent être renvoyées devant le juge du domicile du vendeur.

Art. 6. Les appels pour les sommes modiques sont rarement dictés par l'intérêt; le plus ordinairement les frais s'élèvent au-dessus des condamnations prononcées, et le succès le plus complet ne dédommage pas celui qui réussit des faux frais qu'il supporte sans répétition. En conséquence, on estime qu'il ne devrait pas être permis d'interjeter appel d'une sentence rendue par un juge seigneurial, lorsque la condamnation n'excède pas la somme de 50 livres, ni d'un jugement rendu dans une juridiction royale, lorsque la condamnation ne s'élève pas au-dessus de 100 livres.

Art. 7. Tous les ordres doivent se réunir pour demander la suppression de la vente des charges et qu'on remette en vigueur la disposition des anciennes ordonnances à cet égard, par ce que, suivant l'expression énergique d'un ancien, celui qui achète le droit de rendre la justice est bien près de la vendre. Mais comme les titulaires des offices de judicature ont payé une finance, il sera juste de leur en faire le remboursement. Cet objet sera ajouté au montant de la dette nationale.

Art. 8. Le ressort des parlements et surtout celui du parlement de Paris est trop étendu ; il est donc de la bonté du Roi d'établir des conseils supérieurs dans les endroits qui sont à une trop grande distance des villes du parlement.

Art. 9. Le pouvoir des présidiaux n'est pas proportionné à la valeur du numéraire au temps de leur établissement; il est de l'intérêt public qu'on leur accorde le droit de juger souverainement jusqu'à la somme de 5,000 livres.

Art. 10. Indépendamment de l'attribution accordée aux présidiaux ordinaires, il serait du plus grand bien des provinces d'établir dans chaque ville chef-lieu de généralité un présidial chef qui ugerait jusqu'à 12,000 livres, et où se porteraient par appel toutes les causes de la province qui n'excéderaient pas cette somme pour y être jugées définitivement et sans appel.

Art. 11. Dans les parlements, nul ne devrait être admis qu'il n'eût, ou exercé la profession d'avocat pendant quinze ans, ou un office de judicature dans un des présidiaux-chefs pendant l'espace de huit ans. Dans les présidiaux-chefs il conviendrait qu'on ne choisit que des sujets qui eussent exercé la profession d'avocat pendant dix ans, ou la fonction de juge pendant cinq ans dans un présidial de la seconde classe. Dans ces derniers présidiaux toute admission devrait être précédée de la preuve que l'aspirant a suivi le barreau avec assiduité et distinction pendant six ans.

Art. 12. Les places dans les parlements resteront à la disposition de Sa Majesté, mais dans les présidiaux-chefs, dans ceux de la deuxième classe et dans les juridictions royales où les causes ne se jugeront qu'à la charge de l'appel, les places ne pourront être remplies que par ceux qui seront présentés au Roi par les États provinciaux, en se conformant néanmoins par ces États pour le choix des sujets à la disposition de l'article ci-dessus, et en assujettissant les aspirants à rapporter un certificat de leur conduite par les membres de l'ordre dont ils sortiront.

Art. 13. On assignera sur la caisse des impôts des appointements qu'il conviendra de payer aux différents officiers de judicature, et au moyen des gages qu'ils recevront annuellement, ils seront tenus de rendre gratuitement la justice aux sujets du Roi, sans aucune distinction des actes appelés aujourd'hui émolumentaires. Les scellés même seront apposés et levés sans frais, et il en sera de même des inventaires, lorsque leur confection appartient au juge, suivant la disposition des ordonnances. Mais pour que la charge de ces gages ne soit pas portée plus haut qu'il ne convient, on réduira les officiers, dans chaque tribunal, au nombre nécessaire pour l'expédition des affaires.

On pense que dans les présidiaux-chefs on pourrait fixer le nombre à quinze magistrats, y compris les présidents, en les assujettissant à se trouver au moins au nombre de dix à chaque audience. Dans les présidiaux de la deuxième classe, dix officiers suffiraient, en leur imposant l'obligation de se réunir au moins sept pour pouvoir rendre un jugement en dernier ressort. Dans les juridictions royales qui ne jugeraient qu'à la charge de l'appel, on ne croit pas qu'il soit nécessaire d'établir plus de trois juges, les officiers du parquet non compris.

Art. 14. L'honneur est le premier et le plus grand ressort en France; sous ce point il serait infiniment avantageux d'accorder sur la demande des États provinciaux une marque extérieure de décoration aux juges et aux avocats qui auraient rempli leurs fonctions avec distinction pendant vingt-cinq ans.

Art. 15. La bonne administration de la justice dépend beaucoup de la capacité des procureurs chargés de l'instruction; en conséquence nul ne pourra être reçu dans ces places qu'après avoir subi un examen public auquel seront tenus de se rendre tous les officiers de la juridiction, à moins d'empêchement légitime, et auquel seront invités les quatre plus anciens avocats du siége, et suivant l'ordre du tableau. Cet examen doit être de trois heures pendant lesquelles le postulant répondra à toutes les questions qui lui seront proposées, concernant les procédures civile et criminelle.

Art. 16. Nul procureur ne pourra obtenir un exécutoire ni diriger aucune demande pour le payement des frais qui lui seront dus qu'après qu'ils auront été préalablement taxés par le président et un officier du siége, à peine de nullité des exécutoires et demandes. En conséquence les offices de taxateurs, que quelques communautés de procureurs ont acquis, demeureront supprimés comme contraires à l'intérêt public.

Art. 17. Il n'est pas moins nécessaire de fixer les droits des greffes par un règlement général, qui doit être affiché dans l'auditoire de la juridiction, et de défendre aux greffiers de recevoir aucune somme sans en donner quittance à peine de restitution, d'amende du quadruple pour la première fois et d'interdiction en cas de récidive, sans que les greffiers puissent en pareil cas décliner le tribunal auquel ils sont attachés.

Art. 18. Les offices de commissaires aux saisies réelles et de receveurs des consignations seront supprimés. Les consignations se feront dorénavant sans frais dans la caisse des États provinciaux. La procédure de la saisie réelle sera suivie par le procureur du saisissant, mais il convient de la modifier par un règlement particulier.

Art. 19. Le nombre des huissiers est beaucoup trop multiplié; il est donc nécessaire de le réduire pour empêcher la vexation dont on se plaint tous les jours. Cette réduction doit être laissée à la prudence du premier tribunal de la province.

Art. 20. La tranquillité des familles dépend de la validité et de la netteté des actes reçus par les notaires; ainsi que les formalités ci-dessus prescrites pour l'admission des procureurs auront également lieu à leur égard, soit qu'ils s'établissent dans les villes, soit qu'ils fixent leur demeure à la campagne; leurs salaires en cas de contestation seront réglés par les juges devant qui ils auront été reçus, sans que les communautés puissent désormais s'arroger le droit de procéder à cette taxe.

Art. 21. Dans les villes où il y a un trop grand nombre de notaires, ce nombre sera réduit, et les notaires des châtelets de Paris, Orléans et Montpellier, qui ont le privilége d'instrumenter par tout le royaume, ne pourront s'en servir pour exclure les notaires des lieux, lorsque ces derniers seront appelés par l'une des parties.

Art. 22. Toutes les juridictions d'exceptions doivent être supprimées. On ne doit conserver que les maîtrises des eaux et des forêts, qui sont nécessaires pour la conservation et l'aménagement des forêts du Roi et des bois appartenant tant aux ecclésiastiques qu'aux autres particuliers. Il serait même à souhaiter qu'on prît des mesures exactes pour empêcher le dépérissement des bois existants, qu'on contraignit même les grands propriétaires à planter en bois une partie quelconque de leur domaine et qu'on tînt la main à ce que tous les grands chemins fussent bordés d'arbres.

Art. 23. Tous les officiers de judicature seront tenus à une résidence étroite dans le lieu où ils doivent remplir leurs fonctions; ils ne pourront s'en éloigner sans cause légitime, dont ils informeront le président de leur compagnie; ce dernier dressera tous les ans un tableau des absents des différents membres et le remettra aux États provinciaux qui, en cas d'absence trop répétée, pourront priver l'officier des émoluments attribués à sa place et même demander sa destitution, s'il n'est pas plus exact par la suite. Il serait pareilleméht essentiel d'obliger les gouverneurs lieutenants de roi dans les provinces, les grands baillis, les commissaires départis, les grands maîtres des eaux et forêts et tous autres officiers civils et militaires, de résider dans les lieux où ils ont des fonctions à remplir, parce que d'un côté recevant des appointements du gouvernement, il est juste qu'ils remplissent les devoirs que leurs places leur imposent, et que de l'autre ils consomment dans ces mêmes lieux les gages qu'ils reçoivent. Et, par une conséquence résultant d'autres principes plus décisifs encore, on devrait obliger tous les grands vicaires des évêques à résider dans la ville épiscopale.

Art. 24. Il est de la plus grande importance de supplier le Roi de réformer le Code pénal et l'ordonnance criminelle. On ne présentera ici aucun détail des abus qu'offre cette partie de l'administration de la justice. Il est dans les premiers principes de l'équité de proportionner exactement les peines aux délits, de donner un défenseur aux accusés, de leur en laisser le choix et de ne pas les priver, dans aucun temps de l'instruction, des moyens qui peuvent tendre à leur justification. Le travail relatif à cet objet doit être confié a une commission composée de jurisconsultes versés dans cette matière.

Art. 25. Les justices seigneuriales sont beaucoup trop multipliées; il est de l'intérêt public d'en réduire le nombre à une seule de quatre lieues en quatre lieues, sauf le remboursement qui sera fait aux seigneurs dont les justices se trouveront supprimées par ceux aux justices desquelles elles seront réunies ou par le Roi, lorsque les réunions se feront à une justice royale. Ces sortes de justice ne pourront plus être exercées que par des gradués qui résideront dans le lieu où le tribunal se tiendra; et comme ils n'auront aucune espèce de fonctions émolumentaires, dans aucun cas, les seigneurs seront obligés de les appointer. Les États provinciaux seront chargés de faire dans cette partie les suppressions et réunions conformes au règlement et de fixer les gages qui seront payés aux juges nommés par les seigneurs dont les juridictions seront conservées et augmentées.

Art. 26. Les juridictions consulaires sont une institution digne de la sagesse de nos rois; il est donc absolument nécessaire de les conserver; le bien du commerce en dépend, mais leur pouvoir est aujourd'hui resserré dans des bornes beaucoup trop étroites; on estime qu'il serait infiniment avantageux de leur accorder le droit de juger jusqu'à la somme de 2000 livres, sans appel, et d'ordonner, lorsqu'il s'agira de sommes supérieures, que les appels des sentences consulaires seront portés au présidial-chef de la généralité, jusqu'à concurrence du pouvoir de ce tribunal. Il convient de donner aux consulats la connaissance et poursuite de tout ce qui concerne les faillites et banqueroutes sans aucune exception, si ce n'est de la poursuite criminelle, lorsqu'elle aura lieu.

Art. 27. On observera que le Roi doit être supplié de ne conclure aucun traité de commerce avec les nations étrangères, sans avoir au préalable consulté les chambres de commerce et les juridictions consulaires établies dans les principales villes du royaume.

Art. 28. On se plaint avec raison de tous les côtés de la variété des poids et mesures. Il en résulte une foule d'erreurs, d'abus et de surprises auxquelles le Roi sera supplié de remédier en établissant l'uniformité à cet égard dans toutes les parties du royaume; le même règlement doit avoir lieu pour la mesure des différentes propriétés territoriales.

Art. 29. Les loteries sont un des aliments de la cupidité; elles causent très-souvent la ruine des familles, elles rendent les faillites et les banqueroutes très-fréquentes; aussi les États généraux ne peuvent rien faire de plus utile que d'en demander la suppression. Leur attention doit encore se porter aux emprunts que l'État fait à rente viagère; ces emprunts multiplient les célibataires, facilitent à la jeunesse les moyens de corruption et détruisent par ces inconvénients l'espérance des générations futures. Il convient pareillement d'insister sur la réduction de toutes les rentes perpétuelles créées par le Roi à un fur plus haut que celui fixé par les ordonnances.

Art. 30. On a mis sous les yeux du gouvernement la nécessité de détruire la mendicité autant qu'il est possible. Un des plus sûrs moyens pour parvenir à ce but est de défendre à tous les pauvres, infirmes ou autres, de mendier sans y être préalablement autorisés par le curé et le syndic de la paroisse, et de ne se répandre même avec cette autorisation hors de leur paroisse, à peine d'être considérés comme vagabonds et à ce titre renfermés dans les dépôts publics, dont la direction sera confiée aux États provinciaux; les maréchaussées doivent être chargées de tenir la main à l'exécution de ce règlement.

Art. 31. L'éducation publique est un des points qui intéressent le plus la société. On croit que dans les villes elle ne peut être confiée plus sûrement qu'aux frères de la doctrine chrétienne et aux sœurs consacrées par leur institution à l'enseignement des filles. Dans les campagnes, le curé, le syndic et les marguilliers doivent faire choix pour maîtres et maîtresses d'école de sujets instruits des vérités fondamentales de la religion, capables d'enseigner du moins les éléments de la lecture et de l'écriture et qui soient d'ailleurs de mœurs irréprochables.

Mais comme il est impossible de trouver des personnes qui se chargent gratuitement d'un soin aussi pénible, il est nécessaire que les maîtres et maîtresses soient suffisamment dotés aux dépens des paroisses, lorsqu'il n'y a pas de fondation ou qu'elle est insuffisante. Les collèges doivent être confiés à deux ordres réguliers, afin d'exciter l'émulation et d'entretenir entre ces ordres une espèce de rivalité qui tourne au bien public. Il est dans l'ordre que les collèges soient sous l'inspection de la commission des États provinciaux, des évêques et des universités dans les lieux où il y en a d'établies.

En adoptant ce parti, la jeunesse sera mieux instruite, les mœurs plus conservées et l'État sera déchargé de l'obligation de fournir les appointements qu'il paye à tous les maîtres.

Art. 32. Il n'est pas moins nécessaire de régénérer les facultés de théologie, de droit et de médecine. On ne dira rien ici relativement à la médecine et à la théologie. Ces parties se trouveront remplies par ceux qui connaissent plus particulièrement le détail des abus qui s'y sont glissés, mais on va présenter un plan de régénération relatif aux écoles de droit. Plus le plan qui sera adopté sera simple, plus le succès en sera assuré. Il nous paraît que tout se réduit à deux choses : 1° à bien régler et déterminer les études et les exercices académiques; 2° à inspirer une émulation vive et soutenue aux professeurs et aux étudiants.

PREMIÈRE PARTIE.

Pour remplir le premier objet, il faut que les étudiants de la première année ne soient assujettis qu'à prendre les leçons du professeur chargé de l'enseignement des Institutes. L'expérience nous apprend qu'une année entière n'est pas trop longue pour apprendre bien les Institutes; surcharger encore les étudiants de la première année de l'étude des éléments du droit canonique, c'est partager leur attention, c'est manquer son objet. Opérer chez les jeunes gens la confusion des idées, c'est prendre le moyen le plus sûr pour qu'ils ne connaissent jamais parfaitement ni les principes du droit civil, ni ceux du droit canon.

Mais comme les Institutes de Justinien ne renferment pas toutes les matières élémentaires, le professeur chargé de cette partie de l'enseignement doit être astreint à donner du moins d'une manière sommaire les titres du Digeste, qui appartiennent aux Institutes et qui doivent leur servir de suppléments tels que ceux des *pactes* ou conventions en général, des *restitutions* en entier, des *évictions*, de la *possession* et autres. Ce supplément aux Institutes n'exigerait pas un enseignement beaucoup plus long, si on fait attention que le professeur pourrait d'un autre côté traiter d'une manière abrégée les titres qui n'ont aucune espèce de rapport à nos usages, et dont la connaissance ne peut être utile aux élèves que pour leur faciliter l'intelligence des textes. Nous pensons qu'on doit assujettir les jeunes gens à rapporter un certificat de leur cours de philosophie. C'est en effet dans la philosophie qu'ils apprennent les règles du raisonnement; — c'est là que leur jugement commence à se former. C'est là qu'on leur enseigne à présenter leurs idées, à les expliquer, à les développer et à distinguer un raisonnement qui n'a que les couleurs de la vérité de celui qui en a la forme et l'énergie. Les leçons du professeur de la première année pourraient être fixées à une heure et demie dont un tiers serait employé à la dictée des cahiers et les deux autres tiers à l'explication et au développement des principes.

Pour que ce professeur puisse remplir entièrement son objet il serait bon de faire revivre le règlement qui l'assujettit à donner deux leçons par jour depuis Pâques jusqu'à la fin de l'année, l'une le matin à son heure ordinaire, l'autre dans l'après-midi, en la fixant la durée à une heure seulement.

Après les travaux de cette première année, les jeunes gens de la seconde année seraient bien plus capables d'une application soutenue; c'est pourquoi on les astreindrait alors à prendre deux professeurs, l'un pour l'enseignement des principes du droit canon, suivant nos maximes, nos usages et nos libertés, et dont l'autre donnerait alternativement la matière des contrats, des successions et des testaments.

Déjà remplis, dans la première année des éléments du droit civil, les étudiants trouveront beaucoup plus de facilité à bien saisir ceux du droit canon.

Soit qu'ils aient vu la matière des contrats ou celle des successions, des testaments, ils connaîtront une partie essentielle du droit et dont l'application se présente tous les jours.

Les étudiants de la deuxième année doivent recevoir les deux leçons d'une heure et demie chacune à la suite l'une de l'autre; les obliger à

revenir deux fois, c'est leur fournir un prétexte et souvent même une raison de s'absenter.

Les jeunes gens auront de même deux professeurs dans la troisième année, l'un sur les règles du droit civil, conformément au travail de M. Pothier, l'autre pour le droit français.

Les deux leçons doivent pareillement se donner de suite pendant une heure et demie chacune.

Le professeur du droit français enseignera jusques à Pâques les principes généraux sur les choses, les personnes et les actions. Depuis Pâques jusqu'à la fin de l'année académique, son enseignement aura pour objet l'une de nos ordonnances sur les donations, les testaments, les substitutions ou quelques matières d'un usage habituel, comme celle de la communauté conjugale des successions.

Le professeur des règles du droit civil leur présenterait en même temps une espèce de recollation de ce qu'ils auraient vu jusqu'alors. Il achèverait de graver les principes dans leur esprit.

Il est essentiel pour le succès de l'enseignement que chacun des professeurs donne aux étudiants des questions à remplir. Il doit y avoir un jour au moins dans la semaine auquel on rapporte le travail sur ces questions. Rien de plus nécessaire que de tenir la main à cet article.

Pour mettre les jeunes gens dans la nécessité de s'y conformer, il faut dès la première année les assujettir à deux examens publics, l'un à Pâques sur toutes les matières enseignées jusqu'alors, ou, si l'on veut précisément, sur les deux premiers livres des Institutes; l'autre à la fin de l'année sur les quatre livres et les titres de supplément. Par la même raison, il y aura deux examens dans la seconde année et aux mêmes époques.

Le premier se fera sur toutes les matières que chacun des deux professeurs aura fait voir jusques à Pâques; le second sera préalable à la thèse de bachelier. Il embrassera l'enseignement total de l'année.

Pour la thèse de bachelier, jamais d'arguments communiqués; l'épreuve pourrait consister dans un exercice de deux heures pendant lesquelles le répondant satisferait à toutes les questions sur les deux premières années d'études.

Par ce moyen, les jeunes gens qui apprennent facilement, mais qui oublient de même, seraient contraints de ne pas perdre de vue leurs Institutes qu'ils doivent en quelque sorte *in succum et sanguinem vertere*. Les objections contre les réponses ne doivent être que les exceptions de la loi; par là, on conservera les avantages de la dispute, sans en perpétuer les inconvénients et les abus.

Les étudiants exercés de cette manière rempliront facilement les épreuves de la troisième année qui semblent être au nombre de quatre: 1° un examen à Pâques sur l'enseignement fait par les deux professeurs; 2° deux examens à la fin de l'année, l'un sur tout ce que le professeur de droit français aura fait voir, l'autre préalable à la licence sur la totalité des règles du droit civil; 3° la thèse de licence, de deux heures, toujours sans arguments communiqués, sur toutes les matières vues dans le cours académique.

Ce plan d'études et d'exercices est capable d'occuper pendant les trois années et ne surchargera les jeunes gens dans aucune. C'est ici le lieu de dire qu'on ne peut supprimer le congé du jeudi. Il est un repos nécessaire, il le sera davantage; si on l'ôte, chacun prendra le sien et comme ce ne sera pas le même, les leçons seront coupées.

Il est difficile de supprimer le bénéfice d'âge; il a des avantages et des inconvénients. Mais on pourrait le modifier utilement en le fixant à une année pendant laquelle l'étudiant assistera aux leçons du professeur du droit français et à celles de l'instituteur civil, avec obligation de soutenir deux actes à la fin de l'année, l'un une thèse sur les Institutes de Justinien; l'autre, un examen sur les principes généraux de notre droit français. Les dispensés forment une troisième classe; les dispenses sont quelquefois un mal nécessaire. Elles ne devraient s'accorder que dans des cas très-rares, et jamais à des mineurs.

En les restreignant aux majeurs, on pourrait distinguer entre les laïques et les ecclésiastiques; les uns et les autres ne les obtiennent que dans la supposition qu'ils se sont livrés à l'étude. Pour que cette supposition ne fût plus gratuite, le dispensé ecclésiastique pourrait être assujetti à répondre sur les instituts du droit canon, le laïque sur les règles du droit civil et les principes généraux du droit français. Ceux qui auront été gradués, soit par bénéfice d'âge, soit en vertu de dispenses, ne pourront en aucun cas être pourvus d'offices de judicature dans les siéges royaux.

SECONDE PARTIE.

Il ne suffit pas de bien régler les études et les exercices, il faut encore inspirer une émulation vive et soutenue aux professeurs et aux étudiants.

Nous disons d'abord aux étudiants : il est indubitable que les exercices établis tels que nous les avons tracés les contraindront à un travail suivi et par conséquent feront naître le germe de l'émulation.

Mais pour le développer, ce germe si précieux, autant qu'il doit l'être, peut-on mieux faire que de suivre l'exemple de M. Pothier, c'est-à-dire d'établir, à la fin des trois années, un concours dans lequel néanmoins n'entreront que ceux qui le voudront. Ce concours servira d'examen à la fin de la première année et de thèse à la fin des deux autres.

Celui qui, dans chaque année, se sera le plus distingué aura une médaille d'or.

Ceux qui, sans l'égaler, auront répondu d'une manière satisfaisante recevront des médailles d'argent dans l'ordre de leur mérite.

Tous les ordres de citoyens seront appelés à ces exercices, et leur publicité sera un aiguillon de plus.

Celui qui après avoir remporté le premier prix dans la première année, l'obtiendrait encore dans la seconde, serait couronné avec un éclat particulier.

Et si ce sujet obtenait les trois premiers prix pendant son cours, le bien public exigerait une distinction marquée pour lui : par exemple, lorsqu'il se présenterait au serment d'avocat, M. l'avocat général pourrait en faire une mention honorable, et la cour lui marquer sa satisfaction et lui promettre ses bontés.

Mais l'émulation des étudiants ne peut exister qu'autant que les professeurs seront animés du même esprit, qu'ils auront un zèle ardent et un attachement sincère à leur état et à leurs fonctions.

Les exercices dont nous avons offert le tableau, ajouteront infiniment à ces fonctions et réduiront les professeurs à la nécessité de ne pas s'occuper d'un autre objet.

Il faut donc que cet état seul, et par lui-même, soit de nature à les fixer et à les attacher.

Ils doivent avoir des successeurs chargés des mêmes obligations. Il est donc nécessaire que cette profession soit de nature à déterminer le choix d'une classe d'hommes dans laquelle il faut nécessairement supposer assez de talents pour acquérir et soutenir un état honnête et utile.

En un mot, si on veut que le plan réussisse, il faut rendre aux professeurs la majeure partie du moins de l'état dont jouissaient leurs prédécesseurs, qui, trouvant dans leurs fonctions une existence honorable et des moyens suffisants pour leurs maisons, se livraient entièrement à une seule profession.

Donner aux professeurs une existence distinguée, rien n'est plus nécessaire et rien n'est plus aisé.

On pourrait leur assurer après 20 ans d'exercice une séance dans les présidiaux-chefs, à compter du jour de leur installation comme professeurs, sans qu'ils aient besoin de provision et de réception dans les cours du parlement du ressort.

Le bien public résulterait manifestement d'une pareille disposition; d'anciens professeurs, familiers avec les principes, ne pourraient que jeter plus de lumières dans les tribunaux.

Le mérite particulier exige une récompense particulière; c'est le vœu de la justice et un des plus grands moyens d'émulation. Lors donc qu'un professeur se sera distingué pendant 25 ans dans l'exercice de ses fonctions, il conviendrait de lui accorder une marque extérieure de décoration. Tout le monde sait qu'on récompensait autrefois ceux qui dans l'enseignement des lois avaient donné des preuves d'un zèle et d'une capacité particulières en leur conférant les places les plus importantes. Il n'est pas étonnant qu'on se livrait alors avec tant d'ardeur à l'étude des lois; il n'est pas davantage qu'elle soit tombée, depuis que les plus grands succès ont été parfaitement stériles.

Ce n'est pas assez que d'accorder des distinctions aux professeurs, il faut leur donner des moyens suffisants pour leur maison et l'éducation de leur famille, d'une manière approchante du sort dont jouissaient les anciens professeurs.

Les universités sont établies dans les principales villes du royaume, et il est sensible qu'un professeur ne peut y tenir une maison et y élever sa famille d'une manière analogue à l'état qu'il exerce, à moins d'un revenu honnête.

Nous ne connaissons pas précisément le prix des choses dans les différentes villes, mais nous pouvons dire qu'à Orléans tout est porté à un prix excessif, et qui ne diffère de celui de Paris, que dans trois ou quatre objets, comme les loyers de maison, le vin et le bois.

L'honoraire des professeurs semble devoir être fixé sous ces points de vue et en faisant attention qu'ils seront réduits au seul état. Si cet honoraire est insuffisant pour eux et leur famille, l'objet est manqué; il n'est pas nécessaire de s'appesantir sur ce point.

Si les places au contraire réunissent des distinctions et des moyens honnêtes, elles deviendront un objet désirable. Les jeunes gens qui auront plus de talents s'y destineront. Personne dans les provinces ne les jugera au-dessous de lui et de son ambition, on travaillera pour les obtenir; on les remplira avec succès; et c'est ainsi que se perpétueront les avantages du nouveau plan de la réforme.

Mais de quelle manière procurer aux professeurs un sort tel que nous prenons la liberté de l'indiquer?

Nous ne connaissons pas ce qu'on peut faire dans les différentes villes pour remplir cet objet sans charger l'État.

Cependant nous croyons pouvoir dire avec confiance qu'il n'en est aucune dans laquelle on ne puisse facilement, par des réunions, par des extinctions, en un mot d'une manière ou de l'autre, assurer le revenu convenable.

Nous croyons pouvoir observer ici qu'il serait utile d'accorder la vétérance aux professeurs, du moins après 25 ans d'exercice, en accordant au vétéran la moitié de ses honoraires; cette vétérance a lieu dans tous les collèges.

Le sort des agrégés doit aussi recevoir quelque augmentation, parce que leurs travaux seront plus considérables.

Si on veut éviter un très-grand inconvénient, le prix des graduations ne doit pas tourner au profit des facultés. Il en est résulté et il en résultera toujours les plus grands abus; les facultés attachées à leur devoir seront désertes et tous les étudiants se porteront vers celles où les exercices ne seront que de vrais simulacres.

Si on veut que la réforme produise son effet et soit générale, il faut que les facultés n'aient aucun intérêt dans le nombre des graduations, et que l'honoraire des professeurs n'ait aucun rapport avec le plus grand ou le plus petit nombre des thèses, alors l'intérêt ne se trouvant plus en opposition avec le devoir ne sera plus un motif pour trahir ce dernier.

Il semble que les sommes nécessaires pour les inscriptions, les thèses et tous les actes différents devraient être payées entre les mains du receveur des deniers royaux; ne serait-ce pas le cas de faire un nouveau tarif qui serait le même pour toutes les universités?

Nous soumettons ces idées à la sagesse et aux lumières supérieures des États généraux. Mais nous croyons pouvoir garantir que le plan que nous proposons produirait nécessairement une prompte révolution et que l'étude des lois deviendrait bientôt aussi florissante qu'elle est négligée.

Arrêté en l'assemblée du 21 février 1789, et lu le 1er mars suivant.

Signé : Robert de Massy; de la Place; Salomon de la Saugerie; Perche; Destas; Moutié fils; Pisseau; Lebon; Dufresneau; Moutié, recteur, et Laurent, commis greffier.

CAHIER

De doléances de la communauté des procureurs du châtelet d'Orléans (1).

La communauté des procureurs du châtelet d'Orléans remontre très-humblement à Sa Majesté :

Que depuis un temps considérable il s'est glissé dans l'administration de la justice civile des abus qui sont extrêmement onéreux pour le peuple et qu'il conviendrait réformer.

Premièrement, Sa Majesté, par son édit du mois de juin 1771, a voulu, en supprimant les décrets volontaires et y substituant les lettres de rati-

(1) Nous devons la communication de ce document à M. Maupré, archiviste en chef du Loiret, qui a mis une extrême obligeance à nous en donner une copie collationnée.

fication, éviter des frais aux vendeurs, et cependant la manière dont s'exécute l'édit dans la plupart des tribunaux du royaume occasionne des frais énormes, qui, le plus souvent, privent les vendeurs de ce qu'ils espéraient toucher, d'après leurs créanciers remplis, dans le prix de la vente qu'ils ont faite, mais encore privent les derniers créanciers hypothécaires des vendeurs de leurs créances. Il est bien vrai que Sa Majesté, par sa déclaration de 1783, a remédié en partie à ces abus en fixant un délai de quarante jours pour par les vendeurs rapporter la mainlevée des oppositions. Il est facile de reconnaître ces abus pour ce qui concerne le bailliage d'Orléans, et en même temps il serait facile d'y remédier, sans que les droits des acquéreurs, vendeurs et opposants fussent compromis.

Ces abus consistent en ce que faute, par les vendeurs de rapporter la main-levée des oppositions dans les quarante jours, il s'introduit, sur requête présentée par l'acquéreur, une instance entre lui, son vendeur et les opposants, sur laquelle, dans les premières années de l'établissement des lettres de ratification, intervenait une sentence, qui donnait assignation en l'étude d'un notaire pour par l'acquéreur rapporter le prix principal et intérêts de son acquisition, par les opposants établir leurs créances, en rapporter et communiquer les titres, par les vendeurs les passer ou contredire, et de suite procéder à l'ordre et distribution, et ce tant en absence que présence; et actuellement par une suite d'abus plus considérable, les sentences portent seulement assignation, pour être procédé à l'amiable, si faire se peut, dans le mois à la distribution, sinon les pièces mises entre les mains du juge, pour être par lui procédé à la distribution, ce qui peut, dans le cas où un seul opposant ou vendeur ne voudrait comparoir chez le notaire, occasionner des dépôts de la part des acquéreurs au bureau des consignations, et une distribution en justice; ce qui ruine totalement les vendeurs et les derniers créanciers hypothécaires, au lieu que, par les premières sentences, on ne pouvait pas craindre de dépôt aux consignations, ni de distribution en justice, puisque faute pour quelqu'une des parties de se trouver chez le notaire au jour indiqué, on était en état de procéder tant en absence que présence.

Mais pour remédier à tous ces abus, et pour le soulagement des peuples, il serait à propos de solliciter de la bonté de Sa Majesté une déclaration qui, en ordonnant l'exécution de celle de 1783, ordonnerait :

1° Que dans chaque contrat de vente ou adjudication faite en justice, et sur lequel il serait obtenu des lettres de ratification, les parties seraient tenues de convenir du notaire chez lequel l'acquéreur ou adjudicataire, en cas d'opposition au sceau de ses lettres de ratification, serait tenu de rapporter le prix principal et intérêts de son adjudication ou acquisition.

2° Que d'après l'expiration des quarante jours accordés aux vendeurs par la déclaration de 1783, pour rapporter la mainlevée des oppositions, l'acquéreur ou adjudicataire serait tenu de faire dénoncer tant aux vendeurs qu'à tous les opposants, aux domiciles par eux élus, que le....., *il faudrait un délai de quinzaine entre le jour de la dénonciation et de l'assignation chez le notaire,* il se transportera le... chez... notaire indiqué par le contrat de vente ou adjudication, pour rapporter le prix principal et intérêts de son acquisition, avec sommation tant aux opposants qu'aux vendeurs de s'y trouver, d'établir de la part des opposants leurs créances de rapporter et communiquer leurs titres, et par les vendeurs en prendre communication, les passer au contredire, et de suite procéder à la distribution ;

3° Qu'il fût ordonné qu'il serait procédé aux procès-verbaux de communication et distribution, tant en présence qu'absence, pour quoi ceux des créanciers opposants qui ne se trouveraient pas au jour indiqué demeureraient déchus de leurs créances;

4° Qu'en cas de contestation entre les vendeurs et opposants ou entre quelques-uns d'eux, l'acquéreur serait autorisé à déposer en l'étude du notaire le prix principal et intérêts de son acquisition, quoi faisant qu'il en demeurerait entièrement déchargé;

5° Que sur les contestations les parties se pourvoiraient devant le juge auquel serait rapporté le procès-verbal pour ce qui concerne les contestations seulement et dépôt, lesquelles contestations seraient jugées, soit à l'audience, soit par appointé, et que celui qui succomberait serait condamné non-seulement aux dépens qu'il ne pourrait employer contre son débiteur, mais encore serait condamné au coût du dépôt, et à payer les intérêts de la somme déposée à compter du jour du dépôt;

6° Que pour éviter toutes difficultés, ordonner que les oppositions seraient formées au bureau conservateur par le ministère d'un procureur dans la même forme et de la même manière que les oppositions aux décrets volontaires étaient formées ;

7° Que pour ne point retarder les opérations de la distribution, faire défense à tous procureurs de former aucune opposition au bureau du conservateur, sans être porteurs des titres de créance de leurs parties et avoir un état certifié d'elles du montant desdites créances en principal, intérêts et frais, à peine par eux, dans le cas où ils n'auraient point comparu à l'assignation, de demeurer responsables des dommages-intérêts envers leurs parties;

8° Que tout opposant qui, par l'événement de la distribution, se trouvera rempli de sa créance, sera tenu en son procureur se transporter dans les trois jours au bureau du conservateur pour y faire enregistrer en marge de son opposition la mainlevée d'icelle, à peine de tous dépens, dommages-intérêts contre le vendeur ; pourquoi sera ajouté aux créances de l'opposant le coût de cette mainlevée.

La communauté observe en second lieu qu'il serait avantageux pour les peuples de supprimer dans toutes les juridictions royales les greffes de présentations, qui ne sont d'aucune utilité aux parties pour parvenir aux jugements des procès, que les droits et frais que ces greffes occasionnent tombent sur la partie la plus indigente du peuple.

Pour prouver la première de ces deux propositions, la communauté observe que la présentation n'est pas seule suffisante pour empêcher l'obtention d'une sentence par défaut et la signification d'icelle à domicile de partie, puisque le défendeur est encore obligé de constituer procureur, et qu'une simple constitution de procureur serait suffisante, ainsi que cela se pratique dans quelques-unes des juridictions royales telles que les siéges des forêts où il n'a point été établi des greffes de présentations, et dans les justices seigneuriales. Pour prouver la seconde proposition, la communauté observe que la plupart des citoyens de la classe la plus infortunée n'ont que

des procès de peu de conséquence, soit pour avoir le payement de leurs ouvrages et fournitures de leur état, soit pour se défendre les uns contre les autres de leurs prétentions respectives; qu'il n'y a point de procès où les droits de présentation pour les deux parties, droits de cédule, timbre et droits de procureur, ne coûtent à celui qui succombe quatre livres six sols en pure perte, vu que ce droit ne fait rien à l'affaire. Il serait d'autant plus facile de supprimer ces espèces de greffes que la plupart n'ont point été aliénés, qu'à l'égard de ceux qui l'ont été, ils l'ont été pour des sommes si modiques qu'il serait facile de les rembourser par les corps municipaux des villes où ils ont été établis.

La communauté observe encore que Sa Majesté, en augmentant par son édit de 1774 le pouvoir des présidiaux, n'a eu en vue que le soulagement de ses peuples; que cependant le pouvoir qui est accordé aux présidiaux est plus onéreux que profitable. Pour le prouver, la communauté observe qu'avant l'édit de 1774 les présidiaux jugeaient en dernier ressort toutes les affaires personnelles et liquides, même les matières réelles, lorsque les demandeurs traduisaient devant les présidiaux, jusqu'à deux cent cinquante livres ou dix livres de rente et revenu annuel; qu'à ce moyen les procès de cette nature se trouvaient entièrement terminés, au lieu qu'aujourd'hui les présidiaux deviennent illusoires, et pourquoi ? C'est parce qu'ils ne peuvent juger en dernier ressort, sans au préalable avoir rendu un jugement qui statue sur leur compétence, duquel on peut appeler; d'où il s'ensuit pour le mercenaire, pour la classe la plus indigente des peuples un tort considérable ; de manière qu'un pauvre ouvrier qui aura travaillé pour un riche particulier qui ne voudra pas lui payer une modique somme de 50 livres, se trouve obligé de perdre le fruit de son travail, plutôt que de suivre au parlement sur l'appel qu'aura interjeté son adversaire et relevé en la cour, et ce pour éviter de la part de cet ouvrier sa ruine totale, qu'occasionnerait son déplacement et les faux frais qu'il serait obligé de faire, et bien souvent faute d'avoir de quoi poursuivre au parlement le bien jugé du jugement de compétence.

Pourquoi la communauté supplie très-humblement Sa Majesté de supprimer toute espèce de jugement de compétence, et d'accorder aux présidiaux les mêmes pouvoirs pour juger en dernier ressort jusqu'à 2,000 livres ou 24 livres de rente ou revenu annuel, qu'avaient les présidiaux pour juger en dernier jusqu'à 250 livres ou 10 livres de rente ou revenu annuel.

La communauté observe encore que ces jugements de compétence, la procédure qu'il faut tenir pour y parvenir, occasionnent des frais qui se montent, compris le coût et signification du jugement, au moins à 12 livres, par instance, qui tombent en pure perte sur la classe la plus indigente des sujets, puisque les dix-neuf vingtièmes au moins des procès qui se portent dans les présidiaux ne sont qu'entre des malheureux ouvriers, des journaliers, des gens de la campagne, qui se trouvent à ce moyen surchargés de frais dont la classe des ecclésiastiques, celle des nobles et les plus riches du tiers-état sont exempts.

La communauté observe encore que l'intention de Sa Majesté et des rois ses augustes prédécesseurs a toujours été que la justice fût rendue à leurs sujets, avec le moins de frais que faire se pourrait. Pour s'en convaincre, il ne s'agit que de jeter un coup d'œil sur les différentes ordonnances rendues sur le fait de la justice

Cependant les droits de contrôle, petit scel, droits réservés, timbre et parchemin, ensemble les huit sols pour livre des droits de greffe, ont non-seulement beaucoup augmenté les frais dans les instances, mais encore ont entraîné avec eux des abus considérables, puisque les règlements concernant les droits de greffe, écritures de procureurs ne sont plus observés, sous prétexte de faire valoir la formule, et les huit sols pour livre ; pourquoi la classe la plus indigente des citoyens se trouve soit écrasée par la multiplicité des frais, soit hors d'état faute d'argent, pour frayer aux dépens des procès, de pouvoir réclamer leurs droits; pourquoi il serait nécessaire en supprimant des greffes les parchemins huit sols pour livre des droits de contrôle au simple droit, ainsi que les droits réservés, ordonner de l'exécution des règlements, faire défenses aux greffiers et procureurs d'y contrevenir, et, en cas de contravention, ordonner que les juges locaux en auront connaissance en première instance et que leur sentence s'exécutera par provision, pour raison des restitutions qu'ils ordonneront nonobstant toutes oppositions, appellations, et arrêts de défenses qui pourraient être surpris par lesdits greffiers et procureurs.

La communauté observe encore que par une suite des abus, qui se sont introduits dans l'administration de la justice civile, il devient presque impossible pour la classe la plus indigente de pouvoir jouir du peu d'immeubles qu'ils recueillent de la succession de leurs parents ; et en effet il se trouve plusieurs pères de famille, qui laissent plusieurs enfants, et pour tout bien une petite maison qui ne peut être partagée entre les enfants, dont quelques-uns se trouvent mineurs, en sorte qu'il devient nécessaire de faire procéder à la vente par licitation de cet immeuble de peu de valeur. Il n'en coûtait de frais il y a quarante ans que soixante-dix à quatre-vingts livres, et l'adjudication ne coûtait au greffe, qu'environ trente livres ; et aujourd'hui les frais d'une pareille licitation coûtent plus de deux cents livres, et l'adjudication coûte au greffe plus de quatre-vingts livres. Cette augmentation provient premièrement de ce qu'avant 1771 les sentences qui ordonnaient une licitation, s'expédiaient en papier et aujourd'hui elles s'expédient en parchemin.

Secondement, des huit sols pour livres imposés sur les droits de greffe.

Troisièmement, de ce que les sentences portant nomination d'experts s'expédiaient sur deux rôles, les sentences d'affirmation d'experts sur une demi-feuille, les jugements de continuation d'enchères ne se levaient point, et dans le cas où il était nécessaire de les lever, ils s'expédiaient en deux rôles. Aujourd'hui, par une suite d'abus, les sentences de nomination d'experts, prestation de serment d'experts se délivrent en quatre, cinq rôles et quelquefois six rôles, les jugements de continuation portant réception d'enchères se délivrent en six rôles, et quelquefois en huit rôles, pourquoi il serait à propos de remédier à cet abus, en ordonnant que les greffiers ne pourraient délivrer ces jugements, dans le cas où ils en seraient requis, que sur deux rôles, ce qui éviterait à ce moyen des frais considérables.

Il règne encore des abus considérables dans presque toutes les autres parties de l'administration de la justice civile, qu'il serait trop long de détailler ici et desquels abus la communauté, pour subvenir au soulagement de ses concitoyens, se fera un véritable plaisir d'en donner le détail, si elle en est requise, et en même temps d'indiquer ce qu'elle pense qu'il serait à propos de faire pour y remédier, et ne point consommer en frais ses concitoyens.

La communauté, après s'être occupée des abus qu'elle a aperçus dans l'administration de la justice civile, croit devoir faire quelques représentations sur les objets suivants.

Premièrement, elle observe que le franc-fief est un impôt si onéreux pour le tiers-état, notamment pour les cultivateurs, qu'ils se trouvent non-seulement privés des récoltes de leurs biens, mais encore du salaire de leurs travaux. La preuve de ce fait est sensible : les droits de franc-fief se perçoivent non-seulement tous les vingt ans, mais encore à toutes mutations, même en ligne directe, en sorte qu'un pauvre paysan, chargé de famille qui recueillera dans la succession de son père un héritage en fief de valeur de cent livres de produit, est obligé pendant deux ans de perdre le revenu de cet héritage, mais encore son travail, puisque d'un côté il est obligé de payer cent cinquante livres pour le droit de franc-fief, y compris les dix sous pour livre, ce qui fait une année et demie ; d'un autre côté il est obligé de payer pendant ces deux années la taille, impositions accessoires, corvée, le tout relativement à cet héritage, et la seconde année il paye encore les vingtièmes. Si cet enfant vient à décéder au bout de deux ans, il faudra encore que son fils recommence à payer les mêmes sommes. Ajoutez à cela que si l'héritage lui advient de succession collatérale il est encore obligé de payer le centième denier, les dix sous pour livre, le profit de rachat au seigneur, qui est le revenu de l'année, en sorte qu'il est plus avantageux pour un cultivateur roturier de renoncer à une succession féodale, que de l'accepter, d'où il suit que l'on peut regarder que les droits de franc-fief avec les accessoires emportent, année commune, le quart du revenu des biens féodaux possédés par les roturiers; qu'il serait à propos de supprimer totalement ce droit; qu'en le supprimant, les héritages féodaux seraient d'une plus grande valeur, mieux cultivés, et par conséquent d'un plus grand produit.

La communauté observe encore que la corvée qui a été fixée au quart de la taille est un impôt onéreux non-seulement pour le cultivateur, mais même pour les pauvres journaliers de campagne qui, à peine, peuvent gagner du pain pour leur pauvre famille qui, souvent, est nombreuse et dans la dernière misère ; que les gens de la campagne ne devraient pas payer la corvée personnellement; que l'impôt de la corvée devrait être rejeté sur la propriété et payé par chaque propriétaire au prorata de sa propriété dans chaque paroisse. La raison en est bien simple, ce n'est point ce pauvre journalier qui rompt les chemins ; ce sont les voitures de luxe, les grosses voitures dont on se sert pour tirer les productions de la terre et pour le commerce, et par conséquent il est de l'équité naturelle que l'impôt de la corvée soit accessoire de l'impôt mis sur la propriété. Il serait encore nécessaire pour le bien des peuples que les deniers levés pour la corvée restassent dans la paroisse où ils sont levés, c'est-à-dire qu'ils fussent déposés dans un coffre qui serait mis dans un lieu sûr, fermant à trois serrures et clefs différentes, pour l'une desdites clefs être remise au syndic de la paroisse, une au curé, et la troisième à la personne qui serait choisie par la commune; que les deniers fussent employés dans la paroisse au rétablissement : premièrement, des chemins royaux, qui se trouveraient dans la paroisse, et ensuite à l'entretien des autres chemins qui se trouveraient dans la paroisse; et ce par adjudication qui en serait faite devant les juges locaux, à la requête du ministère public sans aucuns frais.

La communauté observe encore qu'il serait à propos de supprimer l'impôt sur le sel, de permettre le commerce de cette denrée, de permettre la plantation du tabac en France, et d'en permettre le commerce ; ce serait un avantage d'autant plus grand pour les campagnes, que d'un côté on éviterait toutes espèces de recherches et de concussion de la part des employés sous prétexte de fraude ; que d'un autre côté il y a en France plusieurs terres propres à la culture du tabac; que les fermiers étant obligés d'acheter le tabac de l'étranger, il sort de la France plusieurs millions qui y resteraient, et pourraient être employés à l'augmentation du commerce, qu'en permettant le commerce du sel sans aucun impôt, la France, qui est un pays très-fertile en paturages, se trouverait tout aussitôt couverte d'une plus grande quantité de bestiaux qui amélioreraient les héritages par une plus grande abondance d'engrais, enfin qu'il serait à propos de supprimer la taille et accessoires, et tous les autres impôts qui subsistent actuellement, et dont la perception coûte infiniment à l'État; que pour remplacer tous les impôts, acquitter la dette de l'État, maintenir la splendeur du trône, il serait à propos :

Premièrement, d'établir un impôt territorial, qui se payerait en argent, sur tous les biens-fonds du royaume, qui se lèverait par paroisse, comme la taille se lève actuellement, qui serait porté par quartier aux hôtels de ville qui le feraient passer directement au Trésor royal; qu'à l'égard des immeubles fictifs, dire que tous les propriétaires de ces sortes de biens contribueraient audit impôt territorial, en retenant par les débiteurs de ces rentes au prorata de l'impôt territorial ainsi qu'il se pratique pour le dixième;

Secondement, de laisser subsister la capitation, même l'augmenter au besoin, pour être levée dans chaque paroisse sur tous les habitants de cette même paroisse sans aucune distinction ni exemption, pour les deniers être pareillement portés aux hôtels de ville et de suite versés au Trésor royal. On observe qu'il y a dans les anoblis et le tiers-état beaucoup de riches commerçants qui ne possèdent presque point de biens-fonds ou rentes et dont la fortune est employée dans leur commerce; que cependant il serait juste qu'ils contribuassent aux charges de l'État. Pourquoi il serait à propos de laisser subsister l'impôt appelé industrie, même l'augmenter ; ces particuliers ne pourront se plaindre, puisqu'ils profiteront de la suppression de tous les impôts qui subsistent actuellement et qu'ils payent comme les autres sujets, tels que les droits d'aides, gabelles, tabac et autres.

On observe que le vignoble d'Orléans est considérable et fait la principale richesse des campagnes de l'Orléanais, occupe bien des bras et fait une des principales branches du commerce; que cet hiver dernier les vignes ont été gelées, qu'il faudra les couper au pied et en arracher la majeure partie ; que le val de la Loire a été inondé par le débordement de cette rivière que plusieurs maisons ont été détruites; que presque tous les habitants du val ont perdu leurs char-

niers, leurs meubles, bestiaux et vins de la dernière récolte ; qu'il serait à propos de subvenir à leurs besoins par la décharge des impôts pour plusieurs années, de diminuer pour la suite les impôts des paroisses qui ont été inondés, vu que les terres ont été dégradées et ensablées en partie.

Enfin le droit de scel des jugements et sentences du présidial est ruineux pour le public et surtout pour les ouvriers, et autres gens du peuple qui demandent une modique somme de 50 livres, 100 livres, et si ce sont quatre héritiers ou impétrants, le droit de 4 livres 16 sols est quadruplé;

Signé: Gallard, doyen, député; Lenormand, sous-doyen, député; Foucher le jeune, syndic, commissaire; Percher, commissaire; Carnavillier, syndic, commissaire.

Le double a été joint au cahier de doléances du tiers état de la ville d'Orléans. Orléans, le 5 mars 1789.

Signé : Crignon de Bonvalet, maire.

CAHIER

Des plaintes et doléances de la communauté des conseillers du Roi, notaires au châtelet d'Orléans (1).

Toutes les classes des sujets de Sa Majesté ont aujourd'hui le droit de se plaindre hautement et d'élever leurs voix contre les abus énormes et multipliés qui se sont glissés dans le royaume. Le souverain bienfaisant qui le gouverne vient d'autoriser la nation entière à recueillir de toute part les réclamations de tous ses sujets sans exception pour les porter au pied du trône et s'occuper des moyens de remédier à tous les maux. Les notaires, que l'exercice de leur profession rend en quelque façon les confidents de tous les citoyens, les dépositaires des secrets des familles, et par conséquent les témoins habituels des effets funestes des abus et des malheurs de l'opprimé, semblent être particulièrement à portée de mettre sous les yeux de la nation une grande partie des objets qui doivent en ce moment fixer son attention. Mais si d'un côté le patriotisme les engage à travailler à mettre au jour les ressources employées par le crédit de l'homme puissant pour accroître son opulence, étendre ses privilèges et rejeter le fardeau des dettes de l'État et du service de la société sur les classes inférieures, les causes des fortunes trop rapides, les dangers de la vénalité des officiers (sic) honorifiques et procurant la noblesse, la considération attachée uniquement à la fortune et l'humiliation et le découragement des sujets les plus utiles à l'État, enfin tout ce qu'ils aperçoivent de contraire à l'ordre social et à l'égalité qui doit régner dans une état libre, d'un autre côté, au moyen de ce qu'ils acquièrent de connaissances, particulièrement dans l'exercice de leurs fonctions et par la voie de la confiance que tous les ordres leur accordent, il semble qu'ils ne peuvent les développer qu'avec toute la réserve qui leur est imposée par la discrétion qui tient essentiellement à leur état. Sous ce dernier point de vue, les notaires d'Orléans croient devoir laisser au zèle éclairé d'une infinité de citoyens de l'ordre du

(1) M. Maupré, archiviste en chef du Loiret, a eu la complaisance de nous envoyer une copie collationnée de ce document.

tiers le soin de démontrer par les détails toute l'étendue du mal et se borner dans cette supplique à en exposer succinctement les objets principaux et à solliciter les établissements et réformes qui intéressent d'une manière plus particulière le tiers-état et par conséquent la propriété publique.

FORME DE DÉLIBÉRATION AUX ÉTATS GÉNÉRAUX.

La bonté paternelle du souverain vient de se manifester d'une manière bien consolante pour les sujets qui composent le tiers-état, en les appelant à la formation des États généraux en nombre égal à celui des deux premiers ordres réunis ; mais il est bien constant que les intentions du monarque seraient trompées s'il était procédé aux délibérations par ordre et non par tête ; son bienfait serait bientôt anéanti. Inutilement le tiers-état, réduit à présenter son opinion isolée et sans le concours des deux autres ordres, réunira dans son sein un plus grand nombre, même l'unanimité des suffrages, si cette pluralité résumée sous un seul point de vue se trouve opposée à l'opinion des deux autres ordres, quoique formée par un bien moindre nombre de sujets. Cette vérité se fait trop sentir d'elle-même pour s'occuper de la développer davantage. Il est donc de la plus grande importance pour le tiers-état de supplier Sa Majesté et la nation d'arrêter que les délibérations des États généraux seront formées de bureaux composés chacun des trois ordres dans la proportion des sujets qui y sont appelés et que la pluralité des suffrages sera établie d'après le nombre des votants sans distinction des ordres.

Dans ce moment où tous les regards doivent se fixer uniquement vers le bien général et se détourner de tout ce qui touche à l'intérêt personnel au préjudice de la prospérité publique, nous pourrions espérer que les deux ordres supérieurs ne résisteront pas à cette réclamation et ne feront pas de nouveaux efforts pour écarter la main bienfaisante du souverain qui veut venir au secours de la partie souffrante de ses peuples ; mais les ressources de l'égoïsme et des prétentions particulières et personnelles nous alarment encore et nous font craindre qu'il soit impossible de procéder aux délibérations des États généraux autrement que par distinction des trois ordres. Si nos craintes se réalisent, au moins paraîtrait-il indispensable, et le tiers-état a le plus vif intérêt de solliciter, qu'en ce cas chacun des ordres fût tenu sur chaque point de délibération de constater le nombre des voix qui l'auront admis ou rejeté, de manière qu'en rapprochant les avis de chacun des ordres on puisse connaître le vœu de la pluralité ce qui, aux yeux de la justice du Roi, pourra sur plusieurs points de vue détruire la prépondérance des deux premiers ordres sur le troisième.

RENOUVELLEMENT DES ÉTATS GÉNÉRAUX PAR UN COURS PÉRIODIQUE.

Tous les cœurs vraiment patriotiques conçoivent aujourd'hui l'espérance la plus flatteuse de voir par le rapprochement général des sujets avec leur souverain, le royaume se régénérer, acquérir un nouveau degré de splendeur et, l'harmonie rétablie dans toutes les parties de l'administration, ainsi que dans la répartition des impôts, mais si la tenue des États généraux doit consacrer la mémoire du règne de Louis XVI et

ajouter à l'éclat de son trône en rendant le bonheur à ses sujets ; un moyen aussi puissant pour ramener le bon ordre ne devrait-il pas se perpétuer pour le maintenir, prévenir le retour des abus et fixer pour la suite d'une manière immuable la félicité générale ? On aime à se persuader que telles sont les intentions du monarque ; il va s'environner de son peuple, il sera à portée de se convaincre de plus près de tout son amour pour lui, et il reconnaîtra qu'il commande à une nation qui n'ambitionnera de s'occuper d'époque en époque du maintien du bien général que pour assurer l'autorité du trône et le bonheur de son souverain ; on est donc persuadé que c'est entrer dans ses vues bienfaisantes que de le supplier de donner à cette convocation de la la nation une stabilité qui en perpétuera l'utilité, et d'établir en conséquence que la tenue des États généraux se renouvellera par un cours périodique comme de cinq ans en cinq ans, et que les impôts qui auront été établis par la première assemblée des États n'auront lieu que jusqu'à la seconde et ainsi de suite. Par ce moyen on aura l'espérance de voir réformer bientôt des nouveaux abus qui pourraient se glisser encore dans les intervalles des assemblées, de voir diminuer les charges publiques, en même temps que les dettes de l'État, et de pouvoir subvenir d'une manière simples et sanctionnés par la nation aux nouveaux besoins momentanés que la défense des intérêts du royaume pourrait occasionner.

IMPÔT DU CONTRÔLE DES INSINUATIONS ET DU CENTIÈME DENIER.

Quels que soient les besoins actuels de l'État et la difficulté de supprimer les impôts dans les moments où l'on est occupé surtout de rétablir le déficit des finances, il n'en est pas moins important de supprimer plusieurs de ceux qui existent actuellement, surtout ceux dont le poids tombe principalement sur les classes les moins fortunées, dont la perception infiniment dispendieuse pour l'État, vexatoire pour le contribuable, trouble continuellement le repos des familles, en dévoile les secrets, dont elle fait faire la recherche jusque dans les dépôts les plus sacrés, met à une contribution rigoureuse les conventions libres et la volonté des particuliers et n'est encore établie que sur des bases incertaines, susceptibles d'une infinité de commentaires et d'interprétations qui la rendent presque totalement arbitraire, favorisent sans cesse les exactions et l'avidité des traitants contre lesquels les contribuables se pourvoient presque toujours sans succès. Tels sont les impôts du contrôle des actes de notaires et ceux d'insinuation du centième denier.

On convient que la formalité du contrôle sans impôt serait par elle-même de la plus grande utilité pour asseoir l'hypothèque qui résulte des traités, et prévenir les antidates ; mais si on ne peut douter de cette utilité, le public est très-intéressé à ce qu'elle soit observée par tout le royaume sans aucune exception.

Si les inconvénients de l'impôt du contrôle, les difficultés de la perception et les avantages de sa suppression sont exposés à Sa Majesté dans leur vrai jour, on doit espérer de sa bonté le soulagement d'un fardeau aussi accablant. Dès lors aucune considération ne pourra dispenser aucune province, aucune ville du royaume, pas même la capitale, de la formalité du contrôle ou enregistrement sommaire de tous les actes sur un registre public.

La nation assemblée s'occupera des moyens d'indemniser l'État de ce que le Trésor royal recueille de ces droits. Si on le fait par l'établissement d'un nouvel impôt, soit qu'il ait ou non un rapport direct avec ceux supprimés, il paraît indispensable que ce nouvel impôt soit réparti également dans tout le royaume sans exception, et enfin s'il était jugé nécessaire de laisser subsister en tout ou partie ces impôts de contrôle, insinuation et centième denier, on se persuade qu'on ne pourra se dispenser d'établir un nouveau tarif clair et précis qui tende au soulagement des infortunés et qui ne soit susceptible d'aucune interprétation extensive, et dans ce dernier cas encore cette perception se devra faire également dans toutes les parties du royaume, sans exception d'aucune ville ni province exempte ou abonnée. Tous les sujets sont également contribuables aux charges publiques; ils ont tous un droit égal aux bontés du souverain, et il répugne à l'esprit d'équité dont il est animé que tels de ses sujets soient plus ou moins heureux, plus ou moins surchargés pour habiter telle ou telle partie de sa domination.

FRANC-FIEF.

Au nombre des impôts dont on doit se permettre de solliciter vivement la suppression, malgré les besoins urgents de l'État, est encore le droit de franc-fief. Toutes les considérations se réunissent pour le rendre odieux; il est extrêmement rigoureux en lui-même puisqu'il consiste dans une année et demie du revenu intégral de l'immeuble qui y est assujetti, sans aucune déduction des charges, et se répète à chaque instant puisqu'il est ouvert par le laps périodique de vingt ans et en outre par toutes les mutations qui arrivent dans l'intervalle, de manière qu'il absorbe souvent pendant plusieurs années tout le produit des cultivateurs et propriétaires.

Sa perception également difficile et dispendieuse donne lieu à une foule de difficultés; les employés, toujours occupés à la découverte et à la recherche d'anciens titres pour fonder leurs prétentions, saisissant le moindre indice de féodalité pour inquiéter les propriétaires; ils se trompent souvent sur l'adaptation, mais on ne se soustrait pas facilement à leurs poursuites; et pour s'en défendre l'on est fréquemment assujetti à des recherches inquiétantes, laborieuses, souvent infructueuses, surtout pour l'indigent, qui, communément n'a aucun titre, ou ne connaît pas ceux qu'il peut avoir et ignore aussi les moyens de recouvrer ceux qui pourraient lui être utiles.

Le principe d'égalité que la nation enfin va s'empresser d'adopter ne permettra pas de laisser subsister cet impôt. Il n'est point supporté par les nobles et privilégiés; conséquemment, il est uniquement à la charge de gens moins fortunés.

Enfin il est préjudiciable à l'agriculture, parce que le cultivateur est découragé en se voyant dépouillé du fruit de ses travaux, aux intérêts du Roi et des seigneurs particuliers, parce qu'il gêne le commerce des biens-fonds et rend les mutations qui donnent ouverture aux droits seigneuriaux beaucoup moins fréquentes, et à la noblesse elle-même, parce que ces propriétés féodales sont moins précieuses en raison de ce que moins de particuliers peuvent les acquérir.

Au surplus, nous nous dispensons d'entrer dans aucun détail sur la nature tant des impôts du contrôle, centième denier et insinuation que du droit de franc-fief, d'après le mémoire relatif à ces objets, que messieurs nos députés sont priés de présenter à l'assemblée du tiers-état de la ville d'Orléans.

AIDES ET GABELLES.

Toutes les provinces assujetties aux droits des aides et des gabelles vont sans doute saisir avec empressement ce moment à jamais mémorable pour renouveler leurs plaintes et faire présenter au monarque le tableau affligeant de ces deux terribles fléaux; depuis longtemps ces provinces gémissent en attendant que leur souverain connaisse toute l'étendue des malheurs qu'ils occasionnent; elles entrevoient aujourd'hui l'heureuse époque qui va les en délivrer.

Nous devons tous du souverain implorer ce nouveau témoignage de son amour pour ses peuples et qui mettrait le comble à son auguste bienfaisance; il ne se refusera pas à lui-même la consolante satisfaction de délivrer la majeure partie de ses provinces d'un esclavage aussi humiliant que celui qu'occasionne la perception de ces sortes de droits; il ne souffrira plus dans le sein de son royaume cette espèce de guerre intestine que les fermiers font livrer à ses sujets par leurs employés; qu'une soldatesque nombreuse, dévouée à l'humiliation, se dérobant à l'agriculture ou aux autres travaux qui serviraient la société, investissent les provinces affranchies de l'impôt du sel pour intercepter le passage de cette production et passent leur vie à la poursuite des malheureux, qui, entraînés par l'appât du gain ou contraints par le plus pressant besoin, n'hésitent pas à tout hasarder, même leurs jours, pour se procurer cette denrée qui leur est de première nécessité; qu'une multitude d'employés, tant pour les droits d'aides que pour ceux des gabelles, continuent d'être uniquement occupés à chercher des coupables et des prévaricateurs, pénètrent dans toutes les maisons, dans toutes les chaumières de l'indigent chez lequel surtout ils trouvent trop souvent des contraventions qui le soumettent aux poursuites les plus rigoureuses, à des amendes qui absorbent ses dernières ressources et le réduisent au désespoir ou à la mendicité, souvent même l'exposent à des peines infamantes, qui le rejettent de la société.

L'agriculture ressentira particulièrement les avantages de cette abolition. Le sel, si nécessaire tant pour la nourriture du laboureur que pour la conservation de ses bestiaux, est porté à un prix tellement excessif qu'il lui est souvent difficile de se procurer même ce dont il ne peut se passer pour sa propre consommation; toujours impossible d'y recourir pour maintenir la santé des bêtes de somme et des troupeaux, et guérir les maladies; de telle manière qu'il éprouve dans cette partie des pertes continuelles et irréparables; et personne n'ignore de quel secours serait l'usage du sel pour prévenir ces malheurs si fréquents et en arrêter les effets.

Enfin si les impôts sur les aides et gabelles sont d'un produit important pour le Trésor royal, l'utilité qu'ils en procurent n'est pas comparable à l'étendue de la charge qui en résulte pour les contribuables, et ce qu'on lève sur les peuples est consommé en grande partie par les bénéfices énormes des fermiers, des receveurs généraux et particuliers et par la solde des employés de toutes les classes occupés à cette perception.

SAISIES RÉELLES ET CONSIGNATIONS.

La nation assemblée va sans doute s'occuper du grand ouvrage si désirable et attendu depuis longtemps de la réforme de la procédure et de l'administration de la justice; tous les sujets du Roi attendent avec confiance que cette révolution salutaire qui va s'opérer dans le royaume procurera enfin ces changements si importants à la félicité publique.

Ce n'est que par un travail sérieusement approfondi, ce n'est que par la réunion des lumières et par le rapprochement de vues saines et mûrement réfléchies de plusieurs citoyens, de plusieurs personnes en place, et d'une expérience consommée qui se sont déjà plusieurs fois livrés et se livreront encore à un examen aussi sérieux, qu'on pourra bien développer tous les abus dont les branches se multiplient à l'infinité et présenter au souverain le plan d'une réforme générale qui puisse remédier à tous les inconvénients. Mais nous ne pouvons nous dispenser de prier les généreux patriotes qui consacreront leurs veilles à la formation des nouveaux plans de fixer particulièrement leur attention sur les saisies réelles et les consignations.

L'expérience malheureuse nous apprend depuis longtemps que la saisie réelle est moins un moyen pour le créancier de recouvrer sa dette que celui de dépouiller le débiteur malaisé de la propriété, de la consommer par des formalités longues et ruineuses, en ne laissant très-souvent au poursuivant que le repentir de n'avoir pas connu les suites d'une attaque et d'avoir ruiné son débiteur infructueusement pour lui.

Par rapport à la consignation, on observe que cette formalité très-dispendieuse est presque toujours inutile; il est très-rare que la consignation réelle et effective soit nécessaire, mais lors même qu'elle n'a pas lieu, on est obligé dans une infinité de cas d'en acquitter les droits; c'est un impôt qui tourne au profit d'un officier dont les fonctions sont peu intéressantes et cet impôt se perçoit rigoureusement sur des sommes d'argent, qu'il est plus important de ménager, puisqu'elles sont le prix des meubles ou des biens vendus pour l'acquittement des dettes des infortunés.

L'interprétation des règlements et l'extension que les titulaires des offices de receveurs des consignations cherchent à donner à leurs droits, donnent journellement lieu à des instances, des contestations d'autant plus dangereuses qu'elles augmentent les frais des affaires qui leur donnent naissance et en retardent la conclusion. Enfin ces abus croissent de jour en jour, les occasions qui fondent les prétentions du receveur des consignations deviennent plus fréquentes que jamais, le prix même des biens dont la vente n'a point été précédée de saisie réelle se trouve souvent assujetti au payement de ce droit par les distributions qu'on s'efforce de faire ordonner en justice.

ÉTATS PROVINCIAUX.

L'harmonie universelle et le bon ordre général que nous allons voir renaître seront d'autant plus durables et plus avantageux à la nation s'ils sont établis sur des bases uniformes, pour tout le royaume; les charges de l'État et les subsides pour l'entretien des grands chemins, et autres objets qui tiennent à l'utilité publique, seront beaucoup moins onéreux lorsque chaque province du royaume sera autorisée à en faire sur elle-même la répartition et à la confier à ceux de ces membres dont elle connaîtra l'équité et l'intégrité, qu'elle aura elle-même choisis; nous devons donc solliciter pour notre province l'établissement des États provinciaux; nous pouvons espérer que Sa Majesté nous accordera cette faveur si désirable dont un grand nombre de ses sujets jouit déjà, et que, par une suite nécessaire de l'attention que sa justice apporte aux intérêts du tiers-état, elle ordonnera que les membres qui les composeront seront pris dans les trois ordres dans la même proportion que celle observée pour la tenue des États généraux, qu'enfin pour ne nous rien laisser à désirer et prevenir toutes les plaintes des contribuables, elle confiera à la province elle-même le choix des membres qui composeront ses États particuliers.

EXCLUSION DES NOBLES DES ASSEMBLÉES DU TIERS.

Enfin le tiers-état ne doit dès à présent rien négliger de tout ce qui émane des intentions favorables du souverain à son égard. Sa Majesté a arrêté que tous les membres du tiers concourraient seuls au choix de ses représentants dans les députations graduelles de son ordre jusqu'à l'Assemblée générale des trois ordres de chaque province et sa sagesse en a exclu tous les anoblis qui jouissent actuellement de la noblesse acquise et transmissible. MM. les secrétaires du Roi et leur postérité, ainsi que MM. les trésoriers de France au second et ultérieur degré, ne peuvent donc se considérer comme membres de l'ordre du tiers ni se présenter à ses assemblées, si ce n'est en qualité de député par des corporations de cet ordre; les anoblis lui tiennent en effet de très-près, mais ils s'en sont volontairement séparés, ils aspirent à des privilèges, à des distinctions honorifiques qui sont onéreuses et humiliantes pour tous les citoyens du tiers; par conséquent leurs intérêts lui sont opposés. Nous croyons donc devoir autoriser MM. nos députés qui se trouveront à l'assemblée du tiers état de la ville ordonnée par l'article 28 du règlement, d'y demander l'exécution des intentions de Sa Majesté à cet égard, et qu'en conséquence il n'y soit admis aucun de MM. les secrétaires du Roi ou leurs enfants et aucun de MM. les trésoriers de France au second et ultérieur degré, à moins qu'ils n'aient été députés par des corporations libres de l'ordre du tiers aux députations desquels ils n'aient pas concouru.

Fait et arrêté par les conseillers du Roi, notaires au châtelet d'Orléans, soussignés pour cahier de doléances de la communauté desdits notaires, à l'effet de quoi ce présent cahier a été signé par tous les membres présents à l'assemblée et remis à MM. Julien l'aîné et Desbois, députés par l'assemblée du 21 du présent mois, pour être représenté lundi prochain à l'assemblée du tiers-état de la ville d'Orléans ainsi qu'il est porté sur le registre de la communauté à la date de cejourd'hui samedi 28 février 1789. *Signé*, en fin de la minute des présentes: Jullien de Defaucamberge, Guillon, Simon; Gaillard; Porcher; Johanet; Vallée Dunant; Trezin; Bottet; Desbois; Cabart; Fougeron; Beaudouin; Fortin; Jullien; Lepahé; Zanol; Bruerre; Brochot; Hamonnière; Heau, et Fougeron le jeune, tous notaires, avec paraphe; et en marge est écrit ces mots, pour être remis au cahier du tiers-état de la ville d'Orléans. A Orléans, ce 5 mars 1789. *Signé.* Crignon de Bonvallet maire.

PARIS (INTRA MUROS).

CAHIER

De la noblesse assemblée aux Bernardins, 13e département, 21 avril 1789 (1).

L'assemblée a arrêté que les électeurs qu'elle va nommer pour la représenter à l'assemblée générale, qui doit se tenir le 23, seraient obligés en conscience de concourir de toutes leurs forces à faire prendre pour base du cahier général de la ville de Paris, si les trois ordres se réunissent, et du cahier particulier de la noblesse, si chaque ordre rédige le sien séparément, les articles suivants :

1° La périodicité des Etats généraux en fixant leur premier retour au plus tard à trois ans.

2° La formation et la confection des lois par le concours de la nation qui propose, et du Roi qui sanctionne.

3° La nécessité du consentement de la nation pour l'établissement de tous impôts, lesquels ne seront jamais accordés que d'une tenue d'états à l'autre.

4° La liberté individuelle, la suppression des lettres de cachet et de tout ordre attentatoire à cette liberté, les citoyens ne devant être protégés, contenus et punis que par la loi.

5° La réforme tant désirée dans l'administration de la justice, et surtout la publicité de la procédure criminelle.

6° La responsabilité des ministres.

7° La liberté de la presse, avec les sages précautions à prendre par les Etats généraux.

8° Etablissements d'Etats provinciaux, dont les membres seront élus librement, lesquels n'auront aucun pouvoir en matière de législation, ni pour consentir aucun impôt, mais pourront seulement s'occuper d'administration et de répartition.

9° La répartition exacte des impôts dans la plus parfaite égalité entre tous les citoyens, de quelque ordre qu'il soit.

10° L'assurance de la dette publique, qui sera reconnue par la nation, à l'effet de quoi les Etats détermineront une subvention quelconque qu'ils estimeront la moins onéreuse et la plus convenable, si elle est jugée nécessaire, après la connaissance exacte qui sera donnée aux Etats généraux de la situation actuelle des finances, du montant de la dette, et des ressources que peuvent fournir une meilleure administration et une plus grande économie dans la dépense des différents départements.

Le produit de cette subvention sera laissé à la disposition unique et absolue des Etats généraux, qui prendront les précautions nécessaires pour l'acquit exact des arrérages, intérêt et remboursement des capitaux, quand il aura lieu.

11° L'aliénabilité des domaines de la couronne.

12° Le refus de tous impôts et emprunts, jusqu'à ce que la constitution ait été établie.

Ces articles arrêtés, on a procédé, par la voie du scrutin, a la nomination des électeurs.

MM. le comte de Lally-Tollendal,

Le baron d'Arros,

Paporet et Dupré de Saint-Maur, ont été élus (1) et l'assemblée leur a remis le présent extrait, signé de tous ses membres, ainsi que la protestation qu'elle a faite, et qui est également portée aux procès-verbal : ledit extrait devant leur servir tout à la fois, et de pouvoirs pour représenter l'assemblée, et de règle pour exécuter ses intentions.

Fait ce 21 avril 1789.

On a procédé ensuite à de nouveaux scrutins pour nommer les trois électeurs subsidiaires lesquels, conformément à la délibération de l'assemblée, ne sont autorisés à se présenter à l'assemblée générale, qu'autant qu'elle les appellerait ou consentirait à leur admission, auquel cas ils auraient les mêmes pouvoirs et instructions que les quatre premiers électeurs qui viennent d'être nommés et auxquels ils seront adjoints.

Les trois nouveaux membres nommés par le scrutin ont été MM.

Le marquis de Grimaud, capitaine de dragons;

Le comte Charles de Marguerye, sous-lieutenant des gardes du corps de Mgr. le comte d'Artois ;

Le chevalier de Louvart, de Pont-le-Toye; capitaine de canonniers, faisant son service à la suite du corps royal d'artillerie.

Auxquels le présent extrait a été remis.

Fait aux Bernardins, lesdits jour et an, 21 avril 1789, et signé de tous les membres de l'assemblée.

Signé, le comte de LALLY-TOLLENDAL, *président,* PIGEON, *secrétaire.*

INSTRUCTIONS ET POUVOIRS

Donnés aux électeurs représentant le tiers-état du deuxième district du Marais, assemblés en l'église des Capucins du Marais (2).

Députés à l'assemblée des trois ordres;

MM. Desèze, avocat au parlement;

Collet, avocat au parlement;

Brousse Desfaucheret, avocat en parlement;

Andelle, notaire;

Anson, receveur général des finances.

Les habitants du second district du Marais, assemblés dans l'église des Capucins, se considérant sous deux aspects différents :

D'abord comme membres de la nation française, et ensuite comme habitants de la ville de Paris; Sous le premier rapport, ils ont expressément

(1) Nous publions ce cahier d'après un manuscrit des Archives de l'Empire.

(1) M. Héricart de Thury avait été élu par le quatrième scrutin. Il s'est excusé pour des raisons de santé. L'Assemblée après avoir témoigné a ce magistrat tous ses regrets et toute la confiance dont il est si digne, a procédé au nouveau scrutin, qui a nommé M. Dupré de Saint-Maur.

(2) Nous publions ce cahier d'après un manuscrit des Archives de l'Empire

enjoint à leurs représentants de porter à l'assemblée générale des trois ordres les réclamations suivantes formées d'après l'unanimité de leurs vœux;

1° Les bases de la constitution bien établies avant tout autre objet;

2° Retour périodique des États généraux, et détermination d'une meilleure organisation future pour la convocation de ces États mêmes ;

3° Liberté individuelle;

4° Liberté de la presse sagement combinée avec les moyens de prévenir l'abus qu'on pourrait en faire, ou de le punir;

5° Responsabilité des ministres ;

6° Maintien absolu des propriétés de quelque nature qu'elles puissent être ;

7° La dette entière de l'État vérifiée, constatée et consolidée ;

8° Nul impôt ne sera établi que par le consentement seul de la nation ;

9° Répartition générale et proportionnelle de tous les impôts sans aucune exemption ni exception ;

10° Toutes les lois seront consenties par la nation avec le Roi ;

11° Réformation de la législation civile, et surtout de la législation criminelle ;

12° Suppressions de toutes les commissions, évocations, committimus, lettres d'État, lettres et arrêts de surséance, et saufs-conduits ;

13° Réformation et amélioration de l'éducation publique.

Sous le second rapport, les mêmes habitants ont également enjoint à leurs représentants de porter à l'assemblée générale des trois ordres les réclamations suivantes :

1° Suppression de toutes exemptions particulières, et abolition de tout impôt distinctif, tant à l'égard des personnes que des propriétés de quelque nature qu'elles puissent être, et tel par exemple que l'imposition de logement de soldat, qui se perçoit sur les maisons de certains quartiers de Paris ;

2° Suppression des impôts, des droits les plus onéreux, et conversion de ces impôts en d'autres moins à charge aux citoyens et de la perception la plus facile ;

3° Établissement actuel et provisoire d'un tarif clair, intelligible et à portée de tout le monde, pour tous les droits de toute nature à percevoir aux différentes barrières de Paris, avec défense aux commis de ces barrières d'exiger des citoyens aucune espèce de déclaration, sauf à eux à visiter et à percevoir les droits tels qu'ils seront dûs, sur les objets déclarés ou non, et à en donner quittances ;

4° Suppression des lieux d'asile comme contraires aux droits effectifs des propriétés et à la sûreté même du commerce ;

5° Suppression des théâtres connus sous le nom de petits spectacles, comme nuisibles au travail et funestes aux mœurs ;

6° Suppression de toutes les charges municipales actuelles en titre d'office.

Établissement d'une municipalité nouvelle, libre, élective, et à laquelle pourront être appelés tous les citoyens domiciliés à Paris depuis dix ans ;

7° Attribution à la municipalité qui sera formée sur les éléments de l'article précédent de tous les objets de police relatifs à la subsistance, à la sûreté, à la salubrité publique ;

8° Suppression de tous les priviléges exclusifs, préjudiciables au public ;

9° Réformation et amélioration du régime des hôpitaux ;

11° Extirpation de la mendicité ;

11° Liberté de commerce en tout genre, et en conséquence suppression de toutes les entraves qui le gênent ou l'enchaînent.

Fait et arrêté en ladite assemblée, et signé par nous commissaires, chargés de la rédaction desdites instructions et pouvoirs, suivant le procès-verbal de l'assemblée du tiers-état du second district du Marais, en l'église des Capucins, en date des 21 et 22 avril 1789, et signé aussi par nous président et par les deux secrétaires de l'assemblée.

Signé : Desèze, Collet, Garnier-Deschênes, Andelle, Anson et Brousse-Desfaucheret, tous six commissaires; Darnault, président, Sativet et Bois, tous deux greffiers de l'Assemblée élémentaire du district.

En marge est écrit : contrôlé à Paris; reçu 15 sous. *Signé* : Lézan.

Il est ainsi en l'original dudit cahier, signé et paraphé, et déposé à M. Guillaume, l'un des notaires à Paris, soussignés, par acte 3-22 avril 1789, en exécution de la délibération arrêtée dans le procès-verbal d'assemblée du district du Marais, tenue aux Capucins le 21, et continuée de suite jusqu'au 22.

CAHIER D'INSTRUCTIONS

Données par l'assemblée partielle du tiers-état de de la ville de Paris, tenue en l'église des Blancs-Manteaux, le mardi 21 avril 1789, et le lendemain mercredi, sans désemparer (1).

L'assemblée partielle du tiers-état de la ville de Paris, tenue dans l'église des Blancs-Manteaux, le 21 avril 1789,

Proteste hautement contre l'excessive précipitation imposée dans la plus grande époque de la monarchie, aux citoyens de la capitale du royaume, qui ont à peine le temps de concevoir, et n'ont pas celui de méditer les importantes idées qui vont décider du sort de la France, et de la destinée de toutes les générations.

L'assemblée proteste également contre la division de la commune, et l'introduction inouïe de trois ordres dans les villes du royaume, et en particulier, dans la ville de Paris, qui avait jusqu'ici conservé les droits précieux de la commune, et trouvé dans son sein, l'union si nécessaire à tout bien, et si favorable à la régénération dont le gouvernement annonce le désir ; et néanmoins l'assemblée recommande aux députés qu'elle nomme, de ne s'occuper de la rédaction d'un cahier commun, avec les deux autres ordres, qu'autant que le nombre des membres du tiers-état sera égal à celui des deux autres autres ordres réunis et que la renonciation absolue à toutes exemptions pécuniaires sera ratifiée et confirmée.

L'assemblée proteste également contre l'établissement porté dans les règlements des 28 mars dernier, et 13 avril présent mois, de présidents et d'officiers nommés par le corps-de-ville, lequel est absolument destructif de la liberté nationale, et l'aurait altérée, si les assemblées n'avaient pris

---

(1) Nous publions ce cahier d'après un manuscrit des *Archives de l'Empire.*

le parti si nécessaire de s'opposer à cette forme funeste et de se donner des présidents de leur choix.

L'assemblée proteste également contre l'obligation qu'on voulait imposer par les règlements, de nommer les électeurs dans chaque quartier, obligation qui renverserait toute liberté, donnerait des chaînes à la confiance, et pourrait livrer les plus grands intérêts de l'État aux personnes les moins capables, de les défendre.

L'assemblée proteste également contre la forme introduite par les règlements du scrutin par liste qui donne pour le choix important des électeurs, une simple pluralité relative, et non pas une majorité absolue.

L'assemblée proteste également contre la violation du droit national opérée par le règlement en ce qu'il enlève aux citoyens, les moyens de faire entendre leurs plaintes, de donner eux-mêmes leurs instructions, et d'exprimer leur volonté propre, seuls éléments de la loi, et en ce qu'il les oblige à s'en rapporter à des députés, qui ne sont que des mandataires, du soin de vouloir et de penser pour eux, tandis que la nature de ce mandat est de ne donner que le pouvoir d'exécuter fidèlement, d'après la pensée et le vouloir des citoyens.

L'assemblée pressée par le temps et réduite à exprimer, à la hâte, les maximes fondamentales d'où doivent découler tous les biens généraux et particuliers, dans tous les départements de l'administration publique, charge ses députés électeurs, et par eux, ses députés aux États généraux,

De déclarer solennellement et de faire sanctionner les droits naturels de l'homme et du citoyen, qui sont:

La liberté individuelle et la sûreté de chaque homme, quel qu'il soit, et son indépendance absolue de toute autre autorité que de celle de la loi;

La liberté de penser, de parler, d'écrire d'imprimer et de publier ses pensées, sauf à punir, selon le texte de la loi, ceux qui se seront rendus coupables de sédition manifeste, ou de calomnie grave;

La propriété des biens qui doit être à jamais inviolable, dans la main de chacun des citoyens, et qui ne peut être enlevée à personne, si ce n'est par la disposition d'une loi précise, ou pour les besoins de l'État, en dédommageant préalablement le citoyen, à la plus haute valeur;

Et il sera formellement déclaré en outre, que tout gouvernement n'est établi que pour assurer à chacun la conservation de ses droits essentiels; en sorte que, s'il n'existait pas de droits sur la terre, il n'existerait pas de puissances.

Il sera pareillement déclaré:

1° Que la France est une monarchie héréditaire de mâle en mâle, dans la maison régnante;

2° Que la puissance législative, âme de l'État, n'est que le produit de la volonté générale, et appartient essentiellement à la nation représentée par les États généraux, quoique les lois qu'elle établit doivent être sanctionnées par le Roi;

3° Que la puissance exécutive est placée dans les mains du monarque;

4° Que la puissance judiciaire ne peut s'exercer au nom du Roi, que par des magistrats ou juges établis ou approuvés par la nation, sans que jamais le citoyen puisse être traduit, par évocation, commission ou attribution, à autre tribunal que celui de ses juges légaux et compétents;

5° Que les magistrats doivent être assurés de leur état, et ne dépendre d'aucun acte de la puissance exécutive, mais seulement de la loi faite, ou des volontés de la nation assemblée, à laquelle ils sont essentiellement responsables;

6° Que pour assurer à jamais les droits du citoyen, et l'exécution des lois, tous ministres administrateurs en chef, dans chaque département sont responsables à la nation de leurs malversations, et du mauvais emploi des fonds publics, et qu'ils doivent en être punis par les tribunaux que la nation croira convenable de désigner;

7° Qu'aucun impôt ne peut être établi, ni aucun emprunt fait, sans la volonté expresse de la nation assemblée;

8° Que tous les impôts seront levés et perçus indistinctement, sur tous les citoyens de toutes les classes, sans aucune distinction ni privilège;

9° Qu'aucun impôt ne peut être octroyé qu'à temps, et seulement pendant l'intervalle d'une tenue des États généraux à la seconde et d'après une fixation précise des dépenses de chaque département, laquelle ne pourra jamais être excédée pendant cet intervalle;

10° Que les États généraux s'assembleront à des époques fixes, périodiques, rapprochées et indiquées par l'Assemblée nationale, indépendamment des assemblées extraordinaires; et que si, au jour déterminé, les États généraux ne sont pas réunis, toute perception d'impôt cessera dans tout le royaume, à peine de concussion contre les percepteurs;

11° Que l'administration publique, en tout ce qui concerne l'agriculture, le commerce, l'industrie, les communications, l'instruction et les mœurs, sera confiée aux assemblées provinciales, de départements et municipalités, composées de membres librement élus par la généralité des citoyens;

12° Que la perception des impôts sera uniquement confiée à ces assemblées civiques, sans pouvoir être faite par aucun autre préposé, en vertu de quelque commission que ce puisse être;

13° Que la dette nationale sera consolidée, et qu'il sera pourvu aux moyens de l'acquitter, en tout ou en partie, par aliénation de fonds publics.

L'assemblée charge ses députés électeurs, et par eux, les députés aux États généraux de se refuser invinciblement à toute délibération sur l'impôt, jusqu'à ce que la déclaration des droits, et les lois constitutionnelles ci-dessus, aient été faites par la nation, et sanctionnées par le Roi, inscrites sur les registres de tous les tribunaux, de toutes les assemblées de province, de département et de municipalité et publiées dans tous les lieux du royaume.

L'Assemblée nationale décidera de la forme des États généraux, et de celle des élections qui seront faites librement, immédiatement et universellement, par tous les citoyens; l'assemblée désire que les déclarations soient prises par tête dans les États généraux.

Quant aux autres objets importants de législation sur la justice civile et criminelle, sur l'encouragement et l'amélioration du commerce et de l'industrie, sur la réformation des abus de tout genre qui se sont introduits, dans toutes les parties de l'administration publique, l'assemblée ressent bien amèrement l'injustice de la précipitation qui lui enlève tout moyen d'exprimer et de développer son vœu, et de remplir un devoir éminent. Obligée donc, par les circonstances, de s'en rapporter aux députés qu'elle charge de ses intérêts, elle les avertit de la grandeur du dépôt qui leur est confié, et les engage, par tout l'amour qu'ils doivent à la patrie, et par le zèle que leur impose la confiance dont ils sont honorés, d'employer tout ce qu'ils ont de lumières pour établir, et tout ce qu'ils ont de force pour affermir les principes de la législation les plus propres à faire le bonheur des citoyens, et à assurer la prospérité nationale.

Cependant, l'assemblée, vivement blessée des vices de la municipalité de Paris, ne peut se dispenser de demander qu'un corps vraiment municipal soit rendu à toutes les villes du royaume, et particulièrement à la capitale; et qu'il soit composé uniquement de membres élus par la généralité des citoyens.

Fait et arrêté en ladite assemblée, le mercredi 22 avril, six heures du matin.

Signé : Target, président élu librement, Picard, secrétaire-greffier élu librement, et tous les autres habitants du district de l'église des Blancs-Manteaux présents.

———

CAHIER

Des demandes à proposer aux Etats généraux et qui ont été arrêtées dans l'assemblée du district des Enfants Rouges à Paris, présidée par M. Leroux, secrétaire du parquet de la Chambre des comptes, élu librement en ladite assemblée les 21 et 22 avril 1789 (1).

Art. 1er. Créer une constitution, s'il n'en existe pas; et s'il en existe une, ce qui est un problème, en réformer les vices.

Art. 2. Le pouvoir législatif appartiendra au Roi et à la nation légalement assemblée.

Art. 3. Consentir à la dette publique, après que la vérification en aura été faite.

Art. 4. Demander que le payement des arrérages soit assuré à époques fixes et l'amortissement des capitaux opéré progressivement.

Art. 5. Rendre l'impôt proportionnel et diminuer les frais de perception, moyens de restituer aux travaux de la campagne les gens du fisc; la terre est sans culture dans beaucoup de parties du royaume.

Art. 6. Qu'il soit perçu un impôt quelconque sur les contrats, effets royaux ou autres effets publics, de manière que la propriété foncière ne soit pas la seule grevée.

Art. 7. Qu'il ne soit fait aucun emprunt sans le consentement des Etats généraux.

Art. 8. Supprimer l'impôt le plus fatal, l'établissement des loteries qui a ruiné bien des familles.

Art. 9. Abroger l'usage des lettres de cachet.

Art. 10. Former des codes, tant pour la législation civile et criminelle que pour le commerce, établir les jugements par jurés, et faire juger par leurs pairs les négociants en faillite.

Art. 11. Proscrire la vénalité des charges.

Art. 12. Rendre la nomination des officiers municipaux élective; tous les citoyens auront indistinctement le droit d'être élus aux charges municipales, en justifiant de dix ans de domicile, de quelque pays qu'ils soient.

Art. 13. Supprimer la capitation comme étant à charge à la classe indigente du peuple, et si

cela n'est pas possible, en réprimer l'arbitraire, surtout dans les corps et communautés.

Art. 14. Le montant des pensions fixé et restreint par les Etats généraux.

Art. 15. Aucune exemption pécuniaire pour les nobles et l'ordre du clergé.

Art. 16. Jamais le cours de la justice ne sera interrompu.

Art. 17. Qu'il soit fait serment par tous les officiers et soldats, entre les mains du Roi ou des officiers des armées, chargés par le souverain, de ne point porter les armes contre leurs concitoyens.

Art. 18. Que toute propriété soit inviolablement respectée.

Art. 19. Le sceau des lettres missives ou particulières sera inviolable.

Art. 20. La liberté de la presse sera établie conformément aux lois rédigées par les Etats généraux.

Art. 21. Réformer notamment les abus dans l'administration des eaux et forêts.

Art. 22. Supprimer les entrées sur les objets de nécessité.

Art. 23. Etablir des conseils gratuits dans les principales villes du royaume pour la classe indigente des citoyens.

Art. 24. Les usuriers et les agioteurs voués à l'indignation publique.

Art. 25. Les accapareurs de blé voués également à l'indignation publique, comme plus meurtriers que les assassins sur les grands chemins.

Art. 26. La police, telle qu'elle est, supprimée, et remise à la municipalité.

Art. 27. Proscrire tous les priviléges exclusifs.

Art. 28. Reculer les barrières aux frontières du royaume, vœu vraiment patriotique.

Art. 29. Il ne sera jamais prononcé de contrainte par corps pour mois de nourrice, et on suppléera aux besoins des pères indigents par un impôt sur les célibataires.

Art. 30. Les asiles contre les débiteurs de mauvaise foi seront fermés.

Art. 31. La peine infligée à un coupable ne portera aucune atteinte à l'honneur de sa famille.

Art. 32. Les femmes en viduité jouiront de tels droits qui appartenaient à leurs maris.

Art. 33. Les ministres du Roi seront responsables à la nation de leur administration.

Art. 34. La suppression des dépôts de mendicité.

Art. 35. La chasse restreinte par les seigneurs à la rigueur des ordonnances, et le Code pénal modéré; la liberté de chasse dans les clos murés pour tous les propriétaires.

Art. 36. La suppression du privilége accordé aux bourgeois de Paris de faire entrer en exemption de droits les denrées de leur cru.

Art. 37. La suppression des vingtièmes d'industrie, attendu que l'industrie ne produit qu'après son exercice, et qu'en l'imposant préalablement, c'est gêner l'émulation si nécessaire.

Art. 38. Que l'éducation de la jeunesse soit confiée indistinctement aux prêtres et aux laïques, et que les colléges soient distribués à Paris par quartiers.

Art. 39. Demander que les assemblées de district seront toujours subsistantes pendant la tenue des Etats généraux, pour entretenir une correspondance active entre les mandants et les mandataires. Cette relation paraît de toute nécessité, elle offrira des développements utiles, dont MM. les députés pourront profiter pour le bien général de la commune.

———

(1) Nous publions ce cahier d'après un manuscrit des *Archives de l'Empire.*

Art. 40. Il a été arrêté que les ordres resteront absolument divisés dans l'assemblée générale; en rendant hommage au vœu particulier de la noblesse, il est impossible d'opérer une réunion salutaire ; l'ordre du clergé semble être un corps étranger au milieu de tous.

Clos et arrêté en l'assemblée continuée chez M. Leroux, président, électeur, en présence de M. de Bourges, secrétaire de ladite assemblée, de M. Aubert, électeur, de MM. Boucheron, Bourges, Gillard, électeurs adjoints, MM. Gaillard de Monjoie, David, Nudan, Guiard, Carbonneaux et François, commissaires, et Maution, membre de l'assemblée.

INSTRUCTIONS

Pour le cahier de la ville, données aux électeurs de l'arrondissement de la place Royale, district des Minimes (1).

Art. 1er. Assurer une constitution fixe et invariable.

Art. 2. La liberté individuelle des citoyens, par l'abolition des lettres closes et le maintien des propriétés.

Art. 3. Le retour périodique des Etats généraux.

Art. 4. La liberté de la presse.

Art. 5. La responsabilité des ministres.

Art. 6. Droit à la nation seule de s'imposer, de faire ses lois, avec la sanction du Roi.

Art. 7. Répartition égale des impôts entre les citoyens de tous les ordres, et ne voter les impôts que jusqu'au retour déterminé des Etats généraux.

Art. 8. Point de commissions intermédiaires pour suppléer aux Etats généraux.

Art. 9. Réforme des abus dans l'administration civile et criminelle de la justice.

Art. 10. Assurer la dette nationale, après vérification formelle aux Etats généraux de la nature et de la véritable quotité.

---

(1) Nous publions ce cahier d'après un manuscrit des *Archives de l'Empire.*

Art. 11. L'aliénabilité des domaines de la couronne.

Art. 12. Abolition du droit de franc-fief.

Art. 13. L'inviolabilité du secret de la poste.

Art. 14. Droit égal avec la noblesse à tous les emplois civils, militaires et ecclésiastiques.

Art. 15. Suppression des charges de magistrature et de finances, avec le remboursement, tel qu'il plaira à la justice des Etats généraux de le faire.

Art. 16. Suppression des aides et gabelles.

Art. 17. Reculement des barrières aux frontières, et libre circulation de toutes les denrées et marchandises dans l'intérieur du royaume.

Art. 18. Abolition des capitaineries.

Art. 19. Abolition des commissions particulières, des créations au conseil, *committimus*, arrêts de surséance, sauf-conduits et sursis par lettres d'Etat.

Art. 20. Ne renouveler aucuns privilèges exclusifs, n'en accorder qu'à l'auteur d'une découverte utile et pour un temps limité.

Art. 21. Redressement de l'arbitraire et des abus dans la répartition de la capitation.

Art. 22. Dépôt au bureau de la compagnie des notaires de Paris, d'un double du répertoire des actes par eux passés dans le mois.

Art. 23. Exécution la plus prompte du projet des quatre hôpitaux.

Art. 24. Publicité par affiches, chaque jour de marché, du prix du pain et de la viande.

Art. 25. Les tueries reculées hors de Paris.

Art. 26. L'illumination de Paris faite en toute saison et en tous lieux, depuis la chute jusqu'au retour du jour.

Art. 27. Exactitude dans le nettoiement des rues et dans l'entretien du pavé.

Art. 28. Suppression des loteries.

Signé : Chéret, président, Gaudray, Lormeau, Soulès, Téron, Fauconnier, assesseurs et scrutateurs.

Trois membres de l'assemblée, savoir : Chéret président, Gaudray, Lormeau, électeurs, ont protesté contre les articles 15, 19 et 22 desdites instructions.

CAHIER

Des doléances de l'ordre de la noblesse d'Auvergne (1).

Du mois de mars 1789.

Sire,

La noblesse de la Haute-Auvergne, pleine de confiance en la protection et la justice que Votre Majesté n'a jamais cessé d'accorder à son ordre, vient porter au pied de votre trône ses doléances ; elle est d'autant plus fondée à espérer qu'elles seront écoutées que Votre Majesté a solennellement déclaré qu'elle n'appelait tous ses fidèles sujets auprès de sa personne, que pour remédier aux maux de son empire et retrouver le calme dont elle est privée depuis si longtemps.

Sire, ce sentiment paternel vous place à jamais parmi les grands rois, et vous assure l'amour de tous les ordres de votre royaume, mais plus particulièrement celui de votre noblesse, qui jouit depuis si longtemps de l'honneur de combattre et de mourir pour ses souverains. Tels sont, Sire, les sentiments de l'ordre de la noblesse de la Haute-Auvergne, et elle en aura reçu le prix si Votre Majesté daigne faire ordonner par les Etats généraux

Art. 1er.   généraux

(Article rongé par les rats.)

Art. 2. Que l'ancienne organisation des Etats généraux soit conservée, qu'elle est la seule constitutionnelle, que toute innovation à cet égard ne pourrait être que dangereuse, qu'elle tendrait à ôter à chaque ordre le privilége qu'il a de voter dans sa chambre, lequel est une propriété ; que l'histoire ne présente qu'un seul exemple où la nation ait voté par individus, et ce fut sous le règne de Charles VI pour donner la couronne de France au roi d'Angleterre. Quel Français, Sire, voudra jamais adopter une loi qui a mis le trône de France à deux doigts de sa perte ! Et cette loi, loin d'assurer à la nation quelque avantage, appesantirait tôt ou tard sur les Français le joug du despotisme ministériel, despotisme sous lequel ils n'ont que trop longtemps gémi.

Art. 3. Que quoiqu'il ait été accordé au tiers-état un nombre de représentants égal à celui des deux premiers ordres réunis, on ne pourra jamais inférer que ces ordres seront tenus de vo par individus, cette concession lèse les
et avoir eu d'autre mo
dre une r

[*La partie de l'article qui manque a été rongée par les rats.*]

de la nation un plus grand faisceau de lumières.

Art. 4. Qu'il soit arrêté que les Etats généraux seront périodiques et seront convoqués tous les cinq ans, au plus tard, pendant l'intervalle des-

(1) Les cahiers de la noblesse et du tiers-état de la Haute-Auvergne, ont été retrouvés par M. de Montsfault, sous-préfet de Saint-Flour ; c'est grâce à ses recherches persistantes que nous pouvons publier ces deux pièces, et nous lui exprimons ici toute notre gratitude.

quels il ne pourra rien être changé aux lois faites pour lesdits Etats.

Art. 5. Que la noblesse de la Haute-Auvergne, malgré son amour pour la patrie (sentiment qui ne cessera de l'animer), ne peut faire le sacrifice de ses priviléges pécuniaires. Ces priviléges sont une propriété à laquelle la nation ne peut toucher sans le consentement de l'ordre. Ils sont le prix des services rendus par la noblesse, un dédommagement de ses biens dépensés, prodigués à la défense des foyers et de la liberté de la patrie, en soudoyant le troisième ordre pour marcher sur ses pas contre les ennemis communs, aucun de nos rois, aucune des assemblées de la nation ne penseront jamais qu'elle peut être privée de ses priviléges,   été était violée, quelle
te sure d'ét

(Partie rongée par les rats.)

Il en est une à laquelle on ne peut résister, c'est la loi impérieuse du besoin. Nulle part la noblesse française n'est aussi pauvre, et n'est fixée sur un sol aussi ingrat qu'en Haute-Auvergne ; les deux tiers de cet ordre ne possèdent pas six cents livres de revenu, triste vérité qu'il serait facile de prouver.

Art. 6. Que les Etats particuliers seront incessamment rétablis et que leur organisation sera déterminée d'après le vœu des ordres de la Haute-Auvergne ; qu'il leur sera accordé de pouvoirs suffisants pour l'administration la plus utile à la province.

Art. 7. Les domaines de la couronne seront déclarés inaliénables et mis en régie, et l'administration en sera confiée aux Etats particuliers et les deniers versés dans la caisse du Roi.

Art. 8. Que les commissaires du Roi aux Etats généraux seront tenus de se retirer toutes les fois que l'Assemblée voudra délibérer, afin que
suffrages ne puissent être gênés par l

Art. 9.   l'ordre de

(Partie rongée par les rats.)

troisième ordre aura sûrement plus d'influence que les deux premiers]. La quotité d'imposition qui devra être supportée par l'ordre de la noblesse sera fixée par des commissaires choisis en nombre égal entre les trois ordres ; qu'à cet effet l'ordre de la noblesse sera tenu de justifier de ses possessions d'une manière exacte.

Art. 10. Que l'imposition de l'ordre de la noblesse augmentera ou diminuera en raison de ses ventes ou acquisitions.

LÉGISLATION.

Art. 11. Que la justice soit rendue gratuitement, que les magistrats dans les divers tribunaux ayent des appointements proportionnels à la dignité de leurs fonctions, que tous les tribunaux d'exception soient supprimés, et que tous les abus qui se sont glissés dans cette partie essentielle de l'administration soient incessamment réprimés.

Art. 12. Que la justice soit rapprochée des justiciables ; qu'en conséquence il soit procédé aux arrondissements des présidiaux, bailliages et parlements.

Art. 13. Qu'il soit nommé par les Etats généraux
ission, laquelle procèdera
qu'il soit aussi

(partie rongée par les rats)

délits et faire surtout disparaître de nos lois criminelles l'empreinte de barbarie dont elles sont encore souillées.

Art. 14. Qu'aucune personne, tant en matière civile que criminelle, ne puisse être jugée que par ses juges naturels, en conséquence seront supprimés tous droits et prérogatives à ce contraires, même les évocations et attributions tant aux parlements, qu'au conseil privé du Roi.

Art. 15. Que tout citoyen (n'importe de quel rang) soit à l'abri du despotisme ministériel ; nul ne pourra être arrêté et détenu en prison plus de vingt-quatre heures, sans être remis entre les mains de ses juges naturels, à moins qu'il n'ait été pris en flagrant délit.

Art. 16. Que la liberté de la presse soit établie avec les modifications que les Etats généraux arbitreront.

Art. 17. Qu'il soit créé une cour souveraine en
Art. 18.
quantit

(partie rongée par les rats)

par les Etats généraux réduite à de justes proportions avec l'armée.

Art. 19. Que le traitement relatif à chaque grade soit invariablement fixé pendant la paix et la guerre, que le nombre des soldats de l'armée soit déterminé par les Etats généraux, qu'il soit arbitré par eux s'il est nécessaire d'augmenter leur paye.

Art. 20. Qu'aucun officier ne puisse être privé de son emploi, sans au préalable avoir été jugé par un conseil de guerre, dont les deux tiers seront composés de ses pairs, ayant rang de capitaine et présidé par un officier général qui ne sera point de la division.

Art. 21. Que MM. les officiers supérieurs puissent concourir avec MM. les colonels pour être promus au grade d'officier général au même terme.

CLERGÉ.

Art. 22. Que le traitement des curés et de leurs secondaires soit proportionné à la sainteté de islere et qu'ils puissent en rai
appelés aux dis

(partie rongée par les rats)

d'après le vœu unanime des départements d'Aurillac et Mauriac.

Art. 24. Que tous les droits de péage soient abolis, en indemnisant les propriétaires.

Art. 25. Que les douanes soient reculées aux frontières et que les droits à percevoir sur les marchandises étrangères puissent êtres arbitrés par le Roi en son conseil.

MUNICIPALITÉ DES VILLES.

Art. 26. Que le droit de nommer les officiers des municipalités soit rendu aux villes, sauf les propriétés.

Art. 27. Que dans les villes aussi, la police soit exercée par des officiers choisis et nommés par l'assemblée des citoyens de tous les ordres domi-

ciliés, et qu'après un terme fixe il soit procédé à une nouvelle élection, sauf à confirmer ceux qui auront montré de l'activité et de la prudence.
Art. 28.

(partie rongée par les rats)

Art. 29. Que la dette nationale soit exactement vérifiée par les Etats généraux, que les impôts actuels sur les fonds, sous toute dénomination, soient abolis, qu'il en soit créé un nouveau proportionné aux besoins de l'Etat, lequel impôt diminuera à mesure de l'acquittement de la dette nationale.

Art. 30. Que ledit impôt soit réparti avec une exacte justice entre les provinces du royaume.

Art. 31. Que la comptabilité des finances à la chambre des comptes soit anéantie, et que les Etats généraux puissent seuls à l'avenir recevoir les comptes relatifs auxdites finances, et les Etats provinciaux nommer des commissaires pour vérifier les dépenses et recettes desdites provinces.

Art. 32. Que les dépenses de chaque département soient fixées irrévocablement
Art. 33.

(Partie rongée par les rats)

par le Roi dans diverses parties d'administration, seront responsables envers l'Assemblée de la nation des abus dont ils se seront rendus coupables.

Art. 34. Qu'il soit mis sous les yeux du Roi un état des pensions qui ont été accordées sous le règne précédent et sous celui-ci, pour lesdites pensions être réduites ou supprimées s'il était prouvé que la religion de Sa Majesté a été trompée.

Art. 35. Qu'attendu l'établissement des Etats particuliers dans chaque province, les fonctions des intendants devenant inutiles, et leurs appointements joints aux frais de bureau étant un objet considérable de dépenses ils seront supprimés, sans pourvoi être rétablis, sous aucun prétexte.

Art. 36. Que la noblesse ne soit plus au d'argent, qu'elle soit

(Partie rongée par les rats)

Art. 37. Que, si la vénalité des charges qui donnent la noblesse est proscrite, les nobles qui ont acquis la noblesse transmissible puissent obtenir pour leurs enfants le grade d'officier dans les divers régiments de l'armée.

Art. 38. Qu'il soit par les Etats généraux pourvu au déficit actuel des finances par un impôt indirect lequel atteindra les capitalistes, et sera cependant tellement combiné qu'il ne pourra mettre leur fortune à découvert.

Art. 39. Que le partage des bois communs soit ordonné dans la Haute-Auvergne.

Certifié conforme à l'original.

et *signé* : le duc de Caylus.

CAHIER

Des doléances du tiers-état du haut pays d'Auvergne (1).

Du **25** mars 1789.

Sire,

Le haut pays d'Auvergne est une contrée stérile et inhabitable pour tous autres que pour les

(1) Ce document nous a été communiqué par M. de Montifault, sous-préfet de Saint-Flour.

indigènes. Par son étendue il est à tout le royaume comme un est à cent vingt-cinq, et par la qualité de son sol il n'est au produit territorial de la France que comme un est à deux cents : sa contribution forme cependant la soixantième partie des impositions du royaume, aussi les émigrations, triste fruit de la misère, dépeuplent-elles les campagnes que l'impôt épuise, le malheureux habitant qui ne sait que travailler et mourir va vendre dans une terre étrangère ses peines et ses sueurs. Sans chemins, sans vicinaux, sans industrie, ni commerce, ni moyens de prospérité, ce pays qu'habitent vos sujets les plus laborieux et les plus fidèles, allait succomber sous le poids de ses maux, lorsque une voix consolante s'est fait entendre en publiant que Dieu dans sa miséricorde avait accordé à la nation un prince selon son cœur; ils se sont écriés avec des larmes de joie : grâces immortelles soient rendues à ce monarque grand par sa couronne, plus grand encore par ses vertus! daigne le ciel prolonger ses jours pour notre bonheur et celui de plusieurs générations! Ils jouissent d'avance du bien que vous leur préparez, et s'il leur reste quelque sentiment de leur situation déplorable, le plus vif, sans doute, est l'impuissance où ils se trouvent de concourir avec le reste de la nation aux sacrifices qu'exigent les besoins de l'État.

Les députés du haut pays considérant que les principes de la régénération publique doivent bien plus occuper dans ce moment les États généraux que le tableau affligeant de leur contrée;

Qu'appartenant à la classe la plus utile et en même temps la plus malheureuse et à une société où la distinction des rangs est nécessaire, le respect qu'ils doivent à ceux que la loi a placés au-dessus d'eux ne peut les soumettre à l'oppression ni à des punitions arbitraires;

Qu'il serait contradictoire que l'impôt ne pût être consenti que par l'assemblée nationale et que la répartition n'en fût pas confiée aux provinces, seules à portée de connaître leurs vraies facultés;

Que le bienfait des États généraux serait en quelque sorte insuffisant sans celui des États particuliers;

Considérant enfin que les exemptions et les soulagements ne sont pas faits pour les riches, que les impôts n'ont pas pour objet la protection d'une seule classe, mais bien celle de tous les sujets indistinctement, que tout gouvernement doit tendre au bonheur du grand nombre, ils chargent leurs députés à l'assemblée des États généraux de présenter au Roi les remontrances et supplications ci-après exprimées :

CONSTITUTION NATIONALE.

Le Roi sera supplié de ratifier la promesse du retour périodique des États généraux dont la prochaine assemblée fixera l'organisation et les époques;

D'agréer qu'il ne soit fait aucune loi, ni établi ni prorogé aucun impôt que dans l'assemblée des États généraux;

Que les impôts ne soient établis que pour un temps limité relativement aux besoins réels de l'État et après avoir épuisé toutes les ressources que l'économie des réformes dans toutes les parties peut fournir;

Que les députés de tous les ordres aux États généraux votent par tête et les délibérations soient arrêtées à la pluralité des suffrages;

Que les ministres soient comptables et responsables de leur administration, et que leurs comptes soient rendus publics par l'impression; que la liberté et la sûreté individuelle des citoyens soient assurées;

Que la presse soit libre et néanmoins que les imprimeurs ne puissent imprimer que des ouvrages d'auteurs ou attestés ou signés par eux;

Qu'il soit pourvu à la rentrée des domaines aliénés, échangés ou engagés pour être aliénés irrévocablement sous la sanction des États généraux, ou régis par les États provinciaux pour le compte de la couronne;

Que les milices soient supprimées, et que dans le cas où la levée en deviendrait indispensable, elle soit confiée aux États provinciaux;

Que la paye du soldat soit augmentée et que les troupes soient employées en temps de paix à des travaux utiles dans la province avec augmentation de rétribution pour l'encouragement du travail;

Que le tiers-état soit admis à tous emplois et dignités ecclésiastiques, civiles et militaires, même dans les conseils du Roi et que toutes lois, arrêtés, délibérations et usages contraires soient abrogés;

Que tous emplois civils, militaires, de magistrature ou de finance sans fonctions du moins utiles soient supprimés et toutes pensions éteintes ou modérées.

CONSTITUTION DES PROVINCES.

Sa Majesté sera suppliée de rétablir ou accorder à chaque province des États, et le droit de s'administrer elle-même, d'ordonner en conséquence que ceux du haut pays d'Auvergne seront distincts et séparés de ceux du bas pays;

De pourvoir à la dotation des collèges, faire des nouveaux règlements pour les cours d'étude, principalement pour les écoles de droit, de médecine et de chirurgie sans qu'il puisse être accordé aucune dispense d'âge ni de temps d'étude;

D'établir des cours d'accouchement dans les principales villes de chaque province, une école vétérinaire dans la Haute-Auvergne, un de ses élèves dans le chef-lieu de chaque arrondissement, où il sera aussi établi une brigade de maréchaussée, et un maître d'école dans chaque paroisse;

De réintégrer les villes dans la nomination libre de leurs représentants;

D'attribuer aux municipalités tant des villes que des campagnes l'exercice de la police particulière et le pouvoir de juger en dernier ressort par voie de conciliation les contestations relatives aux dommages causés aux fruits et récoltes.

D'ordonner que les comptes de tous administrateurs publics, même des maisons de charité et des fabriques soient rendus annuellement, et arrêtés dans une assemblée générale de chaque communauté;

D'établir dans le haut pays d'Auvergne une école d'arpentage dont les élèves, après réception au siège principal du lieu de leur établissement, seront experts jurés et dispensés de tout serment dans leurs commissions;

De pourvoir aux moyens de faire cesser la mendicité, et à cet effet d'assujettir chaque paroisse à garder et nourrir ses pauvres;

De confier le régime des haras aux États provinciaux et cependant laisser la liberté de mener au baudet toute espèce de jument sans distinction de taille;

D'autoriser le partage des bois et communaux dans tous les lieux où il sera jugé avantageux par les communautés et approuvé par les États provinciaux;

De supprimer les pépinières royales et d'encourager les plantations ;

D'autoriser le rachat des droits de péages, banalités, corvées, manœuvres, guet et garde, abroger l'action solidaire pour les cens après l'année ;

De fixer par un règlement général et uniforme la perception de la dîme et supprimer celle de lanage, de charnage, maintenir les abonnements et les autoriser pour l'avenir sans formalités ;

D'assurer aux États provinciaux l'entière administration des routes, le choix et la surveillance des ingénieurs, que les routes commencées seront perfectionnées avant d'en ouvrir de nouvelles;

D'accorder à la Haute-Auvergne des secours extraordinaires tant pour les routes que pour les ouvrages d'art, en considération de ce qu'elle n'a encore aucune route praticable, de leur utilité pressante pour la communication directe et centrale du royaume, de la difficulté et des dépenses énormes qu'occasionnent leur ouverture à travers des montagnes, la multiplicité des ponts et escarpements, et encore en indemnité de la contribution à laquelle le haut pays a été depuis longtemps assujetti pour la confection des routes, ponts et embellissements des autres provinces ;

De pourvoir au dédommagement effectif des propriétaires, dont les fonds seront pris pour la confection desdites routes ;

De pourvoir à la dotation des hôpitaux pour l'hospice des pauvres de chaque canton.

RELIGION ET CLERGÉ.

Sa Majesté sera suppliée d'ordonner qu'il sera fait un nouvel arrondissement des paroisses;

D'établir au moins un vicaire dans chaque paroisse, d'attribuer aux juges royaux la connaissance des contestations qui pourraient naître sur les demandes des paroisses à ce sujet;

D'augmenter les portions congrues des curés et vicaires, au moyen desquelles ils ne pourront exiger ni recevoir aucun droit de casuel, quêtes ni autres rétributions quelconques, quand même elles leur seraient offertes volontairement, même pour les mariages et sépultures;

De supprimer tout droit de secrétariat des prélats, soit pour le visa des bénéfices, dispenses de parenté, lettres démissoires et autres;

D'abolir le droit d'annates et le recours à Rome pour dévoluts, interprétations, résignations, permutations et dispenses, rétablir les ordinaires dans la plénitude de leurs droits et dans leur juridiction sur les exempts;

D'ordonner la résidence des bénéficiers et défendre la pluralité des bénéfices;

De pourvoir à la dotation des couvents des filles, afin que les sujets y soient reçus gratuitement, réunir ou supprimer ceux qui refuseront de se charger de l'éducation des filles externes, fixer à vingt-cinq ans accompli l'émission de tous vœux solennels;

De pourvoir à la dotation des chapitres par voie de réunion de bénéfices simples, et pour faciliter ces réunions, simplifier les formes et diminuer les frais des opérations judiciaires.

IMPOTS.

Sa Majesté sera suppliée de supprimer les impôts actuellement existants, de les remplacer par un nouveau subside, le plus susceptible de l'égalité dans la répartition de province à province, de paroisse à paroisse, et de la perception la plus facile et la moins onéreuse ;

D'ordonner que ce nouveau subside sera supporté également par tous les ordres, sans distinction de biens, mobiliers ou immobiliers, nobles ou roturiers, laïques ou ecclésiastiques, sans avoir égard à aucuns privilèges, abonnements et affranchissements accordés à aucun corps particuliers, villes et provinces ;

Que la contribution représentative de la corvée sera aussi supportée indistinctement par tous les ordres ;

Que les fonds et droits réels ayant assiette seront cotisés dans le lieu de leur situation, et les facultés mobilières et industrielles dans le lieu du domicile, qu'il ne sera fait qu'un seul rôle dans chaque communauté pour tous les contribuables indistinctement ;

De confier aux États provinciaux la répartition, recouvrement et le versement au trésor royal des nouveaux subsides, en conséquence de supprimer les offices de receveurs généraux et particuliers, et toutes autres charges et commissions des finances, d'ordonner la pleine et entière exécution de la déclaration du Roi du 28 octobre 1788, sans égard aux modifications insérées dans les arrêts d'enregistrement ;

D'ordonner que le tiers-état ne sera plus assujetti à aucune contribution ou autre droit quelconque, dont les deux premiers ordres sont exempts, et notamment aux droits de franc-fief dont la province a été anciennement affranchie moyennant des fortes taxes;

D'ordonner qu'il sera formé un nouveau tarif plus simple des droits de contrôle, insinuation et autres, qui ne laisse rien d'arbitraire à la décision des préposés et plus proportioné à la classe des pauvres, sans qu'il puisse en aucun cas y avoir lieu à la peine de l'amende et de plus forts droits ;

Que la perception des droits ne pourra à l'avenir être confiée aux notaires, procureurs, greffiers et gens d'affaires;

Que les contestations relatives aux droits seront portées devant les juges ordinaires, sauf l'appel dans les cours, et jugées sommairement et sans frais ;

D'abolir l'usage du parchemin pour l'expédition des actes et sentences et pourvoir à la bonne qualité du papier qui sera employé ;

Que l'affranchissement de la gabelle, dont jouit la majeure partie du haut pays d'Auvergne comme pays rédimé, soit étendu au surplus dudit haut pays qui n'y a été assujetti que par l'effet de l'usurpation graduelle de la ferme, dans le cas où le régime général des gabelles ne soit pas supprimé.

AGRICULTURE ET COMMERCE.

Sa Majesté sera suppliée de pouvoir aux moyens de favoriser, encourager et faire honorer l'agriculture ;

D'autoriser le prêt d'argent avec stipulation de l'intérêt légitime sans aliénation du principal;

De supprimer les droits établis sur les cuirs, toiles, étoffes, papiers, huiles, savons, fer, matières d'or et d'argent et généralement sur tous les ouvrages de fabrique nationale ;

De rendre libre la circulation du commerce

dans l'intérieur du royaume en reculant les bureaux des douanes aux frontières ;

D'établir des droits d'entrée sur toutes les matières et productions étrangères, principalement sur les objets de luxe, les laines, les fromages, les oreilles et pareilles.

JUSTICE.

Sa Majesté sera suppliée de déclarer le droit de justice royale, en conséquence supprimer les justices seigneuriales, faire rendre la justice en son nom, de proche en proche ;

D'établir une cour souveraine dans la province ;

D'ordonner que les habitants du haut pays ne seront plus à l'avenir justiciables des siéges et présidiaux du bas pays et, qu'attendu l'impossibilité ou la difficulté de communication pendant plusieurs mois de l'année entre la ville d'Aurillac et celle de Saint-Flour, il sera établi et créé en la ville de Saint-Flour un second présidial, dont le ressort sera déterminé suivant que les localités et la plus grande commodité des justiciables l'exigeront, et ne pourra être pris dans les élections d'Aurillac et Mauriac qui constitueront le présidial d'Aurillac ;

De supprimer toutes cours et tribunaux d'exceptions et d'attributions ;

D'établir des siéges royaux inférieurs partout où besoin sera, dans lesquels seront portées toutes les demandes dont l'objet n'excédera pas le taux de la compétence des présidiaux pour y être jugées, savoir, sommairement et en dernier ressort par trois juges au moins les affaires purement personnelles jusques à 100 livres en principal, et les autres à la charge de l'appel aux présidiaux ;

D'ordonner que toutes affaires excédant l'attribution des présidiaux seront portées en première instance aux présidiaux, sauf l'appel dans les cours, en sorte qu'il ne puisse y avoir à l'avenir que deux degrés de juridiction en toutes matières ;

Contre lesquelles suppressions de justices seigneuriales, création de siéges inférieurs et arrondissements ci-dessus proposés, les députés des baillages du Carladès, de Salers, Calvinet et Andelat, au nombre de cinquante-cinq députés ont protesté formellement, comme étant lesdits suppressions, créations et arrondissements contraires à l'intérêt des justiciables esdits siéges, en ce qu'il en résulterait une justice trop lente, trop éloignée et trop dispendieuse, et que lesdits siéges sont suffisants et à la commodité des justiciables, et en ce qu'ils porteraient atteinte aux droits, priviléges et prérogatives des habitants et justiciables desdits baillages de Vic et Calvinet, ledit pays du Carladès formant un pays à part, distinct et séparé du surplus de la Haute-Auvergne, indépendamment dudit haut pays et ayant droit d'un siége royal immédiat avec titre de présidial et connaissance des cas royaux, conformément à leurs titres et au procès-verbal de rédaction de la coutume d'Auvergne et attentatoires à la propriété du prince de Monaco ;

Et les députés du baillage et présidial d'Aurillac et dudit baillage de Saint-Four, au nombre de cent quarante-quatre députés, ont fait les protestations au contraire ;

D'ordonner, en ce qui concerne les affaires criminelles, que les siéges inférieurs, après avoir informé et décrété, seront tenus de délaisser l'instruction et le jugement aux présidiaux sauf l'appel dans les cours ;

Que les actions relatives au payement et reconnaissance des droits spéciaux seront affranchies des droits de présentation, scel, petit scel et autres ;

De supprimer la vénalité des charges de judicature, d'empêcher qu'il n'en soit réuni plusieurs sur la même tête, d'ordonner que la justice sera administrée gratuitement, attribuer à cet effet aux officiers des gages et appointements qui seront supportés par tous les ordres et distribués aux officiers en raison de leurs services et assistances ;

De fixer le nombre des officiers des présidiaux à douze, et ceux des siéges inférieurs à cinq, y compris le parquet, régler leurs fonctions et prérogatives par un règlement général et uniforme, et en cas de vacance ou démission qu'il sera pourvu auxdits offices sur la présentation des compagnies de magistratures et l'avis des avocats du siége, et seront lesdits officiers choisis parmi les officiers supprimés, et les avocats qui auront exercé la profession au moins pendant cinq ans dans les cours souveraines ou pendant dix ans dans les tribunaux inférieurs ;

D'ordonner la réforme des lois civiles et criminelles par la formation :

1° D'un code civil qui simplifie les procédures, les instructions, et notamment celle de la vente des immeubles et distribution par ordre et contribution des deniers, règle les droits des greffes, interprète ledit des hypothèques et abroge les formalités rigoureuses des retraits ;

2° D'un code criminel plus conforme aux droits de l'humanité, moins embarrassé de formules inutiles, qui ne laisse plus à la disposition d'un seul officier les informations, décrets, interrogatoires, recolements et confrontations, et qui pourvoie à la défense et au dédommagement par le fisc des accusés par la partie publique qui obtiendront le renvoi de l'accusation ;

3° D'un nouveau code de police général et uniforme ;

4° Enfin d'un code marchand qui détermine d'une manière plus claire les cas consulaires, restreigne la contrainte par corps aux engagements des seuls commerçants, et mette un frein à la facilité des banqueroutes et à l'obtention de répits et surséances ;

D'accorder l'établissement d'une juridiction consulaire dans chacune des villes où il y aura un siége présidial établi ;

De supprimer tout droit de *committimus* et d'évocation tant en matière civile que criminelle et ordonner que l'enlèvement des armes et perquisition dans les maisons ne seront faits que de l'autorité des juges ordinaires ;

De fixer le nombre des notaires dans le ressort de chaque présidial, lesquels seront pourvus par le Roi, seront de probité reconnue, gradués, et auront exercé la profession d'avocat pendant trois ans au moins dans les siéges inférieurs et auront travaillé pendant six ans dans les études des procureurs et notaires ;

D'ordonner que dans tous les cas où il y aura lieu d'apposer les scellés, l'apposition en sera faite dans les lieux où il n'y aura point de siége royal par le notaire le plus voisin, à la réquisition du premier membre de la municipalité non parent ni intéressé en présence d'un autre membre de la municipalité, lequel notaire décrira dans son procès-verbal le mobilier apparent et enverra son procès-verbal au greffe du siége royal où ses vacations seront taxées et où il sera pourvu à la remotion et continuation d'inventaire par ledit notaire ou tout autre qui sera requis par les parties intéressées.

Fait et arrêté en l'assemblée générale du tiers-état du haut pays d'Auvergne, tenue en la salle du collége de la ville de Saint-Flour, et présidée par M. le lieutenant général de la ville, le 25 mars 1789, et *Signé* : Taissière, lieutenant général de Saint-Flour; Henry, Daude, Coutel, Rouget, Bru, Bertrand, Rongier, Daude de Lantoinet, Valette, Rongier, Barlier, Devillas, Barthe, Clavières, Yvernat, Vidal, Trescon, Beaufils-Coren, de la Brousse, Gizolme, Roche, Meyre, Chauliaguet, Lafont, Mauranne, Berault, Bertrand, Dupré, Torrète, Coutarel, Hugon, Bouchet, Gardelle, Tedrines, Delmas, Jouvente, Trazit, Colrat, du Chambon, Vaissier, Valette, Avit, Girbal, Biron, Salesse, Vassenaud, Biron, Vayssade, Mejansac, Albaret, Boyer, Mongial, Toulze, Charreyre, Dessauret, Riom, Roche, Mallet, Devèze, Bartomeuf, Pons, Nozières, Maret, Daude, Palmier, Delmas, Bardol, Chirol, Jurquet, Lapeyre, de Saint-Antoine, Royer, Sauvage, Chardon, Vayron-Chabeau, Chauliaget, Vayron, Vayron de Lamoureyre, Mathieu, Gazard, Ferlut, Dangles, Servant, Soule, Agard, Esbrard, Claux, Armand, Chaule, Destaing,

Fumel, de Lalo, Croizet, Bezy, de Lom de la Laubie, Mirande, Larmanvic, Devès, Offroy, Puisseyvic, Cavaiguac, Malert, Pulovy de Cassales, Rew Rentières, du Peyron, Tace, Faisq, Palés, Galvain, Chaumont, Cheptels, Capelles, Carnozères, Serres, Lalopie, de Meillac, de Gibertes, de Conquans, Vernols, Lieurode, Aurine, Vabres, Mesonobe, Delfraisses, Vidal, Vic, Chandon, Leume, Bastide, Dremont, Bourrieu de Boisse, Durif, Bertraud, Rongier, Chabanon, Rives, Duverdier, Pintes, Desprat, Chamied, Costonei, Roux, Cavaroque, Artis, Usse, Vuvet, Farreyre, Baduel, Rame, Delserieyx, Prumères, Lescuries, Rolland, Demurat, Gires, Raymond, David de Fontalin, Douvier, Courvoulet de Montjoly, Lareyre, Broquin, Lescurier de Fournol, Rongier, Marmontel, Demurat, Cassand, Armand, Vaissac, Faucher, Salvy, Chanut, la Bessade, Rigal, Souquière, Nouveau, Kolot, Garrouste, Pechot, Bos, Teillart Du Chambon, Farreyre, Chazal, Vidalens, procureur du Roi, et Baldram, greffier en chef et secrétaire.

Collationné.

Signé : Baldram, greffier en chef et secrétaire.

CAHIER

Des plaintes et doléances de l'ordre du tiers-état,

COMPOSÉ DES DÉPUTÉS DES VILLES, BOURGS, VILLAGES, PAROISSES ET COMMUNAUTÉS DE CAMPAGNE DU BAILLIAGE DE SOISSONS (1).

Le tiers-état du bailliage de Soissons, pénétré des bontés paternelles de Sa Majesté, prend la liberté de lui exposer ses plaintes et ses doléances, et plein de confiance dans son amour pour ses peuples, il se flatte d'obtenir le redressement de ses griefs.

En conséquence :

Art. 1er. L'ordre du tiers-état du bailliage de Soissons supplie très-humblement Sa Majesté de fixer la prochaine tenue des Etats généraux à trois ans de l'époque des premiers et les assemblées ultérieures de cinq ans en cinq ans.

Art. 2. Que dans l'assemblée prochaine desdits Etats généraux la constitution de cette assemblée nationale, sa forme et ses droits et fonctions soient invariablement déterminés.

Art. 3. Que les représentants du tiers-état y soient toujours en nombre au moins égal à celui des deux autres ordres réunis et que les suffrages soient comptés par tête et non par ordre, et en conséquence que les délibérations soient prises par les trois ordres ensemble et non séparément.

Art. 4. Que les administrations provinciales soient formées en Etats provinciaux et qu'ils soient constitués sur un plan fixe et permanent, autant qu'il sera possible, et uniforme dans le royaume.

Art. 5. Que les membres desdits Etats provinciaux soient librement élus par la province et qu'ils soient formés de citoyens des trois ordres dans la proportion déterminée par les Etats généraux.

Art. 6. Que le tiers des membres desdits Etats provinciaux sera changé tous les trois ans de façon qu'après la révolution de neuf années l'administration soit entièrement renouvelée.

Art. 7. Que tous les ans, dans le courant du mois de mars, les Etats provinciaux feront imprimer le compte de leur administration.

Art. 8. Que les frais de cette administration seront réduits avec la plus sévère économie.

Art. 9. Que les Etats provinciaux auront une correspondance suivie avec les municipalités de la province renouvelée de la même manière que les Etats provinciaux.

Art. 10. Que tous les ministres et administrateurs en chef seront tenus de rendre compte au Roi et aux Etats généraux.

Art. 11. Que tous les ans, au mois de mars, chacun d'eux enverra à tous les Etats provinciaux un double du compte exact et détaillé de son administration de l'année précédente, et qu'il en sera usé de même à la retraite de chaque ministre, qui ne pourra se regarder libre qu'après avoir reçu une approbation du Roi et des Etats provinciaux, en attendant le jugement des Etats généraux.

Art. 12. Que les Etats provinciaux soient chargés de la répartition et de la recette de tous les impôts et produits de la province et de l'emploi des deniers au payement de toutes les charges et frais d'administration de la province, même des pensions et rentes dues aux pensionnaires et créanciers de l'Etat résidants dans la province, en sorte qu'il ne reste à verser au trésor royal que l'excédant de la recette sur la dépense.

Art. 13. Que les impositions de chaque paroisse soient réparties par la municipalité.

Art. 14. Qu'il soit établi dans chaque province un seul caissier, qui aura dans chaque ville de son arrondissement des commis dont il sera responsable.

Art. 15. Que l'aliénation des domaines de la couronne soit permise, à l'exception des forêts, et que les anciens engagements soient confirmés, en payant un supplément de finances, lequel supplément, ainsi que le prix de ces aliénations, sera employé à l'acquit des charges de l'Etat.

Art. 16. Que les domaines qui surviendront par la suite à la couronne pourront être légalement aliénés, mais avec le consentement des Etats généraux.

Art. 17. Que les économats soient supprimés et leurs fonctions réunies aux Etats provinciaux.

Art. 18. Que nul impôt direct ou indirect, tels que les emprunts, ne puisse être établi, renouvelé, ni prorogé au delà du terme auquel il aura été limité, sans le consentement des Etats généraux ; et qu'aucun arrêt, même enregistré, qui tendrait à une augmentation de l'impôt consenti, même sous un prétexte d'interprétation, ne puisse avoir d'exécution.

Art. 19. Que tous les priviléges et exemptions pécuniaires soient supprimés, et que tous les impôts soient également répartis sur les trois ordres de l'Etat dans une proportion relative aux facultés de chaque individu.

Art. 20. Que toutes les dépenses à charge à l'Etat soient retranchées, et qu'en conséquence l'état des pensions soit soumis à un examen sévère pour les supprimer ou les diminuer, suivant les circonstances.

Art. 21. Que les dépenses de la maison du Roi et celles de tous les départements soient arrêtées, fixées dans l'assemblée des Etats généraux.

Art. 22. Que la liberté de chaque citoyen soit garantie contre toute espèce de pouvoir arbitraire et qu'il ne puisse être arrêté qu'en conséquence d'un jugement rendu par le juge compétent, seul après une information judiciaire.

Art. 23. Qu'avant de consentir à aucun impôt ou prorogation d'impôt, les députés du tiers-état demanderont la concession de ceux des articles ci-dessus qui sont relatifs à la liberté individuelle, à l'inviolabilité de la propriété, à la constitution fixe des Etats généraux et provinciaux, et à l'é-

---

(1) Nous empruntons ce document à l'ouvrage intitulé : *Cahiers du clergé et du tiers-état du Bailliage de Soissons*, par M. Perrin, membre de la société historique, scientifique et archéologique de Soissons. Soissons, Fossé-Darcosse, 1868, 1 vol. in-8°.

galité proportionnelle de la répartition des impôts sur les trois ordres, sans distinction ni privilège, objets principaux de la mission et des pouvoirs des députés.

Art. 24. Que la subvention territoriale ne soit pas admise en nature.

Art. 25. Que les impôts qui seront successivement jugés nécessaires aux besoins de l'État, seront, dans tous les temps, supportés par les trois ordres, et que la répartition, la perception et la comptabilité en seront faites en commun et dans les mêmes formes, soit que l'impôt augmente ou diminue.

Art. 26. Que les aides soient supprimées, et qu'il leur soit substitué un impôt modéré par septier de vignes, contenant 6 verges, mesure de roi et qu'aussitôt que les besoins de l'État le permettront, cet impôt soit supprimé.

Art. 27. Que la gabelle soit supprimée et remplacée par un impôt perçu sur le sel à la sortie des salines.

Art. 28. Que la ferme du tabac soit également supprimée et que la culture du tabac soit permise et encouragée de façon que successivement l'État puisse percevoir sur cette culture un impôt égal à celui qu'il en tire actuellement, déduction faite des frais de régie et de perception.

Art. 29. Que les douanes et les traites soient reculées aux frontières.

Art. 30. Que la taille et ses accessoires soient supprimés et qu'il leur soit substitué un impôt réel sur les propriétés foncières, et personnel sur les facultés, exploitations et industrie.

Art. 31. Que les droits sur les huiles, les cuirs, amidon et autres confiés à la même régie soient supprimés.

Art. 32. Qu'il soit établi une capitation sur les domestiques de l'un et de l'autre sexe, payable par les maîtres dans la proportion d'un droit simple pour le premier domestique, double pour le second, triple pour le troisième, en augmentant ainsi progressivement, les domestiques attachés à l'agriculture exceptés.

Art. 33. Que les clercs de notaires, procureurs, greffiers, garçons et filles de boutiques, compagnons orfèvres et tous autres garçons et compagnons artisans soient également assujettis à une capitation.

Art. 34. Le grand nombre de chiens s'augmentant en France sans nécessité et pouvant devenir nuisible, il est à désirer qu'il soit prélevé, par forme de taxe, une somme sur les propriétaires de chiens, au lieu de leur domicile ordinaire, savoir: 3 francs par chien dans les villes et 24 sols par chien dans les campagnes. Il n'y aura d'exception que pour les chiens de bergers.

Art. 35. Qu'il ne puisse être établi d'impôts additionnels que dans les formes requises pour l'impôt principal.

Art. 36. Que la prestation de la corvée en argent soit fixée à une quotité déterminée du montant de l'impôt réel et de l'impôt personnel; qu'il soit perçu sur tous les individus des trois ordres sans distinction, et qu'un sixième de cette prestation soit affecté à l'entretien des rues des villes, bourgs et villages et des chemins vicinaux.

Art. 37. Qu'il ne puisse être envoyé des commissaires, pour acquitter les impositions, qu'après une décision de la municipalité.

Art. 38. Que les droits de franc-fief et d'échéance soient supprimés ainsi que le droit d'amortissement sur les terrains, édifices et maisons, enclos dans les villes, et même sur les terrains de la campagne, quand il s'agira d'amélioration ou de construction d'utilité publique.

Art. 39. Qu'il soit rédigé un nouveau tarif du contrôle et d'insinuation d'une clarté et d'une précision qui ne laissent rien à l'arbitraire.

Art. 40. Que l'usage du parchemin timbré soit supprimé.

Art. 41. Que le centième denier sur les successions collatérales soit supprimé.

Art. 42. Que les droits d'entrée aux barrières de Paris et des autres grandes villes soient conservés et les privilèges d'exemption supprimés.

Art. 43. Suppression de la servitude du tirage de la milice; les paroisses pourront s'en rendre libres en donnant les sommes qu'elles ont l'habitude de fournir suivant les règles de la milice; alors elles pourront entre elles faire les conventions qui leur paraîtront le plus convenables.

Art. 44. Suppression des ponts-et-chaussées.

Art. 45. Qu'il soit fait un nouveau code civil, dans lequel il sera pourvu à ce que les tribunaux soient rapprochés des justiciables et la justice rendue promptement et à moins de frais possible.

Art. 46. Qu'il soit aussi rédigé un nouveau code criminel, où la peine soit proportionnée au délit; que l'accusé ait un défenseur qui l'assiste dans l'instruction, et que cette instruction soit faite publiquement.

Art. 47. Que dans chaque ville, bourg et village, il soit établi un tribunal de paix, auquel les particuliers qui auront des différends à régler seront tenus de s'adresser avant de recourir à la justice; lequel tribunal sera composé de quelques membres de la municipalité élus par la commune et changés tous les ans.

Art. 48. Qu'il soit formé de nouveaux arrondissements pour les bailliages, et que ces arrondissements soient composés d'environ 300 paroisses.

Art. 49. Qu'il soit érigé des prévôtés royales dans les petites villes et gros bourgs, avec un arrondissement de deux à trois lieues, dans lesquelles prévôtés les juges exerceront leur juridiction même sur les justices seigneuriales de leur arrondissement, en cas d'absence ou empêchement des officiers des seigneurs, à qui il sera permis d'appeler les juges desdites prévôtés pour le service de la justice criminelle.

Art. 50. Que le ressort de chaque présidial sera composé de trois bailliages; qu'il aura pour chef un président; qu'il jugera, en dernier ressort de toutes matières susceptibles d'estimation, jusqu'à 10,000 livres; que la compétence sera jugée par sept officiers du siège.

Art. 51. Que la vénalité des offices soit supprimée.

Art. 52. Que toutes les juridictions d'exceptions soient supprimées, et, pour faciliter la suppression et l'indemnité des officiers supprimés, que lesdits officiers soient incorporés aux tribunaux conservés; que les matières de la compétence desdits tribunaux supprimés soient attribuées au juge ordinaire, à l'exception des juges consuls dont la juridiction et la compétence seront conservées.

Art. 53. Que le régime des eaux et forêts soit soumis à l'administration des États provinciaux.

Art. 54. Que les chambres ardentes soient supprimées et leur compétence attribuée à la juridiction royale.

Art. 55. Que la connaissance des causes où les seigneurs seront intéressés soit interdite à leurs juges.

Art. 56. Que les juges seigneuriaux soient inamovibles.

Art. 57. Que nul ne soit admis dans la magistrature s'il n'est d'une capacité et d'une probité reconnues, de père et mère absolument irréprochables, et s'il n'a, pendant dix ans, exercé avec distinction la profession d'avocat, et qu'il ne soit plus accordé de dispense d'âge.

Art. 58. Qu'aucun magistrat ne puisse cumuler plusieurs offices ou commissions de magistrature, et que les lettres de comptabilité et autres semblables soient supprimées.

Art. 59. Que les offices de receveur des consignations, de commissaire et contrôleur aux saisies réelles, d'huissier-priseur, de greffier des experts, de jurés-experts et de jurés-crieurs d'enterrements soient supprimés comme inutiles et onéreux, sauf la liquidation et le remboursement.

Art. 60. Que toutes les lettres de chancellerie, des parlements et présidiaux, lettres de *committimus*, garde gardienne, évocation, scel attributif de juridiction, privilèges des bourgeois de Paris, en demandant, et autres semblables, soient et demeurent supprimés et révoqués comme onéreux.

Art. 61. Qu'il ne soit plus accordé d'arrêt de défense en aucun cas, sinon sur requête communiquée à la partie.

Art. 62. Que la durée du temps réglé par l'édit de 1771 pour l'exposition des contrats d'aliénation au tableau des hypothèques, soit prorogé à trois mois, et que les contrats soient affichés pendant ledit temps de trois mois, non-seulement dans le bailliage de la situation des biens, mais encore dans celui du domicile du vendeur.

Art. 63. Que les faillis soient obligés de se mettre sous la main de la justice, pour subir l'examen de leur conduite qui sera fait dans un bref délai.

Art. 64. Que les lois rendues contre les banqueroutiers frauduleux soient sévèrement exécutées; que tous les asiles et retraites soient supprimés, nonobstant tous privilèges; qu'il ne soit accordé auxdits banqueroutiers aucunes lettres de répit, d'état ou de surséance, et que, pour assurer la vengeance de ce délit, qui est le fléau du commerce, la poursuite en soit faite à la diligence du ministère public sur la dénonciation d'un ou plusieurs créanciers.

Art. 65. Qu'en cas de condamnation du banqueroutier à mort naturelle ou civile, il ne puisse y avoir lieu à confiscation des biens du condamné au profit du Roi ou des seigneurs, et qu'il ne soit prélevé sur lesdits biens que les frais du procès, la conservation de ce droit odieux étant un motif déterminant pour les créanciers de garder le silence envers leur coupable débiteur et tendant conséquemment à favoriser le délit.

Art. 66. Que la discussion, l'ordre et distribution des deniers des biens des faillis et débiteurs infortunés soient soumis à des règles ou des formalités très-simples et très-peu dispendieuses, afin de ménager le gage du créancier et la subsistance du débiteur.

Art. 67. Qu'il soit accordé aux propriétaires détenteurs des biens des villes et des campagnes indistinctement la faculté de rembourser toutes les rentes foncières de quelque nature qu'elles soient, même celles dues à l'Eglise et autres gens de mainmorte; réservé seulement au seigneur le cens qui ne pourra être racheté.

Art. 68. Qu'aucun fermier ne puisse faire valoir et exploiter à bail qu'un seul corps de ferme, ni y réunir des marchés qui en étendent l'exploitation au delà de quatre charrues, y compris les terres attachées au corps de ferme, la charrue évaluée à 100 arpents, mesure de roi.

Art. 69. Que pour l'exécution de cet article intéressant pour l'agriculture, pour la population et pour la multiplication des bestiaux, il soit fait défenses très-précises aux fermiers de réunir à leurs corps de ferme l'exploitation d'un ou plusieurs corps de ferme par l'interposition de leurs enfants, domestiques et autres, et qu'il y soit pourvu par des dispositions aussi rigoureuses que précises.

Art. 70. Que les dispositions des deux articles précédents cesseront d'avoir lieu dans le cas où le corps de ferme sera attaché à l'exploitation d'un plus grand nombre de charrues dont la division serait incommode ou onéreuse au propriétaire.

Art. 71. Que le pâturage des prés soit interdit aux bêtes à laine, si ce n'est pour leur rafraîchissement en certains temps et que le lieu de rafraîchissement soit fixé et circonscrit; permis néanmoins aux propriétaires de faire pâturer dans leurs propres prés dûment enclos et fermés.

Art. 72. L'affranchissement des dîmes des productions sur les jachères, que les cultivateurs font manger en vert par leurs bestiaux.

Art. 73. L'affranchissement des dîmes de charnage et sur les laines.

Art. 74. Demander un règlement concernant les savards des paroisses.

Art. 75. Que pour faciliter la navigation, rendre à la culture des terrains inondés et prévenir ou diminuer les ravages des épidémies, il soit accordé des faveurs et des récompenses à ceux qui entreprendront le curement des rivières et le desséchement des marais.

Art. 76. Que pour éviter l'engorgement des ruisseaux sur lesquels sont assis les moulins à eau et empêcher l'inondation des terrains riverains, il soit pourvu à l'exécution des règlements de police qui déterminent le point d'eau et le curement exact des ruisseaux, et que la construction des moulins sur bateaux et à vent soit encouragée.

Art. 77. Que pour diminuer le dommage que causent l'ombrage et les racines des arbres plantés sur les routes aux terres limitrophes desdites routes, lesdits arbres soient souvent élagués et qu'ils soient abattus à l'âge de quarante ans.

Art. 78. Qu'il soit fait défense à tous propriétaires et seigneurs d'ouvrir des routes de chasse dans les bois des particuliers, de planter des avenues de pur agrément dans leurs terres, et de toucher, de quelque manière que ce soit, à leurs propriétés, sinon de l'agrément desdits propriétaires particuliers et en leur payant l'indemnité convenue.

Art. 79. La chasse étant la servitude la plus onéreuse, les députés du tiers-état du bailliage sont chargés de faire à l'assemblée des Etats généraux le tableau des dévastations qui en sont l'effet et d'y solliciter une loi qui restreigne le droit autant qu'il sera possible, qui pourvoie à la destruction du gibier de toute espèce par les moyens les plus expédients; qui, en cas de négligence des seigneurs, permette à la municipalité d'employer tous les moyens possibles de destruction, à l'exception du poison et des armes à feu; qui adoucisse les peines infligées aux braconniers, en faisant voir l'absurdité de mettre en parallèle l'honneur et la liberté du citoyen avec la valeur d'un lapin, et qui assure, sur les formalités les plus simples et une seule visite, la prompte et entière indemnité du cultivateur dont les fruits auront été endommagés par le gibier.

Art. 80. Renouveler la disposition des anciens règlements qui permettent aux habitants de rentrer en la jouissance de leurs communes aliénées, en remboursant les acquéreurs, et lesdits biens communaux étant entre leurs mains seront affermés, si les habitants jugent qu'il soient moins nécessaires pour les habitants.

Art. 81. Que les baux des biens ruraux possédés par des gens de mainmorte et des usufruitiers puissent être faits pour le terme de dix-huit ans, sans être assujettis à aucun autre droit que le contrôle, et ne puissent l'être pour un temps moindre de neuf ans ; qu'ils aient leur exécution nonobstant décès, démission, résignation et autres cas résolutoires, et que lesdits baux soient faits par adjudication en justice.

Art. 82. Que le nombre des fêtes soit réduit.

Art. 83. Que les titres des curés primitifs soient supprimés.

Art. 84. Que les succursales soient érigées en cure en faveur des communautés d'habitants suffisamment nombreuses, surtout celles qui se trouveraient avoir d'anciennes chapelles, maladreries ou autres édifices propres à la célébration du service divin.

Art. 85. Qu'il soit assuré aux curés un revenu honnête et suffisant, qui soit au moins de 1,500 livres et qui soit susceptible d'augmentation proportionnée à la population des paroisses et à l'éloignement des habitants ; et qu'au moyen de ce revenu les honoraires connus sous le nom de casuel soient supprimés.

Art. 86. Que ces revenus soient pris sur les dîmes de chaque paroisse, lesquelles seront administrées par les États provinciaux, et que le restant desdites dîmes soit employé et affecté : 1° à l'entretien des église, presbytère et clôture de cimetière dont les habitants (1) demeureront déchargés ; 2° à l'entretien des maîtres d'écoles ; 3° à la caisse de charité.

Art. 87. Qu'il soit attribué à tous les vicaires un revenu de 800 livres.

Art. 88. Que les curés ne puissent prendre lesdites dîmes à bail, ni exploiter leurs domaines, afin d'étouffer entre le pasteur et ses paroissiens tout germe de division et de procès et de les attacher davantage à leurs fonctions.

Art. 89. Que l'éducation des enfants de la campagne soit surveillée par l'administration de la province, concurremment avec les supérieurs ecclésiastiques (2).

Art. 90. Suppression des titres d'abbés commendataires, de prieurs en commende et de tous bénéfices consistoriaux, réunion des manses abbatiales aux manses conventuelles avec toute administration, à la charge par les communautés de verser annuellement dans les coffres de l'État les sommes auxquelles elles auront été taxées pour leur contributions à la masse des fonds destinés aux secours et aux autres objets d'utilité publique.

Art. 91. Que tous les religieux français soient soumis à l'ordinaire et à des supérieurs français résidant en France et indépendants de généraux et supérieurs étrangers.

Art. 92. Interdire aux titulaires de bénéfices à charge d'âmes la résignation.

Art. 93. Dignités et canonicats des cathédrales affectés aux curés qui le sont depuis trente ans.

Art. 94. Réduction des communautés rentées trop peu nombreuses, et les biens et bâtiments des maisons supprimées, convertis en établissements utiles.

Art. 95. Que l'émission des vœux solennels soit fixée à trente ans pour les hommes et à vingt-cinq ans pour les filles.

Art. 96. Que les ordres mendiants soient supprimés, les individus soumis à l'ordinaire, obligés de se livrer aux fonctions ecclésiastiques, et qu'il leur soit accordé une pension honnête sur les fonds des maisons rentées à supprimer.

Art. 97. La confection des réparations usufruitières à la charge des bénéficiers assurée par la mise en dépôt d'une somme proportionnée à la valeur éventuelle des réparations, d'après l'estimation à faire lors de la prise de possession et sauf la visite annuelle.

Art. 98. Plus de recours à Rome pour les dispenses de parenté, toute juridiction à cet égard attribuée aux évêques diocésains, sauf l'appel devant l'archevêque métropolitain, et de là au primat.

Art. 99. Que les empêchements pour le mariage soient restreints au 3° degré.

Art. 100. Qu'il soit accordé liberté indéfinie de la presse pour tout écrit signé de l'auteur ; et s'il n'est pas domicilié dans le lieu de l'impression, l'auteur sera tenu de faire certifier sa signature à l'imprimeur par une personne connue et domiciliée, sinon l'imprimeur en sera responsable.

Art. 101. Que le débit des drogues et médicaments composés soit exclusivement attribué au collége de pharmacie.

Art. 102. Que les poids et mesures soient uniformes dans le royaume.

Art. 103. Que la direction des enfants trouvés, des dépôts de mendicité, maisons de travail et établissements de charité, soit confiée aux États provinciaux.

Art. 104. Qu'il soit établi deux cours annuels d'accouchement et d'instruction pour les sages-femmes ; qu'aucune ne soit admise qu'après examen des médecins et chirurgiens de la ville où se font les cours et en conséquence de leur approbation, et que le gouvernement soit supplié de faire attention à cet important objet.

Art. 105. Que les chirurgiens de campagne ne puissent être admis qu'après avoir justifié de cinq années d'étude dans un hôtel-Dieu ou hôpital militaire, et après un examen sévère, et qu'il leur soit accordé une somme annuellement sur les fonds de charité pour le soulagement des pauvres malades et infirmes de la campagne.

Art. 106. Que les colporteurs et marchands roulants soient obligés d'avoir un domicile fixe, à peine d'être arrêtés comme vagabonds.

Art. 107. Qu'il soit fait des signalements très-détaillés dans les passe-ports et certificats, qui ne pourront être délivrés que par les officiers de police ou de maréchaussée, et qui seront marqués d'un timbre particulier et commun à toutes les villes, bourgs et lieux du royaume.

Art. 108. Que la maréchaussée soit incessamment portée au nombre de brigades jugé nécessaire ; que ces brigades ne puissent être composées que d'hommes à cheval, et que la constitution de ce corps soit telle qu'en lui assurant la considération et le traitement néces-

(1) Le texte disait : *dont les habitants et propriétaires*, etc.

(2) Le texte ajoutait ces mots : *relativement à l'enseignement de la religion, et que les maîtres d'école ne soient institués que par le concours des deux autorités.*

saires pour qu'il soit le plus utile possible, elle ne puisse qu'aider et non contrarier les vues de telle autorité que ce soit.

Art. 109. Qu'aucun domestique ne soit reçu sans rapporter un certificat du juge de police et de son dernier maître.

Art. 110. Que les terriers des seigneurs soient renouvelés tous les trente ans, qu'ils soient appuyés de plans figurés et détaillés et de registres numérotés indicatifs des noms des propriétaires et des mutations dans lesquels terriers et plans les gens de mainmorte seront tenus de faire insérer en détail les biens qu'ils possèdent dans l'étendue de la seigneurie.

Art. 111. Qu'il soit permis de stipuler l'intérêt à cinq pour cent dans les prêts à terme.

Art. 112. Que les péages, pontenages, travers, hallages, stellage, minage, et tous autres droits de pareille nature soient supprimés.

Art. 113. Suppression des offices de jurés mesureurs de grains, et tous droits quelconques de mesurage, sous quelque dénomination qu'ils puissent être, et liberté entière entre le vendeur et l'acheteur.

Art. 114. Que les banalités de moulins, pressoirs et autres soient pareillement supprimées.

Art. 115. Que le commerce soit affranchi de toutes les entraves fiscales.

Art. 116. Suppression de la caisse des haras.

Art. 117. Que la plus entière liberté soit rendue aux communes des villes, bourgs et villages du royaume pour l'élection de leurs officiers municipaux, sans distinction des villes et lieux situés dans l'apanage des princes.

Art. 118. Que les officiers municipaux soient tenus de rendre compte à la commune à l'expiration de leur exercice.

Art. 119. Que la charge du logement des gens de guerre soit supportée par les trois ordres.

Art. 120. Qu'aux termes de la déclaration du Roi de 1776, les cimetières soient transférés hors l'enceinte des villes, bourgs et villages.

Art. 121. Qu'il soit établi des bureaux de charité partout où il en manque, et que les fonds desdits bureaux soient pris sur les revenus des abbayes, prieurés et monastères susceptibles de suppression.

Art. 122. Qu'il soit établi des hospices ou accordé des places dans les hôpitaux en faveur des aveugles, des incurables et des insensés.

Art. 123. Que les règlements contre les fraudes des meuniers soient renouvelés et leur exécution rigoureusement observée.

Art. 124. Que l'élection de Compiègne, qui sépare l'élection de Clermont du reste de la généralité de Soissons, soit réunie à cette généralité.

Art. 125. Qu'il soit défendu aux écclésiastiques, aux nobles, aux officiers de justice, police et finances, à tous financiers et agents du fisc de faire commerce des grains.

Art. 126 et dernier. Que l'exportation des grains n'ait lieu qu'après avoir pris l'avis des États provinciaux (1).

_____

(1) Les articles ajoutés après la rédaction du cahier général du tiers-état par les trente-cinq commissaires, nommés à cet effet, sont marqués d'une croix. Ce sont les articles 17, 34, 37, 43, 44, 72, 73, 74, 113, 124, 125 et 126.

Après l'article 96 étaient les deux articles suivants supprimés :

Résidence absolue des prélats et des bénéficiers qui seront conservés.

Suppression du droit de départ pour les archidiacres et autres bénéficiers.

Après l'article 99 était celui-ci, supprimé :

Qu'à l'avenir les expectatives et préventions en cour de Rome n'aient plus lieu, et que toutes contributions, sous quelque dénomination que ce soit, payées jusqu'à présent à ladite cour de Rome, aux généraux d'ordre et autres supérieurs ecclésiastiques étrangers et non regnicoles, soient supprimées.

Après l'article 110 étaient ceux-ci supprimés :

Que les alluvions et atterrissements soient abandonnés aux propriétaires riverains.

Qu'avant d'ouvrir une nouvelle route ou d'élever un bâtiment, même d'utilité publique, le propriétaire soit indemnisé de gré à gré. (Manuscrit de M. Fiquet.)

SÉNÉCHAUSSÉE DE TOULON.

SUPPLÉMENT

Au cahier du tiers-état de Toulon, publié dans le tome V des Archives parlementaires, *page 788 (1).*

Les commissaires nommés par l'assemblée générale du tiers-état exposent à MM. les députés qu'ils ont réuni dans le résumé des doléances, toutes les demandes essentielles contenues dans les cahiers particuliers et susceptibles d'être portées à l'assemblée des États généraux. Ils en ont écarté les propositions relatives aux abus et aux vices du règlement de cette municipalité, dont on a unanimement sollicité la réforme, parce que ces objets, tout importants qu'ils sont, ne peuvent entrer dans les vues générales auxquelles il nous est prescrit de réduire nos réclamations.

Mais n'ayant pas le droit de rejeter un vœu si universel, les commissaires ont jugé qu'il était convenable de le consigner à la suite de la délibération où il ne perdra rien de sa force, quoique exprimé rapidement et sans détail, et d'en adresser un extrait à Monsieur, frère du Roi, Mgr le duc d'Orléans, Mgr le prince de Beauvau, gouverneur de la province, Mgr de Villedeuil, et à Mgr Necker, ministre d'État, pour obtenir la permission de rédiger dans une assemblée générale de députés, un nouveau règlement municipal conforme aux vrais intérêts de cette communauté.

Sur quoi l'assemblée considérant que le règlement municipal de cette ville, surpris à la religion du Roi, proposé sans le concours et à l'insu de tous les habitants, et constitué par les lettres patentes du 1er novembre 1776 et par celle du 18 septembre suivant, renferme des vices d'où sont nés des abus qui ont excité dans l'assemblée les réclamations de la généralité des députés, il a été unanimement arrêté que le Roi sera très-humblement supplié au nom de l'assemblée par MM. les consuls et MM. . . . .

. . . . commissaires qu'elle nomme à cet effet, de permettre comme une grâce spéciale, nécessaire au bonheur et à la paix des citoyens, que, dans une assemblée de députés convoqués en la même forme que la présente, il soit procédé à la rédaction d'un nouveau règlement municipal, pour n'être, néanmoins, exécuté, qu'après qu'il aura été présenté à Sa Majesté, et autorisé par elle, afin que cette demande, qui fait un des chefs principaux des doléances du tiers-état de Toulon, soit accordée par Sa Majesté préalablement et en particulier, et que la régénération de la cité, que tous les habitants désirent, s'opère plus promptement et indépendamment de la tenue des États généraux, et sera extrait de la présente, adressé par lesdits sieurs maire, consuls et commissaires, à Monsieur comte de Provence, Mgr le duc d'Orléans, Mgr le prince de Beauvau, gouverneur de la province, Mgr de Villedeuil, ministre d'État, et à Mgr Necker, ministre d'État et directeur général des finances, avec prière de vouloir bien appuyer de leurs protections le vœu général de la cité.

Enfin, comme la commission croit que les mémoires remis sur l'objet du commerce n'ont pas traité ses intérêts dans toute leur étendue, l'assemblée déclare se référer aux doléances qu'elle donne pouvoir à MM. . . . . négociants, de dresser sur cet objet, pour être remises aux députés chargés de porter à l'assemblée du 25 le cahier du tiers-état de Toulon, et servir de supplément au chapitre *commerce*, contenu dans le cahier qu'ils présenteront.

---

(1) Le supplément, que nous insérons ici, nous a été communiqué par M. Rigaud, ancien député, maintenant premier président de la cour impériale d'Aix. — **M. Rigaud** a mis une extrême obligeance à rechercher et à faire rechercher, dans l'étendue du ressort de la cour d'Aix, divers cahiers qui nous manquaient ; nous saisissons aujourd'hui l'occasion qui s'offre à nous, de lui exprimer publiquement notre gratitude.

CAHIER

Du clergé de la sénéchaussée de Villeneuve-de-Berg remis à ses députés aux Etats généraux de France, convoqués à Versailles au 27 avril 1789 (1).

Mars 1789.

L'ordre du clergé de la sénéchaussée de Villeneuve-de-Berg charge expressément ses députés aux Etats généraux de voter par tête et d'obtenir, avant que de s'occuper de tout autre objet, un règlement qui assure à perpétuité la liberté des personnes, la propriété des biens, et par conséquence nécessaire, le consentement libre et volontaire de l'impôt et une administration constitutionnelle et élective. Il sera donc arrêté dans cette loi fondamentale :

1° Que tout citoyen détenu par lettre de cachet ou de toute autre manière sera remis incessamment entre les mains de ses juges naturels, pour son procès lui être fait selon l'évidence du cas.

2° Que la propriété des biens appartenant à l'Eglise, à la noblesse et au tiers-état, aux corps ou aux particuliers, sera sacrée et solennellement reconnue devant la nation assemblée. Le droit de dîme perçu selon l'usage des lieux, formant la principale propriété de l'ordre de l'Eglise, doit être reconnu.

3° Par suite du droit de propriété, nul impôt ne pourra être mis, directement ou indirectement, augmenté ou prorogé sans le consentement libre de la nation donné dans les Etats généraux; de façon que le consentement donné par les provinces, pays, villes, etc. sera de nulle valeur.

4° Que le retour des Etats généraux sera périodique et fixé aux époques qui seront déterminées par la prochaine assemblée de la nation.

5° Que les ministres seront comptables aux Etats généraux de l'emploi des deniers publics, et que la dépense de chaque département sera fixée dans les prochains Etats.

6° Qu'il sera accordé à la province de Languedoc une administration légale, constitutionnelle, représentative des trois ordres par la liberté des élections, tant pour le général de la province que pour les diocèses particuliers qui la composent.

IMPOTS.

1° L'assemblée du clergé charge ses députés aux Etats généraux de concerter tous les moyens propres pour combler le déficit et les autorise à accorder pour un temps déterminé les contributions extraordinaires qui seront jugées nécessaires, après avoir fait tous les retranchements de la dépense et toutes les améliorations dont l'Etat est susceptible.

2° Le clergé de cette sénéchaussée renonce expressément à tout privilège pécuniaire et entend que l'impôt se repartisse également sur tous les biens de même nature, sans aucune distinction d'ordre, en faveur des propriétaires ecclésiastiques ou nobles ; comme aussi sans aucune distinction de fonds nobles ou ruraux quant à ce qui concerne la quotité de l'impôt.

3° Que l'impôt de la taille ou tout autre impôt de même nature sera réel dans tout le royaume, réparti sur tous les fonds appartenant au clergé, à la noblesse ou au tiers-état, et on travaillera à former des tarifs justes entre les provinces, les diocèses ou autres districts et les différentes communautés, pour le répartir avec égalité et toujours en proportion du produit net.

4° Les dîmes des ecclésiastiques ou inféodées des laïques seront assimilées pour l'impôt aux rentes et censives seigneuriales, comme étant des biens d'une nature semblable, et seront taxées à la même quotité, les charges prélevées.

5° Le clergé étant soumis aux charges communes du royaume, ne payera plus sa contribution en forme de décime; il entrera en partage de toutes les dettes de province qui lui seront communes avec les autres ordres, et l'Etat doit se charger des dettes du clergé général, contractées pour les besoins pressants du Roi et de la nation, dont 24 millions proviennent du rachat de la capitation, à laquelle le clergé se soumet comme à tous autres impôts.

6° Les Etats généraux sont priés de prendre en considération l'inégalité prodigieuse qui existe dans la répartition des tailles entre les différents diocèses de la province de Languedoc, et dans chaque diocèse entre les différentes communautés, et de délibérer sur les moyens les plus sûrs et les moins coûteux pour remettre l'égalité.

7° L'impôt de la gabelle pesant autant sur le pauvre que sur le riche, que le Roi a déjà reconnu être un impôt désastreux, très-nuisible à l'agriculture, forçant à épargner une denrée de première nécessité que la nature a prodiguée avec tant d'abondance, doit être modéré, et le Roi sera supplié de rendre le sel marchand dans tout le royaume et d'en fixer le prix aux marais salants à un taux très-modéré.

8° Le Roi a aussi reconnu la nécessité de supprimer les droits des traites dans l'intérieur du royaume ; il sera supplié de délivrer au plutôt le commerce de cette entrave gênante.

9° Les droits domaniaux pour le contrôle des actes, droits de mainmorte, etc., sont la matière des vexations continuelles que les fermiers exercent au nom du Roi. La multitude prodigieuse des déclarations et arrêts du conseil ont rendu le code fiscal si difficile à entendre que les commis et directeurs eux-mêmes ne peuvent souvent s'accorder dans leurs décisions. Le Roi sera supplié de donner une loi claire et précise sur cette matière qui puisse être connue également des receveurs et des contribuables.

10° Le bureau des hypothèques établi en différents lieux de cette province a excité depuis son établissement la réclamation de tous les citoyens. Cette invention fiscale ne tend à rien moins qu'à renverser les fortunes les plus assurées par les fraudes auxquelles elle donne ouverture aux

(1) Ce document est extrait des *Archives* de la préfecture de Privas ; il nous a été communiqué par M. Mamarot, archiviste du département de l'Ardèche.

débiteurs contre leurs créanciers. Le Roi sera supplié de supprimer cet établissement ou d'y joindre les précautions nécessaires pour donner aux ventes la publicité la plus grande; par exemple : en faisant publier pendant plusieurs dimanches consécutifs l'acte de vente dans la paroisse où les biens sont situés, en prolongeant au moins d'un an le délai fatal qui est accordé aux créanciers pour déclarer leur hypothèque.

11° Les propriétaires des îles sur les rivières navigables en Languedoc et en particulier sur la rivière du Rhône, sont exposés à essuyer des attaques périodiques de la part des inspecteurs généraux des domaines et bureaux des finances. Les titres les plus respectables, les transactions avec les souveraines, une possession aussi ancienne que la monarchie, les confirmations faites par les rois, les arrêtés des cours souveraines et ceux obtenus au conseil ne sont pas respectés. L'église de Viviers est actuellement obligée de repousser une attaque de cette nature qui lui est commune avec tous ses inféodataires. Le Roi sera supplié de faire dresser en son conseil un tableau des îles qui appartiennent en propriété aux différentes églises et particulières de cette province, de les décharger pour toujours de toute demande en taxe étrangère à l'impôt, et du salaire ou vacations des agents qui viennent d'être employés à la mensuration desdites îles, après qu'il aura été justifié de la propriété par titres.

12° Les ordonnances pour la levée forcée des milices, paraissant attentatoires à la liberté des sujets du Roi, tandis qu'on pourrait trouver un nombre suffisant de soldats volontaires, le Roi sera supplié de suspendre le tirage des milices, au moins en temps de paix, et de permettre dans tous les temps aux communautés de fournir, comme elles aviseront, les hommes que le Roi a accoutumé de se procurer par la voie du sort.

13° La mendicité des vagabonds, qui courent d'un bout de province à l'autre, est un des abus qui doivent exciter tout le zèle des États généraux : des mendiants inconnus sont souvent des voleurs et des assassins travestis, qui courent impunément les villes et les campagnes; l'oisiveté et tous les vices qu'elle entraîne sont la suite nécessaire de la mendicité. C'est en vain que le Languedoc paye 50,000 livres par an pour faire cesser cet abus. Le clergé de la sénéchaussée charge ses députés de solliciter un plan qui puisse procurer les avantages qu'on s'était promis, en consentant cet impôt.

JUSTICE.

1° La justice est rendue en France d'une manière si onéreuse pour les sujets du Roi, qu'on peut dire qu'elle forme le plus accablant de tous les impôts. Le pauvre est dans l'impossibilité de fournir aux dépenses énormes qu'il est obligé de faire pour réclamer ses droits. Traduit d'un tribunal à l'autre et à des distances immenses, obligé de solliciter pendant plusieurs années un jugement définitif, le parti le plus prudent est toujours pour lui d'abandonner même un droit incontestable. Les affaires de la moindre conséquence ruinent souvent les familles aisées, arrachent à l'agriculture le malheureux cultivateur obligé de devenir client et de s'occuper lui-même de tous les détours et de toutes les menées embarassantes de ce qu'on appelle la pratique judiciaire. Les haines éternelles entre les concitoyens, les voies de fait et les meurtres sont souvent dans nos con-

trées les suites de cette mauvaise administration de la justice et les pasteurs de la religion ne sauraient s'empêcher d'élever la voix pour dire avec liberté à leur souverain que le plus grand de ses devoirs est de faire rendre la justice à ses peuples. C'est dans ces vues que nous proposons :

2° Que toutes les affaires de peu de conséquence n'excédant pas en valeur la somme de vingt-cinq livres, rixes légères, et injures verbales seront jugées sommairement et par forme de police, sur une simple citation qui sera envoyée par le juge au défendeur, sans assignation, sans écritures, les parties ouïes verbalement ou après avoir envoyé des prudhommes sur les lieux pour examiner l'objet de la contestation, si le cas le requiert, le jugement rendu en forme de verbal devant être définitif et sans appel. C'est ainsi que dans quelques bonnes villes du royaume sont terminés les différends de peu d'importance.

3° Les seigneurs ecclésiastiques de cette sénéchaussée, quant à ce qui les concerne, demandent qu'il soit permis tant au demandeur qu'au défendeur de décliner la juridiction de leurs juges et même des juges royaux, ne ressortissant pas mêmement aux cours souveraines, si ce n'est que les deux parties n'aient déjà commencé de procéder volontairement devant les juges.

4° Que l'attribution présidiale pour juger définitivement jusqu'à la somme de 2,000 livres, ou au-dessus, soit accordée aux sénéchaussées du pays de Vivarais.

5° Nous demandons qu'il soit rédigé une nouvelle ordonnance civile et criminelle, l'expérience ayant fait connaître les inconvénients de celles de 1667 et 1670, et que l'attention des commissaires nommés se porte principalement à abréger, du moins dans l'ordonnance civile, les longueurs et les embarras de la forme : on pourrait adopter la forme usitée au conseil du Roi et au tribunal de l'intendance du Languedoc où l'on ne plaide que par requêtes. Une réflexion bien propre à frapper tous les habitants de cette province, c'est que les attributions sans nombre accordées à l'intendant du Languedoc n'empêchent pas que la justice ne soit rendue promptement par ce magistrat, et qu'il n'y a d'autres dépenses que le coût de quelques requêtes taxées trois livres. Les commissions royales qui ont été envoyées par intervalles dans cette province ont terminé une infinité de procès presque sans dépens; ce qui prouve que, quand on ne veut pas rendre la justice aux peuples et qu'on n'en fait pas une profession lucrative, elle est toujours rendue promptement et d'une manière peu coûteuse.

6° Que la justice soit rendue gratuitement par la suppression de toute sorte d'épices, et qu'on attribue des gages aux juges royaux; que le nombre des juges dans les cours souveraines, et des offices des procureurs, dans toutes les cours, soit considérablement réduit et qu'il soit pris des moyens pour substituer à la vénalité des charges un choix libre de personnes distinguées par leurs vertus et leurs connaissances.

7° Il serait à souhaiter que le code immense du droit français et le recueil qu'il est donné à peu de personnes de se procurer, et à aucun de bien le comprendre, d'ordonnances, édits, déclarations, arrêts etc., fût rédigé en un seul corps de droit sous différents titres, supprimant tous les articles abrogés, inutiles, répétés. Ce ne serait plus ces lois de tous les siècles de la monarchie et de tous les rois de France, ce serait désormais le code de Louis XVI, et la loi du siècle le plus éclairé.

8° Nous demandons la suppression de tous les tribunaux d'exception dans cette province et qu'il n'y soit conservé que la juridiction consulaire ou juges conservateurs et établis pour l'avantage du commerce.

9° Le temps paraît être arrivé où il faudrait détruire une contradiction frappante entre la loi et les mœurs, touchant l'intérêt du prêt à jour. Le bien politique de la nation paraît exiger qu'il soit permis de retirer un profit de l'argent prêté. L'État, les provinces, les particuliers n'empruntent que sous cette condition. Néanmoins la loi frappe également de la note d'usure toute rente stipulée en conséquence du prêt a jour. La plupart des cours souveraines condamnent cette stipulation, presque personne ne se croit obligé à observer des lois qui ne paraissent plus faites pour notre siècle; on trouve le moyen de les éluder, et souvent le prêteur retient par ses mains une partie de la somme contenue dans l'obligation. Les ministres de la religion arrêtés par les craintes qu'ils ont de violer les lois canoniques et civiles, sollicités par les puissantes raisons et les grands exemples qui paraissent autoriser ce que la loi défend, supplient le Roi de vouloir bien ôter cet embarras des consciences, en permettant par une loi générale de percevoir l'intérêt du prêt à jour et d'en fixer le taux.

10° Les notaires étant des officiers publics, de la probité et des connaissances desquels dependent la fortune et l'état des citoyens, on ne saurait apporter trop d'attention dans le choix qu'on en doit faire. L'avilissement dans lequel sont tombés ces offices par le peu de précaution qu'on a pris pour n'admettre dans ce corps que des personnes distinguées par une naissance honnête, par les sentiments, par les talents, tourne au grand préjudice du bien public. Nous demandons que le nombre des offices de notaires soit considérablement réduit, qu'on ne puisse obtenir des provisions qu'après un examen rigoureux sur la disposition des ordonnances, concernant les actes et d'après une enquête de mœurs, et qu'on rende à cet état toute la considération qu'il mérite.

ADMINISTRATION.

1° Le clergé du premier et du second ordre consentant à être associé à toutes les impositions royales et locales, a aussi droit de demander d'entrer dans toutes les administrations municipales diocésaines et provinciales pour y soutenir ses intérêts et y disposer sagement de ses contributions avec les deux autres ordres. Dans le pays du Vivarais les églises les plus considérables, cathédrales et collégiales, n'ont aucun représentant dans les hôtels de ville et dans le conseil politique des lieux qu'ils habitent. Les Etats particuliers du Vivarais ont toujours exclu de leur formation tout autre ecclésiastique que le bailli de Mgr l'évêque de Viviers, qui lui-même n'y est pas admis. Les porteurs de procuration de l'ordre de l'Eglise n'y sont pas reçus, les Etats généraux de la province de Languedoc n'admettent dans l'ordre de l'Eglise que les évêques ou leurs députés. Nous supplions donc le Roi d'ordonner :

2° Que MM. les curés et autres bénéficiers des villes, bourgs et villages de la province seront admis dans les administrations municipales et conseils politiques des communautés comme les autres habitants notables desdits lieux, et que les églises principales auront toujours un député dans les hôtels de ville des lieux où elles sont situées, qui sera nommé par lesdites églises ;

3° Que les Etats particuliers du Vivarais seront composés d'un quart de l'ordre de l'Eglise, d'un quart de nobles, le reste pris dans le troisième ordre, tous librement élus et que ces Etats seront organisés d'après le plan que Sa Majesté voudra fixer dans la sagesse de ses conseils sur les représentations qui seront faites dans les prochains Etats généraux pour le nombre des administrateurs et la manière de les élire;

4° Que dans l'administration générale de la province de Languedoc le second ordre du clergé sera admis comme le premier, de façon que l'ordre de l'Eglise y soit égal à celui de la noblesse et celui du tiers-état aux deux autres en nombre, tous librement élus selon le plan que Sa Majesté voudra bien adopter, en conservant à chaque ordre, à chaque classe et à chaque diocèse le droit d'élire ses représentants;

5° Le Roi sera supplié d'arrêter dans l'assemblée des Etats généraux un plan fixe sur la manière de les composer à l'avenir et de faire droit sur les doléances qui lui seront présentées et sur les griefs que les instructions pour les prochains Etats ont pu apporter aux provinces, districts, villes, classes, corps, communautés ou particuliers.

BÉNÉFICES ET BIENS ECCLÉSIASTIQUES.

1° Nous reconnaissons que tous les bénéfices simples possédés par des ecclésiastiques, qui n'ont aucun service à remplir dans l'Eglise, et qui ne sont attachés à aucun office, excitent avec juste raison les réclamations des autres ordres de l'Etat ; que ce n'est qu'au détriment des ministres utiles que tant de bénéfices chargés autrefois du soin des paroisses, sont devenus des bénéfices simples, dans ces temps où des riches pasteurs se sont déchargés du service onéreux, en conservant les biens de ces églises qu'ils abandonnaient; que des abbayes et prieurés possédés en commende présentent un abus encore plus grand, en ce que les intentions des fondateurs ont été frustrées, et que des biens dont ils avaient doté les monastères en faveur de la piété des anciens moines, sont devenus, par l'abus intolérable des commendes, le patrimoine des prêtres séculiers qui n'ont d'autres titres pour y prétendre que la naissance et les services d'un genre étranger, rendus à l'Etat par leurs proches.

2° Nous réitérons les plaintes et doléances qui furent faites à ce sujet par la chambre ecclésiastique dans la tenue des derniers Etats généraux ; nous ne dirons plus, il est vrai, que les bénéfices ecclésiastiques sont entre les mains des laïques, mais nous continuerons de dire que les biens ecclésiastiques sont mal répartis, et ne remplissent pas leur destination ; nous exposerons avec confiance au plus juste des rois, en présence de la nation, les vues utiles que le bien de la religion nous suggère.

3° Dans ces vues nous demandons que les dîmes rentrent dans leur première destination et soient affectées aux prêtres desservants ; subsidiairement qu'il soit enjoint aux évêques de supprimer dans leur diocèse tous les prieurés simples qui ne sont attachés ni à la manse épiscopale ni à celle des églises ou des monastères, mais possédés par des bénéficiers particuliers, séculiers ou réguliers, qui ne sont tenus à aucun service à raison de leurs bénéfices, respectant toutefois le droit des titulaires pendant leur vie.

4° Que tous ces prieurés simples soient administrés par une chambre ecclésiastique dans chaque diocèse, formée par libre élection du clergé diocésain, et les revenus en provenant employés :

1° En partie, au soulagement des pauvres des lieux où les bénéfices sont situés;

2° A fournir à des augmentations de congrue en faveur de MM. les curés et vicaires ;

3° A l'entretien des prêtres infirmes ;

4° A la dotation suffisante des églises et autres établissements utiles ;

5° A récompenser les services des ecclésiastiques qui travaillent pour le bien général du diocèse.

5° MM. les curés demandent tant pour eux que pour leurs vicaires, provisoirement, une augmentation de congrue proportionnée à la cherté des denrées, aux besoins attachés à un état honorable et à la nécessité où ils sont de secourir les pauvres de leurs paroisses : nous présentons le même vœu en faveur des curés dépendant de l'ordre de Malte, qui n'ont joui, même depuis la dernière loi, que de 520 livres de congrue; ils doivent être assimilés en tout aux autres curés, déchargés de l'obligation de se croiser, inamovibles dans leurs places et ressortissant aux mêmes juges, tant pour le spirituel que pour le temporel et tous réclament la suppression du casuel.

6° Afin que les églises cathédrales soient ramenées à leur primitive institution, et que le clergé qui les compose mérite encore d'être appelé le conseil et le sénat de l'évêque, nous demandons que nul ne puisse y être admis, comme chanoine, qu'il n'ait exercé pendant dix ans la charge honorable de pasteur d'âmes dans le diocèse, ou travaillé pendant le même temps et aussi dans le diocèse, en qualité de vicaire général, sans en exclure néanmoins les bénéficiers actuels de l'Église qui auront le même temps de service et dont on demandera la suppression pour l'avenir.

7° Quant aux bénéfices consistoriaux, nous supplions Sa Majesté de prendre en considération nos remontrances. Il serait sans doute plus conforme à l'intention des fondateurs de remettre en règle les abbayes et les prieurés possédés en commende, mais le relâchement de la plupart des monastères ne permet pas de croire que l'Église retirera une grande utilité de ce rétablissement ; et pour réparer autant qu'il est possible le désordre d'une destination étrangère, et faire tourner ce bénéfice à l'utilité de l'Église, il paraît important d'établir pour la distribution de ces biens un conseil de prélats et autres ecclésiastiques d'une vertu distinguée, d'exclure des grâces ceux qui habitent la capitale pour les solliciter, de consulter les évêques et leur demander quels sont dans leurs diocèses les ecclésiastiques qui méritent le plus d'obtenir des bénéfices ou des pensions, de ne pas exclure de ces grâces de la cour les pasteurs du second ordre qui travaillent si utilement pour le bien de la religion et de l'État et de ne pas réunir sur la même tête plusieurs bénéfices importants, ce qui ferait dans l'Église des fortunes monstrueuses qui ne servent qu'à nourrir un faste vraiment scandaleux dans les ministres de la religion ; de prélever sur ces bénéfices une part abondante pour les pauvres du diocèse où ils sont situés et d'en faire bien plus la récompense et l'encouragement des travaux et des vertus sacerdotales que le patrimoine de la seule naissance.

8° Les maisons religieuses rentées qui ne rendent aucun service à l'Église ou à l'État, dont la règle n'est plus en vigueur, doivent être invitées à se soumettre à la réforme, et dans les cas de refus les supprimer et les biens en dépendant unis à la masse commune du diocèse pour y être employés aux usages indiqués. Déjà un grand nombre de maisons de l'ordre de Saint-Benoît, congrégation de Cluni, ont été supprimées ; nous demandons que les biens dépendant desdits monastères soient conservés dans les diocèses où ils sont situés et ne soient pas réunis au diocèse où se trouve le chef-lieu des monastères. Tous les biens de cette nature dans le diocèse de Viviers étaient anciennement dans des maisons de l'ordre établies dans ce diocèse.

9° Il serait à souhaiter que la collation des cures appartînt aux évêques exclusivement. Les collateurs particuliers accordent le plus souvent ces bénéfices par des vues humaines à des personnes qui les ont sollicités ou dont les parents ont rendu quelques services temporels aux collateurs. On introduit dans les diocèses des ecclésiastiques étrangers au préjudice de ceux qui ont travaillé depuis longtemps et qui ont mérité par leurs services une récompense. On place à la tête des paroisses des jeunes gens sans expérience.

10° Tout curé qui acceptera du diocèse une pension de retraite doit se démettre de sa cure entre les mains de l'évêque.

11° Les saints conciles ayant ordonné de choisir pour les bénéfices des personnes dignes et même plus dignes pour les bénéfices à charge d'âmes, on ne saurait s'empêcher de convenir que les préventions en cour de Rome sont entièrement opposées à ces sages règlements : aussi l'assemblée du clergé de France de 1785 s'est-elle élevée contre un usage si contraire au bien de l'Église. Nous demandons que la prévention soit entièrement supprimée et le dévolu acquis au supérieur dans l'ordre de la hiérarchie au moins un mois après la vacance des bénéfices.

12° Il est indécent et contraire au bien de la religion que ceux qui ne sont pas soumis à l'église catholique entreprennent de nommer ses ministres en vertu des droits de patronage qui appartiennent à leurs familles. Avant la révocation de l'édit de Nantes, le droit des patrons protestants était suspendu ; ensuite par une fiction de la loi on dit qu'il n'y avait plus de protestants en France : aujourd'hui qu'ils y ont obtenu l'état civil, ce droit qu'ils peuvent avoir doit être suspendu dans son exercice, comme il le fut autrefois.

RELIGION, DISCIPLINE , JURIDICTION ECCLÉSIASTIQUE.

1° Les ministres de la religion sont justement alarmés par les dangers qui la menacent en France. Une philosophie licencieuse ne cesse de combattre ce qu'il y a de plus sacré et de blasphémer ouvertement. Pourrions-nous ne pas supplier le plus chrétien des rois de continuer à protéger cette religion qui fait le plus bel ornement et le plus ferme appui de son trône, de réprimer la licence scandaleuse de ces écrivains également ennemis de toute autorité divine et humaine et de ne jamais souffrir dans son royaume d'autre culte public que celui de la religion catholique!

2° Les conciles ont toujours été regardés dans l'Église comme le moyen le plus puissant de faire fleurir la religion, maintenir la pureté de la foi et l'exacte discipline. Les assemblées du clergé de France, convoquées pour des affaires temporelles, n'ont suppléé que bien imparfaitement à la tenue des conciles dans ce royaume. Pourrions-nous nous empêcher de présenter, au nom de la religion, des vœux au souverain pour le rétablissement des conciles provinciaux déjà sollicités par le clergé de France dans ses dernières assemblées, surtout dans ces circonstances où le clergé, étant disposé à partager toutes les impositions des peuples, n'aura plus à traiter d'affaires temporelle!

4° C'est en vain que les ordonnances royaux ont établi que les censures ne seraient décernées que pour un crime grave et scandale public ; tous les juges royaux, ceux-même des seigneurs, se croient autorisés, par l'ordonnance criminelle, à contraindre les officiaux, par la saisie de leur temporel, d'accorder des monitoires, pour les sujets les moins importants, ce qui rend méprisables les peines les plus redoutables de l'Eglise. Le Roi sera supplié d'ordonner que les officiaux ne puissent être contraints à accorder, contre leur conscience, les monitoires qu'on leur demande : si mieux n'aime Sa Majesté supprimer entièrement ce moyen malheureusement peu efficace pour obtenir des révélations.

5° L'ordre du clergé demande que les sursis obtenus, ou ceux qu'on pourrait surprendre à l'avenir pour empêcher l'exécution des jugements ou suspendre les procédures engagées dans les tribunaux, soient déclarés inconstitutionnels et abusifs.

6° Tout prêtre, accusé des fautes qui intéressent la sainteté de son état, sera jugé par ses pairs, et le juge d'Eglise chargé d'instruire le procès ne pourra porter une sentence tendant à la privation de son bénéfice ou à quelque autre peine grave sans appeler six prêtres, tous curés, s'il s'agissait de juger un de leurs confrères, pris autant qu'il sera possible, dans l'arrondissement de l'archiprêtre, ou autres bénéficiers domiciliés dans le diocèse, pour le jugement des autres personnes ecclésiastiques. Le juge d'Eglise se contentera de faire le rapport de la procédure, et n'aura que sa voix comme ses assesseurs.

7° Les causes profanes des ecclésiastiques et même les causes personnelles qui appartiennent au juge d'Eglise peuvent être jugées à la juridiction temporelle, mais toutes les causes spirituelles doivent être attachées irrévocablement à la juridiction ecclésiastique. Les juges laïques, sous prétexte du possessoire se sont mis en usage de juger également au pétitoire dans les contestations concernant les bénéfices et autres choses spirituelles. Le Roi sera supplié de fixer avec précision la compétence des juges d'Eglise pour laquelle l'édit de 1695 n'a porté une sauvegarde suffisante, et de régler en son conseil privé tous les appels comme d'abus qui pourraient être formés contre l'exercice de la juridiction ecclésiastique contentieuse, comme aussi les mêmes appels comme d'abus dans l'exercice de la juridiction volontaire.

ÉTUDES.

1° On se plaint dans tout le royaume de la mauvaise administration des collèges et du manque des ressources pour l'éducation de la jeunesse. La suppression des jésuites a formé un vide dans la partie de l'enseignement qui n'a pas encore été rempli. Des ecclésiastiques séculiers et indépendants n'ont pu suppléer à cette société si distinguée par ses vertus chrétiennes, par l'étendue de ses lumières et par ses travaux infatigables. Nous ne saurions nous empêcher de former

des vœux pour le rétablissement de cette société, ou pour l'encouragement à donner à quelque ordre religieux ou société ecclésiastique dans le royaume qui voudrait se dévouer à l'enseignement de la jeunesse.

2° Les universités, qui ont rendu de si grands services à la religion avant l'établissement des séminaires, ont cessé d'être utiles depuis cet établissement, et les grades, qui étaient la preuve et la récompense de l'étude, ne sont plus dans les université des provinces qu'une prérogative achetée à prix d'argent, et le vœu du clergé de cette sénéchaussée est d'obtenir la suppression de l'expectative des gradués pour les bénéfices ; la liberté rendue aux collateurs tournera plus sûrement au profit de l'Eglise.

Telles sont les instructions que l'ordre du clergé de la sénéchaussée de Villeneuve-de-Berg donne à ses députés aux Etats généraux : voulant que les arrêtés concernant liberté, propriété et administration, soient préalablement accordés, avant de consentir à aucun impôt ; s'en rapportant d'ailleurs à leur conscience pour l'application et extension des autres articles et en tout ce qui ne sera pas contraire à la gloire du Roi et au bien de l'Etat. Il exige de plus et ordonne que ses députés soient tenus de se rendre à Villeneuve-de-Berg quarante jours après la clôture des Etats pour y rendre compte, devant l'ordre assemblé, de leur mission et afin qu'il soit décidé s'ils ont rempli les ordres de leurs commettants. *Signé*, Deglo-Debesses, chanoine, vicaire général, député du chapitre; Bonnaud, curé de Saint-Germain; Beaud, prieur, curé d'Alissas; Rieu, prieur curé de Saint-Pierreville; Blanc, prieur curé de Vals; Hebrard; Labrot; Balmelle; Bernard; Deroudilles; Chabaud; Miallon; Dumazel; Beaufils; Colomb; Ranc; Feuillade; Delelaux; Vaschaldes; Chauvet; Pascal; Meynier; Molines; Abrial; Jaumes; de Vermond; Dussaut; Saladin; Prinsard; Genestou; Despréaux; Detavernol; Barre; Champanhet; Fournier; Roux; Bouschon; Defages; Chambon; Vivien; Deleint; Champanhet; Deydier, prévôt de l'église cathédrale; Cluzel; Testard; Fr. Maubert; Falcon; Simon; Jossouin; Meygron; Daubignac; Jossouin; Blanc; Toulouse; Vernet; Rochemure; Blachère; Richard; Philippot; Blanc; Ranc; Blachère; Doumain; Boissin; Aymes; Bonnet; Roux; Chambon; Bernard; Saint-Arcons, Deleint, Richard; Vermalle; Bathail; Maisonneuve; Bruyeron; Marconnès; Chalvet; Bruschet; Durand ; Peyrounel; Vincent; Roche; Debrés; Roche; Rochier, curé de Rozières; Dubois; Lougriou; Roux, prieur; Defages; Rouri; Roux, prieur; F. Perrotin, prieur des dominicains; Isard; prieur des grands augustins; Suchet, gardien des cordeliers; Seguin; Saboul; Bernard; Duclaux; Vincent; Ollivier, chanoine, député des religieuses de la ville de Viviers; Saladin, prieur curé de Saint-Marcel; Charles, évêque de Viviers; Iallade, secrétaire. Certifié véritable et conforme à l'original ce sixième avril 1789. Jallade, secrétaire *signé*. Extrait sur la copie remise au greffe, Heyraud, greffier de la sénéchaussée, *signé*. Taxé au greffier pour le présent extrait six livres, Barruel, *signé*.

———

CAHIER

Des instructions, plaintes et doléances du tiers-états de la sénéchaussée de Villeneuve-de-Berg, assemblée en ladite ville, en exécution de la lettre de Sa Majesté pour la convocation des États généraux, et du règlement y annexé du 24 janvier 1789 (1).

POINTS PRÉLIMINAIRES A LA DÉLIBÉRATION ET A LA CONCESSION D'AUCUN SUBSIDE.

Opinion par tête.

1° Les députés de la sénéchaussée de Villeneuve-de-Berg aux États généraux persisteront à demander que les opinions y soient comptées par tête, et non par ordre.

Liberté individuelle.

2° Ils s'occuperont de la liberté personnelle, et pour la rendre sacrée et inviolable, ils demand-l'entière abolition des lettres de cachet et de tous ordres attentoires à la liberté, sous quelque forme, quelque prétexte que ce puisse être: ils demanderont l'abolition des lettres de cachet qui se sont effectuées et qui s'exécutent encore et notamment l'ouverture des prisons de la Bastille, et autres, dont les prisonniers seront rendus à leurs juges naturels et compétents.

La nation seule compétente pour établir l'impôt.

3° Ils demanderont qu'il soit reconnu dans la forme la plus solennelle, par un acte authentique et permanent, que la nation seule a droit de s'imposer, c'est-à-dire d'accorder ou de refuser les subsides, d'en régler l'étendue, l'emploi, l'assiette, la répartition, la durée, d'ouvrir les emprunts, et que toute autre manière d'emprunter ou d'imposer est illégale, inconstitutionnelle et et de nul effet.

Répartition des subsides sur les trois ordres par égalité et sans distinction.

4° Ils demanderont l'extinction de tous impôts distinctifs, pour leur être substitué d'après le consentement des États généraux, des subsides également supportés par les trois ordres, et proportionnellement aux propriétés, tant mobilières qu'immobilières de chaque contribuable et sans distinction des impositions royales, provinciales et municipales, de rang et de privilège; bien entendu que les personnes du tiers-état, possédant des fiefs nobles, seront affranchis du droit de franc-fief, le même bien ne pouvant pas supporter une double imposition.

Retour périodique des États généraux.

5° Ils demanderont que le retour périodique et régulier des États généraux soit fixé irrévocablement à une époque certaine et rapprochée pour prendre en considération l'état du royaume, examiner la situation des finances, l'emploi des subsides accordés pendant la tenue précédente en décider la continuation ou la suppression, l'augmentation, ou la diminution, pour proposer en outre des réformes, des améliorations, dans toutes les branches de l'économie politique.

Et dans le cas où la convocation de l'assemblée nationale n'aurait pas lieu après le délai fixé par la loi, ils demanderont que les États particuliers soient autorisés à s'opposer à la levée des impôts et même les cours souveraines à poursuivre comme concussionnaires tous ceux qui voudraient en continuer la perception, sans qu'aucune évocation puisse les en dépouiller, ni qu'aucun ordre arbitraire puisse en arrêter les poursuites, ni suspendre l'exécution de leur jugement.

Concours mutuel du Roi et de la nation pour l'établissement des lois.

6° Ils demanderont qu'il soit statué que non-seulement aucune loi bursale, mais encore aucune loi générale et permanente quelconque ne soit établie à l'avenir qu'au sein des États généraux, et par le concours mutuel de l'autorité du Roi et du consentement de la nation.

Enregistrement provisoire des lois dans les cours souverains pendant la vacance des États généraux.

7° Qu'il soit arrêté que les lois générales et permanentes, ou les bursales, c'est-à-dire les simples lois d'administration et de police, seront, dans l'intervalle d'une tenue à l'autre des États généraux, provisoirement soumises à la vérification, et à l'enregistrement libre des cours, mais qu'elle n'auront de force que jusqu'à la tenue de l'Assemblée nationale où elles auront besoin de sa ratification, pour continuer à être obligatoires.

8° Ils demanderont la confirmation des capitulations, et des traités qui unissent les provinces à la couronne ainsi que le maintien de toutes les propriétés particulières.

Responsabilité des ministres.

9° Ils solliciteront avec instances, et avec fermeté, une loi précise qui rende à l'avenir les ministres du Roi comptables à la nation, représentée par les États généraux, des déprédations, dans les finances, ainsi que toutes les atteintes portées par le gouvernement aux droits nationaux et particuliers.

Liberté de la presse.

10° Ils demanderont aux États généraux d'assurer la liberté de penser pour la liberté de l'impression, sous les modifications, qui seront trouvées convenables.

Consentement des États généraux pour leur séparation.

11° Les États généraux ne pourront être séparés sans délibération, de leur part, et dans le cas qu'ils viendraient à être dissous, sans leur consentement, tous les octrois d'impôts, qui auraient été délibérés, seront nuls et comme non avenus.

(1) Ce document est extrait des *Archives* de la préfecture a Privas; il nous a été communiqué par M. Mamarot, archiviste du département de l'Ardèche.

Suppression des États généraux du Languedoc et des États particuliers du Vivarais.

12° Les États provinciaux du Languedoc, les États particuliers du Vivarais, ainsi que toutes les administrations diocésaines de la province, étant, dans leur forme actuelle, des assemblées inconstitutionnelles, et contraires à l'essence de tout corps représentatif, seront totalement supprimés, et la province du Languedoc sera autorisée à s'assembler par des députés librement élus, dans chaque diocèse, dans la proportion de leur contribution aux impositions, dans telle ville, et devant tels commissaires, qu'il plaira à Sa Majesté d'indiquer pendant la tenue des États généraux, pour concerter et proposer auxdits États un plan d'administration approprié à ses droits, privilèges et usages.

Et dans le cas, qu'il serait proposé aux États généraux un plan de constitution d'États, pour toutes les provinces du royaume, les députés de la sénéchaussée de Villeneuve-de-Berg ne pourront consentir qu'il soit approprié au Languedoc et au Vivarais, qu'autant qu'il porterait sur les bases suivantes :

Plan pour la formation d'une nouvelle administration provinciale.

1° L'élection libre des députés de chaque diocèse, dans leur ordre respectif, et dans la proportion de leur contribution aux impositions.

2° L'égalité du nombre des députés du tiers-état à celui des deux premiers ordres réunis.

3° Que les délibérations seront prises par tête.

4° Que toutes les places seront éligibles par les députés de tous les ordres.

5° Qu'après un terme de quatre années il sera procédé à une nouvelle élection.

6° Que la présidence ne sera qu'annuelle, et alternative entre les deux premiers ordres, néanmoins toujours élective par les députés des trois ordres; elle ne pourra sous aucun prétexte être déférée à la même personne qu'après un intervalle de quatre ans.

Réserve de la province pour ses privilèges particuliers.

13° Quoique la province ait abandonné une partie de ses droits particuliers, pour les exercer conjointement avec le reste du royaume, les députés déclareront que, dans le cas où les États généraux ne parviendraient pas à établir une constitution stable, élective et représentative, conformément aux vœux énoncés de la province, ils réservent expressément, et sans exception, à la nation languedocienne tous ses droits, franchises, immunités et privilèges.

Tels sont les points préliminaires sur lesquels il est enjoint aux députés de la sénéchaussée de Villeneuve-de-Berg aux États généraux, sous peine de défaveur et de déchéance de leurs pouvoirs, de faire statuer lesdits États préalablement à toute autre délibération; et avant surtout de voter pour l'impôt, et afin que la sénéchaussée soit assurée de l'exactitude et de fidélité de ses députés, elle les charge de demander à l'Assemblée nationale qu'il soit publié un procès-verbal circonstancié des délibérations de chaque séance, et qu'il soit annexé à chacune d'elles la liste des adhérents et des opposants.

Ces articles préliminaires et fondamentaux obtenus, il sera permis aux députés de la sénéchaussée aux États généraux de voter pour les subsides, et alors il leur est enjoint d'exiger :

Ex-ministres jugés.

1° Que les États généraux s'occupent de la conduite des ministres, contre lesquels la nation s'est élevée, et dont elle demande le jugement.

Examen des finances.

2° Une connaissance exacte de la situation des finances, des causes de la différence énorme qui existe entre la dépense et la recette.

Des pensions.

3° L'examen de l'état des pensions et leurs titres, et que cet état soit imprimé tous les ans, avec les noms des pensionnaires, et une notice sur l'espèce ou la nature de leurs services, sa durée et l'époque où ces pensions ont été accordées ; la publicité de cet état ajoutera un nouveau prix aux grâces de ce genre.

Intérêts usuraires payés par l'État.

4° Que les intérêts usuraires payés par l'État soient modérés, que les acquits au comptant soient supprimés; les dépenses de chaque département invariablement fixées, et que le compte en soit rendu à la nation et publié chaque année par la voie de l'impression.

Octroi des subsides.

5° Les députés ne consentiront qu'à l'octroi des subsides qui seront jugés absolument nécessaires aux besoins réels et indispensables de l'État; ils observeront que les impôts sur les terres se sont énormément élevés au-dessus de ce qu'elles peuvent supporter; tandis que les négociants et les capitalistes ne payent rien ou presque rien à l'État; que l'égalité qui doit être la base de toute contribution doit être essentiellement établie entre le produit de l'argent et celui des terres, et que si les besoins de l'État exigent de plus grands secours, les nouveaux impôts doivent être rejetés par préférence sur les objets de luxe.

Agriculture.

6° Le Vivarais, comme tous les pays de montagne, est extrêmement circonscrit dans ses productions; la plupart des terres, situées sur des pentes rapides, ne sont soutenues que par des murailles exposées à être continuellement renversées par la rapidité des eaux ; les frais de culture y sont très-considérables, et son sol très-ingrat. Les députés présenteront le tableau de la misère de cette partie de la province ; ils exposeront l'excès des subsides, tant royaux que provinciaux, sous le fardeau desquels le tiers-état est accablé, et l'excès non moins effrayant des censives et droits seigneuriaux auxquels leurs fonds sont assujettis, et ils affirmeront qu'on ne pourrait jeter sur les habitants de cette contrée de plus grands impôts, sans les réduire à l'impuissance de les acquitter.

7° Ils auront pouvoir de sanctionner et consolider la dette de l'Etat, et notamment tous les emprunts et toutes les opérations que les circonstances impérieuses ont exigées de M. Necker, auquel l'assemblée a donné les éloges dus à ses vertus et à son zèle.

Gabelles.

8° La cherté excessive du sel en prive les bestiaux, à la nourriture, engrais, salubrité et multiplication desquels il est si essentiel, et si nécessaire. Les députés demanderont la suppression de la gabelle, et que le sel soit rendu marchand, en le prenant toutefois dans les salines de Sa Majesté, et aux prix que Sa Majesté en retire.

Traites et douanes.

9° Ils demanderont l'abolition des traites dans l'intérieur du royaume : que les douanes soient portées aux frontières : ce changement est, de plus, essentiel au Languedoc, dans ce moment surtout où les marchandises des manufactures pour arriver au Nord de la France payent des droits plus considérables que les marchandises anglaises de même nature, celles-ci circulant partout sans obstacles , après avoir acquitté un droit de dix pour cent aux frontières : tandis que celles de cette province, toujours soumises à tous les droits établis de province à province, ne peuvent plus soutenir la concurrence.

Contrôle des actes des notaires.

10° Ils demanderont que les droits du contrôle, dont la perception actuelle est si arbitraire, et n'est exercée que sur une foule de décisions obscures que jour nouvelles et contradictoires les unes avec les autres, soient diminués et irrévocablement fixés par un nouveau tarif, au moyen duquel les habitants de la campagne puissent connaître les droits qu'ils doivent payer en passant un acte, et que, dans ce tarif, il soit fait diverses classes de proportion, entre le simple travailleur de terre journalier et le bourgeois, le marchand etc.; ils demanderont, enfin, la suppression de tout droit de centième denier en ligne collatérale, et que la perception en soit bornée aux actes emportant mutation, sans que dans aucun cas, ils puissent être perçus, ni aucun droit en sus exigé, sous prétexte de négligence des parties contractantes à payer les droits principaux, dans le délai prescrit par le règlement, et, ce fait, ils demanderont l'abonnement du droit de contrôle, qui ne pourra être moindre que le montant des sommes que Sa Majesté en reçoit par les comptes qui lui sont rendus, déduction faite des sols pour livre : ils demanderont que les commis ou receveurs aient des appointements fixes, au moyen desquels ils n'aient aucune portion dans le recouvrement des droits.

Contrôle sur les cuirs, le fer, le cuivre, etc.

11° Ils demanderont la suppression ou la modération des droits de marque de cuir : la gêne qui en résulte réduit chaque année cette branche

d'industrie et de commerce, et tend à la faire passer tout entière à l'étranger : ils demanderont aussi la suppression des droits sur le cuivre le fer, l'acier et autres droits réunis.

Greffes.

12° Ils demanderont la suppression ou la modération des droits du greffe.

Manufactures.

13° Les manufactures sont une des sources principales de la richesse nationale, puisqu'elles soutiennent l'agriculture dont elles sont la première base : nos députés demanderont qu'elles soient protégées, honorées et préservées de toutes les atteintes que l'esprit fiscal pourrait porter à la liberté du commerce ; ils demanderont l'abrogation de tous les règlements, qui, en enchaînant les manufactures, répriment l'essor du génie industrieux , et la certitude , pour le commerce, d'une entière liberté qui en est l'élément.

Priviléges exclusifs pour le commerce accordés à Marseille, etc.

14° Ils solliciteront fortement l'abrogation de tous priviléges exclusifs, particuliers et généraux, notamment celui de la ville de Marseille sur le commerce du Levant ; ces priviléges ôtent l'industrie, propriété qui devrait être sacrée et dont l'usage libre peut faire la prospérité de la nation.

Maîtrises d'arts et métiers.   ●

5° Ils demanderont la suppression de toutes les maîtrises d'arts et métiers, afin que chaque citoyen ait la liberté d'exercer le talent qu'il a reçu de la nature.

Péages, Leudes, etc.

16° Ils demanderont la suppression absolue des droits de péage, pontonnage, leudes, minage et autres de cette nature qui gênent la circulation, et dont les motifs, qui les ont établis, n'existent plus surtout en Languedoc, où tous les ponts, chaussées chemins et voies publiques, sont faits et entretenus par la province.

Administrations municipales.

17° Ils demanderont la réintégration du droit naturel des villes et communautés du royaume, que plusieurs d'entre elles ont perdu dans le temps barbare de la féodalité, d'élire librement leurs consuls, administrateurs et officiers domestiques : ils demanderont notamment la révocation des arrêts du conseil qui attribuent aux procureurs fiscaux les fonctions de procureur du Roi aux hôtels de ville, que les consuls soient autorisés à porter le chaperon, pour se faire reconnaître et afin de faire respecter leur dignité, et ce nonobstant tous usages, titres, arrêts à ce contraires, et que tout citoyen sans distinction puisse être appelé au premier chaperon.

Attributions des causes sommaires aux consuls.

18° Ils demanderont que les consuls des villes et bourgs soient autorisés à connaître sans appel des contestations qui s'élèveraient en matière de police, jusques à la somme de vingt-cinq livres, dans lesquelles matières seront comprises, non-seulement tous les différends qui peuvent s'élever dans les foires et marchés entre citoyens et étrangers, mais encore tous ceux qui pourront s'élever entre citoyens, pour vente de denrées et marchandises, fournitures de boulangers, cordonniers, journées d'ouvriers, salaires de domestiques et autres contestations de même nature, et que ceux des communautés de campagne, assistés de deux habitants notables, non suspects, seront aussi autorisés à connaître sans appel des contestations qui s'élèveront entre les habitants, jusques et à concurrence de la somme de douze livres sommairement et sans frais.

Mortes-payes.

19° Ils demanderont la suppression de ce qu'on appelle en Languedoc morte-paye, des garnisons, des pensions et gratifications, accordées par les États provinciaux, et par les États particuliers du Vivarais, comme aussi des logements, qui ont été accordés aux commandants qui ne les occupent pas.

Appointements des gouverneurs.

20° Ils demanderont que les appointements de MM. les gouverneurs et les pensions de MM. les officiers généraux soient supprimés, lorsqu'ils ne seront point en activité de service.

Etablissement d'un bureau de postes au Cheylard.

21° Ils prieront les États généraux de prendre en considération que la ville du Cheylard et les communautés qui en forment l'arrondissement, au nombre de 40 paroisses, sont pour ainsi dire privées de toute communication avec le reste du royaume, par le grand éloignement des bureaux de postes les plus voisins, qui en sont à plus d'une journée de distance, ce qui porte un grand préjudice à cette contrée, et ils demanderont qu'il y soit établi un bureau de postes aux lettres, et l'établissement d'un messager qui aille prendre les lettres au bureau d'Aubenas, d'où elles seront portées au Puy en Velay en passant par Pradelles.

22° Ils demanderont que, si l'assemblée des États généraux supprime tous les priviléges des villes franches, Sa Majesté sera suppliée de perpétuer le souvenir des titres glorieux qui ont été transmis aux habitants de ces villes, soit en accordant à leurs enfants un nombre déterminé des places gratuites au collège royal de Tournon, ou ailleurs, soit en leur accordant toute autre distinction que sa justice lui suggérera.

Receveurs-généraux des tailles et impositions.

23° Ils demanderont la suppression des offices des receveurs généraux et particuliers de taille et des charges, places, et offices onéreux à l'Etat.

Aliénation des biens domaniaux.

24° Les États généraux seront priés d'examiner dans leur sagesse s'il ne serait pas à propos d'aliéner les biens domaniaux, qui se dégradent entre les mains des fermiers et des engagistes, ou bien s'il est plus convenable d'en conserver la propriété.

Exploitation des mines de charbon de terre.

25° Ils demanderont qu'en conservant à tous la liberté naturelle de se servir de charbon de terre ou de bois, pour toutes les teintures, fabriques, manufactures, et filatures de soie, et en conservant aussi aux communautés le droit de s'imposer, à cet égard, telles lois qu'elles jugeront convenables à leur localité, les inféodataires de Sa Majesté et les entrepreneurs de l'exploitation des mines de charbon de terre n'aient pas la liberté d'y attacher un prix arbitraire; que le prix soit au contraire fixe et invariable, de telle sorte qu'il ne puisse recevoir d'augmentation, qu'autant qu'elle serait délibérée par l'administration diocésaine, qui aura égard à la gratification qu'elle a déjà accordée pour l'ouverture des mines, et qui observeront que le prix du charbon de terre, qui est déjà parvenu à 7 sols le quintal, était délivré sur le pied de 3 sols, lors de l'ouverture desdites mines; que lesdits entrepreneurs soient aussi tenus d'avoir leurs ateliers fournis d'une quantité de charbon suffisante pour le service public : le tout si mieux lesdits inféodataires n'aiment abandonner l'utilité de leur concession, et laisser aux propriétaires des fonds qui renferment ce fossile, la liberté d'en faire eux-mêmes, ou d'en faire faire l'exploitation, et que ledit charbon de terre soit affranchi de tout droit sur le Rhône.

Réforme des Codes civil et criminel.

26° Ils demanderont la réformation du Code civil et criminel, que l'instruction criminelle soit rendue publique, qu'il soit permis aux accusés d'avoir un conseil pour les défendre ; ils demanderont notamment l'adoucissement de la législation criminelle, et des peines qu'elle prononce contre plusieurs délits, qui n'ont aucune proportion avec la nature de ces peines, et en particulier, de celles portées par les lois forestières; qu'il soit substitué à la procédure criminelle, qu'on suit à la jurisdiction des Eaux et Forêts, la procédure civile pour tous les cas qui ne sont susceptibles que des condamnations pécuniaires; d'affranchir même de cette juridiction la coupe, ou l'arrachement des arbres de toute espèce, existants et épars, dans les terres qui ne sont ni bois, ni forêts, mais terres cultivées, à l'amélioration desquelles l'intelligence du cultivateur pourra juger que l'existence de ces arbres est nuisible; comme aussi la coupe du bois d'eau, souvent nécessitée par le danger d'une inondation imminente.

Arrondissements des paroisses.

27° Dans les justices seigneuriales, il sera fait des arrondissements dans chaque chef-lieu, dont chacun soit composé de douze paroisses au moins et dans lequel le juge ou son lieutenant, assisté de deux gradués ou postulants, pourront juger, en dernier ressort, la matière sommaire jusques à telle somme qu'il plaira à la sagesse de Sa Majesté et des États généraux d'arbitrer.

Bureaux de pacification.

28° Ils demanderont que, dans les villes et communautés, il soit établi un bureau de pacification, composé d'un avocat, des consuls, et de deux notables habitants, choisis par le conseil politique, pour concilier, sommairement et sans frais, les contestations qui s'élèveront entre leurs concitoyens, et qu'aucune affaire contentieuse ne puisse être portée devant les tribunaux judiciaires, qu'après une attestation d'un des membres de ce bureau, qui n'a pu les accorder.

Tribunaux d'exception.

29° Rien n'étant plus contraire au bien de la justice que les tribunaux d'exception, puisque les citoyens sont quelquefois obligés de plaider pendant un long nombre d'années, avant de savoir quel est le tribunal qui doit les juger, et que les longueurs et les frais excessifs de ces conflits de juridiction nécessitent souvent les parties d'abandonner les demandes justes, par la perspective des frais immenses, les députés demanderont la suppression de tous ces tribunaux, et que la connaissance des procès, dont ils auraient droit de connaître, soit attribuée aux tribunaux ordinaires, auxquels ils seront remis, sauf à pourvoir à l'indemnité des officiers supprimés, ainsi qu'il appartiendra.

Inamovibilité des officiers royaux

30° Ils demanderont que les officiers pourvus soit de charge de magistrature, soit des offices de procureur dans les lieux où ils sont créés en titre d'office, même les postulants dans les justices inférieures, soient inamovibles, et que la subordination des tribunaux inférieurs, à l'égard des supérieurs, soit réglée de manière que la liberté individuelle des magistrats subalternes ne soit livrée à aucun caprice.

Liberté de la postulation dans les justices seigneuriales.

31° Ils demanderont la liberté de la postulation, qui est de droit commun, dans les juridictions, où il n'y a pas de procureurs en titre, liberté que des arrêts de règlement du parlement de Toulouse ont récemment asservie aux seigneurs justiciers, en déterminant toutefois le nombre desdits postulants, relativement à l'étendue de l'arrondissement de chaque juridiction.

Prescriptibilité des censives et droits féodaux.

32° Ils demanderont que l'imprescriptibilité des censives, droits de champart, agrier, tasques, cas de taillabilité, habitanage, fouage, et autres droits seigneuriaux, qui a lieu dans la province du Languedoc, ainsi que celle de toute redevance foncière, soit abrogée et que les susdits droits et redevances soient déclarés prescrits, par le non-payement, depuis cinquante ans, sans titre nouveau, ou sans demande judiciaire.

Prescription des rentes constituées, etc.

33° Ils demanderont qu'en rendant les lois établies pour les rentes constituées communes aux loyers, fermage, champart, censives redevances foncières, et autres droits annuels quelconques, ensemble aux arrérages d'intérêts et restitution des fruits, lesdits arrérages soient déclarés prescrit par le laps de cinq ans, sans demande judiciaire

bien entendu toutefois; qu'à l'égard desdits loyers et fermages, ladite prescription ne commencera à courir que du jour de l'expiration des baux; que les intérêts des droits légitimaires ou successifs, dots, et vente d'immeubles, ne soient point sujets à ladite prescription, laquelle n'aura point lieu contre les pupilles, mineurs, absents, et autres privilégiés.

Fourleaux dans tous les chefs-lieux.

34° Ils demanderont que, dans chaque chef-lieu, les officiers municipaux soient tenus de faire annuellement l'estimation de la valeur, à chaque saison de l'année, du vin, grains, noyaux et autres denrées, et que les seigneurs ou leurs fermiers ne puissent réclamer le payement en deniers de censives dans le cas où ils y sont autorisés que sur le pied de cette évaluation, en réservant aux emphytéotes la liberté de payer les censives sur le même pied.

Corvées, banalités.

35° Les banalités sont un reste de la servitude féodale attentoire à la liberté personnelle, et sujette à tous les abus, inséparables de tout établissement exclusif de la concurrence; elles sont surtout onéreuses aux habitants des campagnes, qui sont vexés par les fermiers de ces droits odieux, à la discrétion et au caprice desquels, ils se trouvent livrés : les députés demanderont l'abolition des corvées personnelles, de la banalité des moulins, de four, de pressoir, et autres; ils demanderont aussi l'abolition des corvées personnelles, droit de vingtin, de fouage, et d'habitanage appartenant aux seigneurs et autres propriétaires particuliers, sauf à être pourvu à l'indemnité de ceux qui seront fondés en titre légitime; la faculté de ce rachat demeurant libre aux communautés, et aux redevables, qui aimeront mieux rester assujettis à ces droits.

Terme pour les nouvelles reconnaissances.

36° Ils demanderont que les reconnaissances féodales ne puissent être exigées des emphytéotes à leurs frais, et qu'une seule fois dans quarante ans, et que si les seigneurs féodaux désirent des reconnaissances plus fréquentes, elles ne leur soient consenties dans tous les genres de mutation qu'à leurs propres frais.

Intérêt du prêt.

37° Ils demanderont que toute somme productive d'intérêts par la demande judiciaire, puisse en produire par la convention des parties.
38° . . . .

Débiteurs faillis.

39° Ils demanderont que les créanciers d'un débiteur failli soient autorisés à se mettre en possession de ses biens sans décrets ni autorité de justice, du moment de la remise du bilan, pour les vendre, en direction, et se payer en tout ou en partie suivant le privilège ou l'ordre de leur créance.

Hypothèques.

40° Ils insisteront, avec courage et avec persévérance, pour l'abolition des bureaux des hypothèques, qui mettent les propriétés en péril.

Notaires.

41° Ils demanderont que les notaires soient gradués, et qu'ils aient postulé, au moins pendant cinq années, pour être admis après une enquête de bonne vie et mœurs à l'exercice de cet office important, duquel dépendent le repos et les fortunes des familles; ils insisteront aussi à ce que les personnes nobles qui se feraient pourvoir de ces sortes d'office, sans y ajouter la postulation, soient reçus à l'exercer sans dérogeance à leur noblesse.

Milice.

42° Ils n'oublieront rien pour obtenir l'abolition de la milice au fait si onéreuse au peuple, par l'argent qu'elle lui coûte, par le désespoir qu'elle porte souvent dans les familles, et par les torts qu'elle fait à l'agriculture, et qu'elle soit remplacée par la charge imposée aux communautés de fournir les soldats provinciaux, par les moyens qui seront les moins onéreux. Ils demanderont la réduction des troupes réglées, quand les circonstances le permettront, et qu'en temps de paix elles soient employées aux travaux publics.

Présidialité pour les deux sénéchaussées et leur ressort immédiat au parlement.

43° Les longueurs, et les frais de procès inséparables de la multiplicité des degrés de juridiction, sont ruineuses pour les parties qui se trouvent souvent hors d'état de se faire rendre la justice qui leur est due, lorsqu'il faut surtout qu'elles aillent la solliciter dans des tribunaux éloignés; les députés demanderont la présidialité pour les deux sénéchaussées du Vivarais, avec pouvoir de juger en dernier ressort jusques à la somme de quatre mille livres, et que pour les autres causes en petit nombre, qui concernent de plus grands intérêts, le Vivarais soit conservé dans le droit précieux de ressortir immédiatement au parlement de Toulouse.

Évocations et committimus.

44° Ils demanderont l'abrogation de toutes lettres d'évocation et *committimus*.

Testaments.

45° La déclaration du Roi du 7 août 1783, concernant la lecture des testaments qui doit être faite aux testateurs, n'ayant été connue dans la plus grande partie du Vivarais qu'environ 18 mois après la date de son enregistrement au siége de la sénéchaussée de Villeneuve-de-Berg; le Roi sera supplié de confirmer tous les testaments faits jusqu'à ladite époque qui pécheraient uniquement contre la formalité prescrite par cette déclaration; Sa Majesté sera suppliée de confirmer tous les testaments faits jusques au jour présent, dans lesquels un grand nombre de notaires, entraînés par un usage presque général, n'auraient pas fait mention expresse de la déclaration du testateur qu'il n'a su ou pas signer, conformément à l'article 5 de l'ordonnance de 1755, en se bornant à exprimer la cause de la non signature sans faire

mention de la réquisition de signer que l'expression de la cause de la non signature leur semblait présupposer, ce qui aura également lieu à l'égard des témoins numéraires, appelés auxdits testaments, sans préjudice de l'exécution des ordonnances pour l'avenir.

Saisies, séquestration et décret des biens.

46° La multiplicité des formalités, dont la procédure de décret est surchargée, occasionne des frais immenses qui achèvent de dévorer le patrimoine des débiteurs discutés et qui ajoutent à la perte des créanciers, et éternise d'ailleurs ces sortes de procédures; les députés demanderont aux États généraux une nouvelle loi qui simplifie cette procédure. Ils demanderont que les séquestrations soient abolies et que soit dans les saisies réelles, soit dans les saisies des fruits, il soit procédé, le débiteur appelé au bail judiciaire des fruits, après des publications et des enchères.

Alluvions et atterrissements. Iles.

47° Ils demanderont que les alluvions et atterrissements, tant sur les rivières navigables que non navigables, soient déclarés, en tant que de besoin, appartenir aux propriétaires des fonds contigus et riverains.

Ils demanderont aussi que les îles, qui se formeront à l'avenir, soient déclarées appartenir aux communautés sur le territoire desquelles elles seront assises, sauf aux anciens propriétaires du sol d'en obtenir le retour en remboursant les arrérages de taille sur le général des habitants, sans qu'il soit permis à personne de se les approprier. Et comme les irruptions du fleuve du Rhône ont enlevé aux communautés riveraines les plus précieuses de leurs possessions, elles se trouvent dans l'impuissance d'acquitter les impôts, avec le produit des possessions qui leur restent.

Droit de Régale. Iles du Rhône.

Si le droit de régale continue d'être exercé, les députés demanderont l'abolition de ce droit et qu'il soit imposé silence aux commis du domaine, relativement à l'arpentement des fonds riverains du Rhône, et à l'imposition de toute redevance sur les fonds. Ils insisteront surtout avec toute la persévérance possible pour obtenir cette abolition, et l'adjudication tant des îles formées que de celles qui se formeront à l'avenir pour les villes et communautés situées sur le bord du fleuve dont le Roi a conservé la justice, et à l'égard desquelles il est reconnu qu'elles sont dans l'impuissance à payer les impôts sans un pareil secours.

Digues sur l'Allier et la Loire.

Ils demanderont que les digues et autres constructions pratiquées dans la rivière de l'Allier, et dans le fleuve de la Loire, pour arrêter le passage du poisson et gêner la navigation (supposé qu'on en voulût faire des canaux navigables), soient détruites et enlevées comme contraires aux droits des gens.

Forme de répartition de l'impôt sur les immeubles.

48° Ils demanderont qu'il soit déclaré que l'allivrement du compoids terrier des paroisses et communautés du Vivarais, qui comprennent également les biens immeubles, roturiers, nobles et ecclésiastiques, servent de base à la répartition des impôts, qui aura pour objet le territoire, et qu'à l'égard des compoids des communautés, dans lesquels les biens nobles et ecclésiastiques n'auront pas été allivrés, la table desdits compoids soit suivie, pour y additionner lesdits fonds nobles et ecclésiastiques.

Equivalent.

49° Les députés aux Etats généraux demanderont la suppression du droit d'équivalent, comme très-onéreux à la province.

Education.

50° Ils demanderont un nouveau plan d'éducation pour les colléges, dont l'exécution sera confiée aux corps qui en seront jugés les plus capables.

Admission du tiers-état aux grades militaires.

51° Ils demanderont que, Sa Majesté demeurant libre d'accorder les grades militaires à ceux qu'elle en jugera dignes, toute loi qui en exclut le tiers-état soit révoquée comme humiliante pour cet ordre; et que les lois militaires qui condamnent les soldats aux coups de plat de sabre seront révoquées.

Amende contre les usurpateurs de noblesse.

52° Que les usurpateurs de la noblesse soient recherchés, afin que cette distinction ne soit point accordée à ceux auxquels elle n'est point due; et que ceux qui seront convaincus de cette usurpation soient condamnés à une amende qui sera arbitrée, et les jugements rendus publics.

Suppression du casuel ; augmentation des congrues.

53° Ils demanderont que Sa Majesté soit suppliée de prendre sous sa protection spéciale les pasteurs du second ordre, l'augmentation de leur portion congrue, en supprimant les casuels, ainsi que les droits appelés des prémices, dont l'exaction affaiblit dans l'esprit des peuples le respect dû à la religion et à ses ministres, laquelle augmentation sera prise sur les biens de l'Eglise.

54° Ils demanderont que les décimateurs soient tenus de verser annuellement, dans les mains des personnes qui seront nommées dans chaque communauté, une somme correspondante au dixième des décimes, laquelle somme sera destinée au soulagement des pauvres de la paroisse.

Presbytères.

55° Ils réclameront de toute leur force contre l'usage onéreux aux communautés du Languedoc, de construire à leurs dépens, et d'entretenir le presbytère des curés, cette charge pouvant être plus justement supportée par le titulaire décimateur.

Résidence des bénéficiers.

56° Ils demanderont que la loi concernant la résidence des bénéfices soit renouvelée, à peine de privation, contre les bénéficiers non résidents, de la perte du temporel du bénéfice, qui tournera au profit des pauvres du diocèse; et la prohibition de toute extinction, ou réunion des bénéfices à charge d'âmes, qui sont nécessaires aux habitants des paroisses.

Suppression des annates.

57° Ils demanderont le rétablissement de la pragmatique-sanction, quant au transport de l'or et de l'argent à Rome, que les annates soient supprimées, et que la nation n'ait plus recours à Rome, pour l'obtention des dispenses qui seront à l'avenir accordées gratuitement par les évêques, et que la même faveur soit commune aux non-catholiques.

Réunion des paroisses.

58° Ils demanderont que la ville de Pradelles, et autres communautés contribuables du bas Vivarais, qui sont justiciables de la sénéchaussée du Puy ou de toute autre sénéchaussée étrangère, soient réunies à la sénéchaussée du bas Vivarais laquelle elles ressortiront désormais, et que, dans la convocation des Etats généraux, elles soient appelées dans ladite sénéchaussée, afin que leurs habitants puissent y être électeurs et éligibles.

59° Ils supplieront Sa Majesté d'ordonner par un arrêt de son conseil que les administrateurs de la province, ceux des diocèses et ceux des villes et communautés, soient tenus d'envoyer dans le délai de quinzaine à M. l'intendant un état de leurs dettes, duquel il sera dressé un tableau général qui sera incontinent envoyé au ministre de Sa Majesté et aux députés de sénéchaussées de la province aux Etats généraux, lequel état sera rendu public par la voie de l'impression.

60° Ils demanderont la révocation de l'arrêt du conseil du 3 novembre 1787 qui prive les villes et communautés du Languedoc de la liberté à elles acquise par l'arrêt du conseil d'Etat du 27 octobre 1754 de continuer les consuls ayant titre de maire dans l'exercice de leurs fonctions après le terme prescrit ou d'en nommer d'autres, qui les prive par conséquent d'un droit, qui, étant acquis moyennant finances, est une véritable propriété, à laquelle il ne peut être donné aucune atteinte.

Approbation des arrétés pris de l'assemblée de Privas.

61° L'assemblée de la sénéchaussée de Villeneuve-de-Berg approuve et confirme l'arrêté qui fut pris par les trois ordres du Vivarais, le 17 décembre dernier et jours suivants, en l'assemblée de Privas, nécessité par l'empire des circonstances; elle approuve notamment la députation qui a été faite à Sa Majesté, pour porter à ses pieds les vœux des habitants du Vivarais, et leurs réclamations énoncées audit arrêté.

Mendiants.

62° Ils demanderont que l'Etat s'occupe des moyens de pourvoir aux asiles de la mendicité.

63° Les députés aux Etats généraux seront expressément chargés de ne consentir à aucune des distinctions qui avilirent les communes aux

Etats généraux de Blois et de Paris, en respectant néanmoins la prérogative de préséance du clergé et de la noblesse.

Telle sont les plaintes et doléances du tiers-état de la sénéchaussée de Villeneuve-de-Berg. Tels sont les pouvoirs, et les instructions, que cet ordre confie à ses députés aux Etats généraux, qu'il soumet à ne s'en écarter jamais ; honorés de la plus sainte des fonctions, chargés du dépôt sacré de la confiance de leur ordre, ils n'oublieront jamais qu'en eux seuls est placé l'esprit de leur mandants, qu'il leur reste à justifier leur choix par leur fermeté, leur patriotisme et leur sagesse. Ces principes, qui seront la base de toutes leurs actions, leur ont fait sans doute former un vœu, que l'ordre du tiers-état se hâte d'exaucer : ils désireront que l'ordre qui les a députés se réunisse, pour les recevoir à leur retour de l'Assemblée nationale, pour examiner leur conduite, et les honorer du témoignage de son estime, s'ils ont suivi les ordres de leurs commettants, et pour les déclarer à jamais indignes de leur confiance, s'ils avaient trahi la sain-

teté de leur ministère : en conséquence il est ordonné aux députés de se rendre à Villeneuve-de-Berg quarante jours après la tenue des Etats, pour se rendre à leur ordre, qui dès cet instant se convoque pour cette époque, pour y entendre le compte qu'ils rendront de leur conduite, et prononcer son opinion à cet égard.

Fait à Villeneuve-de-Berg, le 2 avril de l'année 1789.

Espic, Maurin, Madier de Montjau, Salomon, Suchet, Lainé, Béraud, Palhon-Laribe, Faure de Valmont, Vabre, Bastide, Moze, Maurant, Michel, Descros, Champaneth, Dufay, Roure, Champalbert, Garilhe, Chabal, Pichot de Lespinasse, Balmelle, Marcon, Duclaux, Fonbreuve, Rouvière du Colombier, Moulin fils, Demassis, Cuchet, Defrance . Marquet, Depomier, Vacher , Gamon, Biousse, Le Blanc, Saléon, Javin, Rouchon, Lejeune, commissaires.

Signé, Barruel, lieutenant général de la sénéchaussée, président.

BAILLIAGE DE VITRY-LE-FRANÇOIS.

CAHIER

Des très-humbles et très-respectueuses remontrances de l'ordre de la noblesse du bailliage de Vitry, convoquée par l'ordre du Roi en la ville de Vitry, le 16 mars 1789 et jours suivants (1).

La justice est la première vertu des rois : aussi éminemment distingué par elle que par son amour pour son peuple, notre auguste monarque a senti que le véritable remède aux maux dont l'État est affligé, et dont son cœur paternel est profondément affecté, ne pouvait lui être présenté que par la nation réunie. La solennelle assemblée des États généraux a été fixée au 27 avril prochain : le Roi a jugé à propos qu'elle fût précédée de celle des trois ordres dans chaque bailliage, à l'effet d'y rédiger leurs cahiers, et d'y nommer leur députés. La noblesse du bailliage de Vitry s'est assemblée en conséquence, et sa première délibération a été d'enjoindre à ses députés de porter au pied du trône l'hommage de son respect, de son amour et de sa reconnaissance.

Après avoir payé ce tribut au Roi, elle a pris d'abord en considération la question de savoir si elle autoriserait ses députés aux États généraux à y voter par ordre ou par tête, et sur cette question importante, elle a résolu et arrêté que ses députés aux États généraux voteront par ordre et non par tête, et insisteront à soutenir que ce principe est un des points essentiels de la constitution. Si cependant chacun des trois ordres délibère séparément qu'il pourra être utile aux deux autres, alors les députés ne s'y opposeront pas, et se réuniront pour voter par tête, sur le cas proposé seulement, et sans que l'on puisse en induire aucune dérogation au droit constitutionnel de voter par ordre.

La noblesse du bailliage de Vitry a arrêté ensuite qu'elle consentait à la répartition égale des impôts, sans distinction d'ordres, sur toutes les propriétés foncières et mobilières susceptibles de revenus;

Que les sacrifices de la noblesse sont aux conditions que nul impôt ni emprunt ne sera consenti même provisoirement que le retour périodique des États généraux ne soit assuré, les États provinciaux accordés, qu'enfin on n'ait fait droit aux demandes nationales ; alors le consentement à la dette deviendra ce qu'il faut qu'il soit, le don de la reconnaissance ;

Que le retour périodique des États généraux sera fixé à quatre ans ;

Que l'imposition n'aura de durée que jusqu'à l'époque fixée pour la prochaine tenue des États généraux ;

Que, la fixité des dépenses ne pouvant s'établir avec certitude qu'en déterminant irrévocablement les sommes destinées à chaque département,

les députés sont autorisés à dire que cette détermination ne peut être que le résultat du travail de la nation formée en États généraux, parce qu'elle seule peut connaître les ressources du royaume, et statuer sur l'emploi qu'on en doit faire ;

Que, pour les cas fortuits qui peuvent se présenter dans cet intervalle, on doit accorder une augmentation d'impôts, ou donner une autorisation d'emprunt, mais aux conditions que la somme de l'une ou de l'autre sera très-exactement fixée, et le compte fidèle de l'emploi rendu par les ministres, dans le plus plus grand détail;

Que les dépenses secrètes exigent qu'il soit accordé au Roi une somme déterminée, de laquelle les ministres ne seront pas tenus de rendre compte à la nation, devant seulement porter pour mémoire sa totalité ;

Que les députés sont autorisés à demander que tout droit de propriété soit déclaré inviolable, et que nul ne pourra en être privé, même à raison de l'intérêt public, qu'il n'en soit dédommagé au plus haut prix possible et sans délai ;

Que le respect le plus absolu pour toute lettre confiée à la poste soit ordonné, et que l'on prenne les plus sûrs moyens pour qu'il n'y soit porté aucune atteinte;

Que les députés doivent demander la suppression des lettres de cachet, et qu'ils seront autorisés à délibérer sur les modifications que peut exiger leur entière proscription ;

Qu'ils demanderont également la liberté de la presse, mais établiront, en même temps, combien il est nécessaire que le Roi, conjointement avec les États généraux, fasse publier une loi qui enjoigne aux imprimeurs de mettre leurs noms aux écrits qu'ils publieront, qui ordonne auxdits imprimeurs, cités devant les juges pour répondre sur des ouvrages répréhensibles portant leurs noms, d'en nommer les auteurs. Les députés, enfin, demanderont que le Roi, conjointement avec les États généraux, rende une loi statuant les punitions les plus sévères contre les réfractaires aux restrictions qui doivent être légalement mises à la liberté indéfinie de la presse;

Que les députés demanderont l'établissement d'une commission intermédiaire des États généraux ; qu'il est prudent et avantageux que les États provinciaux en aient les fonctions, les attributions, en un mot tous les droits ;

Que les comptes des ministres à recevoir chaque année exigent que les États provinciaux nomment tous les ans dans leur assemblée un membre de chacun des deux premiers ordres, et deux du tiers, plus quatre autres membres pris dans la même proportion dans les trois ordres pour remplacer les premiers en cas d'accidents. Cette députation se rendrait à Paris pour y recevoir concurremment avec les députations des autres provinces, sous la dénomination de bureau national, tous les comptes que les États généraux auront arrêtés devoir lui être soumis. Ce bureau doit être inactif sur tous autres objets que sur ceux relatifs à la comptabilité, être autorisé cependant à remettre par écrit au souverain le

---

(1) Nous publions ce cahier d'après un imprimé de la *Bibliothèque impériale*.

cahier des représentations des Etats provinciaux.

Les députés demanderont formellement que les actes des Etats généraux soient enregistrés dans toutes les cours, qui ordonneront un semblable enregistrement dans tous les tribunaux de leur ressort.

Les députés demanderont avec instance l'établissement des Etats provinciaux, composés ainsi qu'il suit :

De l'ordre du clergé, quarante membres;
De l'ordre de la noblesse, cinquante;
De celui du tiers, quatre-vingt-dix ;
Total, cent quatre-vingt membres.

L'introduction de la classe des curés dans l'ordre du clergé exige des contre-forces pour balancer son influence; pour les obtenir, il doit être donné un quart des représentants ecclésiastiques au haut clergé ; un quart aux chapitres, un quart aux curés, un quart aux réguliers.

L'ordre de la noblesse doit être composé de cinquante membres. La noblesse acquise et transmissible suffira pour être admis au nombre de ces membres.

A l'égard du tiers, ses intérêts exigent que le nombre de ses représentants soit gradué en raison de ces mêmes intérêts. D'après ce motif, le tiers doit être ainsi partagé : habitants des campagnes quarante-cinq voix; savoir, trente dans la classe des cultivateurs, quinze pour le commerce et l'industrie des campagnes; habitants des villes, quarante-cinq voix, savoir: pour les propriétaires fonciers, commerce et industrie, trente ; municipalités, quinze. Total, quatre-vingt-dix.

L'agriculture ne pouvant être trop représentée, les députés du tiers rural seront toujours nécessairement et rigoureusement pris et remplacés dans la classe des cultivateurs, laboureurs avec une charrue, propriétaires de vigne, *fixés* dans les campagnes.

La province sera divisée en six départements. On établira dans le chef-lieu de chacun un bureau de correspondance avec la commission intermédiaire des Etats de la province. Ce bureau, sous la dénomination de *syndicat*, sera composé de sept membres : deux du clergé; deux de la noblesse, et trois du tiers : le nombre de sept est indiqué par la justice et par le droit, tout corps délibérant devant offrir le moyen de départager les voix; d'ailleurs, les curés, admis actuellement à toutes les représentations nationales et provinciales, et leurs intérêts se rapprochant de ceux du tiers, le clergé ne serait pas suffisamment représenté dans le syndicat par un seul membre de son ordre.

Un village de cinquante feux et au-dessus nommera un député pour se présenter à l'assemblée d'arrondissement. Un village de cent feux et au-dessus, deux; un de deux cents et au-dessus, trois, et ainsi de suite; les communautés au-dessous de cinquante feux se réuniront aux plus faibles voisines, avec lesquelles elles concourront à nommer un député.

Après avoir pris connaissance de la population de la province, chaque arrondissement sera formé de vingt ou trente communautés, plus ou moins, selon qu'il sera convenable, afin de rapprocher, le plus qu'il se pourra, le nombre des représentations de la proportion dans laquelle il doit être avec celui des représentés. Chaque arrondissement ainsi formé, son assemblée se tiendra dans le lieu le plus considérable de l'arrondissement; son président sera nommé par élection, en présence d'un membre du syndicat du département. L'assemblée formée, les députés qui la composeront se réduiront au quart choisi à la pluralité des voix.

Ces nouveaux députés se rendront, au jour indiqué, dans le lieu nommé par l'assemblée de département, pour y procéder à l'élection des députés aux Etats provinciaux. Le nombre de ceux-ci sera de sept, et leur total devant être quarante-cinq pour la province. les trois excédants seront pris dans les trois départements les plus nombreux en communautés.

⊢ La noblesse de chaque département se rendra au jour et au lieu indiqués par le Roi dans ledit département, afin de procéder à la nomination des députés qui doivent former son ordre aux Etats provinciaux.

Le président de la noblesse à l'assemblée de département sera élu par la voix du scrutin, et jusqu'après l'opération du scrutin, la présidence sera dévolue au plus ancien d'âge.

La première députation aux Etats provinciaux de Champagne durera trois ans. La voie du sort indiquera le tiers qui devra se retirer. L'année suivante, elle indiquera de même la retraite du second tiers, enfin le troisième se retirera de droit.

Un député retiré ne sera susceptible d'une seconde élection qu'après un an d'absence de l'assemblée.

Les représentations, les vues, les observations, les plaintes des communautés, des particuliers nobles ou autres, seront adressées au syndicat de chaque département, qui les fera remettre à la commission intermédiaire, qui sera tenue d'en rendre compte aux Etats provinciaux.

Les chefs-lieux des départements doivent être, Châlons, comprenant Epernay et Sézanne, trois-cent-dix-neuf communautés ;

Reims, comprenant trois cent soixante-douze communautés ;

Sainte-Menehould, comprenant Rethel, trois cent cinquante-trois communautés ;

Chaumont, comprenant Langres, trois cent vingt-deux communautés ;

Troyes, comprenant Bar-sur-Aube, quatre cent quarante-cinq communautés ;

Vitry, comprenant Joinville, deux cent soixante-huit communautés.

Pour la commodité des peuples, il sera nécessaire d'égaliser, le plus possible, les départements, en réunissant aux plus faibles et aux plus éloignées les communautés les plus voisines.

Les Etats provinciaux seront seuls chargés de l'administration totale et partielle de la province, tous les objets qui regardent la puissance exécutive exceptés.

Les Etats provinciaux nommeront leur commission intermédiaire, et l'organiseront comme ils le jugeront convenable.

La noblesse ne doit jamais être vénale; l'émulation, ressort des bons gouvernements, exige cependant qu'elle soit la récompense des services militaires, de ceux de la haute magistrature et du commerce. Pour le premier de ces états, on suivra l'édit de 1751, en suppliant Sa Majesté de rendre la noblesse transmissible du second au troisième degré. De longs et grands services la donneront personnellement à la haute magistrature; mais elle ne sera transmissible au fils que lorsqu'il restera dans l'état de son père.

Les négociants seront susceptibles d'obtenir des titres de noblesse, mais sous l'injonction que le fils et le petit-fils resteront dans le commerce.

Les privilèges exclusifs, sans terme d'extinction, étouffent l'émulation, engourdissent l'industrie; en conséquence, les députés demanderont qu'ils soient supprimés, mais que cependant il en soit accordé de gradués pour la durée sur l'utilité de l'invention et les dépenses faites en avance; mais leur terme le plus long sera de quinze ans.

Avant de rien statuer, proposer, ni consentir relativement à la quotité d'aucune espèce d'impôts et même à son établissement ou continuation, les députés de l'ordre de la noblesse prendront une connaissance détaillée de la dette actuelle et de ses preuves, des besoins de l'État rigoureusement démontrés, et des réductions dont la dépense sera susceptible, ensuite de la part que la province de Champagne devra justement supporter de la contribution nécessaire pour pourvoir à cette dépense.

Ils feront observer que la province, grevée de toutes les espèces d'impôts, dont plusieurs ont essuyé des accroissements arbitraires et illégaux, est, dans la proportion des autres provinces du royaume, imposée beaucoup au delà de ses facultés réelles.

Il est indispensable de redresser ce grief avant de statuer sur la part des contributions qui doit être supportée par la Champagne, et de requérir et d'insister pour que toutes les provinces, sans exception ni privilèges, soient assimilées, relativement aux contributions en tout genre, dans la proportion de l'étendue et plus encore de la fertilité et de la population de chacune d'elles.

Le vœu de l'ordre de la noblesse étant que, sans distinction d'aucun des trois ordres, l'imposition soit répartie également sur toutes les propriétés foncières et mobilières susceptibles de revenus, il paraît naître de ce dévouement la nécessité de supprimer les impôts connus sous le nom de taille, capitation foncière, accessoires, vingtièmes, et la capitation de la noblesse, et de les remplacer par un seul et unique impôt en argent, et non en nature sur les biens-fonds.

Le désir de borner à cet impôt toutes les contributions aux besoins de l'État ne peut, eu égard à la situation actuelle des finances, être regardé que comme un vœu impuissant. La quotité de cet impôt, ainsi que le nombre et l'espèce de ceux qu'il sera nécessaire d'y joindre, ne peut être déterminée qu'après la fixation de la quote-part des impositions consenties par les États généraux que la province de Champagne devra supporter. En attendant que cette connaissance soit acquise, on ne peut que désigner les différentes contributions, auxquelles il paraît qu'il sera nécessaire d'avoir recours pour atteindre aux besoins du gouvernement.

Le Roi a annoncé le projet de donner dans le sein des États généraux des États particuliers à chaque province. Celle de Champagne, variée à l'infini par la nature de son sol, et par ses productions différentes, a le plus grand intérêt à être régie, du moins quant à l'impôt, par une administration sage, éclairée, et à portée de prendre en considération toutes les circonstances locales de son vaste territoire. Il est donc nécessaire que les États de la province soient chargés de l'assiette, de la répartition et de la perception de tous les impôts dont elle devra être grevée, et d'en verser directement le montant total dans le Trésor. Les économies résultantes de ce régime patriotique tourneront du moins au soulagement des contribuables, en attendant que la situation des finances leur permette d'en obtenir sur la masse des impôts.

La somme des impôts à répartir paraît devoir se classer en deux portions distinctes et séparées : la première doit être portée au montant total des dépenses annuelles de l'État en tout genre, d'après l'arrêté qui en sera fait par les États généraux et celui des rentes, tant perpétuelles que viagères, dont la légitimité aura été constatée et reconnue par ces États. Cette portion devra être payée annuellement jusqu'à la nouvelle réunion de l'assemblée nationale.

La seconde portion, destinée à éteindre successivement l'excédant de la dépense annuelle, sur la recette annuelle, connu sous les noms de *déficit* et *d'anticipation*, devra éprouver une diminution graduelle, en proportion des progrès annuels de la liquidation de cet excédant, et s'éteindre avec lui à l'époque qui aura été fixée par les États généraux.

Le pair une fois établi entre la recette et la dépense annuelle, le produit des extinctions successives des rentes viagères devra être employé, en entier et à mesure, à l'extinction d'une partie des rentes perpétuelles, et ce, jusqu'à la nouvelle assemblée de la nation.

Ces deux parties d'impôts devront être assises : 1° sur les propriétés foncières quelconques, conformément au vœu de la noblesse, sans qu'aucun propriétaire à quelque titre que ce soit, ou aucune ville ou province, sous prétexte de privilège ou d'abonnement, puisse s'en exempter.

On observera, à ce sujet, que dans le cas où l'impôt unique proposé serait adopté, il serait indispensable de supplier le Roi de rendre une loi qui réglât, d'une manière fixe et déterminée, le sort des baux à ferme existants actuellement, pour concilier les intérêts des propriétaires et ceux des fermiers.

2° Les deux mêmes parties d'impôts devront être assises sur la capitation tant industrielle que des domestiques dont on va parler.

La capitation, qui était répartie en proportion des propriétés foncières, se trouvant confondue avec l'impôt, il reste à asseoir une imposition sur l'industrie, tant des marchands en gros et en détail, que des artistes, ouvriers et manœuvres de toute espèce, à la seule réserve de la classe utile des laboureurs d'une charrue ou plus qui n'y ont jamais été assujettis. Cette imposition, qui doit être proportionnée à l'espèce d'industrie, ne peut être équitablement fixée et répartie que par les États provinciaux, et elle doit avec raison supporter en outre un surtaux, équivalent à l'accroissement limité qui portera sur les propriétés foncières, et s'éteindre avec lui.

Il n'est pas moins juste d'imposer sur les domestiques, attachés au service personnel de leurs maîtres, une capitation qui ne devrait pas être moindre de trois livres, pour le premier domestique mâle, et qui devrait être augmenté pour le second, le troisième, etc., dans une progression assez forte, soit pour dégoûter les maîtres d'entretenir à leur suite une multitude de fainéants qui seraient rendus aux travaux de l'agriculture, soit pour leur faire payer chèrement ce faste inutile. Les domestiques de l'autre sexe devraient aussi être imposés à trois livres, mais on n'estime pas qu'elles doivent être assujetties à la même progression.

La capitation de tout domestique employé aux travaux de la campagne, de l'un et l'autre sexe, paraît devoir être bornée à une livre quatre sous; mais toutes ces capitations devront être assujetties à l'accroissement limité, qui a été indiqué pour la capitation industrielle.

L'impôt des aides porte avec lui un caractère

de réprobation si frappant, que la difficulté d'un remplacement de produit équivalent n'empêche pas de prononcer, avec toute la province de Champagne, l'anathème sur cette odieuse et tyrannique inquisition. On pense qu'une augmentation de taxe sur les vignes, une dîme soit en nature soit en argent, prise sur les fruits qu'elles auront produits, une imposition sur les cabarets, un droit prélevé sur les vins à la sortie du royaume, pourront offrir un ensemble représentatif d'un droit si justement abhorré. D'ailleurs les députés de la noblesse sont autorisés à consulter ceux de la province de Bourgogne, sur le régime qu'elle suit en remplacement des aides pour l'adopter en cas qu'il convienne.

Il serait sans doute d'une grande importance de rendre le sel marchand et libre dans tout le royaume à un prix assez modique, pour anéantir tout appât de contrebande en ce genre, et même pour qu'il fût possible d'en donner aux bestiaux; mais, dans l'état actuel des choses, on ne peut proposer raisonnablement la suppression de l'impôt de la gabelle qu'il faudrait, ou remplacer par un autre, ou répartir en augmentation des autres qui ne seront déjà que trop onéreux. On se bornera donc à demander, d'après les principes d'égalité de contributions votés par tous les ordres des citoyens de ce royaume, qu'en anéantissant, à l'égard de l'impôt du sel, tous les privilèges quelconques dont jouissent plusieurs provinces, cantons ou villes, le prix de cette denrée soit uniforme partout, sauf la seule augmentation du prix de transport pour les provinces qui sont éloignées des salines.

On demandera de plus qu'il soit pris des mesures efficaces, tant pour que la commodité du public soit plus consultée dans la livraison du sel, que pour constater sa qualité, la fidélité dans le mesurage, et pour réprimer des abus de détail qui ne sont ignorés d'aucun habitant des pays de grandes gabelles.

On désire la suppression de la ferme du tabac, et la permission de le cultiver en France, à la charge d'une imposition sur le fond qui le produira, assez forte pour remplacer le montant net de cet impôt, déduction faite des frais de régie.

Le contrôle des actes est livré à un arbitraire presque entièrement soumis au caprice des préposés, qui interprètent en faveur de leur cupidité des lois obscures et ignorées de ceux qui y sont assujettis. Il est donc indispensable et urgent de dresser un tarif clair, précis, à la portée des intelligences les plus bornées, et autoriser par une loi positive que le préposé ne puisse enfreindre impunément. Alors, les citoyens payeront sans répugnance un droit modéré qui a un objet d'utilité réelle, en assurant la date des actes. Le produit augmentera en raison du peu d'avantage qu'on trouverait à s'y soustraire par des obligations privées qui ne présentent pas les mêmes sûretés.

L'égalité de contribution, consentie par les deux premiers ordres, semble exiger la suppression des contrôles et insinuations ecclésiastiques, et l'assujettissement de ces formalités aux contrôles ordinaires.

Les droits d'octroi perçus aux portes des villes seront soumis à l'examen des États provinciaux qui aviseront aux moyens de réformer les différents abus dont leur établissement et leur perception sont susceptibles.

Le reculement des barrières à l'extrémité des frontières est unanimement désiré, et son utilité pour les provinces de l'intérieur est de toute évidence. La limite doit être fixée au plus à deux lieues, et les droits y seront perçus par une régie et non mis en ferme.

Les habitants, qui avoisinent ces frontières, ne peuvent recevoir aucun soulagement de cette opération salutaire; mais ils désirent et ont le droit de demander qu'il soit pris des mesures locales, propres à diminuer, autant qu'il sera possible, la gêne et les entraves que le voisinage de l'étranger rend nécessaires. On ajoute à ce vœu, comme à l'occasion du contrôle des actes, celui d'un tarif et d'une loi, qui soient connus et entendus de ceux sur lesquels ils doivent peser.

La masse énorme d'impôts, dont la nation est surchargée sur toutes ses propriétés territoriales, ne pouvant atteindre le capitaliste, il ne participerait aux charges de l'État qu'en mesure de ses consommations qui répondent rarement à ses facultés réelles. Ne serait-il pas possible d'arriver à lui par un impôt de timbre, modifié de manière à en diminuer les inconvénients, et sous la condition que l'exécution de la loi soit confiée aux États provinciaux seuls? Les députés mettront cet objet en délibération.

Il serait à désirer que la vénalité des offices de judicature fût abolie, si ce parti ne présentait pas le danger de les voir devenir le partage de gens sans fortune que le besoin rendrait prévaricateurs. Pour prévenir cet inconvénient, les députés seront autorisés à demander que les finances de ces offices soient fixées à un taux modéré, sans qu'il soit jamais permis aux titulaires ou propriétaires de les vendre à un prix plus haut; qu'aussitôt après la formation des États provinciaux, il soit par eux établi une commission pour s'occuper de la fixation raisonnable du prix des différents offices de judicature de la province; que nul ne puisse obtenir de provisions d'aucun office de judicature qu'il n'ait été préalablement soumis à l'examen desdits États provinciaux, et que le certificat qu'ils donneront de sa capacité et de ses mœurs. Ces offices rapprochés ainsi d'un plus grand nombre d'individus pourront être remplis à l'avenir par des gentilshommes, même par ceux dont la fortune est médiocre. Les fonctions de la magistrature, même dans les siéges inférieurs, sont, aussi bien que la profession militaire, honorables et respectables; elles ont l'avantage de rendre nécessaires l'étude et le savoir, que les enfants des gentilshommes s'empresseront d'acquérir, quand ils auront la perspective d'en faire un si noble usage.

Qu'il soit établi dans la province de Champagne une cour souveraine sous la dénomination de parlement. Deux motifs dictent cette demande : l'un est l'intérêt commun de tous les justiciables qui se trouveront par là rapprochés de leurs juges, et affranchis des énormes frais qu'entraîne la poursuite des affaires dans la capitale; l'autre est l'intérêt particulier de la noblesse qui trouvera dans les charges dont cette cour sera composée, une ressource pour ceux de ses membres qui se dévoueront aux nobles et pénibles fonctions de la magistrature.

Les députés aux États généraux sont autorisés à demander la décision de la question de l'allodialité ou de la non-allodialité de la coutume de Vitry, et cela pour assurer la tranquillité respective des seigneurs et des vassaux, troublée par les vicissitudes de la jurisprudence sur ce point.

Que la forme de procéder dans les tribunaux en matière civile et en matière criminelle soit rendue plus simple par un nouveau code, à la rédaction duquel seront appelés non-seulement des magistrats du conseil et des cours souveraines, mais surtout des avocats d'un bon esprit et d'une capacité connue, avec l'élite des officiers des siéges inférieurs.

Qu'il soit procédé à un nouveau tarif des frais de justice, aussi clair et précis qu'il se pourra, afin que les citoyens qui ont à défendre leurs propriétés ne les voient pas dévorer par la chicane.

Que les commissions établies pour le jugement des faits de contrebande soient supprimées, et leurs fonctions renvoyées aux juges ordinaires. Que l'usage des évocations ainsi, que celui des commissions particulières, par lequel l'autorité peut tout livrer à l'arbitraire, soit totalement aboli.

Qu'il soit fait un nouvel arrondissement des ressorts des bailliages, de manière que le siége soit autant que faire se pourra au centre de l'arrondissement, dans la vue de placer les juges, le plus qu'il est possible, à la portée des justiciables.

Que les justices seigneuriales qui sont le patrimoine des seigneurs, et qui procurent aux justiciables l'avantage d'éteindre souvent les procès dès leur origine, ou du moins d'épargner les frais de transport et ceux de procédure plus considérables dans les siéges royaux, soient conservées sans y porter la moindre atteinte, et que, dans les villages dépendant du chef-lieu de la justice, il soit établi un officier qui puisse pourvoir au maintien de la police.

Qu'il n'y ait jamais que trois degrés de juridiction, celui de la justice seigneuriale, celui du bailliage ou présidial, et celui de la cour souveraine du parlement.

Que les justiciables des duchés-pairies portent directement l'appel des sentences de leurs juges particuliers aux bailliages ou présidiaux, sauf l'appel aux parlements.

Que le droit de *committimus* soit et demeure supprimé à l'égard de tous ordres, corps et particuliers, autres que les princes et pairs et grands officiers de la couronne qui auront leurs causes personnelles, tant au civil qu'au criminel, commises à la cour des pairs, ensemble celles concernant leurs apanages et pairies.

Que les charges d'huissiers-priseurs soient supprimées et remboursées de la manière que les États généraux estimeront le plus convenable, afin de rendre à chaque citoyen la liberté de vendre et disposer de sa chose comme il le juge à propos, en sans être soumis à un tribut onéreux.

Que les tribunaux d'exceptions, dont les fonctions sont nulles ou du moins peu considérables soient supprimés, sauf le remboursement qui sera effectué sur le pied de l'évaluation faite en 1771, et d'après laquelle on a payé le droit de centième denier, et cela sur les fonds que les États généraux trouveront convenable d'appliquer à ce remboursement; que surtout les tribunaux des trésoriers de France soient supprimés et remboursés pareillement. Leurs priviléges sont à charge, leurs fonctions de juridiction peuvent être rendues aux juges ordinaires, et celles d'administration peuvent et doivent être mieux remplies par les États provinciaux; l'administration du domaine deviendra dans les mains des États de chaque province la source féconde d'un revenu, dont les impôts ne doivent être que le supplément et puisque ces États provinciaux supporteront le fardeau de ce supplément, il est clair qu'ils auront intérêt à trouver la meilleure administration possible du domaine.

Les députés demanderont instamment un tarif fixe et immuable des droits domaniaux, de contrôle, d'insinuation, etc., auquel il ne puisse être donné aucune extension, ni même aucune interprétation, si elle n'est provoquée judiciairement par-devant les juges ordinaires, auxquels seuls il convient d'attribuer la connaissance et le jugement de ces matières, afin de détruire l'arbitraire des décisions d'un seul homme ou de ses subordonnés.

Que toutes les charges qui confèrent la noblesse au premier degré soient supprimées, et pour parvenir avec certitude et économie à leur extinction, on pense que les États généraux doivent autoriser les possesseurs actuels de ces charges à les vendre. Ceux qui les achèteraient jouiraient de la noblesse transmissible, à la condition qu'ils les conserveraient jusqu'à leur mort; alors, ces charges, privées du droit de donner la noblesse, seraient réduites aux fonctions qui leur sont propres.

La suppression des charges qui confèrent la noblesse une fois opérée, il est juste d'admettre dans le militaire, ainsi que dans les assemblées nationales et provinciales, ceux qui ont aujourd'hui la noblesse acquise et transmissible. Les députés solliciteront une loi conforme à ce vœu, afin que cette portion de la noblesse cesse de faire un ordre à part dans l'ordre entier.

La noblesse de toutes les provinces du royaume a fait le sacrifice de ses priviléges pécuniaires, mais avec la réserve de ses distinctions honorifiques : elle a droit d'attendre que ces distinctions lui seront conservées sans partage. Les députés demanderont en conséquence, que non-seulement les priviléges pécuniaires, mais encore les distinctions honorifiques, soient retranchés aux commensaux de la maison du Roi et de celle des princes, et à tous les individus non nobles, à moins que ces droits ne leur procèdent de la possession des fiefs ou justices.

Que le Roi sera supplié, de concert avec les États généraux, de confirmer et rappeler les lois déjà promulguées qui permettent à tous nobles de commercer en gros seulement, sans dérogeance.

Les députés demanderont l'établissement dans la province d'une chambre héraldique, dont les membres soient choisis et l'organisation formée par les États provinciaux, afin de délivrer les gentilshommes des inquiétudes, des recherches et des dépenses qu'exige la représentation fréquente des originaux ; que ce tribunal ait le pouvoir de repousser les usurpateurs de la noblesse.

Qu'à l'avenir, les gentilshommes, dont les enfants désireront concourir pour Saint-Cyr et les écoles militaires, seront obligés de représenter des certificats en bonne forme de l'état de leur fortune et des services de leurs pères, certificats que délivreront le tribunal héraldique de la province et les États provinciaux, afin d'éviter que ces places soient désormais accordées à la portion de la noblesse que son aisance et son opulence en doivent exclure.

Les députés demanderont que l'état des pensions et traitements soit représenté aux États généraux, qui supplieront Sa Majesté de considérer que l'état actuel du royaume ne lui permet pas de suivre sans ménagement la bonté de son cœur pour l'avenir, et que ses fidèles sujets espèrent que, sur l'examen qu'elle voudra bien faire des pensions et traitements ci-devant accordés, elle se décidera, dans sa justice, à supprimer celles qui auraient été surprises à sa religion, restreindre celles qui seraient trop considérables, et confirmer celles accordées au mérite et à la valeur.

Que la liste des pensions et traitements soit imprimée tous les ans, avec les noms, les sommes et motifs.

La non-résidence des bénéficiers dans le lieu de leurs bénéfices fait un tort inappréciable aux provinces, dont les richesses vont alimenter le luxe des grandes villes ; en conséquence, les députés demanderont avec instance qu'il soit rendu une loi qui pourvoie à ce qu'aucun bénéficier, excepté seulement ceux que des fonctions de leur ministère attachent à la cour, et ceux qui seront dans le cours de leurs études, ne soit dispensé de résider dans le lieu de son bénéfice, et cela, sous les peines qui seront jugées les plus propres à assurer l'exécution de cette loi.

Qu'une autre loi détermine sans équivoque les espèces de fruits qui devront être assujettis au payement de la dîme, afin de tarir la source d'une multitude de procès, que l'incertitude de l'usage et les variations de la jurisprudence engendrent chaque jour.

Qu'il soit pareillement statué clairement et sans équivoque sur l'espèce et la mesure des droits honorifiques que pourront prétendre, dans les églises paroissiales, les patrons, seigneurs, hauts justiciers et autres gentilshommes ou chevaliers de Saint-Louis, afin que cette matière cesse encore d'être une source de contestation.

Le bien du commerce et l'intérêt public exigent que la jurisprudence des cours soit réformée sur un point sur lequel elle est en contradiction avec l'usage le plus universellement adopté : une loi qui déclarerait légal l'intérêt aux taux du roi, stipulé pour prêt d'argent a temps et sans aliénation du principal, aurait cet avantage, et les députés la solliciteront.

Le sacrifice unanime et généreux de la noblesse, intéressant élan de son amour pour le Roi, la manière franche dont elle se dépouille pour secourir l'Etat, exigent une nouvelle preuve de la sensibilité de cet ordre. Une portion de lui-même bien respectable, puisqu'elle est à plaindre, se voit privée de son unique ressource, par l'abandon de ses privilèges pécuniaires. Ils soutenaient décemment l'existence des pères de familles,

qui souvent après avoir donné leur sang à la patrie, donnaient à leurs enfants le précepte et l'exemple des vertus ; ils les élevaient, les aidaient dans leurs emplois, avec la seule ressource des droits d'exemptions que leur donnait leur origine, qui, malheureusement dans ce pays, plus elle est ancienne, et plus elle est à plaindre, par les suites des inconvénients que présente la coutume. La noblesse du bailliage, aussi frappée qu'émue des maux qui menacent une partie de son ordre, enjoint à ses députés de recommander aux Etats généraux, avec suite et une véhémente énergie, ces touchantes et nobles victimes d'un dévouement patriotique.

La noblesse du bailliage de Vitry enjoint à ses députés de supplier le Roi de retrancher des ordonnances militaires les articles qui humilient nos troupes, dont l'énergie dans tous les temps fit seule toute la force, et de demander quelques perspectives moins circonscrites à l'émulation, mère du mérite.

Les jours de fêtes trop multipliés, surtout dans la saison des travaux des champs, nuisent à ces travaux, et fomentent l'ivrognerie et le désordre ; les députés aux Etats généraux insisteront pour qu'il soit pourvu à la réforme de cet abus, soit par les Etats généraux eux-mêmes, soit par les évêques, chacun dans leur diocèse.

La mendicité étant le fléau des villes et des campagnes, les députés aux Etats généraux sont chargés de demander que les Etats provinciaux s'occupent des moyens de l'empêcher, et de pourvoir à la subsistance des pauvres invalides, en faisant renouveler et exécuter les ordonnances contre les vagabonds et gens sans aveu, qui peuvent vivre de leur travail, et celles relatives au port d'armes.

Les députés aux Etats généraux sont tenus de se conformer à la lettre exacte de leurs cahiers, cependant ils sont autorisés à délibérer sur des objets qu'un très-grand nombre de cahiers réuniraient, et qui seraient omis dans les leurs ; mais il leur est enjoint d'être muets sur toutes propositions émanées du trône, autres que celles annoncées dans le résultat du conseil de Sa Majesté, à moins que le plus grand nombre des députés de l'ordre ne les mette en délibération.

DEUXIÈME SUPPLÉMENT

Nota. — *Le cahier du Tiers-État et la liste des comparants des trois ordres de la province d'Artois* que nous publions ci-dessous, sont extraits de l'ouvrage intitulé : LA JEUNESSE DE ROBESPIERRE ET LA CONVOCATION DES ÉTATS GÉNÉRAUX, EN ARTOIS. L'auteur, M. Paris, sénateur, a bien voulu nous autoriser à les reproduire.

CAHIER GÉNÉRAL DES REMONTRANCES, PLAINTES ET DOLÉANCES

DU TIERS-ETAT DE LA PROVINCE D'ARTOIS[1].

Les représentants du Tiers-Etat de la province d'Artois aux prochains Etats généraux porteront aux pieds du Trône les sentiments d'amour et de reconnaissance dont le peuple d'Artois est pénétré pour la personne sacrée de Sa Majesté, qui, en convoquant l'Assemblée de la nation française, a bien voulu lui donner l'assurance d'une prompte réforme des abus, et de l'établissement d'un ordre fixe et durable qui procurera à jamais la prospérité du royaume, et de cette province en particulier.

Art. 1er. Que la Couronne soit maintenue à jamais dans la Maison régnante ; que dans le cas où le Trône serait dévolu à un prince mineur, la Nation soit de droit convoquée pour régler la tutelle et la régence.

Art. 2. Qu'aux Etats généraux le Tiers-Etat ait un nombre de députés égal à celui des deux autres ordres réunis, et que, dans les délibérations, les voix soient comptées par tête.

Art. 3. Que les Etats généraux soient, à l'avenir, convoqués et assemblés tous les trois ans.

Art. 4. Que les dépenses de tous les départements soient fixées, ainsi que les apanages des princes.

Art. 5. Que la maxime constitutionnelle qui veut que l'impôt ne soit levé, s'il n'est consenti par la Nation assemblée, soit de nouveau sanctionnée dans les prochains Etats généraux.

Art. 6. Qu'aucun impôt ne soit accordé que pour trois années, à l'expiration desquelles il ne pourra plus être perçu, sous quelque prétexte que ce soit.

Art. 7. Qu'il ne soit pareillement fait aucun emprunt, que du consentement de la Nation assemblée.

Art. 8. Que tout impôt, de quelque espèce qu'il puisse être, soit désormais supporté par tous les membres des trois ordres de l'Etat, sans aucunes exemptions ni privilèges.

Art. 9. Que tous les emplois onéreux et inutiles à la nation soient supprimés, et que l'importance des pensions soit fixée par les Etats généraux.

Art. 10. Que le montant de la dette nationale soit par eux vérifié et arrêté, et qu'ils s'occupent des moyens de l'acquitter.

Art. 11. Que, pour y parvenir, il soit établi une caisse d'amortissement, dont les fonds ne pourront, en aucun cas, être employés à un autre usage.

Art. 12. Que, pour faire en partie le fonds de cette caisse, la loi concernant l'inaliénabilité du Domaine soit modifiée, de manière que les domaines puissent être constitutionnellement et irrévocablement aliénés.

Art. 13. Que les échanges, inféodations, accensements et autres aliénations des biens domaniaux faits au-dessous de leur valeur, à compter de l'époque qui sera déterminée par les Etats généraux, soient révoqués et annulés.

Art. 14. Qu'il ne soit consenti à aucun impôt ou emprunt, qu'après la vérification de la dette nationale et celle des recettes et dépenses de l'Etat.

Art. 15. Que le titre, le poids et la valeur des monnaies ne puissent être changés que du consentement des Etats généraux, et que l'on n'y adhère à aucune circulation de papier-monnaie.

Art. 16. Que les ministres soient comptables et responsables, aux Etats généraux, de leur administration.

Art. 17. Que le compte des finances du Royaume soit rendu public, chaque année, par la voie de l'impression.

Art. 18. Que les lettres de cachet et tous autres ordres arbitraires soient abolis ; que personne ne puisse être arrêté, si ce n'est en vertu d'un dé-

(1) *Voy.* les cahiers du clergé et de la noblesse dans le tome IIe des *Archives parlementaires*, pages 78 et suivantes.

1re SÉRIE, T. VI.
46

cret des juges ordinaires, sauf les cas exprimés par les lois criminelles et les règlements de police, et que les prisons d'Etat soient supprimées.

Art. 19. Que les troupes nationales et celles étrangères au service de France soient tenues de prêter serment, non-seulement au Roi, mais à la Nation ; qu'elles ne puissent être employées contre les provinces réclamantes, si ce n'est dans le cas d'insurrection et de révolte armée.

Art. 20. Que la Nation assemblée s'occupe des moyens nécessaires pour assurer, dans tous les cas, le secret des lettres confiées à la poste.

Art. 21. Que la liberté de la presse soit accordée indéfiniment, en mettant, par les auteurs et imprimeurs, leurs noms à tous les ouvrages qu'ils publieront.

Art. 22. Que la liberté des routes et de la navigation ait lieu dans tout le royaume, sans être assujetti à aucun permis, ni privilége exclusif.

Art. 23. Que toute propriété soit inviolable ; qu'on n'en puisse être privé, sur le fondement de l'intérêt public, sans en être incontinent et justement dédommagé.

Art. 24. Que les lois qui se formeront lors des Etats généraux soient constitutionnelles, et ne puissent être révoquées ou changées que du consentement de la Nation.

Art. 25. Que le Code criminel soit réformé, tant en la forme qu'au fond, et que les peines soient les mêmes pour tous les citoyens sans distinction.

Art. 26. Qu'il soit fait une loi pour obvier aux suites du préjugé contre les familles des suppliciés ; qu'à cet effet, la confiscation soit abolie ; que même il soit prononcé des peines graves contre ceux qui feraient à cet égard des reproches.

Art. 27. Qu'il soit porté une loi sévère contre les banqueroutiers ; plus de lettres de répit, surséance, sauf-conduit ou autre du même genre.

Art. 28. Que la peine du bannissement soit supprimée.

Art. 29. Que la procédure civile soit simplifiée par une nouvelle loi.

Art. 30. Qu'il soit fait un nouveau Code de commerce, et que l'échéance des lettres et billets de change soit uniforme dans tout le royaume.

Art. 31. Que ceux qui voudront s'établir marchands dans les campagnes et les colporteurs soient tenus d'y avoir un domicile fixe, et un domicile d'élection dans la ville la plus voisine.

Art. 32. Que le traité de commerce avec l'Angleterre soit examiné et discuté par les États généraux, pour remédier aux inconvénients notoires qui en résultent.

Art. 33. Que les successeurs aux bénéfices soient tenus d'entretenir les baux faits par leurs prédécesseurs.

Art. 34. Que les portions congrues soient augmentées, à la charge par les curés de faire leurs fonctions gratuitement et de chanter un service à tous les enterrements.

Art. 35. Que le droit d'annates soit supprimé, ainsi que les dispenses en cour de Rome, lesquelles seront accordées gratuitement par l'évêque diocésain.

Art. 36. Que les emplois et grades civils et militaires, ainsi que les bénéfices et dignités ecclésiastiques, soient conférés indistinctement à tous les citoyens, suivant le mérite ; que les bénéfices simples et leurs titres soient éteints ; que leurs revenus et ceux des fabriques soient appli-

qués au soulagement des pauvres, et que les ecclésiastiques, ainsi que les nobles, contribuent à la cotisation nécessaire pour pourvoir aux inconvénients de la mendicité.

Art. 37. Que les cas où les pauvres devront être renvoyés au lieu de leur origine soient fixés par une loi uniforme par tout le royaume.

Art. 38. Que l'ordre et les membres du Tiers-Etat ne soient plus assujettis, dans les assemblées nationales et ailleurs, qu'au même cérémonial que les deux autres ordres.

Art. 39. Qu'il n'y ait dans le royaume qu'un poids et une mesure.

Art. 40. Que la loi qui abolit l'arrêt au corps soit exécutée dans toutes les provinces du royaume, et notamment en Flandre.

Art. 41. Que le soldat français soit mieux traité ; qu'il soit fait, s'il est possible, une réduction des troupes régulières.

Art. 42. Que la milice ne soit formée, dans tout le royaume, que par des enrôlements volontaires, et que les frais à cet égard soient pris sur la masse des contributions qui seront fournies par les trois ordres, et que le gouvernement ou les ministres ne puissent exiger des provinces aucunes contributions pour la milice, qu'autant qu'elle sera sur pied.

Doléances particulières à la province d'Artois.

Art. 1. Que les capitulations, lois, ordonnances et traités particuliers à la province d'Artois soient et demeurent hors de toute atteinte.

Art. 2. Que par suite de sa constitution, ladite province soit maintenue dans le droit d'être régie en pays d'Etat, et qu'à elle seule et aux administrateurs de son libre choix il appartienne de faire la répartition et perception des impôts dans le pays.

Art. 3. Que la province d'Artois soit incessamment convoquée, de la même manière qu'elle l'est actuellement, pour s'occuper de la réforme et constitution de ses États, notamment pour que le Tiers-Etat y ait un nombre égal de suffrages à celui des deux ordres réunis, le présent vœu général étant pour la révocation des pouvoirs des administrateurs actuels, et la nécessité de réformer incessamment l'administration actuelle des États résultant d'une infinité d'abus, détaillés dans les cahiers particuliers des différents bailliages de la province ; que d'ailleurs, l'inquiétude sur l'administration des finances est si universelle que l'on demande, même avec unanimité, la révision des comptes de ladite province depuis quinze années.

Art. 4. Qu'il n'y ait plus, à l'avenir, de commissaire du Roi aux États généraux de la province d'Artois.

Art. 5. Que les limites de la province d'Artois et de ses différentes juridictions soient incessamment déterminées d'une manière fixe et invariable.

Art. 6. Que les colléges de la province soient confiés aux abbayes, qui s'en chargeront gratuitement, et que les revenus d'iceux soient convertis en bourses.

Art. 7. Que les habitants des trois lieues limitrophes jouissent des mêmes franchises et libertés que les autres habitants de la province, qui, en aucun cas, ne peut être soumise à la gabelle.

Art. 8. Que toute imposition directe ou indirecte, perçue par les agents du fisc en cette province, sous la dénomination de sols pour livre, de droits sur les cuirs, huiles, savons, amidons, cartons et autres soit abolie, ainsi que les droits de traites et autres qui se perçoivent sur les marchandises et denrées destinées pour l'Artois.

Art. 9. Que les commendes, même celles en faveur des princes et cardinaux, ainsi que les pensions sur les abbayes, soient supprimées, et que le produit ne soit employé qu'en établissements utiles dans la province.

Art. 10. Que les lois qui prescrivent la résidence aux évêques et autres bénéficiers soient rigoureusement observées.

Art. 11. Que la dîme ecclésiastique soit réduite en Artois aux quatre gros fruits ; que celle de sang soit supprimée ; que la perception et la quotite soient uniformes dans toute la province, de manière cependant que les fonds qui en sont exempts ou qui la payent à une quotité moindre que celle qui sera fixée continueront d'être affranchis et privilégiés à cet égard.

Art. 12. Que les dîmes soient tenues, outre leurs charges ordinaires, de la réédification et entretien des nefs et clochers des églises, maisons presbytérales, vicariales et cléricales, ainsi que du salaire du clerc laïque.

Art. 13. Qu'il soit défendu aux ecclésiastiques et communautés religieuses de prendre en loyer les dîmes et terres.

Art. 14. Qu'il soit érigé des églises succursales dans les hameaux notables, distants d'une demi-lieue de l'église paroissiale.

Art. 15. Qu'il soit procédé à la rédaction d'une seule coutume pour toute la province.

Art. 16. Que la vénalité des offices de judicature soit abolie.

Art. 17. Qu'il soit établi en cette province une Cour souveraine en toute matière.

Art. 18. Que tous les tribunaux d'exception, d'attribution, même les officialités, soient supprimés.

Art. 19. Que l'intendance de la province soit supprimée.

Art. 20. Que toutes commissions pour juger, évocations et autres moyens d'éluder le cours ordinaire de la justice, cessent à jamais d'avoir lieu.

Art. 21. Que la connaissance de toutes les affaires contentieuses, même domaniales, sans distinction de cas royal, appartienne aux juges ordinaires de la province, lesquels connaîtront pareillement du fait d'impôt et de noblesse, et consulairement, des matières de commerce.

Art. 22. Qu'en toutes matières il n'y ait que deux degrés de juridiction.

Art. 23. Que les justices seigneuriales ne connaissent plus à l'avenir que des objets de police, saisies seigneuriales, saisine, dessaisine, hypothèques, scellés, inventaires, quand ils en seront requis, tutelles et curatelles, sans que les officiers d'icelles puissent retenir les contestations qui pourraient naître à cet égard.

Art. 24. Que les mises de fait et main-assises soient enregistrées dans les greffes des justices immédiates de la situation des biens, et qu'elles n'aient d'effet que du jour de l'enregistrement.

Art. 25. Que les actes portant substitution et remploi des biens substitués soient aussi enregistrés dans les mêmes greffes, dans le délai fixé par l'ordonnance, à peine de nullité.

Art. 26. Que tous les lois et règlements soient à l'avenir, exactement envoyés aux officiers de police des campagnes, pour y être lus, publiés et enregistrés.

Art. 27. Qu'il ne soit pas permis à la police de forcer les cultivateurs qui apportent des grains au marché, à les y vendre ou laisser, si ce n'est dans le cas de disette, ou de cherté extraordinaire.

Art. 28. Qu'il soit ordonné au greffier du Gros de cette province de faire un répertoire de tous les titres reposant dans son greffe ; et qu'il soit tenu d'établir à ses dépens, dans chaque ville, un dépôt voûté et arrangé de manière que lesdits titres soient à l'abri de tout accident.

Art. 29. Qu'il n'y ait plus de recherches de la part des agents des domaines et finances dans les dépôts publics, ni archives des communautés, des actes qui concernent les citoyens entre eux.

Art. 30. Rétablir les communes de la province dans leur droit primitif d'élire leurs juges et administrateurs.

Art. 31. Que les communautés des villes, bourgs et villages de la province soient confirmées dans la propriété de leurs biens communs et des terres vaines et vagues de leur territoire ; que celles desdites communautés qui en ont été privées en tout ou en partie, soit par la voie de triage, partage ou autres, y soient pleinement réintégrées.

Art. 32. Que l'administration des biens communaux appartiendra, dans les campagnes, aux communautés elles-mêmes, qui nommeront à cet effet, tel nombre de syndics ou échevins qu'elles trouveront convenir.

Art. 33. Que tous les biens communaux soient restitués à leur état et destination primitive de pâturage, sauf dans les communautés qui voteront unanimement de les laisser en partage ou de les faire cultiver.

Art. 34. Que les communautés auront seules le droit de planter dans leurs biens communaux, et que les arbres qui y existent actuellement leur appartiendront, sans qu'elles soient tenues de justifier de les avoir plantés.

Art. 35. Que tous les privilèges exclusifs pour l'extraction du charbon de terre soient révoqués, et qu'il ne soit, à l'avenir, perçu aucun droit sur lesdits charbons venant de l'étranger.

Art. 36. Que tous les droits de franc-fief et d'ensaisinement royal soient supprimés.

Art. 37. Que l'on supprime toutes recherches pour droit d'amortissement et d'indemnité contre les gens de main-morte pour les temps antérieurs à l'édit de 1749, et que les gens de main-morte, ne soient, en aucun cas, tenus du droit de nouvel acquêt, si ce n'est dans de véritables acquisitions d'immeubles.

Art. 38. Qu'il soit trouvé un moyen pour parvenir au rachat des droits seigneuriaux, reliefs, droits d'aides et autres, ainsi que champart et soyeté.

Art. 39. Qu'il ne soit plus dû de droits seigneuriaux pour les hypothèques.

Art. 40. Que les droits de banalité, parcage, tonlieu, péage, pontenage, corvée, gaule, gave, tanse, chien d'avoine, panneguet et autres de cette nature, soient supprimés.

Art. 41. Que les droits d'issue et d'escart, perçus par les municipalités à l'ouverture des successions, soient supprimés en faveur des régnicoles.

Art. 42. Que toutes les garennes soient supprimées ; en conséquence, qu'il soit permis à toutes personnes de fureter partout où il se trouvera des lapins.

Art. 43. Qu'il soit porté un règlement beaucoup plus rigoureux que ceux qui existent actuellement contre les abus de la chasse, tellement préjudiciable en certains cantons de cette province que dans les châtellenies d'Oisy et de l'Ecluse, le gibier cause, chaque année, une perte de 20,000 rasières de grains.

Art. 44. Qu'il soit également pourvu au tort énorme que cause la multiplicité des pigeons.

Art. 45. Que les seigneurs ne puissent exercer aucune saisie seigneuriale qu'après deux sommations de quinzaine en quinzaine.

Art. 46. Que le retrait seigneurial ne soit plus cessible.

Art 47. Que les formalités rigoureuses du retrait lignager soient abrogées.

Art. 48. Que les fiefs, tant patrimoniaux qu'acquis, manoirs et autres biens de préciput, soient partagés également dans les successions roturières, sans que, pour raison de partage, il soit dû plus d'un relief, qui sera divisé et reporté sur chaque part, et qu'il soit néanmoins libre au propriétaire desdits biens d'en disposer en faveur des héritiers apparents, comme il le trouvera bon.

Art. 49. Qu'il soit porté un règlement pour l'entretien, réparation et élargissement des chemins qui en ont besoin, et la suppression de ceux inutiles.

Art. 50. Qu'il soit fait défense d'avoir haute-futaie plus près des terres à champ que de trente pieds, et que le rejet du pourtour des bois soit au moins de dix pieds.

Art. 51. Que les bois voisins des grands chemins soient, pour la sûreté publique, dérodés à la distance de cent cinquante pieds.

Art. 52. Qu'attendu que les chemins royaux et ruraux sont pris sur les héritages voisins, que les propriétaires de ces héritages payent les censives, même pour la portion que forment ces chemins, le droit de plantis, sur les chemins ruraux, soit supprimé et interdit, et que, sur les chemins royaux, il appartienne exclusivement auxdits propriétaires riverains, en observant les distances qui seront prescrites.

Art. 51. Que l'administation des Etats de la province soit chargée des dépenses nécessaires pour l'écoulement des eaux du bas Artois, sans que les communautés de ce canton soient, pour raison de ce, assujetties à aucun autre impôt qu'à ceux qui se lèvent dans le reste de la province.

Art. 54. Que la somme de 400,000 livres,

accordée pour les pertes occasionnées par la grêle du 13 juillet dernier, soit distribuée proportionnellement entre ceux qui les ont souffertes, en présence de six cultivateurs choisis.

Art. 55. Que les habitants d'un village, en donnant caution, aient le droit de se faire subroger au lieu et place de ceux qui, n'en n'étant pas habitants, ont pris les dîmes en loyer.

Art. 56. Une majeure partie des membres de l'assemblée a demandé la prorogation des baux à dix-huit ans, et non au delà; d'autres ont demandé ladite prorogation jusqu'à vingt-sept ans, sans être assujettis à aucuns droits seigneuriaux ni fiscaux.

Art. 57. Qu'il soit ordonné que les radiers qui obstruent le cours des rivières et occasionnent des inondations soient supprimés ou réduits, de manière à empêcher les inconvénients qui en résultent.

Art. 58. Que les baux des fermes et terres ne pourront être résolus par les acheteurs, même en dédommageant les fermiers, lorsque le terme de la location n'excédera pas neuf années.

Tels sont les objets que les commissaires nommés par l'assemblée du 20 de ce mois croient devoir former le cahier des plaintes, remontrances et doléances du Tiers-Etat de la province d'Artois, pour être portés à l'assemblée prochaine des Etats généraux du royaume : quant aux points de doléances particulières à différents Baillages et villes de la province, il en sera fait des extraits, qui seront joints au présent cahier général.

Ainsi clos et signé par nous, commissaires soussignés, après qu'il en a été fait lecture dans l'assemblée générale du Tiers-Etat de cette province aujourd'hui, et qu'il y a été définitivement arrêté; à Arras, le 26 avril 1789.

Signé : LEMAIRE DE BELLERIVE, MARIN, TAFFIN le jeune, B. BAUDE, E. HOCHEDEE, FRANÇOIS, BRASSART, LEVAILLANT fils, L. MAIRESSE, DANVIN, Aug. PETIT, HERMANT, LECHON, HAUDOUART, THELU, BOLLET, A.-J. WATERLOT, LEROY, RAMETTE, WALLART, C. FLEURY, MARTEL, REMOND, PAYEN, CAUWET et MATHON (1).

(1) Archives municipales.

CLERGÉ DE LA PROVINCE D'ARTOIS.

Liste des comparants à l'assemblée électorale du 20 avril, soit par eux-mêmes, soit par fondés de pouvoirs (1).

ÉVÊQUES.

Mgr de Conzié, évêque d'Arras.
Mgr de Bruyères-Chalabre, évêque de Saint-Omer.
Mgr de Partz de Pressy, évêque de Boulogne, représenté par M. de Bourghelles, chanoine d'Arras.

CHAPITRES ET COLLÉGIALES.

Les chapitres des cathédrales d'Arras, de Cambrai et de Saint-Omer.

(1) La plupart des ecclésiastiques ne sont pas désignés nominativement dans les procès-verbaux. (Note de M. Paris.)

Les Collégiales : Saint-Pierre, d'Aire ; Saint-Barthélemy, de Béthune; Saint-Géry, de Cambrai ; Saint-Amé, de Douai ; de Douriez; Notre-Dame, de Fauquembergues ; Saint-Martin, d'Hesdin ; Notre-Dame, de Lens ; Saint-Pierre, de Lille; Saint-Omer, de Lillers: Saint-Sauveur, de Saint-Pol. Le grand chanoine de Béthune; les chanoines de Saint-Nicaise, d'Arras.

ABBAYES (D'HOMMES).

Anchin, Arrouaise, Auchy-les-Moines, Blangy-en-Ternois, Contimpré-lez-Cambrai, Cercamp, Chocque, Clairmarais, Dommartin; Eaucourt, Ham, Hasnon, Hénin-Liétard, Licques, Loos, Mar-

chiennes, Marœuil, Ruisseauville, Saint-André-au-
Bois, Saint-André de Câteau-Cambrésis, Saint-Au-
gustin-lez-Thérouanne, Saint-Bertin, Saint-Eloi,
Saint-Pierre(de Gand), Saint-Sauve (de Montreuil),
Saint-Vaast.

ABBAYES (DE DAMES).

Sainte-Austreberthe; Avesnes-lez-Arras; Beaupré (près Estaires); Sainte-Colombe, de Blandec-
ques; Notre-Dame, de Bourbourg; Etun; La Bra-
yelle-lez-Annay; la Paix, de Béthune; le Verger,
d'Oisy; le Vivier, d'Arras; Willancourt.

COMMUNAUTÉS (D'HOMMES).

Arras; Carmes-Chaussés, Carmes-Déchaussés,
Dominicains, Trinitaires.
Douai : Chartreux.
Gonay: id.
Lilliers : Dominicains.
Saint-André-lez-Aires: Chanoines réguliers :
Saint-Omer : Carmes, Dominicains.

COMMUNAUTÉS (DE FEMMES).

Aire : Les Brigittines, les Capucines, les Con-
ceptionistes.
Arras : Les Brigittines, les religieuses de la Thieu-
loye, les Louez-Dieu, les Ursulines.
Bapaume: Les religieuses de Sainte-Anne, les
religieuses de Saint-Pierre.
Béthune: Les Annonciades, les Conceptionistes,
les Dames de la Paix.
Gonay : La Chartreuse.
Houdain :   id.
Lens : L'hôpital.
Lilliers: Les religieuses Grises.
Pernes : Sainte-Catherine.
Saint-Omer: Les Conceptionistes, le jardin No-
tre-Dame, les Pénitentes, les Repenties, Sainte-
Catherine, Sainte-Marguerite, le Soleil, les Urba-
nistes.
Saint-Pol : Les Sœurs Grises, les Sœurs Noires.
Vieil-Hesdin.
Vimy.

PRIEURÉS.

Aubigny, Courcelles-le-Comte, Eaucourt, Écoi-
vres, Framecourt, Grand-Rullecourt, Léchelle
(prévôt de), Le Perroy-lez-Béthune, Ligny, Lis-
bourg, Maintenay, Monchy, Noyelle-Godeau, Re-
hreuve, Renty, Saint-Georges, Saint-Fry, Verchin,
Verdrecques, Warluzel.

BÉNÉFICIERS.

Des cathédrales d'Arras et de Saint-Omer ;
Des collégiales d'Aire, Béthune, Fauquember-
gues, Lens, Lillers;
Achicourt, Adinfer, Bellacourt, Boisleux-au-
Mont (le personnat), Bouvigny, Chocques, Dain-
ville, Embry (le personnat), Eperlecque, Fressin,
Gavrelle (le personnat), Gonay, Grosville, Guise,
Hébuterne, Izel-lez-Equerchin, La Buissière, La
Fosse, Laventie, Le Lucquet, Lens, Maisnil-lez-
Ruitz, Malanoy, Planques, Roquetoire, Remibeau-
court, Sacquepée, Saint-Maur, Saint-Nicolas de
Laventie, Saint-Nicaise d'Arras, Saint-Pierre de
Lille, Séchelle, Setques, Wingles, Zutquerque.

CHAPELAINS.

De Beauvois, Rivière, Bourecq, Buire-au-Bois,
Conseil d'Artois, Cotte, Equirre, Fiefs, Harnes,
Hébuterne, Le Quesnoy, Noyelles-sous-Bellone,
Notre-Dame du Bois-de-Harnes, Pénelle, Pique-
mont, Rœux, Saint-Léger, Saint-Louis de Ba-
paume, Saint-Louis d'Hesdin, Saint-Nicolas de
Cauménil, Sainte-Ursule.

CURÉS.

Arras : Le clergé de Saint-Aubert, Saint-Géry,
Saint-Jean, Sainte-Marie-Madeleine, Saint-Maurice,
Sainte-Croix.
Clergé de Bapaume, Béthune, Hesdin, Lens,
Saint-Omer : paroisses de Sainte-Aldegonde, Saint-
Denis, Saint-Jean, Saint-Sépulcre et Saint-Pol.
Curés de paroisses : 241 présents ; 222 repré-
sentés ; vicaires présents, 7.

MESSIEURS DE LA NOBLESSE

Convoqués à l'assemblée générale des États d'Artois tenue à Arras le 29 décembre 1788.

D'Aix (le baron), de Remy, à Arras.
D'Aoust (le marquis), baron de Cuncy, à Douai.
D'Aoust, marquis de Jumelles, de Bourcheulles, à
Douai.
D'Armolis (le marquis), d'Avion, à Arras.
D'Artois, de Campagne-lez-Boulonnais.
D'Aumale (le comte), de Liévin, chez le chevalier
d'Aumale, à Arras.
De Bacquehem (le marquis), de Drouvin, à Douai.
De Bassecourt (le marquis), de Fontaine-lez-Bou-
lans, à Fontaine.
De Beauffem (le comte), de Moulle, à Moulle.
De Beauffort (le marquis), de Mondicourt, à
Arras.
De Beauffort (le baron), d'Hanescamps, à Hanes-
camps.

De Belvalet, marquis d'Humerœul, à Humerœul.
De Berghes (le marquis), de Quernes, à Arleux,
près Douai.
De Bernard. de Calonne-Ricouart, à Calonne.
De Berthoult (le marquis), d'Hautteclocque, baron
d'Œuf, à Hautteclocque.
De Béthune (le comte), de Nédon, à Pénin.
De Béthune (le prince), marquis d'Hesdigneul,
comte de Noyelles-sous-Lens, à Tournai.
De Béthune (le comte), d'Auchel, à Pénin.
Blondel de Beauregard, de Noyelles-sous-Bellone,
à Viannes (Flandre).
Boudard, marquis de Couterelle, à Couterelle.
De Brandt (le comte), de Galametz, de Marconne,
à Arras.
Briois de la Mairie, d'Angre, à Neulette.

De Briois, de Werdrecques, à Salomé, par La Bassée.

De Bryas (le comte), de Royon, à Royon.

De Bryas-Bryas (le comte), à Bryas.

De Carondelet (le marquis), vicomte de Langle, à Noyelle, près Bouchain.

De Costeja (le marquis), de Burbure, à Paris.

De Castillon, baron de Saint-Victor, de Courrières, à Courrières.

De Chivot, de Coullemont, à Coullemont.

De Contes des Granges (le baron), de Planques, à Bucamps.

De Couronnel (le marquis), de Barastre, au château de Vélu.

De Crény (le marquis), de Bailleul, en son hôtel à Paris.

De Créquy (le marquis), d'Hesmont, à Hesmont.

De Croix (le marquis), d'Heuchin, à Lille.

De Cuinghem, de Regnauville, à Fontaine-l'Etalon.

De Cunchy (le comte), de Fleury, à Arras, *député ordinaire.*

Deslyons (le baron), du Locon, à Bavincourt.

Deslyons de Noircarme, de Zudausque, à Saint-Omer.

De Dion (le baron), de Wandosnes, à Wandosnes.

Doresmieulx, de Fouquières, à Fouquières.

Dostrel, baron de Flers, à Flers.

Dupire (le baron), d'Hinges, à Béthune.

Duquesnoy, d'Escœulle, à Escœulle.

De Duras (le maréchal duc), à Paris.

Duval de Fiennes, de Saint-Martin-Glise, à Sautricourt, près Saint-Pol.

D'Estourmel (le marquis), baron de Sailly-au-Bois, à Suzanne.

De Fléchin, marquis de Wamin, à Hesdin.

De France, comte d'Hezecques, à Mailly, par Albert.

De France (le baron), de Buire-au-Bois, à Maintenay.

De Gand (le comte), de Vraucourt, à Hem, par Lille.

De Gantès (le chevalier), de Fontaine-les-Croisilles, à Arras.

De Gargan-Rollepot, du Monchel, à Rollepot.

De Gennevières du Vielfort, de Vendin, à Béthune.

De Ghistelles (le comte), de Serny, à Serny.

De Ghistelles-Saint-Floris (le marquis), vicomte d'Herny-Saint-Julien, à Lille.

De Gosson, de Barlin, à Barlin.

De Guines (le duc), de Villers-Brulin, à Paris.

De Hamel-Bellenglise (le marquis), de Bouret-sur-Canche, à Grand-Rullecourt.

Hangouart (le baron), à Cauchy-lez-La Bassée.

De Harchies (le chevalier), de Saint-Martin-au-Laërt, à Saint-Omer.

De Harchies (le marquis), de Béalencourt, à Saint-Omer.

De Hauteclocque, de Wail, à Arras.

D'Hespel d'Harponville, de Saint-Martin-sur-Cojeul, à Arras.

D'Hoston de Fontaine, de Campagne-lez-Wardrecques, à Saint-Omer.

D'Havrincourt (le marquis), à Havrincourt.

Hubert de Mons-en-Barœul, d'Humières, à Humières.

Imbert, comte de Labazèque, de Saint-Amand, à Arras.

De Laizer, comte de Siougeat, d'Ecquemicourt, à Hesdin.

De Lannoy (le comte), de Caucourt, à Arras.

De Launoy (le comte), d'Hestrus, à Surville.

De Landas, comte de Louvigny, de Couin, à Couin.

De Laporte de Vaulx, à Vaulx.

De Lattre d'Ayette, comte de Neuville, à Ayette.

Le Clément de Saint-Marc, du Souich.

Le Josne-Contay, de Capelle-sur-la-Lys, à Capelle.

Le Merchier, comte de Criminil, de Moringhem.

Le Ricque, de Marquais, à Béthune.

Le Sergeant d'Hendecourt, à Arras.

De Levis (le duc), d'Avesnes-le-Comte, à Arras.

De Mallet, comte de Coupigny, de Fouquières.

De Mallet, marquis de Coupigny, de Ligneurœil.

De Mallet, comte de Coupigny, de Norœul, à Cambrai.

De Marcé, de Manin, à Paris.

De Marles (le comte), de Vaudricourt, à Beauvoir-Rivière.

De Maulde (le comte), de la Buissière, à la Buissière.

De Mérode (le comte), de Mametz, à Mametz.

De Montmorency, prince de Robecq, à Robecq.

Moullart, de Tilly-Capelle, à Montreuil.

De Nelle, de Lozinghem, à Lozinghem.

De Nédonchel (le marquis), de Brpay, à Bouvigny.

De Nédonchel (le baron), de Gouve, à Baralle.

Obert, de Grévillers, à Lille.

De Partz, marquis d'Esquirres, de Pressy, à Willeman.

Payen, comte de Labucquière, de Brebières, à Brebières.

De Plotho (le baron), de Favreuil, à Oisy.

De Prudhomme d'Ailly, marquis de Verquigneul, à Verquigneul.

De Pronville, d'Haucourt, à Haucourt.

Raulin de Bolval, à Arras.

De Richoufftz, de Manin, à Manin.

De Roquelaure (le marquis), de Mory, à Paris.

De Sainte-Aldegonde (le comte), de Cléty, à Lille.

De Sainte-Aldegonde de Noircarmes (le comte), de Drocourt, à Rieulet, par Douai.

De Sainte-Aldegonde de Noircarmes (le comte), de Bours, à Boulogne.

De Salperwick (le marquis), à Etruval, par Hesdin.

De Sandelin, de Delettes, à Haisnes.

De Servins (le marquis), d'Aubrometz, à Héricourt.

De Tenremonde (le marquis), de Ransart, à Seclin.

Testart, de Campagne-lez-Hesdin, à Montreuil.

De Thieulaine, d'Hauteville, à Arras.

De Thiennes (le comte), de Boisdinghem, à Cambrai.

De Thiennes de Rumbecque (le comte), de Terraménil, à Arras.

De Tournay d'Assignies, comte d'Oisy, à Oisy.

De Tramecourt (le marquis), à Tramecourt.

De Trazégnies (le comte), de Bomy, à Bomy.

De Vitry (le baron), de Vitry, dit Nœux, à Hulluch, par Lens.

De Wasservas (le baron), d'Haplincourt, à Haplincourt.

De Wavrin-Villers-au-Tertre (le comte), marquis de Cambrin, à Cuincy-lez-La Bassée.

LISTE DES GENTILSHOMMES

Composant l'ordre de la Noblesse de la province d'Artois qui ont comparu personnellement à l'assemblée générale tenue à Arras le 20 avril 1789.

D'Aix (le baron), mayeur d'Arras.
D'Alciati (le marquis), officier d'infanterie à Lens.
De Bacquehem (le marquis).
De Bailliencourt.
De Bassecourt (le marquis).
Bataille, chevalier honoraire au Conseil d'Artois.
De Bavre (le chevalier).
De Beauffort (le comte).
De Beauffort (le baron).
De Beaulaincourt, comte de Marles.
De Beaulaincourt (le comte), lieutenant de Roi à Béthume.
De Beaumont.
De Belvalet d'Humerœul, fils.
De Berghes (le prince).
De Bernard de Calonne.
De Berthoult (le marquis).
De Béthune (le comte), maréchal de camp.
De Beugny de Bondus, conseiller honoraire au Conseil d'Artois.
De Beugny d'Hagerue.
De Beugny de Pommera.
Blin.
Blin d'Ardincthun.
Blin de Grincourt, père.
Blin de Grincourt, fils.
Boistel du Cardonnois.
De Bosquillon de Frescheville, capitaine du génie.
Boucquel de Beauval.
Boucquel de la Comté.
Boucher de Marolles.
Boudart de Mingrival.
De Brandt de Galametz (le comte).
Briois de Beaumetz, premier président au Conseil d'Artois.
De Briois de Wardrecques.
Briois de la Mairie.
De Briois de Montgaubert (le chevalier), officier au régiment de Languedoc.
Bruneau de Beaumetz.
De Bryas-Royon (le comte), colonel d'infanterie.
De Bryas, marquis de Royon.
Cacheleu de Nœux, major à Hesdin.
Cardon-Priez d'Ouvrin.
Chomel, comte de Montfort, capitaine au régiment de Navarre.
De Contes des Granges (le baron).
De Coupigny (le vicomte), officier au régiment de Chartres-Infanterie.
De Couronnel (le marquis).
De Couronnel (le vicomte).
De Couronnel (le chevalier).
De Crény (le comte).
De Créquy (le marquis).
De Croix (le marquis).
De Croix (le comte).
De Cunchy (le comte).
Dambrines de Ramecourt.
Damiens de Ranchicourt.
Dehault de Veault.
Deslyons de Monchaux, capitaine d'artillerie.
Deslyons de Noircarme.
Desmaretz d'Hersin, conseiller au Conseil d'Artois.
Despretz de Quéant.
De Dion (le baron).

De Dion de Gaudiempré, ancien capitaine au régiment de la marine.
Donjon de Saint-Martin.
Dourlens, conseiller au Conseil d'Artois.
Dubois de Fosseux.
Dupire d'Hinge (le baron), grand bailli de Béthune.
Dupire d'Hinge (le chevalier), maire de Béthune.
Dupuich d'Angre, l'aîné.
Dupuich d'Angre, le cadet.
Durand de Rumeaucourt.
Enlart de Grandval, procureur général au Conseil d'Artois.
Enlart de Pottier.
De Fléchin, marquis de Wamin.
Le comte de Fléchin, colonel du régiment d'Auxerrois.
Foacier de Ruzé, avocat général au Conseil d'Artois.
De Fourmestraux de Pas.
De France (le baron).
Fromentin de Forestelle.
Fromentin de Gommecourt.
Fromentin de Sartel.
Fruleux de Souchez.
De Gantès (le chevalier).
De Gargan de Rollepot.
Giroult des Brosses, lieutenant des maréchaux à Béthune.
Godefroy de Maillart, conseiller du Roi et garde des archives à Lille.
Gosse de Louez, conseiller au Conseil d'Artois.
Gosson de Rionval, lieutenant des maréchaux à Lens.
Goyer de Sennecourt.
De Guines (le duc), gouverneur de l'Artois.
De Hamel-Bellenglise (le marquis).
De Hamel-Bellenglise (le comte), colonel d'infanterie.
D'Hangouart (le baron).
De Hanon de la Bucaille.
De Hauteclocque de Wail.
De Hauteclocque (le chevalier).
D'Havrincourt (le marquis), maréchal de camp, gouverneur d'Hesdin.
Hellemans de Berry, capitaine d'artillerie à Saint-Pol.
Hémart de Mamure, conseiller au Conseil d'Artois.
D'Hespel d'Harponville, lieutenant-colonel au service de l'Espagne, à Arras.
De Hoston de Fontaine.
D'Houdetot, capitaine au régiment de Béarn.
Hubert de Mons-en-Barœul, d'Humières.
Huvino de Bourghelles.
Joly de Sailly.
Jouffrey de la Cressonnière.
De Lalbenque (le chevalier).
De Laizer, comte de Siougeat, lieutenant du Roi à Hesdin.
Lallart (le chevalier), d'Estrée.
Lallart de Berlette.
Lallart de Lebucquière.
Alexandre de Lameth (le comte), colonel attaché au régiment des cuirassiers du Roi.

Charles de Lameth (le comte), colonel des cuirassiers du Roi.

De Lannoy de Caucourt (le comte).

De Lannoy (le comte), major du régiment d'Aquitaine.

De Lannoy (le comte), commandant du fort Saint-François, à Aire.

De Lannoy (le comte), officier au régiment de Béarn.

De Laporte de Vaux.

De Lattre d'Ayette, comte de Neuville, lieutenant de la province d'Artois.

De Lauretan de Bavincove, à Audruicq

De Lauretan (le chevalier), à Zutquerque.

Le Caron de Canettemont.

Le Caron de Sains.

Le Clément de Saint-Marc.

Lefebvre de Trois-Marquetz, conseiller au Conseil d'Artois.

Le François de Drionville.

Le François de Rosnel.

Le François du Fétel.

Le François de Violaines.

Le Jay de Masnières.

Le Mayeur de Simencourt, prévôt honoraire de Cambrai.

Le Merchier de Renaucourt, ancien lieutenant-colonel d'infanterie.

Le Merchier du Carieul.

Le Merchier de Bois-Huttin.

De Lencquesaing, officier du génie.

Le Ricque de Marquais, lieutenant des maréchaux à Béthune.

Le Ricque de Violaines.

Le Ricque de Labourse.

Le Roy d'Hurtebize, conseiller honoraire.

Le Roux de Puisieux.

Le Roux du Châtelet, père, conseiller au Conseil d'Artois.

Le Roux du Châtelet, fils.

Le Sergeant d'Acq, gouverneur de Vitry-le-Français.

Le Sergeant de Baïenghem, lieutenant des maréchaux.

Le Sergeant de Monnecove, capitaine au Royal-Picardie (cav.).

Le Sergeant d'Hendecourt, chevalier d'honneur au Conseil d'Artois.

Le Sergeant d'Isbergue, lieutenant des maréchaux à Saint-Omer.

Le Vasseur de Mazinghem.

Liot de Guzelinghem.

De Locher de Tortefontaine, lieutenant des maréchaux à Hesdin.

De Longueval.

De Longueval de la Vasserie.

De Longueval de la Vasserie d'Angres.

De Louvencourt.

De Louverval (le marquis), lieutenant-colonel.

De Madre, président au Conseil d'Artois.

De Mallet, comte de Coupigny-Fouquières.

De Mallet de Coupigny, à Cambrai.

De Mallet, comte de Coupigny-Villers.

De Mallet, baron de Coupigny.

De Marbais de Norrent.

Marc de Saint-Pierre.

De Marescaille (le marquis), lieutenant des maréchaux.

De Mengin (le baron).

De Milly, vicomte Desauteux, capitaine d'infanterie.

De Montgnon (le comte), commandant de la citadelle d'Arras.

De Nelle de Lozinghem.

De Nelle (le chevalier).

Noizet de Saint-Paul, l'aîné.

Noizet de Saint-Paul (le chevalier).

Obert de Grevillers.

De Pan de Wisques.

Pardo.

De Partz, marquis d'Esquirres.

Payen, comte de Bucquière.

De Pourra.

Prévôt de Wailly.

De Prudhomme d'Ailly, marquis de Verquigneul.

Quarré de Boiry.

Quarré d'Hermaville.

Quarré du Repaire.

Raulin de Belval, gouverneur et sénéchal de Saint-Pol.

Raulin de la Vasserie.

Raulin de Marœuil.

Raulin de la Motte-Quiéry.

De Richoufftz de Manin, fils, officier au régiment d'Orléans-Infanterie.

Rocheneuve de Béthonsart.

Rohan, duc de Montbazon.

De Roideville (le comte).

Routier de Bayenghem.

Rouvroy de Libessart, conseiller au Conseil d'Artois.

Ruffily de Sains.

Ruyant de Bernicourt.

Ruyant de Cambronne.

De Sainte-Aldegonde (le comte), brigadier des armées du Roi.

De Salperwick (le marquis), maréchal de camp.

Sandelin de Delette, grand bailli héréditaire d'Hesdin.

De Sars.

De Servins (le marquis).

Taffin de Givenchy.

Taffin de Gœulzin.

Taffin du Hocquet.

Théry de Gricourt, ancien capitaine au Royal-Infanterie.

Thiébaut, doyen des conseillers au Conseil d'Artois.

De Thiennes (le comte).

De Thieulaine d'Hauteville, major des ville et cité d'Arras.

De Tramecourt (le marquis), officier au régiment d'infanterie du Roi.

De Trazegnies (le comte), maréchal de camp, à Bomy.

Vaillant, conseiller honoraire au Conseil d'Artois.

De Valicourt.

De Vitry (le baron).

De Vansin, baron de Werquin.

Wartelle d'Erlincourt, conseiller honoraire au Conseil d'Artois.

De Wasservas (le baron).

Werbier de Chatenay.

Werbier d'Antigneul.

Du Wicquet de Rodelinghem.

Ysebrant de Dendoneque.

LISTE DES MEMBRES DE L'ORDRE DE LA NOBLESSE

Qui ont comparu par fondé de pouvoirs à l'assemblée du 20 avril 1789 (1).

D'Aigneville de Millancourt, évêque d'Amycles, doyen du chapitre de Cambrai.

D'Alhuin du Pont, subdélégué de l'intendant (Aire).

D'Alhuin des Wincques, capitaine au régiment d'Artois (Saint-Omer).

D'Aoust (le marquis), baron de Cuincy, président de la noblesse du bailliage de Douai.

D'Aoust, marquis de Jumelles (Douai).

Aronio de Fontenelle (Lille).

D'Artois, de Campagne-lez-Boulonnais.

D'Assignies (le baron), officier au régiment de Vintimille (Douai).

D'Assignies (la baronne douairière), née Nédonchel (Douai).

D'Assignies (Mlle), chanoinesse de Denain.

D'Auchel (le chevalier), garde du corps de Monsieur (Versailles).

D'Aumale (la comtesse douairière), née de Cerf.

D'Avelin (le marquis), Lille.

D'Avelin (le baron), Lille.

De Bacquehem (Mme), née de Groseillers (Douai).

De Bauffremetz (le marquis), Lille.

De Beauffort (le marquis), Liège.

De Beauffort (le vicomte), officier au régiment du Roi (Nancy).

De Beaulaincourt (Béthune).

De Beaulaincourt (la douairière), née Pappin de Belforrière (Beuvry).

De Belvalet d'Humercœul (le marquis), Hesdin.

De Bergues (Mme), princesse de Raches (Paris).

De Bernastre de Wansin (Mme), née baronne de Bayenghem (Aire).

De Bernes de Longvillers (Montreuil).

De Bersacque (Saint-Omer).

De Béthune, comte de Saint-Venant (Lières).

De Béthune, duc de Sully, pair de France, colonel du régiment de Piémont-Cavalerie (Paris).

De Biéville, gentilhomme ordinaire du Roi (Paris).

Blin père (Hesdin).

De Blondel, baron de Drouhotte (Douai).

Blondel d'Aubers.

Blondel d'Aubers (Mme Ve), né de Calonne (Vendin).

Bodham d'Artehecque (Douai).

Boistel de Welles (Amiens).

Boucquel d'Hamelincourt, lieutenant colonel.

Boucquel de Lagnicourt, chanoine d'Arras.

Boucquel de Sombrin, lieutenant colonel exempt des Suisses du comte d'Artois.

Boudart, marquis de Couturelle.

De Brancas (Mme), comtesse de Lauraguais, née de Gand de Mérode de Montmorency (Paris).

De Brandt de Loos (Arras).

De Brandt de Maizières (Béthune).

Briois, premier président honoraire du Conseil d'Artois.

Briois des Arleux (Mlle), Arras.

Bruslé de Baubert, officier au régiment de Piémont-Infanterie (Saint-Omer).

De Bryas-Bryas (le comte), Namur.

Armande Bultel (Mlle), Arras.

De Canchy (Mme), née de la Folie.

Caneau du Monchiet (Douai).

Capendu, comte de Boursonne (Crépy-en-Valois).

De Cardevac de Gouy (Mme), née de Grenet.

Castro y Lemas (Douai).

Du Chambge, baron de Noyelle (Lille).

Du Chambge, premier président du bureau des finances (Lille).

De Chanterame (la comtesse), née Cardon de Rolancourt (Douai).

Du Chastel de la Havardrie (le comte), capitaine au régiment d'Orléans-Dragons (Lille).

De la Chaussée (Mme), née de Bourgogne (Montreuil).

De Chivot de Coullemont (Avesnes-le-Comte).

De Clerques (le vicomte), Gand.

Cochet de Corbeaumont (Busnes).

Colle de Leulinghem (Douai).

Colle (Mlle).

De Cornoailles de Chalancourt (Douai).

De Cossette de Baucourt (Ve), née de Framery (Montreuil).

De Coupigny-Lignercœul (le marquis), Paris.

De Coupigny d'Héuu (le chevalier), Bourbourg.

De Coupigny (Mlle), comtesse d'Hénu (Lille).

De Courteville d'Hodicq (Saint-Pol).

De Crény (le marquis), Paris.

Le Crombrugghe (Bruges).

De Croy, duc d'Havré, maréchal de camp (Paris).

De Croy (la princesse), née marquise de Trazegnies (Erin).

De Cuinghiem (Jean-Louis), Fontaine-l'Étalon.

De Cuinghiem (Claude-François), Fontaine-l'Étalon.

Dambrines d'Esquerchin, conseiller honoraire (Arras).

Dambrines, officier au régiment de Flandres (Saint-Pol).

Damiens de Ranchicourt (Mme), née le Ricque (Béthune).

Delespaul de Lespierre (Lille).

Deseuffans de Vincourt (Tournai).

Deslyons du Locon (le baron), Bavincourt.

Deslyons de Feuchin (Créuy-en-Ponthieu).

Deslyons (le chevalier), capitaine d'infanterie (Reims).

Deslyons de Ladœuil (Saint-Omer).

Deslyons de la Jumelle (Mlle), Saint-Omer.

Deslyons du Plouich (Mlle), Saint-Omer.

Desmolin de Feuchin.

Desmolin de Wagnonlieu (Douai).

De Diesback (la comtesse), née de Mullet (Achiet).

De Dixmude de Hame, président de l'assemblée provinciale du Boulonnais.

Doresmieulx de Fouquières.

De Draeck (Mme), née de Lauretan (Zutquerque).

Dubosquiel d'Elfaut (Lille).

Duquesnoy d'Escœuille, lieutenant des maréchaux (Montreuil).

Durand d'Élecourt, conseiller au parlement de Flandres (Douai).

De Duras (le duc), maréchal de France (Paris).

Duval de Fiennes (Sautricourt).

(1) Nous avons dressé cette liste en nous servant des procurations déposées en original aux archives du département. Nous indiquons le lieu où ces procurations ont été signées. (Note de M. Paris, dans le volume intitulé : *la Jeunesse de Robespierre et la convocation des États généraux, en Artois.*)

Enlart de Guémy (Saint-Omer).
D'Escajeul (Saint-Omer).
D'Espalungue (Mme), née Le Caron.
D'Estourmel (le marquis), Arras.
De Fontaines (Fontes).
De la Fontaines-Solar (le comte), Verton.
De la Forge (Mme), née Le Rique.
De la Forge (Mme), née de Lochtemberg.
Fouache de Boulan (Mme), née Morel (Amiens).
Foucques de Balingan, chef du Magistrat (Douai).
Foucques de Teufles (Abbeville),
Fouler de Relingue (Lillers).
De Fouler d'Ecquedecque (Mlle), Saint-Omer.
Fouler des Mottes (Saint-Omer).
De Fourmestraux de Briffœil, conseiller au parlement de Paris.
De Fourmestraux d'Hollebecque.
De France de Vincly, marquis de Noyelle-Vion, chanoine d'Arras.
De France d'Heninel, chanoine d'Arras.
De Francqueville, grand bailli du Cambrésis.
De Francqueville de Bourlon (Douai).
De Francqueville d'Inielle, président honoraire au parlement de Flandres.
Fruleux de Souchez (Mlle).
Gaillard de Blairville (Saint-Omer).
De Gand (le comte), colonel du Royal-Infanterie.
De Cantès, capitaine au Royal-Pologne-Cavalerie (Arras).
De Gennevières de Vielfort (Vendin).
De Gennevières de Samette (Mme), née de Vitry (Aire).
De Ghistelle-Richebourg, prince de Beuvry (Beuvry).
De Ghistelle de Serny (le comte), Arras.
De Gorguette d'Argœuve (le comte), Amiens.
Gosse de Dostrel (Mme), nee Watelet (Arras).
De Gosson de Barlin (Barlin).
De Gouves, conseiller au presidial (Paris).
De Grandsaigne (Mme), née Descamps (Saint-Omer).
Grenet de Bellancourt (Lille).
Grenet de Bellancourt (Mme), née Imbert de la Bazecque (Lille).
Hannecart (Mme), baronne de Briffœuil, née Théry de Gricourt (Douai).
De Hanon de la Motte (Vaudringhem).
De Harchies, (le marquis), capitaine au régiment de Bresse (Montpellier).
De Harchies (le chevalier), lieutenant des maréchaux (Saint-Omer).
De Hautelocque de Wail (Mme), née le Caron.
Du Hays d'Audrehem (Mme), née de Levigne (Béthune).
De la Haye, lieutenant de Roi à Bapaume.
D'Herbais de Thun (Cambrai).
De Herte d'Haille (Amiens).
D'Hespel d'Hocron (Lille).
D'Hinnisdal (la comtesse), née de Soyecourt (Paris).
De Hoston (Charles) (Saint-Omer).
De Hoston (Gaétan)   id.
Hubert de Tannay.
Hubert de Mons en Barœul (Mme), née de Bertoult.
Huvino de Bourghelles, mayeur de Lille.
Huvino d'Inchy (Arras).
Huvino d'Inchy (Mme), née Zouche de la Lande (Lille).
Imbert, comte de la Bazèque (Paris).
Imbert de la Phaleque (Lille).
Jacops, marquis d'Aigremont (Lille).
Jobal de Pagny (Mme), née Crendal de Dainville (Valenciennes).
Jolly de la Viéville (Paris).
Lallart (Bon), receveur général des Etats d'Artois.
Lallart de Ribchem (Lille).

De Lameth (la comtesse), née de Broglie (Dourier).
De Landas, comte de Louvigny (Couin).
De Lannoy (le comte) d'Annape (Arras).
De Lannoy (la comtesse), née de Mérode (Bruxelles).
De Lannoy d'Estrée (Aire).
Le Caron de Chocqueuse (Amiens).
Lefebvre de Gouy (Arras).
Lefebvre de Lattre de Gonnehem (Lille).
Lefebvre de Quemberghe (Dours-en-Violaines).
Lefrançois du Châtelet (Mlle).
Lefrançois de Duclerq (Paris).
Lejosne Contay de Versigny (Saint-Omer).
Lejosne Contay de la Ferté (Mlle), Conteville.
Le Merchier, comte de Criminil (Paris).
Le Merchier de Lannoy (Mlle), Aire.
Le Merchier de Vallière (St-Pol).
Le Merchier de Wailly (Quesnoy-lez-Houdain).
De Lencquesaing (Lille).
De Lencquesaing (Mme), née de Lencquesaing (Aire.)
De Lencquesaing (Mme), née de Lochtenberg (Aire).
De Lengaigne du Chocquel (Coulomby).
Lenoir de Boves.
Le Normant d'Etioles, chevalier d'honneur au bailliage de Blois.
Le Ricque du Saussois (Béthune).
Le Ricque de Violaines (La Bassée).
Le Roux de Bretagne (Douai).
Le Roy de Barde (Montreuil).
Le Sergeant de d'Audrehem (Mlle), Saint-Omer.
Le Sergeant de Foucquesolle (Saint-Omer).
Le Sergeant de Lillette (Saint-Omer).
Le Sergeant (Mme V^e), née d'Anvin (Saint-Omer).
Le Thueur de Jacquand (Saint-Omer).
Le Vasseur de Bambecque, lieutenant des maréchaux (Aire).
Le Vasseur de Thubeauville (Boulogne).
De Lévis (le duc), capitaine des gardes du corps de Monsieur (Paris).
De Leyde (la marquise), née princesse de Croy (Paris).
De Ligny (la comtesse), née de la Roche-Rambures (Paris).
Liot de Nortbécourt (Cassel).
De Lochtenberg, doyen du chapitre d'Aire.
De Lorraine de Vaudemont (la princesse), née Montmorency.
De Louvencourt (Airaines).
De Louverval (Villers-au-Flot).
De Madre de Norguet (Lille).
Maguire (Mme), née Decque (St-Omer).
De Maintenay (Mme), née de Saisseval (Montreuil).
Maioul de Sus-St-Léger (Arras).
Mairesse de Pronville (Paris).
Du Maisniel (Abbeville).
De Mallet, comte de Coupigny (Cantimpré).
De Marbais (Mme), née de Leval.
Marescaille de Courcelles, conseiller au parlement de Flandres (Douai).
De Marnix (le vicomte), Rollancourt.
De Marnix (la comtesse douairière), née de Cunchy.
Mathon de Sachin (Mlle), Arras.
De Maulde de la Buissière (le comte) brigadier du Roi (Paris).
De Mengin (le baron), grand bailli (Lille).
De Mengin (le baron), capitaine de la maréchaussée (Lille).
De Mentque, conseiller au Parlement (Paris).
De Monchy (Mlle), Aire.
De Montagu (la marquise), née de Sailly (Paris).
Montmorency, prince de Robecq, lieutenant général commandant la Flandre.

De Mory d'Honnengheim (le comte), mestre-de-camp de cavalerie (Paris).

Moullart, baron de Torcy (Montreuil).

Moullart de Torcy fils, officier de cavalerie au Royal-Normandie (Montreuil).

De Nédonchel (le marquis), colonel d'infanterie (Bouvignies).

De Nédonchel (la marquise douairière), née de Douay (Baralles).

D'Ostrel, baron de Flers (Flers).

De Palmes d'Espaing (le comte), maréchal de camp, gonverneur de Bailleul (Lille).

Pamart (le chevalier), Douai.

De Pan, baron de Montigny (Saint-Omer).

De Pan de Wisques (Mme), née de Lencquesaing (Saint-Omer).

De Partz de Pressy, évêque de Boulogne.

De Pelet (Ambroise) (Saint-Omer).

De Pelet (Antoine) (Saint-Omer).

De Pelet (Théodore) (Saint-Omer).

Pelet de Nortsart (Saint-Omer).

Pelet du Windal, lieutenant des maréchaux.

Picquet de Dourier, capitaine d'infanterie (Paris).

Pignatelli, comte d'Egmont, baron d'Aubigny, lieutenant général (Paris).

De Plotho d'Ingelmunster (le baron), Paris.

De Pronville d'Haucourt (Cambrai).

Du Puget (le comte), sous-gouverneur du Dauphin (Versailles).

Quarré de Chelers, officier des carabiniers (Lunéville).

Quarré (Mlle).

De Rasières (Douai).

De Rémond de Bussay, avoué de la ville d'Ypres.

Rémy d'Evin, conseiller (Douai).

De Richoufftz de Manin, colonel d'artillerie (Lille).

De Rocourt (Arras).

De Rodoan (le comte), chambellan de l'Empereur (Bruxelles).

De Rohan-Guéménée (la princesse), née Rohan-Soubise (Paris).

De Saint-Aldegonde de Cléty (le comte), Lille.

De Saint-Pierre (le comte), Bruxelles.

De Saint-Symphorien (le baron), Lille.

De Salm-Kirbourg (le prince), Paris.

De Sandelin (Mme), vicomtesse de Fruges (Saint-Omer).

De Sars de Rameries (Cambrai).

Scorion (Mme), née Quarré (Arras).

De Sépulchre, vicomte de Difques (Liége).

Simon de Bersée (Douai).

De Sotomayor (Lillers).

De Stappens, grand maître honoraire des eaux et forêts (Lille).

Taffin du Hocquet (Mme), née de Herbais (Saint-Omer).

Taffin de Huppy (Mlle), Saint-Omer.

Taverne de Mont-d'Hiver (Dunkerque).

Tecthen de Robermetz (Mme), née du Bois (Arras).

De Tenremonde, comte d'Estrée (Lille).

Du Tertre (le vicomte), Montreuil.

Testar de Campagne (Montreuil).

Théry, baron de Liettre (Aire).

De Thiennes (le comte), chambellan de l'Empereur, grand bailli de Bruges.

De Thieulaine (Mlle).

De Thomassin (la comtesse), née de La Grange (Douai).

De Thosse de Cocove (Saint-Omer).

Titelouze de Balinghem (Saint-Omer).

Titelouze de Gournay (Saint-Omer).

Titelouze de Gournay (Mlle), Saint-Omer.

De Tournay d'Assignies, comte d'Oisy (Paris).

De Tramecourt (Mme), née de Nédonchel (Verchin).

De Trazégnies (la marquise), princesse de Croy (Bethune).

De Valicourt d'Ambrines (Mlle).

De Valicourt (Mme), née Devienne.

Vandersticheele de Maubus (Ypres).

Vendermeere, bourguemestre d'Oudenarde.

Vanoutshoorn (le baron), Saint-Omer.

De Verghelle (Mme), née Pajot (Lille).

De Vicq (Saint-Omer).

De la Villeneuve, lieutenant de Guyenne cavalerie (Boulogne).

De Vincourt.

De Vissery, chanoine de Saint-Omer.

De Wacrénier, conseiller (Douai).

Walicot d'Aubeucheul (Cautimpré).

De Wansin de la Humière (Aire).

De Warenghiem de Flory, conseiller (Douai).

De Wazières de Nussen (Saint-Omer).

De Wazières de Beaupré (Mlle), Aire.

De Wavrin Villers au Tertre (le comte), premier pair du Cambrésis (Cuinchy-lez-La Bassée).

De Wavrin (Mlle), Cambrai.

Werbier du Hamel, père, grand bailli (Aire).

Ysebrant de Douvrin (Tournay).

LISTE DES DÉPUTÉS DU TIERS-ÉTAT

A l'assemblée des trois Ordres de la province d'Artois du 20 avril 1789.

I

BAILLIAGE D'ARRAS.

Andrieu, député de Sailly-au-Bois,

Ansart, Warluzel.

Arrachart, Bucquoy.

Aubron, Villers-au-Bois.

Beaucourt, Capelle-lez-Aubigny.

Becquet, Buissy-Baralle.

Béghin, Villers-Brûlin.

Bérode, notaire, Lillers.

Blanquart, avocat, Arras.

Blondel (Eugène), Ablainzevelle.

Blondel (Jean-Pierre), Boisleux-au-Mont.

Bocquet, Carvin-Épinoy.

Boidin (Jacques), Houvelin.

Boidin (Antoine), Lavetie.

Boisleux (Joseph), Achiet-le-Petit.

Boisleux (Guislain), Hamelincourt.

Boisleux (Augustin), Wancourt.
Boucher, négociant, Arras.
Brame, Saint-Aubin.
Brassart, avocat, Arras.
Brassart (J.-B.), Busnes.
Brazier, Warlus.
Briois, Bertincourt.
Brongniart, Lattre.
Callau, Plouvain.
Candelier, avocat, Arras.
Carbonnier, Oppy.
Carré, Tincques.
Caullet (André), Billy-Berclau.
Caullet (Benoît), Ourton.
Cauwet de Baly, lieutenant général, Arras.
Cayet, Fresnes-Montauban.
Charamond, avocat, Fosseux.
Chatelain, Fontaine-lez-Croisilles,
Chopin, Béthonsart.
Choquet, Bienvillers-au-Bois.
Clément, Feuchy.
Cochon, Guémappe.
Coquidé, Cambligneul.
Collard, Rullecourt-lez-Avesnes.
Conseil, Guarbecque.
Cormont (Antoine), Sauchy-Lestrée.
Cormont (François), Graincourt.
Cossart (Jean-Charles), Cuhem.
Cossart (Jean-François), Grand-Rullecourt.
Coulmont, Gommecourt.
Coupé, Bourlon.
Coustenoble, Tourmigny.
Creton, Gavrelle.
Dauchez, avocat et échevin, Arras.
Debécourt, Hermaville.
Decroix, Lillers.
Delaporte, Carvin-Epinoy.
Deleau (Barthélemy), Gagnicourt.
Deleau (Eusèbe), Thélus.
Delebecque, Laventie.
Delvallée, Harnes.
Delory, Hermin.
Demory, Monchy-au-Bois.
Derancourt, Ayette.
Deron, Haucourt.
Deruelle, Vermelles.
Desgardins, Saint-Nicolas-en-Méaulens.
Deshorties, Simencourt.
Despreys, Saint-Floris.
Desvacquez, Ablainzevelle.
Diévart, Quiéry-Lamotte.
Douchez, Basseux-lez-Loges.
Dourlens père, avocat, Arras.
Dubron, Duisans.
Dubrulle, avocat, Laventie.
Dubuisson. Inchy.
Duburcq, Willerval.
Duflos, Écourt-Saint-Quentin.
Dufour (Albert), Acq.
Dufour (Aimable), Annay.
Dumarquay, Gommecourt.
Dupuich, Lattre.
Durasnel, Lahourse.
Dusauchoy, Savy.
Dnsevel, Divion.
Farez, Villers-Plouich.
Fauquet, Sainte-Marguerite-Pomera.
Flour, Sars-les-Bois.
Garin, Ecoivres.
Gille, Fleurbaix.
Gottran, Houchin.
Goudemand (François), Gouves.
Goudemand (Augustin), Tilloy-lez-Mofflaines.
Goudemetz, Habarcq.

Grégoire, notaire, Avesnes-le-Comte.
Grodecœur, Hamblain-lez-Prés.
Grossemy, Cottènes-Saint-Hilaire.
Hachin, Caucourt.
Hary, Pronville.
Hélart, Fresnoy.
Henry, Arleux-en-Gohelle.
Herdebaut, Blaireville.
Herlin, Loison.
Hochedé, Berneville.
Houdiez, Noyelette-en-l'Eau,
Labouré, Hamelincourt.
Laigle (Jacques), Divion.
Laigle (François), Marœuil.
Lair du Vaucelle, Saulty.
Lalisse, Gouzeaucourt.
Lambert, Bailleul-sir-Berthould.
Lanthier, Baralle.
Larchillon, Agny.
Laurent, Harnes.
Leclercq (J.-B.), Athies.
Leclercq (Nicolas), Maizières.
Lechon, notaire, Avesnes-le-Comte.
Lefebvre du Prey, avocat et échevin, Arras.
Lefebvre (Antoine), Bucquoy.
Lefebvre (François), Havrincourt.
Lefebvre (Adrien), Sombrin.
Legentil (Henri), Arras.
Legentil (Louis), Villers-Cagnicourt.
Legentil (Antoine), Neuville-Saint-Vaast.
Lemaire, Corbehem.
Lenglet, Inchy.
Lepoivre, Chérisy.
Leroy (Arnould), Rœux.
Leroy (Philippe), Sainte-Marguerite.
Le Sage, avocat, Blangy-Fossé.
Lesieux, Cambligneul.
Le Soing, procureur du Roi, Arras.
Le Soing, Houdain.
Lhérisson, Sainte-Catherine.
Letierce, Achiet-le-Petit.
Levaillant, avocat, Oisy.
Lewalle, Fleurbaix,
Liborel, avocat et échevin, Arras.
Limelette, Bourlon.
Locquet, Sauchy-Cauchy.
Magniez, Tilloy-lez-Mofflaines.
Malbrancq, Sombrin.
Martinet, Hénin-Liétard.
Marsy, Richebourg-Saint-Vaast.
Mathieu, Gamblain-l'Abbé.
Mathon, Hermaville.
Mazil, Épinoy-lez-Cambrai.
Moncomble, Barly-Fosseux.
Morel, Adinfer.
Mouton, Frémicourt.
Mustin, Dainville.
Nepveu, Monchy-au-Bois.
Norman, Haucourt.
Padiez, Laventie.
Paradis, Bucquoy.
Payen (Joseph), Montenescourt.
Payen (Alexandre), Montenescourt.
Petit, Mont-Saint-Éloi.
Peucelle, Laventie.
Pottiez, Beuvry.
Proniez, Puisieux-au-Val.
Puchoix, Houdain.
Quarré, Oisy.
Quennesson, Vitry.
Raison, Foncquevillers.
Ransson, Baudricourt.
Regnault, Wanquetin.
De Robespierre (Maximilien), Arras.

De Robespierre (Pierre-Joseph), Meurchin.
Rogez (Jean-B.), Beaumetz-lez-Loges.
Rogez (Jean-B.), Berneville.
Salmon, Ranchicourt.
Savary, Beaumetz-les-Loges.
Saudemont, Saudemont.
Scribe, ancien négociant, Arras.
Scribe, Hennecourt.
Sommeville, Beuvry.
Soubiran, Oignies.
Taillandier, Saudemont.

Tamboise, Vimy.
Thellier, conseiller, Arras.
Thibaut, Bucquoy.
Thuilliez, Ruitz.
Tourtois, Sailly-lez-Cambrai.
Valquenart, Rieux.
Vasseur, La Comté.
Verez, Hénin-Liétard.
Wallart, Vincly.
Willart, Immercourt-Saint-Laurent.

II

SÉNÉCHAUSSÉE DE SAINT-POL

Bauchet, collecteur, Pas.
Bellenguez (Maurice-François), Œuf.
Beugin, fermier, Heuchin.
Bigand, notaire à Pernes, Pressy.
Bonnière, fermier, Esclimeux.
Bocquet, receveur, Bomy.
Boulanger, ancien officier, Tilly-Capelle.
Brisset, fermier, Erin.
Candas, collecteur, Erin.
Cappe, Azincourt.
Capron, avocat, lieutenant de la Sénéchaussée, Saint-Pol.
Capron (Jean), fermier, Ostreville.
Caron, Valhuon.
Carré, fermier, Gouy-en-Ternois.
De Corbehem, lieutenant général, Saint-Pol.
Cossart (Michel), fermier, Floringhem.
Cossart (Hyacinthe), fermier, Cauchy-à-la-Tour.
Courtois, avocat, Fruges.
Cressent Du Seiller d'Aix, Ivergny.
Crochart, marchand, Saint-Pol.
Daullé, fermier, Monts-en-Ternois.
Delannoy, Bomy.
Delaporte, Pas.
Delepierre, fermier, Bours.
Delozières, fermier, Conteville.
Demagny, Créquy.
Denoyelle, fermier, Houvin.
Desgruzeilliez de Saint-Aubin, Wandosne.
Desgruzeilliez (François), Wandosne.
Détape, notaire et échevin, Saint-Pol.
Didier, notaire à Saint-Pol, Conteville.
Dorlencourt, fermier, Cauchy-à-la-Tour.
Dubas, fermier, Orville.
Duhamel, Maresquel.
Dupin, secrétaire interprète du cabinet de Madame, Hesmond.
Falempin, notaire à Heuchin, Blangy.
Fardel, fermier, La Thieuloye.
Flahault, Houvigneul.
Fleuricourt, Houvigneul.
Fleury (Celestin), Coupelle-Vieille.
Fleury (Valentin), Monchaux.
Fontaine, fermier, Averdoingt.
François, fermier, Bunneville.

Gallet, Chelers.
Genelle, arpenteur, Aumerval.
Gosselin (Jean-Antoine), fermier, Fruges.
Goudemetz, avocat, Saint-Martin et Saint-Michel.
Guffroy, avocat, St-Pol.
Heimelle, Offin.
Herman, avocat, bailli de Bryas, Huclier.
Joanne, avocat, Trois-Vaux.
Lagache (François), fermier, Béalencourt.
Lagache (Thomas), marchand, Frévent.
Lamiot, fermier, Valhuon.
Lavoisne, procureur, Frévent.
Le Bas, bailly, Frévent.
Leclercq, fermier, Avondances.
De Libessart, marchand, Sains.
Loyez, fermier, Eps.
Mahieu, Fressin.
Michel, marchand, Monchy-Cayeux.
Morgant, clerc laïc, Fleury.
Notelle, médecin, Fruges.
Paillart, fermier, Bermicourt.
Panet, Beaurains.
Pecqueur, avocat, Blingel.
Penet, fermier, Hernicourt.
Petit (Ch.), fermier, Monchaux.
Petit (Alexandre), fermier, Magnicourt.
Petit (Philippe), Monchy-Breton.
Poillion, fermier, Wavrans.
Poisson, marchand, Canlers.
Porion, Thièvres.
Ranson, Ivergny.
Regniez, maréchal, Canettemont.
Séuéchal, fermier, Bryas.
Soyez, fermier, Bryas.
Tailly, bailli, Fiefs.
Thellier de Poncheville, avocat et échevin, Saint-Pol.
Thellier, échevin de Saint-Pol, Bermicourt.
Truyart, mayeur, Pernes.
Vasseur, fermier, Esquirres.
Violette, bailli, Fressin.
Vitasse, lieutenant, Heuchin.
Warin, fermier, Ruisseauville.
Willerval, avocat, Sr de Séricourt, Séricourt.

III

BAILLIAGE DE SAINT-OMER.

Alexandre, Coyecques.
Ansel, Norbécourt.
Baude, Saint-Omer-Capelle.
Biallais, bailli, Coyecques.
Billiau, marchand, Saint-Omer.
Boidin, Saint-Nicolas.
Boubert, avocat et échevin, Saint-Omer.
Bouvart, Affringues.
Braure, Campagne-lez-Boulonnais.
Buffin, substitut au bailliage, Saint-Martin-au-Laërt.
Buret, avocat et échevin, Saint-Omer.
Cazier, Coupelle-Vieille.
Couprant, marchand, Saint-Omer.
Crespin, avocat, Saint-Omer.
Damart, apothicaire, Saint-Omer.
Danel, corroyeur, Saint-Omer.
Danel (Jacques), Ledinghem.
Decanlers, Bienques.
Decocq, Houlle.
Decroix (François), Dohem.
Decroix (Augustin), Moringhem.
Decques, marchand poissonnier, Saint-Omer.
Dekeiser, mayeur, Tournehem.
Delepierre, brasseur, Saint-Omer.
Deremetz, Tatinghem.
Dereulder (François), Saint-Folquin.
Dereulder (Jean), Sainte-Marie-Kerque.
Dubrœucq, chirurgien, Audruick.
Dufay, bailli, Coulomby.
Dupuich, Cléty.
Fourcroy, greffier, Hocquinghem.
Froidure, avocat, Saint-Omer.

Gressier, Boidinghem.
Herman, Mercq-Saint-Liévin.
Hochart, Difques.
Labitte, Campagne-Wardrecques.
Lambriquet, Dohem.
Lefebvre (Jean-Marie), marchand, Saint-Omer.
Lefebvre (Pierre), Blaringhem.
Lefebvre (Samuel), Heuringhem.
Legrand, Avroult.
Lemaire de Bellerive, lieutenant général, Saint-Omer.
Leroy du Prey, conseiller au bailliage, Saint-Omer.
Louis, Zutkerque.
Lourdel, bailli, Renty.
Macau d'Hervarre, prévôt, Saint-Martin-d'Hardinghem.
Marin (Herman-Louis-Bertin), avocat, Saint-Omer.
Marin (Jean-Louis), procureur, Saint-Omer.
Martel (Hubert), avocat, Arques.
Martel (Antoine), Zutquerque.
Masset, Moulle.
Maure, Campagne-lez-Boulonnais.
Montagne, Wardrecques.
Personne, procureur, Saint-Omer.
Platiau, Saint-Martin-au-Laërt.
Quendal, Seninghem.
Roche, greffier, Serques.
Roche, Audruick.
Thélu, Ruminghem.
Thomas, mayeur, Nielle-lez-Bléquin.
Toulotte, Westecques.
Vasseur, négociant, Saint-Omer.

IV

BAILLIAGE D'HESDIN.

Bultel, Bonnière.
Cailleux, fermier, Mouriez.
Caumartin (Martinien), Huby-Saint-Leu.
Caumartin, Flers.
Danvin, lieutenant général, Hesdin.
Danvin, avocat, Gouy-Saint-André.
Daullé, Bois-Saint-Jean.
Deboffles, Liguy-sur-Canche.
Demonchy, Sainte-Austreberthe.
Denaut (Raphaël), Nœux.
Denaux, fermier, Fortel.
Deraye, fermier, Bonnières.
Dewailly, fermier, Capelle.
Dhenaut, arpenteur, Hestrus.
Duclay, avocat, Capelle.
Dufour, fermier, Auchy-lez-Moines.
Dugarin, fermier, Rougefay.
Fromentin, marchand de bas, Cauchy.
Henaut, Buire-au-Bois.
Hurtrel, fermier, Brévillers.
Jacquemont du Donjon, avocat, Hesdin.
Laguise, fermier, Marenla.

Laisne, avocat du Roi, Hesdin.
Le François, arpenteur, Saint-Austreberthe.
Lens (Antoine), Aix-en-Issart.
Lens (Pierre), Aix-en-Issart.
Lœillet, fermier, Wamin.
Louvet, fermier, Gouy.
Mathelin, fermier, Oblin.
Mesnard, Loison.
Murlay, Boffles.
Neuve-Église, Boubert-lez-Hesmond.
Odièvre, procureur fiscal, Douriez.
Pruvost, Le Bietz.
Salé, Blangerval.
Samier, bailli, Rougelay.
Samier, fermier, Fillièvres.
Soubry, lieutenant, Le Bietz.
Souffrin, procureur, Marenla.
Testu, fermier, Saint Josse.
Thélu (Jacques), Ligny-sur-Canche.
Thélu, bailli, Vacquerie-le-Boucq.
Thorillon, Aubin.
Vasseur, Le Ponchel.

Vincent, Haravesnes.
Wallart, fermier, La Neuville.
Wallart, rentier, Auxi-le-Château.

Delepine, Bouin.
Laurent, Loison.
Thellier, Saint-Martin-Cavron.

V

BAILLIAGE DE BAPAUME.

Bocquet, Biefvillers.
Boniface de Tofflet, mayeur, Bapaume.
Boniface, lieutenant, Ruyaulcourt.
Boulanger, Beaumetz-lez-Cambrai.
Boulet, Combles.
Cailleret, bailli, Grévillers.
Crinon, Neuville-Bourjonval.
Danel, ancien mayeur, Bapaume.
Debécourt, avocat, Bapaume.
Deberly, Vaulx.
Delambre, lieutenant, Morchies.
Delambre, bailli, Ligny.
Delevacque, Hermies.
Demory, Mory.
Dollé, Vaulx.
Ferot, procureur du Roi, Bapaume.
Gillion, lieutenant, Croisilles.

Haudouart, lieutenant général, Bapaume.
Lefebvre, notaire, Bapaume.
Lefebvre, Norœil.
Legentil, lieutenant, Bihucourt.
Legentil, bailli, Lechelle.
Martel, Bihucourt.
Mathon, lieutenant, Bancourt.
Payen, Boiry-Becquerelle.
Piot, ancien garde de la porte du Roi, Haplincourt.
Pouillaude, Ervillers.
Prosnier, lieutenant, Martinpuich.
Proyart de Morval, Courcelles-le-Comte.
Remy, lieutenant, Frémicourt.
Véret, négociant, Beugny.
Warnier, Saint-Léger.
Waterlot (Antoine), Mory.
Waterlot, lieutenant, Boyelle.

VI

BAILLIAGE D'AIRE.

Bertin, Isberghes.
Bonsart, notaire, Aire.
Caron (Omer), Saint-Martin.
Caron (Louis), Auchel.
Collart, Aire.
Conseil, Saint-Venant.
Delfly, Saint-Venant.
Desprez, Calonne-sur-la-Lys.
Duval, Aire.
Garson de Boyaval, Aire.
Herbert, Clarques.
Hermant, notaire, Aire.
Hermary, Mazinghem.
Lagache, Fléchin.
Mathieu, Enquin.

Martel, procureur, Aire.
Primorin, Aire.
Rémond, procureur du Roi, Aire.
Remond, Nielles.
Robichez, Aire.
Roble, Ferfay.
Rolin (Antoine), Witternesse.
Rollin (Jacques), Lambres.
Saison, Blessy.
Sénéchal, Saint-Venant.
Thirant, Aire.
Trouille, Witte.
Vanvinck, Estrée-Blanche.
Willuy, Aire.
Willot, Saint-Quentin.

VII

BAILLIAGE DE LENS.

Canfin, médecin, Lens.
Capron, Avion.
Dambrine, Dourges.
Delasalle, avocat, Lens.
Delvigne, Douchez.
Descamps (Joseph), Douvrin.
Descamps (Charles), Douvrin.
Dubois, Evin.
Duquesnoy, Boyeffle.
Dusaussoy, Grenay.

Grenier, Violaines.
Haccart, arpenteur, Courcelle.
Laurent, Verquigneul.
Legroux, Equerchin.
Le Roy, avocat, Avion.
Mairesse, Lens.
Mortreux, Givenchy-les-Boffles.
Obeuf, chirurgien, Autricourt.
Platelle, Leauette.
Ramette, Sainghin.

Roussel, Lens.
Roussel, Hulluch.
Savary, Aix-en-Gohelle.
Tahon, Bully-en-Gohelle,

Tate, Courrière.
Thobois, chirurgien, Liévin.
Thobois, médecin, Lens.

VIII

BAILLIAGE DE BÉTHUNE.

Bassecourt, La Beuvrière.
Bollet, Cuinchy.
Brassart, marchand, Béthune.
Brebou, Locon.
Brodel, Festubert.
Crespin, Carency.
Delerue, Allouagne.
Devaux, La Couture.
Dubal, Lestrem.
Hennebelle, La Buissière.

Hochedez, Nœux.
Lecreux, Hesdigneul.
Leturgie, Annezin.
Pannier, Locon.
Péru, Hersin.
Petitpas, Mont-Bernanchon.
Petitprez, La Couture.
Platel, Lestrem.
Taffin, avocat, Béthune.
Vestertin, Robecque.

RELEVÉ DES CAHIERS QUI MANQUENT.

Arles (sénéchaussée d'). Clergé, Noblesse et Tiers.

Bar-le-Duc (bailliage de). Clergé et Noblesse.

Béarn (province du). Noblesse.

Berry (province du). Clergé.

Béziers (sénéchaussée de). Tiers.

Bigorre (pays et sénéchaussée de). Noblesse.

Cambrai (bailliage de). Clergé.

Château-Salins (bailliage de). Noblesse et Tiers.

Château-Thierry (bailliage de). Clergé.

Châtellerault (sénéchaussée de). Noblesse.

Chaumont-en-Vexin (bailliage de). Clergé.

Comminges (comté de). Clergé.

Couzerans (vicomté de). Clergé, Noblesse et Tiers.

Dauphiné (province du). Clergé, Noblesse et Tiers.

Draguignan (sénéchaussée de). Clergé et Noblesse.

Étampes (bailliage d'). Noblesse.

Haguencau et Wissembourg (district). Clergé et Noblesse.

La Rochelle (sénéchaussée de). Clergé.

Limoux (sénéchaussée de). Clergé.

Mont-de-Marsan (sénéchaussée de). Noblesse.

Nancy (bailliage de). Clergé.

Orange (principauté d'). Noblesse.

Orléans (bailliage d'). Clergé.

Périgord (sénéchaussée du). Clergé.

Perpignan (sénéchaussée de). Clergé.

Puy-en-Velay (sénéchaussée de). Noblesse.

Quesnoy (bailliage du). Clergé et Tiers.

Saint-Flour (sénéchaussée de). Clergé.

Saint-Jean-d'Angély (sénéchaussée de). Noblesse et Tiers.

Saint-Pierre-le-Moutier (bailliage de). Clergé.

Sedan (bailliage de). Clergé et Noblesse.

Senlis (bailliage de). Clergé.

Soissons (bailliage de). Noblesse.

Toulon (sénéchaussée de). Clergé et Noblesse.

Touraine (province de). Clergé.

Verdun (bailliage de). Tiers.

Versailles. Noblesse et Clergé.

Villefranche-de-Rouergue (sénéchaussée de). Clergé.

Vire (bailliage de). Clergé et Noblesse.

Vitry-le-Français (bailliage de). Noblesse.

FIN DU RECUEIL DES CAHIERS DE 1789.

ARCHIVES PARLEMENTAIRES.

PREMIÈRE SÉRIE.

·TABLE PAR ORDRE DE MATIÈRES

DU

TOME SIXIÈME.

FIN DE LA TABLE PAR ORDRE DE MATIÈRES DU TOME SIXIÈME.

Paris. — Imprimerie administrative de Paul DUPONT, 41, rue Jean-Jacques-Rousseau.

www.ingramcontent.com/pod-product-compliance
Lightning Source LLC
Chambersburg PA
CBHW031535210326
41599CB00015B/1905